:この表は本文の部首索引を引くための目次である。前の赤数字は部首番号、後ろの黒数字は部首索引の該当ページを示す。また、（ ）内はその部首のバリエーションを表す。
日本字体の部首の主なものは〔 〕内に青字で示し、参照すべき部首を→以下に掲げた。

| 番号 | 部首 | 頁 | 番号 | 部首 | 頁 | 番号 | 部首 | 頁 |
|---|---|---|---|---|---|---|---|---|
| 26 | 立 | 43 | 159 | 耒(耒) | 51 | 195 | 豸 | 57 | 10 画 |||
| 27 | 疒 | 43 | 160 | 耳(耳) | 51 | 196 | 谷 | 57 | 215 | 鬲 | 59 |
| 28 | 玄 | 44 | 161 | 老 | 51 | 197 | 身(身) | 57 | 216 | 髟 | 59 |
| 29 | 衤 | 44 | 162 | 臣 | 51 | 198 | 亀(龜龜) | 57 | 〔馬→75马 29〕 |||
| → | 158 衣 | 51 | 163 | 西(襾) | 51 | 199 | 角(角) | 57 | 〔骨→212骨 59〕 |||
| 30 | 夫(夫) | 44 | 164 | 而 | 51 | 〔言→10 讠 2〕 ||| 〔鬯→26匕 7〕 |||
| 31 | 艹(艹) | 44 | 165 | 页(頁) | 51 | 〔車→95车 37〕 ||| 〔鬼→214鬼 59〕 |||
| 32 | 甘 | 45 | 166 | 至 | 52 | 〔貝→103贝 39〕 ||| 〔高→ 7亠 1〕 |||
| 33 | 石 | 45 | 167 | 虍 | 52 | 〔見→104见 39〕 ||| 11 画 |||
| 34 | 龙(龍) | 45 | 168 | 虫 | 52 | 〔邑→33阝 8〕 ||| 217 | 麻 | 60 |
| 35 | 业 | 45 | 169 | 肉 | 53 | 8 画 ||| 218 | 鹿 | 60 |
| 36 | 目(且目) | 45 | → | 117 月 | 41 | 200 | 青 | 57 | 219 | 黄(黃) | 60 |
| 37 | 田 | 46 | 170 | 缶 | 53 | 201 | 其 | 57 | 〔黑→221黑 60〕 |||
| 38 | 罒(网) | 46 | 171 | 舌 | 53 | 202 | 雨(⻗) | 57 | 〔鳥→147鸟 49〕 |||
| 39 | 皿 | 47 | 172 | 臼 | 53 | 203 | 非 | 58 | 〔魚→207鱼 58〕 |||
| 40 | 钅 | 47 | 173 | 竹(⺮) | 53 | 204 | 齿(齒) | 58 | 〔龟→198亀 57〕 |||
| 41 | 钅(金) | 47 | 174 | 自 | 53 | 205 | 龟(龜) | 58 | 〔麥→184麦 55〕 |||
| 42 | 矢 | 48 | 175 | 血(血) | 54 | 206 | 佳 | 58 | 12 画 |||
| 43 | 生 | 48 | 176 | 行 | 54 | 207 | 鱼(魚) | 58 | 220 | 黹 | 60 |
| 44 | 禾 | 48 | 177 | 舟 | 54 | 〔長→112长 40〕 ||| 221 | 黑 | 60 |
| 45 | 白 | 49 | 178 | 舛 | 55 | 〔斉→157齐 51〕 ||| 222 | 鼎 | 60 |
| 46 | 瓜 | 49 | 179 | 色 | 55 | 〔門→ 55门 21〕 ||| 223 | 黍 | 60 |
| 47 | 鸟(鳥) | 49 | 180 | 羽 | 55 | 〔食→ 66饣 27〕 ||| 〔齒→204齿 58〕 |||
| 48 | 用 | 50 | 181 | 聿(聿) | 55 | 〔金→141钅 47〕 ||| 13 画 |||
| 49 | 皮 | 50 | 182 | 艮(艮) | 55 | 〔阜→ 32阝 8〕 ||| 224 | 鼓 | 60 |
| 50 | 癶 | 50 | 〔糸→ 78纟 30〕 ||| 9 画 ||| 225 | 鼠 | 60 |
| 51 | 圣(聖) | 50 | 7 画 ||| 208 | 首 | 59 | 14 画〜 |||
| 52 | 矛 | 50 | 183 | 辛 | 54 | 209 | 音 | 59 | 226 | 鼻 | 60 |
| 53 | 疋(⺪) | 50 | 184 | 麦(麥麦) | 55 | 210 | 革 | 59 | 〔龍→134龙 45〕 |||
| 〔玉→ 89王 33〕 ||| 185 | 走 | 55 | 211 | 面 | 59 | 〔侖→ 19人 5〕 |||
| 〔示→ 87礻 33〕 ||| 186 | 赤 | 55 | 212 | 骨(骨) | 59 ||||
| 〔母→122毋 43〕 ||| 187 | 豆 | 55 | 213 | 香 | 59 ||||
| 6 画 ||| 188 | | | |||||
| 54 | 羊(⺶⺷) | 50 | 189 | | | |||||
| 55 | 米 | 50 | 190 | | | |||||
| 56 | 齐(齊) | 50 | 191 | | | |||||
| 57 | 齐(齊) | 51 | 192 | | | |||||
| 58 | 衣 | 51 | 193 | | | |||||
| → | 129 衤 | 44 | 194 | 米 | 57 |||||

JN300116

2色刷

武信　彰
山田眞一
古川　裕
森　宏子 編

小学館

ポケットプログレッシブ中日・日中辞典

©Shogakukan 2006

| 装　　　丁 | 岡崎健二 |
| --- | --- |
| 本文デザイン | 栗原靖子 |
| 地 図 作 成 | (株)小学館クリエイティブ |

# 序

　本辞典はその名に「ポケット」を冠していますが，けっして〝小さな〟辞典ではありません。収める語彙数においては中型辞典をむしろ超えています。また，中国語を学ぶ上で習熟を求められる機能語やいわゆる重要語の記述の丁寧さにおいても小型やポケットサイズの辞典のそれを超えています。ポケットサイズの限られた容量にメリハリを利かすことによって実現することのできた〝大きさ〟です。

　この〝小さくて大きな〟辞典をいま編んで世に問うわけと意義は，まさにいまこの時代にあります。現今のコンピュータ社会にあっては，わたしたちの暮らしを支えてくれる道具類も急速に姿を変えてきました。検索手段・学習環境も例外ではなく，辞典の世界でも電子辞書が生まれ，とりわけ携帯型の専用装置タイプは身近です。中国語辞典を収録するものも数種を数えます。これを利用すればいきなり目当ての語に行きつけますし，他の語へのジャンプもできれば検索の履歴も残ります。

　しかし，この便利さはある意味便利すぎるとも言えるでしょう。本来の中国語の辞典（中日辞典）は，日本の漢和辞典もそうであるように，一般に漢字1字を見出し字として立てその下に見出し語を置く形式になっていて，国語辞典や英和辞典とは異なります。中国語という言語の特徴を反映した作りになっているのです。ピンポイントで検索するには習練を要しますが，それに習熟したとき中国語の語彙の世界が見えてくるはずです。

　語彙の検索だけでなく，それを通して同時に中国語の力も養いたいと願う者にとって，電子辞書でいきなり目当ての語に行きつこうとするならば，あたかも最寄の駅までも車を使うが如く，中国語の足腰を鍛えるせっかくの機会をみすみす失ってしまうことになりかねません。紙の辞典には一覧性があり，言葉の広がりやつながりをつかみやすく，また記憶という面においてはかえってすぐれているとも言われます。

　このいわば紙・電子両者の長所・利点を折衷する〝小さくて大きな〟辞典を使いこなしていただくことが，この時代にふさわしい中国語辞典ライフであろうと提案いたします。

2006年1月10日

　　　　　　　　　　　　　　　　　　　　　　　　武信　彰

## 『ポケットプログレッシブ中日・日中辞典』
## 協力者一覧

- ●編者
  武信彰　　（獨協大学教授）
  山田眞一　（富山大学教授）
  古川裕　　（大阪大学教授）
  森宏子　　（流通科学大学准教授）

- ●執筆・校閲
  鈴木誠　王亜新　呉川　村上之伸　齊藤大紀　太田恵理子
  鈴木慶夏　西香織　島村典子　池田晋　戴智軻　張健

- ●校正
  戸畑久子　火狭正博　新倉洋子　鈴木有希子

- ●編集協力
  石川瞳　大塚由美　阿部美紀　大石清香　緒方千晶　柴田奈津美
  肥田真理子　安達幸子　和田哲也　藤原拓　藤澤朋子　石川実子
  長谷川緑　稲葉洋子　佐々木万梨恵　菅原千帆　㈱ジャレックス

- ●制作企画　岩重正文
- ●資材　　　市村浩一
- ●書籍制作　速水健司
- ●宣伝　　　下河原哲夫
- ●販売　　　栗原弘
- ●編集　　　鈴木由紀夫

# この辞典の使い方

## 1 見出しについて

**1-1** この辞典には，見出しの漢字（親字）と見出し語の2種類の見出しがある．

**1-2** 見出しの漢字は，大きな活字で，中国語表音表記法（ピンイン）によるローマ字順に配列した．

**1-3** 見出し語は，漢字で表記したとき，見出しの漢字で始まるものを一つのグループとして，その見出しの漢字の下にローマ字順に配列した．

**1-4** 見出しの漢字は異体字・多音字を含め約10,100字，語彙は見出し語・関連語その他を含め約78,000語を収めた．

**1-5** 発音については2，配列についての詳細は3と4を参照されたい．

## 2 発音について

**2-1** 発音は中国語表音表記法（「漢語拼音方案」1958年成立）に若干の手直しを加え，ローマ字と声調記号によって示した．音節を示す見出しに限って，ローマ字以外に注音字母も掲げた．また赤字で示し音節を見つけやすくした．

例：**ai（ㄞ）**

**2-2** 発音表記についての注意

(1)音節が連続して読まれる場合に生じる声調変化は示さず，音節本来の声調で表記した．したがって，次のような場合，表記と実際の発音では違いがある（括弧内が実際の発音）．

例：好使：hǎoshǐ(háoshǐ)
　　一定：yīdìng(yídìng)
　　一心：yīxīn(yìxīn)
　　不论：bùlùn(búlùn)

(2)軽声には，声調記号を付けない．

例：桌子 zhuōzi

(3)接尾語"-儿-er"が前の音節と融合した場合（r化）の表記は，一律に「r」とした．したがって，実際の発音とは異なる場合がある．また，接尾語"-子-zi"は「z」とは表記せず「zi」と表記した．

(4)音節を続けて書く場合，次のような例には音節区切り記号「'」（アポストロフィー）を用いて，音節の区切りを示した．

例：音節間で母音が続く場合"皮袄pí'ǎo"
　　-n・-ngと母音が続く場合"恩爱ēn'ài" "名额míng'é"

**2-3** 二つ以上の読みを持つ漢字と単語・成語などは，「普通話異読詞審音表」（1985年12月修訂）に従い，今日標準とされている読みを示した．

## 3 見出しの漢字について

**3-1** 見出しとして掲げた漢字（親字）の字体は，今日，中華人民共和国において標準字体とされている字体である．歴史上，同音・同義であったことのある字形（異体字）は括弧に入れて示した．ただし，偏旁の簡略したものについては，いちいち異体字を示さなかった．前付VIIIページの「中国標準字形照

| | |
|---|---|
| | 合表」を参照されたい.<br>例：马（馬）とは示したが，驻（駐）とは示さなかった. |
| 3-2 | 標準字体の中には，中華人民共和国成立以降に簡略化された漢字と旧来の簡体字が多数含まれる．これらの種類と使用範囲は，国家言語文字工作委員会が発表した『簡化字総表』（1986年新版）とその関連説明に従った． |
| 3-3 | 今日，中華人民共和国で使用されている字体は1964年発表の『印刷通用漢字字形表』によって整理・規範化された字体である．この字体は「新字形」と呼ばれ，旧来の中国の漢字および現行の日本の漢字と形・書き方が異なるものを含む．その違いについては，前付IXページの「新旧字形対照表」を参照されたい． |
| 3-4 | 見出しの漢字の配列は，音形を中国語表音表記法（ピンイン）で表記した場合のローマ字順に配列した．「ü」は「u」の後ろに置いた．ローマ字表記が同一の漢字は，第1声から声調の順に配列し，軽声に発音される漢字は第4声の後ろに配列した． |
| 3-5 | ローマ字表記と声調が同一の漢字は，画数順に配列し，画数が同じものは第1画目の形<br>横棒（一）→たて棒（丨）→左払い（丿）→点（丶）→曲げ（一）<br>の順で並べた． |
| 3-6 | 見出しの漢字は，音形の同じものは一つの漢字として扱った．歴史的に来源が異なる場合を含め，意味の違いによって見出しを別立てにはしていない．例えば，"白"で表記される単語には，「白い」「（字が）まちがっている」「述べる」という大きく異なる意味の単語があるが，"白""白""白"として二つ以上の"白"という見出しの漢字を掲げる扱いはしていない． |
| 3-7 | 字形が同じ漢字でも音形の違うものは，別見出しとした．例えば，"好"はhǎoとhàoの二つの音で読まれる．したがって，漢字"好"はhǎoとhàoそれぞれに対応する見出しの漢字として掲げた． |
| 3-8 | 上記のように音形が複数ある漢字については，異読⇨に見出しとは異なる読みを示し検索の便を図った． |

## 4 見出し語について

| | |
|---|---|
| 4-1 | 見出し語は，見出しの漢字を先頭の文字とするものを一つのグループとして，それぞれの見出しの漢字の下にまとめて示した．見出し語検索上の便利と見出し語の構造・意味を考える上での便利を配慮したためである． |
| 4-2 | 見出し語は，単語のほか，連語・成語・慣用語・諺・接尾語・造語要素などを含む． |
| 4-3 | 見出し語は，表音表記を前に示し，漢字表記を後ろに示した．複数の漢字表記のあるものについて，先頭の字が同じものは2001年発布の『第一批異形詞整理表』（中華人民共和国教育部国家語言文字工作委員会）と『現代漢語詞典第5版』を参考に順位を決定した． |
| 4-4 | 見出し語の配列は，音節（漢字）を単位とする中国語表音表記法（ピンイン）のローマ字順である．したがって，単純な（機械的な）ローマ字順ではない．また，大文字・小文字は順序に関係ない． |
| 4-5 | ローマ字表記が同一の音節は，第1声から声調の順に配列し，軽声は第4声の後ろに置いた．ただし，同一語形で音形が原調 |

V この辞典の使い方

か軽声かの差異である場合，原調のものの次に軽声のものを並べた．

> 例：**jīngshén**【精神】
> **jīngshen**【精神】
> **jīngshénbìng**【精神病】
> **jīngshén fēnlièzhèng**【精神分裂症】
> **jīngshén wénmíng**【精神文明】

4-6 二つ以上の単語から作られていることが明らかで表記が長めになる見出し語は，分かち書きをした．成語も，原則として分かち書きとした．

> 例：**ānquán lǐshìhuì**【安全理事会】
> **bā bài zhī jiāo**【八拝之交】

4-7 「**bāng**//**máng**【帮忙】」「**tīng**//**jiàn**【所見】」「**qǐ**//**lái**【起来】」のように，「//」（ダブル・スラッシュ）を入れた見出し語は，「//」の部分に他の成分を挿入することができることを表す．ただし，この「//」記号は名詞用法等の場合は意味を持たない．

4-8 方向補語の中で，特に意味・用法が複雑なものは上下に罫線を入れた小囲みとして，説明と用例を加えた．

## 5 重要語について

5-1 学習上の目安として，重要語約4000語を選定した．これらの単語の選定には，中国や日本で作られた語彙調査資料，初級・中級の教科書，HSKをはじめとする各種の中国語能力検定の辞書・参考書などを参照した．

5-2 重要語は，見出し語のピンインを色版にしてある．また，見出し字については，その字を色版にしてある．

## 6 語釈と用例について

6-1 意味が複数に分かれる場合，**1**，**2**，**3**により分類して示した．品詞が多岐にわたる場合，必要に応じて❶，❷，❸により分類した．さらに区分けが必要と思われるものは，語法的なものはⓐⓑⓒで，意味的なものは①②③で示した．また訳語でニュアンスの異なるものは「；」(セミコロン)で区切った．

6-2 意味の区分を示す数字**1**，**2**，**3**の後ろに（ ）で同義・類義語（=），反義・対義語（↔）を適宜挙げた．これらの同義，類義，反義，対義の語は比較的ゆるい基準で示してある．

6-3 重要語などの訳語や語釈説明で大切と思われるものは赤いゴチック体（太い書体）で示した．

6-4 品詞名については，次の **7 品詞表示について**を参照されたい．

6-5 重要な名詞には原則として語釈の後ろに，[ ]内によく使用される量詞を示した．

6-6 項目の後ろに，必要に応じて〈書〉（文章語），〈口〉（話し言葉），〈方〉（方言），〈喩〉（比喩）などの記号で使用レベルを示した．また，専門語には，〈化〉（化学），〈生理〉（生理学）などの記号で，その分野を示した．
→記号・略号一覧（VIページ）

6-7 用例は，見出しの意味の理解を容易にし，その用法を明らかにする例文・例句を挙げるよう努めた．

6-8 用例の始まりには，「¶」（パラグラフ記号）を置いた．用例と日本語訳の間は「/」（スラッシュ）で区切った．

6-9 用例中の見出し相当の漢字と語句は，「～」で示した．

## この辞典の使い方　VI

### 7 品詞表示について

この辞典の品詞分類は次のとおりである．

| 名詞 名 | 方位詞 方位 | 動詞 動 |
| --- | --- | --- |
| 形容詞 形 | 副詞 副 | 助動詞 助動 |
| 前置詞(介詞) 前 | 代詞 代 | 疑問代詞 疑 |
| 数詞 数 | 量詞 量 | 接続詞 接続 |
| 助詞 助 | 感嘆詞 感 | 擬態語・擬声語 擬 |
| 接頭辞 接頭 | 接尾辞 接尾 | 接中辞 接中 |

特に，動詞の中でその語構成に着目し，次の三つを設けた．

　動詞+可能補語 動+可補　　動詞+結果補語 動+結補
　動詞+方向補語 動+方補

また，上記の品詞に準ずるものとして，次のものを設けた．

　成語・格言(形式) 〈成〉　　慣用語 〈慣〉
　ことわざ 〈諺〉　　　　　歇後語 〈歇〉
　常套句 〈套〉　　　　　　文型 〈型〉
　挿入句 〈挿〉

上記の分類に当てはまらない，造語成分は ┨ で示した．また，姓氏は 姓 で示し，人名や地名にしか用いられない字については，品詞を明示せず，人名用字，地名用字と示した．さらに，連語など品詞を明示していないものもある．

### 8 索引について

「部首索引」「音訓索引」「総画索引」の3種の索引を設けた．
→索引1ページ～85ページ

### 9 記号・略号一覧

| - | 接尾辞を示す． |
| --- | --- |
| 【 】 | 見出し語の中国漢字表記を示す． |
| ❶❷ | 大きな語義分けを示す． |
| 1 2 | 語義番号を示す． |
| ⓐⓑ | 用法の違いを示す． |
| ①② | 細かな語義分けを示す． |
| ┨ | 造語成分を示す． |
| (=) | 同義語・類義語を示す． |
| (↔) | 反義語・対義語を示す． |
| ¶ | 用例の始まりを示す． |
| ～ | 見出し相当語の省略を示す． |
| / | 用例中の中国語と日本語の境を示す． |
| " " | 日本語の文中の中国語を示す． |
| ▶ | 同類義語・訳語・用法等の補足説明を示す． |
| ▲ | 「第1批異形詞整理表」により整理された表記．(ただし，見出し語の1字目が同じもののみ．) |
| → | 空見出しから主見出しへの参照を示す． |
| ⇒ | 参考になる関連見出しへの参照を示す． |
| ○ | 下にその親字が使われた熟語があることを示す． |
| → | 親字の用例の空見出しで，それが熟語として下記に立項されていることを示す． |
| - | 行末でピンイン綴りが切れているが，本来は続いていることを示す． |
| ‖姓 | 見出し字が姓氏として用いられることを示す． |
| 異読⇒ | 親字に別の音があることを示す． |

| | | |
|---|---|---|
| 〈略〉略語 | 〈書〉書面語・文章語 | 〈口〉口語・話し言葉 |
| 〈方〉方言 | 〈俗〉俗語 | 〈転〉転義 |
| 〈旧〉旧中国で使われていた言葉・語義 | | 〈近〉近世の白話 |
| 〈古〉古代に使われていた言葉・語義 | | 〈喩〉たとえ・比喩 |
| 〈敬〉敬語・敬称 | 〈謙〉謙譲語 | 〈婉〉婉曲表現 |
| 〈諧〉諧謔 | 〈諷〉諷刺・皮肉の表現 | |
| 〈罵〉罵り言葉 | 〈貶〉貶し言葉 | |
| 〈譏〉そしり、非難するニュアンスをもつ言葉 | | |

| | | |
|---|---|---|
| 〈中医〉中国の伝統医学・漢方 | | 〈中薬〉中国薬・漢方薬 |
| 〈医〉医学 | 〈薬〉薬物・薬学 | |
| 〈宗〉(仏教を除く)宗教 | | 〈仏〉仏教 |
| 〈史〉歴史上の事柄 | 〈物〉物理 | 〈化〉化学 |
| 〈天〉天文・天体 | 〈気〉気象 | 〈地〉地理 |
| 〈地質〉地質学 | 〈鉱〉鉱物 | 〈数〉数学 |
| 〈冶〉冶金 | 〈印〉印刷 | 〈電〉電気 |
| 〈電子〉電子工学 | 〈電算〉コンピュータ | 〈機〉機械 |
| 〈紡〉紡績 | 〈裁〉裁縫 | 〈映〉映画 |
| 〈無〉無線 | 〈測〉測量 | 〈水〉水利・治水 |
| 〈音〉音楽 | 〈美〉美術・美学 | 〈劇〉演劇 |
| 〈心〉心理学 | 〈論〉論理 | 〈生理〉生理学 |
| 〈生〉生物学 | 〈生化〉生化学 | 〈文〉文学 |
| 〈語〉言語学・語学 | 〈経〉経済・商業 | 〈政〉政治 |
| 〈法〉法律・司法 | 〈動〉動物 | 〈植〉植物 |
| 〈虫〉昆虫類・クモ類 | 〈魚〉魚類 | 〈貝〉貝類 |
| 〈鳥〉鳥類 | 〈農〉農業 | 〈林〉林業 |
| 〈牧〉牧畜業 | 〈体〉体育・スポーツ | 〈交〉交通 |
| 〈自〉自動車 | 〈環境〉環境 | |

本凡例に示すとおり、記述には厳格な姿勢をもって臨んだが、ポケット判辞書という制限もあり、個々の記述にあっては限られた紙幅の中で厳格さよりも利用者にとっての利益を優先することが避けられない場合もあり、この凡例が一切の例外を認めない原則ではないことをご了承いただきたい。

# 中国標準字形照合表

**本辞典では偏旁のみ簡略化されたものや、字形の一部分だけが変更されたものは原則として異体字にあげなかった。それらについては下にあげる「偏旁に用いる簡化文字一覧」(「簡化字総表第二版」の第二表) と「新旧字形対照表」を参照・照合していただきたい。**

## 偏旁に用いる簡化文字一覧

| | | | | | | | | | |
|---|---|---|---|---|---|---|---|---|---|
| A | 爱〔愛〕 | G | 冈〔岡〕 | | 卢〔盧〕 | | 寿〔壽〕 | 偏旁にのみ | |
| B | 罢〔罷〕 | | 广〔廣〕 | | 房〔虜〕 | | 属〔屬〕 | 用いるもの | |
| | 备〔備〕 | | 归〔歸〕 | | 卤〔鹵〕 | | 双〔雙〕 | 讠 | 〔言〕 |
| | 贝〔貝〕 | | 龟〔龜〕 | | 〔滷〕 | | 肃〔肅〕 | 饣 | 〔食〕 |
| | 笔〔筆〕 | | 国〔國〕 | | 录〔錄〕 | | 岁〔歲〕 | 昜 | 〔昜〕 |
| | 毕〔畢〕 | | 过〔過〕 | | 虑〔慮〕 | | 孙〔孫〕 | 纟 | 〔糸〕 |
| | 边〔邊〕 | H | 华〔華〕 | | 仑〔侖〕 | T | 条〔條〕 | 収 | 〔取〕 |
| | 宾〔賓〕 | | 画〔畫〕 | | 罗〔羅〕 | W | 万〔萬〕 | 丗 | 〔芻〕 |
| C | 参〔參〕 | | 汇〔匯〕 | | 〔囉〕 | | 为〔爲〕 | 𫩏 | 〔臨〕 |
| | 仓〔倉〕 | | | 〔彙〕 | M | 马〔馬〕 | | 韦〔韋〕 | 只 | 〔戠〕 |
| | 产〔產〕 | | 会〔會〕 | | 买〔買〕 | | 乌〔烏〕 | 𠂉 | 〔與〕 |
| | 长〔長〕 | J | 几〔幾〕 | | 卖〔賣〕 | | 无〔無〕 | 睪 | 〔睪〕 |
| | 尝〔嘗〕 | | 夹〔夾〕 | | 麦〔麥〕 | X | 献〔獻〕 | 巠 | 〔巠〕 |
| | 车〔車〕 | | 戋〔戔〕 | | 门〔門〕 | | 乡〔鄉〕 | 亦 | 〔戀〕 |
| | 齿〔齒〕 | | 监〔監〕 | | 黾〔黽〕 | | 写〔寫〕 | 吕 | 〔呂〕 |
| | 虫〔蟲〕 | | 见〔見〕 | N | 难〔難〕 | | 寻〔尋〕 | | |
| | 刍〔芻〕 | | 荐〔薦〕 | | 鸟〔鳥〕 | Y | 亚〔亞〕 | | |
| | 从〔從〕 | | 将〔將〕 | | 聂〔聶〕 | | 严〔嚴〕 | | |
| | 窜〔竄〕 | | 节〔節〕 | | 宁〔寧〕 | | 厌〔厭〕 | | |
| D | 达〔達〕 | | 尽〔盡〕 | | 农〔農〕 | | 尧〔堯〕 | | |
| | 带〔帶〕 | | 〔儘〕 | Q | 齐〔齊〕 | | 业〔業〕 | | |
| | 单〔單〕 | | 进〔進〕 | | 岂〔豈〕 | | 页〔頁〕 | | |
| | 当〔當〕 | | 举〔舉〕 | | 气〔氣〕 | | 义〔義〕 | | |
| | 〔噹〕 | K | 売〔殼〕 | | 迁〔遷〕 | | 艺〔藝〕 | | |
| | 党〔黨〕 | L | 来〔來〕 | | 佥〔僉〕 | | 阴〔陰〕 | | |
| | 东〔東〕 | | 乐〔樂〕 | | 乔〔喬〕 | | 隐〔隱〕 | | |
| | 动〔動〕 | | 离〔離〕 | | 亲〔親〕 | | 犹〔猶〕 | | |
| | 断〔斷〕 | | 历〔歷〕 | | 穷〔窮〕 | | 鱼〔魚〕 | | |
| | 对〔對〕 | | 〔曆〕 | | 区〔區〕 | | 与〔與〕 | | |
| | 队〔隊〕 | | 丽〔麗〕 | S | 啬〔嗇〕 | | 云〔雲〕 | | |
| E | 尔〔爾〕 | | 两〔兩〕 | | 杀〔殺〕 | Z | 郑〔鄭〕 | | |
| F | 发〔發〕 | | 灵〔靈〕 | | 审〔審〕 | | 执〔執〕 | | |
| | 〔髮〕 | | 刘〔劉〕 | | 圣〔聖〕 | | 质〔質〕 | | |
| | 丰〔豐〕 | | 龙〔龍〕 | | 师〔師〕 | | 专〔專〕 | | |
| | 风〔風〕 | | 娄〔婁〕 | | 时〔時〕 | | | | |

# 新旧字形対照表

注：右横の数字は画数，例は新字

| 旧 | 新 | 例 | 旧 | 新 | 例 |
|---|---|---|---|---|---|
| 艹 4 | 艹 3 | 花 草 | 直 8 | 直 8 | 值 植 |
| 辶 4 | 辶 3 | 连 速 | 黾 8 | 黾 8 | 绳 鼋 |
| 开 6 | 开 4 | 型 形 | 咼 9 | 咼 8 | 過 蝸 |
| 丰 4 | 丰 4 | 艳 沣 | 垂 9 | 垂 8 | 睡 郵 |
| 巨 5 | 巨 4 | 苣 渠 | 㑒 9 | 㑒 8 | 飲 飽 |
| 屯 4 | 屯 4 | 纯 顿 | 郎 9 | 郎 8 | 廊 螂 |
| 瓦 5 | 瓦 4 | 瓶 瓷 | 彔 8 | 录 8 | 渌 箓 |
| 反 4 | 反 4 | 板 饭 | 昷 10 | 㱃 9 | 温 瘟 |
| 丑 4 | 丑 4 | 纽 杻 | 骨 10 | 骨 9 | 滑 骼 |
| 犮 5 | 犮 5 | 拔 茇 | 鬼 10 | 鬼 9 | 槐 嵬 |
| 印 6 | 印 5 | 茚 | 俞 9 | 俞 9 | 偷 渝 |
| 耒 6 | 耒 6 | 耕 耘 | 既 11 | 既 9 | 溉 厩 |
| 吕 7 | 吕 6 | 侣 营 | 蚤 10 | 蚤 9 | 搔 骚 |
| 攸 7 | 攸 6 | 修 倏 | 敖 11 | 敖 10 | 傲 遨 |
| 争 8 | 争 6 | 净 静 | 莽 12 | 莽 10 | 漭 蟒 |
| 产 6 | 产 6 | 彦 产 | 眞 10 | 真 10 | 慎 填 |
| 羊 7 | 羊 6 | 差 养 | 备 10 | 备 10 | 摇 遥 |
| 幷 8 | 并 6 | 屏 拼 | 殺 11 | 殺 10 | 搬 鍛 |
| 吴 7 | 吴 7 | 蜈 虞 | 黄 12 | 黄 11 | 廣 横 |
| 角 7 | 角 7 | 解 确 | 虚 12 | 虚 11 | 墟 歔 |
| 奐 9 | 奂 7 | 换 痪 | 異 12 | 異 11 | 冀 戴 |
| 俯 8 | 甪 7 | 敝 弊 | 象 12 | 象 11 | 像 橡 |
| 肖 8 | 肖 7 | 敢 嚴 | 奥 13 | 奥 12 | 澳 襖 |
| 者 9 | 者 8 | 都 著 | 普 13 | 普 12 | 谱 氆 |

# 中国語音節表

| 声母\韻母 | a [a] | o [o] | e [ɤ] | ê [e] | -i [ɿ] | -i [ʅ] | er [ɚ] | ai [ai] | ei [ei] | ao [au] |
|---|---|---|---|---|---|---|---|---|---|---|
| ゼロ声母 | a ア | o オ | e オ | ê エ | | | er アル | ai アイ | ei エイ | ao アオ |
| 両唇音 b[p] | ba バ | bo ボ | | | | | | bai バイ | bei ベイ | bao バオ |
| 両唇音 p[pʻ] | pa パ | po ポ | | | | | | pai パイ | pei ペイ | pao パオ |
| 両唇音 m[m] | ma マ | mo モ | me モ | | | | | mai マイ | mei メイ | mao マオ |
| 唇歯音 f[f] | fa ファ | fo フォ | | | | | | | fei フェイ | |
| 舌尖音 d[t] | da ダ | | de デェ | | | | | dai ダイ | dei デイ | dao ダオ |
| 舌尖音 t[tʻ] | ta タ | | te トォ | | | | | tai タイ | | tao タオ |
| 舌尖音 n[n] | na ナ | | ne ネェ | | | | | nai ナイ | nei ネイ | nao ナオ |
| 舌尖音 l[l] | la ラ | lo ロ | le レェ | | | | | lai ライ | lei レイ | lao ラオ |
| 舌根音 g[k] | ga ガ | | ge ゴォ | | | | | gai ガイ | gei ゲイ | gao ガオ |
| 舌根音 k[kʻ] | ka カ | | ke コォ | | | | | kai カイ | kei ケイ | kao カオ |
| 舌根音 h[x] | ha ハ | | he ホ | | | | | hai ハイ | hei ヘイ | hao ハオ |
| 舌面音 j[tɕ] | | | | | | | | | | |
| 舌面音 q[tɕʻ] | | | | | | | | | | |
| 舌面音 x[ɕ] | | | | | | | | | | |
| そり舌音(捲舌音) zh[tʂ] | zha ジャ | | zhe ジョ | | | zhi ジ | | zhai ジャイ | zhei ジェイ | zhao ジャオ |
| そり舌音(捲舌音) ch[tʂʻ] | cha チャ | | che チョ | | | chi チ | | chai チャイ | | chao チャオ |
| そり舌音(捲舌音) sh[ʂ] | sha シャ | | she ショ | | | shi シ | | shai シャイ | shei シェイ | shao シャオ |
| そり舌音(捲舌音) r[ʐ] | | | re ルォ | | | ri ルイ | | | | rao ラオ |
| 舌歯音 z[ts] | za ザァ | | ze ゼォ | | zi ズ | | | zai ザァイ | zei ゼイ | zao ザァオ |
| 舌歯音 c[tsʻ] | ca ツァ | | ce ツォ | | ci ツ | | | cai ツァイ | | cao ツァオ |
| 舌歯音 s[s] | sa サ | | se セ | | si ス | | | sai サイ | | sao サオ |

〈注1〉日本語の音節が仮名一字に相当するように、中国語の音節は漢字一字に相当する。仮名はほぼ完全な音節文字であり、五十音図は仮名文字の一覧表でもあるが、中国語では音節を代表する漢字が定まっていない。したがってこの表には、音節と漢字との対応は示していない。

# XI 中国語音節表

中国語の音節は，音節の初めの子音（声母）とそのあとに続く母音を中心とする部分（韻母）と声調とから構成されている．この音節表は，日本語の五十音図にならって，中国語の音節を声母（子音）と韻母（母音）の組み合わせとして一覧表に表したものである．声調は表示せず，また方言や感嘆詞に表れる特殊な音節（fiao, ng, hm, hng など）は，本辞典に収録したものを含め省略した．

| ou<br>[ou] | an<br>[an] | en<br>[ən] | ang<br>[aŋ] | eng<br>[əŋ] | ong<br>[uŋ] | i<br>[i] | ia<br>[ia] | io<br>[io] | ie<br>[ie] | iao<br>[iau] |
|---|---|---|---|---|---|---|---|---|---|---|
| ou<br>オウ | an<br>アヌ | en<br>エヌ | ang<br>アン | eng<br>オン | | yi<br>イ | ya<br>ヤ | yo<br>ヨォ | ye<br>イエ | yao<br>ヤオ |
| | ban<br>バヌ | ben<br>ベヌ | bang<br>バン | beng<br>ボン | | bi<br>ビ | | | bie<br>ビエ | biao<br>ビアオ |
| pou<br>ポウ | pan<br>パヌ | pen<br>ペヌ | pang<br>パン | peng<br>ポン | | pi<br>ピ | | | pie<br>ピエ | piao<br>ピアオ |
| mou<br>モウ | man<br>マヌ | men<br>メヌ | mang<br>マン | meng<br>モン | | mi<br>ミ | | | mie<br>ミエ | miao<br>ミアオ |
| fou<br>フォウ | fan<br>ファヌ | fen<br>フェヌ | fang<br>ファン | feng<br>フォン | | | | | | |
| dou<br>ドウ | dan<br>ダヌ | den<br>デヌ | dang<br>ダン | deng<br>ドン | dong<br>ドォン | di<br>ディ | dia<br>ディア | | die<br>ディエ | diao<br>ディアオ |
| tou<br>トウ | tan<br>タヌ | | tang<br>タン | teng<br>トン | tong<br>トォン | ti<br>ティ | | | tie<br>ティエ | tiao<br>ティアオ |
| nou<br>ノウ | nan<br>ナヌ | nen<br>ネヌ | nang<br>ナン | neng<br>ノン | nong<br>ノォン | ni<br>ニ | | | nie<br>ニエ | niao<br>ニアオ |
| lou<br>ロウ | lan<br>ラヌ | | lang<br>ラン | leng<br>ロン | long<br>ロォン | li<br>リ | lia<br>リア | | lie<br>リエ | liao<br>リアオ |
| gou<br>ゴウ | gan<br>ガヌ | gen<br>ゲヌ | gang<br>ガン | geng<br>ゴン | gong<br>ゴォン | | | | | |
| kou<br>コウ | kan<br>カヌ | ken<br>ケヌ | kang<br>カン | keng<br>コン | kong<br>コォン | | | | | |
| hou<br>ホウ | han<br>ハヌ | hen<br>ヘヌ | hang<br>ハン | heng<br>ホン | hong<br>ホォン | | | | | |
| | | | | | | ji<br>ジィ | jia<br>ジィア | | jie<br>ジエ | jiao<br>ジアオ |
| | | | | | | qi<br>チィ | qia<br>チア | | qie<br>チエ | qiao<br>チアオ |
| | | | | | | xi<br>シィ | xia<br>シア | | xie<br>シエ | xiao<br>シアオ |
| zhou<br>ジョウ | zhan<br>ジャヌ | zhen<br>ジェヌ | zhang<br>ジャン | zheng<br>ジョン | zhong<br>ジョォン | | | | | |
| chou<br>チョウ | chan<br>チャヌ | chen<br>チェヌ | chang<br>チャン | cheng<br>チョン | chong<br>チョォン | | | | | |
| shou<br>ショウ | shan<br>シャヌ | shen<br>シェヌ | shang<br>シャン | sheng<br>ション | | | | | | |
| rou<br>ルゥオ | ran<br>ルァヌ | ren<br>ルェヌ | rang<br>ルァン | reng<br>ルォン | rong<br>ルゥォン | | | | | |
| zou<br>ゾウ | zan<br>ザヌ | zen<br>ゼヌ | zang<br>ザン | zeng<br>ゾン | zong<br>ゾォン | | | | | |
| cou<br>ツォウ | can<br>ツァヌ | cen<br>ツェヌ | cang<br>ツァン | ceng<br>ツォン | cong<br>ツォン | | | | | |
| sou<br>ソウ | san<br>サヌ | sen<br>セヌ | sang<br>サン | seng<br>ソン | song<br>ソォン | | | | | |

〈注2〉[ ]内は国際音字母．原則として周殿福編著《国際音标自学手册》（商務印書館 1985年）の略略表記法に従ったが，日本人の中国語学習者を考慮して一部に変更を加えた．なお仮名は，中国語の音節（漢字）を日本語で表音表記する場合の書き方を示したもので，発音の表記としては参考程度にしかならない．

# 中国語音節表

| 声母＼韻母 | | iou [iou] | ian [iεn] | in [in] | iang [iaŋ] | ing [iŋ] | iong [yuŋ] | u [u] | ua [ua] |
|---|---|---|---|---|---|---|---|---|---|
| ゼロ声母 | | you イウ | yan イエヌ | yin イヌ | yang ヤン | ying イン | yong ヨン | wu ウ | wa ワ |
| 両唇音 | b | | bian ビエヌ | bin ビヌ | | bing ビン | | bu ブゥ | |
| | p | | pian ピエヌ | pin ピヌ | | ping ピン | | pu プゥ | |
| | m | miu ミウ | mian ミエヌ | min ミヌ | | ming ミン | | mu ムゥ | |
| 唇歯音 | f | | | | | | | fu フゥ | |
| 舌尖音 | d | diu ディウ | dian ディエヌ | | | ding ディン | | du ドゥ | |
| | t | | tian ティエヌ | | | ting ティン | | tu トゥ | |
| | n | niu ニィウ | nian ニエヌ | nin ニヌ | niang ニアン | ning ニン | | nu ヌゥ | |
| | l | liu リィウ | lian リエヌ | lin リヌ | liang リアン | ling リン | | lu ルゥ | |
| 舌根音 | g | | | | | | | gu グゥ | gua グア |
| | k | | | | | | | ku クゥ | kua クア |
| | h | | | | | | | hu フゥ | hua ホア |
| 舌面音 | j | jiu ジィウ | jian ジエヌ | jin ジヌ | jiang ジアン | jing ジン | jiong ジョオン | | |
| | q | qiu チィウ | qian チエヌ | qin チヌ | qiang チアン | qing チン | qiong チョン | | |
| | x | xiu シィウ | xian シエヌ | xin シヌ | xiang シアン | xing シン | xiong ション | | |
| そり舌音 (捲舌音) | zh | | | | | | | zhu ジュ | zhua ジョア |
| | ch | | | | | | | chu チュ | chua チュア |
| | sh | | | | | | | shu シュ | shua ショア |
| | r | | | | | | | ru ルゥ | rua ルア |
| 舌歯音 | z | | | | | | | zu ズゥ | |
| | c | | | | | | | cu ツゥ | |
| | s | | | | | | | su スゥ | |

〈注3〉ê と yo は感嘆詞だけに用いられる. i は [ɿ][ʅ][i] の三つの音を表す. iou と uei は前に声母がないときはそれぞれ you・wei, 前に声母があるときはそれぞれ -iu・-ui とつづる. uen は前に声母がないときは wen, 前に声母があるときは -un とつづる.

# 中国語音節表

| | uo [uo] | uai [uai] | uei [uei] | uan [uan] | uen [uən] | uang [uaŋ] | ueng [uəŋ] | ü [y] | üe [ye] | üan [yan] | ün [yn] |
|---|---|---|---|---|---|---|---|---|---|---|---|
| | wo ウオ | wai ワイ | wei ウエイ | wan ワヌ | wen ウエヌ | wang ワン | weng ウォン | yu ユィ | yue ユエ | yuan ユアヌ | yun ユヌ |
| d | duo ドゥオ | | dui ドゥイ | duan ドアヌ | dun ドゥヌ | | | | | | |
| t | tuo トゥオ | | tui トゥイ | tuan トアヌ | tun トウヌ | | | | | | |
| n | nuo ヌオ | | | nuan ヌアヌ | nun ヌゥヌ | | | nü ニュ | nüe ニュエ | | |
| l | luo ルオ | | | luan ルアヌ | lun ルヌ | | | lü リュ | lüe リュエ | | |
| g | guo グオ | guai グアイ | gui グォイ | guan グアヌ | gun グゥヌ | guang グアン | | | | | |
| k | kuo クオ | kuai クアイ | kui クォイ | kuan クアヌ | kun クヌ | kuang クアン | | | | | |
| h | huo フオ | huai ホアイ | hui ホォイ | huan ホアヌ | hun フヌ | huang ホアン | | | | | |
| j | | | | | | | | ju ジュ | jue ジュエ | juan ジュアヌ | jun ジュヌ |
| q | | | | | | | | qu チュイ | que チュエ | quan チュアヌ | qun チュヌ |
| x | | | | | | | | xu シュイ | xue シュエ | xuan シュアヌ | xun シュヌ |
| zh | zhuo ジュオ | zhuai ジョアイ | zhui ジョイ | zhuan ジョアヌ | zhun ジュヌ | zhuang ジョアン | | | | | |
| ch | chuo チュオ | chuai チョアイ | chui チョイ | chuan チョアヌ | chun チュヌ | chuang チョアン | | | | | |
| sh | shuo シュオ | shuai ショアイ | shui ショイ | shuan ショアヌ | shun シュヌ | shuang ショアン | | | | | |
| r | ruo ルゥオ | | rui ルォイ | ruan ルゥワヌ | run ルヌ | | | | | | |
| z | zuo ズオ | | zui ズォイ | zuan ズワヌ | zun ズゥヌ | | | | | | |
| c | cuo ツオ | | cui ツォイ | cuan ツワヌ | cun ツゥヌ | | | | | | |
| s | suo スオ | | sui スイ | suan スアヌ | sun スヌ | | | | | | |

〈注4〉① 〔バ・ダ…〕などは原音では濁音ではなくて無気の清音. 〔パ・タ…〕などは有気音. ② 原音はすべて1音節なので、原音に近く発音するには滑らかに一気に発音する必要がある. ③ 〔…ヌ〕〔…ン〕は韻尾 -n・-ng の区別を便宜的に示したものである.

# 部首索引

- ○「部首早見表」は表見返しに掲載した。
- ○画数は部首の画数を差し引いて、画数順に配列してある。
- ○格段の右側の数字は本文の掲載ページを示す。
- ○（ ）でくくられた文字は繁体字や異体字である。

## 1 丶（亻）厂乂匚

**2画**
丸 wán 842

**3画**
丹 dān 181
为 wéi 851
　 wèi 856

**4画**
主 zhǔ 1095
举 jǔ 465

## 2 一（乛）

**1画**
一 yī 970

**2画**
丁 dīng 215
　 zhēng 1065
七 qī 651

**3画**
万 mò 588
　 wàn 845
三 sān 710
上 shǎng 722
　 shàng 722
下 xià 884
与 yú 1015
　 yǔ 1017
　 yù 1019
丈 zhàng 1053

**3画**
不 bù 70
丑 chǒu 132
丐 gài 286
互 hù 372
丏 miǎn 575
(帀) zā 1034

**4画**
丙 bǐng 62
丕 pī 635
且 qiě 671
丘 qiū 682
世 shì 749

丝 sī 777

**5画**
丞 chéng 117
亚 yà 948

**6画**
丽 lí 514
　 lì 519
两 liǎng 528
严 yán 950
奡 ào 10

## 3 丨

**2画**
丫 yā 944

**3画**
丰 fēng 268
书 shū 761
中 zhōng 1084
　 zhòng 1089

**6画**
串 chuàn 144

**8画**
临 lín 530

## 4 丿（乀）

**1画**
九 jiǔ 459
乃 nǎi 597
乂 yì 984

**2画**
(几) fán 250
及 jí 406
(么) ma 552
　 ma 552
么 me 562
(幺) yāo 961
义 yì 984
之 zhī 1071

**3画**
乏 fá 247
卅 sà 710
乎 hū 369

乐 lè 511
　 yuè 1030
乍 zhà 1046

**5画**
乓 pāng 629
乒 pīng 643
乔 qiáo 669
秉 bǐng 62
乖 guāi 324

**8画**
(甞) chā 94

**9画**
乘 chéng 119
　 shèng 740

**11画**
粤 yuè 1031

## 5 乛（乙一乁乀乚乃乚）

**1画**
乙 yǐ 982

**2画**
刁 diāo 211
乜 miē 578
　 niè 614

**3画**
飞 fēi 260
乞 qǐ 655
也 yě 967

**4画**
(乑) dàng 188

**5画**
乩 dū 225
乱 jī 403

**6画**
乱 luàn 544

**7画**
乳 rǔ 705
事 shì 751

**10画**
(飛) fēi 260
(乾) gān 287

乾 qián 664

## 6 乛

**3画**
兰 lán 504

**4画**
并 bīng 61
　 bìng 63
关 guān 325

**6画**
(亚) bìng 63

**7画**
兹 cí 152
　 zī 1110
前 qián 662

**8画**
兼 jiān 421

**9画**
兽 shòu 761

**16画**
巉 chǎn 100

**19画**
夔 kuí 498

## 7 亠

**1画**
亡 wáng 846

**3画**
亢 kàng 480

**4画**
产 chǎn 99
亥 hài 344
交 jiāo 430

**5画**
亨 hēng 361
京 jīng 451
氓 máng 558
　 méng 569
享 xiǎng 900
夜 yè 968

**7画**
亮 liàng 526
亭 tíng 817

| | | | | | | | |
|---|---|---|---|---|---|---|---|
| 8画 | | 凝 níng | 615 | 论 lún | 545 | 详 xiáng | 900 |
| 亳 bó | 67 | | | lùn | 546 | (詢) xiōng | 928 |
| 高 gāo | 294 | 9 冖 | | 讷 nè | 604 | 讶 xǔ | 934 |
| 离 lí | 515 | 2画 | | 讴 ōu | 623 | 询 xún | 943 |
| 9画 | | 冗 rǒng | 703 | 设 shè | 729 | 诣 yì | 987 |
| (產) chǎn | 99 | 3画 | | 讼 sòng | 783 | 誉 yù | 1023 |
| 10画 | | 写 xiě | 914 | 讻 xiōng | 928 | 詹 zhān | 1048 |
| (裔) qǐng | 680 | xiè | 915 | 许 xǔ | 934 | 净 zhèng | 1070 |
| 11画 | | 4画 | | 讶 yà | 948 | 诛 zhū | 1093 |
| (稟) bǐng | 63 | 农 nóng | 618 | 5画 | | 訾 zī | 1111 |
| 亶 dǎn | 184 | 7画 | | 诐 bì | 49 | zǐ | 1113 |
| 12画 | | 冠 guān | 327 | 词 cí | 151 | 7画 |  |
| 裹 guǒ | 338 | guàn | 328 | 诋 dǐ | 200 | (誖) bèi | 41 |
| 15画 | | 8画 | | 诂 gǔ | 318 | 诰 gào | 299 |
| (甕) wèng | 862 | 冥 míng | 584 | 诃 hē | 353 | 诲 huì | 393 |
| 20画 | | 冤 yuān | 1023 | 詈 lì | 520 | 诫 jiè | 444 |
| 亹 mén | 568 | 冢 zhǒng | 1089 | 评 píng | 645 | 诳 kuáng | 496 |
| | | 10画 | | 诎 qū | 683 | 诮 qiào | 671 |
| 8 冫(冫) | | 幂 mì | 574 | 识 shí | 746 | (認) rèn | 699 |
| 1画 | | zhì | 1081 | | | 誓 shì | 754 |
| 习 xí | 879 | 13画 | | 诉 sù | 785 | 说 shuì | 774 |
| 4画 | | (冪) mì | 574 | 诩 xiòng | 929 | shuō | 775 |
| 冰 bīng | 60 | | | 诒 yí | 980 | yuè | 1030 |
| 冲 chōng | 127 | 10 讠(言) | | 译 yì | 987 | 诵 sòng | 784 |
| chòng | 130 | 言 yán | 951 | (詠) yǒng | 1002 | 诬 wū | 865 |
| 决 jué | 469 | 2画 | | 诈 zhà | 1046 | 误 wù | 874 |
| 5画 | | 订 dìng | 217 | 诏 zhào | 1057 | 诱 yòu | 1014 |
| 冻 dòng | 222 | 讣 fù | 280 | 诊 zhěn | 1063 | 语 yǔ | 1019 |
| 况 kuàng | 496 | 讥 jī | 402 | 证 zhèng | 1070 | yù | 1020 |
| 冷 lěng | 513 | 计 jì | 410 | 诎 qiú | 683 | 诒 zhuì | 1091 |
| 冶 yě | 967 | 讧 rèn | 699 | (註) zhù | 1098 | (誌) zhì | 1080 |
| 6画 | | 3画 | | 诅 zǔ | 1123 | 8画 |  |
| 净 jìng | 456 | 讧 hòng | 366 | 6画 | | 谄 chǎn | 99 |
| 冽 liè | 529 | 记 jì | 411 | 诧 chà | 96 | 调 diào | 213 |
| 洗 xiǎn | 892 | 讦 jié | 440 | 诚 chéng | 118 | tiáo | 812 |
| 枣 zǎo | 1041 | 讫 qì | 658 | 诞 dàn | 185 | 读 dòu | 225 |
| 8画 | | 让 ràng | 693 | 该 gāi | 285 | dú | 227 |
| 凋 diāo | 211 | 讪 shàn | 719 | 诟 gòu | 315 | 诽 fěi | 263 |
| (凍) dòng | 222 | 讨 tǎo | 800 | 诖 guà | 323 | 课 kè | 486 |
| 凉 liáng | 526 | (託) tuō | 835 | 诡 guǐ | 333 | 谅 liàng | 526 |
| | liàng | 526 | 训 xùn | 943 | 话 huà | 380 | (論) lún | 545 |
| 凌 líng | 532 | 讯 xùn | 943 | 诙 huī | 388 | lùn | 546 |
| 凄 qī | 651 | 议 yì | 985 | 诨 hùn | 396 | 诺 nuò | 623 |
| 凇 sōng | 782 | 4画 | | 诘 jié | 440 | 请 qǐng | 680 |
| 准 zhǔn | 1108 | (訊) chén | 114 | (誇) kuā | 493 | 谁 shéi | 731 |
| 9画 | | 讹 é | 238 | 诓 kuāng | 496 | | shuí | 771 |
| 凑 còu | 157 | 诐 fǎng | 257 | 诔 lěi | 512 | 谂 shěn | 735 |
| 减 jiǎn | 422 | 讽 fěng | 273 | 诠 quán | 689 | 谇 suì | 789 |
| 13画 | | 讳 huì | 393 | 诜 shēn | 732 | 谈 tán | 796 |
| 凛 lǐn | 531 | 讲 jiǎng | 428 | 诗 shī | 743 | 诿 wěi | 855 |
| (凜) lǐn | 531 | 讵 jù | 466 | 试 shì | 752 | 谊 yì | 988 |
| 14画 | | 诀 jué | 469 | 誊 téng | 804 | 谀 yú | 1016 |
| | | | | | | 诸 zhū | 1093 |

# 11～13：部首索引

## 部首索引

| | | | | | | |
|---|---|---|---|---|---|---|
| 谆 zhūn 1108 | (譌) é 238 | 2画 | 10画 |
| 诼 zhuó 1109 | (譏) jī 402 | 井 jǐng 455 | 博 bó 67 |
| 诹 zōu 1120 | 警 jǐng 455 | 亓 qí 652 | (喪) sāng 713 |
| 9画 | 谲 jué 471 | 五 wǔ 870 | sàng 713 |
| 诸 zhū 6 | 调 lán 504 | 云 yún 1031 | 11画 |
| 谗 chán 98 | 谱 pǔ 650 | 专 zhuān 1100 | (嗇) sè 714 |
| 谌 chén 114 | 谯 qiáo 670 | 3画 | (準) zhǔn 1108 |
| shèn 735 | (譙) qiáo 671 | 式 èr 244 | 12画 |
| 谛 dì 205 | (識) shí 746 | 4画 | 兢 jīng 453 |
| 谍 dié 214 | zhì 1081 | 亘 gèn 305 | (寰) zhì 1084 |
| 谔 è 239 | 谭 tán 797 | 6画 | 19画 |
| 谎 huǎng 388 | 谮 zèn 1044 | 些 xiē 912 | 颦 pín 643 |
| (諱) huì 393 | (證) zhèng 1070 | (亞) yà 948 | |
| 谏 jiàn 426 | zhèng 1071 | 12画 | 13 厂 |
| 谜 mèi 566 | 13画 | 亵 ài 5 | 厂 ān 5 |
| mí 572 | (護) hù 373 | 13画 | chǎng 104 |
| 谋 móu 590 | 警 pì 638 | 襶 dài 181 | 2画 |
| 谝 piǎn 640 | 谳 yàn 956 | | 厄 è 239 |
| (諡) shì 754 | (議) yì 985 | 12 十（十 十 †） | 历 lì 518 |
| 谓 wèi 857 | (譯) yì 987 | | 厅 tīng 816 |
| 谐 xié 914 | (譞) yù 1023 | 十 shí 743 | 仄 zè 1043 |
| 谖 xuān 936 | (譟) zào 1042 | 1画 | 3画 |
| 谑 xuè 942 | 谵 zhān 1048 | 千 qiān 660 | 厉 lì 518 |
| 谚 yàn 956 | 14画 | 2画 | 4画 |
| 谒 yè 969 | 辩 biàn 56 | 廿 niàn 613 | 厍 shè 729 |
| 谕 yù 1022 | (譴) zhé 1059 | 升 shēng 735 | 压 yā 944 |
| (諮) zī 1110 | 15画 | 午 wǔ 871 | yà 948 |
| 10画 | (讀) dòu 225 | 3画 | 厌 yàn 955 |
| 謷 áo 10 | dú 227 | 半 bàn 25 | 厕 cè 91 |
| 谤 bàng 29 | (讂) jiǎn 424 | 卉 huì 392 | (厓) yá 947 |
| 谠 dǎng 188 | 16画 | 卅 xì 881 | 厔 zhì 1081 |
| (譁) huá 377 | (轡) chóu 131 | 4画 | 7画 |
| 謇 jiǎn 424 | (讎) chóu 132 | 华 huá 377 | 厚 hòu 368 |
| (譾) jiǎn 428 | 雠 chóu 132 | huà 379 | 厘 lí 514 |
| 谧 mì 574 | 17画 | 协 xié 913 | (厖) páng 629 |
| 谟 mó 586 | (讒) chán 98 | 6画 | 8画 |
| 谦 qiān 662 | 谶 chèn 114 | 卑 bēi 37 | 厝 cuò 163 |
| 謚 shì 754 | (讓) ràng 693 | 单 chán 98 | 原 yuán 1024 |
| 谡 sù 786 | 18画 | dān 182 | 9画 |
| 谢 xiè 916 | (讖) yì 987 | shàn 720 | 厩 jiù 461 |
| 谣 yáo 963 | 19画 | 卒 cù 158 | 厢 xiāng 899 |
| (謅) zhōu 1091 | (讚) zàn 1038 | zú 1123 | 厣 yǎn 953 |
| 11画 | 20画 | 卖 mài 553 | 10画 |
| 謇 jiǎn 424 | (讞) dǎng 188 | 丧 sāng 713 | (厫) áo 9 |
| 谨 jǐn 448 | (讞) yàn 956 | sàng 713 | 厨 chú 138 |
| 谩 mán 554 | | (協) xié 913 | 厥 jué 471 |
| màn 556 | 11 二（二） | 卓 zhuó 1109 | 厦 shà 717 |
| 谬 miù 577 | | 7画 | xià 888 |
| (謳) ōu 623 | 二 èr 242 | 南 nā 594 | 雁 yàn 956 |
| 磬 qǐng 680 | 1画 | nán 599 | 12画 |
| 谪 zhé 1059 | 亍 chù 140 | 啬 sè 714 | |
| 12画 | 亏 kuī 497 | | |

| | | | | |
|---|---|---|---|---|
| (厂)chǎng 104 | (匯)huì 392 | chuāng 146 | 削 xiāo 903 | |
| (厲)lì 518 | **12画** | 刚 gāng 292 | xuē 939 | |
| 厮 sī 779 | (匲)lián 521 | 划 huá 376 | **8画** | |
| (厭)yàn 955 | **13画** | huà 378 | 剥 bāo 31 | |
| **13画** | (奩)lián 521 | 列 liè 528 | bō 66 | |
| (鴈)yàn 956 | (匵)dú 227 | 刘 liú 534 | (剗)chàn 100 | |
| **14画** | | 刎 wěn 861 | 剟 duō 236 | |
| (歷)lì 518 | **15 卜(⺊)** | 刑 xíng 924 | (剛)gāng 292 | |
| (曆)lì 518 | 卜 bo 68 | 刖 yuè 1030 | (副)guǎ 323 | |
| (厴)yǎ 520 | 卟 bǔ 68 | 则 zé 1042 | 剞 jī 404 | |
| **15画** | **2画** | **5画** | 剧 jù 466 | |
| (壓)yā 944 | 卞 biàn 53 | 刨 bào 35 | 剖 pōu 648 | |
| yà 948 | 卡 kǎ 473 | páo 630 | (剠)qíng 680 | |
| **16画** | qiǎ 660 | 别 bié 59 | 剔 tī 804 | |
| (厱)yān 948 | **4画** | biè 60 | 剜 wān 842 | |
| **17画** | (朩)shū 763 | 划 chàn 100 | 剡 yǎn 953 | |
| (黡)yǎn 953 | 卦 guà 323 | (刴)jié 440 | **9画** | |
| **20画** | 卧 wò 863 | 到 jīng 455 | 副 fù 282 | |
| (贋)yān 957 | **7画** | 利 lì 519 | **10画** | |
| **21画** | (卨)xiè 915 | 判 pàn 628 | (創)chuāng 145 | |
| (魘)yǎn 955 | **8画** | 删 shān 718 | chuàng 146 | |
| (魘)yàn 955 | 卨 xiè 915 | (刪)shān 718 | 割 gē 300 | |
| (黶)yè 969 | **9画** | **6画** | 剴 kǎi 477 | |
| **24画** | (离)xiè 915 | 刮 bāi 15 | 剩 shèng 740 | |
| (黶)yǎn 955 | | 刹 chà 96 | **11画** | |
| | **16 冂(冂刀)** | shā 716 | 剿 chāo 108 | |
| **14 匚(匚)** | **2画** | 刺 cī 151 | jiǎo 435 | |
| **2画** | 冈 gāng 292 | cì 154 | 剽 kuǎi 494 | |
| 巨 jù 465 | 内 nèi 604 | 到 dào 191 | (嘍)lóu 538 | |
| 区 ōu 623 | **3画** | 剁 duō 237 | 剽 piāo 640 | |
| qū 684 | 册 cè 91 | (剁)duō 237 | **12画** | |
| 匹 pǐ 638 | (冊)cè 91 | 刮 guā 322 | (劃)huá 376 | |
| **3画** | 冉 rǎn 693 | 刿 guì 334 | huà 378 | |
| 匝 zā 1034 | **4画** | 剑 guì 334 | 劂 jué 471 | |
| **4画** | 再 zài 1036 | 刽 guì 334 | 劇 lín 530 | |
| 匠 jiàng 429 | **5画** | 刿 kǎi 477 | 劁 qiāo 669 | |
| 匡 kuāng 496 | 冋 jiǒng 458 | 剂 jì 412 | (劄)zhā 1045 | |
| **5画** | **6画** | 刻 kè 485 | 劄 zhā 1045 | |
| 匣 xiá 884 | (岡)gāng 292 | 刳 kū 492 | zhá 1046 | |
| 医 yī 979 | 罔 wǎng 848 | 刷 shuā 767 | **13画** | |
| **6画** | 周 zhōu 1091 | shuà 768 | (劌)guì 334 | |
| 匭 guǐ 333 | | 制 zhì 1081 | (劍)guì 334 | |
| 匼 kē 482 | **17 刂(⺣)** | **7画** | 劓 huò 396 | |
| **8画** | | 剑 dòng 133 | (劍)jiàn 426 | |
| 匪 fěi 263 | 刈 yì 985 | 剐 guǎ 323 | (劇)jù 466 | |
| 匿 nì 610 | **3画** | 剑 jiàn 426 | (劉)liú 534 | |
| **9画** | 刊 kān 478 | 荆 jīng 452 | **14画** | |
| 匾 biǎn 53 | **4画** | (剋)kè 485 | (劑)jì 412 | |
| 匮 kuì 498 | 创 chuāng 145 | (剋)kè 485 | 劓 yì 989 | |
| (區)ōu 623 | | 剋 kěi 487 | | |
| qū 684 | | 剌 là 501 | **18 八(丷)** | |
| **11画** | | 剎 lóu 538 | 八 bā 11 | |
| | | 剔 tì 807 | | |

| | | | |
|---|---|---|---|
| **2画** | (两) liǎng 525 | yì 985 | **5画** |
| 公 gōng 308 | (侖) lún 545 | 伋 yí 406 | 伯 bǎi 20 |
| 六 liù 536 | **7画** | 们 men 569 | bó 66 |
| lù 541 | (俦) chǒu 133 | 仫 mù 593 | 伴 bàn 27 |
| 兮 xī 875 | (俞) shù 767 | 仟 qiān 661 | (佈) bù 79 |
| **4画** | 俞 yú 1016 | 仞 rèn 700 | 伺 cì 151 |
| 共 gòng 312 | 俎 zǔ 1124 | 仨 sā 709 | sì 781 |
| 兴 xīng 922 | **8画** | 仕 shì 750 | 但 dàn 184 |
| xìng 927 | (倉) cāng 88 | 他 tā 791 | 低 dī 198 |
| **5画** | **10画** | 仙 xiān 888 | 佃 diàn 810 |
| 兵 bīng 61 | 禽 qín 674 | 仪 yí 980 | tián 810 |
| **6画** | (傘) sǎn 712 | 仔 zǎi 1036 | 佛 fó 274 |
| 典 diǎn 206 | **11画** | zī 1110 | fú 276 |
| 其 jī 404 | (會) huì 392 | zǐ 1112 | 伽 gā 284 |
| qí 653 | kuài 494 | 仗 zhàng 1053 | jiā 415 |
| 具 jù 466 | (僉) qiān 661 | **4画** | qié 671 |
| **14画** | **12画** | 伧 cāng 88 | 佝 gōu 314 |
| 冀 jì 414 | 榔 bó 68 | 伥 chāng 102 | 估 gū 315 |
| | (舖) pù 650 | 传 chuán 142 | gù 320 |
| **19 人(人入)** | **13画** | zhuàn 1103 | 何 hé 355 |
| 人 rén 696 | **14画** | 伐 fá 247 | 佧 kǎ 474 |
| 入 rù 706 | (舘) guǎn 327 | 仿 fǎng 257 | 伶 líng 531 |
| **1画** | | 份 fèn 268 | 你 nǐ 609 |
| 个 gě 302 | **20 丶** | 伕 fū 274 | 佞 nìng 616 |
| gè 302 | 午 wǔ 871 | 伏 fú 275 | 伸 shēn 731 |
| **2画** | 生 gǎ 285 | 伙 huǒ 400 | 体 tī 804 |
| 仓 cāng 88 | 年 nián 610 | 伎 jì 411 | tǐ 805 |
| 从 cóng 155 | 复 fù 281 | 价 jià 418 | 佟 tóng 821 |
| 夬 guài 325 | | jie 445 | 位 wèi 856 |
| 介 jiè 443 | **21 亻** | 件 jiàn 425 | 佚 yì 987 |
| 今 jīn 445 | **1画** | 伉 kàng 480 | 佣 yōng 1001 |
| 仑 lún 545 | 亿 yì 984 | 伦 lún 545 | yòng 1004 |
| 以 yǐ 982 | **2画** | 他 pǐ 638 | 攸 yōu 1004 |
| **3画** | 仇 chóu 131 | 任 rén 699 | 佑 yòu 1014 |
| 丛 cóng 156 | qiú 682 | rèn 700 | 伫 zhù 1097 |
| 令 lǐng 533 | 叮 dīng 215 | 伤 shāng 720 | (佇) zhù 1097 |
| lìng 534 | 化 huā 374 | 似 shì 751 | 住 zhù 1097 |
| 全 tóng 820 | huà 378 | sì 781 | 作 zuō 1127 |
| **4画** | 仅 jǐn 447 | 佤 wǎ 839 | zuò 1128 |
| 会 huì 392 | jìn 448 | 伟 wěi 853 | (作) zuò 1131 |
| kuài 494 | 仂 lè 511 | 伪 wěi 853 | 佐 zuǒ 1128 |
| 企 qǐ 655 | 仆 pū 648 | 伍 wǔ 871 | **6画** |
| 伞 sǎn 712 | pú 649 | 仵 wǔ 871 | 佰 bǎi 20 |
| 众 zhòng 1089 | 仁 rén 699 | 休 xiū 929 | (倂) bìng 61 |
| **5画** | 仍 réng 701 | 伢 yá 947 | 侧 cè 91 |
| (夾) gā 284 | 什 shén 733 | 仰 yǎng 960 | zè 1043 |
| jiā 415 | shí 744 | 伊 yī 978 | zhāi 1047 |
| jiá 417 | 仉 zhǎng 1052 | 优 yōu 1004 | 侪 chái 97 |
| 金 qiān 661 | **3画** | 伛 yǔ 1018 | 侈 chǐ 125 |
| 佘 shé 729 | 代 dài 179 | (伬) zhōng 1087 | 侗 dòng 222 |
| 余 yú 1015 | 付 fù 280 | 仲 zhòng 1089 | tóng 822 |
| **6画** | 仡 gē 299 | 伫 zhù 1097 | 供 gōng 311 |

| | | | | | | | |
|---|---|---|---|---|---|---|---|
| 佶 | gòng 313 | (係) xì 882 | 脩 xiū 931 | | zhuàn 1103 |
| 佳 | jiā 415 | (俠) xiá 884 | (俣) yě 966 | 催 cuī 160 |
| 侥 | jiǎo 434 | (信) xìn 921 | 倚 yǐ 984 | 働 dòng 223 |
| | yáo 962 | 信 xìn 921 | 债 zhài 1047 | (僅) jǐn 447 |
| 佼 | jiǎo 434 | 修 xiū 930 | 值 zhí 1076 | | jìn 448 |
| 侃 | kǎn 478 | 俨 yǎn 953 | 倬 zhuō 1109 | (僂) lóu 539 |
| 侉 | kuǎ 498 | 俑 yǒng 1003 | **9画** | | lǚ 543 |
| 侩 | kuài 495 | **8画** | 偲 cāi 81 | 僇 lù 542 |
| 佬 | lǎo 510 | 俺 ǎn 7 | | sī 778 | 傻 shǎ 716 |
| 例 | lì 520 | 偌 ruò 22 | 偿 cháng 104 | (傷) shāng 720 |
| 侣 | lǚ 542 | | ruò 709 | 偾 fèn 268 | 像 xiàng 903 |
| 侔 | móu 590 | 倍 bèi 41 | 偈 jì 413 | (僑) yōng 1001 |
| 伸 | nài 598 | 俸 bèn 44 | | jié 441 | (傴) yǔ 1018 |
| 侬 | nóng 619 | 俾 bǐ 48 | 假 jiǎ 417 | (偬) zǒng 1120 |
| 佩 | pèi 641 | 俵 biào 58 | | jià 419 | **12画** |
| 侨 | qiáo 669 | (倀) chāng 100 | 傀 kuǐ 498 | (僱) gù 322 |
| 使 | shǐ 748 | 倘 cháng 103 | 偻 lóu 539 | 僭 jiàn 427 |
| 侍 | shì 751 | | tǎng 800 | | lǚ 543 | 僬 jiāo 433 |
| 侻 | tiāo 811 | 倡 chàng 105 | 偶 ǒu 623 | (僥) jiǎo 434 |
| 侠 | xiá 884 | 俶 chù 140 | 偏 piān 638 | | yáo 962 |
| 佯 | yáng 959 | | tì 807 | 停 tíng 817 | 僦 jǐng 455 |
| 依 | yī 979 | 倒 dǎo 190 | 偷 tōu 824 | 僦 jiù 463 |
| 佾 | yì 983 | | dào 191 | (偉) wěi 853 | 僚 liáo 527 |
| 侑 | yòu 1014 | (倣) fǎng 257 | 偕 xié 913 | 僕 pú 649 |
| 侦 | zhēn 1062 | 俸 fèng 274 | (偰) xiè 915 | (僑) qiáo 669 |
| 侄 | zhí 1076 | 俯 fǔ 279 | 偞 zá 1035 | 僧 sēng 715 |
| 侏 | zhū 1093 | (個) gě 302 | | zan 1039 | 僳 sù 786 |
| **7画** | | | gè 302 | (偺) zá 1035 | (僞) wěi 853 |
| 保 | bǎo 32 | 倌 guān 327 | 偬 zǒng 1120 | 僖 xī 878 |
| 便 | biàn 55 | 候 hòu 368 | 做 zuò 1131 | (僊) xiān 888 |
| | pián 639 | 倢 jiàn 426 | **10画** | 僮 zhuàng 1106 |
| 俦 | chóu 131 | 借 jiè 444 | 僾 ài 4 | **13画** |
| 促 | cù 158 | 俱 jù 466 | 傲 ào 10 | (嬡) ài 4 |
| 俄 | é 238 | 倨 jù 466 | 傍 bàng 29 | 儋 dān 184 |
| 俘 | fú 276 | 倦 juàn 468 | (備) bèi 41 | (價) jià 418 |
| 侯 | hóu 366 | 倔 jué 471 | 傧 bīn 60 | | jie 445 |
| | hòu 368 | | juè 471 | (倉) cāng 88 | (儉) jiǎn 422 |
| 俭 | jiǎn 422 | 倥 kǒng 489 | 储 chǔ 140 | 僵 jiāng 428 |
| 㑇 | jú 464 | (倈) lái 503 | 盫 dǎi 179 | 儌 jiǎo 435 |
| 俊 | jùn 473 | (倆) liǎ 521 | 傅 fù 283 | (儈) kuài 495 |
| 俚 | lǐ 517 | | liǎng 526 | 傢 jiā 417 | (儂) nóng 619 |
| 俐 | lì 520 | (倫) lún 545 | (傑) jié 440 | 僻 pì 638 |
| 俪 | lì 520 | 倪 ní 608 | 倔 jué 471 | 儇 xuān 936 |
| 俩 | liǎ 521 | 俳 pái 625 | 倮 lì 520 | (儀) yí 980 |
| | liǎng 526 | 倩 qiàn 666 | 傩 nuó 623 | (儎) yì 984 |
| 俟 | qí 654 | 倾 qīng 676 | 倓 tǎng 800 | **14画** |
| | sì 781 | 倏 shū 763 | 倄 xiāo 905 | (儐) bīn 60 |
| 俏 | qiào 671 | 俠 tǎn 796 | (倭) yáo 963 | (儕) chái 97 |
| 侵 | qīn 672 | 倜 tì 807 | (倜) zhōu 1092 | (儔) chóu 131 |
| 俅 | qiú 683 | (條) tiáo 811 | **11画** | (儘) jǐn 447 |
| 俗 | sú 785 | 倭 wō 862 | | | 儒 rú 705 |
| 侮 | wǔ 872 | (倖) xìng 927 | (傳) chuán 142 | (優) yōu 1004 |

**22~32：部首索引**

| | | | |
|---|---|---|---|
| **15画** | jǐ 409 | 匕 bǐ 46 | **30 厶** |
| (償) cháng 104 | **1画** | 北 běi 38 | |
| 儡 lěi 512 | 凡 fán 250 | 鬯 chàng 105 | 厶 sī 777 |
| **19画** | **2画** | 匙 chí 124 | **2画** |
| (儷) lì 520 | 凤 fèng 273 | shi 755 | 允 yǔn 1033 |
| (儺) nuó 623 | **4画** | **27 ㄇ** | **3画** |
| (儼) yǎn 953 | 夙 sù 785 | 予 yú 1015 | 去 qù 686 |
| (儹) zǎn 1038 | **6画** | yǔ 1018 | **4画** |
| **20画** | 凯 kǎi 477 | **28 又(ㄡ)** | 丢 diū 219 |
| (儻) tǎng 800 | 凭 píng 645 | | **5画** |
| tǎng 800 | **9画** | 又 yòu 1013 | 县 xiàn 893 |
| **22 ㄏ(ㄏ)** | 凰 huáng 387 | **1画** | **6画** |
| | **10画** | 叉 chā 93 | 参 cān 85 |
| 刍 chú 138 | (凱) kǎi 477 | chá 94 | cēn 92 |
| 负 fù 280 | **12画** | chǎ 96 | shēn 732 |
| 危 wēi 849 | 凳 dèng 198 | **2画** | 叁 sān 712 |
| 争 zhēng 1065 | (鳳) fèng 273 | 反 fǎn 251 | **9画** |
| **23 ㄅ** | **25 几(儿)** | 双 shuāng 769 | (參) cān 85 |
| | | 友 yǒu 1009 | cēn 92 |
| **1画** | 儿 ér 240 | **3画** | shēn 732 |
| 勺 sháo 727 | **1画** | 发 fā 244 | |
| **2画** | 兀 wù 873 | fà 248 | **31 卩(㔾)** |
| 勾 gōu 313 | **2画** | **6画** | **1画** |
| gòu 315 | 无 mó 586 | 艰 jiān 420 | 卫 wèi 855 |
| 勿 wù 873 | wú 865 | 取 qǔ 686 | **2画** |
| 匀 yún 1032 | 元 yuán 1023 | 受 shòu 759 | 卬 áng 9 |
| **3画** | **3画** | 叔 shū 762 | 卯 mǎo 561 |
| 包 bāo 30 | 兄 xiōng 928 | **7画** | 印 yìn 995 |
| 匆 cōng 155 | **4画** | 叛 pàn 629 | 卮 zhī 1072 |
| (匃) gōu 313 | 充 chōng 127 | 叟 sǒu 784 | 危 wēi 849 |
| 句 gōu 314 | 光 guāng 329 | 叙 xù 935 | **5画** |
| (匄) gòu 315 | 先 xiān 889 | **11画** | 即 jí 407 |
| 句 jù 466 | (兇) xiōng 928 | 叠 dié 214 | 卵 luǎn 544 |
| **4画** | 兆 zhào 1057 | **14画** | 却 què 691 |
| 匈 xiōng 928 | **5画** | (叡) ruì 708 | **6画** |
| 旬 xún 942 | 兌 duì 233 | **18画** | 卺 jǐn 447 |
| **5画** | 克 kè 485 | 矍 jué 471 | 卷 juǎn 468 |
| 匐 diàn 210 | 免 miǎn 575 | **29 廴** | juàn 468 |
| **7画** | 兕 sì 781 | | **7画** |
| 匐 hōng 362 | (兔) tù 831 | **4画** | (卻) què 691 |
| 匍 pú 649 | **6画** | 廷 tíng 817 | 卸 xiè 915 |
| **8画** | (兒) ér 240 | (㢟) xún 942 | **8画** |
| (芻) chú 138 | 兒 ní 608 | 延 yán 950 | 卿 qīng 677 |
| **9画** | 兔 tù 831 | **5画** | |
| 匐 fú 278 | 兖 yǎn 953 | (廸) dí 199 | **32 阝(阜)** |
| (夠) gòu 315 | **8画** | (廹) pǎi 626 | 阜 fù 281 |
| 匏 páo 630 | 党 dǎng 187 | **6画** | **2画** |
| **14画** | 竞 jìng 457 | (廻) huí 389 | 队 duì 231 |
| (擭) fēn 267 | **9画** | 建 jiàn 425 | **3画** |
| **24 几(几)** | 兜 dōu 223 | **9画** | 阡 qiān 661 |
| 几 jī 402 | **26 匕(ㄏ)** | (㢟) dàn 185 | |

| | | | | | | | |
|---|---|---|---|---|---|---|---|
| 阢 wù | 873 | 陪 péi | 631 | 邕 yōng | 1002 | 鄡 wú | 870 |
| 4画 | | 陴 pí | 637 | 4画 | | 鄹 xī | 876 |
| (阪) bǎn | 24 | 陶 táo | 801 | 邦 bāng | 28 | 鄎 xì | 883 |
| (阨) è | 239 | yáo | 963 | 邠 bīn | 60 | 鄢 yǐng | 999 |
| 防 fáng | 256 | 陷 xiàn | 896 | (邨) cūn | 161 | 鄖 yún | 1032 |
| 阶 jiē | 437 | (陰) yīn | 990 | 邡 fāng | 255 | 8画 | |
| 阱 jǐng | 455 | 陬 zōu | 1121 | (那) nǎ | 595 | 鄀 ruò | 22 |
| 阮 ruǎn | 707 | 9画 | | 那 nà | 596 | 部 bù | 80 |
| 阳 yáng | 958 | (堤) dī | 199 | (那) nǎi | 598 | 鄲 dān | 184 |
| 阴 yīn | 990 | (隊) duì | 231 | 那 nèi | 603 | 都 dōu | 223 |
| 阵 zhèn | 1064 | 隍 huáng | 387 | 邬 wū | 865 | dū | 225 |
| 5画 | | (階) jiē | 437 | 邪 xié | 913 | 郭 guō | 336 |
| 阿 ā | 1 | 隗 kuí | 498 | yé | 966 | (郳) ní | 608 |
| (阿) ā | 1 | wěi | 855 | 邢 xíng | 924 | 郫 pí | 637 |
| 阿 ē | 238 | 隆 lóng | 538 | 5画 | | 郪 qī | 651 |
| 陂 bēi | 37 | 隋 suí | 788 | 邶 bèi | 39 | 郯 tán | 796 |
| pí | 637 | 随 suí | 788 | 邴 bǐng | 62 | (郵) yóu | 1006 |
| 陈 chén | 113 | 隈 wēi | 850 | 邸 dǐ | 200 | 9画 | |
| 阽 diàn | 210 | (陽) yáng | 958 | 出 chū | 137 | 鄂 è | 239 |
| 附 fù | 281 | 隐 yǐn | 994 | 邯 hán | 345 | 鄄 juàn | 469 |
| 际 jì | 412 | 隅 yú | 1017 | 邻 lín | 529 | 郿 méi | 564 |
| 陆 liù | 537 | 10画 | | 邱 qiū | 682 | (鄉) xiāng | 896 |
| lù | 541 | 隘 ài | 4 | 邵 shào | 728 | 鄢 yǎn | 953 |
| 陇 lǒng | 538 | 隞 áo | 9 | 邰 tái | 793 | 10画 | |
| 陀 tuó | 837 | 隔 gé | 301 | (邺) yè | 968 | 鄚 mào | 561 |
| 陉 xíng | 926 | 隙 xì | 883 | 邮 yóu | 1006 | 鄌 táng | 799 |
| 阻 zǔ | 1123 | 11画 | | 邹 zōu | 1120 | (鄔) wū | 865 |
| 6画 | | (際) jì | 412 | 6画 | | 11画 | |
| 陔 gāi | 285 | (隙) xì | 883 | 郜 gào | 333 | 鄙 bǐ | 48 |
| 降 jiàng | 429 | (鄘) yōng | 1002 | 郃 hé | 356 | 鄜 fū | 275 |
| xiáng | 900 | 障 zhàng | 1054 | 郈 hòu | 368 | 鄠 hù | 374 |
| 陋 lòu | 540 | 12画 | | 郇 huán | 382 | 鄢 yān | 950 |
| 陌 mò | 588 | (鄰) lín | 529 | xún | 943 | 鄞 yín | 993 |
| 陕 shǎn | 719 | (隨) suí | 788 | 郏 jiá | 417 | 鄘 yōng | 1002 |
| 限 xiàn | 895 | 隧 suì | 789 | 郊 jiāo | 431 | 鄣 zhāng | 1052 |
| 7画 | | 13画 | | 郐 kuài | 495 | 12画 | |
| 陛 bì | 49 | (險) xiǎn | 893 | 郎 láng | 505 | (鄲) dān | 184 |
| 除 chú | 138 | 14画 | | 耶 yē | 966 | (鄧) dèng | 198 |
| 陡 dǒu | 224 | 隳 xī | 880 | yé | 966 | 鄭 lín | 529 |
| (陝) shǎn | 719 | (隱) yǐn | 994 | 郁 yù | 1020 | 鄱 pó | 647 |
| (陘) shēng | 735 | 16画 | | 郓 yùn | 1034 | 鄯 shàn | 720 |
| 险 xiǎn | 893 | (隴) lǒng | 538 | 郑 zhèng | 1070 | (鄭) zhèng | 1070 |
| (陞) xíng | 926 | 33 阝(邑) | | 郅 zhì | 1081 | 13画 | |
| 院 yuàn | 1028 | 邑 yì | 987 | 邾 zhū | 1093 | (鄶) kuài | 495 |
| 陨 yǔn | 1033 | 2画 | | 7画 | | (鄴) yè | 968 |
| 陟 zhì | 1082 | 邓 dèng | 198 | 郜 gào | 299 | 14画 | |
| 8画 | | 3画 | | 郝 hǎo | 351 | (鄺) kuàng | 496 |
| (陳) chén | 113 | 邗 hán | 344 | (郟) jiá | 417 | 酂 zōu | 1121 |
| 陲 chuí | 148 | 邛 kuàng | 496 | 郡 jùn | 473 | 16画 | |
| 陵 líng | 532 | 邙 máng | 557 | | | 酆 cuó | 163 |
| (陸) liù | 537 | 邛 qióng | 681 | 郦 lì | 520 | 18画 | |

| | | | | | | | |
|---|---|---|---|---|---|---|---|
| 鄄 | fēng 273 | 动 | dòng 221 | | liǎo 528 | 沆 | hàng 349 |
| 鄋 | quān 688 | 劣 | liè 529 | **1画** | | 沪 | hù 373 |
| **19画** | | **5画** | | 了 | jué 469 | (決) | jué 469 |
| (酈) | lì 520 | 劫 | jié 440 | **6画** | | 沥 | lì 520 |
| **34 凵** | | 劲 | jìn 450 | 承 | chéng 118 | 沦 | lún 545 |
| | | | jìng 456 | 亟 | jí 407 | 没 | méi 562 |
| **2画** | | 励 | lì 519 | | qì 659 | | mò 588 |
| 凶 | xiōng 928 | 努 | nǔ 620 | **38 氵** | | 汨 | mì 573 |
| **3画** | | 劬 | qú 685 | | | 沔 | miǎn 575 |
| 凹 | āo 9 | 劭 | shào 728 | **2画** | | 沐 | mù 593 |
| 凼 | wā 838 | 助 | zhù 1097 | 氾 | fàn 250 | 沤 | ōu 623 |
| 出 | chū 133 | **6画** | | (氾) | fàn 254 | | òu 624 |
| 凸 | tū 828 | 劾 | hé 356 | 氿 | guǐ 333 | 沛 | pèi 632 |
| **4画** | | 劻 | kuāng 496 | | jiǔ 460 | 沏 | qī 651 |
| 函 | dàng 188 | 势 | shì 751 | 汉 | hàn 346 | 汽 | qì 659 |
| **6画** | | (効) | xiào 912 | 汇 | huì 392 | 沁 | qìn 674 |
| 函 | hán 345 | **7画** | | 汀 | tīng 816 | 汭 | ruì 708 |
| **10画** | | 勃 | bó 67 | 汁 | zhī 1072 | 沙 | shā 715 |
| 凿 | záo 1040 | (勅) | chì 115 | **3画** | | | shà 716 |
| **35 刀** | | (勁) | jìn 450 | 汊 | chà 96 | 汰 | tài 795 |
| | | | jìng 456 | 池 | chí 123 | 汪 | wāng 846 |
| 刀 | dāo 189 | 勉 | miǎn 575 | 汏 | dà 178 | 沩 | wéi 852 |
| **1画** | | 勋 | xūn 942 | (汎) | fàn 254 | 汶 | wèn 862 |
| 刃 | rèn 699 | 勇 | yǒng 1003 | 汗 | hán 345 | 沃 | wò 863 |
| (刄) | rèn 699 | **8画** | | | hàn 346 | 汹 | xiōng 928 |
| **2画** | | 勐 | měng 570 | 汲 | jí 407 | 沂 | yí 980 |
| 分 | fēn 264 | 勍 | qíng 679 | 江 | jiāng 427 | 沅 | yuán 1024 |
| | fèn 268 | **9画** | | 汝 | rǔ 705 | 沄 | yún 1032 |
| (分) | fèn 268 | (動) | dòng 221 | 汕 | shàn 719 | 沚 | zhǐ 1078 |
| 切 | qiē 671 | 勘 | kān 478 | 汤 | shāng 721 | **5画** | |
| | qiè 671 | 勒 | lè 512 | | tāng 798 | 泌 | bì 49 |
| **5画** | | | lēi 512 | 汜 | sì 781 | | mì 573 |
| 初 | chū 137 | 勖 | xù 935 | 污 | wū 865 | 波 | bō 65 |
| **6画** | | 勚 | yì 988 | (汙) | wū 865 | 泊 | bó 67 |
| 券 | quàn 690 | **10画** | | 汐 | xī 876 | | pō 646 |
| | xuàn 938 | (勞) | láo 507 | 汛 | xùn 943 | 法 | fǎ 247 |
| **9画** | | 募 | mù 593 | **4画** | | 沸 | fèi 264 |
| 剪 | jiǎn 422 | **11画** | | 沘 | bǐ 47 | 泔 | gān 289 |
| **13画** | | (勤) | qín 674 | 汴 | biàn 54 | 沽 | gū 316 |
| 劈 | pī 636 | (勢) | shì 751 | 沧 | cāng 88 | 河 | hé 356 |
| | pǐ 638 | **12画** | | 沉 | chén 112 | 泓 | hóng 365 |
| **36 力** | | (勱) | mài 553 | (沈) | chén 112 | 浅 | jiān 420 |
| | | **13画** | | 沈 | shěn 734 | | qiǎn 665 |
| 力 | lì 517 | 勰 | xié 914 | (沖) | chōng 127 | 泾 | jīng 451 |
| **2画** | | **14画** | | 沌 | dùn 234 | 沮 | jū 463 |
| 办 | bàn 25 | (勵) | lì 519 | | zhuàn 1103 | | jǔ 464 |
| 劝 | quàn 690 | (勛) | xūn 942 | 泛 | fàn 254 | (況) | kuàng 496 |
| **3画** | | **17画** | | 汾 | fén 267 | 泪 | lèi 512 |
| 功 | gōng 310 | (勸) | quàn 690 | 沣 | fēng 271 | 冷 | líng 532 |
| 加 | jiā 414 | **37 了** | | 沨 | fēng 271 | 泷 | lóng 538 |
| 劢 | mài 553 | | | 沟 | gōu 314 | | shuāng 770 |
| **4画** | | 了 | le 511 | 汩 | gǔ 318 | | |

| | | | | | | | |
|---|---|---|---|---|---|---|---|
| 泸 lú | 540 | 津 jīn | 447 | 浸 jìn | 450 | 嗛 qiǎn | 665 |
| 泯 mǐn | 580 | 浕 jìn | 450 | (涇)jīng | 451 | 渐 jiān | 421 |
| 沫 mò | 588 | 洭 kuāng | 496 | 酒 jiǔ | 460 | jiàn | 426 |
| 泥 ní | 608 | 洌 liè | 529 | 涓 juān | 468 | (淨)jìng | 456 |
| | nì | 609 | 浏 liú | 534 | 浚 jùn | 473 | (淶)lái | 503 |
| 泞 nìng | 616 | 洛 luò | 547 | | xùn | 944 | (淚)lèi | 512 |
| 泮 pàn | 628 | 洣 mǐ | 575 | 涞 lái | 503 | (涼)liáng | 524 |
| 泡 pāo | 630 | 洺 míng | 584 | 浪 làng | 506 | | liàng | 526 |
| | pào | 630 | 浓 nóng | 619 | 涝 lào | 511 | 淋 lín | 530 |
| 泼 pō | 646 | 派 pā | 624 | 涟 lián | 522 | | lìn | 531 |
| 泣 qì | 659 | | pài | 627 | 流 liú | 535 | (浚)líng | 532 |
| 泅 qiú | 683 | 洴 píng | 646 | 涅 niè | 614 | 渌 lù | 541 |
| 沭 shù | 766 | 洽 qià | 660 | 浦 pǔ | 650 | (淪)lún | 545 |
| 泗 sì | 781 | 洳 rù | 706 | 润 rùn | 708 | 渑 miǎn | 575 |
| (泝)sù | 786 | 洒 sǎ | 706 | 涩 sè | 714 | 淖 nào | 604 |
| 沱 tuó | 837 | 浉 shī | 743 | 涉 shè | 730 | 淠 pì | 638 |
| 泄 xiè | 915 | 洮 táo | 801 | 涘 sì | 782 | 淇 qí | 654 |
| 泻 xiè | 915 | 洼 wā | 839 | 涑 sù | 786 | 清 qīng | 677 |
| 泫 xuàn | 938 | 洧 wěi | 855 | 涛 tāo | 800 | 深 shēn | 732 |
| 沿 yán | 952 | 洗 xǐ | 880 | 涕 tì | 807 | 渗 shèn | 735 |
| 泱 yāng | 957 | | xiǎn | 893 | 涂 tú | 829 | 淑 shū | 763 |
| 泳 yǒng | 1003 | 涎 xián | 892 | 涠 wéi | 853 | 涮 shuàn | 769 |
| 油 yóu | 1006 | 洨 xiáo | 905 | 浯 wú | 870 | 淞 sōng | 783 |
| 泽 zé | 1043 | (洩)xiè | 915 | 浠 xī | 877 | 淌 tǎng | 800 |
| 沾 zhān | 1048 | (洶)xiōng | 928 | 消 xiāo | 903 | 淘 táo | 801 |
| 沼 zhǎo | 1056 | 洫 xù | 935 | 浥 yì | 988 | 添 tiān | 810 |
| 泜 zhī | 1074 | 洵 xún | 943 | 涌 yǒng | 1003 | 淅 xī | 877 |
| 治 zhì | 1082 | 洚 xiáng | 943 | 浴 yù | 1021 | 淆 xiáo | 905 |
| 注 zhù | 1098 | 洋 yáng | 959 | 涢 yún | 1033 | 淫 yá | 947 |
| **6画** | | 涄 yī | 979 | 涨 zhǎng | 1052 | 淹 yān | 949 |
| 测 cè | 92 | 洇 yīn | 992 | | zhàng | 1054 | 液 yè | 969 |
| 浐 chǎn | 99 | 浈 zhēn | 1062 | 浙 zhè | 1061 | 淫 yín | 993 |
| 泚 cǐ | 154 | 洲 zhōu | 1092 | 浊 zhuó | 1109 | 淤 yū | 1014 |
| 洞 dòng | 222 | 洙 zhū | 1093 | **8画** | | 渔 yú | 1016 |
| 洱 ěr | 242 | 浊 zhuó | 1109 | 淳 chún | 150 | 淯 yù | 1022 |
| 狀 fú | 276 | **7画** | | 淙 cóng | 157 | 渊 yuān | 1023 |
| | fù | 282 | 浜 bāng | 29 | 淬 cuì | 160 | 渚 zhǔ | 1096 |
| 洸 guāng | 331 | 浡 bó | 67 | 淡 dàn | 185 | 涿 zhuō | 1109 |
| 洪 hóng | 365 | 涔 cén | 92 | 淀 diàn | 211 | 淄 zī | 1111 |
| 浒 hǔ | 372 | 浈 chéng | 113 | 渎 dú | 227 | 淙 zōng | 1118 |
| | xǔ | 934 | 浮 fú | 276 | 淝 féi | 262 | **9画** |
| 洹 huán | 382 | 涡 guō | 336 | 涪 fú | 278 | 渤 bó | 67 |
| 洄 huí | 391 | | wō | 862 | 淦 gàn | 292 | 滁 chú | 139 |
| 浑 hún | 395 | 浬 hǎilǐ | | (渦)guō | 336 | 渡 dù | 228 |
| 活 huó | 396 | | lǐ | 517 | | wō | 862 | 溉 gài | 287 |
| 济 jǐ | 410 | 海 hǎi | 342 | 涸 guó | 338 | 港 gǎng | 293 |
| | jì | 412 | 浛 hán | 345 | 涵 hán | 345 | 湖 hú | 371 |
| 泊 jì | 412 | 浩 hào | 352 | 涸 hé | 358 | 滑 huá | 377 |
| 浃 jiā | 415 | 浣 huàn | 384 | 淮 huái | 380 | 湟 huáng | 387 |
| 浆 jiāng | 430 | 浇 huàn | 384 | 混 hún | 395 | 溃 huì | 394 |
| 浇 jiāo | 432 | (浹)jiā | 415 | | hùn | 396 | (潰)huì | 394 |
| 洁 jié | 440 | 洞 jiàn | 426 | (淺)jiān | 420 | 溃 kuì | 498 |

| 字 | 拼音 | 页码 | 字 | 拼音 | 页码 | 字 | 拼音 | 页码 | 字 | 拼音 | 页码 |
|---|---|---|---|---|---|---|---|---|---|---|---|
| (减)jiǎn | 422 | (滙)huì | 392 | 滹 hū | 370 | (潑)pō | 646 |
| 溅 jiàn | 427 | 溷 hùn | 396 | (滬)hù | 373 | 潽 pū | 649 |
| 湫 jiǎo | 432 | 溶 huàn | 437 | 潢 huàn | 384 | 潜 qián | 664 |
| 湝 jiē | 439 | 溘 kè | 487 | 潢 huáng | 387 | 撒 sǎ | 709 |
| 滆 jú | 464 | 滥 làn | 505 | 潦 lǎn | 505 | 潸 shān | 719 |
| 渴 kě | 485 | 滴 lí | 515 | 潋 liàn | 524 | 潲 shào | 728 |
| 溇 lóu | 534 | 溧 lì | 521 | (漊)lóu | 534 | 澍 shù | 767 |
| 浼 miǎn | 575 | 溜 liū | 534 | 漏 lòu | 539 | 澌 sī | 779 |
| 渺 miǎo | 578 | (遛)liū | 534 | (滷)lǔ | 540 | 潭 tán | 797 |
| 滑 mǐn | 581 | 溜 liù | 537 | 漉 lù | 542 | 潼 tóng | 822 |
| 湃 pài | 627 | 滤 lǜ | 544 | 漯 luò | 548 | (潙)wéi | 852 |
| 溢 pén | 633 | 滦 luán | 544 | tà | 792 | 潿 wéi | 853 |
| (湯)shāng | 721 | 满 mǎn | 555 | (滿)mǎn | 555 | 潟 xì | 883 |
| tāng | 798 | 漭 mǎng | 558 | 漫 màn | 556 | (潯)xún | 943 |
| 湿 shī | 748 | (减)miè | 578 | (滬)òu | 623 | 澐 yún | 1032 |
| 湜 shí | 748 | 溟 míng | 585 | òu | 624 | (澐)yún | 1032 |
| 溲 sōu | 784 | 漠 mò | 589 | 漂 piāo | 640 | **13画** | | |
| 溚 tǎ | 792 | 溺 nì | 610 | piǎo | 641 | 濒 bīn | 60 |
| 湉 tián | 811 | niào | 614 | piào | 641 | 澶 chán | 99 |
| 湍 tuān | 831 | 滂 pāng | 629 | 漆 qī | 652 | 澹 dàn | 186 |
| 湾 wān | 842 | 溥 pǔ | 650 | 漱 shù | 767 | tán | 797 |
| (潙)wéi | 852 | 溱 qín | 674 | 滩 wéi | 853 | (澱)diàn | 211 |
| 渭 wèi | 858 | 溶 róng | 703 | 漩 xuán | 938 | 澴 huán | 382 |
| 温 wēn | 858 | 溽 rù | 707 | 演 yǎn | 955 | (澣)huàn | 384 |
| 渥 wò | 864 | 漊 shè | 731 | 漾 yàng | 961 | 激 jī | 406 |
| 湘 xiāng | 899 | 溯 sù | 786 | 漪 yī | 979 | 濬 jù | 467 |
| 渫 xiè | 935 | 渴 tā | 792 | 潆 yíng | 999 | 澜 lài | 504 |
| 湑 xǔ | 935 | 滩 tān | 796 | 漳 zhāng | 1052 | 澧 lǐ | 517 |
| 渲 xuàn | 939 | 溏 táng | 799 | (漲)zhǎng | 1052 | 濂 lián | 523 |
| 湮 yān | 950 | 滔 tāo | 800 | zhàng | 1054 | 潞 lù | 542 |
| (湮)yīn | 998 | 溦 wēi | 851 | (滯)zhì | 1083 | (濛)méng | 569 |
| 溁 yíng | 998 | 滃 wēng | 862 | 潴 zhū | 1094 | (澠)miǎn | 575 |
| 湧 yǒng | 1003 | wēng | 862 | **12画** | | | (濃)nóng | 619 |
| 游 yóu | 1008 | 溪 xī | 878 | 澳 ào | 10 | 澼 pì | 638 |
| 渝 yú | 1017 | 溲 xiǔ | 931 | (澪)bì | 50 | 濉 suī | 788 |
| (湲)yuán | 1027 | 溴 xiù | 932 | 澦 chán | 99 | 澥 xiè | 916 |
| 浸 yuán | 1027 | 滟 yàn | 956 | 潺 chán | 99 | 澡 zǎo | 1041 |
| 渣 zhā | 1045 | 溢 yì | 988 | 潮 cháo | 109 | (澤)zé | 1043 |
| 溠 zhà | 1046 | 滢 yíng | 999 | 澈 chè | 112 | (濁)zhuó | 1109 |
| 湛 zhàn | 1051 | 滠 yōng | 1002 | 澄 chéng | 120 | **14画** | | |
| 滞 zhì | 1083 | 源 yuán | 1027 | dèng | 198 | 濞 bì | 51 |
| 滋 zī | 1111 | 滓 zhì | 1084 | (澂)chéng | 120 | (濱)bīn | 60 |
| **10画** | | | 滓 zǐ | 1111 | (澆)jiāo | 432 | (濠)háo | 357 |
| 滗 bì | 50 | **11画** | | | (潔)jié | 440 | (濟)jǐ | 410 |
| 滨 bīn | 60 | 漕 cáo | 89 | 澉 jué | 471 | jì | 412 |
| (滄)cāng | 88 | (滻)chǎn | 99 | 澜 lán | 504 | (濜)jìn | 450 |
| 滌 dí | 200 | 滴 dī | 199 | (澇)lào | 511 | (濬)jùn | 473 |
| 滇 diān | 200 | 漱 gǎn | 291 | 潾 lín | 527 | xùn | 944 |
| 滏 fǔ | 279 | (漢)gǔn | 335 | 潘 pān | 627 | (濶)kuò | 500 |
| 滆 gé | 302 | (潿)guó | 338 | 澎 pēng | 633 | (濫)làn | 505 |
| (溝)gōu | 314 | (漢)hàn | 346 | péng | 634 | (濘)nìng | 616 |
| 滚 gǔn | 335 | | | | | | | |

| 部首索引 | | | | | | | |
|---|---|---|---|---|---|---|---|
| (濮) pú | 650 | **39 忄** | | 侧 cè | 92 | 惯 guàn | 328 |
| (濡) rú | 705 | | | 恫 dòng | 223 | 惚 hū | 370 |
| (澀) sè | 714 | 1画 | | tōng | 818 | 悸 jì | 413 |
| (濕) shī | 743 | 忆 yì | 985 | 恨 hèn | 360 | 惊 jīng | 453 |
| (濤) tāo | 800 | 2画 | | 恒 héng | 361 | 惧 jù | 467 |
| (濚) yíng | 998 | 忉 dāo | 189 | (恆) héng | 361 | 惬 qiè | 672 |
| (濁) zhuó | 1110 | 3画 | | 恍 huǎng | 389 | 情 qíng | 679 |
| 15画 | | 忏 chàn | 100 | 恢 huī | 389 | 惓 quán | 690 |
| 瀑 bào | 37 | 忖 cǔn | 162 | 恺 kǎi | 477 | 惕 tì | 807 |
| pù | 650 | 忙 máng | 557 | 恪 kè | 485 | 惋 wǎn | 845 |
| 瀌 biāo | 57 | 4画 | | 恼 nǎo | 602 | 惘 wǎng | 848 |
| 瀍 chán | 99 | 忭 biàn | 54 | 恼 nǎo | 602 | 惟 wéi | 853 |
| (瀆) dú | 227 | 怅 chàng | 105 | 恰 qià | 660 | 惜 xī | 877 |
| 瀔 gǔ | 320 | 忱 chén | 113 | 恃 shì | 754 | 悻 xìng | 928 |
| (瀏) jiàn | 427 | 忡 chōng | 118 | 恬 tián | 810 | 9画 | |
| (瀏) liú | 534 | 怆 chuàng | 147 | 恸 tòng | 823 | 愎 bì | 50 |
| (瀘) lù | 544 | 怀 huái | 380 | 悚 xī | 876 | 惰 duò | 237 |
| (瀋) shěn | 734 | 忾 kài | 478 | 恤 xù | 935 | 愕 è | 240 |
| (瀉) xiè | 915 | (忼) kāng | 480 | 恂 xún | 943 | 愤 fèn | 268 |
| (瀅) yíng | 999 | 快 kuài | 494 | 恹 yān | 948 | 慌 huāng | 385 |
| (瀦) zhū | 1094 | 忸 niǔ | 618 | 恽 yùn | 1034 | 惶 huáng | 387 |
| 16画 | | 怄 òu | 624 | (恉) zhǐ | 1078 | 慨 kǎi | 477 |
| 瀚 hàn | 347 | 忪 sōng | 782 | 7画 | | 愦 kuì | 498 |
| (瀝) lì | 520 | | zhōng 1087 | 悖 bèi | 41 | 愧 kuì | 498 |
| (瀧) lóng | 538 | 忤 wǔ | 871 | 悍 hàn | 347 | 愣 lèng | 514 |
| | shuāng 770 | 忤 wǔ | 872 | 悔 huǐ | 391 | (惱) nǎo | 602 |
| (瀘) lú | 540 | 忻 xīn | 919 | 悝 kuī | 497 | 愀 qiǎo | 670 |
| (瀟) xiāo | 905 | 忧 yōu | 1004 | 悃 kǔn | 497 | (愜) qiè | 672 |
| 瀣 xiè | 916 | 忮 zhì | 1081 | 悯 mǐn | 581 | (惸) qióng | 681 |
| (瀠) yíng | 999 | 5画 | | 悭 qiān | 662 | 惺 xīng | 923 |
| 瀛 yíng | 999 | 怖 bù | 80 | 悄 qiāo | 669 | 愉 yú | 1017 |
| 17画 | | 怊 chāo | 106 | 悄 qiāo | 670 | 愠 yùn | 1034 |
| 瀵 fèn | 268 | (怵) chù | 140 | 悛 quān | 687 | 惴 zhuì | 1107 |
| 灌 guàn | 329 | 怵 chù | 140 | 悚 sǒng | 783 | 10画 | |
| 灏 liàn | 524 | 怛 dá | 165 | 悌 tì | 807 | (愴) chuàng | 147 |
| 瀰 mí | 572 | 怫 fú | 276 | (悮) wù | 874 | (愷) kǎi | 477 |
| 瀹 yuè | 1031 | 怪 guài | 325 | 悟 wù | 874 | (愾) kài | 478 |
| 18画 | | 怙 hù | 373 | 悒 yì | 988 | (慄) lì | 520 |
| (灃) fēng | 271 | 怜 lián | 522 | 悦 yuè | 1031 | 慊 qiàn | 666 |
| (灄) shè | 731 | 怩 ní | 608 | 8画 | | qiè | 672 |
| 19画 | | 怕 pà | 625 | 惭 cán | 87 | 慑 shè | 731 |
| (灑) sǎ | 709 | 怦 pēng | 633 | 惨 cǎn | 87 | 慎 shèn | 735 |
| (灘) tān | 796 | 怯 qiè | 672 | 惝 chǎng | 105 | 愫 sù | 786 |
| 21画 | | 性 xìng | 927 | (悵) chàng | 105 | 慥 zào | 1042 |
| 灞 bà | 15 | 怏 yàng | 961 | 惆 chóu | 131 | (愴) zhòu | 1092 |
| (灠) lǎn | 505 | 怡 yí | 980 | 惙 chuò | 151 | 11画 | |
| 22画 | | 怿 yì | 987 | 悴 cuì | 160 | (慘) cǎn | 87 |
| (灣) wān | 842 | 征 zhēng 1066 | | 悼 dàn | 185 | 慷 kāng | 480 |
| 23画 | | | zhèng 1070 | 悼 dào | 193 | 慢 màn | 557 |
| (灤) luán | 544 | 怡 zhōu | 1092 | 惦 tiǎn | 211 | (慪) òu | 624 |
| 24画 | | 作 zuò | 1130 | 惇 dūn | 234 | (慳) qiān | 662 |
| (灩) yàn | 956 | 6画 | | 悱 fěi | 263 | (慴) shè | 731 |

| | | | | | | | |
|---|---|---|---|---|---|---|---|
| (慟) tòng | 823 | 宝 bǎo | 32 | (賓) bīn | 60 | 庠 xiáng | 900 |
| 慵 yōng | 1002 | 宕 dàng | 188 | 察 chá | 96 | 庥 xiū | 931 |
| 12画 | | 定 dìng | 217 | 寡 guǎ | 323 | 痒 zhì | 1082 |
| 懊 ào | 10 | 官 guān | 326 | 寬 kuān | 495 | 7画 | |
| 憧 chōng | 128 | 宓 mì | 573 | 寥 liáo | 527 | (廆) guǐ | 333 |
| (憚) dàn | 185 | 审 shěn | 734 | (寧) níng | 615 | 座 zuò | 1131 |
| 懂 dǒng | 221 | 实 shí | 746 | nìng | 616 | 8画 | |
| 憬 jǐng | 455 | 宛 wǎn | 844 | (寢) qǐn | 674 | 庵 ān | 6 |
| (憐) lián | 522 | 宜 yí | 980 | (實) shí | 746 | 廊 bì | 49 |
| 憔 qiáo | 670 | 宙 zhòu | 1092 | 寤 wù | 875 | 康 kāng | 480 |
| (憮) wǔ | 871 | 宗 zōng | 1118 | 12画 | | 廊 láng | 506 |
| 憎 zēng | 1044 | 6画 | | 寮 liáo | 527 | 顷 qǐng | 680 |
| 13画 | | 宬 chéng | 119 | (審) shěn | 734 | 庶 shù | 767 |
| 憷 chù | 141 | 宫 gōng | 311 | (寫) xiě | 914 | 庹 tuǒ | 838 |
| 憾 hàn | 347 | 宦 huàn | 383 | xiè | 915 | 庸 yōng | 1002 |
| 懒 lǎn | 505 | 客 kè | 486 | 13画 | | 庾 yǔ | 1019 |
| (懞) měng | 570 | 室 shì | 754 | 寰 huán | 382 | 9画 | |
| (懑) náo | 602 | (宧) sǒu | 784 | (憲) xiàn | 895 | (廁) cè | 91 |
| 懈 xiè | 916 | 宪 xiàn | 895 | 16画 | | (廄) jiù | 461 |
| (憶) yì | 985 | 宣 xuān | 936 | (寵) chǒng | 129 | 廋 sōu | 784 |
| (懌) yì | 987 | 宥 yòu | 1014 | 17画 | | (廂) xiāng | 899 |
| 14画 | | 7画 | | (寶) bǎo | 32 | 10画 | |
| 懦 nuò | 623 | 宾 bīn | 60 | | | 廒 áo | 9 |
| (懨) yān | 948 | 宸 chén | 114 | 41 广 | | 廓 kuò | 500 |
| 15画 | | 害 hài | 344 | 广 ān | 5 | 廉 lián | 523 |
| 懵 měng | 570 | 家 jiā | 415 | guǎng | 331 | (廈) xià | 888 |
| 16画 | | jie | 445 | 3画 | | 11画 | |
| (懷) huái | 380 | 宽 kuān | 495 | 庆 qìng | 680 | (廣) guǎng | 331 |
| 17画 | | 容 róng | 702 | 庄 zhuāng | 1104 | 廖 liào | 528 |
| (懺) chàn | 100 | 宵 xiāo | 904 | 4画 | | 廙 yì | 989 |
| 18画 | | 宴 yàn | 956 | 庇 bì | 49 | 12画 | |
| (懼) chōng | 128 | 宰 zǎi | 1036 | 床 chuáng | 146 | 廛 chán | 99 |
| (懼) jù | 467 | 8画 | | 庋 guǐ | 333 | (廚) chú | 138 |
| (懾) shè | 731 | 寄 jì | 413 | 库 kù | 493 | (廢) fèi | 263 |
| | | 寂 jì | 413 | 庐 lú | 540 | (廟) miào | 578 |
| 40 宀 | | 寇 kòu | 491 | 庑 wǔ | 871 | (慶) qìng | 680 |
| 2画 | | 密 mì | 573 | 序 xù | 934 | (廡) wǔ | 871 |
| 宄 guǐ | 333 | 宿 sù | 786 | 应 yīng | 996 | 13画 | |
| 宁 níng | 615 | xiǔ | 931 | yìng | 1000 | 廪 lǐn | 531 |
| nìng | 616 | xiù | 932 | 5画 | | (廩) lǐn | 531 |
| 它 tā | 792 | 寅 yín | 993 | 底 de | 195 | 14画 | |
| 3画 | | (寃) yuān | 1023 | dǐ | 201 | (應) yīng | 996 |
| 安 ān | 5 | 9画 | | 店 diàn | 210 | | yìng | 1000 |
| 守 shǒu | 758 | 富 fù | 283 | 废 fèi | 263 | 16画 | |
| 宇 yǔ | 1018 | 寒 hán | 345 | 府 fǔ | 279 | (廬) lú | 540 |
| 宅 zhái | 1047 | 寐 mèi | 566 | 庚 gēng | 305 | (龐) páng | 629 |
| 字 zì | 1117 | 寔 shí | 748 | 庙 miào | 578 | 21画 | |
| 4画 | | 寓 yù | 1022 | 庖 páo | 630 | (廳) tīng | 816 |
| 宏 hóng | 365 | 10画 | | 6画 | | | |
| 宋 sòng | 783 | 寞 mò | 589 | 度 dù | 228 | 42 辶(辶, 辵) | |
| 完 wán | 843 | 寝 qǐn | 674 | duó | 237 | 2画 | |
| 5画 | | 11画 | | 庭 tíng | 817 | 边 biān | 51 |

| | | | | | | | | |
|---|---|---|---|---|---|---|---|---|
| 辽 liáo | 527 | (酒) nǎi | 597 | 道 dào | 193 | 邋 lā | 501 | |
| **3画** | | 逆 nì | 609 | 遁 dùn | 235 | **19画** | | |
| 达 dá | 165 | 逄 páng | 629 | 遏 è | 240 | (邐) lǐ | 517 | |
| 过 guò | 336 | 送 sòng | 783 | 遑 huáng | 387 | (邏) luó | 546 | |
| guo | 339 | 逃 táo | 800 | 逎 qiú | 684 | **43 干(于)** | | |
| -guo | 341 | 退 tuì | 834 | 遂 suí | 789 | 干 gān | 287 | |
| 迈 mài | 553 | 选 xuǎn | 938 | suì | 791 | gàn | 291 | |
| 迄 qì | 661 | 逊 xùn | 944 | (違) wéi | 852 | 于 yú | 1015 | |
| 迁 qiān | 661 | 追 zhuī | 1106 | 遗 wèi | 857 | **2画** | | |
| 巡 xún | 942 | **7画** | | yí | 981 | 平 píng | 643 | |
| 迅 xùn | 944 | 逋 bū | 68 | 遐 xiá | 884 | **4画** | | |
| (廼) yí | 980 | 逞 chěng | 120 | (遊) yóu | 1008 | 罕 hǎn | 346 | |
| yǐ | 984 | 递 dì | 204 | 逾 yú | 1017 | **5画** | | |
| 迂 yū | 1014 | 逗 dòu | 225 | 遇 yù | 1022 | 幸 xìng | 927 | |
| **4画** | | 逢 féng | 273 | (運) yùn | 1033 | **10画** | | |
| 迟 chí | 124 | 逛 guàng | 331 | **10画** | | (幹) gàn | 291 | |
| 返 fǎn | 253 | (逕) jìng | 456 | 遨 áo | 9 | **44 土(士)** | | |
| 还 hái | 342 | 逭 kuàn | 500 | (遞) dì | 204 | | | |
| huán | 381 | 逦 lǐ | 517 | 遘 gòu | 316 | 土 tǔ | 830 | |
| 远 háng | 348 | 逑 qiú | 683 | 遛 liù | 537 | **2画** | | |
| 进 jìn | 448 | 逡 qūn | 691 | 遣 qiǎn | 665 | 圣 shèng | 739 | |
| 近 jìn | 449 | 逝 shì | 754 | (遡) sù | 786 | **3画** | | |
| 连 lián | 521 | 速 sù | 786 | (遜) xùn | 944 | 场 cháng | 102 | |
| 违 wéi | 852 | 逖 tì | 807 | 遥 yáo | 963 | chǎng | 104 | |
| 迕 wǔ | 871 | 通 tōng | 818 | (遠) yuǎn | 1027 | 地 de | 195 | |
| 迓 yà | 948 | tòng | 823 | **11画** | | dì | 201 | |
| 迎 yíng | 997 | 透 tòu | 827 | (遯) dùn | 235 | 圪 gē | 299 | |
| 远 yuǎn | 1027 | 途 tú | 829 | 適 shì | 753 | 圭 guī | 332 | |
| 运 yùn | 1033 | 逍 xiāo | 903 | 遭 zāo | 1039 | 圾 jī | 402 | |
| 这 zhè | 1060 | 造 zào | 1041 | 遮 zhē | 1058 | 圹 kuàng | 496 | |
| zhèi | 1061 | (這) zhè | 1060 | **12画** | | 纪 pǐ | 638 | |
| **5画** | | zhèi | 1061 | (遲) chí | 124 | 圩 wéi | 852 | |
| 迨 dài | 180 | 逐 zhú | 1094 | (遼) liáo | 527 | xū | 932 | |
| 迪 dí | 199 | **8画** | | 遴 lín | 530 | 圬 wū | 865 | |
| 迭 dié | 214 | 逮 dǎi | 179 | (邁) mài | 553 | 在 zài | 1037 | |
| 迩 ěr | 242 | dài | 181 | 遷 xiān | 891 | 圳 zhèn | 1064 | |
| 迦 jiā | 415 | (過) guò | 336 | (選) xuǎn | 938 | **4画** | | |
| 迥 jiǒng | 458 | guò | 339 | 遵 zūn | 1127 | (坳) ào | 10 | |
| 迫 pǎi | 626 | -guo | 341 | **13画** | | 坝 bà | 14 | |
| pò | 647 | (進) jìn | 448 | 避 bì | 50 | (還) hái | 342 | 坂 bǎn | 24 |
| 迮 zé | 1043 | 逵 kuí | 498 | (還) hái | 342 | 坌 bèn | 44 | |
| 述 shù | 766 | 逯 lù | 541 | huán | 381 | (坋) bèn | 44 | |
| 迢 tiáo | 812 | 逻 luó | 546 | 邈 jù | 467 | 坌 fèn | 268 | |
| 逸 yí | 980 | (逿) tì | 807 | 邀 xiè | 916 | 坊 fāng | 255 | |
| 迤 yǐ | 984 | 逶 wēi | 850 | 邀 yāo | 962 | fáng | 257 | |
| 迮 zé | 1043 | 逸 yì | 988 | **14画** | | 坟 fén | 267 | |
| **6画** | | (週) zhōu | 1091 | (邇) ěr | 242 | 坏 huài | 381 | |
| 迸 bèng | 44 | **9画** | | 邈 miǎo | 578 | (坯) pī | 636 | |
| 追 hòu | 368 | 逼 bī | 45 | (邊) biān | 51 | 坚 jiān | 420 | |
| (适) kuò | 500 | 遍 biàn | 55 | 邃 suì | 789 | 均 jūn | 472 | |
| 适 shì | 753 | 遄 chuán | 144 | **15画** | | 坎 kǎn | 478 | |
| 迷 mí | 571 | (達) dá | 165 | (邊) biān | 51 | | | |

| 坑 kēng | 487 | 垦 kěn | 487 | (執)zhí | 1074 | 境 jìng | 458 |
|---|---|---|---|---|---|---|---|
| 块 kuài | 494 | 垮 kuǎ | 493 | 填 zhí | 1076 | 墈 kàn | 480 |
| 坜 lì | 519 | 垒 lěi | 512 | 埻 zhǔn | 1108 | 墁 màn | 556 |
| 坍 tān | 795 | 垴 nǎo | 602 | 9画 | | 墘 qián | 664 |
| 坛 tán | 796 | 埏 shān | 719 | 堡 bǎo | 34 | 墙 qiáng | 668 |
| 圬 wù | 873 | 型 xíng | 926 | bǔ | 70 | 墒 shāng | 722 |
| 址 zhǐ | 1078 | 垭 yā | 946 | pù | 650 | 墅 shù | 764 |
| 坠 zhuì | 1107 | 垟 yáng | 959 | (報)bào | 34 | 墁 shù | 767 |
| 坐 zuò | 1129 | 垠 yín | 992 | (場)cháng | 102 | (塤)xū | 932 |
| (坐)zuò | 1131 | 垣 yuán | 1024 | chǎng | 104 | 墟 xū | 934 |
| | | (堊)è | 120 | 墉 yōng | 1002 |
| 5画 | | 7画 | | 堤 dī | 199 | (墜)zhuì | 1107 |
| 坳 ào | 10 | 埃 āi | 2 | 堞 dié | 214 | 12画 |
| (抝)ào | 10 | 埔 bù | 80 | 塅 duàn | 231 | 墋 chí | 125 |
| 坺 bù | 80 | pǔ | 650 | 堠 hòu | 369 | (墶)da | 178 |
| 坼 chè | 111 | 埕 chéng | 119 | 塃 huāng | 385 | 墩 dūn | 234 |
| 坻 chí | 124 | 埂 gěng | 306 | 堲 jí | 413 | 墦 fán | 250 |
| dǐ | 200 | 埚 guō | 336 | 堪 kān | 478 | 墳 fén | 267 |
| 垂 chuí | 148 | 埌 làng | 506 | (塊)kuài | 494 | 墨 mò | 589 |
| 坫 diàn | 210 | 埋 mái | 552 | 塄 léng | 513 | (壋)dàng | 188 |
| (坿)fù | 281 | mán | 554 | (堖)nǎo | 602 | 壁 bì | 50 |
| 坩 gān | 289 | 埘 shí | 748 | 塔 tǎ | 792 | 13画 |
| 坷 kē | 482 | 埙 xūn | 942 | 塆 wān | 842 | (墾)kěn | 487 |
| kě | 485 | 袁 yuán | 1024 | 堰 yàn | 956 | (牆)qiáng | 668 |
| 坤 kūn | 499 | 垸 yuàn | 1028 | (堯)yáo | 962 | (壇)tán | 796 |
| 垃 lā | 500 | 8画 | | 埜 yīn | 992 | 壅 yōng | 1002 |
| 垄 lǒng | 538 | 埯 ǎn | 7 | 10画 | | 14画 |
| 垆 lú | 540 | 埠 bù | 81 | 塥 gé | 293 | 壕 háo | 350 |
| 坭 ní | 608 | (埰)cài | 84 | 塨 gōng | 312 | 壑 hè | 358 |
| 坯 pī | 636 | 埭 dài | 181 | (塏)kǎi | 477 | (壙)kuàng | 496 |
| 坪 píng | 645 | 堵 dǔ | 227 | 塱 lǎng | 506 | (壎)xūn | 942 |
| 坡 pō | 646 | 堆 duī | 231 | (塯)lǎng | 506 | 15画 |
| 坦 tǎn | 797 | 埵 duǒ | 237 | 墓 mù | 593 | (壘)lěi | 512 |
| 坨 tuó | 837 | 堕 duò | 237 | 塞 sāi | 710 | 16画 |
| 6画 | | (墮)huī | 389 | sài | 710 | (壞)huài | 381 |
| 垞 chá | 94 | (堅)è | 239 | sè | 714 | (壢)lì | 519 |
| 城 chéng | 119 | 堌 gù | 322 | (塒)shí | 748 | (壟)lǒng | 538 |
| 垯 da | 178 | (堝)guō | 336 | 塑 sù | 786 | (壠)lǒng | 538 |
| 垱 dàng | 188 | 基 jī | 404 | 塔 lú | 540 | 壚 lú | 540 |
| 垫 diàn | 210 | (堅)jiān | 420 | 塘 táng | 799 | (壜)tán | 796 |
| 垤 dié | 214 | 埝 niàn | 613 | 填 tián | 811 | 17画 |
| 垌 dòng | 222 | 培 péi | 631 | 塗 tú | 829 | 壤 rǎng | 693 |
| tóng | 822 | 堋 péng | 634 | (塢)wù | 873 | 21画 |
| 垛 duǒ | 237 | 埼 qí | 654 | 塚 xiè | 916 | (壩)bà | 14 |
| duò | 237 | 堑 qiàn | 666 | (塋)yíng | 998 | 22画 |
| (垜)duǒ | 237 | 埽 sào | 714 | 塬 yuán | 1027 | (壪)wān | 842 |
| duò | 237 | 堂 táng | 799 | (塚)zhǒng | 1089 | |
| 垩 è | 239 | 堍 tù | 831 | 11画 | | 45 士 |
| 垡 fá | 247 | (堊)yā | 946 | (塲)cháng | 102 | 1画 |
| 垓 gāi | 285 | 场 yì | 988 | (塾)diàn | 210 | 士 shì | 749 |
| 垢 gòu | 315 | 域 yù | 1021 | (塹)duò | 237 | 壬 rén | 699 |
| 垲 kǎi | 477 | | | | | | |

| | | | | | | | | |
|---|---|---|---|---|---|---|---|---|
| **3画** | | jié | 439 | 芷 zhǐ | 1078 | 苍 chá | 94 | |
| 壮 zhuàng | 1105 | 芴 nǎi | 597 | 苎 zhù | 1097 | 茶 chá | 94 | |
| **4画** | | **3画** | | **5画** | | 茈 cí | 152 | |
| 毒 ǎi | 3 | 芏 dù | 228 | 茇 bá | 13 | 茨 zǐ | 1112 | |
| 壳 ké | 483 | 芒 máng | 557 | 若 ruò | 21 | 茨 cí | 152 | |
| 壳 qiào | 671 | 芈 mǐ | 572 | ruò | 708 | 荡 dàng | 188 | |
| 声 shēng | 738 | 芃 péng | 633 | 苞 bāo | 31 | 茯 fú | 276 | |
| **7画** | | 芊 qiān | 661 | 苯 běn | 43 | 荙 gé | 301 | |
| 壶 hú | 371 | 芍 sháo | 727 | 苝 chí | 124 | 茛 gèn | 305 | |
| **8画** | | 芎 xiōng | 928 | 范 fàn | 261 | 红 hóng | 365 | |
| 壸 kǔn | 499 | 芋 yù | 1020 | 苻 fú | 276 | 荒 huāng | 384 | |
| **9画** | | 芝 zhī | 1073 | 甘 gān | 289 | 茴 huí | 391 | |
| (壸) hú | 371 | **4画** | | 苟 gǒu | 314 | 荟 huì | 393 | |
| 壹 yī | 979 | 芭 bā | 12 | 茄 jiā | 415 | 荤 hūn | 395 | |
| **10画** | | 苄 biàn | 54 | 苣 qǔ | 671 | 荠 jì | 412 | |
| (壼) kǔn | 499 | 苍 cāng | 88 | 茎 jīng | 451 | 荠 qí | 654 | |
| **11画** | | 苌 cháng | 103 | 苴 jū | 463 | 荚 jiá | 417 | |
| (壽) shòu | 759 | 苁 cōng | 155 | 苛 kē | 482 | 茧 jiǎn | 421 | |
| (臺) tái | 793 | 苊 è | 239 | 苦 kǔ | 492 | 荐 jiàn | 425 | |
| **12画** | | 芳 fāng | 255 | 苓 líng | 532 | 茳 jiāng | 428 | |
| (賣) mài | 553 | 苇 fèi | 263 | 茏 lóng | 538 | 茭 jiāo | 431 | |
| **13画** | | 芾 fú | 275 | 茆 máo | 560 | 荩 jìn | 450 | |
| (隸) lì | 520 | 芬 fēn | 266 | 茅 máo | 560 | 苣 jǔ | 465 | |
| **19画** | | 芙 fú | 275 | 茂 mào | 561 | 荔 lì | 520 | |
| (蠹) dù | 229 | 芥 gài | 286 | (苺) méi | 564 | 荬 mǎi | 553 | |
| | | jiè | 443 | 苗 miáo | 577 | 茫 máng | 558 | |
| **46 工(工)** | | 花 huā | 374 | 苠 mín | 580 | 茗 míng | 584 | |
| 工 gōng | 306 | 芰 jì | 412 | 茉 mò | 588 | 荨 qián | 662 | |
| **2画** | | 苣 jù | 466 | 苜 mù | 593 | xún | 943 | |
| 巧 qiǎo | 670 | 苣 qǔ | 686 | 茑 niǎo | 614 | 茜 qiàn | 666 | |
| 左 zuǒ | 1127 | 劳 láo | 507 | 苶 nié | 614 | xī | 876 | |
| **3画** | | 苈 lì | 519 | 苧 níng | 615 | 荞 qiáo | 669 | |
| 巩 gǒng | 312 | 芦 lú | 540 | (苧) zhù | 1097 | 荛 ráo | 694 | |
| **4画** | | lǔ | 540 | 苤 piě | 642 | 荏 rěn | 699 | |
| 巫 wū | 865 | 苠 qí | 653 | 苹 píng | 645 | 茸 róng | 702 | |
| **6画** | | 芡 qiàn | 666 | 茍 qíng | 680 | 荣 róng | 702 | |
| 差 chā | 93 | 芹 qín | 673 | 苒 rǎn | 693 | 茹 rú | 705 | |
| 差 chà | 96 | (苒) rǎn | 693 | 苫 shān | 718 | 荑 tí | 804 | |
| 差 chāi | 97 | 芮 ruì | 708 | 苫 shàn | 719 | yí | 980 | |
| 差 cī | 151 | 芟 shān | 718 | 茗 sháo | 727 | 莛 tíng | 817 | |
| **47 艹(艹艹)** | | 苏 sū | 784 | tiáo | 812 | 荮 tóng | 822 | |
| | | 苇 wěi | 854 | 苔 tāi | 793 | 荇 xìng | 928 | |
| (艸) cǎo | 90 | 芜 wú | 870 | tái | 794 | 荀 xún | 943 | |
| 廾 kuàng | 496 | 芴 wù | 873 | 苕 xué | 939 | 荞 yào | 964 | |
| **1画** | | 苋 xiàn | 893 | 茚 yìn | 996 | 茵 yīn | 991 | |
| 艺 yì | 985 | 芯 xīn | 919 | 英 yīng | 996 | 茴 yīn | 991 | |
| **2画** | | xìn | 921 | 苑 yuàn | 1028 | yìn | 996 | |
| 艾 ài | 3 | 芽 yá | 947 | 苲 zhǎ | 1046 | 荧 yíng | 998 | |
| 艾 yì | 985 | 芫 yán | 950 | 苎 zhuó | 1109 | 荣 zhū | 1093 | |
| 艽 jiāo | 430 | yuán | 1024 | **6画** | | (茲) zī | 1110 | |
| 节 jiē | 437 | 芸 yǐ | 984 | 荜 bì | 49 | **7画** | | |
| | | 芸 yún | 1032 | 草 cǎo | 90 | 荸 bí | 45 | |

| | | | | | | | |
|---|---|---|---|---|---|---|---|
| 茝 chǎi | 98 | 葤 dì | 204 | 蘁 è | 240 | 蒗 làng | 506 |
| 莼 chún | 150 | 菲 fēi | 262 | 葛 gé | 301 | 蔄 lì | 515 |
| 荻 dí | 200 | | fěi | | gě | 302 | 蒙 mēng | 569 |
| 莪 é | 238 | 菼 fēn | 267 | 菇 gū | 317 | | méng | 569 |
| 芣 fú | 276 | 菇 gū | 317 | 荭 hóng | 366 | | měng | 570 |
| | piǎo | 641 | 菰 gū | 317 | 胡 hú | 371 | (梦) mèng | 571 |
| 莞 guǎn | 327 | 菓 guǒ | 345 | 葭 jiā | 417 | 蕡 fén | 584 |
| | wǎn | 844 | 菡 hàn | 347 | 蒋 jiǎng | 429 | 蓬 péng | 634 |
| 荷 hé | 356 | 菏 hé | 357 | (韭) jiǔ | 460 | 蒲 pú | 650 |
| | hè | 358 | 萱 jiān | 421 | 蒈 kǎi | 477 | (蒨) qiàn | 666 |
| (華) huá | 377 | 菓 jú | 452 | 葵 kuí | 498 | 蓉 róng | 703 |
| | huà | 379 | 菊 jú | 464 | 落 là | 502 | 蓐 rù | 707 |
| 获 huò | 401 | 菌 jūn | 473 | | lào | 511 | 蓍 shī | 743 |
| (莢) jiá | 417 | | jùn | 473 | | luò | 547 | (蒔) shí | 748 |
| (莖) jīng | 451 | (萊) lái | 503 | 萎 lún | 539 | | shì | 754 |
| 菁 jūn | 473 | 菱 líng | 532 | 葩 pā | 624 | 蒴 shuò | 777 |
| 莰 kǎn | 479 | 菉 lù | 541 | 蔽 pài | 627 | 蒜 suàn | 787 |
| 莱 lái | 503 | | lù | 546 | 葡 pú | 649 | 蓑 suō | 790 |
| 莨 làng | 506 | 萝 luó | 546 | 耳 qì | 659 | 蓊 wěng | 862 |
| 莉 lì | 520 | 萌 méng | 569 | 葜 qiā | 660 | (蕭) xí | 879 |
| 莅 lì | 520 | 萘 nài | 598 | 萩 qiū | 682 | 蓄 xù | 935 |
| 莲 lián | 522 | 萍 píng | 646 | 葚 rèn | 701 | (蔭) yīn | 991 |
| 莽 mǎng | 558 | 菩 pú | 649 | | shèn | 735 | | yìn | 996 |
| 莓 méi | 564 | 萋 qī | 651 | (蒐) sōu | 784 | 蓣 yù | 1022 |
| 莫 mò | 588 | 萁 qí | 654 | 葶 tíng | 818 | 蓁 zhēn | 1063 |
| 莆 pú | 649 | 萨 sà | 710 | 葖 tū | 828 | 蒸 zhēng | 1067 |
| 劳 qióng | 681 | 菽 shū | 763 | (萬) wàn | 845 | **11画** | |
| 莎 shā | 716 | 菼 tǎn | 797 | 葳 wēi | 850 | 蔼 ǎi | 3 |
| | suō | 790 | 萄 táo | 801 | (葦) wěi | 854 | 蔽 bì | 50 |
| 莘 shēn | 732 | 菾 tián | 810 | 蕮 xǐ | 881 | (蔔) bo | 68 |
| | xīn | 919 | 萜 tiē | 814 | 萱 xuān | 936 | 蔡 cài | 85 |
| 莳 shí | 748 | 菟 tú | 829 | (葉) yè | 968 | (蒓) chún | 150 |
| | shì | 754 | | tù | 831 | | yè | 968 |  (蓯) cōng | 155 |
| 荽 suī | 788 | 萚 tuò | 838 | 葬 zàng | 1039 | 蔟 cù | 159 |
| 荼 tú | 829 | 萎 wěi | 855 | (菹) zū | 1123 | 蔸 dōu | 223 |
| 莴 wō | 862 | (萵) wō | 862 | **10画** | | 蕙 huì | 394 |
| 莶 xiān | 890 | 菥 xī | 877 | 蒻 ruò | 22 | (蔣) jiǎng | 429 |
| (著) xìng | 928 | 萧 xiāo | 904 | | ruò | 709 | 蔻 kòu | 491 |
| 莜 yóu | 1008 | 萸 yú | 1013 | 蒡 bàng | 29 | 蔹 liǎn | 523 |
| 莠 yǒu | 1013 | (著) zhe | 1061 | 蓓 bèi | 42 | 蓼 liǎo | 528 |
| (莊) zhuāng | 1104 | (著) zhe | 1061 | (華) bì | 49 | 蔺 lìn | 531 |
| **8画** | | 著 zhù | 1099 | 荜 bì | 50 | (蔞) lóu | 539 |
| 菝 bá | 13 | 葃 zhuó | 1123 | 蔀 bù | 81 | 蔓 mán | 554 |
| 萆 bì | 49 | (葅) zū | 1123 | (蒼) cāng | 88 | | wàn | 846 |
| (華) bì | 50 | **9画** | | 蒽 ēn | 240 | 蔑 miè | 579 |
| 菠 bō | 66 | 葆 bǎo | 34 | (蓋) gài | 286 | 蔫 niān | 610 |
| 菜 cài | 84 | 葧 bó | 68 | | gě | 302 | 蔷 qiáng | 668 |
| 菖 chāng | 103 | 葳 chǎn | 100 | 蒿 hāo | 349 | (蔧) qǐng | 680 |
| (萇) cháng | 103 | 葱 cōng | 155 | 蒺 jí | 409 | 蕖 qú | 685 |
| 萃 cuì | 160 | 蒂 dì | 205 | 蓟 jì | 413 | 蔌 sù | 786 |
| 菪 dàn | 185 | 董 dǒng | 221 | 蒟 jǔ | 465 | 蔚 wèi | 857 |
| 菪 dàng | 189 | | | 蓝 lán | 504 | | |

部首索引：48～50

| | | | | | | | |
|---|---|---|---|---|---|---|---|
| | yù 1023 | (蘙)yì 989 | (蘭)lán 504 | 契 qì 659 | | | |
| 葸 xǐ 881 | | 14画 | (蘞)liǎn 523 | xiè 915 | | 部首索引 | |
| 蒥 xu 936 | 蘜 biǎn 53 | 蘖 niè 615 | 奕 yì 987 | | | | |
| 蔗 zhè 1061 | 藏 cáng 89 | 蘘 ráng 693 | 奓 zhā 1045 | | | | |
| 12画 | zàng 1039 | 18画 | zhà 1046 | | 大廾尢 | |
| (蕩)dàng 188 | 藁 gǎo 298 | (蘺)lí 515 | 7画 | | | | |
| 蕃 fān 249 | 藉 jiè 409 | 19画 | 套 tào 802 | | | | |
| fán 250 | 藉 jiè 444 | (蘿)luó 546 | 奚 xī 877 | | | | |
| 蕙 huì 394 | 藉 jiè 445 | 蘖 niè 615 | 奘 zàng 1039 | | | | |
| 蕺 jí 409 | (薺)jì 412 | 蘸 zhàn 1051 | zhuǎng 1105 | | | | |
| 蕉 jiāo 433 | 齐 qí 654 | | 8画 | | | | |
| qiáo 670 | (蘄)jìn 450 | 48 大(夨) | 奢 shē 728 | | | | |
| 蕨 jué 471 | 曹 jiù 460 | | 爽 shuǎng 770 | | | | |
| (蕒)mǎi 553 | (藍)lán 504 | 大 dà 170 | 9画 | | | | |
| 蕲 qí 655 | 藐 miǎo 578 | dài 179 | 奥 ào 10 | | | | |
| (蕎)qián 662 | (蕾)níng 615 | 1画 | 奠 diàn 211 | | | | |
| (蕎)qiáo 669 | 薷 rú 705 | 夫 fū 274 | 11画 | | | | |
| (蕘)ráo 694 | 薹 tái 794 | fú 275 | (奪)duó 237 | | | | |
| 蕤 ruí 708 | 薛 xiǎn 893 | 太 tài 794 | (獎)jiǎng 429 | | | | |
| 蕊 ruǐ 708 | 薰 xūn 942 | 天 tiān 807 | 奁 lián 521 | | | | |
| 蔬 shū 764 | 15画 | 夭 yāo 961 | 12画 | | | | |
| 蕰 wēn 858 | 燕 ruò 22 | 2画 | 奭 shì 755 | | | | |
| (蕪)wú 870 | 薰 biāo 51 | 夯 bèn 44 | 13画 | | | | |
| 蕈 xùn 944 | 藩 fān 249 | hāng 348 | (奮)fèn 268 | | | | |
| (蕓)yún 1032 | (藉)jiǎn 421 | 失 shī 741 | | | | | |
| 蕴 yùn 1034 | jiǎn 422 | 头 tóu 824 | 49 廾(廾) | | | | |
| 蕞 zuì 1126 | 藠 jiào 437 | 央 yāng 957 | 1画 | | | | |
| 13画 | 藜 lí 516 | 3画 | 开 kāi 474 | | | | |
| 薄 báo 31 | 藕 ǒu 624 | 夺 duó 237 | 2画 | | | | |
| bó 68 | (藪)qióng 681 | 夹 gā 284 | 弁 biàn 53 | | | | |
| bò 68 | (藷)shǔ 766 | jiā 415 | 3画 | | | | |
| 薜 bì 50 | (藪)sǒu 784 | jiá 417 | 异 yì 986 | | | | |
| 薅 hāo 349 | 藤 téng 804 | 夸 kuā 493 | 4画 | | | | |
| 薨 hōng 363 | 藥 yào 966 | 夼 kuǎng 496 | 弄 lòng 538 | | | | |
| 薨 hóng 366 | (藝)yì 985 | 买 mǎi 552 | nòng 619 | | | | |
| (薈)huì 393 | 16画 | 夷 yí 980 | 弃 qì 658 | | | | |
| (薦)jiàn 425 | 藿 huò 401 | 4画 | 6画 | | | | |
| (薑)jiāng 428 | (蘆)lì 519 | 奄 bā 12 | 弇 yǎn 953 | | | | |
| 蕾 lěi 512 | (蘢)lóng 538 | 奀 ēn 240 | 弈 yì 987 | | | | |
| (薩)má 550 | (蘆)lú 540 | 奂 huàn 383 | 11画 | | | | |
| (蘋)pín 643 | lǔ 540 | 奁 lián 521 | 弊 bì 50 | | | | |
| (蘋)píng 645 | 蘑 mó 587 | 5画 | 15画 | | | | |
| (蕎)qiáng 668 | (蕲)qí 655 | 奔 bēn 42 | 彝 yí 982 | | | | |
| (薩)sà 710 | 蘧 qú 686 | bèn 44 | | | | | |
| 薯 shǔ 766 | (蘂)ruǐ 708 | 奋 fèn 268 | 50 尢(尣) | | | | |
| 薮 sǒu 784 | (蘇)sū 784 | 奇 jī 404 | 1画 | | | | |
| 薙 wèng 862 | (蘀)tuò 838 | qí 653 | 尤 yóu 1005 | | | | |
| (蘚)xiān 891 | (蘐)xuān 936 | 奈 nài 598 | 3画 | | | | |
| (蕭)xiāo 904 | 藻 zǎo 1041 | 奄 yǎn 953 | 尥 liào 528 | | | | |
| 薤 xiè 916 | 17画 | 6画 | 尧 yáo 962 | | | | |
| 薪 xīn 921 | 蘩 fán 251 | 奖 jiǎng 429 | 4画 | | | | |
| 薛 xuē 939 | 蘵 hē 353 | 奎 kuí 497 | 尬 gà 285 | | | | |
| | | 类 lèi 513 | | | | | |

# 51～53：部首索引

**部首索引**
寸弋扌

| 龙 méng | 569 |
|---|---|
| **7画** | |
| 匼 huī | 389 |
| **9画** | |
| 就 jiù | 461 |
| **10画** | |
| 尴 gān | 289 |
| **14画** | |
| (尷) gān | 289 |

## 51 寸

| 寸 cùn | 162 |
|---|---|
| **2画** | |
| 对 duì | 232 |
| **3画** | |
| 导 dǎo | 189 |
| 寺 sì | 781 |
| 寻 xún | 942 |
| **4画** | |
| 寿 shòu | 759 |
| **6画** | |
| 封 fēng | 271 |
| 将 jiāng | 427 |
|     jiàng | 429 |
| 耐 nài | 598 |
| **7画** | |
| (尅) kè | 485 |
|   kēi | 487 |
| 射 shè | 730 |
| **8画** | |
| 尉 wèi | 857 |
|   yù | 1022 |
| (專) zhuān | 1100 |
| **9画** | |
| (尋) xún | 942 |
| 尊 zūn | 1127 |
| **11画** | |
| (對) duì | 232 |
| **12画** | |
| (導) dǎo | 189 |

## 52 弋

| 弋 yì | 984 |
|---|---|
| **3画** | |
| 弎 sān | 712 |
| 式 shì | 751 |
| **5画** | |
| 弑 dài | 180 |
| **6画** | |
| 贰 èr | 244 |
| **9画** | |
| 弑 shì | 754 |

## 53 扌

| 才 cái | 82 |
|---|---|
| **1画** | |
| 扎 zā | 1034 |
|   zhā | 1045 |
|   zhá | 1045 |
| **2画** | |
| 扒 bā | 12 |
|   pá | 624 |
| 打 dá | 165 |
|   dǎ | 166 |
| 扑 pū | 649 |
| 扔 rēng | 701 |
| **3画** | |
| (扠) chā | 93 |
| (扞) gǎn | 291 |
| 扛 gāng | 292 |
|   káng | 480 |
| 扣 kòu | 491 |
| 扩 kuò | 499 |
| 扪 mén | 568 |
| 扦 qiān | 661 |
| 扫 sǎo | 713 |
|   sào | 714 |
| 托 tuō | 835 |
| 扬 yáng | 957 |
| 执 zhí | 1074 |
| **4画** | |
| (扷) ǎo | 10 |
|   ào | 10 |
|   niù | 618 |
| 把 bǎ | 13 |
|   bà | 14 |
| 扳 bān | 22 |
|   pān | 627 |
| 扮 bàn | 27 |
| 报 bào | 34 |
| 抃 biàn | 54 |
| 抄 chāo | 106 |
| 扯 chě | 111 |
| 扽 dèn | 196 |
| 抖 dǒu | 224 |
| 扼 è | 239 |
| 扶 fú | 278 |
| 抚 fǔ | 278 |
| 护 hù | 373 |
| 扮 huī | 388 |
| 技 jì | 411 |
| 拒 jù | 466 |
| 抉 jué | 469 |
| 抗 kàng | 480 |

| 抠 kōu | 490 |
|---|---|
| 抡 lūn | 545 |
|   lún | 545 |
| 拟 nǐ | 608 |
| 扭 niǔ | 617 |
| 抛 pāo | 629 |
| 批 pī | 635 |
| 抔 póu | 648 |
| 抢 qiāng | 666 |
|   qiǎng | 668 |
| 扰 rǎo | 696 |
| 折 shé | 729 |
|   zhē | 1058 |
|   zhé | 1059 |
| 抒 shū | 762 |
| 扨 sǒng | 783 |
| 投 tóu | 826 |
| 抟 tuán | 832 |
| 抑 yì | 986 |
| 找 zhǎo | 1056 |
| 抵 zhǐ | 1078 |
| 抓 zhuā | 1099 |
| **5画** | |
| 拗 ǎo | 10 |
|   ào | 10 |
|   niù | 618 |
| 拔 bá | 13 |
| 拌 bàn | 27 |
| 抱 bào | 35 |
| 拨 bō | 65 |
| 拆 cā | 81 |
|   chāi | 97 |
| 抻 chēn | 112 |
| 抽 chōu | 130 |
| 担 dān | 182 |
|   dàn | 185 |
| 抵 dǐ | 200 |
| 拂 fú | 276 |
| 拊 fǔ | 278 |
| 拐 guǎi | 324 |
| 拣 jiǎn | 421 |
| 拘 jū | 463 |
| 拉 kuǎi | 494 |
| 拉 lā | 500 |
|   lá | 501 |
|   lǎ | 501 |
| 拦 lán | 504 |
| 拎 līn | 529 |
| 拢 lǒng | 538 |
| 抹 mā | 549 |
|   mǒ | 587 |
|   mò | 588 |

| 抿 mǐn | 580 |
|---|---|
| 拇 mǔ | 591 |
| 拈 niān | 610 |
| 拧 níng | 615 |
|   nǐng | 616 |
|   nìng | 616 |
| 拍 pāi | 625 |
| 拚 pàn | 628 |
|   pīn | 642 |
| 抨 pēng | 633 |
| 披 pī | 636 |
| 拤 qiá | 660 |
| (拑) qián | 664 |
| 拓 tà | 792 |
|   tuò | 838 |
| 抬 tái | 793 |
| 拖 tuō | 836 |
| 押 yā | 945 |
| (擞) yè | 968 |
| 拥 yōng | 1001 |
| 择 zé | 1042 |
|   zhái | 1047 |
| 咋 zhǎ | 1046 |
| 招 zhāo | 1054 |
| (招) zhāo | 1055 |
| 拄 zhǔ | 1096 |
| 拙 zhuō | 1108 |
| **6画** | |
| 按 àn | 7 |
| 持 chí | 124 |
| 挡 dǎng | 187 |
|   dàng | 188 |
| 拱 gǒng | 312 |
| 括 guā | 323 |
|   kuò | 500 |
| 挂 guà | 323 |
| 挥 huī | 388 |
| 挤 jǐ | 410 |
| (挾) jiā | 415 |
| 挟 xié | 925 |
| 挢 jiǎo | 434 |
| 挎 kǎo | 481 |
| 挎 kuà | 494 |
| 挠 náo | 602 |
| 挪 nuó | 622 |
| 拼 pīn | 642 |
| 拾 shí | 747 |
| 拭 shì | 753 |
| 拴 shuān | 769 |
| 挞 tà | 792 |
| 挑 tiāo | 811 |

| | | | | | | | | | |
|---|---|---|---|---|---|---|---|---|---|
| 挑 tiǎo | 813 | 弹 dǎn | 184 | 摒 bìng | 64 | 摁 èn | 240 |
| 挺 tǐng | 818 | shàn | 720 | 插 chā | 93 | 搞 gǎo | 298 |
| 挖 wā | 838 | 捯 dáo | 189 | 搽 chá | 96 | 摧 huī | 378 |
| 挝 wō | 862 | 掂 diān | 205 | 搀 chān | 98 | 搛 jiān | 421 |
| zhuā | 1100 | 掉 diào | 213 | 搋 chuāi | 141 | 搢 jìn | 450 |
| 挦 xián | 892 | 掇 duō | 236 | chuǎi | 141 | 摸 mō | 585 |
| 挜 yà | 968 | (掛) guà | 323 | chuài | 141 | (搶) qiǎng | 666 |
| (拽) yè | 968 | 掴 guāi | 324 | 搓 cuō | 162 | qiǎng | 668 |
| 拽 zhuāi | 1100 | 掼 guàn | 328 | 搭 dā | 164 | (搇) qìn | 674 |
| zhuài | 1100 | 掎 jǐ | 410 | 提 dī | 199 | 搡 sǎng | 713 |
| 捞 zǎ | 1035 | 接 jiē | 438 | tí | 805 | (搧) shān | 719 |
| zǎn | 1038 | 捷 jié | 441 | 掭 kāi | 477 | 摄 shè | 730 |
| 挓 zhā | 1045 | 掬 jū | 464 | 搿 gē | 300 | 摅 shū | 764 |
| 挣 zhēng | 1066 | 据 jù | 466 | gé | 301 | 搠 shuò | 765 |
| zhèng | 1071 | (掄) juān | 467 | (搗) huī | 388 | (搨) tà | 792 |
| 拯 zhěng | 1067 | 掘 jué | 471 | (揀) jiǎn | 421 | 摊 tān | 795 |
| 指 zhǐ | 1078 | 掯 kěn | 487 | 搅 jiǎo | 435 | 搪 táng | 799 |
| **7画** | | 控 kòng | 489 | 揭 jiē | 439 | (搯) tāo | 800 |
| 挨 āi | 2 | 捩 liè | 529 | 揩 kāi | 477 | (捅) tǒng | 823 |
| ái | 2 | 捋 lǚ | 540 | 搁 kē | 483 | (摀) wǔ | 872 |
| 捌 bā | 13 | 掠 lüè | 545 | 揆 kuí | 498 | 携 xié | 914 |
| 挼 ruó | 21 | (掄) lūn | 545 | 揽 lǎn | 505 | 摇 yáo | 963 |
| ruá | 707 | lún | 545 | 搂 lōu | 538 | 摚 zhǎn | 1049 |
| 捕 bǔ | 69 | 描 miáo | 577 | lǒu | 539 | **11画** | |
| 挫 cuò | 163 | 捺 nà | 597 | (揑) niē | 614 | 摽 biào | 58 |
| 捣 dǎo | 190 | 捻 niǎn | 612 | 揿 qìn | 674 | (摻) chān | 98 |
| 捍 hàn | 347 | 排 pái | 625 | 揉 róu | 704 | 撦 chě | 111 |
| 换 huàn | 383 | pǎi | 626 | 搡 sāi | 710 | 摧 cuī | 160 |
| 捡 jiǎn | 422 | 捧 pěng | 634 | 搔 sāo | 713 | (摑) guāi | 324 |
| 捐 juān | 467 | 掊 pǒu | 648 | 搜 sōu | 784 | (摳) kōu | 490 |
| 捆 kǔn | 499 | 掐 qiā | 659 | 揳 xiē | 912 | 撂 liào | 528 |
| 捞 lāo | 506 | 掮 qián | 664 | 握 wò | 864 | (搜) lōu | 538 |
| 捋 lǚ | 542 | (掃) sǎo | 713 | 揳 xiē | 912 | lǒu | 539 |
| luō | 546 | sào | 714 | 揎 xuān | 936 | 摞 luò | 548 |
| 捏 niē | 614 | (捨) shě | 729 | 揠 yà | 948 | 撇 piē | 641 |
| (抄) suō | 790 | 授 shòu | 761 | (揚) yáng | 957 | piě | 642 |
| 捅 tǒng | 823 | 探 tàn | 797 | 揖 yī | 979 | 摔 shuāi | 768 |
| 挽 wǎn | 844 | 掏 tāo | 800 | 揄 yú | 1017 | (搏) tuán | 832 |
| 捂 wǔ | 872 | 掭 tiàn | 811 | 援 yuán | 1027 | (搲) wō | 862 |
| (挾) xié | 913 | 推 tuī | 832 | 揉 yuàn | 1029 | zhuā | 1100 |
| 挹 yì | 991 | 掀 xiān | 890 | 揸 zhā | 1045 | 撄 yīng | 997 |
| 振 zhèn | 1064 | (掗) yà | 948 | 揍 zòu | 1123 | (摣) zhā | 1045 |
| 捉 zhuō | 1108 | 掩 yǎn | 953 | **10画** | | 摘 zhāi | 1047 |
| **8画** | | 掖 yē | 966 | 摆 bǎi | 20 | (摺) zhé | 1059 |
| 捭 bǎi | 20 | yè | 966 | 搬 bān | 23 | 摭 zhí | 1077 |
| (採) cǎi | 83 | 捓 yé | 966 | 搒 bàng | 29 | **12画** | |
| 掺 chān | 98 | 晢 zhé | 1059 | péng | 634 | (撥) bō | 66 |
| 搥 chuí | 148 | 掷 zhì | 1083 | 摈 bìn | 60 | 播 bō | 66 |
| 措 cuò | 163 | 捽 zuó | 1127 | 搏 bó | 67 | 撤 chè | 111 |
| | | **9画** | | 播 chù | 140 | 撑 chēng | 115 |
| | | 揞 ǎn | 7 | 搋 chuāi | 141 | (撐) chēng | 115 |
| | | (搧) bǐng | 63 | (搗) dǎo | 190 | | |

| | | | |
|---|---|---|---|
| (攒) cuān 159 | sōu 784 | 妆 zhuāng 1104 | (阁) gé 301 |
| 撮 cuō 162 | (擁) yōng 1001 | 壮 zhuàng 1105 | (閤) hé 301 |
| zuǒ 1128 | (擇) zé 1042 | (壯) zhuàng 1105 | 阁 gé 301 |
| (擋) dǎn 184 | zhái 1047 | **4画** | 阓 guī 333 |
| shàn 720 | **14画** | (牀) chuáng 146 | 阖 hé 356 |
| (撏) dèn 196 | (擯) bìn 60 | (狀) zhuàng 1106 | (閧) hòng 356 |
| (撫) fú 278 | 擦 cā 81 | **5画** | 阘 kǎi 477 |
| (撝) huī 388 | (擠) jǐ 410 | 柯 kē 483 | 阖 lú 542 |
| (撟) jiǎo 434 | (擴) kuò 499 | **6画** | 阃 mǐn 580 |
| 撅 juē 469 | (擬) nǐ 608 | 将 jiāng 427 | 阘 tà 792 |
| 撖 kā 473 | (擰) níng 615 | jiàng 429 | **7画** |
| (撈) lāo 506 | nǐng 616 | 牂 zāng 1043 | 阄 jiū 459 |
| 撩 liāo 527 | nìng 616 | **7画** | 阅 kǔn 499 |
| liáo 527 | 擩 rǔ 706 | (將) jiāng 427 | 阆 làng 506 |
| (撩) liào 528 | 擡 tái 793 | jiàng 429 | 阅 yuè 1030 |
| 撸 lū 540 | 撺 xǐng 927 | **13画** | **8画** |
| (撚) niǎo 602 | (擲) zhì 1083 | (牆) qiáng 668 | 阐 chǎn 100 |
| (撚) niǎn 612 | 擢 zhuó 1110 | | 阊 chāng 100 |
| 撵 niǎn 612 | **15画** | **55 门(門門)** | 阇 dū 225 |
| (撲) pū 649 | (擺) bǎi 20 | (鬥) dòu 224 | shé 729 |
| 撬 qiào 671 | (攏) rǎo 694 | 门 mén 567 | 阌 wén 861 |
| 擒 qín 674 | (擻) shū 764 | (門) mén 567 | 阋 xì 883 |
| 撒 sā 709 | (擻) sǒu 784 | **1画** | 阎 yán 949 |
| sǎ 709 | **16画** | 闩 shuān 769 | 阏 yù 1022 |
| 撕 sī 779 | 攒 cuán 159 | **2画** | **9画** |
| (撻) tà 792 | zǎn 1038 | 闪 shǎn 719 | (闇) àn 8 |
| (撏) xián 892 | 攉 huō 396 | **3画** | 阔 kuò 500 |
| (擕) xié 914 | (擷) lǒng 538 | 闭 bì 49 | 阑 lán 504 |
| 撷 xié 914 | **17画** | 闯 chuǎng 146 | 阕 qǔ 687 |
| 撰 zhuàn 1104 | (攙) chān 98 | 问 wèn 861 | 阒 què 691 |
| 撞 zhuàng 1106 | (攔) lán 504 | **4画** | (闈) wéi 852 |
| 撙 zǔn 1127 | 攘 rǎng 693 | (鬦) dòu 224 | **10画** |
| **13画** | **18画** | 闳 hóng 365 | 阖 hé 358 |
| 操 cāo 89 | (攛) cuān 159 | 间 jiān 420 | (闚) kuī 477 |
| cào 91 | (攝) shè 730 | jiàn 425 | 阙 què 691 |
| (擔) dān 182 | (搜) sǒng 783 | (閒) jiān 425 | què 691 |
| dàn 185 | **19画** | jiàn 425 | 阚 tà 792 |
| (擋) dǎng 187 | (攤) tān 795 | xián 891 | 阗 tián 811 |
| dàng 188 | **20画** | (開) kāi 474 | **11画** |
| 擀 gǎn 291 | (攩) dǎng 187 | 闶 kāng 480 | (關) guān 325 |
| 憾 hàn 347 | (攪) jiǎo 435 | kàng 481 | 阚 kàn 480 |
| (擱) jiǎn 422 | 撅 jué 471 | 闵 mǐn 580 | 阒 kuī 497 |
| (擠) jù 466 | 攥 zuàn 1125 | 闰 rùn 708 | **12画** |
| (擓) kuǎi 494 | **21画** | 闱 wéi 852 | (闡) chǎn 100 |
| 擂 léi 512 | (攬) lǎn 505 | 闲 xián 891 | (闒) tà 792 |
| lèi 513 | **22画** | **5画** | **13画** |
| (擄) lǔ 540 | 攮 nǎng 602 | 闹 nào 603 | (闢) pī 636 |
| 擗 pǐ 638 | **54 爿(丬)** | (鬧) nào 603 | pì 638 |
| (擞) sāi 710 | | 闸 zhá 1045 | **18画** |
| 擅 shàn 720 | 爿 pán 627 | **6画** | (闥) jiū 459 |
| 擞 sǒu 784 | **3画** | 阀 fá 247 | |

# 56 口

| | | | | | | | |
|---|---|---|---|---|---|---|---|
| 口 kǒu | 490 | 吕 lǚ | 542 | 吝 lìn | 531 | hè | 358 |
| **2画** | | 呒 má | 549 | (呂) lǚ | 542 | hú | 370 |
| 叭 bā | 12 | mǎ | 551 | 吭 ń | 548 | huó | 396 |
| 卟 bǔ | 69 | ma | 552 | (吭) ň | 594 | huò | 400 |
| 叱 chì | 125 | 名 míng | 581 | ǎng | 607 | 呼 hū | 369 |
| 叨 dāo | 189 | (呌) ǹ | 594 | 呐 nà | 596 | 咎 jiù | 461 |
| dáo | 189 | ǹg | 607 | (吶) na | 597 | 咀 jǔ | 464 |
| tāo | 800 | 同 tóng | 820 | ne | 604 | 咔 kā | 473 |
| 叼 diāo | 211 | tòng | 823 | 呕 ǒu | 623 | kǎ | 474 |
| 叮 dīng | 215 | 吐 tǔ | 831 | 启 qǐ | 655 | 呤 lìng | 534 |
| 古 gǔ | 317 | tù | 831 | 呛 qiāng | 666 | 咙 lóng | 538 |
| 号 háo | 349 | 问 wèn | 861 | qiàng | 669 | 呣 ḿ | 548 |
| hào | 351 | 吸 xī | 876 | 吣 qìn | 674 | m̀ | 548 |
| 叽 jī | 402 | 向 xiàng | 901 | (唚) qìn | 674 | 命 mìng | 585 |
| 叫 jiào | 435 | 吁 xū | 932 | 吮 shǔn | 774 | 呶 náo | 602 |
| 可 kě | 483 | yū | 1014 | 听 tīng | 816 | 呢 ne | 604 |
| kè | 485 | yù | 1020 | 吞 tūn | 835 | ní | 608 |
| 叩 kòu | 491 | 吆 yāo | 962 | 吻 wěn | 861 | 咛 níng | 615 |
| 叻 lè | 511 | (吆) yāo | 962 | 呜 wū | 865 | 咆 páo | 630 |
| 另 lìng | 533 | 吒 zhā | 1045 | 吾 wú | 870 | 呸 pēi | 631 |
| 叵 pǒ | 647 | (吒) zhà | 1046 | 吴 wú | 870 | 舍 shě | 729 |
| 召 shào | 728 | **4画** | | (吳) wú | 870 | shè | 730 |
| zhào | 1056 | 吧 bā | 12 | 呀 yā | 945 | 呻 shēn | 732 |
| 史 shǐ | 748 | ba | 15 | ya | 948 | 咝 sī | 778 |
| 司 sī | 773 | 呗 bài | 21 | (呼) yī | 979 | 味 wèi | 857 |
| 台 tāi | 793 | bei | 42 | 呓 yì | 987 | 呷 xiā | 883 |
| tái | 793 | 吡 bǐ | 47 | 吟 yín | 992 | 咏 yǒng | 1002 |
| 叹 tàn | 797 | 吥 bù | 80 | 呦 yǐn | 994 | 呦 yōu | 1004 |
| 叶 xié | 913 | 吵 chāo | 106 | 员 yuán | 1024 | 咂 zā | 1035 |
| yè | 968 | chǎo | 109 | yún | 1032 | 咋 zǎ | 1035 |
| 右 yòu | 1013 | 呈 chéng | 117 | yùn | 1034 | zé | 1043 |
| 占 zhān | 1048 | 呎 chǐ | 125 | 吱 zhī | 1073 | zhā | 1046 |
| zhàn | 1048 | 吹 chuī | 147 | zī | 1110 | 知 zhī | 1073 |
| 只 zhī | 1072 | 呆 dāi | 178 | **5画** | | 咒 zhòu | 1092 |
| zhǐ | 1077 | 呔 dāi | 179 | (呵) ā | 1 | (呪) zhòu | 1092 |
| **3画** | | (吚) dāi | 179 | á | 1 | **6画** | |
| 吖 ā | 1 | 吨 dūn | 234 | ǎ | 1 | 哀 āi | 1 |
| 吃 chī | 121 | 呃 è | 239 | à | 1 | (咹) ān | 6 |
| 吋 cùn | 162 | e | 240 | 呵 hē | 353 | 帮 bāng | 28 |
| 吊 diào | 212 | 吠 fèi | 263 | 哎 āi | 1 | 哔 bì | 49 |
| (呺) dū | 225 | 吩 fēn | 266 | 咚 dōng | 221 | 呲 cī | 151 |
| 合 gé | 302 | 否 fǒu | 274 | 咄 duō | 236 | (呲) zī | 1111 |
| hé | 353 | pǐ | 638 | 附 fù | 281 | zī | 1111 |
| 各 gě | 302 | 呋 fū | 274 | 咖 gā | 284 | 哆 duō | 236 |
| gè | 303 | 告 gào | 298 | kā | 473 | 哚 duǒ | 237 |
| 吓 hè | | 呙 guō | 336 | 咕 gū | 316 | 咯 gē | 299 |
| xià | 888 | 含 hán | 345 | 呱 gū | 316 | kǎ | 474 |
| 后 hòu | 366 | 吭 háng | 348 | guā | 322 | lo | 537 |
| 吉 jí | 406 | kēng | 487 | guǎ | 323 | 哏 gén | 305 |
| 吏 lì | 519 | 吼 hǒu | 366 | (喎) guō | 336 | 咣 guāng | 331 |
| | | 君 jūn | 472 | 和 hé | 355 | 哈 hā | 341 |
| | | 呖 lì | 519 | | | hǎ | 341 |

| 部首索引 | | | | | | | |
|---|---|---|---|---|---|---|---|
| | hà | 341 | 咨 zī | 1110 | 嘬 chuài | 141 | shàn 720 |
| | hāi | 342 | | | chuò | 151 | (喫) chī 121 |
| 咳 ké | 483 | 7画 | | 啐 cuì | 160 | 啻 chì 127 |
| 哄 hōng | 362 | 啊 ā | 1 | 啖 dàn | 185 | 喘 chuǎn 144 |
| hǒng | 366 | á | 1 | (啗) dàn | 185 | 嗒 dā 165 |
| hòng | 366 | ǎ | 1 | 啶 dìng | 219 | tà 792 |
| 哗 huā | 376 | à | 1 | 啡 fēi | 262 | 喋 dié 214 |
| huá | 377 | a | 1 | 啤 fēng | 273 | zhá 1046 |
| 咴 huī | 389 | 唉 āi | 2 | 唿 hū | 370 | 喊 hǎn 346 |
| 咭 jī | 404 | ài | 3 | 唬 hǔ | 372 | 喝 hē 353 |
| 哜 jì | 412 | 哺 bǔ | 70 | 啃 kěn | 487 | hè 358 |
| (哯) kuǎ | 493 | 啦 chī | 123 | 啦 lā | 501 | 喉 hóu 366 |
| 哐 kuāng | 496 | 唇 chún | 150 | la | 502 | 喤 huáng 387 |
| 咧 liē | 528 | 啑 dōu | 223 | 啷 lāng | 505 | 嗨 huì 394 |
| liě | 528 | 哦 é | 238 | 唳 lì | 520 | 喈 jiē 439 |
| lie | 529 | ó | 623 | 啉 lín | 530 | 嗟 jiē 439 |
| 咪 mī | 571 | ò | 623 | 啰 luō | 546 | 啾 jiū 459 |
| 咩 miē | 578 | 哥 gē | 299 | luó | 546 | 喀 kā 473 |
| 哞 mōu | 590 | 哽 gěng | 306 | luo | 548 | 喹 kuí 498 |
| 哪 nǎ | 595 | 唝 gòng | 313 | 喵 miāo | 577 | 喟 kuì 498 |
| na | 597 | 哼 hēng | 361 | 啮 niè | 615 | 喇 lǎ 501 |
| nǎi | 598 | hng | 362 | 喏 nuò | 623 | 喱 lí 515 |
| né | 604 | 唤 huàn | 384 | 唔 ǒu | 623 | 亮 liàng 527 |
| něi | 604 | (唧) jī | 404 | 啪 pā | 624 | 喽 lóu 539 |
| 哝 nóng | 619 | 哭 kū | 492 | 啤 pí | 637 | lou 540 |
| 哌 pài | 626 | 唠 láo | 507 | (啓) qǐ | 655 | 喃 nán 601 |
| 品 pǐn | 643 | lào | 510 | 啥 shá | 716 | 喷 pēn 633 |
| 哂 shěn | 735 | 哩 lī | 514 | 嗄 shà | 717 | pèn 633 |
| 哇 wā | 839 | lǐ | 517 | 商 shāng | 721 | (喬) qiáo 669 |
| wa | 839 | li | 521 | 售 shòu | 761 | 善 shàn 720 |
| 咸 xián | 892 | 唛 mài | 554 | 啕 táo | 801 | 嗖 sōu 784 |
| 响 xiǎng | 900 | (唔) ń | 607 | 唾 tuò | 838 | 啼 tí 806 |
| 咥 xiào | 911 | 唔 wú | 870 | (喎) wāi | 840 | 喂 wèi 857 |
| (咲) xiào | 911 | (唚) qìn | 674 | 唯 wéi | 853 | 喔 wō 863 |
| (訩) xiōng | 928 | 哨 shào | 728 | wěi | 855 | 喜 xǐ 880 |
| 咻 xiū | 930 | 唆 suō | 790 | 啸 xiào | 912 | (喲) xián 892 |
| 哑 yā | 946 | 唢 suǒ | 791 | (啞) yā | 946 | 喧 xuān 936 |
| yǎ | 947 | 唐 táng | 798 | yǎ | 947 | 喑 yīn 992 |
| 咽 yān | 948 | 唞 xī | 840 | 唷 yō | 992 | 喁 yóng 1002 |
| yàn | 956 | 唏 xī | 876 | 营 yíng | 998 | 喻 yù 1022 |
| ye | 969 | 哮 xiào | 911 | 啧 yō | 1001 | (喒) zán 1035 |
| 咬 yǎo | 964 | 唁 yàn | 956 | 啧 zé | 1043 | 喳 zā 1035 |
| 咿 yī | 979 | (唕) zào | 1041 | 喁 zhāo | 1055 | zán 1038 |
| 咦 yí | 980 | (唣) zào | 1041 | 啁 zhōu | 1092 | zan 1039 |
| 哟 yō | 1001 | 哳 zhā | 1045 | 啭 zhuàn | 1104 | 嗞 zī 1111 |
| yo | 1001 | 哲 zhé | 1059 | 啄 zhuó | 1109 | 10画 |
| 哕 yuě | 1029 | 8画 | | 9画 | | 嗄 á 1 |
| 咱 zá | 1035 | 唵 ān | 6 | 啽 bai | 22 | (嗳) āi 1 |
| zán | 1038 | 啵 bo | 68 | 喳 chā | 94 | 嗳 ǎi 3 |
| zan | 1039 | 啴 chǎn | 100 | zhá | 1045 | ài 4 |
| 哉 zāi | 1036 | tān | 795 | (單) chán | 98 | 嗌 ài 5 |
| 咤 zhà | 1046 | 唱 chàng | 105 | dān | 182 | 嗷 áo 9 |
| | | | | | | (嗶) bì 49 |

| | | | | | | | | |
|---|---|---|---|---|---|---|---|---|
| 嗔 chēn | 112 | 嘛 ma | 552 | 嚍 jìn | 451 | | luo | 548 |
| 嗤 chī | 123 | 嗋 mǐ | 574 | 噘 jué | 471 | 囊 nāng | 601 |
| 嗲 diǎ | 205 | (嘔) ǒu | 623 | xué | 940 | náng | 601 |
| 嘟 dū | 225 | 嘌 piào | 641 | (嚀) níng | 619 | **21画** | |
| 嗝 gé | 302 | 喊 qī | 652 | 噼 pī | 636 | (囁) niè | 615 |
| (嗨) hāi | 123 | 嘘 shī | 743 | 器 qì | 659 | (囑) zhǔ | 1097 |
| (嗨) hēi | 360 | xū | 934 | 噻 sāi | 710 | **22画** | |
| 嘻 hài | 344 | 嗾 sǒu | 784 | 噬 shì | 755 | 囔 nāng | 601 |
| (號) háo | 349 | 嗽 sòu | 784 | (嘯) xiào | 912 | | |
| hào | 351 | (嘆) tàn | 797 | 噢 yī | 980 | **57 囗** | |
| 嗥 háo | 349 | 喤 tāng | 798 | (營) yíng | 998 | ○ líng | 531 |
| 嗬 hē | 353 | 嘤 yīng | 997 | (喊) yuē | 1029 | **2画** | |
| (嘩) huā | 376 | **12画** | | 噪 zào | 1042 | 囚 qiú | 682 |
| huá | 377 | 噌 cēng | 92 | 嘴 zuǐ | 1125 | 四 sì | 780 |
| 嗑 kè | 486 | (嘽) chǎn | 100 | **14画** | | **3画** | |
| 嗨 mǔ | 591 | tān | 795 | 嚓 cā | 81 | 回 huí | 389 |
| 嗯 ń | 594 | 嘲 cháo | 108 | chā | 94 | 囝 jiǎn | 421 |
| ň | 594 | zhāo | 1056 | 嚎 háo | 350 | (囡) nān | 598 |
| ǹ | 594 | 嘬 chuài | 141 | (嚇) hè | 358 | 囡 nān | 598 |
| ńg | 607 | zuō | 1127 | xià | 888 | 囤 tuán | 831 |
| ňg | 607 | 噇 chuáng | 146 | (嚌) jì | 412 | 囟 xìn | 921 |
| ǹg | 607 | (噠) dá | 165 | (嚀) níng | 615 | 因 yīn | 989 |
| 嗫 niè | 615 | 噔 dēng | 197 | 嚏 tì | 807 | **4画** | |
| 嘈 pèi | 633 | 噶 gá | 285 | **15画** | | 囱 cōng | 155 |
| 嗛 qiǎn | 665 | 嘿 hēi | 360 | 嚒 me | 562 | 囤 dùn | 234 |
| (嗆) qiāng | 666 | (嘰) jī | 402 | (嚘) ōu | 623 | tún | 835 |
| qiàng | 666 | 噍 jiào | 437 | 嚣 xiāo | 905 | (囮) é | 240 |
| 嗪 qín | 674 | 噘 juē | 469 | 囂 yín | 993 | 囫 hú | 370 |
| 嗓 sǎng | 713 | (嘮) láo | 507 | **16画** | | 困 kùn | 499 |
| 嗜 shì | 754 | lào | 510 | (囅) chǎn | 100 | 囵 lún | 545 |
| 嗣 sì | 782 | 嘹 liáo | 527 | 嚯 huò | 401 | 围 wéi | 852 |
| 嗉 sù | 786 | 噜 lū | 540 | (嚨) lóng | 538 | 园 yuán | 1024 |
| 嗦 suō | 790 | (嚕) ń | 548 | (嚴) yán | 950 | **5画** | |
| 唢 suō | 790 | 噢 ō | 623 | (嚥) yàn | 956 | 固 gù | 320 |
| 嗵 tōng | 820 | 嘭 pēng | 633 | **17画** | | 国 guó | 336 |
| 嗡 wēng | 862 | 嗜 pū | 649 | (嚲) duǒ | 237 | 囹 líng | 532 |
| (嗚) wū | 865 | 噙 qín | 674 | 嚼 jiáo | 433 | 图 tú | 828 |
| 嗅 xiù | 932 | (噝) sī | 778 | jiáo | 437 | **6画** | |
| **11画** | | 嘶 sī | 779 | jué | 471 | 囿 yòu | 1014 |
| 嘣 bēng | 44 | 嘻 xī | 878 | 嚷 rāng | 693 | **7画** | |
| 嘈 cáo | 89 | 噏 xī | 878 | rǎng | 693 | 圃 pǔ | 650 |
| 嘚 dē | 194 | 噀 xùn | 944 | **18画** | | 圄 yǔ | 1019 |
| 嘀 dī | 200 | 噇 yě | 966 | (囁) niè | 615 | 圆 yuán | 1026 |
| dí | 200 | 嘱 zhǔ | 1097 | (嚻) xiāo | 905 | **8画** | |
| 嘎 gā | 284 | **13画** | | (嚶) yīng | 987 | (國) guó | 336 |
| gá | 285 | (嗳) ǎi | 3 | (囀) zhuàn | 1104 | 圈 juān | 468 |
| gǎ | 285 | ài | 4 | **19画** | | juàn | 469 |
| 嘏 gǔ | 320 | (噸) dūn | 234 | (囉) chǎn | 100 | quān | 687 |
| 嘉 jiā | 417 | 噩 è | 240 | (囌) sū | 783 | (圇) lún | 545 |
| 嘞 lei | 513 | 嘷 háo | 349 | (囋) zhuàn | 1104 | 圉 qīng | 677 |
| (嘍) lóu | 539 | 嚄 huò | 396 | | | 圊 yǔ | 1019 |
| lou | 540 | ǒ | 623 | luó | 546 | **9画** | |

| | | | |
|---|---|---|---|
| 圌 chuí 148 | 7画 | 4画 | 崚 jùn 473 |
| (圍) wéi 852 | 帱 chóu 131 | 吞 tūn 10 | 崁 kàn 480 |
| 10画 | dào 191 | 邑 bā 13 | 崃 lái 503 |
| 圏 luán 544 | (師) shī 742 | 岑 cén 92 | 崀 làng 506 |
| (園) yuán 1024 | 席 xí 879 | 岔 chà 96 | 崂 láo 507 |
| 11画 | 8画 | 岛 dǎo 190 | (豈) qǐ 655 |
| (圖) tú 828 | 常 cháng 103 | 岗 gāng 292 | 峭 qiào 671 |
| (團) tuán 831 | (帶) dài 180 | gǎng 293 | (峽) xiá 884 |
| 13画 | 帼 guó 338 | gàng 294 | 峪 yù 1021 |
| 圜 huán 382 | 帷 wéi 853 | 岚 lán 504 | 8画 |
| yuán 1027 | 帻 zé 1043 | 岐 qí 653 | 崩 bēng 44 |
| 17画 | (帳) zhàng 1053 | 岍 qiān 661 | 崇 chóng 129 |
| 圞 yóu 1009 | 9画 | 岖 qū 684 | 崔 cuī 159 |
| 19画 | 幅 fú 278 | 岘 xiàn 894 | (崠) dōng 221 |
| (欒) luán 544 | 帽 mào 561 | 岈 yá 947 | (岡) gāng 292 |
| 23画 | (幀) qiāo 669 | 5画 | gǎng 293 |
| (欒) luán 544 | (幃) wéi 852 | 岸 àn 7 | gàng 294 |
| | 幄 wò 864 | 岱 dài 180 | 崮 gù 322 |
| 58 巾 | 10画 | 岽 dōng 221 | 崛 jué 471 |
| 巾 jīn 445 | 幌 huǎng 388 | 岣 gǒu 314 | 崆 kōng 489 |
| 1画 | 幕 mù 593 | 岬 jiǎ 417 | 崑 kūn 499 |
| 币 bì 48 | 11画 | 岂 kǎi 485 | (崍) lái 503 |
| 2画 | (幣) bì 48 | 岭 lǐng 533 | 崚 léng 513 |
| 布 bù 79 | (幗) guó 338 | 峁 mǎo 561 | 崎 qí 654 |
| 市 shì 750 | 幔 màn 556 | 岷 mín 580 | (崧) sōng 783 |
| 帅 shuài 769 | 幛 zhàng 1054 | 峂 tóng 821 | (崕) yá 905 |
| 3画 | 12画 | 岫 xiù 932 | 崖 yá 947 |
| 帆 fān 248 | 幢 chuáng 146 | 岩 xué 939 | 崦 yān 949 |
| 师 shī 742 | zhuàng 1106 | 岩 yán 951 | (崟) yín 992 |
| 4画 | 幡 fān 249 | 峄 yì 987 | 崭 zhǎn 1049 |
| 帏 wéi 852 | (幟) zhì 1081 | 岳 yuè 1030 | 崒 zú 1123 |
| 希 xī 876 | 13画 | 崖 yá 947 | (崒) zú 1123 |
| 帐 zhàng 1053 | 幪 méng 570 | 岞 zuò 1130 | 9画 |
| 5画 | 14画 | 6画 | 嵖 chá 96 |
| 帛 bó 67 | (幫) bāng 28 | 峒 dòng 222 | 嵯 cuó 163 |
| 帘 lián 522 | (幬) chóu 131 | tóng 822 | 嵇 jī 405 |
| 帕 pà 625 | dào 191 | 峧 jiāo 431 | 嵝 lǒu 539 |
| 帔 pèi 632 | 15画 | 峤 jiào 436 | 嵋 méi 565 |
| 帑 tǎng 800 | (歸) guī 332 | qiáo 669 | 嵌 qiàn 666 |
| 帖 tiē 814 | 17画 | 峦 luán 544 | 嵚 qīn 673 |
| tiě 814 | (幱) lán 505 | 峙 shì 753 | 嵘 róng 703 |
| tiè 816 | | zhì 1082 | 嵗 wǎi 850 |
| 帜 zhì 1081 | 59 山 | (峽) xiá 884 | (嵬) wēi 850 |
| 帙 zhì 1081 | 山 shān 717 | 峋 xún 943 | 嵬 wéi 853 |
| 帚 zhǒu 1092 | 2画 | 峣 yáo 963 | 嵎 yú 1017 |
| 6画 | 击 jī 402 | 峥 zhēng 1066 | 嵛 yú 1017 |
| 帮 bāng 28 | 3画 | (崬) zhuān 1100 | 嵫 zǎi 1036 |
| 带 dài 180 | 岌 jí 407 | 7画 | 嵫 zī 1111 |
| 帝 dì 204 | 岂 qǐ 655 | (島) dǎo 190 | 10画 |
| 帡 píng 646 | 岁 suì 789 | 峨 é 238 | 嶅 áo 9 |
| (帥) shuài 769 | 屹 yì 986 | 峰 fēng 272 | 嶍 jí 409 |
| 帧 zhēn 1062 | 屿 yǔ 1018 | (峯) fēng 272 | |

| 嵊 shèng 740 | 径 jìng 456 | 彤 tóng 821 | 3画 |
|---|---|---|---|
| 嵩 sōng 783 | 往 wǎng 848 | 形 xíng 926 | 犴 àn 7 |
| 11画 | 征 zhēng 1066 | 彦 yàn 956 | hān 344 |
| (嶁) lǒu 539 | 6画 | 7画 | 犷 guǎng 331 |
| (崛) qū 684 | 待 dāi 179 | 彧 yù 1021 | 犸 mǎ 551 |
| 嶂 zhàng 1054 | dài 180 | 8画 | 4画 |
| 12画 | 很 hěn 360 | 彪 biāo 57 | 狈 bèi 39 |
| (鼇) ào 10 | (後) hòu 366 | 彬 bīn 60 | 狄 dí 199 |
| 嶓 bō 66 | 徊 huái 380 | 彩 cǎi 84 | 狂 kuáng 496 |
| 嶒 céng 93 | huí 391 | (彫) diāo 211 | 狃 niǔ 618 |
| 嶝 dèng 198 | 律 lǜ 543 | diāo 211 | 犹 yóu 1006 |
| (嶠) jiào 436 | 徇 xùn 944 | 9画 | 犺 yǔn 1033 |
| qiáo 669 | 徉 yáng 959 | 彭 péng 634 | 5画 |
| (嶗) láo 507 | 7画 | 9画 | 狒 fèi 263 |
| 嶙 lín 530 | (徑) jìng 456 | 彰 zhāng 1052 | 狗 gǒu 314 |
| 嶲 xī 878 | 徕 lái 503 | 12画 | 狐 hú 370 |
| (嶢) yáo 963 | 徒 tú 829 | 影 yǐng 999 | 狙 jū 463 |
| 13画 | 徐 xú 934 | | 狞 níng 615 |
| (嶧) xué 939 | 倘 cháng 104 | **63 夕** | 狍 páo 630 |
| 嶧 yì 987 | (從) cóng 155 | 夕 xī 875 | 狉 pī 641 |
| 嶼 yǔ 1018 | 得 dé 194 | 2画 | 狎 xiá 884 |
| 14画 | de 195 | 外 wài 840 | 6画 |
| 嶷 bīn 60 | děi 196 | 3画 | 独 dú 226 |
| (嶺) lǐng 533 | (徠) lái 503 | 多 duō 235 | 狠 hěn 360 |
| 嶸 róng 703 | 徘 pái 626 | 8画 | 狡 jiǎo 434 |
| 嶷 yí 982 | 徙 xǐ 880 | 够 gòu 315 | 狯 kuài 495 |
| (嶽) yuè 1030 | 9画 | 梦 mèng 571 | 狮 shī 743 |
| 16画 | (徧) biàn 55 | 11画 | 狩 shòu 760 |
| 巅 diān 206 | (復) fù 281 | (夥) huǒ 400 | 狲 sūn 789 |
| 17画 | 徨 huáng 387 | 夥 huǒ 400 | 狭 xiá 884 |
| 巉 chán 99 | 循 xún 943 | 夤 yín 993 | 狱 yù 1020 |
| 巍 wēi 851 | 御 yù 1022 | | 狰 zhēng 1067 |
| 18画 | 10画 | **64 夂(夊夂夂)** | 7画 |
| (巋) kuī 497 | (傍) páng 629 | | 狴 bì 49 |
| 19画 | 微 wēi 850 | 夂 jiǔ 459 | 狷 juàn 468 |
| (巒) luán 544 | 徭 yáo 963 | 2画 | 狼 láng 506 |
| (巌) yán 951 | 12画 | 处 chǔ 139 | 狸 lí 515 |
| **60 巛** | (徹) chè 111 | chù 140 | 狻 suān 786 |
| | 德 dé 195 | 冬 dōng 220 | (狹) xiá 884 |
| 川 chuān 141 | (徵) zhēng 1066 | 务 wù 873 | 猃 xiǎn 893 |
| 州 zhōu 1091 | 徵 zhǐ 1080 | 6画 | 猎 yín 992 |
| **61 彳** | 13画 | 复 fù 281 | 狳 yú 1016 |
| | 徼 jiǎo 435 | 7画 | 8画 |
| 彳 chì 125 | jiào 437 | 夏 xià 888 | 猜 cāi 81 |
| 4画 | 14画 | 11画 | 猖 chāng 100 |
| 彻 chè 111 | 徽 huī 389 | 夐 xiòng 929 | 猝 cù 158 |
| 彷 fǎng 258 | 20画 | | 猄 jīng 453 |
| páng 629 | (黴) méi 565 | **65 犭** | 猎 liè 527 |
| 役 yì 987 | | 2画 | 猡 luó 547 |
| 5画 | **62 彡** | 犯 fàn 253 | 猫 māo 558 |
| 彼 bǐ 47 | | 犰 qiú 682 | 猛 měng 570 |
| 徂 cú 158 | 4画 | | 猕 mí 572 |

| | | | | | | | |
|---|---|---|---|---|---|---|---|
| 猊 ní | 608 | 钉 dìng | 217 | (鍚) xíng | 926 | jìn | 448 |
| 猇 xiāo | 904 | 饥 jī | 402 | **10画** | | 屉 bǎ | 14 |
| 狺 yī | 979 | **3画** | | 馎 bó | 68 | 层 céng | 92 |
| 猪 zhū | 1094 | 饦 tuō | 836 | 馏 liú | 536 | 局 jú | 464 |
| **9画** | | 饣 xiǎng | 901 | liù | 537 | 尿 niào | 614 |
| 猹 chá | 96 | 饧 xíng | 926 | 馍 mó | 586 | suī | 788 |
| 猴 hóu | 366 | **4画** | | 馐 yè | 969 | 屁 pì | 638 |
| 猢 hú | 371 | 饬 chì | 126 | **11画** | | 屃 sóng | 783 |
| 猾 huá | 377 | 饭 fàn | 253 | 馑 jǐn | 448 | 尾 wěi | 854 |
| 猸 méi | 564 | 饪 rèn | 701 | 馒 mán | 554 | yǐ | 984 |
| 猥 wěi | 855 | 饨 tún | 835 | (饗) xiǎng | 901 | 屄 xì | 882 |
| 猬 wèi | 857 | 饮 yǐn | 994 | **12画** | | **5画** | |
| 猩 xīng | 923 | | yìn | 996 | (饑) jī | 402 | 屁 bǐ | 45 |
| 猢 yà | 948 | 饫 yù | 1020 | 馓 rǎo | 694 | 届 jiè | 443 |
| (猶) yóu | 1006 | **5画** | | 馓 sǎn | 712 | (屆) jiè | 443 |
| **10画** | | 饱 bǎo | 31 | 馔 zhuàn | 1104 | 居 jū | 463 |
| (獁) mǎ | 590 | 饯 jiàn | 425 | **13画** | | 屈 qū | 685 |
| (獅) shī | 743 | 饰 shì | 752 | 饕 tāo | 800 | 屉 tì | 807 |
| (猻) sūn | 789 | 饲 sì | 781 | 饔 yōng | 1002 | **6画** | |
| 猿 yuán | 1027 | 饴 yí | 980 | **16画** | | 屏 bǐng | 63 |
| **11画** | | **6画** | | (饞) mó | 586 | píng | 646 |
| (獄) yù | 1020 | 饼 bǐng | 63 | **17画** | | (屍) shī | 741 |
| 獐 zhāng | 1052 | 饵 ěr | 242 | (饞) chán | 98 | 屎 shǐ | 749 |
| **12画** | | 饸 hé | 356 | **22画** | | 屋 wū | 865 |
| 獗 jué | 471 | 饺 jiǎo | 434 | 馕 náng | 602 | 昆 zhǐ | 1080 |
| 獠 liáo | 527 | 饶 ráo | 694 | nǎng | 602 | 屋 zhòu | 1092 |
| **13画** | | (飪) rèn | 701 | | | **7画** | |
| (獨) dú | 226 | 饷 xiǎng | 901 | **67 ヨ(彑 ⺕)** | | 屙 ē | 238 |
| (獲) huò | 401 | 餍 yàn | 956 | | | 展 jī | 404 |
| (獫) juàn | 468 | **7画** | | **1画** | | 屑 xiè | 916 |
| (獪) kuài | 495 | 悖 bō | 66 | 尹 yǐn | 993 | 展 zhǎn | 1049 |
| 獴 měng | 570 | 饽 bǔ | 81 | **2画** | | **8画** | |
| 獭 tǎ | 792 | 餐 cān | 86 | 归 guī | 332 | 屠 dū | 225 |
| (獫) xiǎn | 893 | 饳 dòu | 225 | **8画** | | (屜) tì | 807 |
| 獬 xiè | 916 | 饿 è | 239 | 彗 huì | 394 | 屠 tú | 829 |
| **14画** | | 馁 něi | 604 | **9画** | | **9画** | |
| (獷) guǎng | 331 | (餘) yú | 1015 | 兔 zhì | 1084 | 孱 càn | 88 |
| (獰) níng | 615 | 馀 yú | 1016 | **10画** | | chán | 98 |
| 獯 xūn | 942 | **8画** | | (彙) huì | 392 | 屦 lǚ | 543 |
| **15画** | | 馆 guǎn | 327 | (霁) sù | 785 | 属 shǔ | 765 |
| (獵) liè | 529 | 馄 hún | 395 | | | zhǔ | 1097 |
| **17画** | | (餞) jiàn | 425 | **68 尸** | | **11画** | |
| 獾 huān | 381 | 馅 xiàn | 896 | | | (屢) lǚ | 543 |
| (獼) mí | 572 | 馇 chā | 94 | 尸 shī | 741 | (屜) sóng | 783 |
| **19画** | | 馋 chán | 98 | **2画** | | 屦 xǐ | 881 |
| (玃) luó | 547 | 馎 hú | 371 | 尺 chě | 111 | **12画** | |
| | | 馈 kuì | 498 | chǐ | 125 | (層) céng | 92 |
| **66 饣(食飠食)** | | (饋) kuì | 498 | **3画** | | 屦 jù | 467 |
| | | 馊 sōu | 784 | 尻 kāo | 481 | 履 lǚ | 543 |
| 食 shí | 747 | 饕 tiè | 816 | 卢 lú | 540 | **14画** | |
| sì | 782 | (餧) wèi | 857 | 尼 ní | 608 | (屨) jù | 467 |
| **2画** | | | | 尽 jǐn | 447 | | |

| | | | | | | | |
|---|---|---|---|---|---|---|---|
| **18画** | | (彌)mí | 571 | 女 nǚ | 621 | (姊)zǐ | 1112 |
| (屬)shǔ | 765 | **19画** | | **2画** | | **6画** | |
| zhǔ | 1097 | (彎)wān | 842 | 奶 nǎi | 597 | 姹 chà | 97 |
| **21画** | | | | 奴 nú | 620 | 娓 guǐ | 334 |
| (屭)xì | 882 | **70 己(巳巳)** | | **3画** | | 姮 héng | 361 |
| | | 己 jǐ | 410 | (妑)chà | 97 | (姦)jiān | 419 |
| **69 弓** | | 巳 sì | 780 | 妃 fēi | 261 | 姜 jiāng | 428 |
| 弓 gōng | 308 | 巳 yǐ | 982 | 妇 fù | 280 | 娇 jiāo | 432 |
| **1画** | | **1画** | | 好 hǎo | 350 | 姣 jiāo | 432 |
| (弔)diào | 212 | 巴 bā | 12 | hào | 352 | 姥 lǎo | 510 |
| 引 yǐn | 993 | **4画** | | 奸 jiān | 419 | mǔ | 591 |
| **2画** | | (巵)zhī | 1072 | 妈 mā | 548 | 娄 lóu | 538 |
| 弗 fú | 275 | **6画** | | 如 rú | 704 | 娈 luán | 544 |
| 弘 hóng | 363 | 巷 hàng | 349 | 妁 shuò | 777 | 娜 nà | 597 |
| 弛 chí | 124 | xiàng | 902 | 她 tā | 792 | | nuó 623 |
| **4画** | | **9画** | | 妄 wàng | 848 | 姘 pīn | 642 |
| 弟 dì | 204 | 巽 xùn | 944 | 妆 zhuāng | 1104 | 娆 ráo | 694 |
| 张 zhāng | 1051 | | | **4画** | | rǎo | 694 |
| **5画** | | **71 巾(屮屯)** | | 妣 bǐ | 47 | (姙)rèn | 701 |
| 弧 hú | 370 | 屯 tún | 835 | 妒 dù | 228 | 娃 wá | 839 |
| 弥 mí | 571 | | | 妨 fáng | 257 | 威 wēi | 850 |
| 弩 nǔ | 620 | **72 小(⺌⺍)** | | 妫 guī | 333 | 娅 yà | 948 |
| 弦 xián | 891 | 小 xiǎo | 905 | 妗 jìn | 412 | (姸)yán | 951 |
| **6画** | | **1画** | | 妙 miào | 578 | 姚 yáo | 963 |
| 弭 mǐ | 572 | 少 shǎo | 727 | 妞 niū | 616 | 姨 yí | 980 |
| 弯 wān | 842 | shào | 728 | 妊 rèn | 701 | 姻 yīn | 992 |
| **7画** | | **2画** | | 妥 tuǒ | 838 | (姪)zhí | 1076 |
| 弱 ruò | 22 | 尔 ěr | 241 | 妩 wǔ | 872 | 姿 zī | 1110 |
| ruò | 709 | 尕 gǎ | 285 | 妍 yán | 951 | **7画** | |
| **8画** | | **3画** | | 妖 yāo | 962 | 娣 dì | 204 |
| 弹 dàn | 185 | 尘 chén | 112 | 妤 yú | 1015 | 娿 ē | 238 |
| tán | 796 | 当 dāng | 186 | 妪 yù | 1020 | 娥 é | 238 |
| (強)jiàng | 430 | dàng | 188 | 姊 zǐ | 1112 | 姬 jī | 404 |
| qiáng | 667 | 光 guāng | 329 | **5画** | | 娟 juān | 468 |
| qiǎng | 668 | 尖 jiān | 419 | 妲 dá | 165 | 娌 lǐ | 517 |
| (張)zhāng | 1051 | **5画** | | (妬)dù | 228 | 娩 miǎn | 575 |
| **9画** | | 尚 shàng | 726 | 姑 gū | 316 | 娘 niáng | 613 |
| 弼 bì | 50 | **6画** | | 姐 jiě | 442 | 娉 pīng | 643 |
| 强 jiàng | 430 | 尝 cháng | 103 | 妹 mèi | 566 | 娠 shēn | 732 |
| qiáng | 667 | 尜 gá | 285 | 妺 mò | 588 | 娑 suō | 788 |
| qiǎng | 668 | **9画** | | 姆 mǔ | 591 | 娓 wěi | 855 |
| **11画** | | 掌 chěng | 121 | 妮 nī | 607 | 娴 xián | 892 |
| (彆)biè | 60 | **10画** | | 妻 qī | 651 | 娱 yú | 1016 |
| **12画** | | (當)dāng | 186 | 妾 qiè | 672 | **8画** | |
| (彈)dàn | 185 | | dàng | 188 | 姗 shān | 718 | 婼 ruò | 22 |
| tán | 796 | **11画** | | (姍)shān | 718 | ruò | 709 |
| **13画** | | (嘗)cháng | 103 | 始 shǐ | 748 | 婢 bì | 49 |
| (彊)jiàng | 430 | **17画** | | 委 wěi | 850 | 婊 biǎo | 58 |
| qiáng | 667 | (黨)dǎng | 187 | wěi | 854 | 婵 chán | 101 |
| qiǎng | 668 | | | 姓 xìng | 928 | 娼 chāng | 100 |
| **14画** | | **73 女** | | 妯 zhóu | 1092 | (婦)fù | 280 |
| | | | | | | 嫿 huà | 380 |

| 婚 hūn 395 | (媯) guī 333 | 驾 jià 418 | (驅) qū 684 |
| 婕 jié 441 | (嫿) huà 380 | 驹 jū 463 | 12画 |
| 婧 jìng 457 | (嬌) jiāo 432 | (罵) mà 552 | 嫩 dūn 234 |
| 婪 lán 504 | (嫵) wǔ 872 | 驽 nú 620 | (驕) jiāo 432 |
| (婁) lóu 538 | 嬉 xī 879 | 驶 shǐ 749 | (驚) jīng 453 |
| 婆 pó 646 | (嫻) xián 892 | 驷 sì 781 | (驍) xiāo 903 |
| 娶 qǔ 686 | 13画 | 驼 tuó 837 | 13画 |
| 婶 shěn 735 | (嬡) ài 5 | 驿 yì 987 | 赢 luó 547 |
| 婉 wǎn 845 | 嬖 bì 51 | 驵 zǎng 1039 | (驗) yàn 956 |
| 婞 xìng 928 | 嬙 qiáng 668 | 驻 zhù 1098 | (驛) yì 987 |
| (婭) yà 948 | 嬗 shàn 718 | 骀 zōu 1120 | 14画 |
| (婬) yín 993 | 嬴 yíng 999 | 6画 | 骤 zhòu 1093 |
| 婴 yīng 997 | 14画 | (駁) bó 66 | 16画 |
| 9画 | 嬷 mó 587 | 骇 hài 344 | 骥 jì 414 |
| 媪 ǎo 10 | (嬭) nǎi 605 | 骅 huá 377 | (驢) lǘ 542 |
| (媯) guī 333 | 嬲 niǎo 614 | 骄 jiāo 432 | 17画 |
| (媿) kuì 498 | 嬪 pín 643 | 骆 luò 547 | 骧 xiāng 900 |
| 媒 méi 564 | 15画 | 骂 mà 552 | 19画 |
| 媚 mèi 566 | (嬸) shěn 735 | 骈 pián 639 | (驪) lí 515 |
| 嫂 sǎo 714 | 16画 | 骁 xiāo 903 | |
| 婷 tíng 818 | (嬾) lǎn 505 | 7画 | **76 子** |
| 媭 wù 874 | 17画 | 骋 chěng 121 | 子 jié 439 |
| 婿 xù 935 | 孀 shuāng 770 | 骏 jùn 473 | 孓 jué 469 |
| (婣) yīn 992 | 19画 | 骊 lí 515 | 子 zǐ 1111 |
| 媛 yuán 1027 | (孿) luán 544 | 骎 qīn 673 | zi 1118 |
| yuàn 1029 | **74 勹(易)** | 骍 xīng 923 | 1画 |
| 10画 | | 骐 yàn 956 | 孔 kǒng 489 |
| 媛 ǎi 5 | 畅 chàng 105 | 8画 | 2画 |
| 媾 gòu 316 | (暢) chàng 105 | 骖 cān 86 | 孕 yùn 1033 |
| 嫉 jí 409 | **75 马(馬)** | 骗 fēi 262 | 3画 |
| 嫁 jià 419 | 马 mǎ 550 | 骒 kè 486 | 存 cún 161 |
| 嫫 mó 586 | (馬) mǎ 550 | 骑 qí 654 | 孙 sūn 789 |
| (嫋) niǎo 614 | 2画 | 骑 qí 654 | 4画 |
| 媲 pì 638 | 冯 féng 273 | 骓 zhuī 1107 | 孛 bèi 39 |
| 嫔 pín 643 | píng 645 | 9画 | 孚 fú 276 |
| 媳 xí 879 | 驭 yù 1020 | 骗 piàn 640 | 孝 xiào 911 |
| 嫌 xián 892 | (馭) yù 1022 | 骚 sāo 713 | 孜 zī 1110 |
| 嫄 yuán 1027 | 3画 | 骛 wù 874 | 5画 |
| 11画 | 驰 chí 124 | 骘 zhì 1084 | 孢 bāo 31 |
| 嫦 cháng 104 | 驮 duò 237 | 10画 | 孤 gū 317 |
| 嫡 dí 200 | tuó 837 | 骜 ào 10 | 孟 mèng 570 |
| 嫪 lào 511 | 驯 xùn 944 | 骝 huá 377 | 孥 nú 620 |
| 缧 léi 512 | 4画 | 辔 nèn 589 | 学 xué 939 |
| 嫩 nèn 606 | 驳 bó 66 | 骞 qiān 662 | 6画 |
| 嫖 piáo 641 | 驶 jué 469 | 骗 shàn 720 | 孩 hái 342 |
| 嫱 qiáng 668 | 驴 lǘ 542 | (騶) zōu 1120 | 孪 luán 544 |
| (嬈) ráo 694 | 驱 qū 684 | 11画 | 7画 |
| rǎo 694 | 5画 | (驃) biāo 57 | (挽) mǔn 575 |
| 嫣 yān 950 | 驻 dài 180 | piào 641 | 孬 nāo 602 |
| (嫗) yù 1020 | tái 794 | (驂) cān 86 | (孫) sūn 789 |
| 12画 | 驸 fù 281 | 骢 cōng 155 | 8画 |
| (嬋) chán 98 | | 骡 luó 547 | 孰 shú 764 |

部首索引：77～78

| | | | | | | | |
|---|---|---|---|---|---|---|---|
| 11画 | | 纷 fēn | 266 | 绑 bǎng | 29 | 绺 liǔ | 536 |
| 孵 fū | 275 | 纲 gāng | 292 | 绐 da | 178 | 绿 lù | 541 |
| 13画 | | 纶 guān | 326 | 给 gěi | 303 | lù | 543 |
| 孵 duǒ | 237 | | lún | 545 | jǐ | 410 | 绵 mián | 574 |
| (学) xué | 939 | 纮 hóng | 365 | 绗 háng | 348 | (缗) mín | 580 |
| 14画 | | 紧 jǐn | 447 | 绘 huì | 393 | 綦 qí | 654 |
| 孺 rú | 705 | 纳 nà | 596 | 绛 jiàng | 430 | 绮 qǐ | 657 |
| 16画 | | 纽 niǔ | 618 | 绞 jiǎo | 434 | 綮 qǐng | 665 |
| 孽 niè | 615 | 纰 pī | 635 | 结 jiē | 437 | 绻 quǎn | 690 |
| 19画 | | 纱 shā | 716 | jié | 440 | 绱 shàng | 726 |
| (孌) luán | 544 | 纾 shū | 762 | 绝 jué | 470 | 绳 shéng | 739 |
| | | 素 sù | 785 | 绔 kù | 493 | 绶 shòu | 761 |
| 77 幺(纟) | | 索 suǒ | 791 | 络 lào | 510 | 绦 tāo | 801 |
| 乡 xiāng | 896 | 纬 wěi | 854 | luò | 547 | 绾 wǎn | 845 |
| 幺 yāo | 961 | 纹 wén | 860 | 绕 rào | 694 | (網) wǎng | 847 |
| 1画 | | (紋) wèn | 862 | 绒 róng | 702 | 维 wéi | 853 |
| 幻 huàn | 383 | 紊 wěn | 861 | (絲) sī | 777 | (線) xiàn | 895 |
| 2画 | | 纭 yún | 1032 | 统 tǒng | 822 | 绪 xù | 935 |
| 幼 yòu | 1013 | (紮) zā | 1034 | 絜 xié | 914 | 续 xù | 935 |
| 6画 | | zhā | 1045 | 絮 xù | 935 | 综 zèng | 1044 |
| 幽 yōu | 1004 | 纼 zhèn | 1064 | 绚 xuàn | 938 | zōng | 1118 |
| 9画 | | 纸 zhǐ | 1078 | 絷 zhí | 1077 | 绽 zhàn | 1051 |
| (幾) jī | 402 | 纻 zhù | 1097 | 紫 zǐ | 1112 | 缀 zhuì | 1107 |
| jǐ | 409 | 纵 zòng | 1121 | 7画 | | 缁 zī | 1111 |
| 孳 zī | 1111 | 5画 | | 绠 gěng | 306 | 鄹 zōu | 1121 |
| 14画 | | 绊 bàn | 27 | 继 jì | 412 | 9画 | |
| (嚮) xiàng | 901 | 绸 chōu | 131 | (經) jīng | 451 | 编 biān | 52 |
| | | 绸 chóu | 131 | 绢 juàn | 468 | 缏 biàn | 55 |
| 78 纟(糸) | | 细 chù | 140 | (綑) kǔn | 499 | 缔 dì | 205 |
| 1画 | | 绐 dài | 180 | 绥 suí | 788 | 缎 duàn | 231 |
| 系 jì | 412 | 紾 dài | 181 | 绨 tāo | 800 | 缓 huǎn | 383 |
| xì | 882 | 绋 fú | 276 | 绨 tí | 804 | 缉 jī | 405 |
| 2画 | | 绀 gàn | 292 | tì | 807 | qī | 654 |
| 纠 jiū | 458 | 经 jīng | 451 | 绡 xiāo | 904 | 缄 jiān | 421 |
| 3画 | | 累 léi | 512 | 绣 xiù | 932 | 绰 kè | 486 |
| 纥 gē | 299 | lěi | 512 | 8画 | | (練) liǎn | 505 |
| hé | 355 | lèi | 513 | 绷 bēng | 44 | (緤) lǚ | 543 |
| 红 hóng | 363 | 练 liàn | 523 | běng | 44 | 缅 miǎn | 575 |
| 级 jí | 407 | 绍 shào | 728 | bèng | 44 | 缈 miǎo | 578 |
| 纪 jǐ | 410 | 绅 shēn | 732 | (綵) cǎi | 84 | 缗 mín | 580 |
| jì | 411 | 细 xì | 882 | 绰 chāo | 107 | 缇 tí | 806 |
| 纩 kuàng | 496 | (絃) xián | 891 | chuò | 151 | (緯) wěi | 854 |
| 纤 qiàn | 666 | 线 xiàn | 895 | 绸 chóu | 131 | 缃 xiāng | 896 |
| 纫 rèn | 701 | 绁 xiè | 915 | 绯 fēi | 262 | 缂 xiāng | 899 |
| 纨 wán | 842 | 绎 yì | 987 | (網) gāng | 292 | (緤) xiè | 915 |
| 约 yāo | 962 | 萦 yíng | 998 | (綸) guān | 326 | 缘 yuán | 1027 |
| | yuē | 1029 | 织 zhī | 1074 | lún | 545 | 缊 yùn | 1034 |
| 纡 zhòu | 1092 | 终 zhōng | 1088 | 绲 gǔn | 335 | 缒 zhuì | 1107 |
| 4画 | | 绉 zhòu | 1092 | 绩 jì | 413 | 10画 | |
| 纯 chún | 150 | (紵) zhù | 1097 | (緊) jǐn | 447 | 缤 bīn | 60 |
| 纺 fǎng | 258 | 组 zǔ | 1124 | 绫 líng | 532 | 缠 chán | 98 |

| | | | | | | | |
|---|---|---|---|---|---|---|---|
| (縗) | cuī 160 | (繫) | jì 412 | | wú 865 | 灯 | dēng 196 |
| 缝 | féng 273 | | xì 882 | 然 | rán 692 | 灰 | huī 388 |
| 缝 | fèng 274 | 缰 | jiāng 428 | 煮 | zhǔ 1096 | | 3画 |
| 缚 | fù 284 | 缴 | jiǎo 435 | | 9画 | 灿 | càn 88 |
| 缟 | gǎo 298 | | zhuó 1110 | 煎 | jiān 421 | 炙 | jiǔ 460 |
| 缣 | jiān 421 | 缱 | qiǎn 665 | 煞 | shā 716 | 灵 | líng 531 |
| 缙 | jìn 451 | 缲 | qiāo 669 | | shà 717 | 炀 | yáng 959 |
| 缛 | rù 707 | 缫 | sāo 713 | 煦 | xù 936 | 灾 | zāi 1035 |
| (縚) | tāo 800 | (繩) | shéng 739 | 照 | zhào 1057 | (災) | zāi 1035 |
| (縣) | xiàn 893 | 缬 | xiù 932 | | 10画 | 灶 | zào 1041 |
| 缢 | yì 989 | (繹) | yì 987 | 熬 | āo 9 | 灼 | zhuó 1109 |
| (縈) | yíng 998 | | 14画 | | áo 9 | | 4画 |
| 缜 | zhěn 1064 | 辫 | biàn 56 | 熙 | xī 878 | 炒 | chǎo 109 |
| (縝) | zhì 1082 | (繽) | bīn 60 | 熊 | xióng 929 | 炊 | chuī 147 |
| (縐) | zhòu 1092 | (繼) | jì 412 | 熏 | xūn 942 | 炖 | dùn 234 |
| | 11画 | (纊) | kuàng 496 | | xùn 944 | 炅 | guì 334 |
| (繃) | bēng 44 | 缥 | xū 934 | | 11画 | | jiǒng 458 |
| | běng 44 | 纂 | zuǎn 1125 | (熱) | rè 694 | 炬 | jù 466 |
| | bèng 44 | | 15画 | 熟 | shóu 756 | 炕 | kàng 481 |
| 繁 | fán 250 | (纏) | chán 98 | | shú 764 | 炉 | lú 540 |
| | pó 647 | (纍) | léi 512 | | 12画 | 㞧 | ǒu 623 |
| 缧 | léi 512 | | lěi 512 | 熹 | xī 879 | 炠 | pā 624 |
| (縷) | lǚ 543 | (續) | xù 935 | 燕 | yān 950 | 炝 | qiàng 669 |
| 缦 | màn 557 | | 17画 | | yàn 957 | 炔 | quē 690 |
| 缪 | miào 578 | (纔) | cái 82 | | 14画 | 炜 | wěi 855 |
| | miù 585 | (纖) | xiān 890 | (燾) | dào 192 | 炎 | yán 952 |
| | móu 590 | | 21画 | | tāo 800 | 炙 | zhì 1082 |
| 缥 | piāo 640 | (纜) | lǎn 505 | | 15画 | 炮 | bāo 31 |
| | piǎo 641 | | | (羆) | pí 638 | | páo 630 |
| (縴) | qiàn 666 | **79 巛** | | | | | pào 631 |
| 缫 | sāo 713 | 巡 | xún 942 | **81 斗** | | 炳 | bǐng 74 |
| 缩 | sù 786 | 巢 | cháo 108 | 斗 | dǒu 223 | 炽 | chì 126 |
| | suō 790 | | | | dòu 224 | 炟 | dá 165 |
| 繇 | yáo 964 | **80 灬** | | | 6画 | 烀 | hū 370 |
| | zhòu 1093 | | 5画 | (鈄) | jiǎ 418 | 炯 | jiǒng 458 |
| 繄 | yī 980 | 点 | diǎn 206 | 料 | liào 528 | 烂 | làn 505 |
| 缨 | yīng 997 | (為) | wéi 851 | | 7画 | 炼 | liàn 523 |
| (繫) | zhí 1077 | | wèi 856 | 斛 | hú 371 | 炻 | shí 748 |
| (總) | zǒng 1119 | | 6画 | 斜 | xié 914 | 烁 | shuò 777 |
| (縱) | zòng 1120 | 烈 | liè 529 | | 8画 | 炱 | tái 794 |
| | 12画 | 热 | rè 694 | 斝 | jiǎ 418 | 炭 | tàn 797 |
| (縫) | da 178 | (烏) | wū 864 | | 9画 | 畑 | tián 810 |
| 缭 | liáo 527 | | wù 873 | 斟 | zhēn 1063 | 烃 | tīng 820 |
| (繈) | qiǎng 669 | 烝 | zhēng 1067 | | 10画 | 炫 | xuàn 938 |
| 绕 | rào 694 | | 7画 | 斡 | wò 864 | 炸 | zhá 1045 |
| 缮 | shàn 720 | 煮 | dào 192 | | | | zhà 1046 |
| 缯 | zēng 1044 | 烹 | pēng 633 | **82 火** | | 炷 | zhù 1098 |
| | zèng 1044 | 焉 | yān 949 | 火 | huǒ 398 | | 6画 |
| (織) | zhī 1074 | | 8画 | (火) | huǒ 400 | 烘 | hōng 362 |
| | 13画 | 焦 | jiāo 433 | | 1画 | 烩 | huì 394 |
| 缳 | huán 382 | (無) | mó 586 | 灭 | miè 578 | 烬 | jìn 450 |
| (繢) | huì 393 | | | | 2画 | | |

| 烤 kǎo 482 | 煜 yù 1022 | (燮) xiè 916 | 忌 jì 412 |
|---|---|---|---|
| 烙 lào 511 | 14画 | 16画 | 冈 mēn 567 |
| 烧 shāo 726 | 煿 hè 358 | (爐) lú 540 | mèn 568 |
| 烫 tàng 800 | 熘 liū 534 | 17画 | 忍 rěn 699 |
| 烔 tóng 822 | (熗) qiāng 669 | 爝 jué 471 | 忐 tǎn 797 |
| 烜 xuǎn 938 | 熔 róng 703 | (爛) làn 505 | 忑 tè 803 |
| 烟 yān 948 | 煽 shān 719 | 26画 | 忒 tè 803 |
| 烊 yáng 960 | 熥 tēng 804 | 爨 cuàn 159 | tēi 803 |
| yàng 961 | 熄 xī 878 | | tuī 832 |
| 烨 yè 969 | (燁) yè 969 | **83 文** | 忘 wàng 849 |
| 烛 zhú 1095 | (熒) yíng 998 | 文 wén 859 | 志 zhì 1080 |
| 7画 | 11画 | 6画 | 4画 |
| (炳) ruò 22 | 熜 cōng 155 | 斋 zhāi 1047 | 忿 fèn 268 |
| 烽 fēng 272 | (熰) ǒu 623 | 8画 | 忽 hū 369 |
| 焓 hán 347 | 熵 shāng 722 | 斑 bān 23 | 念 niàn 613 |
| 焊 hàn 347 | (瘦) tuì 835 | 斌 bīn 60 | 怂 sǒng 783 |
| 焕 huàn 384 | 熠 yì 989 | 斐 fěi 263 | 态 tài 795 |
| 焗 jú 464 | 熨 yù 1023 | 12画 | 忝 tiǎn 811 |
| 焌 jùn 473 | yùn 1034 | 斓 lán 505 | 忠 zhōng 1087 |
| qū 685 | 12画 | | 5画 |
| 烺 lǎng 506 | (熾) chì 126 | **84 方** | (悤) cōng 155 |
| 焖 mèn 569 | (燈) dēng 196 | 方 fāng 254 | 怠 dài 181 |
| (煙) tīng 817 | (燉) dùn 234 | 4画 | 怼 duì 233 |
| 烷 wán 844 | 燔 fán 250 | 於 wū 865 | 急 jí 407 |
| 焐 wù 874 | 燎 liáo 527 | yū 1014 | 怒 nù 620 |
| 烯 xī 877 | liǎo 528 | (於) yú 1015 | 思 sī 778 |
| 8画 | 燐 lín 531 | 5画 | 怨 yuàn 1028 |
| 焙 bèi 42 | 燃 rán 692 | (斾) pèi 633 | 怎 zěn 1043 |
| 焯 chāo 108 | 燒 shāo 726 | 施 shī 743 | 总 zǒng 1119 |
| zhuō 1109 | 燊 shēn 733 | 6画 | 6画 |
| 焚 fén 267 | 燧 suì 789 | 旅 lǚ 543 | (恥) chǐ 125 |
| 焜 kūn 499 | (燙) tàng 800 | 旄 máo 560 | 恶 ě 238 |
| 焰 yàn 956 | 燚 yì 989 | 旁 páng 629 | è 239 |
| 焱 yàn 956 | 燠 yù 1023 | 旆 pèi 633 | wù 874 |
| 9画 | 燏 yù 1023 | 旃 zhān 1048 | 恩 ēn 240 |
| 煲 bāo 31 | 13画 | 7画 | 恭 gōng 312 |
| 煸 biān 53 | (熰) āo 9 | 旌 jīng 453 | 恚 huì 394 |
| 煅 duàn 231 | (燦) càn 88 | 旎 nǐ 609 | 恝 jiá 417 |
| 煳 hú 371 | (燴) huì 394 | 旋 xuán 937 | 恳 kěn 487 |
| 煌 huáng 387 | 燮 xiè 916 | xuàn 938 | 恐 kǒng 489 |
| (煇) huī 389 | 燥 zào 1042 | 族 zú 1123 | 恋 liàn 524 |
| (煉) liàn 523 | (燭) zhú 1095 | 10画 | 虑 lǜ 543 |
| 煤 méi 564 | 14画 | 旗 qí 654 | 恁 nèn 606 |
| (煖) nuǎn 622 | (燼) jìn 450 | 旖 yǐ 984 | 恧 nǜ 620 |
| 煣 róu 704 | (燾) qǐng 680 | 14画 | 恕 shù 767 |
| 煺 tuì 835 | 燹 xiǎn 893 | (旛) fān 249 | 息 xī 877 |
| 煺 tuì 835 | (燻) xūn 942 | | 恙 yàng 961 |
| 煨 wēi 851 | (燁) yè 969 | **85 心(忄)** | 恣 zì 1117 |
| (煒) wěi 855 | 15画 | 心 xīn 916 | 7画 |
| 煊 xuān 936 | (爊) āo 9 | 1画 | 患 huàn 384 |
| (煙) yān 948 | (爆) bào 37 | 必 bì 48 | 您 nín 615 |
| (煬) yáng 959 | (爍) shuò 777 | 3画 | 悫 què 691 |

| 悉 xī 877 | (愁) yìn 996 | 4画 | (禮) lǐ 516 |
|---|---|---|---|
| 悬 xuán 937 | 13画 | 祈 qí 654 | (襏) dǎo 191 |
| 恿 yǒng 1003 | 懑 huī 389 | 祇 qí 654 | (襧) mí 572 |
| 悠 yōu 1005 | (懇) kěn 487 | 祗 zhǐ 1077 | 17画 |
| 8画 | (懋) mào 562 | 袄 xiān 890 | 襄 ráng 693 |
| 悲 bēi 38 | 懑 mèn 569 | 袆 yī 979 | |
| 惫 bèi 42 | 14画 | 祉 zhǐ 1078 | **88 韦(韋)** |
| 惩 chéng 120 | (懟) duì 233 | 5画 | |
| (惡) ě 238 | (懣) mèn 569 | (祕) bì 49 | 韦 wéi 851 |
| è 239 | 15画 | 祠 cí 152 | (韋) wéi 851 |
| wù 874 | (懲) chéng 120 | 祓 fú 276 | 3画 |
| 惠 huì 394 | 16画 | 祢 mí 572 | 韧 rèn 701 |
| 惑 huò 401 | (懸) xuán 937 | 袪 qū 685 | (韌) rèn 701 |
| 惹 rě 694 | 18画 | 神 shén 733 | 8画 |
| (愛) ài 3 | 懿 yì 989 | (祅) suān 787 | 韩 hán 345 |
| 愁 chóu 132 | 19画 | 祟 suì 787 | (韓) hán 345 |
| 慈 cí 152 | (戀) liàn 524 | (祐) yòu 1014 | 9画 |
| 感 gǎn 290 | 21画 | 祗 zhī 1074 | 韪 wěi 855 |
| 愆 qiān 662 | 戆 gàng 294 | 祝 zhù 1098 | (韙) wěi 855 |
| (愜) qiè 672 | zhuàng 1106 | 祖 zǔ 1124 | 韫 yùn 1034 |
| 想 xiǎng 901 | | 祚 zuò 1131 | (韞) yùn 1034 |
| 意 yì 988 | **86 户** | 6画 | 10画 |
| 愚 yú 1017 | | 祭 jì 413 | 韛 bài 22 |
| 愈 yù 1022 | 户 hù 373 | 票 piào 641 | (韛) bài 22 |
| 10画 | 4画 | 桃 tiāo 811 | 韬 tāo 800 |
| (愨) cōng 155 | (房) fáng 257 | 祥 xiáng 900 | (韜) tāo 800 |
| 慕 mù 594 | 房 fáng 257 | 祯 zhēn 1063 | |
| (慤) què 691 | 戽 hù 373 | 7画 | **89 王(王)** |
| 慝 tài 795 | 戾 lì 520 | 祷 dǎo 191 | |
| 恁 bó 803 | 5画 | 祸 huò 401 | 王 wáng 847 |
| 愔 yīn 992 | 扁 biǎn 53 | 禀 bǐng 63 | 1画 |
| (湧) yǒng 1003 | 扁 piān 638 | 禅 chán 98 | 玉 yù 1019 |
| 愿 yuàn 1029 | 扃 jiōng 458 | shàn 720 | 2画 |
| 11画 | 6画 | (禍) huò 401 | 盯 dīng 215 |
| 憋 biē 58 | 扇 shān 719 | 禁 jīn 447 | 玑 jī 402 |
| (慚) cán 87 | shàn 720 | jìn 450 | 全 quán 688 |
| 憨 hān 344 | 扆 yí 980 | 禄 lù 541 | 3画 |
| 慧 huì 394 | 7画 | 祺 qí 654 | 玕 gān 289 |
| (慼) qī 651 | 扈 hù 374 | 9画 | 玖 jiǔ 460 |
| (慿) qì 659 | 扉 fēi 262 | 福 fú 278 | 玛 mǎ 551 |
| (慤) què 691 | 9画 | 禊 xì 883 | 玙 yú 1015 |
| (慫) sǒng 783 | 扊 yǎn 955 | (禕) yī 979 | 4画 |
| 慰 wèi 857 | | 11画 | 玢 bīn 60 |
| 慭 yìn 996 | **87 礻(示)** | 禧 sì 782 | 玜 cōng 155 |
| (憂) yōu 1004 | | 褆 xuān 936 | 环 huán 382 |
| (憖) yìn 1021 | 示 shì 749 | 12画 | 珏 jué 469 |
| 12画 | 1画 | (禪) chán 98 | 玫 méi 563 |
| (憊) bèi 42 | 礼 lǐ 516 | shàn 720 | 玩 wán 843 |
| 憝 duì 233 | 2画 | 禧 xǐ 881 | 玮 wěi 854 |
| (憑) píng 645 | 祁 qí 653 | (禰) yù 1022 | 现 xiàn 894 |
| 憩 qì 659 | 礽 réng 701 | 13画 | 玡 yá 947 |
| | 3画 | | 玥 yuè 1030 |
| | 社 shè 729 | | 5画 |
| | 祀 sì 781 | | |

| | | | | | | | |
|---|---|---|---|---|---|---|---|
| 玻 bō | 65 | 琵 pí | 637 | 璐 lù | 542 | 村 cūn | 161 |
| 玳 dài | 180 | 琪 qí | 654 | (瑀) yú | 1015 | 杜 dù | 228 |
| 玷 diàn | 210 | 琦 qí | 654 | **14画** | | 杆 gān | 289 |
| 珐 fà | 248 | 琴 qín | 674 | 璧 bì | 51 | gǎn | 289 |
| 珈 jiā | 415 | 琼 qióng | 681 | (瓊) qióng | 681 | 杠 gàng | 294 |
| 珏 jué | 438 | 琰 yǎn | 955 | (璿) xuán | 938 | 极 jí | 407 |
| 珂 kē | 482 | 瑛 yīng | 997 | **15画** | | 来 lái | 502 |
| 玲 líng | 532 | 琢 zhuó | 1110 | (瓈) lí | 515 | 李 lǐ | 516 |
| 珑 lóng | 538 | zuó | 1127 | (璽) xǐ | 880 | 杧 máng | 558 |
| 珉 mín | 580 | **9画** | | (瓔) yīng | 999 | 杞 qǐ | 655 |
| 珀 pò | 647 | (瑇) dài | 180 | **16画** | | 杉 shā | 715 |
| 珊 shān | 718 | 瑰 guī | 333 | (瓏) lóng | 538 | shān | 718 |
| (珊) shān | 718 | 瑚 hú | 371 | 瓒 wèn | 862 | 束 shù | 766 |
| 珅 shēn | 731 | 瑁 mào | 562 | 瓒 zàn | 1039 | 条 tiáo | 811 |
| 珍 zhēn | 1062 | (瑉) mín | 580 | | | (杇) wū | 865 |
| **6画** | | 瑙 nǎo | 603 | **90 耂** | | 机 wù | 873 |
| 班 bān | 22 | 瑞 ruì | 708 | 考 kǎo | 481 | 杏 xìng | 927 |
| 琤 chēng | 121 | 瑟 sè | 714 | 老 lǎo | 508 | 杨 yáng | 959 |
| 珰 dāng | 187 | (聖) shèng | 739 | 孝 xiào | 911 | 杙 yì | 983 |
| 珥 ěr | 242 | (瑋) wěi | 854 | 者 zhě | 1060 | 杖 zhàng | 1053 |
| 珙 gǒng | 312 | 瑕 xiá | 884 | | | **4画** | |
| 珩 héng | 361 | 瑜 yú | 1017 | **91 木** | | 板 bǎn | 24 |
| 珲 huī | 381 | 瑀 yǔ | 1019 | 木 mù | 591 | 杯 bēi | 37 |
| hún | 395 | 瑗 yuàn | 1029 | **1画** | | 枨 chéng | 118 |
| 珞 luò | 547 | **10画** | | 本 běn | 42 | 杵 chǔ | 140 |
| (珮) pèi | 632 | 瑷 ài | 5 | 东 dōng | 219 | 枞 cōng | 155 |
| 珽 tǐng | 815 | 璈 áo | 9 | (末) mí | 562 | zōng | 1118 |
| 玺 xǐ | 880 | 璃 lí | 515 | 末 mò | 588 | (東) dōng | 219 |
| 珣 xún | 943 | (瑠) liú | 536 | 术 shù | 766 | 枓 dǒu | 224 |
| (珢) yá | 947 | 瑢 róng | 703 | zhú | 1094 | 枋 fāng | 256 |
| 珧 yáo | 964 | 瑶 yáo | 963 | 未 wèi | 856 | 枫 fēng | 271 |
| 莹 yíng | 998 | 瑾 yíng | 999 | 札 zhá | 1045 | 枘 gāng | 293 |
| 珠 zhū | 1093 | **11画** | | **2画** | | 构 gòu | 315 |
| **7画** | | (瑽) cōng | 155 | 朳 bā | 12 | 柜 guì | 334 |
| 琅 láng | 506 | 璁 cōng | 155 | 朵 duǒ | 237 | jǔ | 464 |
| 理 lǐ | 517 | 璀 cuǐ | 160 | (朶) duǒ | 237 | 果 guǒ | 338 |
| 琉 liú | 536 | 璜 huáng | 387 | 机 jī | 402 | 杭 háng | 348 |
| 球 qiú | 683 | 瑾 jǐn | 448 | 朴 piáo | 641 | 枧 jiǎn | 421 |
| 琐 suǒ | 791 | 璆 qiú | 684 | pō | 646 | 杰 jié | 440 |
| 琇 xiù | 932 | 璇 xuán | 938 | pò | 647 | (來) lái | 502 |
| **8画** | | 璎 yīng | 997 | pǔ | 650 | 枥 lì | 520 |
| 琫 běng | 44 | (瑩) yíng | 998 | 权 quán | 688 | 林 lín | 530 |
| 琛 chēn | 112 | 璋 zhāng | 1052 | 杀 shā | 715 | 枚 méi | 563 |
| (琤) chēng | 115 | **12画** | | 杅 xiǔ | 931 | 杪 miǎo | 578 |
| 琮 cóng | 157 | (璣) jī | 402 | 杂 zá | 1035 | 杷 pá | 624 |
| (琺) fà | 248 | 璟 jǐng | 455 | 朱 zhū | 1093 | 枇 pí | 637 |
| 琯 guǎn | 327 | 璞 pú | 650 | **3画** | | 枪 qiāng | 666 |
| 琥 hǔ | 372 | | | 杓 biāo | 56 | 枘 ruì | 708 |
| 琚 jū | 464 | **13画** | | (杓) sháo | 727 | 枢 shū | 762 |
| (瑯) láng | 506 | (璦) ài | 5 | 材 cái | 82 | 松 sōng | 782 |
| 琳 lín | 530 | 璨 càn | 88 | (杴) dāng | 187 | 枉 wǎng | 848 |
| 琶 pá | 625 | (環) huán | 382 | 杈 chā | 93 | 析 xī | 876 |
|   |   |   |   | chà | 96 |   |   |

# 部首索引

## 木

| | | |
|---|---|---|
| (枚) xiān | 890 |
| 枭 xiāo | 903 |
| (杩) yà | 946 |
| 枕 zhěn | 1063 |
| 枝 zhī | 1073 |
| 杼 zhù | 1098 |

**5画**

| | |
|---|---|
| 柏 bǎi | 20 |
| bó | 67 |
| bò | 68 |
| 标 biāo | 56 |
| 柄 bǐng | 62 |
| 查 chá | 95 |
| zhā | 1045 |
| 柽 chēng | 115 |
| 柢 dǐ | 201 |
| 栋 dòng | 222 |
| 柮 duò | 237 |
| (柎) fú | 277 |
| 柑 gān | 289 |
| 枸 gōu | 314 |
| gǒu | 315 |
| jǔ | 465 |
| (枴) guǎi | 324 |
| 枷 jiā | 415 |
| 架 jià | 418 |
| 柬 jiǎn | 421 |
| 柩 jiù | 461 |
| 柯 kē | 482 |
| 枯 kū | 492 |
| 栏 lán | 504 |
| 栎 lì | 520 |
| yuè | 1030 |
| 柃 líng | 532 |
| 柳 liǔ | 536 |
| 栊 lóng | 538 |
| 栌 lú | 540 |
| 某 mǒu | 590 |
| 柰 nài | 598 |
| 柠 níng | 615 |
| 枰 píng | 646 |
| 柒 qī | 651 |
| 染 rǎn | 693 |
| 柔 róu | 703 |
| 栅 shān | 719 |
| zhà | 1046 |
| (柵) shān | 719 |
| 柿 shì | 753 |
| 树 shù | 766 |
| (柁) tái | 793 |
| 柁 tuó | 838 |
| 柝 tuò | 838 |

| | | |
|---|---|---|
| 枲 xǐ | 880 |
| 柙 xiá | 884 |
| 相 xiāng | 897 |
| xiàng | 902 |
| 栒 xiāo | 903 |
| 柚 yóu | 1008 |
| yòu | 1014 |
| (查) zhā | 1045 |
| 柞 zhà | 1046 |
| zuò | 1131 |
| 栈 zhàn | 1049 |
| 柘 zhè | 1060 |
| 栀 zhī | 1074 |
| 枳 zhǐ | 1082 |
| 柷 zhì | 1082 |
| 柊 zhōng | 1088 |
| 柱 zhù | 1098 |

**6画**

| | |
|---|---|
| 桉 ān | 6 |
| 案 àn | 8 |
| (栢) bǎi | 20 |
| 栟 bāng | 29 |
| 栟 bīng | 62 |
| 柴 chái | 97 |
| 郴 chēn | 112 |
| 档 dàng | 188 |
| 格 gē | 299 |
| gé | 301 |
| 根 gēn | 304 |
| 栱 gǒng | 312 |
| 栝 guā | 323 |
| 桄 guāng | 331 |
| guàng | 331 |
| 桂 guì | 335 |
| 桧 guì | 335 |
| huì | 394 |
| 核 hé | 357 |
| hú | 371 |
| 桁 héng | 361 |
| 桦 huà | 380 |
| 桓 huán | 382 |
| 桨 jiǎng | 436 |
| 校 jiào | 436 |
| xiào | 911 |
| 桔 jié | 441 |
| jú | 464 |
| 桀 jié | 441 |
| 桕 jiù | 461 |
| 桊 juàn | 468 |
| (栞) kān | 478 |
| 栲 kǎo | 482 |

| | | |
|---|---|---|
| 框 kuàng | 497 |
| 栳 lǎo | 510 |
| 栗 lì | 520 |
| 栾 luán | 544 |
| 臬 niè | 614 |
| 栖 qī | 651 |
| xī | 876 |
| 桤 qī | 651 |
| 桥 qiáo | 669 |
| 桡 ráo | 694 |
| 桑 sāng | 713 |
| 栓 shuān | 769 |
| 桃 táo | 801 |
| 挺 tǐng | 818 |
| 桐 tóng | 822 |
| 桅 wéi | 852 |
| 栩 xǔ | 934 |
| 栒 xún | 943 |
| 桠 yā | 946 |
| 样 yàng | 961 |
| 栽 zāi | 1036 |
| (桚) zǎn | 1038 |
| 桢 zhēn | 1063 |
| 桎 zhì | 1082 |
| 株 zhū | 1093 |
| 桩 zhuāng | 1104 |
| 桌 zhuō | 1107 |

**7画**

| | |
|---|---|
| (梹) bīn | 60 |
| 梵 fàn | 254 |
| 桴 fú | 277 |
| (桿) gǎn | 289 |
| 梗 gěng | 306 |
| 梏 gù | 322 |
| 检 jiǎn | 422 |
| 梘 jué | 471 |
| 梾 lái | 503 |
| 梨 lí | 515 |
| 梁 liáng | 525 |
| 梅 méi | 564 |
| 梇 po | 648 |
| 渠 qú | 685 |
| 梢 shāo | 727 |
| 梳 shū | 763 |
| 桫 suō | 790 |
| 梭 suō | 790 |
| 梼 táo | 801 |
| 梯 tī | 804 |
| 桶 tǒng | 823 |
| 梧 wú | 870 |
| (梟) xiāo | 903 |
| 械 xiè | 916 |

| | | |
|---|---|---|
| (梔) zhī | 1074 |
| 梲 zhuō | 1109 |
| 梓 zǐ | 1112 |

**8画**

| | |
|---|---|
| (棒) bàng | 29 |
| 椑 bēi | 38 |
| (棖) chéng | 118 |
| 楮 chǔ | 140 |
| 棰 chuí | 148 |
| 椎 chuí | 148 |
| zhuī | 1107 |
| 棣 dì | 205 |
| (椗) dìng | 219 |
| (棟) dòng | 222 |
| 椟 dú | 227 |
| 棼 fén | 267 |
| (欄) gāng | 293 |
| 棺 guān | 327 |
| 棍 gùn | 336 |
| 椁 guǒ | 338 |
| (極) jí | 407 |
| 棘 jí | 408 |
| 楗 jiàn | 426 |
| 椒 jiāo | 433 |
| 棵 kē | 483 |
| (棶) lái | 503 |
| 椰 láng | 506 |
| 棱 léng | 513 |
| líng | 532 |
| 犁 lí | 515 |
| 椋 liáng | 525 |
| 椤 luó | 547 |
| 棉 mián | 574 |
| 棚 péng | 634 |
| 椪 pèng | 634 |
| (棲) qī | 651 |
| 棋 qí | 654 |
| (棄) qì | 658 |
| 椠 qiàn | 666 |
| 棬 quān | 688 |
| 森 sēn | 715 |
| 椟 tái | 799 |
| 椭 tuǒ | 838 |
| (椀) wǎn | 845 |
| (椏) yā | 946 |
| 椰 yē | 966 |
| 椅 yǐ | 979 |
| yǐ | 984 |
| (棗) zǎo | 1041 |
| (棧) zhàn | 1049 |
| 棹 zhào | 1057 |

| | | | | | | | |
|---|---|---|---|---|---|---|---|
| 椥 zhī | 1074 | 槔 gāo | 297 | 槭 qì | 659 | (櫍)yǐ | 984 |
| 植 zhí | 1077 | 槁 gǎo | 298 | 榴 qiáng | 668 | (櫍)zhì | 1082 |
| 棕 zōng | 1118 | (槨)gǎo | 298 | (樞)shū | 762 | 14画 | |
| 9画 | | 槅 gé | 302 | 樘 táng | 799 | (檳)bīn | 60 |
| 楂 chá | 96 | (構)gòu | 315 | (橢)tuǒ | 838 | bīng | 62 |
| zhā | 1045 | 榖 gǔ | 320 | 楊 xiàng | 903 | 檫 chá | 96 |
| 槎 chá | 96 | (槨)guǒ | 338 | (樣)yàng | 961 | (檯)guì | 334 |
| 榇 chèn | 114 | (樺)huà | 380 | 樱 yīng | 997 | 櫅 jì | 414 |
| 楚 chǔ | 140 | 槛 jiàn | 427 | (樝)zhā | 1045 | (檻)jiàn | 427 |
| 椽 chuán | 148 | kǎn | 479 | 樟 zhāng | 1052 | kǎn | 479 |
| 槌 chuí | 148 | 榼 kē | 483 | 槧 jué | 1094 | (櫚)lú | 542 |
| 椿 chūn | 150 | 椁 lǎng | 506 | (椿)zhuāng | 1104 | (檸)níng | 615 |
| 椴 duàn | 231 | 榴 liú | 536 | 12画 | | (橋)táo | 801 |
| 楯 dùn | 231 | 模 mó | 586 | 橙 chéng | 120 | (權)zhào | 1057 |
| shǔn | 774 | mú | 590 | 橱 chú | 139 | 15画 | |
| 概 gài | 287 | 槃 pán | 628 | (槹)gāo | 297 | (櫥)chú | 139 |
| 榾 gǔ | 320 | (檣)qī | 651 | (機)jī | 402 | (櫝)dú | 227 |
| 槐 huái | 380 | 槍 qiāng | 666 | 橘 jú | 464 | (櫟)lì | 520 |
| 楫 jí | 409 | 榷 què | 691 | (橜)jué | 471 | yuè | 520 |
| 楷 jiē | 439 | 榮 róng | 702 | (櫸)jué | 471 | 麓 lù | 542 |
| kǎi | 477 | 榕 róng | 703 | 橹 lǔ | 541 | (櫫)zhū | 1094 |
| 榉 jǔ | 465 | 槊 shuò | 777 | (樸)pǔ | 650 | 16画 | |
| 榄 lǎn | 504 | 榫 sǔn | 790 | 橋 qiáo | 669 | (櫬)chèn | 114 |
| 棱 léng | 513 | 榻 tà | 792 | (橋)qiáo | 669 | (櫸)jǔ | 465 |
| 楝 liàn | 524 | (槖)tuó | 838 | 樵 qiáo | 670 | (櫪)lì | 520 |
| 楼 lóu | 539 | 榭 xiè | 916 | 樿 qín | 674 | (櫳)lóng | 538 |
| 榈 lú | 542 | 槺 xiè | 916 | 槃 qíng | 680 | (櫫)lú | 540 |
| (楳)méi | 564 | 榨 zhà | 1046 | (樹)qíng | 680 | (橐)tuò | 838 |
| 楣 méi | 564 | 寨 zhài | 1048 | 橈 ráo | 694 | 17画 | |
| 楠 nán | 601 | 榛 zhēn | 1063 | (樹)shù | 766 | (櫼)jiān | 421 |
| 楩 pǐn | 643 | 楮 zhū | 1094 | 橐 tuó | 838 | (欄)lán | 504 |
| 楸 qiū | 682 | 槜 zuì | 1126 | 樨 xī | 879 | (權)quán | 688 |
| 椹 shèn | 735 | 11画 | | 橡 yuán | 1027 | 19画 | |
| zhēn | 1063 | (標)biāo | 56 | 樾 yuè | 1031 | (權)cuán | 1126 |
| 榅 wēn | 858 | 槽 cáo | 90 | (橒)zuì | 1126 | (欒)luán | 544 |
| 楔 xiē | 912 | 樗 chū | 138 | 樽 zūn | 1127 | (欖)luó | 547 |
| 楦 xuàn | 939 | (樅)cōng | 155 | 13画 | | 21画 | |
| (楥)xuàn | 939 | zōng | 1118 | 檗 bò | 68 | (欖)lǎn | 505 |
| (楊)yáng | 959 | (梡)dǎo | 223 | (檉)chēng | 115 | 25画 | |
| (業)yè | 968 | 樊 fán | 250 | (檔)dàng | 188 | (欎)yù | 1020 |
| 楹 yíng | 999 | 橄 gǎn | 291 | (檜)guì | 335 | **92 支** | |
| 榆 yú | 1017 | 横 héng | 361 | huì | 394 | 支 zhī | 1071 |
| (椶)zōng | 1118 | hèng | 362 | (襇)jiàn | 422 | **93 犬** | |
| 10画 | | 槲 hú | 371 | (赫)lì | 520 | 犬 quǎn | 690 |
| 榜 bǎng | 29 | (槳)jiǎng | 429 | 檩 lǐn | 531 | 3画 | |
| (榜)bàng | 29 | 槿 jǐn | 448 | (檁)lǐn | 531 | 状 zhuàng | 1106 |
| péng | 634 | 樛 kāng | 480 | (檁)lǚ | 541 | 9画 | |
| 槟 bīn | 60 | (樂)lè | 511 | 檬 méng | 570 | | |
| bīng | 62 | | yuè | 1030 | (檣)qiáng | 668 | | |
| 榱 cuī | 160 | (樑)liáng | 525 | 檀 tán | 797 | | |
| 榧 fěi | 263 | (樓)lóu | 539 | 檄 xí | 880 | 献 xiàn | 896 |
| (槓)gàng | 294 | (樠)mán | 557 | 檐 yán | 953 | 猷 yóu | 1009 |

| | | | | | | | | |
|---|---|---|---|---|---|---|---|---|
| 10画 | | (殲)jiān | 420 | 辈 bèi | 41 | 成 shù | 766 |
| 獒 áo | 9 | | | 辍 chuò | 151 | 戌 xū | 932 |
| (獃)dāi | 178 | **95 车(車)** | | 辊 gǔn | 335 | **3画** | |
| 15画 | | 车 chē | 109 | 辉 huī | 389 | 戒 jiè | 443 |
| (獸)shòu | 761 | jū | 463 | 辌 liáng | 525 | 我 wǒ | 863 |
| 16画 | | (車)chē | 109 | (輓)wǎn | 527 | **4画** | |
| (獻)xiān | 896 | jū | 463 | (輪)lún | 545 | 或 huò | 400 |
| | | **1画** | | 辇 niǎn | 612 | (戔)jiān | 419 |
| **94 歹** | | 轧 gá | 285 | 辋 wǎng | 848 | 戗 qiāng | 667 |
| 歹 dǎi | 179 | yà | 948 | (輥)gǔn | 1059 | qiàng | 669 |
| **2画** | | zhá | 1045 | 辎 zī | 1111 | 戕 qiāng | 667 |
| 死 sǐ | 779 | **2画** | | **9画** | | **5画** | |
| **3画** | | 轨 guǐ | 333 | 辏 còu | 157 | 战 zhàn | 1049 |
| 歼 jiān | 420 | 军 jūn | 471 | 辐 fú | 278 | 戛 jiá | 417 |
| 殁 mò | 588 | **3画** | | 毂 gǔ | 320 | 戚 qī | 651 |
| (歿)yāo | 961 | 轫 rèn | 701 | 辑 jí | 409 | **8画** | |
| **5画** | | 轩 xuān | 936 | (輭)ruǎn | 707 | 戟 jǐ | 408 |
| 残 cán | 86 | **4画** | | 输 shū | 764 | 戡 jǐ | 410 |
| 殂 cú | 158 | 轭 è | 239 | 辒 wēn | 858 | (戞)jiá | 417 |
| 殆 dài | 180 | 轰 hōng | 362 | **10画** | | **9画** | |
| 殇 shāng | 721 | 轮 lún | 545 | (輾)niǎn | 612 | 戥 děng | 198 |
| 殄 tiǎn | 811 | 软 ruǎn | 707 | 辗 zhǎn | 1049 | 裁 kān | 478 |
| 殃 yāng | 957 | 转 zhuǎn 1101 | | 辖 xiá | 884 | (盞)zhǎn | 1049 |
| **6画** | | zhuàn 1103 | | 舆 yú | 1017 | **10画** | |
| 殊 shū | 763 | **5画** | | 辕 yuán | 1027 | 截 jié | 442 |
| 殉 xùn | 944 | 轱 gū | 317 | **11画** | | (戧)qiāng | 667 |
| **7画** | | 轲 kē | 482 | 辘 lù | 542 | qiàng | 669 |
| 殓 liàn | 524 | 轳 lú | 540 | (轉)zhuǎn 1101 | | **11画** | |
| 殍 piǎo | 641 | 轴 fū | 279 | zhuàn 1103 | | (戯)hū | 369 |
| 殒 yǔn | 1033 | 轻 qīng | 675 | **12画** | | xì | 881 |
| **8画** | | 轶 yì | 987 | (轎)jiào | 436 | 戮 lù | 542 |
| (殘)cán | 86 | 轸 zhěn | 1064 | 辚 lín | 531 | **12画** | |
| 殚 dān | 184 | 织 zhǐ | 1080 | 辙 zhé | 1060 | (戰)zhàn | 1049 |
| 殖 shi | 755 | 轴 zhóu | 1092 | **13画** | | **13画** | |
| zhí | 1077 | zhòu | 1092 | 辘 huàn | 384 | 戴 dài | 181 |
| **9画** | | **6画** | | **14画** | | (戲)hū | 369 |
| 殛 huì | 394 | 轿 jiào | 436 | (轟)hōng | 362 | xì | 881 |
| **10画** | | 较 jiào | 436 | **15画** | | **14画** | |
| 殡 bìn | 60 | 轼 shì | 754 | (轢)lì | 520 | 戳 chuō | 151 |
| **11画** | | 载 zǎi | 1036 | **16画** | | | |
| 殣 jìn | 451 | zài | 1036 | (轤)lú | 540 | **97 比** | |
| (殤)shāng | 721 | 轾 zhì | 1082 | | | 比 bǐ | 46 |
| **12画** | | 轸 zhōu | 1092 | **96 戈** | | **2画** | |
| (殫)dān | 184 | **7画** | | 戈 gē | 299 | 毕 bì | 48 |
| 殪 yì | 989 | 辅 fǔ | 279 | **1画** | | **5画** | |
| **13画** | | 辆 liàng | 527 | 戋 jiān | 419 | 毖 bì | 49 |
| (殭)jiāng | 428 | (輕)qīng | 675 | 戊 wù | 873 | 毗 pí | 637 |
| (殮)liàn | 524 | (輓)wǎn | 844 | 成 chéng | 116 | **6画** | |
| **14画** | | 辄 zhé | 1059 | 戏 hū | 369 | 毙 bì | 49 |
| (殯)bìn | 60 | **8画** | | xì | 881 | **98 瓦(瓦)** | |

| | | | | | | | |
|---|---|---|---|---|---|---|---|
| 瓦 | wǎ 839 | | 5画 | 戻 | zè 1043 | 晶 | jīng 453 |
| | wà 839 | (戬) | diān 205 | | 5画 | 景 | jǐng 455 |
| | 3画 | | 8画 | 昶 | chǎng 105 | 晾 | liàng 527 |
| 旺 | qiānwǎ 661 | 敩 | xiào 912 | 春 | chūn 148 | 普 | pǔ 650 |
| | 4画 | | 10画 | 曷 | hé 356 | 晴 | qíng 679 |
| 瓯 | ōu 623 | 敲 | qiāo 669 | 昽 | lóng 538 | 暑 | shǔ 765 |
| 瓮 | wèng 862 | | 16画 | 昂 | ǎng 561 | 替 | tì 807 |
| | 6画 | (敩) | xiào 912 | 昧 | mèi 566 | 晰 | xī 877 |
| 瓷 | cí 152 | | | 昵 | nì 609 | (晳) | xī 877 |
| 瓶 | píng 646 | **102 日(曰)** | | 昰 | shì 753 | 暂 | zàn 1038 |
| | 7画 | 日 | rì 701 | 显 | xiǎn 892 | 晫 | zhuó 1083 |
| 瓻 | chī 123 | 曰 | yuē 1029 | 星 | xīng 923 | 最 | zuì 1126 |
| | 8画 | | 1画 | 昡 | xuàn 938 | 晬 | zuì 1126 |
| 瓿 | bù 81 | 旦 | dàn 184 | 映 | yìng 1000 | | 9画 |
| | 9画 | 电 | diàn 207 | 昱 | yù 1020 | 暗 | àn 8 |
| 甄 | zhēn 1063 | 旧 | jiù 460 | 昝 | zǎn 1038 | 暅 | gèng 306 |
| | 10画 | | 2画 | 昭 | zhāo 1055 | (暅) | gèng 306 |
| (甌) | lì 520 | 旮 | gā 284 | 昨 | zuó 1127 | 暌 | kuí 498 |
| 甍 | méng 570 | 旯 | lá 501 | | 6画 | 暖 | nuǎn 622 |
| | 11画 | 曲 | qū 685 | 晁 | cháo 108 | 暇 | xiá 884 |
| (甌) | ōu 623 | | qǔ 686 | 晃 | huǎng 388 | 暄 | xuān 936 |
| | 12画 | 旭 | xù 934 | | huàng 388 | (暘) | yáng 959 |
| 甏 | bèng 45 | 曳 | yè 968 | 晖 | huī 389 | | 10画 |
| 甑 | zèng 1044 | 早 | zǎo 1040 | 晋 | jìn 450 | 暧 | ài 5 |
| | 14画 | 旨 | zhǐ 1078 | (晉) | jìn 450 | 暨 | jì 413 |
| (甖) | yīng 997 | | 3画 | 晒 | shài 717 | 暝 | míng 585 |
| | 16画 | 旰 | gàn 292 | 晌 | shǎng 722 | 暮 | mù 594 |
| 甗 | yǎn 955 | 更 | gēng 306 | 晟 | shèng 740 | (曖) | nì 609 |
| | | | gèng 306 | (時) | shí 745 | (曄) | yè 969 |
| **99 牙** | | 旱 | hàn 347 | (書) | shū 761 | | 11画 |
| 牙 | yá 946 | 旷 | kuàng 496 | 晓 | xiǎo 911 | 暴 | bào 36 |
| | | 时 | shí 745 | 晏 | yàn 956 | (暴) | pù 650 |
| **100 止** | | 昐 | yáng 959 | 晔 | yè 969 | | 12画 |
| 止 | zhǐ 1077 | | 4画 | 晕 | yūn 1031 | 㙙 | fén 267 |
| | 1画 | 昂 | áng 9 | | yùn 1034 | (曇) | tán 796 |
| 正 | zhēng 1065 | 昌 | chāng 100 | | 7画 | 暾 | tūn 820 |
| | zhèng 1068 | 沓 | dá 165 | 晡 | bū 68 | (曉) | xiǎo 911 |
| | 2画 | | tà 792 | 曹 | cáo 89 | | 13画 |
| 此 | cǐ 153 | 杲 | gǎo 298 | 晨 | chén 114 | (曖) | ài 5 |
| | 3画 | 昊 | hào 352 | 晗 | hán 345 | (曌) | zhào 1059 |
| 步 | bù 80 | 昏 | hūn 394 | 晦 | huì 394 | (曚) | méng 570 |
| | 4画 | 昆 | kūn 499 | 曼 | màn 556 | 曙 | shǔ 766 |
| 歧 | qí 653 | 旻 | mín 580 | 冕 | miǎn 575 | | 14画 |
| 武 | wǔ 872 | 明 | míng 582 | 晚 | wǎn 844 | (曠) | kuàng 496 |
| | 5画 | (昇) | shēng 735 | 晤 | wù 874 | (曦) | qī 652 |
| 歪 | wāi 839 | 昙 | tán 796 | 晰 | xī 877 | 曜 | yào 966 |
| | 9画 | 旺 | wàng 849 | (勖) | xù 935 | | 15画 |
| (歲) | suì 789 | 昔 | xī 876 | (晳) | xī 877 | 曝 | bào 36 |
| | 10画 | 昕 | xīn 919 | 朂 | xù 1059 | | pù 650 |
| 雌 | cí 153 | 昀 | yún 1032 | | 8画 | | 16画 |
| | | 昜 | yì 987 | 曾 | céng 93 | (曡) | dié 214 |
| **101 支** | | 易 | yì 987 | | zēng 1044 | | |
| | | 易 | yáo 964 | 暋 | guǐ 334 | (曨) | lóng 538 |

| | | | | | | | |
|---|---|---|---|---|---|---|---|
| 曦 xī | 879 | 赃 zāng | 1039 | (贕) shú | 764 | | qù 687 |
| **17画** | | 贼 zéi | 1043 | **17画** | | | **14画** |
| 曩 nǎng | 602 | 赘 fù | 1082 | 赣 gàn | 292 | (覽) lǎn | 505 |
| **19画** | | 赀 zī | 1110 | (臟) zāng | 1039 | (覼) luó | 546 |
| (曬) shài | 717 | 资 zī | 1110 | | | | **15画** |
| | | | **7画** | **104 见(見)** | | (觀) dí | 200 |
| **103 贝(貝)** | | 责 zé | 1042 | 见 jiàn | 424 | (觀) guān | 326 |
| 贝 bèi | 39 | 赇 qiú | 684 | (見) xiàn | 894 | | guàn 328 |
| (貝) bèi | 39 | 赊 shē | 728 | (見) jiàn | 424 | | |
| **2画** | | 账 zhèn | 1064 | **2画** | | **105 父** | |
| 负 fù | 280 | 贔 bì | 49 | 观 guān | 326 | 父 fù | 278 |
| 贞 zhēn | 1061 | 赐 cì | 155 | | guàn 328 | | fù 279 |
| **3画** | | 赌 dǔ | 228 | **3画** | | **2画** | |
| 财 cái | 82 | 赋 fù | 283 | 觃 yàn | 956 | 爷 yé | 966 |
| 贡 gòng | 313 | 赓 gēng | 305 | **4画** | | **4画** | |
| **4画** | | 赍 jī | 405 | 规 guī | 333 | 爸 bà | 14 |
| 贬 biǎn | 53 | (賤) jiàn | 426 | 觅 mì | 573 | 斧 fǔ | 278 |
| 贩 fàn | 254 | (賚) lài | 503 | (覓) mì | 573 | **6画** | |
| 购 gòu | 315 | 赔 péi | 631 | 视 shì | 752 | 爹 diē | 214 |
| 贯 guàn | 328 | 赏 shǎng | 722 | **5画** | | **8画** | |
| 货 huò | 400 | 赎 shú | 764 | 觇 chān | 98 | (爺) yé | 966 |
| 贫 pín | 642 | (賢) xián | 891 | 觉 jiào | 436 | | |
| 贪 tān | 795 | 赞 zàn | 1038 | | jué 470 | **106 爻(爻)** | |
| 贤 xián | 891 | (賬) zhàng | 1053 | 览 lǎn | 505 | 爻 yáo | 962 |
| 责 zé | 1042 | (賫) zhì | 1081 | 觊 luó | 546 | (爾) ěr | 241 |
| 账 zhàng | 1053 | 赒 zhōu | 1092 | 觋 sì | 782 | | |
| 质 zhì | 1081 | **9画** | | **6画** | | **107 牛(牜牛)** | |
| 贮 zhù | 1098 | (賨) jìn | 450 | 觊 jì | 412 | 牛 niú | 616 |
| **5画** | | 赖 lài | 503 | **7画** | | **2画** | |
| 贲 bēn | 42 | **10画** | | 觋 xí | 879 | 牟 móu | 590 |
| | bì | 49 | 赙 fù | 284 | 觌 dí | 200 | | mù 593 |
| 贷 dài | 180 | (購) gòu | 315 | 靓 jìng | 457 | 牝 pìn | 643 |
| 费 fèi | 264 | 赛 sài | 710 | | liàng 527 | **3画** | |
| 贵 guì | 334 | 赚 zhuàn | 1104 | 觍 tiǎn | 811 | 牢 láo | 507 |
| 贺 hè | 358 | | zuàn 1125 | **9画** | | 牤 māng | 551 |
| 贱 jiàn | 426 | 赘 zhuì | 1107 | (親) qīn | 673 | 牡 mǔ | 591 |
| 贶 kuàng | 497 | **11画** | | | qìng 680 | (牠) tā | 792 |
| (買) mǎi | 552 | 赜 zé | 1043 | 觎 yú | 1017 | **4画** | |
| 贸 mào | 561 | (贅) zhì | 1082 | **10画** | | 牦 máo | 560 |
| 贳 shì | 753 | **12画** | | 觏 gòu | 316 | 牧 mù | 593 |
| (貼) tiē | 814 | 赝 yàn | 957 | (覬) jì | 412 | 物 wù | 873 |
| 贴 tiē | 814 | 赟 yūn | 1031 | **11画** | | **5画** | |
| 贻 yí | 980 | 赞 zàn | 1038 | 觐 jìn | 451 | 牯 gǔ | 319 |
| (貯) zhù | 1098 | 赠 zèng | 1044 | 觑 qù | 685 | 荦 jiàn | 426 |
| **6画** | | **13画** | | | qù 687 | 牵 luò | 547 |
| 赅 gāi | 285 | 赡 shàn | 720 | **13画** | | 牵 qiān | 661 |
| 贾 gǔ | 320 | 赢 yíng | 999 | (覷) qū | 685 | 牲 shēng | 739 |
| | jiǎ | 417 | **14画** | | | qù 687 | **6画** |
| 贿 huì | 394 | (賫) jī | 405 | (覺) jiào | 436 | 特 tè | 803 |
| 赆 jìn | 450 | (賸) jìn | 450 | | jué 470 | 牺 xī | 876 |
| 赁 lìn | 531 | **15画** | | (覰) qū | 685 | **7画** | |
| 赂 lù | 541 | | | | | | |

| 部首索引：108～114 | | |
|---|---|---|

| | | | | | |
|---|---|---|---|---|---|
| 犁 lí | 515 | 8画 | (毬) qiú 683 | 敛 liǎn | 523 |
| (牽) qiān | 661 | 氮 dàn 186 | 毹 rǒng 703 | 敏 mǐn | 581 |
| (悟) wù | 872 | 氯 lǜ 544 | 毳 huī 5 | 敘 shè | 730 |
| 悟 wù | 872 | 氰 qíng 680 | 毳 cuì 160 | (敘) xù | 935 |
| 8画 | | (氬) yà 948 | 毽 jiàn 426 | 啟 yǔ | 1019 |
| 犊 dú | 227 | 9画 | 毵 sān 712 | 8画 | |
| 犄 qí | 405 | 氲 yūn 1031 | 毯 tǎn 797 | 敞 chǎng | 105 |
| 犍 jiān | 421 | 109 手(扌) | 毹 shū 764 | 敦 dūn | 234 |
| qián | 664 | | 11画 | 敬 jìng | 457 |
| 犋 jù | 467 | 手 shǒu 756 | 氂 huī 389 | 散 sǎn | 712 |
| (犂) lí | 515 | 4画 | 氂 máo 560 | sàn | 712 |
| 犀 xī | 878 | 拜 bài 21 | (毿) sān 712 | 9画 | |
| 9画 | | 5画 | 12画 | 敫 jiǎo | 435 |
| 犏 piān | 639 | 拏 ná 594 | 氅 chǎng 105 | 数 shǔ | 765 |
| 10画 | | 6画 | 氇 lu 542 | shù | 767 |
| 犒 kào | 482 | 挛 luán 544 | 氇 pǔ 650 | shuò | 777 |
| (犖) luò | 547 | 拿 ná 594 | (氊) rǒng 703 | 11画 | |
| (犛) máng | 557 | 挈 qiè 672 | (氈) rǒng 703 | 敵 dí | 200 |
| 12画 | | 拳 quán 689 | 13画 | 敷 fū | 275 |
| 犟 jiàng | 430 | 挚 zhì 1082 | (氍) qú 686 | (數) shǔ | 765 |
| 15画 | | 7画 | (氆) zhān 1048 | shù | 767 |
| (犢) dú | 227 | 挲 suō 790 | 18画 | shuò | 777 |
| 16画 | | 8画 | 氍 qú 686 | 12画 | |
| 犨 chōu | 131 | 掰 bāi 15 | 111 攵 | 整 zhěng | 1067 |
| (犧) xī | 876 | 掣 chè 111 | | 13画 | |
| 108 气 | | 掱 pá 625 | 112 攵 | (斃) bì | 49 |
| | | 掌 zhǎng 1052 | (攷) kǎo 481 | (斂) liǎn | 523 |
| 气 qì | 657 | 10画 | 收 shōu 755 | 19画 | |
| 1画 | | 摹 mó 586 | 3画 | (變) biàn | 54 |
| 氕 piē | 641 | 11画 | 改 gǎi 285 | 112 长(長) | |
| 2画 | | 摩 mā 549 | 攻 gōng 311 | | |
| 氘 dāo | 189 | mó 586 | 4画 | 长 cháng | 100 |
| 氖 nǎi | 598 | (摯) zhì 1082 | 败 bài 21 | zhǎng | 1052 |
| 3画 | | 12画 | 攽 bān 22 | (長) cháng | 100 |
| 氚 chuān | 142 | (擎) dūn 234 | 放 fàng 258 | zhǎng | 1052 |
| 氙 xiān | 890 | 擎 qíng 680 | 5画 | 113 ßß (朋阝阝) | |
| 4画 | | 13画 | 故 gù 321 | | |
| 氛 fēn | 267 | (擘) bāi 15 | 敂 tián 810 | 3画 | |
| 5画 | | 擘 bò 68 | 政 zhèng 1070 | (與) yú | 1015 |
| 氡 dōng | 221 | (擊) jī 402 | 6画 | yǔ | 1017 |
| 氟 fú | 276 | 15画 | 敖 áo 9 | yù | 1019 |
| 氢 qīng | 676 | 攀 pān 627 | 敌 dí 200 | 12画 | |
| 6画 | | 19画 | 效 xiào 912 | (舉) jǔ | 465 |
| 氨 ān | 6 | (攣) luán 544 | 7画 | (興) xīng | 922 |
| 氦 hài | 344 | 110 毛 | 敝 bì 49 | xìng | 927 |
| (氣) qì | 657 | | 救 chì 126 | 13画 | |
| 氩 yà | 948 | 毛 máo 559 | 敢 gǎn 290 | (擧) jǔ | 465 |
| 氧 yǎng | 953 | 5画 | 教 jiāo 432 | 22画 | |
| 氤 yīn | 992 | 毡 zhān 1048 | (敎) jiāo 435 | (釁) xìn | 922 |
| 7画 | | 毪 mú 590 | 敉 jiào 436 | 114 片 | |
| 氪 kè | 486 | 7画 | 救 jiù 461 | | |
| (氫) qīng | 676 | 毫 háo 349 | | | |

# 115～117：部首索引

## 部首索引 斤爪月

| 片 piān | 638 |
| --- | --- |
| piàn | 640 |

**4画**

| 版 bǎn | 24 |

**8画**

| 牍 dú | 227 |
| (牋) jiān | 421 |
| 牌 pái | 626 |

**9画**

| 牒 dié | 214 |
| (牐) zhá | 1045 |

**11画**

| 牖 yǒu | 1013 |

**15画**

| (牘) dú | 227 |

## 115 斤

| 斤 jīn | 445 |

**1画**

| 斥 chì | 125 |

**4画**

| 斧 fǔ | 278 |
| 所 suǒ | 790 |
| 斩 zhǎn | 1048 |

**5画**

| 斫 zhuó | 1109 |

**7画**

| 断 duàn | 230 |

**8画**

| 斯 sī | 778 |

**9画**

| 新 xīn | 919 |

**11画**

| 斲 zhuó | 1110 |

**13画**

| 斶 chù | 141 |

**14画**

| (斷) duàn | 230 |

## 116 爪(爫)

| 爪 zhǎo | 1056 |
| zhuǎ | 1100 |

**4画**

| 采 cǎi | 83 |
| cài | 84 |
| 觅 mì | 573 |
| 爬 pá | 624 |
| 受 shòu | 735 |
| (爭) zhēng | 1065 |

**5画**

| 爰 yuán | 1024 |

**6画**

| 爱 ài | 3 |

**8画**

| (爲) wéi | 851 |
| wèi | 856 |

**9画**

| (亂) luàn | 544 |

**13画**

| 爵 jué | 471 |

## 117 月(月)

| 月 yuè | 1029 |

**1画**

| (肊) yì | 989 |

**2画**

| 肌 jī | 403 |
| 肋 lē | 511 |
| lèi | 512 |
| 有 yǒu | 1009 |
| yòu | 1014 |

**3画**

| 肠 cháng | 103 |
| 肚 dǔ | 227 |
| dù | 228 |
| 肝 gān | 289 |
| 肛 gāng | 292 |
| 肓 huāng | 384 |
| 肟 wò | 863 |
| 肖 xiāo | 903 |
| xiào | 911 |
| 肘 zhǒu | 1092 |

**4画**

| 肮 āng | 9 |
| 肪 fáng | 257 |
| 肥 féi | 262 |
| 肺 fèi | 263 |
| 肤 fū | 274 |
| 服 fú | 276 |
| fù | 281 |
| 肱 gōng | 311 |
| 股 gǔ | 318 |
| 肩 jiān | 420 |
| 胫 jìng | 455 |
| 肯 kěn | 487 |
| 肭 nà | 597 |
| 朋 péng | 633 |
| 肷 qiǎn | 665 |
| 朊 ruǎn | 708 |
| 肾 shèn | 735 |
| 肽 tài | 795 |
| 胁 xié | 913 |
| 肴 yáo | 963 |
| (肬) yóu | 1008 |

**5画**

| 育 yù | 1020 |
| 胀 zhàng | 1054 |
| 胝 zhī | 1074 |
| 胶 zhǒng | 1088 |
| 胝 zhuān | 1101 |
| 胞 zhūn | 1107 |

**5画**

| 胈 bá | 13 |
| 胞 bāo | 31 |
| 背 bēi | 38 |
| bèi | 40 |
| 胆 dǎn | 184 |
| 胨 dòng | 222 |
| 胍 guā | 323 |
| 胡 hú | 370 |
| 胛 jiǎ | 417 |
| 胫 jìng | 456 |
| 胩 kǎ | 474 |
| 胧 lóng | 538 |
| 胪 lú | 540 |
| 脉 mài | 554 |
| mò | 588 |
| 胖 pán | 627 |
| pàng | 629 |
| 胚 pēi | 631 |
| 胠 qū | 685 |
| 胂 shèn | 735 |
| 胜 shēng | 739 |
| shèng | 740 |
| 胎 tāi | 793 |
| 胃 wèi | 857 |
| 胥 xū | 933 |
| 胤 yìn | 996 |
| 胗 zhēn | 1062 |
| 胝 zhī | 1074 |
| 胄 zhòu | 1092 |

**6画**

| 胺 àn | 8 |
| 脆 cuì | 160 |
| 胴 dòng | 223 |
| 胳 gā | 284 |
| gē | 300 |
| 胱 guāng | 331 |
| 胲 hǎi | 342 |
| 脊 jǐ | 410 |
| 胶 jiāo | 432 |
| 胯 kuà | 494 |
| 脍 kuài | 495 |
| 朗 lǎng | 506 |
| (脈) mài | 554 |
| mò | 588 |

| (脢) méi | 564 |
| --- | --- |
| 脒 mǐ | 573 |
| 脑 nǎo | 602 |
| 能 néng | 607 |
| 脓 nóng | 619 |
| 胼 pián | 639 |
| 脐 qí | 645 |
| 脎 sà | 710 |
| 朔 shuò | 777 |
| (脇) xié | 913 |
| (脅) xié | 913 |
| 胸 xiōng | 928 |
| 胭 yān | 948 |
| 胰 yí | 980 |
| 脏 zāng | 1039 |
| zàng | 1039 |
| 朕 zhèn | 1064 |
| 脂 zhī | 1074 |

**7画**

| 脖 bó | 67 |
| 脞 cuǒ | 163 |
| 脰 dòu | 225 |
| 脯 fǔ | 277 |
| pú | 649 |
| 脚 jiǎo | 434 |
| jué | 471 |
| (脛) jìng | 456 |
| 脧 juān | 468 |
| 脸 liǎn | 523 |
| 脶 luó | 547 |
| 脢 méi | 564 |
| 脲 niào | 614 |
| 脬 pāo | 630 |
| 脱 tuō | 836 |
| 脘 wǎn | 845 |
| 望 wàng | 849 |

**8画**

| 腌 ā | 1 |
| yān | 950 |
| 朝 cháo | 108 |
| zhāo | 1055 |
| (脺) cuì | 161 |
| 腚 dìng | 219 |
| (腖) dòng | 222 |
| 腓 féi | 262 |
| 腑 fǔ | 279 |
| 腘 guó | 338 |
| 期 jī | 405 |
| qī | 652 |
| 腱 jiàn | 427 |
| 腈 jīng | 453 |
| 腒 jū | 464 |

| | | | | | | |
|---|---|---|---|---|---|---|
| 腊 là | 502 | 膛 táng | 799 | **119 欠** | | 3画 | |
| (臘) luó | 547 | 滕 téng | 804 | | | 飏 yáng | 959 |
| 脾 pí | 637 | 膝 xī | 878 | 欠 qiàn | 665 | 5画 | |
| 腔 qiāng | 667 | 膣 zhì | 1084 | 2画 | | 飑 biāo | 57 |
| (腎) shèn | 735 | (膞) zhuān | 1101 | 次 cì | 154 | 飒 sà | 710 |
| (勝) shèng | 740 | 12画 | | 欢 huān | 381 | 飐 zhǎn | 1048 |
| 腆 tiǎn | 811 | 膪 chuài | 141 | 3画 | | 6画 | |
| 腕 wàn | 846 | 膙 jiǎng | 429 | 欤 yú | 1015 | (颳) guā | 322 |
| 腋 yè | 969 | (臘) là | 502 | 4画 | | 8画 | |
| 腴 yú | 1017 | 膦 lìn | 531 | 欧 ōu | 623 | 飓 jù | 467 |
| (脹) zhàng | 1054 | 膨 péng | 635 | 欣 xīn | 919 | 9画 | |
| 腙 zōng | 1118 | 膳 shàn | 720 | 6画 | | (颼) sōu | 784 |
| 9画 | | 滕 téng | 804 | 欬 kài | 478 | 飕 sōu | 784 |
| (腸) cháng | 103 | 膧 tóng | 822 | 7画 | | (颺) yáng | 959 |
| 腠 còu | 157 | 13画 | | 欸 āi | 2 | 10画 | |
| 腭 è | 240 | 臂 bei | 42 | ǎi | 3 | 飗 liú | 536 |
| 腹 fù | 284 | bì | 51 | ē | 240 | 11画 | |
| (腳) jué | 240 | (膽) dǎn | 184 | é | 240 | 飘 piāo | 640 |
| 腼 miǎn | 575 | 臌 gǔ | 320 | ě | 240 | (飄) piāo | 640 |
| 腩 nǎn | 601 | (膾) kuài | 495 | è | 240 | 12画 | |
| (腦) nǎo | 602 | 膦 lián | 523 | (歐) kuǎn | 495 | 飙 biāo | 57 |
| 腻 nì | 611 | (臉) liǎn | 523 | 欷 xī | 877 | (飆) biāo | 57 |
| 腮 sāi | 710 | 臊 méng | 570 | 欲 yù | 1021 | (飇) biāo | 57 |
| 腧 shù | 767 | (膿) nóng | 619 | 8画 | | **121 殳** | |
| 腾 téng | 803 | 膜 sāo | 713 | 欻 chuā | 141 | | |
| téng | 804 | sào | 714 | xū | 934 | 殳 shū | 761 |
| 腿 tuǐ | 833 | 膻 shān | 719 | 款 kuǎn | 495 | 4画 | |
| 腽 wà | 839 | (謄) téng | 803 | 欺 qī | 652 | 殴 ōu | 623 |
| 腺 xiàn | 896 | 臀 tún | 835 | 9画 | | 5画 | |
| 腥 xīng | 918 | 臆 yì | 989 | 歃 shà | 717 | 段 duàn | 230 |
| 腰 yāo | 962 | 膺 yīng | 997 | 歇 xiē | 912 | (殺) shā | 715 |
| (腫) zhǒng | 1088 | 臃 yōng | 1002 | 歆 xīn | 921 | 殷 yān | 948 |
| 10画 | | 14画 | | 10画 | | yīn | 992 |
| 膀 bǎng | 29 | (臏) bìn | 60 | 歌 gē | 300 | 7画 | |
| pāng | 629 | 臑 nào | 604 | 歉 qiàn | 666 | (殻) ké | 483 |
| páng | 629 | (臍) qí | 654 | 11画 | | qiào | 671 |
| 膑 bìn | 60 | 15画 | | (歐) ōu | 623 | 8画 | |
| 膊 bó | 68 | (臘) là | 502 | (歎) tàn | 797 | (殽) dū | 225 |
| 膏 gāo | 297 | 16画 | | 歔 xū | 934 | 9画 | |
| gào | 299 | (臚) lóng | 538 | 歙 yǐn | 995 | 殿 diàn | 211 |
| 膈 gé | 302 | (臚) lú | 540 | 12画 | | 毂 gòu | 316 |
| 膂 lǚ | 543 | 臜 zā | 1035 | 歙 shè | 731 | 毁 huǐ | 392 |
| 膜 mó | 575 | 17画 | | xī | 879 | 10画 | |
| (膁) qiǎn | 665 | (臟) zàng | 1039 | (歛) xū | 934 | (毀) jué | 469 |
| 膝 sù | 786 | | | 14画 | | 11画 | |
| 11画 | | **118 氏(氐)** | | (歟) yú | 1015 | (穀) gǔ | 318 |
| 膘 biāo | 57 | 氏 shì | 749 | 17画 | | 毂 gǔ | 320 |
| 膵 cuì | 161 | zhī | 1072 | (歡) huān | 381 | 毂 kòu | 491 |
| (膚) fū | 274 | 氐 dī | 198 | **120 风(風)** | | (毆) ōu | 623 |
| (膕) guó | 338 | dǐ | 200 | | | 毅 yì | 989 |
| (膠) jiāo | 432 | 1画 | | 风 fēng | 269 | 13画 | |
| | | 民 mín | 579 | (風) fēng | 269 | | |

| 毂 hú 372 | 穷 qióng 681 | 12画 | 疮 chuāng 145 |
|---|---|---|---|
| **122 毋(母)** | 3画 | 簒 kuǎn 496 | 疯 fēng 272 |
| | 空 kōng 487 | 13画 | 疥 jiè 444 |
| 母 mǔ 591 | 空 kòng 489 | (竄) cuàn 159 | 疠 lì 520 |
| 毋 wú 869 | 穹 qióng 681 | (竅) qiào 671 | (疡) wù 874 |
| 2画 | 窊 xī 876 | 15画 | 疫 yì 987 |
| 每 měi 565 | 4画 | (竇) dòu 225 | 疣 yóu 1008 |
| 4画 | 窆 biǎn 53 | 16画 | 疭 zòng 1120 |
| 毒 dú 226 | 穿 chuān 142 | (竈) zào 1041 | 5画 |
| 9画 | (穽) jǐng 455 | 17画 | 病 bìng 64 |
| 毓 yù 1023 | 窃 qiè 672 | (竊) qiè 672 | 疸 dǎn 174 |
| | 突 tū 828 | | 疳 gān 289 |
| **123 水(氺)** | 窀 zhūn 1107 | **126 立** | 疾 jí 408 |
| 水 shuǐ 771 | 5画 | 立 lì 518 | 痂 jiā 415 |
| 1画 | 窎 diào 213 | 4画 | 痉 jìng 457 |
| (氷) bīng 60 | 窍 qiào 671 | 竑 hóng 365 | 疽 jū 464 |
| 永 yǒng 1002 | 窅 yǎo 964 | 亲 qīn 673 | 疴 kē 483 |
| 2画 | 窈 yǎo 964 | qìng 680 | 疱 pào 631 |
| 氽 cuān 159 | 窄 zhǎi 1047 | 竖 shù 767 | 疲 pí 641 |
| 求 qiú 682 | 6画 | 5画 | 疼 téng 804 |
| 氽 tǔn 835 | (窓) chuāng 145 | 竞 jìng 457 | 痃 xuán 937 |
| 3画 | 窕 tiǎo 813 | 站 zhàn 1050 | 痈 yōng 1002 |
| 汞 gǒng 312 | 窑 yáo 963 | 竟 jìng 457 | 痄 zhà 1046 |
| 隶 lì 520 | 窒 zhì 1083 | 章 zhāng 1051 | 疹 zhěn 1064 |
| 录 lù 541 | 7画 | 7画 | 症 zhēng 1067 |
| 5画 | 窗 chuāng 145 | 竣 jùn 473 | zhèng 1071 |
| 泵 bèng 44 | 窜 cuàn 159 | (竢) sì 781 | 痊 quán 1099 |
| 泉 quán 689 | 窦 dòu 225 | 竦 sǒng 783 | 6画 |
| 泰 tài 795 | 窖 jiào 437 | 童 tóng 822 | 疵 cī 151 |
| 荥 xíng 926 | 窘 jiǒng 458 | 9画 | 痕 hén 360 |
| yíng 998 | 窝 wō 863 | 竭 jié 442 | 痊 quán 689 |
| 6画 | 8画 | 15画 | (痌) tōng 818 |
| 浆 jiāng 428 | 窭 dòu 225 | (競) jìng 457 | 痒 yǎng 961 |
| (浆) jiàng 430 | 窠 kē 483 | | 痍 yí 981 |
| 8画 | 窟 kū 492 | **127 疒** | 痔 zhì 1083 |
| 淼 miǎo 578 | 窥 kuī 497 | 2画 | 7画 |
| (榮) xíng 926 | 窣 sū 785 | 疔 dīng 216 | 痤 cuó 163 |
| yíng 998 | 9画 | 疖 jiē 437 | 痘 dòu 225 |
| 11画 | 窨 jù 467 | 疗 liáo 527 | 痾 ē 238 |
| (漿) jiāng 428 | 窨 xūn 942 | 3画 | 痪 huàn 384 |
| | yìn 996 | 疙 gē 299 | (痙) jìng 457 |
| **124 穴(宂)** | 窬 yú 1017 | 疚 jiù 461 | 痨 láo 507 |
| 窟 kū 493 | 10画 | 疬 lì 520 | 痢 lì 521 |
| (窟) kù 493 | (窮) qióng 681 | 疟 nüè 622 | 痞 pǐ 638 |
| 黉 hóng 366 | 窑 yáo 963 | yào 964 | 痧 shā 716 |
| (鷰) hóng 366 | 窳 yǔ 1019 | 痂 shàn 719 | (痠) suān 786 |
| | 11画 | 疡 yáng 959 | 痛 tòng 823 |
| **125 穴(宀)** | (窗) chuāng 145 | 4画 | 痦 wù 874 |
| 穴 xué 939 | (窶) jù 467 | 疤 bā 13 | 痫 xián 892 |
| 2画 | 窿 lóng 538 | 疢 chèn 114 | 痣 zhì 1083 |
| 究 jiū 459 | 窸 xī 879 | | 8画 |
| | | | 痹 bì 50 |

| | | | | | | | |
|---|---|---|---|---|---|---|---|
| (瘭)bì | 50 | 瘿 yǐng | 999 | 衿 jīn | 447 | 褊 biǎn | 53 |
| 痴 chī | 123 | 瘵 zhài | 1048 | 袂 mèi | 566 | 褡 dā | 165 |
| 瘁 cuì | 160 | 瘴 zhàng | 1054 | 衲 nà | 597 | (襆)fù | 281 |
| 瘅 dān | 184 | (瘲)zòng | 1120 | 衽 rèn | 701 | 褐 hè | 358 |
| dàn | 186 | 12画 | | (衹)zhǐ | 1077 | 襀 kuì | 498 |
| 痱 fèi | 264 | 癌 ái | 3 | 5画 | | 褛 lǚ | 543 |
| 痼 gù | 322 | 癍 bān | 23 | 被 bèi | 41 | 褪 tuì | 835 |
| 麻 má | 550 | (癉)dān | 184 | 袯 bó | 67 | tùn | 835 |
| 瘆 shèn | 735 | dàn | 186 | 袢 pàn | 629 | 10画 | |
| 痰 tán | 797 | (療)láo | 507 | 袍 páo | 630 | 褫 chǐ | 125 |
| 痿 wěi | 858 | (癘)lì | 520 | 祛 qū | 685 | 襟 jiè | 445 |
| (瘀)yū | 1014 | (療)liáo | 527 | 袒 tǎn | 797 | 襕 lán | 504 |
| 瘐 yǔ | 1019 | (癇)xián | 892 | 袜 wà | 839 | 褥 rù | 707 |
| 瘃 zhú | 1095 | 13画 | | 袖 xiù | 932 | 11画 | |
| 9画 | | 癜 diàn | 211 | 袗 zhěn | 1064 | (褸)lǚ | 543 |
| 瘥 chài | 98 | 癤 jiē | 437 | 6画 | | 褶 zhě | 1060 |
| cuó | 163 | 癞 lài | 504 | 袴 dǎng | 187 | 12画 | |
| 瘩 dá | 166 | 癖 pǐ | 638 | 袱 fú | 278 | (襖)ǎo | 10 |
| da | 178 | 癔 yì | 989 | 袼 gē | 300 | (襪)bó | 67 |
| 瘊 hóu | 366 | (癒)yù | 1022 | 裌 jiá | 417 | (襆)fú | 278 |
| 瘕 jiǎ | 418 | 14画 | | 袷 qiā | 659 | 襕 lán | 505 |
| 瘘 lòu | 539 | (癟)biē | 58 | 裉 kèn | 487 | (襝)liǎn | 523 |
| (瘧)nüè | 622 | (癡)chī | 123 | (袯)kuà | 493 | 襁 qiǎng | 669 |
| yào | 964 | 癣 xuǎn | 938 | (袵)rèn | 701 | 13画 | |
| 瘙 sào | 714 | (癢)yǎng | 961 | (袆)yīn | 991 | (襠)dāng | 187 |
| 瘦 shòu | 761 | 16画 | | 7画 | | 襟 jīn | 447 |
| 瘟 wēn | 858 | 癫 diān | 206 | (補)bǔ | 69 | 14画 | |
| (瘍)yáng | 959 | (癧)lì | 520 | 裎 chéng | 120 | (襤)lán | 504 |
| 瘗 yì | 989 | (癮)yǐn | 995 | 裀 jiá | 417 | 襦 rú | 705 |
| (瘖)yīn | 992 | 18画 | | 裥 jiǎn | 423 | (襪)wà | 839 |
| 10画 | | 癯 qú | 686 | 裤 kù | 493 | 15画 | |
| 瘢 bān | 23 | (癰)yōng | 1002 | (裡)lǐ | 516 | (襬)bǎi | 14 |
| 瘪 biē | 58 | 19画 | | 裢 lián | 523 | 裱 shì | 755 |
| biě | 60 | (癱)tān | 796 | 裣 liǎn | 523 | 16画 | |
| 瘛 chì | 127 | | | 裙 qún | 691 | (襯)chèn | 114 |
| (瘡)chuāng | 145 | 128 玄 | | 裕 yù | 1022 | | |
| 瘠 jí | 409 | 玄 xuán | 936 | 8画 | | 襻 pàn | 629 |
| 瘤 liú | 536 | 率 lǜ | 543 | 裨 bì | 50 | 130 耒(耒) | |
| 瘫 tān | 796 | (率)shuài | 769 | pí | 637 | 奉 fèng | 273 |
| 瘜 xī | 881 | 率 shuài | 769 | 裱 biǎo | 58 | 奏 zòu | 1122 |
| (瘞)yì | 989 | | | 褚 chǔ | 140 | 秦 qín | 673 |
| 11画 | | 129 礻 | | zhǔ | 1097 | 泰 tài | 795 |
| 瘭 biāo | 57 | 2画 | | 裰 duō | 237 | 131 艹(艸) | |
| 瘳 chōu | 131 | 补 bǔ | 69 | 褂 guà | 324 | 2画 | |
| 癀 huáng | 387 | 初 chū | 137 | 褐 jū | 464 | 艾 ài | 507 |
| 癃 lóng | 538 | 3画 | | (褃)kèn | 487 | 3画 | |
| (瘻)lòu | 539 | 衩 chǎ | 96 | 裸 luǒ | 547 | (芎)qióng | 681 |
| (瘺)lòu | 539 | chà | 96 | 祸 xī | 807 | (芎)qióng | 681 |
| 瘰 luǒ | 547 | 衬 chèn | 114 | xī | 878 | 荧 yíng | 998 |
| 瘸 qué | 691 | 衫 shān | 718 | 9画 | | 4画 | |
| (瘮)shèn | 735 | 4画 | | 褓 bǎo | 34 | | |
| 癊 yǐn | 995 | 袄 ǎo | 10 | 褙 bèi | 42 | | |

| 荣 róng | 702 | 砢 kē | 483 | 硼 péng | 634 | 12画 | |
|---|---|---|---|---|---|---|---|
| 6画 | | 砊 kēng | 487 | 碰 pèng | 634 | (礆) dèng | 198 |
| 萤 yíng | 998 | 砬 lá | 501 | (碁) qí | 654 | (礄) dī | 199 |
| 营 yíng | 998 | 砺 lì | 520 | 碛 qì | 659 | 礅 dūn | 234 |
| 8画 | | 砾 lì | 520 | 碎 suì | 789 | 礁 jiāo | 433 |
| 萦 yíng | 999 | 砻 lóng | 538 | 碗 wǎn | 845 | 礓 lín | 531 |
| (鎣) yíng | 999 | (砵) náo | 602 | 9画 | | 礌 pán | 628 |
| 132 甘 | | 砮 nǔ | 620 | 碧 bì | 50 | 礓 qiáo | 670 |
| | | (砲) pào | 631 | 碥 biǎn | 53 | 碳 tán | 797 |
| 甘 gān | 288 | 砰 pēng | 633 | 碴 chā | 94 | 13画 | |
| 4画 | | 破 pò | 647 | | chá | 96 | 礎 chǔ | 140 |
| (甚) shén | 733 | 砷 shēn | 732 | (硷) zhǎ | 1046 | 礓 jiāng | 428 |
| 甚 shèn | 735 | 砼 tóng | 822 | 磁 cí | 153 | 礞 méng | 570 |
| 6画 | | 砣 tuó | 838 | 磋 cuō | 162 | 14画 | |
| 甜 tián | 810 | 砸 zá | 1035 | (磑) dàng | 188 | (碍) ài | 4 |
| 9画 | | 砟 zhǎ | 1046 | 碲 dì | 205 | 礤 cǎ | 81 |
| 澉 gǎn | 292 | 砧 zhēn | 1063 | 碟 dié | 215 | (礦) kuàng | 497 |
| 133 石 | | 砫 zhù | 1098 | 碓 é | 240 | (礪) lì | 520 |
| | | 6画 | | 碱 jiǎn | 424 | 15画 | |
| 石 dàn | 184 | 硐 dòng | 223 | 碣 jié | 442 | (礬) fán | 250 |
| shí | 744 | 硌 gè | 303 | (碤) mín | 580 | (礫) lì | 520 |
| 2画 | | | luò | 547 | 碳 qì | 659 | 16画 | |
| (矴) dìng | 219 | 硅 guī | 333 | 碳 tàn | 798 | 礴 bó | 68 |
| 矶 jī | 403 | 硭 máng | 558 | 碹 xuàn | 939 | (礱) lóng | 538 |
| 3画 | | 硇 náo | 602 | 磔 zhà | 1046 | 礳 mò | 590 |
| 砀 dàng | 188 | 硚 qiáo | 670 | (磌) zhēn | 1063 | 17画 | |
| 矾 fán | 250 | 硒 xī | 877 | 10画 | | 礵 shuāng | 770 |
| 矸 gān | 289 | 硖 xiá | 884 | 磅 bàng | 29 | 134 龙(龍) | |
| 矻 kū | 491 | 硎 xíng | 926 | | páng | 629 | | |
| 矿 kuàng | 497 | (研) yán | 952 | 磙 gǔn | 336 | 龙 lóng | 537 |
| 码 mǎ | 551 | 砦 zhài | 1048 | 磕 kē | 483 | (龍) lóng | 537 |
| 矽 xī | 876 | (砦) zhài | 1048 | 磊 lěi | 512 | 3画 | |
| 4画 | | 7画 | | 碾 niǎn | 612 | 宠 chǒng | 129 |
| 砭 biān | 52 | (硁) kēng | 487 | 磐 pán | 628 | 庞 páng | 629 |
| 砗 chē | 111 | 硫 liú | 536 | (確) què | 691 | 6画 | |
| 砘 dùn | 234 | 确 què | 691 | 磉 sǎng | 713 | 龚 gōng | 312 |
| 砜 fēng | 272 | 硪 wò | 864 | 磔 zhé | 1060 | (龔) gōng | 312 |
| 砉 huā | 376 | (硤) xiá | 884 | 11画 | | 龛 kān | 478 |
| 砍 kǎn | 478 | 硝 xiāo | 904 | (磣) chěn | 114 | 袭 xí | 879 |
| (硇) náo | 602 | 硬 yìng | 1000 | (磙) gǔn | 336 | (襲) xí | 879 |
| 砒 pī | 636 | 8画 | | 磺 huáng | 387 | 135 业 | |
| 砌 qì | 659 | 碍 ài | 4 | 磡 kàn | 480 | | |
| 砂 shā | 716 | 碑 bēi | 38 | 磠 lǔ | 501 | 业 yè | 968 |
| 砑 yà | 948 | 碚 bèi | 42 | (磟) liù | 537 | 显 xiǎn | 892 |
| 研 yán | 952 | 碜 chěn | 114 | 磨 mó | 586 | (叢) cóng | 156 |
| 砚 yàn | 956 | 碇 dī | 199 | | mò | 590 | 136 目(且目) | |
| 砖 zhuān | 1101 | 碘 diǎn | 207 | 磏 qì | 659 | | |
| 5画 | | 碉 diāo | 211 | 磬 qìng | 681 | 目 mù | 592 |
| 砹 ài | 3 | 碇 dìng | 219 | 磲 qú | 684 | 2画 | |
| 础 chǔ | 140 | 碓 duì | 233 | (碹) xuàn | 939 | 盯 dīng | 215 |
| 砥 dǐ | 201 | 碌 liù | 537 | (磚) zhuān | 1101 | | |
| 砝 fǎ | 248 | | lù | 541 | | | | |

| | | | | | | | |
|---|---|---|---|---|---|---|---|
| **3画** | | **8画** | | (矇)měng | 569 | pān | 627 |
| 盲 máng | 558 | 踩 cǎi | 84 | 矇 méng | 570 | **(畫)**huà | 379 |
| 盱 xū | 932 | 督 dū | 225 | 瞿 qú | 685 | 畯 jùn | 473 |
| 直 zhí | 1075 | 睹 dǔ | 228 | 瞻 zhān | 1048 | 畲 shē | 728 |
| **4画** | | 睫 jié | 442 | **16画** | | 畬 shē | 728 |
| 眈 dān | 184 | 睛 jīng | 453 | **(矓)**lóng | 538 | **8画** | |
| 盹 dǔn | 234 | 睢 jū | 464 | **19画** | | 畸 jī | 405 |
| 盾 dùn | 234 | (睞)lài | 503 | 矗 chù | 141 | 替 tán | 797 |
| 看 kān | 478 | 睖 lèng | 514 | **21画** | | **10画** | |
| kàn | 478 | 睦 mù | 594 | **(矚)**zhǔ | 1097 | 畿 jī | 406 |
| 眍 kōu | 490 | 瞄 miáo | 578 | | | **11画** | |
| 眊 mào | 561 | 睨 nì | 610 | **137 田** | | **(疇)**shāng | 722 |
| 冒 mào | 561 | 睥 pì | 638 | 甲 jiǎ | 417 | **12画** | |
| mò | 588 | (睒)shǎn | 719 | 申 shēn | 731 | 疃 tuǎn | 832 |
| 眉 méi | 563 | 睡 shuì | 774 | 田 tián | 810 | **14画** | |
| 眄 miàn | 577 | 睢 suī | 788 | 由 yóu | 1005 | **(疇)**chóu | 131 |
| 眇 miǎo | 578 | 睚 yá | 947 | **2画** | | 疆 jiāng | 428 |
| 盼 pàn | 627 | 睁 zhēng | 1062 | 町 dīng | 215 | **17画** | |
| 省 shěng | 739 | **9画** | | tǐng | 818 | **(疊)**dié | 214 |
| xǐng | 926 | 瞅 chǒu | 133 | 亩 mǔ | 591 | | |
| 眨 zhǎ | 1046 | 睽 kuí | 498 | 男 nán | 598 | **138 罒(网)** | |
| **5画** | | 瞜 lōu | 538 | **3画** | | 网 wǎng | 847 |
| 眬 lóng | 538 | (瞇)mī | 571 | 备 bèi | 39 | 罗 luó | 546 |
| 眠 mián | 574 | mí | 572 | 畀 bì | 49 | **4画** | |
| 眚 shěng | 739 | 睿 ruì | 708 | 画 huà | 379 | 罚 fá | 247 |
| 眩 xuàn | 938 | 瞍 sǒu | 784 | **(甿)**méng | 569 | 罘 fú | 276 |
| 眙 yí | 980 | 瞋 chēn | 112 | 甾 zāi | 1036 | **5画** | |
| 真 zhēn | 1062 | 瞌 kē | 483 | **4画** | | 罢 bà | 15 |
| **6画** | | 瞒 mán | 555 | 畈 fàn | 254 | 罡 gāng | 293 |
| 眵 chī | 123 | 瞑 míng | 585 | 界 jiè | 444 | **8画** | |
| 眷 juàn | 469 | 瞎 xiā | 883 | **(毘)**pí | 637 | 署 shǔ | 765 |
| 眶 kuàng | 497 | **11画** | | 畎 quǎn | 690 | 罨 yǎn | 955 |
| 眯 mī | 571 | 瞠 chēng | 115 | 畏 wèi | 857 | 罩 zhào | 1058 |
| mí | 572 | 瞰 kàn | 480 | **5画** | | 罪 zhì | 1084 |
| 眸 móu | 590 | (瞘)kōu | 490 | 畚 běn | 43 | 罪 zuì | 1126 |
| 眭 suī | 788 | (瞜)lōu | 538 | 畜 chù | 140 | **9画** | |
| 眺 tiào | 813 | (瞞)mán | 555 | xù | 935 | 睾 gāo | 297 |
| 眼 yǎn | 953 | 瞟 piǎo | 641 | 留 liú | 534 | 罱 lǎn | 505 |
| 着 zhāo | 1055 | 瞥 piē | 642 | **(畝)**mǔ | 591 | 罴 pí | 638 |
| zháo | 1056 | 瞖 yì | 989 | 畔 pàn | 629 | 黑 pí | 638 |
| zhe | 1061 | **12画** | | 畠 tián | 810 | **10画** | |
| zhuó | 1109 | 瞪 dèng | 198 | (畋)tuǎn | 832 | **(罷)**bà | 15 |
| 睁 zhēng | 1067 | (瞜)liáo | 528 | 畛 zhěn | 1064 | ba | 15 |
| 眦 zì | 1118 | 瞭 liáo | 528 | **6画** | | **(罰)**fá | 247 |
| **(眥)**zì | 1118 | 瞵 lín | 531 | **(畢)**bì | 48 | **11画** | |
| **7画** | | 瞧 qiáo | 670 | 略 lüè | 545 | 罹 lí | 516 |
| 睇 dì | 205 | 瞬 shùn | 775 | **(畧)**lüè | 545 | 羁 jī | 406 |
| 睑 jiǎn | 423 | 瞳 tóng | 822 | 畦 qí | 654 | 罽 jì | 414 |
| (睏)kùn | 499 | (瞶)zhǔ | 1097 | **(異)**yì | 986 | 罾 zēng | 1044 |
| 睐 lài | 503 | **13画** | | **7画** | | **14画** | |
| 睒 shǎn | 719 | 瞽 gǔ | 320 | 畴 chóu | 131 | **(羅)**luó | 546 |
| 睃 suō | 790 | (瞼)jiǎn | 423 | 番 fān | 248 | | |

## 139 皿

| 皿 mǐn | 580 |
|---|---|

**3画**

| 孟 yú | 1015 |
|---|---|

**4画**

| (盃) bēi | 37 |
| (盇) hé | 356 |
| 盆 pén | 633 |
| 盈 yíng | 998 |
| 盅 zhōng | 1088 |

**5画**

| 盎 àng | 9 |
| 盍 hé | 356 |
| 监 jiān | 420 |
|   jiàn | 426 |
| 盐 yán | 952 |
| 益 yì | 987 |
| 盏 zhǎn | 1049 |

**6画**

| 盛 chéng | 120 |
|   shèng | 740 |
| 盗 dào | 192 |
| 盖 gài | 286 |
|   gě | 302 |
| 盘 gǔ | 320 |
| 盒 hé | 357 |
| 盔 kuī | 497 |
| 盘 pán | 627 |

**8画**

| 盟 méng | 569 |

**9画**

| (監) jiān | 420 |
|   jiàn | 426 |
| (盡) jìn | 448 |

**10画**

| (盤) pán | 627 |

**11画**

| 盦 ān | 7 |
| 盥 guàn | 329 |

**12画**

| 蓥 zhōu | 1092 |

**19画**

| (蠱) gǔ | 320 |

**(鹽) yán** 952

## 140 内

| 禹 yǔ | 1019 |
|---|---|

## 141 钅(金)

| 金 jīn | 445 |

**1画**

| 钆 gá | 285 |
| 钇 yǐ | 984 |

**2画**

| 钉 dīng | 215 |
|   dìng | 217 |
| 釜 fǔ | 279 |
| 钌 liǎo | 528 |
|   liào | 528 |
| 钋 pō | 646 |
| 钊 zhāo | 1054 |
| 针 zhēn | 1061 |

**3画**

| 钗 chāi | 97 |
| 钏 chuàn | 145 |
| 钓 diào | 213 |
| 钒 fán | 250 |
| (釦) kòu | 491 |
| 钔 mén | 568 |
| 钕 nǚ | 622 |
| 钎 qiān | 661 |
| 钐 shān | 718 |
|   shàn | 719 |
| 钍 tǔ | 831 |

**4画**

| 钯 bǎ | 14 |
| 钣 bǎn | 25 |
| 钡 bèi | 41 |
| (鈔) chāo | 106 |
| 钞 chāo | 106 |
| 钝 dùn | 234 |
| 钫 fāng | 256 |
| 钙 gài | 286 |
| 钢 gāng | 293 |
|   gàng | 294 |
| 钩 gōu | 314 |
| 钬 huǒ | 400 |
| 钧 jūn | 473 |
| 钪 kàng | 481 |
| 钠 nà | 597 |
| 钮 niǔ | 618 |
| 铃 níng | 662 |
| 钦 qīn | 672 |
| 钛 tài | 795 |
| 钭 tǒu | 827 |
| 钨 wū | 865 |
| 钥 yào | 966 |
|   yuè | 1030 |
| 钟 zhōng | 1088 |

**5画**

| (鉋) bào | 35 |
| 铋 bì | 49 |
| 钵 bō | 66 |
| 铍 bó | 67 |
| 铂 bó | 67 |
| 钿 diàn | 211 |
|   tián | 810 |
| 铎 duó | 237 |
| (鈎) gōu | 314 |
| 钴 gǔ | 320 |
| 钾 jiǎ | 417 |
| 鉴 jiàn | 427 |
| (鉅) jù | 465 |
| 铃 líng | 532 |
| 铆 mǎo | 561 |
| 钼 mù | 593 |
| 铌 ní | 608 |
| 铍 pí | 637 |
| 铍 pō | 647 |
| 铅 qiān | 661 |
|   yán | 953 |
| 钱 qián | 664 |
| 钳 qián | 664 |
| 铈 shì | 754 |
| 铄 shuò | 777 |
| 铊 tā | 792 |
| 钽 tǎn | 797 |
| 铁 tiě | 814 |
| 铀 yóu | 1008 |
| 钰 yù | 1021 |
| 钲 zhēng | 1067 |
| 铉 zuān | 1125 |
|   zuàn | 1125 |

**6画**

| 铵 ǎn | 7 |
| 铲 chǎn | 100 |
| 铛 chēng | 115 |
|   dāng | 187 |
| 铳 chòng | 130 |
| 铞 diào | 214 |
| 铫 diào | 214 |
| 铥 diū | 219 |
| 铒 ěr | 242 |
| 铬 gè | 303 |
| 铧 huá | 377 |
| 铰 jiǎo | 434 |
| 铠 kǎi | 477 |
| 铐 kào | 482 |
| 铑 lǎo | 510 |
| 铝 lǚ | 543 |
| 銮 luán | 544 |
| 铭 míng | 584 |
| 铙 náo | 602 |

| 鍪 qióng | 682 |
| 铨 quán | 689 |
| 铷 rú | 705 |
| 铯 sè | 714 |
| 铴 tāng | 798 |
| 铤 tǐng | 818 |
| 铜 tóng | 822 |
| 铣 xǐ | 880 |
|   xiǎn | 893 |
| 铘 yé | 966 |
| 铱 yī | 979 |
| 铟 yīn | 992 |
| 银 yín | 992 |
| 铕 yǒu | 1013 |
| 铡 zhá | 1046 |
| 铮 zhēng | 1067 |
|   zhèng | 1071 |
| 铚 zhì | 1083 |
| 铢 zhū | 1093 |

**7画**

| 锕 ā | 1 |
| 锄 chú | 139 |
| 锉 cuò | 163 |
| 锇 é | 238 |
| 锋 fēng | 272 |
| 锆 gào | 299 |
| 锅 guō | 336 |
| (銲) hàn | 347 |
| 锏 jiǎn | 423 |
|   jiàn | 426 |
| 锔 jū | 464 |
|   jú | 464 |
| 锎 kāi | 477 |
| 铿 kēng | 487 |
| 铼 lái | 506 |
| 锒 láng | 506 |
| 锊 lào | 507 |
| 锂 lǐ | 517 |
| 链 liàn | 524 |
| 铺 pū | 649 |
|   pù | 650 |
| 锐 ruì | 708 |
| 锁 suǒ | 790 |
| 铽 tè | 803 |
| 锑 tī | 804 |
| 锘 wú | 870 |
| 鋈 wù | 875 |
| 销 xiāo | 905 |
| 锌 xīn | 919 |
| 锈 xiù | 932 |
| 鋆 yún | 1033 |
| 锃 zèng | 1044 |

| | | | | | | | |
|---|---|---|---|---|---|---|---|
| 铸 zhù | 1099 | 鍪 móu | 590 | | táng | 799 | **18画** |
| (鈮) zhuó | 1110 | 锵 qiāng | 667 | 镛 yōng | 1002 | (鑹) cuān | 159 |
| **8画** | | 锹 qiāo | 669 | 镞 zú | 1123 | (鑷) niè | 615 |
| 锛 bēn | 42 | (鏊) qiāo | 669 | **12画** | | **19画** | |
| (錶) biǎo | 57 | 锲 qiè | 672 | 镈 cuān | 159 | (鑾) luán | 544 |
| 锤 chuí | 148 | 锶 sī | 779 | 镫 dèng | 198 | (鑼) luó | 547 |
| 错 cuò | 163 | 锼 sōu | 784 | 镦 dūn | 234 | (鑽) zuān | 1125 |
| 锝 dé | 195 | 线 xiàn | 896 | (鐍) jué | 471 | zuàn | 1125 |
| 锭 dìng | 219 | (鍼) zhēn | 1061 | (鐝) jué | 471 | **20画** | |
| (鋼) gāng | 293 | (鍾) zhōng | 1088 | 镴 là | 502 | 镬 jué | 471 |
| gàng | 294 | 镃 zī | 1111 | 镧 lán | 505 | (鑿) záo | 1040 |
| 锢 gù | 322 | **10画** | | (鐒) láo | 507 | **142矢** | |
| (鍋) guō | 336 | 鳌 áo | 10 | 镣 liào | 528 | | |
| 锪 huō | 396 | 镑 bàng | 30 | 镥 lǔ | 541 | 矢 shǐ | 748 |
| 键 jiàn | 427 | 镔 bīn | 60 | (鐃) náo | 602 | **2画** | |
| 锦 jǐn | 448 | 镈 bó | 68 | 镤 pú | 650 | 矣 yǐ | 984 |
| (鋸) jū | 464 | 镐 gǎo | 298 | 镨 pǔ | 650 | **4画** | |
| 锯 jù | 464 | hào | 353 | 锵 qiāng | 667 | 矩 jǔ | 465 |
| 锩 juǎn | 468 | 镉 gé | 302 | (鐥) shàn | 719 | 矧 shěn | 735 |
| 锞 kè | 486 | (鎅) huá | 377 | 镡 tán | 797 | **6画** | |
| 锟 kūn | 499 | 镓 jiā | 417 | (鐋) tāng | 798 | 矫 jiáo | 433 |
| (錸) lái | 506 | 镌 juān | 468 | (鐘) zhōng | 1088 | jiǎo | 434 |
| 锒 láng | 506 | (鎧) kǎi | 477 | **13画** | | **7画** | |
| (錄) lù | 541 | (鎌) lián | 523 | 鐾 bèi | 42 | 矬 cuó | 163 |
| 锣 luó | 547 | 镏 liú | 536 | (鐺) chēng | 115 | 短 duǎn | 229 |
| 锚 máo | 560 | 镕 lǒng | 537 | dāng | 187 | **8画** | |
| 锰 měng | 570 | 镆 mò | 589 | (鐸) duó | 237 | 矮 ǎi | 3 |
| 锘 nuò | 623 | 锋 ná | 595 | (鐫) juān | 468 | **12画** | |
| 锫 péi | 632 | 镊 niè | 615 | 镭 léi | 512 | (矯) jiáo | 433 |
| (錢) qián | 664 | 镍 niè | 615 | 镰 lián | 523 | jiǎo | 434 |
| 锖 qiāng | 664 | (鎝) nòu | 623 | (鐵) tiě | 814 | **143生** | |
| 锬 tán | 797 | 锵 qiāng | 666 | (鏽) xiù | 932 | | |
| 锡 xī | 878 | 镕 róng | 703 | 镱 yì | 989 | 生 shēng | 736 |
| 锨 xiān | 890 | (鎿) shàn | 719 | 镯 zhuó | 1110 | 星 xīng | 923 |
| 錾 zàn | 1038 | (鎢) wū | 865 | **14画** | | 甥 shēng | 739 |
| 锗 zhě | 1060 | 镘 xiá | 884 | (鑌) bīn | 60 | (甦) sū | 784 |
| 锧 zhì | 1084 | 镒 yì | 989 | 镲 chǎ | 96 | **144禾** | |
| 锥 zhuī | 1107 | 镇 zhèn | 1065 | (鑑) jiàn | 427 | | |
| 镃 zī | 1111 | **11画** | | (鑛) kuàng | 497 | 禾 hé | 353 |
| **9画** | | 鏖 áo | 10 | 镥 zhù | 1099 | **2画** | |
| 锿 āi | 2 | 镚 bèng | 45 | **15画** | | 私 sī | 777 |
| 锸 chā | 94 | 镖 biāo | 57 | 镳 biāo | 57 | 秃 tū | 828 |
| (鎚) chuí | 148 | (鏟) chǎn | 100 | 镴 là | 502 | 秀 xiù | 931 |
| 镀 dù | 229 | 镝 dī | 199 | (鑠) shuò | 777 | **3画** | |
| 锻 duàn | 231 | dí | 200 | (鑕) zhì | 1084 | 秆 gǎn | 289 |
| 锷 è | 240 | 镜 jìng | 458 | **16画** | | 季 jì | 412 |
| 错 kǎi | 477 | (鏗) kēng | 487 | 镴 lú | 540 | (秈) xiān | 890 |
| (鍊) liàn | 523 | (鏤) lòu | 539 | 鑫 xīn | 921 | **4画** | |
| liàn | 524 | 镘 màn | 557 | **17画** | | 秕 bǐ | 47 |
| 镂 lòu | 539 | 撇 piē | 642 | 镶 xiāng | 900 | 种 chóng | 128 |
| 镅 méi | 565 | (鏘) qiāng | 667 | (鑰) yào | 966 | zhǒng | 1089 |
| 镁 měi | 566 | 镗 tāng | 798 | | yuè | 1030 | zhòng | 1090 |

| 科 kē | 482 | (種) zhǒng | 1089 | 皑 ái | 3 | 鸱 chī | 123 |
|---|---|---|---|---|---|---|---|
| 秒 miǎo | 578 | zhòng | 1090 | 皎 jiǎo | 434 | 鸫 dōng | 221 |
| 秋 qiū | 682 | **10画** | | (習) xí | 879 | 鸪 gū | 317 |
| 秭 zǐ | 1112 | 稻 dào | 194 | **7画** | | 鸰 líng | 532 |
| **5画** | | 稿 gǎo | 298 | 皓 hào | 353 | 鸬 lú | 540 |
| 秘 bì | 49 | 稽 jī | 405 | 皖 wǎn | 845 | 鸲 qú | 685 |
| mì | 573 | qǐ | 657 | **8画** | | 鸶 sī | 778 |
| 称 chèn | 114 | 稷 jì | 413 | 晳 xī | 878 | 鸵 tuó | 838 |
| chēng | 115 | 稼 jià | 419 | **10画** | | 鸮 xiāo | 903 |
| (穪) chèn | 121 | (積) jī | 1064 | 皑 ái | 3 | 鸭 yā | 946 |
| 秤 chèng | 121 | **11画** | | (皥) hào | 353 | 鸯 yāng | 957 |
| 积 jī | 404 | (穇) cǎn | 87 | (緜) mián | 574 | 莺 yīng | 997 |
| 秣 mò | 589 | (積) jī | 404 | **12画** | | 鸳 yuān | 1023 |
| 秦 qín | 673 | 穆 mù | 594 | 皤 pó | 647 | 鸸 ér | 241 |
| 秫 shú | 764 | 穇 sè | 715 | **146 瓜** | | 鸽 gē | 300 |
| 秧 yāng | 957 | **12画** | | 瓜 guā | 322 | 鸹 guā | 323 |
| 秩 zhì | 1083 | (穗) suì | 789 | **5画** | | 鸻 héng | 361 |
| 租 zū | 1123 | (穉) zhì | 1084 | 瓞 dié | 214 | 鸿 hóng | 365 |
| **6画** | | **13画** | | **6画** | | 鸾 luán | 544 |
| 秽 huì | 394 | (穢) huì | 394 | 瓠 hù | 374 | 鸺 xiū | 931 |
| 秸 jiē | 439 | (穫) huò | 401 | 瓢 piáo | 641 | 鸷 zhì | 1083 |
| 秱 lǚ | 543 | (穠) nóng | 619 | **14画** | | 鸼 zhōu | 1092 |
| 秾 nóng | 619 | (穡) sè | 715 | 瓣 bàn | 28 | **7画** | |
| 桃 táo | 801 | **14画** | | **17画** | | 鹁 bó | 67 |
| 移 yí | 980 | (穭) nuò | 623 | 瓤 ráng | 693 | 鹅 é | 238 |
| **7画** | | (穩) wěn | 861 | **147 鸟(鳥)** | | (鵞) é | 238 |
| 程 chéng | 120 | **15画** | | 鸟 diǎo | 212 | 鹄 gǔ | 320 |
| 稃 fū | 275 | (穭) lǚ | 543 | niǎo | 613 | hú | 371 |
| (稈) gǎn | 289 | **17画** | | (鳥) diǎo | 212 | 鹃 juān | 468 |
| (稉) jīng | 453 | 穰 ráng | 693 | niǎo | 613 | 鹂 lí | 515 |
| 稍 shāo | 727 | **145 白** | | 乌 wū | 864 | 鹈 tí | 806 |
| shào | 728 | 白 bái | 15 | wù | 873 | 鹆 wú | 870 |
| 税 shuì | 774 | **1画** | | **2画** | | 鹇 xián | 892 |
| 稀 xī | 877 | 百 bǎi | 19 | 凫 fú | 275 | 鹆 yù | 1022 |
| **8画** | | 皂 zào | 66 | (鳧) fú | 275 | **8画** | |
| 稗 bài | 22 | **2画** | | 鸡 jī | 403 | 鹌 ān | 7 |
| 稖 bàng | 29 | 皂 zào | 1041 | 鸠 jiū | 458 | 鹎 bēi | 38 |
| 穇 cǎn | 87 | (皁) zào | 1041 | **3画** | | 鹑 chún | 150 |
| 稠 chóu | 132 | **3画** | | 鸣 míng | 584 | (鵰) diāo | 211 |
| 稞 kē | 483 | 的 de | 195 | 鸢 yuān | 1023 | (鶫) dōng | 221 |
| (稜) léng | 513 | dī | 199 | **4画** | | 鹒 gēng | 305 |
| líng | 532 | dí | 199 | 鸨 bǎo | 34 | 鹍 kūn | 493 |
| 稔 rěn | 699 | dì | 204 | 鸧 cāng | 88 | 鹋 miáo | 578 |
| 稣 sū | 785 | **4画** | | 䴗 jué | 470 | 鹏 péng | 634 |
| 稙 zhī | 1074 | 皈 guī | 333 | 鸥 ōu | 623 | 鹐 qiān | 662 |
| 稚 zhì | 1084 | 皇 huáng | 385 | 鸦 shī | 743 | 鹊 què | 691 |
| **9画** | | 皆 jiē | 437 | 鸦 yā | 946 | 鹉 wǔ | 872 |
| 稨 biǎn | 53 | **5画** | | 鸩 zhèn | 1064 | (鵶) yā | 946 |
| (稱) chèn | 114 | 皋 gāo | 294 | **5画** | | **9画** | |
| chēng | 115 | **6画** | | | | 鹚 cí | 153 |
| (稭) jiē | 439 | | | | | 鷀 cí | 153 |
| 稳 wěn | 861 | | | | | | |

部首索引：148～156

| 字 | 拼音 | 页码 |
|---|---|---|
| 鹗 è | | 240 |
| 鹘 gǔ | | 320 |
| 鹕 hú | | 371 |
| (鹍) kūn | | 499 |
| 鹛 méi | | 565 |

**10画**

| (鸧) cāng | 88 |
| 鹤 hè | 358 |
| (鹣) jī | 403 |
| 鹡 jí | 409 |
| 鹣 jiān | 421 |
| 鹠 liú | 536 |
| 鹈 tī | 804 |
| 鹟 wēng | 862 |
| 鹞 yào | 409 |
| (鹭) yīng | 997 |

**11画**

| 鹨 liù | 537 |
| (鸥) ōu | 623 |
| 鹦 yīng | 997 |
| 鹧 zhè | 1061 |
| (鸷) zhì | 1083 |

**12画**

| 鹪 jiāo | 433 |
| 鹫 jiù | 463 |
| 鹩 liáo | 528 |
| (鸶) sī | 778 |
| (鹇) xián | 892 |
| 鹬 yù | 1023 |

**13画**

| 鹱 hù | 374 |
| 鹮 huán | 382 |
| 鹭 lù | 542 |
| 鹲 méng | 570 |
| 鹨 pì | 638 |
| 鹰 yīng | 997 |

**16画**

| (鸬) lú | 540 |

**17画**

| 鹳 guàn | 329 |

**19画**

| (鹂) lí | 515 |
| (鸾) luán | 544 |

### 148 用

| 用 shuǎi | 768 |
| 用 yòng | 1003 |

**1画**

| 甪 lù | 541 |

**2画**

| 甫 fǔ | 278 |
| 甬 yǒng | 1002 |

**4画**

| 甭 béng | 44 |

### 149 皮

| 皮 pí | 636 |

**5画**

| 皱 zhòu | 1092 |

**6画**

| 皲 jūn | 473 |

**7画**

| 皴 cūn | 161 |

**10画**

| (皱) zhòu | 1092 |

**11画**

| (皻) zhā | 1045 |

### 150 癶

| 癸 guǐ | 334 |
| 登 dēng | 196 |
| (發) fā | 221 |

### 151 圣(圣)

| 疌 qiú | 684 |
| (疌) qiú | 684 |

### 152 矛

| 矛 máo | 560 |
| 矜 guān | 327 |
| jīn | 447 |
| (務) wù | 873 |

### 153 疋(𤴤)

| (疋) pǐ | 638 |

**5画**

| 胥 dàn | 185 |

**7画**

| 疑 yí | 982 |

**9画**

| 疏 shū | 763 |
| (疎) shū | 763 |

**9画**

| 疑 yí | 982 |
| 疐 zhì | 1084 |

### 154 羊(⺶⺷)

| 羊 yáng | 958 |

**1画**

| 羌 qiāng | 666 |

**3画**

| 美 měi | 565 |
| 养 yǎng | 960 |
| 姜 yǒu | 1013 |

**4画**

| 羔 gāo | 297 |

| 羞 xiū | 931 |

**5画**

| 羝 dī | 199 |
| 羚 líng | 532 |
| 羟 qiǎng | 668 |

**7画**

| (羢) róng | 702 |
| 羡 xiàn | 896 |

**7画**

| (羥) qiǎng | 668 |
| 群 qún | 692 |
| (羣) qún | 692 |
| 羧 suō | 790 |
| (義) yì | 984 |

**8画**

| (養) yǎng | 960 |

**9画**

| 羯 jié | 442 |
| 羰 tāng | 798 |

**10画**

| 羲 xī | 879 |
| 羱 yuán | 1027 |

**13画**

| 羹 gēng | 305 |
| 羸 léi | 512 |
| (羶) shān | 719 |

**15画**

| 羼 chàn | 119 |

### 155 米

| 米 mǐ | 572 |

**2画**

| 籴 dí | 200 |

**3画**

| (籸) shēn | 733 |
| 籼 xiān | 890 |
| 籽 zǐ | 1112 |

**4画**

| 粑 bā | 13 |
| (粃) bǐ | 47 |
| 粉 fěn | 267 |

**5画**

| 粗 cū | 157 |
| 粝 lì | 520 |
| 粒 lì | 520 |
| 粘 nián | 612 |
| zhān | 1048 |
| 粕 pò | 648 |
| 粜 tiào | 813 |

**6画**

| 粪 fèn | 268 |
| 粟 sù | 786 |

| 栖 xī | 878 |
| 粥 zhōu | 1092 |
| (粧) zhuāng | 1104 |
| 粢 zī | 1111 |

**7画**

| 粲 càn | 88 |
| 粳 jīng | 453 |
| 粮 liáng | 525 |
| 粱 liáng | 525 |

**8画**

| 粹 cuì | 160 |
| 精 jīng | 453 |
| 糁 sǎn | 712 |
| shēn | 733 |
| 粽 zòng | 1120 |

**9画**

| 糍 cí | 153 |
| 糊 hū | 370 |
| hú | 371 |
| hù | 374 |
| 糅 róu | 704 |
| 糌 zān | 1038 |
| (糉) zòng | 1120 |

**10画**

| 糒 bèi | 42 |
| 糙 cāo | 89 |
| 糕 gāo | 297 |
| 糗 qiǔ | 684 |
| 糖 táng | 799 |

**11画**

| (粪) fèn | 268 |
| 糠 kāng | 480 |
| 糜 méi | 565 |
| mí | 572 |
| (糝) sǎn | 712 |
| shēn | 733 |
| 糟 zāo | 1039 |

**12画**

| 糨 jiàng | 430 |
| (糲) lì | 520 |
| (糧) liáng | 525 |

**14画**

| (糲) lì | 520 |
| 糯 nuò | 623 |

**16画**

| (糴) dí | 200 |
| (糵) niè | 615 |

**19画**

| (糶) tiào | 813 |

### 156 亦(縣)

| 亦 yì | 986 |

| | | | |
|---|---|---|---|
| 变 biàn 54 | 襄 xiāng 900 | 耿 gěng 306 | 4画 |
| 弯 wān 842 | (褻) xiè 916 | 聂 niè 614 | 栗 lì 520 |
| 恋 liàn 524 | 13画 | 耸 sǒng 783 | 5画 |
| **157 齐(齊)** | 襞 bì 51 | (聊) zōu 1121 | 票 piào 641 |
| 齐 qí 652 | **159 耒(耒)** | 5画 | 6画 |
| (齊) qí 652 | 3画 | 聃 dān 184 | 覃 qín 674 |
|  3画  | 籽 zǐ 1112 | 聊 liáo 527 | tán 796 |
| (齋) zhāi 1047 | 4画 | 聆 líng 532 | 12画 |
| 斋 jī 406 | 耙 bà 14 | 聋 lóng 538 | 覆 fù 284 |
| (齎) jī 406 | pá 625 | 贮 níng 615 | 13画 |
| **158 衣** | 耖 chào 109 | 职 zhí 1076 | (覇) bà 15 |
| 衣 yī 978 | 耕 gēng 305 | 6画 | (覈) hé 357 |
|  2画  | 耗 hào 352 | 聒 guō 336 | 19画 |
| 表 biǎo 57 | 耘 yún 1032 | 联 lián 522 | (覊) jī 406 |
|  4画  | 5画 | 7画 | **164 而** |
| 衰 cuī 159 | 耜 sì 782 | 聘 pìn 643 | 而 ér 241 |
| shuāi 768 | 6画 | 8画 | 耐 nài 598 |
| 衮 gǔn 335 | 耠 huō 396 | 聚 jù 467 | 耍 shuǎ 768 |
| 衾 qīn 673 | 7画 | 9画 | **165 页(頁)** |
| 衷 zhōng 1088 | (耡) chú 139 | 聪 cōng 155 | 页 yè 968 |
|  5画  | 耢 lào 511 | 聩 kuì 498 | (頁) yè 968 |
| 袋 dài 181 | 8画 | 11画 | 2画 |
| (袞) gǔn 335 | 耤 táng 798 | (聰) cōng 155 | 顶 dǐng 216 |
| 袈 jiā 416 | 9画 | (聯) lián 522 | 顷 qǐng 680 |
| 袤 mào 561 | 耧 lóu 539 | (聲) shēng 738 | 预 hān 344 |
|  6画  | 耦 ǒu 624 | (聳) sǒng 783 | 顺 shùn 774 |
| 裁 cái 83 | 10画 | 12画 | 项 xiàng 902 |
| 裂 liě 528 | 耩 jiǎng 429 | (聶) niè 614 | 须 xū 932 |
| liè 529 | 耨 nòu 620 | (職) zhí 1076 |  4画  |
| 裒 póu 648 | 耪 pǎng 629 | 14画 | 颁 bān 23 |
| 褎 xiè 916 | 11画 | (聹) níng 615 | 顿 dú 227 |
| 装 zhuāng 1104 | (耬) lóu 539 | 16画 | dùn 234 |
|  7画  | 12画 | (聾) lóng 538 | 烦 fán 250 |
| (裏) lǐ 516 | (耮) lào 511 | (聽) tīng 816 | 顾 gù 321 |
| 裘 qiú 684 | 15画 | **161 老** | 颃 háng 349 |
| 裟 shā 716 | 耰 yōu 1005 | 老 lǎo 508 | 颀 qí 654 |
| 裔 yì 988 | 16画 | 耄 mào 561 | 颂 sòng 784 |
| (裝) zhuāng 1104 | 耱 huái 381 | 耆 qí 654 | (頑) wán 843 |
|  8画  | 糖 mò 590 | 耋 dié 214 | 顽 wán 843 |
| 裳 cháng 104 | **160 耳(耳)** | **162 臣** | 顼 xū 933 |
| shang 726 | 耳 ěr 241 | 臣 chén 112 | 预 yù 1021 |
| 裴 péi 632 | 2画 | (臥) wò 863 | 5画 |
| (製) zhì 1081 | 耵 dīng 216 | 臧 zāng 1039 | 颈 gěng 306 |
| 褒 bāo 31 | 取 qǔ 686 | (臨) lín 530 | jǐng 455 |
| 10画 | 3画 | **163 西(西)** | 领 lǐng 533 |
| 褰 qiān 662 | 耷 dā 164 | 西 xī 875 | 颅 lú 540 |
| 11画 | 闻 wén 860 | 3画 | 颇 pō 646 |
|  | 4画 | 要 yāo 962 | 硕 shuò 777 |
|  | 耻 chǐ 125 | yào 965 | 6画 |
|  | 耽 dān 184 | | |

| | | | | | | | |
|---|---|---|---|---|---|---|---|
| 颌 hé | 358 | 到 dào | 191 | 蚤 zǎo | 1041 | 蜇 zhé | 1059 |
| 颊 jiá | 417 | 致 zhì | 1082 | **4画** | | 蛭 zhì | 1083 |
| 颉 jié | 441 | 豫 yù | 1063 | 蚌 bàng | 29 | 蛛 zhū | 1094 |
| xié | 914 | | | bèng | 44 | **7画** | |
| 颏 kē | 483 | **167 虍** | | 蚕 cán | 87 | 蜍 chú | 139 |
| 颌 wěi | 855 | **2画** | | 蚩 chī | 123 | 蛾 é | 238 |
| 颖 yǐng | 999 | (虎) hǔ | 372 | 蚪 dǒu | 224 | 蜂 fēng | 272 |
| **7画** | | (虎) hǔ | 372 | 蚣 gōng | 312 | 蜉 fú | 278 |
| (颈) gěng | 306 | 虏 lǔ | 540 | 蚝 háo | 349 | (蛺) jiá | 417 |
| jǐng | 455 | **3画** | | 蚧 jiè | 444 | (蜋) láng | 506 |
| 颔 hàn | 347 | 虐 nüè | 622 | 蚍 pí | 637 | 蜊 lí | 515 |
| (颊) jiá | 417 | **4画** | | (蚺) rán | 692 | 蜣 qiāng | 667 |
| 频 pín | 642 | 虔 qián | 664 | 蚋 ruì | 708 | (蜹) ruì | 708 |
| (头) tóu | 824 | 虒 sī | 778 | 蚊 wén | 861 | 蛸 shāo | 727 |
| 颓 tuí | 833 | 虓 xiāo | 903 | 蚬 xiǎn | 893 | xiāo | 905 |
| 颐 yí | 981 | **5画** | | 蚜 yá | 947 | 蜃 shèn | 735 |
| 颖 yǐng | 999 | (处) chǔ | 139 | 蚓 yǐn | 994 | 蜀 shǔ | 765 |
| **8画** | | chù | 140 | **5画** | | 蜕 tuì | 834 |
| 颗 kē | 483 | 虚 xū | 933 | 蛏 chēng | 115 | 蜗 wō | 863 |
| **9画** | | **7画** | | 蛋 dàn | 185 | 蜈 wú | 870 |
| 额 é | 238 | (虜) lǔ | 540 | 蛄 gū | 317 | 蛹 yǒng | 1003 |
| 颚 è | 240 | 虞 yú | 1017 | 蚶 hān | 344 | 蜎 yuān | 1023 |
| 颅 kǎn | 479 | **9画** | | 蛎 lì | 520 | 蜇 zhē | 1058 |
| 题 tí | 806 | (號) guó | 338 | 蛉 líng | 532 | zhé | 1059 |
| 颜 yán | 953 | (慮) lù | 543 | 蚯 qiū | 682 | **8画** | |
| 颛 zhuān | 1101 | **10画** | | 蛆 qū | 685 | 蝉 chán | 99 |
| **10画** | | (盧) lú | 540 | 蚺 rán | 692 | 蜚 fēi | 262 |
| 颠 diān | 205 | **11画** | | 蛇 shé | 729 | 蝈 guō | 336 |
| (类) lèi | 513 | (虧) kuī | 497 | yí | 980 | 螺 guǒ | 338 |
| 颟 mān | 554 | | | 萤 yíng | 998 | 蜡 là | 502 |
| 颡 sǎng | 713 | **168 虫** | | 蚰 yóu | 1008 | 蝌 láng | 506 |
| 颢 yuàn | 1029 | 虫 chóng | 128 | 蚴 yòu | 1014 | 蜢 měng | 570 |
| **11画** | | **1画** | | 蚱 zhà | 1046 | 蜜 mì | 574 |
| (颟) mān | 554 | 虬 qiú | 683 | 蛀 zhù | 1099 | 蜱 pí | 638 |
| (颟) xìn | 921 | **2画** | | **6画** | | 蜞 qí | 654 |
| **12画** | | 虮 jǐ | 410 | 蛤 gé | 301 | 蜻 qīng | 678 |
| (颟) gù | 321 | 虱 shī | 743 | há | 341 | 蜷 quán | 690 |
| **13画** | | **3画** | | 蛔 huí | 391 | 蜿 wān | 842 |
| 颤 chàn | 100 | 虿 chài | 98 | (蛕) huí | 391 | 蝄 wǎng | 848 |
| zhàn | 1051 | 虼 gè | 302 | (蛺) jiá | 417 | (蝸) wō | 863 |
| **14画** | | 虾 há | 341 | 蛟 jiāo | 433 | 蜥 xī | 878 |
| (颅) lú | 540 | xiā | 883 | 蛞 kuò | 500 | 蜴 yì | 989 |
| 颥 rú | 705 | 虹 hóng | 365 | 蛮 mán | 554 | 蝇 yíng | 999 |
| (颢) xiǎn | 892 | jiàng | 428 | 蛑 móu | 590 | 蜮 yù | 1023 |
| 颧 quán | 690 | 蚂 mǎ | 549 | 蛲 náo | 602 | 蜘 zhī | 1074 |
| **18画** | | mǎ | 551 | 蛴 qí | 654 | **9画** | |
| (颥) niè | 615 | mà | 552 | 蜎 qū | 685 | 蝙 biān | 53 |
| | | 虻 méng | 569 | 蛳 sī | 779 | 蝽 chūn | 150 |
| **166 至** | | (蝕) shí | 747 | 蜓 tíng | 818 | 蝶 dié | 215 |
| | | 蚀 shí | 748 | 蛙 wā | 839 | 蝠 fú | 278 |
| 至 zhì | 1080 | 虽 suī | 788 | 蜒 yán | 953 | 蝮 fù | 284 |
| | | 蚁 yǐ | 984 | 蛘 yáng | 960 | | |

| | | | | | | | |
|---|---|---|---|---|---|---|---|
| (蝦) há | 341 | (蟬) chán | 99 | 衅 zì | 1118 | 舂 chōng | 128 |
| xiā | 883 | (蟲) chóng | 128 | 8画 | | 6画 | |
| 蝴 hú | 410 | 螳 huī | 394 | 腐 fǔ | 279 | 舄 xì | 883 |
| 蝗 huáng | 387 | (蟣) jǐ | 410 | 170 缶 | | 7画 | |
| 蝌 kē | 483 | (蟯) náo | 602 | | | 舅 jiù | 462 |
| 蝰 kuí | 498 | 蟠 pán | 628 | 缶 fǒu | 274 | 173 竹(⺮) | |
| 蝲 là | 502 | 螃 huì | 634 | 4画 | | | |
| 蝼 lóu | 539 | 蟮 shàn | 720 | 缸 gāng | 293 | 竹 zhú | 1094 |
| 蝥 máo | 560 | 蟢 xǐ | 881 | 4画 | | 2画 | |
| (蝱) méng | 569 | 13画 | | 缺 quē | 690 | 竺 zhú | 1094 |
| 蝻 nǎn | 601 | 蟾 chán | 99 | 5画 | | 3画 | |
| 蝤 qiú | 684 | (蠑) chēng | 115 | (缽) bō | 66 | (笆) chí | 125 |
| yóu | 1009 | 蠖 huò | 401 | 6画 | | 笃 dǔ | 227 |
| 蝾 róng | 703 | (蠏) lián | 523 | (缾) píng | 646 | 竿 gān | 289 |
| 螋 sōu | 784 | 蠃 luǒ | 547 | 罂 yīng | 997 | 笈 jí | 404 |
| (蝟) wèi | 857 | 蠓 měng | 570 | 11画 | | 笋 yú | 1016 |
| 蝎 xiē | 913 | 蟿 qì | 659 | 罄 qìng | 681 | 4画 | |
| 蝣 yóu | 1009 | (蠍) xiē | 913 | 罅 xià | 888 | 芭 bā | 13 |
| 蝓 yú | 1017 | 蟹 xiè | 916 | 12画 | | 笔 bǐ | 50 |
| 10画 | | (蟻) yǐ | 984 | (罇) zūn | 1127 | (笓) bì | 50 |
| 鳌 áo | 10 | (蠅) yíng | 999 | 13画 | | 笏 hù | 373 |
| 螭 chī | 123 | 蠋 zhú | 1095 | (甕) wèng | 862 | 笄 jī | 404 |
| 蟆 má | 554 | 14画 | | 16画 | | 笕 jiǎn | 421 |
| 螨 mǎn | 556 | (蠔) háo | 349 | (罏) lú | 540 | 笋 sǔn | 790 |
| 螓 mǎng | 558 | (蠣) lì | 520 | 17画 | | 笑 xiào | 911 |
| 螟 míng | 585 | (蟥) qí | 654 | 罐 guàn | 329 | 笊 zhào | 1057 |
| 螃 páng | 629 | (蠑) róng | 703 | 171 舌 | | 笫 zǐ | 1112 |
| 融 róng | 703 | 蠕 rú | 705 | | | 5画 | |
| (螄) sī | 779 | 15画 | | 舌 shé | 728 | 笨 bèn | 44 |
| 螗 táng | 799 | 蠢 chǔn | 151 | 1画 | | 笾 biān | 52 |
| 螅 xī | 879 | (蠟) là | 502 | 乱 luàn | 544 | 笞 chī | 123 |
| 螠 yì | 989 | 蠡 lí | 516 | 2画 | | 笪 dá | 165 |
| (螢) yíng | 998 | lǐ | 517 | 刮 guā | 322 | 笛 dí | 200 |
| 螺 yuán | 1027 | 16画 | | 3画 | | 第 dì | 204 |
| 11画 | | 蠮 xiāo | 905 | 舐 shì | 754 | 符 fú | 277 |
| 螬 cáo | 90 | 17画 | | 5画 | | 笳 jiā | 416 |
| (蟈) guō | 336 | (蠲) juān | 468 | 甜 tián | 810 | 笺 jiān | 421 |
| (螻) lóu | 539 | 18画 | | 7画 | | 笠 lì | 520 |
| 螺 luó | 547 | (蠶) cán | 87 | 舒 shū | 763 | 笼 lóng | 538 |
| (蟎) mǎn | 556 | 蠹 dù | 229 | 8画 | | lǒng | 538 |
| 蟊 máo | 560 | 19画 | | 辞 cí | 152 | 笸 pǒ | 647 |
| 螵 piāo | 641 | (蠻) mán | 554 | 9画 | | 笙 shēng | 739 |
| 螫 shì | 755 | 20画 | | 憝 tiǎn | 811 | 笥 sì | 782 |
| 蟀 shuài | 769 | 蠼 qú | 686 | 172 臼 | | 笤 tiáo | 811 |
| 螳 táng | 799 | 169 肉 | | | | 笮 zé | 1043 |
| 蟋 xī | 879 | | | 臼 jiù | 461 | zuó | 1127 |
| 蟏 xiāo | 905 | 肉 ròu | 704 | 2画 | | 6画 | |
| 蟑 zhāng | 1052 | 2画 | | 臾 yú | 1015 | (筆) bǐ | 47 |
| (蟄) zhé | 1059 | 肏 cào | 91 | 4画 | | 筚 bì | 50 |
| 螽 zhōng | 1088 | 5画 | | 舀 yǎo | 964 | 策 cè | 92 |
| 12画 | | 胬 nǔ | 620 | 5画 | | 答 dā | 165 |
| (蠆) chài | 98 | 6画 | | | | dá | 165 |

| | | | | | | | |
|---|---|---|---|---|---|---|---|
| 筜 dāng | 187 | 箢 yuān | 1023 | 簪 zān | 1038 | 3画 | |
| 等 děng | 187 | 箦 zé | 1043 | | | 衍 yǎn | 953 |
| 筏 fá | 247 | (箒) zhǒu | 1092 | 13画 | | 5画 | |
| 筋 jīn | 447 | (箸) zhù | 1099 | 簸 bǒ | 68 | (術) shù | 766 |
| 筘 kòu | 491 | 9画 | | bò | 68 | 衔 xián | 892 |
| 筐 kuāng | 493 | (範) fàn | 254 | 簿 bù | 81 | (衒) xuàn | 938 |
| 筌 quán | 690 | 篁 huáng | 385 | (簹) dāng | 187 | 街 jiē | 439 |
| 筛 shāi | 717 | 箭 jiàn | 427 | 籁 lài | 504 | 7画 | |
| (筍) sǔn | 790 | 篑 kuì | 498 | (簾) lián | 522 | 衙 yá | 947 |
| 筒 tǒng | 823 | 篓 lǒu | 539 | (簽) qiān | 662 | (衚) chōng | 127 |
| 筅 xiǎn | 893 | 篇 piān | 639 | (簫) xiāo | 905 | chòng | 130 |
| 筵 yán | 953 | (篋) qiè | 672 | 籀 zhòu | 1093 | 10画 | |
| 筝 zhēng | | (筅) xiǎn | 893 | 14画 | | 衡 héng | 362 |
| | 1067 | 箱 xiāng | 901 | (籌) chóu | 132 | (衛) wèi | 855 |
| 筑 zhù | 1099 | 箴 zhēn | 1063 | 籍 jí | 409 | 18画 | |
| 7画 | | 篆 zhuàn | 1104 | (籃) lán | 504 | 衢 qú | 686 |
| 筹 chóu | 132 | 10画 | | 15画 | | | |
| 筻 gàng | 294 | (篛) ruò | 22 | 籑 zhuàn | 1104 | 177舟 | |
| 简 jiǎn | 423 | ruò | 709 | 16画 | | | |
| (節) jiē | 437 | (篳) bì | 50 | (籠) lóng | 538 | 舟 zhōu | 1091 |
| jié | 439 | 篦 bì | 50 | lǒng | 538 | 3画 | |
| 筠 jūn | 473 | 篰 bù | 81 | (籜) tuò | 838 | 舡 chuán | 144 |
| yún | 1033 | 篪 chí | 125 | 籝 yíng | 999 | 舢 shān | 719 |
| 筷 kuài | 495 | 篡 cuàn | 159 | 17画 | | 舣 yǐ | 984 |
| 筢 pá | 625 | 篙 gāo | 297 | (籢) lián | 521 | 4画 | |
| 签 qiān | 662 | 篝 gōu | 314 | (籤) qiān | 662 | 般 bān | 23 |
| 筲 shāo | 727 | 篮 lán | 504 | 籫 zhuàn | 1104 | 舨 bǎn | 25 |
| 筮 shì | 754 | 篱 lí | 516 | 18画 | | 舱 cāng | 88 |
| 筭 suàn | 787 | 篥 lì | 521 | (籩) biān | 52 | 舫 fǎng | 258 |
| (筩) tǒng | 823 | 篷 péng | 634 | (籪) duàn | 231 | 舯 háng | 348 |
| 筱 xiǎo | 911 | (篩) shāi | 717 | (籬) lí | 516 | 舰 jiàn | 426 |
| 筼 yún | 1033 | (篠) suō | 790 | 19画 | | 5画 | |
| (筰) zuó | 1127 | 篙 zào | 1042 | (籮) luó | 547 | 舶 bó | 67 |
| 8画 | | (築) zhù | 1099 | 20画 | | 船 chuán | 144 |
| 箬 ruò | 709 | 11画 | | (籯) yíng | 999 | 舵 duò | 237 |
| 算 bì | 50 | 簇 cù | 159 | 174自 | | 舸 gě | 302 |
| 箔 bó | 68 | 篼 dōu | 223 | | | 舻 lú | 540 |
| (箎) chí | 125 | 簖 duàn | 231 | 自 zì | 1113 | 舴 zé | 1043 |
| 箪 dān | 184 | 簧 huáng | 387 | 臭 chòu | 133 | 舳 zhú | 1095 |
| (箇) gè | 302 | 簋 guǐ | 324 | xiù | 932 | 6画 | |
| 箍 gū | 317 | 簌 kòu | 491 | 息 xī | 877 | 艇 tǐng | 818 |
| 管 guǎn | 327 | 簕 lè | 511 | (臯) gāo | 294 | 艉 xī | 878 |
| 箕 jī | 405 | (簍) lǒu | 539 | 175血(血) | | 7画 | |
| (箋) jiān | 421 | 篾 miè | 579 | | | 艄 shāo | 727 |
| 箜 kōng | 489 | 簌 sù | 786 | 血 xiě | 915 | 8画 | |
| 箩 luó | 547 | (簔) suō | 790 | xuè | 941 | 艋 měng | 570 |
| (箝) qián | 664 | (簑) xiǎo | 911 | 衄 nǜ | 622 | (艙) zhào | 1057 |
| 箧 qiè | 672 | 簃 yí | 982 | 衅 xìn | 922 | 9画 | |
| 箐 qìng | 680 | 12画 | | (衆) zhòng | 1089 | 艘 sōu | 784 |
| 算 suàn | 787 | (簞) dān | 184 | 176行 | | 10画 | |
| 箨 tuò | 838 | 簦 dēng | 197 | | | | |
| 箫 xiāo | 905 | 簟 diàn | 211 | 行 háng | 348 | | |
| | | | | xíng | 924 | | |

| | | | |
|---|---|---|---|
| (艙) cāng 88 | 翡 fěi 263 | 辜 gū 317 | (趙) zhào 1057 |
| **11画** | 翥 zhù 1099 | **6画** | **8画** |
| 艚 cáo 90 | **9画** | 辟 bì 50 | 趣 qù 687 |
| **12画** | 翦 jiǎn 424 | pī 636 | 趟 tāng 798 |
| 艟 chōng 128 | 翩 piān 639 | pì 638 | tàng 800 |
| **13画** | (翫) wán 843 | 辞 cí 152 | (趨) zī 1111 |
| (艪) lǔ 541 | **10画** | **7画** | **10画** |
| 艨 méng 570 | 翱 áo 10 | 辣 là 502 | (趣) qū 685 |
| (艢) qiáng 668 | 翰 hàn 347 | **9画** | **16画** |
| (艤) yǐ 984 | 翮 hé 358 | (辦) bàn 25 | 趱 zǎn 1038 |
| **14画** | 翯 hè 358 | 辨 biàn 55 | |
| (艦) jiàn 426 | **11画** | **12画** | **186 赤** |
| **15画** | 翳 yì 989 | (辭) cí 152 | 赤 chì 126 |
| (艫) lǔ 541 | 翼 yì 989 | **13画** | **4画** |
| **16画** | **12画** | (辩) biàn 56 | (赦) nǎn 601 |
| (艫) lú 540 | (翺) áo 10 | **14画** | **5画** |
| | 翻 fān 249 | (辯) biàn 56 | (赧) nǎn 601 |
| **178 舛** | (翹) qiáo 670 | | 赪 chēng 115 |
| 舛 chuǎn 144 | qiào 671 | **184 麦 (麥)** | **7画** |
| 舜 shùn 775 | **13画** | 麦 mài 553 | (赬) chēng 115 |
| 舞 wǔ 872 | (翻) huì 394 | (麥) mài 553 | 赫 hè 358 |
| | 翾 xuān 936 | **4画** | 赭 zhě 1060 |
| **179 色** | **14画** | 麸 fū 274 | |
| 色 sè 714 | 耀 yào 966 | **6画** | **187 豆** |
| shǎi 717 | | (麯) qū 684 | 豆 dòu 224 |
| 艳 yàn 956 | **181 聿 (畫中)** | **8画** | **3画** |
| 艴 fú 278 | **4画** | (麴) qū 685 | 豇 jiāng 428 |
| (艷) yàn 956 | 肃 sù 785 | **9画** | 豉 chǐ 125 |
| | **5画** | (麵) miàn 575 | **8画** |
| **180 羽** | (畫) zhòu 1092 | | (豎) shù 767 |
| 羽 yǔ 1018 | **7画** | **185 走** | 豌 wān 842 |
| **3画** | 肆 sì 782 | 走 zǒu 1121 | **11画** |
| 羿 yì 987 | 肄 yì 988 | **2画** | (豐) fēng 268 |
| **4画** | **8画** | 赴 fù 281 | **21画** |
| 翅 chì 126 | 肇 zhào 1058 | 赳 jiū 459 | (豔) yàn 956 |
| 翀 chōng 128 | | 赵 zhào 1057 | |
| 翁 wēng 862 | **182 艮 (㇇)** | **3画** | **188 酉** |
| **5画** | 艮 gěn 305 | 赶 gǎn 289 | 酉 yǒu 1013 |
| 翎 líng 532 | gèn 305 | 起 qǐ 655 | **2画** |
| 翊 yì 988 | **1画** | **5画** | 酊 dīng 216 |
| 翌 yì 988 | 良 liáng 524 | 超 chāo 107 | dǐng 217 |
| **6画** | **3画** | 趁 chèn 114 | 酋 qiú 683 |
| 翚 huī 389 | 垦 kěn 487 | (趂) chèn 114 | **3画** |
| 翔 huì 394 | **4画** | 趄 jū 464 | 配 pèi 632 |
| 翘 qiáo 670 | 既 jì 412 | qiè 672 | 酏 yǐ 984 |
| qiào 671 | 恳 kěn 487 | 趋 qū 685 | 酎 zhòu 1092 |
| 禽 xī 878 | **11画** | 越 yuè 1031 | 酌 zhuó 1109 |
| 翔 xiáng 900 | (艱) jiān 420 | 趔 liè 529 | **4画** |
| **8画** | | 趑 zī 1111 | |
| 翠 cuì 160 | **183 辛** | | |
| 翟 dí 200 | 辛 xīn 919 | (趕) gǎn 289 | |
| zhái 1047 | **5画** | | |

| | | | | | | | |
|---|---|---|---|---|---|---|---|
| 酚 fēn | 267 | **13画** | | zhòng | 1090 | 跪 guì | 335 |
| 酕 máo | 560 | 醵 jù | 467 | **4画** | | 跰 jì | 405 |
| 酞 tài | 795 | 醴 lǐ | 517 | 野 yě | 967 | (跡) jì | 412 |
| 酗 xù | 935 | **14画** | | **5画** | | (跤) jiāo | 430 |
| 酝 yùn | 1034 | (醻) chóu | 131 | 量 liáng | 525 | 跤 jiāo | 433 |
| | | 醺 xūn | 942 | 量 liàng | 527 | 跨 kuà | 464 |
| 酢 cù | 159 | **17画** | | **11画** | | 跬 kuǐ | 498 |
| zuò | 1132 | 醾 mí | 572 | (釐) lí | 514 | 路 lù | 541 |
| 酰 fā | 247 | (釀) mí | 572 | (釁) xìn | 881 | 跷 qiāo | 669 |
| 酤 gū | 334 | (釀) niàng | 613 | | | 蹬 qióng | 682 |
| 酣 hān | 344 | **19画** | | **193 足(⻊)** | | 跳 tiào | 813 |
| 酥 sū | 785 | (釃) mí | 572 | 足 zú | 1123 | 跣 xiǎn | 893 |
| 酡 tuó | 838 | (釃) shī | 743 | **2画** | | 跩 zhuǎi | 1100 |
| **6画** | | (釅) yàn | 956 | 趴 pā | 624 | **7画** | |
| 酬 chóu | 131 | | | **3画** | | 踌 chóu | 132 |
| 酱 jiàng | 430 | **189 辰** | | 趵 bào | 36 | 踆 cūn | 161 |
| 酪 lào | 511 | 辰 chén | 112 | 趸 dǔn | 234 | 踑 jì | 413 |
| 酩 mǐng | 585 | **3画** | | 趿 tā | 792 | 跼 jú | 464 |
| 酮 tóng | 822 | 唇 chún | 150 | **4画** | | 踉 liàng | 525 |
| 酰 xiān | 890 | 辱 rǔ | 706 | 趺 fū | 274 | 踅 xué | 940 |
| 酯 zhǐ | 1080 | **4画** | | 趼 jiǎn | 422 | 踊 yǒng | 1003 |
| | | 晨 chén | 114 | 距 jù | 466 | **8画** | |
| 酵 jiào | 437 | **6画** | | 趾 jǐ | 659 | 踣 bó | 68 |
| 酷 kù | 493 | (農) nóng | 618 | 趼 qiāng | 667 | 踩 cǎi | 84 |
| 酹 lèi | 513 | | | qiàng | 669 | 踟 chí | 125 |
| 酶 méi | 565 | **190 豕(豕)** | | (趼) yuè | 1030 | 踔 chuō | 151 |
| 酿 niàng | 613 | 豕 shǐ | 748 | 跃 yuè | 1031 | 踮 diǎn | 207 |
| 酾 shī | 743 | **2画** | | 趾 zhǐ | 1080 | 踝 huái | 381 |
| 酸 suān | 786 | 彖 tuàn | 832 | **5画** | | (踐) jiàn | 426 |
| 酴 tú | 830 | **4画** | | 跋 bá | 13 | 踺 jiàn | 427 |
| 酽 yàn | 956 | 豚 tún | 835 | 跛 bǒ | 68 | 踞 jù | 467 |
| **8画** | | **5画** | | (跕) diǎn | 207 | 踏 tā | 792 |
| 醇 chún | 150 | 象 xiàng | 902 | 跌 diē | 214 | tà | 792 |
| 醋 cù | 159 | **6画** | | 趺 fū | 274 | (踢) tāng | 798 |
| 醌 kūn | 499 | 豢 huàn | 384 | 跗 jiàn | 417 | 踢 tī | 804 |
| 醉 zuì | 1126 | **7画** | | 践 jiàn | 426 | 踒 wō | 863 |
| **9画** | | 豪 háo | 349 | 跻 lì | 520 | 踦 yǐ | 984 |
| (醜) chǒu | 132 | 豨 xī | 878 | luò | 548 | 踯 zhí | 1077 |
| 醚 mí | 572 | **9画** | | 跑 páo | 630 | 踬 zhì | 1084 |
| 醛 quán | 690 | 豭 jiā | 417 | pǎo | 630 | 踪 zōng | 1118 |
| 醍 tí | 806 | 豫 yù | 1023 | 跚 shān | 719 | **9画** | |
| 醒 xǐng | 926 | | | 跆 tái | 794 | 蹅 chǎ | 96 |
| 醑 xǔ | 934 | **191 卤(鹵)** | | 跎 tuó | 838 | 踹 chuài | 141 |
| (醖) yùn | 1034 | 卤 lǔ | 540 | 跖 zhí | 1077 | 蹉 cuō | 163 |
| **11画** | | (鹵) lǔ | 540 | **6画** | | 蹅 dì | 205 |
| (醬) jiàng | 430 | (鹹) xián | 892 | 跸 bì | 50 | 蹀 dié | 215 |
| 醪 láo | 507 | (鹼) jiǎn | 424 | 跐 cī | 151 | 踱 duó | 237 |
| (醫) yī | 979 | | | cǐ | 154 | 踽 jǔ | 465 |
| **12画** | | **192 里** | | 跶 da | 178 | 蹁 pián | 640 |
| 醭 bú | 68 | 里 lǐ | 516 | 跺 duò | 237 | 蹌 qiāng | 669 |
| (醱) fā | 247 | **2画** | | (跥) duò | 237 | 蹂 róu | 704 |
| 醮 jiào | 437 | 重 chóng | 128 | 跟 gēn | 304 | 蹄 tí | 806 |

## 部首索引

采 豸 谷 身 龟 角 青 其 雨

| (踒) wǎi | 840 |
| (踊) yǒng | 1003 |
| (踘) yú | 1017 |
| yú | 1017 |
| 踵 zhǒng | 1089 |

**10画**

| (踕) bì | 50 |
| 蹈 dǎo | 191 |
| 蹇 jiǎn | 424 |
| 蹓 liū | 534 |
| liù | 537 |
| 蹍 niǎn | 613 |
| 蹑 niè | 615 |
| 蹒 pán | 628 |
| 蹊 qī | 652 |
| xī | 879 |
| 蹌 qiāng | 667 |
| qiàng | 669 |
| 蹋 tà | 793 |

**11画**

| 蹦 bèng | 45 |
| 蹩 bié | 59 |
| 蹐 chú | 139 |
| 蹙 cù | 159 |
| 蹢 dí | 200 |
| zhí | 1077 |
| (蹟) jì | 412 |
| (蹣) pán | 628 |
| (蹌) qiàng | 669 |
| 蹜 sù | 786 |
| 蹚 tāng | 798 |
| 蹠 zhí | 1077 |
| (蹤) zōng | 1118 |

**12画**

| 蹭 cèng | 93 |
| 蹰 chú | 139 |
| 蹴 cù | 159 |
| 蹲 cuān | 159 |
| 蹲 cún | 162 |
| 蹲 dūn | 234 |
| (蹬) da | 178 |
| (蹬) dēng | 196 |
| 蹬 dèng | 197 |
| dèng | 198 |
| 蹾 dūn | 234 |
| (蹲) dǔn | 234 |
| 蹯 fán | 251 |
| 蹶 jué | 471 |
| juě | 471 |
| 蹽 liāo | 527 |
| 蹼 pǔ | 650 |
| (蹺) qiāo | 669 |

**13画**

| 躁 zào | 1042 |
| 躅 zhú | 1095 |

**14画**

| (躊) chóu | 132 |
| (躋) jī | 405 |
| 躏 lìn | 531 |
| (躍) yuè | 1031 |
| (躑) zhí | 1077 |

**15画**

| 躔 chán | 99 |
| (躕) chú | 139 |
| 躐 liè | 529 |
| luò | 548 |
| (躋) zhì | 1084 |

**16画**

| 躜 zuān | 1125 |

**17画**

| 躞 xiè | 916 |

**18画**

| (躦) cuān | 159 |
| (躡) niè | 615 |

**21画**

| (躪) zhú | 1095 |

### 194 采

| 番 fān | 248 |
| pān | 627 |
| 释 shì | 754 |
| 釉 yòu | 1014 |
| (釋) shì | 754 |

### 195 豸

| 豸 zhì | 1081 |

**3画**

| 豹 bào | 36 |
| 豺 chái | 98 |

**5画**

| 貂 diāo | 211 |

**6画**

| 貉 háo | 349 |
| hé | 358 |
| 貆 huán | 382 |
| 貅 xiū | 931 |

**7画**

| 貌 mào | 562 |

**9画**

| (貘) yà | 948 |

**10画**

| 貘 mò | 590 |
| 貔 pí | 638 |

### 196 谷

| 谷 gǔ | 318 |
| 豁 huō | 396 |
| huò | 401 |

### 197 身(身)

| 身 shēn | 731 |

**3画**

| 躬 gōng | 312 |

**6画**

| 躯 qū | 685 |

**6画**

| 躲 duǒ | 237 |
| (躱) duǒ | 237 |

**8画**

| 躺 tǎng | 800 |

**11画**

| (軀) qū | 685 |

**12画**

| (軃) duǒ | 237 |

### 198 龟(龜龜)

| 龟 guī | 332 |
| jūn | 472 |
| qiū | 682 |
| (龜) guī | 332 |
| jūn | 472 |
| qiū | 682 |

### 199 角(角)

| 角 jiǎo | 433 |
| jué | 469 |

**2画**

| (觔) jīn | 445 |

**4画**

| 觖 jué | 471 |

**5画**

| 觚 gū | 317 |
| 觞 shāng | 722 |

**6画**

| 触 chù | 140 |
| 觥 gōng | 312 |
| 解 jiě | 442 |
| jiè | 445 |
| xiè | 916 |
| 觜 zī | 1111 |
| zuǐ | 1125 |

**7画**

| 觫 sù | 786 |

**9画**

| 觱 bì | 50 |

| (觴) shāng | 722 |

**13画**

| (觸) chù | 140 |

### 200 青

| 青 qīng | 674 |

**5画**

| 靖 jìng | 457 |
| 静 jìng | 457 |

**8画**

| 靛 diàn | 211 |
| (靜) jìng | 457 |

### 201 其

| 其 jī | 404 |
| qí | 653 |

**1画**

| (甚) shén | 733 |
| 甚 shèn | 735 |

**3画**

| 基 jī | 404 |

**4画**

| 期 jī | 405 |
| qī | 652 |
| 欺 qī | 652 |
| 棋 qí | 654 |
| 斯 sī | 778 |

### 202 雨(⻗)

| 雨 yǔ | 1018 |
| yù | 1020 |

**3画**

| 雪 xuě | 940 |

**4画**

| 雰 fēn | 267 |
| 雳 lì | 520 |
| 雯 wén | 861 |
| (雲) yún | 1031 |

**5画**

| 雹 báo | 31 |
| (電) diàn | 207 |
| 雷 léi | 512 |
| 零 líng | 532 |
| 雾 wù | 874 |

**6画**

| 霁 jì | 413 |
| 霆 tíng | 818 |
| 需 xū | 934 |

**7画**

| 霉 méi | 565 |

| | | | | | | | |
|---|---|---|---|---|---|---|---|
| 霈 pèi | 633 | 龄 líng | 533 | 雏 chú | 139 | 鲚 jì | 413 |
| 霄 xiāo | 905 | 韶 tiáo | 813 | 雍 yōng | 1002 | 鲛 jiāo | 433 |
| 霅 zhà | 1047 | **6画** | | 雉 zhì | 1084 | 鲙 kuài | 495 |
| 震 zhèn | 1064 | (龈) kěn | 487 | **8画** | | 鲖 tóng | 822 |
| **8画** | | 龈 yín | 993 | 雕 diāo | 211 | 鲔 wěi | 855 |
| 霏 fēi | 262 | (齧) niè | 615 | 霍 huò | 401 | 鲜 xiān | 890 |
| 霖 lín | 531 | (齩) yǎo | 964 | (雖) suī | 788 | xiǎn | 893 |
| 霓 ní | 608 | (齜) zī | 1111 | **10画** | | 鲞 xiǎng | 901 |
| 霎 shà | 717 | **7画** | | (雛) chú | 139 | 鲟 xún | 943 |
| (霑) zhān | 1048 | 龊 chuò | 151 | (雞) jī | 403 | 鲐 yì | 989 |
| **9画** | | 龉 yǔ | 1019 | (離) lí | 515 | 鲗 zéi | 1043 |
| 霜 shuāng | 770 | **9画** | | (雙) shuāng | 769 | 鲦 zhāo | 1058 |
| 霞 xiá | 884 | (齶) è | 240 | 雝 yōng | 1002 | **7画** | |
| **10画** | | 龋 qǔ | 686 | (雜) zá | 1035 | 鲠 gěng | 306 |
| (霧) wù | 874 | 龌 wò | 864 | **11画** | | 鲣 jiān | 421 |
| **11画** | | **10画** | | (難) nán | 600 | 鲪 jūn | 473 |
| 霭 ǎi | 3 | (齒) chǐ | 125 | nàn | 601 | 鲫 lí | 515 |
| 霪 yín | 993 | **205 黾(黽)** | | **207 鱼(魚)** | | 鲤 lǐ | 517 |
| **12画** | | 黾 mǐn | 580 | | | 鲢 lián | 523 |
| 霰 xiàn | 896 | (黽) mǐn | 580 | 鱼 yú | 1015 | 鲨 shā | 716 |
| **13画** | | **4画** | | (魚) yú | 1015 | 鲥 shí | 748 |
| 霸 bà | 15 | 鼋 yuán | 1026 | **2画** | | (鰶) tí | 806 |
| 露 lòu | 539 | (黿) yuán | 1026 | 鱽 dāo | 189 | (鯗) xiǎng | 901 |
| lù | 542 | **10画** | | **3画** | | 鲬 yǒng | 1003 |
| 霹 pī | 636 | 鳌 áo | 10 | 鲃 jǐ | 410 | **8画** | |
| **14画** | | **11画** | | 鲅 bā | 13 | 鲳 chāng | 100 |
| (霽) jì | 413 | 鳖 biē | 59 | 鲂 fáng | 257 | 鲷 diāo | 212 |
| 霾 mái | 552 | **12画** | | 鲁 lǔ | 540 | 鲱 fēi | 262 |
| **15画** | | 鼍 tuó | 838 | 鲀 tún | 835 | 鲸 jīng | 455 |
| (靆) dài | 181 | (鼉) tuó | 838 | 鱿 yóu | 1008 | 鲲 kūn | 499 |
| **16画** | | **206 隹** | | **5画** | | 鲮 líng | 533 |
| (靂) lì | 520 | 隹 zhuī | 1106 | 鲅 bà | 15 | 鲵 ní | 608 |
| (靈) líng | 531 | **2画** | | (鲌) bà | 15 | 鲶 nián | 612 |
| **17画** | | 隽 juàn | 468 | 鲌 bó | 68 | 鲯 qí | 655 |
| (靉) ài | 5 | | nàn | 601 | 鲍 bào | 36 | 鲭 qīng | 679 |
| **203 非** | | 隼 sǔn | 790 | 鲋 fù | 284 | 鲹 shēn | 733 |
| 非 fēi | 261 | (隻) zhī | 1072 | (鮌) gǔn | 336 | 鲺 shī | 744 |
| 韭 jiǔ | 460 | **3画** | | 鲎 hòu | 369 | 鲻 zī | 1111 |
| 辈 bèi | 41 | 雀 qiāo | 669 | 鲈 lú | 540 | 鲰 zōu | 1121 |
| 靠 kào | 482 | | qiǎo | 670 | 鲇 nián | 612 | **9画** | |
| **204 齿(齒)** | | | què | 691 | 鲆 píng | 646 | 鲾 bī | 45 |
| 齿 chǐ | 125 | **4画** | | 鲐 tái | 794 | 鳊 biān | 53 |
| **2画** | | 雇 gù | 322 | 䲟 yìn | 996 | (鯿) biān | 53 |
| 龀 chèn | 114 | 集 jí | 408 | 鲉 yóu | 1009 | 鰆 chūn | 150 |
| **4画** | | (雋) juàn | 468 | 鲊 zhǎ | 1046 | 蝶 dié | 215 |
| 龁 hé | 355 | 雄 xióng | 929 | **6画** | | 鳄 è | 240 |
| **5画** | | 雅 yǎ | 946 | 鲛 ān | 7 | 鳆 fèn | 268 |
| 龅 bāo | 31 | | yǎ | 947 | 鲝 cǐ | 154 | 鳆 fù | 284 |
| 龃 jǔ | 465 | **5画** | | 鲑 guī | 333 | 鳇 huáng | 387 |
| (齣) kè | 486 | | | | | | |

| | | | | | | | | |
|---|---|---|---|---|---|---|---|---|
| 鳉 | jiāng | 428 | **208首** | | (鞝) shàng | 726 | (體) lóu | 539 |
| 鳅 | qiū | 682 | | | | 9画 | | 12画 |
| 鳈 | qiú | 682 | 首 shǒu | 759 | 鞭 biān | 53 | 髓 suǐ | 789 |
| 鳈 | quán | 690 | 馗 kuí | 498 | 鞨 hé | 358 | (髒) zāng | 1039 |
| 鳃 | sāi | 710 | | | 鞫 jū | 464 | | 13画 |
| 鳀 | tí | 806 | **209音** | | 鞧 qiū | 682 | 髑 dú | 227 |
| 鳂 | wēi | 851 | | | (鞦) qiū | 682 | 髓 tǐ | 804 |
| 鳁 | wēn | 858 | 音 yīn | 991 | 鞣 róu | 704 | 髓 tǐ | 806 |
| | 10画 | | | 4画 | | 10画 | | 14画 |
| 鳌 | áo | 10 | 意 yì | 988 | 鞴 bèi | 42 | (髕) bìn | 60 |
| 鳘 | guǎn | 327 | | 5画 | 鞲 gōu | 314 | (髖) kuān | 495 |
| 鳒 | jiān | 421 | 韶 sháo | 727 | (鞾) xuē | 939 | | |
| 魴 | páng | 629 | | 10画 | | 12画 | **213香** | |
| 鳍 | qí | 655 | (韻) yùn | 1034 | (韃) dá | 166 | 香 xiāng | 898 |
| (鰣) | shí | 748 | | 11画 | (鞽) qiáo | 670 | 馥 fù | 284 |
| 鳎 | tǎ | 792 | (響) xiǎng | 900 | | 13画 | 馨 xīn | 921 |
| 䲢 | téng | 804 | | | 韂 chàn | 100 | | |
| 鳐 | yáo | 964 | **210革** | | (韁) jiāng | 428 | **214鬼**(鬼) | |
| | 11画 | | | | | | 鬼 guǐ | 334 |
| 鳔 | biào | 58 | 革 gé | 301 | **211面** | | 魂 hún | 396 |
| 鳖 | biē | 59 | | 2画 | 面 miàn | 575 | 魁 kuí | 498 |
| (鰹) | jiān | 421 | 靪 dīng | 216 | 靦 miǎn | 575 | | 5画 |
| (鰳) | jiāng | 428 | | 3画 | 靥 yè | 969 | 魃 bá | 13 |
| 鳗 | kāng | 480 | 靸 sǎ | 709 | | | 魅 mèi | 566 |
| 鳓 | lè | 511 | (靭) tā | 792 | **212骨**(骨) | | 魄 pò | 648 |
| 鳗 | mán | 555 | 靰 wù | 874 | | | 魆 xū | 934 |
| 鳘 | mǐn | 581 | | 4画 | 骨 gū | 317 | | 6画 |
| (鰺) | shēn | 733 | 靶 bǎ | 14 | gǔ | 319 | 魇 yǎn | 955 |
| 鳚 | wèi | 858 | 靴 xuē | 939 | | 3画 | | 7画 |
| 鳛 | xí | 880 | | 5画 | 骰 wěi | 855 | 魉 liǎng | 526 |
| 鳕 | xuě | 941 | 鞑 bàn | 28 | | 4画 | 魈 xiāo | 905 |
| 鳙 | yōng | 1002 | 鞁 bèi | 42 | 骰 tóu | 827 | | 8画 |
| | 12画 | | 鞑 dá | 165 | | 5画 | (魎) liǎng | 526 |
| 鳜 | guì | 335 | 靺 mò | 589 | 骶 dǐ | 201 | 魍 wǎng | 848 |
| 鳞 | lín | 531 | (靼) táo | 801 | 骷 kū | 492 | 魏 wèi | 858 |
| 鳝 | shàn | 720 | 鞅 yāng | 957 | | 6画 | (魘) yù | 1023 |
| (鱔) | shàn | 720 | yàng | 961 | 骼 gé | 302 | | 10画 |
| (鱘) | xún | 943 | 鞅 yào | 966 | 骸 hái | 342 | 魑 chī | 123 |
| (鱏) | xún | 943 | | 6画 | 骺 hóu | 366 | | 11画 |
| 鳟 | zūn | 1127 | 鞍 ān | 7 | | 7画 | 魔 mó | 587 |
| | 13画 | | 鞑 gā | 166 | (骾) gěng | 304 | | |
| 鳡 | gǎn | 291 | (鞏) gǒng | 312 | | 8画 | **215鬲** | |
| (鱟) | hòu | 369 | 鞒 qiáo | 670 | 髀 bì | 51 | 鬲 gé | 301 |
| (鱠) | kuài | 495 | (鞉) táo | 801 | 髁 kē | 483 | lì | 520 |
| 鳢 | lǐ | 517 | 鞋 xié | 914 | | 9画 | 融 róng | 703 |
| | 14画 | | | 7画 | 髅 lóu | 539 | 鬻 yù | 1023 |
| 鳣 | guǎn | 328 | 鞘 qiào | 671 | 骼 qià | 660 | | |
| (鱨) | jì | 413 | | 8画 | 髃 yú | 1017 | **216髟** | |
| | 16画 | | (鞾) běng | 44 | | 10画 | | 2画 |
| (鱸) | lú | 540 | (鞴) běng | 44 | 髌 bìn | 60 | (髡) kūn | 499 |
| | 19画 | | 鞠 jū | 464 | 髋 kuān | 495 | | 3画 |
| (鱺) | lí | 515 | 鞚 kòng | 490 | | 11画 | | |
| | | | 鞡 la | 502 | 髎 liáo | 528 | | |

部首索引：217～226

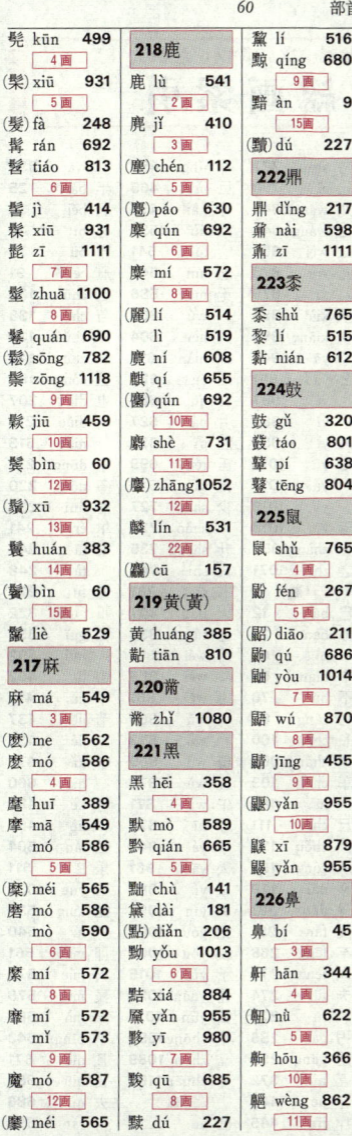

| 髡 kūn | 499 |
|---|---|
| 4画 | |
| (柴) xiū | 931 |
| 5画 | |
| (髪) fà | 248 |
| 髯 rán | 692 |
| 髫 tiáo | 813 |
| 6画 | |
| 髻 jì | 414 |
| 髹 xiū | 931 |
| 髭 zī | 1111 |
| 7画 | |
| 鬌 zhuā | 1100 |
| 8画 | |
| 鬈 quán | 690 |
| (鬆) sōng | 782 |
| 鬃 zōng | 1118 |
| 9画 | |
| 鬏 jiū | 459 |
| 10画 | |
| 鬓 bìn | 60 |
| 12画 | |
| (鬚) xū | 932 |
| 13画 | |
| 鬟 huán | 383 |
| 14画 | |
| (鬢) bìn | 60 |
| 15画 | |
| 鬣 liè | 529 |

**217 麻**

| 麻 má | 549 |
|---|---|
| 3画 | |
| (麽) me | 562 |
| 麽 mó | 586 |
| 4画 | |
| 麾 huī | 389 |
| 摩 mā | 549 |
| mó | 586 |
| 5画 | |
| (縻) méi | 565 |
| 磨 mó | 586 |
| mò | 590 |
| 6画 | |
| 糜 mí | 572 |
| 8画 | |
| 縻 mí | 572 |
| 靡 mǐ | 573 |
| 9画 | |
| 魔 mó | 587 |
| 12画 | |
| (黴) méi | 565 |

**218 鹿**

| 鹿 lù | 541 |
|---|---|
| 2画 | |
| 麂 jǐ | 410 |
| 3画 | |
| (塵) chén | 112 |
| 5画 | |
| (麅) páo | 630 |
| 麇 qún | 692 |
| 6画 | |
| 麋 mí | 572 |
| 8画 | |
| (麗) lí | 514 |
| lì | 519 |
| 麑 ní | 608 |
| 麒 qí | 655 |
| (麐) qún | 692 |
| 10画 | |
| 麝 shè | 731 |
| 11画 | |
| (麞) zhāng | 1052 |
| 12画 | |
| 麟 lín | 531 |
| 22画 | |
| (麤) cū | 157 |

**219 黄(黃)**

| 黄 huáng | 385 |
|---|---|
| 黇 tiān | 810 |

**220 黹**

| 黹 zhǐ | 1080 |
|---|---|

**221 黑**

| 黑 hēi | 358 |
|---|---|
| 4画 | |
| 默 mò | 589 |
| 黔 qián | 665 |
| 5画 | |
| 黜 chù | 141 |
| 黛 dài | 181 |
| (點) diǎn | 206 |
| 黝 yǒu | 1013 |
| 6画 | |
| 點 xiá | 884 |
| 黡 yǎn | 955 |
| 黟 yī | 980 |
| 7画 | |
| 黢 qū | 685 |
| 8画 | |
| 黩 dú | 227 |

| 黧 lí | 516 |
|---|---|
| 黥 qíng | 680 |
| 9画 | |
| 黯 àn | 9 |
| 15画 | |
| (黷) dú | 227 |

**222 黹**

| 黹 dǐng | 217 |
|---|---|
| 鼐 nài | 598 |
| 鼒 zī | 1111 |

**223 黍**

| 黍 shǔ | 765 |
|---|---|
| 黎 lí | 515 |
| 黏 nián | 612 |

**224 鼓**

| 鼓 gǔ | 320 |
|---|---|
| 鼗 táo | 801 |
| 鼙 pí | 638 |
| 鼟 tēng | 804 |

**225 鼠**

| 鼠 shǔ | 765 |
|---|---|
| 4画 | |
| 鼢 fén | 267 |
| (貂) diāo | 211 |
| 鼩 qú | 686 |
| 鼬 yòu | 1014 |
| 7画 | |
| 鼯 wú | 870 |
| 8画 | |
| 鼱 jīng | 455 |
| 9画 | |
| (鼴) yǎn | 955 |
| 10画 | |
| 鼷 xī | 879 |
| 鼹 yǎn | 955 |

**226 鼻**

| 鼻 bí | 45 |
|---|---|
| 3画 | |
| 鼾 hān | 344 |
| 4画 | |
| (齇) nǜ | 622 |
| 5画 | |
| 鼽 hōu | 366 |
| 10画 | |
| 齆 wèng | 862 |
| 11画 | |

| 齄 zhā | 1045 |
|---|---|
| 22画 | |
| 齉 nàng | 602 |

# 部首からは検索しにくい字を引くための
# 総画索引

## 1画
| | | |
|---|---|---|
| 〇 | líng | 531 |
| 乙 | yǐ | 982 |

## 2画
| | | |
|---|---|---|
| 匕 | bǐ | 46 |
| 卜 | bo | 68 |
| | bǔ | 68 |
| 刁 | diāo | 211 |
| 丁 | dīng | 215 |
| | zhēng | 1065 |
| 儿 | ér | 240 |
| 几 | jī | 402 |
| | jǐ | 409 |
| 九 | jiǔ | 459 |
| 了 | le | 511 |
| | liǎo | 528 |
| 乃 | nǎi | 597 |
| 七 | qī | 651 |

## 3画
| | | |
|---|---|---|
| 才 | cái | 82 |
| 叉 | chā | 93 |
| | chá | 94 |
| | chǎ | 96 |
| 彳 | chù | 140 |
| 凡 | fán | 250 |
| 飞 | fēi | 260 |
| 个 | gě | 302 |
| | gè | 302 |
| 及 | jí | 406 |
| 己 | jǐ | 410 |
| 孑 | jié | 439 |
| 久 | jiǔ | 459 |
| 孓 | jué | 469 |
| 亏 | kuī | 497 |
| 马 | mǎ | 550 |
| (么) | ma | 552 |
| | ma | 552 |
| 么 | me | 562 |
| (么) | yāo | 961 |
| 万 | mò | 588 |
| | wàn | 845 |
| 乞 | qǐ | 655 |
| 千 | qiān | 660 |
| 刃 | rèn | 699 |
| 上 | shǎng | 722 |
| | shàng | 722 |

| | | |
|---|---|---|
| 勺 | sháo | 727 |
| 巳 | sì | 780 |
| 丸 | wán | 842 |
| 亡 | wáng | 846 |
| 卫 | wèi | 855 |
| 兀 | wù | 873 |
| 习 | xí | 879 |
| 下 | xià | 884 |
| 乡 | xiāng | 896 |
| 丫 | yā | 944 |
| 幺 | yāo | 961 |
| 也 | yě | 967 |
| 义 | yì | 982 |
| 义 | yì | 984 |
| 与 | yú | 1015 |
| | yǔ | 1017 |
| | yù | 1019 |
| 于 | yú | 1015 |
| 丈 | zhàng | 1053 |
| 之 | zhī | 1071 |

## 4画
| | | |
|---|---|---|
| 巴 | bā | 12 |
| 办 | bàn | 25 |
| 币 | bì | 48 |
| 卞 | biàn | 53 |
| 不 | bù | 70 |
| 仓 | cāng | 88 |
| 长 | cháng | 100 |
| | zhǎng | 1052 |
| 车 | chē | 109 |
| | jū | 463 |
| 尺 | chě | 111 |
| 丑 | chǒu | 132 |
| 从 | cóng | 156 |
| 歹 | dǎi | 179 |
| 丹 | dān | 181 |
| 反 | fǎn | 251 |
| 丰 | fēng | 268 |
| 凤 | fèng | 273 |
| 夫 | fū | 274 |
| | fú | 275 |
| 丐 | gài | 286 |
| 冈 | gāng | 292 |
| 互 | hù | 372 |
| 介 | jiè | 443 |
| 斤 | jīn | 445 |

| | | |
|---|---|---|
| 井 | jǐng | 455 |
| 巨 | jù | 465 |
| 开 | kāi | 474 |
| 六 | liù | 536 |
| | lù | 541 |
| 仑 | lún | 545 |
| 无 | mó | 586 |
| | wú | 865 |
| 内 | nèi | 604 |
| 廿 | niàn | 613 |
| 区 | ōu | 623 |
| | qū | 684 |
| 爿 | pán | 627 |
| 匹 | pǐ | 638 |
| 壬 | rén | 699 |
| 卅 | sà | 710 |
| 少 | shǎo | 727 |
| | shào | 728 |
| 升 | shēng | 735 |
| 氏 | shì | 749 |
| 书 | shū | 761 |
| 天 | tiān | 807 |
| 屯 | tún | 835 |
| 为 | wéi | 851 |
| | wèi | 856 |
| 韦 | wéi | 851 |
| 乌 | wū | 864 |
| | wù | 873 |
| 毋 | wú | 869 |
| 五 | wǔ | 870 |
| 午 | wǔ | 871 |
| 兮 | xī | 875 |
| 牙 | yá | 946 |
| 夭 | yāo | 961 |
| 以 | yǐ | 982 |
| 尹 | yǐn | 993 |
| 尤 | yóu | 1005 |
| 友 | yǒu | 1009 |
| 予 | yú | 1015 |
| 元 | yuán | 1023 |
| 云 | yún | 1031 |
| 中 | zhōng | 1084 |
| | zhòng | 1089 |
| 专 | zhuān | 1100 |

## 5画
| | | |
|---|---|---|
| 凹 | āo | 9 |

| | | |
|---|---|---|
| 洼 | wā | 838 |
| 半 | bàn | 25 |
| 北 | běi | 38 |
| 必 | bì | 48 |
| 布 | bù | 79 |
| 册 | cè | 91 |
| 出 | chū | 133 |
| 刍 | chú | 138 |
| 处 | chǔ | 139 |
| | chù | 140 |
| 丛 | cóng | 156 |
| 电 | diàn | 207 |
| 鸟 | diǎo | 212 |
| | niǎo | 613 |
| 东 | dōng | 219 |
| 冬 | dōng | 220 |
| 对 | duì | 232 |
| 尔 | ěr | 241 |
| 发 | fā | 244 |
| | fà | 248 |
| 弗 | fú | 275 |
| 瓜 | guā | 322 |
| 归 | guī | 332 |
| 卉 | huì | 392 |
| 击 | jī | 402 |
| 甲 | jiǎ | 417 |
| 节 | jiē | 437 |
| | jié | 439 |
| 卡 | kǎ | 473 |
| | qiǎ | 660 |
| 可 | kě | 483 |
| | kè | 485 |
| 兰 | lán | 504 |
| 乐 | lè | 511 |
| | yuè | 1030 |
| 龙 | lóng | 537 |
| 卢 | lú | 540 |
| 卯 | mǎo | 561 |
| 灭 | miè | 578 |
| 民 | mín | 579 |
| 末 | mò | 588 |
| 皿 | mǐn | 643 |
| 且 | qiě | 671 |
| 丘 | qiū | 675 |
| 去 | qù | 686 |
| 冉 | rǎn | 693 |

| | | | | | | | |
|---|---|---|---|---|---|---|---|
| 申 | shēn 731 | | gèn 305 | 兆 | zhào 1057 | 采 | cǎi 83 |
| 圣 | shèng 739 | 关 | guān 325 | 贞 | zhēn 1061 | | cài 84 |
| 失 | shī 743 | 观 | guān 326 | 众 | zhòng 1089 | 单 | chán 98 |
| 史 | shǐ 748 | | guàn 328 | 州 | zhōu 1091 | | dān 182 |
| 世 | shì 749 | 后 | hòu 366 | 朱 | zhū 1093 | | shàn 720 |
| 市 | shì 750 | 华 | huá 377 | **7画** | | 畅 | chàng 105 |
| 术 | shù 766 | | huà 379 | 步 | bù 80 | 呈 | chéng 116 |
| | zhú 1094 | 欢 | huān 381 | 囱 | cōng 155 | 齿 | chǐ 125 |
| 甩 | shuǎi 768 | 灰 | huī 388 | 岛 | dǎo 190 | 垂 | chuí 148 |
| 帅 | shuài 769 | 尽 | jǐn 447 | 弟 | dì 204 | 典 | diǎn 206 |
| 丝 | sī 777 | | jìn 448 | 兑 | duì 233 | 阜 | fù 281 |
| 四 | sì 780 | 臼 | jiù 461 | 甫 | fǔ 278 | 购 | gòu 315 |
| 头 | tóu 824 | 军 | jūn 471 | 汞 | gǒng 312 | 乖 | guāi 324 |
| 凸 | tū 828 | 考 | kǎo 481 | 龟 | guī 332 | 果 | guǒ 338 |
| 未 | wèi 873 | 夸 | kuā 493 | | jūn 472 | 函 | hán 345 |
| 务 | wù 873 | 吏 | lì 519 | | qiū 682 | 薨 | hōng 362 |
| 戊 | wù 873 | 买 | mǎi 552 | 奂 | huàn 383 | 画 | huà 379 |
| 卌 | xì 881 | 年 | nián 610 | 系 | jì 412 | 或 | huò 400 |
| 央 | yāng 957 | 农 | nóng 618 | | xì 882 | 其 | jī 404 |
| 业 | yè 968 | 乓 | pāng 629 | 局 | jú 464 | | qí 653 |
| 永 | yǒng 1002 | 乒 | pīng 643 | 壳 | ké 483 | 亟 | jí 407 |
| 由 | yóu 1005 | 齐 | qí 652 | | qiào 671 | | qì 659 |
| 右 | yòu 1013 | 岂 | qǐ 655 | 克 | kè 485 | 艰 | jiān 420 |
| 孕 | yùn 1033 | 乔 | qiáo 669 | 来 | lái 502 | 卷 | juǎn 468 |
| 乍 | zhà 1046 | 曲 | qū 684 | 丽 | lí 514 | | juàn 468 |
| 占 | zhān 1048 | | qǔ 686 | | lì 519 | 隶 | lì 520 |
| | zhàn 1049 | 伞 | sǎn 712 | 俪 | lǐng 525 | 录 | lù 541 |
| 正 | zhēng 1065 | 杀 | shā 715 | 灵 | líng 531 | 卖 | mài 553 |
| | zhèng 1068 | 师 | shī 742 | 弄 | lòng 538 | 氓 | máng 558 |
| 主 | zhǔ 1095 | 式 | shì 751 | | nòng 619 | | méng 569 |
| 左 | zuǒ 1127 | 戍 | shù 766 | 卤 | lǔ 540 | 丧 | sāng 713 |
| **6画** | | 夙 | sù 785 | 乱 | luàn 544 | | sàng 713 |
| 冰 | bīng 60 | 岁 | suì 789 | 卵 | luǎn 544 | 虱 | shī 743 |
| 产 | chǎn 99 | 同 | tóng 820 | 免 | miǎn 575 | 事 | shì 751 |
| 场 | cháng 102 | | tòng 823 | 亩 | mǔ 591 | 肃 | sù 785 |
| | chǎng 102 | 网 | wǎng 847 | 启 | qǐ 655 | 所 | suǒ 791 |
| 臣 | chén 112 | 危 | wēi 849 | 弃 | qì 658 | 态 | tài 795 |
| 成 | chéng 116 | 先 | xiān 889 | 羌 | qiāng 666 | 兔 | tù 831 |
| 丞 | chéng 117 | 向 | xiàng 901 | 求 | qiú 682 | 卧 | wò 863 |
| 充 | chōng 127 | 兴 | xīng 922 | 穷 | xióng 759 | 武 | wǔ 870 |
| 此 | cǐ 153 | | xìng 927 | 束 | shù 766 | 幸 | xìng 927 |
| 伧 | cuān 159 | 戌 | xū 932 | 我 | wǒ 863 | 枣 | zǎo 1041 |
| 导 | dǎo 189 | 亚 | yà 948 | 巫 | wū 867 | 直 | zhí 1075 |
| 氘 | dāo 189 | 尧 | yáo 962 | 希 | xī 876 | 质 | zhì 1081 |
| 丢 | diū 219 | 爷 | yé 964 | 县 | xiàn 893 | 周 | zhōu 1091 |
| 夺 | duó 237 | 曳 | yè 968 | 严 | yán 950 | **9画** | |
| 朵 | duǒ 237 | 页 | yè 968 | 矣 | yǐ 984 | 甭 | béng 44 |
| 凫 | fú 266 | 夷 | yí 980 | **8画** | | 差 | chā 93 |
| 夹 | gā 284 | 异 | yì 986 | 爸 | bà 14 | | chà 96 |
| | jiā 415 | 杂 | zá 1035 | 卑 | bēi 37 | | chāi 97 |
| | jiá 417 | 再 | zài 1036 | 备 | bèi 39 | | cī 151 |
| 艮 | gěn 305 | 在 | zài 1037 | 表 | biǎo 57 | 重 | chóng 128 |

| | | | | | | |
|---|---|---|---|---|---|---|
| | zhòng | 1090 | shi | 755 | 噩 è | 240 |
| 穿 | chuān | 142 | 蛋 dàn | 185 | 冀 jì | 414 |
| 带 | dài | 180 | 率 lù | 543 | 羲 xī | 879 |
| 毒 | dú | 226 | shuài | 769 | 整 zhěng | 1067 |
| 费 | fèi | 264 | 戚 qī | 651 | **17画** | |
| 柬 | jiǎn | 421 | 乾 qián | 664 | 戴 dài | 181 |
| 将 | jiāng | 427 | 雀 qiāo | 669 | 黏 nián | 612 |
| | jiàng | 429 | | qiāo | 670 | 襄 xiāng | 900 |
| 界 | jiè | 444 | | què | 691 | 膺 yīng | 997 |
| 韭 | jiǔ | 460 | 啬 sè | 714 | 赢 yíng | 999 |
| 举 | jǔ | 465 | 商 shāng | 721 | **18画** | |
| 看 | kān | 478 | 兽 shòu | 761 | 雠 chóu | 132 |
| | kàn | 479 | 孰 shú | 764 | 翻 fān | 249 |
| 临 | lín | 530 | 爽 shuǎng | 770 | 嚣 xiāo | 905 |
| 骂 | mà | 552 | 望 wàng | 849 | **19画** | |
| 南 | nā | 594 | 袭 xí | 879 | 疆 jiāng | 428 |
| | nán | 599 | 象 xiàng | 902 | 攀 pān | 627 |
| 叛 | pàn | 629 | 焉 yān | 949 | **20画** | |
| 亲 | qīn | 673 | **12画** | | 馨 xīn | 921 |
| | qìng | 680 | 棘 jí | 408 | **21画** | |
| (甚) | shén | 733 | 集 jí | 408 | 颦 pín | 643 |
| 甚 | shèn | 735 | 就 jiù | 461 | **22画** | |
| 耍 | shuǎ | 768 | 量 liáng | 525 | 囊 nāng | 601 |
| 歪 | wāi | 839 | | liàng | 527 | | náng | 601 |
| 威 | wēi | 850 | 舒 shū | 763 | | |
| 咸 | xián | 892 | 黍 shǔ | 765 | | |
| 养 | yǎng | 960 | 舜 shùn | 775 | | |
| 胤 | yìn | 996 | 犀 xī | 878 | | |
| 幽 | yōu | 1004 | 粤 yuè | 1031 | | |
| 禹 | yǔ | 1019 | 凿 záo | 1040 | | |
| 怎 | zěn | 1043 | **13画** | | | |
| 咫 | zhǐ | 1080 | 楚 chǔ | 140 | | |
| 奏 | zòu | 1122 | 蜀 shǔ | 765 | | |
| 俎 | zǔ | 1124 | 鼠 shǔ | 765 | | |
| **10画** | | | 肆 sì | 782 | | |
| 爱 | ài | 3 | **14画** | | | |
| 弱 | ruò | 22 | 凳 dèng | 198 | | |
| 乘 | chéng | 119 | 嘉 jiā | 417 | | |
| | shèng | 740 | 截 jié | 442 | | |
| 哥 | gē | 299 | 兢 jīng | 453 | | |
| 能 | néng | 607 | 韬 tāo | 800 | | |
| 旁 | páng | 629 | 斡 wò | 864 | | |
| 紊 | wěn | 861 | 舞 wǔ | 872 | | |
| 玺 | xǐ | 880 | 疑 yí | 982 | | |
| 羞 | xiū | 931 | 舆 yú | 1017 | | |
| 斋 | zhāi | 1047 | 臧 zāng | 1039 | | |
| 真 | zhēn | 1062 | 肇 zhào | 1058 | | |
| 衷 | zhōng | 1088 | **15画** | | | |
| **11画** | | | 靠 kào | 482 | | |
| 常 | cháng | 103 | 黎 lí | 515 | | |
| 晨 | chén | 114 | 豫 yù | 1023 | | |
| 匙 | chí | 124 | **16画** | | | |

# 音訓索引

○ この索引は、ある親字を日本漢字に置きかえて日本語読みにした場合、比較的容易にその音訓が思い起こされるものを選び、五十音順に配列した。
○ カタカナは音読みを、ひらがなは訓読みを示す。同じ見出しの中で同音の漢字は画数順に配列した。

## あ

**ア**
- 亚 yà 948
- 阿 ā 1
- ē 238
- 啊 ā 1
- á 1
- ǎ 1
- à 1
- a 1

**アイ**
- 哀 āi 1
- 爱 ài 3

**あい**
- 蓝 lán 504

**あお**
- 青 qīng 674

**あおい**
- 葵 kuí 498

**あか**
- 赤 chì 126
- 垢 gòu 315

**あかつき**
- 晓 xiǎo 911

**あかるい**
- 明 míng 582

**あき**
- 秋 qiū 682

**あきれる**
- 呆 dāi 178

**アク**
- 恶 ě 238
- è 239
- 握 wò 864

**あけぼの**
- 曙 shǔ 766

**あさ**
- 麻 má 549
- 朝 cháo 108
- zhāo 1055

**あし**
- 足 zú 1123

**あせ**
- 汗 hán 345
- hàn 346

**あぜ**
- 畔 pàn 629
- 畦 qí 654

**アツ**
- 轧 gá 285
- yà 948
- zhá 1045
- 压 yā 944
- yà 948

**あつい**
- 厚 hòu 368
- 热 rè 694
- 暑 shǔ 765

**あつもの**
- 羹 gēng 305

**あと**
- 后 hòu 366
- 迹 jì 412
- 痕 hén 360

**あな**
- 穴 xué 939

**あに**
- 兄 xiōng 928
- 岂 qǐ 655

**あね**
- 姊 zǐ 1112
- 姐 jiě 442

**あぶない**
- 危 wēi 849

**あぶら**
- 油 yóu 1006
- 膏 gāo 297
- gào 299

**あま**
- 尼 ní 608

**あみ**
- 网 wǎng 847

**あめ**
- 雨 yǔ 1018
- yù 1020

**あや**
- 绫 líng 532

**あゆ**
- 鲇 nián 612

**あらい**

- 荒 huāng 384
- 粗 cū 157

**あらし**
- 岚 lán 504

**あり**
- 蚁 yǐ 984

**あるいは**
- 或 huò 400

**あわ**
- 泡 pāo 630
- pào 630
- 粟 sù 786

**アン**
- 安 ān 5
- 按 àn 7
- 案 àn 8
- 庵 ān 6
- 馅 xiàn 896
- 暗 àn 8
- 鞍 ān 7

## い

**イ**
- 已 yǐ 982
- 为 wéi 851
- wèi 856
- 以 yǐ 982
- 汇 huì 392
- 伟 wěi 853
- 伊 yī 978
- 衣 yī 978
- 异 yì 986
- 围 wéi 852
- 纬 wěi 854
- 位 wèi 856
- 医 yī 979
- 委 wěi 850
- wèi 854
- 依 yī 979
- 易 yì 987
- 威 wēi 857
- 畏 wèi 857
- 胃 wèi 857
- 惟 wéi 853
- 维 wéi 853
- 萎 wěi 855

- 尉 wèi 857
- 移 yí 980
- 椅 yī 979
- yǐ 984
- 遗 yí 981
- 意 yì 988
- 慰 wèi 857
- 井 jǐng 455

**いう**
- 云 yún 1031
- 言 yán 951

**いえ**
- 家 jiā 415

**いえども**
- 虽 suī 788

**いかだ**
- 筏 fá 247

**いかり**
- 锚 máo 560

**イキ**
- 域 yù 1021

**イク**
- 郁 yù 1020
- 育 yù 1020

**いけ**
- 池 chí 123

**いささか**
- 些 xiē 912

**いし**
- 石 dàn 184
- shí 744

**いたす**
- 致 zhì 1082

**いただく**
- 戴 dài 181

**いたる**
- 至 zhì 1080
- 到 dào 191

**イチ**
- 一 yī 970
- 壹 yī 979

**いちご**
- 莓 méi 564

**いちじるしい**

| | | | |
|---|---|---|---|
| 著 zhù 1099 | 院 yuàn 1028 | うつくしい | 栄 róng 702 |
| イツ | 殷 yīn 948 | 美 měi 565 | 盈 yíng 998 |
| 逸 yì 988 | yīn 992 | うで | 映 yìng 1000 |
| いと | 韵 yùn 1034 | 腕 wàn 846 | 嬰 yīng 997 |
| 丝 sī 777 | う | うなぎ | 営 yíng 998 |
| いぬ | ウ | 鰻 mán 555 | 鋭 ruì 708 |
| 犬 quǎn 690 | 乌 wū 864 | うね | 影 yǐng 999 |
| 戌 xū 932 | wù 873 | 亩 mǔ 591 | えがく |
| 狗 gǒu 314 | 宇 yǔ 1018 | 姥 lǎo 510 | 描 miáo 577 |
| いね | 羽 yǔ 1018 | mǔ 591 | エキ |
| 稲 dào 194 | 雨 yǔ 1018 | うま | 亦 yì 986 |
| いのしし | yù 1020 | 马 mǎ 550 | 易 yì 987 |
| 亥 hài 344 | 禹 yǔ 1019 | 午 wǔ 871 | 驿 yì 987 |
| 猪 zhū 1094 | う | うみ | 疫 yì 987 |
| いのる | 卯 mǎo 561 | 海 hǎi 342 | 益 yì 987 |
| 祈 qí 654 | 鹈 tí 806 | 脓 nóng 619 | 液 yè 969 |
| いばら | うえ | うめ | えだ |
| 茨 cí 152 | 上 shǎng 722 | 梅 méi 564 | 枝 zhī 1073 |
| いま | shàng 722 | うら | エツ |
| 今 jīn 445 | うかがう | 里 lǐ 516 | 阅 yuè 1030 |
| いも | 伺 cì 154 | 浦 pǔ 650 | 悦 yuè 1031 |
| 芋 yù 1020 | sì 781 | うらなう | 谒 yè 969 |
| いもうと | うく | ト bo 68 | 越 yuè 1031 |
| 妹 mèi 566 | 浮 fú 276 | bǔ 68 | えり |
| いやしくも | うぐいす | 占 zhān 1048 | 襟 jīn 447 |
| 苟 gǒu 314 | 莺 yīng 997 | zhàn 1049 | エン |
| いよいよ | うごく | うらむ | 延 yán 950 |
| 愈 yù 1022 | 动 dòng 221 | 恨 hèn 360 | 厌 yàn 955 |
| いる | うさぎ | 怨 yuàn 1028 | 园 yuán 1024 |
| 炒 chǎo 109 | 兔 tù 831 | うり | 远 yuǎn 1027 |
| 射 shè 730 | うし | 瓜 guā 322 | 炎 yán 952 |
| 铸 zhù 1099 | 丑 chǒu 132 | うる | 沿 yán 952 |
| 煎 jiān 421 | 牛 niú 616 | 卖 mài 553 | 怨 yuàn 1028 |
| いろ | うじ | うるし | 铅 qiān 661 |
| 色 sè 714 | 氏 shì 749 | 漆 qī 652 | yán 953 |
| shǎi 717 | zhī 1072 | うれしい | 烟 yān 948 |
| いわ | うしなう | 嬉 xī 879 | 盐 yán 952 |
| 岩 yán 951 | 失 shī 741 | ウン | 艳 yàn 956 |
| いわく | うす | 云 yún 1031 | 宴 yàn 956 |
| 曰 yuē 1029 | 臼 jiù 461 | 运 yùn 1033 | 圆 yuán 1026 |
| イン | うず | え | 焉 yān 949 |
| 引 yǐn 993 | 涡 guō 336 | エ | 焰 yàn 956 |
| 允 yǔn 1033 | wō 862 | 绘 huì 393 | 援 yuán 1027 |
| 印 yìn 995 | うずら | え | 缘 yuán 1027 |
| 因 yīn 989 | 鹌 chún 150 | 柄 bǐng 62 | 猿 yuán 1027 |
| 阴 yīn 990 | うそ | エイ | 演 yǎn 955 |
| 员 yuán 1024 | 嘘 shī 743 | 卫 wèi 855 | お |
| yún 1032 | xū 934 | 永 yǒng 1002 | オ |
| yùn 1034 | うた | 英 yīng 996 | 污 wū 865 |
| 咽 yàn 956 | 歌 gē 300 | 咏 yǒng 1002 | おい |
| yè 969 | ウツ | 泳 yǒng 1003 | 甥 shēng 739 |
| 姻 yīn 992 | 郁 yù 1020 | オウ | |

| | | | | | | | |
|---|---|---|---|---|---|---|---|
| 王 wáng | 847 | lào | 511 | huà | 378 | 卧 wò | 863 |
| 凹 āo | 9 | luò | 547 | 火 huǒ | 398 | 贺 hè | 358 |
| 央 yāng | 957 | **オツ** | | 加 jiā | 414 | 饿 è | 239 |
| 呕 ǒu | 623 | 乙 yǐ | 982 | 可 kě | 483 | 雅 yā | 946 |
| 应 yīng | 996 | **おっと** | | kè | 485 | yǎ | 947 |
| yìng | 1000 | 夫 fū | 274 | 过 guò | 336 | 蛾 é | 238 |
| 欧 ōu | 623 | fú | 275 | guò | 339 | **カイ** | |
| 殴 ōu | 623 | **おと** | | -guo | 341 | 介 jiè | 443 |
| 往 wǎng | 848 | 音 yīn | 991 | 华 huá | 377 | 开 kāi | 474 |
| 旺 wàng | 849 | **おとうと** | | 化 huà | 379 | 灰 huī | 388 |
| 押 yā | 945 | 弟 dì | 204 | 价 jià | 418 | 回 huí | 389 |
| 翁 wēng | 862 | **おとこ** | | jie | 445 | 会 huì | 392 |
| 奥 ào | 10 | 男 nán | 598 | 何 hé | 355 | kuài | 494 |
| 横 héng | 361 | **おどる** | | 花 huā | 374 | 阶 jiē | 437 |
| hèng | 362 | 踊 yǒng | 1003 | 咖 gā | 284 | 改 gǎi | 285 |
| 樱 yīng | 997 | **おどろく** | | kā | 473 | 怀 huái | 380 |
| **おうぎ** | | 惊 jīng | 453 | 果 guǒ | 338 | 坏 huài | 381 |
| 扇 shān | 719 | **おに** | | 河 hé | 356 | 戒 jiè | 443 |
| shàn | 720 | 鬼 guǐ | 334 | 货 huò | 400 | 块 kuài | 494 |
| **おおう** | | **おの** | | 佳 jiā | 415 | 快 kuài | 494 |
| 覆 fù | 284 | 斧 fǔ | 278 | 架 jià | 418 | 乖 guāi | 324 |
| **おおかみ** | | **おび** | | 科 kē | 482 | 拐 guǎi | 324 |
| 狼 láng | 506 | 带 dài | 180 | 哥 gē | 299 | 怪 guài | 325 |
| **おか** | | **おぼえる** | | 涡 guō | 336 | 绘 huì | 393 |
| 冈 gāng | 292 | 觉 jiào | 436 | wō | 862 | 皆 jiē | 437 |
| 丘 qiū | 682 | jué | 470 | 荷 hé | 356 | 界 jiè | 444 |
| **オク** | | **おぼれる** | | hè | 358 | 海 hǎi | 342 |
| 亿 yì | 984 | 溺 nì | 610 | 家 jiā | 415 | 悔 huǐ | 391 |
| 忆 yì | 985 | niào | 614 | jie | 445 | 械 xiè | 916 |
| 屋 wū | 865 | **およぐ** | | 课 kè | 486 | 解 jiě | 442 |
| 臆 yì | 989 | 泳 yǒng | 1003 | 夏 xià | 888 | xiè | 445 |
| **おく** | | **およぶ** | | 菓 guǒ | 338 | **かい** | |
| 置 zhì | 1084 | 及 jí | 406 | 祸 huò | 401 | 贝 bèi | 39 |
| **おくる** | | **おれ** | | 假 jiǎ | 417 | **ガイ** | |
| 送 sòng | 783 | 俺 ǎn | 7 | jià | 419 | 艾 ài | 3 |
| 赠 zèng | 1044 | **おろす** | | 棵 kē | 483 | yì | 985 |
| **おけ** | | 卸 xiè | 915 | 嫁 jià | 419 | 外 wài | 840 |
| 桶 tǒng | 823 | **おわる** | | 暇 xiá | 884 | 亥 hài | 344 |
| **おさめる** | | 终 zhōng | 1088 | 靴 xuē | 939 | 该 gāi | 285 |
| 收 shōu | 755 | **オン** | | 歌 gē | 300 | 劾 hé | 356 |
| 纳 nà | 596 | 音 yīn | 991 | 寡 guǎ | 323 | 凯 kǎi | 477 |
| 治 zhì | 1082 | 恩 ēn | 240 | 嘉 jiā | 417 | 咳 hāi | 342 |
| 修 xiū | 930 | 温 wēn | 858 | 稼 jià | 419 | ké | 483 |
| **おしえる** | | 稳 wěn | 861 | **か** | | 孩 hái | 342 |
| 教 jiāo | 432 | **おんな** | | 蚊 wén | 861 | 害 hài | 344 |
| jiào | 436 | 女 nǚ | 621 | **ガ** | | 盖 gài | 286 |
| **おす** | | **か** | | 牙 yá | 946 | gě | 302 |
| 押 yā | 945 | **カ** | | 我 wǒ | 863 | 崖 yá | 947 |
| **おそい** | | 个 gě | 302 | 呀 yā | 945 | 涯 yá | 947 |
| 迟 chí | 124 | gè | 302 | ya | 948 | 街 jiē | 439 |
| **おちる** | | 下 xià | 884 | 画 huà | 379 | 慨 kǎi | 477 |
| 落 là | 502 | 化 huā | 374 | 驾 jià | 419 | | |

| | | | | | | | |
|---|---|---|---|---|---|---|---|
| 概 gài | 287 | **ガク** | | **かつ** | | **からだ** | |
| **かいこ** | | 乐 lè | 511 | 且 qiě | 671 | 体 tǐ | 804 |
| 蚕 cán | 87 | 乐 yuè | 1030 | **かつお** | | 体 tǐ | 806 |
| **かう** | | 学 xué | 939 | 鲣 jiān | 421 | **かりる** | |
| 买 mǎi | 552 | 岳 yuè | 1030 | **かな** | | 借 jiè | 444 |
| **かえで** | | 额 é | 238 | 哉 zāi | 1036 | **かる** | |
| 枫 fēng | 271 | **がけ** | | **かなえ** | | 刈 yì | 985 |
| **かお** | | 崖 yá | 947 | 鼎 dǐng | 217 | **かれ** | |
| 颜 yán | 953 | **かける** | | **かなしい** | | 彼 bǐ | 47 |
| **かおり** | | 挂 guà | 323 | 悲 bēi | 38 | 川 chuān | 141 |
| 香 xiāng | 898 | **かご** | | **かならず** | | 皮 pí | 636 |
| 薰 xūn | 942 | 笼 lóng | 538 | 必 bì | 48 | 侧 cè | 91 |
| **かがみ** | | 笼 lǒng | 538 | **かに** | | 侧 zè | 1043 |
| 镜 jìng | 458 | **かさ** | | 蟹 xiè | 916 | 侧 zhāi | 1047 |
| **かがやく** | | 伞 sǎn | 712 | **かね** | | 河 hé | 356 |
| 辉 huī | 389 | **かしわ** | | 金 jīn | 445 | 革 gé | 301 |
| **かかり** | | 柏 bǎi | 20 | 钟 zhōng | 1088 | **かわや** | |
| 系 jì | 412 | 柏 bó | 67 | **かび** | | 厕 cè | 91 |
| 系 xì | 882 | 柏 bò | 68 | 霉 méi | 565 | **かわら** | |
| **かき** | | **かす** | | **かぶ** | | 瓦 wǎ | 839 |
| 垣 yuán | 1024 | 贷 dài | 180 | 株 zhū | 1093 | 瓦 wà | 839 |
| **かぎ** | | 数 shǔ | 765 | **かぶと** | | **カン** | |
| 钩 gōu | 314 | 数 shù | 767 | 兜 dōu | 223 | 干 gān | 287 |
| 键 jiàn | 427 | 数 shuò | 777 | **かべ** | | 干 gàn | 291 |
| **カク** | | **かぜ** | | 壁 bì | 50 | 劝 quàn | 690 |
| 各 gě | 302 | 风 fēng | 269 | **かま** | | 甘 gān | 288 |
| 各 gè | 303 | **かせぐ** | | 釜 fǔ | 279 | 汉 hàn | 346 |
| 吓 hè | 358 | 稼 jià | 419 | 镰 lián | 523 | 刊 kān | 478 |
| 吓 xià | 888 | **かた** | | **かみ** | | 缶 fǒu | 274 |
| 划 huá | 376 | 肩 jiān | 420 | 发 fā | 244 | 关 guān | 325 |
| 划 huà | 379 | 型 xíng | 926 | 发 fà | 248 | 观 guān | 326 |
| 扩 kuò | 499 | **かたい** | | 纸 zhǐ | 1078 | 观 guàn | 328 |
| 角 jiǎo | 433 | 坚 jiān | 420 | 神 shén | 733 | 汗 hán | 345 |
| 角 jué | 469 | 固 gù | 320 | **かみなり** | | 汗 hàn | 346 |
| 壳 ké | 483 | 硬 yìng | 1000 | 雷 léi | 512 | 欢 huān | 381 |
| 壳 qiào | 671 | **かたち** | | **かむ** | | 奸 jiān | 419 |
| 画 huà | 379 | 形 xíng | 926 | 咬 yǎo | 964 | 肝 gān | 289 |
| 革 gé | 301 | **カツ** | | **かめ** | | 还 hái | 342 |
| 阁 gé | 301 | 刮 guā | 322 | 龟 guī | 332 | 还 huán | 381 |
| 觉 jiào | 436 | 括 guā | 323 | 龟 jūn | 472 | 旱 hàn | 347 |
| 觉 jué | 470 | 括 kuò | 500 | 龟 qiū | 682 | 间 jiān | 420 |
| 格 gé | 299 | **かゼ** | | **かも** | | 间 jiàn | 425 |
| 郭 guō | 336 | 活 huó | 396 | 鸭 yā | 946 | 完 wán | 843 |
| 核 hé | 357 | 割 gē | 300 | **かや** | | 闲 xián | 891 |
| 核 hú | 371 | 喝 hē | 353 | 茅 máo | 560 | 官 guān | 326 |
| 获 huò | 401 | 喝 hè | 358 | **かゆ** | | 贯 guàn | 328 |
| 较 jiào | 436 | 猾 huá | 377 | 粥 zhōu | 1092 | 函 hán | 345 |
| 搁 gē | 300 | 滑 huá | 377 | **からい** | | 环 huán | 382 |
| 搁 gé | 301 | 渴 kě | 485 | 辛 xīn | 919 | 卷 juǎn | 468 |
| 隔 gé | 301 | 阔 kuò | 500 | **からす** | | 卷 juàn | 468 |
| 确 què | 691 | 褐 hè | 358 | 乌 wū | 864 | 柑 gān | 289 |
| 鹤 hè | 358 | 辖 xiá | 884 | 乌 wù | 873 | | |

音訓索引：ガン～キョウ

| | | | | | | | |
|---|---|---|---|---|---|---|---|
| 冠 guān | 327 | 饥 jī | 402 | 宜 yí | 980 | 求 qiú | 682 |
| | guàn | 328 | 记 jì | 411 | 牺 xī | 876 | 泣 qì | 659 |
| 看 kān | 478 | 轨 guǐ | 333 | 谊 yì | 988 | 给 gěi | 303 |
| | kàn | 479 | 机 jī | 402 | 欺 qī | 652 | | jǐ | 410 |
| 换 huàn | 383 | 肌 jī | 403 | 疑 yí | 982 | 宫 gōng | 311 |
| 唤 huàn | 384 | 纪 jì | 410 | 魏 wèi | 858 | 急 jí | 406 |
| 监 jiān | 420 | | jì | 411 | **キク** | | 救 jiù | 461 |
| | jiàn | 426 | 企 qǐ | 655 | 菊 jú | 464 | 球 qiú | 683 |
| 舰 jiàn | 426 | 危 wēi | 849 | **きく** | | **ギュウ** | |
| 宽 kuān | 495 | 忌 jì | 412 | 听 tīng | 816 | 牛 niú | 616 |
| 陷 xiàn | 896 | 岐 qí | 653 | 闻 wén | 860 | **キョ** | |
| 敢 gǎn | 290 | 弃 qì | 658 | **きず** | | 巨 jù | 465 |
| 馆 guǎn | 327 | 汽 qì | 659 | 伤 shāng | 720 | 去 qù | 686 |
| 惯 guàn | 328 | 规 guī | 333 | **きた** | | 许 xǔ | 934 |
| 患 huàn | 384 | 诡 guǐ | 333 | 北 běi | 38 | 拒 jù | 466 |
| 焕 huàn | 384 | 奇 jī | 404 | **キチ** | | 居 jū | 463 |
| 菅 jiān | 421 | | qí | 653 | 吉 jí | 406 | 举 jǔ | 465 |
| 勘 kān | 478 | 季 jì | 412 | **キツ** | | 据 jù | 466 |
| 棺 guān | 327 | 祈 qí | 653 | 吃 chī | 121 | 虚 xū | 933 |
| 韩 hán | 345 | 鬼 guǐ | 334 | 桔 jié | 441 | **ギョ** | |
| 寒 hán | 345 | 贵 guì | 334 | | jú | 464 | 鱼 yú | 1015 |
| 喊 hǎn | 346 | 挥 huī | 388 | **きつね** | | 渔 yú | 1016 |
| 缓 huǎn | 383 | 既 jì | 412 | 狐 hú | 370 | 御 yù | 1022 |
| 堪 kān | 478 | 起 qǐ | 655 | **きぬ** | | **キョウ** | |
| 款 kuǎn | 495 | 基 jī | 404 | 绢 juàn | 468 | 乡 xiāng | 896 |
| 感 gǎn | 290 | 寄 jì | 413 | **きば** | | 凶 xiōng | 928 |
| 简 jiǎn | 423 | 骑 qí | 654 | 牙 yá | 946 | 叫 jiào | 435 |
| 鉴 jiàn | 427 | 辉 huī | 389 | **キャク** | | 共 gòng | 312 |
| 管 guǎn | 327 | 期 jī | 405 | 却 què | 691 | 乔 qiáo | 669 |
| 憾 hàn | 347 | | qī | 652 | 客 kè | 486 | 协 xié | 900 |
| 羹 gēng | 305 | 愧 kuì | 498 | 脚 jiǎo | 434 | 兴 xīng | 922 |
| 灌 guàn | 329 | 棋 qí | 654 | | jué | 471 | | xìng | 927 |
| **ガン** | | 稀 xī | 877 | **ギャク** | | 匈 xiōng | 928 |
| 丸 wán | 842 | 喜 xǐ | 880 | 逆 nì | 609 | 狂 kuáng | 496 |
| 含 hán | 345 | 旗 qí | 654 | 虐 nüè | 622 | 况 kuàng | 496 |
| 岸 àn | 7 | 熙 xī | 878 | **キュウ** | | 杏 xìng | 927 |
| 玩 wán | 843 | 毅 yì | 989 | 九 jiǔ | 459 | 供 gōng | 311 |
| 岩 yán | 951 | 器 qì | 659 | 弓 gōng | 308 | | gòng | 313 |
| 顽 wán | 843 | 徽 huī | 389 | 及 jí | 406 | 京 jīng | 451 |
| 眼 yǎn | 953 | **き** | | 久 jiǔ | 459 | 经 jīng | 451 |
| 雁 yàn | 956 | 木 mù | 591 | 仇 chóu | 131 | 侨 qiáo | 669 |
| 愿 yuàn | 1029 | 黄 huáng | 385 | | qiú | 682 | 享 xiǎng | 900 |
| 颜 yán | 953 | **ギ** | | 纠 jiū | 458 | 胁 xié | 913 |
| 癌 ái | 3 | 义 yì | 984 | 旧 jiù | 460 | 姜 jiāng | 428 |
| **かんがえる** | | 仪 yí | 980 | 丘 qiū | 682 | 娇 jiāo | 432 |
| 考 kǎo | 481 | 议 yì | 985 | 级 jí | 407 | 峡 xiá | 884 |
| **キ** | | 戏 hū | 369 | 吸 xī | 876 | 响 xiǎng | 900 |
| | | | xì | 989 | 休 xiū | 929 | 饷 xiǎng | 901 |
| 几 jī | 402 | 伪 wěi | 853 | 朽 xiǔ | 931 | 恭 gōng | 312 |
| | jǐ | 409 | 技 jì | 411 | 鸠 jiū | 458 | 效 xiào | 900 |
| 气 qì | 657 | 妓 jì | 412 | 究 jiū | 459 | 竞 jìng | 457 |
| 归 guī | 332 | 拟 nǐ | 608 | 穷 qióng | 681 | 恐 kǒng | 489 |

# ギョウ～ケン：音訓索引

| | | | | | | | |
|---|---|---|---|---|---|---|---|
| 桥 qiáo | 669 | jìn | 450 | 屈 qū | 685 | 契 qì | 659 |
| 卿 qīng | 677 | 锦 jǐn | 448 | 掘 jué | 471 | xiè | 915 |
| 胸 xiōng | 928 | 谨 jǐn | 448 | 窟 kū | 492 | 轻 qīng | 675 |
| 教 jiāo | 432 | 勤 qín | 674 | **くつ** | | 型 xíng | 926 |
| jiào | 436 | **ギン** | | 靴 xuē | 939 | 桂 guì | 335 |
| 惊 jīng | 453 | 吟 yín | 992 | **くに** | | 继 jì | 412 |
| 竟 jìng | 457 | 银 yín | 992 | 国 guó | 336 | 倾 qīng | 676 |
| 强 jiàng | 430 | **く** | | **くび** | | 卿 qīng | 677 |
| qiáng | 667 | **ク** | | 首 shǒu | 759 | 颈 gěng | 306 |
| 疆 jiāng | 668 | 九 jiǔ | 459 | **くま** | | jīng | 458 |
| 境 jìng | 458 | 区 ōu | 623 | 熊 xióng | 929 | 惠 huì | 394 |
| 镜 jìng | 458 | qū | 684 | **くも** | | 揭 jiē | 439 |
| **ギョウ** | | 句 gōu | 314 | 云 yún | 1031 | 景 jǐng | 455 |
| 业 yè | 968 | jù | 466 | 蛛 zhū | 1094 | 敬 jìng | 457 |
| 行 háng | 348 | 驱 qū | 684 | **くり** | | 溪 xī | 878 |
| xíng | 924 | 狗 gǒu | 314 | 栗 lì | 520 | 携 xié | 914 |
| 仰 yǎng | 960 | 苦 kǔ | 492 | **くる** | | 警 jǐng | 455 |
| 尧 yáo | 962 | **グ** | | 来 lái | 502 | **ゲイ** | |
| 晓 xiǎo | 911 | 具 jù | 466 | **くるま** | | 艺 yì | 985 |
| 凝 níng | 615 | 愚 yú | 1017 | 车 chē | 109 | 迎 yíng | 997 |
| **キョク** | | **クウ** | | jū | 463 | 鲸 jīng | 455 |
| 曲 qū | 684 | 空 kōng | 487 | **くろ** | | **ゲキ** | |
| qǔ | 686 | kòng | 489 | 黑 hēi | 358 | 击 jī | 402 |
| 极 jí | 407 | **グウ** | | **くわ** | | 剧 jù | 466 |
| 局 jú | 464 | 偶 ǒu | 623 | 桑 sāng | 713 | **けた** | |
| **ギョク** | | 隅 yú | 1017 | **クン** | | 桁 héng | 361 |
| 玉 yù | 1019 | 遇 yù | 1022 | 训 xùn | 943 | 欠 qiàn | 665 |
| **きらう** | | **くぎ** | | 君 jūn | 472 | 穴 xué | 939 |
| 嫌 xián | 892 | 钉 dīng | 215 | **グン** | | 决 jué | 469 |
| **きり** | | dìng | 217 | 军 jūn | 471 | 血 xuè | 915 |
| 桐 tóng | 822 | **くさ** | | 郡 jùn | 473 | xuè | 941 |
| 雾 wù | 874 | 草 cǎo | 90 | 群 qún | 692 | 杰 jié | 440 |
| 锥 zhuī | 1107 | **くさい** | | **け** | | 结 jiē | 437 |
| **きる** | | 臭 chòu | 133 | け | | 洁 jié | 440 |
| 切 qiē | 671 | xiù | 932 | 毛 máo | 559 | **ゲツ** | |
| qiè | 671 | **くさり** | | **ケ** | | 月 yuè | 1029 |
| **キン** | | 锁 suǒ | 791 | 下 xià | 884 | **ける** | |
| 巾 jīn | 445 | **くし** | | **ケイ** | | 蹴 cù | 159 |
| 斤 jīn | 445 | 串 chuàn | 144 | 计 jì | 410 | **ケン** | |
| 今 jīn | 445 | **くじら** | | 兄 xiōng | 928 | 见 jiàn | 424 |
| 仅 jǐn | 447 | 鲸 jīng | 455 | 庆 qìng | 680 | 犬 quǎn | 690 |
| jìn | 448 | **くすり** | | 刑 xíng | 924 | 件 jiàn | 425 |
| 近 jìn | 449 | 药 yào | 964 | 鸡 jī | 403 | 权 quán | 688 |
| 均 jūn | 472 | **くせ** | | 系 jì | 412 | 坚 jiān | 420 |
| 金 jīn | 445 | 癖 pǐ | 638 | xì | 882 | 县 xiàn | 893 |
| 钦 qīn | 672 | **くち** | | 劲 jìn | 450 | 轩 xuān | 936 |
| 紧 jǐn | 447 | 口 kǒu | 490 | jìng | 456 | 肩 jiān | 420 |
| 菌 jūn | 473 | **くちばし** | | 启 qǐ | 655 | 建 jiàn | 425 |
| jùn | 473 | 嘴 zuǐ | 1125 | 茎 jīng | 451 | 券 quàn | 690 |
| 筋 jīn | 447 | **くちびる** | | 京 jīng | 451 | xuàn | 938 |
| 琴 qín | 674 | 唇 chún | 150 | 经 jīng | 451 | | |
| 禁 jīn | 447 | **クツ** | | | | | |

| | | | | | | | | | | |
|---|---|---|---|---|---|---|---|---|---|---|
| 贤 | xián | 891 | 浒 | hǔ | 372 | | xìng | 927 | 膏 | gāo | 297 |
| 俭 | jiǎn | 422 | | xǔ | 934 | 纲 | gāng | 292 | | gào | 299 |
| 剑 | jiàn | 426 | 顾 | gù | 321 | 更 | gēng | 305 | 酵 | jiào | 437 |
| 显 | xiǎn | 892 | 壶 | hú | 371 | | gèng | 306 | 稿 | gǎo | 298 |
| 险 | xiǎn | 893 | 雇 | gù | 322 | 攻 | gōng | 311 | 衡 | héng | 362 |
| 宪 | xiàn | 895 | 湖 | hú | 371 | 贡 | gòng | 313 | **こう** | | |
| 研 | yán | 952 | 鼓 | gǔ | 320 | 宏 | hóng | 365 | 乞 | qǐ | 655 |
| 兼 | jiān | 421 | **こ** | | | 抗 | kàng | 487 | 请 | qǐng | 680 |
| 健 | jiàn | 426 | 小 | xiǎo | 905 | 坑 | kēng | 487 | **ゴウ** | | |
| 拳 | quán | 689 | 子 | zǐ | 1111 | 孝 | xiào | 911 | 号 | háo | 349 |
| 验 | yàn | 956 | | zi | 1118 | 构 | gòu | 315 | | hào | 351 |
| 检 | jiǎn | 422 | **ゴ** | | | 购 | gòu | 315 | 刚 | gāng | 292 |
| 圈 | juān | 468 | 互 | hù | 372 | 杭 | háng | 348 | 合 | gě | 302 |
| | juàn | 469 | 五 | wǔ | 870 | 降 | jiàng | 429 | | hé | 353 |
| | quān | 687 | 午 | wǔ | 871 | | xiáng | 900 | 傲 | ào | 10 |
| 脸 | liǎn | 523 | 后 | hòu | 366 | 郊 | jiāo | 431 | **こえ** | | |
| 悬 | xuán | 937 | 护 | hù | 373 | 拘 | jū | 463 | 声 | shēng | 738 |
| 谦 | qiān | 662 | 吾 | wú | 870 | 肯 | kěn | 487 | **こおり** | | |
| 遣 | qiǎn | 665 | 吴 | wú | 871 | 矿 | kuàng | 497 | 冰 | bīng | 60 |
| 嫌 | xián | 892 | 误 | wù | 874 | 幸 | xìng | 927 | **コク** | | |
| 献 | xiàn | 896 | 语 | yǔ | 1019 | 钢 | gāng | 293 | 告 | gào | 298 |
| **ゲン** | | | | yù | 1020 | | gàng | 294 | 谷 | yù | 318 |
| 幻 | huàn | 383 | 悟 | wù | 874 | 巷 | xiàng | 349 | 克 | kè | 485 |
| 元 | yuán | 1023 | 娱 | yú | 1016 | | xiàng | 902 | 国 | guó | 336 |
| 玄 | xuán | 936 | 棋 | qí | 654 | 恒 | héng | 361 | 刻 | kè | 485 |
| 严 | yán | 950 | 御 | yù | 1022 | 洪 | hóng | 365 | 哭 | kū | 492 |
| 言 | yán | 951 | **こい** | | | 侯 | hóu | 366 | 黑 | hēi | 358 |
| 弦 | xián | 891 | 恋 | liàn | 524 | 候 | hòu | 368 | 酷 | kù | 493 |
| 现 | xiàn | 894 | 鲤 | lǐ | 517 | 厚 | hòu | 368 | **ゴク** | | |
| 限 | xiàn | 895 | **コウ** | | | 荒 | huāng | 384 | 狱 | yù | 1020 |
| 原 | yuán | 1024 | 广 | ān | 5 | 皇 | huáng | 385 | **こころ** | | |
| 减 | jiǎn | 422 | | guǎng | 329 | 绞 | jiǎo | 434 | 心 | xīn | 916 |
| 源 | yuán | 1027 | 工 | gōng | 306 | 香 | xiāng | 898 | **こし** | | |
| **コ** | | | 公 | gōng | 308 | 项 | xiàng | 902 | 腰 | yāo | 962 |
| 个 | gě | 302 | 孔 | kǒng | 489 | 高 | gāo | 294 | 舆 | yú | 1017 |
| | gè | 302 | 功 | gōng | 310 | 耕 | gēng | 305 | **コツ** | | |
| 己 | jǐ | 410 | 弘 | hóng | 363 | 航 | háng | 348 | 忽 | hū | 369 |
| 户 | hù | 373 | 甲 | jiǎ | 417 | 浩 | hào | 352 | 骨 | gū | 317 |
| 古 | gǔ | 318 | 巧 | qiǎo | 670 | 候 | hóu | 368 | | gǔ | 319 |
| 夸 | kuā | 493 | 光 | guāng | 329 | | hòu | 368 | **こと** | | |
| 库 | kù | 493 | 行 | háng | 348 | 校 | jiào | 436 | 事 | shì | 751 |
| | | | | xíng | 924 | | xiào | 911 | 琴 | qín | 674 |
| 姑 | gū | 316 | 好 | hǎo | 350 | 效 | xiào | 912 | **ことわざ** | | |
| 孤 | gū | 317 | | hào | 350 | 够 | gòu | 315 | 谚 | yàn | 956 |
| 股 | gǔ | 318 | 红 | hóng | 363 | 鸿 | hóng | 365 | **こな** | | |
| 固 | gù | 320 | 后 | hòu | 366 | 黄 | huáng | 385 | 粉 | fěn | 267 |
| 呼 | hū | 369 | 江 | jiāng | 427 | 康 | kāng | 480 | **この** | | |
| 狐 | hú | 370 | 讲 | jiǎng | 428 | 控 | kòng | 489 | 此 | cǐ | 153 |
| 弧 | hú | 370 | 交 | jiāo | 430 | 港 | gǎng | 293 | **このむ** | | |
| 虎 | hǔ | 372 | 考 | kǎo | 481 | 慌 | huāng | 385 | 好 | hǎo | 350 |
| 故 | gù | 321 | 向 | xiàng | 901 | 硬 | yìng | 1000 | | hào | 352 |
| 胡 | hú | 370 | 兴 | xīng | 922 | 搞 | gǎo | 298 | | | |

| こま | | | 債 zhài | 1047 | 察 chá | 96 | 弛 chí | 124 |
|---|---|---|---|---|---|---|---|---|
| 驹 jū | 463 | | 彩 cǎi | 84 | 撮 cuō | 162 | 此 cǐ | 153 |
| **コン** | | | 菜 cài | 84 | | zuǒ | 1128 | 师 shī | 742 |
| 今 jīn | 445 | | 祭 jì | 413 | 撒 sā | 709 | 死 sǐ | 779 |
| 困 kùn | 499 | | 裁 cái | 83 | | sǎ | 709 | 旨 zhǐ | 1078 |
| 昆 kūn | 499 | | 最 zuì | 1126 | 擦 cā | 81 | 至 zhì | 1080 |
| 恨 hèn | 360 | | 催 cuī | 160 | **ザツ** | | 词 cí | 151 |
| 恨 hèn | 360 | | 碎 suì | 789 | 杂 zá | 1035 | 伺 cì | 154 |
| 浑 hún | 395 | | 赛 sài | 710 | **さむい** | | | sì | 781 |
| 垦 kěn | 487 | | **ザイ** | | 寒 hán | 345 | 私 sī | 777 |
| 根 gēn | 304 | | 在 zài | 1037 | **さら** | | 址 zhǐ | 1078 |
| 恳 kěn | 487 | | 材 cái | 82 | 皿 mǐn | 580 | 志 zhì | 1080 |
| 婚 hūn | 395 | | 财 cái | 82 | **さる** | | 姊 zǐ | 1112 |
| 混 hùn | 395 | | 剂 jì | 412 | 猿 yuán | 1027 | 齿 chǐ | 125 |
| | hùn | 396 | 罪 zuì | 1126 | **さわ** | | 刺 cì | 151 |
| 跟 gēn | 304 | | **さえぎる** | | 泽 zé | 1043 | | cì | 154 |
| 魂 hún | 396 | | 遮 zhē | 1058 | **サン** | | 诗 shī | 743 |
| **さ** | | | **さお** | | 三 sān | 710 | 始 shǐ | 748 |
| **サ** | | | 竿 gān | 289 | 山 shān | 717 | 使 shǐ | 748 |
| 左 zuǒ | 1127 | | **さか** | | 产 chǎn | 99 | 试 shì | 752 |
| 沙 shā | 715 | | 坂 bǎn | 24 | 伞 sǎn | 712 | 视 shì | 752 |
| | shà | 716 | **さかな** | | 参 cān | 85 | 饲 sì | 781 |
| 佐 zuǒ | 1128 | | 鱼 yú | 1015 | | cēn | 92 | 枝 zhī | 1073 |
| 差 chā | 93 | | **さき** | | | shēn | 732 | 肢 zhī | 1074 |
| | chà | 96 | 崎 qí | 654 | 蚕 cán | 87 | 施 shī | 743 |
| | chāi | 97 | **サク** | | 惨 cǎn | 87 | 思 sī | 778 |
| | cī | 151 | 作 zuō | 1127 | 散 sàn | 712 | 指 zhǐ | 1078 |
| 查 chá | 95 | | | zuò | 1128 | | sàn | 712 | 咨 zī | 1110 |
| | zhā | 1045 | 削 xiāo | 903 | 酸 suān | 786 | 姿 zī | 1110 |
| 锁 suǒ | 791 | | | xuē | 939 | 算 suàn | 787 | 脂 zhī | 1074 |
| **ザ** | | | 昨 zuó | 1127 | 餐 cān | 86 | 资 zī | 1110 |
| 坐 zuò | 1129 | | 索 suǒ | 791 | 赞 zàn | 1038 | 赐 cì | 155 |
| 座 zuò | 1131 | | 策 cè | 92 | **ザン** | | 斯 sī | 778 |
| **サイ** | | | 错 cuò | 163 | 斩 zhǎn | 1048 | 紫 zǐ | 1112 |
| 才 cái | 82 | | 榨 zhà | 1046 | 残 cán | 86 | 嗜 shì | 754 |
| 岁 suì | 789 | | 樱 yīng | 997 | 暂 zàn | 1038 | 嗣 sì | 782 |
| 西 xī | 875 | | **さけ** | | **し** | | 雌 cí | 153 |
| 再 zài | 1036 | | 酒 jiǔ | 460 | **シ** | | **ジ** | |
| 际 jì | 412 | | 鲑 guī | 333 | 士 shì | 749 | 儿 ér | 240 |
| 灾 zāi | 1035 | | **さけぶ** | | 之 zhī | 1071 | 尔 ěr | 241 |
| 采 cǎi | 83 | | 叫 jiào | 435 | 子 zǐ | 1111 | 示 shì | 749 |
| | cài | 84 | **さける** | | | zi | 1118 | 次 cì | 154 |
| 妻 qī | 651 | | 避 bì | 50 | 氏 shì | 749 | 地 de | 195 |
| 细 xì | 882 | | **さじ** | | | zhī | 1072 | | dì | 201 |
| 济 jǐ | 410 | | 匙 chí | 124 | 支 zhī | 1071 | 而 ér | 241 |
| | jì | 412 | | shi | 755 | 止 zhǐ | 1077 | 耳 ěr | 241 |
| 哉 zāi | 1036 | | **サツ** | | 史 shǐ | 748 | 似 shì | 751 |
| 栽 zāi | 1036 | | 册 cè | 91 | 矢 shǐ | 748 | | sì | 781 |
| 载 zǎi | 1036 | | 杀 shā | 715 | 仕 shì | 750 | 寺 sì | 781 |
| | zài | 1038 | 刷 shuā | 767 | 市 shì | 750 | 自 zì | 1113 |
| 宰 zǎi | 1036 | | | shuà | 768 | 司 sī | 777 | 字 zì | 1117 |
| 斋 zhāi | 1047 | | | | | 四 sì | 780 | 时 shí | 745 |

| | | | | | | | |
|---|---|---|---|---|---|---|---|
| 呢 | ne 604 | 岛 dǎo 190 | 趣 qù 687 | 肃 sù 785 |
| | ní 608 | 缟 gǎo 298 | ジュ | 祝 zhù 1098 |
| 事 | shì 751 | しめす | 寿 shòu 759 | 淑 shū 754 |
| 侍 | shì 751 | 示 shì 749 | 受 shòu 759 | 宿 sù 786 |
| 治 | zhì 1082 | しも | 咒 zhòu 1092 | | xiǔ 931 |
| 持 | chí 124 | 霜 shuāng 770 | 树 shù 766 | | xiù 932 |
| 恃 | shì 754 | シャ | 授 shòu 761 | 缩 suō 790 |
| 滋 | zī 1111 | 车 chē 109 | 需 xū 934 | | suō 790 |
| 辞 | cí 152 | | jū 463 | 儒 rú 705 | ジュク |
| 慈 | cí 152 | 写 xiě 914 | シュウ | 塾 shú 764 |
| 磁 | cí 153 | | xiè 915 | 习 xí 879 | 熟 shóu 756 |
| しお | | 社 shè 729 | 丑 chǒu 132 | シュツ |
| 盐 | yán 952 | 舍 shě 729 | 囚 qiú 682 | 出 chū 133 |
| 潮 | cháo 109 | | shè 730 | 收 shōu 755 | ジュツ |
| しか | | 者 zhě 1060 | 执 zhí 1074 | 术 shù 766 |
| 鹿 | lù 541 | 射 shè 729 | 众 zhòng 1089 | | zhú 1094 |
| シキ | | 赦 shè 730 | 舟 zhōu 1091 | 述 shù 766 |
| 式 | shì 751 | 斜 xié 914 | 州 zhōu 1091 | シュン |
| 识 | shí 746 | 谢 xiè 916 | 秀 xiù 931 | 春 chūn 148 |
| | zhì 1081 | 煮 zhǔ 1096 | 终 zhōng 1088 | 俊 jùn 473 |
| 织 | zhī 1074 | 遮 zhē 1058 | 周 zhōu 1091 | 峻 jùn 473 |
| ジク | | ジャ | 宗 zōng 1118 | 骏 jùn 473 |
| 轴 | zhóu 1092 | 邪 xié 913 | 秋 qiū 682 | 竣 jùn 473 |
| | zhòu 1092 | | yé 980 | 拾 shí 747 | 舜 shùn 775 |
| した | | 蛇 shé 729 | 修 xiū 930 | 瞬 shùn 775 |
| 下 | xià 884 | | yí 980 | 臭 chòu 133 | ジュン |
| シチ | | シャク | | xiù 932 | 旬 xún 942 |
| 七 | qī 651 | 勺 sháo 727 | 羞 xiū 931 | 巡 xún 942 |
| シツ | | 尺 chě 111 | 袭 xí 879 | 驯 xùn 944 |
| 失 | shī 741 | | chǐ 125 | 集 jí 408 | 纯 chún 150 |
| 执 | zhí 1074 | 借 jiè 444 | 就 jiù 461 | 闰 rùn 708 |
| 质 | zhì 1081 | 酌 zhuó 1109 | 酬 chóu 131 | 盾 dùn 234 |
| 室 | shì 754 | 释 shì 754 | 愁 chóu 132 | 顺 shùn 774 |
| 疾 | jí 408 | 爵 jué 471 | ジュウ | 润 rùn 708 |
| 悉 | xī 877 | ジャク | 十 shí 743 | 殉 xùn 944 |
| 湿 | shī 743 | 若 ruò 21 | 戎 róng 155 | 准 zhǔn 1108 |
| 嫉 | jí 409 | 弱 ruò 22 | 汁 zhī 1072 | 淳 chún 150 |
| 漆 | qī 652 | 寂 jì 413 | 充 chōng 127 | 循 xún 943 |
| 膝 | xī 878 | シュ | 住 zhù 1097 | 醇 chún 150 |
| ジツ | | 手 shǒu 756 | 纵 zòng 1120 | 遵 zūn 1127 |
| 日 | rì 701 | 主 zhǔ 1095 | 重 chóng 128 | ショ |
| 实 | shí 746 | 守 shǒu 758 | | zhòng 1090 | 书 shū 761 |
| しのぶ | | 朱 zhū 1093 | 柔 róu 703 | 处 chǔ 139 |
| 忍 | rěn 699 | 取 qǔ 686 | 涩 sè 714 | | chǔ 140 |
| しば | | 种 chóng 128 | 铳 chòng 130 | 初 chū 137 |
| 芝 | zhī 1073 | | zhǒng 1089 | 兽 shòu 761 | 所 suǒ 790 |
| 柴 | chái 97 | | zhòng 1090 | しゅうと | 诸 zhū 1093 |
| しぶい | | 首 shǒu 756 | 舅 jiù 462 | 庶 shù 767 |
| 涩 | sè 714 | 酒 jiǔ 460 | しゅうとめ | 绪 xù 935 |
| しぼる | | 殊 shū 763 | 姑 gū 316 | 暑 shǔ 765 |
| 绞 | jiǎo 434 | 珠 zhū 1093 | シュク | 署 shǔ 765 |
| しま | | 株 zhū 1093 | 叔 shū 762 | |

## ジョ～ズイ：音訓索引

### ジョ
| | | |
|---|---|---|
| 女 | nǚ | 621 |
| 如 | rú | 704 |
| 序 | xù | 934 |
| 助 | zhù | 1097 |
| 除 | chú | 138 |
| 叙 | xù | 935 |
| 恕 | shù | 767 |
| 徐 | xú | 934 |

### ショウ
| | | |
|---|---|---|
| 厂 | ān | 5 |
| | chǎng | 104 |
| 小 | xiǎo | 905 |
| 少 | shǎo | 727 |
| | shào | 728 |
| 升 | shēng | 735 |
| 召 | shào | 728 |
| 生 | shēng | 736 |
| 正 | zhèng | 1065 |
| | zhèng | 1068 |
| 冲 | chōng | 127 |
| | chòng | 130 |
| 匠 | jiàng | 429 |
| 伤 | shāng | 720 |
| 牧 | zhuāng | 1104 |
| 庄 | zhuāng | 1104 |
| 抄 | chāo | 106 |
| 床 | chuáng | 146 |
| 松 | sōng | 782 |
| | zhōng | 1087 |
| 肖 | shāo | 903 |
| | xiào | 911 |
| 证 | zhèng | 1070 |
| 昌 | chāng | 100 |
| 承 | chéng | 118 |
| 妾 | qiè | 672 |
| 尚 | shàng | 726 |
| 绍 | shào | 728 |
| 松 | sōng | 782 |
| 详 | xiáng | 900 |
| 招 | zhāo | 1054 |
| 尝 | cháng | 103 |
| 将 | jiāng | 427 |
| | jiàng | 429 |
| 奖 | jiǎng | 429 |
| 胜 | shēng | 739 |
| | shèng | 740 |
| 省 | shěng | 739 |
| | xǐng | 926 |
| 相 | xiāng | 897 |
| | xiàng | 902 |
| 昭 | zhāo | 1055 |

| | | |
|---|---|---|
| 钟 | zhōng | 1088 |
| 称 | chèn | 114 |
| | chēng | 115 |
| 烧 | shāo | 726 |
| 涉 | shè | 730 |
| 祥 | xiáng | 900 |
| 消 | xiāo | 903 |
| 笑 | xiào | 911 |
| 症 | zhēng | 1067 |
| | zhèng | 1071 |
| 偿 | cháng | 104 |
| 唱 | chàng | 105 |
| 捷 | jié | 441 |
| 商 | shāng | 721 |
| 梢 | shāo | 727 |
| 象 | xiàng | 902 |
| 章 | zhāng | 1051 |
| 焦 | jiāo | 433 |
| 晶 | jīng | 453 |
| 赏 | shǎng | 722 |
| 硝 | xiāo | 904 |
| 掌 | zhǎng | 1052 |
| 酱 | jiàng | 430 |
| 障 | zhàng | 1054 |
| 照 | zhào | 1057 |
| 墙 | qiáng | 668 |
| 彰 | zhāng | 1052 |
| 蕉 | jiāo | 433 |
| | qiáo | 670 |
| 礁 | jiāo | 433 |

### ジョウ
| | | |
|---|---|---|
| 上 | shǎng | 722 |
| | shàng | 722 |
| 丈 | zhàng | 1053 |
| 冗 | rǒng | 703 |
| 让 | ràng | 693 |
| 场 | cháng | 104 |
| | chǎng | 104 |
| 扰 | rǎo | 694 |
| 条 | tiáo | 811 |
| 状 | zhuàng | 1106 |
| 净 | jìng | 456 |
| 帖 | tiē | 814 |
| | tiè | 814 |
| 城 | chéng | 119 |
| 饶 | ráo | 694 |
| 乘 | chéng | 119 |
| | shèng | 740 |
| 娘 | niáng | 613 |
| 常 | cháng | 103 |
| 情 | qíng | 679 |
| 绳 | shéng | 739 |

| | | |
|---|---|---|
| 剩 | shèng | 740 |
| 叠 | dié | 214 |
| 锭 | dìng | 219 |
| 蒸 | zhēng | 1067 |
| 酿 | niàng | 613 |
| 壤 | rǎng | 693 |

### ショク
| | | |
|---|---|---|
| 色 | sè | 714 |
| | shǎi | 717 |
| 饰 | shì | 752 |
| 织 | zhī | 1074 |
| 食 | shí | 747 |
| | sì | 782 |
| 拭 | shì | 753 |
| 烛 | zhú | 1095 |
| 职 | zhí | 1076 |
| 殖 | shi | 755 |
| | zhí | 1077 |
| 植 | zhí | 1077 |
| 触 | chù | 140 |
| 蜀 | shǔ | 765 |
| 嘱 | zhǔ | 1097 |

### ジョク
| | | |
|---|---|---|
| 辱 | rǔ | 706 |

### しわ
| | | |
|---|---|---|
| 皱 | zhòu | 1092 |

### シン
| | | |
|---|---|---|
| 心 | xīn | 916 |
| 申 | shēn | 731 |
| 臣 | chén | 112 |
| 辰 | chén | 112 |
| 进 | jìn | 448 |
| 伸 | shēn | 731 |
| 身 | shēn | 731 |
| 辛 | xīn | 919 |
| 针 | zhēn | 1061 |
| 诊 | zhěn | 1063 |
| 呻 | shēn | 732 |
| 绅 | shēn | 732 |
| 审 | shěn | 734 |
| 津 | jīn | 447 |
| 侵 | qīn | 672 |
| 亲 | qīn | 673 |
| 神 | shén | 733 |
| 信 | xìn | 921 |
| 唇 | chún | 150 |
| 晋 | jìn | 450 |
| 浸 | jìn | 450 |
| 秦 | qín | 673 |
| 娠 | shēn | 732 |
| 真 | zhēn | 1062 |
| 振 | zhèn | 1064 |

| | | |
|---|---|---|
| 晨 | chén | 114 |
| 清 | qīng | 677 |
| 深 | shēn | 732 |
| 森 | sēn | 715 |
| 寝 | qǐn | 674 |
| 慎 | shèn | 735 |
| 新 | xīn | 919 |
| 斟 | zhēn | 1063 |
| 震 | zhèn | 1064 |
| 薪 | xīn | 921 |

### ジン
| | | |
|---|---|---|
| 人 | rén | 696 |
| 刃 | rèn | 699 |
| 壬 | rén | 699 |
| 仁 | rén | 699 |
| 尽 | jǐn | 447 |
| | jìn | 448 |
| 寻 | xún | 942 |
| 迅 | xùn | 944 |
| 阵 | zhèn | 1064 |
| 肾 | shèn | 735 |
| 甚 | shèn | 735 |

### す
| | | |
|---|---|---|
| 须 | xū | 932 |
| 巣 | cháo | 108 |
| 図 | tú | 828 |

### スイ
| | | |
|---|---|---|
| 水 | shuǐ | 771 |
| 帅 | shuài | 769 |
| 吹 | chuī | 147 |
| 炊 | chuī | 147 |
| 垂 | chuí | 148 |
| 衰 | cuī | 159 |
| | shuāi | 768 |
| 彗 | huì | 394 |
| 推 | tuī | 832 |
| 遂 | suì | 789 |
| 锤 | chuí | 148 |
| 睡 | shuì | 774 |
| 锥 | zhuī | 1107 |
| 粹 | cuì | 160 |
| 醉 | zuì | 1126 |
| 穂 | suì | 789 |

### ズイ
| | | |
|---|---|---|
| 隋 | suí | 788 |
| 随 | suí | 788 |
| 瑞 | ruì | 708 |
| 蕊 | ruǐ | 708 |

| | | | | | | | |
|---|---|---|---|---|---|---|---|
| 髄 suǐ | 789 | **セイ** | | 昔 xī | 876 | 千 qiān | 660 |
| **スウ** | | 井 jǐng | 455 | 析 xī | 876 | 专 zhuān | 1100 |
| 枢 shū | 762 | 生 shēng | 736 | 责 zé | 1042 | 闪 shǎn | 719 |
| 崇 chóng | 129 | 圣 shèng | 739 | 迹 jì | 412 | 仙 xiān | 888 |
| 数 shǔ | 765 | 世 shì | 749 | 积 jī | 404 | 占 zhān | 1048 |
| shù | 767 | 正 zhēng | 1065 | 脊 jǐ | 410 | zhàn | 1049 |
| shuò | 777 | zhèng | 1068 | 席 xí | 879 | 尖 jiān | 419 |
| **すぎ** | | 成 chéng | 116 | 寂 jì | 413 | 迁 qiān | 661 |
| 杉 shā | 715 | 齐 qí | 652 | 绩 jì | 413 | 纤 qiān | 666 |
| shān | 718 | 西 xī | 875 | 戚 qī | 651 | xiān | 890 |
| **すこぶる** | | 声 shēng | 738 | 硕 shuò | 777 | 先 xiān | 889 |
| 頗 pō | 646 | 诚 chéng | 118 | 惜 xī | 877 | 圳 zhèn | 1064 |
| **すず** | | 青 qīng | 674 | 籍 jí | 409 | 浅 jiān | 420 |
| 铃 líng | 532 | 势 shì | 751 | **せき** | | qiǎn | 665 |
| 锡 xī | 878 | 性 xìng | 927 | 关 guān | 325 | 陕 shǎn | 719 |
| **すずしい** | | 姓 xìng | 928 | 咳 hāi | 342 | 线 xiàn | 895 |
| 凉 liáng | 524 | 征 zhēng | 1066 | ké | 483 | 穿 chuān | 142 |
| liàng | 526 | 制 zhì | 1081 | 堰 yàn | 956 | 荐 jiàn | 425 |
| **すずめ** | | 挤 jǐ | 410 | **セツ** | | 泉 quán | 689 |
| 雀 qiāo | 669 | 牲 shēng | 739 | 切 qiē | 671 | 染 rǎn | 693 |
| qiǎo | 670 | 省 shěng | 739 | qiè | 671 | 洗 xǐ | 880 |
| què | 691 | xǐng | 926 | 节 jiē | 437 | xiǎn | 893 |
| **すずり** | | 星 xīng | 928 | jié | 439 | 宣 xuān | 936 |
| 砚 yàn | 956 | 政 zhèng | 1070 | 设 shè | 729 | 选 xuǎn | 938 |
| **すな** | | 栖 qī | 651 | 折 shé | 729 | 战 zhàn | 1049 |
| 砂 shā | 716 | xī | 876 | zhē | 1058 | 钱 qián | 664 |
| **すなわち** | | 凄 qī | 651 | zhé | 1059 | 扇 shān | 719 |
| 乃 nǎi | 597 | 请 qǐng | 680 | 刹 chà | 96 | shàn | 720 |
| 即 jí | 407 | 逝 shì | 754 | shā | 716 | 栓 shuān | 769 |
| **すみ** | | 盛 chéng | 120 | 拙 zhuō | 1108 | 船 chuán | 144 |
| 隅 yú | 1017 | shèng | 740 | 窃 qiè | 672 | 笺 jiān | 421 |
| 墨 mò | 589 | 清 qīng | 674 | 说 shuì | 774 | 剪 jiǎn | 422 |
| **すむ** | | 晴 qíng | 679 | shuō | 775 | 铣 xǐ | 880 |
| 济 jǐ | 410 | 婿 xù | 935 | yuè | 1030 | xiǎn | 893 |
| jì | 412 | 睛 jīng | 453 | 接 jiē | 438 | 旋 xuán | 937 |
| 澄 chéng | 120 | 靖 jìng | 457 | 雪 xuě | 940 | xuàn | 938 |
| dèng | 198 | 腥 xīng | 924 | 摄 shè | 730 | 践 jiàn | 426 |
| **すわる** | | 精 jīng | 453 | 截 jié | 442 | 羡 xiàn | 896 |
| 坐 zuò | 1129 | 静 jìng | 457 | **ゼツ** | | 煎 jiān | 421 |
| 座 zuò | 1131 | 誓 shì | 744 | 舌 shé | 728 | 腺 xiàn | 896 |
| **スン** | | 整 zhěng | 1067 | 绝 jué | 470 | 燔 shān | 719 |
| 寸 cùn | 162 | **ゼイ** | | **せまい** | | 鲜 xiān | 890 |
| **せ** | | 脆 cuì | 160 | 狭 xiá | 884 | xiǎn | 893 |
| **セ** | | 税 shuì | 774 | **せみ** | | 潜 qián | 664 |
| 世 shì | 749 | **セキ** | | 蝉 chán | 99 | 撰 zhuàn | 1104 |
| 施 shī | 743 | 夕 xī | 875 | **せめる** | | **ゼン** | |
| **せ** | | 斥 chì | 125 | 攻 gōng | 311 | 全 quán | 688 |
| 亩 mǔ | 591 | 石 dàn | 168 | 责 zé | 1042 | 前 qián | 662 |
| 背 bēi | 38 | shí | 744 | **せり** | | 渐 jiān | 421 |
| bèi | 40 | 只 zhī | 1072 | 芹 qín | 673 | jiàn | 426 |
| **ゼ** | | zhǐ | 1077 | **セン** | | 禅 chán | 98 |
| 是 shì | 753 | 赤 chì | 126 | 川 chuān | 141 | | |

| | | | | | | | |
|---|---|---|---|---|---|---|---|
| 嘽 shàn | 720 | 曹 cáo | 89 | 側 cè | 92 | 兌 duì | 233 |
| 嘽 chuǎn | 144 | 巢 cháo | 108 | 促 cù | 158 | 陀 tuó | 837 |
| 然 rán | 692 | 爽 shuǎng | 770 | 速 sù | 786 | 妥 tuǒ | 838 |
| 善 shàn | 720 | 綜 zèng | 1044 | 息 xī | 877 | 拿 ná | 594 |
| 繕 shàn | 720 | zōng | 1118 | 捉 zhuó | 1108 | 舵 duò | 237 |
| 膳 shàn | 720 | 曾 céng | 91 | 塞 sāi | 710 | 墮 duò | 237 |
| | | zèng | 1044 | sài | 710 | 唾 tuò | 838 |
| **そ** | | 插 chā | 93 | sè | 714 | 惰 duò | 237 |
| **ソ** | | 搔 sāo | 713 | **ゾク** | | **タイ** | |
| 蘇 sū | 784 | 騷 sāo | 713 | 俗 sú | 785 | 駄 duò | 231 |
| 訴 sù | 785 | 搜 sōu | 784 | 賊 zéi | 1043 | 太 tài | 794 |
| 阻 zǔ | 1123 | 葬 zàng | 1039 | 續 xù | 935 | 対 duì | 232 |
| 組 zǔ | 1124 | 裝 zhuāng | 1104 | 族 zú | 1123 | 体 tǐ | 804 |
| 俎 zǔ | 1124 | 想 xiǎng | 901 | 屬 shǔ | 765 | 台 tái | 806 |
| 祖 zǔ | 1124 | 瘦 shòu | 761 | 屬 zhǔ | 1097 | 抬 tái | 793 |
| 礎 chǔ | 140 | 漱 shù | 767 | 粟 sù | 786 | 態 tài | 795 |
| 素 sù | 785 | 嗾 sǒu | 784 | **そこ** | | 待 dāi | 179 |
| 租 zū | 1123 | 遭 zāo | 1039 | 底 de | 195 | dài | 180 |
| 粗 cū | 157 | 槽 cáo | 90 | dǐ | 201 | 帯 dài | 180 |
| 措 cuò | 163 | 聰 cōng | 155 | **そそのかす** | | 貸 dài | 180 |
| 疏 shū | 763 | 箱 xiāng | 899 | 嗾 suō | 790 | 怠 dài | 181 |
| 楚 chǔ | 140 | 操 cāo | 89 | **ソツ** | | 耐 nài | 598 |
| 鼠 shǔ | 765 | cào | 91 | 卒 cù | 158 | 胎 tāi | 793 |
| 塑 sù | 786 | 澡 zǎo | 1041 | 卒 zú | 1123 | 退 tuì | 834 |
| 溯 sù | 786 | 噪 zào | 1042 | 率 lǜ | 543 | 泰 tài | 795 |
| 蔬 shū | 764 | 霜 shuāng | 770 | shuài | 769 | 逮 dǎi | 179 |
| **ソウ** | | 燥 zào | 1042 | **その** | | dài | 181 |
| 倉 cāng | 88 | 藻 zǎo | 1041 | 其 jī | 404 | 袋 dài | 181 |
| 双 shuāng | 769 | **ゾウ** | | qí | 653 | 堆 duī | 231 |
| 叢 cóng | 156 | 贓 zàng | 1039 | **そら** | | 替 tì | 807 |
| 創 chuàng | 145 | 髒 zāng | 1039 | 空 kōng | 487 | 滞 zhì | 1083 |
| 創 chuāng | 146 | 臟 zàng | 1039 | kòng | 489 | 腿 tuǐ | 833 |
| 扫 sǎo | 713 | 造 zào | 1041 | **ソン** | | 戴 dài | 181 |
| sào | 714 | 象 xiàng | 902 | 存 cún | 161 | **たい** | |
| 早 zǎo | 1040 | 像 xiàng | 903 | 孫 sūn | 789 | 鯛 diāo | 212 |
| 争 zhēng | 1065 | 增 zēng | 1044 | 村 cūn | 161 | **ダイ** | |
| 庄 zhuāng | 1104 | 僧 sēng | 1044 | 損 sǔn | 789 | 乃 nǎi | 597 |
| 壯 zhuàng | 1105 | 贈 zèng | 1044 | 尊 zūn | 1127 | 大 dà | 170 |
| 苍 cāng | 88 | 藏 cáng | 89 | **た** | | dài | 179 |
| 層 céng | 92 | zàng | 1039 | **タ** | | 代 dài | 179 |
| 宋 sòng | 783 | **ソク** | | 他 tā | 791 | 奶 nǎi | 597 |
| 走 zǒu | 1121 | 仄 zè | 1043 | 它 tā | 792 | 台 tāi | 793 |
| 枪 qiāng | 666 | 则 zé | 1042 | 多 duō | 235 | tái | 793 |
| 喪 sāng | 713 | 即 jí | 407 | 她 tā | 792 | 第 dì | 204 |
| sàng | 713 | 束 shù | 766 | 汰 tài | 795 | 題 tí | 806 |
| 草 cǎo | 90 | 足 zú | 1123 | **た** | | 醍 tí | 806 |
| 送 sòng | 783 | 侧 cè | 91 | 田 tián | 810 | **だいだい** | |
| 叟 sōu | 784 | zè | 1043 | **ダ** | | 橙 chéng | 120 |
| 相 xiāng | 897 | 栅 zhài | 1047 | 打 dá | 165 | **たか** | |
| xiàng | 902 | 测 cè | 92 | dǎ | 166 | 鷹 yīng | 997 |
| 总 zǒng | 1119 | | | 馱 duò | 237 | **たから** | |
| 奏 zòu | 1122 | | | tuó | 837 | 宝 bǎo | 32 |
| 桑 sāng | 713 | | | | | | |

# 音訓索引：たきぎ〜チョウ

## たきぎ
薪 xīn 921

## タク
托 tuō 835
宅 zhái 1047
拓 tà 792
　　 tuò 838
择 zé 1042
　　 zhái 1047
泽 zé 1043
卓 zhuó 1109
桌 zhuō 1108
啄 zhuó 1109
琢 zhuó 1110
　　 zuó 1127

## ダク
浊 zhuó 1109
诺 nuò 623

## だく
抱 bào 35

## たけ
竹 zhú 1094

## ただ
只 zhī 1072
　　 zhǐ 1077
唯 wéi 853
　　 wěi 855

## たたく
叩 kòu 491

## ただし
但 dàn 184

## たたみ
叠 dié 214

## たちばな
橘 jú 464

## タツ
达 dá 165

## たつ
立 lì 518
辰 chén 112

## ダツ
夺 duó 237
脱 tuō 836

## たて
纵 zòng 1120
盾 dùn 234

## たな
棚 péng 634

## たに
谷 gǔ 318

## たぬき
狸 lí 515

## たのしい
乐 lè 511
　　 yuè 1030

## たば
束 shù 766

## たま
玉 yù 1019

## たまご
卵 luǎn 544

## たまわる
赐 cì 155

## ため
为 wéi 851
　　 wèi 856

## ためす
试 shì 752

## たる
樽 zūn 1127

## だれ
谁 shéi 731
　　 shuí 771

## たわら
俵 biào 58

## タン
丹 dān 181
旦 dàn 184
叹 tàn 797
单 chán 98
　　 dān 182
　　 shàn 720
担 dān 182
　　 dàn 185
诞 dàn 185
坦 tǎn 797
胆 dǎn 184
炭 tàn 797
耽 dān 184
站 zhàn 1050
淡 dàn 185
蛋 dàn 185
探 tàn 797
短 duǎn 229
痰 tán 797
端 duān 229
锻 duàn 231

## ダン
团 tuán 831
男 nán 598
坛 tán 796
段 duàn 230
谈 tán 796
弹 dàn 185

tán 796
断 duàn 230
暖 nuǎn 622
檀 tán 797

## ち
## チ
池 chí 123
地 de 195
　　 dì 201
迟 chí 124
知 zhī 1073
治 zhì 1082
耻 chǐ 125
值 zhí 1076
痴 chī 123

## ち
血 xiě 915
　　 xuè 941

## ちいさい
小 xiǎo 905

## ちかい
近 jìn 449
誓 shì 754

## ちがう
违 wéi 852

## ちから
力 lì 517

## チク
竹 zhú 1094
畜 chù 140
　　 xù 935
逐 zhú 1094
筑 zhù 1099
蓄 xù 935

## ちち
乳 rǔ 705

## チツ
秩 zhì 1083
窒 zhì 1083

## チャ
茶 chá 94

## チャク
着 zhāo 1055
　　 zháo 1056
　　 zhe 1061
　　 zhuó 1109
嫡 dí 200

## チュウ
中 zhōng 1084
　　 zhòng 1089
冲 chōng 127
　　 chòng 130

虫 chóng 128
仲 zhòng 1089
抽 chōu 130
忠 zhōng 1087
宙 zhòu 1092
注 zhù 1098
驻 zhù 1098
昼 zhòu 1092
柱 zhù 1098
衷 zhōng 1088
偷 tōu 824
畴 chóu 131
厨 chú 138
铸 zhù 1099
踌 chóu 132

## チョ
贮 zhù 1098
绪 xù 935
著 zhe 1061
　　 zhù 1099
猪 zhū 1094

## チョウ
丁 dīng 215
　　 zhēng 1065
长 cháng 100
　　 zhǎng 1052
厅 tīng 816
鸟 diǎo 212
　　 niǎo 613
吊 diào 212
兆 zhào 1057
肠 cháng 103
町 dīng 215
　　 tǐng 818
听 tīng 816
张 zhāng 1051
帐 zhàng 1053
畅 chàng 105
宠 chǒng 129
钓 diào 213
顶 dǐng 216
胀 zhàng 1054
征 zhēng 1066
挑 tiǎo 811
　　 tiāo 813
调 diào 213
　　 tiáo 812
掉 diào 812
眺 tiào 813
超 chāo 107
朝 cháo 108
　　 zhāo 1055

# チョク～トウ：音訓索引

| | | | | | | | |
|---|---|---|---|---|---|---|---|
| 惩 chéng | 120 | 谨 jǐn | 448 | 诋 dǐ | 201 | 点 diǎn | 206 |
| 跳 tiào | 813 | 慎 shèn | 735 | 抵 dǐ | 200 | 展 zhǎn | 1049 |
| 嘲 cháo | 108 | | | 定 dìng | 217 | 添 tiān | 810 |
| zhāo | 1056 | **つつみ** | | 侦 zhēn | 1062 | 奠 diàn | 211 |
| 潮 cháo | 109 | 堤 dī | 199 | 郑 zhèng | 1070 | 填 tián | 811 |
| 澄 chéng | 120 | | | 帝 dì | 204 | 颠 diān | 1104 |
| dèng | 198 | **つつむ** | | 亭 tíng | 817 | 癫 diān | 205 |
| 蝶 dié | 215 | 包 bāo | 30 | 庭 tíng | 817 | | |
| 雕 diāo | 211 | | | 挺 tǐng | 818 | **てん** | |
| | | **つづる** | | 递 dì | 204 | 貂 diāo | 211 |
| **チョク** | | 缀 zhuì | 1107 | 谛 dì | 205 | | |
| 直 zhí | 1071 | | | 停 tíng | 817 | **デン** | |
| | | **つな** | | 程 chéng | 120 | 电 diàn | 207 |
| **チン** | | 纲 gāng | 292 | 堤 dī | 199 | 田 tián | 810 |
| 沉 chén | 112 | | | 提 dī | 199 | 传 chuán | 142 |
| 陈 chén | 113 | **つばさ** | | tí | 805 | zhuàn | 1103 |
| 珍 zhēn | 1062 | 椿 chūn | 150 | 缔 dì | 205 | 淀 diàn | 211 |
| 赁 lìn | 531 | | | | | 殿 diàn | 211 |
| 朕 zhèn | 1064 | **つばめ** | | **啼** tí | 806 | | |
| 镇 zhèn | 1065 | 燕 yān | 950 | 艇 tǐng | 818 | **と** | |
| | | yàn | 957 | | | | |
| **つ** | | | | **デイ** | | **ト** | |
| 津 jīn | 447 | **つぶ** | | 泥 ní | 608 | 斗 dǒu | 223 |
| | | 粒 lì | 520 | nì | 609 | dòu | 224 |
| **ツイ** | | | | | | 吐 tǔ | 831 |
| 对 duì | 232 | **つぼ** | | **テキ** | | tù | 831 |
| 坠 zhuì | 1107 | 坪 píng | 645 | 的 de | 195 | 肚 dù | 227 |
| 追 zhuī | 1106 | 壶 hú | 371 | dī | 199 | 杜 dù | 228 |
| 椎 chuí | 148 | | | dí | 199 | 图 tú | 828 |
| zhuī | 1107 | **つま** | | dì | 204 | 兔 tù | 831 |
| | | 妻 qī | 651 | 适 shì | 753 | 都 dōu | 223 |
| **ツウ** | | | | 敌 dí | 200 | dū | 225 |
| 通 tōng | 818 | **つむ** | | 笛 dí | 200 | 徒 tú | 829 |
| tòng | 823 | 积 jī | 404 | 掷 zhì | 1083 | 途 tú | 829 |
| 痛 tòng | 823 | 摘 zhāi | 1047 | 滴 dī | 199 | 涂 tú | 829 |
| | | | | 摘 zhāi | 1047 | 登 dēng | 196 |
| **つえ** | | **つめ** | | 踢 tī | 804 | 赌 dǔ | 228 |
| 杖 zhàng | 1053 | 爪 zhǎo | 1056 | | | 渡 dù | 228 |
| | | zhuǎ | 1100 | **デキ** | | | |
| **つか** | | | | 溺 nì | 609 | **ど** | |
| 冢 zhǒng | 1089 | **つめたい** | | | | 户 hù | 373 |
| | | 冷 lěng | 513 | **テツ** | | | |
| **つき** | | | | 彻 chè | 111 | **ド** | |
| 月 yuè | 1029 | **つり** | | 迭 dié | 214 | 土 tǔ | 830 |
| | | 钓 diào | 213 | 铁 tiě | 814 | 奴 nú | 620 |
| **つきる** | | | | 哲 zhé | 1059 | 努 nǔ | 620 |
| 尽 jǐn | 447 | **つる** | | 撤 chè | 111 | 度 dù | 228 |
| jìn | 448 | 吊 diào | 212 | | | duó | 237 |
| | | 蔓 mán | 554 | **てら** | | 怒 nù | 620 |
| **つくえ** | | wàn | 846 | 寺 sì | 781 | | |
| 机 jī | 402 | 鹤 hè | 358 | | | **トウ** | |
| | | | | **でる** | | 刀 dāo | 189 |
| **つくろう** | | **て** | | 出 chū | 133 | 邓 dèng | 198 |
| 缮 shàn | 720 | 手 shǒu | 756 | | | 斗 dǒu | 223 |
| | | | | **テン** | | dòu | 224 |
| **つたえる** | | **テイ** | | 天 tiān | 807 | 东 dōng | 219 |
| 传 chuán | 142 | 丁 dīng | 215 | 典 diǎn | 206 | 冬 dōng | 220 |
| zhuàn | 1103 | zhēng | 1065 | 店 diàn | 210 | 讨 tǎo | 801 |
| | | 订 dìng | 217 | 转 zhuǎn | 1101 | | |
| **つち** | | 廷 tíng | 817 | | | | |
| 土 tǔ | 830 | 贞 zhēn | 1061 | | | | |
| | | 呈 chéng | 118 | | | | |
| **つつ** | | 低 dī | 198 | | | | |
| 筒 tǒng | 823 | 邸 dǐ | 200 | | | | |
| | | 弟 dì | 204 | | | | |
| **つつしむ** | | 底 de | 195 | | | | |

| | | | | | | | | | | | |
|---|---|---|---|---|---|---|---|---|---|---|---|
| 头 | tóu | 824 | 同 | tóng | 820 | 友 | yǒu | 1009 | なか | | |
| 当 | dāng | 186 | | tòng | 823 | ともなう | | | 中 | zhōng | 1084 |
| | dàng | 188 | 洞 | dòng | 222 | 伴 | bàn | 27 | | zhòng | 1089 |
| 灯 | dēng | 196 | 恫 | tòng | 823 | とら | | | 仲 | zhòng | 1089 |
| 汤 | shāng | 721 | 胴 | dòng | 223 | 虎 | hǔ | 372 | ながい | | |
| | tāng | 798 | 堂 | táng | 799 | 寅 | yín | 993 | 长 | cháng | 100 |
| 岛 | dǎo | 190 | 铜 | tóng | 822 | とらえる | | | | zhǎng | 1052 |
| 冻 | dòng | 222 | 道 | dào | 193 | 捕 | bǔ | 69 | 永 | yǒng | 1002 |
| 豆 | dòu | 224 | 童 | tóng | 822 | 捉 | zhuō | 1108 | ながめる | | |
| 投 | tóu | 826 | とおい | | | とり | | | 眺 | tiào | 813 |
| 到 | dào | 191 | 远 | yuǎn | 1027 | 鸟 | diǎo | 212 | ながれる | | |
| 栋 | dòng | 222 | とき | | | | niǎo | 613 | 流 | liú | 535 |
| 逃 | táo | 800 | 时 | shí | 745 | 酉 | yǒu | 1013 | なく | | |
| 统 | tǒng | 822 | トク | | | とりで | | | 鸣 | míng | 584 |
| 党 | dǎng | 187 | 笃 | dǔ | 227 | 砦 | zhài | 1048 | 泣 | qì | 659 |
| 倒 | dǎo | 190 | 匿 | nì | 610 | どろ | | | なぐさめる | | |
| | dào | 191 | 特 | tè | 803 | 泥 | ní | 608 | 慰 | wèi | 857 |
| 逗 | dòu | 225 | 得 | dé | 194 | | nì | 609 | なぐる | | |
| 唐 | táng | 798 | | de | 195 | トン | | | 殴 | ōu | 623 |
| 桃 | táo | 801 | | děi | 196 | 屯 | tún | 835 | なげく | | |
| 陶 | táo | 801 | 督 | dū | 225 | 顿 | dú | 227 | 叹 | tàn | 797 |
| | yáo | 963 | 德 | dé | 195 | | dùn | 234 | なげる | | |
| 套 | tào | 802 | ドク | | | 敦 | dūn | 234 | 投 | tóu | 826 |
| 疼 | téng | 804 | 毒 | dú | 226 | ドン | | | なし | | |
| 透 | tòu | 827 | 独 | dú | 226 | 吞 | tūn | 835 | 梨 | lí | 515 |
| 盗 | dào | 192 | 读 | dòu | 225 | 贪 | tān | 795 | なぞ | | |
| 悼 | dào | 193 | | dú | 227 | 昙 | tán | 796 | 谜 | mèi | 566 |
| 掉 | diào | 213 | とこ | | | 钝 | dùn | 234 | | mí | 572 |
| 淘 | táo | 801 | 床 | chuáng | 146 | 缎 | duàn | 231 | なだ | | |
| 搭 | dā | 164 | とし | | | な | | | 滩 | tān | 796 |
| 答 | dá | 165 | 年 | nián | 610 | ナ | | | ナツ | | |
| | dá | 165 | とじる | | | 那 | nā | 594 | 捺 | nà | 597 |
| 登 | dēng | 196 | 闭 | bì | 49 | | nà | 596 | なつ | | |
| 等 | děng | 197 | 缀 | zhuì | 1107 | | nèi | 606 | 夏 | xià | 888 |
| 董 | dǒng | 221 | トツ | | | 奈 | nài | 598 | なつめ | | |
| 痘 | dòu | 225 | 凸 | tū | 828 | 哪 | nǎ | 595 | 枣 | zǎo | 1041 |
| 塔 | tǎ | 792 | 呐 | nà | 596 | | na | 597 | なに | | |
| 筒 | tǒng | 823 | 突 | tū | 828 | | né | 604 | 何 | hé | 355 |
| 腾 | téng | 803 | とどける | | | | něi | 604 | なべ | | |
| | téng | 804 | 届 | jiè | 443 | な | | | 锅 | guō | 336 |
| 誊 | téng | 804 | とどろく | | | 名 | míng | 581 | なま | | |
| 稻 | dào | 194 | 轰 | hōng | 362 | ナイ | | | 生 | shēng | 736 |
| 懂 | dǒng | 221 | となり | | | 乃 | nǎi | 597 | 波 | bō | 65 |
| 踏 | tā | 792 | 邻 | lín | 529 | 内 | nèi | 604 | 浪 | làng | 506 |
| | tà | 792 | とびら | | | ない | | | なみだ | | |
| 躺 | tǎng | 800 | 扉 | fēi | 262 | 无 | mó | 586 | 泪 | lèi | 512 |
| 橙 | chéng | 120 | とぶ | | | | wú | 865 | なやむ | | |
| 糖 | táng | 799 | 飞 | fēi | 260 | なえ | | | 恼 | nǎo | 602 |
| 藤 | téng | 804 | 跳 | tiào | 813 | 苗 | miáo | 577 | ならぶ | | |
| ドウ | | | とぼしい | | | なお | | | 并 | bīng | 61 |
| 导 | dǎo | 189 | 乏 | fá | 247 | 犹 | yóu | 1006 | | bìng | 63 |
| 动 | dòng | 221 | とも | | | 尚 | shàng | 726 | | | |

# なり～はう：音訓索引

| | | | | | | | |
|---|---|---|---|---|---|---|---|
| **なり** | | 榆 yú | 1017 | | 辗 zhǎn | 1048 | 怕 pà | 625 |
| 也 yě | 967 | **なわ** | | 捻 niǎn | 612 | 哈 hā | 341 |
| **なわ** | | 庭 tíng | 817 | 鲇 nián | 612 | hǎ | 341 |
| 绳 shéng | 739 | **にわとり** | | 燃 rán | 692 | hà | 341 |
| **ナン** | | 鸡 jī | 403 | **の** | | 派 pā | 624 |
| 软 ruǎn | 707 | **ニン** | | **の** | | pài | 627 |
| 南 nā | 594 | 人 rén | 696 | 之 zhī | 1071 | 破 pò | 647 |
| nán | 599 | 认 rèn | 699 | 野 yě | 967 | 播 bō | 66 |
| 难 nán | 600 | 任 rèn | 699 | **ノウ** | | 霸 bà | 15 |
| nàn | 601 | rèn | 700 | 农 nóng | 618 | 刃 rèn | 699 |
| **に** | | 忍 rěn | 699 | 恼 nǎo | 602 | 叶 yè | 968 |
| **ニ** | | 妊 rèn | 701 | 浓 nóng | 619 | 羽 yǔ | 1018 |
| 二 èr | 242 | **ぬ** | | 脑 nǎo | 602 | 齿 chǐ | 125 |
| 式 èr | 244 | **ぬう** | | 能 néng | 607 | **バ** | |
| 尼 ní | 608 | 缝 féng | 273 | 囊 nāng | 601 | 马 mǎ | 550 |
| 你 nǐ | 609 | féng | 274 | náng | 601 | 骂 mà | 552 |
| **に** | | **ぬか** | | **のこぎり** | | 婆 pó | 646 |
| 荷 hé | 356 | 糠 kāng | 480 | 锯 jù | 467 | **ハイ** | |
| hè | 358 | **ぬく** | | **のこる** | | 败 bài | 21 |
| **にぎる** | | 拔 bá | 13 | 残 cán | 86 | 杯 bēi | 37 |
| 握 wò | 864 | **ぬすむ** | | **のぞく** | | 肺 fèi | 263 |
| **ニク** | | 盗 dào | 192 | 除 chú | 138 | 废 fèi | 263 |
| 肉 ròu | 704 | **ぬの** | | **ののしる** | | 佩 pèi | 632 |
| **にくむ** | | 布 bù | 79 | 骂 mà | 552 | 拜 bài | 21 |
| 憎 zēng | 1044 | **ぬま** | | **のべる** | | 背 bēi | 38 |
| **にげる** | | 沼 zhǎo | 1056 | 述 shù | 766 | bèi | 40 |
| 逃 táo | 800 | **ぬる** | | **のぼる** | | 胚 pēi | 631 |
| **にごる** | | 涂 tú | 829 | 登 dēng | 196 | 俳 pái | 625 |
| 浊 zhuó | 1109 | **ね** | | **のみ** | | 配 pèi | 632 |
| **にし** | | **ネイ** | | 蚤 zǎo | 1041 | 排 pái | 625 |
| 西 xī | 875 | 宁 níng | 615 | **のむ** | | pǎi | 626 |
| **にじ** | | nìng | 616 | 吞 tūn | 835 | 辈 bèi | 41 |
| 虹 hóng | 365 | **ねぎ** | | 饮 yǐn | 994 | 牌 pái | 626 |
| jiàng | 429 | 葱 cōng | 155 | **のり** | | 稗 bài | 20 |
| **にしき** | | **ねこ** | | 糊 hū | 370 | **はい** | |
| 锦 jǐn | 448 | 猫 māo | 558 | hú | 371 | 灰 huī | 388 |
| **ニチ** | | **ねずみ** | | hù | 374 | **バイ** | |
| 日 rì | 701 | 鼠 shǔ | 765 | **のる** | | 陪 bēi | 39 |
| **ニュウ** | | **ネツ** | | 乘 chéng | 119 | 买 mǎi | 552 |
| 入 rù | 706 | 捏 niē | 614 | shèng | 740 | 卖 mài | 553 |
| 乳 rǔ | 705 | 热 rè | 694 | **のろう** | | 倍 bèi | 41 |
| 柔 róu | 703 | **ねばる** | | 咒 zhòu | 1092 | 陪 péi | 631 |
| **ニョ** | | 粘 nián | 612 | **は** | | 梅 méi | 564 |
| 如 rú | 704 | zhān | 1048 | **ハ** | | 培 péi | 631 |
| **ニョウ** | | **ねむる** | | 巴 bā | 12 | 媒 méi | 564 |
| 尿 niào | 614 | 眠 mián | 574 | 吧 bā | 12 | 赔 péi | 631 |
| suī | 788 | **ねる** | | ba | 15 | 霉 méi | 565 |
| **にる** | | 寝 qǐn | 674 | 把 bǎ | 13 | **はいる** | |
| 似 shì | 751 | **ネン** | | bà | 14 | 入 rù | 706 |
| sì | 781 | 年 nián | 610 | 爸 bà | 14 | **はう** | |
| 煮 zhǔ | 1096 | 念 niàn | 613 | 波 bō | 65 | 这 zhè | 1060 |
| **にれ** | | 粘 nián | 612 | 爬 pá | 624 | | |

| | | | | | | | | | | |
|---|---|---|---|---|---|---|---|---|---|---|
| zhèi | 1061 | はし | | 原 yuán | 1024 | | pǐ | 638 |
| はえ | | 桥 qiáo | 669 | はり | | 批 pī | 635 |
| 蝿 yíng | 999 | 端 duān | 229 | 针 zhēn | 1061 | 屁 pì | 638 |
| はか | | 箸 zhù | 1099 | 梁 liáng | 525 | 卑 bēi | 37 |
| 墓 mù | 593 | はじ | | はる | | 彼 bǐ | 47 |
| はかり | | 耻 chǐ | 125 | 张 zhāng | 1051 | 泌 bì | 49 |
| 秤 chèng | 121 | はしら | | 春 chūn | 148 | | mì | 573 |
| はかる | | 柱 zhù | 1098 | 贴 tiē | 814 | 非 fēi | 261 |
| 计 jì | 410 | はしる | | はるか | | 肥 féi | 262 |
| 图 tú | 828 | 走 zǒu | 1121 | 遥 yáo | 963 | 披 pī | 636 |
| 测 cè | 92 | はた | | ハン | | 费 fèi | 264 |
| 咨 zī | 1110 | 旗 qí | 654 | 凡 fán | 250 | 罢 bà | 15 |
| 谋 móu | 590 | はだ | | 反 fǎn | 251 | 被 bèi | 41 |
| はぎ | | 肌 jī | 403 | 半 bàn | 25 | 秘 bì | 49 |
| 萩 qiū | 682 | はたす | | 氾 fán | 250 | | mì | 573 |
| ハク | | 果 guǒ | 338 | 犯 fàn | 253 | 诽 fěi | 263 |
| 白 bái | 15 | ハチ | | 帆 fān | 248 | 疲 pí | 637 |
| 伯 bǎi | 20 | 八 bā | 11 | 坂 bǎn | 24 | 啡 fēi | 262 |
| | bó | 66 | 钵 bō | 66 | 伴 bàn | 27 | 啤 pí | 637 |
| 帛 bó | 67 | はち | | 饭 fàn | 253 | 悲 bēi | 38 |
| 泊 bó | 67 | 蜂 fēng | 272 | 泛 fàn | 254 | 扉 fēi | 262 |
| 拍 pāi | 625 | ハツ | | 判 pàn | 628 | 碑 bēi | 38 |
| 柏 bǎi | 20 | 发 fā | 244 | 版 bǎn | 24 | 避 bì | 50 |
| | bó | 67 | | fà | 248 | 绊 bàn | 27 | 譬 pì | 638 |
| | bò | 68 | バツ | | 范 fàn | 254 | ひ | |
| 舶 bó | 67 | 拔 bá | 13 | 贩 fàn | 254 | 火 huǒ | 398 |
| 博 bó | 67 | 罚 fá | 247 | 叛 pàn | 629 | 日 rì | 701 |
| 膊 bó | 68 | 阀 fá | 247 | 班 bān | 22 | ビ | |
| 薄 báo | 31 | はと | | 般 bān | 22 | 尾 wěi | 854 |
| | bó | 68 | 鸠 jiū | 458 | 颁 bān | 23 | 乙 yǐ | 984 |
| | bò | 68 | はな | | 烦 fán | 250 | 备 bèi | 39 |
| バク | | 华 huá | 377 | 畔 pàn | 629 | 弥 mí | 571 |
| 驳 bó | 66 | 花 huā | 374 | 斑 bān | 23 | 眉 méi | 563 |
| 麦 mài | 553 | 鼻 bí | 45 | 搬 bān | 23 | 美 měi | 565 |
| 莫 mò | 588 | はなし | | 繁 fán | 250 | 媚 mèi | 565 |
| 缚 fù | 284 | 话 huà | 380 | | pó | 647 | 琵 pí | 637 |
| 漠 mò | 589 | はなはだ | | 藩 fān | 249 | 微 wēi | 850 |
| 寞 mò | 589 | 甚 shèn | 735 | バン | | 鼻 bí | 45 |
| 幕 mù | 593 | はなれる | | 板 bǎn | 24 | ひかし | |
| 暴 bào | 36 | 离 lí | 515 | 盘 pán | 627 | 东 dōng | 219 |
| 瀑 bào | 37 | はね | | 晚 wǎn | 844 | ひかり | |
| | pù | 650 | 羽 yǔ | 1018 | 番 fān | 248 | 光 guāng | 329 |
| 曝 bào | 37 | はは | | | pān | 627 | ヒキ | |
| 爆 bào | 37 | 母 mǔ | 591 | 蛮 mán | 554 | 匹 pǐ | 638 |
| はげ | | はば | | ひ | | ひく | |
| 秃 tū | 828 | 巾 jīn | 445 | ヒ | | 引 yǐn | 993 |
| はこ | | 幅 fú | 278 | 飞 fēi | 260 | ひくい | |
| 箱 xiāng | 899 | はま | | 比 bǐ | 46 | 低 dī | 198 |
| はこぶ | | 滨 bīn | 60 | 皮 pí | 636 | ひげ | |
| 运 yùn | 1033 | はやし | | 妃 fēi | 261 | 髭 zī | 1111 |
| はさむ | | 林 lín | 530 | 庇 bì | 49 | ひこ | |
| 挟 xié | 913 | はら | | 否 fǒu | 274 | 彦 yàn | 956 |

ひざ～へび：音訓索引　　　81

| | | | | | | | |
|---|---|---|---|---|---|---|---|
| ひざ | | 锚 máo | 560 | 腐 fǔ | 279 | 冬 dōng | 220 |
| 膝 xī | 878 | ひらく | | 谱 pǔ | 650 | フン | |
| ひさしい | | 开 kāi | 474 | 敷 fū | 275 | 分 fēn | 264 |
| 久 jiǔ | 459 | ひる | | ブ | | fèn | 268 |
| ひし | | 昼 zhòu | 1092 | 抚 fǔ | 278 | 纷 fēn | 266 |
| 菱 líng | 532 | ひろい | | 武 wǔ | 872 | 坟 fén | 267 |
| ひじ | | 广 guǎng | 331 | 侮 wǔ | 872 | 奋 fèn | 268 |
| 肘 zhǒu | 1092 | ひろう | | 部 bù | 80 | 粉 fěn | 267 |
| ひだり | | 拾 shí | 747 | 葡 pú | 649 | 雰 fēn | 267 |
| 左 zuǒ | 1127 | ヒン | | 舞 wǔ | 872 | 粪 fèn | 268 |
| ヒツ | | 牝 pìn | 643 | フウ | | 愤 fèn | 268 |
| 匹 pǐ | 638 | 贫 pín | 642 | 风 fēng | 269 | 喷 pēn | 633 |
| 必 bì | 48 | 品 pǐn | 643 | 封 fēng | 271 | pèn | 633 |
| 毕 bì | 48 | 宾 bīn | 60 | ふえ | | ブン | |
| 泌 bì | 49 | 斌 bīn | 60 | 笛 dí | 200 | 分 fēn | 264 |
| mì | 573 | 禀 bǐng | 63 | フク | | fèn | 268 |
| 笔 bǐ | 47 | 频 pín | 642 | 伏 fú | 275 | 文 wén | 859 |
| ひつじ | | ビン | | 服 fú | 276 | 闻 wén | 860 |
| 羊 yáng | 958 | 便 biàn | 55 | 复 fù | 281 | ヘ | |
| ひと | | pián | 639 | 副 fù | 282 | へ | |
| 人 rén | 696 | 瓶 píng | 646 | 幅 fú | 278 | 屁 pì | 638 |
| ひとみ | | 敏 mǐn | 581 | 福 fú | 278 | ヘイ | |
| 瞳 tóng | 822 | 鬓 bìn | 60 | 腹 fù | 284 | 币 bì | 48 |
| ひな | | フ | | 覆 fù | 284 | 丙 bǐng | 62 |
| 雏 chú | 139 | 不 bù | 70 | ふく | | 平 píng | 643 |
| ひも | | 夫 fū | 274 | 吹 chuī | 147 | 闭 bì | 49 |
| 纽 niǔ | 618 | fú | 275 | 拭 shì | 753 | 并 bīng | 61 |
| ヒャク | | 父 fù | 278 | ふくむ | | bìng | 63 |
| 百 bǎi | 19 | 付 fù | 279 | 含 hán | 345 | 兵 bīng | 61 |
| bó | 66 | fù | 279 | ふくろ | | 苹 píng | 645 |
| ビュウ | | 讣 fù | 280 | 袋 dài | 181 | 陛 bì | 49 |
| 谬 miù | 585 | 布 bù | 79 | 囊 náng | 601 | 柄 bǐng | 62 |
| ヒョウ | | 付 fù | 280 | náng | 601 | 饼 bǐng | 63 |
| 冯 féng | 273 | 负 fù | 280 | ふす | | 拼 pīn | 642 |
| píng | 645 | 妇 fù | 280 | 伏 fú | 275 | 瓶 píng | 646 |
| 冰 bīng | 60 | 步 bù | 80 | ぶた | | 敝 bì | 49 |
| 评 píng | 645 | 芙 fú | 275 | 豚 tún | 835 | 聘 pìn | 643 |
| 表 biǎo | 57 | 扶 fú | 275 | フツ | | 弊 bì | 50 |
| 标 biāo | 56 | 附 fù | 281 | | | ベイ | |
| 豹 bào | 36 | 怖 bù | 80 | 佛 fó | 274 | 米 mǐ | 572 |
| 俵 biào | 58 | 肤 fū | 274 | fú | 276 | ページ | |
| 票 piào | 641 | 府 fǔ | 279 | 沸 fèi | 264 | 页 yè | 968 |
| 漂 piāo | 640 | 阜 fù | 281 | 拂 fú | 276 | ヘキ | |
| piǎo | 641 | 赴 fù | 281 | ブツ | | 碧 bì | 50 |
| piào | 641 | 浮 fú | 276 | 佛 fó | 274 | 璧 bì | 50 |
| ビョウ | | 俯 fǔ | 279 | fú | 276 | 壁 bì | 51 |
| 苗 miáo | 577 | 符 fú | 277 | 物 wù | 873 | 癖 pǐ | 638 |
| 庙 miào | 578 | 赋 fù | 283 | ふで | | ベツ | |
| 秒 miǎo | 578 | 傅 fù | 283 | 笔 bǐ | 47 | 别 bié | 59 |
| 病 bìng | 64 | 富 fù | 283 | ふね | | biè | 60 |
| 猫 māo | 558 | 普 pǔ | 650 | 船 chuán | 144 | 蔑 miè | 579 |
| 描 miáo | 577 | 孵 fū | 275 | ふゆ | | へび | |

音訓索引：ヘン～まこと

| | | | | | | | |
|---|---|---|---|---|---|---|---|
| 蛇 shé | 729 | 凤 fèng | 273 | 冒 mào | 561 | ほり | |
| 　 yí | 980 | 包 bāo | 30 | 　 mò | 588 | 窟 kū | 492 |
| ヘン | | 邦 bāng | 28 | 贸 mào | 561 | 壕 háo | 350 |
| 片 piān | 638 | 仿 fǎng | 257 | 某 mǒu | 590 | ホン | |
| 　 piàn | 640 | 访 fǎng | 257 | 旁 páng | 629 | 本 běn | 42 |
| 边 biān | 51 | 报 bào | 34 | 剖 pōu | 648 | 奔 bēn | 42 |
| 返 fǎn | 253 | 呆 dāi | 7 | 谋 móu | 590 | 　 bèn | 44 |
| 变 biàn | 54 | 芳 fāng | 255 | 望 wàng | 849 | 叛 pàn | 629 |
| 扁 biǎn | 53 | 抛 pāo | 629 | 棒 bàng | 29 | 翻 fān | 249 |
| 　 piān | 638 | 饱 bǎo | 31 | 傍 bàng | 29 | ボン | |
| 偏 piān | 638 | 宝 bǎo | 32 | 帽 mào | 561 | 凡 fán | 250 |
| 编 biān | 52 | 抱 bào | 35 | 榜 bǎng | 29 | 盆 pén | 633 |
| 遍 biàn | 55 | 法 fǎ | 247 | 貌 mào | 562 | 烦 fán | 250 |
| 篇 piān | 639 | 放 fàng | 258 | 暴 bào | 36 | 梵 fàn | 254 |
| ベン | | 庞 páng | 629 | 膨 péng | 634 | ま | |
| 办 bàn | 25 | 泡 pāo | 630 | ほお | | マ | |
| 便 biàn | 55 | 　 pào | 630 | 颊 jiá | 417 | 么 me | 562 |
| 　 pián | 639 | 朋 péng | 633 | ホク | | 妈 mā | 548 |
| 勉 miǎn | 575 | 帮 bāng | 28 | 北 běi | 38 | 吗 ma | 549 |
| 娩 miǎn | 575 | 胞 bāo | 31 | ボク | | 　 mǎ | 551 |
| 辨 biàn | 55 | 炮 bāo | 31 | 卜 bo | 68 | 　 ma | 552 |
| 辩 biàn | 56 | 　 páo | 630 | 　 bǔ | 68 | 麻 má | 549 |
| 瓣 biàn | 56 | 　 pào | 631 | 木 mù | 591 | 嘛 ma | 552 |
| 鞭 biān | 53 | 峰 fēng | 272 | 仆 pū | 648 | 摩 mā | 549 |
| 瓣 bàn | 28 | 逢 féng | 273 | 　 pú | 649 | 　 mó | 586 |
| ほ | | 崩 bēng | 44 | 扑 pū | 649 | 磨 mó | 586 |
| ホ | | 绷 bēng | 44 | 朴 piáo | 641 | 　 mò | 590 |
| 补 bǔ | 69 | 　 běng | 44 | 　 pō | 646 | 魔 mó | 587 |
| 步 bù | 80 | 　 bèng | 44 | 　 pò | 647 | マイ | |
| 甫 fǔ | 278 | 锋 fēng | 272 | 　 pǔ | 650 | 迈 mài | 553 |
| 保 bǎo | 32 | 跑 pǎo | 630 | 牧 mù | 593 | 每 měi | 563 |
| 捕 bǔ | 69 | 　 pāo | 630 | 睦 mù | 594 | 枚 méi | 563 |
| 浦 pǔ | 650 | 彭 péng | 634 | 墨 mò | 589 | 妹 mèi | 566 |
| 辅 fǔ | 279 | 缝 féng | 273 | ほこ | | 昧 mèi | 566 |
| 铺 pū | 649 | 　 fèng | 273 | 戈 gē | 299 | 埋 mái | 552 |
| 　 pù | 650 | 蓬 péng | 634 | 矛 máo | 560 | 　 mán | 554 |
| ほ | | 碰 pèng | 634 | ほし | | まえ | |
| 帆 fān | 248 | 褒 bāo | 31 | 星 xīng | 923 | 前 qián | 662 |
| 穂 suì | 789 | ボウ | | ほそい | | マク | |
| ボ | | 亡 wáng | 846 | 细 xì | 882 | 幕 mù | 593 |
| 母 mǔ | 591 | 乏 fá | 247 | ほたる | | 膜 mó | 586 |
| 戊 wù | 873 | 防 fáng | 256 | 萤 yíng | 998 | まく | |
| 牡 mǔ | 591 | 忙 máng | 557 | ボツ | | 卷 juǎn | 468 |
| 菩 pú | 649 | 坊 fāng | 255 | 没 méi | 565 | 　 juàn | 468 |
| 慕 mù | 593 | 　 fáng | 257 | 　 mò | 588 | まくら | |
| 墓 mù | 593 | 妨 fáng | 257 | 勃 bó | 67 | 枕 zhěn | 1063 |
| 暮 mù | 594 | 纺 fǎng | 257 | 渤 bó | 67 | まける | |
| 簿 bù | 81 | 忘 wàng | 849 | ほね | | 负 fù | 280 |
| ホウ | | 肪 fáng | 257 | 骨 gū | 317 | まご | |
| 方 fāng | 254 | 房 fáng | 257 | 　 gǔ | 319 | 孙 sūn | 789 |
| 丰 fēng | 268 | 茫 máng | 558 | ほのお | | まこと | |
| | | | | 炎 yán | 952 | 诚 chéng | 118 |

## また～もも：音訓索引

| また | | | み | | | みる | | | 牡 pìn | 643 |
|---|---|---|---|---|---|---|---|---|---|---|
| 又 yòu | 1013 | | ミ | | | 見 jiàn | 424 | | 雌 cí | 153 |
| 亦 yì | 986 | | 未 wèi | 856 | | ミン | | | メツ | |
| 股 gǔ | 318 | | 弥 mí | 571 | | 民 mín | 579 | | 灭 miè | 578 |
| またぐ | | | 味 wèi | 857 | | 眠 mián | 574 | | メン | |
| 跨 kuà | 494 | | 魅 mèi | 566 | | む | | | 免 miǎn | 575 |
| まち | | | 身 shēn | 731 | | ム | | | 面 miàn | 575 |
| 町 dīng | 215 | | 实 shí | 746 | | 无 mó | 586 | | 绵 mián | 574 |
| | tǐng | 818 | | みぎ | | | wú | 865 | | 棉 mián | 574 |
| 街 jiē | 439 | | 右 yòu | 1013 | | 矛 máo | 560 | | 缅 miǎn | 575 |
| マツ | | | みじかい | | | 务 wù | 873 | | も | |
| 末 mò | 588 | | 短 duǎn | 229 | | 梦 mèng | 571 | | モ | |
| 抹 mā | 549 | | みず | | | 谋 móu | 590 | | 茂 mào | 561 |
| | mǒ | 587 | | 水 shuǐ | 771 | | 雾 wù | 874 | | 模 mó | 586 |
| | mò | 588 | | みずうみ | | | むかう | | | | mú | 590 |
| 茉 mò | 588 | | 湖 hú | 371 | | 向 xiàng | 901 | | も | |
| 沫 mò | 588 | | みぞ | | | むかし | | | 丧 sāng | 713 |
| まつ | | | 沟 gōu | 314 | | 昔 xī | 876 | | | sàng | 713 |
| 松 sōng | 782 | | みち | | | むぎ | | | 藻 zǎo | 1041 |
| 待 dāi | 179 | | 道 dào | 193 | | 麦 mài | 553 | | モウ | |
| | dài | 180 | | みちびく | | | むこ | | | 毛 máo | 559 |
| まつり | | | 导 dǎo | 189 | | 婿 xù | 935 | | 网 wǎng | 847 |
| 祭 jì | 413 | | ミツ | | | むし | | | 妄 wàng | 848 |
| まなぶ | | | 密 mì | 573 | | 虫 chóng | 128 | | 盲 máng | 558 |
| 学 xué | 939 | | 蜜 mì | 574 | | むすめ | | | 孟 mèng | 570 |
| まねく | | | みとめる | | | 娘 niáng | 613 | | 耗 hào | 352 |
| 招 zhāo | 1054 | | 认 rèn | 699 | | むち | | | 莽 mǎng | 560 |
| まぼろし | | | みどり | | | 鞭 biān | 53 | | 猛 měng | 570 |
| 幻 huàn | 383 | | 绿 lù | 541 | | むね | | | 蒙 mēng | 569 |
| まめ | | | | lù | 543 | | 旨 zhǐ | 1078 | | | méng | 569 |
| 豆 dòu | 224 | | みなみ | | | 栋 dòng | 222 | | | měng | 570 |
| まもる | | | 南 nā | 594 | | 胸 xiōng | 928 | | もうけ | |
| 守 shǒu | 758 | | | nán | 599 | | むらさき | | | 储 chǔ | 140 |
| まゆ | | | みね | | | 紫 zǐ | 1112 | | もうす | |
| 茧 jiǎn | 421 | | 岭 lǐng | 533 | | め | | | 申 shēn | 731 |
| 眉 méi | 563 | | 峰 fēng | 272 | | メ | | | もえる | |
| まよう | | | みのる | | | 目 mù | 592 | | 萌 méng | 569 |
| 迷 mí | 571 | | 实 shí | 746 | | 芽 yá | 947 | | 燃 rán | 692 |
| まり | | | 稔 rěn | 699 | | 眼 yǎn | 953 | | モク | |
| 鞠 jū | 464 | | みみ | | | メイ | | | 木 mù | 591 |
| まる | | | 耳 ěr | 241 | | 名 míng | 581 | | 目 mù | 592 |
| 丸 wán | 842 | | みや | | | 明 míng | 582 | | 默 mò | 589 |
| まるい | | | 宫 gōng | 311 | | 鸣 míng | 585 | | もち | |
| 圆 yuán | 1026 | | ミャク | | | 命 mìng | 585 | | 饼 bǐng | 63 |
| マン | | | 脉 mài | 554 | | 迷 mí | 571 | | もつ | |
| 万 mò | 588 | | | mò | 588 | | 冥 míng | 584 | | 持 chí | 124 |
| | wàn | 845 | | みやこ | | | 铭 míng | 584 | | もどす | |
| 满 mǎn | 555 | | 都 dōu | 223 | | 盟 méng | 569 | | 戾 lì | 520 |
| 馒 mán | 554 | | | dū | 225 | | 酩 mǐng | 585 | | もの | |
| 漫 màn | 556 | | ミョウ | | | めい | | | 物 wù | 873 |
| 慢 màn | 557 | | 妙 miào | 578 | | 侄 zhí | 1076 | | 者 zhě | 1060 |
| 瞒 mán | 555 | | | | | | めす | | | もも | |

| | | | | | | | |
|---|---|---|---|---|---|---|---|
| 桃 táo | 801 | 由 yóu | 1005 | 与 yú | 1015 | hèng | 362 |
| **もり** | | 油 yóu | 1006 | yǔ | 1017 | **よぶ** | |
| 杜 dù | 228 | 谕 yù | 1022 | yù | 1019 | 呼 hū | 369 |
| 森 sēn | 715 | 愉 yú | 1017 | 予 yú | 1015 | **よむ** | |
| **もれる** | | 喻 yù | 1022 | yǔ | 1018 | 读 dòu | 225 |
| 漏 lòu | 539 | 输 shū | 764 | 余 yú | 1015 | dú | 227 |
| **モン** | | 愈 yù | 1022 | 预 yù | 1021 | **よめ** | |
| 门 mén | 567 | **ゆ** | | 誉 yù | 1023 | 嫁 jià | 419 |
| 文 wén | 859 | 汤 shāng | 721 | 與 yú | 1017 | **よる** | |
| 们 men | 569 | tāng | 798 | **よ** | | 夜 yè | 968 |
| 问 wèn | 861 | **ユイ** | | 世 shì | 749 | **よろこぶ** | |
| 冈 mēn | 567 | 唯 wéi | 853 | **よい** | | 喜 xǐ | 880 |
| mèn | 568 | wěi | 855 | 良 liáng | 524 | **ら** | |
| 纹 wén | 860 | **ユウ** | | 宵 xiāo | 904 | **ラ** | |
| **や** | | 友 yǒu | 1009 | **ヨウ** | | 罗 luó | 546 |
| **ヤ** | | 由 yóu | 1005 | 夭 yāo | 961 | 裸 luǒ | 547 |
| 也 yě | 967 | 右 yòu | 1013 | 叶 yè | 968 | **ライ** | |
| 爷 yé | 967 | 优 yōu | 1004 | 用 yòng | 1003 | 来 lái | 502 |
| 冶 yě | 967 | 有 yǒu | 1009 | 幼 yòu | 1013 | 赖 lài | 503 |
| 耶 yē | 966 | yòu | 1014 | 扬 yáng | 957 | 雷 léi | 512 |
| yé | 966 | 忧 yōu | 1004 | 阳 yáng | 958 | **ラク** | |
| 夜 yè | 968 | 邮 yóu | 1006 | 杨 yáng | 959 | 乐 lè | 511 |
| 野 yě | 967 | 犹 yóu | 1006 | 妖 yāo | 962 | yuè | 1030 |
| **や** | | 佑 yòu | 1014 | 拥 yōng | 1001 | 络 lào | 510 |
| 矢 shǐ | 748 | 勇 yǒng | 1003 | 洋 yáng | 959 | luò | 547 |
| 屋 wū | 865 | 幽 yōu | 1004 | 养 yǎng | 960 | 洛 luò | 547 |
| **ヤク** | | 诱 yòu | 1014 | 要 yāo | 962 | 落 là | 502 |
| 厄 è | 239 | 悠 yōu | 1005 | yào | 965 | lào | 511 |
| 约 yuē | 1029 | 雄 xióng | 929 | 容 róng | 702 | luò | 547 |
| 役 yì | 987 | 游 yóu | 1008 | 样 yàng | 961 | 酪 lào | 511 |
| 译 yì | 987 | 裕 yù | 1022 | 窈 yǎo | 964 | **ラツ** | |
| 药 yào | 964 | 融 róng | 703 | 庠 yǎng | 960 | 拉 lā | 500 |
| 跃 yuè | 1031 | **ゆう** | | 窑 yáo | 963 | lá | 501 |
| **やせる** | | 夕 xī | 875 | 庸 yōng | 1002 | 剌 là | 501 |
| 瘦 shòu | 761 | 床 chuáng | 146 | 谣 yáo | 963 | 辣 là | 502 |
| **やなぎ** | | **ゆき** | | 溶 róng | 703 | **ラン** | |
| 柳 liǔ | 536 | 雪 xuě | 940 | 腰 yāo | 962 | 兰 lán | 504 |
| **やぶれる** | | **ゆずる** | | 摇 yáo | 963 | 岚 lán | 504 |
| 败 bài | 21 | 让 ràng | 693 | 遥 yáo | 963 | 卵 luǎn | 544 |
| 破 pò | 647 | **ゆたか** | | 踊 yǒng | 1003 | 乱 luàn | 544 |
| **やま** | | 丰 fēng | 268 | 曜 yào | 966 | 栏 lán | 504 |
| 山 shān | 717 | 指 zhǐ | 1078 | 鹰 yīng | 997 | 览 lǎn | 505 |
| **やや** | | **ゆみ** | | **ヨク** | | 蓝 lán | 504 |
| 稍 shāo | 727 | 弓 gōng | 308 | 沃 wò | 863 | 滥 làn | 505 |
| shào | 728 | **ゆめ** | | 抑 yì | 986 | 篮 lán | 504 |
| **やり** | | 梦 mèng | 571 | 浴 yù | 1021 | 懒 lǎn | 505 |
| 枪 qiāng | 666 | **ゆるす** | | 翌 yì | 989 | **り** | |
| **やわらかい** | | 许 xǔ | 934 | 欲 yù | 1021 | **リ** | |
| 软 ruǎn | 707 | **ゆ** | | 翼 yì | 989 | 吏 lì | 519 |
| 柔 róu | 703 | **ヨ** | | **よこ** | | 李 lǐ | 516 |
| **ゆ** | | | | 里 lǐ | 516 | | |
| **ユ** | | | | 横 héng | 361 | 利 lì | 519 |

# リキ～ワン：音訓索引

| | | | | | | | | |
|---|---|---|---|---|---|---|---|---|
| 狸 lí | 515 | 辆 liàng | 527 | 玲 líng | 532 | **わ** | | |
| 离 lí | 515 | 聊 liáo | 527 | 铃 líng | 532 | **ワ** | | |
| 梨 lí | 515 | 猎 liè | 529 | 零 líng | 532 | 和 hé | 355 | |
| 理 lǐ | 517 | 领 lǐng | 533 | 龄 líng | 533 | | hè | 358 |
| 痢 lì | 521 | 渔 yú | 1016 | **レキ** | | | hú | 370 |
| 鲤 lǐ | 517 | 棱 léng | 513 | 历 lì | 518 | | huó | 396 |
| 履 lǚ | 543 | 量 liáng | 525 | **レツ** | | | huò | 400 |
| 罹 lí | 516 | liàng | 527 | 列 liè | 528 | 话 huà | 380 | |
| **リキ** | | 粮 liáng | 525 | 劣 liè | 529 | **わ** | | |
| 力 lì | 517 | 僚 liáo | 527 | 烈 liè | 529 | 轮 lún | 545 | |
| **リク** | | 廖 liào | 527 | 裂 liě | 528 | **ワイ** | | |
| 陆 liù | 537 | 寮 liáo | 527 | liè | 529 | 歪 wāi | 839 | |
| lù | 541 | **リョク** | | **レン** | | 贿 huì | 394 | |
| **リツ** | | 力 lì | 517 | 连 lián | 521 | 淮 huái | 380 | |
| 立 lì | 518 | 绿 lǜ | 541 | 练 liàn | 523 | 矮 ǎi | 3 | |
| 律 lǜ | 543 | lù | 543 | 炼 liàn | 523 | **わかい** | | |
| 率 lǜ | 543 | **リン** | | 恋 liàn | 524 | 若 ruò | 21 | |
| shuài | 769 | 伦 lún | 545 | 敛 liǎn | 523 | **わき** | | |
| **リャク** | | 邻 lín | 529 | 联 lián | 522 | 腋 yè | 969 | |
| 掠 luè | 545 | 吝 lìn | 531 | 廉 lián | 521 | **ワク** | | |
| 略 luè | 545 | 林 lín | 530 | **ろ** | | 惑 huò | 401 | |
| **リュウ** | | 轮 lún | 545 | **ロ** | | **わく** | | |
| 龙 lóng | 537 | 厘 lí | 514 | 吕 lǚ | 542 | 沸 fèi | 264 | |
| 刘 liú | 534 | 临 lín | 530 | 芦 lú | 540 | 涌 yǒng | 1003 | |
| 柳 liǔ | 536 | 淋 lín | 530 | 炉 lú | 540 | **わける** | | |
| 留 liú | 534 | lìn | 531 | 鲁 lǔ | 540 | 分 fēn | 264 | |
| 流 liú | 535 | 凛 lǐn | 531 | 路 lù | 541 | fèn | 268 | |
| 粒 lì | 520 | 磷 lín | 531 | 滤 lǜ | 544 | **わし** | | |
| 隆 lóng | 538 | 鳞 lín | 531 | 露 lòu | 539 | 鹫 jiù | 463 | |
| 硫 liú | 536 | **る** | | lù | 542 | **わた** | | |
| 溜 liū | 534 | **ルイ** | | **ロウ** | | 绵 mián | 574 | |
| liù | 537 | 泪 lèi | 512 | 老 lǎo | 508 | 棉 mián | 574 | |
| **リョ** | | 垒 lěi | 512 | 劳 láo | 507 | **わたる** | | |
| 虏 lǔ | 540 | 类 lèi | 513 | 牢 láo | 507 | 渡 dù | 228 | |
| 侣 lǚ | 542 | 累 léi | 512 | 弄 lòng | 538 | **わに** | | |
| 旅 lǚ | 543 | lèi | 513 | nòng | 619 | 鳄 è | 240 | |
| 虑 lǜ | 543 | | | 郎 láng | 505 | **わらう** | | |
| **リョウ** | | **れ** | | 陋 lòu | 539 | 笑 xiào | 911 | |
| 了 le | 511 | **レイ** | | 朗 lǎng | 506 | **わらび** | | |
| liǎo | 528 | 礼 lǐ | 516 | 浪 làng | 506 | 蕨 jué | 471 | |
| 辽 liáo | 527 | 令 lìng | 533 | 廊 láng | 506 | **わる** | | |
| 良 liáng | 524 | lǐng | 534 | 楼 lóu | 539 | 割 gē | 300 | |
| 两 liǎng | 525 | 丽 lí | 514 | 漏 lòu | 539 | **わるい** | | |
| 疗 liáo | 527 | lì | 519 | **ロク** | | 恶 ě | 238 | |
| 俩 liǎ | 521 | 励 lì | 519 | 六 liù | 536 | è | 239 | |
| liǎng | 526 | 伶 líng | 531 | lù | 541 | wù | 874 | |
| 亮 liàng | 526 | 灵 líng | 531 | 肋 lèi | 512 | **われ** | | |
| 凉 liáng | 524 | 例 lì | 520 | 录 lù | 541 | 我 wǒ | 863 | |
| liàng | 526 | 戾 lì | 520 | 鹿 lù | 541 | **ワン** | | |
| 谅 liàng | 526 | 岭 lǐng | 533 | **ロン** | | 湾 wān | 842 | |
| 料 liào | 528 | 荔 lì | 520 | 论 lún | 545 | 腕 wàn | 846 | |
| 陵 líng | 532 | | | lùn | 546 | 碗 wǎn | 845 | |

# A

## a（ㄚ）

**吖** ā ❶

**āqín**[吖嗪]〈名〉〈化〉アジン．

**阿** ā ▣[接頭]〈方〉〈親しみを表す〉1 …ちゃん．…兄ちゃん．▶排行(ぎう)や姓または幼名の前につける．¶～兰／蘭ちゃん．2 親族名称の前につける．¶～爹／お父さん．異読⇨ē

**ābāsāng**[阿巴桑]〈名〉〈方〉〈台湾で〉おばさん．

**ābà**[阿爸]〈名〉〈方〉お父ちゃん．

**Āchāngzú**[阿昌族]〈名〉〈中国の少数民族〉アチャン(Achang)族．

**ādà**[阿大]〈名〉〈方〉あんちゃん．兄貴．

**ādípíng**[阿的平]〈名〉〈薬〉アテブリン．

**Ā dǒu**[阿斗]〈喩〉能なし．

**Ā'ěrbāníyà**[阿尔巴尼亚]〈名〉〈地名〉アルバニア．

**ā'ěrcíhǎimòbìng**[阿尔茨海默病]〈医〉アルツハイマー病．

**ā'ěrfǎ**[阿尔法]〈名〉アルファ．α．

**Ā'ěrjílìyà**[阿尔及利亚]〈名〉〈地名〉アルジェリア．

**Ā'ěrtài**[阿尔泰]〈名〉〈地名〉アルタイ．

**āfēi**[阿飞]〈名〉ちんぴら．

**āfúróng**[阿芙蓉]〈名〉〈薬〉アヘン．

**Āfùhàn**[阿富汗]〈名〉〈地名〉アフガニスタン．

**āgē**[阿哥]〈名〉1 兄さん．▶親族としての兄，または親しい年長者に対する呼称．

**Āgēntíng**[阿根廷]〈名〉〈地名〉アルゼンチン．

**āgōng**[阿公]〈名〉1 おじいちゃん．▶しゅうと・祖父・老人に対する呼称．

**āhōng**[阿訇]〈名〉〈宗〉イスラム教の聖職者．

**Ājīlǐsījiàn**[阿基里斯腱]〈名〉〈解〉アキレス腱．

**Ālā**[阿拉]〈名〉〈宗〉アラー．

**ālā**[阿拉]〈名〉〈方〉私(たち)．

**Ālābó**[阿拉伯]〈名〉〈方〉アラブ．アラビア．

**Ālābó liánhé qiúzhǎngguó**[阿拉伯联合酋长国]〈名〉〈地名〉アラブ首長国連邦．

**Āluóhàn**[阿罗汉]〈名〉〈仏〉阿羅漢．

**Āmàn**[阿曼]〈名〉〈地名〉オマーン．

**āmángná**[阿芒拿]〈名〉アンモナール．▶爆薬の一種．

**āmāo āgǒu**[阿猫阿狗]〈慣〉〈方〉猫も杓子(ǎ)も．

**āmén**[阿门]〈名〉〈宗〉アーメン．

**Āmǐbā**[阿米巴]〈名〉〈生〉アメーバ．

**Āmóníyà**[阿摩尼亚]〈名〉〈化〉＝氨(ān)．アンモニア．

**Ānílín**[阿尼林]〈名〉〈化〉アニリン．

**āpiàn**[阿片]〈名〉〈薬〉アヘン．

**āpó**[阿婆]〈名〉〈方〉おばあちゃん．▶しゅうとめ・祖母・老女に対する呼称．

**Ā Qiū**[阿Q]〈名〉阿Q(きゅう)．魯迅の小説『阿Q正伝』の主人公．

**Āsàibàijiāng**[阿塞拜疆]〈名〉〈地名〉アゼルバイジャン．

**āsīpǐlín**[阿司匹林]〈名〉〈薬〉アスピリン．

**ātì**[阿嚏]〈擬〉〈くしゃみの音〉はくしょん．

**ātuōpǐn**[阿托品]〈名〉〈薬〉アトロピン．

**āyí**[阿姨]〈名〉1 〈呼びかけの用〉おばちゃん．お姉さん．▶子供から自分の母と同じ年輩の女性に．2 先生．▶女性の保育士に．3 お手伝いさん．▶女性から年配の女性に．2[名]おばさん．(母の姉妹)．異読⇨yí

**啊**（呵）ā [感]〈驚いて〉あっ．

**āhā**[啊哈]〈感〉気づいたり驚いたりしたときにもれる声〉あれっ．まあ．へっへっ．そら．

**āti**[啊嚏]→ātì[阿嚏]

**āyā**[啊呀]→āiyā[哎呀]

**āyō**[啊哟啊唷]→āiyō[哎哟]

**锕** ā〈化〉アクチニウム．Ac．

**腌** ā ▣ 汚い；汚す．¶a～臜zāng．異読⇨yān

**āza**[腌臜]〈方〉1 [形]汚い，不潔である；いまいましい．2 [動]そしる．

**啊**（呵）á [感]〈問い詰めたり，聞き返したりして〉えっ．

**嗄** á（啊há）に同じ．

**啊**（呵）ǎ [感]〈驚いたり，意外に思ったりして〉ええっ．

**啊**（呵）à [感]1 〈同意して〉はい．ああ．2 〈思い当たったり，気づいたりして〉ああ．あっ．3 〈驚嘆したり，感心したりして〉ああ．

**啊**（阿・呵）a [助]1 〈文末に用いて，語気をやわらげた聞き手の注意を促したりするときに使う〉2 〈文の中に間(ま)をもたせ，引き続いて言おうとする言葉に相手の注意を呼び起こすのに用いる〉3 〈列挙するときに用いる〉

## ai（ㄞ）

**哎**（嗳）āi [感]1 〈呼びかけや注意を促して〉さあ．ほら．2 〈意外や不満の意を示し〉おや．おい．

**āiyā**[哎呀]〈擬〉〈驚き・感嘆・嘆息などで〉あれ．おや．まあ．

**āiyō**[哎哟]〈擬〉〈驚き・苦痛などで〉ああ．あれっ．おやおや．

**āiyō**[哎唷]→āiyō[哎哟]

**哀** āi ▣ 悲しむ；哀れむ；悼む．

**āi bīng bì shèng**[哀兵必胜]〈成〉悲しみに奮い立った軍隊は必ず戦争に勝つ．

**āichén**[哀忱]〈名〉〈書〉悲しい思い．

**āichóu**[哀愁]〈動〉憂い悲しむ．

**āicí**[哀辞]〈名〉〈書〉弔辞．

## āi

**āidào**【哀悼】動 悼む。哀悼する。¶表示沉痛的~／深い哀悼の意を表す。
**āidìměidùnshū**【哀的美敦书】名 最後通牒。アルチマータム。
**āidiào**【哀吊】動 悲しみ悼む。
**āi ér bù shāng**【哀而不伤】成 何事も(言行が)節度を失わない。
**āigǎn**【哀感】動 悲哀感。
**āigào**【哀告】動 哀願する；切々と訴える。
**āigē**【哀歌】名 悲しい歌；〈音〉エレジー。哀歌。
**āigěng**【哀哽】動〈書〉悲しみむせぶ。
**āiháo**【哀号】動 号泣する。
**āiháo**【哀嚎】動 1 悲しそうに大声でほえる。2→āiháo【哀号】
**āi hóng biàn yě**【哀鸿遍野】〈成〉難民が至る所に満ちている。
**āi huǐ gǔ lì**【哀毀骨立】〈成〉父母の死を嘆き悲しむあまり、やつれて見る影もないさま。
**āijī**【哀饥】動〈書〉哀れみをかける。
**āikěn**【哀恳】動〈書〉哀願する。
**āikǔ**【哀苦】形 悲しく切ない。
**āilián**【哀怜】動〈書〉哀れむ。
**āiliáng**【哀凉】形 うら悲しい。
**āimíng**【哀鸣】動〈書〉悲しげに鳴く。
**āiqī**【哀戚】形〈書〉悲しみ悼む。
**āiqǐ**【哀启】名〈旧〉(訃報に添える)死者の生前の事績や臨終の際の状況などについて述べた文章。
**āiqì**【哀泣】動〈書〉悲しげに泣く。
**āiqiè**【哀切】形〈書〉声をやわらざしが哀れで切ない。
**āiqiú**【哀求】動 哀求する。
**āiquàn**【哀劝】動 哀願する；切々と説得する。
**āiróng**【哀荣】名〈書〉死後の栄誉；悲しみと栄誉。
**āishāng**【哀伤】動〈書〉悲しみ悼む。
**āishǐ**【哀史】名 悲惨な歴史。
**āisī**【哀思】名 哀悼の意。
**āisù**【哀诉】動 切々と訴える。
**āitàn**【哀叹】動 悲しみ嘆く。
**āitòng**【哀恸】動〈書〉悼み嘆く。
**āitòng**【哀痛】形〈書〉(死を悼み)悲しい。
**āiwǎn**【哀挽】名〈旧〉死者を追悼する詩歌や文章。
**āiyàn**【哀艳】形〈書〉(文章が)哀切で美しい。
**āiyuàn**【哀怨】形〈書〉悲しい恨む。
**āiyuè**【哀乐】名 葬送曲。
**āizhàng**【哀杖】名〈旧〉(葬式のとき)喪主の持つ杖。
**āizǐ**【哀子】名→gūāizǐ【孤哀子】

**埃 āi**【量】〈物〉オングストローム。
🔴ちり。ほこり。
**āibōlā chūxuèrè**【埃博拉出血热】名〈医〉エボラ出血熱。
**Āifēi'ěr tiětǎ**【埃菲尔铁塔】名 エッフェル塔。
**Āijí**【埃及】名〈地名〉エジプト。
**Āisài'ébǐyà**【埃塞俄比亚】名〈地名〉エチオピア。

**挨 āi 1** 前 順を追って。順番に。¶~次序进来／順に入ってくる。**2** 動 寄りそう。そばに寄る。異読⇨ái

**āi//bānr**【挨班儿】動〈方〉順に従う。順番に(…する)。
**āi//biān**【挨边】動(~儿)1 へりに寄る。**2** (ある数に)近づく；おおよそ。**3** …と関係がある。
**āibushàng**【挨不上】動+可補〈口〉関係づけることができない。かかわり合いがない。"挨不着záo"とも。
**āicì**【挨次】副 順を追って。順次。
**āi fēng jī fēng**【挨风缉风】〈成〉目的を達するために、あちこち手づるを探す。
**āigèr**【挨个儿】副 順ぐりに。次から次に。
**āihēir**【挨黑儿】名〈方〉夕暮れどき。
**āihù**【挨户】名 家ごとに。1軒1軒。
**āijǐ**【挨挤】動 押し合いへし合いする。⇒jǐ/jǐ
**āijiā**【挨家】名(~儿)家ごとに。1軒1軒。
**āi jiān cā bǎng**【挨肩擦膀】〈成〉押し合いへし合い非常に込み合う。
**āijiānr**【挨肩儿】名〈口〉兄弟姉妹が続いて生まれる；年子(としご)である。
**āi//jìn**【挨近】動 近寄る。
**āikào**【挨靠】動 1 もたれる；頼る。**2** (~儿) 頼るところ。
**āimén**【挨门】副(~儿)家ごとに。1軒1軒。
**āi mén zhú hù**【挨门逐户】〈成〉軒並みに。1軒1軒。
**āipáir**【挨排儿】副〈方〉順々に。
**āi//pánr**【挨盘儿】〈方〉(話の)筋が通る。
**āiwǎnr**【挨晚儿】名〈方〉夕暮れどき。
**āizǎn**【挨挨】形〈旧〉込み合っている。
**āizhe dàshù yǒu chái shāo**【挨着大树有柴烧】〈諺〉寄らば大樹の陰。

**唉 āi** 感 1〈承诺して〉はい。ええ。**2** 〈嘆息して〉ああ。異読⇨ài
**āi shēng tàn qì**【唉声叹气】〈成〉嘆息する。
**āitàn**【唉叹】動 ため息をつく。

**欸 āi**【欸】āiに同じ。異読⇨ǎi,é,ě,è

**锿 āi**【化】アインスタイニウム。Es.

**挨 ái 1**(ひどい目に)遭う。…される。¶~→打。**2** (困難などを)堪え忍ぶ。**3** (時間を)引き延ばす。ぐずぐずする。¶不要~时间了／ぐずぐずしてはああ。異読⇨āi

**ái bǎnzǐ**【挨板子】〈慣〉痛い目に遭わされる；油を絞られる。
**ái//biě**【挨瘪】動〈方〉引け鉄を食う。
**ái//cǐr**【挨呲儿】動〈方〉しかられる。
**ái//dǎ**【挨打】動 殴られる。
**áidàode**【挨刀的】〈慣〉(罵)死にぞこないめ。くたばれ。
**ái//dào**【挨到】動+方補(ある時まで)

3　ái

持ちこたえる.
**ái/dòu**【挨凍】[動](主に政治的な問題で)つるし上げにあう.
**ái è shòu dòng**【挨餓受凍】[成]飢え凍える.
**ái/fá**【挨罰】[動]罰せられる.
**ái/jǐ**【挨挤】[動](人込みの中で)もみくちゃにされる. ⇒áijǐ
**ái/kēi**【挨剋】[動]**1** 殴られる. **2** しかられる.
**ái/mà**【挨駡】[動]どなられる. しかられる.
**ái/mēng**【挨蒙】[動]だまされる.
**ái/mó**【挨磨】[動]何かを期待してその場を懸命にしのごうとしない;ぐずぐずする.
**ái/pī**【挨批】[動]批判を受ける;(人に)注意される.
**ái/shuō**【挨説】[動]小言を言われる.
**áitou**【挨頭】[動]辛抱しがたい.
**ái/zǎi**【挨宰】[動](口)ぼられる.
**ái/zhěng**【挨整】[動]つるし上げられる.
**ái/zòu**【挨揍】[動]殴られる.

**皑**(皚)**ái**[形]真っ白である.
**ái/ái**【皚皚】[形]〈書〉(霜や雪などの)真っ白である.

**癌 ái**[名]〈医〉癌(がん).
**áibiàn**【癌変】[名]〈医〉腫瘍の悪性転化.
**áikuòsàn**【癌扩散】[名]癌の転移.
**áizhèng**【癌症】[名]〈医〉癌.

**毐 ǎi**[名]人名用字.

**欸 ǎi ❶** 異読⇒**āi,ē,é,ě,è**
**ǎinǎi**【欸乃】[擬]**1** 舟をこぐときの櫓(ろ)のきしむ音. **2** 櫓をこぐときの掛け声. **3** 船歌の声.

**嗳**(嗳)[感]否定または否定を表し]いや. いえ. 異読⇒**ài**
**ǎiqì**【嗳气】[動]げっぷする.
**ǎisuān**【嗳酸】[動]〈医〉胃酸が口の中にこみ上げる.

**矮 ǎi**[形]**1**(背が)低い;(物の高さが)低い. **2**(等級や地位が)低い.
**ǎi bànjié**【矮半截】(慣)他人と比べ)劣っていて格下である.
**ǎicuò**【矮矬】[形](背が)低い.
**ǎicuózi**【矮矬子】[名]ちび.
**ǎidèng**【矮凳】[名]低い腰掛け.
**ǎidūndūn**【矮墩墩】[形](~の)ずんぐりしている.
**ǎifáng**【矮房】[名](小さくて)低い家.
**ǎigēr**【矮个儿】[名]背の低い人. ▶「矮个子」とも.
**ǎihuà**【矮话】[名]〈方〉へりくだった言い方.
**ǎipàng**【矮胖】[形]ずんぐりしている.
**ǎipàngzi**【矮胖子】[名]背が低くて太っている人.
**ǎi rén guān chǎng**【矮人观场】〈成〉わけもわからずに付和雷同する.

**ǎishēnliàngr**【矮身量儿】[名]低い身長.
**ǎixiǎo**【矮小】[形]低くて小さい.
**ǎi yītóu**【矮一头】→**ǎi bànjié**【矮半截】
**ǎizi**【矮子】[名]背の低い人. ちび.
**ǎizi lǐtóu bá jiāngjūn**【矮子里头拔将军】(諺)**1** お山の大将. **2** 劣った人の中からできるだけましな人を選び出す.

**蔼 ǎi ❶**[形]穏やかである. ¶和hé~/(態度が)穏やかである.
**ǎi'ǎi**【蔼蔼】[形]〈書〉**1** 草木が生い茂っている. **2** 暗い.
**ǎirán**【蔼然】[形]〈書〉なごやかである. 穏やかである. ¶~可亲/人当たりがよくて親しみやすい.

**霭 ǎi**[名]**1** 靄(もや). ¶暮~/夕もや.
**ǎi'ǎi**【霭霭】[形]〈書〉雲やもやが立ちこめている.

**艾 ❶**[動]止む. 絶える. ¶方兴未~/まっ盛りである.②みめよい. ¶少~/若い美人. [姓] 異読⇒**yì**
**àicǎo**【艾草】[植](植)ヨモギ(の葉);もぐさ.
**àihāo**【艾蒿】[植](植)ヨモギ.
**àihǔ**【艾虎】[名]**1**(動)ステップケナガイタチ. **2**(端午の節句の)ヨモギで作った虎の形をした魔よけ.
**àijiǔ**【艾酒】[名](端午の節句の)ヨモギ酒.
**Àiměijiǎng**【艾美奖】[名]エミー賞.
**àiróng**【艾绒】[名]もぐさ.
**àishéng**【艾绳】[名]ヨモギをなった縄. ▶蚊よけにする.
**àiwōwo**【艾窝窝】[名](料理)もち米を蒸してアズキあんや砂糖を包みこんだ団子菓子.
**àizībìng**【艾滋病】[名]〈医〉エイズ.
**àizǐ**【艾子】[名]〈方〉ヨモギ.

**砹 ài**[名]〈化〉アスタチン. At.

**唉 ài**[感]悲しんだり, 惜しんだりして]ああ. やれやれ. 異読⇒**āi**

**爱**(愛)**ài ❶**[動]**1** 〜が好きだ. ¶我~吃中国菜/ぼくは中国料理が好きです. **2** …したりやすい. …しやすい. ¶弟弟~哭/弟はよく泣く. **3** 大切にする. 重んじる. **4** (…を)愛する, かわいがる. **❷**[名]愛情. いつくしみ. [姓]
**ài bié lí kǔ**【爱别离苦】〈成〉愛する人と別れることの苦しみ.
**ài... bù...**【爱...不...】(型)…しようとしまいとご随意に. ¶你~信~信/信じる信じないは君の勝手だ.
**ài bù shì shǒu**【爱不释手】〈成〉大切にして手放すに忍びない;大事に取ってきたかった.
**ài cái rú mìng**【爱财如命】〈成〉金銭に執著する.
**ài cái ruò kě**【爱才若渴】〈成〉人

## ài

能る人を渇望する.▶"爱才如命"とも.

**àicháo**【爱巢】[名]新婚夫婦の寝室;若夫婦の幸せな家庭.

**àichēng**【爱称】[名]愛称.

**àichǒng**【爱宠】1[動]寵愛(ちょう)する.2〈旧〉(敬)他人の愛(娘).

**ài dā bù lǐ**【爱答不理】→**ài lǐ bù lǐ**【爱理不理】

**àidài**【爱戴】[動](指導者などを)敬愛する.

**ài dài gāomàozi**【爱戴高帽子】〈慣〉人からお世辞を言われるのが好きである;おだてに乗りやすい.

**Ài'ěrlán**【爱尔兰】[名](地名)アイルランド.

**Àifēi tiětǎ**【爱飞铁塔】[名]エッフェル塔.

**àifǔ**【爱抚】[動]かわいがる.慈しむ.

**ài gǎng jìng yè**【爱岗敬业】〈成〉自分の仕事に敬意を払い,職場を愛する.

**ài/guó**【爱国】[動]国を愛する.¶~主义/爱国主义.

**àiguózhě dǎodàn**【爱国者导弹】[名]パトリオットミサイル.

**ài/hǎo**【爱好】[動](~儿)1身なりにこだわる.おしゃれをする.2意気投合する.

**àihào**【爱好】❶1[動]1愛好する.¶她~打太极拳/彼女は太極拳を趣味としている.2好きだ.喜ぶ.多く連体修飾語として.¶市民的日用品/市民の愛好する日用品.2[名]趣味.好み.¶他的~是音乐/彼の趣味は音楽だ.

**àihé**【爱河】[名]書情欲,愛欲の河.

**àihù**【爱护】[動]大切にして保護する;いたわる.¶~公物/公の物を大切にする.

**àihuǒ**【爱火】[名]書激しい愛欲.

**àijiàn**【爱见】[動](口)好きである;かわいがる.

**àijiàng**【爱将】[名]右腕で.側近.

**Àikèsī shèxiàn**【爱克斯射线】[名]〈物〉X線.▶"X光线""X射线"とも.

**ài lǐ bù lǐ**【爱理不理】〈成〉(冷淡に)相手にするようなしないような態度をとる.▶"爱答不答"とも.

**àilián**【爱怜】[動]いとしみかわいがる.

**àiliàn**【爱恋】[動]慕う.

**ài/měi**【爱美的】[動]おめかしする(ことが好きである);美を愛する.

**àiměide**【爱美的】[形]アマチュアの.

**ài miànzi**【爱面子】〈慣〉〈貶〉体面ばかり気にする.

**àimiáo**【爱苗】[名]愛のきざし.

**ài mò néng zhù**【爱莫能助】〈成〉同情はするが助ける力がない.

**àimù**【爱慕】[動]1うらやましがる.2恋い慕う.

**àinì**【爱昵】[形]非常に仲がよい;親しげである.

**àiniǎozhōu**【爱鸟周】[名]愛鳥週間.

**àinǚ**【爱女】[名]愛嬢.

**àiqíng**【爱情】[名](男女間の)愛情.

**àirénr**【爱人儿】[形](方)かわいらしい.

**àiren**【爱人】❶1夫;妻;配偶者.¶我~/家内;主人.¶你~/(あなたの)奥さん,ご主人.2恋人.

**Àishāníyà**【爱沙尼亚】[名](地名)エストニア.

**àishén**【爱神】[名]キューピッド.

**Àisījīmórén**【爱斯基摩人】[名]エスキモー.

**àiwōwo**【爱窝窝】[名]→**āiwōwo**【艾窝窝】

**ài wū jí wū**【爱屋及乌】〈成〉人に関係のあるすべてを愛するようになる.愛情の深いたとえ.

**àixī**【爱惜】[動]1(むだにしないように)大事にする.2(気にかけて)かわいがる.

**ài xī yǔ máo**【爱惜羽毛】〈成〉人の評判・名声を気にする.

**àixiǎo**【爱小】[形](方)せこい,ちょろまかしたがる.

**àixīn**【爱心】[名]思いやり.

**àizēng**【爱憎】[名]愛憎.

**àizhījiǎo**【爱之角】〈俗〉結婚紹介所.

**àizhòng**【爱重】[動]敬愛する.

**àizǐ**【爱子】[名]書愛児.

### 僾（僾）ài ❶

**àiní**【僾尼】[名]ハニ族の一部の人たちの自称.

### 隘 ài ❶ ①狭い.②険しいところ.

**àikǒu**【隘口】[名]要害の場所.

**àilù**【隘路】[名]狭くせまい道;困難.

### 碍（礙）ài ❶ [動]妨げる.邪魔になる.¶~脚/足もとの邪魔になる.

**àibuzháo**【碍不着】[動+可補]妨げとならない.差し支えがない.

**ài//dào**【碍道】[動]交通の邪魔になる.

**ài//kǒu**【碍口】1[動]口に出しにくいのをはばかる.2[形]口に出しにくい.言いづらい.

**ài miànzi**【碍面子】〈慣〉相手のメンツをはばかる;情にほだされる.

**àinán**【碍难】1[書](旧時の公文書用語)…し難い.差し支える.2(方)(どうしたらいいか)困る.

**ài//shì**【碍事】(~儿)1[動]邪魔になる.不便である.2[形](多く否定の形で)ゆゆしい.重大である.¶这病不~/この病気はたいしたことない.

**ài shǒu ài jiǎo**【碍手碍脚】〈成〉足手まといになる.

**ài/yǎn**【碍眼】1[動]目障りになる.2[形](その場にいては)邪魔になる.

**àiyú**【碍于】[動]…に妨げられて.¶~奥ìcyù gǔnián/世論を気にする.

**àizhe qíngmiàn**【碍着情面】〈慣〉情にほだされる.

### 嗳（噯）ài [感]〈失望・後悔を示す〉あぁ.ちぇっ.異読=**ǎi**

**嗌** ài〔動〕〈古〉のどがつまって痛む.

**媛**(嬡) ài🔲 お嬢さん. ¶〜令／ご令嬡.

**瑷**(璦) ài 1〔名〕〈書〉美しい玉(ぎょく). 2 地名用字.

**叆**(靉) ài 🄋

**àidài**〔璦靆〕〔形〕雲が太陽をおおって薄暗い.

**叆**(靉) ài🔲 ほの暗い.

**ài'ài**〔靉靉〕〈書〉ほの暗い.

**àimèi**〔曖昧〕〔形〕1（態度や意図が）はっきりしない，あいまいである. 2（行為, 特に男女関係が）いかがわしい，怪しい.

## an (ㄢ)

**厂** ān〔庵ān〕に同じ. ▶人名に用いることが多い. 異読⇒chǎng

**广** ān〔庵ān〕に同じ. ▶人名に用いることが多い. 異読⇒guǎng

**安** ān 1〔動〕1 据え付ける. ¶〜电话／電話を取り付ける. 2（あだ名を）つける;（罪を）押しつける. 3（悪いたくらみを）もつ. 2〔疑〕〈古〉いずくにか; いずくんぞ. 🔲 満足する. ¶〜居乐业／安定している. ¶〜民.〔姓〕

**ān'ānwěnwěn**〔安安稳稳〕〔形〕〔〜的〕何の心配もなく安心できる.

**ān bāng dìng guó**〔安邦定国〕〔成〕国を安定させる, 強固にする.

**ānbǎo**〔安保〕〔形〕警備の. ¶加强〜工作／警備を強化する.

**ānbù**〔安瓿〕〔医〕アンプル.

**ān bù dàng chē**〔安步当车〕〔成〕車に乗るがごとくゆっくり歩いて行く.

**ān bù wàng wēi**〔安不忘危〕〔成〕安穏に暮らすときも危険を忘れない.

**ānbushàng**〔安不上〕〔動＋補〕規格などが合わず）取り付けられない, はめ込めない.

**ānchā**〔安插〕〔動〕（人員などを）配属する;（仕事などに）つかせる;（物語の筋や文章の字句などを）配置する.

**ānchǎn**〔安产〕〔医〕安産.

**ān cháng chǔ shùn**〔安常处顺〕〔成〕平穏な日々を送る.

**āncuò**〔安厝〕〔動〕（土葬などに）柩(ひつぎ)を一時安置する; 仮埋葬する.

**āndǎ**〔安打〕〔体〕（野球で）ヒット.

**Āndào'ěr**〔安道尔〕〔名〕〔地名〕アンドラ.

**āndé**〔安得〕〔動〕どうして…することが許されよう.

**āndǐ**〔安抵〕〔動〕〈書〉無事に着く.

**Āndísī**〔安第斯〕〔名〕アンデス.

**āndìng**〔安定〕1〔形〕（生活や時局などが）安定している, 落ち着いている. 2〔動〕安定させる. 落ち着かせる. 3〔名〕〔薬〕向精神薬の一種.

**āndǔ**〔安堵〕〔動〕〈書〉無事に着く.

**āndù**〔安度〕〔動〕無事に暮らす.

**āndùn**〔安顿〕1〔動〕（人や物を）落ち着かせる, 都合よく配置する. 2〔形〕（心が）落ち着いて平穏である.

**ānfāng**〔安放〕〔動〕（物を一定の位置に）置く, 据える.

**ān fèn shǒu jǐ**〔安分守己〕〔成〕分際をわきまえておとなしくする.

**ānfǔ**〔安抚〕〔動〕〈書〉落ち着かせ慰める.

**ān fù zūn róng**〔安富尊荣〕〔成〕生活が裕福で地位も名誉もある.

**Āngēlā**〔安哥拉〕〔名〕〔地名〕アンゴラ.

**ānhǎo**〔安好〕〔形〕〈書〉無事である.

**Ānhuī**〔安徽〕〔名〕〔地名〕安徽(きュウ)省.

**ān//jiā**〔安家〕〔動〕1（結婚して）所帯をもつ. 2 定住する; 家を構える.

**ānjiāfèi**〔安家费〕〔名〕赴任・転勤時の）赴任手当, 支度金.

**ān jiā lì yè**〔安家立业〕〔成〕身を固めて正業に就く.

**ān jiā luò hù**〔安家落户〕〔成〕故郷を離れ, 家を構えて定住する.

**ānjiǎn**〔安检〕〔略〕セキュリティチェック.

**ānjiàng**〔安降〕〔動〕〈書〉安全に着陸する.

**ānjìng**〔安静〕1〔形〕静かである. ひっそりしている;（心が）穏やかである. 安らかである. ¶校园很〜／キャンパスはとても静かである. 2〔動〕静かにする. 黙る.

**ān jū lè yè**〔安居乐业〕〔成〕安らかに暮らし仕事に励む.

**ānkāng**〔安康〕〔形〕〈書〉無事息災である.

**Ānlā**〔安拉〕〔名〕〔宗〕アラー.

**ānlán**〔安澜〕〔形〕〈書〕川の流れが穏やかである;〈喩〉太平である.

**ānlè**〔安乐〕〔形〕安らかで楽しい.

**ānlèsǐ**〔安乐死〕〔名〕安楽死.

**ānlèwō**〔安乐窝〕〔名〕楽しいわが家.

**ānlèxiāng**〔安乐乡〕〔名〕平和郷.

**ānlèyǐ**〔安乐椅〕〔名〕安楽椅子.

**Ānlǐhuì**〔安理会〕→**Ānquán lǐshìhuì** 安全理事会

**ānmì**〔安谧〕〔形〕〈書〉静寂である.

**ānmián**〔安眠〕〔動〕安眠する.

**ānmiányào**〔安眠药〕〔名〕睡眠薬.

**ānmín**〔安民〕〔動〕民心を安定させる.

**ānmín gàoshì**〔安民告示〕〔名〕関係者への事前の通知.

**ānnàjǔ zhǔyì**〔安那其主义〕〔名〕アナーキズム. 無政府主義.

**ānnéng**〔安能〕〔副〕〈書〉どうして…できようか.

**ānníng**〔安宁〕〔形〕1 安寧である. 2 落ち着いている.

**ānpái**〔安排〕〔動〕1（物事を）都合よく処理する, 手配する;（適当に人員などを）配置する, 割りふりする. ¶〜工作／仕事の手配をする. ¶〜时间／時間をやりくりする. 2（山河を）改造する.

**ānpéi**〔安培〕〔量〕〔電〕アンペア. ▶略して"安".

## ān

**ān pín lè dào**【安贫乐道】〈成〉貧困に安んじ,本分を楽しむ.
**ānqǐ'ér**【安琪儿】名 エンゼル.
**ānqǐn**【安寝】動〈書〉安眠する.
**ānquán**【安全】形 安全である. ¶~到达 / 無事到着する.
**ānquánquán**【安全权】名〈法〉(消費者の人身,財産の安全を守る)安全保護権.
**ānquán bōli**【安全玻璃】名 防弾ガラス.
**ānquándài**【安全带】名 安全ベルト;シートベルト.
**ānquándǎo**【安全岛】名 安全地帯.
**ānquánfá**【安全阀】名 安全弁.バルブ.
**Ānquán lǐshìhuì**【安全理事会】名 国連の)安全保障理事会.
**ānquánmào**【安全帽】名 ヘルメット.保安帽.
**ānquánmén**【安全门】名 非常口;非常門.
**ānquántào**【安全套】名 コンドーム.
**ānquántī**【安全梯】名 非常階段. 非常ばしご.
**ānquán tiánmái**【安全填埋】名〈環境〉(危険廃棄物などの)安全埋め立て処理.
**ānquánwǎng**【安全网】名 セーフティネット.
**ānquán xìshù**【安全系数】名 安全系数.安全率.
**ānrán**【安然】形 1 無事である. 2 (心配がなく)安らかである.
**ān rán wú yàng**【安然无恙】〈成〉無事息災である.
**ān rú tài shān**【安如泰山】〈成〉確固として揺るぎがない.
**ānshè**【安设】動(設備などを)据え付ける.設ける.
**ān/shēn**【安身】動(困難な境遇下で)身を寄せる.身を置く.
**ān shēn lì mìng**【安身立命】〈成〉身を落ち着ける所ができ,心のよりどころを得る.
**ān/shén**【安神】動 神経を鎮める. ¶~药 / 鎮静剤.
**ānshēng**【安生】形 1 (生活が)安定している,平穏である. 2 (子供が)落ち着いておとなしい.
**ānshì**【安适】形 ゆったりと快適である.
**ānshuì**【安睡】動 熟睡する.
**āntāiyào**【安胎药】名 流産を防ぐ薬.
**āntài**【安泰】形〈書〉安泰である.
**āntián**【安恬】形 穏やかで安らかである.
**āntiē**【安帖】形 心が安らいでいる.
**Āntúshēng**【安徒生】(人名) アンデルセン.
**āntuǒ**【安妥】形 1 安全でまちがいがない. 2 名〈薬〉アンツー. ▶殺鼠剤(さっそざい)の一種.
**ānwēi**【安危】名〈書〉安否.
**ānwèi**【安慰】動 慰める. 2 形(心が)安らぐ. ¶感到~ / 心が安らぐ.

**ānwèisài**【安慰赛】名 敗者復活戦.
**ānwěn**【安稳】形 1 安定している,平穏である. 2〈方〉(立ち居振る舞いが)落ち着いている.
**ānxī**【安息】動〈書〉静かに眠る;〈弔辞に用いる〉安らかに眠れ.
**ānxīxiāng**【安息香】名 安息香.ベンゾイン.
**ānxián**【安闲】形(気分や生活が)のんびりしている.
**ānxiáng**【安详】形(物腰が)おっとりしている.
**ānxiǎng**【安享】動 安らかに…を楽しむ(んで暮らす).
**ānxiē**【安歇】動 床につく;休む.
**ān/xīn**【安心】動 1 (気持ちを)落ち着ける. 2 …をたくらむ,よくない下心がある. 2 (ānxīn)形(気持ちが)落ち着いている.
**ān xīn luò yì**【安心落意】〈成〉気持ちが落ち着いて,安楽(がらく)がある.
**ānyì**【安逸・安佚】形(心にかかるものがなく)のんびりしている,安楽である.
**ān/yíng**【安营】動(軍隊などの集団が)設営する.
**ān yíng zhā zhài**【安营扎寨】〈成〉(軍隊が)テントを張り営舎を設ける;(大規模な工事現場に)臨時の宿泊所を建てる.
**ānyú**【安于】動〈書〉…に安んじる.
**ānzài**【安在】動〈書〉いずくにありや.
**ānzàng**【安葬】動 埋葬する. ▶やや丁重な言い方.
**ānzhěn**【安枕】動〈書〉安心して眠る.
**ān zhī ruò sù**【安之若素】〈成〉(いかなる場合でも)泰然自若としている.
**ānzhì**【安置】動(物人)を適当な場所(部署)に置く.
**ānzhuāng**【安装】動 1 (機械や器具を)取り付ける,据え付ける. 2〈電算〉インストールする.

## 桉

**ān**【桉】〈植〉ユーカリ.
**ānshù**【桉树】名〈植〉ユーカリ.
**ānyóu**【桉油】名 ユーカリ油.

## 氨

**ān**【氨】名〈化〉アンモニア.
**ānběn huáng'ān**【氨苯磺胺】名〈薬〉スルフォンアミド.
**ānjī**【氨基】名〈化〉アミノ基.
**ānjīsuān**【氨基酸】名〈化〉アミノ酸.
**ānshuǐ**【氨水】名 アンモニア水.

## 唵(啘)

**ǎn**【唵】感《返事をするときに用い》うん,ええ. 2《注意を喚起したり,相談したりするときに用い》もし.

## 庵

**ān**【庵】名 1〈書〉小さな草屋.庵(いおり). 2 =に尼僧をさし)小さな寺. ¶姓
**ānsì**【庵寺】名 1 尼寺. 2 僧寺の総称.
**ānzhǔ**【庵主】名 尼寺の住職.庵主.

## 谙

**ān**【谙】動〈書〉精通している. 習熟する.
**āndá**【谙达】動〈書〉熟達する.

ānliàn【谙练】[動]〈書〉熟練する.
ānshí【谙识】[動]〈書〉精通する.
ānshú【谙熟】[動]熟知する.

**鹌** ān ❶

ānchún【鹌鹑】[名]〈鳥〉ウズラ.

**鞍** ān ❶

ānkāng【鮟鱇】[名]〈魚〉アンコウ.

**鞍** ān ■ 鞍〈し〉. ¶马~/馬の鞍.
ānchàn【鞍韂】[名]→ānjiān【鞍鞯】
ānjiān【鞍鞯】[名]〈書〉鞍と下鞍(したぐら);〈総称として〉馬具.
ānmǎ【鞍马】[名]1〈体〉鞍馬. 2 鞍と馬;〈喩〉戦闘に明け暮れる日々.
ān mǎ láo dùn【鞍马劳顿】〔成〕旅や戦いで疲れ果てる.
ānpèi【鞍辔】[名]鞍とくわ.
ān qián mǎ hòu【鞍前马后】〔成〕人につきまとって奔走し,その手助けをする.
ānzi【鞍子】[名]鞍.

**盦** ān 古〈古〉食物を盛るふた付きの器. 2【庵ān】に同じ.

**俺** ǎn 〈代〉〈方〉おれ(たち). あたし(たち).
ǎnjiā【俺家】〈代〉〈方〉1 おれ. 私. 2 私の家. ¶~的/うちの人. うちのやつ.
ǎnmen【俺们】〈代〉わしら. 私ら.

**埯** ǎn 1 [動]小さい穴を掘って種をまく. 2 [名]〔種をまくための〕小さい穴. 3 [量]〔〜ル〕まいた穴の数で数える. ¶~株.
ǎnzi【埯子】[名]点播(てんば)するための小さい穴.

**铵** ǎn [名]〈化〉アンモニウム.

**揞** ǎn [動]〈方〉(粉薬を傷口に)すり込む.

**犴** àn →bi'àn【狴犴】 異読⇒hān

**岸** àn [名]岸.
■ 岸〈し〉. ¶姓
ànbiān【岸边】[名]岸辺.
ànbiāo【岸标】[名]岸に設けた航路標識.
ànrán【岸然】[形]〈書〉厳かである.
ànshang【岸上】[名]岸上. おか.
àntóu【岸头】[名]→ànbiān【岸边】
ànxiàn【岸线】[名]ウォーターフロント. 海岸. 川岸.

**按** àn ❶ [動] 1 (手や指で)押す,押さえる. 2 抑制する. ❷ [前]…に基づき,…に応じて. …どおりに. ¶~日子计算/日数で計算する.
■ ① 突き合わせる. ② (編著者等が)説明を加える.
àn bīng bù dòng【按兵不动】〔成〕兵をとどめて進ませない;〈転〉任務を引き受けても行動しない.
àn bìng xià yào【按病下药】〔成〕ケースに応じて適切な処置をする.
àn bù jiù bān【按部就班】〔成〕段

取りをふみ,順を追って事を進める.
ànbúzhù【按不住】[動+可結]〔感情を〕抑えきれない.
ànchéng【按成】〔按成〕割合によって;比例配分で.
àn chóu fù láo【按酬付劳】〔成〕報酬に応じて労働する;〈転〉給料の分しか働かない.
ànci【按次】[副]順に.
àndǐng【按顶】[動]〔~ル〕画びょう.
àngǔ fēnpèi【按股分配】[名]〈経〉株主割当.
àn gǔ jūnfēn【按股均分】〔成〕持ち株数に応じて均等に配分する.
àn guǐ jiù fàn【按轨就范】〔成〕軌道に乗り,型どおりになる.
ànhù【按户】[副]1軒ごとに.
ànjiàn【按件】[副]個数(出来高)に応じて.
ànjiàn【按键】[名]キー. プッシュボタン.
ànjiē【按揭】[名]担保;(不動産購入のための)銀行ローン. ¶~车/ローンで購入する)車. ¶~房/(ローンで購入する)マンション.
ànjīn【按金】[名]〈方〉敷金.
ànkòur【按扣儿】[名]スナップ.
àn láo fēn pèi【按劳分配】〔成〕労働に応じて分配する.
àn/lǐ【按理】[連語]道理による;理屈から言えば.
ànlǐ shuō【按理说】[挿]理屈から言えば. 本来なら.
ànlì【按例】[副]前例に従う〔こと〕.
àn/mài【按脉】[動]脈をとる.
ànmó【按摩】[動]〈医〉マッサージする.
ànnà【按捺】[動]〔感情を〕抑える. ▲ "按纳"とも.
ànniǔ【按钮】[名]〔~ル〕押しボタン.
ànpái'ér【按排儿】[動]〈方〉きちんと手ぎわよくこなす.
ànqī【按期】[副]期日どおりに.
ànrì【按日】[副]日割りで. 日ごとに.
**ànshí**【按时】[副]**時間どおりに**. 期日どおりに. ¶这项工作必须~完成/この仕事は期日どおりに仕上げなければならない.
ànshuō【按说】[挿]→ànlǐ shuō【按理说】
àn tú suǒ jì【按图索骥】〈成〉手がかりを頼りに物を探す;仕事ぶりが杓子(しゃくし)定規である.
ànwén【按蚊】[名]〈虫〉ハマダラカ.
ànxià húlu fúqǐ piáo【按下葫芦浮起瓢】〔諺〕一つの問題を解決したかと思えば,別の問題が起こる.
ànxià【按下】[動]保留する;(講談・小説で)…はさておき.
àn yā【按压】[動]抑えつける.
ànyàn【按验】[動]→ànyàn【案验】
ànyǔ【按语】[名]編者の言葉.
ànyuè【按月】[副]月ごとに. 月決めで.
ànzhào【按照】[前]…に照らして. …によって. ¶~法律行事xíngshì/法律に照らして事を処理する.
ànzhe【按着】[前]…によって. …のとお

àn

りに.

胺 àn 【名】〈化〉アミン.

案 àn 【名】❶ (法律上の)事件. 訴訟事件. ¶惨～/虐殺事件. ¶办～/事件の捜査をする. ❷案. 考え. ¶草～/草案. ❸公文書. 記録. ¶档～/身上調書. ❹机.

ànbǎn 【案板】【名】めん台；まな板.

ànchéng 【案乘】【名】訴訟事件.

àndǐ 【案底】【名】犯罪記録；前科.

àndú 【案牍】【书】公文書.

ànfàn 【案犯】【名】容疑者；未決犯.

ànjiàn 【案件】【名】〈法〉訴訟事件.

ànjuàn 【案卷】【名】保存文書；調書.

ànlì 【案例】【名】判例.

ànqíng 【案情】【名】事件の内容. 罪状.

ànrshangde 【案儿上的】【名】(料理屋で)材料の下ごしらえをする調理人.

àntóu 【案头】【名】卓上.

ànyàn 【案验】【书】犯罪の証拠調べをする.

ànyóu 【案由】【名】事件の概要.

ànyǔ 【案语】→ànyǔ【按语】

ànzhí 【案值】【名】訴訟事件の被害総額.

ànzhuō 【案桌】【名】長テーブル.

ànzi 【案子】【名】❶ (旧式の)仕事台. ❷訴訟事件.

暗 〈闇〉 àn 【形】❶ 暗い. ❷人目にふれない. ¶这门上的锁是～的/このドアについている錠は隠し錠だ.

【副】①こっそりと、陰で. ¶～～中. ②道理に暗い. ¶～愚/愚かである.

àn'àn 【暗暗】【形】ひそかに、こっそり.

àn'ànli 【暗暗里】→àndìli【暗地里】

ànbà 【暗坝】【名】水中の堰(せき).

ànbǎo 【暗堡】【名】〈军〉掩蔽壕(ごう).

ànbǔ 【暗补】【名】〈政〉(非公開の、または間接的な)財政補助.

àncáng 【暗藏】【动】潜伏する；ひそかに隠す.

ànchá 【暗查】【动】ひそかに調べる. ❷密偵.

ànchāng 【暗娼】【名】私娼.

ànchǎng 【暗场】【名】〈剧〉筋の一部分をせりふによって登場人物に語らせること.

ànchán 【暗潮】【名】❶〈喩〉(政治闘争や社会運動の)暗流、底流.

ànchénchén 【暗沉沉】【形】〈~的〉どんよりと暗い.

ànchù 【暗处】【名】暗い所；〈転〉陰.

àndàn 【暗淡】【形】薄暗い；見通しが暗い. ❷〈相場のダレ〉

àndào 【暗道】【名】❶ 隠れ道. ❷〈近〉心中つぶやく.

àndìli 【暗地里】【副】ひそかに、こっそりと；心の中で.

àndìng 【暗订】【动】密約する.

àndòu 【暗斗】【动】暗闘する.

àn dù chén cāng 【暗度陈仓】【成】ひそかに行動し機先を制する；〈転〉男女が密通する.

ànfáng 【暗房】【名】暗室.

ànfǎng 【暗访】【动】密偵する.

àngōu 【暗沟】【名】暗渠(きょ).

ànhài 【暗害】【动】暗殺する；ひそかに人を陥れる.

ànhán 【暗含】【动】それとなくほのめかす.

ànhào 【暗号】【名】〈~儿〉合い言葉；パスワード. ❷合図. サイン.

ànhé 【暗合】【动】偶然に一致する.

ànhé 【暗盒】【名】〈写〉マガジン.

ànhēi 【暗黑】→ànhēi【黯黑】

ànhuār 【暗花儿】【名】〈陶磁器などの〉すかし模様；〈織物などの〉地模様.

ànhuà 【暗话】【名】❶ 隠語. ❷陰口.

ànhuǒ 【暗火】【名】残り火.

ànjí 【暗疾】【名】(性病など)人に言えない病気.

ànjì 【暗计】【名】陰謀.

ànjì 【暗记】【名】❶〈~儿〉心覚えのためにつけた秘密の印. ❷【动】こっそり覚える[書きとめる].

ànjiānr 【暗间儿】【名】(旧式家屋では)ほかの部屋を通らなければ外に出られない部屋.

ànjiàn 【暗箭】【名】〈喩〉やみ討ち. 中傷.

ànjiāo 【暗礁】【名】暗礁；〈喩〉隠れた障害.

ànjǐng 【暗井】【名】(地下に掘った)下水だめ.

ànkòur 【暗扣儿】【名】隠しボタン.

ànkū 【暗哭】【名】目に見えない〈泣き寝入りする〉損失. ¶吃～/割りをくう.

ànlǐ 【暗里】【副】ひそかに.

ànliàn 【暗恋】【动】恋い思いをする.

ànliú 【暗流】【名】❶ 地下水流；〈喩〉表面に表れない思想傾向や社会の動向.

ànlóuzi 【暗楼子】【名】屋根裏の物置.

ànlǜ 【暗绿】【名】ダークグリーンの.

ànmǎ 【暗码】【名】〈~儿〉❶〈旧〉値段の符丁. ❷暗号. ❸ (印)隠しノンブル.

ànmèi 【暗昧】【形】❶ あいまいである. ❷愚かである.

ànménzi 【暗门子】【名】〈方〉私娼.

ànpán 【暗盘】【名】〈~儿〉〈经〉やみ相場.

ànpán jiāoyì 【暗盘交易】【名】秘密交渉、裏取引.

ànqì 【暗泣】【动】〈书〉しのび泣く.

ànqiāng 【暗枪】【名】〈喩〉陰で人を中傷する手段.

ànruò 【暗弱】【形】❶ (光が)やや暗い. ❷ 暗愚軟弱である.

ànshā 【暗杀】【动】暗殺する.

ànshāng 【暗伤】【名】❶〈中医〉内傷. ❷(品物の)表面からは見えないきず.

ànshè 【暗射】【动】当てこする.

ànshè dìtú 【暗射地图】【名】白地図.

ànshì 【暗示】【动】暗示する. ほのめかす. 〈心〉(催眠術での)暗示.

ànshì 【暗事】【名】後ろめたいこと.

ànshì 【暗室】【名】❶〈写〉暗室. ❷〈书〉人目につかない所.

àn sòng qiū bō 【暗送秋波】【成】媚(こ)を売って取り入る. 私通する.

**ànsuàn**【暗算】动 人を殺害したり陥れようと思って)ひそかにたくらむ.
**ànsuǒ**【暗锁】名 隠し錠.
**àntān**【暗滩】名(水が濁っていて船から見えない)浅瀬.
**àntàn**【暗探】1 名 密偵. 探偵. 2 动 ひそかに調べる.
**àn wú tiān rì**【暗无天日】成 正義も道理もない暗黒社会.
**ànwùzhì**【暗物质】名 (天)暗黒物質. ダークマター.
**ànxǐ**【暗喜】动 ひそかに喜ぶ.
**ànxiě**【暗写】动 (写)暗写.
**ànxià**【暗下】副 こっそりと.
**ànxiàn**【暗线】名(文学作品の)伏線.
**ànxiāng**【暗箱】名(写)暗箱.
**ànxiāng cāozuò**【暗箱操作】名 密室での不正な操作.▶"黑箱操作"に同じ.
**ànxiào**【暗笑】动 1 ほくそ笑む.  2 陰であざ笑う.
**ànyǐng**【暗影】名 暗影. 暗い影.
**ànyǔ**【暗语】名 合い言葉. 隠語.
**ànyù**【暗喻】名(文)暗喩. メタファー.
**ànzhōng**【暗中】1 名 暗がりの中. 暗やみの中. 2 副 ひそかに. 陰で.
**ànzhuǎn**【暗转】名(劇)暗転する.
**ànzì**【暗自】副 ひそかに. こっそりと.

**黯** àn 形 暗い.
**àndàn**【黯淡】形 薄暗い.
**ànhēi**【黯黒】形 真っ黒である;暗い.
**ànrán**【黯然】形(书)暗い;心が晴れない.

## ang(尢)

**肮** āng ❶
**āngzāng**【肮脏】形 汚い. 不潔である;(喩)卑劣である.

**卬** áng(书)1 名 われ. 2 代【昂 áng】に同じ. 姓

**昂** áng 动【头】をもたげる.  ❶ →~扬. 姓
**áng'áng**【昂昂】形(书)意気揚々としている.
**ángcáng**【昂藏】形(书)意気軒昂(ん)である.
**ángguì**【昂贵】形(値段が)非常に高い.¶~的代价/非常に高い代価.
**ángrán**【昂然】形 昂然(ん)としている. 意気盛んである.
**ángshǒu**【昂首】动(书)頭を上げる.
**áng/tóu**【昂头】动 頭を上げる.
**ángyáng**【昂扬】形(意)気があがる.

**盎** àng ❶ 1 鉢. ②あふれる.¶→~然.
**Ànggélǔ Sākèxùnrén**【盎格鲁撒克逊人】名 アングロサクソン人.
**àngrán**【盎然】形 満ちあふれている.
**àngsī**【盎司・盎斯】量 質量の単位. オンス.

## ao(幺)

**凹** āo 形〈↔凸〉へこんでいる.¶车身~进去了 / 車体がへこんでしまった. 異読⇒wā
**āobǎn**【凹版】名(印)凹版.
**āobíliáng**【凹鼻梁】名 ぺちゃんこの鼻(の人).
**āojìng**【凹镜】名(物)凹面鏡.
**āotòujìng**【凹透镜】名(物)凹レンズ.
**āotū**【凹凸】形 でこぼこである.
**āoxiàn**【凹陷】动 くぼむ. 陥没する.
**āoxīnliǎn**【凹心脸】名 しゃくれ顔.

**熬** āo 动 煮る. 煮つめる. ゆでる. 異読⇒áo
**āodiǎn**【熬点】名(料理)おでん.
**āoxīn**【熬心】动(方)気をもむ.
**āozao**【熬造】动(方)よくよする.

**爊（熝）** āo 动 1 (书)とろ火で煮る. 2(方)(料理)多種の香料を入れ食品を加工する.¶~鸭 / アヒルを香料で煮込む. 3【熬 āo】に同じ.

**敖** áo【遨áo】に同じ. 姓

**敖包**【敖包】名(モンゴルの)オボ.

**隞** áo 名 商(殷)の都. ▶現在の河南省鄭州市の西北にあった.

**獒** áo 地名用字.

**遨** áo 动 遊覧する.
**áoyóu**【遨游】动 漫遊する.

**嗷** áo 动
**áo'áo**【嗷嗷】拟(痛みや苦しみなどのためにあげる悲鳴や泣き声)うんうん. ひいひい. わあわあ.
**áo áo dài bǔ**【嗷嗷待哺】成 飢えた人が悲鳴をあげて食を与えられるのを待つ.

**廒（厫）** áo 名(古)穀物倉.¶仓~/ 穀物倉.

**璈** áo 名(古)楽器の一種.

**獒** áo 名 (动)(チベット原産の大型犬)マスチフ;獰猛(ど)な犬.

**熬** áo 动 1 (穀類を糊状になるまで)長時間煮る. 煮つめる;(漢方薬などを)煎じる.¶~粥 / かゆを作る. 2 (苦痛や困難を)堪え忍ぶ. こらえる. 異読⇒āo
**áobài**【熬败】动 粘って根負けさせる.
**áobuguò**【熬不过】动+可補 持ちこたえられない.
**áobuzhù**【熬不住】动+可補 辛抱しきれない.
**áo/chéng**【熬成】动+結補 長時間煮つめて～にする.
**áo/guò**【熬过】动+方補 辛抱し通す.
**áojiān**【熬煎】动 じわじわ苦しめる.
**áolàn**【熬烂】动+結補 長く煮てとろとろにする.
**áoliàn**【熬炼】动 鍛える. 試練を受け

**áo**

**áomo**【熬磨】[動]〈方〉**1** やりきれない気持ちで時間を過ごす。**2** しつこくまつわりつく。

**áo rìzi**【熬日子】〈慣〉辛抱して暮らす。(病人などについて)かろうじて命を保つ。

**áotour**【熬头儿】[名]辛抱しがい。

**áo//xíng**【熬刑】[動]拷問に耐える。

**áo//yǎn**【熬眼】[動]〈眠いのを我慢し〉夜ふかしする。

**áo//yè**【熬夜】[動]夜ふかしする。徹夜する。

**áo//yóur**【熬油儿】[動]夜ふかしする。

**áo**【螯】[名][動]〈カニなどの節足動物の〉はさみ。

**áo**【翱(翱)】**áo** H 翼を広げて飛ぶ。

**áoxiáng**【翱翔】[動]〈鳥などが〉空に円を描いて飛ぶ。

**áo**【警】[動]〈書〉そしる。けなす。

**áo**【鳌(鼇)】[名]〈伝説上の〉大海亀。

**áotóu**【鳌头】[名]〈旧〉状元(科挙の首席合格者)、首席。¶独占~/首席で合格する。試合で1位になる。

**áo**【鏖】[動]〈書〉激しく戦う。¶赤壁~兵/赤壁の激戦。

**áozhàn**【鏖战】[動]死にものぐるいで戦う;苦戦する。

**ǎo**

**ǎo**(拗)【拗】**ǎo,niù** ⇒ 異読⇒

**ǎo**(襖)【袄】[名]中国式の裏付きの上着。

**ǎo**[名]〈書〉老婦人。おばあさん。

**ǎo**(塢)[名]〈地〉山間の平地。

**ǎo**(塊・坳)[名]〈地〉山間の平地。

**ǎo**(拗)【拗】[形]滑らかでない。ぎこちない。異読=**ào,niù**

**ào**

**àokǒu**【拗口】[形]〈舌が回らず〉言いにくい。

**àokǒulìng**【拗口令】→ **ràokǒulìng**【绕口令】

**ào**〈書〉**1**[形]強い。¶排~/文章が力強い。**2**【傲ào】に同じ。

**ào**[形]傲慢な(さま)である。¶她~得很啊!/彼女はすごく横柄だ。‖[姓]

**ào'àn**【傲岸】[形]〈書〉誇らしげである;尊大である。

**àogǔ**【傲骨】[名]気骨があり信念をまげない性格、硬骨。

**àomàn**【傲慢】[形]傲慢な態度。横柄な様子。

**àoqì**【傲气】[名]傲慢な態度。横柄な様子。

**àorán**【傲然】[形]〈書〉傲然(ごう)としている。

**àoshì**【傲视】[動]〈人や物事を〉ばかにする、見下げる。

**ào**〈書〉①奥深い。¶深~/奥深くてはかり知れない。②建物の中の深く入りこんだ部屋。¶堂~/堂の奥まった所。‖[姓]

**àobó**【奥博】[形]〈書〉(意味が)深くて広い;(知識が)広い。

**Àodìlì**【奥地利】[名]オーストリア。

**Àolínpǐkè**【奥林匹克】[名]オリンピック。¶~运动会/オリンピック大会。

**àomì**【奥秘】[名]神秘、奥義。

**àomiào**【奥妙】[形]〈道理や内容が〉奥深く微妙である。**2**[名]奥義。

**Àosài**【奥赛】[名]各種オリンピック。||…オリンピック。

**Àosīkǎ**【奥斯卡】[名]〈人名〉オスカー。¶~(金像)奖/オスカー賞。

**àosītè**【奥斯忒】[名]〈電〉エルステッド。

**àotáojì**【奥陶纪】[名]〈地質〉オルドビス紀。

**Àowěihuì**【奥委会】[名]〈略〉オリンピック委員会。

**àoxiào**【奥校】[名]〈略〉オリンピック選手の養成学校。

**àoxíng**【奥型】[名]オリンピックのスター選手。

**àoyì**【奥义】[名]奥義。

**àoyuán**【奥援】[名]〈書〉〈貶〉後ろだて。

**àoyùn**【奥运】→ **Àoyùnhuì**【奥运会】

**àoyùncūn**【奥运村】[名]〈体〉オリンピック選手村。

**Àoyùnhuì**【奥运会】[名]〈略〉オリンピック大会。

**àozhǐ**【奥旨】[名]〈書〉奥深い意味。

**ào**[名]〈書〉駿馬(しゅんめ)。足の速い馬。

**ào**[名](多く地名に用い)入り江。

**Ào**[1] マカオ。‖

**àobāo**【澳胞】[名]マカオ住民。

**Àodàlìyà**【澳大利亚】[名]〈地名〉オーストラリア。

**àodū**【澳督】[名]マカオ総督。

**àokàng**【澳抗】[名]〈医〉オーストラリア抗原。

**Àomén**【澳门】[名]〈地名〉マカオ。

**àoménbì**【澳门币】[名]マカオパタカ。

**Àoqū**【澳区】[名]〈略〉マカオ特別行政区。

**Àozhōu**【澳洲】[名]〈地名〉オーストラリア。豪州。

**àozhōu hēi(jī)**【澳洲黑(鸡)】[名]〈鳥〉オーストラロープ。

**ào**【懊】悩む;悔やむ。¶~→~恨。

**àohèn**【懊恨】[動]悔やむ。

**àohuǐ**【懊悔】[動]後悔する。

**àomèn**【懊闷】[形]気がふさぐ。

**àonǎo**【懊恼】[形]〈書〉悔やんでいる。

**àonǎo**【懊脑】[形]思い悩んでいる。

**àosàng**【懊丧】[形]がっかりしている。落胆してふさぎ込んでいる。¶神情~/表情が暗い。

**ào zao**【懊燥】[動]ふさぎ込む。

**áo**

**áozi**【鏊子】[名]〈料理〉"饼"を焼くための平鍋。

## アルファベットの混じったことば

**AA zhì**【AA制】割り勘.
**AB zhì**【AB制】〈演〉ダブルキャスト.
**A kǎo**【A拷】名 **1** ビデオのマスターテープ. **2** 編集されただけで,音楽と字幕のついていないテレビコマーシャル.
**A piàn**【A片】名 アダルトビデオ; 成人映画.
**ATM jī**【ATM机】名 現金自動預け払い機. ATM.
**A yǒu**【A友】名 同性愛者.

# B

## ba (ㄅㄚ)

八 **bā** 数 8. はち; 第八(の). 8番目(の). ▶ 第4声の前では"八岁básuì"のように第2声で発音することもある. ¶一天／8日間. ¶一楼／8階. ¶第一届／第8回. ‖姓
**bā bài zhī jiāo**【八拜之交】成 義兄弟の契りを交わした間柄.
**bāban**【八瓣儿】喩 粉々になった状態.
**bābǎocài**【八宝菜】料理 (福神漬に似た) 漬け物の一種.
**bābǎochá**【八宝茶】名 緑茶に乾燥ナツメや漢方薬などを加え,氷砂糖を入れて飲むホットドリンク.
**bābǎofàn**【八宝饭】料理 もち米にこしあん・ハスの実・ナツメ・干しブドウ・干しリュウガンなどを加え,氷砂糖で作ったクズあんをかけて蒸しあげた甘い食品.
**bābèizi**【八辈子】慣 長い間.
**bāchéng**【八成】**1** 名 8割. **2** 副 (~儿) たぶん. おおかた.
**bādà càixì**【八大菜系】名 中国の 8 大料理系統. ▶ 山東・四川・江蘇・浙江・広東・湖南・福建・安徽の各料理.
**bādàiyú**【八带鱼】名〈方〉タコ.
**bādǒucái**【八斗才】慣 八斗(⁶)の才.
**bāfāng**【八方】名 八方. 四方 (東・西・南・北) と四隅 (北東・北西・南東・南西) の八つの方角; 周囲; 各地.
**bāfēn**【八分】名 8割.
**bāfēn yīnfú**【八分音符】名〈音〉8分音符.
**bā gānzi dǎbuzháo**【八竿子打不着】慣 血縁の非常に遠い親戚関係をからかって言う言葉. 〈転〉まったくの無関係.
**bā gàngzi dǎbuchū ge pì lái**【八杠子打不出个屁来】慣 口数が少なく黙りがちな性格.
**bāge**【八哥】名 (~儿)〈鳥〉キュウカンチョウ.
**bāgǔ**【八股】名 八股文(²)). ¶喩〉内容に乏しく紋切り型の文章や演説.
**bāguà**【八卦】名 **1** 八卦(ヵ). **2** 〈喩〉ゴシップ. ¶~新闻／ゴシップニュース.
**Bāguó liánjūn**【八国联军】名〈史〉8か国連合軍.
**bāhángshū**【八行书】名〈旧〉手紙. 書簡.
**bājiànr**【八件儿】名 8種類の菓子; 8品の料理.
**bājiǎo**【八角】名 ダイウイキョウ(の実).
**bājiǎogǔ**【八角鼓】名 **1** 八角鼓. ▶満州族の民族打楽器. **2** "八角鼓"を鳴らしながら演じる語り物の一種.
**bājié**【八节】名 八節気.
**bājìnzhì**【八进制】名〈数〉〈電算〉8進法.
**bā jiǔ bù lí shí**【八九不离十】慣 (~儿) 大差がずれないといえども遠からず.
**bākāi**【八开】〈印〉全紙八つ折り(の).
**Bā liù sān jìhuà**【八六三计划】名〈略〉ハイテク研究発展計画.
**Bālùjūn**【八路军】名〈史〉八路軍. ▶抗日戦争時の国民革命軍第八路軍.
**bāmiànfēng**【八面风】慣 **1** 非常に鋭い. **2** 言葉遣いにそつがない.
**bāmiànguāng**【八面光】慣 世故にたけて如才なくふるまう. 八方美人.
**bā miàn jiàn guāng**【八面见光】成 **1** 仕事が入念である. **2** 八方美人である.
**bā miàn líng lóng**【八面玲珑】成 如才がない. 八方美人である.
**bā miàn wēi fēng**【八面威风】成 威風堂々たありたを払う.
**bāqí**【八旗】名〈史〉(清代の) 八旗軍.
**bātái (dà) jiào**【八抬(大)轿】名 人をほめ持ち上げる.
**bāxiàlǐ**【八下里】名〈方〉四方八方. 各方面.
**bāxiān**【八仙】名 八仙. 神話中の8人の仙人.
**bā xiān guò hǎi**【八仙过海】歇 おのおのの独自のやり方がある. 各自がそれぞれ腕を振るって競う.
**bāxiānzhuō**【八仙桌】名 (~儿) 大きな正方形の8人掛けのテーブル.
**Bā-Yī (jiànjūn) jié**【八一(建军)节】名〈中国人民解放軍の〉建軍記念日.
**Bā-Yī Nánchāng qǐyì**【八一南昌起义】名〈史〉南昌蜂起.
**Bāyīnhé**【八音盒】名 オルゴール.
**Bāyuèjié**【八月节】名 中秋節.
**bāzì**【八字】名 (~儿) 生まれた年・月・日・時に相当する干支(ˀˀ)の 8 文字. ▶ これで運命を占う.
**bāzìhú**【八字胡】名 八の字ひげ.
**bāzìjiǎo**【八字脚】名 外また.
**bāzìméi**【八字眉】名 八の字眉(ˀ).
**bā zì méi yī piě**【八字没一撇】諺 (~儿) 事の目鼻がつくまでには

# bā

なおほど遠い.

**bāzìtiē'r**〖八字帖儿〗名〈旧〉縁組みする男女双方の生年月日を干支(えと)で書いた赤い紙の折り本.

**bā**〖巴〗❶動 1 ぴったり張りつく. ¶爬山虎～在墙上／ツタが塀にみついている. 2 こびりつく. ¶粥～干锅了／おかゆが鍋にこげついている. 3 待ちこがれる. 4〈方〉近づく. 5〈方〉開く, 開ける.
❷名 1〈史〉巴. ▶周代の国名. 2 四川省南部. 3 名パス.
❸量 バール. ▶気圧・圧力の単位.
🔄 ①くっついたもの. ¶锅～／おこげ. ②体の下の部分. ¶下～／あご. ②〖吧〗に同じ.

**-bā**〖-巴〗接尾〈口〉「物の足りない, 欠けている」「乾いている」といったニュアンスを加える）¶干～的面包／かさかさになったパン.

**Bābāduōsī**〖巴巴多斯〗名〈地名〉バルバドス.

**bābār**〖巴巴儿〗副（～的)〈方〉1 今か今かと切に. 2 わざわざ. 特に.

**bābajiéjiē**〖巴巴结结〗形 1 どうにかこうにかである. 2 たどたどしい. しどろもどろである.

**Bābǐtè héjīn**〖巴比特合金〗名〈合金の一種〉バビットメタル.

**Bābǐtuō**〖巴比托〗名〈地名〉パルピトール.

**Bābùyà xīnjīnèiyà**〖巴布亚新几内亚〗名〈地名〉パプアニューギニア.

**bābude**〖巴不得〗動〈口〉（多くは実現可能なこと)をしたくてたまらない. ¶她一马上见你／彼女は今すぐ君に会いたがっている.

**bādòu**〖巴豆〗名〈植〉ハズ；〈中薬〉ハズノミ.

**bāgǒur**〖巴狗儿〗名→**bāgǒu**〖巴儿狗〗

**Bāhāmǎ**〖巴哈马〗名〈地名〉バハマ.

**Bāhè**〖巴赫〗名〈人名〉バッハ.

**Bājīsītǎn**〖巴基斯坦〗名〈地名〉パキスタン.

**Bājiě zǔzhī**〖巴解组织〗名 P L O. パレスチナ解放機構.

**bājie**〖巴结〗動 1 取り入る, へつらう. 2〈方〉（向上しようと)がんばる, 努力する.

**bākèxià zhū**〖巴克夏猪〗名〈動〉バークシャー種の豚.

**Bālāguī**〖巴拉圭〗名〈地名〉パラグアイ.

**Bālèsītǎn**〖巴勒斯坦〗名〈地名〉パレスチナ.

**bālěiwǔ**〖巴蕾舞〗→**bālěiwǔ**〖芭蕾舞〗

**Bālí**〖巴黎〗名〈地名〉パリ. ¶～公社／パリコミューン.

**bālíshā**〖巴厘紗〗名〈紡〉オーガンディー.

**Bālín**〖巴林〗名〈地名〉バーレーン.

**Bāluòkè yìshù**〖巴罗克艺术〗名バロック芸術.

**Bānámǎ**〖巴拿马〗名〈地名〉パナマ.

**bāgǒu**〖巴儿狗〗名〈動〉チン(犬).

**bāshì**〖巴士〗名バス.

**bāshìchē**〖巴士车〗名バス.

**bāsōng**〖巴松〗名〈音〉バスーン. ▶"大管"とも.

**bā tóu tàn nǎor**〖巴头探脑儿〗成首を伸ばしてぬすみ見する.

**bāwàng**〖巴望〗1 動待ち望む. 2 名望み, 見込み.

**Bāxī**〖巴西〗名〈地名〉ブラジル.

**bāzhā**〖巴扎〗名バザール.

**bāzhang**〖巴掌〗名平手. 手のひら. ¶打他一～／彼に平手打ちを食わせる.

## 扒

**bā**〖扒〗動 1 へばりつく, すがりつく. 2 振りかかえる. 3 かき分ける. 4 はぐ. 脱ぎ捨てる. 5〈家などを)とり壊す. 異読⇒**pá**

**bā/chē**〖扒车〗動ゆっくり走る列車やバスなどにしがみつくようにして飛び乗る.

**bāchéng**〖扒城〗動列車などの屋根にへばりつくように乗る. 無賃乗車する.

**bāla**〖扒拉〗動指先ではじいて動かす；かき分ける. 押しのける. ⇒**pála**

**bā/pí**〖扒皮〗動 1 皮をはぐ. 2〈喩〉ピンハネする；ぼる.

**bātóur**〖扒头儿〗名つかまるところ, 足場.

## 叭

**bā**〖叭〗〖吧 bā〗に同じ.

**bādā**〖叭哒〗→**bādā**〖吧嗒〗
**bāda**〖叭哒〗→**bāda**〖吧嗒〗
**bāji**〖叭叽〗→**bāji**〖吧唧〗
**bāji**〖叭叽〗→**bāji**〖吧唧〗
**bāgǒu**〖叭儿狗〗名→**bāgǒu**〖巴儿狗〗

## 朳

**bā**〖朳〗名〈書〉柄振(えぶり). ▶農具の一.

## 芭

**bā**〖芭〗名〈古〉香草の一種.

**bājiāo**〖芭蕉〗名〈植〉バショウ.

**bājiāoshàn**〖芭蕉扇〗名 1 ビロウの葉で作ったうちわ. 2〈慣〉人をそそのかすのが得意な人.

**bālěiwǔ**〖芭蕾舞〗名バレエ.

## 爸

**bā** 地名用字.

## 吧

**bā**〖吧〗1 擬 堅いもの, 細いもの, 乾いているものなどが折れるときの音）ぼきん. ぶつん. 2 動〈方〉（たばこを)すぱすぱ吸う.
🔄 バー. ¶酒～／バー. ¶网～／インターネットカフェ. 異読⇒**ba**

**bādā**〖吧嗒〗擬ぱたっ, ぽたぽた.

**bāda**〖吧嗒〗動 1 口をぱくぱくさせる. 2〈方〉（たばこを)すぱすぱ吸う.

**bādèng**〖吧凳〗名ハイチェア.

**bādīng**〖吧丁〗名バーテン.

**bājī**〖吧叽〗擬 びちゃびちゃ. ぱちゃぱちゃ.

**bāji**〖吧唧〗動 1 口をもぐもぐさせる. 2〈方〉（たばこを)すぱすぱ吸う.

**bānǚ**〖吧女〗名（バーの)ホステス.

**bātái**〖吧台〗名（バーの)カウンター.

**bātīng**〖吧厅〗名バーのホール.

# bǎ

**岜** bā 地名用字.

**疤** bā【名】瘡(きず)のあと. 傷あと;(器物などの)傷. [道,块]

**bāhén【疤痕】**【名】傷あと.

**bāla【疤痢・疤拉】**【名】〈口〉瘡のあと. 傷あと.

**捌** bā【数】"八"の大字.

**笆** bā 🕒 竹や木の枝で編んだもの. ¶~→篱笆.

**bādǒu【笆斗】**【名】柳の枝で編んだ(人材などを)穀物を入れるざる.

**bālí【笆篱】**【名】〈方〉まがき. 垣根.

**bālízi【笆篱子】**【名】〈方〉監獄. 留置場.

**bālóu【笆篓】**【名】柳や竹で編んだ背負いかご.

**粑** bā 🕒 もち類の食べ物. ¶糖~/砂糖入りのもち.

**bābā【粑粑】**【名】〈方〉もち類の食べ物.

**鲃** bā【名】鲃鱼(ぎょ). ▶コイ科の小型淡水魚.

**茇** bá【名】〈書〉草の根.

**拔** bá 🔴 **1** 引き抜く. 抜き取る. **2**(毒などを)吸い出す. **3**(敵の陣地を)奪い取る. **4**(人材などを)えり抜く. **5**(声を)張り上げる. ¶~嗓子/声を張り上げる. **6**(方)(冷水で)冷やす.
🕒 超える. ぬきんでる. ¶~→萃cuì. ~海/~海拔. ⊙姓.

**bá báiqí【拔白旗】**〈慣〉ブルジョア分子を摘発する.

**bá/bù【拔步】→bá/tuǐ【拔腿】**

**báchú【拔除】**【動】抜き取る. 取り除く.

**bácuì【拔萃】**【動】〈書〉秀でる. ぬきんでる.

**bá dāo xiāng zhù【拔刀相助】**〈成〉ひと肌脱ぐ. 助太刀を買って出る.

**bá dì ér qǐ【拔地而起】**〈成〉切り立っている.

**bá/fènr【拔份儿】**【動】〈方〉人よりぬきんでていることを見せびらかす;面目をほどこす.

**bá/féng【拔缝】**【動】(~儿)板の継ぎ目にすきまができる.

**bá/gāo【拔高】**【動】**1**(声を)張り上げる. **2**(人や作品などを)持ち上げる.

**bá(~儿)→bá/jiān【拔尖】**

**bá guànzi【拔罐子】**〈中医〉吸い玉をかける.

**báhé【拔河】**【名】綱引き.

**bá/hé【拔河】**【動】**1** 綱引きをする. **2**【名】綱引き.

**bá huǒguànr【拔火罐儿】**〈中医〉→**bá guànzi【拔罐子】**

**bá/jiān【拔尖】**(~儿)**1**【形】並外れてよい. 抜群だ. **2**【動】しゃばる. 目立ちたがる.

**bá/jiǎo【拔脚】→bá/tuǐ【拔腿】**

**bá/jié【拔节】**【動】主茎が急速に伸長する.

**bájiù【拔救】**【動】(苦境から)救い出す.

**bá luóbo【拔萝卜】**〈慣〉**1**(子供をあやして)高い高いをする. **2** 元凶を

取り除く.

**bá/máo【拔锚】**いかりを上げる;出帆する.

**bá miáo zhù zhǎng【拔苗助长】**〈成〉功を焦って方法を誤るとかえって失敗する.

**báqǔ【拔取】**【動】登用する.

**báqún【拔群】**【形】〈書〉(才能が)ずば抜けている.

**bá shān dǎo shù【拔山倒树】**〈成〉勢いが猛烈である.

**básī【拔丝】1**【名】金属材料を引き延ばして針金をつくる. **2**【名】〈料理〉あめ煮.

**bású【拔俗】**【動】〈書〉世俗を超越する.

**bá/tuǐ【拔腿】**【動】**1** さっと歩きだす. **2** 手を引く. 身を引く.

**bá yànmáo【拔雁毛】**〈慣〉賄賂を強要する.

**báyāngjī【拔秧机】**〈農〉苗取り機.

**bá/yíng【拔营】**【動】〈軍隊が〉駐屯地から移動する, 出動する.

**bázhuó【拔擢】**【動】〈書〉抜擢する.

**胈** bá【名】〈書〉すねの毛.

**菝** bá ❹

**báqiā【菝葜】**【名】〈植〉サルトリイバラ.

**跋** bá **1**【名】跋文(ばつ). あとがき. **2**【動】山野を歩く. ¶~→涉.

**báhù【跋扈】**【動】跋扈(ばっこ)する. ¶~→骄jiāo扈.

**bá qián zhì hòu【跋前疐后】**〈成〉進退きわまる.

**bá shān shè shuǐ【跋山涉水】**〈成〉苦しい旅を続ける.

**báshè【跋涉】**【動】〈書〉苦しい長旅をする.

**báwén【跋文】**〈奥書. 跋文.

**báyǔ【跋语】**【名】奥書. 跋文.

**魃** bá →**hànbá【旱魃】**

**把** bǎ 🔴 **1** 前 **1**(直接目的語に当たる名詞を"把"によって動詞の前に出し, 処置を加えたり影響を与えたりする文を作る)を(…する). ¶~书装进书包/本をかばんに入れる. **2**(ある人の状況や結果を生じさせる)¶~她羞哭了/彼女は恥ずかしさのあまり泣き出した. **3**〈望ましくない事態が発生したことをいう〉¶偏偏~老婆病了/あいにく女房が病気になった. **4**(動作の行われる場所や範囲をいう)¶~图书馆找遍也没找着/図書館をくまなく探したが, みつからなかった. **5**(~で"…"の形で, 人をとがめるときに用いる)¶我~你这个糊涂虫啊!/このばか者が! **6**(=拿)…でもって. ¶他不住地~手向我示意/彼はしきりに手で私に合図している.

▶"把"の文(「処置文」ともいう)成立の条件は, ①一般に動詞ははだかのままでは用いない. なんらかの要素がついていることが必要である. ②"把"によって動詞の前に出される名詞は当

**bǎ**

事者が知っている事柄である.
**2 量 1** 柄や取っ手のついている器物を数える. ¶一～椅子/いす1脚. ¶一～傘/傘1本. **2**(～儿)ひとつかみ. ¶一～米/ひと握りの米. **3**(ある種の抽象的な語に用いられ かの)…. ¶他真是一～好手/彼は実にやり手だ. **4**〔手に関係のある動作に用いる〕¶拉他一～/彼をぐいっと引っ張る.
**3 助 1** 握る. つかむ. **2** 番をする. **3** 〔接尾〕〔数詞"百,千,万"や"里,丈,頃,斤,个"などの量詞について,だいたいそのくらいの数量であることを示す. ¶个～月/ひと月ばかり. ¶百～块钱/100元かそこいら.
**一 1** ①(自転車・オートバイなどの)ハンドル. ¶车～/(2輪車の)ハンドル. **2** 束. ¶稲草～/稲わらの束. ②义兄弟の間柄. ¶一～嫂/姉御肌.
‖ 〔姓〕==>**bà**

**bǎbǐng** [把柄] 名 **1** 器物の取っ手.
**2**(喩)(人につけ込まれる)弱み. しっぽ.

**bǎchǎng** [把场] 動 舞台裏から役者登場の潮時を指示する.

**bǎchí** [把持] 動 **1**(貶)(地位や権利などを)独り占めにする,一手に握る. **2**(感情などを)持ちこたえる.

**bǎ…dàng…** [把…当…] 〔型〕…を…と思い込む; …を…扱いする.

**bǎ/duò** [把舵] 動 舵を取る. ②(喩)指導する. 方向づける.

**bǎ/fēng** [把风] 動(犯人の仲間が)見張る.

**bǎ/guān** [把关] 動 **1** 関所を守る. **2**(喩)(基準に照らして)厳しく検査する.

**bǎjiā** [把家] 動(方)家事を上手に切り盛りする; 家を守る.

**bǎjiǎor** [把角儿] 名 曲がり角.

**bǎ/jiǔ** [把酒] 動(書)杯をあげる; 酒をすすめる.

**bǎkǒur** [把口儿] 名 横丁の入り口.

**bǎlán** [把揽] 動(口) 独り占めにする. 何ででも引き受ける.

**bǎláo** [把牢] 形(多く否定の形で)しっかりしている. 信頼できる.

**bǎ/mài** [把脉] 動(方) 脈をとる.

**bǎ/mén** [把门] 動 **1** 門番をする; 歯止めをする. **2**(体)ゴールキーパーをする.

**bǎ/niào** [把尿] 動 子供を抱えておしっこさせる.

**bǎ qiúmér** [把球儿] → **bǎ/mén** [把门] 2

**bǎshì** [把势・把式] 名 **1** 武術. **2** 武術のできる人; (転) 腕利き. 達人. **3**(方) 技術. こつ.

**bǎshǒu** [把守] 動(重要な場所を)守る, 守備する.

**bǎshǒu** [把手] 名 **1** 引き手. ノブ; ハンドル. **2** 器物の取っ手.

**bǎtou** [把头] 名 かしら. 親方.

**bǎwán** [把玩] 動(書) 手にとって鑑賞する; 愛玩する.

**bǎwěn** [把稳] 形(方) **1**(原則・政策などを)しっかり把握する. **2** 形 頼もしい. 信頼できる.

**bǎwò** [把握] 動 **1**(しっかりと)握る, 持つ; (抽象的なものをしっかりと)とらえる, つかむ. **2** 名 自信. 見込み. ¶很有～/とても自信がある.

**bǎxì** [把戏] 名 **1** 曲芸. 軽業. **2** ごまかし, ペテン, たくらみ.

**bǎxì** [把细] 形(方) 慎重である. 細心である.

**bǎxiōngdì** [把兄弟] 名(旧) 義兄弟. 兄弟分.

**bǎ/zhāi** [把斋] → **fēng/zhāi** [封斎].

**bǎ/zhǎn** [把盏] 動(書) 宴席で杯を挙げて酒をすすめ, 客に敬意を表する.

**bǎzhuō** [把捉] 動(多く抽象的事物を)とらえる. 把握する.

**bǎzi** [把子] **1** 名 **1** 束. **2**(劇) 武劇の立ち回りの所作.
**2 量 1**(悪人の)群れ. **2** 片手で握れる(細長いものの)量をさす. **3** 力・技能などや抽象的なものに用いる.
**3** ==>**bǎi bǎzi** [拜把子]
==>**bàzi**

**尼** bǎ [尼](方) **1** 名 大便. うんこ. **2** 動 大便をする.

**钯** bǎ [钯] 名(化) パラジウム. Pd.

**靶** bǎ [靶] 名 標的. 的. ¶打～/射的をする.

**bǎbiāo** [靶标] 名 標的.

**bǎchǎng** [靶场] 名 射撃場.

**bǎchuán** [靶船] 名 標的艦.

**bǎjī** [靶机] 名 標的機.

**bǎtái** [靶台] 名 射台.

**bǎxīn** [靶心] 名 的の中心. 図星.

**bǎzi** [靶子] 名 標的.

**坝** (壩) bà **1** 名 **1** 堰(ぜき). ダム. **2** 土手. 堤防. 堤. **3**(方) 山間にある平地. 盆地.

**bàjī** [坝基] 名 堤防の基礎.

**bàsào** [坝埽] 名(護岸用れの蛇籠(じゃかご).

**bàtáng** [坝塘] 名(方) 小さな貯水池.

**bàtián** [坝田] 名 谷間に作られた田畑.

**bàzi** [坝子] 名 **1** 堰(ぜき). ダム. **2**(方) 盆地.

**把** bà 名(～儿) **1** 器物の柄. 取っ手. 握り. ¶茶壶～儿/きゅうすの握り. **2** 花梗(さな, 葉柄. (果物の)へた. ¶梨～儿/ナシのへた. 異読==>bǎ

**bàr** [把儿] 名(器具の) 柄, 取っ手.

**bàzi** [把子] 名(器具の) 柄, 取っ手. ==>**bǎzi**

**爸** bà 名(口) お父さん.

**bàba** [爸爸] 名 お父さん. パパ. 父. ▶"爸"は"爸爸""父亲"の順で改まった言い方になる. ただし, "父亲"は呼びかけには使えない.

**耙** bà **1** 名 まぐわ. **2** 動 まぐわで土をならす. 異読==>**pá**

**bái**

## 罢(罷) bà

**bà**【动】(方)(結果補語に用い)終わる,終える. ¶说~,他就走了 / 言い終わると,彼はすぐ立ち去った.

**bà**❶【动】1 やめる. 放棄する. ¶欲~不能 / やめようと思ってもやめられない. 2 免職する. 解雇する. ❷→职.

**bà/bǐ**【罢笔】【书】筆をおく.
**bà/bīng**【罢兵】【动】戦争をやめる.
**bàchì**【罢斥】【动】罷免する.
**bàchù**【罢黜】【书】1 おとしめて退ける. 2 罷免する.
**bà/gōng**【罢工】【动】ストライキをする.
**bà/guān**【罢官】【动】免官する.
**bà/jiào**【罢教】【动】(教師が)ストライキをする.
**bà/kǎo**【罢考】【动】(学生が)試験をボイコットする.
**bà/kè**【罢课】【动】(学生が)ストライキをする. 同盟休校する.
**bàle**【罢了】【助】…するだけだ. ¶他不过是说~ / 彼はちょっと言ってみただけだ.
**bà/liàn**【罢练】【动】(スポーツ選手が)練習をボイコットする.
**bàliǎo**【罢了】【罢】…はよいとする(としても). …はしかたがない(としても). (しかたがない)それまで.
**bàlùn**【罢论】【书】とりやめる. 中止する.
**bàmiǎn**【罢免】【动】罷免する. 免職する.
**bàmiǎnquán**【罢免权】【名】罷免権. リコール権.
**bà/sài**【罢赛】【动】(スポーツ選手が)ストライキをする.
**bà/shì**【罢市】【动】(商人が)ストライキをする. (商人が)同盟罷業する.
**bà/shǒu**【罢手】【动】やめる. 手を引く.
**bà/sù**【罢诉】【动】訴訟を取り下げる.
**bàxiū**【罢休】【动】やめる. 投げ出す.
**bà/yǎn**【罢演】【动】(俳優が)ストライキする.
**bàzhàn**【罢战】【动】戦争が終わる. 休戦する.
**bà/zhí**【罢职】【动】免職する. 罷免する.

## 鈀 bà【名】(方)出っ歯. 反っ歯.

## 鲅(鮁) bà【名】〈魚〉サワラ.

## 霸(覇) bà ❶【名】1 (権力を後ろ盾にして悪事を働く)ボス. ¶渔霸国家. ¶恶~ / 悪玉の有力者. 2 (古)諸侯の中の中心人物. ❷【动】占領する. 奪い取る. 横取りする. ‖

**bàchí**【霸持】【动】権勢をかさに独占する.
**bàdào**【霸道】1 【名】(↔ 王道)覇道. 2 【形】横暴である.
**bàdào**【霸道】【形】(口)(酒・たばこ・薬などが)きつい,強烈である.
**bàqì**【霸气】【形】横暴である. 高飛車である.
**bàquán**【霸权】【名】覇権.
**bàwáng**【霸王】【名】1 覇者; (喩)暴

君. 2 (古)特定の帝王(たとえば楚の項羽)の称号.
**bàwángchē**【霸王車】【名】悪質運転(の車).
**bàyè**【霸業】【名】覇業.
**bàzhàn**【霸占】【动】力ずくで占領する. 巻き上げる.
**bàzhǔ**【霸主】【名】1 〈史〉諸侯中の盟主; (転)(ある地域・分野の)ボス,親分.

## 灞 bà 地名用字.

## 吧(罷) ba

**ba**【助】1 《文末につけて断定的な言い方を避ける働きをする》a聞き手に同意を促したり確認を求めたりする語気を表す. ¶我们快走~ / さあ,行きましょう. b 推量や承知・容認の語気を表す. ¶他已经走了~ / 彼はもう出かけちゃったでしょう. 2 《文中に用い,仮定・譲歩・例示などの意味を含めて,切れ目を入れる》¶走~,不好,不走~,也不好 / 行くのもちょっと具合が悪いし,かといって行かなくても具合が悪い. 異読⇒**bā**

## bai (ㄅㄞ)

## 刂 bāi ❶

**bāihuai**【刂划】【动】(方)1 処置する. 片付ける. 2 修理する. 直す.
## 掰(擘) bāi【动】(物を)両手で二つに割る. (枝などを)へし折る.
**bāibukāi**【掰不开】【动+可補】(手で物を)二つに分けられない,割れない.
**bāibukāi miànpír**【掰不开面皮儿】【慣】メンツにこだわる.
**bāiche**【掰扯】【动】1 手でいじくる. 2 (理屈で)こねる.
**bāi/kāi**【掰开】【动+方補】(手で物を)二つに分ける,二つに割る.
**bāi kāi róu suì**【掰开揉碎】【成】かんで含めるように説明する.
**bāi wànzi**【掰腕子】【動】腕相撲をする.

## 白 bái❶【形】1 白い. 2 (字形・字音が)間違っている. ¶把字念~了 / 字を読み違えた.
❷【副】1 むだに. むざむざ. ¶~跑一趟 / むだ足を踏む. 2 ただで. 無料で. ¶~看戏 / ただで芝居を見る.
❸【动】(人を)白目で見る. ¶~了他一眼 / 彼をじろっと白目で見た.
❹─ (1)〔何も加えず〕そのままの; 空白の. ¶一~地. (2)明らかである. ¶真相大~ / 真相が明らかになる. ③明さい. ¶~~天. ④(不幸を象徴する)¶~~事. ⑤(反動·反革命を象徴する)¶~~军. ⑥述べる. ¶表~ / 釈明する. ¶独~ / モノローグ. ⑦口語. ¶~~话文. ‖

**bái'ái'ái**【白皑皑】【形】(~的)(霜や雪が一面に)真っ白である.
**bái'àn**【白案】【名】(~儿)主食(飯·マン

**bái**

トーなど)を作る調理人〔仕事〕.
**báibái**【白白】副(~と)むだに.いたずらに.
**báibān**【白班】名(~ル)〔口〕(3交替制での)日勤.
**báibǎng**【白榜】名処分者の掲示.
**báibàozhǐ**【白报纸】名新聞用紙.上ざら紙.
**báibízi**【白鼻子】慣〔方〕ずるい人;裏切者.売国奴.
**bái bì wēi xiá**【白璧微瑕】成玉にきず.
**bái bì wú xiá**【白璧无瑕】成完全無欠である.純真無垢である.
**báibiāo**【白膘】名(肉の)脂身.
**báibú**【白醭】名(~ル)白かび.
**báibùcīliē**【白不呲咧】形1(色が)白茶けている,白っぽい.2(料理の色や味が)薄い.
**báicài**【白菜】名〈植〉1ハクサイ.2パクチョイ.▶中国野菜の一種.
**báicāngcāng**【白苍苍】形(髪に光沢がなく;顔に血色がなく)白い.
**báichá**【白茬】名(~ル)収穫後,まだ次の植え付けをしていない土壌;塗りや表地を施していない木製器具,皮革.
**báichá**【白茶】名白茶(シェァ).▶発酵をおさえた緑茶の一種.
**báichī**【白吃】動1ただで食べる.2おかずなしで食べる.3むだ飯を食う.4食べても太らない.
**báichī**【白痴】名〈医〉白痴.2ばか.
**báichībǎo**【白吃饱】慣ただ飯食い.
**báichǐ**【白齿】名白歯.
**báichì diàndēng**【白炽电灯】名白熱(電)灯.
**báichúnlù**【白唇鹿】名〈動〉クチジロジカ.
**báicù**【白醋】名(無色透明の)酢.
**báidā**【白搭】動〔口〕むだである.なんにもならない.
**báidài**【白带】名〈医〉こしけ.
**báidǎng**【白党】名反革命派.
**báidào**【白道】名1(天)月の軌道.白道(キャ).2〔方〕やくざとぐろになった警察.
**báidì**【白地】名1作付けをしていない白畑.2空地.更地.3(~ル)白地(ジ).
**báidiànfēng**【白癜风】名〈医〉白なまず.
**báidīng**【白丁】名〔旧〕平民.庶民.
**Bái'éluósī**【白俄罗斯】名〈地名〉ベラルーシ.
**bái'è**【白垩】名〈鉱〉白亜.
**bái'èjì**【白垩纪】名〈地質〉白亜紀.
**báifà**【白发】名白髪.
**báifàn**【白饭】名1明飯(ネシ).
**báifàn**【白饭】名1(味付けもおかずもないただの)ご飯.2(噢)ただ飯.
**báifèi**【白费】動むだに費やす.
**báifèilà**【白费蜡】慣むだ骨を折る.役に立たない.
**báifěn**【白粉】名1粉おしろい.2

〔方〕壁塗り用の白色土.3〔方〕ヘロイン.¶〜妹/麻薬中毒の若い女性.
**báifěnbìng**【白粉病】名〈植〉うどん粉病.
**báigānr**【白干儿】名バイカル.(無色透明の)コウリャン酒.
**báigěi**【白给】動1ただでやる.無料で与える.2無造作に負けてしまう.
**Báigōng**【白宫】名ホワイトハウス.(転)アメリカ政府.
**báigǔjīng**【白骨精】慣1人を惑わす性悪な女.2ホワイトカラー・中堅幹部・エリートの総称.
**báiguāzǐr**【白瓜子儿】名(食用の)カボチャの種.
**báiguàn**【白鹳】名〈鳥〉コウノトリ.
**bái guī zhī diàn**【白圭之玷】成玉にきず.
**báiguǒ**【白果】名〈植〉ギンナン.
**báiguǒr**【白果儿】名〔方〕(鶏の)卵.
**báihè**【白鹤】名〈鳥〉ツル,タンチョウヅル.
**báihóu**【白喉】名〈医〉ジフテリア.
**báihú**【白狐】名〈動〉ホッキョクギツネ.シロギツネ.
**báihǔ**【白虎】名1(二十八宿の)白虎(芳).2(五行思想で)白虎.3〔俗〕無毛症の女性.
**báihǔxīng**【白虎星】慣疫病神.
**báihuā**【白花】名〈紡〉落ち綿.くず綿.
**báihuāhuā**【白花花】形(~的)きらきら光っている.
**báihuà**【白化】名〈植〉〈動〉白化.アルビノ.
**báihuà**【白话】名1空言(泣).2むだ話.3白話(炎).口語体.
**báihuà**【白桦】名〈植〉シラカバ.
**báihuàbìng**【白化病】名〈医〉白化症.
**báihuàshī**【白话诗】名"白话"で書かれた詩.
**báihuàwén**【白话文】名"白话"で書かれた文章.
**báihuānghuāng**【白晃晃】形(~的)ぴかぴか光っている.
**báihuī**【白灰】名〈鉱〉石灰.
**báijí**【白芨】名〈中薬〉白芨(炎).
**báijìtún**【白鳍豚】→**báiqítún**【白鳍豚】
**báijiāngcán**【白僵蚕】→**jiāngcán**【僵蚕】
**báijīn**【白金】名1プラチナ.2〔古〕銀.
**báijīn chàngpiàn**【白金唱片】名(音)プラチナディスク.
**Báijīnhàn gōng**【白金汉宫】名バッキンガム宮殿.(転)英国王室.
**báijìng**【白净】形(肌などが)白くてきれいである.
**báijiǔ**【白酒】名蒸留酒の総称.
**bái jū guò xì**【白驹过隙】成年月の過ぎ去るのは非常に早い.
**báijuàn**【白卷】名(~ル)白紙の答案.

**báijūn**【白军】〈名〉反革命軍；国民党軍.
**báikāishuǐ**【白开水】**1**〈名〉白湯(ゆ). **2**〈慣〉文章や話に内容がないこと.
**báikǒu**【白口】〈名〉(~儿)(京劇などを)せりふ回し.
**báikǒutiě**【白口铁】〈名〉白銑鉄.
**báilà**【白蜡】〈名〉**1** 白ろう. **2**(精製した)蜜ろう.
**báilà**【白蜡】〈名〉はんだ.
**báilà**【白蠟】〈名〉白ろう.
**báilà gānzi**【白蜡杆子】〈名〉武術用棍棒.
**báilàshù**【白蜡树】〈名〉〈植〉トネリコ.
**báilán**【白兰】〈名〉〈植〉ビャクラン.
**báilándì**【白兰地】〈名〉ブランデー.
**báilánguā**【白兰瓜】〈名〉蘭州シロウリ.
**báilí**【白梨】〈名〉〈植〉カホクヤマナシ.
**báilì**【白痢】〈名〉**1**〈中医〉白痢(り). **2**(家畜・家禽の)白痢菌による急性伝染病.
**Báiliánjiào**【白莲教】〈史〉白蓮(れん)教.
**báiliǎn**【白脸】〈名〉(伝統劇のくまどりから)かたき役. 悪玉.
**báilián**【白蔹】〈名〉〈植〉ビャクレン.
**báiliàng**【白亮】〈形〉白光りしている.
**báiliàng wūrǎn**【白亮污染】〈環境〉光害.
**báilín**【白磷】〈名〉〈化〉黄燐(りん).
**báilínyú**【白鳞鱼】〈名〉〈魚〉ヒラ.
**báilíng**【白蛉】〈名〉〈虫〉ブヨ.
**báilíngrè**【白蛉热】〈名〉ブヨによる発熱.
**báilǐng gōngrén**【白领工人】〈名〉ホワイトカラー.
**báilǐng jiēcéng**【白领阶层】〈名〉ホワイトカラー層.
**báilǐng lìrén**【白领丽人】〈名〉美人のキャリアウーマン.
**báilù**【白鹭】〈名〉〈鳥〉シラサギ. コサギ.
**báilù**【白露】〈名〉(二十四節気の)白露(ろ).
**báimǎ qíshì**【白马骑士】〈経〉ホワイトナイト.
**báimǎ wángzǐ**【白马王子】〈慣〉(少女が夢見る)理想の男性.
**báimǎyǐ**【白蚂蚁】〈虫〉シロアリ.
**báimán**【白蛮】〈名〉〈古〉ウイグル.
**báimángmáng**【白茫茫】〈形〉(~の)(雲・雪・大水・雪などが)見渡すかぎり真っ白である.
**báimáo**【白茅】〈植〉チガヤ.
**báimáofēng**【白毛风】〈名〉暴風雪. 吹雪.
**báimàohàn**【白毛汗】〈方〉(体の衰弱によってかいた)ふき出るような汗.
**báimáor**【白毛儿】〈名〉**1** 白髪；〈喩〉〈貶〉白髪の老人. **2** かび.
**báimàozi**【白帽子】〈魚〉ウナギ.
**báiméi**【白煤】〈名〉**1**〈方〉無煙炭. **2**(動力源としての)水力.
**báiménɡménɡ**【白蒙蒙】〈形〉(~の)煙・霧・蒸気などにかすんではっきりしない.

**báimǐ**【白米】〈名〉白米. 精白米.
**báimiàn**【白面】〈名〉精白した小麦粉.
**báimiàn**【白面】〈名〉〈口〉ヘロイン.
**báimiàn shūshēng**【白面书生】〈名〉青白きインテリ.
**báimiáo**【白描】〈名〉**1**〈美〉(中国画の技法)線描、線書き. **2** 飾り気のない作風あるいは客観事実のみを描く手法.
**báimó**【白膜】〈名〉ヘロイン.
**báimò**【白沫】〈名〉泡.
**báimù'ěr**【白木耳】→**yín'ěr**【银耳】
**báinèizhàng**【白内障】〈名〉〈医〉白内障.
**báinèn**【白嫩】〈形〉(肌が)白くて柔らかい. もち肌である.
**báipái**【白牌】〈名〉非中国共産党員(非共青団団員)の一般人.
**báipàn**【白判】〈法〉執行されなかった判決.
**báipàng**【白胖】〈形〉色白で太っている.
**báipào**【白泡】〈名〉(~儿)**1** 白い泡. **2**(皮膚にできる)水ぶくれ.
**báipī**【白砒】→**pīshuāng**【砒霜】
**báipíshū**【白皮书】〈名〉白書.
**báipísōng**【白皮松】〈名〉〈植〉シロマツ.
**báipiào**【白票】〈名〉**1**(投票の)白票. **2**〈経〉クリーンビル. 信用手形.
**báiqí**【白旗】〈名〉(投降のしるしの)白旗.
**báiqítún**【白鳍豚】〈名〉〈動〉ヨウスコウカワイルカ.
**báiqì**【白契】〈名〉〈旧〉未登記の不動産の売買契約書.
**báiqiān**【白铅】〈名〉亜鉛.
**báiqiǎng**【白镪】〈名〉〈古〉(貨幣としての)銀.
**báiqū**【白区】〈名〉反動派勢力の支配する地区；国民党勢力が支配する地区.
**báiráo**【白饶】〈動〉**1** ただで与える. **2**〈俗〉おまけをつける. **2** ただですます. 許す. **3**〈方〉むだになる.
**báirè**【白热】〈名〉白熱.
**báirèhuà**【白热化】〈動〉(事態や感情が)白熱化する. 最高潮に達する.
**báirén**【白人】〈名〉白人. 白色人種.
**báirèn**【白刃】〈名〉白刃. 抜き身.
**báirēng**【白扔】〈動〉ほったらかしておく. むだにする.
**báirì**【白日】〈名〉**1** 白日. 太陽. **2** 昼間. 白昼.
**bái rì jiàn guǐ**【白日见鬼】〈成〉ありえないことが起こる.
**báirìzhuàng**【白日撞】〈慣〉空き巣ねらい.
**bái rì zuò mèng**【白日做梦】〈成〉白昼夢を見る. 空想をたくましくする.
**báiròu**【白肉】〈名〉〈料理〉水煮した豚肉.
**báirùn**【白润】〈形〉(肌が)色白で潤いがある.
**báisè**【白色】〈名〉**1** 白い色. 白色. **2**〈形〉(多く連体修飾語として)反動的な. 反革命的な. ¶~恐怖／白色テロ.

**báisè gōnghài**【白色公害】〈名〉〈環境〉プラスチック公害.

**báisè lājī**【白色垃圾】〈名〉〈環境〉廃棄されたプラスチック製品.

**báisè shōurù**【白色收入】〈名〉合法的に得た収入.

**báisè wūrǎn**【白色污染】〈名〉〈環境〉発泡スチロールやポリ袋などの生活廃棄物による環境汚染.

**báisè xiāofèi**【白色消费】〈名〉葬儀関係費.

**báisēnsēn**【白森森】〈形〉(～的)青白くすごみがある.

**bái shān hēi shuǐ**【白山黑水】〈成〉東北三省.

**báishàn**【白鳝】〈魚〉ウナギ.

**báisháo**【白芍】〈中薬〉白芍薬（しゃくやく）.

**báishēn**【白参】〈中薬〉乾燥したチョウセンニンジン.

**báishēngshēng**【白生生】〈形〉(～的)(好感を誘い)真っ白である.

**báishí**【白食】ただ食いする.

**báishì**【白市】〈名〉合法的な市場.

**báishì**【白事】〈名〉葬式. 葬儀.

**báishǒu**【白手】〈名〉素手.

**báishǒu**【白首】〈名〉〈書〉老人; 白髪頭.

**bái shǒu qǐ jiā**【白手起家】〈成〉裸一貫で身代を築き上げる.

**báishǔ**【白薯】〈名〉**1**〈方〉サツマイモ. **2**〈俗〉まぬけ. とんま. **2**〈動〉〈俗〉むだに数える. ▶"白数shǔ"にかけたしゃれ言葉.

**báishuāshuā**【白刷刷】〈形〉(～的)非常に白い.

**báishuǐ**【白水】〈名〉**1**白湯（さゆ）. **2** (何も入っていない)ただの水. **3**〈書〉澄みきれいな水.

**báisòng**【白送】〈動〉**1**無料進呈する. **2** もろく負ける.

**báisū**【白苏】〈植〉エゴマ.

**báitāng**【白汤】〈料理〉豚肉からとったスープ; 醤油を使わず塩味だけのスープ.

**báitáng**【白糖】〈名〉白砂糖.

**báitáo**【白陶】〈名〉殷代の白色の陶器. 白陶.

**báiténg**【白藤】〈植〉トウ.

**báitǐ**【白体】〈名〉明朝体·宋朝体などの活字体.

**báitiān**【白天】〈名〉昼間. 日中.

**báitián**【白田】〈名〉(～儿)**1**作物を植えていない田畑. **2**水田.

**báitiáo**【白条】〈名〉(～儿)**1**仮の伝票·領収書; 未払いの買付け手形. **2**(畜殺して内臓·毛皮などを取り除いた)商品としての家畜.

**báitiáo'àn**【白条案】〈名〉空手形を巡る訴訟.

**báitiáozi**【白条子】〈名〉→**báitiáo**【白条】1

**báitiě**【白铁】〈名〉トタン板. ブリキ.

**Báitīng**【白厅】〈名〉ホワイトホール. (ロンドンの官庁街)、〈転〉英国政府.

**báitóng**【白铜】〈名〉〈冶〉白銅.

**báitóu**【白头】〈名〉(頭)白髪. 〈喩〉老人.

**báitóuwēng**【白头翁】〈名〉**1**〈鳥〉シロガシラ. **2**〈植〉ヒロハオキナグサ. **3**〈俗〉白髪頭の老人（としより）.

**bái tóu xié lǎo**【白头偕老】〈成〉共白髪（しらが）まで添い遂げる.

**báitūfēng**【白秃风】〈医〉しらくも.

**báitǔzi**【白土子】〈口〉白土. 白亜.

**báituó**【白驼】〈名〉バター.

**báiwánr**【白玩儿】〈方〉造作ないこと. たやすくできること.

**báiwén**【白文】〈名〉**1**(注釈のある本の)本文. **2**注釈のある本の本文だけ印刷した本文. **3**(印章の)陰文（いん）. **4**〈少数民族〉"白族"(ペー族)の文字·文章.

**báiwūkuàng**【白钨矿】〈名〉〈鉱〉灰重石.

**báixī**【白皙】〈形〉〈書〉(肌が)白くきれいである.

**báixǐshì**【白喜事】〈名〉天寿を全うした人の葬式.

**báixìbāo**【白细胞】〈生理〉白血球.

**báixián**【白鹇】〈名〉〈鳥〉ハッカン. シラキジ.

**báixiè**【白蚌】〈名〉イシモチの開き.

**báixiàng**【白相】〈動〉〈方〉遊ぶ. もてあそぶ.

**báixiàngrén**【白相人】〈名〉〈方〉遊び人. ごろつき.

**báixiào**【白孝】〈名〉喪服.

**báixióng**【白熊】〈名〉〈動〉ホッキョクグマ. シロクマ.

**báixù**【白絮】〈名〉**1**綿布団の中身. **2**〈喩〉雪片.

**báixuǎn**【白癣】〈医〉しらくも.

**báixuě**【白雪】〈名〉雪.

**báixuèbìng**【白血病】〈医〉白血病.

**báixuèqiú**【白血球】〈生理〉白血球.

**báixún**【白鲟】〈名〉〈魚〉シロチョウザメ.

**báiyǎn**【白眼】〈名〉(↔青眼)冷淡な目つき. 白い目.

**báiyǎnrláng**【白眼儿狼】〈慣〉恩知らずのやつ.

**báiyǎnzhū**【白眼珠】〈名〉(～儿·～子)〈口〉白目.

**báiyáng**【白杨】〈植〉モウハクヨウ.

**Báiyángzuò**【白羊座】〈名〉〈天〉おひつじ座.

**báiyào**【白药】〈名〉〈中薬〉雲南白薬.

**báiyào**【白要】〈動〉ただでもらう.

**báiyè**【白夜】〈名〉〈地〉(↔极夜)白夜.

**báiyī dàshì**【白衣大士】〈名〉〈宗〉観世音菩薩（ぼさつ）の別称.

**báiyī tiānshǐ**【白衣天使】〈名〉白衣の天使. ▶看護婦のこと.

**báiyī zhànshì**【白衣战士】〈名〉白衣の戦士. ▶医療·看護に従事する人の総称.

**báiyǐ**【白蚁】〈虫〉シロアリ.

**báiyì**【白鹢】〈中医〉上臀（ぶ）の肉.

**báiyín**【白银】〈名〉銀.

**báiyú**【白鱼】〈名〉〈魚〉カワヒラ.

**bái yún cāng gǒu**【白云苍狗】〈成〉世の変転の常ならないさま.
**báiyúnshí**【白云石】〈鉱〉ドロマイト.
**báizhǎnjī**【白斩鸡】〈料理〉鶏肉の水煮料理.
**báizhǐ**【白芷】〈名〉〈植〉セリ科のカラビャクシ；〈中薬〉白芷(ビャク).
**bái zhǐ hēi zì**【白纸黒字】〈成〉書面に表された動かぬ証拠.
**báizhì**【白痣】〈生理〉白質.
**báizhǒng**【白种】〈名〉白色人種.
**báizhòu**【白昼】〈名〉〈書〉白昼. 昼間.
**báizhú**【白术】〈名〉〈植〉オオバナオケラ；〈中薬〉白术(ビャク).
**báizhùtiě**【白铸铁】→ **báikǒutiě**【白口铁】
**báizhuó**【白浊】〈名〉〈医〉淋病.
**báizǐ**【白子】〈名〉〈~儿〉囲碁の白石.
**báizì**【白字】〈名〉誤字. 当て字.
**Báizú**【白族】〈名〉〈中国の少数民族〉ペー(Bai)族.
**báizuǐr**【白嘴儿】〈名〉〈方〉ご飯だけを食べる，もしくはおかずだけを食べること；酒つまみなしで食事すること.

**bǎi**【百】〈数〉100. 百. ¶~~个/100個. 100人.
❸ 多いこと. もろもろの. ¶~看不厌(ヤン)/何回見ても飽きない.
異読⇒**bó**

**bǎibān**【百般】〈副〉いろいろな方法で. あれこれと.
**bǎibǎoxiāng**【百宝箱】〈慣〉宝箱.
**bǎibèi**【百倍】1〈数量詞〉百倍. 2〈形〉いっぱいである.
**bǎibìng**【百病】〈名〉あらゆる病.
**bǎibù**【百部】〈名〉〈植〉ビャクブ. ホドズラ；〈中薬〉百部(ビャクブ).
**bǎi bù chuān yáng**【百步穿杨】〈成〉百発百中のわざ.
**bǎi bù shī yī**【百不失一】〈成〉絶対の自信がある.
**bǎicǎo**【百草】〈書〉いろいろの草.
**bǎi chǐ gān tóu, gèng jìn yī bù**【百尺竿头，更进一步】〈成〉学問・技量がすでに高い水準にまで到達したが，もう一段の努力・発展を遂げて程度をさらに高めようとする.
**bǎichū**【百出】〈形〉〈貶〉百度も. 百出する.
**bǎi chuān guī hǎi**【百川归海】〈成〉すべてのものが1か所に集まる. ▶大勢(タイ)や人望について.
**bǎi dú bù yàn**【百读不厌】〈成〉いくら読んでも飽きない.
**bǎi duàn dài jǔ**【百端待举】〈成〉やるべき事業がたくさん待っている. 興すべき事業が多々ある.
**bǎi'er bāshí**【百儿八十】〈慣〉百ぐらい. 百そこそこ.
**bǎi fā bǎi zhòng**【百发百中】〈成〉百発百中である. 確実で，必ず実現する.
**bǎi fèi jù xīng**【百废俱兴】〈成〉棚上げされていた事業を一斉に興す. ▶"百度具兴"とも.
**bǎifēn**【百分】〈名〉〈~儿〉〈ブリッジに

似た〉トランプ遊びの一種.
**bǎifēnbǐ**【百分比】〈名〉百分比. パーセンテージ.
**bǎifēnbiǎo**【百分表】〈名〉〈機〉ダイヤルゲージ.
**bǎifēnchǐ**【百分尺】〈名〉〈機〉マイクロメーター.
**bǎifēndiǎn**【百分点】〈名〉〈統計学上の単位〉ポイント. 百分の一.
**bǎifēnhào**【百分号】〈名〉〈数〉パーセント記号(%).
**bǎifēnlǜ**【百分率】〈名〉〈数〉百分率. パーセンテージ.
**bǎifēnshù**【百分数】〈名〉〈数〉100を分母とする数字. パーセント(%).
**bǎi fēn zhī…**【百分之…】〈慣〉パーセント. ¶~一/1パーセント.
**bǎi fēn zhī bǎi**【百分之百】100パーセント. 〈転〉すべて. 全部.
**bǎifēnzhì**【百分制】〈名〉百点満点制.
**bǎigǎn**【百感】〈名〉いろいろな感慨.
**bǎi gǎn jiāo jí**【百感交集】〈成〉万感こもごも胸にせまる.
**bǎiguǒ**【百果】〈名〉いろいろな果物(の実).
**bǎihé**【百合】〈植〉ユリ；〈中薬〉百合(ビャク).
**bǎihuā**【百花】〈名〉いろいろな花.
**bǎi huā qí fàng**【百花齐放】〈成〉百花咲乱. 百花一時に咲き出す；〈喩〉様式や風格を異にする芸術作品が自由奔放に発展する.
**bǎi huā qí fàng, bǎi jiā zhēng míng**【百花齐放，百家争鸣】〈成〉百花斉放，百家争鳴. ▶共産党の打ち出した芸術の発展・科学の進歩・社会主義文化の繁栄を促す方針.
**bǎihuò**【百货】〈名〉各種の商品.
**bǎihuò dàlóu**【百货大楼】〈名〉デパート.
**bǎihuòdiàn**【百货店】〈名〉デパート；雑貨店.
**bǎihuò gōngsī**【百货公司】〈名〉デパート.
**bǎijiā**【百家】〈名〉1 昔の学術流派. 2〈広く〉市井の人々とその一族.
**bǎijiāsuǒ**【百家锁】〈名〉赤ん坊の生後1か月に贈る〉南京錠の形をした金や銀でできた首飾り.
**Bǎijiāxìng**【百家姓】〈名〉『百家姓(ਯ)』. 中国に多い姓を集めた書物.
**bǎi jiā zhēng míng**【百家争鸣】〈成〉百家争鳴. 諸子百家が学術論争を重ね，学術が繁栄したこと.
**bǎijiāsuǒ**【百家锁】〈名〉動ムカデ.
**bǎikē quánshū**【百科全书】〈名〉百科事典.
**bǎi kǒng qiān chuāng**【百孔千疮】〈成〉欠点や故障だらけである. 満身創痍(ソウイ)である.
**bǎi kǒu mò biàn**【百口莫辩】〈成〉どんなに言葉を尽くしても弁明の余地がない.
**bǎi lǐ bù tóng fēng**【百里不同风】〈諺〉所変われば品変わる.

## bǎi

**bǎi lǐ tiāo yī**【百里挑一】〈成〉得がたいたいへんすばらしい．えり抜きである．

**bǎi liàn chéng gāng**【百炼成钢】〈成〉鍛練を重ねて立派な人になる．

**bǎilíng**【百灵】[名]〈~子〉〔鸟〕コウテンシ．

**bǎi máng zhī zhōng**【百忙之中】〈成〉ご多忙中．お忙しい中．

**bǎi mèi qiān jiāo**【百媚千娇】〈成〉容姿やしぐさがなまめかしいさま．

**Bǎimùdà**【百慕大】[地名]バミューダ．

**bǎinàběn**【百衲本】[名]種々違った版本をつぎはぎして刊行した全集本．

**bǎinàyī**【百衲衣】[名] **1** 袈裟(けさ)．**2** つぎはぎだらけの衣服．

**bǎi nián bù yù**【百年不遇】〈成〉きわめてまれである．

**bǎi nián dà jì**【百年大计】〈成〉百年の大計．

**bǎi nián shù rén**【百年树人】〈成〉人材を育てるのは容易ではない．

**bǎi nián xié lǎo**【百年偕老】〈成〉夫婦末長く仲むつまじく暮らす．

**bǎi nián zhī hòu**【百年之后】〈婉〉死去の後．

**bǎiniǎo**【百鸟】[名]いろいろな種類の鳥．

**bǎirì**【百日】[名]〈子供の〉生後百日の祝い；死後百日の供養．

**bǎirìhóng**【百日红】[名]〔植〕サルスベリ．

**bǎirìké**【百日咳】[名]〔医〕百日咳．

**bǎishí**【百什】[名]百ぐらい．百そこそこ．

**bǎishì**【百世】[名]百代，とこしえ(に)．

**Bǎishì kělè**【百事可乐】[商标]ペプシコーラ．

**bǎishìtōng**【百事通】[惯]なんでもよく知っている人；知ったかぶりをする人．

**bǎishòutú**【百寿图】[名]〈長寿のお祝い用の〉各種書体で書かれた"寿"の字の飾り物．

**bǎi sī bù jiě**【百思不解】〈成〉いくら考えても理解できない．

**bǎi tīng bù yàn**【百听不厌】〈成〉いくら聞いても飽きない．

**bǎiwàn**【百万】[名] ⇒ duōshǔ. 巨額．百万(の)．

**bǎi wén bù rú yī jiàn**【百闻不如一见】〈谚〉百聞は一見にしかず．

**bǎi wèn bù fán**【百问不烦】〈成〉いくら質問されても面倒がらない．

**bǎi wú jìn jì**【百无禁忌】〈成〉忌み嫌うものなし；何でも持ってこい．

**bǎi wú liáo lài**【百无聊赖】〈成〉退屈でしかたがない．

**bǎi wú yī cháng**【百无一长】〈成〉何のとりえもない．

**bǎi wú yī shī**【百无一失】〈成〉絶対にまちがいない．大丈夫である．

**bǎi wú yī shì**【百无一是】〈成〉何もかもまちがっている．

**bǎiwù**【百物】[名]〈书〉種々の品物．

**bǎixiǎng**【百响】[名]〈方〉百連発になっている）爆竹．

**bǎixìng**【百姓】[名]〈旧〉(官吏に対していう)人民．平民，庶民．

**bǎiyè**【百业】[名]さまざまな業種．各種の職業．

**bǎiyè**【百叶】[名]〈方〉**1** → qiānzhāng【千张，千章】**2**〈~儿〉(食material)牛や羊など反芻(すう)動物の胃袋．

**bǎiyèchuāng**【百叶窗】[名]**1** よろい戸．シャッター．巻き上げブラインド．**2**（機）同上のような装置．▶"百页窗"とも．

**bǎiyèxiāng**【百叶箱】[名]百葉箱．

**bǎi yī bǎi shùn**【百依百顺】〈成〉なんでも(ご無理ごもっとも)言いなりになる．

**bǎi zhàn bǎi shèng**【百战百胜】〈成〉百戦百勝である．向かうところ敵なし．

**bǎi zhàn bù dài**【百战不殆】〈成〉百戦危うからず．

**bǎi zhé bù náo**【百折不挠】〈成〉どんな困難にもめげない．不撓(とう)不屈．

**bǎizhějún**【百褶裙】[名]プリーツスカート．

**bǎi zú zhī chóng, sǐ ér bù jiāng**【百足之虫，死而不僵】〈成〉勢力のあるものは倒れてもその影響が残る．

## 伯 bǎi → dàbǎizi【大伯子】
異読 ⇒ bó

## 佰 bǎi [数]"百"の大字．

## 柏(栢) bǎi [名]〔植〕コノテガシワ．
[姓] 異読 ⇒ bò, bò

**bǎijī**【柏忌】[体]〈ゴルフで〉ボギー．**1**双~/【ダブルボギー．

**bǎimù**【柏木】[名]コノテガシワの木材．

**bǎishù**【柏树】[名]〔植〕コノテガシワ．

**bǎiyóu**【柏油】[名]コールタール；アスファルト．

## 捭 bǎi [书]二つに分かれる．¶~阖hé/ 開閉する．

## 摆(擺・襬) bǎi **1**（きちんと）並べる．**2**（書）示す．¶~老资格/ 古参風を吹かす，ひけらかす．**3**（左右に）振る，揺り動かす．**4**〈方〉話す．話をする．**¶I**①振り子．【钟~/（時計の）振り子．②衣服のすそ．¶下~/ 衣服のすそ．[姓]

**bǎibu**【摆布】[动]**1**（人を）あやつる，思うままに動かす．**2**しつらえる，飾り付ける．

**bǎibùbùkāi**【摆布不开】[动+可補]処理しきれない，やり繰りがつかない．

**bǎibùkāi**【摆不开】[动+可補]並べきれない．

**bǎibuxià**【摆不下】[动+可補]（場所が狭くて）置くことができない．

**bǎibùzhù**【摆不住】[动+可補]（長時間）保存できない，もたない．

**bǎida**【摆搭】[动]〈方〉（前後または左右に）揺れる，振れる．

**bǎidàng**【摆荡】[动]（大きく）揺れる．

# bài

**bǎidòng**【摆动】動 揺れ動く. 振り動かす.
**bǎi//dù**【摆渡】動 1 船で対岸に渡る〔渡す〕. 2 名 渡し船. フェリー.
**bǎi/fàn**【摆饭】動 食卓の用意をする.
**bǎifàng**【摆放】動 据える. セッティングする.
**bǎi/fènr**【摆份儿】〈方〉見栄を張る. 地位をひけらかす；もったいぶる.
**bǎi/gé**【摆格】→ bǎi jiàzi【摆架子】
**bǎi//gōng**【摆功】動 手柄をひけらかす.
**bǎi//gòng**【摆供】動 お供えする.
**bǎi/hǎo**【摆好】動 品物を列挙する.
**bǎihuà**【摆划】動 1 やたらにいじる；世間話をする. 2 計画する. 案配する. 3 処理する. 始末する.
**bǎi jiàzi**【摆架子】〈慣〉偉そうにするもったいぶる. お高くとまる.
**bǎijiàn**【摆件】名 室内装飾品. 置物.
**bǎi/jiǔ**【摆酒】動 酒宴を設ける.
**bǎi//kāi**【摆开】動 1 並べ広げる. 2 → bǎituō【摆脱】
**bǎi/kuǎnr**【摆款儿】→ bǎi jiàzi【摆架子】
**bǎi/kuò**【摆阔】動 金持ちぶる. 派手にふるまう.
**bǎi lèitái**【摆擂台】〈慣〉競争を挑む. 挑戦する.
**bǎiliè**【摆列】動 しつらえる. 陳列する.
**bǎi lóngménzhèn**【摆龙门阵】〈方〉おしゃべりをする；物語を話す.
**bǎilún**【摆轮】名〈時计の〉平衡輪.
**bǎi ménmiàn**【摆门面】〈慣〉見栄を張る. 体裁を飾る.
**bǎinòng**【摆弄】動 1 いじる. もてあそぶ. 2 〈人を〉もてあそぶ. からかう. 3〈方〉〈ある分野の仕事を〉やる, する.
**bǎi/píng**【摆平】動 1 公平に扱う. 2〈方〉意図する.
**bǎi/pǔ**【摆谱儿】動 体裁をつくろう. 見栄を張る.
**bǎishè**【摆设】動〈室内を〉飾り付ける, しつらえる.
**bǎishè**【摆设】名（～儿）〈室内の〉調度品, 装飾品；〈喩〉〈役に立たない〉お飾り.
**bǎi/shǒu**【摆手】動 1 手を〔左右に〕振る. ▶拒否あるいは否定を示す. 2 手招きをする；手を振ってあいさつする.
**bǎitái**【摆台】動 食卓をしつらえる.
**bǎi tānzi**【摆摊子】動 1 仕事を全面的に展開する. 2〈機関・団体の指導者が〉見栄を張るために〕派手にやる.
**bǎituō**【摆脱】動〔牽制·束縛·困難などから〕抜け出す, 逃れる, 脱却する.
**bǎi/yàn**【摆宴】動 宴会を設ける.
**bǎi yàngzi**【摆样子】〈慣〉表面を飾る. 体裁をつくろう.
**bǎi//zhèn**【摆阵】動 1 陣立てする. 2〈方〉本性を出す.
**bǎizhì**【摆治】動〈方〉1 丹念に世話をする. 2 苦しめる. 痛めつける. 3〈人を〉あやつる.

**bǎizhōng**【摆钟】名 振り子時計.
**bǎi//zhuō**【摆桌】動 酒肴を並べる；〈喩〉一席設ける.
**bǎizi**【摆子】名〈方〉マラリア.

## 呗

**bài**【呗】(古)→ **fànbài**【梵呗】
異读音→bei

## 败

**bài**【败】動 1〈戦争や競技に〉敗れる, 負ける. 2 ぶち壊す. 3 しぼみなえる. ¶花儿～了／花が散った. ‖ ①撃つ／打ち負かす. ②除く. 散らす. ¶～毒. 3 ぼろになる. 腐る. ¶～絮xù.
**bàibài**【败北】動 敗北する.
**bàibǐ**【败笔】名〈書〉画・文字・文章などの）書き損じ.
**bàibīng**【败兵】名 敗残兵.
**bàicǎo**【败草】名 枯れ草.
**bài//dú**【败毒】動 解毒する.
**bàiguǒ**【败果】名 敗北の結末.
**bàihuài**【败坏】動 1 名誉や風俗・風紀などを）損なう, 乱す. 2 形〈品性が〉下劣である.
**bài//huǒ**【败火】動〈中医〉熱をさます. のぼせをいやす.
**bàijì**【败绩】動〈書〉惨敗する.
**bài//jiā**【败家】動 家を没落させる.
**bàijiāzǐ**【败家子】名（～儿）放蕩息子；国家や集団の財産を浪費する人.
**bàijiàng**【败将】名 敗軍の将.
**bài/jú**【败局】名 敗局.
**bàijūn**【败军】名 1〈書〉負け戦をする. 2 名 敗軍.
**bài jūn zhī jiàng**【败军之将】〈成〉敗軍の将. ¶～, 不可言勇yǒng／敗軍の将,兵を語らず.
**bàilèi**【败类】名〈堕落・変節分子〉くでなし.
**bài liǔ cán huā**【败柳残花】〈成〉色香の衰えた女性；不貞な女・遊女.
**bàilù**【败露】動〈悪事・陰謀が〉露顕する.

**bàiluò**【败落】動 落ちぶれる.
**bàisù**【败诉】動 敗訴する.
**bàituì**【败退】動 敗退する. 退却する.
**bàiwèi**【败胃】動 胃をこわす.
**bàixiàng**【败象】名 敗色. 敗象.
**bàixiè**【败谢】動 しおれ落ちる.
**bài/xìng**【败兴】動 1 興ざめる. 白ける. 2 形〈方〉ついていない.
**bàixù**【败絮】名 くず綿.
**bàixuèzhèng**【败血症】名〈医〉敗血症.
**bàiyè**【败叶】名〈書〉枯れ葉. 落ち葉.
**bàiyù**【败誉】動 名誉が傷つく.
**bàizhàng**【败仗】名 敗戦. 負け戦.
**bài//zhèn**【败阵】動 戦いに敗れる.
**bàizǐ**【败子】名〈書〉放蕩息子.

## 拜

**bài**【拜】動 1〈人を訪ねるためにあ〕いさつに行く. ¶～～街访. 2 拝む. ぬかずく. ¶～菩萨／菩薩を拝む. 3〈旧〉一定の儀式を行って関係を結ぶ. ¶～某人为师／ある人に弟子入りする.
‖ ①あがめる. ¶崇～／崇拝する. ② 〈敬意を表す〉¶～～见. ‖姓

## bài

- bài bǎzi【拜把子】〈慣〉〈旧〉兄弟の契りを結ぶ.
- bàibai【拜拜】❶動 **1**〔音訳語〕バイバイする. **2**（犬が）ちんちんをする. ❷名〈旧〉女性の行うあいさつ.
- bàibié【拜别】動 いとまごいをする.
- bàicí【拜辞】動 いとまごいをする.
- bàidǎo【拜倒】動 ひざまずく, ひれ伏す.
- bàidiàn【拜垫】名 礼拝用の座布団・ござ.
- bàidú【拜读】動〈謙〉拝読する.
- bàifǎng【拜访】動〈謙〉訪問する.
- bài/fó【拜佛】動 仏像に礼拝する.
- bàifú【拜服】動 敬服する. 感服する.
- bàihè【拜贺】動〈旧〉お祝い申し上げる.
- bàihuì【拜会】動〔表敬〕訪問する.
- Bàihuǒjiào【拜火教】名〈宗〉ゾロアスター教.
- bàijiàn【拜见】動〈謙〉お目にかかる.
- bài jiēfɑng【拜街坊】〈慣〉隣近所に引っ越したあいさつをして回る.
- bài/jié【拜节】動 訪問して節句のお祝いをする.
- bàijīn【拜金】動 金銭を崇拝する.
- bài/kè【拜客】動〈人を〉訪問する.
- bàikěn【拜恳】動〈謙〉お願いする.
- bàilǐng【拜领】動〈謙〉拝受する.
- bài/mén【拜门】動 **1**（新婚夫婦が妻の実家を）訪問する. **2** 弟子入りする.
- bài/méng【拜盟】→ bài bǎzi【拜把子】
- bài/miào【拜庙】動 お寺に参拝する.
- bài/nián【拜年】動 新年のあいさつをする; 年始回りをする.
- bàirèn【拜认】動〈旧〉儀式を行って義父母や師弟などの関係を結ぶ.
- bàisào【拜扫】動 墓参りする.
- bài/shén【拜神】動 神（の像や画像）を拝む.
- bài/shī【拜师】動 弟子入りする. 師事する.
- bàishì【拜识】動 **1**〈謙〉近づきになる. **2**名〈方〉義兄弟.
- bài/shòu【拜寿】動（老人の）誕生日祝いをする.
- bài/táng【拜堂】動〈旧〉〔婚礼儀式〕新郎新婦が天地の神のあいさつする〔してから双方の親にあいさつする〕.
- bài tiāndì【拜天地】→ bài/táng【拜堂】
- bàituō【拜托】動〈謙〉お願いする. 頼みする.
- bàiwàng【拜望】動〈謙〉あいさつに伺う.
- bàiwù【拜晤】動 お目にかかる.
- bàiwùjiào【拜物教】名 フェティシズム.
- bàixià【拜下】動 文箱.
- bàixiàng【拜相】動〈旧〉宰相を拝命する.
- bàixiè【拜谢】動〈書〉謝意を表す.
- bài/yè【拜谒】動 **1** 拝謁する. **2** 参詣する.
- bài/yuè【拜月】動〈旧〉（中秋の）明月を拝む.

稗 bài ❶ ① ヒエ. ¶～～子. ② 卑小な. 正式でない.

- bàiguān yěshǐ【稗官野史】名 逸聞項末を記した文章. 稗史(はいし).
- bàishǐ【稗史】→ bàiguān yěshǐ【稗官野史】
- bàizi【稗子】名〈植〉ヒエ.

輔 (輔) bài【方】ふいご. ¶风～ / ふいご.

哹 bai【哵bei】に同じ.

## bān (ㄅㄢ)

扳 bān 動 **1**（下または内側へ）引っ張る. ¶～电闸 / スイッチを入れる. **2** ひっくり返す. ¶～成平局 / 同点にまで挽回する. 異読⇒pān

- bān/bǎn【扳本】→ fǎnběn【翻本】
- bānbùdǎor【扳不倒儿】**1**名〈口〉起き上がりこぼし. **2**〈慣〉同上のような人. 不倒翁.
- bān/dǎo【扳倒】動＋結補 引っ張って倒す.
- bān/dào【扳道】動〈鉄道の〉ポイントを切り換える.
- bān/dòng【扳动】動＋結補 力を入れて引く. ねじる.
- bānduò【扳舵】動 舵(だ)をとる.
- bān/gàng【扳杠】→ tái/gàng【抬杠】
- bān/huí【扳回】動＋方補 挽回する.（得点を）取り返す.
- bānjī【扳机】名〔銃の〕引き金.
- bānpíng【扳平】動〈体〉同点に追いつく.
- bānqián【扳钳】→ bānzi【扳子】
- bānshou【扳手】名 **1** → bānzi【扳子】 **2**（器物の）ハンドル, 引き手.
- bāntóur【扳头儿】名〈方〉**1** 握り. **2** スパナ. レンチ.
- bān wànzi【扳腕子】→ bāi wànzi【掰腕子】
- bānzèng【扳赠】動 四つ手網を引き上げる.
- bānzhǐr【扳指儿】名〈旧〉親指にはめる玉で作った指輪.
- bānzi【扳子】名 スパナ. レンチ.

颁 bān 動〈書〉分け与える. 配る.

班 bān ❶名 **1** クラス. 班;（軍隊の）分隊. **2**（～儿）勤務時間. ❷量 **1** グループや仲間を数える. **2**（交通機関の）便, 発着回数. ¶下一飞机 / 次の飛行機. ❸量 定時的に運行される交通機関. ¶→一车.

- bānbái【班白】→ bānbái【斑白】
- bānbèi【班辈】→ bèifen【辈分】
- bānbó【班驳】→ bānbó【斑驳】
- bānchē【班车】名 **1** 定期バス（シャトルバス・リムジンバスなど）. **2**（企業・学校などの）送迎バス.
- bānchuán【班船】名 定期船;（定期の）フェリーボート.
- bāncì【班次】名 **1** 交通機関の定期運行便数. **2** 学級・学年の順序.
- bāndǐ【班底】名（～儿）〔劇団の〕平の

団員；(転)スタッフ. 顔ぶれ.
**bānfáng**【班房】[名] 1 (旧)官庁下役の詰め所. 2 (俗)牢屋.
**bānjī**【班机】[名] (旅客機の)定期便.
**bānjí**【班级】[名] (学校の)学年とクラスの総称.
**bānlún**【班轮】[名] 定期船.
**bān mén nòng fǔ**【班门弄斧】〈成〉専門家の前で腕前を見せびらかすような, 身のほどを知らない.
**bānpèi**【班配】→bānpèi【般配】
**bānqī**【班期】[名] 1 (汽車・バス・船・旅客機などの)運行スケジュール. 2 郵便物などを配達する確定期日.
**bānshī**【班师】[動]〈書〉撤兵する. ¶~凯旋(xuán)する.
**bāntóu**【班头】[名] 中心的人物.
**bānwùhuì**【班务会】[名] (軍隊)の分隊・(職場)の班・(学校)のクラス等の会.
**bānyé**【班爷】[名](俗)(貶)講釈屋.
**bānzhǎng**【班长】[名] 1 班長. 2 (学校の)級長. 3 (軍隊の)分隊長.
**bānzhǔ**【班主】[名](旧)(劇団の)座元.
**bānzhǔrèn**【班主任】[名] クラス担任.
**bānzi**【班子】[名] 1 (旧)芝居の一座. 2 スタッフ. グループ. セクション. 3 (旧)妓楼.
**bānzǔ**【班组】[名] 1 グループ. サークル. 2 企業の生産最小単位.

### 般 bān

**bān**[助]…のような(に). ¶暴风雨~的掌声／あらしのような拍手. ❶ 様子. 種類. ¶这~／このような. ¶百~／あれこれと. ‖ [姓]
**bānbān**【般般】[名]どこもかしこも. なんでもかんでも.
**bān dà bān xiǎo**【般大般小】〈成〉年のころが同じくらいである.
**bānpèi**【般配】[形] 結婚相手として互いに, また衣服・住居などが身分とつり合いがとれてふさわしい.

### 颁 bān

**bān**❶①公布する. ②分かち与える.
**bānbái**【颁白】→bānbái【斑白】
**bānbù**【颁布】[動] 公布する. ¶~法令／法令を公布する.
**bānfā**【颁发】[動] 1 通達する. 公布する. 2 (勲章・奨励金などを)授与する.
**bān//jiǎng**【颁奖】[動] 勲章・賞状・賞金などを授与する.
**bānxíng**【颁行】[動] 公布施行する.
**bānzhào**【颁诏】[動](旧)詔書を発する.

### 斑 bān

**bān**❶①斑点. ¶~油／油の染み. ②ぶちの. まだらの. ¶~马／~馬.
**bānbái**【斑白】[形]〈書〉白髪まじりである. ごま塩頭である.
**bānbān**【斑斑】[形] 斑点が多い.
**bānbìn**【斑鬓】[形]〈書〉白髪まじりの鬢.
**bānbó**【斑驳】[形]〈書〉色が入りまじってまだらである.
**bān bó lù lí**【斑驳陆离】〈成〉色が(落ちたりにじんだりして)入り乱れている.
**bāndiǎn**【斑点】[名] 斑点. まだら.

**bānhén**【斑痕】[名] 染み.
**bānjiū**【斑鸠】[名] (鳥)キジバト. ジュズカケバト.
**bānlán**【斑斓】[形](書)彩り豊かで美しい.
**bānmǎ**【斑马】[名] (動)シマウマ.
**bānmǎxiàn**【斑马线】[名] 横断歩道. ゼブラゾーン.
**bānmáo**【斑蝥】[名] (虫)ハンミョウ. ¶(中薬)斑猫(ハンミョウ)から.
**bāntū**【斑秃】[名] 円形脱毛症.
**bānwén**【斑纹】[名] ぶち. まだら模様.
**bānzhěn shānghán**【斑疹伤寒】[名] (医)発疹チフス.
**bānzhú**【斑竹】[名] 1 (植)ハンチク. 2 (電算)BBSの管理者. ボードネージャー. ▶"版主bǎnzhǔ"から.

### 搬 bān

**bān**[動] 1 (重くかさばる物を)運ぶ. 移す. 2 引っ越しする. ¶他家已经~走了／彼の家はもう引っ越した. 3 (既存の制度・経験・方法・語句などをそのまま)当てはめる. ¶~教条／ドグマを引用する.
**bān//bīng**【搬兵】[動] 援軍を派遣してもらう；(口)救援を求める.
**bānbudǎo**【搬不倒】[名] (~儿)(口) 起き上がりこぼし.
**bān//dòng**【搬动】[動] 1 動+結補](物を)動かす, 運んで移動する.
**bān//jiā**【搬家】[動] 引っ越す；場所を移す. ¶搬了三次家／3回引っ越した.
**bānjiā gōngsī**【搬家公司】[名] 引っ越し会社.
**bān jiùbīng**【搬救兵】[慣] 援助を求める.
**bānnòng**【搬弄】[動] 1 手で動かす. いじくる. 2 ひけらかす.
**bān nòng shì fēi**【搬弄是非】〈成〉(双方をそそのかし)ごたごたを巻き起こす.
**bānqǐ shítóu zá zìjǐ de jiǎo**【搬起石头砸自己的脚】〈諺〉人に損害を与えようとして自業自得の結果となる.
**bānqiān**【搬迁】[動] (建設予定地をあけるために)よそへ引っ越す, 立ち退きする.
**bānqiānhù**【搬迁户】[名] (都市開発による)立ち退き世帯.
**bān shétou**【搬舌头】[慣]〈方〉告げ口をしてけしかけ悶着を起こさせる.
**bān shítou**【搬石头】[慣] 邪魔なものを取り除く.
**bānyǎn**【搬演】[動] 二の舞を演ずる.
**bānyí**【搬移】[動] 1 (物を)移す. 移動する. 2 (居を)移す. 移転する.
**bānyòng**【搬用】[動] (字句を)(ピッ)定規に当てはめる, 引き写す.
**bānyùn**【搬运】[動] 運搬する. 運送する.
**bānzhuān**【搬砖】[動](喩) マージャンをする.

### 瘢 bān

**bān**❶ 傷あと. ¶~痕hén／傷あと.

### 癍 bān

**bān**❶ 皮膚に斑点のできる病気. ¶脸上有块~／顔に染みがある.

# bǎn

**坂(阪) bǎn** [名]〈古〉坂. 勾配(說).❶ [動]坂を走る/丸いものが坂を転げ落ちるように〈速い〉.

**板 bǎn** ❶[形]〈性格が〉堅苦しい. 融通がきかない;〈表情が〉硬い. ¶他的做法太～/彼のやり方は堅苦しすぎる. 2 板(%)のように〉硬い,こわばっている. ¶脖子有点儿发～/首筋が少しこった.
❷[動]顔を)こわばらせる. ¶～面孔/仏頂面をする.
❸[名] 1 ～(儿)板. 板状のもの. 2〈民族音楽の〉拍板(%);〈民族音楽の〉拍子. テンポ.
❹[ ] ①商店の表戸. ¶上～/シャッターをおろす. 閉店する. ②店の主人.

**bǎnbào liùshísì** [板报六十四]〈慣〉杓子(∑)定規で融通がきかない.
**bǎnbào** [板报] [名] 黒板新聞.
**bǎnbì** [板壁] [名]〈方〉(部屋の)板仕切り,板壁.
**bǎncǎo** [板糙] [名]～(儿)黒板ふき.
**bǎnchē** [板车] [名] 荷車. 大八車.
**bǎncuò** [板锉] [名] 平やすり.
**bǎndài** [板带] [名] 堅織りで幅広の腰帯.
**bǎndàng** [板荡] [名]〈書〉世が乱れる.
**bǎndāo** [板刀] [名] 厚刃の刀. 青竜刀.
**bǎndèng** [板凳] [名]〈背もたれのない木製の細長い〉腰掛け,ベンチ.
**bǎnfǔ** [板斧] [名]〈刃先の広い〉斧(謎).
**bǎngǔ** [板鼓] [名]〈音〉(京劇などで楽隊の指揮をとる)小太鼓.
**bǎnhú** [板胡] [名]〈音〉胡弓に似た民族楽器.
**bǎnjí** [板极] [名]〈電〉(電子管の陽極)プレート.
**bǎnjié** [板结] [形]〈農〉(土壌が)固まってこちこちである.
**bǎnkuài** [板块] [名]〈地質〉プレート.
**bǎnlángēn** [板蓝根] [名]〈中薬〉板藍根(%).
**bǎnlì** [板栗] [名]〈植〉(甘栗用の)クリ.
**bǎn/liǎn** [板脸] [動] 顔をこわばらせる. 仏頂面をする. ¶他板起脸来不说话/彼はいかわしい表情をしてものを言わない.
**bǎnméndiàn** [板门店] [慣] 戸板大の板で商う露店商. ▶朝鮮半島の地名にかけた言葉.
**bǎnqiáng** [板墙] [名] 板壁. 板塀.
**bǎnqiú** [板球] [名]〈体〉1 クリケット. 2 クリケットのボール.
**bǎnrpíng** [板儿平] [形]〈方〉1 真っ平らである. 2 無表情である.
**bǎn shàng dīng dīng** [板上钉钉]〈成〉事がすでに決まってもう変更できない.
**bǎnshì** [板式] [名](伝統劇で)拍子の種類.
**bǎnshí** [板实] [形]〈方〉1(土壌が)固い. 2(書籍の表紙や中身が)しっかりしている. 3 足腰がしゃんとしている.
**bǎnshū** [板书] [名] 1 [動] 板書する. 2 [名] 板書された字.
**bǎnshuā** [板刷] [名] 洗濯用ブラシ.
**bǎntiáo** [板条] [名] 細板. ▶木摺(き).・木舞(き)・羽目など.
**bǎnwǎ** [板瓦] [名] 平瓦.
**bǎnwū** [板屋] [名] 板張りの小屋.
**bǎnyā** [板鸭] [名] アヒルの塩漬け干し肉.
**bǎnyá** [板牙] [名] 1〈方〉門歯. 2〈方〉白歯(ੂ). 3〈機〉雄ねじ切り,ダイス.
**bǎnyān** [板烟] [名](板状に固めた)刻みたばこ.
**bǎnyán** [板岩] [名]〈鉱〉粘板岩. スレート.
**bǎnyǎn** [板眼] [名] 1 民族音楽や伝統劇の拍子などの拍子・順序. 2〈喩〉物事の条理・順序.
**bǎnyóu** [板油] [名](豚の体腔内にある)板状の脂肪.
**bǎnyǔqiú** [板羽球] [名]〈体〉1 羽根つき. 2(羽根つき用の)羽根.
**bǎnzhàng** [板障] [名] 1(訓練用の)板状の障害物. 2〈方〉板仕切り.
**bǎnzhèng** [板正] [形] 1 きちんとしている. 折り目正しい. 2(態度・表情などが)まじめそのものである.
**bǎnzhì** [板滞] [形]〈書〉(文章や絵画などが)単調である,平板である.
**bǎnzhù** [板筑] [名]→**bǎnzhù** [版筑].
**bǎnzi** [板子] [名] 1 板. [块] 2〈旧〉(拷問・折檻(%)用の)板.

**版 bǎn** [名] 1(印刷用の)版. ¶排 pái～/植字して版を組む. 2 書物の版. ¶第一～/初版. 3〈新聞の〉紙面. ¶头～/第1面.
❶[ ] ①版業用の版. ¶→~筑 zhù.
②戸籍. ¶→~图.

**bǎnběn** [版本] [名] 1 版本. 2〈電算〉バージョン.
**bǎncì** [版次] [名](出版の)版数.
**bǎnhuà** [版画] [名] 版画.
**bǎnjí** [版籍] [名]〈書〉1 戸籍と土地の戸籍簿,登記簿. 2 領土. 境域. 3 書籍.
**bǎnkè** [版刻] [名] 板刻.
**bǎnkǒu** [版口] [名]→**bǎnxīn** [版心].
**bǎnkuài** [版块] [名]〈電算〉スレッド.
**bǎnmiàn** [版面] [名]〈印〉1(新聞・雑誌・書籍の)紙面. ページ全体. 2(ページでの)レイアウト,割付.
**bǎnquán** [版权] [名]〈印〉版権. 著作権.
**bǎnquányè** [版权页] [名]〈印〉(書物の)奥付(%).
**bǎnshì** [版式] [名]〈印〉割付. フォーマット.
**bǎnshuì** [版税] [名] 印税.
**bǎntú** [版图] [名] 版図(½),領土.
**bǎnxīn** [版心] [名]〈印〉1 版面. 2(線装本の)版心,柱.
**bǎnzhǔ** [版主] [名]〈電算〉BBSの管理者. ボードマネージャー. ▶"版猪,版竹"とも.
**bǎnzhù** [版筑]〈書〉1[動] 土壇や城壁を築造する. 2[名]〈広く〉土木工事.

# bàn

**钣** bǎn 【名】金属板。¶铝钣~/アルミ板。

**舨** bǎn →shānbǎn【舢板】

**办**(辦) bàn 【動】1 処理する. 取り扱う. さばく. ¶~手续/手続きをする. 2 創設する. ¶~幼儿园/幼稚園を創設する. 3 仕入れる. 準備する. ¶~海货/海産物を買い入れる. ¶~酒席/宴会の準備をする. 4 処分する. 始末する.

**bàn/àn**【办案】【動】1（立件された）事件を処理する. 2 凶悪犯を逮捕する.

**bàn/bān**【办班】【動】（~儿）研修会を開く. セミナーを主催する.

**bàn/bào**【办报】【動】1 新聞を発行する. 2 新聞社を経営する.

**bànbudào**【办不到】【動+可補】目的を達せられない;（そこまで）やれない.

**bànchāi**【办差】【動】（旧）官府のために夫役を課したり財物を徴収したりする.

**bàn/chéng**【办成】【動+結補】成し遂げる.

**bàn/dào**【办到】【動+方補】成し遂げる. 目的を達する.

**bànfǎ**【办法】【名】1 方法. 手段. やり方. ¶想一~/手だてを考える. 2（取り扱い）規則.

**bàn/gǎo**【办稿】【動】（公文書を）起草する.

**bàn/gōng**【办公】【動】事務をとる. 執務する.

**bàngōngfèi**【办公费】【名】事務費.

**bàngōng huìyì**【办公会议】【名】（役所などの）業務連絡会議.

**bàngōnglóu**【办公楼】【名】オフィスビル. [座,个]

**bàngōngshì**【办公室】【名】1 オフィス. 事務室. 2 機関内に設けられた管理事務を取り扱う部門. ¶党委~/党委員会事務室. ¶校长~/校長[学长]室.

**bàngōngshì zìdònghuà xìtǒng**【办公室自动化系统】【名】OAシステム.

**bàngōngtīng**【办公厅】【名】"办公室"より規模が大きい事務所;官公署. ¶国务院~/国務院官房.

**bàngōng yòngpǐn**【办公用品】【名】事務用品.

**bàn hòushì**【办后事】→ bàn sāngshì【办丧事】

**bàn/huò**【办货】【動】商品を仕入れる.

**bàn/kǎo**【办考】【動】試験を主催する.

**bànlǐ**【办理】【動】処理する. 取り扱う.

**bàn mǎnyuè**【办满月】【動】子供の生後満1か月のお祝いをする.

**bàn sāngshì**【办丧事】【動】葬儀を行う.

**bàn shēngrì**【办生日】【動】誕生日を祝う.

**bàn/shì**【办事】【動】仕事をする. 用事をする. ¶~认真/仕事ぶりがまじめである.

**bànshìchù**【办事处】【名】事務所.

**bànshìyuán**【办事员】【名】1（行政機関の）職員,事務員. 2（企業・事業団体）の職員,事務員.

**bàn/shòu**【办寿】【動】誕生祝いをする. ¶给老年人~/お年寄りの誕生祝いをする.

**bàn xǐshì**【办喜事】【動】結婚式を挙げる.

**bàn/xué**【办学】【動】学校を運営する.

**bànzhèn**【办赈】【動】（災害の）救済事業をする.

**bànzhì**【办置】【動】購入する. 買いそろえる.

**bàn/zuì**【办罪】【動】処罰する.

**半** bàn 【数】1【量】1 半分. 2分の1. 0.5. ¶一个馒头／半分のマントウ. ¶一个月／1か月半. 2 半ば. 真ん中. ¶山腰／山の中腹. 3 ほんの少ししかない. ¶不敢说一个不字／いやのいやの字も言えない. 2【副】不完全に. ¶门一开着／ドアが半開きになっている. [单]

**bànbǎi**【半百】【書】（多くは年齢をさし）50.

**bàn…bàn…**【半…半…】【型】…でもあり,…でもある. ▶それぞれ相反する意味の単音節詞·造語成分を前後に当てる. ¶~文~白／文語と口語が入り混じっている（文章）. ¶~嗔chēn~喜／怒っているとみせかけてその実,喜んでいる. [旧]

**bànbàndàor**【半半道儿】【名】〈方〉途中. 中途半端.

**bànbānlālā**【半半拉拉】【形】（~的）（口）不完全である. 中途半端である.

**bànbānluòluò**【半半落落】→ bànbànlālā【半半拉拉】

**bànbǎo**【半饱】【形】腹半分である.

**bànbèizi**【半辈子】【名】半生.

**bànbì**【半壁】【書】半分. 片方.

**bàn bì jiāng shān**【半壁江山】（成）（敵の侵略下）残った国土. 半分の山河.

**bànbiān**【半边】【名】（~儿）片方. 片側. 2〈方〉そば. かたわら.

**bànbiānlián**【半边莲】【名】〈植〉ミゾカクシ;（中薬）半辺莲（欧ᵖᴬ）.

**bànbiānrén**【半边人】【名】〈方〉未亡人後. 後家.

**bànbiāntiān**【半边天】【慣】1 天の半分を支える人. ▶女性をさす. 2（醬）女房. 妻.

**bànbàozǐ**【半彪子】【慣】乱暴者. 無鉄砲な人.

**bàn…bù…**【半…不…】【型】1 …でもなければ,…でもない. ▶意味の相反する単音節詞·造語成分を前後に当てる. ¶~明~暗／薄暗い. ¶~新~旧／中古である. 2（同じ単音節詞·造語成分を前後に当てはめて,中途半端な状態を表す）¶~新~新／中古である. ¶~懂~懂／わかったようでわからない. ~

**bàncáyāo**【半岔腰】【名】〈方〉途中. 真ん中あたり.

**bànchǎng**【半场】【名】1〈体〉ハーフコート. 2（スポーツの試合·映画·劇な

## bàn

どの)前半または後半.

**bànchéngpǐn**【半成品】[名]半製品；調理済みの食品や総菜.

**bàndà**【半大】[形]中くらいの大きさの. ¶~小子/未成年の男子.

**bàndǎo**【半岛】[名]地(チ)半島.

**bàndǎotǐ**【半导体】[名][電]半導体. トランジスター.

**bàndǎotǐ cúnchǔqì**【半导体存储器】[名][電算]半導体メモリ.

**bàndàor**【半道儿】[名]途中. 中途.

**bàndiǎn**【半点】[名]〈~儿〉ほんの少し. いささか.

**bàndiàozi**【半吊子】[慣] **1** おっちょこちょい. **2** 生半可な人. 生かじり. **3** いい加減で当てにならない人.

**bànfèi**【半费】[名]半額. 定価の半分.

**bànfēngjiàn**【半封建】[名]半封建の.

**bànfēngr**【半疯儿】[罵]ちょっと普通ではないやつ.

**bàngāogēnxié**【半高跟鞋】[名]中ヒールの靴.

**bàngé**【半格】[名][印][電算]半角.

**bàn gōng bàn dú**【半工半读】[成]働きながらも学ぶ.

**bànguānfāng**【半官方】[報道などで]半ば公式的な.

**bàngǔguǎn**【半规管】[名]〈生理〉三半規管.

**bànhān**【半酣】[形]ほろ酔い機嫌である.

**bànhēishì**【半黑市】[名][経]グレーマーケット.

**bànjià**【半价】[名]半額. 半値.

**bànjiǎo**【半角】[数]半角.

**bànjié**【半截】[名]〈~儿・~子〉**1** [細長いものの]半分. **2** [物事について]途中. 半ば.

**bàn jīn bā liǎng**【半斤八两】[成]似たり寄ったり. どんぐりの背比べ.

**bànjìng**【半径】[数]半径.

**bànjiù**【半旧】[形]お古の. 中古の.

**bànjuésài**【半决赛】[名]準決勝.

**bànkāiménr**【半开门儿】[名]〈方〉私娼.

**bàn kāi wán xiào**【半开玩笑】[成]冗談半分である.

**bànkōng**【半空】**1** [形]満たされずすべてちゃんこである. **2** 〈~儿〉[方]実がちゃんと詰まっていない落花生. **3** →bànkōngzhōng

**bànkōngzhōng**【半空中】[口]空中.

**bànlā**【半拉】[名]〈方〉半分.

**bànlāzi**【半拉子】[例]〈方〉**1** 半分. 中途. **2** 半人前の労働者.

**bànláodònglì**【半劳动力】[名][農村において]半人前の働き手.

**bànlǎo**【半老】→ xú niáng bàn lǎo [徐娘半老]

**bànlǐ**【半礼】[名]〈旧〉上長者がする軽い答礼.

**bànliútǐ**【半流体】[名][物]半流動体.

**bànlù**【半路】[名]〈~儿〉道半ば. 中途. 〈転〉中途. 半ば.

**bàn lù chū jiā**【半路出家】[成]半

途からその道に入る.

**bànlù fūqī**【半路夫妻】[名]中年で結ばれた(再婚)の夫婦.

**bànmiàn**【半面】[名]〈顔や物などの)半面. 半分.

**bànpántiān**【半爿天】→ bànbiāntiān

**bànpiào**【半票】[名]半額切符. 半額券.

**bànpìn**【半聘】[動]嘱託任用する.

**bànpíngcù**【半瓶醋】[慣]生かじり. 半可通.

**bànqí**【半旗】[名]半旗. 弔旗.

**bànrén**【半人】[名]背丈の半分.

**Bànrénmǎzuò**【半人马座】[名][天]ケンタウルス座.

**bànrì**【半日】[名]〈書〉半日.

**bànshān tíngzi**【半山亭子】[名]山腹のあずまや.

**bànshǎng**【半晌】[名]〈方〉**1** しばらく. 長いこと. **2** 半日.

**bànshàngwǔ**【半晌午】[名][口]昼時.

**bànshēn**【半身】[名]半身.

**bànshēn bù suí**【半身不遂】[成]半身不随である.

**bànshēnxiàng**【半身像】[名] **1** 半身写真. **2** 胸像.

**bànshēng**【半生】[名]半生.

**bàn shēng bù shú**【半生不熟】[成] **1** 半煮えである. 生煮えである. **2** 不慣れだ. 未熟である.

**bànshì**【半世】[名]〈書〉半生.

**bànshù**【半数】[名]半数.

**bànshuāiqī**【半衰期】[名][物]半減期.

**bànsǐ**【半死】[形]半ば死にそうである. 死にそうなほど….

**bàn sǐ bù huó**【半死不活】[成]息も絶え絶えである.

**bàntiān**【半天】**1** 〈~儿〉長い時間. **2** 等して、他才来 / 長いこと待って彼はやっと来た. **2** 半日. 昼間の半分. **3** 〈書〉空中.

**bàn tōng bù tōng**【半通不通】[成]半可通. 生かじりである.

**bàntú**【半途】[名]〈書〉道半ば. 途中.

**bàn tú ér fèi**【半途而废】[成]中途でやめる.

**bàn tuī bàn jiù**【半推半就】[成](実は気があるのに)その気がないように装いながら応じる.

**bàn tūn bàn tǔ**【半吞半吐】[成]歯切れの悪い物の言い方をする.

**bàntuō**【半托】[名][託児所の]半日(昼間)依託.

**bàntuōchǎn**【半脱产】[動]一部本務を離れる[れて他の仕事をする].

**bànwénmáng**【半文盲】[名]識字程度の低い人.

**bànxià**【半下】〈~儿〉**1** [名]〈容器の〉半分の量. **2** [量]ちょっと(突く, 打つ, 押す). ▶"一下"というほどのこともないの意.

**bànxià**【半夏】[名][植](サイモ科の)カラスビシャク；〈中薬〉半夏(ゲ).

**bàn xiān zhī tǐ**【半仙之体】[成]半

神がかりになっている人．仙人気取りの人．

**bànxīn**【半新】[形] 中古の．さほど古くない．

**bànxiū**【半休】[動] 半休する．

**bànxiǔ**【半宿】[名] 一夜の半分．半夜．

**bànyāo**【半腰】[名] 中ほど．

**bànyè**【半夜】[名] **1** 真夜中．夜半．**2** 一夜の半分．

**bànyè chī táozi**【半夜吃桃子】〈歇〉("找软的捏"と続き) 弱い者いじめをする．

**bàn yè sān gēng**【半夜三更】〈成〉真夜中．

**bànyīn**【半音】[音] 半音．

**bànyǐng**【半影】[物] 半影．

**bànyǔzi**【半语子】[方] **1** 言葉をはっきり(わかるように)話せない人．**2** 言いかけの話．

**bànyuán**【半圆】[名]〈数〉半円．

**bànyuánguī**【半圆规】[名] 分度器．

**bànyuányīn**【半元音】[名]〈語〉半母音．

**bànyuèbàn**【半月瓣】[名]〈生理〉半月弁．

**bànyuèkān**【半月刊】[名] 月2回発行の刊行物．

**bànzhīlián**【半支莲】[名]〈植〉マツバボタン；〈中薬〉半枝蓮(_ば_).

**bànzhīlián**【半枝莲】[名]〈植〉ハンスレン；〈中薬〉半枝蓮(_ば_).

**bànzhímíndì**【半殖民地】[名] 半植民地．

**bànzhìpǐn**【半制品】→ **bànchéngpǐn**【半成品】

**bànzhōngyāo**【半中腰】[名] 真ん中．中途．

**bànzhōukān**【半周刊】[名] 週2度発行の定期刊行物．

**bànzǐ**【半子】[書] 婿．

**bànzìdòng**【半自动】[形] 半自動式の．セミオートマチックの．

**bànzìgēngnóng**【半自耕农】[名] 半自作農．

**bànzuì**【半醉】[形] ほろ酔いである．

扮 **bàn**【扮】**1** 仮装する．装う．**2**（劇で）…に扮(_ふん_)する．ある装扮をする．¶～鬼脸/あかんべえをする．

**bàn guǐliǎn**【扮鬼脸】→【扮脸】

**bànkù**【扮酷】[動] 気取る．格好よく決める．

**bànliàng**【扮靓】[動] きれいに着飾る．

**bàn/xì**【扮戏】[動] **1**（役者が）メーキャップする．**2**（旧）芝居を演じる．

**bànxiàng**【扮相】[名] **1** 舞台姿．**2**[動] メーキャップする．

**bànyǎn**【扮演】[動]（役を）演じる；〈喩〉(役割を)果たす．

**bànzhuāng**【扮装】[動] **1** メーキャップする．**2** 扮装する．

伴 **bàn**【伴】**1**[名](～儿)連れ．連れ合い．¶我～你去公园玩儿玩儿／あなたにお供して公園に遊びに行きましょう．**2**[動]

**bànchàng**【伴唱】[動](ボーカルやダンスに合わせて)バックコーラスで歌う．

**bàndāng**【伴当】[動]〈近〉従者．お供．

**bàndú**【伴读】[動] **1** (旧)主人の子に付き添って一緒に勉強する．**2** 出国し,留学生である配偶者に付き添って一緒に勉強する．

**bànjiǔ**【伴酒】[動] (主にバーなどで)酒の相手をする．

**bànláng**【伴郎】[名] 花婿の介添え(男性).

**bànlǚ**【伴侣】[書] 伴侶(_は_)．連れ．仲間．

**bànniáng**【伴娘】[名] 花嫁の介添え(女性).

**bànpéi**【伴陪】→ **péibàn**【陪伴】

**bànshēngshù**【伴生树】[名]〈林〉随伴樹．

**bànshēng tiānránqì**【伴生天然气】[名]〈鉱〉付随ガス．

**bànsòng**【伴送】[動] 付き添って見送る．

**bànsù**【伴宿】[動]〈方〉(出棺前夜の)通夜をする．

**bànsuí**【伴随】[動] 付き従う；…に伴う[って].

**bàntóng**【伴同】[動] 連れ立つ；伴う[って].

**bànwǔ**【伴舞】[動] **1** 独唱者やソロのダンサーを引き立たせるために踊る．**2** ダンスの相手をつとめる．

**bànxīng**【伴星】[名]〈天〉伴星．

**bànyīn**【伴音】[名] (映画・テレビの)音声,サウンド．

**bànyóu**【伴游】[動] 観光や遊びに同伴する．

**bànzòu**【伴奏】[動] 伴奏する．

拌 **bàn**【拌】[動] かき混ぜる．混ぜ合わす．あえる．

**bàncài**【拌菜】[名] あえもの．[動] あえものをつくる．

**bànhuò**【拌和】[動] かき混ぜる．

**bàn/miàn**【拌面】**1**[動] うどんに調味料や具を加えて混ぜる．**2**[名] 調味料や具を加えて混ぜたうどん．

**bàn/suàn**【拌蒜】[動]〈方〉足がもつれる；おぼしくし．失敗する．

**bàn/zhǒng**【拌种】[動]〈農〉種に殺菌剤などを混ぜる．

**bàn/zuǐ**【拌嘴】[動] 口げんかする．

绊 **bàn**【绊】[動](歩行中)足元をすくう,つまずかせる；足元に絡みつく．

**bànchuānggāo**【绊创膏】[名] 絆創膏(_ば_)．

**bàn/dǎo**【绊倒】[動+結補] つまずいて転ぶ．

**bàn gēntou**【绊跟头】〈慣〉つまずいてもんどりうつ．

**bàn/jiǎo**【绊脚】[動] 足に絡まる；〈転〉邪魔になる．

**bànjiǎoshí**【绊脚石】〈慣〉邪魔もの．障害．

**bànmǎsuǒ**【绊马索】[慣] 前進を阻む障害物．

**bànr**【绊儿】→ **bànzi**【绊子】

**bàn shǒu bàn jiǎo**【绊手绊脚】(成) 足手まといになる.

**bàn//zhù**【绊住】[動+結補] 縛る. 束縛する.

**bànzi**【绊子】[名] 1 足払い. ¶使~/足払いを掛ける. 2〈家畜の〉足かせ.

**bàn**【鞶】[名]〈書〉鞶(はん). 牛馬などがものをひくとき鞍から尻にかける革ひも.

**bàn**【瓣】(~儿)❶[名] 1 花弁. 花びら. 2 実や球根などのひとかけら. 3 かけら. きれ. ❷[量] 花や種子・果実・球根などのひとから, ひとさね. ¶一~蒜/ニンニクひとさね.

**bànmó**【瓣膜】[名]〈生理〉弁膜.

**bànsàilèi**【瓣鳃类】[名]〈貝〉弁鰓(べんさい)類. ▶二枚貝の類.

## bang (ㄅㄤ)

**邦 bāng**🔲 国. ¶邻~/隣国. ¶姓.

**bāngjiāo**【邦交】[名] 国交. ¶建立~/国交を結ぶ.

**bānglián**【邦联】[名] 国家連合.

**bāngtǔ**【邦土】[名]〈書〉国土. 領土.

**帮（幫） bāng**❶【帮助】[動] 助ける; (一緒に・代わりに)…する. ¶~妈妈做家务/母の家事を手伝う. ¶请~我们按一下, 好吗?/すみませんが(シャッターを)押してくださいませんか. 2〈物または金銭を与えて〉援助する. ¶他家遭了灾, 我们~他一点儿钱/彼の家が災難にあったから, 少し金を贈ってやろう. ❷[量] 群れ. 組. ¶一~小孩儿/大勢の子供たち.

❶ (中が空洞状の物の)両側, 外側, 周り. 2 靴・靴の両面. 船~/船べり. ②〈野菜の〉外側の葉. ¶白菜~/白菜の外側のやや青い葉. 3 政治的・経済的グループ・集団. ¶福建~/福建人グループ. ¶搭~/一味に加わる.

**bāng'àn**【帮案儿】[名] 料理人の助手. 調理補助.

**bāngbàn**【帮办】[動] (旧) 1 補佐する. 2 補佐.

**bāngbǔ**【帮补】[動]〈金銭の面で〉援助する.

**bāngchǎngr**【帮场儿】[動] 大道芸を見物する.

**bāngchèn**【帮衬】[動] 1〈方〉手助けをする. 2〈方〉金銭上の援助をする. 3〈近〉おもねる.

**bāng/chú**【帮厨】[動] 1 料理人の手伝いをする. 2[名] 調理助手.

**bāngcòu**【帮凑】[動] カンパして援助する.

**bāng dàománg**【帮倒忙】(慣) 手伝いのつもりがかえって邪魔になる.

**bāng/dōng**【帮冬】[動]〈方〉冬期だけの雇われ仕事をする.

**bāngfú**【帮扶】[動] 助ける. サポートする.

**bāng/gōng**【帮工】1[動]〈農業の仕事を〉手伝う. 応援する. 2[名] 手伝い人. 臨時工.

**bānghuì**【帮会】[名] 民間秘密結社.

**bānghuǒ**【帮伙】[名] (貶) 悪事を働く(く)グループ. ぐる.

**bāngjiào**【帮教】[動] (非行少年などに対し) 更生の手助けをする.

**bāngkǒu**【帮口】[名] (旧) 同郷団体. 同業組合.

**bāngkùn**【帮困】[動] 貧しい人や家庭を援助する.

**bāng/máng**【帮忙】[動] (他人が困っているときに) 手伝う. 手助けする. ¶他帮过我的忙/あの人は私を助けてくれたことがある. ¶谢谢你, 给我帮了个大忙/ありがとう, おかげでたいへん助かりました.

**bāngpài**【帮派】[名] 派閥. 分派.

**bāngpǔ**【帮浦】[名]〈機〉ポンプ.

**bāng/qiāng**【帮腔】[動] 1〈芝居で〉舞台で歌う役者に, 裏方で大勢が唱和する. 2 (喩)(貶) 相づちを打って加勢する, 口添えをする.

**bāngquán**【帮拳】[動] けんかの加勢をする.

**bāng/shǒu**【帮手】[動] 手伝う. 手を貸す.

**bāngshou**【帮手】[名] 手助けする人. 助手.

**bāngtào**【帮套】[名] 添え馬をつなぐ綱. 2 添え馬.

**bāngtiē**【帮贴】[動] → bāngbǔ【帮补】

**bāngtóng**【帮同】[動]〈書〉協力する. 手助けする.

**bāng/xián**【帮闲】1[動] 太鼓持ちをする. 権勢におもねる. 2[名] 幇間(ほうかん). 太鼓持ち.

**bāng/xiōng**【帮凶】1[動] 悪事に手を貸す. 2[名] 共犯者. 手下.

**bāngyōng**【帮佣】[動] 雇われて働く. 2[名] 雇われて働く人.

**bāng zhōng yǒu xué**【帮中有学】(成) 人を助けることは自分の勉強にもなる.

**bāngzhǔ**【帮主】[名] 秘密結社やギャングなどのボス. 親玉.

**bāngzhù**【帮助】1[動] (知恵を貸したり, 物質的・精神的に) 援助する, 手助けする. ¶我们要互相~/私たちはお互い助け合いましょう. 2[名] 援助. 助け.

**bāngzi**【帮子】❶[名] 1 白菜などの外側のやや厚くて硬い葉. 2 靴の(靴底との)接着部分に近い両側面の部分. ❷[量] → 【帮】bāng 2.

**bāng/zuǐ**【帮嘴】[動] (~儿) 1 かたわらから口添えする. 2 ごちそうのお相伴をする.

**哪 bāng**[擬]〈木と木をたたきあわせる音〉こん.

**bānglāng**【哪啷】[擬]〈堅い物がぶつかりあって出る音〉からん.

**梆** bāng【擬】《木をたたく音》とんとん。❶【名】〈旧〉(夜回り用の)拍子木.

**bāngdí**【梆笛】【名】横笛の一種. ▶"梆子腔"の伴奏に用いる.

**bāngyìng**【梆硬】【形】かちかちに硬い.

**bāngzi**【梆子】【名】1 (夜回り用の)拍子木. 2 "梆子腔"の伴奏用の楽器. 3→**bāngziqiāng**【梆子腔】

**bāngziqiāng**【梆子腔】【名】"梆子"(拍子木)で拍子をとりながら歌う陝西省から流行した伝統劇の歌の一種.

**bāngzizhōu**【梆子粥】【名】おでこ.

**浜** bāng【名】〈方〉小川. ▶地名に用いることが多い.‖【姓】

**绑** bǎng【動】《縄でひもで》縛る, くくる. 1 用细绳带~绑来/包帯を巻く.

**bǎngdài**【绑带】【名】(~儿)1 包帯. 2 ゲートル.

**bǎngfěi**【绑匪】【名】(身代金目的の)人さらい, 誘拐団.

**bǎngfù**【绑缚】【動】(縄などで)縛る.

**bǎng**//**jià**【绑架】【動】1 拉致(ら)する. 2→**bǎng**//**piào**【绑票】

**bǎng**//**piào**【绑票】【動】(~儿)(身代金を要求するために)誘拐する.

**bǎngtuǐ**【绑腿】【名】ゲートル.

**bǎngzā**【绑扎】【動】くくりつける. 巻きつける.

**榜** bǎng【名】1 (名前の)掲示; 人名一覧表の掲示. ¶光荣~/表彰者の掲示. ¶上不名单/不合格になる. 2〈旧〉告示.

**bǎng'é**【榜额】【名】扁額. 横額.

**bǎngshǒu**【榜首】【名】掲示される名簿の最上位; トップ. 第1位.

**bǎngshū**【榜书】【名】宮殿の額に記されたような大きな文字; (転)看板などに用いる大きな文字.

**bǎngwěi**【榜尾】【名】公示名簿の最後尾; びり.

**bǎngwén**【榜文】【名】〈旧〉告示. 布告.

**bǎngyǎn**【榜眼】【名】〈旧〉科挙の最終試験で第2位合格者の称.

**bǎngyàng**【榜样】【名】手本. 模範.

**bǎngzhǔ**【榜主】【名】ランキングの第1位.

**膀** bǎng ❶【名】①肩. 二の腕. ②(鳥の)翼. 異読⇨pāng, páng

**bǎngbì**【膀臂】【名】①腕; 片腕. 助っ人. 2〈方〉二の腕.

**bǎng dà yāo yuán**【膀大腰圆】【成】がっしりした体つきである.

**bǎngtóur**【膀头儿】【名】肩.

**bǎngzi**【膀子】【名】1 腕. 二の腕. ¶光~/もろ肌脱ぎになる. 2 (鳥の)翼.

**蚌** bàng【名】【貝】ドブガイ, カラスガイ. 異読⇨bèng

**bàngké**【蚌壳】【名】【貝】カラスガイの殻.

**棒** bàng ❶【名】1 (口)(体力が)すばらしい; (能力・成績が)すごい. 2〈方〉(食物が)硬い. ❷【名】棒. ¶[根]

**bàngbàngjī**【棒棒鸡】【名】〈料理〉バンジー.

**bàngbīng**【棒冰】【名】〈方〉アイスキャンデー.

**bàngcāo**【棒操】【名】〈体〉(新体操の)棍棒(ぼう)競技.

**bàngchuí**【棒槌】❶【名】1 (洗濯用の)たたき棒. 2【劇】素人. 3〈方〉朝鮮人参. ❷【形】間抜けである.

**bànghè**【棒喝】【動】一喝する. 警告する.

**bàngqiú**【棒球】【名】〈体〉1 野球. 2 野球のボール.

**bàngrxiāng**【棒儿香】【名】(細い竹や木を芯にした)線香.

**bàngshi**【棒实】【形】〈方〉がっしりしている.

**bàngtóu**【棒头】【名】〈方〉トウモロコシ.

**bàngyìng**【棒硬】【形】こちこちに硬い; 頑丈である.

**bàngzhēnshān**【棒针衫】【名】太編みのセーター.

**bàngzi**【棒子】【名】1 棒. 棍棒. [根, 条] 2〈方〉トウモロコシ.

**bàngzichá**【棒子碴】【名】(~儿)トウモロコシのひき割り.

**bàngzimiàn**【棒子面】【名】(~儿)トウモロコシの粉.

**傍** bàng【動】1 近寄る. 近づく. ¶船~了岸/船が岸に横になった. 2〈方〉…になろうとする(時分)とする. 3 相手に一方的に依存した付き合いをする.

**bàngbiānr**【傍边儿】【動】〈方〉近寄る. 近づく.

**bàng dàkuǎn**【傍大款】【貶】金持ちの愛人になる.

**bànghēir**【傍黑儿】【名】〈方〉暮れ方.

**bàngliàngr**【傍亮儿】【名】〈方〉明け方.

**bàngmíng**【傍明】【名】明け方.

**bàngshǎng**【傍响】【名】〈方〉〈方〉昼近く.

**bàngwǎn**【傍晚】【名】(~儿)夕方.

**bàngwǔ**【傍午】【名】昼近く.

**bàngyī**【傍倚】【動】近くにある. 寄りかかる.

**谤** bàng ❶ 悪口を言う. ¶毀 huǐ ~/そしる.

**bànghuǐ**【谤毀】【動】〈書〉誹謗(ぼう)する. 中傷する.

**bàngshū**【谤书】【名】〈書〉人を中傷する手紙・本.

**bàngyì**【谤议】【動】誹謗しうわさする.

**牻** bàng →**niúbàng**【牛蒡】

**搒**(榜) bàng【動】〈書〉船をこぐ.
異読⇨péng

**稖** bàng ❶

**bàngtóu**【稖头】【名】〈方〉【植】トウモロコシ.

**磅** bàng 1 台ばかり. 2【動】台ばかりで量る. ¶一体重/体重を量る. 3【量】(重さの単位)ポンド; (活字の大きさの単位)ポイント.
異読⇨páng

**bàngchèng**【磅秤】【名】台ばかり.

# bàng

镑 **bàng**【量】(イギリスなどの貨幣単位)ポンド。¶英～/英ポンド。

## bao（ㄅㄠ）

包 **bāo**❶【动】1 包む。くるむ。コーティングする。¶请把这个包起来/これを包んでください。2 囲む。とり巻く。¶他被一在人群之中/彼は群衆にとり囲まれている。3 引き受ける。請け負う。¶这件事由我一了/これは私が引き受けた。4 借り切る。チャーターする。¶～了一天的会场/会場を1日借り切った。5 保障する。¶～你没错/まちがいないこと請け合った。
❷【名】(～儿)1 包み。2 袋。バッグ；(じゃんけんの)パー。3 遊牧民のテント)パオ。4 こぶ。はれ物。
❸【量】包んだものを数える。¶三小～药面儿/粉薬を3包。
❹含む。¶無所不～/すべてを含んでいる。‖【姓】

**bāobàn**【包办】【动】1 一手に引き受ける。請け負う。2 独断で勝手に処理する。

**bāo bàn dài tì**【包办代替】〈成〉ワンマンで事を進める。

**bāobèizhuāng**【包背装】【名】〈印〉袋とじ。

**bāobì**【包庇】【动】かばい立てする。

**bāocáng**【包藏】【动】ひそかに持つ。内に秘める。

**bāo cáng huò xīn**【包藏祸心】〈成〉悪いたくらみを抱いている。

**bāo/chǎn**【包产】【动】請負生産する。

**bāo/chǎng**【包场】【动】(劇場や映画館などを)借り切る。

**bāochāo**【包抄】【动】(敵を)包囲して攻める。

**bāo/chē**【包车】❶【动】1 (自動車・バスなどを)チャーターする。2 乗務員が共同責任で1台の機関車・バス・電車の使用・管理を受け持つ。❷【名】チャーターした車。

**bāochéngzhì**【包乘制】【名】乗務責任制。

**bāo chī bāo zhù**【包吃包住】〈成〉(求人などで)賄い・住まい付き。

**bāo/chuán**【包船】1【动】船を雇い入れる。2【名】チャーター船。

**bāo dǎ tiān xià**【包打天下】〈成〉何もかも自分一人でやろうとする。

**bāodǎtīng**【包打听】1【动】1 知りたがり屋。消息通。2【名】〈旧〉密偵。

**bāo/èrnǎi**【包二奶】【动】(男性が)愛人を囲う。

**bāo/fàn**【包饭】1【动】月決めで食事を賄う；(宿泊で)食事付きにする。2【名】賄い付き。

**bāo/fáng**【包房】1【动】部屋を借り切る。2【名】貸し切りの部屋。

**bāofú**【包扶】【动】(特定の対象を)援助する,救済する。

**bāofu**【包袱】【名】1 ふろしき。2 ふろしき包み。3 (喻)(精神的な)負担。悩みの種。4 ギャグ；(転)滑稽なこと。5 (じゃんけんの)パー。

**bāofudǐr**【包袱底儿】1 しまいこんでめったに出さないもの。2 プライバシー。3 (喻)隠し芸。十八番。

**bāofúpír**【包袱皮儿】【名】ふろしき。

**bāogān**【包干】【动】(～儿)一切引き受ける。

**bāo/gōng**【包工】1【动】(工事などを)請け負う。2【名】請負事業；請負業者。

**Bāogōng**【包公】→ Bāo Zhěng 包拯

**bāogōnghuór**【包工活儿】【名】請負仕事。

**bāogōngtóu**【包工头】【名】(～头)請負仕事の親方。

**bāogǔ**【包谷】【名】〈方〉トウモロコシ。

**bāoguǎn**【包管】【动】保証する。責任を持つ。

**bāoguǒ**【包裹】1【名】包み。(郵便の)小包。¶寄～/小包を出す。2【动】包む。くるむ。

**bāohán**【包含】【动】(内に)含む。

**bāohan**【包涵】【动】大目にみる。諒とする。¶请多～/ひらにご寛恕願います。

**bāohuàn**【包换】【动】(品物の)交換を保証する。

**bāo/huór**【包活儿】1【动】仕事を請け負う。2【名】請負仕事。

**bāo/huǒ**【包伙】【动】→bāo/fàn【包饭】1

**bāo huǒshí**【包伙食】→ bāo/fàn【包饭】1

**bāo/jī**【包机】1【动】飛行機をチャーターする。2【名】チャーター機。

**bāojiān**【包间】【名】(飲食店などの)個室。¶订个～/(有料で)個室を借りる。

**bāojiǎo**【包剿】【动】包囲討伐する。

**bāo jiǎozi**【包饺子】〈惯〉敵を包囲殲滅(xiān)する。

**bāojīn**【包金】【动】金着せをする。

**bāojīng**【包茎】【名】〈医〉包茎。

**bāojǔ**【包举】【动】すべてを包括する。

**bāokuò**【包括】【动】(…を)含む,含める。¶房租里不～水电费/家賃に水道料・電気料は含まない。

**bāolǎn**【包揽】【动】一手に引き受ける。

**bāoluó**【包罗】【动】網羅する。

**bāo luó wàn xiàng**【包罗万象】〈成〉内容が充実しており,あらゆるものを網羅している。

**bāomǐ**【包米】【名】〈方〉トウモロコシ。

**bāopéi**【包赔】【动】弁償する。

**bāopí**【包皮】【名】1 包装紙。包装材料。2〈生理〉包皮。

**bāopiànr**【包片儿】【动】割り当てられた一定地域について責任をもつ。

**bāopiào**【包票】【名】(商品の)保証書。

**bāoróng**【包容】【动】1 大目にみる。2 収容する。含める。

**bāoshēnggōng**【包身工】【名】〈旧〉身売

**bāotàn**[包探]〈名〉〈旧〉探偵. 刑事.
**bāotóu**[包头]〈名〉**1** ターバン. **2** (～儿)布靴のつまを先に縫いつける当て革.
**bāotuì**[包退]〈動〉返品保証つきである.
**bāowéi**[包围]〈動〉とり囲む;包囲する.
**bāowéiquān**[包围圈]〈名〉包囲網.
**bāo/xí**[包席]〈動〉**1** テーブルを借り切る. **2** 〈名〉予約席. 貸し切り.
**bāoxiāng**[包厢]〈名〉(旧式劇場の)升席. ボックス席.
**bāoxiāo**[包销]〈動〉一手販売する.
**bāoxīncài**[包心菜]〈名〉〈方〉キャベツ.
**bāoxiū**[包修]〈動〉修理保証つきである.
**bāoyín**[包银]〈名〉〈旧〉劇場が劇団や俳優に支払う出演料. ギャラ.
**bāoyuánr**[包圆儿]〈動〉〈方〉**1** (残りの)品物を全部買い取る. **2** (責任をもって)全部引き受ける.
**bāo/yuè**[包月]〈動〉(賄いなどを)月決めにする.
**bāoyùn**[包孕]〈動〉〈書〉包含する.
**bāoyùn**[包运]〈動〉包む, 包含する.
**bāozā**[包扎]〈動〉(包帯で)包む, 縛る;梱包する.
**Bāo Zhěng**[包拯]〈名〉**1** 包拯(はうじょう). ▶北宋の公明正大な裁判官. **2** 〈喩〉公明正大な人物.
**bāozhì**[包治]〈動〉請け負いで治療する;全快を保証する.
**bāozhuāng**[包装]〈動〉**1** 包装する. 荷造りする. **2** 人や物のイメージアップを図る. **3** 〈名〉(商品の)包装, パッキング. **4** 真空パック. ¶～设计 / パッケージデザイン.
**bāo/zhuó**[包桌]→**bāo/xí**[包席]
**bāozi**[包子]〈名〉**1** (中にあんの入った)(中華)まんじゅう. パオツ. ¶包～ / パオツを作る. **2** 〈冶〉取瓶(とりびん).
**bāozū**[包租]〈動〉**1** (又貸しするために)家屋や田畑を借り受ける. **2** (豊凶にかかわらず)定額の地代を納める. **3** チャーター料.

**苞** bāo **1** 〈名〉つぼみ. **2** 〈形〉〈書〉群がって茂る.
**bāogǔ**[苞谷]〈方〉トウモロコシ.
**bāomǐ**[苞米]〈方〉トウモロコシ.

**胞** bāo **O**
**bāozi**[胞子]〈名〉〈生〉胞子.
**bāozi zhíwù**[胞子植物]〈名〉胞子生殖の植物.
**胞** bāo ❶〈名〉❶胞衣(えな). ❷同腹. ¶～兄 / 実兄. ❸同胞. ❷ 侨qiáo～ / 在外同胞.
**bāoyī**[胞衣]〈名〉〈生理〉胞衣.

**炮** bāo〈動〉**1** (肉片を強火で)いためる. **2** (ぬれた衣服などを)火で乾かす. 異読⇒**páo, pào**.

**剥** bāo〈動〉(表皮などを)むく, はぐ. ¶～皮 / 皮をむく. ¶～花生 / 落花生の殻をむく. 異読⇒**bō**

---

**龅** bāo **O**
**bāoyá**[龅牙]〈名〉出っ歯. 反っ歯.

**煲** bāo〈方〉**1** 〈名〉(円筒形の)深い鍋. **2** 〈動〉"煲"で煮炊きする. 煮込む. ¶～饭 / 飯を炊く.

**bāotāng**[煲汤]〈動〉〈料理〉"煲"でスープを煮込む.
**bāowǎng**[煲网]〈動〉〈電覧〉長時間ワ ャットをする.
**bāozǎifàn**[煲仔饭]〈名〉〈料理〉土鍋で炊込んだ炊き込みご飯.
**bāozhōu**[煲粥]〈慣〉〈方〉長電話する.

**褒** bāo ❶〈動〉❶ほめる. ¶～美 / ほめたたえる. ❷(着物が)ゆったりして大きい.
**bāobiǎn**[褒贬]〈動〉〈書〉善し悪しを論評する.
**bāobiǎn**[褒贬]〈動〉欠点をあげつらう. 非難する.
**bāojiǎng**[褒奖]〈動〉表彰激励する.
**bāoyáng**[褒扬]〈動〉表彰する. 称揚する.
**bāoyì**[褒义]〈名〉(↔贬义)(字句に含まれている)ほめる意味あい. ¶～词 / 褒義語.

---

**雹** báo ❶〈名〉ひょう. ¶冰～ / ひょう.
**báobao**[雹雹]〈名〉ひょうを伴うあらし.
**báozāi**[雹灾]〈名〉ひょう害.
**báozi**[雹子]〈名〉ひょう.

**薄** báo〈形〉**1** (厚さが)薄い. **2** (感情が)薄い. **3** (味が)薄い. **4** 少ない. 貧弱である. ¶这买卖利益很～ / この商売は利益が非常に少ない. ¶他英文底子很～ / 彼の英語は基礎がしっかりしていない. **5** (地味が)やせている. 異読⇒**bó, bò**
**báobǎn**[薄板]〈名〉〈機〉薄板.
**báobǐng**[薄饼]〈名〉中国式クレープ.
**báocuì**[薄脆]〈名〉菓子の一種で油で揚げた小麦粉せんべいのようなもの.
**báohòu**[薄厚]→**hòubáo**[厚薄]
**báolǐ**[薄礼]ちょっとしたプレゼント.
**báolì**[薄利]→**bólì**[薄利]
**báoliǎnpí**[薄脸皮]〈慣〉はにかみ屋. 内気な人.
**báomiánzhǐ**[薄绵纸]〈名〉ティッシュペーパー. 薄手の紙.
**báopiànrzuǐ**[薄片儿嘴]〈慣〉口達者な人.
**báoqiào jiégòu**[薄壳结构]〈名〉〈建〉シェル構造.
**báoshā zhīwù**[薄纱织物]〈名〉〈毛織物の〉モスリン.
**báotián**[薄田]〈名〉やせた田畑.

**饱** bǎo〈形〉❶腹がいっぱいである. ¶我吃～了 / もうおなかいっぱいです. ❷充実している. ¶谷粒儿很～ / 穀物の実が十分実っている. ❷ ❶〈動〉満足させる. ¶一～眼福 / 目の保養ができる. ❷存分に. ¶～经风霜.
**bǎocān**[饱餐]〈動〉たらふく食べる.
**bǎocháng**[饱尝]〈動〉**1** 十分に味わ

## bǎo

う. **2**〈苦しみなどを〉なめ尽くす.

**bǎodǎ**【饱打】[动] いやというほど殴る.

**bǎofàn**【饱饭】[名] 食べての十分なある食事.

**bǎogér**【饱嗝儿】[名] げっぷ.

**bǎohàn bù zhī èhàn jī**【饱汉不知饿汉饥】[谚] 満ち足りている人は貧乏人の苦しさがわからない. 同情心がない.

**bǎohé**【饱和】[名] 飽和(状態).

**bǎo jīng fēng shuāng**【饱经风霜】[成] つぶさに辛酸をなめる.

**bǎo jīng shì gù**【饱经世故】[成] 酸いも甘いもかみ分ける.

**bǎokàn**【饱看】[动] 飽きるほど見る.

**bǎolǎn**【饱览】[动] 心ゆくまで見る.

**bǎomǎn**【饱满】[形] **1** ふくよかである. 充実している. 〈元気・熱意などが〉満ち満ちている.

**bǎonuǎn**【饱暖】[形] 暮らしが豊かである.

**bǎo shí nuǎn yī**【饱食暖衣】[成] 暖衣飽食. ▶豊かな生活の形容.

**bǎo shí zhōng rì**【饱食终日】[成] 無為徒食の日々をおくる. ▶後に"无所用心"を置くことが多い.

**bǎoshòu**【饱受】[动] いやというほど…を受ける.

**bǎoxué**【饱学】[形]〈书〉博学である.

**bǎo yǐ lǎo quán**【饱以老拳】[成] 思いきりげんこつをくらわす.

**bǎoyǔ**【饱雨】[名]〈方〉十分な雨.

## 宝（寶）

**bǎo**【宝】[名]. **貴重品**. [[①]] ①貴重な. ¶~→令郎jiàn. ②人や家族や店に用いる敬称. ¶~→眷juàn. ‖[姓]

**bǎobǎo**【宝宝】[名] 幼児に対する愛称.

**bǎobǎozhuāng**【宝宝装】[名] ベビーウェア.

**bǎobèi**【宝贝】[名] **1 宝物**. **2**〈~儿〉**かわいい子**. ▶子供に対する愛称. **3** 変な人. おばかさん. 〈方〉かわいがる. **2**[动]

**bǎobèidànr**【宝贝蛋儿】[名]〈方〉最も大切なもの；かわいい子.

**bǎobèi gēda**【宝贝疙瘩】[名]〈方〉最も大切なもの；かわいい子.

**bǎochà**【宝刹】[名] **1**〈有名な〉寺. **2** 仏塔.

**bǎo dāo bù lǎo**【宝刀不老】〈成〉年をとっても腕に衰えがない.

**bǎodì**【宝地】[名] **1** 肥沃で高収穫のある土地. **2** 御地. 貴地.

**bǎogài**【宝盖】[语]〈~儿〉うかんむり"宀".

**bǎoguì**【宝贵】[形] **貴重である**. 大切である. ¶~的意见 貴重な意見.

**bǎohào**【宝号】[名]〈敬〉**1** 貴店. **2** 御名.

**bǎohuò**【宝货】[名] **1** 珍しい物. 貴重な品. **2** おどけ者.

**bǎojiàn**【宝剑】[名] **1**〈旧〉名刀. **2** 剣.

**bǎojú**【宝局】[名]〈旧〉賭場(tobakujo).

**bǎojuàn**【宝卷】[名] 韻文と散文を混じえた"说唱"文学の一種.

**bǎojuàn**【宝眷】[名]〈敬〉ご家族.

**bǎokù**【宝库】[名]〈喩〉宝庫.

**bǎolán**【宝蓝】[形] サファイアブルーの.

**bǎopíngzuò**【宝瓶座】[天] **1** 黄道十二宮の1, 宝瓶宮. **2** 水がめ座.

**bǎoshān**【宝山】[名] 宝の山.

**bǎoshí**【宝石】[名] **宝石**. [[石]]

**bǎoshū**【宝书】[名] **1**〈旧〉官撰の史書. **2**〈旧〉皇帝の詔書. **3** 非常に貴重な書物.

**bǎotǎ**【宝塔】[名] 宝塔.

**bǎotǎcài**【宝塔菜】[名]〈植〉チョロギ；〈中薬〉草石蚕(そうせきさん).

**bǎowán**【宝玩】[名] 宝と骨董.

**bǎowù**【宝物】[名] 貴重な品物；宝物.

**bǎozàng**【宝藏】[名] 秘蔵の宝物；〈転〉地下資源.

**bǎozhòng**【宝重】[动] 高く評価し大切にする.

**bǎozuò**【宝座】[名] 玉座；〈転〉最高の地位.

## 保

**bǎo**【保】[动] **1 請け合う**. 保証する. ¶~你满意／満足していただけるように保証します. **2** 保つ. 保持する. [[①]] ①〈身元〉保証人. **1** 作～／保証人になる. ②守る. 保護する. ‖[姓]

**bǎo'ān**【保安】[动] **1** 治安を保つ. **2**〈労働者の〉安全を守る. **3** 警備保障会社的の警備員.

**bǎo'āndui**【保安队】[名]〈旧〉(北洋軍閥や国民党支配下の)保安部隊.

**Bǎo'ānzú**【保安族】[名] (中国の少数民族)ボウナン(Bonan)族.

**bǎo//běn**【保本】[动]〈~儿〉〈经〉元金を守る.

**bǎobiāo**【保镖】[动] **1** 家畜を太らせておく.

**bǎobiāo**【保镖】[动] **1** 用心棒をつとめる. **2**〈旧〉用心棒. ボディーガード. ▶"保镖"とも.

**bǎobùdìng**【保不定】→bǎobuzhù{保不住}1

**bǎobùqí**【保不齐】→bǎobuzhù{保不住}1

**bǎobuzhù**【保不住】[动]+[可補] **1** …しないともかぎらない. **2** 保証できない. 請け合えない.

**bǎocáng**【保藏】[动] 保存する. 大切にとっておく.

**bǎochí**【保持】[动]〈原状〉を保つ, 維持する. ¶~现状／現状を維持する. ¶~沉默／沈黙を守る.

**bǎocún**【保存**】[动] **保存する**. 残す. 維持する. ¶文物~完好／文化財は保存状態が完全である.

**bǎodān**【保单】[名] **1** 保証書. **2**〈经〉保険証券.

**bǎo/dǐ**【保底】[动] **1** → **bǎo/běn{保本}**. **2** 最低限度額の保証をする.

**bǎo'è**【保额】[名]〈略〉保証額.

**bǎogù**【保固】[动] 請負人が工事の堅固を保証する.

**bǎoguǎn**【保管】[动] **1 保管する**. **2**〈きっと…であることを〉**保証する**. 請け合う. [[②]]〈倉庫の〉保管係.

**bǎoguǎnshì**【保管室】[名] 保管室.

預かり所.
**bǎohù**【保护】〖名〗保険契約者.
**bǎohù**【保护】〖動〗保護する. 大事にする. ¶～环境 / 環境を保護する. ¶～眼睛 / 目を守る.
**bǎohùcéng**【保护层】〖慣〗(背 後 で) 悪人・悪事をかばう指導層. 黒幕.
**bǎohù guānshuì**【保护关税】〖名〗〈経〉保護関税.
**bǎohùguó**【保护国】〖名〗保護国.
**bǎohùmó**【保护膜】〖名〗保護膜.
**bǎohù móshì**【保护模式】〖名〗〈電算〉プロテクトモード.
**bǎohùniǎo**【保护鸟】〖名〗保護鳥.
**bǎohùrén**【保护人】〖名〗保護者.
**bǎohùsǎn**【保护伞】〖慣〗〈貶〉庇護者. 後ろだて.
**bǎohùsè**【保护色】〖名〗;〈喩〉隠れみの.
**bǎohuáng**【保皇】〖動〗皇帝を守る;〈喩〉守旧勢力に忠誠を尽くす. ¶～派 /〈貶〉保守派.
**bǎo huǒxiǎn**【保火险】火災保険に加入する.
**bǎojí**【保级】〖動〗〈体〉現在のランクを保つ.
**Bǎojiālìyà**【保加利亚】〖地名〗ブルガリア.
**bǎojiǎ**【保甲】〖名〗〈史〉保甲制.
**bǎo/jiǎ**【保驾】〖動〗〈謔〉用心棒をつとめる.
**bǎojià hánjiàn**【保价函件】〖名〗価格表記郵便. ▶郵送中に事故があれば補償を請求できる.
**bǎojiàn**【保荐】〖動〗(責任をもって)推薦する.
**bǎojiàn**【保健】〖名〗保健. ¶～箱 / 救急箱. ¶～站 / 保健センター. ¶～饮料 / 栄養ドリンク剤.
**bǎojiàncāo**【保健操】〖名〗保健体操.
**bǎojiànpǐn**【保健品】〖名〗健康グッズ.
**bǎojiànqiú**【保健球】〖名〗保健球. ▶片手で回し, 手のつぼを刺激する.
**bǎojiàn shípǐn**【保健食品】〖名〗健康食品. サプリメント.
**bǎojié**【保洁】〖動〗清潔を保つ.
**bǎojié**【保结】〖名〗〈旧〉特定の人物の身元や行為を保証するため, 官庁に差し出す証文.
**bǎojīn**【保金】〖名〗保証金.
**bǎojǔ**【保举】〖動〗上部に人材を推挙する.
**bǎolíngqiú**【保龄球】〖名〗〈体〉1 ボウリング. 2 ボウリングの球.
**bǎoliú**【保留】〖動〗1 (原形を) 保つ, とどめる, 保存する. 2 留保する. 未決・未処理のままにしておく. ¶～意见 / 意見を保留する. 3 残しておく.
**bǎoliú jùmù**【保留剧目】〖名〗〈劇団の〉レパートリー.
**bǎo/mì**【保密】〖動〗機密を守る. 秘密にする.
**bǎo/miáo**【保苗】〖動〗〈農〉田畑に一定

数の苗を確保する.
**bǎo/mìng**【保命】1〖形〗自己保存の. 2〖動〗命を長らえる.
**bǎomǔ**【保姆】〖名〗1 家政婦. 2〈旧〉保母. ▲**bǎomǔ**【保母】とも.
**bǎonuǎn**【保暖】〖動〗保温する. 適温を保つ.
**bǎopiào**【保票】〖名〗保証. ¶打～ / 請け合う.
**bǎo/qīn**【保亲】→**bǎo/méi**【保媒】
**bǎoquán**【保全】〖動〗保全する.
**bǎoren**【保人】〖名〗保証人.
**bǎoshān**【保山】〖名〗〈旧〉保証人;仲人.
**bǎoshāng**【保墒】〖動〗〈農〉土壌に一定の水分を保持する.
**bǎoshīshuāng**【保湿霜】〖名〗モイスチャークリーム.
**bǎoshīyè**【保湿液】〖名〗ローション. 化粧水.
**bǎoshì**【保释】〖動〗〈法〉保釈する.
**bǎoshǒu**【保守】1〖形〗1 (思想などが)保守的である, 古くさい. 2 控え目である. 2〖動〗(漏れないよう) 守る.
**bǎoshǒudǎng**【保守党】〖名〗〈政〉保守党.
**bǎo shòuxiǎn**【保寿险】生命保険に入る.
**bǎo shuǐxiǎn**【保水险】海上保険に入る.
**bǎoshuì cāngkù**【保税仓库】〖名〗〈経〉保税倉庫.
**bǎoshuì gōngchǎng**【保税工厂】〖名〗〈経〉保税工場.
**bǎoshuìqū**【保税区】〖名〗〈経〉保税地域.
**bǎosòng**【保送】〖動〗(学生などを) 推薦派遣する.
**bǎo wài jiù yī**【保外就医】(服役中, 重病などの理由で保証人を立てて一時出所して入院する)
**bǎo wài zhíxíng**【保外执行】(病気・出産などの理由で)保証人を立てて刑務所外で服役する.
**bǎowèi**【保卫】〖動〗防衛する. 警備する.
**bǎowēn**【保温】〖動〗保温する. 温度を一定に保つ.
**bǎowēnbēi**【保温杯】〖名〗保温カップ.
**bǎowēnchē**【保温车】〖名〗保冷車.
**bǎowēnpíng**【保温瓶】〖名〗魔法瓶.
**bǎoxiān**【保鲜】〖動〗鮮度を保つ.
**bǎoxiānmó**【保鲜膜】〖名〗〈食品を包む〉ラップ.
**bǎoxiǎn**【保险】1〖名〗保険. ¶人寿～ / 生命保険. 2〖形〗安全である. 大丈夫である. ¶一带 / 命綱. 3〈口〉(きっと…だと)請け合う. 保証する.
**bǎoxiǎndān**【保险单】〖名〗保険証券.
**bǎoxiǎndāo**【保险刀】〖名〗安全かみそり. ▶"安全刀"とも.
**bǎoxiǎndēng**【保险灯】〖名〗1 (手提げの)安全灯. 2〈方〉白熱ガス灯.
**bǎoxiǎnfá**【保险阀】〖名〗安全バルブ.
**bǎoxiǎnfèi**【保险费】〖名〗保険料. ▶"保费"とも.
**bǎoxiǎnggàng**【保险杠】〖名〗〈自動車

## bǎo

- **bǎoxiǎn gōngsī**【保险公司】[名] 保険会社.
- **bǎoxiǎnguì**【保险柜】[名]〈大型の防火・盗難防止用の〉金庫.
- **bǎoxiǎnhé**【保险盒】[名]→zháhé【闸盒】
- **bǎoxiǎnsī**【保险丝】[名]〈電〉ヒューズ.
- **bǎoxiǎntào**【保险套】[名]〈~儿〉〈口〉コンドーム.
- **bǎoxiǎnxiāng**【保险箱】[名]〈小型の〉金庫.
- **bǎoxiǎn zhuāngzhì**【保险装置】[名] 安全装置.
- **bǎoxiū**【保修】[動] 修理を保証する. アフターサービスをする.
- **bǎoyǎng**【保养】[動] 1 保養する. 養生する. 2〈機械などの〉**手入れをする**, メンテナンスをする.
- **bǎoyǒu**【保有】[動] 保有している. 確保している.
- **bǎoyòu**【保佑】[動]〈神仏が〉加護する.
- **bǎoyù**【保育】[動] 保育する.
- **bǎoyùyuán**【保育员】[名] 幼稚園や保育所の保士.
- **bǎoyùyuàn**【保育院】[名] 孤児保育学校.
- **bǎozhǎng**【保长】[名]〈史〉(保甲制度の) 保長.
- **bǎozhàng**【保障】1 [動] 保障する. 2 [名] 保障(となるもの).
- **bǎozhēn**【保真】[動] 本物であると保証する.
- **bǎozhèng**【保证】1 [動] 保証する. 請け合う. 2 [名] 保証(となるもの).
- **bǎozhèngjīn**【保证金】[名]〈経〉保証金. ギャランティ.
- **bǎozhèngrén**【保证人】[名] 保証人.
- **bǎozhèngshū**【保证书】[名] 保証書.
- **bǎozhí**【保值】[動]〈経〉貨幣価値を保つ. ヘッジする. ¶~储蓄〈インフレヘッジのための〉変動利率型貯金. ¶~公债 ヘッジボンド.
- **bǎozhì**【保质】[動] 品質を保証する.
- **bǎozhòng**【保重】[動] **体を大事にする**. 自愛する. ¶请多多~│どうかお体をお大事に.
- **bǎo//zhù**【保住】[動]+結補語 1 持ちこたえる. 2 命をとりとめる.
- **bǎozhuàng**【保状】[名]〈旧〉〈保証人が法廷へ差し出す〉保証書.
- **bǎozhǔn**【保准】1 [形] 信頼できる. 頼りになる. 2 [副] きっと(…にまちがいない).
- **bǎozòu**【保奏】[動]〈旧〉皇帝に人材を推薦する.

鸨 **bǎo** [名] 1〈鳥〉ノガン. 2〈旧〉やり手ばば. 妓楼のおかみ.
- **bǎomǔ**【鸨母】[名] 妓楼のおかみ. やり手ばば.

葆 **bǎo** [名] 外国語の地名・人名などの音訳字. ¶~拉／ポーラ. ‖[姓]

堡 **bǎo ❶** [名] 砦(とりで). トーチカ. ‖ 異読 ⇒ bǔ, pù
- **bǎolěi**【堡垒】[名] 1〈軍〉砦(とりで). トーチカ. 2〈喩〉突破しにくいもの. 進

歩的な思想を受けつけない人.
- **bǎozhài**【堡寨】[名] 周りを柵や塀で囲った村.

裸 **bǎo ❶**
- **bǎomǔ**【裸姆】→bǎomǔ【保姆】

## 报(報) bào ❶ [名] 新聞. …報. [份;张]

❷[動] 1 知らせる. 報告する. 届け出る. ¶~火警／火災を通報する. 2 こたえる. 回答する. ¶~以热烈的掌声／熱烈な拍手でこたえる.
❸[名]①電報. 電信. ②ある種の刊行物；ポスター. ¶周~／週刊紙. ¶海~／ポスター. ③仕返しをする.
- **bào//àn**【报案】[動]〈警察に〉事件を届け出る.
- **bàobiǎo**【报表】[名]〈上級機関に届ける〉報告表.
- **bàocháng**【报偿】[動] 報いる. 償う.
- **bào/chóu**【报仇】[動] **復讐(fùsū)する**.
- **bàochou**【报酬】[名] 報酬. 謝礼.
- **bàochūnhuā**【报春花】[名]〈植〉サクラソウ. プリムラ.
- **bàodá**【报答】[動] 〈実際の行動で〉報いる, こたえる.
- **bàodān**【报单】[名] 1 通関申告書. 2〈旧〉〈任官・昇官・試験合格などを〉知らせる通知書.
- **bàodào**【报到】[動]→bàodào【报道】
- **bào/dào**【报到】[動] 到着・着任を届ける.
- **bàodào**【报道】1 [動] 報道する. 2 [名] ルポ. ニュース原稿. 報道.
- **bào/dé**【报德】[動] 徳に報いる.
- **bào/ēn**【报恩】[動] 恩返しをする.
- **bàofàn**【报贩】[名]〈旧〉新聞売り.
- **bào//fèi**【报废】[動]〈物品や設備を〉廃棄処分にする.
- **bàofèi**【报费】[名] 新聞購読料.
- **bàofu**【报复】[動] 仕返しする.
- **bàofù zhǔyì**【报复主义】[名]〈法〉応報主義. 2〈人に批判や非難をされたとき, 自分の誤りを検討せずかえって相手に〉意趣返しをしようとする考えや態度.
- **bàogào**【报告】[動]〈上級機関・大衆に〉**報告する**, 伝える. ¶现在~新闻／ただ今よりニュースをお伝えします. 2 [名] **報告**. レポート. 講演.
- **bàogào wénxué**【报告文学】[名] ルポルタージュ.
- **bào//guān**【报关】[動] 通関手続きをする. 通関申告をする.
- **bào/guān**【报官】[動]〈旧〉役人に報告する. 告発する.
- **bàoguǎn**【报馆】[名]〈旧〉新聞社.
- **bào//guó**【报国】[動]〈書〉国のために尽くしてその恩に報いる.
- **bàohuà**【报话】[名] 1 無線連絡する. 2 [名] 通信文.
- **bàohuàjī**【报话机】[名] 小型無線通信機.
- **bào//jià**【报价】[動]〈経〉オファーする. 値段をつける. 相場を知らせる.

bàojià【报架】名 新聞掛け.
bào//jié【报捷】动 戦勝を知らせる；〈転〉成功を知らせる.
bàojiè【报界】名 新聞界. ジャーナリズム.
bào//jǐng【报警】动 1（警察などへ）危急を知らせる,通報する. 2 警報を出す.
bàokān【报刊】名 新聞･雑誌などの定期刊行物.
bàokǎo【报考】动 受験を申し込む. 出願する.
bào//kuàng【报矿】动 発見した鉱石やその埋蔵地を関係部門に報告する.
bàolǐng【报领】动〈旧〉申し取得する.
bàolù【报录】动 科挙試験に合格したことを受験者に知らせる.
bào//míng【报名】动 申し込む. 応募する. ¶～参加羽毛球赛 / バドミントンの試合にエントリーする.
bàomìng【报命】动〈书〉復命する. 命ぜられた件の結果を報告する.
bào//mù【报幕】动 演劇･コンサートなどでプログラムをアナウンスする.
bào//pán【报盘】动〈経〉相場を知らせる. オファーする.
bàopī【报批】动 上部に書類を提出し許可を請う.
bàopìgu【报屁股】〈慣〉新聞の埋めぐさ欄.
bàopìn【报聘】动〈旧〉〈本国政府を代表して友邦を〉答礼訪問する.
bàoqǐng【报请】动 報告し申請する.
bàorén【报人】名〈旧〉ジャーナリスト.
bào//sāng【报丧】动 死亡を通知する.
bàoshè【报社】名 新聞社.
bàoshěn【报审】动 上部の審査を受ける.
bào//shī【报失】动〈公安局に〉遺失品を出す.
bàoshí【报时】动 時間を知らせる.
bàoshōu【报收】动〈経〉〈証券市場で〉取引終了を告げる.
bào//shù【报数】动 1 数を報告する. 2〈点呼の号令〉番号.
bào//shuì【报税】动 関税申告をする.
bàosòng【报送】动〈データや資料を〉報告し渡す.
bàotānr【报摊儿】名 露店の新聞売り場.
bàotiáo【报条】→bàodān【报单】
bàotíng【报亭】名 新聞･雑誌売りのボックス,スタンド.
bàotǒng【报筒】名〈旧〉街頭の新聞配り子.
bàotóu【报头】名 新聞の題字の欄.
bàowù【报务】名 電信業務.
bào//xǐ【报喜】动 めでたい成果を報告する. 吉報を知らせる.
bàoxiāng【报箱】名 新聞受け.
bàoxiāo【报销】动 1（前払金や立替金を）清算する,精算する. 2（使えなくなった物を）廃棄処分にする,帳簿から消す. 3〈諧〉始末する. 片付ける.

bàoxiāo píngzhèng【报销凭证】名 代用領収書.
bào//xiǎo【报晓】动 夜明けを知らせる.
bào//xiào【报效】动 恩義に報いるために尽力する.
bào//xìn【报信】动（～儿）消息を知らせる.
bàoxiū【报修】动 関係部門に修理を求める.
bàoyǎn【报眼】名 新聞の題字の横のコラム.
bàoyè【报业】名 マスコミ業.
bàoyìng【报应】名〈仏〉悪業の報い.
bào//yuàn【报怨】动 恨みを晴らす.
bàozhàn【报站】动〈駅･バス停などの）次の到着地をアナウンスする.
bàozhāng【报章】名 新聞（の総称）.
bào//zhàng【报账】动 1（仮払金などを）清算する. 2（立替金を）支払ってもらう. 3 決算報告をする.
bàozhǐ【报纸】名 1 新聞.［张；份］2 新聞用紙.
bàozi【报子】名 1 伝令. 斥候. 2 ポスター,広告. 3〈旧〉科挙試験合格者の家へ及第の吉報を届けて祝儀をもらう人.

# 刨（鉋）

bào【刨】动（かんななどで）削る.
⊞ かんな. 平削盤（ばん）. 异读→páo
bàobīng【刨冰】名 かき氷. シャーベット.
bàochuáng【刨床】名〈機〉1 平削盤. 2 かんなの台の部分.
bàodāo【刨刀】名〈機〉バイト.
bàogōng【刨工】名 平削盤を使う作業,またその職工.
bàohuā【刨花】名（～儿）かんな屑（くず）.
bàohuābǎn【刨花板】名〈建〉プラスターボード.
bàozi【刨子】名 かんな.［把,个］

# 抱

bào【抱】❶动 1 抱く. 抱える. ¶把孩子～起来 / 子供を抱き上げる. 2 心に抱く.（…の）気持ちを抱く. ¶～希望 / 望みをかける. 3 初めて跡継ぎ（の子や孫）ができる. ¶他快～孙子了 / 彼女はもうすぐおばあさんになる. 4 もらい子をする. 5〈方〉固く結び合う. 6（服･靴などの）サイズが合う. 7 ひなをかえす.
❷量 ひと抱え. ¶一～报纸 / ひと抱えの新聞紙.
bào//bìng【抱病】动 病気を抱えている.
bào bùpíng【抱不平】动 不平をいだく.
bào cán shǒu quē【抱残守缺】〈成〉役にたたない古いしきたりをいつまでも固守する.
bào cūtuǐ【抱粗腿】〈慣〉金持ちや権力者に取り入る.
bàodà【抱大】动＋結補〈口〉甘やかして育てる.
bào dàtuǐ【抱大腿】→bào cūtuǐ【抱粗腿】
bào//dàn【抱蛋】动（鳥類が）卵をかえす.

# bào

**bào de érzi dāng bīng**【抱儿的儿子当兵】〈俗〉何の痛痒(つう)も感じない.

**bào fójiǎo**【抱佛脚】〈慣〉苦しいときの神頼みをする.⇒línshí bào fójiǎo【临时抱佛脚】

**bàofù**【抱负】名 理想.

**bàohàn**【抱憾】動 残念に思う.

**bàohèn**【抱恨】動 残念に思う.恨みに思う.

**bàojiǎor**【抱脚儿】形〈方〉(靴が)足にぴったり合う.

**bàokuì**【抱愧】動 恥ずかしく思う.

**bào/lǒng**【抱拢】動 抱きかかえる.

**bàoqiàn**【抱歉】動 申し訳なく思う.
¶很～,让你久等了 / お待たせして申し訳ありません.

**bàoqū**【抱屈】動 (不当な仕打ちを受けて)悔しく思う.

**bào/quán**【抱拳】動〈旧〉片手でこぶしを握り,もう一方の手でそれをかぶせるようにして胸の前で合わせる(礼).

**bàoshà**【抱厦】名〈建〉1 中庭に面した家屋前の回廊.2 母屋の後ろにつながっている小さな建物.

**bàoshēnr**【抱身儿】形〈方〉(服が)体にぴったり合う.

**bào tóu shǔ cuàn**【抱头鼠窜】〈成〉ほうほうのていで逃げる.

**bào tóu tòng kū**【抱头痛哭】〈成〉(身内同士が)抱き合い大声で泣く.

**bào/tuánr**【抱团儿】動 団結する.心を合わせる.

**bào wáwa**【抱娃娃】〈慣〉1 赤ん坊を生む.2 子守りをする.3 お払い箱にして家へ帰す.

**bào wěiqu**【抱委屈】→bàoqū【抱屈】

**bào/wǒ**【抱窝】動 卵を抱く.巣につく.

**bào xīn jiù huǒ**【抱薪救火】〈成〉(方法を誤っているために)災いを除こうとして,かえってそれを大きくする.

**bàoyǎng**【抱养】動 1 養い育てる.2 もらい子をする.

**bào/yāo**【抱腰】動〈方〉(人の)後だてになる.

**bàoyǒu**【抱有】動(心に)抱いている.

**bàoyuān**【抱冤】動 無念に思う.悔しく思う.

**bàoyuàn**【抱怨】動 恨みごとを言う.不平をこぼす.

**bàozhùduìr**【抱柱对儿】名 柱にかける木製の対聯(れん).

## 趵

**bào** 地名用字.

## 豹

**bào**名〈動〉ヒョウ. ‖ 姓

**bàomāo**【豹猫】名〈動〉ヤマネコ.ベンガルヤマネコ.

**bào tóu huán yǎn**【豹头环眼】〈成〉(容貌が)いかつく勇ましい.

**bàowén**【豹纹】名〈ファッションデザインの〉ヒョウ柄.

**bàozi**【豹子】名〈動〉ヒョウ.

## 鲍

**bào** ❶ 姓

**bàoyú**【鲍鱼】名 1〈貝〉アワビ.2〈書〉塩漬けの魚.

## 暴

**bào** 1 形〈性格が〉荒々しい.粗暴である.2 ふくれ上がる.¶气得头上直～青筋 / こめかみに青筋を立てて怒っている.
❶❶①にわかに激しい.②凶悪な.残酷な.③損なう.❷姓

**bàobì**【暴毙】動〈書〉急死する.

**bàobìng**【暴病】名(突然重体になる)急病.

**bàodiē**【暴跌】動(物価・相場などが)暴落する.

**bàodòng**【暴动】名 蜂起.暴動.一揆.

**bàofā**【暴发】動 1〈貶〉成り上がる.突然金持ちになる.2 突然発生する.

**bàofāhù**【暴发户】名〈貶〉にわか成金.成り上がり.

**bàofēng**【暴风】名 1 暴風.2 暴風雨.¶风力11の风.

**bàofēngxuě**【暴风雪】名〈気〉吹雪.

**bàofēngyǔ**【暴风雨】名 1 暴風雨.あらし.2〈喩〉(争い騒動などの)あらし.

**bào fēng zhòu yǔ**【暴风骤雨】〈成〉勢いが猛烈である;あらしのような大衆運動.

**bàofù**【暴富】動 にわか成金になる.

**bào/guāng**【暴光】→ bào/guāng【曝光】

**bàohóng**【暴洪】名 突然の洪水.

**bào hǔ píng hé**【暴虎冯河】〈成〉勇気はあるが,無謀である.

**bàojǔ**【暴举】名 暴挙.

**bàojūn**【暴君】名 暴君.

**bàokù**【暴库】動 在庫品で倉庫があふれる.

**bàoléi**【暴雷】名 激しい雷.

**bàolì**【暴力】名 暴力.武力.

**bàolì**【暴利】名 暴利.

**bàolì**【暴戾】形〈書〉暴虐である.横暴である.

**bàolìshuì**【暴利税】名 暴利税.

**bào lì zì suī**【暴戾恣睢】〈成〉暴虐でほしいままにふるまう.

**bàoliè**【暴烈】形(性格が)荒々しい.

**bàolù**【暴露】動(おのずから)明るみに出る.露見する;(意識的に)さらけ出す.暴露する.

**bàolù wénxué**【暴露文学】名 暴露文学.

**bào lù wú yí**【暴露无遗】〈成〉(悪人や悪事が)残らず明るみに出る.

**bàoluàn**【暴乱】名〈貶〉暴動.暴乱.

**bàoluò**【暴落】動〈経〉(物価・相場が)暴落する.

**bàomín**【暴民】名 暴動や暴乱に関与した民衆.

**bàonù**【暴怒】動 激怒する.

**bàonüè**【暴虐】形 暴虐である.凶暴である.

**bàopíqi**【暴脾气】名 怒りっぽい性

格. かんしゃく持ち.
**bàorè**[暴熱][動]急に暑くなる.
**bàoshài**[暴晒][動]長く日光にさらす.
**bàoshī**[暴尸][動]死体が野ざらしになる.
**bàosǐ**[暴死][動]急死する.
**bàoténg**[暴騰][動]1[形](性格が)荒っぽい. 2[動]暴れてほこりを立てる.
**bào tiān tiān wù**[暴殄天物][成](自然の)ものをやたらに害する.
**bàotiào**[暴跳][動]1[足を踏みならして]激怒する. 2(筋肉が)激しく痙攣(れん)する;(火花が)勢いよく飛び散る.
**bào tiào rú léi**[暴跳如雷][成]足を踏みならして烈火のごとく怒る.
**bàotū**[暴突][形]突き出ている.
**bàotú**[暴徒][名]暴徒.
**bàotǔ**[暴土][名]乾ききった土やほこり.
**bàowáng**[暴亡][動]急死する.
**bàoxiè**[暴泻][動]1[中医]急激に腹をくだす. 2[経]暴落する.
**bàoxíng**[暴行][名]暴行.残虐な行為.
**bàoxìngzi**[暴性子][名]かんしゃく持ち.
**bàoyǎnr**[暴腌儿][名]浅漬けにする.
**bào yǐn bào shí**[暴饮暴食][成]暴飲暴食する.
**bàoyǔ**[暴雨][名][気]暴雨;豪雨.どしゃ降り.
**bàozào**[暴躁][形]怒りっぽい.気性が激しい.
**bàozēng**[暴增][動]激増する.
**bàozhǎng**[暴涨][動]1暴騰する. 2(水位が)急に上がる.
**bàozhèng**[暴政][名]暴政.
**bàozú**[暴卒][動][書]急死する.頓死する.

瀑 **bào** 地名用字. 異読⇒**pù**

曝 **bào** ❶ 異読⇒**pù**
**bàochǒu**[曝丑][動]欠点や誤りなどを暴露する.
**bào//guāng**[曝光][動]1[写真]感光させる. 露出する;[喩](醜聞などを)暴露する,明るみに出す.
**bàoguāngbiǎo**[曝光表][名]〈写真〉露出計.

爆 **bào**[動]1 破裂する.はじける.ほとばしる. ¶车胎~了/タイヤがパンクした. ¶~起火星儿/火花が散る. 2[料理]高熱の油で油通しし、さっといためる.
**bàochǎo**[爆炒][動]1繰り返し宣伝する. 2(株などの)思惑買いをする.
**bàodǔr**[爆肚儿][名]牛や羊の胃袋を刻み,熱湯にさっと通して調味料をつけて食べる料理.
**bàofā**[爆发][動] 爆発する. 2(革命や事件などが)**勃発する**,突発する.
**bàofālì**[爆发力][名][体]瞬発力.
**bàofāyīn**[爆发音][名][語]破裂音.閉鎖音.
**bàolěng**[爆冷]→**bào lěngmén**[爆冷门]

**bào lěngmén**[爆冷门][慣](~儿)(試合などに)番狂わせが起こる.
**bàoliè**[爆裂][動]破裂する.はじける.
**bàomǎn**[爆满][動]大入り満員である.
**bàomǐhuār**[爆米花儿][名]爆弾あられ.ポップコーン.
**bàopéng**[爆棚]→**bàomǎn**[爆满]
**bàopò**[爆破][動]爆破する.発破をかける.
**bàopòtǒng**[爆破筒][名][軍]爆破筒.
**bàoyīn**[爆音][名][航空]ソニックブーム.
**bàozhà**[爆炸][動]1 爆発する. 2数量が激増する.
**bàozhàbō**[爆炸波][名][物]衝撃波.
**bàozhàxìng**[爆炸性][形]衝撃的な.
**bàozhang**[爆仗][名]爆竹.
**bàozhú**[爆竹][名]爆竹. ¶放~/爆竹を鳴らす.

## bei (ㄅㄟ)

陂 **bēi**[名][書]1水のほとり.岸. 2坂. 山道.
地. ¶~**táng**/池. 異読⇒**pí**

杯(盃) **bēi**[名]杯やコップなどの容器を単位として,液体の量を数える. ¶一~酒/一杯の酒.
❶ ①酒飲み. コップ. 杯. ¶茶~/湯飲み茶碗. ②優勝カップ. ¶銀~/銀杯. [姓]
**bēigé**[杯葛][動]ボイコットする.
**bēi gōng shé yǐng**[杯弓蛇影][成]疑心暗鬼になりびくびくする.
**bēijiāo**[杯茭][名][古][占い]に用いる道具.
**bēi pán láng jí**[杯盘狼藉][成]宴のあと,杯や皿などが席上に散乱しているさま.
**bēisài**[杯赛][名][体](ワールドカップなどの)カップ争奪戦.
**bēi shuǐ chē xīn**[杯水车薪][成]焼け石に水.
**bēizhōngwù**[杯中物][名][喩]酒.
**bēizi**[杯子][名]コップ.湯飲み.杯.

卑 **bēi**[形]1(身分・位置が)低い.卑しい. 2(品性・品質が)劣っている. 3(言行が)へりくだっている.
**bēibǐ**[卑鄙] 卑劣である.
**bēi bù zú dào**[卑不足道][成]取るに足りない.
**bēicí**[卑词,卑辞][名][書]へりくだった言葉.
**bēi gōng qū xī**[卑躬屈膝][成]人にこびへつらう.
**bēijiàn**[卑贱][形]1〈旧〉(生まれが)卑しい. 2(人品が)卑しい.
**bēiliè**[卑劣][形]卑劣である.
**bēilòu**[卑陋][形]1 みすぼらしい. 2(地位が)低い,卑しい.
**bēiqiè**[卑怯][形]卑怯(きょう)である.
**bēirén**[卑人][名]〈謙〉〈近〉私め.
**bēisú**[卑俗][形]低俗である.
**bēisuǒ**[卑琐][形][書]卑しい.
**bēiwēi**[卑微][形](身分が)卑しい.

## bēi

bēiwū【卑污】[形]下劣である.
bèixià【卑下】[形]1 品がない. 2〈地位が〉低い.
bēizhí【卑职】[名]〈謙〉〈旧〉小職. 小官.

## 背

bēi ❶[動]1 背負う. おんぶする. 2（责任・借金など）を負う. しょいこむ. ❷[量]背負えるだけの量. ¶一~柴火/背負えるだけの柴.
異読⇒bèi

bēi/bǎng【背榜】[動]びりで合格する.
bēibāo【背包】[名]リュックサック. ランドセル. ➡bèibāo
bēi bāofu【背包袱】[慣]心に負担（悩みの種、うねれ）を持する.
bēidài【背带】[名]サスペンダー. つりひも.
bēifù【背负】[動]背負う. 担う.
bēiguō【背锅】[動]→bēi hēiguō【背黑锅】
bēi hēiguō【背黑锅】[慣]他人の罪を負う. ぬれぎぬを着せられる.
bēi jīhuang【背饥荒】[慣]〈方〉借金をしょいこむ.
bēi kǒudai【背口袋】[慣]〈口〉背負い投げ.
bēila【背拉】[動]〈方〉平均する. ならす.
bēilǒu【背篓】[名]背負いかご.
bēi sǐrén guò hé【背死人过河】[慣]むだ骨を折る.
bēitóu【背头】[名]オールバック.
bēi/zhài【背债】[動]借金を負う.
bēizhe bàozhe yībān chén【背着抱着一般沉】〈慣〉どっちみち負担は同じである.
bēizi【背子】[名]しょいかご.

## 桮 bēi ❶

bēishì【桮柿】[名]〈古〉実が黒くて小さな渋ガキ.

## 悲 bēi ❶ 1 悲しむ. 2 哀れむ.

bēi'āi【悲哀】[形]悲しい. 痛ましい.
bēicǎn【悲惨】[形]悲惨である. 痛ましい.
bēichóu【悲愁】[形]悲しい.
bēichuàng【悲怆】[形]悲惨である.
bēidào【悲悼】[動]悲しみ悼む.
bēifèn【悲愤】[形]悲しみ憤る.
bēifēng【悲风】[名]〈書〉悲しみをそそる風.
bēigē【悲歌】[動]1 悲しみ歌う. 2[名]エレジー.
bēiguān【悲观】[形]悲観的である.
bēiháo【悲号】[動]泣き叫ぶ.
bēi huān lí hé【悲欢离合】〈成〉人生の常なる移り変わり.
bēijù【悲剧】[名]悲劇.
bēikǔ【悲苦】[形]悲惨で痛ましい.
bēiliáng【悲凉】[形]もの悲しい.
bēimíng【悲鸣】[動]悲鳴を上げる.
bēiqī【悲凄】[形]悲痛である.
bēiqī【悲戚】[形]〈書〉悲痛である.
bēiqì【悲泣】[動]悲しみ泣く.
bēiqiè【悲切】[形]〈書〉悲痛である.
bēiqiū【悲秋】[動]秋のうらぶれた景色に悲しみがわく.

bēishāng【悲伤】[形]悲嘆に暮れる.
bēisuān【悲酸】[形]悲しくてせつない.
bēitàn【悲叹】[動]悲嘆に暮れる.
bēití【悲啼】[動]〈鳥〉が悲しげに鳴く.
bēi tiān mǐn rén【悲天悯人】〈成〉時世を憂える.
bēitòng【悲恸】[動]ひどく嘆く.
bēitòng【悲痛】[形]心が痛むほど悲しい.
bēi xǐ jiāo jí【悲喜交集】〈成〉悲喜こもごも至る.
bēixǐjù【悲喜剧】[名]悲喜劇.
bēixīn【悲辛】[形]〈書〉悲しくつらい.
bēiyè【悲咽】[動]悲しんでむせび泣く.
bēiyù【悲郁】[形]憂えに沈む.
bēizhuàng【悲壮】[形]悲壮である.

## 碑 bēi【碑】石碑.[块,座]

bēi'é【碑额】[名]石碑の上部.
bēijì【碑记】[名]碑文. 碑銘.
bēijié【碑碣】[名]〈書〉碑碣（ひけつ）. ▶石碑の総称.
bēikè【碑刻】[名]石碑に彫りつけた文字や図画.
bēilín【碑林】[名]碑林（ひりん）. 多くの石碑がある所. ▶西安のものが有名.
bēimíng【碑铭】[名]碑銘. 碑文.
bēità【碑拓】[名]石碑の拓本.
bēitiè【碑帖】[名]石碑帳.
bēitíng【碑亭】[名]石碑を保護するためのあずま屋.
bēiwén【碑文】[名]碑文.
bēiyīn【碑阴】[名]碑の裏面.
bēizhì【碑志】[名]→bēijì【碑记】
bēizuò【碑座】[名]石碑の台座.

## 鹎 bēi【鸟】ヒヨドリ.

## 北 běi ❶[方位]北. 北の(へ). ❶ 敗北する. [姓]

běibànqiú【北半球】[名]〈地〉北半球.
běibiān【北边】[北边]（～儿）1[方位]北の方. 北側. 2[名]〈口〉〈中国の〉北方の地区.
Běibīngyáng【北冰洋】[名]〈地〉北極海. 北氷洋.
běibù【北部】[名]北部.
Běicháo【北朝】[名]〈史〉北朝.
běichén【北辰】[名]〈書〉北極星.
běichuí【北陲】[名]〈書〉北方の辺境.
Běi dàhuāng【北大荒】[名]北大荒（ほくたいこう）. ▶黒竜江省の三江平原あたり.
běidí【北狄】[名]〈書〉北狄.
běidǒu【北斗】[名]〈天〉北斗星.
běidǒuxīng【北斗星】[名]〈天〉北斗星. 北七星.
běidòufu【北豆腐】[名]やや固めの豆腐.
Běifá zhànzhēng【北伐战争】[名]〈史〉北伐戦争.
běifāng【北方】1[方位]北. 北の方. 2〈中国の〉北方地域.
běifānghuà【北方话】[語]北方方言. 漢語共通語の基礎方言.
běifáng【北房】[名]北側にあって南向きの家屋.

**Běifēi**【北非】[名]〈地〉北アフリカ.
**běifēng**【北风】[名]北風.
**běiguā**【北瓜】[名]〈方〉カボチャ.
**běiguó**【北国】[名]〈中国の〉中国の北部,北方.
**běihuíguīxiàn**【北回归线】[名]北回帰線.
**běihuò**【北货】[名]中国北方特産の食品. ▶báihuò【白货】
**běijí**【北极】[名]**1**〈地〉北極.**2**〈磁石の〉N極.
**běijíhú**【北极狐】→báihú【白狐】
**běijíxīng**【北极星】[名]〈天〉北極星.
**běijíxióng**【北极熊】[名]シロクマ.
**běijiāo**【北郊】[名]北の郊外.
**Běijīng**【北京】[名]〈地〉ペキン.北京.
**Běijīng kǎoyā**【北京烤鸭】[名]〈料理〉北京ダック.
**Běijīngrén**【北京人】[名]**1**北京の人.**2**→Běijīng yuánrén【北京猿人】
**Běijīng shíjiān**【北京时间】[名]北京時間. ▶中国の標準時間.
**Běijīngyā**【北京鸭】[名]〈食材〉北京ダック用のアヒル.
**Běijīng yuánrén**【北京猿人】[名]〈史〉北京原人.
**běilù bāngzi**【北路梆子】[名]山西省の地方劇.
**Běiměi zìyóu màoyìqū xiédìng**【北美自由贸易区协定】[経]北米自由貿易協定.NAFTA.
**běimiàn**【北面】**1**[方位]〈~儿〉北の方,北側.**2**[動]〈書〉北面する. ▶臣下となる.
**běi miàn nán fàn**【北面南饭】〈成〉北方は小麦製品を,南方は米を主食とすること.
**Běi'ōu**【北欧】[名]〈地〉北欧.
**běi'ōu huáxuě**【北欧滑雪】[体]ノルディックスキー.
**Běipíng**【北平】[名]〈旧〉ペイピン. ▶北京の旧称.
**Běiqí**【北齐】[名]〈史〉北斉.
**běiqǔ**【北曲】[名]**1**金・元時代に北方で流行した戯曲.**2**金・元時代の北方地方劇の総称.
**běishānyáng**【北山羊】[名]〈動〉アイベックス.
**běishàng**【北上】[動]北上する.
**Běisòng**【北宋】[名]〈史〉北宋.
**běitáng**【北堂】[名]〈旧〉母の称.母堂.
**běiwěi**【北纬】[名]北緯.
**Běiwèi**【北魏】[名]〈史〉北魏(ぎ).
**běiwǔwèizi**【北五味子】[名]〈植〉チョウセンゴミシ.
**Běiyáng**【北洋】[名]〈史〉北洋. ▶遼寧・河北・山東省の沿海地区をさした.
**Běiyáng jūnfá**【北洋军阀】[名]〈史〉北洋軍閥.
**běiyè**【北野】[姓]
**Běiyuē**【北约】[名]〈略〉NATO.
**Běiyuè**【北岳】[名]恒山(らんざ山西省西部の山)の称.
**Běizhōu**【北周】[名]〈史〉北周.
**běizōng**【北宗】[名]**1**〈宗〉北宗.**2**〈中国画で〉北方派.北宗.

**bèi**【贝】（貝）[名]**1**〈~儿〉貝. ¶干~／干し貝柱.**2**貨幣.‖[姓]
**bèibì**【贝币】[名]〈古〉貝貨.
**Bèidiào**【贝雕】[名]貝殻細工.
**bèiduō**【贝多】→bèiyèshù【贝叶树】
**Bèiduōfēn**【贝多芬】[名]〈人名〉ベートーベン.
**Bèi'ěr**【贝尔】[名]〈人名〉ベル.
**Bèi jiǔ**【贝九】[名]〈略〉ベートーベンの『第九交響曲』.
**bèiké**【贝壳】[名]〈~儿〉**貝殻**.
**bèilè**【贝勒】[名]〈旧〉清朝における爵位名. ▶親王・郡王の下,"贝子"の上.
**bèiléimào**【贝雷帽】[名]ベレー帽.
**bèimǔ**【贝母】[名]〈動〉バイモ.アミガサユリ;〈中薬〉貝母(ぼ).
**Bèiníng**【贝宁】[名]〈地〉ベナン.
**bèiqiū**【贝丘】[名]〈考古〉貝塚.
**bèitǎ**【贝塔】[名]ベータ.β.
**bèitǎ lìzǐ**【贝塔粒子】[名]〈物〉ベータ粒子.
**bèitǎ shèxiàn**【贝塔射线】[名]〈物〉ベータ線.
**bèiyèjīng**【贝叶经】[名]〈宗〉"贝叶树"の葉に書かれた経文.
**bèiyèshù**【贝叶树】[名]〈植〉タラジュ.
**bèizǐ**【贝子】[名]〈旧〉清朝の爵位名. ▶"贝勒"の下.

**bèi**【孛】[名]〈古〉ほうき星.

**bèi**【邶】[名]〈史〉邶(はく). ▶周代の国名.‖[姓]

**bèi**【狈】→lángbèi【狼狈】

**bèi**（備）**bèi**[動]準備する.¶我给孩子们一份礼物／子供たちにプレゼントを用意した.‖[助]①備わる.¶无~不~／何もかもそろっている.②備える.¶~~荒 huāng／③設備.¶军~／軍備.④つぶさに.ことごとく.完全に.¶~受欢迎／大いに歓迎される.‖[姓]
**bèi/àn**【备案】[動]主管部門へ報告してその記録に載せる.
**bèibàn**【备办】[動]（必要なものを)とりそろえる,調達する.
**bèibuzhù**【备不住】[動+可補]〈方〉断言できない.ことによると…かもしれない.
**bèichá**【备查】[動]審査の参考に備える.
**bèi cháng xīn kǔ**【备尝辛苦】〈成〉苦労をなめ尽くす.
**bèi ér bù yòng**【备而不用】〈成〉（今は使わないが)万一のために備える.
**bèifèn**【备份】[名]**1**予備.スペア;〈電算〉バックアップ.**2**[動]〈方〉員数をそろえる.架空にこしらえる.
**bèigēng**【备耕】[動]耕作前の支度をする.
**bèi/huāng**【备荒】[動]飢饉(きん)・凶作に備える.
**bèi/huò**【备货】[動]品物を用意する.商品の下ごしらえをする.
**bèijiàn**【备件】[名]予備部品.スペア(パーツ).

## bèi

**bèikǎo**【备考】1 名 備考. 2 動 試験に備える.

**bèi//kè**【备课】動（教師が）授業の準備をする.

**bèi//liào**【备料】名 資材を用意する.

**bèi//mǎ**【备马】動 乗馬の支度をする.

**bèipǐn**【备品】名 予備の部品・工具.

**bèi//qí**【备齐】動+結果補 用意万端を整える.

**bèiqǔ**【备取】動 補欠として採用する.

**bèishù**【备述】動〈書〉つぶさに述べる.

**bèiwànglù**【备忘录】名 1（外交上の）覚書. 2 備忘録. メモ.

**bèixī**【备悉】動〈書〉委細了承する.

**bèixì**【备细】名〈汚〉詳細. 委細.

**bèi//xià**【备下】動+方補 用意しておく.

**bèiyòng**【备用】動 必要に備え準備しておく.

**bèiyuán**【备员】名 予備人員.

**bèi//zhàn**【备战】動 戦争に備える.

**bèizhī**【备知】動〈近〉つぶさに知る.

**bèizhì**【备至】形〈書〉至れり尽くせりである.

**bèizhì**【备置】動〈書〉備え付ける.

**bèizhù**【备注】名 付注. 注記.

**背** **bèi** 1 ●動 1 背を向ける. ¶～着太阳晒／太陽に背を向けて座る. 2 陰に回る. 隠れる. ¶～着老师说话／先生に隠れて話をする. 3 暗唱する. ¶～课本／本文を暗唱する.
❷名 背. 背中.
❸形 1（耳が）遠い. ¶老太太耳朵 ěrduo 有点儿～／おばあさんは耳がちょっと遠い. 2 辺鄙（ひなび）である. ¶这地方太～了／ここはひどくさびれている. 3 ついていない. ¶手气～／（賭け事などで）ついていない.
H ① 背く. 違反して. 1 ～～约 yuē. ②（物の）背面. 裏. ¶ 手～儿／手の甲.
II 姓 異読⇨**bēi**

**bèibāo**【背包】名〈体〉リュックサック. 背嚢（のう）.⇨**bēibāo**

**bèibuguò//lái**【背不过来】動+可能 暗唱しきれない.

**bèibushú**【背不熟】動+可補 すらすらと暗唱できない.

**bèibuxià//lái**【背不下来】動+可補（記憶力が悪くて）暗唱できない.

**bèibuzhù**【背不住】→**bèibuzhù**【备不住】

**bèi chéng jiè yī**【背城借一】〈成〉一か八かの勝負をする.

**bèichí**【背驰】→**bèi dào ér chí**【背道而驰】

**bèichuán**【背传】名〈体〉バックトス. バックパス.

**bèidāzi**【背搭子】名（寝具・衣類などを入れ肩に振り分けてかつぐ）布袋.

**bèidài**【背袋】名 サスペンダー.

**bèi dào ér chí**【背道而驰】〈成〉反対方向へ向かっていく. 相反する.

**bèidì**【背地】→**bèidìli**【背地里】

**bèidìli**【背地里】名 陰（で）. 背後（で）.

**bèidiǎnr**【背点儿】形（口）運が悪い.

**bèidòu**【背斗】名〈方〉背負いかご.

**bèi duì bèi**【背对背】→**bèi kào bèi**【背靠背】

**bèifēi**【背飞】名〈体〉背面跳び.

**bèi//fēng**【背风】動 風が当たらない.

**bèigālár**【背旮旯儿】名〈方〉人目につかない所. 隅っこ.

**bèigōng**【背躬】名 わきぜりふ.

**bèiguāng**【背光】形 陰になっている.

**bèihòu**【背后】名 背後. 後ろ；（喩）陰（で）. 裏（で）.

**bèihuǐ**【背悔】→**bèihuǐ**【悖悔】

**bèihuò**【背货】名 売れ行きの悪い商品.

**bèijí**【背集】名〈方〉市の立たない日.

**bèijǐ**【背脊】名 背中.

**bèijǐng**【背景】名 1 背景. バック. ¶～音乐／BGM. 2 後ろだて.

**bèi jǐng lí xiāng**【背井离乡】〈成〉（やむを得ず）故郷を離れる.

**bèijìng**【背静】形 辺鄙（ぴな）で静かである.

**bèi kào bèi**【背靠背】〈慣〉当事者のいないところで議論する.

**bèikuāng**【背筐】名 背負いかご.

**bèilì**【背离】動 外れる. 背離する.

**bèi//lǐ**【背理】動 道理に背く. 筋が通らない.

**bèi//liàngr**【背亮儿】動（逆光線で）陰になる.

**bèilìng**【背令】形 季節に合わない.

**bèilǒu**【背篓】名〈方〉荷物運びで用の背負いかご.

**bèimiàn**【背面】名 裏. 背面.

**bèimiù**【背谬】→**bèimiù**【悖谬】

**bèinì**【背逆】動 逆らう. 逆行する.

**bèinián**【背年】名〈方〉（果樹などの）不作の年.

**bèipàn**【背叛】動（政治的に）裏切る.

**bèiqí**【背鳍】名〈魚〉背びれ.

**bèi//qì**【背气】動（～儿）（口）（一時）呼吸が止まる. 気絶する.

**bèiqì**【背弃】動 背く. 破棄する.

**bèi//rén**【背人】1 動 人に隠す. 2形 人目につかない.

**bèirìxìng**【背日性】名〈動〉〈植〉背日性.

**bèishí**【背时】形 1 時代に合わない. 2 ついていない.

**bèi shí dǎo zào**【背时倒灶】〈成〉運が悪い.

**bèi//shǒu**【背手】動（～儿）後ろ手を組む.

**bèi//shū**【背书】1 動 暗唱する. 2 名（手形などの）裏書き.

**bèi//shú**【背熟】動+結果補 すらすらと暗唱する.

**bèi shuǐ yī zhàn**【背水一战】〈成〉背水の陣をしいて一戦を交える.

**bèishuǐzhèn**【背水阵】名 背水の陣.

**bèisòng**【背诵】動 暗唱する.

**bèitóu diànshì**【背投电视】名 リアプロジェクションテレビ.
**bèixīn**【背心】名(～儿)ベスト.チョッキ;袖なし・半袖の衣類.
**bèi xìn qì yì**【背信弃义】成 信義に背く.
**bèixìng**【背兴】形(方)ついていない.
**bèiyǎn**【背眼】形(～儿)目が届かない(場所).
**bèiyīn**【背阴】名(～儿)日陰.
**bèiyǐng**【背影】名(～儿)後ろ姿.
**bèi**/**yuè**【背约】動違約する.
**bèiyùn**【背运】1 名 不運. 2 形 運が悪い.
**bèizì**【背字儿】名(方)不運.

## 钡

**bèi**【钡】名(化)バリウム.Ba.
**bèicān**【钡餐】名(医)(X線造影剤の)バリウム.

## 倍

**bèi**【倍】量 倍.¶产量增长了三～/生産量が3倍増えた(4倍になった).
❶倍する.¶事半功～/半分の労で倍の効果を上げる.[姓]
**bèidào**【倍道】動 道を急ぐ.
**bèigǎn**【倍感】動(書)ひとしお…と感じる.
**bèijiā**【倍加】副 ひとしお.ことのほか.
**bèijué**【倍觉】副 ひとしお…と思う.
**bèilǜ**【倍率】名 倍率.
**bèir**【倍儿】副(方)すごく,非常に.
**bèishì**【倍式】名(数)整式の倍数.
**bèishù**【倍数】名(数)倍数.
**bèitiān**【倍添】→**bèizēng**【倍增】
**bèixíng**【倍形】名(電算)(文字の)倍角.
**bèizēng**【倍增】動 倍増する.
**bèizēngqì**【倍增器】名(電)増幅器.

## 悖

**bèi**【悖】❶ 動 矛盾する.相反する.¶并行不bìngxíng不～/同時に行っても矛盾しない.② 動 道理に背く.¶～~谬miù.
**bèihuì**【悖晦】形(方)もうろくしている.ぼけている.
**bèilǐ**【悖理】→**bèilǐ**【背理】
**bèilì**【悖戾】形(書)理に合わない.
**bèimiù**【悖谬】形(書)道理に合わない.
**bèinì**【悖逆】動(書)正道に反する.
**bèi rù bèi chū**【悖入悖出】成 悪銭身につかず.
**bèishí**【悖时】→**bèishí**【背时】

## 被

**bèi**【被】1 介 (受け身の行為者を導く) …に,…から(…される,…れる).¶他～警察抓住了/彼は警察に捕まった. 2 動 (動詞の前に付き,受け身の動作であることを表す)
▶ 行為者がはっきりしないとき,または示す必要のないとき.¶他～选为主席/彼は議長に選ばれた. 3 名 掛け布団.[条,床]
❶ 動 覆う.¶~~覆. ② (被害者を)被る.¶～灾;被災者.
**bèibī**【被逼】動 強制される[て…].
**bèidāzi**【被搭子】名(旅行用の)布団袋.

**bèidài**【被袋】名(円筒形の)旅行用布袋.
**bèidān**【被单】名(～儿・～子)[条,床] 1 シーツ.敷布.ベッドカバー. 2 (夏用の)綿を入れた布団.
**bèidòng**【被动】形 受动的である;(主導権を握れず)守勢に回っている.
**bèidòngjù**【被动句】名(語)受動文.
**bèidòngshì**【被动式】名(語)被动式.
**bèidòng xīyān**【被动吸烟】名(医)受動喫煙.
**bèifú**【被服】名(多く軍事用の)寝具や衣類.
**bèifú**【被俘】動 捕虜になる.
**bèifù**【被缚】動 縛られる;逮捕される.
**bèifù**【被覆】❶ 動 覆う.かぶせる. ② 名 地面を覆う植物.
**bèigào**【被告】名(法)被告.
**bèi**…**gěi**…【被…给…】(型)…が…された;…は…されてしまった.
**bèihàirén**【被害人】名(法)被害者.
**bèijié**【被劫】動 略奪される.
**bèilǐ**【被里】名(～儿)掛け布団の裏.
**bèilǔ**【被房】動 捕虜になる.
**bèimiàn**【被面】名(～儿・～子)布団の表.
**bèinàn**【被难】動 1 災難・事故で命を落とす. 2 災難に遭う.
**bèipò**【被迫】動 …を余儀なくされる.しかたなく…する.
**bèiqiāng**【被戕】動(書)殺害される.
**bèiqiāng**【被抢】動 強盗にあう.
**bèiqiè**【被窃】動 どろぼうに入られる.
**bèiqín**【被擒】動 捕虜になる.
**bèirù**【被褥】名 夜具.布団.
**bèitāi**【被胎】名 布団の中身.
**bèitào**【被套】名(～儿・～子)1(旅行用)布団袋. 2 掛け布団カバー. 3 布団の中身.
**bèitóu**【被头】名 1 掛け布団の襟. 2(方)掛け布団.
**bèiwō**【被窝儿】名 封筒状にたたんだ掛け布団;寝床.
**bèiwò**【被卧】名 掛け布団.
**bèiwū**【被诬】動 ぬれぎぬを着せられる.
**bèixù**【被絮】名 掛け布団の中綿.
**bèixuǎnjǔquán**【被选举权】名(政)被選挙権.
**bèiyāo**【被邀】動 招請される.
**bèizhào**【被罩】→**bèitào**【被套】2
**bèi zǐ zhíwù**【被子植物】名(植)被子植物.
**bèizi**【被子】名 掛け布団.[条,床]¶盖～/布団をかける.

## 辈

**bèi**【辈】1 量(～儿)(家族・親戚・友人間の長幼の順序)代.世代.¶他比我长zhǎng一～/彼は私より一世代上だ. 2 名(～儿)一生.生涯.¶前半～儿/前半生.
❶ やから,ともがら.¶下流之～/下品なやつら.¶我～/われら.
**bèibèi**【辈辈】名(～儿)代々.
**bèichū**【辈出】動 輩出する.
**bèifen**【辈分】名(家族・親戚・友人間の長幼の順序). ▲**辈份**とも.

**bèi**

bèiháng【辈行】→bèifen【辈分】
bèishùr【辈数儿】→bèifen【辈分】
**bèizi**【辈子】[名]一生.生涯.世代.

惫(憊) **bèi** [形] 非常に疲れる. ¶疲pí～/極度に疲労する.

**bèifá**【惫乏】[形][書] ひどく疲れている.
**bèijuàn**【惫倦】[形][書] 疲れてぐったりしている.

焙 **bèi** [動] あぶる. ほうじる.

**bèifěn**【焙粉】[名] ベーキングパウダー.
**bèishāo**【焙烧】[動](化) あぶり焼く.
**bèizhì**【焙制】[動] 火であぶって乾燥させる.

蓓 **bèi** ⓪

**bèilěi**【蓓蕾】[名](植) つぼみ.

碚 **bèi** 地名用字.

鞴 **bèi** [名][書] 馬具(鞍とくつわ)の総称.

**bèi** [動] 布や紙を1枚1枚張り合わせる. ¶ 糨biāo～/(書画を)表装する.
**bèizi**【褙子】[名][方](布靴用)千枚張り.

糒 **bèi** [名][書] 乾飯(ほしいい).

韛 **bèi** 馬に鞍を置く; 乗馬の支度をする.

鐾 **bèi**【刃物を】研ぐ.

呗 **bei** [助] 1 〈事実や道理が明白でわかりきっていることを表し〉…じゃないか. …なんですよ. ¶没有钱就别买～/お金がなければ買わなければいいじゃないか. 2 〈しぶしぶ賛成したり譲歩したりする気持ちを表し〉(…なら)…にしたらいいさ. ¶她一定要唱就让她唱～/彼女がどうしても歌いたいと言うのなら,歌わせてあげればいいよ. 3 〈それで〉いいじゃないか. 人家rénjiā改了就得了déle~/あの人が改めたのなら,それでいいじゃないの. 異読⇒**bài**

臂 **bei** →**gēbei**【胳膊】 異読⇒**bì**

---

### ben (ㄅㄣ)

奔 **bēn** [動] 走る. 駆け回る.
❶─❶ [動] 駆けつける. ¶～～丧sāng. ②逃げる. ¶东～西窜cuàn/あちこち逃げ回る. ❷ [姓] 異読⇒**bèn**

**bēnbō**【奔波】[動] 奔走する. 苦労する.
**bēnchí**【奔驰】[動](車や馬が) 疾駆する, 速く走る. 2 [名](商標) ベンツ.
**bēncuàn**【奔窜】[動] 逃げまどう.
**bēnfàng**【奔放】[形] 思想・感情・文章が) 伸びやかで勢いがよい.
**bēnfù**【奔赴】[動][書] 急いで(…に)参じる.
**bēnláo**【奔劳】[動] あくせく駆け回る.
**bēnliú**【奔流】[動] 1 (水が) 勢いよく流れる. 2 [名] 激流.

**bēnmǎ**【奔马】[名] 奔馬(ほんば); (喩)速く走りよること.
**bēnmáng**【奔忙】[動] 忙しく走り回る.
**bēnmìng**【奔命】[動][書] 命令によって奔走する. ⇒**bèn//mìng**
**bēnpǎo**【奔跑】[動] 駆け回る.
**bēnr**【奔儿】[名]→**dǎ//bèn**【打奔儿】
**bēn//sāng**【奔丧】[動](郷里の)親の喪に駆けつける.
**bēnshì**【奔逝】[動](車が) 疾走する.
**bēnshì**【奔逝】[動](時間や水が) またたく間に過ぎ去る.
**bēntáo**【奔逃】[動] 逃走する.
**bēnténg**【奔腾】[動] 多くの馬が飛ぶように走る; 勢いよく進む.
**Bēnténg chǔlǐqì**【奔腾处理器】[名](電算)(商標) ペンティアム・プロセッサ.
**bēntū**【奔突】[動] がむしゃらに突き進む.
**bēnxí**【奔袭】[動](軍) 急襲する.
**bēnxiàng**【奔向】[動] …へと急ぐ.
**bēnxiè**【奔泻】[動] 激しい勢いで流れる.
**bēnyǒng**【奔涌】[動] 勢いよく湧き出る.
**bēnzhú**【奔逐】[動] 急追する.
**bēnzǒu**【奔走】[動] 1 走る. 駆け回る. 2 (ある目的のために)駆けずり回る.
**bēn zǒu hū hào**【奔走呼号】[成] 宣伝して回って同情と支持を求める.

贲 **bēn** →**hǔbēn**【虎贲】‖ [姓]
異読⇒**bì**
**bēnmén**【贲门】[名](生理)噴門.

栟 **bēn** 地名用字. 異読⇒**bīng**

锛 **bēn** 1 [名] 手斧(ちょうな). 2 [動] 手斧で削る.
**bēnrtóu**【锛儿头】[名][口] おでこ.
**bēnzi**【锛子】[名] 手斧(ちょうな).

本 **běn** 1 [量] ～～儿(書籍・帳簿類を数え)冊. (脚本・小説・映画の巻数を表す)本. ¶三～书 / 本 3 冊. 2 [代] こちら自分の方)の. この. 現在の. ¶～公司 / わが社. 3 [副][書] もともと. 4 [動][書] (…に)基づく. 5 [名] (〜儿) ノート・帳簿類. 台本. ❶ [名] (草や木の)根. 根もと; (事物の)根源. 根本. ¶忘～ / 根本を忘れる. ② 元手. 資本. ¶工～ / 在庫コスト. ③ 版本. ¶抄～ / 写本. ④ 台本. ¶话～ / 講談本. ⑤ 主要な…. ¶～部. ⑥部.

**běnbáibù**【本白布】[名] 漂白や染色をしていない布.
**běnběn**【本本】[名] 本. 書物; (喩)(本に書かれた)教条.
**běnběn zhǔyì**【本本主义】[名] 教条的な書物至上主義.
**běnbì**【本币】[名][略] 本位貨幣.
**běnbù**【本部】[名] 本部.
**běnbù**【本埠】[名] 当地. 当市.
**běnbù yóujiàn**【本埠邮件】[名] 市内郵便.
**běncǎo**【本草】[名] 1 生薬(しょうやく)の総称. 2『本草经』『本草綱目』の略称.
**běnchū zǐwǔxiàn**【本初子午线】[名](地) 本初子午線.

běndàng【本当】[形]〈俗〉正直である. 真面目である.
běndǎo【本岛】[名]〈地〉本島.
běndǐ【本底】[名]〈物〉バックグラウンド.
běndì【本地】[名]当地. 地元.
běnfèn【本分】1 [名]本分. 職責. 2 [形]分を心得ている. ▲"本份"とも.
běn gù zhī róng【本固枝荣】〈成〉基礎がしっかりしていれば何事も繁栄する.
běnguó【本国】[名]本国. 自国.
běnháng【本行】[名]1 本職. 本来の職業. 2〈銀行などの〉当店, 弊店.
běnhào【本号】[名]〈旧〉当店. 弊店.
běnjí【本籍】[名]→yuánjí【原籍】
běnjì【本纪】[名]〈史〉本紀.
běnjiā【本家】[名]同族, 同流の一族.
běnjiār【本家儿】[名]〈方〉当事者. 当人.
běnjiè【本届】[名]今期.
běnjīn【本金】[名]1 元金. 2 資本金.
běnkē【本科】[名]〈大学の〉本科.
běnlái【本来】❶[形]本来の. もとの. ~~的计划/当初の計画. ~~面貌/本来の姿.
❷[副]1〈後の状況とは違って〉もともと; 元来. ~~人~就是野兽/人間だってもともとは野獣さ. 2〈道理からして〉当然だ. ~~你的病还没好, ~不能去/君の病気はよくなっていないのだから, 当然行けはしない. ~~嘛, 学外语就要下工夫/当たりまえだよ, 外国語を勉強するなら努力しなくては.
běn lái miàn mù【本来面目】〈成〉本来の姿.
běnlěi【本垒】[体]本塁.
běnlì【本利】[名]元金と利息.
běnlǐng【本领】[名]腕前. 能力. 技量.
běnlùn【本论】[名]本論.
běnmíng【本名】[名]1 本名. 2 本人につけた名前.
běnmìngnián【本命年】[名]自分の干支(え)の年.
běnmò【本末】[名]1 事の顚末(てん). 2 本末.
běn mò diān dǎo【本末颠倒】〈成〉本末を転倒する.
běnnéng【本能】1 [名]〈心〉本能. 2 [形]本能的な.
běnpiào【本票】[名]〈经〉〈銀行の〉支払指図書; 約束手形.
běnqian【本钱】[名]資本. 元金.
běnrén【本人】[名]1 本人. 当人. 2 私. 自分.
běnrì【本日】[名]〈書〉本日.
běnsāngr【本嗓儿】[名]地声.
běnsè【本色】[名]本来の. 本来の面目.
běnshǎi【本色】[名]〈~儿〉もとの色. 地色.
běnshēn【本身】[代]それ自体. そのもの.
běnshēng【本生】[名]〈養子等の〉実父.

běnshēngdēng【本生灯】[名]〈化〉ブンゼンバーナー.
běnshěngrén【本省人】[名]〈台湾で〉本省人. ▶台湾籍を持つ人.
běnshī【本师】[名]1 恩師. 2〈僧侶·道士の〉わが師.
běnshì【本事】[名]〈文学作品の題材となった〉事跡, 事実.
běnshi【本事】[名]腕前. 才能. 能力.
běntí【本题】[名]本題. 主題.
běntǐ【本体】[名]〈哲〉本体. 実体.
běntǔ【本土】[名]1 郷里. 2 本土, 本国. 3 その土地の土壌.
běnwèi【本位】[名]1〈经〉本位. 2 自分の所属する部門. 3 重点, 中心.
běnwèi huòbì【本位货币】[名]〈经〉本位貨幣.
běnwèi zhǔyì【本位主义】[名]グループエゴイズム.
běnwén【本文】[名]1 この文章. 2 原文.
běnxī【本息】[名]元金と利息.
běnxì【本戏】[名]〈劇〉通し狂言.
běnxiàng【本相】[名]正体. 本来の姿.
běnxīn【本心】[名]本心. 本意.
běnxìng【本性】[名]本性. 本質.
běnxìng【本姓】[名]旧姓. もとの姓.
běnyè【本业】[名]1 本業. 専門. 2〈書〉農業.
běnyì【本义】[名]〈語〉本義. 原義.
běnyì【本意】[名]本意. 真意.
běnyín【本银】[名]元金. 資本.
běnyǐng【本影】[名]〈物〉本影.
běnyuán【本原】[名]〈哲〉本原. 根源.
běnyuán【本源】[名]事物の根源.
běnyuàn【本愿】[名]本心. 念願.
běnyuè【本月】[名]本月, 今月.
běnzhāng【本章】[名]本章, この章. 〈旧〉上奏文.
běnzhe【本着】[前]…に基づいて. ~~合作的原则, …/協力の原則に基づいて, ….
běnzhī【本支】[名]〈~儿〉祖父を同じくする一族の(関係).
běnzhí【本职】[名]自分の職務, 職責.
běnzhì【本质】[名]本質. 本性.
běnzhǔr【本主儿】[名]1 所有者. 持ち主. 2 本人.
běnzì【本字】[名]〈語〉本字.
běnzi【本子】[名]1 ノート. 冊子. [个] 2 版本. 3〈冊子の形の〉証明書類.

# 苯

běn【苯】[名]〈化〉ベンゼン.
běn'àn【苯胺】[名]〈化〉アニリン.
běnfēn【苯酚】[名]〈化〉フェノール. 石炭酸.
běnjiǎjī【苯甲基】[名]〈化〉ベンジル基.
běnjiǎsuān【苯甲酸】[名]〈化〉安息香酸.
běnyǐxī【苯乙烯】[名]〈化〉スチレン.

# 畚

běn【畚】[動]〈畚で〉すくい取る.
běndǒu【畚斗】→bòjī【簸箕】
běnjī【畚箕】→bòjī【簸箕】

## bèn

夯 bèn 〖笨bèn〗に同じ.
　　異読⇨hāng

奎(坋) bèn〖书〗1 名 ちり. ほこり. 2 動 集まる. ¶～集 集まる.

奔 bèn ❶ 動 1 …に向かう. …を目ざして行く. ¶列車上海／列車は上海に向かってまっしぐらに進む. 2(年齢が)歳の大台に近づく. ¶他快六十岁了〔彼はもうすぐ60に手が届く〕. 3〈口〉(手に入れるために)奔走する. ❷ 前 …に向かって.
　　異読⇨bēn

bèn/mìng〖奔命〗動〈口〉一生懸命仕事をする; 懸命に道を急ぐ. ⇨bēnmìng

bèntour〖奔头儿〗名 将来への望み. やりがい. 張り合い.

倴 bèn 地名用字.

笨 bèn 形 1 間抜けである. 不器用である. 下手である. ¶嘴zuǐ～〔口下手だ〕, 2(さばって)重い. 扱いにくい.

bènbó〖笨伯〗名〖书〗愚者. のろま.
bèndàn〖笨蛋〗名〖罵〗間抜け. のろま. ばか.
bènhuór〖笨活儿〗名 力仕事. 荒仕事.
bènhuò〖笨货〗名〖罵〗のろま. とんま. 間抜け.
bèn kǒu zhuō shé〖笨口拙舌〗成 口下手である.
bènlǔ〖笨驴〗名〖罵〗のろま. 間抜け. ばか.
bèn niǎo xiān fēi〖笨鸟先飞〗成〈謙遜にも用い〉能力の劣る人は早めに仕事に取りかかる.
bèn shǒu bèn jiǎo〖笨手笨脚〗成 動作がもたもたしている.
bèn tóu bèn nǎo〖笨头笨脑〗成 鈍感である. 愚かである.
bènzhòng〖笨重〗形 1 ばかでかい. かさばって重い. 2 厄介で力のいる.
bènzhuō〖笨拙〗形 不器用である. 下手である.
bèn zuǐ bèn shé〖笨嘴笨舌〗成 口下手である.

## bēng (ㄅㄥ)

崩 bēng 動 1 崩れる. 2 破裂する. ¶两个人谈一谈／二人の話し合いは別れになった. 3 破裂したものが当たる. 4〈口〉銃殺する.
　　H 崩御する.
bēng'àn〖崩岸〗動 堤防が決壊する.
bēngcuī〖崩摧〗動〖书〗崩壊する.
bēngjià〖崩驾〗動〖书〗崩御する.
bēngkuī〖崩溃〗動〈政治・経済・軍などが〉崩壊する. 瓦解する.
bēngliè〖崩裂〗動 炸裂する. 割れる.
Bēnglóngzú〖崩龙族〗名〈中国の少数民族〉パラウン族.
bēngpán〖崩盘〗動〖经〗(相場の)大崩れ

する.
bēng/rèn〖崩刃〗動 刃こぼれする.
bēngtā〖崩塌〗動 崩れて倒れる.
bēngtān〖崩坍〗動 崩れ落ちる.
bēngxiàn〖崩陷〗動 崩れて陥没する.
bēngzhèng〖崩症〗名〈中医〉子宮出血.

绷(綳) bēng 動 1 (ぴんと)張る. 引っ張る. ¶把绳子～紧〔ロープをぴんと引っ張る〕. 2 (衣服が体に)ぴったり張りつく. 3 はじける. はねてとぶ. 4 (革で)しつける. 5〈方〉(他人の金品を)だまし取って逃げる.
　　異読⇨běng,bèng

bēng chǎngmiàn〖绷场面〗慣〈方〉無理に体裁をつくろう.
bēngdài〖绷带〗名 包帯.[条; 卷]
bēnggōngzi〖绷弓子〗名 1 ドアの自動閉鎖装置. 2〈方〉ぱちんこ.
bēnghuáng〖绷簧〗名〈方〉ばね. ぜんまい.
bēngxiàn〖绷线〗名(～儿)しつけ糸.
bēngzi〖绷子〗名 1 刺繡枠. 2 ベッドのマット部分.

嘣 bēng 擬(跳ねたり破裂したりする音に)ばーん. ばちん. どきどき.

甭 béng〈口〉…する必要がない. …に及ばない. ▶"不用"の合字. ¶您一生气／お怒りにならないでください.

绷(綳) běng 動 1〈口〉(顔を)こわばらせる. ¶～着一～脸. 2 辛抱する. ¶～行市hángshí／相場がよくなるのを我慢して待つ.
　　異読⇨bēng,bèng

běngbuzhù〖绷不住〗動+可補 表情が崩れるのをこらえきれない.
běng/jìnr〖绷劲儿〗動 1(気持ちを)落ち着ける. 2 じっと力を入れる.
běng/liǎn〖绷脸〗動 表情をこわばらせる. まじめくさった顔をする.

镚(韚·韚) běng〖古〗刀の鞘にのつける飾り物.

泵 bèng 名〖机〗ポンプ.
bèngbǎ〖泵把〗名〈方〉ハンパー.
bèngfáng〖泵房〗名 ポンプ室.
bèngpáiliàng〖泵排量〗名 ポンプ排水量.
bèngzhàn〖泵站〗名 ポンプステーション.

迸 bèng 動(火花・水しぶきなどが)飛び散る. ほとばしる;〈喩〉突然言い出す. ¶她突然～出一句话来／彼女は出し抜けにひと言言った.
bèngfa〖迸发〗動 ほとばしる.
bèngjìn〖迸进〗動 四方に飛び散る.
bèngliè〖迸裂〗動 破裂する.
bèngsuì〖迸碎〗動 砕けて飛び散る.

蚌 bèng 地名用字. 異読⇨bàng

绷(綳) bèng 1 動 裂ける. ひびが入る. 2 副〈口〉("硬, 直, 亮"などの形容詞の前について)とても. たいへん. 異読⇨bēng,běng

**bèngcír**【绷瓷】[名] ひび焼き.

**毭 bèng**【毭】[名]〈方〉かめ. つぼ.

**镚 bèng** ⓞ

**bèngr**【镚儿】→bèngzi【镚子】

**bèngzǐr**【镚子儿】[名]〈方〉わずかなお金.

**bèngzi**【镚子】[名]〈方〉小額の硬貨.

**蹦 bèng**【蹦】[动] 跳びはねる. ¶水面上～出一条小鱼/水面から小さい魚が1匹跳びはねた.

**bèngbèngrxì**【蹦蹦儿戏】[名] 河北省の地方演劇. "评剧 píngjù" の前身.

**bèngbèngtiàotiào**【蹦蹦跳跳】[动] (~的) 跳んだりはねたりして元気が上がる.

**bèngchuáng**【蹦床】[名]〈体〉トランポリン.

**bèngda**【蹦跶】[动] 1 跳びはねる. 2〈喩〉もがく. じたばたする.

**bèngdí**【蹦迪】[动] ディスコで踊る.

**bèngdòur**【蹦豆儿】[名]〈方〉1 炒(い)った空豆. 2 子供.

**bèng gāor**【蹦高儿】[动]〈口〉跳び上がる.

**bèngjí(tiào)**【蹦极(跳)】[名]〈体〉バンジージャンプ.

**bèngtiào**【蹦跳】[动] 躍り上がる.

## bi (ㄅ丨)

**屄 bī**【屄】[名]〈俗〉女性の生殖器. 陰門.

**逼 bī**【逼】[动] 1 無理やり…させる. ¶他～我承认错误/彼は私に過ちを認めるよう無理強いする. 2 無理やり取りたてる.
Ⓗ ①迫る. 近づく. ¶～～真 zhēn. ②狭い. ¶～～仄 zè.

**bī/gōng**【逼宫】[动] 1 (旧)(大臣などが)帝王に退位を迫る. 2 政府首脳に辞職を迫る.

**bīgòng**【逼供】[动] 自白を強要する.

**bī gòng xìn**【逼供信】拷問による不確かな自供に頼ること.

**bī gǔniú xià dú**【逼牯牛下犊儿】〈歌〉無理な注文をする.

**bīhé**【逼和】[动] (競技で)引き分けに持ち込む.

**bījià**【逼嫁】[动] (女性を)無理やり結婚させる.

**bījiān**【逼奸】[动] 強奸(ごう)する.

**bījìn**【逼近】[动] 切迫する.

**bīlè**【逼勒】[动] 1 ゆする. 2 無理に…させる.

**bī liáng wéi chāng**【逼良为娼】〈成〉善良な人間に悪事をするよう強要する.

**bīmìng**【逼命】[动] 1 暴力で脅迫する. 2〈喩〉強く促(うなが)されてひどく焦る.

**bīpò**【逼迫】[动] 强制する. 無理強いする.

**bīrén**【逼人】[动] 人に迫る. 強く感じさせる.

**bī shàng liáng shān**【逼上梁山】〈成〉追いつめられやむを得ず反抗する.

**bīshǐ**【逼使】[动] 無理に…させる.

**bīshì**【逼视】[动] 近づいてじっと見る.

**bīsǐ**【逼死】[动](人を)死に追いやる.

**bīsuǒ**【逼索】[动] 強要する. ゆする.

**bīwèn**【逼问】[动] 問い詰める.

**bīxiào**【逼肖】[动]〈書〉酷似する.

**bīzè**【逼仄】[形]〈書〉狭い. 狭苦しい.

**bī/zhài**【逼债】[动] 借金を無理に取りたてる.

**bīzhēn**【逼真】[形] 1 真に迫る. 本物そっくりである. 2 はっきりしている. 3 初め. ¶～～祖 zǔ.

**鲾 bī**【鲾】[鱼] ヒイラギ. ギチ. ▶近海魚の一種.

## 荸

**bíqí**【荸荠】[植] クログワイ. オオクログワイ.

## 鼻

**bí**【鼻】① 鼻. ¶～～子. ¶鹰钩 yīnggōu～/わし鼻. ②(器物の)つまみ. 穴. ¶针zhēn～/針の穴. めど. ③初め. ¶～～祖 zǔ.

**bíchìr**【鼻翅儿】[名] 小鼻.

**bídòu**【鼻窦】[名]〈生理〉副鼻腔.

**bífēng**【鼻峰】[名] 鼻筋.

**bígòu**【鼻垢】[名]〈書〉鼻くそ.

**bígǔ**【鼻鼓】[名] 鼻音.

**bíguān**【鼻观】[名]〈書〉鼻孔.

**bíhuà yuányīn**【鼻化元音】[语] 鼻音化母音.

**bíjiǎ**【鼻甲】[名]〈生理〉鼻介.

**bíjiān**【鼻尖】[名](~儿)鼻先. 鼻の頭.

**bíjìng**【鼻镜】[名]〈医〉照鼻鏡.

**bíjū**【鼻疽】[名]〈医〉鼻疽(そ).

**bíkǒng**【鼻孔】[名] 鼻の穴.

**bíliánggǔ**【鼻梁骨】[名] 鼻筋の骨.

**bíliángr**【鼻梁儿】[名] 鼻柱.

**bímáo**【鼻毛】[名] 鼻毛.

**bíniúr**【鼻牛儿】[名] 鼻くそ.

**bínǜ**【鼻衄】[名]〈医〉鼻血.

**bípángdòu**【鼻旁窦】[名]〈生理〉副鼻腔.

**bíqiāng**【鼻腔】[名]〈生理〉鼻腔.

**bí qīng liǎn zhǒng**【鼻青脸肿】〈成〉鼻があざだらけとなり, 顔がはれあがる.

**bír**【鼻儿】[名] 1 器物の上の小さな穴. つまみ. 2〈方〉笛のようなもの.

**bísè**【鼻塞】[名] 鼻づまり.

**bíshǐ**【鼻屎】[名] 鼻くそ.

**bísī**【鼻饲】[动] 鼻腔栄養法.

**bísuān**【鼻酸】[形](悲しくて)鼻がじんとする.

**bítì**【鼻涕】[名] 鼻水. 鼻汁.

**bítìchóng**【鼻涕虫】[名] ナメクジ.

**bítiē**【鼻贴】[名] 鼻パック.

**bítóu**【鼻头】[名]〈方〉鼻.

**bíwāzi**【鼻洼子】[名] 小鼻の脇のくぼみだところ.

**bíxī**【鼻息】[名] 鼻息. 呼吸. ¶〈喩〉人の意向.

**bíxiě**【鼻血】[名] 鼻血.

**bíyān**【鼻烟】[名](~儿) かぎたばこ.

**bíyán**【鼻炎】〈医〉鼻炎.

**bíyǎn**【鼻眼儿】→ bíziyǎnr【鼻子眼儿】

**bíyì**【鼻翼】〈名〉〈生理〉鼻翼. 小鼻.

**bíyīn**【鼻音】〈名〉1〈語〉鼻音. 2 鼻声.

**bíyùnmǔ**【鼻韻母】〈名〉〈語〉鼻音で終わる韻母.

**bízhōnggé**【鼻中隔】〈名〉〈生理〉鼻中隔.

**bízi**【鼻子】〈名〉鼻.[个]

**bízitou**【鼻子头】〈名〉〈~儿〉〈方〉やり玉.

**bíziyǎnr**【鼻子眼儿】〈名〉〈口〉鼻の穴.

**bízǔ**【鼻祖】〈名〉始祖. 元祖.

匕

**bǐ**【匕】1〈古〉昔のさじ. 杓子(しゃくし); 漢方薬を量る器具.〈書〉→ **bǐshǒu**【匕首】

**bǐ chàng bù jīng**【匕鬯不惊】〈成〉軍の綱紀が厳正で,人民が安心して暮らす.

**bǐshǒu**【匕首】〈名〉あいくち.

比

**bǐ**【比】1〈前〉〈性状と程度の比較に用いる〉…より. …に比べて. ¶他~我大三岁 / 彼は私より3歳年上だ. ¶"A不比B~"は "AはBより…ないわけではない, すなわちほとんど同程度である" 意味を表す. ¶ 这种白兰地质量不~拿破仑差 chà, 价钱也~那种便宜 / このブランデーの品質はナポレオンに引けを取りませんし,値段のほうもナポレオンよりお安くなっております. ¶ 病一天~一天好 / 病気が日に日によくなる. **2**〈動〉比べる. 競う. **2**〈否定の形で〉比べものにならない. ¶我不~你, 你留过学 / あなたは留学経験があるから, 私などかなわない. **3** 手まねをする. **4** …になぞらえる. ¶把她~做花 / 彼女を花に例えた. **5**〈比べ合わせて〉 … のとおりにする. ¶~着身材做衣服 / 体に合わせて服を作る. **6**〈得点が〉 … 対 … だ. ¶二~二平局 / 2対2の引き分け. **3**〈名〉割合. 比率. ¶ ~ 与 yǔ 三之~ / 1対3の割合. [姓]

**bǐ**【比】〈比〉1 しばしば. 2 至る所. どこでも.

**bǐbude**【比不得】〈動+可補〉比べものにならない. …のようにはいかない.

**bǐbuguò**【比不过】〈動+可補〉かなわない. 及ばない.

**bǐbuqǐ**【比不起】〈動+可補〉〈力量・学力・財力などが〉足りなくて比べものにならない.

**bǐbushàng**【比不上】〈動+可補〉比べものにならない. 及ばない.

**bǐfang**【比方】1〈名〉たとえ. ¶打~ / たとえる. **2**〈動〉たとえる. **3**〈接続〉たとえば. ¶~说,… / たとえば,…

**bǐfēn**【比分】〈名〉〈体〉得点. スコア.

**bǐfù**【比附】〈動〉〈書〉比較できないものを強いて比べる.

**bǐhua**【比画・比划】〈動〉1 手まねをする. 手振りで話す. 2 腕比べをする.

**bǐjīní**【比基尼】〈名〉〈書〉ビキニ.

**bǐjí**【比及】〈書〉…したときには.

**bǐ//jià**【比价】〈経〉**1**〈動〉〈請負・売買などの〉入札価格を比較する. **2**〈名〉パリティ価格. 2 為替レート.

**bǐjiān**【比肩】〈動〉〈書〉1 肩を並べる. 2 匹敵する.

**bǐ jiān jì zhǒng**【比肩继踵】〈成〉→ **mó jiān jiē zhǒng**【摩肩接踵】

**bǐjiào**【比较】1〈動〉比較する. 比べる. ¶把译文和原文一~下 / 訳文を原文と比較してみる. **2**〈副〉比較的. わりに. ¶ 我家交通~方便 / 私の家は交通のわりに便利だ.

**bǐjiào jiàgé**【比较价格】〈名〉〈経〉不変価格.

**bǐlái**【比来】〈名〉近来.

**bǐlì**【比例】〈名〉1〈数〉比例. 2 割合. 比率. 比重.

**bǐlìchǐ**【比例尺】〈名〉1〈製図道具の〉縮尺,比例尺. 2〈地図などの〉縮尺,比例尺,スケール.

**Bǐlìshí**【比利时】〈地名〉ベルギー.

**bǐlì shuìzhì**【比例税制】〈名〉〈経〉比例税制度.

**bǐliang**【比量】〈動〉1〈物差しを用いずに他のもので大ざっぱに〉寸法をはかる. 2 → **bǐshì**【比试】2

**bǐlín**【比邻】〈書〉1〈名〉近隣. **2**〈動〉近接している.

**bǐlǜ**【比率】→ **bǐzhí**【比值】

**bǐměi**【比美】〈動〉肩зад. 匹敵する.

**bǐmùyú**【比目鱼】〈名〉〈魚〉カレイ・ヒラメ科の海水魚の総称.

**bǐnǐ**【比拟】1〈動〉なぞらえる. 比較する. 2〈名〉比喩.

**bǐnián**【比年】〈書〉1 近年. 2 毎年.

**bǐpèi**【比配】〈動〉つり合う. 似合う.

**bǐpīn**【比拼】〈動〉全力で勝負する.

**bǐqiū**【比丘】〈名〉〈宗〉僧.

**bǐqiūní**【比丘尼】〈名〉〈宗〉尼僧.

**bǐrè**【比热】〈名〉〈物〉比热.

**bǐróng**【比容】〈名〉〈物〉比容. 比体积.

**bǐrú**【比如】〈接続〉たとえば.

**bǐsàbǐng**【比萨饼】〈料理〉ピザ.

**bǐsài**【比赛】1〈動〉試合をする. 競う. 2〈名〉試合. 競技.[场;局;项]

**bǐsè fēnxī**【比色分析】〈名〉〈化〉色度分析.

**bǐsèjì**【比色计】〈名〉〈化〉色度計.

**bǐ shàng bù zú, bǐ xià yǒu yú**【比上不足,比下有余】〈成〉まずまずというところである. 人並みか.

**bǐshì**【比试】〈動〉〈口〉1 腕比べをする. 2〈ある格好を〉やってみる.

**bǐ shǒu huà jiǎo**【比手画脚】〈成〉身振り手振りよろしくしゃべる.

**bǐsuǒ**【比索】〈名〉〈貨幣〉ペソ.

**bǐtè**【比特】〈名〉〈電算〉ビット.

**bǐ//wǔ**【比武】〈動〉武芸を競う.

**bǐxiàqu**【比下去】〈動+方補〉〈…に比べて〉劣る, 引けを取る.

**bǐyìniǎo**［比翼鸟］〈慣〉仲のよい夫婦.

**bǐ yì qí fēi**［比翼齐飞］〈成〉夫婦が伸むつまじい.

**bǐyù**［比喩］**1**名 比喩. たとえ. **2** 動 たとえる.

**bǐzhào**［比照］動 **1** …にならう〔ならって〕. **2** 比較対照する.

**bǐzhě**［比者］名 近ごろ.

**bǐzhí**［比值］名〈数〉比. 比率.

**bǐzhòng**［比重］名 **1** 比重. **2** 比率. 割合.

**bǐzuò**［比作］動 …にたとえる.

## bì bǐ

**bǐdìng**［吡啶］名〈化〉ピリジン.

**bǐluò**［吡咯］名〈化〉ピロール.

## 沘 bǐ 地名用字.

## 妣 bǐ 🅱 亡母. ¶先〜／亡き母.〔祖父母〕／亡き祖母.

## 彼 bǐ 代〔書〕**1** あの. あれ. あちら; その. それ. そちら. ¶由此及〜／次から次へと及んでいく. **2** 相手〔方〕. 彼. ¶知己知〜／おのれを知り相手をも知る.

**bǐ'àn**［彼岸］名〔書〕**1** 向こう岸. **2**〈宗〉彼岸. **3**⟨喩⟩あこがれの国.

**bǐcǐ**［彼此］名 **1**〔書〕両方. 互い. あれとこれ. ¶〜都说得对／どちらの言い分も正しい. **2**（普通は, 繰り返しの形で用いて）お互いさま. ¶你辛苦啦! ——〜〜／どうもご苦労さまーーお互いさまですよ.

**bǐděng**［彼等］代〈書〉彼ら.

**bǐshí**［彼时］名 かの時. 当時.

**bǐ yī shí, cǐ yī shí**［彼一时, 此一时］〈成〉昔は昔, 今は今.

## 秕（粃）bǐ 名 しいな. ¶〜粒儿／秕. 十分実の入っていない穀物.

**bǐgǔ**［秕谷］名 秕.

**bǐkāng**［秕糠］名〈書〉秕とぬか; ⟨喩⟩価値のないもの.

**bǐzi**［秕子］名 秕.

## 笔（筆）bǐ 名 **1** 毛筆・ペン・鉛筆などの総称.〔枝,支〕 **2** 筆画. 字画. ¶"木"字有四一／"木"という字は4画だ.
**2**量 **1**（取引額など）金銭と関係のあるものについていう. ¶一〜存款／ひと口の預金. **2** 書画などについていう. ¶他能写一〜好字／彼は達筆である. **3** 文筆の意で用いる. ¶你给他写封信, 替此我带一〜／彼に手紙を書くなら, 一筆よろしく書き加えてください.

🅱 ① 書き記す. ¶〜代／代筆する. ② 筆法. ¶〜伏/伏線. **3** まっすぐである. ¶〜直. ‖ 姓

**bǐchā**［笔插］名 筆さし.

**bǐchù**［笔触］名〈書〉筆遣い. タッチ; 筆鋒.

**bǐdá**［笔答］動 筆答する.

**bǐ dǐ shēng huā**［笔底生花］〈成〉文章がすばらしい.

**bǐdǐxia**［笔底下］名 文才.

**bǐdiào**［笔调］名 筆致.

**bǐduān**［笔端］名〈書〉筆端. 筆の先.

**bǐfá**［笔伐］動 筆誅（ひっちゅう）を加える.

**bǐfǎ**［笔法］名 筆法. 筆の運び方.

**bǐfēng**［笔锋］名 **1** 筆の穂先. **2** 筆鋒.

**bǐgǎnr**［笔杆儿］名 **1** 筆の軸. **2**⟨喩⟩筆. ペン.

**bǐgǎnzi**［笔杆子］〈慣〉**1** 達筆な人. 文章家. **2** やせっぽち.

**bǐgēng**［笔耕］動 著述や筆写で暮らしをたてる.

**bǐgōng**［笔供］名 供述書.

**bǐ guǎn tiáo zhí**［笔管条直］〈成〉毛筆の軸のようにまっすぐである.

**bǐhuà**［笔画］名 字画. 筆画. ▲"笔划"とも.

**bǐhuì**［笔会］名 ペンクラブ. 文芸サロン.

**bǐjì**［笔记］**1**動 ノートをとる. **2**名 **1** ノート. メモ. 筆記. ¶记〜／メモをとる. **2** 随筆・紀行文など.

**bǐjì**［笔迹］名 筆跡.

**bǐjìběn**［笔记本］名 **1** ノート. 手帳. **2**〈電算〉ノートパソコン.

**bǐjìběn diànnǎo**［笔记本电脑］名〈電算〉ノートパソコン.

**bǐjiā**［笔架］名〔〜儿〕筆置き. 筆掛け.

**bǐjiān**［笔尖］名〔〜儿〕筆の穂先. ペン先.

**bǐjiàng**［笔匠］名 毛筆を作る職人.

**bǐlì**［笔力］名 運筆の勢い.

**bǐlì**［笔立］形 まっすぐに立っている.

**bǐlù**［笔录］動 記録する. **2**名 記録文書;〈法〉調書.

**bǐlù**［笔路］名 **1** 筆法. **2**〔創作の〕構想.

**bǐmáo**［笔毛］名〔〜儿〕筆の穂.

**bǐmào**［笔帽］名〔〜儿〕筆記具のキャップ.

**bǐmíng**［笔名］名 ペンネーム.

**bǐmò**［笔墨］名 文字. 文章.

**bǐmò guānsī**［笔墨官司］〈慣〉（紙上の）論争.

**bǐqiān**［笔铅］名 鉛筆の芯（しん）.

**bǐrùn**［笔润］→**rùnbǐ** 润笔.

**bǐshí**［笔石］名〈古生物〉フデイシ類.

**bǐshì**［笔势］名 **1** 筆勢. **2** 文章の勢い.

**bǐshì**［笔试］動 筆記試験をする.

**bǐshòu**［笔受］動〈書〉（口述された内容を）筆記する.

**bǐshùn**［笔顺］名 筆順.

**bǐsuàn**［笔算］動 筆算する.

**bǐtán**［笔谈］**1**動 **1** 筆談する. **2** 書面で談話と発表する. **2**名（書名に用い）漫筆.

**bǐtào**［笔套］名〔〜儿〕ペンのキャップ. **2** 筆入れ.

**bǐtǐ**［笔体］名 字のくせ. 筆跡.

**bǐtǐng**［笔挺］形 **1**（立っているさまが）ぴんとまっすぐである. **2**（衣服にしわがなく）ぱりっとしている.

## bǐ

bǐtǒng【笔筒】(名)(筒状の)筆立て.
bǐtóur【笔头儿】(名) 1 筆の穂. ペン先. 2 文才.
bǐwù【笔误】(名) 書き誤り.
bǐxǐ【笔洗】(名) 筆洗い.
bǐxià【笔下】(名) 1 → bǐdíxià【笔底下】(名) 2 言葉遣い.
bǐxīn【笔芯·笔心】(名)(鉛筆やボールペンなどの)芯り.
bǐxíng【笔形】(名) 漢字の筆画の形.
bǐxuē【笔削】(動)〈書〉添削する. 加筆する.
bǐyì【笔译】(名)(動) 翻訳する.
bǐyì【笔意】(名) 筆意. 創作の趣向.
bǐyǒu【笔友】(名) ペンフレンド.
bǐzhá【笔札】(名)〈書〉1 筆と紙. 2〈喩〉文章.
bǐzhàn【笔战】(名)(動) 1 文章で論争する. 2 筆戦. 論争.
bǐzhě【笔者】(名)(多く自称に用い)筆者.
bǐzhèng【笔政】(名)新聞·雑誌で重要な論評を行う仕事.
bǐzhí【笔直】(形) まっすぐである.
bǐzhì【笔致】(名)〈書〉筆致. 筆さばり.
bǐ zhuō cí qióng【笔拙词穷】(成) 文章の才が稚拙である.
bǐzī【笔资】(名) 1〈旧〉潤筆料. 執筆料. 2〈書〉文筆の才.
bǐ zǒu lóng shé【笔走龙蛇】(成) 筆勢が生き生きとして力強い;達筆である.

## 俾

bǐ【俾】〈書〉(動)…するようにさせる. ¶~众周知 / 周知徹底させる.

## 鄙

bǐ【鄙】(形) 1 卑しい. 下品である. ◇卑bēi~ / 下劣である. ②私めの…. ¶~见. ③軽んずる. ¶~~夷yí. ④片田舎. ¶~边~/辺鄙（ぴ）な(所).
bǐbó【鄙薄】〈書〉1(動) さげすむ. 2(形)〈謙〉浅はかである.
bǐchēng【鄙称】(名)(動) 1 軽蔑して称する. 2(名) 蔑称.
bǐfū【鄙夫】(名)〈書〉1 小人(しょうじん). 2〈謙〉私め. 小生.
bǐjiàn【鄙见】(名)〈謙〉愚見.
bǐlí【鄙俚】(形)〈書〉粗野である. 俗っぽい.
bǐliè【鄙劣】(形)〈書〉下卑ている.
bǐlìn【鄙吝】(形) 1 卑吝である. 2 しみったれている.
bǐlòu【鄙陋】(形) 見識が狭い.
bǐqì【鄙弃】(動) さげすむ.
bǐrén【鄙人】(名) 1〈書〉田舎者. 2〈謙〉小生. 私め.
bǐshì【鄙视】(動) 軽蔑する.
bǐsú【鄙俗】(形) 俗っぽい.
bǐxiào【鄙笑】(動) せせら笑う.
bǐyě【鄙野】(形) 野卑である.
bǐyí【鄙夷】(動)〈書〉軽蔑する.
bǐyì【鄙意】(名)〈謙〉愚意. 愚考.

## 币(幣)

bì ☉(名) 貨幣. 通貨. ¶硬~ / 硬貨. ¶人民~ / 人民元.
bìshì【币市】(名) 古銭市場の相場.
bìzhí【币值】(名) 貨幣価値.
bìzhì【币制】(名) 貨幣制度.

## 必

bì【必】〈書〉1(副) 必ず. きっと. 2 必ず…ばならない. ‖(姓)
bìbèi【必备】(形) 必需の. 必須の. 必携の.
bibiboboo【必剥剥】(擬)(燃えてはじける音)ぱちぱち.
bì bù kě shǎo【必不可少】(成) 必要不可欠である.
bìdāng【必当】(副) 必ず(…であろう).
bìděi【必得】 どうしても…しなければならない.
bìdìng【必定】(副) きっと. 必ず. まちがいなく. ¶只要努力, ~成功 / 努力さえすれば必ず成功する.
bì gōng bì jìng【必恭必敬】→ bì gōng bì jìng【毕恭毕敬】
bìjiāng【必将】(副) 必ず…だろう.
bì jīng zhī lù【必经之路】(成) 避けて通ることのできない道.
bìrán【必然】 必然的な(に). 必ず. ¶~(的)结果 / 必然的結果. ¶他听了一会高兴 / 彼は聞いたらきっと喜ぶだろう.
bìrán wángguó【必然王国】(名)〈哲〉必然の王国.
bìránxìng【必然性】(名) 必然性.
bìshèng【必胜】(動) 必ず勝つ.
bìxiū【必修】(動) 必修する.
bìxū【必须】(副) …しなければならない. ¶我今天一早点儿回去 / 私はどうしてもきょう早めに帰らなければいけない.
bìxū【必需】(動) 必要とする.
bìxūpǐn【必需品】(名) 必需品.
bìyào【必要】(形) 必要である.
bìyào chǎnpǐn【必要产品】(名)〈経〉必要生産物.
bìyào láodòng【必要劳动】(名)〈経〉必要労働.
bì yóu zhī lù【必由之路】→ bì jīng zhī lù【必经之路】

## 毕(畢)

bì 1(動)〈書〉終わる. 完了する. 2(副)〈書〉完全に. すべて. 3(名)(二十八宿の)あめふりぼし. ‖(姓)
bìbìbōbō【毕剥剥】→ bibiboboo
Bǐdágélāsī【毕达格拉斯】(人名) ピタゴラス.
bì gōng bì jìng【毕恭毕敬】(成) きわめて丁寧である.
bìjìng【毕竟】(副) 結局. つまり. さすがに. ¶不管怎么说, 这样做~不好 / なんと言おうが, そうするのはよくないことのようだ. ¶~他还是个孩子, 不明白这些道理 / 彼は結局はまだ子供だからこの理屈がわからない.
bìlù【毕露】(動) すっかり露呈する.
bìmìng【毕命】(動)〈書〉命を落とす.
bìshēng【毕生】(名) 一生. 終生. 畢生(ひっせい).
bìxiào【毕肖】(動) 酷似する.

**bì//yè**【毕业】[動] 卒業する。¶〈从〉大学～/大学を卒業する。

**闭 bì**【閉】[動]（目・口などを）閉める。閉じる。¶～上眼/目を閉じる。
❶ふさがる。詰まる。¶～~塞sè。②終わる。¶～~经。||[姓]

**bìguān**【闭关】[動] ❶ 門を閉じる。2〈仏〉こもって仏法を修行する。

**bì guān zì shǒu**【闭关自守】[成]鎖国である。閉鎖的である。

**bìguǎn**【闭馆】[動]閉館する。

**bìhé**【闭合】[動]（回路を）閉じる〔てつなぐ〕。電流を通じる。

**bìhuì**【闭会】[動]閉会する。

**bìjiàshì**【闭架式】[名]〔図書館の〕閉架式。

**bìjīng**【闭经】[動]閉経する。

**bìjuàn**【闭卷】[動] 本を閉じる。

**bìjuàn kǎoshì**【闭卷考试】[名]ノート・辞典などを持ち込まない方式の試験。

**bì/kǒu**【闭口】[動] 口をつぐむ。

**bìlù diànshì**【闭路电视】[名] 有線テレビ。

**bìménggēng**【闭门羹】[慣] 門前払い。¶吃了个～/門前払いを食わされた。

**bì mén sī guò**【闭门思过】[成] 家にこもって反省し謹慎する。

**bì mén zào chē**【闭门造车】[成] 客観的状況を考慮せず主観だけにたよって物事を行う。

**bì/mù**【闭幕】[動] ❶ 閉会する。2（芝居が）はねる。

**bì mù sè tīng**【闭目塞听】[成] 現実を直視しようとしない。

**bì mù yǎng shén**【闭目养神】[成] 目を閉じて心を休める。

**bì/qì**【闭气】[動] ❶ 気を失う。❷ 息を殺す。息を詰める。

**bìsè**【闭塞】❶[動] 詰まる。ふさがる。❷[形] ❶（交通が）不便である。へんぴである。❷ 情報が疎い。❸（文化や風俗の）開けていない。

**bì/shì**【闭市】[動] 店じまいする。

**bìsuǒ**【闭锁】[動] ❶（ある体系が外界に対し）閉鎖する。❷（旧）（医）弁膜などがふさがる。

**bì/yǎn**【闭眼】[動] ❶ 目を閉じる。❷（転）見て見ぬふりをする。❸ 死ぬ。

**bìyuányīn**【闭元音】[名]〈語〉狭母音。

**bì yuè xiū huā**【闭月羞花】[成] 非常に美しい女性。

**bì/zuǐ**【闭嘴】[動] 口をつぐむ。黙る。

**庇 bì**【庇】[動] おおう。かばう。¶包～ / かばう。

**bìhù**【庇护】[動] 庇護する。かばう。

**bìhùquán**【庇护权】[法] 庇護権。

**bìyìn**【庇荫】[動]〈書〉（樹木が）日陰をつくる。（喩）かばう。

**bìyòu**【庇佑】[動] 加護する。

**诐 bì**[形]〈書〉正しくない。

**畀 bì**[動]〈書〉与える。授ける。¶～以重任/重任を授ける。

**泌 bì** 地名用字。||[姓] 異読⇒**mì**

**贲 bì**[形]〈書〉きれいに飾られている。異読⇒**bēn**

**bìlín**【贲临】[動]〈書〉ご光臨。ご来駕。

**荜**【蓽】[名] ❶

**bìbō**【荜拨】[名]〈植〉ヒハツ；〈中薬〉蓽茇bá。

**毖 bì**【毖】[動]〈書〉慎む。戒める。⇒**chéng qiān bì hòu**【惩前毖后】

**哔**【嗶】 **bì** ❶

**bìjī**【哔叽】[名]〔織物の〕サージ。

**陛 bì**[名]〈古〉宮殿の階段, きざはし。

**bìjiàn**【陛见】[動]〈書〉皇帝に謁見する。

**bìxià**【陛下】[名] 陛下。

**毙**【斃】 **bì** ❶[動] ❶〈口〉銃殺する。❷〈俗〉（原稿を）没（mò）にする。
▶死ぬ, たおれる。¶路～ / 行き倒れになる。

**bìmìng**【毙命】[動]〈貶〉死ぬ。

**bìshāng**【毙伤】[動] 殺傷する。

**铋 bì**[名]〈化〉ビスマス。蒼鉛。Bi。

**秘**（祕）**bì**[音訳語に用いる]||[姓] 異読⇒**mì**

**Bìlǔ**【秘鲁】[名]〈地名〉ペルー。

**狴 bì** ❶

**bì'àn**【狴犴】[名]〈書〉狴犴（àn）;（喩）牢獄。

**萆 bì**

**bìxiè**【萆薢】[名]〈植〉ヒカイ。

**庳 bì**[書] 低い。くぼんでいる。
▶**bēi**とも発音される。¶宫室～ / 建物が低い。

**敝 bì** ❶[形] ❶ 破れた。ぼろぼろの。¶～衣 / ぼろぼろの服。❷〈謙〉私めの。私どもの。¶～公司 / 弊社。~姓〈姓〉/ 私の姓は…と申します）。

**bìchù**【敝处】[名]〈謙〉❶ 私のところ。❷ 私の郷里。

**bìdōng**【敝东】[名]〈谦〉〈弊店〉の主人。

**bìguó**【敝国】[名]〈谦〉わが国。

**bìhào**【敝号】[名]〈旧〉〈谦〉弊店。

**bìqīn**【敝亲】[名]〈谦〉私の親戚。

**bìrén**【敝人】[名]〈谦〉私。

**bìxǐ**【敝屣】[名]〈書〉破れ靴；（喩）一文の値うちもないもの。

**bìxiào**【敝校】[名]〈谦〉本校。

**bìyǒu**【敝友】[名]〈谦〉私の友人。

**bìyì**【敝邑】[名]〈谦〉拙宅。

**bì zhǒu zì zhēn**【敝帚自珍】[成] 自分のものはつまらない物でも大事に思える。

**bìzú**【敝族】[名]〈谦〉自分の一族。

**婢 bì**[名] はしため。¶奴nú～ / 下男と下女。

**bìnǚ**【婢女】[名]〈旧〉下女。

**赑 bì** ❶

**bìxì**【赑屃】[名] ❶[動] 盛んに力を出

**bì**

**笓**(篦) **bì** 【名】柴または竹で編んだ垣根、または垣根状のもの.
**bìlí**【笓篱】〈方〉→**bìlí**[笆篱]
**bì lù lán lǚ**【笓路蓝缕】〈成〉創業時の困難.

**蓖 bìmǎ**【蓖麻】【名】1〈植〉トウゴマ、トウダイグサ科の植物. ¶~子/ひまし.トウゴマの種子. 2 ひまし油.
**bìmáyóu**【蓖麻油】【名】ひまし油.

**跸**(蹕) **bì** 【名】〈書〉(帝王が行幸するときの)先払い. 露払い.

**痹**(痺) **bì**【動】肢体の痛みやしびれ. ¶麻~/麻痺(まひ)する.

**滗**(潷) **bì**【動】(かすや浮いているものを残して液体だけを)こし出す、しぼり出す.

**裨 bì**【形】益する. ¶无~于事 yú shì/何の役にも立たない.
**異読⇒pí**

**bǐbǔ**【裨补】【動】〈書〉補う.
**bìyì**【裨益】【名】〈書〉益する.

**辟 bì**【動】1〈古〉(帝王が)召して官職を授ける. 【注 jī bì】に同じ.
❶【君主、寵~/復辟(ふくへき)する.
②払い除く. ¶~~邪. 【姓】
**異読⇒pì, pǐ**

**bìgǔ**【辟谷】【動】(道教で仙人になるため)穀物を断つ修行をする.
**bì/xié**【辟邪】【動】魔よけをする.
**bìyì**【辟易】【動】退いて避ける.

**碧 bì**【名】〈書〉青玉(あおだま).
**【**①【青緑色. ¶~草如茵 yīn/緑の草がしとねのようだ. 【姓】
**bìbō**【碧波】【名】青い波.
**bìhǎi**【碧海】【名】青海原.
**bìkōng**【碧空】【名】青空.
**bìlán**【碧蓝】【形】紺碧の.
**bìlǜ**【碧绿】【形】青緑である. エメラルドグリーンの.
**bìluóchūn**【碧螺春】【名】ビールオチュン. ▶高級緑茶の品種.
**bìluò**【碧落】【名】〈書〉碧落(きへきらく).
**bìsēnsēn**【碧森森】【形】(~的)青々としている.
**bìtáo**【碧桃】【名】〈植〉ヘキトウ.
**bìwǎ**【碧瓦】【名】瑠璃瓦(るりがわら).
**bìxiāo**【碧霄】【名】〈書〉青空.
**bìxuè**【碧血】【名】〈書〉正義のために流した血.
**bìyōuyōu**【碧油油】【形】(~的)緑したたるようである.
**bìyù**【碧玉】【名】碧玉である.

**蔽 bì**【動】おおう. さえぎる. ¶遮风 / おおい隠す.
**bìfēi**【蔽日】【形】〈書〉(木の幹や葉が)とても小さい.
**bìsè**【蔽塞】→**bìsè**[闭塞]

**bìzhàng**【蔽障】【動】〈書〉隠蔽する.

**算 bì**○
**bìzi**【算子】【名】簧(ふ). 簧子(ふご).

**弊 bì**【名】①不正行為. ¶作~/カンニングをする. ②弊害. 欠点. ¶~多利少/弊害が多くて利点が少ない.
**bìbìng**【弊病】【名】弊害. 欠点.
**bìduān**【弊端】【名】弊害. 不正行為.
**bìhài**【弊害】【名】弊害.
**bì jué fēng qīng**【弊绝风清】〈成〉汚職などの不正がなく政治がよい.
**bìzhèng**【弊政】【名】悪政.

**薜 bì**○ 【姓】
**bìlì**【薜荔】【名】〈植〉オオイタビ.

**霧 bì**
**bìlì**【霧霧・霧霧】【名】〈音〉篳篥(ひちりき).

**篦 bì**【動】すき櫛(ぐし)ですく. ¶~头/すき櫛で髪をすく.
**bìzi**【篦子】【名】すき櫛.

**壁 bì**【名】〈二十八宿の〉なまえぼし.
**壁 bì**【名】①壁; 壁のようなもの. ¶铜墙铁~/金城鉄壁. ②壁. ¶堅壁. ¶→~上観. ③絶壁. ¶悬崖峭qiào~/断崖絶壁.
**bìbào**【壁报】【名】壁新聞.
**bìbù**【壁布】【名】クロス. 壁紙.
**bìchú**【壁橱】【名】作り付けの戸棚. クローゼット.
**bìdēng**【壁灯】【名】壁付け灯.
**bìguà**【壁挂】【名】織物の壁掛け.
**bìhǔ**【壁虎】【名】〈動〉ヤモリ.
**bìhuà**【壁画】【名】壁画.
**bì lěi sēn yán**【壁垒森严】〈成〉水も漏らさぬ守り. ¶2 境界がはっきりしている.
**bìlì**【壁立】【動】壁のように切り立つ.
**bìlú**【壁炉】【名】壁付き暖炉、ペーチカ.
**bìqián**【壁钱】【名】〈動〉ヒラタグモ.
**bìqiú**【壁球】【名】〈体〉スカッシュ.
**bìshàngguān**【壁上观】【名】高みの見物.
**bìshī**【壁虱】【名】〈虫〉1 ダニ. 2〈方〉ナンキンムシ.
**bìshì**【壁饰】【名】壁飾り.
**bìtǎn**【壁毯】【名】タペストリー.
**bìxiāng**【壁厢】【名】〈近〉(この)あたり. (あの)へん.
**bìzhàng**【壁障】【名】障壁. 壁.
**bìzhǐ**【壁纸】【名】壁紙.
**bìzhōng**【壁钟】【名】掛け時計.

**避 bì**【動】1 避ける. ¶~雨/雨宿りをする. 2 防ぐ. ¶不~嫌疑/嫌疑のかかるのを恐れない.
**bìdànkēng**【避弹坑】【名】〈軍〉避弹壕. たこつぼ.
**bìdànyī**【避弹衣】【名】防弾チョッキ.
**bì/fēng**【避风】【動】1 風を避ける. 2 風当たりを避ける.
**bìfēnggǎng**【避风港】【名】避難港;

## bian

〈喩〉逃げ場.避難所.
- **bì/huì**[避讳]動〈旧〉君主や祖先の忌み名を避ける.
- **bìhuì**[避讳]動 忌み避ける.タブーとする.
- **bìjì**[避忌]動→bìhuì[避讳]
- **bì kēng luò jǐng**[避坑落井]〈成〉一難去ってまた一難.
- **bìléiqì**[避雷器]名 避雷器.
- **bìléizhēn**[避雷针]名 避雷針.
- **bì/luàn**[避乱]動 戦乱を避け避難する.
- **bìmāoshǔ**[避猫鼠]〈慣〉おどおどした(胆の小さい人間).
- **bìmiǎn**[避免]動 避ける.免れる.防止する.¶错误谁也～不了/過ちをはだれしも避けられない.
- **bì nán jiù yì**[避难就易]〈成〉困難を避け,易きにつく.
- **bì/nàn**[避难]動 避難する.
- **bì qí ruì qì, jī qí duò guī**[避其锐气,击其惰归]〈成〉敵の疲れを待って襲いかかる.
- **bìràng**[避让]動 避けて譲る.
- **bì shí jiù xū**[避实就虚]〈成〉敵の主力を避け手薄なところを攻撃する.
- **bìshì**[避世]動〈書〉隠棲する.
- **bì/shǔ**[避暑]動 1 避暑する. 2 暑気当たりを防ぐ.
- **bìshuì**[避税]動〈経〉租税回避する.節税する.
- **bìshuìgǎng**[避税港]名〈経〉タックスヘイブン.
- **bìwényóu**[避蚊油]名 蚊よけ用の油.
- **bì/xián**[避嫌]動 嫌疑を避ける.
- **bì/xié**[避邪]動 魔よけをする.
- **bì/yùn**[避孕]動 避妊する.
- **bì/zhài**[避债]動 借金取りから逃げる.
- **bì zhòng jiù qīng**[避重就轻]〈成〉重要な点を避け枝葉を取り上げる;きつい仕事を避けて楽な仕事をする.

**嬖** **bì** 動〈書〉寵愛(ちょうあい)する.寵愛される.¶～爱/寵愛する.¶～妾qiè/愛妾.¶～臣/寵臣.

**髀** **bì** ❶動 1 腿(もも). 2 大腿骨.

- **bì ròu fù shēng**[髀肉复生]〈成〉髀肉(ひにく)の嘆.

**濞** **bì** 地名用字.

**臂** **bì** ❶動→bei **異読**→bei ¶左～/左腕.

- **bìbǎng**[臂膀]名 1 腕. 2〈喩〉助手.
- **bìbó**[臂膊]名〈方〉腕.
- **bìlì**[臂力]名 腕力.
- **bìshā**[臂纱]名 喪章.
- **bìzhāng**[臂章]名 腕章.
- **bìzhù**[臂助]〈書〉❶動 手助けする. 2名 助手.

**璧** **bì** ❶ 1 璧(き). 2 玉(ぎょく)の通称. ¶白～/白玉. ¶白~. 玉.

- **bìhuán**[璧还]動〈書〉(贈り物を辞退し;借りたものを)そのまま返却する.
- **bìxiè**[璧谢]動 丁寧に辞退して

物を返す.

**襞** **bì** 名 1〈古〉ひだ.衣服のしわ. 2〈生理〉胃壁や腸壁などのひだ.

## bian (ㄅㄧㄢ)

**边** (邊) **biān** ❶ 1 (～儿)へり.ふち. ¶金～/金ぶち. 2 (～儿)物の周囲. ¶湖 hú~/湖のほとり. 3〈数〉辺. ❷名 脇.¶…しながら～する. ⇒ biān~ biān~…[边~边~]. ❸接尾 1 (～儿)(方位詞を構成し)~の方.¶上~/上の方.¶东~/東の方.

🈶 ❶限界.境. ¶一～界. ❷果て. ¶一～际jì. 2 そば.かたわら. ¶身~/身の回り,手元. ¶一~儿半~儿/片一方. ¶姓

- **biān'ài**[边隘]名〈書〉辺境の要害.
- **biān'àn**[边岸]名 岸辺.
- **biānbǐ**[边鄙]名〈書〉辺鄙(かた)な所.
- **biānbì**[边币]名〈書〉辺区政府が発行した流通紙幣.
- **biān~…biān~…**[边~…边~…]〈型〉～しながら～する. ¶咱们一走一谈吧/歩きながら話そう.
- **biānbiānjiǎojiǎo**[边边角角]名 隅っこ.
- **biāncái**[边裁]名〈体〉ラインズマン.
- **biānchéng**[边城]名 辺境の都市.
- **biānchuí**[边陲]名〈書〉辺境地.
- **biāndì**[边地]名 辺境の地.
- **biānfáng**[边防]名 国境の警備.
- **biānfēng**[边锋]名〈体〉ウイングフォワード.
- **biānfú**[边幅]名〈書〉身なり.
- **biāngōng**[边功]名〈書〉国境で立てた戦功.
- **biāngǔ**[边鼓]→qiāo biāngǔ[敲边鼓]
- **biānguān**[边关]名 国境の要衝.
- **biānjì**[边际]名 際限.果て.
- **biānjì chéngběn**[边际成本]名〈経〉限界費用.
- **biānjiǎn**[边检]名 出入国審査をする.
- **biānjiāng**[边疆]名 **辺境**.国境地帯.
- **biānjiǎoliào**[边角料]名 切れ端.
- **biānjiè**[边界]名 **境界**.境.
- **biānjìng**[边境]名 **辺境.国境地帯**. ¶～检查站/国境検問所.
- **biānjìng màoyì**[边境贸易]名 国境貿易.辺境地帯での貿易.
- **biānkuǎn**[边款]名 印鑑の側面や上端に彫りつけた文字や図案.
- **biānkuàng**[边框]名 (~儿)(額や鏡の)ふち,枠.
- **biānmào**[边贸]名 国境貿易.
- **biānmén**[边门]名 通用門.
- **biānmín**[边民]名 国境の住民.
- **biānqiǎ**[边卡]名 境界線の検問所.
- **biānqū**[边区]名〈史〉辺区(省境にある革命根拠地).

## biān

**biānsài**【边塞】[名] 国境の要塞.
**biānshì**【边事】[名]〈書〉辺境の事態.
**biānshì**【边式】[形] 1〈方〉(身なり・スタイルが) スマートである. 2〈演技が) あかぬけている.
**biānwù**【边务】[名] 辺境地帯の防衛問題.
**biānxiàn**【边线】[名]〈体〉サイドライン;ファウルライン;タッチライン.
**biānyán**【边沿】[名] 周り,端.周辺.
**biānyì**【边邑】[名]〈書〉辺境の町.
**biānyīn**【边音】[名]〈語〉側音.
**biānyuán**【边缘】[名] ふち. へり. 境目;瀬戸際.
**biānyuánhuà**【边缘化】[動] 周辺化する. 重要でない立場に追いやる.
**biānyuán kēxué**【边缘科学】[名](生物物理学などの) 学際科学.
**biānyuánrén**【边缘人】[名] 重要でない立場にある人.
**biānyuǎn**【边远】[形] 遠い辺境の.
**biānzhài**【边寨】[名] 辺境の村.
**biānzhèn**【边镇】[名] 辺境地帯の町.

砭 **biān**【砭】[名] 石針(で治す). ¶ 针 ~ /人の過ちを指摘し, 正す.
**biāngǔ**【砭骨】[形] (寒さや痛みが) 骨にしみる.
**biānshí**【砭石】[名]〈古〉医療用の石針や石片.

笾（籩） **biān**【笾】[名]〈古〉(祭祀の供物に用いた竹で編んだ)高杯(たかつき).

蓖 **biānO**
**biānxù**【萹蓄】[名]〈植〉ニワヤナギ.

编 **biānO**
**biān**【编】❶[動] 1 (ひもなどを)編む. ¶ ~竹笼 / かごを編む. 2 (一定の順序に)配列する. 編成する. 3 把他~在我们班 / 彼を私たちのクラスに入れる. 编辑する. ¶ ~杂志 / 雑誌を編集する. 4 (歌・脚本などを) 創作する. ¶ ~剧本 / 脚本を書く. 5 でっち上げる. 捏造(ねつぞう)する. ❷[名] 編. ¶ 后~/後編. ¶ 第二~/第2編.
**H** 定员. 编制. ¶ 超~/定员をオーバーする. ［姓］
**biān/bái**【编白】[動] うそを言う.
**biānchéng**【编程】[名]〈電算〉プログラミング.
**biāncì**【编次】[動] 一定の順序によって配列する. 2[名] 配列の順序.
**biāncòu**【编凑】[動] 寄せ集めて作り上げる.
**biāndǎo**【编导】[動] 1 脚色と演出をする. 2[名] 脚色演出家.
**biāndìng**【编订】[動] 編纂(へんさん)校訂する.
**biān/duì**【编队】[動] 隊を編成する.
**biānfā**【编发】[動] 編集し送る.
**biān/hào**【编号】[動] 番号をつける. 2[名] 通し番号. 整理番号.
**biān/huǎng**【编谎】[動] うそをつく.
**biānjí**【编辑】[動] 編集する. 2[名] 編集者.

**biānjiào**【编校】[動] 編集校訂をする.
**H**【编校】編む.
**biān/jù**【编剧】 1[動] シナリオなどを書く. 2[名] シナリオライター.
**biānliè**【编列】[動] 分類して編集する.
**biānliè**【编列】[動] 編成する. 2 規模や計画などを立て, それにかかわる項目を編む.
**biānlù**【编录】[動] 採録し編集する.
**biān/mǎ**【编码】[動] 1 コーディングする. 2[名] コード.
**biān/mù**【编目】[動] 図書目録を作成する. 2[名] 図書目録.
**biānnèi**【编内】[形] 編制内の.
**biānnián**【编年】[動] 年代順に編集する.
**biānniántǐ**【编年体】[名] 編年体.
**biānpái**【编排】[動] 1 割りつける. 編成する. 2 色どりリハーサルをする.
**biānpài**【编派】[動]〈方〉中傷する.
**biānqiān**【编遣】[動] 編制替えして減員する.
**biānqìng**【编磬】[名]〈音〉編磬(へんけい). ▶古代の打楽器.
**biānrù**【编入】[動] 編入する.
**biānshěn**【编审】[動] 1 編集審査をする. 2[名] 編集定者者. ▶編集で最上位の職階色.
**biān/shū**【编书】[動] 書物を編集する.
**biānwài**【编外】[形] 定員外の. ¶~人员 / 定員外のメンバー.
**biānwěi**【编委】[名]〈略〉編集委員.
**biānwǔ**【编舞】[動] 踊りの振り付けをする. 2[名] 振付師.
**biān/xì**【编戏】[動] 戯曲を書く.
**biānxiě**【编写】[動] 1 編集する. 2 創作する.
**biānxiū**【编修】 1[動]〈書〉編纂する. 2[名]〈古〉編修. ▶官職名.
**biānxuǎn**【编选】[動] えり抜き編集する.
**biānyǎn**【编演】[動](劇などを)作り演出する.
**biānyì**【编译】 1[動] 翻訳編集する. 2[名] 編集翻訳者. 2[名]〈電算〉コンパイル.
**biānyìn**【编印】[動] 編纂して出版する.
**biānyú**【编余】[動] 余剰の. 定員外の.
**biānzào**【编造】[動] 1 (表などを)作成する. 2 想像によって作り出す. 3 でっち上げる.
**biānzhě**【编者】[名] 編者. 編集人.
**biānzhě'àn**【编者按】[名] 編者の言葉. ▲"编者案"とも.
**biānzhī**【编织】[動] 編む. 織る.
**biānzhì**【编制】❶[動] 1 編む. 編んで作る. 2 編成する. 制定する. ¶~预算 / 予算を編成する.
❷[名] (組織の) 定員と構成.
**biānzhōng**【编钟】[名]〈音〉編鐘(へんしょう). ▶古代の打楽器.
**biānzhù**【编著】[動] 編著する.
**biānzhuàn**【编撰】[動] 編纂する.
**biānzhuì**【编缀】[動] 1 編んで作る. 2 編集して本にする.

biān/zǔ【编组】[动]1 組み分けをする. 2〈鉄道〉列車を編成する.

biānzuǎn【编纂】[动]編纂(さん)する.

煸 biān〈料理〉下ごしらえとして、野菜や肉などを短時間いためる.

蝙 biān❶

biānfú【蝙蝠】[名][动]コウモリ.

biānfúshān【蝙蝠衫】[名]バットウィングスリーブのブラウス.

鳊 (鯿) biān[名]〈魚〉ヒラウオ.

鞭 biān❶[名]1 むち. 2〈口〉連発式の爆竹.
❷【鞭】[动]むちで打つ.
日①むち状のもの. ¶教(jiào)～/教鞭. ②〈食用・薬用の〉動物の陰茎.
❸【鞭】[动](自分に)むちで打つ. 励ます.

biān cháng mò jí【鞭长莫及】(成)力量不及や情勢から思うにまかせない.

biānchī【鞭笞】→biāndǎ【鞭打】

biānchūn【鞭春】[动]立春で豊作を祈願して張りぼての牛をむちで打つ行事.

biāndǎ【鞭打】[动]むちで打つ.

biān dǎ kuài niú【鞭打快牛】(成)褒賞すべき人をかえって酷使する.

biāngǎn【鞭杆】[名](～儿)むちの柄.

biānhén【鞭痕】[名]みみずばれ.

biānmáo【鞭毛】[名]〈生〉鞭毛(もう).

biānmáochóng【鞭毛虫】[名][动]鞭毛虫類.

biānmáozǎo【鞭毛藻】[名]〈植〉鞭毛藻類.

biānpào【鞭炮】[名]1 爆竹の総称. 2 連発式の爆竹.

biān pì rù lǐ【鞭辟入里】(成)文章が透徹していて的をとらえている.

biānshāo【鞭梢】[名](～儿)むちの先につける革のひも.

biānshī【鞭尸】[动]〈書〉屍(しかばね)をむち打つ.

biāntà【鞭挞】[动]1〈書〉むち打つ. 2〈喩〉酷評する.

biānzi【鞭子】[名]むち.

贬 biǎn[动]けなす. おとしめる. ¶他并没有～你的意思/彼にはあなたをけすつもりは毛頭ない.
日〈官位・価値などを〉下げる, 落とす. ¶～价/値下げする.

biǎnchì【贬斥】[动]1〈書〉官位を下げる. 2 おとしめて排斥する.

biǎnchù【贬黜】[动]左遷する. 罷免する.

biǎncí【贬词】[名]貶義(ぎ)語.

biǎndī【贬低】[动](わざと人や物を)低く評価する.

biǎn/guān【贬官】[动]官位を落とす.

biǎnsǔn【贬损】[动]けなす.

biǎnyì【贬义】[名]けなす意味あいの. 貶義(ぎ).

biǎnyì【贬抑】[动]見くびり抑えつける.

biǎnzé【贬责】[动]過ちをとがめる.

biǎnzhé【贬谪】[动]〈書〉左遷する.

biǎnzhí【贬值】[动]1〈経〉平価切り下げを行う. 2 価値が下がる.

biǎnzhí【贬职】[动]降職する.

窆 biǎn[动]〈書〉埋葬する.

扁 biǎn[形]偏平である. ぺしゃんこである. ‖[日]異読☞piān

biānbiàn【扁扁】[名]〈植〉コノテガシワ.

biǎnchǎn【扁铲】[名]平鑿(のみ).

biǎnchóng【扁虫】[名][动]渦虫(うずむし)類.

biǎncuò【扁锉】[名]平やすり.

biǎn dàn méi zhā, liǎng tóu dǎ tā【扁担没扎，两头打塌】(成)虻蜂取らず.

biǎndan【扁担】[名]てんびん棒.

biǎndanxīng【扁担星】[名]〈天〉彦星とその近くにある小さな星の俗称.

biǎndòu【扁豆】[名]〈植〉1 フジマメ. 2〈方〉インゲンマメ.

biǎngǔ【扁骨】[名]〈生理〉偏平骨.

biǎn(juǎn)luó【扁(卷)螺】[名]〈动〉ヒラマキガイ.

biǎnlǜ【扁率】[名]〈数〉偏平率.

biǎnpíng【扁平】[形]偏平である.

biǎnpíng diànlǎn【扁平电缆】〈電算〉フラットケーブル.

biǎnpíngzú【扁平足】[名]〈医〉偏平足. ▶"平足"とも.

biǎnshi【扁食】[名]〈方〉ギョーザ; ワンタン.

biǎntáo【扁桃】[名]1〈植〉アーモンド. ハタンキョウ. 2〈中薬〉巴旦杏(きょう). 3〈方〉→pántáo【蟠桃】

biǎntáotǐ【扁桃体】[名]〈生理〉扁桃腺(せん). ▶"扁桃腺"とも.

biǎnxíng dòngwù【扁形动物】[名][动]扁形動物.

biǎnyuán【扁圆】[形]丸くて平たい. 2 名楕円.

匾 biǎn[名]1 額. 扁額(がく). 2〈方〉竹で編んだ底が浅くて平たい大きなざる.

biǎn'é【匾额】[名]〈書〉扁額.

碥 biǎn[名]1 水辺に斜めに突き出た岩. 2 地形の険しい所にある石段.

稨 biǎn❶

biǎndòu【稨豆】→biǎndòu【扁豆】

褊 biǎn[形]〈書〉狭い.

biǎnjí【褊急】[形]度量が狭く気短である.

biǎnxiá【褊狭】[形]狭い. 偏狭である.

藊 biǎn❶

biǎndòu【藊豆】→biǎndòu【扁豆】

卞 biàn[古]1 短気である. ¶~急/気短である.

弁 biàn[名]〈古〉冠.
日下級の武官. ¶武～/軍人.

biànyán【弁言】[名]〈書〉前書き. 序文.

## biàn

**苄** biàn ⓞ

**biànjī**【苄基】名〈化〉ベンジル基.

**抃** biàn【動】〈書〉(喜んで)手をたたく. ¶~舞／手をたたいて舞う.

**汴** biàn 河南省開封市.

**忭** biàn【動】〈書〉喜ぶ. ¶不胜欢~／喜びに堪えない. ¶~跃 yuè／小躍りして喜ぶ.

**变**(變) biàn【動】1 変わる. 変化する. …になる. 2 (…を…に)変える. 改める. 3 売って金に換える. 換金する. ¶把首饰拿出来~了钱／装身具を出して金に換えた. 4【手品・魔術を】行う.
❶【動】①事変. 事件. ¶政~／政変. ②機転を利かす. ¶~～通 tōng. ③変わり得る. ¶~～数shù.

**biàn bǎixì**【变把戏】【動】手品をする.

**biàn běn jiā lì**【变本加厉】【成】前よりいっそうひどくなる.

**biàn/chǎn**【变产】【動】財産を売って現金に換える.

**biàn/chéng**【变成】【動+結補】…に変わる. 変える. ¶理想～现实／夢が現実になる.

**biàndàn**【变蛋】名【料理】ピータン.

**biàndiànzhàn**【变电站】名〈電〉変電所.

**biàn/diào**【变调】【動】1【語】変調する. 2【音】移調する.

**biàndòng**【变动】【動】1 変動する. 移動(異動)する. 2 変更する. 修正する.

**biàn/fǎ**【变法】【動】〈史〉法律や制度を変える.

**biàn/fǎ'r**【变法儿】【動】工夫をめぐらす. 手を替え品を変え.

**biàngé**【变革】【動】変革する.

**biàngēng**【变更】【動】変更する.

**biàngù**【变故】【動】思わぬ出来事. 災変.

**biàn/guà**【变卦】【動】〈貶〉心変わりする.

**biànhuà**【变化】【動】変化する. ¶情况发生～／情勢が変わる.

**biànhuàn**【变幻】【動】目まぐるしく変化する.

**biànhuàn**【变换】【動】切り替える.

**biànjià**【变价】【動】時価に換算する.

**biàn/jié**【变节】【動】変節する. 寝返る.

**biànjú**【变局】名 非常事態.

**biànkǒu**【变口】【動】(北方の演芸で)各地の方言を操る.

**biàn/liǎn**【变脸】【動】1 がらりと態度を変える. 2 (伝統劇の技の一)隈のくまどりを一瞬のうちに変化させる.

**biànliàng**【变量】名〈数〉変量. 変数.

**biànliúqì**【变流器】名〈電〉交流器.

**biànluàn**【变乱】【動】1 戦乱. 戦乱. 騒乱. 2〈書〉変更して混乱させる.

**biànmài**【变卖】【動】売り払って金に換える.

**biànpín**【变频】【動】〈電子〉周波数を変換する.

**biànqiān**【变迁】【動】移り変わる.

**biàn/sè**【变色】【動】1 色が変わる. (転)変節する. 2 顔色を変える.

**biànsèjìng**【变色镜】名 偏光サングラス.

**biànsèlóng**【变色龙】名〈動〉カメレオン. 2【慣】日和見主義者.

**biànshēng**【变声】【動】声変わりする.

**biàn shēng zhǒu yè**【变生肘腋】【成】重大事件が身近に起こる.

**biànsùqì**【变速器】名【機】変速器.

**biànsù yùndòng**【变速运动】名〈物〉変速運動.

**biàntài**【变态】1【動】〈植〉変態. 2 異常な状態. 3〈心〉変態.

**biàntài fǎnyìng**【变态反应】名【医】アレルギー.

**biàn/tiān**【变天】【動】1 (〜儿)天気が変(れ)る. 2【喩】(悪い方向に)世の中が変わる.

**biàntiānzhàng**【变天账】【慣】打倒された反動勢力が隠しもつ土地証書や財産目録など.

**biàntōng**【变通】【動】融通をきかす.

**biànwèi**【变位】【動】変位する.

**biàn/wèi**【变味】【動】(〜儿)風味が落ちる.

**biànwēncéng**【变温层】名〈気〉対流圏.

**biànwēn dòngwù**【变温动物】名〈生〉変温動物.

**biànwén**【变文】名 変文(ぶん). ▶唐代に始まる講唱文学.

**biàn xìfǎ**【变戏法】【慣】(〜儿)ごまかす. ちょろまかす.

**biànxiàn**【变现】【動】〈有価証券などを〉現金にする.

**biànxiàng**【变相】【動】〈貶〉(内容は同じで)形だけが変わる；形を変えた.

**biàn/xīn**【变心】【動】(男女間で)心変わりする.

**biànxīng**【变星】名〈天〉変光星.

**biàn/xíng**【变形】【動】1 変形する. 2 別の姿に変わる.

**biànxíng**【变型】【動】システム・体制を改める.

**biànxíngchóng**【变形虫】名〈動〉アメーバ.

**biànxìng**【变性】【動】1〈化〉変性する(させる). 2 性転換する. ¶〜术／性転換手術.

**biànyāqì**【变压器】名〈電〉変圧器.

**biàn/yàng**【变样】【動】(〜儿)様子が変わる.

**biànyì**【变异】名〈生〉変異.

**biànyì**【变易】【動】〈書〉変え改める.

**biàn/zhì**【变质】【動】変質する.

**biànzhìyán**【变质岩】名〈地質〉変成岩.

**biànzhǒng**【变种】名〈生〉変種.

**biànzǐ**【变子】名〈物〉不安定な基本粒子.

**biànzòu**【变奏】名〈音〉变奏.
**biànzòuqǔ**【变奏曲】名〈音〉变奏曲.
**biànzǔqì**【变阻器】名〈電〉可变抵抗器.

**便 biàn 1** 副《"便"は旧白話小説などで使われていたものが現代の書き言葉に引き継がれたもので,その意味と用法は"就"にほぼ同じである》1 上午出发,下午〜能到达／午前に出発すれば,午後には到着できる.**2**[接続]たとえ…しても.よしんば.*¶仮定譲歩を表す.
⊟ 1形便利だ.都合がよい.②都合がよい時・機会.③手軽な.日常の.¶一〜装.¶大便・小便(をする).¶小〜／小便(をする).
異読⇒**pián**

**biànbù**【便步】名〈軍〉(号令)道足(どり).
**biàncài**【便菜】名ふだんの有り合わせの料理.
**biàncān**【便餐】名手軽な食事.
**biànchí**【便池】名1 便つぼ.2 肥だめ.
**biànchuán**【便船】名ついでの船.
**biàndāng**【便当】名弁当.
**biàndang**【便当】形便利である.都合がよい.
**biàndào**【便道】名1 近道.2 歩道.3 仮設道路.
**biàndiàn**【便殿】名帝王の休息所.
**biàndú**【便毒】名〈中医〉横痃(おうげん).
**biànfàn**【便饭】名1 有り合わせの食事.**2**動簡単な料理を食べる.
**biànfú**【便服】名1 平服.ふだん着.2 中国式の服.
**biànhán**【便函】名〈機関・団体から出す〉非公式の書簡.
**biànhú**【便壶】名尿瓶(しびん).
**biànjiān**【便笺】名1 便箋(びんせん).2 メモ用紙.
**biànjié**【便捷】形1 手っ取り早い.2 すばしこい.
**biànlǎn**【便览】名便览.ハンドブック.
**biànlì**【便利】1 形便利である.**2**動便利にする.
**biànlìdiàn**【便利店】名コンビニエンスストア.
**biànliǎo**【便了】動〈近〉…すればそれでよい.
**biànmào**【便帽】名(〜儿)ふだんかぶる帽子.
**biànmén**【便门】名(〜儿)通用門.勝手口.
**biànmì**【便秘】1 名便秘.**2**動便秘する.
**biànmín**【便民】形人々に都合がよい.
**biànniào**【便溺】動大小便をする.
**biànpén**【便盆】名(〜儿)便器.おまる.
**biànqiáo**【便桥】名仮橋.仮設の橋.
**biànrén**【便人】名ついでのある人.
**biànshí**【便时】名都合のよい時.
**biànshì**【便士】名ペンス[ペニー].
**biànsuǒ**【便所】名〈方〉便所.

**biàntiáo**【便条】名(〜儿)書き付け.簡単なメモ.
**biàntǒng**【便桶】名おまる.便器.
**biànxí**【便席】→**biànyàn**【便宴】
**biànxié**【便鞋】名ふだんばきの布の靴[布靴].
**biànxiěshì**【便携式】形携帯用の.
**biàn/xiě**【便血】動血便をする；血尿が出る.
**biànyàn**【便宴】名〈謙〉小宴.
**biànyī**【便衣】名1 平服.私服.2 (〜儿)私服の警官[軍人].
**biànyí**【便宜】形〈書〉都合がよい. ⇒ **piányi**
**biàn yí xíng shì**【便宜行事】成 適宜に処置する.
**biànyú**【便于】動…に便利である；…に都合がよい.¶〜携帯／携帯に便利だ.
**biànzhōng**【便中】名〈書〉ついでのとき.都合のよいとき.
**biànzhuāng**【便装】名平服.ふだん着.

**遍**(徧) **biàn 1**量《動作の始めから終わりまでの全過程をさし》回.遍.¶请再说一〜／もう一度言ってください.**2**形広く行きわたる.¶走〜全国各地／国中をくまなく歩き回る.
**biànbù**【遍布】動至る所にある.
**biànchù**【遍处】名至る所.
**biàndì**【遍地】名あたり一面.至る所.
**biàn dì kāi huā**【遍地开花】成(事業の発展など)望ましい現象が至る所に現れる.
**biànfǎng**【遍访】動〈書〉もれなく訪問する.
**biàngào**【遍告】動〈書〉あまねく告げ知らせる.広報する.
**biànjí**【遍及】動あまねく…に及ぶ.
**biànlì**【遍历】動遍歴する.
**biànshēn**【遍身】名体じゅう.
**biànshù**【遍数】名(〜儿)回数.
**biàntǐ**【遍体】名体じゅうで(…だらけである).
**biànyě**【遍野】名野原一面.
**biànyǒu**【遍游】動遍歴する.

**缏 biàn**名平たく編んだひも.さなだひも.

**辨 biàn**動見分ける.弁別する.¶不〜真假／真偽の見分けがつかない.
**biànbái**【辨白】→**biànbái**【辨白】
**biànbié**【辨别】動区別する.識別する.見分ける.
**biànbiélì**【辨别力】名識別能力.見分ける力.
**biànbuchū**【辨不出】動+可補 見分けられない.
**biànbuqīng**【辨不清】動+可補 はっきり区別できない.
**biànhuò**【辨惑】動問題を分析し,疑問を解く.
**biànmíng**【辨明】動(識別して)はっきりさせる.

## biàn

**biànrèn**【辨认】動 見分ける. 鑑定する.
**biànshí**【辨识】動 見分ける. 識別する.
**biànshì**【辩士】→ biànshì【便士】
**biànwù**【辨误】動 誤りであることを見抜く.
**biànxī**【辨析】動 弁別し分析する.
**biànzhèng**【辨正】→ biànzhèng【辩正】
**biànzhèng**【辨证】→ biànzhèng【辩证】
**biàn zhèng lùn zhì**【辨证论治】(成)(中医)病因・症状などを分析し, 治療法を判断すること.

## 辩(辯) biàn
動 理由・是非を明らかにしようと)論じる, 弁論する, 論争する.

**biànbái**【辩白】動 弁解する. 弁明する.
**biànbó**【辩驳】動 反駁(ばく)する.
**biàncái**【辩才】名〔書〕弁才.
**biàncí**【辩辞・辩词】名 弁解の言葉.
**biànhù**【辩护】動 1 (人のために)弁護する. 2 〔法〕弁護する.
**biànhùquán**【辩护权】名〔法〕弁護権.
**biànhùrén**【辩护人】名 弁護人.
**biànjiě**【辩解】動 弁解する.
**biànlùn**【辩论】動(共通認識に達するよう)論じ合う.
**biànmíng**【辩明】動(説明して物事を)明らかにする.
**biànnàn**【辩难】動〔書〕論難する.
**biànsài**【辩赛】名 ディベートコンテスト.
**biànshì**【辩士】名〔書〕能弁家.
**biànshǒu**【辩手】名 雄弁家.
**biànsù**【辩诉】動〔法〕(被告人が)申し開きする.
**biànsù jiāoyì**【辩诉交易】名〔法〕司法取引.
**biàntái**【辩台】名 演壇.
**biàntí**【辩题】名 弁論のテーマ.
**biànwū**【辩诬】動(誤った非難に)弁解する.
**biànxué**【辩学】名 1 雄弁学. 2 "逻辑luójí学"(論理学)の旧称.
**biànzhèng**【辩证】動〔書〕論弁する.
**biànzhèng**【辩正】動 1 論証する. 弁証する. 2 形 弁証法的である.
**biànzhèngfǎ**【辩证法】名 弁証法.
**biànzhèng luójí**【辩证逻辑】名 弁証法的論理.
**biànzhèngfǎ wéiwù zhǔyì**【辩证唯物主义】名 弁証法的唯物論.

## 辫(辮) biàn
1 動〔方〕結う. 束ねる. 2 量(～儿)(お下げ状のものを数えて)束.
❗ お下げ/お下げの形に編んだもの. ¶小～儿/お下げ. ¶辫~儿/(50の球)お下げ風に編みこんだにんにく.

**biànfa**【辫发】名 1 弁髪(ぱつ). 2 お下げ.
**biàngēn**【辫根】名(～儿)お下げの根元の部分.
**biànshāo**【辫梢】名(～儿)(お下げで)先の編んでない部分.
**biànshéng**【辫绳】名(～儿)お下げに

結わえるひも.
**biànzi**【辫子】名 1 お下げ; 弁髪. 2 お下げのように編んだもの. 3 (喩)弱み. 弱点.

## biao (ㄅㄧㄠ)

## 杓 biāo
名〔旧〕北斗七星の柄(え)の部分の三つの星, つまり第5,6,7星. ▶"标"とも.

## 标(標) biāo
動 表示する. しるしをつける. ¶~号码/番号をつける.
❗ ①標識. 目印. ¶浮~/ブイ. ¶路~/道しるべ. ②優勝旗. ¶夺～/優勝を争う. ③入札(価格). ¶招～/入札を募る. ④樹木のこずえ; 枝葉末節. ¶治～/応急の処置をとる. ‖姓

**biāobǎng**【标榜】動 1 標榜する. 2 吹聴する.
**biāoběn**【标本】名 1 枝葉末節と根本. 2 標本. 見本. サンプル. 3 (医)(化学分析や研究用の)標本.
**biāoběnchóng**【标本虫】名(虫)ヒョウホンムシ.
**biāobīng**【标兵】名 1 尖兵; 標兵. 2 (喩)模範となる個人・団体.
**biāochēng**【标称】名 製品に表示する公称.
**biāochǐ**【标尺】名 1 (測)標尺. 2 照尺.
**biāodēng**【标灯】名 標識灯.
**biāodǐ**【标底】名(経)入札最低基準価格.
**biāodì**【标的】名 1 標的. 2 目標. 3 (経)契約上の具体的事項.
**biāodiǎn**【标点】名 1 → biāodiǎn fúhào【标点符号】2 動 句読点をつける.
**biāodiǎn fúhào**【标点符号】名(語)句読点やかっこなどの文章記号.
**biāo/diào**【标调】動 声調を記す.
**biāodìng**【标定】1 動 1 (基準を)定める. 2 (一定の基準に基づいて)測定結果を定める. 2 形 基準に合っている.
**biāogǎn**【标杆】名 1 (測)測量ポール. 2 見本. 模範.
**biāogāo**【标高】名(建)標高.
**biāogé**【标格】名〔書〕品格. 風格.
**biāohào**【标号】名(製品の)グレード. 等級.
**biāohuì**【标绘】動 図示する.
**biāojì**【标记】名 目じるし. 記号.
**biāojì yuánsù**【标记元素】名(物)標識元素.
**biāo/jià**【标价】動 1 値づけする. 2 名 表示価格.
**biāojīn**【标金】名 1 入札保証金. 2 金の延べ棒.
**biāoliàng**【标亮】名(物)スカラー.
**biāomài**【标卖】動 1 正札どおりで売る. 2 (入札で)売り出す.
**biāomíng**【标名】動 名を記す.

**biāomíng**【标明】動 明示する。
**biāomù**【标目】名 図書カードの見出し。
**biāopái**【标牌】名 製品マーク.ラベル。
**biāoqiān**【标签】名(~儿)1 ラベル.タグ. 2(貶)レッテル.¶貼~/レッテルを張る.悪名を着せる。
**biāoqiāng**【标枪】名(1)(体)槍(§)投げ. 2(体)槍. 3(古)投げ鎗.
**biāoshí**【标石】名(測)標石.
**biāoshì**【标示】動 標示する.
**biāoshū**【标书】名 入札case書.
**biāotí**【标题】名 見出し.タイトル.
**biāotí yīnyuè**【标题音乐】名(音)標題音楽.
**biāotú**【标图】動(天气図・海図・軍事地図などに)マークや symbols を記す。
**biāoxiāng**【标箱】名 標準サイズのコンテナ.
**biāo xīn lì yì**【标新立异】〈成〉新機軸を出す;奇をてらう.
**biāoyàng**【标样】名 サンプル.
**biāoyǔ**【标语】名 スローガン.
**biāoyǔpái**【标语牌】名 プラカード.
**biāozhì**【标识・标志】名 1標識.しるし.マーク. 2動 表す.示す. ▲「标识」とも.
**biāozhìgān**【标志竿】名(体)(バレーボールで)アンテナ.
**biāozhì**【标致】形(女性が)美しい.
**biāozhù**【标注】動 標示する.はっきり書き残した.
**biāozhǔn**【标准】1 名 標準.基準. 2 形 標準的である。
**biāozhǔn dàqìyā**【标准大気圧】名(物)標準気圧.
**biāozhǔnfěn**【标准粉】名 標準(小麦)粉.
**biāozhǔnhuà**【标准化】動 標準化.規格化.
**biāozhǔnjiān**【标准間】名(ホテルなどの)スタンダードルーム.
**biāozhǔnjiàn**【标准件】名 統一規格の部品.
**biāozhǔn pǔ'ěr zhǐshù**【标准普尔指数】(経) S & P500 株価指数.
**biāozhǔnshí**【标准時】名 標準時.
**biāozhǔn shíqū**【标准時区】名 標準時区.
**biāozhǔnxiàng**【标准像・标准相】名(新聞などに載せる要人の)基準写真.
**biāozhǔnyīn**【标准音】名(語)標準音.
**biāozhǔnyǔ**【标准語】名(語)標準語.
**biāozhǔnzhōng**【标准鐘】名 クロノメーター.

**biāo**【飑】名(気)突風現象.風向きが急に変わり,風速が突然増す現象.
**biāo**【彪】形 1小さい虎;身体が大きくてたくましい. ¶ ~ 形 大漢. 2虎斑;華やかな色彩. ‖ 成
**biāobiāolènglèng**【彪彪愣愣】形 体格ががっちりしている.
**biāobǐng**【彪炳】形〈書〉光り輝いている.

**biāohàn**【彪悍】形 たけだけしい.
**biāoxíng dàhàn**【彪形大漢】名 雲をつくような大男.

**biāo**【骠】名黄色に白いまだらのある馬.しらかげ. ¶ 黄~马/黄色に白斑のある馬. 異読 ⇒ piào

**biāo**(~儿)【膘】1名(家畜が)肥える.肉がつく.太る. 2 名(肉の)脂身.
**biāoqíng**【膘情】名 家畜の太り具合.

**biāo**【飆・飈】名〈書〉暴風.
**biāochē**【飆车】動〈方〉フルスピードで車を走らせる.
**biāofēng**【飆风】名〈書〉暴風.
**biāoshēng**【飆升】動(価格や数値が)急騰する,高騰する.

**biāo**【镖】1手裏剣(ξ₆). ¶ 保 bǎo ~ /護身棒.
**biāojú**【镖局】名(旧)旅客や貨物輸送の保護に当たった一種の運送業.
**biāokè**【镖客】名(旧)(旅客・運送の)護衛,用心棒.

**biāo** 0
**biāojū**【瘭疽】名(医)瘭疽(ξ₆).

**biāocǎo**【藨草】名(植)サンカクイ.

**biāo** 0

**biāobiāo**【瀌瀌】形〈書〉雨や雪が激しく降るさま.

**biāo** 1 名〈書〉馬のくつわ. 2【镳biāo】に同じ.

**biǎo**【表(錶)】1 名 1(携帯できる)時計. [块,只] 2(~儿)図表.一覧表.[張] 3 計器.メーター. ¶ 温度~/温度計.
2 動 表す. ¶ ~决心/決意を表明する.

日(1)(↔堂)(自分の父方の姓をもたないいとこ関係を示す) ¶ ~ 姉妹(儿)/姓の異なるいとこ姉妹.②表面.外面.うわべ.③模範.手本.‖成
**biǎobà'ér**【表把儿】名(時計の)竜頭(ξ₆).
**biǎobái**【表白】動(自分の考えなどを)表明する.
**biǎobào**【表报】名(上級機関への)報告書.
**biǎobǐ**【表笔】名(電)テスター.
**biǎocè**【表册】名(図表の)綴じ込み.
**biǎocéng**【表層】名 表層.
**biǎochǐ**【表尺】名(軍)照尺.
**biǎodá**【表达】動(考えや気持ちを)表す,伝える.
**biǎodài**【表带】名(~儿)腕時計のバンド.
**biǎodì**【表弟】名(姓の異なる)従弟(ξ₆).
**biǎogē**【表哥】名(姓の異なる)従兄(ξ₆).
**biǎogé**【表格】名 表.図表.

biǎo//gōng【表功】[動] 1 手柄を自慢する. 2〈書〉功績を表彰する.
biǎojì【表记】[名]〈近〉約束のしるし.
biǎojiě【表姐】[名]〈姓の異なる〉従姉.
biǎojué【表决】[動] 表決する.
biǎojuéquán【表决权】[名] 表決権.
biǎokér【表壳儿】[名] 時計の側(がわ).
biǎolǐ【表里】[名] 1 表と裏. 外と内. 2〈中医〉表裏.
biǎo lǐ rú yī【表里如一】〈成〉裏表がない.
biǎo lǐ shān hé【表里山河】〈成〉地勢が険要である.
biǎoliàn【表链】[名]〈~儿〉懐中時計の鎖.
biǎolù【表露】[動]〈表情やそぶりに〉表す, 現れる.
biǎomèi【表妹】[名]〈姓の異なる〉従妹(いとこ).
biǎoméngzi【表蒙子】[名] 時計のガラスぶた.
biǎomiàn【表面】[名] 1〈物体の〉表面. 2 うわべ. 外見. 3〈方〉時計・計器類の文字盤.
biǎomiànbō【表面波】[名]〈物〉表面波.
biǎomiànguāng【表面光】[慣] 見てくれがいい.
biǎomiànhuà【表面化】[動] 表面化する.
biǎomiànjī【表面积】[名]〈数〉表面積.
biǎomiàn zhānglì【表面张力】[名]〈物〉表面張力.
biǎomíng【表明】[動] 明言する. はっきりと表す. ¶~立场 / 立場を明らかにする.
biǎopán【表盘】[名] 時計・計器類の文字盤.
biǎopí【表皮】[名]〈生〉表皮.
biǎoqīn【表亲】[名]〈姓の異なる〉いとこ関係の親戚.
biǎoqíng【表情】1[名] 表情. 2[動] 感情を表に出す.
biǎoshì【表示】1[動] 1〈言葉・行為で〉表す, 示す. 2〈事物が〉物語る, 示している. 2[名] 気配, 意向. 表情.
biǎoshù【表述】[動] 述べる.
biǎoshuài【表率】[名] 手本, 模範.
biǎo/tài【表态】[動] 態度を表明する.
biǎotǔ【表土】[名]〈地質〉表土.
biǎoxiàn【表现】1[動] 表現する. 表す; 表れる. 2〈貶〉〈自分を〉ひけらかす. 2[名]〈表に現れた〉態度. 言動. ¶他最近~不好 / 彼は最近態度がよくない.
biǎoxiàn zhǔyì【表现主义】[名]〈芸〉表現主義.
biǎoxiàng【表象】[名]〈哲〉イデア.
biǎoxiōng【表兄】[名]〈姓の異なる〉従兄(いとこ).
biǎoxiōngdì【表兄弟】[名]〈姓の異なる〉従兄弟(いとこ).
biǎoyǎn【表演】1[動] 1 演ずる. 上演する. 2 模範を披露する, 実演する. 2[名] 演技. 実演.

biǎoyǎnchàng【表演唱】[名] しぐさや踊りを交えて歌う出し物.
biǎoyǎnsài【表演赛】[名]〈体〉エキジビションゲーム.
biǎoyǎnzhě【表演者】[名] 演技者; 競技者.
biǎoyáng【表扬】[動] 表彰する. ほめる.
biǎoyì wénzì【表意文字】[名]〈語〉表意文字.
biǎoyīn wénzì【表音文字】[名]〈語〉表音文字.
biǎoyǔ【表语】[名]〈語〉表語. ▶狭義では"是"につづく部分, 広義では名詞または形容詞からなる述語をさす.
biǎozhāng【表章】[名]〈旧〉上奏文.
biǎozhāng【表彰】[動] 顕彰する. 表彰する.
biǎozhēn【表针】[名] 時計・計器類の針.
biǎozhèng【表证】[名]〈中医〉表面に表れた症状.
biǎozhí【表侄】[名]〈~儿〉〈姓の異なる〉いとこの息子.
biǎozhínǚ【表侄女】[名]〈~儿〉〈姓の異なる〉いとこの娘.
biǎozì【表字】[名]〈近〉字(あざな).

## 婊 biǎo ⓿

biǎozi【婊子】[名]〈罵〉1 娼妓. 2 売女(ばいた).

## 裱 biǎo [動]

1〈書画などを〉表装する. 2〈天井や壁に〉紙を張る.
biǎobèi【裱褙】[動] 表装する.
biǎohú【裱糊】[動] 壁紙を張る.
biǎohújiàng【裱糊匠】[名] 表具師.
biǎotiē【裱贴】[動] 裏打ちする.
biǎozhuāng【裱装】[動] 表装する.

## 俵 biào ⓗ 山分けする. ¶~→~分.

biàofēn【俵分】[動] 山分けする.

## 摽 biào [動]

1〈二つのものを〉しっかりとくくりつける; しっかり取りかける. 2 腕と腕を組む. ¶两个人~着胳膊gēbo走 / 二人がしっかり腕を組んで歩く. 3〈貶〉いちゃいちゃする. くっつき合う.
biào/bǎngr【摽膀儿】[動] 肩を組む; 〈喩〉団結する.
biào/jìnr【摽劲儿】[動] 張り合う.

## 鳔 biào ❶ [名]

1 魚の浮き袋. 2 にべにかわ. ❷ [動]〈方〉にべにかわでくっつける.
biàojiāo【鳔胶】[名] にべにかわ.

## bie (ㄅ丨ㄝ)

## 瘪 (癟) biē ⓿ 異読⇒biě

biēsān【瘪三】[名]〈方〉ごろつき, チンピラ.

## 憋 biē [動]

1 こらえる. 我慢する. ¶把火儿~在肚子里 / 怒りを腹におさえる. 2 気がふさぐ. 息が詰まる. むしゃくしゃする. 3〈方〉(電

気(が)切れる.
**biēbuzhù**【憋不住】[動+可補] こらえきれない.
**biēmen**【憋闷】[形]〈口〉息が詰まる. 気がめいる.
**biēqì**【憋气】[形]〈口〉1 息が詰まる. 息苦しい. 2 むしゃくしゃする.
**biēqū**【憋屈】[形] 1 気がふさぐ. 2 むしゃくしゃする.

**鳖**(鱉) biē [名] スッポン.

**biējiǎ**【鳖甲】[名]〈中薬〉鳖甲(べっこう).
**biēqún**【鳖裙】[名]〈食材〉スッポンの甲羅のすその柔らかい所.

**别** bié ❶[副] 1《禁止や制止を表し》…するな. ¶~生气了/怒らないで. ¶我先走了!/~、~、咱们一块儿走吧/お先に失礼します--だめ、だめ、一緒に行きましょう. 2 もしかしたら…ではないだろうか. ¶他怎么还不来,~出了什么事呢/彼はどうしてまだ来ないのかな、何かあったのかもしれない.
❷[動] 1《留めピンなどで》留める. 2 さし込む. さし挟む. 3 別れる. ¶~了, 祖国!/さらば、祖国!.
🈯❶分ける. 分かれる. ¶区~/区別(する). ②差異. ¶差~/隔たり. ③分類. ¶性~/性別. ④別の(に). ¶~=别. [姓] 異読=biè.

**biébèn**【别本】[名] 1 副本. 2 異本.
**biéchēng**【别称】[名] 別称.
**bié chū xīn cái**【别出心裁】〈成〉新機軸を打ち出す.
**biéchù**【别处】[名] よそ. ほかの場所.
**biéde**【别的】[代] 別の(もの、こと). ¶还要~吗?/ほかにご注文はありますか.
**biédòngduì**【别动队】[名] 別働隊.
**bié fēng huái yǔ**【别风淮雨】[成] 文字や言葉が次々に誤って伝えられる.
**biégù**【别故】[名]〈書〉ほかの理由.
**biéguǎn**【别管】[接続]…にかかわらず. …であろうと、…を問わず. ¶~怎么样, 工作总要做/どうであろうと、仕事はやらなければならない.
**biéhào**【别号】[名](~儿) 号. 別名.
**biéjí**【别集】[名]個人の作品を収録した詩文集.
**biéjiā**【别家】[名] 別の所. よそ; ほかの人.
**biéjiě**【别解】[名] 別の解釈.
**biéjià**【别价】[感]〈方〉だめだめ. やめろ.
**bié jù jiàng xīn**【别具匠心】〈成〉独創的な工夫がある.
**bié jù yī gé**【别具一格】〈成〉独特の風格がある.
**bié jù zhī yǎn**【别具只眼】〈成〉独自の見識を有している.
**bié kāi shēng miàn**【别开生面】〈成〉新生面を開く.
**biékàn**【别看】[接続]…とは言うものの. …だけれども.
**biélí**【别离】[動] 別れる. 離れる.

**biélùn**【别论】[名] 別の対応や評価.
**biémíng**【别名】[名](~儿) 別名.
**biéqíng**【别情】[名] 別離の情.
**biéqù**【别趣】[名] 特別なおもしろみ.
**biérén**【别人】[名] ほかの人.
**biéren**【别人】[代] 他人. 人.
**biéshǐ**【别史】[名] 別史.
**biéshì**【别是】[副] まさか…ではないようだな. ¶电话=打错了吧/電話をかけまちがえたのかな.
**biéshù**【别墅】[名] 1 別荘. ヴィラ. 2 一戸建て住宅.
**bié shù yī zhì**【别树一帜】〈成〉別に一派をなす.
**biéshuō**【别说】[接続]…は言うまでもなく. …はなおさらだ. ¶他们连汽车也没见过, 更~火车/彼らは自動車さえ見たことがない. 列車ならなおさらだ.
**bié sòng**【别送】[套]お見送りは結構です. どうぞそのまま.
**biétí**【别提】[動] 1 話にもならない. ¶他来了吗?--~了, 我等了两个钟头, 也没见他人影儿/あの人来ましたか--来ましたよ、2時間ほど待ったがついに顔を見せなかった. 2("就~了"の形で)…と言ったらない. 非常に…である. ¶这个人说起话来, 就~多啰嗦了/あの人は話し出したら、くどいのなんのって.
**bié wú chū lù**【别无出路】〈成〉絶体絶命で行き詰まっている.
**bié wú èr zhì**【别无二致】〈成〉違うところがない.
**biéxù**【别绪】[名]〈書〉別離の情.
**biéyàng**【别样】❶[名] 別なもの. ❷[形] 別の.
**biéyè**【别业】[名]〈書〉別荘.
**bié yǒu dòng tiān**【别有洞天】〈成〉別天地のようである.
**bié yǒu fēng wèi**【别有风味】〈成〉特別な趣や特色がある.
**bié yǒu tiān dì**【别有天地】〈成〉(美しく)別世界のようである.
**bié yǒu yòng xīn**【别有用心】〈成〉下心がある.
**biézé**【别择】[動] 識別し選択する.
**biézhēn**【别针】[名](~儿) 1 留めピン. 安全ピン. クリップ. 2 ブローチ.
**biézhì**【别致】[形] 風変わりである. おつである.
**biézhuàn**【别传】[名] 逸事を記載した伝記.
**biézhuāng**【别庄】[名] 一戸建て住宅.
**biézǐ**【别子】[名] 皇帝や諸侯の嫡男以外の男子.
**biézì**【别字】[名] 1 誤字. 当て字. 2→biéhào【别号】
**biézi**【别子】[名] 1(書物の帙などにつける)こはぜ. 2(たばこ入れの)根付け.

**鳖** biē [動]〈方〉(手首や足首を)くじく.

**biējiǎo**【鳖脚】[形]〈方〉(品質が)悪

**瘪** biě 形 へこんでいる．くぼんでいる．¶轮胎lúntāi~了／タイヤがぺしゃんこになった． 異読⇒biē

**biěluóshā**【瘪螺痧】名〈中医〉コレラ（の一種）．

**biězi**【瘪子】名〈方〉1 苦境．挫折．ひどい目．2 粃(しいな)．

**别** (彆) biè 动〈方〉(他人の頑固な意見を)変えさせる．改めさせる．¶~不过'の形で用いる．
異読⇒bié

**bièniu**【别扭】形 1 ひねくれている．やっかいである．2 意見が合わない．そりが合わない．3 (言葉や文章が)わかりにくい，通りがわるい．

**bièzuǐ**【别嘴】形〈方〉舌がもつれるさま．

## bīn (ㄅㄧㄣ)

**邠** bīn 名 邠(ひん)県．陕西省にあり，現在は"彬"と書く．‖姓

**玢** bīn 名〈書〉玉(ぎょく)の名．

**宾** (賓) bīn 名 客．¶外~／外国からの客．‖姓

**bīnbái**【宾白】名〈伝統劇で〉せりふ．

**bīncí**【宾词】名〈論〉賓辞だ．

**bīndōng**【宾东】名 来客と主人．

**bīnfú**【宾服】动〈貢納の〉服従する．

**bīnfu**【宾服】动〈方〉敬服する．

**bīngé**【宾格】名〈語〉目的格．

**bīnguǎn**【宾馆】名 ホテル．

**bīnkè**【宾客】名 来客．来賓．

**bīnpéng**【宾朋】名 客と友人．

**bīntiān**【宾天】动〈書〉崩御する．

**bīnwèi**【宾位】名 客座．2〈語〉
→bīngé【宾格】

**bīnyǔ**【宾语】名〈語〉目的語．

**bīn zhì rú guī**【宾至如归】成 接待が至れり尽くせりである．

**bīnzhǔ**【宾主】名 客と主人．主客．

**彬** bīn O〈姓〉

**bīn bīn yǒu lǐ**【彬彬有礼】成〈上品で礼儀正しい．

**傧** (儐) bīn O

**bīnxiàng**【傧相】名 1 〈旧〉客を接待する／儀式の進行係．2 婚礼のときの介添人．

**斌** bīn【斌斌】に同じ．

**滨** (濱) bīn ❶ ①水辺．みぎわ．¶海~／海辺．海浜．浜．②水に臨んでいる．¶~海／海に近い．‖姓

**缤** (繽) bīn O

**bīnfēn**【缤纷】形〈書〉いろいろなものが入り乱れている．¶五色~／いろいろな色彩が入り乱れている．

**槟** (檳/梹) bīn O 異読⇒bīng

**bīnzi**【槟子】名 ふつうのリンゴよりも小さなリンゴの一種．

**镔** (鑌) bīn O

**bīntiě**【镔铁】名〈旧〉刀剣製造用の精鋼．

**濒** (瀕) bīn ❶ ①水に臨む．¶沿~／海濒．②近づく．差し迫る．¶~行xíng／出発が迫っている．

**bīnjìn**【濒近】动 近づく，臨む．

**bīnlín**【濒临】动 臨む；濒(ひん)する．

**bīnsǐ**【濒死】动〈書〉死に瀕する．

**bīnwēi**【濒危】动 1 危険に瀕する．2 危篤である．

**bīnwēi wǔzhǒng**【濒危物种】名 絶滅危惧(きぐ)種．

**bīnyú**【濒于】动 …に瀕する．

**豳** bīn 幽(ひん)．1 昔の地名．現在の陕西省邠県，旬邑県一帯．

**摈** (擯) bīn ❶ 捨てる．排除する．¶~而不用／捨てておいて使わない．

**bìnchì**【摈斥】动〈書〉(人を)排斥する．

**bìnchú**【摈除】动〈書〉(事物を)排除する．

**bìnqì**【摈弃】动 退け捨てる．

**殡** (殯) bìn ❶ ①柩(ひつぎ)を安置する．②柩を墓場へ送る．¶出~／出棺する．

**bìnchē**【殡车】名 霊柩車．

**bìnliàn**【殡殓】动 納棺し出棺する．

**bìnyí**【殡仪】名 葬儀．

**bìnyíguǎn**【殡仪馆】名 葬儀場．

**bìnzàng**【殡葬】动 出棺し埋葬する．

**膑** (臏) bìn【髌bìn】に同じ．

**髌** (髕) bìn ❶ ①〈生理〉膝蓋骨(とうこつ)．2〈古〉(刑罰の)膝蓋骨を削りとる酷刑．

**bìngǔ**【髌骨】名〈生理〉膝蓋骨．

**鬓** (鬢) bìn 名 鬢(びん)．

**bìnfà**【鬓发】名 鬢の毛．

**bìnjiǎo**【鬓角】名〈~儿〉もみあげ．
▲"鬓脚"とも．

**bìnmáo**【鬓毛】名 鬢の毛．

## bīng (ㄅㄧㄥ)

**冰** (氷) bīng ❶ ❶ 名 1 氷．「層，块，片」
❶ ❷ 动 1 冷たく感じさせる．¶这水~手／この水は手が凍るほど冷たい．2 (水や冷水で)冷やす．¶把啤酒~上／ビールを冷やしておく．‖姓

**bīngbàng**【冰棒】名〈方〉アイスキャンデー．

**bīngbáo**【冰雹】名〈気〉ひょう．

**bīngchár**【冰碴儿】名〈方〉薄水；氷のかけら．

**bīngchǎng**【冰场】名 スケートリンク．

**bīngchē**【冰车】名 (氷上用の)そり．

**bīngchuān**【冰川】名 氷河．

**bīngchuānqī**【冰川期】[名] 氷河期.

**bīngchuáng**【冰床】[名]〔氷上用の〕そり.

**bīngcùsuān**【冰醋酸】[名]〈化〉氷酢酸.

**bīngcuān**【冰镩】[名] アイスピック.

**bīngdài**【冰袋】[名] 氷嚢（ぬう）.

**bīngdàn**【冰蛋】[名] 冷凍卵.

**bīngdāo**【冰刀】[名]〔体〕(スケート靴の) エッジ.

**Bīngdǎo**【冰岛】[名]〔地名〕アイスランド.

**bīngdēng**【冰灯】[名] 氷の灯籠（ろう）.

**bīngdiǎn**【冰点】[名] **1** 氷点. **2** 冷遇されている事象, 不人気の場所.

**bīngdiāo**【冰雕】[名] 氷の彫刻.

**bīngdòng**【冰冻】[動] 結氷する.

**bīngdú**【冰毒】[名] アイス, シャブ. ▶覚醒剤の一.

**bīngfēng**【冰封】[動]〔川や湖が〕氷に閉ざされる.

**bīngfēng**【冰峰】[名] 万年雪を頂く峰.

**bīnggá**【冰碴儿】[名] 氷上で回すこま遊び.

**bīnggāo**【冰糕】[名]〔方〕**1** アイスクリーム. **2** アイスキャンデー.

**bīnggùn**【冰棍】[名] ピッケル.

**bīngguà**【冰挂】[名] 雨氷（ひょう）.

**bīngguì**【冰柜】[名] 冷蔵（凍）ショーケース.

**bīnggùnr**【冰棍儿】[名] **アイスキャンデー.**

**bīnghé**【冰河】→bīngchuān【冰川】

**bīnghú**【冰壶】[名]〔体〕カーリング(ストーン).

**bīnghúr**【冰核儿】[名]〔方〕〔食〕氷のぶっかき.

**bīnghuā**【冰花】[名] **1** 氷紋. **2** 花氷のような氷中芸術品. **3** 樹氷.

**bīng jī yù gǔ**【冰肌玉骨】[成] **1** 女性の肌が白くてつややかである. **2** 梅の花が清く高潔である.

**bīngjīlíng**【冰激凌】[名] **アイスクリーム.**

**bīngjiào**【冰窖】[名] 氷室(むろ).

**bīngjīng**【冰晶】[名]〔気〕氷晶.

**bīngjīngshí**【冰晶石】[名]〔鉱〕氷晶石.

**bīngkuàir**【冰块儿】[名] 氷の塊.

**bīnglěng**【冰冷】[形] **1** 氷のように冷たい. **2** 非常に冷ややかである.

**bīngliáng**【冰凉】[形] 氷のように冷えている.

**bīnglíng**【冰凌】[名]〔山谷の〕氷の.

**bīngliùzi**【冰溜子】[名]〔方〕つらら.

**bīnglún**【冰轮】[名] 名月.

**bīngpái**【冰排】[名] 大きな流氷.

**bīngpáizi**【冰排子】[名]〔方〕(氷上用の) そり.

**bīngpiàn**【冰片】[名]〈中薬〉竜脳香.

**bīngpíng**【冰瓶】[名] アイスキャンデー売りがもつ〔冷たさの〕魔法瓶.

**bīngpù**【冰瀑】[名] 氷の滝.

**bīngqī**【冰期】[名]〔地質〕**1** 氷河期. **2** 氷期.

**bīngqílín**【冰淇淋】[名] アイスクリーム.

**bīngqiāo**【冰橇】[名]〔氷上用の〕そり.

**bīng qīng yù jié**【冰清玉洁】→**yù jié bīng qīng**【玉洁冰清】

**bīngqiú**【冰球】[名]〔体〕**1** アイスホッケー. **2** 同上のパック.

**bīngrén**【冰人】[名]〔書〕月下氷人.

**bīngshān**【冰山】[名] **1** 氷に覆われた高山. **2** 氷山. **3**〈喩〉当てにならない後ろだて.

**bīngshàng wǔdǎo**【冰上舞蹈】[名]〔体〕アイスダンス.

**bīngshàng yùndòng**【冰上运动】[名] 氷上競技.

**bīngshì**【冰室】[名] **1** 冷室. **2** 冷たい飲み物やアイスクリームなどを売る店.

**bīngshì**【冰释】[動]〔書〕〔疑いや誤解などが〕氷解する.

**bīngshuāng**【冰霜】[名]〔書〕〈喩〉**1** 節操のあること. **2** 厳しい顔つき.

**bīngsù**【冰塑】[名] 氷彫刻.

**bīngtán**【冰坛】[名] 氷上スポーツ界.

**bīngtàn**【冰炭】[名] 氷と炭;〈喩〉水と油. ¶～不相容／水炭相容(い)れず.

**bīngtáng**【冰糖】[名] 氷砂糖.

**bīngtáng húlu**【冰糖葫芦】[名] サンザシの実などを竹串に刺し, 煮とかした砂糖掛けにした菓子.

**bīng tiān xuě dì**【冰天雪地】[成] 雪と氷に覆われた世界.

**bīngtuó**【冰坨】[名](～子) 氷塊.

**bīngxiāng**【冰箱】[名] **冷蔵庫.**

**bīngxiāngbìng**【冰箱病】[名]〔医〕冷たいものの食べすぎによる食あたり.

**bīng xiāo wǎ jiě**【冰消瓦解】[成] 氷解する;完全に崩壊する.

**bīngxié**【冰鞋】[名] スケート靴.

**bīngyuán**【冰原】[名] 氷原. 氷界.

**bīngzhèn**【冰镇】[動] **氷などで冷やす.**

**bīngzhōushí**【冰洲石】[名]〈鉱〉氷州石(ほうう).

**bīngzhù**【冰柱】[名] つらら.

**bīngzhuān**【冰砖】[名](ブロック状の) アイスクリーム.

**bīngzhuī**【冰锥】[名](～儿) つらら. **2**〔登山〕アイスハーケン.

**bīng**【并】[名] 山西省太原市の別名.
異読→**bìng**

**兵 bīng**[名] **1** 兵士. 軍人. **2**〔書〕軍隊. **3** 中国将棋の駒の一. ┠①兵器. 武器. ②軍事・戦争(の). ¶纸上谈～／机上の空論.
║姓

**bīngbiàn**【兵变】[名] 軍事クーデター.

**bīng bù xuè rèn**【兵不血刃】[成] 戦わずして勝つ.

**bīng bù yàn zhà**【兵不厌诈】[成] 戦争では敵を欺いてもかまわない.

**bīngchāi**【兵差】[名]〔軍に強制される〕労役役.

**bīngchē**【兵车】[名] **1**〔古〕戦車. **2**〔軍〕兵員輸送用の軍用列車.

**bīngchuán**【兵船】[名]〔旧〕軍艦.

**bīngdīng**【兵丁】[名]〔旧〕兵士の総称).

**bīngduān**【兵端】[名]〈書〉戦端.
**bīng duō jiàng guǎng**【兵多将广】〈成〉人手が多く、人材がそろっている.
**bīng'é**【兵额】[名]兵士の定員.
**bīngfǎ**【兵法】[名]兵法.
**bīngfú**【兵符】[名] 1〈古〉軍隊を出動させるときに用いった割り符. 2 兵書.
**bīnggē**【兵戈】[名]〈書〉武器;〈転〉戦争.兵戈(ぐぁ).
**bīnggé**【兵革】[名]〈書〉武器と軍具;〈転〉戦争.
**bīnggōngchǎng**【兵工厂】[名]兵器工場.
**bīng guì shén sù**【兵贵神速】〈成〉戦争では兵の動かし方の素早いことが最も大切である.
**bīng huāng mǎ luàn**【兵荒马乱】〈成〉戦争中で世の中が乱れる.
**bīnghuǒ**【兵火】[名]戦争.
**bīnghuò**【兵祸】[名]戦禍.
**bīngjiā**【兵家】[名]兵家.軍事家.
**bīngjiàn**【兵舰】[名]軍艦.
**bīngjiàn**【兵谏】[名]武力に訴えていさめる.
**bīng lái jiàng dǎng, shuǐ lái tǔ yǎn**【兵来将挡,水来土掩】〈成〉具体的な事情に対してそれ相応の対策をとる.
**bīnglì**【兵力】[名]兵力.戦力.
**bīng lián huò jié**【兵连祸结】〈成〉続けざまに戦禍に見舞われる.
**bīng lín chéng xià**【兵临城下】〈成〉敵軍が城下に迫る.
**bīngluàn**【兵乱】[名]兵乱.戦乱.
**bīngmǎ**【兵马】[名]兵隊と軍馬;〈転〉部隊.
**bīngmǎyǒng**【兵马俑】[名]兵馬俑(ぷぃ).
**bīngpǐ**【兵痞】[名]兵隊ごろ.
**bīngqí**【兵棋】[名]〈軍で用いる〉砂盤,地形の模型.
**bīngqì**【兵器】[名]武器.
**bīng qiáng mǎ zhuàng**【兵强马壮】〈成〉強い軍隊の形容.
**bīngquán**【兵权】[名]軍隊の指揮権.
**bīngrèn**【兵刃】[名]武器.
**bīngróng**【兵戎】[名]武器と軍隊.
**bīngshì**【兵士】[名]兵隊.
**bīngshū**【兵书】[名]兵法の書.
**bīngtuán**【兵团】[名] 1（いくつかの軍団または師団を統轄している）兵団.2（広く）師団以上の部隊.
**bīngxiǎn**【兵险】[名]〈書〉戦災.
**bīngxiǎng**【兵饷】[名]兵士の給与.
**bīng xióng yī ge, jiàng xióng yī wō**【兵熊一个,将熊一窝】〈諺〉リーダーに能力がないと悪い結果になる.
**bīngyǐ**【兵蚁】[名]〈虫〉ヘイタイアリ.
**bīngyì**【兵役】[名]兵役.
**bīngyìfǎ**【兵役法】[名]兵役法.
**bīngyíng**【兵营】[名]兵営.兵舎.
**bīngyǒng**【兵勇】[名]〈旧〉兵士.
**bīngyóuzi**【兵油子】[名]兵隊やくざ.

**bīngyuán**【兵员】[名]兵員.兵士(の総称).
**bīngyuán**【兵源】[名]兵力の供給源.
**bīngzāi**【兵灾】[名]戦災.
**bīngzhàn**【兵站】[名]兵站(ぶんたん).
**bīngzhì**【兵制】[名]兵制.
**bīngzhòng**【兵众】[名]〈軍〉兵隊.
**bīngzú**【兵卒】[名]〈旧〉兵卒.

# 栟 bīng 異読⇒bēn

**bīnggān**【栟柑】[名]〈植〉ポンカン.
**bīnglǘ**【栟榈】[名]〈植〉シュロ.

# 槟(檳) bīng 異読⇒bīn

**bīnglángzǐ**【槟榔子】[名]ビンロウジの種子；〈中薬〉槟榔子(ぴんる)．
**bīnglang**【槟榔】[名]〈植〉ビンロウジ；ビンロウジュの実.

# 丙 bǐng [名]十干の第3；丙(ぷい)；順序の第3番目.
► 火. ¶付一／火に付く. ¶

**bǐngbù**【丙部】[名] 1〈中国古典の図書分類法〉子部.
**bǐngdīng**【丙丁】[名] 1〈書〉火の別称). 2 丙(ぷい)と丁(えい).
**bǐnggān**【丙肝】[名]〈医〉C型肝炎.
**bǐnglún**【丙纶】[名]〈紡〉ポリプロピレン.
**bǐngsuān**【丙酸】[名]〈化〉プロピオン酸.
**bǐngtóng**【丙酮】[名]〈化〉アセトン.
**bǐngwán**【丙烷】[名]〈化〉プロパン.
**bǐngxī**【丙烯】[名]〈化〉プロピレン.アクリル.
**bǐngxīsuān**【丙烯酸】[名]〈化〉アクリル酸.
**bǐngzhǒng shèxiàn**【丙种射线】[名]〈物〉ガンマ(γ)線.
**bǐngzhǒng wéishēngsù**【丙种维生素】[名]ビタミンC.

# 邴 bǐng ∥姓

# 秉 bǐng [動]〈書〉 1 持つ.握る. ¶一笔／筆を執る. 2 掌握する. ¶~政／政権を執る. ∥姓

**bǐngchéng**【秉承】[動]〈書〉指令を受ける.
**bǐngchí**【秉持】[動]〈書〉掌握する.主管する.
**bǐngfù**【秉赋】[名] 1 天賦(ぷ). 2[動]〈気性などを〉備えている.
**bǐnggōng**【秉公】[動]公平にする.
**bǐngxìng**【秉性】[名]性格.気性.
**bǐngzhèng**【秉正】[動]〈書〉公正にする.
**bǐngzhí**【秉直】[形]〈書〉正直である.
**bǐngzhú**【秉烛】[動]〈書〉手に燭火(ぽく)を持つ.
**bǐng zhú yè yóu**【秉烛夜游】〈成〉時節に合わせて行楽をする.

# 柄 bǐng 1 [名]柄(ぇ).取っ手. 2 [量]〈方〉柄のついているものを数える. ¶两~伞／傘2本.
► 1[名]柄.権. ¶~话／話の種. 2 掌握する. ¶~政／政権を握る. ④ 権力. ¶国一／国権.

**bǐngzi**【柄子】[名]〈方〉柄.取っ手.

**饼 bǐng**【饼】[名]小麦粉をこねて薄く円盤状に伸ばし焼いた食べ物. ¶烧～/円形に整え天火で焼いた"饼". ¶円盤状のもの. ¶柿～儿/干しガキ. ¶铁～/円盤.

**bǐngchá**【饼茶】[名]円盤状に圧縮したお茶.

**bǐngchēng**【饼铛】[名]"饼"をつくる平鍋.

**bǐng'ér**【饼饵】[名]〈書〉小麦粉などで作った"饼"類の食品の総称.

**bǐngféi**【饼肥】[名]豆かすなど丸く平たい形にした肥料の総称.

**bǐnggān**【饼干】[名]ビスケット.

**bǐngwū**【饼屋】[名]ベーカリー.洋菓子屋.

**bǐngzi**【饼子】[名]1 トウモロコシなどの粉をこねて焼いた"饼". 2（マージャンの）ピンズ. 3〈方〉頑固な人. 4〈方〉浪費家.

**炳 bǐng**【炳】[形]明るい.著しい. ¶～wèi/模様が華やかである. [姓]

**bǐngyào**【炳耀】[形]〈書〉1（彩りが）美しく輝く. 2 照り輝く.

**屏（摒）bǐng**【屏】[動]息を止める,抑える. ¶～住呼吸/息を殺す.

🅗 捨てる.取り除く.

異読⇒ **píng**

**bǐngchú**【屏除】[動]〈書〉排除する.取り除く

**bǐngjì**【屏迹】[動]〈書〉1 行方をくらます. 2 隠滅〈俗〉する.

**bǐng/qì**【屏气】[動]息を殺す.

**bǐngqì**【屏弃】[動]投げ捨てる.

**bǐng/shēng**【屏声】[動]息をひそめて声をたてない.

**bǐng shēng xī qì**【屏声息气】〈成〉声をのみ,息を殺す.

**bǐngtuì**【屏退】[動]1（人を）立ち退かせる. 2〈書〉隠退〈俗〉する.

**bǐngxī**【屏息】[動]〈書〉息を殺す.

**禀（稟）bǐng**【禀】[動]〈書〉申し上げる.報告する.

🅗 受け継ぐ. ¶天～/生まれつきの性質.

**bǐngbào**【禀报】[動]上申する.報告する.

**bǐngchéng**【禀承】→ **bǐngchéng**【秉承】

**bǐngfù**【禀复】[動]復命する.

**bǐngfù**【禀赋】[名]〈書〉天賦.

**bǐnggào**【禀告】[動]申し上げる.

**bǐngmíng**【禀明】[動]〈目上に〉詳しく説明する.

**bǐngqiú**【禀求】[動]〈目上に〉お願いする.

**bǐngr**【禀儿】[名]〈旧〉上申書.報告書.

**bǐngshòu**【禀受】[動]〈性質・風格・特徴などを〉備え持つ.受け継ぐ.

**bǐngtiě**【禀帖】[名]〈旧〉請願書.上申書.

**bǐngxìng**【禀性】[名]天性.生まれつき.

---

**并（併,並）bìng**【并】[動]1 決して,何も（…でない）. ¶我们之间一没有什么隔阂 géhé/われわれの間には別にわだかまりがあるわけではない. 2 共に.いずれもみな.一斉に.

2 [接続]そして.また.その上. ¶会议讨论一通过了这个方案/会議はこの案について討論し,そしてこれを採択した.⇒ **bìngqiě**

3 [動]合わせる.一つにまとめる.一緒にする.

異読⇒ **bīng**

**bìng/bǎngr**【并膀儿】[動]肩を並べる;一緒に…する.

**bìngchǔ**【并处】[法]同時に別の刑を科する.

**bìngcún**【并存】[動]共存する.

**bìngdìlián**【并蒂莲】[名]1 本の茎に並んで咲く2輪のハス;〈喩〉仲のよい夫婦.

**bìngfā**【并发】[動]併発する.

**bìngfāzhèng**【并发症】[医]併発症.合併症.

**bìngfēi**【并非】[動]決して…ではない.

**bìnggòu**【并购】[経]企業の買収・合併. M&A.

**bìng/gǔ**【并骨】[動]〈夫婦の〉遺骨を合葬する.

**bìngguǐ**【并轨】[動]統合する.一本化する.

**bìngjī**【并激】[名]〈電〉分路.

**bìng jià qí qū**【并驾齐驱】〈成〉甲乙付けがたい.

**bìng/jiān**【并肩】[動]1 肩を並べる. 2〈喩〉同時に行動する;共に努力する.

**bìngjìn**【并进】[動]並行して進む.

**bìngjǔ**【并举】[動]並行して推進する.

**bìnglì**【并力】[動]〈書〉力を合わせる.

**bìnglì**【并立】[動]両立する.

**bìnglián**【并联】[動]〈電〉並列接続する.

**bìngliè**【并列】[動]並列する.横に並ぶ.

**bìnglǒng**【并拢】[動]並べる.そろえる.

**bìnglùn**【并论】[動]同一に論じる.

**bìngmào**【并茂】[形]（二つのことが）共に美しい.

**bìngpái**【并排】[動]横1列に並ぶ.

**bìngqiě**【并且】[接続]しかも.その上に. ¶这间教室干净,明亮～宽敞/この教室はきれいで明るくまた広い.

**bìng rì ér shí**【并日而食】〈成〉貧乏暮らしをする.

**bìngrù**【并入】[動]合併する.一緒になる.

**bìngtūn**【并吞】[動]併吞〈俗〉する.とりこむ.

**bìngwǎng**【并网】[動]ネットワーク化する.

**bìngxíng**【并行】[動]1 肩を並べて前進する. 2 同時に行う.

**bìng xíng bù bèi**【并行不悖】〈成〉同時に行っても互いに矛盾しない.

**bìngxíng cāozuò**【并行操作】[名]

## bìng

〈電算〉コンカレント・オペレーティング.
**bìngxíng chuánshū**【并行传输】〈電算〉パラレル伝送.
**bìngxíng cúnqǔ**【并行存取】〈電算〉パラレルアクセス.
**bìngxíng jiēkǒu**【并行接口】〈名〉パラレル・インタフェース.
**bìngxíngkǒu**【并行口】〈電算〉パラレルポート.
**bìngyòng**【并用】〈動〉同時に用いる.
**bìngzhòng**【并重】〈動〉同等に重んずる.
**bìng**【病】❶〈名〉1 病気.〔场〕2 やましいこと.心配事.
❷〈動〉病気になる.かかる.¶他〜了三天/彼は病気で3日寝こんだ.
┠欠点.誤り.¶语~/語弊.
**bìng'àn**【病案】〈名〉カルテ.
**bìngbāor**【病包儿】〈口〉病気ばかりする人.
**bìngbiàn**【病变】〈名〉〈略〉病理の変化.
**bìngbìngwāiwāi**【病病歪歪】〈形〉~的〉病で足元がふらついている.
▶"病歪歪"とも.
**bìngbìngyāngyāng**【病病殃殃】→ bìngbìngwāiwāi【病病歪歪】
**bìngcán**【病残】〈名〉病気と身体障害.
**bìngchē**【病车】〈名〉故障車両.
**bìngchéng**【病程】〈名〉病気の経過.
**bìngchónghài**【病虫害】〈名〉〈農〉病虫害.
**bìngchuáng**【病床】〈名〉1〔病院の〕ベッド.2〈病人の床.
**bìng cóng kǒu rù, huò cóng kǒu chū**【病从口入，祸从口出】〈諺〉病は口より入り，災いは口より出〔ず〕.
**bìngdǎo**【病倒】〔動+結補〕病気で床につく.
**bìngdú**【病毒】〈医〉〈電算〉ウイルス.¶电脑〜/コンピュータウイルス.
**bìngdǔ**【病笃】〈形〉〈書〉危篤である.
**bìngfáng**【病房】〈名〉病室；病棟.
**bìngfū**【病夫】〈名〉〈貶〉病弱の人.
**bìnggēn**【病根】〈名〉1〈~儿・~子〉病根；持病.2〔喩〕失敗や災難の原因.
**bìnggù**【病故】〈動〉病死する.
**bìngguǐ**【病鬼】〈名〉〈貶〉病気ばかりする人.
**bìngguó**【病国】〈動〉国家に損害をもたらす.
**bìnghài**【病害】〈名〉〈農〉病害.
**bìnghào**【病号】〈名〉〈~儿〉〈口〉〔部隊・学校など集団における〕病人.
**bìnghàofàn**【病号饭】〈名〉病号饭/病人食.
**bìnghòu**【病候】〈名〉〈中医〉病状および症状.
**bìng jí luàn tóu yī**【病急乱投医】〈諺〉事情が緊迫すると，取り得る手段をなんでも試みる.
**bìngjiā**【病家】〈名〉患者とその家族.
**bìngjià**【病假】〈名〉病欠.¶一条/欠席届.
**bìngjiān**【病监】〈名〉病気の囚人を収容する監房.

**bìngjù**【病句】〈名〉〔文法的・論理的〕誤文.
**bìngjūn**【病菌】〈名〉病原菌.
**bìngkuàng**【病况】〈名〉病状.症状.
**bìnglì**【病理】〈名〉〈医〉病理.
**bìnglì**【病历】〈名〉病歴.カルテ.
**bìnglì**【病例】〈名〉〈医〉症例.
**bìnglì**【病粒】〈名〉〈~儿〉〈農〉罹病粒(りびょうりゅう).
**bìngmó**【病魔】〈名〉病魔.
**bìngmò**【病殁】〈動〉病死する.
**bìngpáng**【病旁】〈名〉〈~儿〉〈漢字の部首〉やまいだれ"疒".
**bìngqíng**【病情】〈名〉病状.症状.
**bìngrén**【病人】〈名〉病人.患者.
**bìngróng**【病容】〈名〉病気のような顔色や表情.
**bìng rù gāo huāng**【病入膏肓】〈成〉事態が深刻で，救いようのないことに，病膏肓(こうこう)に入る.
**bìngshēnzi**【病身子】〈名〉病気；病気の人.
**bìngshǐ**【病史】〈名〉〈医〉病歴.
**bìngshì**【病势】〈名〉病勢.病状.
**bìngshì**【病逝】〈動〉病没する.
**bìngtà**【病榻】〈名〉〈書〉病床.
**bìngtài**【病态】〈名〉病的状態.
**bìngtǐ**【病体】〈名〉病体.病身.
**bìngtòng**【病痛】〈名〉ちょっとした軽い病気.
**bìngtuì**【病退】〈動〉病気で退職する.
**bìngwēi**【病危】〈形〉危篤である.
**bìngxiàng**【病象】〈名〉症状.
**bìngxié**【病邪】〈名〉〈中医〉疾病を引き起こす四季の邪気.
**bìngxiū**【病休】〈動〉病気で休む.
**bìngyānyān**【病恹恹】〈形〉~的〉病弱である.
**bìngyāngzi**【病秧子】〈名〉〈口〉病気がちの人.
**bìngyì**【病疫】〈名〉疫病.
**bìngyīn**【病因】〈名〉〈医〉病因.
**bìngyǒu**【病友】〈名〉入院中に知り合った友人.
**bìngyù**【病愈】〈動〉病気が治る.
**bìngyuán**【病员】〈名〉病人.患者.
**bìngyuán**【病原】〈名〉〈医〉1 病原体.2 病原.
**bìngyuánchóng**【病原虫】〈名〉〈医〉病原虫.
**bìngyuánjūn**【病原菌】〈名〉病原菌.
**bìngyuántǐ**【病原体】〈名〉〈医〉病原体.
**bìngyuàn**【病院】〈名〉〈専門〉病院.
**bìngzāi**【病灾】〈名〉1 病気や災厄.2 植物などの病害状況.
**bìngzào**【病灶】〈名〉〈医〉病巣.
**bìngzhēng**【病征】〈名〉症状；病気の徴候.
**bìngzhèng**【病症】〈名〉病症；疾病.
**bìngzhuàng**【病状】〈名〉病状.容体.
**bìngzìpáng**【病字旁】〈名〉〈~儿〉〈漢字の部首〉やまいだれ"疒".

## bǐng

**bǐng**【摒】〈動〉除去する.除く；放棄する.捨てる.
**bǐngchú**【摒除】〈動〉〈書〉除去する.排

除する.
**bìngdàng**【摒挡】〈書〉始末する. 処理する.
**bìngjué**【摒绝】動排除する.
**bìngqì**【摒弃】動排除する；捨てる.

## bo (ㄅㄛ)

**拨**(撥) bō 動❶〔動〕**1**（手足や棒などでものを）動かす，ほじる；(指で)回す. ¶～电话号码／電話のダイヤルを回す. **2**（全体から一部を割いて）分け与える，回す. ¶单位～给他一台专车／勤め先は彼に専用車を割り当てた.
**❷**（～子／～儿）量人をグループに分けた）うわけ. ¶分两～儿吃／ふた組に分けて食事をする.
**bō cǎo xún shé**【拨草寻蛇】〈成〉藪（ͬ）をつついて蛇を出す.
**bōdǎ**【拨打】動電話をかける.
**bō/dòng**【拨动】動+結補指ではじいて動かす（回す）.
**bōfā**【拨发】動分配し渡す.
**bōfù**【拨付】動（金銭を）支給する.
**bōgǎidài**【拨改贷】動建設プロジェクトの資金を国家支給の形から借款方式にすること.
**bōgěi**【拨给】動配分する. 割り当てる.
**bō/hào**【拨号】動（電話の）ダイヤルを回す.
**bōhàopán**【拨号盘】名（電話機の）ダイヤル盤.
**bōhuǒgùn**【拨火棍】名火かき棒.
**bōjiào**【拨较】動ダイヤルを回す.
**bō/kuǎn**【拨款】❶動（政府または上級機関が資金を）割り当てる，配分する，支給する. ❷名（政府または上級機関からの）割当金.
**bōlà**【拨剌】擬（書）（魚が水をはねる音）ぴちゃ．ぱちゃっ.
**bōla**【拨拉】動〈方〉かき分ける.（横に）はらう．はじく.
**bōlànggǔ**【拨浪鼓】名（～儿）でんでん太鼓.
**bō luàn fǎn zhèng**【拨乱反正】〈成〉混乱をしずめて正常に戻す.
**bōnong**【拨弄】動**1**（手足や棒などで）かき回す，（指で）はじく，いじくる. **2** もやつす，もてあそぶ. **3** そそのかす．けしかける.
**bōrǒng**【拨冗】動〈書〉〈套〉万障繰り合わせる.
**bōxián yuèqì**【拨弦乐器】名 指やばちで弦をはじいて演奏する弦楽器.
**bō yún jiàn rì**【拨云见日】〈成〉暗黒の中から光明が見えてくる.
**bōzi**【拨子】名**1**（弦楽器の）ばちピックなど. **2**→**gāobōzi**【高拨子】**3** 量 (ひと) 組.

**波** bō 動**1**波. ¶电～／電波. ② 動き. 散〜／さざ波. ③ 意外の変化. ¶风～／もめごと. // 比
**bōbózú**【波波族】名ボボス，BOBOS. ▶既成概念にとらわれないニュ

ーリッチ層.
**bōcháng**【波长】名〈物〉波長.
**bōdàng**【波荡】動波打つ.
**bōdǎoguǎn**【波导管】名〈物〉導波管.
**bōdòng**【波动】**1**動 揺れ動く，変動する. **2**名波動.
**bōduàn**【波段】名〈物〉周波数帯. ウェーブバンド.
**Bōduōlígè**【波多黎各】名〈地名〉プエルトリコ.
**bō'ěrduōyè**【波尔多液】名〈農〉ボルドー液.
**bō'ěrkǎ**【波尔卡】名〈音〉ポルカ.
**bōfēng**【波峰】名〈物〉波動の山.
**bōfú**【波幅】名〈物〉振幅.
**bōgǔ**【波谷】名〈物〉波動の谷.
**bō guǐ yún jué**【波诡云谲】〈成〉建物の複雑な構造や事態が目まぐるしく動く.
**bōjí**【波及】動 波及する. 影響する.
**Bōlán**【波兰】名〈地名〉ポーランド.
**bōlán**【波澜】名 波瀾（ͬ）. ¶～起伏／波瀾万丈である.
**bō lán zhuàng kuò**【波澜壮阔】〈成〉（文章や政治運動などの）勢いがすさまじい.
**bōlàng**【波浪】名 波.
**bōlàng fādiàn**【波浪发电】名 波力発電.
**bōlànggǔ**【波浪鼓】→ bōlànggǔ【波浪鼓】
**bōlénggài**【波棱盖】名（～儿）〈方〉膝頭.
**bōluógài**【波罗盖】名 膝頭.
**bōluómì**【波罗蜜】名**1**〈仏〉彼岸に至ること. ▶"波罗蜜多"とも. **2**→ **bōluómì**【菠萝蜜】
**bōměidù**【波美度】名〈化〉ボーメ度.
**bō píng làng jìng**【波平浪静】〈成〉平穏無事である.
**bōpǔ**【波谱】名〈物〉波動スペクトル.
**bōshì**【波士】名 ボス.
**Bōshìdùn**【波士顿】名〈地名〉ボストン.
**bōshù**【波束】名〈物〉ビーム.
**Bōsī**【波斯】名〈地名〉ペルシャ.
**bōsīmāo**【波斯猫】名〈動〉ペルシャネコ.
**Bōsīníyà hé Hēisàigēwéinà**【波斯尼亚和黑塞哥维那】名〈地名〉ボスニア・ヘルツェゴビナ. ▶"波黑"とも.
**bōsù**【波速】名〈物〉波動の速度.
**bōtāo**【波涛】名 大波.
**bōwén**【波纹】名〈水面の〉波紋.
**bōxíng**【波形】名〈電〉波形.
**bōyuán**【波源】名〈物〉波源.
**bōzhé**【波折】名 紆余（ͬ）曲折.
**bōzhé**【波磔】名《書道の永字八法の》磔（ͬ）.
**bōzhuàngrè**【波状热】名〈医〉波状熱.

**玻** bō
**Bōlìwéiyà**【玻利维亚】名〈地名〉ボリ

**bō**

ビア.

**bōli**【玻璃】名 ガラス. [块]

**bōlibǎn**【玻璃板】名 板ガラス.

**bōlibēi**【玻璃杯】名 グラス.

**bōlichú**【玻璃橱】名 ガラスの戸棚.

**bōlichuāng**【玻璃窗】名 ガラス窓.

**bōlifěn**【玻璃粉】名 1 (研磨用の)ガラス粉. 2 (寒天などで作った)ゼリー.

**bōligāng**【玻璃钢】名 強化プラスチック.

**bōli mùqiáng**【玻璃幕墙】名【建】ガラス壁.

**bōliqiú**【玻璃球】名 ビー玉.

**bōlisī**【玻璃丝】名 ガラス繊維・ナイロン糸の総称.

**bōlitǐ**【玻璃体】名【生理】(眼球の)ガラス体. 硝子体.

**bōli xiānwéi**【玻璃纤维】名 ガラス繊維. グラスファイバー.

**bōli xiǎoxié**【玻璃小鞋】名〈慣〉(部下に対する)陰湿ないやがらせ.

**bōlizhǐ**【玻璃纸】名 セロハン紙.

**bōlizhuān**【玻璃砖】名 1 厚いガラス板. 2 (建築材料などの)ガラスれんが.

**钵**(缽) **bō** 名 1【陶製の】鉢. 2 (僧の使う)鉢.

**bōtóu**【钵头】名⇨bō

**bōyú**【钵盂】名〈古〉僧の用いる食器.

**bōzi**【钵子】名 鉢.

**饽 bōo**

**bōbo**【饽饽】名〈方〉1 菓子. ¶~匣子 xiázi / 菓子折. 2 粉食品. 3 贴tiē~ / トウモロコシの粉をこねて鍋で蒸し焼きにしたもの.

**剥 bō**【剥bāo】に同じ. 複合語のみに用いる. 異読⇨bāo

**bōduó**【剥夺】動 奪い取る. 剥奪する.

**bōlí**【剥离】動 剥離(はくり)する.

**bōluò**【剥落】動 はげ落ちる. はがれ落ちる.

**bōshí**【剥蚀】動 浸食される.

**bōxuē**【剥削】動 搾取する.

**bōxuē jiējí**【剥削阶级】名 搾取階級.

**bōzhuó**【剥啄】擬〈書〉門を軽くたたく音.

**菠 bōo**

**bōcài**【菠菜】名【植】ホウレンソウ.

**bōléngcài**【菠薐菜】名〈方〉【植】ホウレンソウ.

**bōluó**【菠萝】名【植】パイナップル.

**bōluómì**【菠萝蜜】名【植】1 ハラミツ. ナガミパンノキ. 2 パイナップル.

**播 bō**動 1 広める. 伝える. 放送する. ¶收音机里~出轻快的乐曲 / ラジオから軽やかなメロディーが流れている. 2 (種を)まく.

**bōbào**【播报】動 放送する.

**bōchàng**【播唱】動 歌を放送する.

**bōchū**【播出】動 +方補 テレビ局が番組を放送する.

**bōfā**【播发】動 (ラジオで)放送する.

**bōfàng**【播放】動 1 テレビで放映する. 2 ラジオで放送する.

**bōfú**【播幅】名【農】まき幅.

**bōjiǎng**【播讲】動 演説や講義などを放送する.

**bōnong**【播弄】→ **bōnong**【拨弄】2, 3

**bōqiān**【播迁】動〈書〉(他郷を)さすらう.

**bōsǎ**【播撒】動 まく. 散布する.

**bōsàn**【播散】動 広がる. 伝播する.

**bōsòng**【播送】動 送信する. 放送する.

**bōyǎn**【播演】動 公演を放送する.

**bōyáng**【播扬】動 伝播する. 広く伝える.

**bō/yīn**【播音】動 (ラジオで番組を)放送する.

**bōyīnyuán**【播音员】名 アナウンサー. 放送係.

**bōyìng**【播映】動 テレビで放映する.

**bō/zhǒng**【播种】動 種をまく.

**bōzhǒngjī**【播种机】名【農】種まき機.

**bōzhòng**【播种】動 種まきする.

**幡 bō** 地名用字.

**百 bó** 地名のみに残る異読. ¶~色 sè/ 広西チワン族自治区にある県名. 異読⇨bǎi

**伯 bó** 名 1 (伯父(父親の兄). ¶大~/父方のいちばん上のおじ. ② 兄弟の中の最年長者. ¶~兄/长兄. ③(年長の男性に対する尊称)おじさん. ¶伯爵. 3 姓 異読⇨bǎi

**bóbo**【伯伯】名〈口〉1 (父の兄に当たる)おじ. 2【血縁関係のない】おじさん.

**bófù**【伯父】名 伯父. 2 (父と同年輩か父より年上の男性に対する呼びかけ)おじさん.

**bógōng**【伯公】名〈方〉1 父の伯父. 2 夫の伯父.

**bójué**【伯爵】名 伯爵.

**bólǎo**【伯劳】名【鸟】モズ.

**Bólè**【伯乐】名 人材の発見と抜擢(ばってき)に長じている人. 伯楽.

**Bólìzī**【伯利兹】名〈地名〉ベリーズ.

**bómǔ**【伯母】名 1 父の兄の妻. おば. 2 (父と同年輩か父より年上の女性に対する呼びかけ)おばさん.

**bópó**【伯婆】名〈方〉1 父の伯母. 2 夫の伯母.

**bózhòng**【伯仲】名〈書〉伯仲.

**bó zhòng shū jì**【伯仲叔季】〈成〉兄弟の順序.

**bózǔ**【伯祖】名 父の伯父.

**bózǔmǔ**【伯祖母】名 父の伯母.

**驳**(駁) **bó** 動 1 反駁(はんばく)する. 2〈方〉河岸や堤防を拡張する.

**日** ①(色が)混ざっている. ¶斑~/(色が)まだらである. 2 のべる(述べる). ¶~卸/はしけから荷をおろす.

**bó'àn**【驳岸】名 護岸堤.

**bóbukāi**【驳不开】動+可補 無視することができない.

**bóchì**【驳斥】[動] 反駁する.
**bóchuán**【舶船】[名] はしけ.
**bó/dǎo**【驳倒】[動+結補] 相手の意見や主張を論駁する.
**bóhuí**【驳回】[動]〈請求などを〉断る；〈意見などを〉却下する, 取り上げない.
**bó/jià**【驳价】[動]〈~儿〉値切る.
**bókèqiāng**【驳壳枪】[名]〈軍〉モーゼル拳銃.
**bólùn**【驳论】[動] 相手の論点を反駁することによって自分の論点を明らかにする.
**bó miànzi**【驳面子】[慣](反対・拒絶して)相手の顔をつぶす.
**bónàn**【驳难】[動]〈書〉反駁して非難す ぶ.
**bóyùn**【驳运】[動] はしけで運ぶ.
**bózá**【驳杂】[形] 入り混じっている.
**bózhèng**【驳正】[動] 反論して誤りを正す.

帛 **bó**【帛】[名] 絹織物の総称.「玉yù~」玉と絹織物.
**bóhuà**【帛画】[名] 絹織物に描かれた絵.
**bóshū**【帛书】[名] 絹織物に書かれた書物.

泊 **bó**[動]〈書〉船を挙につける.
❶【とどまる.❷【飘~ / 流浪する.❸さっぱりしている.「淡~ / あっさりしている.‖[姓] 異読⇒pō
**bódì**【泊地】[名] 停泊地.
**bówèi**【泊位】[名] 停泊する場所(位置).

柏 **bó** 地名・人名用字.「~林 / ベルリン. 異読⇒bǎi,bò

勃 **bó**【勃】[形] ❶さかんになるさま. ❷にわかに. 急に起こる. ‖[姓]
**bóbó**【勃勃】[形] 盛んである.
**bófā**【勃发】[書] ❶[形] 光り輝いている. ❷[動] 急に起こる. 勃発(ぼっぱつ)する.
**bólángníng**【勃郎宁】[名] ブローニング(拳銃).
**bóqǐ**【勃起】[動] 勃起(ぼっき)する.
**bórán**【勃然】[形]〈書〉❶ 勢いが盛んである. ❷(怒りや驚きで)むっとしている.
**bó rán biàn sè**【勃然变色】[成] むっとして顔色を変える.
**bóxī**【勃谿・勃豀】[名]〈書〉家庭内のいさかい.
**bóxīng**【勃兴】[動]〈書〉勃興(ぼっこう)する.

钹 **bó**[名]〈民族楽器の一種〉鈸(はち).

铂 **bó**[名]〈化〉プラチナ. 白金. Pt.
**bójīn**【铂金】[名] プラチナ.

亳 **bó** 安徽省にある県名.

浡 **bó**[動]〈書〉奮い立つ. 盛んになる.

袯 (襏) **bó❶**
**bóshī**【袯襫】[名]〈古〉農民が着用した簑(みの).

舶 **bó❶**[名] 大型船.「船~ / 船舶. 「巨jù~ / 巨船.

**bóláipǐn**【舶来品】[名]〈旧〉舶来品.

脖 **bó**[名]〈~儿〉❶[首]. ❷首のような形をしたもの.
**bógěngr**【脖颈儿・脖颈儿】[名]〈方〉首筋.
**bólǐngr**【脖领儿・脖领儿】[名]〈方〉(衣服の)首回り.
**bózi**【脖子】[名] 首.

博 **bó**【博】❶[量](数が)多い. 豊かである. ❷(知識が)広い.「~学 / 古通今. ❸ 大きい.「宽衣~带 / ゆったりした着物に広い帯. ❹ 博する. 得る.「~得 / 得る. ❺ 賭博(と).「~徒 / ばくち打ち. ‖[姓]
**bó'ài**【博爱】[動] 博愛.
**bócǎi**【博采】[動] 広く取り入れる.
**bócǎi**【博彩】[名] ばくちやくじの総称.
**Bócíwǎnà**【博茨瓦纳】[名]〈地名〉ボツワナ.
**bódá**【博达】[動] 広範囲に精通する.
**bódà**【博大】[形](抽象的な事物が)豊かである.
**bódǎo**【博导】[名]〈略〉博士課程の指導教官.
**bódé**【博得】[動] 博する. 得る.
**bógǔ**【博古】❶[動] 古事に精通する. ❷[名] 古代の器物の複製.
**bó gǔ tōng jīn**【博古通今】[成] 古今の事柄に精通する.
**bójiàohuì**【博交会】[名]〈略〉博覧交易会.
**bókè**【博客】[名]〈電脑〉ブログ.
**bólǎn**【博览】[動] 広く読みあさる.
**bólǎnhuì**【博览会】[名] 博覧会.
**bóqià**【博洽】[形]〈書〉学識が広い.
**bóqǔ**【博取】[動](信頼などを)得る.
**bóshí**【博识】[形] 博識である.
**bóshì**【博士】[名] ❶ 博士.「~生 / 博士課程に在籍している学生. ❷〈旧〉ある種の技術に通じた人. ❸〈古〉古代の教授職を受け持った官史.
**bóshìhòu**【博士后】[名] 博士学位取得後の研究生. オーバードクター.
**bó wén qiáng zhì**【博闻强识・博闻强志】[成] 見聞が広く記憶力がよい.
**bówù**【博物】[名] 博物.
**bówùguǎn**【博物馆】[名] 博物館.
**bówùyuàn**【博物院】[名] 博物館.
**bóxué**【博学】[形] 博学である.
**bóyǎ**【博雅】[形]〈書〉学識が豊かである.
**bóyì**【博弈】[動]〈書〉碁を打つ.
**bóyǐn**【博引】[動] 広く多く引用する.

鹁 **bó❶**
**bógē**【鹁鸽】[名]〈鳥〉ドバト.
**bógū**【鹁鸪】[名]〈鳥〉シラコバト. ジュズカケバト.

渤 **bó** 地名・人名用字.「~海 / 渤海.

搏 **bó❶**❶ 組み打ちをする. つかみかかる.「肉~ / 格闘する. ❷ 拍動する.「脉mài~ / 脈拍.
**bódòng**【搏动】[動] 脈打つ.
**bódòu**【搏斗】[動] 取っ組み合う.

## bó

**bójī**[搏击]動 格闘する.
**bóshā**[搏杀]動 武器を持って渡り合う.

**鲌** bó 名〈魚〉サワラ.

**餺** bó ⇒

**bótou**[馎饦]名〈古〉小麦粉で作る食品.うどんの類.

**僰** bó[僰]名〈古〉中国の西南部に住んでいたといわれる古代の少数民族の一. ¶ 僰[僰].

**箔** bó ❶〈ア〉(アシやコウリャンの茎で作る) すだれ. ¶ 苇wěi ~ / アシのすだれ. ② [箔]: 金属の薄片. ③ 纸钱( ) ❹[簇]:

**bócái**[箔材]名〈冶〉箔材.

**膊** bó 名 ❶ 上腕. ¶ 赤chì ~ / 肌脱ぎになる.

**踣** bó[踣]〈書〉つまずいて倒れる.

**铸** bó 名 ❶ (楽器の) 大鐃(鐃). 2 鐲子③.

**薄** bó ❶〈ア〉① 薄い；わずかである. ¶ ~ 技. ② 誠実でない. 薄情である；軽薄である. ¶ 轻~ / 軽薄である. ③ 軽蔑する. 冷遇する. ¶ 厚此~彼 / 一方を優遇し,他方を冷遇する. ④ 近づく. 迫る. ¶ ~ 同同仇 / 世をあげてうなる喜ぶ. ‖姓
異読⇒bào,bó

**bóchǎn**[薄产]名〈書〉わずかの財産.
**bóchóu**[薄酬]名 薄謝料.
**bódài**[薄待]動 冷遇する.
**bódì**[薄地]名 やせた土地.
**bófèng**[薄俸]名 薄給.
**bóhǎi**[薄海]名〈書〉世界中で;広大な地域.
**bóhòu**[薄厚]名 厚さ.
**bójì**[薄技]名〈謙〉とるに足らぬ技術.
**bójiǔ**[薄酒]名〈謙〉粗酒.
**bójù**[薄具]動〈謙〉わずかにそなえ持つ.
**bólǐ**[薄礼]名〈謙〉粗品.
**bólì**[薄利]名 薄利.
**bómiàn**[薄面]名〈謙〉私のメンツ.
**bómíng**[薄命]形 薄命である.
**bómó**[薄膜]名 ❶ 薄い膜. ❷ フィルム.
**bómù**[薄暮]名 夕暮れ.
**bóqíng**[薄情]形 つれない.
**bóruò**[薄弱]形 薄弱である. **手薄である**;(意志が) 弱い.
**bótián**[薄田]名 やせた田畑.
**bó wù xì gù**[薄物细故]〈成〉些細な事柄.
**bóxìng**[薄幸]名〈書〉薄情である;移り気である.
**bózàng**[薄葬]動 簡素な葬儀をする.

**礴** bó→pángbó[磅礴]

**跛** bǒ 形 足が不自由である.
**bǒ biē qiān lǐ**[跛鳖千里]〈成〉努力さえすれば条件が不利でも成功できる.

**bǒ//jiǎo**[跛脚]動 足をひきずる.
**bózi**[跛子]名 足の不自由な人.

**簸** bǒ[簸]動 (箕で穀物を) ひる,あおる,ふるいにかけて不純物を除く.
異読⇒bò

**bǒdàng**[簸荡]動 (上下左右に) 揺れる.
**bǒdòng**[簸动]動 ❶ 上下に揺れる. ❷〈方〉たたく.
**bǒluo**[簸箩]→pǒluo[笸箩]
**bǒnòng**[簸弄]動 ❶ もてあそぶ. ❷ そそのかす.
**bǒyáng**[簸扬]動 (穀物を) 箕でふるう.

**柏** bò→huángbò[黄蘗・黄柏]
異読⇒bǎi,bó

**薄** bò ⓞ 異読⇒báo,bó
**bòhe**[薄荷]名〈植〉ハッカ.

**檗** bò→huángbò[黄蘗・黄柏]

**擘** bò ❶ 親指. ¶ 巨jù ~ / 大家(家). 第一人者.
**bòhuà**[擘画・擘划]動〈書〉計画する.

**簸** bò ⓞ 異読⇒bǒ
**bòji**[簸箕]名 ❶ 箕( ). ちりとり. ❷ 弓状や蹄( 状) の指紋.

**ト** (蔔) bo→luóbo[萝卜]

**啵** bo 助〈方〉用い方は"吧ba"にほぼ同じ.

## bu (ㄅㄨ)

**逋** bū〈書〉❶ 逃亡する. ¶ ~ 債 / 借金の返済を滞らせる.
**būkè**[逋客]名〈書〉❶ 逃亡者. ❷ 隠遁者.
**būliú**[逋留]動〈書〉逗留する.
**būqiàn**[逋欠]動〈書〉借金を滞納する.
**būtáo**[逋逃]動〈書〉逃亡する.
**būtáosǒu**[逋逃薮]名〈書〉逃亡者 (亡命者) の隠れ場所.

**晡** bū 名〈書〉申( )の刻. ▶午後3時から5時.

**醭** bú 名 (~儿) 酢・醤油などの表面にできる) 白いかび.

**卜** bǔ ❶ 占う. ¶ 同 ~ / 占ってもらう. ❷ 予測する. 予想する. ¶ 存亡未 ~ / 存亡が危ぶまれる. ③ (場所を) 選ぶ;(日取りを) 定める. ¶ ~ 筑 / 土地を選んで家を建てる.
⓪ 異読⇒bo

**bǔcí**[卜辞]名 卜辞( ).
**bǔgǔ**[卜骨]名〈古〉占い用の動物の骨.
**bǔguà**[卜卦]動 占う.
**bǔjū**[卜居]動〈書〉居所を決める.
**bǔ/kè**[卜课]動〈吉凶を〉占う.
**bǔlín**[卜邻]動〈書〉隣を選んで住まいを定める.
**bǔshì**[卜筮]動 占う.
**bǔzhái**[卜宅]動〈書〉❶〈古〉都を定

## 卜 bǔ

**补**(補) bǔ 動 1 〔不足・欠員を〕補足する。補充する。¶这三块钱他已经~上了／その10元は彼がすでに補った。 2〔栄養を〕補給する。¶~维生素／ビタミンを補う。 3 繕う。修理する。¶~衣服／服を繕う。
H 利益。効用。¶空言无~／空論ばかりで少しもためにならない。‖ 姓

**bǔbái**[补白] 1 名 埋め草。 2 動 説明を補う。
**bǔbàn**[补办]動 追って…する。
**bǔbào**[补报]動 1 事後報告する。 2〔恩に〕報いる。
**bǔcāng**[补仓]動 証券などをさらに買い付ける。
**bǔchā**[补差]名〔元の給料と年金との〕差額を補給する。
**bǔcháng**[补偿]動 補償する。
**bǔcháng màoyì**[补偿贸易]名〈経〉補償貿易。
**bǔchōng**[补充]動 補充する。補足する；追加する。
**bǔdīng**[补丁]名 継ぎ。¶打~／継ぎを当てる。▲"补钉,补靪"とも。
**bǔfā**[补发]動 1 追加支給をする。 2 再交付する。
**bǔfáng**[补防]→**bǔwèi**[补位]
**bǔ//guò**[补过]動 過失をつぐなう。
**bǔhuā**[补花]名〈~儿〉アップリケ。
**bǔjǐ**[补给]動〈軍〉弾薬や糧秣 liáng なので供給する。
**bǔjǐxiàn**[补给线]名〈軍〉補給線。
**bǔ//jià**[补假] 1 動 1 代休をとる。事後に欠席〔欠勤〕届を出す。 2 名 代休；振替休日。
**bǔjiāo**[补交]動 後納する。不足分を納める。
**bǔjiǎo**[补角]名〈数〉補角。
**bǔ//jǐng**[补景]名〈絵画の〉背景や添景をかき足す。
**bǔjiǔ**[补酒]名 滋養酒。
**bǔjiù**[补救]動 挽回(ホン)する。
**bǔjū**[补苴]動〈書〉1 補修する。 2〔欠点を〕補う。
**bǔkǎo**[补考]動 追試をする〔受ける〕。
**bǔ//kè**[补课]動 1 補講する〔を受ける〕。 2〈喩〉不出来な仕事をやり直す。
**bǔkōng**[补空]動〈経〉思惑売りの株券を買い戻す。
**bǔ kòngzi**[补空子]空きをふさぐ；欠員を補充する。
**bǔlòu**[补漏]動 1 補修する。 2 仕事の上での漏れを補う。
**bǔ/miáo**[补苗]動〈農〉苗の植え足しをする。
**bǔ piān jiù bì**[补偏救弊]〈成〉不備や欠点を是正する。
**bǔ//piào**[补票]動 乗車してから目的地までの切符を買い足す。 2 名 補助切符。
**bǔpǐn**[补品]名 栄養食品。
**bǔqì**[补气]動〈中医〉元気をつける。
**bǔ/qíng**[补情]動〈~儿〉義理を果たす。
**bǔ/quē**[补缺]動 1 欠員を補う。2 遺漏を補う。 3〔旧〕官吏の候補者が正式に官職に就く。
**bǔsè**[补色]名〈美〉補色。
**bǔshang**[补上]動＋方補 補充する。付け加える。
**bǔshuì**[补税]動 税金を追納する。
**bǔ/tái**[补台]動 芝居で相手の失敗をカバーする；〈転〉相手の手助けをする。
**bǔtǐ**[补体]名〈医〉補体。
**bǔtiē**[补贴]動 1 助成する。〔経済的に〕補助する。 2 名 補助金。手当。¶交通~／通勤手当。
**bǔwèi**[补位]動〈体〉他のポジションをカバーする。
**bǔxí**[补习]動 補習する。
**bǔxíbān**[补习班]名 予備校。塾。
**bǔxiū**[补休]→**bǔ/jià**[补假]
**bǔxuǎn**[补选]動〔略〕補欠選挙を行う。 2 名 補欠選挙。
**bǔ/xuè**[补血]動 補血[増血]する。
**bǔ/yá**[补牙]動 虫歯に詰め物をして治す。
**bǔyǎng**[补养]動 栄養を補給する。
**bǔyào**[补药]名 栄養剤。
**bǔyè**[补液]動 1〈医〉栄養を液体で補給する。 2 名 栄養補給のための飲み物。
**bǔyí**[补遗] 1 名 補遺。 2 動 遺漏を補う。
**bǔyì**[补益]〈書〉1 名 役に立つこと。 2 動 役立つ。
**bǔyǔ**[补语]名〈語〉補語。
**bǔzhèng**[补正]動 補正する。
**bǔzhù**[补助]動 1 補助する。 2 名 補助〔金〕。
**bǔzhù huòbì**[补助货币]名〈経〉補助貨幣。
**bǔzhuì**[补缀]動 繕う。補修する。
**bǔzú**[补足]動〔不足分を〕補充する。

## 捕 bǔ 動 捕まえる。¶~苍蝇／ハエをとる。‖姓

**bǔchǔ**[捕处]動 逮捕し処罰する。
**bǔdǎ**[捕打]動〔虫を〕退治する。
**bǔ fēng zhuō yǐng**[捕风捉影]〈成〉話や事柄が雲をつかむように確かでない。
**bǔfú**[捕俘]動〈軍〉捕虜にする。
**bǔhuò**[捕获]動〈書〉逮捕する。取り押さえる。
**bǔjīngchuán**[捕鲸船]名 捕鯨船。
**bǔkuài**[捕快]名〔旧〕捕り手。
**bǔlāo**[捕捞]動 漁をする。
**bǔliè**[捕猎]動〔野生動物を〕捕獲する。狩猟する。
**bǔná**[捕拿]動〔犯人などを〕捕らえる。
**bǔshā**[捕杀]動 捕らえて殺す。
**bǔshí**[捕食]動 捕食する。

# bǔ

**bǔ//shí**【捕食】[動](動物が)えさをあさる.

**bǔtóu**【捕头】[名]〈旧〉捕り方の長.

**bǔyā**【捕押】[動]逮捕し拘禁する.

**bǔzhuō**【捕捉】[動]捕らえる.

## 哺

**bǔ** ㊀ [動] ①口に食べ物を入れてやる. ¶~儿~育. ②口の中に含んだ食べ物. ¶吐出~ / 口の中の食べ物を吐き出す.

**bǔrǔ**【哺乳】[動]乳を飲ませる.

**bǔrǔ dòngwù**【哺乳动物】[名]〈生〉哺乳(ほにゅう)動物.

**bǔrǔshì**【哺乳室】[名]ベビールーム.

**bǔyǎng**【哺养】[動]養い育てる.

**bǔyù**【哺育】[動]1 哺育(ほいく)する. 2〈喩〉育成する.

## 堡

**bǔ** ㊁ [名]地名用字.
異読 ▷bǎo,pù

**bǔzi**【堡子】[名]〈方〉1 土塀などで囲まれた町や村. 2〈広〉と村.

## 不

**bù** ㊀ [副] 1 [動]詞や形容詞などの前に置いて用い,意志・習慣に関する否定や性質・状態の否定を表し]…しない. …でない. ¶这本书~是我的 / この本は私のではない. ¶明天我们~去 / あしたわたしたちは行きません. ¶他从来~抽烟 / 彼はもとからたばこは吸わない.

▶ "不"の用法 ◀

①副詞の前に置き部分否定を示すことがある. ¶他~一定来 / 彼は来るとはかぎらない.

②"…不…"の形で反復疑問文を作る. ¶你去~去 / 君は行くか.

③"不…,就(才)…"の形で,仮定条件の提示を表す. ¶~刮大风就好了 / 大風が吹かなければよかったのに.

④"什么~什么…"の形で前後に同じ語をを当てはめ,意に介しないことを表す. ¶什么谢~谢的,别提这个 / お礼なんて,そんなことおっしゃらないで.

⑤"没(有)méi(yǒu)"との比較:"没(有)"は動作・行為の発生あるいは完成の否定で性質・状態の変化の否定を示し,それらが事実として発生・存在していないことを表す. なお,"不"の否定には必ず"没"を用い,"没有"とする.

⑥"不"に続く音節が第4声であるときは第2声に発音される.

2(単用して)いいえ. いや. ¶他~去吗?——~,他去 / 彼は行かないの——いや,彼は行く.

㊁ [動](↔得de)[動]詞と結果補語または方向補語の間に用い,**不可能を表す**)▶軽声で発音される. ¶拿~动 / 持ち上げられない. ¶运~出去 / 運び出せない.

**bù'ān**【不安】1 [形]不安定である. 落ち着かない. 2(套)すまないと思う. 恐縮である.

**bù…bái bù…**【不…白不…】(型)("不A白不A"の形で)…しないと損だ(…したほうがいい). …しないともったいない. ¶公司请客,不吃白不吃 / 会社の接待なのだから食べないと損だ.

**bù bái zhī yuān**【不白之冤】〈成〉無実の罪.

**bùbèi**【不备】1 [動]すきがある. 油断する. 2(套)【書】不一(ふいつ).

**bùbǐ**【不比】…とは違う. …の比ではない.

**bùbì**【不必】[副]…する必要はない. …でなくてもよい. ¶~担心 / 心配には及ばない.

**bù bì jiān xiǎn**【不避艰险】〈成〉困難や危険を顧みない.

**bùbiàn**【不便】[形]**不便である;不都合だ**. ¶身子~ / 妊娠中である. 2[動]…する必要がない. …するのに具合が悪い. ¶他不讲道理,我也~客气了 / 彼は無礼だから,こちらも遠慮する必要はない.

**bùbiàn jiàgé**【不变价格】[名]〈経〉不変価格.

**bùbiàn měiyuán**【不变美元】[名]〈経〉基準とするドル. ドルベース.

**bù biàn shū mài**【不辨菽麦】〈成〉実生活の知識に疎い.

**bùbiàn zīběn**【不变资本】[名]〈経〉不変資本.

**bù…bù…**【不…不…】(型)1("不A不B"の形で,ABに同義または類義の1音節の語を当てはめて)…もしなければ…もしない. ¶~言~语 / うんともすんとも言わない.

2("不A不B"の形で,ABにそれぞれ意味の相反する単音節の語を当てはめて,ちょうどよい,適切な状態を表す)…もなければ…もない. ¶~多~少 / 分量がちょうどよい.

3("不A不B"の形で,ABにそれぞれ意味の相反する単音節の語を当てはめてABのどちらでもないか,どっちつかずの好ましくない状態を表す)…でもなければ…でもない. ¶~方~圆 / 四角でもなければ丸くもない. 形がよくない.

4("不A不B"の形で,ABにそれぞれ意味の相反する動詞や動詞句を当てはめる)もし…でなければ…でない. ¶~见~散sàn / 会うまで指定の場所を離れない.

**bùcái**【不才】1 [形]〈書〉才能がない. 2〈謙〉不肖. 拙者.

**bùcè**【不测】1 [名]不測の事態. 意外なこと. 2 [形]不測の. 意外な.

**bùcéng**【不曾】[副]これまでに…したことがない.

**bù chā lèi shǔ**【不差累黍】〈成〉寸分の差もない.

**bù chà shénme**【不差什么】〈慣〉1 ほとんど合っている. 2〈方〉ほとんど. 3〈方〉ほぼ.

**bùchéng**【不成】1 [形]いけない. だめだ. ¶~!我不去 / だめだ,私は行かない. 2 [助]("难道、莫非"などと呼応して)…とでも言うのか. まさか…で

はあるまい．¶難道说他～？/彼がいないとだめだとでも言うのか．

-buchéng【不成】(動作が完成・実現・成功できず)…できない．

bù chéng bǐ lì【不成比例】〈成〉バランスがとれていない．

bù chéngcái【不成材】(人間について)見込みがない．

bù chénggōng biàn chéngrén【不成功便成仁】〈諺〉死ぬ覚悟で臨む．

bù chéng huà【不成话】話にならない．

bù chéngqì【不成器】(人間について)見込みがない．

bù chéng tǐ tǒng【不成体统】〈成〉体裁がなっていない．

bùchéngwén【不成文】〔形〕成文化されていない．

bùchéngwénfǎ【不成文法】〔名〕〈法〉不文法．不文律．慣習法．

bù chéngxiǎng【不承想】予想外である．

bùchěng【不逞】〔動〕志を得ない．

bù chījìn【不吃劲】〔慣〕(～儿)〈方〉重要ではない．

bùchǐ【不齿】〔動〕〈書〉歯牙(が)にもかけない．

bù chǐ xià wèn【不耻下问】〈成〉目下の者や未熟な者に教えを請うのを恥としない．

bù chǐ yú rén【不齿于人】〈成〉人からさげすまれる．

bùchì【不啻】〔動〕〈書〉1…にとどまらない．2あたかも…のようだ．

bùchóu【不愁】〔動〕…のようなことはない．

bùchū【不出】〔動〕…以内である．

-buchū/lái【-不出来】〔動〕(動詞の後に用いて，内から外に出たり，事物を完成したり，事物を発見または識別したりすることができないことを表す)

bù chū suǒ liào【不出所料】〈成〉予想どおりである．

bùchuǎi【不揣】〔慣〕身のほどを知らない．

bù chuǎi mào mèi【不揣冒昧】〈成〉出し抜けながら．ぶしつけながら．

bùcí【不辞】〔動〕1いとも請いにくない．2…を辞さない．

bù còuqiǎo【不凑巧】〈慣〉あいにく．

bù cuò【不错】〔套〕(相手の言葉に対して)正しい，そのとおりである．

bùcuò【不错】〔形〕1〔口〕よい．すばらしい．悪くない．¶你唱得挺～/君はなかなか歌が上手だ．

bù cuòyǎn【不错眼】〔慣〕(～的)凝視する．

bù dǎ bù chéngjiāo【不打不成交】〈諺〉雨降って地固まる．

bù dǎjǐn【不打紧】〔慣〕〈方〉大丈夫だ．かまわない．

bù dǎ zì zhāo【不打自招】〈成〉語るに落ちる．

bùdà【不大】〔副〕あまり…でない．¶～舒服/体の具合があまりよくない．

bùdàdiǎnr【不大点儿】〔形〕ごく小さい．

bùdà gōngfu【不大工夫】ちょっとの間．

bùdàlí【不大离】(～儿)〈方〉たいして違わない；まあまあである．

bùdà yīhuìr【不大一会儿】しばらく．▶"不大会儿"とも．

bùdài【不待】〔動〕…を待たず，…までもない．

bùdài【不逮】〔動〕〈書〉及ばない．至らない．

bùdàiyīn【不带音】〔名〕〈語〉無声音．

Bùdàn【不丹】〔地名〕ブータン．

bùdān【不单】1〔副〕…だけではない．¶他说的～是这些/彼が言ったのはこれだけではない．2〔接続〕…だけでなく．

bùdàn【不但】〔接続〕…ばかりでなく．…のみならず．¶她～会唱，而且会跳/彼女は歌ばかりでなく踊りもできる．

bùdàn【不惮】〔動〕〈書〉恐れない．

bùdàng【不当】〔形〕妥当でない．適切でない．

bùdǎowēng【不倒翁】〔名〕(だるまの)起き上がりこぼし．〈喩〉失脚しても何度も復活する人．

bùdǎo【不道】不十分である．

bù dào Chángchéng fēi hǎohàn【不到长城非好汉】〈諺〉初志を貫かないものは立派な人間ではない．

bù dàodé【不道德】不道徳である．

bù dào Huánghé bù sǐxīn【不到黄河不死心】〈諺〉とことんやるまで決してあきらめない．▶"不到黄河心不死"とも．

bùdé【不得】〔助動〕〈書〉…してはならない．

-bude【-不得】…することができない(不適切だ)；…してはならない(許されない)；…したらたいへんなことになる．¶去～/行ってはいけない．

bù dé bù【不得不】〔型〕…せざるを得ない．¶病ünstig很重，～住院了/病気が重く，入院しなければならなくなった．

bù dé bù ěr【不得不尔】〈成〉そうせざるを得ない．

bù dé ér zhī【不得而知】〈成〉知るよしもない．

bù déjìn【不得劲】(～儿)1具合が悪い．しっくりしない．2気分が悪い．3〈方〉きまりが悪い．

bùdéliǎo【不得了】〔形〕1たいへんだ．一大事だ．¶祖父大意受了伤可～/不注意でけがでもしたらたいへんだ．2(程度を表す補語として)…でたまらない．¶高兴得～/うれしくてたまらない．

bù dé rén xīn【不得人心】〈成〉人心を得ない．

bù dé yào lǐng【不得要领】〈成〉要領を得ない．

bùdéyǐ【不得已】〔形〕やむを得ない；しかたなく．

bù dé yǐ ér qiú qí cì【不得已而求其次】〈成〉やむを得ない場合は次善の策をとる。

bù dēng dà yǎ zhī táng【不登大雅之堂】〈成〉(自分の作品を謙遜して)洗練されていない。

bùděng【不等】形 まちまちである。

bùděnghào【不等号】名〈数〉不等号。

bùděngshì【不等式】名〈数〉不等式。

bùdì【不第】動〈書〉(試験に)落第する。

bùdiǎnr【不点儿】形 ほんのちょっぴり。

bùdié【不迭】接尾 1 …する暇がない。 2 しきりに…する。さかんに…する。

bùdīngdiǎnr【不丁点儿】→ bùdiǎnr【不点儿】

bùdìng【不定】副 疑問詞または疑問を表す成分を伴い わからない。¶他明天～来不来呢/彼はあす来るかどうかわからない。

bùdìnggēn【不定根】名〈植〉不定根。

bùdìngshì【不定式】名〈数〉不定形。▶"不定形"とも。

bùdòngchǎn【不动产】名 不動産。

bùdònggǎng【不冻港】名 不凍港。

bù dòng shēng sè【不动声色】顔色ひとつ変えない；ものごとに動じない。

bù dòngwō【不动窝】同じ場所から動かない。

bùdú【不独】接続 (ただ)…のみならず。

bùduān【不端】形〈書〉(品行などが)正しくない。

bùduàn【不断】絶えず.絶え間なく。¶情况在～变化/状況は刻々と変化している。

bù duì【不对】套 まちがいである。誤っている。

bùduì【不对】形 1 尋常でない。変である。 2 仲が悪い。しっくりしない。

bù duì chà lǐ・bù duì chá lǐ【不对茬儿・不对碴儿】ちぐはぐである。変である。

bù duìchèn guǎnzhì【不对称管制】名〈経〉非対称規制。

bù duìtóu【不对头】1 尋常でない。普通でない；おかしい。変である。 2 うまが合わない。しっくりいかない。

bù duìyǎn【不对眼】(～儿)〈口〉目障りである。

bù duō yīdiǎnr【不多一点儿】〈慣〉ちょっぴり。

bù…ér…【不…而…】〈型〉…でないのに…する；…せずして…する。

bù èr fǎ mén【不二法门】〈成〉最上の方法。

bù'èrguò【不二过】〈書〉二度と同じ過ちを犯さない。

bù'èrhū【不二乎】形〈方〉いい加減でない。

bù èr jià【不二价】〈慣〉掛け値なし。

bùfá【不乏】動〈書〉少なくない。

bùfǎ【不法】形 不法な。

bùfán【不凡】形 非凡である。

bùfàn【不犯】副〈方〉…するだけの価値がない。

bùfáng【不防】動 用心をしていない。

bùfáng【不妨】副 …しても差し支えない。…してもよい。¶你～试试看/やってみてごらん。

bù fèi chuī huī zhī lì【不费吹灰之力】〈諺〉楽々だ。

bù fèi zhī huì【不费之惠】〈成〉骨折りをしないで人の役に立つこと。

bù fēn bǐ cǐ【不分彼此】〈成〉分け隔てしない。

bù fēn qīng hóng zào bái【不分青红皂白】〈諺〉有無を言わさず。

bù fēn shèng fù【不分胜负】〈成〉勝負がつかない。引き分ける。

bùfèn【不忿】形(～儿)(不正な行為に対し)腹立つ.。

bùfú【不服】動 1 認めない。承服できない。 2 慣れない。適応できない。

bùfú【不符】動 合わない。一致しない。

bù fú shuǐ tǔ【不服水土】〈成〉水が合わない。

bùgān【不干】動 関係しない。かかわりがない。

bùgān【不甘】動 甘んじない。満足しない。

bù gān bù gà【不尴不尬】〈成〉〈方〉厄介である。中途半端で処置に困る。

bù gān bù jìng【不干不净】〈成〉きれいでない。

bù gān jì mò【不甘寂寞】〈成〉出しゃばりで静かにしていられない。

bù gān xīn【不甘心】動 思いきれない。

bùgānjiāo【不干胶】名 ステッカーなど裏に糊のついているもの。

bù gǎn【不敢】〈套〉おそれいります。

bùgǎn【不敢】助動 …する勇気がない。

bù gǎndāng【不敢当】〈套〉おそれいります。どういたしまして。

bùgōng【不公】形 不当である。公平でない。

bùgōng【不恭】形 不遜(ソン)である。無礼である。

bù gōng zì pò【不攻自破】〈成〉(理論など)反論しなくても自分から崩れ去る。

bù gòng dài tiān【不共戴天】〈成〉恨みが深く殺してしまいたいほどである。

bùgǒu【不苟】動 いい加減にしない。

bù gǒu yán xiào【不苟言笑】〈成〉軽はずみなものを言ったり笑ったりしない。

bùgòu【不够】形 不足である。不十分である。¶人数～/人数が足りない。

bùgù【不顾】動 顧みない。かまわない。

bùguān【不关】動 かかわりない。

bù guān tòng yǎng【不关痛痒】〈成〉痛くもかゆくもない。

bùguǎn【不管】接続 二者択一の語句あるいは疑問代詞などの前に用い …のいずれであれ。…にかかわらず。¶～天气怎么样,我都要去/天気がどうであれ,私は行きます。

bù guǎn bù gù【不管不顾】〈成〉 1 少しも配慮しない。 2 人前をはばからない。無頓着である。

bùguǎn bùzhǎng【不管部长】名〈政〉

無任所大臣.
**bùguǎn hēimāo báimāo, zhuōzháo lǎoshǔ jiùshì hǎomāo**【不管黑猫白猫，捉着老鼠就是好猫】(谚)手段や方法を問わず，目的さえ達すればよい.
**bù guǎn sān qī èrshíyī**【不管三七二十一】(谚)一切を顧みない.
**bùguāng**【不光】[接続]…ばかりではなく；…にとどまらない.
**bùguīzé**【不规则】[形]不規則である.
**bùgǔ**【不轨】无法である. 不逞(てい)の. 2名无法.
**búguò**【不过】1[接続]ただ. でも. けど. 2[副]…にすぎない. ただ…だけだ.
**-buguò**【-不过】1(相手に)かなわない；追い越せない. ¶看~/見すごせない. 2[助]非常に. ¶热闹~/とてもにぎやかだ.
**bù guò ér ěr**【不过尔尔】(成)ありふれたものである.
**-buguò/lái**【-不过来】(こうして)これない（正常な状態に）できない（行き渡って）…することができない. ¶忙~/手が回らない.
**-buguò/qù**【-不过去】(向こうへ)…できない；…し通せない. ¶瞒~/だまし通せない. ¶听~/聞きすごせない.
**bù guòyì**【不过意】(慣)すまないと思う.
**bù hán ér lì**【不寒而栗】(成)身の毛がよだつ.
**bù hánhu**【不含糊】[口]弱みを示さない. 何ものも恐れない.
**bù hǎoyìsi**【不好意思】1恥ずかしい. きまりが悪い. 2 むげに…できない. 厚かましく…することができない. 3(套)申し訳ない. 面目ない.
**bùhé**【不合】1 合わない —致しない. 2 うまが合わない. 気が合わない. 3[書]…すべきではない.
**bùhé**【不和】[形]仲が悪い. 不和である.
**bù hēng bù hā**【不哼不哈】(成)うんともすんとも言わない.
**bù huái hǎo yì**【不怀好意】(成)下心をもつ.
**bù huān ér sàn**【不欢而散】(会合などで)愉快でない思いで別れる.
**bù huāng bù máng**【不慌不忙】(成)慌てず騒がず.
**bùhuáng**【不遑】[動][書]いとまがない.
**bùhuīmù**【不灰木】[名][旧]石綿.
**bùhuì**【不讳】[書]1 はばからない. 2[名][婉]死去.
**bùhuò**【不惑】[名][書]不惑（わく）. 40歳の異称.
**bùjī**【不羁】[名]形[束縛されず自由である.
**bùjí**【不及】[動]…に及ばない.
**-bují**【-不及】（「(時間の余裕がなくて)間に合わない」意を表す）躲避~/避けきれない；逃れおれない.
**bù jí bù lí**【不即不离】(成)つかず離れず.
**bùjíwù dòngcí**【不及物动词】[名](語)自動詞.
**bù jí zhī wù**【不急之务】(成)急を要しない事柄.
**bùjì**【不计】[動]こだわらない. 問題にしない.
**bùjì**【不济】[形][口]よくない. 役に立たない.
**bùjìmíng tóupiào**【不记名投票】[名]無記名投票.
**bù jì qí shù**【不计其数】(成)数えきれないほど多い.
**bù jìshì**【不济事】役に立たない. 足しにならない.
**bù jiǎ sī suǒ**【不假思索】(成)即座に，考えもせずに.
**bù jiǎndān**【不简单】たいしたものである.
**bù jiànmiàn**【不见面】1 会わない. ¶~不散sàn/（待ち合わせで)相手が来るまで待つ. 2 なくなる. 見えなくなる. ※必ず"了"を伴う.
**bùjiànde**【不见得】[副]…とは思えない. …とは限らない.
**bùjiànduàn diànyuán**【不间断电源】[名][電']フェイルセーフ電源.
**bù jiàn guāncai bù luò lèi**【不见棺材不落泪】(谚)厳しい現実に直面するまではそれを信じようとしない.
**bù jiàn jīng zhuàn**【不见经传】(成)名もない(こと).
**bù jiàn tiān rì**【不见天日】(成)暗黒社会.
**bù jiàn tùzǐ bù sā yīng**【不见兔子不撒鹰】(谚)確かでないことには手を出さない.
**bù jiāo bù zào**【不骄不躁】(成)おごらず焦らず.
**bù jiētóu**【不接头】[方]詳しくない. 不案内だ.
**bùjiéméng yùndòng**【不结盟运动】[名][政](国際)非同盟運動.
**bùjiě**【不解】[動]理解できない.
**bù jiě zhī yuán**【不解之缘】(成)解くことのできない深い縁.
**bù jièyì**【不介意】意に介さない. 気にかけない.
**bùjìn**【不禁】[副]思わず；…せずにいられない.
**bù jīn bù yóu**【不禁不由】(成)(〜儿的)思わず. 知らず知らず.
**bù jīn xì xíng**【不矜细行】(成)細かいことに気を配らない.
**bùjǐn**【不仅】1 …だけでなく. ¶这~(仅)是我个人的愿望/これは私個人の願いにとどまりません. 2[接続]…のみならず. ¶他~有胆，而且有谋/彼は勇気があるというだけでなく，策略もある.
**bù jǐn bù màn**【不紧不慢】(成)速くも遅くもない. 慌てずに落ち着く.
**bùjìn**【不尽】全部が全部…ではない.
**bù jìnrán**【不尽然】必ずしもそうと

bù rén qíng【不近人情】〈成〉性質がひねくれていて普通ではない。人情が薄い。

bù jīng shì gù【不経世故】〈成〉世故に長(た)けていない。

bù jīng yī shì, bù zhǎng yī zhì【不経一事,不長一智】〈諺〉経験しなければ知恵は増えない。

bù jīngyì【不経意】不注意である。気をつけない。

bù jīng zhī tán【不経之談】〈成〉荒唐無稽な話。

bùjǐngqì【不景気】〈経〉❶形 不景気である。❷名 不景気。

bù jìng ér zǒu【不脛而走】〈成〉❶速やかに伝わること;(商品などが)飛ぶように売れること。❷〈喩〉物が知らないうちになくなってしまう。

bùjiǔ【不久】❶ほどなく,間もなく,やがて。¶在～的未来/近いうちに。

bù jiù zhī wǎng【不咎既往】〈成〉済んだことはとがめない。

bùjū【不拘】❶動 こだわらない。❷接続 …を問わず。¶～…,…

bù jū yī gé【不拘一格】〈成〉形式にこだわらない。

bùjuàn【不倦】動〈書〉倦(う)むことがない。飽きない。

bù jué rú lǚ【不絶如縷】〈成〉❶物が細い糸につながれていて,今にも切れそうな状態。❷細い糸のように長く続いて絶えない状態。

bùkān【不堪】❶動 耐えられない。❷形 ❶(望ましくない意味をもつ語の後につけて)甚だしい。❷救いようがない。

bù kān huí shǒu【不堪回首】〈成〉過去を振り返るに忍びない。

bù kān shè xiǎng【不堪設想】〈成〉(悪い事態を想定して)どうなるか予断を許さない。

bù kān zào jiù【不堪造就】〈成〉(人について)見込みがない。

bù kān zhī lùn【不刊之論】〈成〉不滅の理論。

bù kàn sēngmiàn kàn fómiàn【不看僧面看仏面】〈諺〉顔を立てて大目に見る。

bù kàng bù bēi【不亢不卑】〈成〉高ぶらずへつらわず。

bùkě【不可】❶助動 ❶…してはいけない;…できない。❷"非…不可"の形で)ぜひとも…しなければだめだ。

bù kě bǐ nǐ【不可比擬】〈成〉比較にならない。

bù kě duō dé【不可多得】〈成〉まれである。

bù kě gào rén【不可告人】〈成〉表立ってはいけない。

bùkě gēngxīn zīyuán【不可更新資源】名 再生不可能資源。

bù kě gū liáng【不可估量】〈成〉計り知れない。

bù kě jiù yào【不可救薬】〈成〉もう救いようがない。

bù kě kāi jiāo【不可開交】〈成〉どうしようもない。▶もっぱら補語として"得bù"の後に置かれる。

bùkěkànglì【不可抗力】名〈法〉不可抗力。

bù kě lǐ yù【不可理喩】〈成〉理屈で納得させることができない;いくら道理を説いても受け付けない(ほど頑迷だ)。

bù kě míng zhuàng【不可名状】〈成〉言葉では言い表せない。

bù kě mó miè【不可磨滅】〈成〉消すことができない。

bù kě qǐ jí【不可企及】〈成〉及びもつかない。

bù kě shèng shǔ【不可勝数】〈成〉数えられない。

bù kě shèng yán【不可勝言】〈成〉言葉では言い尽くせない。

bù kě shōu shí【不可収拾】〈成〉収拾がつかない;もう取り返しがつかない。

bù kě sī yì【不可思議】〈成〉不思議である。

bù kě tóng rì ér yǔ【不可同日而语】〈成〉同じの論ではない;比べものにならない。

bù kě xiàn liàng【不可限量】〈成〉計り知れない。

bù kě xiàng ěr【不可向邇】〈成〉(危なくて)近づけない。

bù kě yán zhuàng【不可言状】〈成〉→bù kě míng zhuàng【不可名状】

bù kě yī shì【不可一世】〈成〉眼中人なし。

bù kě yú yuè【不可逾越】〈成〉克服できない。

bù kě zhàn shèng【不可战勝】〈成〉天下無敵である。

bùkězhīlùn【不可知論】名〈哲〉不可知論。

bù kě zhōng rì【不可終日】〈成〉事態が切迫している;恐慌をきたしている。

bù kě zhuō mō【不可捉摸】〈成〉計り知れない。

bùkè【不克】動〈書〉できない。

bù kèqi【不客气】❶套 ❶(人の感謝する言葉に答えて)どういたしまして。❷(人の好意や好意に対して)どうぞおかまいなく。❷遠慮しない,ぶしつけである。

bùkuài【不快】形 ❶不愉快である。❷(体の)具合が悪い。

bùkuì【不愧】動〈"为wéi"または"是"と連用)…に恥じない。さすが…だけのことはある。

bù kuì bù zuò【不愧不怍】〈成〉後ろめたいこともゆましいところもない。

bùlài【不赖】形〈方〉悪くない。

bù láng bù xiù【不狼不秀】〈成〉役に立たないく,ろくでなし。

bù láo ér huò【不労而獲】〈成〉労せずして手に入れる。

**bùlǎoshǎo**【不老少】形〈方〉多い.
**bù làorén**【不落忍】忍びない.
**bù lěng bù rè**【不冷不热】〈成〉暑くも寒くもない.
**bùlí**【不离儿】形〈方〉悪くない.
**bù lǐ**【不理】取り合わない.相手にしない.気にしない.
**bù lǐhuì**【不理会】放っておく.気にかけない.
**bùlì**【不力】形 努力が足りない.十分な力を出していない.
**bùlì**【不利】形 1 不利だ.ためにならない.2〈書〉〈戦争で〉形勢が悪い.
**bùliáng**【不良】形 よくない.
**bùliáng dàikuǎn**【不良贷款】名〈経〉不良債権.
**bùliáng dǎotǐ**【不良导体】名〈物〉不良導体.
**bùliǎo**【不了】動 動詞 + "个" + ～の形で 終わりのない.止まらない.
**-buliǎo**【-不了】1 ...しきれない.¶吃～/食べきれない.2（...には）なり得ない. ...するようなことはない.¶错～/まちがえっこない.
**bù liǎo liǎo zhī**【不了了之】〈成〉事を未解決のまま棚上げにする.
**bùliào**【不料】副 意外にも,思いがけず.
**bùliàoxiǎng**【不料想】→ **bùliào**【不料】
**bùlìn**【不吝】動〈書〉惜しまない.▶人に教えや批評を請うときに.
**bùlíng**【不灵】形〈口〉1 正常に動かない.思うようにならない.2 効き目がない.
**bù liú yú dì**【不留余地】〈成〉とことんまでする.
**bù lù shēng sè**【不露声色】〈成〉口にも出さず顔色にも見せない.
**bù lún bù lèi**【不伦不类】〈成〉得体（え）が知れない.似ても似つかない.どっちつかずである.
**bùlùn**【不论】接続 たとえ（だれ·何に·どんなに...）であろうとも.¶～下不下雨,我都要去 / 雨が降っても私は行かねばならない.
**bù luò kē jiù**【不落窠臼】〈成〉〈文章や芸術などの〉古い型にとらわれない.
**bù mǎi//zhàng**【不买账】（他人の）権威を認めない.無視する.（他人の言行に）敬服しない.
**bùmǎn**【不满】形 不満に思う.
**bù màn bù zhī**【不蔓不枝】〈成〉文章が簡潔なさま.
**bù máo zhī dì**【不毛之地】〈成〉不毛の地.
**bùmiǎn**【不免】副 どうしても...になる.
**bùmiào**【不妙】形〈形勢が〉よくない.あやしい.
**bùmǐn**【不敏】1 形〈書〉愚かである.2 名〈謙〉不肖.私め.
**bùmíng**【不明】1 形 不明である.明らかでない.2 動 判断ができない.理解できない.

**bù míng bù bái**【不明不白】〈成〉あいまいである.不明朗である.
**bùmíng fēixíngwù**【不明飞行物】名 UFO. 未確認飛行物体.
**bùmíngshù**【不名数】名〈数〉無名数.
**bù míng yī wén**【不名一文】〈成〉非常に貧しいさま.
**bùmíngyù**【不名誉】形 不名誉である.
**bù mōtóu**【不摸头】内情がわからない.
**bù móu ér hé**【不谋而合】〈成〉(意見や理解が) はからずも一致する.
**bù nàifán**【不耐烦】うるさがる.面倒がる.いやがる.

**bù néng bù**【不能不】〈型〉...せざるを得ない.
**bù néng diàosǐ zài yī kē shù shàng**【不能吊死在一棵树上】〈諺〉何か一つのことにこだわる必要はない.
**bù néng zàn yī cí**【不能赞一辞】〈成〉文章が完璧である.
**bù néng zì bá**【不能自拔】〈成〉(悪い状態から) 自分の力では抜け出せない.
**bù néng zì yǐ**【不能自已】〈成〉自分を抑えることができない.
**bù niàn jiù è**【不念旧恶】〈成〉1 水に流す.2 旧悪をとがめない.
**bùnìng**【不佞】1 名〈書〉〈謙〉不肖.不才.
**bù nìng wéi shì**【不宁唯是】〈成〉ただそれだけではない.
**bùpà**【不怕】接続〈方〉たとえ...でも.
**bù pà guān, zhǐ pà guǎn**【不怕官, 只怕管】〈成〉役人は怖くないが,その取り締まりが怖い.
**bùpèi**【不配】形 1 調和がとれない.2 ふさわしくない....の資格がない.
**bù piān bù yǐ**【不偏不倚】〈成〉公正である.

**bùpíng**【不平】1 形 1 不公平である.不合理である.2（不正に対して）不満.憤り.
**bùpíngděng tiáoyuē**【不平等条约】名 不平等条約.
**bù píng zé míng**【不平则鸣】〈成〉(人間はだれでも) 不公平な扱いを受ければ黙っていられないものだ.
**bù pò bù lì**【不破不立】〈成〉古いものを廃止しなければ新しいものを樹立することはできない.
**bù qī àn shì**【不欺暗室】〈成〉人目のないところでも, 良心に背くことをしない.
**bù qī ér yù**【不期而遇】〈成〉偶然に出会う.
**bù qī rán ér rán**【不期然而然】〈成〉期せずしてそうなる.自然に.
**-buqǐ**【-不起】1 (財的·肉体的·精神的などの負担能力や資格がなくて) ...できない.¶吃～/ (高すぎて) 食べられない.2 対象者がその動作を受けるに値しないことを表す.¶看～/ 軽蔑する.
**bù qǐyǎnr**【不起眼儿】見ばえがしな

**bùqì**【不弃】[動]〈謙〉見捨てない.
**bùqiǎo**【不巧】あいにく.折あしく.間の悪いことに.
**bù qiú shèn jiě**【不求甚解】〈成〉(大意をつかむだけで)徹底的に理解しようとしない.
**bùqū**【不屈】屈服しない.
**bù qū bù náo**【不屈不撓】〈成〉不撓不屈である.
**bùrán**【不然】❶[接続]そうでなければ.さもなければ.¶該出发了,〜会迟到的 / もう出発しなければならない,さもないと遅刻してしまう.❷[形](述語として用い)そうでない;(文頭に用い)いえ.そうではない.
**bùránxìng**【不燃性】[形]不燃性の.
**bùrén**【不仁】[形] 1 慈しみがない.2 (手足の)感覚がない.
**bùréndào**【不人道】[形]人道に背いている.
**bùrěn**【不忍】[動]耐えられない.忍びない.
**bù rèn/zhàng**【不認账】言ったことやしたことを認めない.
**bùrì**【不日】〈書〉近日中に.
**bùróng**【不容】許さない.…させない.
**bù róng fēn shuō**【不容分説】〈成〉有無を言わせない.
**bù róng zhì huì**【不容置喙】〈成〉口出しさせない.
**bùrú**【不如】…に及ばない.¶我的成绩<〜他 / 私の成績は彼に及ばない.
**bù rù hǔxuè, yān dé hǔzǐ**【不入虎穴,焉得虎子】〈諺〉虎穴に入らずんば虎子を得ず.
**bù sān bù sì**【不三不四】〈成〉1 ろくでもない.2 変てこである.どっちつかずである.
**bùshàn**【不善】❶[形] 1 よくない.悪い.2〈方〉ばかにならない.相当なものだ.▶"不善于hū"とも.❷[動]…するのがまずい.…するのが下手である.▶"不善于yú"とも.
**bùshǎo**【不少】多い.多くの.
**bùshèn**【不甚】[副]あまり…でない.
**bùshèn**【不慎】[副]うっかり.不注意で.
**bù shēng bù xiǎng**【不声不响】〈成〉声をたてずに黙って.こっそりと.
**bùshèng**【不胜】❶[動] 1 耐えられない.もちこたえられない.2 しきれない.▶"防〜防 / 防ぐに防ぎきれない.3〈方〉及ばない.❷[副]大いに.
**bù shèng méi jǔ**【不胜枚挙】〈成〉枚挙にいとまがない.
**bù shī shí jī**【不失时机】〈成〉チャンスを逃さない.
**bùshīwéi**【不失为】〈書〉…だといえる.
**bùshí**【不时】 1 [副]たびたび.折につけ.2 [名]不時.思いがけないとき.¶以备〜之需 / とっさのときの必要に備える.
**bù shí dà tǐ**【不识大体】〈成〉大局を知らない.
**bù shí Lúshān zhēn miànmù**【不识庐山真面目】〈諺〉複雑な事物の真相がわからない.▶後半は"只缘身在此山中"と続く.
**bù shí shí wù**【不识时务】〈成〉時流に疎い.
**bù shí tái jǔ**【不识抬举】〈成〉(人からの)好意を受けつけない.
**bùshíxiánr**【不识闲儿】[動]〈方〉片時もじっとしていない.
**bù shíxiàng**【不识相】身のほどをわきまえない.
**bù shí zhī wú**【不识之无】〈成〉文字を知らない.
**bùshì**【不适】気持ちが悪い.体調がすぐれない.
**bù shì…, biàn shì…**【不是…,便是…】(型)…でなければ…だ.
**bù shì dìfang**【不是地方】(慣) 1 場所がまずい.2 的はずれである.
**bù shì dōngxi**【不是东西】(慣)(罵)ろくでもないやつである.
**bù shì…, ér shì…**【不是…,而是…】(型)…ではなくて…だ.
**bù shì gèr**【不是个儿】(慣)敵ではない.
**bù shì huà**【不是话】(慣)(話に)筋が通らない;けしからぬ.
**bù shì…, jiù shì…**【不是…,就是…】(型)…でなければ…だ.
**bù shì…ma**【不是…吗】(型)…ではないか.▶反語を表す.¶我不是告诉过你了吗? / 君に言ったじゃないか.
**bù shì shíhou**【不是时候】(慣)折が悪い.タイミングが悪い.
**bù shì wánrde**【不是玩儿的】(慣)冗談ではない.たいへんだ.
**bù shì wányìr**【不是玩艺儿】→ **bù shì dōngxi**【不是东西】
**bù shì wèir**【不是味儿】(慣) 1 (味が)まずい.2 正当でない.普通ではない.
**bù shì zīwèir**【不是滋味儿】→ **bù shì wèir**【不是味儿】
**bùshì**【不是】[名]手落ち.過失.とが.▶実際は**búshì**と発音する.
**bù shòu huānyíng de rén**【不受欢迎的人】〈外交1〉好ましからざる人物.ペルソナ・ノン・グラータ.
**bù shòuyòng**【不受用】不快を感じる.具合が悪い.
**bùshuǎng**【不爽】[形] 1 (体の調子や天気が)すっきりしない.2〈書〉違わない.
**bù sǐ bù huó**【不死不活】〈成〉1 死ぬに死ねず,生きるに生きられない;困ってどうにもならない.2 半殺し.
**bù sòng**【不送】〈套〉(人の見送りを辞退して)お見送りは結構です.▶主人側が「お送りしません」という場

合с"不送了"という.
**bù sòngqì** 【不送气】〔語〕1 動 呼気を抑えて発音する. 2 名 無気(音).
**bùsú** 【不俗】形 あかぬけている.
**bù sù zhī kè** 【不速之客】〈成〉招かれざる客; (転)強盗. どろぼう.
**bù suàn** 【不算】…というほどではない; …の数に入らない.
**bùsuíyìjī** 【不随意肌】名〈生理〉不随意筋.
**bùsuì** 【不遂】動〈書〉願いがかなえられない.
**bùtài** 【不太】副 あまり…ではない.
**bùtè** 【不特】接続〈書〉ただ…ばかりでなく.
**bù téng bù yǎng** 【不疼不痒】→ **bù tòng bù yǎng** 【不痛不痒】
**bù tiāo zhī zǔ** 【不祧之祖】〈成〉(永遠に尊敬されるべき)創業の祖.
**bù tīng lǎorén yán, chīkuī zài yǎnqián** 【不听老人言,吃亏在眼前】〔諺〕年長者の忠告に耳を貸さなければ,必ずひどい目にあう.
**bùtōng** 【不通】動 通じない. 通れない. ふさがっている.
**bùtóng** 【不同】形 異なる.
**bù tóng fán xiǎng** 【不同凡响】〈成〉(主として芸術作品についての)ありふれたものとは違う.
**bù tòng bù yǎng** 【不痛不痒】痛くもかゆくもない.
**bùtú** 【不图】1 動 求めない. 手に入れるつもりはない. 2 副〈書〉はからずも.
**bù tǔqì** 【不吐气】→ **bù sòngqì** 【不送气】
**bùtuǒ** 【不妥】形 適当でない. 妥当でない.
**bùwài** 【不外】…のうちのどれかである. …にほかならない.
**bùwàihu** 【不外乎】→ **bùwài** 【不外】
**bùwánquányè** 【不完全叶】名〈植〉不完全葉.
**bùwǎng** 【不枉】動 むだでない.
**bùwéi** 【不惟】接続〈書〉…ばかりでなく.
**bùwéi** 【不违】動〈書〉道理にかなわないこと. 意事.
**bùwèi** 【不谓】〈書〉1 動 言えない. 2 副 意外にも. …と思いきや.
**bù wén bù wèn** 【不闻不问】〈成〉まったく無関心である.
**bùwěn pínghéng** 【不稳平衡】名〈物〉不安定な平衡.
**bùwèn** 【不问】動 1 問わない. どうでもよい. 2 罪に問わわない.
**bù wèn qīng hóng zào bái** 【不问青红皂白】〈諺〉有無を言わさず.
**bù wèn sān qī èrshíyī** 【不问三七二十一】〔慣〕委細かまわず. むちゃくちゃにする.
**bù wú** 【不无】動 ないわけではない. 多少はある.
**bù wù zhèng yè** 【不务正业】〈成〉正業に就かない.
**bùxī** 【不惜】動 惜しまない. いとわない.
**bùxīyān xí** 【不吸烟席】名 禁煙席.
**bùxiá** 【不暇】動〈書〉暇がない. いとまがない.
**bùxià** 【不下】→ **bùxiàyú** 【不下于】
**bùxiàyú** 【不下于】動 1 …より低くない; …に劣らない. 2 …を下らない.
**bù xiǎn shān bù lòu shuǐ** 【不显山不露水】〈諺〉表立たない. 目立たない.
**bù xiānggān** 【不相干】関係がない. かかわりを持たない.
**bù xiāngróng** 【不相容】相容れない.
**bù xiāng shàng xià** 【不相上下】〈成〉優劣がない. 似たり寄ったり.
**bù xiāng wén wèn** 【不相闻问】〈成〉交渉がない.
**bùxiáng** 【不详】〈書〉1 形 不詳である. 確かでない. 2 〔套〕(手紙文で)委細は後日に.
**bùxiáng** 【不祥】形 不吉である.
**bùxiáng** 【不祥】形 意外にも.
**bù xiànghuà** 【不像话】話にならない. 社末だ.
**bù xiàngyàng** 【不像样】(～儿)1 格好が悪い. みっともない. 2 見るかげもない.
**bùxiāo** 【不消】動〈方〉要らない. …の必要がない.
**bùxiào** 【不孝】1 形 親不孝である. 2 名〈旧〉親の喪に服している間の自称.
**bùxiào** 【不肖】〈書〉1 形 不肖である. 2 名〈謙〉私.
**bùxiè** 【不屑】動 1 軽蔑する. さげすむ. 2 …するに値しない; …するのを潔しとしない.
**bùxiè** 【不谢】〔套〕どういたしまして.
**bùxiè** 【不懈】動 怠らない.
**bùxíng** 【不兴】1 形 はやらない. 流行遅れである. 2 動 1 許されない. …できない. 2 反問に用いる.
**bùxíng** 【不行】形 1 許されない. ¶开玩笑可以,骂人不~/冗談はかまわないが,悪口を言ってはならない. 2 役に立たない. だめだ. ¶这个方法~/この方法はだめだ. 3 死にかかっている. 死んでしまう. ▶必ず"了"を伴う. 4 よくない. 5 …できない. …でしょうがない. ▶"得de"の後に用いる. ¶累得~/疲れてしようがない.
**bù xǐng rén shì** 【不省人事】〈成〉1 人事不省に陥る. 2 世間を知らない.
**bùxìng** 【不幸】1 形 不幸である; 不幸にも. 2 名 災い. 災難.
**bùxiū** 【不休】動 やまない. 止まらない.
**bù xiū biān fú** 【不修边幅】〈成〉身なり(なりふり)かまわない.
**bùxiǔ** 【不朽】形 不朽である.
**bùxiùgāng** 【不锈钢】名 ステンレス

（スチール）．

**bùxū**【不须】副 …する必要がない。…するまでもない。

**bù xū cǐ xíng**【不虚此行】〈成〉行ったかいがあった。

**bùxǔ**【不许】動 **1** 許さない。**2**（詰問するときに）…できないか。

**bùxù**【不恤】動 顧みない。かまわない。

**bù xuān ér zhàn**【不宣而战】〈成〉宣戦をしないで戦う。

**bù xuánzhǒng**【不旋踵】〈慣〉 **1** またたく間に。**2** 後退しない。

**bù xué wú shù**【不学无术】〈成〉無学無能である。

**bùxùn**【不逊】形〈書〉不遜(そん)である。

**bù yǎguān**【不雅观】みっともない。見苦しい。目障りである。

**bùyàyú**【不亚于】…にひけをとらない。

**bù yán ér yù**【不言而喻】〈成〉言わなくても明らかである。

**bùyàn**【不厌】動 **1** …をいとわない。嫌がらない。**2** 排斥しない。非とみなさない。

**bùyáng**【不扬】（風采が）あがらない。見栄えがしない。

**bùyào**【不要】副 …してはいけない。…するな。

**bù yàojǐn**【不要紧】（套）**1** 差し支えない。かまわない。大丈夫だ。**2** …するのはよいが（おくれて）．

**bù yàoliǎn**【不要脸】恥知らずである。ずうずうしい。

**bùyī**【不一】〈書〉 **1** 形 一様でない。同じでない。**2** 名（手紙文で）不一。

**bùyī**【不依】動 **1** 従わない。**2** 承知しない。勘弁しない。

**bù yī bù ráo**【不依不饶】〈成〉しつこく絡む。

**bùyīdiǎnr**【不一点儿】名 ちょっぴり。

**bù yīdìng**【不一定】副 必ずしも…ではない。…とは限らない。¶～去／行くかどうかわからない。

**bù yī ér zú**【不一而足】〈成〉（種類が）一つだけではない；一度だけではない。

**bùyíhuìr**【不一会儿】名 間もなく。

**bùyí**【不宜】動（…するのは）よくない。…すべきでない。

**bù yí yú lì**【不遗余力】〈成〉全力を尽くす。

**bùyǐ**【不已】動〈書〉しきりに…する。…してやまない。

**bù yīn fèi yán**【不因废言】〈諺〉人を以て言を廃せず。

**bù yǐ wéi rán**【不以为然】〈成〉正しいとは思わない。同意できない。

**bù yǐ wéi yì**【不以为意】〈成〉気にしない。

**bùyì**【不易】形〈書〉簡単ではない。

**bùyì**【不意】副 不意に。

**bù yì ér fēi**【不翼而飞】〈成〉 **1** 物がいつのまにかなくなる。**2**（うわさなどが）速やかに広まる。

**bù yì lè hū**【不亦乐乎】〈諧〉甚だしい。ひどい。激しい。

**bù yì zhī cái**【不义之财】〈成〉不義の財。

**bù yì zhī lùn**【不易之论】〈成〉内容が正しくていつまでも改めることがない言論。

**bù yīn bù yáng**【不阴不阳】〈成〉（態度が）あいまいである。

**bùyòng**【不用】助動 …する必要がない。…するに及ばない。¶～客气／遠慮しないでください。¶～说／もちろん言うまでもない。

**bùyóu**【不由】→**bùyóude**【不由得】

**bùyóude**【不由得】副 **1** 思わず。覚えず。**2** 動 許さない。…させない。

**bù yóu fēn shuō**【不由分说】〈成〉有無を言わせない。

**bù yóu zì zhǔ**【不由自主】〈成〉思わず。知らず知らず。

**bùyú**【不渝】動〈書〉（節操・誓約などを）変えない。

**bùyú**【不虞】〈書〉 **1** 動 **1** 思いがけない。予期しない。**2** 心配しない。恐れない。**2** 名 万一。

**bùyǔ**【不予】動 …を与えない。

**bùyù**【不育】動 あらかじめ…しない。

**bùyù**【不豫】形〈書〉 **1** 不快である。**2** 具合が悪い。

**bùyùfēng**【不育凤】名 若い夫婦が子供を欲しがらない現象。

**bù yuǎn qiān lǐ**【不远千里】〈成〉千里を遠しとしない。

**bù yuàn**【不怨】動 …のも無理はない。

**bù yuē ér tóng**【不约而同】〈成〉（行動や意見が）約束せずして一致する。

**bù zàibàng**【不在行】〈成〉畑違いである。

**bùzàihūhu**【不在乎】動 気にかけない。どうでもよい。

**bù zài huà xià**【不在话下】〈成〉言うほどの値うちがない。

**bù zài le**【不在了】〈婉〉死んでしまう。

**bù zàilǐ**【不在理】筋が通らない。

**bù zàiyì**【不在意】気にしない。気にかけない；無関心である。

**bù zàn yī cí**【不赞一词】〈成〉何も言わない。口出ししない。

**bùzéshēng**【不则声】〈方〉ものを言わない。

**bù zé shǒu duàn**【不择手段】〈成〉手段を選ばない。

**bùzěnme**【不怎么】副 たいして…ない。そんなに…ない。

**bù zěnmeyàng**【不怎么样】あまりよくない。たいしたことない。

**bù zhàn bù hé**【不战不和】〈成〉戦争もしなければ講和もしない。

**-buzháo**【-不着】**1**（動作がその対象に達し得ず）…ができない。¶找～／見つからない。**2** …すべきでない。¶你管～！／おまえの知ったことか。**3** 動 たいそうお眠だ。

**bù zhé bù kòu**【不折不扣】〈成〉 **1** 掛け値なし。**2** 正真正銘の。

**bùzhèn**【不振】形 不振である.
**bùzhēng**【不争】動 争いようがない.
**bùzhèngdàng jìngzhēng**【不正当竞争】〈经〉不当競争.
**bù zhèng zhī fēng**【不正之风】〈成〉不正の気風.
**bùzhī**【不支】動 耐えられない.
**bùzhībù**【不织布】名 不織布(ふしょくふ).
**bù zhī bù jué**【不知不觉】〈成〉知らず知らず.
**bù zhī fán jǐ**【不知凡几】〈成〉全部でどれほどあるかわからない.
**bù zhī hǎo dǎi**【不知好歹】〈成〉善悪がわからない.
**bù zhī jìn tuì**【不知进退】〈成〉行いや言葉遣いのほどを知らない,分をわきまえない.
**bù zhī qīng zhòng**【不知轻重】〈成〉軽率である.無鉄砲である.
**bùzhīqíng**【不知情】1 (犯罪の)いきさつを知らない;(犯罪に)無関係にある.2 (人の)好意を知らない.恩を知らない.
**bù zhī sǐ huó**【不知死活】〈成〉1 生死不明.2 向こう見ずである.思慮分別がない.
**bù zhī suǒ cuò**【不知所措】〈成〉どうしたらよいかわからない.
**bù zhī suǒ yún**【不知所云】〈成〉何を言っているのかわからない.
**bù zhī suǒ zhōng**【不知所终】〈成〉結末や行方がどうなったかわからない.
**bù zhī tiān (duō) gāo, dì (duō) hòu**【不知天(多)高,地(多)厚】〈成〉非常に思い上がっている.
**bù zhī zì ài**【不知自爱】〈成〉自尊心がない;だらしない.
**bùzhí**【不值】動 …の値うちがない.…値しない. ¶～一读/一読に値しない.
**bùzhǐ**【不止】1 …にとどまらない.…だけではない. ¶～一次/一度だけではない.2 止まらない. ¶大哭～/いつまでも大泣きする.
**bùzhǐ**【不只】接続 …ばかりでなく.
**bùzhì**【不致】〈書〉…するようなことにはならない.
**bùzhì**【不置】動 …してやまない;しきりに…する.
**bù zhì kě fǒu**【不置可否】〈成〉可否の判断を下さない.
**bùzhìyú**【不至于】動 …するようなことはない.…するほどにはならない.
**bù zhì zhī zhèng**【不治之症】〈成〉不治の病;取り除けない災いや弊害.
**bùzhōng**【不中】形〈方〉だめだ.よくない.
**bù zhōngyòng**【不中用】役に立たない.
**bùzhōu**【不周】動〈書〉周到でない.
**bùzhōuyán**【不周延】〈論〉不周延.
**bùzhù**【不住】副 ひっきりなしに.
**bù zhuó biān jì**【不着边际】〈成〉

現実離れしている.要点をつかんでいない.
**bùzī**【不訾】形〈書〉計り知れないほどである.
**bù zìliàng**【不自量】身のほどを知らない.思い上がっている. ▶"不自量力"とも.
**bù zìrán**【不自然】1 不自然である.2 気まずい.
**bù zìzài**【不自在】苦しい.不快である.
**bùzú**【不足】〈書〉1 形 不十分である.2 動 1 …するに足りない.…の値うちがない. ¶～观/見るほどのことはない.2 …できない.…してはいけない. ¶～为凭/証拠(証明)にならない;信憑できない.
**bùzúdào**【不足道】〈書〉言うに足りない.
**bù zú guà chǐ**【不足挂齿】〈成〉云うに足りる価値がない.
**bù zú wéi qí**【不足为奇】〈成〉なんら珍しくない.
**bù zú wèi wài rén dào**【不足为外人道】〈成〉他言は無用です.他人に話さないように.
**bù zú wéi xùn**【不足为训】〈成〉手本とするに足りない.
**bù zuòshēng**【不做声·不作声】声を出さない.黙って口をきかない.
**bùzuòwéi**【不作为】〈法〉不作為.

# 布 (佈) bù ❶名〈絹を除く〉布.
❷量1 まき散らす.分布する.2 敷く.配置する. ¶一下天罗地网/犯人を捕まえる厳重な手配をする.3 宣告する.申し立てる. ¶开诚～公/胸襟を開き,誠意を見せる.

❷姓
**bùbó**【布帛】名 織物.
**bù bó shū sù**【布帛菽粟】〈成〉衣食用品.日常の生活用品.
**bù**/**cài**【布菜】(料理を客に)取り分ける.
**Bùdálāgōng**【布达拉宫】名(チベットの)ポタラ宮.
**bù**/**dào**【布道】動〈宗〉布教する.
**bù**/**diǎn**【布点】動(ある地点に)配置する.
**bùdiàn**【布店】名 反物屋.
**bùdīng**【布丁】名 プリン.
**bù'ěrqiáoyà**【布尔乔亚】名 ブルジョアジー.ブルジョア.
**bù'ěrshíwéikè**【布尔什维克】名〈政〉ボリシェビキ.
**bù**/**fáng**【布防】動 防備の兵力を配置する.
**bùgào**【布告】1 名 布告.掲示.2 動 布告する.告示する.
**bùgǔ**【布谷】名〈鳥〉カッコウ.
**Bùjīnàfǎsuǒ**【布基纳法索】名〈地〉ブルキナファソ.
**bùjǐng**【布景】名 1 (舞台や撮影所の)セット.2 (中国画で)風景の配置.
**bùjú**【布局】❶名 1 (詩文·絵画など

の)組み立て, 配置. **2**〈建造物などの)配置, レイアウト. **3**〈囲碁などの)布石. ③[動]配置する. 並べる.

**bùkòng** [布控] [動]〈犯罪者などを〉張り込む.

**bùlājí** [布拉吉] [名]ワンピース.

**Bùlǎng yùndòng** [布朗运动] [名]〈物〉ブラウン運動.

**Bùlǎngzú** [布朗族] [名]〈中国の少数民族〉プーラン(Blang)族.

**bù/léi** [布雷] [動]〈地雷や水雷を〉仕掛ける.

**bùléijiàn** [布雷舰] [名]〈軍〉機雷敷設艦.

**bùliào** [布料] [名]〈木綿などの〉生地.

**Bùlóngdí** [布隆迪] [名]〈地名〉ブルンジ.

**bùlǔshìjūn** [布鲁氏菌] [名]〈医〉ブルセラ菌属.

**bùmàiláng xiàoguǒ** [布麦浪效果] [経]ブーメラン効果.

**bùmiàn** [布面] [名]〈装丁の〉クロスカバー.

**bùpǐ** [布匹] [名]布(の総称).

**bùpiào** [布票] [名]綿布配給切符.

**bùshè** [布设] [動]敷設する. 設置する.

**bùshī** [布施] [動]〈宗〉喜捨する.

**bùtiáo** [布条] [名]細長い布切れ.

**bùtóu** [布头] [名]**1**(~儿)布の切れ端, 端切れ. **2**〈方〉布.

**bùwáwa** [布娃娃] [名]ぬいぐるみ.

**bùwénzhǐ** [布纹纸] [名]絹目の印画紙.

**bùxiàn xìtǒng** [布线系统] [名]〈電算〉配線システム.

**bùxié** [布鞋] [名]布靴.

**bùyī** [布衣] [名]〈書〉**1**平民. **2**木綿の着物.

**Bùyīzú** [布依族] [名]〈中国の少数民族〉プイ(Bouyei)族.

**bùyì** [布艺] [名]布工芸.

**bùzhǎn** [布展] [動]展覧の段取りをする.

**bùzhì** [布置] ❶[動]**1**〈部屋などを〉飾り付ける. ¶〜房间 / 部屋を装飾する. **2** 手配する. 段取りする.
❷[名]配置. 手配.

**步** **bù** ❶[名]**1**ひと足の步幅. 歩み. 步走〜 / ひと足ずつ先に進む. ステップ. 段階. ¶最后一〜 / 最後の一歩. 最後の段階. **2**〈喩〉境地. 程度. 状態. ¶竟会落luò到这一〜 / こんなはめになるとは. **4**(旧)〈長さの単位〉5"尺"に相当.
❷[動]歩測する.
[⽥ [動]**1**歩く. 步む. ¶〜入rù/ 步み入る. [姓]

**bùbīng** [步兵] [名]〈軍〉歩兵.

**bù bù dēng gāo** [步步登高]→bù bù gāo shēng [步步高升]

**bù bù gāo shēng** [步步高升] [成]とんとん拍子に出世する.

**bù bù wéi yíng** [步步为营] [成]用心深く行動する.

**bùcè** [步测] [動]步測する.

**bùdào** [步道] [名]步道.

**bùdiào** [步调] [名]步調. 足並み.

**bùfá** [步伐] [名]〈隊列の〉足並みや步調. ¶亂了〜.

**bùgōng** [步弓] [名]測量の道具.

**bùhuàjī** [步话机] [名]〈軍用〉携帯無線電話.

**bùjù** [步距] [名]歩幅.

**bùlí** [步犁] [名]步行犁(く).

**bùlǚ** [步履] [名]〈書〉步行.

**bùqiāng** [步枪] [名]步兵銃. 小銃.

**bùr** [步儿]→**bùzi** [步子]

**bù rén hòu chén** [步人后尘] [成]人に追従する. 人のまねをする.

**bù rù zhèng guǐ** [步入正轨] [成]軌道に乗る.

**bùshào** [步哨] [名]步哨.

**bùtài** [步态] [名]步く姿.

**bùtánjī** [步谈机]→**bùhuàjī** [步话机]

**bùwǔ** [步武] [名]〈書〉**1**步武(ぶ). 遠くない距離. **2**人の後をついて行く.

**bùxíng** [步行] [動]徒步で行く.

**bùxíngchóng** [步行虫] [名]〈虫〉オサムシ.

**bùxíngjī** [步行机]→**bùhuàjī** [步话机]

**bùxíngjiē** [步行街] [名]步行者天国.

**bù/yùn** [步韵] [動]〈詩で〉韻をふむ.

**bùzhòu** [步骤] [名]**1**段取り. 〈事の〉順序, 次第. **2**措置.

**bùzi** [步子] [名]步調. 足取り. 足つき.

**吥** bù 地名用字.

**埠** bù 地名用字.

**怖** bù 恐れる. ¶恐kǒng~/恐怖. ¶可~/恐ろしい.

**钚** bù 〈化〉プルトニウム. Pu.

**埔** bù 地名用字. 異読⇨**pǔ**

**部** bù ❶[名]〈官庁・企業・軍隊などの〉省・部. ¶外交〜 / 外務省. ❷[編輯〜 / 編集部.
❷[量]**1**書籍・映画フィルムなどを数える. ¶〜一记录片 / 記録映画1本. **2**〈方〉機械や車両を数える. ❸部分. 全体の中の一. ¶局〜 / 局部. [姓]

**bùdui** [部队] [名]部隊；軍隊.

**bùfen** [部分] [名]**1**部分. 一部. **2**[量]部分.

**bùjiàn** [部件] [名]部品. 組立て材料. 〈機械の〉一部分.

**bùjújí** [部局级] [名]〈党・政府機関中の〉部長・局長クラス.

**bùlèi** [部类] [名]部類.

**bùluò** [部落] [名]村落. 集落.

**bùmén** [部门] [名]部門.

**bùshǒu** [部首] [名]〈語〉〈字書の〉部首.

**bùshǔ** [部属] [名]部下.

**bùshǔ** [部署] ❶[動]〈人員を〉配置する. 〈任務を〉手配する. 手を打つ.

**cāi**

**2**[名]配匹.

**bùtóu**[部头][名](～儿)書物の大きさ.

**bùwěi**[部委][名]部と委員会.

**bùwèi**[部位][名]部位. 位置.

**bùxià**[部下][名]部下. 配下.

**bùzhǎng**[部长][名]**1**（中央政府の)大臣, 長官. ¶外交～/外務大臣. **2**（企業·組織などの)部長.

**bùzhǎng huìyì**[部长会议][名]閣僚会議.

**bùzú**[部族][名]部族.

## 铺 bù ❶

**bùzi**[饽子][名]赤ん坊に食べさせるペースト状の食品.

## 埠 bù ❶ **1**[埠头](を). 波止場. 港町. ¶开～/開港する. **2**市. 町. ¶本～/本市.

**bùtóu**[埠头][名](方)埠頭部.

## 瓿 bù[名](書)つぼ.

## 部 bù[名](書)蔽る；覆う. **2**[名](古代の暦法の)76年が1"部".

## 簕 bù[名](方)竹かご.

## 簿 bù ❶ ノート. 帳簿. ¶练习～ / ～儿. ¶账～/帳簿.

¶[姓]

**bùcè**[簿册][名]ノート. 帳面.

**bùjí**[簿籍][名](書)帳簿. 名簿.

**bùjì**[簿记][名]簿記.

**bùzi**[簿子][名]帳簿.

---

### アルファベットの混じったことば

B **chāo**[B超][名](医)超音波を利用した診断. B モード超音波断層装置. B型超音波顕像法.

B **gǔ**[B股][名](经)B株.

B **kǎo**[B拷][名]**1**ダビングされたビデオテープ. **2** 音楽や字幕付きで, 正式に放送されたテレビコマーシャル.

B(lín bā) **xìbāo**[B(淋巴)细胞][名](生理)B(骨髄)リンパ細胞.

BP **jī**[BP机][名]ポケットベル.

---

# C

## ca (ちY)

## 拆 cā[动](方)(大小便を)排泄する.

異読⇒chāi

## 擦 cā[动]**1**(押しつけるように)こする. ¶～火柴/マッチをする. **2**(こすって)塗りつける. ¶～软膏/軟膏をすりこむ. **3**(こすりとるように)ふく, ぬぐう. ¶～汗/汗をぬぐう. ¶～皮鞋/靴を磨く. **4**かすめて通る. ¶飞机～着山顶飞过/飛行

機が山頂すれすれに飛んでいった.

**cābàngqiú**[擦棒球][名](体)(野球の)ファウルチップ.

**cā/bèi**[擦背][动](方)(風呂で)背中を流す.

**cā/biān**[擦边][动](～儿)**1**[动](ふちを)かする；ぎりぎりの線でとどまる. **2**[名](体)オンライン.

**cābiānqiú**[擦边球][名](体)(卓球の)エッジボール. (喻)法律や規定にぎりぎり抵触しない行為.

**cāchú**[擦除][动](電脳)削除.

**cāhēir**[擦黑儿][动](方)日が暮れる.

**cāliàngr**[擦亮儿][动](方)夜が明ける.

**cā liàng yǎn jing**[擦亮眼睛][成]警戒心を高める(てだまされないようにする).

**cā pigu**[擦屁股][惯]尻ぬぐい(を始終末)をする.

**cā/pò**[擦破][动] 擦りむく. こすって破れる.

**cāshì**[擦拭][动]ふく. ぬぐう.

**cǎwǎng**[擦网][名](体)タッチネット. ¶～球/ネットボール. ネットイン.

**cāxǐ**[擦洗][动](ぬれた布などで)ふく, 磨く.

**cāyīn**[擦音][名](語)摩擦音.

**cā/zǎo**[擦澡][动] 入浴する代わりにぬれタオルで体をふく.

**cā zhī mǒ fěn**[擦脂抹粉][成]化粧をする；(喻)粉飾をする. 覆い隠す.

嚓 cā[拟]ざらざらした物による短い摩擦音ぎゅっ. ざっざっ.
異読⇒chá

## 礤 cǎ[名](書)きめの粗い石.

**cǎchuángr**[礤床儿][名]せんつき. おろし金の一種.

---

## cai (ち历)

## 偲 cāi[形](書) 才能がある. 異読⇒sī

## 猜 cāi[动] 推量する；(…ではないかと)思う. ¶你～~我手里有什么/私の手の中に何があるか当ててごらん.

❶ 勘ぐる. 邪推する. ¶～→～疑 yí.

**cāibutòu**[猜不透][动+可补]はっきり推測がつかない. 見通しない.

**cāibuzhǎo**[猜不着][动+可补] 推測がつかない. 当てられない.

**cāicè**[猜测][动]推測する. 推量する.

**cāiduó**[猜度][动] 推し量る. 忖度(する)する.

**cāigānr**[猜杆儿][名]親が手に握ったマッチ棒の数を当てる(酒席のゲーム).

**cāijì**[猜忌][动]邪推して恨む；勘ぐる.

**cāiliào**[猜料][动]推測する. 見積もる.

**cāiméi**[猜枚][名]スイカの種やハスの実, 碁石などを手に握って奇数か偶数か, また個数や色を当てて遊ぶ(酒席のゲーム).

## cái

**cāi//mèir**【猜谜儿】[動] 1 なぞを当てる．なぞなぞ遊びをする．2 〈喩〉筋の本意や事の真相を推測する．

**cāi/mí**【猜谜】[動] 1 なぞを当てる．なぞなぞ遊びをする．2 〈喩〉筋の本意や事の真相を推測する．

**cāimo**【猜摸】[動] 推測する．憶測する．

**cāi//pò**【猜破】[動] 見破る．見当がつく．

**cāi/quán**【猜拳】[動] 拳を打つ(酒席のゲーム)．▶ "划huá拳"とも．

**cāi/tòu**【猜透】[動+結補](相手の心の内を)ずばりと言い当てる．図星をさす．

**cāixián**【猜嫌】→**cāiyí**【猜疑】

**cāixiáng**【猜详】[動] 推測する．推し量る．

**cāixiǎng**【猜想】[動] 推量する．推測して(…だろうと)思う．

**cāiyí**【猜疑】[動] 疑う．邪推する．

**cāi//zháo**【猜着】[動+結補] 推測して当てる．言い当てる．

**cāi//zhòng**【猜中】[動+結補] 的中させる．当てる．¶ 猜不中 / 当たらない．当てられない．

## 才

**cái**〈繁〉[副] 1 (時間を表す語句の後に用い)(…して)ようやく．(…になって)ようやく．¶ 都九点了，他才走 / 9時になってやっと出発した．2 (動詞の前に用い)…したばかり．たった今．¶ 火车才开 / 汽车は今出たばかりだ．3 わずかに．ただ…にすぎない．¶ 时间还早，才五点钟 / 時間はまだ早い，やっと5時だ．4 (ある条件のもとで，また原因・目的により)…してこそ，はじめて…．¶ 只有多学习，一能提高业务水平 / 学習を積み重ねてこそ，はじめて専門のレベルが向上できる．5 (語気を強めて)それこそ…だ．…こそ…だ．…するものか．¶ 这孩子~可爱呢! / この子のかわいいことったら．

[-] ① 才能．能力．¶ ~华 / 才華．② 人材．¶ 干~ / 有能な人材．

**cái dà xīn xì**【才大心细】[成] 才能がすぐれていて注意深い．

**cái dé jiān bèi**【才德兼备】[成] 才徳兼備である．

**cáifèn**【才分】[名] (生まれつきの)才能．才知．

**cáifù**【才赋】[名] 才能．才覚．

**cáigān**【才干】[名] 仕事の能力．腕前．

**cáigāng**【才刚】→**gāngcái**【刚才】

**cái guài**【才怪】[套] それこそどうかしている．¶ 他不知道那~呢 / 彼が知らないなんて，それこそおかしいよ．

**cáihuá**【才华】[名] (主に文芸面での)才気．才能．

**cái…jiù…**【才…就…】[型] したばかりで…した．¶ 她~走，你~来了 / 彼女が出かけたと思ったら，君が来た．

**cáijùn**【才俊】[名]〈書〉才徳．

**cáijùn**【才俊】[名] 非凡な才能の持ち主．

**cáilì**【才力】[名] 才知の働き．才能．

**cáilüè**【才略】[名] 才略．知略．

**cáimào**【才貌】[名] 才能と容貌．¶ ~双全 / 才色兼備．

**cáimíng**【才名】[名] 才知のほまれ．

**cáinéng**【才能】[名] 才能．能力．

**cáinǚ**【才女】[名] 才媛(じょ)．才女．

**cáiqì**【才气】[名]〈文芸面での〉才気．

**cáiqíng**【才情】[名]〈文芸面などでの〉才気．才能．

**cáishí**【才识】[名]〈書〉才能と見識．

**cái shū xué qiǎn**【才疏学浅】[成]〈謙〉浅学非才である．

**cáisī**【才思】[名] 才文才．

**cáiwàng**【才望】[名]〈書〉才能と人望．

**cáixué**【才学】[名] 才能と学問．

**cáiyì**【才艺】[名] 才能と技芸．

**cáizhì**【才智】[名] 才知．

**cáizǐ**【才子】[名] 才能のすぐれた男子．

**cái zǐ jiā rén**【才子佳人】[成] 才能ある男と美女．

## 材

**cái**[名] ① 資料．¶ 教~ / 教材．② 材料．原料．¶ 取~ / 取材する．② 材料．原料．¶ 钢~ / 鋼材．¶ 就地取~ / 現地で原料を調達する．③ 役に立つ人．才能のある人．¶ 人~ / 人材．¶ 棺~ / 棺．‖ [姓]

**cáijī**【材积】[名]〈林〉材積．木材の体積．

**cáiliào**【材料】[名] 1 材料．原料．2 資料．データ．¶ 搜集~ / 資料を集める．2〈喩〉器(うつわ)．人材．

**cáizhì**【材质】[名] 材質(木材の性質；材料の性質)．

## 财

**cái**[名] 財．所有する金銭や物資の総称．[姓]

**cáibǎo**【财宝】[名] 財宝．

**cáibó**【财帛】[名] 財貨．

**cáichǎn**【财产】[名] 财产．

**cáichǎn bǎoquán**【财产保全】[名]〈法〉財産の差し押さえ．

**cáichǎn suǒyǒuquán**【财产所有权】[名]〈法〉財産権．

**cái dà qì cū**【财大气粗】[成] 金のある程横柄に振る舞う．

**cáidòng**【财东】[名] 1 〈旧〉(商店などの)出資者．金主．2 金持ち．

**cáifá**【财阀】[名] 財閥．

**cáifù**【财富】[名] 富．財産．

**cáijīng**【财经】[名]〈略〉財政と経済．

**cáikuài**【财会】[名] 財務・会計の総称．経理．

**cáilì**【财礼】→**cǎilǐ**【彩礼】

**cáilì**【财力】[名] 財力．経済力．

**cáilù**【财路】[名] 金をもうける方法．

**cáimào**【财贸】[名]〈略〉財政と経済．

**cáimí**【财迷】1 [名] 守銭奴．けち．2 [形] 金に目がない．

**cái néng tōng shén**【财能通神】[成] 地獄のさたも金次第．

**cáiqì**【财气】[名]〈~儿〉金運．

**cáiquán**【财权】[名] 1〈法〉財産権．2 財政権．

**cáishén**【财神】[名] 福の神．▶ "财神爷"とも．

**cáishì**【财势】[名] 財力と権勢．

cáishuì【財税】名 財政と税務.
cáituán【財団】名 財団. 財閥.
cáiwù【財務】名 財務. 財務担当.
cáiwù【財物】名 財物. 財産.
cáixiǎn【财险】名〈略〉損害保険.
cáiyuán【財源】名 財源.
cáiyùn【財運】名 金運. 財運.
cáizhèng【財政】名 財政. ¶ ～赤字/財政収支の赤字.
cáizhèngbù【財政部】名〈政〉財政部. ▶日本の財務省に相当.
cáizhu【財主】名 金持ち. 資産家.
cáizitóu【財字头】名〈俗〉(大学など の)財政関係の専攻や学科.
**裁** cái❶ 動【裁】(はさみや刃物で)切る, 裁断する. ¶～一件连衣裙/ワンピースを仕立てる. 2(不用部分を)取り除く, 減らす. ¶～掉多余人员/余剰人員を削減する.
❷量 紙のサイズ. ▶全紙の何分の一に裁断したかを示す.
❸→ ①抑制する. コントロールする. ¶制zhì～/制裁する. ②決定する. 裁定を下す. ¶～→判. ③(文学·芸術面で)取捨を決める, 構成する. ¶体～/体裁. デザイン.
cái/bīng【裁兵】動〈旧〉兵員を削減する.
cáibìng【裁并】動(組織を)整理統合する.
cáichè【裁撤】動(機関を)廃止する.
cáichǔ【裁处】動〈書〉判断し処理する.
cáidá【裁答】動〈書〉(手紙や詩歌などで)返答する.
cáidìng【裁定】動〈法〉裁定する.
cáiduàn【裁断】動〈書〉裁断する. 裁決を下す.
cáiduó【裁夺】動〈書〉決裁する.
cáiduó【裁度】動〈書〉判断し決定する.
cáifèng【裁缝】動 衣服を仕立てる.
cáifeng【裁缝】名 仕立て職人. 仕立て屋.
cáigé【裁革】動 整理淘汰(とう)する.
cáijiǎn【裁减】動(機構·人員·装備などを)簡素化する. 削減する, 縮小する. ¶～军队员/兵力削減.
cáijiǎn【裁剪】動 裁断する.
cáijué【裁决】動 裁決する. 決裁する.
cáijūn【裁军】動 軍縮をする.
cáikě【裁可】動 決裁し許可する.
cáipàn【裁判】動 1〈法〉裁判をする. 2〈体〉ジャッジする. ❷名 審判員. ▶"裁判员"も.
cáitài【裁汰】動〈書〉(余剰人員を)削減する, 整理淘汰する.
cáiyuán【裁员】動 人員を削減する. リストラする.
cáizhǐjī【裁纸机】名〈紙の〉断裁機.
cáizhì【裁制】動 制裁する.
cáizhuó【裁酌】動 判断し決定する.

**采**(採) cǎi❶動 1 摘み取る; 採集する. ¶～茶/茶を摘む. ¶～昆虫标本/昆虫の標本を採集する. 2 掘り出す. ¶～～煤.
❷→①運び取る. 取り入れる. ¶～→取. ②風采. 態度. 風格. ¶神～/顔色. 表情. ¶无精打～/しょんぼりしている様子. ‖姓 異読⇒cài
cǎi【采办】動 仕入れる.
cǎibiān【采编】動 取材し編集する.
cǎicháxì【采茶戏】名 江西·湖北·湖南·安徽各省などで演じられる地方劇の一種.
cǎichǎng【采场】名〈鉱〉採掘場.
cǎifá【采伐】動 伐採する.
cǎifǎng【采访】動(ニュースなどを)取材する, インタビューする.
cǎi/fēng【采风】動〈書〉民謡を収集する.
cǎigòu【采购】動 1 購入する. 仕入れる. 2 仕入れ係.
cǎiguāng【采光】動〈建〉採光する.
cǎi/huā【采花】動 1 花を摘む. 2〈近〉強姦(がん)する.
cǎijí【采集】動 採集する. 収集する.
cǎijǐng【采景】動 ロケ地を決める.
cǎijué【采掘】動 採掘する.
cǎi/kuàng【采矿】動 鉱石を採掘する.
cǎilù【采录】動 1 収集し記録する. 2(テレビ番組を)収録する. 3〈書〉(人を)採用する.
cǎimǎi【采买】動 購入する. 買い入れる.
cǎi/méi【采煤】動 石炭を採掘する.
cǎinà【采纳】動(意見·提案·要求などを)受け入れる, 聞き入れる.
cǎinuǎn【采暖】動 暖房する.
cǎiqǔ【采取】動(方針·手段·態度などを)とる, 採用する. ¶～有効措施/有効な措置を講ずる.
cǎirèn【采认】動〈方〉認める. 承認する.
cǎishíchǎng【采石场】名 採石場. 石切り場.
cǎishōu【采收】動 収穫する.
cǎixié【采撷】動〈書〉1 摘み取る. 2 採集する.
cǎixiě【采写】動 取材して文章にまとめる.
cǎixiě【采血】動 採血する.
cǎi xīn zhī yōu【采薪之忧】〈成〉病気で薪を取りに行くことさえできない. ▶病気であることを婉曲にいう.
cǎixìn【采信】動〈法〉信用に足る証拠として採用する.
cǎi/yàng【采样】動 サンプリングする.
cǎi/yào【采药】動 薬草を採集する.
cǎiyòng【采用】動 採用する. 取り入れる. ¶～先进技术/先進技術を取り入れる.
cǎi/yóu【采油】動(石油を)採油する.
cǎizé【采择】動 採択する. 選び取る.
cǎizhāi【采摘】動(花や果実などを)摘み取る.
cǎizhì【采制】動 1 採取し加工する.

## cǎi

**2**(番組を)取材制作する.
**cǎi/zhǒng**【采种】動 採種する. 種をとる.

## 彩(綵) cǎi ❶ ❶色. カラー. 色. 精彩. ¶丰富多~/バラエティーに富む. ¶剪~/テープカットをする. ④宝くじ. 景品. ¶中zhòng~/宝くじに当たる. ¶喝cǎi~/喝采する. ⑥(戦場で)負傷し血を流す. ¶挂~/(流血の)負傷をする. [姓]

**cǎibǐ**【彩笔】名 絵筆. 色鉛筆.
**cǎichàng**【彩唱】動 メーキャップをして歌う.
**cǎichāo**【彩超】名【医】カラー画像の超音波検査.
**cǎichē**【彩车】名 花嫁花婿を乗せるカラフルに飾り立てた自動車.
**cǎichóu**【彩绸】名(会場などの飾りつけに用いる)色絹.
**cǎidài**【彩带】名(彩色した)絹ひも, リボン.
**cǎidàn**【彩旦】名(伝統劇で)女形の道化.
**cǎidàn**【彩蛋】名 卵の殻に絵を描いた工芸品.
**cǎidēng**【彩灯】名 彩色や装飾を施したちょうちん.
**cǎidiàn**【彩电】名(略)カラーテレビ. [台,架,个]
**cǎidiào**【彩调】名 広西チワン族自治区の地方伝統劇.
**cǎi fèng suí yā**【彩凤随鸦】成 美人が醜男に嫁ぐ.
**cǎiguǎn**【彩管】名 カラーテレビのブラウン管.
**cǎihào**【彩号】名(~儿)負傷兵.
**cǎihóng**【彩虹】名 虹. [条,道]
**cǎihuà**【彩画】名(建築物に施した)装飾画.
**cǎihuì**【彩绘】1 名(器物などの)彩色上絵. 2 動 色をつけて塗る. 色彩画を描く.
**cǎijiào**【彩轿】名 旧時, 花嫁の乗る飾りつけた輿.
**cǎijuǎn**【彩卷】名(~儿)カラーフィルム. [盒]
**cǎikuò**【彩扩】名(略)カラー写真を引き伸ばす.
**cǎilǐ**【彩礼】名(旧)結納の金品.
**cǎiliàn**【彩练】名 →**cǎidài**【彩带】
**cǎimén**【彩门】名 色とりどりに飾り立てた門. 歓迎アーチ.
**cǎimí**【彩迷】名 宝くじファン.
**cǎimín**【彩民】名 定期的に宝くじを購入する人.
**cǎipái**【彩排】名【劇】リハーサルをする.
**cǎipáilóu**【彩牌楼】名(祝賀行事などにおける)装飾アーチ.
**cǎipēn**【彩喷】名(略)【電算】カラーインクジェットプリンター.
**cǎipéng**【彩棚】名(祭りや祝いごとのための)飾りつけのしてある小屋.

**cǎipiào**【彩票】名 宝くじ.
**cǎiqí**【彩旗】名 彩色旗. 色とりどりの旗.
**cǎiquàn**【彩券】名 宝くじ.
**cǎisè**【彩色】形 カラーの. 多色の. ¶~胶卷/カラーフィルム. ¶~印刷/カラー刷り. ¶~铅笔/色鉛筆.
**cǎisè diànshì**【彩色电视】動 カラーテレビ.
**cǎisèpiàn**【彩色片】名(~儿)カラー映画. ▶話し言葉では"彩色片儿 piānr"という.
**cǎishēng**【彩声】名 喝采(の声).
**cǎishì**【彩饰】名 彩色を施した装飾.
**cǎisù**【彩塑】名 彩色の塑像.
**cǎitáo**【彩陶】名【史】彩陶. 彩文土器.
**cǎitóu**【彩头】名 1(金もうけや勝負に勝つ)幸先(きいさき). 吉兆. 2 賞品.
**cǎixiá**【彩霞】名 朝焼けの雲.
**cǎixiǎn**【彩显】名(略)【電算】カラーディスプレイ.
**cǎixié**【彩鞋】名 舞台で用いる繡子(ぴ)製の刺繡靴.
**cǎixìn**【彩信】名【電算】マルチメディア・メッセージサービス. MMS. ¶~手机/MMS機能付き携帯電話.
**cǎiyìn**【彩印】動 カラープリントする.
**cǎiyòutáo**【彩釉陶】名 上 絵(ネレ)を施した陶器.
**cǎiyún**【彩云】名 朝焼け雲. 夕焼け雲.
**cǎizhào**【彩照】名(略)カラー写真.
**cǎizhǐ**【彩纸】名 1 カラーの紙. 色紙(いろがみ). 2 カラー印刷用画紙.

## 睬 cǎi 動 かまう. 相手にする.

## 踩 cǎi 動 踏む. 踏みつける.

**cǎi//dàn**【踩蛋】動(~儿)(俗)鳥類が交配する.
**cǎi//dào**【踩道】動(~儿)(泥棒が)下見する.
**cǎi//diǎn**【踩点】動→**cǎi//dào**【踩道】
**cǎigū**【踩估】動(方)けなす.
**cǎihu**【踩忽】動(俗)けなす. ばかにする.
**cǎishāng**【踩墒】動【農】土壌の水分を保つため種まきしたあとを踏み固める.
**cǎishuǐ**【踩水】名【体】立ち泳ぎ.
**cǎi//xiàn**【踩线】動【体】フットフォールをする.

## 采(採) cǎi ⓪ 異読⇒cǎi

**cǎidì**【采地】名(古)封土(ほうど). 領地.
**cǎiyì**【采邑】名(古)封土. 領地.

## 菜 cài 名 1(~儿)おかず;料理.[盘;碟;道]¶做~/料理を作る. ¶买~/お総菜を買う. 2 野菜. 蔬菜(もざい). [姓]

**cài'àn**【菜案】→**hóng'àn**【红案】
**càibǎn**【菜板】名(~儿)まな板.
**càibāng**【菜帮】名(~儿)白菜などの外側の葉.

càichǎng【菜场】→càishì【菜市】
càichuángzi【菜床子】名 野菜を売る露店.
càidān【菜単】名(〜儿)1 メニュー. 献立表. 2【電算】メニュー. ▶"选单"とも.
càidāo【菜刀】名 包丁.
càidì【菜地】名 野菜畑.
càidiǎn【菜点】名 料理と菓子(点心).
càidòu【菜豆】名【植】インゲンマメ.
càidūn【菜墩】名(〜儿〜子)大木を輪切りにして作ったまな板.
càifàn【菜饭】名 おかずとごはん;(広く)食事.
càigē【菜鸽】名 食用のハト.
càiguā【菜瓜】名【植】シロウリ. アオウリ.
càiguǎn【菜馆】名(〜儿)(方)レストラン.
càihé【菜盒】名(〜儿)おかずを入れるための小さな弁当箱.
càihuā【菜花】名(〜儿)1 カリフラワー. 2 油菜の花.
càihuò【菜货】名(方)(罵)役立たず. 能ない.
càijiào【菜窖】名 野菜を貯蔵する穴蔵.
càijīn【菜金】名 食費;(主に)おかず代.
càikū【菜枯】名(方)菜種油の搾りかす.
càilánzi【菜篮子】名 1 買い物かご. 2 都市に対する生鮮食品の供給.
càilánzi gōngchéng【菜篮子工程】都市住民に十分な副食品を供給するためのプロジェクト.
càimǎr【菜码儿】名(方)めん類に添える具.
càimíng【菜名】名(〜儿)料理名.
càiniǎo【菜鸟】名(ネットやパソコンの)初心者.
càiniú【菜牛】名(口)食用の牛. 肉牛.
càinóng【菜农】名 野菜農家.
càipáizi【菜牌子】名(食堂の壁などに掛ける)料理名を書いた板.
càipǐn【菜品】名(レストランなどの)料理, おかず.
càipǔ【菜圃】名 野菜畑.
càipǔ【菜谱】名(〜儿)1 メニュー. 献立表. 2 料理の本. レシピ.
càiqí【菜畦】名 野菜畑.
càiqīng【菜青】名 暗緑色.
càiròu dànjuǎn【菜肉蛋卷】名 オムレツ.
càisè【菜色】名 野菜ばかり食べて栄養不良の顔色.
càishé【菜蛇】名 食用の蛇.
càishì【菜市】名(野菜・肉・卵などの)副食品マーケット.
càishū【菜蔬】名 1 野菜. 蔬菜(ホょ). 2 料理;おかず.
càitái【菜薹】名 野菜の茎. 薹(ホぅ).
càitānr【菜摊儿】名 野菜を売る露店.
càixì【菜系】名 中国料理の地方別系統.
càixīnr【菜心儿】名 1【植】(中国野菜の)サイシン. 2(白菜などの)野菜の芯(ん).
càiyá【菜蚜】名【虫】アリマキ. アブラムシ.
càiyáng【菜羊】名 食用の羊.
càiyáo【菜肴】名 おかず. 料理.
càiyóu【菜油】名 菜種油.
càiyuán【菜园】名(〜子)菜園. 野菜畑.
càizǐ【菜子】名 1(〜儿)野菜の種. 2 菜種.
càizǐyóu【菜子油】→càiyóu【菜油】

蔡 cài 名 1(史)蔡. ▶周代の国名. 2(書)大きな亀. ¶著shī〜. 占いをする. ‖姓

## cān (ちㄢ)

参(參) cān 動 ①加わる. ¶〜军. ②参与する. ¶〜阅 / 参照する. ③まみえる. ¶〜谒. ¶〜〜拜. 異読 cēn, shēn
cānbài【参拜】動 参拝する. 詣でる.
cānbàn【参办】動(書)弾劾して罪に処する.
cānbàn【参半】動(書)相半ばする.
cānchán【参禅】動【仏】参禅する.
cāndìng【参订】動 参照し訂正する.
cāndǔ【参赌】動 ばくちを打つ.
cān//gǔ【参股】動 株主になる. 出資する.
cānguān【参观】動 見学する. 見物する. ¶〜一厂"/ 工場を見学する.
cānhé【参合】動(書)(資料などを)照し総合する.
cānjiā【参加】動 1 参加する, 出席する. ¶〜婚礼 / 結婚式に出席する. 2(意見を)出す.
cānjiǎn【参检】動 検査を受ける.
cānjiàn【参见】動 1(文章の注釈用語)参照せよ. ¶〜第九章 / 第9章を参照せよ. 2 謁見する.
cānjiàn【参建】動 建築作業に参画する.
cānjiào【参校】動 校閲する. 校勘する.
cān//jūn【参军】動 軍隊に入る.
cānkān【参看】動 参照する;(文章の注釈用語)参照せよ.
cānkǎo【参考】動 参考にする. ¶我提一点意见, 供gōng尓〜/ ご参考までに私の意見を申し上げます.
cānkǎoshū【参考书】名 1 参考書. 2 辞典や索引などの類.
cānliàng【参量】名【数】パラメーター.
cānmóu【参谋】1 名 参謀;相談相手. 2動 相談相手になる. 知恵を貸す.
cān//pāi【参拍】動 1 オークションに参加する. 2 撮影に参加する.
cānpíng【参评】動 コンテストに参加する. 審査を受ける.
cānsài【参赛】動 試合に出場する.

~权／（試合の）出場権.
**cānshù**【参谋】名 参謀官.
**cānshù**【参数】名〈数〉パラメーター. 助変数.
**cāntiān**【参天】動（樹木などが）空高くそびえる.
**cān/tòu**【参透】動 見抜く；深く悟る.
**cān/wǔ**【参舞】動 ダンスパーティーに参加する.
**cānxiáng**【参详】動 詳細に調べる.
**cānyàn**【参验】動 比較検証する.
**cān/yè**【参谒】動 拝謁する.（尊敬すべき人の遺影や墓に）参拝する.
**cānyì**【参议】動〈書〉参議する.
**cānyìyuàn**【参议院】名〈政〉参議院. 上院.
**cānyù**【参与】動（仕事や計画・討論・処理などに）参与する，加わる，関係する. ▲"参预"とも.
**cānyuè**【参阅】動 参照する.
**cānzàn**【参赞】1 名 参事官. 2 動〈書〉参与して助ける.
**cānzhǎn**【参展】動 展覧会に参加・出品する.
**cān/zhàn**【参战】動 参戦する.
**cānzhào**【参照】動 参照する. 参考にする.
**cān/zhèng**【参政】動 政治に参加する.
**cānzhèng yìzhèng**【参政议政】〈政〉行政を監督したり，意見を出したりして，積極的に政治に参加する.
**cānzhuó**【参酌】動 斟酌(しんしゃく)する.

## 骖(驂)
**cān** 名〈古〉3 頭立ての馬. 車の両側の添え馬.

## 餐
**cān** 量 食事の回数を数える. ¶一日 3～／1 日 3 食.
Ⓗ①食事. 料理. ¶早～／朝食. ¶西～／西洋料理. ②食事をする. ¶聚～／会食する.
**cānbā**【餐吧】名 レストランバー.
**cānchē**【餐车】名（列車の）食堂車.
**cāndiǎn**【餐点】名 1 規模の小さい飲食店. 2 軽食.
**cān fēng sù lù**【餐风宿露】〈成〉旅のつらさや征途の苦しみ.
**cānguǎn**【餐馆】名 レストラン. 【家】
**cānjīn**【餐巾】名 ナプキン.【块, 条】
**cānjīnzhǐ**【餐巾纸】名 紙ナプキン.
**cānjù**【餐具】名 食器.
**cānpái**【餐牌】名 メニュー.（が書いてある看板）.
**cānquàn**【餐券】名 食券.
**cānshì**【餐室】名 食堂. ダイニングルーム.
**cāntīng**【餐厅】名 レストラン. 食堂.【家】
**cānwèi**【餐位】名 レストランの客席.
**cānyǐn**【餐饮】名 飲食.
**cānyǐnyè**【餐饮业】名 飲食産業.
**cānzhǐ**【餐纸】名 紙ナプキン.
**cānzhuō**【餐桌】名（～儿）食卓. ディナーテーブル.
**cānzhuō wūrǎn**【餐桌污染】〈環境〉食品公害.

## 残(殘)
**cán** 形 不完全である. 欠けている. ¶这本书很好，可惜～了／この本はとてもいいが，残念ながらページが一部欠けている.
Ⓗ①残りの，なくなりかけの. ¶～夏. ②損なう. 壊す. ¶摧～／損なう. 踏みにじる. ③むごい. 残忍である. ¶～→暴.
**cán'àohuì**【残奥会】名〈略〉パラリンピック.
**cánbái**【残败】形 無残なさま. さんざんなさま.
**cánbào**【残暴】形 残虐である. 凶暴である.
**cán bēi lěng zhì**【残杯冷炙】〈成〉飲み残しの酒や食べ残しの料理.
**cánběn**【残本】名 ページが抜けている本. 破損して不完全な書物.
**cán biān duàn jiǎn**【残编断简】〈成〉切れ切れになった書物や文章.
**cánbīng**【残兵】名 敗残兵.
**cán bīng bài jiàng**【残兵败将】〈成〉敗残の将兵.
**cánbù**【残部】名 戦いに敗れ生き残った兵馬.
**cán chá shèng fàn**【残茶剩饭】〈成〉飲み残しの茶や食べ残しの飯.
**cánchuǎn**【残喘】名 瀕死のあえぎ. 虫の息.
**cánchūn**【残春】名 春の終わりごろ. 晩春.
**cáncì**【残次】形 不完全で質が悪い. ¶～品／欠陥品. 粗悪品.
**cáncún**【残存】動 かすかに残っている. 残存する.
**cándí**【残敌】名 残敵.
**cándōng**【残冬】名 冬の終わりごろ. 晩冬.
**cándú**【残毒】1 形 残忍である. 2 名 残留農薬.
**cánfěi**【残匪】名 盗賊の残党.
**cánfèi**【残废】1 動〈体〉の一部が不自由になる. 2 名 身体障害者.
**cán gēng shèng fàn**【残羹剩饭】〈成〉食べ残しの料理.
**cánhái**【残骸】名 残骸.
**cánhài**【残害】動 傷める. 損なう；殺害する.
**cánhóng**【残红】名〈書〉散り残った花.
**cán huā bài liǔ**【残花败柳】〈成〉盛りの時を過ぎて容色の衰えた女性.
**cánhuò**【残货】名 傷もの. 不良品.
**cánjí**【残疾】名 残疾土.
**cánjí**【残疾】名 体に障害があること. ¶～人／身体障害者.
**cánjì**【残迹】名 痕跡(こんせき). 跡形.
**cánjú**【残局】名 1（碁や将棋の）寄せ，詰め. 2 失敗や動乱後の事態.
**cánkù**【残酷】形 残酷である. むごい.
**cánlián**【残联】名〈略〉身障者連合会.
**cánliú**【残留】動 残留する. 残る.
**cánnián**【残年】名〈書〉1 余生. 余命. 晩年. 2 年末. 年の暮れ.

cánnuè【残虐】1[形]残虐である。むごい。2[動]虐待する。
cánpǐn【残品】[名]欠陷品。傷もの。
cánpò【残破】[形]破損している。ぼろぼろである。
cánqí【残棋】[名](碁や将棋で)勝負がついていない対局。
cánqiū【残秋】[名]晩秋。
cánquē【残缺】[動]欠けている。そろっていない。不完全である。
**cánrěn**【残忍】[形]**残忍である**。
cánshā【残杀】[動]惨殺する。虐殺する。
cán shān shèng shuǐ【残山剩水】〈成〉戦火のあとに残されたし山河。
cánshēng【残生】[名]1 余生。余命。晩年。2 かろうじて助かった命。
cánsǔn【残损】[動](商品が)欠損・破損する。
cánxià【残夏】[名]夏の終わりごろ。晩夏。
cánxiàoqī【残效期】[名]〈農〉農薬の有効期間。
cánxīng【残星】[名]〈書〉夜明けの空に残る星。
cánxuě【残雪】[名]残雪。
cányáng【残阳】[名]〈書〉夕日。沈もうとする太陽。
cányáo【残肴】[名]〈書〉食べ残しの料理。
cányú【残余】[名]残余。なごり。
cán yuán duàn bì【残垣断壁】〈成〉敵が災難にあったあとの荒れ果てた光景。
cányuè【残月】[名]〈書〉(旧暦月末の)三日月;残月。
cányùnhuì【残运会】[名]〈略〉(中国の)全国障害者スポーツ大会。
cán zhā yú niè【残渣余孽】〈成〉残存している悪人。残党。
cánzhàng【残障】[名]体に障害があること。重度の/重度障害。
cánzhào【残照】[名]〈書〉残照。西日;〈喩〉没落する勢力。

**蚕**(蠶) **cán** [名]蚕。[条]1 養~/養蚕する。
cánbǎobǎo【蚕宝宝】[名]〈方〉お蚕様。
cánbó【蚕箔】[名]蚕を飼育する容器。蚕箔(さんばく)。
cáncù【蚕簇】[名]蔟。
cándòu【蚕豆】[名]〈植〉空豆。
cán'é【蚕蛾】[名]〈虫〉蚕の蛾(成虫)。蚕蛾。
cánjiǎn【蚕茧】[名]蚕のまゆ。
cánmián【蚕眠】[名]蚕の休眠。
cánniáng【蚕娘】[名]蚕の世話をする女性。
cánnóng【蚕农】[名]養蚕農家。
cánsāng【蚕桑】[名]養蚕用の桑。
cánshā【蚕沙】[名]〈中薬〉蚕渣(さんさ);蚕の糞を乾燥させたもの。
cánshān【蚕山】[名]→cánzú【蚕蔟】
cánshí【蚕食】[動]〈喩〉蚕食する。
cánsī【蚕丝】[名]蚕糸。生糸。
cányī【蚕衣】[名]まゆ(の別名)。

cányǐ【蚕蚁】[名]〈虫〉毛蚕。
cányǒng【蚕蛹】[名]蚕のさなぎ。
cányǒngyóu【蚕蛹油】[名]さなぎ油。
cánzhǐ【蚕纸】[名]蚕紙。蚕卵紙。
cánzǐ【蚕子】[名](~儿)蚕の卵。

**惭**(慚) **cán** [形]恥じる。[条]1 羞~/恥じ入る。2 ~愧。
**cánkuì**【惭愧】[形]**恥ずかしい**。
cán kuì wú dì【惭愧无地】〈成〉恥ずかしくて穴に入りたい気持ち。
cánsè【惭色】[名]〈書〉恥じ入る様子;(顔色が)青白い。
cánsè【惭色】[形]〈書〉恥じ入る様子。
cánzuò【惭怍】[形]〈書〉慚愧(ざんき)。

**惨**(慘) **cǎn** [形]1 悲惨である。痛ましい。¶他死得真~哪!/後は実に悲惨な死に方をした。2(程度が)ひどい。¶这场球赛输得很~/今回の(球技)の試合はぼろ負けした。
**H** むごい。残酷である。¶~~死sǐ。¶~~无wú人rén道。
cǎn'àn【惨案】[名]虐殺事件。大惨事。
cǎnbái【惨白】[形](景色が)薄暗い;(顔色が)青白い。
cǎnbài【惨败】[動]惨敗する。
cǎnbiàn【惨变】[名]悲惨な出来事。
cǎn bù rěn dǔ【惨不忍睹】〈成〉むごたらしくて見ていられない。
cǎndá【惨怛】[形]〈書〉愁え悲しむ。
cǎndàn【惨淡】[形]1 薄暗い。2 いろいろ苦しさする。▲▼ 惨澹。
cǎn dàn jīng yíng【惨淡经营】〈成〉事を進めるのに苦心惨憺(さん)する。
cǎndú【惨毒】[形]残酷極まる。残忍極まる。
cǎnhuò【惨祸】[名]痛ましい災禍。
cǎnjīng【惨景】[名]悲惨な情景。
cǎnjìng【惨境】[名]悲惨な境遇。
cǎnjù【惨剧】[名]惨劇。惨事。
cǎn jué rén huán【惨绝人寰】〈成〉この世のものとも思われないほど悲惨である。
cǎnkǔ【惨苦】[形]ひどく苦しい。悲惨である。
cǎnlì【惨厉】[形]悲惨である。惨めである。
cǎnliè【惨烈】[形]1 悲惨である。2 壮烈である;激しい。
cǎn lù chóu hóng【惨绿愁红】〈成〉若者の青春の愁い。
cǎnrán【惨然】[形]〈書〉悲惨である。
cǎnshā【惨杀】[動]惨殺する。虐殺する。
cǎnsǐ【惨死】[動]むごたらしい死に方をする。
cǎntòng【惨痛】[形]痛ましい。無惨である。
cǎn wú rén dào【惨无人道】〈成〉残忍非道。
cǎnxiào【惨笑】[名]苦しく笑う。
cǎnzhòng【惨重】[形](損失が)きわめて大きい。
cǎnzhuàng【惨状】[名]悲惨な情景。

**穇**(穇) **cǎn** ○

## càn

**cǎnzi**【穇子】〔名〕〈植〉シコクビエ(の実).

## 灿(燦)

**càn**🅗 鮮やかにくさま.

**cànlàn**【灿烂】〔形〕光り輝く.きらきらく.¶~的阳光/きらきら輝く太陽の光.

**cànrán**【灿然】〔形〕燦然(ぜん)と.

## 孱

**càn**🅞 異読⇒chán

**càntou**【孱头】〔方〕〔罵〕意気地なし.甲斐性(ぜょう)なし.

## 粲

**càn**🅗 鮮やかで美しい.

**cànrán**【粲然】〔書〕1 きらきらと光り輝くさま. 2 歯を見せて笑うさま. 3 はっきりしているさま.

## 璨

**càn**🅗 1 美しい玉.
2【粲烂】に同じ.

# cang(ちた)

## 仓(倉)

**cāng**〔名〕倉、倉庫. ¶谷~/穀物倉庫. ‖姓

**cāngchǔ**【仓储】動 倉に蓄える.

**cāngchǔ chāoshì**【仓储超市】倉庫型スーパーマーケット.

**cāngcù**【仓促・仓猝】慌ただしい.

**cāngfáng**【仓房】〔名〕倉.倉庫.

**cānggēng**【仓庚】→**cānggēng**【鸧鹒】

**cānghuáng**【仓皇・仓惶・仓黄・仓惶】〔形〕慌てふためいている.あたふたしている.

**cāngkù**【仓库】〔名〕倉庫.貯蔵庫.〔座,个〕

**cānglǐn**【仓廪】〔名〕〈書〉穀物倉.

**cāngróng**【仓容】〔名〕倉庫の容量.

**cāngshǔ**【仓鼠】〔名〕〈動〉ハムスター,クマネズミ.

**cāngwèi**【仓位】〔名〕1 荷物置き場.
2〈経〉資本に対する持ち株比率.

**cāngzū**【仓租】〔名〕倉庫料.保管料.

## 伧(傖)

**cāng**🅗 粗野である.

**cāngfù**【伧父】〔名〕〈書〉田舎者;粗野な男.

**cāngsú**【伧俗】〔名〕〈書〉卑俗である.

## 苍(蒼)

**cāng**🅗 ① 青色.緑色.¶~翠cuì. ¶~天/青天.
② 白みがかった灰色. ¶~髯rán/ごま塩のひげ. ‖姓

**cāngbái**【苍白】〔形〕1 蒼白である. 青白い. 2 灰色である. 3 生気のない.

**cāngcāng**【苍苍】〔形〕1 白髪まじりである. 2 広々として果てしない. 3 草木が生い茂っている.

**cāngcōng**【苍葱】〔形〕青々としている.

**cāngcuì**【苍翠】〔形〕(草木が)濃緑色である.

**cāng'ěr**【苍耳】〔名〕〈植〉オナモミ;〈中薬〉蒼耳子(こうじし).

**cānggǔ**【苍古】〔形〕枯れた趣がある.

**cānghuáng**【苍黄】1 〔形〕青味がかった黄色,灰色がかった黄色である. 2〔名〕〈書〉〈喩〉事物の変化. 3→cānghuáng【仓皇・仓黄・仓惶】

**cāngjìng**【苍劲】〔形〕老木や書画の筆勢が)進勁である.

**cāngkōng**【苍空】〔名〕空.

**cānglǎo**【苍老】〔形〕1(容貌や声が)老けている. 2(書画の筆致が)枯れてたくましい.

**cāngliáng**【苍凉】〔形〕もの寂しい.荒涼としている.

**cānglóng**【苍龙】〔名〕1(二十八宿の)蒼龍(そうりゅう).青龍. 2 伝説中の悪神;〈喩〉極悪人.

**cānglù**【苍鹭】〔名〕〈鳥〉アオサギ.

**cānglǜ**【苍绿】〔形〕(草木が)青々としている.

**cāngmáng**【苍茫】〔形〕空・海・平原などが)広々として果てしない. ¶~无际/広々として限りがない.

**cāngmáng**【苍莽】〔形〕〈書〉広々として果てしない.

**cāngqiān**【苍铅】〔名〕〈化〉ビスマス.

**cāngqióng**【苍穹】〔名〕青空.大空.蒼穹(そうきゅう).〔只〕

**cāngshēng**【苍生】〔名〕庶民,蒼生(そうせい).

**cāngtiān**【苍天】〔名〕青空.蒼天(そうてん).

**cāngyīng**【苍鹰】〔名〕〈鳥〉タカ,オオタカ.〔只〕

**cāng yíng fù jì**【苍蝇附骥】〔成〕凡人が声望ある人に頼って自分の名をあげる.

**cāngying**【苍蝇】〔名〕1〈虫〉ハエ.〔只,个〕 2 経済犯の小者.

**cāngying pāizi**【苍蝇拍子】ハエたたき.

**cāngyù**【苍郁】〔形〕〈書〉(草木が)うっそうと茂っている.

**cāngzhú**【苍术】〔名〕〈植〉オケラ;〈中薬〉蒼朮(そうじゅつ).

## 沧(滄)

**cāng**🅗 ① 暗緑色(の水). ¶~海. ② 寒い. ¶~热/寒暑.

**cānghǎi**【沧海】〔名〕滄海.青海原.

**cāng hǎi héng liú**【沧海横流】〔成〕政治が乱れ社会が不安定である.

**cāng hǎi sāng tián**【沧海桑田】→**cāngsāng**【沧桑】

**cāng hǎi yī sù**【沧海一粟】〔成〕大きなものの中できわめて小さなもの.

**cāng hǎi yí zhū**【沧海遗珠】〔成〕うずもれた人材や逸品.

**cāngsāng**【沧桑】〔名〕〔略〕世の移り変わりが激しいこと.

## 鸧(鶬)

**cāng**🅗

**cānggēng**【鸧鹒】〔名〕〈鳥〉コウライウグイス.

## 舱(艙)

**cāng**🅗〈飛行機・船の〉客室/貨物室. ¶货~/船倉. ¶二等~/二等客室.

**cāngdān**【舱单】〔名〕積み荷明細書.

**cāngkǒu**【舱口】〔名〕(甲板の)昇降口.ハッチ.

**cāngmiàn**【舱面】〔名〕甲板.

**cāngnèihuò**【舱内货】〔名〕船内積み貨物.

cāngshì【舱室】[名]客室．船室．
cāngwèi【舱位】[名]〈船や飛行機の〉座席，スペース．

**藏** cáng【藏】[動] 1 隠れる．隠す．¶～钱／お金を隠す．¶～在厕所里／トイレに隠れる．2 貯蔵する．しまっておく．‖[姓] 異読⇒zàng

cángdú【藏毒】[動] 麻薬を隠し持つ．
cángduǒ【藏躲】[動] 隠れる．姿を隠す．
cáng fēng liǎn è【藏锋敛锷】[成] 小才をひけらかさない．
cángfù【藏富】[動] 1 富んでいることを隠す．2 財産を蓄える．
cáng gòu na wū【藏垢纳污】[成] 悪人や悪事をかくまう．
cángjiān【藏奸】[動] 1 悪意を抱く．2〈方〉〈全や力を〉出し惜しみする．
cáng lóng wò hǔ【藏龙卧虎】[成] 隠れた逸材．
cángmāor【藏猫儿】[動]〈口〉子供のかくれん坊をする．
cángnì【藏匿】[動] 隠れる；隠す．隠匿する．
cángpǐn【藏品】[名] 所蔵品．
cáng qì dài shí【藏器待时】[成] 学問や才能のある人が時機を待って隠忍自重しているさま．
cángshēn【藏身】[動] 身を隠す．
cáng/shū【藏书】1 [動] 書籍を収蔵する．2 [名] 蔵書．
cáng tóu lù wěi【藏头露尾】[成] 奥歯に物の挟まったような言い方をする．全部を出さない．
cángyè【藏掖】[動] 隠しだてをする．
cáng yǐng nì xíng【藏影匿形】[成] 影をひそませ，姿をくらます．
cángyùn【藏运】[動] 禁制品を隠して輸送する．
cángzhuō【藏拙】[動]〈書〉〈謙〉〈自分の未熟さや欠点をさらけ出さないよう〉意見や作品を公表しない．
cángzōng【藏踪】[動] 姿をくらます．身を隠す．

## cao (ㄘㄠ)

**操** cāo【操】❶[動] 1 手にとる．握る．¶～生杀之权／生殺の権を握る．2〈言葉を〉操る．使う．¶～一口本地口音／その土地なまりの言葉を使う．❷[名] 体操．教練．¶大家都来做吧／みんなで体操をしましょう．❸①従事する．携わる．¶重chóng～旧业／もとの稼業に戻る．②品行．¶～守．‖[姓] 異読⇒cào

cāobàn【操办】[動] 取り仕切る．処理する．
cāochǎng【操场】[名] 運動場．グラウンド．
cāochí【操持】[動] 切り盛りする．¶～家务／家事を切り盛りする．
cāodāo【操刀】[動]〈医〉執刀する．
cāo dāo shàng jǐn【操刀上锦】[成] 才知のない人は重任を担えない．

cāodiǎn【操典】[名]〈軍〉操典．
cāoduòshì【操舵室】[名] 操舵室．
cāofǎ【操法】[名]〈軍〉教練法．
cāokè【操课】[名]〈軍〉〈日課としての〉教練，教練に関する講義．
cāokòng【操控】[動] 操縦する．支配する．
cāoláo【操劳】[動] あくせくと働く．苦労する．世話をやく．
cāolǐ【操理】[動] 切り盛りする．
cāoliàn【操练】[動] 訓練する．鍛錬する．
cāoqiè【操切】[形]〈書〉性急である．せっかちである．
cāo/qín【操琴】[動]〈京劇などで〉胡弓で伴奏する．
cāo/shén【操神】[動]〈～儿〉気をつかう．気苦しむ．
cāoshǒu【操守】[名] 品行．行状．
cāo/xīn【操心】[動] 気をつかう．心を煩わす．¶这事儿你就别～了／このことであなたはご心配なさらぬよう．
cāoxíng【操行】[名]〈主として学生の〉品行，素行．¶～评定／操行評価．
cāoyǎn【操演】[動]〈スポーツや軍事の〉練習をする．訓練をする．
cāo zhī guò jí【操之过急】[成] やり方が性急すぎる．
cāozhì【操置】[動] 1 購入する．2 処理する．切り盛りする．
cāozòng【操纵】[動] 操縦する．操作する；〈人や事物を不当な手段で〉操る．¶～市场／市場を操る．¶幕后～／陰で指図する．
cāozòngtái【操纵台】[名] 操縦台．
cāozuò【操作】[動]〈機械や工具を〉操作する．
cāozuò gūichéng【操作规程】[名] 操作マニュアル．
cāozuò xìtǒng【操作系统】[名]〈電算〉OS．

**糙** cāo【糙】[形]〈仕事が〉大ざっぱである；きめが粗い；未精白の．¶活儿做得很～／仕事のやり方がたいへん雑だ．¶～纸／ざら紙．
cāocāolālā【糙糙拉拉】[形]〈方〉粗雑である．大ざっぱである．
cāohuór【糙活儿】[名] 力仕事．
cāoliáng【糙粮】[名]〈方〉雑穀．
cāomǐ【糙米】[名] 玄米．半つき米．
cāopíbìng【糙皮病】[名]〈医〉ペラグラ（病）．
cāoshǐ【糙使】[動] 粗末に使う．雑に使う．

**曹** cáo【曹】[名] 1〈史〉曹．▶周代の国名．2〈古〉役所（の部屋）．❸ やから…ら．¶吾～／われら．‖[姓]
cáobáiyú【曹白鱼】[名]〈魚〉ヒラ．

**嘈** cáo【嘈】[形] 騒々しい．¶～～／騒がしい．がやがやする．
cáozá【嘈杂】[形] がやがやと騒がしい．¶四风人声～／周囲が騒がしい．

**漕** cáo【漕】[動] 食糧を水路で輸送する．¶～船／食糧を輸送する船．
cáodù【漕渡】[名]〈軍〉〈船やいかだで〉

cáo

渡河する.

**cáohé**【漕河】名 食糧を輸送する水路.

**cáoliáng**【漕糧】名〈旧〉水路で都に輸送する穀物.

**cáoyùn**【漕運】動〈旧〉穀物を運河で都に輸送する.

**槽 cáo**①[名]1（~子）おけ;桶（液体を入れる）角形の桶.¶（~儿）溝.〈ほみ.2[量]方）戸・窓などを室内の仕切りを数える.¶两～隔断 / 2枚の仕切り.

**cáochuáng**【槽床】名 かいば桶の台.

**cáofang**【槽坊】名 酒の醸造元.酒造場.

**cáogāng**【槽钢】名〈冶〉溝形鋼.

**cáogāo**【槽糕】名（~子）方）型に入れて作ったカステラ.

**cáogǔ**【槽谷】名〈地〉V型谷.

**cáojù**【槽距】名〈機〉スロットピッチ.

**cáokǒu**【槽口】名〈機〉ノッチ.

**cáotàn**【槽探】動〈鉱〉溝を掘って探鉱する.

**cáotiě**【槽铁】名〈冶〉溝形鋼.

**cáotóu**【槽头】名 家畜に飼料をやる場所.

**cáoyá**【槽牙】名 奥歯.臼歯.

**cáozi**【槽子】→【槽 cáo】①1

**cáozigāo**【槽子糕】→cáogāo【槽糕】

**螬 cáo** →qícáo【蛴螬】

**艚 cáo** ⓪

**cáozi**【艚子】名〈方〉木製の荷船.

**草（艸）cǎo**①[名]1（~儿）草;わっぱである.¶字写得太～/字がとてもぞんざいに書かれている.
┣①草稿.¶～~案.①起草する.¶～扎. ③漢字やアルファベットなどの書体の名称.¶大～/（ローマ字の）大文字の表記体.④雌の.¶～驴.

**cǎo'àn**【草案】名〈法令や条例などの）草案.〔项,个〕¶拟～/草案を作る.

**cǎobǎ**【草把】名（~儿）草の束（特に）わら束.

**cǎobāo**【草包】名 1 たわら.かます.2〈喻〉役立たず.能なし.そそっかしいやつ.

**cǎoběn**【草本】名 草稿.下書き.

**cǎoběn zhíwù**【草本植物】名〈植〉草本植物.

**cǎobiān**【草编】名 麦わらや稲わらなどの編み物細工.

**cǎobiāo**【草标】名（~儿）市で売り物である目印として挿す枯れ草の茎.

**cǎocào**【草草】副 いい加減に.ざっと.¶～了事 / いい加減に事をすます.

**cǎocè**【草测】動 仮測量する.

**cǎochā**【草叉】名 干し草用の三つまた.

**cǎochǎng**【草场】名 牧草地.

**cǎochǎng tuìhuà**【草场退化】〈環境〉草原の砂漠化.

**cǎochóng**【草虫】名 1 草むらにいる虫.2 花や虫を題材とする中国画.

**cǎochuàng**【草创】動 創始する.

**cǎocìr**【草刺儿】名〈喻〉ごくささいなこと.

**cǎocóngróng**【草苁蓉】名〈植〉ハマウツボ.オニく;〈中薬〉草苁蓉（ほうよう）.

**cǎocóng**【草丛】名 草むら.

**cǎodǐr**【草底儿】名〈口〉下書き.草稿.

**cǎodì**【草地】名 1 芝生.2 草原.野原.

**cǎodiànzi**【草甸子】名〈方〉湿原.

**cǎodiànzi**【草垫子】名 わらやガマで織った敷物.

**cǎodòukòu**【草豆蔻】名〈植〉ソウズク;〈中薬〉草豆蔻（ずく）.

**cǎoduǒ**【草垛】名 わらぐま.わらにお.

**cǎofáng**【草房】名 わらぶきの家.

**cǎogǎo**【草稿】名（~儿）草稿.下書き.¶打～ / 草稿を書く.

**cǎogū**【草菇】名〈食用キノコの一種〉フクロタケ.

**cǎogùn**【草棍】名（~儿）草の茎.

**cǎoguǒ**【草果】名〈植〉ソウカ;〈中薬〉草果(そうか).

**cǎohú**【草狐】名〈動〉キツネの一種.

**cǎohuā**【草花】名〈トランプの〉クラブの別称.▶普通は"梅花".

**cǎohuāng**【草荒】形（田畑が荒れて）草ぼうぼうとなる.

**cǎohuī**【草灰】名 1 草を焼いた灰.わら灰.草木灰.2 灰色がかった黄色.

**cǎojī**【草鸡】名 1 雌鶏（めんどり）;在来種の鶏.2〈喻〉弱虫.意気地のない.

**cǎo jiān rén mìng**【草菅人命】〈成〉人の命を粗末にする;支配者がほしいままに人を殺す.

**cǎojiàn**【草荐】名 わらの敷き布団.

**cǎojiāng**【草酱】名 ストローパルプ.

**cǎojiè**【草芥】名 ちりあくた.値打ちのないもの.

**cǎokòu**【草寇】名〈旧〉山賊.追いはぎ.

**cǎokùlún**【草库伦】名 石などで囲われた牧草地.

**cǎolán**【草兰】名〈植〉シュンラン.

**cǎoliào**【草料】名 かいば.まぐさ.

**cǎolǘ**【草驴】名 雌のロバ.

**cǎolǚchóng**【草履虫】名〈動〉ゾウリムシ.

**cǎolǜ**【草绿】名 黄緑色の.もえぎ色である.

**cǎomǎ**【草码】名〈旧〉商業で用いた一種の数字.

**cǎomǎng**【草莽】名 1 草むら.2〈近〉民間.在野.

**cǎomào**【草帽】名（~儿）麦わら帽子.〔顶,个〕

**cǎomàobiàn**【草帽辫・草帽辮】名（~儿）麦わらを平たく編むだひも.麦桿真田（さなだ）.

**cǎoméi**【草莓】名〈植〉イチゴ.

**cǎomèi**【草昧】形〈書〉未開の.原始的な.

**cǎomián**【草棉】[名] 綿．

**cǎomín**【草民】[名] 平民．庶民．

**cǎomòli**【草茉莉】[名]〈植〉オシロイバナ．

**cǎomùhuī**【草木灰】[名] 草木灰．

**cǎo mù jiē bīng**【草木皆兵】〔成〕疑心暗鬼になる．

**cǎomùxī**【草木犀】[名]〈植〉シナガワハギ．エビラハギ．

**cǎonǐ**【草拟】[動] 起草する．立案する．

**cǎopéng**【草棚】[名] わらぶき小屋．

**cǎopí**【草皮】[名] 芝の生えている土を薄く四角に切ったもの．

**cǎopíng**【草坪】[名] 芝生．

**cǎopǔ**【草圃】[名] 芝生の育成場．

**cǎoqì**【草器】[名] わら細工．

**cǎoqiān**【草签】[動] 仮調印する．

**cǎoqīnglíng**【草蜻蛉】[名]〈虫〉クサカゲロウ．

**cǎoqúnwǔ**【草裙舞】[名] フラダンス．

**cǎoshéng**【草绳】[名] わらなわ．

**cǎoshí**【草食】[名] 草食．

**cǎoshícán**【草石蚕】[名]〈植〉チョロギ；〈中葉〉草石蚕（ちょろぎ）．

**cǎoshì**【草市】[名] 農村の定期市．

**cǎoshū**【草书】[名] 書体の草書．

**cǎoshuài**【草率】[形]〈やり方が〉いい加減である．ぞんざいである．¶做事～/ やることがいい加減だ．

**cǎosuān**【草酸】[名]〈化〉蓚酸(シュウサン)．

**cǎotái bānzi**【草台班子】[名] 鳥合の衆．

**cǎotān**【草滩】[名] 湿原；水辺の草原．

**cǎotàn**【草炭】[名]〈方〉泥炭．

**cǎotáng**【草堂】[名] 草ぶきの家；〈喩〉そまつな家．

**cǎotǐ**【草体】[名] **1**（書体の）草書体．**2** ローマ字の筆記体．

**cǎotóuwáng**【草头王】[名]〈旧〉盗賊の頭目．

**cǎotú**【草图】[名]（設計図などの）下書き．略図．

**cǎowū**【草乌】[名]〈植〉トリカブト；〈中葉〉草烏頭(クサウズ)．

**cǎowū**【草屋】[名] わらぶきの家．

**cǎoxí**【草席】[名] むしろ．ござ．

**cǎoxié**【草鞋】[名] わらじ；わら靴．

**cǎoxiě**【草写】[口] 崩し書き．欧文の筆記体．

**cǎoyào**【草药】[名] 民間薬．▶民間で広く利用されている生薬．

**cǎoyào yǐnliào**【草药饮料】[名] 天然生薬入り飲料．

**cǎoyě**【草野】[名] **1**〈書〉民間．在野．**2** 形] 粗野である．

**cǎoyú**【草鱼】[名]〈魚〉ソウギョ．

**cǎoyuán**【草原】[名] 草原．[片]

**cǎoyuē**【草约】[名] 契約・条約の草案．

**cǎozé**【草泽】[名] **1** 沢．沼．沢地．**2**〈書〉民間．在野．

**cǎozhǐ**【草纸】[名] 包装紙やトイレ用ちり紙などに用いられるざら紙．

**cǎozhìjīng**【草质茎】[植] 草本茎．

**cǎozǐ**【草子】[名]〈～儿〉草の種子．

**cǎozì**【草字】[名]〈口〉草書で書かれた文字．崩し字．

**cǎozitóu**【草字头】[名]（～儿）(漢字の部首）草かんむり"艹"．

肏 **cào**[操cào]に同じ．

操 **cào**[動]〈属〉(女性を）犯す．▶下品な言い方．よく相手をののしるときに使う．異読⇒cāo

## cè（ちさ）

册（冊） **cè**[量]冊．¶这套课本一共六～/この教科書は全部で6冊になっている．
[H] 册子．缀じ本．[名]～名簿．¶画～/画帳．

**cèfēng**【册封】[動]〈史〉冊封(さっぽう)する．

**cèlì**【册立】[動]〈史〉冊立(さくりつ)する．

**cèyè**【册页】[名] 書画帳．画帖(がじょう)．

**cèzi**【册子】[名] 冊子．缀じ本．¶小～/パンフレット．

厕（廁） **cè**[厕] ❶[名] 便所．¶男～/男子便所．¶公～/公衆便所．❷加わりまじる．¶～～身．

**cèshēn**【厕身】[動]〈書〉（席〔…に〕身を置く，従事する．

**cèsuǒ**【厕所】[名] 便所．トイレ．

**cèzú**【厕足】[動] 足を踏み入れる．関与する．

侧（側） **cè** [H] 傾ける．斜めにする．[H] かたわら．わき．そば．¶道路两～/道路の両側．異読⇒zè,zhāi

**cèbǎi**【侧柏】[名]〈植〉コノテガシワ．

**cèbiǎn**【侧扁】[生]（魚の）側扁．

**cèdāo**【侧刀】[名]（～儿）(漢字の部首）"りっとう"刂．

**cè'ěr**【侧耳】[動] 耳を傾ける．

**cègēn**【侧根】[名]〈植〉側根(そっこん)．

**cèjī**【侧击】[動] 側面から攻撃する．

**cèjì**【侧记】[名] 傍聴記．聞き書き．現場ルポ．▶多くは文章の題名．

**cèjìn**【侧近】[名] 付近；近くの人．

**cèlì**【侧力】[名] 横の力．

**cè//liǎn**【侧脸】[1] 〈～儿〉横顔；〈喩〉プロフィール．¶わきを見る．

**cèmén**【侧门】[名] 脇門(わきかど)．通用門．

**cèmiàn**【侧面】[名] 側面．横．わき；〈喩〉別の方面．ほかの角度．

**cèmiàntú**【侧面图】→ **cèshìtú**【侧视图】

**cèmù**【侧目】[動]〈書〉目をそらしてまともに見ない．▶畏敬や怒りを表す．

**cèshēn**【侧身】[動] **1** 体を斜めに〔横〕にする．**2**→**cèshēn**【厕身】

**cèshí**【侧石】[名]〈交〉(歩道の）縁石．ふち石．へり石．

**cèshì**【侧室】[名] **1** わきの部屋．**2**〈旧〉側室．妾(めかけ)．

**cèshìtú**【侧视图】[名] 側面図．

**cèshǒufān**【侧手翻】[体] 側転．

**cèwèi**【侧卫】[名]〈軍〉側面防衛．

**cèxiàn**【侧线】[名]〈動〉（魚類の）側線．

**cèxuán**【侧旋】[体]（卓球で）サイドスピン．

**cèyālì**【侧压力】[名] 側圧．

**cè**

**cèyá**【侧芽】名〈植〉腋芽(えきが). わき芽.

**cèyì**【侧翼】名〈軍〉(陣の)両翼.

**cèyǐng**【侧影】名 プロフィール. シルエット.

**cèyǒng**【侧泳】名〈体〉横泳ぎ. サイドストローク.

**cèzhèng**【侧证】名 傍証する.

**cèzhī**【侧枝】名 (1)側枝.

**cèzhòng**【侧重】動 (ある面に)重点を置く.

**cèzú**【侧足】動 1 足がすくむ. 2 足を踏み入れる. 関与する.

**测 cè**【测】動 測量する. ¶~雨量／降雨量を測定する.
➡ 推し量る. ¶预~／予測する.

**cèbào**【测报】動 観測・測定し報告する.

**cèchá**【测查】動 テストをする. ¶心理~／心理テスト.

**cèdiànbǐ**【测电笔】名〈電〉テストペンシル.

**cèdìng**【测定】動 測定する.

**cèduó**【测度】動〈書〉推量する. 推測する.

**cèfēng qìqiú**【测风气球】名 測風気球.

**cègān**【测杆】名 測量竿.

**cèhòu**【测候】動 (天文・気象などを)観測する.

**cèhuì**【测绘】動 測量し製図する.

**cèjiǎn**【测检】動 検査する.

**cèjǐng**【测井】名 物理検査.

**cèjù**【测距】動 距離を測定する. ¶~仪／距離測定器. レンジファインダー.

**cèkòng**【测控】動 観測し制御する.

**cèlìjì**【测力计】名〈物〉ダイナモメーター. 動力計.

**cèliáng**【测量】動 測量する. 測定する. 測る. ¶~仪器／測量機器.

**cèpíng**【测评】1 動 査定する. 2 名 評価と論評.

**cèshēnyí**【测深仪】名 測深儀.

**cèshì**【测试】動 機械の性能や人の技能をテストする. 推計する.

**cèsuàn**【测算】動 測量し計算する.

**cètàn**【测探】動 1 探る. 推し量る. 2 探査する.

**cèxiàngyí**【测向仪】名 ゴニオメーター. 角度計.

**cèxiéyí**【测斜仪】名 インクリノメーター. 傾斜計.

**cèyàn**【测验】動 (測定器具や一定の方法で)テストする.

**cèzhènxué**【测震学】名 地震観測学.

**cè//zì**【测字】動 文字を偏旁などに分解して、その意味によって吉凶を占う.

**恻 cè**➡ 悲しむ. ¶凄~／いたむ.

**cèrán**【恻然】形〈書〉悲しみ嘆くさま.

**cèyǐn**【恻隐】動〈書〉同情する. あわれに思う.

**策 cè**➡ 1 はかりごと. 策略. ¶决~／方策を決定する. 2 昔の文体の一種. ¶~论. 3 昔のむちの一種；むち打つ. ¶~马前进／馬にむちを当てて進ませる. 4 文字を書きつける竹片・木片. ¶简~／竹簡.
||名

**cèdòng**【策动】動 (反乱や政変などを)画策する.

**cèfǎn**【策反】動 敵の内部に潜り込み, 蜂起や帰順を扇動する.

**cèhuà**【策划】動 画策する. ¶~阴谋／陰謀をたくらむ. 2 名 プロデューサー.

**cèlì**【策励】動 励ます.

**cèlüè**【策略】1 名 策略. 2 形 手抜かりがない. 気を配る.

**cèlùn**【策论】名〈古〉科挙での政治問題に関する論文.

**cèshì**【策士】名 策士. 好んで策略を用いる人.

**cèyìng**【策应】動 友軍と連係する.

**cèyuándì**【策源地】名 戦争や社会運動の震源地, 発祥地.

## cen (ちㄣ)

**参(參) cēn ❶** 異読 ⇨ cān, shēn

**cēncī**【参差】形 (長短・高低・大小が)そろっていない. ¶~不齐／まちまちである.

**cēncuò**【参错】形〈書〉入り交じっている. 2 脱け落ちている.

**岑 cén**【岑】名 小高い山. 姓

**cénjì**【岑寂】形〈書〉しんと静まっている.

**涔 cén**〈書〉 1 名 水たまり. 2 名 雨が多い.

**céncén**【涔涔】形〈書〉 1 (汗・涙・水などが)流れる. 2 空がどんより曇っている. 3 気分がうっとうしい.

## ceng (ちㄥ)

**噌 cēng** 1 擬 ぱっ. さっ. ¶~!跑出一只猫来／1匹の猫がぱっと飛び出した. 2 動 [方] しかる.

**层(層) céng**➡ 1 重なっているものを数える：階. 層. ¶五十~大楼／50階建てのビル. ¶两~床／2段ベッド. 2 項目や段階に分けられる事柄を数える. ¶他这话里有两~意思／彼の言葉には二重の意味がある. 3 物の表面を覆っているものを数える. ¶一~薄膜 bómó／1枚の薄い膜.
|| 重 なった. ¶~~／畳ねた. 姓

**céngbào**【层报】動 (下部から上部へ)次々と報告する.

**céngcéng**【层层】量 幾重にも重なり合う. ¶~包围／幾重にも包囲する.

**céng chū bù qióng**【层出不穷】(成)次々と現れて尽きない.

**céngcì**【层次】名 1 (言葉や文章の)段階, 順序. ¶~分明／(文章の)論

旨がはっきりしている. **2** 行政機構の階層・層級. **3** 人間や事物の階層・段階. **4** グラデーション. 色調の段階. **5** 建物の階数. **6** レベル. 等級.

**céngdié**【层叠】[形]重なり合っている.

**céngjí**【层级】[名]レベル. 層. クラス.

**céng jiàn dié chū**【层见叠出】(成)何度も発生する.

**cénglǐ**【层理】[地]層理. 成層.

**cénglín**【层林】[名]生い茂った林.

**céngliú**【层流】[名]層を成して流れること. 層流.

**cénglóu**【层楼】[名]何層にも重なっている高い建物.

**céngluán**【层峦】[名]重なり合う山々.

**céngmiàn**【层面】[名]面. 側面;方面.

**céngyún**【层云】[気]層雲.

曾 **céng**[副]かつて. 以前に. ¶我~见过她一面/私は以前,彼女に会ったことがある. 異読⇒zēng

**céng jǐ hé shí**【曾几何时】(成)ほどなく.

**céngjīng**【曾经】[副]かつて. 以前. 一度. ¶他~在北京住过两年/彼はかつて北京に2年住んだことがある.

**céng jīng cāng hǎi**【曾经沧海】(成)ありふれたことには興味を持たない.

噌 **céng** →léngcéng【棱噌】

蹭 **cèng**[動] **1** こする;こすりつける. 接触して汚れる. ¶手上~破一块皮/手の皮をすりむく. ¶弄脏~油!/ペンキ塗りたて注意. **2** ぐずぐずする. のろのろする. **3** (俗)(自分の金を使わないで)ちゃっかりもらう. 他人にたかる. ¶~烟/もらいたばこをする. ¶~车/ただ乗りをする.

**cèngdèng**【蹭蹬】[書]挫折する.

## cha (ィ丫)

叉(扠) **chā** **1**[名](~儿)**1** フォーク状のもの. **2** ×(バツ)印. ¶打个~/ばつ点. **2**[動]フォーク状のものでつく. ¶~鱼/(やすで)魚をつく. 異読⇒chá,chǎ

**chāchē**【叉车】[名](機)フォークリフト.

**chādōu**【叉兜】[名](~儿)服の両わきに斜めに付けたポケット.

**chāshāoròu**【叉烧肉】[名](料理)焼き豚. チャーシュー.

**chār**【叉儿】[名]×印;ばつ点.

**chāsī**【叉丝】[名](物)クロスヘア. (望遠鏡の焦点などにつける)十字線.

**chā/yāo**【叉腰】[動](手を)腰に当てる.

杈 **chāzi**【杈子】[名]フォーク. フォーク状のもの. [把,个]

权 **chā**[名]刺殺(註). 異読⇒chà

差 **chā** **1**[名](数)差.
**2**[動] **1** 違い. 隔たり. ¶时~/時

差. ¶偏~/偏差. **2** 過ち. 間違い. ¶~~错. **3** いささか. 少々. ¶~强人意.

**chābié**【差别】[名]隔たり. 開き. 格差. 区別. ¶二者之间~很大/両者には大きな開きがある.

**chāchí**【差池】[名]ミスのこと. 過ち. 過失. "差迟"とも.

**chācuò**【差错】[名] **1** 過ち. 手違い. **2** 思わぬ災難. 意外な出来事.

**chādiǎn**【差点】[体](ゴルフなどで)ハンデ.

**chādòng**【差动】[機]差動.

**chā'é**【差额】[名]差額.

**chājià**【差价】[名]値段の開き. 価格差. さや.

**chājù**【差距】[名]格差. 隔たり. 開き.

**chākě**【差可】[書]かろうじて…といえる;なんとか(…)できる.

**chā qiáng rén yì**【差强人意】だいたい意にかなう. なんとか満足できる.

**chāshī**【差失】[名]まちがい. ミス.

**chāshù**【差数】[名](数)差.

**chāwù**【差误】[名]誤り. 過ち.

**chāyì**【差异】[名]相違. 差異. 違い.

**chā zhī háo lí, miù yǐ qiān lǐ**【差之毫厘,谬以千里】(成)小さな誤りがやがて大きな誤りとなる.

**chāzhuǎntái**【差转台】[名]テレビ・ラジオの中継局.

插 **chā**[動] **1** 差し込む. 差しはさむ. ¶~插头/プラグを差し込む. **2** 中に組み入れる;(口を)差しはさむ. ¶把他~进我们的小组/彼を私たちの組に割り込ませる.

**chā/bān**【插班】[動]編入する. ¶~生/編入生.

**chābō**【插播】[動](テレビなど)番組の途中にニュースなどを入れる.

**chā chì nán fēi**【插翅难飞】(成)逃げようにも逃げられない.

**chāchuáng**【插床】[機]スロッター. 立て削り盤.

**chādài**【插袋】[名] **1** ポケット. **2** 状差し.

**chādài**【插戴】[名](旧)(婚約のとき花嫁へ贈る)髪飾り.

**chādīng**【插钉】[名](旧)結納品.

**chādōu**【插兜】[名](~儿)わきポケット.

**chāduàn**【插断】[動]口出しして人の話を中断させる.

**chā/duì**【插队】[動] **1** 列に割り込む. **2**(文革時に)農村に行き人民公社の生産隊に入る.

**chā duì luò hù**【插队落户】(成)(文革時,都市の中学・高校生が)人民公社の生産隊に入り農村に住みつく.

**chā gàngzi**【插杠子】[慣]横やりを入れる. 口を挟む.

**chā//guǎn**【插管】[動](医)管を差し込む.

**chāguānr**【插关儿】[名](方)(小さな)かんぬき.

## chā

**chāhù**【插户】[動] 1 世帯で使っている家に,他の所帯が割り込んで住む.
**chāhuā**【插花】[動] 1 入り混じる.2 (chā//huā)花を生ける.
**chāhuà**【插画】[名] 挿し絵.
**chā/huà**【插话】 1 [動] 口を挟む.2 [名] 挿話.エピソード.
**chā/huǒr**【插伙儿】[動] 共同で…する.
**chājià**【插架】[動] 本を本棚に置く.
**chā/jiǎo**【插脚】[動] 1 足を踏み入れる.2 (物事に)手を出す.
**chājù**【插锯】[名] 農家が家畜と農具を出し合って共同使用する.
**chā kē dǎ hùn**【插科打诨】〔成〕道化を演じる.
**chākǒng**【插孔】[名] コンセントの差し込み口.
**chā/kòng**【插空】[動] 空時間を利用する.
**chā/kǒu**【插口】 1 [動] → chā/zuǐ【插嘴】2 [名] 差し込み口.コンセント.
**chā/mén**【插门】[動] 扉にかんぬきをかける.
**chāpíng**【插屏】[名] (~儿)(絵や大理石をはめ込んだ)机の上に置く屏風の形をした置物.
**chāpíng**【插瓶】[名] (細首胴太の)花瓶.
**chāqǔ**【插曲】[名] 1 (音)間奏曲;(演劇や映画などの)挿入歌.2 エピソード.挿話.
**chārù**【插入】[動] 挿入する;加わる.
**chārùyǔ**【插入语】[名]〔語〕挿入句.
**chārù zájiāo**【插入杂交】[名] 家畜の交雑.
**chāshēn**【插身】[動] 割り込む;かかわり合う.
**chā/shǒu**【插手】[動] 手を出す.加わる.関与する.
**chāshuǐ**【插水】[名]〔体〕(サッカーで)シミュレーションをする.
**chāsuì**【插穗】[名] 挿し木.
**chātiáo**【插条】[名] 挿し木.
**chātóu**【插头】[名]〔電〕プラグ.
**chātú**【插图】[名] 挿絵.イラスト.
**chāxiāo**【插销】[名] 1 (ドアや窓の)留め金.丸落とし.2 → chátóu【插头】
**chāxù**【插叙】[動]〔文〕(叙述の場面を切り替え)ほかの情景を挿入する.
**chā/yán**【插言】[動] 口を挟む.差し出口をする.
**chā/yāng**【插秧】[動] 田植えをする.
**chāyè**【插页】[名] 書籍・雑誌に挟み込む)別刷りの図版.
**chāzhī**【插枝】[名] 挿し木.
**chāzú**【插足】[動] 1 足を踏み入れる.2 かかわる.参加する.不倫関係を持つ.¶第三者~ / 三角関係になる.
**chā/zuǐ**【插嘴】[動] 口を出す.差し出口をする.
**chāzuò**【插座】[名]〔電〕コンセント.ソケット.

## 喳 chā ❶ 異読⇒zhā

**chāchā**【喳喳】[擬](ささやく声)ひそ

そ.⇒zhāzhā
**chācha**【喳喳】[動] ささやく.

## 馇

**chā**【馇】[動] 1 (豚や犬のえさを)かき混ぜながら煮る.2 〔方〕(かゆを)煮る.

## 碴

**chā** → húzilāchā【胡子拉碴】

## 锸

**chā**【锸】(臿)[名] スコップやシャベルなど,土を掘る器具.

## 嚓

**chā** → pāchā【啪嚓】·pāchā【啪嚓/啪嗒】異読⇒cā
**chā**【嚓】[動] ふさぐ.遮る.異読⇒chá,chà

## 叉 chǎ,chà

## 垞

**chá**【垞】[名] 丘.▶地名に多く用いられる.

## 茬

**chá**【茬】[量](農作物の)取り入れ回数.¶二~韭菜 / 二番刈りのニラ.
[名](農作物の)残り株,切り株.¶麦~儿 / 麦の刈り株.
**cháký**【茬口】[名] 1 輪作する作物の種類と順序.2 作物を収穫した後の土壌.3〔方〕機会.
**cházi**【茬子】[名](農作物の)残り株.

## 茶

**chá**【茶】[名](飲料としての)お茶.¶〔植物の〕チャ.[杯,碗]¶沏 qī~ / お茶を入れる.¶倒 dào~ / お茶をつぐ.
[名](液体状の)嗜好品,食品.¶杏仁~ / アンニン茶.|[名]
**chábēi**【茶杯】[名] 湯飲み茶碗.コップ.[个]
**chábóshì**【茶博士】[名]〔旧〕(茶に湯を注ぐ技をもつ)茶館の給仕.ボーイ.
**chábǔ**【茶补】[動] 特別な茶を飲んで健康を増進する.
**cháchǎng**【茶场】[名] 1 茶の栽培地.2 茶畑.
**cháchí**【茶匙】(~儿)[名] 茶さじ.ティースプーン.[把,个] 2 [量] 茶さじ1杯の量.
**cháchuī**【茶炊】[名] 銅や鉄製の大型のやかん.
**chádàn**【茶蛋】→ chájīdàn【茶鸡蛋】
**chádǐr**【茶销儿】[名] 茶を飲んだあと,急須や茶碗の底に残った茶がら.
**chádiǎn**【茶点】[名] 茶と菓子.
**chádié**【茶碟】(~儿)[名] 茶托(たく).
**cháfàn**【茶饭】[名] お茶とご飯と;(広く)食事.
**cháfáng**【茶房】[名]〔旧〕ボーイ.給仕.雑用係.
**chágāngzi**【茶缸子】[名](ずん胴で,多くはほうろう引きの)湯飲み.
**chágēn**【茶根儿】→ chádǐr【茶底儿】
**cháguǎn**【茶馆】(~儿)[名](中国式)喫茶店.茶店.
**cháguànzi**【茶罐子】[名] やかん;〔喩〕お茶をよく飲む人.
**cháhèsè**【茶褐色】[名] 茶褐色.とび色.
**cháhú**【茶壶】[名] 急須.茶瓶.ティーポット.[把,个]
**cháhuā**【茶花】[名](~儿)〔植〕1 ツバキ.サザンカ.2 茶の花.

cháhuàhuì【茶话会】[名]茶話会.
cháhuì【茶会】[名]お茶の会.ティーパーティー.
chájī【茶几】[名]〔~儿〕茶卓.
chájīdàn【茶鸡蛋】[名](料理)茶でゆでた卵.
chájīn【茶巾】[名]茶卓用の小さなテーブルクロス.
chájīng【茶晶】[名]褐色の水晶.
chájīng【茶精】[名]茶のエキス.
chájìng【茶镜】[名]茶色のサングラス.
chájù【茶具】[名]茶道具.茶器.
cháke【茶客】[名]1「茶馆」の客.2産地に出張して茶を買い付ける人.
chákū【茶枯】[名]"油茶"の搾りかすを円盤状にしたもの.▶肥料に用いる.
cháli【茶礼】[名]1食事のときに茶や酒をつがれた者が謝意を表すために,右手の人さし指と中指で食卓をとんとんとたたく動作.2結納金.
chálóu【茶楼】[名]2階建ての茶屋.
chálú【茶炉】[名]茶のお湯沸かしこんろ.
chálǚr【茶卤儿】[名]濃い茶汁.▶湯をさして飲む.
cháomáochóng【茶毛虫】[名]〔虫〕チャドクガ.
chámò【茶末】[名]粉茶.茶の屑(ヒ).
chánóng【茶农】[名]茶栽培農家.
chápán【茶盘】[名]〔~儿・~子〕茶器を置くお盆.
chápéng【茶棚】[名]露店の茶店.
cháqián【茶钱】[名]茶代;チップ.心付け.
cháqīng【茶青】[名]黄色がかった濃い緑色.
chásè【茶色】→cháhèsè【茶褐色】
cháshè【茶社】[名]茶屋.茶屋の屋号.
cháshí【茶食】[名]茶請け.茶菓子.
cháshòu【茶寿】[名]108歳のお祝い.
cháshù【茶树】[名]〔植〕茶の木.
cháshuǐ【茶水】[名]お茶;白湯(ホ).
chásù【茶素】[名]〔化〕カフェイン.
chátānr【茶摊儿】[名]露店の茶屋.
chátāng【茶汤】[名]1〈方〉炒ったきび粉やコウリャンの粉に熱湯をさして食べる麦こがしのたぐい.2〈書〉茶炊.
chátānghú【茶汤壶】→cháchuī【茶炊】
chátíng【茶亭】[名](公園などの)茶を売る店.
chátuō【茶托】[名]〔~儿〕茶托(ホッン).
cháwǎn【茶碗】[名]茶飲み茶碗.湯飲み.
cháwèir【茶味儿】[名]お茶の香り.
cháwénhuà【茶文化】[名]茶の文化.
cháxiù【茶锈】[名]茶渋.
cháyè【茶叶】[名]茶の葉.
cháyì【茶艺】[名]中国茶のいれ方,飲み方,接待の仕方など一連の作法.
cháyóu【茶油】[名]"油茶"(アブラツバキ)の種子からとった油.茶油.
cháyú fàn hòu【茶余饭后】〈成〉(お茶や食後の)ゆっくりくつろぐひととき.
cháyuán【茶园】[名]1茶畑.2〈旧〉芝居小屋.
cházhōng【茶盅】[名]取っ手のない小さな湯飲み.
cházhuān【茶砖】[名]れんが状に固めたお茶.磚茶(タホ).▶"砖茶"とも.
cházǐ【茶籽】[名]お茶の実.心付け.
cházuò【茶座】[名](1)(屋外の)茶店.2茶店の座席.

查 chá【查】[动]1(データなどを)調べる.(辞書などを)引く.¶～资料/資料を調べる.¶～字典/字典を引く.2(照合して)検査する,チェックする.¶～戸ロ/戸籍を調査する.
異読→zhā

chábàn【查办】[动]取り調べて処罰・処分する.
chácháo【查抄】[动](犯罪者の財産を)取り調べの上,没収する.
cháchǔ【查处】[动]調査した上で処置する.
chádiǎn【查点】[动]数を調べる.点検する.
cháduì【查对】[动]突き合わせる.照合する.
chá/fáng【查房】[动]回診する.
cháfǎng【查访】[动]実地調査をする.聞き込み調査をする.
cháfēng【查封】[动]差し押さえる.
chá//gǎng【查岗】=chá/shào【查哨】
chágào【查告】[动]調べて知らせる.
cháhàotáí【查号台】[名](電話の)番号案内.
cháhé【查核】[动]照合する.チェックする.
chá hùkǒu【查户口】[名]戸籍調べ.
cháhuò【查获】[动]〔法〕(捜査して)押収する;逮捕する.
chájì【查缉】[动]1(密輸・脱税などを)捜査する.2捜査し逮捕する.
chájiǎn【查检】[动]調べる.
chájiǎo【查缴】[动]捜査して没収する.
chájié【查截】[动]調査して阻止する;捜査し逮捕する.
chájìn【查禁】[动]取り締まる.検査し禁止する.
chájiū【查究】[动](調査をして)追究する.糾明する.
chákān【查勘】[动]実地調査する.
chákàn【查看】[动]調べる.点検する.
chákǎo【查考】[动]調べて事実を確かめる.
chákòng【查控】[动]捜査して抑える.
chákòu【查扣】[动]〔法〕捜査して押収する.
chámíng【查明】[动+結補]調べて明らかにする.
chá/piào【查票】[动]検札する.
chá/pù【查铺】[动](兵舎や寮などで責任者が夜間に)ベッドを見回って異常の有無を調べる.
cháqì【查讫】[动]検査が済む.
chá/qīng【查清】[动+結補]調べて明らかにする.精査する.
chá/shào【查哨】[动]歩哨(ホハッ)の仕事ぶりを巡視する.

## chá

**cháshí**【查实】究明する.
**cháshōu**【查收】〔書簡〕査収する.
**chá/shuì**【查税】納税調査を行う.
**chásī**【查私】密輸を取り締まる.
**cháwèn**【查问】(調べるために)聞く. 問い合わせる. 尋問する.
**chá wú shí jù**【查无实据】(成)調査したところ,根拠が見当たらない.
**cháxún**【查寻】調べる. 探し求める.
**cháxún**【查巡】見回る. 巡回検査する.
**cháxún**【查询】1【動】→**cháwèn**【查问】2【名】〔電算〕シーク,検索.
**cháyàn**【查验】(本物かどうかを)調べて確かめる.
**cháyè**【查夜】夜間パトロールする.
**cháyuè**【查阅】〔書籍〕を調べる.
**chá//zhàng**【查账】帳簿を検査する.
**cházhǎo**【查找】探す. 探し求める.
**cházhào**【查照】ご了承くださいる. ▶公文書用語. ¶即希~【(右のとおりにつき)ご了承ください.
**cházhèng**【查证】調べて証明する.
**cházìfǎ**【查字法】→**jiǎnzìfǎ**【检字法】

搽 **chá**【動】(顔などに)つける,塗る. ¶~粉／おしろいをつける.
**chá zhī mǒ fěn**【搽脂抹粉】→ **tú zhī mǒ fěn**【涂脂抹粉】

嵖 **chá** 地名用字.

猹 **chá**〈動〉アナグマに似た動物.

楂 **chá**【{楂chá}】に同じ. 異読⇒zhā

槎 **chá** 1〔書〕いかだ. 2【楂chá】に同じ.

碴 **chá**【動】〔方〕(ガラスや陶器の)破片で傷つく. けがをする. 異読⇒**chā**

**chár**【碴儿】〔名〕かけら. 破片. "碴子cházi"とも. ¶玻璃~／ガラスの破片. 2(器物の)割れ目,かけ目. 3(感情面の)ひび,みぞ. 4 言いかけた言葉. 今まで話した事柄. 5 〔方〕勢い,けんむく. 6【量】(動作や行動の)回. まちがい.

察 **chá** こまかに調べる. つぶさに見る. ¶考~／視察調査する. 考察する. ¶~~看. 5【姓】

**chá chá wéi míng**【察察为明】(成)もっぱら枝葉末節の点で才能をひけらかす.
**cháfǎng**【察访】探知する.
**chájué**【察觉】察知する.
**chákàn**【察看】つぶさに観察する.
**chákǎo**【察考】考察する.
**chá yán guān sè**【察言观色】(成)言葉つきや顔色から人の心を探る.
**cháyàn**【察验】検査する. チェックする.

檫 **chá**〔名〕〔植〕サッサフラス. サッサフラスノキ.

叉 **chǎ**【動】(また状に)開く,広げる. ¶~着腿/股(を)開いている.

## chǎ

**chǎ** →**chà,chá**

袥 **chǎ**→**kùchǎ**【裤衩】 異読⇒**chà**

踏 **chǎ**【動】(ぬかるみに足を)突っ込む.

镲 **chǎ**〈音〉銅拍子. ▶シンバルに似た民族楽器.

## chà

汊 **chà** 川の分流する所. ¶河~／分流,支流.

**chàgǎng**【汊港】水流の分岐する所.
**chàliú**【汊流】〔名〕→**chā**

杈 **chà** 木のまた. 異読⇒**chā**

**chàzi**【杈子】木のまた.

岔 **chà**【動】それる. そらす；(時間的に)重ならないようにする;ずらす. ¶车子一上了小道／车はわき道へそれていった.
【動】①分岐している. ¶三~路口／三叉路(sānchà). ②まちがい,しくじり. ¶一~儿.

**chàdàor**【岔道儿】→**chàlù**【岔路】
**chàhuàn**【岔换】〔方〕取り替える；目先を変える. 趣向を変える.
**chàkāi**【岔开】(道が)分かれる；(話の筋を)そらす；(時間を)ずらす.
**chàkǒu**【岔口】(道の)分かれ目,分岐点.
**chàliú**【岔流】〔名〕分流.
**chàlù**【岔路】〔名〕分かれ道.
**chà/qì**【岔气】〔動〕(~儿)〔口〕呼吸するときに脇腹が痛む.
**chàqǔr**【岔曲儿】〔名〕"单弦儿"(演芸の一種)のまくらとして歌う短い歌.
**chàr**【岔儿】まちがい,事故.
**chà/yǎn**【岔眼】〔動〕〔方〕(馬やロバなどが異様なものを見て)驚いて暴れ出す.
**chàzi**【岔子】1 分かれ道. 2 事故,まちがい.

刹 **chà**〔名〕仏寺. ¶古~／由緒ある古い寺. 異読⇒**shā**

**chàna**【刹那】名〕刹那(tǎ). 瞬間.

衩 **chà**(衣服の)脇あき,裾あき,スリット. 異読⇒**chǎ**

诧 **chà** いぶかる. 不思議に思う. 怪しむ.

**chà'è**【诧愕】〔書〕愕然(ぎく)とする.
**chàyì**【诧异】不思議に思う. いぶかる. 怪しむ.

差 **chà**【形】1 劣る. 悪い. ¶质量太~／非常に質が悪い. 2 隔たりがある. 異なる. ¶兄弟俩性格得很大／兄弟二人は性格がずいぶん違う. 3 間違っている. ¶记~了／思い違いをした. 【動】不足する. 欠ける. ¶还一一个人／あと一人足りない. 異読⇒**chā,chāi,cī**

**chàbudiǎnr**【差不点儿】→ **chàdiǎnr**【差点儿】
**chàbuduō**【差不多】1【形】たいして違わない. ほとんど同じ. ¶价钱~／値段はほぼ同じ. 2(ある基準・程度にほぼ達していて)だいたいよい,まあまあよいところだ. 3 水~要开

了 / 湯がほぼ沸いた. **3**(後に"的"を伴い短く)ほとんどの.たいていの.¶中国~的城市我都去过 / 中国のほとんどの都市に私は行ったことがある. **2**［副］ほぼ.ほとんど(…と同じ).

**chàbuli【差不离】**［形］(~儿)ほぼ同じ；似ている.

**chàdiǎnr【差点儿】**［副］**1** 危うく(…するところだった).▶肯定形・否定形のいずれでも表す意味は同じ.¶~(没)摔倒 / 危うく転んでしまうところだった(幸いにも転ばなかった). **2** すんでのところで(…するところだった).▶必ず否定形で用いる.¶这种软件卖得很很贵,没买到 / このソフトはとても人気があり,危うく買えないところだった. **3** もう少しのところで(…しそこねた).▶肯定形で,かつ動詞の前に"就"を置くことが多い.¶他的成绩不错,就考上大学了 / 彼の成績はかなりよいが,惜しいことに大学に合格しなかった.

**chàjìn【差劲】**［形］(~儿)人柄や品質が)悪い,ひどい,なっていない.

**chàshēng【差生】**［名］劣等生.落ちこぼれ.

**chàshì【差事】**［形］〈口〉出来が悪い.役に立たない. → **chàishi**

**chà yīdiǎnr【差一点儿】**→ **chàdiǎnr【差点儿】**

### 姹(奼) chà ［形］〈書〉美しい.

**chà zǐ yān hóng【姹紫嫣红】**〈成〉色とりどりの花が咲き乱れるさま.

## chai(イ历)

### 拆 chāi ［動］**1** 取り壊す,取り除く,解体する.¶~房子 / 家屋を取り壊す. **2**(合わさったものや組み立てたものを)はずす,離す,ばらばらにする.¶~信 / 手紙を開封する.¶~机器 / 機械を解体する. 異読⇒ **cházi**

**chāibái【拆白】**［動］〈方〉金品をだまし取る.

**chāichú【拆除】**［動］(建物を)取り壊す.解体する.

**chāichuān【拆穿】**［動］暴く.暴露する.

**chāi dōngqiáng, bǔ xīqiáng【拆东墙,补西墙】**〈諺〉一時しのぎの手段をとる.

**chāiduì【拆兑】**［動］〈方〉融通する.金の工面をする.

**chāifēng【拆封】**［動］開封する.

**chāigāi【拆改】**［動］解体して加工する.

**chāihuàn【拆换】**［動］はずして取り替える.

**chāihuǐ【拆毀】** → **chāichú【拆除】**

**chāi/huǒ【拆伙】**［動］(~儿)(団体や組織が)解散する.

**chāijiàn【拆建】**［動］古い建物を解体して,新しいものを作る.

**chāijiè【拆借】**［動］短期間日歩計算で金を借りる.¶~利率 / 短期利率.コールレート.

**chāi/kāi【拆开】**［動+方補］分解する.引き離す.引き裂く.

**chāilíng【拆零】**［動］ばら売りする.

**chāi/mài【拆卖】**［動］(セットのものを)ばらで売る.

**chāi/mú【拆模】**［動］〈建〉型抜きをする.

**chāiqiān【拆迁】**［動］(建て替えのため)立ち退く.¶~补偿 / 立ち退き料.¶~户 / 立ち退き世帯.

**chāi qiángjiǎo【拆墙脚】** 土台をくずす.よりどころを壊す.

**chāisǎn【拆散】**［動］一揃いのものをばらばらにする.

**chāisàn【拆散】**［動］(家族を)離散させる；(集団を)崩す.

**chāi/tái【拆台】**［動］土台をぐらつかせる.足をすくう.

**chāixī【拆息】**［名］〈経〉**1** 日歩. **2** コール利息.

**chāixǐ【拆洗】**［動］(綿入れや布団などを)ほどいて洗う.

**chāi/xiàn【拆线】**［動］〈医〉抜糸する.

**chāixiè【拆卸】**［動］(機械などを)分解する.解体する.

**chāiyòng【拆用】**［動］**1** 組みになっているものをばらばらにして使う. **2**〈方〉短期間の借金を融通してもらう.

**chāi/zhàng【拆账】**［動］〈旧〉賃金を歩合で支給する.

**chāizhuāng【拆装】**［動］分解と組立てを行う.

**chāi/zì【拆字】**［動］文字で運勢判断をする.

### 钗(釵) chāi ［名］かんざし.¶金~ / 金のかんざし.

**chāiqún【钗裙】**［名］〈旧〉かんざしと裳裾(も);〈喩〉女性.

### 差 chāi ［動］派遣する.遣わす.¶~人去送封信 / 人をやって手紙を届けさせる.

❶ ① 公務.職務.¶出~ / 出張する. ② 小役人.¶~~役.

異読⇒ **chà,chà,cī**

**chāilǚfèi【差旅费】**［名］出張旅費.

**chāiqiǎn【差遣】**［動］(公務で人を)派遣する.

**chāishǐ【差使】**［動］派遣する.使いに出す.

**chāishi【差使】**［名］〈旧〉(臨時の)官職；〈広く〉公務.職務.

**chāishi【差事】1**［動］〈走り〉使い. **2**［名］→ **chàishi【差事】** → **chàshì**

**chāiyì【差役】**［名］**1**(封建時代の)労役.賦役. **2**(旧)(役所の)下働きをする者.小役人.

### 侪(儕) chái ［名］〈書〉仲間.同輩.¶吾~ / われら.

### 柴 chái ❶［名］薪,たきぎ.柴. ❷［形］〈方〉**1**(食物などが)干からびてかさかさする. **2** 下手である；劣っている. ‖姓.

**cháicǎo【柴草】**［名］→ **chái**〔柴〕

**cháidāo【柴刀】**［名］なた.

# chái 98

**cháifáng**【柴房】［名］たきぎ小屋.
**cháifēi**【柴扉】→**cháimén**【柴門】
**cháihú**【柴胡】［名］〈植〉ミシマサイコ. ホタルソウ;〈中薬〉柴胡(ホッ).
**cháihuǒ**【柴火】［名］柴. 薪. たきぎ.
**chái jī**【柴鸡】［名］〈動〉足に毛のない中国在来種の鶏.
**cháimén**【柴門】［名］〈書〉柴の編み戸. 柴の戸.〈喩〉貧しい家. 隠者の家.
**cháimǐ**【柴米】［名］薪と米;〈喩〉生活必需品.
**cháiyóu**【柴油】［名］"重柴油"と"轻柴油"とからなる〕燃料油. **ディーゼルオイル**.
**cháiyóujī**【柴油机】［名］ディーゼルエンジン.

**豺** chái［名］〈動〉ヤマイヌ. ジャッカル. ▶"豺狗"とも.
**cháiláng**【豺狼】［名］〈喩〉残忍非道な者.
**chái láng chéng xìng**【豺狼成性】〈成〉〈ヤマイヌやオオカミのような〉残忍な性格.
**chái láng dāng dào**【豺狼当道】〈成〉〈極悪非道な者が権力を握る.

**茝** chǎi 1【植】ヨロイグサ. 2 人名用字.

**虿**（蠆）**chài** ［名］〈書〉サソリの一種.

**瘥** chài［動］〈書〉〈病気が〉治る. 異読⇒**cuó**

## chān (彳ㄢ)

**觇**（覘）**chān**［動］〈書〉窺(ʔ)う. 観測する.
**chānbiāo**【觇标】［名］〈測〉測量用の標識.

**掺**（摻）**chān**［動］混ぜる. ¶～→和. **面粉里再～点水**／小麦粉にもう少し水を入れなさい.
**chānhuo**【掺和】［動］1 混ぜ合わせる. 2 割り込む. かかわる. 余計なことに頭を突っ込む.
**chān/jiǎ**【掺假】［動］にせもや品質の悪い物を良い物に混入する.
**chānzá**【掺杂】［動］混ぜ合わせる;混じり合う. 入り混じる.

**搀**（攙）**chān**［動］1 体を支えてやる. 手を貸す. ¶**把老人～起来**／お年寄りに手を貸して起こしてあげる. 2 混ぜる.
**chānduì**【搀兑】［動］〈成分の異なるものを〉混ぜ合わせる.
**chānfú**【搀扶】［動］支え助ける. 手を貸す.
**chānhùn**【搀混】［動］混ぜ合わせる.
**chānhuo**【搀和】→**chānhuo**【掺和】
**chān/jiǎ**【搀假】→**chān/jiǎ**【掺假】
**chānzá**【搀杂】→**chānzá**【掺杂】

**单**（單）**chán ⓞ** 異読⇒**dān, shàn**
**chányú**【单于】［名］〈史〉単于(ť).▶匈奴の君主の称号.
**Chányú**【单于】

**谗**（讒）**chán**［動］中傷する. ¶**进～**／讒言(ºŅ)をする.
**chánhài**【谗害】［動］中傷して人を陥れる.
**chánníng**【谗佞】［動］〈書〉目上の人に取り入るために他人を中傷すること〔人〕. 讒佞(ºŅ).
**chányán**【谗言】［動］〈書〉讒言.

**婵**（嬋）**chán ⓞ**
**chánchóu**【婵绸】［名］〈紡〉薄いシルク.
**chánjuān**【婵娟】［形］〈書〉1【形】〈女性の容姿が〉麗しい. 2［名］月.
**chányuán**【婵媛】［形］1 →**chánjuān**【婵娟】2 心が引かれている. 3〈枝が〉もつれ合っている.

**馋**（饞）**chán** 1［形］口がおごっている. 食い意地が張っている. 2 見ると欲しくなる. うらやましがる. ¶**看见人家添了新衣服, 她总不得慌**／人が服を新調したのを見ると, 彼女はすぐうらやましくてたまらなくなる.
**chánguǐ**【馋鬼】［名］食いしん坊.
**chánláo**【馋痨】［名］1 食いしん坊. 2〈近〉色情狂.
**chánmāo**【馋猫】［名］（～儿）〈貶〉食いしん坊.
**chán xián yù dī**【馋涎欲滴】〈成〉のどから手が出そうになる.
**chánxiàng**【馋相】［名］ものほしげな顔.
**chánzuǐ**【馋嘴】1［形］食い意地が張っている. 2［名］食いしん坊.

**禅**（禪）**chán ⓑ** 1［動］静座して思索する. ¶**坐～**／座禅を組む. 2 仏教関係の. 異読⇒**shàn**
**chánfáng**【禅房】［名］僧侶の住む部屋;〈広く〉寺院.
**chánjī**【禅机】［名］〈仏〉禅機(ʔ).
**chánlǐ**【禅理】［名］〈仏〉教義.
**chánlín**【禅林】［名］〈書〉寺院.
**chánmén**【禅门】［名］〈仏〉仏門. 仏教.
**chánshī**【禅师】［名］〈仏〉禅師.▶僧に対する尊称.
**chántáng**【禅堂】［名］〈仏〉禅堂. 参禅する堂.
**chánwù**【禅悟】［名］〈仏〉教義に対する理解.
**chánxué**【禅学】［名］〈仏〉禅宗の教義.
**chányuàn**【禅院】［名］〈仏〉寺院.
**chánzhàng**【禅杖】［名］〈仏〉禅杖(ºŅ).
**chánzōng**【禅宗】［名］〈仏〉禅宗.

**孱** chán ⓗ ひ弱い. ¶～**躯** qū／ひ弱な体. 異読⇒**càn**
**chánruò**【孱弱】［形］〈書〉1〈肉体的に〉ひ弱である. 2〈精神的に〉軟弱である. 3〈出版的に〉弱々しい.

**缠**（纏）**chán**［動］1〈くるくると〉巻く. 巻きつける. 2 巻きつける. ¶**用～线／糸を巻きつける. ¶他手上～着细带**／彼は手に包帯をしている. 2 つきまとう. 絡みつく. ¶～**人**／人につきまとう. 3（方）あしらう. 相手にする.
**chánbǎng**【缠绑】［動］巻きつける.

**chánjié**【缠结】動 絡みつく. 巻きつく.

**chánmián**【缠绵】1 動(病気や感情が)まつわりつく, つきまとう. 2 形(声や音が)感情がこまやかで人を引きつける.

**chán mián bìng tà**【缠绵病榻】(成) 長患いをする.

**chán mián fēi cè**【缠绵悱恻】(成)(文章などが)人に訴える深い悲しみ.

**chánmó**【缠磨】動〈口〉つきまとう. まつわりつく. だだをこねる.

**chánrǎo**【缠扰】動 つきまとう. 悩ます.

**chánrào**【缠绕】動 1 巻きつく. 2 つきまとう. まつわりつく.

**chánràojīng**【缠绕茎】名〈植〉絡みつく蔓(ɔʋ).

**chánshēn**【缠身】動(用事などが)身にまといつく. とりつかれる.

**chán/shǒu**【缠手】形(物事に)手を焼く, 手こずる; 持て余す;(病気が)治りにくい.

**chán/zú**【缠足】動〈旧〉纏足(ɕṕ)する.

**蝉(蟬) chán** 名〈虫〉セミ. ▶口語では"知了zhīliǎo".

**chánké**【蝉壳】名 セミの抜け殻.

**chánlián**【蝉联】動(タイトルを)保持する;(もとの職務を)再任する, 留任する.

**chántuì**【蝉蜕】1 名〈中薬〉蝉蛻(ɕṕ). セミの抜け殻. 2 動〉書 抜け出る. 解脱する.

**chányì**【蝉翼】名 セミの羽.

**塵 chán** 名〈古〉住まい. 家; 店. 市〜/街の商店.

**澶 chán** 形 水の流れる音.

**chánchán**【澶澶】擬〈書〉せせらぎの音 さらさら.

**chányuán**【澶源】形〈書〉水の流れがさらさらとしている.

**澶 chán** 地名用字.

**灛 chán** 地名用字.

**蟾 chán** 名 ヒキガエル. ▶→蜍.

**chánchú**【蟾蜍】名 1〈動〉ヒキガエル. 2〈喩〉月.

**chánggōng**【蟾宫】名〈旧〉月の別称.

**cháng gōng zhé guì**【蟾宮折桂】(成)科挙の試験に合格すること.

**chángguāng**【蟾光】名〈書〉月の光.

**chánsū**【蟾酥】名〈中薬〉蟾酥(ɕṕ). がまの油.

**巉 chán** 形〈書〉山が高く険しい.

**chányán**【巉岩】名〈書〉険しく切り立った岩.

**躔 chán** 名〈書〉1〈獣〉の足跡. 2 天体の運行.

**产(產) chǎn** 動 1〈動物が〉卵や子を産む. 2 産する. 産出する. ¶东北〜大豆 / 東北では大豆がとれる.

動 ①出産する. ¶〜→妇. ②(物をつくり出す. 生産する. ¶增〜/増産する. ③産む. 生産. 生産物. ¶特〜/特産物. ④財産. ¶房〜/所有する家屋敷. ||姓

**chǎnchéng**【产程】名 分娩の過程.

**chǎnchū**【产出】動 製品を生産する.

**chǎndào**【产道】名〈生理〉産道.

**chǎndì**【产地】名 产地. 原産地.

**chǎndú**【产犊】動 牛が子を産む.

**chǎn'ér**【产儿】名 新生児;〈喩〉産物. 成果.

**chǎnfáng**【产房】名 産室.

**chǎnfù**【产妇】名 産婦.

**chǎngāo**【产羔】動 羊が子を産む.

**chǎngōngxiāo**【产供销】名〈略〉〈経〉生産・供給・販売.

**chǎnhòu**【产后】名 産後. ¶〜访视 / 新生児訪問指導.

**chǎnjià**【产假】名 出産休暇. 産休.

**chǎnjū**【产驹】動 馬が子を産む.

**chǎnkē**【产科】名〈医〉産婦人科.

**chǎnliàng**【产量】名 生産高. 産出量.

**chǎnluǎn**【产卵】動 産卵する.

**chǎnmén**【产门】名〈生理〉産道の入口.

**chǎnpǐn**【产品】名 生産物. 生産品. 製品.

**chǎnpǐn biāozhìhào**【产品标志号】名〈電算〉プロダクトキー.

**chǎnpó**【产婆】名〈旧〉産婆.

**chǎnqián**【产前】名 産前.

**chǎnqián**【产钳】名〈医〉分娩鉗子(ʃɯ).

**chǎnqū**【产区】名〈経〉生産地区.

**chǎnquán**【产权】名 財産権.

**chǎnrùqī**【产褥期】名〈医〉産褥(ʤᵘ)期.

**chǎnrùrè**【产褥热】名〈医〉産褥熱.

**chǎnshēng**【产生】動 生み出す. 生じる. ¶〜好的结果 / 好い結果を生む. ¶〜矛盾 / 矛盾が生じる.

**chǎnwù**【产物】名(抽象的な)産物. 成果.

**chǎnxiāo**【产销】名〈略〉〈経〉生産と販売.

**chǎnxuéyán**【产学研】名〈略〉生産部門・学校教育部門・科学研究部門.

**chǎnyè**【产业】名 1〈旧〉(私有の)財産. 身代. 資産. 2 産業.

**chǎnyè gōngrén**【产业工人】名 産業労働者.

**chǎnyè zīběn**【产业资本】名 産業資本.

**chǎnyuán**【产院】名 産科病院.

**chǎnzhí**【产值】名 生産高.

**chǎn/zǐ**【产仔】動 家畜が子を産む.

**浐(滻) chǎn** 川の名に用いる.

**谄 chǎn** 動 へつらう. おもねる.

**chǎnmèi**【谄媚】動 こびへつらう. 追従(ʤᵘ)する.

chǎn

**chǎn shàng qī xià**【谄上欺下】〈成〉上の者にへつらい,下の者を侮る.
**chǎnxiào**【谄笑】動 追従笑いをする.
**chǎnyú**【谄谀】動 こびへつらう.おもねる.

啴(嘽) **chǎn**〈書〉ゆったりとしている. 異読⇒tān

铲(鏟) **chǎn**〔～儿〕① シャベルやスコップの類. ② 動 〜平/土地を(シャベルで)ならす.
**chǎnchē**【铲车】〔機〕① フォークリフト. ② →**chǎndòuchē**【铲斗车】
**chǎnchú**【铲除】動(根こそぎ)取り除く,一掃する.
**chǎndǒuchē**【铲斗车】〔機〕ショベルカー.
**chǎnqiú**【铲球】〔体〕(サッカーで)スライディング.
**chǎntáng**【铲蹚】動〔農〕中耕で除草をする.
**chǎntǔjī**【铲土机】〔機〕(整地機械の一種)スクレーパー. ② ショベルカー.
**chǎnyùnchē**【铲运车】〔機〕フォークリフト.
**chǎnzi**【铲子】① シャベル.スコップ. ② 鉄べら.フライ返し.

阐(闡) **chǎn** はっきりと明らかに述べる.
**chǎnfā**【阐发】動 詳しく論じる.
**chǎnmíng**【阐明】動 明らかにする.解明する.
**chǎnshì**【阐释】動 詳しく説明する.
**chǎnshù**【阐述】動(理論などを)詳しく述べる.
**chǎnyáng**【阐扬】動 説明し宣伝する.

蒇 **chǎn**〔動〕〈書〉仕上げる.完成する. ¶〜事/事を成し遂げる.

骣(驏・骦) **chǎn** 〔形〕〈書〉にっこりしている.

忏(懺) **chàn** ①懺悔(ざんげ)する.悔いる. ② 祈祷の経文. ¶拜～/懺悔する人のためにいとなむ仏事.
**chànhuǐ**【忏悔】動 懺悔する.

划(劃) **chàn**→**yīchàn**【一刹】

颤 **chàn**〔動〕(ぶるぶる)震える.小刻みに揺れ動く. ¶手～了一下/手が震えた. 異読⇒**zhàn**
**chàndàng**【颤荡】動(ぶるぶる)震える.
**chàndòng**【颤动】動 小刻みに揺れ震える. ¶声音～/声が震える.
**chàndǒu**【颤抖】動 ぶるぶる震える.
**chànhuo**【颤活】〔方〕揺れる.震える.
**chànwēiwēi**【颤巍巍】形(～の)(老人や病人が)よろよろしている.
**chànyīn**【颤音】〔音〕トリル.
**chànyōuyōu**【颤悠悠】→**chànyou**【颤悠】
**chànyou**【颤悠】ゆらゆらしている.

搀 **chàn**〔動〕混ぜ合う;混ぜる. ¶~人/混ぜ込む;混じり込む.
**chànzá**【搀杂】混ぜる;混ざる.

赣 **chàn**→**ānchàn**【鞍韂】

## chang (彳尢)

伥(倀) **chāng** 悪の手先.
**chāngguǐ**【伥鬼】〈喩〉悪の手先.
**chāng**【娼】盛んになる.勢いがある. 姓

**chānghuàshí**【昌化石】名 昌化石.
**chānglóng**【昌隆】形 繁栄している.
**chāngmíng**【昌明】形(政治や文化が)盛んである,繁栄している,発達している. ② 動 盛んにする.
**chāngshèng**【昌盛】形 盛んである.隆盛である. ¶建设一个繁荣～的国家/富み栄えた国を建設する.
**chāngyán**【昌言】〈書〉① 名 正論. ② 動 包み隠さず直言する.
**chāngyán wú jì**【昌言无忌】〈成〉忌憚(きたん)なく言う.

菖 **chāng**
**chāngpú**【菖蒲】名〔植〕ショウブ;(中薬)石菖蒲(せきしょうぶ).

猖 **chāng** たけり狂う.狂暴である.
**chāngjué**【猖獗】① 形 はびこる.猛威をふるう. ② 動〈書〉倒れる.
**chāngkuáng**【猖狂】形 凶暴である.狂気じみている.

阊 **chāng**
**chānghé**【阊阖】名〈書〉① 王宮の門. ②(神話や伝説の中の)天宮の門.

娼 **chāng** 遊女.売春婦.
**chāngfù**【娼妇】名〈罵〉売女(ばいた).
**chāngjì**【娼妓】名 娼妓.女郎.遊女.
**chāngmén**【娼门】名 妓楼.遊女屋.

鲳 **chāng**マナガツオ.
**chāngyú**【鲳鱼】名〔魚〕マナガツオ.

长(長) **cháng** ① 形(空間的・時間的に)長い. ¶这条河很～/この川はとても長い. ¶～的头发/長い髪. ② 名 長さ. ¶全～有六公尺/全長6メートル. ③ ¶すぐれている. ¶擅**shàn**～/…にたけている. ¶～～于**yú**…/長所. ¶一技之～/一芸に秀でる. 姓 異読⇒**zhǎng**
**Cháng'ān**【长安】① 〔史〕(前漢・隋・唐代などの都)長安(現在の陕西省西安). ② (広く)都.
**cháng ān dào shàng**【长安道上】〈成〉仕官の道.猟官の道.
**chángbímù**【长鼻目】名〔動〕長鼻目.
**chángbìxiā**【长臂虾】名〔動〕テナガエビ.
**chángbìyuán**【长臂猿】名〔動〕テナガザル.
**chángbiān**【长编】名 草稿.下書き.
**chángbié**【长别】動 ① 長い間別れ

## cháng

る. **2** 永別する.

**chángbō**【长波】名〈电〉長波.

**chángcè**【长策】名〈书〉長期の策略.

**Chángchéng**【长城】名 長城. 万里の長城. ¶〈喩〉強固な守り.

**chángchéng**【长程】名 長距離の. 長期の.

**Chángchéngzhàn**【长城站】名 中国の南極観測所の名称.

**chángchóng**【长虫】名〈口〉蛇.

**chángchōu duǎndiào**【长抽短吊】〈体〉(卓球などで)ロングドライブとドライブショットを組み合わせた戦法.

**chángchu**【长处】名 長所. 特長.

**chángchuān**【长川】副 常に. 絶えず.

**chángchuán**【长传】名〈体〉ロングパス.

**Chángchūn**【长春】名〈地名〉長春(ちょうしゅん).

**chángchūn**【长蝽】名〈虫〉ナガカメムシの類.

**chángcí**【长辞】動 この世を去る.

**chángcǐ**【长此】副 いつまでも現状のままで; このままずっと.

**cháng cǐ yǐ wǎng**【长此以往】〈成〉(悪い状態について言及し)この調子でいけば. このままいけば.

**chángcún**【长存】動 とこしえに存在する.

**chángdí**【长笛】名〈音〉フルート. [支, 管, 根]

**chángdù**【长度】名 長さ.

**chángduǎn**【长短】名 **1**(~儿)長さ. サイズ. **2** 是非. 善し悪し; 長所と短所. **3**〈命にかかわる〉万一の事態.

**chángduǎnjù**【长短句】名〈语〉"词"(詞)の別称.

**chángduǎnwà**【长短袜】名 ハイソックス.

**chángdūn**【长吨】量(重さの単位)英トン. ロング・トン.

**chángfǎ**【长法】名(~儿)長い目で見た方法.

**chángfāngtǐ**【长方体】名〈数〉直方体.

**chángfāngxíng**【长方形】名〈数〉長方形.

**cháng gē dàng kū**【长歌当哭】〈成〉詩文に託して心中の悲しみや憤りを述べる.

**chánggēng**【长庚】名 宵の明星. 庚(ちょう)庚.

**chánggōng**【长工】名〈旧〉常雇い. 作男.

**chánggǔ**【长骨】名〈生理〉長骨.

**chánggǔ**【长鼓】名 **1** チャング; 朝鮮族の楽器. **2** ヤオ族のつづみ.

**chángháo**【长号】名〈音〉トロンボーン. [支, 把, 管]

**chánghé**【长河】名 長い川; 〈喩〉長い過程.

**chánghuà**【长话】名〈略〉長距離電話.

**cháng huà duǎn shuō**【长话短说】〈慣〉話せば長くなることを要旨に話す. 端的に言う.

**chánghuó**【长活】名(~儿)**1** 常雇いの仕事. **2**〈方〉常雇い. 作男.

**chángjì**【长计】名 **1** 長期の計画. **2** 良策.

**chángjì**【长技】名 得意な技能. 得意な芸. めったにない技能.

**chángjià**【长假】名〈旧〉永のいとま. 辞職.

**Chángjiāng**【长江】名 長江. 揚子江. ¶~大河/(長江や黄河のごうごうと渦巻く流れのように)勢いが盛んなさま.

**Chángjiāng hòulàng tuī qiánlàng**【长江后浪推前浪】〈諺〉"世上新人换旧人"と続き)世の中は絶え間なく変化して, 新しい世代が古い世代に取って代わる.

**chángjìn**【长劲】名(~儿)持久力. 根気.

**chángjǐnglù**【长颈鹿】名〈動〉キリン. [只]

**chángjiǔ**【长久】形(時間が)長い. 久しい.

**chángjú**【长局】名(多く"不是"の後に用い)長続きできる状態.

**chángjuàn**【长卷】名 長い巻物.

**chángkǎo**【长考】名(将棋やトランプで)長考する.

**chángkōng**【长空】名 大空.

**chángkù**【长裤】名 長ズボン.

**cháng/kuǎn**【长款】動 決算の際, 現金が帳簿の額面より多くなる.

**chángláng**【长廊】名 長い廊下. 長い回廊.

**chánglǐ**【长里】名〈口〉長さ.

**chángliǎn**【长脸】名 面長な顔. 馬づら.

**cháng lín fēng cǎo**【长林丰草】〈成〉世を離れた隠者の住む所.

**chánglóng**【长龙】名〈喩〉長蛇の列.

**chángmáoróng**【长毛绒】名〈紡〉プラッシュ.

**chángmián**【长眠】動〈書〉(婉)永眠する.

**chángmíngdēng**【长明灯】名〈仏前にともす)常夜灯.

**cháng mìng bǎi suì**【长命百岁】〈成〉百歳まで長生きする. ▶旧時, 生まれた子供を祝福する言葉.

**chángmìngsuǒ**【长命锁】名(お守り用の)子供の首に掛ける銀製の首飾り.

**chángnián**【长年】名 **1** 一年中. **2**〈方〉常雇い. 作男. **3**〈書〉長寿.
⇒zhǎngnián

**cháng nián lěi yuè**【长年累月】〈成〉長い間. 長い年月.

**chángpáo**【长袍】名(~儿)(あわせ, または綿入れの)長い男性用中国服.

**chángpǎo**【长跑】名〈略〉長距離競走.

# cháng

**chángpiān dàlùn**【长篇大论】〈成〉〈貶〉長たらしい文章. 長談義.

**chángpiān xiǎoshuō**【长篇小说】【名】長編小説.〔部〕

**chángqī**【长期】【名】長期的の. 長い期の. ¶～以来／長きにわたり. ¶～贷款／長期融資.

**chángqiāng**【长枪】【名】〈旧〉1 槍(やり). 2（小銃・カービン銃など）銃身の長い銃.

**cháng qū zhí rù**【长驱直入】〈成〉長い距離を一気に進軍する.

**chángqún**【长裙】【名】ロングスカート.

**chángrìbān**【长日班】【名】〈工場などの〉三交替制での日勤.

**chángrìzhào zhíwù**【长日照植物】【名】〈植〉長日植物.

**Chángshā**【长沙】〈地名〉長沙(ちょうさ).

**chángshān**【长衫】【名】〈男性用のひとえの〉長い中国服.

**chángshé**【长舌】【名】〈喩〉〈いざこざを引き起こす〉おしゃべり.

**chángshézhèn**【长蛇阵】【名】長蛇の列.

**chángshézuò**【长蛇座】【名】〈天〉海へび座.

**cháng shēng bù lǎo**【长生不老】〈成〉不老長寿.

**chángshēngguǒ**【长生果】【名】〈方〉〈植〉落花生.

**cháng shéng jì rì**【长绳系日】〈成〉時間の過ぎ行くのを惜しむ.

**chángshí**【长石】【名】〈鉱〉長石.

**chángshí jìyì**【长时记忆】【名】〈心〉長期記憶.

**chángshì**【长逝】【動】〈書〉長逝する. 永眠する.

**chángshòu**【长寿】【形】長寿である.

**chángshòucài**【长寿菜】【名】〈植〉スベリヒユ.

**chángshòumiàn**【长寿面】【名】誕生日を祝って食べるめん類.

**chángsī**【长丝】【名】〈紡〉フィラメント. 長繊維.

**chángsuí**【长随】【名】〈旧〉〈封建時代の〉官吏の従者.

**chángtán**【长谈】【動】長談義をする. 長話をする.

**chángtàn**【长叹】【動】深いため息をつく.

**chángtǐ**【长体】【名】〈印〉縦長の書体の活字. 長体.

**chángtiān**【长天】【名】果てしなく広い空.

**cháng tiān lǎo rì**【长天老日】〈成〉長い昼.

**chángtiáo jiàoyàng**【长条校样】【名】〈印〉棒組みの校正刷り.

**chángtiáor**【长条儿】【名】細長い形（をしたもの）.

**chángtiáoyǐ**【长条椅】【名】長椅子. ベンチ.

**chángtíng**【长亭】【名】旅行者の休息場所として城外の道端に設けられたあずまや. また送別するところ.

**chángtǒng jīngxiānlà**【长筒丝袜】【名】ひざ上丈のナイロンストッキング.

**chángtǒngwà**【长筒袜】【名】ひざ上丈のストッキング.

**chángtú**【长途】【名】1 長距離. ¶～汽车／長距離バス. ¶～电话／長距離電話. 2（略）長距離電話. 長距離バス.

**chángwù**【长物】【名】役に立つもの. まともなもの.

**chángxiàn**【长线】〈経〉❶【名】〈経〉株を買った後すぐに手放さず, 一定の価格になるのを待って売ること. 2 長期利益.

**chángxiàn chǎnpǐn**【长线产品】【名】供給が過剰の商品.

**chángxiàn tóuzī**【长线投资】【名】〈経〉長期投資.

**chángxiàng**【长项】【名】得意とする項目・種目や部門.

**chángxiāo**【长销】【形】ロングセラーである.

**chángxiào**【长效】【形】効果が持続する.

**chángxíng**【长行】【名】1 〈書〉長い旅. 2〈古〉双六(すごろく)の一種.

**chángxìng**【长性】【名】辛抱強さ. 根気.

**chángxiū**【长休】【動】長時間休む.

**cháng xiù shàn wǔ**【长袖善舞】〈成〉財力や手腕のある者は立ち回るのがうまい.

**cháng xū duǎn tàn**【长吁短叹】〈成〉しきりにため息をつく.

**chángxūjīng**【长须鲸】【動】ナガスクジラ.

**chángyè**【长夜】【名】1 長い夜；〈喩〉暗黒状態. 2 夜通し.

**chángyī**【长揖】【動】両手を組み合わせて高く上げ, 上から下へ動かしながらあいさつする旧時の拝礼法.

**chángyǐ**【长椅】【名】ベンチ. 長椅子.

**chángyīng**【长缨】【名】〈書〉長いひも.

**chángyú**【长于】【動】〈ある事に〉…に長じている. 秀でている.

**chángyuán**【长圆】【名】長円. 楕円.

**chángyuányīn**【长元音】【語】長母音.

**chángyuǎn**【长远】【形】長期的の. 先々の. ▶未来について. ¶～计划／長期計画.

**chángzhāi**【长斋】【名】ずっと肉食を断つこと.

**chángzhēng**【长征】1【動】長い旅をする；長征する. 2【名】〈史〉長征.

**chángzhīfù**【长支付】【名】〈旧〉〈官員が〉給料を前借りして年末に決算すること.

**cháng zhì jiǔ ān**【长治久安】〈成〉長期にわたって社会が安定している.

**chángzhuō**【长桌】【名】長机.

**chángzú**【长足】【形】〈書〉長足の. 迅速である.

# 场(場·塲)

**cháng**【❶】【量】1（事物の経過時間を単位と

して)…回.…度. ¶下了一~雨/ひと雨降った. ¶害了一~病/病気に見舞われた. ❷〈動作・行為の経過時間を単位として〉…回. …しきり. ¶大哭一~/ひとしきり泣く.
❷❶名 1〈乾燥・脱穀用の〉広場,場所. 2〈方〉定期市.
異読版 ⇒ cháng

**chángpǔ**【场圃】名〈書〉〈農家の〉脱穀場と菜園.
**chángwū**【场屋】名〈農家の〉作業小屋. ⇒chǎngwū
**chángyuàn**【场院】名 脱穀場.

**苌**(萇) **cháng** ❶姓
**chángchǔ**【苌楚】名〈古〉〈植〉イラクサ.

**肠**(腸) **cháng** 名〈~儿〉腸. はらわた.
**cháng'ái**【肠癌】名 腸がん.
**chángchuānkǒng**【肠穿孔】名〈医〉腸穿孔(はなこう).
**chángduàn**【肠断】動〈書〉断腸の思いをする.
**cháng féi nǎo mǎn**【肠肥脑满】→nǎo mǎn cháng féi【脑满肠肥】
**chánggěngzǔ**【肠梗阻】名 1〈医〉腸閉塞. 2〈喩〉発展を妨げる障害.
**chánggǔ**【肠骨】名〈生理〉腸骨.
**chángguǎn**【肠管】名〈生理〉腸管.
**chángjīméi**【肠激酶】名〈生理〉エンテロキナーゼ.
**chángjiéhé**【肠结核】名 腸結核.
**cháng'r**【肠儿】名 腸詰め. ソーセージ.
**chángróngmáo**【肠绒毛】名〈生理〉腸絨毛.
**chángshānghán**【肠伤寒】名〈医〉腸チフス.
**chángwèi**【肠胃】名 胃腸. ¶~炎/胃腸カタル.
**chángxìmó**【肠系膜】名〈生理〉腸間膜.
**chángyán**【肠炎】名〈医〉腸カタル. 腸炎.
**chángyè**【肠液】名〈生理〉腸液.
**chángyī**【肠衣】名 ガット(腸線)の原料となる動物の腸;ソーセージの皮.
**chángyōng**【肠痈】名〈中医〉虫垂炎.
**chángzi**【肠子】名〈根,条〉

**尝**(嘗) **cháng** ❶動 1 味わう. 味をみる. ¶请~~/食べてみてください. なめる. 2 体験する. なめる. ¶让他~~我的厉害!/あいつをひどいめにあわせてやる.
❷① かつて. 以前に. ¶未~…したことがない. ❷姓
**chángdí**【尝敌】動〈開戦に先立って〉小部隊で敵の力を試してみる;小手調べをする.
**cháng dǐng yī luán**【尝鼎一脔】〈成〉小によって大を知る. 部分をもって全体を知る.
**chángkòu**【尝寇】→chángdí【尝敌】
**chángshì**【尝试】動 試す. 試みる.
**chángshòu**【尝受】動 自ら経験する. 〈辛酸を〉なめる.
**chángwèi**【尝味】動 味わう;試す.
**cháng/xiān**【尝鲜】動 とれたてのものを食べる;初物を食べる.
**cháng/xīn**【尝新】動 とれたてのものを食べる;初物を食べる.

**倘 cháng** ❶ 異読版 ⇒tǎng
**chángyáng**【倘佯】→chángyáng【徜徉】

**常 cháng** 副 いつも. しょっちゅう. しばしば;変わりなく. ¶她~去听音乐会/彼女はよく音楽会に出かける. ¶我们不~见面/われわれはあまり顔を合わせない.
❶①平常の. 一般の. ¶→~识shí. ❷常に変わらない. 一定の. ¶→~数shù. ❸姓
**chángbèi**【常备】動 常備する.
**cháng bèi bù xiè**【常备不懈】〈成〉常に備えを忘らない.
**chángbèijūn**【常备军】名 常備軍.
**chángcháng**【常常】副 しばしば. しょっちゅう. いつも.
**chángchuān**【常川】副 常に. 絶えず.
**chángchūnténg**【常春藤】名〈植〉キヅタ. フユヅタ.〈中薬〉常青藤(chángqīngténg).
**chángfú**【常服】名 ふだん着. 平服.
**chángguī**【常规】名 1 しきたり. 2〈医〉通常の検査. ❷形 通常の. ¶~战争/核を用いない通常兵器による戦争.
**chángguī nèicún**【常规内存】名〈電算〉メインメモリ.
**chángguī wǔqì**【常规武器】名 通常兵器.
**chángguǐ**【常轨】名 正常の方法. 普通の行い.
**chánghéng**【常衡】名〈金銀や薬品以外の〉一般の物の計量法.
**chánghuì**【常会】名 例会.
**chángjiàn**【常见】形 よく見かける. よくある.
**chángkè**【常客】名 常連. よく来る客.
**chánglǐ**【常礼】名 日常の礼儀作法.
**chánglǐ**【常理】名〈~儿〉ごく当たり前の道理. 社会通念. 常識.
**chánglì**【常例】名 従来のしきたり. 慣例.
**chángliàng**【常量】名〈数〉定数.
**chánglù zhíwù**【常绿植物】名 常緑植物.
**chángnián**【常年】名 1 年じゅう. いつも. 2 平年. 例年.
**chángqīng**【常青】形 常緑である.
**chángqīngshù**【常青树】名 常緑樹.
**chángqíng**【常情】名 普通の人間が持っている人情.
**chángrén**【常人】名 普通の人. 一般の人. 凡人.
**chángrèn**【常任】名 常任.
**chángshān**【常山】名〈植〉ジョウザン;〈中薬〉常山(chángshān).
**chángshè**【常设】形 常設の.

## cháng

**chángshí**【常识】[名] 常識.
**chángshíkè**【常识课】[名]〈小学校高学年で〉理科・衛生・保健の基礎を教える教科.
**chángshì**【常事】[名] よくあること. 日常のこと.
**chángshù**【常数】[名]〈数〉常数.
**chángtài**【常态】[名] 正常の状態.
**chángtán**【常谈】[名] ありふれた話. 聞き慣れた話.
**chángtào**【常套】[名] 決まりきった手段や格式.
**chángwěi**【常委】[名]〈略〉1 常务委員会. 2 常務委員.
**chángwēn**【常温】[名] 常 温. ¶ ~层/〈地〉常温層. 常温帯.
**chángwēn dòngwù**【常温动物】[名] 恒温動物.
**chángwén**【常蚊】[名]〈虫〉イエカ.
**chángwù**【常务】[名] 日常の業務. 常務.
**chángxiāo**【常销】[形] よく売れる.
**chángxíngjūn**【常行军】[名]〈軍〉正常時の行軍.
**chángxìng**【常性】[名] 1 根気. 我慢強さ. 2〈書〉習性.
**chángyán**【常言】[名] ことわざ. 格言.
**chángyòng**【常用】[形] 常用の. ¶ ~药 / 常備薬.
**chángyòng duìshù**【常用对数】[名]〈数〉常用対数.
**chángzhù**【常住】1 [動] 常住する. ¶ ~之地 / 生活の本拠を定めた土地. 2 [名]〈仏〉常住. 寺院の所有物.
**chángzhù**【常驻】[動] 常駐する. 駐在する.

## 偿 (償) cháng

🈯 ① 償う. 埋め合わせる. ¶ 得不~失 / もうけより損のほうが大きい. ② 満たす. 果たす. ¶ 如愿以~ / 望みどおりに実現する.
**chángfù**【偿付】[動]〈負債などを〉支払う. 決済する. 償還する.
**chánghuán**【偿还】[動]〈借金を〉償還する. 返済する. ¶ ~债务 / 債務を償還する.
**cháng//mìng**【偿命】[動] 命で償う.
**cháng//qīng**【偿清】[動] 完済する.

## 徜 cháng ❍

**chángyáng**【徜徉】[動]〈書〉ぶらぶら歩く. 逍遥(しょうよう)する.

## 裳 cháng

[名]〈古〉はかま. スカート. 裳裾(もすそ). ‖ 異読⇒ shang

## 嫦 cháng ❍

**Cháng'é**【嫦娥】[名] 1 嫦娥(じょうが). ▶月に住むという仙女. 2 月の別称.

## 厂 (廠) chǎng

[名] 1 工場. 工房. ¶ 〈旧〉広い場所があり, 物を置いたり加工したりできる店. ¶ 煤~ / 石炭問屋. ‖ 姓 異読⇒ ǎn
**chǎngbiāo**【厂标】[名] 1〈工場・映画製作所の〉ロゴマーク, シンボルマーク. 2 工場の定める製品技術基準.

**chǎngfāng**【厂方】[名] メーカー側.
**chǎngfáng**【厂房】[名] 工場の建物.
**chǎngfēng**【厂风】[名] 工場の気風.
**chǎngguī**【厂规】[名] 工場の規定・規則.
**chǎngjí**【厂籍】[名] 工場の従業員としての資格.
**chǎngjì**【厂纪】[名] 工場内での規則.
**chǎngjì**【厂际】[名] 工場間(で)の.
**chǎngjiā**【厂家】[名] メーカー. 製造業者.
**chǎngjià**【厂价】[名] 出荷時の価格. 生産者価格.
**chǎngkuàng**【厂矿】[名] 工場と鉱山の総称.
**chǎnglǐbài**【厂礼拜】[名]〈日曜日の代わりに〉その工場で決めた定休日.
**chǎnglíng**【厂龄】[名] 1 従業員の勤続年数. 2 工場開設からの年数.
**chǎngqū**【厂区】[名] 工場内の生産区域.
**chǎngshāng**【厂商】[名] 1 工場経営者. メーカー. 2 工場と商店.
**chǎngshǐ**【厂史】[名] 工場の歴史.
**chǎngsī**【厂丝】[名] 機械取りされた生糸.
**chǎngxiū**【厂休】→ chǎnglǐbài【厂礼拜】
**chǎngzhǎng**【厂长】[名] 工場長.
**chǎngzhǎng fùzézhì**【厂长负责制】[経] 工場長がすべての責任をもつ制度.
**chǎngzhǐ**【厂址】[名] 工場所在地. 工場用地.
**chǎngzhǔ**【厂主】[名] 工場主.
**chǎngzi**【厂子】[名]〈口〉工場. 店. 問屋.

## 场 (場) chǎng

[量]〈芝居の〉場(スポーツ・演芸・映画などの〉上演回数や〈テストなどの〉回数. ¶ 二幕五~歌剧 / 2 幕 5 場のオペラ. ¶ 看了一~电影 / 映画を見た. 🈯 ① 広場. 場所; 〈物〉場. ¶ 操~ / グラウンド. ② 在~ / その場に居合わせる. ③ 磁~ / 磁場. ③ 舞台. ¶ 下~ / 退場する.
異読⇒ cháng
**chǎngcítiě**【场磁铁】[名]〈電〉界磁. 界磁石.
**chǎngcì**【场次】[名] 上映・上演回数.
**chǎngdì**【场地】[名] 更地. 工場用地; グラウンド.
**chǎngguǎn**【场馆】[名] グラウンドと体育館の総称.
**chǎnghé**【场合】[名] 場合. 場所. ¶ 公开~ / 公の場所.
**chǎngjì**【场记】[名] 映画撮影の記録の仕事. ¶ ~员 / スクリプター. 記録係.
**chǎngjiēdēng**【场界灯】[名]〈交〉境界灯.
**chǎngjǐng**【场景】[名] 1〈演劇や映画の〉場面. シーン. 2〈広く〉情景.
**chǎnglùn**【场论】[名]〈物〉場の理論.
**chǎngmiàn**【场面】[名] 1 劇・映画などの〉場面. シーン. 2〈広く〉その場.

の様子.情景.**3**体裁.見栄.¶～/体裁を飾る.**4**〔劇〕はやし方;はやしの楽器.
**chǎngmiànhuà【场面话】**名 社交辞令.建前.
**chǎngmiànrén【场面人】**名 **1** 社交家.**2** 社会的地位のある人.
**chǎngmiànshang【场面上】**名 社交界.
**chǎngnèi jiāoyì【场内交易】**〈経〉証券取引所内での株式取引.取引所取引.
**chǎngnèi jīngjìrén【场内经纪人】**名〈経〉証券取引所の場立ち.フロアブローカー.
**chǎngsuǒ【场所】**名 場所.ところ.¶公共～/公共の場所.
**chǎngwū【场屋】**名〈旧〉科挙の試場.⇒chǎngwū
**chǎngzi【场子】**名 場所.広場.

## 昶 chǎng 形〈書〉**1** 昼の時間が長い.**2** のびのびしている.ゆったりしている.‖姓

## 惝 chǎng ○

**chǎnghuǎng【惝怳·惝恍】**形〈書〉**1** がっかりしている.**2** ぼんやりしている.はっきりしない.
▶tǎnghuǎngとも発音される.

## 敞 chǎng **1** 形〈家や庭が〉広い.開放的である.¶这院子太～/この庭はだだっ広い.**2** 動 広げる.開ける.¶～着窗户/窓をあけたままにしている.
**chǎngchē【敞车】**名 **1** オープンカー.**2** 無蓋貨車.**3** 幌のない馬車.
**chǎng/huái【敞怀】**動(ボタンをかけずに)衣服の前をはだける.
**chǎng/kāi【敞开】**動+方補 大きく広げる.開け放す.開け放つ.¶～窗户/窓を開け放す.¶～思想, 好好谈谈/腹を割って話す.**2**副(～儿)思う存分.
**chǎngkǒur【敞口儿】**副〈方〉思う存分.
**chǎngkuài【敞快】**形 さっぱりしている.さわやか.
**chǎngliàng【敞亮】**形 **1**〈家屋などが〉広々として明るい.**2**(気持ちが)晴れ晴れする.
**chǎnglù【敞露】**動 開け放す.
**chǎngpéngchē【敞篷车】**名 オープンカー.

## 氅 chǎng 名 外套(がい).オーバー.

## 帐 (帳) chàng 動 がっかりする.¶惆～/恨み悲しむ.
**chàngchàng【怅怅】**形〈書〉がっかりしている.
**chànghèn【怅恨】**動 思いどおりにならず残念がる.恨めしく思う.
**chàngrán【怅然】**形 がっかりしている.
**chàngwǎn【怅惘】**動 失望し悲しむ.残念がる.

**chàngwǎng【怅惘】**形〈書〉失意に茫然としている.

## 畅 (暢) chàng **1** 形 **1** 滞りがない.¶流～/流暢(りゅう)である.**2** のびのびした.**1** 舒～/のびのびと心地よい.**3** ほしいまま.思う存分.¶～～饮.‖姓
**chàngdá【畅达】**形 **1**〈言葉や文章が〉流暢である.**2**〈交通の〉流れがよい.
**chànghuái【畅怀】**形 心がのびやかである;思いきり.
**chàngkuài【畅快】**形 楽しい.愉快である.
**chàngshì【畅适】**形 心地よい.快適である.
**chàngshū【畅抒】**動 思う存分に述べる.
**chàng suǒ yù yán【畅所欲言】**〈成〉言いたいことを思う存分言う.
**chàngtán【畅谈】**動 心おきなく語る.
**chàngtōng【畅通】**動 滞りなく通じる.
**chàngwàng【畅旺】**形〈経〉売れ行きが順調である.
**chàngxiǎng【畅想】**動 想像をたくましくする.思いをめぐらす.
**chàngxiāo【畅销】**動〈商品が〉よく売れる.売れ行きがよい.¶～书/ベストセラー.¶～全国/全国で売れ行きがよい.
**chàng xíng wú zǔ【畅行无阻】**〈成〉滞りなく通じる.順調に進む.
**chàngxù【畅叙】**動 心ゆくまで語り合う.
**chàngyǐn【畅饮】**動 痛飲する.心ゆくまで酒を飲む.
**chàngyóu【畅游】**動 **1** 心ゆくまで遊覧する.**2** 存分に泳ぐ.

## 倡 chàng **1** 動 提唱する.¶首～/真っ先に唱える.
**chàngbàn【倡办】**動 提唱し発起する.創建する.
**chàngdǎo【倡导】**動 唱道する.
**chànglián【倡廉】**動 清廉潔白を重んじる.
**chàngluàn【倡乱】**動 騒乱を起こす.
**chàngshǐ【倡始】**動 首唱する.
**chàngshǒu【倡首】**動 率先して主張する.
**chàngyán【倡言】**動 呼びかける.提唱する.
**chàngyì【倡议】**動 提議する.提案する.

## 鬯 chàng **1** 名〈古〉におい酒.昔, 祭祀に用いた酒の一種.▶〈書〉【畅chàng】に同じ.

## 唱 chàng 動 **1** 歌う.**2** 鳴く.¶鸡～三遍/鶏が3遍時を告げる.**1** ◎(大声で)読みあげる.¶～票.**2** 歌.歌曲.歌詞.¶小～/民謡.‖姓
**chàng báiliǎn【唱白脸】**〈慣〉悪役を演じる.憎まれ役を買って出る.
**chàngběn【唱本】**名(～儿)歌の本.

## chāo

**chàng//biāo**【唱标】〈动〉(オークションで開札時)入札価格を読みあげる。

**chàngchóu**【唱酬】〈书〉他人の詩に唱和する。

**chàngcí**【唱词】〈名〉歌詞。歌の文句。

**chàngdié**【唱碟】〈名〉〈方〉レコード。

**chàng dújiǎoxì**【唱独角戏】〈惯〉独り芝居を演じる；独力で何かをする。

**chàngduàn**【唱段】〈名〉(伝統劇の)歌のひとくさり。

**chàng duìtáixì**【唱对台戏】〈惯〉相手の向こうを張る。対抗する。

**chàng fǎndiào**【唱反调】〈惯〉(~儿)(わざと)反対を唱える。反対の行動をとる。反対の声をあげる。

**chàngfù**【唱付】〈动〉店員が客にお釣りを返すとき、釣り銭の額を言って確認する。

**chàng gāodiào**【唱高调】〈惯〉(~儿)(実際にはできもしない)大きな話をする。大口をたたく。

**chànggē//qǔ**【唱歌曲】〈动〉歌を歌う。

**chànggōng**【唱工•唱工】〈名〉(~儿)(伝統劇での)歌の技巧。

**chànghè**【唱和】〈动〉唱和する；(転)口を合わせる。口をそろえる。

**chàng hóngliǎn**【唱红脸】〈惯〉善玉を演じる。正義派の役割を果たす。

**chàngjī**【唱机】〈名〉レコードプレーヤー。↑激光～ / CDプレーヤー。

**chàng kōngchéngjì**【唱空城计】〈惯〉1空城の計をかける。2人が出払ってもぬけの殻である。

**chàng lǎodiào**【唱老调】〈惯〉相も変わらず同じ論を唱える。

**chàng//míng**【唱名】〈动〉1点呼する。2【音】ド・レ・ミ・ファ…の音階名。

**chàngpán**【唱盘】〈名〉CD、MD、レコード。

**chàngpiānr**【唱片儿】→ **chàngpiàn**【唱片】

**chàngpiàn**【唱片】〈名〉レコード。[张]¶放～ / レコードをかける。

**chàng//piào**【唱票】〈动〉開票の際、投票用紙に書かれた候補者の名前を大声で読み上げる。

**chàngqiāng**【唱腔】〈名〉(京劇などの)節、節回し。

**chàngr**【唱儿】〈名〉歌。歌詞。

**chàng//rě**【唱喏】〈动〉〈近〉あいさつの口上を述べながら丁寧にお辞儀をする。

**chàngshī**【唱诗】〈动〉1(教会の)聖歌を歌う。2〈书〉詩を吟じる。

**chàngshībān**【唱诗班】〈名〉(教会の)聖歌隊。

**chàngshōu**【唱收】〈动〉店員が受け取った代金の額を口に出して確認する。

**chàng shuānghuáng**【唱双簧】〈惯〉ぐるになる。

**chàngtóu**【唱头】〈名〉(レコードプレーヤーの)ピックアップ。

**chàng//xì**【唱戏】〈动〉(伝統劇を演じる。芝居をする。

**chàngzhēn**【唱针】〈名〉レコードの針。

**chàng zhǔjué**【唱主角】〈惯〉中心的役割をする。

**chàng zuò niàn dǎ**【唱做念打】〈剧〉歌・しぐさ・せりふ・立ち回り。

## chao (彳ㄠ)

**抄(鈔) chāo**【动】1 書き写す、引き写す。2 他人の文章を)盗用する。3 捜査して没収する。差し押さえる。¶从他家へ出许多违禁品 / 彼の家から多数の禁制品を没収した。4 近道をする。5 (一方の手を方方の手の袖口に入れ)腕組みをする。6（绰 **chāo**）1 に同じ。

**chāoběn**【抄本】〈名〉写本。

**chāochá**【抄查】〈动〉捜査没収する。押収する。

**chāo/dào**【抄道】〈动〉(~儿)近道をする。

**chāoféi**【抄肥】〈动〉〈方〉余分の収入を得る；ぼろ儲けをする。甘い汁を吸う。

**chāo hòulù**【抄后路】〈惯〉(敵の)背後に回る。

**chāohuò**【抄获】〈动〉捜査して見つける。押収する。

**chāo/jiā**【抄家】〈动〉家財を没収する。差し押さえる。

**chāojiàn**【抄件】〈名〉(上級機関の出した文書を関係機関に送るための)文書の写し、コピー。

**chāo/jìnr**【抄近儿】〈口〉近道をする。

**chāolù**【抄录】〈动〉写し取る。書き写す。

**chāomò**【抄没】〈动〉捜査し没収する。

**chāoná**【抄拿】〈动〉勝手に持ち出す。無断で使う。

**chāopíng**【抄平】〈动〉(建築作業で)計器で水平面を測定する。

**chāo/shēn**【抄身】〈动〉ボディーチェックをする。

**chāoshōu**【抄收】〈动〉(電報などを)受信して記録する。

**chāoshǒu**【抄手】〈名〉〈方〉ワンタン。

**chāosòng**【抄送】〈动〉写しをとって回送する。

**chāoxí**【抄袭】〈动〉1 剽窃(ひょうせつ)する。盗作する。2 踏襲する。3 回り込んで敵を不意に襲撃する。

**chāoxiě**【抄写】〈动〉書き写す。清書する。¶～文件 / 文書を書き写す。

**chāoyōng**【抄佣】〈动〉踏襲する。

**chāozào**【抄造】〈动〉パルプから紙を製造する。

**chāozhǐ**【抄纸】〈动〉紙をすく。

**吵 chāo ●** 异读→chǎo

**chāochao**【吵吵】〈动〉〈方〉がやがや騒ぐ。

**怊 chāo**【形】〈书〉悲しみにくれている。

**chāochàng**【怊怅】【形】〈书〉失望するさま。

**钞 chāo**【抄chāo】1、2に同じ。
[日]紙幣。¶現～/現金。║儲

**chāopiào**【钞票】［名］紙幣，札．

**绰 chāo**［動］**1**（あたふたと）つかむ，つかみ取る．**2**【焯chāo】に同じ．異読➡chuò

**超 chāo**［動］**1** 超過する．超える．¶~→~过．¶~→~车．②ぬきんでる．¶~→~群．**3**…の枠を超越した．¶~→~政治的論調／政治ぬきにした論調．［姓］

**chāobá**【超拔】［動］**1** 超絶する．ずばぬける．**2** 抜擢(てき)する．**3**（悪い状態を）切り抜ける，抜け出す．

**chāobiān**【超编】［動］定员·定员をオーバーする．

**chāobiāo**【超标】［動］基準を超える．

**chāocǎi**【超采】［動］（鉱物などを）規定量を超えて採掘する．

**chāochǎn**【超产】［動］（略）生産ノルマを超過達成する．

**chāocháng**【超常】［動］普通の状態を超える．

**chāo/chē**【超车】［動］（前）の車を追い越す．¶~→~道／追越車線．

**chāo chén bá sú**【超尘拔俗】〈成〉世俗を超越する．

**chāochū**【超出】［動］（一定の数量や範囲を）超える，超える．¶~→~预算／予算をオーバーする．¶~→~预料／予想を超える．

**chāo dàguīmó jíchéng diànlù**【超大规模集成电路】（電子）VLSI．大规模集積回路．

**chāodǎo**【超导】［名］（物）超伝導．"超电导体"とも．¶~→~技术／超伝導技術．

**chāoděng**【超等】［形］卓越した．特上の．

**chāodīwēn**【超低温】［名］（物）超低温．

**chāodù**【超度】［動］（仏）済度(どう)する．

**chāoduǎnbō**【超短波】［名］（物）超短波．

**chāoduǎnqún**【超短裙】［名］ミニスカート．［榮］

**chāo/é**【超额】［動］（ノルマ·定額を）超過する．¶~→~完成任务／ノルマを超過達成する．

**chāo'é chǔbèi**【超额储备】［名］（経）超過準備高．

**chāo'é lìrùn**【超额利润】［名］（経）超過利潤．

**chāofán**【超凡】［形］非凡である．

**chāo fán rù shèng**【超凡入圣】〈成〉（学問·芸術の）造詣が並みはずれて深い．

**chāofùhè**【超负荷】［名］（略）超負荷；（転）オーバーワーク．

**chāo fùhè yùnzhuǎn**【超负荷运转】過剩労働をする．

**chāo gāonán dòngzuò**【超高难动作】［名］（体）（体操競技などで）ウルトラC．

**chāogāopín**【超高频】［名］（電）超高周波．UHF．

**chāogāoyā**【超高压】［名］（電）超高圧．

**chāogùtài**【超固态】［名］（物）超固態．

**chāoguò**【超过】［動］**1** 追い越す．**2** 上回る．超える．¶~→~规定速度／制限速度をオーバーする．

**chāohéjīn**【超合金】［名］（物）超合金．

**chāojí**【超级】［区］スーパー…．超…．¶~→~模特儿／スーパーモデル．¶~→~油轮／マンモスタンカー．

**chāojí dàguó**【超级大国】［名］超大国．

**chāojí shìchǎng**【超级市场】［名］スーパーマーケット．

**chāo/jià**【超假】［動］休暇の限度を超過する．

**chāojīngjì bōxuē**【超经济剥削】［名］（経）経済外的强制．経済外的強制による搾取．

**chāojùxīng**【超巨星】［名］〈天〉超巨星．

**chāojué**【超绝】［形］〈書〉飛び抜けてすぐれている．

**chāoliànjiē**【超链接】［名］（電算）ハイパーリンク．

**chāoliàng**【超量】［動］規定の量を超える．

**chāolíng**【超龄】［動］規定年齢を超える．

**chāoméitǐ**【超媒体】［名］（電算）ハイパーメディア．

**chāoqī**【超期】［動］期限を超過する．

**chāoqiān**【超迁】［動］（書）（官吏が）一足飛びに抜擢(き)される．特進する．

**chāoqián**【超前】［区］（電）リード．**2** 先取りする．先行する．

**chāoqián jiàoyù**【超前教育】［名］早期教育．

**chāoqián xiāofèi**【超前消费】［名］所得を越える消費．

**chāoqián yìshí**【超前意识】［名］時代の先端を行こうとする意識．

**chāoqín**【超勤】［動］（方）残業する．

**chāoqún**【超群】［動］ぬきんでている．抜群である．

**chāo qún jué lún**【超群绝伦】〈成〉ずばぬけている．卓越している．

**chāorán**【超然】［形］超然としている．

**chāo rán wù wài**【超然物外】〈成〉**1** 浮世を逃れる．実社会を逃れて孤高を保つ．**2** 局外に身を置く．

**chāorén**【超人】［形］並みはずれている．**2**［名］超人．スーパーマン．

**chāoshēng**【超升】［動］**1**〈宗〉極楽往生する．**2**〈書〉ポストを飛び越して昇進する．

**chāoshēng**【超生】［動］**1**〈宗〉輪廻(かい)する．**2**（旧）〈喩〉寛大に罪を免じ，活路を与える．**3**（略）産児制限の枠を破り出産する．

**chāoshēngbō**【超声波】［名］（物）超音波．

**chāoshēngsù**【超声速】→ **chāoyīnsù**【超音速】

**chāoshì**【超市】［名］（略）スーパーマーケット．

**chāo shìjù kōngzhàn**【超视距空战】［名］（軍）視界外空中戦．

**chāo**

chāoshì wēishēngwù【超視微生物】〖医〗ウイルス．ビールス．
chāoshōu【超收】〖動〗**1** 収入が計画や規定を超える．**2** 受け取った勘定や物の価値が，受け取るべき額をオーバーする．
chāosù【超速】〖動〗(車が)制限速度を超える．
chāotuō【超脱】〖動〗**1**〖形〗しきたりや形式などにこだわらない．自由闊達である．**2** 抜け出る．〖宗〗解脱する．
chāowénběn【超文本】〖名〗〖電算〗ハイパーテキスト．
chāoxì xiānwéi【超细纤维】〖名〗〖紡〗スーパーファインヤーン．
chāoxiànshí zhǔyì【超现实主义】〖名〗超現実主義．シュールレアリスム．
chāoxīnxīng【超新星】〖天〗超新星．
chāoyì【超逸】〖形〗(様子や趣が)あかぬけしている．
chāoyīnbō【超音波】〖物〗超音波．
chāoyīnsù【超音速】〖物〗超音速．
chāoyóu yuánsù【超铀元素】〖名〗〖化〗超ウラン元素．
chāo/yuán【超员】〖動〗定員をオーバーする．
chāoyuè【超越】〖動〗超越する．超える．
chāozài【超载】〖動〗〖交〗規定の積載量をオーバーする．
chāozhī【超支】**1**〖動〗支出超過する．赤字になる．**2**〖名〗受け取るべき額以上に受け取った部分．
chāo/zhí【超值】値段以上の価値がある．¶～服务／価格以上のサービス．
chāo/zhòng【超重】〖動〗重量を超過する．¶～费／重量超過料金．
chāozhòngliàngjí【超重量级】〖名〗〖体〗重量挙げの，スーパーヘビー級．
chāozhòngqīng【超重氢】〖化〗トリチウム．►【氚 chuān】の旧称．
chāozhóu【超轴】〖交〗(機関車が)規定の重量以上を牽引する．
chāozhuó【超卓】〖形〗〖書〗卓越している；超絶する．
chāozhuó【超擢】〖動〗〖書〗異例の昇進をする；破格の抜擢(ばってき)をする．
chāozǐ【超子】〖名〗〖物〗ハイペロン．
chāozìrán【超自然】〖形〗〖哲〗霊的なる．超自然的な．

**焯** chāo ❶〖動〗(野菜を)さっとゆがく．
異読⇒zhuō

**剿** chāo ❶〖動〗剽切(ひょうせつ)する．踏襲する．
異読⇒jiǎo

chāoshuō【剿说】〖動〗〖書〗他人の言論を受け売りする．
chāoxí【剿袭】→chāoxí【抄袭】

**晁**（姓）chāo ❶〖姓〗

**巢** cháo ❶〖動〗巣；巣窟．¶蜂～／ハチの巣．¶匪～／盗賊の巣窟．
❷〖動〗

cháocài【巢菜】〖植〗**1** クサフジ．**2** カラスノエンドウ．

cháojū【巢居】〖動〗木の上にねぐらを作って住む．
cháokū【巢窟】→cháoxué【巢穴】
cháoshǔ【巢鼠】〖名〗〖動〗カヤネズミ．
cháoxué【巢穴】〖名〗巣；(喩)巣窟．

**朝** cháo ❶〖前〗(…の方に)向かって．向く．¶他～我笑了笑／彼は私にほほえんだ．❷〖動〗(…に)向ける．(…を)向く．¶这房子坐北～南／この家は(道の)北側にあって南向きである．❸〖名〗**1**〖書〗朝廷．¶清～／清朝．❷天子の在位期間．¶康熙～／康熙帝の御代．❸朝見．¶～见．¶～野．¶谒見する．¶～见．
異読⇒zhāo．

cháobài【朝拜】〖動〗君主に拝謁する．寺院や聖地に参詣する．
cháodài【朝代】〖名〗朝．…王朝時代．
cháodǐng【朝顶】〖動〗名山の寺に詣でる．
cháofèng【朝奉】〖名〗**1**(旧)宋代の官職名；(転)金持ちや土地の顔役の尊称．**2**(方)質屋の番頭や店員．
cháofú【朝服】〖名〗朝衣．朝廷に出るときに着る服．
cháogòng【朝贡】〖動〗朝貢する．
cháohuì【朝会】〖動〗大臣などが君主に謁見する．
cháojiàn【朝见】〖動〗君主に謁見する．
cháojìn【朝觐】〖動〗**1**〖書〗(君主に)拝謁する．**2**(聖地･聖像を)参拝する．
cháoshān【朝山】〖動〗名山や寺院に参詣する．
cháoshèng【朝圣】〖宗〗聖地を巡礼する．
cháotíng【朝廷】〖名〗朝廷．
cháowài【朝外】〖方位〗(年齢･距離の)…以上．
Cháoxiān【朝鲜】〖地名〗朝鮮．
Cháoxiānzú【朝鲜族】〖名〗**1** 朝鮮民族．**2**(中国の少数民族)朝鮮族．
cháoxiāng【朝香】〖動〗(旧)名刹(めいさつ)や聖地に詣でる．
cháoxiàng【朝向】〖名〗(建物や窓の)方向，向き．
cháoyáng【朝阳】太陽の方向に向いている．南向きである．⇒zhāo-yáng
cháoyánghuā【朝阳花】〖植〗ヒマワリ．►"向日葵"とも．
cháoyě【朝野】〖名〗朝廷と民間；政府と民間．
cháozhèng【朝政】〖名〗朝政．朝廷における政治．
cháozhū【朝珠】〖名〗清代の高官がつけていた首飾り．

**嘲** cháo ❶〖動〗あざける．¶～→谑．
異読⇒zhāo

cháofěng【嘲讽】〖動〗あざける．風刺する．皮肉る．
cháonòng【嘲弄】〖動〗嘲弄(ちょうろう)する．からかう．
cháoxiào【嘲笑】〖動〗嘲笑する．せせら笑う．¶受人～／人の嘲笑を買う．
cháoxuè【嘲谑】〖動〗嘲笑する．からか

う.

**潮** cháo【形】湿っている. しけている. ¶这屋子很～/この部屋はとてもじめじめしている. ¶这花生米～了/このピーナッツはしけている.
■ ①潮. ¶涨 zhǎng～/潮が満ちる. ②社会の変動の趨勢(すうせい). ¶民工～/農民の出稼ぎブーム. ③〈広東省の〉潮州. ¶～一区.
|姓|

cháobái【潮白】名 潮州産の中白の砂糖.

cháodòng【潮动】動 波のようにわきあがる.

cháohóng【潮红】形 ほおが赤い.

cháohūhū【潮乎乎】形〈～的〉じめじめする. 湿っぽい.

cháojiě【潮解】名〈化〉潮解する.

cháojù【潮剧】名 広東省の潮州方言区でさかんな地方劇.

cháoliú【潮流】名 潮流. ¶〈喩〉流れ. 成り行き. 時勢.

cháonǎo【潮脑】名 樟脳(しょうのう).

cháoqì【潮气】名〈口〉湿気. 湿り気.

cháorè【潮热】形 1〈中医〉消耗熱. 2 形 蒸し暑い.

cháorùn【潮润】形 1〈土や空気など〉湿っぽい. 2 目がうるんでいる.

cháoshī【潮湿】形 湿っぽい. じっとりする.

cháoshuǐ【潮水】名 潮. うしお.

cháotóu【潮头】名 潮の波;〈喩〉勢い. 潮流.

cháowèi【潮位】名 潮位.

cháoxī【潮汐】名 潮汐(ちょうせき). 潮の干満.

cháoxìn【潮信】名 1 潮の満ち引きする時刻. 潮時. 2〈婉〉〈女性の〉生理期.

cháoxiù【潮绣】名 広東省スワトウ産の刺繍.

cháoxùn【潮汛】名 大潮. 上げ潮.

cháoyǒng【潮涌】動 うしおのように押し寄せる.

**吵** chǎo ❶ 形 騒がしい. やかましい. ¶孩子们一到得慌/子供たちがうるさくてたまらない.
❷ 動 1 騒がしくする. ¶别把孩子～醒/やかましくして寝た子を起こすな. 2 言い争う. ¶他们闹一闹就一个没完/あの二人は顔を合わせるとけんかが絶えない.
|異読⇒ nào|

chǎo//jià【吵架】動 口論する. 言い争う.

chǎonào【吵闹】❶ 動 1〈大声で〉けんかする. 口論する. 2 騒がしくする. ❷ 形 やかましい. やかましくする.

chǎorǎng【吵嚷】動 がやがや騒ぐ. わめきたてる.

chǎorǎo【吵扰】動 1 騒がしくする. 邪魔する. 2〈方〉口ぜわしくする.

chǎorén【吵人】形 音が大きくてやかましい.

chǎozi【吵子】名〈方〉もめごと. いざ

こざ.

chǎo/zuǐ【吵嘴】動 口論する. 言い争う.

**炒** chǎo 動 1〈油で〉いためる;いる. ¶～股票/株の売買でもうける. 2〈方〉解雇する. 3〈方〉解雇する.

chǎo/cài【炒菜】1【料理】名 野菜を油でいためる. 2 名 いためもの.

chǎofàn【炒饭】名【料理】チャーハン.

chǎogān【炒肝】名〈～儿〉【料理】豚のレバーをいため, あんかけにした料理.

chǎogēng【炒更】動〈方〉1 残業する. 2 副業で収入を増やす.

chǎo/gǔ【炒股】動〈投機目的の〉株の売り買いをする.

chǎoguō【炒锅】名 中華鍋.

chǎohuì【炒汇】動 外貨を売買する.

chǎohuò【炒货】名 スイカの種などいった食品の総称.

chǎojiā【炒家】名 ブローカー. 転売人.

chǎo lěngfàn【炒冷饭】〈慣〉二番煎じをやる.

chǎo mǎi chǎo mài【炒买炒卖】〈成〉投機売買. やみ取引.

chǎomǐ【炒米】名【料理】1 いり米. 2 いったウルチキビ. ▶モンゴル族の常食.

chǎomǐfěn【炒米粉】名【料理】いためビーフン.

chǎomiàn【炒面】【料理】名 1 焼きそば. 2 麦〈炒〉. 麦こがし.

chǎosháo【炒勺】名 1〈片手の〉中華鍋. 2 フライがえし.

chǎoshǒu【炒手】名〈経〉投機家. ブローカー. 転売する人.

chǎoxīng【炒星】動 大々的に宣伝して芸能人の知名度をあげる.

chǎo yóuyú【炒鱿鱼】〈慣〉首にする. 解雇する.

chǎoyǒu【炒友】名〈外国為替などの〉売買をする人. ブローカー.

chǎozuò【炒作】動 1〈経〉株の投機的売買をする. 2 ある人物や事物を売り出すため, マスコミを通じて何度も宣伝する.

**秒** chǎo 動〈農〉〈土地を打ち砕くのに用いる〉まぐわの一種. 2 動 "秒"で地ならしをする.

## che (イさ)

**车**【車】chē ❶ 名 車. ▶自動車・自転車などをさすことが多い.
[熟]骑～上班/自転車〈バイク〉で出勤する. ¶开～/車を運転する.
❷ 動 1 旋盤で削る. 2 水車で水を汲み上げる. ¶～水/同上. 3〈方〉〈身体を〉回す.
■ 輪軸を回す機械装置. ¶滑～/滑車. ¶水～/水車.|姓|
|異読⇒ jū|

chēbǎ【车把】名 ハンドル. 人力車のかじ棒.

## chē

**chēbǎshi**【车把势・车把式】〈名〉車夫. 御者.

**chēbāng**【车帮】〈名〉トラックや荷車などの両側の板.

**chēběn**【车本】〈名〉(～儿)運転免許証.

**chēchǎng**【车厂】〈名〉**1**(～子)〈旧〉人力車や三輪車の賃貸しをする店. 車庫. **2** 車両製造所.

**chēchǎng**【车场】〈名〉**1** モータープール. 車置き場. **2** 鉄道駅構内の操車場・貨物用引込線・車庫など. **3** 道路運輸と都市公共交通企業の一級管理部門.

**chēcháo**【车潮】〈名〉車の波(流れ).

**chēchéng**【车程】〈名〉(自動車の)道のり, 距離.

**chēchuáng**【车床】〈名〉〈機〉旋盤.

**chēcì**【车次】〈名〉列車番号.

**chēdài**【车带】〈名〉〈車の〉タイヤで;(車の)チューブ.

**chēdāo**【车刀】〈名〉〈機〉旋盤用バイト.

**chēdào**【车道】〈名〉車道.

**chē dào shān qián bì yǒu lù**【车到山前必有路】〈諺〉案ずるより産むがやすし.

**chēdēng**【车灯】〈名〉車両のライト.

**chēdēngzi**【车蹬子】〈名〉(自転車の)ペダル.

**chēduì**【车队】〈名〉**1** 自動車や荷馬車などの隊列. **2**(ホテルなどに配属されている)タクシーチーム. **3**(企業や機関などの)車両部門.

**chēfēi**【车匪】〈名〉車内強盗.

**chēfēi lùbà**【车匪路霸】 鉄道や道路などの交通路で強奪・窃盗を働く犯罪者.

**chēfèi**【车费】〈名〉車代, 交通費.

**chēfēnr**【车份儿】〈方〉(車引きが車主に支払う)車の借り賃(損料).

**chēfū**【车夫】〈名〉〈旧〉車夫. 御者.

**chēgōng**【车工】〈名〉**1** 旋盤で切削する作業. **2** 旋盤工.

**chēgōnglǐ**【车公里】〈車の走行距離を計算する単位〉1 台の車が 1 キロ走るのを "车公里" とする.

**chēgōu**【车钩】〈名〉車両連結器.

**chēgūlu**【车轱辘】〈口〉〈名〉車輪.

**chēgūluhuà**【车轱辘话】〈口〉〈名〉繰り言.

**chēhào**【车号】〈名〉**1** 車種を示す列車記号. **2** 自動車の登録ナンバー.

**chēhuòzi**【车豁子】〈名〉〈旧〉(農村で)馬車の車体.

**chēhuò**【车祸】〈名〉交通事故. 轘禍.

**chējǐ**【车技】〈名〉自転車の曲乗り.

**chējià**【车驾】〈名〉帝王の馬車.

**chējià**【车架】〈名〉**1**(自動車の)車台. シャシー. **2**(自転車の)フレーム.

**chējiān**【车间】〈名〉作業場. 生産現場. 部門.

**chējiǎn**【车检】〈名〉車検.

**chējiǎoqian**【车脚钱】〈名〉(馬車などの)運賃.

**chējuān**【车捐】〈名〉〈経〉車両税.

**chēkù**【车库】〈名〉車庫. ガレージ.

**chēkuāng**【车筐】〈名〉(自転車の)かご.

**chēkuàng**【车况】〈名〉車の性能・運行・手入れなどの状態.

**chēlǎobǎn**【车老板】〈名〉(～儿.～子)〈方〉車夫.

**chēliángmù**【车梁木】〈名〉〈方〉カシ材.

**chēliàng**【车辆】〈名〉(车の)総称.

**chēliè**【车裂】〈名〉〈古〉車裂きの刑.

**chēlíng**【车铃】〈名〉自転車のベル.

**chēliú**【车流】〈名〉車の流れ.

**chēlún**【车轮】〈名〉車輪.

**chēlúnzhàn**【车轮战】〈名〉数人が代わる代わる一人に, あるいは数集団が次々に 1 集団に立ち向かい, 疲れさせて破る戦法.

**chēmǎfèi**【车马费】〈名〉**1**(公務出張時の)交通費. **2**〈婉〉車代. 謝礼.

**chēmào**【车貌】〈名〉車の外観.

**chēmén**【车门】〈名〉**1** 車のドア. **2**(表門のわきにある)車馬の通用門.

**chēmó**【车模】〈名〉**1** 車の模型. **2** モーターショーのコンパニオン.

**chēpá**【车扒】〈名〉(バス・電車などの)車上のすり.

**chēpái**【车牌】〈名〉ナンバープレート.

**chēpéng**【车棚】〈名〉屋根付きの自転車置き場.

**chēpéng**【车篷】〈名〉車の覆い. 幌 (ほろ).

**chēpí**【车皮】〈名〉〈鉄道〉車両. ▶客車・貨車ともいう.

**chēpiào**【车票】〈名〉(列車・バスの)乗車券, 切符.〈張〉

**chēqián**【车前】〈名〉〈植〉オオバコ;〈中薬〉車前子 (ズ).

**chēqián**【车钱】〈名〉車賃. 交通費.

**chēquān**【车圈】〈名〉(自転車などの)車輪の枠, リム.

**chēróng**【车容】〈名〉車の外観.

**chē/shēn**【车身】**1**〈動〉〈方〉体の向きを変える. **2**〈名〉(自動車などの)ボディー. 車体.

**chēshì**【车市】〈名〉自動車やバイクなどの市場.

**chēshǒu**【车手】〈名〉(自動車などの)レーサー.

**chē shuǐ mǎ lóng**【车水马龙】〈成〉車馬の往来が盛んなさま.

**chēsù**【车速】〈名〉**1**(車の)スピード. **2**(機械の)回転速度.

**chēsuǒ**【车锁】〈名〉自転車の錠.

**chētāi**【车胎】〈名〉タイヤ.

**chētiáo**【车条】〈名〉(車の)スポーク.

**chētiē**【车贴】〈名〉通勤手当.

**chētóu**【车头】〈名〉車の先端部分. 列車の先頭;(特に)機関車.

**chēwǎ**【车瓦】〈名〉木製車輪の外側に取り付けた鉄製体.

**chēwéizi**【车围子】〈名〉馬やロバに引かせる車の周囲を覆うテント.

**chēwèi**【车位】〈名〉停車位置.

**chēxiǎn**【车险】〈名〉自動車保険.

**chēxiāng**【车厢】〈名〉(列車・自動車などの)人や物をのせるところ. 車両. 〈节, 个〉▲ "车箱" とも.

**chēxiāo**【车削】〈動〉〈機〉旋盤で削る.

chēxíng【车型】[名] 車のモデル.［型式］.
chēxíngdào【车行道】[名] 車道.
chēyuán【车辕】[名] (車の)ながえ, かじ棒.
chē zài dǒu liáng【车载斗量】[成] たくさんあってちっとも珍しくない. 掃いて捨てるほどある.
chēzhá【车闸】[名] ブレーキ.
chēzhǎn【车展】[名] モーターショー.
chēzhàn【车站】[名] 駅. 停留所. 停車場.［个, 座］
chēzhào【车照】[名] **1** 車両証. 車検証. **2** 運転免許証.
chēzhé【车辙】[名] わだち. 車の通った跡.
chēzhīzi【车支子】[名] 自転車のスタンド.
chēzhǒng【车种】[名] 車種.
chēzhóu【车轴】[名] 車軸. 心棒.
chēzhóucǎo【车轴草】[名]〖植〗シャジクソウ.
chēzhǔ【车主】[名] **1** 車の持ち主. **2** (旧)人力車や三輪車などを賃貸する店の経営者.
chēzhuǎn【车转】[動](方)(主に体の)向きを変える.
chēzī【车资】[名] 車賃. 交通費.
chēzi【车子】[名] **1** (小型の)**車**.［輛］**2** 自転車.
chēzǔ【车组】[名] (バスや列車の)乗務員チーム.
chēzuò【车座】[名] サドル. (車の)座席.

## 砗 chē ❶

chēqú【砗磲】[名]〖貝〗シャコガイ.

## 尺 chě ❶

【中国民族音楽の音階の一】現行略譜の"2"に相当.
異読⇒chǐ

## 扯（撦）chě

❶ [動] **1** 引っ張る. ¶他～着儿子就走 / 彼は息子を引っ張って行った. **2** 裂く. 引き破る. ¶他把海报～下来 / 彼はポスターを引き破った. ¶～了三尺布 / 布を3尺買った. **3** とりとめのないことを言う. ¶～家常 / 世間話をする.
chě//bái【扯白】[動](方)うそをつく.
chě//dàn【扯淡·扯蛋】[動](罵)でたらめを言う. ¶这话太～了 / この話はまったくのでたらめだ.
chě hòutuǐ【扯后腿】→ lā hòutuǐ【拉后腿】
chě//huǎng【扯谎】[動]うそをつく.
chě//jīn【扯筋】[動](方)**1** 世間話をする. **2** 口げんかをする.
chě lànwū【扯烂污】→ cā lànwū【拆烂污】
chě péng lā qiàn【扯篷拉纤】[成] 両者の間を取り持って金銭をせしめる.
chě//pí【扯皮】[動]水掛け論をする. 責任のなすり合いをする.
chě//sǎn【扯伞】[動](罵)でたらめを言う. うそをつく.
chěshǒu【扯手】[名](方)手綱.

chě shùnfēngqí【扯顺风旗】[慣](貶)風向きしだいで態度を変える. 日和見をきめこむ.
chětán【扯谈】[動] 雑談する.
chě//tuǐ【扯腿】[動] **1** 足を引っ張る. **2** (方)さっさと歩き出す.
chě xiánpiān【扯闲篇】(～儿)[方] 雑談をする.

## 彻（徹）chè ❶

突き通す. 突き通る.
chèchá【彻查】[動] 徹底的に調査する.
chèdǐ【彻底】[形] **徹底している**. ¶～改正错误 / 徹底的に誤りを正す.
chègǔ【彻骨】[形] 身身にこたえる;（喩）程度が甚だしい.
chè tóu chè wěi【彻头彻尾】[成] 徹底徹尾.
chèwù【彻悟】[動] はっきりと悟る. はっきりわかる.
chèyè【彻夜】[名] 一晩中. 夜通し.

## 坼 chè ❶

裂ける. 割れる. ¶天寒地～ / 天気が寒くて地面がひび割れる.
chèliè【坼裂】[動]〖書〗裂ける. 割れる.

## 掣 chè ❶

[動] **1** 引く. 引っ張る. **2** 引き抜く. 抜き取る. ¶～签 / くじを引く.
❷ ひらめく.
chèdiàn【掣电】[動]〖書〗稲妻が走る（光る）.
chèzhǒu【掣肘】[動] 他人の行動を妨害する. 制肘(する).

## 撤 chè ❶

[動] **1** 取り除く. 除去する;職務を解く. ¶请把碗筷儿～下去 / 食器を下げてください. **2** 退く. 引き揚げる;撤回する. ‖
chè//bǎo【撤保】[動] 保証を取り消す. 保証の継続を拒否する.
chè//běn【撤本】(～儿) 資本金や出資金を取り戻す.
chèbiān【撤编】[動]（軍）編制を解除する.
chè//bīng【撤兵】[動] 撤兵する. 軍隊を引き揚げる.
chèbìng【撤并】[動](組織・機関の)統廃合を行う.
chè//chāi【撤差】[動](旧)免職される. 免官する.
chèchú【撤除】[動] 取り除く. 取り消す; 撤廃する; 免ずる.
chè//diàn【撤佃】[動](旧)地主が小作地を強制的に取り上げる.
chè//fáng【撤防】[動] 陣地から軍隊を引き揚げて, 防衛施設を撤去する.
chèhuàn【撤换】[動](人や物を)入れ替える. 更迭する.
chèhuí【撤回】[動] **1** 引き揚げる. 呼び戻す. 召還する. **2** (文書などを) 撤回する. 取り下げる.
chè//huǒ【撤火】[動] 燃料をやめる.
chè//jūn【撤军】[動] 軍隊を撤収する.
chèlí【撤离】[動] 撤退する. 離れる.
chèmiǎn【撤免】[動] 解任する. 免職する.
chèsù【撤诉】[動]〖法〗訴訟を取り下げ

chè

chètuì【撤退】動(軍隊を)撤退する,撤収する.

chèxiāo【撤销・撤消】動 取り消す.撤回する. ¶~处分/处分を取り消す. ¶~职务/解任する.

chè/zhí【撤职】動免職する. ¶~查办/免職の上,司法機関に引き渡して処置する.

chè/zī【撤资】動資本を引き揚げる.

chè ❶ ❶(水が)澄んでいる. ¶清~/澄みきっている.

chèdǐ【澈底】→chèdǐ【彻底】

## chen (ㄔㄣ)

chēn 抻 動(口)ぴんと引っ張る. 引き伸ばす.

chēnjìn【抻劲儿】名(口) 1 (物が)引っ張りに耐える力. 根気. 2 〈転〉焦らずにじっとこらえる力.

chēn/miàn 抻/面【料理】動 こねた小麦粉を道具を使わず両手で細長く引き伸ばしてめんを作る. 2〈1の方法で作った〉引っ張りめん.

郴 chēn 地名用字.

琛 chēn【書】宝物.

嗔 chēn ❶ ❶腹を立てる. 2 不満を持つ. ❶→~怪guài.

chēnguài【嗔怪】動非難する. とがめる.

chēnnù【嗔怒】動【書】腹を立てる.

chēnsè【嗔色】名 不機嫌な顔. 怒りの色.

chēnyuàn【嗔怨】動 とがめる. 恨む.

瞋 chēn ❶ 〈怒って〉にらむ. ¶~目而视/怒ってにらみつける.

臣 chén 名 君主に対する官吏の自称. ¶臣. ¶君~/君主と臣下. ❶ 姓

chénfú【臣服】動【書】服属する.

chénliáo【臣僚】名 文武の諸官吏.

chénmín【臣民】名 臣民. 君主国家の被統治者.

chénpú【臣仆】名【書】1 家来. 召使い. 2 奴隷.

chénshǔ【臣属】動【書】臣下となる.

chénxià【臣下】名 臣下. 臣. 家来.

尘 chén【塵】❶ 名 1 ほこり. ちり. 2 〈仏〉俗世間. 浮世. ¶红~/俗世間.

chén'āi【尘埃】名 塵埃. ほこり. ちり.

chén'āi chuánrǎn【尘埃传染】名【医】塵埃感染. 空気伝染.

chén āi luò dìng【尘埃落定】〈成〉決着をみる.

chénbào【尘暴】名〔气〕砂嵐. 土砂嵐. 黄塵.

chéndú【尘毒】名 有毒物質を含んだ粉塵.

chénfán【尘凡】名 俗世間. 浮世.

chénfèi【尘肺】名〔医〕塵肺(ﾁﾝﾊｲ). 肺塵症.

chénfēng【尘封】動【書】ほこりに埋もれる;〈喩〉長い間放っておく. 長期間使用しない.

chénɡōu【尘垢】名 ほこりとあか.

chénhuán【尘寰】名【書】俗世. この世. 俗界.

chénjiè【尘界】名【書】ちりあくた;〈仏〉俗界.

chénmǎn【尘螨】名 チリダニ. ヒョウヒダニ.

chénshì【尘世】名 この世. 俗世. 浮世.

chénshì【尘事】名 俗事. 日常の瑣事.

chénsú【尘俗】名 1 世俗. 俗世間. 2【書】世間. この世.

chéntǔ【尘土】名 ちり. ほこり. 土ぼこり. ¶~大/ほこりがひどい.

chénwǎng【尘网】名 俗世間.

chénwūrǎn【尘污染】名 塵汚染.

chénwù【尘雾】名 立ちこめた土ぼこり.

chénxiāo【尘嚣】名 騒々しい.

chényān【尘烟】名 砂煙. 砂塵.

chényǔ【尘雨】名 塵雨.

chényuán【尘缘】名〈仏〉俗世の因縁.

辰 chén 名 十二支の第5;辰(ﾀﾂ). ❶ ❶ 天体. 日・月・星の総称. ¶星~/星. 2 時. 日. 時日. ¶诞~/誕生日. ¶时~/時刻. ❶ 姓

chénguāng【辰光】名〔方〕時. 時間.

chénshā【辰砂】名 湖南省辰州産の朱砂. 赤色顔料や漢方の原料.

chénshí【辰时】名〈旧〉辰の刻. ▶午前7時から9時.

沉（沈） chén ❶ 動 1 (水中に)沈む. 2 沈下する. 陥没する. 3 落ち着く. ¶你要~住气,别慌/落ち着け,慌てることはない. ❶ 形 1 (目方が)重い. 2 (感覚が)重い. だるい. 3 程度が深い. ¶睡得很~/ぐっすり眠っている. 4 (程度が)深い.

chénchén【沉沉】形 1 どっしりと重い. 2 (程度が)深い.

chénchuán【沉船】名 沈没船.

chéndiāndiàn【沉甸甸】形（~的）ずっしりと重い.

chéndiàn【沉淀】動 沈殿する. よどむ.

chénfú【沉浮】名〈世の〉浮き沈み. 栄枯盛衰.

chéngù【沉痼】名 長患い. 宿弊.

chénhān【沉酣】名 熱中する.

chénjī【沉积】動 堆積する. 沈殿する;〈喩〉蓄積する.

chénjīyán【沉积岩】名〔地质〕堆積岩. 水成岩.

chénjì【沉寂】形 1 ひっそりと静まり返っている. 2 消息がない.

chénjiàng【沉降】動 沈下する. 沈降する.

chénjìn【沉浸】動 思いにふける. ひたる.

chénjǐng【沉井】名〔土木〕オープンケーソン.

chénjìng【沉静】形 1 ひっそりとして

いる。**2**〈性格や態度が〉もの静かである,落ち着いている。

**chénkē**【沉疴】〖名〗〈書〉長患い. 宿病(しゅくへい).

**chénlún**【沉沦】〖動〗〈書〉零落する.〈罪悪の泥沼に〉はまり込む.

**chénlùn**【沉沦】〖動〗**1** 沈む. **2**〈気持ちが〉沈む,落ち込む.

**chénmèn**【沉闷】〖形〗**1**〈天気や雰囲気が〉**重苦しい**,うっとうしい.**2**〈性格が〉暗い,〈気分が〉ふさぐ,晴れ晴れしない.

**chénmí**【沉迷】〖動〗熱中する. ふける. おぼれる.

**chénmián**【沉眠】〖動〗熟睡する.

**chénmián**【沉绵】〖動〗〈書〉長患いする.

**chénmiǎn**【沉湎】〖動〗耽溺(たんでき)する. ひたる.

**chénmò**【沉没】〖動〗沈没する. 没する.
**chénmò**【沉默】〖形〗口数が少ない. ¶～寡言 / 寡黙である. **2**〖動〗沈黙する.

**chénmòquán**【沉默权】〖名〗〈法〉黙秘権.

**chénnì**【沉溺】〖動〗耽溺する. ふける. ¶～于酒色 / 酒色にふける.

**chénqián**【沉潜】〖動〗**1**〈水中に〉潜む,潜る. **2**〈書〉感情・考えを顔に出さない. **3** 専念する. 没頭する.

**chénshuì**【沉睡】〖動〗熟睡する.

**chénsī**【沉思】〖動〗深く考え込む. 沈思する.

**chéntòng**【沉痛】〖形〗**1** 沈痛である. 悲しみが深い. **2** 深刻である,重大である.

**chénwěn**【沉稳】〖形〗**1**〈性格などが〉落ち着いている. **2** 平穏である. 安らかである.

**chénxiàn**【沉陷】〖動〗**1**〈地面や建物の土台が〉沈下する. **2**〈物が地中などに〉落ち込む,めり込む.

**chénxiāng**【沉香】〖名〗〈植〉ジンコウ; 〈中薬〉沉香(じん).

**chénxiāng**【沉箱】〖名〗〈土木〉ケーソン.

**chénxióng**【沉雄】〖形〗〈気勢や性格が〉重々しくて雄壮である.

**chényì**【沉抑】〖形〗気分が晴れない. 沈うつである.

**chényì**【沉毅】〖形〗落ち着いていて意志が強い.

**chényín**【沉吟】〖動〗沈吟する. 思案する.

**chén yín bù jué**【沉吟不决】〈成〉ためらって決心がつかない.

**chényǒng**【沉勇】〖形〗沈着で勇敢である.

**chén yú luò yàn**【沉鱼落雁】〈成〉女性の美貌が並外れている.

**chényù**【沉郁】〖形〗〈書〉沈うつである.

**chényuān**【沉冤】〖名〗そそぐことのできない冤罪(えんざい).

**chénzhā**【沉渣】〖名〗沈殿物. 残りかす;〈喩〉価値のないもの. ¶～泛起 / つまらない人間が権勢を握る.

**chénzhì**【沉滞】〖形〗〈書〉滞る. 動きの

----

くなる.

**chénzhòng**【沉重】〖形〗**重い**;〈程度が〉甚だしい.

**chénzhuó**【沉着】〖形〗**1 落ち着いている.** **2**〈色素などが〉沈着する.

**chénzi**【沉子】〖名〗〈漁網の〉おもり.

**chénzuì**【沉醉】〖動〗酩酊(めいてい)する. 陶酔する. ひたる.

## 忱 chén

**chén**【忱】〖名〗心. 感情. ¶热～/热意. ¶谢～/感謝の心. ¶赤～/赤心.

## 陈(陳) chén

**chén 1**〖動〗〈食物などが〉古くなる;〈酒が〉古くなっておいしい. **2**〖名〗〈史〉陳. ⓐ南北朝時代の南朝の一. ⓑ周代の国名の一.
**Ⅱ** ①置く,並べる. **1**→～设. ② 述べる. 陳述する. **1**→～诉. 〖姓〗

**chénbīng**【陈兵】〖動〗兵を配置する.

**chén chén xiāng yīn**【陈陈相因】すべて古くからのしきたりを踏襲し, なんら改良を加えない.

**chéncí**【陈词·陈辞】〖動〗自分の言い分を述べる. **2**〖名〗言い古された言葉.

**chén cí làn diào**【陈词滥调】〈成〉古くさくて現実に合わない言葉. 使い古された語句.

**chéncù**【陈醋】〖名〗長く貯蔵した酢.

**chénfàng**【陈放】〖動〗飾りつける. 並べる.

**chénfǔ**【陈腐】〖形〗陳腐である. 古くさい. ¶～的观念 / 古くさい考え.

**chén gǔzǐ làn zhīmá**【陈谷子烂芝麻】〈慣〉古くさくてつまらない話や物事.

**chénguī**【陈规】〖名〗古い尺度. 古いしきたり.

**chéng guī lòu xí**【陈规陋习】〈成〉古い規則と悪い習俗.

**chénhuò**【陈货】〖名〗棚ざらしの商品.

**chénjì**【陈迹】〖名〗昔の事柄. 古い記憶.

**chénjiǔ**【陈酒】〖名〗**1** 古酒. **2**〈方〉→**huángjiǔ**【黄酒】

**chénjiù**【陈旧】〖形〗**古い. 古くさい. 時代遅れである.**

**chénliáng**【陈粮】〖名〗1 年以上たった穀物.

**chénliè**【陈列】〖動〗**陈列する. 展示する.**

**chénmǐ**【陈米】〖名〗古米.

**chénnián**【陈年】〖形〗長い間蓄えた.

**chénniàng**【陈酿】〖動〗→**chénjiǔ**【陈酒】

**chénpí**【陈皮】〖名〗〈中薬〉陳皮(ちんぴ).

**chénqíng**【陈情】〖動〗〈書〉真情を吐露する. 事情を開陳する.

**chénqǐng**【陈请】〖動〗陳情する.

**chénshào**【陈绍】〖名〗長年寝かせた紹興酒.

**chénshè**【陈设】〖動〗**1** 並べる. 飾りつける. **2**〖名〗飾りつけ. 飾り. 装飾品.

**chénshì**【陈饰】〖名〗〈花瓶・いすカバーなどの〉室内装飾品. インテリア.

**Chén Shìměi**【陈世美】〖名〗高い地位を得た後, 心変わりした男;〈広く〉移り気な男.

**chénshù**【陈述】〖動〗**陈述する. 述べる.**

**chénshùjù**【陈述句】〖名〗〈語〉平叙文.

## chén 114

**chénshuō**【陈说】動 陈述する.述べる.
**chénsù**【陈诉】動（苦しみ・くやしさなどを）訴える.
**chéntào**【陈套】名 古いパターンや方法.
**chényán**【陈言】《书》1 動 言葉を述べる.2 名 陈腐な言葉.
**chénzhàng**【陈账】名 古い借金.¶喻 古い問題.
**chényuán**【宸垣】名《书》京師.みやこ.
**chénzhǐ**【宸旨】名 天子の思（召）し召し.聖旨.

**晨** chén ❶早朝.¶早～/朝.¶凌～/未明.‖姓
**chénbào**【晨报】名《新闻》の朝刊.
**chénchuī**【晨炊】名《书》朝食.
**chénguāng**【晨光】名 朝の光.朝日.
**chénhūn**【晨昏】名《书》朝夕.朝晩.
**chénliàn**【晨练】名 早朝の鍛錬.早朝トレーニング.
**chénxī**【晨曦】名《书》曙光.朝日.
**chénxīng**【晨星】名 1 暁の星；(喻) 数が少ないこと.2 (旧) 明け方の明星(金星)；水星.
**chénxùn**【晨训】名 早朝トレーニング.
**chényì**【晨艺】名 ガウン.

**谌**（諶）chén《书》1 動 信じる.2 形 まことに.確かに.‖姓 異読⇒shèn

**碜**（磣）chén ❶（食物に砂が混じっていて）じゃりじゃりする.¶牙～/同上.2 見苦しい.不格好である.¶寒～/醜い.

**衬**（襯）chèn ❶動 1 下に(もう 1 枚)当てる,敷く,着る. 2 際立たせる.引き立てる. ❷❶下に当てたり,着たりするもの.❷→裤.❸襟や袖の裏につけて汚れを防ぐもの.¶袖～儿/袖カバー.
**chènbù**【衬布】名（服の)当て布,芯.
**chèndiàn**【衬垫】名 1 (機)ライナー.敷き金. 2 当て布.
**chèndiànliào**【衬垫料】名 包装用の緩衝材.クッション.
**chènkù**【衬裤】名 ズボン下.
**chènkòu**【衬扣】名 カフスボタン.
**chènlǐ**【衬里】名 裏張り.裏打ち.
**chènlǐzi**【衬里子】名 裏地.芯地.
**chènlǐng**【衬领】名 内襟.
**chènqún**【衬裙】名 スリップ．ペチコート.［条］
**chènshān**【衬衫】名（～儿）ワイシャツ；ブラウス.［件］
**chèntuō**【衬托】動 他のものによって）際立たせる.
**chènyè**【衬页】名《书物の）見返し.
**chènyī**【衬衣】名 下着.シャツ.［件］
**chènyìng**【衬映】動 引き立てる.際立たせる.
**chènzhǐ**【衬纸】名 1 当て紙. 2 (機)ガスケットペーパー.

**chènzì**【衬字】名 戏曲などの歌の歌詞で）口調をそろえたり,メロディーに合わせたりするために加えられる字.

**疢** chèn 名《书》病気.热病.

**齓** chèn 動《书》子供の歯が生え替わる.

**称**（稱）chèn 動 かなう,つり合う.ぴったり合う.¶相～/マッチしている. 異読⇒chēng
**chèn/qián**【称钱】動（～儿）〈口〉お金持ちである.
**chèn/shēn**【称身】動（～儿）（服が）体に合う
**chèn tǐ cái yī**【称体裁衣】〈成〉実際に即して事を処理する.
**chèn/xīn**【称心】動 意にかなう.思いどおりになる.
**chèn xīn rú yì**【称心如意】〈成〉思いどおりになって満足する.
**chèn/yì**【称意】動 意に沿う.気に入る.
**chèn/yuàn**【称愿】動〈贬〉（人の失敗や災難を）いい気味だと思う.
**chènzhí**【称职】形 適任である.

**趁**（趂）chèn ❶ 介 …を利用して,…に乗じて,…のうちに.▶目的語が 2 音節以上のときには「着 zhe」を加えることができる.¶～暑假去旅行/夏休みを利用して旅行に行く.¶～着我现在身体还好,想多做一点儿工作/体がまだ達者なうちに,少しでも多く仕事がしたい.❷ 動 1 （方）（财产を)持っている.2 （方）便乗する.
**chèn/biàn**【趁便】動（…の）機会を利用する；ついでに.
**chèn huò dǎ jié**【趁火打劫】〈成〉火事場どろぼうを働く.
**chènjī**【趁机】副 機会に乗じて.
**chèn/kòng**【趁空】動（～儿）暇を利用する.
**chèn/liàng**【趁亮】動（～儿）明るさに乗じる.
**chèn/qián**【趁钱】動（～儿）〈口〉お金がある.金持ちである.
**chèn/rè**【趁热】動（～儿）熱いのに乗じる.¶～吃吧/冷めないうちに召し上がれ
**chèn rè dǎ tiě**【趁热打铁】〈成〉鉄は熱いうちに打て.
**chènshāng**【趁墒】動（農）土壌に水分のある間に（種をまきなど）する.
**chènshì**【趁势】副 チャンスを利用し.勢いに乗じて.
**chènshǒu**【趁手】副〈方〉ついでに.
**chèn/xīn**【趁心】→chèn/xīn【称心】
**chènzǎo**【趁早】副（～儿）早めに.早いうちに.

**榇**（櫬）chèn 名《书》棺桶.

**谶**（讖）chèn ❶ 吉凶禍福に関する予言.
**chènwěi**【谶纬】名〈古〉讖緯（しんい）.神秘的な予言書.
**chènyǔ**【谶语】名 不吉な予言.

## cheng (ㄔㄥ)

**柽**(檉) chēng ❶
chēngliǔ【柽柳】〈名〉〈植〉ギョリュウ；〈中薬〉檉柳(ボミ)．

**琤**(琤) chēng ❶
chēngchēng【琤琤】〈擬〉玉のぶつかる音；琴の音；水の流れる音．

**称**(稱) chēng ❶【称】動 1…という．～と呼ぶ．¶大家都一他手世孔明／みんな彼のことを孔明の生まれかわりと呼んでいる．2 (はかりで目方を)量る；(目方売りのものを)買う．
🅷 ①ほめたたえる．¶～→颂sòng. ②言う．述べる．¶～→快kuài. ③名称．呼び方．¶称／略称．
‖姓 異読⇒chèn
chēng/bà【称霸】動 覇を唱える．支配権を握る．
chēngbiàn【称便】動 便利であるとほめる．
chēngbīng【称兵】動〈書〉挙兵する．
chēngbìng【称病】動 病気を口実にする．
chēngbuqǐ【称不起】動+可補 …とは呼べない．…の資格がない．
chēngchén【称臣】動〈書〉臣服する．服従する．
chēng/dà【称大】動 偉ぶる．お高く止まる．
chēngdài【称贷】動 借金する．
chēngdào【称道】動 口に出す．述べる；称賛する．
chēngdeqǐ【称得起】動+可補 …といえる．…と称するに足りる．
chēngdì【称帝】動〈書〉帝と称する．帝位につく．
chēng gū dào guǎ【称孤道寡】〈成〉お山の大将ぶる．
chēnghào【称号】〈名〉称号．呼び名．
chēnghè【称贺】動 祝いの言葉を述べる．
chēnghu【称呼】動 1 呼ぶ．¶我应该怎么～她？／彼女を何と呼んだらいいでしょうか．2〈名〉(お互いの関係を示す)呼び名．呼称．
chēngjí【称疾】動〈書〉病気と称する．
chēngkuài【称快】動 痛快がる．快哉(ず)を叫ぶ．
chēngliáng【称量】動 目方を量る．
chēng liáng ér chū【称量而出】〈成〉話や文章の字句をよく選ぶ．
chēngqí【称奇】動 珍しさに感心する．
chēngqìng【称庆】動〈書〉歓呼する．
chēngshǎng【称赏】動 ほめたたえる．
chēngshù【称述】動 述べる．言う．
chēngshuō【称说】動 (事物の名を)呼ぶ．
chēngsòng【称颂】動 ほめたたえる．称賛する．
chēngtàn【称叹】動 賛嘆する．感心してほめる．
chēng wáng chēng bà【称王称霸】〈成〉権力をほしいままにする．
chēngwèi【称谓】〈名〉〈親族・身分・職務などの)名称．呼称．
chēngxiàn【称羡】動〈書〉称賛しうらやむ．
chēngxiè【称谢】動 礼を言う．謝意を述べる．
chēng xiōng dào dì【称兄道弟】〈成〉兄弟のように仲がよい．
chēngxióng【称雄】動 雄を唱える．
chēngxǔ【称许】動〈書〉称賛する．ほめる．
chēngyáng【称扬】動 ほめたたえる．
chēngyǐn【称引】動〈書〉引証する．引用する．
chēngyù【称誉】動〈書〉称賛する．ほめたたえる．
chēngzàn【称赞】動 称賛する．ほめたたえる．

**蛏**(蟶) chēng〈名〉〈貝〉マテガイ；アゲマキガイ．
chēnggān【蛏干】〈食材〉アゲマキガイの干したもの．
chēngzǐ【蛏子】〈名〉〈貝〉アゲマキガイ．

**铛**(鐺) chēng〈名〉平底の浅い鉄鍋．異読⇒dāng

**赪**(赬) chēng〈書〉赤色．

**撑**(撑) chēng 1 支える．¶用手杖～住身体／杖で体を支える．2 開く．(ぴんと)広げる．¶～开伞／傘をさす．3 (詰め込んで)いっぱいになる．4 持ちこたえる．こらえる．¶他～不住哭了／彼はこらえきれなくて泣きだした．5 突っ張って動かす．¶～一船／さおで舟を進める．
chēng chǎngmiàn【撑场面】〈慣〉外観を張る．見栄を張る．
chēngchí【撑持】動 無理に支える．なんとか持ちこたえる．
chēngdehuang【撑得慌】〈食べすぎて)腹が張る．
chēnggān tiàogāo【撑竿跳高】〈体〉棒高跳び．▲「撑杆跳高」とも．
chēngjù【撑拒】動 拒む．反抗する．
chēng ménmiàn【撑门面】→ chēng chǎngmiàn【撑场面】
chēng shìmiàn【撑市面】〈慣〉主役を務める；腕をふるう；局面を支える．
chēng shùn fēng chuán【撑顺风船】〈成〉流れに身をまかせる．
chēng/yāo【撑腰】動 支持する．後押しをする．

**瞠**(瞠) chēng 🅷 目を見張る．
chēng hū qí hòu【瞠乎其后】〈成〉力が遠く及ばず追いつけない．
chēngmù【瞠目】動〈書〉(驚き，または あきれて)目を見張る．
chēng mù jié shé【瞠目结舌】〈成〉あっけにとられてものが言えない．

## chéng

**成**

**chéng**【成】
① 【動】 1 成し遂げる.完成する.¶这件事~不~,还不好说/この件が成功するかどうかはまだなんとも言えない.[補語に用い]¶毛衣织~了/セーターを編み上げた. 2 …になる.他~了一名足球选手/彼はサッカー選手になった.[補語に用い]¶化~了水/雪がとけて水になった.
② 【形】 1 有能である.¶论本领,他可真~！/彼の腕前ときたら,そりゃたいしたものだ. 2 よろしい.OKである.¶不去怎么~？/君が行かなくちゃだめじゃないか.
③ 【量】10分の1.…割.¶三~/3割.

🔲【成】成就.成就.¶一事无~/何一つ成果がない. 2 成熟した.¶~人.③すでに出来上がった.¶~语.④あるまとまった数量に達した.¶~千上万. |姓

**chéngbài**【成败】 事の成り行き.成功と失敗.

**chéngběn**【成本】名 原価.コスト.¶生产~/生産コスト.¶~核算/原価計算.¶~价格/原価.

**chéngběn kuàijì**【成本会计】〈経〉原価計算.

**chéng//cái**【成才】動 有用な人物になる.

**chéng//cái**【成材】動 材料になる；〈喩〉役に立つ人物になる.

**chéngcáilín**【成材林】名〈林〉成材林.

**chéngchóng**【成虫】名〈動〉(昆虫の)成虫.

**chéngdīng**【成丁】名(旧)成年男子.

**Chéngdū**【成都】名(地名)成都(ホ).

**chéng//duī**【成堆】動 山積する.¶问题~/問題が山積する.

**chéngfǎ**【成法】名 既定の法律.既成の方法.

**chéngfāng**【成方】名(~儿)出来合いの[既成の]処方.

**chéngfen**【成分】名 1 成分.要素. 2 階級区分.身分.¶工人~/労働者出身.【成份】とも.

**chéngfen shūxuè**【成分输血】〈医〉成分輸血.

**chéngfēng**【成风】動 風習となる.気風が広まる.

**chéngfú**【成服】 1 動〈書〉喪服を着る.喪に服する. 2 名 既製服.

**chéng//fǔ shēn chén**【成府深沉】〈成〉警戒心があってなかなか打ち解けない.

**chénggèr**【成个儿】(口) 1 (果物や家畜などが)一定の大きさになる.成熟する. 2 〈喩〉きちんとした形になる.

**chénggōng**【成功】 1 動 成功する.¶手术~了/手術は成功した. 2 形 見事である.成功的.¶戏演得很~/上演は成功だった.【成份】とも.

**chéngguī**【成规】名 従来からの規則・方式やしきたり.

**chéngguǒ**【成果】名 たまもの.¶获得~/実を結ぶ.

**chénghuān**【成欢】動〈書〉大いに楽しむ.

**chéng//hūn**【成婚】動 結婚する.

**chénghuó**【成活】動〈生〉活着する.成育する.

**chéngjì**【成绩】名 成績.記録.¶~单/成績表.

**chéng//jiā**【成家】動 1 (男性が)所帯を持つ. 2 (学術などで)一家をなす.

**chéng jiā lì yè**【成家立业】〈成〉結婚して独立する.

**chéngjiān**【成奸】動 姦通(ホシ)する.

**chéngjiàn**【成见】名 1 先入観. 2 定見.個人的見解.

**chéng//jiāo**【成交】動 取引が成立する.売約する.¶~额/契約高.¶~量 liàng/株式取引の総額.出来高.¶~单位/株式取引の最低単位.アドバンス単位.

**chéngjiào**【成教】名(略)成人教育.

**chéng//jīng**【成精】動(物や物物が劫を経て)妖怪になる.

**chéngjiù**【成就】 1 名 成就.達成.業績.¶获得~/成果を収める. 2 動(事業を)達成する,成し遂げる.¶~一事业/事業を成し遂げる.

**chéngjiùgǎn**【成就感】名 達成感.

**chéngjiù**【成句】名 昔からある文章.

**chéngkǎo**【成考】名(略)高等教育機関の社会人入試.

**chéng//lǐ**【成礼】動 1 儀式を終える. 2→chéng hūn【成婚】

**chénglì**【成立】動 1 (組織や機構などを)創立する.誕生する. 2 (理論や意見が)成り立つ,筋が通る.

**chénglì**【成例】名 慣例.先例.

**chénglián**【成殓】動 納棺する.

**chéng lóng jiā xù**【成龙佳婿】〈成〉すばらしい婿を得る.

**chéng lóng pèi tào**【成龙配套】〈成〉組み合わせて完備した体系をつくる.▶【配套成龙】とも.

**chéngmèi**【成寐】動〈書〉寝つく.

**chéngmián**【成眠】動〈書〉寝入る.

**chéng//míng**【成名】動 名をあげる.有名になる.

**chéng míng chéng jiā**【成名成家】〈成〉名をあげ一家をなす.

**chéngmìng**【成命】名 すでに出された命令・指示・決定.

**chéngnián**【成年】名 1 成年. 2 (口)一年中.

**chéng nián lěi yuè**【成年累月】〈成〉幾年月.長い間.

**chéngpī**【成批】形 大口の.大量の.

**chéngpǐn**【成品】名(加工済みの)製品.完成品.

**chéngpǐnliáng**【成品粮】名 精白した穀物.

**chéng//qì**【成器】動 有用な人物になる.

**chéng qìhou**【成气候】〈慣〉将来の

**chéng**

見込みがある. ものになる.
**chéng qiān shàng wàn**【成千上万】数の非常に多いさま. 幾千幾万.
**chéng//qīn**【成亲】動 結婚する.
**chéngqù**【成趣】動 興味を引く.
**chéngquán**【成全】動 (ある目的を達成するよう) 助ける, 尽力する, 世話をする, 面倒をみる.
**chéngqún**【成群】動 群れをなす.
**chéng//rén**【成人】動 大人になる. ¶长zhǎng大~／大人に成長する. 2 名 成人.
**chéngrén**【成仁】動〈書〉正義のために一身を犠牲にする.
**chéngrén gāokǎo**【成人高考】高等教育機関の社会人入試.
**chéngrén jiàoyù**【成人教育】名 成人教育, 社会人教育.
**chéng rén zhī měi**【成人之美】 (成) 人を助けてよい事を成し遂げさせる.
**chéngrì**【成日】名 終日. 一日中.
**chéngsè**【成色】名 1 金貨・銀貨や地金の中に含まれる純金・純銀の分量. 純分. 2〈広く〉品質.
**chéng//shì**【成事】1 動 成就する. 成功する. 2 名〈書〉過ぎ去ったこと. 昔のこと.
**chéng shì bù shuō**【成事不说】(成) 過去のことにはこだわらない.
**chéng shì bù zú, bài shì yǒu yú**【成事不足, 败事有余】(成) ぶち壊しこそすれ, 成功させるには力が及ばない. 無能ぶりのさま.
**chéngshū**【成书】1 動 書物になる. 1冊の本になる. 2 名 すでに世間に伝わっている本.
**chéngshú**【成熟】動 1 (植物の実が) 熟する. 2 完全な程度に達する. ¶时机~／機が熟する.
**chéngshù**【成数】名 1 ("二十, 三百" など) 端数のつかない数. 2 割合. パーセンテージ.
**chéng//shuāng**【成双】動 1 対になる. 2 結婚する.
**chéngshuō**【成说】名 1 定説. 通説. 2 〜 まとまった協議. 合意.
**chéngsòng**【成诵】動 訴訟沙汰になる.
**chéngsuàn**【成算】名 成算. 見込み.
**chéng//tào**【成套】動 組になる. セットになる. ¶~设备／プラント.
**chéngtiān**【成天】名〈口〉一日中. 終日. ¶~忙碌／終日あくせくする.
**chéngwéi**【成为】動+補語 …になる. …となる. ¶~习惯／習慣となる. ¶梦想终于~现实／夢がついに現実となる.
**chéngwén**【成文】1 名 出来合いの文章. ¶〈喩〉古いやり方／文章化する.
**chéngwénfǎ**【成文法】名〈法〉成文法.
**chéng wèntí**【成问题】問題になる.

困ったことになる.
**chéngxiǎng**【成想】→ **chéngxiāng**【承想】
**chéngxiào**【成效】名 效果. 効き目.
**chéngxīn**【成心】形 故意である. わざとである.
**chéngxíng**【成行】動 出発できるようになる；(旅行・訪問などが) 実現となる.
**chéngxíng**【成形】動 1 一定の形になる；一定の形にする. 2〈医〉整形する.
**chéngxíng**【成型】動 成型する.
**chéngxìng**【成性】動 癖になる. 習いとなる.
**chéngxiǔ**【成宿】名 一晚中.
**chéngyào**【成药】名 調合済みの薬. 売薬.
**chéngyè**【成夜】名 一晚中.
**chéngyī**【成衣】1 動 服を仕立てる. ¶~厂／縫製工場. 2 名 既製服.
**chéngyì**【成议】名 成立した協議. 合意.
**chéngyīn**【成因】名 成立する原因.
**chéngyīn**【成荫】動 木陰をつくる.
**chéng//yǐn**【成瘾】動 習慣になる. やみつきになる.
**chéngyóuqì**【成油气】名〈化〉エチレン.
**chéngyú**【成鱼】名 成長した魚.
**chéngyǔ**【成语】名〈語〉成語. 成句. ことわざ.［句, 个, 条］
**chéngyuán**【成员】名 構成員. メンバー. ¶~国／加盟国.
**chéngyuē**【成约】名 締結済みの条約, 決めの約束.
**chéng//zāi**【成灾】動 災難となる.
**chéng zé wéi wáng, bài zé wéi zéi**【成则为王, 败则为贼】 (成) 勝てば官軍, 負ければ賊軍.
**chéngzhǎng**【成章】名 1 文章が出来上がる. 2 筋が通る.
**chéngzhǎng**【成长】動 成長する；生長する.
**chéng zhú zài xiōng**【成竹在胸】 (成) 胸に成算がある. 成功する見込みがある. ▶"胸有yǒu成竹" とも.
**chéngzǒngr**【成总儿】副〈口〉1 全部まとめて. 2 大量に. どっさり.

# 丞 **chéng** ⓿ ‖ 姓

**chéngxiàng**【丞相】名〈古〉丞相 (じょう). 執政の大臣.

# 呈 **chéng** 動 1 (ある色や形を) 呈している. ¶他的眉毛~八字形／彼の眉は八の字の形になっている. 2 差し上げる. 呈出する. ¶~上礼物／贈り物を差し上げる.

‖ 上书. 申请書. ¶～文.
**chéngbào**【呈报】動 (書面で) 報告する, 上申する.
**chéngdì**【呈递】動 差し出す. 捧呈する.

**chénglǎn**【呈览】[动]〈书〉高覧に供する.

**chénglù**【呈露】[动]現す. 現れる.

**chéngqǐng**【呈請】[动]〈書〉書面で申請する, 請願する.

**chéngsòng**【呈送】[动]差し上げる. 呈上する.

**chéngwén**【呈文】[名]〈旧〉上申書. 申告書.

**chéngxiàn**【呈现】[动]現れる. 現す. 呈する.

**chéngxiàn**【呈献】[动]献呈する. 進呈する.

**chéngyuè**【呈閲】[动]上司の高覧に供する.

**chéngzhèng**【呈正・呈政】[动]〈書〉〈謙〉(作品を贈呈するときに添え書きする語)ご叱正(した)を.

**枨**(棖) **chéng**[动]〈書〉触れる. 触れて動かす.

**chéngchù**【枨触】[动]1 触れる. 2 感動する.

**诚** **chéng**① [形] 誠の. 実(じつ)のある. ② [副] 実際に. 確かに. ‖〈書〉

**chéngdǔ**【诚笃】[形]誠実である.

**chéng huáng chéng kǒng**【诚惶诚恐】〈成〉恐れ入ってびくびくする.

**chéngkěn**【诚恳】[形]真心がこもっている. 心からの.

**chéngpìn**【诚聘】[动]〈書〉誠意を持って招聘する.

**chéngpǔ**【诚朴】[形]誠意があって朴訥(ぼくとつ)である.

**chéngrán**【诚然】1 [副]〈書〉実際に. ほんとうに. 2 [接続]なるほど…(しかし…).

**chéngshí**【诚实】[形]誠実である. まじめである. ¶态度～/態度がまじめだ.

**chéngxīn**【诚心】1 [名]真心. 誠意. 2 [形]誠実である.

**chéngxìn**【诚信】1 [形]誠実である. 約束を守る. 2 [名]誠実と信用.

**chéngyì**【诚意】[名]誠意. 真心.

**chéngzhì**【诚挚】[形]真摯(しんし)である. 誠実である.

**承** **chéng**[动](人の好意を)こうむる. …にあずかる. …していただく. ¶～您过奖/おほめにあずかって恐れ入ります.

🗨 ①引き受ける. 担当する. 請け負う. ¶～办. ②支える. 受け止める. ¶～载gài. ③受け継ぐ. ¶继～/継承する. 相続する. ‖〈姓〉

**chéngbàn**【承办】[动]請け負う. 引き受ける.

**chéngbāo**【承包】[动](仕事を行う)(大口の注文を)引き受ける. ¶～商/請負業者.

**chéngbǎo**【承保】[动][保険]保証を引き受ける.

**chéngchén**【承尘】[名]1〈古〉皇帝の御座の上方に設けたちりよけの幕. 2〈方〉天井板.

**chéngchuán**【承传】[动]継承する.

**chéngdān**【承担】[动](職務・責任などを)引き受ける. 担当する.

**chéngdāng**【承当】[动]1 請け負う. 責任を負う. 2〈方〉承知する. 承諾する.

**chéngdiàn**【承佃】[动]〈旧〉小作する.

**chéngduì**【承兑】[动]〈経〉手形の支払いを引き受ける.

**chéngduì piàojù**【承兑票据】[名]〈経〉約束手形.

**chéng'ēn**【承恩】[动]恩を受ける. 恩義をこうむる.

**chéngfá**【承乏】[动]〈書〉適任者がいなくて間に合わせにその職につく. ▶高位の者が謙遜して.

**chéngfù**【承付】[动]支払いを負う.

**chénggòu**【承购】[动]購買業務を引き受ける.

**chénggòushāng**【承购商】[名]〈経〉証券などのまとめ取りを引き受ける業者. アンダーライター.

**chénghuān**【承欢】[动]〈書〉親に仕える.

**chéngjì**【承继】[动]1 (跡継ぎのいないおじの)養子になる. 2 (兄弟の子を)跡継ぎにする. 3 相続する.

**chéngjiàn**【承建】[动]建築工事を請け負う.

**chéngjiào**【承教】[套]教えを受ける. ご指導を賜る.

**chéngjiē**【承接】[动]1 (容器で液体を)受ける, 受け止める. 2 (仕事などを)引き受ける. 受ける. 3 (文章などを)接続する. 受ける.

**chénglǎn**【承揽】[动](業務などを)請け負う, 引き受ける.

**chéngliū**【承溜】[名]〈書〉(軒先の)雨受け. 雨どい.

**chéngméng**【承蒙】[动]〈套〉受ける. …にあずかる. ¶～指教, 非常感謝/ご教示いただき, 本当にありがとうございました.

**chéngnuò**【承诺】[动]承諾する. 申し合わせる.

**chéngnuò fúwù**【承诺服务】[名]サービスの内容を事前に保証するやり方.

**chéngpíng**【承平】[形]〈書〉太平である.

**chéng qián qǐ hòu**【承前启后】→**chéng xiān qǐ hòu**【承先启后】

**chéng/qíng**【承情】[动]〈套〉温かいお気持ちをいただく. ご厚情を賜る.

**chéngrèn**【承认】[动]認める. 同意する. 承認する. 肯定する.

**chéng shàng qǐ xià**【承上启下】〈成〉(文章などで)上を受けて下を起こす; 上からの指図を下の方へ伝達する. ▶"承上起下"とも.

**chéngshòu**【承受】[动]1 (物・重量・試練・苦難などを)受ける;(またそれらの圧力に)耐える. 2 (財産や権利などを)相続する.

**chéngtí**【承题】[名]〈旧〉八股文(はっこぶん)の第2節.

chéngwàng【承望】動（多く否定や反語に用い）思ってみる．予想する．

chéngxí【承袭】動 1 踏襲する．2（爵位などを）襲う．受け継ぐ．

chéng xiān qǐ hòu【承先启后】(成)先人の後を受けて，新しく発展する端緒を開く．

chéngxiǎng【承想】動（多く否定や反語に用い）予想する．

chéngxiū【承修】動 修理を引き受ける．

chéngyìn【承印】動 印刷を引き受ける．

chéngyìng【承应】動 承諾する．

chéngyǔn【承允】動 承諾する．受け入れる．

chéngyùn【承运】動 1 運送を引き受ける．2〈旧〉天命を受ける．

chéngzài【承载】動 荷重を受ける．～能力／積載能力．

chéngzào【承造】動 請け負って建築する．

chéngzhì【承制】動 製造を請け負う．

chéngzhòng【承重】動〈建〉荷重耐圧．

chéngzhòngsūn【承重孙】喪主となる長男がすでに他界し，死んだ祖父母の喪主となるべき長孫．

chéngzhuǎn【承转】動 公文書を受け取ってから上級または下級に回す．

chéngzū【承租】動 借り受ける．

chéngzuò【承做】動 注文を受けて製造する．

城 chéng【城】1（↔郊）都市．都会．市街地．[座] 2 城壁で囲まれた区域．1 进→/町へ行く．3 城壁．4 ⟨喩⟩特定業種の集まったビル．街区．1 书～/書籍専門街．

chéngbāng【城邦】名 都市国家．

chéngbǎo【城堡】名〈砦〉とりで．

chéngbiāo【城标】名 都市のシンボルマーク．

chéngchí【城池】名〈書〉（城壁と堀の意から）都市．

chéngdiāo【城雕】名 公共の場所に設置されている彫刻．

chéngdié【城堞】名〈城〉の姫垣．

chéngduǒ【城垛】名（城壁の上の）銃眼付きの胸壁．胸壁(きょうへき)．

chéngfáng【城防】名 都市の防衛．

chéngfǔ【城府】名〈書〉他人に対する警戒心．

chénggēn【城根】名（～儿）城壁の近い所；城壁の下．

chéngguān【城关】名 城外で城門に近い区域．

chéngguǎn【城管】名〈略〉都市管理．

chéngguō【城郭】名〈書〉（一般に）都市．

chéngháo【城壕】名 城の堀．外堀．

chénghuáng【城隍】名 1〈書〉城の堀．2 町の守り神．

chéngjì【城际】形 都市間．~列车／都市間を結ぶ列車．

chéngjiàn【城建】略 都市建設（の計画や工事）．

chéngjiāo【城郊】名 城外．郊外．

chénglǐ【城里】名 城内．市内．

chénglóu【城楼】名 城門の上の物見やぐら．

chéngmén【城门】名 城門．

chéngméndòng【城门洞】名（～儿）城門の出入口．

chéngménliǎnr【城门脸儿】名 城門の外側一帯．

chéng mén shī huǒ, yāng jí chí yú【城门失火，殃及池鱼】(成)思わぬ巻きぞえを食う．

chéngqiáng【城墙】名 城壁．

chéngqū【城区】名 市街地区．都市中心部．

chéngquān【城圈】名（～儿）城郭で囲まれた地域．

chéngquè【城阙】名〈書〉1 城門の両側の物見やぐら．望楼．2 宮殿．

chéngshì【城市】名 都市．[座，个]～友好／友好都市．~人口／市街地に居住できる戸籍．~热岛效应／都市のヒートアイランド現象．

chéngtiě【城铁】名〈略〉都市近郊鉄道．

chéngtóu【城头】名 城壁の上．

chéngwài【城外】名 郊外．市外．

chéng xià zhī méng【城下之盟】(成)城下の盟．屈辱的な条約．

chéngxiāng【城乡】名 都市と農村．

chéngxiāng【城厢】名 市街と城門に接した大通り．

chéngyùwǎng【城域网】名〈電算〉MAN. メトロポリタン・エリア・ネットワーク．

chéngyuán【城垣】名〈書〉城壁．

chéngzhèn【城镇】名 都市と町．

chéngzhuān【城砖】名 城壁の築造に用いられるれんが．

成 chéng【成】名〈古〉蔵書室．

埕 chéng【埕】名 1 アゲマキガイの養殖場．2〈方〉酒のかめ．

乘 chéng【乘】動 1 乗る．~飞机／飛行機に乗る．2 …に乗じて．…を利用する．3〈数〉掛ける．乗ずる．1 7～3 等于21／7 掛ける3 は21．
❶ 仏教の教義．大～／大乗仏教．
| 姓 异读→shèng

chéngbiàn【乘便】動（…の）機会に乗じる；ついでに．

chéngchú【乘除】名 1 掛け算と割り算．（一般に）計算．2〈喩〉栄枯盛衰．

chéngfǎ【乘法】名〈数〉乗法．掛け算．

chéngfāng【乘方】名〈数〉1 累乗．2→chéngmì【乘幂】

chéng fēng pò làng【乘风破浪】(成) 困難をものともせずに前進する．すさまじい勢いで発展する．

chénghào【乘号】名〈数〉掛け算の記号．乗号．

chéng huǒ dǎ jié【乘火打劫】

chèn huǒ dǎ jié【趁火打劫】
chéngjī【乘机】機に乗じて. その機会に. ¶我有事出去，~买点儿东西/私は用事があって出かける，その機会にちょっと買い物をした.
chéngjī【乘积】〈数〉積.
chéngjǐng【乘警】〈名〉鉄道公安官.
chéngkè【乘客】〈名〉乘客.
chéng//liáng【乘凉】〈動〉涼む. 涼をとる.
chéngmì【乘冪】〈数〉乘冪(chéng).
chéng rén zhī wēi【乘人之危】〈成〉人の困っているのにつけ込む. 人の足もとを見る.
chéngshèng【乘胜】〈動〉勝ちに乗じる.
chéngshí【乘时】〈動〉機会に乗じる.
chéngshì【乘势】〈動〉1 勢いに乗じる. 2〈書〉権勢を笠に着る.
chéngshù【乘数】〈名〉〈数〉乘数.
chéngwù【乘务】〈名〉列車や飛行機・船などの乗務. ¶~员／乘務員. ¶~车长／車掌. ¶~組／乘務員チーム.
chéngxì【乘隙】〈動〉〈書〉すきに乗じて.
chéngxìng【乘兴】〈動〉興に乗じる.
chéngxū【乘虚】〈動〉虚に乗じて. 虚をついて.
chéngyuán【乘员】〈名〉乘員. 乘務員.
chéngyùnníng【乘晕宁】〈名〉〈薬〉ドラマミン. ●船酔い防止の薬.
chéngzuò【乘坐】〈動〉(車や船などに)乗る. ¶~火车[飞机]／列車[飛行機]に乗る.

盛 chéng〈動〉1(飲食物などを)盛る，よそう. ¶~饭／ご飯を盛る. 2 入れる. 収容する. ¶这个礼堂能～三千人／このホールは3千人収容できる. ⇨shèng

chéngqì【盛器】〈名〉器. 容器.

程 chéng〈名〉道のり. 少しの道のり. ¶送你～／途中まで送ります. ❶①規定. 法式. ¶章～／規約. ②順序. 次第. ¶议～／議事日程. ③道の距離. ¶射~／射程. 4 見積もる. ¶计日～功／日ならずして完成できる. 姓

chéngdù【程度】〈名〉1 事物が変化して到達した状況. 2 知識や能力などの面での水準. ¶文化～／教養の程度. 学歴.

chéngkòng【程控】〈名〉〈電算〉〈略〉プログラム制御.
chéngkòng diànhuà【程控电话】〈名〉内線電話.
chéng mén lì xuě【程门立雪】〈成〉師を尊び教養を重んじ，礼儀正しく教えを受ける.
chéngshì【程式】〈名〉書式. 規格. 型. フォーム.
chéngxiàn【程限】〈名〉〈書〉1 格式と制限. 枠. 2〈旧〉決められた進度.
chéngxù【程序】〈名〉1 順序. 手順. ¶工作～／仕事の手順. 2〈電算〉プログラム. ¶～设计／プログラミング.
chéngxù kòngzhì【程序控制】〈名〉〈電算〉プログラム制御.

chéngyí【程仪】〈名〉〈書〉餞别(jiàn).
chéngzi【程子】〈名〉〈方〉ある時分.

惩(懲) chéng ❶ 1 処罰する. こらしめる. ¶严~／厳しく処罰する. 2 警戒する. ¶~警／警戒する.
chéngbàn【惩办】〈動〉(犯罪者に)罰を加える. 処罰する.
chéngchǔ【惩处】〈動〉(犯罪者を)処罰する.
chéngfá【惩罚】〈動〉懲罰する. 厳重に処罰する.
chéng gēng chuī jī【惩羹吹齑】〈成〉あつものに懲りてなますを吹く.
chéngjiè【惩戒】〈動〉懲戒する.
chéng qián bì hòu【惩前毖后】〈成〉前の誤りを後の戒めとする.
chéng yī jǐng bǎi【惩一儆百】〈成〉一罰百戒. 少数の者をこらしめて大ぜいの見せしめとする.
chéngzhì【惩治】〈動〉懲罰する. 処罰する.

裎 chéng〈動〉〈書〉裸になる.

塍(塖) chéng〈方〉田のあぜ.

澄(澂) chéng ❶(水が)澄んでいる. 異読⇨dèng
chéngbì【澄碧】〈形〉(水が)青く澄んでいる.
chéngchè【澄澈】〈形〉澄みわたっている. 前のとおっている. ▲"澄彻"とも.
chéngkōng【澄空】〈名〉澄みきった空.
chéngmíng【澄明】〈形〉澄みきって明るい.
chéngqīng【澄清】❶〈形〉澄んでいる. ❷〈動〉1(問題や認識を)はっきりさせる. 明らかにする. 2(混乱した局面を)一掃する. ⇨dèng/qīng
chéngyíng【澄莹】〈形〉清く明るい.
chéngzhàn【澄湛】〈形〉〈書〉明るく澄んでいる.

橙 chéng〈名〉〈植〉ダイダイ.
chénghuáng【橙黄】〈名〉だいだい色.
chéngzi【橙子】〈名〉ダイダイの実.

逞 chěng〈動〉1 見せびらかす. ひけらかす. ¶～威风／いばりちらす. 2 放任する. ¶不要～着孩子调皮tiáopí／子供のわるさを放任してはいけない.
❶(悪だくみが)うまくいく. ¶得dé~／悪だくみがうまくいく.
chěng jǐ shī zhòng【逞己失众】〈成〉わがままをして人々の支持を失う.
chěng//liàn【逞脸】〈動〉〈方〉つけあがる. 図に乗る.
chěng//néng【逞能】〈動〉能力をひけらかす. 能力を見せびらかす.
chěng//qiáng【逞强】〈動〉強がる. からいばりする.
chěngxìngzi【逞性子】〈動〉わがままをする. ▶"逞性"とも.
chěngxiōng【逞凶】〈動〉のさばる. 横

暴を働く.

騁 **chěng** [動][書] **1**(馬が)走る. ¶~驰~骤／疾駆する. **2** 開け放す.

**chěnghuái** [骋怀][動][書]気持ちが晴れ晴れする.

**chěngmù** [骋目][動][書]見晴らす. はるかに見渡す.

秤(稱) **chèng** [名] はかり. [台, 杆]

**chèngchuí** [秤锤][名]はかりの分銅.

**chènggǎn** [秤杆][名](~儿)竿ばかりの竿.

**chènggōu** [秤钩][名]竿ばかりの先のかぎ.

**chèngháo** [秤毫][名]竿ばかりのつり手.

**chènghuā** [秤花]→ **chèngxīng** [秤星]

**chèngniǔ** [秤纽][名]竿ばかりのつり手.

**chèngpánzi** [秤盘子][名]竿ばかりの皿.

**chèngtuó** [秤砣][名][口]はかりの分銅.

**chèngxīng** [秤星][名](~儿)竿ばかりの目盛り.

掌 **chěng** [名] **1** 束つ柱. つっかい棒. **2**(~儿)テーブルやいすなどの横木.

## chi(イ)

吃(喫) **chī** [動] **1** 食べる;〔薬・乳・酒などを〕飲む. ¶~饱了／おなかがいっぱいです. ¶~药／薬を飲む. ¶~快餐店／ファーストフードの店で食事をする. **2** …で生活する. ¶~失业保险／失業保険をもらって生活する. **3** 吸収する. 吸いとる. ¶棉布~汗／コットンは汗をよく吸う. **4**(相手の駒を)取る.(敵を)殲滅(gs)する. ¶A公司~掉了B公司／A社がB社を吸収した. **5**(被害を)受ける. ¶不~这一套／その手は食わない.

H ①消耗する. 消費する. ¶~力. ②耐える. 支える. ¶~不消. ③じむ. ¶~不住.

**chī báifàn** [吃白饭][慣]**1** ご飯だけ食べておかずに箸をつけない. **2** 無銭飲食をする. **3** ただ飯を食う;居候をする.

**chī báishí** [吃白食][慣]ただ飯を食う.

**chī bìménggēng** [吃闭门羹][慣]門前払いをする.

**chībié** [吃憋][動](~子)[方]**1** へこまされる. やりこめられる. やっつけられる. **2** 屈服する. 降参する.

**chībubǎo** [吃不饱][慣](力が余って)物足りないが;(供給が少なくて)物足りない.

**chībufú** [吃不服]→**chībuguàn** [吃不惯]

**chībuguàn** [吃不惯][慣] 口に合わない. 食べつけない.

**chībukāi** [吃不开][動+可補] 通用しない. 歓迎されない.

**chībulái** [吃不来][動+可補] 食べ慣れない. 口に合わない.

**chībuliǎo** [吃不了][動+可補] 量が多くて食べきれない.

**chībuliǎo dōuzhe zǒu** [吃不了兜着走][諺]食べきれない分は包んで持ち帰る;失敗したら責任を負う.

**chībuqǐ** [吃不起][動+可補](高くて)食べられない, 口にすることができない.

**chībushàng** [吃不上][動+可補]食物にありつけない. 食いはぐれる.

**chībuxià** [吃不下][動+可補](満腹で)食べられない;(病気などで)食物がのどを通らない.

**chībuxiāo** [吃不消][動+可補]閉口する. やりきれない.

**chībuzhù** [吃不住][動+可補]支えきれない;耐えられない.

**chībuzhǔn** [吃不准][動+可補] **1** はっきり把握できない. **2** 自信がない.

**chīchīhēhē** [吃吃喝喝][動]飲み食いをする.

**chīchuān** [吃穿][名]衣食.

**chī/cù** [吃醋][動](多く男女間で)やきもちを焼く.

**chī dàguōfàn** [吃大锅饭][慣]親方日の丸. ▶悪平等のたとえ.

**chī dàhù** [吃大户][慣](旧)凶作の年, 農民が大挙して地主や金持ちの食糧を奪う. **2** 口実を設けて豊かな個人や組織に飲食や金を出させる.

**chīdāo** [吃刀][名][機]切削の深さ.

**chīdekāi** [吃得开][動+可補]受けがよい. 顔がきく.

**chīdelái** [吃得来][動+可補]口に合って食べられる.

**chīdeshàng** [吃得上][動+可補]食にありつける;食事に間に合う.

**chīdexià** [吃得下][動+可補]食べられる. 食事がのどを通る.

**chīdexiāo** [吃得消][動+可補]耐えられる.

**chīdezhù** [吃得住][動+可補]支えきれる.

**chī dìngxīnwán** [吃定心丸][慣]よい知らせをもらって安心する.

**chī dòufu** [吃豆腐][慣][方](多くは女性を)からかう, ひやかす;(女性に)ちょっかいを出す.

**chī dúshí** [吃独食][慣](~儿)利益を独占する.

**chī ěrguāng** [吃耳光]びんたを食らう.

**chī/fàn** [吃饭][動]食事をする;(転)生きていく. 生活する. ¶靠利息~／利子で暮らす.

**chī fěnbǐhuī** [吃粉笔灰][慣]チョークの粉を食う. ▶教職・教育の仕事からたつ.

**chī gāncù** [吃干醋][慣]余計なことで嫉妬心を抱く. わけもなく嫉妬する.

**chī gānfàn** [吃干饭][慣]むだめし食い. 役立てぬ.

**chī gōngfu** [吃功夫]骨が折れる.

# chī

**chī guàlàor**【吃挂络儿】〈慣〉とばっちりを食う.

**chī guānsi**【吃官司】〈慣〉訴えられる. 裁判沙汰になる.

**chī guǎnzi**【吃馆子】〈口〉料理屋で食事をする；外食する.

**chī guāngdàn**【吃光蛋】〈慣〉テストで零点を取る.

**chīhēfēng**【吃喝风】〈名〉公金で飲み食いする風潮.

**chī hē piáo dǔ**【吃喝嫖赌】〈成〉飲む・打つ・買う；悪い遊びにふける.

**chīhēr**【吃喝儿】〈名〉口飲食物；飲み食い.

**chī hē wán lè**【吃喝玩乐】〈成〉飲食遊楽にふける. ぜいたく三昧の生活をする.

**chī hēizǎor**【吃黑枣儿】〈慣〉弾(音)を食らう；銃殺される.

**chī hòuhuǐyào**【吃后悔药】〈慣〉後悔する.

**chī huángliáng**【吃皇粮】〈慣〉国に食わせてもらう. 国から給料や資金をもらう.

**chī huíkòu**【吃回扣】〈慣〉リベートを受け取る.

**chī huítóucǎo**【吃回头草】〈慣〉**1** 一度捨てた物をまた拾う. **2** 一度やめたことを蒸し返す.

**chīhuò**【吃货】**1**〈名〉(罵)大飯食らい. ごくつぶし. **2**〈経〉(低価格の)株券を大量に買い入れる.

**chī jiǎngchá**【吃讲茶】〈慣〉(旧)茶館でもめごとの解決をはかる.

**chījiào**【吃教】〈調〉食べるために信心する.

**chī jǐn**【吃紧】**1**〈形〉軍事・政治情勢・金融市場などが)緊張している. 逼迫している. 急を要する. **2** 重要である. 緊要である.

**chī/jìn**【吃劲】**1**〈形〉1(~儿)力がいる. 骨が折れる. **2**〈方〉(多く否定の形で)重要である. **2**〈動〉(~儿)力に耐える. 支える.

**chī/jīng**【吃惊】〈動〉驚く. びっくりする. ¶吃了一惊／びっくりした. ¶大吃一惊／びっくり仰天する.

**chī kāikǒufàn**【吃开口饭】〈慣〉(旧)芝居や演芸で生計を立てる.

**chī kāng yàn cài**【吃糠咽菜】〈成〉貧しい生活をする.

**chīkè**【吃客】〈名〉美食家.

**chī kòng'éfàn**【吃空额饭】〈慣〉水増し報告をして支給された人件費を着服する. ="吃空饷xiǎng"とも.

**chīkǒu**【吃口】〈名〉**1**(食事をとるという観点での)家庭内の人数. **2** 口あたり. 口触り. 食感. **3** 家畜のえさを食べる力.

**chī/kǔ**【吃苦】〈動〉苦労をする. 苦しい目にあう.

**chī kǔtou**【吃苦头】つらい目にあう. ひどい目にあう.

**chī/kuī**【吃亏】〈動〉**1** 損をする. ばかをみる. ¶吃大亏／大損をする. ¶我吃过他的亏／私は彼に一杯食わされたことがある. **2**(条件が)不利である.

**chī láobǎo**【吃劳保】労働保険で生活する.

**chī lǎoběn**【吃老本】〈慣〉(~儿)自己の経歴・学問・技術などに満足して, それ以上努力しない.

**chī lǐ pá wài**【吃里爬外】〈成〉一方から特別の待遇を受けながら, 他方の利益をはかる.

**chīlì**【吃力】〈動〉骨が折れる. 苦労する.

**chīlì bù tǎohǎo**【吃力不讨好】〈諺〉骨折り損.

**chīliáng**【吃粮】〈動〉(旧)兵隊になる.

**chī língzuǐ**【吃零嘴】間食する.

**chī míhúntāng**【吃迷魂汤】〈慣〉甘言に惑わされる.

**chī/nǎi**【吃奶】〈動〉乳を飲む.

**chī pàifàn**【吃派饭】〈慣〉(幹部が農村に出張し)指定された農家で食事をする.

**chī pěng**【吃捧】〈動〉おだてに乗りすぎる.

**chī piānfàn**【吃偏饭】〈慣〉特別扱いされる.

**chī qiǎngyào**【吃枪药】〈慣〉つっけんどんで道理をわきまえない話し方をする. いきり立って荒々しい言い方をする.

**chī qiāngzǐ**【吃枪子】〈慣〉(~儿)鉄砲玉に当たって死ぬ.

**chīqīng**【吃青】〈動〉(食糧に窮して)熟しきらない作物を収穫して食べる.

**chīqǐng**【吃请】〈動〉(貶)供応を受ける. 食事に招かれる.

**chī/r**【吃儿】〈名〉(口)食べる物.

**chī ruǎn bù chī yìng**【吃软不吃硬】〈諺〉下手(に)に出られると言うことを聞くが, 強く出られると反発する.

**chī ruǎnfàn**【吃软饭】〈慣〉〈方〉情夫. ひも.

**chī shāngpǐnliáng**【吃商品粮】〈慣〉都市で生活する.

**chī shāobǐng**【吃烧饼】〈慣〉(試験などで)零点を取る.

**chīshí**【吃食】〈動〉(~儿)(動物が)えさを食べる.

**chīshuǐ**【吃水】**1**〈動〉水分を吸収する. **2**〈名〉**1**(船の)喫水. **2**〈方〉飲用水. 飲料水.

**chīsī**【吃私】〈動〉そでの下を食う. 収賄する.

**chīsù**【吃素】〈動〉**1** 精進料理を食べる. **2**〈喩〉(多く否定の形で)容赦する.

**chī/tòu**【吃透】〈動〉+精緻 すっかり理解する. 十分にのみ込む.

**chī wǎpiànr**【吃瓦片儿】〈慣〉家を貸した上がりで生活する.

**chī xǐtáng**【吃喜糖】婚礼に出席する.

**chī xiánfàn**【吃闲饭】〈慣〉居そうろうをする；むだ飯を食う.

**chī xiánhuà**【吃闲话】〈慣〉非難される. とやかく言われる.

chī xiànchéngfàn【吃现成饭】〈慣〉苦労せずにうまい汁を吸う.何もせずに利益を得る.

chīxiāng【吃香】[形]〈口〉歓迎される.受ける.もてる.

chīxiàng【吃相】[名]食べる格好.食べる姿.

chī xiǎokuī, zhàn dà piányi【吃小亏,占大便宜】〈諺〉小さな損をして大きな利益を得る.

chī xiǎozào【吃小灶】〈慣〉特に面倒をみてもらう.特別優遇を受ける.

chī/xīn【吃心】[動]〈方〉気を回す.疑う.

chī yādàn【吃鸭蛋】〈慣〉試験などで零点を取る.

chī yǎbakuī【吃哑巴亏】〈慣〉泣き寝入りする.

chī yī qiàn, zhǎng yī zhì【吃一堑,长一智】〈諺〉一度つまずけばそれだけ利口になる.

chī/zhāi【吃斋】[動] 1 精進する.(肉食せず)菜食する. 2 〈僧〉が食事をする.

chīzhòng【吃重】❶[形] 1 責任が重い. 2 骨が折れる. ❷[名]積載量.荷重.

chī/zhǔn【吃准】[動]まちがいないと思う.確信を持つ.

chīzū【吃租】[動]小作料や家賃の収入で生活する.

chī/zuǐ【吃嘴】[動]〈方〉1 間食をする. 2 食いしん坊である.口が卑しい.

chīzuì【吃罪】[動]醜い.罪を負う. ¶不~/責任をとりきれない.

哜 chī ❶[動] 1 (紙·布などを引き裂く声)びりっ. 2 (吹き出すような笑い声)ぷっ.くすっ. 3 (炎などが噴き出す音)しゅう.しゅっ.

chīliū【哜溜】[擬](勢いよく滑った音,また滑って転んだとさま)つるっ.すてん.

蚩 chī [形]〈書〉1 無知である.愚かである. 2 醜い.

鸱 chī〈古〉〔鳥〕ハイタカ.

❶ フクロウ.

chīwěi【鸱尾】[名]鴟尾(し),杏形(ぎょう).

chīwěn【鸱吻】[名]棟の両端に用いる鬼瓦の種類.

chīxiāo【鸱鸮·鸱鸺】[名]〔鳥〕フクロウ.

chīxiū【鸱鸺】[名]〔鳥〕ミミズク.

眵 chī [名]目やに.目くそ. ¶眼~/目やに.目くそ.

chīmuhu【眵目糊】[名]〈方〉目やに.目くそ.

笞 chī ❶[名]むち·杖·竹板で打つ. ¶鞭~/むちで打つ.

瓻 chī [名](陶製の)とっくり.

嗤 chī [動]あざ笑う.

chīchī【嗤嗤】[擬]〈笑い声〉ふふっとすくす.

chīxiào【嗤笑】[動]あざ笑う.

chī zhī yǐ bí【嗤之以鼻】〈成〉鼻であしらう.

痴（癡）chī [形] 1 愚かである. ¶心眼儿太～／頭の働きが鈍い. 2〈方〉気がふれている. ❷[動] 1 夢中になる. 2 〔书〕1 本の虫.

chī'ái【痴呆】ぼんやりしている.間が抜けている.

chīdāi【痴呆】[形](動作が)鈍い.ぼんやりしている.

chīdāidāi【痴呆呆】[形](～の)放心状態である.

chīféi【痴肥】[形]見苦しいまでに太る.ぶくぶくとふとっている.

chīhuà【痴话】[名]ばかげた話.実現しそうもない話.

chīkuáng【痴狂】[動]夢中になっている.うつつを抜かす.

chīliàn【痴恋】[動]熱恋する.夢中になる.

chīmèng【痴梦】[名]迷夢.妄想.

chīmí【痴迷】[動]無我夢中になっている.

chī nán yuàn nǚ【痴男怨女】〈成〉色恋に悩み身をやつす男女.恋におぼれた男と女.

chīqíng【痴情】❶[名]ひたむきな愛情.痴情. ❷[形]うつつを抜かす.

chī rén shuō mèng【痴人说梦】〈成〉できもしないばかげたこと.

chīshǎ【痴傻】[形]間が抜けている.

chīwàng【痴望】[動]ぼうっと見つめる.

chīxiǎng【痴想】❶[動]ぼんやり考え込む. ❷[名]空想.妄想.

chīxiào【痴笑】[動]へらへらと笑う.

chīxīn【痴心】[名]いちずに思う心.

chī xīn wàng xiǎng【痴心妄想】〈成〉ひたすら妄想にふける.

chīzhǎng【痴长】[動]〈謙〉馬齢を重ねる.

chīzi【痴子】[名]〈方〉1 ばか者.愚か者. 2 狂人.

chīzuì【痴醉】[動]心酔する.陶酔する.

螭 chī [名](伝説上の)角のない竜.

魑 chī ❶

chīmèi【魑魅】[名]〈書〉魑魅(ち). ▶伝説上の化け物. ¶～魍魉wǎngliǎng/魑魅魍魉(ちみ).

池 chí ❶[名] 1 大きい水たまり.水だまり. ¶游泳～／プール. ¶盐～／塩池. ¶洗脚～／流し. 2 中がくぼんだ所.¶墨～／硯(すずり)の池. ¶花～／花壇.花畑. ¶舞～／ダンスホールの踊り場. 3 劇場の階下中央の観覧席. ¶～座. ❷城. ¶城～／城と堀. ¶城市. ❷[姓]

chítāng【池汤】→chítáng【池堂】

chítáng【池堂】[名](銭湯の)浴槽,湯船.

chítáng【池塘】[名] 1 池.ため池. 2→chítáng【池堂】

chíyán【池盐】[名]塩湖からとれた塩.

**chí yú zhī yāng**【池魚之殃】〈成〉とばっちりを受ける。

**chíyù**【池浴】動〈書〉(大衆浴場の)大浴槽で入浴する。

**chízhǎo**【池沼】名池や沼。

**chízi**【池子】名〈口〉1池。2浴槽。3ダンスホールの踊り場。4〈旧〉劇場の階下中央の観覧席。

**chízuò**【池座】→chízi【池子】

弛 **chí**【弛】動緩める。緩む。¶松～／緩む。たるむ。

**chíhuǎn**【弛緩】動1(情勢が)緩和する,和らぐ。(気が)緩む,ほっとする。2だらける。たるむ。緩む。

**chíjìn**【弛禁】動〈書〉禁令を解く。解禁する。

**chíxiè**【弛懈/弛懈】動緩む。だらける。

驰 **chí**【驰】動①走る。¶飞～／(車や馬が)疾走する。2伝わる,広まる。¶～～名。3(思いを)はせる。¶神～／思いをはせる。

**chíchěng**【驰骋】動〈書〉(馬に乗って)駆け回る。(転)活躍する。

**chímíng**【驰名】動〈書〉名を馳せる。名声をとどろかす。

**chímù**【驰目】動〈書〉目を向ける。

**chíniàn**【驰念】動〈書〉思いを馳せる。思慕の情を寄せる。

**chíqū**【驰驱】動1(馬に乗って)疾走する。2(書)人のために奔走する。

**chíshū**【驰书】動〈書〉至急手紙を差し出す。

**chítū**【驰突】動〈書〉馬を走らせて突進する。

**chíwù**【驰骛】動〈書〉疾駆する,疾走する。駆け回る。

**chíxíng**【驰行】動高速で走行する。

**chíyù**【驰誉】→chímíng【驰名】

**chíyuán**【驰援】動応援に駆けつける。

**chízhòu**【驰骤】動〈書〉(馬に乗って)駆け回る。

迟（遲） **chí**【迟】形①(時間が)遅い,遅れる。¶对不起,来～了／遅くなってすみません。📱(進み方が)のろい,遅い。¶～～缓。2鈍い。

**chíběn**【迟笨】形遅い;鈍い。

**chíchí**【迟迟】形〈書〉遅々としている。ぐずぐずしている。

**chídào**【迟到】動遅刻する。¶～五分钟／5分遅刻する。

**chídùn**【迟钝】形1(頭の働きなどが)鈍い;のろい。(動作が)のろい。

**chíhuǎn**【迟缓】形遅い,のろい。緩慢である。¶进展～／進展が遅い。

**chíhūn**【迟婚】動遅く結婚する。

**chímài**【迟脉】名〈医〉遅脈。

**chímàn**【迟慢】形遅い,のろい。

**chímù**【迟暮】名〈書〉たそがれ;(喩)晩年。

**chíwù**【迟误】動遅れて支障をきたす。

**chíxiào féiliào**【迟效肥料】〈農〉遅効性肥料。

**chíyán**【迟延】動遅延する。長引く。

**chíyí**【迟疑】動ためらう。躊躇(ちゅうちょ)する。¶～不决／ぐずぐずして決心がつかない。

**chízǎo**【迟早】副遅かれ早かれ。いずれ。

**chízhì**【迟滞】① 1動1遅滞する。滞る。2遅らせる。阻む。2形鈍い。

坻 **chí**【坻】名〈書〉河川や湖沼の中の小さな島。中州(ザ)。 異読⇨dǐ

在 **chí**【在】地名用字。||姓

持 **chí**【持】動1(刃物・銃砲などを)持つ,握り持つ。¶～～枪 qiāng。2(態度・意見などを)持つ,とる。¶～相反意见／反対の意見を持つ。① ①持ちこたえる。堅い／堅持する。②対抗する。対峙する。¶相～不下／相拮抗して決着がつかない。3管理する。処理する。¶主～／主宰する。

**chícāng**【持仓】動〈経〉株などを持ち続ける。2名ロングポジション。

**chíchóu**【持筹】動1株を保有する。2名手持ち株。

**chí chóu wò suàn**【持筹握算】〈成〉数取りで計算する。懐勘定をする。

**chífǎ**【持法】動法を執行する。法律を施行する。

**chígǔ**【持股】動〈経〉株を持つ。

**chíhéng**【持衡】動均衡を保つ。

**chíjiā**【持家】動家事を取り仕切る。

**chíjiǔ**【持久】形長続きする。¶药效～／薬の効果が長持ちする。

**chíjiǔxìng yǒujī wūrǎnwù**【持久性有机污染物】名〈環境〉難分解性有機汚染物。

**chíjiǔzhàn**【持久战】名〈軍〉持久戦。

**chílùn**【持论】動〈書〉主張をする。議論を持ち出す。

**chípíng**【持平】形1公正である。公平である。2数量・価格などに大きな変化がない。

**chíqiāng**【持枪】動1銃を手にする。2〈軍〉控え銃(ｺﾞ)をする。

**chí/qiú**【持球】動〈体〉(バレーボールで)ホールディングをする。

**chíshēn**【持身】動〈書〉身を持する。

**chíxiè**【持械】動道具や武器を持つ。

**chíxù**【持续】動続く。持続する。

**chíxù nóngyè**【持续农业】〈環境〉持続型農業。

**chíyǒu**【持有】動持つ。ある。

**chízhāi**【持斋】動〈宗〉精進をする。肉断ちする。

**chízhèng**【持正】〈書〉1動正しい道を守る。2形公正である。公平である。

**chí zhī yǐ héng**【持之以恒】〈成〉根気よく続ける。あくまでやり通す。

**chí zhī yǒu gù**【持之有故】〈成〉見解や主張に一定の根拠がある。

**chízhòng**【持重】形〈書〉慎重である。落ち着いている。

匙 **chí**【匙】さじ。¶汤～／ちりれんげ。 異読⇨shi

**chízi**【匙子】名スプーン。さじ。ちりれんげ。

# chì

**墀** chí [名]〈書〉（宮殿などの）石段を上がったところの平面。石段。

**踟** chí ❶

**chíchú** [踟躇・踟躕] [動] ためらう。蹉躇（ちょちょ）する。

**篪**(箎・竾) chí [名]〈笛に似て穴が八つある〉古代の竹製の管楽器。

**尺** chǐ [量] ❶〈長さの単位〉尺。▶「市尺」の通称。3"尺"が1メートル。1"公尺"は1メートル。❷[物差し]定規。[根,把] ❶ 物差し状のもの。¶計算～/計算尺。 異読⇒chě

**chǐcùn** [尺寸] [名] ❶ サイズ。寸法。¶量 liáng～/寸法を測る。❷〈口〉節度。程合い。

**chǐdòngmài** [尺動脈] [名]〈生理〉尺骨（しゃっこつ）動脈。

**chǐdú** [尺牘] [名]〈書〉書簡。手紙。尺牘（せきとく）。

**chǐdù** [尺度] [名] 尺度。標準。基準。

**chǐ duǎn cùn cháng** [尺短寸長] [成] 人はいずれもそれぞれ長所・短所があるが、小さくても多くの内容を含んでいる。

**chǐgǔ** [尺骨] [名]〈生理〉尺骨（しゃっこつ）。

**chǐhuò** [尺蠖] [名]〈虫〉シャクトリムシ。

**chǐhuò'é** [尺蠖蛾] [名]〈虫〉シャクガ。

**chǐmǎ** [尺码] [名]〈～儿〉❶ 靴や帽子などの寸法,サイズ。❷ サイズの基準。基準。

**chǐshū** [尺书] →**chǐdú**[尺牘]

**chǐsù** [尺素] [名]〈書〉手紙。

**chǐtóur** [尺头儿] [名]〈方〉❶ 寸法。サイズ。❷ 布の切れ端。

**chǐtou** [尺头] [名]〈方〉織物。反物。

**chǐye** [尺页] [名] 1尺平方の書画1枚または画風。

**chǐzhōng** [尺中] [名]〈中医〉手首にある三つの脈所の一つ。

**chǐzi** [尺子] [名] 物差し。[根,把]

**呎** chǐ [量]〈旧〉フィート。

**齿**(齒) chǐ [名] ❶ 歯。¶牙～/歯。¶乳～/乳歯。❷ 歯のようなな形をしたもの。歯のついたもの。¶梳子～儿/くしの歯。❸ 年齢。¶──德俱尊/高齢で人徳も高い。❹〈口〉にする。言及する。¶不足挂～/〈成〉言うべきの価値がない。

**chǐbèi** [齿贝] [名]〈貝〉タカラガイ。

**chǐchúnyīn** [齿唇音] [名]〈語〉唇歯音（しんしおん）。

**chǐgòu** [齿垢] [名] 歯垢（しこう）。

**chǐjí** [齿及] [動]〈書〉言及する。問題にする。

**chǐkǒng** [齿孔] [名]〈郵便切手の〉目打ち。

**chǐlěng** [齿冷] [動]〈書〉嘲笑する。あざ笑う。

**chǐlù** [齿录] [動] 採用する。

**chǐlún** [齿轮] [名]〈機〉歯車。ギヤ。

**chǐqiāng** [齿腔] [名]〈生理〉歯髄腔。

**chǐ rú hán bèi** [齿如含贝] [成] 歯が真っ白である。

**chǐshù** [齿数] [動]〈書〉取り上げて言う。言い出す。

**chǐsuǐ** [齿髓] [名]〈生理〉歯髄。

**chǐtiáo** [齿条] [名]〈機〉歯車の歯など。

**chǐyín** [齿龈] [名]〈生理〉歯齦（しぎん）。

**侈** chǐ ❶ ①ぜいたくな。¶奢 shē～/ぜいたくである。②大げさな。¶～谈。

**chǐmǐ** [侈靡] [形] 身分不相応なぜいたくをする。"侈糜"とも。

**chǐtán** [侈谈] [動] 大げさなことを言う。❷[名] 大げさな話。

**耻**(恥) chǐ ❶ ①恥じる。¶可～/恥ずべきである。②恥。¶羞～/恥ずかしい。¶国～/国辱。¶奇～大辱/大恥。赤恥。

**chǐgǔ** [耻骨] [名]〈生理〉恥骨。

**chǐrǔ** [耻辱] [名] 恥辱。恥。辱め。

**chǐxiào** [耻笑] [動] あざけり笑う。嘲笑する。

**豉** chǐ →**dòuchǐ**[豆豉]

**褫** chǐ ❶ ①ぬぐ。解く。②はぐ。奪う。¶～职/官職を取り上げる。

**chǐduó** [褫夺] [動]〈書〉剥奪する。褫奪（ちだつ）する。

**chǐgé** [褫革] [動]〈書〉官職を取り上げる。

**彳** chì ❶

**chìchù** [彳亍] [動]〈書〉そぞろ歩きをする。逍遥（しょうよう）する。

**叱** chì ❶ 大声でしかる。¶怒～/怒ってどなりつける。[姓]

**chìhē** [叱喝] [動] 大声でしかりつける。

**chìhè** [叱喝] →**chìhē**[叱喝]

**chìlìng** [叱令] [動] 大声で命令する。

**chìmà** [叱骂] [動] 怒鳴りつける。

**chìwèn** [叱问] [動] 詰問する。大声で問い詰める。

**chìzé** [叱责] [動] 叱責する。しかりとがめる。

**chìzhà** [叱咤] [動]〈書〉叱咤（しった）する。大声でどなる。

**chì zhà fēng yún** [叱咤风云] [成] 勢力や威力が大きい。

**斥** chì ❶ ①とがめる。責める。¶申～/叱責（しっせき）する。②退ける。引き離す。¶排～/排斥する。③広げる。¶～地。④探る。偵察する。¶～骑/偵察騎兵。

**chìdì** [斥地] [動]〈書〉土地を開拓する。

**chìgé** [斥革] [動]〈書〉罷免する。免職する。除名する。

**chìhòu** [斥候] [名]〈旧〉斥候を出す。

**chìlì** [斥力] [名]〈物〉斥力。反発力。

**chìlǔ** [斥卤] [名] 塩分が多すぎて耕作できない土地。

**chìmà** [斥骂] [動] とがめのしる。

**chìmài** [斥卖] [動] 売り払う。

**chìtà** [斥挞] [動]〈俗〉しかる。

**chìtuì** [斥退] [動]〈書〉❶〈旧〉免官したり除名したりする。

## chì

- **chìzé**【斥责】[動] 厳しく責める。叱責(しっせき)する。
- **chìzhú**【斥逐】[動]〈書〉駆逐する。追い払う。
- **chìzī**【斥资】[動]〈書〉費用を拠出する。

## 赤 chì ❶ ①むき出しの。¶~~脚。②空(から)の。何もない。③赤色；赤い。¶~~血液。④忠実である。¶~~胆忠心。‖❷

- **chì//bèi**【赤背】[動] 肌脱ぎになる。
- **chì//bó**【赤膊】[動] 1 肌脱ぎになる。 2 [名] 肌脱ぎ。
- **chì bó shàng zhèn**【赤膊上阵】〔成〕準備なしに事を行う。隠さずに事を行う。
- **chìcháo**【赤潮】[環] 赤潮。
- **chìchén**【赤忱】[書] 1 [形] 誠実である。 2 [名] 真心。
- **chìchéng**【赤诚】[形] 誠実である。真心がこもっている。
- **chì dǎn zhōng xīn**【赤胆忠心】〔成〕非常に忠実である。
- **chìdào**【赤道】[地] 赤道。
- **Chìdào Jīnèiyà**【赤道几内亚】[地名] 赤道ギニア。
- **chìdì**【赤地】[書](干害や虫害で)不毛になった土地。
- **chìdòu**【赤豆】[植] アズキ。
- **chìguāngguāng**【赤光光】→chìtiáotiáo【赤条条】
- **chìhèsè**【赤褐色】[名] 赤褐色。
- **chìhóng**【赤红】[形] 深紅。深紅色の。
- **chìhú**【赤狐】[動] アカギツネ。
- **chì//jiǎo**【赤脚】 1 [動] はだしになる。素足になる。 2 [名] はだし。素足。
- **chìjiǎo yīshēng**【赤脚医生】[名] はだしの医者。▶文革時、農村で農業をやりながら医療衛生業務に携わった。
- **chìjīn**【赤金】[名] 純金。
- **chìjīng**【赤经】[天] 赤経。
- **chìlǎo**【赤佬・赤老】[方]〔罵〕ごろつき。ならず者。
- **chìlì**【赤痢】[中医] 血だけでうみの混ざらない下痢。
- **chìliànshé**【赤链蛇】[動] アカマダラ。
- **chìlù**【赤露】[動](肌を)あらわにする。
- **chì//luǒ**【赤裸】 1 [動] 裸になる；裸である。 2 [形] 裸の。むき出しの。
- **chìluǒluǒ**【赤裸裸】[形] ❶ (〜的) 1 裸である。 2〔喩〕少しも包み隠さない。赤裸々である。
- **chìméibìng**【赤霉病】[農] 赤かび病。
- **chìpín**【赤贫】[形] 赤貧である。無一物である。
- **chìsháo**【赤芍】[中薬] 赤芍(せきしゃく)。
- **chì shé shāo chéng**【赤舌烧城】〔成〕讒言(ざんげん)は大きな災禍を招く。
- **chìshēn**【赤身】 1 [動] 裸になる。 2 [形] 独りぼっちの。
- **chì shǒu kōng quán**【赤手空拳】〔成〕徒手空拳。

- **chìsōng**【赤松】[名][植] アカマツ。
- **chìtáo**【赤陶】[名] 赤土で作った素焼き。テラコッタ。
- **chìtiáotiáo**【赤条条】[形] (〜的) 素っ裸である。
- **chìtiěkuàng**【赤铁矿】[名][鉱] 赤鉄鉱。
- **chìtóngkuàng**【赤铜矿】[名][鉱] 赤銅鉱。
- **chìwàixiàn**【赤外线】[名][物] 赤外線。
- **chìwěi**【赤纬】[天] 赤緯。
- **Chìwèiduì**【赤卫队】[史] 1 赤衛隊。▶1920−30年代に中国の革命拠地で組織された人民武装隊。 2 (ロシア革命の)赤衛軍。
- **Chìxiàn**【赤县】〈古〉中国の別称。
- **chìxiǎodòu**【赤小豆】[名][植] アズキ。
- **chìxīn**【赤心】〈書〉真心。真心の。
- **chìxuèqiú**【赤血球】[生理] 赤血球。
- **chìyáng**【赤杨】[植] ハンノキ。
- **chìzǐ**【赤子】[名] 1 赤子(せきし)。あかご。 2 故郷を心から愛する人。
- **chìzì**【赤字】[経] 赤字。
- **chì//zú**【赤足】[動] はだしになる。

## 饬 chì ❶ ①整頓する。整理する。②命令する。
- **chìlìng**【饬令】[動]〈書〉命令する。

## 炽(熾) chì ❶ ①(火勢が)盛んである。激しい。¶火~/にぎやかである。緊張している。
- **chìliè**【炽烈】[形] 熾烈(しれつ)である。勢いが盛んで激しい。
- **chìqíng**【炽情】[名] 燃えるような感情。
- **chìrè**【炽热】[形] 非常に熱い。灼熱(しゃくねつ)の。
- **chìshèng**【炽盛】[形]〈書〉非常に盛んである。
- **chìzào**【炽燥】[形] 乾燥して焼けつくように熱い。

## 翅 chì ❶ ①鳥類や昆虫などの羽。翼。¶~~膀。 ❷ フカのひれ。¶鱼~/(料理用の)フカひれ。③物の両側に羽のように出っぱったもの。¶鼻~/小鼻。
- **chìbǎng**【翅膀】[名](〜儿) 1 羽。翼。[只；对、双]¶展开~/翼を広げる。 2 翼の形状をしたもの。¶飞机~/飛行機の翼。
- **chìguǒ**【翅果】[名][植] 翅果。翼果。
- **chìmài**【翅脉】[名][動] 翅脈。
- **chìqiào**【翅鞘】[名][動] 翅鞘(ししょう)。
- **chìxí**【翅席】[名] フカひれ料理を代表とする宴会料理。
- **chìzi**【翅子】[名] 1〈食材〉フカひれ。▶"鱼翅"ともいう。 2 [方] 羽。翼。

## 敕(勅) chì ❶ 勅。皇帝の命令。¶~~令/勅命。
- **chìfēng**【敕封】[動] 勅命により官位や爵位、称号を賜る。
- **chìjiàn**【敕建】[動] 勅命により建造する。
- **chìlìng**【敕令】[動] 勅命を発する。詔
- **chìshū**【敕书】[名](皇帝の発する)詔

書. 詔勅.
**chìzào**【敕造】→chìjiàn【敕建】
**chìzhuàn**【敕撰】動勅撰(ちょく)する.

**啻** **chì** ❶ ただ. 単に. …だけ. ¶不～/…だけではない. ¶何～/…にとどまらない. ¶奚xī～/ただ…のみならず.

**瘛** **chì** ❶
**chìzòng**【瘛疭】名《中医》けいれん.

## chong（イメム）

**冲**（沖, 衝）**chōng**❶動 1（湯などを）注ぐ, つぐ. ¶～咖啡（熱湯を注いで）コーヒーをいれる. 2（水などで）すすぐ, 押し流す. ¶～胶卷/フィルムを現像する. **3 突進する**. 突破する. ¶～向球门/ゴールに突進する. 4 厄払いをする.
❷名（方）山間の平地. ▶地名に用いられる.
❸①激しくぶつかる. ¶～～突. ②大通り. 要衝. ❷要～/要衝. ③相殺する. ¶～～账. ④代わりの. まがいの. (姓)
異読⇒chòng
**chōngchéng**【冲程】名《機》ストローク行程. 冲程.
**-chōngchōng**【-冲冲】接尾《形容詞などの後について「感情の高ぶりさま」を表す》¶兴xìng～/有頂天なさま. ¶怒气～/ぷんぷん怒るさま.
**chōngcì**【冲刺】動 1 ラストスパートをかける. 2 目標達成に向けて努力する.
**chōngdàn**【冲淡】動 1 薄める. 2（雰囲気・効果・感情などを）弱める.
**chōngdǐ**【冲抵】→chōngxiāo【冲销】
**chōngdǐng**【冲顶】動 1《体》（サッカーで）ダイビングヘッドをする. 2 頑張って山頂を目指す. アタックする.
**chōngdòng**【冲动】動 1 興奮する. 衝動にかられる. 2 名 衝動.
**chōngduàncéng**【冲断层】名《地質》衝上断層. 逆断層.
**chōngfàn**【冲犯】動（相手の）機嫌を損なう, 怒らせる.
**chōngfēng**【冲锋】動 突撃する.
**chōngfēngqiāng**【冲锋枪】名《軍》自動小銃.
**chōng fēng xiàn zhèn**【冲锋陷阵】（成）1 勇猛にたたかう. 2（広く）正義のためにたたかう.
**chōngfú**【冲服】動 粉末の薬を水や湯で溶いて服用する.
**chōng hūn tóu nǎo**【冲昏头脑】（成）思い上がる. のぼせ上がる.
**chōngjī**【冲击】動 1 流れや波などが物に激しくぶつかる, 突き当たる. 2（軍）突撃する.
**chōngjī**【冲积】名《地》冲積.
**chōngjībō**【冲击波】名《物》衝撃波.
**chōngjì**【冲剂】名 湯などで溶いて服用する粉薬.
**chōngjuǎn**【冲卷】動（～儿）フィルムを現像する.
**chōngjué**【冲决】動 1 大水が堤を突き破る. 2 制限・束縛などを突き破る.
**chōng kǒu ér chū**【冲口而出】（成）口をついて出る.
**chōngkuǎ**【冲垮】動（洪水などで）崩壊する.
**chōngkuò**【冲扩】動 写真の焼き増しをする.
**chōnglàng**【冲浪】動 1《体》サーフィンをする. ¶～板/サーフボード. 2《電算》ネットサーフィンをする.
**chōnglì**【冲力】名 はずみ. 勢い.
**chōng//liáng**【冲凉】動《方》シャワーを浴びる.
**chōngliàng**【冲量】名《物》力積. インパルス.
**chōnglíng**【冲龄】名《書》幼年. ▶皇帝の場合に使う.
**chōngnián**【冲年】→**chōnglíng**【冲龄】
**chōngpào**【冲泡】動（お茶を）いれる.
**chōngpò**【冲破】動 突き破る.
**chōngqì**【冲沏】動（お茶を）いれる.
**chōngrén**【冲人】名《古》幼帝の自称.
**chōngsàn**【冲散】動 追い散らす. 蹴散らす.
**chōngshā**【冲杀】動 突撃する; 勇敢に戦う.
**chōngshài**【冲晒】動（写真の）現像焼き付けをする.
**chōngshuā**【冲刷】動 1 水で洗い流す. 2 浸食する.
**chōngtā**【冲塌】動（水が）押し流す, 押し倒す.
**chōngtiān**【冲天】動 天を突く; 勢いの盛んなさま.
**chōngtū**【冲突】動 衝突する. ぶつかる. かち合う.
**chōngxǐ**【冲洗】動 1（フィルムを）現像する. 2 水で洗い流す.
**chōng//xǐ**【冲喜】動《旧》家に重病人がいると, 喜び事や祝い事によって疫病神を追い払う.
**chōngxiāo**【冲销】動 相殺する.
**chōngxiè**【冲泻】動（水が）激しい勢いで流れる.
**chōngyào**【冲要】《書》1 形（軍事や交通上）重要である, 要害の. 2 名 要職.
**chōngyìn**【冲印】動《写》現像しプリントする.
**chōng//zǎo**【冲澡】動 シャワーを浴びる. 入浴する.
**chōng//zhàng**【冲账】《経》勘定を相殺する.
**chōngzhuàng**【冲撞】動 1 ぶち当たる. 2（相手の）機嫌を損なう, 怒らせる.

**充** **chōng** 動 装う. …のふりをする. ¶～行家hángjia/玄人ぶる.
❶①満ちる; 満たす. ¶～～电.

## chōng

②ふさぐ. ¶~→耳不聞. ③担当する. ¶~→当.
**chōngchàng**【充暢】形商品の供給などが〕十分かつ円滑である；(文章に)力がある.
**chōngchì**【充斥】動〈貶〉はびこる. 氾濫する.
**chōng/cí**【充磁】動〈物〉磁化する.
**chōngdāng**【充当】動担当する. …になる.
**chōng/diàn**【充電】動〈電〉充電する；〔一定期間休養し, 将来に備えて活力や知識を蓄える.
**chōng ěr bù wén**【充耳不聞】〈成〉耳をふさいで聞こうとしない.
**chōngfèn**【充分】1 形十分である. 2 副余すところなく. 十分に.
**chōng/gōng**【充公】動(没収して)公有にする.
**chōng/jī**【充飢】動飢えをしのぐ. 腹の足しにする.
**chōngjūn**【充軍】動〈古〉死刑を免じられた囚人を辺境に流して兵役や労役に服させる.
**chōngmǎn**【充満】動(…が…を)満たす；(…に…が)満ちる. ¶歓呼声了会場/歓声が会場にみなぎった.
**chōng néngnàr**【充能干儿】〈方〉知ったかぶりをする.
**chōngpèi**【充沛】形満ちあふれている. みなぎっている.
**chōngqǐliàng**【充其量】副いくら多く見積もったところで, せいぜい.
**chōngqì dēngpào**【充気灯泡】名(~儿)ガス入り電球.
**chōngrèn**【充任】動担当させる. 当てる.
**chōngsè**【充塞】動いっぱい詰め込む.
**chōngshí**【充実】1 形充実している. ¶生活~/充実した生活. 2 動充実させる. ¶~内容/内容を充実させる.
**chōng//shù**【充数】動員数をそろえる. 間に合わせに使う.
**chōngxuè**【充血】動〈医〉充血する.
**chōngyì**【充溢】動満ちあふれる.
**chōngyíng**【充盈】形1 満ちあふれている. 2〈書〉(体)が豊満である.
**chōngyù**【充裕】形余裕がある. 豊かである. ¶時間~/時間が十分にある.
**chōngzú**【充足】形十分である. ふんだんにある. ¶資金~/資金が潤沢である.

## 忡（懺）chōng ⓞ

**chōngchōng**【忡忡】形非常に憂える. ¶忧心~/心配で気が気でない.

## 翀 chōng

**chōng**【翀】動〈書〉鳥がまっすぐ上に飛ぶ.

## 舂 chōng

**chōng**【舂】動(石臼や乳鉢で)つく, つき砕く. ¶~米/米をつく.

## 憧 chōng ⓞ

**chōngchōng**【憧憧】形揺れ動くさま.
**chōngjǐng**【憧憬】動あこがれる.

**chōng** → méngchōng【艨艟】

## 虫（蟲）chóng

名(~儿). 昆虫.
❶(~儿)(若干の)動物. ¶长cháng~/蛇. ¶大~/虎. ②…なやつ. ¶糊涂~/間抜け人.
**chóngcǎo**【虫草】名〔略〕 (中薬)冬虫夏草(とうちゅうかそう).
**chóngchīyá**【虫吃牙】名虫歯.
**chóngdài**【虫袋】名みの.
**chónghài**【虫害】名農作物の虫害.
**chóngjiāo**【虫胶】名シェラック.
**chóngméihuā**【虫媒花】名〈植〉虫媒花.
**chóngqíng**【虫情】名作物の虫害の状況.
**chóngyá**【虫牙】名〈俗〉虫歯.
**chóngyǎn**【虫眼】名(~儿)(果物・器物などの)虫食い(の穴).
**chóngyǐng**【虫瘿】名〈植〉虫瘿(えい)である.
**chóngzāi**【虫灾】名被害の大きな虫害.
**chóngzhì**【虫豸】名〈書〉昆虫.(広く)虫.
**chóngzi**【虫子】名昆虫.(広く)虫.〔个, 条〕

## 种 chóng ǁ〈姓〉

## 重 chóng

異読→zhòng, chóng, zhǒng

**chóng** 1 動再び. もう一度. 重なる. ¶~访重庆Chóngqìng/重び重慶を訪れる. ¶~重新する. ¶这本书买~了/同じ本を買ってしまった. ¶这份资料~了/資料が重複している. 3 量重なった・層, 重. ¶双~锁/二重ロック. ǁ〈書〉 異読→zhòng

**chóngbǎn**【重版】動重版する. 再版する.
**chóngbànwèi**【重瓣胃】名〈動〉反芻胃の第三室.
**chóngbō**【重播】動1 (ラジオ・テレビで)再放送する. 2〈農〉種をまき直して. はえさせる.
**chóng cāo jiù yè**【重操旧业】〈成〉もとの職業に戻る. ▶多く悪業をさす.
**chóngchá**【重茬】→liánzuò【连作】
**chóngchàng**【重唱】名〈音〉重唱.
**chóngchóng**【重重】形幾重にも重なり合っている.
**chóngchū**【重出】動多く文字や語句について重複して現れる.
**chóng dǎ (luó)gǔ lìng kāizhāng**【重打(锣)鼓另开张】〈諺〉新規まき直しをする. 最初からやり直す.
**chóng dǎo fù zhé**【重蹈覆辙】〈成〉覆轍を踏む. 同じ失敗を繰り返す. 二の舞を演じる.
**chóngdié**【重叠】動(同じものが)幾重にも重なる, 重複する. ¶~在一起/重なって一つになる.
**chóngdú**【重读】動留年する. 再

級"に比べて表現が婉曲。⇒zhòngdú

**chóngfāchuī**【重发吹】〈名〉〈体〉サーブのやり直し.

**chóngfǎn**【重返】〈動〉戻る。引き返す.

**chóngfàn**【重犯】〈動〉〈過失を〉再び犯す。⇒zhòngfàn

**chóngféng**【重逢】〈動〉再会する.

**chóngfù**【重复】〈動〉1 <u>重複</u>する. 重なる. 2〈同じ行為を〉繰り返す.

**chóngguāng**【重光】〈動〉1 再び光が射す. 2 回復する。再興する.

**chónghé**【重合】〈動〉〈数〉重なり合う.

**chónghūn**【重婚】〈法〉重婚する.

**chóngjiǎn**【重茧】〈名〉1〈書〉厚い真綿入りの服. 2→chóngjiǎn【重趼】

**chóngjiǎn**【重趼】〈書〉〈手や足にできる〉たこ.

**chóngjiàn**【重建】〈動〉再建する.

**chóng jiàn tiān rì**【重见天日】〈成〉暗黒の世界を抜け出して再び光明にめぐり合う.

**Chóngjiǔ**【重九】→ **Chóngyáng**【重阳】

**chónglái**【重来】〈動〉1 再び来る. 2 再びする。もう一度やる.

**chóng luán dié zhàng**【重峦叠嶂】〈成〉幾重にも重なる峰々.

**chóngluò**【重落】〈方〉〈いったん快方に向かった病気が〉ぶり返す.

**chóngmǎ**【重码】〈名〉二つ以上並んだ同じ数字。ぞろ目.

**chóngmíng**【重名】〈動〉〈~儿〉同名である. 1~姓 / 同姓同名.

**chóng qǐ lú zào**【重起炉灶】〈成〉始めからやり直す.

**Chóngqìng**【重庆】〈名〉〈地名〉<u>重庆</u>(チョン).

**chóngshēn**【重申】〈動〉重ねて言明する.

**chóngshěn**【重审】〈法〉再審する.

**chóngshēng**【重生】〈動〉1 生き返る. 2〈生物の組織や器官が〉再生する.

**chóng shēng fù mǔ**【重生父母】〈成〉命の恩人. "再生父母"とも.

**chóng shī gù jì**【重施故技】〈成〉古い手口を再び使う.

**chóngsūn**【重孙】〈名〉〈~子〉〈男の〉曾孫(ひ)。ひまご.

**chóngsūnnǚ**【重孙女】〈名〉〈~儿〉〈女の〉曾孫(ひ)。ひまご.

**chóngtà**【重蹈】〈形〉〈書〉〈文章などが〉冗長である.

**chóng tán lǎo diào**【重弹老调】〈成〉言い古されたことを繰り返す.

**chóngtí**【重提】〈動〉再び問題にする. 古い話を蒸し返す.

**chóngwéi**【重围】〈名〉重囲。厳重な包囲. 1杀出~ / 厳重な包囲網を突破する.

**chóngwēn**【重温】〈動〉復習する.

**chóng wēn jiù mèng**【重温旧梦】〈成〉過ぎ去った昔をしのぶ.

**chóngwén**【重文】〈書〉異体字. 別体字.

**Chóngwǔ**【重午・重五】〈名〉端午の節句.

**chóngxiàn**【重现】〈動〉再現する. 再び現れる.

**chóngxiāo**【重霄】〈名〉非常に高い空.

**chóngxīn**【重新】〈副〉<u>再び。もう一度</u>;新たに。改めて. 1~做人 / 真人間になる.

**chóngxíng**【重行】〈副〉〈書〉新たに. 重ねて。再び.

**chóngxiū**【重修】〈動〉1〈建物などを〉修築する。改修する. 2 改訂する. 編纂し直す.

**chóng xiū jiù hǎo**【重修旧好】〈成〉旧交を温める.

**chóngyán**【重言】〈語〉重言.

**chóngyǎn**【重演】〈動〉再演する;〈喩〉二の舞を演じる.

**Chóngyáng**【重阳】〈名〉重陽。旧暦の9月9日の節句.

**chóngyáng**【重洋】〈名〉遠い海。海のかなた.

**chóngyàng**【重样】〈動〉〈~儿〉〈形が〉同じである.

**chóngyì**【重译】〈動〉1 翻訳し直す. 2 何度も翻訳を重ねる。何重にも訳をする. 3 重訳する.

**chóngyìn**【重印】〈動〉再版する。増刷する.

**chóngyìng**【重映】〈映〉再上映する.

**chóngyuán**【重圆】〈動〉長い間離れ離れになっていた親族が再び一緒になる.

**chóngzhuāng**【重装】〈動〉新装朋店する.

**chóng zhěng qí gǔ**【重整旗鼓】〈成〉〈失敗してから〉新たに態勢を立て直す.

**chóngzòu**【重奏】〈名〉〈音〉重奏.

**chóng zú cè mù**【重足侧目】〈成〉恐怖のあまり足を動かすことも正視することもできない.

**chóng zú ér lì**【重足而立】〈成〉足がすくんで立ち止まる;ひどく恐れる.

**chóngzǔ**【重组】〈動〉〈組織・資産など〉再建する、再構築する. 1~公司 / 企業改組. リストラ.

崇 **chóng** ❶ ①高い. 1~→~高. ②重んずる。尊ぶ. 1推~ / 高く評価する. [姓]

**chóngbài**【崇拜】〈動〉<u>崇拜する</u>.

**chóngfèng**【崇奉】〈動〉信仰する。信奉する.

**chónggāo**【崇高】〈形〉<u>崇高である</u>. 気高い.

**chóngjìng**【崇敬】〈動〉崇敬する。あがめ敬う.

**chóng lùn hóng yì**【崇论闳议・崇论宏议】〈成〉卓越した論.

**chóngshàng**【崇尚】〈動〉〈書〉あがめ尊ぶ.

**chóngyáng**【崇洋】〈動〉西洋を崇拝する。外国を崇拝する. 1~媚外 / 〈成〉外国崇拝し、外国にこびる.

**chóngyǎng**【崇仰】〈動〉崇拝する。尊ぶ.

宠 (寵) **chǒng** 【宠】〈動〉溺愛(でき)する. ひどくかわいがる. 1别溺

## chòng

孩子～坏了 / 子供を甘やかしてだめにしてはいけない。‖[姓]

**chǒng'ài**【宠爱】[动] 寵愛(ぷ)する。特別に目をかける。

**chǒng'ér**【宠儿】[名] ペット。愛玩動物。寵児(ポゥ)。お気に入り。

**chǒngnì**【宠溺】[动] 溺愛する。

**chǒng rǔ bù jīng**【宠辱不惊】〈成〉人の評判に左右されない。

**chǒngwù**【宠物】[名] ペット。愛玩動物。¶～热 / ペットブーム。¶～食品 / ペットフード。

**chǒngxìn**【宠信】[动]〈貶〉寵愛し信用する。

**chǒngxìng**【宠幸】[动] 目上の者が目下の者を寵愛する。目をかける。

**chǒngyòng**【宠用】[动] 寵愛し任用する。

**冲**(衝) **chòng** ❶[形]〈口〉1 (におい などが)きつい。2 (勢いが)激しい,強い。¶他 说话很～ / あの人はずけずけものを言う。 ❷[介]〈口〉1 …に向かって。…に対して。¶他～我招招手 / 彼は私に向かって手を振った。2 …に基づいて。…という点からして。 ❸[动]〈機〉(プレスで)押し抜く,打ち抜く。
*異読⇒*chōng

**chòngchuáng**【冲床】[名]〈機〉押し抜き機。パンチプレス。

**chòng//dǔnr**【冲盹儿】[动]〈方〉居眠りをする。

**chòngjìnr**【冲劲儿】[名] 1 向こうっ気。負けん気。2 強い刺激。

**chòngkè**【冲刻】[动]〈機〉1 押し抜く。2 [名] 押し抜いた穴。

**chòngmú**【冲模】[名]〈機〉押し抜き機の型。

**chòngtóu**【冲头】[名]〈機〉ドリフト。

**chòngyā**【冲压】[动] 押し抜く。打ち抜く。

**chòngzi**【冲子】[名] パンチ。金属に穴をあける道具。

**铳** **chòng** ❶[名](旧式の)鉄砲。¶火～ / 火縄銃。

**chòngzi**【铳子】→**chòngzi**【冲子】

## chou (イヌ)

**抽** **chōu** [动] 1 (一部分を)取り出す,引き抜く;(中の物を)抜き出す。引っ張り出す。¶把信从信封里～出来 / 封筒から手紙を抜き出す。¶怎么也～不出时间 / どうしても時間がとれない。2 吸う,吸い込む。¶烟～多了 / たばこを吸いすぎた。3 (繊維が)縮む。¶这件毛衣一洗就～了 / このセーターは洗ったら縮んでしまった。4 (むち状のもので)打った,たたく,ひっぱたく。
❶[动](植物の)芽が出る。¶～芽／chōu yá.

**chōucè**【抽测】[动] 抽出測定する。サンプル測定する。

**chōuchá**【抽查】[动] 抜き取り検査をする。¶～样品 / サンプリング。

**chōu//chéng**【抽成】[动] 割り前を取る;一定歩合を控除する。

**chōuchour**【抽抽儿】[动]〈方〉1 縮む。2 干からびる。

**chōuchù**【抽搐】[动]〈医〉(主に顔面や手足が)ひきつる,けいれんする。

**chōudǎ**【抽打】[动](むちなどで)ひっぱたく,たたく。

**chōudǎ**【抽打】[动]〈口〉(弾力のある棒やタオルなどで服や毛布などのほこりを)たたき落とす,はたく。

**chōudā**【抽搭】[动]〈口〉すすり泣く。しゃくり上げる。

**chōu/dǐ**【抽地】[动]〈旧〉1 地主が農民に貸していた土地を取り上げる。2 借金の担保になっている土地を請け出す。

**chōudiào**【抽调】[动](人員や物資を)引き抜いてよそへ振り向ける。

**chōu/dīng**【抽丁】[动]〈旧〉徴兵する。

**chōudòng**【抽动】[动] けいれんする。ひきつる。

**chōudǒu**【抽斗】→**chōuti**【抽屉】

**chōu féi bǔ shòu**【抽肥补瘦】〈成〉豊かなところから引き抜いて不足しているところを補う。

**chōu/fēng**【抽风】[动] 1 器具で空気を吸い込む。2〈医〉ひきつける。けいれんを起こす。3〈喩〉非常識なことをする。常軌を逸する。

**chōu gōngfu**【抽工夫】(～儿)時間を割く,ひまをつくる。

**chōuhuàn**【抽换】[动] 入れ替える。差し替える。

**chōujī**【抽机】[名]〈機〉ポンプ。

**chōujiǎn**【抽检】[动] 抜き取り検査をする。

**chōu/jiǎng**【抽奖】[动] 抽選で当選者を決める。

**chōu/jīn**【抽筋】[动](～儿)〈口〉筋がけいれんする。筋がひきつる。

**chōu jīn bá gǔ**【抽筋拔骨】〈成〉無理算段する。

**chōukǎo**【抽考】[动] 1 何人かを任意に抽出して試験する。2 習ったものの一部を任意に抽出して試験する。

**chōu/kòng**【抽空】[动](～儿)時間を繰り合わせる。暇をつくる。

**chōu lěngzi**【抽冷子】(惯)不意をついて,出し抜けに。突然。

**chōuqì**【抽泣】[动] すすり泣く。泣きじゃくる。

**chōuqìjī**【抽气机】[名]〈機〉排気器。空気ポンプ。

**chōu/qiān**【抽签】[动](～儿)くじ引きをする。

**chōu/qīng**【抽青】[动](草木が)芽生えて緑になる。

**chōu/qiú**【抽球】[动]〈体〉(球技で)ドライブをかける。

**chōuqǔ**【抽取】[动] 抜き取る。抽出する。

**chōushā**【抽纱】[名]〈刺繍法の〉糸抜きかがり。ドローンワーク。

**chōu/shēn**【抽身】[动] 抜け出す。手

**chōu/shī**【抽湿】[動] 除湿する.
**chōu/shuǐ**【抽水】[動] 1（ポンプなどで）水を吸い上げる. 2（綿布などが）水にぬれて縮む.
**chōushuǐ mǎtǒng**【抽水马桶】[名] 水洗式便器.
**chōushuǐzhàn**【抽水站】[名] 揚水ポンプステーション.
**chōu/shuì**【抽税】[動] 税金を取る. 課税する.
**chōu/sī**【抽丝】[動]（紡）（まゆから）糸を繰る.
**chōu/suì**【抽穂】[動] 穂が出る. 穂を出す.
**chōusuō**【抽缩】[動]（筋肉などが）収縮する.
**chōu/tái**【抽薹】[動]（野菜に）薹(とう)が立つ.
**chōutáo**【抽逃】[動]（資金を）こっそりと引き揚げる.
**chōutí**【抽提】[動]（化）抽出する. 浸出する.
**chōuti**【抽屉】[名] 引き出し. 拉开～/引き出しを開ける.
**chōu/tóu**【抽头】[動]（～儿）1 寺銭を取る. 2 ピンはねする.
**chōuxián**【抽闲】[動] 暇を見つける. 時間をつくる.
**chōuxiàng**【抽象】1 [形]（⇔具体）抽象的である. 2 [動] 抽象する.
**chōu xīn zhǐ fèi**【抽薪止沸】〈成〉根本的な解決をはかる.
**chōuxióng**【抽雄】[動]（農作物が）穂を出す.
**chōuxuǎn**【抽选】[動] 選び出す. 抽選する.
**chōuxuè**【抽血】[動]（医）採血する.
**chōu/yá**【抽芽】[動]（～儿）芽を吹く. 芽が出る.
**chōu/yān**【抽烟】[動] たばこを吸う.
**chōuyàn**【抽验】[動] 抜き取り検査をする.
**chōuyàng**【抽样】[動] サンプルを抽出する. ¶随机～/ランダムサンプリング.
**chōuyē**【抽噎】[動] しゃくり上げる. すり泣く.
**chōuyè**【抽咽】[動] すすり泣く. しゃくり上げる.
**chōuyì**【抽绎】[動]〈書〉糸口を見いだす. 端緒を開く.
**chōuyìn**【抽印】[動] 抜き刷りをする. ¶～本/抜き刷り本.
**chōuyóuyānjī**【抽油烟机】[名] 台所の換気扇.

**绌** chōu [動]〈書〉抜き出してまとめる.
**chōuyì**【绌绎】→**chōuyì**【抽绎】

**瘳** chōu [動]〈書〉病気がよくなる.

**犨** chōu [動]〈書〉1 牛がうなる. 2 突き出る.

**仇**（讐） **chóu** 恨み. あだ.
異読⇒**qiú**
[日] かたき. ¶ ～～敌.
**chóudí**【仇敌】[名] 仇敌(きゅうてき). かたき.
**chóuhèn**【仇恨】1 [動] 恨む. 2 [名] 恨み.
**chóujiā**【仇家】[名] かたき. あだ.
**chóurén**【仇人】[名] かたき. あだ.
**chóushā**【仇杀】[動] 怨恨(えんこん)から殺人を犯す.
**chóushì**【仇视】[動] 敵視する.
**chóuwài**【仇外】[動] 外国を敵視する.
**chóuxì**【仇隙】[名]〈書〉恨み. 遺恨. 不和. 反目.
**chóuyuān**【仇冤】[名] 深い恨み. 憎しみ.
**chóuyuàn**【仇怨】[名] 深い恨み. 激しい憎しみ.

**俦**（儔） **chóu** [名] 仲間. 同輩.
**chóulèi**【俦类】[名]〈書〉同じたぐい（の人）.
**chóulǚ**【俦侣】[名]〈書〉仲間. つれ.

**帱**（幬） **chóu** [名]〈書〉1 帳(とばり). 2 車の覆い. 異読⇒**dào**

**惆** **chóu** [O]
**chóuchàng**【惆怅】[形] がっかりしてふさぎ込んでいる.

**绸**（紬） **chóu** [名] 薄い絹織物. ¶丝～/絹織物. シルク.
**chóuduàn**【绸缎】[名] 絹織物.
**chóumóu**【绸缪】[書] 1 [形] からみ合っている. 情が深く離れがたい. 2 →**wèi yǔ chóu móu**【未雨绸缪】
**chóuwénzhǐ**【绸纹纸】[名] 絹目の印画紙.
**chóuzi**【绸子】[名] 繻子(しゅす). 薄い絹織物.

**畴**（疇） **chóu** [名] ① 田畑. ¶田～/田畑. ② 種類. ¶范～/範疇(はんちゅう). カテゴリー.
**chóuxī**【畴昔】[名]〈書〉昔. 以前.

**酬**（酧） **chóu** [動] ① （金や物で）報いる. ¶稿～/原稿料. ② 交際する. つきあう. ¶应酬～/つきあいをする. ③ かなう. 実現する. ¶壮志未～/大志がまだ実現していない. ④ 酒をすすめる.
**chóubào**【酬报】1 [動]（金品または行為で）報いる. お礼をする. 2 [名] 報酬. 謝礼.
**chóubīn**【酬宾】[動] 顧客感謝セールを行う.
**chóuchàng**【酬唱】[動]〈書〉詩文のやりとりをする.
**chóudá**【酬答】1 [動] 謝礼をする. 2 言葉や詩文で応答する.
**chóuduì**【酬对】[動] 応答する. 応対する.
**chóuhè**【酬和】[動] 詩文のやりとりをする. 唱和する.
**chóujīn**【酬金】[名] 報酬. 謝礼金.
**chóuláo**【酬劳】1 [動] 謝礼をする. 2 [名] 報酬.

## chóu

**chóuxiè**【酬谢】動（金または品物で）謝礼をする．

**chóuyìng**【酬应】動 1 交際する． 2〈書〉応答する．応対する．

**chóuzài**【酬载】動（航空）有料荷重．ペイロード．

**chóuzuò**【酬酢】〈書〉動 1 主客が互いに酒をすすめる． 2 (一般に) 交際．

**稠** **chóu** 形 1 濃い．¶这粥太~/このおかゆはどろどろだ． 2 密である．ぎっしり詰まっている．

**chóuhu**【稠糊】形（~儿）〈方〉(のりのように)どろどろしている．

**chóumì**【稠密】形 密集している．稠密(ちゅうみつ)である．

**chóu rén guǎng zhòng**【稠人广众】大勢の人の集まり．

**愁** **chóu** 動 1 心配する．案じる．¶他~找不到一个好工作 / 彼はいい仕事が見つからぬか心配している． 2 心配させる．嘆かせる．¶去还是不去，真令人 / 人が行くか行かないか本当に悩んでしょう．

**chóucháng**【愁肠】名 憂える心．

**chóuchéng**【愁城】〈書〉悲しい心境．苦悶．

**chóuchǔ**【愁楚】動 憂い苦しむ．

**chóuhuái**【愁怀】名 憂い苦しむ気持ち．

**chóukǔ**【愁苦】動 心配し苦しむ．

**chóulù**【愁虑】動 思い悩む．

**chóumào**【愁貌】悩むさま．

**chóuméi**【愁眉】名 愁眉(しゅうび)．憂いを含んだ眉．

**chóu méi kǔ liǎn**【愁眉苦脸】成心配そうな顔(をする)．浮かぬ顔(をする)．

**chóu méi suǒ yǎn**【愁眉锁眼】成心配し悩むさま．

**chóumèn**【愁闷】形 気がふさぐ．気がめいる．

**chóuróng**【愁容】名 心配そうな顔．

**chóusī**【愁思】名 憂いの気分．

**chóuxù**【愁绪】名〈書〉憂愁．悩み．

**chóuyún**【愁云】名 打ち沈んだ表情．もの悲しい様子．

**chóu yún cǎn wù**【愁云惨雾】成悲愴な情景．暗澹(あんたん)たる状況．

**筹（籌）** **chóu** 名 算段する．工面する．¶~了一笔款子 / 金を工面した．

動 ① 計画する．企画する．¶统~ / 統一的に計画する．② 数取り棒．¶酒~ / 酒宴での遊びに用いる数取り棒．

**chóubàn**【筹办】動（行事などを）準備し実行する．

**chóubèi**【筹备】動（行事などを）計画準備する．手配する．

**chóucuò**【筹措】動（金などを）工面する，調達する．¶~资金 / 資金を調達する．

**chóugòu**【筹购】動 資金を調達して購入する．

**chóuhuà**【筹划】動 1 計画する． 2 調達する．工面する．▲"筹画"とも．

**chóujì**【筹集】動 工夫し集める．

**chóujiàn**【筹建】動 計画して建設をする．

**chóujiè**【筹借】動 金策をする．工面をする．

**chóukuǎn**【筹款】動（経）資金を調達する．

**chóumǎ**【筹码】名（~儿） 1 (賭博・遊戯などの計算に用いる)数取り棒． 2 手段． 3〈経〉(貨幣・預金・有価証券などの)手持ち資金．▲"筹马"とも．

**chóumóu**【筹谋】動 対策を練る．方法を考える．

**chóumù**【筹募】動（資金を）集める，調達する．

**chóupāi**【筹拍】動（映画・テレビドラマなどの）撮影を準備する．

**chóushāng**【筹商】動〈書〉協議する．相談する．

**chóusī**【筹思】動 計画する．思いめぐらす．

**chóusuàn**【筹算】動 1 計画する． 2 画策する．

**chóuwěihuì**【筹委会】名〈略〉準備委員会．

**chóuzhǎn**【筹展】動 展覧会の準備をする．

**chóuzī**【筹资】動 資金を調達する．

**chóuzǔ**【筹组】動 計画準備する．

**踌（躊）** **chóu** ●

**chóuchú**【踌躇】動 踌躇(ちゅうちょ)する．ためらう．¶~不决 / ためらう．二の足を踏む．▲"踌蹰"とも．

**chóu chú mǎn zhì**【踌躇满志】〈成〉得意満面である．

**chóuchú**【踌跱】動〈書〉ためらう．二の足を踏む．

**雠（讐）** **chóu** ● (文字の)校正をする．¶校jiào~ / 校正をする．

**丑（醜）** **chǒu** ● 形 1（↔ 美）(容貌が) 醜い．

❷ 名 1 (~儿)芝居の道化役．三枚目． 2 十二支の第 2：丑(うし)．

● 恥ずべきである．みっともない．¶出~ / 恥をさらす．● 姓

**chǒubāguài**【丑八怪】名 顔の醜い人．

**chǒubiǎogōng**【丑表功】〈慣〉厚かましく自己宣伝をする．

**chǒudàn**【丑旦】名 伝統劇で女性に扮する道化役．

**chǒudǐ**【丑诋】動〈書〉罵倒(ばとう)する．

**chǒu'è**【丑恶】形 醜い．醜悪である．ぶざまである．

**chǒuhuà**【丑化】動 醜く描く．戯画化する．

**chǒuhuà**【丑话】名 1 聞くに堪えない話：下品な言葉． 2 (あとで気まずくなることのないように)断っておく言葉．¶~说在前头 / 前もって断っておきます．

**chǒujù**【丑劇】[名] 茶番劇. 猿芝居.

**chǒujué**【丑角】[名]（～ㄦ）1 道化役. 三枚目. 2〈ある出来事の中での〉悪役.

**chǒulèi**【丑類】[名] 悪人. 悪党.

**chǒulòu**【丑陋】[形]〈容貌や格好が〉醜い, ぶざまである.

**chǒupózi**【丑婆子】[名] 年増女に扮する道化役者.

**chǒushí**【丑時】[名]〈旧〉丑 (?) の刻.

**chǒushǐ**【丑史】[名]〈個人の〉汚れた経歴.

**chǒushì**【丑事】[名] スキャンダル. 悪事. ¶好事不出门,～扬千里／〈諺〉悪事千里を走る.

**chǒutài**【丑態】[名] 醜態.

**chǒuwén**【丑聞】[名] スキャンダル. 醜聞.

**chǒuxiàng**【丑相】[名] 醜い様相. 醜い姿.

**chǒuxíng**【丑行】[名] 醜い行い. 恥ずべき行為.

# 剑 (釧) chǒu ‖[姓]

# 瞅 chǒu [動]〈方〉見る. 目にする.

**chǒu//jiàn**【瞅见】[動＋結補]〈方〉見かける. 見受ける. 目にする.

# 臭 chòu ❶[形] 1 (←香) 臭い；腐っている. いやらしい. 鼻持ちならない. ¶名声很～／評判がくそみそだ. 2〈方〉(弾丸が) 不発になる, だめになる. ❷[副] ひどく. 激しく. ¶～揍zòu一顿／たたきのめす.

異読→xiù

**chòuchóng**【臭虫】[名] 1〈虫〉ナンキンムシ. 2 (電算) バグ.

**chòuchūn**【臭椿】[名]〈植〉シンジュ. ニワウルシ.

**chòudàjiě**【臭大姐】[名]〈口〉〈虫〉ヘクサムシ. カメムシ.

**chòudòufu**【臭豆腐】[名] 1 豆腐を発酵させて作った臭みのある食品. 2〈喩〉評判は良くないのに利益の出るもの.

**chòuhōnghōng**【臭烘烘】[形]（～的）臭気ぷんぷんとしている.

**chòuhūhū**【臭乎乎】[形]（～的）いやなにおいがしている.

**chòujiàzi**【臭架子】[名] 鼻持ちならない態度. きざ. ¶摆～／きどる.

**chòu//jiē**【臭街】[動] 街中に満ちあふれる. ¶"臭大街"ともいう.

**chòulǎojiǔ**【臭老九】[名] 9番目の鼻つまみ者. ▶文革時にインテリに対して用いられた蔑称.

**chòumà**【臭骂】[動] 罵詈 (ば) を浴びせる.

**chòuměi**【臭美】[動] 思い上がる.

**chòu míng yuǎn yáng**【臭名远扬】[成] 悪名が広く知れわたる.

**chòu míng zhāo zhù**【臭名昭著】[成] 悪名高い.

**chòupínáng**【臭皮囊】[名]〈仏〉人間の体.

**chòuqí**【臭棋】[名] へぼ将棋. ざる碁.

**chòuqì**【臭气】[名] 臭いにおい. 臭気.

**chòuqián**【臭钱】[名] いかがわしい金. あぶく銭.

**chòu wèi xiāng tóu**【臭味相投】[成]〈悪い意で〉意気投合する.

**chòuxiàn**【臭腺】[名]〈生理〉臭腺.

**chòuyǎng**【臭氧】[名]〈化〉オゾン.

**chòuyǎngcéng**【臭氧层】[名]〈気〉オゾン層.

**chòuyǎngdòng**【臭氧洞】[名]〈気〉オゾンホール.

**chòuyóu**【臭油】[名]〈口〉ピッチ. コールタール.

**chòuyòushǔ**【臭鼬鼠】[名]〈動〉スカンク.

**chòuzǐr**【臭子儿】[名]（銃弾の）不発弾.

**chòuzuǐ**【臭嘴】[喩] 憎まれ口をたたく人. ¶～不乌心／口は悪いが腹は黒くない.

## chu（ㄔㄨ）

# 出 chū ❶[動] 1（中から外へ）出る. ¶～城／城外に出る. 町から出る. 2（時間・範囲を）超える. ¶高速公路本两年就完成了／高速道路は2年たたないうちに完成した. 3（問题・布告・知恵・金銭・力などを）出す. ¶～主意／知恵を出す. 4 生じる. 産出する. 生む. ¶～危险／危険が生じる. 5（体内から）出る. ¶～汗／汗が出る. ❷[量] 芝居を数える：（もとは）ひと幕. ¶三～戏／三つの芝居. ❸①支出する. ¶量liàng入为～／収入を考えて支出する. ②出席する. 出場する. ¶～～／hm. xì. ③量が増える. ¶～～数儿shùr.

----

▶方向補語 "-出" の用法

❶内から外へ向かう意を表す. ¶走～房间／部屋を出ていく.

❷隠れた状態から見える状態へ——事物の発見・識別を表す. ¶我搞～了他的来意／私は彼の来たわけを探り当てた.

❸新しい事物の出現——事物の生産・成就・実現を表す. ¶设计～一套新式服装／ニューモードの服装をデザインした.

❹感情や考えを表出する. ¶笑～了声音／笑い声をたてた.

❺(形容詞に後接し) 何らかの基準より数量的に超えることを表す. ¶这裤子再长～三厘米就好了／このズボンはもう3センチ長いとちょうどよい.

----

**chūbǎn**【出版】[動] 出版する.

**chūbǎnwù**【出版物】[名] 書籍・刊行物・画集・CD・カセットテープなどの総称.

**chū/bǎng**【出榜】[動] 1 合格者の名前を掲示する. 2〈旧〉告示を出す.

**chū/bēn**【出奔】[動] 出奔する．逃げる．
**chū/bìn**【出殯】[動] 出棺する．
**chū/bīng**【出兵】[動] 出兵する．
**chū/cǎi**【出彩】[動] 1 血を流す．▶伝統劇で赤い液体で流血のさまを表す．2 恥をかく．
**chū/cāo**【出操】[動] 訓練に出る．
**chū chàzi**【出岔子】事故を起こす．面倒が起きる．
**chū/chāi**【出差】[動] 出張する．¶～到北京 / 出張で北京に行く．¶出稼ぎをする．
**chūchǎn**【出産】1 [動] 産出する．生産する．2 [名] 産物．物産．
**chū/chǎng**【出厂】[動] 工場から出荷する．
**chū/chǎng**【出場】[動]（舞台に）登場する；（競技場に）出場する．¶～费 / ギャラ．出演料．
**chūchāo**【出超】[動]（経）(↔入) 輸出超過になる．
**chū/chē**【出車】[動] 車を出す．
**chū/chéng**【出乗】[動]（乗務員が）乗務につく．
**chū/chǒu**【出丑】[動] 醜態を演じる．恥をさらす．
**chūchǔ**【出处】[名]〔書〕出処進退．
**chūchù**【出处】[名] 出所（しょ）．出典．
**chū/cuò**【出错】[動]（～儿）まちがいが起こる．
**chūdǎo**【出倒】[動] 店舗を譲り渡す．売りに出す．
**chūdǎozhèng**【出島証】[名]〔口〕輸出許可証．▶"島"は香港島をさす．
**chū/dào**【出道】[動]（徒弟が）独り立ちする．
**chūdiǎn**【出典】[名] 出典．出所（しょ）．
**chū diǎnzi**【出点子】[動] 知恵を出す．¶出坏点子 / 悪知恵をつける．
**chūdiàn**【出店】[名]〔方〕〔旧〕外回りの店員．
**chū/dǐng**【出顶】[動]〔方〕借家の又貸しをする．
**chū/dòng**【出动】[動] 1（部隊が）出動する．2（軍隊を）派遣する．3（多くの人が）総出で行動する．
**chū/dòur**【出痘儿】[動] 天然痘・疱瘡（ほう）にかかる．
**chū ěr fǎn ěr**【出尔反尔】[成] 移り気である．言行が一致しない．
**chūfā**【出发】[動] 1 出発する．2（"从"と呼応して）…を出発点とする．…をよりどころとする．¶从实际～ / 現実を出発点として．
**chūfādiǎn**【出发点】[名] 1 出発点．2 着眼点．動機．
**chūfǎn**【出饭】[動]〔口〕ご飯の炊き上がりの量が多くなる．
**chūfǎng**【出访】[動] 外国を訪問する．
**chū fènzi**【出份子】[動]（贈り物をするために）金を出し合う．¶慶弔の金を出す．
**chū fēngtou**【出风头】[慣] 出しゃばる．

**chū/gǎng**【出港】[動] 1 出港する．2 輸出する．
**chū/gé**【出阁】[動]（女性が）結婚する．嫁に行く．
**chū/gé**【出格】[動] 1 群を抜く．ずばぬける．2（言葉や行いが）度が過ぎる．
**chū/gōng**【出工】[動]（農作業や工事などの）出勤につく．
**chū/gōng**【出恭】[婉] 排便する．用を足す．
**chū guāi lù chǒu**【出乖露丑】[成] 人前で醜態を演じる．
**chū/guǐ**【出轨】[動] 1（列車が）脱線する．2（喩）（言葉や行いが）度が過ぎる．失言する．
**chū/guó**【出国】[動] 出国する．国外へ出る．
**chū/hǎi**【出海】[動] 海に出る．沖に出る．
**chū/hàn**【出汗】[動] 汗が出る．¶出一身汗 / びっしょりと汗をかく．
**chū/háng**【出航】[動]（船・飛行機が）出航する．
**chū/hào**【出号】[動] 1（～儿）規格をはみ出す．並みはずれる．2〔旧〕店員が店を辞める．解雇される．
**chū hū yì liào**【出乎意料】[成] 思いのほか．予想外である．
**chūhū…zhīwài**【出乎…之外】[型]（"出乎"と"之外"の間に"意料"などの名詞を挟んで）予想に反し…．
**chū/huār**【出花儿】→ **chū/dòur**【出痘儿】
**chū huāyàng**【出花样】新しいアイデアを出す．新機軸を出す．
**chū/huó**【出活】[動]（～儿）1 仕事が仕上がる．2 [形] 仕事の効率がよい．
**chū/huǒ**【出火】[動] うっぷんを晴らす．
**chūhuò**【出货】[動] 出荷する．（経）株を売り放す．
**chūjī**【出击】[動] 出撃する．攻撃をかける．
**chūjì**【出继】[動] 養子に出る．
**chū/jiā**【出家】[動] 出家する．
**chūjiārén**【出家人】[名] 出家僧．
**chū/jià**【出价】[動] 値をつける．
**chū/jià**【出嫁】[動] 嫁に行く．嫁ぐ．
**chū/jiān**【出尖】[動]（～儿）1 群を抜く．2〔方〕山盛りにする．
**chū jiāng rù xiàng**【出将入相】[成] 戦いに出ては将軍，朝廷に入っては宰相．文武両道に秀でた人物．
**chū/jiè**【出界】[動]（球技でボールが）ラインを割る．アウトになる．
**chūjiè**【出借】[動]（物品などを）貸し出す．
**chūjǐng**【出警】[動] 警察が事件や事故の現場に出動する．
**chū/jìng**【出境】[動] 出国する．国境を出る．¶办理～手续 / 出国手続きをとる．
**chū/jìng**【出镜】[動] 映画やテレビに出演する．

**chūjìnglǜ**【出镜率】〈名〉メディアへの露出頻度。
**chūjìngyóu**【出境游】〈名〉海外旅行。
**chū/jiǔ**【出九】〈動〉冬至から数えて81日（厳寒の時期）が過ぎる。寒が明ける。
**chū/jú**【出局】〈動〉1〈体〉アウトになる。2 失格になる。敗退する。3 淘汰される。4 株・証券などをすべて売り払う。
**chūjù**【出具】〈動〉証明書を作成し発行する。
**chū/kē**【出科】〈動〉〈旧〉伝統劇俳優が俳優養成所を卒業する。
**chū/kǒu**【出口】❶〈動〉1 口に出して言う。言葉に出す。2 出港する。3 (↔进口) 输出する。❷〈名〉1 〜管制／输出规制。1 〜创汇／输出による外货稼ぎ。1 〜转zhuǎn内销／输出向け商品を国内販売に回す。❷〈名〉出口。
**chū kǒu chéng zhāng**【出口成章】〈成〉口をついて出る言葉がそのまま文章になる。▶文才があるさま。
**chū/lái**【出来】〈動〉1 外（内から外に）出てくる。現れる。¶请你一下／ちょっと出てきてください。
**-chū/lai [- 出来]**〈動〉動詞の後に用い、(内から外に)出てくる；明らかな状態になって）わかる；明らかな事物が）出現・完成することを表す。¶跑—／駆け出てくる。¶你猜得—吗？／想像つきますか。¶论文已经写了／論文はもう出来上がった。
**chū/lán**【出栏】〈動〉1 家畜を〜出荷する。2〈方〉家畜小屋の糞便を取り出す。
**chū lèi bá cuì**【出类拔萃】〈成〉抜群である。
**chū/lì**【出力】〈動〉1 力を出す。精を出す。骨を折る。2〈名〉仕事率。
**chūlièe**【出列】〈動〉横の隊列から一歩前へ出て直立する。▶号令の一。
**chūliè**【出猎】〈動〉狩に出る。
**chūliū**【出溜】〈動〉〈方〉滑る。滑るように進む。
**chū/lóng**【出笼】〈動〉1 せいろうから蒸しあがった物を取り出す。2〈喻〉(紙幣や投機商品などを) 売り出す、濫発する。▶悪い意にいう。
**chū lóuzi**【出娄子】〈慣〉間違いが起きる。支障が生じる。
**chū/lú**【出炉】〈動〉1 (かまどや炉から)取り出す。2〈喻〉(新しい案などが)出来上がる、披露される；(新製品などが)発表される、登場する。
**chūlù**【出路】1 出口。2 活路。3 贩路。売れ口。
**chū luànzi**【出乱子】〈慣〉不慮の事故が起きる。厄介なことが起きる。
**chūluò**【出落】〈動〉〈少女が年ごろになって〉美しくなる。
**chū/mǎ**【出马】〈動〉1 出馬する。乗り出る。2〈方〉往診する。
**chūmài**【出卖】〈動〉1 売る。売り出す。2 裏切る。売り渡す。¶〜朋友／友人を裏切る。

**chū máobìng**【出毛病】故障・間違い・事故が起きる。
**chū/méi**【出梅】〈動〉梅雨が明ける。
**chū/mén**【出门】〈動〉1 (〜儿) 外出する。2 (〜儿) 家を離れて遠くへ行く。3〈方〉嫁に行く。
**chū ménzi**【出门子】〈慣〉〈方〉嫁に行く。嫁入りする。
**chū/miàn**【出面】〈動〉1 (ことに当たるために)顔を出す、表に立つ。2 名前〔名義〕を出す。
**chū/miáo**【出苗】〈農〉芽が出る。
**chū/míng**【出名】〈動〉(〜儿) 1 有名になる。名が出る。2→chū/miàn【出面】2。
**chūmò**【出没】〈動〉出没する。
**chū mò wú cháng**【出没无常】〈成〉出没常ならず。
**chū móu huà cè**【出谋划策】〈成〉入れ知恵をする。悪知恵をつける。▶"出谋画策"とも。
**chūnà**【出纳】〈名〉1 (金銭の) 出納。(図書の) 出し入れ。2〈名〉出納係。
**chū nántí**【出难题】〈慣〉難題を持ち出して困らせる。
**chū/pán**【出盘】〈動〉〈方〉(店を)譲る、売りに出す。
**chūpǐn**【出品】1〈動〉製造する。2〈名〉製品。
**chū/pìn**【出聘】〈動〉1 嫁に行く。2 (書)使節として外国へ赴く。
**chū/pǔ**【出圃】〈動〉(苗木から)苗木を移植する。
**chū/qī**【出妻】〈旧〉1〈動〉妻を離縁する。2〈名〉離縁された妻。
**chūqí**【出奇】〈形〉特別である。珍しい。尋常でない。
**chū qí bù yì**【出其不意】〈成〉不意をつく。意表を突く。
**chū qí zhì shèng**【出奇制胜】〈成〉相手の意表を突いて勝ちを制する。
**chū/qì**【出气】〈動〉うっぷんを晴らす。腹いせをする。
**chūqìkǒu**【出气口】〈名〉排気口。
**chū/qìr**【出气儿】〈動〉空気を通す。
**chū**〈動〉吐く息。
**chūqìtǒng**【出气筒】〈慣〉理由なく当たり散らされる人。腹いせの対象となる人。
**chū/qín**【出勤】〈動〉1 出勤する。2 出張する。公務で外出する。
**chū/qù**【出去】〈動〉(内から外へ)出る、出て行く。
**-chū/qù [- 出去]**〈動〉動詞の後に用い、動作が内から外へ、話し手から〔話し手の視点は内にある〕離れていくことを表す。¶跑—／駆け出していく。¶卖—／売りさばく。¶走得下—／外へ出ていくことができる〔できない〕。
**chū/quānr**【出圈儿】〈動〉常軌を逸する。度を越す。
**chūquē**【出缺】〈動〉(多く要職に)欠員ができる。

**chū**

出

- **chūràng**【出让】〖動〗(自分の持ち物を他人に)譲渡する.
- **chū rénmìng**【出人命】〖慣〗人命が失われる.
- **chū rén tóu dì**【出人头地】〖成〗一頭地を抜く. 人にぬきんでる.
- **chū rén yì liào**【出人意料】〖成〗意表を突く. 予想外である. ¶"出人意表"とも.
- **chūrèn**【出任】〖書〗(官職に)就任する.
- **chūrù**【出入】1〖動〗出入りする. 2〖名〗〈数や言葉の〉不一致, 食い違い.
- **chūsài**【出赛】〖動〗試合に出場する.
- **chū/sāng**【出丧】〖動〗出棺する.
- **chūsè**【出色】〖形〗すばらしい. 際立ってすぐれている. 出色だ.
- **chū/shān**【出山】〖動〗1 隠者が出仕する. 山を下りる. 2〈喩〉出馬する. 乗り出す.
- **chūshēn**【出身】1〖名〗出身. 出.2〖動〗(…の)出身だ.(…の)出である.
- **chū/shén**【出神】〖動〗(～儿)うっとりする. ぼんやりする. 放心する.
- **chū shén rù huà**【出神入化】〖成〗入神〔絶妙〕の域に達する.
- **chūshēng**【出生】〖動〗生まれる. ¶～于上海／上海に生まれる.
- **chūshēnglǜ**【出生率】〖名〗出生率.
- **chū shēng rù sǐ**【出生入死】〖成〗生死の境をさまよう. 生命の危険を冒す.
- **chū/shī**【出师】〖動〗1 (見習い工が)年季が明けて一人前の職人になる. 2〖書〗出兵する. ¶～不利／出兵が失敗する. 〈転〉初手からうまくいかない.
- **chūshǐ**【出使】〖動〗使節として外国へ行く.
- **chūshì**【出示】〖動〗1 出して見せる. 呈示する. 2〖書〗布告する. 告示する.
- **chūshì**【出世】〖動〗1 (人が)生まれる, 出生する. 2 (物事が)発生する, 現れ出る. 3 浮世を離れる. 俗世を超越する. 4 雲の上に出る.
- **chūshì**【出仕】〖動〗〖書〗出仕する. 役人になる.
- **chū/shì**【出事】〖動〗(～儿)事故が起きる. ¶出了什么事儿？／何事が起こったのか. ¶～地点／事故の地点.
- **chūshìzuò**【出世作】〖名〗〖旧〗処女作.
- **chū/shǒu**【出手】1〖動〗1 (品物を)売り渡す, 手放す. 2 出す. 取り出す. 2〖名〗1 袖の長さ. 2 腕前. 力量.
- **chūshǒu**【出首】〖動〗1 (他人の犯罪を)告発する. 2〈近〉自首する.
- **chūshòu**【出售】〖動〗売り出す. 販売する.
- **chū/shuǐ**【出数儿】〖動〗(口)数量が多くなる. かさが増す.
- **chū shuǐ fú róng**【出水芙蓉】〖成〗女性の美貌や美しい詩文・書など.
- **chū/tái**【出台】〖動〗1 舞台に出る. 登場する. 2〈喩〉公然と顔を出して活動する. 3 (政策や施策などが)公布される, 実施される.
- **chū/tān**【出摊】〖動〗(～儿)屋台や露店を出す.
- **chūtáo**【出逃】〖動〗(家や国から)抜け出す, 逃げ出す.
- **chū/tí**【出题】〖動〗出題する.
- **chūtiáo**【出条】〖動〗(穀物を)売り出す.
- **chūtiao**【出挑】〖動〗1→**chūluo**【出落】2 熟達する. 腕前が上がる.
- **chū/tíng**【出庭】〖動〗法廷に出る.
- **chū/tóu**【出头】〖動〗1 困難を脱する. 2 (物事が)表面に出る. 3 顔を出す. 先頭に立つ. 4 (～儿)ちょっと上回る. (まとまった数に)端数がつく.
- **chū tóu lòu miàn**【出头露面】〖成〗1 公の場所へ顔を出す. 2 表面に立って事に当たる.
- **chūtóutiān**【出头天】〖方〗徒弟が一人前の職人になる.
- **chū/tú**【出徒】〖動〗徒弟が一人前の職人になる.
- **chū/tǔ**【出土】〖動〗出土する. ¶～文物／出土品.
- **chūtuō**【出脱】〖動〗1 売り渡す. 手放す. 2 (女性が年ごろになって)美しくなる. 3 (罪を)逃れる.
- **chūwài**【出外】〖動〗よその土地へ行く.
- **chūwáng**【出亡】〖動〗逃亡する. 出奔する.
- **chūwèi**【出位】〖形〗常軌を逸する；並外れている.
- **chū/xí**【出席】〖動〗出席する.
- **chūxī**【出息】1〖名〗1 前途. 見込み. ¶有～／見込みがある. 2〈方〉収益. 利益. 2〖動〗向上する. 進歩する；(成長して)美しくなる.
- **chū/xiǎn**【出险】〖動〗1 危地を脱する. 2 (工事で)危険が発生する, 事故が起こる.
- **chūxiàn**【出现】〖動〗出現する. 現れる. ¶～在眼前／眼前に現れる.
- **chū/xiàn**【出线】〖動〗選手やチームが勝ち進む. ¶～权／(スポーツ大会・本選などへの)出場権.
- **chūxiàng**【出项】〖名〗支出. 出費.
- **chū/xiě**【出血】〖動〗1 (口) 血が出る. 2〈方〉〈喩〉自腹を切る. ¶～价／出血サービス価格. ⇒**chū/xuè**
- **chūxíng**【出行】〖動〗よその行く. 旅に出る.
- **chū xūgōng**【出虚恭】〈婉〉屁(へ)をひる. おならをする.
- **chū/xuè**【出血】〖動〗1〖医〗出血する. 2〖名〗〖印〗(製本で)化粧裁ち. ⇒**chū/xiě**
- **chūxún**【出巡】〖動〗(天子が)巡幸に出る；(官吏が)視察に出る.
- **chū/yá**【出芽】1〖動〗1 (植)(人)芽が出る. 芽を吹く. 2〖名〗〖生〗出芽.
- **chūyán**【出言】〖動〗話をする. 口をきく. ¶～不逊／言葉遣いが傲慢である.
- **chūyǎn**【出演】〖動〗扮する. 出演する.

chū/yáng【出洋】動 外国へ行く. 洋行する.
chū yángxiàng【出洋相】(慣) 失態を演じる. 恥をさらす. ¶出他的洋相/彼に恥をかかせる.
chūyíng【出迎】動 出迎える.
chūyóu【出游】動 旅行に出る. 外遊する.
chūyú【出于】動…から出る. …に基づく. …による.
chūyǔ【出语】動 言葉に出す. ものを言う.
chū/yuàn【出院】動 退院する.
chū/yuè【出月】動 翌月になる. 月を越す.
chū yuèzi【出月子】産褥(褥)から出る. 産後満1か月になる.
chūyùn【出韵】名〔文〕(詩作のとき)韻をはずす. 押韻の枠を超える.
chūzhǎn【出展】動 出展する. 展示する.
chūzhàn【出战】動 戦いに出る. 戦闘する.
chū/zhàng【出账】1 動 支払い勘定に記入する. 2 名〔方〕支出金. 支出.
chūzhé【出蛰】動 動物が冬眠を終えて活動を始める.
chū/zhěn【出诊】動 往診する.
chū/zhèn【出阵】1 動 出陣する. 2〈喩〉スポーツの試合に出場する.
chū/zhēng【出征】動 出征する.
chūzhèng【出证】動 1 証拠を見せる. 2 法廷で証言する.
chūzhòng【出众】動 人並みすぐれる. ぬきんでる.
chūzī【出资】動 出資する.
chūzì【出自】動 …から出る.
chūzǒu【出走】動 家出をする. 出奔する.
chūzū【出租】動 賃貸しする. リースする. レンタルする.
chūzū qìchē【出租汽车】名 タクシー. ハイヤー. [辆]

**邮** chū 地名用字.

**初** chū 1【副】初めて…したばかり. ¶~来此地/当地に来たばかり. 2 接頭【陰暦の日付(初めの10日)につけて用いる】¶~一/陰暦のついたち. ¶~十/陰暦の10日.
  目 ①初め. ¶~等. ②初級の. ¶~一等. ③もとの. ¶~~心. [性]
chūbǎn【初版】1 動 初版を出す. 2 名 初版.
chūbù【初步】形 初歩的な. 差し当たっての. ¶~设想 / 試案.
chūcháo【初潮】名〔生理〕初潮.
chū chū máo lú【初出茅庐】〈成〉初めて世間に出る. 駆け出しである.
chūchuàng【初创】動 創立して間がない.
chūchūn【初春】名 初春. 春の初め.
chūcì【初次】名 初回. 第1回. 最初. ¶~见面 / 初対面.

chūděng【初等】形 初等の.
chūděng jiàoyù【初等教育】名 初等教育. 小学校教育.
chūdōng【初冬】名 初冬. 冬の初め.
chūdù【初度】名〔書〕誕生日.
chūfàn【初犯】名〔法〕初犯.
chūfú【初伏】名 初伏.
chūgǎo【初稿】名 草稿.
chūgēng【初更】名〔旧〕初更. 宵の口.
chūhuā【初花】1 名(1年で)最初に開花する. 2 名 最初に開花した花.
chūhuì【初绘】動 初めて会う.
chūhūn【初婚】名 1 初婚. 2 新婚.
chūjí【初级】形 (⇔高级)初級の. ¶~阶段 / 初歩的な段階.
chūjí nóngyè shēngchǎn hézuòshè【初级农业生产合作社】名 初級農業(生産)合作社. ▶略して"初级社"とも.
chūjí shìchǎng【初级市场】名(経)(証券の)発行市場, プライマリーマーケット.
chūjí xiànquān【初级线圈】名〔物〕一次コイル.
chūjí xiǎoxué【初级小学】名 初級小学校. ▶4年で卒業. 中華人民共和国成立直後にみられた.
chūjí zhōngxué【初级中学】名 初级中学. ▶日本の中学校に相当.
chūjiāo【初交】名 付き合ってまだ日の浅い間柄.
chūkuì【初亏】名〔天〕初虧(き).
chū lái zhà dào【初来乍到】〈成〉初めて来た. 来たばかりで.
chūliàn【初恋】名 1 初恋. 2 恋愛の初期.
chū lù fēng máng【初露锋芒】〈成〉初めて頭角を現す.
chū lù tóu jiǎo【初露头角】〈成〉才能を初めて現す.
chūmián【初眠】名 (蚕の)初眠.
chūmín【初民】名 原始社会の人.
chūnián【初年】名 最初の年. 年初.
chūpíng【初评】名 最初の評価. 初歩段階での選出.
chūqī【初期】名 初期. 初めのころ.
chūqiū【初秋】名 初秋. 秋の初め.
chūsài【初赛】名〔体〕第1回戦.
chūsāng【初丧】名(家庭に)不幸があって間もないころ.
chūshěn【初审】名 1 第1回審查. 2 最初の尋問. 3〔法〕第1審.
chūshēngtài【初生态】名〔化〕発生期状態.
chū shēng zhī dú bù pà hǔ【初生之犊不怕虎】〈諺〉若い人はこわいもの知らずである.
chūshí【初时】名 最初. はじめ.
chūshǐhuà【初始化】名〔電算〕(フロッピーなどを)初期化する.
chūshì【初试】名 最初の試験. 1次試験.
chūsuì【初岁】名〔書〕1年の初め. 年始.
chūtàn【初探】名(書名や論文のタイ

**chūtóu**【初头】[名] 初頭. (年・月の)初め.
**chūxià**【初夏】[名] 初夏. 夏の初め.
**chūxiǎo**【初小】[名]← chūjí xiǎoxué【初级小学】
**chūxīn**【初心】[名] 最初の志. 初志.
**chūxuǎn**【初选】[名] 予選.
**chūxué**【初学】[動] 初めて学ぶ.
**chūxuě**【初雪】[名] 初雪.
**chūxún**【初旬】[名] 初旬. 上旬.
**chūyè**【初夜】[名] 初頭. 初め.
**chūyè**【初夜】[名] ❶宵の口. ❷新婚初夜.
**chūyī**【初一】[名] ❶(旧暦で)各月の最初の日. 旧暦の一日(公). ❷(略)中学1年生.
**chūyuàn**【初愿】[名] 初志.
**chūyuè**【初月】[名] 新月.
**chūzhàn**【初战】[名] 緒戦.
**chūzhěn**【初诊】[名] 初診.
**chūzhì**【初志】[名](書)初志.
**chūzhōng**【初中】[名](略)中学校. 初級中学.
**chūzhōng**【初衷】[名] 初志. 初心.

**樗** **chū**[名]〈植〉シンジュ. ニワウルシ.
**chūpǔ**【樗蒲】[名]〈古〉さいころ遊び;〈広く〉賭博全般.

**刍**(芻) **chú**(茶) [名] ❶まぐさ. ¶反~/反芻(%)する. ❷草を刈る. ¶~~落槁. ‖[姓]
**chúgǒu**【刍狗】[名] 草で形作った犬;〈喩〉廃物として捨てられるもの. 取るに足りないもの.
**chúmò**【刍秣】[名][書] まぐさ.
**chúráo**【刍荛】[名][書] ❶草や柴を刈る. ❷〈謙〉草刈り人. 愚夫.
**chúyì**【刍议】[名][書]〈謙〉卑見.

**除** **chú**[動] ❶取り除く. ¶~害虫/害虫を取り除く. ❷〔割〕る. ¶八~二等于四/8割る2は4. ❸[書] 授ける. (官職を)任命する.
② [前] …を除いて. …以外は
▶️きざはし. ¶阶~/階段. ‖[姓]
**chú bào ān liáng**【除暴安良】〈成〉暴虐な類を, 善良な民を安んじる.
**chúbì**【除弊】[動] 弊害を取り除く.
**chú cǎo**【除草】[動] 除草する.
**chúcǎojì**【除草剂】[名]〈農〉除草剤.
**chúchén**【除尘】[動] 集塵する. 気体中に浮いている細かいちりを取り集める.
**chúchénqì**【除尘器】[名] クリーナー. 電気掃除機.
**chúchóngjú**【除虫菊】[名]〈植〉ジョチュウギク.
**chú cǐ zhī wài**【除此之外】このほか. その外.
**chú/diào**【除掉】[動]+結補 除く. 除去する.
**chú è wù jìn**【除恶务尽】〈成〉悪人や悪事を取り除くときは徹底的にやらなければならない.

**chúfǎ**【除法】[名]〈数〉除法. 割り算.
**chúfēi**【除非】❶[接続] ❶《唯一の先決条件であることを示す》…しない限り…しない. …でなければ…しない. ¶~你去清他, 他才会来/君が招きに行かなかぎり, 彼は来ない. ❷~は ともかく (...と) 別として. ¶~你去劝他, 否则他不会听的/君が説得すれば別だが, そうでなければ彼は聞き入れないだろう. ❸~を除いて. …以外. ¶~下雨, 我一定来/雨でなければ私はきっと来ます.
② [前]→**chúle**【除了】
**chú/fú**【除服】[動]〈書〉喪が明ける.
**chú/gēn**【除根】[動](~儿)根こそぎにする.
**chúhào**【除号】[名]〈数〉割り算の記号(÷).
**chú jiù bù xīn**【除旧布新】〈成〉古いものを取り除き, 新しいものを打ち立てる.
**chúkāi**【除开】→**chúle**【除了】
**chúle**【除了】[前] ❶(特殊な例を除き) …を除けば…以外は. "外, 以外, 之外" などを加えることもある. ¶~老张, 我都通知了/張さん以外の全員に連絡した. ❷(既知のものを除き) …のほかにさらに…だ. ¶~以上几点而外, 再补充一点/以上何点かのほかに, もう一つつけ加えます. ❸ …でなければ…だ. ¶这个地方, ~刮风, 就是下雨/ここは風が吹くか雨が降るかだ.
**chúle⋯yǐwài**【除了…以外】→**chúle**【除了】
**chú/míng**【除名】[動] 除名する. 除籍する.
**chúqù**【除去】→**chúle**【除了】
**chú/quán**【除权】[動]〈経〉権利落ちになる.
**chúquè**【除却】[動] 取り除く. 除外する.
**chúrì**【除日】[名]〈書〉大みそか.
**chú/sāng**【除丧】[動]〈書〉喪が明ける.
**chúshī**【除湿】[動] 除湿する.
**chúshù**【除数】[名]〈数〉除数.
**chú sì hài**【除四害】[動] 四害 (スズメ・ネズミ・ハエ・カ) を退治する. ▶1950年—60年代のスローガン.
**chúwài**【除外】[動] (…を)除く. 除外する.
**chúwài zérèn**【除外责任】[名] 免責条項.
**chúxī**【除夕】[名] 除夜. (旧暦の)大みそか.
**chúxī**【除息】[名]〈経〉株式の前日の引け値から上場会社が支払う配当を引くこと. 配当落ち.
**chúyè**【除夜】[名] 除夜. 大みそかの夜.
**chúyǐ**【除以】[動]〈数〉割る.

**厨**(廚) **chú**[名] ❶食事をつくる場所・人・道具.
**chúfáng**【厨房】[名] ❶台所. 炊事場. [間]¶~用具/台所用具. ❷〈旧〉

**chúgōng**【厨工】名 調理員。コック。
**chújù**【厨具】名 料理[台所]道具。
**chúniáng**【厨娘】名〈方〉女性の料理人。
**chúshī**【厨师】名 料理人。コック。
**chúshīfu**【厨师傅】名〈口〉料理人。コック。▶敬称。
**chúsī**【厨司】名〈方〉コック。料理人。
**chúwèi**【厨卫】名 台所と洗面所。
**chúyì**【厨艺】名 料理の腕前。
**chúzi**【厨子】名→**chúshī**【厨师】

**锄**(鋤) **chú** 1 名〈鋤〉。[把] 2 動〈土を〉鋤き起こす。鋤き返す。¶〜草／草を鋤く。
H 根こそぎ取り除く。¶〜〜奸。

**chú bào ān liáng**【锄暴安良】→**chú bào ān liáng**【除暴安良】

**chú/dì**【锄地】動 鋤で土を柔らかくしたり除草したりする。(広く)土地を耕す。
**chú/jiān**【锄奸】動 裏切り者を粛清する;スパイを摘発する。
**chú qiáng fú ruò**【锄强扶弱】成 強きをくじき弱きを助ける。
**chútou**【锄头】名[把] 1 南方で用いるくわ状の農具。2〈方〉鋤。
**chúyǔ**【锄雨】名〈方〉畑を鋤く直前に降る恵みの雨。

**滁 chú** 地名用字。

**蟾 chú** →**chánchú**【蟾蜍】

**雏**(雛) **chú** H〈鳥類の〉ひな。¶〜燕 yàn／ツバメのひな。
**chújī**【雏鸡】名 ひよこ。
**chújì**【雏妓】名 成人に達していない娼妓。
**chúniǎo**【雏鸟】名 ひな鳥。
**chúr**【雏儿】名 1 ひな。¶鸭〜／アヒルのひな。2〈喩〉若くて一人前でない者。ひよこ。
**chúxíng**【雏形】名 1 最初の形態。原形。2 ひな形。縮小模型。

**橱**(櫥) **chú**〈櫥〉たんす。戸棚。¶衣〜儿／衣装たんす。¶碗〜儿／食器戸棚。
**chúchuāng**【橱窗】名 1 (商店の)ショーウインドー。2 (展覧用の)陳列窓;(ガラス張りの)掲示板。
**chúguì**【橱柜】名 1 (〜儿)食器戸棚。水屋。2 (机の代用にもなる)低い戸棚。

**躇 chú**→**chóuchú**【踌躇】

**蹰**(躕) **chú**→**chíchú**【踟蹰・踯蹰】

**处**(處) **chǔ** 1 一緒に暮らす。付き合う。交際する。¶这婆媳俩〜得很好／この姑と嫁は仲よくやっている。¶那个人不好〜／あの人は付き合いにくい。2 (…の場所に)いる。(…の場所にある)。¶〜在一个伟大的历史时期／偉大な歴史的な時代に身を置く。3 処置する。〜三年以上徒刑／3年以上の懲役に処する。
H ①処する。処置する。¶〜〜理。¶〜〜事。②居住する。
|| 異読⇒**chù**

**chǔ biàn bù jīng**【处变不惊】成 異変に遭遇しても慌てない。
**chǔbùlái**【处不来】[动+可補] うまく付き合っていけない。
**chǔdelái**【处得来】[动+可補] うまく付き合っていける。仲よくやっていける。
**chǔfá**【处罚】動 処罰する。
**chǔfāng**【处方】1 動 処方箋を書く。2 名 処方箋。¶开〜／処方箋を出す。¶〜药／処方薬。
**chǔfen**【处分】1 動 1 処分する。処罰する。¶受到〜／処分を受ける。2(書) 処理する。
**chǔjìng**【处境】名 境遇。立場。▶不利な状況をさすことが多い。
**chǔjǐng**【处警】動 警察が緊急事態に対処する。
**chǔjué**【处决】動 1 死刑を執行する。2 処理を決定する。
**chǔlǐ**【处理】動 1 処理する。処罰する。3 安く売り払う;(在庫品を)処分する。4 特定の方法で処理する。¶热〜／熱処理。
**chǔlǐjià**【处理价】名 バーゲン価格。
**chǔlǐpǐn**【处理品】名(在庫品の)特売品,見切り品。
**chǔlǐqì**【处理器】名〈電算〉プロセッサー。
**chǔnǚ**【处女】1 名 処女。バージン。2 形 最初の。第1回の。¶〜作／処女作。¶〜秀／処女論。
**chǔnǚmó**【处女膜】名〈生理〉処女膜。
**chǔnǚzuò**【处女座】名〈天〉乙女座。
**chǔshēn**【处身】動 身を置く。
**chǔshì**【处士】名 処士。在野の士。
**chǔshì**【处世】名 処世。世渡り。
**chǔshì**【处事】動 事を処理する。
**chǔshǔ**【处暑】名〈二十四節気の〉処暑(は)。
**chǔsǐ**【处死】動 死刑に処する。
**chǔ xīn jī lǜ**【处心积虑】成 心を砕き謀りごとをめぐらす。苦心惨憺(祢)策謀する。
**chǔxíng**【处刑】動〈法〉処刑する。
**chǔyǐ**【处以】動〈書〉…の刑とする。…に処する。
**chǔyú**【处于】動〈ある状態に〉置かれている。¶〜有利地位／有利な立場にある。
**chǔ zhī tài rán**【处之泰然】成 泰然として物事に対処する。
**chǔzhì**【处治】動 処分する。処罰する。
**chǔzhì**【处置】動 1 処置する。処理する。2 処罰する。懲(♰)らしめる。
**chǔzǐ**【处子】名〈書〉処女。未婚の娘。¶静如〜,动如脱兔／(諺)静かなときは処女のごとく,動くときは脱兎のごとし。▶多く軍隊の行動が沈着で

**chǔ** 140

**杵** chǔ １[名]きね．２[動]〈方〉〈細長いもので〉突く．突突く．
敏活であるさまをいう．
**杵乐**【杵乐】chǔyuè[名]〈台湾高山族の歌舞の一種〉きね突き歌．
**础(礎)** chǔ ①土台石．礎石．㊀基～／基礎．
**础石**【础石】chǔshí[名]１礎石．２基礎．
**楮** chǔ[名]１〈植〉カジノキ．２〈書〉紙．
**楮墨**【楮墨】chǔmò[書]１紙と墨．２〈喩〉詩文や書画．
**楮实**【楮实】chǔshí[名]〈植〉カジノキの実；〈中薬〉楮実(ちょじつ)．
**储(儲)** chǔ ①１[動]蓄える．貯蔵する．¶～存cún．２[名]皇位(王位)継承者．¶王～／王位継承者．㊁[姓]
**储备**【储备】chǔbèi１[動]備蓄する．¶外汇～／外貨準備(高)．２[名]備蓄備品．
**储备基金**【储备基金】chǔbèi jījīn[名]〈経〉準備金．
**储币**【储币】chǔbì[動]お金をためる．
**储藏**【储藏】chǔcáng[動]１貯蔵する．(物を)しまっておく．蓄える．
**储存**【储存】chǔcún[動]一時的に保存しておく．蓄える．
**储放**【储放】chǔfàng[動]預けておく．保管してもらう．
**储户**【储户】chǔhù[名]預金者．
**储积**【储积】chǔjī １[動]貯蔵してためる．２[名]貯蔵された財物．
**储集**【储集】chǔjí[動]貯蔵して集める．
**储君**【储君】chǔjūn[名]帝王の世継ぎ．皇太子．皇儲(こうちょ)．
**储量**【储量】chǔliàng[名]〈鉱〉埋蔵量．
**储气**【储气】chǔ/qì[動]ガスを埋蔵・貯蔵する．
**储气罐**【储气罐】chǔqìguàn[名]ガスタンク．¶～儿／ガスボンベ．
**储青**【储青】chǔqīng[動]青いまぐさを貯蔵する．
**储水池**【储水池】chǔshuǐchí[名]貯水池．
**储蓄**【储蓄】chǔxù[動]貯蓄する．貯金する．¶活期～／普通預金．
**储/油**【储/油】chǔ/yóu[動]石油を埋蔵・貯蔵する．
**储油构造**【储油构造】chǔyóu gòuzào[名]〈地質〉含油構造．
**储油罐**【储油罐】chǔyóuguàn[名]〈石油〉オイルタンク．
**储运**【储运】chǔyùn[名]貯蔵と運輸．
**储值**【储值】chǔzhí[動]カードに金やポイントをためる．

**楚** chǔ[名]〈史〉楚(そ)．▶周代の中国の一．
㊀①くさむら．¶清～／はっきりしている．②苦しみ．¶苦～／苦痛．③湖北省．㊁[姓]
**楚材晋用**【楚材晋用】chǔ cái jìn yòng[成]人材が流出する．
**楚楚**【楚楚】chǔchǔ[形]１〈書〉きちんとして清潔である．２(多く若い女性が)清らかで美しい．

**楚剧**【楚剧】chǔjù[名]湖北省を中心に行われる地方劇．
**础** chǔ[姓]　異読⇨zhǔ

**褚** chǔ ▶「丁」は俗に「街」の簡体字として用いられることもある．

**处(處)** chǔ ①[動]場所や家を数える．¶发现两一印刷错误／ミスプリントを２か所見つける．¶几一人家／数戸の住家．
㊁①[動]１到～．至る所．¶长cháng～／長所．②(機関またはその一部門の)部．¶办事～／事務所．¶售票～／切符売場．¶总务～／総務部．
異読⇨chù

**处处**【处处】chùchù[处处]至る所．あらゆる面．
**处所**【处所】chùsuǒ[名]場所．所．
**处长**【处长】chùzhǎng[名]処長．▶役職名で，「局长」の下，「科长」の上．

**怵(怵)** chù〈方〉おじける．
㊀おびえる．
**怵场**【怵场】chùchǎng→chùchǎng{怯场}
**怵目惊心**【怵目惊心】chù mù jīng xīn[成]びくびくする．
**怵然**【怵然】chùrán[形]びくびくしている．
**怵惕**【怵惕】chùtì[書]おそれてどきどきしている．
**怵头**【怵头】chùtóu[動]〈方〉おじける．気後れする．
**怵窝子**【怵窝子】chùwōzi〈方〉引っ込み思案．恥ずかしがり屋．

**绌** chù[動]〈書〉始める．欠乏する．¶经费支～／経費が不足する．

**俶** chù[動]〈書〉始める．異読⇨tì

**畜** chù[名]家畜類．¶牲～／家畜．¶～产品／畜産品．異読⇨xù
**畜肥**【畜肥】chùféi[名]〈農〉家畜肥料．厩肥(きゅうひ)．
**畜类**【畜类】chùlèi[名]家畜類．
**畜力**【畜力】chùlì[名]畜力．家畜による労働力．
**畜力农具**【畜力农具】chùlì nóngjù[名]〈農〉畜力農機具．
**畜生**【畜生】chùsheng[名]１禽獣(きんじゅう)．２〈罵〉畜生．
**畜疫**【畜疫】chùyì[名]家畜の伝染病．

**搐** chù[動]ひきつける．¶抽～／けいれんを起こす．
**搐动**【搐动】chùdòng[動]けいれんを起こす．
**搐搦**【搐搦】chùnuò[医]ひきつけ．けいれん．
**搐缩**【搐缩】chùsuō[動](筋肉などが)収縮する．

**触(觸)** chù[動]触れる．触る．ぶつかる．¶～到了他的痛处／彼の痛い所を突いた．
㊀心を動かす．感動する．
**触/电**【触/电】chù/diàn[動]１感電する．２映画やテレビドラマに(初めて)出演する．
**触动**【触动】chùdòng[動]１ぶつかる．２

触れる. 抵触する. 3（心を）打つ.〔(記憶)を**呼び起こす**.
**chùfā**【触发】動 触発する. 気持ちを呼び起こす.
**chùfǎ**【触法】動 法を犯す.
**chùfàn**【触犯】動 犯す. 触れる. ¶~法律／法律を犯す.
**chùgǎn**【触感】名 触感. 手触り.
**chùjī**【触击】動〈体〉〈野球で〉バントする.
**chù jī jí fā**【触机即发】〈成〉"不假思索"に続き〈よく考えもしないで〉すぐさま返答する.
**chùjí**【触及】動 触れる. 触る.
**chùjiāo**【触礁】動 1 暗礁に乗り上げる. 座礁する. 2〈喩〉(物事が)行き詰まる
**chùjiǎo**【触角】名〔動〕触角.
**chù jǐng shēng qíng**【触景生情】〈成〉目前の情景に接して感慨を催す.
**chùjué**【触觉】名〔生理〕触覚.
**chù lèi páng tōng**【触類旁通】〈成〉一つの事柄から類推して他を理解する.
**chùméi**【触媒】名〔化〕触媒.
**chù méitóu**【触霉头】〈慣〉〈方〉いやなことにぶつかる. "触楣头"とも.
**chùmō**【触摸】動 手で触れる. そっとなでる.
**chùmōpíng**【触摸屏】名 タッチパネル.
**chùmù**【触目】動 1 目に触れる. 目につく. 2 目立っている. 際立っている.
**chù mù jiē shì**【触目皆是】〈成〉相当な数である. 至る所にある.
**chù mù jīng xīn**【触目惊心】〈成〉(深刻な情景を)目のあたりにして心が乱れる.
**chùnù**【触怒】動 怒りに触れる. 怒りを買う.
**chùqiú**【触球】名〔体〕タッチボール.
**chùshā**【触杀】動 接触して殺す.
**chùshǒu**【触手】名〔動〕触手.
**chùtòng**【触痛】動 痛いところを突く.
**chùwǎng**【触网】動〔体〕ネットタッチ.
**chùxū**【触须】→**chùjiǎo**【触角】
**chùyǎn**【触眼】形〈方〉目立っている. 際立っている.
**chùzhěn**【触诊】名〔医〕触診する.

怵 **chù**【動】〈方〉おじける. 臆(オク)する. 気後れする.
**chùchǎng**【怵场】動〈口〉(ある場所で)上がってしまう.
**chùtóu**【怵头】動〈方〉臆する. おじける. 気後れする.

黜 **chù**■ 罷免する. 免職する. ¶罢~／罷免する.
**chùchì**【黜斥】動 退ける. 退けて用いない.
**chùmiǎn**【黜免】動〈書〉罷免する. 免官する.
**chùtuì**【黜退】動 免職する.

**chù** 人名用字.

矗 **chù**【矗立】動 そびえ立つ.
**chùlì**【矗立】動 そびえ立つ.

## chua (チュア)

欻 **chuā**【擬】《集団が隊列を組んで歩〈足音〉》さっさっ. 異読⇨**xū**
**chuālā**[欻拉]【擬】《野菜などを油のぎった鍋に入れたときの音》じゅうじゅう. じゃあじゃあ.

## chuāi (チュアイ)

揣 **chuāi**【動】〈懐に〉しまう, 隠す, 押し込む. ¶把名片~在兜儿里／名刺をポケットにしまう.
異読⇨**chuǎi, chuài**
**chuāi/shǒu**【揣手儿】懐手する.

搋 **chuāi**【動】1 こねる. もむ. もみ洗いする. ¶~面／小麦粉をこねる. 2〈"搋子"で〉詰まりを除く.
**chuāizi**【搋子】名〔下水道の詰まりを取り除く道具〕柄の付いた吸盤. ラバーカップ.

揣 **chuǎi**■ 推し量る. 〖姓〗 異読⇨**chuāi, chuài**
**chuǎicè**【揣测】動 推測する. 憶測する.
**chuǎiduó**【揣度】動〈書〉忖度(ソンタク)する. 推測する.
**chuǎimó**【揣摩】動 (意味を)かみしめる. 推察する.
**chuǎimó**【揣摸】→**chuǎimó**【揣摩】
**chuǎixiǎng**【揣想】動 推量する. 推し量る.

啜 **chuài**〖姓〗 異読⇨**chuò**

揣 **chuài**【揣】→**nāngchuài**【囊揣】 **zhèngchuài**【挣揣】
異読⇨**chuāi, chuǎi**
**chuài**【啜】動〈書〉かむ; 食べる.

嚓 **chuài** 異読⇨**zuō**

踹 **chuài**【動】足の裏でける. 踏みつける; 踏み込む.
**chuài/tuǐr**【踹腿儿】動〈俗〉死ぬ. おだぶつになる.

膪 **chuài** →**nāngchuài**【囊膪】

## chuan (チュアン)

川 **chuān**■ ①川. 流れ. ¶高山大~／高い山と大きい川. ②平地. 平原. ¶平~／平地. ③米粮~／穀倉地帯. ③四川省.
**chuānbèi**【川贝】名〔植〕(四川省産のバイモ. アミガサユリ)〈中薬〉(四川省産の貝母(バイモ)).
**chuāncài**【川菜】名 四川料理.
**chuāndì**【川地】名(山間あるいは河川の両側の)平坦でくぼんでいる土地.
**chuānfèi**【川费】名 旅費.
**chuānhóng**【川红】名 四川省産の筍

## chuān

(茶)県で主に産する紅茶.
**chuānjù**【川劇】名 川劇(ジュ). 四川省を中心に行われる地方劇.
**chuānjūn**【川菌】名〈植〉四川省産のダイタケ.
**chuānliànzǐ**【川楝子】名〈中薬〉川棟子(せんれんし).
**chuān liú bù xī**【川流不息】成 (人や車の往来が)川の流れのように絶え間なく続く. ひっきりなし.
**chuānmǎ**【川馬】名 四川省産の馬.
**chuānxiōng**【川芎】名〈植〉センキュウ;〈中薬〉川芎(せんきゅう).
**chuānzī**【川資】名 旅費.

## 穿

**chuān** 名〈化〉トリチウム.
**chuān** 動 1（衣服を）着る.（ズボン・スカート・靴・靴下などを）履く. ¶~裤子 / ズボンをはく. ¶~鞋 / 靴をはく. 2（場所を）通り抜ける.（穴を）通す.（ひもなどを穴に通して）つなぐ. ¶用珠子~成项链 / ビーズでネックレスをつくる. 4 穴をあける. 貫通する. ¶把纸~了个洞 / 紙に穴をあけた.
**chuān/bāng**【穿帮】動〈方〉秘密を漏らす. ばらす.
**chuānchā**【穿插】動 1 交互に行う. 2（小説や戯曲の）挿話. エピソードを挟む.
**chuāncì**【穿刺】名〈医〉穿刺(かし).
**chuāndài**【穿戴】動 1 着飾る. 身なりを整える. 2 名 服装. 身なり.
**chuān/guò**【穿过】動+方補 突っ切る. 横切る.
**chuānhuan**【穿换】動〈方〉融通し合う.
**chuānjiǎdàn**【穿甲弾】名〈軍〉徹甲弾. 破甲弾.
**chuānkǒng**【穿孔】1 名〈医〉穿孔(せんこう). 2 動 穴をあける. ¶~机 / パンチ. ¶~耳朵 / ピアス.
**chuānláng**【穿廊】名〈正門を入った〉次の門の両側にある回廊.
**chuān liándǎngkù**【穿连裆裤】慣 結託する. ぐるになる.
**chuānr**【穿儿】名〈方〉穴.
**chuānshānjiǎ**【穿山甲】名〈動〉センザンコウ.
**chuānsuō**【穿梭】動 織機の梭(ひ)のように行き来する. 往来が頻繁である. ¶~外交 / シャトル外交.
**chuāntángfēng**【穿堂风】名 隣室や向かいの窓から通り抜ける風.
**chuāntángmén**【穿堂门】名（~儿）二つの横丁を結ぶ小さな路地の入り口に建てられた門.
**chuāntángr**【穿堂儿】名 表座敷から裏庭に通り抜けられるようになっている部屋. ▶普通は家屋の中央の部屋.
**chuān/tòu**【穿透】動＋結補（鋭利なものが）物体を貫く. 貫通する.
**chuānxiàn**【穿线】動〈喩〉仲を取り持つ.

**chuān xiǎoxié**【穿小鞋】慣 意地悪をする. 仕返しをする.
**chuān/xiào**【穿孝】動〈旧〉喪服を着る. 喪に服する.
**chuān xié dài mào**【穿鞋戴帽】成 意味のないことを言う.
**chuān xīnxié zǒu lǎolù**【穿新鞋走老路】諺 旧態依然である.
**chuānxíng**【穿行】動 通り抜ける.
**chuān xié dài mào**【穿鞋戴帽】→chuān xié dài mào【穿鞋戴帽】
**chuānyījìng**【穿衣镜】名 姿見.
**chuān yī tiáo kùzi**【穿一条裤子】慣 ぐるになる. 野合する.
**chuānyú**【穿窬·穿逾】1 動〈書〉壁に穴をあけ塀を乗り越える. 2 名〈喩〉どろぼう.
**chuānyuè**【穿越】動 通り抜ける.
**chuān yún liè shí**【穿云裂石】成（歌声や音が高らかに）雲を貫き石を砕くようす.
**chuān záo fù huì**【穿凿附会】成 こじつける. 牽強付会.
**chuān/zhēn**【穿针】動 針に糸を通す.
**chuān zhēn yǐn xiàn**【穿针引线】成（特に男女の）仲を取り持つ. 仲介をする.
**chuānzhuó**【穿着】名 身なり. 服装.
|誤|異読⇒zhuān

## 传(傳)

**chuán** 動 1 伝わる. 伝える. ¶一→球. ¶自古~下来的故事 / 昔から伝わってきた物語. 2 広まる. 広める. ¶那个消息~遍了全国 / そのニュースは全国に伝わった. 3 伝授する. 教え伝える. ¶把文化遗产~给后代 / 文化遺産を後世に伝える. 4（電）伝導する. ¶~电 / 電気を伝える. 5〈口〉伝染する. 移る. ¶这种病~人 / この病気は人に移る. 6 召喚する. 呼びつける. ¶~证人 / 証人を召喚する.
|誤|異読⇒zhuàn

**chuán'àn**【传案】動 法廷に召喚する.
**chuán bāng dài**【传帮带】動（技術を）伝授し, 習得を助け, 手本となる.
**chuán bēi huàn zhǎn**【传杯换盏】成（祝う）杯を順繰りに手渡し, 酒をくみ交わす.
**chuánběn**【传本】名 広く伝わっている版本.
**chuánbō**【传播】動 1 振りまく. 広く伝わる. 2（物）伝播(ぱ)する.
**chuánbù**【传布】動 広める.
**chuánchàng**【传唱】動（歌などが）歌い継がれる.
**chuánchāo**【传抄】動 次から次へと筆写を重ねる. 転写を重ねる.
**chuánchéng**【传承】動 伝承する.
**chuánchū shénjīng**【传出神经】名〈生理〉運動神経.
**chuándá**【传达】1 動 1（上から下へ）伝える.（口頭で）伝える. 2 取り次ぐ. ¶~室 / 受付. 2 名 受付係.
**chuán/dài**【传代】動 何世代もつながる.
**chuándān**【传单】名 宣伝ビラ.

**chuándǎo**【传导】[名]1〈物〉(熱・電気などの)伝導。2〈生理〉(知覚の)伝導。

**chuándào**【传道】[動]1 布教する。2 聖賢の道を伝える。

**chuándì**【传递】[動]次から次へ送り伝える。順送りに手渡す。¶~信件/手紙を転送する。

**chuándòng**【传动】[名]〈機〉伝動。動力伝送。

**chuándòngbǐ**【传动比】[名]〈機〉伝動比。

**chuándòngdài**【传动带】[名]〈機〉(動)ベルト。

**chuánfěn**【传粉】[名]〈植〉受粉。

**chuángǎnqì**【传感器】[名]〈電〉センサー。検出器。

**chuángào**【传告】[動]伝達する。伝え知らせる。

**chuánguān**【传观】[動]回覧する。順送りに見る。

**chuánhū**【传呼】[名](長距離電話・公衆電話の)呼び出し。

**chuánhū diànhuà**【传呼电话】[名](常に電話番のいる)呼び出し電話。

**chuán//huà**【传话】[動]言葉を取り次ぐ。伝言する。

**chuánhuàn**【传唤】1 呼ぶ。声をかける。2〈法〉召喚する。呼び出す。

**chuánjì**【传技】[動]技術を伝授する。

**chuánjiā**【传家】[動]代々その家に伝わる。

**chuánjiābǎo**【传家宝】[名]家伝の宝物。家宝。

**chuánjiàn**【传见】[動](上の者が下の者を)呼び出して会う。

**chuánjiào**【传教】[動]1〈宗〉(キリスト教を)伝道する,布教する。2〈書〉教えを広める。

**chuánjiàoshì**【传教士】[名]宣教師。伝道師。

**chuánjiè**【传戒】[名]〈宗〉(仏教での)授戒。

**chuán//jīng**【传经】[動]1 経典を伝授する。2 経験を伝える。

**chuán jīng sòng bǎo**【传经送宝】(成)貴重な経験や伝統を伝える。

**chuánkàn**【传看】[動]回覧する。

**chuán//lìng**【传令】[動]命令を伝達する。

**chuánliú**【传流】→**liúchuán**【流传】

**chuánméi**【传媒】[名]1〈略〉マスメディア。2 疾病感染の媒介と経路。

**chuán//míng**【传名】[動]名を伝える。名声を上げる。

**chuánpiào**【传票】[名]1〈法〉召喚状。呼出状。2〈会計〉伝票。

**chuánqí**【传奇】[名]1〈文〉伝奇中;唐・宋時代の文語体の短編小説。明・清時代に流行した長編戯曲。2 独話。綺談(えん)。

**chuán//qíng**【传情】[動]感情・気持ちを伝える。¶眉目~/秋波を送る。

**chuán//qiú**【传球】[動]〈体〉ボールをパスする。トスする。

**chuánrǎn**【传染】[動]1 伝染する。うつる。2〈喩〉(感情・悪習などが)伝わる。

**chuánrǎnbìng**【传染病】[名]伝染病。

**chuán//rén**【传人】[動]1[名]1 芸を伝授する。2 人を呼び出す。召喚する。3〈人〉に伝える。2[名]〈書〉伝承者。

**chuánrù shénjīng**【传入神经】[名]〈生理〉感覚神経。

**chuánshén**【传神】[動]真に迫る。真髄を伝える。

**chuánshēngqì**【传声器】[名]〈電〉マイクロフォン。

**chuánshēng qīngxīdù**【传声清晰度】[名]〈無〉音声の明瞭度。

**chuánshēngtǒng**【传声筒】[名]1 メガホン。2(定見がなく)他人の言ったことを受け売りする人。

**chuánshī**【传尸】[名](昔の中国の医学でいう)肺結核。

**chuánshì**【传世】[動](昔の宝物や著作などが)はるか後の世に伝わる。

**chuánshòu**【传授】[動]伝授する。

**chuánshū**【传输】[動]〈無〉トランスミッション。伝送。発信。

**chuánshūxiàn**【传输线】[名]送電線。

**chuánshù**【传述】[動]言い伝える。

**chuánshuō**【传说】1[動]言い伝えられている。(言い伝えによると)…そうだ。2[名]伝説。

**chuánsòng**【传送】[動](品物や情報を)送り届ける。

**chuánsòng**【传诵】[動]伝唱する。語り伝える。

**chuánsòng**【传颂】[動]次々と知らせ回って称賛する。

**chuánsòngdài**【传送带】[名]〈機〉ベルトコンベヤー。

**chuántǒng**【传统】[名]伝統。

**chuánwén**【传闻】1[動]うわさに聞く。(うわさによると)…そうだ。2[名]うわさ。

**chuánxí**【传习】[動]〈書〉習伝する。

**chuánxí**【传檄】[動]〈書〉檄(げ)を飛ばす。

**chuánxiāo**【传销】[動]1 マルチ販売をする。2[名]マルチ商法。ねずみ講。

**chuánxiě**【传写】[動]転写を重ねる。書き写す。

**chuánxīn**【传薪】[動]〈書〉師匠から弟子に伝授する。

**chuán//xìnr**【传信儿】[動]ことづけをする。

**chuánxùn**【传讯】[動]〈法〉(司法機関や公安機関が)召喚して審問する。

**chuányán**【传言】1[名]1 うわさ。伝説。2〈書〉発言。2[動]伝言する。ことづける。

**chuányáng**【传扬】[動](名声や事柄が)伝わり広まる。伝播(ぱ)する。

**chuányì**【传艺】[動]技芸を伝える。

**chuányì**【传译】[動]通訳する。¶同声~/同時通訳。

**chuányǔ**【传语】[動]伝言する。言い

伝える.

**chuányuè**【传阅】動 回覧する.

**chuánzhēn**【传真】❶ 名 1 ファクス. ¶给他发〜/彼にファクスを送る. ¶〜机/ファクス(機器). 2 写真電送. ❷動 肖像画を描く.

**chuán zhī bù xiǔ**【传之不朽】(成) 永遠に伝えられて朽ちることがない.

**chuán//zhǒng**【传种】動 種を残す. 種つけをする.

**chuán zōng jiē dài**【传宗接代】(成) 子(よし)々孫々に伝える. 代々血統を継ぐ.

**舡 chuán**〈書〉【舡chuán】に同じ.

**船 chuán**【船】名 [只,条,艘] 船. ¶划huá〜/舟をこぐ.

**chuánbāng**【船帮】名 1 船べり. 船体の側面. 2 船団.

**chuánbó**【船舶】名 船舶. 船(の総称).

**chuánbù**【船埠】名 埠頭. 波止場.

**chuáncāng**【船舱】名 船倉. 船室.

**chuán dào jiāngxīn bǔlòu chí**【船到江心补漏迟】(諺) 時機がすでに遅いこと. 後の祭り.

**chuándōng**【船东】名 船主.

**chuánduì**【船队】名 船団.

**chuánfān**【船帆】名 帆.

**chuánfū**【船夫】名 船頭. 舟子.

**chuángōng**【船工】名 船頭. 舟子.

**chuánhù**【船户】名 1 →chuánjiā【船家】2〈方〉水上生活者.

**chuánjígǎng**【船籍港】名 船籍のある港.

**chuánjiā**【船家】名〈旧〉船頭. 自分の木船をこいで生計を立てている人.

**chuánké**【船売】名 船体.

**chuánlǎodà**【船老大】名〈方〉船頭. (広々の)船乗り.

**chuánlíng**【船龄】名 船の使用年数. 船齢.

**chuánmín**【船民】名 船上生活者.

**chuánpéng**【船篷】名 1 船の苫(とま). 2 船の帆.

**chuánpiào**【船票】名 乗船切符.

**chuánqī**【船期】名 出港日. 出帆日.

**chuánqián**【船钱】名 船賃.

**chuánqiáo**【船桥】名 船橋. ブリッジ.

**chuánqū**【船蛆】名〈虫〉フナクイムシ.

**chuánshàng jiāohuò**【船上交货】名〈経〉本船渡し. 甲板渡し. FOB.

**chuánshāo**【船梢】名 船尾.

**chuánshēn**【船身】名 船体. 船の長さ.

**chuánshǒu**【船首】名 船首.

**chuántái**【船台】名 船台. 造船台.

**chuántǐ**【船体】名 船体.

**chuántóu**【船头】名 船首. へさき.

**chuánwéi**【船桅】名 船のマスト. 帆柱.

**chuánwěi**【船尾】名 船尾. とも.

**chuánwèi**【船位】名〈航行中の〉船の位置.

**chuánwù**【船坞】名 ドック. 船渠.

**chuánxián**【船舷】名 舷(げん)側. 船べり.

**chuányòngyóu**【船用油】名 船用油.

**chuányóu**【船邮】名 船便. シーメール.

**chuányuán**【船员】名 船員.

**chuánzhá**【船闸】名〈水〉閘門(こうもん)(読). 水門.

**chuánzhǎng**【船长】名 船長. キャプテン.

**chuánzhī**【船只】名 船(の総称). 船舶.

**chuánzhǔ**【船主】名 船の持ち主.

**遄 chuán**【形】〈書〉1 すばやい. 2 往来が頻繁である.

**椽 chuán**【椽】たる木. ¶〜子/たる木.

**chuánbǐ**【椽笔】名〈書〉〈喩〉たる木のような大筆.

**chuántiáo**【椽条】名〈建〉たる木.

**舛 chuǎn**❶①まちがい. 2 背く;運勢がよくない. ¶命途多〜/挫折や不運の続く人生.

**chuǎncuò**【舛错】〈書〉名 1 まちがい. 誤り. 2 不運. 不幸. ❷動 入り交じる.

**chuǎn'é**【舛讹】名 誤謬. 誤り. 錯誤.

**chuǎnwù**【舛误】名〈書〉誤り. 錯誤.

**喘 chuǎn**1 動 あえぐ. 息を切らす. 2 ¶〜气/"喘息(chuǎn xī)"の略代.

**chuǎn//qì**【喘气】動 1 呼吸する;深呼吸する. 2 ひと息入れる.

**chuǎnxī**【喘息】動 1 あえぐ. 息を切らす. 2 ひと息入れる.

**chuǎnxūxū**【喘吁吁】形〈～的〉息を切らしている. ▲"喘嘘嘘"とも.

**串 chuàn**❶1 動〈～儿〉つながった状態のものを数える. ¶一〜儿葡萄pútáo/ひと房のブドウ. ❷1 動 さしつらねる. ¶〜钥匙yàoshi/かぎを束ねる. 2 混じる. ずれる. こんがらがる. ¶看〜一行háng/1行見まちがえる. 3 歩き回る. ¶〜了几家朋友/何軒かの友だちの家をたずねた.
❷①(仲間と)ぐるになる. 結託する. ②劇に出演する. ‖ 姓

**chuàn'àn**【串案】名 同じ職場の人が結託して起こす事件.

**chuànbā**【串吧】名 バーをはしごする.

**chuànbìnglián**【串并联】名〈電〉直並列.

**chuànchuànxiāng**【串串香】名〈料理〉串焼き;串に刺して煮たもの.

**chuàndài**【串带】名(ズボンなどの)ベルト通し.

**chuàngǎng**【串岗】動 自分の職場を勝手に離れて他の職場を往き来する.

**chuàn//gòng**【串供】動〈法〉供述の口裏合わせをする.

**chuànhuā**【串花】動〈農〉天然交配する.

**chuàn//huà**【串话】動(電話が)混線する.

**chuànhuàn**【串换】動 取り交わす. 交換する.

**chuànjī**【串激】名〈電〉直巻.

**chuànjiǎng**【串讲】動 1 (国語の授

## chuang（イメオ）

**创**（創） **chuāng** 名 傷.
異読⇒chuàng

**chuānghén**【创痕】名 傷跡.

**chuāngkětiē**【创可贴】名 簡易救急ばんそうこう.

**chuāngkǒu**【创口】名 傷口.

**chuāngmiàn**【创面】名 傷の表面.

**chuāngshāng**【创伤】名 1 外傷. 傷. 2〈喩〉(物質的・精神的な)傷跡, 痛手. トラウマ.

**chuāngtòng**【创痛】名 傷の痛み.

**chuāngyí**【创痍】→chuāngyí【疮痍】

**疮**（瘡） **chuāng** 名 できもの. 瘡.
外傷. ¶刀～ / 刃物の切り傷.

**chuāngbā**【疮疤】名 1 できものや傷などの治った跡. 瘡. ¶好了～忘了疼 / のどもと過ぎれば熱さを忘れる. 2〈喩〉傷跡. 痛い所.

**chuānghén**【疮痕】名 瘡跡.

**chuāngjiā**【疮痂】名 かさぶた.

**chuāngjiē**【疮疖】名 瘡と疥癬(かいせん).

**chuāngkǒu**【疮口】名 吹き出物の破れた口.

**chuāngwěi**【疮痏】名〈書〉傷跡. かさぶた.

**chuāngyí**【疮痍】名〈書〉1 切り傷. 2〈喩〉受けた被害.

**chuāng yí mǎn mù**【疮痍满目】〈成〉見渡す限り廃墟と化した光景.

**窗**（窗・窓） **chuāng** 名（～儿）窓. ¶扇shàn.

**chuāngbōli**【窗玻璃】名 窓ガラス.

**chuāngdòng**【窗洞】名（～儿）(小さな) 窓.

**chuānggézi**【窗格子】名 窓の格子.

**chuānghu**【窗户】名 窓. ¶扇shàn. ¶打开～ / 窓を開ける.

**chuānghuā**【窗花】名（～儿）(窓に張る) 切り紙細工.

**chuāngkè**【窗课】名〈旧〉私塾で課せられた習作の詩文.

**chuāngkǒu**【窗口】名 1 窓. 2（～儿）窓辺. 3 窓口. カウンター. ¶单位 / サービス部門. ¶行业 / サービス業. 4〈喩〉窓. ¶眼睛是心灵的～ / 目は心の窓である. 5〈電算〉ウインドー.

**chuāngkuàng**【窗框】名 窓枠. サッシ. ¶铝制lǚzhì～ / アルミサッシ.

**chuānglián**【窗帘】名（～儿）カーテン.〔条,块〕

**chuānglíng**【窗棂】→ chuānglíngzi【窗棂子】

**chuānglíngzi**【窗棂子】名〈方〉窓の格子.

**chuāngmàn**【窗幔】名〈書〉大きなカーテン.

**chuāng míng jī jìng**【窗明几净】〈成〉部屋が明るく清潔である.

**chuāngshā**【窗纱】名 防虫網. 網戸.

---

**chuānlián**【串联・串连】1 動 順繰りにつながりをつける. 2 名〈電〉直列連結, 直列.

**chuànlíng**【串铃】名 1 (かつて大道易者や薬売りが客寄せに鳴らした) 房状につながれた鈴. 鈴をずらりとつけた馬の首輪.

**chuàn**/**mén**【串门】動（～儿・～子）(よその家へ) 遊びに行く.

**chuànmóu**【串谋】動 ぐるになって悪事を働く.

**chuànpí**【串皮】動（米や酒などを飲んで) 皮膚がかゆくなったり赤くなったりする.

**chuànpiàn**【串骗】動 ぐるになって人をだます.

**chuàn**/**qì**【串气】動 気脈を通じる. ぐるになる.

**chuàn qīnqi**【串亲戚】動 親戚回りをする. ▶"串亲"とも.

**chuànshāojī**【串烧鸡】名（料理）焼鳥.

**chuàn**/**tùr**【串兔儿】動 冷えた蒸し物をせいろうに入れて蒸し返す.

**chuàntōng**【串通】動 1 気脈を通じる. ぐるになる. 2 つながりをつける. 連絡をとる.

**chuàn tōng yī qì**【串通一气】〈成〉ぐるになる. 共謀する.

**chuàn**/**wèi**【串味】動（～儿）においが移る.

**chuàn**/**xì**【串戏】動 1 芝居に出演する. 2 (特に) 素人がプロの役者に混じって出演する.

**chuàn**/**xiàn**【串线】動 混線する.

**chuànxíng chuánshū**【串行传输】名〈電算〉シリアル伝送.

**chuànxíng cúnqǔ**【串行存取】名〈電算〉シリアルアクセス.

**chuànxíng dǎyìnjī**【串行打印机】名〈電算〉シリアルプリンター.

**chuànxíng duānkǒu**【串行端口】名〈電算〉シリアルポート. ▶"串行口"とも.

**chuànxíng jiēkǒu**【串行接口】名〈電算〉シリアルインターフェース.

**chuàn**/**yān**【串烟】動（かまどで炊いた食べ物に) 煙のにおいが移る.

**chuànyǎn**【串演】動 役に扮する.

**chuànyāngr**【串秧儿】1 名〈俗〉交雑, 掛け合わせ. 2〈喩〉混血児.

**chuànyóu**【串游】動（口）ぶらつく.

**chuàn**/**zhǒng**【串种】→**chuàn**/**yāngr**【串秧儿】

**chuànzhū**【串珠】名 つなぎ連ねた玉. ひとつなぎの玉.

**chuànzi**【串子】名〈方〉〈罵〉混血児.

**chuànzi**【串子】名 ひとつながりになった物.

**钏**（釧） **chuàn** 名 腕輪. ¶玉～/ 玉の腕輪. ¶金～/ 金のブレスレッ

**chuāngshàn**【窗扇】名（～儿）両開きの窓の開けたてする部分.

**chuāngtái**【窗台】名（～儿）窓台.

**chuāngtizi**【窗梯子】名〖方〗網戸の枠.

**chuāngwéi**【窗帷】名 窓の下半分に取り付けた目隠し用のカーテン.

**chuāngyán**【窗沿】名 → **chuāngtái**【窗台】

**chuāngyǒu**【窗友】名〖旧〗同窓.学友.

**chuāngzhǐ**【窗纸】名 窓の格子に張る紙.

**chuāngzi**【窗子】名 → **chuānghu**【窗户】

**床(牀) chuáng 1**【名】ベッド.寝台. 【张】**2**【量】布団などの裏具を数える. ¶一～铺盖 pūgài / ひとそろいの布団.

[+] ①床状の地面. ¶苗～/苗床. ¶河～/河床. ②ベッド状で台として使うもの. ¶机～/工作機械.

**chuángbǎn**【床板】名 ベッドの板.

**chuángdān**【床单】名（～儿、～子）シーツ.［条,床］¶铺 pū～/シーツを敷く.

**chuángdiàn**【床垫】名 ベッドのマットレス.

**chuángjià**【床架】名 ベッドの枠.

**chuángpù**【床铺】名 寝床.

**chuáng shàng ān chuáng**【床上安床】成 屋上屋を架す.

**chuángshàng yòngpǐn**【床上用品】寝具.

**chuángshēn**【床身】名〖機〗機体.

**chuángshī**【床虱】名〖虫〗トコジラミ. ナンキンムシ.

**chuángsì**【床笥】名 寝台の総称.

**chuángtizi**【床屉子】名 中国式ベッドのスプリングとなる部分.

**chuángtóu**【床头】名 枕もと. ¶～灯 / 枕もとのスタンド.

**chuángtóuguì**【床头柜】名**1** ベッドサイドテーブル.ナイトテーブル. **2**〖俗〗恐妻家.

**chuáng tóu jīn jìn**【床头金尽】成 持ち金を使い果たす.

**chuángtóuxiāng**【床头箱】名〖機〗主軸台.

**chuáng tóu zhuō dāo rén**【床头捉刀人】名〖旧〗形式的には代筆者だが、実は本職である人.

**chuángwéi**【床帏】名 かや；（転）男女の情愛.

**chuángwéi**【床帷】名 ベッドの前に掛ける観音開きのとばり.

**chuángwèi**【床位】名（病院・汽船・宿舎などの）ベッド.ベッド数.

**chuángyán**【床沿】名（～儿）寝台の縁.

**chuángzhào**【床罩】名（～儿）ベッドカバー.

**chuángzǐ**【床笫】名〖書〗閨中(けいちゅう).

**chuángzi**【床子】名 **1** 工作機械. **2**〖方〗露店などで商品を並べるための）台.露店. ¶菜～/八百屋.

## 噇 chuáng 動〖方〗やたらに飲み食いする.

## 幢 chuáng 名〖古〗旧時に用いた旗の一種.

[+] 仏名や経文を刻んだ石柱. ¶经～/経文を刻んだ石柱.
異読⇒zhuàng

**chuángchuáng**【幢幢】形〖書〗ゆらゆらするさま.

## 闯(闖) chuǎng 動 **1** まっしぐらに突進する.不意に飛び込む. **2** 実社会で経験を積む. ¶～出一条新路子 / 新しい道を切り開く. **3**（災いを）引き起こす. ‖姓

**chuǎngdàng**【闯荡】動〖旧〗異郷で生活を求める.

**chuǎng/guān**【闯关】動 関門を突破する.

**chuǎng hóngdēng**【闯红灯】**1**動 赤信号を突き進む.信号無視をして走る. **2**〖慣〗公然と法を破る.

**chuǎng/huò**【闯祸】動 災いを招く.問題を引き起こす.

**chuǎng jiānghu**【闯江湖】〖旧〗（大道商人・賭博師・占い師・芸人などをしながら）世間を）渡り歩く.

**chuǎngjiàng**【闯将】名 荒武者；（喩）（褒）先鋒.草分け.

**chuǎngjìn**【闯劲】名（～儿）開拓精神.先駆者の意気込み.

**chuǎngliàn**【闯练】動 社会に出て実生活の中で鍛える.

**chuǎng nán zǒu běi**【闯南走北】〖成〗（ある目的のため）各地を遍歴する.

**chuǎng páizi**【闯牌子】→ **chuǎng páizi**【创牌子】

**chuǎngrù**【闯入】押し入る.

**chuǎng shìjiè**【闯世界】社会に飛び出す.

## 创(創) chuàng 動 始める. 創造する. 初めて…する. ¶～新记录 / 新記録をつくる. ¶～一番事业 / 事業を始める. ひと旗揚げる.
異読⇒**chuāng**

**chuàngbàn**【创办】動（具体的な事業などを）始める.創設する. ¶～一个工厂 / 工場を新たに作る.

**chuàngbiān**【创编】動（脚本や舞踊などを）創作する.

**chuànghuì**【创汇】動 外貨を獲得する.

**chuànghuò**【创获】名 これまでにない成果.新発見.

**chuàng jìlù**【创纪录】新記録を樹立する.

**chuàngjiàn**【创见】名 創見.独創的な見解.

**chuàngjiàn**【创建】動 創建する.創立する.

**chuàngjǔ**【创举】名 初めての行動や事業.試み.

**chuàng/kān**【创刊】動 創刊する.

**chuànglì**【创立】動 創立する.（国家・事業・学説などを）打ち立てる.

chuànglì【创利】利益を生み出す.

chuàng páizi【创牌子】商品や企業の知名度を上げる. ブランドをつくる. ▶"闯chuǎng牌子"とも.

chuàngshè【创设】動 1 創設する. 創立する. 2（条件を）つくる.

chuàngshǐ【创始】動 创始する.

chuàngshōu【创收】動 教育・研究機関が技術提供などによって経済的利益を得る.

chuàngshuì【创税】動 納税する.

chuàngxīn【创新】動 1 古いものを捨てて新しいものをつくり出す. 新軸を打ち出す. 2 名 独創性.

chuàng//yè【创业】動 事業を始める. ¶～资金/ベンチャーキャピタル.

chuàngyè gōngsī【创业公司】名（経）ベンチャー企業.

chuàngyì【创议】名 新しい提議. イニシアチブ.

chuàngyì【创意】1 動 創意工夫する. 2 名 新しい発想. 創意工夫.

chuàngyōu【创优】動 すぐれた物をつくり出す.

chuàngzào【创造】動 创造する. 新たにつくり出す. ¶～新记录/新記録を樹立する.

chuàngzhì【创制】動（法律や文字などを）制定する.

chuàngzuò【创作】1 動（文芸作品を）創作する. 2 名（文芸や芸術の）作品.

**怆**(愴) chuàng 日 悲しみいたむ. ¶～妻/いたましい.
¶悲～/悲しみいたむ.

chuàngrán【怆然】形〔書〕悲しみいたむさま.

chuàngtòng【怆痛】形 悲痛である.

## chui（ㄔㄨㄟ）

**吹** chuī 動 1 息を吹きつける. ¶～灭蜡烛/ろうそくを吹き消す.
2（風などが）吹く. ¶～风/風が吹きつける.
3〔口〕（事柄・間柄が）だめになる. ¶他们俩～了/あの二人は別れた.
4〔口〕ほらを吹く. 自慢する.
5 楽器を吹く. ¶～小号/ラッパを吹く.

chuīchuīdǎdǎ【吹吹打打】動 笛を吹いたり太鼓をたたいたりする.

chuīchuīpāipāi【吹吹拍拍】動 ちょうちんを持ったりおもねったりする.

chuīdǎ【吹打】1 動（吹奏楽器と打楽器を）演奏する. 2（風雨が）吹き荒れる.

chuī dàqì【吹大气】(慣) 大言する. 大ほらを吹く.

chuīdàng【吹荡】動（風に）揺らめく.

chuī//dēng【吹灯】動 1 明かりを吹き消す. 2（方）人が死ぬ. 3（方）失敗する.

chuī dēng bá là【吹灯拔蜡】(方) おじゃんになる. お釈迦になる.

chuī//dòng【吹动】動＋結補（風 が）吹く. 風にそよぐ.

chuī fǎluó【吹法螺】(慣) ほらを吹く.

chuī//fēng【吹风】動 1 風に当たる. 2（髪に）ドライヤーをかける. 3（～儿）〔口〕そっと人にほのめかす. それとなく漏らす.

chuīfēnghuì【吹风会】名 ブリーフィング.

chuīfēngjī【吹风机】名 ドライヤー.

chuīfú【吹拂】動（そよ風が）なでる. そよそよと吹く.

chuīgǔshǒu【吹鼓手】名 1（旧式の婚礼・葬礼の際に呼ばれる）楽士. 2（喩）ほらであることを吹聴したり、人をおだてたりする者. 太鼓持ち.

chuīguǎn【吹管】名〈化〉吹管. ブローパイプ.

chuī húzi dèng yǎn【吹胡子瞪眼】(慣) 恐ろしい形相で怒る.

chuīhū【吹呼】動（方）1 怒鳴りつける. 決めつける. 2 →chuīxū【吹嘘】.

chuī huī zhī lì【吹灰之力】(成) 微小な力；(転) たやすいこと. ¶不费～/朝飯前だ. お安い御用.

chuī lǎba【吹喇叭】(慣) 人をおだてる.

chuīléi【吹擂】動 自慢する. ほらを吹く.

chuī lěngfēng【吹冷风】(慣) 冷水を浴びせる. 水をさす.

chuīliàn【吹炼】動〈冶〉吹製. 吹精. ブローイング.

chuī máo qiú cī【吹毛求疵】(成) 重箱の隅をほじくる. あら捜しをする.

chuī//niú【吹牛】動 ほらを吹く. 大ぶろしきを広げる. ¶"吹牛皮"とも.

chuī niú pāi mǎ【吹牛拍马】(成) ほらを吹き、おべっかを使う.

chuīpěng【吹捧】動 人を持ち上げてお世辞を言う.

chuīpéng【吹棚】動 おだてる.

chuīqiāng【吹腔】名 安徽省の地方劇の節回し.

chuīqiú【吹求】動 あら捜しをする.

chuīshǒuxì【吹手戏】名（旧）婚礼や葬儀の際に"吹鼓手"（楽士）たちによって演じられる劇.

chuī//tái【吹台】動〔口〕おじゃんになる.

chuīxū【吹嘘】動 1 大きなことを言う. 2（他人のために）吹聴する, 宣伝する.

chuīzòu【吹奏】動（楽器を）吹き鳴らす. 吹奏する. ¶～乐/吹奏楽.

**炊** chuī 日 炊事する. ¶野～/野外で炊事をする. 姓

chuījù【炊具】名 炊事道具.

chuī shā zuò fàn【炊沙作饭】(成) むだな努力をする.

chuīshì【炊事】名 炊事. ¶～员/炊事係. 料理人.

chuīyān【炊烟】名 炊事の煙.

chuīzhǒu【炊帚】名（食器洗い用の）ささら, たわし.

## chuí

**垂** chuí ❶ 伝える,残す. ¶名～千古〈成〉名をとこしえに残す. ②近づく,なんなんとする. ¶～～暮 mù. ③〈書〉…してくださる. ¶～～問.
**chuí'ài**【垂愛】〈書〉〈上司・先輩などの〉ご厚意,ご厚情.
**chuídiào**【垂钓】動 釣り針を垂れる.魚を釣る.
**chuífàn**【垂范】動 模範を示す.
**chuígǒng**【垂拱】動〈書〉手をこまねいて何もしない.
**chuíguà**【垂挂】動 垂れ下がる.
**chuíhuāmén**【垂花门】名 旧式住宅の"二门"(正門を入った次の門)の上に付けた屋根.
**chuíjué**【垂绝】動 1 (人が)死に瀕する. 2 絶滅しそうになる.
**chuílǎo**【垂老】動〈書〉老年になろうとする.
**chuílèi**【垂泪】動 涙を流す.
**chuílián**【垂怜】動〈書〉哀れみを示す.
**chuílián**【垂帘】動 皇太后が執政する.
**chuí lián tīng zhèng**【垂帘听政】〈成〉皇太后が執政する;(転)権力を裏で操る.
**chuíliǔ**【垂柳】名〈植〉シダレヤナギ.
**chuíliǔyīng**【垂柳莺】名〈植〉シダレザクラ.
**chuíluò**【垂落】動 下に落ちる.
**chuímù**【垂暮】動〈書〉日が暮れかかる;老境に近づく.
**chuíniàn**【垂念】動〈敬〉ご配慮にあずかる.
**chuíqì**【垂泣】動 忍び泣く.涙を落とす.
**chuíqīng**【垂青】動 人から重く見られる.
**chuí/shǒu**【垂手】動 両手を垂れる;(転)たやすい;いやすやすくする.
**chuíshǒu**【垂首】動 頭を垂れる.
**chuí shǒu ér dé**【垂手而得】〈成〉労せずして手に入れる.
**chuí tóu tiē ěr**【垂头帖耳】〈成〉非常に従順である.
**chuísī hǎitáng**【垂丝海棠】名〈植〉ハナカイドウ.
**chuísǐ**【垂死】動 瀕死の状態にある.死にかけている.
**chuí sǐ zhēng zhá**【垂死挣扎】〈成〉土壇場の悪あがき.
**chuítǐ**【垂体】名〈生理〉脳下垂体.
**chuítì**【垂涕】動 涙を流す.泣く.
**chuítóu sàng qì**【垂头丧气】名 1 子供のお下げ髪. 2 幼年.
**chuítóu sàng qì**【垂头丧气】しょんぼりして元気がない.がっかりしてうなだれる.
**chuíwáng**【垂亡】動〈書〉滅亡に向かう.
**chuíwēi**【垂危】動〈書〉1 危篤に陥る. 2 (国を国家が)滅亡の危機に瀕する.
**chuíwèn**【垂问】動〈書〉下問する.

**chuíxián**【垂涎】動〈書〉垂涎(ぜん)する.
**chuí xián sān chǐ**【垂涎三尺】〈成〉のどから手が出るほど欲しがる.
**chuí xián yù dī**【垂涎欲滴】1 食い意地が張っているさま. 2 (貶)だれもが流さんばかりに涎をたらすさま.
**chuíxiàn**【垂线】名〈数〉垂線.垂直線. ▶"垂直线"とも. ¶～～足/垂線の足. "垂足"とも.
**chuíxún**【垂询】動〈敬〉お尋ねになる.
**chuíyángliǔ**【垂杨柳】→ **chuíliǔ**【垂柳】
**chuízhí**【垂直】形〈数〉垂直である. ¶～～平分线/垂直二等分線.
**chuízhí guānxi**【垂直关系】名 縦の関係.
**chuízhímiàn**【垂直面】名〈数〉垂直面.

**陲** chuí 辺地.辺境. ¶边～/辺境の地.

**捶** chuí (こぶしや槌などで)打つ,たたく. ¶～～背/背中をたたく. ¶～～衣裳/洗濯物をたたいて洗う.
**chuídǎ**【捶打】動 (こぶしや槌などで)打つ,たたく.
**chuí xiōng dùn zú**【捶胸顿足】〈成〉悲しんだりくやしがったりするさま.

**棰** chuí 1【古】棒で打つ. 2【槌 chuí】に同じ.

**椎** chuí 1【槌 chuí】に同じ. 2【槌 chuí】に同じ. 異読 ⇒ zhuī
**chuí xīn qì xuè**【椎心泣血】〈成〉非常に悲しみいたむさま.

**圌** chuí 地名用字.

**槌** chuí 名 (～儿)たたき棒.ばち.

**锤(鎚)** chuí 名 動 1〈古〉球状の金属に柄を取りつけた兵器. 2 (じゃんけんの)グー. 動 (金槌で)打つ.鍛える. 名 1 鉄～/ハンマー. 釘～/金槌. 2 "锤"のようなもの. ¶秤 chèng～/はかりの分銅. 3姓
**chuígǔ**【锤骨】名〈生理〉槌骨(?).
**chuíliàn**【锤炼】動 1 錬磨する.鍛える. 2 (芸術作品などに)磨きをかける.
**chuízi**【锤子】名 1 金槌.ハンマー. 2 (じゃんけんの)グー.

## chūn(彳ㄨㄣ)

**春** chūn 名 ①春. ¶～～景/春景色. ②色情. ¶怀～/春情を催す. ③生命力. ¶回～/重病が全快する. ¶～～.
**chūnbǐng**【春饼】名〈料理〉小麦粉をこねて丸く薄く伸ばして焼いたもの. ▶野菜などを包んで食べる.
**chūnbō**【春播】動〈農〉春の種まきをする.

chūnbùlǎo【春不老】(名)〈方〉〈植〉セリホン.

chūncán dào sǐ sī fāng jìn【春蚕到死丝方尽】(谚)死ぬまで思いは変わらない.

chūncháo【春潮】(名)春のうしお;〈喩〉すさまじい勢い.

chūnchóu【春绸】→xiànchūn【线春】

chūndàmài【春大麦】(名)春まきの大麦.

chūndèng【春凳】(名)背もたれのない長い腰掛け.

chūndì【春地】(名)秋の収穫後,翌年の春まきに使う畑.

chūnféi【春肥】(名)〈农〉春肥.

chūnfēn【春分】(名)(二十四節気の)春分.

chūnfēndiǎn【春分点】(名)〈天〉春分点.

chūnfēng【春风】(名) 1 春風. 2〈喩〉和やかな顔つき. 3〈書〉〈喩〉恵み.恩恵.

chūn fēng dé yì【春风得意】(成)とんとん拍子に出世したり,事業が順風満帆であるときの顔つきをいう.

chūn fēng huà yǔ【春风化雨】(成)よい教育.

chūn fēng mǎn miàn【春风满面】(成)喜びに輝いた顔つき.

chūngēng【春耕】(名)〈农〉春の耕作.

chūngōng【春宫】(名) 1 皇太子の住居.東宮. 2 春画.ポルノ.

chūngǔ【春谷】(名)〈食叶〉春のシイタケ.

chūnguàn【春灌】(名)〈农〉春の灌漑.

chūnguāng【春光】(名)春景色.

chūnhán【春寒】(名)春の寒い天気.春の冷え込み.

chūnhuā zuòwù【春花作物】(名)(小麦・菜種など)春に花が咲く作物.

chūn huá qiū shí【春华秋实】(成)文才と品行の兼ね備った.

chūnhuà【春画】(名)(～儿)春画.

chūnhuāng【春荒】(名)春の端境期的飢饉.

chūnhuī【春晖】(名)春の日差し;〈喩〉父母の恩.

chūnjì【春季】(名)春.春の季節.

chūnjià【春假】(名)(学校の)春休み.

Chūnjié【春节】(名) 旧暦の元旦.旧正月.春節(シュン).

chūnjǐng【春景】(名)春景色.

chūnjiǔ【春酒】(名) 1 春に醸造した酒. 2 旧正月の間に開く宴席.

chūnjuǎn【春卷】(名)(～儿)(料理)春巻.

chūnkǎo【春考】(名)春期の大学入学試験.

chūnkùn【春困】(名)春のけだるさ.

chūn kùn qiū fá【春困秋乏】(谚)春は眠く,秋は疲れやすい.

chūnlán【春兰】(名)〈植〉シュンラン.

chūn lán qiū jú【春兰秋菊】(成)人の才能や物にはそれぞれ秀でたものがある.

chūnléi【春雷】(名)春雷.春に鳴る雷.

chūnlián【春联】(名)(～儿)春聯(レン).▶旧正月に門に張る,めでたい文句を赤紙に書いた対聯(ペン).

chūnlíng【春令】(名) 1 春の季節. 2【春令】春の気候.

chūnmài【春麦】(名)春まき小麦.

chūnmáng【春忙】(名)〈农〉春の農繁期.

chūnmèng【春梦】(名)〈喩〉はかない夢.

chūnniú【春牛】(名)粘土で作った牛の人形.▶昔は,立春の日にこの牛を赤と緑のむちでたたき春を迎えた.

chūn nuǎn huā kāi【春暖花开】(成)花咲くうららかな春.行楽の季節.

chūnqǐ【春起】(名)春の初め.

chūnqíng【春情】(名)春情.色情.恋情.

chūnqiū【春秋】(名) 1〈書〉春と秋;(広く)1年;歳月. 2 年齢. 3 (経書の『春秋』. 4〈史〉春秋時代.

chūnqiū bǐfǎ【春秋笔法】(名)春秋の筆法.

chūnqiūshān【春秋衫】(名)(ジャケットやブレザーなど)春と秋に着る上着の総称.合服.

chūnsè【春色】(名) 1 春色.春景色. 2 酒で顔が赤らむさま;うれしそうな顔色.

chūnshang【春上】(名)〈口〉春.春の間.

chūnshì【春试】(名)会試.科挙の第2次試験.

chūnsǔn【春笋】(名)春のタケノコ.

chūntiān【春天】(名)春.

chūntiáo【春条】(名)(～儿)〈方〉春聯(旧正月)に,赤い紙に縁起のよい言葉を書いて門に張る紙.

chūntóu【春头】(名)初春.

chūnwéi【春闱】(名)→chūnshì【春试】

chūnwēn【春瘟】(名)春の流行病.

chūn wǔ qiū dòng【春捂秋冻】(谚)春は厚着に,秋は薄着に.

chūnxiāo【春宵】(名)〈書〉春の夜.¶一刻値千金／春宵一刻値(ギャ)千金.

chūnxiǎomài【春小麦】(名)春まき小麦.

chūnxīn【春心】(名)春情.色情.恋心.

chūnxùn【春汛】(名)(降雨または解氷による)川の春の増水.

chūnyào【春药】(名)催淫剤.媚薬(ヤク).

chūnyì【春意】(名) 1 春らしさ.春模様. 2 春情.

chūn yǐn qiū shé【春蚓秋蛇】(成)書が下手で,ミミズや蛇のがたくねっているようなさま.

chūnyóu【春游】(名)春のピクニック.春の遠足.

chūnyǔ【春雨】(名)春雨.¶～贵如油／春の雨は油のように貴い.

chūnyùn【春运】(名)〈略〉春節(旧正月)帰省混雑期の特別輸送(期間).

chūnzhuāng【春装】(名)春の服装.

## chūn 150

**椿** chūn ■ チャンチン.¶〜/(植)チャンチン.■[姓]
**chūnpí**【椿皮】图〈中薬〉椿皮(ひ).
**chūnshù**【椿树】图〈植〉チャンチン.ニワウルシ(の木).
**chūnxiàng**【椿象】图〈虫〉カメムシ.
**chūnxuān**【椿萱】图〈書〉父母.

**蠢** chūn【蠢】图〈虫〉カメムシ.

**鰆** chūn【鰆】图〈魚〉サワラ.¶〜鱼/サワラ.

**纯** chún【纯】1 厖 混じりけがない.純粋である.¶这块铜是〜的/この銅は混じりけがない.2 熟達している.■[姓]

**chúncuì**【纯粹】1 厖 純粋である.混じりけのない.2 副 単に.ただ.まったく.
**chúndù**【纯度】图 純度.
**chúnhuà**【纯化】动 純化.浄化.
**chúnjiǎn**【纯碱】图〈化〉炭酸ナトリウム.ソーダ.
**chúnjié**【纯洁】1 厖 純潔である.汚れのない.2 动 純化する.浄化する.
**chúnjīn**【纯金】图 純金.
**chúnjìng**【纯净】动 純化である.
**chúnjìngshuǐ**【纯净水】图 浄化処理された飲用水.
**chúnlì**【纯利】图 純益.
**chúnliáng**【纯良】厖 純粋で善良である.
**chúnmáo**【纯毛】图 純毛.
**chúnměi**【纯美】厖 清純である.
**chúnpǔ**【纯朴】→chúnpǔ【淳朴】
**chúnqíng**【纯情】1 图〈少女の〉純真な感情や愛情.2 厖 純情である.
**chúnrán**【纯然】1 厖 純粋で混じりけがない.2 副 純然と.単に.
**chúnshōurù**【纯收入】图 純収入.
**chúnshú**【纯熟】厖 熟達している.
**chúnshǔ**【纯属】动 まさしく…である.間違いなく…である.
**chúnshuǐ**【纯水】图 不純物の混じっていない水.
**chúnsǔn**【纯损】图〈経〉純損失.
**chúnyī**【纯一】厖 純一である.単一である.
**chúnyīn**【纯音】图〈物〉純音.単純音.
**chúnzhēn**【纯贞】厖 ひたすら忠節である.
**chúnzhēn**【纯真】厖 純真である.清らかである.
**chún zhēn wú xié**【纯真无邪】〈成〉純真無垢.
**chúnzhèng**【纯正】厖 純粋である.混じりけのない.
**chúnzhì**【纯挚】厖 真心がこもっている.心底誠実である.
**chúnzhǒng**【纯种】图 純血種の.

**莼**(蓴) chún **0**
**chúncài**【莼菜】图〈植〉ジュンサイ.ヌナワ.

**唇** chún ■ 唇.¶嘴〜/唇.¶上〜/上唇.
**chúnbǐ**【唇笔】图 リップペンシル.
**chúncǎi**【唇彩】图 リップグロス.
**chúnchǐ**【唇齿】图〈喩〉唇と歯とのようにたがいに関係が密接なこと.
**chún chǐ xiāng yī**【唇齿相依】〈成〉切っても切れない関係.
**chúnchǐyīn**【唇齿音】图〈語〉唇歯音.
**chúngāo**【唇膏】图 口紅.
**chún jiāo shé bì**【唇焦舌敝】→**shé bì chún jiāo**【舌敝唇焦】
**chúnliè**【唇裂】图 口唇裂.兎唇(と).
**chún qiāng shé jiàn**【唇枪舌剑】〈成〉激しく論争する.
**chúnshé**【唇舌】图〈喩〉言葉.口数.¶徒费〜/言ってもむだだ.
**chún wáng chǐ hán**【唇亡齿寒】〈成〉利害を共にする関係にある.
**chúnwěn**【唇吻】图 唇紋.
**chúnwěn**【唇吻】图〈書〉口ぶり.弁舌の才.言葉.
**chúnxiàn**【唇线】图 リップライン.
**chúnxiànbǐ**【唇线笔】图 リップペンシル.
**chúnyīn**【唇音】图〈語〉(両唇音と唇歯音の)唇音.
**chúnzhī**【唇脂】图 リップクリーム.

**淳** chún 厖 素朴である.飾り気がない.■[姓]
**chúnhòu**【淳厚】厖 純朴である.淳厚である.
**chúnměi**【淳美】厖 清純で美しい.
**chúnpǔ**【淳朴】厖 純朴である.素朴である.
**Chúnyú**【淳于】[姓]

**鹑** chún ■ ウズラ.¶鹌 ān〜/(鳥)ウズラ.
**chúnyī**【鹑衣】图〈書〉ぼろぼろの服.

**醇** chún 1 图〈書〉(酒の味が)濃くてこすがある.2 图〈化〉アルコール.¶丁 dīng〜/ブタノール.■醇化也.1→〜化.
**chúnhé**【醇和】厖(性質・味が)やさしい,おだやかである.
**chúnhòu**【醇厚】1(においや味に)厚みがある,こくがある.2 →**chúnhòu**【淳厚】
**chúnhuà**【醇化】1 純化する.混じりけをなくす.2 图〈化〉アルコール飽和.
**chúnjiě**【醇解】图〈化〉アルコリシス.
**chúnjiǔ**【醇酒】图 混じりけのない酒.生一本.
**chúnměi**【醇美】厖 純粋で美しい.
**chúnnóng**【醇浓】厖 1(味が)混じりけがなく濃厚である.2(味わいが)素朴である.
**chúnsuān**【醇酸】图〈化〉アルコール酸.
**chúntián**【醇甜】厖(味が)混じりけがなく甘い.
**chúnxiāng**【醇香】厖(においや味が)芳醇である.

**chúnzhèng**【醇正】[形]（においや味が）濃く純正である．

蠢 **chǔn**[形] 1 間が抜けている．愚かである．2 動作がにぶい．のろまである．¶动作很〜／動作がにぶい．
🈗 虫がはう．うごめく．¶→动．

**chǔnběn**【蠢笨】[形] 1 間が抜けている．不器用である．2 にぶい．のろい．
**chǔncái**【蠢材】[名][罵] ばか者．間抜け．とんま．
**chǔnchǔn**【蠢蠢】[形][書] うごめくさま．2（国家・社会が）不安定である，ぐらつく．
**chǔn chǔn yù dòng**【蠢蠢欲动】〈成〉敵や悪人が今にも動き出そうとする．
**chǔndòng**【蠢动】[動] 1 うごめく．2（敵や悪人が）蠢動(しゅんどう)する．
**chǔnhuà**【蠢话】[名] ばかげた話．常識はずれの話．
**chǔnhuò**【蠢货】→chǔncái【蠢材】
**chǔnlǘ**【蠢驴】→chǔncái【蠢材】
**chǔnrén**【蠢人】[名] ばか者．愚か者．間抜け．
**chǔnshì**【蠢事】[名] 愚かなこと．ばかなまね．
**chǔn tóu chǔn nǎo**【蠢头蠢脑】〈成〉愚鈍である．間が抜けている．
**chǔnwù**【蠢物】[名] がさつ者．愚か者．とんま．
**chǔnzhū**【蠢猪】→chǔncái【蠢材】

## chuo（ㄔㄨㄛ）

踔 **chuō**[動][書] 跳ぶ．躍り上がる．
**chuōlì**【踔厉】[形][書] 意気盛んであるる．¶〜风发／意気軒昂(こうこ)．

戳 **chuō**❶[動] 1（細長いものの先端で）突く，突き抜く．2（方）くじく．折れる．3（方）まっすぐに立てる．❷[名]（〜儿）［印］判．スタンプ．
**chuōbuzhù**【戳不住】[動+可補] 試練に耐えきれない．
**chuō//chuān**【戳穿】[動+結補] 1 突き破る．2 すっぱ抜く．真相を暴露する．
**chuōdezhù**【戳得住】[動+可補] しっかりしていて試練に耐えられる．
**chuō jǐliánggǔ**【戳脊梁骨】〈慣〉後ろ指をさす．
**chuōjì**【戳记】[名]（主に団体や機関の）印章．スタンプ．
**chuō//pò**【戳破】[動+結補] 1 突き破る．2 暴露する．すっぱ抜く．
**chuōr**【戳儿】[名][口] はんこ．スタンプ．
**chuō//xīn**【戳心】[動] 心を刺される．
**chuōzi**【戳子】[名][口] はんこ．スタンプ．

啜 **chuò**[動][書] すする．¶〜茗／茶をすする．
🈗 すすり泣くさま．¶→泣．
異読⇒chuài

**chuòqì**【啜泣】[動] すすり泣く．しゃくり上げる．
**惙 chuò**[形][書] 1 憂え悲しむ．2[形] 疲れる．
**绰 chuò** ゆるやかな．ゆったりている．異読⇒chāo
**chuò chuò yǒu yú**【绰绰有余】〈成〉余裕しゃくしゃくである．
**chuòhào**【绰号】[名] あだ名．
**chuòyuē**【绰约】[形]（女性の姿態が）しなやかである，しとやかである．

辍 **chuò** 🈗 中止する．やめる．¶〜工／仕事をやめる．
**chuòbǐ**【辍笔】[動][書]（絵や文章を）中途で書くのをやめる．
**chuòxué**【辍学】[動] 中途退学する．
**chuòyǎn**【辍演】[動] 上演［出演］を中止する．

龊 **chuò** →wòchuò【龌龊】

## ci（ㄘ）

刺 **cī**[擬]（滑る音）つるっ，すてん；（導火が着くときの音）しゅう．ひゅう．異読⇒cì
**cīlā**【刺拉】[擬] 1《紙や布などを勢いよく引き裂く音》びっ．2《物どうしのこすれ合う音》しゅっ．
**cīlēng**【刺棱】[擬]《動作等がすばやく行われるときの音，またはそのさま》すっ，さっ．
**cīliū**【刺溜】[擬]《勢いよく滑った音，また滑って転んださま》つるっ，すてん．

呲 **cī**[動]（〜儿）〈口〉小言を言う．
**cīde**【呲嗒】[動] しかる．
**cī** →cēncī[参差]

差 異読⇒chā，chà，chāi

疵 **cī**[名] 1 傷．欠点．¶吹毛求〜／〈成〉人のあら捜しをする．
**cībìng**【疵病】[名] 欠点．傷．
**cīdiǎn**【疵点】[名] 欠点．傷．
**cīpǐn**【疵品】[名] 欠陥製品．傷もの．
**cīxiá**【疵瑕】[名][書] 過失．欠点．

趑 **cī** 足もとが滑る．¶〜了一跤／足が滑って転んだ．
異読⇒cí
**cīliū**【趑溜】[擬] 1[動] 足もとが滑る．2[擬] すばやくすべりさっと．

词 **cí**[名] 1（〜儿）詞[句]・言葉．せりふ．2（〜儿）［語］語，単語．3 詞（ ）．宋代に盛んになった長短句交じりの詩の一．
**cí bù dá yì**【词不达意】〈成〉舌足らずで意を尽くさない．
**cídiǎn**【词典】[名] 辞書．辞典．［本，部］¶查〜／辞書を調べる．
**cídiào**【词调】[名]"词"の格調・形式．
**cífǎ**【词法】[名]［語］形態論．語形論．
**cífēng**【词锋】[名] 言葉の鋭さ．筆鋒．
**cígàn**【词干】[名]［語］語幹．
**cígēn**【词根】[名]［語］語根．語根形．
**cígēnyǔ**【词根语】[名]［語］孤立語．
**cíhuà**【词话】[名] 1 語り物の一種で，

随所に"词"を交えた文学作品. **2** "词"についての評論集.

**cíhuì**【词汇】[名]〈語〉語彙(ごい). ¶~学/語彙論.

**cíjù**【词句】[名]〈語〉語句.（広く）言葉遣い.

**cílèi**【词类】[名]〈語〉品詞.

**cílìng**【词令】→**cílìng**【辞令】

**cípái**【词牌】[名]"词"が歌われるメロディーの名称.

**cípín**【词频】[名]単語の使用頻度.

**cípǔ**【词谱】[名]詞譜. "词"を作る際の参考となるよう,各"词牌"の平仄(ひょうそく)を符号で表した書物.

**cíqǔ**【词曲】[名]〈語〉"词"と"曲"の総称.

**círén**【词人】[名]**1** 词を作る人. **2**（広く）詩歌や文章の上手な人.

**císù**【词素】[名]〈語〉形態素.

**cítiáo**【词条】[名]〈語〉(辞書の)項目.

**cítóu**【词头】[名]〈語〉接頭辞.接頭語.語頭. ▶"前缀qiánzhuì"とも.

**cíwěi**【词尾】[名]〈語〉接尾辞.接尾語.語尾. ▶"后缀hòuzhuì"とも.

**cíxíng**【词形】[名]〈語〉語形.

**cíxìng**【词性】[名]〈語〉語の性質.

**cíxù**【词序】[名]〈語〉語順.

**cíyì**【词义】[名]〈語〉語義.語の意味. ¶~学/意味論.

**cíyú**【词余】[名]元曲の別称.

**cíyǔ**【词语】[名]字句.語句.

**cíyùn**【词韵】[名]詞に用いる韻律・韻書.

**cízǎo**【词藻】→**cízǎo**【辞藻】

**cízhāng**【词章】→**cízhāng**【辞章】

**cízhuì**【词缀】[名]〈語〉接頭語と接尾語の総称.

**cízǔ**【词组】[名]〈語〉句.連語.フレーズ. ▶"短语"とも.

## 苨

**cí** →**fúcí**【凫苨】 異読⇒**zī**

## 茨

**cí 1**[動]〈古〉カヤのたぐいで屋根をふく. **2**[名]〈書〉〈植〉ハマビシ.

**Cígāngrén**【茨冈人】[名]ロマ.ジプシー.

## 茲

**cígu**【茨菰】→**Cígǔ**【慈姑】異読⇒**zī**

## 祠

**cí**[名]祠(ほこら).社(やしろ). ¶宗~/一族の先祖の御霊屋(みたまや).

**címiào**【祠庙】[名]祠堂.

**cítáng**【祠堂】[名](旧) **1** 一族の先祖を祭ってあるところ. 祠堂(しどう). **2** 崇拝する人物を祭ってあるところ. 社.祠.

## 瓷

**cí**[名]磁器.

**cídiāo**【瓷雕】[名]焼き物に施した彫刻.

**cídū**【瓷都】[名]陶磁器の都. ▶"景德镇"の別名.

**cífànwǎn**【瓷饭碗】[名]待遇や報酬はいいが,将来の保証がない職業.

**cígōngjī**【瓷公鸡】→**tiěgōngjī**【铁公鸡】

**cípíng**【瓷瓶】[名] **1** 磁器製の瓶. **2**（電）磁子(じし).

**cíqī**【瓷漆】[名]エナメルペイント.エナメルラッカー.

**cíqì**【瓷器】[名]磁器.

**císhi**【瓷实】[形]〈方〉丈夫である.しっかりしている.

**cítǔ**【瓷土】[名]磁土.高嶺(こうれい)土.

**cíyáo**【瓷窑】[名]磁器を焼く窯(かま).

**cízhuān**【瓷砖】[名]タイル.[決,片]

## 辞（辭）

**cí ❶**[動] **1** 辞職する. ¶~去厂长 chǎngzhǎng 职务/工場長の職を退く. **2** 解雇する. ¶把他~了/彼をくびにした. **❷**[名]古典文学の一体;古時の一体. ¶楚Chǔ~/楚辞.

**Ⓗ** ①別れを告げる. "告～"いとまごいをする. ②辞退する. 断る. ¶推～/口実をつけて辞退する. ③美しい言葉. ¶修～/修辞. ‖書面

**cíbié**【辞别】[動]別れを告げる.いとまごいをする.

**cíchéng**【辞呈】[名]辞表.辞職願い.

**cídiǎn**【辞典】[名]辞典.辞書. [本,部]

**cífèi**【辞费】[形]〈書〉むだな言葉が多い.

**cífù**【辞赋】[名]〈中国古代の韻文〉辞賦(じふ).

**cí/gōng**【辞工】[動] **1** 解雇する. **2** 辞職する.

**cí/huó**【辞活】[動](～儿)辞職する.

**cí/líng**【辞灵】[動]出棺の前に死者に告別する.

**cílìng**【辞令】[名]辞令. 応対の言葉づかい. ¶外交~/外交辞令.

**cípìn**【辞聘】[動] **1** 招聘(しょうへい)を受けた仕事を断る. **2** 招聘した人を再雇用しない.

**círàng**【辞让】[動]遠慮して辞退する.

**císè**【辞色】[名]〈書〉辞色.言葉つきと顔色.

**císhì**【辞世】[動]〈書〉この世を去る.死ぬ.

**císhū**【辞书】[名]辞典や字引の総称として辞書.

**císòng**【辞讼】→**císòng**【词讼】

**cí/suì**【辞岁】[動](旧)家庭内で目上の人に年末のあいさつをする. ¶"辞年"とも.

**cítuī**【辞退】[動]解雇する.ひまを出す.

**cíxiè**【辞谢】[動]丁寧に辞退する.謝絶する.

**cí/xíng**【辞行】[動]いとまごいをする.

**cízǎo**【辞藻】[名]詞藻.言葉のあや.

**cízào**【辞灶】[名]かまどの神を天に送る祭り.

**cízhāng**【辞章】[名] **1** 文章. **2** 修辞.

**cí/zhí**【辞职】[動]辞職する. ¶他已经辞了职,不在这儿/彼はすでに辞めて,ここにはいない.

## 慈

**cí Ⓗ** ①情深い.やさしい.慈しむ. ¶~祥~/~和年. ②母親. ¶家~/慈愛深い母親. Ⓗ姓

**cí'ǎi**【慈蔼】[形]柔和である.温かみがある.

**cí'ài**【慈愛】1 動(年長者が幼い者を)慈しみ愛する. 2 形愛情が深い.

**cíbēi**【慈悲】形慈悲深い, 慈しみ哀れむ.

**cífù**【慈父】名慈父.

**cígū**【慈姑】名〈植〉クワイ.

**cíhé**【慈和】形情が深くてやさしい.

**cí méi shàn mù**【慈眉善目】成慈悲深い顔つき.

**címìng**【慈命】名〈書〉(自分の)母の言いつけ.

**címǔ**【慈母】名慈母.

**císhàn**【慈善】形同情心に富んでいる. 慈善の.

**cíxiáng**【慈祥】形(老人の態度や顔つきが)**慈愛深くてやさしい**.

**cíxīn**【慈心】1 名慈悲の心. 2 形心やさしい.

**cíyán**【慈顔】名年長者(特に父母)の顔の美称.

**磁 cí** 名磁鉄. ▶"瓷"に同じ.
🇭 磁性. 磁気. ¶~鼓/(コンピュータの)磁気ドラム. ¶~控管/磁電管. マグネトロン.

**cíbàng**【磁棒】名磁気棒.

**cíbào**【磁暴】名磁気嵐.

**cíběi**【磁北】名磁北. 磁気北極.

**cíchǎng**【磁場】名磁場. 磁界.

**cíchǎng qiángdù**【磁場強度】名〈物〉磁場の強さ.

**cídài**【磁帯】名磁気テープ; 録音テープ; 録画テープ. [盒, 盤]

**cídào**【磁道】名〈電算〉トラック.

**cífú lièchē**【磁浮列車】名〈略〉リニアモーターカー.

**cígǎnyìng**【磁感應】名〈物〉磁気誘導. 磁気感応.

**cígāng**【磁鋼】名永久磁石.

**cígǔ**【磁鼓】名〈電算〉磁気ドラム.

**cíguāngpán**【磁光盤】名〈電算〉MO.

**cíhéjīn**【磁合金】名磁性合金.

**cíhuà**【磁化】名〈物〉磁化.

**cíjì**【磁跡】名〈物〉磁路.

**cíkǎ**【磁卡】名磁気カード. ¶~電話/カード電話.

**cíkòngguǎn**【磁控管】名電磁管.

**cílì**【磁力】名 1〈物〉磁力. 2 ─儀 yí/磁力計. 2〈喻〉吸引力.

**cílìxiàn**【磁力線】名〈物〉磁力線. ▶"磁感綫"とも.

**cíliáo**【磁療】名〈略〉体のつぼに磁石を張りつける治療法.

**cílù**【磁路】名磁気回路.

**cínéng**【磁能】名磁気エネルギー.

**cípán**【磁盤】名〈電算〉磁気ディスク. ¶~驅動器/ディスクドライブ.

**cípiàn**【磁片】名〈電算〉磁気ディスク.

**cíqī**【磁漆】名エナメル塗料.

**cíqì**【磁気】名〈俗〉仲がよい. 親密である.

**cíqì**【磁器】→**cíqì**【瓷器】

**cíqīngjiǎo**【磁傾角】名地磁伏角. 地磁傾角.

**císhí**【磁石】名 1〈物〉磁石. 2 磁鉄鉱.

**císhí**【磁実】形 1〈俗〉誠実である. 正直である. 2→**císhi**【瓷実】

**cítǐ**【磁体】名〈物〉磁性体.

**cítiě**【磁鉄】名〈物〉磁鉄(铁).

**cítiěkuàng**【磁鉄鉱】名〈鉱〉磁鉄鉱.

**cítōngliàng**【磁通量】名〈物〉磁束.

**cítóu**【磁頭】名磁気ヘッド.

**cíxiàoyìng**【磁効応】名〈物〉磁気効果.

**cíxīn**【磁心】名磁気コア.

**cíxìng**【磁性】名〈物〉磁性. 磁気.

**cíxuánfú lièchē**【磁気浮列車】名リニアモーターカー.

**cíxuǎn**【磁選】名磁選. 磁力分離.

**cíxué liáofǎ**【磁穴療法】→**cíliáo**【磁療】

**cízhēn**【磁針】名〈物〉磁針.

**cízhóu**【磁軸】名〈物〉磁軸.

**cízǐ**【磁子】名マグネトン.

**雌 cí** 名雌の. ▶~兎/雌のウサギ.

**cífēng**【雌蜂】名〈虫〉雌バチ.

**cífú**【雌伏】動〈書〉雌伏する.

**cíhuā**【雌花】名〈植〉雌花(ばな).

**cíhuáng**【雌黄】名 1〈鉱〉雌黄(しおう). 石黄(せっこう). 2 でたらめに添削したり, 勝手な議論を吹っかけたり, 出任せを言ったりすること. 1 文字を添削するとき, 1 を用いたことから.

**círuǐ**【雌蕊】名〈植〉雌しべ.

**cíxìng**【雌性】名〈生〉雌性. 雌.

**cíxióng**【雌雄】名 1 雌と雄. 2〈喩〉勝負. 優劣.

**cíxióng tóngtǐ**【雌雄同体】名〈動〉雌雄同体.

**cíxióng tóngzhū**【雌雄同株】名〈植〉雌雄同株.

**cíxióng yìtǐ**【雌雄異体】名〈動〉雌雄異体.

**cíxióng yìzhū**【雌雄異株】名〈植〉雌雄異株.

**鹚**(鷀) **cí** →**lúcí**【鸕鷀】

**糍 cí ○**

**cíbā**【糍粑】名〈料理〉ミャオ族などの少数民族が食べる餅(もち).

**此 cí** 代〈書〉1 ここ. このとき. ¶ 從~到結束/きょうはこれまで. ¶ 從~以後/それ以来. 2(↔彼)これ. この. ¶~處chù/ここ. 3 このようである.

**cǐ'àn**【此岸】名〈仏〉此岸. 現世.

**cǐbèi**【此輩】名このやから. こいつら.

**cǐ chàng bǐ hè**【此唱彼和】成一方が歌えば他方がそれに調子を合わせる.

**cǐcì**【此次】名このたび. 今回. 今度.

**cǐdào**【此道】名(技芸・技能をさして)この道. この方面.

**cǐděng**【此等】名これら.

**cǐ duān xiàng shàng**【此端向上】天地無用.

**cǐdì**【此地】名当地. この土地. この

**cǐ** 場所.

**cǐdì wú yín sānbǎi liǎng**【此地无银三百两】〈諺〉隠そうとしてかえってばれてしまう.

**cífán**【此番】名 このたび. 今度. 今回.

**cǐ fú bǐ qǐ**【此伏彼起】→**cǐ qǐ bǐ fú**[此起彼伏]

**cǐgōng**【此公】名〈話題の人をさして〉その人. その方.

**cǐhòu**【此后】名 それ以後. この後.

**cǐ hū bǐ yìng**【此呼彼应】成 呼応する.

**cǐjiān**【此间】名〈書〉ここ. 当地.

**cǐjǔ**【此举】名 このこと. このような行動.

**cǐjūn**【此君】名 その人. その方.

**cǐkè**【此刻】名 現在. 今. このとき.

**cǐ lù bù tōng**【此路不通】成 この先通行止め.

**cǐ qǐ bǐ fú**【此起彼伏】成 ひっきりなしに起こる. ▶"此起彼落"とも.

**cǐqián**【此前】名 この前. この間. 以前.

**cǐrén**【此人】名 この人. その人.

**cǐshēng**【此生】名 今生(こんじょう). この世. 現世.

**cǐshí**【此时】名 このとき.

**cǐwài**【此外】接続 このほかに. それ以外に.

**cǐ wéi…**【此为…】型 このことは…である.

**cǐ xīn gěng gěng**【此心耿耿】成〈多く忠心を表し〉この思いは一途なものである.

**cǐxíng**【此行】名 このたびの旅行.

**cǐ yī shí, bǐ yī shí**【此一时,彼一時】〈諺〉昔は昔, 今は今.

**cǐzhì**【此致】套 ここに申し上げます. ¶~敬礼/敬具.

**cǐzhōng**【此中】名 このうち. この間.

**cǐ**【泚】〈書〉1 形 鮮やかである. 清らかである. 2 動 1 汗を流す. 2 〈筆に墨を〉つける.

**cǐ**【跐】1 物を踏みしめて立つ. 2 つま先で立つ. 異読→cī

**cǐ**【骴】〈魚〉1 エソ. 2 タチウオ.

**cì 1** 繰り返し現れることにいる:回. 度. 遍. ¶他去过两~北京/彼は2回北京に行ったことがある. ¶第六~特快/第6便の特急. **2** 形 劣っている. ¶手艺太~/技量が劣る.
  🖼 ① 2番目の. 次の. ¶~日/翌日. ② 順序. 順位. ¶~序/順番に. ¶→~序々と. ③ 旅先で滞在するところ. ¶旅/旅先. ‖姓

**cìdàlù**【次大陸】名 亜大陸.

**cìděng**【次等】名 二級の. 二等の.

**cìdì**【次第】1 名 順序. 序. 次第. 2 副 順を追って. 順次.

**cìfādá**【次发达】名〈経〉経済が, 先進地区よりは遅れ, 未発達の地区よりは進んでいる状況. 中開発.

**cìhuò**【次货】名 二流品. 粗悪品.

**cìjí xiànquān**【次级线圈】名〈物〉二次コイル.

**cìpín**【次贫】名 かなり貧しい人.

**cìpǐn**【次品】名 二等品. 不良品.

**cìrì**【次日】名 翌日. 次の日.

**cìshēng**【次生】形 二次性の. ¶~灾害/二次災害.

**cìshēngbō**【次声波】名〈物〉亜音波.

**cìshēnglín**【次生林】名〈林〉次生森林.

**cìshēng wǔqì**【次声武器】名 超低周波兵器. ELF兵器.

**cìshù**【次数】名 回数. 度数.

**cìxīngǔ**【次新股】名〈経〉準新株.

**cìxù**【次序】名 順序. 序. 序列.

**cìyào**【次要】形 二次的な. 副次的な. ¶~问题/副次的な問題.

**cìyú**【次于】動〈多く否定の形で〉…に次ぐ. …より劣る.

**cìyùn**【次韵】動〈書〉次韻する.

**cìzhǎng**【次长】名〈旧〉次官.

**cìzhī**【次之】動 次が…である. これに次ぐ.

**cìzhōngyīnhào**【次中音号】名〈音〉テナーホーン.

**cìzhòngliàngjí**【次重量级】名〈体〉(重量挙げなどの)ミドルヘビー級.

**cìzuìqīngliàngjí**【次最轻量级】名〈体〉(重量挙げなどの)フライ級.

**伺 cì**【伺】異読→sì

**cìhou**【伺候】動 仕える. 世話をする.

**刺 cì** 【刺】 1 動 1 突き刺す. 突き通す. 2 〈目・鼻・耳などを〉刺激する. 3 暗殺する. ¶被~/暗殺される. 4 風刺する.
  2 名〈~儿〉とげ. ¶話里有~儿/言葉にとげがある.
  🖼 ① 探る. ¶~~探. ② 名刺.
  ‖ 姓 異読→cī

**cìbǎi**【刺柏】名〈植〉イブキ.

**cì cì bù xiū**【刺刺不休】成 くどくどしゃべる.

**cìdāo**【刺刀】名 銃剣.

**cì'ěr**【刺耳】形 耳ざわりである. 聞き苦しい.

**cìgǔ**【刺骨】形〈寒さが〉肌を刺す, 身にしみる.

**cìhuái**【刺槐】名〈植〉ニセアカシア. ハリエンジュ.

**cìjī**【刺激】動 刺激する.

**cìkè**【刺客】名 刺客. 暗殺者.

**cìmù**【刺目】形〈方〉まぶしい【刺眼】

**cìnao**【刺挠】形〈方〉かゆい.

**cìpèi**【刺配】動〈古〉(刑罰の)犯罪者の顔に入れ墨をし流刑に処する.

**cìquán**【刺拳】名〈体〉(ボクシングで)ジャブ.

**cìcài**【刺儿菜】名〈植〉アザミ.

**cìrhuà**【刺儿话】名 いやみ. 皮肉.

**cìrtóu**【刺儿头】名〈方〉うるさ型. 扱いにくい人.

**cìshā**【刺杀】1 動 武器で暗殺する.

2 名 銃剣術.
**cìshēn**【刺参】名〈動〉マナマコ.
**cìshǐ**【刺史】名〈旧〉州の長官.
**cìsī**【刺丝】名〈動〉(腔腸動物有刺胞類の)刺胞,刺糸.
**cìtàn**【刺探】動 偵察する. こっそりと探る.
**cìtiěsī**【刺铁丝】名 有刺鉄線.
**cìwǎng**【刺网】名 刺し網.
**cìwei**【刺猬】名〈動〉ハリネズミ. ナミハリネズミ.
**cìxìbāo**【刺细胞】名〈動〉刺細胞.
**cì/xīn**【刺心】動 心を刺す. 胸に突き刺さる.
**cìxiù**【刺绣】動 1 刺繍する. 2 名 刺繍.
**cìyǎn**【刺眼】形 1 (光が)まばゆい,まぶしい. 2 目ざわりである.
**cìyang**【刺痒】形〈方〉かゆい. むずがゆい.
**cìyú**【刺鱼】名〈魚〉トゲウオ. トミヨ.
**cìzhēn**【刺针】名〈動〉刺針.
**cì/zì**【刺字】動 入れ墨をする.
赐 **cì**【赐】動 賜る.
**cìjiàn**【赐件】名 賜りもの.
**cìjiào**【赐教】動〈敬〉ご指導を賜る.
**cì/sǐ**【赐死】動〈書〉死を賜る.
**cìyǔ**【赐予】動 賜る. くださる. 与える. ▲「赐与」とも.

## cong (ㄘㄨㄥ)

匆 (怱) **cōng**〓 慌ただしい.
**cōngcōng**【匆匆】形 慌ただしい. そそくさ. あたふた.
**cōngcù**【匆促】形 せわしない. 慌ただしい.
**cōngcù**【匆猝·匆卒】形 せわしない. 慌ただしい.
**cōngjù**【匆遽】形〈書〉慌ただしい. 忙しい.
**cōngmáng**【匆忙】形 慌ただしい.

苁 (蓯) **cōng** ○
**cōngróng**【苁蓉】名〈植〉〈中薬〉「草苁蓉」(ハマウツボ)と「肉苁蓉」(ニクジュヨウ)の総称.

囱 **cōng**〓 煙突. 「烟～/煙突.

玱 (瑲) **cōng** ○
**cōngcōng**【玱玱】擬〈書〉(佩玉等の触れ合う音)

枞 (樅) **cōng**名〈植〉モミ. 異読名=zōng

葱 (蔥) **cōng**名〈植〉名 ネギ. [根,棵]¶洋～/タマネギ.
〓 青い色. ¶～～翠cuì.
**cōngbái**【葱白】名 浅い青色.
**cōngbáir**【葱白儿】名〈方〉ネギの白い部分.
**cōngbào**【葱爆】動〈料理〉(臭み消しのためネギを強火で手早くいためる.
**cōngcōng**【葱葱】形〈書〉草木が青々

と茂っている.
**cōngcuì**【葱翠】形 草木が青々と茂っている.
**cōnghuā**【葱花】名(～儿)1(薬味用の)刻みネギ. 2 ネギ坊主.
**cōnglóng**【葱茏】形〈書〉草木が青々と茂っている.
**cōnglǜ**【葱绿】1 名 もえぎ色. 黄色味を帯びた緑. 2 形(草木が)青々としている.
**cōngtóu**【葱头】名 タマネギ.
**cōngyù**【葱郁】形 草木が青々と茂っている.

骢 **cōng**名〈書〉あし毛の馬. あおうま.

璁 **cōng**名〈書〉玉(ぎょく)に似た石.

聪 (聰) **cōng**〓 1 耳がさとい. ¶耳～目明/耳がさとく目もよくきく. 2 聴覚. ¶右耳失～/右の耳が聞こえない. 3 賢い. ¶～～明.
**cōnghuì**【聪慧】形〈書〉賢い. 聡明である.
**cōngmǐn**【聪敏】形 賢くさとい. 聡明である.
**cōngming**【聪明】形 聡明である. 賢い. ¶～能干/頭がよく仕事もできる. ¶～一世,糊涂一时/知者の一失.
**cōngwù**【聪悟】形〈書〉聡明である. 悟りが早く賢い.
**cōngyǐng**【聪颖】形〈書〉賢い. 聡明である.

熜 **cōng**名〈書〉1 弱火. 2 熾い空気.

从 (從) **cóng**❶前 1〈起点を表す〉…から. …より. ¶～这儿到北京大学不很远/ここから北京大学まではたいして遠くない. ¶～前天起/おとといから. 2〈経過地点を示す〉…から. …を. ¶～公园里穿过去吧/公園を通り抜けて行こう. 3〈根拠·よりどころを示す〉…から. …に基づいて. ¶～实际情况出发/実際の状況から考える.
❷副 かつて. これまで. ¶～没见过面/今まで会ったことはない.
〓 1 従事する. 参加する. ¶～～政. ¶～～严. 2〈方針·方針·態度などを〉とる. ¶～～例. 3 つき従う. ついていく. ¶～～征. 4 服従する. ¶～～命. 5 従者. 随者. ¶随～/お供. 6 副次的な. ¶～～犯. 7(父方が)同じ祖父の. ¶～兄/いとこ. 8 姓
**cóng cháng jì yì**【从长计议】成 じっくりと相談する.
**cóngcǐ**【从此】副 これ(それ)から. この(その)ときから; ここ(そこ)から.
**cóng⋯chūfā**【从⋯出发】型→《从cóng》❶3
**cóngdǎ**【从打】前〈方〉…より. …してから.
**cóng⋯dào⋯**【从⋯到⋯】〈型〉…から…まで. ¶～早～晚/朝から晩まで

## cóng

**cóngdòng**【从动】[形]〔機〕従動の.

**cóng'ér**【从而】[接続]したがって. それによって.

**cóngfàn**【从犯】[名]〈法〉従犯.

**cóngfēng**【从丰】[動]豊かにする. できるだけ多くする.

**cónghuǎn**【从缓】[動] 1 ゆっくりする. 2 延期する.

**cóngjiàshuì**【从价税】[名]〈経〉従価税.

**cóngjiǎn**【从俭】[動]節約する. 倹約する.

**cóngjiǎn**【从简】[動]省略にする. 簡単にすます.

**cóngjiào**【从教】[動]教育に携わる. 教鞭をとる.

**cóng jǐng jiù rén**【从井救人】[成]命がけで人を助ける.

**cóngjù**【从句】[名]〈語〉従節. 従文.

**cóngjūn**【从军】[動]〈書〉入隊する；従軍する.

**cóngkuān**【从宽】[動]寛大に取り扱う. 大目に見る.

**cónglái**【从来】[副]今まで. これまで. かつて. ¶~没去过／今まで行ったことがない. ¶他的房间~就很干净／彼の部屋はいつも清潔だ.

**cóng//liáng**【从良】[動]〔旧〕娼妓が落籍される.

**cóngliàngshuì**【从量税】[名]〈経〉従量税.

**cónglüè**【从略】[動]省略する. 簡略にする.

**cónglún**【从轮】[名]〔機〕従輪.

**cóng/mìng**【从命】[動]命令に従う. ¶恭敬不如~／〈套〉仰せに従って遠慮なくいただきます.

**cóngnán**【从难】[動]困難な状況を想定する.

**cóngpáng**【从旁】[副]そばから. わきから. ¶~插嘴／わきから口をはさむ.

**cóng...qǐ**【从…起】→【从cóng】❶❹

**cóngqián**【从前】[名]以前. 昔.

**cóngqīng**【从轻】[動]〔刑罰を〕できるだけ軽くする.

**cóngquán**【从权】[動]便宜をはかる. 臨機応変に行う.

**cóngrén**【从人】[名]従者. お供の(者).

**cóngróng**【从戎】[動]〈書〉従軍する.

**cóngróng**【从容】[形] 1 落ち着きはらっている. ゆったりしている. 2 〔時間や経済に〕余裕がある, ゆとりがある.

**cóng róng bù pò**【从容不迫】[成]落ち着きはらって慌てない様子.

**cóng shàn rú liú**【从善如流】[成]喜んで他人のよい意見を受け入れる.

**cóngshāng**【从商】[動]商売をする.

**cóngshī**【从师】[動]〈書〉師につく.

**cóngshí**【从实】[副]事実のとおり.

**cóngshì**【从事】[動] 1 携わる. 仕事する. ¶~医务工作／医療にたずさわる. 2 〔規則に基づいて〕処理する.

**cóngshǔ**【从属】[動]従属する, つき従う.

**cóngsǐ**【从死】[動]殉死する.

**cóngsú**【从俗】[動] 1 風俗習慣に従う. 2 流行を追う.

**cóngsù**【从速】[動]すみやかに…する. ¶~处理／すみやかに処理する.

**cóngtóu**【从头】[副](~儿) 1 初めから(…する). 2 新たに, 改めて(…する).

**cóng tóu zhì wěi**【从头至尾】[成]始めから終わりまで. 終始. ▶"从头到尾"とも.

**cóngwèi**【从未】[副]いまだかつて…ない.

**cóng wú dào yǒu**【从无到有】[成]無から有に. ゼロから出発する.

**cóngxiān**【从先】[名]〔方〕以前. 昔. これまで.

**cóngxiǎo**【从小】(~儿)小さいときから. ▶"自小"とも.

**cóngxīn**【从新】[副]新たに, 新規に.

**cóng xīn suǒ yù**【从心所欲】→【随心所欲】

**cóngxíng**【从刑】[名]〈法〉付加刑.

**cóngyán**【从严】[動]厳しい態度で臨む. 厳しくする.

**cóngyè**【从业】[動]就職する. 仕事につく.

**cóngyèyuán**【从业员】[名]従業員.

**cóng yī ér zhōng**【从一而终】[成]一度嫁いだら生涯再婚をしない.

**cóngyì**【从艺】[動]芸術(特に舞台芸術)に携わる.

**cóngyǐng**【从影】[動]映画に携わる；俳優になる.

**cóngyōu**【从优】[動]できるだけよく…する. よく取り計らう.

**cóngzhēng**【从征】[動]〈書〉従軍して出征する.

**cóngzhèng**【从政】[動]政治に携わる. 政界に入る；官僚になる.

**cóngzhōng**【从中】[副]…の中から. 間に立って. ¶~渔利yúlì／中に立って利をむさぼる.

**cóngzhòng**【从众】[動]大衆の意見ややり方に従う.

**cóngzhòng**【从重】[動]〔刑罰や処罰を〕できるだけ重くする.

## 丛(叢) cóng

[量]草木などの群がっているものを数える.

🄷 ①茂る. ¶~草／草むら. ②[人や物の]群. ¶人~／人込み. ③群がり集まる. ¶→~集jí. ‖[姓]

**cóngcán**【丛残】[名]〈書〉こまごましたエピソード.

**cóngcuò**【丛脞】[形]〈書〉こまごまとしてまとまりがない. 面倒である.

**cóngjí**【丛集】[動] 1 いろいろな物事が群が集まる. 2 [名]叢書. 双書. シリーズ.

**cóngkān**【丛刊】[名]叢書. 双書.

**cóngkè**【丛刻】[名]木版印刷による叢書.

**cónglín**【丛林】[名] 1 林. ジャングル. 2 僧林. 大寺院.

**cóngmǎng**【丛莽】(動)〈書〉草木が群がり茂る.
**cóngmì**【丛密】(形)草木が密生する.
**cóngshān**【丛山】(名)連続と続く山々.
**cóngshēng**【丛生】(動)**1**(草木などが)群生する.**2**同時に発生する.
**cóngshū**【丛书】(名)叢書.双書.シリーズ.
**cóngtán**【丛谈】(名)同じテーマで集められた文章や書物.
**cóngzá**【丛杂】(形)〈書〉雑然としている.
**cóngzàng**【丛葬】**1**(動)合葬する.**2**(名)合葬墓.
**cóngzhǒng**【丛冢】(名)〈書〉無縁墓地.

## 淙 cóng ⓿

**cóngcóng**【淙淙】(擬)〈書〉(水の流れる音)さらさら.

## 琮 cóng (名)〈古〉角柱形で中が丸くえぐってある玉器. ‖姓

## cou (ㄘㄡ)

**凑 còu**(動)**1**寄せ集める;寄り集まる.**2**近寄る.近づく.**3**都合よく[悪くぶつかる.(機会に)乗ずる.
**còuba**【凑巴】(動)〈方〉かき集める.
**còuda**【凑搭】(動)〈方〉寄せ集める.
**còu dǎnzi**【凑胆子】(慣)〈方〉大勢の人を集めて気勢を上げる.
**còu fènzi**【凑份子】(慣)**1**(贈り物などをするために)金を出し合う.**2**〈方〉あいにく都合の悪いときに入ってくる;迷惑をかける.
**còuhe**【凑合】❶(動)**1**集まる.寄り合う.**2**寄せ集める.かき集める.**3**間に合わせる.¶~着用／間に合わせで使う.**4**いいかげんにする.¶~着喝／お茶を濁す.
❷(形)(よくもないが)悪くもない.¶这本小说怎么样？――还～／この小説はどうかね――まあまあだ.
**còuhu**【凑乎】(動)**1**寄せ集める.**2**間に合わせる.
**còují**【凑集】(動)(人または物を)寄せ集める.
**còujìn**【凑近】(動)近寄る.近づける.
**còulǒng**【凑拢】(動)**1**か所に寄り集まる.
**còu/qí**【凑齐】集め揃える.
**còu/qián**【凑钱】(動)金を出し合う.
**còuqiǎo**【凑巧】(形)間合がよい.折よく.¶你来得～／ちょうどいいときに来た.
**còu qùr**【凑趣儿】**1**座を取り持つ.**2**をまぜる.冗談を言う.
**còu rènao**【凑热闹】(～ㄦ)**1**遊びの仲間入りをする.**2**都合の悪いときにやって来て邪魔をする.
**còu/shǒu**【凑手】(形)**1**(金・物などが)都合よく手元にある,間に合う.**2**使いやすい.
**còu/shù**【凑数】(動)(～ㄦ)員数をそろえる.(無理をして)数を満たす.
**còu/zhěngr**【凑整儿】(動)付け足して切りのいい数にする.

## 辏 còu〈書〉車輪の輻(や)が軸に集まる.

## 腠 còu ⓿

**còulǐ**【腠理】(名)〈中医〉皮下と筋肉の間の空隙(ぐうげき).

## cu (ㄘㄨ)

**粗（麤）cū**(形)**1**(↔细)(幅や直径が)太い,広い;(粒や目が)荒い;(声が)太くて低い;(性格が)粗忽である,そそっかしい.¶~嗓子／太い声.**2**(↔细)(質や仕事が)粗末である,いい加減だ.粗雑である.¶这手工活儿很～／これは細工が粗末だ.**3**粗い.粗雑である.粗野である.
❷(数)いくらか.ほぼ.¶~~看kàn.

**cūbào**【粗暴】(形)(性格・言動が)乱暴である.荒っぽい.
**cūbèn**【粗笨】(形)**1**(動作が)鈍い.不器用である.**2**(物が)かさばって重い.
**cūbǐ**【粗鄙】(形)粗野である.下品だ.
**cūbù**【粗布】(名)**1**粗布.目の粗い平織綿布.**2**手織りの綿布.
**cūcài**【粗菜】(名)(↔细菜)(大根や白菜などたくさん出回る野菜.
**cūcāo**【粗糙】(形)**1**きめが粗い.(手触りが)ざらざらしている.**2**(作りが)雑である,いい加減である.**3**粗削りである.
**cūcāodù**【粗糙度】(名)(機)平滑度.仕上げ度.
**cūcāoqū**【粗糙区】(名)〈体〉(ゴルフの)ラフ.
**cū chá dàn fàn**【粗茶淡饭】(成)質素な食事.
**cūdà**【粗大】(形)**1**(人や物が)太くてでかい.ごつい.**2**(声や音が)大きい.
**cūfǎng**【粗纺】(名)〈紡〉粗紡.¶~呢绒níróng／紡毛織物.
**cūfàng**【粗放】(形)**1**〈農〉(集約的粗放である.**2**ぞんざいである.おおまかである.**3**(筆遣いや表現が)豪放で飾り気がない.
**cūfàng jīngyíng**【粗放经营】(名)〈経〉規模の拡大のみに頼り生産量の増加を図る非効率的な経営方法.
**cūfú**【粗浮】(形)粗暴で落ち着かない.
**cūgōng**【粗工】(名)**1**荒仕事.力仕事.**2**肉体労働者.
**cūgū**【粗估】(動)大まかに見積もる.
**cūguǎng**【粗犷】(形)〈書〉**1**粗野である.無骨である.**2**こせこせしない.豪放である.
**cūháo**【粗豪】(形)**1**豪放磊落(らいらく)である.**2**勇壮である.
**cūhuāní**【粗花呢】(名)〈紡〉ツイード.スコッチ織り.
**cūhuà**【粗话】(名)下品な言葉.低俗な

**cūhuó**【粗活】[名]〈～儿〉荒仕事. 力仕事.

**cūjiāgōng**【粗加工】[名]〈機〉粗削りの加工.

**cūkàn**【粗看】1 ざっと目を通す. 2〈挿〉一見. ちょっと見.

**cūkuáng**【粗狂】[形]豪快奔放である.

**cūla**【粗拉】[形]〈口〉粗雑である.

**cūlǐ**【粗粝】[名]1 ついていない米. 玄米. 2 粗末な（食べ物）.

**cūliáng**【粗粮】[名]雑穀類.

**cūliè**【粗劣】[形]粗悪である. 粗末である.

**cūlòu**【粗陋】[形]1 粗末である. 貧困である. 2 下品で醜い.

**cūlǔ**【粗鲁】[形]〈性格や行為などが〉粗っぽい, 無骨である. ▲"粗卤"とも.

**cūlüè**【粗略】[形]大まかである. 大ざっぱである. ¶～一看／ざっと見る.

**cūmábù**【粗麻布】[名]黄麻で織った粗布.

**cūmǎng**【粗莽】[形]〈性格が〉荒っぽい. 無鉄砲である.

**cūqiǎn**【粗浅】[形]浅はかである. 表面的である.

**cūrén**【粗人】[名]1 無骨な人. 粗野な人. 2〈謙〉無学な人.

**cūshā**【粗纱】[名]〈紡〉太番手の綿糸. 太糸.

**cūshājī**【粗纱机】[名]〈紡〉粗紡機.

**cū shēng bào yǔ**【粗声暴语】〈成〉粗暴な言葉.

**cūshí**【粗实】[形]太くて丈夫で, 頑丈である.

**cū shǒu bèn jiǎo**【粗手笨脚】〈成〉手先が不器用である. 動作が鈍い.

**cūshū**【粗疏】[形]1 そそっかしい. 粗忽である. 2〈毛が〉まばらである.〈線が〉太い, 荒い.

**cūshū máofǎng**【粗梳毛纺】[名]〈紡〉紡毛糸.

**cūshuài**【粗率】[形]ぞんざいである. いい加減である.

**cūsìliào**【粗饲料】[名]粗飼料.

**cūsú**【粗俗】[形]〈言動などが〉下品だ, 粗野である.

**cūtōng**【粗通】[動]少しだけ通じている. いくらかわかる.

**cūxì**【粗细】[名]1〈細長いものの〉太さ.〈粒状物の〉細かさ. 2〈仕事の〉細かさ, 丹念さの程度. 3 1 神経の太い, 粗いタッチ. 2 1 神経の太い. 2 大ざっぱである.

**cūxiàntiáo**【粗线条】

**cūxīn**【粗心】[形]そそっかしい. 不注意である. うかつである.

**cū xīn dà yì**【粗心大意】〈成〉うかつである. 大ざっぱでいい加減である.

**cūyǎ**【粗哑】[形]声がしわがれている.

**cūyě**【粗野】[形]粗野で, がさつである. ¶他的话说得很～／彼は乱暴な口をきく.

**cūyìng**【粗硬】[形]1 太くて硬い. 2〈声が〉太くて大きい.

**cūzhá**【粗轧】[名]〈冶〉粗圧延.

**cū zhēn dà xiàn**【粗针大线】〈成〉荒っぽいやり方.

**cū zhī dà yè**【粗枝大叶】〈成〉大ざっぱでいい加減である.

**cūzhīshā**【粗支纱】[名]〈紡〉太番手の綿糸.

**cūzhí**【粗直】[形]がさつである.

**cū zhì làn zào**【粗制滥造】〈成〉粗製乱造.

**cūzhìpǐn**【粗制品】[名]粗製品.

**cū zhōng yǒu xì**【粗中有细】〈成〉大まかなようで細かいところに気がつくこと.

**cūzhòng**【粗重】[形]1〈声が〉太くて大きい. 2〈手や足が〉太くて力強い. 3〈物が〉かさばって重い, ばかでかい. 4 線や色で色が濃い. 5〈仕事が〉きつくて骨が折れる.

**cūzhuàng**【粗壮】[形]1〈体が〉太くて丈夫である, たくましい. 2〈声が〉太くて大きい. 3〈物が〉頑丈である.

**cú**【徂】[動]〈書〉1 行く. 至る. 2 過ぎる. 過ぎ行く. 3 始まる.

**cú**【殂】[動]〈書〉死ぬ.

**cù**【卒】〈"猝cù"に同じ. 異読⇒zú〉

**cùzhòng**【卒中】[名]卒中.

**cù**【促】■①〈時間的に〉せわしくなる. 短い. ¶短～／（時間が）短い. 差し迫る. ②促す. 促進する. ¶催～／促す. 急がす. ③近づける. ¶～膝.

**cùchéng**【促成】[動]完成するように助力する. 成功させる.

**cùjìn**【促进】[動]促進する. 拍車をかける. 促す. ¶～两国的友好合作／両国の友好協力を促す.

**cùmài**【促脉】[名]〈中医〉速くて結滞する脈.

**cùpò**【促迫】[動]差し迫る. 切迫する.

**cùqǐng**【促请】[動]要請する.

**cùshēng**【促声】[語]入声(しょう).

**cùshǐ**【促使】[動]…するよう促す. …するよう仕向ける.

**cùtuì**【促退】[動]後退するよう仕向ける.

**cùxī**【促膝】[動]二人がひざを交えて座する.

**cù xī tán xīn**【促膝谈心】〈成〉ひざを交えて話す. 打ち解けて話す.

**cùxiá**【促狭】[動]〈方〉悪ふざけをする.

**cùxiāo**【促销】[動]販売を促進する.

**cùzhī**【促织】[名]〈虫〉コオロギ.

**cù**【猝】■〈時〉突然に. にわかに. ¶仓cāng～／慌ただしい.

**cù bù jí fáng**【猝不及防】〈成〉突如やってきて防ぐいとまがない. 虚をつかれて対応できない.

**cùdǎobìng**【猝倒病】[名]〈農〉立枯れ病.

**cù'ér**【猝尔】[副]〈書〉突然に. にわかに.

**cùfā**【猝发】[動]〈書〉突然に発作を起こす.

**cùrán**【猝然】[副]突然. 出し抜けに. ¶～决定／出し抜けに決める.

**cùsǐ**【猝死】[动]〖医〗突然死する.

**酢 cù**【酢】cù に同じ. 異読⇒zuò

**cùjiāngcǎo**【酢浆草】[名]〖植〗カタバミ.

**簇 cù** → **cáncù**【蚕簇】

**醋 cù** [H] 醋酢. 1 吃~／焼き餅を焼く.

**cùdà**【醋大】[名]〖旧〗貧乏書生.

**cùguànzi**【醋罐子】[名] → **cùtánzi**【醋坛子】

**cùjìnr**【醋劲儿】[名] 嫉妬心.

**cùlì**【醋栗】[名]〖植〗スグリ.

**cùsuān**【醋酸】[名]〖化〗酢酸.

**cùsuān xiānwéi**【醋酸纤维】[名] 酢酸繊維.

**cùtánzi**【醋坛子】[名] 焼き餅焼き. 嫉妬深い人.

**cùxīn**【醋心】[名]〖口〗胸焼けが. 胃酸過多.

**cùxìng**【醋性】[名] 嫉妬心. 焼き餅.

**cùyì**【醋意】[名] 嫉妬心. 焼き餅.

**簇 cù** [量] ひとかたまりの花や草木, 群がる人・物に用いる. 1 一~鲜花 xiānhuā／1 束の花. [H] 群がる.

**cùjū**【簇居】[动] 集まって住む. 群居する.

**cùshè**【簇射】[名]〖物〗シャワー. カスケードシャワー.

**cùshēng**【簇生】[动] 植物が群生する.

**cùxīn**【簇新】[形] 服装などの真新しい.

**cùyōng**【簇拥】[动] (大ぜいの人が) 取り囲む, 取り巻く.

**蹙 cù** [H] ①〈顔を〉しかめる. 1 ~眉／眉をひそめる. ②緊迫する. 1 穷~／困窮する.

**cù'é**【蹙额】[动]〖书〗〈心配で額に〉しわを寄せる.

**蹴 cù** [H] ①ける. 1 ~鞠jū／けまりをする. ②踏む. 1 一~而就／たやすく事が成就する.

## cuan (ㄘㄨㄢ)

**氽 cuān**【氽】1〖料理〗煮え湯でさっと煮る. 1 ~丸子／肉団子のスープ (を作る). 2〖方〗"氽子"で湯を沸かす.

**cuānzi**【氽子】[名] ブリキ製の細長い円筒形の湯沸し.

**撺 cuān**【撺】[动]〖方〗1 投げる. 2 急いで作る. 3〈~儿〉怒る.

**cuānduo**【撺掇】[动]〖口〗おだてる. そのかす.

**cuānnong**【撺弄】→ **cuānduo**【撺掇】

**镩 cuān**【镩】[动] アイスピックで氷を割る, うがつ.

**cuānzi**【镩子】[名] アイスピック.

**蹿 cuān**【蹿】[动]〖方〗1 跳び上がる. 2〈方〉噴き出す. 3〖俗〗背が伸びる.

**cuān fáng yuè jǐ**【蹿房越脊】〖成〗

(小説に出てくる盗賊などが) 屋根に跳び上がり屋根伝いに走り逃げる.

**cuān//gèr**【蹿个儿】[动] 背が伸びる.

**cuānhóng**【蹿红】[动] 急に人気が出る.

**cuān//huǒ**【蹿火】[动]〖方〗かんしゃくを起こす.

**cuānshēng**【蹿升】[动] 急上昇する.

**cuānteng**【蹿腾】[动]〖方〗暴れて跳んだり跳ねたりする.

**cuāntiào**【蹿跳】[动] 跳び回る.

**cuān//xī**【蹿稀】[动]〖方〗下痢をする. 腹を下す.

**攒(攢) cuán**【攒】[动] 寄せ集める. 1 ~钱／金を出し合う. 異読⇒zǎn

**cuándòng**【攒动】[动] (多くの人が) 群がり動く.

**cuánhé**【攒盒】[名] 仕切りのある箱.

**cuánjí**【攒集】[动] 1 か所に集まる.

**cuánjù**【攒聚】[动] 1 か所に集まる.

**cuánkè**【攒刻】[名] 手配師.

**cuánméi**【攒眉】[动] 眉をひそめる.

**cuán sān jù wǔ**【攒三聚五】〖成〗三々五々集まる.

**cuánshè**【攒射】[动] (弓や鉄砲で) 集中射撃する.

**窜(竄) cuàn**【窜】[动] ①〈悪人・敵・獣などが〉逃げ回る. 走り回る. [H]①〈文字を〉書き改める. 1 ~改／②放逐する.

**cuànfàn**【窜犯】[动] (敌が) 侵犯する.

**cuàngǎi**【窜改】[动] (文書や古典などの文字を) 改竄(ざん)する.

**cuànrǎo**【窜扰】[动] (敌が) 出没してかき乱す.

**cuàntáo**【窜逃】[动] こそこそ逃げる. 逃亡する.

**篡 cuàn**【篡】[H] (君位を) 奪い取る.

**cuàn//dǎng**【篡党】[动] 党の最高権力を奪い取る.

**cuànduó**【篡夺】[动] (权力や地位を) 篡奪(ざつ)する.

**cuàngǎi**【篡改】[动] 改竄(ざん)する. 歪曲する. 1 ~历史／歴史を改竄する.

**cuàn//guó**【篡国】[动] 国家権力を奪い取る.

**cuàn//quán**【篡权】[动] 政権を奪い取る.

**cuàn//wèi**【篡位】[动] 君位を奪い取る.

**爨 cuàn** [H] 〈书〉飯を炊く. 炊事をする. || [姓]

## cui (ㄘㄨㄟ)

**衰 cuī** 1 [名] 等級. 2〖缘cuī〗に同じ. 異読⇒shuāi

**崔 cuī** [H] 高くて大きい. || [姓]

**cuīwēi**【崔嵬】[形]〖书〗(山や建物が) 高く雄大である, 高くそびえ立っている.

**cuīwéi**【崔巍】〖书〗1[名] 石のある丘. 2 [形] 高く大きい.

**cuī** 催 cuī 動 (人に対して)催促する, せきたてる. ¶～他还huán书/彼に図書の返還を催促している.
━促進する. ¶～→奶. ‖姓

**cuībɑr** 催巴儿【催巴儿】名(方)下働きとして雑用をする人.

**cuībàn** 【催办】動 早くするよう促す.

**cuībī** 【催逼】動(借金の返済などを)厳しく催促する.

**cuī/chǎn** 【催产】動 薬品などで妊婦に産気づかせる.

**cuīcù** 【催促】動 催促する. ¶我们～她尽快来成都／私たちは彼女ができるだけ早く成都へ来るよう催促した.

**cuīdòng** 【催动】動 1 促して行動させる. せきたてる. 2 促して始動させる.

**cuīféi** 【催肥】→fēiyù【肥育】

**cuīhuà** 【催化】動(化)カタリシス. 触媒作用.

**cuīhuàjì** 【催化剂】名(化)触媒.

**cuīlèidàn** 【催泪弹】名(軍)催涙弾.

**cuī méi zhé yāo** 【催眉折腰】成 ぺこぺこする.

**cuīmián** 【催眠】動 心眠らさせる.

**cuīmiánqǔ** 【催眠曲】名 子守歌.

**cuīmiánshù** 【催眠术】名 催眠術.

**cuīmiányào** 【催眠药】名(薬) 催眠薬. 睡眠薬.

**cuī/mìng** 【催命】動 矢の催促する.

**cuī/nǎi** 【催奶】動(薬や食べ物によって)産婦の乳の出を早める.

**cuīpò** 【催迫】動 厳しく催促する.

**cuīqīng** 【催青】動 (農) 1 薬で動物の発情を促す. ▶【催情】とも. 2 (養蚕で)催青. 3 (旧)春伏処理.

**cuīqǐng** 【催请】動(旧)宴会に招待した人に対して定刻に出席するよう改めて催促する. ¶恕shù不一／(招待状に書く文句)催促いたしませんので(どうぞご出席を願います).

**cuī/shēng** 【催生】動 産気づかせる. 出産を促す. ¶～剂/分娩促進剂.

**cuīshōu** 【催收】動(金銭の支払いなど)催促する.

**cuīshú** 【催熟】動(農)人工的に果実を成熟させる.

**cuītǎo** 【催讨】動(金銭の支払い・返品などを)催促する.

**cuītùjì** 【催吐剂】名 催吐剂. 吐剂.

**cuīxǐngjì** 【催醒剂】名 興奮剂.

**cuīzhuānglǐ** 【催妆礼】名 婚礼の数日前に新郎側から新婦の家へ届ける贈り物.

**缞** cuī 名(書)(古)粗い麻布で作った喪服.

**摧** cuī 動 砕き折る. 破壊する.

**cuīcán** 【摧残】動(政治·経済·文化·身体·精神などに)損害を与える.

**cuīhuǐ** 【摧毁】動(建物·陣地·制度などを徹底的に)打ち砕く.

**cuī kū lā xiǔ** 【摧枯拉朽】成 腐

敗した勢力がたやすく粉砕される.

**cuī xiàn kuò qīng** 【摧陷廓清】(成)古くさい言論を取り除く.

**cuīzhé** 【摧折】動(書) 1 くじける. くじく. 2 挫折する.

**榱** cuī 名(書)(家屋の)たる木.

**璀** cuǐ ○

**cuǐcàn** 【璀璨】形 珠玉がきらきら光っている.

**脆** cuì 形 1(←韧rèn) もろい. 壊れやすい. 2 歯ざわりがよい. ¶这个饼很～/このパイはさくさくしていておいしい. 3 (声が)澄んでいる, よく通る. 4 (方)(事を処理するのに)てきぱきしている.

**cuìbeng** 【脆崩】形(方) 1 (食物の)歯ざわりがよい. 2 (声が)はきはきしている.

**cuìgǔ** 【脆骨】名(食品としての)軟骨.

**cuìkuài** 【脆快】形(方)(言葉が)はきはきしている;(事の処理が)てきぱきしている.

**cuìliàng** 【脆亮】形(声が)澄んでよく通る.

**cuìruò** 【脆弱】形 脆弱(ぜいじゃく)である.

**cuìshēng** 【脆生】形(方) 1 (食物が)ぱりぱりさくさくしている. 2(声や音が)よく通る, 澄んでいる.

**cuìxìng** 【脆性】名(物)もろさ.

**cuǐzǎo** 【脆枣】名(～儿) (方) 種を除いて干したナツメ.

**萃** cuì 動 1 群がる. 集まる. ¶～集／集まる. 2 (人・物の)群れ. ‖姓

**cuìcuīyíng** 【萃萃蝇】名(虫) ツェツェバエ.

**cuìjù** 【萃聚】動 集まる.

**cuìqǔ** 【萃取】動(化)抽出する.

**啐** cuì 動 (つばやたんを)吐きかける.

**cuì/shéi** 【啐谁】動(俗)けなす. ばかにする.

**淬** cuì 動 焼き入れする.

**cuì/huǒ** 【淬火】動(冶)焼き入れする.

**cuìlì** 【淬砺】動(書)(刀に)焼きを入れ磨きをかける;(喻)修養に努める.

**悴** cuì 動 1 憂える. ¶憔～/憂い悲しむ. 2 やつれる. ¶憔qiáo～/やせ衰える.

**毳** cuì 名(書)にこ毛. 柔らかい毛.

**cuìmáo** 【毳毛】名(生理)産毛.

**瘁** cuì 動 疲れ果てる. ¶心力交～／心身ともに疲れ果てる.

**粹** cuì 動 1 純粋な. 混じりけのない. ¶～～白. 2 精髄. 精華. ¶(文章などが)よく練れている.

**cuìbái** 【粹白】形(書) 1 純粋である. 2 純白である.

**翠** cuì 動 1 青緑色. ¶～竹／緑の竹. 2 ひすい. (喻)翡翠(ひすい)の色. 3 (鳥) カワセミ. ‖姓

**cuìbì**【翠碧】[形]青緑色の.

**cuìhuā**【翠华】[名]〈古〉カワセミの羽飾りのついた天子の旗.

**cuìjú**【翠菊】[植]アスター.エゾギク.

**cuìlǜ**【翠绿】[形]エメラルドグリーンの.

**cuìniǎo**【翠鸟】[名]カワセミ.

**cuìshēngshēng**【翠生生】(〜的)〔植物が〕青々としている.

**cuìwēi**【翠微】[名]〈書〉青緑の山色;〔広く〕緑の山.

**cuìyù**【翠玉】[名]ひすい.エメラルド.

**膵**（脺）**cuì** ❶

**cuìzàng**【脺脏】[生理]膵臓.

# cun（ちメレ）

**村**（邨）**cūn** 1 [名](〜儿)村.村落.¶上下~.下はともかく野である.¶他说话太〜／彼はとても口汚い. ‖[形]

**cūnfū sútzǐ**【村夫俗子】粗野で俗っぽい人.

**cūnfù**【村妇】[名]農村の女性.

**cūngū**【村姑】[名](〜儿)農村の娘.

**cūnguān**【村官】[名]村の役人.

**cūnhuà**【村话】[名]野卑な言葉.汚い言葉.

**cūnkǒu**【村口】[名](〜儿)村の出入り口.

**cūnluò**【村落】[名]村落.村.

**cūnmín**【村民】[名]村の住民.

**cūnmín wěiyuánhuì**【村民委员会】[名]村民委員会(都市の"居民委员会"に相当する農村末端の大衆自治組織).

**cūnshǐ**【村史】[名]村の歴史.

**cūnshú**【村塾】[名]〈旧〉村塾.寺子屋.

**cūnsú**【村俗】❶[名]村の風俗.❷[形] 1 粗野である. 2 やぼったい.

**cūntóu**【村头】[名](〜儿)村はずれ.村の出入り口.

**cūnxué**【村学】[名]〈旧〉村塾;庶民小学校.

**cūnyě**【村野】1 [名]村と野原. 2 [形] 粗野である.

**cūnzhài**【村寨】[名]村.村囲い.

**cūnzhǎng**【村长】[名]村長.

**cūnzhèn**【村镇】[名]村や町.

**cūnzhuāng**【村庄】[名]村.村落.

**cūnzi**【村子】[名]村.村落.

**皴 cūn** 1 [動]あかぎれが切れる. 2 [名]〈方〉垢ほこり.

**cūnfǎ**【皴法】[名](中国画で山や岩の凹凸を表す画法)皴法(しゅんぽう).

**cūnliè**【皴裂】[動]あかぎれが切れる.

**蹲 cūn** [動]〈書〉 1 ける. 2 退く.やめる.

**cūnwū**【踆乌】[名]〈書〉 1 (伝説で)太陽の中にいるという三本足のカラス. 2 〈喩〉太陽.

**存 cún** [動] 1 大切にとっておく.保存する.¶〜(金品を)預ける,保管してもらう. 3 溜まる.積もる. 4 心に溜まる.胸に抱く.
❺ ❶ 存在する.生存する.¶幸〜／幸いにして生き残る.❷ 保留する.¶→〜疑. ❸ 残り.残高. ❹ 庫〜／在庫品;手持ち資金. ‖[名]

**cún/àn**【存案】[動]所轄機関の記録に残す.登録する.

**cún běn qǔ xī**【存本取息】[名]〈経〉元金据え置き利息受け取り型の定期預金.

**cúnchá**【存查】[動]〔書類を〕保存して後日の調べに備える.

**cúnchēchù**【存车处】[名]自転車預かり所.

**cúnchǔ**【存储】[動]〈電算〉メモリー.¶〜(容量)／メモリー容量.¶〜器／メモリー.記憶装置.

**cúndài**【存贷】[名]〈経〉預金と貸付.¶〜利力／預貸率.

**cúndān**【存单】[名]預金証書.[张]

**cún/dàng**【存档】[動]〔処理済みの〕公文書や書類を保存する.ファイルに入れる.

**cún/dǐ**【存底】(〜儿) 1 [動]控えを残す. 2 [名]底,下地.

**cún ér bù lùn**【存而不论】(成)討議を後回しにする.

**cúnfàng**【存放】[動] 1 入れておく;保管する. 2 預けておく.

**cúnfǔ**【存抚】[動]〈書〉慰め安心させる.

**cúngēn**【存根】[名](小切手・手形・証拠書類などの)控え.

**cúnhù**【存户】[名](銀行などの)預金者,預け主.

**cúnhuó**【存活】[動]生存する.生き延びる.

**cún/huò**【存货】 1 [動]商品を仕入れておく.商品をストックする. 2 [名]在庫品.ストック.

**cúnhuò zhōuzhuǎnlǜ**【存货周转率】[名]〈経〉インベントリー回転率.棚卸資産回転率.

**cúnjù**【存据】[名]保存用証文.

**cún/kuǎn**【存款】 1 [動]金を預ける.預金する. 2 [名]預金.預け入れ.[笔]

**cúnkuǎn bǎozhèng zhìdù**【存款保证制度】[名]〈経〉ペイオフ.

**cúnlán**【存栏】[名](統計に用い)飼養中である.

**cún/liáng**【存粮】 1 [動]食糧を貯蔵する. 2 [名]備蓄食糧.

**cúnliàng**【存量】[名]〔資金などの〕残高,残額.

**cúnliú**【存留】[動]残しておく.とどめる.

**cúnniàn**【存念】[動]記念に残す.

**cúnpán**【存盘】[動]〈電算〉ディスクにデータを保存する.

**cúnqǔ**【存取】[動]〈電算〉アクセスする.

**cúnrù**【存入】[動]預け入れる.

**cún/shēn**【存身】[動]身を落ち着ける.身を置く.

**cún/shí**【存食】[動](胃に)もたれる.食もたれする.

## cún

**cúnshì**【存世】現存する。この世に残る。
**cúnwáng**【存亡】名 存亡。
**cún wáng jué xù**【存亡绝续】成 危急存亡。
**cúnxī**【存息】名〈经〉預貯金の利息。預貯金利子。
**cúnxiànjù**【存现句】名〈语〉存現文。
**cúnxiàng**【存项】名〈预金〉の残高。
**cún/xīn**【存心】動 下心を持つ。2 副 故意に。わざと。
**cúnxiū**【存休】名〈労働者〉の振替休暇。
**cúnxù**【存续】動 存続する。継続中である。
**cúnxù**【存蓄】1 動 貯蓄する。2 名 金や物のたくわえ。
**cúnyí**【存疑】動 結論や判断を保留する。2 名 心の奥にある疑問。
**cúnzài**【存在】動 存在する。2 名〈哲〉存在。
**cúnzài zhǔyì**【存在主义】名〈哲〉実存主義。実存主義哲学。
**cúnzhào**【存照】名 契約書を保存して証拠とする。2 名 保存してある契約書。
**cúnzhé**【存折】名〈銀行などの〉預金通帳。
**cúnzhèng**【存正】套〈ご査収くださ〉い。
**cúnzhí**【存执】→ cúngēn【存根】
**cúnzhù**【存贮】動 蓄える。貯蔵する。
**cúnzhùqì**【存贮器】名〈電算〉メモリー。記憶装置。

## 蹲

**dún**【蹲】動〈足を〉くじく。
異読⇒ **dūn**

## 忖

**cǔn** ◼ 推し量る。思い量る。¶ 一～度 dù.
**cǔnduó**【忖度】動〈書〉忖度（そんたく）する。
**cǔnliàng**【忖量】動 1 推し量る。2 考える。思案する。
**cǔnmo**【忖摸】動〈真意を〉推し量る；大ざっぱに見積もる。

## 寸

**cùn**【寸】量 寸。▶ 1"尺 chǐ"（尺）の10分の1。約3.3センチ。
◼ わずか。ほんの。¶ 一～功 gōng 未立／わずかな手柄もたてていない。|姓
**cùnbáichóng**【寸白虫】名〈中医〉サナダムシ。
**cùnbù**【寸步】名〈書〉わずかの歩み。
**cùn bù bù lí**【寸步不离】成 いつも連れだって寸刻も離れない。
**cùn bù nán xíng**【寸步难行】成 行き詰って、にっちもさっちもいかない。▶"寸步难 yí"とも。
**cùncǎo**【寸草】名 小さな寸草。
**cùn cǎo bù liú**【寸草不留】成 天災や人災に見舞われ、徹底的に破壊される。
**cùn cǎo chūn huī**【寸草春晖】成 子が父母の恩に報いることは難しい。
**cùnduàn**【寸断】動〈書〉ずたずたに切る〈切れる〉。
**cùngōng**【寸功】謙 わずかな手柄。
**cùnguānchǐ**【寸关尺】名〈中医〉手首の三つの脈どころ。
**cùnjīn nán mǎi cùnguāngyīn**【寸金难买寸光阴】諺 一寸の金をもってしても一寸の光陰を買うことはできない。時は金なり。
**cùnjìn**【寸进】名〈書〉ごくわずかな進歩。
**cùnjié**【寸劲儿】名〈方〉 1 こつ。要領。勘どころ。2 偶然の成り行き。
**cùnkǎi**【寸楷】名 1 寸くらいの大きさの楷書体の文字。
**cùnkè**【寸刻】名 寸刻。
**cùnkǒu**【寸口】名〈中医〉 1 手首にある三つの脈どころ。2 〈特に〉手首にいちばん近い脈どころ。
**cùntiě**【寸铁】名 寸鉄。小さな武器。
**cùntóu**【寸头】名 五分刈り。スポーツ刈り。
**cùntǔ**【寸土】名 寸土。わずかの土地。
**cùn tǔ bì zhēng**【寸土必争】成 寸土たりとも譲らぬ。寸土といえども手юけわけにはいかない。
**cùnxīn**【寸心】名〈書〉 1 心。心の中。2 寸志。
**cùnyīn**【寸阴】名〈書〉寸陰。わずかな時間。

## 吋

**cùn**【吋】量〈旧〉インチ。▶"英寸"の旧称。

## cuo (ちメこ)

## 搓

**cuō**【搓】動〈両手で〉もむ、こする；〈手の〉ひらで打ち合わせる；〈ひもなどを両方の手のひらで〉よる。¶ 一～条麻绳／麻縄を1本よる。
**cuōbǎn**【搓板】名〈～儿〉洗濯板。
**cuōbèi**【搓背】動 背中を流す。
**cuō májiàng**【搓麻将】動 マージャンをする。"搓麻牌"とも。
**cuōnòng**【搓弄】動〈手で〉もむ、もみくちゃにする、いじくり回す。
**cuōqiú**【搓球】名〈体〉〈卓球で〉ボールをカットする。
**cuōróu**【搓揉】動〈手で〉もむ、こする。
**cuōshǒu**【搓手】動 手をもむ。
**cuō shǒu dùn jiǎo**【搓手顿脚】成 いらいらして居ても立ってもいられない。
**cuōxǐ**【搓洗】動 もみ洗いする。
**cuō/zǎo**【搓澡】動〈公衆浴場で客の〉背中を流す。

## 磋

**cuō**【磋】① 象牙を加工する。② 相談する。協議する。
**cuōmó**【磋磨】動〈書〉切磋琢磨（たくま）する。
**cuōshāng**【磋商】動 折衝する。協議する。¶ 进行～／協議する。

## 撮

**cuō**【撮】◼ 1 ❶ 手で〈...から〉つまむ。¶ 一～芝麻 zhīma／ひとつまみのゴマ。2〈貶〉〈多く悪人をさし〉ごくわずかな人数を表す。¶ 一小～揭乱分子 fènzǐ／ひとにぎりの破壊活動分子。3〈容量単位〉1ミリリットル。

**❷**❶【方】(指で)つまむ. **2**(散らばったものをちりとりなどで)すくい取る,かき集める. **3**〈俗〉(レストランなどで)おごる,ごちそうする.
❶➡❶(要点を)かいつまむ. **2**寄せ集める. ❶➡➡合he. 異読⇒zuǒ.

**cuōhe**【撮合】動 間を取り持つ. 仲立ちをする.

**cuōjī**【撮机】名〈方〉ちりとり.

**cuōkǒuhū**【撮口呼】〈語〉撮口呼.

**cuōnòng**【撮弄】動 **1** からかう. **2** そそのかす.

**cuōyào**【撮要】**1**動 要点をかいつまむ. **2**名 摘要. 要約.

## 蹉 cuō ❶

**cuōdiē**【蹉跌】動〈書〉つまずく. 失敗する.

**cuōtuó**【蹉跎】動〈書〉時がむだに流れ去る;時機を失う. ¶年月をむなしく送ってきた.

**cuō tuó suì yuè**【蹉跎岁月】〈成〉年月をむなしく過ごす. 時がむだに流れ去る.

## 嵯 cuó ❶

**cuó'é**【嵯峨】形〈書〉山が険しく高い.

## 矬 cuó 形〈方〉背丈が低い.

**cuógèr**【矬个儿】名〈方〉〈貶〉背の低い人. ちび.

**cuózi**【矬子】名〈方〉〈貶〉背の低い人.

## 痤 cuó ❶

**cuóchuāng**【痤疮】名〈医〉にきび.

## 瘥 cuó 名〈書〉病気. 異読⇒chài

## 鄌 cuó 地名用字.

## 脞 cuó 形 こまかくて多い;こまごまと煩わしい.

## 挫 cuò ❶ 抑えつける. くじく. ❶ ①低く抑える. ②事がうまく運ばない. ¶受~/挫折する.

**cuòbài**【挫败】名動 **1** 挫折. 失敗. **2**動 打ち負かす. 打ち砕く.

**cuòshāng**【挫伤】動 **1**(手足などを)くじく. **2**(勢いを)そぐ, くじく.

**cuòsǔn**【挫损】動 挫折し気力を失う.

**cuòzhé**【挫折】動 **1** くじく, 抑えつける. 妨げる. **2** 失敗する. 挫折する.

## 厝 cuò ❶〈書〉置く. **2**〈書〉柩(ひつぎ)を安置して埋葬を待つ;仮埋葬する.

**cuò huǒ jī xīn**【厝火积薪】〈成〉大きな危険をはらんでいる.

## 措 cuò ❶ ❶ 処理する. 配置する. 手配する. ¶~置zhì. ❷ 計画する. ¶筹chóu~/金を工面する.

**cuòbàn**【措办】動 処置する. 取り計らう.

**cuò/cí**【措辞・措词】動 **1** 言葉を選ぶ. **2** 言葉の使い方. 措辞.

**cuòdà**【措大】名〈旧〉貧乏書生.

**cuòhuà**【措画】動 計画する. もくろむ.

**cuòjǔ**【措举】名 振舞い. 挙止.

**cuòshī**【措施】名 措置. 処置. 対策. ¶采取严历的~/厳しい措置をとる.

**cuòshǒu**【措手】動 手を下す. 手をつける.

**cuò shǒu bù jí**【措手不及】〈成〉手を下りかすとまがない. 処置が間に合わない.

**cuò shǒu wú cè**【措手无策】〈成〉対処のする方法がない.

**cuòyì**【措意】動〈書〉心に留める. 気を配る.

**cuòzhì**【措置】動 処置する. 処理する.

## 锉 cuò ❶名 やすり. **2**動 やすりをかける.

**cuòdāo**【锉刀】名 やすり.

**cuòxiè**【锉屑】名 やすりの削りくず.

## 错 cuò ❶形 **1** まちがっている. 正しくない. ¶对不起, 是我~了/すみません, 私がまちがっていました.

【動詞】+ "错" で "…し違える, …しまちがえる". ¶坐~车／列車やバスを乗りまちがえる. ¶认~了人／人違いだった.

**2** 悪い. 劣っている. ▶否定形"不错, 错不了"の形でのみ用いる.
❷名(~儿)まちがい. 過ち. 過失.
❸動 **1** 位置・時間などを)ずらす. ずれる. ¶把时间~开／時間をずらす. **2** 擦れ合う. ¶~牙齿／歯ぎしりをする. **3** 行きちがう. ¶~过机会／チャンスを逃す.
❹名 入り交じる.

**cuò'ài**【错爱】動〈謙〉ご好意.

**cuò'àn**【错案】名 誤審された事件.

**cuòbǎn**【错版】名〈切手・紙幣などの〉印刷物の印刷ミス.

**cuòbiézì**【错别字】名 誤字と当て字.

**cuò//chē**【错车】動(汽車・電車・自動車などの)車両がすれ違う;(ほかの車を)やりすごす.

**cuòchu**【错处】名 まちがい. 過失.

**cuòdài**【错待】動 義理を欠いた扱いをする.

**cuò'é**【错讹】名〈文字・記載の〉誤り.

**cuò'è**【错愕】形〈書〉うろたえ驚く. びっくりする.

**cuòfēi**【错非】图 …を除いては. …以外には. …よりほかはない.

**cuòguài**【错怪】動 誤って人を責める. 悪くさる.

**cuòguò**【错过】動(時機を)失う;(対象に)逸する. ¶~时机／時機を逃す.

**cuòhuì**【错会】動 誤解する.

**cuòjiǎn**【错简】名 錯簡(さっかん).

**cuòjiǎo**【错角】名〈数〉錯角.

**cuòjié**【错节】名 時期・季節をずらす.

**cuòjīn**【错金】名 針金象嵌.

**cuòjué**【错觉】名〈心〉錯覚. ¶产生~／錯覚を起こす.

**cuò/kāi**【错开】動+方補(時間などを)ずらす.

**cuòlòu**【错漏】名 誤りと遺漏.

**cuòluàn**【错乱】動 錯乱する．混乱する．

**cuòluò**【错落】形 まちまちである．入り乱れている．

**cuòmiù**【错谬】名 誤り．ミス．

**cuòshī**【错失】動 過ち．手抜かり．¶好機を逸する．チャンスを取り逃がす．

**cuòshí**【错时】動 時間をずらす．

**cuò//wèi**【错位】動 1 本来の位置からずれる；(骨などが)外れる．2 〈喩〉食い違う．ずれる．

**cuòwù**【错误】1 形 まちがっている．誤っている．2 名 過失．過ち．まちがい．¶犯～/過ちを犯す．

**cuòxiū**【错休】動 休憩時間[休日]をずらす．

**cuòyín**【错银】名(銀糸細工の一種)器物に銀糸で模様や文字を象眼したもの．

**cuòzá**【错杂】動 錯雑する．入り交じる．

**cuòzì**【错字】名 誤字．誤植．

**cuòzōng**【错综】形 錯綜(綜)している．入り交じっている．¶～复杂/複雑に入り組む．

### アルファベットの混じったことば

**CD chàngjī**【CD唱机】名 CDプレーヤー．

**CD chàngpán**【CD唱盘】名 CD．コンパクトディスク．

**C³I xìtǒng**【C³I系统】名〈軍〉シーキューブド・アイ・システム．

**CT duàncéng sǎomiáo**【CT断层扫描】名〈医〉CTスキャナー．

**CT jiǎnchá**【CT检查】名〈医〉CTスキャン．

# D

## da(ㄉㄚ)

**耷 dā** 名〈書〉大きな耳．

**dāla**【耷拉】動 垂れ下がる．¶他～着脸，一言不发/彼はうつむいたままひと言も言わない．

**搭 dā**【搭】動 1 (柔らかいものを上からのせて)かける，ひっかける，かぶせる．¶把衣服～在绳子上晾/衣類をロープにかけて干す．2 (骨組みの上から)かけわたして(一時的に)組み立てる．つながる / はしごをかけるほかす).3 つながる．くっつく．¶～上关系 / 関係をつける．つなげる．4 (車や船に)乗る，乗せる，便乗する．5 (協力して)持ち上げる，運ぶ．¶～担架 / 担架を運ぶ．6 (不足分を)足す，つけ加える．¶把这些钱～上些不够 / それだけのお金を足してもまだ足りない．

**dā/bān**【搭班】動(〜儿)(仕事・芝居などのため)臨時にグループで働く．

**dā/bàn**【搭伴】動(〜儿)道連れになる．

**dā//bāng**【搭帮】動 1 (多くの人が)連れ立つ．2 前 おかげさまで．…のおかげで．

**dābang**【搭帮】動〈方〉援助する．

**dābèi**【搭背】→**dāyao**【搭腰】

**dābiàn**【搭便】動 ついでに．

**dābǔ**【搭补】動 補う．足しにする．

**dā/chá**【搭茬儿・搭碴儿】→**dā/chár**【答茬儿·答唯儿】

**dā chē**【搭车】動 車や列車に乗る；便乗する．¶～涨价 / 便乗値上げ．

**dāchéng**【搭乘】動(乗り物に)乗る．

**dā cuòchē**【搭错车】慣 他人に追従して失敗する．

**dādàng**【搭当】→**dādàng**【搭档】

**dādàng**【搭挡】→**dādàng**【搭档】

**dādàng**【搭档】1 動 協力する．仲間になる．2 名 連れ．仲間．

**dādiào**【搭调】動 調子が合う．

**dā/gōu**【搭钩】動 コネをつける．渡りをつける．

**dā/huà**【搭话】動 1 話しかける．2 口を挟む．

**dā/huǒ**【搭伙】動 1 仲間になる．2 同じ賄いで飯を食べる．

**dā jiàzi**【搭架子】1 骨組みを作る．2〈方〉もったいぶる．尊大ぶる．

**dājiàn**【搭建】動 1 (建造物を)仮設する．2〈喩〉(土台などを)作る．

**dā jiàor**【搭脚儿】動〈方〉(無料で他人の乗り物に)便乗する．

**dā jiēfang**【搭街坊】動〈方〉隣どうしになる．近くに住む．隣り合う．

**dā/jiè**【搭界】動 1 (…と)境を接する．2 かかわりをもつ．付き合う．

**dājiù**【搭救】動 救う．救助する．

**dā/kè**【搭客】動〈方〉(車や船がついでに)客を乗せる．

**dā la**【搭拉】→**dā/la**【耷拉】

**dā li**【搭理】→**dā/li**【答理】

**dāmài**【搭卖】動 抱き合わせて売る．

**dāpàn liángxié**【搭襻凉鞋】名 ベルト付きのサンダル．

**dāpèi**【搭配】動 抱き合わせる．組み合わせる．

**dā/pù**【搭铺】動(臨時に)ベッドをしつらえる．

**dā/qiāng**【搭腔】動 1 口で答える．応じる．2〈方〉口をきく，声をかける．

**dā/qiáo**【搭桥】動 1 橋を架ける；〈転〉仲を取り持つ．2〈医〉バイパス手術をする．

**dā qiáo qiān xiàn**【搭桥牵线】(成)斡旋(旋)・仲介する．

**dāshàn**【搭讪】動(人と近づきになったり，気まずい場をごまかしたりするために)話しかける．"**搭赸**"とも．

**dāshí**【搭识】動 知り合いになる．

**dā/shǒu**【搭手】動 手伝う．手を貸

dāshòu【搭售】抱き合わせで売る.
dātou【搭头】(～儿)おまけ.つけたり;抱き合わせ販売の人気のない商品.
dā/xiànr【搭线儿】渡りをつける.連絡をとる.
dāyao【搭腰】名 馬車馬の背にかける馬具.
dāzài【搭载】動 (旅客・貨物を)便乗させる.
dāzhe【搭着】接続 その上.さらに.
dā/zuǐ【搭嘴】動 くちばしを入れる.口出しをする.
dāzuò【搭坐】動 (乗り物に)乗る.搭乗する.

## 嗒（噠） dā 擬（ふつう重ねて、馬のひずめの音・機関銃の音などを表す）だっだっ. 異読⇨tà

## 答 dā ❶ 意味は"答应dāyìng"と同じ."答应dāyìng""答理dāli"など、ごく一部の熟語について dā と発音される. 異読⇨dá

dā/chár【答茬儿・答碴儿】動(方)答える.返答する.
dāli【答理】動 相手にする.返事する.
dā/qiāng【答腔】→dāshān【搭讪】
dāshān【答讪】→dāshān【搭讪】
dā/yán【答言】動 人の話に続けて言う;受け答えをする. ≒dáyán
dāying【答应】動 1 承諾する. 2 応答する.返事をする.

## 褡 dā

dābao【褡包】名(旧)(中国服の上から締める)帯.
dālian【褡裢】名 1 (～儿)携帯用の布製物入れ. 2 "摔交"(中国相撲)の選手の着る服.

## 打 dá

## 达（達） dá 量 ダース. ¶ 两~铅笔 / 2ダースの鉛筆. 異読⇨dǎ

dá ❶ (1)(道が)通じる.(場所に)到着する. ¶四通八~ / (成)四方八方に通じている. ¶直~北京 / 北京まで直行する. ② (目的を)達成する.(程度・分量に)達する,及ぶ. ③表現する.伝える.表す. ¶转zhuǎn~ / ことづてを伝える. ④深く通じる.精通する. ¶明~事理/明らかに、及び重要な地位に昇る.出世する. ¶→~官. 姓

dábiāo【达标】動 基準に達する.
dábiāosài【达标赛】名 段・級の認定や昇進のための試合.
dábù【达卜】名(ウイグル族の打楽器)タンバリンの一種.
dáchéng【达成】動 成立する.達成する. ¶～交易 / 取引が成立する. ¶～共识 / 合意が成立する.
dádá zhǔyì【达达主义】名 ダダイズム.
dádàn【达旦】動(書)夜明けになる.
dá/dào【达到】動+方補 (目的・水準に)達する,達成する,到達する. ¶～目的 / 目的を達成する. ¶～国际水

平 / 国際的水準に達する.
Dá'ěrwén【达尔文】名(人名)ダーウィン.
Dá'ěrwén zhǔyì【达尔文主义】名 ダーウィン主義.進化論.
Dá・Fēnqí【达·芬奇】名(人名)ダ・ビンチ.
dáguān【达观】動 達観する.
dáguān【达官】名(旧)高官.身分の貴い人. ¶～贵人 / 高位高官.
Dálài lǎma【达赖喇嘛】名(チベット仏教の活仏)ダライ・ラマ.
dámǔdàn【达姆弹】名(軍)ダムダム弾.
Dáwò'ěrzú【达斡尔族】名(中国の少数民族)ダフール(Daur)族.
Dáxī【达溪】名
dáyì【达意】動(言葉で)気持ちを表す. ¶词不～ / 言葉が意を尽くさない.
dáyīn【达因】量(物)ダイン.力学の単位.

## 沓 dá (～儿)重なった薄いものを数える:重ね.束.つづり. 異読⇨tà

## 怛 dá 形(書) 1 いたみ悲しむ;愁い苦しむ. 2 おそれる.恐懼する.

## 妲 dá 人名用字. ▶"妲己"は殷の紂王の妃.

## 炟 dá 人名用字. ▶"刘炟"は後漢の章帝.

## 笪 dá 名 1 (方)竹をむしろ状に編んだ敷物. 2 (書)船を引く綱. 姓

## 答 dá 動答える.返事する. ¶这个问题他～得不对 / この問題は彼は答えを間違った. ¶报～ / 報いる. 異読⇨dā

dá'àn【答案】名 答え.解答.
dábài【答拜】動 答礼訪問をする.
dábào【答报】動 報いる.恩返しをする.
dábiàn【答辩】動 答弁する.
dácí【答词】名 答辞.
dádùi【答对】動 答える.
dá fēi suǒ wèn【答非所问】(成)答えになっていない.
dáfù【答复】動 回答（返答）する. ▲"答覆"とも.
dá/juǎn【答卷】1 動 試験問題を解く. 2 名 答案用紙.
dá/lǐ【答礼】動 返礼する.
dáshù【答数】名(数)(計算などの)答え.
dá/tí【答题】動 練習問題または試験問題に回答する.
dá/wèn【答问】動 1 質問に答える. 2 問答形式で書かれた書名や論文.
dáxiè【答谢】動 謝辞を述べる.
dáyán【答言】動(～儿)答える.返事する. ≒dá/yán
dáyí【答疑】動 疑問に答える.

## 靼 dá →Dádá【鞑靼】

# dá

**瘩** dá ❶ 異読⇨da
**dábèi**【瘩背】[名]〈中医〉背中にできる癤(せつ).

**韃**(韃) dá ❶
**Dádá**【韃靼】1〈古〉韃靼(だつたん). 2〈地名〉タタルスタン.

**打** dá ❶ 1 打つ. たたく；殴る；破る；(物が)壊れる；壊す；(物を)壊す.¶～鼓/太鼓を打つ.¶～人/人を殴る.¶～鸡蛋/卵を割る.¶碗打～了/茶碗が割れた. 2《広くさまざまな動作を表す》①〈人とやりとりの行為を行う. ¶～号召/呼びかける.¶～官司/裁判にかける；訴訟を起こす.②構築する. 築く.¶～墙/塀を築く.③〈器物や食べ物を)つくる.¶～家具/家具をつくる.¶～烧饼/シャオピンをつくる.④かきまぜる；(粉物で)かき料理をつくる.¶～鸡蛋/卵をとく.⑤縛る. くくる. 巻く.¶～包裹/小包にする.⑥編む. 結う.¶～毛衣/セーターを編む.⑦塗りつける. 描く. 捺印する.¶～蜡/ワックスをかける.¶～个问号/疑問符をつける.¶～母印/母印を押す.⑧開ける. 切り開く. 掘る. うがつ.¶～井/井戸を掘る.⑨揚げる. あげる.¶～伞/傘をさす.¶～招牌/看板を掲げる.⑩放つ. 出す. 送る.¶～电话/電話をかける.¶～炮/大砲を撃つ.⑪(証明書を)出す, もらう.¶～介绍信/紹介状を書いてやる［もらう］.⑫取り除く. 削減する.¶～皮/皮をむく.⑬汲む. すくう.¶～水/水を汲む.¶～粥/粥をよそう.⑭買う.¶～油(酒, 酱油)/油(酒, 醬油)を買う.¶～车票/乗車券を買う.⑮(獣や鳥・魚を)捕らえる. ¶～鱼儿/小魚をとる.⑯(穀物を)刈り入れる.(草などを)刈る.¶～草/草を刈る.⑰(案などを)立てる, 定める. ...に勘定する.¶～草稿/草稿をつくる.¶～主意/考えを決める.¶成本一五百块/コストを500元とする.⑱…する. 従事する.¶～短工/臨時雇いになる.¶～夜班/夜勤をする.⑲(ある種の)遊戯をする.¶～网球/テニスをする.¶～扑克/トランプをやる.⑳(ある種の動作を)する.¶～一哆嗦duōsuo.¶～哈欠/あくびをする.㉑(ある手段を)用いる.¶～比喻/たとえて言う. 2[前]から…より.¶你～哪儿来？/君はどこから来たのか.
異読⇨dá

**dǎ//bǎ**【打靶】[動]〈軍〉射撃練習をする.
**dǎbǎchǎng**【打靶場】[名]射撃場.
**dǎ bǎshi**【打把势】【打把式】〈慣〉1〈方〉やりくりして算段をする. 2 武術の練習をする.
**dǎ báitiáo**【打白条】（〜儿）1 仮領収証を切る. 2 手形を振り出す；空手形を出す.
**dǎ bǎzishi**【打靶子】〈方〉マラリアにかかる.
**dǎ//bài**【打敗】[動]打ち負かす.¶～敌人/敵を打ち負かす. 2 負ける.
**dǎ bǎnzi**【打板子】〈慣〉(板たたきで)折檻（せっかん）する；(転人)を攻撃する.
**dǎbān**【打扮】1 [動] 装う. 着飾る. 2[名] いでたち. 装い.
**dǎ//bāo**【打包】1 [動]（残った料理を持ち帰るために)梱包する. 2 梱包してあるものを解く. パックに詰める.
**dǎbāo**【打包】（〜儿）薦をつける.
**dǎ bāopiào**【打包票】〈慣〉保証する. 請け合う.
**dǎ bàobùpíng**【打抱不平】〈慣〉弱い者の味方をする.
**dǎ//bēn**【打弃儿】[動]〈方〉1 (話や暗唱の途中で)つまる. 2 つまずく.
**dǎ//bèng**【打蹦儿】[動]〈方〉跳びはねる.
**dǎbǐ**【打比】1 たとえる. 例にとる. 2〈方〉比べる.
**dǎ bǐmò guānsi**【打笔墨官司】〈慣〉書面で論争する.
**dǎ biāngǔ**【打边鼓】〈慣〉わきから加勢する.
**dǎ//biǎo**【打表】[動]〈口〉（タクシーが)メーターで走る.
**dǎbuzhù**【打不住】[動+可補]1 (ある数量に)とどまらない. 2 足りない. 3 （撃ち）当たらない. 取り逃がす.
**dǎcǎor**【打糙儿】[動]〈方〉ふだん用とする.
**dǎ cǎogǎo**【打草稿】[動]下書きする.
**dǎ cǎo jīng shé**【打草惊蛇】〈成〉不用意なことをして相手に感づかれる.
**dǎ//chā**【打叉】[動]×印をつける. 誤りや誤り処所をつけて示す.
**dǎ chāchā**【打喳喳】〈方〉ひそひそ話をする.
**dǎ//chǎ**【打碴】[動]〈方〉冗談を言う.
**dǎ//chà**【打杈】[動]枝払いをする.
**dǎ//chà**【打岔】[動](他人の話や仕事を)妨げる.
**dǎ//chái**【打柴】[動]柴を刈る. たきぎをとる.
**dǎ//chán**【打禅】[動]座禅を組む.
**dǎ//chàn**【打顫】[動]ぶるぶる震える.
⇨dǎzhàn
**dǎ//cháng**【打场】[動](穀物を)脱穀する.
**dǎ chǎngzi**【打场子】〈慣〉大道芸人がどらや太鼓をたたいたり, 大声で呼ばわったりして観衆を集める；旅芸人が野外入上演する.
**dǎ chǎozi**【打吵子】〈慣〉〈方〉口げんかをする.
**dǎ//chē**【打车】[動]タクシーを拾う.
**dǎ chéng yī piàn**【打成一片】〈成〉思想・感情が一体になる.
**dǎ chōngfēng**【打冲鋒】〈慣〉先陣を切る；先駆する.
**dǎ chōufēng**【打抽丰】→ **dǎ qiūfēng**

fēng【打秋风】

dǎ chūliu【打出溜】〈慣〉〈~儿〉〈方〉つるつると滑る.

dǎ chūshǒu【打出手】〈慣〉1〈~儿〉〈劇〉立ち回りで武器を投げ合い戦う. 2〈方〉殴り合いのけんかをする.

dǎ//chù【打憷】動 おじける. 気後れする.

dǎ//chūn【打春】動 1 張り子の牛をむちで打つ. 2 名 立春.

dǎcóng【打从】前 …から. …より.

dǎ//dǎo【打倒】動+結補 打倒する. 打ち倒す.

dǎdào【打道】動〈旧〉先払いをする. 露払いをする.

dǎde huǒrè【打得火热】〈慣〉熱々だ. いちゃいちゃしている.

dǎ//dī【打的】動〈方〉タクシーを拾う.

dǎ//dǐ【打底】動〈~儿〉1 酒を飲む前に少し物を食べる；突き出しを食べる〈気持ちが〉落ち着く. 3→dǎ dǐzi

dǎdǐzi【打底子】4〈紡〉下染めする.

dǎ dǐzi【打底子】下書きをする. 基礎·下地をつくる.

dǎ dìpù【打地铺】〈慣〉地べたに寝る.

dǎ dìtānr【打地摊儿】〈慣〉〈口〉地べたに座る.

dǎ diǎndī【打点滴】〈医〉点滴をする.

dǎdian【打点】動 1（贈り物や旅装を）用意する. 2 賄賂を贈る.

dǎ//diào【打掉】動 1 撃ち落とす. 2 撃滅する. 殲滅(せんめつ)する.

dǎdié【打叠】動 1 用意する. 準備する. 2 元気を出す.

dǎ//dǐng【打顶】→dǎ//jiān【打尖】1

dǎdòng【打动】動〈心を〉動かす. 感動させる.

dǎdòu【打斗】動 大げんかをする；格闘する.

dǎ dūlu【打嘟噜】（発音するとき）舌を震わせる.

dǎ//dǔ【打赌】動 賭(か)けをする.

dǎduǎngōng【打短工】〈口〉臨時雇いになる.

dǎ//duàn【打断】動 断つ. 遮る.

dǎ//dǔnr【打盹儿】動〈口〉居眠りをする.

dǎdǔnr【打趸儿】副 1 大口で. 2 全部ひっくるめて. まとめて.

dǎdūn【打图】名 庭などで灰で大きな輪を描き, 灰が風で吹き飛ばされるかどうかで事柄を占う占い.

dǎ//dùn【打顿】動〈~儿〉（話·動きが）途切れる.

dǎ duōsuo【打哆嗦】身震いする.

dǎ ěrguāng【打耳光】びんたを食わせる.

dǎfa【打发】動 1（人を）行かせる. 派遣する. 2 立ち去らせる. 3 日を過ごす. 時間をつぶす.

dǎ fān【打幡】名 葬式.

dǎ fān【打翻】ひっくり返す. 打ち倒す.

dǎ fānshēnzhàng【打翻身仗】〈慣〉(立ち後れた状況から)立ち直るよう努力する.

dǎfēi【打非】動〈略〉非合法出版物などを取り締まる.

dǎ fēizi【打榧子】〈方〉指を鳴らす.

dǎ fúgǎo【打腹稿】腹案を練る. 腹づもりする.

dǎ gàngzi【打杠子】動 1 人の財物をかすめ取る. 2（先生などが）まちがった部分にアンダーラインを引く.

dǎ/gǎo【打稿】動〈~儿〉起草する. 原稿を書く.

dǎ/gé【打嗝】動〈~儿〉罪(げ)1 しゃっくりが出る. 2 げっぷが出る.

dǎ/gēng【打更】動〈旧〉夜回りをする.

dǎ/gōng【打工】動 働く. アルバイトをする.

dǎgōngmèi【打工妹】名 出稼ぎの若い女性.

dǎgōngzǎi【打工仔】名 出稼ぎの若い男性.

dǎgōngzú【打工族】名 フリーター.

dǎ gōng zuò yī【打躬作揖】〈成〉腰を低くしてぺこぺこする.

dǎ//gōu【打钩】動〈~儿〉 ✓印をつける. ▶承認, 同意, 正解の印.

dǎgǔ biànzi【打狗鞭子】名 死者に持たせる麻縄.

dǎ/gǔ【打鼓】動 1 太鼓をたたく. 2〈喩〉(不安で)気をもむ.

dǎgǔcháng【打谷场】名 脱穀場.

dǎguā【打瓜】名 スイカの一種.

dǎ//guà【打卦】動 占いをする.

dǎ//guǎi【打拐】動 人を誘拐し売り飛ばす犯罪を厳しく取り締まる.

dǎ guānjié【打关节】動 キーポイントとなる人に賂(まいない)を贈って頼み込む.

dǎ guānqiāng【打官腔】杓子定規なことを言って体よく断る.

dǎ guānsi【打官司】1 訴訟を起こす. 2〈口〉言い争う.

dǎ guānggùnr【打光棍儿】〈慣〉(男性が)独身で暮らす.

dǎguǐ【打鬼】名（チベット仏教の）鬼やらい.

dǎ/gǔn【打滚】動〈~儿〉ころごろ転がる.

dǎ gùnzi【打棍子】〈慣〉1 棍棒で殴る. 2（でっちあげて）攻撃する.

dǎ hāha【打哈哈】〈慣〉1 冗談を言う. 2 お茶を濁す.

dǎ hāqian【打哈欠】あくびをする.

dǎ hān【打鼾】いびきをかく.

dǎ hánjin【打寒噤】(寒気·驚きのため)体がぶるっと震える, 身震いする.

dǎ/hāng【打夯】動 地面突きをする.

dǎhēi【打黑】動 暴力団を厳しく取り締まる.

dǎhéng【打横】動〈~儿〉下座につく.

dǎ héngpào【打横炮】〈慣〉邪魔する.

dǎ hūlu【打呼噜】いびきをかく.

dǎhuá【打滑】動 空回りする；滑る.

dǎhuáng【打黄】動 ポルノ·売春など

## dǎ

を取り締まる.

**dǎ//huǎng**【打谎】[動]〈方〉うそをつく.

**dǎ//huàngr**【打晃儿】[動] よろめく.

**dǎ huípiào**【打回票】〈方〉拒絶する. 突き返す；すごすぎて引き返す.

**dǎ huítóu**【打回头】〈方〉体の向きを変える(そして逆戻りする).

**dǎhùn**【打诨】[動]〈主に道化役が〉即興でしゃれを飛ばす, ギャグを入れる.

**dǎ//huǒ**【打火】[動] 火打ち石で火をおこす.

**dǎhuǒjī**【打火机】[名] ライター. [个, 只]

**dǎ//huǒr**【打伙儿】[動] 仲間になる. 連れ立つ.

**dǎjī**【打击】[動] 1 打ちたたく. 2 打撃を与える.

**dǎ jīchǔ**【打基础】基礎を固める.

**dǎ jīhuang**【打饥荒】[動]生活に窮する；借金する.

**dǎjī yuèqì**【打击乐器】[名]打楽器.

**dǎ jiā jié shè**【打家劫舍】[成] 集団で民家を襲う.

**dǎjiǎ**【打假】[動] にせ物を摘発・撲滅する.

**dǎ jiǎqiú**【打假球】[体]〈球技の〉八百長試合をする.

**dǎ//jià**【打价】[動]〈~儿〉〈方〉〈多く否定の形で〉値切る.

**dǎ//jià**【打架】[動] 殴り合いをする. けんかをする.

**dǎ jiān**【打尖】[動] 1〈農〉(綿花などの)先端を摘み取る. 2 旅の途中で休息して食事をする.

**dǎ jiàn**【打键】[動] タイプを打つ.

**dǎjiāng**【打浆】[動]〈製紙の工程で〉パルプをたたきほぐし水と均質に混合する.

**dǎ jiāngshān**【打江山】武力で天下を取る. 武力で政権を握る.

**dǎ jiāodao**【打交道】[慣]付き合う.

**dǎ//jiǎo**【打脚】[動]〈方〉(足に)靴ずれができる；(靴で)足を傷める

**dǎjiào**【打醮】[動]〈道教で〉道士が法会を行う.

**dǎjié**【打劫】[動] 略奪する.

**dǎ//jié**【打结】[動]〈~儿〉結び目を作る.

**dǎ//jǐn**【打紧】[動] 大切である.

**dǎ jùhào**【打句号】ピリオドを打つ.

**dǎjuǎnr**【打卷儿】[動](紙などが)めくれる, 反り返る.

**dǎ//kǎ**【打卡】[動] タイムカードを押す.

**dǎkǎjī**【打卡机】[名] タイムレコーダー.

**dǎ//kāi**【打开】[動+補] 1 開ける. 開く. ¶~箱子/箱を開ける. 2 スイッチを入れる. ¶~电视/テレビをつける. 3 打開する. ¶~局面/局面を打開する.

**dǎkāi tiānchuāng shuō liànghuà**【打开天窗说亮话】[諺] ざっくばらんに話す.

**dǎ kēshuì**【打瞌睡】居眠りをする.

**dǎ//kēng**【打坑】[動]〈方〉穴を掘る. 墓穴を掘る.

**dǎ//kuǎ**【打垮】[動+結補] 打ちのめす. ¶把对方~/相手を打ちのめす.

**dǎ láihuí**【打来回】〈方〉往復する.

**dǎlāo**【打捞】[動](水中から沈没船や死体を)引き上げる.

**dǎ//léi**【打雷】[動] 雷が鳴る.

**dǎ//lèi**【打擂】[動] 武芸の技を競う；〈転〉競争する.

**dǎ lèitái**【打擂台】→**dǎ//lèi**【打擂】

**dǎ lěngqiāng**【打冷枪】[慣] 不意打ちをする.

**dǎ lěngzhan**【打冷战・打冷颤】身震いする.

**dǎ//lèng**【打愣】[動]〈~儿〉〈方〉あっけにとられる.

**dǎ líhūn**【打离婚】離婚の訴訟をする. 離婚する.

**dǎlǐ**【打理】[動] 経営する.

**dǎliang**【打量】[動] 1 (人の身なりや姿を)じろじろ見る. 2 推量する. …と思う.

**dǎ//liè**【打猎】[動] 猟をする.

**dǎlíng**【打零】[動]〈方〉1 アルバイトや日雇い仕事をする. 2 独りぼっちでいる.

**dǎ língzá**【打零杂】〈~儿〉〈方〉こまごました仕事をする.

**dǎlíng**【打令】[動]〈旧〉ダーリン. 夫婦・恋人間の呼びかけ.

**dǎliú**【打流】[動]〈方〉職がなくて流浪する.

**dǎ//liǔr**【打绺儿】[動]〈口〉〈服などが〉よれよれになる.〈糸や髪の毛などが〉もつれる.

**dǎlǔmiàn**【打卤面】[名] あんかけうどん.

**dǎluàn**【打乱】[動] 乱す. 混乱させる.

**dǎ luò shuǐ gǒu**【打落水狗】[成] 追い討ちをかける.

**dǎ májiàng**【打麻将】マージャンをする.

**dǎ mǎhǔyǎn**【打马虎眼】[慣] いい加減なことを言ってごまかす

**dǎ mǎ luózi jīng**【打马骡子惊】[諺] 一罰百戒.

**dǎ máifu**【打埋伏】待ち伏せする；〈転〉(財産などを)隠匿する.

**dǎ mèngùn**【打闷棍】[慣] 不意打ちをかける.

**dǎ mènléi**【打闷雷】[慣]〈方〉(事の裏側を知らず)あれこれ勘ぐる.

**dǎ//míng**【打鸣儿】[動]〈口〉(鶏が)時を告げる.

**dǎmo**【打磨】[動] 磨き上げる.

**dǎnào**【打闹】[動] 暴れたり騒いだりする.

**dǎ//niānr**【打蔫儿】[動] しおれる. しぼむ.

**dǎpá**【打扒】[動] すりを取り締まる.

**dǎ pāizi**【打拍子】リズムをとる.

**dǎ//pái**【打牌】[動] カルタ・トランプ・マージャンなどをする.〈喩〉決め手のカードを切る.

dǎ//pào【打泡】動(手足などに)まめができる。

dǎ//pào【打炮】動 1 弾丸を発射する。2 お目見え公演をする。2〈俗〉セックスをする。

dǎ pēntì【打喷嚏】くしゃみをする。

dǎ//pìgu【打屁股】動 1 しりをたたく。2〈慣〉きつくしかる。

dǎpiàn【打骗】動 詐欺を取り締まる。

dǎ//piào【打票】動 切符を買う。

dǎpīn【打拼】動〈方〉頑張る。努力する。

dǎ píngshǒu【打平手】〈慣〉(試合が)決着がつかない。引き分ける。

dǎ//pò【打破】動 打破する。打ち破る。

dǎpò shāguō【打破沙锅】〈歇〉("问到底"と続き)とことんまで問いただす。

dǎpòwǎn huāhuā【打破碗花花】名〈植〉アネモネの一種。

dǎ//pǔ【打谱】動 1 碁の打ち方を学ぶ。2(~儿)だいたいの計画を立てる。

dǎ//qì【打气】動 1 空気を入れる。2〈転〉激励する。

dǎ//qiān【打千】動(~儿)(旧)(清代の敬礼の一種)男性が目上の人に敬礼をする。

dǎ//qiān【打钎】動 錐(きり)で岩石に穴をあける。

dǎ//qián【打钱】動(大道芸人が観衆に)見物料を求める。

dǎ qiánshí【打前哨】〈慣〉(馬やロバが)前にのめる。つんのめる。

dǎ qiánzhàn【打前站】〈慣〉(行軍の宿営や食事を準備するために)先遣隊を務める。

dǎ//qiāng【打枪】動 1 発砲する。2 替え玉受験をする。

dǎ qiūfēng【打秋风】〈慣〉(いろいろな名目で)金品をねだる。無心する。余りものをちょうだいする。

dǎ//qiú【打球】動 球技をする。

dǎ//qù【打趣】動(~儿)からかう。ひやかす。

dǎ quānr【打圈儿】動 丸で囲む。丸をつける。

dǎ quānzi【打圈子】〈慣〉ぐるぐる回る。堂々めぐりをする。

dǎ//quán【打拳】動 拳術の練習をする。

dǎ qúnjià【打群架】大勢で殴り合いのけんかをする。

dǎrǎo【打扰】動 邪魔をする。¶ ～您了 / お邪魔しました。

dǎrù【打入】動 潜入する。侵入する；追い込む。

dǎsàn【打散】動(組になっているものを)ばらばらにする。

dǎsǎo【打扫】動 掃除する。

dǎ//shǎn【打闪】動 稲妻が光る。

dǎ//shàn【打扇】動(人を)うちわであおぐ。

dǎ//shàor【打哨儿】動 口笛を吹く。

shé dǎ qī cùn【蛇打七寸】〈成〉物事を行うには、その急所を突かなければならない。

dǎshèng【打胜】動 打ち勝つ。

dǎ//shí【打食】動 1(~儿)えさをあさる。2 消化剤[下剤]を飲む。

dǎ shì qīn, mà shì ài【打是亲, 骂是爱】〈諺〉子供に手を上げたりしかったりするのは、わが子がかわいいからだ。

dǎ shǒushì【打手势】手まねをする。

dǎshou【打手】名 用心棒。

dǎ//shuǐ【打水】動 水をくむ。

dǎ shuǐpiāo【打水漂儿】1 水切りあそびをする。2〈慣〉浪費する。むだ遣いする。

dǎ shuǐzhàng【打水仗】水合戦をする。

dǎ//sì【打私】動 密輸を取り締まる。

dǎ suànpán【打算盘】そろばんをはじく。損得勘定をする。

dǎsuàn【打算】1【助動】…するつもりだ。¶你～怎么办？/ どうするつもりだ。2（の利益のために）考える。3 名 意図。考え。

dǎsuì【打碎】動+結補 粉々に壊す。壊れる。

dǎ//tāi【打胎】動 堕胎する。

dǎ tàijíquán【打太极拳】太極拳をする；〈転〉互いに責任を押しつけ合う。

dǎtàn【打探】動 探る。尋ねる。

dǎ tìpēn【打嚏喷】くしゃみをする。

dǎ tiānchèng【打天秤】〈慣〉車がひっくり返る。

dǎ tiānxià【打天下】〈慣〉武力で天下を取る。事業を始める。

dǎ//tiě【打铁】動 鉄を打つ。

dǎ//tǐngr【打挺儿】動(~儿)体を反らす。

dǎting【打听】尋ねる。問い合わせる。¶向您～一件事 / ちょっとおうかがいします。

dǎ//tōng【打通】動+結補 貫通させる；疏通をはかる。

dǎ tōngguān【打通关】〈慣〉宴席で一人が同席者と順次拳を打って、罰杯を一巡させる。

dǎ tōngxiāo【打通宵】〈慣〉徹夜仕事をする。

dǎ//tòng【打通】動(~儿)(芝居の前に)どらや太鼓を打ち鳴らす。

dǎ//tóu【打头】動(~儿)1 先頭に立つ。2 ビンをあける。

dǎtóu【打头】(~儿)〈方〉初めから。新たに。

dǎufēng【打头风】名 向かい風。

dǎ tóupào【打头炮】〈慣〉口火を切る。

dǎ tóuzhèn【打头阵】一番乗りをする。先陣を切る。

dǎtuì【打退】動 撃退する。

dǎ tuìtánggǔ【打退堂鼓】〈慣〉約束を途中で破る。

dǎ//wǎng【打网】動 1 網を編む。2〈方〉網を打つ。3〈近〉わなをかける。

dǎ//wéi【打围】動 猟をする。

# dà

**dǎwěi**【打伪】〈動〉(略)偽物・粗悪商品を取り締まる.

**dǎwèn**【打问】〈動〉1 尋ねる. 問い合わせる. 2〈書〉拷問にかける.

**dǎ wènhào**【打问号】1 疑問符をつける. 2〈慣〉疑問を持つ. 疑問視する.

**dǎ wènxùn**【打问讯】僧が合掌してあいさつする.

**dǎ//xià**【打下】〈動+方補〉1 (基礎を)固める. 2 攻め落とす.

**dǎ xiàshǒu**【打下手】(~儿)下働きをする.

**dǎ xiānfēng**【打先锋】先頭を務める.

**dǎ//xiǎng**【打响】〈動〉1 ものごとが最初からうまくいく. 2 開戦する.

**dǎxiāo**【打消】〈動〉取り除く. なくす.

**dǎ xiǎobàogào**【打小报告】〈貶〉(上司に)告げ口する.

**dǎ xiǎosuànpán**【打小算盘】→ **dǎsuànpán**【打算盘】

**dǎxié**【打斜】〈動〉(客に対し)斜め向かいに立つ(座る).

**dǎ//xuánr**【打旋儿】旋回する.

**dǎ xuězhàng**【打雪仗】雪合戦をする.

**dǎyā**【打压】攻撃し抑圧する.

**dǎ yāzi shàng jià**【打鸭子上架】〈慣〉人にできないことを無理強いする.

**dǎ yájì**【打牙祭】〈慣〉〈方〉たまにごちそうを食べる.

**dǎ yámí**【打哑谜】〈慣〉謎のような言い方をする. はっきりものを言わず, 相手に推測させる.

**dǎ//yǎn**【打眼】〈動〉1 (~儿)穴をあける. 2 〈方〉(買い物で)傷物であることを見落とす.

**dǎ yǎnhù**【打掩护】援護する. (悪人や悪事を)かばう.

**dǎ//yángr**【打佯儿】〈方〉知らないふりをする. しらばくれる.

**dǎ//yàng**【打样】1 設計図をかく. 2(印)校正刷りを刷る.

**dǎ//yàng**【打烊】〈方〉閉店する. 看板にする.

**dǎ//yào**【打药】1〈方〉漢方薬を買う. 2(植物などに)薬を散布する. **2名** 下剤.

**dǎ yěwài**【打野外】(軍隊が)野外演習をする.

**dǎ yèzuò**【打夜作】夜鍋をする. 夜業をする.

**dǎ//yìn**【打印】〈動〉1 判を押す. 2 タイプ印刷する.

**dǎyìnjī**【打印机】〈名〉プリンター.

**dǎyìntái**【打印台】スタンプ台.

**dǎ//yóu**【打油】〈動〉1(容器を持って)油を買う. 2〈方〉搾油する.

**dǎ yóujī**【打游击】1 遊撃戦をやる. 2 かけもちの仕事をやる.

**dǎyóushī**【打油诗】〈名〉くだらない詩.

**dǎ//yú**【打鱼】漁をする.

**dǎ yùfángzhēn**【打预防针】1 予防注射を打つ. 2〈喩〉前もって方策を講じる.

**dǎ//yuán**【打援】〈動〉敵の援軍を攻撃する.

**dǎ yuánchǎng**【打圆场】〈慣〉仲裁する.

**dǎ zá qiāng**【打砸抢】(文革時の)殴打・破壊・略奪.

**dǎ//zá**【打杂儿】雑役をする.

**dǎzào**【打造】〈動〉器具を製造する.

**dǎzhàn**【打颤】〈動〉(~儿)震える. ⇒**dǎ/chàn**

**dǎ//zhàng**【打仗】〈動〉戦争する. ¶打胜仗/勝ち戦をする.

**dǎ zhāohu**【打招呼】あいさつする. 2 (事前・事後に)知らせる.

**dǎ zhàomiànr**【打照面儿】1 ばったり出会う. 鉢合わせする. 2 顔を出す. 顔を見せる.

**dǎ//zhé**【打折】〈動〉値引きする.

**dǎ zhékòu**【打折扣】1 値引きする. 2〈慣〉規定どおりにしない.

**dǎzhe dēnglóng yě méi chù zhǎo**【打着灯笼也没处找】〈諺〉珍しい人や物; 見つけようのないこと.

**dǎ//zhēn**【打针】〈動〉注射する.

**dǎzheng**【打整】〈方〉整理する.

**dǎzhì shíqì**【打制石器】〈名〉〈考古〉打制石器.

**dǎzhǒng liǎn chōng pàngzi**【打肿脸充胖子】〈諺〉見栄をはる.

**dǎ//zhòng**【打中】〈動+結補〉命中する. ¶一要害/急所をつく.

**dǎ//zhòu**【打皱】〈動〉(~儿)〈方〉しわが寄る.

**dǎ zhǔyi**【打主意】1 対策を考える. 2 目をつける.

**dǎ//zhù**【打住】〈動+結補〉(話を)やめる.

**dǎ//zhuàn**【打转】〈動〉(~儿)ぐるぐる回る.

**dǎ//zhuāng**【打桩】〈動〉〈建〉杭を打つ.

**dǎ//zǐr**【打籽儿】〈動〉(植物が)実を結ぶ.

**dǎ//zì**【打字】タイプライターを打つ. (文字などを)入力する.

**dǎzìjī**【打字机】〈名〉タイプライター.

**dǎ//zǒng**【打总儿】〈動〉〈方〉まとめて…する.

**dǎ//zuǐ(ba)**【打嘴(巴)】〈動〉びんたを張る.

**dǎ zuǐzhàng**【打嘴仗】口論する.

**dǎ zuòchán**【打坐禅】座禅を組む.

# 大

**dà**①【大】〈形〉大きさ・広さ・サイズなどが)大きい, 大きくなる;(程度が)強い, 強くなる. ¶名声が高い. ¶雨～起来了/雨が激しくなった. ¶他比我～两岁/彼は私より2歳年上だ.

**2** 〈副〉 大いに. ひどく. すっかり. ¶～搞市场经济/市場経済を大々的にやる. ¶"不"と連用して)あまり, さほど(…でない). ¶不～出门/あまり外出しない.

**名**①(兄弟や親戚の中で)一番上の子; 大人. 年寄り. ¶老～/長男.

**dà**

長女. ¶一家～小／一家の老若全員. ②〈敬〉〈相手に関する事柄〉¶尊姓～名／ご高名. ③〈天候・季節・日時を強調〉¶～冷天／こんなに寒い日. ‖墬 異読⇒**dài**

**dà'àn**【大案】名 重大犯罪事件.
**dàbā**【大巴】名 大型バス.【輛】
**dàbái**【大白】1 動 すっかり明るみに出る. 2 動 消石灰.
**dàbáicài**【大白菜】名〈植〉ハクサイ.
**dàbáitiān**【大白天】名 真っ昼間.
**dàbàizi**【大伯子】名〈口〉夫の兄.
**dàbài**【大敗】動 1 徹底的に打ち負かす. 2 大敗する. さんざんに負ける.
**dà bài kuī shū**【大敗亏输】成 大敗を喫して甚大な損害をこうむる.
**dàbān**【大班】名〈幼稚園の〉年長組.
**dàbǎnchē**【大板車】名 大八車.
**dàbàn**【大半】1 名 大多数である. 2 副 たぶん.
**dàbànnián**【大半年】名 半年あまり.
**dàbànyè**【大半夜】名〈夜明けに近い〉深夜.
**dàbàng**【大棒】名 太い棍棒.
**dà bāo dà lǎn**【大包大揽】成 すべてを一気に引き受ける.
**dàbǎo**【大鸨】名〈鳥〉ノガン.
**dàbàoyǔ**【大暴雨】名 豪雨. 激しい雨.
**dàběn**【大本】〈略〉大学本科.
**dàběnyíng**【大本营】名 1〈軍〉大本営. 2 根拠地.
**dàbízi**【大鼻子】名〈俗〉西洋人.
**dàbǐ**【大笔】名 1 筆. 2〈敬〉ご筆跡.
**dàbiàn**【大便】1 動 大便をする. 2 名 大便.
**dàbīng**【大兵】名〈貶〉兵隊.
**dàbīngtuán**【大兵团】名〈軍〉大兵団.
**dàbǐng**【大饼】名〈料理〉1 大きな"饼"（ビン）. ▶小麦粉をこねて平たく焼いた食べ物. 2〈方〉→**shāobing**【烧饼】
**dàbóhōng**【大拨轰】動 悪平等にする. 平等主義を行う.
**dàbōmèi**【大波妹】名〈方〉水商売の女性.
**dàbōsījú**【大波斯菊】名〈植〉コスモス.
**dàbó**【大伯】名 1 一番上の伯父. 2 年配の男性に対する称.
**dàbózibìng**【大脖子病】名〈方〉地方性甲状腺腫.
**dàbù**【大布】名〈方〉粗布.
**dàbù**【大部】名 大部分.
**dà bù liú xīng**【大步流星】成 またにするかに歩く.
**dàbùfen**【大部分】名 ほとんど.
**dàbùliǎo**【大不了】1 形 せいぜい. たかだか. 2 形〈多く否定の形で〉重大である. たいへんある.

**dà cái xiǎo yòng**【大材小用】成 有能な人材をつまらぬことに使う.
**dàcài**【大菜】名 1 メインディッシュ. 2 西洋料理.
**dàcān**【大餐】名 西洋料理; 〈喩〉すばらしい作品.
**dà cāo dà bàn**【大操大办】成 冠婚葬祭を盛大に行う.
**dàcháng**【大肠】名〈生理〉大腸.
**dàchǎng**【大氅】名〈方〉外套. コート.
**dàchāo**【大钞】名 高額紙幣.
**dàcháo**【大潮】名 社会の潮流・趣勢.
**dàchē**【大车】名 1〈家畜が引く〉荷車. 2〈船の〉機関長. 〈列車の〉機関士. ▶"大伟"とも.
**dàchén**【大臣】名 大臣.
**dàchéng**【大乘】名〈仏〉大乗.
**dà chī dà hē**【大吃大喝】成 派手に飲み食いする.
**dà chī yī jīng**【大吃一惊】成 びっくり仰天する.
**dàchōng**【大冲】名〈天〉火星の衝(しょう).
**dàchóng**【大虫】名〈方〉〈動〉虎.
**dàchūxuè**【大出血】動 1〈医〉大出血する. 2 大安売りする.
**dà chù luò mò**【大处落墨】成 物事の本質をとらえ枝葉末節にとらわれない.
**dàchù zhuóyǎn, xiǎochù zhuóshǒu**【大处着眼, 小处着手】諺 大局に目を向け, 小さい具体的なところから手をつける.
**dàchuāng**【大疮】名〈医〉潰瘍(かいよう).
**dà chuī dà léi**【大吹大擂】成 大ぼらを吹く.
**dà chuī fǎ luó**【大吹法螺】成 大ぼらを吹く.
**dàchuí**【大锤】名 大きなハンマー.
**dàchūn**【大春】名〈方〉1 春. 2 まきの作物. ¶～作物／同じ.
**dà chūn xiǎo cī**【大醇小疵】成 多少の欠点はあるがだいたいよい.
**dàcí**【大词】名〈論〉〈三段論法で〉大名辞.
**dà cí dà bēi**【大慈大悲】成 大慈大悲. とても慈悲深い.
**dàcōng**【大葱】名〈植〉長ネギ.
**dà cuò tè cuò**【大错特错】成 大いへんなまちがい.
**dà dǎ chū shǒu**【大打出手】成 1 派手にやり合う. 2 殴り合う.
**dàdà**【大大】1 副 大いに. 2 形 とても大きい.
**dà…dà…**【大…大…】〈型〉〈単音節の名詞・動詞・方位詞の前に置き, 規模・程度の大きいことを表す〉¶～鱼～肉／ごちそうが豊富. ¶～描～撮／手を振って歩く.
**dàdàfāngfāng**【大大方方】形〈～的〉鷹揚(おうよう)で迫らない. ゆったりとしている.
**dàdàlièliè**【大大咧咧】形〈～的〉無頓着である.

**dàdaluōluō**【大大落落】[形]〈~的〉〈方〉鷹揚(ホホウ)である. 堂々としている.

**dàdàxiǎoxiǎo**【大大小小】[名] 1 大人と子供. 2 大きなものと小さなもの.

**dàdàishǔ**【大袋鼠】[動] カンガルー. [只,个]

**dàdǎn**【大胆】[形]大胆である. ¶~创新/大胆に新しいものを創り出す.

**dàdāo**【大刀】[名]大きな刀.

**dà dāo kuò fǔ**【大刀闊斧】〈成〉大なたをふるう. 思いきった処置をとる.

**dàdào**【大道】[名]メインストリート. 街道.

**dàdàolǐ**【大道理】[名]たてまえ.

**dà dé rén xīn**【大得人心】〈成〉人から大いに喜ばれる.

**dàdēng**【大灯】[名]ヘッドライト.

**dàdí**【大敌】[名]大敵. 強敵.

**dàdì**【大地】[名]大地;全世界.

**dàdǐ**【大抵】[副]たいてい.

**dàdiǎn**【大典】[名]〈国家の〉重大な儀式. 大典(ﾀｲﾃﾝ).

**dàdiàn**【大殿】[名] 1〈宮殿の〉正殿. 2〈仏寺の〉内陣. 本堂.

**dàdiào**【大調】[名]〈音〉長調.

**dà dòng gān gē**【大動干戈】〈成〉大げさにする.

**dà dòng gān huǒ**【大動肝火】〈成〉かんしゃくを起こす. ひどく立腹する.

**dàdòngmài**【大動脈】[名]〈生理〉大動脈;〈喩〉交通幹線.

**dàdòngzuò**【大動作】[名]他のものに大きな影響を与えそうな行動[変化].

**dàdōu**【大都】[副]〈書〉ほぼ. ほとんど. 大部分.

**dàdòu**【大豆】[名]〈植〉大豆.

**dàdù**【大度】[形]度量が大きい.

**dàdùzi**【大肚子】[名] 1身重. 妊婦. 2大めし食い.

**dàdùzipí**【大肚子痞】[名]〈中医〉肝臓や脾臓の肥大, および腹水を伴う腹部の膨満.

**dàduān**【大端】[名]〈書〉重要な点.

**dàduì**【大隊】[名] 1〈軍〉大隊. 2〈以前の人民公社の〉生産大隊.

**dàduō**【大多】[副]大部分. ほぼ.

**dàduōshù**【大多数】[名]大多数.

**dà'è**【大鰐】[名]有力者. 大物.

**dà ér huà zhī**【大而化之】〈やることがいい加減だ.

**dà ér wú dàng**【大而無当】〈成〉大きいだけで使いものにならない.

**dà'ěrduo**【大耳朵】[名]〈俗〉〈衛星放送受信用の〉パラボラアンテナ.

**dà fā léi tíng**【大发雷霆】かんかんに怒る.

**dàfǎ**【大法】[名] 1 憲法. 2〈書〉重要な法令.

**dàfa**【大発】[動]〈方〉度を過ごす. ひどいことになる.

**dàfǎguān**【大法官】[法]〈最高人民法院クラスの〉裁判官.

**dàfán**【大凡】[副]およそ.

**dàfāng**【大方】[名]〈書〉識者. 専門家. 2 緑茶の一種.

**dàfāng**【大方】[形] 1 けちくさくない. 2〈振る舞いが〉鷹揚(ホホウ)である. 3〈様式や色が〉あかぬけている.

**dàfāngmàikē**【大方脉科】[名]〈中医〉成人内科専門.

**dàfāngxiàng**【大方向】[名]政策全体の方向.

**dà fāng jué cí**【大放厥詞】〈成〉〈貶〉やたらに議論をする. 勝手にまくしたてる.

**dàfēnzǐ**【大分子】[名]〈化〉高分子. 巨分子.

**dàfèn**【大糞】[名]人糞(ﾃﾞﾝ).

**dàfēng**【大风】[名] 1 大風. 2 風力8の風.

**dà fēng dà làng**【大风大浪】〈成〉社会の大変動.

**dàfēngzǐ**【大风子・大枫子】[名]〈植〉〈中薬〉大风子(ｼﾞｲ).

**dàfū**【大夫】[名]大夫(ﾀﾞｲﾌ). ▶古代の官職. ⇒**dàifu**

**dàfúdù**【大幅度】[形]大幅に.

**dàfù**【大副】[名]一等航海士.

**dàfùgǔ**【大腹賈】[名](ほてい腹の)大商人. 豪商.

**dàfùpí**【大腹皮】[名]〈中薬〉大腹皮(ﾋﾞ). ビンロウジの皮.

**dà fù pián piān**【大腹便便】〈成〉〈貶〉〈多く金持ちをさし〉太鼓腹.

**dàfùzǐ**【大腹子】[名]〈植〉ビンロウジの一種.

**dàgài**【大概】[副]たぶん. おそらく. ¶他~明天来/彼はたぶんあす来る. 2[形]大概の. おおよその. 3[名]概略. あらまし.

**dàgàimào**【大盖帽】[名]上部が平らでつばのある帽子.

**dàgàiqí**【大概其・大概齐】[副]〈方〉大概. おおよそ. あらまし.

**dàgān**【大干】[動]大々的にやる.

**dàgāng**【大綱】[名]大要. 要綱.

**dàgāogēr**【大高个儿】[名]のっぽ.

**dàgē**【大哥】[名]〈口〉 1長兄. 一番上の兄. 2《自分と同年配の男性に対する敬称》貴兄.

**dàgēdà**【大哥大】[名]〈口〉携帯電話.

**dàgémìng**【大革命】[名] 1 大革命. 2〈史〉中国の"第一次国内革命战争"(北伐战争. 1924–27年).

**dàgèr**【大个儿】[名]のっぽ. 体の大きな人.

**dàgōng**【大公】[名]大公. ▶欧州の爵位名.

**dàgōng**【大功】[名]大きな功労. 大きな手柄.

**dà gōng gào chéng**【大功告成】〈成〉大規模な工事や重要な任務を達成する. 大事業が成功を収める.

**dàgōngguó**【大公国】[名]大公国.

**dàgōnglǜ**【大功率】[名]〈電〉ハイパワー.

**dà gōng wú sī**【大公无私】〈成〉公正無私.

**dàgūniang**【大姑娘】[名] 1 年ごろの未婚女性. 2〈口〉長女.

**dàgūzi**【大姑子】[名]〈口〉夫の姉.

**dàgǔ**【大鼓】[名]〈~儿〉1 地方の語り物の一種. 2〈音〉大太鼓.

**dàgǔjiébìng**【大骨节病】[医] カシンベック病.

**dàgù**【大故】[名]〈書〉1（戦争や災禍など）重大な事故. 2 父または母の死.

**dàguà**【大褂】[名]〈~儿〉ひとえで丈の長い中国服.

**dàguān**【大关】[名]1（ある数量の）大台. 2 重要な関所.

**dàguān**【大观】[名]〈書〉（景色などの）壮観.

**dàguān jiémù**【大关节目】[名]〈方〉要点. 主だったところ. 大要.

**dàguǎn**【大管】[名]〈音〉バスーン.

**dàguīmó**【大规模】[形] 大規模な. 大がかりの.

**dàguīnǚ**【大闺女】→ **dàgūniang**【大姑娘】

**dàguǐ**【大鬼】[名]（トランプの）ジョーカー（で色刷りのほう）.

**dàguōfàn**【大锅饭】[名] 能力に関係なく待遇が一律であること. ¶吃~/〈喩〉同じ生活待遇を受ける.

**dàguōshuǐ**【大锅水】[名] 農民が農業用水を浪費すること.

**dàguò**【大过】[名] 重大過失.

**dàguòménr**【大过门儿】[名]（伝統劇の歌や歌謡曲などの）長い前奏または間奏.

**dàhǎi**【大海】[名] 海.

**dà hǎi lāo zhēn**【大海捞针】〈成〉見つけることはきわめて難しい.

**dàhán**【大函】[名] お手紙. 貴簡.

**dàhán**【大寒】[名]（二十四節気の）大寒（だい）.

**dàhánshí**【大寒食】[名] 清明節の第2日目.

**dà hǎn dà jiào**【大喊大叫】〈成〉がなりたてる.

**dàhàn**【大汉】[名] 巨漢. ［条, 个］

**dà hàn lín lí**【大汗淋漓】〈成〉大汗をかく. 玉の汗をかく.

**dà hàn wàng yún ní**【大旱望云霓】〈成〉窮地を脱するために助けが来るのを切望する.

**dàhànzú zhǔyì**【大汉族主义】[名] 大漢民族主義.

**dàhǎo**【大好】1 [形] すばらしい. 2 [動]〈方〉（病気が）全快する.

**dàhào**【大号】[名] 1 Lサイズの. 2 [音] チューバ. 3〈敬〉お名前.

**dàhé**【大河】[名] 1 大きな川. 大河. 2 黄河の別称.

**dàhéchàng**【大合唱】[名] 大合唱. コーラス.

**dàhēng**【大亨】[名]（地方や業界の）ボス, 有力者, 顔役.

**dà hōng dà wēng**【大轰大嗡】〈成〉大げさに吹きたてたり大々的に触れ込んだりして, 大々的にはやし立てる.

**dàhóng**【大红】[名] 深紅色の.

**dà hóng dà zǐ**【大红大紫】〈成〉人気になる. 売れっ子になる.

**dàhóngrén**【大红人】[名] 寵児. お気に入り. 売れっ子.

**dàhòufāng**【大后方】[名]〈史〉奥地. ▶抗日戦争期の西南・西北地区.

**dàhòunián**【大后年】[名] 明々後年.

**dàhòutiān**【大后天】[名] しあさって. 明々後日.

**dàhù**【大户】[名] 1 資産家. 2 大家族.

**dàhuāliǎn**【大花脸】[名] 伝統劇の男性役の一つ. 顔にくまどりを施し, 主役を務めることが多い.

**dàhuátóu**【大滑头】[名] 非常にずるい人.

**dàhuà**【大话】[名] ほら. 大ぶろしき.

**dàhuánjìng**【大环境】[名] 社会環境; 国際環境.

**dàhuànxiě**【大换血】[名]〈喩〉（人事異動による）組織の大幅な改編.

**dàhuāng**【大荒】[名] 大凶作.

**dàhuáng**【大黄】[名]→ **dàihuáng**

**dàhuángfēng**【大黄蜂】[名]〈虫〉スズメバチ.

**dàhuángyú**【大黄鱼】[名]〈魚〉フウセイ.

**dàhuíxiāng**【大茴香】[名]〈植〉ダイウイキョウ.

**dàhuì**【大会】[名] 大会. 総会.

**dàhuǒr**【大伙儿】[代]〈口〉みんな.

**dà huò bù jiě**【大惑不解】〈成〉不可解である.

**dàjí**【大吉】[名] 大吉.

**dàjǐ**【大几】[数]（20や30などの整数のあとに用いてその整数を超過したことを表す）

**dàjì**【大计】[名] 遠大な計画.

**dàjì**【大蓟】[名]〈植〉ノアザミ;〈中薬〉大薊（剤）.

**dàjiā**【大家】1 [代] みんな. みなさん. ¶你们一/ 君たち. あなた方. 2 [名] 大家（た）. 著名な作家や芸術家; 名門. 名家.

**dàjiāhuǒr**【大家伙儿】→ **dàjiā**【大家】

**dàjiāshǔ**【大家鼠】[名]〈動〉ドブネズミ.

**dàjiātíng**【大家庭】[名] 1 大家族. 多人数の家庭. 2 大集団.

**dàjià**【大驾】[名]〈敬〉貴下. ▶二人称の敬称.

**dàjiàn**【大件】[名] 高価な耐久消費財.

**dàjiàn**【大建】[名]（陰暦で30日ある）大の月.

**dàjiǎncháguān**【大检察官】[名]〈法〉（最高人民検察院クラスの）検察官.

**dàjiànr**【大件儿】→ **dàcài**【大菜】1

**dàjiāng**【大江】[名] 1 大河. 2 長江.

**dàjiāng**【大姜】[名] ショウガ.

**dàjiǎngmài**【大奖卖】[名] 賞品つき大セール.

**dàjiǎngsài**【大奖赛】[名] 大規模で賞金の額も大きい大会.

**dàjiàng**【大将】[名]〈軍〉大将. 将軍.

**dàjiàng**【大酱】[名]→ **huángjiàng**【黄酱】

**dàjiǎo**【大脚】[名]〈旧〉纏足（てんそく）をして

dà jiào【大教】[名]〈宗〉(イスラム教徒がいう)イスラム教以外の宗教.
dà jiàotáng【大教堂】[名]〈宗〉大聖堂.
dàjiàoyù【大教育】[名]総合性・開放性・多様性・民主性を兼ね備えた新しい教育方針.
dàjiē【大街】[名] 大通り.〔条〕
dà jié【大节】[名] 1 大義.国家や民族の存亡にかかわる大事. 2〈党・国家・人民・集団に対する〉忠誠心,節操. 3〈書〉大綱.大切な道理.
dà jié【大捷】[名]大勝.
dà jiě【大姐】[名] 1 一番上の姉. 2《女友達または知り合いの女性の間で相互に呼び合うときの敬称,または以上の女性を呼ぶときの敬称》お姉さん.
dà jiě【大解】[名]大便をする.
dà jīn【大襟】[名]中国服の上前衽(おくみ)の部分.
dà jìn【大尽】→dàjiàn【大建】
dà jīng shī sè【大惊失色】〈成〉びっくりして顔が真っ青になる.
dà jīng xiǎo guài【大惊小怪】〈成〉つまらないことで大げさに騒ぐ.
dàjìngmài【大静脉】[名]〈生理〉大静脈.
dà jiǔ dà ròu【大酒大肉】〈成〉盛大な宴席.
dàjiùzi【大舅子】[名]〈口〉妻の兄.
dà jú【大局】[名]大局.
dà jǔ【大举】[名]大挙して.
dà jūn【大军】[名] 1 大軍.
dàkǎ【大卡】[名]〈物〉キロカロリー.
dà kāi【大开】[名] 1 大きく開ける. 2 盛大に開催する.
dà kāi fāng biàn zhī mén【大开方便之门】〈成〉(悪い意味で)大いに便宜を与える.
dàkǎi【大楷】[名] 1 手書きで書かれた大きな楷書(かいしょ)の字体. 2 表音ローマ字の大文字印刷体.
dàkǎo【大考】[名]学期末試験.
dàkēxué【大科学】[名]大規模の技術開発・天文・気象・生態問題などを含めた巨大科学プロジェクト.ビッグサイエンス.
dàkè【大课】[名]合同授業;共通講義.
dàkèchē【大客车】[名]バス.
dà kuài rén xīn【大快人心】〈成〉痛快である.溜飲を下げる.
dàkuàitóu【大块头】[名]〈方〉太った人.大男.
dà kuài wén zhāng【大块文章】〈成〉形式内容ともに立派な文章.
dàkuǎn【大款】[名](～儿)成金.金持ち.
dàláo【大牢】[名]〈口〉牢屋.ぶた箱.
dàlǎo【大佬】[名](香港などで)金持ちの有力者.
dàlǎocū【大老粗】[名]無骨者.
dàlǎohǔ【大老虎】[名]〈喩〉経済犯の大者.
dàlǎopo【大老婆】[名]本妻.

dà lǎo yé menr【大老爷们儿】[名]〈方〉大の男.
dàlǐbài【大礼拜】[名](隔週休日の)休みになる週の日曜.
dàlǐbāo【大礼包】[名]大礼品.
dàlǐshí【大理石】[名]大理石.
dàlì【大力】 1[副]大いに. 2 大きな力.
dàlì【大吏】[名]〈旧〉地方の大官.
dàlìhuā【大丽花】[名]〈植〉ダリア.
dàlìshì【大力士】[名]怪力の持ち主.
dàliàn【大殓】[名]納棺.
dàliáng【大梁】[名]〈建〉棟木.
dàliàng【大量】[形] 1 大量である. 2 度量が大きい.
dàliào【大料】[名]八角ウイキョウの実.
dàlíng【大龄】[名](適齢期を過ぎた)年齢.～青年／同じ年の青年.
dàliú【大溜】[名]河心の速い水流.
dàlóu【大楼】[名]ビルディング.[座,棟,幢]
dàlù【大陆】[名] 1〈地〉大陆. 2(台湾に対して)中国大陆.
dàlù【大路】[名]大通り.
dàlùcài【大路菜】[名]生産量が多く値段が安い野菜.
dà lù cháo tiān, gè zǒu yībiān【大路朝天,各走一边】〈谚〉互いにかかわりをもたない.
dàlùdǎo【大陆岛】[名]〈地〉陆島.大陸島.
dàlùhuór【大路活儿】[名] 1 普通の仕事.手の込まない仕事. 2 並の製品.特別製でないもの.
dàlùhuò【大路货】[名]安価な人気商品.
dàlùjià【大陆架】[名]〈地〉大陆棚.
dàlùpō【大陆坡】[名]〈地〉大陆斜面.大陸スロープ.
dàlùqiáo【大陆桥】[名]〈鉄〉大陆横断鉄道.
dàlüè【大略】 1[名] 1 概略.あらまし. 2〈書〉遠大な計画. 2[副]ざっと.おおざっぱに.
dàmā【大妈】[名] 1〈口〉伯母. 2《年上の既婚に対する敬称》おばさん.
dàmá【大麻】[名] 1〈植〉アサ. 2 大麻.マリファナ.
dàmáfēng【大麻风】[名]〈医〉ハンセン病.
dàmáhǎyú【大麻哈鱼】[名]〈魚〉サケ. ▶"大马哈鱼"とも.
dàmázǐ【大麻子】[名]〈植〉 1 アサの実. 2 ヒマの実.
dàmǎpā【大马趴】[名]前に倒れること.つまずいた姿勢.
dàmài【大麦】[名]〈植〉大麦.
dàmàichǎng【大卖场】[名]大型スーパー.大型のディスカウント店.
dàmǎnguàn【大满贯】[名]〈体〉(テニス・ゴルフで)グランドスラム.
dàmáng【大忙】[形]多忙である.
dàmào【大蟒】[名]〈動〉ニシキヘビ.
dàmāoxióng【大猫熊】[名]〈動〉パンダ.
dàmáo【大毛】[名]毛の長い毛皮.

**dàmàozi**【大帽子】[名]〈喻〉汚名。レッテル。

**dàméi**【大媒】[名]〈縁談での〉仲人。

**dàmén**【大门】[名] 正門。

**dàmǐ**【大米】[名]米。白米。

**dàmiàn**【大面】[名]→dàhuāliǎn【大花脸】

**dàmiànr**【大面儿】[名]〈方〉1 表面。表向き。うわべ。2 体面。顔。メンツ。

**dàmínzú zhǔyì**【大民族主义】[名]大民族主義。

**dàmíng**【大名】[名] 1 ご高名。2 人の正式の氏名。▶学齢に達したときにつける名前。3 名声。

**dàmíng**【大螟】[名]〈虫〉(ガの一種)イネヨトウ。

**dà míng dà fàng**【大鸣大放】〈成〉大いに発言し意見を述べる。

**dà míng dǐng dǐng**【大名鼎鼎】〈成〉名声が世に広く知れ渡っている。

**dà miù bù rán**【大谬不然】〈成〉大まちがいである。

**dàmò**【大漠】[名]〈書〉大砂漠。

**dà mú dà yàng**【大模大样】〈成〉鷹揚(ようよう)である。傲慢・横柄である。

**dàmǔgē**【大拇哥】[名]〈方〉親指。

**dàmǔzhǐ**【大拇指】[名]〈口〉親指。

**dàná**【大拿】[名]〈方〉権力を握っている人。その道の権威者。

**dànāizi**【大奶子】[名]〈俗〉グラマーな女性。

**dànán dànǚ**【大男大女】[名]高齢の未婚の男女。

**dànánzǐ zhǔyì**【大男子主义】[名]亭主関白。

**dànàn**【大难】[名]大きな災難。

**dànǎo**【大脑】[名]〈生理〉大脳。

**dànǎo pízhì**【大脑皮质】[名]〈生理〉大脳皮質。

**dànǎoyán**【大脑炎】[名]〈医〉流行性脳炎。

**dànèi**【大内】[名]〈書〉大内裏。宮中。

**dàní**【大鲵】[名]〈動〉オオサンショウウオ。

**dà nì bù dào**【大逆不道】〈成〉極悪非道。

**dànián**【大年】[名] 1 豊年。2 旧暦で12月が30日ある年。3 旧正月。

**dànián chūyī**【大年初一】[口](旧暦の)元日。

**dànián sānshí**【大年三十】[口](旧暦の)大みそか。

**dàniányè**【大年夜】[名]〈方〉大晦日の除夜。

**dàniáng**【大娘】[口] 1 伯母。2 (年上の既婚女性に対する敬称)おばさん。

**dàpái**【大牌】[形]〈~儿〉〈方〉力がある。権威のある。|~明星 / スーパースター。

**dàpáidàng**【大排档】[名]〈食〉食品を販売する比較的大きなもの。

**dàpáiháng**【大排行】[名]〈祖父を同じくする兄弟の長幼の順序。

**dàpán**【大盘】[経] 1 相場。2 大口取引。

**dàpào**【大炮】[名] 1 大砲。2 〈喻〉放言家。3 〈口〉手巻きのたばこ。

**dàpéngchē**【大篷车】[名]農村への物資を輸送する貨車。

**dàpī**【大批】[形]大量の。|~一货物 / 大量的货物。

**dàpì**【大辟】[名]〈古〉死刑。

**dàpiàn**【大片】[名]〈口〉映画の大作。

**dàpiāo**【大藻】[名]〈植〉ボタンウキクサ。

**dà pò dà lì**【大破大立】〈成〉古い思想などを批判し、新しい気風を打ち立てる。

**dàpǔbiǎo**【大谱表】[名]〈音〉大譜表。オーケストラスコア。

**dàpǔr**【大谱儿】[名]だいたいの腹案。

**dàqī**【大漆】[名]生漆(きうるし)。

**dà qǐ dà luò**【大起大落】〈成〉変化が急激である。

**dàqì**【大气】[名] 1〈~儿〉荒い息。2 大気。

**dàqìhòu**【大气候】[気]広地域気候、(転)将来の情勢。

**dàqì jiāncè**【大气监测】[名]大気のモニタリング。

**dà qì páng bó**【大气磅礴】〈成〉気迫に満ちている。雄渾(ゆうこん)である。

**dàqìquān**【大气圈】[名]〈気〉大気圏。▶"大气层"とも。

**dà qì wǎn chéng**【大器晚成】〈成〉大器晚成。

**dàqìyā**【大气压】[名]〈気〉1 大気の圧力。2 標準大気圧。

**dà qiān shì jiè**【大千世界】〈成〉広大無辺な世界。

**dàqián**【大钳】[名]やっとこ。物を挟む道具。

**dàqián**【大钱】[名] 1〈~儿〉〈旧〉穴あき銭。2〈口〉大金。

**dàqiánnián**【大前年】[名]さきおととし。

**dàqiántí**【大前提】[名]〈論〉(三段論法における)大前提。

**dàqiántiān**【大前天】[名]さきおととい。

**dàqiāng**【大枪】[名]小銃。

**dàqīngzǎor**【大清早儿】[名]早朝。

**dàqìng**【大庆】[名] 1 大慶事。2〈敬〉(老人の)誕生祝い。

**dàqiū**【大秋】[名]秋の収穫(期)。

**dàqiū zuòwù**【大秋作物】[名]〈農〉秋作物。

**dàqǔ**【大曲】[名] 1 小麦麹(こうじ)から造った良質の"白酒"。2 "白酒"を造る麹。

**dàquán**【大权】[名]政権。権力。

**dàquán**【大全】[名]ある分野について全面的に説明した書物。▶よく書名に用いる。

**dàrǎngāngzuò**【大染缸】〈天〉おおいぬ座。

**dàrǎnggāng**【大染缸】[名]〈喩〉悪い影響を与える環境。

**dàrén**【大人】[名]〈敬〉〈書簡で〉世代が上の人。

**dàren**【大人】名 **1** 大人(㍿). **2**〈旧〉高官に対する敬称；高貴な人.
**dàrénwù**【大人物】名 大人物. 地位が高くて声望のある人.
**dàròu**【大肉】名 豚肉; (豚の)脂身.
**dàrú**【大儒】名〈書〉大儒(㍿). 大学者.
**dàsābā**【大撒把】動 手放しにする；放任する.
**dàsānchǎn**【大三产】名 規模の大きな第三次産業.
**dàsǎo**【大嫂】名〈口〉**1** 長兄の妻. 兄嫁. **2**〈自分と同年配の既婚女性に対する敬称〉奥さん.
**dàsǎochú**【大扫除】名 大掃除.
**dàshà**【大厦】名 ビル；マンション
**dàshàoye**【大少爷】名 若旦那. 道楽息子.
**dàshétou**【大舌头】名 舌足らず. ろれつが回らない人.
**dàshè**【大赦】名 大赦を行う.
**dàshén**【大神】名 シャーマン.
**dàshěnr**【大婶儿】名〈母と同世代で母よりも年下の既婚女性に対する敬称〉おばさん.
**dà/shēng**【大声】動 **1** 声を大きくする. ¶〜一点儿！/ もう少し大きい声で. **2** 大声.
**dàshēngkou**【大牲口】名 牛・馬・ラバなどの比較的大きな家畜. 役畜.
**dàshèng**【大圣】名 **1** 大聖人. **2** 知・徳が特にすぐれている人.
**dàshī**【大师】名 大家. 巨匠.
**dàshīfu**【大师傅】名〈口〉**1** コック. **2**〈僧侶に対する敬称〉法師.
**dà shī suǒ wàng**【大失所望】成 大いに失望する. がっかりする.
**dàshǐ**【大使】名 大使.
**dàshì**【大势】名 大勢(㍿).
**dàshì**【大事】名 **1** 重大な出来事. **2** 副 大いに. 大々的に.
**dà shì dà fēi**【大是大非】成 根本的な是非.
**dàshì huà xiǎo, xiǎoshì huà liǎo**【大事化小，小事化了】(諺) 大きな問題を縮小し，小さな問題を解消させる.
**dàshìjì**【大事记】名 年代記. 年表.
**dàshǒubǐ**【大手笔】名〈書〉**1** 大家の著作. **2** 名作家.
**dà shǒu dà jiǎo**【大手大脚】成 金遣いが荒い.
**dàshòu**【大寿】名〈老人の〉10年ごとの誕生日.
**dàshū**【大叔】名〈口〉〈父と同世代で父より年下の男性に対する敬称〉おじさん.
**dà shū tè shū**【大书特书】成 大々的に宣伝する.
**dàshǔ**【大暑】名 大暑(㍿).
**dàshuài**【大率】副〈書〉だいたい. おむね.
**dàsì**【大肆】副〈多く悪い意味で〉ほしいままに.
**dàsūdǎ**【大苏打】名〈化〉チオ硫酸ナトリウム.
**dàsuàn**【大蒜】名〈植〉ニンニク.
**dàtàbù**【大踏步】動 大またで.
**dàtáng**【大堂】名 **1**〈旧〉役所の広間. **2**(ホテルなどの)ホール.
**dà-…tè-…**【大…特…】型〈同じ動詞を置き，規模が大きいことや程度が甚だしいことを表す〉¶〜改〜改／徹底的に改める.
**dàtíqín**【大提琴】名〈楽〉チェロ.
**dàtǐ**【大体】名 **1** だいたい. ほぼ. **2**〈書〉大切な道理. 大局的な道理.
**dà tiān báirì**【大天白日】名〈口〉真っ昼間.
**dàtián**【大田】名〈農〉広い田畑.
**dàtián zuòwù**【大田作物】〈農〉作付け面積の大きい農作物.
**dàtīng**【大厅】名 大広間. ホール.
**dà tíng guǎng zhòng**【大庭广众】成 公衆の面前.
**dàtóng**【大同】名 理想社会.
**dàtóngxiāng**【大同乡】名 ↔ 小同乡 本籍が同じ人.
**dà tóng xiǎo yì**【大同小异】成 大同小異.
**dàtǒngjiān**【大统间】名 大部屋.
**dàtóu**【大头】名 **1** お人よし. いいかも. **2**〈儿〉(天びん棒で担ぐ)荷物の大きい一端, (転) 大きい方.
**dàtóucài**【大头菜】名〈植〉〈農〉ダイトウサイ. カブ. カブラ. ネガシラナおよびそれらの根. 〈方〉キャベツ.
**dàtóuwēn**【大头瘟】名〈中医〉頭部の丹毒.
**dàtóuyú**【大头鱼】名〈魚〉**1** タラ. **2** タイ.
**dàtóuzhēn**【大头针】名 虫ピン.
**dàtuánjié**【大团结】名 **1** 大団結. **2**(中国国内の各民族による"大团结"している絵柄が印刷されている)旧十元札；(広く) 人民元札.
**dàtuányuán**【大团圆】名 **1** 大団円. **2** 劇 ハッピーエンド.
**dàtuǐ**【大腿】名〈生理〉太もも.
**dàwǎnchá**【大碗茶】名 大きなどんぶりに入れて街頭で売られるお茶. ぶっかけ茶.
**dà wàn qǐyè**【大腕企业】名 有名な実力企業.
**dàwànr**【大腕儿】名(作家や俳優など有名名人の金持ち，売れっ子；有力者.
**dàwáng**【大王】名 **1** 大手企業への呼称. **2** その道の達人. **3** (トランプの)ジョーカー (多色刷りの方).
⇒dàiwang
**dà wáng hǎo jiàn, xiǎo guǐ nán dǎng**【大王好见，小鬼难当】成 頭目は(ものわかりがいいから)対処しやすいが，配下は(賄賂をむさぼるから)始末に負えない.
**dàwéi**【大为】副 大いに.
**dàwèi**【大尉】名〈軍〉大尉.

**dàwōbór**【大窝脖儿】〈慣〉〈方〉大失敗をする. 赤恥をかく.
**dàwǒ**【大我】名 大我.（個人の事柄ではなく）全体. 集団.
**dàwúwèi**【大无畏】形 何ものをも恐れない.
**dàwǔjīn**【大五金】名 金属材料の総称.
**dàwǔmǎ**【大五码】名〔電算〕ビッグファイブ(Big5).
**dàwǔtái**【大舞台】名 大舞台.
**Dàxīběi**【大西北】名 中国の西北部.
**Dàxīyáng**【大西洋】名〔地名〕大西洋.
**dàxǐ**【大喜】名〈口〉祝い事.
**dà xǐ guò wàng**【大喜过望】成 望外の喜び.
**dàxì**【大戏】名 1 大がかりな芝居. 2〈方〉京劇.
**dàxiā**【大虾】名 クルマエビ.
**dà xiǎn shēn shǒu**【大显身手】成〈口〉大いに腕をふるう.
**dà xiǎn shén tōng**【大显神通】成 ずぬけた技を示す.
**dàxiàn**【大限】名 寿命の尽きるとき.
**dà xiāng jìng tíng**【大相径庭】成 大きな隔たりがある.
**dàxiǎo**【大小】❶名 1 （～儿）大きさ. 1 ～正合适／大きさがぴったり. 2 長幼. 上下. 3 大と小. ❷副 いずれにせよ.
**dàxiào**【大校】名〔軍〕大佐.
**dàxiézuò**【大协作】名 大規模な協力.
**dàxiě**【大写】名 1〔領収書などで用いる〕筆画の多い書き方. 大字. 2 ローマ字の大文字.
**dà xiè bā kuài**【大卸八块】ばらばらにする.
**dàxīng**【大兴】動 ...を盛んに行う.
**dà xīng tǔ mù**【大兴土木】成 大いに土木工事を行う.
**dàxīngxing**【大猩猩】名〔動〕ゴリラ.［只, 个］
**dàxíng**【大刑】名〈近〉残酷な刑具または刑罰.
**dàxíng**【大型】形 大型の.
**dàxíngxīng**【大行星】名〔天〕(太陽系の)九大惑星.
**dàxíngzhèngqū**【大行政区】名〔史〕大行政区.
**dàxìng**【大姓】名 1 他人の姓への敬称. ご苗字. 2 よくある姓. 3〈旧〉豪族. 名門.
**dàxiōng**【大兄】名 1〈友人間の敬称〉大兄. 2 自分の兄.
**dàxióngmāo**【大熊猫】名〔動〕パンダ. ジャイアントパンダ.［只, 个］
**dàxióngzuò**【大熊座】名〔天〕おおぐま座.
**dàxiū**【大修】動 徹底的に修理する.
**dàxuǎn**【大选】名 総選挙.
**dàxué**【大学】名 大学.［所, 个］
**dàxuéshēng**【大学生】名 大学生.
**dàxuésheng**【大学生】名 1 年の大きな学生. 2〈方〉年の大きな男の子.

**dàxuě**【大雪】名 大雪（節）.
**dàxúnhuán**【大循环】名〔生理〕（↔小循环）大循环. 体循环.
**dàyá**【大牙】名 1 奥歯. 2 前歯.
**dàyǎ**【大雅】名〈書〉風雅. 上品.
**dàyān**【大烟】名 アヘン.
**dàyānguǐ**【大烟鬼】名 アヘン飲み.
**dàyán**【大盐】名 粗塩.
**dà yán bù cán**【大言不惭】成 ぬけぬけと大きなことを言う.
**dà yǎn dèng xiǎoyǎn**【大眼瞪小眼】慣 あっけにとられて顔を見合わせる；仕事を前にしてだれも手を出そうとせず, 互いに顔を見合わせる.
**dàyǎnzéi**【大眼贼】名〔動〕ジリス.
**dàyàn**【大雁】名〔鳥〕ガン.
**dàyáng**【大洋】名 1 大海. 2〈旧〉一元銀貨.
**Dàyángzhōu**【大洋洲】名〔地名〕大洋州.
**dàyàng**【大样】名 1〔印〕新聞紙1ページ大の校正刷り. 2〔工事の細部の〕仕様figure.
**dà yáo dà bǎi**【大摇大摆】成 手を振って歩く.
**dàyào**【大要】名〈書〉大要. 骨子.
**dàyé**【大爷】名 1 旦那様. 2〈旧〉お偉方.
**dàyè**【大业】名 大業.
**dàyèbān**【大夜班】名〔工場などの三交替勤務で〕夜勤の一種. 深夜勤.
**dàyèyáng**【大叶杨】名〔植〕モウハクヨウ. ドロノキ.
**dàye**【大爷】名〈口〉伯父. 父の兄.〔年上の男性に対する敬称.〕
**dàyī**【大衣】名 オーバーコート.［件］
**dàyītǒng**【大一统】動〔中央がすべてを〕統制する.
**dàyí**【大姨】名 （～儿）〈口〉伯母；母の長姉.
**dàyízi**【大姨子】名〈口〉妻の姉.
**dàyì**【大意】名 大意.
**dàyì**【大意】形 うかつである. 不注意である.
**dàyì**【大义】名 大義.
**dà yì lǐn rán**【大义凛然】成 大義のために厳とした態度を示す.
**dà yì miè qīn**【大义灭亲】成 大義親（き）を滅（めっ）す. 正義のためには親兄弟の情をも捨てる.
**dàyīnjiē**【大音阶】名〔音〕長音階.
**dàyìn**【大印】名〈口〉権力のしるしとしての印鑑. 権力.
**dà yǒng ruò qiè**【大勇若怯】成 ほんとうに勇敢な人ほど軽率なことをしないかのようにひるむように見える.
**dàyóu**【大油】名 ラード.
**dàyǒu**【大有】動 大いに……ある.
**dà yǒu kě wéi**【大有可为】成 非常にやりがいがある.
**dà yǒu rén zài**【大有人在】成 そういう人はいくらでもいる.
**dà yǒu wén zhāng**【大有文章】成 1 大いにいわれがある. 2 大いに腕をふるう余地がある.

## dà

**dà yǒu zuò wéi**【大有作为】〈成〉大いに力を発揮できる.

**dàyú chī xiǎoyú**【大鱼吃小鱼】強い者が弱い者を虐げる. 大勢力が小勢力を圧迫したり併呑したりする.

**dàyǔ**【大雨】[名]大雨.［場cháng］

**dàyuán**【大员】[名](旧)大官. 高官;(特に)派遣された官吏.

**dàyuánshuài**【大元帅】[名]大元帅. ▶"元帅"よりも上.

**dàyuàn**【大院】[名]1 大きな"院子". 2 →dàzáyuàn【大杂院】

**dàyuē**【大约】[副]1 だいたい. およそ. ¶他们走了二十多公里的路／彼らはおよそ20キロ歩いた. 2 たぶん. おそらく. ¶明天~不会下雨／明日はおそらく雨は降らないでしょう.

**dàyuēmō**【大约摸】[形]〈方〉だいたいのところ. ほぼ.

**dàyuè**【大月】[名]新暦では31日, 旧暦で30日の月. 大の月.

**dàyuèjìn**【大跃进】[名]大躍進. ▶1958年の急激な社会主義建設運動.

**dàzáhuì**【大杂烩】[名]1 ごった煮. 2〈転〉ごた混ぜ. 寄せ集め.

**dàzáyuàn**【大杂院】[名]〈~儿〉雜居住宅.

**dàzǎo**【大早】[名]〈~儿〉早朝.

**dàzào**【大灶】[名]1(れんがで造りの)かまど. 2(共同炊事の)並の食事.

**dàzhà**【大咋】[名]〈方〉無煙炭.

**dàzhàn**【大战】1 [名]大戦;〈喩〉大試合. 2 [動]大きな戦いをする.

**dàzhàn**【大站】[名]乗降客の多い駅.

**dà zhāng qí gǔ**【大张旗鼓】〈成〉大がかりに行う. 大々的に行う.

**dàzhàngfu**【大丈夫】[名]一人前の男.

**dàzhèng**【大政】[名]重大な政務・政策.

**dàzhǐ**【大旨】[名]〈書〉大旨. 要旨.

**dàzhǐ**【大指】[名]親指.

**dàzhì**【大志】[名]大きな志.

**dàzhì**【大治】[名]大いに治まる. よく治まる.

**dàzhì**【大致】1 [副]だいたい. 2 [形]およその.

**dà zhì ruò yú**【大智若愚】〈成〉賢者は利口ぶらないから, 愚者のようである.

**dàzhòng**【大众】[名]一般の庶民.

**dàzhòng gēqǔ**【大众歌曲】[名]歌謡曲. ポピュラーソング.

**dàzhòng'àn**【大案】[名]重大な汚職事件.

**dàzhòng chuánbō méijiè**【大众传播媒介】[名]マスコミュニケーション・メディア.

**dàzhòng chuánméi**【大众传媒】[名]"大众传播媒介"(マスコミュニケーション・メディア)の略.

**dàzhònghuà**【大众化】[名]大衆化.

**dàzhōu**【大洲】[名]〈地〉大陸.

**dàzhòuzi**【大轴子】[名](旧)(京劇で)最後の出し物.

**dàzhǔjiào**【大主教】[名]〈宗〉大司教.

**dàzhuān**【大专】[名]1"大学"(総合大学)と"专科学院"(単科大学)の併称. 2〈略〉大学相当の"专科学校"(高等専門学校)の略称.

**dàzhuān yuànxiào**【大专院校】[名]〈略〉総合大学と単科大学.

**dàzhuàn**【大篆】[名]《書体》の大篆〈欧〉.

**dàzhuāngjia**【大庄稼】[名]〈方〉秋(にとれる)作物.

**dàzīchǎn jiējí**【大资产阶级】[名]大資本家階級.

**dàzì**【大字】[名]1 筆で書いた楷書の字体. 2"大"の字;〈喩〉文字.

**dàzìbào**【大字报】[名]壁新聞.

**dàzìběn**【大字本】[名](印)大活字本.

**dàzìrán**【大自然】[名]大自然.

**dàzōng**【大宗】1 [形]大口の. 2 [名]主要生産[商品].

**dàzōngtǒng**【大总统】[名]大統領.

**dàzú**【大族】[名]人数や分家した家族の多い一族.

**dàzuò**【大作】1 [名]〈敬〉大著. 貴著. 2 [動]大いに起こる.

**dǎ**【打】[動]〈方〉洗う;ゆすぐ. ¶~头／頭を洗う.

## 汏

(澾) da →gēda ·圪汏·圪溚

## 继

(縫) da →gēda ·圪继

## 跶

(躂) da →bèngdá 蹦跶

## 瘩

da →gēda [疙瘩·疙瘩]
真读=dá

## dāi (ㄉㄞ)

**呆**(獃)**dāi** 1 [形]1 愚鈍である. 機転がきかない. 2 ぼんやりしている. ぼかんとする. ¶发~／ぼんやりする. ¶吓~了／あっとにられぼかんとする.
2 [動]→【待dāi】[姓]

**dāibǎn**【呆板】[形]1 味がない. 型にはまっている. 2 融通がきかない.

**dāihuò**【呆货】[名]〈罵〉のろま. 間抜け.

**dāikèbǎn**【呆磕磕】[形]〈~的〉ぼかんとしている.

**dāilèng**【呆愣】[動]ぼんやりする. ぼーっとする.

**dāilènglèng**【呆愣愣】[形]〈~的〉ぼーっとしている.

**dāi lǐ sā jiān**【呆里撒奸】〈成〉間抜けた顔をしてずるをする.

**dāimù**【呆木】[形]ぼーっとしている. 間が抜けている.

**dāiniǎo**【呆鸟】[名]〈近〉〈罵〉あほ. ばか.

**dāiqì**【呆气】[形]間が抜けている. ぼんやりしている.

**dāirán**【呆然】[形]呆然としている.

**dāi ruò mù jī**【呆若木鸡】〈成〉(恐怖や驚きで)ぼかんとする.

**dāishǎ**【呆傻】[形]愚かである.

**dāi tóu dāi nǎo**【呆头呆脑】〈成〉頭の働きが鈍い. 間が抜けている.

**dāixiǎozhèng**【呆小症】名〈医〉クレチン病.
**dāixiào**【呆笑】名 ばか笑いをする.
**dāixìng wùzhì**【呆性物质】名〈化〉不活性物質.
**dāizhàng**【呆账】名〈経〉不良債権. 貸し倒れ. こげつき.
**dāizhì**【呆滞】形 1（表情などが）活発でない. 2（物事が）停滞している.
**dāizi**【呆子】名 間抜け者. あほ.

**dāi**【呔】叹〈近〉おい. おいこら.

**dāi**【待】動〈口〉（何もしないで,またはどこへも行かないで）じっとしている.（あるところに）とどまる. ¶ 在上海dāi不走/ずっと上海にとどまり離れない. ⇒dài

**dǎi**【歹】形 よこしまである. 悪い. ‖〔姓〕

**dǎidú**【歹毒】形 険険悪辣(あくらつ)である.
**dǎihuà**【歹话】名〈方〉気まずい話. いやな話.
**dǎirén**【歹人】名 悪者. 強盗.
**dǎitú**【歹徒】名 悪人；無頼漢；暴徒.
**dǎixīn**【歹心】名 邪心.
**dǎiyì**【歹意】名 人を害する考え. 悪意.

**dǎi**【逮】動 捕らえる. 捕まえる. ¶~住了罪犯/犯人を逮捕した. 異読⇒dài

**dǎi**【傣】名 タイ族をさす. ¶~剧/タイ族の芝居.
**Dǎizú**【傣族】名〈中国の少数民族〉タイ(Dai)族.

**dà**【大】dài ❶ 異読⇒dà
**dàifu**【大夫】名〈口〉医者. ⇒dàfū
**dàihuáng**【大黄】名〈植〉ダイオウ；〈中薬〉大黄(だいおう).
**dàiwang**【大王】名 国王；(盗賊の)頭目. ⇒dàwáng

**dài**【代】動 ❶ 動 1 代わる. 代わってする. ¶我~你写/私が代わりに書いてあげよう. ¶ 由~主任となる. ¶ 由副校长~/教頭が代理となる. ❷ 量 世代. ジェネレーション. ¶ 第二~/次の世代. 二世. ❸（歴史・地質学上の区分の）代. ¶ 現~/現代. ¶ 古生~/古生代. ‖〔姓〕

**dàibàn**【代办】動 1 代行する. 2 名 代理大使. 代理公使.
**dàibànchù**【代办处】名 代理店. 代理事務所.
**dàibànsuǒ**【代办所】名 取扱所.
**dài/bǐ**【代笔】動 代筆する.
**dàibiǎo**【代表】動 1 代表する. 2 体現する. 表す.
**dàibù**【代步】動〈書〉（歩く代わりに）車などに乗る.
**dài zhíquán dài xíng**【代执行权】〈成〉ある職務に関する一切の権限を代行する.
**dàicháng**【代偿】動 代わりのもので

補う. 代償する.
**dàichēng**【代称】名 別称. 代称.
**dàicí**【代词】名〈語〉代名詞.
**dàidàichá**【代代茶】名 ダイダイの入った茶.
**dàidàihuā**【代代花】名〈植〉ダイダイ.
**dàidiàn**【代电】名〈旧〉電報形式の簡略な公文書.
**dàigōu**【代沟】名 ジェネレーションギャップ.
**dàigòu**【代购】動 代理購入する.
**dàiguǎn**【代管】動 代理で管理する.
**dàihào**【代号】名 1 略称. 別名. 2（商品などの）符丁, コード番号. 暗号.
**dàijì**【代际】名 世代間. ¶~公平/世代間での公平な資源分配.
**dàijià**【代价】名 代金；代価.
**dàijīn**【代金】名 実物の代わりに納める支払する現金.
**dài/kè**【代课】動（授業を）代講する.
**dàiláo**【代劳】動 代理する. 代行する.
**dàilǐ**【代理】動 代理する. 代行する.
**dàilǐrén**【代理人】名 1〈法〉代理人. 2 保険外交員. 保険業務員. 3〈貶〉手先. 回し者.
**dàilǐshāng**【代理商】名〈経〉代理業者. エージェント.
**dàilǐng**【代领】動 代理受領する.
**dàimǎ**【代码】名 コード番号.
**dàimài**【代脉】名〈中医〉間欠の比較的長い脈拍.
**dàimíngcí**【代名词】名〈語〉代名詞.
**dàipáo**【代庖】動〈書〉人に代わって事をする.
**dàipéi**【代培】動（企業が大学に委託して）人材を育成する. ¶~/人材育成のため企業から専門教育機関に派遣された社員.
**dàirǔfěn**【代乳粉】名 代用粉ミルク.
**dàishōu huòjià bāoguǒ**【代收货价包裹】代金引換小包.
**dàishòu**【代售】動 代理販売する.
**dàishù**【代数】名〈数〉代数.
**dàitì**【代替】動 代わりを務める. 取って代わる. ¶~品/代替品.
**dàiwéi**【代为】動 代わりに…する.
**dàiwèi jìchéng**【代位继承】名〈法〉代襲相続.
**dàixiāo**【代销】動 代理販売をする.
**dàixiè**【代谢】名 1 交替. 入替わり. 2〈生理〉新陳代謝.
**dàixíng**【代行】動 代行する. 代わりを務める.
**dàixù**【代序】名 序に代わる文章.
**dàiyánrén**【代言人】名 代弁者.
**dàiyìzhì**【代议制】名 代議制度.
**dàiyòng**【代用】動 代用する.
**dàiyòngpǐn**【代用品】名 代用品.
**dàiyùn mǔqīn**【代孕母亲】名 代理母.
**dài//zhí**【代职】動 一時的に別の職務の代理をする.
**dàizìhào**【代字号】名 波ダッシュ."~"

# dài

**弐** dài [名]〈化〉グリコシド.

**岱** dài ⇒ 泰山の別称. ‖[姓]

**迨** dài [動]〈書〉1（ある時まで）及ぶ，至る.2 …に乗じる.

**给** dài [動]〈書〉欺く.

**驮** dài ○ 異読→tái

**玳** (瑇) dài ○

**daìmào**【玳瑁】[名] 1〈動〉タイマイ.2 べっこう.

**带** (帶) dài [動] 1 携帯する.持つ.¶～雨伞/傘を持っていく.2 ついでに届ける.事のついでに…する.¶请你一个口信儿／ついでにことづけをお願いします.3 帯びる.¶面～笑容／顔に笑みを浮かべる.4 付帯している.併せて…する.¶～盖儿 gàir 的碗／ふた付きの茶碗.5 引き連れる.率いる.（導いて）手本を示す.¶～小孩儿上街／子供を連れて街へ行く.6（子供を）育てる.世話する.¶他是由奶奶～大的／彼は祖母の手で育てられた.
‖[名] ひも・ベルト・テープの類.¶腰～／ベルト.帯.¶鞋～／靴ひも.¶录音～／録音テープ.¶タイヤ.¶车～／タイヤ.¶区域.地帯.¶长江下游～／長江下流域.‖[姓]

**dài // bān**【带班】[動] 人を率いて仕事をする.

**dài // bīng**【带兵】[動] 兵隊を率いる.

**dài // bìng**【带病】[動] 病気を押して…する.

**dàicái**【带材】[名]〈冶〉帯材.

**dàicāo**【带操】[体]（新体操の）リボン演技.

**dài // cìr**【带刺儿】[動]（言葉に）とげがある.

**dài dā bù lǐ**【带搭不理】〈成〉人に対する態度が冷淡である.

**dài // diàn**【带电】[動]〈電〉(物質が)電気を帯びる.

**dàidòng**【带动】[動] 1 動力でものを動かす.2（人を）導いて動かす.

**dài dúzǐ**【带肚子】[動]〈貶〉連れ子をする.2（牛が）はらむ.

**dàifēnshù**【带分数】[数] 带分数.

**dài // hǎor**【带好儿】[動] よろしく伝える.

**dài // huà**【带话】[動]（～儿）ことづける.

**dài // jìn**【带劲】[動]（～儿）1 力がこもっている.張り切っている.2 張り合いがある.興味をそそる.

**dàijù**【带具】[名]（機）带具のこぎり.

**dàijūnzhě**【带菌者】[名] 保菌者.キャリア.

**dàikuān**【带宽】[名]〈通信〉帯域幅.

**dàilěi**【带累】[動] 巻き添えにする.

---

**dài lǐ bù lǐ**【带理不理】→ dài dā bù lǐ【带搭不理】

**dàilǐng**【带领】[動] 1 引率する.案内する.2 指導する.指揮する.

**dài // lù**【带路】[動] 道案内をする.

**dàiqiè**【带挈】[動] 1 引率する；（転）後進を引き立てる.

**dài / qiú**【带球】[動]〈体〉ドリブルする.

**dàishēng**【带声】[動]（声）～ついでに.

**dàishǒur**【带手儿】[副]〈方〉ついでに.

**dàisuǒ chúguān**【带锁橱柜】[名]〈鍵付き〉ロッカー.

**dài / tóu**【带头】[動] 先頭に立つ.率先して手本を示す.

**dàitóurén**【带头人】[名] 先頭に立つ人.案内役.

**dàitóuyáng**【带头羊】[名] 群れを先導する羊；（喩）リーダー.

**dài túdì**【带徒弟】[動] 弟子をとる.

**dàixià**【带下】[名]〈中医〉こしけ.白帯下（こしけ）.

**dài / xiào**【带孝】→dài/xiào【戴孝】

**dài xīn xiūjià**【带薪休暇】[名] 有給休暇.

**dài / xìn**【带信】[動]（～儿）伝言する.

**dàixīngjí**【带星级】[名] 星印のランクがついた高級ホテルやレストラン.

**dàiyīn**【带音】[語] 有声音.

**dàiyú**【带鱼】[名]〈魚〉タチウオ.

**dài // zǎir**【带崽儿】[動]（動物が）はらむ.

**dài zāngzìr**【带脏字儿】汚い言葉を使う.

**dài / zhí**【带职】[動]（ポストを離れて他の活動をする際に）もとの肩書きを持っている.

**dàizhí xiàfàng**【带职下放】[動]（幹部が）肩書きはもとのままで末端に下りる.

**dàizi**【带子】[名] 1 ひも.ベルト.[条，根] 2 カセットテープ.ビデオテープ.[盘，盒]

**dàizuò**【带座】[動]（映画館などで）係が客を席に案内する.

**殆** dài ⇒ ① 危うい.¶危～／危なし.② ほとんど.おそらく.¶～不可得矣／たぶん不可能だ.

**贷** dài ⇒ 貸し出す.借り入れる.
‖① 貸付金.¶农～／農業貸付金.②（責任を）逃れる，転嫁する.¶责无旁～／責任逃れは許されない.③ 容赦する.¶严惩不～／厳罰に処して容赦しない.

**dàifāng**【贷方】→fàfāng【付方】

**dàifàng**【贷放】[動] 貸し付ける.

**dàijìkǎ**【贷记卡】[名] デビットカード.▶"借记卡"とも.

**dài / kuǎn**【贷款】[動] 金を貸し付ける.‖[名] 貸付金.ローン.融資.

**dàixuéjīn**【贷学金】[名] 教育ローン.

**待** dài ⇒ 1 遇する.もてなす.¶～人诚恳／人に誠意を尽くす.2（待～）許多問題尚～解決／幾多の問題がまだ解決されていない.3〈書〉必要とする.¶自不～言／もちろん言うまでもない.4

**dān** 181

だ. 異読⇨daī

**dàibǐ**［待毙］動 死を待つ.
**dài**//**chá**［待茶］動 お茶でもてなす.
**dàichá**［待查］動 調査する必要がある.
**dàicheng**［待承］動〈方〉接待する.
**dài dā bù lǐ**［待答不理］→ **dài lǐ bù lǐ**［待理不理］.
**dàifā**［待发］動 出発を待つ.
**dài**//**fàn**［待饭］動 食事を出してもてなす.
**dàigǎng**［待岗］動 職場復帰を待つ.
**dàihuìr**［待会儿］副 しばらくしたら.
**dàijī**［待机］動 待機する. 機会を待つ.
**dài jià ér gū**［待价而沽］〈成〉値が上がるのを待って売る.
**dàijian**［待见］動〈方〉好む.
**dàikǎo**［待考］動 調査を要する.
**dài lǐ bù lǐ**［待理不理］〈成〉無愛想にする. ろくに応対もしない.
**dàiliào**［待料］動 原材料が届くのを待つ.
**dàimìng**［待命］動 命令を待つ.
**dàipìn**［待聘］動 再就職のチャンスを待つ.
**dài**/**rén**［待人］動 人に接する.
**dài rén jiē wù**［待人接物］〈成〉人に接する態度. 人当たり.
**dài shí ér dòng**［待时而动］〈成〉時機を待って行動を起こす.
**dàiyào**［待要］助動〈近〉…しようとする.
**dàiyè**［待业］動 職を探す. ¶～青年／未就業青年.
**dàiyù**［待遇］❶動（人を）遇する, 取り扱う. ❷名❶（人に対する）遇し方. ❷待遇. ❸給与.
**dàizì**［待字］動〈書〉（適齢期の女性が）婚約をする.

**怠** **dài** 日 怠ける. 怠る.

**dàiduò**［怠惰］形 怠ける.
**dài**//**gōng**［怠工］動 怠業をする. サボる.
**dàihū**［怠忽］動 怠る.
**dàimàn**［怠慢］動 **1** そっけなくする. 冷淡にあしらう. **2**〈套〉〈謙〉(もてなしが)不行き届きである.

**埭** **dài**［～堤］名 ▶地名に用いることが多い.

**袋** **dài**[～儿]**1**量 袋. **2**量 袋入りの物を数える. ¶ 两～面／小麦粉ふた袋. ¶ 一大～染料／大袋の染料一つ.
**dàichá**［袋茶］名 使い切り用の袋入り茶葉. [包, 袋]
**dàipàochá**［袋泡茶］名 ティーバッグ. [包, 袋]
**dàishòu**［袋兽］名 有袋類の動物.
**dàishǔ**［袋鼠］名 動 カンガルー.
**dàizhuāng**［袋装］形 袋入りの. [袋子／名 袋]

**袋** **dài**〈纺〉デニール. ▶"旦 dàn"の旧称.

**逮** **dài** 日 ① 至る. 及ぶ. ❶以匡不～／私の至らぬ点を正してくださるようお願い申し上げます. ② 捕らえる. ❶ 姓. 異読⇨dǎi
**dàibǔ**［逮捕］動〈法〉逮捕する.
**dàibǔzhèng**［逮捕证］名〈法〉逮捕状.

**礋**(**礙**) **dài** →**àidài** 礙戴

**戴** **dài** 日 ❶（帽子を）かぶる.（眼鏡を）かける.（指輪や手袋などを）はめる. 身につける身の回りの装身具やバッジを身につける.（花を髪に）つける. ¶～帽子／帽子をかぶる. ¶～眼镜／眼鏡をかける. ❷（人物を）おしたてて仰ぐ. ¶敬～／（指導者などを）敬愛する. ❸ 姓
**dài**/**bái**［戴白］名〈書〉老人.
**dài gāomào**［戴高帽］〈慣〉[～儿子] おだてる. 持ち上げる.
**dài lóngtou**［戴笼头］〈慣〉自由を奪う. 拘束される.
**dài lǜmào**［戴绿帽］〈慣〉[～儿子] 妻を寝取られる; 妻を寝取られた男.
**dàimào xiǎoxué**［戴帽小学］名 中学１年の学級を設けた小学校.
**dài màozi**［戴帽子］〈慣〉レッテルをはる.
**dài pén wàng tiān**［戴盆望天］〈成〉手段を誤り目的の達せられない.
**dàishèng**［戴胜］名〈鳥〉ヤツガシラ.
**dài**/**xiào**［戴孝］動 喪服[喪章]をつける.
**dài zuì lì gōng**［戴罪立功］〈成〉罪減ぼしに手柄を立てる.

**黛** **dài** 日 **1** 眉墨[粒]. ¶粉～／おしろいと眉墨. 美人をさすこともある. **2** 青黒色. 眉墨色. ❸ 姓
**dàilǜ**［黛绿］名〈書〉濃い緑色.

## dan（ㄉㄢ）

**丹** **dān** 日 ① やや淡い赤色. ② 練り薬. 丹薬[粒]. ¶灵～妙药／万能薬. ❸ 姓
**dānchí**［丹墀］名 宮殿の前の朱塗りの階[粒].
**dāndǐnghè**［丹顶鹤］名〈鳥〉タンチョウヅル.
**dāndú**［丹毒］名〈医〉丹毒.
**dānfāng**［丹方］ **1** → **dānfāng**［单方］. **2**〈書〉道士の丹薬を作る術.
**dānfēng**［丹枫］名〈書〉紅葉したカエデ, モミジ.
**dānfèngyǎn**［丹凤眼］名〈植〉キンモクセイ.
**dāngui**［丹桂］名〈植〉キンモクセイ.
**Dānmài**［丹麦］名〈地名〉デンマーク.
**dānpí**［丹皮］名〈中薬〉牡丹皮[粒].
**dānqīng**［丹青］名〈書〉 **1** 赤と青; 色彩. 絵の具. 絵画. **2** 史籍. 歴史書.
**dānshā**［丹砂］名 辰砂[粒]. 朱砂[粒].
**dānshēn**［丹参］名〈植〉タンジン;〈中薬〉丹参[粒].

**dāntián**【丹田】[名]丹田(秘).
**dānxīn**【丹心】[名]赤心. 真心.
**dānzhū**【丹朱】[名]朱.

**担(擔) dān**[動]**1**〈肩で〉担ぐ,担いで水を運ぶ. **2**担当する. 引き受ける. 異読⇒dàn

**dānbǎo**【担保】[動]保証する. 請け合う.

**dānbǎo zhàiquàn**【担保債券】[名]〈経〉差し入れ証券. 保証社債.

**dān bù shì**【担不是】[慣]責任を負う. 非難される.

**dānbuqǐ**【担不起】[動+可補]**1**〈謙〉恐れ入ります. **2**[責任を]負えない.

**dāndài**【担待】[動]〈口〉**1**勘弁する. 大目に見る. **2**〈責任〉を引き受ける,負う.

**dāndāng**【担当】[動]引き受ける. 請け合う.

**dāngāng**【担綱】[動]**1**映画やドラマで主役を務める. **2**〈転〉主要な役割を果たす.

**dānge**【担搁】→dānge【耽搁】
**dānjià**【担架】[名]担架.

**dān jiānjiǎ**【担肩胛】[慣]〈方〉責任をもつ. 責任をとる.

**dān jīng shòu pà**【担惊受怕】[成]不安におののく.

**dān/míng**【担名】[動]〈～儿〉名ばかりである. ある悪名を得る.

**dānrèn**【担任】[動]担任する. 担当する. ¶～会计kuàijì/ 経理を担任する.

**dān/xīn**【担心】[動]心配する. 安心できない. ¶不必～ / 心配する必要はない.

**dānyōu**【担忧】[動]憂える. 憂慮する.

**单(單) dān** ❶[形]**1**(↔双)単一の. 〈対をなす〉片方の. ¶～扇 / shànmén / 一枚戸. **2**(↔双)奇数の. ¶～～数shù. **3**手薄な. 弱々しい.
❷[名]〈～儿〉書き付け; ビラ; 明細書.
❸[副]ただ. 単に. ¶～说这件事 / このことしか言わない.
❶-❶[名]シーツ類. ¶被～儿 / 布団カバー. **2**簡単な. 単純である. ¶簡単～ / 簡単な手続き. ¶簡単である. **3**ひとえの. ¶～衣.
❶[姓] 異読⇒chán, shàn

**dān bǎi fú gě**【单摆浮搁】[成]**1**重ねずに一つずつ並べておく. **2**仮に置いてあるだけの状態. **3**個々の事柄をばらばらに扱う.

**dānbǎn**【单板】[名]合板の上に張った上質の原板.

**dānbāng**【单帮】[名]〈旧〉にわか個人商. 担ぎ屋.

**dānbèitǐ**【单倍体】[名]〈生〉(染と体の)半数体, 半数体.

**dānbǐ**【单比】[数]単比, 一つの比.

**dānbiān**【单边】[形]一方的. 片側の.

**dānbó**【单薄】[形]**1**薄着である. **2**ひ弱い, やせこけている. **3**(カや論拠が)不十分である.

**dānchǎn**【单产】[名]単位面積の収量・生産量.

**dānchē**【单车】[名]**1**1台の車[自動車・トラクター]. **2**〈方〉自転車.

**dānchéng**【单程】[名](↔来回)片道. ¶～来回 / 片道往復.

**dānchuán**【单传】[動]**1**代々男子一人の家系が続く. **2**一子相伝(そうでん)する. **3**〈旧〉一人の師匠から教えを受ける.

**dānchún**【单纯】[形]**1**単純である. 純粋である. **2**単に. ひたすら.

**dānchúncí**【单纯词】[語]単純語.

**dānchúnlín**【单纯林】[名](↔混交林)単純林. 純林.

**dāncí**【单词】[語]**1**→ **dānchúncí**【单纯词】. **2**単語.

**dāndǎ**【单打】[体](↔双打)(球技などで)シングルス.

**dāndǎyī**【单打一】[慣]一つの仕事だけに集中する.

**dāndān**【单单】[副]**1**ただ…だけ. **2**よりによって. こともあろうに.

**dāndāo**【单刀】[名]**1**単刀. ひと振りの刀; 太刀. **2**〈体〉単刀で演じる武術.

**dān dāo fù huì**【单刀赴会】[成]危険な会合に単身乗り込む.

**dān dāo zhí rù**【单刀直入】[成]単刀直入である.

**dāndiào**【单调】[形]単調である. 変化に乏しい.

**dāndīng**【单丁】[名]〈旧〉兄弟のいない青壮年男子.

**dāndòng**【单冻】[名]単独冷凍.

**dāndú**【单独】[副]単独の.

**dān'ěrdāo**【单耳刀】[名]〈～儿〉(漢字の部首)ふしづくり"卩".

**dānfā**【单发】[名]〈軍〉単発.

**dānfāng**【单方】[名]中国医薬の民間処方.

**dānfāngmiàn**【单方面】[名]一方. 片方. ¶～撕毁合同 / 一方的に契約を破棄する.

**dānfàngjī**【单放机】[名]**1**再生専用のテープデッキ. **2**〈写真〉引き伸ばし機.

**dānfēi**【单飞】[動]〈航空〉単独飛行をする.

**dānfēngtuó**【单峰驼】[動]ヒトコブラクダ.

**dānfú**【单幅】[名]〈～儿〉(紡)(布地の)シングル幅.

**dāngān**【单干】[動]単独でやる.

**dāngànhù**【单干户】[名]個人経営の農家. 単独で仕事をする人; 独身者.

**dāngàng**【单杠】[名]〈体〉**1**(体操用具)鉄棒. **2**(体操の種目)鉄棒.

**dāngèr**【单个儿】[副]単独で,一人で. **2**[名]組または対になっているもの

dānguàhào【单挂号】名 普通書留郵便.
dānguǐ【单轨】名 単線の鉄道.
dānguǐ diànchē【单轨电车】名〈交〉モノレール.
dānguǒ【单果】名〈植〉単果. ▶"单花果"とも.
dānguò【单过】動 独り立ちする. 一人暮らしをする.
dānhán【单寒】形 1〈衣服が〉薄くて寒々としている. 2〈旧〉身寄りがなくて貧しい.
dānhào【单号】名 奇数番号.
dānhuángguǎn【单簧管】名〈音〉クラリネット.〈支〉
dānjī【单击】名〔電算〕シングルクリック.
dānjìdào【单季稻】名〈農〉一毛作(の稲).
dānjià【单价】1〈商品の〉単価. 2形〈生〉〈化〉一価の.
dānjiān【单间】名〈~儿〉1 ひと間だけの家. 2 一人部屋. 個室.
dānjiàn【单键】名〈化〉一価の原子手. 単結合.
dānjiǎotiào【单脚跳】名〈体〉(三段跳びの)ホップ.
dānjīngguī【单晶硅】名〈化〉単結晶シリコン.
dānjīngtǐ【单晶体】名〈鉱〉単結晶体.
dānjù【单句】名〈語〉単文.
dānjù【单据】名 証票. 証券.〔張〕
dānkǒngmù【单孔目】名〈動〉単孔目. 一穴目(いっけつもく)〔ゼ〕. 単孔形類.
dānkǒu【单口】名 一人で演じる曲芸や語り物.
dānkǒu xiàngsheng【单口相声】名 落語. 漫談.
dānlì【单利】名〈経〉単利.
dānlìrén【单立人】名〈~儿〉〈漢字の部首〉にんべん"亻".
dānliàn【单恋】動 片思いをする.
dānliè【单列】動〈項目などを〉単独に書く.
dānmíng【单名】名 1 文字の名.
dānmíngshù【单名数】名〈数〉単名数.
dānníngsuān【单宁酸】名〈化〉タンニン酸.
dānpí(gǔ)【单皮(鼓)】名〈楽〉(太鼓のような)民族楽器.
dānpiàn yǎnjìng【单片眼镜】名 片眼鏡(めがね). 単眼鏡.
dān qiāng pǐ mǎ【单枪匹马】〈成〉人に頼らずに単独で行動する.
dānqīn jiātíng【单亲家庭】名 父親か母親しかいない家庭.
dānqīn zǐnǚ【单亲子女】名 片親の子.
dānrén【单人】形 一人用の. シングルの. ¶~床 / シングルベッド. ¶~舞 / ソロダンス.
dānrì【单日】名 奇数日.
dānruò【单弱】形 1 ひ弱である. 2 不十分である. 薄弱である.

dānsè【单色】形 単色の.
dānshēn【单身】名 単身. 独身. 独り者.
dānshēn guìzú【单身贵族】名 独身貴族.
dānshēnhàn【单身汉】名〈男子の〉独身者. 独り者.
dānshēnghuā【单生花】名〈植〉単花.
dānshì biānzhì【单式编制】名〈教〉能力別クラス編成.
dānshù【单数】名 1 奇数. 2〈語〉単数.
dānsī bù chéng xiàn, dúshù bù chéng lín【单丝不成线，独树不成林】〈諺〉一人の力だけでは事がうまく運ばない.
dāntǐ【单体】名〈化〉単量体. モノマー.
dāntiáo【单条】名〈~儿〉〈屏 条〉(1本だけの)掛け軸.
dānwèi【单位】名 1〔計量・計数の〕単位. 2 機関・団体またはその所属部門. 3 勤め先. 所属先. 4〈法〉法人.
dānwèi fànzuì【单位犯罪】名〈企業などの〉組織犯罪.
dānxiánr【单弦儿】名〈民間芸能の一種〉演者が"八角鼓"を打ち鳴らしながら三弦の伴奏で歌うもの.
dānxiàn【单线】名 1 1本の線. 2 単線軌道. 単線.
dānxiāngsī【单相思】名 片思いをする.
dānxiàng【单向】形 一方の. 片側の. ¶~交通 / 一方通行.
dānxiàng【单项】名 1〈数〉単項. 2〈体〉種目別.
dānxíng【单行】1動 1〈法規などが〉単一項目のみもしくは一部地域のみで実行される. 2 単独に訪れる. 3 単独で印刷発行する. ¶~本 / 一冊本. 2形 一方通行の. ¶~线 / 一方通行の道.
dānxìng【单姓】名 1字の姓.
dānxuǎn【单选】動〈選択肢の中から〉一つを選ぶ.
dānyǎn【单眼】名〈生〉単眼.
dānyǎnpí【单眼皮】名〈~儿〉(↔ 双眼皮)一重まぶた.
dānyè【单叶】名〈植〉単葉.
dānyī【单一】形 単一である. ただ一つである.
dānyī【单衣】名 裏をつけない服. ひとえ.
dānyīmǎ【单一码】名〔電算〕ユニコード.
dānyìjī【单翼机】名 単葉飛行機.
dānyīncí【单音词】名〈語〉単音節語.
dānyǐnhào【单引号】名 引用符.
dānyíng【单营】動 一人暮らしする.
dānyuán【单元】名 1〈集合住宅で〉一つの階段を共有する家のまとまり. 2 "单元楼"の中の一住宅. 3〈教材

# dān

**dānyuánfáng**【单元房】[名]アパートやマンションの中の一世帯．

**dānzhèng**【单证】[名]領収書；証明書．

**dānzhì**【单质】[名]〈化〉単体．

**dānzǐ**【单子】[哲]単子．モナド．

**dānzi**【单子】[名]**1** シーツ．敷布．**2** 書き付け．¶菜～／メニュー．

**dānzǐyè zhíwù**【单子叶植物】[名]〈植〉単子葉植物．

**dāncí**【单词】[名]**1**（漢字の）1字．**2**（外国語の）単語．

**dānzuò**【单作】[名]〈農〉単作．

## 眈 dān ⓞ

**dāndān**【眈眈】[形]〈書〉鋭い目つきでじっと見つめている．

## 耽 dān [動]〈書〉ふける．耽溺(たんでき)する．¶～于幻想／幻想にふける．　➋遅れる．ぐずぐずする．

**dānge**【耽搁】[動]**1** 滞留する．逗留する．**2** 遅らせる．引き延ばす．**3** 手遅れになる．

**dānnì**【耽溺】[動]耽溺する．（思いに）ふける．（悪いことに）おぼれる．

**dānwu**【耽误】[動]遅らせる；手遅れになる．

**dān**//**xīn**【耽心】→**dānxīn**{担心}

**dānyōu**【耽忧】→**dānyōu**{担忧}

## 郸(鄲) dān 地名用字．¶～城／河南省の都市．‖[姓]

## 聃 dān 人名用字．¶老～／老子．

## 殚(殫) dān ❶ 尽くす．¶～力／力を尽くす．

**dān jiàn qià wén**【殚见洽闻】[成]見聞が広く，学識が豊かである．

**dān jīng jié lǜ**【殚精竭虑】[成]精魂を傾け，思慮を尽くす．

## 瘅(癉) dān ⓞ

**dānnüè**【瘅疟】[名]〈中医〉マラリアの一種．

## 箪(簞) dān [名]（竹で丸く編んだ）古代の飯びつ．

**dān sì hú jiāng**【箪食壶浆】[成]軍隊が人民に歓迎される．

## 儋 dān 地名用字．

## 胆(膽) dǎn [名]**1**（～儿）肝(きも)玉．度胸．¶～很小／肝玉が小さい．**2**〈生理〉（通常で）胆嚢(のう)．**3** 瓶等の内側の層．¶热水瓶～／魔法瓶の中瓶．‖[姓]

**dǎndà**【胆大】[形]度胸がある．大胆である．

**dǎn dà bāo tiān**【胆大包天】[成]大胆不敵である．

**dǎn dà wàng wéi**【胆大妄为】[成]大胆で無謀なふるまいをする．

**dǎnfán**【胆矾】[名]〈鉱〉胆礬(ばん)．

**dǎngǎn**【胆敢】[副]大胆にも．向こう見ずに．

**dǎngùchún**【胆固醇】[名]〈生化〉コレステロール．

**dǎnguǎn**【胆管】[名]〈生理〉胆管．輸胆管．

**dǎnhán**【胆寒】[動]驚き恐れる．怖がる．

**dǎnhóngsù**【胆红素】[名]〈生化〉ビリルビン．

**dǎnlì**【胆力】[名]度胸．胆っ玉．

**dǎnliàng**【胆量】[名]勇気．度胸．胆っ玉．

**dǎnlǜsù**【胆绿素】[名]〈生化〉ビリベルジン．

**dǎnlüè**【胆略】[名]〈書〉胆略．知勇．

**dǎnnáng**【胆囊】[名]〈生理〉胆嚢(のう)．

**dǎnpíng**【胆瓶】[名]くびの細長い花瓶．

**dǎnqì**【胆气】[名]度胸．勇気．

**dǎnqiè**【胆怯】[形]臆病である．おじけづく．

**dǎnsèsù**【胆色素】[名]〈生化〉ビリルビン．胆汁色素．

**dǎnshí**【胆识】[名]胆力と識見．

**dǎnshíbìng**【胆石病】[名]〈医〉胆石症．

**dǎnxiǎoguǐ**【胆小鬼】[名]臆病者．意気地なし．

**dǎn xiǎo pà shì**【胆小怕事】[成]臆病で事なかれ主義である．

**dǎn zhàn xīn jīng**【胆战心惊】[成]あまりの恐ろしさに肝をつぶす．

**dǎnzhàngwēn**【胆胀瘟】[名]牛疫(えき)．▶家畜がかかる急性熱性の伝染病．

**dǎnzhī**【胆汁】[名]〈生理〉胆汁．

**dǎnzhuàng**【胆壮】[形]度胸がある．肝っ玉が大きい．

**dǎnzi**【胆子】[名]胆．胆っ玉．度胸．

## 疸 dǎn →**huángdǎn**{黄疸} **hēidǎn**{黑疸}

## 掸(撣) dǎn [動]（はたきなどで）たく，払う．異読⇒**shàn**

**dǎnbàzi**【掸把子】[名]はたきの柄(え)．

**dǎnpíng**【掸瓶】[名]はたき立て．

**dǎnzi**【掸子】[名]はたき．[把]

## 亶 dǎn [副]〈書〉まことに．

## 石 dàn [量]容積の単位．石(こく)．100升．異読⇒**shí**

## 旦 dàn [量]**1**（旧劇で）女形(おやま)．**2**[量]〈紡〉（生糸などの太さを表す単位）デニール．▶"目尼尔"とも．

❶[名]明け方．朝．¶～暮／朝晩．➋日．¶元～／元日．‖[姓]

**dànjué**【旦角】[名]（～儿）（旧劇で）女形(おやま)．

**dànxī**【旦夕】[名]朝夕．朝と晩；時間が切迫する．

## 但 dàn ❶[接続]…（だ）が．しかし．➋[書]ただ．だけ．ばかり．‖[姓]

**Dàndīng**【但丁】[人名]ダンテ．

**dànfán**【但凡】[接続]（およそ）…であれば．

**dànshì**【但是】[接続]しかし．けれども．…が．¶虽然她岁数不大，～很有学问／彼女はまだ年が若いのに，とても学問がある．

**dànshū**【但書】[名]〈法〉但し書き.
**dànyuàn**【但願】[動]ひたすら…であることを願う.

**担(擔)** **dàn**[量]**1**〈重量の単位〉1担は100"斤"に相当する. **2** 天びん棒で担ぐものを数える. ¶两~煤／2荷の石炭.
〔H〕①天びん棒. ②天びん棒で担ぐ物. ③〈喩〉負担. 責任. ¶重~／重責. 異読⇒dān

**dàndanmiàn**【担担面】[名]〈料理〉タンタンメン.
**dànzi**【担子】[名]**1** 天びん棒で担ぐ荷物. **2**〈喩〉**責任**. 重荷.

**诞** **dàn**〔H〕①生まれる. 誕生する. ¶~辰／誕生日. ②でたらめな話. ¶荒~／荒唐無稽である.
**dànchén**【诞辰】[名]〈敬〉誕生日.
**dànshēng**【诞生】[動]誕生する. **生まれる**.

**萏(蕾)** **dàn** ○

**dànmín**【蜑民】[名]〈旧〉(中国南方に居住する)水上生活者. 蛋民(dàn).

**苕** **dàn** →**hàndàn**〖菡苕〗

**啖(啗)** **dàn**[動]〈書〉食う. 食わせる. **2**〈利益で〉釣る.
‖姓‖
**dàn yǐ gān yán**【啖以甘言】〈成〉うまいことを言って誘惑する.

**淡** **dàn**[形]**1**(飲み物が)**薄い**. (酒・たばこが)**弱い、マイルドだ**. **2** 塩気が薄い. 味が薄い. **3**(色が)薄い、淡い、明るい. **4** 冷淡である. そっけない. **5**(商売が)閑散としている. ¶生意~了／商売が暇になった.
〔H〕つまらない(話). ¶~~话.

**dànbāgū**【淡巴菰】[名]たばこ.
**dànbó**【淡泊】[形]〈書〉淡泊である. 無欲である.
**dànbó**【淡薄】[形]**1**(霧などが)**薄い**. **2**(味が)薄い. **3**(感情や興味が)**希薄である**. **4**(印象が)薄い.
**dàncǎi**【淡彩】[名]〈美〉パステル調.
**dàncài**【淡菜】~**yíbèi**[動]〈映〉フェードアウトする.
**dàndìng**【淡定】[形]落ち着いている.
**dàn ér wú wèi**【淡而无味】〈成〉物事が平板でおもしろくない. 無味乾燥.
**dànfàn**【淡饭】[名]粗末な食事. 粗食.
**dànhuà**【淡化】[動]**1**(問題や感情が)薄らぐ. **2** 淡水化する.
**dànhuà**【淡话】[名]くだらない話.
**dànjì**【淡季】[名](商売などの)閑散期.
**dànlǜ**【淡绿】[名]薄緑. ライトグリーン.
**dànmò**【淡漠】[形]**1** 冷淡である. **2** 記憶が薄い.
**dànmò**【淡漠】[名]薄墨(ぼく).
**dànqīng**【淡青】[名]薄い青色.

**dànrán**【淡然】[形]〈書〉(どこ吹く風と)平気である.
**dànrù**【淡入】[動]〈映〉フェードインする.
**dànshì**【淡市】[名]閑散な市況.
**dànshuǐ**【淡水】[名]淡水. ¶~湖／淡水湖. ¶~鱼／淡水魚.
**dànwàng**【淡忘】[動](印象や記憶が)しだいに薄れる、思い出せなくなる.
**dànyǎ**【淡雅】[形](色が)あっさりしていて上品である.
**dànyuè**【淡月】[名](商売の)閑散な月.
**dànzhú**【淡竹】[名]〈植〉淡竹(ハチク). クレヤ(中薬)竹茹(にょ).
**dànzhúyè**【淡竹叶】[名]〈植〉ササクサ; 〈中薬〉淡竹葉(よう).
**dànzhuāng**【淡妆】[名]薄化粧.

**惮(憚)** **dàn**〈書〉恐れる. はばかる. ¶肆无忌~／しかと放題する.

**弹(彈)** **dàn**[名](~儿)弾力で発射される小さな玉.
〔H〕鉄砲の弾. ¶炮~／砲弾. ¶炸~／爆弾. 異読⇒**tán**

**dàndào**【弹道】[名]〈物〉弾道.
**dàndào dǎodàn**【弹道导弹】[名]〈軍〉弾道ミサイル.
**dàndào huǒjiàn**【弹道火箭】[名]〈軍〉弾道ロケット.
**dàngōng**【弹弓】[名]はじき弓. パチンコ.
**dànhén**【弹痕】[名]弾痕. (鉄砲の)弾の当たった跡.
**dànjiā**【弹夹】[名](銃の弾丸を入れる)カートリッジクリップ. 挿弹子.
**dànké**【弹壳】[名](~儿)**1** 薬莢(きょう). **2** 爆弾の外殻.
**dànkēng**【弹坑】[名]爆弾や砲弾であいた穴.
**dànkǒng**【弹孔】[名]弾丸の当たった穴.
**dànpiàn**【弹片】[名](~儿)炸裂した砲弾の破片.
**dàntóu**【弹头】[名]弹頭.
**dànwán**【弹丸】[名]**1** はじき玉. **2** 銃弾. **3**〈喩〉狭い土地.
**dàn wán zhī dì**【弹丸之地】〈成〉猫の額ほどの土地.
**dàn wú xū fā**【弹无虚发】〈成〉射撃の腕が立ち、的を外さない. むだな弹がない; 論に確実である.
**dànxiá**【弹匣】[名]〈軍〉弹倉.
**dànyào**【弹药】[名]〈軍〉弹薬.
**dànzhuódiǎn**【弹着点】[名]〈軍〉着弹点.
**dànzǐ**【弹子】[名]**1** はじき玉. **2**〈方〉ビリヤード.
**dàn zǐ fáng**【弹子房】[名]玉突き場. ビリヤード場.
**dànzisuǒ**【弹子锁】[名]〈方〉自動錠. ナイトラッチ.

**蛋** **dàn**[名]卵. ¶下~／卵を産む.
〔H〕①卵状のもの. ¶泥~儿／泥の塊. ②やつ. ちくしょう. ¶坏~／悪いやつ. ¶王八~／この恥知らずめ.

**dàn**

**dànbái【蛋白】**[名]**1** 卵白. **2** 蛋白質.

**dànbáidòng【蛋白胨】**[名]〈生化〉ペプトン.

**dànbáiméi【蛋白酶】**[名]〈生化〉プロテアーゼ.

**dànbáiròu【蛋白肉】**[名] 大豆蛋白の食品.

**dànbáishí【蛋白石】**[名]〈鉱〉蛋白石.オパール.

**dànbáiyín【蛋白银】**[名] プロテイン銀.

**dànbáizhì【蛋白质】**[名] 蛋白質.

**dàndiāo【蛋雕】**[名] 卵の殻に彫ったり入れたりした工芸品.

**dànfěn【蛋粉】**[名] 卵を乾燥させ粉末にした食品.

**dàngāo【蛋糕】**[名]**1** ケーキ.カステラ. **2**〈喩〉パイ.(社会の)共有の利益や財.

**dàngēng【蛋羹】**[名]〈料理〉茶碗蒸し.

**dànhuáng【蛋黄】**[名](～儿) 卵黄.

**dànjī【蛋鸡】**[名] 産卵用の鶏.

**dànjuǎn【蛋卷】**[名](～儿)**1** 卵を多く使った筒状のクッキー. **2** ソフトクリーム.

**dànké【蛋壳】**[名](～儿) 卵の殻.

**dànpǐn【蛋品】**[名] 卵および卵製品.

**dànqīng【蛋青】**[名]〈アヒルの卵の殻のような〉ごく薄い青色.

**dànqīng【蛋清】**[名](～儿)〈口〉卵の白身.

**dànyòngjī【蛋用鸡】**[名] 卵用種の鶏.

**dànzǐr【蛋子儿】**[名]〈口〉睾丸(ぷ).

**dànzi【蛋子】**[名] 丸いもの.

**氮**

**dàn**【化】窒素.N.

**dànféi【氮肥】**[名]〈農〉窒素肥料.

**dànqì【氮气】**[名] 窒素の通称.

**dànyǎnghuàwù【氮氧化物】**[名]〈化〉酸化窒素物.

**瘅(癉)**

**dàn**〈書〉[名] 過労による病気. [動] 憎む.

*異読⇒dān*

**澹**

**dàn**〈書〉静かである.

*異読⇒tán*

**dànbó【澹泊】→dànbó【淡泊】**

**dànrán【澹然】→dànrán【淡然】**

## dang（ㄉㄤ）

**当(當)**

**dāng**【当】**1**[動]...になる.(...の役/職を)務める;(職務を)受け持つ. ¶～一个小组长／グループ長を務める. (責任を)引き受ける;(資格・条件に)相当する. ふさわしい. **3** つかさどる. 管理する. ¶～家.

**2**[前]...に....で....を前に. ▶事柄を進行している時・場所を表す. ¶～他六岁的时候／彼が10歳のときに. ¶～着大家的面儿说清楚／みんなの前ではっきり言う.

**3**[助動] 当然.～すべきである.

**4**[擬]〈金属製の器物をたたく音〉かあ

ん、ごおん.

**5**①釣り合う. ¶相～／匹敵する. ②まさに今. ¶一～～场ცհăng.

*異読⇒dàng*

**dāng//bān【当班】**[動] 当番になる. 当直する.

**dāng//bīng【当兵】**[動] 軍隊に入る. 兵隊になる.

**dāng//chāi【当差】**〈旧〉**1**[動] 使い走りや下僕の仕事をする. **2**[名] 使用人. 下僕.

**dāngchǎng【当场】**[副] その場で. 現場で.

**dāng chǎng chū cǎi【当场出彩】**〈成〉人前で醜態を演じる.

**dāngchū【当初】**[名] 以前. 昔. 当初.

**dāngdài【当代】**[名]〈現代〉. 当代.

**dāngdài wénxué【当代文学】**[名] 现代文学.

**dāngdài zuòjiā【当代作家】**[名] 现代作家.

**dāngdào【当道】1**[名](～儿)〈方〉道の真ん中. **2**[動]〈貶〉政権を握る.

**dāngdì【当地】**[名] 当地. その土地.

**dāngdì gùyuán【当地雇员】**[名] 现地採用者.

**dāngdì shíjiān【当地时间】**[名] 现地時間.

**dāng/guān【当关】1**[動] 関所を守る. **2**[名]〈書〉門衛.

**dāng/guān【当官】**[動] 役人になる.

**dāngguī【当归】**[名]〈植〉トウキ;〈中薬〉当帰(お).

**dāng háng chū sè【当行出色】**〈成〉餅は餅屋.

**dānghóng【当红】**[形] 人気がある. ¶～作家／人気作家.

**dāng hóu shuǎ【当猴耍】**〈慣〉人をばかにする.

**dāng jī lì duàn【当机立断】**〈成〉時機を外さず即断する.

**dāngjí【当即】**[副]〈書〉すぐさま. たちどころに.

**dāng/jiā【当家】**[動] 家事を〔家庭を〕切り盛りする.

**dāngjiāde【当家的】**[名]**1**〈口〉(一家の)主人. **2**〈方〉妻が夫に対し夫主. あなた. **3**〈口〉(寺院の)住職.

**dāngjiānr【当间儿】**[名]〈方〉真ん中.

**dāng/jiē【当街】1**[動] 往来. 表通り. **2**〈方〉街中.

**dāngjīn【当今】**[名]**1** 今. 当世. **2** 〈旧〉今の皇帝.

**dāngjīn zhī shì【当今之世】**今の世の中.

**dāngjǐn【当紧】→yàojǐn【要紧】**

**dāngjú【当局】**[名] 当局.

**dāng jú zhě mí【当局者迷】**〈成〉傍目八目(ﾐﾂﾐﾒ).

**dāngkōng【当空】**[動]〈日・月が〉中天にかかる.

**dāngkǒur【当口儿】**[名]〈方〉ちょうどその時.

**dānglāng【当啷】**〈金属製の物が硬いものに打ち当たる音〉がらん. からん

ん.
dāngliàng【当量】名〈化〉当量.
dānglìng【当令】動 旬を迎える.
dāng/miàn【当面】動 (～面)面と向かう. じかに…する.
dāngmiàn luó duìmiàn gǔ【当面锣对面鼓】(諺) 面と向かって遠慮なく相談や言い争いをする.
dāngnián【当年】名 当時. 往年. ⇨dàngnián
dāng niú zuò mǎ【当牛作马】(成)〔牛や馬のように〕こき使われる, 搾取される.
dāngqián【当前】1 名 目下. 現段階. 2 動 目の前にある[いる].
dāngqián mùlù【当前目录】名〈電算〉カレントディレクトリー.
dāng qiāng shǐ【当枪使】(慣) 人を道具として利用する.
dāng/quán【当权】動 権力を握る.
dāngquánpài【当权派】名 実権派.
dāngr【当儿】名〈方〉ちょうどその時. 2 すきま. あき.
dāngrán【当然】1 形 当然である. ¶他提出抗议是～的／彼が抗議するのは当たり前だ. 2 副 もちろん. 言うまでもなく. ¶你也去吗？——～去／君も行くのか——もちろん行く.
dāng rén bù ràng【当仁不让】(成) 自分で担うべき責務は進んで果たす.
dāngrì【当日】名〈書〉当時. その時. ⇨dàngrì
dāngshí【当时】名 当時. その時. ⇨dàngshí
dāngshì【当世】名 現代. 当代.
dāngshìrén【当事人】名 当事者.
dāngtiān【当天】→dàngtiān
dāngtóu【当头】1 動 頭から. 2 動 1 眼前に迫る. 2 首位に置く. ⇨dàngtou
dāng tóu bàng hè【当头棒喝】(成) 厳しい警告やショックを与える.
dāng tóu yī bàng【当头一棒】→ dāng tóu bàng hè【当头棒喝】
dāng wù zhī jí【当务之急】(成) 当面の急務.
dāngxià【当下】名 ただちに. 即刻.
dāngxiān【当先】動 1 先頭に立つ. 2〈方〉最初. 以前.
dāngxīn【当心】動 気をつける. 2 名〈方〉(胸の)真ん中.
dāngxuǎn【当选】動 当選する.
dāngyāng【当央】名〈方〉(略)〈機〉中央.
dāngyāo【当腰】名〈方〉長い物の真ん中.
dāngyè【当夜】名 当夜. ⇨dàngyè
dāng yī tiān héshang zhuàng yī tiān zhōng【当一天和尚撞一天钟】(諺) 場当たりに仕事をする.
dāngyuàn【当院】名 (～儿)〈方〉庭先.
dāngzhèng【当政】動 政権を握る.
dāng zhī wú kuì【当之无愧】(成) その名に恥じない.

dāng/zhí【当值】動〈旧〉当直する.
dāngzhōng【当中】方位 真ん中；…の中. 中間.
dāngzhōngjiànr【当中间儿】方位〈方〉真ん中. ただ中.
dāngzhòng【当众】動 みんなの前で.
dāngzhóu【当轴】名〈旧〉政府の指導者.
dāngzi【当子】名〈方〉すきま. あき.

珰(璫) dāng 1 名〈書〉1 耳飾り. 2 宦官(敵).
2 擬〔金属製の器物をたたく音〕かあん. ごおん.

铛(鐺) dāng 擬〔金属製の器物のぶつかる音〕がちゃん. 異読 ⇨chēng

裆(襠) dāng 名 1〔ズボンの〕また. 2 股間. 股ぐら.

筜(簹) dāng→yúndāng【筼筜】

挡(擋・攩) dǎng 1 動 遮る. 立ちはだかる；覆う. ¶汽车一住了去路／自動車が道を遮った. 2 (～儿) 覆い. ¶窗～儿／雨戸. 2 (略)〈機〉ギア. 変速装置. 3 "排挡"の略. 3〈計器の光・熱・電力の量を表す等級〉異読 ⇨

dǎng/chē【挡车】動 紡績機械の操作をする.
dǎng/dào【挡道】動 道をふさぐ. 邪魔する.
dǎng/fēng【挡风】動 風をふさぐ.
dǎngfēngqiáng【挡风墙】名 風よけ；隠れみの.
dǎng/hán【挡寒】動 防寒をする.
dǎng/hèngr【挡横儿】動 邪魔する. 横やりを入れる.
dǎng/jià【挡驾】動〈婉〉来訪を断る. 門前払いをする.
dǎngjiànpái【挡箭牌】名 口実. 後ろだて.
dǎng/lù【挡路】→dǎng/dào【挡道】
dǎngníbǎn【挡泥板】名 泥よけ.
dǎng/qiāng【挡戗】動〈方〉役に立つ. 助かる.
dǎngtǔqiáng【挡土墙】名〈建〉土砂などが崩れ落ちるのを防ぐ壁. 擁壁.
dǎngzi【挡子】名 覆い. 囲い.

党(黨) dǎng 1 名 党. 政党；(特に) 中国共産党.
日 ①徒党. 一味. ¶～～徒. ②えこひいきする. ③親類をさす. ¶父[母]～／父方[母方]の親類. 1 姓

dǎngbāgǔ【党八股】名 中国共産党の紋切り型で意味のない文体や活動方法.
dǎngbào【党报】名 党の機関紙.
dǎngdàihuì【党代会】名 党の代表の大会. 党大会.
dǎngfá【党阀】名 派閥のボス.
dǎngfèi【党费】名 党費.
dǎngfēng【党风】名 党風.
dǎnggāng【党纲】名 党綱領.
dǎnggùn【党棍】名 政党の悪ボス.

（特に国民党の）ボス.

**dǎngjí**【党籍】[名]党籍.

**dǎngjì**【党紀】[名]党規.

**dǎngjìn**【党禁】[名]ある党派に属する者を官職につかせず、政治に参加させないこと.

**dǎngkè**【党课】[名]党の組織が党員や入党申請者に党の綱領や規約についての教育を施す課程.

**dǎngkuí**【党魁】[名]〈貶〉政党のボス. 党首.

**dǎnglíng**【党龄】[名]党歴.

**dǎngnèi**【党内】[名]党内. ¶～民主／党内の民主.

**dǎngpài**【党派】[名]党派.

**dǎngpiào**【党票】[名]〈俗〉中国共産党員の身分.

**dǎngqí**【党旗】[名]党の旗.

**dǎngqún**【党群】[名]〈略〉党と大衆.

**dǎngshēn**【党参】[名]〈植〉ヒカゲツルニンジン;（中薬）党参（hh）.

**dǎng tóng fá yì**【党同伐异】〈成〉意見を同じくする者と徒党を組み、意見を異にする者を攻撃する.

**dǎngtú**【党徒】[名]〈貶〉徒党. 一味.

**dǎngtuán**【党团】[名]〈略〉1 党派と団体. 2 国会議員団.

**dǎngwài**【党外】[名]党外.

**dǎngwěi**【党委】[名]〈略〉党委員会.

**dǎngwù**【党务】[名]党務.

**Dǎngxiàng**【党项】[名]〈古〉タングート族.

**dǎngxiào**【党校】[名]党学校.

**dǎngxìng**【党性】[名]党性.

**dǎngyǔ**【党羽】[名]〈貶〉仲間. 一味.

**dǎngyuán**【党员】[名]党員.

**dǎngzhāng**【党章】[名]党規約.

**dǎngzhèng**【党证】[名]党員証.

**dǎngzhèng**【党政】[名]〈略〉党と政府.

**dǎngzhībù**【党支部】[名]党支部.

**dǎngzhōngyāng**【党中央】[名]党中央. 党の指導部.

**dǎngzǔzhī**【党组织】[名]党組織.

谠（讜）**dǎng**[形]〈書〉正直な.

当（當）**dàng** ❶[动] 1 …とする. …と見なす. 2 …と思い込む. ¶你还在这儿,我～你走了／君はまだいたのか、もう帰ったと思ったが. 3 …に相当する. …に当たる. ¶一个人～两个人用／一人で二人分の働きをする. 4[賞]に入れる.
❷[形] ① 適切である. ちょうどよい. ¶恰～／適当である. 2 事が起こったとき. ¶～～天. ／当日;当座;質屋. ¶贖shú～／質を請け出す.
異読⇒dāng

**dàngchéng**【当成】→dàngzuò【当做】

**dàngdàng**【当当】[动]質に入れる.

**dàng huí shìr**【当回事儿】〈口〉まじめに見る.

**dàngmài**【当卖】[动]質に入れたり売ったりする.

**dàngnián**【当年】[名]その年. 同じ年. ⇒dāngnián

**dàngpiào**【当票】[名]（～儿）質札.

**dàngpù**【当铺】[名]質屋.

**dàngrì**【当日】[名]その日. 当日. ⇒dāngrì

**dàngshí**【当时】[副]即座に. ⇒dāngshí

**dàngshì**【当是】[动]（まちがって）…と思う. てっきり…だと思う.

**dàngtiān**【当天】[名]その日. 同日.

**dàngtou**【当头】[名]質草. ⇒dāngtóu

**dàngwǎn**【当晚】[名]その夜.

**dàngyuè**【当月】[名]その月. 同じ月.

**dàngzhēn**【当真】❶[动]本気にする. 真に受ける. 2[形]本当である.

**dàngzuò**【当做】[动]…と見なす. …と思う. ¶把他当做自己的亲哥哥／彼を自分の本当の兄のように思う.

凼（氹）**dàng**[名]〈方〉水たまり; 肥だめ.

**dàngféi**【凼肥】[名]〈方〉（中国南方で）肥(え). 堆肥.

砀（碭）**dàng**[名]地名用字.

宕 **dàng** ❶[动] 1 長引く. ¶延～／いつまでも引き延ばす. 2 ほしいまま. 3 跌～／勝手気ままにふるまう.

垱（壋）**dàng**[名]〈方〉（灌漑用に築いた小さな）堰(s).

挡（擋）**dàng** →bǐngdàng【摒挡】
異読⇒dǎng

荡（蕩）**dàng** ❶[动] 1 揺れる. 揺れ動く. ¶～秋千／ぶらんこに乗る. 2 さまよう. ぶらつく.
❷[名]沼;浅い湖.
❸ ①洗う. ¶冲chōng～海岸／（波が）海岸を洗う. ②すっかり取り除く. ¶扫～／掃討する. ③放縦な. ふしだらである. ¶淫～／淫乱(%)である. ‖

**dàngchú**【荡除】[动]きれいに取り除く. 一掃する.

**dàngdí**【荡涤】[动]〈書〉洗う.

**dàngfù**【荡妇】[名]浮気な女. しり軽女.

**dàngpíng**【荡平】[动]掃討し平定する.

**dàng qì huí cháng**【荡气回肠】→huí cháng dàng qì【回肠荡气】

**dàngrán**【荡然】[形]〈書〉跡形もない.

**dàngyàng**【荡漾】[动]波打つ.

**dàngyou**【荡悠】[动]〈口〉ゆらゆら揺れる. 2 ぶらつく.

**dàngzi**【荡子】[名]〈方〉浅い湖.

档（檔）**dàng** [名] 1 書類を保管する段付きの棚. ¶归～／関係文書をファイルする. 2（～儿）支え棒. 横木. 3 桌子的横一儿／机の横木. 3 保存書類. ¶查～／保存書類を調べる. 4（商品や製品の）等級. ‖

**dàng'àn**【档案】[名][份] 1（職場や機関が保管する）個人の身上調査. 2（公的な）保存書類.

**dàng'ānguǎn**【档案馆】[名]公文書館.

**dàngcì**【档次】[名]（一定の規準に基づ

dàngqī【档期】映画の上映期間；テレビの放映期間. クール.

dàngzi【档子】[量]〈方〉1 事柄を数える. 2 組になった大衆芸能の演目を数える.

**荡** dàng →làngdàng[荡着] ‖ 姓

## dao（ㄉㄠ）

**刀** dāo 1[名](～儿)ナイフ. 刀. 刃物類.[把] 2[量]紙を数える単位)普通, 1"刀"は100枚.
 🅗 刀状のもの. 🅗 冰～／スケート靴のエッジ. ‖ 姓

dāobǎ【刀把】[名](～儿, ～子)刀のつか. 柄；〈喩〉権力.

dāobèi【刀背】[名](～儿)刀の峰.

dāobǐ【刀笔】[名]〈貶〉(特に司法関係の)文書に関すること, 文書を書く人.

dāobì【刀币】[名]〈古〉刀幣.

dāobīng【刀兵】[名]武器；〈転〉戦争.

dāochā【刀叉】[名]ナイフとフォーク.

dāodòu【刀豆】[名]〈植〉ナタマメ.

dāofēng【刀锋】[名]刀の刃.

dāo gēng huǒ zhòng【刀耕火种】〈成〉焼き畑農業.

dāo guāng jiàn yǐng【刀光剑影】〈成〉殺気がみなぎっているさま.

dāojià【刀架】[名][機]バイト台.

dāojù【刀具】[名][機]切削工具.

dāojù【刀锯】[名] 1〈古〉刀とのこぎり；〈広く〉古代の刑具. 2〈旧〉刑罰.

dāokǒu【刀口】[名]刃. やいば；〈喩〉肝心なところ.

dāoláng【刀螂】[名]〈方〉〈虫〉カマキリ.

dāopiàn【刀片】[名][機]切削工具の刃. バイト；かみそりの刃.

dāoqiāng【刀枪】[名]刀と槍；武器.

dāoqiào【刀鞘】[名]刀のさや.

dāor【刀儿】[名]小刀.[把]

dāorèn【刀刃】[名]刀の刃. やいば；〈喩〉肝心なところ.

dāo shān huǒ hǎi【刀山火海】〈成〉非常に危険なところ.

dāo shān jiàn shù【刀山剑树】〈成〉きわめて危険なさま.

dāoshāng【刀伤】[名]切り傷.

dāotiáoliǎn【刀条脸】[名]〈俗〉細面の(顔).

dāo xià liú rén【刀下留人】〈成〉(旧時, 斬罪を執行するときに)待ったをかけること.

dāoxiāomiàn【刀削面】[名]包丁で削っためん. ▶山西省の郷土料理.

dāoyú【刀鱼】[名]〈魚〉タチウオ.

dāozi【刀子】[名]〈口〉小刀. ナイフ.

dāozuǐ【刀子嘴】[慣]言葉がきつい.

dāozǔ【刀俎】[名]包丁とまな板；〈喩〉殺しや害を加えたりする者.

**叨** dāo ○ 異読⇒dáo, tāo

dāodao【叨叨】[動]〈口〉くどくど言う.

dāodeng【叨登】[動] 1(物を)引っかき回して取り出す. 2 くどくどと言う.

dāolao【叨唠】[動]〈口〉くどくど言う.

dāoniàn【叨念】[動]うわさをする. つぶやく.

**忉** dāo ○

dāodāo【忉忉】[形]〈書〉憂えるさま.

**氘** dāo [名]〈化〉デューテリウム. 重水素.

**魛** dāo [名]〈古〉刀のような形をした魚.

**叨** dáo ○ 異読⇒dāo, tāo

dáogu【叨咕】[動]〈方〉ぶつぶつ言う.

**捯** dáo [動]〈方〉1(糸・ひも・縄などを)たぐる. かい繰る.▶把风筝～下来／たこをたぐり寄せる. 2 追究を突つめる.

dáochi【捯饬】[動]〈方〉おめかしをする. 着飾る.

dáo//gēnr【捯根儿】[動]物事の原因を追究する.

dáo//qìr【捯气儿】[動]〈方〉1(死に際に)呼吸が途切れ途切れになる. 2(しゃべるのが早くて)せき込む.

dáoteng【捯腾】[動] 1 ひっかき回す. ひっくり返す. 2〈貶〉余計なことをする.

**导**(導) dǎo 🅗 1 導く. 引き連れる. ▶教jiào～／教え導く. ②伝導する.🅗 1→热.

dǎobǎn【导板】→dǎobǎn【倒板】

dǎobiāo【导标】[名]〈交〉航路標識.

dǎobō【导播】[名] 1 放送局のプロデューサー. 2 放送をプロデュースする.

dǎochū dānwèi【导出单位】[名]組立単位. 誘導単位.

dǎocílǜ【导磁率】[名]〈物〉透磁率.

dǎodàn【导弹】[名]〈軍〉ミサイル. [颗, 枚]

dǎodiàn【导电】[動]〈物〉電気を伝導する.

dǎodiànxìng【导电性】[名]電導性.

dǎodú【导读】[動] 1 読書指導をする. 2〈新聞〉の見出し目次.

dǎofā【导发】[動]誘発する.

dǎogòu【导购】[動]販売促進をする.

dǎoguǎn【导管】[名] 1 導管. パイプ. 2(生)動物の)血管・リンパ管など.

dǎoguǐ【导轨】[名]ガイド. 誘導装置. すべり座.

dǎoháng【导航】[動](レーダーなどで)航行を誘導する.

dǎoháng xìtǒng【导航系统】[名]ナビゲーションシステム.

dǎohuǒxiàn【导火线】[名] 導火線. ;〈喩〉導火線. きっかけ. ▶ "导火索" とも.

dǎojiě【导姐】[名]案内嬢.

dǎokēng【导坑】[名]トンネル工事で予備的に掘る小さなトンネル. 導坑.

dǎoliú【导流】[名]〈水〉導流する. 導水.

dǎolù [导路] [名] 道路案内.
dǎolún [导轮] [名] 〈机〉案内車.
dǎolùn [导论] [名] (本の)序論.
dǎomángjìng [导盲镜] [名] 音波誘導眼鏡.
dǎonà [导纳] [名] 〈電〉アドミタンス.
dǎoniàoguǎn [导尿管] [名] 〈医〉カテーテル.
dǎorè [导热] [動] 〈物〉熱を伝導する.
dǎoshī [导师] [名] 1 指導教官. 2 指導者.
dǎoshù [导数] [名] 〈数〉導関数.
dǎotǐ [导体] [名] 〈物〉導体.
dǎoxiàn [导线] [名] 〈電〉導線.
dǎoxiàng [导向] [動] 1 (ある方向に)導く,誘導する. 2 発展の方向づけをする.
dǎoyán [导言] [名] 緒言. 序言.
dǎoyǎn [导演] 1 [動] (演劇や映画を)演出する,監督する. 2 [名] 映画監督;演出家.
dǎoyáng [导扬] [動] 〈書〉喧伝(ﾃﾞﾝ)する. 言いふらす.
dǎoyǐn [导引] [名] 道教の導引術.
dǎoyóuyuán [导游员] [名] 案内人,ガイド.
dǎoyóu [导游] 1 [名] ガイド. 2 [動] 観光案内をする.
dǎoyóutú [导游图] [名] 観光案内図.
dǎoyǔ [导语] [名] (記事などの)前書き,編集者の言葉.
dǎoyuán [导源] [動] 1 …に源を発する. 2 …から,…に基づく.
dǎozhì [导致] [動] (悪い結果を)導く,招く.

島 (島) dǎo [名] 〈地〉. ‖姓

dǎoguó [岛国] [名] 〈地〉島国.
dǎohú [岛弧] [名] 〈地〉弧形に連なる一連の島.
dǎoyǔ [岛屿] [名] 〈地〉島(の総称). 島々.

搗 (搗) dǎo [動] 1 (杵状のもので)つく,つき砕く. ¶~米／米をつく. 2 (棒・こぶしなどで)たたく. ¶~衣／(たたき棒で)洗濯物をたたく.
目 かき回す. 攪乱(ｶｸﾗﾝ)する.
dǎo//dàn [捣蛋] [動] からむ.
dǎogu [捣鼓] [動] 〈方〉1 いじくり回す. 2 販売する;経営する.
dǎo//guǐ [捣鬼] [動] (こそこそ)悪巧みをする.
dǎohuǐ [捣毁] [動] たたき壊す.
dǎo jiànghú [捣浆糊] [慣] 〈方〉知らないのに知っているふりをする. しらをきる;(物事をごちゃ混ぜにする,いい加減にする.
dǎo//luàn [捣乱] [動] 騒動を起こす.
dǎoluàn fènzǐ [捣乱分子] [名] 騒動を起こす者.
dǎo máfan [捣麻烦] [慣] 面倒を起こす.
dǎonong [捣弄] [動] 1 いじくる. 2 →dǎonong [倒弄]

dǎosuì [捣碎] [動] つき砕く.
dǎoténg [捣腾] → dǎoteng [倒腾]

倒 dǎo [動] 1 倒れる. 横倒しになる. ¶墙~了／塀が倒れてしまった. 2 (事業が)失敗する,つぶれる. 3 (俳優などの声が)かすれる,つぶれる. 4 換える. 移す. ¶~一下车／乗り換える. 5 よける. (身を)かわす. ¶~不开身／(狭くて)身をかわすことができない. 6 譲渡する. 売り渡す. 異読⇒dào
dǎobǎ [倒把] [動] さや取引をする.
dǎo//bān [倒班] [動] 勤務を交替する.
dǎobǎn [倒板] [名] (京劇などで)激昂や悲痛を表す歌调の一種.
dǎobì [倒闭] [動] (企業が)破産する,倒産する.
dǎobì [倒毙] [動] 行き倒れになる.
dǎo//cāng [倒仓] [動] 1 穀物を干すために倉から出したり入れたりする. 2 穀物を他の倉へ移す. 3 〈劇〉俳優が青年期に声変わりをする.
dǎochá [倒茬] [動] 〈農〉輪作する.
dǎo//chē [倒车] [動] (車など)乗り換える. ⇒dào/chē
dǎodǐ [倒底] [名] (~ル)店舗の譲り渡しまたは譲り受け.
dǎo fēng diān luán [倒凤颠鸾] → diān luán dǎo fèng [颠鸾倒凤]
dǎofú [倒伏] [動] 〈農〉(農作物が)倒れる.
dǎogē [倒戈] [動] 〈書〉寝返る.
dǎo hǎi fān jiāng [倒海翻江] → fān jiāng dǎo hǎi [翻江倒海]
dǎohuàn [倒换] [動] 交替させる. 循環させる;(順序を)変える.
dǎo//huì [倒汇] [動] 外貨の投機売買をする.
dǎojiào [倒嚼] [動] →dǎoxiàng [倒嚼] 反芻(ﾊﾝｿｳ)する.
dǎojiēbān [倒接班] [慣] (若い従業員の中途退職の穴埋めとして)退職した年配者を再雇用する.
dǎojié [倒睫] [動] 逆さまつげになる.
dǎo mǎi dǎo mài [倒买倒卖] [成] 安値で仕入れたものを高値で転売して不法な暴利を貪る.
dǎomài [倒卖] [動] (不法に)転売する.
dǎo/méi [倒霉] [動] 不運である. ついていない. ▲"倒楣"とも.
dǎonòng [倒弄] [動] 1 移す. 運ぶ. 2 売り買いする.
dǎo páizi [倒牌子] [慣] ブランドイメージを悪くする.
dǎo//piào [倒票] [動] 乗車券や入場券を高値で転売して不法な暴利を貪る.
dǎoryé [倒儿爷] → dàoyé [倒爷]
dǎo//sǎng [倒嗓] [動] (俳優の)声がつぶれる.
dǎo//shǒu [倒手] [動] 1 手を持ち替える. 2 (商品を)転売する.
dǎotā [倒塌] [動] (建物が)倒壊する.
dǎo//tái [倒台] [動] 崩れる. 失敗する.
dǎotái [倒替] [動] 1 運ぶ. 移す. 2 転売する.
dǎotì [倒替] [動] 交替でする.

dǎo//tóu【倒头】[動] 1 横になる。 2《方》くたばる。おだぶつになる。死ぬ。

dǎo wèikou【倒胃口】[慣] 1 食欲を失う。 2 いやになる。うんざりする。

dǎo xiěméi【倒血霉】[慣]《口》極めて不運である。

dǎoxiū【倒休】[動] 振り替え休日をとる。

dǎoyá【倒牙】[方]《酸っぱいものを食べて》歯が浮く。

dǎoyé【倒爷】[名] 悪質ブローカー。

dǎo//yùn【倒运】[動] 1《方》→ dǎo/méi【倒霉】 2《不法に》転売する。荒稼ぎする。

dǎo【倒灶】[方] 1[動] 失敗する；没落する。 2[形] 運が悪い。ついていない。

dǎozhàng【倒账】[名] 貸し倒れ。

祷（禱）dǎo [H] ① 祈る。 ¶祈～／祈る。切望する。 ¶盼～／願い望む。

dǎogào【祷告】[動]《神仏に》祈る。

dǎoniàn【祷念】→ dǎogào【祷告】

dǎowén【祷文】[名] 祈願文。

dǎozhù【祷祝】[動] 祈り願う。祈願する。

蹈 dǎo [H] ① 踏む。跳ねる。 ② 舞う。 ¶舞～／踊る。 ② 踏む。踏みつける。 ¶赴湯～火／水火も辞さない。

dǎo cháng xí gù【蹈常袭故】[成] 昔のやり方を踏襲する。古い枠から抜けきれない。

dǎohǎi【蹈海】[動]《書》海に身を投げる。

dǎoxí【蹈袭】[動] 踏襲する。

到 dào ❶[動] 1 着する〈(…まで)に〉。達する。 ¶火车～上海了／汽車は上海に着いた。 ¶他还不～三十岁／彼はまだ30歳です。

「動詞＋"到"」で
動作の実現、到達した結果・場所・時間を表す。
¶收～了一封信／手紙を1通受け取った。 ¶大雨下～半夜才停／大雨は夜中まで降り続いた。

2 …へ行く；…へ来る。 ¶你～过北京吗？／北京へ行ったことがありますか。 3《学校などに出席をとるときの返事》はい。 ¶～！／はい。 ❷[形] 周到である。行き届く。 ¶想得很～／細かい点まで気がつく。 ▌[姓]

dào'àn【到岸】[名]《法》（事件と関係のある者が）出廷する。

dào'àn jiàgé【到岸价格】[名]《経》運賃保険料込み値段。CIF.

dào//chái【到差】[動] → dào//zhí【到职】

dào//chǎng【到场】[動]〈ある場所に〉出席する。

dàochù【到处】[名] 至る所。あちこち。方々。 ¶～打听／あちこち尋ねる。

dào cǐ yī yóu【到此一游】[成] 某ここに遊ぶ。

dàodá【到达】[動] 到着する。着く。

dàodǐ【到底】[副] 1[動] いったい。そもそも。 ¶你说的～是什么意思？／結局、君は何を言おうとしているのか。 2 とうとう。ついに。 3 さすがは。

なんといっても。 ¶～是座古城, 古迹真多／さすが古都だけあって, 古跡が実に多い。 2[名] (dǐ/dī) 最後まで…する。あくまで…する。 ¶将改革进行～／改革を最後までやり抜く。

dào/diǎn【到点】[動] 時間になる。

dào/dǐng【到顶】[動] 頂点に達する；頭打ちになる。

dàofǎng【到访】[動] 訪問する。

dào/huì【到会】[動] 会に出席する。

dào/huò【到货】[動]（商品が）入荷する。

dào/jiā【到家】[動] 高い水準に達する。

dàolái【到来】[動] 到来する。

dàoliǎor【到了儿】[副]《方》ついに。とうとう。

dào/qī【到期】[動] 期限になる。

dàoqī piàojù【到期票据】[名]《経》期日の来た手形。デュービル。

dào/rèn【到任】[動] 着任する。

dào/shǒu【到手】[動] 手に入れる。

dào/tóu【到头】[動](～儿) 極限に達する。

dàotóulái【到头来】[副] しまいには。あげくのはてに。

dào//wèi【到位】1[動] 所定の位置につく。 2[形] (dàowèi) ふさわしい。満足である。

dàowèi zījīn【到位资金】[名]《経》(投资) 実行金額。

dào/zhí【到职】[動] 着任する。

帱（幬）dào [H] [動] かぶせる。覆う。
異読⇒ chóu

倒 dào ❶[動] 1（上下や前後の位置を）逆さまにする（にする）。 1 把次序…过来／順番を逆にしなさい。 2（容器を傾けて）つぐ、あける。 ¶～茶／茶をつぐ。 3 車をバックさせる。 ¶把车～进库里／車を車庫にバックで入れる。
❷[副] 1《道理や予想に反することを表す》…なのに。かえって。 ¶春天到了, 天气～冷起来了／春になったのに、かえって寒くなった。 2《意外であることを表す》有这样的事？ 我一要听听／そんなことがあるのか聞いてみたいものだね。 3《人の仕か考えを非難する気持ちを表す》说得～简单, …／君はいかにも簡単に言うが、…。 4《"…だが…だ"の後部に用いて逆接を表し、後に望ましい語句を続ける》¶房间不大, 陈设～挺讲究／部屋はそう広くないが、調度はなかなか立派だ。 5《"…は…だ"の前部に用いて譲歩を表す》¶这地方环境清静～清静, 但是交通很不方便／ここは閑静なことは閑静なんだけれども、交通が非常に不便だ。 6《口調をやわらげる》まあ。べつに。 ¶那～也不错／それも悪くない。 7《催促や詰問を表す》¶你～说句话呀！／なんとか言えよ。
異読⇒ dǎo

dào bèi rú liú【倒背如流】[成] すらすらと暗唱する。

## dào

**dàobèi shǒu**【倒背手】後ろ手を組む．

**dào bùrú**【倒不如】〖型〗むしろ…したほうがよい．

**dàocǎi**【倒彩】名 やじ．

**dàochābǐ**【倒插笔】→**dàoxù**【倒叙】

**dào chāmén**【倒插门】〖慣〗入り婿になる．

**dàochǎn**【倒产】逆子(ご)を生む．

**dào//chē**【倒车】動 車をバックさせる．⇒**dǎo/chē**

**dào chí tài ē**【倒持泰阿】〖成〗権力を人に渡して自分が害を被る．

**dàochūnhán**【倒春寒】名 春の寒返り．寒の戻り．

**dàocì**【倒刺】名 **1**(指にできる)逆むけ．ささくれ．**2** 釣り針やもりの先のかえし(逆鉤)．

**dào dǎ yī pá**【倒打一耙】〖成〗自分の過失や欠点を棚に上げて，人をとがめる．

**dàodǎng**【倒挡】〖機〗逆進装置．バックギヤ．

**dàodúshù**【倒读数】カウントダウン．

**dàofǎn**【倒反】副〖方〗かえって．反対に．

**dàofēi**【倒飞】〖航空〗背面飛行．

**dàofēng**【倒风】風が煙突に吹きこんで煙が排出できないこと．

**dàogōuqiú**【倒钩球】名〖体〗(サッカーで)オーバーヘッドキック．

**dàoguà**【倒挂】動 **1** 逆さまに引っかける．**2** 逆ざやになる．

**dàoguà jīnzhōng**【倒挂金钟】名〖植〗ヒョウタンソウ．ツリウキソウ．

**dàoguàn**【倒灌】動 川や海の水が)逆流する．

**dào/guòr**【倒过儿】動〖方〗逆さまになる；逆さにする．

**dào hǎo**【倒好】(皮肉をこめて)いいたいたものだ．

**dàohǎor**【倒好儿】→**dàocǎi**【倒彩】

**dàojìshí**【倒计时】動 カウントダウンする．

**dàojiǎn**【倒剪】動 体の後ろで手を組む；後ろ手に縛る．

**dào kǔshuǐ**【倒苦水】〖慣〗過去の辛酸を語る．

**dàolì**【倒立】動 逆さまに立つ．逆立ちする．

**dàoliú**【倒流】動 逆流する．

**dàoliúcì**【倒流刺】名〖方〗逆むけ．さかくれ．

**dàoluǎnxíng**【倒卵形】名〖植〗倒卵形．

**dàolúnzhá**【倒轮闸】名(自転車の)コースターブレーキ．

**dàopéi**【倒赔】(もうけるどころか)損をする．損を食いつぶす．

**dào//piàn**【倒片】動(フィルムを)巻戻す．

**dàoshi**【倒是】副 …なのに．¶人家叫了你好几声，你～答应dāying啊？/人(私)が何回も呼んでいるのに，返事

ぐらいしたらどうだ．

**dàoshǔ**【倒数】動 逆に数える．後ろから数える．¶～第三 / 後ろから3番目．

**dàoshù**【倒数】名〖数〗逆数．

**dàosuàn**【倒算】動 農民に分配された土地を地主たちが奪いかえす．

**dàosuǒ**【倒锁】動 人のいる部屋に表から鍵をかける．

**dàotiē**【倒贴】動(金や物をもらうべきところを)逆にやる．補填する．

**dàotuì**【倒退】**1** 後退する；さかのぼる．**2** 逆行．後退．

**dào xǐ ér yíng**【倒屣而迎】〖成〗熱烈歓迎する．

**dàoxiàng**【倒象】名〖物〗倒像．

**dào xíng nì shī**【倒行逆施】〖成〗道理に反して事を行う．時代に逆行する．

**dàoxù**【倒序】名 逆の順序．¶～词典 / 逆引き辞典．

**dàoxù**【倒叙】**1** 過去の出来事を語る．**2**(映画で)フラッシュバック．

**dàoxuán**【倒悬】〖書〗逆さに吊り下げる；非常に苦しい境遇にある．

**dàoyān**【倒烟】動 煙がかまどから逆流する．

**dàoyǎng**【倒仰】動〈～儿〉〖方〗あおむけに倒れる．

**dào yě shì**【倒也是】〖套〗それはそうですね．

**dàoyè**【倒页】〖印〗乱丁．

**dào yīn wéi guǒ**【倒因为果】〖成〗結果を原因と見なす．

**dàoyǐng**【倒影】名〈～儿〉倒影．

**dàoyìng**【倒映】動 影が逆さに映る．倒影がでできる．

**dàozāicōng**【倒栽葱】〖慣〗頭から倒れる．もんどり打って倒れる．

**dàozhǎo**【倒找】動 金を払うべきなのにかえってもらう．

**dàozhì**【倒置】動 逆さにする．

**dàozhuǎn**【倒转】**1** ひっくり返す．逆にする．**2**〖方〗かえって．

**dàozhuàn**【倒转】動 逆転させる．逆回りする．

**dàozhuāng**【倒装】名〖語〗倒置．

**dàozuòr**【倒座儿】名 **1**"四合房"の"正房"に向かっている部屋．**2**(車や船の)進行方向とは逆の座席．

## 焘(燾) dào〖書〗【dào燾】に同じ．
**異読**⇒**tāo**

## 盗
**dào** H〖一〗動 **1** 盗む．¶→～取．**2** 強盗．窃盗．〖二〗名 海～ / 海賊．

**dào'àn**【盗案】名 盗難事件．

**dào//bǎn**【盗版】動 海賊版化．

**dàocǎi**【盗采】動 無許可で伐採する．

**dàofá**【盗伐】動 無許可で伐採する．

**dàofěi**【盗匪】名 盗賊・匪賊．

**dào//hàn**【盗汗】**1**〖医〗寝汗をかく．**2** 寝汗．

**dàojié**【盗劫】動 強盗略奪をする．

**dàojué**【盗掘】動 盗掘する．

**dàokòu**【盗寇】名 強盗．

**dàoliè**【盗猎】動 密猟する．

dàomài【盗卖】[動] 公共の財産を盗んで売り飛ばす.
dào/mù【盗墓】[動] 墓を盗掘する.
dàopiàn【盗骗】[動] ごまかして横領する.
dàoqiè【盗窃】[動] 盗む. 窃盗をする.
dàoqǔ【盗取】[動] 盗み取る. 着服する.
dào yì yǒu dào【盗亦有道】〈成〉盗賊にも盗賊の道理がある.
dàoyìn【盗印】[動] 非合法に印刷をする.
dàoyòng【盗用】[動] 横領する. 着服する. 盗用する.
dàoyùn【盗运】[動] 盗んでこっそり運び出す.
dàozéi【盗贼】[名] 盗賊.

悼 dào ❶【動】悼む.
dàocí【悼词・悼辞】[名] 弔辞.
dàoniàn【悼念】[動]（死者を）追憶し, 悼み悲しむ.
dàowáng【悼亡】[動] 亡妻を悼み思う；妻に死に別れる.
dàoyàn【悼唁】[動] おくやみを言う. 弔問する.

道 dào ❶❷【名】1（～儿）（陸の）道, 道路.（水の）川. 河. 水道. 1 小 ~ / 小道. 路地. 2（～儿）線. 筋. ¶画一条线儿 / 横線を1本引く. ❷【量】1 川や細長いものを数える. ¶一~河 / ひと筋の川. 2 出入り口や塀などを数える. ¶两~铁丝网 / 2重の鉄条網. 3 命令や標題などを数える. ¶十五~问题 / 設問15題. 4 回数・度数を数える. ¶换两~水 / 水を2度取り替える. ❸【動】言う. ~思う. ❹① 方法. 道理. ②养生之道 / 健康法. ②（学問や宗教の）道. 教義. ¶传~ / 布教する. 道教の（僧・寺院）. ¶~士 / 道教の僧. [姓]
dàobái【道白】[名] せりふ.
dàobān【道班】[名] 道路補修班；鉄道の保線班.
dào/bié【道别】[動] いとまごいをする.
dào…bù…【道…不…】[型]〈方〉（反義の単音節形容詞を二つで）…でもなければ…でもない.
dào bù shí yí【道不拾遗】→ lù bù shí yí【路不拾遗】
dàochà【道岔】[交] 1（～儿）転轍（てつ）機. ポイント. 2（～子）（方）本道の踏切. 3（～子）幹線道路から分かれる小路. 枝道.
dàochǎng【道场】[名] 僧や道士が法事を行うところ；僧や道士が行う法事.
dàochuáng【道床】[名]〈交〉道床.
dàoor【道儿】[名] 1 方法. 手段；対策. 2 やり方. こつ.
dàodé【道德】1【名】道徳. 2【形】道徳的である.
dàodīng【道钉】[名] 1（铁道）犬釘. 2（夜間道路標識の）キャッツアイ.

dào//fá【道乏】[動] ねぎらいの言葉をかける.
dào gāo yī chǐ, mó gāo yī zhàng【道高一尺,魔高一丈】〈成〉正義は最後には必ず勝つ.
dàogū【道姑】[名] 女道士.
dàoguàn【道观】[名] 道教の寺院.
dàohào【道号】[名] 修道者の別名.
dàohè【道贺】[動] お祝いを述べる.
dàoheng【道行】[動]（僧侶や道士の）修行；（喩）技能. 腕前.
Dàojiā【道家】[名] 諸子百家の一 道家.
Dàojiào【道教】[名]〈宗〉道教.
dàojū【道具】[名] 芝居道具.
dàokǒu【道口】[名]（～儿）1 路切. 2 道の交差点.
dào//láo【道劳】[動] → dào/fá【道乏】
dàolǐ【道理】[名] 1 わけ. 理由. 2 筋道. 道義. ¶你的话很有～ / 君の言うことは筋が通っている. 3 方法. 考え.
dàolínzhǐ【道林纸】[名] ドーリング紙. 光沢のある上質の印刷用紙.
dàolù【道路】[名] 1 道路. 道. [条] ¶修～ / 道をつくる. 2（陸上·海上の）交通.
dàolùwǎng【道路网】[名] 道路網.
dào lù yǐ mù【道路以目】〈成〉暴虐な統治下にある人は言論の自由がなく, 道行く人と目くばせするしかない.
dào mào àn rán【道貌岸然】〈成〉道徳家気取りで, まじめそうな顔つきをしている.
dàomén【道门】[名] 1 道家；道教. 2（～儿）（旧）民間信仰組織.
dàomù【道木】[名] 枕木.
dàopáo【道袍】[名] 道士の着る服；だぶだぶした服.
dào//pò【道破】[動] 喝破する.
dào//qiàn【道歉】[動] わびる. 謝る. ¶表示～ / 遺憾の意を表す.
dàoqíng【道情】[名]（民間芸能の一種）楽器の伴奏に合わせて, 唱いながら語る道教系の語り物.
Dào Qióngsī zhǐshù【道琼斯指数】[経] ダウ指数.
dàorshang【道儿上】[名] 1 路上. 道端. 2 途中.
dàorén【道人】[名] 1〈近〉道士の尊称. 2〈古〉仏教徒. 3〈方〉仏寺で雑役をする人.
dàoshi【道士】[名] 道士.
dào tīng tú shuō【道听途说】〈成〉根拠のないうわさ.
dàotǒng【道统】[名] 宋·明代の理学家が主張した儒家伝道の系統.
dào/xǐ【道喜】[動] お祝いを述べる.
dào/xiè【道谢】[動] 礼を言う. 謝意を述べる.
dàoxué【道学】[名] 1 宋代に朱子や程子が唱えた性理の学. 2 聖人ぶること. ¶～先生 / 世事に疎い人.
dàoyá【道牙】[名]（～子）（L形のブロックを敷きつめた）歩道の縁.

## dào

**dàoyì**【道义】〈名〉道義。¶~之交わり/道義の交わり。

**dàoyuàn**【道院】〈名〉**1** 道教の寺院。**2** 修道院。

**dàozàng**【道藏】〈名〉道教経典の集大成。

**dàozhǎ**【道碴】〈名〉〈交〉道床。バラスト。砂利。

**dàozhǎng**【道长】〈名〉〈敬〉道士。

**dàozi**【道子】〈名〉筋。線。

**dào**【稻】〈H〉稲;もみ米。

**dàocǎo**【稻草】〈名〉稲わら。【根】

**dàocǎorén**【稻草人】〈名〉かかし;〈喩〉力能がない人。

**dàogǔ**【稻谷】〈名〉もみ。

**dàokāng**【稻糠】〈名〉粗ぬか。もみぬか。すりぬか。

**dàoké**【稻壳】〈名〉(稲の)もみ殻。

**dàolànyāngbìng**【稻烂秧病】〈名〉〈農〉稲苗腐病。

**dàomǐ**【稻米】〈名〉稲。米。

**dàomíngchóng**【稻螟虫】〈名〉〈虫〉イネノズイムシ。

**dàoshù**【稻树】→**xuěliǔ**【雪柳】

**dàotián**【稻田】〈名〉稲田。水田。

**dàowēnbìng**【稻瘟病】〈名〉〈農〉いもち病。

**dàoyāng**【稻秧】〈名〉稲の苗。

**dàozhǒng**【稻种】〈名〉稲の種もみ。

**dàozi**【稻子】〈名〉〈口〉〈植〉稲。

**dàozuò**【稻作】〈農〉稲作。米作。

## de (ㄉㄜ)

**dē**【嘚】〈擬〉(馬のひづめの音)ぱかぱか。ぽこぽこ。

**dēbo**【嘚啵】〈動〉〈方〉くどくど話す。

**dé**【得】〈動〉**1** 得る。手に入れる。¶~冠军/優勝する。**2**〈演算の結果〉…になる。¶二四一八/2に4を掛けると8になる。**3**〈口〉できあがる。¶饭~了/ご飯ができた。**4**〈口〉〈話に結末をつけるとき、同意または制止を表す〉もうようろしい。¶~了,就这么办/よし,じゃあ,そうしよう。**5**〈口〉(やり損なうだり当惑したりする気持ちを表す)¶~了,又搞错了/ちぇっ,またしくじった。**2**〈動〉(法令・公文書に用い,許可を表す)¶站台上不~吐出痰/プラットホームでは痰(たん)を吐いてはならない。**異読**→de,děi

**débiàn**【得便】〈動〉〈口〉都合がつく。

**dé//bìng**【得病】〈動〉病気になる。病気にかかる。

**dé bù cháng shī**【得不偿失】〈成〉割に合わない。

**dé//chěng**【得逞】〈動〉〈貶〉〈悪事がうまくいく。

**dé//chǒng**【得宠】〈動〉〈貶〉(↔失宠)寵愛(ちょう)される。

**dé//chū**【得出】〈動〉…を得る。…を出す。¶~结论/結論を出す。

**dé cùn jìn chǐ**【得寸进尺】〈成〉欲望にはきりがない。

**dédàng**【得当】〈形〉妥当である。

**dé//dào**【得到】〈動〉**1** 得る。手に入れる。¶~机会/チャンスを手にする。**2** 受ける。…される。¶~鼓励/激励を受ける。

**dé dào duō zhù, shī dào guǎ zhù**【得道多助,失道寡助】〈成〉道義にかなえば多くの支持が得られ,道義にもとれば多くの支持を失う。

**défǎ**【得法】〈形〉〈やり方が〉適切である。

**dé//fēn**【得分】〈動〉得点する。

**dé guò qiě guò**【得过且过】〈成〉その場しのぎをする。

**déjì**【得计】〈動〉〈貶〉計画がうまくいく。

**dé//jì**【得济】〈動〉〈方〉助けを受ける。

**dé//jiǎng**【得奖】〈動〉賞(金)を得る。

**dé//jìn**【得劲】〈動〉〈形〉(~儿)〈口〉**1**(体の)調子がよい。**2** 使いやすい。

**dé//jiù**【得救】〈動〉救われる。助かる。

**dé//kòng**【得空】〈動〉(~儿)〈口〉手があく。暇になる。

**déle**【得了】**1**〈套〉(制止や同意を表す)もういい。よそう。¶~,别再说了/よし,もう言うな。**2**〈副〉それだけのことだ。¶你走~,不用挂念家里的事/もう出かけていいから,家のことは気にしないで。⇒**déliǎo**

**dé//lì**【得力】**1**〈動〉手助けを得る。**2**〈形〉腕利きである;力強い。頼りになる。効き目がある。

**dé//liǎn**【得脸】〈動〉**1** 寵愛(ちょう)を受ける。**2** 面目を施す。

**déliǎo**【得了】〈動〉(否定または反語に用いて事態の重大さを強調することが多いから)おおする。無事にすむ。⇒**déle**

**dé lǒng wàng shǔ**【得陇望蜀】〈成〉食欲で飽くことを知らない。

**dé qí suǒ zāi**【得其所哉】〈成〉措置が当を得ている。思いどおりだ。

**dérén**【得人】〈書〉人を得る。適任である。

**dérénr**【得人儿】〈動〉〈方〉人心を得る。

**dé rénxīn**【得人心】〈動〉人心を得る。

**dé//shèng**【得胜】〈動〉勝利を得る。敵を制する。

**déshī**【得失】〈名〉利害。得失。

**dé//shí**【得时】〈動〉運が向く;時流に乗る。

**dé//shì**【得势】〈動〉勢力を得る。

**dé//shǒu**【得手】**1**〈動〉順調に運ぶ;調子がよい。**2**〈形〉déshǒu 順調である。

**déshù**【得数】〈数〉〈計算の〉答え。

**détǐ**【得体】〈形〉(言動が)適切である,ふさわしい。

**dé tiān dú hòu**【得天独厚】〈成〉条件に恵まれている。

**déxī**【得悉】〈書〉〈書〉知る。

**dé//xián**【得闲】〈動〉暇ができる。

**dé xīn yīng shǒu**【得心应手】〈成〉思いどおりに進む。

**dé xiū biàn xiū**【得休便休】〈成〉

# de

何事もほどほどにすべきである。

**déyàngr**〔得样儿〕[形]〈方〉(服装など が)よく似合う、板についている。

**déyí**〔得宜〕[形]〈書〉適切である。当を 得ている。

**déyǐ**〔得以〕[助動]〈…によって〉…する ことができる。

**dé/yì**〔得益〕[動] 益を得る; 役に立つ。

**dé//yì**〔得意〕[動] 得意になる。¶～扬 扬／得意満面である。

**dé yì ér wàng yán**〔得意而忘言〕 〈成〉気持ちが伝われば言葉はいらな い。以心伝心。

**dé yì wàng xíng**〔得意忘形〕〈成〉 有頂天である。

**déyòng**〔得用〕[形] 役に立つ。使いよ い。

**dé yú wàng quán**〔得鱼忘筌〕〈成〉 成功すると、その手段や条件を忘れて しまう。

**dézhī**〔得知〕[動]〈書〉〈…によって〉知 る。

**dé//zhì**〔得志〕[動] 志を遂げる。

**dézhòng**〔得中〕[動]〈旧〉官吏登用試 験(科挙)に合格する。

**dézhǔ**〔得主〕[名]〈試合やコンクールで〉 賞を得た人。

**dézuì**〔得罪〕[動] 機嫌を損なう。恨み を買う。〈相手を〉怒らせる。

# 锝

**dé**〔锝〕[名]〈化〉テクネチウム。Tc.

# 德

**dé**〔德〕[名] ①道徳。品性。¶公～／ 公衆道徳。②心。¶一心一心～／ みんなで心を合わせる。③恩み。¶ 恩～／恩恵。④ドイツ。德国

**Dé'ángzú**〔德昂族〕[名]〈中国の少数 民族〉トーアン(Deang)族。

**débǐzhàn**〔德比战〕[名]〈体〉(サッカー などの)ダービーマッチ。▶"德比赛"とも。

**dé cái jiān bèi**〔德才兼备〕〈成〉才 徳兼備。

**dé gāo wàng zhòng**〔德高望重〕 〈成〉德望が高い。

**Déguó**〔德国〕[名]〈地名〉ドイツ。

**démókèlāxī**〔德谟克拉西〕[名]〈近〉 デモクラシー。

**déwàng**〔德望〕[名]〈書〉徳望。人徳が 高いとの評判。

**Déwén**〔德文〕[名] ドイツ語。

**déxíng**〔德行〕[名]〈書〉徳行。道義に 合った行い。

**déxing**〔德行・德性〕[名]〈俗〉他人の 態度や行為などをけなして〉つら。ざま。嫌な感じ。

**Déyǔ**〔德语〕[名] ドイツ語。

**déyù**〔德育〕[名] 道徳教育。

**dézhèng**〔德政〕[名]〈書〉徳政。仁政。

**dézhì**〔德治〕[名] ①徳をもって治める 政治。¶～国／国や社会を徳で治め る。

# 地

**de**[助]〈他の語句の後につけて、連 用修飾語〔動詞・形容詞を修飾〕を 形成する〉¶非常热情～招待／とても 温かくもてなす。 異読⇒**dì**

# 的

**de**[助] ①〈連体修飾語を形成し〉…の。¶幸福～生活／幸せな生活。¶他送来～信／彼が届けてきた手紙。¶我～书／私の本。②〈"…的"で〉…のものな人。¶他的行李多、我少／彼の荷物は多いが、私のは少ない。¶大～六岁、小～三岁／上のが6歳、下のが3歳だ。3すでに発生した動作の主体者・時間・場所・方式・目的などを強調する。¶昨天到～上海／昨日上海に着いたのです。¶他买～票／切符を買ったのは彼だ。4《文末に用い》可能性・必然性を強調する。¶他明天会来～／彼は明日きっと来ます。5《"是"で述語にはなる》¶蛇是没有脚～／蛇は足がないのだ。6《並列した語句の後に用い》といった類。¶铅笔、橡皮～、…／鉛筆、消しゴムなどは…。
異読⇒**dī,dí,dì**

**dehuà**〔的话〕[助] …ということなら。¶你有事～、就不要来了／用事があるということなら、来なくてもよい。

# 底

**de**[的de]1に同じ。
異読⇒**dǐ**

# 得

**de**[助] ①動詞や形容詞の後に用い、補語を導く。

**1**《様態〔状態〕補語を導く》¶雨下～不大／雨はそれほど降っていない。¶高兴～跳了起来／飛び上がるほどうれしかった。

**2**《程度補語を導く》¶清楚～很／とてもはっきりしている。¶冷～要命／寒くて我慢できない。

**3**《可能補語を導く》①〈動詞と、結果補語または方向補語との間に挿入し、「動詞＋"得"＋結果補語／方向補語」の形で用いる〉¶那个字看～清楚看不清楚？／あの字ははっきり見えるかい。②〈《"動詞／形容詞＋"得"》の形で、許容(あるいはまれに可能)を表す〉①这个东西晒～？／これは日に当ててもいいですか。3《動詞＋"得"＋"了liǎo"》の形で用いる》
異読⇒**dé,děi**

- **-deduō**〔-得多〕〈…に比べて〉ずっと…だ。¶好～／ずっとよい。
- **-deguò//lái**〔-得过来〕→**-buguò lái**〔-不过来〕
- **-deguòr**〔-得过儿〕[接尾] 1〈…するのに〉ころ合いだ、ちょうどよい時だ。¶吃～／食べごろだ。2 まあまあちゃんと…できる。¶看～得／けっこう見られる。
- **-dehěn**〔-得很〕《程度が甚だしいことを表す》¶好～／とてもよい。¶喜欢～／非常に好きだ。
- **-dehuang**〔-得慌〕ひどく…でたまらない。¶饿～／腹ペこだ。
- **-dejí**〔-得及〕→**-bují**〔-不及〕
- **-deliǎo**〔-得了〕→**-buliǎo**〔-不了〕
- **-deqǐ**〔-得起〕→**-buqǐ**〔-不起〕

# dei（ㄉㄟ）

# děi

**得** **děi** ❶ [助動] 1 …しなければならない. ¶我~赶紧走了/私はもう急がなければならない. 2 否定は"不用,无须". 2 きっと…になる. ¶要不快走,我们就~迟到了/さっさと歩かないと遅刻してしまう. ❷ [動] [〈口〉] (時間・費用・人手などが)かかる,いる.
異読☞dé,de

**děikuī** [得亏] [副] 幸いに. おかげで.

## den (ㄉㄣ)

**撑** **dèn** [撑] [動] [〈方〉] 1 (糸・縄・服のそでなどを)ちょっと引っ張る. 2 (縄などを)ぴんと引っ張る.

## deng (ㄉㄥ)

**灯**(燈) **dēng** [名] (照明用の)明かり. 電灯. [量] ❶ 盏~/明かりをつける. 2 バーナー. ¶酒精~/アルコールランプ. ❸ [姓]

**dēngbiāo** [灯标] [名] 1 灯標. ライトビーコン. 2 電飾を施した標識や標語板;(広く)電飾.

**dēngcǎi** [灯彩] [名] 1 (工芸の飾りちょうちん. 2 (装飾や芝居で使う)飾りちょうちん.

**dēngcǎo** [灯草] [名] (ランプの灯心に用いる)イグサの芯.

**dēngchuán** [灯船] [名] 灯船. ライトシップ.

**dēngguǎn** [灯管] [名] 蛍光灯.

**dēngguāng** [灯光] [名] 1 明かり;明るさ. 2 [劇] 照明.

**dēng hóng jiǔ lǜ** [灯红酒绿] [成] ぜいたくで享楽的な生活.

**dēnghǔ** [灯虎] →dēngmí [灯谜]

**dēnghuā** [灯花] [名] (~儿)灯心の燃えさしが花のようになったもの.

**dēnghuì** [灯会] [名] 元宵節の灯籠祭り.

**dēnghuǒ** [灯火] [名] 明かり. 灯火.

**Dēngjié** [灯节] →Yuánxiāojié [元宵节]

**dēngjù** [灯具] [名] 照明器具.

**dēngliàngr** [灯亮儿] [名] ともし火(の光).

**dēnglong** [灯笼] [名] 灯籠. ちょうちん.

**dēnglongkù** [灯笼裤] [名] ニッカーボッカーズ.

**dēngmí** [灯谜] [名] ちょうちんに書いたなぞなぞ.

**dēngmiáo** [灯苗] [名] (~儿)(石油ランプなどの)炎.

**dēngniǎn** [灯捻] [名] (~儿)ランプの灯心.

**dēngpào** [灯泡] [名] (~儿・~子)電球. [个,只]

**dēngsǎn** [灯伞] [名] (電灯の)かさ. シェード.

**dēngshì** [灯市] [名] 飾りちょうちんで飾られた街. 飾りちょうちんを売る市.

**dēngshì** [灯饰] [名] イルミネーション.

**dēngsī** [灯丝] [名] フィラメント.

**dēngtǎ** [灯塔] [名] 灯台. [座,个]

**dēngtái** [灯台] [名] 灯明台. 燭台.

**dēngtáishù** [灯台树] [名] [植] ミズキ.

**dēngtóu** [灯头] [名] 1 (電灯の)ソケット;(器)明かりの数. 2 (石油ランプの)口金.

**dēngwǎn** [灯碗] [名] (~儿)灯盞(とう)油皿.

**dēngxiàhēi** [灯下黑] [慣] 灯台下暗し.

**dēngxiāng** [灯箱] [名] 照明看板.

**dēngxīn** [灯心・灯芯] [名] 灯心.

**dēngxīncǎo** [灯心草] [名] [植] イグサ.

**dēngxīnróng** [灯心绒・灯芯绒] [名] [紡] コールテン. コーデュロイ.

**dēngyóu** [灯油] [名] 灯油.

**dēngyǔ** [灯语] [名] 灯火による信号.

**dēngzhǎn** [灯盏] [名] (ほやのない)油ランプ.

**dēngzhào** [灯罩] [名] (~儿・~子)ランプのかさ;電灯のかさ.

**登**(登) **dēng** [動] 1 掲載する. ¶在报纸上~广告/新聞に広告を出す. 2 登る. 上がる. ¶~上天安门/天安門に上がる. 3 足をかける;力を入れて踏む. ¶~梯子/はしごに登る. ¶~水车/水車を踏んで回す. 4 [〈方〉] (靴やズボンを)はく. [姓]

**dēng//bào** [登报] [動] 新聞に載る(載せる).

**dēng bízi shàng liǎn** [登鼻子上脸] [慣] [〈口〉] 度を越す. つけあがる.

**dēng/chǎng** [登场] [動] 収穫した穀物を脱穀場へ運ぶ.

**dēng/chǎng** [登场] [動] (舞台に)登場する.

**dēngchéng** [登程] [動] 出発する;旅立ちをする.

**dēngdì** [登第] [動] 科挙に受かる;(特に)進士に合格する.

**dēng//dǐng** [登顶] [動] 1 頂上に達する(喩). 登りつめる. トップになる.

**dēng fēng zào jí** [登峰造极] [成] 極みに達する.

**dēnggāo** [登高] [動] 1 高みに登る. 2 重陽節(旧暦9月9日)に小高い山に登り,久しく会わない家族や友人をしのぶ.

**dēng gāo bì zì bēi, xíng yuǎn bì zì jìn** [登高必自卑,行远必自近] [諺] 何事をするにも順序を踏んで進むべきである.

**dēnggérè** [登革热] [名] [医] デング熱.

**dēng//jī** [登机] [動] (飛行機に)搭乗する. ¶~口/搭乗ゲート. ¶~牌/搭乗券. ボーディングパス.

**dēng//jī** [登基] [動] 即位する. 位につく.

**dēng/jí** [登极] →dēng/jī [登基]

**dēng//jì** [登记] [動] 1 登記する;(大学・工場などに)外来者が受付で名前を記入する. 2 チェックインする.

**dēngjìdūn**【登记吨】量（船の）登記トン数。
**dēngkē**【登科】科挙の試験に合格する。
**dēnglín**【登临】动〈书〉（広く）行楽に出かける。
**dēng lóngmén**【登龙门】〈慣〉登竜門。
**dēnglóngshù**【登龙术】名〈喩〉出世術。
**dēng/lù**【登陆】动 **1** 上陸する。**2**〈喩〉（商品などが）新しい市場や地域に進出する。
**dēnglù**【登录】动 **1** 登録する。**2**〈電算〉ログオンする。
**dēnglùtǐng**【登陆艇】名 上陸用舟艇。
**dēng/mén**【登门】动 訪問する。¶~拜访／私邸を訪問する。
**dēngpān**【登攀】动 よじ登る。
**dēng/shān**【登山】动 山に登る。¶~队／登山パーティー。¶~运动员／登山家。
**dēngshānfú**【登山服】名 **1** ウィンドヤッケ。**2** ダウンジャケット。
**dēngshí**【登时】副 即刻。たちまち。
**dēngshì**【登市】动（季節商品が）市場に出始める。
**dēng/tái**【登台】动 演壇〔舞台〕に立つ；政治の舞台に出る。
**dēng táng rù shì**【登堂入室】→shēng táng rù shì／升堂入室
**dēngtúzī**【登徒子】名 好色漢。色好みの人。
**dēngzǎi**【登载】动 掲載する。

**dēng** 拟声（重いものが打ち当たって出る音）とん。ことん。すとん。

**dēng** 名〈古〉柄のついた笠。

**dēng** 动 踏む。踏みつける；足をかける。异读→蹬。

**dèngjì**【蹬技】名（中国サーカスの）足芸。

**dèng/tuǐ**【蹬腿】动 **1** 足を突っ張る。足を伸ばす。**2**（~儿）〈諧〉くたばる。死ぬ。

**děng** ❶动 **1** 待つ。**2** …してから。…になって。¶~他回来再说／あの人が帰ってからにしよう。
❷量 クラス。等級。¶二~舱／**2**等船室。¶共分三一／全部で3等級に分けられる。
❸动 特に「北京、天津一地」「北京・天津などの地。〔列挙された地名の最後につける〕¶长江、黄河、黑龙江、珠江一四大河流／長江・黄河・黒竜江および珠江の四大河川。
❹形 等しい。同じである。¶相xiāng~／相等しい。〈姓〉

**děngbiān sānjiǎoxíng**【等边三角形】名 正三角形。
**děngchā**【等差】名〈书〉等差。
**děngcì**【等次】名〈书〉等級。順位。
**děngcuī**【等衰】名〈书〉等級。
**děngdài**【等待】动 待つ。¶耐心地~／じっと待つ。

**děngdào**【等到】接续 …してから。
**děngděng**【等等】助 等々。…など。¶桌子上有书有杂志~／机の上には本や雑誌などがある。
**děngdì**【等地】名 等位。等級。
**děng'é xuǎnjǔ**【等额选举】名 候補者数が当選者数と同じ選挙方法。
**děng ér xià zhī**【等而下之】〈成〉それより下である。それに比べてなお劣る。
**děngfèn**【等份】名（~儿）等しい分け前。
**děngfēngsùxiàn**【等风速线】名〈気〉等風速線。
**děnggāoxiàn**【等高线】名〈地〉等高線。
**děnghào**【等号】名〈数〉等号。"="
**děnghòu**【等候】动 待つ。
**děngjí**【等级】名 **1** 等級。クラス。**2**〈史〉階層。
**děngjià**【等价】名 等価。
**děngjiàwù**【等价物】名〈経〉等価物。
**děngjùlí**【等距离】名 等距離。
**děnglángxí**【等郎媳】名 将来息子の嫁にするために買われた女子。
**děnglízǐ cǎidiàn**【等离子彩电】名 プラズマテレビ。
**děnglízǐtài**【等离子态】名〈物〉プラズマ状態。
**děnglízǐtǐ**【等离子体】名〈物〉プラズマ。
**děng liàng qí guān**【等量齐观】〈成〉同一視する。
**děng/mén**【等门】动 門を開けてやるために）帰ってる人を待つ。
**děngrì**【等日】副〈方〉いずれそのうち。いずれまた。
**děngshēn**【等身】动 背丈ほどもある。
**děngshì**【等式】名〈数〉等式。
**děngtóng**【等同】动 同一視する。
**děng tuìpiào**【等退票】（航空券などの）空席待ち、キャンセル待ち。
**děng tuìzuò**【等退座】→ děng tuìpiào／等退票
**děngwài**【等外】形 等級外の。¶~品／不合格品。
**děngwēnxiàn**【等温线】名〈地〉等温線。
**děngxián**【等闲】❶形〈书〉ありきたりだる。普通である。❷副 いたずらに。なおざりに。❸ 乂わけもなく。
**děngxiào**【等效】名〈電〉等量。当量。
**děngyāxiàn**【等压线】名〈地〉等圧線。
**děngyāo sānjiǎoxíng**【等腰三角形】名〈数〉二等辺三角形。
**děngyīn**【等音】名〈音〉エンハーモニック。四分音程。
**děngyīn fèngcǐ**【等因奉此】〈套〉ご来示の趣旨知いたしまして、つきましては…。
**děngyú**【等于】动 …に等しい。…と同じである。¶二加三=五／**2**足す3は5。
**děngyú líng**【等于零】ゼロに等しい

## děng

**děngzhàiquàn shōuyì**[等债券收益]名〈経〉等他債券利回り.
**děngzhíxiàn**[等值线]名〈地〉(等温線や等圧線のような)等値線.
**戥 děng**[動]"戥子"で重さを量る.▶

**děngzi**[戥子]名〈金・銀・薬品などを量る〉小型の竿ばかり.

**邓**(鄧) **dèng** ‖ 姓

**凳 dèng**[]〈背もたれのない)腰掛け.[板~]/木製の腰掛け.
**dèngzi**[凳子]名〈背もたれのない)腰掛け.

**嶝 dèng**[名]〈書〉山道.

**澄 dèng**[動]液体を澄ます.
異読⇒ chéng
**dèngjiàngní**[澄浆泥]名 濾過(ろか)された粒子の細かい粘土;(特に)上質の陶器用粘土.
**dèng/qīng**[澄清][動+結補]〈液体を)澄ます. ⇒ chéngqīng
**dèngshā**[澄沙]名こしあん.

**磴 dèng 1**[名]〈書〉石段. **2**[量]〈~儿)〈石段や階段を数える)段. 1八~台阶táijiē/8段の石段.

**瞪 dèng**[動] **1** 目を大きく見張る. **2**(目を見張って)にらみつける.
**dèng/yǎn**[瞪眼][動] **1** 目を見張る. **2**にらみつける.

**镫 dèng**[名]〈鐙(あぶみ). 1马~/鐙.
**dènggǔ**[镫骨]名〈生理〉鐙骨(とうこつ).
▶耳骨の一.
**dèngzi**[镫子]名鐙.

**蹬 dèng** → cèngdèng[蹭蹬]
異読⇒ dēng

## di (ㄉㄧ)

**氐 dī**[名] **1**(二十八宿の)ともしぼし. **2**〈古〉チベット系の遊牧民族の名.
異読⇒ shì

**低 dī 1**[形]地上・地面から近い;ものの高さ背丈・温度・気圧などが低い;地勢が低い. く. ほんぶる;声・音が小さい;値段が安い;程度が劣る;等級が下である. 1我比他~一班/私は彼より1班下だ. **2**[動]低くする. 1~着头/うつむく.
**dī'ǎi**[低矮]形〈物の高さが)低い.
**dībèi**[低倍]形低倍率の.
**dībiāohào**[低标号]形〈質の落ちる)数字の小さな商品番号.
**dīcéng**[低层]名 **1** 下の階. 低層. **2** 低い等級. 下級.
**dīchǎn**[低产]名収穫量が少ない.
**dīcháo**[低潮]名干潮. 引潮.
**dīchén**[低沉]形 **1**(音が)低い. **2**〈気が〉沈んでいる.
**dīchù**[低处]名(↔高处)低いところ. 低地.
**dīchuí**[低垂]動低く垂れ込める.
**dīdàng**[低档]形低級な. 1~货/低級品.
**dīděng**[低等]形下等な. 1~动物/下等動物.
**dīdì**[低地]名低地. 低い土地.
**dīdiào**[低调] **1**[形]低調である. 控えめである. **2**[名](~儿)1 控えめな論調. **2**〈写真〉ローキートーン.
**dīduān**[低端]形(ランク・値段などが)低いほうの.
**dīfēng**[低峰]名〈喩〉底. ボトム.
**dīgū**[低估]動過小評価する. 見くびる.
**dīgǔ**[低谷]名(勢いや景気の)落ち込み.
**dīhào**[低耗]名 省エネの.
**dīhuǎn**[低缓]形 **1**(声が)低くてゆっくりしている. **2**(地勢が)低くて傾斜がなだらかである.
**dīhuí**[低回] 〈書〉**1** 徘徊(はいかい)する. **2** 名残を惜しむ. **3** めぐって変化する. ▶"低徊"とも.
**dījí**[低级]形 **1** 初歩的である. **2** 低級な. 下品な.
**dījí géshìhuà**[低级格式化]名〈電算〉物理フォーマット.
**dījí yǔyán**[低级语言]名〈電算〉低水準言語.
**dījià**[低价]名安価. 安値.
**dījiàgǔ**[低价股]名〈経〉価格が10元以下の株券. 低位株.
**dījiàn**[低贱]形〈身分などが〉卑しい.
**dīkōng**[低空]名低空.
**dīlán**[低栏]名〈体〉ローハードル(競走).
**dīlián**[低廉]形安い.
**dīliè**[低劣]形〈品質が〉悪い, 劣る.
**dīlíng**[低龄]形 低年齢の. 1~老人 / 初老の人. 普通, 60~70歳.
**dīlínghuà**[低龄化]名低年齢化する.
**dīluò**[低落]動下落する. 降下する.
**dī méi shùn yǎn**[低眉顺眼]〈成〉角の取れた柔順な顔つき.
**dīmí**[低迷]形〈経〉株価が安値で低迷している.
**dīnéng**[低能]形知能や能力が低い.
**dīpín**[低频]名〈電〉低周波.
**dīpìn**[低聘]動現状よりも低い職位で採用する.
**dīqìyā**[低气压]名〈気〉低気圧.
**dīrè**[低热]名微熱.
**dī rén yī děng**[低人一等]〈成〉他人より一段劣っている.
**dī sān xià sì**[低三下四]〈成〉やたらにへこべこして卑屈である.
**dīshāo**[低烧]名微熱.
**dīshēng**[低声]名小声.
**dīshēngbō**[低声波]名〈物〉低音波.
**dī shēng xià qì**[低声下气]〈成〉声を低くしうやうやしくへりくだる.
**dī shǒu xià xīn**[低首下心]〈成〉平身低頭する. かしこまる.
**dīsú**[低俗]形低俗凡庸である. 伖っ

**dītànggāng**【低碳鋼】[名]〈冶〉軟鋼.
**dītáng**【低糖】[形]〈食品〉の糖分が低い.
**dī/tóu**【低头】[動]**1** うつむく.うなだれる.**2**〈喩〉頭を下げる.屈服する.
**dīwā**【低洼】[形]〈地勢〉が低い.
**dīwēi**【低微】[形]**1**〈声〉が細い.**2**〈旧〉身分や地位が低い.
**dīwěidù**【低纬度】[名]〈地〉赤道に近い〈低緯度.
**dīwēn**【低温】[名] 低温.
**dīwūrǎn**【低污染】[形]〈環境〉低汚染の.¶~技术 / 低污染技术.
**dīxī**【低息】[名]〈経〉低金利.低利.
**dīxià**【低下】[形]能力·水準などが低い.
**dīxiàn**【低限】[名]最低限.
**dīxiāohào**【低消耗】[名]〈原材料·燃料などの〉低消耗,低消費.
**dīxuètáng**【低血糖】[名]〈医〉低血糖.
**dīyā**【低压】[名]**1**〈物〉〈電〉低压.**2**〈気〉低気压.**3**〈医〉最小血压.
**dīyācáo**【低压槽】[名]〈気〉低気压の谷.トラフ.
**dīyīn**【低音】[形] 低音の.
**dīyīntíqín**【低音提琴】[名]〈音〉コントラバス.
**dīyǔ**【低语】[動] 小声で話す.
**dīyún**【低云】[名]〈気〉低い雲.低雲.
**dīzītài**【低姿态】[名]〈喩〉低姿勢.
**dīzǒu**【低走】[動]〈商品価格·株価などが〉下降傾向にある.

**的** **dī** [H] タクシー.¶打~ / タクシーを拾う. 異読⇒de, dí, dì
**dīgē**【的哥】[名]〈↔的姐〉男性のタクシードライバー.
**dījiě**【的姐】[名]〈↔的哥〉女性のタクシードライバー.
**dīshì**【的士】[名] タクシー.

**羝** **dī**【书〉雄羊.¶~羊触藩fān / 進退ともに窮まる.

**堤(隄)** **dī**[名]堤. 土手. 堤防.
**dī'àn**【堤岸】[名]堤. 土手.
**dībà**【堤坝】[名]堤.
**dīfáng**【堤防】[名] 堤防堤.
**dīwěi**【堤围】[名]堤. 土手.
**dīyàn**【堤堰】[名]堤.

**提** **dī** ❶ 異読⇒tí
**dīfang**【提防】[動]気をつける.
**dīliu**【提溜】[動]ぶら下げてじりじり、ぶら下げる.

**碑(碑)** **dī** [名]人名用字.

**嘀** **dī** [擬]〈クラクションの音〉ぷう.
**dīda**【嘀打】→**dīdā**【滴答】
**dīdā**【嘀嗒】→**dīdā**【滴答】
**dīlīduōluō**【嘀里嘟噜】[形]〈~的〉ぺらぺらと早口にしゃべる.
**dīlínglíng**【嘀铃铃】[擬]〈比較的小さいベルの音〉じりじり、りんりん.

**滴** **dī** ❶[量]しずくを数える：滴(てき).¶~~水 / 1滴の水. **2**[動]〈しずくを垂らす;したたる.¶~眼药 / 目薬をさす.
❷[擬]しずく.¶汗~ / 汗のしずく.
**dīchóng**【滴虫】[名]〈動〉トリコモナス原虫.
**dīdā**【滴答】[擬]**1**〈軽いものが打ち当たる短い音〉かたかた. **2**〈しずくのしたたる音〉ぽたぽた. **3**〈時計の音〉ちくたく. **4**〈ラッパの音〉ぷう.
**dīda**【滴答】[動]したたる.
**dīdītī**【滴滴涕】[名]〈薬〉DDT.
**dīdìng**【滴定】[動]〈化〉滴定する.
**dīdìngguǎn**【滴定管】[名]〈化〉ビュレット.
**dīguàn**【滴灌】[名] めぐらしたパイプから水をしたたらせる灌漑(かんがい)法. 点滴灌水.
**dījì**【滴剂】[名]〈目薬などの〉点滴剂.
**dīlì**【滴沥】[擬]〈雨垂れの音〉ぽたぽた.ぽたぽた.
**dīlīduōluō**【滴里嘟噜】[擬]〈~的〉**1** 小さく丸いものが連なりになっている. **2**→**dīlīduōluō**【嘀里嘟噜】
**dīliūliū**【滴溜溜】[擬]〈~的〉くるくる.
**dīliūr**【滴溜儿】[形]〈口〉**1** まん丸い. **2** くるくる回ったり速く流動したりしている.
**dī shuǐ bù lòu**【滴水不漏】〈成〉緻密できすきがない.
**dī shuǐ chéng bīng**【滴水成冰】〈成〉非常に寒いさま.
**dī shuǐ chuān shí**【滴水穿石】〈成〉微力でも最終的には目的を達する.
**dīshuǐyán**【滴水檐】[名] 軒端.
**dīshuǐ**【滴水】[名]**1** 建物と建物の間のすきま. **2** 軒端の瓦の先端の模様のある部分.
**dīshuǐwǎ**【滴水瓦】[名] 軒先の瓦. 軒瓦.

**镝** **dī** [名]〈化〉ジスプロシウム, Dy.
異読⇒dí

**狄** **dī** [名] 北方民族に対する古代の蔑称.¶〈広〉野蛮人.❷[姓]
**dīkètuīduō**【狄克推多】[名] 独裁者. ディクテーター.
**dīsài'ěrjī**【狄塞耳机】[名]〈機〉ディーゼルエンジン.

**迪(廸)** **dī** ❶ 教え导く. 导く.¶啓~ / 啓発し导く. ❷[姓]
**Dísīní lèyuán**【迪斯尼乐园】[名] ディズニーランド. ▶"迪士尼乐园"とも.
**dísīkē**【迪斯科】[名] ディスコ.
**dítīng**【迪厅】[動] ディスコ場.

**的** **dí** ❶ 真実の. 確かに.¶~~确. 異読⇒de,dì,dì
**dídàng**【的当】[形] ちょうどよい. 適切である.
**díkuǎn**【的款】[名] 確実で当てになる金.
**díquè**【的确】 確かに. 疑いなく.¶这~是一本好书 / これはまちがいなくよい本だ.
**díquèliáng**【的确良】[名]〈商標〉ダク

# dí

ロン（ポリエステル系繊維の一種）．

**díshìgāo**【的士高】→**dísīkē**【迪斯科】

**dízhèng**【的证】[名] 確実な証拠．確証．

**籴**（糴） **dí**[動] 穀物を買い入れる．

**荻** **dí**[植] オギ．‖[姓]

**敌**（敵） **dí**[🈁] ①敵．¶→～军．②対立する．¶寡不～众／衆寡(しゅうか)敵せず．③匹敵する．¶势均力～／勢力が伯仲する．

**díbǎichóng**【敌百虫】[名][農] ディプテレックス．

**díbīng**【敌兵】[名] 敵兵．

**díbuguò**【敌不过】[動+可補] かなわない．

**díbuzhù**【敌不住】[動+可補] かないっこない．

**dídìwèi**【敌敌畏】[名][農]（殺虫剤の）ディクロルヴォス．

**díduì**【敌对】[形] 敵対的な．

**díduì qíngxù**【敌对情绪】[名] 敵意．

**díguó**【敌国】[名] 敵国．

**díhài**【敌害】[名][生] 天敵．

**díhòu**【敌后】[名] 敵の後方．

**díjī**【敌机】[名][軍] 敵の飛行機．敵機．

**díjiàn**【敌舰】[名][軍] 敵の軍艦．敵艦．

**díjìng**【敌境】[名] 敵地．

**díjūn**【敌军】[名] 敵軍．

**díkài**【敌忾】[名]〈書〉敵への憤り(いきどお)．敵に対する憤り．

**díkòu**【敌寇】[名] 侵略者．敵．

**díqíng**【敌情】[名] 敵情．

**díqíng guānniàn**【敌情观念】[名] 敵に対する警戒心．

**díqiú**【敌酋】[名] 敵の首領．

**dírén**【敌人】[名] 敵．仇敵．

**díshì**【敌视】[動] 敵視する．

**díshǒu**【敌手】[名] 1 敵手．ライバル．2 敵の手．

**dítái**【敌台】[名] 敵の放送局．

**dítàn**【敌探】[名] 敵のスパイ．

**dítè**【敌特】[名] 敵のスパイ．

**díwěi**【敌伪】[名]〈史〉（抗日戦争期の）日本軍と傀儡(かいらい)政権．

**díwǒ máodùn**【敌我矛盾】[名] 敵対矛盾．

**díxué**【敌穴】[名] 敵の巣窟．

**díyì**【敌意】[名] 敵意．

**dízhèn**【敌阵】[名] 敵陣．

**涤**（滌） **dí**[🈁] 洗う．¶洗～／洗い浄する．

**díchú**【涤除】[動] 洗い落とす；〈転〉一掃する．

**dídàng**【涤荡】[動] 洗い清める．

**díkǎ**【涤卡】[名][紡]（ポリエステルと綿の）混紡布．

**dílún**【涤纶】[名][商標] テリレン（ポリエステル系合成繊維の一種）．

**dímiánbù**【涤棉布】[名] ポリエステル綿．

**dízuìsuǒ**【涤罪所】[名]〈宗〉（キリスト教で）死後の世界で前世の罪をあがなうところ．

**笛** **dí**[名] 横笛．
🈁 鋭い音を出す発声器．¶汽～／汽笛．¶警～／警笛．

**dímó**【笛膜】[名]（～儿）笛の響孔に張る、竹やアシからとった薄い膜．

**dízi**【笛子】[名] 笛．横笛．[支,管]

**觌**（覿） **dí**[動]〈書〉会う；対面する．

**嘀** **dí ⓞ** 異読⇨**dī**

**dígu**【嘀咕】[動] 1 ひそひそ話をする．2 ぐずぐずする．ためらう．

**嫡** **dí**[🈁] 正妻；血統の最も近い．¶～长子zhǎngzǐ／嫡statsの長男．

**díchū**【嫡出】[名]〈旧〉嫡出．

**díchuán**【嫡传】[動] 直伝える．

**dímǔ**【嫡母】[名]（庶子からいう）父の正妻．

**dípài**【嫡派】[名] 直系．

**díqīn**【嫡亲】[形] 血統の最も近い．

**dítáng**【嫡堂】[名] 祖父または曽祖父を同じくする父方の親族関係．

**díxì**【嫡系】[名] 直系．正統．

**díxì bùduì**【嫡系部队】[名] 直系部隊．

**dízǐ**【嫡子】[名]〈旧〉嫡出子．

**翟** **dí**[名]〈古〉尾の長いキジ；舞楽に用いるキジの羽．‖[姓]

異読⇨**zhái**

**镝** **dí**[名]〈書〉矢じり；（広く）矢．¶锋～／刃と矢じり；〈喩〉戦争．

異読⇨**dī**

**蹄** **dí**[名]〈書〉ひづめ．

異読⇨**dī**

**氐** **dí**[名]〈書〉もと．根本．異読⇨**dī**

**邸** **dí**[🈁] お屋敷．邸宅．¶官～／官邸．¶私～／私邸．邸．

**dízhái**【邸宅】[名] 邸宅．お屋敷．

**诋** **dí**[動] 悪口を言う．ののしる．¶丑～／辱めののしる．

**díhuǐ**【诋毁】[動]〈書〉そしる．

**坻** **dí** 地名用字．¶宝Bǎo～／天津市にある県の名．異読⇨**chí**

**抵** **dí**[🈁] 1 突っ張る．支える．¶用手～着下巴／ほおづえをつく．¶把门一上／戸にかんぬきをかける．2 相当する．匹敵する．…に代わる．¶一个～俩／一人で二人分の働きをする．3〈書〉到~着る．
🈁 ①防ぎ止める．抵抗する．¶～挡dǎng．②あがなう．償う．¶～命／抵当にする．¶～→～押yā．④相殺する．¶～→～消．

**dǐbǔ**【抵补】[動] 補う．補填(ほてん)する．

**dǐcháng**【抵偿】[動]（同価値のもので）償う．補う．

**dǐchù**【抵触】[動] 抵触する．差し障る．

**dǐdá**【抵达】[動] 到着する．

**dǐdǎng**【抵挡】[動] 防ぎ止める．抵抗する．

**dǐhuàn**【抵换】[動] ほぼ同じ値打ちの金品で弁償する．

**dǐhuàn**【抵换】[動] 引き替える．取り替える．

**dǐjiāo**【抵交】[動] 別の等価のものを支

dǐjiǎo【抵缴】→dǐjiāo[抵交]
dǐjìn shèjī【抵近射击】[动](军)直射.
dǐkàng【抵抗】[动] 抵抗する.
dǐkào【抵靠】[动](船が)接岸する.
dǐkòu【抵扣】[动]天引きする.
dǐlài【抵赖】[动](罪や過失を)否認する、言い逃れる.
dǐmiǎn【抵免】[动](外資企業の)納税を控除する.
dǐ//mìng【抵命】[动]命で償う.
dǐ//shì【抵事】[动](方)役に立つ.
dǐ//shù【抵数】[动]頭数をそろえる.
dǐsǐ【抵死】[副](书)あくまでも.
dǐwǔ【抵牾】[动](书)矛盾する.
dǐxiāo【抵消】[动]相殺する. 帳消しにする.
dǐyā【抵押】[动]抵当にする. ¶～品／抵当品. 担保.
dǐyā xìntuō zhèngquàn【抵押信托证券】[名]抵当信託債券.
dǐyā zhèngquàn【抵押证券】[名](经)抵当証券.
dǐyòng【抵用】[动]役に立つ.
dǐyù【抵御】[动]防ぎ止める.
dǐ//zhài【抵债】[动](物や労役で)債務を償う.
dǐ//zhàng【抵账】[动](物や労力で)返済に当てる.
dǐzhì【抵制】[动] 阻止する. ボイコットする. ¶～日货／日本製品をボイコットする.
dǐ//zhù【抵住】[动+結補] 1 匹敵する. 2 食い止める.
dǐ//zuì【抵罪】[动](罪相当の)処罰を受ける;処刑される.

底 dǐ【底】[名] 1 (～儿)草稿. 控え. よりどころ. ¶留个～儿／控えとして取っておく. 2 図案などの下地. 地. 3(～儿)事の子細. 真相. 4(～儿)底.
Ⅱ (年・月の)末, 終わり. ¶年～／年末. ‖[姓]. ‖ 異読=de
dǐbǎn【底版】[名](写真の)ネガ.
dǐběn【底本】[名] 1 控え. 底本. 種本.
dǐbiān【底边】[名](数)底辺.
dǐcáng【底藏】[名](株などの)最小限度の保有.
dǐcè【底册】[名]控え.
dǐcéng【底层】[名] 1 (建物の)一番下の階. 2 (社会的)最下層. どん底.
dǐféi【底肥】[名](农) 基肥(もとごえ).
dǐfēn【底分】[名]基本労働点数.
dǐfèn【底粪】[名](农)原肥にする有機肥料. 有機肥料の基肥.
dǐgǎo【底稿】[名](～儿)(保存)原稿.
dǐgōng【底工】[名]基本技.
dǐhuǒ【底火】[名] 1 かまどに残っている火. 種火.
dǐhuò【底货】[名] 1(船の)底荷. 2 在庫品. 売れ残り品.
dǐjià【底价】[名] 1 (入札や競売の)予定最低価格. 2(株価の)底値.
dǐjià【底价】[名](机)シャーシー.
dǐjīn【底襟】[名](～儿)中国服の下前

dǐlǐ【底里】[名](书)事の子細.
dǐmǎ【底码】[名] 1 (商品の)最低価格. 2 最低貸付金利.
dǐpái【底牌】[名] 1(ポーカーで)伏せてある1枚の札;切り札. 2(喩)内情.
dǐpán【底盘】[名](自動車などの)シャーシー. 車台.
dǐpiàn【底片】[名](写真の)ネガ.
dǐqī【底漆】[名]下地ペイント.
dǐqī shēngwù【底栖生物】[名](生)底生生物. ベントス.
dǐqi【底气】[名] 1 息の強さ. 発声力. 2 気力. 意欲.
dǐqíng【底情】[名]内情. 実情.
dǐr cháo【底儿潮】[惯](俗)素行が悪い. 前歴がある.
dǐsè【底色】[名](绘)下地色. ボトム.
dǐshàng【底墒】[名](农)作物を植え付ける前の土壌に含まれている水分.
dǐshìtú【底视图】[名](机)ボットムビュー.
dǐshù【底数】[名] 1(数)底数. 2 の子細. 内実.
Dǐtèlǜ【底特律】[地名]デトロイト.
dǐtú【底图】[名](地)ベースマップ.
dǐtǔ【底土】[名]心土の下の土壌.
dǐtuōwǎng【底拖网】[名]底引き網.
dǐxì【底细】[名](人や事柄の)内情.
dǐxia【底下】[名] 1[方位]下. ¶树～／木の根元. 2[名]そのあと. その先.
dǐxiàrén【底下人】[名]使用人.
dǐxiàn【底线】[名] 1(体)(球技の)コートに引く線. 2 敵の内部に忍び込んで状況を探る人. 密偵. 3(喩)最低ライン. ▶"底限"とも.
dǐxīn【底薪】[名]基本給.
dǐyùn【底蕴】[名](书)子細. 詳細.
dǐzhàng【底账】[名]台帳. 原簿.
dǐzhǐ【底止】[名](书)とどまるところ. 終わり. きり.
dǐzi【底子】[名] 1 底. 2 内情. 子細. 3(学問などの)基礎;素養. 4 控え. 下書き. 5 残り. 6 素地.
dǐzuò【底座】[名](～儿)台. 台座.

柢 dǐ【柢】[名]木の根. ¶根深～固／根がしっかりしている; 堅固である.

牴 dǐ【牴】0

dǐchù【牴触】[动]→dǐchù[抵触]
dǐwǔ【牴牾】→dǐwǔ[抵牾]

砥 dǐ【砥】[名]砥石(といし).

dǐlì【砥砺】[名] 1 [名]砥石. 2[动] 1 鍛え磨く. 2 励ます.
dǐ zhù zhōng liú【砥柱中流】→zhōng liú dǐ zhù[中流砥柱]

骶 dǐ【骶】[名](生理)尾骶骨(びていこつ). ¶～骨／仙椎(せんつい).

地 dì【地】[名] 1 大地. 土地. 陸地. 2 田畑. [块,片]¶三亩～／3ムーの畑. ¶下～干活儿／畑仕事をして働く. 3 床. 土間. 地面. 4(～儿)地. 下地. 5 白～红花儿／白

に赤い模様. **5** 道のり. ¶一里～/500メートルの道のり.
**⊟** ① 地区. 地点. ¶内～/内地. 内陸. ② 考え方. 見方. ¶見～/見地. ③ 境地. ¶余～/ゆとり. ④ 地下の. ¶→⇨窨jiào.
異読=⇨de

**dìbǎn**【地板】名 **1** 床板. 床. **2**〈方〉田畑.
**dìbǎngé**【地板革】名 合成樹脂製の床板.
**dìbǎnzhuān**【地板砖】名 床板用のタイル.
**dìbàng**【地磅】→dìchèng【地秤】
**dìbǎo**【地保】名〈旧〉地方末端の治安係.
**dìbǎo**【地堡】名〈軍〉トーチカ.
**dìbiǎo**【地表】名 地表.
**dìbiǎo xiàchén**【地表下沈】名 地盤沈下.
**dìbiē**【地鳖】名〈虫〉シャチュウ, ジベツ, サツマゴキブリ.
**dìbō**【地波】名〈地震の〉表面波.
**dìbǔ**【地鵏】名〈鳥〉ノガン.
**dìbù**【地步】名 **1**(主として悪い)事態. **2**(物事の)程度. **3** 余地.
**dìcái**【地财】名 個人が地下に埋蔵した財物.
**dìcán**【地蚕】名 **1** → dìlǎohǔ【地老虎】 **2**〈虫〉ジムシ.
**dìcáo**【地槽】名〈地質〉地向斜.
**dìcéng**【地层】名 地層.
**dìchǎn**【地产】名 不動産としての土地.
**dìcháo**【地潮】名〈天〉地盤潮汐.
**dìchèng**【地秤】名 大型の台ばかり.
**dìcí**【地磁】名 地磁気.
**dìcícháng**【地磁场】名〈物〉地磁界.
**dìcíjí**【地磁极】名〈物〉(地球の)磁極.
**dì dà wù bó**【地大物博】成 土地が広く物産が豊富である.
**dìdài**【地带】名 地帯. 地域.
**dìdào**【地道】名〈軍〉地下道.
**dìdao**【地道】形 **1** 本場のものである. **2** 生粋である. 本物である. **3**(仕事や物が)良質である.
**dìdiǎn**【地点】名 場所. 位置.
**dìdīng**【地丁】名 **1**〈旧〉地租と人頭税を合わせた税制. 一名〈植〉タイワンスミレ, スミレ.
**dìdòng**【地洞】名〈口〉地震.
**dìdòng**【地洞】名 地下の洞穴.
**dìdòngyí**【地动仪】名〈天〉"候风地动仪"(昔の地震計)の略称.
**dìduàn**【地段】名 一区域.
**dìduàn yīyuàn**【地段医院】名 町の病院. 地区医院.
**dìfāng**【地方】名 **1**(↔中央)地方. **2** 当地. 地元. **3**(軍に対して)民間(の).

**dìfang**【地方】名 **1**(～儿)場所. ところ. **2** 部分. 箇所.
**dìfang bǎohù zhǔyì**【地方保护主义】名 特定地域の利益を守るために手段を選ばないやり方.
**dìfangbìng**【地方病】名 風土病.
**dìfang guóyíng**【地方国营】名 地方が管轄する国営(企業).
**dìfang mínzú zhǔyì**【地方民族主义】名 地方民族主義.
**dìfangshí**【地方时】名〈天〉地方時.
**dìfangshuì**【地方税】名〈経〉地方税.
**dìfangxì**【地方戏】名 地方劇.
**dìfangzhì**【地方志】名 地方誌.
**dìfang zhǔyì**【地方主义】名 地方主義. 地域主義.
**dìfèng**【地缝儿】名 土地の割れ目.
**dìfū**【地肤】名〈植〉ホウキギ.
**dìfǔ**【地府】名 あの世.
**dì fù tiān fān**【地覆天翻】→ tiān fān dì fù【天翻地覆】
**dìgēnr**【地根儿】名〈方〉根本. 初め. もともと.
**dìgěng**【地埂】名(～儿・～子)田のあぜ.
**dìgōng**【地宫】名 **1** 地下宮殿. 陵墓内の玄室. **2** 仏寺の地下宝物庫.
**dìgōu**【地沟】名 地下溝.
**dìgǔpí**【地骨皮】名〈中薬〉地骨皮(ヂクコの根皮).
**dìguā**【地瓜】名〈方〉〈植〉**1** サツマイモ. **2** クズイモ.
**dìguāhuà**【地瓜话】名〈俗〉俚言(ゲン). 俗語.
**dìguāng**【地光】名〈地震の前に生じる〉大地の光.
**dìgǔnqiú**【地滚球】名〈体〉**1**(野球で)ゴロ. **2** ボウリング.
**dìhé**【地核】名〈地質〉地核.
**dìhuáng**【地黄】名〈植〉ジオウ; 〈中薬〉地黄(ゲン).
**dìhuángniú**【地黄牛】名 竹で作ったこま.
**dìjī**【地积】名 土地の面積.
**dìjī**【地基】名 **1** 敷地. 建築用地. **2** 建築物の基礎. 地盤.
**dìjí**【地极】名〈地〉極地, 両極.
**dìjià**【地价】名 土地の一番低い価格. 底価.
**dìjiǎo**【地角】名〈印〉ページ下の余白.
**dìjiǎo luósī**【地脚螺丝】名〈機〉基礎ボルト.
**dìjiào**【地窖】名 地下の食糧貯蔵室.
**dìjiǎo**【地脚】名〈方〉建築物の基礎. 地盤.
**dìjiè**【地界】名 土地の境界.
**dìjǐncǎo**【地锦草】名〈植〉ニシキソウ; 〈中薬〉地錦草(ゲン).
**dì jiǔ tiān cháng**【地久天长】成 とこしえに変わらない.
**dìkuài**【地块】名〈地質〉断層地塊.
**dìlà**【地蜡】名〈鉱〉地蠟(ゲン).
**dìláo**【地牢】名 地下牢.
**dìlǎohǔ**【地老虎】名 **1**〈虫〉ネキリムシ. **2** 土地の貸与権を利用して賄賂

を得る人. **3** 大量に土地資源を消費する事業.

**dì lǎo tiān huāng**【地老天荒】(成) 長い年月が過ぎる.

**dìléi**【地雷】[名] 地雷. [顆, 个]

**dìlěi**【地垒】[名]〈地質〉地塁. ホルスト.

**dìlèng**【地塄】[名]〈方〉あぜ.

**dìlí**【地梨】[名]〈植〉**1** ホドイモ;ホドイモの茎. **2**〈植〉クロクワイ.

**dìlǐ**【地理】[名] 地理;地理学.

**dìlì**【地力】[名]〈農〉地力.

**dìlì**【地利】[名] **1** 地の利. **2** 地の利. 地勢上の有利さ.

**dìlì**【地栗】[名]〈方〉〈植〉クロクワイ.

**dìlìqīng**【地沥青】[名] アスファルト.

**dìliàng**【地量】[名] 最低最量. 最小量.

**dìlín**【地邻】[名] 隣接している耕地.

**dìlóng**【地垅】[名]〈動〉ミミズ.

**dìlǒng**【地垄】[名] 畑のうね.

**dìlòu**【地漏】[名]〈建〉地面の排水口.

**dìmài**【地脉】[名] 地形の吉凶. 地相.

**dìmàn**【地幔】[名]〈地質〉マントル.

**dìmào**【地貌】[名] 地形.

**dìmàotú**【地貌图】[名] 地貌図.

**dìmiàn**【地面】[名] **1** 地上. **2** 地上. [床(ﾕｶ). **3**〈口〉地域. **4**(～儿)〈口〉地元. 当地.

**dìmiàn chénjiàng**【地面沉降】[名] 地盤沈下.

**dìmiànzhàn**【地面站】[名] 衛星中継ステーション.

**dìmíng**【地名】[名] 地名.

**dìmó**【地膜】[名]〈農業用〉マルチフィルム.

**dìmǔ**【地亩】[名] 土地. 田畑.

**dìnéngrè**【地能热】[名] 地熱エネルギー.

**dìniè**【地苶】[名]〈植〉ジジン.

**dìpáizi**【地排子】[名] **1**〈方〉モグラ. **2**〈貶〉ちび.

**dìpán**【地盘】[名](～儿)勢力範囲. 地盤.

**dìpéi**【地陪】[名]〈ツアーの〉現地ガイド.

**dìpí**【地皮】[名] **1** 建築用地. 敷地. **2**(～儿)地面. 地表.

**dìpǐ**【地痞】[名] 土地のごろつき.

**dìpǐ liúmáng**【地痞流氓】[名] ごろつきやチンピラ.

**dìpíngxiàn**【地平线】[名] 地平線.

**dìpù**【地铺】[名] 地面や床(ﾕｶ)の上に臨時にしつらえた寝床.

**dìqì**【地契】[名] 土地売買契約(書).

**dìqiào**【地壳】[名] 地殻.

**dìqín**【地勤】[名]〈空〉地上勤務.

**dìqiú**【地球】[名]〈天〉地球.

**dìqiúcūn**【地球村】[名]〈喩〉地球村.

**dìqiú wùlǐxué**【地球物理学】[名] 地球物理学.

**dìqiúyí**【地球仪】[名] 地球儀.

**dìqū**【地区】[名] **1** 地区. 地域. **2** 行政区画.

**dìqū chājù**【地区差距】[名] 地域格差.

**dìqūfēng**【地区风】[名]〈気〉局地風.

**dìqūxìng wūrǎn**【地区性污染】[名]

地域性汚染.

**dìquán**【地权】[名] 土地所有権.

**dìr**【地儿】[名] 座る〔立つ〕場所;収容する場所.

**dìrè**【地热】[名]〈地質〉地熱.

**dìrènéng**【地热能】[名] 地熱エネルギー.

**dìshà**【地煞】[名] **1** 地煞星(ち̅̇ょん). **2** 悪鬼邪神;〈喩〉凶悪な人・勢力.

**dìshàng**【地上】[名] 地上.

**dìshàngjīng**【地上茎】[名]〈植〉地上茎.

**dìshang**【地上】[名] 地面. 地べた.

**dìshēng**【地声】[名]〈地震の〉地鳴り.

**dìshǐ**【地史】[名] 地史.

**dìshì**【地势】[名] 地勢. 地形.

**dìshuǐ**【地水】[名]〈略〉地面の水.

**dìtǎn**【地摊】[名](～儿)(道ばたの)露店.

**dìtǎn**【地毯】[名] じゅうたん. [张, 块] ～式搜捕 / じゅうたん爆撃.

**dìtiě**【地铁】[名]〈略〉地下鉄.

**dìtóu**【地头】[名](～儿)田畑のへり. **2**〈方〉当地. **3** ページの下の余白.

**dìtóushé**【地头蛇】[名] 土地のボス.

**dìtú**【地图】[名] 地図. [张, 幅]

**dìwěi**【地委】[名]〈略〉地区委員会.

**dìwèi**【地位】[名] 地位. ポスト. **2** (人や物の占める)場所.

**dìwēn**【地温】[名]〈気〉地温.

**dìwénxué**【地文学】[名] 地文(ちもん)学. 自然地理学.

**dìwù**【地物】[名] 地物. 地上にある固定的な物体.

**dìxiá**【地峡】[名] 地峡.

**dìxià**【地下】[名] **1** 地下. **2** 秘密活動;非合法的な….

**dìxia**【地下】[名] 地面. 床.

**dìxiàjīng**【地下茎】[名]〈植〉地下茎.

**dìxiàshì**【地下室】[名] 地下室. 地階.

**dìxiàshuǐ**【地下水】[名] 地下水.

**dìxià tiědào**【地下铁道】→ **dìtiě**【地铁】

**dìxiàn**【地线】[名]〈電〉アース.

**dìxīn**【地心】[名]〈地質〉地心. 地球の中心.

**dìxīnshuō**【地心说】[名]〈天〉天動説.

**dìxīn yǐnlì**【地心引力】[名]〈物〉引力. 重力.

**dìxíng**【地形】[名] 地形.

**dìxíngtú**【地形图】[名] 地形図.

**dìxíngyǔ**【地形雨】[名]〈気〉地形性降雨.

**dìxué**【地学】[名] 地学.

**dìyáng**【地羊】[名]→ **fénshǔ**【鼢鼠】

**dìyī**【地衣】[名]〈植〉地衣類. 苔類.

**dìyìnzi**【地窨子】[名] **1** 地下室. **2** 穴蔵.

**dìyìnglì**【地应力】[名]〈地〉地殻の応力.

**dìyú**【地榆】[名]〈植〉ワレモコウ;〈中薬〉地楡(ち̅̇ゆ).

**dìyútú**【地舆图】[名]〈旧〉地図帳. アトラス.

**dìyù**【地狱】[名] 地獄;〈転〉悲惨な生活

# dì

環境. ¶人間～／この世の地獄.
**dìyù**【地域】名 地域. 2 郷土. 地方.
**dìyuán**【地緣】名 地緣.
**dìyuán zhèngzhìxué**【地緣政治学】名 地政学.
**dìzhèn**【地震】名 地震. ¶～ 波／地震波. ¶～儀／地震計. 2 動 地震が起こる.
**dìzhèn lièdù**【地震烈度】名 震度.
**dìzhèn zhènjí**【地震震級】名 マグニチュード.
**dìzhèng**【地政】名 土地行政事務.
**dìzhī**【地支】名 十二支.
**dìzhǐ**【地址】名 1 住所. 2 〔電算〕アドレス.
**dìzhì**【地志】名 地誌.
**dìzhì**【地質】名 地質. ¶～学／地質学.
**dìzhì niándài**【地質年代】名 地質年代.
**dìzhóu**【地軸】名〔天〕地軸.
**dìzhǔ**【地主】名 1 地主. 2〔書〕地元の人.
**dìzhuān**【地磚】名 床板用のタイル.
**dìzhuómù**【地啄木】名〔鳥〕アリスイ.
**dìzǔ**【地租】名 小作料. 地代.

## 弟
**dì** ❶ 動 ① 弟. ¶二～／(2番目の)弟. ② 私. ¶小～／小生. ② 親戚の中の,同世代で,自分より年下の男子. ¶堂～／父方の姓を共有する年下の男のいとこ. ‖姓
**dìdi**【弟弟】名 1 弟. 2 同族の同世代で年下の男子.
**dìfu**【弟妇】名 弟の妻.
**dìmèi**【弟妹】名 1 弟と妹. 2〔口〕弟の妻.
**dìxiong**【弟兄】名〈男〉兄弟;〈喩〉兄弟. ¶～们／みなさん.
**dìzǐ**【弟子】名 弟子. 門人. 門下生.

## 的
**dì** ❶ 動 的. ¶目～／目的. ¶众矢之～／多くの人の非難的の.
異読=de,dí,dì

## 帝
**dì** ❶ 動 ① 天帝. ¶上～／神. ② 天子. 皇帝. ¶～王／皇帝. ③ 帝国主義の略. ‖姓
**Dì'é**【帝俄】名〈史〉帝政ロシア.
**dìguó**【帝国】名 帝国.
**dìguó zhǔyì**【帝国主义】名 帝国主義(国家).
**dìhào**【帝号】名 皇帝の称号.
**dìjūn**【帝君】名 大神. 神々の中の最高の神.
**dìwáng**【帝王】名 帝王.
**dìwèi**【帝位】名 皇位.
**dìyè**【帝业】名 帝業. 帝王としての仕事. 業績.
**dìzhì**【帝制】名 帝制.
**dìzǐ**【帝子】名 皇帝の子女.

## 递(遞)
**dì** 動 手渡す. 順繰りに渡す. ¶给他一个口信／彼に伝言する.
❶ しだいに. 順序を追って.
**dìbǔ**【递补】動 順次補充する.
**dìjiā**【递加】→**dìzēng**【递增】

**dìjiǎn**【递减】動 逓減する.
**dìjiàng**【递降】動 逐次低下する.
**dìjiāo**【递交】動《证书などを》手渡す. ¶～国书／国書を捧呈する.
**dìjiě**【递解】動〔旧〕通過する地方が順送りに犯人を遠方へ護送する.
**dìjìn**【递进】動 徐々に進む. 漸進する.
**dìshēng**【递升】動 徐々に高まる;《職位を》順次引き上げる.
**dìsòng**【递送】動《手紙などを》届ける.
**dì yǎnsè**【递眼色】(慣)目配せする.
**dìzēng**【递增】動 逓増する.

## 娣
**dì** 名〈古〉1 (女性が)夫の弟の妻を呼ぶ語. 2 (姉が)妹を呼ぶ語;(正妻が)妾(ｼｮｳ)を呼ぶ語. ‖姓

## 菂
**dì** 名〈古〉ハスの実.

## 第
**dì** ❶〔接頭〕《整数の前に置いて順序を示す》¶～一／1番目. ¶～10番目.
❶ 国家試験に合格する. ¶及～／同上. 2 屋敷. 邸宅. ¶府～／邸宅. ‖姓

**dì'èr chǎnyè**【第二产业】名 第二次産業. 鉱工業.
**Dì'èrcì guónèi gémìng zhànzhēng**【第二次国内革命战争】名〈史〉第一次国共内戦.
**Dì'èrcì shìjiè dàzhàn**【第二次世界大战】名〈史〉第二次世界大戦.
**dì'èr kètáng**【第二课堂】名 学校の校外活動;職業教育;社会人教育.
**dì'èrshěn**【第二审】名〔法〕(裁判の)第二審.
**dì'èrshēng**【第二声】名〈语〉(中国語の声調の)第2声. 陽平調.
**dì'èr shìjiè**【第二世界】名 第二世界.
**dì'èrxìng**【第二性】名〔哲〕第二性.
**dì'èr yǔzhòu sùdù**【第二宇宙速度】名〔物〕第二宇宙速度. 地球引力圏の脱出速度.
**dì'èr zhíyè**【第二职业】名 本職以外の仕事. 副業. サイドビジネス.
**dìliù gǎnjué**【第六感觉】名 第六感. 直感.
**dìsān chǎnyè**【第三产业】名 第三次産業.
**Dìsāncì guónèi gémìng zhànzhēng**【第三次国内革命战争】名〈史〉第三次国共内戦.
**dìsāncì làngcháo**【第三次浪潮】名 第三の波.
**Dìsān guójì**【第三国际】名 コミンテルン.
**dìsānjì**【第三纪】名〈地质〉第三紀.
**dìsānrén**【第三人】名〔法〕第三者. 原告と被告以外で, 訴訟事件に利害関係のある者.
**dìsānshēng**【第三声】名〈语〉(中国語の声調の)第3声. 上声調.
**dìsān shìjiè**【第三世界】名 第三世界.
**dìsān tīduì**【第三梯队】名〈喩〉幹部

候補の予備軍.

**dìsān yǔzhòu sùdù**【第三宇宙速度】名〈物〉第三宇宙速度. 太陽系を脱出するのに必要な速度.

**dìsānzhě**【第三者】名 1 第三者. 2（夫婦以外の）愛人. 不倫相手.

**dìsān zhuàngtài**【第三状态】名 健康と病気の境目の状態. 未病.

**dìsì chǎnyè**【第四产业】名 情報産業.

**dìsìjì**【第四纪】名〈地质〉第四紀.

**dìsìshēng**【第四声】名〈语〉(中国語の声調の) 第4声. 去声調.

**dìsì yǔzhòu sùdù**【第四宇宙速度】名〈物〉第四宇宙速度. 銀河系を脱出するのに必要な速度.

**dìwǔ chǎnyè**【第五产业】名 カウンセリング業. コンサルタント業.

**dìwǔ zòngduì**【第五纵队】名 スパイ組織.

**dìyī**【第一】数 1 第一の. 最初の. 2 最重要の.

**dìyī bǎ jiāoyǐ**【第一把交椅】名 第一人者.

**dìyībǎshǒu**【第一把手】名 最高責任者.

**dìyī chǎnyè**【第一产业】名 第一次産業.

**dìyīcì**【第一次】副 初めて(の).

**Dìyīcì guónèi géming zhànzhēng**【第一次国内革命战争】名〈史〉北伐戦争.

**Dìyīcì shìjiè dàzhàn**【第一次世界大战】名〈史〉第一次大戦.

**dìyī fūrén**【第一夫人】名 ファーストレディ.

**Dìyī guójì**【第一国际】名〈史〉第一インターナショナル.

**dìyīliú**【第一流】形 一流の.

**dìyīmíng**【第一名】名 首位. トップ.

**dìyīshěn**【第一审】名〈法〉(裁判の) 第一審.

**dìyīshēng**【第一声】名〈语〉(中国語の声調の) 第1声. 陰平調.

**dìyī shíjiān**【第一时间】名 一番早い時間で. 一番最初に.

**dìyī shìjiè**【第一世界】名 第一世界. ▶超大国をさす.

**dìyīshǒu**【第一手】形 直接の.

**dìyīxiàn**【第一线】名 第一線. 最前線.

**dìyīxìng**【第一性】名〈哲〉第一性質.

**dìyīyì**【第一义】名 第一義. 最も肝要な意味のこと.

**dìyī yǔzhòu sùdù**【第一宇宙速度】名〈物〉第一宇宙速度. 円速度.

**dìzhái**【第宅】名 邸宅. 屋敷.

**dì**【谛】H ①子細に. つぶさに. 1～听／詳しく聞く. 2 道理. 理. 1真～／真の道理.

**dìshì**【谛视】动〈书〉じっと見る.

**dìtīng**【谛听】动〈书〉一心不乱に聞く.

**dì**【蒂】H (花や果実などの)蒂(がく). 萼(がく). 1瓜熟～落／条件が熟せば

自然に成功する.

**dì**【棣】H ①ヤマブキ. ②ニワウメ. アマナシ. 1～棠／同上.

**dì**【睇】动〈书〉流し目で見る. 横目で見る.

**dì**【缔】动 結ぶ. 取り決める.

**dìjiāo**【缔交】动 1〈书〉交際を始める. 2 国交を結ぶ.

**dìjié**【缔结】动（条約などを）締結する. 1～友好条约／友好条約を結ぶ.

**dìméng**【缔盟】动 同盟を結ぶ.

**dìyuē**【缔约】动 条約を結ぶ.

**dìzào**【缔造】动（偉大な事業を）創建する.

**dì**【碲】名〈化〉テルル. Te.

**dì**【蹄】动〈书〉蹴る；踏む.

## dia (ㄉㄧㄚ)

**diǎ**【嗲】形〈方〉1 声や素ぶりが甘ったれている. 1～声～气／甘ったれた声. 2（称賛して）すばらしい.

## dian (ㄉㄧㄢ)

**diān**【掂】(估)动 手のひらにのせて重さを量る.

**diānduì**【掂对】〈方〉1 考える. 考慮する. 2 取り替える. 入れ替える.

**diānduo**【掂掇】〈口〉1 考慮する. 2 見積る.

**diān jīn bō liǎng**【掂斤播两】成 小事をみみっちく計算する.

**diānliang**【掂量】〈口〉1 手で目方を量る. 2 考える. 思案する.

**diānsuàn**【掂算】見積もる. 判断する.

**Diān**【滇】H 雲南省. 姓

**diānhóng**【滇红】名 雲南省産の紅茶.

**diān**【颠】动 1（車・船が）上下に震動する. 2（～儿）〈俗〉(慌ただしく)走る. いなくなる.

H ①頭のてっぺん. 1华～／白髪まじり. ②倒す. ひっくり返る. 1～覆. ③始め. 1～末.

**diānbǒ**【颠簸】动 上下に揺れる.

**diāndǎo**【颠倒】动 1 逆にする. 2 気が動転する.

**diān dǎo shì fēi**【颠倒是非】成 是非を転倒する. ▶"颠倒黑白"とも.

**diānfù**【颠覆】动 転覆する.

**diānkuáng**【颠狂】→ **diānkuáng**【癫狂】

**diān lái dǎo qù**【颠来倒去】成 同じことを何度も繰り返す.

**diānlián**【颠连】动〈书〉1 困窮する. 難儀する. 2 (山の尾根のように) どこまでも連なる.

**diān luán dǎo fèng**【颠鸾倒凤】成 男女の交合.

## diān

**diānmò**【颠末】〈名〉〈書〉顚末。事のいきさい。

**diānpèi**【颠沛】〈動〉〈書〉困窮する。

**diān pèi liú lí**【颠沛流离】〈成〉貧困のため流浪の身となる。

**diānpū**【颠扑】〈動〉つまずいて転ぶ。

**diān pū bù pò**【颠扑不破】〈成〉(論が正しくて)論破されない。

**diānqié**【颠茄】〈名〉〈植〉ベラドンナ。

**diān sān dǎo sì**【颠三倒四】〈成〉つじつまが合わない。でたらめである。

**diān**【巅】〈名〉山頂。頂上。¶~峰／頂上絶頂。¶〈喻〉頂点。

**diān**【癫】〈H〉①気が狂う。¶疯~／精神異常。

**diānkuáng**【癫狂】〈形〉1 気が狂っている。2 (言動が)軽率である。

**diānxián**【癫痫】〈名〉〈医〉てんかん。

**diānzi**【癫子】〈名〉〈方〉狂人。

**典**【H】①(土地·家屋などの)不動産を抵当にとれる、抵当にとる。【H】①【標準、法則。¶~范／規範となる)書籍。¶~→籍。②典故。典奥。¶用~／故事を引用する。④式典。儀式。¶~→礼。⑤質屋。質店。⑥主管する。【H】姓

**diǎndàng**【典当】〈動〉抵当に入れる。質に入れる。

**diǎnfàn**【典范】〈名〉模範。手本。

**diǎngù**【典故】〈名〉典故。

**diǎnjí**【典籍】〈名〉典籍。古典。

**diǎnjiè**【典借】〈動〉不動産を抵当に入れる。

**diǎnlǐ**【典礼】〈名〉式典。

**diǎnmǎi**【典买】〈動〉請け戻し条件付きで不動産を抵当に入れる。

**diǎnxíng**【典型】〈名〉【名〉典型。モデル。2〈形〉典型的である。

**diǎnxíng bàodào**【典型报道】〈名〉典型や模範となる人などをめぐる報道。

**diànyǎ**【典押】=diǎndàng【典当】

**diǎnyǎ**【典雅】〈形〉優美である。上品である。

**diǎnzhāng**【典章】〈名〉法令制度。

**点(點)** **diǎn** 【H】〈量〉1〈時間の単位〉···時。¶5~半／午前7時半。2 (~儿)少量のものを表す。¶一~儿小事／ほんのちょっとしたこと。3 吃~儿东西／ちょっと何かを食べる。3 事項を数える。¶我有两~意见／私には意見が二つある。【H】〈動〉1 点を打つ。印をつける。¶~个逗号／コンマを打つ。2 (火や明かりを)つける。¶~灯／明かりをつける。3 一つずつ改め調べる。数える。4 液体を1滴垂らす。5 一定の間隔を開けて種をまく。6 (同類のものの中から)指定する。7 ちょっと触って素早く離れる。突っつく。【H】〈名〉1 点。2 (~儿)液体の粒。¶雨~儿／雨粒。¶水~儿／水滴。2 (~儿)点、ほし。¶泥~儿／泥のはね。3 ちょぼ。漢字の筆画の「、」。

4 (~儿)小数点。¶三~五／3.5。5〈数〉幾何学上の点。¶两线的交~／2線の交わる点。

【H】①一定の位置や程度。¶冰~／氷点。¶居民~／住宅区。2 物事の部分·個所·面·問題点。¶特~／特徴。③軽食。おやつ。¶~心。

**diǎnbō**【点播】〈動〉1〈農〉点播(ぶ)する。2 (放送局に)リクエストする。

**diǎnbōtáí**【点播台】〈名〉〈音楽の〉リクエスト番組。

**diǎnbō**【点拨】〈動〉1 要点を押さえて教える。ヒントを与える。2 そそのかす。人の悪口を言う。

**diǎnbu**【点补】〈動〉(~儿)〈方〉(空腹のしのぎに)ちょっと食べる。腹の足しにする。

**diǎn/cài**【点菜】〈動〉料理を注文する。

**diǎnchuān**【点穿】〈動〉喝破する。すっぱ抜く。

**diǎncuàn**【点窜】〈動〉〈書〉(字句を)直す。添削する。

**diǎndī**【点滴】1〈形〉わずかな。ちょっぴりの。2〈名〉点滴。

**diǎn dī guī gōng**【点滴归公】〈成〉(公のものなら)1円たりとも自分のものにしない。

**diǎndù**【点黩】〈動〉画家が自由闊達(だつ)にきき加えたり着色したりする。

**diǎnfā**【点发】〈動〉(銃などを)連発する。

**diǎngē**【点歌】〈動〉(放送局に)歌をリクエストする。

**diǎn guǐhuǒ**【点鬼火】〈慣〉陰謀をめぐらす。

**diǎnhàn**【点焊】〈名〉点溶接。抵抗溶接。

**diǎnhuà**【点化】〈動〉1 (道教で)仙人が仙術を使って物を変化させる。2〈喻〉悟りを開かせる。教え導く。

**diǎn/huǒ**【点火】〈動〉1 火をつける。2〈転〉扇動する。

**diǎnjī**【点击】〈動〉〈電算〉クリックする。

**diǎn/jī**【点饥】〈動〉簡単に食べて空腹をしのぐ。

**diǎn/jiàng**【点将】〈動〉指名して何かをやらせる。

**diǎnjiāo**【点交】〈動〉一つ一つ指で確認して引き渡す。

**diǎn jīn chéng tiě**【点金成铁】〈成〉改悪する。

**diǎn/jù**【点句】〈動〉句読点を打つ。

**diǎn/mǎo**【点卯】〈動〉出勤する；タイムレコーダーを押す。

**diǎn/míng**【点名】〈動〉1 点呼する。2 指名する。名指しする。¶~批判／名指しで批判する。

**diǎnmíng**【点明】〈動〉はっきり指摘する。

**diǎn/pò**【点破】〈動〉喝破する。

**diǎnpíng**【点评】〈動〉評論。講評。

**diǎnqiú**【点球】〈名〉(体)(サッカーの)ペナルティーキック。(ホッケーの)ペナルティーストローク。

**diǎnrán** [点燃] 燃やす；点火する。

**diǎnrǎn** [点染] 〈書〉1 絵に点景を添えたり彩ったりする。2〈喩〉詩文章を潤色する。字句を飾る。

**diǎnshè** [点射] 〈軍〉点射する。連射する。

**diǎn shí chéng jīn** [点石成金] 〈成〉下手な文章を要領よく立派なものに改める。▶"点铁成金"とも。

**diǎnshōu** [点收] 一つ一つ確認して受け取る。

**diǎn/shǒu** [点手] 軽く手招きをする。

**diǎn/shù** [点数] 数を数べる。

**diǎn/tí** [点题] 話や文章のテーマをかいつまんで示す。

**diǎn/tóu** [点头] (～儿) うなずく。軽く頭を下げる。

**diǎn tóu hā yāo** [点头哈腰] 〈成〉ペこぺこびへつらう。

**diǎnwūrǎnyuán** [点污染源] 特定汚染源。

**diǎn/xì** [点戏] 芝居の出し物を指定する。

**diǎnxiàn** [点线] 点線；ミシンけい。破線。

**diǎn/xīn** [点心] 〈方〉簡単に食べて空腹をしのぐ。

**diǎnxin** [点心] 軽食。おやつ。スナック。

**diǎn//xué** [点穴] 〈武术〉指先で相手の急所を突く。

**diǎnyàn** [点验] 点検する。一つ一つ調べる。

**diǎnzhèn** [点阵] 1〈電算〉ドットマトリクス。2〈物〉格子。ラチス。

**diǎn zhōng** [点钟] 〈時間の単位〉時。¶下午三～/午後3時。

**diǎn/zhòng** [点中] 点を揺てる。

**diǎnzhòng** [点种] →diǎnbō [点播]

**diǎnzhuì** [点缀] 1 引き立たせる。2 その場を繕う。調子を合わせる。

**diǎnzì** [点字] 点字。

**diǎnzi** [点子] 1 1 しずく。2 しみ。斑点。3〈音〉[打楽器のリズム。4 要点。ポイント。5 考え。知恵。2 〈喩〉方法。

碘 **diǎn** 〈化〉沃素 (きそ)。ヨード。

**diǎndīng** [碘酊] 〈药〉ヨードチンキ。

**diǎnfǎng** [碘仿] 〈药〉ヨードホルム。

**diǎnhuàyín** [碘化银] 〈化〉沃化銀。

**diǎnjiǔ** [碘酒] →diǎndīng [碘酊]

**diǎnpiàn** [碘片] 〈化〉ヨードの片状結晶。

**diǎnwūdēng** [碘钨灯] ハロゲン灯。

**diǎnyán** [碘盐] 〈化〉ヨウ素添加塩。

踮 (跕) **diǎn** [踮] つまさきで立つ。

**diǎn/jiǎo** [踮脚] 足をひきずって歩く。

电 (電) **diàn** 1名 电气。2名 1 感電する。2 相手をしびれさせる。魅惑する。H ①電報(を打つ)。¶急～/至急電報。②電気によって動く、光る。¶～→车。③雷。¶闪～/稲光。
[姓]

**diànbà** [电霸] 名〈俗〉電力供給部門のやみのボス。

**diànbàng** [电棒] 名 (～儿)〈方〉懐中電灯。

**diànbào** [电报] 名 電報。

**diànbǐ** [电笔] 名〈电〉小型電流電圧計。テスター。

**diànbiǎo** [电表] 名 電気計器；電気メーター。

**diànbīngguì** [电冰柜] 名 冷蔵庫のような冷蔵設備。冷凍ケース。

**diànbīngxiāng** [电冰箱] 名 電気冷蔵庫。[台]

**diànbō** [电波] 名〈電〉電磁波。

**diànchǎn** [电铲] 名〈机〉(动力)掘削機。パワーショベルカー。

**diànchǎng** [电场] 名〈电〉電場。電界。

**diànchǎng rèwūrǎn** [电厂热污染] 発電所熱汚染。

**diànchàngjī** [电唱机] 名 プレーヤー。電音。

**diànchàngtóu** [电唱头] 名 (プレーヤーの) ピックアップ。

**diànchàngzhēn** [电唱针] 名 レコードプレーヤーの針。

**diànchǎoguō** [电炒锅] 名 電気鍋。

**diànchē** [电车] 名 1 電车。2 トロリーバス。路面電車。

**diànchí** [电池] 名〈电〉電池。[节,个]

**diànchuán** [电传] 名 テレックス。

**diànchuán** [电船] 名〈方〉汽艇。ランチ。

**diànchuīfēng** [电吹风] 名 ヘアドライヤー。

**diànchuījù** [电炊具] 名 電気調理器具。電気釜。

**diàncí** [电瓷] 名 碍子(がいし)。磁製の絶縁体。

**diàncí** [电磁] 名〈电〉電磁。

**diàncíbō** [电磁波] 名〈电〉電磁波。

**diàncíchǎng** [电磁场] 名〈电〉電磁場。

**diàncí fúshè** [电磁辐射] 名〈物〉電磁波(輻射)。

**diàncí jiānróng** [电磁兼容] 名〈物〉電磁適合性。

**diàncílú** [电磁炉] 名 電子レンジ。

**diàncítiě** [电磁铁] 名〈电〉電磁石。

**diàndá** [电达] 電報で通達する。

**diàndà** [电大] 名〈略〉(テレビの)放送大学。

**diàndāo** [电刀] 名〈医〉電気メス。

**diàndǎo** [电导] 名〈电〉コンダクタンス。

**diàndēng** [电灯] 名 電灯。¶开[关]

## diàn

~/ 電気をつける〔消す〕.
- **diàndēngpào**【电灯泡】图〈~儿〉電球.
- **diàndòng**【电动】形 電動の. 電気…. ¶~自行车/電動自転車.
- **diàndòngjī**【电动机】图〈機〉電動機. モーター.
- **diàndòng qìchē**【电动汽车】图 電気自動車.
- **diàndòngshì**【电动势】图〈電〉起電力.
- **diàndòng wánjù**【电动玩具】图 電子ゲーム;電動玩具.
- **diàndù**【电镀】图 電気めっき.
- **diàndùbiǎo**【电度表】图 積算電力計. 電力メーター.
- **diànfànbāo**【电饭煲】图 電気釜.
- **diànfànguō**【电饭锅】图 電気炊飯器.
- **diànfēngshàn**【电风扇】图 扇風機.
- **diàngǎn**【电感】图〈電〉インダクタンス.
- **diàngǎo**【电镐】图〈機〉1 電気削岩機. 2 電気シャベル.
- **diàngào**【电告】動 電報で知らせる.
- **diàngōng**【电工】图 1〈電〉電気工学. 2 電気工.
- **diàngōnglǜ**【电功率】图〈電〉電力.
- **diàngōngxué**【电工学】图〈電〉電気工学.
- **diàngòu**【电购】動 電話などで買い物をする.
- **diànguà**【电挂】图〈略〉ケーブルアドレス.
- **diànguàn**【电灌】图 電気ポンプによる揚水と灌漑(カン). 電力灌漑.
- **diànguāng**【电光】图 電光. 稲妻.
- **diàngǔnzi**【电滚子】图〈方〉1 発電機. 2 電動機. モーター.
- **diànhàn**【电焊】图 アーク溶接.
- **diànhè**【电贺】動 祝電を打つ.
- **diànhè**【电荷】图〈電〉電荷.
- **diànhú**【电弧】图〈電〉電弧. アーク.
- **diànhú hànjiē**【电弧焊接】图〈電〉電弧溶接. アーク溶接.
- **diànhuà**【电话】图 電話. 電話機. ¶打~/電話をかける.
- **diànhuà cíkǎ**【电话磁卡】图 テレホンカード.
- **diànhuà dānglìang**【电化当量】图〈化〉電化化学当量.
- **diànhuà hàomǎ**【电话号码】图 電話番号.
- **diànhuà huìyì**【电话会议】图 電話会議.
- **diànhuà jiàoyù**【电化教育】图 視聴覚教育.
- **diànhuàkǎ**【电话卡】图 テレホンカード.
- **diànhuàtíng**【电话亭】图 電話ボックス.
- **diànhuàxué**【电化学】图 電気化学.
- **diànhuà yínháng**【电话银行】图 テレバンク.
- **diànhuāng**【电荒】图 電力不足.
- **diànhuì**【电汇】图 電信為替.
- **diànhuǒhuā**【电火花】图 電気スパーク.
- **diànjī**【电击】動 電気ショックを与える.
- **diànjī**【电机】图 発電機. 電動機.
- **diànjīchē**【电机车】图〈機〉電気機関車.
- **diànjí**【电极】图〈電〉電極.
- **diànjiāgōng**【电加工】图 電気加工.
- **diànjiàn**【电键】图 キー;(電報発信用の)電鍵.
- **diànjiào zhōngxīn**【电教中心】图 視聴覚教育センター.
- **diànjiě**【电解】图〈化〉電解.
- **diànjiězhì**【电解质】图〈酸や塩類などの〉電解質.
- **diànjièzhì**【电介质】图 誘電体.
- **diànjù**【电锯】图 電動のこぎり.
- **diànkàng**【电抗】图〈電〉リアクタンス.
- **diànkǎolú**【电烤炉】图 オーブントースター.
- **diànkǎoxiāng**【电烤箱】图 電気オーブン.
- **diànlǎn**【电缆】图 ケーブル.
- **diànlǎohǔ**【电老虎】→diànbà【电霸】
- **diànlàotiě**【电烙铁】图 電気アイロン. 電気はんだごて.
- **diànlí**【电离】图〈電〉電離.
- **diànlícéng**【电离层】图〈気〉電離層.
- **diànlì**【电力】图 電力.
- **diànlìwǎng**【电力网】图 電力系統.
- **diànlìxiàn**【电力线】图〈電〉1 電力線. 電力線. 2 送電線.
- **diànliàng**【电量】图〈電〉電気量.
- **diànliáo**【电疗】图〈医〉電気治療(法).
- **diànliào**【电料】图 電器・電工材料の総称.
- **diànlíng**【电铃】图 ベル. 電鈴.
- **diànliú**【电流】图〈電〉電流.
- **diànliújì**【电流计】图〈電〉電流計. アンメーター.
- **diànlú**【电炉】图 電気ストーブ.
- **diànlù**【电路】图〈電〉電気回路.
- **diànlǘzi**【电驴子】图〈方〉オートバイ.
- **diànmǎ**【电码】图 1 電信符号. コード(モールス符号など). 2 個々の漢字を表す4けたの数字.
- **diànmán**【电鳗】图〈魚〉デンキウナギ.
- **diànmén**【电门】图 電気のスイッチ.
- **diànmǔ**【电母】图 稲妻をつかさどる女性の神.
- **diànmù**【电木】图〈化〉ベークライト.
- **diànnà**【电纳】图〈物〉サセプタンス.
- **diànnǎo**【电脑】图 コンピュータ.〔台〕
- **diànnǎo bìngdú**【电脑病毒】图 コンピュータウイルス.
- **diànnǎo chéngxù**【电脑程序】图 コンピュータプログラム.
- **diànnǎo kāfēidiàn**【电脑咖啡店】图 インターネットカフェ.

diànnéng [电能] 名〈电〉電気エネルギー.
diànniǔ [电钮] 名〈電気器具の〉つまみ,ボタン.
diànnuǎnqì [电暖气] 名 電気ストーブ.
diànpíng [电瓶] 名〈電〉〈自動車の〉バッテリー.
diànpíngchē [电瓶车] 名 電気自動車.バッテリーカー.
diànqì [电气] 名 電気.
diànqì [电器] 名 電気器具.
diànqìhuà [电气化] 動 電化する.
diànrè [电热] 名 電熱. 1〜杯 / 電気ポット. 1〜毯 / 電気毛布.
diànrèchǎng [电热厂] 名 熱供給発電所.
diànrè shuǐpíng [电热水瓶] 名 電気ポット.
diànróng [电容] 名〈電〉コンデンサー. 電気容量.
diànrónglìan [电熔炼] 名〈冶〉電気溶解・電気製錬.
diànróngqì [电容器] 名〈電〉コンデンサー.
diànshàn [电扇] 名 扇風機.
diànshí [电石] 名〈化〉カーバイド.
diànshíqì [电石气] 名〈化〉アセチレン.
diànshì [电势] 名 電位. 1〜差 chā / 電位差.
diànshì [电视] 名 テレビ.[台] 看〜/テレビを見る.
diànshì dàxué [电视大学]→ diàndà[电大]
diànshì diànhuà [电视电话] 名 テレビ電話.
diànshì fāshètǎ [电视发射塔] 名 テレビ塔.
diànshì guǎngbō wèixīng [电视广播卫星] 名 放送衛星.
diànshì huìyì [电视会议] 名 テレビ会議.
diànshìjī [电视机] 名 テレビ（受像機）.
diànshì jiēshōujī [电视接收机] 名 テレビ受像機.テレビ.
diànshìjù [电视剧] 名 テレビドラマ.
diànshìpiàn [电视片] 名 テレビ放送向けのフィルム.
diànshì shèxiàngjī [电视摄像机] 名 ビデオカメラ.[架,台,个]
diànshìtǎ [电视塔] 名 テレビ塔.
diànshìtái [电视台] 名 テレビ放送局.
diànshì zhíxiāo [电视直销] 名 テレビショッピング.
diànshì zhìdǎo [电视制导] 名〈軍〉ミサイルなどを映像で制御するシステム.
diànshū [电枢] 名〈電〉電機子.アーマチュア.
diànshuā [电刷] 名〈機〉〈発電機・電動機の〉刷子,ブラシ.
diànsǐ [电死] 動 感電死する.

diàntái [电台] 名 1 無線電信局. 2 ラジオ放送局.
diàntàng [电烫] 名 パーマ.
diàntī [电梯] 名 エレベーター.リフト.
diàntǒng [电筒] 名 懐中電灯.
diàntóu [电头] 名 通信記事・発信場所・日付などと通信文の初めの部分.
diànwán [电玩] 名〈略〉テレビゲーム.
diànwǎng [电网] 名 1 高電圧の鉄条網. 2〈略〉電力系統.
diànwèi [电位] 名〈電〉電位.
diànwén [电文] 名 電報の文句.
diànxiázi [电匣子] 名〈俗〉ラジオ.
diànxiàn [电线] 名 電線.
diànxìn [电信] 名 電通信.
diànxíng [电刑] 名 1 電気による拷問・刑罰. 2 電気椅子による処刑.
diànxūdǎo [电须刀] 名 電気かみそり.
diànxué [电冶] 名〈冶〉電気冶金.
diànxùn [电讯] 名 1 電話・電報の通信. 2 無電の信号.
diànxùngǎo [电讯稿] 名 ファクスなどで伝えられた原稿.
diànyā [电压] 名〈電〉電圧.
diànyābiǎo [电压表] 名〈電〉電圧計.
diànyājì [电压计] 名〈電〉電圧計.ボルトメーター.
diànyǎn [电眼] 名〈電〉1〈ある種の自動制御装置の〉光電管. 2 マジックアイ.
diànyāng [电秧] 動 甲電を打つ.
diànyāo [电邀] 動 電報で招く.
diànyě [电冶] 名〈冶〉電気冶金.
diànyǐ [电椅] 名〈死刑の〉電気椅子.
diànyǐng [电影] 名〈〜儿〉映画.[部,个]〜明星 / 映画スター.
diànyǐngpiào [电影票] 名 映画館の入場券.
diànyǐng shèyǐngjī [电影摄影机] 名 映画カメラ.
diànyǐng yǎnyuán [电影演员] 名 映画俳優.
diànyǐngyuàn [电影院] 名 映画館.
diànyǐng zhìpiànchǎng [电影制片厂] 名 映画撮影所.
diànyǐngzhōu [电影周] 名 映画祭.映画週間.
diànyóu [电邮] 名〈略〉電子メール.
diànyuán [电源] 名〈電〉電源.
diànyuán zǒngxiàn [电源总线] 名〈電算〉パワーバス.
diànyùn [电晕] 名〈電〉コロナ.
diànzào [电灶] 名 電気こんろ.
diànzhá [电闸] 名 大型スイッチ.
diànzhàn [电站] 名 発電所.
diànzhàobào [电召动] 動 電報で呼びつける.
diànzhēn [电针] 名 電気針.
diànzhōng [电钟] 名 電気時計.
diànzhū [电珠] 名 豆電球.
diànzhù [电铸] 動 電気鋳造をする.
diànzhuànr [电转儿]→ diànchàngjī [电唱机]

## diàn

**diànzǐ**【电子】[名]〈物〉〈電算〉電子. ¶~宠物/電子ペット. ¶~出版/電子出版. ¶~词典/電子辞書. ¶~媒介/電子メディア. ¶~图书/レビゲーム.

**diànzǐbiǎo**【电子表】[名]電気腕時計.

**diànzǐ bìnglì**【电子病历】[医]電子カルテ.

**diànzǐ duìkàng**【电子对抗】[军]ECM. 对电子对抗手段.

**diànzǐ fángyù**【电子防御】[军]ECCM. 对电子防御手段.

**diànzǐ fútè**【电子伏特】[电]電子ボルト.

**diànzǐ gānrǎo**【电子干扰】[军]電子妨害.

**diànzǐguǎn**【电子管】[电]電子管. 真空管.

**diànzǐ hánjiàn**【电子函件】[电算]電子メール. Eメール.

**diànzǐ huìkuǎn**【电子汇款】[电]ネット送金.

**diànzǐ huòbì**【电子货币】[名]電子マネー.

**diànzǐ jìsuànjī**【电子计算机】[名]電子計算機. コンピュータ.

**diànzǐliú**【电子流】[电]電子流.

**diànzǐ qiānmíng**【电子签名】[电算]電子署名. デジタルサイン.

**diànzǐ qiánbāo**【电子钱包】[电算]電子財布. eウォレット.

**diànzǐqiāng**【电子枪】[电]電子銃.

**diànzǐqín**【电子琴】[电]電子オルガン.

**diànzǐ shǎnguāngdēng**【电子闪光灯】[名]ストロボライト.

**diànzǐ shāngwù**【电子商务】[名]電子商取引. eコマース.

**diànzǐshèbèi**【电子设备】[名]エレクトロニクス.

**diànzǐshù**【电子束】[电]電子ビーム.

**diànzǐ túshū**【电子图书】[名]〈電算〉電子ブック.

**diànzǐ túshūguǎn**【电子图书馆】[名]〈電算〉電子図書館.

**diànzǐ wūrǎn**【电子污染】[名]1 電磁波. 2 パソコンや家電製品などの粗大ごみ.

**diànzǐ xiǎnwēijìng**【电子显微镜】[名]電子顕微鏡.

**diànzǐ xìnxiāng**【电子信箱】[名]〈電算〉メールボックス. ▶"电子邮箱"とも.

**diànzǐxué**【电子学】[电]電子工学.

**diànzǐyǎn**【电子眼】[名]〈治安や交通のための〉監視カメラ. ▶"电眼"とも.

**diànzǐ yīnyuè**【电子音乐】[名]電子音楽. テクノポップ.

**diànzǐ yóujiàn**【电子邮件】[名]〈電算〉電子メール.

**diànzǐ yóuxìjī**【电子游戏机】[名]テレビゲーム.

**diànzǐ yóuyìjī**【电子游艺机】[名]テレビゲーム.

**diànzǐzhàn**【电子战】[名]サイバー戦〈争〉.

**diànzǔ**【电阻】[名]〈电〉抵抗〈器〉.

**diànzuàn**【电钻】[名]〈电〉電気ドリル.

**diànzuǐ**【电嘴】[名]〈口〉点火栓. プラグ.

**diàn** ❶ 小作をする. ¶~田/田畑を小作する. ‖[姓]異読⇒ tián

**diàndōng**【佃东】[名]地主.

**diànhù**【佃户】[名]小作人.

**diànkè**【佃客】[名]小作人.

**diànnóng**【佃农】[名]小作農.

**diànqì**【佃契】[名]小作契約書.

**diànquán**【佃权】[名]小作権.

**diànzū**【佃租】[名]小作料.

**diàn**【甸】1〈古代〉の郊外. 2 放牧地. ▶地名用字. ‖[姓]

**diànzi**【甸子】[名]〈方〉放牧地.

**diàn**【阽】〈書〉〈危険に〉迫る. ▶ yán とも. ¶~危/危険な状態.

**diàn**【坫】1〈古〉食物や酒器を置くために室内に設けられた土の台. 2〈書〉障壁.

## 店

**diàn**【店】宿屋. [家]

**diàndōng**【店东】[名]店〈宿屋〉の主人.

**diànfáng**【店房】[名]1 宿屋. 2 店先.

**diànguī**【店规】[名]商店の規則.

**diànhuǒ**【店伙】[名]店員.

**diànjiā**【店家】[名]1〈旧〉宿屋や料理屋の主人. 2〈方〉店. 商店.

**diànmiàn**【店面】[名]店構え.

**diànpù**【店铺】[名]店舖; 商店.

**diàntáng**【店堂】[名]売り場. 店舗.

**diànxiǎo'èr**【店小二】[名]〈方〉飲み屋・料理屋・宿屋などの店員; 給仕.

**diànyuán**【店员】[名][店员](サービス業の)従業員.

**diànzhǔ**【店主】→ diàndōng【店东】

**diàn** ❶【玷】①玉のきず. ②きずを付ける.

**diànrǔ**【玷辱】[动]辱める.

**diànwū**【玷污】[动]〈名誉〉を汚す.

**垫**(墊) **diàn** ❶[动]1 下に当てる, 敷く, 詰める. 2〈欠けているところを〉埋め合わせる; 金を立て替える. ❷[名](~儿)1 下に敷くもの. クッション. 2 しきもの.

**diàn/bèi**【垫背】[动]〈方〉代わりにとがめを受ける. 身代わりになる.

**diànbu**【垫补】[动]〈方〉1 (埋め合わせに)他の金を流用する,他人から金を借りる. 2 おやつを食べる; (空腹しのぎに)ちょっと食べる.

**diàn/dǐ**【垫底】[动]1 (~儿)1 底に敷く. 2(先に少し食べて)腹の足しにする. 3 ··· を基礎とする.

**diànfù**【垫付】[动]立て替える.

**diànhuà**【垫话】[名]"相声"(漫才)の本題に入る前の導入部. まくら.

211　diāo

diànjiān【墊肩】名〈物を担ぐのに用いる〉肩当て；〈服の〉肩当て．パッド．
diànjiǎoshí【墊脚石】名〈出世の〉踏み台．
diànjiao【墊脚】名〈口〉畜舎に敷く乾いた土やわら．
diàn//juàn【墊圈】動畜舎に土を敷く．⇒diànquān
diàn/kuǎn【墊款】1 動金を立て替える．2 名立て替えた金．
diànmìpiàn【墊密片】名〈機〉ガスケット．
diànpiàn【墊片】名〈機〉1 スペーサー．2 シム．
diàn//píng【墊平】動＋結補〈土などを敷いて〉平らにならす．
diànquān【墊圈】名〈～儿〉〈機〉座金．ワッシャー．⇒diàn//juàn
diànshàng yùndòng【墊上运动】名〈体〉〈体操で〉マット運動．
diànzhī【墊支】動立て替える．
diànzī【墊資】名資金を立て替える．
diànzi【墊子】名敷物．クッション．

鈿 diàn 名 器物に金属・宝石・貝がらなどを象眼し装飾する．¶螺～/螺鈿である．異読⇨tián

淀（澱）diàn 名 浅い湖．よど．
▶多く地名に用いる．
📌沈殿する．

diànfěn【淀粉】名でんぷん．
diànfěnméi【淀粉酶】名〈化〉アミラーゼ．
diànjī zuòyòng【淀积作用】名〈地〉集積作用．

恬 diàn 動〈"～着"の形で〉気にかける．心配する．

diànguà【恬挂】動気にかける．
diànjì【恬记】動気にかける．
diànniàn【恬念】動気にかける．

奠 diàn 🅷 ①定める．打ち立てる．②供え物をして死者を祭る．¶祭～/祭る．
定める．¶～基础/基礎を固める．

diànchá【奠茶】動神前に茶を供える．
diàndìng【奠定】動〈土台を〉固める．定める．¶～基础/基礎を固める．
diàndū【奠都】動都を定める．
diànjī【奠基】動基礎をなめる．
diànjīshí【奠基石】名礎石．
diànjiǔ【奠酒】動〈旧〉酒を地にそそぎ神を祭る．
diànlì【奠礼】→diàndìng【奠定】
diànyí【奠仪】名香典．

殿 diàn 🅷 大きく立派な邸宅；〈特に〉宮殿．神仏殿．
🅷 しんがり．最後尾．¶～军．
diànhòu【殿后】動しんがりを務める．
diànjūn【殿军】名 1 殿軍．しんがり部隊．2〈試合・競技などの〉最下位．
diànshì【殿试】名〈史〉殿試．科挙の最終試験．
diàntáng【殿堂】名 1〈宮殿・社殿などの〉大きな建造物．2〈宮殿の〉ホール，広間；〈社殿の〉堂．

diànxià【殿下】名殿下．
diànyǔ【殿宇】名 神殿仏閣などの建物．
diànyuán【殿元】名 "状元"の別名．

靛 diàn 名 1〈染〉①天然染〈染料〉．②紫がかった藍色．紺．
diànkér【靛颏儿】名〈鳥〉コマドリ属の小鳥．
diànlán【靛蓝】名〈染料の〉インジゴ．
diànqīng【靛青】名 1 濃い青．2〈方〉→diànlán【靛蓝】

簟 diàn 名 〈方〉竹のむしろ．

癜 diàn 名〈皮膚病の〉なまず．¶白～风/白なまず．

## diao（ㄉㄧㄠ）

刁 diāo 形 狡猾（ずる）である．ずるくて卑劣である．‖姓

diāofù【刁妇】名あばずれ女．
diāohàn【刁悍】形狡猾で凶悪である．
diāohèng【刁横】形狡猾で横暴である．
diāohuá【刁滑】形狡猾である．ずる賢い．
diāomán【刁蛮】形ずる賢く横暴である．
diāonàn【刁难】動難癖をつける．
diāowán【刁顽】形ずるくて頑固である．
diāoyáng【刁羊】名 カザフ・キルギス・タジク・ウイグル族などの少数民族の伝統的な馬上遊戯．
diāozuān【刁钻】形ずる賢い．意地の悪い．

叼 diāo 動〈口〉くわえる．

diāoyáng【叼羊】→diāoyáng【刁羊】

凋（彫）diāo 動 しおれる．しぼむ．
diāobài【凋败】動 しおれて衰える．
diāobì【凋敝】動〈書〉〈生活が〉困窮する；〈事業が〉衰える．
diāocán【凋残】動 1 破損する．うらぶれる．2〈書〉困窮する．
diāolíng【凋零】動 1〈草木が〉枯れる．2 落ちぶれる．
diāoluò【凋落】動 凋落（ちょうらく）する．
diāowěi【凋萎】動 しぼみ枯れる．
diāoxiè【凋谢】動 1〈花や葉が〉枯れる；〈転〉落ちぶれる．2〈喩〉〈老人が〉死ぬ．

貂（貂）diāo 名 動 テン．
diāopí【貂皮】名テンの毛皮．
diāoqiú【貂裘】名テンのコート．
diāoxióng【貂熊】名〈動〉クズリ．

碉 diāo 名 トーチカ．

diāobǎo【碉堡】名トーチカ．
diāolóu【碉楼】名〈防衛用の〉望楼．

雕（鵰・彫）diāo 名 1〈鳥〉ワシ．2 動 1〈竹木・玉石・金属などの上に〉彫る，彫刻する．
🅷 彩色を施してある．彩った．‖姓

## diāo

**diāobǎn**【雕版】**1**[動]版木に字を彫る．**2**[名]木版．
**diāobì**【雕敝】→diāobì【凋敝】
**diāobì**【雕弊】→diāobì【凋敝】
**diāo chóng xiǎo jì**【雕虫小技】〈成〉取るに足りない技能．
**diāohóngqǐ**【雕红漆】→ tīhóng【剔红】
**diāohuā**【雕花】**1**[動]模様を彫刻する．**2**[名]彫刻された模様．
**diāojuān**【雕镌】[動]〈書〉彫刻する．
**diāokè**【雕刻】[動]**彫刻する**．
**diāo liáng huà dòng**【雕梁画栋】〈成〉装飾美を極めた建物．
**diāolíng**【雕零】→diāolíng【凋零】
**diāoluò**【雕落】→diāoluò【凋落】
**diāoqì**【雕砌】堆块(%)．
**diāoqì**【雕砌】過度に文章を飾る．
**diāoshì**【雕饰】**1**[動]**1**彫刻し装飾を施す．**2**過度に飾り立てる．**2**[名]彫刻された模様と図案．
**diāosù**【雕塑】**1**[動]彫塑する．**2**[名]彫刻と塑造．
**diāoxiàng**【雕像】[名]彫像．
**diāoxiè**【雕谢】→diāoxiè【凋谢】
**diāozhuó**【雕琢】[動]**1**(玉を)彫り刻む．**2**〈転〉過度に文章を飾る．

## 鲷 鸟 吊

**diāo**【鲷】[名]タイ．

**diāo**【鸟（鳥）】[名]男性の性器(ペニス)．▶旧小説で罵語．"屌diāo"とも．異読⇒niǎo

**diào**【吊（弔）】[動]**1** つる．つるす．ぶら下げる．**2**(縄などで)引き上げる，つり上げる，つり下げる．¶把建筑材料～上去／建材をロープでつり上げる．**3**コートや服の裏に毛皮をつけて仕立てる．**2**[量]〈旧〉銭1串(%)．
❶-[動]**1**弔う．¶～客／用間客．**2**取り上げる．¶～～销．

**diào·bàngzi**【吊膀子】[動]〈方〉色目を使う．(異性を)誘惑する．
**diàobízi**【吊鼻子】[口]口鼻虚垣(%)．
**diàobó**【吊钹】[名]〈音〉サスペンションシンバル．
**diàochē**【吊车】[名]起重機．クレーン．
**diàochuāng**【吊窗】[名]つり窓．外からつり上げるようになっている旧式の窓．
**diàochuáng**【吊床】[名]つりベッド．ハンモック．
**diàodǎ**【吊打】つるし上げて折檻(%)する．
**diàodài**【吊带】[名]ガーター．
**diàodàiqún**【吊带裙】[名]スリップスカート．
**diàodēng**【吊灯】[名]つり下げ式の灯(%)．
**diàodǒu**【吊斗】[名]空中ケーブルのバケット．
**diào·erlángdāng**【吊儿郎当】[形]〈口〉ちゃらんぽらんである．
**diàogǎn**【吊杆】[名]〈機〉(クレーンの)腕木．ジブ．
**diàogàng**【吊杠】[名]〈体〉(体操用の)ぶらんこ．
**diàogōu**【吊钩】[名]〈機〉ハンガー．つりさげ．掛けかぎ．
**diàoguì**【吊柜】[名]つり棚．
**diàohóu**【吊猴】[動]〈方〉ぐずる．だだをこねる．
**diàohuán**【吊环】[名]〈体〉つり輪．
**diàojì**【吊祭】[動]供養する．弔う．
**diàojià**【吊架】[名]〈機〉ハンガー．つり手．つり具．
**diàojiǎolóu**【吊脚楼】→ diàolóu【吊楼】
**diàojǐng**【吊景】[名]〈劇〉舞台の天井につってある大道具．
**diàojù**【吊具】[名]クレーン．起重機．
**diào/juàn**【吊卷】→ diào/juàn【调卷】
**diàokòu**【吊扣】[動](証書などを)取り上げる，差し押さえる．
**diàoliàn**【吊链】[名]つり鎖．
**diàolóu**【吊楼】[名]**1**後部を支柱で支えて水上に建てた家．**2**山岳地帯に建てられる，板または竹で造った簡単な家．
**diàolú**【吊炉】[名]〈料理〉(北京ダックなどを調理する際に用いる)かまど．
**diàomáo**【吊毛】[名]〈劇〉もんどり打って転ぶしぐさ．
**diào mín fá zuì**【吊民伐罪】〈成〉虐げられた人民を慰め，罪のある支配者を討伐する．
**diàopán**【吊盘】[名]〈工事・鉱業用の〉昇降機．
**diàopù**【吊铺】[名]ハンモック．
**diàoqiánr**【吊钱儿】[名]〈方〉(かもいの上にはりつける)図案や文字がデザインされた紙．
**diàoqiáo**【吊桥】[名]つり橋．
**diàoqiú**【吊球】[名]〈体〉**1**(ボクシングで)パンチングボール．**2**(球技で)フェイント．
**diào//sāng**【吊丧】[動]喪を弔う．
**diào sǎngzi**【吊嗓子】芸人がのどを鍛える．
**diàoshān**【吊扇】[名]天井扇風機．
**diào//shuǐ**【吊水】[動]点滴注射をする．
**diàosǐ**【吊死】[動]首をつって死ぬ．
**diàosuǒ**【吊索】[名]つりロープ．
**diàotǎ**【吊塔】[名]〈運転室を含む〉クレーンタワー．
**diàotī**【吊梯】[名]つりばしご．
**diàotǒng**【吊桶】[名]つるべ．
**diàowàdài**【吊袜带】[名]ガーター．
**diàowèi**【吊慰】[動]弔問する．
**diào wèikǒu**【吊胃口】〈慣〉興味をかき立てる．
**diào/xiàn**【吊线】[動](大工や左官が)下げ振りで垂直かどうかを調べる．
**diàoxiāo**【吊销】[動](証明書などを)無効にする．
**diào/xiào**【吊孝】[動]喪を弔う．
**diàoyàn**【吊唁】[動]〈書〉弔問する．

**diàozhēn**【吊针】名 点滴注射.
**diàozhuāng**【吊装】動〈建〉プレキャスト部材を設置し組み立てる.
**diàozi**【吊子】→ **diàozi**【铫子】

## 钓
**diào**【钓】魚などを釣る.
➊〈名利を〉あさる，ねらう，求める．¶沽名～誉/売名行為をする．
**diào'ěr**【钓饵】名 1（魚を釣る）えさ；（喩）〈人を誘う〉えさ，手段．
**diàogān**【钓竿】名（～儿）釣り竿．
**diàogōu**【钓钩】名 釣り針．（喩）わな．
**diàojù**【钓具】名 釣り道具．
**diàoshǒu**【钓手】名 釣り大会の参加者．
**diàosī**【钓丝】名 釣り糸．
**diào/yú**【钓鱼】魚釣りをする．

## 鸢

## 调
**diào**【调】➊動 1 動員する．（物資を）調達する．¶～粮食/食糧を調達する．¶～他到省里工作/彼を省に転勤させる．
➋名（～儿）1（音）調．メロディー．2（音）（音階の種類）調，調子．¶C～/ハ調．
❸ ①話し方．アクセント．なまり．¶带山东～儿/山東なまりで話す．2調査する．¶～→查． 異読→ tiáo
**diào/bāo**【调包】動→ **bāo**【掉包】
**diào bīng qiǎn jiàng**【调兵遣将】成 1 軍隊を移動させる．2 人員を配置する．
**diàobō**【调拨】動（物資や資金を）配分する． ⇒ **tiáobō**
**diàochá**【调查】→ **lúnzuò**【轮作】
**diàochá**【调查】動 調査する．
**diàochēchǎng**【调车场】名〈鉄道〉操車場．
**diàodàng**【调档】動（審査のために）人事調査書・内申書を借り受ける．
**diàodiao**【调调】名（～儿）1（音）節．メロディ，調．2 論調．口ぶり．3（貶）（不快な）さま，態度．
**diàodòng**【调动】動 1（ポストや位置を）換える．2 動員する．
**diàodù**【调度】動 1（仕事・人力・物資などの）手配（をする）．2名 管理者．手配係．
**diào/fáng**【调防】→ **huàn/fáng**【换防】
**diàogàn**【调干】動 1 学習のため職場から幹部を移動させる．2 名 学習のために職場を離れる幹部．
**diàohán**【调函】名（上級機関や組織の人事部門から出される）異動命令書，人事異動の通達．
**diào/hào**【调号】名 1（～儿）〈語〉声調記号．2（音）調号．
**diào hǔ lí shān**【调虎离山】成 相手方をおびき出しその虚をつく．
**diàohuàn**【调换】→ **diàohuàn**【掉换】
**diào/huí**【调回】動 1 派遣先から呼び戻す．召還する．
**diàojí**【调集】動（人や物などを）集中させ

る．
**diào/juàn**【调卷】動 書類を取り寄せる．
**diào/kǎnr**【调侃儿・调坎儿】動〈方〉同業者が隠語・業界用語で話をする．
**diàolèi**【调类】名〈語〉声調の種類．
**diàolí**【调离】動 転出させる．
**diàolíng**【调令】名 移籍指令．
**diàoménr**【调门儿】名（口）1 声や音の調子．2 論調．
**diàopài**【调派】動（人員を）移動配置する．
**diàopèi**【调配】動 配分する． ⇒ **tiáopèi**
**diàoqiǎn**【调遣】動 移動配置する．
**diàoqǔ**【调取】動〈法〉（証拠の）取調べ．
**diàorèn**【调任】動 転任する．
**diàoshì**【调式】名〈音〉音階．
**diào/tóu**【调头】動 乗り物がUターンする．
**diàotou**【调头】名〈方〉1 音調．2 語気．語調．
**diàoyán**【调研】動〈略〉調査・研究する．¶～员/調査研究員．
**diàoyǎn**【调演】動（演劇・音楽などで）選抜競演する．
**diàoyòng**【调用】動 転用する．
**diào/yuè**【调阅】動 書類などを取り寄せて読む．
**diàoyùn**【调运】動 調達し送る．
**diàozhí**【调值】名〈語〉声調の実際値．
**diào/zhí**【调职】動 転職・転任する．
**diàozhuǎn**【调转】動 1 転任する．2 → **diàozhuàn**【掉转】
**diàozi**【调子】名 1 音調．調子；メロディー．2 口調．話しぶり．3 論調．

## 掉
**diào**【掉】動 1 落ちる．落とす．¶～眼泪/涙をこぼす．2 なくす．失う；抜け落ちる．取れて落ちる．¶手表～了/腕時計がなくなった．¶～了一颗牙/歯が1本抜けた．

> 「動詞+"掉"」で
> ⓐ（他動詞の後につけて）排除することを表す．¶擦～/ぬぐい取る．¶扔～/捨てる．ⓑ（自動詞の後につけて）離脱を表す．¶逃～/逃げてしまう．

3 減少する．下落する．¶体重～了十公斤/体重が10キロ減った．4 向きを変える．¶～过脸来/急にこっちに向ける．5 取り替える．¶～座位/座席を交換する．6 振り回す．振り動かす．
**diào//bāo**【掉包】動（～儿）すり替え．
**diào//biāo**【掉膘】動（家畜の）体重が減る，肉が落ちる．
**diào//chèng**【掉秤】動〈方〉目減りする．
**diào//diǎnr**【掉点儿】動 雨がぽつりぽつり降り出す．
**diào//duì**【掉队】動 落後する．

## diào

**diào/guòr**【掉过儿】動 場所を交換する。
**diào huāqiāng**【掉花枪】〈慣〉小細工をする。手管を弄する。
**diàohuàn**【掉换】動〈互いに〉交換する；〈別のものに〉取り替える。
**diào/jià**【掉价】動〈～儿〉1（売り手からみて）値が下がる。 2〈喩〉品位・体面が下がる。
**diào/liǎn**【掉脸】動〈口〉顔をこわばらせる。
**diào qiānghuā**【掉枪花】〈慣〉〈方〉手段を弄する。細工をしてごまかす。
**diào/ròu**【掉肉】動 体重が減る。やせる。
**diào/shǎi**【掉色】動 色あせる。
**diào shūdài**【掉书袋】〈慣〉好んで古典の文句を引用して学識をひけらかす。
**diào/tóu**【掉头】動 1 人が／の振り向く。2〈乗り物が〉Uターンする。
**diào tóu bù gù**【掉头不顾】〈成〉振り向きもしない。首を横に振ってともに見ようともしない。
**diàoxiàn**【掉线】動〈電話・通信の〉回線が切れる。
**diào/yá**【掉牙】動 歯が抜ける。
**diào yǐ qīng xīn**【掉以轻心】〈成〉軽く考えて油断する。
**diàozhuǎn**【掉转】動〈正反対の方向に〉向きを変える。

**diào**【铞】→liàodiào【钌铞儿】

**diào**〈～儿〉"铫子 diàozi"に同じ。¶药～儿／〈薬を煎じる〉やかん。¶沙～儿。

**diàozi**【铞子】口が大きくてふたと柄のついた陶製または金属製のやかんのようなもの。

## die（ㄉㄧㄝ）

**diē**【爹】名〈方〉父ちゃん。お父さん。
**diēdie**【爹爹】名〈方〉1 父。お父さん。2 祖父。おじいさん。
**diē**【跌】動 1 転ぶ。つまずく。¶～伤了腿／転んで足にけがをした。2〈物価・水位などが〉下がる。
**diēdǎ sǔnshāng**【跌打损伤】動 打ち身、捻挫。
**diēdàng**【跌宕】形〈書〉1（性格が）洒脱で物事にとらわれない。2（音調に）抑揚がある；（文章が）変化に富む。▲"跌荡"とも。
**diēdǎo**【跌倒】動+結補 転ぶ。
**diēdiezhuàngzhuàng**【跌跌撞撞】形〈～的〉よろよろと歩くさま。
**diē/fēn**【跌分】動〈～儿〉〈俗〉面目が立たない。顔がつぶれる。
**diēfēng**【跌风】名〈経〉価格や株価が下落する兆候。
**diēfú**【跌幅】名〈経〉価格や生産高の下落幅。
**diē gēntou**【跌跟头】つまずく。挫折する。
**diē//jià**【跌价】動 値下がりする。
**diē//jiāo**【跌跤】動 1（つまずいて）転ぶ。2〈喩〉失敗する。▲"跌交"とも。
**diēluò**【跌落】動 1（物が）落ちる。2（価格や生産高が）下落する。
**diēpò**【跌破】動（価値・価格が）ある数値より下落する。
**diēshì**【跌势】名 価格・株価の値下げ傾向。
**diēshuǐ**【跌水】名〈水〉1 急に落下する流れ。2 水利施設で流れが急降下するところに作る階段。
**diētíngbǎn**【跌停板】名〈経〉株式市場の安定をはかるため設定した株の最大下落幅。リミットダウン。
**diēxiāo**【跌销】名 売れ行きが悪くなる。
**diē yǎnjìng**【跌眼镜】〈慣〉〈方〉予想外である；〈物事が意外な方向に進んで〉びっくりさせる。
**diēzhí**【跌值】動 地価が下落する。

**dié**【迭】1 互いに、代わる代わる。交代する。¶更替～／更迭する。交替する。2 しばしば。3（"不迭"の形で）するひまがない。¶忙不～／急いで…。慌てて…。
**diéchū**【迭出】動 次々と出現する。
**diécì**【迭次】副 何度も。
**diéqǐ**【迭起】動 何度も起こる。

**dié**【垤】名〈書〉丘、塚。

**dié**【蚨】名〈書〉小さなウリ。¶绵mián瓜guā～／子孫繁栄。

**diéxuè**【喋血】→diéxuè【喋血】

**dié**【谍】1 諜報（ちょうほう）活動をする。2 スパイ。¶间jiàn～／間諜、スパイ。
**diébào**【谍报】名 諜報。
**diébàoyuán**【谍报员】名 スパイ。

**dié**【堞】名 城壁の上にある低い壁。
**diéqiáng**【堞墙】名 城壁の上の凹凸状の低い胸壁。

**dié**【耋】名 70歳から80歳の人。¶耄mào～之年／老年。高齢。

**dié**【喋】異読→zhá

**diédié**【喋喋】形 ぺちゃくちゃ。
**dié dié bù xiū**【喋喋不休】〈成〉ぺちゃくちゃとしゃべりまくる。
**diéxuè**【喋血】動 血の海になる。

**dié**【牒】名 文書。証明書。¶通～／通牒（つうちょう）。

**dié**【叠・曡】動 1 積み重ねる。¶把箱子～在一起／箱を1か所に積み重ねる。¶层层～出／次々と現れる。2〈服・布団・紙などを〉折り畳む。¶～被子／掛け布団を畳む。‖姓
**dié chuáng jià wū**【叠床架屋】〈成〉屋上屋を架す。
**diécuì**【叠翠】動 木々の緑が重なるさま。

ま.

**diéhé**【叠合】動 積み重なる. 重なる.

**diéjù**【叠句】名(語)文の繰り返し. 畳句.

**diéluóhàn**【叠罗汉】名(体)組み体操. ▶"杂技"の技にもある.

**diéyìn**【叠印】動(映画やテレビの)画面をダブらせる.

**diéyǐng**【叠影】名 画像のぶれ.

**diéyùn**【叠韵】名(語)二つの文字が韻母を同じくすること. 畳韻(ばう).

**diézhàng**【叠嶂】名 重なり合った山々. 連山.

**diézì**【叠字】名 重畳語. 同じ字を重ねた言葉.

**碟 dié**(～儿)名 小皿. 一盘菜分成四~儿/大皿に盛った料理を4枚の小皿に取り分ける.
🆔 磁気ディスク. 光~/CD.

**diézi**【碟子】名 小皿.[→]

**蝶 dié** 🆔 チョウ. 🌸 蝴~/チョウ. 🍃 凤~/アゲハチョウ.

**diégǔ**【蝶骨】名(生理)蝶形骨(ほう...).

**diéxínghuā**【蝶形花】名(植)蝶形花冠.

**diéyǒng**【蝶泳】名(体)(水泳の)バタフライ.

**喋 diéxiè**【喋躞】動(書)小またで歩く.

**diéxuè**【喋血】動 → **dixuè**【喋血】

**鲽 dié** 名(魚)カレイ.

## dīng (ㄉ丨ㄥ)

**丁 dīng** 名 1 十干の第4：丁(፝፝፞).順序の第4番目. ¶一种维生素/ビタミンD. 2(～儿)(野菜・肉などを)さいの目に切ったもの. ¶肉～儿/さいの目に切った肉.
🅱 ①成年の男子. ¶成～/男子が成年に達する. ②人口. ¶人～/口. ③特定の仕事に従事する人. ¶园~/庭師. ‖姓
異読⇒ zhēng

**dīngbà**【丁坝】名(水)T字形の堤防.

**dīngbù**【丁部】名(書)集部. (古典書籍を経・史・子・集の4部に分類したうちの)第4部.

**dīngcè**【丁册】名(旧)戸籍簿.

**dīngchún**【丁醇】名(化)ブタノール.

**dīngdāng**【丁当】→ **dīngdāng**【叮当】

**dīngdiǎnr**【丁点儿】名(方)ほんのわずか. ちょっぴり.

**dīngdōng**【丁冬・丁东】→ **dīngdōng**【叮咚】

**dīng'èrxī**【丁二烯】名(化)ブタジエン.

**dīngjiān**【丁艰】→ **dīngyōu**【丁忧】

**dīngkè**【丁克】名(俗)ディンクス. 共働きで子供のいない家庭. ¶一家庭(族)/同上.

**dīngkǒu**【丁口】名 人口.

**dīnglíng**【丁零・丁铃】擬(鈴などの小さな金物が触れ合う音)りん.

**dīnglíngdāngláng**【丁零当郎】擬(金属や磁器が連続してぶつかり合う音)ちゃりんちゃりん.

**dīngnán**【丁男】名 成年の男子.

**dīngníng**【丁宁】→ **dīngníng**【叮咛】

**dīng shì dīng, mǎo shì mǎo**【丁是丁,卯是卯】(諺)物事にきちょうめんで、まったく融通がきかない.

**dīngsuān**【丁酸】名(化)酪酸.

**dīngwán**【丁烷】名(化)ブタン.

**dīngxiāng**【丁香】名 1(植)リラ. ライラック. 2(植)チョウジ(丁字).

**dīngyōu**【丁忧】動(書)父母の喪に服する.

**dīngzì**【丁字】形 T字形の.

**dīngzìchǐ**【丁字尺】名(測)T字定規.

**dīngzìgāng**【丁字钢】名 T字鋼.

**dīngzìjié**【丁字结】名 T字結.

**dīngzìlù**【丁字路】名 T字路.

**仃 dīng** → **língdīng**【伶仃】

**叮 dīng** 動 1(蚊などが)刺す. 2 問いただす.

**dīngdāng**【叮当】擬(金属や磁器がぶつかり合う音)ちゃりん. かちん.

**dīngdōng**【叮咚】擬(玉や金属がぶつかり合う音)ちーん. こーん.

**dīngníng**【叮咛】動 繰り返し言い聞かせる. ▶"丁宁"とも.

**dīngwèn**【叮问】動(方)問いただす. 念を押す.

**dīngyǎo**【叮咬】動(蚊などが)刺す.

**dīngzhǔ**【叮嘱】動 繰り返し言い聞かせる.

**玎 dīng** ○

**dīngdāng**【玎珰】→ **dīngdāng**【叮当】

**dīnglíng**【玎玲】擬(玉石のぶつかる音)

**盯 dīng** 動 見つめる. 凝視する；見張りをする. 尾行する.

**dīngfáng**【盯防】動(体)相手を厳しくマークする.

**dīng/rén**【盯人】動(体)(相手を)マークする,警戒する.

**dīng/shāo**【盯梢】→ **dīng/shāo**【钉梢】

**dīngshì**【盯视】動 まじまじと見る.

**町 dīng** 名 地名用字. ¶ 畹 Wǎn~/镇/雲南省にある地名. 異読⇒ tǐng

**钉 dīng** 1 名(～儿)くぎ. 2 動 1 ぴったりくっついて離れない；(運動競技で相手を)マークする. 2 督促する. 催促する. 3 → 【钉dìng】
異読⇒ dìng

**dīngchǐbà**【钉齿耙】名 まぐわ.

**dīngchuí**【钉锤】名 金づち.

**dīngluó**【钉螺】名(貝)カタヤマガイ.

**dīngmào**【钉帽】名 くぎの頭.

**dīngpá**【钉耙】名 まぐわ.

**dīng/rén**【钉人】→ **dīng/rén**【盯人】

**dīng/shāo**【钉梢】動 尾行する.

## dīng

**dīngxié**【钉鞋】名〈体〉スパイクシューズ．

**dīngzi**【钉子】名くぎ．［根，枚］

**dīngzihù**【钉子户】名〈喩〉(都市建設のため土地を収用するときに)立ち退こうとしない家．

**dīngzi jīngshén**【钉子精神】名〈喩〉根気よい気持ち．粘り強い精神．

**dīng**【疔】名〈中医〉疔($\text{疗}^2$)．

**dīngdú**【疔毒】名〈中医〉ひどい腫れもの．

**dīng** ❶‖姓

**dīngníng**【盯咛】名耳あか．

**dīng**【酊】名〈薬〉チンキ．▶"酊剂"の略．異読⇒**dǐng**

**dīngjì**【酊剂】名〈薬〉チンキ．

**dīng**【靪】動靴底に当てを打ちつける．

**dǐng**【顶】❶名帽子やテントのように てっぺんのあるものに用いる．¶一～帽子／一つの帽子．
❷副〈口〉もっとも．いちばん．¶有用／きわめて重宝だ．
❸名(～儿)てっぺん．いただき．頂上．¶到～了／頂点に達する．
❹動 1 頭で受け支える．¶头上～着骨头／頭にかめを載せている．2 下から押し上げる．突き上げる．3 (頭・角で)突く．4 支える．押しつばる．5 (風雨などに)向かっていく．(風雨を)突く．¶~着雨走／雨の中を出かける．6 たてつく．逆らう．¶我~了他几句／私は彼に言い返した．7 担当する；持ちこたえる．我便する．8 相当する．匹敵する．¶一个人~两个人／一人で二人前の働きをする．9 取って代わる．替え玉となる．¶~次货~好货／粗悪品をよい品とすり替える．

**dǐng//bān**【顶班】動 1 勤務に就く．規定時間いっぱい働く．2 (～儿)人の仕事を代わりする．

**dǐngbǎn**【顶板】❶名 1〈鉱〉天盤．2 天井板．❷動〈方〉逆らう．

**dǐngchéng**【顶承】動 1 引き受ける．2 (試練・苦難を)耐える．受ける．

**dǐngdēng**【顶灯】名 1 自動車の屋根に乗せる文字灯．2 (自動車の)天井にあるライト．ルームランプ．

**dǐngdiǎn**【顶点】名 1〈数〉頂点．2 クライマックス．

**dǐngduān**【顶端】名 1 最上部分；ピーク．トップ．2 一番端の所．

**dǐngduō**【顶多】副多くとも．せいぜい．

**dǐngfēng**【顶风】❶動 1 風に逆らう．2 向かい風．

**dǐngfēng**【顶峰】名(山の)頂上；〈喩〉ピーク．

**dǐng fēngshàng**【顶风上】〈慣〉逆らっても自分の主張を通す．

**dǐng/gāng**【顶缸】動他人に代わって責任を負う．身代わりになる．

**dǐnggǎng**【顶岗】動人の仕事を代わりする．

**dǐng/gàng**【顶杠】動(～子)言い争う．

**dǐnggé**【顶格】名(～儿)左詰め．

**dǐnggǔ**【顶骨】名〈生理〉頭頂骨．

**dǐngguāguā**【顶刮刮・顶呱呱】形(～的)〈口〉すばらしい．とてもよい．

**dǐnghǎo**【顶好】形一番よいのは…．(…が)一番である．

**dǐng huātán**【顶花坛】(雜技の一種)頭で大きなかめを回す曲芸．

**dǐngjí**【顶级】形最高級の．最高クラスの．¶一～餐厅／最高クラスのレストラン．

**dǐngjiān**【顶尖】名〈方〉先端．

**dǐngjiǎo**【顶角】名〈数〉(三角形の)頂角．

**dǐnglǐ**【顶礼】名〈宗〉ひざまずいて両手を地に伏せ，頭を尊敬する人の足につけるようにして行う仏教信者の最高の礼拝方式．

**dǐng lǐ mó bài**【顶礼膜拜】〈成〉極端に崇拝する．

**dǐngliángzhù**【顶梁柱】名〈喩〉大黒柱．中心人物．

**dǐnglóu**【顶楼】名〈建物の〉最上階．

**dǐngménggàng**【顶门杠】名〈喩〉党や政府の方針に忠実に実践していく人．

**dǐngménr**【顶门儿】名前額部．額．

**dǐng mén yī zhēn**【顶门一针】〈成〉人の痛いところを突いて戒める．

**dǐng//mìng**【顶命】動命で償う．

**dǐng//niúr**【顶牛儿】動 1 ぶつかる．角突き合わせる．2 カルタ遊びの一種．

**dǐngpán**【顶盘】動(～儿)倒産した商店や工場を居抜きで買い取ってそのまま経営していく．

**dǐngpéng**【顶棚】名天井．

**dǐngpéng**【顶篷】名 1 日覆い．(車の)屋根ほろ．

**dǐngqiú**【顶球】名〈体〉(サッカーの)ヘディング．

**dǐng/què**【顶缺】動欠員に充てる．後釜に座る．

**dǐngshǎo**【顶少】副少なくとも．

**dǐng/shì**【顶事】動(～儿)役に立つ．効き目がある

**dǐngshìtú**【顶视图】名〈測〉俯瞰図(ず)．

**dǐng/shù**【顶数】動(～儿)1 穴埋めにする．間に合わせに使う．2 役に立つ．効き目がある．

**dǐng tánzi**【顶坛子】(雑技の一種)つぼ芸．頭で大きなつぼを回す曲芸．

**dǐngtì**【顶替】動替え玉になる．身代わりになる．

**dǐngtìgōng**【顶替工】名身代わり工．

**dǐng tiān lì dì**【顶天立地】〈成〉堂々たる英雄の気概．

**dǐngtóu**【顶头】❶副 1 真正面から．出合い頭に．2 一番端．

**dǐngtóu shàngsi**【顶头上司】[名] 直属の上司[機関].

**dǐngwǎn**【顶碗】[名] 積み重ねた碗を頭にのせて演じる曲芸.

**dǐngxiāng**【顶箱】[名] たんすの上に重ねる小さなたんす.

**dǐngxīn**【顶心】[名]〈植〉頂芽.

**dǐngyá**【顶芽】[名]〈植〉頂芽.

**dǐngyè**【顶叶】[名] 1〈生理〉頭頂葉. 2 (植)茎の頂端にある葉.

**dǐng/yòng**【顶用】[動] 役に立つ.

**dǐng/zhàng**【顶账】[動] 品物や労働で借金を返す.

**dǐngzhēn**【顶真】1 [形]〈方〉まじめである. 2 (一種のれんが遊び)前の人の言った詩文の最後の字句を語頭にして、別の一句を順々に続けていくこと. ▶"顶针"とも.

**dǐngzhen**【顶针】[名](~儿)指ぬき.

**dǐng/zhí**【顶职】[動] 親が正年退職するとき、その子供が同じ会社に就職する.

**dǐngzhū**【顶珠】[名](~儿)清朝の官吏が帽子の頂につけた丸い玉.

**dǐng/zhù**【顶住】[動+補] 耐えきれる. 持ちこたえる.

**dǐngzhuàng**【顶撞】[動](年上の人や上役に)逆らう, 口答えをする.

**dǐngzi**【顶子】[名] 1 あずま屋・塔・駕籠(ご)などのてっぺんの飾り. 2→**dǐngzhū**【顶珠】 3 屋根.

**dǐng/zuǐ**【顶嘴】[動](口)口答えする.

**dǐng/zuì**【顶罪】[動] 1 人の代わりに罪を引き受ける. 他人の罪をかぶる. 2 (罪に相当する)処罰を受ける.

**酊 dǐng** →**mǐngdǐng**【酩酊】
異読⇒**dīng**

**鼎 dǐng** 1 [名] 鼎(ホッ). 2 (方)鍋. ᴴ まさに, ちょうど. ¶→ 盛.

**dǐngdàng**【鼎铛】[形] 盛大である.

**dǐngfèi**【鼎沸】[動]〈書〉沸き立つ. 湧き立つ.

**dǐnggé**【鼎革】[動]〈書〉古いものを取り除いて新しいものを打ち立てる; 王朝が変わる.

**dǐnglì**【鼎力】[副]〈書〉〈敬〉お力添えで. ひとかたならぬ.

**dǐnglì**【鼎立】[動]〈書〉鼎立(ホッ)する.

**dǐngshèng**【鼎盛】[形] 真っ盛りである.

**dǐngxīn**【鼎新】[動]〈書〉革新する.

**dǐngyán**【鼎言】[名]〈書〉重みのある言葉. 大言論.

**dǐngzhì**【鼎峙】[動]〈書〉三方が鼎立(相対峙)する.

**dǐngzú**【鼎足】[動]〈書〉三つのものが並び立つ.

**订 dìng**【订】[動] 1 予約する. 注文する. ¶~杂志 / 雑誌を予約購読する. ¶飞机票~好了, 明天去拿 / 飛行機のチケットは予約してあるので, 明日取りに行く. 2 (法)締結する; (契約などを)取り決める; (計画などを)立案する; (規則などを)定める. ¶把结婚日期~下来 / 結婚の日取りを決める. 3 装订する. とじる. ᴴ(文章などを)直す. ¶修~ / 改订する.

**dìngdān**【订单】[名] 注文書.

**dìngfèi**【订费】[名] 予約金. 購読料.

**dìnggòu**【订购】[動] 予約購入する.

**dìnghù**【订户】[名](新聞・雑誌などの)定期購読者. 予約者.

**dìng/hūn**【订婚】[動] 婚約する.

**dìng/huò**【订货】[動](商品を)注文[発注]する.

**dìnghuòhuì**【订货会】[名] 受注促進会.

**dìngjiāo**【订交】[動]〈書〉交わりを結ぶ.

**dìngjīn**【订金】[名] 手付け金.

**dìnglì**【订立】[動](条約・契約などを)締結する. 定める.

**dìng/piào**【订票】[動] 切符を予約する.

**dìng/qīn**【订亲】[動] 婚約する.

**dìngshūjī**【订书机】[名] ホッチキス.

**dìng wèizi**【订位子】[动] 席を予約する.

**dìngyuēguó**【订约国】[名] 条約を締結した国家. 締約国.

**dìngyuè**【订阅】[動](新聞や雑誌などを)予約購読する.

**dìngzhèng**【订正】[動](誤字などを)訂正する.

**dìngzhì**【订制】[動] 注文して作らせる. あつらえる.

**dìng/zuò**【订座】[動](~儿)(飛行機や汽車の)座席を予約する; (レストランや劇場の)席を予約する.

**dìngzuò**【订做】[動] オーダーメードする.

**钉 dìng** →**dòudǐng**【饾钉】

**钉 dìng**【钉】[動] 1 くぎ打ち付ける. ¶~钉子 / くぎを打つ. 2 縫い付ける. ¶~纽扣 / ボタンを縫い付ける. 異読⇒**dīng**

**dìngzhù huìlǜ**【钉住汇率】[名]〈経〉為替レートをくぎ付けすること. ペッグレート.

**定 dìng**❶ [動] 1 (気持ちなどを)落ち着ける; 安定させる. 2 決める. 定める. ¶~计划 / 計画を立てる.

> 「動詞+"定"」
> ⓐ 固定して動かないことを表す. ¶坐~ / しっかり腰を下ろす.
> ⓑ 決定・確定を表す. ¶决心~ / 决心を固める. ¶拿不~主意 / 気持ちがつかない.
> ⓒ 決心の固いことを表す.

3 注文する. 予約する. ¶~了一桌菜 / 料理なテーブル注文した. ❷ [副]〈書〉必ず. きっと. ᴴ姓

**dìng/àn**【定案】[動] 事件や計画についての)最終決定を下す. 2 [名] 最後の結論. 断案.

**dìngběn**【定本】[名]〈書〉書物の決定版.

**dìngbǐ**【定比】[名]〈化〉定比例の法則.

**dìngbǐ dìnglǜ**【定比定律】[名]〈化〉定比例の法則.

**dìngbiān**【定编】[動] 編制を確定する.

**dìngchǎn**【定产】[名]〈農業〉生産量を規定する.

## dìng

dìngchángliú【定常流】[名]〈物〉定常流.

dìngchǎngbái【定场白】[名]〔劇〕(伝統劇で)登場人物が最初に現れるときの自己紹介の独白.

dìngchǎngshī【定场诗】[名]〔劇〕(伝統劇で)登場人物が自己紹介の独白に続いて唱える詩.

dìngdān【定单】→dìngdān【订单】

dìngdàng【定当】[形]〈方〉完成している.整っている.

dìngdiǎn【定点】1[動]場所を選定〔指定〕する. 2[形]指定の. 定時の.

dìng diàozi【定调子】〔慣〕方向性を決める.

dìngdǐng【定鼎】[動]〈書〉都を定める;天下を取る.

dìngdù【定度】[動]決定する. 判断を下す.

dìngduó【定夺】[動]〈書〉決裁する.

dìng'é【定额】[名]決まった数;(作業の)基準,ノルマ.

dìnggǎng【定岗】[動]持ち場を明確にする. 仕事の分担をはっきり決める.

dìng/gǎo【定稿】1[動]定稿にする. 2[名]最終稿. 決定稿.

dìnggé【定格】[名]1(画像の)一時停止. 静止. 2決まった方法;一定の基準.

dìnggēng【定更】[動]〈旧〉(太鼓を打って)"初更"(午後8時ごろ)を知らせる.

dìnggòu【定购】→dìnggòu【订购】

dìngguī【定规】1[名]決まり. 規定. 2[副]〈方〉きっと. 必ず.

dìngguī【定规】[動]〈方〉最後の決定をする. 決める.

dìnghù【定户】→dìnghù【订户】

dìnghuálún【定滑轮】[名]〈物〉定滑車.

dìng/hūn【定婚】→dìng/hūn【订婚】

dìng/huò【定货】→dìng/huò【订货】

dìngjì【定计】[動]計画を定める. 計略を立てる.

dìng/jià【定价】1[名]定価. 2[動]値段を決める.

dìngjīn【定金】[名]手付け金.

dìngjīng【定睛】[動]目を凝らして見る.

dìng/jū【定居】[動]定住する.

dìngjūdiǎn【定居点】[名]遊牧民などの)定住地.

dìngjú【定局】1[動](重要事の)最終決定をする. 2[名]不動の局面.

dìnglǐ【定礼】[名]〈旧〉結納.

dìnglǐ【定理】[名]定理.

dìnglì【定例】[名]定例. 慣例.

dìngliàng【定量】1[動]定量を決める. 2[名]定量.

dìngliàng fēnxī【定量分析】[名]〈化〉定量分析.

dìnglǜ【定律】[名]不変法則.

dìnglùn【定论】[名]定説.

dìng/miáo【定苗】[動]〈農〉間引きする.

dìng/míng【定名】[動]命名する.

dìngpái jiāgōng【定牌加工】[名]〈経〉相手先ブランド生産. OEM.

dìngpánxīng【定盘星】[喩]定見.

dìngpíng【定评】[名]定評.

dìngqī【定期】1[動]期日を決める. 2[形]定期の.

dìngqī cúndān【定期存单】[名]定期預金証書.

dìngqī cúnkuǎn【定期存款】[名]定期預金.

dìngqián【定钱】[名]手付け金. 予約金.

dìng/qīn【定亲】[動]婚約する.

dìngqíng【定情】[動](男女が誓いの物を取り交わして)結婚の契りを結ぶ.

dìngrán【定然】[副]必ず. きっと.

dìng/shén【定神】[動]1注意を集中する. 2気を落ち着かせる.

dìngshènggāo【定胜糕】[名]老人の誕生祝いなどに出されるお菓子.

dìngshí【定时】1[形]定時の. 2[動]時間を決める.

dìngshíqì【定时器】[名]タイマー.

dìngshí zhàdàn【定时炸弹】[名]時限爆弾;〔喩〕潜在する危険.

dìngshì【定式】[名]決まった様式. 一定のスタイル.

dìngshì【定势】[名]1趨勢. なりゆき. 2→dìngshì【定式】

dìngshuō【定说】[名]定説.

dìng/wèi【定位】1[動]1計器で物体の位置を測定する. 2適切な位置に置く;評価する. 2[名]測定された位置.

dìngwèiqiú【定位球】[名]〈体〉(ラグビーで)プレース,プレースキック.

dìngxī【定息】[名]一定の利息.

dìng/xián【定弦】[動]〈~儿〉1弦楽器の調子を合わせる. 2〈方〉考えを決める.

dìngxiàng【定向】[形]指向的である. 方向が定まった.

dìngxiàng fāshè【定向发射】[名]指向送信.

dìngxiàng jiēshōu【定向接收】[名]指向受信.

dìngxiàngnéng wǔqì【定向能武器】[名]〈軍〉ビームウェポン.

dìngxiàng péiyǎng【定向培养】[名](企業側の要望に応じて)専門の人材を育てる.

dìngxiàngtái【定向台】[名]無線電波ステーション.

dìngxiàng tiānxiàn【定向天线】[名]〈電〉指向性アンテナ.

dìngxiāo【定销】[動]販売ノルマを決める.

dìng/xīn【定心】[動]気を落ち着ける.

dìngxīnwán【定心丸】[名]1鎮静剤. 2〔喩〕人を安心させる言葉や措置.

dìngxíng【定刑】[動]刑罰を定める.

dìngxíng【定形】1[動]1(化学繊維の)セッティング. 2(メリヤスなど の)ボーディング.

②動 形を固定させる.
dìng/xíng【定型】動 定型〔規格〕化する.
dìngxìng【定性】1 名 定性. 2 動 犯罪や過失の性質を決める.
dìngyàn【定谳】動〔書〕(裁判を経て)判決する.
dìngyáng【定洋】名 手付け金.
dìngyì【定义】名 定義.
dìngyīngǔ【定音鼓】名〔音〕ティンパニー.
dìngyǐng【定影】動〔写真の〕定着.
dìngyǔ【定语】名〔語〕限定語. 連体修飾語.
dìngyuán【定员】1 動 人員・人数を決める. 2 名 定員.
dìngyuē【定约】名 (トランプで)コントラクトブリッジ.
dìngyuè【定阅】→dìngyuè【订阅】
dìngzé【定则】名〈物〉定則.
dìngzhí【定植】動〈植〉定植.
dìngzhǐ【定址】動 建設予定地を決める. 大規模プロジェクトの場所を決める. 2 名 決まった住所.
dìngzhì【定制】動 注文して作らせる. あつらえる.
dìngzhìwǎng【置置网】名〈漁〉定置網.
dìngzhǔn【定准】1 名 (～儿)一定の標準. 2 副 必ず. きっと.
dìngzǐ【定子】名〔電〕〔機〕回転機械の固定子.
dìng/zuì【定罪】動 罪を決定する.
dìngzuò【定做】動 注文して作る. あつらえる.

啶 dìng →bǐdìng【吡啶】

腚 dìng 名〔方〕しり. けつ. ¶追着～催/あとについてうるさく催促する.

碇（矴・椗）dìng いかり. ¶下～/いかりをおろす.

锭 dìng 1 ❶ 名 紡錘. スピンドル. 2 (金属の)塊; (薬の)錠剤. 2 量 塊状のものを数える. ¶一～墨/墨1個.
dìngjì【锭剂】名 錠剤.
dìngmó【锭模】名 鋳塊鋳型.
dìngzi【锭子】名 紡錘.
dìngzǐyóu【锭子油】名 スピンドル油.

## diu（ㄉ丨ㄡ）

丢 diū 1 動 紛失する. 失う. ¶钱包～了/財布をなくした. 2 捨てる. ¶不要随地～烟头儿/たばこのすいがらをかまわず捨ててはいけない. 3 ほったらかす. ほうっておく. ¶把孩子～在家里/子供を家に置いておく.
diū/chǒu【丢丑】動 恥をさらす.
diūdiào【丢掉】動+結補 1 なくしてしまう. 2 投げ捨てる. 捨て去る.
diū/fèn【丢份】動 (～儿, ～子)〔方〕顔がつぶれる. 体面を失う.
diū kuī xiè jiǎ【丢盔卸甲】〈成〉戦いに敗れてあたふたと逃げまわる.
diūle xīguā jiǎn zhīma【丢了西瓜拣芝麻】〔諺〕大損しながら小さな利益を汲々と追う.
diū/liǎn【丢脸】動 恥をかく. 面目を失う.
diū miànzi【丢面子】→ diū/liǎn【丢脸】
diūqì【丢弃】動 放棄する.
diūquè【丢却】動 1 ほったらかす. 投げ捨てる. 2 遺失する.
diū/rén【丢人】動 恥をかく.
diū sān là sì【丢三落四】〈成〉物忘れがひどい.
diūshī【丢失】動 紛失する.
diū/shǒu【丢手】動 手を引く.
diū shǒujuàn【丢手绢】名〈遊戯〉ハンカチ落とし.
diū yǎnsè【丢眼色】〔慣〕目配せする.
diū zú bǎo jū【丢卒保车】〈成〉小を捨て大を守る.

铥 diū 名〈化〉ツリウム. Tm.

## dong（ㄉㄨㄥ）

东（東）dōng 方位 東. 東の〔へ〕. ¶往～去/東へ行く. 日①主人役. ¶作～/おごる. ②主人. ¶房～/家主. ‖
dōngbànqiú【东半球】名〈地〉東半球.
dōngběi【东北】1 方位 北東. 2 名 (中国の)東北地区.
dōng bēn xī pǎo【东奔西跑】〈成〉東奔西走する.
dōngbian【东边】方位 (～儿)東. 東側.
dōngbù【东部】方位 東部.
dōngbùlā【东不拉】名 (カザフ族の楽器)ドンブラ.
dōngchǎngzhǐ【东厂纸】名 繊維が太くて質の柔らかい白い紙.
dōng chuāng shì fā【东窗事发】〈成〉陰謀やスキャンダルなど悪事がばれる.
dōngchuáng【东床】名 娘婿.
dōng dǎo xī wāi【东倒西歪】〈成〉1 よろめく. 2 (立っているもの)がいろいろな方向に倒れたり傾いたりする.
dōngdào【东道】1 名 (宴会などの)主人役. 2 おごること.
dōngdàoguó【东道国】名 主催国.
dōngdàozhǔ【东道主】名 主人役.
Dōngdìwèn【东帝汶】名〈地名〉東チモール.
dōngdiàn【东佃】名 地主と小作人の併称.
dōngdù【东渡】動〔書〕日本へ渡る.
dōngfāng【东方】1 方位 東. 東の方. 2 名〈地名〉アジア州. 東洋.
dōngfáng【东房】名 "四合院"の東側にあって西向きの家.
Dōngfēi【东非】名〈地〉アフリカ東

## dōng

部. 東アフリカ.
**dōngfēng**【东风】名 **1** 東から吹く風. 春風. **2**〈喩〉革命の力や勢い.
**dōngfēng chuī mǎ'ěr**【东风吹马耳】馬耳東風.
**dōnggōng**【东宫】名〈旧〉皇太子の住む所.
**Dōngguō**【东郭】姓
**Dōngguō xiānsheng**【东郭先生】名 悪人に慈悲を施す人.
**Dōnghàn**【东汉】名〈史〉後漢.
**Dōnghú**【东胡】名〈古〉内モンゴル東南一帯に住んでいた北方の一部族.
**dōngjiā**【东家】名 **1** 商店主. 資本家. 株主. **2** 主人. 雇い主.
**Dōngjìn**【东晋】名〈史〉東晋.
**dōngjīng**【东经】名 東経.
**dōng lā xī chě**【东拉西扯】成〈話や文章が〉とりとめない.
**dōng lín xī zhǎo**【东鳞西爪】成 物事の断片. 片鱗.
**Dōngmén**【东门】姓
**Dōngméng**【东盟】名〈略〉東南アジア諸国連合. アセアン(ASEAN).
**dōngmiàn**【东面】方位〈~儿〉東の方. 東側.
**dōngnán**【东南】方位 **1** 南東. **2** 〈中国の〉東南沿海地区.
**Dōngnányà**【东南亚】名〈地〉東南アジア.
**Dōng'ōu**【东欧】名〈地〉東欧.
**dōng pǎo xī diān**【东跑西颠】〈成〉**1** あちこち遊び回る. **2** 東奔西走する.
**dōng pīn xī còu**【东拼西凑】成 **1** 方々から寄せ集める. **2** 無理算段する.
**dōngpōròu**【东坡肉】名〈料理〉豚バラ肉の醤油煮込み.
**Dōngsānshěng**【东三省】名〈旧〉東北の遼寧・吉林・黒龍江の3省の総称.
**dōng shān zài qǐ**【东山再起】成〈失脚から〉再起する.
**dōng shī xiào pín**【东施效颦】成 身の程を知らずに他人をまねる.
**dōng shí xī sù**【东食西宿】成 非常に貪欲である.
**dōng tú xī mǒ**【东涂西抹】成〈筆で〉無造作に塗りたくる.
**Dōngwèi**【东魏】名〈史〉東魏.
**Dōngxī**【东西】姓
**dōng…xī…**【东…西…】〈型〉あちこち. いろいろ. ¶ 一张~望/きょろきょろする.
**dōngxi**【东西】名 **1** 物. ¶ 他买~去了/彼は買い物に行った. **2**〈憎しみやかわいさを表し〉人や動物. ¶老~/老いぼれめ.
**dōng xī nán běi**【东西南北】名 四方八方. あらゆる方面.
**Dōngxiāngzú**【东乡族】名〈中国の少数民族〉トンシャン(Dongxiang)族.
**Dōngyà**【东亚】名〈地〉東アジア. ア

ジア東部.
**dōngyà bìngfū**【东亚病夫】〈旧〉東アジアの病人; 〈喩〉中国人に対する蔑称.
**Dōngyáng**【东洋】名 日本.
**dōngyángchē**【东洋车】名〈近〉人力車.
**dōngyánghuò**【东洋货】名 日本製品.
**Dōngyángrén**【东洋人】名 日本人.
**Dōngyě**【东野】姓
**Dōngyíng**【东瀛】名〈書〉**1** 東海. **2** 日本.
**dōng yóu xī dàng**【东游西荡】成 あちこちぶらぶらと歩き回る.
**dōng zhāng xī wàng**【东张西望】成 きょろきょろと見回す.
**Dōngzhèngjiào**【东正教】名〈宗〉ギリシア正教.
**Dōngzhōu**【东周】名〈史〉東周.
**冬 dōng**【冬】 **1** 过ー / 冬を越す. ¶在北京住了两ー / 北京で2回冬を越した. **2**【咚dōng】に同じ. ‖姓
**dōng'àohuì**【冬奥会】名〈略〉冬季オリンピック.
**dōngbùlā**【冬不拉】→ **dōngbùlā**【东不拉】
**dōngcài**【冬菜】名 **1** 白菜やカラシナの葉を漬けて乾かしたもの. **2** 冬場用の保存野菜.
**dōngchóng xiàcǎo**【冬虫夏草】名〈中薬〉冬虫夏草 (とうちゅうかそう).
**dōngchǔ**【冬储】名 冬に備える. **2** 冬の備え.
**dōngfáng**【冬防】名 **1** 冬季の治安防衛. **2** 冬季の防寒の備え.
**dōnggēng**【冬耕】名〈農〉冬場に土起こしする.
**dōnggū**【冬菇】名〈植〉冬にとれる〉シイタケ.
**dōngguā**【冬瓜】名〈植〉トウガン.
**dōngguàn**【冬灌】名〈農〉冬の灌漑.
**dōnghōng**【冬烘】名〈諷〉頭が古くて知識の浅いこと.
**dōnghòuniǎo**【冬候鸟】名 越冬する渡り鳥. 冬鳥.
**dōngjì**【冬季】名 冬季.
**dōngjié**【冬节】名〈二十四節気の〉冬至.
**dōnglìng**【冬令】名 冬の気候.
**dōngmài**【冬麦】名 冬小麦.
**dōngmián**【冬眠】動〈生〉冬眠する.
**dōngqīng**【冬青】名〈植〉ナナミノキ. モチノキ.
**dōngqīng wèimáo**【冬青卫矛】〈植〉マサキ.
**dōngsǔn**【冬笋】名 孟宗竹のタケノコ〈冬のもの〉.
**dōngtiān**【冬天】名 冬.
**dōngwēn**【冬瘟】名 冬に流行する伝染病.
**dōngxián**【冬闲】名〈農〉冬の農閑期.
**dōngxiǎomài**【冬小麦】名 冬小麦.
**dōngxué**【冬学】名 農民が冬の農閑

期に読み書きを習うこと．またその教室．
**dōngxùn**【冬训】[名] 冬季訓練．
**dōngxùn**【冬汛】[名] 冬の漁期．
**dōngyī**【冬衣】[名] 冬服．綿入れ．
**dōngyǒng**【冬泳】[名] 寒中水泳．
**dōngyuè**【冬月】[名] 陰暦の11月．
**dōngyùn**【冬运】[名] 冬の運輸業務．
**Dōngyùnhuì**【冬运会】[名]〈略〉冬季オリンピック．
**dōngzhé**【冬蛰】[名] 冬眠．
**dōngzhì**【冬至】[名] 冬至(とうじ)．
**dōngzhìxiàn**【冬至线】[名]〈地〉南回帰線．冬至線．
**dōngzhuāng**【冬装】[名] 冬服．
**dōngziyuè**【冬子月】[名]〈方〉陰暦の11月．

**咚** **dōng** [擬]〈太鼓の音,戸をたたく音,重い足音など〉どん．

**苳(東)** **dōng** 地名用字．

**氡** **dōng** [名]〈化〉ラドン．Rn．

**鸫(鶇)** **dōng** [名]〈鳥〉ツグミ．

**董** **dǒng** ❶ ①理事．▶校 xiào~／学校の理事．②監督する．取り締まる．¶~理／管理する．‖[姓]
**dǒngjiǔ**【董酒】[名] トウ酒．
**dǒngshì**【董事】[名] 理事．取締役．
**dǒngshìhuì**【董事会】[名] 理事会．取締役会．
**dǒngshìzhǎng**【董事长】[名] 理事長．取締役会長．

**懂** **dǒng** [動] ❶ わかる．理解する．❷知っている．わきまえている．身につけている．¶很~礼貌／礼儀をとてもわきまえている．‖[姓]
**dǒngde**【懂得】[動] 理解する．わかる．
**dǒngháng**【懂行】[動]〈方〉通じる．…に明るい．
**dǒng//shì**【懂事】[動] 分別がある．道理をわきまえる．

**动(動)** **dòng** [動] ❶〈位置や様子などを変える〉動く．動かす；手をつける．¶別~！／動くな．別~人家的东西／他人の物に手を触れるな
 「動詞(+"得/不")+"动"」でその動作によって目的のものが動くことを表す．¶拿得~／持てる．¶嚼jiáo不~／かめない．
❷ 行動する．動作する．¶一起来／直ちに行動を起こす．❸ 使う．働かす．¶一~脑筋．❹〈ある感情が〉動く．(心に)触れる．感動させる．¶~感情／感情的になる．いきりたつ．
 「動詞(+"得/不")+"动"」で(人の考えを)変えられる(ことができる)．¶我怎么也劝不~他／私がいくら忠告してもなんにもならない．
**dòng//bǐ**【动笔】[動] 筆を執る．書き始める．

**dòngbīn jiégòu**【动宾结构】[名]〈語〉動目構造．動賓構造．
**dòng//bīng**【动兵】[動] 出兵する．
**dòngbudòng**【动不动】[副] ややもすれば．ともすれば．
**dòngchǎn**【动产】[名]〈法〉動産．
**dòngcí**【动词】[名]〈語〉動詞．
**dòng//cū**【动粗】[動] 人を殴ったりののしったりする．
**dòngdàng**【动荡】[動] ❶(波が)揺らめく．❷(転)(情勢が)動く．
**dòng gānhuǒ**【动肝火】[慣] かんしゃくを起こす．
**dònggǎn**【动感】[名](芸術作品の)生き生きとした感じ，躍動感．
**dòng//gōng**【动工】[動] 着工する．施工する．
**dònghuálún**【动滑轮】[名]〈物〉動滑車．
**dònghuàpiānr**【动画片儿】→dònghuàpiàn【动画片】
**dònghuàpiàn**【动画片】[名] 動画．アニメ．
**dònghuan**【动换】[動]〈口〉動く．動かす．
**dòng//huǒ**【动火】[動](〜儿)〈口〉かっとなる．
**dòngjī**【动机】[名] 動機．
**dòngjing**【动静】[名] ❶ 物音．❷ 様子．動静．
**dòngjué**【动觉】[名]〈心〉筋肉運動知覚．筋覚．
**dòngkǒu**【动口】[動] 口を使う．話す；食べる．
**dòng kuàizi**【动筷子】[動] はしをつける．
**dònglì**【动力】[名] 動力．原動力．
**dònglìjī**【动力机】[名] 原動機．エンジン．
**dòngliàng**【动量】[名]〈物〉運動量．
**dòngluàn**【动乱】[名] 動乱．騒乱．
**dònglún**【动轮】[名](機)動輪．
**dòngmài**【动脉】[名]〈生理〉動脈．
**dòngmài zhōuyàng yìnghuà**【动脉粥样硬化】[动]〈医〉動脈粥状硬化症．
**dòngmàn**【动漫】[名] 漫画．アニメ．¶~人物／アニメのキャラクター．
**dòng nǎojīn**【动脑筋】頭を働かせる．考える．
**dòngnéng**【动能】[名]〈物〉運動エネルギー．
**dòngnéng wǔqì**【动能武器】[名]〈軍〉運動エネルギー兵器．
**dòng//nù**【动怒】[動] かっと怒る．
**dòng//qì**【动气】[動]〈口〉怒る．腹を立てる．
**dòngqiān**【动迁】[動](住民が)立ち退かせる．
**dòngqiānhù**【动迁户】[名](再開発などで住居を撤去された)立ち退き住民．
**dòng//qíng**【动情】[動] ❶ 激昂する．❷ 愛情が湧く．ほれる．
**dòngrén**【动人】[形] 感動的である．
**dòng rén xīn xián**【动人心弦】(成)人の心を揺さぶる．

## dòng

dòngróng【动容】[动]〈书〉感動した面持ちをする.

dòng/shēn【动身】[动]出発する. 旅立つ. ¶你几时~? / いつたつのですか.

dòng/shǒu【动手】[动] 1 着手する. とりかかる. 2 手を触れる. ¶请勿~/手を触れないでください. 3 手を出す. 人を殴る.

dòng shǒu dòng jiǎo【动手动脚】〈成〉手を出す. ちょっかいを出す.

dòng shǒushù【动手术】手術をする(受ける).

dòngtài【动态】[名]動向. 動き.

dòngtài jiànpán【动态键盘】[名]〈電算〉ダイナミックキーボード.

dòngtài pínghéng【动态平衡】[名]〈経〉動的バランス.

dòngtan【动弹】[动]〈口〉(人・機械などが)動く.

dòngtīng【动听】[形](話や音楽が)感動的である.興味深い.

dòng/tǔ【动土】[动] 鍬(くわ)を入れる. 着工する.

dòngwèn【动问】[动]〈近〉〈套〉尋ねる. うかがう. 問う.

dòng/wōr【动窝儿】[动]〈方〉居所を変える.

dòng/wǔ【动武】[动]腕力に訴える.

dòngwù【动物】[名]動物.

dòngwù diànfěn【动物淀粉】[名]グリコーゲン.

dòngwù xiānwéi【动物纤维】[名]動物繊維.

dòngwùyóu【动物油】[名]動物性の油.

dòngwùyuán【动物园】[名]動物園.

dòngxiàng【动向】[名]動向. 動き.

dòngxiāo【动销】[动]売り出す. 販売を開始する.

dòng/xīn【动心】[动]心が動く.

dòng xīnsī【动心思】考える.

dòng xīnyǎnr【动心眼儿】〈口〉人を丸め込む方法を考える. 手練手管を弄する.

dòng/xíng【动刑】[动] 刑具を使う. 拷問にかける.

dòngyáo【动摇】[动] 動揺する〔させる〕. ぐらつく[つかせる].

dòngyì【动议】[名]動議.

dòngyīn【动因】[名]動機.

dòngyòng【动用】[动](資金や物資を)使う; 流用する.

dòngyuán【动员】[动] 1 動員する. 2 …するように働きかける. 説得する.

dòngzhé【动辄】[副]〈书〉ややもすれば.

dòngzuǐ【动嘴】[动]話す.

dòngzuò【动作】[名] 1 動作をとる. 2 動作. 行動.

dòngzuòpiàn【动作片】[名](～儿)アクション映画.

## 冻 (凍)

dòng ❶[动] 1 凍る. 氷結する. 2 凍える. 寒い思いをする. ¶真~得难受 / ほんとうに寒くてたまらない. 2[名](～儿)煮こごり. ゼリー. ¶~. ‖[姓]

dòng/bīng【冻冰】[动] 氷が張る.

dòngchuāng【冻疮】[名] しもやけ.

dòngdòufu【冻豆腐】[名] 凍り〔高野〕豆腐.

dònghài【冻害】[名]〈农〉冷害.

dòngjiāng【冻僵】[动] 凍えてかじかむ.

dòngjié【冻结】[动] 凍結する.

dòngliè【冻裂】[动] あかぎれができる.

dòngněi【冻馁】[名]〈书〉寒さと飢え.

dòngníng【冻凝】[动] 凍って凝結する.

dòngshāng【冻伤】[名]〈医〉凍傷.

dòng/sǐ【冻死】[动] 凍死する.

dòngtǔ【冻土】[名]〈地〉凍土.

dòngtǔdài【冻土带】[名] ツンドラ.

dòngyǔ【冻雨】[名]〈气〉みぞれ.

dòng/zháo【冻着】[动+结補] 風邪を引く.

dòngzhǔ【冻瘃】[名]〈方〉しもやけ. 凍傷.

## 侗

dòng ❶[动] トン族.  異読⇨tóng

Dòngzú【侗族】[名]〈中国の少数民族〉トン(Dong)族.

## 峒

dòng [名]〈方〉田畑. ▶地名に用いることが多い.  異読⇨tóng

## 栋 (棟)

dòng ❶[量]家屋を数える: 棟. ¶一～楼房 / ビル1棟.
❶[名] 棟木. ‖[姓]

dòngliáng【栋梁】[名] 棟木と梁(はり); 〈転〉一国の重任を担う人.

dòngyǔ【栋宇】[名]〈书〉家屋.

dòng zhé cuī bēng【栋折榱崩】〈成〉国家が崩壊したり大人物が死んだりする.

## 峝

dòng [名] 洞穴. ▶地名に用いることが多い.  異読⇨tóng

## 胨 (腖)

dòng [名]〈生化〉ペプトン.

## 洞

dòng ❶[名] 1 (～儿)穴. 孔. トンネル. 抗道; (ゴルフの)ホール. [个] 2 ("零"の代わりの読みとして) ゼロ.
❶[形] 深く見抜くさま. ¶一～晓xiǎo.

dòngchá【洞察】[动] 洞察する. 見抜く.

dòngchè【洞彻】[动]知り抜く.

dòngchuān【洞穿】[动]貫通する.

dòngdá【洞达】[动] はっきりわかる; 知り抜く.

dòngfáng【洞房】[名] 新婚夫婦の部屋.

dòng fáng huā zhú【洞房花烛】〈成〉華燭の典.

dòngfǔ【洞府】[名]〈神话〉(でいう)仙人の住む洞窟.

dòngjiàn【洞见】[动] 見抜く. 見透かす.

dòngjiàn【洞鉴】→dòngjiàn【洞见】

dòng jiàn zhèng jié【洞见症结】〈成〉ずばりと問題点を指摘する.

dòngkāi【洞开】[动](ドアや窓が)大きく開く.

**dòng ruò guān huǒ**【洞若观火】(成)火を見るようにはっきり見分けられる。

**dòngtiān**【洞天】(名)(道教で)神仙の住む場所;(転)仙境。別天地;人をうっとりさせる状況。

**dòng tiān fú dì**【洞天福地】(成)風光明媚(び)な景勝地。

**dòngxī**【洞悉】(動)知り抜く。

**dòngxiāo**【洞箫】(名)簫(しょう)の笛。

**dòngxiǎo**【洞晓】(動)熟知する。

**dòngxué**【洞穴】(名)洞穴。洞窟。

**dòng zhú qí jiān**【洞烛其奸】(成)相手の陰謀詭計(きけい)を見透かす。

**dòngzi**【洞子】(名)1（方)温室。2 洞穴。

**dòngzihuò**【洞子货】(名)(方)温室の草花・野菜。

**侗 dòng**【侗】(動)恐れる。怖がる。¶～恐/恐れる。 異読⇒tóng

**dònghè**【侗吓】(動)威嚇する。恫喝(どうかつ)する。

**胴 dòng** 【胴】①腸。②大腸。

**dòngtǐ**【胴体】(名)胴体;(特に)家畜の胴体。

**硐 dòng**【硐】(名)洞穴;坑道。

**働 dòng** 「劳働」という語に用いる。▶もとは日本で作られた漢字.

### dou (ㄉㄡ)

**都 dōu**(副)1 いずれも。全部。みんな。¶他每天～来/彼は毎日来る。¶你们～去了哪些地方？/君たちはどんなところに行ったの（どこに行ったのか）。2 …でさえも。…も。¶连草～不长(zhǎng)/草さえ生えない。¶她什么～不想吃/彼女は何を食べたがらない。3 もう。すでに。¶～十二点了,还不睡！/もう12時なのに,まだ寝ないんだ。4 "是"を伴い）みんな…のおかげで。みんな…のせいで。¶～是因为你/みんな君のせいだ。 異読⇒dū

**哣 dōu**(感)(近)(しかりつける声)こら。 異読⇒dū

**兜 dōu** ❶(名)(～儿)ポケット。袋状のもの。¶衣裳～儿/服のポケット。❷(動)1〔布・紙などを袋のようにして）物を包み込む。2 囲む。取り巻く。めぐる。3 引き受ける。責任を負う。引き受ける。4〔出了問題我咎一着/何かあったら私が責任をとる。5 客を引きつける。客をつかむ。¶～生意/得意先回りをする。取引先めぐりをする。

**dōubǔ**【兜捕】(動)取り囲んで捕らえる。

**dōuchāo**【兜抄】(動)後ろと両側から包囲攻撃する。

**dōudā**【兜搭】(動)(貶)見知らぬ人に接近する。

**dōu/dǐ**【兜底】(動)(～儿)(方)秘密を暴き出す。

**dōudou**【兜兜】→douduo【兜肚】

**dōudòukùr**【兜兜裤儿】(名)子供の腹掛けパンツ。

**dōudu**【兜肚】(名)腹掛け。

**dōufān**【兜翻】(動)1（古い持ち物などを）いじくり回す,かき回す。2（古い話を）持ち出す,蒸し返す。3（秘密を）暴き出す。

**dōu/fēng**【兜风】(動)1 ドライブする。2〔帆などが〕風をはらむ。

**dōulǎn**【兜揽】(動)1 客を引きつける。2 引き受ける。

**dōumóu**【兜鍪】(名)昔,戦闘の際に用いられたかぶと。

**dōu quānzi**【兜圈子】ぐるぐる回りをする;(慣)堂々めぐりをする。

**dōushāo**【兜梢】→douxiao【兜销】

**dōutóu**【兜头】(副)顔に向かって。真っ正面から。

**dōu tóu gài liǎn**【兜头盖脸】(成)真っ向から。頭と顔をかすめて。

**dōuxiāo**【兜销】(動)売りつける。

**dōuzi**【兜子】(名)1 ポケット。袋状のもの。2→douzi【兜子】

**dōuzuǐr**【兜嘴儿】(名)1 よだれ掛け。2 家畜の口にはめるかご状のもの。

**兜(椷) dōu** (方)(名)1（主に水稲の）株。2（動)木や野菜などの株または群生の数。

**dōujù**【兜距】(名)(方)株と株との間の距離。株間(かぶま)。

**篼 dōu**(名)(竹製・籐製などの)かご。ざる。¶背～/背負いかごで。

**dōuzi**【篼子】(名)(方)山道を行く時の竹かご。

**斗 dǒu** ❶(量)容積の単位)斗(と)。10升(10リットル)。
❷(名)1 斗の形のもの。2 渦状の指紋。3(二十八宿の)ひつきぼし。4 升のような形をしたもの。¶漏～/じょうご。（姓)異読⇒dòu

**dǒubǐ**【斗笔】(名)大型の毛筆。

**dǒuchē**【斗车】(名)トロッコ。

**dǒudǎn**【斗胆】(副)多く謙譲語として大胆に。あえて。

**dǒufāng**【斗方】(名)(～儿)(旧正月などに)四角の赤い紙に書いて門や壁に張られた書画。

**dǒu fāng míng shì**【斗方名士】(成)風流を気取る人。三文文士。

**dǒugǒng**【斗拱】(名)(建)斗拱(ときょう)。斗組(とくみ)。▶軒を支える部材。

**dǒujì**【斗箕】(名)指紋。

**dǒulì**【斗笠】(名)編み笠。

**dǒumén**【斗门】(名)(水田に水を入れる)小型の水門。

**dǒupeng**【斗篷】(名)1 マント。2 編み笠。

**dǒuqú**【斗渠】(名)水を灌漑(かんがい)地区に引きこむための支流水路。

**dǒushāo**【斗筲】(名)(書)容量の小さい器;(喩)度量が小さい人;見識が浅い人。

**dǒushì**【斗室】(名)(書)ごく小さな部屋。

# dǒu

**dǒushì tíshēngjī** [斗式提升机] 〈名〉(機)バケットエレベーター.

**dǒuwǎn** [斗碗] 〈名〉大きなお碗.どんぶり.

**dǒuyānsī** [斗烟丝] 〈名〉パイプたばこ.きざみたばこ.

**dǒu zhuǎn shēn héng** [斗转参横] 〈成〉夜の時間が経過する.

**dǒu zhuǎn xīng yí** [斗转星移] 〈成〉時が移り変わる.

**dǒuzi** [斗子] 〈名〉1 (炭鉱用の)バケット;(家庭用の)石炭入れ. 2 板などで作った物入れ.

## 抖 dǒu

〈動〉1 振るう.払う.¶把衣服上的雪~掉 / 服についた雪を払い落とす. 2 (寒さや恐れのために)震える. 3 〈贬〉身ぶる直す / 体がぶるぶる震える. 3 ("～出来"を伴い)暴露する.さらけ出す. 4 (元気などを)奮い起こす.¶～起精神 / 元気を奮い起こす. 5 (諷) ("～起来"を伴い)羽振りがよくなる.

**dǒuchàn** [抖颤] 〈動〉震える.

**dǒudòng** [抖动] 〈動〉1 (体が)震える. 2 (物を)震わす.振って動かす.

**dǒu/jìn** [抖劲] 〈動〉(～儿)格好をつける.気どる.気取る.

**dǒu kōngzhú** [抖空竹] こま回しをする.

**dǒulou** [抖搂] 〈方〉1 (衣服などを)振るう. 2 (多く"～出来"の形で)さらけ出す. 3 浪費する.

**dǒusǒu** [抖擞] 〈動〉奮い立つ.鼓舞する.

**dǒu wēifēng** [抖威风] いばって見せる.威嚇する.

## 枓 dǒu

**dǒugǒng** [枓拱・枓栱] →dǒugǒng [斗拱]

## 陡 dǒu

〈形〉傾斜が急で険しい.
〈副〉突然.急に.¶～一变.

**dǒubì** [陡壁] 〈名〉断崖.絶壁.

**dǒubiàn** [陡变] 〈動〉急変する.突如変化する.

**dǒucáo** [陡槽] 〈名〉(水)斜水溝.

**dǒudù** [陡度] 〈名〉勾配.

**dǒujùn** [陡峻] 〈形〉(地勢が)高くて険しい.

**dǒulì** [陡立] 〈動〉(山や建物が)切り立つ.

**dǒupō** [陡坡] 〈名〉急勾配.

**dǒuqiào** [陡峭] 〈形〉(山などが)切り立っている.険しい.

**dǒurán** [陡然] 〈副〉突然.急に.¶物価~上涨 / 物価が急に上がる.

## 蚪 dǒu → kēdǒu [蝌蚪]

## 斗 [鬥・鬬] dòu

〈動〉1 (…と)闘う;勝負事をする.¶～地主 / 地主をやっつける. 2 (方)合わせる.寄せ集める.¶大家~一～情况 / 各自の情報を持ち寄って状況を判断する. 3 匹敵する.¶我～不过他 / 私は彼には及ばない. 4 (動物を)闘わせる.¶～蟋蟀儿 qūqur / コオロギを闘わせる.

〈日〉けんかする.格闘する.¶械～/ 大勢が武器を手にしてけんかする.
異読 ⇒ dǒu

**dòubǎicǎo** [斗百草] 〈名〉花合わせ.

**dòu/fǎ** [斗法] 〈動〉(昔の小説などで魔法を使って闘う意味から)計略を使って闘う;暗闘する.

**dòugǒng** [斗拱] → **dǒugǒng** [枓拱]

**dòu/jī** [斗鸡] 〈動〉1 闘鶏をする. 2 (遊びの一種)片足を両手で抱え,互いにひざで押し合う.

**dòu jī zǒu gǒu** [斗鸡走狗] 〈成〉金持ちのどら息子が遊び暮らす.

**dòu kǒuchǐ** [斗口齿] → **dòu/zuǐ** [斗嘴]

**dòu mènzi** [斗闷子] → **dòu mènzi** [逗闷子]

**dòu/niú** [斗牛] 〈動〉闘牛をする.

**dòu/ōu** [斗殴] 〈動〉格闘する.殴り合いをする.

**dòu/pái** [斗牌] 〈動〉カルタやマージャンをする.

**dòu/qì** [斗气] 〈動〉(～儿)張り合う.

**dòu/qù** [斗趣儿] → **dòu/qùr** [逗趣儿]

**dòu xīnyǎnr** [斗心眼儿] 〈慣〉(貶)腹を探り合う.

**dòuyǎn** [斗眼] 〈名〉(～儿)寄り目.斜視.

**dòuzhēng** [斗争] 〈動〉1 闘争する. 2 (敵対者などを)つるし上げる. 3 努力する.奮闘する. 〈名〉闘争.

**dòuzhì** [斗志] 〈名〉闘志.

**dòu/zhì** [斗智] 〈動〉知力を闘わす.

**dòu/zuǐ** [斗嘴] 〈動〉(～儿) 1 口論する. 2 減らず口をたたく.冗談を言う.

## 豆 dòu ○

〈古〉マメ〈名〉1 〈量〉[粒]. 豆粒状のもの.¶花生~儿/ ピーナッツ.¶土~儿/ ジャガイモ.

**dòubǎnjiàng** [豆板酱] → **dòubànjiàng** [豆瓣酱]

**dòubǎncài** [豆瓣菜] 〈植〉クレソン.

**dòubànr** [豆瓣儿] 〈名〉皮をむいた豆粒の裂開したもの.割れた豆粒.▶豆の子葉をさすこともある.

**dòubànrjiàng** [豆瓣儿酱] 〈名〉大豆や空豆で作ったみそ.トウバンジャン.

**dòubāo** [豆包] 〈名〉(～儿)あん入りまんじゅう.

**dòubǐng** [豆饼] 〈名〉円盤状に固めた豆かす.

**dòuchǐ** [豆豉] 〈名〉浜納豆の類.

**dòufu** [豆腐] 〈名〉豆腐.[块]

**dòufugān** [豆腐干] 〈名〉(～儿)半乾燥の豆腐.

**dòufunǎor** [豆腐脑儿] 〈名〉豆乳を煮立て半固体に固めたもの.

**dòufupí** [豆腐皮] 〈名〉(～儿)湯葉.

**dòufurǔ** [豆腐乳] 〈名〉乳腐(ヾヾヾ).▶豆腐を発酵させ塩漬けにしたもの.

**dòufusī** [豆腐丝] 〈名〉(～儿)"豆腐干"の千切り.

**dòufuyī** [豆腐衣] 〈名〉〈方〉湯葉.

**dòufuzhā** [豆腐渣] → **dòuzhā** [豆渣]

**dòufuzhā gōngchéng**【豆腐渣工程】手抜き工事.
**dòujiá**【豆荚】[名] サヤマメ. **2** 豆のさや.
**dòujiāng**【豆浆】[名] 豆乳.
**dòujiàng**【豆酱】[名] 豆みそ.
**dòujiǎor**【豆角儿】[名]〈口〉サヤインゲン.
**dòujiē**【豆秸】[名] 豆がら.
**dòukòu**【豆蔻】[名]〈植〉ビャクズク;〈中薬〉白豆蔻(はく);肉豆蔻(にく).
**dòu kòu nián huá**【豆蔻年华】〈成〉女子の13,4歳のころ.
**dòulǜ**【豆绿】[名] 淡緑色.
**dòumiàn**【豆面】[名] 大豆の粉.
**dòumiáo**【豆苗】[名]〈食材〉トウミョウ.
**dòunǎi**【豆奶】[名] 豆乳.
**dòuniáng**【豆娘】[名]〈虫〉イトトンボ.
**dòuqí**【豆萁】[名]〈方〉豆がら.
**dòuqīng**【豆青】[名]→**dòulǜ**【豆绿】
**dòuróng**【豆蓉】[名]〈方〉豆で作ったこしあん.
**dòurǔ**【豆乳】[名] **1** 豆乳. **2**〈方〉→ **dòufurǔ**【豆腐乳】
**dòushā**【豆沙】[名] アズキあん. ¶~包/あんまん.
**dòushǔ**【豆薯】[名] クズイモ.
**dòuxiànr**【豆馅儿】[名] あずきあん. こしあん.
**dòuxiàng**【豆象】[名]〈虫〉マメゾウムシ.
**dòuyácài**【豆芽菜】[名] もやし.
**dòuyár**【豆芽儿】[名] もやし.
**dòuyóu**【豆油】[名] 大豆油.
**dòuzhā**【豆渣】[名] おから.うのはな.
**dòuzhī**【豆汁】[名] **1**〈~儿〉リョクトウではるさめを作るときの残り汁. **2**〈方〉豆乳.
**dòuzhìpǐn**【豆制品】[名] 大豆加工食品.
**dòuzi**【豆子】[名] マメ(科の作物);豆状のもの.

**逗 dòu** [動] **1** あやす. からかう. ¶~孩子玩儿/子供をあやす. **2**(ある感情を)起こさせる. ¶~一岁的小孩儿最~人爱/1 歳ぐらいの子供がいちばん人がにかわいがられる. **2** [形] おもしろい. ひょうきんだ. **3**【读dòu】に同じ. [動] とどまる. ¶~~留.

**dòudiǎn**【逗点】→**dòuhào**【逗号】
**dòu/gěnr**【逗哏儿】[動]〈滑稽なことを言って〉笑わせる.
**dòuhào**【逗号】[名]〈語〉コンマ(,). 読点.
**dòu/lèr**【逗乐儿】[動] おどける.
**dòuliú**【逗留】[動] 逗留する. 滞在する. ▲"逗遛"とも.
**dòu mènzi**【逗闷子】[慣]〈方〉おどける.
**dòunong**【逗弄】[動] **1** あやす. **2** からかう.
**dòuqíng**【逗情】[動](男女が)気を引き合う.
**dòu/qùr**【逗趣儿】[動]〈話や身ぶりがおもしろくて〉人を笑わせる.

**dòu/rén**【逗人】[動](性格・言動が)人を引きつける,人を楽しませる.
**dòuxiàor**【逗笑儿】[動] 人を笑わせる.
**dòuyǐn**【逗引】[動](子供などを)あやして…

# 饾 dòu ⓞ

**dòudìng**【饾饤】[名]〈書〉**1** お供えの食品. **2** [動]〈喩〉(文章を作るとき)多くの典故を使って文を飾り立てる.

# 读(讀) dòu [名] 文中の切れ目. 読点(,). 異読⇒**dú**

# 脰 dòu [名]〈書〉首;うなじ.

# 痘 dòu [名] **1** 天然痘. **2** 痘苗.

**dòuchuāng**【痘疮】[名]〈医〉天然痘. 疱瘡(ほう).
**dòujiāng**【痘浆】[名] 痘漿(とうしょう). 痘瘡(とう)の水疱から出るうみ汁.
**dòumiáo**【痘苗】[名] 天然痘ワクチン.

# 宴 dòu 地名用字. ¶西~/広西チワン族自治区にある地名.

# 窦(竇) dòu ⓗ **1** 孔. 穴. ¶疑~/疑わしい点. **2**(人体で)くぼんだ所. ¶鼻~/〈生理〉副鼻腔. || [姓]

## du (ㄉㄨ)

# 乿(毅) dū [動](指先や棒の先で)軽く突く,点を打つ.

# 都 dū ⓗ ①首都.都. ¶建~/都を置く. ② 都市. 都会. ¶钢~/鉄鋼業都市. || [姓] 異読⇒**dōu**

**dūchéng**【都城】[名] 首都. 都.
**dūdū**【都督】[名]〈史〉(旧時の官名)都督.
**dūhuì**【都会】[名] 都会. 都市.
**dūshì**【都市】[名] 都市. 都会.

# 阇 dū〈書〉城門の上に築いた物見台. 異読⇒**shé**

# 屠(屠) dū ⓞ

**dūzi**【屠子】[名] **1** しり. **2** ハチやサソリの尾.

# 督 dū ⓗ **1** [動] 監督する. 取り締まる. ¶~一率shuài/監督し引率する. ② せきたてる. ¶~~促. || [姓]

**dūbàn**【督办】[動] 仕事を監督する.
**dūchá**【督察】[動] 監督査察する.
**dūchájǐng**【督察警】[名] 一般の公安の活動を監督・監視する警察.
**dūcù**【督促】[動] 督促する.
**dūdǎo**【督导】[動]〈書〉監督して指導する.
**dūfǔ**【督抚】[名]〈史〉(明・清代の地方官の最高位)総督と巡撫.
**dūlì**【督励】[動] 督促し激励する.

# 嘟 dū [擬]〈自動車などのクラクションの音〉ぷーぷー. **2** [動]〈方〉(口を)とがらす.

**dūlu**【嘟噜】〈口〉**1** [量] 房や束を数える. ¶一~葡萄/ブドウひと房. **2** [動] 垂れる. **3** [名]〈~儿〉(るるる…と)

## dú

**舌を震わせる音.**

**dūnang**【嘟囔】ぶつぶつつぶやく.

**dūnong**【嘟哝】=dūnang【嘟囔】

**毒 dú** 〖一〗① [名] 1 毒. 2 (思想面での)害毒, 弊害. ¶有～的思想／害のある思想. 3 麻薬. 〖二〗[形] 1 悪辣(あくらつ)である. ¶心肠真～／気性が実に残忍である. 2 (日差しなどが)ひどい, きつい. 〖三〗[動] 毒殺する.

**dú'àn**【毒案】[名] 麻薬犯罪(事件).

**dúbājiǎo**【毒八角】[植] シキミ.

**dúbiǎndòu**【毒扁豆】[植] カラバルマメ.

**dúcǎo**【毒草】[名] 毒草;(転)人民にとって有害な言論や文学作品.

**dúdǎ**【毒打】[動] めった打ちにする.

**dú'ěr**【毒饵】[名] 害虫などを殺すための毒入り餌.

**dúfàn**【毒犯】[名] 麻薬を製造・運搬・販売する犯人.

**dúfàn**【毒販】[名] 麻薬や覚醒剤の売人.

**dúgǔ**【毒谷】[名] 害虫を殺すための毒を混ぜた穀物.

**dúhài**【毒害】[動] ① 1 毒殺する. 2 (人心を)毒する. ② [名] 害毒.

**dúhuà**【毒化】[動] 1 (麻薬などで)堕落させる. 2 (雰囲気・気風などを)悪化させる.

**dújì**【毒计】[名] 悪巧み.

**dújì**【毒剂】[名] 毒物. 毒薬.

**dújiàn**【毒箭】[名] 毒矢;(喩)中傷.

**dúlà**【毒辣】[形] 悪辣である.

**dúliú**【毒瘤】[名] 〈医〉癌(がん).

**dúmóu**【毒谋】[名] 悪辣な計略.

**dúpǐn**【毒品】[名] 麻薬.

**dúqì**【毒气】[名] 毒ガス.

**dúqū**【毒区】[名] 毒ガスによる汚染区域.

**dúshā**【毒杀】[動] 毒殺する.

**dúshā**【毒砂】[名] 〈鉱〉毒砂. 硫砒(りゅうひ)鉄鉱.

**dúshé**【毒蛇】[動] 毒蛇.

**dúshǒu**【毒手】[名] 残忍な仕打ち.

**dúsǐ**【毒死】[動] 毒死する.

**dúsù**【毒素】[名] 〈生〉毒素;(転)(言論や作品の)有害要素.

**dúwù**【毒物】[名] 有害物質. 毒物.

**dúxiàn**【毒腺】[名] 〈動〉(蛇などの)毒腺.

**dúxiāo**【毒枭】[名] 麻薬や覚醒剤の売人を取り仕切る頭目.

**dúxíng**【毒刑】[名] 残酷な体刑.

**dúxìng**【毒性】[名] 毒性.

**dúxùn**【毒蕈】[名] 毒キノコ.

**dúyào**【毒药】[名] 毒薬.

**dúyè**【毒液】[名] 毒液. (蛇やクモなどの)有毒な分泌物.

**dúyǐn**【毒瘾】[名] 麻薬中毒.

**dúyíngxùn**【毒蝇蕈】[名] 〈植〉ベニテングダケ. アカハエトリ.

**dúzhāor**【毒招儿】[名] 悪辣な仕打ち.

**dúzhī**【毒汁】[名] 毒液;(喩)毒汁.

**dúzī**【毒资】[名] 麻薬購入資金;麻薬販売で得たお金.

**独(獨) dú** ① [副] 1 ただ…だけ. ¶~有她还没来／彼女だけがまだ来ていない. 2 一人だけで. ¶~坐书斋／一人で書斎にいる. ② [形] 利己的である. ‖①ただ一人. ②子のいない老人.

**dúbà**【独霸】[動] 独占する.

**dúbái**【独白】[動] 1 独白をつぶやく. モノローグ. 2 [名] 独白する.

**dúbù**【独步】[動] ぬきんでている. 比べるものがないほどすぐれている.

**dúcái**【独裁】[動] 独裁する.

**dúcáizhě**【独裁者】[名] 独裁者.

**dúchàng**【独唱】[動] 〈音〉独唱する.

**dú chū xīn cái**【独出心裁】[成] 独自のスタイルを生み出す.

**dúchǔ**【独处】[動] 独居する.

**dúchuàng**【独创】[動] 独創する.

**dúcíjù**【独词句】[語] 一語文. 一つの単語, あるいは一つの修飾構造で文としての性格をもつと認められるもの.

**dúdān**【独单】[名] 寝室ひと間と台所のある住宅. 1K.

**dú dāng yī miàn**【独当一面】[成] 単独である分野の責任者となる.

**dúdào**【独到】[形] 比類なくすぐれた.

**dúdú**【独独】[副] ただ…だけ.

**dúduàn**【独断】[動] 独断する.

**dú duàn zhuān xíng**【独断专行】[成] 独断専行する. ▶"独断独行"とも.

**dúfū**【独夫】[名] 暴君.

**dúgè**【独个】[副] 〈~儿〉一人で.

**dúgēn**【独根】[名] 〈~儿〉跡継ぎの一人息子.

**Dúgū**【独孤】[姓]

**dújiā**【独家】[名] 一手に独占する形で…. ¶~采访／独占インタビュー. ¶~新闻／特ダネ. スクープ.

**dújiǎoxì**【独脚戏】[名] 一人芝居;(転)孤軍奮闘. ▲"独脚戏"とも.

**dújū**【独居】[動] 独り住まいする.

**dújúshí**【独居石】[名] 〈鉱〉モナズ石.

**dú jù jiàng xīn**【独具匠心】[成] 独創的である.

**dú jù zhī yǎn**【独具只眼】〈成〉独自のすぐれた見識を有している.

**dúlǎn**【独揽】[動] 独占する.

**dúlì**【独力】[副] 独力で….

**dúlì**【独立】[動] 1 自力で行う. 独り立ちする. 2 独立する. 3 〈書〉独り立つ.

**dúlìguó**【独立国】[名] 独立国.

**dúlì wángguó**【独立王国】[名] 独立王国. だれからも支配されない独立の勢力範囲.

**dúlìxìng**【独立性】[名] 独立性.

**dúlì zìzhǔ**【独立自主】[動] 独立自主.

**Dúliánti**【独联体】[名] 〈略〉(旧ソ連の大部分から成る)独立国家共同体.

**Dúlóngzú**【独龙族】[名] 〈中国少数民族〉トールン(Derung)族.

**dúlúnchē**【独轮车】[名] (手押しの)一

dú//jīng【读经】动 儒家的経典を読んで勉強する.

dúmiǎo jiēduàn【读秒阶段】名 秒読み段階.

dúpò【读破】动 同字異読する.

dú pòjù【读破句】文の句切りをまちがって読む.

dú//shū【读书】动 1 学校で勉強する. 2 本を読む.

dúshūrén【读书人】名 読書人.インテリ.

dúshù【读数】名 目盛り.

dú sǐshū【读死书】慣 無用の書物を乱読する.

dú//tú【读图】动 設計図面を解釈する.

dúwù【读物】名 読み物.

dúyīn【读音】名 文字の読み方.

dúzhě【读者】名 読者.

渎【瀆】 dú ❶ 1 汚(けが)す. ▶ 亵(xiè)～／冒渎(ぼうとく)する. 2 溝.用水路. ¶沟～／溝.

dúfàn【渎犯】动 冒涜する.

dúzhí【渎职】动 汚職する.

椟【櫝】 dú ❶（書）函(はこ). 櫃(ひつ).入れ物.

犊【犢】 dú ❶ 子牛.

dúzǐ【犊子】名 子牛.

牍【牘】 dú ❶ 木簡. ❶ 1 書簡.手紙. ¶文～／文書. 2 尺～／書簡.

黩【黷】 dú ❶〈書〉汚(けが)す. ❶ 軽率である. ほしいままに何かをする. ▶～～武.

dúwǔ【黩武】动〈書〉武力を乱用する.

髑 dú ❶

dúlóu【髑髅】名〈書〉どくろ.されこうべ.

肚 dǔ【（～儿）】料理】胃袋.¶羊～儿／羊の胃袋. 异读⇒dù

dǔzi【肚子】名〈食材〉（动物の）胃袋.⇒dùzi

笃【篤】 dǔ ❶ ①誠実である.心がこもっている. ¶～～志. ②（病気が）重い. ¶危～／危篤である. ❶【姓】

dǔ'ài【笃爱】动 深く愛する.

dǔchéng【笃诚】形 誠実である.

dǔdìng【笃定】〈方〉1 副 必ず.きっと. 2 形 落ち着いている.

dǔhòu【笃厚】形 誠実である.

dǔshí【笃实】形 1 誠実で親切である.実直である. 2 内容がある.

dǔshǒu【笃守】动 忠実に守る.

dǔxìn【笃信】动 深く信じる.

dǔxué【笃学】形 学問に熱心である.

dǔzhì【笃志】动〈書〉志を傾ける.

堵 dǔ【（～儿）】1 动 （移動していく人や物の運動を止めるために）ふさぐ.遮る. ¶把窟窿kūlong～上／穴をふさぐ. ¶（胸などが）つかえる.ふさがる. ¶心里一阵难受／胸がつかえて苦しい. 2 量 塀を数える. ¶一～墙／一つの塀. ❶【姓】

dǔ//chē【堵车】动（車が）渋滞する.

---

dú

轮车.

dúmén【独门】名（～儿）1 自宅の門.一世帯専用の出入口. 2 お家芸.特技.

dúmiáo【独苗】名（～儿）一人っ子.

dú mù bù chéng lín【独木不成林】諺 一個人の能力には限りがあり,大事を成し遂げることができない.

dúmùjù【独幕剧】名〈劇〉一幕劇.

dú mù nán zhī【独木难支】成 一人の力では全局面を支えることができない.

dúmùqiáo【独木桥】名 丸木橋;（喩）渡りにくい困難な道.

dúmùzhōu【独木舟】名 丸木舟.

dúnǚ【独女】名（～儿）一人娘.

dú pì xī jìng【独辟蹊径】成 一人で道を切り開く.

dú shàn qí měi【独擅其美】成 協調精神に欠け,独りよがりになる.

dú shàn shèng chǎng【独擅胜场】成（スポーツ大会などで）優勝を独占する;（喩）演技が抜群である.独壇場だ.

dúshēn【独身】名 単身;独身.

dúshēngnǚ【独生女】名 一人娘.

dúshēngzǐ【独生子】名 一人息子.

dúshēng zǐnǚ【独生子女】名 一人っ子.

dú shù bù chéng lín【独树不成林】諺 → dú mù bù chéng lín【独木不成林】

dú shù yī zhì【独树一帜】成 独自の一派をなす.

dútè【独特】形 独特である.特有の.

dútiǎo【独挑】动（～儿）（方）一人だけで受け持つ.一人でやる.

dútóusuàn【独头蒜】名 根茎が一つの球からなるニンニク.

dútūn【独吞】动〈利益を〉独占する.

dúwǔ【独舞】名 ソロダンス.

dúxíng【独行】1 动 1 一人で進む. 2 自己の主張を押し通す. 2 名〈書〉独自の行為・節操.

dúyǎnlóng【独眼龙】名〈貶〉片目の人.

dú yī wú èr【独一无二】成 唯一無二.

dúyuàn【独院】名（～儿）一戸建ての家.▶"独院式住宅"とも.

dúzhàn【独占】动 独占する.

dú zhàn áo tóu【独占鳌头】成 首位を占めたので第1位を獲得する.

dúzī【独资】名〈略〉単独投資.

dúzǐ【独子】名 一人息子.

dúzì【独自】副 一人で.単独で.

dúzòu【独奏】名〈音〉独奏する.

顿 dú 人名用字. ¶Mò～／冒顿单于(ぜんう).

读【讀】 dú 动 1〈口〉（学校で）勉強する. ¶他在高中／高校で学んでいる. 2 読む.¶值得一～／一読の価値がある. 3 読み上げる.声を出して読む. 异读⇒dòu

dúběn【读本】名 教科書.読本.

dúhòugǎn【读后感】名 読後感.

**dǔjī** [堵击] 動 迎撃する.
**dǔjié** [堵截] 動 (途中で)阻止する.
**dǔ lòudòng** [堵漏洞] (慣) 損失を穴埋めする；まちがいを防ぐ．落ち度のないようにする．
**dǔsè** [堵塞] 動 (穴や通りを)ふさぐ．
**dǔxīn** [堵心] 動 気がふさぐ.
**dǔ//zuǐ** [堵嘴] 動 **1** 口止めをする. **2** 絶句させる.

**dǔ** [赌] 動 賭(か)け事をする.；〈転〉(一般に)賭ける. ¶~了一夜／一晩ばくちを打った. **2** 名 賭け事. ¶打~／賭け事をする.

**dǔbén** [赌本] 名 賭博の元手；〈転〉冒険のよりどころ.
**dǔbó** [赌博] 動 ばくちを打つ.
**dǔchǎng** [赌场] 名 ばくち場.
**dǔdiǎn** [赌点] 動 ばくちを打つ. 賭博.
**dǔ dōngdào** [赌东道] 負けた人がおごる
**dǔfēng** [赌风] 名 賭博の風潮.
**dǔgùn** [赌棍] 名 〈貶〉ばくち打ち.
**dǔjú** [赌局] 名 賭博場.
**dǔjù** [赌具] 名 賭博の道具.
**dǔkū** [赌窟] 名 賭博の巣窟.
**dǔ//qì** [赌气] 動 ふてくされる. やけになる.
**dǔ//qián** [赌钱] 動 金を賭ける.
**dǔ//shì** [赌誓] →**dǔ//zhòu** [赌咒]
**dǔtú** [赌徒] 名 ばくち打ち.
**dǔwō** [赌窝] 名 賭場.
**dǔ//zhòu** [赌咒] 動 誓う.
**dǔzhù** [赌注] 名 賭け金.
**dǔzī** [赌资] 名 賭博の元手. 賭け金.

**dǔ** [睹] 動 見る. ¶耳闻目~／実際に見聞する.

**dǔ wù sī rén** [睹物思人] (成) 遺品によって亡き人をしのぶ.

**芏** **dù** →**jiāngdù** [茳芏]

**杜** **dù** 動 **1** ヤマナシ. ¶~树／同上. ② ふさぐ. 途絶させる. ¶~~绝. ‖姓

**dùhéng** [杜衡・杜蘅] 名 〈植〉オオカナアオイ. ；〈中薬〉杜衡(とこう).
**dù jiàn fáng méng** [杜渐防萌] (成) 災いを大きくならないうちに防ぐ. ¶~防微wéi杜渐～とも.
**dùjuān** [杜鹃] 名 **1**〈鳥〉ホトトギス. **2**〈植〉ツツジ.
**dùjué** [杜绝] 動 **1** 途絶させる. 根絶する. **2**〈旧〉不動産の売買契約書に, 買い戻しを許さないと明記する.
**dùlí** [杜梨] →**tánglí** [棠梨]
**dùmén** [杜门] 動〈書〉家に閉じこもる.

**dù mén xiè kè** [杜门谢客] (成) 人を避け世間との交わりを謝絶する.
**dùsōngzǐjiǔ** [杜松子酒] 名 ジン.
**dùyǔ** [杜宇] →**dùjuān** [杜鹃]

**dùzhòng** [杜仲] 名〈植〉トチュウ；〈中薬〉杜仲(とちゅう).
**dùzhuàn** [杜撰] 動〈貶〉いい加減に作る. でっち上げる.

**肚** **dù** 〓(~儿) 名 おなか. 腹部. ¶大~儿, 小~儿／上腹部と下腹部.
〓 腹のように丸くふくれているもの. ¶腿~子／ふくらはぎ. 異読⇨dǔ

**dùdài** [肚带] 名 (馬の)腹帯.
**dùliàng** [肚量] →**dùliàng** [度量]
**dùpí** [肚皮] 名 腹(の皮).
**dùqí** [肚脐] 名 (~儿) へそ.
**dùzi** [肚子] 名 腹. 腹部. ⇨dǔzi

**妒** **dù** [妒] 動 ねたむ. ¶嫉妒~／嫉妬(しっと).
**dùhuǒ** [妒火] 名 強烈な嫉妬心.
**dùjì** [妒忌] 動 嫉妬する. ねたむ.

**度** **dù** [度] 名 **1** (温度・アルコール・眼鏡・角度・経緯度・電力などの計量の単位)度. ¶今天(有)三十六~／きょうの気温(体温)は36度ある. **2** たび. 度. ¶再~要求／再度要求する. **2** 量 (形容詞の後に用い)度合い. ¶热~／熱さ. 温度. ¶浓~／濃さ. 濃度. **2** 一定期間. **3** 基準. 法則. ¶年~／年度. ¶季~／四半期. **4** (理) 次元. ¶三~空间kōngjiān／三次元空間. **3** 動 過ごす. 暮らす. ¶在乡下~过童年／少年時代を田舎で過ごした. 〓程度；度量. 寛容さ；考慮の範囲. ¶长短法～／ちょうどよい長さ. ¶劳累过~／疲れすぎ. ¶气~／度量. ‖姓
異読⇨duó

**dùguò** [度过] 動〈時間を〉過ごす.
**dù/huāng** [度荒] 動 飢饉(きん)を切り抜ける.
**dù/jià** [度假] 動 休日を過ごす.
**dùjiàcūn** [度假村] 名 休暇村. リゾート地.
**dùliàng** [度量] 名 度量. 器量.
**dùliànghéng** [度量衡] 名 度量衡.
**dùmìng** [度命] 動 命をつなぐ.
**dùqǔ** [度曲] 動〈書〉**1** 作曲する. 節をつける. **2** 節のとおりに歌う.
**dùrì** [度日] 動 日を過ごす.
**dùshu** [度数] 名 度数. 目盛り.
**dùxùn** [度汛] 動 増水期を送る.

**渡** **dù** [渡] 動 **1** (川などを)渡る ；〈転〉困難な時を)過ごす. 通り抜ける. ¶把客人~过河／客を対岸に渡す. **2** (人や物資を)渡す. ¶~过难关nánguān／難関を切り抜ける.
〓 (多く地名に用い)渡し場.

**dùcáo** [渡槽] 名 水道橋.
**dùchuán** [渡船] 名 渡し船.
**dùhédiǎn** [渡河点] 名 渡河点.
**dùkǒu** [渡口] 名 渡し場.
**dùlún** [渡轮] 名 連絡船. フェリーボート.
**dùqiáo** [渡桥] 名 間に合わせに架けておく橋. 仮橋.

**dùtóu**【渡头】→dùkǒu【渡口】
**dùyā**【渡鸦】名（鳥）ワタリガラス.

## 镀

**dù**【镀】動めっきする.
**dùcéng**【镀层】名コート．着き金．めっき表面の金属層．
**dùgèghāng**【镀铬钢】名クロームめっき鋼．
**dù//jīn**【镀金】動 1 金めっきする．2（喩）箔(はく)をつける．
**dù/xī**【镀锡】動錫(すず)をめっきする．
**dùxītiě**【镀锡铁】名ブリキ板．
**dùxītiěbǎn**【镀锡铁板】名ブリキ板．
**dùxīntiě**【镀锌铁】名トタン板．

## 蠹（蠧）

**dù**【蠹】1 名衣服·紙類·木材などを食い荒す虫．『书~／シミ．2 動むしばむ．虫が食う．
**dùbì**【蠹弊】名書不正行為；弊害．
**dùchóng**【蠹虫】名 1 器物などを食う虫；シミ；（転）2 国民の財産·利益をかすめる者；社会の害虫．
**dùyú**【蠹鱼】名(虫)シミ．

## duan（ㄉㄨㄢ）

**duān**【端】動 1（两手または片手でもの を水平に傾かぬようにして）持つ，捧げる．¶把玉米汤～上来／コーンスープを持ってきて出す．2 さらけ出す．持ち出す．¶把问题～出来／問題をすべて並べあげる．
日（①）物の端．さき；（事の）きっかけ．糸口．¶南～／南端．¶开~／糸口．事の始まり．②正しい．端正である．品行不~／品行がよくない．③项目．部分．¶大～／重要な点．
**duāndì**【端的】（近）1 副 いかにも．果たして．2 結局．いったい．2 名委細．子細．
**duānfāng**【端方】形〈书〉方正である．立派である．
**duān jiàzi**【端架子】〈慣〉〈方〉もったいぶる．偉ぶる．
**duān jiānbǎng**【端肩膀】肩を怒らす．肩を張る．
**Duānjié**【端节】名 1 端午の節句．2 水族の収穫祭．
**duānkǒu**【端口】名（電算）ポート．
**duānlài**【端赖】動ひとえに．もっぱら…による．
**duānlì**【端丽】形ひときわて美しい．
**duānliáng**【端量】動 1 じろじろ見る．2 目分量で見積る．
**duānmiàn**【端面】名（～儿）円柱形の物体の両端となる平面．
**Duānmù**【端木】名 姓．
**duānní**【端倪】名 手がかり．糸口．
**duānrán**【端然】形 端然としている．きちんとしている．
**duān rén zhèng shì**【端人正士】〈成〉正直で行いが立派な人．
**Duānwǔ**【端午】名端午の節句．▲ "端五"とも．
**duānxiàn**【端线】名〈体〉エンドライン．
**duānxiáng**【端详】1 名詳細．委細．2 形 端然としている．

**duānxiang**【端详·端相】動しげしげと見る．
**duānxù**【端绪】名〈书〉端緒．糸口．
**duānyàn**【端砚】名 端溪(たんけい)のすずり．
**Duānyáng**【端阳】名端午の節句．
**duānyóu**【端由】名原因．わけ．
**duānzhèng**【端正】1 形 端正である．きちんとしている；正しい．¶五官～／目鼻立ちが端正である．2 動 正す．きちんとさせる．¶～思想／考えを正しくする．
**duānzhuāng**【端庄】形（立ち居振る舞いが）端正で威厳がある．
**duānzuò**【端坐】動きちんと座る．

## 短

**duǎn**【短】1 形（空間的·時間的に）短い．2 動 欠けている．足りない；借りがある．¶～两个茶碗／湯呑みが二つ足りない．¶我～她五十块钱／彼女に五十元の借りがある．
3 名 欠点．短所．¶揭～儿／(人の)欠点をあばく．

**duǎn bīng xiāng jiē**【短兵相接】〈成〉真っ向から鋭く対決する．
**duǎnbō**【短波】名〈物〉短波．
**duǎnbuliǎo**【短不了】1 動+可補 1 欠かせない．2 やむを得ない．
**duǎncháng**【短长】名 長短．是非·優劣·善悪など．
**duǎnchǎo**【短炒】動〈経〉(株の)短期売買．
**duǎnchéng**【短程】名短距離．
**duǎn/chèng**【短秤】動〈売る商品の〉目方が足りない．
**duǎnchu**【短处】名 欠点．短所．
**duǎncū**【短粗】形太くて短い．
**duǎncù**【短促】形 (時間が)短い．
**duǎndǎ**【短打】名（劇）立ち回り．殺陣(たて)．
**duǎndàyī**【短大衣】名ハーフコート．
**duǎndí**【短笛】名 (音)ピッコロ．
**duǎndūn**【短吨】名(重さの単位)ショートトン．米トン．
**duǎngōng**【短工】名 臨時雇い．
**duǎngōu**【短沟】名〈生理〉短骨．
**duǎnguǎr**【短褂儿】名短い上着．
**duǎnhào**【短号】名(音)コルネット．
**duǎnjiàn**【短见】名 1 浅はかな考え．2 自殺．
**duǎnkù**【短裤】名半ズボン．
**duǎnlù**【短路】名 (電)短絡．ショート．
**duǎnmìng**【短命】形短命である．
**duǎnmìngguǐr**【短命鬼儿】名〈罵〉若死にをする人．
**duǎnpǎo**【短跑】名 短距離競走．
**duǎnpiānr**【短片儿】名〈口〉短編映画．
**duǎnpiān xiǎoshuō**【短篇小说】名短編小说．
**duǎnpiànr**【短片儿】→duǎnpiānr【短片儿】
**duǎnpíng**【短评】名短評．
**duǎnpíngkuài**【短平快】名 1（体）バレーボールの速攻．2（喩）資金が少なく，すぐに成果の出るプロジェ

duǎnqī【短期】[形] 短期の(に).
duǎnqī chāichú shìchǎng【短期拆除市场】[名]〈経〉コール市場.
duǎnqī chángzhài【短期偿债】[名]〈経〉債務の短期償還.
duǎnqī jīnróng shìchǎng【短期金融市场】[名]〈経〉短期金融市場.
duǎnqì【短气】[动] 弱音を吐く.
duǎnqiǎn【短浅】[形]〈見識が〉浅い.
duǎnqiàn【短欠】[动] 欠けている. 足りない.
duǎnqiāng【短枪】[名] ピストル.
duǎnqiú【短球】[名]〈体〉卓球でドロップショット.
duǎnquē【短缺】[动] 不足する.
duǎnr【短儿】[名] 1 欠点. 短所. 2 軽装.
duǎnshān【短衫】[名] 薄い上着・シャツ.
duǎnshǎo【短少】[动]〈一定の数量に〉足りない. 不足する.
duǎnshì【短视】[名]〈书〉近視. 2[形] 見識が浅い.
duǎntǒngxuē【短筒靴】[名] 編み上げ靴.
duǎntūtū【短禿禿】[形]〈~的〉ちょこんと短い.
duǎntú【短途】[名] 近距離.
duǎnwà【短袜】[名] ソックス. 短い靴下.
duǎnwěihóu【短尾猴】[名]〈尾の短い〉サル.
duǎnxiānwéi【短纤维】[名] 1 短繊維. 2〈紡〉ステープルファイバー.
duǎnxiàn【短线】[形] 供給不足の.
duǎnxiàn chǎnpǐn【短线产品】品不足の商品.
duǎnxiàng【短项】[名]〈↔长项〉弱点. 苦手種目.
duǎnxiǎo【短小】[形] 小さい. 短い.
duǎn xiǎo jīng hàn【短小精悍】〈成〉1 小柄で精悍(かん)である(人). 2〈文章などが〉簡潔で力強い.
duǎnxìn【短信】[名]〈携帯電話の〉ショートメール.
duǎnxiù【短袖】[名] 半袖.
duǎnxuē【短靴】[名] ショートブーツ.
duǎnxùn【短训】[名]〈略〉短期研修.
duǎnxùn【短讯】[名] 短いニュース.
duǎnyǔ【短语】[名] 連語. フレーズ.
duǎnzàn【短暂】[形] 時間が短い.
duǎnzhuāng【短装】[名] 身軽ないでたち. 軽装;スポーティーな服装.

段 **duàn**【段】❶[量] 1 長い物のひと区切りを数える. ¶一~铁路/鉄道の1区間. 2 一定の距離や時間を表す. ¶这~时期/この期間. 3 事物の段落・段阶を数える. ¶一~文章/文章のひと区切り.
2〈修理業界〉輪切り.
ｱ〈鉄道や企業の〉区, 部門. ¶机务~/機関区. [姓]
Duànjiā【段干】[姓]
duànluò【段落】[名] 段落. 区切り.
duànwèi【段位】[名]〈囲碁の〉段位.

duànzi【段子】[名] 漫才や講談の段.

断（斷） **duàn**【断❶】[动] 1〈长いものを中間で〉切る. 切れる.
2 途切れる. ¶~了音讯/音信が途絶えた. 3〈酒やたばこを〉断つ, やめる. ¶~烟/たばこをやめる.
2[副] 断じて(で…ない).
ｱ〈书〉判断する. 決定する. ¶诊~/診断する.
duàn//àn【断垵】[动]〈農〉株苗 (くいびき) する.
duàn//àn【断案】[动] 訴訟事件を裁く. 2[论]〈三段論法の〉結論.
duàn biān cán jiǎn【断编残简】〈成〉残欠のある文章や書物.
duàncéng【断层】[名]〈地质〉断層.
duàncháng【断肠】[动]〈书〉断腸の思いをする.
duàn/chuī【断炊】[动]〈书〉食うに事欠く.
duàn/dài【断代】[动] 1 跡継ぎが絶える. 2 後継者がいなくなる. 3 時代区分する.
duàndàishǐ【断代史】[名] 時代史.
duàn/dàng【断档】[动]〈商品が〉品切れになる;〈物を〉使い終わる.
duàn/diàn【断电】[动] 停電する.
duàndiǎn bǎohù【断电保护】[名]〈電算〉切断保護. レジューム.
duàndìng【断定】[动] 断定する. 結論を下す.
duànduàn【断断】[副] 断じて. 決して.
duànduànxùxù【断断续续】[形] 断続的である.
duàn//dùnr【断顿儿】[动] 食いはぐれることがある.
duàn//gēn【断根】[动]〈~儿〉1→duàn/hòu[断后] 2〈病〉病気を断つ.
duàn gěng piāo péng【断梗飘蓬】〈成〉根なしの浮草.
duànhè【断喝】[动]〈大声で〉怒鳴りつける.
duàn//hòu【断后】[动] 跡継ぎが絶える.
duànhū【断乎】[副] 断じて.
duàn//hún【断魂】[动]〈书〉断腸の思いがする.
duàn jiǎn cán biān【断简残编】→duàn biān cán jiǎn【断编残简】
duàn//jiāo【断交】[动] 絶交する;断交する.
duàn jǐng tuí yuán【断井颓垣】〈成〉建物などが荒れ果てているさま.
duàn/jù【断句】[动]〈句読点の施されていない書物の文章に〉句読点をつけること.
duànjué【断绝】[动] 断絶する. 途絶える. ¶~交通/交通を遮断する.
duànkǒu【断口】[名]〈鉱〉破面.
duàn//liáng【断粮】[动] 糧食が切れる.
duànliè【断裂】[动] 切れる. 切断する.
duànliú【断流】[动] 1 川の流れをせき止める. 2 川の流れが絶える. 川が涸(か)れる.
duànliúqì【断流器】[名]〈電〉ブレーカー.

**duàn//lǒng**【断垄】[動]〈農〉筋まき作物のうねの一部で苗が欠けて発芽しない.

**duànlù**【断路】1 [名]〈電〉開回路. オープンサーキット. 2 [動]道で強盗をする.

**duànmiàn**【断面】[名]〈測〉断面.

**duàn//nǎi**【断奶】[動]1 離乳する；乳離する. 2〈喩〉支援を打ち切る.

**duànpiàn**【断片】[名]ひと区切り. 一部分. 断片.

**duàn/qī**【断七】[名]四十九日(の法事).

**duàn/qì**【断气】[動](～儿)息が絶える.

**duànrán**【断然】1 [形]断固たる. 2 [副]断じて. 絶対に.

**duànrǔqī**【断乳期】[名]断乳期.

**duàn/shuǐ**【断水】[動]断水する；水の供給をストップする.

**duànsòng**【断送】[動]失う. 棒に振る.

**duàntóu**【断头】[動]1 ブロークンエンド. 2 縦糸切れ. エンドブレーキング.

**duàntóutái**【断头台】[名]ギロチン.

**duànwěi**【断尾】[動]〈牧畜〉尾を短く切る.

**duàn/xián**【断弦】[動]〈書〉妻に死なれる.

**duàn/xiàn**【断线】[動]〈喩〉途切れる. 中断する.

**duàn xiàn fēng zhēng**【断线风筝】〈成〉糸の切れたたこ.

**duànxiǎng**【断想】[名]断片的な考え. 断想. 雑感.

**duànxù**【断续】[動]断続する.

**duànyán**【断言】[動]断言する.

**duànyǔ**【断语】[名]結論.

**duànyù**【断狱】[動]〈書〉判決を下す. 訴訟事件を審理する.

**duàn yuán cán bì**【断垣残壁】〈成〉人家の荒れ果てた光景.

**duàn zhāng qǔ yì**【断章取义】〈成〉文章や発言の一部を利用する.

**duàn/zhǒng**【断种】[動]1 跡継ぎが絶える. 2 (種)が絶滅する.

**duàn zǐ jué sūn**【断子绝孙】〈成〉子孫が死に絶えて血統が途絶える.

**duànzòu**【断奏】[名]〈音〉スタッカート.

**碫 duàn**【碫】[名]〈方〉原体が広い平地. ▶主として地名に用いる.

**缎 duàn**【缎】[名]緞子(す〔`). [縄〜]絹織物.

**duàndài**【缎带】[名]〔髪飾りの〕リボン.

**duànwén**【缎纹】[名]〈紡〉繻子(す〔゙)織り.

**duànzi**【缎子】[名]緞子.

**椴 duàn**【椴】[名]ムクゲ. ¶〜树.

**duànyáng**【椴杨】[名]〈植〉ポプラの雑種.

**duànshù**【椴树】[名]〈植〉ムクゲ.

**煅 duàn**【煅】[動]〈中薬〉(火に入れて)焼く. ▶薬の製法.

**锻 duàn**【锻】[動](金属を)鍛える.

**duànchuí**【锻锤】[名]〈機〉鍛造用ハンマー.

**duàngōng**【锻工】[名]鍛造工.

**duànjiàn**【锻件】[名]鍛造物.

**duànliàn**【锻炼=锻练】[動]鍛える.

**duànliàn**【锻炼】[動]鍛える.

**duàn liàn zhōu nà**【锻炼周纳】〈成〉字句を練りに練って無実の罪をでっち上げる.

**duànlú**【锻炉】[名]鍛冶炉.

**duànmó**【锻模】[名]鍛造型.

**duàntiě**【锻铁】[名]鍛鉄. 錬鉄.

**duànyā**【锻压】[名]鍛圧と型押し.

**duànzào**【锻造】[動](金属を)鍛造する.

**簖(籪) duàn**[名]水流に設置して魚をとらえる竹の柵. ¶鱼〜/やな.

## dui (ㄉㄨㄟ)

**堆 duī**【堆】1 [動]積む. 積み上げる. 積み重ねる. 2 (～儿)うず高く積み上げたもの. 小山. ¶柴火〜/まきの山. 3 [量]うず高く積んであるもの,または群れをなした人を数える. ¶一大〜衣服/うず高く積み重ねられた服. ¶一〜人/ひと群れの人.

**duīcún**【堆存】[動]積んでおく.

**duīdié**【堆叠】[動]積み重ねる.

**duīduòjī**【堆垛机】[名]麦わら積み上げ機.

**duīfàng**【堆放】[動]積んでおく.

**duīfáng**【堆房】[名]物置倉庫.

**duīféi**【堆肥】[名]〈農〉堆肥.

**duīhàn**【堆焊】[名]肉盛り溶接.

**duījī**【堆积】[動]積み上げる. ¶问题〜如山/問題が山積している.

**duījí**【堆集】[動]積み上げる. 積み重ねる.

**duīqì**【堆砌】[動](れんがなどを)積み重ねる；美辞麗句を並べる.

**duī/xiào**【堆笑】[動](作り)笑いを浮かべる.

**duīzhàn**【堆栈】[名]倉庫.

**duīzi**【堆子】[名](地面に)積まれたもの.

**队(隊) duì**【队】1 [名]整列した一団の人を数える：隊. ¶一〜警察/一隊の警察官. [動]隊. チーム. ¶足球〜/サッカーチーム. 2 行列. 隊列. ¶排〜/列に並ぶ. 3 少年先鋒隊.

**duìbù**【队部】[名]チームの本部.

**duìlǐ**【队礼】[名]少年先鋒隊の敬礼.

**duìliè**【队列】[名]隊列.

**duìqí**【队旗】[名]チームの旗.

**duìrì**【队日】[名]少年先鋒隊の活動日.

**duìwu**【队伍】[名]1 (組織された)集団. 隊列. 2 軍隊.

**duìxíng**【队形】[名]隊形.

**duìyǒu**【队友】[名]スポーツチームや観測隊などのチームメイト,隊員仲間.

**duìyuán**【队员】[名]隊員. メンバー.

**duìzhǎng**【队长】[名]キャプテン. リーダー. 隊長.

# duì

## 对(對)

**duì**【形】❶正しい。そのとおりだ。¶你的话很～/君の言うことは正しい。❷正常である。¶脸色有点儿不～/顔色がちょっとおかしい。

❷【量】(～儿)二つでひと組になっている物を数える：对．组．¶一～花瓶/1対の花。¶两～夫妇/ふた組の夫婦。

❸【介】…に向かって．…に対して．…について．…にとって．¶～国际形势的分析/国際情勢に対する分析。¶～她说来,这并不难/彼女にとって,これは決して難しくはない。

❹【动】❶(二つのものを)照らし合わせる．突き合わせる。¶～号码/番号を確認する。❷調整して合わせる．～焦距/ピントを合わせる。❸適合する．ぴったりする。¶～心眼儿/意にかなう。❹液体を加える．混ぜる。❺対する。対抗する。¶你不能这样～他/彼をそんなふうに扱ってはならない。❺向かう．¶广州队～天津队/広州チーム対天津チーム。❻(常に"着zhe"を伴って)方向が…に向いている。¶枪口～着敌人/銃口は敵に向けている。

**📢**❶对句。¶一～联。❷答える。¶一～答。❸向かい合う。¶一～岸。

**duì'àn**【对岸】【名】対岸．
**duì'àn**【对案】【名】対案．代案．
**duìbái**【对白】【名】【劇】ダイアローグ．対話．
**duìbàn**【对半】【名】(～儿)半分ずつ．❷倍．
**duì//bǎo**【对保】【动】(旧)保証人が確かであるかどうかを調べる．
**duìběn**【对本】【名】利潤·利息が元金と同額であること．
**duìbǐ**【对比】【动】❶対比する．❷【名】割合．比例．
**duìbǐdù**【对比度】【名】テレビ画面の)コントラスト．
**duìbǐsè**【对比色】【名】【美】補色．余色．反対色．
**duìbù**【对簿】【动】【書】(法廷で)審問を受ける，取り調べを受ける．¶～公堂/法廷で審問を受ける．
**duìbuqǐ**【对不起】【套】すみません．申し訳ない．
**duìbuzhù**【对不住】→ duìbuqǐ【对不起】
**duìcè**【对策】【名】対策．
**duì//chár**【对茬儿】【动】【方】つじつまが合う．
**duìchàng**【对唱】【音】❶【名】二人または二組の歌手が交互に歌うこと．❷【动】掛け合いで歌う．
**duìchèn**【对称】【形】対称的である．
**duìchènzhóu**【对称轴】【名】【数】対称軸．
**duìchōng jījīn**【对冲基金】【経】ヘッジファンド．
**duì//cí**【对词】【动】(～儿)【劇】せりふ合わせをする．

**duìdá**【对答】【动】応答する．返答する．
**duìdǎ**【对打】【动】殴り合いをする．
**duìdài**【对待】【动】(事々人に)対応する．向き合う．
**duìdeqǐ**【对得起】【动+可补】申し訳が立つ．
**duìděng**【对等】【形】対等である．
**duìdiào**【对调】【动】入れ替える．
**duìdǐngjiǎo**【对顶角】【数】対頂角．
**duìfāng**【对方】【名】相手．先方．
**duìfu**【对付】【动】❶処処する．❷間に合わせる．❸【方】気が合う．
**duì/gē**【对歌】【动】歌垣．
**duìgōng**【对工】【形】(劇)(芝居の)役者の役柄がぴったりしている．❷(～儿)【方】適当である．
**duì/guāng**【对光】【动】(カメラなどの)ピントが絞りを調整する．
**duìguò**【对过】【名】(～儿)向かい(側)．
**duì/hào**【对号】【动】❶【动】番号を合わせる．❷【名】("∨"や"×"の)チェックマーク．

**duì hào rù zuò**【对号入座】【成】指定席に座る．；(喩)特定の人や事柄を自分に当てはめて考える．
**duìhuà**【对话】❶【动】対話する．❷【名】対話．ダイアローグ．
**duìhuà càidān**【对话菜单】【名】【電算】ダイアログメニュー．
**duìhuàn**【对换】【动】交換する．
**duì/huǒ**【对火】【动】たばこの火を借りる．
**duìjiā**【对家】【名】相手方．先方．
**duìjiǎngjī**【对讲机】【名】トランシーバー．
**duìjiǎo**【对角】【名】【数】対角．
**duìjiǎoxiàn**【对角线】【名】【数】対角線．
**duìjiē**【对接】【动】❶(人工衛星や宇宙船が)ドッキングする．❷(機)突き合わせ溶接．
**duìjīn**【对襟】【名】(～儿)前ボタン式で，襟が前で合わせる，中国服の上着の一種．
**duìjìn**【对劲】【形】(～儿)(口)❶気に入る．❷適当である．❸気が合う．
**duì//jú**【对局】【动】(碁などで)対局する．
**duìjué**【对决】【动】対決する．
**duìkāi**【对开】【动】❶(車や船が)2地点から向かい合って同時に出発する．❷半分ずつ分ける．❷【名】(紙の)二つ折．
**duìkàng**【对抗】【动】❶対立する．❷抵抗する．
**duìkàngsài**【对抗赛】【名】団体競技．対抗試合．
**duìkōng fángyù**【对空防御】【名】(軍)防空．
**duìkōngtái**【对空台】【名】(交)管制塔．
**duìkǒu**【对口】❶【名】❶(漫才·民謡などの)掛け合い形式．❷(中医)首の後ろにできる腫れもの．❷【动】❶(～儿)(双方の仕事や性質

**duìcíci**【対口词】名 二人が掛け合いで演じる詩の朗読のようなもの.

**duìkǒu kuàibǎnr**【対口快板儿】名 二人が掛け合いで演じる"快板儿"(鳴り物入りで早口に歌う歌).

**duì kǒuwèi**【対口味】→**duì wèikou**【対胃口】

**duìkǒu xiàngsheng**【対口相声】名 掛け合い漫才.

**duì kǒuxíng**【対口型】名〈映画の吹替えで〉音声を画像に合わせる.

**duìle**【対了】〈套〉〈文頭に用い,相手または自分の注意を促す〉そうだ.

**duìlěi**【対塁】動〈球技・囲碁などで〉対決する.

**duìlì**【対立】動 1 対立する. 2 抵抗する.

**duìlìmiàn**【対立面】名〈哲〉相矛盾する二つの面.

**duìlì tǒngyī guīlǜ**【対立統一規律】名〈哲〉弁証法における矛盾統一の法則.

**duìlìwù**【対立物】名〈哲〉対立物.

**duìlián**【対聯】名(～儿)(量:副) 対句を書いた掛け物.

**duìliǎnpán**【対臉盘】名(～儿)向かい合う.

**duìliú**【対流】名〈物〉対流.

**duìliúcéng**【対流層】名〈気〉対流層.

**duì**/**lù**【対路】動(～了)1 需要[用途]に合う. 2 気に入る. ちょうどよい.

**duì**/**mén**【対門】動 1 (～儿)〔門に〕向かい合う. 2 名 向かいの家.

**duìmiàn**【対面】名(～儿)1 名 向かい(側). 正面. 2 動 面と向かい合う.

**duìnèi**【対内】形 国内の. 国内に対する.

**duì niú tán qín**【対牛弾琴】〈成〉馬の耳に念仏.

**duì'ǒu**【対偶】名〈語〉対偶法.

**duìshēng**【対生】名〈植〉対生.

**duìshǒu**【対手】名 1〈試合の〉相手. 2 好敵手. ライバル.

**duìshǒuxì**【対手戏】名 劇や映画などで)息の合った共演.

**duìshù**【対数】名〈数〉対数.

**duìtáixì**【対台戏】名 1 二つの劇団が競演する同一の芝居. 2 双方が同一の仕事で張り合うこと.

**duì**/**tóu**【対头】1 ❶形 1 正しい. 適切である. 2(多く否定の形で)正常である. ❷動(多く否定の形で)気が合う.

**duìtou**【対头】名 敵. かたき;相手.

**duìwài**【対外】形 対外の. 外国に対する.

**duìwài màoyì**【対外貿易】名〈経〉対外貿易. 対外取引.

**duìwèi**【対位】名〈楽〉対位(法).

**duì wèikǒu**【対胃口】動 1 口に合う. 2 興味・趣味に合う.

**duì**/**wèir**【対味儿】動 1 口に合う. 2 形 適切である.

**duìxiā**【対虾】名〈動〉タイショウエビ. クルマエビ.

**duìxiàng**【対象】名 1 対象. 2〈結婚・恋愛などの〉相手. 恋人.

**duìxiāo**【対消】動 相殺する.

**duì xīnsī**【対心思】動 気に入る. 心にかなう.

**duì**/**yǎn**【対眼】〈口〉1 動 気に入る. 目にかなう. 2 名(～儿)内斜視. 寄り目.

**duìyì**【対弈】〈書〉〈碁や将棋で〉対局する,手合わせる.

**duìyìng**【対応】動 対応(相応)する.

**duìyú**【対于】前 …について. …にとって. …に対して. ¶他～这个问题还没完全理解/彼はこの問題についてまだ完全には理解していない.

**duìzhàng**【対仗】名〈詩や騈儷文"骈俪文"で〉字音の平仄(ひょうそく)や字義の虚実を考えて対句を作る.

**duì**/**zhàng**【対賬】動 帳合いをする. 帳簿を合わせる.

**duìzhào**【対照】動 1 対照する. 2 名 対照. コントラスト.

**duìzhé**【対折】名 5 割引き.

**duìzhe gàn**【対着干】動 対抗する. 張り合う.

**duìzhèn**【対陣】動 対決する. いくさを交える.

**duìzhèng**【対証】動 照合する.

**duì**/**zhèng**【対症】動 病状に合う.

**duì zhèng xià yào**【対症下薬】〈成〉状況に応じて適切な措置を講じる.

**duìzhì**【対質】動〈法〉被告人や証人を)対質する.

**duìzhì**【対峙】動 対峙(たいじ)する.

**duìzhǔn**【対准】動 1 ねらいを定める. 2 動作に合わせる.

**duìzhuó**【対酌】〈書〉酒を酌み交わす. 差しで飲む.

**duìzi**【対子】名 1 対句;対聯. 2 対になっている物(人).

## 兑

**duì** ❶動 1 取り換える. 両替する. ❶〈～款 / 現金に引き換える. 2(主に液体を)混ぜ合わせる. ❷名(易の八卦(はっけ)の)兌(だ). 三. ❸姓

**duìfù**【兌付】動(手形などを)現金に引き換える.

**duìhuàn**【兌換】動 両替する. ¶用日元～人民币 / 円を人民元に両替する.

**duìhuànquàn**【兌換券】名 1〈経〉兌換券(だかん). 2〈旧〉地方政府などが紙幣発行権のない銀行などが発行した補助紙幣.

**duì**/**jiǎng**【兌奖】動(宝くじなどの)当選券を賞品に引き換える.

**duìxiàn**【兌現】動 1(銀行券・手形を)現金に換える. 2 約束を果たす.

## 怼

**怼**(懟) **duì**【動】〈書〉恨む.

## 碓

**碓 duì**【名】唐臼(からうす).

## 憝

**憝 duì**〈書〉1 動 恨む. 2 形 悪い.

## dun（ㄉㄨㄣ）

**吨**（噸）dūn〔量〕《重量单位》トン．¶〈船の積載貨物容積の単位〉容積トン．

**dūngōnglǐ**［吨公里］〔量〕〈交〉〈陸上輸送の計算単位〉トンキロメートル．

**dūnhǎilǐ**［吨海里］〔量〕〈交〉〈海上輸送の計算単位〉トン海里．

**dūnshí**［吨时］〔トンで表す1時間の排水量〕トンアワー．

**dūnwèi**［吨位］〔量〕〈交〉（船舶の）容積トン数．

**惇** dūn〔形〕〈書〉重厚である；篤実である．

**敦** dūn〔形〕手厚い．ねんごろである．‖姓

**dūncù**［敦促］〔動〕懇切に促す．

**dūnhòu**［敦厚］〔形〕篤実である．実直である．

**dūnmù**［敦睦］〔動〕親密にする．

**dūnpìn**［敦聘］〔書〕丁重に招く．

**dūnqǐng**［敦请］〔動〕懇請する．

**dūnshí**［敦实］〔形〕低くずっちりしている；丈夫でどっしりしている．

**墩** dūn〔量〕〈~儿〉群生したり幾本か一緒になっている植物を数える．¶一~竹子／ひとむれの竹．¶①土盛り．¶土~／同上．②台座；分厚い石や木など．¶树~／木の切り株．¶桥~／橋脚，橋台．

**dūnbù**［墩布］〔名〕モップ．

**–dūndūn**［-墩墩］〔接尾〕〔形容詞・名詞のあとについて〕"ずんぐりした，様子を表す状態形容詞を作る"〔厚~／

**dūnzi**［墩子］〔名〕分厚い石や木．

**撴** dūn〔動〕捕まえる；力いっぱい引っ張る．

**䞯** dūn〔動〕〈方〉（家畜を）去勢する．¶~牛／牛を去勢する．

**磙** dūn〔名〕厚くて大きな石．¶石~／厚くて大きな石．

**镦** dūn〔動〕1〈金属板に〉圧延加工する．¶冷~加工／冷間圧延．¶热~锻／熱間圧延．2［镦dūn］に同じ．

**蹾**（撴）dūn〔動〕〈方〉〈物〉を力を込めておろす．

**蹲** dūn〔動〕1（しりを地面などにつけずに）しゃがむ．うずくまる．¶在地上蹲天儿／しゃがんでよもやまばなしをする．2〈喩〉働かないでいる．ぶらぶらする．**异读⇒cún**

dūn//bān［蹲班］〔動〕〈俗〉留年する．

dūn bānfáng［蹲班房］刑務所に入る．

dūn//biāo［蹲膘］〔動〕〈~儿〉（家畜を）太らせる．

dūn//diǎn［蹲点］〔動〕幹部が現場に入り，直接研究する．

dūn//kēng［蹲坑］〔動〕1〈~儿〉便っぽにまたがる．用便かがみをする．2〈喩〉（人のを）監視する，見張る，張り込む．3〈方〉野菜を植えるときに穴をあける．

**dūn//miáo**［蹲苗］〔動〕植物の徒長を防ぐために肥料と水を控え，幼苗の根を強くする．

**dūnshǒu**［蹲守］〔動〕〈警察が〉張り込みをする．

**盹** dǔn〔動〕居眠り．うたたね．¶打~儿／居眠りをする．¶醒~儿／居眠りから覚める．

**趸**（躉）dǔn〔動〕1 まとめて（仕入れる）．2 大口に（買い入れる）．¶~货／商品をまとめて仕入れる．

**dǔnchuán**［趸船］〔名〕浮桟橋用の船．

**dǔnpī**［趸批］〔名〕大口．

**囤** dùn〔名〕〈竹・柳の枝・ワラ・アシなどで編んだ細長いアンペラを巻いて作った〉穀物を貯蔵する囲い．‖姓 **异读⇒tún**

**沌** dùn→hùndùn［混沌］ **异读⇒zhuàn**

**炖**（燉）dùn〔動〕1〈とろ火で〉煮込む．2 物を器に入れて湯の中で煮る．¶~ницы／酒のかんをする．

**砘** dùn〔農〕〈播種したあとに〉石製のローラーで土を押さえ固める．

**dùnzi**［砘子］〔農〕〈土を押し固める〉石製ローラー．

**钝** dùn〔形〕1〈刃物の切れ味が〉**鈍い，鋭くない**．2 のろい．鈍い．¶迟~／〔頭や動作が〕鈍い．‖姓

**dùnjiǎo**［钝角］〔数〕鈍角．

**dùnqì**［钝器］〔名〕鈍器．

**dùnshāng**［钝伤］〔医〕鈍器による傷害．

**盾** dùn 1〔名〕盾．2〔量〕《オランダ・ベトナム・インドネシアなどの本位貨幣》ギルダー，ドン．¶盾形にしたもの．

**dùnpái**［盾牌］〔名〕1〈旧〉兵士が防御用に持つ〉盾．2〈喩〉口実．言い逃れ．

**顿** dùn 1〔量〕食事・叱責・忠告・罵倒など動作の回数を表す．¶三~饭／3度の食事．¶被他説了一~／彼にひどくしかられた．2〔動〕ちょっと止める．短時間停止する．1〈地面・床などを〉踏みつける．¶一了几下脚／地団太を踏んだ．1〔片付ける．1〈安~／落ち着かせる．②にわかに．突然．¶一~然．③へたばる．疲労～．1〔疲れ／くたびれてへたばっている．4〔床に頭をぶつける．¶~首．‖姓 **异读⇒dú**

**dùncuò**［顿挫］〔動〕語調や音律にめりはりをつける．

**dùncuò liáofǎ**［顿挫疗法］〔医〕病気の初めに多量の薬を使って病勢を抑える．また常用量を与える治療法．

**dùnhào**［顿号］〔語〕**読点（、）**．

**dùn kāi máo sè**［顿开茅塞］〔成〕→máo sè dùn kāi［茅塞顿开］

**dùnrán**【頓然】副 急に.にわかに.
**dùnshí**【頓時】副 直ちに.
**dùnshǒu**【頓首】動〖書簡〗頓首(な).敬具.
**dùnwù**【頓悟】動（もと仏教用語で）にわかに悟る.はっと気づく.
**dùn zú**【頓足】動 地団太を踏む.

**遁**〔遯〕**dùn** ❶ 動 逃げる.¶～姿をくらます.

**dùncí**【遁詞】名 逃げ口上.
**dùnjì**【遁迹】動〖書〗世間を逃れる.隠遁する.
**dùnshì**【遁世】動〖書〗遁世(½ん)する.
**dùntáo**【遁逃】動〖書〗遁走する.
**dùnyǐn**【遁隠】動〖書〗隠遁する.

**楯 dùn** 名〖書〗盾.異読⇒**shǔn**

## duo 〔ㄉㄨㄛ〕

**多 duō** ❶ 形 **1** 多い.たくさんである.¶人很～／人が多い.¶很～(的)人／たくさんの人.¶不用～说／多くしゃべる必要はない. **2**（一定の数量と比較して）多い,余る.¶这句话少了一个字／この文は1字余分だ.¶一住了几天／滞在を数日延ばした. **3**〖比較の結果差が大きいことを表す〗ずっと.はるかに.¶病人今天好～了／病人はきょうずっとよくなった.
❷ 数（数量詞の後につけて）…あまり.¶十一斤白糖＝十風斤白糖／10斤の白砂糖.¶十斤～白糖／10斤と少しばかりの砂糖.
❸ 副 **1**〖程度を問う〗どれだけ.どれほど.¶这座山(有)～高？／この山の高さはどのくらいですか. **2**〖感嘆文に用い〗なんと. **3**〖任意の程度をさす〗どんなに….いくら.¶～长都行xíng／どんな長さでもかまわない.
❹ ①余計な.¶～事. ② 2以上の.¶～年生. ∥姓

**duōbàn**【多半】 **1**（～儿）数 大半.
**2** 副 たぶん.たいてい.
**duōbǎogé**【多宝格】名 骨董や工芸品などを陳列するため格子棚.▶"多宝架"とも.
**duōbèitǐ**【多倍体】名〖生〗倍数体.
**duōbiān**【多辺】形 多角的な.
**duōbiānmàoyì**【多辺貿易】名 多角貿易.
**duōbiānhuìtán**【多辺会談】名 多国間会談.
**duōbiānxíng**【多辺形】名〖数〗多角形.
**duōbiàn**【多変】動 よく変わる.変化に富む.
**duō cái duō yì**【多才多芸】〈成〉多芸多才.
**duōchǎn**【多産】形 生産量が多い; 多産の.
**duō chī duō zhàn**【多吃多占】〈成〉分け前以上にむさぼり取る.分不相応に欲張る.
**duō chóu shàn gǎn**【多愁善感】〈成〉感傷的である.
**duō cǐ yī jǔ**【多此一挙】〈成〉余計なことを焼く,いらぬことをする.
**duōcì**【多次】副 数度.たびたび.
**duōdàntóu**【多弾头】名〖軍〗多弾頭.複数の弾頭.
**duōdāo qiēxiāo**【多刀切削】名〖機〗マルチカット.
**duōdeshì**【多的是】動 たくさんある.いくらでもある.
**duōdòngzhèng**【多動症】名〖医〗注意欠陥多動性障害. ADHD.
**duōduān**【多端】形 あれこれと多い; 多方面にわたる.
**duōduōshǎoshǎo**【多多少少】副 **1** 多少とも. **2** 多かれ少なかれ.
**duō duō yì shàn**【多多益善】〈成〉多ければ多いほどよい.
**duōfā**【多発】動 多発する.
**duōfābìng**【多発病】名〖医〗発症率が高い病気; 〈喩〉たびたび生じる問題.
**duōfāng**【多方】副 いろいろと.多方面にわたって.
**duō fāngmiàn**【多方面】形 多方面にわたる.
**duōfēn**【多分】副〖方〗たぶん.おそらく.
**Duōgē**【多哥】名〈地名〉トーゴ.
**duō gōngnéng**【多機能】形 多機能の.
**duōguǎ**【多寡】名（数量の）多寡,多少.
**duōguó gōngsī**【多国公司】名 多国籍企業.
**duōhuìr**【多会儿】疑 **1** いつ.¶你～走？／いつ出発しますか. **2** どんなとき(でも).いつ(でも).
**duōjíhuà**【多極化】動 多極化する.
**duōjí huǒjiàn**【多級火箭】名 多段ロケット.
**duōjí tǐxì**【多極体系】名 国際関係の多体制.
**duōjīngguī**【多晶硅】名 多結晶シリコン.
**duōjīngtǐ**【多晶体】名〖物〗多結晶物質.
**duō jiǔ**【多久】(時間が)どれくらい.
**duōjùtáng**【多聚糖】名〖化〗多糖類.
**duōkǒng**【多孔】形 多孔性の.
**duōkǒngxùn**【多孔蕈】名〖植〗アミスギタケ.
**duōkǒu xiàngsheng**【多口相声】名 3人以上で演じる漫才.
**duōkuà**【多跨】形 橋脚の多い.
**duō kuài hǎo shěng**【多快好省】〈成〉1958年の"社会主義建設総路線"のスローガン〉多く,速く,立派に,むだなく.
**duōkuī**【多亏】動 …のおかげである.幸いに.¶～你的帮助,我们才提前完成了工作／君が手伝ってくれたおかげで,ぼくたちは仕事を期限前に完

成した。
duō láo duō dé【多劳多得】〈成〉多く働いた者が多くの報酬を得る。
duōléngjìng【多棱镜】プリズム.
duōlù guǎngbō【多路广播】名多重放送.
duōlǜ【多虑】動 余計な心配をする。気もむ。
duōme【多么】副1《感動を聞き手と共にしようとするときに》なんと。どんなに。いかに。¶这朵花～好看呀！/この花はなんと美しいのだろう。2《任意の程度をさす》どんなに(…でも)。¶不论～累,他总是坚持锻炼／どんなに疲れていようと、彼はトレーニングを続けている。
duōméitǐ【多媒体】名マルチメディア.
Duōmǐníjiā gònghéguó【多米尼加共和国】名〈地名〉ドミニカ共和国.
Duōmǐníjiāguó【多米尼加国】〈地名〉ドミニカ国.
duōmǐnuò gǔpái【多米诺骨牌】名ドミノ.
duōmiànjiǎo【多面角】名〈数〉多面角.
duōmiànshǒu【多面手】名多才な人.
duōmiàntǐ【多面体】名〈数〉多面体.
duó móu shàn duàn【多谋善断】〈成〉知恵をよく働かせ、的確な判断を下す。
duōmùjù【多幕剧】名数幕からなる戯曲［芝居］.
duōnàbǐng【多纳饼】名ドーナツ.
duō nàn xīng bāng【多难兴邦】〈成〉国が多事多難であれば、人民はかえって奮起して国の興隆をもたらす。
duōniánshēng【多年生】形〈植〉多年生の.
duōniàozhèng【多尿症】名多尿症.
duōpǔlè xiàoyìng【多普勒效应】名〈物〉ドップラー効果.
duōqíng【多情】形〈異性に〉ほれっぽい。〈他人に対する〉情愛が深い.
duōrénfáng【多人房】名(ホテルの)ドミトリー.
duōrènwu cāozuò【多任务操作】名〈電算〉マルチタスク作業.
duōrì【多日】〈名〉何日もの間。長い間.
duō rú niú máo【多如牛毛】〈成〉極めて多い.
duōsè【多色】形多色の.
duōshǎo【多少】1名副1多かれ少なかれ。2少し。いささか。【名形(数)の】多少.
duōshao【多少】疑問1《数量を問う》いくら。どれほど。どれだけ。¶～钱?／いくらですか。2《不定の数量を表す》いくら。¶没有～,就这一点儿／いくらもないそれだけだ。¶要～给～／いくらでも要るだけやる。
duōshén jiào【多神教】名多神教.
duōshí【多时】名長い間.

duō/shì【多事】1動 余計なことをする。2形事件が多い.
duōshù【多数】名 多数.
duōtài【多肽】名〈生化〉ポリペプチド.
duōtáng【多糖】名多糖類.
duōtóu【多头】1名〈経〉(投機市場の)取引投資家,強気筋。2形多方面の.
duōwéi【多维】名1略マルチビタミン剤。2多次元.
duōxián【多嫌】〈方〉〈嫌って〉のけ者にする.
duōxiè【多谢】〈套〉ありがとう.
duō/xīn【多心】動疑う。気を回す.
duōyībàn【多一半】→duōbàn【多半】
duōyí【多疑】疑い深い。よく気を回す.
duōyìcí【多义词】名〈語〉多義語.
duōyīnzì【多音字】名多音字.
duōyòng【多用】形いろいろな用途の.
duōyú【多余】形余分な。余計な.
duōyuánhuà【多元化】形種類が豊富な.多様な.
duōyuánlùn【多元论】名〈哲〉多元論.
duōyuánsuān【多元酸】名〈化〉多塩基酸.
duōyún【多云】形〈気〉雲が多い。薄曇りである.
duōzǎn【多咱】疑〈方〉いつ。いつか.
duōzǎowǎn【多早晚】→ duōzǎn【多咱】
duō zhǒng duō yàng【多种多样】〈成〉多種多様.
duōzhǒng jīngyíng【多种经营】名多角経営.
duōzúlèi【多足类】名〈動〉多足類.
duō/zuǐ【多嘴】動余計なことを言う.

咄 duō 擬〈しかりつける声〉こら.
duōduō【咄咄】感〈驚きいぶかる声〉おやおや.
duō bī rén【咄咄逼人】〈成〉気勢激しく人に迫る.
duō duō guài shì【咄咄怪事】〈成〉とても奇怪なことだ.
duōjiē【咄嗟】〈書〉命令したりしかりつけたりする.
duō jiē lì bàn【咄嗟立办】〈成〉たちどころに処理すること.

哆 duō 0
duōsuo【哆嗦】動 震える。¶气得直～／怒りに震える.

剟 duō 動〈書〉1 刺す;打つ。2 削る。削除する。3 切り取る.

掇 duō 名地名用字.

敠 duō 動〈方〉(いすなどを)両手で持ち,運ぶ.
⇨ 拾う。拾い集める.
duōnòng【掇弄】動〈方〉1 片付ける。2 もてあそぶ.
duōshí【掇拾】動〈書〉1 片付ける.

整頓する. **2** 集める.

**裰** duō **1**[動]〔服の破れを〕繕う. **2** ⇒zhíduō[直裰]

**夺**(奪) duó **1**[動] 奪い取る. ¶把敌人的機枪～过来／敵の機銃を奪い取る. **2** 勝ち取る. ¶～高产／高い生産高を勝ち取る. ❶①〔地位・権利などを〕取り上げる. ¶剥bō～／剥奪する. ②定める. 決定する. ¶裁～／裁定する. ③脱落する. ¶讹é～／誤字脱字. ④突き破る.

duó//bēi[夺杯][動]優勝杯を勝ち取る；チャンピオンになる.

duó//biāo[夺标][動] **1**〔競技で〕優勝する. **2** 落札する.

duódé[夺得][動] 勝ち取る. 奪い取る.

duódiàn[夺佃][動]〔地主が小作人から〕小作地を取り上げる.

duó//guàn[夺冠][動]優勝する.

duóhuí[夺回][動]奪回する.⇒duóhuán.

duó kuàng ér chū[夺眶而出][成]涙がどっと出てくる. はらはらと涙を流す.

duó//kuí[夺魁][動] 首位を奪う. 優勝する.

duó mén ér chū[夺门而出][成]〔多くは緊急時に〕慌ててドアに駆け寄って飛び出す.

duómù[夺目][形] まぶしい.

duóqǔ[夺取][動] 奪取する. 勝ち取る.

duó//quán[夺权][動] 権力を奪取する. 政権を奪い取る.

duózhì[夺志][動] 志を変えさせる.

**度** duó ❶ 推測する. 推し量る. ¶测～／推測する. 異読⇒dù

duó dé liàng lì[度德量力][成] 身の程を知る.

**铎**(鐸) duó[名]〈古〉大きな鈴. ¶木～／木鐸なく.

**踱** duó[動] そぞろ歩きをする. ¶～来～去／ゆっくり行ったり来たりする. ¶～方步／ゆったり大股で歩く.

**朵**(朶) duǒ[量] 花や雲，またはそれに似たものを数える. ¶一～花／1輪の花. ¶一～云彩／ひとひらの雲.

duǒr[朵儿] **1**[名] **1** 花. **2**〈方〉つぼみ. **2**→⇒duǒyí

duǒyí[朵颐][動]〈書〉あごを動かし食べ物を咀嚼そしゃくする.

**垛**(垛) duǒ ❶[名] 塀の外または上に突き出た部分. 異読⇒duò

duǒdié[垛堞][名]⇒duǒkǒu[垛口].

duǒkǒu[垛口][名] 城壁上の凹凸状の凹の部分.⇒duòkǒu.

duǒzi[垛子][名] 塀の外または上の突出部分.

**哚** duǒ →yǐnduǒ[吲哚]

**躲**(躱) duǒ[動] よける. 避ける. ¶隠れる. ¶下雨／雨で身を避ける. ¶赶快～起来／急いで身を避ける.

duǒbì[躲避][動]〔人を〕避ける；〔不利から〕逃れる. ¶她故意～我／彼女はわざと私を避けている.

duǒcáng[躲藏][動] 身を隠す.

duǒduǒshǎnshǎn[躲躲闪闪][動] 事実を隠す.

duǒ//fēng[躲风][動]〔風向きが悪いのを〕身をひそめる；〈非難・指弾〉の矛先をかわす.

duǒ//lǎn[躲懒][動]〔～儿〕怠ける. 油を売る.

duǒ dé héshang duǒ bù dé sì【躲了和尚躲不得寺】〈諺〉当事者は一時隠れられるが, 事件は消えることがない.

duǒràng[躲让][動]〔身を〕かわす；よける.

duǒshǎn[躲闪][動] 身をかわす.

duǒ//zhài[躲债][動] 借金取りを避ける.

**亸**(亸・嚲) duǒ[書] 垂れ下がる.

**驮** duò[名]⇒tuó

duòzi[驮子] **1**[名] 荷駄. **2**[量] 役畜の荷駄を数える.

**剁**(剁) duò[動]〔包丁で〕たたくようにして切る；切って細かく刻む.

duòfúshí[剁斧石][名] 建物の装飾に使う人造石.

**垛**(垛) duò **1**[動] きちんと積み上げる. ¶～稻草／わらを積み上げる. **2**[名] きちんと積み上げたもの. ¶粮～／穀物の山. **3**[量] きちんと積み上げたものを数える. ¶一～砖／1組みのれんが. 異読⇒duǒ

duòkǒu[垛口][名] 芸人が押韻した文句を次々と歌う歌い方.⇒duǒkǒu.

duòzi[垛子][名] きちんと積まれたもの.

**柮** duò →gǔduò[榾柮]

**舵** duò[名]〔船などの〕かじ. ¶掌～／かじをとる.

duògōng[舵工・舵公][名] かじ取り.

duòlún[舵轮][名] ハンドル.

duòpán[舵盘][名]〔車などの〕ハンドル；〔船の〕舵輪だりん.

duòshǒu[舵手][名] かじ取り；〈喩〉指導者.

**堕**(墮) duò[動] 落ちる. 落ち込む.

duòluò[堕落] **堕落する**.

duòmǎ[堕马][動]〈書〉落馬する.

duòrù[堕入][動] 落ち込む.

duò//tāi[堕胎][動] 堕胎する.

**惰** duò[動] 怠ける. ¶懒～／怠惰である.

duòxìng[惰性][名] **1**〈化〉不活性. **2** 惰性.

duòxìng qìtǐ[惰性气体][名]〈化〉不活性気体. 希ガス.

**跺** duò[動] 力をこめて足踏みする；足で激しく地を蹴る.

duò//jiǎo【跺脚】動 足を踏みならす.

### アルファベットの混じったことば

**DNA xīnpiàn**【DNA芯片】名〈生〉遺伝子チップ.

# E

## e（さ）

阿 ē **❶** ❶おもねる．へつらう．¶～谀yú．②曲がりくねった所．¶山～/山のくま． 異読⇒ā

**ēfù**【阿附】動〈書〉おもねる．

**ējiāo**【阿胶】名〈中薬〉ロバや牛の皮を煮て作ったにかわ．

**Ēmítuófó**【阿弥陀佛】名〈仏〉阿弥陀仏．

**ē qí suǒ hào**【阿其所好】〈成〉人の好みに迎合する．

**ēwèi**【阿魏】名〈植〉アギ；〈中薬〉阿魏（ぎ）．

**ēyú**【阿谀】動〈貶〉〈書〉こびへつらう．¶～奉承/ 阿諛追従する．

厄 è **❶**【方】大小便をする．排泄する．¶～屎shǐ/ 大便をする．

婀 ē **❶**

**ēnuó**【婀娜】形〈女性が〉美しくたおやかである．

痾 ē **❶** 病気．¶宿sù～/ 持病．

讹（譌）é **❶** ❶誤り．たがえ．¶～字/ 当て字．誤字．

**échuán**【讹传】名 誤報．

**échuán**【讹舛】名〈書〉〈文字の〉誤り．

**éduó**【讹夺】名〈書〉〈文字の〉誤りや脱落．

**élài**【讹赖】動⇒ézhà【讹诈】

**émiù**【讹谬】名 誤り．ミス．

**é/rén**【讹人】動 ゆすりをする．

**étuō**【讹脱】名〈文字の〉誤り，脱落．

**éwù**【讹误】名〈文字や記載の〉誤り．

**éyīn**【讹音】名〈発音の〉なまり．

**ézhà**【讹诈】動〈言いがかりをつけて金品を〉ゆする；恐喝する．

囮 é **❶**

**ézi**【囮子】名〈鳥を捕らえる〉おとり．

俄 é **❶** ❶にわかに．¶～一顷qǐng．②ロシア． ‖姓

**édékè**【俄德克】⇒**fútéjiā**【伏特加】

**é'ér**【俄而】副〈書〉ほどなくして．

**É'ér**【俄尔】→**é'ér**【俄而】

**Éguó**【俄国】名 ロシア．

**Éluósīzú**【俄罗斯族】名 1〈中国の少数民族〉オロス（Russ）族．2 ロシア族．

**éqǐng**【俄顷】副〈書〉ほどなく．

**Ésīkè**【俄斯克】→**fútéjiā**【伏特加】

**Éwén**【俄文】名 ロシア語．

**éyán**【俄延】動〈書〉引き延ばす．

**Éyǔ**【俄语】名 ロシア語．

莪 é **❶**

**éhāo**【莪蒿】名〈植〉セリ．

**ézhú**【莪术】名〈植〉ガジュツ．

哦 é **❶** 口ずさむ．¶吟yín～/ 吟詠する．異読⇒ó,o

峨 é **❶** ❶高い．¶巍wēi～/ 高くそびえ立つ．

é guān bó dài【峨冠博带】〈成〉高い冠と幅の広い帯．▶士大夫の着物をさす．

娥 é **❶**〈女性が〉美しい；美女．¶宫～/ 宫中の女官．‖姓

**éméi**【娥眉】名 1〈弓形の〉美しい眉．2 美人．

锇 é **❶**〈化〉オスミウム．Os.

鹅（鵝）é **❶** 名〈鳥〉ガチョウ．[只]

**édànliǎn**【鹅蛋脸】名 瓜実（ざね）顏．

**éguāncǎo**【鹅观草・鹅冠草】名〈植〉カモグサ．

**éhuáng**【鹅黄】名 淡い黄色．

**éjǐngguǎn**【鹅颈管】名 ガチョウの首のように湾曲した器具や取り付け具．

**ékǒuchuāng**【鹅口疮】名〈医〉鵞口瘡（そう）．

**élián**【鹅涟】名〈方〉〈液体による〉しみ．

**éluǎnshí**【鹅卵石】名 玉石．

**émáo**【鹅毛】名 ガチョウの羽；〈喩〉軽微なもの．

**éróng**【鹅绒】名 ガチョウの柔らかい羽毛．

**é xíng yā bù**【鹅行鸭步】〈成〉のろのろと歩く．

**ézhǎngfēng**【鹅掌风】名〈中医〉手のひらに生ずる癬癬（せん）．

**ézhǎngqiū**【鹅掌楸】名〈植〉ユリノキ；シナユリノキ．

蛾 é **❶** 蛾（が）．

**éméi**【蛾眉】名⇒**éméi**【娥眉】

**ézi**【蛾子】名 ガ（蛾）．[只]

额 é **❶** ❶ 額（ひたい）．¶～～头．②規定の数量．¶超～/ ノルマや定員を超過する．③額（が）．¶ 横héng～/ 額．横額．

**éding**【额定】名 規定数量の．定額の．

**édù**【额度】名〈限度〉額（が）．

**égǔ**【额骨】名〈生理〉前頭骨．

**éjiāo**【额角】名 こめかみ．

**é shǒu chēng qìng**【额手称庆】〈成〉手を額（ひたい）に当てて祝意を表す．

**éshù**【额数】名 定数．定額；ノルマ．

**étóu**【额头】名 額（ひたい）．

**éwài**【额外】形 規定数量以上の．

恶（惡）ě **❶** 異読⇒è,wù

**ěxin**【恶心】動 1 吐き気がする．むかつく；〈転〉胸くそ悪い．2〈方〉むかむかさせる．

# è

**厄(阨)** è 🇭 ①険しい所．｜险 厄．②災い．｜险しい．②災い． 厄．遭～／災難にあう．③ふさぐ． ｜阻～／阻止する．

**è'érnínuò xiànxiàng**【厄尔尼诺现象】〖气〗エルニーニョ現象．

**Ēguāduō'ěr**【厄瓜多尔】〖地名〗エクアドル．

**èjìng**【厄境】苦しい境遇．

**Èlìtèlǐyà**【厄立特里亚】〖地名〗エリトリア．

**ènàn**【厄难】災難．

**èyùn**【厄运】不運．

**扼** è 🇭 ①とりひしぐ．手で押さえて絞める．｜～住／(のどを)絞めつける．②守る．制御する．

**è háng fú bèi**【扼吭拊背】〖成〗相手の急所をついて、抵抗できないようにすること．

**èshā**【扼杀】❶絞め殺す．❷〈喩〉(新しい動きなどを)つぶす．

**èshǒu**【扼守】(重要な場所を)守る．

**èsǐ**【扼死】絞め殺す．

**èwàn**【扼腕】〖书〗自分で自分の腕を握りしめる．◆意気込んだり、怒ったり、残念がったりするさま．

**èyào**【扼要】(発言や文章などが)要点を押さえている．

**èzhì**【扼制】制御する．

**苊** è 〖化〗アセナフテン．

**呃** è おや．おい．**異読**⇒e

**ènì**【呃逆】〖医〗しゃっくりをする．

**轭** è 〖名〗軛(くびき)．

**垩(堊)** è 🇭 ❶(壁などを)白く塗る．❷〈方〉施肥する． 🇭 白い土．｜白～／白い土．

**恶(惡)** è 🇭 ❶凶暴である． 🇭 ❶悪辣(あく)な．｜～→～．②悪行．悪事．｜无～不作／悪事の限りを尽くす．**異読**⇒ě, wù

**èbà**【恶霸】悪逆無道なボス．

**èbào**【恶报】悪の報い．

**èbiàn**【恶变】〖医〗腫瘍が悪性転化する．

**èbìngzhì**【恶病质】〖医〗悪液質．カヘキシー．

**èbǔ**【恶补】(知識・栄養などを)詰め込む．

**èchòu**【恶臭】悪臭．

**èdòu**【恶斗】激しい戦．

**èdú**【恶毒】悪辣である．

**è'èshíshí**【恶恶实实】〖形〗(～的)〈方〉こっている．

**ègǎn**【恶感】悪感．

**è guàn mǎn yíng**【恶贯满盈】〖成〗悪事の限りを尽くして、ついに罰を受けるときがくる．

**ègùn**【恶棍】無頼漢．

**èguǒ**【恶果】悪い結果．悪の報い．

**èhěnhěn**【恶狠狠】〖形〗(～的)憎々しげである．

**èhuà**【恶化】〖动〗悪化する；悪化させる．

**èjí**【恶疾】〖书〗たちの悪い病気．

**èkǒu**【恶口】毒々しい言葉．

**èlàng**【恶浪】❶荒波．❷〈喩〉悪の勢力．

**èliè**【恶劣】〖形〗劣悪である；非常に悪い．

**èlù**【恶露】〖医〗下(り)物．

**èmèng**【恶梦】→èmèng【噩梦】

**èmiáobìng**【恶苗病】〖农〗(稲の)ばか苗病．

**èmíng**【恶名】悪い評判．

**èmó**【恶魔】❶〖宗〗悪魔．サタン．❷〈喩〉悪魔な人．

**èniàn**【恶念】悪い考え．

**èqì**【恶气】❶悪臭．❷(人から受けた)侮辱．❸うっぷん．

**èrén**【恶人】悪い人．

**èshà**【恶煞】悪霊や鬼神；〈喩〉凶悪な人間．

**èshào**【恶少】〖近〗非行少年．

**èshēng**【恶声】❶口ぎたない言葉．❷低俗な音楽．❸〖书〗悪評判．

**è shēng è qì**【恶声恶气】〖成〗怒りをこめたぎたない言葉つきで言う．

**èsú**【恶俗】❶卑しい風俗．❷〖形〗卑俗である．

**èxí**【恶习】悪い習慣．

**èxiàng**【恶相】凶悪な顔つき．

**èxìng**【恶性】悪性の．

**èxìng xúnhuán**【恶性循环】悪循環．

**èxìng zhǒngliú**【恶性肿瘤】〖医〗悪性腫瘍．

**èyì**【恶意】悪意．

**è yǔ shāng rén**【恶语伤人】〖成〗悪意をもって中傷する．

**èyùn**【恶运】悪運．

**èzhàn**【恶战】❶〖动〗苦戦する．激しい戦いをする．❷苦戦．激戦．

**èzhàng**【恶仗】激しい戦い．

**èzhào**【恶兆】悪い兆候．

**èzhuó**【恶浊】汚れている．

**èzǔ**【恶阻】〖中医〗つわり．

**èzuòjù**【恶作剧】悪ふざけ．

**饿** è 🇭 ❶〈饱〉腹が減る．ひもじい． 🇭 ❶飢えさせる．ひもじい思いをさせる．｜～他一顿／彼の飯を一食抜きさせる．

**èbiǎn**【饿扁】腹ぺこになる．

**è//fàn**【饿饭】〖动〗〈方〉ひもじい思いをする．

**è hǔ pū shí**【饿虎扑食】〖成〗猛烈な勢いで飛びつくさま．

**èpiǎo**【饿殍】〖书〗餓死者．

**鄂** è 🇭 湖北省． 🇭 姓．

**èbó**【鄂博】→áobāo【敖包】

**Èlúnchūnzú**【鄂伦春族】〈中国の少数民族〉オロチョン(Oroqen)族．

**Èwēnkèzú**【鄂温克族】〈中国の少数民族〉エヴェンキ(Ewenki)族．

**谔** è 🇴

**è'è**[遏遏]〔副〕〈书〉正しいと思うことを遠慮せずに言うさま.

**è**[萼] ● 〓 花の萼（がく）.
**èpiàn**[萼片]〔名〕〈植〉萼片（がくへん）.

**è**[遏] ● 〓 抑える. 止める. 遮る.
**èláncài**[遏蓝菜]〔名〕〈植〉グンバイナズナ.
**èyì**[遏抑]〔动〕抑える.
**èzhǐ**[遏止]〔动〕阻止する.
**èzhì**[遏制]〔动〕抑制する.

**è**[愕] ● 〓 驚く. ¶~然 / びっくりする.
**èrán**[愕然]〔形〕愕然（がくぜん）とする.
**èshì**[愕视]〔动〕驚いて見る.

**è**[腭（齶）] ● 〓〔生理〕口蓋.
**èliè**[腭裂]〔名〕〈医〉口蓋（破）裂.

**è**[腭] 人名用の字. ¶~嘉 / 雲南省にある地名.

**è**[碍] ● 〓〈生理〉口蓋.

**è**[鹗]〔名〕〈鸟〉ミサゴ.

**è**[锷]〔名〕〈古〉刀剣の刃.

**è**[颚]〔名〕1〈昆虫〉のあご，顎（がく）. 2〈生理〉口蓋.
**èzhēnyú**[颚针鱼]〔名〕〈魚〉ダツ.

**è**[噩]〔形〕不吉な，恐ろしい.
**èhào**[噩耗]〔名〕〈书〉訃報（ふほう）.
**èmèng**[噩梦]〔名〕恐ろしい夢.
**èyùn**[噩运]〔名〕運の悪いこと.
**èzhào**[噩兆]〔名〕凶兆.

**è**[鳄]〓 ワニ. ¶~→鱼.
**èlí(shù)**[鳄梨(树)]〔名〕〈植〉アボカド.
**èxī**[鳄蜥]〔名〕〈動〉チュウゴクオオトカゲ.
**èyú**[鳄鱼]〔名〕〈動〉ワニ.
**è yú yǎn lèi**[鳄鱼眼泪]〈成〉悪人のそら涙.

**è**[呃] 〓〔助〕〈文章に用い〉感嘆や驚きを表す. 異读⇒è

## e（ㄜ）

**ē**[欸] 〓〔感〕〈人に呼びかけたり注意を促す〉おい. ねえ. 異读⇒**ái,ǎi,è,ě,è**
**é**[欸] 〓〔感〕意外な気持ちを表す〕おや，あれ. 異读⇒**ái,ǎi,ē,ě,è**
**ě**[欸] 〓〔感〕〈反対や不同意の気持ちを表す〉え，いいえ. 異读⇒**ái,ǎi,ē,é,è**
**è**[欸] 〓〔感〕〈承諾や同意の気持ちを表す〉ええ. うん. 異读⇒**ái,ǎi,ē,é,ě**

## en（ㄣ）

**ēn**[㤙]〔形〕〈方〉小柄でやせている. ▶人名に用いることが多い.

**ēn**[恩] ● 〓 恵み. 恵み. 慈しみ. ¶报~ / 恩に報いる. ‖姓

**ēn'ài**[恩爱]〔形〕仲むつまじい.
**ēnchǒng**[恩宠]〔名〕寵愛（ちょうあい）.
**ēnchóu**[恩仇]〔名〕恩愛と怨恨.
**ēncì**[恩赐]〔动〕恵む. 施し与える.
**ēndé**[恩德]〔名〕恵み.
**ēndiǎn**[恩典] 1〔名〕恩恵. 2〔动〕恩恵を施す.
**ēn duàn yì jué**[恩断义绝]〈成〉〈夫婦の〉縁が切れる.
**Ēngé'ěr xìshù**[恩格尔系数]〔名〕〈経〉エンゲル係数.
**ēngōng**[恩公]〔名〕恩人に対する尊称.
**ēnhuì**[恩惠]〔名〕恩恵.
**ēn jiāng chóu bào**[恩将仇报]〈成〉恩を仇で返す.
**ēnqíng**[恩情]〔名〕恩.
**ēnrén**[恩人]〔名〕恩人.
**ēnshī**[恩师]〔名〕恩師.
**ēn tóng zài zào**[恩同再造]〈成〉恩恵が極めて大きいこと.
**ēnyù**[恩遇]〔名〕〈他人から受ける〉厚遇.
**ēnyuàn**[恩怨]〔名〕情けと恨み. 恩と仇. ▶「恨み」に重点がある.
**ēnzé**[恩泽]〔名〕〈帝王や官吏が人民に与える〉恵み.
**ēnzhǔn**[恩准]〔动〕特別の恩典をもって許す.

**ēn**[蒽]〔名〕〈化〉アントラセン. ¶~油 yóu / グリーンオイル.

**ěn**[摁]〔动〕〈指先で〉押す，押さえる. ¶~电铃 / ベルを押す.
**èndīngr**[摁钉儿]〔名〕〈口〉画びょう.
**ènkòur**[摁扣儿]〔名〕〈口〉〈衣服などの〉スナップ. 〔〕
**ènniùr**[摁纽儿]→**ènkòur**[摁扣儿]

## er（ㄦ）

**儿**(兒) **ér**〔接尾〕〈口〉1〔名詞につく〕ⓐ小さいこと〈かわらしいこと〉を表す. "花儿"(花)，"小猫儿"(子猫). ⓑ動詞・形容詞を名詞化する. "盖儿gàir"(ふた)，"热闹儿"(にぎわい). ⓒ具体的な事物の抽象化を表す. "门儿"(こつ，要領)，"油水儿yóushuǐr"(甘い汁，利益). ⓓ事物の違いを表す. "白面"(小麦粉)→"白面儿"(ヘロイン).
2〔少数の動詞につく〕"玩儿"(遊ぶ)，"火儿"(かっとなる).
3〔形容詞の重ね型につく〕"小小儿的" "慢慢儿地mànmānr de".
〓〓 ①息子. ¶没～没女 / 息子も娘もいない. ②子供. ¶小～科 / 小児科. ③若者. ¶男～ / 男.

**ér bù xián mǔ chǒu, gǒu bù xián jiā pín**[儿不嫌母丑, 狗不嫌家贫]〈谚〉自分を育ててくれた者を嫌うはずがない.
**érchá**[儿茶]〔名〕〈植〉アセンヤクノキ；〈中薬〉児茶(じちゃ)
**érgē**[儿歌]〔名〕童謡.
**érgǔn**[儿滚]〔名〕〈谑〉維大.
**érhuà**[儿化]〔语〕r 化.
**érhuángdì**[儿皇帝]〔名〕傀儡(かいらい)の皇帝.

**érkē**【儿科】[名]〈医〉小儿科.

**érláng**【儿郎】[名]〈近〉1 男の子供. 2 息子. 3 兵士.

**érmā**【儿麻】[名]〈医〉(略)小児麻痺.

**érmǎ**【儿马】[名]雄の馬.

**érnán**【儿男】[名]1(一人前の)男. 2 男の子.

**érnǚ**【儿女】[名]1 息子と娘. (広く)子供. 2 (若い)男と女.

**érshí**【儿时】[名]子供のころ.

**érsūn**【儿孙】[名]子供と孫;子孫.

**értóng**【儿童】[名] → **érzi**【儿子】

**Értóngjié**【儿童节】[名](6月1日の)子供の日.

**értóngpiào**【儿童票】[名](乗り物などの)小人切符.

**értóng yīyuàn**【儿童医院】[名]小児科病院.

**érxí**【儿媳】[名]→**érxifur**【儿媳妇儿】

**érxifur**【儿媳妇儿】[名]息子の嫁.

**érxì**【儿戏】[名]子供の遊び;価値のないもの.

**ér xíng qiānlǐ mǔ dānyōu**【儿行千里母担忧】[諺]子供が遠くに行けば,母親の心配は絶えない.

**érzi**【儿子】[名]息子.

**ér**【而】[接続]1(名詞以外の並列等の関係にある二つの成分を接続する)並列関係を表す. ¶严肃—认真的态度／真剣でまじめな態度. [b]肯定と否定で意味を補足し合う. [b]浓~不烈／味わいでも きつくない. [c]順接関係を表す. ¶取~代之／取って代わる. [d]逆接関係を表す. ¶他明明知道~装不知道／彼は明らかに知っているのに,知らないふりをする. [e]因 果関係を表す. ¶因病~缺席／病気で欠席した. 2(…より…まで,)¶一~再,再~三／1度が2度, 2度が3度にでなる. 3《方式•状態を表す成分を動詞に接続するよう》¶匆匆~来／慌ただしくやって来る. 4《主語と述語の間に入れ仮定を表す》¶作家~不写作,那算什么作家？／作家でありながら創作しないのならば,作家といえるだろうか.

**érhòu**【而后】[接続]それから.

**érjīn**【而今】[名]今.

**érkuàng**【而况】[接続]いわんや(…においてをや).

**érlì**【而立】[名]〈書〉30歳の異称.

**érqiě**【而且】[接続]そのうえ. しかも;(…であるばかりか)…でもある. ¶他不仅会做,~做得很好／彼は単に作れるだけでなく,しかも上手に作れる.

**érwài**【而外】[方位]…のほかに.

**éryǐ**【而已】[助]〈書〉…にすぎない. …だけである. ¶那只是借口~／それは言い訳にすぎない.

# 鸸 **ér** ❷

**érmiáo**【鸸鹋】[名]〈鳥〉エミュー.

尔（爾） **ěr** ❶ [代]〈書〉1 なんじ. 2 かくのごとく. そのような. 3 あの. その. ¶~日／あの日. ❷[接尾]《形容詞に付く》¶莞~一笑／にっこり笑う.

**ěrcáo**【尔曹】[代]〈書〉おまえたち.

**Ěrdài jié**【尔代节】[名]イスラム教の小バイラム祭.

**ěrděng**【尔等】[代]〈書〉おまえたち.

**ěr'ěr**【尔尔•尔尔】[代]かくのごとし.

**ěrgé**【尔格】[量]〈物〉(仕事量などの単位)エルグ.

**ěrhòu**【尔后】[接続]以後.

**ěr yú wǒ zhà**【尔虞我诈】[成]互いに欺き合う.

**ěr**【耳】[助]〈書〉のみ. …にすぎない.

**耳 H**① 耳. ¶~→朵 duo. ② 耳のような形をしたもの;両側にあるもの. ¶木~／キクラゲ. ¶~→门. ‖性

**ěrbàoshén**【耳报神】[名]〈方〉〈貶〉密告者.

**ěrbèi**【耳背】[形]耳が遠い.

**ěrbíhóukē**【耳鼻喉科】[名]〈医〉耳鼻咽喉科.

**ěrbiānfēng**【耳边风】[慣]どこ吹く風.

**ěr bìn sī mó**【耳鬓厮磨】[成](幼者どうしが)親密にしているさま.

**ěrchén**【耳沉】[形]耳が遠い.

**ěrchuí**【耳垂】[名](~儿)〈生理〉耳たぶ.

**ěr cōng mù míng**【耳聪目明】[成](老人が)耳もよく聞こえ目もよく見える.

**ěrdāo**【耳刀】[名](~儿)(漢字の部首)"单耳刀"(ふしづくり:"卩")と"双耳刀"(こざと・おおざと:"阝")の総称.

**ěrdǐ**【耳底】[名]1 耳の内部. 2 "耳朵底子"(中耳炎)の略.

**ěrduo**【耳朵】[名]耳. [只:双,对]

**ěrduo cháng**【耳朵长】耳が早い.

**ěrduo dǐzi**【耳朵底子】[名]〈方〉中耳炎.

**ěrduo jiān**【耳朵尖】1 耳ざとい. 2 耳が早い.

**ěrduo ruǎn**【耳朵软】[慣]人の言葉をたやすく信用する;定見を持たず簡単に考えを変える.

**ěrduo yǎnr**【耳朵眼儿】[名]1 耳の穴. 2 ピアスなどを通すために耳たぶにあけた穴.

**ěrfáng**【耳房】[名](四合院式の家屋で)"正房 zhèngfáng"(母家)の両端に建てられたやや低い部屋.

**ěrfēng**【耳风】[名]〈方〉うわさ.

**ěrfú**【耳福】[名]耳の保養.

**ěrgēn**【耳根】[名]1(~子)耳のつけ根. 2(~儿•~子)耳. 耳元.

**ěrgòu**【耳垢】[名]耳垢.

**ěrgǔ**【耳鼓】[名]〈生理〉鼓膜.

**ěrguāzi**【耳刮子•耳瓜子】[口]びんた.

**ěrguāizi**【耳掴子】→**ěrguāng**【耳光】

**ěrguǎn**【耳管】[名]〈生理〉外耳道.

**ěrguāng**【耳光】[名]びんた. ¶打~／びんたを食らわす.

**ěrguō**【耳郭】[名]〈生理〉耳殻(ぼ).

**ěrguō**【耳锅】[名]手つき鍋.

# ěr

## 242

**ěrhuán**【耳环】名 イヤリング.
**ěrjī**【耳机】名 電話の送受話器；イヤホーン.ヘッドホン.
**ěrjiān**【耳尖】形 耳ざとい.
**ěrjìng**【耳镜】名〈医〉耳鏡.
**ěrkǒng**【耳孔】名〈生理〉外耳道.
**ěrkuò**【耳廓】名 →ěrguō[耳郭]
**ěrlì**【耳力】名 聴力.
**ěrlóng**【耳聋】形 耳が聞こえない.
**ěrlún**【耳轮】名〈生理〉耳輪(じりん).
**ěrmén**【耳门】名 側門.
**ěrmíng**【耳鸣】動 耳鳴りがする.
**ěrmó**【耳膜】名〈生理〉鼓膜.
**ěrmù**【耳目】名 1 耳と目；聞くことと見ること. 2 他人のために情報を探る人.
**ěr mù yī xīn**【耳目一新】〈成〉目に触れ耳にするものすべてが新しく変わる.
**ěrpángfēng**【耳旁风】→ěrbiānfēng[耳边风]
**ěrpíng**【耳屏】名〈生理〉耳珠.
**ěrrè**【耳热】形 耳が熱い；興奮するさま. 恥ずかしがるさま.
**ěr rú mù rǎn**【耳濡目染】〈成〉見聞していろうち知らず知らずにその影響を受ける.
**ěr ruǎn xīn huó**【耳软心活】〈成〉他人の言葉を軽々しく信じて定見がない.
**ěrsāi**【耳塞】名 1 イヤホーン. 2 耳栓.
**ěrsai**【耳塞】名〈方〉耳垢.
**ěrshēng**【耳生】形 耳慣れない.
**ěrshí**【耳食】動 人の言うことを真に受ける.
**ěr shí zhī tán**【耳食之谈】〈成〉聞きかじりの話.
**ěrshǐ**【耳屎】→ěrgòu[耳垢]
**ěrshì**【耳饰】名 耳飾り.
**ěrshú**【耳熟】形 耳慣れている.
**ěr shú néng xiáng**【耳熟能详】〈成〉聞き慣れているので詳しく説明することができる.
**ěrshùn**【耳顺】名 1〈書〉60歳の異称. 2 形 耳障りでない.
**ěrtào**【耳套】名 耳当て.
**ěr tí miàn mìng**【耳提面命】〈成〉面と向かって丁寧に教える.
**ěrwāzi**【耳挖子】名 耳かき.
**ěrwén**【耳闻】動 うわさに聞く.
**ěr wén mù dǔ**【耳闻目睹】〈成〉実際に見聞する.
**ěrwō**【耳蜗】名〈生理〉蝸牛殻(かぎゅうかく).
**ěrxiàxiàn**【耳下腺】名〈生理〉耳下腺.
**ěrxíng**【耳性】名 聞きわけ.
**ěrxué**【耳穴】名 耳殻にあるつぼ.
**ěryānguǎn**【耳咽管】名〈生理〉耳管.
**ěryīn**【耳音】名 聞き取る能力.
**ěryǔ**【耳语】動 耳打ちする.
**ěrzhēn**【耳针】名〈中医〉耳針.
**ěrzhuì**【耳坠】名 (~儿・~子)下げ飾りのついた耳飾り.
**ěrzi**【耳子】名〈器物の〉耳.

**迩**〔迩〕 ěr 田 近い. ¶遐xiá~驰远~/名が広く知れ渡る.
**ěrlái**【迩来】名〈書〉近来.

**饵**〔餌〕 ěr 田 ①えさ. 餌食. ¶鱼~/釣りのえさ. ②おびき寄せる. ¶以重利/莫大な利益をえさにする. ②菓子類. ¶果~/菓子.
**ěrliào (něrsi)**【饵料】名 1 養殖用の魚のえさ. 2 毒薬を混ぜた殺虫用のえさ.
**ěrzi**【饵子】名 魚のえさ.

**洱** ěr 名 地名用字. ¶~海/雲南省にある湖的名.

**珥** ěr 名〈書〉玉(ぎょく)や真珠で作った耳飾.

**铒**〔鉺〕 ěr 名〈化〉エルビウム. Er.

---

**一** èr 数 2；第二(の). 次の. ¶~得dé四/2・2＝4. ¶~哥/2番目の兄. ¶~年级/2年生.
2 形 職. ふた心. ¶不~价/掛け値を言わない. ¶~心xīn.
**èrbā**【二八】名 16歳.
**èr bā jiā rén**【二八佳人】〈成〉16歳の娘ざかり.
**èr bā yuè, luàn chuānyī**【二月,乱穿衣】〈諺〉旧暦2月と8月は季節の変わり目で,服装もいろいろである.
**èrbǎdāo**【二把刀】名〈方〉(技術が)未熟である；二流の職人.
**èrbǎshǒu**【二把手】名 ナンバーツー.
**èrbǎi'ěr**【二百二】名〈薬〉赤チン.
**èrbǎiwǔ**【二百五】名 1 間抜け. 2〈方〉生かじり.
**èrbǎn shìchǎng**【二板市场】名〈経〉二部市場.
**èrbèitǐ**【二倍体】名〈生〉倍数染色体.
**èrbù héchàng**【二部合唱】名〈音〉二部合唱.
**èrbùzhì**【二部制】名〈小・中学校の午前と午後の〉2部交替授業制度.
**èrchóngchàng**【二重唱】名〈音〉二重唱.
**èrchóngxìng**【二重性】名 二重性(格).
**èrchóngzòu**【二重奏】名〈音〉二重奏.
**èrchuánshǒu**【二传手】名〈体〉(バレーボールで)セッター.〈喩〉仲立ちとなる.
**èrcì fāngchéng**【二次方程】名〈数〉二次方程式.
**èrcì néngyuán**【二次能源】名 二次エネルギー.
**èrcì qūmiàn**【二次曲面】名〈数〉二次曲面.
**èrcì wūrǎn**【二次污染】名〈環境〉二次汚染.
**èrdào fànzi**【二道贩子】名〈貶〉やみ商人.
**èrdìzhǔ**【二地主】名 土地を又貸しする者.
**èr'èyīng**【二噁英・二恶英】名〈化〉ダイオキシン.
**èrfáng**【二房】名〈旧〉1 家族で兄弟

の順が2番目の系統. **2** 妾(㌍).

**èrfángdōng** [二房东] 名 家を又貸しする者.

**èrfēndiǎn** [二分点] 名〈天〉平分点.

**èrfēnfǎ** [二分法] 名〈論理〉二分法.

**èrfēn yīnfú** [二分音符] 名〈音〉二分音符.

**èrfú** [二伏] →zhōngfú[中伏]

**èrfù** [二副] 名 2等航海士.

**èrguǐzi** [二鬼子] 名 抗日戦争時代の傀儡(㌍)軍.

**èrguōtóu** [二锅头] 名 焼酎の一種.

**èrhú** [二胡] 名 胡弓の一種.

**èr hǔ xiāng zhēng, bì yǒu yī shāng** [二虎相争, 必有一伤]〈諺〉両雄は並び立たじ.

**èrhu** [二乎] 二簡 形 **1** びくびくする. **2** ためらう. **3** 見込みがない.

**èrhuāliǎn** [二花脸] 名 京劇で悪役の一種.

**èrhuà** [二话] 名 (多く否定の形で)文句. 不満. 苦情.

**èrhuàmíng** [二化螟] 名〈虫〉ニカメイガ.

**èrhuáng** [二黄] 名 京劇で歌う節の一種. ▲"二簧"とも.

**èrhūn** [二婚] 動〈口〉再婚する.

**èrhūntóu** [二婚头] 名〈貶〉再婚した女性. ▶"二婚儿"とも.

**èrjí gōnglù** [二级公路] 名 2級道路.

**èrjíguǎn** [二极管] 名〈電〉ダイオード.

**èrjí shìchǎng** [二级市场] 名〈経〉(証券や不動産などの)セカンダリーマーケット.

**èrjiānbàn** [二尖瓣] 名〈生理〉二尖弁(㌍).

**èrjìngōng** [二进宫] 名 **1** 二進宮(伝統劇の演目の名). **2** 前科のある者の再収監.

**èrjìnwèi** [二进位] 名 **1**〈数〉2進法. **2**〈電算〉バイナリー.

**èrlàizi** [二赖子] 名 ぐうたら.

**Èrlángshén** [二郎神] 名 二郎神(民間信仰における神の名).

**èrlángtuǐ** [二郎腿] 名[腰掛けて]足を重ねて組んだ姿勢.

**èrlǎo** [二老] 名 (老いた)父母.

**èrlèngzi** [二愣子] 名 そそっかしい人.

**èrliú** [二流] 形 二流の.

**èrliúzi** [二流子] 名 ごろつき.

**èrlùjuér** [二路角儿] 名 準主役;〈喩〉サブリーダー.

**èrmáo** [二毛]〈書〉**1** ごま塩頭. **2** ごま塩頭の老人.

**èrmáozi** [二毛子] 名〈罵〉**1** 中国人と西洋人との間に生まれた混血児. **2** 西洋人の手先;西洋かぶれした中国人.

**èrmén** [二门] 名 (～儿) **1** 正門の中の次の門. **2**〈俗〉(サッカーの)フルバック.

**èrmǐfàn** [二米饭] 名 アワと米の混ざったご飯.

**èrmiànjiǎo** [二面角] 名〈数〉二面角.

**èrmuzhǐ** [二拇指] 名 人差し指.

**èrnǎi** [二奶] 名 愛人.

**èrniánshēng** [二年生] 名〈植〉二年生(草本).

**èrpíliǎn** [二皮脸] 名〈口〉面の皮が厚い人.

**èrquán yīnfú** [二全音符] 名〈音〉倍全音符.

**èrrén shìjiè** [二人世界] 名 夫婦二人の世界[生活].

**Èrréntái** [二人台] 名 **1** 内モンゴル自治区で広く行われている演芸. **2** "二人台"から発展した新しい劇.

**Èrrénzhuàn** [二人转] 名 **1** 黒竜江省・吉林省・遼寧省で広く行われている演芸. **2** "二人转"から発展した新しい劇.

**èrshěn** [二审] 名〈略〉(裁判の)第二審.

**èrshíxiǎng** [二十响] 名 **1** 自動20連発のピストル. **2**〈喩〉たばこ1箱.

**èrshíbāxīng piáochóng** [二十八星瓢虫] 名〈虫〉ニジュウヤホシテントウ.

**èrshíbāxiù** [二十八宿] 名〈天〉二十八宿.

**èrshisì jiéqi** [二十四节气] 名 二十四節気.

**Èrshísìshǐ** [二十四史] 名 正史と呼ばれる《史记》から《明史》に至る二十四部の紀伝体史書の総称.

**èrshǒu** [二手] 形 (～儿)間接の. 中古の.

**èrshǒuchē** [二手车] 名 中古車.

**èrshǒufáng** [二手房] 名 中古住宅.

**èrshǒuhuò** [二手货] 名 中古品.

**èrshǒuyān** [二手烟] 名〈喩〉副流煙.

**èr shù wéi nüè** [二竖为虐]〈成〉病魔におかされる.

**èrshuǐ** [二水] 名 (～儿)〈口〉一度使用した.

**èrsìdī** [二四滴] 名〈農〉(除草剤の)2, 4D.

**èrtáng** [二糖] 名〈化〉二糖類.

**èrtījiǎo** [二踢脚] 名 爆竹の一種で, 2度爆発するもの.

**èrtiān** [二天] 名〈方〉後日.

**èrwéi** [二维] 名〈数〉二次元.

**èrwùyǎn** [二五眼]〈方〉**1** 形 いい加減である;(品物の)質が悪い. **2** 名 へまをする人.

**èrxiàn** [二线] 名 **1** 第二線地区. **2** 第一線を退いた顧問や相談役のような立場.

**èrxiàngshì** [二项式] 名〈数〉二項式.

**èrxīn** [二心] 名 ふたごころ.

**èrxìngzi** [二性子] →**èryízi**[二尾子]

**èryǎnghuàtàn** [二氧化碳] 名〈化〉二酸化炭素.

**èryǎnghuàwù** [二氧化物] 名〈化〉二酸化物.

**èr yī tiān zuò wǔ** [二一添作五]

**èr** 244

〈慣〉折半する.
**èryǐzi**【二椅子】名〈方〉ふたなり.
**èryì**【二意】1 名 二心. 2 動 ためらう.
**èryuán fāngchéngshì**【二元方程式】名〈数〉二元方程式.
**èryuánlùn**【二元论】名〈哲〉二元論.
**èryuè'èr**【二月二】名 旧暦の2月2日に行われる祭.
**Èrzhàn**【二战】名（略）第二次世界大戦.
**èrzhí**【二职】名 副業.
**èrzhì**【二致】名〈書〉くい違い.
**èrzhìdiǎn**【二至点】名〈天〉至点.

**弐** **èr**【`弐`】に同じ.▶"二"の古字.
**貳** **èr**【数】"二"の大字.
　　 H 変節する. 背く.
**èrchén**【贰臣】名〈書〉二君に仕える家臣.
**èrxīn**【贰心】→**èrxīn**【二心】

━━━━━ アルファベットの混じったことば ━━━━━

**e huà**【e化】エレクトロニクス化.

# F

## fā（ㄈㄚ）

**发**（發）**fā**【1】動 1 発送する. 出す. ¶～电报/電報を打つ. ¶～工资/給料を支払う. 2 発射する. 放つ. ¶～炮/砲弾を発射する. 3 生じる. 起こる. ¶～芽. 4 言い表す；(命令や指示を下に)伝達する. ¶～命令/命令を下す. 5 金持ちになる. 富む. ¶～财. 6 (酵酵したり水にもどしたりして)ふくれる. ¶～海参bāishēn/ナマコをもどす. 7 変化してある種の色や性質を帯びる. ¶～黄/黄ばむ. 8 (ある感情が)起こる. ¶～脾气. 9 (不愉快さを)感じる. ¶～痒/かゆくなる.
【2】量 銃弾や砲弾を数える：発. ¶两～炮弹pàodàn/砲弾2発.
　　 H ①開ける. ¶～～掘jué. ②暴発する. ¶揭～/摘発する. ③行動を開始する. ¶奋～/奮い立つ.
‖姓 異読⇒fà

**fā'àn**【发案】動 犯罪事件が起こる.
**fā'àn**【发暗】動 暗くなる.
**fā/bǎng**【发榜】動（試験の）合格者を発表する.
**fābāo**【发包】動（工事・加工などの業務を）請負に付す.
**fā/bào**【发报】動（無線で）発信する.
**fābèi**【发背】1 名〈中医〉背中にはれ物ができる. 2 名 背中にできたはれ物.
**fā//biāo**【发标】動 1〈方〉かんしゃくを起こす. 2 (落札者に対して)証明書を授与する.
**fābiǎo**【发表】動 1 発表する. 表明する. ¶～声明/声明を発表する. 2 掲載する.
**fā/bīng**【发兵】動 出兵する.
**fā/bìng**【发病】動 発病する. ¶～率/罹病（罹）率.
**fābù**【发布】動 公布する；(ニュースなどを)発表する.
**fā/cái**【发财】動 金持ちになる.
**fāchàn**【发颤】動(体や声が)震える；(物が)揺れる.
**fā/cháo**【发潮】動 湿る.
**fā/chē**【发车】動 発車する.
**fā/chī**【发痴】動〈方〉1 ぼんやりする. 2 気が狂う.
**fā/chóu**【发愁】動 心配する. いやになる.
**fāchū**【发出】動 1 (音や疑問などを)発する. ¶～声音/声(音)を出す. 2 (命令や指示を)出す. 3 (原稿や手紙などを)出す.
**fāchù**【发憷・发怵】動〈方〉気後れする.
**fādá**【发达】1 形 発達している. ¶肌肉～/筋肉が発達している. 2 動 発達させる.
**fādá guójiā**【发达国家】名 先進国.
**fā/dāi**【发呆】動 ぼんやりする.
**fādān**【发单】→**fāpiào**【发票】
**fā/diǎ**【发嗲】動〈方〉甘える.
**fā/diàn**【发电】動 1 発電する. 2 電報を打つ.
**fādiànchǎng**【发电厂】名 発電所.
**fādiànjī**【发电机】名（電）発電機.
**fādòng**【发动】動 1 (戦争やストライキなどを)始める. 2 (ある行動をとるよう)働きかける. ¶～群众/大衆を動員する. 3 (機械を)動かす.
**fādòngjī**【发动机】名（機）発動機.
**fādǒu**【发抖】動 震える.
**fāduān**【发端】名 発端となる.
**fāduāncí**【发端词】→**fāyǔcí**【发语词】
**fāfán**【发凡】動（書物の）要旨を述べる.
**fāfàng**【发放】動 1 国や機関が資金や物資を)出す. 2〈近〉→**fāluò**【发落】3〈近〉処理する.
**fāfèn**【发奋】名 ベーキングパウダー.
**fāfèn**【发奋】動 1 発奮する. 2→**fāfèn**【发愤】
**fāfèn**【发愤】動 固く決心する.
**fā/fēng**【发疯】動 気が狂う.
**fā/fú**【发福】動 福々しくなる.▶中年以上の人に対して用いる.
**fāfù**【发付】動〈近〉派遣する.
**fāgān**【发干】動 乾燥する；(のどが)渇く.
**fāgàn**【发绀】動〈医〉チアノーゼにかかる.
**fāgāo**【发糕】名 蒸しパンの一種.
**fā//gǎo**【发稿】動（印）原稿を印刷所に回す.
**fāgěi**【发给】動 支給する. 発行す

**fā/guāng**【发光】**1**動 光を出す. **2**名(物)ルミネッセンス.
**fā/hàn**【发汗】動 (薬などを飲んで)汗を出す.
**fāháng**【发行】動 卸売りをする. →**fāxíng**
**fā hào shī lìng**【发号施令】〈成〉命令を下す.
**fā/hěn**【发狠】動 **1** 思いきる. **2** 怒る.
**fā/hèng**【发横】動 横柄に振る舞う. 横暴になる.
**fā/huā**【发花】動 **1** 花が咲く. **2** 目がかすんで物がよく見えない.
**fā/huà**【发话】動 **1** 口頭で命令する. **2** 怒って話をする. **3** 気負ってものを言う. **4** 話し出す.
**fāhuàqì**【发话器】名(電話などの)送話器.
**fāhuàrén**【发话人】名(電話の)通話申込者.
**fāhuán**【发还】動(上の者が下の者に)返却する.
**fā/huāng**【发慌】動 慌てる.
**fāhuī**【发挥】動 **1** 発揮する. 発揮させる. ¶〜作用 / 役割を果たす. **2**(考えや論を)展開する.
**fā/hūn**【发昏】動 **1** 気が遠くなる. **2** 頭がぼうっとする.
**fā/huǒ**【发火】動 **1** 発火する; 発射する. **2**(〜儿)怒りだす. **3**(方)火がよく燃える. **4**(方)火事になる.
**fāhuǒdiǎn**【发火点】名〈化〉発火点.
**fā/huò**【发货】動(商品を)発送する.
**fā/jí**【发急】動 いらいらする.
**fā/jì**【发迹】動 出世する.
**fā/jiā**【发家】動 身代を築く.
**fā/jiàn**【发贱】動 下品な振る舞いをする.
**fā/jiǎng**【发奖】動(賞品や賞状を)授与する.
**fājiāo**【发焦】動 **1** 焦げる. **2** 乾く.
**fā/jiào**【发酵】動 発酵する.
**fājiàojiǔ**【发酵酒】名 醸造酒.
**fā/jiǔfēng**【发酒疯】酒に酔って暴れる.
**fājué**【发觉】動 気がつく.
**fājué**【发掘】動 発掘する.
**fākān**【发刊】動 発刊する.
**fākē**【发棵】動(〜儿)(方)**1** 稲・麦などが分蘖(糵)する. **2** 植物がしだいに成長する.
**fā/kuáng**【发狂】→**fā/fēng**【发疯】
**fākùn**【发困】動 眠くなる.
**fālán**【发蓝】名〈冶〉ブルーイング.
**fā/lǎn**【发懒】動 **1** だるくなる. **2** 嫌気がさす.
**fā láosao**【发牢骚】(慣)愚痴をこぼす.
**fālěng**【发冷】動 寒気がする.
**fā/lèng**【发愣】→**fā/dāi**【发呆】
**fā lìshì**【发利市】〈方〉**1** 商売が繁盛する. **2** 始めてすばらしくうまくいく.
**fā liàng**【发亮】動 明るくなる.
**fā lìng**【发令】動 命令や号令を出す.

**fālìngqiāng**【发令枪】名〈体〉競技開始の合図に用いるピストル.
**fā lóng zhèn kuì**【发聋振聩】〈成〉言葉や文字によって愚かな人にもわかるように表現する.
**fālù**【发露】動(悪事の)表に現れる.
**fāluò**【发落】動〈近〉(犯人などを)処分する.
**fā/má**【发麻】動 **1** しびれる. **2**(気味悪く)ぞっとする.
**fāmài**【发卖】動 発売する.
**fā/máo**【发毛】動 **1** びっくする. **2**〈方〉怒る.
**fā/méi**【发霉】動 かびる; (考えが)古臭くなる.
**fāmēn**【发闷】動 蒸し暑い.
**fā/mèn**【发闷】動 気がふさぐ.
**fāmēng**【发蒙】動 頭がぼうっとする.
**fāméng**【发蒙】動〈旧〉(初学の子供や字を知らない人に)読み書きを教える.
**fā méng zhèn luò**【发蒙振落】〈成〉たやすくできる.
**fāmēng**【发懞】→**fāméng**【发蒙】
**fā/miàn**【发面】**1** 動 小麦粉をこねて発酵させる. **2**名 発酵した小麦粉.
**fāmíng**【发明】**1**動 発明する. **2**〈書〉独創的に述べる. **2**名 発明.
**fā/mò**【发墨】動 すぐ墨が濃くなる.
**fāmù**【发木】動 しびれる; 頭がぼうっとする.
**fā/nàn**【发难】動 **1** 反乱を起こす. **2**〈書〉詰問する.
**fānián**【发蔫】動(花が)しおれる. しなびる; しょんぼりする.
**fānián**【发粘】動 粘り気がでる.
**fānié**【发苶】動 しょんぼりする.
**fā/nù**【发怒】動 怒り出す.
**fāpái**【发排】動〈印〉(原稿を)植字に回す.
**fāpán**【发盘】動 オファーする.
**fāpàng**【发胖】動(体が)太る.
**fāpàojì**【发泡剂】名〈化〉発泡剂.
**fāpào sùliào**【发泡塑料】名 発泡スチロール.
**fāpèi**【发配】動〈近〉流刑に処する.
**fā/pí**【发皮】動(湿ったりして)歯ざわりが悪くなる.
**fā píqi**【发脾气】かんしゃくを起こす.
**fāpiāo**【发飘】動(足取りが)ふらふらする.
**fāpiào**【发票】**1**名 領収書. [张]**2** インボイス. **2**動 券を配る.
**fā/qǐ**【发起】動 **1** 発起する. **2**(戦争などを)起こす.
**fāqǐrén gǔfēn**【发起人股份】名〈経〉発起人株.
**fāqíng**【发情】動 発情する.
**fā/qiú**【发球】動〈体〉サーブする.
**fā/rè**【发热】動 **1** 熱が出る. **2** 熱を発する. **3**〈喩〉冷静さを失う. のぼせる.
**fā rén shēn sī**【发人深思】〈成〉人の心を打って深く考えさせる.
**fā rén shēn xǐng**【发人深省】

# fā

深く考えさせられる．▲"发人深醒"とも．

**fārén**【发人】[動]（書）1 発車する．2（喩）新しい事業などを始める．

**fāsàn**【发散】[動]1（光などが）発散する．2（中医）薬で熱を下げる．

**fāsàn tòujìng**【发散透镜】[名]〈物〉光拡散レンズ．

**fā//sāng**【发丧】[動]1 死亡通知を出す．2 葬式を営む．

**fāsètuán**【发色团】[名]〈化〉発色団．

**fā//shā**【发痧】[動]（方）暑気あたりをする．

**fā//shǎ**【发傻】[動]1 ぼうっとする．2 愚かなことをする．

**fā//shāo**【发烧】[動]熱が出る；（喩）熱中する．¶发低烧 / 微熱が出る．

**fāshāoyǒu**【发烧友】[名]（方）熱烈なファン．

**fāshè**【发射】[動]発射する．

**fāshèdiǎn**【发射点】[名]〈軍〉（機関銃・直射砲などの）発射点．

**fāshè guāngpǔ**【发射光谱】[名]〈物〉発光スペクトル．

**fāshèjī**【发射机】[名]〈電〉送信機．

**fāshèjí**【发射极】[名]〈電〉（トランジスターの）エミッター．

**fāshèjǐng**【发射井】[名]〈軍〉地下ミサイル格納庫．

**fāshēn**【发身】[動]（体が）大人びる；（性的に）成熟する．

**fā shénjīng**【发神经】[慣]気が触れる．

**fāshēng**【发生】[動]発生する．生じる．¶～变化 / 変化が起こる．2[名]〈生〉発生．

**fā//shēng**【发声】[動]（音や声を）出す．

**fāshēngqì**【发生器】[名]〈化〉ジェネレーター．

**fāshēngxué**【发生学】[名]〈生〉発生学．

**fā//shì**【发市】[動]（商店で）その日最初の取引がある．

**fā//shì**【发事】[動]事故が起きる．

**fā//shì**【发誓】[動]誓う．

**fāshòu**【发售】[動]売る．

**fāshū**【发抒•发舒】[動]（意見や感情を）述べる．

**fā//shuǐ**【发水】[動]洪水になる．

**fāsǐ**【发死】[動]1 膨らまない．ふわふわしない．2 頭がにぶい．

**fāsòng**【发送】[動]1 送信する．2（郵便物や貨物などを）発送する．

**fāsong**【发送】[動]葬式をする．

**fāsòngjī**【发送机】[名]〈電〉（ラジオ）発信機．

**fāsuān**【发酸】[動]1（食べ物が悪くなって）酸っぱくなる．2（体が）だるくなる．3 悲しくなる．

**fātiáo**【发条】[名]ばね．

**fā//wēi**【发威】[動]いばってみせる．

**fā//wén**【发文】1[動]発信した公文書．2[動]発信した公文書．

**fāwèn**【发问】[動]（口頭で）質問する．

**fāwù**【发物】[名]1 病気に禁物の食べ

物．2 アレルゲン．

**fāxiàn**【发现】[動]（研究•考察の結果）発見する．¶～线索 / 手がかりを見つける．2 気づく．

**fāxiáng**【发祥】[動]（書）1 よい兆しが現れる．2 発祥する．起こる．

**fāxiángdì**【发祥地】[名]発祥地．

**fā//xiǎng**【发饷】[動]（旧）（主に軍隊や警察で）給与を支給する．

**fāxiào**【发笑】[動]笑い出す．

**fāxiè**【发泄】[動]（不満•うっぷんなどを）発散する．

**fā//xìn**【发信】[動]手紙を出す．

**fāxìnrén**【发信人】[名]差出人．

**fāxíng**【发行】[動]1（書籍や通貨を）発行する．2（映画を）配給する．⇒fāháng

**fāxū**【发虚】[動]1 おどおどする．2（体が）弱々しい．

**fāxuàn**【发碹】[動]〈口〉アーチ型に築く．

**fāxiào**【发噱】[動]（方）人を笑わせる．おかしい．

**fā//yá**【发芽】[動]芽を出す．

**fāyālǜ**【发芽率】[名]〈植〉発芽率．

**fāyáshì**【发芽势】[名]種子の最初の数日間の発芽率．

**fā//yán**【发言】1[動]（会議などで）発言する．2[名]（会議での）発言．

**fā//yán**【发炎】[動]〈医〉炎症を起こす．

**fāyánquán**【发言权】[名]発言権．

**fāyánrén**【发言人】[名]スポークスマン．

**fāyáng**【发扬】[動]1（伝統•精神などを）発揚する．2 発揮する．

**fā yángcái**【发洋财】[慣]ぼろもうけする．

**fā yáng chuō lì**【发扬踔厉】[成]意気盛んである．▶"发扬蹈厉"とも．

**fā yáng guāng dà**【发扬光大】[成]（伝統•精神などを）大いに発揚する．

**fā yàozi**【发疟子】マラリアの発作を起こす．

**fā//yīn**【发音】1[動]発音する．声を出す．2[名]〈語〉発音．

**fāyīn**【发圻】[動]帐(字)を出す．

**fāyǔcí**【发语词】[名]古代漢語•漢文でいう〉発語の辞．

**fāyù**【发育】[動]発育する．

**fāyuán**【发源】[動]1 源を発する．2[名]起源．

**fāyuándì**【发源地】[名]発生地．発祥地．

**fāyuàn**【发愿】[動]願をかける；（神仏に）誓う．

**fāyūn**【发晕】[動]目まいがする．

**fāyùn**【发运】[動]（貨物を）運び出す．

**fāzhǎn**【发展】[動]1 発展する．発展させる．¶～经济 / 経済を発展させる．2（メンバーなどを）増やす．¶～组织 / 組織を大きくする．

**fāzhǎnshāng**【发展商】[名]不動産業者．

**fāzhǎnzhōng guójiā**【发展中国家】发展途上国.

**fāzhàng**【发胀】[动] 1 张る. 膨れる. 2 (针刺で) しびれる感じがする.

**fāzhēng**【发怔】[动] ぼんやりする.

**fāzhòu**【发皱】[动] しわが寄る.

**fāzìtóu**【发字头】[名]〈~儿〉(漢字の部首) はつがしら"癶".

**fā zòng zhǐ shǐ**【发纵指示】〔成〕背後から指揮・管理をする.

**fāzuò**【发作】[动] 1 (病気などの) 発作が起きる. 2 怒り出す.

## 酸 (醱) fā ⓪

**fā/jiào**【酸酵】→**jiào**【发酵】

**fá**【乏】[形] 1 疲れている. くたびれる. ¶走~了/歩き疲れた. 2（方）無能でいる. 役に立たない. 力でない. ¶~地/やせた土地. ¶贴~了的膏药/張って効き目のなくなった膏薬.
🔾 乏しい. 欠けている. ¶贫~/乏しい; 貧しい.

**fáhuò**【乏货】[名]〈方〉役立たず.

**fálèi**【乏累】[形] 疲れている.

**fálì**【乏力】[形] 気力がない. だるい.

**fáméi**【乏煤】[名] 石炭の燃え殻.

**fáqì**【乏汽】[名] (蒸気機関などから排出される) 使用済みの蒸気.

**fáwèi**【乏味】[形]〈~儿〉味気ない.

**伐 fá** 🔾【伐】(木を切る. 伐採する. ¶~了一棵树/木を1本切った.
🔾 ① 攻める. ¶讨~/討伐する. ② 自慢する. ¶~~善.‖[姓]

**fámù**【伐木】[动] 伐採する.

**fáqū**【伐区】[名] 伐採区域.

**fáshàn**【伐善】[动]〈书〉自分のことをほめる.

## 罚 (罰) fá [动] 罚する. ¶~他唱个歌儿/罰として彼に歌を歌わせる.

**fá bù dāng zuì**【罚不当罪】〔成〕不当な処罰をする.

**fá chūchǎng**【罚出场】〔体〕ファウルアウトを宣する.

**fádān**【罚单】[名] 罰金の通知書.

**fá diǎnqiú**【罚点球】〔体〕ペナルティーキックを与える.

**fáguì**【罚跪】[动] 罰としてひざまずかせる.

**fáhuán**【罚锾】[名]〈书〉罰金.

**fájīn**【罚金】[名] 1 罰金. 2 罚金刑.

**fá/jiǔ**【罚酒】[动] 罰として酒を無理に飲ませる. 2 [名] 罰杯.

**fá/kuǎn**【罚款】[动] 1 罚金を取る; 違約金を取る. 2 [名] 罚金. 違約金.

**fámò**【罰没】[动] 罰金を科して不正な財産を没収する.

**fá/qián**【罚钱】[动]→**fá/kuǎn**【罚款】

**fá/qiú**【罚球】[动] (ラグビーやサッカーで) ペナルティーキックを与える; (バスケットボールで) フリースローを与える.

**fáqiúqū**【罚球区】[名]〔体〕(サッカーで) ペナルティーエリア.

**fázé**【罚则】[名] 罰則.

**fá/zhàn**【罚站】[动] 罚して立たせる.

**垡 fá**〈方〉 1 [动] (土地の) 耕す. ¶~地/土地を耕す. 2 [名] 掘り起こした土の塊. ¶打~/代〔かき起こす.

**fázi**【垡子】〈方〉 1 [名] 掘り起こした土の塊. 2 相当に長い時間.

**fá**【阀】[名]〔机〕バルブ. ¶安全~/安全バルブ.

🔾 阀. [名] 1 军~/軍閥.

**fámén**【阀门】[名]〔机〕バルブ.

**fáyuè**【阀阅】[名]〈书〉 1 勲功. 2 勲功のあるすぐれた家柄.

**筏 fá** 🔾 いかだ. ¶皮~/牛や羊の皮で作ったいかだ.

**fázi**【筏子】[名] いかだ. [只]

**法 fá** 🔾【法】[名]〈~儿〉方法. 手段. ¶写~/書き方. 没~儿办/なすべき方法がない.¶ 法律. 法令. 犯~/法律に違反する.
🔾 ① 模範. 手本. ¶~~帖 tiě. ② 魔法. ¶作~/魔法を使う. ③ 仏教の道理. ¶说~/法を説く. ④ フランス. ¶~~国.‖[姓]

**fǎ'àn**【法案】[名] 法案.

**fǎbàn**【法办】[动] 法律に従って処罰する.

**fǎbǎo**【法宝】[名] 1 仏法または僧侶の衣鉢(つ)や錫杖(しゃく)など. 2 (道教でいう) 神通力のある宝物. 3 〈喩〉特に有効な道具や方法.

**fǎbì**【法币】[名]〈史〉1935年以後に国民党政府の発行した紙幣.

**fǎchǎng**【法场】[名] 1 法事を行う場所. 2 旧〕処刑場.

**fǎchuí**【法锤】[名]〈法〉(法廷用の) 木槌. ▶"法槌"とも.

**fǎdiǎn**【法典】[名] 法典.

**fǎdìng**【法定】[形] 法定(の).

**fǎdìng jìchéng**【法定继承】[名] 法定相続.

**fǎdìng rénshù**【法定人数】[名] 法定数.

**fǎdù**【法度】[名] 1 法律. 2 規則.

**fǎgǔ**【法古】[动]〈书〉古(いにしえ)を手本とする.

**fǎguān**【法官】[名] 裁判官.

**fǎguī**【法规】[名] 法規.

**Fǎguó**【法国】〔地名〕フランス.

**fǎguó wútóng**【法国梧桐】[名]〈植〉プラタナス.

**fǎhào**【法号】[名] 法名.

**fǎjì**【法纪】[名] 法律と規律.

**fǎjiā**【法家】[名] 1〔諸子百家の〕法家(ほうか).

**fǎjǐng**【法警】[名] 司法警察.

**fǎlā**【法拉】[量]〔電気容量の単位〕ファラッド.

**Fǎlādì dìnglǜ**【法拉第定律】[名]〈物〉ファラデーの法則.

**Fǎlánkèfú**【法兰克福】〔地名〕フランクフルト.

**fǎlánpán**【法兰盘】[名]〔机〕フランジ.

**fǎlánróng**【法兰绒】[名]〈纺〉フランネル.

**fǎláng**【法郎】[量] (通貨の単位) フラ

## fǎ

**fǎlǎo**【法老】名〈古代エジプト国王の称号〉ファラオ.
**fǎlǐ**【法理】名 1 法理. 2〈書〉法則. 3 仏法の教義.
**fǎlì**【法力】名 仏法の力；神通力.
**fǎlíng**【法令】名 法令.
**fǎlǜ**【法律】名 法律. ¶～系／法学部.
**fǎluó**【法螺】名〈貝〉ホラガイ.
**fǎmáng**【法盲】名 法律の知識が乏しい.
**fǎmén**【法門】名 1〈宗〉法門. 2 要領.
**fǎmíng**【法名】名 法名.
**fǎpáo**【法袍】名〈法〉裁判官が着用する服.
**fǎqì**【法器】名〈宗〉法事に用いる楽器・仏具.
**fǎquán**【法権】名 法権.
**fǎr**【法儿】名 方法.
**fǎrén**【法人】名〈法〉法人. ¶～服／法人株.
**fǎshī**【法師】名 法師.
**fǎshì**【法式】名 法式.
**fǎshì**【法事】名〈旧〉法事.
**fǎshū**【法书】名 1 法書. 2〈敬〉相手の書を敬っていう語.
**fǎshù**【法术】名 1〈法家でいう〉治国の術. 2 法術.
**fǎtáng**【法堂】名 1〈旧〉法廷. 2 説法をするお堂.
**fǎtiē**【法帖】名 法帖(ホウ).
**fǎtíng**【法庭】名 法廷.
**fǎtǒng**【法统】名 憲法と法律の伝統.
**fǎ wài shī rén**【法外施仁】(成) 情状酌量すること.
**fǎwáng**【法王】名 1 法王. 2 元・明時代にチベット仏教の教主に封じた称号.
**fǎwǎng**【法网】名 法の網.
**Fǎwén**【法文】名 フランス語.
**fǎxīsī**【法西斯】名 ファッショ.
**fǎxīsīdì**【法西斯蒂】名 ファシスト.
**fǎxīsī zhǔyì**【法西斯主义】名 ファシズム.
**fǎxiàn**【法线】名〈数〉法線.
**fǎxué**【法学】名 法学.
**fǎyǎn**【法眼】名 1〈仏〉物事の真相を見抜く眼力. 2〈喩〉鋭い洞察力.
**fǎyī**【法衣】名 袈裟(ケサ).
**fǎyī**【法医】名 法医学者.
**fǎyīxué**【法医学】名 法医学.
**Fǎyǔ**【法语】名 フランス語.
**fǎyuàn**【法院】名 裁判所.
**fǎzé**【法则】名 1 法則；法規. 2〈書〉模範.
**fǎzhèng**【法政】名 法政.
**fǎzhǐ**【法旨】名 神の意志.
**fǎzhì**【法制】名 法制.
**fǎzhì**【法治】1 名 法治. 2 動〈国家や社会を〉法で治める.
**fǎzi**【法子】名 方法.

## fà

**fà**【砝】〇

**fàmǎ**【法码】名 分銅.

## fà (发)

**发**(髪) fà ❶ 頭髪. 髪の毛. ¶头～／同上. 異読⇒fā
**fàbiàn**【发辫】名（～儿）お下げ髪；弁髪.
**fàcài**【发菜】名〈植〉ファーツァイ.
**fàdài**【发带】名〈布の〉ヘアバンド.
**fàgū**【发箍】名 カチューシャ.
**fàjì**【发际】名 髪の生え際.
**fàjì**【发髻】名 髷(マゲ).
**fàjiā**【发夹】名 ヘアピン.
**fàjiāo**【发胶】名〈ヘアスプレー；ムース.
**fàlà**【发蜡】名 ポマード.
**fàláng**【发廊】名 ヘアサロン.
**fàqī**【发妻】名〈旧〉初婚の妻.
**fàqiǎ**【发卡】名 ヘアピン.
**fàrǔ**【发乳】名 ヘアクリーム.
**fàshì**【发式】名 ヘアスタイル.
**fàshì**【发饰】名 髪飾り.
**fàshuā**【发刷】名 ヘアブラシ.
**fàtào**【发套】名 かつら.
**fàwǎng**【发网】名 ヘアネット.
**fàwū**【发屋】名 ヘアサロン.
**fàxíng**【发型】名 ヘアスタイル.
**fàxuǎn**【发癣】名 しらくも.
**fàyóu**【发油】名 ヘアローション.
**fàzhēn**【发针】名〈長い針状の〉ヘアピン.
**fàzhǐ**【发指】動〈書〉髪の毛が逆立つほど怒る. 烈火のごとく怒る.

## fà (珐)

**珐**(琺) fà ❶

**fàláng**【珐琅】名 エナメル.
**fàlángzhì**【珐琅质】名 エナメル質.

## fān (ㄈㄢ)

## 帆

**fān**【帆】名〈船の〉帆.
**fānbǎn**【帆板】名 1 ウィンドサーフィン. 2 サーフボード.
**fānbù**【帆布】名 ズック.
**fānbùchuáng**【帆布床】名 携帯ベッド.
**fānchuán**【帆船】名 帆船.
**fānqiáng**【帆樯】名〈書〉帆柱；(転)船.

## 番

**fān**【番】1 量〈景観・味などについて〉一種の. ▶数詞は"一"のみ. ¶别有一～／天地／别世界に足を踏み入れたよう. 2 労力や時間をかける〔言説を表す〕行為に用いる. ¶思考一～／じっくり考える. 3 動詞"翻"とともに用いて倍数を表す. ¶产量翻两一／生産高が4倍になる.
❶ 外国の. 異民族の. ¶～～客. 異読⇒pān
**fānbāng**【番邦】名〈旧〉異民族；外国.
**fāncài**【番菜】名〈旧〉西洋料理.
**fānguā**【番瓜】名〈植〉1〈方〉カボチャ. 2→fānmùguā 番木瓜.
**fānhào**【番号】名〈軍〉部隊のコード番号.
**fānjiāo**【番椒】名〈中薬〉唐辛子.

**fānkè**【番客】名(旧)異国族の人。外国人。

**fānmùbiē**【番木鱉】名(植)マチン；(中薬)馬銭子(ﾊﾞｾﾝｼ).

**fānmùbiējiǎn**【番木鱉碱】名(薬)ストリキニーネ.

**fānmùguā**【番木瓜】名(植)パパイヤ.

**fānqié**【番茄】名(植)トマト. ¶~汁／トマトジュース.

**fānqiéjiàng**【番茄醤】名1トマトペースト. 2トマトケチャップ.

**fānqié shāsī**【番茄沙司】名トマトケチャップ.

**fānshǔ**【番薯】名(方)(植)サツマイモ.

**蕃** fān 名外国.  異読rfán

**幡**(旛) fān 名 幡(ばん). 幟(のぼり).

**fānr**【幡儿】名(旧)出棺の際,喪主が持つ縦長の旗.

**fānrán**【幡然】形にわかに改めるさま；急に変貌するさま.

**藩** fān❶①まがき. ¶~籬. ②属国・属地. ¶~属. 姓

**fānguó**【藩国】名(史)属国.

**fānlí**【藩籬】名垣根.

**fānshǔ**【藩属】名(史)封建時代の属領または属国.

**fānzhèn**【藩鎮】名(史)藩鎮(ﾊﾝﾁﾝ). 唐代に辺境各州に設けた節度使.

**翻** fān 動1(物が)ひっくり返る.(物を)ひっくり返す,裏返しにする. ¶馬车が／馬車がひっくり返った. ¶~谷子／穀物をひっくり返して干す. 2(ページを)めくる. ¶~书／本をめくる. ¶~字典／辞書を調べる. 3(あちこちをひっかき回して)さがす. 4ひるがえす. 通訳する. ¶把英文~成中文／英語を中国語に翻訳する. 5(元のものを)くつがえす；(以前の事などを)蒸し返す. ¶~历史旧案／史実をひっくり返す. 6(山や塀を)乗り越える,越す. ¶~雪山／雪山を越える. 7がらりと態度を変える. ¶他们俩倆～了／あの二人はけんかをした. 8倍増する. ¶~两番／倍になったものがさらにまた倍になる. 4倍になる.

**fān//àn**【翻案】動判決・処分・評価・定論などをくつがえす.

**fān//bǎ**【翻把】動(方)1勢いを盛り返す. 2(前言を)ひるがえす.

**fān báiyǎn**【翻白眼】(慣)(~儿)1白目をむく. 2死ぬ.

**fānbǎn**【翻版】名1複製本. 2動複製する.

**fānbèn**【翻本】動(~儿)とばくで負けた金を取り戻す.

**fān//chá**【翻茬】動(農)作物を収穫した後,その土地を耕す.

**fānchá**【翻查】動(ページなどを)めくって調べる.かきまわして調べる.

**fān//chē**【翻车】動1車がひっくり返る. 2(喩)挫折する. 3(口)怒る. 4(喩)急に態度を変える.

**fānchēyú**【翻车魚】名(魚)マンボウ.

**fān//chuán**【翻船】動1船が転覆する. 2(喩)失敗する.

**fān//dì**【翻地】動(農)土をすき起こす.

**fāndòng**【翻動】動ひっくり返す[してもとの位置から様子を変える].

**fāndǒu**【翻斗】名(鉱)(原鉱投入用の)バケット.

**fāndǒuchē**【翻斗车】名ダンプカー.

**fān//fān**【翻番】動倍増する.

**fānfēi**【翻飞】動(鳥やチョウなどが)舞う；ひらりひらと翻る舞う.

**fānfù**【翻覆】動1ひっくり返る. ひっくり返す；いちじるしく変化する. 2本の向きを変える. 3(書)前言をひるがえす.

**fāngǎi**【翻改】動(古着をほどいて)仕立て直す.

**fāngài**【翻盖】動(家屋を)建て直す.

**fān gàngzi**【翻杠子】(体)鉄棒・平行棒をする.

**fān//gèr**【翻个儿】動(~儿)ひっくり返る.

**fān gēntou**【翻跟头】とんぼ返りを打つ；挫折する.

**fān//gōng**【翻工】→**fān/gōng**【返工】

**fān//gòng**【翻供】動供述をひるがえす.

**fāngǔn**【翻滚】動1(波が)逆巻く；(煙や雲が)むくむくと湧き上がる；(湯が)たぎる. 2転げ回る.

**fān//guòr**【翻过儿】動(~儿)ひっくり返る；ひっくり返す.

**fānhuáng**【翻黄・翻簧】→**zhúhuáng**【竹黄・竹簧】

**fānhuǐ**【翻悔】動後悔して前言をひるがえす.

**fānjiǎn**【翻検】動めくって調べる.

**fānjiàn**【翻建】動(建物を)建て直す.

**fānjiàng**【翻浆】動凍っていた地面や道路の表面が春になって解け,どろんこになる.

**fān jiāng dào hǎi**【翻江倒海】(成)力や勢いがきわめて盛んである.

**fānjuǎn**【翻卷】動うねって動く.

**fānkè**【翻刻】動翻刻する.

**fān lái fù qù**【翻来覆去】(成) 1何度も寝返りを打つ. 2何回となく繰り返す.

**fān lǎohuángli**【翻老皇暦】(慣)時代遅れのやり方を持ち出す.

**fān lǎozhàng**【翻老账】(慣)古いことを蒸し返す. ▶翻旧账ﾄﾓ.

**fān//liǎn**【翻臉】動がらりと態度を変える.

**fānlǐng**【翻領】名(~儿)開襟. 2動襟をかえす.

**fānlù**【翻録】動ダビングする.

**fānmáo**【翻毛】動(~儿)1毛皮の毛を表面にした生地. 2裏皮.

**fānnòng**【翻弄】動(ページなどを)めくり動かす.

## fán

**fānpāi**【翻拍】動〈写真を〉複製する.
**fānpí**【翻皮】名裏皮.
**fānrán**【翻然】→**fānrán**【幡然】
過ちを認め、徹底的に改める.
**fānshā**【翻砂】1【機】鋳造する. 2名砂鋳型製作.
**fānshài**【翻晒】動〈物を〉ひっくり返して両面を干す.
**fān shān yuè lǐng**【翻山越嶺】〈成〉いくつもの山を越える.
**fān shāobǐng**【翻烧饼】〈慣〉寝ないでしきりに寝返りを打つ.
**fān/shēn**【翻身】動 1 寝返りを打つ. 2〈喩〉抑圧されていた者が立ち上がる. 3〈喩〉遅れを取り戻して立ち直る. 4〈方〉体の向きを変える.
**fānténg**【翻腾】動 1 沸きたる. 2 思い乱れる. 3 ひっかき回す.
**fān/tiān**【翻天】動 1 天をひっくり返す; 大騒ぎする. 2〈喩〉政権をひっくり返す.
**fān tiān fù dì**【翻天覆地】〈成〉1 天地がくつがえる(ほどの変化). 2 ひどく騒ぎ立てる. ¶闹得～丨上を下への大騒ぎする.
**fān/wàn**【翻蔓儿】動〈農〉蔓を返しをする.
**fān/wèi**【翻胃】→**fǎn/wèi**【反胃】
**fān xiāng dǎo guì**【翻箱倒柜】〈成〉徹底的に探す.
**fānxīn**【翻新】動 1〈古着などを〉作りかえる. 2 一新する.
**fānxiū**【翻修】動〈建物や道路を〉修復する.
**fānyì**【翻译】1 動翻訳する; 通訳する. ¶～小说／小説を翻訳する. 2 名翻訳者. 通訳.
**fānyìn**【翻印】動〈書籍や印刷物を〉複製する.
**fānyǒng**【翻涌】動〈雲や水などが〉逆巻く.
**fānyuè**【翻阅】動〈文書や書籍を〉目を通す.
**fānyuè**【翻越】動乗り越える.
**fān yún fù yǔ**【翻云覆雨】〈成〉言葉や態度ががらりと変わる; さまざまな手段を巧みに弄する.
**fānzào**【翻造】動〈家を〉建て替える.
**fānzhuǎn**【翻转】動回転する.

### 凡 (凢) **fán**①副 1〈書〉〈…するものは〉およそ、一般に、すべて. 2 合計で、全部で. ②名中国民族音楽の10音階階の一. ❶形 1〈書〉ありふれた. ¶非～／尋常でない. 2 俗世. ¶～心. 3 大略. ¶大～／おおよそ. ③‖姓‖

**fánchén**【凡尘】名俗世間.
**fán'ěr**【凡尔】名〈機〉バルブ.
**fán'ěrdīng**【凡尔丁】名〈紡〉平織りの薄い服地.
**Fán'ěrsàigōng**【凡尔赛宫】名ベルサイユ宮殿.
**fánfū**【凡夫】名普通の人.
**fánfū súzǐ**【凡夫俗子】名〈貶〉凡人.
**fánjiān**【凡间】名人の世. この世.
**fánlì**【凡例】名凡例.
**fánrén**【凡人】名 1 凡人. 2 俗世の人.
**fánshì**【凡事】名万事.
**fánshì**【凡是】副〈主語の前に置いて〉すべて…であるものは.
**fánshìlín**【凡士林】名〈化〉ワセリン.
**fánsú**【凡俗】名凡俗.
**fánxīn**【凡心】名俗世を思う心.
**fányōng**【凡庸】形〈書〉凡庸である.

### 氾 **fán** ‖姓‖

### 矾 (礬) **fán** 〈化〉明礬(ばん).

**fántǔ**【矾土】名〈鉱〉アルミナ.

### 钒 **fán** 〈化〉バナジウム. V.

### 烦 **fán** ①動 1 くさくさする. いらいらする. 2〈多く補語に用い〉飽き飽きする. いとわしい. ¶听～了／もう聞き飽きた. 3 くどくどしい. ②形 煩わす. 面倒なことをさせる. ¶～您给她捎shāo个信儿／ご面倒でも彼女に伝言していただけますか.

**fánláo**【烦劳】動〈敬〉面倒をかける.
**fánluàn**【烦乱】形気持ちがいらだって落ち着かない. ¶心绪～／心が乱れる.
**fánmèn**【烦闷】形気持ちがふさぐ; めいる.
**fánnán**【烦难】→**fánnán**【繁难】
**fánnǎo**【烦恼】形思い悩む.
**fánqǐng**【烦请】動〈敬〉お願いする.
**fánrǎo**【烦扰】動 1〈人に〉面倒をかける. 2 いらだつ. いらいらする.
**fánrén**【烦人】形煩わしい.
**fánróng**【烦冗】形 1 繁雑である. 2〈文章が〉冗長である.
**fánsuǒ**【烦琐】形こまごまと煩わしい.
**fánsuǒ zhéxué**【烦琐哲学】名スコラ哲学.
**fánxiāo**【烦嚣】形〈書〉が騒がしい.
**fánxīn**【烦心】動心配する.
**fányán**【烦言】名〈書〉1 怒りや不平の言葉. 2 くどい話.
**fányōu**【烦忧】動悩み憂える.
**fánzá**【烦杂】→**fánzá**【繁杂】
**fánzào**【烦躁】形いらいらする.

### 墦 **fán** 名〈書〉墓. 墳墓.

### 蕃 **fán** ❶〈草木が〉茂る; 〈動物が〉繁殖する. ¶～茂／繁り茂る. 異読⇨**fān**

**fánxī**【蕃息】動〈書〉繁殖する.
**fányǎn**【蕃衍】→**fányǎn**【繁衍】

### 樊 **fán** ❶〈書〉垣根. ‖姓‖

**fánlí**【樊篱】名垣根; 障壁.
**fánlóng**【樊笼】名〈書〉鳥かご; 〈転〉不自由な境遇.

### 燔 **fán** 動〈書〉焼く. あぶる.

### 繁 **fán** 形込み入っている; おびただしい. ❶繁殖させる. ¶～→～殖 異読⇨**pó**

**fánběn**【繁本】《名》内容或分量が比較的大な版本.；【簡体本などの】原本.
**fánbó**【繁博】《形》〈引用が〉多くて広範である.
**fánduō**【繁多】《形》非常に多い.
**fánfēnshù**【繁分数】《名》〈数〉繁分数.
**fánfù**【繁复】《形》繁雑である.
**fánhuā**【繁花】《名》〈書〉いろいろな花.
**fánhuá**【繁华】《形》〈町や市街などが〉にぎやかである.
**fánlì**【繁丽】《形》〈文章などで表現が〉豊かで美しい.
**fánluàn**【繁乱】《形》〈事が〉多くて煩雑である.
**fánmáng**【繁忙】《形》多忙である.
**fánmào**【繁茂】《形》〈草木が〉繁茂している.
**fánmì**【繁密】《形》びっしりと詰まっている.
**fánnán**【繁难】《形》複雑で難しい.
**fánnào**【繁闹】《形》繁盛してにぎやかである.
**fánróng**【繁荣】**1**《形》繁栄している. **2**《動》繁栄させる.
**fán róng chāng shèng**【繁荣昌盛】《成》隆盛を極める.
**fánrǒng**【繁冗】《形》冗長である.
**fánrù**【繁缛】《形》〈書〉こまごまとして煩わしい.
**fánshèng**【繁盛】《形》**1** 繁盛している. 繁栄している. **2** 繁茂している.
**fánsuǒ**【繁琐】→**fánsuǒ**【烦琐】
**fántǐzì**【繁体字】《名》繁体字.
**fán wén rù jié**【繁文缛节】《成》煩わしい礼儀作法. ▶"繁文缛礼"とも.
**fánwú**【繁芜】《形》〈文章が〉くどくて雑然としている.
**fánxì**【繁细】《形》〈説明などが〉こまごまして煩わしい.
**fánxīng**【繁星】《名》〈書〉たくさんの星.
**fányán**【繁言】《名》くどい話.
**fányǎn**【繁衍】《動》繁殖する.
**fányù**【繁育】《動》育成する.
**fánzá**【繁杂】《形》繁雑である.
**fánzhí**【繁殖】《動》繁殖する. 繁殖させる.
**fánzhòng**【繁重】《形》〈仕事や任務が〉多くて重い.

**蹯 fán**《名》〈書〉けものの足.

**蘩 fán**《名》〈植〉イロヨモギ.

**反 fǎn ❶**《形》〈↔正〉反対の. 逆の. ¶~穿着——了／靴下を裏返しに履いた.
**❷**《動》**1** 反対する. 反抗する. ¶~贪污／汚職に反対する. **2** 裏切る. 謀反する. **3** ひっくり返す.
**❸**《副》むしろ. かえって.
**H**①返る. 返す. ¶~→——同. ②類推する. ¶举一~三／一つのことから類推して多くのことを知る. ③反動. 反革命.
**fǎnbǎ**【反把】《動》〈方〉勢いを盛り返す.
**fǎnbà**【反霸】《動》**1** 覇権主義に反対する. **2**（土地改革運動で）ボス地主の罪悪を暴き，こらしめる.
**fǎnbǎng**【反绑】《動》後ろ手に縛る.
**fǎnbàowéi**【反包围】《動》逆包囲.
**fǎnbǐ**【反比】《数》反比；〈喩〉反比例（の関係）.
**fǎnbǐlì**【反比例】《名》〈数〉反比例.
**fǎnbó**【反驳】《動》反駁(ぱく)する.
**fǎnbǔ**【反哺】《動》子供が成長した後，親の恩に報いる.
**fǎncè**【反侧】《動》**1** 寝返りをうつ. **2** 素直に従わない. **3** 変転きわまりない.
**fǎnchā**【反差】《名》〈写真〉コントラスト；（対比したときの）差異.
**fǎncháng**【反常】《形》ふだんと違う.
**fǎnchāo**【反超】《体》逆転する.
**fǎnchèn**【反衬】《動》（正反対の事物を引き立て役として）ある事物を際立たせる.
**fǎnchōngjī**【反冲击】《動》逆襲する.
**fǎnchōnglì**【反冲力】《名》〈物〉反動力.
**fǎnchú**【反刍】《動》反芻(すう)する.
**fǎnchuàn**【反串】《動》代役をする.
**fǎn chún xiāng jī**【反唇相讥】《成》〈他人の批判を受け入れずに〉かえって相手を悪く言う.
**fǎndàndào dǎodàn**【反弹道导弹】弾道弾迎撃ミサイル.
**fǎndào**【反倒】《副》かえって. 反対に. あべこべに. ¶吃了这药，~更疼了／この薬を飲んだら，かえって痛さがひどくなった.
**fǎndì**【反帝】《動》反帝国主義的な.
**fǎndiào**【反调】《名》反対の論調.
**fǎndòng**【反动】**1**《形》反动的である. **2**《動》反発. 反動.
**fǎndòngpài**【反动派】《名》反動派.
**fǎnduì**【反对】《動》反対する.
**fǎnduìdǎng**【反对党】《名》野党.
**fǎn'ér**【反而】《副》かえって. 反対に.
**fǎnfāng**【反方】《名》反対の意見をもつ側.
**fǎnfǔ**【反腐】《動》役人の不正・腐敗に反対する.
**fǎn fǔ chàng lián**【反腐倡廉】《成》汚職に反対し，清廉を呼びかける.
**fǎnfù**【反复】《動》**1** 繰り返す. **2**（考えが）ふらふらする. **3** 再発する.
**fǎn fù wú cháng**【反复无常】《成》気が変わりやすい.
**fǎngǎn**【反感】**1**《名》反感. **2**《形》反感を持っている.
**fǎn gē yī jī**【反戈一击】《成》味方に矛先を向ける.
**fǎngémìng**【反革命】**1**《形》反革命的である. **2**《名》反革命分子.
**fǎngōng**【反攻】《動》〈軍〉反攻する.
**fǎn gōng dào suàn**【反攻倒算】《成》階級敵が大挙に報復する.
**fǎn gōng zì wèn**【反躬自问】《成》わが身を振り返って自問する.
**fǎngù**【反顾】《動》〈書〉振り返ってみる；気が変わったかをみる.
**fǎnguān**【反观】《動》別の角度からみる. 振り返ってみる.

# fǎn

**fǎnguāng**【反光】1 動(光線が)反射する. 2 名反射光線.
**fǎnguāngdēng**【反光灯】名〈反射鏡を用いた〉スポットライト.
**fǎnguāngjìng**【反光镜】名バックミラー.
**fǎnguòlái**【反过来】動+方補 裏返す; 反対に. 逆に.
**fǎnhánshù**【反函数】名〈数〉逆関数.
**fǎnhēi**【反黑】動 1 (暴力団などの)犯罪組織を取り締まる. 2〈体〉八百長を摘発する. 3〈電脳〉ハッカーに対抗する.
**fǎnhuà**【反话】名反語; 皮肉.
**fǎnhuǐ**【反悔】動 後悔して前言を取り消す.
**fǎnhuìbiān**【反汇编】名〈電脳〉逆アセンブル.
**fǎnjī**【反击】動 反撃する.
**fǎnjié**【反季节】形季節はずれの.
**fǎnjiǎn**【反剪】動 両手を後ろに回す. 後ろ手に縛る.
**fǎnjiàn**【反间】動 1 スパイを逆用する. 2 (スパイを逆用して)敵の内部の離間をはかる.
**fǎnjiànyì**【反建议】名対案.
**fǎn jiāo pò mǎn**【反骄破满】〈成〉おごりたかぶることに反対し,自己満足を根絶する.
**fǎnjié**【反诘】動 問い返す.
**fǎnkàng**【反抗】動 反抗する.
**fǎn kè wéi zhǔ**【反客为主】〈成〉主客転倒する.
**fǎnkǒng**【反恐】動 テロリズムに反対する. 〜対策/反テロ対策.
**fǎnkǒu**【反口】動 前言を翻す.
**fǎnkuì**【反馈】動 1〈電〉〈医〉フィードバックする. 2 情報や便りが帰ってくる.
**fǎnlìzǐ**【反粒子】名〈物〉反粒子.
**fǎnmiàn**【反面】名 1 (〜儿)裏側. 2 悪い面. 3 他の側面.
**fǎnmiàn jiàoyuán**【反面教员】名反面教師.
**fǎnmiàn rénwù**【反面人物】名 敵役となる人物.
**fǎnmù**【反目】動〈書〉反目する.
**fǎnpá**【反扒】動 すりを取り締まる.
**fǎnpài**【反派】名 (映画・戯曲・小説中の)悪役.
**fǎnpàn**【反叛】動 謀反を起こす.
**fǎnpàn**【反判】名 裏切り者.
**fǎnpīpíng**【反批评】動 逆批判.
**fǎnpū**【反扑】動 (猛獣や敵が)逆襲する.
**fǎn qí dào ér xíng zhī**【反其道而行之】〈成〉相手とは逆の方法で事を行う.
**fǎnqìxuán**【反气旋】名〈気〉逆旋風.
**fǎnqián**【反潜】形 対潜水艦の(の).
**fǎnqiánjī**【反潜机】名〈軍〉対潜哨戒機.
**fǎnqiè**【反切】名〈語〉反切(はんせつ).
**fǎn qiú zhū jǐ**【反求诸己】〈成〉自省する.

**fǎnquǎnpáng**【反犬旁】名 (〜儿)(漢字の部首)けものへん"犭".
**fǎnsānjiǎo hánshù**【反三角函数】名〈数〉逆三角関数.
**fǎnshè**【反射】動〈生理〉反射する.
**fǎnshèhú**【反射弧】名〈生理〉反射弧.
**fǎnshèjiǎo**【反射角】名〈物〉反射角.
**fǎnshèlú**【反射炉】名〈冶〉反射炉.
**fǎnshèxiàn**【反射线】名〈物〉反射光線.
**fǎnshēn**【反身】動 身をひるがえす.
**fǎnshì**【反是】接続 これと反対に.
**fǎnshì**【反噬】動〈書〉(原告や非難をする人に対して)逆ねじを食わす.
**fǎn//shǒu**【反手】1 動 1 手を背の後ろに回す. 2 〈喩〉(仕事などが)容易に行える. 2 名〈体〉バックハンド.
**fǎn//shuǐ**【反水】動〈方〉1 寝返る. 2 心が変わる.
**fǎnsī**【反思】動(過去を振り返り)改めて考える.
**fǎnsù**【反诉】動〈法〉反訴する.
**fǎnsuǒ**【反锁】動 人が外にいる場合中にいる場合外から,鍵をかける.
**fǎntān**【反贪】動 汚職を取り締まる.
**fǎntán**【反弹】動 1 跳ね返る. 2〈経〉(価格や相場が)反騰する.
**fǎntānkèpáo**【反坦克炮】名〈軍〉対戦車砲.
**fǎntí**【反题】名〈哲〉アンチテーゼ.
**fǎn tuōlāsī fǎ**【反托拉斯法】名〈経〉反トラスト法.
**fǎn//wèi**【反胃】動〈中医〉食物が胃にもたれて,吐き気を催したりする.
**fǎnwèixīng wǔqì**【反卫星武器】名〈軍〉対衛星兵器.
**fǎnwénpáng**【反文旁】名(〜儿)(漢字の部首)ぼくにょう"攵".
**fǎnwèn**【反问】動 反問する. 問い返す. 2 名反語.
**fǎnwū**【反诬】動 逆ねじを食わせる.
**fǎnwùzhí**【反物质】名〈物〉反物質.
**fǎnxiàn**【反线】名〈印〉裏罫."━".
**fǎnxiǎng**【反响】名 反響.
**fǎnxiàng**【反向】名 逆方向.
**fǎnxìnfēng**【反信风】名〈気〉逆恒風.
**fǎnxíng**【反省】動 反省する.
**fǎnxuānchuán**【反宣传】名 逆宣伝.
**fǎnyǎo**【反咬】→fǎnshì【反噬】
**fǎnyǎo yī kǒu**【反咬一口】〈慣〉(自分が悪事をしておきながら)他人に罪をなすりつける.
**fǎnyìcí**【反义词】名〈語〉反義語.
**fǎnyìng**【反应】動 反応する.
**fǎnyìng**【反映】1 動 1 反映する. 写し出す. 2 (状況や意見を上層部へ)報告する. 2 名 (人・事柄に対する)評判,文句.
**fǎnyìngduī**【反应堆】名〈物〉原子炉.

**fǎnyìnglùn**【反映论】图〈哲〉反映说.
**fǎnyǔ**【反语】图アイロニー.
**fǎnzhào**【反照】照り返す.
**fǎnzhèng**【反正】正しい状態に戻る;(敵の軍隊から)投降する.
**fǎnzhèng**【反证】图反証.
**fǎnzhèngfǎ**【反证法】图〈数〉背理法.
**fǎnzheng**【反正】副どうせ,どのみち.いずれにせよ.¶不管你怎么说,～我不信/君が何と言おうと,どのみち私は信じない.
**fǎnzhī**【反之】接続 これに反して.反対に.
**fǎnzhìzǐ**【反质子】图〈物〉反陽子.
**fǎnzhōngzǐ**【反中子】图〈物〉反中性子.
**fǎnzhuǎn**【反转】動 逆転する.
**fǎnzuò**【反坐】動〈旧〉反坐(させ)る.
**fǎnzuòyòng**【反作用】图〈物〉反作用;〔喩〕逆効果.

返 **fǎn** 日 帰る.戻る.¶一去不复～/行ったきりで戻らない.
**fǎn//chǎng**【返场】動 アンコールを行う.
**fǎn//cháo**【返潮】動 地面·食物·衣服などが湿る.
**fǎnchéng**【返程】图 帰路.
**fǎn//fáng**【返防】動〈軍〉駐屯地へ引き返す.
**fǎn//gǎng**【返岗】動 復職する.
**fǎn//gōng**【返工】動(製品の)手直しをする;(仕事を)やり直す.
**fǎnguī**【返回】動 帰る.
**fǎn//háng**【返航】動 帰航する.
**fǎnhuán**【返还】動 返却する.
**fǎnhuí**【返回】動(元の所へ)戻る.
**fǎn//jiǎn**【返碱】動 地層の塩分が地表に現れる.
**fǎn lǎo huán tóng**【返老还童】〈成〉若返る.
**fǎnlǐ**【返里】動〈書〉故郷へ帰る.
**fǎnlì**【返利】動 1 利益を還元する. 2 还元.利益.
**fǎnpín**【返贫】動 元の貧しい状態に戻る.
**fǎnpìn**【返聘】動(元の職場が)退職者を再雇用する.
**fǎn pú guī zhēn**【返璞归真】〈成〉(外面の飾りを捨て)本来の飾り気のない姿に戻る.
**fǎnqiān**【返迁】動 住居建て替えで一時立ち退いていた住人が元の場所に戻る.
**fǎn//qīng**【返青】動(稲や麦などが移植または越冬の後に)再び青くなる.
**fǎnrèn**【返任】動 帰任する.
**fǎn//sú**【返俗】動 还俗する.
**fǎnxiāo**【返销】動 災害や作不作のために国家が手持ちの食糧を放出する;逆輸入する.
**fǎnxiào**【返校】動 帰校する.
**fǎnxiū**【返修】動 修理し直す.
**fǎn//yán**【返盐】→**fǎn//jiǎn**【返碱】

**fǎnzhào**【返照】→**fǎnzhào**【反照】
**fǎnzǔ xiànxiàng**【返祖现象】图〈生〉帰先遗伝.

犯 **fàn**【犯】1 違反する.犯す.¶～纪律/规律を破る. 2 侵害する.¶人不犯我,我不～人/人侵さずば,われ侵さず. 3 しでかす.¶～错误/过ちをしでかす. 4 (病気などよくない事が)起こる.¶～脾气(píqi)/かんしゃくを起こす.
目 犯罪者.¶罪～/犯人.罪人.|姓|
**fàn//àn**【犯案】動 1 犯罪が発覚する. 2 犯罪を犯す.
**fàn//bìng**【犯病】動 持病が再発する.
**fànbushàng**【犯不上】→**fànbuzháo**【犯不着】
**fànbuzháo**【犯不着】動+可補 …するには及ばない.
**fàn//chóu**【犯愁】動 心配する.
**fàn//fǎ**【犯法】動 法を犯す.
**fàn//guī**【犯规】動 1 规则に违反する. 2〈体〉反则する.
**fàn//huì**【犯讳】動 1〈旧〉忌名を犯す. 2 タブーを犯す.
**fàn//hún**【犯浑】動 言動が度を外れる.
**fàn//jì**【犯忌】動 タブーを犯す.
**fàn//jiàn**【犯贱】動 轻率な振る舞いをする.
**fàn jiéqi**【犯节气】〈慣〉季節の変わりめに持病が出る.
**fàn//jiè**【犯戒】動〈宗〉戒律を犯す.
**fàn//jìn**【犯禁】動 禁制を破る.
**fàn kǒushé**【犯口舌】いざこざを起こす.
**fàn//kùn**【犯困】動 眠気を催す.
**fàn//nán**【犯难】動 困る.
**fàn niújīn**【犯牛筋】〈慣〉意固地になる.
**fànrén**【犯人】图 犯罪人.
**fàn//shǎ**【犯傻】動〈方〉〈貶〉1 とぼける. 2 ばかげたことをする. 3 ぼんやりする.
**fàn//shàng**【犯上】動 目上の人にたてつく.
**fàn shàng zuò luàn**【犯上作乱】〈成〉目上の人にたてつき騒ぎを起こす.
**fàn//shì**【犯事】動〈方〉犯罪を犯す.
**fàn xiǎorén**【犯小人】〈慣〉自分の不利になる人に出会う(ことによって幸运が流されてしまう).
**fànyán**【犯颜】動〈書〉威厳を损なう.
**fàn//yí**【犯疑】動 疑いを抱く.▶**犯疑心**とも.
**fàn//zuǐ**【犯嘴】動〈方〉口论する.
**fàn//zuì**【犯罪】動〈法〉罪を犯す.¶犯大罪/大きな罪を犯す.
**fànzuì xiányírén**【犯罪嫌疑人】图〈法〉容疑者.被疑者.

饭 **fàn**【饭】1 饭.ご饭.▶普通は米の饭をさす.〔碗;口〕两碗～/ご饭2ぜん. 2 食事.〔份;顿,餐〕¶一天吃三顿～/每日3度の

## fàn

食事をする.
**fàncài**【饭菜】名 **1** 食事. **2** ご飯とおかず.
**fàndǐzi**【饭底子】名 茶碗の中のご飯の食べ残し.
**fàndiàn**【饭店】名 **1** ホテル.〖家〗住〜/ホテルに泊まる. **2**〈方〉料理店.
**fànguǎn**【饭馆】名（〜儿）レストラン.
**fànguō**【饭锅】名 **1** 飯を炊くかま. **2**〈喩〉生計.
**fànhé**【饭盒】名（〜儿）弁当箱.
**fànjú**【饭局】名 会食. 宴会.
**fànkǒu**【饭口】名（〜儿）**1** 食時. **2**（食堂の食べ物を売る窓口.
**fàn lái zhāng kǒu, yī lái shēn shǒu**【饭来张口, 衣来伸手】〈諺〉上膳据膳；座して果実を食らう.
**fànlì**【饭粒】名（〜儿）ご飯粒.
**fànliàng**【饭量】名 食事の量.
**fànnáng**【饭囊】名 飯を入れる袋.〖喩〗無能な人間.
**fànpiào**【饭票】名 食券.
**fànpù**【饭铺】名（〜儿）飯屋.
**fànsháo**【饭勺】名 しゃもじ.
**fànshí**【饭时】名（〜儿）食事時.
**fànshí**【饭食】名（〜儿）食事.
**fàntīng**【饭厅】名（ホテル・飛行場などの中にある）レストラン.
**fàntǒng**【饭桶】名 **1** 飯びつ. **2**〈喩〉大飯食らい. ごくつぶし.
**fànwǎn**【饭碗】名 **1** ご飯茶碗.〖喩〗生活のよりどころ.
**fànzhè**【饭辙】名〈方〉生活のあて.
**fànzhuāng**【饭庄】名 大きな料理店.
**fànzhuō**【饭桌】名（〜儿）食卓.

**泛（汎・氾）fàn**〈色〉が表に出る, さす；（においが）漂う.¶脸上〜红/顔に赤みがさす.¶〜出味儿/よい香りが漂う.||形 **①** 一般的である.〈广〉/広範な. **②**中身がない, 薄っぺらである.¶空kōng〜/中身がない. **③**浮かぶ.¶浮かべる.¶〜舟.**④**氾濫する.¶〜〜滥.

**fànchēng**【泛称】動 通称する.
**fàndú**【泛读】動 ざっと目を通す；講読する.
**fànfàn**【泛泛】形 うわべだけの.¶〜地一说/大ざっぱに話す.
**fànguāngdēng**【泛光灯】形 投光照明.
**fàn/jiǎn**【泛碱】→**fàn**/**jiǎn**【返碱】
**fànlàn**【泛滥】動（河川が）氾濫する.¶〜成灾/氾濫して災害になる. **2**〈喩〉勝手にはびこる.
**fànshénlùn**【泛神论】名〈哲〉汎神论.
**fàn/shuǐ**【泛水】**1** 動 水であしらえる.**2** 名〈建〉水切り.
**fànsuān**【泛酸】名〈化〉パントテン酸.
**fànyīn**【泛音】名〈音〉倍音.
**fànzhǐ**【泛指】動 広くさす.
**fànzhōu**【泛舟】動〈書〉舟を浮かべる.

**范（範）fàn** ||名 **①** 模範. 手本.¶示〜/手本を示す. **②**鋳型.¶铁〜/鉄の鋳型. **③** 範囲. 枠. 区切り.¶就〜/服従する.**④**制限する.¶防〜/防備する.||姓
**fànběn**【范本】名 書画の手本.
**fànchóu**【范畴】名 **1**〈哲〉範疇¹).カテゴリー. **2** 類型.
**fànlì**【范例】名 模範例.
**fànwéi**【范围】**1** 名 範囲. **2** 動〈書〉制限する.
**fànwén**【范文】名 模範となる文章.
**fànxìng**【范性】名→**sùxìng**【塑性】

**贩 fàn** 動 仕入れる.名 小商人.¶摊tān〜/露天商人.
**fàndú**【贩毒】動 麻薬を密売する.
**fànfu**【贩夫】名〈旧〉行商人.
**fàn fū zǒu zú**【贩夫走卒】〈成〉〈旧〉社会的地位の低い人.
**fànhuáng**【贩黄】動 ポルノ製品を販売する.
**fànjiǎ**【贩假】動 偽物や粗悪品を販売する.
**fànmài**【贩卖】動 **1** 仕入れて売る. **2**〈喩〉否定的なものを押しつける.
**fànsī**【贩私】動 密売する.
**fànyùn**【贩运】動 商品を買いいれそちへ運んで売りさばく.
**fànzi**【贩子】名〈貶〉小商人.

**贩 fàn ⑥**〈方〉畑.▶多く地名に用いる.¶〜田/畑.

**梵 fàn ||**形 **①** 古代インドの.¶〜文.**②**仏教の.¶〜〜宮.
**fànbài**【梵呗】名〈仏教徒の〉誦経の声.
**fànchà**【梵刹】名 仏寺.
**Fàndìgāng**【梵蒂冈】名〈地名〉バチカン.¶〜城国/バチカン市国.
**fàngōng**【梵宫】名 仏寺.
**fànwén**【梵文】名 サンスクリット. 梵語（〜）.
**fànyǎlíng**【梵哑铃】名〈旧〉〈音〉バイオリン.

## fang（ㄈㄤ）

**方 fāng ||**名 **1** 方向. 方角.¶哪一〜？/どの方向. どちら. **2**方面. サイド. 側.¶我〜/わが方. 当方.¶甲〜/甲側.
**②**形 方形の. 四角い.
**③**量 **1** 四角いものを数える.¶〜〜图章/印鑑1個. **2** 平方または立方の量.¶〜一沙子/1立方メートルの砂.
**④**副（書）やっとに. ちょうど；今しがた.¶年〜二十/年はちょうど二十である.
**||**名 **①** 地方. ところ.¶远〜/遠方. **②**方法.¶千〜百计/百方手を尽くす. **③** 処方箋.¶处chǔ〜/処方する.||姓
**fāng'àn**【方案】名 仕事の計画. プラン；草案.

**fāng**

**fāngbiàn【方便】❶**形便利である；具合がよい．都合がよい；懐具合がよい．¶交通很～/交通の便がよい．**❷**動 **1** 便宜をはかる．¶～別人/他人の便宜をはかる．**2**〈口〉〈婉〉トイレに行く．

**fāngbiànmiàn【方便面】**名インスタントラーメン．

**fāngbiàn shípǐn【方便食品】**名インスタント食品．

**fāngbù【方步】**名規則正しくゆったりとした歩み．

**fāngcái【方才】❶**名 今しがた．さきほど．**2**副 やっと．ようやく．初めて．

**fāngcái【方材】**名角材．

**fāngchéng【方程】**名〈数〉方程式．

**fāngchéngshì【方程式】**名 **1**〈数〉方程式．**2**〈化〉化学方程式．**3**〈体〉フォーミュラー．

**fāngchéngshì sàichē【方程式賽車】**名〈体〉フォーミュラーカー．

**fāngchǐ【方尺】**量 **1** 尺平方；平方尺．

**fāngcùn【方寸】**量**❶ 1** 寸平方；平方寸．**2**（書）心．**❷ 1** 書心．**2** 寸モ．

**fāng cùn yǐ luàn【方寸已乱】**〈成〉心が乱れること．

**fāngfǎ【方法】**名やり方．方法．[个，种]

**fāngfǎlùn【方法论】**名方法論．

**fāngfāngmiànmiàn【方方面面】**名各方面．

**fānggāng【方钢】**名〈冶〉角鋼．

**fānggé【方格】**名格子縞．

**fānggézhǐ【方格纸】**名グラフ用紙．

**fānggēn【方根】**名〈数〉ルート．

**fāngjì【方技】**名方術．

**fāngjì【方剂】**名処方箋．

**fāngjiā【方家】**名学問または一芸に秀でた人．

**fāngjiānbēi【方尖碑】**名オベリスク．

**fāngjiěshí【方解石】**名〈鉱〉方解石．

**fāngjīn【方巾】**名〈書〉昔の頭巾．

**fāngjīnqì【方巾气】**名文人気質．

**fāngkōngqián【方孔钱】**名〈四角い穴の空いた〉丸い硬貨；〈昔の〉銅銭．

**fāngkuài【方块】**名 **1**（～儿）四角なもの．**2**〈新聞の〉コラム．**3**〈トランプの〉ダイヤ．

**fāngkuàizì【方块字】**名漢字．

**fāngkuàng【方框】**名四角の枠．

**fāngkuàngtú【方框图】**名〈化〉ブロックダイアグラム．

**fāngkuòhào【方括号】**名角形かっこ．ブラケット．"【】"．

**fānglǐ【方里】**量 **1**（華）里平方；平方（華）里．

**fānglǐǎnr【方脸儿】**名角ばった〈四角い〉顔．

**fānglüè【方略】**名方略．はかりごと．

**fāngmiàn【方面】**名 方面．¶另一～/另一．

**fāngmiànjūn【方面军】**名〈軍〉方面軍．

**fāngqiānkuàng【方铅矿】**名〈鉱〉方鉛鉱．

**fāng ruì yuán záo【方枘圆凿】**〈成〉互いにしっくりいかない．

**fāngshèng【方胜】**名（～儿）菱形を二つつなぎ合わせた図案．違菱（ちがいびし）．

**fāngshǐ【方始】**副初めて．やっと．

**fāngshi【方士】**名方士．古代，神仙術を行った人．

**fāngshì【方式】**名 やり方．様式．

**fāngshù【方术】**→**fāngjì**【方技】

**fāngtóu kuòhào【方头括号】**名すみ付きブラケット．"【】"．

**fāngwài【方外】**名〈書〉**1** 中国以外のところ．**2** 俗世の外．

**fāng wài zhī rén【方外之人】**〈成〉世俗を超えた人．

**fāngwèi【方位】**名方位；方角と位置．

**fāngwèicí【方位词】**名〈語〉方位詞．

**fāngxiàng【方向】**名 **1**（東西南北の）方角．**2**（進むべき）方向．

**fāngxiàngduò【方向舵】**名〈飛行機の〉方向舵．

**fāngxiàngpán【方向盘】**名〈自動車などの〉ハンドル．

**fāngxiàng【方向】**名〈方〉情勢．

**fāng xīng wèi ài【方兴未艾】**〈成〉今まさに発展の最中にあって，その勢いがなかなか衰えない．

**fāngxíng【方形】**名四角形．

**fāngyán【方言】**名方言．

**fāngyào【方药】**名中国医学の処方に使う薬．

**fāngyīn【方音】**名なまり．

**fāngyuán【方圆】**名 **1** 付近．**2** 周囲の長さ．**3** 方形と円形；〈喩〉一定の規則や基準．

**fāngzhàng【方丈】**量 **1**（華）丈平方；平方（華）丈．

**fāngzhàng【方丈】**名〈宗〉方丈．

**fāngzhēn【方针】**名方針．

**fāngzhèng【方正】**形 **1** 正方形である；形が整っている．**2**〈人柄が〉公正である．

**fāngzhì【方志】**名地方誌．

**fāngzhōu【方舟】**名 **1**（書）2 艘の船が並ぶ．**2**〈ノアの〉箱船．

**fāngzhuō【方桌】**名四角いテーブル．

**fāngzì【方字】**名児童に字を教えるためのカード．

**fāngzǐ【方子】**名 **1** 処方．**2** 化学製品などの配合方法．

F
邡
坊
芳

**fāng** 地名用字．¶什Shí～/四川省にある県の名．‖姓

**坊 fāng ❶ 1**（多く町名に用い）坊．小路．**2**→**páifang**【牌坊】
異读→**fáng**

**fāngběn【坊本】**名〈旧〉民間の書店から出版した書物．

**fāngjiān【坊间】**名〈旧〉市中；書店．

**芳 fāng ❶**①かぐわしい．¶芬～/同上．②（品行や評判などが）よ

**fāng**

- い, 立派である. ¶〜名. ‖姓
- **fāngfēi【芳菲】**[名]〈書〉1 草や花の芳香. 2 草花.
- **fānglín【芳邻】**[名]〈書〉〈敬〉ご隣人. ご近所の方.
- **fānglíng【芳龄】**[名]〈書〉若い女性の年齢.
- **fāngmíng【芳名】**[名]1 若い女性の名前. 2 誉れのある名.
- **fāngnián【芳年】**[名]妙齢.
- **fāngróng【芳容】**[名]若い女性の美しい姿かたち.
- **fāngxiāng【芳香】**[名](草花の)芳しい香り.
- **fāngxīn【芳心】**[名]若い女性の心.
- **fāngzé【芳泽】**[名]1〈古〉女性のつける髪油. 2〈広く〉よい香り,香気. 3 女性の風格や容貌.
- **fāngzhá【芳札】**[名]〈敬〉お便り. お手紙.

**枋 fāng**[名]①木の名. 檀(だん)の一種. ②棺おけ.
- **fāngzi【枋子】**[名]1 方形の木材. 2 棺おけ.

**钫 fāng**[名]〈化〉フランシウム. Fr.

**防 fáng**[動]防ぐ,備える. ¶〜敵人倫奪／敵の奇襲に備える. ㊀①防御する. ¶布〜／守りの兵士を配置する. ②堤防.
- **fángbào【防暴】**[動]暴動を鎮圧する.
- **fángbào jǐngchá【防暴警察】**[名]機動隊,警察の暴動鎮圧部隊.
- **fángbèi【防备】**[動]防備する.
- **fángbōdī【防波堤】**[名]防波堤.
- **fáng bù shèng fáng【防不胜防】**〈成〉防ごうにも防ぎきれない.
- **fángcháo【防潮】**[動]1 湿気を防ぐ. 2 高潮を防ぐ.
- **fángcháo zhámén【防潮闸门】**[名]防潮水門.
- **fángchén【防尘】**[動]ほこりやちりを防ぐ.
- **fángchénzhào【防尘罩】**[名]防塵カバー.
- **fángchú【防除】**[動]〈害虫などを〉防除する.
- **fángcí【防磁】**[動]磁気を遮断する.
- **fángdàn【防弹】**[動]弾を防ぐ.
- **fángdàn bèixīn【防弹背心】**[名]防弾チョッキ.
- **fángdào【防盗】**[動]盗難を防ぐ.
- **fángdàoménr【防盗门】**[名]防犯ドア.
- **fángdì【防地】**[名]〈軍の〉防衛地区.
- **fángdòng【防冻】**[動]1 凍害を防ぐ. 2 結氷を防ぐ.
- **fángdòngjì【防冻剂】**[名]凍結防止剤.
- **fángdú【防毒】**[動]毒を防ぐ.
- **fángdú miànjù【防毒面具】**[名]防毒マスク.
- **fángfàn【防范】**[動]防備する.
- **fángfēng【防风】**[動]1 風を防ぐ. 2 [名]〈植〉ボウフウ. 〈中薬〉防風(ぼうふう).
- **fángfēnglín【防风林】**[名]防風林.
- **fáng fúshè【防辐射】**放射能を防ぐ.
- **fángfǔ【防腐】**[動]腐食を防ぐ.
- **fángfǔjì【防腐剂】**[名]防腐剤.
- **fánghán【防寒】**[動]寒さを防ぐ.
- **fánghóng【防洪】**[動]洪水を防ぐ.
- **fánghóng gōngchéng【防洪工程】**[名]水防工事.
- **fánghù【防护】**[動]防護する.
- **fánghùlín【防护林】**[名]防護林.
- **fánghuáliàn【防滑链】**[名]タイヤチェーン.
- **fánghuàxuébīng【防化学兵】**[名]専用器材を装備して化学兵器や核兵器の防御に当たる兵.
- **fáng huàn wèi rán【防患未然】**〈成〉事故や災害を未然に防ぐこと.
- **fánghuǒ【防火】**[動]火災を防ぐ.
- **fánghuǒqiáng【防火墙】**[名]1 防火壁. 2〈電算〉ファイアウォール.
- **fángjǐ【防己】**[名]〈植〉ツヅラフジ;〈中薬〉防己(ぼうい).
- **fángkōng【防空】**[動]空からの攻撃を防ぐ.
- **fángkōngdòng【防空洞】**[名]1 防空壕. 2〈喩〉隠れみの.
- **fánglǎo【防老】**[動]老後に備える.
- **fánglào【防涝】**[動]冠水を防ぐ.
- **fángliè chúngāo【防裂唇膏】**[名]リップクリーム.
- **fángliègāo【防裂膏】**[名]ハンドクリーム.
- **fánglíng【防凌】**[動]流水被害に備える.
- **fángqū【防区】**[名]防御区域.
- **fángrǎnjì【防染剂】**[名]〈紡〉防染剤.
- **fángshālín【防沙林】**[名]防砂林.
- **fángshàishuāng【防晒霜】**[名]日焼け止めクリーム.
- **fángshēn【防身】**[動]身を守る.
- **fángshēnshù【防身术】**[名]護身術.
- **fángshǒu【防守】**[動]1 守衛する. 2 (試合で)守る.
- **fángshǔ【防暑】**[動]暑さを防ぐ.
- **fángshuānglín【防霜林】**[名]霜害を防ぐための林.
- **fángshuǐ【防水】**[動]1 水をはじく. 2 洪水を防ぐ.
- **fángshuǐbiǎo【防水表】**[名]防水時計.
- **fángsuō【防缩】**[動]〈紡〉収縮を防止する.
- **fángtǎnkèpào【防坦克炮】**[名]〈軍〉対戦車砲.
- **fángtè【防特】**[動]スパイ活動を防止する.
- **fáng wēi dù jiàn【防微杜渐】**〈成〉(まちがいや悪事を)小さいうちに絶つ,未然に防ぐ.
- **fángwěi【防伪】**[動]〈略〉偽造を防ぐ;(特に)偽札を防止する.
- **fángwèi【防卫】**[動]防衛する.
- **fángwèi guòdàng【防卫过当】**[名]〈法〉過剰防衛.

**fángwù**【防务】[名]国家の安全保障業務.
**fángxián**【防闲】[动]〈書〉束縛する.
**fángxiàn**【防线】[名]防御線.
**fángxiù**【防锈】[动]さびを防ぐ.
**fángxùn**【防汛】[动]洪水を防ぐ.
**fángyì**【防疫】[动]伝染病を防ぐ.
**fángyìzhēn**【防疫针】[名]予防注射.
**fángyǔbù**【防雨布】[名]防水シート.
**fángyù**【防御】[动]〔軍〕防御する.
**fángzāi**【防灾】[动]災害に備える.
**fángzhèn**【防震】[动]①〔時計などが〕震動を防ぐ.②地震に備える.
**fángzhèn jiégòu**【防震结构】[名]耐震構造.
**fángzhǐ**【防止】[动]防止する. ¶〜事故／事故を防ぐ.
**fángzhì**【防治】[动]①予防治療する.②事前防止・事後処理をする.
**fángzhùshí**【防蛀剂】[名]防虫剤.

# 坊(房) fáng
①[名]手工業者の仕事場. ¶粉〜／製粉工場.
異読⇒fāng

# 妨 fáng
[动]妨げる. 差し支える. ¶不〜／差し支えない.
**fáng'ài**【妨碍】[动]妨げる. 妨害する.
**fánghài**【妨害】[动]…を害する. …に損害を与える.

# 肪 fáng →zhīfáng〖脂肪〗

# 房 fáng
**①**[名]家屋, 建物. 家; 部屋. ¶一栋房子／1軒の家. ¶一间jiān〜／1部屋. ¶二(二十八宿)のそいぼし. **②**[量]妻妾を数える. ¶两〜媳妇／兄弟二人の嫁たち. [H]①部屋状のもの. ¶蜂〜／ハチの巣. ②大家族を構成するそれぞれの家庭. ¶长zhǎng〜／長男の所.

**fángbǔ**【房补】[名]住宅手当て.
**fángcāng**【房舱】[名]〈小部屋に仕切られた〉船室.
**fángchǎn**【房产】[名]〈不動産としての〉家屋敷. ¶〜会／住宅フェア.
**fángchǎnshuì**【房产税】[名]〔経〕不動産税.
**fángchǎnzhǔ**【房产主】[名]家主.
**fángchē**【房车】[名]①キャンピングカー.②〈方〉豪華な乗用車.
**fángdìchǎn**【房地产】[名]不動産.
**fángdǐng**【房顶】[名]屋根.
**fángdōng**【房东】[名]大家.
**fángfèi**【房费】[名]部屋代.
**fánggǎi**【房改】[名]〈略〉住宅制度改革.
**fángguǎn**【房管】[名]〈略〉住宅管理.
**fángguǎnsuǒ**【房管所】[名]〈略〉住宅管理所.
**fánghào**【房号】[名]〈略〉ルームナンバー.
**fánghuāng**【房荒】[名]住宅難.
**fángjī**【房基】[名]家屋の敷地.
**fángjià**【房价】[名]家屋の価格.
**fángjiān**【房间】[名]部屋.
**fángkè**【房客】[名]店子(だ).
**fángqì**【房契】[名]家屋権利証.

**fángqián**【房钱】[名]家賃.
**fángshān**【房山】[名]→shānqiáng〖山墙〗.②〈方〉家を囲む塀.
**fángshì**【房市】[名]〈略〉不動産取引市場.
**fángshì**【房事】[名]房事(ボ').
**fángtiē**【房贴】[名]住宅手当て.
**fángtiě**【房帖】[名]〈〜儿〉貸家の張り紙広告.
**fángtuó**【房柁】[名]〈家屋の〉梁(ボ').
**fángwū**【房屋】[名]家屋.
**fángxíng**【房型】[名]家の間取り.
**fángyán**【房檐】[名]〈〜儿〉軒. 軒先.
**fángyuán**【房源】[名]賃貸や分譲用の住宅供給源.
**fángzhǎn**【房展】[名]住宅展示会.
**fángzhǔ**【房主】[名]家主.
**fángzi**【房子】[名]家屋. ¶盖gài〜／家を建てる.
**fángzū**【房租】[名]家賃.

# 鲂 fáng
[名]〔魚〕サンカクホウ. ホウギョ.
**fángfú**【鲂鲱】[名]〔魚〕ホウボウ. カナガシラ.

# 仿(倣) fáng
**①**[动]まねる. 模倣する. **②**[名]手本を見て書いた習字. 臨書. ¶写了一张〜／習字を1枚書いた.
[H]似ている. ¶相xiāng〜／同上.

**fǎngbàn**【仿办】[动]倣(な)って処理する.
**fǎngdān**【仿单】[名]商品の説明書.
**fǎngfú**【仿佛】**①**[副]あたかも(…のようだ). まるで. さながら. ¶我〜在哪儿见过他／どこかで彼に会ったことがあるようだ. **②**[动]似ている. そっくりである. ¶他俩儿的脾气相〜／お二人の性格はよく似ている.
**fǎnggǔ**【仿古】[动]古代の器物や芸術をまねて作る.
**fǎngjiàn**【仿建】[动]〈古い建造物を〉そっくりに再現する.
**fǎngmào**【仿冒】[动]模造して本物に見せかける.
**fǎngshēngxué**【仿生学】[名]〔生〕バイオニクス.
**fǎngsòng**【仿宋】[名]〔印〕宋朝体.
**fǎngxiào**【仿效】[动]模倣する.
**fǎngxíng**【仿行】[动]倣って実行する.
**fǎngyǐng**【仿影】[名]習字のなぞって書く手本の字.
**fǎngzào**【仿造】[动]模造する.
**fǎngzhào**【仿照】[动]まねる.
**fǎngzhēn**【仿真】[形]擬似(ボ)の.
**fǎngzhēnpán**【仿真盘】[名]〔電算〕エミュレーター.
**fǎngzhēn shípǐn**【仿真食品】[名]食品のサンプル. 複製品.
**fǎngzhǐ**【仿纸】[名]習字の練習用紙.
**fǎngzhì**【仿制】[动]似せて作る.

# 访 fǎng
[动]〈書〉訪れる. ¶有客来〜／お客が訪ねてくる.
❷〈出向いて〉調べる. ¶〜求.
**fǎngchá**【访查】[动]聞き込み捜査をする.

## fǎng

**fǎnggǔ**【访古】古跡を訪ねる.
**fǎngjiù**【访旧】旧跡や旧知を訪ねる.
**fǎngqiú**【访求】訪ね求める.
**fǎngtán**【访谈】インタビューする.
**fǎngwèn**【访问】動 1 訪問する. ¶~老师家/先生の家を訪ねる. 2〈電算〉アクセスする.
**fǎngwèn xuézhě**【访问学者】名 海外に出ている学者. 客員教授.
**fǎngxún**【访寻】訪ね求める. 搜し求める.
**fǎngyuán**【访员】名〈旧〉新聞社の外勤記者.

## 仿

**fǎng** ❶ 異読⇒páng
**fǎngfú**【仿佛】→fǎngfú【仿佛】

## 纺

**fǎng**【纺】紡ぐ. ¶~棉花/綿を紡ぐ. ❷薄い絹織物. ¶杭~/杭州産の薄い絹織物.
**fǎngchē**【纺车】名 糸紡(つむ)ぎ車.
**fǎngchóu**【纺绸】名 絹織物.
**fǎngchuí**【纺锤】名 紡錘.
**fǎngdìng**【纺锭】名 紡錘.
**fǎngshā**【纺纱】動 紡ぐ.
**fǎngshāchǎng**【纺纱厂】名 紡績工場.
**fǎngzhī**【纺织】糸を紡ぎ布を織る.
**fǎngzhīchǎng**【纺织厂】名 紡織工場.
**fǎngzhīniáng**【纺织娘】名〈虫〉クツワムシ.
**fǎngzhīpǐn**【纺织品】名 織物.

## 舫

**fǎng** ❶ 舟. 船. ❷ 遊~/遊覧船.

## 髣

**fǎng** ❶
**fǎngfú**【髣髴】→fǎngfú【仿佛】

## 放

**fàng** ❶ 1 〈下へ〉置く; 预ける. ¶把铅笔盒~在桌子上/筆箱を机の上に置く. 2 入れる. 混ぜる. ¶~点儿酱油/醤油を少し入れる. 3 解き放す; 放ちやる; 休ませる. ¶别~他走/彼を行かせるな. 4 放つ. 射る. 撃つ; 光を発する; 火を着ける. 爆竹を鳴らす. ¶~枪/銃を撃つ. ¶~爆竹/爆竹を鳴らす. 5 ほしいまま振る舞う. 思う存分…する. ¶大喉咙子/大声を上げる. 6 放っておく;〈政策を〉自由化する. ¶不要工作不干去钓鱼/仕事を放って魚釣りに行く. 7〈機器を〉つける. 動かす;〈映画を〉放映する. ¶~音乐/音楽を流す. 8 大きくする; 伸ばす; 引き伸ばす;〈態度や行動を緩める;〈自制した行いを〉する. ¶~大照片/写真を引き伸ばす. ¶把胆子~大些/もっと大胆になれ. 9〈花が〉咲く; (芽が) 出る. ¶百花齐~/色とりどりの花がいっせいに咲く. 10〈金銭を〉貸し付ける. 貸し与える. ¶~高利贷/高利貸しをする. ‖~
**fàng//bǎng**【放榜】動 合格者名を揭

示〈発表〉する.
**fàng bǎofú**【放包袱】〈慣〉精神面の重荷をおろす.
**fàng/bù**【放步】動 大股に歩く.
**fàng chángxiàn, diào dàyú**【放长线, 钓大鱼】(諺)ゆったり構えて大きな利益を獲得する.
**fàng//chū**【放出】動+方補 放つ. 出す.
**fàngchù**【放黜】動〈書〉放逐する.
**fàngdá**【放达】動〈言行が〉世俗にとらわれない.
**fàngdà**【放大】動 1 大きくする. ¶~声音/音を大きくする. 2〈写真を〉引き伸ばす. 3〈電〉増幅する.
**fàngdàjìng**【放大镜】名 凸レンズ. 拡大鏡.
**fàng dàpào**【放大炮】〈慣〉大言壮語する.
**fàngdàqì**【放大器】名 1〈電〉アンプ. 2 拡大器.
**fàngdàzhǐ**【放大纸】名〈写真〉引き伸ばし用の感光紙.
**fàngdài**【放贷】動 融資する.
**fàngdǎn**【放胆】動 大胆にやる.
**fàngdàn**【放诞】動〈書〉勝手気ままな言動をする.
**fàngdàng**【放荡】形 気ままに振る舞う.
**fàng//diàn**【放电】動 1〈物〉放電する. 2 (喩) 秋波〈視線〉を送る.
**fàng/diào**【放刁】動 言いがかりをつける.
**fàng/dìng**【放定】動〈旧〉(婚約した男が女に)結納の品を贈る.
**fàng/dú**【放毒】動 1 毒を盛る. 2 (転)有害な言論をまき散らす.
**fàngduì**【放对】動〈方〉(武術の試合で)双方が相構える. 敵対する.
**fàngfēi**【放飞】動 1 離陸を許可する. 2 鳥を放つ; (凧などを) 揚げる.
**fàng/fēng**【放风】動 1 空気を通す. 2 囚人を屋外に一定時間出して散歩させたり便所へ行かせたりする. 3 情報やうわさを流す.
**fànggē**【放歌】動 思う存分大声で歌う.
**fàng/gōng**【放工】動〈仕事が〉終わる. 休みになる.
**fàng/guò**【放过】動+方補 (機会を) 見逃す; 見のがす. ¶机会不能~/チャンスを逃してはならない.
**fàng hǔ guī shān**【放虎归山】(成) 敵を逃して禍根を残す.
**fàng/huā**【放花】花火を上げる.
**fàng/huà**【放话】動 うわさを広める; 大きなことを放言する.
**fànghuái**【放怀】動 1 心を開く. 2 安堵する.
**fànghuán**【放还】動 元の位置に戻す; 釈放する.
**fàng/huāng**【放荒】動 野火を放つ.
**fàng/huǒ**【放火】動 1 放火する. 2 (転) 騒ぎをあおりたてる.
**fàng/jià**【放假】動 休みになる. ¶放暑假/夏休みになる.

**fàng//kāi**【放开】**動**+方補 **1** 自由化する．**2** 開く．

**fàngkāi shǒujiǎo**【放开手脚】〈慣〉大胆に心おきなくやる．

**fàngkè**【放课】授業が終わる．

**fàng//kōng**【放空】**動 1**（タクシーなどが）空(から)で走る．**2** 使われずに放置される．

**fàng kōngpào**【放空炮】〈慣〉大言壮語する．

**fàng kōngqì**【放空气】〈慣〉よくないうわさや雰囲気を広める．

**fàng kǒufēng**【放口风】〈慣〉口吻(こうふん)を漏らす．

**fàngkuān**【放宽】**動** 寛大にする．緩やかにする．

**fàng//kuǎn**【放款】**1 動**（銀行などが）貸し付ける．**2 名** 貸付金．

**fàngkuàng**【放旷】**動**〈書〉闊達(かったつ)である．

**fànglàng**【放浪】**動**〈書〉気ままに振舞う．

**fàng lěngfēng**【放冷风】〈慣〉デマを飛ばす．

**fàng lěngjiàn**【放冷箭】〈慣〉闇討ちをかける；除不人を中傷する．

**fàngliàng**【放量】**動** 思う存分食べる〔飲む〕．

**fàngliáo**【放疗】**名**〈医〉放射線治療．

**fàngmàn**【放慢】**動** 速度を落とす．

**fàngmù**【放牧】**動** 放牧する．

**fàngniúwá**【放牛娃】**名** 牛飼いの子供．

**fàng//pái**【放排】いかだを流す．

**fàng//pán**【放盘】**動** 商店が相場よりも）安く売る，または高く買い入れる；値引きする．

**fàng//pào**【放炮】**動 1** 大砲を撃つ；爆竹に火をつけて鳴らす；発破を掛ける．**2** パンクする．**3**（喩）人を驚かすような説を発表したり，人に激しい非難を浴びせたりする．

**fàng//pì**【放屁】**動** 屁(へ)をひる；〈罵〉でたらめを言う．ふざけんな．

**fàngqì**【放弃】**動**（権利・主張・意見などを）放棄する，断念する．¶~机会／チャンスを放棄する．

**fàng//qīng**【放青】**動** 家畜を草原に放牧する．

**fàng qīngmiáo**【放青苗】〈旧〉〈農〉民の生活苦に乗じ）青田買いをする．

**fàngqíng**【放情】思う存分．

**fàng//qíng**【放晴】**動**（雨が）上がる．

**fàngquán**【放权】**動** 権限を下部に移譲する．

**fàngrè**【放热】**動**〈化〉放熱する．

**fàngrèn**【放任】**動** 放任する．

**fàngsàn**【放散】**動** 発散する．

**fàng//shào**【放哨】**動**〈軍〉歩哨を置く．

**fàngshè**【放射】**動 1** 放射する．**2** 発射する．

**fàngshèbìng**【放射病】**名**〈医〉放射線障害．

**fàngshèchóng**【放射虫】**名**〈虫〉ホウサンチュウ．

**fàngshèxiàn**【放射线】**名**〈物〉放射線．

**fàngshèxíng**【放射形】**名** 放射状．

**fàngshèxìng**【放射性】**名** 放射状．

**fàngshèxìng fèiwù**【放射性废物】**名**〈環境〉放射性廃棄物．

**fàngshèxìng wūrǎn**【放射性污染】**名**〈環境〉放射性污染．

**fàng//shēng**【放生】**動**〈宗〉放生(ほうじょう)する．（特に他人の捕らえた生き物を逃がして功徳(くどく)を積む．

**fàngshēng**【放声】**動** 声を放つ．

**fàng//shǒu**【放手】**動 1**（持っている）手を放す．**2**（かかわっていたことから）手を引く．**3** 思い切って（…する）．

**fàng//shuǐ**【放水】**動 1** 水を流す；貯水池に水を入れる．**2** 八百長試合をする．

**fàngsì**【放肆】**動** 勝手気ままである．

**fàngsōng**【放松】**動 1**（気を緩め）楽にする；（気を抜きう）なおざりにする．**2**（肉体や物を）緩める．

**fàngsòng**【放送】**動** 放送する．

**fàng//xià**【放下】**動**+方補 下に置く；手放す．ほったらかす；やめる．

**fàng xià tú dāo, lì dì chéng fó**【放下屠刀，立地成佛】〈諺〉悪事から足を洗いさえすればすぐに真人間にされる．

**fàngxiànjūn**【放线菌】**名** 放線菌．

**fàngxiàngjī**【放像机】**名 1** 再生専用ビデオデッキ．**2**〈写真〉引き伸ばし機．

**fàngxiě**【放血】**動 1**〈医〉瀉血(しゃけつ)する．**2**〈方〉暴力をふるう．

**fàngxīn**【放心】**動** 安心する．

**fàngxíng**【放行】**動** 通過を許す．

**fàng//xué**【放学】**動 1** 学校が引ける．**2** 学校が休みになる．

**fàng yāzi**【放鸭子】〈慣〉野放しにする．

**fàngyǎn**【放眼】**動** 視野を広げる．

**fàng//yáng**【放羊】**動 1** 羊を放牧する．**2**（喩）ほったらかす．

**fàngyáng**【放洋】**動 1**〈旧〉洋行する．**2**〈書〉船が出航する．

**fàngyǎng**【放养】**動** 放し飼いをする；養殖する．

**fàng//yàng**【放样】**動**（～儿）〈建設前に建物の）模型を作る．

**fàng yěhuǒ**【放野火】〈慣〉（もめ事を起こすような）デマを飛ばす．

**fàng yìnzi**【放印子】〈旧〉高利貸しをする．

**fàngyìng**【放映】**動** 上映する．

**fàngyìngjī**【放映机】**名** 映写機．

**fàngyū**【放淤】**動** 泥水を田に流しこみ土地を肥沃にする．

**fàngzài yǎnlǐ**【放在眼里】〈慣〉眼中におく．▶多く否定の形で用いる．

**fàng//zhài**【放债】**動** 金貸しで金を貸す．

**fàng//zhàng**【放账】**動** 金貸しをする．

**fàngzhèn**【放赈】**動** 救済物資を放出

**fàng zhī sì hǎi ér jiē zhǔn**【放之四海而皆准】(成)世界中どこにでも適用できる.
**fàngzhì**【放置】[動]放置する.
**fàngzhú**【放逐】[動]〈書〉放逐する.
**fàngzì**【放恣】[動]〈書〉勝手気ままである.
**fàngzòng**【放纵】1[動]放任する. 2[形]わがままである.

## fēi (ㄈㄟ)

**fēi**【飞(飛)】[動] 1(鳥・虫などが)飛ぶ. 2(飛行機などが)飛ぶ. ¶从北京~往上海/北京から飛行機で上海へ飛ぶ. 3(空中に)ひらひらと舞う,漂う,飛び散る. ¶唾沫星子乱~/つばきが飛び散る. 4〈口〉揮発する. なくなる. ¶酒精得很快/アルコールはすぐ飛んでしまう. [日](飛ぶという)速い,速く. ¶一~跑. 2根も葉もない. 意外な. ¶一~语. ‖
**fēibái**【飞白】[名]飞白(bái). ▶書体の一種.
**fēibào**【飞报】[動]急いで知らせる.
**fēibēn**【飞奔】[動]飛ぶように走る.
**fēibiāo**【飞镖】[名] 1→【镖biāo】. 2手裏剣「ブーメラン」を投げる競技.
**fēibó**【飞驳】[名]空から転載する.
**fēichē**【飞车】[名]暴走車.
**fēichēzǒubì**【飞车走壁】自転車やオートバイで円形建物の内壁を乗り回す曲芸.
**fēichí**【飞驰】[動](車や馬が)疾走する.
**fēichóng**【飞虫】[名] 1羽をもった昆虫. 2〈古〉鳥.
**fēichuán**【飞船】[名] 1宇宙船. 2飛行船.
**fēidàn**【飞弹】[名]〈軍〉1(ミサイルなど)自動飛行装置のある爆弾. 2流れ弾.
**fēidǐ**【飞抵】[動](…に)飛行機で着く.
**fēidì**【飞地】[名]飛び地.
**fēidié**【飞碟】[名] 1空飛ぶ円盤. 2(商標)フリスビー. 3クレー射撃の標的.
**fēi duǎn liú cháng**【飞短流长】(成)あれこれデマを飛ばす.
**fēi é tóu huǒ**【飞蛾投火】(成)飛んで火に入る夏の虫. ▶"飞蛾扑火"も.
**fēigēpài**【飞鸽派】[慣]定住地のない人;つねに転職をねらう人.
**fēiguī**【飞归】[数]そろばんによる一種の簡便な割算法.
**fēihóng**【飞红】1[形](顔)が真っ赤である. 2[動](顔)を赤くする.
**fēihóng**【飞鸿】[名] 1サカツラガン. 2手紙.
**fēihuā**【飞花】[名]紡績作業中に舞い上がる綿くずや綿ぼこり.
**fēihuáng**【飞蝗】[名]〈虫〉ワタリバッタ. トビバッタ.

**fēi huáng téng dá**【飞黄腾达】(成)とんとん拍子に出世する.
**fēihuò**【飞祸】[名]不慮の災禍.
**fēijī**【飞机】[名]飛行機. [架]
**fēijīchǎng**【飞机场】[名]飛行場.
**fēijīpiào**【飞机票】[名]航空券.
**fēijiǎn**【飞检】[名]〈体〉抜き打ちのドーピング検査.
**fēijiàn**【飞溅】[動]飛び散る.
**fēijiāngjūn**【飞将军】[名]すぐれた将軍. 勇敢な将兵.
**fēikuài**【飞快】[形] 1飛ぶように速い. 2(刃物が)たいへん鋭い.
**fēilíng**【飞灵】[形]〈方〉1非常にすばしこい. 2すばらしい効き目がある.
**fēilún**【飞轮】[名] 1〈機〉フライホイール. 2(~儿)(機)(自転車などの)後輪のチェーンがかかる歯車.
**fēimáotuǐ**【飞毛腿】[名]非常に足の速い人.
**fēimò**【飞沫】[名]飛沫(mò).
**fēipán**【飞盘】[名](~儿)(商標)フリスビー.
**fēipǎo**【飞跑】[動]飛ぶように駆ける.
**fēipéng**【飞蓬】[名]〈植〉ムカシヨモギ.
**fēipù**【飞瀑】[名]高い所から落ちる滝.
**fēi qián dòng zhí**【飞潜动植】(成)あらゆる動植物.
**fēiqín**【飞禽】[名]鳥類.
**fēi qín zǒu shòu**【飞禽走兽】(成)鳥獣類の総称.
**fēiquán**【飞泉】[名]滝.
**fēirén**【飞人】[名] 1空中で演じる曲芸. 2陸上競技でとくにすぐれた選手.
**fēisàn**【飞散】[動] 1(煙や霧などが)空中に漂い広がる. 2飛び散る.
**fēi shā zǒu shí**【飞沙走石】(成)大風が吹き荒れるさま.
**fēishēn**【飞身】[動]軽々と飛び上がる.
**fēishēng**【飞升】[動] 1飛び上がる. 2修行して仙境に昇る.
**fēishì**【飞逝】[動](時間などが)またたく間に過ぎ去る.
**fēishǔ**【飞鼠】[名] 1ムササビ. 2〈書〉コウモリ.
**fēisù**【飞速】[形]飛ぶように速い.
**fēiténg**【飞腾】[動]速やかに立ち上る.
**fēitiān**【飞天】[名]〈宗〉飛天(tiān).
**fēiwěn**【飞吻】1[動]投げキッスをする. 2[名]投げキッス.
**fēiwǔ**【飞舞】[動]舞うように飛ぶ. 舞い上がる.
**fēixiáng**【飞翔】[動](旋回して)飛ぶ.
**fēixíng**【飞行】[動](飛行機やロケットが)空を飛ぶ.
**fēixíngqì**【飞行器】[名]気球・飛行機・ロケット・人工衛星など空中を飛行する機器・装置の総称.
**fēixíngyuán**【飞行员】[名](飛行機などの)操縦士.
**fēixuán**【飞旋】[動]空を旋回する.
**fēiyán**【飞檐】[名]〈建〉反りひさし.
**fēi yán zǒu bì**【飞檐走壁】(成)身

軽く屋根を伝い塀を乗り越える.

**fēi**/**yǎn**【飞眼】動(～儿)色目を使う.

**fēiyáng**【飞扬】動 1 舞い上がる. 2 形 意気揚々と得意げである. ▲"飞飏"とも.

**fēi yáng bá hù**【飞扬跋扈】〈成〉勝手気ままに振る舞う.

**fēiyì**【飞翼】ハンググライダー.

**fēiyú**【飞鱼】名〈魚〉トビウオ；〈喩〉すぐれた水泳選手.

**fēiyǔ**【飞语】名 根も葉もないうわさ.

**fēiyuè**【飞跃】動 1 目覚ましい勢いで〔に〕. 2 動 1 飛び上がる. 2〈体〉(スキーで)ジャンプする. 3 名〈哲〉飛躍.

**fēiyuè**【飞越】動 1 (上空を)飛び越える. 2〈書〉気持ちが高ぶる.

**fēiyún**【飞云】名〈気〉流れ雲.

**fēizāi**【飞灾】名 思わぬ災い.

**fēizéi**【飞贼】名 屋根や塀を乗り越えて忍び込む盗賊；空から侵略する敵.

**fēizhǎng**【飞涨】動 1 (物価が)暴騰する. 2 (水の勢いが)急激に増す.

**fēi zhēn zǒu xiàn**【飞针走线】〈成〉針仕事が熟練して速い.

**fēizhōu**【飞舟】名 飛ぶように速い船.

## 妃 **fēi**🈹 妃(ﾋ).

**fēipín**【妃嫔】名 妃(ﾋ)と嬪(ﾋﾝ)；(広く)皇帝の側室.

**fēisè**【妃色】名 ピンク. 淡紅色.

**fēizi**【妃子】名 妃.

## 非 **fēi**①動 1 〈書〉…ではない. …にあらず. ¶这件事～我们所能处理的 / このことはわれわれで解決できるようなものではない.
2 副 1 ("不"と二重否定を作り)ぜひとも…でなければならない. どうしても…しようとする. ¶这件事～他出面解决不可 / このことは彼が顔を出さないと解決できない. 2 ("才"で受けて)…してはじめて…できる. …しなければ…できない. ¶这病～开刀才有治 / この病気は手術をしないと治らない.
3 接頭 非. 不. ¶～会员 / 非会員. 🈹 ①まちがい. 誤り. 不正. ¶是～ / 是非. ②合わない. ¶～～法. ③反対する. 責める. ¶～～议. アフリカ. ¶～→洲.

**fēibìngyuánjūn**【非病原菌】名 非病原菌.

**fēicháng**【非常】 1 形 たいへん. とても. 非常に. 2 副 尋常でない. 並でない. ¶～的现象 / 異常な現象.

**fēichǎngnèi jiāoyì**【非场内交易】名〈経〉(証券取引所に)場外取引.

**fēichǔfāngyào**【非处方药】名 医師の処方なしに購入できる薬.

**fēidàn**【非但】接続…であるばかりでなく.

**fēidǎotǐ**【非导体】名〈物〉不導体.

**fēi děi**【非得】副 どうしても…しなければならない. ▶一般に"不"または"不可"と呼応する.

**fēidiǎn**【非典】名〈略〉〈医〉SARS(サ

ーズ). 新型肺炎.

**fēidiǎnxíng fèiyán**【非典型肺炎】名〈医〉SARS.

**fēidiànjiězhì**【非电解质】名〈化〉非電解質.

**fēidú**【非独】接続〈書〉…ばかりでなく.

**fēiduìkàngxìng máodùn**【非对抗性矛盾】名 非敵対的な矛盾.

**fēifǎ**【非法】形 非合法の.

**fēifǎ qǔzhèng**【非法取证】名〈法〉違法な取り調べ.

**fēifán**【非凡】形 非凡である. 並外れている.

**fēi… fēi…**【非…非…】〈型〉…でもなければ…でもない. ¶～亲～故 / 赤の他人.

**fēifēn**【非分】形 1 分不相応な. 2 自分のものでない.

**fēi gōng mò rù**【非公莫入】〈成〉公用のもの以外は入るべからず.

**fēiguānfāng**【非官方】形 非公式の.

**fēihūnshēng zǐnǚ**【非婚生子女】名 非嫡出子.

**fēijīdòngchē**【非机动车】名 (馬車など)エンジンのない車両.

**fēi… jí…**【非…即…】〈型〉…か…か (どちらか)である. ¶～打～骂 / 殴るかののしるかする.

**fēijīnshǔ**【非金属】名 非金属.

**fēijīngtǐ**【非晶体】名 非結晶体.

**fēijīngzhì jīnshǔ**【非晶质金属】名 アモルファス金属.

**fēijūnshìhuà**【非军事化】名 非武装化.

**fēijūnshìqū**【非军事区】名 非武装地帯.

**fēilǐ**【非礼】1 形〈書〉無礼である. 2 動〈方〉女性にわいせつ行為をする.

**fēi lú fēi mǎ**【非驴非马】〈成〉得体が知れない.

**fēimàipǐn**【非卖品】名 非売品.

**fēimìng**【非命】名〈書〉非業(ｺﾞｳ)の死. ¶死于～ / 非業の死を遂げる.

**fēinàn**【非难】動 非難する.

**fēirén**【非人】形 非人道的である.

**fēishēngchǎn bùmén**【非生产部门】名 非生産部門.

**fēishēngchǎnxìng**【非生产性】形 非生産的な.

**fēitè**【非特】接続〈書〉…ばかりでなく.

**fēitiáojiàn cìjī**【非条件刺激】名〈生理〉無条件刺激.

**fēitiáojiàn fǎnshè**【非条件反射】名〈生理〉無条件反射.

**fēi tóng xiǎo kě**【非同小可】〈成〉ただごとでない.

**fēi tóng xún cháng**【非同寻常】〈成〉普通とは異なる.

**fēitú**【非徒】接続〈書〉…だけでなく.

**fēixiào**【非孝】名 嘲笑する孝.

**fēixíng**【非刑】名 不法な酷刑.

**fēiyào**【非要】副 どうしても…しなくてはならない.

## fēi

**fēiyì**【非议】動非難する.

**fēiyínháng jīnróng jīgòu**【非银行金融机构】(経)ノンバンク.

**fēiyínglì zǔzhī**【非营利组织】名NPO.

**fēizàishēng zīyuán**【非再生资源】(環)再生不能資源.

**fēizhèngfǔ zǔzhī**【非政府组织】名NGO.

**fēizhèngshì**【非正式】形非公式の.

**fēizhǐ**【非止】→**fēidàn**【非但】

**Fēizhōu**【非洲】名(地)アフリカ.

菲 **fēi**【菲】形花が美しくかぐわしい. ¶~芳/花の香り. 異読⇒fěi

**fēifēi**【菲菲】形(書) 1 花が生い茂って美しいさま. 2 花が芳しいさま.

**fēilín**【菲林】名(方)フィルム.

**Fēilǜbīn**【菲律宾】名(地名)フィリピン.

啡 **fēi** →**kāfēi**【咖啡】**mǎfēi**【吗啡】

骓 **fēi**【骓】名(書)副馬(ぞえうま). 4頭立て馬車の外側の2頭の馬.

绯 **fēi**【绯】形赤色. 緋色(ひ).

**fēihóng**【绯红】形真っ赤である.

**fēiwén**【绯闻】名艶聞.

扉 **fēi**【扉】名扉. 開き戸.

**fēihuà**【扉画】名(書物の)扉絵.

**fēiyè**【扉页】名(書物の)扉.

蜚 **fēi**【蜚】【**fěi**】に同じ. 異読⇒fěi

**fēi duǎn liú cháng**【蜚短流长】→**fēishēng**【蜚声】動名を揚げる.

**fēiyǔ**【蜚语】→**liúyán**【流言】

霏 **fēi**【霏】(書) 1 (雨や雪が)しきりに降る. ¶雨雪霏~/雨や雪が降りきる. 2 (煙や雲が)立ちこめる, たなびく.

**fēifēi**【霏霏】形(書)(雨・雪などが)しきりに降るさま.

**fēiwēi**【霏微】形(書)霧や小雨が立ちこめるさま.

鲱 **fēi**【鲱】名(魚)ニシン. ¶~鱼干儿 gānr/身欠きニシン.

肥 **fēi①**❶形 1 (動物が)肥えている. 脂肪分が多い. 2 (土地が)肥沃である. ❸(服・靴下などが)ゆったりしている, 幅が広い, だぶだぶしている. ❷動 1 (土地を)肥やす. 2 (不正な収入で)富ませる. ❸①肥料. ¶施~/肥料をやる. ②うるおい多い. ¶~~的意. ③うまい汁. ¶分~/分け前にあずかる.

**féibiāo**【肥膘】名(肉の)脂身.

**féichāi**【肥差】名(俗)実入りの多いポスト.

**féicháng**【肥肠】名(～儿)(食用にする)豚の大腸.

**féidādā**【肥嗒嗒】形(～的)太っているさま.

**féidà**【肥大】形 1 (衣服などが)ゆるくて

大きい. 2 (動植物が)丸々している. 3 (医)肥大している.

**féifēn**【肥分】名(農)肥料の有効成分.

**féigǔngǔn**【肥滚滚】形(～的)むっちりしている.

**féihòu**【肥厚】形 1 肥えて厚い. 2 (医)肥大している. 3 (土が)深くまで肥沃である. 4 (待遇が)手厚い.

**féihuó**【肥活】名(～儿)うまみのある仕事.

**féijí**【肥瘠】名(農)土壌の肥沃の程度.

**féilì**【肥力】名(農)土壌の肥沃の程度.

**féiliào**【肥料】名肥料.

**féiméi**【肥煤】名コークス用炭.

**féiměi**【肥美】形 1 (土地が)肥沃である. 2 (動植物が)よく肥えている. 3 脂がのっておいしい.

**féipàng**【肥胖】形(人が)太っている.

**féipàngzhèng**【肥胖症】名肥満症.

**féiquē**【肥缺】名(不正な)実入りのよいポスト.

**féiròu**【肥肉】名 肉の脂身; (喩)うまみのあるもの.

**féishí**【肥实】形 1 肉付きがよくてたくましい. 2 脂身が多い. 3 裕福である.

**féishòu**【肥瘦】名 1 (衣服の)大きさ, サイズ. 2 (～儿)(方)赤身と脂身が半々の肉.

**féishuǐ**【肥水】名 液肥; (喩)利益.

**féishuǐ bù liú wàirén tián**【肥水不流外人田】(諺)よいものは他人に渡さない.

**féishuò**【肥硕】形 1 (果実が)よく実って大きい. 2 (体が)大きくて太っている.

**féi/tián**【肥田】動土地を肥やす. 肥沃な田畑.

**féitiáncǎo**【肥田草】名(農)肥料になる草.

**féitiánfěn**【肥田粉】名(農)硫安(の通称).

**féi tóu dà ěr**【肥头大耳】(成)(人や動物が)太って大柄である.

**féiwò**【肥沃】形肥沃である.

**féixiào**【肥效】名(農)肥料の効き目.

**féiyù**【肥育】動(牧)肥育する.

**féiyuán**【肥源】名(農)肥料の原材料.

**féizào**【肥皂】名石鹼. [块;条]

**féizàofěn**【肥皂粉】名粉石鹼.

**féizàojù**【肥皂剧】名昼のメロドラマ; (喩)お粗末な話.

**féizàopào**【肥皂泡】名(喩)水の泡. はかないもの.

**féizhuàng**【肥壮】形 肉付きがよくてたくましい.

淝 **féi**【淝】(地名)用字. ¶~水之战/淝水(ひ)の戦.

腓 **féi**【腓】名ふくらはぎ.

**féichángjī**【腓肠肌】名(生理)腓腹筋(ひふく).

**féigǔ**【匪骨】名〈生理〉脾骨(ひこつ).

**匪 féi**㋐ ❶強盗. 野盗. ¶盗~／盗賊. ❷…でない. ¶獲益~浅／益するところ大である.

**féibāng**【匪帮】名 匪賊の一味；反動的な政治グループ.

**féicháo**【匪巣】名 匪賊の巣窟.

**féidào**【匪盗】名 盗賊.

**féihuò**【匪祸】→féihuàn【匪患】

**féijǐng**【匪警】名 警察への緊急通報.

**féijūn**【匪军】名 (敵軍をののしして)匪賊のような軍隊.

**féikū**【匪窟】名 匪賊の巣窟.

**féilèi**【匪类】名 けしからぬ悪人.

**féishǒu**【匪首】名 匪賊の首領.

**féitú**【匪徒】名 強盗. 悪党.

**féixué**【匪穴】名 匪賊の根城.

**féi yí suǒ sī**【匪夷所思】成 言行が常軌を逸している.

**诽 fěi**㋐ そしる.

**fěibàng**【诽谤】动 誹謗する.

**菲 fěi**㋐ わずかな. 粗末な. ¶~礼／粗品. 異読⇒fēi

**fěibó**【菲薄】❶形 わずかである. 粗末である. ❷动 見下げる.

**fěijìng**【菲敬】名〈謙〉粗品.

**fěiyí**【菲仪】名〈謙〉粗品.

**fěizhuó**【菲酌】名〈謙〉ささやかな酒肴.

**悱 fěi**㋐〈書〉(言おうとして)うまく言えない.

**fěicè**【悱恻】形 ❶苦悩する. ❷纏綿／心が千々に乱れている.

**斐 fěi**㋐ あやがあって美しい. ‖姓

**Fěijì**【斐济】名〈地名〉フィジー.

**fěirán**【斐然】形❶〈書〉(文章や衣服が)あやがあって美しいさま. ❷(成績が)目覚ましい.

**榧 fěi**㋐ カヤ.

**fěizǐ**【榧子】名〈植〉カヤ；〈中薬〉榧子(ひ).

**蜚 fěi**㋐ 異読⇒fēi

**fěilián**【蜚蠊】名〈虫〉ゴキブリ.

**翡 fěi**㋐

**fěicuì**【翡翠】名 ❶〈鳥〉カワセミ. ❷ひすい.

**fěicuìlǜ**【翡翠緑】名 エメラルドグリーン.

**fěicuìmiàn**【翡翠面】名〈料理〉ひすいめん.

**蒂 fèi** →bìfèi【蔽蒂】 異読⇒fú

**吠 fèi**㋐(犬が)吠える. ¶狂~／けたたましく吠える.

**fèishè**【吠舍】名(インドのカーストの第3の身分で)バイシャ.

**fèi xíng fèi shēng**【吠形吠声】成 事の真相を知らずに付和雷同する.

---

**肺 fèi**名 肺. 肺臓.

**fèi'ái**【肺癌】名 肺癌(がん).

**fèibìng**【肺病】名〈医〉肺病. 肺結核.

**fèidòngmài**【肺动脉】名〈生理〉肺動脈.

**fèifǔ**【肺腑】名 肺腑(ふ)；〈喩〉心の奥底.

**fèi fǔ zhī yán**【肺腑之言】成 心底から出た言葉.

**fèihuóliàng**【肺活量】名〈生理〉肺活量.

**fèijiéhé**【肺结核】名〈医〉肺結核.

**fèijìngmài**【肺静脉】名〈生理〉肺静脈.

**fèiláo**【肺痨】名→fèijiéhé【肺结核】

**fèinóngzhǒng**【肺脓肿】名〈医〉肺膿瘍(よう).

**fèipào**【肺泡】名〈生理〉肺胞.

**fèiqìzhǒng**【肺气肿】名〈医〉肺気腫.

**fèixīchóng**【肺吸虫】名〈動〉(寄生虫の)肺臓ジストマ.

**fèixúnhuán**【肺循环】名〈生理〉肺循環.

**fèiyán**【肺炎】名〈医〉肺炎.

**fèiyè**【肺叶】名〈生理〉肺葉.

**fèiyú**【肺鱼】名〈魚〉ハイギョ.

**fèizàng**【肺脏】名〈生理〉肺臓.

**fèizhì**【肺蛭】名→fèixīchóng【肺吸虫】

**狒 fèi**㋐

**fèifèi**【狒狒】名〈動〉ヒヒ. マントヒヒ.

**废**【廢】**fèi** ❶动 廃止する. 取りやめる. ❷㋐①役に立たない. 不用の. ¶~丝／屑糸. ②身体障害の. ¶~疾／病人.

**fèichí**【废弛】动〈書〉政令や風紀などがゆるむ.

**fèichú**【废除】动(法令・制度・条約などを)廃棄する, 撤廃する.

**fèichù**【废黜】动 ❶免職する. 罷免する. ❷特権的な地位を廃止する.

**fèihuà**【废话】❶动 よけいな口をきく. ❷名 よけいな話. むだ話.

**fèi huà lián piān**【废话连篇】成 くだらないことを長々しく言う.

**fèijí**【废疾】名 身体障害(者).

**fèijiù**【废旧】形 使い古された. 不用になった.

**fèilì**【废立】动〈書〉(封建時代に)家臣が主君を退位させて新しい君主を立てる.

**fèiliào**【废料】名 廃棄物.

**fèipiào**【废票】名 無効の切符；無効票.

**fèipǐn**【废品】名 ❶不合格品. ❷廃品.

**fèipǐn shōugòuzhàn**【废品收购站】名 リサイクルセンター.

**fèiqì**【废气】名 排気(ガス).

**fèiqì**【废弃】动 廃棄する. 捨てる.

**fèiqìwù**【废弃物】名 廃棄物.

**fèi qǐn wàng shí**【废寝忘食】〈成〉寝食を忘れる. ▶"废寝忘餐"とも.
**fèirè**【废热】〈名〉廃熱.
**fèirén**【废人】〈名〉1 身体障害者. 2 役に立たない人.
**fèi shū ér tàn**【废书而叹】〈成〉本を読むのをやめて長大息をする.
**fèishuǐ**【废水】〈名〉廃水.
**fèisī**【废丝】〈紡〉くず糸.
**fèitiě**【废铁】〈名〉くず鉄.
**fèi tóng làn tiě**【废铜烂铁】〈成〉廃棄すべきもの.
**fèiwù**【废物】〈名〉廃棄物.
**fèiwu**【废物】〈名〉〈罵〉能なし. ろくでなし.
**fèiwù jiāohuàn**【废物交换】〈名〉〈環境〉廃棄物交換.
**fèixū**【废墟】〈名〉廃墟(址).
**fèixué**【废学】〈動〉学校を中退する.
**fèiyè**【废液】〈名〉廃液.
**fèizhā**【废渣】〈名〉固形廃棄物.
**fèizhǐ**【废止】〈動〉(法令・制度などを)廃止してやめる.
**fèizhǐ**【废纸】〈名〉〔書〕旧址.
**fèizhǐ**【废纸】〈名〉紙くず. 無効となった証書等.
**fèizhì**【废置】〈動〉(使わずに)放っておく.

## 沸 **fèi** 🅗 沸騰する. 沸く.
**fèidiǎn**【沸点】〈名〉〈物〉沸点.
**fèi fǎn yíng tiān**【沸反盈天】〈成〉上を下への大騒ぎ.
**fèi fèi yáng yáng**【沸沸扬扬】〈成〉わいわいと大騒ぎをする.
**fèiquán**【沸泉】〈名〉〈地質〉80°C以上の温泉.
**fèirè**【沸热】〈形〉温度が高く非常に熱い.
**fèishí**【沸石】〈名〉〈鉱〉ゼオライト.
**fèishuǐ**【沸水】〈名〉熱湯.
**fèiténg**【沸腾】〈動〉1 沸騰する; 〈喩〉感情・雰囲気が沸き立つ; 〈喩〉わいわい騒ぎ立てる.

## 费 **fèi** 🅓〈動〉1（金銭・労力・時間などが）かかる. ¶ 了半天工夫 / 長いこと時間がかかった. 2（よけいに）使う. ¶ 这孩子穿衣服很 / この子はすぐ服をだめにしてしまう.
🅘〈名〉用. 金額. ¶ 伙食 / 食費. ¶ 交 / 料金を納める. ¶ 姓
**Fèibiān zhǔyì**【费边主义】〈名〉フェビアン主義.
**fèi chúnshé**【费唇舌】〈慣〉言葉を費やす; よけいな話をする.
**fèi'èpōlài**【费厄泼赖】〈名〉〔旧〕フェアプレー.
**fèi/gōng**【费工】〈動〉(仕事の)手間がかかる.
**fèi gōngfu**【费工夫】時間を費やす. かける(がかかる).
**fèi/huà**【费话】〈動〉口が酸っぱくなるほど言う.
**fèijiě**【费解】〈形〉(文章の語句や話が)難解である.
**fèi/jìn**【费劲】〈動〉(~儿)骨を折る. 力を入れる.

**fèi jìn xīn jī**【费尽心机】〈成〉いろいろと頭を絞って考える.
**fèi kǒushé**【费口舌】→**fèi tuòmo**【费吐沫】
**fèi/lì**【费力】〈動〉苦労する. 骨を折る.
**fèilì bù tǎohǎo**【费力不讨好】〈諺〉骨折り損で損をする.
**fèilǜ**【费率】〈名〉〈略〉保険料率.
**fèi/nán**【费难】〈動〉〈方〉困難に感じる.
**fèi/qián**【费钱】〈動〉金をかける. 〈形〉不経済である.
**fèi/shén**【费神】〈動〉気をつかう; 手数をかける. ▶人に依頼するとき.
**fèishí**【费时】1〈動〉時間をかける. 2〈形〉時間がかかる.
**fèi/shì**【费事】1〈動〉手間をかける. 2〈形〉面倒である.
**fèi shǒujiǎo**【费手脚】〈慣〉手間がかかる. 手間をかける.
**fèi tuòmo**【费吐沫】〈慣〉口数を費やす; 手数がかかる. ▶"费嘴沫"とも.
**fèi/xīn**【费心】〈動〉気をつかう. 煩わす; ご面倒ねがう. ▶人に依頼するとき.
**fèi xīnsi**【费心思】〈慣〉思い悩む.
**fèi/yǎn**【费眼】1〈動〉目を使う. 2〈形〉目が疲れる.
**fèiyong**【费用】〈名〉費用. 支出.
**fèi zhōuzhé**【费周折】手数がかかる.

## 痱 **fèi** ❷
**fèizi**【痱子】〈名〉あせも.
**fèizǐfěn**【痱子粉】〈名〉ベビーパウダー; 天花粉.

## fēn（ㄈㄣ）

## 分 **fēn** 🅘❶〈量〉1（長さ・時間・貨幣・角度などの単位）分. ¶ 三点五十~ / 3時50分. ¶ 四块六毛八~钱 / 4元6角8分. 2 点数. (競技などの)得点. ¶ 输了九~ / 9点負け越した. 3 分数. 10分の1; 歩. ¶ 利率(年利は1分で10%, 月利は1分で1%). ¶ 二~之一 / 2分の1.
❷〈動〉1 分ける. ¶ 成两半 / 二つに分ける. 2 分配する. ¶ 利 / 利潤を分ける. ¶ 给你一点儿吧 / 少し分けてあげましょう. ¶ 传单 / ビラを配る. 3 見分ける. 区別する.
🅘(全体から)分かれた. ¶ ~店. ¶ ~公司. ¶ ~部 / 支部.
🅙異読→fèn
**fēnbǎo**【分保】〈経〉再保険.
**fēnbèi**【分贝】〈量〉〈物〉デシベル.
**fēn bēng lí xī**【分崩离析】〈成〉(集団や国家が)ばらばらに崩れる.
**fēnbiàn**【分辨】〈動〉見分ける. 識別する.
**fēnbiàn**【分辩】〈動〉言いわけをする.
**fēnbiànlǜ**【分辨率】〈名〉(画面などの)解像度.
**fēnbié**【分别】🅘❶〈動〉1 別れる. 2 区

別する. 見分ける. ¶～真假/真偽を見分ける. **2**[名]区別, 違い. **3**[副]**別々に**. それぞれ. ¶～对待/それぞれに対処する.

fēnbīng[分兵][動]兵力を分ける.
fēnbù[分布][動]**分布する**.
fēnbuchū[分不出][動+可補]区別できない.
fēnbukāi[分不开][動+可補]切り離せない.
fēn/cān[分餐][動]料理を一人ずつ取り分けて出す.
fēncè[分册][名]分册.
fēnchà[分叉][動]〈農〉分枝する.
fēn/chǎng[分场][名]一つの芝居をいくつかの場面に分ける.
fēn/chéng[分成][動+結補](～儿)…に分ける.
fēncuàn[分篡][動]〈書〉分家する.
fēncùn[分寸][名]程合い. ちょうどよい程度. ¶他做事很有～/あの人は行き過ぎたことをしない.
fēndān[分担][動]分担する.
fēndào[分道][名]〈体〉(トラック競技の)コース.
fēn dào yáng biāo[分道扬镳]〈成〉各自が自分の選んだ目標に向かって前進する.
fēndé[分得][動]分けてもらう; 分配の結果に手に入る.
fēn/děng[分等][動]等級を分ける.
fēndiàn[分店][名]支店.
fēndù[分度][動]分担する.
fēnduì[分队][名]**1**〈軍〉分隊. "排"(小隊)や"班"(軍の最小組織)の総称. **2**分遣隊.
fēn ér zhì zhī[分而治之]〈成〉分割して支配する.
fēnfā[分发][動]**1**一つ一つ配る. 分配する. **2**(人を職場に)配属する.
fēn/fáng[分房][動](勤務先から)住宅を割り当てる.
fēn/féi[分肥][動](不正な手段による)利益の分け前にあずかる.
fēnfù[分赴][動]手分けして…へ行く.
fēnfu[分付]→fēnfu[吩咐]
fēngē[分割][動]切り離す.
fēngé[分隔][動]仕切る.
fēn/gōng[分工][動]**分業する**.
fēngōngsī[分公司][名]支社.
fēnguǎn[分管][動]分担して受け持つ.
fēnguāngjì[分光计][名]〈物〉分光計.
fēnguāngjìng[分光镜][名]〈物〉分光器.
fēnguī[分规][名]ディバイダー. 割脚器.
fēnháng[分行][名](銀行などの)支店.
fēnháo[分毫][名]一分一厘; (喩)寸分. ¶～不差/寸分違わない.
fēnhào[分号][名]**1**〈語〉セミコロン(；). **2**支店.
fēnhóng[分红][動]利益を分配する.
fēnhóng[分洪](一定地域の水害を防ぐために)洪水の流れをそらす.

fēnhùzhàng[分户账][名]〈帳簿の〉元帳, 原簿.
fēnhuà[分化][動]**1**分化する. 分かれる; 分裂させる. **2**〈生〉分化する.
fēnhuì[分会][名]支部.
fēnjī[分机][名]〈電話の〉内線.
fēn/jí[分级][動]等級をつける.
fēnjí[分级机][名]選別機.
fēn/jiā[分家][動]分家する; 二つに分かれる.
fēnjiǎn[分拣][動]仕分けする.
fēnjiégē[分节歌][名]いくつかの歌詞を一つの曲調にまとめた歌.
fēnjiě[分解][動]**1**〈化〉(物)分解する. **2**仲裁する. **3**分殺する. **4**詳しく話す. ▶旧小説で章の終わりに用いる.
fēn/jiè[分界][動]境界を分ける.
fēnjièxiàn[分界线][名]境界線.
fēn jīn bāi liǎng[分斤掰两]〈成〉つまらないことをいちいち問題にする.
fēnjìngtóu[分镜头][名]映画・ドラマの撮影で, いくつかのカットに分けること.
fēn/jù[分句][名]〈語〉(複文を構成する)それぞれの〉単文; (英文法で)クローズ. 節.
fēn/kāi[分开][動+方補]**別れる**. 別々にする; **分ける**. 別々にする.
fēn/lèi[分类][動]**分類する**.
fēnlèixué[分类学][名]分類学.
fēnlí[分离][動]分離する; 別れる.
fēnlíkǎ[分厘卡][名]〈測〉マイクロメーター.
fēnlǐchù[分理处][名](銀行などの)出張所.
fēnlì[分力][名]〈物〉分力.
fēnliè[分裂][動]**分裂する**; 分裂させる.
fēnliè shēngzhí[分裂生殖][名]〈生〉分裂生殖.
fēnlièshì[分列式][名]〈軍〉分列式.
fēn/liú[分流][動]**1**〈地〉(人や車などが)違う方向や道路に流れていく.
fēn/liú[分留][動]〈化〉分留する.
fēn/lù[分路][動]**1**別々の道をたどる. **2**〈電〉分路.
fēnmèi[分袂][動]〈書〉たもとを分かつ.
fēn mén bié lèi[分门别类]〈成〉部門やタイプごとに分ける.
fēnmǐ[分米][名](長さの単位)デシメートル.
fēnmǐbō[分米波][名]〈電〉デシメートル波.
fēnmì[分泌][動]**1**〈生〉分泌する. **2**〈地質〉分泌する.
fēnmì[分蜜][動]分蜜する. ▶製糖工業の工程.
fēnmiǎn[分娩][動]分娩する.
fēnmiǎo[分秒][名]分秒; (喩)わずかな時間.
fēn miǎo bì zhēng[分秒必争]〈成〉寸刻もおろそかにしない.
fēnmíng[分明]**1**[形]**明らかである**.

## fēn

はっきりしている.¶黑白〜/善悪がはっきりしている. **2**副はっきりと,明らかに.

**fēnmǔ**[分母]名(数)分母.
**fēn//mù**[分幕]動 芝居をいくつかの幕に分ける.
**fēnniè**[分蘖]動(農)分蘖(ぶん)する.
**fēnpài**[分派]動 **1** それぞれ配属する. **2** 割り当てる.
**fēnpèi**[分配]動 **1** 分配する, 割り当てる. **2** 配分する, 配置する. (職場へ)配属する. **3** (経)分配する.
**fēn//pī**[分批]動 何回かにまたはいくつかの組に分ける, 分かれる.
**fēn//piàn**[分片]動(〜儿)区域や範囲を分ける.
**fēn//qī**[分期]動 期間を分ける. ¶〜付款/分割払いをする.
**fēnqí**[分歧]**1**名 思想·記載·意見などの相違, 不一致. **2**形 食い違っている.
**fēn//qīng**[分清]動+結補 はっきり見分ける.
**fēnqū**[分区]**1**動 区域に分ける. **2**名(電算)パーティション.
**fēn//qún**[分群]動(ハチが)分封(ぶん)する.
**fēnrùn**[分润]動 利益を分ける.
**fēnsàn**[分散]**1**動 分散する. **2** 配る. **2**形 散らばっている.
**fēnsèjī**[分色机]名(印)カラースキャナー.
**fēnshè**[分设]動 別々に設置する.
**fēn//shēn**[分身]動 (ある場面または仕事から)離れる, 手を離す.
**fēn//shén**[分神]動 **1**(〜儿)気をつかう;お手数ですが.¶人に依頼するときの注意をそらす.
**fēnshēng**[分升]名(容量単位)デシリットル.
**fēnshí**[分时]名(電算)タイムシェア.
**fēnshì**[分式]名(数)有理分数式.
**fēn//shǒu**[分手]動 別れる.
**fēnshù**[分数]名 **1**(成績の)点数. **2**(数)分数.
**fēnshùxiàn**[分数线]名 **1**(分母と分子の間の)分数の横線. **2**(入試などの)合格ライン.
**fēnshuǐlǐng**[分水岭]名 **1**(地)分水嶺. **2**(喩)分かれ目.
**fēnshuǐ**[分水]名(魚の)ひれ.
**fēnsòng**[分送]動 分配する.
**fēntān**[分摊]動(費用を)分担する.
**fēntǐ**[分体]名 コンポーネントの.
**fēn tíng kàng lǐ**[分庭抗礼](成)相手を対等とみなして振る舞う.
**fēntóu**[分头]**1**副 手分けして. それぞれ, 別々に. **2**名 左右に分ける髪型.
**fēnwén**[分文]名 わずかなお金.
**fēnxī**[分析]動 分析する. ¶〜形势/情勢を分析する.
**fēnxīshī**[分析师]名 アナリスト.
**fēnxīyǔ**[分析语]名(語)分析語.

**fēnxiànguǐ**[分线规]名 ディバイダー.
**fēnxiǎng**[分享]動(喜びなどを)分かち合う.
**fēnxiāo**[分销]動 分け売りをする.
**fēnxiāodiàn**[分销店]名 代理店.
**fēnxiāozhàn**[分销站]名 商品発送センター.
**fēnxiǎo**[分晓]**1**名 **1** 事の子細, 結果. **2**分別, 道理. **2**形 はっきりしている.
**fēn//xīn**[分心]動 **1** 気が散る. **2** 配慮する. **3** 心配を抱く.
**fēnyāqì**[分压器]名(電)分圧器.
**fēnyè**[分页]名 分页.
**fēnyīn**[分阴]名(書)寸陰.
**fēn//yōu**[分忧]動 憂いを共にする.
**fēn//zāng**[分赃]動 盗品を分ける;(喩)不当な権利や利益を分ける.
**fēnzhèng**[分争]動(書)別離する.
**fēnzhēn**[分针]名(時計の)分針, 長針.
**fēnzhī**[分支]名 一つの系統から分かれた部分.
**fēnzhǐshù**[分指数]名(数)分数指数.
**fēnzhìdiǎn**[分至点]名(天)春分点·秋分点·夏至点·冬至点の総称.
**fēnzhōng**[分钟]名 分, 分間.
**fēnzǐ**[分子]名 **1**(数)分子. **2**(物)(化)分子. ⇒**fēnzī**
**fēnzǐshāi**[分子筛]名(化)モレキュラーシーブ.
**fēnzǔ**[分组]動 グループに分ける(分かれる).

## 芬

**fēn** 芬 ⇒形 香り, 香気. ¶〜郁(yù)/香り高い. ‖
**fēnfāng**[芬芳]**1**形 芳しい. かぐわしい. **2**名 香り.
**Fēnlán**[芬兰]名(地名)フィンランド.
**fēnyù**[芬郁]形 香り高い.

## 吩

**fēn** 吩 ⇒
**fēnfu**[吩咐]動 言いつける, 申しつける.

## 纷

**fēn** 纷 ⇒形 多い, 入り乱れている.
**fēnchéng**[纷呈]動 続々と現れる.
**fēnfán**[纷繁]形 多くて複雑である.
**fēnfēi**[纷飞]動(雪や花などが)ひらひら舞い飛ぶ.
**fēnfēn**[纷纷]形 **1** 雑多である, 入り乱れている. ¶议论〜/議論百出する. **2**副 次々と.
**fēnfēnyángyáng**[纷纷扬扬]形(雪·花·木の葉などが)ひらひら舞い落ちるさま.
**fēnhuá**[纷华]形(書)**1** 華やかで美しい. **2** 光栄である.
**fēnluàn**[纷乱]形 乱れている. もつれている, 混乱している.
**fēnlún**[纷纶]形(書)雑多である.
**fēnpī**[纷披]形(書)乱れて広がる.
**fēnrǎo**[纷扰]形 混乱する.
**fēnyún**[纷纭]形(言論·意見·事柄などが)入り乱れている.
**fēnzá**[纷杂]形(多くて)入り乱れて

**fēnzhēng**【纷争】[名]紛争.
**fēn zhì tà lái**【纷至沓来】〈成〉次から次へと現れる.

氛 **fēn** H 気. 空気. 気分. 様子. ¶气~/雰囲気.
**fēnwéi**【氛围】[名]雰囲気.

棻 **fēn**〈書〉香りのよい木. 香木.

酚 **fēn**〈化〉フェノール. 石炭酸. フェノール類.
**fēnquán**【酚醛】〈化〉フェノリックアルデヒド.
**fēnquán sùliào**【酚醛塑料】[名]ベークライト.
**fēntài**【酚酞】〈化〉フェノールフタレーン.

雰 **fēn** H 雰. 水蒸気.
**fēnfēn**【雰雰】[形]〈書〉雪などが降りきるさま.
**fēnwéi**【雰围】→**fēnwéi**【氛围】

鼢(盼) **fēn** [副]〈方〉…ない. まだ…しなかった.

坟(墳) **fēn**〈口〉塚. 墓. 土まんじゅうの墓.[座,个]
**fénchí**【坟池】[名]墓穴.
**féndì**【坟地】[名]墓地.
**fénmù**【坟墓】[名]墓.
**fénquānzi**【坟圈子】[名]無縁墓地.
**fénshān**【坟山】〈方〉**1** 墓:大きな土盛りの墓. **2** 墓の後ろの土囲い.
**féntóu**【坟头】[名](~儿)墓の頂上(またはれんがが造り)の部分.
**fényíng**【坟茔】[名]**1** 墓. **2** 墓地.

汾 **fén** 川の名に用いる. "汾河"は山西省にある川の名.
**fénjiǔ**【汾酒】[名]汾酒(ﾌｪﾝﾁｭｰ). ▶山西省石楼产の酒.

棻 **fén**〈書〉入り乱れる. もつれる.

焚 **fén** H 焼く. 燃やす. ¶自~/焼身自殺する.
**fénfēng**【焚风】[名]〈気〉フェーン.
**fén gāo jì guǐ**【焚膏继晷】〈成〉夜を日に継いで勉強や仕事に励む.
**fénhuà**【焚化】[動]〈死者·神仙の像·紙銭などを〉焼く.
**fénhuǐ**【焚毁】[動]焼き払う.
**fén qín zhǔ hè**【焚琴煮鹤】〈成〉風流を理解しない;よいものを台なしにする.
**fénshāo**【焚烧】[動]焼き払う.
**fén/xiāng**【焚香】[動]**1** 焼香する. **2** 香をたく.

鼢 **fén** ●
**fénshǔ**【鼢鼠】[名][動]モグラネズミ.

粉 **fěn** ●[名]**1** 粉. 粉末. ¶干麦粉/小麦をひいて粉にする. **2** おしろい. ¶搽~/おしろいをつける. **3** 粉になる. **4**〈方〉(壁を)白く塗る. **5** 粉になる. H ①でんぷんで作った食品. ¶干~/はるさめ. ¶米~/ビーフン. ②白色の. 白い粉のついている. ¶~呢布靴/白い色の布靴. ③桃色の. ピンクの. ¶~一红.
**fěnběn**【粉本】[名]〈中国絵画の〉下描き.
**fěnbǐ**【粉笔】[名]チョーク.
**fěnbǐng**【粉饼】[名]固形のファンデーション類.
**fěncháng**【粉肠】[名](~儿)でんぷんと調味料で作ったソーセージ状の食品.
**fěnchén**【粉尘】[名]粉塵(ﾌﾞﾝ).
**fěncì**【粉刺】[名]にきび.
**fěndài**【粉黛】[名]**1**〈書〉おしろいとまゆ墨.〈喩〉化粧(品). **2**〈旧〉女性.
**fěndǐshuāng**【粉底霜】[名]〈化粧品の〉ファンデーション.
**fěndié**【粉蝶】[名]〈虫〉シロチョウ. モンシロチョウ.
**fěnfāng**【粉坊·粉房】[名]製粉所.
**fěnhóng**【粉红】[形]ピンクの.
**fěnjì**【粉剂】[名]〈薬〉粉剤;〈農〉粉末殺虫剤.
**fěnliánzhǐ**【粉连纸】[名]トレーシングペーパー.
**fěnlǐng**【粉领】[名]ピンクカラージョブ. ¶~"粉红领"とも.
**fěnliú**【粉瘤】[名]〈医〉アテローム.
**fěnmò**【粉末】[名](~儿)粉末.
**fěn mò dēng chǎng**【粉墨登场】〈成〉(粉墨登场が装いをこらして政治の舞台に登場する.
**fěnpái**【粉牌】[名]〈商店でメモをするのに用いる〉白色の塗り板.
**fěnpí**【粉皮】[名](~儿)リョクトウなどのでんぷんを使った, 幅の広いはるさめ.
**fěnpūr**【粉扑儿】[名]パフ. おしろいたき.
**fěnqiàn**【粉芡】[名]〈料理にかける〉クズあん.
**fěnqiáng**【粉墙】[名]**1** しっくい塗りの壁. 白壁.
**fěnshā**【粉沙】[名]〈地質〉微砂. 細砂.
**fěn shēn suì gǔ**【粉身碎骨】〈成〉ある目的のために身命を惜しまず努力する.
**fěnshì**【粉饰】うわべを飾りつくろう.
**fěn shì tài píng**【粉饰太平】〈成〉〈乱世を〉天下太平を装う.
**fěnshuā**【粉刷】[動]**1** (壁を)白く塗る. **2**〈方〉建物の表面にしっくいなどを塗りつける. **2**[名]〈方〉建物の表面に塗った保護層.
**fěnsī**【粉丝】[名]豆そうめん. はるさめ.
**fěnsuì**【粉碎】[形]**1** 粉々である. ¶粉々に砕ける. **2** 粉々にされる; **粉碎する**.
**fěntiáo**【粉条】[名](~儿)平たいひも状のはるさめ.
**fěnxiàn**【粉线】[名]〈裁〉服地裁断の印つけに用いた白や黄の粉をまぶした糸.

fèn

**fěnyǒu**【粉友】〈名〉〈口〉麻薬仲間.
**fěnzhēngròu**【粉蒸肉】→ **mǐfěnròu**【米粉肉】

**分** fèn 《分fēn》に同じ. ❶成分. ¶盐～/塩分. ②本分. 分. 職責. ③过～/分に過ぎる. 異読⇒fēn

**fènjì**【分际】〈名〉1 程合い. 2 程度.
**fènliang**【分量】〈名〉1 重さ. 目方. 2 言葉や問題などの重み,重要性.
**fènnèi**【分内】〈形〉職責範囲内の. 本分の.
**fèn suǒ dāng rán**【分所当然】〈成〉本分として当然である.
**fènwài**【分外】1〈副〉非常に. ことのほか. 2〈名〉本分以外の.
**fènzǐ**【分子】〈名〉ある階級・階層・集団に属する人,またはある特徴によってグループ化された人. ⇒fēnzǐ

**份**(份) fèn(分)《分fēn》全体の一部分. ❶分成两～儿/2組に分ける. ②(～儿)揃いやそろいになったものを数える. ¶两～儿客饭/定食2人前. 2 新聞や書類を数える. ¶一～报纸/新聞1部. 3 ❶省・县・年・月などの区分は1単位. ¶二月～/2月分. 2月に. 2 ¶～/（行政区分の）県.

**fèn'é**【分额】〈名〉分け前. 割り当て. シェア.
**fènliàng**【分量】→**fēnliáng**【分量】
**fènnèi**【分内】→**fēnnèi**【分内】
**fènr**【分儿】❶〈名〉1 取り分. …の分. 2 地位. 身分. 3（物事の）程度. 段階. ②❶〈方〉（服装が）しゃれている. 2〈方〉（やり方・踊りなど）上手である. 光っている.
**fènrfàn**【分儿饭】〈名〉定食.
**fènwài**【分外】→**fēnwài**【分外】
**fènzǐ**【份子】→**fēnzǐ**【分子】
**fènzi**【份子】〈名〉1（何人かで金を出し合って贈り物をするときの）各人の負担分,割り前.（割り勘のときの）各人の出し分. 2 香典. 祝儀.

**坋** fèn 地名用字. ¶古～/福建省にある地名.

**奋**(奮) fèn ❶〈動〉1 奮い立つ. 奮起する. ¶振～/奮い立つ. ②振り上げる. ¶～→笔疾书. ‖〈姓〉

**fèn bǐ jí shū**【奋笔疾书】〈成〉筆をふるって速く書く.
**fèn bù gù shēn**【奋不顾身】〈成〉危険を顧みずに勇気を奮って突き進む.
**fènchì**【奋翅】〈動〉（飛び立つために）翼を広げる.（喩）立身出世するために学問などに精進する.
**fèndòu**【奋斗】〈動〉（目標に向かって）奮闘する.
**fènfā**【奋发】〈動〉発奮する.
**fèn fā tú qiáng**【奋发图强】〈成〉奮起して国家の富強をはかる.
**fènfēi**【奋飞】〈動〉（鳥が）翼を広げて飛び上がる.
**fènjī**【奋激】〈動〉ひどく興奮する.

**fènjìn**【奋进】〈動〉奮い立って前進する.
**fènlì**【奋力】〈動〉力を奮う.
**fèn mèi ér qǐ**【奋袂而起】〈成〉（行動に移るために）そでを払って立ち上がる. 奮起する.
**fènmiǎn**【奋勉】〈動〉奮励努力する.
**fènqǐ**【奋起】〈動〉1 奮い立つ. 2 力を入れて持ち上げる.
**fènyǒng**【奋勇】〈動〉勇気を奮い起こす.
**fènzhàn**【奋战】〈動〉奮戦する.
**fènzhēng**【奋争】〈動〉全力で勝ち取る.

**忿** fèn 1《愤fèn》に同じ. 2→**bùfèn**【不忿】
**fènfèn**【忿忿】→**fènfèn**【愤愤】
**fènlì**【忿詈】〈動〉〈書〉怒ってののしる.

**偾** fèn ❶〈動〉1 壊す. だめにする. 2〈姓〉
**fènshì**【偾事】〈動〉〈書〉事をぶち壊す. だめにする.

**粪**(糞) fèn 〈名〉糞. 大便. ¶～地/田畑に肥やしをやる.
**fènbiàn**【粪便】〈名〉糞尿.
**fènchē**【粪车】〈名〉肥取車（ごえとりぐるま）. 肥車（こえぐるま）.
**fènchí**【粪池】〈名〉肥だめ.
**fènchú**【粪除】〈動〉掃く掃除する.
**fènduī**【粪堆】〈名〉積み上げた下肥.
**fènféi**【粪肥】〈名〉（動物の）下肥.
**fènjīzǐ**【粪箕子】〈名〉肥料や燃料用の）糞を拾い集めるのに用いる箕（み）.
**fènkēng**【粪坑】〈名〉（～子）1 肥だめ. 2 便所.
**fènkuāng**【粪筐】〈名〉1 糞を拾って入れるかご. 2→**fènjīzǐ**【粪箕子】
**fènmén**【粪门】〈名〉〈方〉肛門.
**fèntǒng**【粪桶】〈名〉肥桶. 肥たご.
**fèntǔ**【粪土】〈名〉糞便と土；（喩）価値のないもの.

**愤**(憤) fèn ❶〈動〉怒る. 憤る. ¶气～/憤慨する. 2〈民～/民衆の憤り.
**fènfèn**【愤愤】〈形〉憤懣（ふんまん）やるかたない.
**fènhèn**【愤恨】〈動〉恨み憤る.
**fènjí**【愤激】〈形〉憤激している.
**fènkǎi**【愤慨】〈形〉憤慨にたえない.
**fènmèn**【愤懣】〈形〉〈書〉憤懣（ふんまん）やるかたない.
**fènnù**【愤怒】〈形〉憤怒する. ¶感到～/怒りを覚える.
**fènqīng**【愤青】〈略〉怒れる若者.
**fènrán**【愤然】〈形〉憤然とする.
**fèn shì jí sú**【愤世嫉俗】〈成〉不合理な社会や悪い習俗を憤り憎む.

**鲼**(鱝) fèn〈名〉〈魚〉エイ. トビエイ.

**瀵** fèn〈動〉〈書〉地下から水が湧き出る.

---

## feng (ㄈㄥ)

**丰**(豐) fēng ❶ ①豊かである. 多い. ¶～→盛. ¶

**fēngbēi**【丰碑】[名]高い石碑．不朽の名作．偉大な功績．

**fēngcǎi**【丰采】[名]⇒fēngcǎi【风采】

**fēngchǎn**【丰产】[形]多収穫．豊作．

**fēngdēng**【丰登】[動]豊作に実る．

**fēngfù**【丰富】[形]**1** 豊富である．豊かである．**2** [動]豊富にする．¶自己的生活经验/自分の生活経験を豊かにする．

**fēng fù duō cǎi**【丰富多彩】[成]多彩である．▲"丰富多采"とも．

**fēng gōng wěi jì**【丰功伟绩】[成]偉大な功績．▲"丰功伟业ｙè"とも．

**fēnghòu**【丰厚】[形]**1** 厚くてふかふかしている．**2** 手厚い．

**fēngmǎn**【丰满】[形]**1** 満ち満ちている．**2** 肉付きがよい．豊満である．

**fēngmào**【丰茂】[形]こんもりと茂っている．

**fēngměi**【丰美】[形]多くて立派である．豊かで美しい．

**fēngnián**【丰年】[名]豊年．

**fēngpèi**【丰沛】[形](雨水が)十分である．

**fēngráo**【丰饶】[形]豊饒ráoである．

**fēngrǔ**【丰乳】[動]豊胸する．▶"丰胸"とも．

**fēngrùn**【丰润】[形](体が)ふっくらして肌がみずみずしい．

**fēngshàn**【丰赡】[形](書)豊富である．

**fēngshèng**【丰盛】[形](物が)豊富である．

**fēngshí**【丰实】[形]⇒fēngzú【足足】

**fēngshōu**【丰收】[動]**1** 豊作になる．¶〜好成績を収める．

**fēngshuò**【丰硕】[形](果実が)多くて大きい．(成果などが)豊かである．

**fēng yī zú shí**【丰衣足食】[成]暖衣飽食．

**fēngyíng**【丰盈】[形]**1** ふっくらと肥えている．**2** 十分である．

**fēngyú**【丰腴】[形]**1** (体が)豊満である．豊かである．**2** 豪華である．

**fēngyù**【丰裕】[形]富裕である．

**fēngyùn**【丰韵】[名]⇒fēngyùn【风韵】

**fēngzī**【丰姿】[名]美しい姿．

**fēngzú**【丰足】[形]豊かで十分である．

**风**(風) **fēng**[名]**1** 風．[阵,股] (〜儿)うわさ．消息．たより．¶听到一点〜/うわさを耳にした． **H** [風]風俗．習慣；気風．¶世〜/世の中の気風．¶学〜/学習の態度．**2** 言い伝えの．根拠のない．¶〜〜言〜语．¶〜陰干しにしたもの．¶〜干品．**3** 民謡．¶采〜/民謡を集める．**4** ある種の疾病．¶羊角〜/てんかん．[姓]

**fēngbào**【风暴】[名]**1** あらし．**2** (喩)大規模的で勢いのすさまじい事件(現象)．

**fēngbèng**【风泵】[名](機)エアポンプ．

**fēngbì**【风痹】[名](中医)関節リューマチ．

**fēngbiāo**【风标】[名]風見．

**fēngbō**【风波】[名]もめごと．騒ぎ

**fēngcǎi**【风采】[名]**1** (立派な)態度．人品．風貌．**2** 文芸の才能．

**fēng cān lù sù**【风餐露宿】[成]旅の苦労．

**fēngcāo**【风操】[名]風采と節操．

**fēngchǎn**【风铲】[名](機)空気シャベル．

**fēngcháo**【风潮】[名]騒動．

**fēngchē**【风车】[名]**1** 風車chē．**2** (子供の玩具)風車．**3** 唐箕qí．

**fēngchén**【风尘】[名](喩)**1** 旅の苦労．**2** (旧)さすらいの身．**3** (書)俗世．

**fēng chí diàn chè**【风驰电掣】[成]電光石火．

**fēngchuán**【风传】**1** [動]うわさとして伝わる．**2** [名]うわさ．

**fēng chuī cǎo dòng**【风吹草动】[成]わずかな異変．

**fēng chuī yǔ dǎ**【风吹雨打】[成]力の弱いものがたたかれ痛めつけられる．▶"风吹雨淋lín"とも．

**fēngchuí**【风锤】[名](機)エアハンマー．

**fēngdǎng**【风挡】[名](車などの)風よけ．

**fēng dāo shuāng jiàn**【风刀霜剑】[成]酷寒；苦痛．

**fēngdēng**【风灯】[名]**1** 防風用ランプ．**2** (方)家庭内でつるす装飾品のちょうちん．

**fēngdí**【风笛】[名](音)バグパイプ．

**fēngdòng**【风洞】[名]風洞．

**fēngdòng gōngjù**【风动工具】[名](機)ニューマチックツール．

**fēngdǒu**【风斗】[名](〜儿)(中国北方の家屋にみられる)窓に取りつけた通風口．

**fēngdù**【风度】[名]風格．風采fēng．人柄．

**fēngfān**【风帆】[名]帆．

**fēngfàn**【风范】[名](書)風格．態度．

**fēngfēnghuǒhuǒ**【风风火火】[形]**1** あたふたとするさま．**2** 勢いがよく勇ましいさま．

**fēngfēngyǔyǔ**【风风雨雨】[形]**1** 困難で曲折が多い．**2** うわさが乱れとぶさま．

**fēnggān**【风干】[動]陰干しにする．

**fēnggǎo**【风搞】[名]風格．エアビック．

**fēnggé**【风格】[名]**1** 風格．気品．精神．**2** (芸術作品の)スタイル，作風．

**fēnggǔ**【风骨】[名]**1** 気骨．**2** (詩文や書画の)力強い風格，筆致．

**fēngguāng**【风光】[名]風光．

**fēngguāngpiàn**【风光片】[名](〜儿)風景を写した映画やテレビ番組．

**fēngguāng**【风光】[形](方)光栄である．面目が立つ．

**fēnghài**【风害】[名]風害．

**fēnghán**【风寒】[名]冷え．寒げ．

**fēnghào**【风耗】[名]風による損耗．

**fēng hé rì lì**【风和日丽】[成]気候

# fēng

が温ял であるさま.▶"风和日暖"とも.
**fēngchē**【风车】[名]風力を利用した水車.
**fēng huā xuě yuè**【风花雪月】〈成〉1 美辞麗句を並べただけで中身がない.2 男女の色事.
**fēnghuá**【风华】[名]〈書〉風采(ふう)と文才.
**fēnghuà**【风化】1 [名]良俗.2 [動]風化する.風解する.
**fēnghuǒqiáng**【风火墙】[名]防火壁.
**fēngjī**【风机】[名]〈機〉送風機.
**fēngjī**【风鸡】[名]〈料理〉陰干しした鶏.
**fēngjí**【风级】[名]〈気〉風力階級.
**fēngjì**【风纪】[名]風紀.規律.
**fēngjìkòu**【风纪扣】[名]〈中山服などの〉襟元のホック.
**fēngjǐng**【风井】[名]〈鉱〉換気坑.
**fēngjǐng**【风景】[名] 風景.景色.
**fēngjǐnghuà**【风景画】[名]風景画.
**fēngjǐngqū**【风景区】[名]景勝地.
**fēngjǐngxiàn**【风景线】[名]〈喻〉風景;景観.
**fēngjìng**【风镜】[名]風よけ眼鏡.
**fēng juǎn cán yún**【风卷残云】〈成〉あっという間になくなる.
**fēngkǒu**【风口】[名] 風の通路;〈喻〉風当たりの強い所.
**fēng kǒu làng jiān**【风口浪尖】〈成〉激しい社会闘争の最前線.
**fēnglàng**【风浪】[名] 風波;〈喻〉荒波.
**fēngléi**【风雷】[名]暴風と雷;〈喩〉すさまじい力.
**fēnglì**【风力】[名]1 風力.2 風速による等級.
**fēngliáng**【风凉】1[形]風が当たって涼しい.2[動]涼む.
**fēngliánghuà**【风凉话】[慣]無責任な言葉.
**fēngliàng**【风量】[名]通風量.
**fēnglíng**【风铃】[名]風鐸(ふ);風鈴.
**fēngliú**【风流】[形]1 傑出している.2 風流にみかかる.3 色事にかかわる.
**fēng liú yún sàn**【风流云散】〈成〉〈親しい人たちが〉散り散りばらばらになる.
**fēng mǎ niú bù xiāng jí**【风马牛不相及】〈成〉互いに少しも関係のないこと.
**fēngmào**【风帽】[名]1〈旧〉風よけ・防寒用の帽子.2 コートやヤッケなどのフード.
**fēngmào**【风貌】[名]1 風格;様式.2 風采(ふう)と容貌.3 様相.姿.
**fēngméihuā**【风媒花】[名]〈植〉風媒花.
**fēngmén**【风门】[名]1〈鉱〉換気孔.2〈中国の〉(つぼの)風門[名].3 (~儿) →**fēngménzi**【风门子】
**fēngmí**【风靡】[動]風靡(ふ)する.
**fēngmó**【风魔】→**fēngmó**【疯魔】

**fēngmò**【风磨】[名]風力で回す臼(うす).
**fēngnéng**【风能】[名]風力エネルギー.
**fēngniǎo**【风鸟】[名]〈鳥〉ゴクラクチョウ.
**fēngpài**【风派】[名]〈喻〉風見鶏.
**fēng píng làng jìng**【风平浪静】〈成〉何事もなく平穏であるさま.
**fēng qǐ yún yǒng**【风起云涌】〈成〉〈事物が〉次から次へと勢いよく出現する.
**fēngqì**【风气】気風.風潮.習慣.
**fēngqiér**【风茄儿】[名]〈植〉チョウセンアサガオ.
**fēngqín**【风琴】[名]〈音〉オルガン.
**fēngqíng**【风情】[名]1 風または風力の状況.2〈書〉風貌や挙止.3〈書〉心持ち.情趣.4〈貶〉〈男女の間で〉気のある素ぶり.5 風情.
**fēngqù**【风趣】1[形]話や文章がユーモラスである.2[名]ユーモア.
**fēngquān**【风圈】[名]太陽や月の暈(かさ).
**fēngsāo**【风骚】1〈書〉文学.詩文;文才.2[形]色気がある.
**fēngsè**【风色】[名]風向き;〈喻〉気配.動静.様子.
**fēngshā**【风沙】[名]砂あらし.
**fēngshàn**【风扇】[名]1 天井につるし,ひもで引いて風を起こす布製の扇.2 扇風機.
**fēngshàng**【风尚】[名]気風.風習.流行.
**fēngshēng**【风声】[名]1 風の音.2 うわさ.消息.
**fēng shēng hè lì**【风声鹤唳】〈成〉おじけづいてわずかなことにもおののく.
**fēngshī(bìng)**【风湿(病)】[名]〈医〉リューマチ.
**fēngshí**【风蚀】[名]〈地〉風食.
**fēngshì**【风势】[名]1 風の勢い.2〈喻〉情勢.
**fēngshuāng**【风霜】[名]〈喻〉〈旅や生活の〉困難.辛酸.
**fēngshuǐ**【风水】[名]風水(ま).
**fēngsīr**【风丝儿】[名]そよ風.
**fēngsú**【风俗】[名] 風俗.風習.
**fēngsúhuà**【风俗画】[名]風俗画.
**fēngsù**【风速】[名]〈気〉風速.
**fēngtān**【风瘫】[名]中風(かぜ).半身不随.
**fēng tiáo yǔ shùn**【风调雨顺】〈成〉気候が順調である.
**fēngtou**【风头】[名]1 風向き.形勢.2〈貶〉めしゃばること.3 羽振り.
**fēngtǔ**【风土】[名]風土.
**fēngwèi**【风味】[名]〈~儿〉(地方的な)特色.味わい.
**fēngwén**【风闻】1[動]うわさに聞く.2[名]うわさ.
**fēngwù**【风物】[名]〈書〉風物.
**fēngxì**【风戏】[名]風邪(か).
**fēngxiàn**【风线】[名]風のほそい筋.
**fēngxiǎn**【风险】[名]リスク.
**fēngxiǎn guǎnlǐ**【风险管理】〈经〉ベンチャーマネジメント.

**fēngxiǎn qǐyè**【风险企业】〈名〉〈经〉ベンチャー企業．

**fēngxiǎn tóuzī**【风险投资】〈名〉〈经〉ベンチャー投資．

**fēngxiǎn zījīn**【风险资金】〈名〉〈经〉ベンチャー投資資金．

**fēngxiāng**【风箱】〈名〉ふいご．

**fēngxiàng**【风向】〈名〉〈气〉**风向**．風向き；〈喩〉情勢．

**fēngxiàngbiāo**【风向标】〈名〉〈气〉風向計．

**fēngxìnzǐ**【风信子】〈名〉〈植〉ヒヤシンス．

**fēngxíng**【风行】〈动〉流行する．はやる．

**fēngxuǎn**【风选】〈名〉〈农〉風選．風力で穀物をより分ける方法．

**fēngyā**【风压】〈名〉〈气〉風圧．

**fēngyǎ**【风雅】**1**〈名〉〈书〉詩文．**2**〈形〉優雅である．

**fēngyān**【风烟】〈名〉風にゆらぐ煙．

**fēng yán fēng yǔ**【风言风语】〈成〉根も葉もないうわさやデマ．

**fēngyáo**【风谣】〈名〉〈古〉民謡．

**fēngyī**【风衣】〈名〉ウィンドブレーカー．

**fēngyǔ**【风雨】〈名〉**1 风雨**．**2**〈喩〉困苦や苦労．

**fēng yǔ bù tòu**【风雨不透】〈成〉水も漏らさないほど厳重に取り囲む．

**fēng yǔ piāo yáo**【风雨飘摇】〈成〉情勢が非常に不安定なさま．

**fēng yǔ rú huì**【风雨如晦】〈成〉暗澹(たん)たる時局．

**fēng yǔ rú pán**【风雨如磐】〈成〉希望の持てない世の中で苦しい境地．

**fēng yǔ tóng zhōu**【风雨同舟】〈成〉困難を共に切り抜ける．

**fēng yǔ wú zǔ**【风雨无阻】〈成〉雨天決行．

**fēngyǔyī**【风雨衣】〈名〉ウィンドブレーカー．

**fēngyuán**【风源】〈名〉風の源；〈喩〉風潮を生み出す源．

**fēngyuè**【风月】〈名〉**1**風月；(広く)景色．**2**色事．

**fēngyún**【风云】〈名〉風雲．変化の激しい情勢．

**fēng yún biàn huàn**【风云变幻】〈成〉世の中が目まぐるしく変化する．

**fēng yún rén wù**【风云人物】〈名〉風雲児．

**fēng yún tū biàn**【风云突变】〈成〉情勢が急変する．

**fēngyùn**【风韵】〈名〉あでやかな姿．

**fēngzāi**【风灾】〈名〉風害．

**fēngzhá**【风闸】〈名〉〈機〉エアブレーキ．

**fēngzhàng**【风障】〈名〉(野菜畑の周りにアシやコウリャンわらを編んで作った)風よけ．

**fēngzhěn**【风疹】〈名〉〈医〉風疹．

**fēngzhěnkuài**【风疹块】〈名〉〈医〉じんましん．

**fēngzheng**【风筝】〈名〉凧(だこ)．

**fēngzhì**【风致】〈名〉〈书〉**1**美しい顔立ちと立ち居振る舞い．**2**趣．

**fēng zhōng zhī zhú**【风中之烛】〈成〉風前の灯火(ともしび)．

**fēng zhú cán nián**【风烛残年】〈成〉余命幾ばくもない．

**fēngzī**【风姿】〈名〉〈美しい〉容姿．

**fēngzuàn**【风钻】〈名〉〈機〉空気鑿岩機；空気ドリル．

**Fēng**（灃）fēng 地名用字．

**Fēng**（渢）fēng〈書〉水の音；大きな音．

**fēng**【枫】〈名〉**1**フウ．カエデ．**2**〜香樹．**同上**．**1**〜叶旗／カナダの国旗． ‖

**fēng**【封】**1**〈量〉封入されたものを数える．**1 两**〜信／**2**通の手紙．**2**〈动〉閉じる．封をする．封鎖する．**1**〜瓶口／瓶の口を密閉する．**1**办公室被〜了／事務所は閉鎖された．**2**〈史〉(王侯に)封ずる．**3**〈名〉物を入れるための紙包み．**1**信〜／封筒．**1**

**fēng/bǐ**【封笔】〈动〉(作家などが)断筆する．

**fēngbì**【封闭】〈动〉**1 密封する**．**2**閉鎖する．

**fēngcún**【封存】〈动〉密封して保存しておく．

**fēngdǐ**【封底】〈名〉〈印〉(本の)裏表紙．

**fēngdì**【封地】〈名〉〈旧〉封土．領地．

**fēngdǐng**【封顶】〈动〉**1**植物の茎の発芽が止まる．**2**屋上部分を封じる．**3**頭打ちにする．

**fēngdòng**【封冻】〈动〉氷が張る．

**fēngdòngqī**【封冻期】〈名〉氷結期．

**fēng'èr**【封二】〈名〉(本の)表表紙の裏．

**fēnggǎng**【封港】〈动〉港を封鎖する．

**fēng guān xǔ yuàn**【封官许愿】〈成〉(他人を味方に引き入れようとして)よい地位を与えることを約束する．

**fēngháng**【封航】〈动〉船舶・航空機の通航を停止する．

**fēng/hé**【封河】〈动〉河川が結氷する．

**fēng/huǒ**【封火】〈动〉(火が長もちするように)かまどやストーブのふたを閉めて火を灰の中に埋(う)める．

**fēngjiàn**【封建】**1**〈名〉〈史〉封建制（度）．**2**〈形〉封建的である．古臭い．

**fēngjiàn bǎtóu**【封建把头】〈名〉かしら．親方．

**fēngjiàn zhǔyì**【封建主义】〈名〉封建主義．

**fēngjiāng**【封疆】〈名〉**1**〈书〉境界．**2**一地方を統治する将軍．

**fēngjìn**【封禁】〈动〉**1**閉鎖する．**2**禁止する；差し押さえる．

**fēngjìng**【封镜】〈动〉〈影〉クランクアップ．

**fēngjù**【封局】〈名〉〈碁〉封じ手．

**fēng/kǒu**【封口】(〜儿) **1**〈动〉**1**(瓶や果物の)封をする；(傷口が)癒合する．**2**口をつぐむ．**2**〈名〉(封するなどの)封をする所．

**fēnglà**【封蜡】〈名〉封蠟(ろう)．

**fēnglǐ**【封里】〈名〉(本の)(裏)見返し．

**fēng/mén**【封门】〈动〉**1**戸口に封

**fēng**

をする. **2**（~ル）口をつぐむ. **3**〔方〕〔旧〕(年長者が死んだ時に)門に貼ってある対聯や魔除けの神の絵の上に、白い紙を貼る.

**fēngmiàn**【封面】名 1 線装本の表紙の裏側. 2 (本の)表紙; 表表紙.
**fēngpán**【封盤】動〔囲碁・将棋などで〕打ち掛けにする.
**fēngpí**【封皮】名〔方〕1 →fēngtiáo【封条】. 2 (本の)表紙. 3 包装紙. 4 封筒.
**fēng qī yìn zǐ**【封妻蔭子】〔成〕(封建時代に)功臣の妻が封ぜられ,子孫が官職を世襲すること.
**fēngqí**【封棋】動〔囲碁・将棋などで〕打ち掛けにする.
**fēngsān**【封三】名 (本の)裏表紙.
**fēngshā**【封殺】動 1〔体〕(野球の)フォースアウトにする. 2 差し押さえる; 禁止する. 3 封じこめる. 封鎖する.
**fēng//shān**【封山】動 山道が閉ざされる. 山に入ることを禁ずる.
**fēngshàn**【封禅】動 (昔)帝王が泰山で天地を祭る.
**fēngshǎng**【封賞】動 ほうびを与える.
**fēngsì**【封四】名 (本の)裏表紙.
**fēngsuǒ**【封鎖】動 封鎖する. 遮断する.
**fēngtào**【封套】名 (~ル)(書籍雑誌用の)厚手の大型封筒.
**fēngtiáo**【封条】名 封印の紙.
**fēngwǎng**【封網】動〔体〕(バレーボールで)ブロックする.
**fēngyī**【封一】名 (本の)表表紙.
**fēngyìn**【封印】動〔郵〕封印する. シールする.
**fēng//zhāi**【封斎】動〔宗〕(イスラム教などで)斎戒にいる. 断食をする.
**fēng//zuǐ**【封嘴】動 1 口をつぐむ. 2 黙らせる.

**砜** **fēng**【化】スルホン.

**疯** **fēng**形 1 気がおかしい. ¶他~了／彼は頭が変になってしまった. 2 農作物が枝葉ばかり茂って実がならない. ¶棉花~了／綿が徒長した.
**fēngchà**【疯杈】→fēngzhī【疯枝】
**fēngdiān**【疯癫】1 名 瘋癲(銀). 2形 気がおかしい. ▲"疯颠"とも.
**fēngfēngdiāndiān**【疯疯癫癫】形(~的)狂気じみた.
**fēnggǒu**【疯狗】名 狂犬.
**fēnghuà**【疯话】名 妄言.
**fēngkuáng**【疯狂】形 狂気じみている.
**fēngmó**【疯魔】1形 気がおかしい. 2動 熱狂する(させる). 3名 狂人.
**fēngniúbìng**【疯牛病】名〔医〕BSE. 牛海綿状脳症. 狂牛病.
**fēngrényuàn**【疯人院】名 精神科病院.
**fēngtān**【疯癱】→fēngtān【风癱】
**fēngzhǎng**【疯长】動〔農〕(作物が)

徒長する.
**fēngzhī**【疯枝】名〔農〕徒長枝. 実をつけない枝.
**fēngzi**【疯子】名 精神障害のある人.

**峰**（峯）**fēng**量 ラクダを数える. ¶三~骆驼 luòtuo／3匹のラクダ.
🔺 峰; 峰の形をしたもの. ¶頂~／頂上; (喩)最高峰. ¶驼~／ラクダのこぶ. ‖ 📖 峰.
**fēngdiān**【峰巅】名 頂上; 最高峰.
**fēng huí lù zhuǎn**【峰回路転】〔成〕山の峰や道路がうねうねしている.
**fēnghuì**【峰会】名 最高首脳会議. サミット.
**fēngluán**【峰峦】名 山の峰と尾根.
**fēngniánr**【峰年儿】名 ピークに達する年.
**fēngtài**【峰态】名〔数〕尖度(ピ).
**fēngwèi**【峰位】名 最高位. ピーク.
**fēngzhí**【峰值】名〔電〕ピーク値.

**烽** **fēng** 🔺 のろし.
**fēnghuǒ**【烽火】名〔古〕のろし;(喩)戦争. ¶一台／のろし台.
**fēngsuì**【烽燧】名〔古〕のろし.
**fēngyān**【烽烟】名〔古〕のろし.

**锋** **fēng**名 1 (刀剣・槍)の切っ先. 矛先. ¶刀~／刀の切っ先. ¶词~／言葉の鋭さ. 2 先列. 先陣. 先手. ¶前~／前衛; フォワード. 3 前線. ¶冷~／寒冷前線.
**fēngdǐ**【锋镝】名〔書〕武器;(喩)戦争.
**fēnggāng**【锋钢】名 高速度鋼.
**fēnglì**【锋利】形 1 (刃物が)よく切れる. 2 (言論などが)鋭い.
**fēngmáng**【锋芒】名 1 切っ先. 矛先. 2 (喩)表面に現れた才能. 才気. ▲"锋铓"とも.
**fēng máng bì lù**【锋芒毕露】〔成〕才能をひけらかす.
**fēngmiàn**【锋面】名〔気〕不連続面. 前線面.

**蜂** **fēng**名〔虫〕ハチ. ミツバチ.
🔺 一拥.
**fēngcháo**【蜂巢】名 ハチの巣;(特に)ミツバチの巣.
**fēngcháowèi**【蜂巢胃】名〔動〕蜂巣胃(ほうそうい).
**fēngcì**【蜂刺】名 ハチの針.
**fēngdú**【蜂毒】名 ハチの毒.
**fēngfáng**【蜂房】名 蜂房. ハチの巣.
**fēnggāo**【蜂糕】名 小麦粉に砂糖・香料などを入れて作った蒸しパン.
**fēnghǒng**【蜂哄】動 hōngdòng.
**fēnghuángjīng**【蜂皇精】名 ロイヤルゼリーのエキス.
**fēngjù**【蜂聚】名 大ぜいの人が集まる.
**fēnglà**【蜂蜡】名 蜜蠟(みつろう).
**fēngmì**【蜂蜜】名 蜂蜜.
**fēngmíngqì**【蜂鸣器】名 ブザー.
**fēngniǎo**【蜂鸟】名〔鳥〕ハチドリ.
**fēngqǐ**【蜂起】動〔書〕蜂起(ほうき)する.
**fēngqún**【蜂群】名 ハチの群れ.

**fēngrǔ**【蜂乳】(名) ロイヤルゼリー.
**fēngwáng**【蜂王】(名) 女王バチ.
**fēngwō**【蜂窝】(名) ハチの巣; たくさん穴のあいているもの.
**fēngwōméi**【蜂窝煤】(名)〈穴あきの〉練炭.
**fēngxiāng**【蜂箱】(名) 養蜂用の箱.
**fēngyīnqì**【蜂音器】(名) ブザー.
**fēngyōng**【蜂拥】(動) 殺到する.

**鄧 fēng ○** (姓)
**Fēngdū**【酆都】(名) 1 四川省の地名. 2 あの世.
**Fēngdūchéng**【酆都城】(名) あの世. 冥土(ど).

**冯 féng** (姓) 異読⇒ píng

**逢 féng**(動) 出会う. 出くわす;…の日(時季)になる.¶~节假日休息.日祭日休みになる.¶~年过节,お正月や節句のたびに.
**féng chǎng zuò xì**【逢场作戏】(成)間に合わせにやる.
**féng nián guò jié**【逢年过节】(成)新年や節句毎(ごと)のたびに.
**féng xiōng huà jí**【逢凶化吉】(成)災いを転じて福となす.
**féngyíng**【逢迎】(動) 迎合する.

**缝 féng**(動) 縫う. 縫い合わせる.¶~一件衣裳/服を1着縫う.¶~扣子/ボタンをつける. (姓) 異読⇒ fèng
**féngbǔ**【缝补】(動) 縫い繕う.
**féngféngbǔbǔ**【缝缝补补】→ **féngféngliánlián**【缝缝连连】
**féngféngliánlián**【缝缝连连】(動) 縫ったり繕ったりする.
**fénghé**【缝合】(動)〈医〉縫合する.
**fénghéxiàn**【缝合线】(名)〈医〉縫合糸.
**féngqióng**【缝穷】(名)〈旧〉〈路上で〉庶民相手の縫い仕事をする.
**féngrèn**【缝纫】(動) 裁縫をする.
**féngrèndìng**【缝纫订】(名)〈製本の〉ミシン綴じ.
**féngrènjī**【缝纫机】(名) ミシン.
**féngzhuì**【缝缀】(動) 縫いつける.

**讽 fěng**(動)① 暗にいましめる. 当てこすりを言う.¶讥~/皮肉る.¶~→谏. ② 朗読する.¶~→通.
**fěngcì**【讽刺】(動) **風刺する. 皮肉を言う.**
**fěngjiàn**【讽谏】(動)〈書〉婉曲にいさめる.
**fěngsòng**【讽诵】(動) 抑揚をつけて朗読する.
**fěngyù**【讽喻】(名)〈修辞法の〉諷諭.

**唪 fěng**(動) 大声で吟唱する.

**凤**(鳳)**fèng** (名)鳳凰(ほう).¶龙~/竜と鳳凰.(姓)
**fèngdié**【凤蝶】(名)〈虫〉アゲハチョウ.
**fèngguān**【凤冠】(名) 鳳凰の形をした冠.
**fènghuáng**【凤凰】(名) 鳳凰.
**fènghuángzhú**【凤凰竹】(名)〈植〉ホウオウチク.
**fènglí**【凤梨】(名) パイナップル.
**fèng máo lín jiǎo**【凤毛麟角】(成) きわめて得難い人や物.
**fèngwěiyú**【凤尾鱼】(名)〈魚〉エツ.
**fèngwěizhú**【凤尾竹】(名)〈植〉ホウライチク.
**fèngxiānhuā**【凤仙花】(名)〈植〉ホウセンカ.
**fèngyǎn**【凤眼】(名) 切れ長ですっきりした目.
**fèngyǎnlán**【凤眼蓝】(名)〈植〉ホテイアオイ.
**fèngzhǎo**【凤爪】(名)〈料理〉鶏の足.

**奉 fèng**(動)(上役や目上の人に)差し上げる, 献上する;(目上の人から)頂く, 承る.¶~上新书一册/新刊書を1冊差し上げます.¶昨~手书/昨日お手紙を拝受いたしました.
(助)① 信仰する; 尊重する.¶信~/信仰する.② 仕える. かしずく.¶侍shì~/仕える.③ ある人に…する.¶~→托.
**fèng'ān**【奉安】(動)〈旧〉(皇族の)正式に埋葬する.
**fèngchéng**【奉承】(動) お世辞を言う.
**fèngchénghuà**【奉承话】(名) お世辞.
**fèngdá**【奉达】(動)〈謙〉(手紙文で)お知らせいたします.
**fèngfù**【奉复】(動)〈謙〉(手紙文で)お返事いたします.
**fènggào**【奉告】(動)〈謙〉申し上げる.
**fènggōng**【奉公】(動) 奉公する.
**fèng gōng shǒu fǎ**【奉公守法】(成) 官吏が不正をはたらかない.
**fènghuán**【奉还】(動)〈謙〉返上する.
**fèng/lìng**【奉令】(動) 命令を受ける.
**fèng/mìng**【奉命】(動) 命令を受けて命を守る.
**fèngpéi**【奉陪】(動)〈謙〉お供をする.
**fèngquàn**【奉劝】(動)〈謙〉ご忠告申し上げる.
**fèng ruò shén míng**【奉若神明】(成) 神のように敬い奉る.
**fèngshàng**【奉上】(動) 差し上げる.
**fèngshǐ**【奉使】(動) 命を受けて外国へ行く.
**fèngsì**【奉祀】(動)〈書〉祭る.
**fèngsòng**【奉送】(動)〈謙〉贈呈する.
**fèngtuō**【奉托】(動)〈謙〉お願いする.
**fèng wéi guī niè**【奉为圭臬】(成) 守るべき唯一の基準とする.
**fèngxiàn**【奉献】1(動) 献上する. 捧げる. 2(名) 貢献物.
**fèngxíng**【奉行】(動)(…のとおり)実行する. 施行する.
**fèngyǎng**【奉养】(動)(父母などに)孝養を尽くす.
**fèngyíng**【奉迎】1 お世辞を言う. へつらう. 2〈謙〉迎える.
**fèngzèng**【奉赠】(動)〈謙〉贈呈する.
**fèngzhào**【奉诏】(動)〈旧〉勅命を受ける.
**fèng zǐ chéng hūn**【奉子成婚】(成) 子供を授かって結婚する. できち

## fèng

**俸** fèng 🅷 給料. 俸給. ¶薪～ / 俸給.
**fènglù**【俸禄】〈旧〉俸給.
**fèngqián**【俸銭】〈旧〉俸給. サラリー.

**缝** fèng 名〈~儿〉【道,条】 1 縫い目. 継ぎ目. 2 すきま. 裂け目. 割れ目. ¶门～ / 戸のすきま.
異読⇒féng
**fèngxì**【缝隙】名 すきま.
**fèngzi**【缝子】名 すきま. 裂け目.

## fo (ㄈㄛ)

**佛** fó 名 1 仏さま. お釈迦(しゃか)さま. 2 仏教. 3 仏像. [尊]
異読⇒fú
**Fódéjiǎo**【佛德角】〈地名〉カーボベルデ.
**fódiǎn**【佛典】名〈仏〉仏典.
**fófǎ**【佛法】名〈仏〉 1 仏法. 2 仏法の力.
**fófǎsēng**【佛法僧】名〈仏〉仏法僧.
**fóguāng**【佛光】名〈仏〉 1 仏がもたらした光明. 2〈仏〉光輪. 3 ブロッケン現象.
**fóhào**【佛号】名〈仏〉仏の名.
**Fójiào**【佛教】名〈仏〉仏教.
**fójīng**【佛经】名 お経. 仏教の経典.
**fókān**【佛龛】名〈仏〉仏壇.
**Fó-Lǎo**【佛老】名 釈迦(しゃか)と老子;仏教と道教.
**fómén**【佛门】名〈仏〉仏門.
**fóqīng**【佛青】名 群青(ぐんじょう).
**fóshì**【佛事】名 法事.
**fóshǒu**【佛手】名〈植〉ブシュカン.
**fósì**【佛寺】名 仏寺.
**fótǎ**【佛塔】名 仏塔.
**fótáng**【佛堂】名 仏堂. 仏間.
**fótiàoqiáng**【佛跳墙】名〈料理〉仏跳墙(ごうちょう).
**fó tóu zhuó fèn**【佛头着粪】〈成〉よいものを台なしにする.
**Fótuó**【佛陀】名〈仏〉仏陀(だ).
**fóxiàng**【佛像】名〈仏〉仏像.
**fóxué**【佛学】名 仏教学.
**fóyá**【佛牙】名〈仏〉仏陀の歯.
**fóyé**【佛爷】名 1 仏さま. 2〈隠語〉こそどろ.
**fózhū**【佛珠】名〈~儿〉数珠.
**fózǔ**【佛祖】名〈仏〉仏祖と;(特に) 釈迦.

## fou (ㄈㄡ)

**缶** fǒu 名〈书〉缶(ほとぎ). 餐(ほとぎ). 胴が太くて口の小さな土器.

**否** fǒu 🅸 副 1 "(能否,来否"の形で) …かどうか. ¶明日能～出发,要看天气 / あす出発できるかどうかは天気しだいだ.
2 〈文の最後につけて疑問を表す〉 此事能成一 ? / このことは成就できるか. 🅰 副〉いや, いいえ.
🅷(否を表す) 1 ~~认. 異読⇒pǐ
**fǒudìng**【否定】 1 動 否定する. ¶一

口～ / きっぱりと否定する. 2 形 否定的な.
**fǒudìng zhī fǒudìng**【否定之否定】名〈哲〉否定の否定. 二重否定.
**fǒujué**【否决】動 否決する.
**fǒujuéquán**【否决权】名 拒否権.
**fǒurèn**【否认】動 否認する. 否定する.
**fǒuzé**【否则】接続 さもなくば. でないと.

## fu (ㄈㄨ)

**夫** fū 名 ①夫. ¶姐～ / 姉の夫. ②肉体労働に従事する人. ¶轿～ / かごかき. ③〈旧〉人に服す人. ¶→~一役. ④成年の男. ¶匹～ / 一人前の男. ⑤〈书〉古代, 成年男子の人前の男.
**fū chàng fù suí**【夫唱妇随・夫倡妇随】〈成〉夫唱婦随.
**fūfù**【夫妇】名 夫妻.
**fūjūn**【夫君】名〈旧〉自分の夫に対する称.
**fūqī**【夫妻】名 夫妇.
**fūqīdiàn**【夫妻店】名 夫婦だけで経営している小さな店.
**fūquán**【夫权】名〈旧〉夫権.
**fūrén**【夫人】名 夫人.
**fūxù**【夫婿】名〈书〉夫.
**fūyì**【夫役】名〈旧〉人夫.
**fūzǐ**【夫子】名 1〈旧〉夫子(しっ). 2〈旧〉学生が先生に対して用いる敬称. 3〈旧〉妻が夫を呼ぶ称. 4 頭の古くさい読書人.
**fū zǐ zì dào**【夫子自道】〈成〉他人のことを言っているつもりで自分のことを言っていること.

**伕** fū 名 人夫. 人足.

**呋** fū ○
**fūnán**【呋喃】名〈化〉フラン.
**fūnánxīlín**【呋喃西林】名〈薬〉ニトロフラゾ.

**肤**(膚) fū 🅷 ①皮膚. 肌. ②うわべの. 薄っぺらな.
**fūfàn**【肤泛】形 浅はかである.
**fūjué**【肤觉】名〈生理〉皮膚感覚.
**fūkuò**【肤廓】形〈書〉内容が空疎で実際とかけ離れている.
**fū pí liáo cǎo**【肤皮潦草】→**fú pí liáo cǎo**【浮皮潦草】
**fūqiǎn**【肤浅】形〈学识や理解などが〉浅い, 皮相である.
**fūsè**【肤色】名 皮膚の色.

**麸** fū 🅷 ふすま.
**fūpí**【麸皮】→**fūzǐ**【麸子】
**fūgū**【麸曲】名 ふすまこうじ.
**fūzǐ**【麸子】名 ふすま.

**趺** fū 名〈书〉 1 足の甲. 2 石碑の台座.

**跗** fū 名〈书〉足の甲.
**fūgǔ**【跗骨】名〈生理〉跗骨(ふこつ).
**fūmiàn**【跗面】名 足の甲.

**fūzhǐ**【附肢】图 鳥類の足首からつま先までの部分。

**稃** **fū**❶ 名 もみ殻。❷ 名 小麦などの種子殻。¶内~/もみぬか。

**郛** **fū** 图 地名用字。 [姓]

**孵** **fū** 動 卵をかえす。

**fūhuà**【孵化】動 1〈動〉孵化(ふか)する。2〈喩〉ベンチャー企業などを育成する。

**fūhuàqì**【孵化器】图〈経〉ビジネスインキュベータ。

**fūluǎn**【孵卵】動 卵をかえす。

**fūluǎnqì**【孵卵器】图 孵卵器(きらんき)。

**fūyù**【孵育】動 孵化する。

**敷** **fū**❶ 動〈薬・おしろいなど〉つける。塗る。
❶ 動 1 敷く。広げる。¶~→设。2 足りる。¶入不~出/収入が支出に及ばない。[姓]

**fūchén**【敷陈】動〈書〉つぶさに述べる。

**fūliào**【敷料】图〈医〉〈ガーゼなど外科の〉手当用品。

**fūshè**【敷设】動 敷設する。

**fūyǎn**【敷行・敷演】動〈書〉敷衍(ふえん)する。

**fū yǎn liǎo shì**【敷衍了事】成 いい加減にごまかす。

**fū yǎn sè zé**【敷衍塞责】成 いい加減に加減なことをして責めを逃れる。

**fūyan**【敷衍】動 1 いい加減にあしらう。お茶を濁す。2 どうにか持ちこたえ(させ)る。

**夫** **fū**〈書〉❶ 代 1 あの。その。この。2 彼。あの人。❷ 助 1〈文頭に用い〉そもそも。それ。2〈文末に用い〉かな。 [異読⇒fú]

**弗** **fú**〈書〉…ない。…ず。

**伏** **fú** 1 動 伏せる。うつ伏せになる。¶~在地上/地面に伏せる。2 量 ボルト。
❶ 1 低くなる。¶一起一~/起伏する。2 隠れる。潜む。¶设~/伏兵をおく。3 屈服する。4 酷暑の時期。¶~→暑。

**fú'ān**【伏安】量 ボルト・アンペア。

**fú'àn**【伏案】動 机に向かう。

**fúbǐ**【伏笔】图 伏線。

**fúbiàn**【伏辩】图〈旧〉始末書。わび状。

**fúbīng**【伏兵】图 伏兵。

**fúdǎ diànchí**【伏打电池】图〈電〉ボルタ電池。

**fúdì**【伏地】動 1〈方〉地元産の。その土地の。2 旧式の方法で作った。

**fúfǎ**【伏法】動〈犯人が〉死刑に処せられる。

**fúhàn**【伏旱】图 三伏の酷暑の日照り。

**fújī**【伏击】動 待ち伏せ攻撃をする。

**fúliángr**【伏凉儿】图〈虫〉セミ。

**fúliú**【伏流】图 地/伏流。

**fúruǎn**【伏软】動〈~儿〉屈しておとなしくする。弱音を吐く。

**fúshì**【伏侍】→**fúshi**【服侍】

**fú/shū**【伏输】→**fú/shū**【服输】

**fúshǔ**【伏暑】图 酷暑の季節。

**fútè**【伏特】量〈電〉ボルト。

**fútèjì**【伏特计】图〈電〉電圧計。

**fútèjiā**【伏特加】图 ウオツカ。

**fútiān**【伏天】图 夏の最も暑い三伏の時期。

**fútiē**【伏帖】形 1 気持ちがよい。2 従順である。

**fútiē**【伏贴】動 1 ぴったりくっつく。2→**fútiē**【伏帖】

**fúxiàn**【伏线】图 伏線。

**fúxùn**【伏汛】图 夏季の増水。

**fúzhóu**【伏蛰】→**fúzhé**【伏蛰】

**fú/zuì**【伏罪】→**fú/zuì**【服罪】

**凫**（鳧） **fú** 1 图〈鳥〉カモ。マガモ。2 動〈方〉~水/泳ぐ。

**fúcí**【凫茈】图〈古〉オオクログワイ。

**芙** **fú** ❶

**fúqú**【芙蕖】图〈書〉ハスの花。

**fúróng**【芙蓉】图 1〈植〉フヨウ。2 ハスの花。3 材料を卵白で包んだ料理。

**Fúróngguó**【芙蓉国】图 湖南省の別称。

**茇** **fú** 形〈古〉草木の生い茂るさま。[異読⇒fèi]

**扶** **fú** 動 1〈倒れないように手で〉支える。¶~老奶奶过马路/おばあさんに手を貸して道を渡らせる。2 手でつかまる。3 助け起こす。¶把摔倒的孩子~起来/倒れた子供を助け起こした。
❶ 力を貸す。援助する。¶~→贫。 [姓]

**fúbìng**【扶病】動 病をおして…する。

**fúchí**【扶持】動 1 支える。手を貸す。2 助ける。

**fú/jī**【扶乩・扶乱】動〈棒を用いたこっくりさんのような〉占いをする。

**fú lǎo xié yòu**【扶老携幼】成 一家をあげて行動する。

**fú/luán**【扶鸾】→**fú/jī**【扶乩・扶乱】

**Fúlúnshè**【扶轮社】图 ロータリークラブ。

**fú/miáo**【扶苗】動〈農〉倒れている苗を起こす。

**fúpín**【扶贫】動 貧困状態から救済し、自立を助ける。

**fúqǐ**【扶企】動 企業を支援する。

**fú ruò yì qiáng**【扶弱抑强】成 弱きを助け強きをくじく。

**fúsāng**【扶桑】图 1〈植〉ブッソウゲ。2 扶桑国。日本。3〈植〉ブッソウゲ。

**fúshǒu**【扶手】图 手すり。ひじ掛け。

**fúshū**【扶疏】動〈書〉樹木がよく茂る。

**fútī**【扶梯】图 1 手すりのある階段。2〈方〉はしご。

**fú wēi jì kùn**【扶危济困】成 危険や困難に直面している人を助ける。

**fúyǎng**【扶养】動 扶養する。

**fúyáo**【扶摇】图〈書〉つむじ風。

**fú yáo zhí shàng**【扶摇直上】成

**fú**

とんとん拍子に出世する；価値がうなぎ上りに上がる.

**fúyè【扶掖】**[動]〈書〉援助する．助ける．

**fú/zhèng【扶正】**[動] **1**〈旧〉妾を正妻にする．**2** 位置を正す．**3**〈中医〉人体内の免疫力をつける．

**fúzhí【扶植】**[動] もり立てる．育成する．

**fúzhù【扶助】**[動] 扶助する．

**佛** fú [動] 逆らう．背く．異読⇒fó

**fúlì【佛戾】**[動]〈書〉もとる．逆らう．

**孚** fú [動] 信頼させる．

**拂** fú [動] **1** そっとかすめる．¶春风～面／春風が頬をなでる．**2** はらう．はたく．¶～去灰尘／ほこりを払う．

**㊀**①逆らう．背く．¶～→意．②ゆする．¶～→袖.

**fúchén【拂尘】**[動] ちりを払い．

**fúfú【拂拂】**[形] 風がそよそよと吹くさま．

**fúnì【拂逆】**[動] 背く．

**fúshì【拂拭】**[動]（ちりやほこりを）払う．

**fúxiǎo【拂晓】**[名] 明け方．

**fúxiù【拂袖】**[動]〈書〉（怒って）袖を振り払う．

**fúxù【拂煦】**[動]〈書〉（風が）暖かく吹く．

**fúyì【拂意】**[動] 意に逆らう．

**茀** fú [形]〈書〉山に雑草がはびこって歩きにくいさま．

**服** fú [動] **1**〈薬を飲む、服用する〉～药／薬を飲む．**2 服従する. 心服する.** ¶我～你，不～他／私はあなたには従うが、彼には頭を下げない．**3**（義務や刑罰に）服する．¶～兵役／兵役に服する．

**㊁**①衣服．¶便～／ふだん着．私服．②慣れる．適応する．¶不～水土／気候風土になじまない．③心服させる．¶说～／説き伏せる．‖異読⇒fù

**fúbiàn【服辩】**→**fúbiàn【伏辩】**

**fúcì【服伺】**→**fúshì【服侍】**

**fúcóng【服从】**[動] **服従する.** ¶～命令／命令に従う．

**fú/dú【服毒】**[動] 毒を飲む．

**fúfǎ【服法】**[動] 法に服する．

**fúlǎo【服老】**[動] 老いを認める．

**fúliàng【服量】**[名]（薬の）用量．

**fúmǎn【服满】**[動] 喪が明ける．

**fúqì【服气】**[動] 心服する．納得する．

**fú/ruǎn【服软】**[動]（～儿）負けを認める．過失を認める．

**fú/sāng【服丧】**[動] 喪に服する．

**fúsè【服色】**[名] 衣服のデザイン・色．

**fúshì【服式】**[名] ファッション．

**fúshì【服饰】**[名] 服飾．

**fúshì【服侍】**[動] 仕える．世話をする．▲"服事"とも．

**fú/shū【服输】**[動] 降参する．

**fútiē【服帖】**[形] **1** 従順である．素直である．**2** 穏当である．妥当である．

**fúwù【服务】**[動] **奉仕する.** サービスする．

**fúwù hángyè【服务行业】**[名] サービス業．

**fúwùqì【服务器】**[名]〈電算〉サーバー．

**fúwùshāng【服务商】**[名]〈電算〉プロバイダー．

**fúwùtái【服务台】**[名]（ホテルの）フロント, カウンター．

**fúwù tàidù【服务态度】**[名] 接客態度．

**fúwùyuán【服务员】**[名]（ホテルやレストランの）接客係．

**fúwùzhàn【服务站】**[名]（町内住民の組織する）サービスステーション．

**fú/xiào【服孝】**[動] 喪に服する．

**fú/xíng【服刑】**[動] 服刑する．

**fú/yào【服药】**[動] 薬を飲む．

**fú/yì【服役】**[動] 兵役(労役)に服する．

**fúyīng【服膺】**[動]〈書〉服膺（ 　 ）する．

**fúyòng【服用】**[動][名] 衣服と日用品．**2**[動] 服用する．

**fúzhuāng【服装】**[名] **服装．**

**fú/zuì【服罪】**[動] 罪に服する．

**怫** fú [動]〈書〉憂えたり怒ったりするさま．¶～→邑／ふさぎこんださま．

**fúrán【怫然】**[形]〈書〉腹が立つさま．¶～作色／むっとなって顔色を変える．

**绋** fú [名]〈書〉太くて長い縄．

**茯** fú [名]

**fúlíng【茯苓】**[名]〈植〉ブクリョウ；〈中薬〉茯苓(ぶくりょう)．

**罘** fú 地名用字．"芝罘"は山東省にある．

**氟** fú [名]〈化〉弗素（ふっそ）．F.

**fúhuàqīng【氟化氢】**[名]〈化〉弗化水素（ふっかすいそ）．

**fúhuàwù【氟化物】**[名]〈化〉弗化物（ふっかぶつ）．

**fúlì'áng【氟里昂】**[名]〈化〉フロン．

**fúlì'áng【氟利昂】**[名]〈化〉フロン．

**fúlǜwán【氟氯烷】**[名]〈化〉フロン．

**fúshí【氟石】**[名]〈鉱〉ホタル石．

**fúxiàngjiāo【氟橡胶】**[名]〈化〉弗素ゴム．

**俘** fú [動] 捕虜にする．

**㊁** 捕虜．¶战～／捕虜．

**fúhuò【俘获】**[動] 敵を捕虜にし戦利品を分捕る．

**fúlǔ【俘虏】**[動] **捕虜にする．2**[名] 捕虜（ＨＡ）とりこ．

**洑** fú **1**[形] 水が渦巻くさま．**2**[名] 渦巻き．‖異読⇒fú

**袚** fú [動] **1**〈古〉祓（　 ）う．神に祈って災いや汚れを除く．**2**〈書〉掃除する．

**莩** fú [名]〈書〉アシの茎の中にある薄い皮．異読⇒piǎo

**浮** fú [動] **1** 浮かぶ．漂う．¶油～在水上／油が水面に浮いている．**2**（表情を浮かべる）¶～着微笑／笑みを浮かべる．**3**〈方〉泳ぐ．

**2**[形] 軽はずみである．落ち着きがな

い.
H ①表面の. ¶～→皮. ②固定していない. ¶～→財. ③一時的な. ¶～支 / 仮払い. ④超過する. ¶～額 / 超過額.

**fúbào**【浮报】动 水増しして報告する.
**fúbiāo**【浮标】名 浮标. ブイ.
**fúbīng**【浮冰】名 浮冰.
**fúcái**【浮财】名 動産. 家財道具.
**fúchén**【浮尘】名 ほこり. ちり.
**fúchén**【浮沉】动 浮いたり沈んだりする.
**fúchénzǐ**【浮尘子】名〈虫〉ウンカ. ヨコバイ.
**fúchuánwù**【浮船坞】名 浮きドック.
**fúcí**【浮词·浮辞】名 中身のない言葉.
**fúcuò**【浮厝】动 仮埋葬する.
**fúdài**【浮袋】名〈水泳練習用の〉浮き袋.
**fúdàng**【浮荡】1 动〈空中を〉漂う. 2 形 軽薄で放縦である.
**fúdiāo**【浮雕】名〈美〉浮き彫り. レリーフ.
**fúdiào**【浮吊】名 クレーン船.
**fúdòng**【浮动】1 动 流れ動く; 変動する. 2 动 摇する. 不安定になる.
**fúdòng gōngzī**【浮动工资】名 非固定賃金.
**fúdòng huìlǜ**【浮动汇率】名〈经〉変動為替相場.
**fúdòng lìlǜ**【浮动利率】名〈经〉変動利率.
**fúfàn**【浮泛】1 动〈书〉水の上に漂う;〈表情が〉顔に表れる. 2 形 表面的である.
**fú guāng lüè yǐng**【浮光掠影】〈成〉〈学習などに対する取り組みがいい加減だったため印象が浅い.
**fúhuá**【浮华】形 派手である.
**fúhuá**【浮滑】形 軽薄ですばしこい.
**fújì**【浮记】动〈旧〉商人が勘定を一時的に"水牌"(つけを書く塗り板)に書きつける.
**fú jiā fàn zhái**【浮家泛宅】〈成〉放浪生活をする.
**fúkuā**【浮夸】形〈言うことが〉大げさである.
**fúlàng**【浮浪】形 放浪である.
**fúléi**【浮雷】名〈军〉浮遊機雷.
**fúlì**【浮礼儿】〈口〉虚礼.
**fúlì**【浮力】名〈物〉浮力.
**fúmǎtou**【浮码头】名 浮き栈桥.
**fúmái**【浮埋】名 → **fúcuò**【浮厝】
**fúmiàn**【浮面】名〈~儿〉表面. うわべ.
**fúmíng**【浮名】名 虚名.
**fúpí**【浮皮】名〈~儿〉生物の表皮;〈物の〉表面.
**fú pí cèng yǎng**【浮皮蹭痒】〈成〉物事のうわべでしか触れない.
**fú pí liáo cǎo**【浮皮潦草】〈成〉〈仕事が〉大まかでいい加減である.
**fúpiāo**【浮漂】形〈仕事や学習が〉上っ面である.
**fúpíng**【浮萍】名〈植〉ウキクサ〈中薬〉浮萍 (hyo).

**fúqiān**【浮签】名〈~儿〉付箋 (sen).
**fúqiǎn**【浮浅】形〈学識や理解が〉浅薄である.
**fúqiáo**【浮桥】名 浮き橋.
**fúshēng**【浮生】名〈书〉うたかたの人生. 2 动 水面に浮いて生長する.
**fúshī**【浮尸】名 水死体.
**fúshí**【浮石】名 軽石.
**fúshuǐ**【浮水】动 泳ぐ.
**fútóu**【浮头】动 酸欠のため魚が口を水面に出して呼吸する.
**fútóur**【浮头儿】名〈方〉表面.
**fútú**【浮屠·浮图】名〈仏〉1 仏陀 (だ). 2 僧;〈広く〉仏塔. 3 仏塔.
**fútǔ**【浮土】名 1 土地の表面の土. 2 表面についたほこり.
**fúwén**【浮文】名 内容のない文章.
**fúxiàn**【浮现】动〈印象や思い出が〉**浮かぶ**;〈表情が顔に〉**表れる**.
**fúxiǎng**【浮想】1 动 思い浮かべる. 2 名 頭に浮かぶ思い.
**fúxuǎn**【浮选】名〈矿〉浮遊選鉱(法).
**fúyán**【浮言】名 中身のない言葉;根拠のない話.
**fúyàn**【浮艳】形〈文章などが〉美辞麗句を並べるだけで内容がない;派手なだけである.
**fúyóu**【浮游】1 动 浮遊する. 2〈书〉漫遊する.
**fúyóu shēngwù**【浮游生物】名〈生〉プランクトン.
**fúyuán**【浮员】名 余剩人員.
**fúyún**【浮云】名 浮き雲.
**fúzào**【浮躁】形 そわそわして落ち着かない.
**fúzhá**【浮渣】名〈冶〉浮きかす.
**fúzhǒng**【浮肿】1 动 むくむ. 2 名 むくみ.
**fúzhōu**【浮舟】名〈水上飞行機の〉フロート.
**fúzi**【浮子】名〈釣り糸につける〉浮き.

**桴** (桴)
**fú**【桴】名 1〈古〉小さないかだ. 2〈方〉家屋の梁 (はり) の上にある小さな梁. 3〈古〉太鼓 (たいこ) のばち.
**fú gǔ xiāng yìng**【桴鼓相应】〈成〉打てば響く.
**fúzi**【桴子】名 1〈方〉小さないかだ. 2 家屋の梁の上にある小さな梁.

**符**
**fú**【符】お札.護符.
H ①記号. 符号. ¶音～ / 音符. ②符合する. 合致する. ¶相～ / 同上. ③割り符. 形

**fúhào**【符号】名 1 **符号. 記号.** 2 衣服につけて職業や身分を示す印.
**fúhàolùn**【符号论】名〈哲〉記号論.
**fúhào luójí**【符号逻辑】名〈論〉記号論理学.
**fúhé**【符合】动 **符合する. 一致する.** ¶～条件 / 条件に合致する.
**fújié**【符节】名 割り符.

## fú

**fúlù**【符箓】〈名〉道教の護符や秘文の総称.
**fúzhòu**【符咒】〈名〉魔よけの札と呪文(ぷん).

**匐** fú →**púfú**〔匍匐〕

**涪** fú 地名用字.

**袱**（襆）fú →**bāofu**〔包袱〕

**艴** fú〈形〉〈書〉怒るさま.

**幅** fú ❶〈名〉布地の幅. 2〈量〉〔双〕～ / シングル〔ダブル〕幅. 2〈量〉布地や絵画を数える. ¶一～画/一幅の絵. ❷ 広く幅という. ¶振～ / 振幅.

**fúdù**【幅度】〈名〉幅. 物の変動の差.
**fúmiàn**【幅面】〈名〉〈方〉布地の幅.
**fúyuán**【幅员】〈名〉領土の面積.

**辐** fú ❶〈名〉〔車輪の〕幅(やぷ), スポーク.

**fúcòu**【辐辏・辐凑】〈書〉人や物が集中する.
**fúshè**【辐射】〈動〉輻射(ぷしゃ)する. 放射する.
**fúshèmiàn**【辐射面】〈名〉影響範囲.
**fúshèrè**【辐射热】〈名〉〈物〉輻射熱.
**fúshèxíng**【辐射形】〈名〉放射状.
**fúshèwù**【辐射雾】〈名〉〈気〉輻射霧.
**fútiáo**【辐条】〈名〉〔車輪の〕スポーク.
**fúzhào**【辐照】〈名〉〈物〉〈医〉放射線照射.

**蜉** fú ❶

**fúyóu**【蜉蝣】〈名〉〈虫〉カゲロウ.

**福** fú ❶〈名〉幸福. 幸せ. 2〈副〉〔旧〕〔女性が〕おじぎをする.
❷ 福建省. ¶～→橘. ‖〈姓〉

**fúcǎi**【福彩】〈名〉→**fúlì cǎipiào**〔福利彩票〕
**fúdì**【福地】〈名〉神仏の地; 楽天地.
**fú'ěrmǎlín**【福尔马林】〈名〉〈薬〉ホルマリン.
**fúfèn**【福分】〈名〉幸せ. 幸運.
**Fújiàn**【福建】〈名〉〈地名〉福建(ぶっ)省.
**fújiàng**【福将】〈名〉幸運で必ず勝つ将官; 〈転〉何もかも順調な人.
**fújú**【福桔】〈名〉福建省特産のミカン.
**fúlì**【福利】〈名〉福利. 福祉.
**fúlì cǎipiào**【福利彩票】〈名〉福祉事業の資金集めのための宝くじ.
**fúlìfáng**【福利房】〈名〉廉価で買える従業員用の住宅.
**fúlìfèi**【福利费】〈名〉従業員の福利厚生にあてられる資金.
**fúlìyuàn**【福利院】〈名〉養老院.
**fúqì**【福气】〈名〉幸せ. 幸運.
**fú rú dōng hǎi**【福如东海】〈成〉無限の幸せ.
**fú shòu shuāng quán**【福寿双全】〈成〉幸せも長生きも両方を全うする.
**fú wú shuāng zhì**【福无双至】〈成〉果報は並んでこない.

**fúxiàng**【福相】〈名〉福相.
**fúxīng**【福星】〈名〉幸運の星.
**fúyīn**【福音】〈名〉〈宗〉〔キリスト教でいう〕福音; 喜ばしい知らせ.
**Fúyīnshū**【福音书】〈名〉〈宗〉〔聖書の〕福音書.
**fúyòu**【福佑】〈動〉加護する.
**fúzhǐ**【福祉】〈名〉〈書〉幸福.
**fú zhì xīn líng**【福至心灵】〈成〉幸運に恵まれれば頭の働きもよくなる.
**Fúzhōu**【福州】〈名〉〈地名〉福州(ぷっ).
**Fúzhōuxì**【福州戏】〈名〉福建省の主な地方劇の一.

**蝠** fú ❶ コウモリ. ⇨**biānfú**〔蝙蝠〕

**父** fú ❶〈古〉老人. ¶田～ / 田舎の老人. ‖異読⇨**fǔ**

**抚**（撫）fǔ ❶〈動〉① 慰める. ¶～问 / 慰問する. ② 保護する. 扶助する. ¶～～养. ③ そっと押さえる. ¶～～摩.

**fǔ'ài**【抚爱】〈動〉なごやく; 世話する.
**fǔ gōng zì wèn**【抚躬自问】→**fǎn gōng zì wèn**〔反躬自问〕
**fǔ jīn zhuī xī**【抚今追昔】〈成〉現在の事に触れて昔の事をしのぶ.
**fǔmō**【抚摸】〈動〉手でさする. なでる.
**fǔmó**【抚摩】→**fǔmō**〔抚摸〕
**fǔnòng**【抚弄】〈動〉手で回す.
**fǔqín**【抚琴】〈動〉〈書〉琴を弾く.
**fǔwèi**【抚慰】〈動〉慰める.
**fǔxù**【抚恤】〈動〉〔公傷者またはその遺族を〕慰め救済する.
**fǔxùjīn**【抚恤金】〈名〉国家あるいは組織からの救済金, 弔慰金, 補償金.
**fǔyǎng**【抚养】〈動〉〔子供を〕扶養する, 育てる.
**fǔyù**【抚育】〈動〉〔愛情をこめて児童や動植物を〕育てる.
**fǔzhǎng**【抚掌】〈動〉手をたたく.

**甫** fǔ ❶〈古〉男子に対する美称; 男子の字(や)につける敬語. ❶ 〔台～ / お名前. 2〈副〉はじめて. やっと. ‖〈姓〉

**拊** fǔ〈古〉〈動〉打つ. たたく.

**fǔyīng**【拊膺】〈動〉〈書〉胸をたたく. ▶悲しみを表す.
**fǔ/zhǎng**【拊掌】〈動〉手を打つ. ▶わが意を得たと喜ぶさま.

**斧** fǔ〈名〉おの. ¶一～头. 2〈古〉まさかり状の兵器.

**fǔtóu**【斧头】〈名〉斧.
**fǔxuē**【斧削】〈動〉→**fǔzhèng**〔斧正・斧政〕
**fǔyuè**【斧钺】〈名〉〈書〉斧とまさかり〔斬首の道具〕; 〈喩〉極刑.
**fǔzáo**【斧凿】1〈動〉斧とのみ. 2〈名〉〔詩文が不自然になるほど〕手を加える.
**fǔzáohén**【斧凿痕】〈名〉詩文の文句のぎこちないところ.
**fǔzhèng**【斧正・斧政】〈書〉〈敬〉斧正(せ)を加える. 添削を加える.
**fǔzhì**【斧锧】〈名〉〈古〉斬首刑具.

**fǔzi**【斧子】[名] 斧.
**fǔzúlèi**【斧足类】[名][動] 斧足類. 二枚貝の類.

# 府 **fǔ** [H] ①役所. 官庁. 政府機関. ¶政~/官庁. ②官邸. 邸. ¶〈敬〉お宅. ¶贵~/お宅. ④旧時の行政区画の一.

**fǔchéng**【府城】[名]〈旧〉府の行政機関のある都市.
**fǔchóu**【府绸】[名]〈紡〉ポプリン.
**fǔdǐ**【府邸】→**fǔdì**【府第】
**fǔdì**【府第】[名]〈旧〉貴族や官僚・大地主の屋敷.
**fǔkù**【府库】[名]〈旧〉政府が文書や財物を貯蔵する所.
**fǔshang**【府上】[名]〈敬〉お宅.

# 俯 **fǔ** [H] ①うつむく. ¶~视. ②〈敬〉...してくださる. ¶~察.

**fǔchá**【俯察】[動]〈書〉1 見下ろす. 2〈敬〉ご承知願える.
**fǔchōng**【俯冲】[動](飛行機などが)急降下する.
**fǔfú**【俯伏】[動](地面に)腹ばいになる.
**fǔjiǎo**【俯角】[名]〈測〉俯角(ふ).
**fǔjiù**【俯就】[動] 1〈敬〉 身をまげてお引き受けくださる. 2 譲歩する. (我をまげて)折れる.
**fǔkàn**【俯瞰】[動]→**fǔshì**【俯视】
**fǔniàn**【俯念】[動]〈敬〉ご同情いただく.
**fǔ/shēn**【俯身】[動] 身をかがめる.
**fǔ shí jí shì**【俯拾即是】〈成〉いくらでもある.
**fǔshì**【俯视】[動] 高い所から見下ろす.
**fǔshìtú**【俯视图】[名]〈測〉俯瞰(ふ)図.
**fǔshǒu**【俯首】[動] うつむく. 頭を下げる. ¶〈喩〉おとなしく従う.
**fǔ shǒu tiē ěr**【俯首帖耳】〈成〉〈貶〉きわめて従順なさま.
**fǔwò**【俯卧】[動] 腹ばいになる.
**fǔwòchēng**【俯卧撑】[名]〈体〉腕立て伏せ.
**fǔyǎng**【俯仰】[動] うつむいたりあおむいたりする. ¶~一举一動をさす.
**fǔ yǎng wú kuì**【俯仰无愧】〈成〉少しもやましいところがない.
**fǔ yǎng yóu rén**【俯仰由人】〈成〉何事も人のいいなりになる.
**fǔ yǎng zhī jiān**【俯仰之间】〈成〉またたく間に.
**fǔyǔn**【俯允】[動]〈敬〉ご許可いただく.

# 釜 **fǔ**〈古〉釜(ふ). 鍋.

**fǔ dǐ chōu xīn**【釜底抽薪】〈成〉問題を根本的に解決する.
**fǔ dǐ yóu yú**【釜底游鱼】〈成〉逃げることができず非常に危うい状態.

# 辅 **fǔ** [H] 助ける. 補佐する. ‖[姓]

**fǔbì**【辅币】[名]〈略〉補助貨幣.
**fǔbì**【辅弼】[名]〈書〉補助する人.
**fǔ chē xiāng yī**【辅车相依】〈成〉互いに助け合う.
**fǔdǎo**【辅导】[動] 指導する. 補習する. ¶~班/補習クラス.
**fǔdǎoyuán**【辅导员】[名] 補導・クラブ活動・少年団などの指導者.
**fǔliào**【辅料】[名](料理などの)補助的な材料.
**fǔlù**【辅路】[名] 側道; バイパス.
**fǔshí**【辅食】[名] 乳幼児の発育のために必要な食品.
**fǔxiū**【辅修】[動](大学の)副専攻.
**fǔyīn**【辅音】[名]〈語〉子音.
**fǔzhù**【辅助】[動] 1[動] 助ける. 2[形] 補助的な.
**fǔzhù dānwèi**【辅助单位】[名](国際単位制度の)補助単位.
**fǔzhù huòbì**【辅助货币】[名] 補助貨幣.
**fǔzuǒ**【辅佐】[動]〈書〉(君主・上役を)補佐する.

# 脯 **fǔ** [H] ①干し肉. ¶兔~/ウサギの干し肉. ②果物の砂糖漬け. ¶杏~/アンズの砂糖漬け. 異読⇒pú

# 腑 **fǔ** [H] はらわた. ¶脏zàng~/臓腑. ¶肺~/肺臓.

# 滏 **fǔ** 地名用字. "滏阳河"は河北省にある川の名.

# 腐 **fǔ** [H] ①腐る. ¶腐败. ②堕落・腐敗する. ¶陈~/古臭い. ②豆腐.

**fǔbài**【腐败】[動](物が)腐敗する. 2[形](考え方が)古臭い; (制度・組織などが)腐敗している.
**fǔchòu**【腐臭】[形] 腐った臭いのする.
**fǔ'è**【腐恶】[形] 腐敗していて凶悪である. 腐敗した凶悪な勢力.
**fǔhuà**【腐化】[動] 腐敗する[させる].
**fǔjiù**【腐旧】[形] 古くさい.
**fǔlàn**【腐烂】[動] 1 腐敗する. 2[形](制度・組織などが)乱れている; (考え方や行いが)堕落している.
**fǔqì**【腐气】[名] 1 腐敗した臭い. 2 古臭いやり方.
**fǔrú**【腐儒】[名]〈書〉役に立たない学者.
**fǔrǔ**【腐乳】[名] さいころ状に切った豆腐を発酵させてから塩に漬けたもの.
**fǔshēng**【腐生】[動]〈生〉腐生する.
**fǔshí**【腐蚀】[動] 1 腐食する. 2 堕落させる.
**fǔshíjì**【腐蚀剂】[名]〈化〉腐食剤.
**fǔshú**【腐熟】[動]〈農〉(堆肥が)腐熟する.
**fǔxíng**【腐刑】[名]〈古〉宮刑.
**fǔxiǔ**【腐朽】[形] 1(木などが)腐っているさま. 2(生活が)堕落している. (思想が)腐りきっている.
**fǔzhítǔ**【腐殖土】[名]〈農〉腐植土.
**fǔzhízhì**【腐殖质】[名]〈地質〉腐植質.
**fǔzhú**【腐竹】[名](料理)湯葉を細長く巻いて干したもの.

# 父 **fù** [H] ①父. ¶~~亲. ¶老~/老父. ②親族または親戚中の目上の男子. ¶祖~/父方の祖父. 異読⇒fǔ

**fùbèi**【父辈】[名] 父の代.
**fùběn**【父本】[名]〈植〉雄株.
**fùchuāngkǒu**【父窗口】[名]〈電算〉親ウインドウ.

**fùlǎo**[父老]❲名❳(故郷の)年寄り.
**fùmǔ**[父母]❲名❳両親.
**fùmǔguān**[父母官]❲名❳(旧)(府町事や県知事などの)地方を治める長.
**fùqīn**[父亲]❲名❳父.
**Fùqīnjié**[父亲节]❲名❳父の日.
**fùquánzhì**[父权制]❲名❳父系長制度.
**fùxì**[父系]❲名❳父系.父方.
**fùxiōng**[父兄]❲名❳父と兄；(広く)保護者.
**fùzhí**[父执]❲名❳❲書❳父の友人.
**fùzǐ**[父子]❲名❳父と子.

## 讣

**fù**[讣]❲動❳死亡を通知する.
**fùgào**[讣告]**1**❲動❳死亡通知を出す.**2**❲名❳死亡通知.
**fùjiān**[讣简]❲名❳葬儀の通知状.
**fùwén**[讣闻・讣文]❲名❳死亡通知.

## 付

**fù**❶❷**1**(金を)払う.支出する.¶~钱 / お金を払う.**2**(書)(…の処置に)付する.¶~表决 / 表決に付する.
❷❲量❳**1**漢方薬を数える.**2**→❲副❳ **fù**❶❸❲姓❳
**fùbǎo**[付保]❲動❳保険に入る.
**fùbǐng**[付丙]❲動❳(書)(手紙などを)焼き捨てる.
**fùchū**[付出]❲動❳(代金や代価を)支払う.¶~代价 / 代価を払う.
**fùfāng**[付方]❲名❳(簿記の)貸方.
**fùjiàzhí**[付加值]❲名❳(経)付加価値.
**fù/kuǎn**[付款]❲動❳金を支払う.
**fùpái**[付排]❲動❳(原稿を)植字に回す.
**fùqì**[付讫]❲動❳(書)支払い済みである.
**fùqīng**[付清]❲動❳支払い済みにする.
**fùtuō**[付托]❲動❳委託する.
**fùxī**[付息]❲動❳利息を支払う.❷❲名❳支払い利息.
**fùxiàn**[付现]❲動❳現金払いにする.
**fùxíng**[付型]❲動❳(印)活字版を紙型(かみがた)にとる.
**fùyìn**[付印]❲動❳**1**印刷に回す.**2**上梓(じょうし)する.
**fùyóu**[付邮]❲動❳郵送する.
**fùyǔ**[付与・付予]❲動❳(…に)与え,手渡す.
**fù/zhàng**[付账]❲動❳勘定を支払う.
**fù zhī yī jù**[付之一炬]❲成❳すっかり焼き払ってしまう.
**fù zhī yī xiào**[付之一笑]❲成❳一笑に付す.
**fù zhū dōng liú**[付诸东流]❲成❳水泡に帰する.
**fùzǐ**[付梓]❲動❳(書)上梓する.

## 负

**fù**❶❷❲数❳マイナス.負.
❷❲動❳**1**(責任・任務などを)負う,引き受ける.¶~责任 / 責任を負う.**2**(書)負ける.失敗する.
❸①受ける.被る.¶~〜伤./ 負傷する.②借金がある.債務がある.¶→〜债.③背く,たがえる.¶~〜约 / 約束にそむく.④頼みとする.¶〜〜隅.⑤陰鬱の.¶→〜电.
**fù'àn**[负案]❲動❳刑事訴訟される.
**fùdān**[负担]**1**❲動❳負担する.引き受ける.**2**❲名❳(生活上・精神上の)負担.
**fùdiàn**[负电]❲名❳❲物❳負電気.
**fùdiànhè**[负电荷]❲名❳負電荷.
**fùdiànjí**[负电极]❲名❳❲物❳陰極.
**fùguō**[负郭]❲名❳❲書❳郊外.
**fùhào**[负号]❲名❳(~儿)マイナス記号.
**fùhè**[负荷]**1**❲動❳❲書❳負担に耐える.**2**❲名❳❲電❳負荷.
**fùjí**[负极]❲名❳❲物❳陰極.
**fùjiāsùdù**[负加速度]❲名❳❲物❳負の加速度.
**fùjīng**[负荆]❲動❳過ちを認めて謝罪する.
**fù jīng qǐng zuì**[负荆请罪]❲成❳心から過ちを認めて謝罪する.
**fùjiù**[负疚]❲動❳気がとがめる.
**fùlízǐ**[负离子]❲名❳❲物❳マイナスイオン.
**fùlìlǜ**[负利率]❲名❳(同期の物価上昇率より)低い利率.
**fùmiàn**[负面]❲名❳❲書❳マイナス面.
**fùpiàn**[负片]❲名❳(写真の)ネガ.
**fùqì**[负气]❲動❳腹を立てる.
**fùqíng**[负情]❲動❳心変わりする.情に背く.
**fùqū**[负屈]❲動❳屈辱や冤罪を受ける.
**fù/shāng**[负伤]❲動❳負傷する.
**fùshù**[负数]❲名❳負数.
**fùxiàoyìng**[负效应]❲名❳❲経❳マイナス効果.
**fùxīn**[负心]❲動❳(愛情について)心変わりする.
**fùyǔ**[负隅]❲動❳(敵や盗賊が)険要の地をよりどころにする.▲"负嵎"とも.
**fùyuē**[负约]❲動❳約束に背く.
**fùzài**[负载]❲名❳❲電❳負荷.
**fùzé**[负责]❲動❳責任を負う.責任を持つ.❷❲形❳責任感が強い.
**fùzēngzhǎng**[负增长]❲名❳❲経❳マイナス成長.
**fù/zhài**[负债]**1**❲動❳借金する.負債を負う.**2**❲名❳(企業会計上の)負債.
**fùzhòng**[负重]❲動❳**1**重い物を背負う.**2**重責を担う.

## 妇（婦）

**fù**❶**1**(広く)女性.¶→~科.②既婚女性.¶少妇~ / 若い人妻.**3**妻.¶夫~ / 夫妻.
**fùchǎnkē**[妇产科]❲名❳産婦人科.
**fùchǎnyīyuàn**[妇产医院]❲名❳産婦人科医院.
**fùdào**[妇道]❲名❳(旧)女性として守るべき道.
**fùdào**[妇道]❲名❳(旧)婦人.
**fù gū bó xī**[妇姑勃谿]❲成❳内輪もめ.
**fùkē**[妇科]❲名❳❲医❳婦人科.
**fùlián**[妇联]❲名❳(略)婦人連合会.
**fùnǚ**[妇女]❲名❳女性.婦人.
**fùnǚbìng**[妇女病]❲名❳婦人病.
**Fùnǚjié**[妇女节]❲名❳国際婦人デー(3月8日).
**fùrén**[妇人]❲名❳既婚女性.
**fùrú**[妇孺]❲名❳女性と子供.¶~皆知 / だれでも知っている.

**fùyòu**【妇幼】[名] 女性と子供.

**附**（坿）**fù**[動] **1** 付け加える. 添える. ¶~寄诗照两张 / 最近の写真を2枚同封する. **2** 近づく. くっつく.
[H] ①付け足しの. ¶~录. ②従う. 従属する. ¶~庸.

**fùbái**【附白】[動] 説明を付け加える.
**fùbǐ**【附笔】[名] 付記. 後書き.
**fùdài**【附带】[動] **1** 付け加える；ついでに…する. **2**[形] 副次的な.
**fùdiǎn**【附点】[名] 付点. ドット.
**fù'ěr**【附耳】[動] 耳打ちする.
**fùgāo**【附睾】[名]〈生理〉副睾丸（ふくこうがん）.
**fùhè**【附和】[動] 同調する. ¶随声~ / 付和雷同する.
**fùhuì**【附会】[動] こじつける.
**fùjì**【附骥】[動] すぐれた人に付き従って行動する. ▶"附骥尾wěi" とも.
**fùjiā**【附加】[動] 付加する.
**fùjiā nèicún**【附加内存】[名]〔電算〕拡張メモリ.
**fùjiāxíng**【附加刑】[名] 付加刑.
**fùjiàn**【附件】[名] **1** 付属文書《文書といっしょに送達する》関係書類. **3** 付属品. **4**〔電算〕アクセサリー. **5**〔電算〕添付ファイル.
**fùjìn**【附近】[名] 付近. 近所.
**fùjìn dìqū**【附近地区】[名] 近接地区.
**fùjuān yóupiào**【附捐邮票】[名] 寄付つき切手.
**fùlì**【附丽】(書) 頼る.
**fùlù**【附录】[名] 付録；巻末の参考記事・統計資料など.
**fùnì**【附逆】[動]（書）反逆者の側につく.
**fùshàng**【附上】[動] 同封する.
**fùshè**【附设】[動] 付設する.
**fùshēng zhíwù**【附生植物】[名] 寄生植物.
**fùshǔ**【附属】**1**[形] 付属の. **2**[動] 帰属する.
**fùshǔguó**【附属国】[名] 属国.
**fùsòng**【附送】[動] おまけに添える.
**fù/tǐ**【附体】[動]（霊魂が）にとりつく.
**fùtú**【附图】[名] 付図.
**fùxiǎo**【附小】[名]〈略〉付属小学校.
**fùyán**【附言】[名]（手紙の）二伸. 追伸.
**fùyì**【附议】[動] 他人の提案に賛同する.
**fùyōng**【附庸】[名] **1** 従属国. ▶"附庸国"とも. **2** 隠従者. **3** 付属物.
**fù yōng fēng yǎ**【附庸风雅】(成) 柄にもなく風流人ぶる.
**fùzǎi**【附载】[動] ついでに書き記す.
**fùzé**【附则】[名]（法規や条約の）付則.
**fùzhì**【附识】[動] 付て識る.
**fùzhù**【附注】[名] 注. 付注.
**fùzhuó**【附着】[動] 付着する.
**fùzhuólì**【附着力】[名] 付着力.
**fùzǐ**【附子】[名]〔中薬〕附子（ぶし）.

**附 fù** →fēnfu【吩咐】zhǔfù【嘱咐】

**阜 fù**[名]〈古〉小山. 丘.
[H]（形）多い. ¶物~民丰 / 物産が多く民が豊かである. ‖[姓]

**服 fù**[量] 漢方薬を数える. ¶吃一~药 / 薬を1服飲む. 異読→fú

**驸 fù**[H]（数層立ての馬車の）副馬（そえうま）.

**fùmǎ**【驸马】[名] 皇女の夫.

**赴 fù**[動]（書）赴く. 行く. ¶~宴.
[H] ①泳ぐ. ¶~水 / 泳ぐ. ②〔計 fù〕に同じ.

**fùdí**【赴敌】[動]（書）（戦闘に加わるために）前線へ赴く.
**fùhuì**【赴会】[動] 会に出席する.
**fùnàn**【赴难】[動] 国難を救うためには せ参じる.
**fùrèn**【赴任】[動] 赴任する.
**fùshì**【赴试】[動]〈旧〉科挙試験を受けに行く.
**fù tāng dǎo huǒ**【赴汤蹈火】(成) どんな苦しみや危険も辞さない.
**fùxí**【赴席】[動] 宴会に出席する.
**fùyàn**【赴宴】[動] 宴会に行く.
**fùyuē**【赴约】[動] 約束した人に会いに行く.

**复**（複・復）**fù**[H] **1**[動] 繰り返す. ¶反~ / 反復する；変心する. **2** 回復する. 元どおりになる. ¶恢~健康 / 健康を取り戻す. **3** 返事する. ¶~信. **4** 再び. また. ¶~发. **5** 重複する. 重なる. ¶~印. **6**（↔单）複数の. 単一でない. ¶~姓. **7** 仕返しをする. ¶报~ / 報復する. ‖[姓]

**fùbǎi**【复摆】[名]〔物〕実体振り子.
**fùbèixié**【复背斜】[名]〔地質〕背斜斜.
**fùběn**【复本】[名] 複本.
**fùběnwèizhì**【复本位制】[名]〔経〕複本位制.
**fùbǐ**【复比】[数] 複比.
**fùbǐlì**【复比例】[数] 複比例.
**fùbì**【复辟】[動] 君主が復位する；（旧支配者・旧制度が）復活する.
**fùchá**【复查】[動] 再検査する. 再調査する.
**fù/chóu**【复仇】[動] 復讐（ふくしゅう）する.
**fùchū**【复出】[動]（引退した人が）カムバックする.
**fùdiàn**【复电】[名] 返電.
**fùdú**【复读】[動] 復学する.
**fùdújī**【复读机】[名] リピート機能の付いた録音機.
**fùfā**【复发】[動] 再発する.
**fùfàn**【复返】[動] 再度戻る.
**fùfāng**【复方】[名]〔中医〕2種以上の処方を組み合わせた処方；（薬）複方.
**fùfēnjiě**【复分解】[名]〔化〕複分解.
**fùfǔyīn**【复辅音】[名]〔語〕子音連続.
**fùgǎng**【复岗】[動] 復職する.
**fùgēn**【复根】[名]〔化〕複成基.
**fù/gōng**【复工】[動] 操業を再開する；職場に復帰する.
**fùgǔ**【复古】[動] 復古する.
**fùguī**【复归】[動] 原状を回復する.

**fùguǒ**【复果】(名)〈植〉集合果.

**fù/hán**【复函】(动)返事を書く.返信する. **2** (名)返書. 返信.

**fùhé**【复合】(动)複合する.

**fùhé**【复核】(动) **1** 照合する. **2** 〈法〉再審査する.

**fùhécí**【复合词】(名)〈語〉複合詞.

**fùhé féiliào**【复合肥料】(名)〈農〉化成肥料.

**fùhé liàngcí**【复合量词】(名)〈語〉複合量詞.

**fùhé yuányīn**【复合元音】(名)〈語〉複合母音.

**fù/huì**【复会】(动)会議を再開する.

**fù/hūn**【复婚】(动)(離婚した夫婦が)もう一度結婚する.

**fùhuó**【复活】(动)復活する; 復活させる.

**Fùhuójié**【复活节】(名)キリスト教の復活祭.

**fùjiàn**【复建】(动)(壊れた建築物を)元通りに建て直す,再建する.

**fùjiāo**【复交】(动) **1** 仲直りする. **2** 外交関係を回復する.

**fù/jiù**【复旧】(动) **1** 復古する. **2** 原状を回復する.

**fùjù**【复句】(名)〈語〉複文.

**fù/kān**【复刊】(动)復刊する.

**fù/kè**【复课】(动)(停止していた)授業を再開する.

**fùlì**【复利】(名)〈経〉複利.

**fùmíng**【复明】(动)(失明後)視力が回復する.

**fùmíngshù**【复名数】(名)〈数〉複名数.

**fùmìng**【复命】(动)復命する.

**fù/pái**【复牌】(经)取引停止中の証券が再び取引される.

**fùpán**【复盘】(动)(囲碁や将棋などで)すでに行われた試合の盤上の動きを再現する.

**fùpíng**【复评】(动)再評価する.

**fùsài**【复赛】(名)(体)初戦を終えてから決勝までの試合, 準決勝戦など.

**fùsèguāng**【复色光】(名)〈物〉複合光.

**fùshěn**【复审】(动) **1** 再審査する. **2** 〈法〉(裁判を)再審する.

**fùshēng**【复生】(动)蘇生する.

**fùshì**【复市】(动)(商店や市場などがストライキや休業後)営業を再開する.

**fùshì**【复式】(名)複式.

**fùshì**【复试】(名)第2次試験.

**fùshì biānzhì**【复式编制】(名)複式学級.

**fùshì zhùzhái**【复式住宅】(名)〈建〉メゾネット式住宅.

**fùshù**【复述】(动) 1 他人や自分の話をもう一度繰り返す. 2 (国語教育における練習法の一)テキストの内容を自分の言葉に置き換えて話す.

**fùshù**【复数】(名) 1 〈語〉複数. 2 〈数〉複素数.

**fùsū**【复苏】(动) 1 生き返る. 2 活力を回復する.

**fùtán**【复谈】(动)交渉を再開する.

**fùtuì jūnrén**【复退军人】(名)復員軍人.

**fù/wèi**【复位】(动) **1** 脱臼が治る. **2** 君主が権力を取り戻す. **3**〈電算〉リセットする. **2** (名)〈電算〉リセット.

**fùwèi**【复胃】(名)〈動〉反芻胃(はんすう...).

**fùwèishù**【复位术】(名)〈医〉整復術.

**fùxí**【复习】(动)復習する. ¶~功课/授業のおさらいをする.

**fùxiàn**【复线】(名)〈交通〉複線.

**fùxiě**【复写】(动)複写する.

**fùxiězhǐ**【复写纸】(名)複写紙.

**fù/xìn**【复信】(动) **1** 返事を書く. **2** (名)返事.

**fùxīng**【复兴】(动)復興する. 復興させる.

**fùxìng**【复姓】(名)漢字2字以上からなる姓.

**fù/xué**【复学】(动)復学する.

**fùyán**【复盐】(名)〈化〉複塩.

**fùyǎn**【复眼】(名)〈動〉複眼.

**fùyè**【复业】(动) **1** 復業する. **2** 営業を再開する.

**fùyè**【复叶】(名)〈植〉複葉.

**fùyì**【复议】(动)再議する.

**fùyèjī**【复叶机】(名)(飛行機の)複葉機.

**fùyīn**【复音】(名)〈物〉複合音.

**fùyīncí**【复音词】(名)〈語〉多音節詞.

**fùyìn**【复印】(动) コピーする.

**fùyìnjī**【复印机】(名) コピー機.

**fù/yuán**【复元】(动)→fù/yuán【复原】

**fù/yuán**【复员】(动) **1** (戦争状態から)平和状態に戻る. **2** (軍人が)復員する.

**fù/yuán**【复原】(动) **1** 健康を取り戻す. **2** 復原する.

**fùyuán**【复圆】(名)〈天〉(日食・月食の)復円.

**fùzá**【复杂】(形)複雑である.

**fùzá láodòng**【复杂劳动】(名)熟練労働.

**fùzhào**【复照】(名)〈外交〉通牒に対する回答.

**fùzhé**【复辙】(名)→fùzhé【覆辙】

**fùzhěn**【复诊】(动)〈医〉再診する.

**fù/zhí**【复职】(动)復職する.

**fùzhì**【复制】(动)複製する. コピーする.

**fùzhòng**【复种】(名)〈農〉多毛作.

**fùzhuǎn jūnrén**【复转军人】(名)復員して元の職業についた軍人.

**fùzhuàng**【复壮】(动)〈農〉品種の優良特性を回復させ, 種子の活性を高める. 2 名 若返り.

汩 **fù**(动) 泳ぐ. ¶~过河去 / 川を泳ぎ渡る. 異読⇒fú

**fùshuǐ**【洑水】(动) 泳ぐ.

副 **fù**(量) **1** セットや組になっているものを数える. ¶一~对联 / 一対の対聯(れん). ¶ ("一~"で)顔の表情についていう. ¶ 装出一~笑臉 / 笑顔をつくる.

**2** (形) 副次的な. 第二の. ▶"主,正"と区別する. ¶~厂长 / 副工場

長.

**日**①付帯的な.¶～～产品.②符合する.適合する.¶名～其实 / 名实相伴う. ‖ 姓

**fùběn**【副本】名副本,写し.
**fùbiāotí**【副标题】名副題.
**fùchǎnpǐn**【副产品】名副産物.
**fùchǎnwù**【副产物】名副産物.
**fùcí**【副词】名〈語〉副詞.
**fùgāo**【副高】名"副教授""副研究员"など)「副」のつく上級職の略称.
**fùgē**【副歌】名〈音〉リフレイン.
**fùgōngshǒu**【副攻手】名〈体〉サイドプレーヤー.
**fùguān**【副官】名〈旧〉副官.
**fùhóng**【副虹】名〈気〉副虹(ﾌｸｺｳ).
**fùjiāogǎn shénjīng**【副交感神经】名〈生理〉副交感神経.
**fùjiàoshòu**【副教授】名准教授.
**fùjìng**【副净】名〈旧〉伝統劇でしぐさを主に演じる役.
**fùkān**【副刊】名〈新聞の〉文芸・学芸欄.
**fùkē**【副科】名選択科目.
**fùpái**【副牌】名〈～儿〉(企業などの)正式名ではない便宜的呼称.
**fùpǐn**【副品】名二級品.
**fùrèdài**【副热带】名〈地〉亜熱帯.
**fùshānghán**【副伤寒】名〈医〉パラチフス.
**fùshénjīng**【副神经】名〈生理〉副神経.
**fùshèn**【副肾】名〈生理〉副腎(ﾌｸｼﾞﾝ).
**fùshí**【副食】名副食.
**fùshǒu**【副手】名助手.
**fùshū**【副署】名副署.
**fùtí**【副题】名サブタイトル.
**fùxiànquān**【副线圈】名〈電〉二次コイル.
**fùxiàng**【副项】名二番目に重要な項目.
**fùxiàozhǎng**【副校长】名副校長.
**fùxìngzhēng**【副性征】名第二次性徴.
**fùxiū**【副修】動選択科目を履修(ﾘｼｭｳ)する.
**fùyè**【副业】名副業.
**fùyì**【副翼】名〈航空〉補助翼.
**fùyóuxiāng**【副油箱】名〈航空〉補助タンク.
**fùzhí**【副职】名副次的な職務.
**fùzhóu**【副轴】名〈機〉カウンターシャフト.
**fùzǒnglǐ**【副总理】名〈政〉(国務院の)副総理.
**fùzuòyòng**【副作用】名副作用.

**赋 fù**【赋】**日**①授ける.¶～～予己.②(詩を)作る.¶题～.③田地の租税.¶田～ / 地租.¶～～税.
**fùgéqǔ**【赋格曲】名フーガ.
**fùshuì**【赋税】名租税.
**fùxián**【赋闲】動失業する.
**fùxíngjì**【赋形剂】名〈医〉成形薬.
**fùxìng**【赋性】名天性.
**fùyì**【赋役】名賦役(ｴｷ).
**fùyǒu**【赋有】動(性格や気質を)備え持つ.
**fùyǔ**【赋予】動(任務や使命を)授ける.予える.

**傅 fù**【傅】〈古〉助ける.教え導く.
**日**①教師.師匠.¶师～ / 师匠.親方.②塗る.つける.‖ 姓
**fùcái**【傅彩】動色を塗る.
**fùfěn**【傅粉】動〈書〉おしろいをつける.
**fùhuì**【傅会】→**fùhuì**【附会】

**富 fù**图 1 財産が多い.金持ちである.**2**〈書〉(…が)豊かである.(…に)富む.¶～于年岁 yángfèn / 栄養分に富む.
**日**資源.財産.¶水～ / 財産.
**fùchǎn**【富产】動大量に生産する.
**fùguì**【富贵】形富貴である.
**fùguìbìng**【富贵病】名〈俗〉ぜいたく病.
**fùguìhuā**【富贵花】名〈植〉ボタン.
**fùguó**【富国】**1**動国を豊かにする.**2**名豊かな国.
**fùhán**【富含】動大量に含む.
**fùháo**【富豪】名富豪.
**fùhù**【富户】名〈～儿〉金持ちの家.
**fùjiāwēng**【富家翁】名大富豪.
**fùkuàng**【富矿】名〈鉱〉富鉱.
**fùlì**【富丽】形華麗である.
**fùmín**【富民】動人々を裕福にする.
**fùnóng**【富农】名自分も労働に加わるが,作業を雇ったり高利貸しもする,裕福な農民.
**fùpó**【富婆】名大金持ちの女性.
**fùqiáng**【富强】形(国家が)富強である.力強い.
**fùráo**【富饶】形(物産や資源が)豊かである.
**fùrén**【富人】名(地主・資本家などの)金持ち.
**fùshāng**【富商】名金持ちの商人.
**fùshí**【富实】形(財産や資財が)豊かである.
**fùshù**【富庶】形人口が多くて物産が豊かである.
**fùtài**【富态・富泰】形〈方〉〈婉〉福々しい.
**fùwēng**【富翁】名大金持ち.長者.
**fùyíngyǎnghuà**【富营养化】名〈環境〉富栄養化.
**fùyǒu**【富有】**1**形富んでいる.**2**動…に富む.
**fùyù**【富裕】**1**形裕福である.¶～户 / 裕福な家庭.**2**動豊かにする.
**fùyù zhōngnóng**【富裕中农】名富裕中農.
**fùyú**【富余】動余分がある.¶～人员 / 余剰人員.
**fùyuán**【富源】名(森林・鉱物などの)天然資源.

fù

**fùzú**【富足】形 裕福である.
腹 **fù**【腹】名〈書〉腹.
　日+【器物の】胴の部分.
**fù'àn**【腹案】名 腹案.未公開のプラン.
**fù bèi shòu dí**【腹背受敵】〈成〉前と後ろから敵に攻撃される.
**fùdì**【腹地】名 内陸.
**fùfěi**【腹诽】動〈口には出さないが〉心の中で否定する.▶"腹非"とも.
**fùgǎo**【腹稿】名 頭の中で考えている原稿.
**fùgǔgōu**【腹股沟】〈ふ.ゴウ〉名〈生理〉鼠蹊(ふ.ケイ).
**fùmiàn**【腹面】名 腹の側.
**fùmó**【腹膜】名〈生理〉腹膜.
**fùqí**【腹鳍】名〈動〉腹びれ.
**fùqiāng**【腹腔】名〈生理〉腹腔.
**fùshuǐ**【腹水】名〈医〉腹水.
**fùxiè**【腹泻】動 下痢をする.
**fùxīn**【腹心】名〈書〉1 急所.2 心から信頼して何でも相談できる人.3 誠意.
**fùyì**【腹议】名〈書〉胸の中の見解.
**fùzúlèi**【腹足类】名〈動〉腹足類.

鲋 **fù**【鲋】〈古〉〈魚〉フナ.
缚 **fù**【缚】動 縛る.¶束～/束縛する.
‖姓
赙 **fù**【赙】〈書〉金品を送って葬式を助ける.¶～金/香典.¶～仪/香典.
蝮 **fù O**
**fùshé**【蝮蛇】名〈動〉マムシ.
鳆 **fù O**
**fùyú**【鳆鱼】名〈貝〉(俗)アワビ.
覆 **fù**日+ ①覆う.かぶせる.1被～/覆いかぶさる.②覆る.ひっくり返る.¶～舟/難破する.③返事をする.
**fùbèi**【覆被】動 覆う.
**fù cháo wú wán luǎn**【覆巢无完卵】〈成〉集団が災難に見舞われれば無傷の人はありえない.
**fù chē zhī jiàn**【覆车之鉴】〈成〉覆車(ふ.)の戒め.▶"覆车之戒,覆车之辙"とも.
**fùgài**【覆盖】動 覆う.1 〈電学〉上書きする.2 地面に生えている植物.
**fùgàilǜ**【覆盖率】名 カバー率.
**fùgàimiàn**【覆盖面】名 1 被覆率.2 影響範囲.
**fùmiè**【覆灭】→**fùmò**【覆没】2
**fùmò**【覆没】動 1〈書〉〈船が〉転覆して沈む.2〈軍隊が〉全滅する.3〈書〉陥落する.
**fù pén zhī yuān**【覆盆之冤】〈成〉晴らすことのできない冤罪(ふ.).
**fùpénzǐ**【覆盆子】名〈植〉トックリイチゴ; (学名)キイチゴ.
**fù shuǐ nán shōu**【覆水难收】〈成〉覆水盆に返らず.
**fùwáng**【覆亡】動 滅亡する.

**fù//xìn**【复信】→**fù/xìn**【复信】
**fùzhé**【覆辙】名〈喩〉失敗の前例.
馥 **fù**日+ 芳しい.
**fùfù**【馥馥】形〈書〉非常に芳しい.
**fùyù**【馥郁】形〈書〉馥郁(ふく.)としている.

# G

**ga**（ㄍㄚ）

夹（夾） **gā O** 異読⇒**jiā, jiá**
**gāzhīwō**【夹肢窝】名〈方〉腋(わき)の下.
旮 **gā O**
**gāgalár**【旮旮旯旯儿】名〈方〉隅々.
**gālár**【旮旯儿】名 1 隅っこ.2 狭苦しい辺鄙(ぺ.)な所.
伽 **gā O** 異読⇒**jiā, qié**
**gāmǎ**【伽马】名《ギリシア文字》ガンマ.γ.
咖 **gā** 外来語の表記に多く用いる.
異読⇒**kā**
**gālí**【咖喱】名 カレー.¶～饭/カレーライス.
胳 **gā O** 異読⇒**gē**
**gāzhīwō**【胳肢窝】→ **gāzhīwō**【夹肢窝】
嘎 **gā** 擬 1〈堅い材質の物が発する短く高い音〉きぃっ.2→**gāgā**
【嘎巴】擬⇒**gá,gǎ**
**gābā**【嘎巴】擬 1〈木の枝などが折れるときの音〉ぽきん.2〈ビスケットなどを嚙むときの音〉
**gǎba**【嘎巴】名〈方〉こびりつく.
**gābadòur**【嘎巴豆儿】名〈俗〉子供.がき.
**gābalìluocuìr**【嘎巴利落脆】形 てきぱきしている.
**gābar**【嘎巴儿】名〈方〉〈のり状の物が乾いて〉こびりついたもの.
**gābēng(r)cuì**【嘎嘣(儿)脆】形〈方〉〈声が〉澄んでいる;〈食感が〉さくさくしている.こきぱきしている.
**gādēng**【嘎噔】擬 1〈物が急に折れたり切れたりするときの音〉ぽきっ.ぶつっ.2〈堅い物が軽く打ち当たって出る音〉かたっ.がたっ.3〈驚いたとき,心臓が1回強く鼓動するさま〉どきっ.
**gāgā**【嘎嘎】擬 1〈アヒルやガチョウなどの鳴き声が〉があがあ.2〈大きな笑い声〉からから.
**gālā**【嘎啦】擬 1〈重量感のあるものが回転や振動によって出す音〉がらがら.2《落雷の音》ごろごろ.
**gārán**【嘎然】擬 1 高らかに響く声

**gāzhar**【嘎渣儿】〈名〉〈方〉かさぶた；おこげ（のようなもの）。

**gāzhī**【嘎吱】[擬]〈材木や組み立てた物体が圧力を受けたり、こすれ合ったりしてきしむ音〉ぎいぎい、ぎしぎし。2《军靴などの音》こつこつ。

**軋** **gá**【軋】〈動〉1 押し。押し合う。2 つきあう。交際する。3 突き合わせる。細かく計算する。
異読⇒yà,zhá

**釓** **gá**【釓】〈名〉〈化〉ガドリニウム。Gd.

**尜** **gá** ●

**gága**【尜尜】〈名〉1（～儿）〈方〉手で握れるくらいの大きさで、両端のとがった短い棒のおもちゃ。2"尜尜"の形をしたもの。

**嘎** **gá** ● 異読⇒gǎ,ga

**gága**【嘎嘎】→**gága**【尜尜】

**噶** **gá** ●

**gálún**【噶伦】〈名〉ガロン。旧チベット地方政府の高級官僚。

**玍** **gǎ**【玍古】〈形〉〈方〉1（性格が）偏屈で、つむじ曲がりである。2 いたずらだ。腕白である。

**gǎgu**【玍古】〈形〉〈方〉1（性格が）偏屈である。2（品質が）悪い。3（事態の結果が）芳しくない。

**gǎzi**【玍子】〈名〉〈方〉いたずらっ子。

**尕** **gǎ**【尕】〈方〉小さい。▶人についていう。

**嘎** **gǎ**【玍gǎ】に同じ。 異読⇒gā,ga

**尬** **gà**【尴尬】

## gai（ㄍㄞ）

**该** **gāi** ❶〈動〉1 …するのが当然である。…すべきである。¶我们一走了！もう行かなくてもいい。2（道理・経験に基づけば）…にちがいない、に決まっている。¶火车一到站了/汽车一来就是驾。3 どんなに…だろう。¶那一多好啊！/そうなってくれればどんなにいいだろう。
❷〈助動〉1 …でなくてはならない。2 …が当たる番である。¶今天晚上一看你值班吧/今晚は君が当直する。3（単独で用いて）そうなるのは当たり前だ。それみたことか。4 借りがある。借金がある。
❸〈代〉この。その。当該の。上記の。¶一厂/同工場。

**gāibó**【该博】→**gāibó**【赅博】

**gāi bù shì**【该不是】〈型〉…にちがいないだろう。

**gāidāng**【该当】[助動] 当然。…すべきである。

**gāiguǎn**【该管】[動] 管理の責任を負う。

**gāiguǎn dìduàn**【该管地段】〈名〉管理区域。

**gāi…jiù…**【该…就…】〈型〉…すべきは…する。

**gāiqiàn**【该欠】[動] 借りたままである。

**gāisi**【该死】[形]〈罵〉いまいましい；くたばってしまえ。こん畜生。

**gāiyīng**【该应】[助動]〈方〉…は当たり前だ。

**gāi/zhàng**【该账】[動] 借金がある。

**gāizhào**【该着】〔口〕…は当然の結果である。

**陔** **gāi**【陔】〈書〉1 階段に近い所。2 級；層。3 畑の中の小高い所。

**垓** **gāi**【垓】1 [数]〈古〉1 億。2 地名用。¶下～/下垓下で～。

**垓心**【垓心】〈名〉戦場の中心。

**赅** **gāi** ●〔動〕1 完備している。2 兼ねる。3 举…一百／一つの事柄で全体を概括する。

**gāibèi**【赅备】[動] 完全に備わる。

**gāibó**【赅博】〈書〉知識が広い。

**gāikuò**【赅括】[動]〈書〉概括する。

**改** **gǎi**【改】[動] 1 変える。変わる。2 直す。訂正する。3（過ちを）正す。
4（口）やめる。冷やかす。‖姓

**gǎi/bǎn**【改版】[動] 1 改版する。2（テレビやラジオの）番組を変更する。

**gǎibàn**【改办】[動] 変装する。

**gǎibiān**【改编】[動]（作品を）改編する；（軍隊などの組織を）改編する。

**gǎibiān**【改变】[動] 変わる；変える。¶～意见／考えを変える。

**gǎi/chǎn**【改产】→**zhuǎn/chǎn**【转产】

**gǎi cháo huàn dài**【改朝换代】〈成〉王朝・政権が変わる。

**gǎici**【改次】〈客〉次回。この次。

**gǎicuàn**【改窜】[動] 改窜(さん)する。

**gǎi/dào**【改道】[動] 旅行のコースを変える。道を変える；川筋が変わる。

**gǎi/diǎn**【改点】[動] 時間を変更する。

**gǎi/diào**【改调】[動] 1（音）移調する。2 転任（転職）する。

**gǎi/diào**【改掉】[動+結補] すっかり改める。

**gǎidìng**【改订】[動]（文章・書籍・規則などを）改訂する。

**gǎidòng**【改动】[動]（文章・項目・順序などを）変える、手直しする。

**gǎi è cóng shàn**【改恶从善】〈成〉悪い行いを改めて善い行いをする。

**gǎigé**【改革】[動] 改革する。革新する。

**gǎiguān**【改观】[動] 様子が変わる、変貌する。

**gǎiguò**【改过】[動] 過ちやまちがいを改める。

**gǎi guò qiān shàn**【改过迁善】〈成〉過ちを改めて善を見ならう。

**gǎi/háng**【改行】[動] 転業する。

**gǎihuàn**【改换】[動] 取り替える。

**gǎi huàn mén tíng**【改换门庭】〈成〉1 家柄・出自を変えて社会的地位を高める。2 自分の地位を維持・発展させるために新しい主人や勢力に

gāi

gǎihuǐ【改悔】[動]悔い改める.
gǎi/jià【改嫁】[動]〈女性が〉再婚する.
gǎijiàn【改建】[動]改築する.
gǎijiào【改教】[動]〈旧〉〈女性が〉再婚する.
gǎijìn【改进】[動]〈方法・やり方を〉**改善**する,改良する.
gǎi/kān【改刊】[動]〈出版物の〉内容や判型・レイアウトなどを改める.
gǎi/kǒu【改口】[動]口調を変える.言葉を変える.言い直す.
gǎiliáng【改良】[動]〈道具・製品・土壤などを〉改良する.
gǎi/pàn【改判】[動]〈法〉〈裁判所が〉判決を変更する.
gǎi/qī【改期】[動]期日を変更する.
gǎirèn【改任】[動]職務が変わる.
gǎirì【改日】[名]後日.
gǎisè【改色】[動]1色が変わる.2顔色・表情が変わる.
gǎishàn【改善】[動]〈生活・関係・条件などを〉**改善**する.よくする.
gǎitiān【改天】[名]他日.後日.
gǎi tiān huàn dì【改天换地】〈成〉大きく変革する.
gǎi tóu huàn miàn【改头换面】〈成〉〈貶〉内容はもとのままでうわべだけを変える.
gǎitǔ【改土】[動]〈農〉土壤を改良する.
gǎi xián gēng zhāng【改弦更张】〈成〉制度や方法を根本から変える.
gǎi xián yì zhé【改弦易辙】〈成〉態度や方法をすっかり変える.
gǎi xiàn【改线】[動]〈道路・バスの〉路線を変更する;〈電話の〉回路を変更する.
gǎi xié guī zhèng【改邪归正】〈成〉悪事から足を洗って正道に立ち返る.
gǎixiě【改写】[動]〈文章や著作を〉書き直す;改作する.
gǎixíng【改型】[動]モデルチェンジする.型を変える.
gǎi/xìng【改性】[動]1性転換する.2〈化〉改性.
gǎixìng【改姓】[動]姓を変える.
gǎixuǎn【改选】[動]改選する.
gǎi/yàng【改样】[動]1元の形や模様を変える;格好が変わる.
gǎi/yè【改业】[動]職業を変える.
gǎiyì【改易】[動]〈書〉改める.
gǎiyuán【改元】[動]元号を改める.
gǎizào【改造】[動]〈変更・修正を加えて〉**改造**する;〈根本から〉作り直す.
gǎi/zhé【改辙】[動]〈喩〉別の方法をとる.
gǎizhèng【改正】[動]**是正**する.改正する.
gǎizhì【改制】[動]制度を改める.
gǎizhuāng【改装】[動]1包装を変える.2包装を変える.3機械の装置を取り換える,直して取り付ける.
gǎizhuī【改锥】[名]ねじ回し.

gǎizǔ【改组】[動]〈機構や組織を〉改組する.
gǎi/zuǐ【改嘴】→gǎi/kǒu【改口】

丐 gài ❶ ①乞食.¶乞～/乞食.❷①請い求める.②恵む.

芥 gài ❷ 異読⇒jiè

gàicài【芥菜】[名]〈植〉カラシナ.⇒jiècài
gàiláncài【芥蓝菜】[名]〈植〉カイラン.結球しない"甘蓝"(カンラン)野菜.

钙 gài〈化〉カルシウム.Ca.

gàihuà【钙化】[動]〈医〉石灰化する.
gàilízǐ【钙离子】[名]〈化〉カルシウムイオン.
gàipiànr【钙片儿】[名]〈化〉カルシウムの錠剤.
gàizhì【钙质】[名]石灰質.

盖(蓋) gài ❶[動]1〈家などを〉建てる.2覆う.かぶせる.かける;覆い隠す.¶~被子/ふとんをかける.3〈印を〉押す.¶~图章/捺印する.4圧倒する.他をしのぐ.❷[名]1〈～儿〉キャップ.ふた.覆い.2甲殻.❸[副]〈俗〉すごい.ずばぬけている.¶你今天穿的衣服真~了/きょうの服はきまってるね.❹[副]およそ.けだし.❺[接続]〈古〉(それは)…だからである.|姓| 異読⇒gě

gàicài【盖菜】[名]〈植〉カラシナ.
gàicéng【盖层】[名]〈石油〉帽岩.
gàidài【盖代】→gàishì【盖世】
gàifàn【盖饭】どんぶりもの.
gài guān lùn dìng【盖棺论定】〈成〉人間の真価は死後にはじめて定まる.
gàihuo【盖火】[名]ストーブの火を調節するための円形の上ぶた.
gàijiàn【盖建】[動]〈家などを〉建てる.
gàijiāofàn【盖浇饭】→gàifàn【盖饭】
gàile【盖了】[形]すばらしい.
gàilián【盖帘】[名]〈～儿〉[名]細いコーリャン殻などで編んだ円形のふた.
gài/màor【盖帽儿】1 [動]〈体〉(バスケットボールで)ブロックショットをする.2 [形]〈口〉すごい.うまい.いいぞ;最高だ.▶"盖了帽了"とも.
gàirxié【盖儿鞋】[名]スリップオン型で,甲にベルトのついている革靴.
gàiránxìng【盖然性】[名]〈論〉蓋然性.
gàishì【盖世】[動]〈才能・功绩などが〉世にぬきんでる.
gàishì【盖柿】[名]〈植〉平たくて大きな種なしの柿の品種.
Gàishìtàibǎo【盖世太保】[名]〈史〉ゲシュタポ.
gàitou【盖头】[名]旧式の婚礼で花嫁が頭にかぶさる赤い絹.▶"盖头红"とも.
gàiwǎn【盖碗】[名]〈～儿〉ふた付きの湯のみ茶碗.
gàixiāo【盖销】[動]消印を押す.
gàizào【盖造】[動]〈家などを〉建てる.

**gài//zhāng**【盖章】動 捺印する.
**gàizhōng**【盖盅】→gàiwǎn【盖碗】
**gàizi**【盖子】名〈口〉**1** ふた. ¶〈喩〉覆い. ¶盖～/ふたをする. **2** 甲冑.
**gài**【溉】→guàngài【灌溉】
**gài**【概】副 いちがいに. 一律に. ¶～不退换/返品は一切お断り.
H ①おおむね. 大略. ¶梗 gěng～/概筋. ②態度. 表情. ¶气～/気概. ③光景. 様子. ¶胜～/美しい景色.
**gàiguān**【概观】名 概観.
**gàikuàng**【概况】名 概况.
**gàikuò**【概括】動 概括する；要約する. 形 要領を得ている.
**gàikuòxìng**【概括性】名 総合性.
**gàilǎn**【概览】名 概览.
**gàilǜ**【概率】名〈数〉確率.
**gàiliè**【概列】動 **1** あらまし. **2** 簡潔に.
**gàilùn**【概论】名 概论.
**gàimào**【概貌】名 だいたいの様子.
**gài mò néng wài**【概莫能外】成 例外は一切認めない.
**gàiniàn**【概念】名 概念.
**gàiniànhuà**【概念化】動〔文芸作品が〕具体的描写を欠き概念的になる.
**gàishù**【概述】動 略述する.
**gàishù**【概数】名 おおよその数.
**gàishuō**【概说】動 概说する.
**gàisuàn**【概算】動 概算する. **2** 名 概算. 見積もり.
**gàiyào**【概要】名 あらまし.

## gan 《ㄍㄢ》

**干（乾）gān ❶** 形 **1** 乾いている. 乾燥している. **2** からっぽである. 中身がない. ¶钱都花～了/お金を使い果たした. **3**〈方〉〔物言いが〕ぶっきらぼうである.
❷ 副 むなしく. むだに. ¶～着急/気をもむばかり.
❸ 名〈～儿〉乾燥させた食品. ¶葡萄～儿/干しブドウ.
❹ 動 **1**〔酒〕を飲み干す, あける. **2** つっけんどんに言う. なじる. **3** 冷たくあしらう.
❺ 量 関係あるすべての人を集団として数える. ¶一～人/関係者一同, 一味の者たち.
H ①義理の. ¶～姐姐/義理の姉妹. ②〔干支の〕十干. ‖姓
異読 →gàn
**gān'ài**【干碍】動 かかわる. 妨げる.
**gānba**【干巴】形〈口〉**1** ひからびている. **2**〔皮膚が〕かさかさである.
**gānbābā**【干巴巴】形〈~的〉**1**〔物や土などが〕乾いている, ひからびた. **2**〔文章などが〕無味乾燥である.
**gānbācīlile**【干巴呲咧】形〈~的〉〈方〉**1** 乾きすぎている. **2** 無味乾燥である.
**gānbārshòu**【干巴儿瘦】形 やせこけ

ている.
**gānbái**【干白】名 辛口の白ワイン.
**gānbǎn**【干板】名〈写真の〉乾板.
**gānbào**【干鲍】名〈食材〉干しアワビ.
**gān//bēi**【干杯】動 杯を干す. 乾杯する. ¶为我们的友谊～/われわれの友情に乾杯.
**gānbèi**【干贝】名〈食材〉干し貝柱.
**gānbiě**【干瘪】形 **1** ひからびている, やせこけている. **2**〔文章・話が〕無味乾燥である.
**gānbīng**【干冰】名 ドライアイス.
**gāncài**【干菜】名 乾燥野菜.
**gāncǎo**【干草】名 干し草.
**gān chái liè huǒ**【干柴烈火】成 一触即発の状況；引きつけ合ってまさに火がつきそうな男女の関係.
**gānchǎn**【干产】名〈医〉早期破水.
**gānchéng**【干城】名〈書〉盾と城壁；〈転〉国を守る将兵.
**gāncuì**【干脆】**1** 形 さっぱりしている. てきぱきしている. ¶办事～利索/仕事がてきぱきしている. **2** 副 思い切って；あっさりと.
**gān dǎ léi, bù xià yǔ**【干打雷, 不下雨】諺 掛け声ばかりで実行が伴わない.
**gāndǎlěi**【干打垒】名 板と粘土で造った〔家〕.
**gāndèngyǎn**【干瞪眼】慣 やきもきするばかりでどうにもできない.
**gāndiànchí**【干电池】名 乾電池.
**gāndiē**【干爹】名 義父.
**gān'érzi**【干儿子】名 義理の息子.
**gānfàn**【干犯】動 犯す. 侵す.
**gānfàn**【干饭】名〈料理〉〔かゆに対して〕ご飯.
**gānféi**【干肥】名〈農〉人糞などに土を混ぜて乾燥させた肥料.
**gānfěn**【干粉】名〈料理〉干したはるさめ.
**gāngē**【干戈】名〈書〉〔広く〕武器；〈喩〉戦争.
**gāngǔ**【干股】名〈経〉出資せずに配当だけ受ける権利株.
**gānguǒ**【干果】名 **1**〈植〉〔クリ, クミなど〕乾果. **2** ドライフルーツ.
**gānhàn**【干旱】形 土地が日照りで〕乾燥している. **2** 名 日照り, 干ばつ.
**gānháo**【干嚎・干号】動 空泣きする.
**gānhé**【干涸】動〔川や池などが〕干上がる.
**gānhóng**【干红】名 辛口の赤ワイン.
**gānhuā**【干花】名 ドライフラワー.
**gānhuò**【干货】名 **1** 乾物. **2**〈喩〉偽りのない本当の実力〔内容〕.
**gānjí**【干急】動 やきもきするだけである.
**gānjiāng**【干将】名 古代の名剣の名. ▶く"莫邪"と並べて, 名剣をさす.
→**gànjiàng**
**gānjié**【干结】動〔水分が少なくて〕固くなる.

## gān

**gānjìn**【干尽】形 何も残っていない.
**gānjing**【干净】形 **1** きれいである. 清潔である. **2**（言葉や動作が）簡潔ですっきりしている，てきぱきしている. **3**（何も残さず）きれいに片付いている. すっかり. ¶忘得干干净净 / すっかり忘れてしまった.
**gānjiǔ**【干酒】名 辛口のワイン.
**gānké**【干咳】動 空せきをする.
**gānkě**【干渴】形 のどがからからである.
**gānkū**【干枯】形 **1** 枯れる. **2** ひからびる.（皮膚が）かさかさする.
**gānkū**【干哭】動 涙を出さずに泣く.
**gānlào**【干酪】名 チーズ.
**gānlàosù**【干酪素】名〈化〉カゼイン.
**gānlěng**【干冷】形 乾燥して寒い.
**gānlǐ**【干礼】名（贈答品の代わりの）金銭の贈り物.
**gānlián**【干连】動 巻き添えにする.
**gānliáng**【干粮】名 マントーのような汁気のない主食；（小麦粉で作った）携帯用食品.
**gānliè**【干裂】動 乾燥して裂ける.
**gānliú**【干馏】動〈化〉乾留する.
**gānmā**【干妈】名 義母.
**gānmèizi**【干妹子】名〈方〉親しい同輩の若い女性への呼称.
**gānniáng**【干娘】名 義母.
**gānnǚ'ér**【干女儿】名 義理の娘.
**gān'ǒu**【干呕】動 吐くものがない状態で吐き気を催す.
**gānpí**【干啤】名 ドライビール.
**gānpiàn**【干片】名→gānbǎn【干板】
**gānqīn**【干亲】名 義理の親戚（関係）.
**gān qīng hé shì**【干卿何事】成 君に何の関係がある.
**gānr**【干儿】名 乾燥した食品.
**gānrǎo**【干扰】動 **1**（人）を邪魔する；妨害する. **2**〈電〉（ラジオなどの受信の）妨害をする.
**gānrǎosù**【干扰素】名〈医〉インターフェロン.
**gānsè**【干涩】形 **1** ひからびている. **2**（声が）かれている. **3**（表情・動作や文章が）わざとらしい.
**gānshāo**【干烧】動〈料理〉辛味をきかせたスープで煮込む.
**gānshè**【干涉】動 **1** 干渉する. 横やりを入れる. **2** かかわりをもつ.
**gānshī**【干尸】名 ミイラ.
**gānshījì**【干湿计】名〈気〉乾湿計.
**gānshòu**【干瘦】形 やせこけている.
**gānshuǎng**【干爽】形 **1**（気候が）乾燥してさわやかである. **2**（地面や道などが）乾いている.
**gānsī**【干丝】名〈方〉半乾燥にした豆腐をせん切りにしたもの.
**gānsong**【干松】形〈方〉乾いてふわふわしている.
**gānxǐ**【干洗】動 ドライクリーニングをする.
**gānxì**【干系】名（責任のある）かかわり. 関係.

**gānxián**【干舷】名〈海〉乾舷（敁）.
**gānxiào**【干笑】動 作り笑いをする.
**gānxīn**【干薪】名 **1**（実際に仕事をしない）名義だけの職務に対する給料. **2** 基本給.
**gānxuǎn**【干选】動〈鉱〉乾式選鉱.
**gānxuèjiāng**【干血浆】名〈医〉乾燥血漿（(ょう)）.
**gānxuèláo**【干血痨】名〈中医〉女性の悪性貧血.
**gānyǎnzhèng**【干眼症】名〈医〉ドライアイ.
**gānyè**【干谒】動〈書〉謁見を請う.
**gānyù**【干预】動 関与する. 口出しをする. ▲"干与"とも.
**gānyue**【干哕】動 吐き気を催す.
**gānzào**【干燥】形 **1** 乾燥している. **2** 無味乾燥である. おもしろ味がない.
**gānzàoxiāng**【干燥箱】名 乾燥箱.
**gānzhá**【干炸】動 唐揚げにする.
**gān zháojí**【干着急】→gānjí【干急】
**gānzhī**【干支】名 干支. えと.
**gānzū**【干租】名 人員を含まないリース契約.

## gǎn → gàn.

**gān**❶ ① 甘い. おいしい. ¶→～泉. ② 甘んじる. ¶不～落后 / 人に後れを取りたくない. ‖形

**gān bài xià fēng**【甘拜下风】成 心服して負けを認める.
**gāncǎo**【甘草】名〈植〉カンゾウ；〈中薬〉甘草（錶）.
**gāndāng**【甘当】動 甘んじて当たる.
**gān guā kǔ dì**【甘瓜苦蒂】成 完全なものは存在しない.
**gānjiāo**【甘蕉】名〈植〉バナナ.
**gānjié**【甘结】名 〈旧〉**1**（役所に出した）誓約書. **2**（役所に）証文を出す.
**gānjū**【甘居】動（低いポストに）甘んじる.
**gānkǔ**【甘苦】名 **1** 甘苦. 苦楽. **2** つらさや楽しさ；（特に）つらいこと.
**gānlán**【甘蓝】名〈植〉ハボタン；キャベツ. ¶結球～ / キャベツ.
**gānlín**【甘霖】名〈書〉慈雨.
**gānlù**【甘露】名 **1**〈植〉チョロギ. **2**〈旧〉恩沢. 恩恵. **3** 甘味の液汁.
**gānměi**【甘美】形（味が）甘美である. うまい.
**gānquán**【甘泉】名 おいしい湧き水.
**gānshòu**【甘受】動 甘受する.
**gānshǔ**【甘薯】名〈植〉サツマイモ.
**Gānsù**【甘肃】名〈地名〉甘粛（(ﾁく)）省.
**gānsuì**【甘遂】名〈植〉ナツトウダイ；〈中薬〉甘遂（錶）.
**gāntián**【甘甜】形 甘い.
**gānwèi**【甘味】〈書〉**1** 名 美味. **2** 動 おいしく思う.
**gānxīn**【甘心】動 **1** 喜んで…する；自ら進んで…する. **2** 満足する.
**gānxiū**【甘休】動 やめる. 手を引く.
**gānyóu**【甘油】名〈化〉グリセリン.
**gānyóu sānzhī**【甘油三脂】名〈医〉

中性脂肪.トリグリセリド.

**gānyú**【甘于】動 喜んで…する.自ら進んで…する.

**gānyǔ**【甘雨】名 慈雨.

**gānyuàn**【甘愿】動 喜んで…する.自ら進んで…する.

**gānzhe**【甘蔗】名〈植〉サトウキビ.

**gān zhī rú yí**【甘之如饴】成 つらいことでも苦労をいとわずに喜んで行う.

**gānzhí**【甘旨】名〈書〉おいしい食べ物.

**gānzǐcài**【甘紫菜】名〈植〉ノリ.

**玕** gān →lánggān【琅玕】

**杆** gān ❶ 1 竿.棒.¶旗～/旗ざお.2 男性の生殖器. 異読⇒gǎn

**gānr**【杆儿】名 →gǎnzi【杆子】

**gānrfàn**【杆儿犯】名〈隠語〉婦女暴行犯.

**gāntǎ**【杆塔】名 電柱の総称.

**gānzi**【杆子】名 1 棒.柱.2〈方〉盗賊の集団. ⇒gǎnzi

**肝** gān 名〈生理〉肝臓.

**gān'ái**【肝癌】名〈医〉肝臓癌〈がん〉.

**gān cháng cùn duàn**【肝肠寸断】成 断腸の思い.

**gāndǎn**【肝胆】名〈喩〉1 真心・内心.2 勇気.胆力.血気.

**gān dǎn xiāng zhào**【肝胆相照】成 互いに真心をもって深く交わる.

**gānfēng**【肝风】名 肝風.

**gāngōng**【肝功】名〈略〉肝機能.

**gāngōngnéng**【肝功能】名 肝機能.

**gānhuǒ**【肝火】名 かんしゃく.

**gān nǎo tú dì**【肝脑涂地】成 命を犠牲にする.

**gānqì**【肝气】名 1〈中医〉肋骨〈ろっこつ〉が痛んで嘔吐〈おうと〉・下痢を催す病気.2 かんしゃく.

**gānr**【肝儿】名〈食材〉〈牛・豚などの〉レバー.

**gānsù**【肝素】名〈薬〉ヘパリン.

**gāntáng**【肝糖】名〈化〉グリコーゲン.

**gānxīchóng**【肝吸虫】名 肝臓ジストマ.

**gānyán**【肝炎】名〈医〉肝炎.¶乙型～/B型肝炎.

**gānyìngbiàn**【肝硬变】名〈医〉肝硬変.

**gānyìnghuà**【肝硬化】名〈医〉肝硬変.

**gānzàng**【肝脏】名〈生理〉肝臓.

**gānzhì**【肝蛭】名 肝臓ジストマ.

**gānzhǒngdà**【肝肿大】名〈医〉肝臓肥大.

**坩** gān ❶

**gānguō**【坩埚】名 るつぼ.

**gānzitǔ**【坩子土】名〈方〉カオリン.

**苷** gān ❶〈化〉配糖体.¶糖～/グリコシド.

**矸** gān ❶

**gānshí**【矸石】名〈石炭に混入している〉廃石.ぼた.

**gānzi**【矸子】名"矸石"の通称.

**泔** gān ❶

**gānjiǎo**【泔脚】名〈方〉残って捨てたスープやおかず.生ごみ;鍋や碗を洗って汚れた水.

**gānshuǐ**【泔水】名 米のとぎ汁;野菜や鍋・碗などを洗って汚れた水.

**柑** gān 名〈大ぶりの種類の〉ミカン.

**gānjú**【柑橘】名 かんきつ類.

**gānzi**【柑子】名〈方〉ミカン.

**竿** gān ❶

**gānr**【竿儿】名 1 釣り～儿/釣り竿.

**gānzi**【竿子】名 1 竹～儿/竹竿.

**疳** gān 名〈中医〉病名.¶下～/性病の一種.

**gānjī**【疳积】名〈医〉〈栄養失調や寄生虫による〉子供の貧血症.

**尴**【尴】 gān ❶

**gāngà**【尴尬】形 1 ばつが悪い;気まずい.2〈方〉尋常でない;ぎこちない.

**杆** (桿) gǎn ❶ 1 棒状の柄のある器物を数える.¶一～枪/1丁の銃.
❷ 器物の棒状の部分.¶钢笔～/ペン軸.¶烟袋～/キセルのラオ.
異読⇒gān

**gǎnchèng**【杆秤】名 竿ばかり.

**gǎnjūn**【杆菌】名〈生〉バチルス.

**gǎnzi**【杆子】名 棒;軸;筒.⇒gānzi

**秆** (稈) gǎn ❶〈麦などの〉茎.¶烟～/タバコの茎.

**gǎnzi**【秆子】名〈作物の〉茎.

**赶** (趕) gǎn ❶❶動 1 追う.追いかける.2 急ぐ.¶~车/馬車にのる.一头班车/始発列車に間に合わせる.3〈家畜を〉駆りたてる.4 追い払う.5〈ハエを追う.5〈ある事態や時期に〉ぶつかる、出くわす.¶～上大雪/大雪にぶつかる.
❷前〈時間を表す語の前につけて〉…になったら.¶～过年再回家/お正月にたったら家へ帰る. ‖

**gǎnbují**【赶不及】[動+可能補] 間に合わない.

**gǎnbushàng**【赶不上】[動+可能補] 1 追いつけない.2 間に合わない.3 巡り会えない.

**gǎn//cháng**【赶场】→gǎn//gǎn【赶集】

**gǎn//chǎng**【赶场】動 俳優が一つの舞台を務めた後,直ちに別の舞台に駆けつける.

**gǎnchāo**【赶超】動〈ある水準に〉追いつき追いこす.

**gǎn cháoliú**【赶潮流】〈慣〉時代の流行を追う.

**gǎn//chē**【赶车】動 1〈家畜が引く〉

**gǎn**

車を御する。**2** 列車やバスに遅れるようにう急ぐ。

**gǎn//dào**【赶到】[動+方補]**1** 間に合うように到着する；急いで駆けつける。**2**〔口〕…のときになってから（なる）。

**gǎndào jí**【赶道及】[動+可補]間に合う。

**gǎndeshàng**【赶得上】[動+可補]**1** 追いつける。**2** 間に合う。**3** 巡り合える。

**gǎn//diǎn**【赶点】[動]**1**（遅れた車両などが）定刻に到着するため、スピードを上げる。**2**（～儿）タイミングが合う。**3**〔方〕（さいころ賭博で）いい目が出るように、傍らから大声で叫ぶ。

**gǎnfù**【赶赴】[動]急いで駆けつける。

**gǎngōng**【赶工】[動]仕事を急ぐ。

**gǎn//hǎi**【赶海】[動]〔方〕干潮時に海産物を探る。

**gǎn//hàn**【赶汗】[動]〔方〕（風邪を治すためにショウガ湯などを飲んで）発汗させる。

**gǎn hángshi**【赶行市】[慣]価格の高いときをねらって物を売る。

**gǎn//huì**【赶会】[動]会議（縁日）にかけつける。

**gǎn//huó**【赶活】[動]（～儿）仕事を急ぐ。

**gǎn//jí**【赶集】[動]市（いち）へ行く。

**gǎnjiǎo**【赶脚】[動]〔旧〕馬やラバを駆って物を運ぶ。

**gǎn//jiē**【赶街】[動]→**gǎn//jí**【赶集】

**gǎnjǐn**【赶紧】[副]大急ぎで。できるだけ早く。さっそく。¶～做／大急ぎでやる。

**gǎn jìn shā jué**【赶尽杀绝】〈成〉徹底的にやっつける。

**gǎnkǎo**【赶考】[動]科挙の試験を受けに行く。

**gǎnkuài**【赶快】[副]早く。急いで。¶时间不早了,我们～走吧／遅くなった、早く行こう。

**gǎn làngtou**【赶浪头】[慣]時流に乗る。

**gǎnlù**【赶碌】〔方〕**1**[形]慌ただしい。せわしい。**2**[動]（人を）窮地に追い込む。

**gǎn//lù**【赶路】[動]道を急ぐ。

**gǎnlùzi**【赶路子】[動]急きたてる。

**gǎnmáng**【赶忙】[副]急いで。

**gǎnmíngr**【赶明儿】[副]〈口〉そのうち。後日。

**gǎnpǎo**【赶跑】[動]追い払う。

**gǎnqiǎo**【赶巧】**1**[副]ちょうど。折よく；あいにく。**2**[動]ちょうどその機に巡り合う。

**gǎnqíng**【赶情】→**gǎnqíng**【敢情】

**gǎnrènao**【赶热闹】[慣]にぎやかな所に行く。

**gǎn//shang**【赶上】[動+方補]**1** 追いつく。間に合う。**2** ちょうど…に巡り合う；折よく（折悪しく）…に出くわす。**3** …に匹敵する。

**gǎn shímáo**【赶时髦】[慣]〈貶〉流行

を追う。

**gǎn//tàngr**【赶趟儿】[動]間に合う。

**gǎn//xū**【赶圩】→**gǎn//jí**【赶集】

**gǎn yāzi shàng jià**【赶鸭子上架】〈諺〉できないことを無理にやらせる。

**gǎnzǎo**【赶早】[副]早いうちに。

**gǎn zǎo bù gǎn wǎn**【赶早不赶晚】〈慣〉何事も早めにすべきである。

**gǎnzhe**【赶着】[副]**1** 急いで…する。次から次へと…する。**2**（ある時期に）乗じる。**3** 追いつく；追い立てる。

**gǎnzhuī**【赶锥】[名]ねじ回し。

**gǎnzǒu**【赶走】[動]追い払う。

**gǎn//zuǐ**【赶嘴】[動]〔方〕（他人の食事時に訪問して）ごちそうにあずかる。

**敢 gǎn**【敢】**1**[助]思い切って…する。…する勇気がある。¶你～不～一个人去？／一人で行けるかい。**2** 確信をもって［はっきり］…する。¶他来不来我不～肯定／彼が来るかどうか、私はなんとも言いかねる。**2**〔旧〕〈謙〉失礼ですが、恐れ入りますが。¶～问／失礼ながらお尋ねします。¶也。

**gǎnbǎo**【敢保】[動]間違いなく…になる；請け合う。

**gǎndāng**【敢当】[動]引き受ける勇気がある。⇒**bù gǎndāng**【不敢当】

**gǎn nù ér bù gǎn yán**【敢怒而不敢言】〈成〉内心不満ではあるが口に出すことがはばかられる。

**gǎnqíng**【敢情】〔方〕**1** なるほど；おやまあ。**2** もちろん。▶相手の言うことに賛意を表す。

**gǎnshì**【敢是】[副]〔方〕おそらく。ことによると。

**gǎnsǐduì**【敢死队】[名]決死隊。

**gǎnxǔ**【敢许】[副]〔方〕もしかすると。

**gǎnyú**【敢于】[助]思い切って。…するだけの勇気がある。

**gǎnzé**【敢责】→**gǎnzì**【敢自】

**gǎnzì**【敢自】[副]〔方〕**1** 意外にも。**2** もちろん。

**gǎn zuò gǎn dāng**【敢作敢当】〈成〉やったことにはすべて責任を負う。

**gǎn zuò gǎn wéi**【敢作敢为】〈成〉恐れずに思い切って事を行う。

**感 gǎn**【感】[動]感じる。思う。¶他对京剧很～兴趣／彼は京劇に強い関心をもっている。

¶**①** ①感謝する。¶～～谢xiè。②感動する［させる］。¶～～。③感覚；感想。¶读后～／読後感。④感光する。¶～～光。⑤風邪を引く。¶～～冒。

**gǎnchù**【感触】[名]感銘。感想。

**gǎndài**【感戴】[動]〈書〉恩に感謝する。

**gǎndào**【感到】[動]感じる；思う。¶～很高兴／非常にうれしく思う。

**gǎndòng**【感动】[動]感動する；感動させる。¶深受～／深い感銘を受ける。

**gǎn//ēn**【感恩】[動]恩に感ずる。恩

**gǎn ēn dài dé**【感恩戴德】〈成〉恩

**gàn**

徳に感謝する.

**Gǎn'ēnjié**[感恩节]〈名〉(アメリカなどの)感謝祭.

**gǎn ēn tú bào**[感恩图报]〈成〉恩に感謝してむくいようとする.

**gǎnfèn**[感奋]〈动〉感激して奮い立つ.

**gǎnfèn**[感愤]〈动〉憤慨する.

**gǎnguān**[感官]〈名〉〈略〉〈生理〉感覚器官.

**gǎn/guāng**[感光]〈动〉(フィルムなどが)光光する.

**gǎnguāngpiàn**[感光片]〈名〉感光フィルム.

**gǎnguāngzhǐ**[感光纸]〈名〉感光紙.

**gǎnhè**[感荷]〈动〉人の恩に感謝する.

**gǎnhuà**[感化]〈动〉よい影響を与える.

**gǎnhuái**[感怀]〈动〉懐しくいだく.

**gǎnjī**[感激]〈动〉(人の好意に)感激する.感謝する.¶ 一洒一滴/感謝のあまり涙する.

**gǎnjué**[感觉]❶〈名〉感じ.感覚. ❷〈动〉❶感じる. ❷…と考える.と思う.

**gǎnjué qìguān**[感觉器官]〈名〉〈生理〉感覚器官.

**gǎnkǎi**[感慨]〈动〉感慨を覚える.¶ 一万端[万千]/感慨無量である.

**gǎnkuì**[感喟]〈动〉事物に感じて嘆息する.

**gǎnkuì**[感愧]〈动〉感激すると同時に恥ずかしく思う.

**gǎnmào**[感冒] ❶〈动〉風邪を引く. ❷〈谐〉(多く否定の形で)興味がない.

**gǎnniàn**[感念]〈动〉感謝の気持ちを忘れない.

**gǎnpèi**[感佩]〈动〉感服する.

**gǎnqíng**[感情]〈名〉❶感情.気持ち. ❷好感;友情;愛着.¶培养一/(男女が)愛情を育む.

**gǎn qíng yòng shì**[感情用事]〈成〉事に当たって感情に走る.

**gǎnrǎn**[感染]〈动〉❶ 感染する. ❷(言葉や行為によってよい)影響を与える,感化する.¶艺术一力/芸術の影響力.

**gǎnrén**[感人]〈动〉感動させる. 〈形〉感動的である.

**gǎn rén fèi fǔ**[感人肺腑]〈成〉人の心に深い感動を与える.

**gǎnshāng**[感伤]〈书〉感傷的になる.

**gǎnshāng**[感伤]〈形〉感傷的になる.

**gǎnshāng zhǔyì**[感伤主义]〈名〉センチメンタリズム.

**gǎnshì**[感世]〈动〉不正な社会の気風や世事に憤りを覚える.

**gǎnshòu**[感受]❶〈动〉(肌身で)感じる. ❷〈名〉体験.感銘.印象.

**gǎntàn**[感叹]〈动〉感嘆する.

**gǎntàncí**[感叹词]〈语〉感嘆詞.

**gǎntànhào**[感叹号]〈名〉〈语〉感嘆符(！).

**gǎntànjù**[感叹句]〈名〉感嘆文.

**gǎn tóng shēn shòu**[感同身受]〈成〉(好意を自分が受けたのと同じように感謝する. ▶人に代わって

謝意を述べるときに用いる.

**gǎnwù**[感悟]〈动〉悟る.

**gǎnxiǎng**[感想]〈名〉感想.

**gǎnxiè**[感谢]〈动〉感谢する.¶表示衷心的一/心から謝意を表する.

**gǎnxìng**[感性]〈名〉感性.

**gǎnyán**[感言]〈名〉感想の言葉.

**gǎnyìng**[感应]❶〈动〉〈電〉誘導. ❷〈动〉感応する.

**gǎnzhào**[感召]〈动〉感化する.

**gǎnzhī**[感知]〈动〉感知する.

## 澉

**gàn** 地名用字.¶ 一浦/浙江省にある地名.

## 橄

**gǎn** o

**gǎnlǎn**[橄榄]〈名〉〈植〉❶ カンラン. ❷オリーブ.

**gǎnlǎnlǜ**[橄榄绿]〈名〉オリーブグリーン;〈転〉(制服の色などの)軍人・警察.

**gǎnlǎnqiú**[橄榄球]〈名〉〈体〉ラグビー(ボール).

**gǎnlǎnshí**[橄榄石]〈名〉〈鉱〉カンラン石.

## 擀(扞)

**gǎn**〈动〉❶(棒でもので)伸ばす.押しつぶす.¶ 一饺子皮儿/ギョーザの皮を薄く伸ばす. ❷〈方〉磨きをかける.

**gǎnmiànzhàng**[擀面杖]〈名〉めん棒.

**gǎn//zhān**[擀毡]〈动〉フェルトを作る.¶(毛皮などの毛や髪が)もつれる.

## 鳡

**gǎn**[鳡]〈魚〉鳡魚(鲛).コイ科の淡水魚.

## 干(幹)

**gàn**〈动〉❶仕事を)する,やる,する.¶他是一什么的?/あれは何をしている人ですか. ❷担当する.従事する.¶他一过社计kuàijì/彼は経理をやったことがある. ❸〈方〉しくじる.だめになる.¶ 一了/しまった.失敗した.

❷〈动〉❶事物の主体.主要部.¶树一/木の幹. ❷敏腕である.¶ 一→才. ❸幹部.¶高一/高級幹部.

異議語 **gàn**

**gànbù**[干部]〈名〉幹部.(党・政府機関・軍隊などの)指導メンバー;(広く)一定の公職にある者.

**gànbù xuéxiào**[干部学校]〈名〉幹部を養成し訓練する学校.

**gàncái**[干才]〈名〉❶仕事の能力.才能. ❷敏腕家.切れ者.

**gàndào**[干道]〈名〉幹線道路.

**gàndeguòr**[干得过儿]〈动〉する価値がある.

**gàn//diào**[干掉]〈动〉+結補〉〈口〉殺す.

**gàn//huó**[干活]〈动〉〈〜儿〉仕事をする.¶干庄稼活儿/農作業をする.

**gànjiā**[干家]〈名〉家事を切り盛りする人.¶小一/やり手.敏腕家.

**gàn//jiǎ**[干甲]〈动〉〈方〉けんかをする.

**gànjiàng**[干将]〈名〉腕利き.やり手.⇒**gānjiāng**

**gànjìn**[干劲]〈名〉〈〜儿〉(物事に対する)意気込み.

**gànjǐng**[干警]〈名〉❶公安・法制部門

gàn 292

の幹部と警官の併称. **2**〈広く〉刑事警察. 刑事巡査.

**gànlián**【干连】[形] 有能で練れている.

**gànliú**【干流】[名] 主流.

**gànmá**【干嘛】〈口〉**1**[疑] どうして. **2**[副] 何するのか.

**gànmá**【干嘛】→gànmá【干吗】

**gànqú**【干渠】[名] 幹線用水路.

**gànqún**【干群】[名] 幹部と大衆.

**gànshang**【干上】[動]+三補語〈口〉あくまで食い下がる. しつこくくっきまとう.

**gàn shénme**【干什么】どうして(…するのか).

**gànshi**【干事】[名] 幹事；(事務)担当責任者.

**gànxìbāo**【干细胞】〈生〉幹細胞. ¶~移植／幹細胞移植.

**gànxiàn**【干线】[名]〈交通・電気・輸送管などの〉幹線, 本線.

**gànxiào**【干校】[名]〈略〉**1** 幹部学校. **2** 文化大革命期の"五・七干校".

**gànxiūsuǒ**【干休所】[名]〈略〉(高級)幹部の療養所.

**gànyuán**【干员】[名] やり手.

**gàn/zhàng**【干仗】[動]〈方〉けんかをする.

## 旰

**gàn**[動]〈書〉日が暮れる.

## 绀

**gàn**[⇒] 赤みがかった黒色.

**gànqīng**【绀青】[名]〈色の一種〉紫紺, 茄子紺.

## 淦

**gàn** 地名用字. ¶~水／江西省にある川の名. ‖[姓]

## 澉

**gàn** 地名用字. ¶~井沟／四川省にある地名.

## 赣

**gàn**[⇒] 江西省. ▶地名に用いる. ¶~江／江西省にある川の名.

### gang (ㄍㄤ)

## 冈 (岡)

**gāng**[⇒]〈低い山の〉尾根. ¶山~／山の尾根. ‖[姓]

**Gāngbǐyà**【冈比亚】[名]〈地名〉ガンビア.

**gānglíng**【冈陵】[名] 丘陵.

**gāngluán**【冈峦】[名] 連なる丘陵.

## 扛

**gāng**[動]〈方〉二人以上で物を担ぐ.

[⇒]〈重い物を〉両手で差し上げる. ¶力能~鼎／(鼎をかつを担ぎ上げられるほどに)力が非常に強い. 異読⇒**káng**

## 刚 (剛)

**gāng** **1**[副] **1**…したばかりである. …也. ¶他~下等／彼は仕事を終えたばかりでいる. **2**…したと思うと. …するやいなや；…しようとすると. …したときに. ¶我~进屋, 他就来了／私が部屋に入ると, すぐに彼が来た. ¶~要出门／出かけようとしたところへ. **3** ちょうど. ぴったり. ¶~合適／ぴったりだ. **4** やっと. どうにか. ¶搬到这里~三年／ここに引っ越してまだ3年にしかならない.

**2**[形]〈気性が〉堅い, 強い. ‖[姓] 固である.

**gāngbì**【刚愎】[形] 強情である；頑固である.

**gāngcái**【刚才】[名] 先ほど. 今しがた. ¶吃了药, 比~好多了／薬を飲んだら, さっきよりずっと楽になった.

**gāngdù**【刚度】[名] 硬度.

**gāngfēng**【刚风】→gāngfēng【罡风】

**gānggāng**【刚刚】[副] ちょうど. たった今. …したばかり. ¶我来到日本~三年／日本に来てちょうど3年になる. ¶我~吃过饭／たった今ごはんを食べたばかりだ.

**Gāngguǒ**【刚果】[名]〈地名〉コンゴ.

**gānghǎo**【刚好】[形]〈時間・空間・数量などが〉ちょうど. うまい具合に.

**gāngjiàn**【刚健】[形]〈性格・風格・体つきなどが〉剛健である.

**gāngjiè**【刚介】[形]〈書〉(性格が) 剛直で正直である.

**gāngjìng**【刚劲】[形]〈書〉力強い.

**gāng…jiù…**【刚…就…】(型)…するとすぐ…

**gānglìè**【刚烈】[形] 剛直で気骨がある.

**gāngmǎo**【刚毛】[名]〈生〉剛毛.

**gāngqiáng**【刚强】[形]〈性格や意志が〉強い, 強靱である.

**gāngqiǎo**【刚巧】[副] ちょうどよく. うまい具合に.

**gāngrèn**【刚韧】[形]〈性格が〉強靱(きょうじん)である.

**gāng róu xiāng jì**【刚柔相济】〈成〉強硬な態度と温和な面が調和している.

**gāngshí**【刚石】→gāngyù【刚玉】

**gāngtǐ**【刚体】[名]〈物〉剛体.

**gāngxìng**【刚性】**1**[名] **1**(性格が) 強い. 2 変更ができない；融通がきかない. **2**[名]〈物〉剛性.

**gāngyì**【刚毅】[形] 毅然としている. 意志が固い.

**gāngyù**【刚玉】[名]〈鉱〉鋼玉.

**gāngzhèng**【刚正】[形] 剛直である. 一本気である.

**gāngzhèng**【刚直】→gāngzhèng【刚正】

## 岗 (崗)

**gǎng**〖冈 gāng〗に同じ. 異読⇒**gǎng, gàng**

## 肛

**gāng**[⇒]〈生〉肛門. ¶脱~／脱肛.

**gāngbiǎo**【肛表】[名] 直腸用の体温計.

**gāngdào**【肛道】[名]〈生理〉肛門管.

**gānglòu**【肛瘘】[名]〈医〉痔瘻(じろう).

**gāngmén**【肛门】[名]〈生理〉肛門.

## 纲 (綱)

**gāng** **1**[名] **1** 事柄の要点. (文件や言論などの)綱要, 骨子. ¶以纲为~／食糧をかなめとする. **2**(生物学の分類上の1単位)綱(こう).

**gāngcháng**【纲常】→**sān gāng wǔ cháng**【三纲五常】

**gāngjì**【纲纪】[名]〈書〉綱紀.

**gāng jǔ mù zhāng**【纲举目张】〈成〉物事の要点をつかめば全体は解決される；文章の筋道が立っている.

**gānglǐng**【纲领】[名]政府・政党などの綱領,原則.
**gāngmù**【纲目】[名]綱目.
**gāngyào**【纲要】[名]綱要.大要;概要.

**枫**(楓)**gāng** → qīnggāng【青枫・青枫】

**钢**(鋼)**gāng**【鋼】(ぱっ)鋼鉄.¶炼～/鋼鉄を製造する.
異読⇒gàng

**gāngbǎn**【钢板】[名]**1** 鋼板.**2**(自動車の)板ばね.**3**(略)謄写版のやすり.
**gāngbǎnr**【钢板儿】[名](方)ニッケル貨.
**gāngbāo**【钢包】[名]溶融金属を入れる容器.
**gāngbèngr**【钢锛儿】[名]硬貨;(広く)お金.
**gāngbǐ**【钢笔】[名]ペン.万年筆;(謄写原紙に用いる)鉄筆.
**gāngbǐtào**【钢笔套】[名]万年筆を入れるキャップ;(方)万年筆のキャップ.
**gāngcái**【钢材】[名]鋼材.
**gāngchǎng**【钢厂】[名]製鋼所.製鉄所.
**gāngchǐ**【钢尺】[名]鋼巻き尺.
**gāngchuāng**【钢窗】[名](アルミやステンレスの)サッシ枠の窓.
**gāngdāo**【钢刀】[名]スチール刃物.
**gāngdìng**【钢锭】[名]鋼塊.
**gānggǔ**【钢骨】[名]→gāngjīn【钢筋】
**gānggǔ shuǐní**【钢骨水泥】→gāngjīn hùnníngtǔ【钢筋混凝土】
**gāngguǎn**【钢管】[名]鋼管.
**gāngguǐ**【钢轨】[名]軌条.レール.
**gānghào**【钢号】[名](～儿)鋼の等級.
**gānghuā**【钢花】[名](冶)溶鋼の飛び散ったもの.
**gānghuà bōli**【钢化玻璃】[名]強化ガラス.
**gāngjiégòu**【钢结构】[名](建)鉄骨構造.
**gāngjīn**【钢筋】[名](建)鉄筋.
**gāngjīn hùnníngtǔ**【钢筋混凝土】[名](建)鉄筋コンクリート.
**gāngjīng**【钢精】[名](日常器具用の)アルミニウム.¶～锅/アルミ鍋.
**gāngjù**【钢据】[名]弓のこ.
**gāngkòu**【钢筘】[名](紡)おさ.リード.
**gāngkou**【钢口】[名](～儿)(刀・剣などの)刃の部分の質.
**gāngkuī**【钢盔】[名]金属ヘルメット.
**gāngpī**【钢坯】[名]鋼塊.
**gāngpiànqín**【钢片琴】[名](音)鉄琴;チェレスタ.
**gāngpíng**【钢瓶】[名]ボンベ.
**gāngqiān**【钢扦】[名]たがね.ドリルロッド.
**gāngqiāng**【钢枪】[名]歩兵銃;(広く)銃.
**gāngqín**【钢琴】[名]ピアノ.[架]
**gāngshā**【钢砂】[名](略)金属砂;研磨材.
**gāngshuǐ**【钢水】[名](冶)鋼滴.溶鋼.

**gāngsī**【钢丝】[名]スチールワイヤー.¶～床/スプリングベッド.
**gāngsījù gāngjù**【钢丝锯】[名]糸のこ.
**gāngtiáo**【钢条】[名]帯金.
**gāngtiě**【钢铁】[名]鋼鉄;(特に)鋼;〈喻〉意志や信念がきわめて固いもの.
**gāngyìn**【钢印】[名]ドライスタンプ(の押印).
**gāngzhā**【钢渣】[名](冶)鉱滓(こうさい).スラグ.
**gāngzhǐ**【钢纸】[名]バルカンファイバー.
**gāngzhǒng**【钢种】→ gāngjīng【钢精】
**gāngzhū**【钢珠】[名](機)(ボールベアリングの)鋼球.

**缸 gāng**【缸】(～儿)かめ.鉢.[口,只,个]
**gāngguǎn**【缸管】[名]土管.
**gāngpén**【缸盆】[名]缸瓦の鉢.
**gāngwǎ**【缸瓦】[名]陶土に砂を混ぜて焼いた土器・陶器.
**gāngzhuān**【缸砖】[名](建)陶土を焼いて造った強度の高いれんが.
**gāngzi**【缸子】[名](筒形の取っ手のついた)コップ;つぼ.

**罡 gāng**[姓]
**gāngfēng**【罡风】[名](もとは道教用語)上空を吹く激しい風.¶～城 chéng/山東省にある地名.

**堽 gāng** 地名用字.¶～城 chéng/山東省にある地名.

**岗**(崗)**gǎng**【岗】歩哨所.見張り所.¶①持ち場.職場.¶→～位.②丘.¶黄土～/黄土の丘陵.③平面上の細長い隆起.¶血～/みみずばれ.‖[姓]異読⇒gāng, gàng
**gǎngdì**【岗地】[名]なだらかな丘陵地帯にある畑.
**gǎngjí**【岗级】[名]職位.
**gǎngjǐng**【岗警】[名]交番に立っている警官.
**gǎnglóu**【岗楼】[名]監視塔;望楼.
**gǎngqiǎ**【岗卡】[名](収税や警備のための)歩哨所.
**gǎngshào**【岗哨】[名]**1** 歩哨所.**2** 歩哨.
**gǎngtíng**【岗亭】[名]見張り番所;交番.
**gǎngwèi**【岗位】[名]**1** 兵士や巡査の受け持ちの位置.**2** 持ち場;職場.部署.
**gǎngwèi jīntiē**【岗位津貼】[名]職務手当;(危険な仕事や重労働に対する)特別手当.
**gǎngzi**【岗子】[名]**1** 丘.小山.**2** 平面上の細長い隆起.

**港 gǎng**【港】①河川の支流.②港.¶商～/貿易港.③香港.‖[姓]
**Gǎng Ào Tái**【港澳台】[名]香港・マカオ・台湾の総称.
**Gǎng Ào tóngbāo**【港澳同胞】[名]香港・マカオ在住の中国人同胞に対する中国本土側からの呼称.
**gǎngbì**【港币】[名]香港ドル.

gǎngbù【港埠】〈名〉港．埠頭．
gǎngchà【港汊】〈名〉大きな川の支流．
gǎngdì【港地】〈名〉〈経〉香港地区．
gǎngjǐng【港警】〈名〉水上警察．
gǎngkǒu【港口】〈名〉港．
gǎngkù【港裤】〈名〉香港製のズボン．
gǎng rén zhì gǎng【港人治港】香港人による香港の管理．
gǎngshān【港衫】〈名〉香港風の半袖シャツ．
gǎngshāng【港商】〈名〉香港の商人．
gǎngshì【港式】〈形〉香港式の．
gǎngwān【港湾】〈名〉港湾．
gǎngwù【港务】〈名〉港務．
gǎngyuán【港元】→gǎngbì【港币】
gǎngzhǐ【港纸】〈名〉〈方〉香港ドル．
gǎngzī【港资】〈名〉〈経〉香港資本．

## 杠(槓) gàng ①〈名〉(文字の訂正などに)傍線を引く．②〈名〉〈方〉棒を担ぐときの棒．
**H**〈やや太い〉棒；傍線；(機械体操の)鉄棒，平行棒；(旋盤の)軸．¶红～｜赤い傍線．¶双～｜平行棒．¶丝～｜親ねじ．
gàngbàng【杠棒】〈名〉担ぎ棒．
gàngfáng【杠房】〈名〉〈旧〉葬儀屋．葬式用具を貸す店．
gàngfū【杠夫】〈名〉〈旧〉棺おけ担ぎ(人夫)．
gànggǎn【杠杆】〈名〉〈物〉てこ．レバー；〈喩〉てこ．
gànggǎn zuòyòng【杠杆作用】〈経〉てこう効果．
gànggang【杠杠】①→gàngzi【杠子】②　②〈喩〉きたり．基準．
gànglíng【杠铃】〈名〉〈体〉バーベル．
gàngtóu【杠头】〈名〉〈方〉①棺おけ担ぎ("杠夫")の頭．②〈謔〉議論好き．
gàngzi【杠子】〈名〉①やや太い棒．②(機械体操の)鉄棒，平行棒．③(文章の訂正などに引く)傍線．

## 岗(崗) gǎng ❶
異読⇒gāng, gǎng
gàngkǒutián【岗儿甜】〈形〉〈方〉とても甘い．
gàngjiān【岗尖】〈形〉(～儿)並みはずれている；とびきりよい；みごとである．

## 钢(鋼) gàng 〈動〉①(刃物を布・皮・石などで)研ぐ．②刃物を付け焼きする．異読⇒gāng
gàngdàobù【钢刀布】〈名〉皮砥(かわと)．

## 箟 gǎng 〈名〉地名用字．¶～口｜湖南省にある地名．

## 戆 gàng〈形〉うぶである．愚かである．¶～头～脑｜間抜けなさま．異読⇒zhuàng

# gāo 《ㄍㄠ》

## 皋(皐) gāo〈名〉〈書〉水辺の平地．▶地名にも用いる．‖姓

## 高 gāo ①〈形〉①(背が)高い．②(等級が)高い．¶～年级｜高学年．③(品質・能力・程度などが一般より)すぐれている．一定の水準を超えている．②〈名〉〈化〉高．¶～锰酸钾｜過マンガン酸カリ．
**H** 相手に関する事物につけて敬意を示す．¶～見．‖姓
gāo'ǎi【高矮】〈名〉(～儿)高さ．
gāo'áng【高昂】①〈動〉(人体や物の先端部分を高く上げる．②〈形〉①(声や意気が)揚がる，高揚する．②値段が高い；物価が騰貴している．
gāo'ào【高傲】尊大である．
gāobǎozhēn【高保真】ハイファイ．
gāobèi【高倍】高倍率の．
gāobiāohào【高标号】〈名〉(数の大きな)商品番号；製品の高性能度．
gāobiāozhǔn gōnglù【高标准公路】高標準自動車道．
gāobōzì【高拨子】〈名〉〈劇〉徽劇の主要な節回しの一．▶京劇，秦劇(チンチュイ)にも用いる．
gāo bù chéng, dī bù jiù【高不成, 低不就】〈諺〉望んでいるものは得られず，得られるものは気に入らず．▶職業や配偶者の選択についていう．
gāo bù kě pān【高不可攀】〈成〉(水準や程度が)高くて手が届かない．高嶺(ね)の花．
gāocái【高才】〈名〉すぐれた才能(を持つ)．
gāo cái jié zú【高才捷足】〈成〉能力が高くて行動が敏捷である．
gāocáishēng【高才生・高才生】〈名〉(学校の)優等生．
gāocān【高参】〈名〉〈略〉高級参謀；〈喩〉策略家．
gāocéng【高层】〈名〉高層．上層．
gāocéng zhùzhái【高层住宅】〈名〉〈建〉(10階建て以上の)高層マンション．
gāochǎn【高产】①〈形〉収穫が多い．②〈名〉高生産高．
gāochàng【高唱】①〈動〉高らかに歌う．②大声で唱(とな)える．
gāo chàng rù yún【高唱入云】〈成〉言葉や文章が高揚している．
gāochāo【高超】〈形〉ずば抜けている．
gāochāo yīnsù【高超音速】〈名〉〈物〉極超音速．
gāocháo【高潮】〈名〉①〈気〉高潮．満潮．②〈喩〉高まり；山場．
gāochéng【高程】〈名〉〈地〉(ある基準から起算した)ある地点の高度．
gāochù【高处】〈名〉高所．
gāocù【高醋】〈名〉上物の酢．
gāodà【高大】〈形〉①高くて大きい．¶身材～｜背が高く(体が)大きい．②大である．③〈近〉高齢に達している．
gāodǎng【高档】〈形〉高級の．上等の．
gāodǎng shāngpǐn【高档商品】〈名〉高級商品．ぜいたく品．
gāoděng【高等】〈形〉高等の．
gāoděng xuéxiào【高等学校】〈名〉大学レベルの学校の総称．総合大学・単科大学などの総称．
gāodī【高低】①〈名〉①高さ．②優

劣. **3**〔言動の〕程合い.¶ 不知～／身の程を知らない. **2**[副] **1** どうしても. **2** 〔方〕ついに.
**gāodǐgàng**【高低杠】[体] 段違い平行棒.
**gāodǐguì**【高低柜】[名] ユニット家具.
**gāodì**【高地】[名] 高地.
**gāodiào**【高调】(～ㄦ)[名] 高い調子;(喩)きれいごと.¶ 唱～／きれいごとを並べる.
**gāodù**【高度】**1**[名] 高度;高さ. **2**[形] 高度の;(程度の)高い.¶ ～评价他的成绩／彼の成績を高く評価する.
**gāodùjì**【高度计】[名]〔気〕高度計.
**gāoduān**【高端】**1**[形]〔ランクや値段が〕高いさま. ハイエンド.¶ ～电脑／ハイエンドパソコン. **2**[名] 高級官僚.上級責任者.
**gāo'é**【高额】[名] 高額.
**gāo'ěrfūqiú**【高尔夫球】[名] ゴルフ(のボール).
**gāofā**【高发】[形] 発病率が高い.
**gāo fēi yuǎn yáng**【高飞远扬】[成] 高飛びする.¶ ～远走／高飛びする.
**gāofēnbiànlǜ**【高分辨率】[電算] 高解像度.
**gāofēnzǐ**【高分子】[化] 高分子.
**gāofēng**【高峰】**1** 高峰. **2**(喩)ピーク;(喩)最高指導者.
**gāofēng huìyì**【高峰会议】[名] 首脳会談. サミット.
**gāo fēng liàng jié**【高风亮节】[成] 品行がきわめて高潔である.
**gāogān zuòwù**【高秆作物】[名]〔農〕(トウモロコシやコウリャンのような)高秆作物.
**gāogàn**【高干】[略] 高級幹部.
**gāogàn zǐdì**【高干子弟】[名] 高級幹部の子供や兄弟姉妹.
**gāogǎng**【高岗】[名] 丘.
**gāogāodīdī**【高高低低】[形](～的)でこぼこしているさま.(程度や水準が)不ぞろいである.
**gāo gāo zài shàng**【高高在上】[成] 指導者が大衆から遊離している.
**gāogāoshǒu**【高抬手】[套](～ㄦ)大目に見てください.
**gāogē**【高歌】[動] 高らかに歌う.
**gāo gē měng jìn**【高歌猛进】[成] 高らかに歌いながら勇ましく前進する.
**gāogé**【高阁】[名] **1** 高楼. **2** 高い棚.
**gāogèr**【高个ㄦ】[名] のっぽ. ▶"高个子"も.
**gāogēn**【高根】[植] コカ.
**gāogēn(r)xié**【高跟(ㄦ)鞋】[名] ハイヒール.
**gāogōng**【高工】[略] 高級技師.
**gāogū**【高估】[動] 実質以上に高く評価する.
**gāoguān**【高官】[名]〔政府の〕高官.
**gāoguān hòu lù**【高官厚禄】[成] 高い地位と給料.
**gāoguì**【高贵】[形] **1** 気高い. **2** 高級である. **3** 高貴である.
**gāohán**【高寒】[形] 地勢が高くて寒い.
**gāohǎn**【高喊】[動] 大きな声で叫ぶ.
**gāohū**【高呼】[動] 大きな声で叫ぶ.強く呼びかける.
**gāohú**【高胡】[音] 二胡の一種.
**gāohuàn**【高唤】→**gāohū**【高呼】
**gāojīyún**【高积云】[名] 高積雲.
**gāojí**【高级】[形] **1**(段階・クラスなどが)高級である. **2**(品質・水準などが)上等である.
**gāojíshè**【高级社】[略] 高級合作社.
**gāojí shénjīng huódòng**【高级神经活动】[名] 大脳皮質("高级神经中枢")の作用.
**gāojí xiǎoxué**【高级小学】[名] 高等小学校.
**gāojí zhōngxué**【高级中学】[名] 高等学校.
**gāojìshù**【高技术】[名] ハイテクノロジー.¶ ～战争／ハイテク戦争.
**gāojiǎxì**【高甲戏】[劇] 福建省伝統劇の一種.
**gāojià**【高价】[名] 高額.
**gāojiàgǔ**【高价股】[経] 値がさ株.
**gāojiàlù**【高架路】[名] 高架道路.
**gāojiàqiáo**【高架桥】[名] 高架橋.
**gāojià tiělù**【高架铁路】[名] 高架鉄道.
**gāojiàn**【高见】[敬] ご高見.
**gāojiào**【高教】[略] 高等教育.
**gāojìng**【高迳】[敬] 高い崗から.
**gāojīngjiān**【高精尖】[技術] などが)高度で精密で最先端である.
**gāojiù**【高就】[敬] 栄転する.
**gāojǔ**【高举】[動] 高く掲げる.
**gāojù**【高踞】[動] お高くとまる.
**gāojùwù**【高聚物】[化] 高分子化合物.
**gāojùn**【高峻】[形](山や地勢が)高くて険しい.
**gāokàn**【高看】[動] 重視する.
**gāokàng**【高亢】[形] **1**(声が)高くてよく響き渡る. **2**(地勢が)高い. **3**(書)高慢である.
**gāokǎo**【高考】[略] 大学の入学試験.
**gāokējì**【高科技】→ **gāojìshù**【高技术】
**gāokējì wūrǎn**【高科技污染】[名]〔環境〕ハイテク技術汚染.
**gāokōng**【高空】[名] 高空.
**gāokōngcáo**【高空槽】[気] 気圧の谷.
**gāokōng zuòyè**【高空作业】[名] 高所での作業.
**gāolán**【高栏】[体] ハイハードル.
**Gāolí**【高丽】[名] **1**〔史〕高麗(ㄍ). **2** (料理)卵白の衣をつけた揚げもの.
**gāolíshēn**【高丽参】[名]〔中薬〕朝鮮人参.
**gāolízhǐ**【高丽纸】[名] クワの樹皮で作った白い丈夫な紙;障子紙.
**gāolì**【高利】[名] 高利.

**gāolìdài**【高利貸】[名]高利貸.

**gāoliángjiāng**【高良姜】[名]〈植〉クマタケラン；〈中薬〉高良姜(ごうりょうきょう).

**gāoliang**【高粱】[名]〈植〉コウリャン.

**gāoliangjiǔ**【高粱酒】[名]コウリャン酒. ▶"高粱烧"とも.

**gāoliangmǐ**【高粱米】[名]〈精白した〉コウリャンの実.

**gāoliangyá**【高粱蚜】[名]〈虫〉アブラムシの一種.

**gāolíng**【高龄】[名]高齢.

**gāolǐngshí**【高岭石】[鉱]カオリナイト.

**gāolǐngtǔ**【高岭土】[名]カオリン.

**gāolóu dàshà**【高楼大厦】[名]ビルディング.

**gāolú**【高炉】[名]〈冶〉溶鉱炉.

**gāolǜsuān**【高氯酸】[名]〈化〉過塩素酸.

**gāolùn**【高论】[名]〈敬〉ご高説.

**gāomài**【高迈】[书] 1 高齢である. 2 俗離れしている；ずば抜けている.

**gāomàn**【高慢】[形]高慢である.

**gāomàozi**【高帽子】[名] 1 紙で作った長い筒状の帽子. 2〈喩〉おだて言葉. ▶"高帽儿"とも.

**gāomén**【高门】[名]〈旧〉名門.

**gāoměngsuānjiǎ**【高锰酸钾】[名]〈化〉過マンガン酸カリ.

**gāomiào**【高妙】[形]巧妙である.

**gāomíng**【高明】❶[形]見解や技能がすぐれている. ❷[名]すぐれた人.

**gāonán**【高难】[形]難度が高い.

**gāonéng**【高能】[名]高エネルギー.

**gāoniáń**【高年】[名]〈书〉年寄り；年をとった親.

**gāopān**【高攀】[动]自分よりも地位の高い人と交際したり姻戚関係を結んだりする.

**gāo péng mǎn zuò**【高朋满座】〈成〉客でいっぱいである.

**gāopín**【高频】[名]〈电〉高周波.

**gāopǐn**【高品】[形]現代より高い役職・地位を指す.

**gāopǐnwèi**【高品位】[形]ハイビジョンの；ハイグレードな.

**gāoqǐ**【高企】[经]高止まりである.

**gāoqìyā**【高气压】[名]〈气〉高気圧.

**gāoqìyāqū**【高气压区】[名]〈气〉高気圧帯.

**gāoqiāng**【高腔】→ **yìyángqiāng**【弋阳腔】

**gāoqiáng**【高强】[形]〈武芸が〉すぐれている.

**gāoqiángdù**【高强度】[名]高張力.

**gāoqiāo**【高跷】[名]〈民間芸能の一種〉高足踊り.

**gāoqīngxīdù diànshì**【高清晰度电视】[名]ハイビジョンテレビ.

**gāoqiú**【高球】→ **gāo'ěrfūqiú**【高尔夫球】

**gāorè**【高热】→ **gāoshāo**【高烧】

**gāorén**【高人】[名]〈书〉すぐれた人. 地位の高い人.

**gāo rén yī chóu**【高人一筹】〈成〉普通の人よりすぐれている.

**gāo rén yī děng**【高人一等】〈成〉人よりも一段すぐれている.

**gāosēng**【高僧】[名]高僧.

**gāoshānbìng**【高山病】[医]高山病. ▶"高山反应fǎnyíng"とも.

**gāoshān huáxuě**【高山滑雪】[名]〈体〉アルペンスキー.

**gāo shān jǐng xíng**【高山景行】〈成〉気高い徳行.

**gāo shān liú shuǐ**【高山流水】〈成〉気心の知れた友人.

**gāoshān zhíwù**【高山植物】[名]高山植物.

**Gāoshānzú**【高山族】〈中国の少数民族〉カオシャン(Gaoshan)族.

**gāoshàng**【高尚】[形] 1〈人格などが〉気高い. 2〈趣味などが〉高尚である.

**gāoshāo**【高烧】[医]高熱.

**gāoshè jīguāngqiāng**【高射激光枪】→ **gāoshè jīqiāng**【高射机枪】

**gāoshè jīqiāng**【高射机枪】[名]〈军〉高射機関銃.

**gāoshèpào**【高射炮】[名]〈军〉高射砲.

**gāoshēn**【高深】[形]〈学問や技術などの〉程度が高い. 奥深い.

**gāoshēng**【高升】❶[动] 1 昇進する. 2 高騰する. ❷[名]〈方〉飛ぶ爆竹.

**gāoshī**【高师】[名]〈略〉高等師範学校.

**gāoshì**【高士】[名]〈书〉志向心・品行が高尚な人.

**gāo shì kuò bù**【高视阔步】〈成〉おごり高ぶっている.

**gāoshǒu**【高手】[名]〈~儿〉達人.

**gāoshòu**【高寿】[名] 1 長寿. 2〈敬〉老人の年齢を問うときに用いる.

**gāosǒng**【高耸】[动]高くそびえる.

**gāosù**【高速】[形]高速の. 高速度の.

**gāosù gōnglù**【高速公路】[名]高速道路.

**gāosù huǎnchōng cúnchǔqì**【高速缓冲存储器】[名]〈電算〉キャッシュメモリ.

**gāosù tiělù**【高速铁路】[名]高速鉄道.

**gāosù xìnxīwǎng**【高速信息网】[名]〈電算〉ハイスピード情報網.

**gāo tái guì shǒu**【高抬贵手】〈套〉どうか大目に見てください.

**gāo tán kuò lùn**【高谈阔论】〈成〉〈貶〉とりとめのない大いに弁舌をふるう.

**gāotāng**【高汤】[名]〈方〉(豚・鶏・アヒルなどの)煮出し汁；〈普通の〉薄味のスープ.

**gāotáng**【高堂】[名] 1 高い建物. 2〈书〉ご両親.

**Gāotáng**【高堂】[姓]

**gāotiǎor**【高挑儿】[形]〈方〉細身で背が高い.

**gāotǒngxuē**【高筒靴】[名]ロングブーツ.

**gāo tóu dà mǎ**【高头大马】〈成〉**1** 体の大きな馬. **2**〈喩〉背が高く体が大きい人.
**gāotú**【高徒】〈名〉〈敬〉すぐれた弟子. 高弟.
**gāowēi**【高危】〈形〉危険度が高い.
**gāowěidù**【高纬度】〈名〉〈气〉高緯度.
**gāowèi**【高位】〈名〉**1**〈書〉高位. **2** 肢体の上の方の部位.
**gāowēn**【高温】〈名〉高温.
**gāo wū jiàn líng**【高屋建領】〈成〉阻むことのできない有利な地勢.
**gāoxià**【高下】〈名〉優劣.
**gāoxiàn**【高限】〈名〉〈生〉山地生物の分布の最高限界.
**gāoxiāofèi**【高消费】〈名〉高い消費レベル.
**gāoxiǎo**【高小】〈名〉"高级小学"の略称.
**gāoxiào**【高校】〈名〉"高等学校"の略称.
**gāoxiào**【高效】〈形〉高い効率の.
**gāoxīn**【高薪】〈名〉多額の給料.
**gāoxīn jìshù**【高新技术】〈名〉ハイテクノロジー. 先端技術.
**gāoxìng**【高兴】**1**〈形〉うれしい. 機嫌がよい. ¶孩子们高高兴兴地唱着歌儿/子供たちは楽しそうに歌っている. **2**〈動〉喜ぶ. うれしがる. ¶请你讲一讲事情的经过, 也让我们一々/事のいきさつを話して, われわれにもその喜びをともにさせてくれ. **3**〈助動〉喜んで…する. ¶我京剧听不懂, 不去 / 京剧は (聞いても) わからないので, 私は行く気になれない.
**gāoxuèyā**【高血压】〈名〉〈医〉高血圧.
**gāoyā**【高压】**1**〈名〉**1** 高圧. **2** 高い電圧. **3** 最大血圧. **4**〈气〉高気圧. **2**〈形〉高圧的である.
**gāoyādiàn**【高压电】〈電〉高圧電力.
**gāoyāguō**【高压锅】〈名〉圧力鍋.
**gāoyājǐ**【高压脊】〈气〉高気圧の張り出し部.
**gāoyāxiàn**【高压线】〈名〉〈電〉高圧線.
**gāoyǎ**【高雅】〈形〉高尚中・上品である.
**gāoyǎn**【高眼】〈名〉**1** 眼力が高いこと. **2** 目利き.
**gāoyǎndié**【高眼鲽】〈名〉〈魚〉ソウハチ. カレイの一種.
**gāoyáng**【高扬】〈動〉高揚する; 高揚させる.
**gāoyīn**【高音】〈名〉**1** 高い音. **2** → nǚgāoyīn【女高音】**3** → nángāoyīn【男高音】
**gāoyuán**【高原】〈地〉高原.
**gāoyuǎn**【高远】〈形〉高くて遠い.
**gāoyún**【高云】〈气〉巻雲.
**gāozào**【高燥】〈形〉(地勢が) 高くて乾燥している.
**gāo zhān yuǎn zhǔ**【高瞻远瞩】〈成〉遠い将来を見通す.
**gāozhǎng**【高涨】〈動〉(物価が) 暴騰する; (運動が) 発展する; (意気が) 高まる.
**gāozhāo**【高招・高着】〈名〉(~儿) よい方法; よい知恵.

**gāo zhěn ér wò**【高枕而卧】〈成〉油断をする.
**gāo zhěn wú yōu**【高枕无忧】〈成〉警戒心を解いている.
**gāozhī**【高知】〈略〉高級インテリ層で上位にある者. 高級インテリ.
**gāozhīr**【高枝儿】〈名〉**1** 高所の木の枝. **2**〈喩〉高い地位.
**gāozhí**【高职】〈略〉高等技術専門学校.
**gāozhǐbiāo**【高指标】〈名〉高指標.
**gāozhōng**【高中】〈名〉"高级中学"の略称.
**gāozhuān**【高专】〈略〉高等専門学校.
**gāozītài**【高姿态】〈名〉度量のある態度.
**gāozú**【高足】〈名〉〈敬〉ご高弟.
**gāozǔ**【高祖】〈名〉**1** 高祖. **2** 開国の帝王の呼称. **3**〈書〉始祖.
**gāozǔmǔ**【高祖母】〈名〉高祖母.

**羔** **gāo**【羔】〈名〉子羊; 動物の子. ¶羊～/子羊. ¶鹿～/子鹿.
**gāopí**【羔皮】〈名〉子羊の毛皮.
**gāoyáng**【羔羊】〈名〉子羊;〈喩〉無邪気なもの; 弱いもの.
**gāozi**【羔子】〈名〉子羊.

**樢**(樢) **gāo** → jiégāo 【桔樢】

**睾** **gāo** ●
**gāowán**【睾丸】〈名〉〈生理〉睾丸(𝐠𝐡𝐠).

**膏** **gāo** ❶ ①脂肪. 油. ¶脂～/脂肪. ❷ねばねばした糊状のもの; (外用の) 張り薬. 膏薬(𝐊𝐞). ; (内服の) 練り薬. ¶牙～/練り歯磨き. ¶軟～/軟膏. 異読 → gào
**gāohuāng**【膏肓】〈名〉〈書〉膏肓(𝐊𝐞). もはや救いようのない状態.
**gāohuǒ**【膏火】〈名〉灯油;〈喩〉夜間の仕事にかかる費用.
**gāojì**【膏剂】〈名〉〈薬〉ペースト状の内服薬.
**gāoliáng**【膏粱】〈名〉〈書〉**1** ごちそう. **2** 富貴の家).
**gāoshuāng**【膏霜】〈名〉皮膚を保護するクリーム類の総称.
**gāoxuè**【膏血】〈名〉膏血. 苦労して働いて得た成果.
**gāoyào**【膏药】〈名〉膏薬. 張り薬.
**gāoyú**【膏腴】〈形〉〈書〉肥沃である.
**gāozé**【膏泽】〈書〉**1**〈名〉慈雨. **2**〈動〉恩恵を与える.
**gāozi**【膏子】〈名〉〈方〉軟膏.

**篙** **gāo**【篙】〈名〉**1** 竿(𝐠𝐚); (船の) 棹(𝐠𝐚).
【根】〈量〉
**gāotou**【篙头】〈方〉(船の) 棹.
**gāozi**【篙子】〈名〉〈方〉(船の) 棹; 物干しざお.

**糕** **gāo**【糕】〈名〉米の粉・小麦粉を主材料に蒸し固めて作った食品. ¶年～/ (中国式の) もち. ¶蛋～/カステラ.
**gāobǐng**【糕饼】〈名〉→ gāodiǎn【糕点】
**gāodiǎn**【糕点】〈名〉菓子類の総称.
**gāogan**【糕干】〈名〉糯粉(𝐤𝐞) に砂糖な

**gǎo** 298

**杲** gǎo【书】明るい．¶日/明るい太陽．¶～～出日/輝かしい日の出．‖【姓】

**搞** gǎo【動】①(各種の動詞の代わりをつとめ，目的語や補語によっていろいろな意味を表す．ある何かの**活動を行ったり，あるいは生み出したり，招来したり，従事したりすることを表すことが多い**)やる．¶～戏/商売をやる．¶～关系/コネをつける．¶你这是怎么～的!/とんだことをしかしたね．②**なんとかして手に入れる**〔買ってくる，もらってくる，取ってくる〕．¶能不能～两张票?/チケットを2枚手に入れてくれないかね．

gǎobùtōng【搞不通】動+可能 理解できない．合点がいかない．

gǎodìng【搞定】動(方)うまく処理する．問題を解決する．

gǎo/guǐ【搞鬼】動 悪巧みをする；裏で立ち回る．

gǎo/hǎo【搞好】動+結補 きちんとやる．

gǎohuó【搞活】動 活性化する．

gǎotou【搞头】動 やりがい．

gǎo xiǎodòngzuò【搞小动作】(慣)小細工を弄する．

gǎoxiào【搞笑】動(方)笑いを取る．

gǎoxiàojù【搞笑剧】名 コメディードラマ．

gǎoxiàopiàn【搞笑片】名(～儿)コメディー映画．

**缟** gǎo❶❶ gǎo❶❶白絹．¶～素【书】喪服．

**槁(稿)** gǎo❶❶枯れる．¶枯～/枯れる．

gǎomù【槁木】名 枯れ木．

gǎo mù sǐ huī【槁木死灰】(成)すべての物事に幻滅し無関心になる．

**镐** gǎo❶❶つるはし．くわ．¶～【把】

異読⇒hào

gǎotou【镐头】名 つるはし；くわ．

**稿** gǎo❶❶①原稿．草稿．下書き．腹づもり．②(穀類植物の)茎．わら．

gǎoběn【稿本】名 著作の原稿；絵画の手本．

gǎochóu【稿酬】名 原稿料．

gǎofèi【稿费】名 原稿料．

gǎojiàn【稿件】名(出版社などで取り扱う)原稿．

gǎojiàn【稿荐】名 わら布団．

gǎoyuē【稿约】名 投稿規定．

gǎozhǐ【稿纸】名 原稿用紙．

gǎozi【稿子】名 ①(詩・絵などの)草稿．下書き．¶写～/原稿を書く．②(書き上げた)原稿．詩文．③(喩)腹づもり．

**藁** gǎo 地名用字．¶～城/河北省にある県名．

**告** gào❶①訴訟を起こす．訴える．¶是他控～了/君を訴えたのは彼だ．②(ある事柄が)実現する．¶～一段落/一段落を告げる．❶①告げる．¶～知/知らせる．②願い出る．¶～～假jià．③申し出る．¶～. →※姓．

gàobái【告白】名①公示；掲示；ビラ．②説明する．打ち明ける．

gàobài【告败】動(スポーツの試合などで)負ける．

gào/bāng【告帮】動〈旧〉知人に援助を請う．

gào/biàn【告便】動〈套〉(中座する「手洗いに行く」ときの決まり文句)ちょっと失礼します．

gào/bié【告别】動 別れを告げる；死者に別れを告げる．¶我向你～来了/お別れの挨拶に来ました．

gàobǐng【告禀】動 申し上げる．

gàochéng【告成】動(大事な仕事が)完成する．

gàochuī【告吹】動 おじゃんになる．

gào/cí【告辞】動(訪問先の主人に)暇乞いをする．

gàodài【告贷】動【书】借金を申し込む．

gào dìzhuàng【告地状】(慣)自分の不幸せな身の上を紙に書いて張り出したり，地面にチョークで書いて，通行人の同情をひき寄せる．

gàofā【告发】動 告発する．摘発する．

gàofù【告负】動(スポーツの試合などで)負ける．

gào/jí【告急】動 急を告げる；救助を求める．

gào/jià【告假】動 届け出て休暇をもらう．

gào/jié【告捷】動①勝利する．②勝利を告げる．

gàojié【告竭】動(財物・鉱物などが)尽き果てる．

gàojiè【告诫】動 訓戒を与える．戒める．たしなめる．▲"告戒"とも．

gàojiè【告借】動→gàodài[告贷]

gàojǐn【告紧】動 急を告げる．

gàojǐng【告警】動(警察などに)警報や援助を強化するよう要請する．

gàojué【告绝】動 跡を断つ．

gàojùn【告竣】動 竣工(しゅんこう)する．

gàoláo【告劳】動 苦労を告げる．

gào/lǎo【告老】動〈旧〉(官吏が)老年で退職する．

gàomǎn【告满】動 満員・満席になる．

gào/mì【告密】動 密告する．

gàopò【告破】動 犯人検挙で事件が解決する．

gàoqìng【告罄】動(財物などが)尽き果てる．

gàoquē【告缺】動 品物が一時期品切れになる．

gào/ráo【告饶】動 許しを請う．

gàoshèng【告胜】動(スポーツの試合などで)勝つ．

gàoshì【告示】名 布告；〈旧〉ポスタ

**gàoshìpái**【告示牌】[名] 告示板. 掲示板.

**gàosong**【告送·告诵】[動]〈方〉告げる.

**gàosù**【告诉】[動]〈法〉告訴する.

**gàosu**【告诉】[動] 告げる. 知らせる. 教える. ¶有什么消息~我一声／何かニュースがあったら教えてください.

**gàotuì**【告退】[動] 1 会の途中で退出する. 2 退団する. 3〈旧〉辞職を願い出る.

**gàowèi**【告慰】[動] 慰めを言う.

**gàoyù**【告谕】[動]〈書〉告げる.

**gào yùzhuàng**【告御状】[慣]〈上役や上司に〉訴える.

**gào zhěntoúzhuàng**【告枕头状】[慣] 寝物語で妻が夫に他人の悪口を言う.

**gàozhī**【告知】[動] 知らせる.

**gàozhōng**【告终】[動] 終わりを告げる. 終止符を打つ.

**gào/zhuàng**【告状】[動][口] 1 訴える. 2〈目上の人に〉告げ口する.

**gàozuì**【告罪】[動]〈謙〉おわびする. 謝罪する.

**郜 gào**‖[姓]

**诰 gào**[名]〈書〉1〈昔の〉訓戒的な文章. 2 皇帝が臣下に対して下す命令. 詔.

**gàomìng**【诰命】[名] 1 皇帝が臣下に対して下す命令. 詔勅. 2〈旧〉皇帝から位を授けられた女性.

**锆 gào**[名]〈化〉ジルコニウム. Zr.

**gàoshí**【锆石】[名]〈鉱〉ジルコン.

**膏 gào**[動]1〈車軸や機械などに〉油をさす. 2〈筆に墨をつけて〉硯(すずり)のふちでならす. 異読⇒gāo

## ge〈ㄍㄜ〉

**戈 gē**[名]〈古〉矛(ほこ).‖[姓]

**gēbǐ**【戈比】[名] ロシアなどの補助貨幣. カペイカ.

**gēbì**【戈壁】[名] ゴビの砂漠.

**仡 gē** 異読⇒yì

**Gēlǎozú**【仡佬族】[名] 中国の少数民族. コーラオ(Gelao)族.

**圪 gē** ●

**gēda**【圪垯·圪塔】[名] 1 → **gēda**【疙瘩·疙疸】[名] 2 丘. 小山.

**gējié**【圪节】[名] 1 麦や竹などの節. 2 二つの節の間の部分. 2[量] 細長いもののひと区切り.

**gējiu**【圪揪】[動]〈方〉しゃがむ.

**gēlao**【圪垃】[名]〈方〉隅.

**gēzhen**【圪针】[名]〈方〉植物のとげ.

**纥 gē** 異読⇒hé

**gēda**【纥繨】[名] 球状(塊状)のもの. ▶糸や織物類をさすことが多い.

**疙 gē** ●

**gēba**【疙疤】[名]〈方〉かさぶた.

**gēda**【疙瘩·疙疸】1[名] 1（皮膚の）できもの. 2 球状(塊状)のもの. 3 悩み. わだかまり. 4〈方〉区域. 2[量]かたまりを数える. 3[形] 円滑でない.

**gēdatāng**【疙瘩汤】[名] 小麦粉の団子汁.

**gēgedādā**【疙疙瘩瘩】[形]〈～的〉[口] 1 でこぼこしているさま；〈物事が〉順調にいかないさま. 2 取り除けない；消化しない.

**gēgelēnglēng**【疙疙棱棱】[形]〈～的〉でこぼこしている.

**gēgezhāzhā**【疙疙渣渣】[形]〈～的〉(砂などで)じゃりじゃりする.

**gēligēda**【圪里疙瘩】→ **gēgedādā**【疙疙瘩瘩】

**咯 gē** ● 異読⇒kǎ,lo

**gēdā**【咯嗒】[擬]〈メンドリが卵を産むときの鳴き声〉こっこっ.

**gēda**【咯嗒·咯嗒】→ **gēda**【疙瘩·疙疸】2

**gēdēng**【咯噔】[擬] 1〈折れたり切れたりするときの音〉ぽきっ. ぶつっ. 2〈堅いものが軽く打ちあって出る音〉かたっ. かたっ. こつん. 3〈突然の出来事に驚くさま〉どっ.

**gēgē**【咯咯】[擬] 1〈笑い声〉くすくす. けらけら. 2〈歯ぎしりの音〉ぎりぎり. 3〈機関銃の射撃音〉だだだっ. 4〈鳥の鳴き声〉こっ.

**gēzhī**【咯吱】[擬] 1〈物がきしむ音〉ぎしぎし. ぎしぎし. ぎちぎち. 2〈革靴などの音〉こつこつ. 3〈かじる音〉がりがり.

**格 gē** ● 異読⇒gé

**gēdēng**【格登】→ **gēdēng**【咯噔】

**gēgē**【格格】→ **gēgē**【咯咯】

**哥 gē**[名]〈呼びかけて〉お兄ちゃん.
●①[兄]：親戚中の同世代で年上の男子. 1 大～／長兄. 1 堂～／(父方の同世代の)従兄. 2 同年輩の男子に対する呼称. ¶王大～／王さん.‖[姓]

**gēge**【哥哥】[名] 1 兄. 2 同族同輩で自分より年上の男性の呼称.

**Gēlǎohuì**【哥老会】[名]〈史〉哥老会（ゴーラオホイ）. ▶秘密結社の一.

**Gēlúnbǐyà**【哥伦比亚】[名]〈地名〉コロンビア.

**gēluófǎng**【哥罗仿】[名]〈薬〉クロロフォルム.

**gēmenr**【哥们儿】[名]〈方〉1 兄弟たち. 2 兄弟分.

**gēr**【哥儿】[名] 1〈方〉兄. 2 坊ちゃん.

**gērliǎ**【哥儿俩】[名] 男の兄弟(友人)二人.

**gērmen**【哥儿们】→ **gēmenr**【哥们儿】

**Gēsàkèrén**【哥萨克人】[名] ロシアのコサック(人).

**Gēsīdálíjiā**【哥斯达黎加】[名]〈地名〉コスタリカ.

**gētèshì**【哥特式】[名]〈建〉ゴシック式.

**gētětǐ**【哥特体】[名]〈印〉ゴシック体.

## 胳 gē ❶ 異読⇨gā

**gēbei**【胳膊】→gēbo【胳膊】

**gēbo**【胳膊】[名]肩から手首までの部分.

**gēbo nǐngbuguò dàtuǐ**【胳膊拧不过大腿】〈諺〉弱者が強者に逆らってもとてもかなわない.

**gēbo wànzi**【胳膊腕子】[名]手首. ▶"胳膊腕儿"とも.

**gēbo zhǒu cháo wài guǎi**【胳膊肘朝外拐】〈諺〉相手の肩をもつ.

**gēbo zhǒuzi**【胳膊肘子】[名]ひじ. ▶"胳膊肘儿"とも.

**gēzhǒuwō**【胳肢窝】[名]わきの下.

## 鸽 gē ❶

**gēpài**【鸽派】[名]ハト派.

**gēzi**【鸽子】[名]〈鳥〉ハト.[只]

**gēzilóng**【鸽子笼】[名]〈喩〉小さくて狭い家.

## 袼 gē ❶

**gēbei**【袼褙】[名]ぼろ切れをのりで幾重にも張り固めたもの. ▶布靴の材料などにする.

## 搁 gē ❶ 1(一定の場所に)置く,(調味料などを)入れる. 3 放っておく.¶这件事——再办吧／この事はしばらくそのままにしておこう. 異読⇨gé

**gēbǐ**【搁笔】[動]筆を置く.

**gēfàng**【搁放】[動]1(物を)置く. 2 放っておく,そのままにしておく.

**gē/qiǎn**【搁浅】[動]1 座礁する. 2〈喩〉(物事が)行き詰まる.

**gē/xià**【搁下】[動+方補]1 下に置く. 2 放っておく.

**gēxīn**【搁心】[動]〈方〉気にかける.

**gēzhì**【搁置】[動]放置する,置いておく.

## 割 gē ❶ 刈る,断つ.

**gē'ài**【割爱】[動]惜しみつつ手放す,取り除く.

**gē bì zhī méng**【割臂之盟】〈成〉ひそかに婚約すること.

**gēcǎojī**【割草机】[名]草刈り機.

**gēchú**【割除】[動]切り取る.

**gē/dì qiān cháng**【割地牵肠】[動]領地を割譲させる,肚の腸（わた）を〈成〉気が気でない.

**gēduàn**【割断】[動]断ち切る.

**gē jī yān yòng niúdāo**【割鸡焉用牛刀】〈成〉小事を処理するのに大がかりな手段を用いる必要はない.

**gē/jiāo**【割胶】[動]（ゴムの液を採取するために）ゴムの木に切り口をつける.

**gējiēfǎ**【接接法】[名]〈林〉接ぎ木法の一種切り接ぎ.

**gējù**【割据】[動]割拠する.

**gēkǔnjī**【割捆机】[名]〈農〉バインダー.

**gēlǐ**【割礼】[名]〈宗〉割礼(かつれい).

**gēliè**【割裂】[動]切り離す.

**gē/mì**【割蜜】[動]ハチの巣の蜜が蓄えられている部分を切り取る.

**gē/qī**【割漆】[動]（樹液を採取するために）ウルシの木に切り口をつける.

**gēqì**【割弃】[動]切り捨てる.

**gēqiāng**【割枪】[名]ガスバーナー. ▶"割炬"とも.

**gēqiē**【割切】[動]〈機〉切断する.

**gēràng**【割让】[動]（領土を）割譲する.

**gēròu**【割肉】[動]肉を切る；〈喩〉自分の大切なものを手放す＊放棄する.

**gēshě**【割舍】[動]手放す.

**gē/wàn**【割腕】[動]手首を切る.

**gē wěibā**【割尾巴】〈慣〉悪い思想を一掃する.

**gēxí**【割席】[動]書＊絶交する.

## 歌 gē ❶【～儿】歌.[首,支,个]

**❶** 1.唱～儿／歌を歌う.
**❷** 1.高～／高らかに歌う.

**gēběn**【歌本】[名]【～儿】歌集.

**gēchàng**【歌唱】[動]1（歌を）歌う. 2 謳歌（ぼう）する. 歌いたたえる.

**gēcí**【歌词】[名]歌詞.

**gēdài**【歌带】[名]歌の録音テープ.

**gē gōng sòng dé**【歌功颂德】〈成〉〈貶〉功績や人徳をむやみに持ち上げる.

**gēhóu**【歌喉】[名]（歌い手の）のど,声.

**gēhòu**【歌后】[名]非常にすぐれた女性歌手.

**gēhuì**【歌会】[名]1（歌の）コンサート. 2 歌垣の祭り.

**gējù**【歌剧】[名]オペラ.

**gējué**【歌诀】[名]暗記しやすいように事の要点・秘訣を口調よく歌にしたもの.

**gēmí**【歌迷】[名]歌に夢中な人.

**gēnǚ**【歌女】[名]〈旧〉門付けの女演歌師；ダンスホールなどで歌うのを職業としている女性.

**gēpiānr**【歌片儿,歌片儿】[名]唱歌用の楽譜ピース.

**gēpǔ**【歌谱】[名]（歌の）楽譜.

**gēqǔ**【歌曲】[名]歌曲.

**gēqú**【歌鸲】[名]〈鳥〉コマドリ.

**gēshān**【歌衫】[名]歌手の衣装.

**gēshǒu**【歌手】[名]歌手.

**gēsòng**【歌颂】[動]（詩歌や言葉などで）謳歌（かう）する.

**gētán**【歌坛】[名]歌謡界,声楽界.

**gētīng**【歌厅】[名]ミュージックホール.

**gēwǔ**【歌舞】[名]歌舞.

**gēwǔjì**【歌舞伎】[名](日本の)歌舞伎.

**gēwǔjù**【歌舞剧】[名]歌と舞踊をもつ劇.

**gē wǔ shēng píng**【歌舞升平】〈成〉歌ったり踊ったりして天下太平を謳歌する.

**gēxīng**【歌星】[名]スター歌手.

**gēyáo**【歌谣】[名]伴奏なしで歌う韻文調の民謡.

**gēyín**【歌吟】[動]歌を歌う.詩を吟ずる.

**gēyǒng**【歌咏】[動]歌を歌う.

**gēyǒu**【歌友】[名]歌が好きな仲間.

**gēzǎixì**【歌仔戏】[名]台湾や福建で盛

gēzi【歌子】名 歌.

革 gé ❶①なめした皮.¶皮〜/皮革.②改める.変える.¶〜新.③罷免する.¶〜一职. ‖姓

géchìmù【革翅目】動 革翅する.

géchū【革出】動 除名する.破門する.¶〜一门/教会から破門する.

géchú【革除】動 1 取り除く. 2 解雇する.

gé gù dǐng xīn【革故鼎新】成 古いものを取り除き,新しいものを打ち建てる.

gélǚ【革履】名 书 革靴.

gé miàn xǐ xīn【革面洗心】成 心から悔い改める.

gé/mìng【革命】1 動 革命を行う.革命事業に加わる. 2 名 革命.(思い切った)改革. 3 形 革命的である.

gémìnghuà【革命化】名 革命化する.

gémìngjiā【革命家】名 革命家.

gémìngxìng【革命性】名 革命性.

génáng【革囊】名 皮の袋.

géxīn【革新】動 革新する.

gé//zhí【革职】動 免職する.罷免する.

gézhìpǐn【革制品】名 皮革製品.

苷 gé ⓞ

gécōng【苷葱】名〈植〉ギョウジャニンニク.

阁 gé 书 1 名 小さい門. 2 阁 gé 阁 に同じ. ‖姓

阁 gé ❶①高級府. ②楼々/高層の建物. ③内閣. ‖組一/組閣する. ③女性の住む部屋. ‖出〜/嫁入りする. ④棚. ‖束之高〜/棚上げする.‖姓

gélóu【阁楼】名 中二階.

géxià【阁下】名 敬 閣下.

géyuán【阁员】名 閣僚.

gézi【阁子】名 1 木造の小屋. 2〈方〉→gélóu【阁楼】

格 gé 名 1 〜(儿)【格子形の】罫(罒).枠.区分.行. 2 規格.標準. 3〈語〉格.¶宾〜/目的格. ❶①撃つ. ¶〜斗dòu.②究める. ¶〜一物.③妨げる. ‖姓
異読⇒gē

gédiào【格调】名 1〈芸術の〉特徴,格調,スタイル. 2 书 人品.人格.

gédòu【格斗】動 格闘する.

gé gé bù rù【格格不入】成 まったく相いれない.

gége【格格】名 満州族の皇女と内親王に対する呼び方.

géjú【格局】名〈文章や建物の〉組み立て,構成.

géleng【格棱】名〈方〉短い中断.

gélǐlì【格里历】名 グレゴリオ暦.

Gélínlán【格林兰】名(地名)グリーンランド.

Gélínnàdà【格林纳达】名(地名)グレナダ.

Gélínnízhì shíjiān【格林尼治时间】名 グリニッジ時.

Gélǔjíyà【格鲁吉亚】名(地名)グルジア.

gélǜ【格律】名〈詩歌の〉形式と韻律.

gé shā wù lùn【格杀勿论】成 切り捨て御免.

géshì【格式】名 1 書式.型. 2〈電算〉フォーマット.

géshìhuà【格式化】名〈電算〉フォーマットする.

géwài【格外】副 特に.ことのほか.いっそう.2 ほかに.別に.

géwù【格物】動 书 事物の道理をきわめる.

géxī【格西】名 チベット仏教の僧侶が取得できる最高学位.

géyán【格言】名 格言.

gézhì【格致】名 书 1 事物の原理・法則をきわめて,理性的な知識として把握する. 2 名〈旧〉物理学・化学の総称.

gézi【格子】名〈格子形の〉罫,枠

鬲 gé 名地名・人名用字.

搁 gé ❶ 耐え得る.我慢できる.
異読⇒gē

gébuzhù【搁不住】動+可補 耐えられない.

gédezhù【搁得住】動+可補 耐え得る.

茖 gé 书 1 名 小さい門. 2 阁 gé 阁 に同じ.
異読⇒gě

葛 gé 名〈植〉クズ.異読⇒gě

gébù【葛布】名 クズ布.

gégēn【葛根】名〈漢〉葛根(ｶｯｺﾝ).

géjīn【葛巾】名〈隐遁者がかぶる〉クズ布で作った頭巾.

gémá【葛麻】名〈植〉クズ麻.

géténg【葛藤】名 书 もつれ.

蛤 gé ⓞ 異読⇒há

géjiè【蛤蚧】名〈動〉オオヤモリ.

gélí【蛤蜊】名〈貝〉1 シオフキ(ガイ). 2 ハマグリ.

隔 gé ❶ 1 隔てる.遮る.仕切る.¶把一间屋〜成两间/一つの部屋を二間に仕切る. 2〈時間・距離を〉置く,あける.¶〜两周去一次/2週間おきに1回行く.

gé àn guān huǒ【隔岸观火】成 対岸の火事.

gébèirén【隔辈人】名〈口〉世代が違う.

gébì【隔壁】名 隣.隣家.隣人.

gé//duàn【隔断】動+結補 遮断する.阻む.

géduàn【隔断】名 間仕切り.

géjué【隔绝】動 隔絶する.途絶える.

géfáng xiōngdì【隔房兄弟】名 父方の同姓の従兄弟.

géháng【隔行】動 商売が異なる.

géhé【隔阂】名 わだかまり.みぞ.

géhuǒqiáng【隔火墙】名 防火壁.

gélí【隔离】動 隔離する.

**gé**

**gémó**【隔膜】1 名 隔たり、わだかまり. 2 形 疎い.

**gé nián huáng lì**【隔年皇历】(成) 今ではなんの役にも立たないもの.

**géqiáng**【隔墙】名 隔壁、仕切り.

**gé qiáng yǒu ěr**【隔墙有耳】(成) 壁に耳あり.

**gé//rè**【隔热】動〈建〉断熱する.

**gérì**【隔日】名 隔日.

**gé sān chà wǔ**【隔三差五】(成) 数日ごとに；しょっちゅう. ▶「隔三五」とも.

**géshān**【隔山】名 〈旧〉腹違いの兄弟姉妹.

**géshàn**【隔扇】名 〈建〉間仕切り板.

**géshēng**【隔声】名 〈建〉遮音.

**géshì**【隔世】名 隔世.

**géxīn**【隔心】名 わだかまりがある. 気が合わない.

**gé xuē sāo yǎng**【隔靴搔痒】(成) 隔靴搔痒(かくかそうよう).

**gé//yè**【隔夜】動 一夜を越す.

**gé//yīn**【隔音】動〈建〉防音する.

**géyīn fúhào**【隔音符号】名〈語〉隔音符号(').

**géyīnshì**【隔音室】名 防音室.

**gézhe ménfèngr kàn rén**【隔着门缝儿看人】(敬) 人を見下す.

**gé**【~儿】〈方〉砂地. ▶地名に用いるものが多い.

**gé**〈~儿〉げっぷ；しゃっくり. ¶打~儿／げっぷをする；しゃっくりする.

**gé** 地名用字. ¶~湖／江蘇省にある湖の名.

**gé** 棚や家屋の仕切り.

**gémén**【槅门】名〈建〉格子窓のあるドア.

**géshan**【槅扇】→**géshan**【隔扇】

**gé** 名 横隔膜.

**gémó**【膈膜】名〈生理〉横隔膜.

**géshàn**【膈疝】名〈医〉横隔膜ヘルニア.

**géshíbìng**【膈食病】名〈中医〉胸部がつかえ、腹部が痛み、胃酸を吐く症状.

**gé** →**gúgé**【骨骼】

**gé**〈化〉カドミウム. Cd.

**géwūrǎn**【镉污染】名 カドミウム汚染.

**gè**(個) gě  →zìgěr【自个儿】
異読⇒gè

**gě** 1 量 〈容積の単位〉1升の10分の1. 2 合 1 合します. 異読⇒hé

**gě** 形〈方〉風変わりである. 変わっている. 異読⇒gè

**gě**〈書〉大きな船.

(蓋) **gě** ‖ 姓 異読⇒gài

**gě** ‖ 姓 異読⇒gé

**géxiānmǐ**【葛仙米】名〈植〉イシクラ

ゲ. ネンジュモ(念珠藻)科の一種. ；〈中薬〉葛仙米(かっせんまい).

**gè**(個·箇) **gè 1 量** ▶ふつう軽声に発音する. **1** 最も広く用いられる量詞で、専用の量詞のない名詞に用いるほか、一部の他の量詞にも代用されるもの ¶两~人／二人. ¶一~星期／1週間. ¶那~〔张〕桌子／あの机. **2** 〈主に話し言葉で、動詞と目的語の間に置き、その動作を軽い気持ちで行うことを表す〉¶洗了~冷水浴／冷水浴をした. **3** 〈概数の前につける〉¶这点儿活儿有一两三天就干完了／これしきの仕事などせい2,3日もあればすぐ終わる. **4** 〈主に話し言葉で、動詞と補語の間に置く〉¶玩儿~痛快／思う存分遊ぶ. ¶雪下~不停／雪がひっきりなしに降る.

**2 接尾** ▶軽声に発音する. **1**〈量詞「些」の後に用いる〉¶这些~客人／これらの客. **2**〈「昨儿」「今儿」「明儿」の後に用いる〉

**~儿 1**〈単独の、¶~~別. **2**〈人・物の大きさ〉¶~~儿. 異読⇒gě

**gè'àn**【个案】名 個々の事件. 特別な事例.

**gèbā**【个把】数 わずか. 一二.

**gèbié**【个别】1 形 個別の. 個々の. ¶~谈话／個別に話し合う. **2** まれな. ごくわずかの. ¶极其~的事例／極其稀~の事例.

**gèchàng**【个唱】名〈略〉ソロコンサート.

**gè dǐng gè**【个顶个】〈慣〉一人前に.

**gè'èr**【个二】代 どれもこれも. みな.

**gègǔ**【个股】名〈経〉個別株.

**gèlì**【个例】名 ごくまれなこと. 例外.

**gèr**【个儿】名 **1**〈人の〉体格.背丈. 〈物の〉大きさ. **2** 一人ずつ. 一つずつ. **3**〈方〉〈試合などの〉相手.

**gèrén**【个人】名 **1** 個人. **2** 私；自分.

**gèrén hùnhéyóng**【个人混合泳】〈体〉〈水泳で〉個人メドレー.

**gèrén suǒdéshuì**【个人所得税】名〈法〉個人所得税.

**gèrén wèntí**【个人问题】名 プライベートな問題；〈婉〉恋愛・結婚の問題.

**gèrén zhǔyì**【个人主义】名 個人主義.

**gèrén zhùfáng dàikuǎn**【个人住房贷款】名〈経〉個人住宅ローン.

**gèshuì**【个税】名〈法〉〈略〉個人所得税.

**gètǐ**【个体】名 **1**〈人または生物の〉個体；個人.  **2**→**gètǐhù**【个体户】

**gètǐhù**【个体户】名 自営業者. 個人経営者.

**gètǐ jīngjì**【个体经济】名〈経〉農民や商工業者の〉個人経営経済. 小規模な私有経済.

**gètǐ nóngmín**【个体农民】名 個人経営の農民. 一世帯を単位として農

**gèti shēngchǎn を行う農家.**

**gètǐ suǒyǒuzhì**【个体所有制】〈经〉個人所有制.

**gètóur**【个头儿】〈名〉(人の)背丈;(物の)大きさ.

**gèwèi**【个位】〈名〉〈数〉(十進法での)1の位.

**gèxiǎn**【个险】〈略〉個人保険.

**gèxìng**【个性】〈名〉1 (人の)個性. 2 (物の)特性,特殊性.

**gèzhǎn**【个展】〈名〉個展.

**gèzhōng**【个中】〈书〉このうち,この範囲内.

**gèzhōngrén**【个中人】〈名〉内情に通じている人.

**gèzi**【个子】〈名〉1 (人の)背丈;(動物の)大きさ.2 束にした細長いもの.

**gè**【各】〈代〉それぞれ.おのおの.各.¶~医院 / 各病院. 2〈副〉いずれも.それぞれ.¶这些人~有不同的想法 / これらの人はそれぞれ違った考えをもっている. 〈姓〉 異読⇒gě

**gèbàn**【各半】〈动〉半々である.

**gè bèn qián chéng**【各奔前程】〈成〉それぞれ自分の道を行く.

**gèbié**【各别】1 別々に.区別して.2〈形〉独特である.風変わりである. 〈贬〉変わっている.

**gè chí jǐ jiàn**【各持己见】〈成〉それぞれ自分の意見に固執する.

**gè dǎ wǔshí dàbǎn**【各打五十大板】理非曲直を問わず争いの双方に同じ罰を与える.

**gè dé qí suǒ**【各得其所】〈成〉適材適所である.

**gègè**【各个】〈代〉それぞれ.みな.¶~方面 / 各方面. 2〈副〉いちいち. 一つ一つ. ¶~击破 / 個別に対処し解決する.

**gè háng gè yè**【各行各业】〈成〉〈名〉各業種.

**gèjí**【各级】〈名〉各クラスの.

**gèjiè**【各界】〈名〉各界.

**gè jìn suǒ néng**【各尽所能】〈成〉各人が能力に応じて働く.

**gè jiù gè wèi**【各就各位】1 それぞれ自分の持ち場につく;各自自分の席につく.ただいまより開会します, どうぞめいめいの席についてください. 2〈体〉(トラック競技で)位置について.

**gè qǔ suǒ xū**【各取所需】〈成〉各人が必要な分を取る.

**gèrén**【各人】〈名〉各自.おのおの.

**gèsè**【各色】〈名〉1 いろいろの.さまざまな. 2〈方〉〈贬〉変わっている.

**gè shì gè yàng**【各式各样】〈成〉種々さまざまである.

**gè shū jǐ jiàn**【各抒己见】〈成〉おのおの自分の意見を述べる.

**gèwèi**【各位】〈名〉みなさん.

**gè xíng qí shì**【各行其是】〈成〉各人が思い思いのことをやる.

**gè yǒu qiān qiū**【各有千秋】〈成〉それぞれ長所がある.

**gè yǒu suǒ cháng**【各有所长】〈成〉それぞれ長所がある.

**gè yǒu suǒ hào**【各有所好】〈成〉それぞれ好みがある.

**gè zhí jǐ jiàn**【各执己见】→**gè chí jǐ jiàn**【各持己见】

**gè zhí yī cí**【各执一词】〈成〉それぞれが自分の言い分を主張する.

**gèzhǒng**【各种】〈形〉各種の.さまざまな.

**gèzhǒng gèyàng**【各种各样】〈成〉さまざまな.さまざまな.

**gèzì**【各自】〈代〉各自.めいめい.

**gè zì wéi zhèng**【各自为政】〈成〉全局を顧みずにそれぞれ勝手に振る舞う.

## 屹 gè ⚪

**gèláng**【屹螂】〈虫〉フンコロガシ.

**gèzao**【屹蚤】〈方〉ノミ.

## 硌 gè ⚪(口)でこぼこした硬いものに触れて痛みや不快感を与える.

異読⇒luò

**gèwōr**【硌窝儿】〈形〉〈方〉(鶏やアヒルの)卵が押さえてひびが入っている.

## 铬 gè ⚪〈化〉クロム. Cr.

**gèfán**【铬矾】〈化〉クロムみょうばん.

**gègāng**【铬钢】〈冶〉クロム鋼.

**gèniègāng**【铬镍钢】〈冶〉クロムニッケル鋼.

**gèróu**【铬鞣】〈皮〉クロムなめし.

**gètiěkuàng**【铬铁矿】〈鉱〉クロム鉄鉱.

**gèwūrǎn**【铬污染】〈名〉クロム汚染.

## gei 〈ㄍㄟ〉

给 **gěi**【给】1〈动〉(人に物や金を)与える.やる,くれる.¶~不~一小費/チップをやりますか(くれますか). ¶他~了我一张票 / 彼は私にチケットを1枚くれた. 2(人に打撃・被害を)与える. 食らわせる. ¶~了他两拳 / 彼にげんこつを2発食らわせた. 3《使役を表す》…させる.…することを許す.¶请~我看看 / 見せてください.

2〈前〉1 …に.¶~大夫去个电话 / 医者に電話をしする.(「動詞"+给"」の形で)¶送~朋友们 / 友人たちに贈る. 2 …のために. …に.¶请你~我当向导 / 私のためにガイドを務めてください. 3《被害者を導く》¶别把书~人家弄脏了 / 他人の本を汚さないように気をつけてほしい. 4 (「"给我"+动词」の用法で)…しろ. ¶~我把这袋垃圾扔掉 / このごみ袋を捨ててちょうだい. ¶你~我滚gǔn出去 / 出ていけッ. 5…に対して. ¶~我~…向かって. ¶他~我使了个眼色 / 彼は私に(向かって)目くばせをした. 6…に.(…される). 7房屋~大水冲了 / 家が洪水に流された.

3〈助〉1《受け身文で,"叫,让"などに

## gēn

呼応させて動詞の直前に用いる)。¶日本队叫意大利队以三比零/日本チームはイタリアチームに3対0で敗れた。❷「把」を用いた処置文で動詞の直前に用いる}¶我把玻璃杯(~)打碎了/私はグラスを割ってしまった。
**異読⇨jǐ**

**gěi miànzi**【给面子】顔を立てる.
**gěi yánsè kàn**【给颜色看】〈慣〉ひどい目にあわせる.
**gěi/yǔ**【给/与】与える,与える.¶~充分的重视/重要視する.

## gēn《ㄍㄣ》

**根 gēn** ❶【名】(~儿)(草や木の)根.【条】 ❷(~儿)〈喩〉子孫;(人の)身元.¶他的~儿很硬/彼の家柄は力がある. ❸〈数〉根.ルート;代数方程式の解.
❷【量】(~儿)細長いものを数える.¶一~绳子/1本のひも.
Ⓗ①〈物の〉つけ根,根もと.¶耳~/耳のつけ根.②〈物事の〉根源.¶祸~/災いのもと.③根本的に,徹底的に.¶~治.④よりどころ.¶→据.

**gēnběn**【根本】 ❶【名】根本.根源.¶从~上解决问题/根本から解決する. ❷【形】主要である.根本的な.¶~的问题/根本的な問題. ❸【副】まったく;徹底的に.¶她~没有想到结婚问题/彼女は結婚問題など全然考えたこともない.
**gēnběnfǎ**【根本法】〈法〉憲法.
**gēnchā**【根插】〈植〉根挿し.
**gēnchú**【根除】〈動〉根絶する.
**gēndǐ**【根底·根柢】【名】 ❶根底.基礎. ❷いきさつ.内幕.
**gēndiāo**【根雕】【名】木の根を用いた彫刻芸.
**gēnfǔbìng**【根腐病】〈農〉根腐れ病.
**gēnguān**【根冠】【名】〈植〉根冠.
**gēnhào**【根号】【名】〈数〉ルート記号.
**gēnjī**【根基】【名】 ❶土台.基盤. ❷〈喩〉(家の)財産.
**gēnjiǎo**【根脚】【名】 ❶土台.基礎. ❷〈近〉出身.来歴.
**gēnjīng**【根茎】【名】〈植〉根茎.
**gēnjiū**【根究】【動】徹底的に追求する.
**gēnjù**【根据】 ❶【前】…によれば;…に基づいて.¶~原文改写成剧本/原文をもとに脚本を書く. ❷【動】~にする.~を根拠とする. ❸【名】根拠.よりどころ.
**gēnjùdì**【根据地】【名】拠点.
**gēnjué**【根绝】【動】根絶やしにする.
**gēnliú**【根瘤】【名】〈植〉根瘤(こぶ).
**gēnliújūn**【根瘤菌】【名】根粒細菌.
**gēnmáo**【根毛】【名】〈植〉根毛.
**gēnmiáo**【根苗】【名】 ❶(植物の)根と新芽. ❷〈喩〉(事の)由来,いきさつ. ❸跡継ぎ.
**gēnmùlù**【根目录】〈電算〉ルートディレクトリ.

**gēnrdǐxia**【根儿底下】【名】近い所.(…の)際.
**gēn shēn dì gù**【根深蒂固】〈成〉根が深くて容易に動揺しない.▶「根深柢dǐ固」とも.
**gēn shēn yè mào**【根深叶茂】〈成〉基礎がしっかりしており事業が盛んになる.
**gēn shēng tǔ zhǎng**【根生土长】〈成〉生粋である.
**gēnshì**【根式】【数】無理式.
**gēnxì**【根系】【植】根系.
**gēnxìng**【根性】【名】本性.
**gēnyóu**【根由】【名】来歴.原因.
**gēnyuán**【根源】【名】 ❶根本原因. ❷…に根ざす.…に起因する.
**gēnzhí**【根植】【動】根を下ろす.
**gēnzhì**【根治】【動】根治する.
**gēnzi**【根子】 ❶(~儿)1植物の根.根っ子. ❷〈物事の〉根源;〈人の〉素性,身元.

## 跟 gēn

❶【前】1…と一緒に.¶~你一起去/君と一緒に行く. 2…に(对).…から.¶你~大家说说/君がみんなに話してごらん. ¶这本书你~谁借的?/この本は誰から借りたのですか. 3…について(学ぶ).…を利用して(学ぶ).¶~着留学生学汉语/留学生に中国語を教わる. 4…と(关系がある/ない).¶他~这事没关系/彼はこの事件と関係がない. 5…と(比较して).¶这橘子~柠檬一样酸/このミカンはレモンと同じように酸っぱい.
❷【接続】…と.¶小王~我都是东北人/王君と私は二人とも東北出身です.
❸【名】(~儿)かかと.ヒール.¶脚后~/かかと.¶高~儿皮鞋/ハイヒール.
❹【動】つき従う.¶~我来/ぼくについて来なさい.

**gēn//bān**【跟班】 ❶【動】グループに加わる. ❷【名】〈旧〉従者.従僕.▶「跟班儿的」とも.
**gēnbāo**【跟包】(~儿)1 【動】〈旧〉付き人をする. 2【名】〈口〉("~的"の形で)腰ぎんちゃく.
**gēnbushàng**【跟不上】【動+可補】追いつけない.ついて行けない.…に及ばない.
**gēnchāi**【跟差】〈役人の〉従者,お供.
**gēncóng**【跟从】 ❶【動】つき従う. ❷【名】〈旧〉随行者.
**gēndou**【跟斗】→gēntou【跟头】
**gēnfēng**【跟风】【動】ある風潮や流行を追いかける.
**gēn/jiǎo**【跟脚】 ❶【形】〈方〉1〈旧〉主人にお供する. 2(子供が)大人のそばを離れない. 3(靴が)ちょうどよく足に合う. ❷【副】すぐに.すぐさま.
**gēnjìn**【跟进】【動】前について進む.
**gēn/jìn**【跟劲】(~儿)〈口〉順調である.

**gēnpìchóng**【跟屁虫】〈慣〉(～儿)〈貶〉金魚の糞.

**gēnqián**【跟前】[方位](～儿)そば. そば近く.

**gēnqian**【跟前】[名](親の)ひざもと.

**gēnr**【跟儿】[名]かかと. ヒール.

**gēn//shàng**【跟上】[動]+賓語 遅れないようにぴったりついて行く.

**gēn/shāo**【跟梢】[動]尾行する.

**gēnshǒu**【跟手】[副](～儿)[方] 1 つ いでに. 2 直ちに.

**gēnsuí**【跟随】[動] 1 あとにつく. 2 [名]〈旧〉お供. 従者.

**gēn/tàngr**【跟趟儿】[方] 1 追いつく. 2 間に合う.

**gēntiē**【跟贴】[電算][動]レスをつける. 2 [名]レス.

**gēntou**【跟头】[名]宙返り.

**gēntouchóng**【跟头虫】[名]〈口〉〈虫〉 ボウフラ.

**gēnyīr**【跟衣儿】[方]あとからすぐ.

**gēnzhe**【跟着】[動] 1 つき従う. 2 [副] 引き続いて.

**gēnzhuī**【跟追】[動]跡をつけて追いかける.

**gēnzōng**【跟踪】[動] 追踪する. 尾行する. ¶～服务/アフターサービス.

哏 **gén**【哏】[方][形] 1 (気性が)まっすぐである；(言葉が)ぶっきらぼうである. 2 (食物が)固くて歯切れが悪い. 異読⇨gèn

亘 **gèn**【亘】[動](空間的・時間的に)連なる. ¶横～/またがる.

**gèn gǔ wèi yǒu**【亘古未有】〈成〉未曾有である.

**gèn gǔ zhì jīn**【亘古至今】〈成〉昔から今まで.

艮 **gèn**【艮】(八卦け⁸の一)艮(˙ɢ). ‖[姓] 異読⇨gěn

茛 **gèn** →**máogèn**[毛茛]

## geng (ㄍㄥ)

更 **gēng**【更】[旧]〈旧〉(夜の時間を5等分して計る単位)更(˙ɢ).
[H] ①変える. 改める. ¶変～/変更する. ②経験される. ¶少shào不～事/年が若くて世慣れていない.
異読⇨gèng

**gēngcì**【更次】[名]夜間の一"更"分(約2時間).

**gēngdié**【更迭】[動]更迭する；交替する.

**gēngdìng**【更定】[動]修訂する.

**gēngdòng**【更动】[動]改める. 変更する.

**gēngfān**【更番】[副]〈書〉順番にやる.

**gēngfū**【更夫】[名][旧]夜警. 夜回り.

**gēnggǎi**【更改】[動]改める. 変更する.

**gēnggǔ**【更鼓】[名][旧]夜の時刻を知らせる太鼓.

**gēnghuàn**【更换】[動]取り替える. 入れ替える.

**gēnglán**【更阑】[動]〈書〉夜が更ける.

**gēnglóu**【更楼】[名]〈旧〉夜の時刻を知らせるための楼.

**gēng/míng**【更名】[動]名前を改める.

**gēngniánqī**【更年期】[名]更年期.

**gēng pú nán shǔ**【更仆难数】〈成〉人や物事が非常に多い.

**gēngshēn**【更深】[動]〈書〉夜が更ける.

**gēng shēn rén jìng**【更深人静】〈成〉夜が更けて人が静かになる.

**gēngshēng**【更生】[動] 1 生き返る. 再生する. 2 再生する.

**gēngshǐ**【更始】[動]〈書〉やり直す.

**gēngtì**【更替】[動]交替する. 入れ替わる.

**gēngxīn**【更新】[動] 1 更新する. 改まる. 2 ¶森林が再生する.

**gēng xīn huàn dài**【更新换代】〈成〉新しいものが古いものにとって代わる.

**gēngxīnshì**【更新世】[名]〈地質〉更新世.

**gēngyī**【更衣】[動]〈書〉着替える；〈婉〉手洗いに行く.

**gēngyīshì**【更衣室】[名]更衣室.

**gēngyì**【更易】[動]改める. 変更する.

**gēngzhāng**【更张】[動]琴の弦を張り替える；〈喩〉改革を行う.

**gēngzhèng**【更正】[動]直す. 訂正する.

庚 **gēng**【庚】十干の第7；庚(˙ɢ).
[H] ①年齢. ¶同～/同い年. ‖[姓]

**gēngchǐ**【庚齿】[名]年齢.

**gēngrì**【庚日】[名]庚の日.

**gēngtiě**【庚帖】[名]婚約のときに交換する, 双方の生年月日を干支で記載した書状.

**gēngxìn**【庚信】[名]〈書〉月経.

耕 **gēng**【耕】[動]耕す.

**gēngchù**【耕畜】[名]役畜.

**gēng//dì**【耕地】[動] 1 田畑を耕す. 2 [名]耕地.

**gēngdú**【耕读】[動]農業をしながら学ぶ(教える).

**gēngjù**【耕具】[名]耕具.

**gēngniú**【耕牛】[名]役牛.

**gēngyún**【耕耘】[動]〈書〉耕す；〈喩〉努力する.

**gēng yún bō yǔ**【耕云播雨】〈成〉(物事を発展させるための)土壌作りをする.

**gēngzhòng**【耕种】[動]〈農〉耕し植え付ける.

**gēngzuò**【耕作】[動]〈農〉耕作する.

赓 **gēng**【赓】[動]〈書〉継続する. 引き続く. ¶～续/継続する. ‖[姓]

鹒 **gēng** →**cānggēng**[鸧鹒]

羹 **gēng**【羹】[名](ポタージュのように)とろみのあるスープ. ¶鸡羹～/杏

## gěng

碗蒸し.
**gēngchí**【羹匙】名 ちりれんげ. スプーン.
**gēngtāng**【羹汤】名 とろみのあるスープ.

埂 **gěng**【埂】❶①あぜ. ¶田～儿/田畑のあぜ. ②丘;土手. ¶～堰yàn/土手.

**gěngzi**【埂子】名 あぜ.

耿 **gěng**【耿】形 ①明るい. ②忠誠である. ③正直である. ‖姓

**gěngbǐng**【耿饼】名 厚くて形の小さい干しガキ.

**gěnggěng**【耿耿】形〈書〉①明るいさま. ②忠誠である. ③不安である. ¶～于干怀/気にかかって忘れられない.

**gěngjiè**【耿介】形〈書〉剛直である.

**gěngzhí**【耿直】形 正直である. (性格が)さっぱりしている.

哽 **gěng**【哽】動 ①(食べ物などが)のどに詰まる. ②(感情が高ぶり)声が詰まる.

**gěngsè**【哽塞】動 言葉に詰まる.
**gěngyè**【哽咽】動 ①(のどが)詰まる. ②涙にむせぶ.

**gěngyè**【哽咽】書〉涙にむせぶ.

绠 **gěng**【绠】名〈書〉つるべ縄.

**gěng duǎn jí shēn**【绠短汲深】成 役目が重すぎてその任でない.

梗 **gěng**【梗】1 名〈~儿〉植物の枝や茎. ¶菠菜～儿/ホウレンソウの茎. 2 動 "～着"でまっすぐにする. ¶～着脖子/首をまっすぐにして.
❶①垂直である. "一直"とさっぱりしている. ②ふさぐ. 邪魔する. ¶作～/邪魔する. ③頑固である.

**gěnggài**【梗概】名〈書〉あらまし. 概略.
**gěngr**【梗儿】→【梗gěng】
**gěngsè**【梗塞】動 1 ふさがる. 詰まる. 2 〖医〗梗塞[そく].
**gěngsǐ**【梗死】動〖医〗梗塞し壊死[えし]する.
**gěngyè**【梗咽】動→gěngyè【哽咽】
**gěngzhí**【梗直】形→gěngzhí【耿直】
**gěngzi**【梗子】名 植物の枝や茎.
**gěngzǔ**【梗阻】動 ふさがる. ふさぐ;邪魔する.

颈(頸) **gěng** → **bógěng**【脖颈儿·脖梗儿】 異読⇒jǐng

鲠(鯁) **gěng** 1 名〈書〉魚の骨. 2 動〈書〉(魚の骨などが)のどに刺さる.

**gěngzhí**【鲠直】→**gěngzhí**【耿直】

更 **gèng**【更】副 1 いっそう. ますます. ¶雨下得～大了/雨がいっそう強くなった. 2 〈書〉さらに. 再び.
異読⇒gēng

**gèngjiā**【更加】副 ますます. なおいっそう. ¶～努力/より一層努力する.
**gèngqí**【更其】副 いっそう.
**gèng shàng yī céng lóu**【更上一层楼】成 より高い所をめざす.
**gèngwéi**【更为】副〈書〉いっそう.

## 306

すます.
**gèng**【更】動〈物〉(物)干す. 乾かす. ▶人名に用いることが多い.

晒(晒) 

## gōng（ㄍㄨㄥ）

工 **gōng**❶1 労働者が1日にする仕事量. ¶铺这条路要八个～/この道を舗装するには延べ8人要る. 2 中国民族音楽の10音階の一. ❷〈書〉長じている. ¶～诗善画/詩に長じ絵にすぐれる.
❶①(肉体)労働者. 職人. ¶矿～/鉱夫. ②仕事. 生産労働. ¶做～/仕事をする. ③工事. ¶动～/工事を始める. ④工事. ¶～商/商学. ⑤技量. 腕前. ¶唱～/(中国劇の)歌う技術. ‖姓

**gōngběn**【工本】名 生産費. コスト.
**gōngbǐ**【工笔】名〈美〉密画の画法.
**gōngbīng**【工兵】名〖軍〗工兵.
**gōngbù**【工部】名〖史〗官営工事などをつかさどった官庁.
**gōngchǎng**【工厂】名 工場.
**gōngchǎng**【工场】名 作業場.
**gōngcháo**【工潮】名 労働争議.
**gōngchē**【工尺】名 中国民族音楽の音階の総称.
**gōngchéng**【工程】名 (大規模な)工事;プロジェクト;エンジニアリング.
**gōngchéngbīng**【工程兵】名〖軍〗工兵.
**gōngchéngshī**【工程师】名 技師. エンジニア.
**gōngdǎng**【工党】名〈政〉労働党.
**gōngdì**【工地】名 (建築、工事)現場.
**gōngdú**【工读】1 動 働きながら勉強する. 2 →**gōngdú jiàoyù**【工读教育】
**gōngdú jiàoyù**【工读教育】名 更生させるための教育.
**gōngdú xuéxiào**【工读学校】名 軽犯罪を犯した少年を更生させるための学校.
**gōngduàn**【工段】名 1 工事の具体的な仕事に基づいて分けられた施工部門. 2 工場の生産過程によって細分した職場.
**gōngfáng**【工房】名〈方〉1 労働者宿舎. 2 工場の建物.
**gōngfēn**【工分】名 労働点数. ▶かつての人民公社などで労働量とその報酬を計算する単位.
**gōngfēng**【工蜂】名〈虫〉働きバチ.
**gōngfū**【工夫】名〈旧〉臨時雇いの労働者.
**gōngfu**【工夫】名 1〈~儿〉(費やされる)時間. 2〈~儿〉ひま. ¶明天你有～吗？/あしたはひま？3〈~儿〉〈方〉とき. 4 技量. 腕前;造詣.
**gōngfuchá**【工夫茶】名 福建や広東に伝わる茶の飲み方.
**gōngfu hóngchá**【工夫红茶】名 中国系の紅茶.

**gōnghuì**【工会】〈名〉労働組合.
**gōngjià**【工价】〈名〉建築や製品を生産するための)人件費.
**gōngjià**【工架】→gōngjià【功架】
**gōngjiān**【工间】〈名〉仕事の合間.
**gōngjiāncāo**【工间操】〈名〉仕事の合間にする体操.
**gōngjiàn**【工件】〈名〉(機)機械加工中の部品.
**gōngjiàng**【工匠】〈名〉職人.
**gōngjiāo**【工交】〈名〉工業と交通の総称.
**gōngjù**【工具】〈名〉工具, 道具; 〈喩〉手段.
**gōngjùshū**【工具书】〈名〉字引・辞書類や年鑑・索引・百科事典などの総称.
**gōngkǎi**【工楷】〈名〉きちんと整っている楷書.
**gōngkē**【工科】〈名〉工科.
**gōngkuàng**【工矿】〈名〉工場と鉱山; 鉱工業.
**gōnglì**【工力】〈名〉1 技能. 2 労働力.
**gōng lì xī dí**【工力悉敵】〈成〉程度が同じで優劣がつかない.
**gōnglián zhǔyì**【工联主义】〈名〉〈政〉労働組合主義.
**gōngliào**【工料】〈名〉1 人件費と材料費. 2 工事に必要な材料.
**gōnglíng**【工龄】〈名〉勤続年数.
**gōngmào jiéhé**【工贸结合】〈名〉貿易専門の会社と工業生産部門が連携・合同して対外貿易を拡大しようとする政策.
**gōngnóng**【工农】〈名〉労働者と農民.
**gōngnóngbīng**【工农兵】〈名〉労働者と農民と兵士.
**gōngnóng liánméng**【工农联盟】〈名〉労農同盟.
**gōngnǚ**【工女】〈名〉〈旧〉女工.
**gōngpéng**【工棚】〈名〉工事現場の小屋.
**gōngqī**【工期】〈名〉工期.
**gōngqián**【工钱】〈名〉1 手間賃. 2 〈方〉賃金.
**gōngqiǎo**【工巧】〈形〉(工芸品や詩文・書画が)巧みである.
**gōngqū**【工区】〈名〉建設・鉱山関係などの鉱山や企業の下部生産部門.
**gōngrén**【工人】〈名〉(肉体)労働者, 工場労働者.
**gōngréndǎng**【工人党】〈名〉〈政〉労働者党.
**gōngrén guìzú**【工人贵族】〈名〉労働貴族.
**gōngrén jiējí**【工人阶级】〈名〉労働者階級.
**gōngrén yùndòng**【工人运动】〈名〉労働運動.
**gōngrì**【工日】〈名〉労働日数.
**gōngshāng**【工伤】〈名〉労働災害.
**gōngshāngjiè**【工商界】〈名〉商工業界.
**gōngshānglián**【工商联】〈名〉〈略〉商工業連合会.
**gōngshāngyè**【工商业】〈名〉商工業.
**gōngshí**【工时】〈名〉(労働量を計算する単位)マンアワー. ▶労働者一人当たりの1時間の労働量が"一个工时".
**gōngshì**【工事】〈名〉〈軍〉陣地構築物の総称.
**gōngtián**【工钿】〈名〉〈方〉工賃.
**gōngtóu**【工头】〈名〉〈旧〉(労働者の)監督. 職工頭. 親方.
**gōngtú**【工徒】〈名〉〈旧〉見習い工. 徒弟.
**gōngtuán zhǔyì**【工团主义】〈名〉サンジカリズム.
**gōngwèi**【工位】〈名〉工場の生産ラインの持ち場.
**gōngwěn**【工稳】〈形〉(詩文が)整っている.
**gōngxì**【工细】〈形〉精巧である.
**gōngxiào**【工效】〈名〉〈略〉仕事の能率.
**gōngxīn**【工薪】〈名〉賃金. 給料.
**gōngxīn jiēcéng**【工薪阶层】〈名〉サラリーマン層.
**gōngxīnzú**【工薪族】〈名〉サラリーマン層.
**gōngxiū**【工休】〈名〉1 仕事のローテーションに合わせた休日. 2 仕事の合間の休憩.
**gōngxù**【工序】〈名〉工程.
**gōngyè**【工业】〈名〉工業.
**gōngyèbìng**【工业病】〈名〉労働者の職業病.
**gōngyè chǎnquán**【工业产权】〈名〉工業財産権.
**gōngyèguó**【工业国】〈名〉工業国.
**gōngyèhuà**【工业化】〈動〉工業化する.
**gōngyèquàn**【工业券】〈名〉工業券. ▶配給切符の一種.
**gōngyǐ**【工蚁】〈名〉〈虫〉働きアリ.
**gōngyì**【工艺】〈名〉1 製造加工技術, テクノロジー. 2 手工芸.
**gōngyì**【工役】〈名〉〈旧〉1 雑役夫. 2 労働の徴用.
**gōngyì měishù**【工艺美术】〈名〉工芸美術.
**gōngyìpǐn**【工艺品】〈名〉工芸品.
**gōngyǒu**【工友】〈名〉1 (学校の)用務員. 2 〈旧〉労働者相互間の呼称.
**gōngyú**【工于】〈動〉〈書〉…に長じている.
**gōngyú**【工余】〈名〉作業・勤務時間以外の. 余暇の.
**gōngyùn**【工运】〈名〉〈略〉労働運動.
**gōngzéi**【工贼】〈名〉労働運動の裏切り者. スト破り.
**gōngzhǎng**【工长】〈名〉職工長. 現場監督.
**gōngzhěng**【工整】〈形〉きちんと整っている.
**gōngzhì**【工致】〈形〉巧緻(ち)である.
**gōngzhǒng**【工种】〈名〉(工・鉱業関係の)職種.
**gōngzhuāngkù**【工装裤】〈名〉オーバーオール.
**gōngzhuō**【工拙】〈名〉巧拙.

## gōng

**gōngzī**【工资】[名]賃金. 給料. ¶发～／給料を出す[が出る].
**gōngzīt iáo**【工资条】[名]給与明細表.
**gōngzǐgāng**【工字钢】[名]〈冶〉I 型鋼. H 型鋼.
**gōngzìxíng**【工字形】[名]I 型.
**gōngzuò**【工作】❶[动]1 仕事をする. 働く.(機械が)動く. 仕事する. ¶找～／職を探す. 2[名]職業. 仕事. ¶找～／職を探す.
**gōngzuòcān**【工作餐】[名]会社持ちの食事; 会議食.
**gōngzuò dānwèi**【工作单位】[名](所属する)職場. 仕事先.
**gōngzuòfú**【工作服】[名]仕事着. 作業服.
**gōngzuòmiàn**【工作面】[名]1〈鉱〉切り羽. 切り場. 2〈機〉加工面. 工作機械.
**gōngzuòrì**【工作日】[名]1 労働時間. 2 労働日.
**gōngzuòzhàn**【工作站】[名]1 ビジネスセンター. オフィス. 2〔電算〕ワークステーション.
**gōngzuòzhě**【工作者】[名]従事者.
**gōngzuòzhèng**【工作证】[名](職場の)身分証明証.
**gōngzuòzhì**【工作制】[名]勤務体制.

**gōng**【弓】❶[名]1〔张,把〕弓. ¶拉～／弓を引き絞る. 2〈~儿〉弓型のもの. ¶小提琴～／バイオリンの弓. 3〔旧〕土地測量具具. ❷[动]曲げる. かがめる. ¶～腰／腰を曲げた. 3[姓]姓.
**gōngbèi**【弓背】[名]1 弓の背. 2 曲がった道.
**gōngjiànbù**【弓箭步】[名]両足を広げひざを曲げる姿勢.
**gōngxián**【弓弦】[名]1 弓弦(つる). 2〈喩〉まっすぐな道.
**gōngxíng**【弓形】[名]〈数〉弓形. アーチ形.
**gōngzi**【弓子】[名]形や働きが弓のようなもの.
**gōngzuàn**【弓钻】[名]弓ぎり.

**gōng**【公】❶[形]这只小鸡是～的／このひよこは雄だ.
![H]①公の. ¶～而忘私. ②共通の. 公の. ¶～一理. ¶～同. ③公にする. ¶～之于世. ④国際間に通する. ¶～制. ⑤公な. ⑥公な. ⑥公な. 公事. ⑦因～受伤／公務上の負傷. ⑦しゅうと. ¶～婆. ⑧〔略〕. 9[姓]姓.
**gōng'ān**【公安】[名]公安. 警察. ¶～局／警察署.
**Gōng'ānbù**【公安部】[名]〈政〉公安部.
**gōng'àn**【公案】[名]1〔旧〕官吏が裁判事件を審査するときに用いる机. 2 解決し難い事件.
**gōngbàn**【公办】[动]国が創設する.
**gōngbào**【公报】[名]1 コミュニケ. 声明. 2 官報.
**gōng bào sī chóu**【公报私仇】(成)公の事を利用して私的な恨みを晴らす.
**gōngbèishù**【公倍数】[名]〈数〉公倍数.
**gōngbǐ**【公比】[名]〈数〉公比.
**gōngbù**【公布】[动]公布する. 公表する.
**gōngcè**【公厕】[名〔略〕]公衆便所.
**gōngchā**【公差】[名]公差.
**gōngchāi**【公差】[名]1 公務出張. 2〔旧〕公務で派遣された小役人.
**gōngchǎn**【公产】[名]公共財産.
**gōngchē**【公车】[名]1 公用車. 2 バス.
**gōngchēng**【公称】[名]公称.
**gōngchǐ**【公尺】[量]メートル.
**gōngchū**【公出】[动]公務で出張する.
**gōngchù**【公畜】[名]雄の家畜.
**gōngchuíxiàn**【公垂线】[名]〈数〉公通垂線.
**gōngdān**【公担】[量]キンタル.
**gōngdào**【公道】[名]公正な道理. 正義.
**gōngdào**【公道】[形]公平である; 適正だ.
**gōngdé**【公德】[名]公徳.
**gōngdí**【公敌】[名]公共の敵.
**gōngdì**【公地】[名]国の共有地; 公共用地.
**gōngdiē**【公爹】[名]〈方〉夫の父. しゅうと.
**gōngdú**【公牍】[名]〈書〉公文書.
**gōngduàn**【公断】[动]第三者によって裁断する; 公平に裁く.
**gōngdūn**【公吨】[量]トン.
**gōng ér wàng sī**【公而忘私】(成)公のために尽くし, 私事を顧みない.
**gōngfǎ**【公法】[名]〈法〉公法.
**gōngfāng**【公方】[名]公私共同経営企業の国側.
**gōngfáng**【公房】[名]公舎. 官舎.
**gōngfèi**【公费】[名]公費.
**gōngfēn**【公分】[量]〔旧〕1 センチメートル. 2 グラム.
**gōngfèn**【公愤】[名]公憤. 大衆の憤怒.
**gōngfēnr**【公分儿】[名]〈方〉(みんなで金を出し合って贈る)贈り物,祝い,香典, お祝い金.
**gōnggàn**【公干】[名]公務; ご用件.
**gōnggào**【公告】[名]公告. 布告.
**gōnggòng**【公共】[名]公共の. 共同の. 公衆の. ¶～场合／公共の場. 
**gōnggòng guānxi**【公共关系】→**gōngguān**【公关】
**gōnggòng jīlěi**【公共积累】[名]公共積立金.
**gōnggòngkè**【公共课】[名](大学の)共通科目.
**gōnggòng qìchē**【公共汽车】[名](乗り物の)バス.
**gōnggòng xìnxīwǎng**【公共信息网】[名]共有ネットワーク.
**gōnggòng yùchí**【公共浴池】[名]公衆浴場.
**gōnggong**【公公】[名]1 夫の父. しゅうと. 2〈方〉(母方の)祖父. 3《老

人に対する敬称）おじさん． **4**〈近〉官称(敝)に対する称．

**gǒnggǔ**【公股】〈経〉政府持ち株．
**gōngguān**【公关】〈略〉広報活動．渉外．
**gōngguān xiānsheng**【公关先生】[名]渉外担当の男性．
**gōngguān xiǎojie**【公关小姐】[名]渉外担当の女性．キャンペーンガール．
**gōngguǎn**【公馆】[名]〈旧〉官僚や富豪の邸宅．
**gōngguó**【公国】[名]公国．
**gōnghǎi**【公海】[名]公海．
**gōnghài**【公害】[名]公害；〈喩〉大衆に対して有害な事物．
**gōnghán**【公函】[名]手紙形式の公文．
**gōnghuì**【公会】[名]同業組合．
**gōngjījīn**【公积金】[名]企業が収益の一部を拡大再生産の資金として積み立てるもの；公共積立金．
**gōngjì**【公祭】[名]公葬する．
**gōngjià**【公假】[名]公に認められている休暇．
**gōngjiā**【公家】[名]〈口〉（国家・政府機関・企業・公共団体など）〈総〉．
**gōng jiǎn fǎ**【公检法】[名]"公安局"(警察)・"检察院"(検察)・"法院"(裁判所)をひっくるめていう．
**gōngjiāo**【公交】[名]公共交通．
**gōngjiāochē**【公交车】[名]路線バス．
**gōngjiào rényuán**【公教人员】[名]公務員と教職員の総称．
**gōngjīn**【公斤】[量]キログラム．
**gōngjǔ**【公举】[動]みんなで推薦する．
**gōngjué**【公决】[動]みんなで決める．
**gōngjué**【公爵】[名]公爵．
**gōngkāi**【公开】**1**[形]公然の；公開の．~活动／公然と活動する．**2**[動]公にする．公開する．
**gōngkāisài**【公开赛】[体]公開競技．…オープン．
**gōngkāixìn**【公开信】[名]公開状．
**gōngkāixìng**【公开性】**1**[名]情報公開．**2**[形]公開性のある．
**gōngkuài**【公筷】[名]取り箸．
**gōngkuǎn**【公款】[名]公金．
**gōnglí**【公厘】[量]ミリメートル．
**gōnglǐ**【公里】[量]キロメートル．
**gōnglǐ**【公理】[名]**1**〈数〉定理．**2**公理．
**gōnglì**【公历】[名]西暦．
**gōnglì**【公立】[形]公立の．国立の．
**gōnglì**【公例】[名]一般の法則．原則．
**Gōngliáng**【公良】[姓]
**gōngliáng**【公粮】[名]農業税として政府に納める穀物．
**gōngliǎo**【公了】[動](トラブルなどを示談せずに)公の機関に持ち込む．
**gōnglù**【公路】[名]自動車道路．
**gōnglùn**【公论】[名]公論．
**gōng mǎi gōng mài**【公买公卖】〈成〉公正に売買する．
**gōngmín**【公民】[名]公民．¶~投票／住民投票．国民投票．

**gōngmínquán**【公民权】[名]公民権．
**gōngmù**【公亩】[量]アール．
**gōngmù**【公墓】[名]共同墓地．
**gōngmǔliǎ**【公母俩】[名]〈方〉夫婦両人．
**gōngpài**【公派】[動]国が派遣する．
**gōngpàn**【公判】[動]**1**〈法〉裁判所が民衆大会で判決を宣告する．**2**大衆が判定・批判する．
**gōngpíng**【公平】[形]公平である．
**gōngpíngchèng**【公平秤】[名]自由市場などで買った物の重さを客が確かめるために備えられているはかり．
**gōngpíng jìngzhēng**【公平竞争】〈経〉公平な競争．
**gōngpó**【公婆】[名]**1**夫の両親．**2**〈方〉夫婦．
**gōngpú**【公仆】[名]公僕．
**gōngqǐng**【公顷】[量]ヘクタール．
**gōngqìng**【公庆】[動]みんなで共同して祝賀する．招待する．
**gōngrán**【公然】[副]公然と；おおっぴらに．
**gōngrèn**【公认】[動]公認する．
**gōngshāng**【公伤】[名]公傷．
**gōngshè**【公社】[名]**1**原始共同体．**2**コミューン．**3**"人民公社"(人民公社)の略．
**gōngshěn**【公审】[動]〈法〉公開の法廷で審理する．
**gōngshēng**【公升】[量]リットル．
**gōngshǐ**【公使】[名]公使．
**gōngshì**【公示】[動]公示する．
**gōngshì**【公式】[名]〈数〉公式．
**gōngshì**【公事】[名]**1**公務．公用．**2**〈方〉公文書．
**gōngshìfáng**【公事房】[名]〈旧〉執務室．事務室．
**gōngshì gōng bàn**【公事公办】〈成〉公の事は私情にとらわれず公平に処理する．
**gōngshìhuà**【公式化】[動]**1**(作品などを)公式化する．形式化する．**2**(句子(字)が)定規なやり方をする．
**gōngshì zhǔyì**【公式主义】[名]**1**〈文〉公式主義．**2**画一主義．
**Gōngshū**【公输】[姓]
**gōngshǔ**【公署】[名]〈旧〉公署．官署．
**gōngsī**【公司】[名]会社；(国有企業に対する)行政管理組織．
**gōngsī**【公私】[名]公私．
**gōngsī héyíng**【公私合营】[名]〈経〉公私合営．
**gōngsīzhàì**【公司债】[名]〈経〉社債．
**gōngsù**【公诉】[名]公訴．
**gōngsùrén**【公诉人】[名]〈法〉公訴人．
**Gōngsūn**【公孙】[姓]
**gōngsūnshù**【公孙树】[名]〈植〉イチョウ．
**gōngsuǒ**【公所】[名]〈旧〉**1**役場．**2**同業(郷)者の事務所．
**gōngtān**【公摊】[動]割り勘にする．
**gōngtáng**【公堂】[名]**1**法廷．**2**祖先を祭る祠(ほこら)．

## gōng

**gōngtǎng**【公帑】[名]〈書〉公金.
**gōngtóu**【公頭】[名]〈方〉住民投票.
**gōngtuī**【公推】[動]みんなで推挙する.
**gōngtuō**【公托】[名]〈略〉公立の託児所・保育所.
**gōngwén**【公文】[名]公文書.
**gōngwén lǚxíng**【公文旅行】[公]公文書のたらい回し.
**gōngwénzhǐ**【公文紙】[名]公用便箋.
**gōngwù**【公务】公務.
**gōngwù rényuán**【公务人员】[名]公務員.
**gōngwù**【公物】[名]公共物.
**gōngwùyuán**【公务员】[名] 1 公務員. 2〈旧〉(官公庁や団体などの)雑役係.
**Gōngxī**【公西】[姓]
**gōngxiè**【公廨】[名]〈旧〉役所.
**gōngxīn**【公心】[名] 1 公正な心. 2 公の利益をはかる心.
**gōngxiū**【公休】[名]公休.
**gōngxiūrì**【公休日】[名]休日.
**gōngyāsǎng**【公鸭嗓】[名](～儿)甲高いだみ声. ▶「公鸭嗓子」とも.
**gōngyǎn**【公演】[動]公演する.
**Gōngyáng**【公羊】[姓]
**Gōngyě**【公冶】[姓]
**gōngyì**【公议】[動]みんなで討議する.
**gōngyì**【公益】[名]公益.
**gōngyì**【公意】[名]総意.
**gōngyì guǎnggào**【公益广告】[名]公共広告.
**gōngyìjīn**【公益金】[名]公益金. 福祉金.
**gōngyīnshù**【公因数】[名]〈数〉公因数. 公約数.
**gōngyíng**【公营】[形]公営の.
**gōngyìng**【公映】[動]公開上映する.
**gōngyòng**【公用】[動] 1 共同で使う. 2 [形]共同の.
**gōngyòng diànhuà**【公用电话】[名]公衆電話.
**gōngyòng shìyè**【公用事业】[名]公益事業.
**gōngyǒu**【公有】[動] 1 共有する. 2 [形]共有の.
**gōngyǒuzhì**【公有制】[名]国有や集団所有などの生産手段の社会的共有制.
**gōngyú**【公余】[名]〈書〉公務の余暇.
**gōngyù**【公寓】[名] 1 マンション, アパート. 2〈旧〉月決めで部屋を借りて住む宿屋.
**gōngyuán**【公元】[名]西暦紀元.
**gōngyuán**【公园】[名]公園.
**gōngyuē**【公约】[名] 1 (多国間の)条約. 2 規約, 申し合わせ.
**gōngyuēshù**【公约数】[名]〈数〉公約数.
**gōngyǔn**【公允】[形]〈書〉公平で妥当である.
**gōngzhài**【公债】[名]〈经〉公債.
**gōngzhàiquàn**【公债券】[名]公債証書.

**gōngzhāng**【公章】[名]公印.
**gōngzhèng**【公正】[形]公正である.
**gōngzhèng**【公证】[動]公証をする.
**gōng zhī yú shì**【公之于世】〈成〉世に公にする.
**gōngzhí**【公职】[名]公職.
**gōngzhì**【公制】[名]〈略〉メートル法.
**gōngzhòng**【公众】[名]公衆. 大衆.
**gōngzhòng rénwù**【公众人物】[名](政財界やスポーツ・芸能界などの)有名人.
**gōng zhū tóng hào**【公诸同好】〈成〉愛好するものを同好者とともに楽しむ.
**gōng zhū yú shì**【公诸于世】〈成〉社会に発表する. 世間に知らしめる.
**gōngzhǔ**【公主】[名]皇女. 姫.
**gōngzhù**【公助】[動]共同で援助する. 2 国が助成する.
**gōngzhuǎn**【公转】[動]〈天〉公転する.
**gōngzǐ**【公子】[名]〈旧〉若様. 王子;〈敬〉ご令息.
**gōngzǐgē**r【公子哥儿】[名](官僚や金持ちの世間知らずの)お坊ちゃん.

## 功

**gōng**【功】[名] 1 手柄. 功労. 功績. 2 〈物〉仕事.
┃①効用. 成果. 業績. ¶事半～倍/半分の労力で倍の成果を上げる. ②技. 技能. ¶画～/絵の技巧.
**gōng bài chuí chéng**【功败垂成】〈成〉あと一息で成功というところで失敗する.
**gōngchén**【功臣】[名]功臣;功労者.
**gōng chéng bù jū**【功成不居】〈成〉手柄を立てても労を自分のものとしない.
**gōng chéng míng jiù**【功成名就】〈成〉功成り名を遂げる.
**gōng dào zìrán chéng**【功到自然成】〈諺〉努力さえすれば何事も必ず成功する.
**gōngdé**【功德】[名] 1 功績と徳行. 2〈仏〉功徳(くどく).
**gōngdǐ**【功底】[名]〈芸・技術の〉基础.
**gōngfá**【功伐】[名]〈書〉功労. 功績.
**gōngfu**【功夫】[名] 1 技量. 腕前. ¶很有～/なかなかの腕前だ. 2 カンフー. 中国拳法. 3 → **gōngfu**【工夫】
**gōngfuchá**【功夫茶】→ **gōngfuchá**【工夫茶】
**gōngfupiānr**【功夫片儿】[名]カンフー映画.
**gōngfupiàn**【功夫片】→ **gōngfupiānr**【功夫片儿】
**gōngguò**【功过】[名]功労と過失.
**gōngjī**【功绩】[名]大きな功績. 手柄.
**gōngjià**【功架】[名]京劇俳優の身のこなし, しぐさ.
**gōngkè**【功课】[名] 1 授業; 成績. 2 宿題. 勉强. 3〈仏〉(読経などの)勤行(ごんぎょう).
**gōng kuī yī kuì**【功亏一篑】〈成〉長年の努力を最後のわずかなことで失敗に終わらせてしまう.

**gōngláo**【功劳】[名] 功劳. 功績.
**gōngláobù**【功劳簿】功績簿.
**gōnglì**【功力】[名] 1 効力. 2 技と力.
**gōnglì**【功利】[名] 実利. 功利.
**gōnglì zhǔyì**【功利主义】[名] 功利主義.
**gōngliè**【功烈】[名]〈書〉功績.
**gōnglìng**【功令】[名]〈旧〉政府の法令.
**gōnglù**【功率】[名]〈物〉仕事率.
**gōngmíng**【功名】[名] 1 偉業と名声. 2〈旧〉科挙に及第して得た資格や官職.
**gōngnéng**【功能】[名] 機能. 功能.
**gōngnéngjiàn**【功能键】[名]〈電算〉ファンクションキー.
**gōngxiào**【功效】[名] 効き目. 効果.
**gōngxūn**【功勋】[名] 勲功. 功績.
**gōngyè**【功业】[名] 功業の大きい事業.
**gōngyòng**【功用】[名] 効用. 用途.
**gōngzuì**【功罪】[名] 功罪.

**攻** **gōng**【攻】[动] 1 攻める. 討つ. 2〈書〉責める. とがめる. 3 研究する. 学ぶ. ‖[姓]
**gōngbó**【攻博】[动] 博士課程で学ぶ.
**gōng chéng lüè dì**【攻城掠地】[成] 都市を攻め落として土地を奪う.
**gōngcuò**【攻错】[动]〈書〉他人の長所を取り入れ自分の短所を直す.
**gōngdǎ**【攻打】[动] 攻撃する.
**gōngdú**【攻读】[动]（書物を）一心に読む.（学問を）専攻する.
**gōngguān**【攻关】[动]（学問や技術上の）難関に取り組む.
**gōngjī**【攻击】[动] 1 攻撃する. 2（悪意をもった）非難をする.
**gōngjiān**【攻歼】[动] 攻撃し殲滅（せん）する.
**gōngjiān**【攻坚】[动] 1 堅塁を攻略する. 2〈喩〉最も厄介な問題に取り組む.
**gōngjiānzhàn**【攻坚战】[名]〈軍〉陣地攻撃戦.
**gōngjié**【攻讦】[动]〈書〉他人の過失や秘密をあばいて責める.
**gōngkè**【攻克】[动] 攻略する.
**gōng/lüè**【攻略】[动]（競技や競争でチャンピオンに）挑戦する.
**gōngpiào**【攻剽】[动]〈書〉襲い奪う.
**gōng/pò**【攻破】[动] 撃破する；攻め落とせる.
**gōng qí bù bèi**【攻其不备】[成] 不意打ちをかける.
**gōng qí yī diǎn, bù jì qí yú**【攻其一点, 不及其余】[谚] 一部の過失だけ取り上げて攻撃し, その他を顧みない.
**gōngqǔ**【攻取】[动] 攻略する.
**gōngshì**【攻势】[名] 攻勢.
**gōng shǒu tóng méng**【攻守同盟】[成] 悪人がぐるになって互いにかばい合う.
**gōngshū**【攻书】[动] 学問に打ち込む.
**gōng wú bù kè**【攻无不克】[成] 攻撃すれば陥落しないところはない.

**gōng/xià**【攻下】[动]+方補 攻め落とす. 突放する.
**gōngxiàn**【攻陷】[动] 陥落させる. 攻め落とす.
**gōngxīn**【攻心】[动] 1（思想の面から教育を行い）改心させる. 2〈俗〉（怒りや悲しみで）気絶しそうになる.
**gōngxīnfǎn**【攻心反】[名]〈方〉カシンベック病.
**gōngyán**【攻研】[动] 研鑽（さん）する. 打ち込む.
**gōngzhàn**【攻占】[动] 攻略する.
**gōngzǐ**【攻子】[名]〈農〉結実期に灌漑または施肥してアワ・小麦などをよく実らせる.

**供** **gōng**【供】[动] 1 供給する. 与える. 2〈便宜を〉供し, 提供する. ‖ ¶ ～读者参考 / 読者の参考に供する. ‖[姓] 異読⇒gòng
**gōng bù yìng qiú**【供不应求】[成] 供給が需要に応じられない.
**gōngdiàn**【供电】[动] 電気を供給する.
**gōnggěi**【供给】[动] 原稿などを提供する.
**gōngjǐ**【供给】[动] 供給する. 提供する.
**gōngjǐzhì**【供给制】[名] 現物給与制.
**gōngnuǎn**【供暖】[动] 暖房する.
**gōngqì**【供气】[动]〈機〉空気やガスを供給する.
**gōngqiú**【供求】[名] 需給. 需要と供給.
**gōngxiāo**【供销】[名] 供給と販売.
**gōngxiāo hézuòshè**【供销合作社】[名] 購買販売協同組合.
**gōngxū**【供需】[名] 供給と需要. 需要と供給.〈書〉（需要のある物品を）供給する.
**gōngyǎng**【供养】[动]（親や目上の人を）養う. 扶養する. ⇒gòngyǎng
**gōngyìng**【供应】[动] 供給する.
**gōngyìngjiàn**【供应舰】[名]〈軍〉補給艦.

**肱** **gōng**【肱】[名] 二の腕；（広く）腕. ¶ 股～ / 頼りになる人.
**gōnggǔ**【肱骨】[名]〈生理〉上腕骨. 上膊骨.

**宫** **gōng**【宫】[名] 1 宫殿. 2 古代中国の音楽の5音階の一.
[二] ①寺院. 神殿. ②（文化娯楽用の）殿堂, 館. ¶ 少年～ / 少年文化センター. ③神話中の神の住む所. ¶ 龙～ / 竜宫. ‖[姓]
**gōngbǎo**【宫保】[名] 材料を油で揚げ, 辛味のあるあんをかける料理法. ¶ ～鸡丁 / 鶏肉の宮保あんかけ.
**gōngdēng**【宫灯】[名]（宫廷で用いた）八角または六角の吊り灯籠（ろう）. 宫灯.
**gōngdiàn**【宫殿】[名] 宫殿.
**gōngdiào**【宫调】[名] 宫調. 中国古代の楽曲の調.
**gōng'é**【宫娥】[名]→gōngnǚ【宫女】
**gōngjìn**【宫禁】[名] 1 帝王の住む所. 2 宫中の戒律.
**gōngjǐng**【宫颈】[名]〈略〉〈医〉子宫口.
**gōngnèi jiéyùqì**【宫内节育器】

**gōngnǚ**【宮女】名 宮仕えの女. 女官.
**gōngquè**【宮闕】名 宮殿.
**gōngshì**【宮室】名 **1**〈古〉家屋. **2** 帝王の宮殿.
**gōngtíng**【宮廷】名 宮廷；宮中；(集合的に)廷臣.
**gōngtíng zhèngbiàn**【宮廷政変】名 宮廷内の政変；〈転〉クーデター.
**gōngwàiyùn**【宮外孕】名〈医〉子宮外妊娠.
**gōngwéi**【宮闈】名 宮廷.
**gōngxíng**【宮刑】名〈古〉宮刑.
**gōngyè**【宮掖】名〈書〉帝王の宮殿.

**恭** **gōng**【恭】①恭しい. ¶～～候. ②大小便. ¶出～／用を足す.‖
**gōngdú**【恭読】動(手紙文で)拝読いたしました.
**gōnghè**【恭賀】動 謹んで祝う.
**gōnghòu**【恭候】動 恭しく待つ.
**gōngjìn**【恭進】動 丁重である.
**gōngjìng**【恭敬】形〈目上の人や客に対し〉恭しい. 礼儀正しく丁寧である.
**gōngjìng bùrú cóngmìng**【恭敬不如从命】成〈諺〉遠慮するよりは相手の好意を受け入れたほうがよい.
**gōngqǐng**【恭請】動 謹んでお願い申し上げる.
**gōngshùn**【恭順】形 恭順である. 従順である.
**gōngtǒng**【恭桶】名 便器.
**gōngwéi**【恭維】動 お世辞を言う. おべっかを使う. ＝**恭惟**である.
**gōngxǐ**【恭喜】〈套〉おめでとう. ¶～发财／お金儲けができますように.▶正月や祝日のあいさつの言葉.
**gōngyíng**【恭迎】動 恭しく迎える.

**蚣** **gōng** →**wúgōng**【蜈蚣】

**躬** **gōng**【躬】①名 自ら. ¶～～行**xíng**／②(体)を曲げる. ¶～身下拝／体を曲げて礼拝する.
**gōngqīn**【躬親】動〈書〉自分で行う.
**gōngxíng**【躬行】動〈書〉自分で行う.

**龔**(龔) **gōng** ‖姓

**壟** **gōng** 人名用字.「李壟」は清初の学者.

**觥** **gōng**【觥】〈古〉獣の角で作った酒器. ¶～筹交错／酒宴のにぎやかなさま.
**gōnggōng**【觥觥】形〈書〉剛直〔壮健〕である.

**巩**(鞏) **gǒng**【巩】堅固である. 頑丈である. ‖姓
**gǒnggù**【巩固】**1** (多く抽象的な物事について)強固である. 揺るぎがない. **2** 動 強化する. 強固にする. ¶～基础／基礎を固める.
**gǒngmó**【巩膜】名〈生理〉強膜. 白膜.

**汞** **gǒng**【汞】名〈化〉水銀. Hg. ‖姓

**gǒngdēng**【汞灯】名 水銀灯.
**gǒngdiànchí**【汞电池】名 水銀電池.
**gǒnghúdēng**【汞弧灯】名 水銀アーク灯.
**gǒngwūrǎn**【汞污染】名 水銀汚染.
**gǒngxiūhóng**【汞溴红】名〈薬〉マーキュロクロム. 赤チン.

**拱** **gǒng**【拱】動 **1** 両手を組み合わせ、ひじより上を挙げる. ¶～～手. **2** (体で)上または前に押す. 持ち上げる. 押しのける；(植物が)土を押し分けて芽を出す. ¶用肩膀把门～开／肩でドアを突きあける. **3** 体を弓形に曲げる.
① アーチ形. せりもち. ¶～～桥／②取り巻く. 取り囲む. ¶～～卫. ‖姓
**gǒngbà**【拱坝】名 アーチダム.
**gǒngbào**【拱抱】動〈山々が)取り囲む.
**gǒngbì**【拱璧】名〈書〉大きな璧〈 ).
**gǒngdiǎn**【拱点】名〈天〉(天体の長円軌道の)長軸端. 近日点または遠日点.
**gǒngdǐng**【拱顶】名〈建〉丸屋根. 丸天井.
**gǒng/huǒ**【拱火】動(～儿)〈方〉かっと怒らせる.
**gǒngmén**【拱门】名〈建〉アーチ形の門.
**gǒngpéng**【拱棚】名〈農〉(かまぼこ型の)ビニールハウス.
**gǒngqiáo**【拱桥】名〈建〉アーチ形の橋.
**gǒngràng**【拱让】動 恭しく人に譲る.
**gǒng/shǒu**【拱手】動(両手を胸のところで合わせて)拱手の礼をする.
**gǒngwèi**【拱卫】動 取り囲んで周囲から守る.
**gǒngxuàn**【拱券】名〈建〉アーチ. 橋梁・窓などの弧形になった所.

**珙** **gǒng**【珙】〈書〉玉の一種.

**栱** **gǒng** →**dǒugǒng**【斗栱・枓栱】

**共** **gòng**【共】①動 **1** 全部で. 合計. ¶鲁迅选集一十三卷／魯迅選集は全部で13巻です. **2**〈書〉共に. 一緒に. **2** 動 共にする.
① 共通の. 共有の. ¶～～通. ②共産党. ¶中～／中国共産党. ‖姓
**gòngchǎndǎng**【共产党】名 **共产党**.
**Gòngchǎn guójì**【共产国际】コミンテルン. 第三インター.
**gòngchǎn zhǔyì**【共产主义】名 **共产主义**(の制度).
**gòngchǎn zhǔyì qīngniántuán**【共产主义青年团】名 共産主義青年団. 共青団.
**gòngchǔ**【共处】動 共存する.
**gòngcún**【共存】動 共存する.
**gòngdǔ**【共睹】動 共に遇ごす.
**gòngfàn**【共犯】名 共犯(者).
**gòngguǎn**【共管】**1** 動 共同管理する. **2** 名〈略〉国際共同管理.

**gōnghé**【共和】[名] 共和(政体).
**gònghéguó**【共和国】[名] 共和国.
**gònghuà**【共话】[动] 一緒に語らう.
**gòngjì**【共计】**1** 合計する；合わせて…である. **2** 共に話し合う.
**gòngjià**【共价】[名]〈化〉共有原子価.
**gòngjiàn**【共建】[动] 一緒に建設する.
**gòngjū**【共居】[动](抽象なものが)同時に存在する.
**gòngjū**【共聚】**1** [名]〈化〉共重合. **2** [动] 一堂に会する.
**gòngmiǎn**【共勉】[动] 互いに励ましし合う.
**gòngmíng**【共鸣】[动] **1** 共鳴する. 共感する. **2** [名] 物 共鳴.
**gòngqī**【共栖】[名]〈生〉片利共生.
**gòngqīngtuán**【共青团】[名](略)共产主义青年团. 共青団.
**gòngshāng**【共商】[动] 共同で協議する.
**gòngshēng**【共生】[名]〈生〉共利共生.
**gòngshí**【共时】[形](↔历时)共時的な. ¶语言的~研究/言語の共時的研究.
**gòngshí**【共识】[名] 共通の認識. コンセンサス.
**gòng//shì**【共事】[动] 事を共にする. 一緒に仕事をする.
**gòngtōng**【共通】[形] 共通の.
**gòngtóng**【共同】**1** [形] 共同の. ¶~理想／共通の理想. **2** [副] 共同で. ¶~努力／一緒に努力する.

**gòngtóng shìchǎng**【共同市场】[名](经)共同市場. いくつかの国家が共同で組織した統一市場.

**gòngtóngtǐ**【共同体】[名] **1** 共同体. **2** 国家連合の形式の一.
**gòngtóngxìng**【共同性】[名] 共通性.
**gòngtóng yǔyán**【共同语言】[名] 共通語. (喩)共通の話題.
**gòngxī**【共析】[名]〈冶〉共融合金.
**gòngxiǎng**【共享】[动] 共に享受する. ¶~成果／成果を分かち合う.
**gòngxiǎngshuì**【共享税】[名]中央と地方などで分けて取る税金.
**gòngxiǎng zīyuán**【共享资源】[名](電算) 共有資源. 共有リソース.
**gòngxìng**【共性】[名] 共通性.
**gòngyì**【共议】[动] 共に相談する.
**gòngyíng**【共赢】[动] 双方共に利益を得る.
**gòngyòng**【共用】[动] 共有する. ¶~资源／(電算)共有リソース.
**gòngzhèn**【共振】**1** [物] 共振. **2** (喩)共鳴する. 共感する.
**gòngzǒng**【共总】[副] 合計して.

**贡** gòng ❶ [动] ❶貢ぐ物. 進上／貢ぎ物を奉る. ❷有能な人材を選抜して朝廷に推薦する. ¶~生. ‖[姓]
**gòngduàn**【贡缎】[名](纺)緞子(ﾄﾞﾝｽ)織りの綿布.
**gòngfèng**【贡奉】[动] 朝廷や上級機関(に)貢ぎ物を献上する.
**gòngpǐn**【贡品】[名] 貢ぎ物.
**gòngshēng**【贡生】[名](旧)貢生(ｺｳｾｲ).

**gòngshuì**【贡税】[名](古)人民が皇帝に納めた金銭や財物.
**gòngxiàn**【贡献】**1** [动](公のために)貢献する. 捧げる. **2** [名] 貢献. 寄与. 尽力／貢献する.
**gòngyuàn**【贡院】[名](旧)科挙の"乡试"または"会试"の行われる場所.

**供** gòng ❶ [动] **1**(位牌や仏像などに)供える. **2** 供述する. 自供する. ¶他~出了自己的罪行／彼は自分の犯罪を自供した.
❷ ①供え物. ②上～／白い..
❷供述. ③招～／白状する.
異読=gōng
**gòng'àn**【供案】[名] 供物を置く台.
**gòngchēng**【供称】[动] 自供する.
**gòngcí**【供词】[名] 供述. 自供.
**gòngfèng**【供奉】**1** [动](位牌や仏像などを)祭る. **2** [名] 皇帝に仕える芸人.
**gòngjù**【供具】[名] 供え物用の器具.
**gòngpǐn**【供品】[名] 供え物.
**gòngrèn**【供认】[动] 白状する. 自供する.
**gòng//shì**【供事】[动] 職務を担当する.
**gòngyǎng**【供养】[动]〈宗〉供え物をして神仏などを祭る. ⇒gōngyǎng
**gòng//zhí**【供职】[动] 奉職する.
**gòngzhuàng**【供状】[名] 供述書.
**gòngzhuō**【供桌】[名] 供物を置く机.

**唝** gòng 地名用字. ¶~吥／カンボジャット.

## gou 〈ㄍㄡ〉

**勾** (句) gōu ❶ [动] **1** チェック印(√)や棒線などで印をつけて削除または抜き出す. ¶把他的名字~掉／彼の名を名簿から除く. **2** 輪郭をとる. **3**(セメントなどで)すきまを埋める. ¶~墙缝／壁のすきまを塗りつぶす. **4** 呼び起こす. 誘い出す. ¶~起回忆／思い出を呼び起こす. **5**(料理)とろみをつける.
❷結託する. ¶一~一结连=结扯. ‖[姓]
異読=gòu
**gōudā**【勾搭】[动] 結託する. ぐるになる. ひそかに内通する.
**gōuduì**【勾兑】[动] 酒を配合する.
**gōugǔ dìnglǐ**【勾股定理】[名](数)ピタゴラスの定理.
**gōugǔxíng**【勾股形】[名](古)不等辺直角三角形.
**gōuhuà**【勾画】[动] 簡単に輪郭だけを描く;(文字で)簡単に描写する. ▲"勾划"も.
**gōu/hún**【勾魂】[动]〈喩〉魂を奪う.
**gōu hún shè pò**【勾魂摄魄】[成] 強烈な魅力で心を惑わせふぬけにする.
**gōujī**【勾机】→gōujī【勾稽】
**gōujié**【勾结】[动] 結託する. ぐるになる. ¶暗中~／ひそかに結託する.
**gōulán**【勾栏·勾闌】[名](古)宋·元代は寄席;(のちに)妓楼(ｷﾞﾛｳ).

# gōu  314

**gōulè**【勾勒】〖動〗1 輪郭をとる. 2 簡単に描写する.

**gōulián**【勾连・勾连】〖動〗1 結託する. 2 巻き込む, 関係する. ▲"勾联"とも.

**gōu/liǎn**【勾脸】〖動〗(～儿)(役者が)顔のくまどりをする.

**gōuliú**【勾留】〖動〗〈書〉逗留する.

**gōumiáo**【勾描】〖動〗輪郭をとる.

**gōu/qiàn**【勾芡・勾欠・勾纤】〖動〗(～儿)(調理法の一)あんかけにする.

**gōutōng**【勾通】〖動〗結託する. 内通する.

**gōuxiāo**【勾销】〖動〗取り消す. 帳けしする.

**gōu xīn dòu jiǎo**【勾心斗角】→**gōu xīn dòu jiǎo**【钩心斗角】

**gōuyǐ**【勾乙・勾己・勾尔】〖動〗〈書〉書籍・新聞などの文章の字句の前後に"」"かぎかっこをつけてマークする.

**gōuyǐn**【勾引】〖動〗1 結託させる. 悪の道に誘い込む. 2(異性を)誘惑する. 3 引き出す.

**gōuzhēn**【勾针】→**gōuzhēn**【钩针】

## 句

**gōu**"高句丽"【高句丽】(昔の国名), "句践"【句践】(古代, 越国の国王名)などの固有名詞に用いる. 異読⇒jù

## 佝

**gōu** ○

**gōulóu**【佝偻】1〖動〗1 背を曲げる. 2〖形〗背中や心が曲がっている.

**gōulóubìng**【佝偻病】〖名〗〈医〉くる病.

## 沟（溝）

**gōu**〖名〗1(～儿)〖条,道〗1 溝, 堀. 2 溝(型)のくぼみ. 3 川筋. 谷間. 谷川.

**gōudú**【沟渎】→**gōujú**【沟洫】

**gōugōukǎnkǎn**【沟沟坎坎】〖名〗(人生の中で)遭った困難や障害.

**gōugǔ**【沟谷】〖名〗水の流れでできた溝.

**gōuguàn**【沟灌】〖名〗〖農〗畦間(灌)法.

**gōuhè**【沟壑】〖名〗谷間.

**gōuqiàn**【沟堑】〖名〗塹壕(ごう).

**gōuqú**【沟渠】〖名〗溝渠(きょ). 用水路.

**gōushǔ**【沟鼠】〖名〗ドブネズミ.

**gōutōng**【沟通】〖名〗〖動〗橋渡しをする. (意思・文化を)疎通させる.

**gōuxuè**【沟血】〖名〗〈書〉用水路.

**gōuyánr**【沟沿儿】〖名〗溝の両側.

**gōuzi**【沟子】→**gōu**【沟】

## 枸

**gōu** ○ 異読⇒**gǒu**, **jǔ**

**gōujú**【枸橘】〖名〗〈植〉カラタチ.

## 钩（鉤）

**gōu**〖名〗1【条】(～儿)(ものを引っかける)かぎ. フック. 釣り針. 2(～儿)チェック. 照合・採点などの印(✓). "打-/印をつける. 3 漢字の筆画の一. "」"はね筆法. 2〖動〗1(かぎで)引っかける; ロックする. 2 かぎ針で編む; まつり縫いをする. ‖

**gōuchén**【钩沉】〖動〗(道理などを)奥深くまで探求する.

**gōuchèng**【钩秤】〖名〗かぎばかり.

**gōuchǐ**【钩尺】〖名〗かぎ物差し.

**gōuchóng**【钩虫】〖名〗十二指腸虫.

**gōují**【钩稽】〖動〗1 調査する. 2 見積もる.

**gōuwěn**【钩吻】〖名〗〈植〉1 コマン

ウ. 2 ツタウルシ.

**gōu xīn dòu jiǎo**【钩心斗角】〈成〉互いに腹を探り合って暗闘する.

**gōu xuán tí yào**【钩玄提要】〈成〉深奥な道理を探究して, その要点を提示する.

**gōuzhēn**【钩针】〖名〗かぎ針.

**gōuzi**【钩子】〖名〗かぎ. フック(状のもの).

## 篝

**gōu**〖名〗〈書〉かがり.

**gōuhuǒ**【篝火】〖名〗かがり火. たき火.

**gōu huǒ hú míng**【篝火狐鸣】〈成〉蜂起を企てる.

## 耩

**gōu** ○

**gōubèi**【耩辔】〖名〗ピストン.

## 苟

**gǒu**〖接续〗〈書〉もし, かりに. ①ゆるがせにする. ¶～～同. ②一時的. ¶～～安. ‖

**gǒu'ān**【苟安】〖動〗〈書〉目先の安逸をむさぼる.

**gǒucún**【苟存】〖動〗〈書〉なおざりに生きる.

**gǒuhé**【苟合】〖動〗〈書〉野合する. 私通する.

**gǒuhuó**【苟活】〖動〗〈書〉いい加減に生きる.

**gǒujiǎn**【苟简】〖動〗〈書〉粗略にする.

**gǒuqiě**【苟且】〖形〗1 一時凑ぎである. 2 いい加減である. 3(男女の関係が)不義の.

**gǒuquán**【苟全】〖動〗〈書〉かろうじて(一命)を保つ.

**gǒutóng**【苟同】〖動〗いい加減に同意する.

**gǒu yán cán chuǎn**【苟延残喘】〈成〉かろうじて命を保つ.

## 岣

**gǒu** 地名用字. ¶～嵝 / 湖南省にある山の名で衡山の主峰.

## 狗

**gǒu**〖名〗〈犬〉[条,只]〖人〗人をののしる語. ¶～地主/地主め.

**gǒubǎo**【狗宝】〖名〗〈中薬〉犬の胆嚢(のう)や腎臓, 膀胱(ぼうこう)中に生じる結石.

**gǒu chī shǐ**【狗吃屎】〈慣〉前のめりに倒れるさま.

**gǒu dǎn bāo tiān**【狗胆包天】〈成〉〈罵〉力がないくせに大それたことをしようとする.

**gǒudòuzi**【狗豆子】〖名〗〈虫〉イヌダニ.

**gǒu yíng yíng yíng**【狗蝇营营】→**yíng yíng gǒu gǒu**【蝇营狗苟】

**gǒuhuān**【狗獾】〖名〗〖動〗タヌキ; アナグマ.

**gǒu jí tiào qiáng**【狗急跳墙】〈貶〉窮鼠(きゅうそ), 猫をかむ.

**gǒujǐjué**【狗脊蕨】〖名〗〈植〉オオカグマ.

**gǒu ná hàozi**【狗拿耗子】〈歇〉"多管闲事"と続きで)余計なおせっかいをする.

**gǒupá**【狗爬】→**gǒupáo**【狗刨】

**gǒupáo**【狗刨】〖名〗(～儿)(水泳で)犬かき.

**gǒupí gāoyao**【狗皮膏药】〖名〗〈喩〉

gǒupì【狗屁】〈罵〉(話や文章が)下らないこと. でたらめなこと.
gǒu qiǎng shí【狗抢食】→ gǒu chī shí【狗吃屎】
gǒuròu【狗肉】〈食材〉犬の肉.
gǒushǐduī【狗屎堆】〈罵〉人間のくず.
gǒutóu jūnshī【狗头军师】名 知恵の足りない策士.
gǒutuǐzi【狗腿子】名 悪の手先.
gǒuwěicǎo【狗尾草】〈植〉エノコログサ.
gǒu wěi xù diāo【狗尾续貂】〈成〉立派な文章に悪文を書き足す.
gǒuwō【狗窝】名 犬小屋.
gǒuxióng【狗熊】名 1〈動〉ツキノワグマ. 2〈喩〉能なし.
gǒu xuè pēn tóu【狗血喷头】〈成〉悪罵を浴びせる.
gǒuyǎn kàn rén dī【狗眼看人低】自分がつまらない人間のくせに, 人よりもすぐれないと思い上がる.
gǒu yǎo cìwei【狗咬刺猬】〈歇〉(没处下嘴"と続き)口を出す余地がない.
gǒu yǎo gǒu【狗咬狗】〈慣〉内輪もめ.
gǒu yǎo Lǚ Dòngbīn【狗咬吕洞宾】〈歇〉善人か悪人かの見分けがつかない.
gǒuyíng【狗蝇】名〈虫〉イヌシラミバエ.
gǒuyú【狗鱼】名〈魚〉カモグチ. カワカマス, クグチ.
gǒuzǎiduì【狗仔队】名 パパラッチ.
gǒuzǎizi【狗崽子】名 1 犬の子. 2〈罵〉じゃり.
gǒuzǎo【狗蚤】名〈虫〉イヌノミ.
gǒu zhàng rén shì【狗仗人势】〈成〉他人の勢力を笠に着ていばる.
gǒuzuǐ tǔbuchū xiàngyá【狗嘴吐不出象牙】〈諺〉悪人が立派な事を言えるはずがない.

# 枸 gǒu ❶ 異読⇒gōu,jǔ
gǒuqǐ【狗杞】名〈植〉クコ;〈中薬〉枸杞子(ぐこし).

# 勾(句) gǒu ❶ 姓 異読⇒gōu
gòudàng【勾当】名(よくない)事柄.

# 构(構) gòu ❶動 1 構成する. 組み立てる. ¶ ~ → 造. 2(事を)構える. ¶ 虚~/フィクションで構えて. 3 文芸作品. ¶ 佳~/佳作. ‖ 姓
gòuchéng【构成】動 構成する. ¶眼镜由镜片和镜架~/眼鏡はレンズとフレームから構成されている.
gòucífǎ【构词法】名〈語〉造語法.
gòujià【构架】名 組桁(なり). フレーム. 骨組. 搭組.
gòujiàn【构件】名 1(機械などの)部材. 2(建)プレキャスト部材.
gòujiàn【构建】動(抽象的な物を)構築する. ¶~

构案する.
gòunì【构拟】動 構想する. デザインする.
gòusī【构思】名 1動 構想する. 2名 構想; 着想.
gòutú【构图】名〈美〉構図.
gòuxiàn【构陷】動〈書〉ぬれぎぬを着せる.
gòuxiǎng【构想】名 1動 構想を練る. 2名 構想.
gòuxíng【构型】名 構造. 組み立て.
gòuzào【构造】名 構造, 構成.
gòuzào dìzhèn【构造地震】名〈地質〉構造地震.
gòuzhù【构筑】動(軍事関係のものを)構築する.
gòuzhùwù【构筑物】名〈建〉(給水塔や煙突などの)構築物.

# 购(購) gòu ❶動 買う. ¶采~/買い付ける.
gòubìng【购并】動(会社を)買収し合併する.
gòufáng【购房】動 住宅を購入する.
gòuhuòdān【购货单】名 注文書.
gòuhuòquàn【购货券】名〈配給以外の一種の〉物品購入券.
gòujià【购价】名〈経〉買い付け価格; 購入価格.
gòumǎi【购买】動 購入する. 買い入れる.
gòumǎilì【购买力】名 購買力.
gòuwù zhōngxīn【购物中心】名 ショッピングセンター.
gòuxiāo【购销】名 仕入れと販売.
gòuzhì【购置】動(長期に使用するものを)買い入れる.

# 诟 gòu ❶①恥. ②ののしる.
gòubìng【诟病】動〈書〉非難する.
gòumà【诟骂】動〈書〉口汚くののしる.

# 垢 gòu ❶①あか. 汚れ. ¶油~/油の汚れ. ②汚い. 不潔である. ③恥. 恥辱.
gòuwū【垢污】名 汚れ. あか.

# 够(夠) gòu ❶動 1(必要な数量・標準・程度などに)達する, 足りる, 十分ある. ¶有碗汤面就~吃了/ラーメン1杯あれば十分だ.

"動詞+"得/不"+"够""で動作の結果"十分である; 多すぎてある"ことを表す. ¶听~了/聞きあきた.

"動詞+"个"+"够""で動作が"思う存分, たっぷり"行われることを表す. ¶你们可以跳个~/君たちは思う存分踊ったらいい.

2 腕を伸ばしたり長い道具を使ったりして)物に取る, 物に触る. ¶~不着zháo/手が届かない.
❷動 1(一定の標準・程度に達するほど)十分に. ¶饺子已经~多了/ギョーザはもうこれで十分だ. 2 ずいぶん, えらく. ¶你们可~辛苦了/み

なさん、たいへんご苦労さまでした.
**gòu//běn**[够本]動(~ル)(商売などで)元がとれる;損得なし.
**gòu/gé**[够格]動(~ル)標準に達している.合格である.
**gòu jiāoqíng**[够交情]慣 1 交際が深い. 2→**gòu péngyou**[够朋友]
**gòujìnr**[够劲儿]形(口)(程度が)ひどい.つらい.
**gòu péngyou**[够朋友]慣 友達がいがある.
**gòuqiàng**[够戗・够呛]形(方)たまらない.やりきれない;見込みがない.
**gòuqiáode**[够瞧的]形(口)とてもひどい.ひどくてやりきれない.
**gòushòude**[够受的]形(口)たまらない.やりきれない.
**gòushù**[够数]動(~ル)数が足りる.
**gòusǔnde**[够损的]形(口)(言葉が)辛辣である.(行ぎが)たちが悪い.
**gòuwèir**[够味儿]形(口)なかなかのものである.味わいがある.
**gòu yìsi**[够意思]慣 1 すばらしい.立派である. 2 友達がいがある.

**遘** gòu 動(書)出会う.遭う.

**搆** gòu 動 ❶

**彀** gòu ❶~中(書)(喩)(力)っぱい弓を引いて,その矢の届く範囲の意から)わな.計略.

**媾** gòu 動 ①縁組みをする. ¶婚~/結婚.縁組み. ②和睦する. ¶~和hé.③交合する. ¶交~/性交する.
**gòuhé**[媾和]書 講和する.

**覯** gòu 動(書)相まみえる.出会う.

## gu（《ㄨ）

**估** gū 見積もる.推測する.評価する. 異読⇒**gù**
**gūcè**[估測]動 推測する.
**gū//chǎn**[估产]動 生産量を見積もる;財産・資産を評価する.
**gū//duīr**[估堆儿]動 ひとまとめにして値踏みする.
**gūjì**[估计]❶動(おおよそを)見積もる.推測する. ¶~он这么想とると思う. 2 見積もり.見通し.
**gū//jià**[估价]動 1 值段を見積もる. 2(人や事物を)評価する.
**gūliáng**[估量]動 見積もる;(数量・大小・軽重などを)推し測る.
**gūmo**[估摸]動(方)(大ざっぱに)見積もる.推測する.
**gūsuàn**[估算]動 推算する.

**咕** gū動(鶏やハトなどの鳴き声)くっくっ.こっこっ. 2(腹がすいたときの音)ぐうぐう.
**gūchī**[咕哧]→**gūjī**[咕唧・咕叽]
**gūdēng**[咕咚]1→**gūdōng**[咕咚]

2→**gūdū**[咕嘟] 3→**gūlū**[咕噜]3
**gūdōng**[咕咚]擬 1(かなり重いものが落ちたりぶつかったり水中に突入したりするときの音)どしん;どぶん. 2(水を勢いよく飲む音)ごくごく.
**gūdū**[咕嘟]擬 1(液体の沸騰する音)ぐらぐら. 2 ぐつぐつ. 3(水などが湧き出る音)こんこん. 3(水などを勢いよく飲む音)がぶがぶ.
**gūdu**[咕嘟]動 1(方)長い間煮込む. 2(口を)とがらす.
**gūjī**[咕叽・咕唧]擬(水などがはねとばされたり飛び散ったりする音)ぴちゃぴちゃ.
**gūji**[咕叽・咕唧]動 小声でささやく.
**gūlōng**[咕隆]擬(雷の音;車輪などのきしむ音)ごろごろ.
**gūlū**[咕嚕]擬 1(おなかがすいたときの音)ぐうぐう. 2(物が転がる音)ごろごろ. 3(水などを一口飲み下すときの音)ごくん. 4(水の流れる音)こんこん.
**gūlu**[咕嚕]動 ぶつぶつ言う.
**gūnong**[咕哝]動 ぼそぼそ話す.
**gūrong**[咕容]動 もぞもぞとはう.

**呱** gū動 異読⇒**guā,guǎ**
**gūgū**[呱呱]擬(書)(赤ん坊の泣き声)呱呱(二).おぎゃあ.⇒**guāguā**

**沽** gū動 ❶(書)1(買う. ¶~酒/酒を買う. 2 売る. ❷待価而~/値段が上がるのを待って売る. ❸天津.
**gūmíng**[沽名]動 売名行為をする.

**姑** gū ❶副(書)ひとまず.しばらく.
❶(書)1 父の姉妹. ¶大~/いちばん上のおば. 2 夫の姉妹.こじゅうと. ¶大~子/夫の姉. ❷しゅうと.しゅうとめ. ¶翁~/しゅうとしゅうとめ. ④仏門に入った女性. ¶尼~/尼.
**gūbiǎo**[姑表]名 親同士が兄と妹または姉と弟の関係にあるいとこ.
**gūdiē**[姑爹]→**gūfu**[姑夫]
**gūfu**[姑夫]名 父の姉妹の夫.おじ.
**gūfù**[姑父]→**gūfu**[姑夫]
**gūgu**[姑姑]名(口)父の姉妹.おば.
**gūjìn**[姑进]→**gūbiǎo**[姑表]
**gūkuān**[姑宽]動 大目に見る.
**gūlǎoye**[姑老爷]名 1(敬)婿どの. 2 外祖父の姉妹の夫.
**gūmā**[姑妈]名(口)(既婚の)父の姉妹.おば.
**gūmǔ**[姑母]名 父の姉妹.おば.
**gūnǎinai**[姑奶奶]名 1 父方の祖父の姉妹. 2 嫁いだ娘に対する実家からの呼称.
**gūniáng**[姑娘]名(方)1 父の姉妹. 2 夫の姉妹.
**gūniang**[姑娘]名 1 未婚の女性.女の子. 2(口)娘.女児.
**gūniangr**[姑娘儿]名(方)娘婿.
**gūpó**[姑婆]名(方)1 夫の祖父の姉妹. 2 父方の祖父の姉妹.
**gūqiě**[姑且]副 ひとまず.しばらく.
**gūsǎo**[姑嫂]名 嫁とその兄弟の妻.

**gū wàng tīng zhī**【姑妄聴之】〈成〉いちおう聞くだけは聞いておく.

**gū wàng yán zhī**【姑妄言之】〈成〉いちおう伝えるだけは伝えておく.

**gūxī**【姑息】[動]姑息である.寛大に取り扱う.

**gūxī liáofǎ**【姑息疗法】[名]〈医〉病状を一時的に緩和させる療法；〈喩〉一時しのぎの策.

**gū xī yǎng jiān**【姑息养奸】〈成〉悪に対して寛大であればやがては悪を助長することになる.

**gūyéye**【姑爷爷】[名]父方の祖父の姉妹の夫.

**gūye**【姑爷】[名]〈口〉妻の実家から婿に対する呼称.

**gūzhàng**【姑丈】[名]父の姉妹の夫.おじ.

**gūzi**【姑子】[名]〈口〉尼.尼僧.

**孤 gū**[形]①孤独な.独り.②幼くして父または両親を失った.③古代式古の自称.

**gū'āizǐ**【孤哀子】[名]〈旧〉両親に死なれた子供.

**gū'ào**【孤傲】[形]〈書〉(性格や態度が)ひねくれていて傲慢である.

**gūběn**【孤本】[名]孤本.

**gū chén niè zǐ**【孤臣孽子】〈成〉孤立無援の臣と妾腹の子.

**gūcí shēngzhí**【孤雌生殖】〈生〉単為生殖.

**gūdān**【孤单】[形]1 孤独である.2 (力が)弱い.無力である.

**gūdǎn**【孤胆】[形]一騎当千の.

**gūdǎo**【孤岛】[名]1 孤島.2〈喩〉孤立した場所.

**gūdīng**【孤丁】[名](賭博で)一か八かの勝負.

**gūdú**【孤独】[形]1 孤独である；独りぼっちである.2 人付き合いをしたがらない.

**gūdúzhèng**【孤独症】[名]自閉症.

**gū'ér**【孤儿】[名]1 父のいない子供.2 孤児.

**gū fāng zì shǎng**【孤芳自赏】〈成〉高潔の士とうぬぼれ,自己陶酔に陥る.

**gūfù**【孤负】→**gūfù**【辜负】.

**gūgāo**【孤高】[形]〈書〉孤高である.

**gūguǎ**【孤寡】[名]1 孤児と未亡人.2 [形]孤独である.

**gūguai**【孤拐】[名]〈方〉1 頬骨.足の両側.親指と小指のつけ根辺りの横に突き出た部分.

**gūjì**【孤寂】[形]孤独で寂しい.

**gū jiā guǎ rén**【孤家寡人】〈成〉大衆から浮き上がり,孤立している人.

**gūjūn**【孤军】[名]孤軍.

**gūkǔ**【孤苦】[形]独りぼっちで頼る者がなく貧しい.

**gū kǔ líng dīng**【孤苦伶仃】〈成〉独りぼっちで身寄りがない.▲「孤苦零丁」とも.

**gūlǎo**【孤老】[形]1 孤独で年を取っている.2 [名]子供のいない老人.

**gūlì**【孤立】[形]1 孤立している.2 [動]孤立させる.

**gūlìmù**【孤立木】[名]〈林〉1本だけ立っている木.

**gūlìyǔ**【孤立语】[名]〈語〉孤立語.

**gūlínglíng**【孤零零】[形](~的)独りぼっちで寂しい.

**gū lòu guǎ wén**【孤陋寡闻】〈成〉学識が浅く見聞が狭いこと.

**gūpì**【孤僻】[形]性質がひねくれていて人付き合いがよくない.

**gūshēn**【孤身】[形]独りぼっち.

**gūshuāng**【孤孀】[名]1 孤児と寡婦.2 未亡人.

**gūxíng**【孤行】[動]独りで決める.

**gū zhǎng nán míng**【孤掌难鸣】〈成〉一人だけでは何もできない.

**gūzhèng**【孤证】[名]唯一の根拠や例証.

**gū zhù yī zhì**【孤注一掷】〈成〉一か八かの勝負をする.土壇場で決着をつける.

**gūzǐ**【孤子】[名]1 孤児.2→**gū'āizǐ**【孤哀子】.

**钴 gū ⊙**

**gūlu**【轱辘·轱轳】[名]1〈方〉車輪.車.2[動]転がる.

**骨 gū ⊙** 異読音→**gǔ**.

**gūduor**【骨朵儿】[名]〈方〉(花の)つぼみ.

**gūlūlu**【骨碌碌】[形](目や物がくるくる回るさま.

**gūlu**【骨碌】[動](~的)1(湯か水が)ぐつぐつと沸く.2ころころ転がる.

**鸪 gū → bógū**【鹁鸪】**zhègū**【鹧鸪】.

**菇 gū**[名]きのこ.¶蘑~**mógu**／同上.¶香~／シイタケ.‖〖姓〗

**菰 gū**[名]1〈植〉マコモダケ.2〖菇**gū**〗に同じ.

**gūcài**【菰菜】[名]〈植〉マコモダケ.

**gūmǐ**【菰米】[名]〈植〉マコモ米.

**蛄 gū → huìgū**【蟪蛄】**lóugū**【蝼蛄】.

**箛 gū ⊙**

**gūtū**【箛葖】[名]〈植〉1袋果(か).2(花の)つぼみ.

**辜 gū**[名]①罪.¶无～／罪がない(人).②背く.¶～恩／恩に背く.‖〖姓〗

**gūfù**【辜负】[動](期待などに)背く.(好意などを)無にする.

**酤 gū**[名]1薄い酒.2[動](酒を)買う／(酒を)売る.

**觚 gū**[名]1古代の酒器の一種.2古代,字を書くのに使った木簡.3稜角.

**箍 gū**1[動]たがを掛ける.たがを締める.2[名](~儿)たが.輪.

**gūyǎn**【箍眼】[名]〈方〉眼帯.

**古 gū**[形]古い.古めかしい.

**古 gū ⊕**古代.昔.‖〖姓〗

**gǔ'ào**【古奥】[形](詩文などが)古めか

しくて難しい.
Gǔbā [古巴] 名 〈地名〉キューバ.
gǔbǎn [古板] 形 昔かたぎである. 融通がきかない.
gǔchà [古刹] 名 古刹(ふる).
gǔcí [古瓷] 名 古い磁器.
gǔdài [古代] 名 古代.
gǔdào [古道] 名 古代の教え.
gǔ dào rè cháng [古道热肠]〈成〉律義で人情に厚い.
gǔdiǎn [古典] 名 1 典故. 典故例な実. 2 古典. クラシック.
gǔdiǎn zhǔyì [古典主义] 名 古典主義.
gǔdǒng [古董] 名 骨董品;〈喩〉時代遅れの物. 頑固で保守的な人.
gǔdǔ [古都] 名 古都.
Gǔ'ěrbāngjié [古尔邦节] 名〈イスラム教の〉クルバン祭.
gǔfāng [古方] 名 (〜儿)古来の処方.
gǔfēng [古风] 名 1 昔の風俗習慣. 2 →gǔtǐshī [古体诗]
gǔguài [古怪] 形 風変わりである.
gǔguó [古国] 名 古い国.
gǔhuà [古话] 名 古くから言われている言葉.
gǔjí [古籍] 名 古典籍.
gǔjì [古迹] 名 古跡.
gǔjīn [古今] 名 古今.
gǔ jǐng wú bō [古井无波]〈成〉心を動かされない.
gǔjiù [古旧] 形 古くさい.
gǔkē [古柯] 名〈植〉コカ. ¶〜碱jiǎn/コカイン.
gǔlái [古来] 名 古来.
Gǔlánjīng [古兰经] 名〈宗〉コーラン.
gǔlǎo [古老] 形〈歴史的〉古い.
gǔlǎoròu [古老肉] 名〈料理〉酢豚.
gǔlóngshuǐ [古龙水] 名 オーデコロン.
gǔpǔ [古朴] 形 古めかしく飾り気がない.
gǔqián [古钱] 名 古銭.
gǔqín [古琴] 名 七弦琴.
gǔrén [古人] 名 昔の人.
gǔ sè gǔ xiāng [古色古香]〈成〉古色蒼然としている.
gǔshēngdài [古生代] 名〈地質〉古生代.
gǔshēngwù [古生物] 名 古生物.
gǔshī [古诗] 名 1〈文〉→gǔtǐshī [古体诗] 2 (一般に)旧時の詩歌.
gǔshí [古时] 名 昔.
gǔshū [古书] 名 古い書物.
gǔtǐshī [古体诗] 名〈文〉古体詩.
gǔtóngsè [古铜色] 名 濃い褐色.
gǔwán [古玩] 名 骨董.
gǔ wǎng jīn lái [古往今来]〈成〉古今を通じて. 昔から今まで.
gǔ wéi jīn yòng [古为今用]〈成〉昔のものを現在に役立てる.
gǔwén [古文] 名 1 文語文の総称. ▶通常"骈文"(駢儷体べんれいたいの文章)を除外する. 2 秦代以前の字体.
gǔwénzì [古文字] 名 古代の文字.

▶中国では特に甲骨文・金文から秦代の篆書(てん)までの各書体をさす.
gǔwù [古物] 名 古物.
gǔxī [古昔] 名〈書〉昔.
gǔxī [古稀] 名〈書〉古稀(こき). 70歳.
gǔxùn [古训] 名 教訓となる昔の言葉.
gǔyǎ [古雅] 形 (器物や詩文が)古風でみやびやかである.
gǔyàn [古谚] 名 (古い)ことわざ.
gǔyīn [古音] 名〈語〉1 (一般に)古代の語音. 2 周・秦代の語音.
gǔyǔ [古语] 名 1 古語. 2 →gǔhuà [古话]
gǔyuán [古猿] 名 類人猿. 猿人.
gǔyuǎn [古远] 形 はるか昔の.
gǔzhēng [古筝] 名 筝.
gǔzhuāng [古装] 名 昔の服装. ¶〜戏/時代劇.
gǔzhuō [古拙] 形〈書〉古拙である.

谷(穀)gǔ ❶ 1 (殻を取っていない)アワ. 2 穀物. ¶百〜/いろいろな穀物. 3〈方〉稻. 4〈省〉谷川. ¶山〜/谷. 溪〜/渓谷. ❷ 姓

gǔānsuān [谷氨酸] 名〈化〉グルタミン酸.
gǔcāng [谷仓] 名 穀倉.
gǔcǎo [谷草] 名 1 アワ殻. 2〈方〉わら.
gǔdǐ [谷底] 名 谷底;〈喩〉底.
gǔdì [谷地] 名〈地〉谷状のくぼ地.
gǔ'é [谷蛾] 名〈虫〉コクガ.
gǔfáng [谷坊] 名 谷底が削り取られるのを防ぐため谷間に造った小型ダム.
gǔfēng [谷风] 名〈気〉谷風.
gǔké [谷壳] 名 もみ殻.
gǔlèi zuòwù [谷类作物] 名 穀類作物.
gǔwù [谷物] 名 穀物.
gǔyǔ [谷雨] 名 (二十四節気の)穀雨(こくう).
gǔzi [谷子] 名 1〈口〉アワ. 2〈方〉もみ殻つきの米.

泪 gǔ ❶ 水の流れるさま.

gǔgǔ [汩汩] 形〈書〉(水が速く流れるさま)さあさあ.
gǔmò [汩没] 動〈書〉埋もれる.

诂 gǔ ❶ 古代の言語・文字や方言の意味を解釈する. ¶解〜/古語の意味を説明する.

股 gǔ ❶ 1 線やすじになったものを数える. ¶〜一小道儿/一本の細い道. 2 気体や水の流れなどを数える. ¶〜热气/むっと吹きつける熱気. 3 におい・力・感情などを数える. ¶〜一劲儿/ぐっと入れた力. 4 一味·集団を数える. ¶〜两歹徒/二組の悪党.
❷ 名 1 (〜儿)(資金や財物を平均にいくつかに分け合った場合の)1株, 1口, 持ち分. 2 (〜儿)より合わせたものの1本1本. ¶三一儿绳索/3本

gǔběn【股本】[株]1 株式資本. 2 資本. 資金.
gǔdōng【股东】[株](大口の)株主. 出資者. ¶~大会/株主総会.
gǔfěi【股匪】[名]匪賊の集団.
gǔfèn【股份】[経]1 株式. 2 (協同組合に対する)出資の単位. ▲"股分"とも.
gǔfèn gōngsī【股份公司】[名]株式会社. ◆中国には"股份有限公司"と"有限责任公司"の2種ある.
gǔfènzhì【股份制】[名]株式制度.
gǔgōng【股肱】[名][書](股と肱)整理形.
gǔgǔ【股骨】[名][生理]大腿骨.
gǔhǎi【股海】[喩]株式市場.
gǔjià【股价】[名]株価.
gǔjīn【股金】[名]出資金. 株金.
gǔlì【股利】→gǔxī【股息】
gǔlì【股栗】[動][書]恐怖のあまり足が震える.
gǔmáng【股盲】[名][俗]株音痴.
gǔmí【股迷】[名]株マニア.
gǔmín【股民】[名](株取引の)一般個人投資家.
gǔpiào【股票】[名]株券. ¶~价格指数/株価指数.
gǔpiào jiāoyìsuǒ【股票交易所】[名]証券取引所.
gǔpiào qīquán【股票期权】[経]株式オプション. ストックオプション.
gǔpiào shìchǎng【股票市场】[経]株式市場.
gǔpíng【股评】[名]株式の評価[評論].
gǔquán【股权】[名]株主権.
gǔshì【股市】[名]1 [略]株式市場. 2 株式相場.
gǔxī【股息】[名]配当金.
gǔyǒu【股友】[名]株売買で知りあった友だち. ◆株仲間同士の呼びかけにも用いる.
gǔzāi【股灾】[名]株価の大暴落.
gǔzhǎng【股长】[名]株長.
gǔ zhǎng zhī shàng【股掌之上】[成]意のままに操れる.
gǔzhǐ【股指】[経](略)株価指数.
gǔzi【股子】[名](資金などを数える)1口. 1口. 2[喩]力や臭気などを表す.

骨 gǔ ①[名]骨. ¶~~头tou. ②[形]組み~钢~水泥/鉄骨コンクリート. ③人柄. 気骨. 性格. ¶俗~/卑俗な根性. 異読=gū

gǔcì【骨刺】[名]骨刺(こっし).
gǔdǐngjī【骨顶鸡】[名][鳥]オオバン.
gǔdòng【骨董】→gǔdǒng【古董】
gǔduǒ【骨朵】[名]鉄まさは硬い木で作った杖状のもので、先端が瓜の形をしている古兵器.
gǔféi【骨肥】[名][農]骨粉肥料.
gǔfěn【骨粉】[名]骨粉.
gǔgǎn【骨感】[形]スレンダーである. やせ細っている.
gǔgàn【骨干】[名]1 [生理]骨幹. 2[喩]中堅. 柱.
gǔgànwǎng【骨干网】[名][電算]バックボーン.
gǔgé【骨骼】[名][生理]骨格.
gǔgěng【骨鲠】[書]1[名]魚の骨. 2[形]剛直である.
gǔ gěng zài hóu【骨鲠在喉】[成]言いたいことが言い出せないで苦しむ.
gǔhóu【骨骺】[名][生理]骨端.
gǔhuī【骨灰】[名]1 遺骨. 2(動物の)骨灰.
gǔjià【骨架】[名]骨組み.
gǔjiāo【骨胶】[名]にかわ.
gǔjié【骨节】[名][生理]骨節.
gǔkē【骨科】[名][医]整形外科.
gǔkù【骨库】[医](病院の)移植用の骨を保存しておく設備.
gǔlì【骨力】[名]1 雄渾(ゆうこん)な筆致. 2 堅固でゆるぎない力.
gǔliáo【骨料】[名][建]骨材.
gǔlíng【骨龄】[名]骨年齢.
gǔliú【骨瘤】[名][医]骨腫.
gǔmó【骨膜】[名][生理]骨膜.
gǔpái【骨牌】[名]骨牌. パイ.
gǔpái xiàoyìng【骨牌效应】[名]連鎖反応.
gǔpén【骨盆】[名][生理]骨盤.
gǔqì【骨气】[名]1 気骨(きこつ). 2 力強い筆遣い.
gǔròu【骨肉】[名]肉親; [喩]緊密な間柄.
gǔ ròu xiāng lián【骨肉相连】[成]接触で不可分な関係である.
gǔruǎnhuà【骨软化】[名][医]骨軟化.
gǔ ruǎn jīn sū【骨软筋酥】[成]驚きや泥酔のため、体の力が抜けてしまう.
gǔshi【骨殖】[名]骸骨.
gǔ shòu rú chái【骨瘦如柴】[成]骨と皮ばかりにやせこける. ▲"骨瘦如豺"とも.
gǔsuǐ【骨髓】[名][生理]骨髄. ¶~库/骨髄バンク.
gǔsuǐ yízhí【骨髓移植】[名][医]骨髄移植.
gǔsuìbǔ【骨碎补】[名][植]シノブ; (中薬)骨砕補(こっさいほ).
gǔtàn【骨炭】[名]骨炭.
gǔtou【骨头】[名]1 骨. 2[喩]人柄. 性格. 気骨. 3[方][喩](言葉の)とげ.
gǔtou jiàzi【骨头架子】[口]1 骨格. 2 やせっぽち.
gǔtoujiér【骨头节儿】[方][名]関節.
gǔxuè【骨血】[名]肉親; (特に)実子.
gǔzhé【骨折】[医]骨折.
gǔzhēng【骨蒸】[名](中医)午後の定時発熱・寝汗などの症状.
gǔzi【骨子】[名](物の芯や支えになる)骨.
gǔzilǐ【骨子里】[名]1 [口]内心. 実質. 2[方]内輪. 内部.

牯 gǔ ⓿

**gǔ** 320

**gǔniú**【牯牛】〈名〉1 雄牛．2〈古〉雌牛；去勢した雄牛．（広く）牛．

**贾** gǔ ❶〈名〉1 商人．あきんど．¶书～／書籍商．②商売をする．¶多财善～／資本が大きければ商売はやりやすい．3 買う．買い入れる．4 招く．招来する．¶～→祸．⑤売る．異読⇒jiǎ

**gǔhuò**【贾祸】〈动〉〈书〉災いを招く．
**gǔrén**【贾人】〈名〉商人．

**钴** gǔ〈名〉〈化〉コバルト．Co．

**gǔmǔ**【钴姆】〈名〉〈书〉火のし．
**gǔpào**【钴炮】〈名〉コバルト放射治療装置．
**gǔwūrǎn**【钴污染】コバルト汚染．

**蛊**（蠱）gǔ〈名〉伝説上の毒虫．
**gǔhuò**【蛊惑】〈动〉惑わす．毒する．

**鹄** gǔ〈名〉〈弓の〉的．¶中zhòng～/～に当たる．異読⇒hú
**gǔdì**【鹄的】〈名〉1 的の真ん中．2 目的．目標．

**鼓** gǔ ❶〈名〉（～儿）鼓．太鼓．〔个，面〕
❷〈动〉1（楽器などを）打つ，たたく，弾く．2 立ち上がらせる．奮い起こす．¶～起勇气／勇気を奮い起こす．3 ふくれる．ふくらます．¶～着嘴／ふくれっ面をする．4（ふいごで）あおる．¶～风／風をおこす．
❸〈形〉ふくれている．突き出ている．¶肚子吃得大～了／食べすぎて腹がぱんぱんだ．‖姓

**gǔbǎn**【鼓板】〈名〉短冊形の板を3枚合わせて用いる打楽器．
**gǔbāo**【鼓包】〈名〉（～儿）こぶ．
**gǔchuī**【鼓吹】〈动〉1 鼓吹する．2 ほらを吹く．
**gǔchuí**【鼓槌】〈名〉太鼓のばち．
**gǔdàng**【鼓荡】〈动〉揺れ動く．
**gǔ dàozhǎng**【鼓倒掌】（反対や不満を表すために）手をたたいてうるさくする．
**gǔdao**【鼓捣】〈动〉〈方〉1 いじくる．2 そそのかす．
**gǔdiǎn**【鼓点】〈名〉（～儿・～子）太鼓の拍子．（京劇などで楽団の指揮者となる）"鼓板"の拍子．
**gǔdòng**【鼓动】〈动〉1 ぱたつかせる．2（言葉や文章などで）あおる．（ある行動を起こすように）奮い立たせる．
**gǔfēngjī**【鼓风机】〈机〉送風機．
**gǔfēnglú**【鼓风炉】〈冶〉溶鉱炉．
**gǔgunángnáng**【鼓鼓囊囊】〈形〉（～的）（包みや袋などが）ふくれ上がっている．
**gǔhuò**【鼓惑】〈动〉→gǔhuò【蛊惑】
**gǔjiǎo**【鼓角】〈名〉〈古〉軍隊で用いた陣太鼓と角笛．
**gǔ/jìn**【鼓劲】〈动〉（～儿）励ます．はっぱをかける．
**gǔlì**【鼓励】〈动〉激励する．奨励する．
**gǔlóu**【鼓楼】〈名〉（旧）鼓楼．
**gǔmó**【鼓膜】〈名〉〈生理〉鼓膜．

**gǔnong**【鼓弄】〈动〉〈口〉いじくる．
**gǔcí**【鼓词】〈名〉演芸の一種である"大鼓"の歌詞．
**gǔ/shé**【鼓舌】〈动〉長広舌を振るう．
**gǔshī**【鼓师】〈名〉（京劇などで）"板谷"を打つ人．
**gǔshì**【鼓室】〈名〉〈生理〉鼓室．
**gǔshǒu**【鼓手】〈名〉ドラマー．
**gǔshū**【鼓书】〈名〉→dàgǔ【大鼓】
**gǔwǔ**【鼓舞】❶〈动〉1 鼓舞する．2 奮い立つ．興奮する．
**gǔyuè**【鼓乐】〈名〉太鼓を交えた音楽．
**gǔzào**【鼓噪】〈动〉がやがや騒ぐ．
**gǔ/zhǎng**【鼓掌】〈动〉拍手する．¶～欢迎／拍手で迎える．
**gǔzhàng**【鼓胀】❶〈动〉ふくらむ；ふくらます．❷〈形〉ふくらんでいる．❸〈名〉〈中医〉鼓脹．
**gǔzhù**【鼓铸】〈动〉〈书〉金属を溶かして貨幣や器物を鋳造する．
**gǔ zú gàn jìn**【鼓足干劲】〈成〉大いに意気込む．

**榖** gǔ〈名〉轂（こしき）．車輪の中心にある丸い部分．¶车～／車の轂．

**榾** gǔ ❷

**gǔduō**【榾柮】〈名〉〈方〉ほだ．木の切り端；木の切り株．

**榖** gǔ〈名〉〈植〉カジノキ．◆樹皮繊維は紙の原料となる．"～树皮"（〈喻〉皮膚にしわが多くざらざらしている）

**嘏** gǔ〈名〉〈书〉幸福．幸い．

**鹘** gǔ ❷ 異読⇒hú

**gǔzhōu**【鹘鸼】〈名〉古書でいう一種の鳥；ジュズカバナト．

**榖** gǔ ❶①よい．¶～旦／めでたい日．②俸給．③→【谷gǔ】

**Gǔliáng**【谷梁】姓

**臌** gǔ〈名〉〈中医〉腹のふくれる病気．¶气～／鼓脹．

**瞽** gǔ ❶①目が見えない．②分別のない．¶～说／理の通らない言葉．

**gǔyán**【瞽言】〈名〉〈书〉根拠のない話．

**澉** gǔ〈名〉地名用字．¶～水／湖南省にある地名．

**估** gù ❷ 異読⇒gū

**gùyī**【估衣】〈名〉（売り物の）古着；安物の既製服．～铺pù／古着屋．

**固** gù ❶❶①しっかりしている．丈夫である．¶稳～／堅固である．②断固として．¶～不认错／頑として過ちを認めない．③固める．¶～本／根本を固める．④もともと．元来．¶～有／有．‖姓

**gù bù zì fēng**【固步自封】→gù bù zì fēng【故步自封】
**gùcí**【固辞】〈动〉〈书〉固辞する．
**gùdàn**【固氮】〈动〉〈植〉窒素固定．
**gùdìng**【固定】1〈形〉固定している．2〈动〉固定させる．固める．

**gùdìnggōng**【固定工】[名]〈終身雇用の〉固定労働者.

**gùdìng huìlǜ**【固定汇率】[名]〈経〉固定為替相場(制).

**gùdìng jiàgé**【固定价格】[名]〈経〉固定価格.

**gùdìng zīběn**【固定资本】[名]〈経〉固定資本.

**gùdìng zīchǎn**【固定资产】[名]〈経〉固定資産.

**gùdìng zījīn**【固定资金】[名]〈経〉固定資金.

**gùfàjīng**【固发精】[名]〈毛髪用の〉プロローション.

**gù nòng xuán xū**【故弄玄虚】〈成〉わざとわけのわからないことを言って、人をけむに巻く.

**gùhuà**【固化】[動]他事える.

**gùhuà**【固化】[化]固化.

**gùhuà ruǎnjiàn**【固化软件】[名]〈電算〉ソリッドステート・ソフトウエア.

**gùjiàn**【固件】[名]〈電算〉ファームウエア.

**gùjié**【固结】[動]凝固する.

**gùlòu**【固陋】[形]見聞が狭い.

**gùrán**【固然】[接続] **❶** もとより(…であるが). むろん(…であるが). ¶北京~比较冷, 但是东北更冷 / 北京はもちろん寒いが、東北はもっと寒い. **❷** もちろん. むろん. ¶考上了~很好, 考不上也不用灰心 / 合格すればもちろんよいが、不合格でも落胆することはない.

**gù ruò jīn tāng**【固若金汤】〈成〉守りがこの上もなく堅固であること.

**gùshālín**【固沙林】[名]砂防林.

**gùshǒu**【固守】[動]固守する. 固執する.

**gùtài**【固态】[名]〈物〉固態.

**gùtǐ**【固体】[名]固体.

**gùtǐcháo**【固体潮】[名]月や太陽の引力による地球の個体部分の昇降運動.

**gùwǒ**【固我】[名]昔のままの自分.

**gùxí**【固习】→gùxí【痼习】

**gùyǒu**【固有】[形]固有の. 特有の.

**gùzhí**【固执】[動] **❶** 固執する. 頑固である. ¶～己见 / 自説に固執する.

**故** gù [接続]ゆえに. したがって. ¶因工作, ~未能及时复信, 请原谅 / 仕事に忙殺されたため、お返事が遅れましたこと、ご容赦ください.

**❶** [名] ❶ もとの. 古い. ¶～宫. ②友人; 友情. ¶亲~/親戚と友人. ③事故. 事件. ¶变~/思わぬ事件. ④わけ. 理由. 原因. ¶不知何~/原因不明. ⑤わざと. 故意に. ¶～～多. ⑥(人が)亡くなる. ¶病～/病死する. ‖[姓]

**gù bù zì fēng**【故步自封】〈成〉古い殻に閉じこもって進取の気性がない.

**gùcháng**【故常】[名]慣例. 旧例.

**gùchéng**【故城】[名]以前の城[街]; 古い城[街].

**gùcǐ**【故此】[接続]〈書〉それゆえに.

**gùdào**【故道】[名] ❶ 以前通った道. ❷ 古い旧跡.

**gùdì**【故地】[名]かつて住んでいた所.

**gùdū**【故都】[名]昔の都. 古都.

**gù'ér**【故而】[接続]〈書〉ゆえに.

**gùgōng**【故宫】[名]旧王朝の宮殿. 故宫(gōng).

**gùguó**【故国】[名]〈書〉**❶** 長い歴史をもつ国. **❷** 祖国. **❸** ふるさと.

**gùjì**【故技·故伎】[名]すでに使い古されたやり口[トリック].

**gùjiā**【故家】[名]名門. 旧家.

**gùjiāo**【故交】[名]〈書〉旧友.

**gùjiù**【故旧】[名]〈書〉旧知.

**gùjū**【故居】[名]旧居.

**gùlǐ**【故里】[名]〈書〉故郷.

**gùrén**【故人】[名]〈書〉 **❶** 旧友. **❷** 〈旧〉前妻、前夫. **❸** 故人.

**gùshā**【故杀】[名]〈法〉故殺.

**gùshí**【故实】[名] **❶** 歴史上の事実. **❷** 出典.

**gùshì**【故世】[動]死去する.

**gùshì**【故事】[名]古いしきたり.

**gùshi**【故事】[名] **❶** 物語. **❷** 〈民間〉民話. **❸** 話の筋. ストーリー.

**gùshìpiānr**【故事片儿】[名]劇映画.

**gùshìpiàn**【故事片】→gùshìpiānr【故事片儿】

**gùshū**【故书】[名] **❶** 古書. **❷** 古本.

**gùtài**【故态】[名]旧態.

**gù tài fù méng**【故态复萌】〈成〉いつもの癖がまた出る.

**gùtǔ**【故土】[名]〈書〉故郷.

**gù tǔ nán lí**【故土难离】〈成〉故郷は離れ難い. ▶ "故土难移yí"とも.

**gùwǒ**【故我】[名]昔のままの自分.

**gùxī**【故习】[名]旧習.

**gùxiāng**【故乡】[名]故郷.

**gùyì**【故意】[副]故意に. わざと(…する). ¶对不起, 我不是~的/すみません、わざとやったのじゃないのです. ¶〈法〉故意. 犯意.

**gùyǒu**【故友】[名] **❶** 亡友. **❷** 旧友.

**gùyuán**【故园】[名]故郷.

**gùzhàng**【故障】[名]故障; 〈電算〉バグ.

**gùzhī**【故知】[名]〈書〉旧友.

**gùzhǐ**【故址】[名]旧跡.

**gùzhǐduī**【故纸堆】[名]古い書籍や資料の山.

**gùzhì**【故智】[名]使い古した計略.

**顾**(顧) **gù** ❶ [動]気を配る. かまう. ¶只~别人, 不~自己 / 人のことばかりに気を配り、自分のことは頓着しない.

**❶** ①振り向いて見る. 見回す. ¶~回 / 振り返る. ②訪れる. ¶光~ / ご来駕. ❸ ひいきにする. ¶惠~ / ご愛顧にあずかる. ‖[姓]

**gùbude**【顾不得】[動+可補]かまっていられない.

**gùbuguòlái**【顾不过来】[動+可補]手がまわらない.

**gùbuliǎo**【顾不了】[動+可補]世話できない.

**gùbushàng**【顾不上】[動+可補]…する暇がない. ¶~吃饭 / 食事をする

**gù**

- gù cǐ shī bǐ【顾此失彼】〈成〉すべてに手がまわらない.
- gùjí【顾及】動 配慮する.
- gùjì【顾忌】動 気兼ねする. 遠慮する.
- gù/jiā【顾家】動 家庭を顧みる.
- gùkè【顾客】名 顧客.
- gùlián【顾怜】動 情をかける.
- gù//liǎn【顾脸】動 体面を重んじる.
- gùliàn【顾恋】動 気を配る. 離れ難く思う.
- gùlǜ【顾虑】名動 心配する. 懸念する.
- gùmiàn【顾眄】動〈書〉振り返って見る.
- gù miànzi【顾面子】1 相手の顔を立てる. 2 自分の面子にこだわる.
- gù míng sī yì【顾名思义】〈成〉文字どおり.
- gùniàn【顾念】動 懸念する.
- gùpàn【顾盼】動〈書〉周りを見回す.
- gù pàn zì xióng【顾盼自雄】〈成〉鼻高々になる.
- gù qián bù gù hòu【顾前不顾后】〈諺〉目先のことだけを考えて軽率に行動し、後のことを考えない.
- gùquán【顾全】動〈傷つけないように〉配慮する.
- gùwěi【顾委】名〈略〉顾问委员会.
- gùwèn【顾问】名 顧問.
- gùxī【顾惜】動 大切にする. いたわる.
- gùxiù【顾绣】名〈一般に〉精巧な刺繍品.
- gù yǐng zì lián【顾影自怜】〈成〉孤独である自分を嘆く；自己陶酔する.
- gùzhǔ【顾主】名 顧客.

**堌** gù【堌】名〈方〉堤. ▶多く地名に用いる.

**梏** gù【梏】手かせ. ¶桎〜/桎梏(しっこく). 足かせ手かせ.

**崮** gù【崮】名〈方〉周囲が険しく、頂上が平たい山. ▶多く地名に用いる.

**雇(僱)** gù【雇】1 人を雇う. ¶〜保姆/お手伝いを雇う. 2〈車や船などを〉賃借りさせる、雇う. ¶〜船/船を賃借りする. | 姓
- gù/gōng【雇工】1 動 労働者を雇う. 2 名 雇用人；雇員.
- gùnóng【雇农】名 雇用農民.
- gùqǐng【雇请】動 人を雇う.
- gùyōng【雇佣】動 雇用する. | 傭兵.
- gùyōngbīng【雇佣兵】名 傭兵.
- gùyōng guāndiǎn【雇佣观点】名 雇われ人根性.
- gùyōng láodòng【雇佣劳动】名〈経〉賃労働.
- gùyòng【雇用】動 雇う.
- gùyuán【雇员】名 雇員.
- gùzhǔ【雇主】名 雇い主.

**锢** gù【锢】1〈鋳掛けをする. 2 監禁する. ¶禁〜/終身禁錮. ¶〜露/鋳掛けする人.
- gùlòu【锢镂】【锢漏】動 鋳掛けする.

**痼** gù【痼】1 動〈病気や癖が〉なかなか直らない.
- gùbì【痼弊】名 なかなか直らない弊害.

- gùjí【痼疾】名〈書〉痼疾(こしつ). 持病.
- gùpǐ【痼癖】名 なかなか直らない〈悪い〉癖.
- gùxí【痼习】名 なかなか直らない〈悪い〉習慣.

# gua《ㄍㄨㄚ》

**瓜** guā【瓜】名〈植〉ウリ. ウリ科の植物の総称. [个] ▶
- guādài【瓜代】動〈書〉任期を終えて交替する.
- guāfēn【瓜分】動〈土地・領土や財産を〉分割する.
- guāgé【瓜葛】名 縁故. つながり.〈広く〉かかわり合い.
- guānóng【瓜农】名 ウリ栽培農家.
- guāpímào【瓜皮帽】名〈~儿〉半球形の帽子.
- guāpiàn【瓜片】名 安徽省六安などで産する緑茶の一種.
- guāqī【瓜期】→guādài【瓜代】
- guārén【瓜仁】名〈~儿〉ウリ類の種のさね.
- guā shú dì luò【瓜熟蒂落】〈成〉条件が熟せば自然に成功する.
- guā tián lǐ xià【瓜田李下】〈成〉嫌疑を受けやすい場所〈状況〉.
- guātiáo【瓜条】名〈~儿〉トウガンの果肉の千切りを砂糖漬けにした食品.
- guāyíng【瓜蝇】名〈虫〉〈方〉ウリハムシ.
- guāzǐ【瓜子】名〈~儿〉〈お茶うけなどに食べる〉ウリ類の種.
- guāzǐliǎn【瓜子脸】名 うりざね顔.

**呱** guā **❶** 異読⇒gū,guǎ
- guādā【呱嗒・呱哒】擬〈硬い物同士がぶつかりあって出す音〉がたっ、がたり. ぱたっ. ぱたん.
- guādā【呱嗒】動〈方〉1 仏頂面をする. 2〈貶〉ぺちゃくちゃ話す. 3 皮肉る.
- guādābǎnr【呱嗒板儿】名 1 2枚または数枚の竹板で作った一種の楽器. 2〈方〉木製のサンダル. つっかけ.
- guāguā【呱呱】擬〈~的〉1〈赤ん坊の泣き声〉おぎゃあおぎゃあ. 2《カエルなどの鳴き声》けろけろ. 3《カラスなどの鳴き声》かあかあ. ⇒gūgū
- guāguājiào【呱呱叫】形〈口〉〈人・物が〉とびきり よい；ずば抜けている.
- guājī【呱唧・呱叽】1 擬《拍手の音》ぱちぱち. 2 動 拍手をする.

**刮(颳)** guā【刮】動 1《風が》吹く. ¶〜风/風が吹く. 2《刃物などで》そる. むく. こそげる. こすり落とす. ¶〜胡子/ひげをそる. ¶〜鱼鳞/魚のうろこを落とす. 3《へらのようなもので糊などを》なすりつける. ¶〜糨子/糊を塗る. 4《財貨を》かすめ取る. 巻き上げる.
- guā bízi【刮鼻子】〈慣〉1 人指し指で相手の鼻をそぐまねをする. ▶トランプなどで勝った者が負けた者に対し

て、また大人が子供に「こら、だめじゃないか」と親しみを込めてしかるときなどにするしぐさ。 **2** 自分の鼻と人差し指でこする。▶相手をばかにして恥をかかせるしぐさ。**3**〈方〉叱責(しっせき)する。

**guādabiǎnr**【刮打扁儿】图〈方〉〈虫〉ショウリョウバッタ.

**guādāo**【刮刀】图《工具の一種》きさげ. スクレーパー.

**guā dìpí**【刮地皮】〈慣〉《悪徳地主などが》人民の財貨を略奪する.

**guā//gōng**【刮宫】〈医〉子宮搔爬(そうは)をする. 堕胎手術をする.

**guāguājiào**【刮刮叫】→ **guāguājiào**【呱呱叫】

**guā húzi**【刮胡子】〈慣〉〈方〉叱責する.

**guà//liǎn**【刮脸】動顔をそる.

**guāliǎndāo**【刮脸刀】图かみそり.

**guà liǎnpí**【刮脸皮】《相手に向かって》人差し指で頬(ほお)をそるまねをする.▶厚かましいぞという意思表示. "刮老面皮"とも.

**guā mù xiāng kàn**【刮目相看】〈成〉刮目する. ▶"刮目相待"とも.

**guāshā**【刮痧】图 銅貨などに油や水をつけて患者の胸や背中をこすって皮膚を充血させ、内部の炎症を軽くする治療法.

**guāshézi**【刮舌子】图 舌の汚れを取る道具.

**guāshuǐqì**【刮水器】图《車のワイパー.

**guāsuǒ**【刮索】動《財物》をゆする.

**guātǔjī**【刮土机】图《整地機械》のスクレーパー.

**guāxiāo**【刮削】動 **1**《刃物で》表面を削り落とす. **2**《略》上前をはねる.

**guā//yóu**【刮油】動 利益をかすめ取る.

**括 guā** → **tǐnggua**【挺括】
異読→**kuò**

**胍 guā** 图〈化〉グアニジン. ▶染料や薬品に用いる.

**栝 guā** 图〈古〉ヒノキ科のイブキ.

**guālóu**【栝楼】图〈植〉トウカラスウリ、キカラスウリ. ▶"瓜楼"栝蒌(ろう)"とも.

**鸹 guā** → **lǎoguā**【老鸹】

**呱 guā** → **lǎ/guǎr**【拉呱儿】
異読→**gū, gua**

**剐** (副) **guā** 動 **1** 鋭いものに引っ掛けて傷をつける.¶衣服上~了个口子 / 服にかぎ裂きができた. **2**《喩》《刑罰》八つ裂きにする.

**寡 guā** 囵 **1**少ない. 欠ける.¶~情 / ~の味がない.¶清涼~水 / 脂っ気がなくて味がない. **3**やもめ.¶~居 / やもめ暮らし.

**guǎ bù dí zhòng**【寡不敌众】〈成〉多勢に無勢. 衆寡(しゅうか)敵せず.

**guǎ'ēn**【寡恩】形 不親切である.

**guǎ èr shǎo shuāng**【寡二少双】〈成〉並ぶものがない.

**guǎfu**【寡妇】图 未亡人.

**guǎhé**【寡合】图〈書〉他人とそりが合わない.

**guǎjiǔ**【寡酒】图 肴なしで飲む酒.

**guǎ lián xiǎn chǐ**【寡廉鲜耻】图厚顔無恥である.

**guǎqíng**【寡情】形 薄情である.

**guǎrén**【寡人】图《書》封建君主の自称. 寡人(か).▶徳の少ない者の意.

**guǎtóu**【寡头】图 少数の権力者.

**guǎwèi**【寡味】形《書》無味乾燥である.

**guǎyán**【寡言】图《書》口数が少ない.

**guǎyù**【寡欲】形《書》無欲である.

**卦 guà**【卦】《易の》卦(け). 八卦(はっけ).

**guàcí**【卦辞】→ **tuàncí**【彖辞】

**guàlǐ**【卦礼】图 占い料.

**诖 guà**【诖】〈古〉**1** 欺く. **2** 累を及ぼす.

**guàwù**【诖误】图〈書〉連座する. 巻き添えを食う.

**挂**(掛) **guà ❶**動 **1**《つるすよう に》挂(か)ける. ¶~牌子 / 看板を掛ける. **2** 引っ掛ける. ¶风筝~到电线上了 / 凧(たこ)が電線に引っ掛かった. **3**《車両》を連結する. **4**《方》《心に》かける. 気にする. ¶~在心上 / 心に掛ける. **5**《電話や受話器》を切る. 置く.¶~电话 / 電話を掛ける. **6** 申し込み手続きをとる. ¶我~眼科 / 眼科の診察をお願いします.
**❷**量 連結したものや、そろいのものを数える. ¶一~葡萄 / ブドウ1房.¶一~鞭炮 / 爆竹1連.

**guà'ài**【挂碍】图〈書〉気がかり.

**guàbiǎo**【挂表】图〈方〉懐中時計.

**guàbuzhù**【挂不住】动+可能〈方〉まりが布ない; 中断作業をとめる.

**guà//cǎi**【挂彩】動 **1**《祝い事に》門に色とりどりの絹布を掛ける. **2**〈婉〉戦争で負傷する.

**guàchē**【挂车】图 トレーラー; 荷台だけの車.

**guàchǐ**【挂齿】動《書》取り立てて言う.

**guà//chú**【挂锄】動 くわを使う畑仕事が終わり、次の年に再び使うまで掛けておく; 中耕作業をとめる.

**guà//dǎng**【挂挡】動 ギアを入れる.

**guà//dāo**【挂刀】動〈喩〉引退する.

**guàdēng**【挂灯】图 つるしちょうちん.

**guàdǒu**【挂斗】图 トラックなどの後にある荷台.

**guà//gōu**【挂钩】**❶**動 **1** 車両を連結する. **2**〈喩〉連携する; コネをつける. **❷**图 **1**《鏈》フック, 爲貨レートの連動. クレーンのフック; 連結器.

**guàguān**【挂冠】動〈書〉官職を辞する.

**guà//guǒ**【挂果】動 実を結ぶ.

**guà//hào**【挂号】動 **1** 登録する. 届け出る. **2** 書留にする. **3**〈俗〉前科がある.

## guà

**guàhàoxìn【挂号信】**名 書留郵便.
**guàhuā【挂花】**動 戦争で負傷する.
**guàhuái【挂怀】**動 心配する.
**guà huǎngzi【挂幌子】**〈慣〉はっきり顔に出る.
**guà/huǒ【挂火】**動(～儿)〈方〉腹を立てる.
**guàjì【挂记】**動 気にかける.
**guàjiǎ【挂甲】**動 退役する;（運動選手などが）引退する.
**guàjiàn【挂件】**名 壁や首に掛ける装飾品.
**guàjìngxiàn【挂镜线】**名 額長押.
**guàkào【挂靠】**動（機構や弁護士などが）別の組織に付属している.
**guàlěi【挂累】**動 巻き添えにする.
**guàlì【挂历】**名 壁掛けの月別カレンダー.
**guà/lián【挂镰】**動 秋の取り入れを終える.
**guàlíng【挂零】**動（～儿）端数がつく.（…に）余る.
**guàlòu【挂漏】**動 遺漏がある.
**guàlǜ【挂虑】**動 心配する.
**guàluò【挂落】**動 巻き添えにする.
**guàmiàn【挂面】**名 乾めん.
**guà/míng【挂名】**動（実態を伴わず）名前だけを出す.
**guàniàn【挂念】**動 心配する.
**guà/pāi【挂拍】**動（卓球・バドミントンなどの）選手が引退する;競技が終了する.
**guà/pái【挂牌】**動 1（医者や弁護士などが）正式に開業する. 2（経）上場する. ¶～上市/同上.
**guàpíng【挂屏】**名（～儿）室内の壁に掛ける装飾品.
**guàqǐ【挂起】**動（電算）フリーズする.
**guà/qì【挂气】**動〈方〉怒る.
**guàqiān【挂牵】**動 心配する.
**guàqiàn【挂欠】**動 掛け売り（買い）する.
**guà/shāng【挂伤】**動 負傷する.
**guà/shī【挂失】**動 紛失届を出す.
**guà/shuài【挂帅】**動 元帥になる;〈喩〉先頭に立つ.
**guàsuǒ【挂锁】**名 錠前.
**guàtǎn【挂毯】**名 タペストリー.
**guàtú【挂图】**名 掛け図.
**guà/xiàng【挂相】**動 顔色を変える.
**guà/xiào【挂孝】**動 服喪する.
**guà/xiào【挂笑】**動 笑みをうかべる.
**guà/xié【挂鞋】**動（サッカー・陸上競技などの）選手から引退する.
**guà/xīn【挂心】**動 心配する.
**guàxuē【挂靴】**動 →guà/xié【挂鞋】
**guà yángtóu mài gǒuròu【挂羊头卖狗肉】**〈成〉看板に偽りあり.
**guà yī lòu wàn【挂一漏万】**〈成〉手抜かりや遺漏が多い.
**guà/zhàng【挂账】**動〈方〉掛け売りする.
**guàzhí【挂职】**動 1（研修のために）臨時にある職務を担当する. 2 もと

の職務を保留する.
**guàzhōng【挂钟】**名 掛け時計.
**guàzhòu【挂轴】**名（～儿）掛け軸.

褂 **guà【褂】**名（～儿）ひとえの中国服.〔件〕
**guàzi【褂子】**名 ひとえの中国服.

## guai (ㄍㄨㄞ)

乖 **guāi【乖】**形 1（子供が）おとなしい、聞き分けがよい. 2（子供などが）賢い.利口である. 3 道理にもとる. ¶ 1→～谬.
¶情理にもとる. ¶ 1→～谬.

**guāichuǎn【乖舛】**形〈書〉まちがっている.
**guāiguāi【乖乖】**1 形（～儿的）おとなしい、いい子. 2 名 お利口さん. 3 感 まあ、ほら.
**guāijué【乖觉】**形 賢い、機敏である.
**guāilì【乖戾】**形 偏屈である.
**guāilí【乖离】**動〈書〉違背する、背離する.
**guāilì【乖戾】**形 ひねすぼれている.
**guāimiù【乖谬】**形 でたらめである.
**guāipì【乖僻】**形 つむじ曲がりである.
**guāiqiǎo【乖巧】**形 1 人に気に入られる. 2 賢い.
**guāizhāng【乖张】**形 1 つむじ曲がりである. 2 理にもとる.

掴（摑）**guāi** 平手打ちをする. ¶ ～guó とも発音. ¶～了他一记耳光/彼に1発びんたを食わした.

拐（枴）**guǎi** 1 動 1（角を）曲がる、方向を変える. ¶往右／右へ曲がる. 2 足を引きずりながら歩く. ¶走路一～～～的／足を引きずりながら歩く. 3 ずらかす、かどわかす. 4 皮箱被人～走了／トランクを持ち逃げされた. 2 名 松葉杖.

**guǎibàng【拐棒】**名（～儿）曲がった棒、杖.
**guǎibór【拐脖儿】**名〈方〉煙突の屈曲部部品.
**guǎidài【拐带】**動 誘拐する.
**guǎidiǎn【拐点】**名 転換点.
**guǎigùn【拐棍】**名（～儿）杖.〔根〕
**guǎijiǎo【拐角】**名（～儿）曲がり角. 曲がったり角.
**guǎimài【拐卖】**動 誘拐して売り飛ばす.
**guǎipiàn【拐骗】**動（～儿）だまし取る;誘拐する.
**guǎi/wān【拐弯】**（～儿）1 角を曲がる;〈喩〉方向転換をする. 2 名 曲がり角.
**guǎi wān mò jiǎo【拐弯抹角】**〈成〉（～儿的）1 曲がりくねった道を歩く. 2（話）回りくどい.
**guǎizǎo【拐枣】**名〈植〉ケンポナシ.
**guǎizhàng【拐杖】**名 杖.〔根〕
**guǎizhǒu【拐肘】**名〈方〉ひじ.
**guǎizi【拐子】**名 1 糸巻き枠. 2 松葉杖. 3〈方〉足の不自由な人. 4 人

夬 guài【名】"易经"の六十四卦の一.

怪 guài 1【動】責める.とがめる. …のせいにする.¶这不能～他／それは彼のせいではない.2【副】〔口〕ひどく.めっぽう.すごく.¶可怜的／すごくかわいそうだ.3【形】おかしい.風変わりな.¶脾气有点儿～／気性がちょっと変わっている.¶～现象／おかしな現象.

┣┫①お化け.妖怪.¶鬼～／化け物.②怪しむ.いぶかる.¶可～／おかしい.怪しい.

guàibude【怪不得】1【副】道理で.なるほど…だ.…するのも無理はない.¶啊呦,外边下雪啦,～这样冷！／おや,外は雪だ,なるほど寒いわけだ！2【動】とがめるわけにはいかない.
guàidào【怪道】【形】奇怪である.
guàidào【怪道】【副】〔方〕道理で.
guàihuà【怪话】【名】1 でたらめな話.2 不満.文句.
guàijué【怪绝】【形】〔書〕奇怪である.
guàiliguàiqì【怪里怪气】【形】〔貶〕〔格好や声などが〕変てこである.
guài mú guài yàng【怪模怪样】【成】格好が奇妙である.
guàipǐ【怪癖】【名】変な癖.
guàipì【怪僻】【形】偏屈である.
guàiquān【怪圈】【名】悪循環.
guài shēng guài qì【怪声怪气】【成】奇妙な声である.
guàishì【怪事】【名】おかしなこと.
guàiwèi【怪味】【名】1 四川料理独特のたれ.2 いやなにおい.
guàiwu【怪物】【名】怪物；変人.
guàixiàng【怪象】【名】奇妙な現象.
guàiyā【怪讶】【動】いぶかる.
guàiyì【怪异】1【形】奇異である.2【名】不思議な現象.
guàiyuàn【怪怨】【動】恨む.
guàizuì【怪罪】【動】とがめる.

## guan (ㄍㄨㄢ)

关 (關) guān 1【動】1 (開いているものを)閉める,閉じる；(業務を)終了する.¶把门／上／ドアを閉める.¶～煤气／ガス栓を締める.2 閉じ込める.監禁する.¶～进监狱／投獄する.3 (企業・店などが)倒産する,閉鎖する.¶又有一家商店～了／また店がつぶれた.4 かかわる.関連する.¶这不～我的事／私にはかかわりのないことです.

2【名】1 税関；関所.2【喩】難関；重要な時期.

┣┫節となる所.重要な所.¶～～节.

guān'ài【关爱】【動】思いやる.
guān'ài【关隘】【名】〔書〕堅固な関所.
guān'ài【关碍】【動】妨げる.
guānbǎnr【关板儿】【動】店をたたむ.
guānbì【关闭】【動】1 (門などを)閉める.2 (企業,商店,学校などが)休業する,廃業する.
guāndìmiào【关帝庙】【名】関帝廟(びょう).
Guāndōng【关东】【名】山海関より東の一帯；東北三省.
guāndōngtáng【关东糖】【名】あめの一種.
guānfáng【关防】【名】1 機密漏洩(えい)防止措置.2〔旧〕長方形の公印.
Guāngōng【关公】【名】関羽(三国時代の蜀の名将)に対する尊称.
guāngù【关顾】【動】面倒をみる.
guānhū【关乎】【動】…にかかわる.
guānhuái【关怀】【動】(目上が目下に)配慮する.心にかける.
guānjī【关机】【動】1 電源を切る.2 テレビ・映画などの撮影が終了する.
guānjiàn【关键】1【名】肝心な点；かぎ.2【形】決定的である.
guānjiàncí【关键词】【名】キーワード.
guānjié【关节】1【名】関節.重要な点.2〔旧〕(賄賂などで)役人に渡りをつけること.
guānjiéyán【关节炎】【名】〔医〕関節炎.
guānjīn【关津】【名】〔書〕関所.
guānjǐn【关紧】【形】〔方〕大切である.
guānkǒu【关口】【名】1 関所；〔喩〕関門.2→guāntóu【关头】.
Guānlǐ【关里】→Guānnèi【关内】
guānlián【关联】【動】関連する.▲"关连"とも.
guānliáncí【关联词】【名】〔語〕関連語句.
Guānmào zǒngxiédìng【关贸总协定】【名】〔経〕GATT.
guān/mén【关门】【動】1 閉店する.廃業する.2 門戸を閉じる；返答を拒否する.
guānmén zhǔyì【关门主义】【名】排他主義.
Guānnèi【关内】【名】山海関以西,嘉峪関(ば)以東の地区.関内.
guānkǎ【关卡】【名】1 検問所；〔喩〕審査の関門.
guānqiè【关切】1【形】親切である.2【動】強い関心を持つ.
guānshān【关山】【名】辺境の関所と山.
guānshè【关涉】【動】関係する.
guānshuì【关税】【名】関税.¶～壁垒／関税障壁.
guānshuō【关说】【動】〔書〕間をとりもつ.
guān tíng bìng zhuǎn【关停并转】(国有企業の)閉鎖,生産中止,合併,転業.
guāntóu【关头】【名】正念場.
Guānwài【关外】→Guāndōng【关东】
guānxi【关系】1【名】1 (人と人との)関係,間柄.2〔俗〕コネ.特殊な利害関係.¶拉～／コネをつける.3 (事物間の)関連,つながり,かかわり.¶我公司与该公司没有业务～／わが社はその会社と取り引きがない.

## guān

②動 関連する. かかわる. ¶这是～到能不能毕业的问题 / これが卒業できるかどうかにかかわる問題だ.

**guānxìhù**【关系户】名 コネのある相手や取引先.

**guānxìwǎng**【关系网】名（人脈による）コネクション.

**guānxiàng**【关厢】名 城門外の大通り.

**guān//xiǎng**【关饷】動（兵士などに）給料を払う.

**guān//xīn**【关心】動 関心を持つ. 重視する.

**guānyā**【关押】動〈法〉拘禁（する）.

**guānyú**【关于】前〈…に関する（して）〉…について（の）. ¶～离婚问题我不打算在这里多说 / 離婚問題については、ここではこれ以上話すつもりはない.

**guān//zhāng**【关张】動 店を畳む.

**guānzhào**【关照】動 1 面倒をみる. ¶请多～ / どうぞよろしくお願いします. 2 口頭で通知する.

**Guānzhōng**【关中】名 関中. 陝西省の渭河流域一帯.

**guānzhù**【关注】動 関心を持つ. 重大な注意を払う.

**guānzi**【关子】名 クライマックス. 山場.

## 观（觀）guān 日① ① 見る. 眺める. ¶ ～ ～ 景 ② 眺める. 状況. ありさま. ¶壮～ / 雄大な景観. ③（物の）見方. 考え方. ¶乐～ / 楽観的である. 異読⇒guàn

**guāncè**【观测】動 1 観測する. 2（状況を）探る.

**guānchá**【观察】動 観察する.

**guānchájiā**【观察家】名 政治評論家.

**guāncháshào**【观察哨】名 歩哨兵；歩哨所.

**guāncháyuán**【观察员】名 オブザーバー.

**guāncháopài**【观潮派】名 日和見主義者.

**guāndiǎn**【观点】名 観点. 見地. 見方.（特に）政治的観点.

**guān//fēng**【观风】動 見張りをする.

**guān fēngsè**【观风色】様子を見る.

**guāngǎn**【观感】名（参観後の）感想.

**guāngguāng**【观光】動 観光する.

**guānkàn**【观看】動 観覧する；観察する.

**guānlǐ**【观礼】動（招かれて）列席する.

**guānmó**【观摩】動 見学する.

**guānniàn**【观念】名 思想；観念.

**guānniàn xíngtài**【观念形态】名 イデオロギー.

**guānshǎng**【观赏】動 観賞する.

**guānshǎngyú**【观赏鱼】名 観賞魚.

**guānshǎng zhíwù**【观赏植物】名 観賞植物.

**Guānshìyīn**【观世音】名〈宗〉観音. 観世音.

**guānwàng**【观望】動 1 成り行きを見る. 2 あたりを見回す.

**guānxiàngtái**【观象台】名（天文などの）観測所.

**Guānyīn**【观音】→**Guānshìyīn**【观世音】

**guānyīntǔ**【观音土】名〈凶作時の食用に供した〉白土.

**guānyīnzhú**【观音竹】名〈植〉ホウオウチク.

**guānzhǎn**【观瞻】1 名 外観. 2 動 展望する.

**guānzhàn**【观战】動（戦い・競技を）観戦する.

**guānzhào**【观照】名〈美〉観照.

**guān zhě rú dǔ**【观者如堵】成 黒山の人だかり.

**guānzhǐ**【观止】動〈書〉最高のものを堪能する.

**guānzhòng**【观众】名 観衆. 見物人.

## 纶（綸）guān ❺ 異読⇒lún

**guānjīn**【纶巾】名〈古〉黒い絹糸のひものついた頭巾.

## 官 guān 名（～儿）役人. 官吏. ¶①官吏の. 政府の；公共の. ¶～～办. ②器官. ¶感～ / 感覚器官. ¶五～.

**guānbàn**【官办】形 国営の. 官営の.

**guān bào sī chóu**【官报私仇】成〉個人的な恨みを公の事で晴らす.

**guānběnwèi**【官本位】名 役人本位.

**guān bī mín fǎn**【官逼民反】成 役人の圧迫で一揆が起こる.

**guānbīng**【官兵】名 1 士官と兵士. 2 旧〉政府軍.

**guāncāng**【官舱】名〈旧〉一等船室.

**guānchài**【官差】名 公務.

**guānchǎn**【官产】名 国有財産.

**guānchǎng**【官场】名 官界.

**guāndǎo**【官倒】名 1 役人の不正な商取引き. 2 役人ブローカー.

**guāndǐ**【官邸】名 官邸.

**guānfāng**【官方】名 政府筋. ¶～人士 / 政府関係者.

**guānfèi**【官费】名〈旧〉官費. 国費.

**guānfǔ**【官府】名〈旧〉1 官庁；地方官庁. 2 役人.

**guān guān xiāng hù**【官官相护】成 役人同士がかばい合う.

**guānhuà**【官话】名 1〈旧〉北方方言：北京語. 2 役人口調.

**guānhuàn**【官宦】名〈書〉役人.

**guānjiā**【官家】名 1 官庁. 2〈古〉皇帝に対する称. 3〈旧〉官吏.

**guānjià**【官价】名 公定価格.

**guānjiàzi**【官架子】名 役人風さ.

**guānjiē**【官阶】名〈旧〉官階.

**guānjiē**【官街】名 公共の道路.

**guānjué**【官爵】名 官職と爵位.

**guānjūn**【官军】名〈旧〉官軍. 政府軍.

**guānláoye**【官老爷】名 お役人さま.

**guānlì**【官立】形 官立の.

**guānlì**【官吏】名〈旧〉官吏.

**guānliǎn**【官脸】名 もったいぶった態度や表情.

**guānliáo**【官僚】1 名 官僚. 2 形 官僚(主義)的である.

**guānliáo zhǔyì**【官僚主义】名 官僚主義.

**guānliáo zīběn**【官僚资本】名〈経〉官僚資本.

**guānliáo zīchǎn jiējí**【官僚资产阶级】名 官僚ブルジョアジー.

**guānmí**【官迷】名 役人になることにとりつかれた者.

**guānmíng**【官名】名〈旧〉正式な名前；官職名.

**guānnéng**【官能】名 感覚機能.

**guānnéngtuán**【官能团】名〈化〉作用基.

**guānniàn**【官念】名 権力志向.

**guānqì**【官气】名 官僚主義的な態度.

**guānqiāng**【官腔】名 役人口調.

**guānrén**【官人】名 1〈書〉役人. 2〈近〉男子に対する敬称. 3〈近〉妻の夫に対する呼称.

**guānshā**【官纱】名 浙江産の絹織物.

**guānshāng**【官商】名 1〈旧〉(客へのサービス精神のない)国営商店,その業員. 2 役所と民間企業.

**guānshū**【官书】名 1〈旧〉政府で刊行や編集をした書物. 2〈書〉公文書.

**guānshǔ**【官署】名〈旧〉官庁.

**guānsī**【官司】名〈口〉訴訟. ¶打～／訴訟をおこす.

**guāntīng**【官厅】名〈旧〉官庁.

**guānwēi**【官威】名 役人の貫禄.

**guānwèi**【官位】名 職務上の地位.

**guānwù**【官务】名 指導幹部の公務.

**guānxián**【官衔】名 官吏の肩書き,官職名.

**guānyá**【官涯】名 役人の道.

**guānyán**【官盐】名 官許専売の塩.

**guān yàng wén zhāng**【官样文章】成 形式的で中身のない文章.

**guānyìn**【官印】名 任官時.

**guānyuán**【官员】名〈外文などの〉官吏,役人.

**guānyùn**【官运】名 役人の出世運.

**guānzhǎng**【官长】名 1 高級官吏. 2〈旧〉将校.

**guānzhí**【官职】名〈旧〉官職.

**guānzhì**【官制】名 官制.

**guānzhōngqián**【官中钱】名〈一家族で〉共有の金.

**guānzuǒ**【官佐】名〈旧〉将校.

**冠 guān**【H】冠. 帽子；冠のような形のもの. ¶兔～／照片／無帽の写真. ¶鸡～／鶏のとさか.
異読⇨guàn

**guāngài**【冠盖】名 高官.

**guānmiǎn**【冠冕】1 名 冠 冕(效),昔の皇帝や官吏の冠. 2 形 体裁がよい.

**guān miǎn táng huáng**【冠冕堂皇】成〈貶〉(見かけは)堂々として体裁がよい.

**guānxīnbìng**【冠心病】名〈医〉冠状

動脈心臓病.

**guānzhuàng dòngmài**【冠状动脉】名〈生理〉冠状動脈.

**guānzi**【冠子】名 とさか. 2 病気；苦痛.
異読⇨jīn

**矜**

**佣 guān**【H】1 農村で家畜の飼育に携わる人. ¶猪～儿／豚飼い. 2 使用する人. 人夫. ¶堂～／料理屋の給仕.

**棺 guān**【H】棺. ひつぎ.

**guāncai**【棺材】名 棺おけ.

**guāncai rángzi**【棺材瓤子】名〈属〉老いぼれ.

**guānguǒ**【棺椁】名 1〈考古〉内棺と外棺. 2 ひつぎ.

**guānmù**【棺木】名 棺おけ.

**鳏 guān**【H】男やもめ. ¶～居／男やもめ暮らしをする.

**guānfū**【鳏夫】名 男やもめ.

**guān guǎ gū dú**【鳏寡孤独】成 労働能力がなく身寄りのない人.

**莞 guān**【地名】"东莞"は広東省にある県名. 異読⇨wǎn

**馆(舘) guǎn**【H】1 公共的な建物. 施設. ¶宾～／ホテル. ¶大使～／大使館. ¶博物～／博物館. 2〈サービス業の〉店. ¶饭～儿／レストラン. 3 私塾.

**guǎncáng**【馆藏】1 動〈図書館·博物館が〉所蔵する. 2 名 所蔵物.

**guǎnyuán**【馆员】名 館員.

**guǎnzi**【馆子】名 飲食店. ¶下～／外で食事をする.

**瑆 guǎn**【名】〈古〉(楽器の一種)玉で作った笛のようなもの.

**管 guǎn**【1 動】1〈物を〉管理する,扱う. ¶～家务／家事を切り回す. 2 かまう.口出しする. かかわりあう. ¶別～我／ぼくのことはいいから. 3〈子供を〉しつける；〈人を〉監督する. 4 保証する. ¶有毛病～换／故障があったらお取り替えします.
【2 前】〈口〉…を(…と呼ぶ,…という). ¶大家～她叫小兔子／みんなは彼女をうさぎちゃんと呼ぶ.
【3 接続】…にかかわらず. ¶～下不下雨,咱们干咱们的／雨が降る降らないにかかわらず,われわれは同じようにやりましょう.
【4 量】細長い円筒形のものを数える. ¶一～短笛／1本のピッコロ.
【H】①管. パイプ. ¶胶皮～子／ゴムホース. ②管楽器. ③管状のもの. ¶电子～／電子管.

**guǎnbǎo**【管保】動 保証する. 請け合う. ¶照这样做,没错儿／こういうふうにやれば絶対にまちがいない.

**guǎnbuliǎo**【管不了】動+可補(多すぎて)かまいきれない；制御できない.

**guǎnbuzhù**【管不住】動+可補 制御

# guǎn

しおおせない.
- **guǎncái**【管材】(名) 管状の材料.
- **guǎndào**【管道】(名) **1** (水蒸気・ガス・水などの)パイプ. **2** (電軍)コマンドライン(の)パイプ. **3** (方)道筋.
- **guǎndào méiqì**【管道煤气】(名) 都市ガス.
- **guǎnduàn**【管段】(名) 管轄区域.
- **guǎn//fàn**【管饭】(動) 食事付きにする.
- **guǎnfēngqín**【管风琴】(音) パイプオルガン.
- **guǎnjiāpó**【管家婆】(名) **1** (旧)地主や官僚などの家の女中頭. **2** おかみさん.
- **guǎnjia**【管家】(名) **1** (旧)地主や官僚の家の執事. **2** 管理人.
- **guǎnjiàn**【管见】(名)(書)(謙)管見.
- **guǎnjiào**【管教】(動) **1** (子供を)しつける. **2** 管理教育する. **3** 保証する.
- **guǎnjiè**【管界】(名) **1** 管轄地区. **2** 管轄地区の境界.
- **guǎnjǐng**【管井】(名) ポンプ式の井戸.
- **guǎnkòng**【管控】(動) 管理しコントロールする.
- **guǎnkuī**【管窥】(名) 管見.
- **guǎn kuī lí cè**【管窥蠡测】(成) 視野が狭く見識が浅い.
- **guǎnlǐ**【管理】(動) **1** 管理する. **2** 取り締まる. ¶~犯人 / 犯人を取り締まる.
- **guǎnlù**【管路】(名)(機) パイプライン.
- **guǎnpiàn**【管片】(名)(~儿)管轄区域.
- **guǎnqiánzi**【管钳子】(名)(機) パイプレンチ.
- **guǎnqū**【管区】(名) 管轄地域.
- **guǎn/shì**【管事】(動)(1)**1** 管理する. **2**(~儿)効き目がある. (2)(名)(旧)庶務係;執事.
- **guǎnshù**【管束】(動) 拘束する.
- **guǎnxiá**【管辖】(動) 管轄する.
- **guǎnxián**【管弦】(名) 管楽器と弦楽器.
- **guǎn xiánshì**【管闲事】 おせっかいを焼く.
- **guǎnxiányuè**【管弦乐】(名)(音) 管弦楽.
- **guǎnxiàn**【管线】(建) パイプや電線.
- **guǎnyā**【管押】(名)(法)(一時的に)拘禁する.
- **guǎnyǒng**【管涌】(名)(筒状の穴から湧き出る水)堤防の漏水.
- **guǎn//yòng**【管用】(動) 役に立つ.
- **guǎnyuèqì**【管乐器】(名)(音) 管楽器.
- **guǎnzhì**【管制】(動) 管制される. 取り締まる. コントロールする;拘束する. **2**(法)(刑罰の一種)管制.
- **guǎn zhōng kuī bào**【管中窥豹】(成) 見識が狭い.
- **guǎnzi**【管子】(名)(方) **1** おかまいなしに. **2** ひたすら…(する).
- **guǎnzi**【管子】(名) **1** 管. パイプ. **2** (音)ひちりき.
- **guǎnzuò**【管座】(名) ソケット.

# 鳤 观 贯 冠 掼 惯

- 鳤 **guǎn**【䱅】(名)(魚) 銀白色の淡水魚の一種.
- 观 **guàn**【观】(観) (名) 道教の寺院. 道観. ‖姓 異読⇒guān
- 贯 **guàn**【贯】**1**(量)(旧時の通貨の単位)ひもに通した穴あき銭1千個(銭千文)が1"貫". (動) **1** 貫く. 突き通す. ¶→~穿. **2**(1)列に連なる. ¶鱼~ / ひとつながりにして. ‖姓
- **guànchè**【贯彻】(動) 貫徹する. 徹底的に行う.
- **guànchuān**【贯穿】(動) 貫く. **2**→guànchuān【贯串】
- **guànchuān**【贯穿】(動)(主張を)貫く. 首尾一貫する.
- **guànkǒu**【贯口】(名) 早口で歌ったり, 語ったりする大衆芸.
- **guànqì**【贯气】(名)(風水で)地脈が貫通する.
- **guàntōng**【贯通】(動) **1** 学術・思想などに精通する. **2** 貫通する.
- **guànzhòng**【贯众】(名)(植) ヤブソテツ; (中顎)貫衆(かん).
- **guànzhù**【贯注】(動) **1** (精神や精力を)集中する. **2** (文意などが)一貫する.
- 冠 **guàn**【冠】(動)(書) **1** 冠する. 付加する. ¶在队名前~ / 以所在の地区名 / チーム名の前に所在地の名をつけ加える. **2** (書)冠・帽子をかぶる. (動) 第1位を占める. ¶→~军. ‖姓 異読⇒guān
- **guàncí**【冠词】(名) 冠詞.
- **guànjūn**【冠军】(名)(体) 優勝;優勝者. ¶获得~ / 優勝する.
- **guànjūnsài**【冠军赛】(名) 選手権大会.
- **guànmíngquán**【冠名权】(名)(企業の名義で)優勝カップを出す権利.
- 掼 **guàn**【掼】(動)(方) **1** 投げる. 投げつける. 放っておく. **2**(物の一端を握ってもう一端を)たたきつける, たたき下ろす. **3** 転じる;転げる.
- **guàn/jiāo**【掼交】(動) 相撲をとる.
- **guàn//jiāo**【掼跤】(動)→guàn/jiāo【掼交】
- **guàn shāmào**【掼纱帽】(慣) 腹をたてて辞職する.
- 惯 **guàn**【惯】(動) **1** 慣れる. 習慣になる. ¶乡下生活我已经~了 / 田舎の暮らしにはもう慣れた. ¶看不~ / 見慣れない;気に食わない. **2**(子供を)甘やかす. 放任する.
- **guànchǎng**【惯常】(1) (形) 手慣れている. いつも. (2) (名) ふだん.
- **guàndào**【惯盗】(名) 常習の窃盗犯.
- **guànfàn**【惯犯】(名) 常習犯.
- **guànfěi**【惯匪】(名) 常習の強盗.
- **guànjì・guànjì**【惯技・惯伎】(貶) 常套手段.
- **guànjiā**【惯家】(名)(貶) したたか者.
- **guànlì**【惯例】(名) 慣例.
- **guànliàng**【惯量】(名)(物) 慣性質量.
- **guànpiàn**【惯骗】(名) 根っからの詐欺師.
- **guànqiè**【惯窃】(名) 常習的な窃盗(犯).

**guàntōu**【惯偷】[名]盗み癖(のある人)．
**guànxìng**【惯性】[名]〈物〉慣性．
**guànyòng**【惯用】[动]常用する．いつも用いる．
**guànyòngyǔ**【惯用语】[名]〈語〉慣用語．
**guànyú**【惯于】[动]…に慣れている．
**guànzéi**【惯贼】[名]常習の窃盗犯．
**guànzòng**【惯纵】[动]甘やかす．

盥 **guàn**[🔲](手や顔を)洗う．

**guànshù**【盥漱】[动]顔を洗い口をすすぐ．
**guànxǐ**【盥洗】[动]手や顔を洗う．

灌 **guàn**[动]**1** 水をやる；灌漑(ぷ)する．**2** (液体・気体・顆粒など)中に入れる．中に注ぐ．吹き込む．¶桶里一满了啤酒/たるをビールでいっぱいにする．**3** 録音する．吹き込む．
‖[姓]

**guàn//cháng**【灌肠】[动]〈医〉浣腸(笠)する．
**guànchang**【灌肠】[名]ソーセージの一種；腸詰め．
**guàndǐng**【灌顶】[名]〈仏〉頭に水を注ぐ儀式・法要(笠)．
**guàngài**【灌溉】[动]灌漑する．
**guàngàiqú**【灌溉渠】[名]用水路．
**guàn/jiāng**【灌浆】[动]**1**〈建〉(れんがや石のすきまに)モルタルを流し込む．**2**〈農〉胚乳が乳状になる．乳熟．**3**〈医〉(疱疹が)化膿する．
**guànlù**【灌录】[动]録音(録画)する．
**guàn mǎniào**【灌马尿】[慣]酒を食らう．
**guàn mǐtang**【灌米汤】[慣]甘言でおだてる．
**guànmù**【灌木】[名]灌木．
**guànqū**【灌区】[名]灌漑区．
**guànqú**【灌渠】[名]灌漑水路．
**guànshū**【灌输】[动]**1** 水を引き入れる．**2**(思想や知識などを)教え込む．
**guànshuǐ**【灌水】[动]〈電算〉掲示板に無意味なことを書き込む．
**guànshuǐ wénjiàn**【灌水文件】[名]〈電算〉(掲示板の)無意味な書き込み．ネットあらし．
**guànxǐ**【灌洗】[动]〈医〉洗净する．
**guàn//yīn**【灌音】[动]録音する．
**guànzhì**【灌制】[动](レコードやテープを)録音して制作する．
**guànzhù**【灌注】[动]注ぎ込む．
**guànzhuāng**【灌装】[动](液体や気体を)充填する．

鹳 **guàn**[名]〈鳥〉コウノトリ．¶白~/コウノトリ．¶黑~/ナベコウ．

罐 **guàn**[名]**1**(～儿)缶．小さななつぼ．¶茶叶~儿/茶筒．**2**〈鉱〉トロッコ．

**guànchē**【罐车】[名]タンク車．タンクローリー．
**guànlóng**【罐笼】[名]〈鉱〉ケージ．立坑の昇降台．

**guànmèn**【罐焖】[动]とろ火で煮込む．
**guàntou**【罐头】[名]缶入り．
**guànzhuāng**【罐装】[形]缶入りの．
**guànzi**【罐子】[名]広口の容器．

## guang《ㄍㄨㄤ》

光 **guāng**❶[形]つるつるしている．すべすべしている．

「動詞+"光"で「きれいさっぱり何もない；…し尽くす」ことを表す．¶吃~/残さず食べる．¶用~/使い果たす．

❷[动]身体の一部を)むき出しにする．あらわにする．¶~屁股/尻を丸出しにする．
❸[副]ただ．だけ．¶~吃肉不吃菜/肉ばかり食べて，野菜を食べない．
❹[名]**1**光．光線(《)．[道,条,丝,束]**2** 名誉．光栄．
[🔲]①景色．¶风~/風景．②輝かせる．▲"光采"とも．

**guāngba**【光巴】[动]〈方〉裸になる．
**guāngbān**【光斑】[名]〈天〉(太陽の)白斑(笠)．
**guāngbānr**【光斑儿】[名]**1** 毛皮の毛がすり切れて地肌が見えているもの．**2**（旧）模様や字のない銅貨．
**guāngbǐ**【光笔】[名]ペン状のコンピュータ入力装置．
**guāngbiāo**【光标】[名]〈電算〉カーソル．
**guāngbō**【光波】[名]〈物〉光波．
**guāngcǎi**【光彩】**1**[名]彩り．**2**[形]光栄である．▲"光采"とも．
**guāng cǎi zhào rén**【光彩照人】(成)大きな功績などほまれである．
**guāngcàncàn**【光灿灿】[形](～的)《まばゆく光るさま》きらきらしている．
**guāngchì**【光赤】[形]裸になる．
**guāngchǒng**【光宠】[名]〈書〉恩恵．
**guāngcúnchǔqì**【光存储器】[名]〈電算〉光メモリー．MO．
**guāngdà**【光大】[动]〈書〉輝かす；盛大にする．
**guāngdài**【光带】[名]〈物〉光の縞模様．
**guāngdàn**【光蛋】[名]〈方〉一文なし．
**guāngdāo**【光刀】[名]**1** レーザーメス．**2** レーザービーム．
**guāngdǎo xiānwéi**【光导纤维】[名]光ファイバー．
**guāngdiànchí**【光电池】[名]〈電〉光電池．
**guāngdiànguǎn**【光电管】[名]〈電〉光電管．
**guāngdiànzǐ**【光电子】[名]〈物〉光電子．
**guāngdié**【光碟】[名]〈電算〉CD．CD-ROM．
**guāngdù**【光度】[名]〈物〉光度．
**guāng fēng jì yuè**【光风霁月】(成)心が清らかでわだかまりがない．
**guāngfúshè**【光辐射】[名]光放射．核爆発による熱熱の光．
**guāngfù**【光复】[动](滅びた国を)建て

## guāng

**guǎngǎnr**【光感儿】[名]1 花や葉のすっかり落ちた草木. 2 独りぼっち.
**guǎnggù**【光顾】[動]ご愛顧を賜る.
**guāng guài lù lí**【光怪陆离】(成)色とりどりで奇怪な様相を呈している.
**-guāngguāng**【~光光】[接尾]形容詞や名詞の後につき「つやつやかな」「すっかりない」様子を表す状態形容詞を作ったり,語幹を強調したりする)
**guāngguàn**【光棍】[名]1 ごろつき. 2 〈方〉目先のきく人.
**guānggùnr**【光棍儿】[名]男やもめ.
**guānghé zuòyòng**【光合作用】[名](植)光合成.
**guānghuá**【光华】[名]明るい輝き.
**guānghuá**【光滑】[形]つるつるしている.
**guānghuàxué yānwù**【光化学烟雾】[名]光化学スモッグ.
**guānghuà zuòyòng**【光化作用】[名]〈化〉光化学作用.
**guānghuán**【光环】[名]1〈天〉星の環. 2 光の環. 3〈宗〉光輪;後光.
**guānghuī**【光辉】[形]輝かしい. ❶~的历程/輝かしい道程. ❶~的動物/輝かしい業績.
**guāng/huǒ**【光火】[動]〈方〉怒る.
**guāngjié**【光洁】[形]つややかできれいである.
**guāngjiě zuòyòng**【光解作用】[名]〈化〉光分解.
**guāngjǐng**【光景】❶[名]1 光景; 2 境遇. 3 前後, くらい. ❷[副]〈方〉たぶん,だろう.
**guāngkòng**【光控】[名]光(による)コントロール.
**guānglǎn**【光缆】[名]光ケーブル.
**guāngliàng**【光亮】1[形]ぴかぴかしている. 2[名]明かり.
**guāngliáo**【光疗】[名]〈医〉光線療法.
**guānglín**【光临】[動]光臨を賜る.
**guāngliūliū**【光溜溜】[形]1〈~的〉つるつるしている. 2 丸裸である.
**guāngliu**【光溜】[形]〈口〉なめらかである.
**guāngmáng**【光芒】[名]〈強烈な〉光線.光芒.
**guāng máng wàn zhàng**【光芒万丈】(成)光がきらきらとあたり一面に輝く.
**guāngmiàn**【光面】[名]1 なめらかな表面. 2 具の入っていない麺.
**guāngmíng**【光明】❶[名]1 輝き;希望. ❷[形]1 光り輝く. 2 前途に満ちた. 希望に満ちた. 3 公明正大である.
**guāng míng lěi luò**【光明磊落】(成)公明でさっぱりしている.
**guāng míng zhèng dà**【光明正大】(成)公明正大である.
**guāngnǎo**【光脑】[名]〈電算〉光コンピュータ.
**guāngnéng**【光能】[名]〈物〉光エネルギー.
**guāngnián**【光年】[名]〈天〉光年.

**guāngpán**【光盘】[名]1 CD-ROM; CD. 2 光ディスク.
**guāngpánjī**【光盘机】[名]CDプレーヤー; CD-ROMドライブ.
**guāngpǔ**【光谱】[名]〈物〉スペクトル.
**guāngqì**【光气】[名]〈化〉ホスゲン.
**guāng qián yù hòu**【光前裕后】(成)先祖の名誉を高め,子孫に幸福をもたらす.
**guāngqiú**【光球】[名]〈天〉光球.
**guāngqū**【光驱】[名]〈電算〉CD-ROMドライブ.
**guāngquān**【光圈】[名]〈写真〉(レンズの)絞り.
**guāngróng**【光荣】1[形]光栄である. 栄誉ある. 2[名]栄誉.
**guāngróngbǎng**【光荣榜】[名]すぐれた人々を表彰する掲示.
**guāngrùn**【光润】[形]〈皮膚などが〉つややかである.
**guāngshān**【光栅】[名]〈物〉回折格子.
**guāngshǎnshǎn**【光闪闪】[形]〈~的〉きらきら光る.
**guāngshù**【光束】[名]〈物〉光束.
**guāngsù**【光速】[名]〈物〉光速.
**guāngtang**【光趟】[形]〈方〉つるつるしている.
**guāng tiān huà rì**【光天化日】(成)白昼.
**guāngtōngliàng**【光通量】[名]〈物〉光束(密度).
**guāngtōngxìn**【光通信】[名]光通信.
**guāng/tóu**【光头】❶[動]帽子をかぶらない. ❷[名]1 坊主刈りの頭. 2 はげ頭.
**guāngtūtū**【光秃秃】[形]〈~的〉丸裸である. すっかりはげている.
**guāngwǎngluò**【光网络】[名]〈電算〉光ネットワーク.
**guāngwūrǎn**【光污染】[名]光公害.
**guāngxiān**【光纤】[略]光ファイバー.
**guāngxiān**【光鲜】[形]1 明るくてつややかである. 2〈方〉光栄である.
**guāngxiān diànlǎn**【光纤电缆】[名]光ケーブル.
**guāngxiān tōngxìn**【光纤通信】[名]光ファイバー通信.
**guāngxiàn**【光线】[名]〈物〉光線.
**guāngxíngchā**【光行差】[名]〈天〉光行差.
**guāngxué**【光学】[名]光学.
**guāngxué bōlí**【光学玻璃】[名]〈物〉光学ガラス.
**guāngxué sǎomiáoqì**【光学扫描器】[名]オプティカルスキャナ.
**guāngxué zìfú yuèdúqì**【光学字符阅读器】[名]光学式文字読取り装置. OCR.
**guāngyā**【光压】[名]〈物〉光圧.
**guāngyàn**【光艳】[形]鮮やかで美しい.
**guāngyàn**【光焰】→ **guāngmáng**【光芒】
**guāngyáng**【光洋】[名]〈方〉銀貨.
**guāngyào**【光耀】1[名]輝き;栄光.

**guàng**

2 動 輝かしいものにする.
3 形 輝かしい.

**guāngyīn**［光阴］名 1 年月. 時間. 2 方 暮らし.
**guāngyuán**［光源］名〈物〉光源.
**guāngzé**［光泽］名 光沢. つや.
**guāngzhào**［光照］名 日照.
**guāngzhàodù**［光照度］名 照度.
**guāngzhēn**［光针］名 金属針のかわりにレーザーを使う針灸装置.
**guāngzhù**［光柱］名 光束.
**guāngzǐ**［光子］名〈物〉光子.フォトン.
**guāng zōng yào zǔ**［光宗耀祖］成 祖先の名を上げる.

**咣 guāng** 擬 がぁん. ごぉん. ばたん.

**guāngdāng**［咣当·咣啷］擬 重量感のあるものが回転や移動して打ち当たるときの音 ごっとん.
**guānglāng**［咣啷］擬〈金属製のものが堅い物に打ち当たって出す大きな音〉がらん. どたん.

**洸 guāng** → 地名用字. ¶ 洽Hán～／広東省にある地名.

**桄 guāng** ❶ 異読 ⇒ guàng

**guāngláng**［桄榔］名〈植〉サトウヤシ（の実）.

**胱 guāng** → **pángguāng**［膀胱］

**广（廣）guǎng** 形 面積や範囲などが 広い.
H ① 多い. ¶ 大陸一众／大ぜいの人のいる場所. ② 広める. 広げる. ¶ 推一／押し広める. ③ 広い. ¶ 地一人稀／地は広く人まばら. ④ 広州; 広東. ¶ ～綉／広東刺繍. ‖ 異読 ⇒ ān
**guǎngbǎn**［广板］名〈音〉ラルゴ.
**guǎngbō**［广播］1 動〈ラジオ·テレビ·有線など〉放送する. ¶ 广播, 放送. 番組. ¶ 听一／ラジオを聞く. 2 名放送.
**guǎngbō diàntái**［广播电台］名 放送局.
**guǎngbōduàn**［广播段］名〈電〉放送波長.
**guǎngbōjù**［广播剧］名 放送劇. ラジオドラマ.
**guǎngbō tǐcāo**［广播体操］名 ラジオ体操.
**guǎngbó**［广博］形 該博である.
**guǎngchǎng**［广场］名 広場.
**guǎngdà**［广大］1 形（空間的に）広大である. 2（規模が）大きい. 3 幅広い. 大勢の.
**Guǎngdōng**［广东］名〈地名〉広東（ト）省.
**Guǎngdōngcài**［广东菜］名 広東料理.
**guǎngdōngguō**［广东锅］名〈両手のついた）中華鍋.
**Guǎngdōngxì**［广东戏］名 広東戯の伝統劇.
**Guǎngdōng yīnyuè**［广东音乐］名 広東音楽.
**guǎngdù**［广度］名 広さ, 範囲.
**guǎng ér yán zhī**［广而言之］成

既して言えば.
**guǎngfàn**［广泛］形 多方面にわたっている. 広範である. ¶ ～征求意见／広く意見を求める.
**guǎnggān**［广柑］名〈植〉広東省産の ネーブル.
**guǎnggào**［广告］名 広告. CM.
**guǎnggàoshān**［广告衫］名 広告がプリントしてある服.
**Guǎnghángōng**［广寒宫］名 月にあるといわれる伝説上の宮殿.
**guǎnghuò**［广货］名 広東省産の日用雑貨.
**Guǎngjiāohuì**［广交会］名（略）広州交易会.
**guǎngjiǎojìng**［广角镜］名 1 広角レンズ. 2 喩 視野を広げる事物.
**guǎngjiǎo jìngtóu**［广角镜头］名 広角レンズ.
**guǎng kāi cái lù**［广开财路］成 広く財源を切り開く.
**guǎng kāi yán lù**［广开言路］成 広く言論発表の道を開く.
**guǎngkuò**［广阔］形 広大である.
**guǎngmào**［广袤］名 1 土地の面積. 2 形 広大である.
**guǎngmò**［广漠］形〈書〉広漠たる. 広々とした.
**guǎng tǔ zhòng mín**［广土众民］成 広大な土地とたくさんの人々.
**Guǎngxī**［广西］名〈地名〉広西（ド）チワン族自治区.
**guǎngxiù**［广绣］名 広東産の刺繍.
**guǎngyán**［广延］動〈物〉広げ伸ばす.
**guǎngyì**［广义］名 広義.
**guǎngyǒu**［广有］動 たくさん持っている.
**guǎngyùwǎng**［广域网］名 WAN. 広域ネットワーク.
**guǎngyù xìnxī**［广域信息］名 広域ネットワーク情報.
**guǎngyuǎn**［广远］形 広大で深遠である.
**guǎng zhòng bó shōu**［广种薄收］成 作付け面積が広いわりに単位面積当たりの収量が少ない.
**Guǎngzhōu**［广州］名〈地名〉広州（ド）.

**犷（獷）guǎng** H 粗野である.
¶ 粗一／同上.
**guǎnghàn**［犷悍］形 荒っぽく猛々しい.
**guǎngsú**［犷俗］名 粗野な習わし.

**桄 guàng** 1 名〈～儿〉糸巻きの糸. 2 量〈～儿〉糸巻きの糸. かせ糸. 3 量〈～儿〉かせ糸を数える.
異読 ⇒ guāng
**guàngzi**［桄子］名 糸をかけて巻いておく道具. かせ.

**逛 guàng** 動 ぶらぶらする. 散歩する. ¶ ～大街／街を見物する.
**guàngdang**［逛荡］動 ぶらつく.
**guàng**［dēng］逛灯］動 旧暦正月15日（灯节）の夜, 街へちょうちん見物

guàng yáozi [逛窑子]〈旧〉女郎を買う. 買春する.
guàngyou [逛游]〈動〉ぶらぶらする.

# gui 《ㄍㄨㄟ》

归(歸) guī ❶〈動〉1（分散していたものを）まとめる. 集める. ¶把行李～到一块儿／荷物を1か所にまとめる. 2 …に属す. …に帰属する. ¶这房房子～儿子了／この家は息子のものとなった. 3 (…する…)…にとどめる；…にとどまるが，…. ¶吵架～吵架, …／けんかはするが，….
❷〈前〉…が…することになる〔なっている〕. ¶饭→男的做, 菜→女的做／ご飯は男が炊き, おかずを女が作る.
‖→〈→〉国. ⦅返る；返る〉. ¶→〈→〉还huán. ‖〈姓〉
guī//àn [归案]〈動〉事件が解決する.
guībìng [归并]〈動〉1 合併する. 2 まとめる.
guīcháo [归巢]〈動〉鳥が巣に帰る. ¶〈喻〉家に帰る.
guīchéng [归程]〈名〉帰途.
guīchú [归除]〈名〉〈数〉珠算で除数が2けた以上の割り算.
guī//dàng [归档]〈動〉(書類など)分類して保存する.
guī//duì [归队]〈動〉1 原隊に戻る. 2 本職に戻る.
guīfù [归附]〈動〉帰順する. 支配下に入る.
guī//gēn [归根]〈動〉ルーツに戻る. ¶～到底／結局. とどのつまり.
guī gēn jié dǐ [归根结底]〈成〉結局. とどのつまり. ▲"归根结柢"とも.
guī//gōng [归公]〈動〉公有に帰する.
guīgōng [归功]〈動〉の功績とする.
guīguó [归国]〈動〉〈書〉帰国する.
guīháng [归航]〈動〉(飛行機や船が)帰航する. ¶～飞行／帰りの飛行.
guīhuán [归还]〈動〉返却する.
guīhuí [归回]〈動〉帰る.
guījié [归结]❶〈動〉まとめる. ❷〈名〉結末. 結果.
guījiù [归咎]〈動〉罪を人になすりつける. (…の)せいにする.
guī/kǒu [归口]〈動〉1 一定の管理系統に集約する. 2 本業に戻る.
guīlái [归来]〈動〉帰ってくる.
guī//lèi [归类]〈動〉分類する.
guīlǐbāodǔr [归里包堆]〈副〉〈～儿〉〈方〉全部ひっくるめて.
guīlǒng [归拢]〈動〉1か所にまとめる.
guīmiùfǎ [归谬法]〈名〉〈数〉帰謬（びゅう）法.
guīnà [归纳]〈動〉1 論理的にまとめる. 2〈論〉帰納する.
guīníng [归宁]〈動〉〈書〉(嫁が)里帰りする.
guīqí [归齐]〈副〉〈方〉1 結局のところ. 2 全部で.
guīqiáo [归侨]〈名〉帰国した華僑.
guīrù [归入]〈動〉繰り入れる.
guīshǔ [归属]〈動〉帰属する.
guīshùn [归顺]〈動〉帰順する.
guīsù [归宿]〈名〉落ち着き先.
guī//tiān [归天]〈動〉〈婉〉死亡する.
guītián [归田]〈動〉官職を辞して帰郷する.
guītú [归途]〈名〉帰途.
guī//wèi [归位]〈動〉元の場所(あるべき所)に戻す.
guī/xī [归西]〈動〉〈婉〉死ぬ. 西方浄土へ旅立つ.
guīxiáng [归降]〈動〉投降する.
guīxiàng [归向]〈動〉(政治的によい方に)つく.
guīxīn [归心]❶〈名〉帰りたい心. ❷〈動〉帰順する.
guīxǐng [归省]〈動〉〈書〉帰省する.
guīyī [归依]〈動〉1〈書〉→guīyī. 2〈書〉頼る.
guī//yīn [归阴]〈動〉〈婉〉死ぬ.
guīyǐn [归隐]〈動〉〈書〉田舎に帰り隠居する.
guīyú [归于]〈動〉1 …に属する. …のものである. ¶最后胜利～我们／最後の勝利は我々のものだ. 2 (…の結果…の状態)になる.
guīzhe [归着]→guīzhì [归置]
guīzhēn [归真]〈動〉1〈仏教・イスラム教で〉死ぬこと. 2 →fǎn pú guī zhēn [返朴归真].
guīzhěng [归整]〈動〉片付ける.
guīzhì [归置]〈動〉〈口〉片付ける.
guīzǒng [归总]❶〈動〉まとめ上げる. ❷〈副〉全部で.
guīzuì [归罪]〈動〉罪をなすりつける.

圭 guī ❶〈名〉1 (玉器の一種)圭(けい). 2 中国古代の天文計器. ❷〈量〉(古代の容積の単位) 1升の10万分の1. ‖〈姓〉
guībiǎo [圭表]〈名〉〈天〉中国古代の天文計器.
guījiǎo [圭角]〈名〉切っ先；兆し.
guīniè [圭臬]〈名〉1〈書〉→ guībiǎo [圭表]. 2〈喻〉規準.
Guīyànà [圭亚那]〈名〉〈地名〉ガイアナ.

龟(龜) guī〈名〉〈動〉カメ. [只]
‖異読→jūn, qiū
guībǎn [龟板]〈名〉カメの腹甲.
guībèi [龟背]〈名〉〈中医〉背が曲がっていること.
guīfū [龟趺]〈名〉石碑の下のカメの形をした台座.
guījiǎ [龟甲]〈名〉カメの腹甲.
guījiàn [龟鉴]〈名〉かがみ. 手本.
guījìng [龟镜]〈名〉〈婉〉かがみ. 手本.
guīlíng [龟龄]〈名〉カメの寿命の長いこと；〈喻〉長寿. ▶"龟鹤"とも.
guīsuō [龟缩]〈動〉カメが頭を甲の中に入れるように〕縮こまる.
guītóu [龟头]〈名〉〈医〉亀頭.

## 妫(媯・嬀) guī 地名用字.‖[姓]

## 规 guī🔴 ①規則. しきたり. ¶校～/校則. ②コンパス. ¶圆～/コンパス. ③いさめる. 忠告する. ¶～勉/いましめ励ます. ④計る. 計画する. ¶～避/避. ‖[姓]

guībì【规避】[动]〈书〉なんとかして逃れる.
guīchéng【规程】[名]規程. 规则.
guīdìng【规定】1 [动]規定する. 定める. ¶～时间/期限を決める. 2 [名]規定. 定め. 決まり.
guīdìng dòngzuò【规定动作】[体]規定演技.
guīfàn【规范】[名]規範. 標準. 2 [形]規範に合う. ¶～化/規範化する.
guīfànhuà【规范化】[动]規範化する.
guīfèi【规费】[名](公的サービスの)手数料.
guīfù【规复】[动]〈书〉(機構や制度が)旧制に戻る.
guīgé【规格】1 [名](製品の)規格. 2 [仏]待遇のランク.
guīhuà【规划】1 [动]企画する. 2 [名](長期的)計画. プラン.
guījiàn【规谏】[动]〈书〉いさめる.
guījiè【规诫】[动]〈书〉戒める. ▲"规戒"とも.
guījù【规矩】1 [名]決まり. 規則. 習わし. 2 [形]品行が正しい. 行儀がよい.
guīlǜ【规律】[名]法則. 秩序.
guīlǜxìng【规律性】[名]規律性.
guīmó【规模】[名]規模.
guīmó xiàoyì【规模效益】[経]スケールメリット.
guīquàn【规劝】[动]忠告する.
guī xíng jǔ bù【规行矩步】〈成〉1 規則に合わせて行動する. 2 しきたりを墨守して融通がきかない.
guīyuē【规约】[名]規約.
guīzé【规则】1 [名]規則. ルール. 2 [形]規則正しい. 整然とした.
guīzhāng【规章】[名]規則.
guīzhěng【规整】1 [形]きちんと整っている. 2 [动]整理する.
guīzhèng【规正】1 [动]〈书〉忠告して正す. ¶～风俗/風俗を正す. 2 [形]整然としている.
guīzhì【规制】1 [名]規則. 制度. 2 [名](建築物の)規模と形態.

## 邽 guī 地名用字. ¶下～/陕西省にある地名. ‖[姓]

## 皈 guī ❶

guīyī【皈依】[动]〈宗〉帰依する.

## 闺 guī ① 小さなアーチの門. ② 婦人の寝室. ¶寝室/深宮室.
guīfàn【闺范】[名]〈旧〉女性が守るべき道徳基準.
guīfáng【闺房】[名]〈旧〉女性の居室.
guīgé【闺阁】[名]→guīfáng【闺房】
guīkǔn【闺阃】[名]〈旧〉女性の住む所.

guīmén【闺门】[名](女性の)寝室の戸.
guīméndàn【闺门旦】[劇]深窓の令嬢や天真爛漫な若い娘.
guīnǚ【闺女】[名]1 未婚の女性. 2 〈口〉娘.
guīxiù【闺秀】[名]〈旧〉名家の娘.

## 硅 guī [名]〈化〉珪素(けいそ). Si.

guīfèi【硅肺】[医]珪肺(けいはい).
guīgāng【硅钢】[名]〈冶〉珪素鋼.
guīgǔ【硅谷】[名]シリコン・バレー.
guīhuà【硅化】[名]〈化〉硅化.
guījiāo【硅胶】[名]〈化〉シリカゲル.
guīpiàn【硅片】[名]シリコンチップ.
guīsuān【硅酸】[名]〈化〉硅酸.
guīzǎo【硅藻】[名]〈植〉ケイソウ.
guīzhuān【硅砖】[名]シリカれんが.

## 瑰 guī 珍奇な.

guībǎo【瑰宝】[名]貴重な宝物.
guīlì【瑰丽】[形]〈书〉非常に美しい.
guīqí【瑰奇】[形]美しくて珍しい.
guīwěi【瑰玮・瑰伟】[形] 1 (品質・人柄が)すばらしい. 2 (辞句が)美しい.

## 鲑 guī [名]サケ. ¶～鱼/サケ.

## 氿 guǐ [名]氿泉(きせん). 横から噴出する泉のこと. 異読⇒jiǔ

## 宄 guǐ →jiānguǐ【奸宄】

## 轨 guī🔴 ①レール; 軌道. ¶钢～/レール. ②(守るべき)やり方, 規則, 秩序. ¶越～/常軌を逸する.
guǐdào【轨道】[名] 1 (鉄道の)レール. 2 (天体・物体の)軌道. 3 (本来あるべき)路線.
guǐdàohéng【轨道衡】[名]線路ばかり.
guǐdù【轨度】[名]〈书〉法度. おきて.
guǐfàn【轨范】[名]規範. 手本.
guǐjì【轨迹】[名] 1 (数)軌跡. 2 (天)軌道. 3 〈喩〉人生の歩み; 物事の発展の道筋.
guǐjìqiú【轨迹球】[電算]トラックボール.
guǐjù【轨距】[名](鉄道の)ゲージ.
guǐzhé【轨辙】[名]〈书〉わだち; 〈喩〉前人の行跡.
guǐzhěn【轨枕】[名]枕木.

## 庋(庪) guǐ 〈书〉 1 [名]物を置く棚. 2 [动]物を置く; 保存する. ¶～藏cáng/ 物を保存する.

## 匦 guǐ [名]箱. ¶票～/投票箱.

## 诡 guǐ 〈书〉① 欺く. ずる賢い. ¶～计. ②怪しい. 奇異な. ¶～异.
guǐbiàn【诡辩】[动]詭弁を弄する.
guǐchēng【诡称】[动]詐称する.
guǐdàn【诡诞】[名]虚妄. でたらめ.
guǐguài【诡怪】[形]怪しい. 奇異である.
guǐjì【诡计】[名]詭計. ペテン. ¶～多端/悪知恵にたける.
guǐjué【诡谲】[形]〈书〉1 怪しい. 奇怪である. 2 でたらめである. 3 狡

## guǐ

滑である. ずるい.

**guǐmí**【诡秘】[形]〈書〉(行動・態度が)秘密めいた, とらえがたい.

**guǐqí**【诡奇】[形]奇異である.

**guǐyì**【诡异】[形]奇異である.

**guǐzhà**【诡诈】[形]悪賢い. ずるい.

### 鬼 guǐ
❶❶[名] **1** 死者の魂；幽霊. ¶~闹／お化けが出る. **2**〈人に対する蔑称に用いる〉¶胆小～／臆病者. ¶酒～／飲んべえ. **3**〈子供への愛称に用いる〉¶小～／小僧. ちび. **4** 悪巧み；うしろめたいこと. ¶心里有鬼／心中やましいところがある. **5** 〈二十八宿の〉たまおのぼし. ❷[形] (口) 〈子供ştern動物が〉賢い. すばしこい.
🔁[形] ❶陰険である. こそこそした. ¶～脸／~睐. ❷ひどい；劣悪な. ¶~天气／いやな天気.

**guǐbāguà**【鬼八卦】[名] 悪巧み. 詭計.

**guǐbǎxì**【鬼把戏】[名] 陰険な手段. 悪巧み.

**guǐbǐ**【鬼笔】[名]〈植〉スッポンタケ科のきのこ.

**guǐcái**【鬼才】[名] 鬼才. 特殊な才能 (を持つ者).

**guǐdào**【鬼道】[形] 〈子供が〉利発である.

**guǐdiǎnzi**【鬼点子】[名] 悪知恵. 悪巧み.

**guǐfēng gēda**【鬼风疙瘩】[名]〈方〉じんましん.

**guǐ fǔ shén gōng**【鬼斧神工】〈成〉建築や彫刻などが精巧なこと.

**guǐguài**【鬼怪】[名] 幽霊と妖怪.

**guǐguǐsuìsuì**【鬼鬼祟祟】[形]〈~的〉陰でこそこそしている.

**guǐhuà**【鬼话】[名] でたらめ. たわごと.

**guǐhuàfú**【鬼画符】[名] **1** 下手くそな字. **2** うそ. でたらめ.

**guǐhún**【鬼魂】[名] 亡霊. 幽霊.

**guǐhùn**【鬼混】[動] **1** のらりくらりと日を送る. **2** ふしだらな生活をする.

**guǐhuǒ**【鬼火】[名] 鬼火. 次に火.

**guǐjié**【鬼节】[名] 死者を祭る日の総称.

**guǐ kū láng háo**【鬼哭狼嚎】〈成〉大声で泣きわめくさま. ▲"鬼哭狼嗥"とも.

**guǐliǎn**【鬼脸】[名]〈~儿〉**1** 仮面. **2** おどけた顔. あかんべえ.

**guǐmèi**【鬼魅】[名]〈書〉化け物. 変化(げ).

**guǐménguān**【鬼门关】[名] 地獄の入り口；（喩）危険きわまりない場所.

**guǐ mí xīn qiào**【鬼迷心窍】〈成〉魔がさす.

**guǐmù**【鬼目】[名]〈植〉ノウゼンカズラ；(中薬)鬼目. 

**guǐshén**【鬼神】[名] 鬼神.

**guǐ shǐ shén chāi**【鬼使神差】〈成〉事柄の発生が意外である.

**guǐsuì**【鬼祟】[形] こそこそしている.

**guǐtāi**【鬼胎】[名] 悪巧み.

**guǐtìtóu**【鬼剃头】[名]〈俗〉円形脱毛症.

**guǐ tóu guǐ nǎo**【鬼头鬼脑】〈成〉こそこそするさま.

**guǐtóu**【鬼头】**1**[口][形]〈子供が〉利発でかわいい. **2**[名] 利発でかわいい子供.

**guǐwù**【鬼物】[名] 幽霊. おばけ.

**guǐxì**【鬼戏】[名] 亡霊や異界(がい)を描いた芝居.

**guǐ xiǎodé**【鬼晓得】〈慣〉だれにもわからない.

**guǐxióng**【鬼雄】[名]〈書〉亡霊の中の英雄.

**guǐyòngpǐn**【鬼用品】[名]〈死者を祭るのに用いる〉紙銭・紙馬など.

**guǐyù**【鬼蜮】[名]〈書〉**1** 人に危害を加えるもの. **2** 化け物.

**guǐzhēncǎo**【鬼针草】[名]〈植〉センダングサ.

**guǐzhǔyì**【鬼主意】[名] 悪知恵. 悪巧み.

**guǐzi**【鬼子】[名] 外国人に対する憎悪をこめた呼称.

**guǐzijiāng**【鬼子姜】[名]〈方〉〈植〉キクイモ.

### 姽 guǐ ❶

**guǐhuà**【姽婳】[形]〈書〉女性が見目麗しい.

### 癸 guǐ ❶ 十干の第10；癸(みずのと).

**guǐshuǐ**【癸水】[名] (生理) 月経.

### 晷 guǐ ❶ ❶ 日影；時間. ¶余~／暇な時間. ❷ 日時計. ¶日~／日時計.

### 柜 (櫃) guì ❶[名] **1** 〈~儿〉戸棚 (保管用の箱. たんす. **2** 帳場. 商店. ¶本~／当店.
異読→jú

**guìchú**【柜橱】[名] 食器戸棚.

**guìfáng**【柜房】[名] 帳場.

**guìshang**【柜上】[名] **1** 帳場. **2** 商店.

**guìtái**【柜台】[名]〈商店の〉カウンター；売り場.

**guìtái jiāoyì**【柜台交易】[名]〈経〉店頭取引.

**guìyuán**【柜员】[名]〈金融機関の〉カウンター係.

**guìyuánjī**【柜员机】[名] ATM. ¶自动~／ATM.

**guìzi**【柜子】[名] 戸棚. たんす.

### 炅 guì 姓
異読→jiǒng

### 刿 (劌) guì〈書〉傷つく；切る.

### 刽 (劊) guì ❶ 断ち切る.

**guìzishǒu**【刽子手】[名] **1** (旧) 首切り役人. **2** (喩) 人殺し.

### 贵 guì ❶ ❶[形]〈値段が〉高い. **2** ❷〈書〉貴ぶ. 重んじる.
🔁 ❶ 貴重である. ¶一~→重要的. ❷ 身分が高い. ¶~~族. ❸ 貴~

ご…. ¶~国/貴国. ¶~公司/御社. ‖[姓]
guìbīn【贵宾】[名] 貴賓.
guì ěr jiàn mù【贵耳贱目】(成) うわさを信じ,事実を軽んじる.
guìfēi【贵妃】[名](皇后に次ぐ)皇帝の妃(きさき).
guìgàn【贵干】[名]〈敬〉ご用.ご用件.
guìgēng【贵庚】[名]〈敬〉(相手の年齢を問う言葉)おいくつ.
guìjiàn【贵贱】[名]❶価格・地位などの高低.❷[副](方)いずれにせよ.
guìjīnshǔ【贵金属】[名] 貴金属.
guìkè【贵客】[名] 高貴な客.
guìrén【贵人】[名]❶身分の高い人.❷(古)(女官の名称)貴人.
guìxìng【贵姓】[名]〈敬〉お名前.¶您~?/お苗字は何とおっしゃいますか.
Guìyáng【贵阳】[名]〈地名〉貴陽(きよう).
guìyàng【贵恙】[名]〈敬〉ご病気.お加減.
guìzhòng【贵重】[形] 貴重である. ¶~物品/貴重品.
Guìzhōu【贵州】[名]〈地名〉貴州(きしゅう)省.
guìzhòu【贵胄】[名]〈書〉貴族の子弟.
guìzǐ【贵子】[名]〈敬〉人の息子.
guìzú【贵族】[名] 貴族.

## 桂 guì [名] 広西チワン族自治区の別称.
**H** ニッケイやシナモン・モクセイ・ゲッケイジュなど香りのする木.¶肉~/ニッケイ. ‖[姓]
guìguān【桂冠】[名] 月桂冠.
guìhuā【桂花】[名] モクセイ.
guìjù【桂剧】[名] 広西チワン族自治区に住む漢族の地方劇.
guìpí【桂皮】[名]〈植〉シナモン.セイロンニッケイ;(中薬)桂皮(けいひ).肉桂(にっけい).
guìyuán【桂圆】[名]〈植〉リュウガン.
guìzhú【桂竹】[名]〈植〉ケイチク.
guìzǐ【桂子】[名]〈書〉〈植〉モクセイ.

## 桧(檜) guì [名]〈植〉イブキ.ビャクシン.異読⇒huì
guìbǎi【桧柏】[名]〈植〉イブキ.

## 跪 guì [動] ひざまずく.¶~在地面/地面にひざまずく.
guìbài【跪拜】[動] ひざまずいて頭を地につけ拝礼する.
guìdǎo【跪倒】[動] ひれ伏す.
guìshè【跪射】[動]〈軍〉膝撃(ひざう)ちする.
guì/zuò【跪坐】[動] 正座する.

## 鳜 guì **H** ケツギョ.¶~鱼/同上.

## gun (《ㄨㄣ》)

## 衮(袞) gǔn [名] 昔の帝王の礼服.
gǔnfú【衮服】[名](古) 天子の礼服.
gǔngǔn【衮衮】[形]〈書〉絶えないさま;多いさま.
gǔn gǔn zhū gōng【衮衮诸公】(成) お偉方.

绲 gǔn ❶[名]❶織った帯.❷(書)縄. ❷[動] 衣服に玉縁をつける.
gǔn/biān【绲边】(~儿)[動]❶玉縁をつける.¶绲一道边儿/玉縁をつける.❷[名] 玉縁.

## 辊 gǔn **H** ローラー.ころ.
gǔndào【辊道】[名] ローラーコンベヤー.
gǔntǒng yìnhuā【辊筒印花】[名](紡) ロール捺染(なっせん).
gǔnzi【辊子】[名] ローラー.

## 滚(滾) gǔn ❶[動]❶転がる.❷[動]出て行け.消えうせろ.¶~出去!/とっとと出て行け.❸(湯が)たぎる.沸騰する.❹(衣服などの)縁取りをする. ‖[動]
gǔn//biàn【滚边】→gǔn/dàn【滚蛋;绲边】
gǔnchǐjī【滚齿机】[名] ホブ歯切り盤.
gǔncún【滚存】[動](簿記用語) 繰り越しをする.
gǔn/dàn【滚蛋】[動](罵) 消えうせろ.出て行け.
gǔndāo【滚刀】[名]〈機〉ホブ.
gǔndāoròu【滚刀肉】[名](方) 手に負えないやつ.
gǔndìlóng【滚地龙】[名](方) 草むしろで覆っただけのテントに似た小屋.
gǔndòng【滚动】[動] 転がる.
gǔndòngtiáo【滚动条】[名](電算) スクロールバー.
gǔndòng zhóuchéng【滚动轴承】[名] 転がり軸受け.
gǔnfān【滚翻】[体] 宙返り.
gǔnféi【滚肥】[形](動物が) よく肥えている.
gǔnfèi【滚沸】[動] 沸騰する.
gǔngàng【滚杠】[名]〈機〉ローラー.
gǔn guā làn shú【滚瓜烂熟】(成) すらすらと朗読(暗唱)する.
gǔn guā liū yuán【滚瓜溜圆】(成)(家畜などが) よく肥えている.
gǔngǔn【滚滚】[形] 激しく絶え間なく動くさま;こんこんと.
gǔnkāi【滚开】❶[動]煮えたぎる.❷→gǔn/dàn【滚蛋】
gǔnléi【滚雷】[名] ごろごろ鳴る雷.
gǔnlún【滚轮】[名](体)フープ.
gǔnmù【滚木】[名](古) 戦いのとき高い所から落とし敵に打撃を与える大木.
gǔnpíng【滚屏】[名](電算) スクロール.
gǔnrè【滚热】[形] 非常に熱い.
gǔn/shuǐ【滚水】❶[名] 熱湯.❷[動] 水があふれる.
gǔntàng【滚烫】[形] 非常に熱い.
gǔntī【滚梯】[名] エスカレーター.
gǔntǒng【滚筒】[名] ロール.
gǔn xuěqiú【滚雪球】 雪玉を作る;雪だるま式に増える.
gǔnyuán【滚圆】[形] まん丸い.
gǔnzhá【滚轧】[動] 圧延.
gǔnzhū【滚珠】[名]〈機〉(~儿)(軸受けの) ボール.
gǔnzhū zhóuchéng【滚珠轴承】[名]〈機〉玉軸受け.ボールベアリング.

# gǔn 336

**gǔnzhù zhóuchéng**【滚柱轴承】〈机〉ころ軸受け. ローラーベアリング.
**gǔnzilián**【滚子链】〈机〉ローラーチェーン.
**磙(磙) gǔn**〔動〕ローラーでならす. 〔日〕─ローラー.
**gǔnzi**【磙子】〔名〕❶
**鲧(鮌) gǔn**〔名〕鲧(えん).▷夏王朝の始祖禹(う)の父.
**棍 gùn**〔名〕(～儿)棒. ステッキ.[根,条]
⓵ ごろつき. ▮恶～/ 悪党.
**gùnbàng**【棍棒】〔名〕〔体〕(武術・新体操の)こん棒.
**gùnrchá**【棍儿茶】〔名〕くき茶.
**gùnzi**【棍子】〔名〕棒. 杖.

## guo（ㄍㄨㄛ）

**过(過) guò** ▮〔姓〕 異読⇒guò, guo
**呙(咼) guō**〔姓〕
**埚(堝) guō** →gānguō【坩埚】
**郭 guō** ❶城の周囲にある石や土の囲い. ▮城～ / 城郭. ▮〔姓〕
**涡(渦) guō** 地名用字. 異読⇒wō
**聒 guō** ❶やかましい. 騒々しい.
**guō'ér**【聒耳】〔形〕やかましい.
**guōzào**【聒噪】❶〔形〕〔方〕騒々しい. ❷〔動〕騒ぐ.

**锅(鍋) guō**〔名〕(～儿)鍋. かま. [口, 个]
❶液体を加熱する器具. ▮～炉. ❷(器具中の)鍋状の部分. ▮烟袋～儿/ キセルのがん首.
**guōbā**【锅巴】〔名〕おこげ.
**guōbǐng**【锅饼】〔名〕厚さ3センチ・直径60センチくらいに焼いた"饼".
**guōchǎn**【锅铲】〔名〕フライ返し.
**guōhuo**【锅伙】〔名〕(～儿)〔方〕飯場.
**guōkuī**【锅盔】〔名〕小さな"锅饼".
**guōlú**【锅炉】〔名〕ボイラー.
**guōtái**【锅台】〔名〕かまど(の上の平らな部分).
**guōtiēr**【锅贴儿】〔名〕焼きギョーザ.
**guōtuójī**【锅驼机】〔名〕〔機〕(簡便な移動可能の)蒸気機関.
**guōyánzi**【锅沿子】〔名〕鍋のふち.
**guōzhuāng**【锅庄】〔名〕チベット族の民間舞踊の一.
**guōzi**【锅子】❶〔方〕鍋. ❷鍋のような形をしたもの. ❸→huǒguō【火锅】

**蝈(蟈) guō** ❶
**guōguor**【蝈蝈儿】〔名〕〔虫〕キリギリス.
**国(國) guó**〔名〕国. 国家.
▮～旗. ❷国を代表するもの,一国の, 本国の. ▮～画/～歌/～产. ▮〔姓〕
**guóbàn**【国办】〔名〕〔略〕国務院官房.

**guóbǎo**【国宝】〔名〕国宝.
**guóběn**【国本】〔名〕国の基盤.
**guóbiāo**【国标】〔名〕〔略〕国家基準. 国家規格.
**guóbiāomǎ**【国标码】〔名〕〔電算〕G B コード.
**guóbīn**【国宾】〔名〕国賓.
**guóbǐng**【国柄】〔名〕〔書〕国家の権力.
**guócè**【国策】〔名〕国策.
**guóchǎn**【国产】〔形〕国産の.
**guóchǐ**【国耻】〔名〕国辱.
**guóchóu**【国仇】〔名〕国家の恨み.
**guócuì**【国粹】〔名〕国粋.
**guódào**【国道】〔名〕国道.
**guódū**【国都】〔名〕首都.
**guódù**【国度】〔名〕国家.
**guófǎ**【国法】〔名〕国法.
**guófáng**【国防】〔名〕国防.
**Guófángbù**【国防部】〔名〕〈政〉国防省.
**guófángjūn**【国防军】〔名〕国防軍.
**guófánglǜ**【国防绿】〔名〕軍服のような緑色. 〈喩〉軍服.
**guófù**【国父】〔名〕国を創建し不朽の功績を立てた指導者に対する尊称.
**guógē**【国歌】〔名〕国歌.
**guógé**【国格】〔名〕国柄. 国家の体面・尊厳.
**guógù**【国故】〔名〕❶中国固有のすぐれた文化. ❷〔書〕国家が被る戦争や天災などの重大異変.
**guóhào**【国号】〔名〕国号. 歴代の王朝名.
**guóhuā**【国花】〔名〕国花.
**guóhuà**【国画】〔名〕中国画.
**guóhuái**【国槐】〔名〕〔植〕エンジュ.
**guóhuī**【国徽】〔名〕国章.
**guóhuì**【国会】〔名〕〈政〉国会.
**guóhuò**【国货】〔名〕国産品.
**guójí**【国籍】〔名〕国籍.
**guójì**【国际】〔形〕国際的な. ▮～电话 / 国際電話. ▮～新闻 / 国際ニュース.
**guójì cáipàn**【国际裁判】〔名〕〔体〕国際競技会の審判員.
**guójì cáituán**【国际财団】〔名〕〔経〕コンソーシアム.
**guójì dānwèizhì**【国际単位制】〔名〕国際単位系.
**Guójì értóngjié**【国际児童节】〔名〕国際児童デー. 6月1日.
**guójìfǎ**【国际法】〔名〕国際法.
**Guójì fùnǚjié**【国际妇女节】〔名〕国際婦人デー. 3月8日.
**Guójìgē**【国际歌】〔名〕インターナショナル(の歌).
**guójì gōngfǎ**【国际公法】→ **guójìfǎ**【国际法】
**guójì gōngzhì**【国际公制】〔名〕万国メートル法.
**guójì gòngguǎn**【国际共管】〔名〕国際共同管理.
**guójì guànlì**【国际惯例】〔名〕国際慣習法.
**guójì hùliánwǎng**【国际互联网】〔名〕〔電算〕インターネット.

**Guójì huòbì jījīn zǔzhī**【国际货币基金组织】【经】国際通貨基金. IMF.

**Guójì huòbì shìchǎng**【国际货币市场】【经】国際通貨市場.

**guójì jīchǎng**【国际机场】[名] 国際空港.

**guójì jīnróng shìchǎng**【国际金融市场】[名]【经】国際金融市場.

**Guójì láodòngjié**【国际劳动节】[名] メーデー. 5月1日.

**Guójì láogōng zǔzhī**【国际劳工组织】[名] 国際労働機関. ILO.

**Guójì liánméng**【国际联盟】[名]〈史〉国際連盟.

**guójì liányùn lièchē**【国际联运列车】[名] 国際列車.

**guó jì mín shēng**【国计民生】〈成〉国家の経済と人民の生活.

**guójì rìqī biàngēngxiàn**【国际日期变更线】[名] 国際日付変更線.

**guójì shōuzhī**【国际收支】【经】国際収支.

**guójì sīfǎ**【国际私法】[名] 国際私法.

**Guójì tōngxìn wèixīng zǔzhī**【国际通信卫星组织】[名] インテルサット. 国際電気通信衛星機構.

**guójì xiàngqí**【国际象棋】[名] チェス.

**Guójì xíngjǐng**【国际刑警】[名] インターポール. ICPO.

**guójì yīnbiāo**【国际音标】[名]〈语〉国際音声記号.

**guójì yóuzī**【国际游资】[名]【经】ホットマネー.

**guójì zhēngduān**【国际争端】[名] 国際紛争.

**guójìzhì**【国际制】[名]〈略〉国際単位系.

**guójì zhìcái**【国际制裁】[名] 国際社会による制裁.

**guójì zhǔyì**【国际主义】[名] インターナショナリズム.

**guójì zīběn shìchǎng**【国际资本市场】[名]【经】国際中長期資本市場. 国際資本市場.

**guójiā**【国家】[名] 国. 国家.

**guójiā cáipàn**【国家裁判】[名]【体】全国競技会の審判員.

**guójiāgǔ**【国家股】[名]【经】国家株. 国有資産株.

**guójiā jīguān**【国家机关】[名] 1 国家機関. 2 中央の機関.

**guójiāshuì**【国家税】[名] 国税.

**guójiā suǒyǒuzhì**【国家所有制】[名]【经】国家所有制.

**guójiā zhìliàngjiǎng**【国家质量奖】[名] 国家品質賞.

**guójiā zhǔxí**【国家主席】[名] 国家主席. ▶中国の元首.

**guójiāo**【国交】[名] 国交.

**guójiǎo**【国脚】[名] ナショナルチームのサッカー選手.

**guójiào**【国教】[名]〈宗〉国教.

**guójiè**【国界】[名] 国境.

**guójìng**【国境】[名] 国境.

**guójiǔ**【国酒】[名] 国内一の銘酒.

**guójù**【国剧】[名]〈京劇など〉中国で広く行われている伝統的な劇.

**guójūn**【国君】[名] 君主.

**guókù**【国库】[名] 国庫.

**guókùquàn**【国库券】[名] 国債.

**guólì**【国力】[名] 国力.

**guólì**【国立】[形] 国立の.

**Guólián**【国联】[名]〈史〉国際連盟.

**guólíng**【国龄】[名] 建国以来の年数.

**Guólǚ**【国旅】[名]〈略〉中国国際旅行社.

**guómén**【国门】[名]〈書〉1 首都の門. 2 国境. 3 【体】ナショナルチームのゴールキーパー.

**guómín**【国民】[名] 国民.

**Guómíndǎng**【国民党】[名]〈中国〉国民党. ▶"中国国民党"の略称.

**guómín jīngjì**【国民经济】[名] 国民経済.

**guómín shēngchǎn zǒngzhí**【国民生产总值】[名]【经】国民総生産. GNP.

**guómín shōurù**【国民收入】[名]【经】国民所得.

**guónàn**【国难】[名] 国難.

**guónèi**【国内】[名] 国内.

**guónèi shēngchǎn zǒngzhí**【国内生产总值】[名]【经】国内総生産. GDP.

**guónèi shìchǎng**【国内市场】[名] 国内市場.

**guóqí**【国旗】[名] 国旗.

**guóqǐ**【国企】[名]〈略〉国有企業.

**guóqíng**【国情】[名] 国情.

**guóqíng zīwén**【国情咨文】[名]〈アメリカ大統領の〉一般教書.

**Guóqìngjié**【国庆节】[名] 国慶節. ▶"国庆"とも.

**guórén**【国人】[名]〈書〉国民.

**guósāng**【国丧】[名] 国葬.

**guósè**【国色】[名] 国内一の美人.

**guóshāng**【国殇】[名]〈書〉国家のために命を捧げた人.

**guóshǐ**【国史】[名] 1〈旧〉国史. 2〈古〉記録を担当した史官.

**guóshì**【国事】[名] 国事. 国家の大事.

**guóshì**【国势】[名] 国力. 国勢.

**guóshì**【国是】[名]〈書〉国是.

**guóshì fǎngwèn**【国事访问】[名] 外国への公式訪問.

**guóshǒu**【国手】[名]〈囲碁・スポーツ・医学などの〉名人.

**guóshū**【国书】[名]〈大使などの〉信任状.

**guóshù**【国术】[名] 中国固有の武術.

**guóshuì**【国税】[名]〈略〉〈政〉〈地方税に対して〉国税.

**guó tài mín ān**【国泰民安】〈成〉国が安定し民が安らかである.

**guótáng**【国帑】[名]〈書〉国家の財産.

**guótǐ**【国体】[名] 1〈政〉国家の体制. 2 国家の体面.

**Guótǒngqū**【国统区】[名]〈史〉抗日戦争と国内戦争のときの国民党政府統治地区.

## guó

**guótǔ**【国土】名 国土.
**guówài**【国外】名 国外.
**guówáng**【国王】名 国王.
**guówēi**【国威】名 国威.
**guówén**【国文】名 1 自国の文字と文章. 2 小・中学校の国語科.
**guówù**【国务】名 国務.
**guówùqīng**【国务卿】名〔政〕(アメリカの)国務長官.
**guówù wěiyuán**【国务委员】名〔政〕国務院委員. ▶"副总理"に相当.
**guówùyuàn**【国务院】名 1 国務院. 2〈史〉民国初年の内閣. 3〔政〕(アメリカの)国務省.
**guóxué**【国学】名 1 (旧)中国の伝統の学問. 2〈古〉中央が設立とした学校.
**guóyàn**【国宴】名 国賓を招待して行う政府主催の宴会.
**guóyào**【国药】名 中国医薬.
**guóyī**【国医】名 中国医学.
**guóyīn**【国音】名(旧)国家が審査決定した中国語の標準音.
**guóyíng**【国营】名 国営の.
**guóyōu**【国优】名 国家優良品質製品.
**guóyǒu**【国有】形 国有の. ¶~一股/国有株.
**guóyǒu qǐyè**【国有企业】名 国有企業.
**guóyǒu zīchǎn**【国有资产】名 国有資産.
**guóyǔ**【国语】名 1 その国の共通語. 2〈旧〉(学課としての)国語.
**guóyuè**【国乐】名 中国の伝統音楽.
**guóyùn**【国运】名〔書〕国の運命.
**guózàng**【国葬】名 国葬.
**guózéi**【国贼】名 国賊.
**guózhài**【国债】名 国債.
**guózǐjiàn**【国子监】名〈古〉国子監(ぶん).

**帼**(幗) **guó**🅗 女性が髪を包むかざり布. ¶巾巾~/〈書〉婦人.

**涢**(灄) **guó** 地名用字. "北涢"は江蘇省にある地名.

**腘**(膕) **guó**〔生理〕膕(ひ), ひざの裏のくぼんだ所.

**虢 guó**〈史〉(周代の国名)虢(?).

**果 guǒ**🅗 ①果实. 水~/果物. ②结果. 帰結. ¶恶~/悪い结果. ③断固とした. 思い切りがよい. ¶~→断. ④案の定. ¶~→真. ‖姓

**guǒbào**【果报】名 因果応報.
**guǒ bù qí rán**【果不其然】成 予想どおり. 案の定.
**guǒchá**【果茶】名 ジュースなどの飲み物.
**guǒdānpí**【果丹皮】名 サンザシで作った食品.
**guǒdòng**【果冻】名(~儿)ゼリー.
**guǒduàn**【果断】形 断固としている.
**guǒ'ěr**【果儿】名 お菓子. おやつ.
**guǒfěn**【果粉】名 植物の果实の表について いる白い粉.
**guǒfǔ**【果脯】名 果物の砂糖漬け.
**guǒfù**【果腹】動〔書〕満腹する.
**guǒgān**【果干】名(~儿)ドライフルーツ.
**guǒgǎn**【果敢】形 決断力がある. 大胆である.
**guǒjiàng**【果酱】名 ジャム.
**guǒjiāo**【果胶】名〔化〕ペクチン.
**guǒjiǔ**【果酒】名 果実酒.
**guǒjué**【果决】→guǒduàn【果断】
**guǒkè**【果棵儿】名 菓子の上に飾りつける果实型.
**guǒlǜ**【果绿】名 うすい绿色.
**guǒmù**【果木】名 果树.
**guǒmùyuán**【果木园】名 果树园.
**guǒnóng**【果农】名 果树栽培農家.
**guǒpán**【果盘】名(~儿)果物の皿.
**guǒpí**【果皮】名 果物の皮.
**guǒpíxiāng**【果皮箱】名 ごみ箱.
**guǒpǐn**【果品】名 果物とドライフルーツの総称.
**guǒr**【果儿】名〈方〉卵.

**guǒrán**【果然】1 副 はたして. やはり, 案の定. ¶~一名不虚传/予想どおり名にたがわない. 2 接続 もし, はたして…なら. ¶你~爱她, 就应该帮助她/君がもし彼女を愛しているのなら力になってやるべきだ.
**guǒrénr**【果仁儿】名 1 種の中身. さね. 2〈方〉落花生の実.
**guǒròu**【果肉】名 果肉.
**guǒshí**【果实】名 1 果実. 2 成果.
**guǒshù**【果树】名 果树.
**guǒsōng**【果松】名〔植〕チョウセンマツ.
**guǒsuì**【果穗】名〔穀果作物の〕穂.
**guǒtáng**【果糖】名 果糖.
**guǒyuán**【果园】名 果树园.
**guǒzhēn**【果真】1 副 はたして, やはり. 2 接続 もし本当に.
**guǒzhī**【果汁】名 果汁. ジュース.
**guǒzhī**【果枝】名 果实のなる枝.
**guǒzi**【果子】名 果実,实.
**guǒzijiàng**【果子酱】名 ジャム.
**guǒzijiǔ**【果子酒】名 果实酒.
**guǒzili**【果子狸】名〔動〕ハクビシン.
**guǒzilù**【果子露】名 フルーツシロップ.
**guǒzǐyán**【果子盐】名 果实からとれる一種のカルシウム塩.

**菓 guǒ**🅗 果实. ▶"水菓"や"红菓"に用いる.

**椁**(椁) **guǒ**〈古〉柩(ぎ)を覆う外棺. 上棺. ¶棺~/内棺と外棺.

**蜾 guǒ**O

**guǒluǒ**【蜾蠃】名〔虫〕トックリバチ.

**裹 guǒ**動 1 (紙や布で)巻く, くるむ. 包む. 2 (不当な目的のために人や物を巻き込む, まぜる. ¶怎么把我一进去了/なんで私を巻き込んだんだ. ‖姓
**guǒ//jiǎo**【裹脚】動〈旧〉纒足(まん)をする.

**guǒjiǎo**【裹脚】〈名〉〈旧〉纏足に用いる長い布。

**guǒ//luàn**【裹乱】〈动〉〈方〉邪魔だてする。

**guǒtuǐ**【裹腿】〈名〉ゲートル。

**guǒxié**【裹挟】〈动〉(悪事を働くように)脅迫する。

**guǒxié**【裹挟】〈动〉1 巻き込む。2→guǒxié【裹胁】

**guǒzā**【裹扎】〈动〉包んで〔巻いて〕縛る。

**guǒ zú bù qián**【裹足不前】〈成〉二の足を踏む。しりごみする。

**过(過) guò**①〈动〉1 通る。渡る。通過する。¶~马路/大通りを渡る。2 (時間が)たつ;(ある種の暮らしを)する;(祝って)過ごす。¶日子～得很快乐/とても楽しく暮らしている。3 (ある範囲や限度を)超える,超過する。¶他已经年半百/彼は5つで50の坂を越した。4 (ある処理・行為を)経る,通す。¶～～筛子/
② 〈名〉過失。過ち。
③ 〈动〉…すぎる。¶差价～大/値の開きが大きすぎる。

▶方向補語"-"の用法
①ある場所を通過したり,あるところを経過してのその移動したりすることや動作が限度・程度を超えたことを表す。¶他拉～一把椅子,…/彼はいすを引きずり寄せて…。¶睡～了/寝過ごした。
②勝っていることを表す。¶我可说不～她/私は彼女を言い負かすことはできない。
③形容詞の後に用いて,超過することを表す。¶儿子已经长得高～我了/息子は私よりも背が高くなった。

異读⇒guō, guo

**guò bǎisuì**【过百岁】赤ん坊の生後100日の祝いをする。

**guòbàn**【过半】〈动〉半分を越す。

**guòbànshù**【过半数】过半数。

**guò//bàng**【过磅】〈动〉台ばかりにかける。

**guòbǎohé**【过饱和】〈名〉〈化〉過飽和。

**guòbuqù**【过不去】1 通れない;解決できない。2 困らせる。3 すまないと思う。

**guòchǎng**【过场】〈名〉1 俳優が舞台を素通りする。2 申し訳にその場をつくろう。②〈名〉幕あいの短い芝居。

**guòchéng**【过程】〈名〉过程。プロセス。

**guò//chèng**【过秤】〈动〉はかりにかける。付き合う。

**guòcuò**【过错】〈名〉過失。過ち。

**guòdàng**【过当】〈形〉度を越す。限界を越える。

**guòdào**【过道】〈名〉(玄関から各部屋,あるいは中庭内をつなぐ)通路。

**guòdeqù**【过得去】〈动〉1 通れる。2 (生活が)どうにかやっていける。3 まずまずである。4 気がすむ。

**guòdeyìng**【过得硬】〈惯〉1(军事面で)厳しい試練に耐え得る。2(技量・思想が)しっかりしている。

**guò//diàn**【过电】〈动〉感電する。

**guò diànyǐng**【过电影】〈惯〉过去のことを思い浮かべる。

**guò//dōng**【过冬】〈动〉冬を越す。

**guòdōng zuòwù**【过冬作物】〈农〉越冬作物。

**guòdù**【过度】〈动〉度を越す。

**guòdù**【过渡】1〈动〉移行する。2〈形〉過渡的である。

**guòdù nèigé**【过渡内阁】〈名〉臨時政府。

**guòdùsè**【过渡色】〈美〉中間色。

**guòdù yíngdì**【过渡营地】〈名〉〈登山〉での前進キャンプ。

**guò//fáng**【过房】〈动〉〈方〉養子をもらう;養子にやる。

**guòfǎng**【过访】〈动〉〈书〉訪問する。

**guòfèi**【过费】〈动〉〈方〉浪費する。

**guò//fēn**【过分】1〈动〉あまり…しすぎる。度を越す。2〈形〉ぜいたくである。
▲"过份"とも。

**guò//fú**【过福】〈动〉もったいなさすぎる。ぜいたくすぎる。

**guòfǔ**【过付】1〈动〉仲介人を通して取引する。2〈名〉払いすぎる。

**guò//guān**【过关】〈动〉関門を通り抜ける。難関を突破する。

**guò guān zhǎn jiàng**【过关斩将】〈成〉次々と襲いかかる困難を克服する。

**guòguo fēngr**【过过风儿】風に吹かれる。涼む。

**guò hé chāi qiáo**【过河拆桥】〈成〉恩をあだで返す。

**guòhézú**【过河卒】前に進むしかない立場の人。

**guòhòu**【过后】〈名〉1 後日。2 あとで。

**guò//hù**【过户】〈动〉〈法〉(不動産などの)名義書き換えをする。

**guò//huà**【过话】〈动〉〈方〉1 言葉を交わす。2 伝言する。

**guòhuó**【过活】〈动〉(〜儿)生活する。

**guò//huǒ**【过火】〈动〉(言動が)度を過ごす,行きすぎる。

**guòjī**【过激】〈形〉過激である。

**guò//jì**【过季】〈动〉季節はずれになる。

**guòjì**【过继】〈动〉養子にする;養子にやる。

**guò jiāhuo**【过家伙】→dǎ chūshǒu【打出手】1

**guò jiājia**【过家家】(〜儿)ままごと遊びをする。

**guò jiāng zhī jì**【过江之鲫】〈成〉流行を追う人が多い。

**guòjiǎng**【过奖】〈谦〉ほめすぎる。

**guòjiē diàdào**【过街地道】〈名〉地下連絡通路。

**guò jiē lǎo shǔ**【过街老鼠】〈成〉嫌われ者。

**guòjiēliǔ**【过街柳】〈植〉ユキヤナギ。

**guòjiēlóu**【过街楼】〈建〉通りをまたいで作られた建物。

**guòjiē tiānqiáo**【过街天桥】[名] 歩道橋.

**guò//jié**【过节】[動] 祝日を祝う. 祝日を過ごす.

**guòjiér**【过节儿】[名]〈方〉**1** 礼儀. 義理. **2**（感情の）隔たり, 溝. **3** ささいなこと.

**guò//jìn**【过劲】[動]（～儿）度が過ぎる.

**guò//jìng**【过境】[動] 境界線を通過する.

**guòkè**【过客】[名] 行きずりの人；旅人.

**guò//lái**【过来】[動+方補]（ある地点から話し手または叙述の対象に向かって）やって来る. ¶请~一下, 我有话问你/聞きたいことがあるからこちらへ来なさい.

▶**複合方向補語"-过来"の用法**
① 動詞の後に用いて, 動作が（ある経路を経て, ということで）話し手の立脚点の方へ近づくことを表す. ¶驶~/駆けて来る.
② その動作によって何かが向きを変え自分と向かい合わせになることを表す. ¶倒过~/逆さまにする.
③ 本来の正常な状態（あるいはより良好な状態）に戻ることを表す. ¶醒~/正気に戻る.

**guòláirén**【过来人】[名] 経験者.
**guòláosǐ**【过劳死】[名]〈物〉過労死.
**guòlěng**【过冷】[形] 過冷.
**guò//lǐ**【过礼】[動]〈旧〉（男性側から女性側に）結納を贈る.
**guò//lì**【过力】[動] 過度の労働で疲れる.
**guòliáng**【过梁】[名]〈建〉梁(はり).
**guò//liàng**【过量】[動]（酒などが）量を過ごす.
**guòlìn**【过淋】[動] こす.
**guòlù**【过录】[動] 転記する.
**guò//lù**【过路】[動] 通り過ぎる.
**guò lù cái shén**【过路财神】[成] 一時大金を手にするが結局自分のものにならない人.
**guòlùde**【过路的】[名] 通行人.
**guòlǜ**【过虑】[動] 取り越し苦労をする.
**guòlǜ**【过滤】[動] 濾過(ろか)する.
**guò//mén**【过门】[動]（～儿）嫁入りする.
**guòménr**【过门儿】[名]〔劇〕合いの手. 間奏.
**guòmǐn**【过敏】**1** [名]〈医〉過敏（症）. アレルギー. **2** [形] 過敏である.
**guòmǐnxìng fǎnyìng**【过敏性反应】[名]〈医〉アナフィラキシー.
**guò//mù**【过目】[動] 目を通す.
**guò mù bù wàng**【过目不忘】[成] 一目を通せば忘れない. 記憶力がよい.
**guò mù chéng sòng**【过目成诵】[成] 一度目を通せば暗唱できる. 記憶力がよい.
**guò mùshū**【过木梳】[慣] くしで髪をすく；しらみつぶしにする.

**guò//nián**【过年】[動] **1** 新年を祝う. ¶~好！/明けましておめでとう. **2** 年を越す.
**guònian**【过年】[名]〈方〉来年.
**guò//qī**【过期】[動] 期限が過ぎる.
**guòqiān**【过谦】[形]〈婉〉謙遜しすぎる.
**guòqù**【过去】[名] 以前.
**guò//qù**【过去】[動+方補] 向こうへ行く. 通り過ぎて行く；〈婉〉死亡する. 死ぬ.

▶**複合方向補語"-过去"の用法**
① 動作が話し手の（立脚点）から遠ざかって, 通過していくことを表す. ¶跳~/飛び越していく.
② やりおおしてしまうことを表す. ¶蒙混ménghùn不~了/もうごまかしようがない.
③ 反転する（向きを変える）ことを表す. ¶把信封翻~/封筒を裏返す.
④ 本来の正常な状態を離れることを表す. ¶晕yūn~/気を失う.
⑤ 形容詞の後に用い,「それ以上である」ことを表す. ¶重不~五十公斤/50キロ以上はあるまい.

**guòr**【过儿】[量]（～）回. 度.
**guòrè**【过热】[形] 加熱している.
**guòrén**【过人】[形] 人よりまさっている.
**guò rìzi**【过日子】生活する. 暮らす.
**guò shāizi**【过筛子】[慣] 厳しく選抜する.
**guòshānchē**【过山车】[名] ジェットコースター.
**guò shānlóng**【过山龙】[名]〈口〉サイフォン.
**guòshǎng**【过晌】[名]〈方〉午後.
**guòshèn**【过甚】[形]〈書〉大げさである.
**guò shēngrì**【过生日】誕生祝いをする.
**guòshèng**【过剩】[形] 過剰である.
**guòshí**【过失】[名] 過失.
**guò//shí**【过时】[動] **1** 規定の時刻を過ぎる. **2** 流行遅れになる.
**guò//shì**【过世】[動] 逝去する.
**guò//shǒu**【过手】[動]（金銭を）取り扱う.
**guò//shù**【过数】[動]（～儿）数を確認する.
**guòshuǐmiàn**【过水面】[名] 水通ししたゆで麺(メン).
**guò//táng**【过堂】[動]〈旧〉法廷で審問を受ける.
**guòtángfēng**【过堂风】[名]（～儿）(建物を) 吹き抜ける風.
**guòtiān**【过天】[名]〈方〉近いうち.
**guòtiānr**【过天儿】[名]（～儿）度を越す.
**guòtīng**【过厅】[名] **1** 通り抜けられる部屋. **2** 廊下.
**guò//tóu**【过头】[動]（～儿）度を越す.
**guò túmén ér dà jué**【过屠门而大嚼】[成] 実現しない望みを空想で慰める.
**guòwǎng**【过网】[名]〈体〉オーバーネット.
**guòwǎng**【过往】[動] **1** 行き来する.

**2** 付き合う.
**guòwàng**【过望】動 望みを超える.
**guò//wèi**【过味】動 味が悪くなる.
**guòwèn**【过问】動 口出しする. 関与する.
**guòwǔ**【过午】名 昼過ぎ.
**guò wǔ guān, zhǎn liù jiàng**【过五关, 斩六将】⇒**guò guān zhǎn jiàng**【过关斩将】
**guòxì**【过细】形 綿密な.
**guòxīn**【过心】動（方）1 気を回す. 2 気心が知れている.
**guò//yǎn**【过眼】動 目を通す.
**guò yǎn yún yān**【过眼云烟】成 またたく間に消え去る.
**guòyǎnghuàqīng**【过氧化氢】名〈化〉過酸化水素.
**guò//yè**【过夜】動 1 外泊する. 2 宵越し.
**guòyì**【过意】動 不快に思う.
**guòyìbuqù**【过意不去】動+可補 すまないと思う.
**guò//yìng**【过硬】動 堪能である.
**guò//yìng**【过硬】動 厳しい試練に耐える.
**guò//yóu**【过油】動 油通しする.
**guò yóu bù jí**【过犹不及】成 過ぎたるはなお及ばざるがごとし.
**guòyú**【过于】副 ‥‥すぎる. あまりにも. ¶~庞大／膨大すぎる.
**guòyù**【过誉】謙 ほめすぎる.
**guòyù**【过逾】動 行き過ぎる.
**guòyúnyǔ**【过云雨】名 通り雨.
**guòzài**【过载】動 1 荷を積みすぎる. 2（貨物の）積み替えをする.
**guò//zhàng**【过账】動 別の帳簿に転記する.
**guòzhāo**【过招】動（~儿）（武芸や技芸で）勝負する.
**guòzhòng**【过重】動 重量超過する.

**- 过 (過) -guo** 助 アスペクト（動作の段階）を表す. 1 ‥‥したことがある. ¶（前年）我去~北京／（おととし）私は北京に行ったことがある. ¶老爷的小说我没看~／老爷の小説は読んだことがない. 2（現在と異なり）‥‥であった（ことがある）. ¶他年青的时候胖一阵儿／彼は若いときに太っていたことがある. 3 ‥‥を終えた（ますました）. ¶你吃~饭了吗了／食事はすみましたか. ‖ 異読⇒**guò, guo**

# H

## ha (ㄏㄚ)

**hā**【哈】1 嘆 ははは. わはは. ¶~~ 大笑／あははっと大笑いをする. 2 感（得意なさま, 満足なさまを表す）はははっ. へへえ. 3 1 動 はあと息を吐きかける. ¶~

了一口气／はあと息を吐きかける. 3 大好きである. こよなく愛する. ‖ 異読⇒**hǎ, hà**

**hābāníèlā**【哈巴涅拉】名〈音〉ハバネラ.
**Hā'ěrbīn**【哈尔滨】名〈地名〉ハルビン.
**hāha**【哈哈】→**dǎ hāha**【打哈哈】
**hāhājìng**【哈哈镜】名 マジックミラー
**hāhar**【哈哈儿】名（方）笑いぐさ. 冗談.
**hājí**【哈吉】名〈宗〉ハッジ.（イスラム教で）聖地メッカへの巡礼；メッカへの巡礼を終えた者に対する尊称.
**hālázi**【哈喇子・哈拉子】名（方）よだれ.
**hāla**【哈喇】動 1〈口〉油ものが変質して変な味になる. 2〈近〉殺す.
**hāléi huìxīng**【哈雷彗星】名〈天〉ハレー彗星.
**hālǐfā**【哈里发】名 1 カリフ. ハリファ. イスラム教国家の教主兼国王. 2〈中国のイスラム教で〉寺院でイスラム経典を学ぶ者に対する尊称.
**hāmìguā**【哈密瓜】名〈植〉ハミウリ.
**Hāmǔléitè**【哈姆雷特】名〈人名〉ハムレット；ハムレットのような人物.
**Hānízú**【哈尼族】名 ハニ族.
**hā/qì**【哈气】1 動 息を吐く. 2 名 水蒸気.
**hāqian**【哈欠】名 **あくび**. ¶打~／あくびをする.
**hāRìzú**【哈日族】名 日本ファン. 日本びいき.
**Hāsàkèsītǎn**【哈萨克斯坦】名〈地名〉カザフスタン.
**Hāsàkèzú**【哈萨克族】名〈中国の少数民族〉カザフ (kazak) 族.
**hā/yāo**【哈腰】動〈口〉1 腰をかがめる. 2 軽く体をかがめて礼をする.

## 虾 (蝦) **há** ◑ 異読⇒**xiā**
**háma**【虾蟆】→**háma**【蛤蟆】

## 蛤 **há** ◑ 異読⇒**gé**
**háma**【蛤蟆】名〈動〉カエル.
**háma gūduo**【蛤蟆骨朵】名〈動〉オタマジャクシ.
**hámahāng**【蛤蟆夯】名 フロッグランマー. モーターで作動する胴突き.
**hámajìng**【蛤蟆镜】名 ファッショングラス.

## 哈 **hǎ** 動（方）どなりつける. ‖姓 異読⇒**hā, hà**
**hǎbagǒu**【哈巴狗】名 1〈動〉チン. ペキニーズ. 2〈喩〉飼いならされた手先.
**hǎdá**【哈达】名 チベット族や一部のモンゴル族が祝賀や尊敬の印として人に贈る, 白・黄・藍に色などの絹布.

## 哈 **hà** ◑ 異読⇒**hā, hǎ**
**hàshimǎ**【哈什蟆】名〈動〉アカガエル；〈中薬〉哈士蟆(qí)‥‥

## hai（ㄏㄞ）

**咳** hāi〔感〕悲しみや後悔、または驚きを表す声】ああ、うへっ。やれやれ。 異読⇒ké

hāi shēng tàn qì【咳声叹气】〈成〉しきりにため息をつく。

**嗨** hāi ○

**hāiyō**【嗨哟】〔感〕力仕事をするときの掛け声】えんやこりゃ。よいしょ。

**还**（還） hái〔副〕1（そのほかに）まだ。さらに。¶你～要什么？/ほかに何がいりますか。 2（今も）まだ。なお。依然として。¶他出去了、一没回来 / 彼は外出中で、まだ帰ってこない。 3（…よりも）なお。もっと。¶明天可能比今天～要冷 / あすはきょうよりもっと寒くなりそうだ。 4（不十分ながらも）まあまあ。まずまず。そこそこ。¶他～算不错、他总算同意了 / まずはよかった、彼がなんとか承知してくれたから（数量や時間的に）まだ。¶不到五点钟、他就起床了 / まだ5時にもならないのに彼はもう起きた。 6（…さえ（…なのに）。¶连你～不知道、我怎么会知道呢 / 君さえ知らないのに、私が知っているわけないだろう。 7〔驚き（意外な気分）・あざけりそれでも…か〕反語などを表す】まったく！警察官か！¶～不快叫李伯伯？/早く李おじさんにあいさつをしないか。 異読⇒huán

**hái hǎo**【还好】1（套）まずまずよろしい。2（挿）幸い。

**háishi**【还是】❶〔副〕1 依然として。やはり。¶五年不见、他～老样子 / 5年ぶりに会ったのに、彼は相変わらずもとのままだ。 2（比较や選択をしよりよいほうを示す）やはり。¶～你来吧、我去不方便 / やっぱり君に来てもらおう、ぼくが行くのは都合が悪い。

❷〔接続〕…か、それとも…か。¶你（是）今天去、～明天去？/ 君は今日行くのですか、それとも明日行くのですか。

**háixǔ**【还许】〔副〕（口）ひょっとしたら…かもしれない。

**háiyòu**【还有】〔接続〕それから。

**孩** hái子供。¶女～儿 / 女の子.

**hái'ér**【孩儿】（近）1 親が自分の子を呼ぶときの言葉。 2 子の親に対する自称。

**háir**【孩儿】→háizi【孩子】

**háití**【孩提】（书）幼子。みどりご。

**háitóng**【孩童】〔名〕児童。子供。

**háizi**【孩子】〔名〕1 子供。児童。¶小～/子供。¶男〔女〕～ / 男〔女〕の子。 2 子女。息子と娘。

**háiziqì**【孩子气】1〔名〕稚気。幼さ。 2〔形〕子供っぽい。

**háizitóu**【孩子头】〔名〕（～儿）1 子供と遊ぶのが好きな大人。 2 餓鬼大将。

**háiziwáng**【孩子王】〔名〕1 餓鬼大将。 2（謔）幼稚園や小学校の先生。

**骸** hái〔名〕1 死人の骨。むくろ。 2〔形〕～ / 人の体。

**háigǔ**【骸骨】〔名〕骸骨。

**胲** hǎi〔名〕（化）ヒドロキシルアミン。

**浬** hǎilǐ →hǎilǐ【海里】

**海** hǎi 1〔名〕海。;（地名に用い）大きな池、湖。 2〔形〕（方）とても多い。¶广场上的人可～啦！/ 広場はものすごい人だ。 3〔副〕（方）やたらに。めちゃくちゃに。¶～骂 / だれかれの見境なくののしる。
‖①非常に数多く集まるさま。¶林～/樹海。②（容量が）大きい。¶一～碗。③（昔）外国から伝来した。¶～枣。〔姓〕

**hǎi'àn**【海岸】〔名〕海岸。

**hǎi'ànxiàn**【海岸线】〔名〕海岸線。

**hǎibá**【海拔】〔名〕海抜。

**hǎibǎihé**【海百合】〔名〕（动）ウミユリ。

**hǎibào**【海报】〔名〕ポスター。

**hǎibào**【海豹】〔名〕（动）アザラシ。

**hǎibǐ**【海笔】〔名〕（动）ウミエラ。

**hǎibīn**【海滨】〔名〕→海边。

**hǎibō**【海波】〔名〕（化）ハイポ。

**hǎicài**【海菜】〔名〕食用の海草。

**hǎichǎn**【海产】1〔形〕海でとれる。 2〔名〕海産物。

**hǎichānglán**【海昌蓝】〔名〕（纺）1 ハイドロンブルー。ハイドロンブルーで染めた綿布。

**hǎicháo**【海潮】〔名〕潮。潮の干満。

**hǎichéng**【海程】〔名〕海程。水程；航海旅行。

**hǎichuán**【海船】〔名〕海を航行する船。

**hǎidài**【海带】〔名〕（植）コンブ。

**hǎidǎn**【海胆】〔名〕（动）ウニ。

**hǎidǎo**【海岛】〔名〕海の島。

**hǎidào**【海盗】〔名〕海賊。

**hǎidàobǎn**【海盗版】〔名〕海賊版。

**hǎidēng**【海灯】〔名〕仏前に供える灯明。

**hǎidī**【海堤】〔名〕防波堤。

**hǎidǐ**【海底】〔名〕海底。

**hǎi dǐ lāo yuè**【海底捞月】〈成〉むだ骨を折るだけで実現不可能なこと。

**hǎi dǐ lāo zhēn**【海底捞针】〈成〉探すのがきわめて困難なこと。

**hǎidǐ qiánshuǐ**【海底潜水】〔名〕スキューバダイビング。

**Hǎidì**【海地】〔名〕（地名）ハイチ。

**hǎifáng**【海防】〔名〕沿岸の防衛。

**hǎifēi**【海匪】〔名〕海賊。

**hǎifēng**【海风】〔名〕海風。

**Hǎigǎng**【海港】〔名〕海港。港。

**hǎigōu**【海沟】〔名〕海溝。

**hǎigǒu**【海狗】〔名〕（动）オットセイ。

**hǎiguān**【海关】〔名〕税関。

**hǎiguān jiǎnchá**【海关检查】〔名〕税関検査。

**hǎiguī**【海归】1 〈動〉海外留学〔職務〕から帰国する. 2 〈名〉帰国留学生.

**hǎiguī**【海龟】1 〈名〉〈動〉ウミガメ. アオウミガメ. [只] 2 帰国留学生. ▶"海归"と同等.

**hǎihán**【海涵】〈動〉〈書〉〈敬〉大目に見る.

**hǎihúnshān**【海魂衫】〈名〉水兵シャツ.

**hǎihuò**【海货】→**hǎichǎn**【海产】

**hǎijǐ**【海脊】〈名〉〈地〉海底山脈.

**hǎijiāng**【海疆】〈名〉沿海地区.

**hǎijiāo**【海椒】〈名〉〈方〉トウガラシ.

**hǎijiǎo**【海角】〈名〉〈地〉岬.

**hǎijìn**【海禁】〈名〉〈史〉〈明・清代の〉鎖国令.

**hǎijǐng**【海景】〈名〉海の景色.

**hǎijǐng**【海警】〈名〉〈略〉海上警察.

**hǎijiū**【海鸠】〈名〉〈鳥〉ウミガラス.

**hǎijūn**【海军】〈名〉海军.

**hǎijūn lùzhànduì**【海军陆战队】〈军〉海兵隊.

**hǎijūnní**【海军呢】〈名〉〈紡〉ネービークロス.

**hǎikǒu**【海口】〈名〉1 湾内の港. 2 大ぼら. ¶夸(下)～／大言壮語する. 大ぶろしきを広げる.

**Hǎikǒu**【海口】〈名地〉海口(ホウ).

**hǎi kū shí làn**【海枯石烂】〈成〉永遠に変わりしない.

**hǎikuí**【海葵】〈名〉〈動〉イソギンチャク.

**hǎi kuò tiān kōng**【海阔天空】〈成〉考えることや話すことが無限に広がるさま.

**hǎilán**【海蓝】〈名〉マリンブルー.

**hǎilán bǎoshí**【海蓝宝石】〈名〉〈鉱〉藍玉.

**hǎilàng**【海浪】〈名〉波.

**hǎilí**【海狸】〈名〉〈動〉〈旧〉ビーバー.

**hǎilíshǔ**【海狸鼠】〈名〉〈動〉ヌートリア.

**hǎilǐ**【海里】〈量〉ノット. 海里.

**hǎilìzi**【海蛎子】〈名〉〈方〉カキ.

**hǎiliàng**【海量】〈名〉1 酒量；酒量が多いこと. 2 〈敬〉大きな度量.

**hǎiliàng cúnchǔqì**【海量存储器】〈名〉〈電算〉大容量メモリ.

**hǎilǐng**【海岭】〈名〉〈地〉海底山脈.

**hǎiliú**【海流】〈名〉〈地〉海流.

**hǎilóng**【海龙】〈名〉〈動〉ラッコ.

**hǎilù**【海路】〈名〉海路.

**hǎilǘ**【海驴】〈名〉〈動〉アシカ.

**hǎilǜshí**【海绿石】〈名〉海緑石.

**hǎilún**【海轮】〈名〉外洋汽船.

**hǎiluó**【海螺】〈名〉〈貝〉ホラガイ.

**hǎiluòyīn**【海洛因】〈名〉〈薬〉ヘロイン.

**hǎimǎ**【海马】〈名〉〈動〉タツノオトシゴ.

**hǎimán**【海鳗】〈名〉〈魚〉ハモ.

**hǎimǐ**【海米】〈名〉〈食材〉乾燥むきエビ.

**hǎimián**【海绵】〈名〉1 海綿の骨格；海綿. 2 スポンジ.

**hǎimiántián**【海绵田】〈名〉よく手入れされた腐植質の多い土質の畑.

**hǎimiàn**【海面】〈名〉海面.

**Hǎinán**【海南】〈名〉〈地名〉海南(カン)省.

**hǎinán**【海难】〈名〉海難.

**hǎinèi**【海内】〈名〉国内.

**hǎiniú**【海牛】〈名〉〈動〉海牛.

**hǎi'ōu**【海鸥】〈名〉〈鳥〉カモメ. [只]

**hǎipài**【海派】〈名〉上海スタイル. ¶～戏／上海流の京劇.

**hǎipánchē**【海盘车】〈名〉〈動〉ヒトデ.

**hǎipàoshí**【海泡石】〈名〉〈鉱〉海泡石.

**hǎipén**【海盆】〈名〉〈地〉海底の盆地.

**hǎipiāoxiāo**【海螵蛸】〈名〉〈中薬〉海螵蛸(ヒョウ). イカの骨(内殻).

**hǎipíngmiàn**【海平面】〈名〉海面.

**hǎiqiào**【海鞘】〈名〉〈動〉ホヤ.

**hǎiqīn**【海侵】〈名〉〈地〉海流などによる浸食現象.

**hǎiqū**【海区】〈名〉〈軍〉海域.

**hǎiréncǎo**【海人草】〈名〉〈植〉マクリ. カイニンソウ.

**hǎisǎ**【海撒】〈動〉海に散骨する.

**hǎisāi**【海鳃】〈名〉〈動〉ウミエラ.

**hǎishàn**【海扇】〈名〉〈貝〉ホタテガイ.

**hǎishāngfǎ**【海商法】〈名〉〈法〉海商法.

**hǎishàng**【海上】〈名〉海上. ¶～保险／海上保険.

**hǎishé**【海蛇】〈名〉〈動〉ウミヘビ.

**hǎishēn**【海参】〈名〉〈動〉ナマコ.

**hǎishī**【海狮】〈名〉〈動〉アシカ科の動物の総称.

**hǎishí**【海蚀】〈名〉〈地〉海食.

**hǎishì**【海事】〈名〉1 海事. 2 船舶事故.

**hǎi shì shān méng**【海誓山盟】〈成〉いつまでも変わらない愛を誓う.

**hǎishì shènlóu**【海市蜃楼】〈名〉1 蜃気楼. 2 〈喩〉架空の物事.

**hǎishòu**【海兽】〈名〉海洋に生息する哺乳動物の総称. 海獣.

**hǎishuǐ**【海水】〈名〉海水.

**hǎishuǐmiàn**【海水面】〈名〉〈地〉海面.

**hǎisōng**【海松】〈名〉〈植〉チョウセンマツ. チョウセンゴヨウ.

**hǎisǔn**【海损】〈名〉海損.

**hǎitǎ**【海獭】〈名〉〈動〉ラッコ.

**hǎitān**【海滩】〈名〉砂浜. 海浜.

**hǎitáng**【海棠】〈名〉〈植〉カイドウ.

**hǎitáng**【海塘】〈名〉防波堤.

**hǎitónghuā**【海桐花】〈名〉〈植〉トベラ.

**hǎitú**【海图】〈名〉海図.

**hǎitú**【海涂】〈名〉河や海の泥砂が河口近く、または海岸付近に沈積してできた砂浜.

**hǎituì**【海退】〈名〉〈地〉海退.

**hǎitún**【海豚】〈名〉〈動〉イルカ. [只]

**hǎitúnyǒng**【海豚泳】〈体〉ドルフィンキック泳法.

**hǎiwài**【海外】〈名〉海外. 国外.

**hǎi wài qí tán**【海外奇谈】〈成〉根拠のない奇想天外な話.

**hǎiwān**【海湾】〈名〉〈地〉海湾. 湾.

**hǎiwǎn**【海碗】〈名〉大きなお碗. どんぶり.

**hǎiwángxīng**【海王星】〈名〉〈天〉海王星.

**hǎiwèi**【海味】〈名〉海産物. 海の幸.

**hǎixiá**【海峡】〈名〉〈地〉海峡.

## hài

**hǎixiān**【海鲜】[名]生鮮魚介類.
**hǎixiàng**【海象】[名](動)セイウチ.
**hǎixiào**【海啸】[地]津波.
**hǎixiè**【海蟹】[名](海にすむ)カニ.
**hǎixīng**【海星】[名](動)ヒトデ.
**hǎixióng**【海熊】[名](動)オットセイ.
**hǎixuǎn**【海选】[動](特に候補者を立てず)大衆が直接選挙をする.
**hǎixún**【海寻】[量]海深. 尋(ひろ). ▶"1海寻"は1000分の1海里.
**hǎiyán**【海盐】[名]海塩.
**hǎiyàn**【海蝘】[名](食料)カタクチイワシの幼魚を干したもの. アンチョビー.
**hǎiyàn**【海燕】[名] **1**(鳥)ウミツバメ. **2**(動)ヒトデヒトデ.
**hǎi yàn hé qīng**【海晏河清】[成]天下太平である.
**hǎiyáng**【海洋】[名][地]海洋.
**hǎiyángquán**【海洋权】[名][法]領海権.
**hǎiyú**【海鱼】[名]海水魚.
**hǎiyù**【海域】[名]海域.
**hǎiyuán**【海员】[名]船員. 海員.
**hǎiyuè shuǐmǔ**【海月水母】[名](動)ミズクラゲ.
**hǎiyùn**【海运】[名]海運.
**hǎizāng**【海藏】[名]海蔵. 水蔵.
**hǎizǎo**【海枣】[名](植)ナツメヤシ.
**hǎizǎo**【海藻】[名](植)海藻. 海草.
**hǎizhàn**【海战】[名]海戦.
**hǎizhé**【海蜇】[名](動)クラゲ.
**hǎizhēn**【海震】[名][地]海震.
**hǎizhū**【海豬】[名](動)イルカ.
**hǎizi**【海子】[名](方)湖.

**亥 hài**【亥】[名]十二支の第12;亥(い).

**hài**【亥时】[名](旧)亥の刻. ▶午後9時から11時.

**骇 hài**【骇】[動]驚く. 驚かす.
**hàiguài**【骇怪】[動][書]驚き怪しむ.
**hài/pà**【骇怕】[動]→ hài/pà【害怕】
**hàirán**【骇然】[形][書]びっくりして驚くさま.
**hài rén tīng wén**【骇人听闻】[成]聞く人を驚かせる(悪い出来事).
**hàiyì**【骇异】[動][書]驚きあきれる.

**氦 hài**【氦】[名][化]ヘリウム. He.

**害 hài**【害】[動] **1**害を与える;("~得"の形で)…するはめになった. ¶~死 / 彼は三天前被~了 / 彼は3日前に殺害された. **3**病気になる. ¶~了一场大病 / 大病を患った. ¶~口 / つわり. **2**[形] **1**不安な気持ちになる. ¶~怕 / 怖がる. **2**有害な. ¶~→虫. **3**[名]災害. 災難. ¶有~/有~の意である.
**hài/bìng**【害病】[動]病気になる.
**hàichóng**【害虫】[名]害虫.
**hàichu**【害处】[名]弊害.
**hài/kǒu**【害口】[動](方)つわりになる.
**hài kǒuchén chǐsào**【害口磣齿臊】話が下品で聞くに堪えない;口が汚い.
**hài/mìng**【害命】[動]殺害する.
**hàiniǎo**【害鸟】[名]害鳥.

**hài/pà**【害怕】[動]怖がる. 恐れる. ¶不要~ / 怖がることはない.
**hài qún zhī mǎ**【害群之马】[成]集団に害を及ぼす者.
**hàirénchóng**【害人虫】[名](喩)人々に害を及ぼす者や集団.
**hài/sào**【害臊】[動]恥ずかしがる. はにかむ. 照れる.
**hàishòu**【害兽】[名]有害な獣類.
**hài tóutóng**【害头疼】[動]頭を痛める. 頭を抱える.
**hài/xǐ**【害喜】[動](方)つわりになる.
**hài/xiū**【害羞】[動]恥ずかしがる. きまり悪がる.
**hài yǎn**【害眼】[動][口]目を患う.

**嗐 hài**[感](悲しんだり残念がったりする気持ちを表す)ああ. なんてことだ.

## han (ㄏㄢ)

**犴 hān**[名](方)(動)ヘラジカ. ▶"犴hān"とも書く. 異読⇒àn
**hān**[形](方)(糸・ひも・棒などが)太い.

**蚶 hān**[名][貝]アカガイ. ▶"蚶子"とも.
**hāntián**【蚶田】[名]アカガイの養殖池.

**酣 hān** **1**[動]気持ちよく存分に飲む. **2**心ゆくまで…する.
**hānchàng**【酣畅】[形][書](飲酒や睡眠について)十分である;心地よい.
**hānmèng**【酣梦】[名]甘い眠り. 熟睡.
**hānmián**【酣眠】[動]熟睡する. 心地よい.
**hānrán**【酣然】[形]適度に…する.
**hānshí**【酣适】[形]のびのびとして気分がよい.
**hānshú**【酣熟】[形]ぐっすり眠っているさま.
**hānshuì**【酣睡】[動]熟睡する.
**hānyǐn**【酣饮】[動]思う存分飲む.
**hānzhàn**【酣战】[動]激戦する.
**hānzuì**【酣醉】[動] **1**泥酔する. **2**陶酔する.

**憨 hān**[形]聡明でない. 愚かである. ▶素直である. 無邪気である.
**hānhou**【憨厚】[形]素直である. 温厚篤実である.
**hānshí**【憨实】[形]温厚で誠実である.
**hāntài**【憨态】[名]天真爛漫でいくぶん間が抜けたさま.
**hānxiào**【憨笑】[動]ばか笑いをする;無邪気に笑う.
**hānzhí**【憨直】[形]素直で正直である.
**hānzi**【憨子】[名](方)ばか者;ばか正直な人.

**鼾 hān**【鼾】[動] **1**いびき. ¶打~ / いびきをかく.
**hānshēng**【鼾声】[名]いびきの音.
**hānshuì**【鼾睡】[動]熟睡する.

**邗 hán**[地名用字]. ¶~江 / 江蘇省にある県名.

# hán

**汗** hán H "可kè汗"(モンゴル族などの君主の略称). ¶成吉思～ | ジンギス汗. 異読⇒hàn

**邗** hán 地名用字.

**hán dān xué bù** 【邯鄲学歩】〈成〉他人のまねをしてうまくいかず、自分の本来の技能まで失ってしまう.

**含** hán **❶**動 1 (口に)含む、くわえる. ¶嘴里～着一块糖 / 口にあめ玉をほおばっている. 2 (事物の中に)**含有する、存在する**. 3 〈内に意味・感情を〉帯びる、抱く.

**hánbāo** 【含苞】動〈書〉つぼみを持つ.
**hánbēi** 【含悲】動〈書〉悲しみを持つ.
**hán gòu rěn rǔ** 【含垢忍辱】〈成〉恥辱を堪え忍ぶ.
**hán/hèn** 【含恨】動 恨みを持つ.
**hánhu** 【含糊】❶形 1 あいまいである. はっきりしない. 2 いい加減である. あやうやである. ❷動 〈口〉弱みを見せる. ▲"含胡"とも.
**hánhùn** 【含混】形 はっきりしない. あいまいである.
**hánjīnliàng** 【含金量】名 金の含有量; 〈喩〉実際の価値.
**hánliàng** 【含量】名 **含有量**.
**hán/nù** 【含怒】動 怒りを含む.
**hánqíng** 【含情】動〈目つきや振る舞いに〉愛情がこめられている.
**hánquán** 【含权】〈経〉新株引受権付; 同社金請求権付.
**hán shā shè yǐng** 【含沙射影】〈成〉それとなく人を誹謗(ひぼう)し中傷する.
**hánshùjì** 【含漱剤】〈薬〉うがい薬.
**hánxī** 【含息】〈経〉経過利息付. 配当金付.
**hán/xiào** 【含笑】動 笑いを浮かべる.
**hán xiào jiǔ quán** 【含笑九泉】〈成〉死んでも満足に思う.
**hán xīn rú kǔ** 【含辛茹苦】〈成〉辛酸をなめる.
**hán/xiū** 【含羞】動 はにかむ. 恥ずかしい.
**hánxiūcǎo** 【含羞草】名〈植〉オジギソウ. ネムリグサ.
**hánxù** 【含蓄】❶動 含む. ❷形 1 (言葉や詩文に)含蓄がある. 2 (思想や感情を)表に現さない.
**hán xuè pēn rén** 【含血噴人】〈成〉ありもしないことを言いふらし人を傷つける.
**hán yí nòng sūn** 【含饴弄孙】〈成〉あめをしゃぶって孫を相手に遊ぶ.
**hányì** 【含义】名 (字句の中に)含まれている意味.
**hányì** 【含意】名 (文章や話などに)含まれている意図.
**hán yīng jǔ huá** 【含英咀华】〈成〉文章の要点を十分にかみしめる.
**hányóucéng** 【含油层】名〈地〉含油層.
**hányǒu** 【含有】動 含まれる. 含有する.
**hán/yuān** 【含冤】動 冤罪が晴れない.
**hán/yuàn** 【含怨】動 恨みを持つ.
**hányùn** 【含蕴】動 (ある思想・感情を)含んでいる. 包含している.

**函** hán **❶**名 1 手紙. 書簡. ¶公～ / 公文書. ❷動. 入れる. ❷～数shù.
**hándà** 【函大】名〈略〉通信教育大学.
**hándiàn** 【函电】名 手紙や電報の総称.
**hándiào** 【函调】名 (人事関係の調査や本調査などの)手紙などの通信による調査.
**hánfù** 【函复】動 手紙で返事をする.
**hángào** 【函告】動〈書〉手紙で知らせる.
**hángòu** 【函购】動 通信販売で買う.
**hánjiàn** 【函件】名〈書〉手紙; 郵便物.
**hánshòu** 【函授】動 通信教育をする.
**hánshòu** 【函售】動 通信販売をする.
**hánshù** 【函数】名〈数〉関数.
**hánsuǒ** 【函索】動〈資料やサンプルなどを〉手紙で請求する.

**洽** hán 地名用字. "洽洸"は広東省にある地名.

**晗** hán 〈書〉夜明け.

**焓** hán 名〈物〉エンタルピー. 全熱量.

**涵** hán **❶**①含む. 包含する. ②暗渠(きょ). 排水路.
**hándòng** 【涵洞】名 (鉄道や道路の下の)暗渠、排水路.
**hángài** 【涵盖】動 含む. 包括する.
**hánguǎn** 【涵管】名 1 暗渠のパイプ. 2 管製の暗渠.
**hánróng** 【涵容】動〈書〉大目に見る.
**hánxù** 【涵蓄】→hánxù【含蓄】
**hányǎng** 【涵养】1 名 修養. 2 動 (水分を)蓄える.
**hányì** 【涵义】→hányì【含义】
**hánzhá** 【涵闸】名 暗渠と水門.

**韩(韓)** hán 名〈史〉韓. ❷〈略〉韓国. Ⅲ姓
**Hánguó** 【韩国】名〈略〉〈地名〉**韩国**.
**hánliú** 【韩流】名 韓国ブーム. 韓流.
**Hán Xiāngzǐ** 【韩湘子】名〈"八仙"韩湘子(たち)の一人).
**hányuán** 【韩元】名 ウォン.

**寒** hán H ①寒い. ②貧しい. 身分が低い. ¶～～素. ③恐れる. ④胆~| びくびくする. Ⅲ姓
**hánbì** 【寒痹】名〈中医〉関節病の一種.
**hánchán** 【寒蝉】名 1 季節が終わって鳴かなくなった、あるいは鳴き声が弱ったセミ. 2〈虫〉ツクツクボウシ.
**háncháo** 【寒潮】名〈気〉寒流.
**hánchen** 【寒碜】〈口〉❶形 1 醜い. みっともない. 体裁が悪い. ❷動 恥をかかせる. 顔をつぶす. ▲"寒伧"とも.
**hánchuāng** 【寒窗】名〈喩〉貧しくてつらい学習環境.
**hándài** 【寒带】名〈気〉寒帯.

## hǎn

**hándōng**【寒冬】名 厳冬.
**hándōng làyuè**【寒冬腊月】名 旧暦12月の最も寒い候.（広く）寒い冬.
**hánfēng**【寒风】名《書》寒風.
**hánguāng**【寒光】名 冷たさや恐ろしさを感じさせる光.
**hánháochóng**【寒号虫】名《動》オオコウモリ.
**hánjià**【寒假】名 **冬休み**.
**hánjìn**【寒噤】名 身震い. ¶打一／身震いする.
**hánkǔ**【寒苦】形《書》(家が)貧困である.
**hán lái shǔ wǎng**【寒来暑往】季節が移り変わる.
**hánlěng**【寒冷】形 **(風が)冷たい**.
**hánlín**【寒林】名 冬枯れの林.
**hánliú**【寒流】名 1《地》寒流. 2《気》寒波.
**hánlù**【寒露】名 (二十四節気の)寒露(かんろ).
**hánmáo**【寒毛】名 うぶ毛.
**hánmén**【寒门】名 1 貧しい家. 2 身分の低い家柄.
**hánnüè**【寒疟】名《中医》マラリアの一種.
**hánqì**【寒气】名 冷たい空気；寒気.
**hánqiào**【寒峭】形《書》寒気がひしひしと迫るさま.
**hánqiū**【寒秋】名 晩秋.
**hánrè**【寒热】名《中医》発熱したり寒気がしたりする症状.
**hánsè**【寒色】名 寒色.
**hánshè**【寒舍】名《謙》拙宅.
**Hánshí**【寒食】名 寒食. 清明節の前日.
**hánshì**【寒士】名 貧しい読書人.
**hánshǔ**【寒暑】名 1 寒さと暑さ. 2 冬と夏. 3 年月.
**hánshǔbiǎo**【寒暑表】名 寒暖計.
**hánsù**【寒素】《書》**1** 形 1 清貧である. 2 質素である. 粗末である. **2** 名 清貧な人.
**hánsuān**【寒酸】形 貧乏くさい. みすぼらしい.
**hántuǐ**【寒腿】名《口》足のリューマチ性関節炎.
**hánwēi**【寒微】形《書》(家柄や出身が)貧しくて卑しい. 社会的地位が低い.
**hánwǔjì**【寒武纪】名《地質》カンブリア紀.
**hán/xīn**【寒心】動 1 がっかりする. 落胆する. 2 怖がる.
**hánxīng**【寒星】名 寒空の星.
**hánxuān**【寒暄】動 時候のあいさつをする.
**hányā**【寒鸦】名〔～儿〕《鳥》コクマルガラス.
**hányè**【寒夜】名《書》寒い夜.
**hányī**【寒衣】名 冬着. 防寒服.
**hányì**【寒意】名 寒さ. 冷え.
**hánzhàn**【寒战・寒颤】名 身震い.
**hánzhèng**【寒证】名《中医》寒邪による手足の冷えなどの一連の症状.

**hǎn** H まれである. めったにない. ‖性
**hǎndáhàn**【罕达犴】名《動》ヘラジカ.
**hǎngòu**【罕觏】形《書》めったに見られない.
**hǎnjiàn**【罕见】形 まれにみる. めったにない.
**hǎnshì**【罕事】名 稀有な事柄.
**hǎnyǒu**【罕有】形 めったにない.

**喊 hǎn**【喊】動 1 (大声で)叫ぶ. わめく. ¶～口号／スローガンを叫ぶ. ¶～(人を)呼ぶ. ¶～他进来／彼に中へ入るよう声をかける.
**hǎn//huà**【喊话】動 前線で敵に宣伝したり投降を呼びかけたりする.
**hǎnjiào**【喊叫】動 叫ぶ. わめく. 呼ぶ.
**hǎn sǎngzi**【喊嗓子】1 大声で叫ぶ. 2(役者が)のどを慣らす.
**hǎn/yuān**【喊冤】動 無実を訴える.

**汉（漢） hàn**【汉】名 1《史》(王朝名)漢. ①漢民族. ¶～～族. ②男. ¶老～／年寄り. ③銀河. ¶銀～／銀河. ‖姓
**hànbáiyù**【汉白玉】名 白色の大理石.
**hànbǎobāo**【汉堡包】名 ハンバーガー.
**hànbǎobǐng**【汉堡饼】名《料理》ハンバーグ.
**Hànchéng**【汉城】名《地名》ソウル.
**hàndiào**【汉调】名"汉剧"の旧称.
**Hànhuà**【汉化】名 (少数民族の言語に対して)漢族の言葉. 中国語.
**hànjiān**【汉奸】名 売国奴. 侵略者の手先.
**hànjù**【汉剧】名 (地方劇の一種)漢劇.
**Hànmín**【汉民】名《口》漢族の人.
**Hànrén**【汉人】名 1 漢民族. 2 漢の時代の人.
**hànwén**【汉文】名 1 中国語. 2 漢字.
**hànxiǎn**【汉显】名 漢字表示の.
**hànxìng**【汉姓】名 1 漢族の姓. 2 漢族以外の人が用いる漢族の姓.
**hànxué**【汉学】名 1 (宋学に対して)漢学. 2 中国学. シノロジー.
**Hànyǔ**【汉语】名 漢民族の言語.（広く）**中国語**.
**Hànyǔ pīnyīn fāng'àn**【汉语拼音方案】名 中国語ローマ字表記法.
**Hàn Zhōnglí**【汉钟离】名("八仙"の)漢鐘離(かんしょうり).
**Hànzì**【汉字】名 漢字.
**hànzi**【汉子】名 1 男. 2(方)夫.
**Hànzú**【汉族】名 **漢族**.

**汗 hàn**【汗】名 汗.[滴]¶出～／汗をかく. 異読⇒hán
**hànbān**【汗斑】名 1 (皮膚病の一種)なまず. 2 汗のしみ.
**hànbèixīn**【汗背心】名 ランニングシャツ. [件]
**hànguàr**【汗褂儿】→hànshān【汗衫】
**hànjì**【汗渍】名 汗のしみ.
**hànjiǎo**【汗脚】名 脂足.
**hànjīnjīn**【汗津津】形〔～的〕汗ばんだ.

**hànkǒng**【汗孔】名〈生理〉毛穴.
**hànlínlín**【汗淋淋】形〈~的〉汗だくのさま.
**hàn liú jiā bèi**【汗流浃背】成 背中がぬれるほど汗をかく.
**hàn mǎ gōng láo**【汗马功劳】成 戦場での手柄；仕事などの功績.
**hànmàn**【汗漫】形〈書〉1 とりとめがない；要領を得ない. 2 水の流れが広大で果てしないさま.
**hànmáo**【汗毛】名うぶ毛.
**hàn niú chōng dòng**【汗牛充栋】〈成〉蔵書がおびただしい.
**hànqīng**【汗青】〈書〉1 動 著作を完成する. 2 名史書.
**hànshān**【汗衫】名〈件〉1 肌着. 2〈方〉ワイシャツ；ブラウス.
**hànshuǐ**【汗水】名（たくさんの）汗.
**hàntǎr**【汗褟儿】名〈生理〉夏に着る中国式の肌着.
**hànxiàn**【汗腺】名〈生理〉汗腺.
**hànyán**【汗颜】動〈書〉恥ずかしがる.
**hànyè**【汗液】名汗.
**hànzhūzi**【汗珠子】名玉の汗.
**hànzì**【汗渍】名汗のしみ．汗のあと．

**hàn**【旱】形 雨が降らない．日照りである.
▮①水と無関係である．¶〜→〜伞. ②陸上の．¶〜起〜 陸路を行く.

**hàn'ànr**【旱岸儿】名岸．陸.
**hànbá**【旱魃】名（伝説中の）日照りの神.
**hànbīng**【旱冰】名 ローラースケート. ¶溜〜 ローラースケートをする.
**hànchuán**【旱船】名〈方〉（船の形をした）水辺の建物.
**hàndào**【旱道】名〈~儿〉〈方〉陸路.
**hàndào**【旱稻】名陸稲.
**hàndì**【旱地】名畑；灌漑（がい）不能の耕地.
**hànjì**【旱季】名乾季.
**hànjīnlián**【旱金莲】名〈植〉ノウゼンハレン．キンレンカ.
**hànjǐng**【旱井】名1（水源に乏しい地方で）雨水をためる井戸. 2 野菜を貯蔵する穴など.
**hàn lào bǎo shōu**【旱涝保收】〈成〉日照りにあっても洪水にあってもよい収穫が得られる.
**hànliǔ**【旱柳】名〈植〉ペキンヤナギ．ウンリュウヤナギ.
**hànlù**【旱路】名陆路.
**hànnián**【旱年】名日照りの年.
**hànqiáo**【旱桥】名陆桥.
**hànqíng**【旱情】名干ばつの状況.
**hànsǎn**【旱伞】名日傘.
**hànshēng dòngwù**【旱生动物】名乾生動物.
**hànshēng zhíwù**【旱生植物】名乾生植物.
**hàntǎ**【旱獭】名〈動〉マーモット.
**hàntián**【旱田】名＝**hàndì**【旱地】
**hànxiàng**【旱象】名日照りの状況.
**hànyāzi**【旱鸭子】名〈俗〉泳がない人．金づち.
**hànyān**【旱烟】名（キセル用の）刻みたばこ.
**hànyāndài**【旱烟袋】名 キセル.
**hànyāngtián**【旱秧田】名〈農〉乾田苗代.
**hànzāi**【旱灾】名 干害.

**hàn**【捍】動守る．防衛する.
**hànwèi**【捍卫】動防衛する.
**hànyù**【捍御】動〈書〉防衛する.

**hàn**【悍】形①勇猛である．¶强〜／勇壮果敢である．②凶暴である．¶凶〜／凶暴である.
**hànfù**【悍妇】名気性の荒い女.
**hànrán**【悍然】形乱暴に，横暴にも.
**hànyǒng**【悍勇】形勇猛果敢である.

**hàn**【菡】○
**hàndàn**【菡萏】名〈書〉ハスの花.

**hàn**（銲）【焊】動溶接する．はんだ付けする.
**hànfèng**【焊缝】名溶接の継ぎ目.
**hàngōng**【焊工】名〈機〉1 溶接作業. 2 溶接工.
**hànjì**【焊剂】名溶接剤.
**hànjiē**【焊接】名 溶接する．はんだ付けをする.
**hànlà**【焊蜡】名 軟蠟（ろう）；はんだ.
**hànliào**【焊料】名 溶接材料．はんだ.
**hànqián**【焊钳】名 溶接棒ホルダー.
**hànqiāng**【焊枪】名 溶接トーチ．溶接ガン.
**hàntiáo**【焊条】名 溶接棒.
**hànxī**【焊锡】名 はんだ.
**hànyào**【焊药】名 溶接剤.
**hànyè**【焊液】名 溶接フラックス．溶接剤.
**hànyóu**【焊油】名 はんだペースト.

**hàn**【颔】▮①下あご．②うなずく.
**hànliánjù**【颔联】名〈文〉律詩の第二聯（第三句と第四句）.
**hànshǒu**【颔首】動〈書〉うなずく．

**hàn**【撼】動 揺り動かす．¶摇〜／揺さぶる.
**hàndòng**【撼动】動揺り動かす.
**hàn tiān dòng dì**【撼天动地】〈成〉声がよく響き，勢いがすさまじい.

**hàn**【翰】▮（羽毛より転じて）筆．文字．手紙．¶信〜／揮毫する．¶书〜／書簡． ▮姓.
**hànlín**【翰林】名 翰林（ホ公ン）．唐代以後に設けられた，皇帝のご文侍従官.
**hànmò**【翰墨】名〈書〉筆と墨；（広く）文章や書画.

**hàn**【憾】形残念である．心残りである．¶遗〜／遗憾とする.
**hànnán**【憾赧】形失望したさま.
**hànshì**【憾事】名残念なこと.

**hàn**【瀚】形広大である．¶浩〜／広大である；（書物が）非常に多い.
**hànhǎi**【瀚海】名 1〈書〉砂漠. 2〈旧〉ゴビ砂漠.

## hang（ㄏㄤ）

**夯** hāng ❶ [名] (地面に使う)たこ. 胴突き. ❷ [動] 1 (たこで)突く. 固める. 2 (方)(力を入れて)担ぐ. 3 (方)(力を込めて)たたく. 異読⇨bèn

**hānggē** [夯歌] [名] よいとまけの歌.
**hāngjù** [夯具] [名] (地固めに使う)胴突き用具.
**hāngtǔjī** [夯土机] [名] (建)ランマー. 胴突き機.
**hāngtuó** [夯砣] [名] 胴突きの地面と接触する部分.

**行** háng ❶ [量] 行や列になったものを数える. ¶ 几~白楊树 / 数列のポプラ. ❷ [名] 1 行. 列. ¶ 第五~ / 第5列. 2 (兄弟やいとこ内の)生まれた順序. ¶ 您~几? / あなたは兄弟の中で何番目ですか. 3 業種. 職業. ¶ 商店. 商社. ¶ 银~ / 銀行. 異読⇨xíng

**hángbāng** [行帮] [名] (旧) 同業組合.
**hángbèi** [行辈] [名] 親族・友人間の世代. 長幼の順序.
**hángchē** [行车] [名] (方) 天井クレーン. ⇒xíngchē
**hángdang** [行当] [名] 1 (~儿)(口) 職業. 稼業. 商売. 2 (伝統演劇の)役柄.
**hángdao** [行道] [名] (方) 職業. 商売.
**hángdōng** [行东] [名] (旧) 商店・手工業の営業主, 親方.
**hángfàn** [行販] [名] (~儿) 小商人.
**hángguī** [行规] [名] (旧) 同業組合の規約.
**hángháng chū zhuàngyuan** [行行出状元] (諺) どんな職業でも成功者が出る.
**hánghuà** [行话] [名] 業者仲間の専門語. 隠語.
**hánghuì** [行会] [名] (旧) 同業組合. ギルド.
**hánghuò** [行貨] [名] 1 商品. 2 粗悪品.
**hángjia** [行家] [名] 1 専門家. 玄人. 2 [形] (口) 精通している.
**hángjiān** [行间] [名] 1 (書) 軍隊. 2 行や列の間. ¶ 字里~ / 行間.
**hángjù** [行距] [名] (農) あぜ幅. うね間.
**hángkuǎn** [行款] [名] (書) この字配り(印刷物の)割付け, 配置.
**hángliè** [行列] [名] 列. 行列. 隊列.
**hángqíng** [行情] [名] 市況. 市情.
**hángshì** [行市] [名] (経) 相場. 市価.
**hángshǒu** [行手] [名] (方) 玄人. ベテラン.
**hángwǔ** [行伍] [名] (旧) 軍隊の軍列; (広く)軍隊.
**hángyè** [行业] [名] 職種. 業種.
**hángyèyǔ** [行业语] → **hánghuà** [行话]

**hángyòng** [行佣] [名] (方) 手数料.
**hángyuàn** [行院] [名] (金・元代に)遊女や役者が住んでいた所; 遊女や役者.
**hángzhàn** [行栈] [名] (旧) 倉庫兼仲買業.
**hángzhǎng** [行长] [名] 銀行の頭取.
**hángzi** [行子] [名] (方) (人や物を嫌悪して)やつ, 代物.

**吭** háng [名] のど. ¶ 引~高歌 / 声を張り上げて高らかに歌う. 異読⇨kēng

**迒** háng [名] (書) 1 けものの足跡; 車輪の跡. 2 道. 道路.

**杭** háng [名] 杭州(ほう). ‖

**hángfǎng** [杭紡] [名] 杭州産の絹織物.
**hángjù** [杭剧] [名] (地方劇の一) 杭州劇.
**hángyō** [杭唷] → **hēngyō** [哼唷]
**Hángzhōu** [杭州] [名] (地名) 杭州.

**纻** háng [動] とじ縫いをする. ¶ ~被子 / 布団をとじつける.

**航** háng ① (船・飛行機が)航行する. ② 船. ‖

**hángbān** [航班] [名] 就航ダイヤ. フライトナンバー; (船や飛行機の)便.
**hángbiāo** [航标] [名] 航路標識.
**hángcè** [航測] [名] (略) 航空測量.
**hángchéng** [航程] [名] 航程.
**hángchuán** [航船] [名] 1 江蘇・浙江省一帯の地域で定期的に航行する旅客用木造船. 2 汽船.
**hángcì** [航次] [名] 1 航行順序. フライトナンバー. 2 航行回数.
**hángdào** [航道] [名] 航路.
**hánghǎi** [航海] [動] 航海する.
**hángjì** [航跡] [名] 航跡. 船の通ったあとの白い泡や波.
**hángkōng** [航空] [動] 航空する. ¶ ~公司 / 航空会社.
**hángkōngbīng** [航空兵] [名] 航空兵.
**hángkōnggǎng** [航空港] [名] ハブ空港. 航空路線網の拠点となる空港.
**hángkōng mǔjiàn** [航空母艦] [名] 航空母艦. 空母.
**hángkōngqì** [航空器] [名] 大気圏を飛行する飛行機器.
**hángkōngxìn** [航空信] [名] 航空郵便. エアメール.
**hángkōng yóujiàn** [航空郵簡] [名] 航空書簡.
**hánglù** [航路] [名] 航路.
**hángmó** [航模] [名] 飛行機や船の模型.
**hángmǔ** [航母] [名] (略) (軍) 空母. 航空母艦.
**hángpāi** [航拍] [動] 空撮する.
**hángsù** [航速] [名] 航行速度.
**hángtiān** [航天] [動] 宇宙飛行する. ¶ ~站 / 宇宙ステーション. ¶ ~员 / 宇宙飛行士.
**hángtiān fēijī** [航天飞机] [名] スペースシャトル.
**hángtiānqì** [航天器] [名] 宇宙機器.

**hángtú**【航図】[名]航空図.
**hángwù**【航務】[名]海上運輸に関する業務.
**hángxiàn**【航線】[名]航海路と航空路の総称.
**hángxiàng**【航向】[名]針路；〈喩〉進路.¶偏離~／進路をそれる.
**hángxíng**【航行】[動]航行する.
**hángyǔ**【航宇】[名]宇宙飛行り.
**hángyùn**【航運】[名]水上運輸事業の総称.

**颃** háng →xiéháng【颉颃】

**沆** hàng [H]水が広々と果てしないさま.

**hàngxiè**【沆瀣】[名]〈書〉夜露.夜霧.

**hàng xiè yī qì**【沆瀣一気】[成]ぐるになる.

**巷** hàng [名]坑道.¶~道／坑道.異読⇒xiàng

## hao (ㄏㄠ)

**蒿** hāo [H] ヨモギ. ‖[姓]
**hāozi**【蒿子】[名]ヨモギ.
**hāozigǎnr**【蒿子秆儿】[名]〈食物〉春菊.

**薅** hāo [動] 1 (草などを手で)抜く,むしる. 2 (方)(人を)引きずる,引っ張る.
**hāochú**【薅锄】[名]除草用の短いすき.

**嚆** hāo

**hāoshǐ**【嚆矢】[名]〈書〉かぶら矢；〈喩〉物事の始まり.嚆矢(こうし).

**号**(號) háo [動]大声で泣く.泣きわめく. [H] 叫ぶ.わめく.異読⇒hào

**háojiào**【号叫】[動]大声で叫ぶ.
**háokū**【号哭】[動]泣きわめく.
**háo/sāng**【号丧】[動]〈旧〉葬儀の時大声をあげて泣く.
**háosang**【号丧】[動]〈方〉(罵)泣きわめく.
**háotáo**【号啕・号咷】[動]泣き叫ぶ.

**蚝**(蠔) háo [名]〈貝〉カキ.
**háoyóu**【蚝油】[名]〈料理〉カキ油.オイスターソース.

**毫** háo 1 [副]少しも.ちっとも.¶~无头绪／全然手がかりがない. 2 [量](長さや重さなどの単位)"1寸cùn"(約3.3センチ)または"1钱"(5グラム)の千分の1.[H] 1 細長くとがった毛.¶~~毛.毛筆.¶珠~／筆などの取棒(とりえ)(?).

**háo'ān**【毫安】[電]ミリアンペア.
**háobā**【毫巴】[量]ミリバール.
**háo bù**【毫不】[型]少しも…ない.
**háofǎ**【毫法】[電]ミリファラッド.
**háofà**【毫发】[名]毛髪；〈喩〉ごく小さなもの.
**háofēn**【毫分】[量]ごくわずかな量・こと.

**háokè**【毫克】[量]ミリグラム.
**háolí**【毫厘】[量]きわめて少ない数量.
**háomáo**【毫毛】[名](人または鳥獣の)うぶ毛；〈喩〉わずかな数量.
**háomǐ**【毫米】[量]ミリメートル.
**háomǐbō**【毫米波】[電]ミリメートル波.
**háomiǎo**【毫秒】[量]ミリ秒.
**háomò**【毫末】[名]〈書〉毛の末端；〈喩〉細微なもの.
**háoshēng**【毫升】[量]ミリリットル.
**háowēifǎ**【毫微法】[電]ミリミクロファラッド.
**háowēimǐ**【毫微米】[量]ミリミクロン.
**háowēimiǎo**【毫微秒】[量]ナノセカンド.

**háo wú**【毫无】[型]少しも…ない.¶~办法／お手上げだ.

**háo wú èr zhì**【毫无二致】[成]少しも違わない.

**háoyáng**【毫洋】[名]〈旧〉広東や広西地区で流通した本位貨幣.

**háozhēn**【毫针】[名](鍼灸に用いる)細い針.毫針(ごう).

**嗥** háo [動](オオカミや山犬がほえる.咆哮(ほうこう)する.
**háojiào**【嗥叫】[動](オオカミや山犬が)ほえる,咆哮(ほうこう)する.

**貉** háo [H] "貉hé"と同義.以下のさきだけháoと発音する.異読⇒hé
**háoróng**【貉绒】[名]ムジナの毛を取ったタヌキの毛皮.
**háozi**【貉子】[名]タヌキ.[只]

**豪** háo [H] 1 人並みすぐれた人.¶英~／英傑.2 豪快である.¶~气／勇気.3 横暴である.¶~夺／力ずくで奪い取る.
**háodǔ**【豪赌】[動]大ばくちを打つ.
**háofàng**【豪放】[形]豪放である.
**háofù**【豪富】[形]1 財産も権勢もある.2 富豪.
**háohéng**【豪横】[形]横暴である.
**háohèng**【豪横】[形]〈方〉気骨がある.
**háohuá**【豪华】[形]1 (生活が)ぜいたくである.2 豪華である.
**háojié**【豪杰】[名]豪傑.傑出した人.
**háojǔ**【豪举】[名]〈書〉大胆な行動；気前のよい行い.
**háokè**【豪客】[名]〈書〉強盗.
**háomài**【豪迈】[形]豪胆である.勇壮である.
**háomén**【豪门】[名]〈書〉富も権勢もある家柄.豪族.
**háoqì**【豪气】[名]豪気.
**háoqiáng**【豪强】[形]1 横暴である.2 [名]権勢をたてに横暴に振る舞う人.
**háoqíng**【豪情】[名]豪気な感情.
**háoshēn**【豪绅】[名]〈旧〉土豪劣紳.土地のボス顔役.
**háoshuǎng**【豪爽】[形]太っ腹である.豪快でさっぱりしている.
**háoxiá**【豪侠】[形]1 義侠心がある.2 [名]義侠心のある人.
**háoxìng**【豪兴】[名]強い興味；旺盛

## háo

**háo yán zhuàng yǔ**【豪言壮语】〈成〉気概のこもった言葉.

**háoyǐn**【豪饮】〈书〉大酒を飲む.

**háoyǔ**【豪雨】〈气〉激しい雨. 豪雨.

**háoyǔ**【豪语】〈书〉豪語する.

**háozhái**【豪宅】〈名〉豪邸. 立派な屋敷.

**háozhū**【豪猪】〈动〉ヤマアラシ.

**háozhuàng**【豪壮】〈形〉豪壮である. 勇ましい.

**háozú**【豪族】〈名〉〈旧〉豪族.

**壕**(壕) **háo**〈名〉1 堀. 2 城～. 城の堀. 3 塹壕(ざんごう). ¶防空～/防空壕.

**háogōu**【壕沟】〈名〉1 塹壕. 2 溝.

**háoqiàn**【壕堑】〈名〉塹壕.

**嚎 háo**〈动〉大声で泣く. 泣きわめく.
日大声で叫ぶ.

**háochūn**【嚎春】〈名〉〈発情期の動物の〉さかり声.

**háotáo**【嚎啕・嚎咷】→**háotáo**【号啕・号咷】

**好 hǎo ❶**〈形〉1 よい. すぐれている; 健康だ. 悪いところがない; 仲がよい. 親密である. ¶今天天气很～/今日は天気がよい. ¶我身体～了/私は体がよくなった. 養生すると元気になる. ¶我跟他不太～/私は彼とあまり付き合いがない.

「動詞+"好"」で満足すべき状態に達したことを表す. ¶准备～了/用意できた. ¶填～了吗?/記入し終えましたか?

2 …はどう; …してくれない. ¶在这儿多待一会儿,～吗?/もうしばらくここにいませんか, どうですか. ¶你们别在这儿抽烟,～不～!/ここでたばこを吸わないでくれないか.
3(…する方が)よい. ¶还是多穿点儿衣服～/やはりもう少し着こんだ方がよい. 4 …しやすい. ¶这首歌不～唱/この歌は歌いにくい. 5《各種の感嘆・応答の言葉として用いる》よろしい. はい; もうまい. 十分だ; なんだ, もう!(怒りにいう). ¶～了, 太晚了, 快睡吧!/さあさあ, もう遅いから早く寝なさい.

❷〈副〉1 ずいぶん. ▶数量や時間を表す語を, または形容詞の"多, 久"などの前に用い, 量の大きいことを強調する. ¶等了你～久/ずいぶん長いこと君を待った. ¶～几个人/何人もの人. 2 とても. なんと. ¶～香/すごくおいしい. ¶～冷/なんて寒いんだ!
❸〈助動〉…するのに都合がよい(ように). ¶你留个电话号码, 到时候我好～通知你/電話番号を書いておいてくれ, そのときなったら知らせてあげるから.
❹ 姿・形・音・味・感じなどがよい. ¶～→～吃. ～玩儿.
異読⇒hào

**hǎobàn**【好办】〈形〉やりやすい. 処理しやすい.

**hǎo bàntiān**【好半天】かなり長い時間.

**hǎobǐ**【好比】〈动〉あたかも…のようである. まるで…のようなものだ.

**hǎobù**【好不】〈副〉とても. なんと…だろう. ¶～热闹/とてもにぎやかだ.

**hǎobù róngyì**【好不容易】→**hǎoróngyì**【好容易】

**hǎochī**【好吃】〈形〉おいしい. ¶这个点心真～/この菓子はほんとうにおいしい.

**hǎochǒu**【好丑】〈方〉〈名〉1 善し悪し. 善悪. 2〈副〉どうあろうとも. とにかく.

**hǎochùfèi**【好处费】〈名〉リベート. 手間賃.

**hǎochu**【好处】〈名〉1 有利な点; 利益. 2 好意; 恩恵.

**hǎodǎi**【好歹】〈名〉1 善し悪し. ことの分別. ¶不知～/ものごとの善し悪しがわからない. 2(多く生命の危険をさす)もしものこと. 万一のこと. ¶她要是有个～,这可怎么好啊!/もしも彼女に何かあったらどうしたらいいんだ!

2〈副〉1 適当に. ざっと. 2 よかれあしかれ. とにもかくにも. ¶这个任务我～算完成了/その任務はどうにかこうにか成し遂げた.

**hǎode**【好的】〈套〉〈文頭に用い, 同意などを表す〉¶～, 就这么办吧/よろしい. そうしよう.

**hǎoduānduān**【好端端】〈形〉(～的)1 平穏無事である. 2 わけもないのに.

**hǎoduō**【好多】〈数〉多数(の). たくさん(の). ¶～人/大勢. ¶他过去～次上海/彼は何度も上海に行ったことがある. ¶他买了～/彼はたくさん買った. 2〈疑〉どのくらい. ¶买房子要～钱?/家を買うのにいくらかかりますか.

**hǎogǎn**【好感】〈名〉好感.

**hǎoguò**【好过】〈形〉1 暮らしが楽である. 2 気分がよい.

**hǎohàn**【好汉】立派な男.

**hǎohàn bù chī yǎnqián kuī**【好汉不吃眼前亏】〈谚〉賢い男はすみや損をしない.

**hǎohāor**【好好儿】〈形〉(～的)1 よく. ちゃんと. ¶～想一想/じっくり考えてみる. 2 ちゃんとしている.

**hǎohǎo xiānsheng**【好好先生】〈名〉〈貶〉お人よし.

**hǎohuà**【好话】〈名〉1 ためになる言葉. 2 聞こえのよい文句.

**hǎohuài**【好坏】〈名〉善し悪し.

**hǎojǐ**【好几】〈数〉《〈整数の後につけ端数を表す〉¶他已经三十～了/彼はもう30をいくつも過ぎている. 2〈量詞や位数詞の前に用い, 多いことを示す〉

**hǎojiāhuo**【好家伙】〈套〉《あきれたり感嘆したりするときに発する言葉》これはこれは.

**hǎo jǐng bù cháng**【好景不长】〈成〉よいことは長続きしない．月にむら雲，花に風．

**hǎo jiǔ**【好久】長い間．¶～不见了／久しぶりです．

**hǎokàn**【好看】[形] **1** 美しい．きれいである．面目が立つ．**3**"要…的好看"の形で）…に恥をかかせる，花．¶我五音不全，你让我唱歌，不是存心要我出丑～吗？／わたしは音痴なのに，歌を歌えないで，わざと恥をかかせるつもりか． **4**（映画・芝居・テレビなどの）おもしろい．

**Hǎoláiwù**【好莱坞】[名]〈地名〉ハリウッド．

**hǎolài**【好赖】 **1** [名] 善し悪し． **2** [副] **1** よかれあしかれ．とにもかくにも． **2** いいかげんに．

**hǎole chuāngbā wàngle téng**【好了疮疤忘了疼】〈谚〉のどもと過ぎれば熱さを忘れる．

**hǎolǐbā zìzhìqū**【好力宝】[名] 内モンゴル自治区で広く行われる語り物の一種．

**hǎoliǎn**【好脸】[名]（～儿）の機嫌のいい顔．楽しげな表情．

**hǎomǎ bù chī huítóu cǎo**【好马不吃回头草】〈谚〉立派な人は過去のことにこだわらない．

**hǎopíng**【好评】[名] 好評．

**hǎoqìr**【好气儿】[名]〈口〉いい顔．よい機嫌．

**hǎor**【好儿】[名] **1** 体面．メンツ．**2** 好意；恩恵． **3** よいところ，メリット． **4**〈套〉（ご機嫌をうかがう言葉）よろしく．

**hǎorén**【好人】[名] **1** 善人．品行方正な人． **2** 健康な人． **3** お人よし．

**hǎo rén hǎo shì**【好人好事】〈成〉（称賛すべき）立派な人と立派な行い．

**hǎorénjiā**【好人家】[名] 良家；金持ちの家．

**hǎorìzi**【好日子】[名] **1** 吉日． **2**（誕生日・婚礼の日などの）めでたいことのある日． **3** よい暮らし向き．

**hǎoróngyì**【好容易】[副] やっとのことで．ようやく．¶我找了半天，～才找到了／さんざん探してやっと見つけた．

**hǎoshēng**【好生】[副] **1**〈方〉たいへん．とても． **2** よく．ちゃんと．

**hǎo shēng hǎo qì**【好声好气】〈成〉口調・態度が穏やかである．

**hǎoshǐ**【好使】[形] 使いやすい．

**hǎoshì**【好事】[名] **1** よいこと．ためになること． **2**〈宗〉仏事． **3** 慈善事業． **4**（結婚などの）喜び事．⇒hàoshì

**hǎoshì bù chūmén, èshì chuán qiānlǐ**【好事不出门，恶事传千里】〈谚〉よい行いは外に知られないが，悪い事は遠くまで伝わる．

**hǎo shì duō mó**【好事多磨】〈成〉好事魔多し．

**hǎoshǒu**【好手】[名]（～儿）腕利き．名手．

**hǎoshòu**【好受】[形] 気持ちがよい．快適である．

**hǎoshuō**【好说】 **1**〈套〉どういたしまして． **2**[形] どうでもよい．大丈夫だ．

**hǎo shuō dǎi shuō**【好说歹说】〈成〉あれこれ説得する．

**hǎo shuōhuà**【好说话】（～儿）（人が）頼みやすい；気easyである．

**hǎosǐ**【好死】[动]（変死ではなく）天寿を全うする．¶不得dé～了／ろくな死に方をしない．

**hǎosǐ bùrú làihuó**【好死不如赖活】〈谚〉命あっての物種．

**hǎosì**【好似】⇒hǎoxiàng【好像】

**hǎotiān**【好天】[名]（～儿）よい天気．

**hǎotīng**【好听】[形] **1**（声や音楽が）美しい，すばらしい． **2**（言うことが）立派である．人聞きがよい．

**hǎowánr**【好玩儿】[形] おもしろい．楽しい．

**hǎowén**【好闻】[形] においがよい．

**hǎoxì**【好戏】[名] **1** よい芝居． **2**〈諷〉おもしろい場面．見物(もの)．

**hǎoxiàng**【好像】 **1** [动] まるで…みたいだ． **1** 她长得很漂亮，~电影演员／彼女はなかなかの美人で，まるで映画俳優みたいだ． **2** [副] ～のような気がする．…のようだ．¶这个人我～在哪儿见过／この人にはどこかで会ったことがあるような気がする．▶"好像是"の形でも用いる．

**hǎoxiǎozi**【好小子】[名] このやろう．こいつめ．

**hǎoxiào**【好笑】[形] おかしい．笑わせる．

**hǎoxiē**【好些】[数] 多くの．たくさんの．¶她最近瘦了～／彼女は最近ずいぶんやせた．

**hǎoxīn**【好心】[名] 好意．善意．

**hǎoxīn méi hǎobào**【好心没好报】〈谚〉好意を誤解される．親切があだになる．▶"好心不得dé好报"とも．

**hǎoxìngr**【好性儿】[形] 気性がよい．

**hǎoyàngrde**【好样儿的】[名]〈口〉気骨のある人．手本となる人．

**hǎo yīge**【好一个】[型] 何が…なものか．

**hǎoyì**【好意】[名] 好意．親切心．

**hǎoyìsi**【好意思】[形]（多く反語文に用いて）平気である．恥ずかしくない．

**hǎoyùn**【好运】[名] 好運．チャンス．

**hǎozài**【好在】[副] 幸い，都合のよいことに．

**hǎozhuǎn**【好转】[动] 好転する．

**hǎo zì wéi zhī**【好自为之】〈成〉自ら適切に事を運び，きちんと処理する．

# 郝

**hǎo**【郝】[姓]

# 号

（號）**hào** **1** [名]（～儿）日にち．日．¶五月一～／5月1日． **2**（～儿）順番．ナンバー．（数字の後につけ）…号．No. …．¶三〇窗口／3番窓口． **3**（～儿）サイズ；クラス．等級．¶大～Lサイズ．**4**（～儿）印．サイン．マーク． **5** ラッパ．¶吹～／ラッパを吹く． **6** あざな．別名．

## hào

**②**[量] **1**〈~ル〉取引の回数を表す。¶这三~买卖/この 3 件の取引。**2** 他人や物を軽蔑していうときに用いる。¶他那~人/あんな~人。**3** 人数を表す。¶今天有二十来~人/今日は20名近くの登録があった。

**③**[量] **1** チェックする。印をつける。**2**〔脈を〕取る。

**四** ①名称。名前。¶国~/国号。$\cdot$~/あだ名。②商店。¶本~/弊店。¶分~/支店。**3**号令。命令。¶~~令。④ある種の人員を表す。¶病~/病人。
‖姓‖ 異読⇒háo

**hàobīng**【号兵】[名]（軍隊の）ラッパ手。

**hàochēng**【号称】[動] **1** …の名で有名である。**2**（表向きで）…と称する。

**hàofáng**【号房】[名]〈旧〉受付；受付係。

**hàojiǎo**【号角】[名]〈昔〉軍隊で用いた角笛。〈広く〉ラッパ。

**hàokānr**【号坎儿】[名]〈旧〉車引きなやごかきなどの番号つきの上着。

**hàolìng**【号令】**1**[動] 号令。命令などで号令する。**2**[名] 号令。命令。

**hàomǎ**【号码】[名]〈~儿〉**番号**。¶电话~/電話番号。

**hàomǎjī**【号码机】[名] ナンバリングマシン。

**hào/mài**【号脉】[動]〈口〉脈を取る。

**hàopào**【号炮】[名] 号砲。

**hàor**【号儿】[名]〈口〉取引の回数を数える。

**hàoshǒu**【号手】[名] ラッパ手。

**hàoshu**【号数】[名]〈~儿〉番号。

**hàotǒng**【号筒】[名]〈旧〉（軍隊で命令を伝えるための）竹筒のような形をしたメガホン。

**hàotóu**【号头】[名]〈~儿〉〈方〉番号。

**hàowài**【号外】[名]〈新聞の〉号外。

**hàoxíng**【号型】[名]〈靴や帽子・服装などの〉サイズや種類。

**hàoyī**【号衣】[名]〈旧〉〈兵士・下級役人・職業工などが着た〉印のついた服。印ばんてん。

**hàozhào**【号召】**1**[動] **呼びかける**。**2**[動] 呼びかけ。アピール。

**hàozhìdēng**【号志灯】[名]〈鉄道で用いる手提げ式の〉信号灯。

**hàozi**【号子】[名] **1**〈方〉記号。印。**2** 監獄の部屋番号。**3** 力仕事をするときの掛け声の声。

## 好

**hǎo**【好】[動] **1** 好む。¶~学/勉強が好きである。¶~一辈 yùn 船/よく船に酔う。異読⇒hǎo

**hào chī lǎn zuò**【好吃懒做】〈成〉〈貶〉食いしん坊の怠け者。

**hào dà xǐ gōng**【好大喜功】〈成〉〈貶〉大きなことをして手柄を立てようと焦る。

**hào gāo wù yuǎn**【好高骛远・好高务远】〈成〉高望みをする。

**hàokè**【好客】[形] 客好きである。

**hàoqí**【好奇】[形] **好奇心がある**。¶~心/好奇心。

**hàoqiáng**【好强】[形] 向上心がある。負けん気が強い。

**hàosè**【好色】[形] 女色を好む。

**hào shàn lè shī**【好善乐施】〈成〉慈善を行うことを好み、私財を投じて人助けをすることに喜びを感じること。

**hàoshàng**【好尚】[名]〈書〉好み。愛好。

**hào shēng zhī dé**【好生之德】〈成〉みだりに殺生をしない血徳。

**hàoshèng**【好胜】[形] 負けず嫌いである。¶~心/負けん気。

**hàoshì**【好事】[形] 物好きである。余計なおせっかいをする。⇒hǎoshì

**hào wéi rén shī**【好为人师】〈成〉教育すること。

**hàowù**【好恶】[名] 好き嫌い。

**hàoxǐ**【好喜】[動]〈口〉好きである。好む。

**hào yì wù láo**【好逸恶劳】〈成〉安逸をむさぼり労苦を嫌う。

**hào yǒng dòu hěn**【好勇斗狠】〈成〉威勢を張ってすぐ殴りかかる。

**hàozhàn**【好战】[形] 好戦的である。

**hào zhěng yǐ xiá**【好整以暇】〈成〉多忙中であってもゆったりと落ち着いていて余裕のあること。

## 昊

**hào**【昊】〈書〉広々として果てしがない天。

## 耗

**hào**【耗】**1**[動] **1** 減らす。費やす。¶油都~光了/油を全部使い果たした。**2**〈方〉〔時間を〕つぶす。ぐずぐずする。¶别~着了、快去吧!/ぐずぐずしていないで、早く行きなさい。

**四** 悪いニュースや知らせ。¶噩~~/訃報。

**hàocái**【耗材】[名] 材料や原料を消耗する。**2** 消耗品。

**hàodiànliàng**【耗电量】[名] 電気消費量。

**hàofèi**【耗费】[動] 消費する。浪費する。¶~时间/時間をむだにする。

**hàojié**【耗竭】[動] 消耗し尽くす。

**hàojìn**【耗尽】[動] 使い果たす。

**hào/néng**【耗能】[動] エネルギーを消費する。

**hàosàn**【耗散】[動]〈物〉消散。消失。

**hàoshén**【耗神】[動] 精力を消耗する。心身をすり減らす。

**hàosǔn**【耗损】[動] すり減らす；消耗する。

**hàoyóuliàng**【耗油量】[名] ガソリン消費量。燃費。

**hàozī**【耗资】[動] 資産を浪費する。

**hàozi**【耗子】[名]〈方〉ネズミ。

## 浩

**hào**【浩】**四** **1** 大きい。盛んである。¶~~繁。**2** 多い。¶~如烟海。

**hàobó**【浩博】[形] とても多い。豊富である。

**hàodà**【浩大】[形]〈気勢や規模が〉大規模である、盛んである。

**hàodàng**【浩荡】[形] **1** 水が広々としたさま。**2**〈広く〉壮大なさま。雄大なさま。

**hàofán**【浩繁】[形] おびただしい。繁雑

**hàohàn**【浩瀚】〔形〕〈書〉**1** 広大である. **2** 多い，おびただしい.

**hàohào**【浩浩】〔形〕〈書〉**1** 広い. **2** 水勢の盛んなさま.

**hàojié**【浩劫】〔名〕大災害；大きな災禍.

**hàománg**【浩茫】〔形〕〈書〉広くて果てしない.

**hàomiǎo**【浩渺】〔形〕〈書〉水が広々としたさま. ▲"浩淼"とも.

**hàoqì**【浩气】〔略〕〈書〉浩然(ぜん)の気.

**hàorán**【浩然】〔形〕〈書〉**1** 広大なさま. **2** 精神が正大で剛直である.

**hào rán zhī qì**【浩然之气】〔成〕浩然の気.

**hào rú yān hǎi**【浩如烟海】〔成〕文献や資料が数えきれないほど多い.

**hàotàn**【浩叹】〔動〕〈書〉大声で嘆息する.

**hàotè**【浩特】〔名〕モンゴル族の牧人が居住するために作った自然発生的な村. ホト.

**皓**(皜) **hào ❶**〔形〕**1** 白い. 真っ白い. **2** 明るい.

**hàofán**【皓矾】〔化〕硫酸亜鉛.

**hàoshǒu**【皓首】〔名〕白髪頭. 〈転〉老人.

**hàoyuè**【皓月】〔名〕明るい月.

**镐** **hào**〔名〕{周朝初期の国都}鎬京(きょう). 異読⇒ gǎo

## he (ㄏㄜ)

**诃** **hē**〔動〕大声で責める. ‖〔姓〕

**呵** **hē ❶**〔動〕**1**〈息を〉吐く，吹きかける. ¶～一口气／はあと息を吹きかける. ¶～に同じに. **❷**大声で責める. しかる.

**hēchì**【呵斥・呵叱】〔動〕大声で責める. しかりつける.

**hēhē**【呵呵】〔擬〕〔笑い声〕ほほほ.

**hēhè**【呵喝】〔動〕〈書〉どなりつける.

**hēhù**【呵护】〔動〕〈書〉〔神仙の〕加護.

**hēqiàn**【呵欠】〔名〕〈方〉あくび.

**hēzé**【呵责】〔動〕〈書〉大声で責める.

**喝** **hē ❶**〔動〕**1** 液体飲料・流動物を〈とる・食べる〉飲む. ¶～茶／茶を飲む. ¶～粥／かゆを食べる. **2** 〈特に〉酒を飲む. ¶～醉了／酔っぱらった. **❷**【嗬】に同じ. 異読⇒ hè

**hē mènjiǔ**【喝闷酒】やけ酒を飲む.

**hē míhúntāng**【喝迷魂汤】〔慣〕だまされる.

**hē mòshuǐ**【喝墨水】〈慣〉(～儿)学校で読み書きを習う.

**hētour**【喝头儿】口当たりがよい. うまみを抱える.

**hē xīběifēng**【喝西北风】〔慣〕すきを抱える.

**嗬** **hē**〔感〕〔驚嘆を表し〕ほう. へえ.

---

**蠚** **hē**〔動〕〈方〉{ハチやサソリなどが毒を}刺す.

**禾** **hé**〔名〕**1** 穀類作物；(特に水稲の)苗. ‖〔姓〕

**héběn**【禾本科】〔植〕イネ科. 禾本(ほん)科.

**hécháng**【禾场】〔名〕〈方〉脱穀場；もみ干し場.

**hégǔlèi zhíwù**【禾谷类植物】〔名〕〈植〉イネ科の穀類植物.

**hémiáo**【禾苗】〔名〕穀物の苗.

**hémùpáng**【禾木旁】〔名〕(～儿)〔漢字の部首の〕"禾".

**合** **hé ❶**〔動〕**1** (もとの状態に)閉める，閉じる，合わせる. ¶～上眼／目を閉じる. ¶把书本一上／本を閉じないで. **2** 一つにする，一つになる(なって). ¶把两个一个班／たりあわせず一つのクラスにする. **3**〔換算して…〕相当する；全部で(…になる). ¶一两一两＝五十克／1両は50グラムに当たる. **4** (…に) 合致する，ぴったり合う. ¶正へ他的心意／彼の考えにぴったり合致する. **❷**〔形〕〈書〉全体の. すべての. 全部の. ¶～家団聚／一家だんらんする. ¶～村／村中. ‖〔姓〕 異読⇒ gě

**hébàn**【合办】〔動〕共同経営する.

**hébào**【合抱】〔動〕両腕を広げて抱き抱える.

**hébì**【合璧】〔動〕二つのものを一緒に並べる.

**hébìng**【合并】〔動〕**1** 合併する；一括する. **2**〔病気が〕併発する.

**hébìngzhèng**【合并症】〔名〕合併症.

**hébùlái**【合不来】〔動+可補〕そりが合わない.

**hébuzháo**【合不着】〔動+可補〕〈方〉引き合わない. 割りが合わない.

**héchàng**【合唱】〔動〕〈音〉合唱する.

**héchéng**【合成】〔動〕**1** 合わさって…になる. 構成する. **2**〈化〉合成する.

**héchéngcí**【合成词】〔語〕合成語. 複合語.

**héchéng rǎnliào**【合成染料】〔名〕合成染料.

**héchéng shùzhī**【合成树脂】〔名〕合成樹脂.

**héchéng xǐdíjì**【合成洗涤剂】〔名〕合成洗浄剤.

**héchéng xǐyīfěn**【合成洗衣粉】〔名〕粉末合成洗浄剤.

**héchéng xiānwéi**【合成纤维】〔名〕合成繊維.

**héchéngzhào**【合成照】〔名〕アイコラ. 合成写真.

**hédelái**【合得来】〔動+可補〕気が合う. 馬が合う.

**hédezháo**【合得着】〔動+可補〕〈方〉割に合う. 引き合う.

**hédìngběn**【合订本】〔名〕合本.

**hédù**【合度】〔形〕程がよい. 手ごろである.

**héfǎ**【合法】〔形〕合法的である.

**Héféi**【合肥】(名)(地名)合肥(ﾍﾌｪｲ).
**hégāi**【合该】(助動) 当然…すべきである.
**hégé**【合格】(動)合格する. 規格に合う.
**hégōng**【合攻】(動)合わせて, 合計.
**hégǔ**【合股】(動)資本を出し合う.
**héhū**【合乎】(動)…に合う. …にかなう.
**héhù**【合户】(名) 2世帯または3世帯が一つの家に住む.
**héhuān**【合欢】1 (動)(相愛の男女が)逢瀬(ｵｳｾ)を楽しむ. 2 (植)ネムノキ.
**héhuānjiǔ**【合欢酒】(名) 新婚夫婦の固めの杯.
**hé//huǒ**【合伙】(動)(～儿)共同でする. ¶～企业 / パートナー企業.
**héjī**【合击】(動)共同攻撃する.
**héjì**【合计】(動)合計する.
**héjì**【合剂】(名)(薬)混合薬. 合剤.
**héjì**【合计】(動) 1 考えをめぐらす. 2 相談する.
**héjiā**【合家】(名)一家全員.
**héjiāhuān**【合家欢】(名) 家族一同で写した写真.
**hé//jiǎo**【合脚】(動)(靴や靴下が)足に合う.
**héjīn**【合金】(名)(冶)合金.
**héjīn**【合卺】(動)(書)結婚する.
**hékān**【合刊】(名)(定期刊行物の)合併号.
**hé//kǒu**【合口】(動) 1 (傷口が)ふさがり治る. 2 (食べものが)口に合う.
**hékǒuhū**【合口呼】(語)合口呼.
**hé kǒuwèi**【合口味】口に合う, 好みに合う.
**héle**【合㕦】→**hélei**【㕦㕦】
**hélǐ**【合理】(形)理にかなっている. 筋道が通っている. 合理的である.
**hélǐhuà**【合理化】(動)合理化する.
**hélì**【合力】(動) 1 力を合わせる. 2 (名)(物)合力.
**héliàn**【合链】(動)(結節部を)連結する.
**héliú**【合流】(動) 1 (川の)合流する. 2 (喩)(思想や行動が)一致する. 3 (学問や芸術の)異なった流派が合併する.
**hé//lóng**【合龙】(動)(堤防や橋梁などを建設するとき)両端から施工して最後に真ん中で接合する.
**hé//lǒng**【合拢】(動)ひとまとめにする.
**hélú**【合炉】(動)(方)気が合う. 仲がよい.
**héméisù**【合霉素】(名)(薬)シントマイシン.
**hémóu**【合谋】(動)共謀する.
**hé//pāi**【合拍】(動) 1 リズムに合う; (喩)息が合う. 2 みんなで一緒に写真に写る.
**hé qíng hé lǐ**【合情合理】(成) 人情や道理にかなう.
**héqún**【合群】(形)(～儿)みんなと仲よくできる. 打ち解け合う.
**héshàn**【合扇】(名)(方)ちょうつがい.

**hé//shēn**【合身】(動)(～儿)(衣服が)体にぴったりと合う.
**héshí**【合十】(動)合掌する.
**héshí**【合时】(動)時代にマッチする.
**héshì**【合适・合式】(形)ちょうどよい. 適切である.
**héshù**【合数】(名)(数)合成数.
**hésuàn**【合算】 1 (形)引き合う. 勘定に合う. 2 (動)計算する. 見積もる.
**hétí**【合题】(哲)ジンテーゼ.
**hé//tǐ**【合体】→**hé//shēn**【合身】
**hétong**【合同】(名)契約. ¶订～/契約を結ぶ.
**hétonggōng**【合同工】(名)契約労働者.
**héwéi**【合围】(動) 1 (戦闘または狩猟の際に)包囲する. 2 (書)→**hébào**【合抱】
**hé wèikǒu**【合胃口】→**hé kǒuwèi**【合口味】
**hé//xīn**【合心】→**hé//yì**【合意】
**héyán**【合盐】(名)(化)複塩.
**hé//yǎn**【合眼】(動) 1 目を閉じる; 眠る. 2 (婉)死ぬ.
**héyǎn**【合演】(動)共演する.
**héyè**【合叶・合页】(名)ちょうつがい.
**héyī**【合一】(動)一つにする.
**héyí**【合宜】(形)具合がよい. ふさわしい.
**hé//yì**【合意】(動)気に入る. 意にかなう.
**héyìtíng**【合议庭】(名)(法)合議制法廷.
**héyìzhì**【合议制】(名)(法)合議制.
**héyíng**【合营】(動)共同経営する.
**hé//yǐng**【合影】(動) 1 何人かで一緒に写真を撮る. 2 (名)何人かの人が一緒に写っている写真.
**héyòng**【合用】 1 (動)共同使用する. 2 (形)使用に適している.
**héyuē**【合约】(名)契約.
**hézàng**【合葬】(動)(特に)夫婦を合葬する.
**hézhǎng**【合掌】(動)合掌する.
**hézhào**【合照】 1 (動)何人かで一緒に写真を撮る. 2 (名)何人かの人が一緒に写っている写真.
**hé//zhé**【合辙】(動)(～儿) 1 物事がぴったりと一致する. 2 (芝居や小唄などで)韻を踏む.
**hézhe**【合着】(方)結局…ということになる. とすると…ということだ.
**hézhù**【合著】(動)共著を書く.
**hé//zī**【合资】(動)共同出資する.
**hézi**【合子】(名) 1 "馅儿饼"に似た食べ物. 2 →**hézi**【盒子】
**hézòu**【合奏】(動)(音)合奏する. ¶管弦乐～/オーケストラ.
**hézuò**【合作】(動)協力する. 提携する. 合作する.
**hézuòhuà**【合作化】(動)協同化する.
**hézuò jīngyíng**【合作经营】(名)共同経営.
**hézuòshè**【合作社】(名)協同組合.
**hézuò shēngchǎn**【合作生产】(名)共同生産.

**hézuò yīliáozhàn**【合作医疗站】〖名〗共同医療所.

# 纥
**hé**→Huíhé【回纥】 異読⇒gē

# 何
**hé**〖代〗(書) 1 何. どんな; どこ. どちら. ¶～人？/だれ. 何者. ¶从一而来？/どこから来たのか. 2【反語を表す】どうして. なんで. ¶有～不可/どうしていけないことがあろう. ‖ 異読⇒**hè,hú,huó,huò**

**hébì**【何必】〖副〗…することはないじゃないか. ¶都是老同学，～客气？/みな同窓生だからだ，遠慮することはいじゃないか.

**hébù**【何不】〖副〗どうして…しないのだ；…すればいいじゃないか.

**hécéng**【何曾】〖副〗(反語の表現をつくる)どうして…であろうか.

**hécháng**【何尝】〖副〗どうして…であろうか. …であろうか.

**héděng**【何等】 1〖代〗どのような. 2〖副〗【感嘆の気持ちを表す】なんと，いかに.

**héfáng**【何妨】〖副〗(反語の表現をつくる)ひとつ…してみたらどうか.

**hégù**【何故】〖代〗(書) なぜ. どんな理由で.

**hékǔ**【何苦】〖副〗わざわざ…しなくてもいいじゃないか.

**hékǔlái**【何苦来】→**hékǔ**【何苦】

**hékuàng**【何况】〖接続〗まして…はなおさらのことだ.

**hé lè ér bù wéi**【何乐而不为】〈成〉どうして喜んでしないことがあろうか，もちろん喜んで.

**héqí**【何其】〖副〗(書) なんと，いかに.

**hé qù hé cóng**【何去何从】〈成〉何を取捨選択するか.

**hérú**【何如】〖代〗1…したらどうか. どんな. 3…するよりも…したほうがよい.

**héshǒuwū**【何首乌】〖名〗(植) ツルドクダミ；(中薬) 何首烏(ホᵕ).

**hèwèi**【何谓】〖書〗…とは何か. 2 どういう意味か.

**Hé Xiānɡgū**【何仙姑】〖名〗"八仙"の何仙姑(ᵅⁿ).

**héxū**【何须】→**hébì**【何必】

**héxǔ**【何许】〖副〗(書) どこ. いずこ.

**héyǐ**【何以】〖副〗(書) 1 何をもって. 2 どうして. なぜ.

**hézài**【何在】〖書〗どこにあるか.

**hézhǐ**【何止】〖副〗…にとどまらない.

# 和
**hé** 1〖接続〗…と. および. ¶北京，天津，上海～重庆／北京，天津，上海および重慶. 2〖介〗【動作の相手・比較の対象などを表す】と〔一緒〕…に；…に. …に対して. ¶这件事我要～他商量一下／このことは彼に相談しないといけない. ¶我個～妹妹一样／彼女の身長は私のと同じだ. 3〖動〗碁や将棋などで引き分けになる. ¶那盘棋～了／あの一局は引き分けた. 4〖名〗(数) 和.

H 1〖形〗むつまじい. ¶→～谐. 2 穏やかである. 和らぐ. ¶→～风. 3〖知慮・和睦する. ¶讲→／講和する. 4〖日本. ¶→服／和服.
‖ 異読⇒**hè,hú,huó,huò**

**hé'ǎi**【和蔼】〖形〗やさしい. 穏やかである. ¶～可亲／穏やかで親しみやすい.

**héchàng**【和畅】〖形〗(風)が穏やかである.

**hé ér bù tóng**【和而不同】〈成〉人となごやかに付き合うが，決して付和雷同しない.

**héfēng**【和风】〖名〗のどかな風.

**hé fēng xì yǔ**【和风细雨】〈成〉やり方が穏やかである.

**héfú**【和服】〖名〗(日本の)和服.

**hé guānɡ tónɡ chén**【和光同尘】〈成〉世俗に調子を合わせて争わない.

**héhǎo**【和好】〖動〗仲直りする. 和解する.

**héhuǎn**【和缓】1〖形〗和やかである. 穏やかである. 2〖動〗和らげる. 緩和する.

**héhuì**【和会】〖名〗講和会議.

**héjiàn**【和奸】〖動〗姦通する. 2〖名〗姦淫.

**héjiě**【和解】〖動〗和解する.

**héjú**【和局】〖名〗(将棋や球技などで)引き分け.

**hélè**【和乐】〖形〗むつまじく楽しい.

**héměi**【和美】〖形〗むつまじく楽しい.

**hémù**【和睦】〖形〗仲むつまじい.

**hénuǎn**【和暖】〖形〗暖かい.

**hé pán tuō chū**【和盘托出】〈成〉洗いざらいさらけ出す. 包み隠さず打ち明ける.

**hépíng**【和平】1〖名〗平和. 2〖形〗穏やかである.

**hépínɡgē**【和平鸽】〖名〗平和のハト.

**hé píng gòng chǔ**【和平共处】〈成〉平和共存する.

**hépíng tánpàn**【和平谈判】〖名〗和平交渉.

**hépíng wǔ xiàng yuánzé**【和平五项原则】〖名〗平和五原則.

**hépínɡ yǎnbiàn**【和平演变】〖名〗(社会主義政権の)平和的な転覆.

**héqí**【和棋】〖名〗引き分けになった将棋や碁) 持(´)将棋；持碁.

**héqi**【和气】1〖形〗1〖態度が〗穏やかである. 温和である. 2 むつまじい. 仲がよい. 2〖名〗むつまじい間柄・感情.

**héqià**【和洽】〖動〗仲よく打ち解ける.

**héqīn**【和亲】〖動〗和親する.

**héshàn**【和善】〖形〗温和で善良である.

**héshàng**【和尚】〖名〗(仏)和尚. 僧侶.

**héshang dǎ sǎn**【和尚打伞】〈歇〉("无法无天"と続き)やりたい放題にやる.

**héshàngtóu**【和尚头】〖名〗(口) 坊主頭.

**héshēng**【和声】〖名〗(音) ハーモニー. 和声.

**héshìlǎo**【和事老・和事佬】〖名〗仲裁

**héshù**【和数】[名]〈数〉和.

**héshùn**【和顺】[形] 温和で従順である.

**hétán**【和谈】[名] 平和交渉.

**hétóu**【和头】[名] 棺の前部と後部; (特に)棺の前の部分.

**héwǎn**【和婉】[形](言葉遣いが)穏やかで婉曲である.

**héwén**【和文】[名] 和文. 日本語.

**héxián**【和弦】[名]〈音〉和音. コード.

**héxié**【和谐】[形] 調和がとれている. ¶~社会 / 調和のとれた社会. **2** 仲むつまじい.

**héxù**【和煦】[形]〈書〉暖かい. のどかである.

**hé yán yuè sè**【和颜悦色】〈成〉穏やかでにこやかな顔.

**héyì**【和议】[名] 和議.

**héyì**【和易】[形]〈書〉やさしい. ものがわらかである. 穏やかである.

**héyuē**【和约】[名] 講和条約. 平和条約. ¶签订~ / 平和条約に調印する.

**héyuè**【和悦】[形] 愛想がよい.

**hé zhōng gòng jì**【和衷共济】〈成〉心を合わせて協力する.

**部** hé 地名用字. ‖[姓]

**劾** hé ☐ 罪状をあばく. ¶弾~ / 弾劾する.

**河** hé [名] 川. 川川. [条, 道]
☐ ① 銀河系. ¶~~汉. ② 黄河. ¶~~北.

**hé'àn**【河岸】[名] 川岸.

**hébà**【河坝】[名] 堰(せき). 土手.

**hébāng**【河邦】[名]〈方〉小川.

**Héběi**【河北】[名]〈地名〉河北(きた)省.

**Héběi bāngzi**【河北梆子】[名] 河北梆子(ぱんし). ▶河北省以北の地方劇.

**hébiān**【河边】[名] 川辺.

**hécáo**【河槽】[名]→**héchuáng**【河床】

**hécáozi**【河汊子】[名] 支流.

**héchàzi**【河汊子】[名] 支流.

**héchuān**【河川】[名](大小の)河川.

**héchuáng**【河床】[名] 河床(かしょう). 川床(どこ).

**hédào**【河道】[名] 川筋.

**hé dōng shī hǒu**【河东狮吼】〈成〉(恐妻家を嘲弄して)やきもち焼きの妻が甲高くわめく.

**héfáng**【河防】[名] **1** 河川の氾濫を防止すること. ▶特に黄河についていう. **2** 黄河の軍事防衛.

**héféi**【河肥】[名] 肥料にする河川や池の泥.

**hégōng**【河工】[名] **1** 河川工事. ▶特に黄河の河川工事をさす. **2** 河川工事に従事する労働者.

**hégōu**【河沟】[名] 小川.

**hégǔ**【河谷】[名] 河流の両岸で地平面より低い部分.

**héhàn**【河汉】[名]〈書〉**1** 天の川. **2**〈喩〉絵空事.

**hékǒu**【河口】[名] 河口.

**hélí**【河狸】[名]〈動〉ビーバー.

**héliú**【河流】[名] 河川. [条, 道]

**héliǔ**【河柳】[名]〈植〉ペキンヤナギ. ウンリュウヤナギ.

**hélou**【河娄】[名]→**héle**【饸饹】

**héluánshí**【河卵石】[名]〈建〉玉石. 栗石.

**hémǎ**【河马】[名]〈動〉カバ. [只]

**hémàntān**【河漫滩】[名] 河川滩.

**Hénán**【河南】[名]〈地名〉河南(なん)省.

**Hénán bāngzi**【河南梆子】[名] 河南梆子(ぱんし).

**Hénán zhuìzi**【河南坠子】[名] 河南省に興った演芸の一.

**Hénèi**【河内】[名]〈地名〉ハノイ.

**hání**【河泥】[名] 河底に沈積した泥.

**hépàn**【河畔】[名] 川辺. 川のほとり.

**hépiāozi**【河漂子】[名]〈俗〉川に浮いている溺死(できし)者. 土左衛門(どざえもん).

**hé qīng hǎi yàn**【河清海晏】〈成〉天下泰平であるさま.

**héqū**【河曲】[名] 河川のくま.

**héqú**【河渠】[名] 川と水路.

**héshān**【河山】[名] **1** 山河. **2** 国土.

**héshèn**【河蜃】[名]→**héchuáng**【河床】

**Héshénmiào**【河神庙】[名] 水神をまつった廟.

**héshuǐ**【河水】[名] 河水.

**hétān**【河滩】[名] 河原.

**hétào**【河套】[名] **1** 3 方が川に囲まれた地方. **2** オルドス. 黄河の門形に湾曲した部分をさす.

**hétún**【河豚】[名]〈魚〉フグ.

**héwài xīngxì**【河外星系】[名]〈天〉銀河系外星雲.

**héwǎng**【河网】[名] 水路網.

**Héxī zǒulánɡ**【河西走廊】[名]〈シルクロードの〉河西回廊.

**héxiān**【河鲜】[名] 川でとれた新鮮な魚貝類.

**héxiè**【河蟹】[名]〈動〉モクズガニ.

**héxīn**【河心】[名] 川の真ん中.

**héyán**【河沿】[名](~儿) 川辺. 川のほとり.

**héyú**【河鱼】[名] 川魚. 淡水魚.

**héyuán**【河源】[名] 川の源. 水源.

**héyùn**【河运】[名] 河川による運輸.

**曷** hé ☐ ①〈書〉なぜ. どうして. ②いつ. いつか.

**饸** hé ○

**héle**【饸饹】[名] ソバ粉やコウリャン粉をこねて, ところてん突きのようなもので突き出して筋状にし, そのまま鍋に落として煮て食べる食品.

**阂** hé ☐ 閉じふさぐ. ¶隔~ / 隔たり. わだかまり.

**盍**(盇) hé ☐〈書〉なぜ…しないのか.

**荷** hé ☐ **1**〈植〉**1** ハス. **2** オランダ.
‖[姓] 異読→hè

**hébāo**【荷包】[名] **1** 小さな袋. きんちゃく. **2** ポケット.

**hébāodàn**【荷包蛋】[名] **1** 落とし卵. ポーチドエッグ. **2** 目玉焼き.

**hé'ěrméng**【荷尔蒙】[名]〈生理〉ホルモン.

**héhuā**【荷花】[名]〈植〉ハスの花；ハス.
**Hélán**【荷兰】[地名]オランダ.
**hélándòu**【荷兰豆】[名]〈食材〉大きなサヤエンドウ.
**hélánshuǐ**【荷兰水】[名]〈方〉サイダー.
**hélánzhū**【荷兰猪】[名]〈動〉テンジクネズミ；モルモット.
**hétáng**【荷塘】[名]ハス池.
**héyè**【荷叶】[名]ハスの葉.

## 核(覈)

**hé**〈~儿〉**1**[名]さね. 桃~〈儿〉/桃のさね. **2** 中心をなすもの；中心. ¶原子~/ 細胞~/細胞核. ¶→~电.
[日]照合する. 突き合わせる. ¶审 ~/審査する.
異読⇒ hú

**hébǎohùsǎn**【核保护伞】[名]核の傘.
**hébàozhà**【核爆炸】[名]核爆発.
**héchá**【核查】[動]綿密に調査する.
**hécí gòngzhèn**【核磁共振】[名]〈物〉核磁気共鳴.
**hédǎjī lìliàng**【核打击力量】[名]〈軍〉核戦力.
**hédàn**【核弹】[名]〈軍〉(原爆や水爆等の)核爆弾.
**hédàntóu**【核弹头】[名]〈軍〉核弾頭.
**hédǎodàn**【核导弹】[名]〈軍〉核ミサイル.
**hédiàn**【核电】[名]原子力発電.
**hédiànzhàn**【核电站】[名]原子力発電所.
**hédìng**【核定】[動]査定する. 裁定する.
**héduì**【核对】[動]照合する. 突き合わせる.
**héduó**【核夺】→**héding**【核定】
**hé'ézhà**【核讹诈】[名]核兵力による威嚇.
**héfā**【核发】[動]審査して発給する.
**héfǎnyìng**【核反应】[名]核反応.
**héfǎnyìngduī**【核反应堆】[名]原子炉.
**héfèiliào chǔzhì**【核废料处置】[名]核廃棄物の処理.
**héfúshè**【核辐射】[名]放射能.
**héfù**【核复】[動]調査の上、回答する.
**héguǒ**【核果】[名]〈植〉(桃や梅などの)核果.
**héhuángsù**【核黄素】[名]ビタミン$B_2$.
**héhuǒjiàn**【核火箭】[名]核ロケット.
**héjì**【核计】→**hésuàn**【核算】
**héjiǎn**【核减】[動]審査して削減する.
**héjùbiàn**【核聚变】[名]〈物〉核融合.
**héjūnbèi**【核军备】[名]核軍備. ¶~竞赛/核軍備競争.
**hékuòsàn**【核扩散】[名]核拡散.
**hélièbiàn**【核裂变】[名]〈物〉核分裂.
**hélǒngduàn**【核垄断】[名]核独占.
**hénéng**【核能】→**hézǐnéng**【核子能】
**hénéng fādiàn**【核能发电】[名]原子力発電.
**héqiántǐng**【核潜艇】[名]〈軍〉原子力潜水艦.
**héránliào**【核燃料】[名]核燃料.
**hérén**【核仁】[名]〈生〉仁. 核小体.

**héshí**【核实】[動]事実を調査して確かめる.
**héshìyàn**【核试验】[名]〈軍〉核実験.
**héshōu**【核收】[動]査収する.
**héshuì**【核税】[動]納税. 特定税.
**hésuān**【核酸】[名]〈生化〉核酸. ヌクレイン酸.
**hésuàn**【核算】[動](企業経営上、採算がとれるかどうかを)計算する.
**hésuàn dānwèi**【核算单位】[名]〈経〉コストの計算単位.
**hétáng**【核糖】[名]〈生化〉リボース.
**hétáng hésuān**【核糖核酸】[名]〈生化〉リボ核酸. RNA. ¶脱氧~/DNA.
**hétáo**【核桃】[名]〈植〉クルミ.
**hétáochóng**【核桃虫】[名]〈方〉〈虫〉核虫.〈方〉コガネムシの幼虫.
**hétáorén**【核桃仁】[名]殻を取り除いた桃の実.
**héwài diànzǐ**【核外电子】[名]〈物〉核外電子.
**héwēishè**【核威慑】[名]核による抑止.
**héwēishè lìliàng**【核威慑力量】[名]核抑止力.
**héwēixié**【核威胁】[名]核兵器による脅し.
**héwǔqì**【核武器】[名]〈軍〉核兵器.
**héxiāo**【核销】[動]審査の上、帳簿から消す. 確認して帳消しにする.
**héxīn**【核心】[名]核心. 中核. ¶问题的~/問題の核心.
**héxīn jiātíng**【核心家庭】[名]核家族.
**héyàn**【核验】[動]照合する.
**hézhànzhēng**【核战争】[名]核戦争.
**hézhuāngzhì**【核装置】[名]〈軍〉核装置.
**hézhǔn**【核准】[動]審査の上許可する.
**hézīchǎn**【核资产】[名]〈経〉資金や資産を合・評価する.
**hézǐ**【核子】[名]〈物〉核子.
**hézǐ fǎnyìng**【核子反应】[名]〈物〉核反応.
**hézǐlì**【核子力】[名]〈物〉核力.
**hézǐnéng**【核子能】[名]〈物〉原子エネルギー.

## 菏

**hé** 地名用字. "菏泽"は山東省にある県名.

## 盒

**hé**〈~儿〉**1**[名](小型の)容器. 箱. ケース. **2**[量]箱入りのものを数える. ¶两~香烟/たばこ2箱.
(箱に入っている)仕掛け花火. ¶花~/仕掛け花火.
**hédài**【盒带】[名]カセットテープ；ビデオテープ.
**héfàn**【盒饭】[名]弁当.
**hér**【盒儿】[名]→**hézi**【盒子】
**héshì cídài lùyīnjī**【盒式磁带录音机】[名]カセット磁気録音機.
**héshì cípán**【盒式磁盘】[名]カートリッジディスク.
**hézi**【盒子】[名]**1** 小箱. ケース. [个] **2** (箱に入っている)仕掛け花火. **3** →**héziqiāng**【盒子枪】

# hé

**hézicài**【盒子菜】[名]〈方〉(酒のさかななどにする)いろいろな種類のおかずを取り合わせた食品.

**héziqiāng**【盒子枪】[名]〈方〉モーゼル拳銃.

涸 **hé**🅗(水が)乾く. 涸(か)れる. ¶~干gān/干上がる.

**hé zhé zhī fù**【涸辙之鲋】〈成〉困窮にあえいで救いを求める人.

颔 **hé**[名]あご. ¶上~/上あご.

**héxiàxiàn**【颔下腺】[名]〈生理〉顎下腺.

貉 **hé** タヌキ. ムジナ. ¶一丘之~/一つ穴のムジナ. 異読⇒**háo**

阖 (阖) **hé**[形]①全部. すべて. ②閉ざす. 閉める. ¶~户/戸を閉じる.

**hédì**【阖第】→**héfǔ**【阖府】

**héfǔ**【阖府】[名]〈書簡用語〉貴家のみなさま.

**héjiā**【阖家】[名]一家.

翮 **hé**①[鳥の羽の付け根の固い部分. ②〈書〉[鳥の]翼. ¶振~高飞/翼をはばたいて高く飛ぶ.

鞨 **hé**→**Mòhé**【靺鞨】

吓 (吓) **hè**[感](不満を表す)ちぇっ. ふん. ①脅す. ¶恫~/恫喝(どうかつ)する. 異読⇒**xià**

和 **hè**(他人の詩歌に)答えて詩歌を作る. 🅗①歌(うた)に唱和する. ¶唱~/唱和する. ②**huò, hú, huó, huò**

**hè//shī**【和诗】[動]詩を作って互いに唱和し合う.

贺 **hè**祝う. 賀する. ¶祝~/祝賀する. ‖[姓]

**hècí**【贺词】[名]祝辞.

**hèdiàn**【贺电】[名]祝いもかくしゃくとしている.

**hèhán**【贺函】[名]お祝いの手紙.

**hèkǎ**【贺卡】[名]お祝い用のグリーティングカード.

**hèlǐ**【贺礼】[名]お祝いの贈り物.

**hè//nián**【贺年】[動]新年を祝う. ¶~片/年賀状.

**hèniánkǎ**【贺年卡】[名]年賀状.

**hè//shòu**【贺寿】[動](老人の)誕生祝いをする.

**hèsuì**【贺岁】[動]新年を祝う.

**hèsuìpiàn**【贺岁片】[名](～儿)正月映画.

**hè//xǐ**【贺喜】[動]お祝いを述べる.

**hèxìn**【贺信】[名]お祝いの手紙.

荷 **hè**〈書〉担ぐ. 担う. ¶~枪/銃を担う.

🅗①荷. 負担. ¶重~/重荷. ②恩恵を受ける. …していただく. ¶无任感~/感謝の至りです. 異読⇒**hé**

**hè qiāng shí dàn**【荷枪实弹】〈成〉軍隊や警察が警戒態勢をとる.

**hèzài**【荷载】[名]1 物体にかかる外力. 2 荷重を受ける; 荷重量.

**hèzhòng**【荷重】[名]〈建〉荷重.

喝 **hè**叫ぶ. どなる. ¶大~一声/一喝する. 異読⇒**hē**

**hè//cǎi**【喝彩】[動]喝采(かっさい)する. ▲"喝采"とも.

**hèdào**【喝道】[動]〈旧〉大官の外出の際に先払いをする.

**hè dàocǎi**【喝倒彩】やじる. ▲"喝倒彩"とも.

**hèlìng**【喝令】[動](大声で)命令する.

**hèwèn**【喝问】[動]大声で尋ねる.

赫 **hè**🅗①輝かしい. 盛大である. ¶显~/位が高く世に知られる. ②ヘルツ. ¶兆~/メガヘルツ. ‖[姓]

**hèhè**【赫赫】[形]〈書〉赫々(かくかく)たる.

**Hèlián**【赫连】[姓]

**hèrán**【赫然】[形]〈書〉1 恐ろしい物や大きな物などが突然現れるさま. 2 いきり立つさま.

**Hèzhézú**【赫哲族】[名](中国の少数民族)ホジェン(Hezhen)族.

**hèzī**【赫兹】[量]〈物〉ヘルツ.

熇 **hè**🅞

**hèhè**【熇熇】[形]〈書〉火が激しく燃えるさま; 盛んなさま.

褐 **hè**〈書〉粗い綿布(の衣服).

**hèfū**【褐夫】[名]粗末な服を着た人; 貧乏人.

**hèjiāshǔ**【褐家鼠】[名][動]ドブネズミ.

**hèmǎjī**【褐马鸡】[名][鳥]カッショクケイ. カッショクカケイ.

**hèméi**【褐煤】[名]褐炭.

**hèsè**【褐色】[名]褐色.

**hètiěkuàng**【褐铁矿】[名]〈鉱〉褐鉄鉱.

**hèzǎo**【褐藻】[名][植]褐藻植物.

鹤 **hè**[名]ツル. [只]¶仙~/タンチョウ.

**hè fā tóng yán**【鹤发童颜】〈成〉年老いてもかくしゃくとしている.

**hè lì jī qún**【鹤立鸡群】〈成〉凡人たちの中で一人だけが際立ってすぐれている. 鶏群の一鶴.

**hèxīfēng**【鹤膝风】[名]〈中医〉結核性関節炎.

**hèzuǐgǎo**【鹤嘴镐】[名]つるはし.

翯 **hè**🅞

**hèhè**【翯翯】[形]〈書〉羽毛が白くて光沢のあるさま.

壑 **hè**谷. 溝. 穴. ¶沟~/溝や堀. ¶丘~/丘と谷.

# hei (ㄏㄟ)

黑 **hēi**🅘[形]1 黒い. 2 暗い. 暗くなる. ¶天~了/日が暮れた. 3 よこしまである. ¶他的心很黑~/彼は腹黒い. 🅙[動](電算)ハッキングする.

🅗①秘密の. 闇の. ¶~→~市/反動的な. ③黑龙江省. ‖[姓]

**hēi'àn**【黑暗】[形]1 暗い. 2 (喩)(社

hēi

会が暗黒である. ¶～の積年/暗い時代.
hēibái【黒白】黒と白. ¶～照片/白黒写真. 2〈喩〉正邪. 是非.
hēibáipiānr【黒白片儿】→hēibáipiàn【黒白片】
hēibáipiàn【黒白片】(名) 白黒映画.
hēibānbìng【黒斑病】(名)〈農〉黒斑病.
hēibānwā【黒斑蛙】(名)〈動〉トノサマガエル.
hēibānwén【黒斑蚊】(名)〈虫〉シナハマダラカ.
hēibǎn【黒板】(名) 黒 板.[块,个]¶～擦儿cār/黒板ふき.
hēibǎnbào【黒板報】(名) 黒板新聞.
hēibāng【黒 帮】(名) 犯罪〔反動〕組織;犯罪〔反動〕組織の構成員.
hēibujī【黒不唧】(形)(～的)(方)どす黒い.
hēibuliūqiū【黒不溜秋】(形)(～的)(方)黒ずんでいる. どす黒い.
hēicáiliào【黒材料】(名) でっち上げの証拠;人を陥れるための罪状.
hēicàncàn【黒灿灿】(形)(～的)(自然に)黒く光っている.
hēichē【黒车】(名) 1 白タク. 2 ナンバープレートを付けていない車.
hēichénchén【黒沉沉】(形)(多くは空について) 真っ暗である.
hēidān【黒疸】(名)〈農〉黒穂(ほ)病.
hēidào【黒道】(名) 1 (～儿) 1 暗い夜道. 2 悪の道. 3 やくざ. 暴力団.
hēidào rìzi【黒道日子】悪日は.
hēi dēng xiā huǒ【黒灯瞎火】(成) 灯火がなく真っ暗なさま.
hēidì【黒地】(名)〈登記していない〉闇の土地.
hēidiàn【黒店】(名) 1 〈近〉(客を殺して金品を奪う)いかさま旅館(ほ)屋. 2 不法営業の店.
hēidiāo【黒貂】(名)〈動〉クロテン.
hēidōngdōng【黒洞洞】(形)(～的)(室内・トンネル・森林などが)真っ暗なさま.
hēidòng【黒洞】(名)〈天〉ブラックホール.
hēidòu【黒豆】(名) 黒ダイズ.
Hēi Fēizhōu【黒非洲】(名) ブラックアフリカ.
hēigàitǔ【黒钙土】(名) 黒色土. 黒土.
hēi gēng bàn yè【黒更半夜】(成) 真夜中.
hēigūlōngdōng【黒咕隆咚】(形)(～的)(口) 真っ暗なさま. 真っ暗闇.
hēiguān【黒光】(名)〈物〉リネット線.
hēiguāng【黒光】(名)〈物〉紫外線.
hēiguō【黒锅】(名)→bèi hēiguō【背黒锅】
hēiháizi【黒孩子】(名)(口)戸籍のない子供. 闇っ子.
hēihūhū【黒糊糊·黒乎乎·黒忽忽】(形)(～的) 1 真っ黒である. 2 黒々とした. ▶人や物が多いことにも.
hēihù【黒户】(名) 1 戸籍のない所帯. 2 営業許可証を持たない商店.
hēihùkǒu【黒户口】(名) 戸籍のない所

带.
hēihuà【黒话】(名) 1 隠語. 合い言葉. 2 反動的な言葉.
hēihuà【黒桦】(名)〈植〉クロカンバ.
hēihuān【黒鹮】(名)→qīngyúl青鱼
hēihuò【黒货】(名) 闇商品;脱税品;禁制品. 密輸品.
hēijiāshǔ【黒家鼠】(名)〈動〉クマネズミ. ▶"黑鼠"とも.
hēijià báirì【黒价白日】(名)(方) 一日中.
hēijiāobù【黒胶布】(名)〈電〉絶縁テープ.
hēijiāochóu【黒胶綢】(名)"薯 莨"(ソメモイモ)の汁で染めた織物.
hēijīn【黒金】(名)〈鉱〉黒金. 袖の下.
hēijīng【黒晶】(名)〈鉱〉黒水晶.
hēikè【黒客】(名) ハッカー.
hēikǒu【黒口】(名) 旧時·線装本(糸とじの本)の小口の上下に刷られた黒線.
hēilǐkāng dàhào【黒里康大号】(音)ヘリコン. 大型の低音チューバ.
hēilín【黒林】(名)〈鉱〉黒麻.
hēilǐng【黒領】(名) 3 K労働者.
hēiliūliū【黒溜溜】(形)(～儿·～的) 黒く輝いているさま.
Hēilóngjiāng【黒龙江】(地名) 黒竜江(ヘイロンジャン)省.
hēimǎ【黒马】(名)〈喩〉ダークホース.
hēimài【黒麦】(名) 〈植〉ライムギ.
hēimángmáng【黒茫茫】(形)(～的)見通すかぎり暗いさま.
hēiméi【黒霉】(名) クロカビ.
hēiměngměng【黒蒙蒙】(形)(～的) 薄暗いさま.
hēimiàn【黒面】(名)〈食材〉粗挽きの小麦粉.
hēimiànbāo【黒面包】(名) 黒パン.
hēimíngdān【黒名単】(名) ブラックリスト.
hēimù【黒幕】(名) 内幕. 裏の事情. ¶～小说/暴露小说.
hēimù'ěr【黒木耳】(名)〈植〉〈食材〉クロキクラゲ.
hēipíjiǔ【黒啤酒】(名) 黒ビール.
hēiqī bǎndèng【黒漆板凳】(名)(俗)夫. ハズバンド.
hēiqīqī【黒漆漆】(形)→hēiqūqū【黒黢黢】
hēiqián【黒钱】(名) 悪銭. 不当な手段で得た金.
hēiqiāng【黒枪】(名) 1 不法所持の銃器. 2 凶剣.
hēiqūqū【黒黢黢】(形)(～的)黒々とした. 真っ暗.
hēirèbìng【黒熱病】(名)〈医〉黒熱病.
hēirén【黒人】(名) 1 黒人. 2 戸籍のない厄介者.
hēisè【黒色】(名) 黒色; 〈喩〉闇の.
hēisè huǒyào【黒色火药】(名) 黒色火薬.
hēisè jīnshǔ【黒色金属】(名) 1 鉄. 2 鉄合金.
hēisè rénzhǒng【黒色人种】(名)

**hēisè shípǐn**【黑色食品】名 黒ゴマや黒米など,黒色の自然食品を用いて作った食品.

**hēisè shōurù**【黑色收入】名 不正な手段によって得た収入.違法な収入.

**hēisèsù**【黑色素】名(生理)黒色素.メラニン.

**hēisè yōumò**【黑色幽默】名 ブラックユーモア.

**hēishào**【黑哨】名(球技の試合で)不正なジャッジ.

**hēishèhuì**【黑社会】名 暴力団.マフィア組織.

**hēishì**【黑市】名 闇市.

**hēishǒu**【黑手】名 黒幕.

**hēishǔ**【黑鼠】→**hēijiāshǔ**【黑家鼠】

**hēisuìbìng**【黑穗病】名(農)黒穂(くろほ)病.

**hēitáng**【黑糖】名(方)黒砂糖;赤砂糖.

**hēitáo**【黑桃】名(トランプの)スペード.

**hēitáo wénhuà**【黑陶文化】→**Lóngshān wénhuà**【龙山文化】

**hēitǐ**【黑体】名 1 ゴシック活字. 2(物)黒体.

**hēi tiān bái rì**【黑天白日】成 昼と夜.四六時中.

**hēitiánxiāng**【黑甜乡】名 熟睡の状態.

**hēitóu**【黑头】名(京劇で)敵役・悪役の中で豪快な人物に扮する者.

**hēitǔ**【黑土】名 黒土.黒色土.

**hēiwō**【黑窝】名(悪人の)巣窟.

**hēiwūkuàng**【黑钨矿】名(鉱)ウルフラム鉄鉱.

**hēiwūzi**【黑屋子】名 監獄.刑務所.

**hēiwǔlèi**【黑五类】名 1(政)文革中の地主・富農・反革命分子・悪質分子・右派分子. 2(黑豆や黒ゴマなど)5種類の自然食品を加工した栄養健康食品.

**hēixiázi**【黑瞎子】名(動)(方)ツキノワグマ.

**hēixiázi**【黑匣子】名(空)ブラックボックス.フライトレコーダー.

**hēixià**【黑下】名(方)夜.

**hēixiāng**【黑箱】名(電子)ブラックボックス.

**hēixiāng cāozuò**【黑箱操作】名 密室での不正な操作.

**hēixīn**【黑心】名 1 悪心. 2 名 腹黒い.

**hēixìn**【黑信】名 1 匿名の手紙. 2 脅迫状. 3 密告書.

**hēixīngxing**【黑猩猩】名(動)チンパンジー.

**hēixióng**【黑熊】名(動)ツキノワグマ.

**hēixūxū**【黑魆魆】形(~的)(空や部屋が)暗っぽい.

**hēixué**【黑学】名 闇学校.

**hēiyāya**【黑压压・黑鸦鸦】形(~的)(人や物がたくさん集まって)黒山のようだ.

**hēiyǎnjìng**【黑眼镜】名 サングラス.

**hēiyǎnzhū**【黑眼珠】名(~儿)黒目.

**hēiyè**【黑夜】名 夜中;闇夜.

**hēiyè**【黑液】名 黒液. ▶木材から製紙用パルプをとったときの廃液.

**hēiyī fǎguān**【黑衣法官】名(体)サッカーの審判.

**hēiyǐng**【黑影】名(~儿)影.黒影.

**hēiyóuyóu**【黑油油】形(~的)黒光りした.黒くてつやつやした.

**hēiyōuyōu**【黑黝黝】形(~的) 1 → **hēiyóuyóu**【黑油油】 2 真っ暗である.

**hēiyú**【黑鱼】名(魚)カムルチー.ライギョ.

**hēiyúnmǔ**【黑云母】名(鉱)黒雲母.

**hēizǎo**【黑枣】名(~儿)(植)マメガキ. 2(色)赤黒い干しナツメ. 3(方)(喩)銃弾.

**hēizéi**【黑贼】名(植)クロモ.

**hēizǎor**【黑早儿】名(方)(ほの暗い)夜明け方.

**hēizhàng**【黑账】名 裏帳簿.

**hēizhǒng**【黑种】名 黒色人種.

**hēizhū**【黑朱】名(植)シチク(紫竹).

**hēizǐ**【黑子】名 1(書)ほくろ. 2 太陽の黒点.

**嘿 hēi**嘆 1(呼びかけたり注意を促したりして)ねえ.おい.ほら. 2(得意がって)どうだい. 3(賛嘆したり驚いたりして)おや.へえ.すっ.

**hēihēi**【嘿嘿】擬(笑い声)へっへっ.

## **hen**（ㄏㄣˇ）

**hén**【痕】 1 痕跡. 2 涙~/涙の跡. 3 伤~/傷跡.

**hénjì**【痕迹】名 痕跡.跡.

**hénliàng**【痕量】名(化)ごく微量.1%以下.

**很 hěn**副 とても.たいへん.なかなか. ¶~深的井/とても深い井戸. ¶~不认真/どうも不まじめだ. ▶ただし,形容詞述語文を言い切りにするのに"很"に程度強調の働きはない. ¶这间屋子~大/この部屋は大きい."得"の後に単独で補語となる] ¶好得~/たいへんよろしい.

**狠 hěn**形 1 凶悪である.残忍である. ¶你真~哪!/ひどい人ね. 2 断固としている.きびしい.

**hěndú**【狠毒】形 むごい.残忍である.

**hěnhěn**【狠狠】副(~的)容赦なく.手痛く. ¶老师~地批评了他一顿/先生はきつく彼をたしなめた.

**hěnmìng**【狠命】形 懸命である.命がけで…….

**hěn/xīn**【狠心】 1 動 心を鬼にする. 2 名 断固たる決心. 3 形 冷酷である.

**hěnzhuā**【狠抓】動 全力を尽くして指導と行う;全力投球をする.

**恨 hèn**動 1 恨む.憎む. 2 残念がる.悔やむ.

**hènbude**【恨不得】動(できることなら)…したくてたまらない.
**hènbunéng**【恨不能】→ **hènbude**【恨不得】
**hènrén**【恨人】形〈方〉憎らしい. しゃくにさわる.
**hèn rù gǔ suǐ**【恨入骨髓】成 恨み骨髄に徹する.
**hènshì**【恨事】名 残念なこと.
**hèn tiě bù chéng gāng**【恨铁不成钢】諺 さらに立派な人間になるよう高度な要求をする.

## heng (ㄏㄥ)

**亨 hēng** H 順調にいく. 滑りがない. | 姓
**hēnglì**【亨利】量〈電〉ヘンリー.
**hēngtōng**【亨通】形 順調にいく.
**哼 hēng** 動 1 苦しそうにうんうんうなる. 2 鼻歌を歌う. 異読⇒hng
**hēngchī**【哼哧】擬〈息を苦しそうに激しく出す音〉ふうふう. はあはあ.
**hēng hā èr jiàng**【哼哈二将】成 ぐるになって悪事を働く二人の悪人.
**hēngheng**【哼哼】動〈方〉1 うんうんうなる. 2 鼻歌を歌う.
**hēngjī**【哼唧】動〈方〉低い声で話す. 口ずむむ.
**hēngrhār**【哼儿哈儿】擬〈気のない返事〉うん. はあ.
**hēngyō**【哼唷】感〈大勢で力仕事をするときの掛け声〉えんやこらさ, よいしょ.

**恒 (恆) héng** H ① 常に変わらない. ¶~~久. ② いつもの. ¶~态 / 常態. | 姓
**héngchǎn**【恒产】名 恒産;不動産.
**héngchǐ**【恒齿】名〈生理〉永久歯.
**héngděngshì**【恒等式】名〈数〉恒等式.
**héngdìng**【恒定】形 永久に変化しない;不変である.
**héng hé shā shù**【恒河沙数】成 数が非常に多いさま.
**héngjiǔ**【恒久】形 恒久. 永久.
**héngliàng**【恒量】名〈物〉定数.
**Héngshēng zhǐshù**【恒生指数】経〈ハンセン指数. ▶香港株式市場の平均株価の変動を表す指数.
**héngshù**【恒数】名〈数〉定数.
**héngwēn**【恒温】名 恒温. 定温. ¶~动物 / 恒温動物.
**héngxīn**【恒心】名 変わらない意志. 恒心.
**héngxīng**【恒星】名〈天〉恒星.
**héngyāqì**【恒压器】名 恒圧器.

**姮 héng** ⓞ
**Héng'é**【姮娥】名〈書〉(伝説上の仙女) 嫦娥(じょうが).

**珩 héng** 名〈古〉昔の帯びものの飾りにする玉.
**héngchuáng**【珩床】名〈機〉ホーニング盤.

**héngmó**【珩磨】名〈機〉ホーニング. 油砥(?)磨き.

**桁 héng** 名〈建〉けた.
**héngjià**【桁架】名〈建〉トラス. けた構え.

**鸻 héng** 名〈鳥〉千鳥.

**横 héng** ❶ 形 水平方向の. 横の; 東西方向の; 左右方向の. ¶纬线是~的 / 緯線とは東西方向のものだ. ¶~写 / 横書き.
❷ 動 1 横たわる. ¶江上~着一座铁桥 / 川の上に鉄橋が通っている. 2 横にする. 横たえる. ¶把竹竿~过来放 / 竹ざおを横に寝かせて置く.
❸ 名(~儿)〈漢字の筆画〉横に引く棒.
❹ 中①縦横に入り乱れている. ¶~生. ②横暴である. ¶~加. | 姓 異読⇒hèng

**héngbiāo**【横标】名 スローガンが横書きされた布.
**héngbō**【横波】名〈物〉横波.
**héng chōng zhí zhuàng**【横冲直撞】成 しゃにむに走り回る. 縦横無尽に突き進む.
**héngchuān**【横穿】動 横切る.
**héngdāng**【横挡】名 ズボンの横幅. 横たち.
**héng dǎo shù wāi**【横倒竖歪】成 横倒しになったり傾きかけたり.
**héngdí**【横笛】名 笛. 横笛.
**héngdù**【横渡】動 川や海を横断する.
**héngduànmiàn**【横断面】名〈測〉横断面.
**héngfú**【横幅】名 横幅.
**héngfú**【横幅】名 横長の書画・スローガン・横断幕など.
**hénggé**【横格】名 横縞(?).
**hénggémó**【横膈膜】名〈生理〉横隔膜.
**hénggézhǐ**【横格纸】名 横罫紙.
**hénggèn**【横亘】動〈書〉横や丘などが横たわる.
**héngguàn**【横贯】動 東西に貫く. 横切る.
**héngjiā**【横加】副 横暴に. 強引に.
**héngjiécháng**【横结肠】名〈生理〉横行結腸.
**héngkuà**【横跨】動 横たわる. またがる. ¶~两个世纪 / 二つの世紀にまたぐ.
**héngliáng**【横梁】名〈建〉けた. 横梁(はり).
**héngméi**【横眉】動 眉をつり上げる.
**héng méi nù mù**【横眉怒目】成 眉をつり上げ目を怒らす.
**héngpái**【横排】名〈印〉横組み.
**héngpán**【横盘】名〈経〉相場の横ばい.

**héngpī**【横批】名 横額. 扁額.
**héngpī**【横披】名 横長の軸. 横物.
**héngpōumiàn**【横剖面】名〈測〉横剖面.

## héng

**héng qī shù bā**【横七竖八】〈成〉ごちゃごちゃに入り乱れている。

**héngqiē**【横切】動 横に切る。

**héngqiēmiàn**【横切面】名〈测〉横断面。

**héngròu**【横肉】名 凶悪な人相。

**héng sān shù sì**【横三竖四】→ **héng qī shù bā**【横七竖八】

**héngsǎo**【横扫】動 1 掃討する。打ち負かす。 2 見渡す。

**héngshēng**【横生】動 1 (草などが)ぼうぼうと生い茂る。 2 思いがけなく発生する。 3 次々に起こる。

**héng shēng zhī jié**【横生枝节】〈成〉思わぬ面倒が起こる。

**héngshi**【横是】副〈口〉〈方〉たぶん。おそらく。

**héngshù**【横竖】副〈口〉どうせ。いずれにしても。

**héng shuō shù shuō**【横说竖说】〈成〉あれこれと繰り返し説く。

**héng tǎng shù wò**【横躺竖卧】〈成〉大勢の人がざこ寝している。

**héng tiāo bízi shù tiāo yǎn**【横挑鼻子竖挑眼】〈慣〉他人のあら捜しをする。

**héngwěiyì**【横尾翼】名〈航空〉水平尾翼。水平安定板。

**héngwénjī**【横纹肌】名〈生理〉横紋筋。

**héngxiàng**【横向】形 横方向の。

**héngxiàng liánhé**【横向联合】(企業同士などの)横の連携、提携。

**héng/xīn**【横心】動 腹をすえる。心を集にする。

**héngxíng**【横行】動 横行する。のさばる。

**héng xíng bà dào**【横行霸道】〈成〉権勢をたのんで横暴な振る舞いをする。

**héngxǔ**【横许】副〈方〉たぶん。おそらく。

**héngxuán**【横痃】名〈医〉横痃.

**héngyì**【横溢】動 1 (河川などが)氾濫する。 2 (才能などが)みなぎる、あふれる。

**héng zhēng bào liǎn**【横征暴敛】〈成〉重税を搾り取る。

**héngzhí**【横直】副〈方〉どっちみち。いずれにしても。

**héngzhóu**【横轴】名〈機〉横軸。

**héngzuòbiāo**【横坐标】名〈数〉横座標。

**衡 héng** H ①はかり(ざお)。 ②重さを量る。 ③判断する。推し量る。 ④平らである。 ¶均〜／バランスがとれている。 |姓|

**héngliang**【衡量】動 1 評定する。判断する。 2 考慮する。

**héngqi**【衡器】名 重さを量る器具。

**横 héng**【横】形 横柄である。粗暴で乱暴な。思いがけない。不吉な。 ¶〜事。 異読⇒ héng

**hèngbào**【横暴】形 横暴である。

**hèngcái**【横财】名 不正なもうけ。悪銭。

**hènghuò**【横祸】名 不慮の災難。

**hèngmán**【横蛮】形 (態度が)横暴である。

**hèngnì**【横逆】名〈書〉横暴な振る舞い。

**hèngshì**【横事】名 不幸な出来事。不慮の災難。

**hèngsǐ**【横死】動 横死する。

## hng (ㄏㄥ)

**哼 hng** 感〈反叛(はん)〉して、不満や不信を表し)ふん。 異読⇒ hēng

## hong (ㄏㄨㄥ)

**轰**(轟)**hōng** 1 擬〈爆発音など〉どかん。どん;(どよめき)わっ。どっ。
**2** 動 1 追う。追い払う。 ¶〜苍蝇／ハエを追いはらう。 2 (雷が)鳴る;(大砲や爆弾などで)爆破する。

**hōngdòng**【轰动】動 沸き立たせる。センセーションを巻き起こす。

**hōngdòng xiàoyìng**【轰动效应】名 一大センセーションを巻き起こすこと。

**hōnggǎn**【轰赶】動 追う。追い払う。

**hōnghōng**【轰轰】擬(大きい音)どんどん。ごうごう。

**hōnghōnglièliè**【轰轰烈烈】形 規模が雄大で勢いのすさまじいさま。

**hōngjī**【轰击】動 1 砲撃する。 2 (物)衝撃を加える。

**hōnglóng**【轰隆】擬(爆発音や雷などの大きな音)どかん。どん。ごろごろ。

**hōngmíng**【轰鸣】動 とどろく。

**hōngrán**【轰然】形 とどろく響くさま。

**hōngxiǎng**【轰响】動 とどろく。鳴り響く。

**hōngzhà**【轰炸】動 爆撃する。

**hōngzhàjī**【轰炸机】名 爆撃機。

**哄 hōng** 擬 大勢の人が笑ったり騒いだりする声どっ。がやがや。 異読⇒ hǒng,hòng

**hōngchuán**【哄传】動 盛んに言いふらされる。

**hōngdòng**【哄动】→ **hōngdòng**【轰动】

**hōngnào**【哄闹】動 がやがや騒ぐ。

**hōngqiǎng**【哄抢】動 集団で略奪する。

**hōngrán**【哄然】形 大勢の人が同時に声をあげるさま。どっと。わっと。

**hōngtái**【哄抬】動(物価を)つり上げる。

**hōngtáng dàxiào**【哄堂大笑】〈成〉一座の者がどっと笑う。

**hōngxiào**【哄笑】動 どっと笑う。

**訇 hōng** 1 擬(大きな音)どん。どかん。 2→ **āhōng**【阿訇】

**hōngrán**【訇然】→ **hōngrán**【轰然】

**烘 hōng** 動(火で)あぶる。乾かす。暖める。 ¶把湿袜子放在暖气上

## hóng

**～一～**／ぬれた靴下をスチームの上に置いて乾かす．
**日** 際立たせる．引き立たせる．¶～村．

**hōngbèi**【烘焙】〔動〕（茶やたばこの葉を）あぶる．
**hōngchèn**【烘衬】〔動〕引き立たせる．際立たせる．
**hōnggān**【烘干】火干しにする．
**hōnggāng**【烘缸】〔名〕乾燥器．ドライヤー．
**hōnghōng**【烘烘】〔擬〕～的〈火が盛んに燃える音〉ぼうぼう．
**hōngkǎo**【烘烤】火であぶる．
**hōnglán**【烘篮】〔名〕〔方〕小さな火鉢を中に入れた竹かご．
**hōnglóng**【烘笼】〔名〕（～儿）1 炭火などの上にかぶせ衣類を炭火かすのに用いる竹や柳で編んだかご．2 →hōnglán【烘篮】
**hōnglú**【烘炉】〔名〕1 乾燥炉．2 オーブン．
**hōngrǎn**【烘染】〔動〕誇張する．尾ひれをつける．
**hōngtuō**【烘托】〔動〕1（中国画の画法）水墨や淡い色彩で輪郭を引き立たせる．2 引き立たせる．際立たせる．
**hōngwǎnjī**【烘碗机】〔名〕食器乾燥機．
**hōngxiāng**【烘箱】〔名〕1 乾燥器．2 オーブン．
**hōng yún tuō yuè**【烘云托月】〈成〉一つのものを借りて他のものを際立たせる．

**薨 hōng**〔動〕〈古〉（諸侯や高官が）死ぬ，みまかる．
**hōngshì**【薨逝】〔動〕薨去（する）．

**弘 hóng 日** ①大きい．広い．②大きくする．広める．〔姓〕
**hónglùn**【弘论】→hónglùn【宏论】
**hóngtú**【弘图】→hóngtú【宏图】
**hóngyáng**【弘扬】〔書〕大いに発揚する．
**hóngyuàn**【弘愿】→hóngyuàn【宏愿】
**hóngzhǐ**【弘旨】→hóngzhǐ【宏旨】

**红 hóng**〔形〕1 赤い．〈顔・首・耳などを〉赤らめる．¶～了脸／顔を赤らめた．2 順調だ．人気がある．¶那个影星很～／あの映画スターは大いにもてはやされている．3 革命的である．政治的自覚が高い．
**日** ①配当．ボーナス．¶分～／利益配当をする．②慶事を象徴する赤い布．¶挂～／赤い布を飾りつける．③慶事をする．〔姓〕
**hóng'àn**【红案】〔名〕（～儿）（調理上の区分で）肉料理など主以外の料理を作ること．
**hóng bái xǐ shì**【红白喜事】〈成〉（～儿）結婚式と葬式．冠婚葬祭．
**hóngbān lángchuāng**【红斑狼疮】〔名〕〔医〕紅斑性狼瘡．
**hóngbǎng**【红榜】〔名〕すぐれた人々を表彰する掲示板．
**hóngbāo**【红包】〔名〕（～儿）赤い紙でお金をくるんだ包み．祝儀．
**hóngbǎoshí**【红宝石】〔名〕ルビー．
**hóngbǎoshū**【红宝书】〔名〕『毛沢東語録』の別称．
**hóngbulēngdēng**【红不棱登】〔形〕（～的）〈口〉（嫌悪の意味で）赤みがかった．
**hóngcàitái**【红菜薹】〔名〕〔植〕コウサイタイ．
**hóngcàitāng**【红菜汤】〔名〕ロシア料理のボルシチ．
**hóngcàitóu**【红菜头】〔名〕〔植〕サトウダイコン．
**hóngchá**【红茶】〔名〕紅茶．
**hóngcháo**【红潮】〔名〕1 赤面すること．2 月経．3 赤潮．
**hóngchén**【红尘】〔名〕繁華な社会；（広く）俗世間．
**hóngchóugǔ**【红筹股】〔名〕〔経〕中国の国有企業の香港法人が香港で上場した株式．レッドチップ．
**hóngdàn**【红蛋】〔名〕赤く染めた卵．
**hóngdēng**【红灯】〔名〕1（交通上の赤信号．2 赤いランプ．3〈喩〉風俗営業者店．
**hóngdēngqū**【红灯区】〔名〕歓楽街．
**hóngdìtǎn**【红地毯】〔名〕〔映〕レッドカーペット．
**hóngdiǎnké**【红点颏】〔名〕〔鳥〕ノゴマ．
**hóngdiànhuà**【红电话】〔名〕公衆電話．中央機関に直結する機密電話．
**hóngdòu**【红豆】〔名〕1〔植〕唐小豆．2 唐小豆の種．
**hónggǒng**【红汞】〔名〕〔薬〕マーキュロクロム．
**hónggǔ**【红股】〔名〕〔経〕金融功労株．優先株．
**hónggǔsuǐ**【红骨髄】〔名〕〔生理〕赤色骨髄．
**hóngguāzǐ**【红瓜子】〔名〕食用のスイカの種．
**hóng guāng mǎn miàn**【红光满面】〈成〉顔色がよくてつやつやしている．
**hónggu'ér**【红果儿】〔名〕（～儿）〔方〕サンザシの実．▲"红果儿"とも．
**hónghónglùlù**【红红绿绿】〔形〕（～的）色とりどりではなやかなさま．
**hónghú**【红狐】〔名〕〔動〕アカギツネ．
**hóngházǐ**【红胡子】〔名〕〔方〕土匪．匪賊．
**hónghuā**【红花】〔名〕〔植〕ベニバナ；〈中薬〉紅花（ぶ）．
**hónghuācǎo**【红花草】〔名〕〔植〕レンゲソウ．
**hónghuò**【红货】〔名〕〔旧〕宝石類．
**hónghuǒ**【红火】〔形〕盛んである．にぎやかである；生活が豊かである．
**Hóngjiào**【红教】〔名〕〔宗〕紅教．
**hóngjīng**【红净】〔名〕〔劇〕京劇の役柄の一〕忠誠心にあふれた勇敢な人物．
**hóngjiǔ**【红酒】〔名〕〔俗〕赤ワイン．
**hóngjué**【红角】〔名〕（～儿）人気俳優．
**Hóngjūn**【红军】〔名〕1〔略〕紅軍．労農赤軍．2（旧時のソ連の）赤軍．

**hónglì**【红利】[名]（資本主・株主に対する）配当金；（従業員に対する）賞与金．

**hóng//liǎn**【红脸】[动] 1 顔を赤らめる．はにかむ．2 腹を立てる．

**hóngliǎn hànzi**【红脸汉子】[名] 熱血漢．

**hónglín**【红磷】[名]〈化〉赤燐．

**hónglíngchóng**【红铃虫】[名]〈虫〉ワタアカミムシ．

**hónglǐng**【红领】[名] 事務や受付などに従事する女性職員．

**hónglǐngjīn**【红领巾】[名] 1（少年先鋒隊員の）赤いネッカチーフ．2 少年先鋒隊員．

**hóngliǔ**【红柳】[名]〈植〉ギョリュウ．

**hónglǜdēng**【红绿灯】[名] 交通信号灯．

**hóngluán**【红鸾】[名]〈旧〉縁結びをつかさどるとされる星．

**hóngluó**【红螺】[名]〈貝〉アカニシ．

**hóngluóbo**【红萝卜】[名]〈植〉ニンジン．

**hóngmá**【红麻】[名]〈植〉ケナフ．

**hóngmǎjiǎ**【红马甲】[名] 証券ブローカー．証券市場の立会人．

**hóngmáoní**【红毛呢】[名]〈方〉セメント．

**hóngmàozi**【红帽子】[名] 1〈旧〉アカ（共産主義者）のレッテル．2（駅の）赤帽．

**hóngméi**【红霉】[名]〈医〉無煙煤．

**hóngméisù**【红霉素】[名]〈薬〉エリスロマイシン．

**hóngmèn**【红焖】[动]〈料理〉（豚肉や鶏肉などを）醬油で味付けしてとろ火で煮込む．

**hóngmián**【红棉】→**mùmián**【木棉】

**hóngmúzi**【红模子】[名] 子供の習字用紙．⇒紙の上に字が赤で印刷してあり、その上を筆でなぞる．

**hóngmù**【红木】[名]〈植〉マホガニー．

**hóng nán lù nǚ**【红男绿女】〈成〉美しく着飾った青年男女．

**Hóngniáng**【红娘】[名]〈喩〉良縁を結ばせる仲人役．▶もとは『西廂記』に登場する人物で、鶯鶯の侍女の名．

**hóngpái**【红牌】[名]（～儿）〈体〉レッドカード．⇒**huángpái**【黄牌】

**hóngpán**【红盘】[名]（～儿）〈経〉1〈旧〉旧正月の初相場．2 値上がり株価［株indices］．

**hóngpī**【红砒】[名]〈化〉三酸化砒素（？）．無水亜砒酸．

**hóngpí jīdàn**【红皮鸡蛋】[名] 慶事に用いる赤色をつけた卵．

**hóngpíshū**【红皮书】[名] 白書．政府の調査報告書．

**hóngpiào**【红票】[名]〈旧〉（芝居などの出演者が人に贈る）招待券．

**hóngpūpū**【红扑扑】[形]（～的）（顔が）赤くつやつやしている．

**hóngpútaoténg**【红葡萄藤】[名]〈植〉ツタ．

**hóngqí**【红旗】[名] 1 赤旗．2 試合で優勝者に贈る赤い旗．3〈喩〉先進的なること．共産主義思想を身につけていること．¶～单位／先進的な職場．

**hóngqì**【红契】[名]〈旧〉不動産売買のとき、納税して官署の捺印(?)を受けた契約書．

**Hóngqiānghuì**【红枪会】[名]〈史〉紅槍会（?）．

**hóngqīng**【红青】[名] 赤みを帯びた黒色である．

**hóngqū**【红区】[名]〈史〉国共内戦の時期に中国共産党が作った農村根拠地．

**hóngqū**【红曲】[名] 米麴にこうじを加えて密封し、発酵させて作った調味料．

**hóngrǎng**【红壤】[名] 紅土．ラテライト．

**hóngrén**【红人】[名]（～儿）お気に入り．人気者．

**hóngrùn**【红润】[形] 赤くてつやつやしている．

**hóngsānyè**【红三叶】[名]〈植〉ムラサキツメクサ．アカツメクサ．

**hóngsè**【红色】[名] 1 赤色．2 革命と共産主義の象徴．

**hóngshān**【红杉】[名]〈植〉ベニスギ．

**hóngshāo**【红烧】[动]〈料理〉醬油などの調味料で煮込む．

**hóngshǔ**【红薯】[名]〈方〉〈植〉サツマイモ．

**hóngshēng**【红生】[名]（京劇の男役の一）赤いくまどりをした役．

**Hóngshízìhuì**【红十字会】[名] 赤十字社．

**hóngshì**【红事】[名] 祝い事．慶事．

**hóngshǔ**【红薯】[名]〈植〉サツマイモ．

**hóngshù**【红树】[名]〈植〉ヒルギ；マングローブ．

**hóngsōng**【红松】[名]〈植〉チョウセンマツ．

**hóngtáng**【红糖】[名] 黒砂糖．

**hóngtáo**【红桃】[名]（トランプの）ハート．

**hóngténg**【红藤】[名]〈植〉トウ．

**hóngtōngtōng**【红彤彤】[形]（～的）真っ赤である．▲"红通通"とも．

**hóngtóng**【红铜】[名] 赤銅．

**hóngtóu wénjiàn**【红头文件】[名] 党や政府機関の公文書．

**hóngtóuyíng**【红头蝇】[名]〈虫〉ギンバエ．

**hóngtǔ**【红土】[名] 1 紅土．ラテライト．2 ベンガラ．

**hóngtǔzǐ**【红土子】[名] ベンガラ．

**hóngwàixiàn**【红外线】[名]〈物〉赤外線．

**hóngwèibīng**【红卫兵】[名] 紅衛兵．

**hóngxìbāo**【红细胞】[名]〈生理〉赤血球．

**hóngxiàn**【红线】[名]〈旧〉（男女を結ぶ）赤い糸．

**hóngxiǎodòu**【红小豆】[名]〈植〉小豆．［顆，粒］

**hóngxiǎoguǐ**【红小鬼】[名] 革命の申し子。▶かつて中国労農紅軍や八路軍・新四軍に従軍した未成年者への親しみを込めた呼称。

**hóngxīn**【红心】[名] **1**〈喩〉革命軍への忠実な心。**2**（トランプの）ハート。

**Hóngxīnyuèhuì**【红新月会】[名] イスラム教国家の赤十字社。

**hóngxīng**【红星】[名] **1** 赤い星。**2** 人気のあるスター。

**hóngxué**【红学】[名]〈文〉《红楼梦》を研究する学問。

**hóngxuèqiú**【红血球】[名]〈生理〉赤血球。

**hóngyán**【红颜】[名]〈書〉**1** 美人。**2** 美少年。

**hóng/yǎn**【红眼】[動]（目を血走らせて）怒る。**2** うらやましがる。

**hóngyǎnbìng**【红眼病】[名] **1**〈医〉急性結膜炎。**2** ねたみ病。

**hóngyànyàn**【红艳艳】[形]（～的）鮮やかな赤い色の。

**hóngyàng**【红样】[印] 朱筆を入れたゲラ。

**hóngyàoshuǐ**【红药水】[名]〈口〉マーキュロクロム水溶液。赤チン。

**hóngyè**【红叶】[名] → 红叶。

**hóngyī zhǔjiào**【红衣主教】[名]〈宗〉枢機卿（すうききょう）。

**hóngyīngqiāng**【红缨枪】[名] 赤い房のついた槍。

**hóngyú**【红鱼】[名]〈魚〉フエダイ。

**hóngyún**【红云】[名]〈喩〉頰（ほお）の赤み。

**hóngyùn**【红运】[名] 幸運。¶走～/幸運にめぐり合う。

**hóngyùn**【红晕】[名] 頰の赤み。

**hóngzǎo**【红枣】[名]〈食材〉赤いナツメ。

**hóngzǎo**【红藻】[名]〈植〉紅色藻類の総称。

**hóngzhīzhū**【红蜘蛛】[名] **1**〈虫〉アカダニ。**2** 麦につくダニ。

**hóngzhǒng**【红肿】[名] 赤く腫れ上がる。

**Hóngzhǒng**【红种】[名]〈旧〉ネイティブアメリカン。インディアン。

**hóngzhuān**【红专】→ **yòu hóng yòu zhuān**【又红又专】

**hóngzhuāng**【红装】[名]〈書〉**1**（女性の）赤い飾り；（転）女性の美しい装い。**2** 若い女性。

闳 **hóng 1**[書] 小路にある門。**2**[書] 広大である。‖[姓]

宏 **hóng** 広く大きい。‖[姓]

**hóngbìngdú**【宏病毒】[名]〈電算〉マクロウイルス。

**hóngdà**【宏大】[形]（規模や志が）<u>広大である, 壮大である</u>。

**hóngfù**【宏富】[形] 豊富である。

**hóngguān**【宏观】[形] 巨視的な。マクロの。

**hóngguān jīngjì**【宏观经济】[名] マクロ経済。

**hóngguān shìjiè**【宏观世界】[名] マクロコスモス。

**hóngguān tiáokòng**【宏观调控】[名]〈経〉マクロコントロール。

**hónglì**【宏丽】[形] 雄大壮麗である。華麗である。

**hónglùn**【宏论】[名]〈書〉見識の広い言論。

**hóngshàn**【宏赡】[形]〈書〉（学識などが）豊富である、豊かである。

**hóngtú**【宏图】[名] 遠大な計画。

**hóngwěi**【宏伟】[形]（規模や計画などが）雄大である、壮大である。

**hóngyáng**【宏扬】→**hóngyáng**【弘扬】

**hóngyuàn**【宏愿】[名] 偉大な志。大きな願望。

**hóngzhǐ**【宏旨】[名] 主旨。

纮 **hóng**〈古〉冠を結ぶひも。

泓 **hóng**[形]〈書〉水が広くて深い。

荭 **hóng** ❶

**hóngcǎo**【荭草】[名]〈植〉オオケタデ。

虹 **hóng** 虹。¶出～/虹が出る。 異読→**jiàng**

**hóngcǎi**【虹彩】[名]〈旧〉〈生理〉虹彩。

**hóngmó**【虹膜】[名]〈生理〉虹彩。

**hóngxīguǎn**【虹吸管】[名] サイフォン。

**hóngxī xiànxiàng**【虹吸现象】[名]〈物〉サイフォン（吸虹）現象。

竑 **hóng**[形]〈書〉広大である、広く大きい。

洪 **hóng ❶ 1** 大きい。¶～＞福。**2** 洪水。**❸** 防～/洪水を防ぐ。‖[姓]

**Hóngbāng**【洪帮】[名]〈史〉洪幇（ホンパン）。▶"天地会 Tiāndìhuì"系の秘密結社。

**hóngbō**【洪波】→**hóngtāo**【洪涛】

**hóngdà**【洪大】[形]（音声が）大きい。

**Hóngdūlāsī**【洪都拉斯】[名]〈地名〉ホンジュラス。

**hóngfēng**【洪峰】[名]（河川の増水期の）最高水位；最高水位に達した洪水。

**hóngfú**【洪福】[名] 大きな幸福。

**hónghuāng**【洪荒】[名] 太古の時代。

**hónglào**【洪涝】[名] 洪水と冠水。

**hóngliàng**【洪亮】[形]（音声が）<u>大きくよく通る</u>。

**hóngliàng**【洪量】[名] **1** 度量が大きい。**2** 酒量が多い。

**hóngliú**【洪流】[名] 洪水の流れ；〈喩〉大きな流れ。

**hónglú**【洪炉】[名] 大きな炉；〈喩〉人間を鍛える環境。

**hóngmó**【洪魔】[名] 大きな災害をもたらす洪水。

**hóngshuǐ**【洪水】[名] <u>洪水</u>。

**hóng shuǐ měng shòu**【洪水猛兽】[成] 甚だしい災禍。

**hóngshuǐwèi**【洪水位】[名] 最高水位。

**hóngtāo**【洪涛】[名] 大波。

**hóngzāi**【洪灾】[名] 洪水による災害。

**hóngzhōng**【洪钟】[名] 大きな鐘。

鸿 **hóng ❶** ①ヒシクイ、オオカリ。¶～～雁。②手紙。¶来～/お

## hóng 366

hóngfú【鸿福】→hóngfú【洪福】
hónggōu【鸿沟】〔名〕はっきりした境界.大きなギャップ.
hóng hú zhī zhì【鸿鹄之志】〔成〕鸿鹄の志.
hóngmáo【鸿毛】〔名〕鸿毛.〔喩〕非常に軽い物事.¶轻于～/鸟の羽根より軽い.
hóngményàn【鸿门宴】〔名〕鸿門（ﾓﾝ）の宴.客人を陥れようとする招宴.
hóngméng【鸿蒙・鸿濛】〔名〕〔書〕天地開闢（ﾋｬｸ）以前の混沌状態.
hóng piān jù zhì【鸿篇巨制】〔名〕大著.巨編.
hóngrú【鸿儒】〔名〕〔書〕大学者.
hóngtú【鸿图】→hóngtú【宏図】
hóngyàn【鸿雁】〔名〕〔鸟〕サカツラガン.
hóngyùn【鸿运】〔名〕幸運.
hóngzhǎo【鸿爪】〔名〕〔喩〕過去の痕跡（ｾｷ）.

澒 hóng【茳hóng】に同じ.
藄
黉 hóng【黌】〔名〕〔古〕学校.
哄
哄 hǒng〔動〕1 だます.欺く.2 あやす.機嫌を取る.¶～孩子/子供をあやす. 異読⇒hōng,hòng
hǒngdòu【哄逗】〔動〕言葉や行動で人を喜ばせる.
hǒngnòng【哄弄】〔動〕〔方〕だます.翻弄する.
hǒngpiàn【哄骗】〔動〕だます.欺く.
hǒngtái【哄抬】〔動〕（相場の）仕手を演じる（株価を）あおる.

讧 hòng【讧】〔動〕争う；混乱する. ¶内～/内輪もめ.内訌（ｺｳ）.
哄（鬨）hòng〔動〕やじを飛ばす.からかう.
❶わいわい騒ぐ.¶一～而散sàn/ワッと声をあげて退散する.
異読⇒hōng,hǒng
hòng/chǎng【哄场】〔動〕観衆がやじる.
hòngnào【哄闹】〔動〕多くの人が同時ににやかましく騒ぐ.

## hou（ㄏㄡ）

齁 hōu 1〔動〕（甘すぎたり塩からすぎたりしたのどを）不快がらせる.¶蜂蜜太甜,～嗓子/はちみつが甘すぎてのどがおかしくなる.2〔副〕〔方〕いやに.ばかに.とても.
❶⇨hōu
hōushēng【齁声】〔名〕〔書〕いびき.
侯 hóu❶〔名〕①侯爵.②高位高官の人.¶门～/貴族の邸宅.‖〔姓〕
異読⇒hòu
hóujué【侯爵】〔名〕侯爵.
喉 hóu❶〔名〕のど.¶～头.
hóucāyīn【喉擦音】〔名〕〔語〕喉頭（ﾄｳ）

摩擦音.
hóufēng【喉风】〔名〕〔中医〕咽喉（ｲﾝｺｳ）カタル.
hóujié【喉结】〔名〕〔生理〕のどぼとけ.
hóujìng【喉镜】〔名〕〔医〕喉頭鏡.
hóulong【喉咙】〔名〕咽喉.
hóusèyīn【喉塞音】〔名〕〔語〕声门閉鎖音.
hóushā【喉痧】〔名〕〔中医〕猩紅熱（ﾉﾖｳｺｳﾈﾂ）.
hóushé【喉舌】〔名〕のどと舌；〔喩〕代弁者.
hóutóu【喉头】〔名〕〔生理〕のど.
hóuyán【喉炎】〔名〕〔医〕喉頭炎.

猴 hóu❶〔名〕1〔動〕猿.2〔喩〕利口者.❷〔形〕〔方〕（多く子供が）利口である.すばしこい.❸〔動〕〔方〕猿のようにうずくまる.‖❶〔姓〕
hóujīng【猴精】〔名〕1〔形〕小利口だ.こざかしい.2〔名〕こざかしい人.
hóu nián mǎ yuè【猴年马月】〔成〕いつになるのかわからない.
hóupíjīnr【猴皮筋儿】〔口〕ゴムひも.
hóushì【猴市】〔名〕〔経〕株価の乱高下.
hóutóu【猴头】〔名〕〔植〕ヤマブシタケ.
hóuxùn【猴逊】〔名〕猿の芝居.猿回し.
houzi【猴子】〔名〕❶〔動〕猿.‖〔只〕

瘊 hóu ❶
hóuzi【瘊子】〔名〕いぼ.

骺 hóu→gǔhóu【骨骺】

吼 hǒu❶ 1〔猛獣が〕ほえる.2（人が）怒ってどなる.叫ぶ.3（風が吹きすさぶ；（汽笛の）鳴り響く；（砲声が）とどろく.‖〔姓〕
hǒujiào【吼叫】〔動〕大声で叫ぶ.ほえる.うなり声を上げる.
hǒushēng【吼声】〔名〕叫び.雄たけび.

后（後）hòu❶〔方位〕1（空間的な）後ろ（の）．¶村の後ろ．2 由～向前数shǔ/後ろから前へ数える．2（時間的に）後（の）．遅い．¶毕业～/卒業した後．3（順序が）後ろの．¶一～五名/あとの5人．2〔名〕1〔書〕跡継ぎ．子孫．2〔古〕皇后．‖

hòubà【后爸】〔口〕継父.
hòubān【后班】〔名〕後半．
hòubànshǎng【后半晌】〔名〕〔～儿〕〔方〕午後．
hòubàntiān【后半天】〔名〕〔～儿〕午後．
hòubànyè【后半夜】〔名〕夜中から夜明けまでの時間．
hòubèi【后备】〔形〕1〔人員・物資などの〕予備，備え．2 補欠．
hòubèi【后背】〔名〕背中．
hòubèi【后辈】〔名〕1 後の世代の人；子孫．2 後輩．
hòubèijūn【后备军】〔名〕予備軍．
hòubian【后边】〔方位〕〔～儿〕〔場所・順番での〕後，後ろの方．¶商店の～/店の裏．

hòubù【后步】[名]余地. ゆとり.
hòuchén【后尘】[名]後塵(ﾋﾞﾝ).
hòudài【后代】[名]1 後代. 2 後代の人. 子孫.
hòudēng【后灯】[名](自動車の)尾灯. テールランプ.
hòudiē【后爹】[名]〈口〉継父.
hòudùn【后盾】[名]後ろだて.
hòu fā zhì rén【后发制人】〈成〉まず一歩譲っておき、有利な立場を占めることによって相手を制する.
hòufāng【后方】[名]1 銃後. 後方. 2(現場・管理系統に対して)雑用・サービス・支援部門. [2]方位 後方.
hòufū【后夫】[名]二度目の夫.
hòufú【后福】[名]将来の幸福. 晩年の幸福.
hòufù【后父】[名]継父.
hòugēn【后跟】[名](～儿)(靴や靴下の)かかと.
hòugù【后顾】[動]〈書〉1 後顧する. 2 回顧する.
hòu gù zhī yōu【后顾之忧】〈成〉後顧の憂い.
hòuguǎnfān【后滚翻】[名]〈体〉バック転.
hòuguǒ【后果】[名]最後の結果. ▶悪い結果をいうことが多い.
Hòuhàn【后汉】[名]〈史〉1 →Dōnghàn[东汉] 2 後漢(ﾊﾝ). 五代の一.
hòuhuà【后话】[名]後の話し.
hòuhuàn【后患】[名]〈書〉将来の災い. 後の憂い.
hòuhuǐ【后悔】[動]後悔する. ¶~莫及／後悔先に立たず.
hòuhuǐyào【后悔药】[名](～儿)〈口〉1 人に後悔させるような言葉. 2 後悔すること.
hòu huì yǒu qī【后会有期】〈成〉またお目にかかりましょう.
hòuhūnr【后婚儿】[名]再婚した女性.
hòujǐliang【后脊梁】[名]背中.
hòujì【后记】[名]後書き. 跋(ﾊﾞﾂ).
hòujì【后继】[動]後継ぐ. 跡継ぎ. ¶~有人／後継ぎがある.
hòujiǎo【后脚】[名]1 後ろ足. 2〈口〉すぐ後. ▶"前脚"と呼応する.
hòujiē【后街】[名]裏通り.
Hòujīn【后金】[名]〈史〉後金(ﾋﾝ).
hòujìn【后襟】[名]衣服の後ろの身ごろ.
hòujìn【后进】[1][名]1 後進；後輩. 2 遅れている人. [2][形]進歩の遅い.
hòujìn【后劲】[名](～儿)1 後になって強くなる効果や力. 2 最後の頑張り. ラストスパート.
Hòujìn【后晋】[名]〈史〉後晋. ▶五代の一.
hòujǐng【后景】[名]背景. バック.
hòukōngfān【后空翻】[名]〈体〉バック宙.
hòulái【后来】1[名]その後. それから. 2[形]後から来た；後から成長した. ¶~人／後進.
hòu lái jū shàng【后来居上】〈成〉後の者が先の者を追い越す.

hòulàng tuī qiánlàng【后浪推前浪】〈諺〉後の者が前のものを促して、物事がたえず前進する.
hòulǎopó【后老婆】[名]後妻.
hòuliǎnr【后脸儿】[名]〈方〉後ろ姿. 裏側.
Hòuliáng【后梁】[名]〈史〉後梁(ﾘｮｳ). 五代の一.
hòulù【后路】[名]1〈軍〉退路. 2(～儿)逃げ道.
hòumā【后妈】[名]〈口〉継母.
hòumén【后门】[名](～儿)1 裏門. 2〈喩〉裏口. コネ.
hòumian【后面】[方位](～儿)(場所・順番の)後ろ. 後方. 裏側.
hòumǔ【后母】[名]継母.
hòunǎo【后脑】[名]〈生理〉後脳.
hòunǎosháozi【后脑勺子】[名]〈方〉後頭部(の突き出た部分). ▶"后脑勺"とも.
hòunián【后年】[名]再来年.
hòuniáng【后娘】[名]〈口〉継母.
hòupà【后怕】[動]後になって怖くなる.
hòupái【后排】[名]後列.
hòuqī【后妻】[名]後妻.
hòuqī【后期】[名]後期.
hòuqī lùyīn【后期录音】[名]アフレコ. アフターレコーディング.
hòuqǐ【后起】[動]新進の. 新たに現れた.
hòu qǐ zhī xiù【后起之秀】〈成〉優秀な新人.
hòuqín【后勤】[名]〈略〉後方勤務.
hòuqiū【后鞧】[名]馬のしりがい.
hòur【后儿】[名]〈口〉明後日.
hòurén【后人】[名]1 後の人. 子孫.
hòurèn【后任】[名]後任.
hòurì【后日】[名]1 後日. 将来. 2 明後日.
hòushà【后厦】[名]家屋の後方のぬれ縁. 廂下.
hòushǎng【后晌】[名]〈方〉午後.
hòushàng【后上】[名]〈方〉晩. 夕方.
hòushēn【后身】[名]1(～儿)後ろ姿. 2 衣服の後ろ. 3(～儿)1 家屋の裏. 4 生まれ変わり. 5(機構や制度などの)後身.
hòushēng【后生】1[名]若者. 2[形]若々しい.
hòu shēng kě wèi【后生可畏】〈成〉後生畏るべし.
hòushì【后市】[名]〈経〉先行き.
hòushì【后事】[名]1〈近〉以後のこと. ▶小説で、1回を締めくくる決まり文句. 2 葬儀.
hòushìjìng【后视镜】[名](車の)バックミラー.
hòushǒu【后手】[名]1〈旧〉後任者. 2〈旧〉手形の引受人. 3 後手. 4(～儿)余地.
hòushǒu【后首】[名]〈方〉1 その後. 後で. そのあと. 2 後方. 後ろ.
hòusì【后嗣】[名]跡継ぎ. 子孫.
hòutái【后台】[名]1 楽屋. 2〈喩〉

## hòu

ろだて. バック.

**hòutái lǎobǎn**【后台老板】[名]〈貶〉後ろだて. 黒幕.

**Hòutáng**【后唐】[名]〈史〉後唐. ▶五代の一.

**hòutiān**【后天】[名] 1 明後日. 2 後天的.

**hòutiānxìng miǎnyì**【后天性免疫】[名]〈医〉獲得免疫.

**hòutou**【后头】[名]〈方位〉(場所の) 後ろ. 裏側. (時間的や順序の) 後. 先. これから.

**hòutǔ**【后土】[名] 大地の神；大地.

**hòutuǐ**【后腿】[名]〈動〉(昆虫や動物の) 後肢.

**hòutuì**【后退】[動] 後退する. 退く.

**hòuwèi**【后卫】[名] 1〈軍〉後衛. 2〈体〉衛兵；(バスケットボールで) ガード；(サッカーで) フルバック.

**hòuxiàng**【后项】[名]〈数〉後項.

**hòuxuán**【后旋】[名]〈体〉(球技の) バックスピン.

**hòuxué**【后学】[名] 後学. 後進の学者.

**hòuxuér**【后学儿】[名]〈方〉成人してから学んだ学問や技術など.

**hòuyāo**【后腰】[名] 1 腰. 2〈体〉(サッカーで) ボランチ.

**hòuyízhèng**【后遗症】[名] 1〈医〉後遺症. 2〈喩〉後遺症；後腐れ.

**hòuyǐmáo**【后遗毛】[名]〈口〉最後. 尾尾.

**hòuyì**【后裔】[名]〈書〉後裔(ﾖﾈ). 子孫.

**hòuyǐng**【后影】[名]〈~儿〉後ろ姿.

**hòuyuán**【后援】[名] 援軍；(広く) 応援. 支援.

**hòuyuàn**【后院】[名]〈~儿〉1 裏庭. 2〈喩〉後方；内部.

**hòuzhàng**【后账】[名] 1 裏帳簿. 2 事後の精算.

**hòuzhàofáng**【后罩房】[名]〈方〉"正房" (母屋) の後方に建てられた"正房"に平行する建物.

**hòuzhě**【后者】[名] 後者.

**hòuzhī**【后肢】[名]〈動〉(昆虫や動物の) 後肢.

**Hòuzhōu**【后周】[名]〈史〉後周. ▶五代の一.

**hòuzhóu**【后轴】[名] 後車軸.

**hòuzhuì**【后缀】[語] 接尾辞.

**hòuzuò**【后坐】[名] (大砲などの発射の) 後座.

**hòuzuòlì**【后坐力】[名]〈物〉反動力.

## 邱 hòu ∥姓

## 厚

**hòu**【厚】[形] 1 (↔薄) 厚い. ¶~木板/厚い板. 2 (感情が) 深い.

こまやかである. ¶交情很~/友情が深い. 3 (数量的に) 多い；(利潤的に) 大きい；(抽象的に程度が) 甚だしい. ¶礼品太~了/贈り物はずいぶんと気前がよい. 4 (味が) 濃厚である. ¶这酒味儿~/この酒はこくがある. **2**【厚】厚み. ¶十公分~的雪/10センチばかり積もった雪.

【厚】1 温厚誠実である. ¶宽／宽大で親切である. 2 重んじる. ¶→~此薄彼. ‖[姓]

**hòu'ài**【厚爱】[名] (自分に対する相手の) 深い愛情や思いやり.

**hòubó**【厚薄】[名] 厚さ. 厚み.

**hòubóguī**【厚薄規】[機] すきまゲージ.

**hòu cǐ bó bǐ**【厚此薄彼】[成] 不公平な取り扱いをする.

**hòudài**【厚待】[動] 優遇する. 厚くもてなす.

**hòudao**【厚道】[形] 温厚である. 親切である.

**hòudù**【厚度】[名] 厚さ. 厚み.

**hòudūndūn**【厚墩墩】[形]〈~的〉厚ぼったい.

**hòu gǔ bó jīn**【厚古薄今】[成] (学術研究などで) 古い時代を重視して現代を軽視する.

**hòuhēi**【厚黑】[形] 厚かましく腹黒い.

**hòu jīn bó gǔ**【厚今薄古】[成] (学術研究などで) 新しい事物を重視し古い事物を軽視する傾向.

**hòulǐ**【厚礼】[名] 手厚い贈り物.

**hòulì**【厚利】[名] 大きな利益.

**hòu liǎnpí**【厚脸皮】(口) 面の皮が厚い；面の皮を厚くする.

**hòulù**【厚禄】[名] 手厚い俸禄.

**hòupícài**【厚皮菜】[名]〈方〉フダンソウ.

**hòupò**【厚朴】[植] カラホオ；〈中薬〉厚朴(はく).

**hòushi**【厚实】[形] 1 分厚い. 2 豊である.

**hòuwàng**【厚望】[名] 大きな期待.

**hòuwèi**【厚味】[名] 濃厚な味.

**hòuyán**【厚颜】[名]〈書〉厚顔. 鉄面皮.

**hòuyì**【厚谊】[名] 厚誼.

**hòuyì**【厚意】[名] 厚意.

**hòuyù**【厚遇】[動] 厚遇する. 手厚いもてなしをする.

**hòuzàng**【厚葬】[動] 手厚く葬る. 荘厳な儀式をして葬る.

**hòuzhǐ**【厚纸】[名] 1 ボール紙. 2 厚手の紙.

**hòuzhòng**【厚重】[形] 1 厚くて重い. 2 豊かで厚い. 3〈書〉重厚で慎み深い.

## 侯 hòu 地名用字. 異読⇒hóu

## 逅 hòu →xièhòu【邂逅】

## 候

**hòu**【候】[動] 待つ. ¶请稍～一会儿／少々お待ちください.

【候】①ご機嫌を伺う. ¶致／あいさつする. ②時節. 季節. ¶节／季

節. ③状況. 加減. ¶火～/火加減.

hòubǔ [候补] 1 名 候補. ¶～委员 wěiyuán/委員候補. 2 動〈旧〉官吏が任官できるのを待つ.

hòuchǎng [候场] 動〈舞台への〉出を待つ.

hòuchē [候车] 動 発車を待つ.

hòucheshì [候车室] 名〈駅の〉待合室.

hòuchóng [候虫] 名 季節の到来を告げる虫.

hòufēng dìdòngyí [候风地动仪] 名 後漢の天文学者張衡が発明した世界最初の地震観測器.

hòuguāng [候光] 動〈書〉〈敬〉ご光臨を待つ.

hòujīlóu [候机楼] 名 空港ロビー.

hòujīshì [候机室] 名 空港の待合室.

hòujiào [候教] 動〈敬〉ご来駕を待つ.

hòuniǎo [候鸟] 名 渡り鳥.

hòushěn [候审] 動〈法〉審問を待つ.

hòuwēn [候温] 名 5日ごとの平均温度.

hòuxuǎnrén [候选人] 名〈選挙の〉立候補者.

hòu/zhàng [候账] 動 → huì/zhàng [会账]

hòuzhěn [候诊] 動 診察を待つ. ¶～室 shì/病院の待合室.

堠 hòu 〈古〉敵の様子を見張るため設けた土の砦(とりで). 物見やぐら.

鲎(鱟) hòu 1 動 カブトガニ. ¶～鱼/同上. 2〈方〉虹.

## hu（ㄏㄨ）

乎 hū 1 助〈古〉〈疑問を表す〉¶然～？/そうなのか. 2〈感嘆を表す〉¶天～！/ああ,神さま. 2 接尾 1〈動詞の後につく〉¶…に...から. ¶出～意料/思いがけない. ¶合～目的/目的にかなう. 2 形容詞または副詞の後につく〉¶郁郁～/盛んに茂っているさま.

-hūhū [～乎乎] 接尾〈形容詞の後に続けて,程度のひどいことを表す〉¶热～的饺头 / ほかほかのマントー.

戏(戲·戯) hū →wūhū [於乎·於戏] 異読⇒xì

呼 hū 1 動 1 息を吐き出す. ¶～出一口气 / ひと息を吐く. 2 大声をあげる. ¶～口号 / スローガンを叫ぶ. 3〈書〉風の音ひゅう、びゅう. 4〈いびき〉ぐうぐう. ‖姓

hūbóbó [呼勃勃] 擬〈鳥〉ヤツガシラ.

hūchī [呼哧·呼吃·呼蚩] 擬〈息が切れた音〉はあはあ. ふうふう.

hū fēng huàn yǔ [呼风唤雨] 成 大自然を征服する.

hūhǎn [呼喊] 動 叫ぶ. 大声を出す.

hūhào [呼号] 動 泣きわめく. 叫ぶ.

hūhào [呼号] 名 1 コールサイン. 2〈組織の〉スローガン.

Hūhéhàotè [呼和浩特] 名〈地名〉フフホト.

hūhū [呼呼] 擬 1〈風の音〉ひゅうひゅう. 2〈いびき〉ぐうぐう.

hūhuàn [呼唤] 動 1 呼びかける;叫ぶ.

hūjī [呼机] 名 ポケットベル.

hūjiào [呼叫] 動 1〈無線で〉呼びかける. 2 叫ぶ.

hūjiù [呼救] 動 助けを求めて叫ぶ. ¶～信号/救難信号.

hūlā [呼啦·呼拉·呼喇] 擬 1〈旗など風にはためく音〉ばたばた. 2〈人だかりができたり散ったりするさま〉わっと.

hūlāquān [呼啦圈] 名 フラフープ.

hūlāquānwǔ [呼拉圈舞] 名 フラダンス.

hūlū [呼噜] 擬 1〈物が飛ぶときの音〉ひゅう. 2〈喉を鳴らす音〉ごろごろ.

hūlu [呼噜] 名〈口〉いびきの音. ¶～/ぐうぐうといびきをかく.

hū péng yǐn lèi [呼朋引类] 成〈貶〉同類を引き込む. 仲間に引きずり込む.

hūshan [呼扇] 動〈口〉〈薄い板などが〉揺れる. 2 物をばたばたと動かす.

hūshào [呼哨] 名 指笛.

hūshēng [呼声] 名 1 叫び声. 2〈衆の〉要望.

hūtái [呼台] 名 ポケベルステーション.

hū tiān qiāng dì [呼天抢地] 成 悲しさのあまり天に向かって叫び,頭を地にぶつける.

hūtúkètú [呼图克图] 名〈宗〉〈清代〉チベット仏教の徳望ある活仏に与えられた称号.

hūxī [呼吸] 動 呼吸する.

hūxīdào [呼吸道] 名〈生理〉呼吸道.

hūxī xìtǒng [呼吸系统] 名〈生理〉呼吸器系統.

hū xī xiāng tōng [呼吸相通] 成 意志が通い合い,利害が通じ合う.

hūxiào [呼啸] 動〈風や弾丸などが〉鋭くて長い音を立てる.

Hūyán [呼延] 名〈姓〉

hū yāo hè liù [呼幺喝六] 成 1 賭博場の騒がしい音. 2〈方〉やたらに威張り散らす.

hūyìng [呼应] 動 呼応する.

hūyù [呼吁] 動 呼びかける. アピールする.

hūzào [呼噪] 動〈書〉がやがや叫ぶ.

hū zhī yù chū [呼之欲出] 成 文学作品の人物描写が生き生きとして真に迫っている.

忽 hū 1 副 1 突然. 急に. 2（"忽…忽…"の形で）…と思えば,また…になる. 突然…たり…たり. ¶情緒～高～低 / 気分が晴れたりふさいだりする. 2 量〈長さ・重さの単位〉"丝"の10分の1."毫"の100分の1. Ⅱ動 おろそかにする. ¶～…略. ‖姓

hūbù [呼布] 名〈植〉ホップ.

# hū 370

**hūdì**【忽地】副〈近〉にわかに、突然．

**hū'ér**【忽而】副"忽而…忽而…"の形で）突然…たり…たり。…したかと思うと…する．

**hūhū**【忽忽】副またたく間に．

**hū…hū…**【忽…忽…】〔型〕→【忽地】② 

**hūlǜ**【忽律】名〔動〕ワニ．

**hūluè**【忽略】動 なおざりにする．見落とす．

**hūmǐ**【忽米】量 センチミリメートル．

**hūrán**【忽然】副 思いがけなく．にわかに．急に．

**hūránjiān**【忽然間】副 突然．

**hūshǎn**【忽閃】動 ぱっと光る．

**hūshǎn**【忽閃】動 きめくれ．

**hūshì**【忽視】動 軽視する．無視する．

**hūyou**【忽悠】動〈方〉ゆらゆらする．

## 轷
**hū** ‖〖姓〗

## 烀
**hū**動〔料理〕（少量の水で蒸すようにして）煮る．

**hūshan**【烀扇】→【hūshan〖呼扇〗】

**hūshào**【烀哨】→【hūshào〖呼哨〗】

## 惚
**hū** →【huǎnghū〖恍惚〗】

## 滹
**hū** 川の名に用いる．¶～沱/河北省にある川の名．

## 糊
**hū**動（のり状のものですきま・穴・平面に）塗りつける．¶用水泥把墙缝～上/セメントで壁のすきまを塗りつぶす．異読→hú, hù

## 囫
**hú** ‖**〇**

**húlún**【囫圇】形 完全な．丸ごと．そっくりそのまま．¶～～覚jiào．

**hú lún tūn zǎo**【囫圇吞棗】〈成〉物事をよく検討せず鵜呑みにする．

**húlún ger**【囫圇个儿】副（～的）1 そのままそっくり．2 服を着たまま．

**húlúnjiào**【囫圇覚】副 夜通し眠り続けること．

## 和
**hú**動（マージャンなどで）上がる．異読→hé, hè, huó, huò

## 狐
**hú**名〔動〕キツネ．¶～～狸li．

**húbùwǔ**【狐歩舞】名〔社交ダンスの〕フォックストロット．

**húchòu**【狐臭】名 わきが．

**hú jiǎ hǔ wēi**【狐假虎威】〈成〉トラの威を借るキツネ．

**húli**【狐狸】名〔動〕キツネ．〔只〕

**húlijīng**【狐狸精】名 1 伝説の中のキツネのお化け．2〈罵〉男を誘惑するあだっぽい女．

**húli wěiba**【狐狸尾巴】名〈喩〉化けの皮．

**hú mái hú hú**【狐埋狐搰】〈成〉疑い深いために失敗する．

**húmèi**【狐媚】動〈書〉媚態を示して人をまどわす．

**hú péng gǒu yǒu**【狐朋狗友】〈成〉

悪友など．不良仲間．

**húqiǎn**【狐肷】名〔毛皮類でいう〕キツネの胸部・腹部・わき下の皮．

**húqiú**【狐裘】名 裏にキツネの毛皮をつけたコート．

**hú qún gǒu dǎng**【狐群狗党】〈成〉悪人の仲間．悪党の一味．

**húsāo**【狐臊】→【húchòu〖狐臭〗】

**hú sǐ shǒu qiū**【狐死首丘】〈成〉もと（根元）を忘れず．故郷に思いをはせる．

**hútuǐr**【狐腿儿】名 キツネの足の毛皮．

**húxiān**【狐仙】名 キツネのお化け．

**húyí**【狐疑】動 疑いを抱く．

## 弧
**hú**名 1〔数〕弧．円周の一部．2〔古〕弓．

**húdù**【弧度】名〔数〕ラジアン．

**húguāng**【弧光】名 弧光．アーク．

**hújūn**【弧菌】名 ビブリオ．

**húquánqiú**【弧圈球】名〔体〕〔卓球で〕ループドライブ．

**húxíng**【弧形】名 アーチ形．

## 胡
**hú**1 名 北方と西方の諸民族の古称．2 副〈書〉なぜ．どうして．

**hú-**1① 異民族の，外来の．¶～～椒．② でたらめに．むやみに．¶～～闹．
③ ひげ．¶～～須．〖姓〗

**húchán**【胡纏】動 やたらにつきまとう．

**húchě**【胡扯】動 雑談する；でたらめを言う．

**hú chī hǎi sāi**【胡吃海塞】〈成〉やたら飲み食いする．

**hú chī mèn shuì**【胡吃闷睡】〈成〉毎日をのんびりと無為に過ごすこと．

**húchuī**【胡吹】動 大ぼらを吹く．

**hú chuī luàn pǎng**【胡吹乱捧】〈成〉大ぼら吹き；大言壮語する．

**Húdá**【胡达】名〈宗〉フダー．イスラム教の唯一神アラー．"安拉Ānlā"．

**húdié**【胡蝶】→【húdié〖蝴蝶〗】

**húdòu**【胡豆】名〔植〕空豆．

**húfěi**【胡匪】名〈方〉〈旧〉匪賊．馬賊．

**húfēng**【胡蜂】名〔虫〕スズメバチ．

**húgǎo**【胡搞】動 1 でたらめにやる．2 異性とみだらなことをする．

**húguā**【胡瓜】名〔植〕キュウリ．

**húhuà**【胡话】名 うわごと．

**hújiā**【胡笳】名 胡笳jiā．

**hújiāo**【胡椒】名 胡椒．

**hújiǎo**【胡搅】動 1 騒ぎを起こす．邪魔をする．2 不合理なことを言う．

**hú jiǎo mán chán**【胡搅蛮缠】〈成〉何やかやと不合理なことを言う．

**húlái**【胡来】動〈口〉1 でたらめにやる．2 勝手気放題に振る舞う．

**húlihútú**【胡里胡涂】→**hútú**【糊涂】

**húlu**【胡嚕】動〈方〉1 さする．なでる．2（ぬぐうようにして）かき付ける．かき取る．

**húluàn**【胡乱】副 1 いい加減に．そそくさと．2 やたらに．勝手に．

**húluóbo**【胡萝卜】名〔植〕ニンジン．

**húluóbosù**【胡萝卜素】名〈化〉カロ

**húmá**【胡麻】〈名〉〈植〉アマ．ヌメゴマ．
**húnào**【胡闹】〈動〉でたらめをやる．ふざける．
**húqín**【胡琴】〈名〉〈~儿〉胡弓."二胡"など伝統的な弦楽器の総称．
**húshuō**【胡说】〈動〉でたらめを言う．
**hú shuō bā dào**【胡说八道】〈成〉口から出任せを言う．
**hú sī luàn xiǎng**【胡思乱想】〈成〉あれこれとくだらないことを思いめぐらす．
**hútáo**【胡桃】〈名〉〈植〉クルミ．
**hútòng**【胡同】〈名〉〈~儿〉**路地**. 横町.【死~/袋小路．
**hútu**【胡涂】→**húlitú**【糊涂】
**hútuízǐ**【胡颓子】〈名〉〈植〉ナワシログミ．
**húxū**【胡须】〈名〉ひげ．
**húyán**【胡言】〈動〉でたらめを言う．
**hú yán luàn yǔ**【胡言乱语】〈成〉口から出任せを言う．
**húyáng**【胡羊】〈名〉〈動〉メンヨウ．
**húyáng**【胡杨】〈名〉〈植〉コヨウ．
**húzhīzǐ**【胡枝子】〈名〉〈植〉ヤマハギ．
**húzhōu**【胡诌】〈動〉出任せを言う．
**húzi**【胡子】〈名〉**1**〈人間の〉ひげ．〈根;髯;髭〉．**2**→**húféizi**【胡匪】
**húzìchár**【胡子碴儿・胡子茬儿】〈名〉〈剃り残したり，剃ったあとに生える〉短いひげ．
**húzi gōngchéng**【胡子工程】〈名〉未完成のままとうとう終わらぬ工事．
**húzīláchā**【胡子拉碴】〈形〉〈~的〉ひげぼうぼうの．
**hú zuò fēi wéi**【胡作非为】〈成〉さんざん乱行や悪事を働く．

## 壶(壺)
**hú 1**〈取っ手と口のついている〉器．やかん・きゅうすの類．[把]**2 圖"壶"に入った液体を数える．【一~酒/酒1本．[姓]

## 核
**hú 0** 異読⇒**hé**
**húr**【核儿】〈名〉さね；さねに似たもの．

## 斛
**hú**〈古〉升(升).[姓]
**Húlǜ**【斛律】[姓]

## 葫
**hú 0**
**húlu**【葫芦】〈名〉ヒョウタン．
**húlukē**【葫芦科】〈名〉〈植〉ウリ科．
**húlupiáo**【葫芦瓢】〈名〉ヒョウタンを二つに切って作ったひしゃく．

## 鹄
**hú**〈名〉〈鸟〉白鳥．異読⇒**gǔ**
**húhòu**【鹄候】〈動〉〈書〉首を長くして待つ．
**húlì**【鹄立】〈動〉〈書〉まっすぐに立つ．
**húwàng**【鹄望】〈動〉〈書〉首を長くして待つ．

## 猢
**hú 0**
**húsūn**【猢狲】〈名〉〈動〉アカゲザル．

## 猢
**hú H** かゆ．

**húkǒu**【猢口】→**húkǒu**【糊口】

## 湖
**hú**〈名〉**1**〈~上有一只小船／湖にボートが浮かんでいる．
**H** 湖南(Hú)省．湖北(Hú)省．[姓]
**Húběi**【湖北】〈地名〉湖北省．
**húbǐ**【湖笔】〈名〉浙江省湖州産の筆．
**húbīn**【湖滨】〈名〉湖畔．
**hú guāng shān sè**【湖光山色】〈成〉山紫水明の景色．
**Húguǎng**【湖广】〈名〉湖北・湖南両省．
**húlǜ**【湖绿】〈名〉淡緑色．
**Húnán**【湖南】〈地名〉**湖南省**.
**húpō**【湖泊】〈名〉〈湖の総称〉．
**húqīng**【湖青】〈名〉水色．
**húsè**【湖色】〈名〉薄緑色．
**húshàng**【湖上】〈名〉湖上．湖の上．
**hútián**【湖田】〈名〉湖沼地帯に開いた水田．
**húxīntíng**【湖心亭】〈名〉湖の中に建てられたあずまや．
**húyáng**【湖羊】〈名〉中国メンヨウの優良品種の一．浙江省の杭州・嘉興・湖州および太湖付近に分布．
**húzé**【湖泽】〈名〉湖沼．
**húzhōu**【湖绉】〈名〉浙江省湖州産のちりめん．

## 瑚
**hú** →**shānhú**【珊瑚】

## 煳
**hú**〈形〉焦げている．【饭~了／飯が焦げた．【一味儿／焦げ臭い．

## 鹘
**hú**〈名〉〈鸟〉ハヤブサ．異読⇒**gǔ**

## 槲
**hú**〈名〉〈植〉柏．
**hújìshēng**【槲寄生】〈名〉〈植〉ヤドリギ．ホヤ．
**húlì**【槲栎】〈名〉〈植〉ナラガシワ．

## 蝴
**hú 0**
**húdié**【蝴蝶】〈名〉〈虫〉チョウ．[只,个]
**húdiéhuā**【蝴蝶花】〈名〉〈植〉サンシキスミレ．パンジー．
**húdiéjié**【蝴蝶结】〈名〉ちょう結び．
**húdié lǐngjié**【蝴蝶领结】〈名〉ちょうネクタイ．
**húdiéqín**【蝴蝶琴】→**yángqín**【扬琴】
**húdiéwǎ**【蝴蝶瓦】→**xiǎoqīngwǎ**【小青瓦】
**húdiézhuāng**【蝴蝶装】〈名〉胡蝶装(装丁法)．▶製本法の一．

## 衚
**hú 0**
**hútòng**【衚衕】→**hútòng**【胡同】

## 糊
**hú 1** のりで張る．**2**【煳 hú】に同じ．異読⇒**hū, hù**
**húmǐ**【糊米】〈名〉〈方〉トウモロコシの粉・小麦粉などのかゆ．
**húkǒu**【糊口】〈動〉どうにか暮らしを立てる．
**húlihútu**【糊里糊涂】〈形〉愚かだ．めちゃくちゃである．
**húliáo**【糊料】〈名〉粘稠剤(ねんちゅうざい)．
**hú//qiáng**【糊墙】〈動〉壁に壁紙を張りつける．
**hútu**【糊涂】〈形〉**1**わけのわからない．

## hú

愚かだ. **2** めちゃくちゃである. でたらめである. **3**〈方〉ぼんやりしている.

**hútuchóng** [糊涂虫]〈名〉ばか者. 間抜け.

**hútuzhàng** [糊涂账]〈名〉でたらめな帳簿. 〈喩〉こんがらがっている事情.

**觳 hú ⓞ**

**húsù** [觳觫]〈形〉〈書〉恐れおののくさま.

**虎 hǔ ⓞ** [虎]〈名〉❶〈動〉トラ. ▶普通は"老虎". **2**〈方〉怖い顔をする. ¶~起脸／怖い顔をする. **3**〈書〉勇猛で威勢がよい. ¶一员～将 jiàng. ‖〈姓〉

**hǔ bèi xióng yāo** [虎背熊腰]〈成〉体格がたくましいさま.

**hǔbēn** [虎贲]〈名〉〈古〉勇士.

**hǔbiāobiāo** [虎彪彪]〈形〉たくましく屈強である.

**hǔbù** [虎步]〈名〉**1** 力強く勇ましい足どり. **2**〈書〉雄を唱える.

**hǔ'ěrcǎo** [虎耳草]〈名〉〈植〉ユキノシタ.

**hǔfú** [虎伏]〈名〉〈体〉フープ.

**hǔfú** [虎符]〈名〉〈古〉トラの形に作った軍事用の割り符.

**hǔgǔ** [虎骨]〈名〉〈中薬〉虎骨(ここつ).

**hǔgǔjiǔ** [虎骨酒]〈名〉トラの脛骨を浸した薬酒.

**hǔhǔ** [虎虎]〈形〉〈書〉威勢のいいさま.

**hǔjiàng** [虎将]〈名〉勇将.

**hǔjǐn** [虎劲]〈名〉（～儿）ものすごい張り切りよう.

**hǔ jù lóng pán** [虎踞龙盘・虎踞龙蟠]〈成〉地勢が険しいさま.

**hǔkǒu** [虎口]〈名〉**1**〈喩〉虎口. 危険な場所. **2** 親指と人差し指の間.

**hǔ kǒu bá yá** [虎口拔牙]〈成〉非常に危険なことをする.

**hǔ kǒu yú shēng** [虎口余生]〈成〉九死に一生を得る.

**hǔláng** [虎狼]〈名〉凶暴で残酷な者.

**hǔlìhqì** [虎虎气]〈形〉たくましくて堂々としている.

**hǔlièlà** [虎列拉]〈医〉コレラ.

**hǔpíxuān** [虎皮宣]〈名〉虎斑(とらふ)模様のある画仙紙.

**hǔpò** [虎魄]→**hǔpò** [琥珀]

**hǔqì** [虎气]〈形〉勢いがよい.

**hǔqián** [虎钳]〈名〉バイス. 万力.

**hǔshēngshēng** [虎生生]〈形〉雄々しく生気のはつらつとしている.

**hǔshì** [虎市]〈経〉株価が乱高下し、リスクの多い状態.

**hǔshì** [虎视]〈動〉**1** 食欲に凶暴なまなざしでじっと見る. **2** いかめしく見つめる.

**hǔ shì dān dān** [虎视眈眈]〈成〉虎視眈々(たんたん).

**hǔshì** [虎势・虎实]〈形〉〈方〉**1**（体格が）がっちりしている. **2** 有猛で威勢がよい.

**hǔ tóu hǔ nǎo** [虎头虎脑]〈成〉丈夫でたくましいさま.

**hǔtóupái** [虎头牌]〈名〉清代, 官庁の前に掛けた, トラの頭を描いた告示板.

**hǔ tóu shé wěi** [虎头蛇尾]〈成〉竜頭蛇尾.

**hǔtóuxié** [虎头鞋]〈名〉トラの頭のアップリケのついた布靴.

**hǔwēi** [虎威]〈名〉〈武将の〉あたりを払う威風.

**hǔ wěi chūn bīng** [虎尾春冰]〈成〉非常に危険なさま.

**hǔwénwā** [虎纹蛙]〈名〉トラフガエル.

**hǔxué** [虎穴]〈書〉〈喩〉非常に危険な所. ¶不入～, 焉 yān 得dé虎子／虎穴に入らざれば虎児を得ず.

**hǔ xué lóng tán** [虎穴龙潭]→**lóng tán hǔ xué** [龙潭虎穴]

**hǔyá** [虎牙]〈名〉突き出た犬歯. 八重歯.

**hǔyì** [虎疫]〈名〉コレラ.

**hǔyú** [虎鱼]〈名〉〈魚〉オコゼ.

**hǔ yuè lóng téng** [虎跃龙腾]→**lóng téng hǔ yuè** [龙腾虎跃]

**hǔzhàng** [虎帐]〈名〉〈旧〉トラを描いたとばり. ▶大将のいるところ.

**hǔzìtóu** [虎字头]〈名〉（～儿）（漢字の部首）とらかんむり"虍".

**浒 hǔ ⓞ** [浒]〈名〉水辺. ¶水～／水辺.
**異読**:→**xǔ**
《水~传(zhuàn)》／『水滸伝(でん)』.

**唬**(虎) **hǔ**〈動〉〈口〉（虚勢を張って）おどす, ごまかす.

**琥 hǔ ⓞ**

**hǔpò** [琥珀]〈名〉琥珀(こはく).

**互 hù 副** 互いに. ¶~不干涉内政／互いに内政に干渉しない. ‖〈姓〉

**hùbǔ** [互补]〈動〉互いに補い合う.

**hù bù qīnfàn tiáoyuē** [互不侵犯条约]〈名〉〈政〉相互不可侵条約.

**hùdòng** [互动]〈動〉互いに影響し合う.

**hùfǎng** [互访]〈動〉互いに訪問し合う.

**hùgǎn** [互感]〈名〉〈物〉相互感応.

**hùgòu màoyì** [互购贸易]〈経〉カウンターパーチェス. C.P.

**hù...hù...** [互...互...]〈型〉互いに...し合う. ¶互教互学／互いに教え合い, 学び合う.

**hùlì** [互利]〈動〉互いに利益がある.

**hùliánwǎng** [互联网]〈電算〉インターネット.

**hùràng** [互让]〈動〉互いに譲り合う. ¶互谅~／互いに理解し譲り合う.

**hùróng** [互溶]〈動〉2種類の液体がいかなる分量比率でも混ざり合う, 溶け合うこと.

**hùshēng** [互生]〈動〉〈植〉互生.

**hùhuàn** [互换]〈動〉交換する.

**hùhuì** [互惠]〈動〉互いに利益を与え合う.

**hùhuì dàiyù** [互惠待遇]〈名〉互恵の待遇.

**hùjiàn** [互见]〈動〉**1**（2か所または数か所の文章が）互いに説明し, 補足し合う. **2**（二つのものが）同時に存在する.

**hùtōng**【互通】[動] 互いに通じ合う. 交換する.

**hùxiāng**【互相】[副] 相互に. お互いに. ¶～推卸責任／責任を押しつけ合う.

**hùxuǎn**【互选】[動] 互選する.

**hùxùn**【互训】[動]〈2か所または数か所の文章が〉互いに注釈し合う.

**hùyíng**【互赢】[動] 双方ともに利益を得る.

**hùzhī**【互知】[名]〈数〉互いに素.

**hùzhù**【互助】[動] 互いに助け合う.

**hùzhùhuì**【互助会】[名] 互助会. 経済的に互いに助け合う大衆組織.

**hùzhùzǔ**【互助组】[名] 1 生産・仕事・学習などの面で助け合うグループ. 2〈中国農業協同化の初級形式で労働力・農具・家畜などの協同を目的とした〉互助組.

**戶** hù [名] 家を数える: 世帯. 戸. ¶这座高级公寓里住有五十～人家／このマンションは50戸ある.
→[名] ①家. 世帯. ¶落～／定住する. ②戸. 戸口. ¶门～／門. ②口座. ¶开～／口座を開く. ④家柄. ¶门当～对／(縁談の)家柄がつり合う. ‖[姓]

**hùjí**【户籍】[名] 戸籍.

**hùjūn**【户均】[名] 一所帯平均.

**hùkǒu**【户口】[名] 戸数と人口の総称; 戸籍. ¶报～／(出生・転居などの場合)住民登録する.

**hùkǒubù**【户口簿】[名] 戸籍簿.

**hù shū bù dù**【户枢不蠹】[成] いつも動いているものは腐food しない.

**hùtóu**【户头】[名] 口座.

**hùxiàn**【户限】[名]〈書〉敷居.

**hùxíng**【户型】[名] ルームタイプ. 家の間取り.

**hùyǒu**【户牖】[名]〈書〉戸や窓.

**hùzhǎng**【户长】[名] 戸主.

**hùzhǔ**【户主】[名] 戸主. 世帯主.

**护 (護)** hù かばう. ひいきする
→保護する. 守る. ¶救～／助ける.

**hù'àn**【护岸】[名] 護岸.

**hù'ànlín**【护岸林】[名] 護岸林.

**hùbīng**【护兵】[名]〈旧〉護衛兵.

**hùchénghé**【护城河】[名] 城壁の周囲にめぐらした堀.

**hùchí**【护持】[動]〈書〉保護し維持する.

**hùcóng**【护从】[動] 1 供をもって警護する. 2 [名] 護衛兵.

**hù dúzǐ**【护犊子】[慣]〈貶〉自分の子供が悪いのに、むやみにかばおうとする.

**hù / duǎn**【护／短】[動] 欠点や落ち度をかばう.

**hù'ěr**【护耳】[名](防寒用の)耳当て.

**hùfǎ**【护法】[動] 1〈宗〉仏法を守る. 2 国法を擁護する.

**hùfà**【护发】[動] ヘアケアする.

**hùfàgāo**【护发膏】[名] トリートメント.

**hùfàsù**【护发素】[名] リンス.

**hùfēng**【护封】[名](書籍の)カバー.

**hùfū**【护肤】[動] スキンケアする.

**hùfūshuāng**【护肤霜】[名] スキンクリーム.

**hùfú**【护符】[名] お守り.

**hùgōng**【护工】[名] 介護業務; ヘルパー.

**hùháng**【护航】[動](船や航空機を)護衛する.

**hùjiǎyóu**【护甲油】[名](マニキュアの)ベースコート.

**hùjià**【护驾】[動] 護衛する.

**hùlán**【护栏】[名] 1 ガードレール. 2 中のものを保護するための柵.

**hùlǐ**【护理】[動] 1 (病人を)看護する. 2 管理する. 手入れをする.

**hùlín**【护林】[動] 森林を保護する.

**hùlù**【护路】[動] 道路や鉄道を防護する.

**hùlǜ**【护绿】[動] 緑地を保護する.

**hùmiàn**【护面】[名]〈体〉(面)マスク.

**hùmùjìng**【护目镜】[名] ゴーグル. 保護眼鏡.

**hùpō**【护坡】[名] 石やセメントで築いた河岸(道路)の斜面.

**hùshēnfú**【护身符】[名] お守り.

**hùshī**【护师】[名] 看護師.

**hùshi**【护士】[名] 看護人. 看護師.

**hùshǒu**【护手】[名] 刀剣のつば.

**hùshǒugāo**【护手膏】[名] ハンドクリーム.

**hùsòng**【护送】[動] 護送する.

**hùtiánlín**【护田林】[名] 田畑の防護林.

**hùtuǐ**【护腿】[名]〈体〉すね当て.

**hùwèi**【护卫】1 [動] 護衛する. 2 [名] 護衛(兵).

**hùwèijiàn**【护卫舰】[名]〈軍〉護衛艦.

**hùwèitǐng**【护卫艇】[名]〈軍〉巡視船.

**hùxī**【护膝】[名]〈体〉ひざ当て.

**hùxīnjìng**【护心镜】[名] よろいの胸当て.

**hùxiōng**【护胸】[名]〈体〉胸当て.

**hùyǎnjìng**【护眼镜】[名] ゴーグル.

**hùyǎng**【护养】[動] 1 注意して育てる. 2 メンテナンスする.

**hùyòu**【护佑】[動] 加護する.

**hùzhào**【护照】[名][冊, 本] 1 パスポート. 旅券. 2〈旧〉通行手形.

**沪 (滬)** hù ⇒ 上海市. 滬(こ).

**hùjù**【沪剧】[名] 上海で行われる地方劇.

**Hùshì**【沪市】[名]〈経〉上海証券市場.

**怙** hù 〈書〉頼り. 頼る. ¶失～／父に死なれる.
→[動] 頼りにする.

**hù è bù quān**【怙恶不悛】[成] 悪いことを続けて改めようとしない.

**hùshì**【怙恃】[動]〈書〉1 頼りにする. 2 [名]〈喩〉父母.

**戽** hù 1 [名] 田へ水をくみ入れる農具. 2 [動](田へ水を)くみ入れる.

**hùdǒu**【戽斗】[名] 田へ水を汲み入れる旧式農具.

**笏** hù 笏(しゃく). 大臣が朝見のとき右手に持つ細長い板.

**瓠** hù【瓠】ユウガオ.

**hùguǒ**【瓠果】[名]〈植〉漿果(しょうか)・ウリ類の実.

**hùzi**【瓠子】[名]〈植〉ユウガオ.

**扈** hù【扈】付き従う. 随行する.

**hùcóng**【扈从】1[名]〈書〉帝王や大官の従者, 侍従. 2[動]随行する.

**鄠** hù 地名用字.

**糊** hù【糊】かゆ状の食物. ¶面～/小麦粉を水でといて作ったのり状のもの. 異読⇒hū,hú

**hùnong**【糊弄】[動]1 ごまかす. だます. 2 間に合わせる. いいかげんにする.

**hùnongjú**【糊弄局】[名]〈~儿〉〈方〉ごまかし, ペテン.

**鸌** hù【鸌】[名]〈鳥〉ミズナギドリ.

## hua (ㄏㄨㄚ)

**化** huā[動](金や時間を)使う, 費やす. 異読⇒huà

**huāzi**【化子】⇒**huāzi**【花子】

**花** huā 1[名]〈~儿〉1 花. (朶). 2 模様. 柄. 図案. 3〈喩〉(文化の)精華. ¶文艺之～/文芸の華. 4 綿. 綿花. 5 〈料理〉飾り切り. 2[形] 1 (カラフルな)模様のついた. ¶这块布太～了/この布は派手だ. 2 (目が)かすむ. ぼやけてくる. ¶看书看得眼睛都～了/本を読んでいたら目がちらちらしてぼやけてきた. 3[動] 1 (金や時間・精力などを)費やす. ¶～一钱/金を遣う. 2 たぶらかす. ¶她被你～了/彼女は君にだまされた. 3 (傷)頭をかち割る. 日①花の形をしたもの. ¶雪～儿/ちらちら降る雪. ¶葱～儿/刻みネギ. ②天然痘. ¶种～/種痘する. ③戦場での負傷. ¶挂～/名誉の負傷をする. ④花火. ¶～～炮. ⑤妓女. 娼妓. ¶～～魁. 日[姓]

**huā'àn**【花案】[名]〈旧〉スキャンダル.

**huābǎshi**【花把势】[名] 経験豊かな園芸家.

**huābái**【花白】[形] (髪やひげが)白黒入り混じった, ごま塩の.

**huābān**【花斑】[名] まだら, ぶち.

**huābānxuǎn**【花斑癣】[医] なまず.

**huābàn**【花瓣】[名]〈植〉花弁. 花びら.

**huābāo**【花苞】[名] つぼみ.

**huābèi**【花被】[名]〈植〉花被.

**huābiān**【花边】[名] 1〈~儿〉縁飾り. 2〈~儿〉レース. 3〈~儿〉〈印〉飾り罫. 4〈方〉(旧時の)1元銀貨の俗称. 5 囲み記事, コラム. ¶～新闻/同上.

**huābù**【花布】[名] 模様のある布.

**huābulēngdēng**【花不棱登・花不楞噔】[形]〈~的〉〈口〉色合いや模様がごてごてしている.

**huācài**【花菜】→**huāyēcài**【花椰菜】

**huācǎo**【花草】[名] 1 (観賞用の)草花. 2〈方〉レンゲ.

**huāchā**【花插】1[動]〈口〉交差する. 入り交じる. 2[名] 1 剣山. 2 花瓶.

**huāchá**【花茶】[名] 花の香りをつけた茶.

**huāchǎng**【花厂】[名]〈旧〉花屋. 植木屋.

**huāchē**【花车】[名] 花で飾りをつけた乗り物.

**Huāchéng**【花城】[名] 広州の別称.

**huāchízi**【花池子】[名] 花壇.

**huāchóng**【花虫】[名]〈方〉ワタアカミムシ.

**huācóng**【花丛】[名] 群がって咲いている花.

**huādā**【花搭】[口] 1[動](いろいろな種類,品質を)取り混ぜる. 交互に…. 2[形](色に)むらがある.

**huādàjiě**【花大姐】→**huāxífur**【花媳妇】

**huādàn**【花旦】[名] 伝統劇の女形で, 活発な若い女性の役.

**huādēng**【花灯】[名] 飾り灯籠(とうろう).

**huādēngxì**【花灯戏】[名] 雲南・四川省などで行われる地方劇.

**huādiǎnzi**【花点子】[名] 人を欺く策略.

**huādiāo**【花雕】[名] 上等の紹興酒.

**huāduàn**【花缎】[名] 色模様の緞子(どんす).

**huāduǒ**【花朵】[名] 花(の総称).

**huā'è**【花萼】[名]〈植〉萼(がく).

**huā'ér**【花儿】[名] 甘粛・青海・寧夏地方で広く行われる民間歌曲の一種.

**huāfáng**【花房】[名] 草花を栽培する温室.

**huāféi**【花肥】[名] 1 綿花や菜種などの開花時期に与える肥料. 2 観賞用の盆栽に与える肥料.

**huāfèi**【花费】[動] 遣う, 費やす. ¶～了不少钱/多くの金を遣った. ¶～心血/心血を注ぐ.

**huāfei**【花费】[名] 費用.

**huāfěn**【花粉】[名] 1 花粉. 2〈中薬〉(略)天花粉.

**huāfěnguǎn**【花粉管】[名]〈植〉花粉管.

**huāfěnlán**【花粉篮】[名]〈虫〉働きバチの後ろ脚にある花粉をため持つ器官.

**huāfěn shípǐn**【花粉食品】[名] 花粉食品. 花粉を原料とした菓子類.

**huāgāngshí**【花岗石】[名]〈鉱〉花岗岩.

**huāgāngyán**【花岗岩】[名] 1〈鉱〉花岗岩. 2〈喩〉頑固者.

**huāgāo**【花糕】[名] 甘あんを入れ, 干し果物を上にのせた蒸し菓子.

**huāgěng**【花梗】[名]〈植〉花柄(へい).

**huāgūduo**【花骨朵】[名] つぼみ.

**huāgǔ**【花鼓】[名] 一人がどらを鳴らし, 一人が太鼓をたたきながら歌い踊る民間舞踊.

**huāgǔxì**【花鼓戏】[名] 湖北·湖南·江西·安徽各省などで行われる地方劇.

**huāguān**【花冠】[名] 1 (旧時, 花嫁がかぶった) 花の冠. 2〈植〉花冠(ふん).

**huā hǎo yuè yuán**【花好月圆】〈成〉夫婦が円満で仲むつまじいさま.

**huāhé**【花盒】[名] 花火を仕掛けた箱.

**huāheshang**【花和尚】[名] 生臭坊主.

**huāhóng**【花红】[名] 1 祝儀. 2 配当金. ボーナス. 3〈植〉ワリンゴ.

**huā hóng liǔ lǜ**【花红柳绿】〈成〉花の咲き乱れ木々が緑に富むさま.

**-huāhuā**【-花花】[接尾] 形容詞や名詞の語幹に付いて「あでやかな；ひどく」といったニュアンスを加える. ¶太阳毒～的 / ぎらぎらする日の光.

**huāhuā gōngzǐ**【花花公子】[名] 道楽息子. プレーボーイ.

**huāhuālǜlǜ**【花花绿绿】[形]（～的）色とりどりの.

**huāhuā shìjiè**【花花世界】[名]〈貶〉繁華なところ;〈広く〉世間.

**huāhua chángzi**【花花肠子】[惯]〈方〉狡猾な策略.

**huāhuadādā**【花花搭搭】[形]（～的）〈口〉1 取り混ぜてある. 2 まちまちである.

**huāhuán**【花环】[名]（慶用用の）花輪.

**huāhuì**【花卉】[名] 1 草花. 2 草花を題材にした中国画.

**huāhuì**【花会】[名] 1 〈春節に行われる〉体育·文芸活動. 2 物産展.

**huāhuìjié**【花卉节】[名] フラワーフェスティバル.

**huāhuì shípǐn**【花卉食品】[名] エディブルフラワー. 食用になる花類.

**huāhuó**【花活】[名] 1 見かけだけの飾りつけ [飾り物]. 2→huāzhāo【花招】.

**huājì**【花季】[名] 15, 6 歳ごろの少女;〈広く〉少年少女.

**huājiǎ**【花甲】[名]〈書〉還暦. 満60歳.

**huājià**【花架】[名] 鉢植えの花を並べる棚.

**huājiàzi**【花架子】[名] 見てくれはよいが実用性に供せないもの.

**huājiān**【花笺】[名] 模様入りの便箋.

**huājiàn**【花剑】[名]〈体〉（フェンシングで）フルーレ.

**huājiāo**【花椒】[名]〈植〉サンショウ.

**huājiào**【花轿】[名]（旧）婚礼のとき新婦が乗る花かご.

**huājiē**【花秸】[名] 細かく刻んだわら.

**huā jiē liǔ xiàng**【花街柳巷】〈成〉花柳街.

**huājiè**【花界】[名] 花柳界.

**huājīng**【花茎】[名]〈植〉花軸.

**huājìng**【花镜】[名] 老眼鏡.

**huājiǔ**【花酒】[名]（旧）妓院で芸妓をはべらせた酒宴.

**huājuǎn**【花卷】[名]（～儿）小麦粉をこねてくるくると巻いて蒸した食品.

**huākuí**【花魁】[名] 1 他に先駆けて咲く花;（多く）梅の花. 2 名妓.

**huālán**【花篮】[名]（～儿）1 花かご. 2 飾りつけた花かご.

**huālěi**【花蕾】[名]〈植〉つぼみ.

**huālí**【花梨】→**huālímù**【花梨木】.

**huālǐhúshào**【花里胡哨】[形]（～的）〈口〉1 色がけばけばしい. 2〈喻〉華やかなだけで実がない.

**huālián**【花脸】[名]〈芝居の役柄の一〉粗暴で豪快な男役.

**huālíng**【花翎】[名] 清代の官吏が礼帽の上につけていたクジャクの羽飾り.

**huālìng**【花令】[気] 植物が開花する時期.

**huāliǔbìng**【花柳病】[名] 性病.

**huālù**【花露】[名] スイカズラの花やハスの葉を蒸留して作った薬用の液体.

**huālùshuǐ**【花露水】[名] オーデコロン；ローション.

**huālǘmù**【花榈木】[名]〈植〉カリン.

**huāmá**【花麻】[名]〈植〉（大麻の）雄マン.

**huāmì**【花蜜】[名]〈植〉花の蜜.

**huāmiànlǐ**【花面狸】[名]〈動〉ハクビシン.

**huāmiáo**【花苗】[名] 1 花の苗. 2〈方〉絹の苗.

**huāmíng**【花名】[名] 1 花の名. 2 源氏名.

**huāmíngcè**【花名册】[名] 人名簿.

**huāmù**【花木】[名] 観賞用の花と木.

**Huāmùlán**【花木兰】 ムーラン.

**huāní**【花呢】[名] 柄物の毛織物.

**huāniǎo**【花鸟】[名] 1 花と鳥. 2 花鳥画.

**huānóng**【花农】[名] 花を専門に作る農家.

**huāpán**【花盘】[名] 1〈植〉花盤. 2（機）旋盤の主軸に取り付けられた円盤型の押さえ金.

**huāpào**【花炮】[名] 花火と爆竹.

**huāpén**【花盆】[名]（～儿）植木鉢.

**huāpiàn**【花片】[名] 花びら.

**huāpíng**【花瓶】[名] 1 花瓶. 2〈喻〉飾り物；お飾り（の女性）.

**huāpǔ**【花圃】[名] 花畑.

**huāqī**【花期】[名] 花の咲く時期.

**huāqí**【花旗】[名]〈方〉アメリカ. ▶アメリカの星条旗から.

**huāqiān**【花扦儿】[名] 切り花. 造花.

**huāqiāng**【花枪】[名] 1（旧）飾りのついた短い槍. 2 悪巧み.

**huāqiāng**【花腔】[名]〈音〉コロラチュラ. 2〈喻〉甘言.

**huāqiáng**【花墙】[名] 中段より上に透かし模様のある塀.

**huāqiào**【花俏】[形] スマートである.

**huāqīngsù**【花青素】[名]〈植〉花青素. アントシアン.

**huāquān**【花圈】[名] 葬儀用の花輪.

**huāquán**【花拳】[名] 実用にならない演技の拳術.

**huā quán xiù tuǐ**【花拳绣腿】〈成〉かっこうがよく鮮やかだが, 実際には役に立たない拳術.

**huārdòngzi**【花儿洞子】[名] 半地下の花を栽培する温室.

**huājiàng**【花匠】[名] 1 植木屋. 庭師；花屋. 2 生け花の師匠.

**huā**

**huāryàngzi**【花儿样子】刺繍の下絵.

**huārzhēn**【花儿针】名 刺繍針.

**huā róng yuè mào**【花容月貌】〈成〉(花や月のように)女性の容姿が美しいさま.

**huāruǐ**【花蕊】名〈植〉花蕊.

**huāsè**【花色】名 1 柄と色. 2 種類.

**huāshābù**【花纱布】名 綿花·綿糸·綿布の総称.

**huāshān**【花衫】名 (芝居の役柄の一)若い女性に扮する女形(がた).

**huāshao**【花哨】形〈口〉1 (衣服や装飾などが)派手である,けばけばしい. 2 変化に富む;技巧的である.

**huāshēng**【花生】名 1〈植〉落花生. 2 ピーナッツ.

**huāshēngbǐng**【花生饼】名 円盤状に固めた落花生の油かす.

**huāshēngdòu**【花生豆】名〈~儿〉〈方〉ピーナッツ.

**huāshēngjiàng**【花生酱】名〈料理〉ピーナッツクリーム.

**huāshēngmǐ**【花生米】名〈~儿〉(殻をむいた)落花生. ピーナッツ.

**huāshēngyóu**【花生油】名 落花生油.

**huāshì**【花市】名 花の市.

**huāshì**【花事】名 開花の状態.

**huāshì**【花饰】名 装飾模様.

**huāshù**【花束】名 花束.

**huā shuō liǔ shuō**【花说柳说】〈成〉口先でうまいことを言う.

**huāsī**【花丝】名 1 花糸. 2(銀)糸細工.

**huātán**【花坛】名 花壇.

**huā tiān jiǔ dì**【花天酒地】〈成〉酒色におぼれた生活.

**huātīng**【花厅】名 旧式住宅での "大厅"(大広間)以外の客間. 離れ.

**huātǒng**【花筒】名 花筒.

**huātou**【花头】名〈方〉1 → **huāwén**【花纹】 2 手管. 3 変わった思いつき. 新しい方法. 4 秘訣. 奥義.

**huā tuán jǐn cù**【花团锦簇】〈成〉色とりどりに着飾った華やかな場面.

**huātuō**【花托】名〈植〉花托.

**huāwén**【花纹】名〈~儿〉模様.

**huāxífu**【花媳妇儿】名〈虫〉テントウムシ.

**huāxiàn**【花线】名 1 電気器具のコード. 2〈方〉いろいろな色の刺繍糸.

**huāxiāng**【花项】名〈口〉支出.

**huāxiāo**【花销·花消】〈口〉❶名 お金を遣う. ❷名 1 出費. 費用. 2(旧)手数料;税金.

**huāxīn**【花心】名〈植〉花の蕊(しべ). 蕊(ずい). 2〈喩〉浮気性の.

**huāxìn**【花信】名 開花時期. 花期.

**huāxū**【花须】名〈植〉花蕊.

**huāxù**【花序】名〈植〉花序.

**huāxù**【花絮】名 こまごましたニュース. こぼれ話. ゴシップ.

**huāyā**【花押】名 書き判. 花押(おう).

**huāyá**【花芽】名 花芽(が).

**huā yán qiǎo yǔ**【花言巧语】〈成〉1 甘言. 2 甘言を並べる.

**huāyǎn**【花眼】名 老眼.

**huāyàng**【花样】名〈~儿〉1 模様. 柄. 2 → **huāzhāo**【花招】

**huāyàngdāo**【花样刀】名 フィギュアスケート靴のエッジ.

**huāyàng huábīng**【花样滑冰】名〈体〉フィギュアスケート.

**huāyàng yóuyǒng**【花样游泳】名〈体〉シンクロナイズドスイミング.

**huāyào**【花药】名〈植〉(おしべの)薬(やく).

**huāyècài**【花椰菜】名〈植〉カリフラワー.

**huāyòng**【花用】名 費用. 消費.

**huāyuán**【花园】名〈~儿〉花園. 庭園.〔个,座〕

**huāzéi**【花贼】名 浮気者. プレーボーイ.

**huāzhǎn**【花展】名 フラワーフェスティバル.

**huāzhàng**【花账】名 水増し勘定.

**huāzhàng**【花障】名〈~儿〉草花をはわせた垣根.

**huāzhāo**【花招】名〈~儿〉1(武術で)見ただけはでな演出. 2 手管. ❶要~/手練手管を使う. ▲"花着"とも.

**huāzhāo**【花朝】名 花朝(ちょう). ▶旧暦の2月12日または15日.

**huā zhāo yuè xī**【花朝月夕】〈成〉時候もよく景色も美しいさま. 特に旧暦の2月15日と8月15日をさす.

**huāzhī**【花枝】名 1 花のついた枝. 2〈喩〉美人.

**huā zhī zhāo zhǎn**【花枝招展】〈成〉女性が華やかに着飾って美しい.

**huāzhóu**【花轴】名〈植〉花軸.

**huāzhú**【花烛】名 1 婚礼の際にともす赤いろうそく. 2〈転〉新婚.

**huāzhū**【花株】名〈植〉花株.

**huāzhuān**【花砖】名 色模様のあるタイル.

**huāzǐr**【花子儿】名 1 花の種子. 2〈方〉綿の実.

**huāzi**【花子】名 乞食.

**huā** 擬〈すばやい動作の形容·音〉

**huā (嘩)** 擬 1《雨や水の大きな音》ざあざあ. 2《金属がぶつかりあう連続音》がちゃん. 異読⇒**huá**

**huālā**【哗啦】擬 1《物が落ちたり崩れたりする音》がらっ. 2《大量の液体や砂などが流れたり落下したりする音》ざあっ. 3《水の流れる音》さらさら.

**划(劃)** **huá** 動 1(とがったもので)こする,切る,ひっかいて傷をつくる. ¶~玻璃/ガラスを切る. ¶手上へ了道口子/手にひっかき傷ができた. 2《舟などを》こぐ. 《水をかく. ¶~船·舟/舟をこぐ. ❶ 引き合う. 割りに合う. ¶~不

来. 異読⇒huà
**huábulái**【划不来】[動+可補] 割りに合わない.
**huádelái**【划得来】[動+可補] 割りに合う.
**huálā**【划拉】[動]〔方〕1 払いのける. 2 かき集める. 3 書きなぐる. 4 とり込む.
**huá/quán**【划拳】[動] 拳を打つ.
**huásuàn**【划算】[動] 1 思案する. 2 割りに合う.
**huázi**【划子】[名] ボート. 小舟.

# 华(華) huá ❶[気][量](言). ハロー.

❶1 中国(の); 中国語. 『駐~大使 / 中国駐在大使. ¶英~词典 / 英中辞典. ②精華. 最もすぐれた部分. ¶英~ / 精髄. ③繁栄した. ¶繁~ / にぎやかだ. ④ぜいたくである. ¶~屋 / 豪華な家. ⑤光. 輝き. つや. ¶光~ / 輝く光. ⑥白髪まじりである. ¶~发 / 白髪まじりのびん. ¶→~翰脑. ‖[姓]
異読表⇒huà

**Huáběi**【华北】[名] 華北.
**huábiǎo**【华表】[名] 宮殿や陵墓などの前に建てられた装飾用の大きな石柱.
**huádàn**【华诞】[名] ギャバジン.
**huádàn**【华诞】[名] お誕生日.
**huádēng**【华灯】[名] 飾り提灯.
**Huádōng**【华东】[名] 華東.
**huá ér bù shí**【华而不实】〈成〉見かけ倒し.
**Huá'ěr Jiē**【华尔街】[名] ウォール街.
**Huá'ěrzī**【华尔兹】[音] ワルツ.
**huáfà**【华发】[名]〔書〕白髪まじりの髪.
**Huáfǔ**【华府】[名]〔地名〕ワシントンDCの別称.
**huágài**【华盖】[名] 1〔古〕はながさ. 2 星の名.
**huágōng**【华工】[名]〔旧〕外国で働く中国人労働者.
**huáguì**【华贵】[形] 豪華である.
**huáhàn**【华翰】[名] 貴書簡. 貴簡.
**huálǐ**【华里】[量] 華里(か). ▶1"华里"は500メートル.
**huálì**【华丽】[形] 華麗である.
**Huáměi**【华美】[形] 派手やかで美しい.
**Huánán**【华南】[名] 華南.
**huánián**【华年】[名] 青春時代.
**huáqiáo**【华侨】[名] 華僑. ▶国外に居住する中国籍をもつ中国人.
**huárén**【华人】[名] 1 中国人. 2 華人. ▶中国籍をもたず, 居住国の国籍をもつ中国系住民.
**huáshānsōng**【华山松】[名]〔植〕タカネゴヨウ.
**huáshāng**【华商】[名] 国外にいる中国系の商人.
**Huáshèngdùn**【华盛顿】[名]〔地名〕ワシントン.
**Huáshì wēnbiāo**【华氏温标】[名] 華氏温度.
**Huáshì wēndù**【华氏温度】[名] 華氏

温度計の目盛りで表された温度. ¶~计 / 華氏温度計.
**huásīgé**【华丝葛】[名] 浮き出し模様のある一種の絹織物.
**Huáwén**【华文】[名] 中国語.
**Huáxī**【华西】[名] 華西.
**Huáxià**【华夏】[名] 中国の古称.
**huáyì**【华裔】[名] 1 中国と中国の隣国. 2 外国に出生し, その国の国籍を取得した中国系住民.
**Huáyǔ**【华语】[名]〈中華民族の話す〉中国語.
**huázhāng**【华章】[名]〔書〕美しい詩文.
**Huázhōng**【华中】[名] 華中.
**huázhòu**【华胄】[名] 1〔書〕貴族の末裔(えい). 2 "华夏"(中国)の後裔. 漢民族.

**哗(嘩・譁)** huá ❶1 騒がしい. やかましい. 異読⇒huā
**huábiàn**【哗变】[動]〈軍隊が〉突然叛乱を起こす.
**huárán**【哗然】[形] がやがや騒がしい.
**huá zhòng qǔ chǒng**【哗众取宠】〈成〉派手に立ち回って人気をとる.

**骅(驊)** huá ❶
**huáliú**【骅骝】[名]〔書〕栗毛の駿馬(しゅんめ).

**铧(鏵)** huá [名] すきの刃. ▶"犁铧"とも.

**猾** huá [形] ずる賢い. ¶~吏 / ずる賢い小役人.

**滑** huá [形] 1 つるつるしている. 滑らかである. すべすべしている. 2 ずるい, こすい. ❷[動] 滑る. ¶~了一交 / つるりと滑って転んだ. ‖[姓]
**huábǎn**【滑板】[名] スケートボード. ¶~滑雪 / スノーボード.
**huá//bīng**【滑冰】[動] 1〔体〕スケートをする. ¶~场 / スケートリンク. 2 氷上を滑る.
**huábujīliū**【滑不唧溜】[形]〈~的〉〔嫌悪を表し〉つるつるしていて滑りやすい.
**huá/cǎo**【滑草】[動] 草スキーをする.
**huáchē**【滑车】[名] 滑車.
**huádòng**【滑动】[動] 滑る.
**huágān**【滑竿】[名]〈~儿〉竹で編んだいすを2本の竹竿に縛りつけた登山用の乗り物.
**huájī**【滑稽】1 [形] こっけいである. 2 上海一帯で盛んな滑稽. 漫畫. 
**huájìxì**【滑稽戏】[名] 上海一帯で盛んな喜劇の一種.
**huá/jīng**【滑精】[名]〔中医〕遺精する.
**huáliū**【滑溜】[動]〔料理〕魚や肉などに, 片栗粉をまぶして油味をつけ, ネギやニラを加え, さらに片栗粉を混ぜてとろみを出す.
**huáliu**【滑溜】[形]〔口〕つるつるしている. 滑らかである.
**huálún**【滑轮】[名]〔物〕滑車.

**huán**ì【滑腻】形(多く皮膚がすべすべしてきめの細かい.

**huá**pō【滑坡】名 1 地滑り.山崩れ. 2 動(喩)(景気などが)下降する.

**huá**rún【滑润】形 潤いがあって滑らかである.

**huá**rùnyóu【滑润油】名 潤滑油.

**huá**shí【滑石】名 タルク.

**huá**shǔ【滑鼠】名〔電算〕マウス. ▶主に台湾で用いられる.

**huá**shuǎng【滑爽】形(布地などが)なめらかで心地よい,ざらつかない.

**huá/shuǐ**【滑水】動 水上スキーをする.

**huá**táng【滑膛】名 銃身内部にらせん状の溝が施されていない銃砲.

**huá**tī【滑梯】名 滑り台.[座]

**huá**tóu【滑头】1 形 ずる賢い. 2 名 ずる賢い人.

**huá tóu huá nǎo**【滑头滑脑】(成)ずる賢い.

**huá**xiáng【滑翔】動(物)滑空する.

**huá**xiángjī【滑翔机】名 グライダー.

**huá**xíng【滑行】動 1 滑走する. 2(自動車などが)惰力で走る.

**huá/xuě**【滑雪】名(体)スキーをする. ¶高山〈越野〉~/アルペン〈クロスカントリー〉スキー.

**huá**xuěbǎn【滑雪板】名 スキー板.

**huá**xuěshān【滑雪衫】名 防寒ジャケット;スキーウェア.

**huá**yīn【滑音】名 1(averting)経過音. 2(音)グリッサンド.

**huá**zòu【滑奏】名(音)グリッサンド.

# 搳 huá ❶

**huá/quán**【搳拳】→ **huá/quán**【划拳】

# 化

**huà** 1 動(液体の中で,熱によって)溶ける. 2 接尾 …化する. ¶绿化~/緑化する. ¶工业~/工業化する.
Ⅱ ① 変える.変わる. ¶~为 wéi …/…に変える(変わる). ¶~~验. ②消化する.取り除く. ¶一~食/食物を消化する. ¶一~痰. ③感化する. ¶教/教化する.焼く. ¶火/火葬する. ⑤布施を請う.募/布施を求める. (仏教・道教で)死ぬ. ¶坐~/端座したまま往生する. ⑦化学. ¶理~/物理化学.
Ⅱ 姓 異読もhuà

**huà**chú【化除】動(抽象的な事物を)取り除く.

**huà/dòng**【化冻】動 解氷する.

**huà**féi【化肥】名(略)化学肥料.

**huà**fēn【化分】動 分解する.

**huà gān gē wéi yù bó**【化干戈为玉帛】(成)戦争や争いが友好平和に転じる.

**huà**gōng【化工】名(略)化学工业.

**huà**hé【化合】動(化)化合する.

**huà**héjià【化合价】名(化)原子価.

**huà**héwù【化合物】名(化)化合物.

**huà**jiě【化解】動 取り除く.消す.

**huà**jìng【化境】名(书)(多く芸術について)入神の境地.

**huà**liáo【化疗】名(略)(医)化学療法.

**huà/míng**【化名】動 1 偽名を使う. 2 名 偽名.偽名.

**huà**mù【化募】動 布施を求める.

**huà/nóng**【化脓】動(医)化膿する.

**huà**shēn【化身】名 1 化身. 2 象徴.権化(ごんげ).

**huà**shēng【化生】1 名(生化)化生(けしょう). 2 動(书)生じ育てる.

**huà**shí【化石】名 化石.

**huà**tán【化痰】動 痰(tán)を取り除く.

**huà**tiělú【化铁炉】名 溶鉱炉.

**huà**wài【化外】名(书)(旧)文化の及ばないところ.

**huà wū wéi yǒu**【化乌为有】(成)烏有(うゆう)に帰す.

**huà**xiān【化纤】名(略)化学繊維.

**huà xiǎn wéi yí**【化险为夷】(成)危険な状態を平穏な状態にかえる.

**huà**xíng【化形】動(妖怪が)姿を変える.

**huà**xué【化学】名 ❶ 化学.¶~反应 fǎnyìng/化学反应. ¶~能/化学エネルギー. 2(旧)セルロイド.

**huà**xué biànhuà【化学变化】名 化学变化.

**huà**xué bōli【化学玻璃】名 有機ガラス.

**huà**xué féiliào【化学肥料】名(农)化学肥料.

**huà**xué gōngyè【化学工业】名 化学工業.

**huà**xuéshì【化学式】名 化学式.

**huà**xué wǔqì【化学武器】名 化学兵器.

**huà**xué xiānwéi【化学纤维】名 化学纤维.

**huà**xué yuánsù【化学元素】名 化学元素.

**huà**yàn【化验】動 化学検査をする.化学分析をする.

**huà**yóuqì【化油器】名(机)気化器.キャブレター.

**huà**yù【化育】動 天地自然が万物を生じ育てる.

**huà/yuán**【化缘】動 布施を請う.

**huà/zhāi**【化斋】動 僧侶・道士が托鉢をする.

**huà zhěng wéi líng**【化整为零】(成)まとまったものを分散させる(作戦で大部隊を分散させ小隊にする).

**huà**zhuāng【化妆】動 化粧する.

**huà/zhuāng**【化装】動 1(劇)扮装する.メークアップする. 2 仮装する.変装する.

**huà**zhuāngpǐn【化妆品】名 化粧品.

**huà**zhuāngshī【化妆师】名 メークアップアーティスト.

**huà**zhuāngshì【化妆室】名 1 メーク室. 2 化粧室.

# 划(劃)

**huà** ❶ 動 1 分ける.区分する. ¶~等级/等级

分けをする. **2**〖金銭・物品を〗振り当てる,回す. ¶~一部分化肥给菜农/化学肥料を一部分けて野菜農家に与える. **3**〖筆などで〗印をつける.
**2**名算数.
H 計画する. ¶筹～/計画する.
異読⇒huá

**huàbō**【划拨】動 **1**〖金を銀行などによって〗振り替える. **2** 分け与える.
**huàcè**【划策】動画策する.
**huàdìng**【划定】動境界を定める.
**huàfēn**【划分】動 **1** 分ける.区分する. **2** 区別する.
**huàfěn**【划粉】名〖裁縫用の〗チャコ.
**huà gànggang**【划杠杠】慣境界線をつける;一線を画す.
**huàguī**【划归】動編入する.合併する.
**huà//jià**【划价】動患者の薬代や治療費の方を処方箋にする.
**huà kuāngkuang**【划框框】慣枠をはめる;制限を加える.
**huà//qīng**【划清】動はっきり区分する.
**huà shídài**【划时代】動時代を画する. ¶~的作品/画期的な作品.
**huàxiàn**【划线】名〖経〗株式相場の変動グラフ.
**huàyī**【划一】**1** 動画一にする;一律にする. **2**形画一的である,一律である.
**huà yī bù èr**【划一不二】成正札掛け値なし. **2** 〖やることが〗一律である,紋切り型である.

华(華) 地名用字. ¶~山/陝西省にある山の名.
|姓 異読⇒huá

画(畫) **huà** 動 **1** 動 〖絵や図などを〗かく. ¶~画儿/絵をかく. **2** 印をつける. 記号をかく. ¶~箭々/矢印をかく.
**2**名〖~儿〗絵.絵画. ［张,幅］
**3** 漢字の筆画. ¶"水"字四一/"水"の字は4画だ.

**huàbǎn**【画板】名画板.
**huàbào**【画报】名画報.グラフ雑誌.
**huàbǐ**【画笔】名絵筆.
**huàbǐng**【画饼】名画餅(ﾍﾞｲ).
**huà bǐng chōng jī**【画饼充饥】成空想によって自らを慰める.
**huàbù**【画布】名画布.キャンバス.
**huàcè**【画册】名画帖(ﾁｮｳ).画集.
**huàcè**【画策】動→**huàcè**【划策】
**huà//dào**【画到】動出勤〖出席〗したとき出席〖簿〗に"到"と記入する.
**huà dì wéi láo**【画地为牢】成指定の範囲内だけで活動を許す.
**huàfǎ**【画法】名絵のかき方.
**huàfǎng**【画舫】名画舫(ﾎｳ).
**huà//fú**【画符】動道士が魔よけの札をかく.
**huàfú**【画幅】名 **1** 絵.絵画. **2** 絵の寸法.
**huà//gǎo**【画稿】動責任者が公文書の文案に署名する. **2** 名〖~儿〗

**huàgōng**【画工】名 **1** 画工. **2** 絵の技法. ▶ "画功"とも.
**huà/gòng**【画供】動犯人が供述書に署名する.
**huà hǔ lèi gǒu**【画虎类狗】成高望みをして失敗し見苦しい結果になる. ▶ "画虎类犬"とも.
**huàjiā**【画夹】名画板.
**huàjiā**【画家】名画家.
**huàjià**【画架】名画架.イーゼル.
**huàjiàng**【画匠】名 **1** 画工. **2**〖旧〗三文画家.
**huàjìng**【画境】名画境.絵のような世界.
**huàjìngxiàn**【画镜线】名 → **guàjìngxiàn**【挂镜线】
**huàjù**【画具】名絵をかく道具.画具.
**huà jùhào**【画句号】ピリオドを打つ.
**huàjuàn**【画卷】名 **1** 絵画の巻き物.絵巻. **2**〖喩〗壮観な景観.
**huàkān**【画刊】名画報.グラフ.
**huàláng**【画廊】名 **1** 絵が描かれている回廊. **2** 画廊.ギャラリー.
**huà lóng diǎn jīng**【画龙点睛】成文章や話に肝心な言葉を一つ二つ付け加えて全体を引き立たせる.
**huà/mǎo**【画卯】動〖旧〗旧時,官庁の役人の早朝の点呼.
**huàméi**【画眉】名〖鳥〗ガビチョウ.
**huàmiàn**【画面】名画面.
**huàpí**【画皮】名化けの皮.
**huàpiānr**【画片儿】→**huàpiàn**【画片】
**huàpiàn**【画片】名絵はがき.絵入りのカード.
**huàpíng**【画屏】名絵をはめ込んだびょうぶ.
**huàpǔ**【画谱】名 **1** 絵の手本. **2** 画譜.
**huà//quān**【画圈】動〖指導幹部や高級幹部が自分の名前に〗閲可印をつける.

**huàr**【画儿】名絵.絵画. ［张,幅］
**huà shé tiān zú**【画蛇添足】成蛇足を加える.

**huàshī**【画师】名画家.絵師.
**huà shízì**【画十字】**1** 読み書きのできない人が署名代わりに"十"の字を書く. **2**〖キリスト教徒が〗十字を切る.
**huàshì**【画室】名アトリエ.
**huàtán**【画坛】名画壇.
**huàtiè**【画帖】名絵の手本.
**huà//tú**【画图】**1** 名図や地図をかく. **2** 名〖喩〗多く比喩的に用いる.
**huàwàiyīn**【画外音】名〖映画・テレビで〗画面外の声.
**huà//xiàng**【画像】動肖像画を描く.
**huà//xíng**【画行】動〖旧〗("行"という字を書いて)書類を決裁する.
**huà//yā**【画押】動〖契約書や供述書に〗書き判をかく.
**huàyè**【画页】名〖書籍や新聞の〗挿絵・写真のあるページ.
**huàyuàn**【画苑】名絵画の粋を集め

## huà

huàyuàn【画院】[名]〈史〉宮廷に絵画を納めた役所.
huàzhǎn【画展】[名]絵画展.
huà/zhī【画知】[動]回覧文書の自分の名前の下に"知"(承知)する.
huàzhóu【画轴】[名]掛け軸.
huàzuò【画作】[名]絵画の作品.
huà/zì【画字】[動]→huà/yā【画押】

话 huà 1 [名]〈~儿〉言葉. 話. 1[句,段]¶我要跟你说两句~／ちょっとお話したいことがあります. 2[動]話す. 言う. ¶~家常／世間話をする.
huàbàr【话把儿】[名]〈口〉話の種.
huàbái【话白】[名] 1 劇中のせりふ. 2〈旧〉"评书"で、本題に入る前の導入.
huàběn【话本】[名]宋·元代に行われた講釈の台本. 語り物.
huà/bié【话别】[動]別れる前に)名残の語らいをする.
huàbǐng【话柄】[名]話の種. 語りぐさ.
huà bù tóu jī【话不投机】〈成〉意見が合わず、話がまとまらない.
huàchár【话茬儿】[名]〈方〉 1 話の種. 2 口ぶり.
huàfèi【话费】[名]〈略〉電話料金.
huàfēng【话锋】[名]話題. 話の糸口.
huàjī【话机】[名]〈略〉電話機.
huàjiù【话旧】[動]思い出話をする.
huàjù【话剧】[名]現代劇. 新劇.
huàkǒur【话口儿】[名]話しぶり.
huà lǐ yǒu huà【话里有话】〈成〉言葉に言外の意味がある.
huàliáo【话聊】[名]〈~儿〉話の種.
huàméi【话梅】[名]梅の実を酢や塩に漬けた食品.
huàshuō【话说】1〈套〉旧小説の冒頭の言葉)さて. 2[動]語る.
huàtí【话题】[名]話題.
huàtǐng【话亭】[名]電話ボックス.
huàtǒng【话筒】[名] 1 電話)の送話器. 2 マイクロフォン. 3 メガフォン.
huàtóu【话头】[名]〈~儿〉話の糸口.
huàwùyuán【话务员】[名]電話交換手.
huàxiázi【话匣子】[名] 1 蓄音機;(現在は)ラジオ. 2 [喩]おしゃべり.
huàyīn【话音】[名] 1 話し声. 2〈~儿〉口ぶり. 言外の意味. 口ぶり.
huàyīn bōbào【话音拨报】[名]音声応答システム.
huàyīn yóujiàn【话音邮件】[名]音声メール.
huà yòu shuōhuílái le【话又说回来了】〈套〉〈口〉話は戻るが. 話は変わるが. ところで.
huàyǔ【话语】[名]言葉. 話.

桦（樺） huà ¶カバノキ. ¶白~／シラカバ. ¶黑~／クロカバノキ.

婳（嫿） huà →guìhuà【婳婳】

## huai (ㄏㄨㄞ)

怀（懷） huái 1[名]胸. 懐(ふところ). ¶那个小孩儿在他妈妈里睡着 zháo 了／その子は母親の胸で眠り込んだ.
2[動] 1 妊娠する. 身ごもる. 2〈心に〉抱く, もつ. ¶~着远大理想／高遠な理想を抱く.
[一] 1 思い. 気持ち. ¶襟~／胸中. 気概. 2 しのぶ. 懐かしむ. ¶~乡／ふるさとが恋しい. [姓]
huáibào【怀抱】 1[動] 1 懐に抱く. 2 心に抱く. 2[名] 1 懐. 胸. 2〈~儿〉〈方〉赤ん坊のとき. 3〈書〉抱負. 志す.
huáibiǎo【怀表】[名]懐中時計.
huái cái bù yù【怀才不遇】〈成〉才能が埋もれてしまう.
huáichūn【怀春】[動]〈書〉少女が性に目覚める.
huáigǔ【怀古】[動]懐古する.
huái guǐtāi【怀鬼胎】〈慣〉心にやましいところがある.
huái/hèn【怀恨】[動]恨みを抱く.
huáijiù【怀旧】[動]〈書〉昔のことや旧友を懐かしむ.
huáiliàn【怀恋】[動]恋しく思う. 懐かしく思う.
huáiniàn【怀念】[動]しのぶ. ¶~故乡／故郷をしのぶ.
huáiróu【怀柔】[動]懐柔する.
huái/tāi【怀胎】[動]妊娠する.
huái/xǐ【怀喜】[動]〈口〉身ごもる. 妊娠する.
huáixiǎng【怀想】[動]しのぶ. 恋しく思う.
huáiyí【怀疑】[動] 1 疑惑を抱く. 2 推測する.
huái/yùn【怀孕】[動]妊娠する;(雌の動物が)孕(はら)む.

徊 huái →páihuái【徘徊】 異読み huí

淮 huái [-]淮河(が). [姓]
Huáiběi【淮北】[名]淮河以北の地方;(特に)安徽省北部.
Huái Hǎi【淮海】[名]徐州を中心とした淮河以北と海州(連雲港市)一帯の地方.
huáihàixì【淮海戏】[名]江蘇省の伝統劇の一. 淮陰·徐州一帯に広く行われる.
Huáijù【淮剧】[名]江蘇省の伝統劇の一. 淮陰·塩城などの地に広く行われる.
Huáinán【淮南】[名]淮河以南·長江以北の地方;(特に)安徽省の中部.

槐 huái [-]エンジュ. [姓]
huáidòu【槐豆】[名]〈中薬〉エンジュの実または種子.
huáihuā【槐花】[名]エンジュの花と果実で作った黄色の染料.

**huáishù**【槐树】[名]〈植〉エンジュ.

**huái** 踝 くるぶし.

**huáizǐgǔ**【踝子骨】[名]〈方〉くるぶし.

**huái** 耲 ○

**huáibà**【耲耙】[名]東北地方で使用する鋤(すき)の一種.

**huài**【坏(壞)】❶[形]**1** 悪い. よろしくない. ¶～习惯/悪い習慣. ¶她脾气很～/彼女は気性が荒い. **2** 壊れている. 傷んでいる. だめになる. ¶自行车~了/自転車が壊れた. ¶～鸡蛋/腐った卵.

▶[動词/形容词+"坏"で…してだめになる；ひどく…だ. ⓐ動作の後に置き，悪い結果が生じることを表す. ¶宠～孩子/子供を甘やかしてだめにする. ⓑ心理状態を表す動詞や形容詞の後に置き，程度のはなはだしいことを表す. ¶气～了/無性に腹が立つ.

❷[動] 壊す. 悪くする. だめにする. ¶～肚子/腹をこわす. ¶别把那事坏了他的事/彼のやっていることをぶち壊してはいけない. ❸[名] 悪知恵. 悪巧み. ¶使～/下劣な仕打ちをする.

**huàibāo**【坏包】[名]〈～儿〉〈口〉悪たれ.

**huàichu**【坏处】[名]害. 不利な点. 悪い所.

**huàidàn**【坏蛋】[名]〈罵〉悪人. ろくでなし.

**huàidōngxi**【坏东西】[名]悪者. 悪玉.

**huàifènzǐ**【坏分子】[名]悪質分子. 社会秩序を破壊する悪人.

**huàihuà**【坏话】[名]**1** 耳障りな話. **2** 悪口. 憎まれ口.

**huàijū**【坏疽】[名]〈医〉壊疽(え).

**huàipíng**【坏评】[名]批判的な評論.

**huàirén**【坏人】[名]**1** 悪人. **2** →huàifènzǐ【坏分子】

**huài/shì**【坏事】❶[動]物事をだめにする. ❷[名]悪いこと.

**huàishuǐr**【坏水儿】[名]〈方〉悪知恵. 悪みず.

**huàisǐ**【坏死】[動]〈医〉壊死(えし)する.

**huàixīnyǎnr**【坏心眼儿】[名]〈口〉悪意. 意地悪.

**huàixuèbìng**【坏血病】[名]〈医〉壊血病.

**huàizhàng**【坏账】[名]〈経〉不良貸付. 不良債権.

## huan (ㄏㄨㄢ)

**huān**【欢(歡)】[形]〈方〉(多く補語に用い)活発である. 勢いがよい. ¶火着zháo得～/火が盛んに燃える.

喜ぶ. 楽しい. ¶→～喜.

**huān bèng luàn tiào**【欢蹦乱跳】〈成〉元気はつらつとしているさま.

**huānchàng**【欢畅】[形]のびのびとして気持ちがよい.

**huāndù**【欢度】[動]楽しく過ごす.

**huāngē**【欢歌】[動]**1** 楽しげに歌う. **2** [名]楽しそうな歌声.

**huānhū**【欢呼】[動]歓呼する.

**huānhuì**【欢会】[次会]楽しく集う.

**huānjù**【欢聚】[動]楽しく集う. ¶～一堂/一堂に楽しく集う.

**huānkuài**【欢快】[形]軽快である. 浮き浮きしている.

**huānlè**【欢乐】[形]浮き浮き楽しい. うれしい.

**huānnào**【欢闹】[動]楽しそうにふざけ合う.

**huānqià**【欢洽】[形]楽しそうに打ち解け合う.

**huānqìng**【欢庆】[動]楽しく祝う.

**huānr**【欢儿】[名]～sài/喜び. ¶撒欢儿】

**huānshēng**【欢声】[名]歓声.

**huān shēng xiào yǔ**【欢声笑语】〈成〉楽しげな声や笑い声.

**huānshi**【欢实,欢势】[形]〈方〉活発である. 元気である.

**huānsòng**【欢送】[動]歓送する. 送別する. ¶～会/歓送会.

**huānténg**【欢腾】[動]喜びに沸く. 狂喜する.

**huān tiān xǐ dì**【欢天喜地】〈成〉大喜びする. 狂喜する.

**huānxǐ**【欢喜】**1** [形]喜ばしい. うれしい. **2** [動]〈方〉好む.

**huānxǐqián**【欢喜钱】[名]〈旧〉(祝いのとき主人から雇い人に出した)祝儀.

**huānxiào**【欢笑】[動]明るく笑う.

**huānxīn**【欢心】[名]歓心.

**huānxīn**【欢欣】[形]喜んでいる. ¶～鼓舞/喜びに沸き立つ.

**huānyán**【欢颜】[名]〈書〉楽しげな表情. 笑い顔.

**huānyíng**【欢迎】[動]**1** 歓迎する. ¶热烈～/熱烈に歓迎する. **2** 喜んで受け入れる. ¶～批评/批判を喜んで受け入れる.

**huānyú**【欢娱】[名]〈書〉歓び, 歓楽.

**huānyú**【欢愉】[形]うきうきする. 楽しい.

**huānyuè**【欢悦】[形]喜ぶ.

**huānyuè**【欢跃】[動]喜びに沸く. 狂喜する.

**huān** 獾 アナグマの類. ¶狗～/アナグマ.

**huán**【还(還)】**huán**[動]返却する. 返済する. ¶～小王自行车/王君に自転車を返す.

①(もとの状態に)復する. 戻る. ¶→～原. ②報いる. 仕返しをする. ¶→～手. [姓]

異読⇒**hái**

**huánbào**【还报】[動]報いる.

**huán/běn**【还本】[動]元金を返す.

**huándài**【还贷】[動]ローンを返済する.

**huángěi**【还给】[動]…に返す.

**huán**

**huán//hún**【还魂】〖動〗1 死者が生き返る. 2〈方〉再生する.
**huánjī**【还击】〖動〗反撃する.
**huán//jià**【还价】〖動〗1 (～儿) 値切る. 2〈経〉カウンターオファー.
**huán//kǒu**【还口】〖動〗口答えする.
**huán//lǐ**【还礼】〖動〗1 答礼する. 2 返礼する.
**huánpán**【还盘】〖経〗逆指値；条件修正申し込み.
**huánqiān**【还迁】→huíqiān【回迁】
**huán//qīng**【还清】〖動+結補〗(借金を)完済する.
**huán//qíng**【还情】〖動〗他人の恩や厚意に報いる.
**huán//shǒu**【还手】〖動〗殴り返す.
**huán//sú**【还俗】〖動〗還俗する.
**huán//xí**【还席】〖動〗答礼の宴を設ける.
**huánxiāng**【还乡】〖動〗故郷に帰る.
**huányán**【还言】〖動〗言い返す.
**huán//yáng**【还阳】〖動〗死者がよみがえる.
**huán//yuán**【还原】〖動〗1〈化〉還元する. 2 原状に復する.
**huányuányàn**【还原焰】〖化〗還元炎. 内炎.
**huán//yuàn**【还愿】〖動〗1 お礼参りをする. 願ほどきをする. 2〈喩〉約束を履行する.
**huán/zhài**【还债】〖動〗借金を返す.
**huán/zhàng**【还账】〖動〗借金を返す.
**huán/zuǐ**【还嘴】〖動〗口答えする.

**环**（環）**huán**〖量〗(射撃などの輪状の)標的の点数.
❶①輪. 輪になったもの. ¶耳～/耳輪. ②一環. 一つの～/一環. 一部分. ②めぐる. 取り巻く. ¶～城铁路 / 環状線. 〖姓〗

**huánbǎ**【环靶】〖軍〗輪状の標的.
**huánbǎo**【环保】〖略〗環境保護.
**huánbǎo chǎnyè**【环保产业】〖名〗環境にやさしい産業.
**huánbào**【环抱】〖動〗(自然物が)ぐるりと取り囲む.
**huánchèn**【环衬】〖名〗〖印〗(本の)見返し.
**huánchéng**【环城】〖動〗都市のまわりをめぐる.
**huánchéng gōnglù**【环城公路】〖名〗環状道路.
**huándǎo**【环岛】〖名〗〈交差点の〉ロータリー.
**huánduǎn**【环堵】〖名〗室内のまわりの壁.
**huánfā**【环发】〖略〗環境と開発.
**huángù**【环顾】〖書〗ぐるりと見渡す.
**huánhǎi**【环海】〖動〗海に囲まれる.
**huánhé**【环合】〖動〗取り巻く. 取り囲む.
**huánjié**【环节】〖名〗1（動）環節. ¶～动物 / 体節動物. 2 一環. 一部.
**huánjìng**【环境】〖名〗1 周囲の状況・条件. 2 環境.
**huánjìng bǎohù**【环境保护】〖名〗環境保護.
**huánjìng jīsù**【环境激素】〖名〗環境ホルモン.
**huánjìngquán**【环境权】〖名〗環境権.
**huánjìng wūrǎn**【环境污染】〖名〗環境汚染.
**huánliú**【环流】〖名〗流体の循環が, 各部分の温度, 密度, 濃度の違い, あるいは外力によって形成されること.
**huánlù**【环路】〖名〗環状道路.
**huánmù diànyǐng**【环幕电影】〖名〗環状スクリーン映画.
**huánqiú**【环球】1〖動〗地球をめぐる. 2〖名〗全世界.
**huánqiúwǎng**【环球网】〖名〗〖電算〗WWW. ワールドワイドウェブ.
**huánrào**【环绕】〖動〗取り巻く. 取り囲む.
**huánshān**【环山】〖動〗1 ぐるりと山を巡る. 2 山に囲まれる.
**huánshēng**【环生】〖動〗連続して起こる.
**huánshí**【环食】〖天〗金環食.
**huánshì**【环视】〖動〗周囲を見回す.
**huántīng**【环听】〖名〗〖化〗環状炭化水素.
**huánwèi**【环卫】〖名〗〖略〗環境衛生.
**huánxiàn**【环线】〖名〗環状線.
**huánxíng**【环行】〖動〗まわりをめぐる；環状に走る. ¶～岛 / ロータリー.
**huánxíng**【环形】〖形〗輪の形をした. 環状の.
**huánxíngshān**【环形山】〖名〗月面や火星の表面の突出部分. クレーターの周囲の高くなった部分.
**huányǎng shùzhī**【环氧树脂】〖化〗エポキシ樹脂.
**huányǔ**【环宇】→huányǔ【寰宇】
**huánzhì**【环志】〖名〗〖研究用に〗渡り鳥に付ける金属やプラスチックの目印.
**huánzhuàng ruǎngǔ**【环状软骨】〖名〗〖生理〗環状軟骨.
**huánzi**【环子】〖名〗輪形のもの.

**郇** huán ‖〖姓〗
異読⇒xún

**洹** huán 地名用字. ¶～水 / 河南省にある川の名. ‖〖姓〗

**桓** huán ‖〖姓〗

**貆** huán〖書〗1 タヌキの子. 2 ヤマアラシ.

**圜** huán →zhuǎnhuán【转圜】
異読⇒yuán

**澴** huán 地名用字. ¶～水 / 湖北省にある川の名.

**寰** huán〖名〗広い地域. ¶人～ / 人の世.
**huánqiú**【寰球】〖名〗全地球. 全世界.
**huányǔ**【寰宇】〖書〗全世界.

**缳** huán〖書〗1 輪に結んだひも. ¶投～ / 首をつって死ぬ. 2〖動〗縄やひもで絞め殺す.
**huánshǒu**【缳首】〖動〗絞首刑にする.

**鹮** huán〖名〗〖鳥〗トキ. ¶朱～ / トキ (ニッポニア・ニッポン).

## huàn

**鬟** huán 🇭 〈旧〉女性が結った丸いまげ．

**缓** huán 🇭 [云～]／女性の髪．

**缓** huǎn 【缓】動 **1** 遅らせる．延期する．¶这件事～几天再说／この件は2,3日見合わせよう．**2**〔正常な生理状態に〕回復する．¶～过来／息を吹き返す．
🇭 ① 遅い．のろい．¶～→～慢．② ゆるめる．緩和する．¶～→～冲．

huǎn bīng zhī jì【缓兵之计】〈成〉時間を稼ぐ策謀．引き延ばし策．

huǎnbù jí【缓不济急】〈成〉急場に間に合わない．

huǎnchōng【缓冲】動 衝突を緩和する．

huǎnchōngqū【缓冲区】名〔電算〕バッファ．

huǎnhé【缓和】動 緩和する［させる］．和らぐ［げる］．

huǎnjí【缓急】名 **1** 緩急．**2** 急場．困難．

huǎnjiá【缓颊】動〈書〉人に代わって懇願する．

huǎnjiě【缓解】動 **1** 緩和する．**2** 和らげる．改善する．

**huǎnmàn**【缓慢】形 緩慢である．遅い．¶行动～／動作が緩慢である．

huǎnpō【缓坡】名 だらだら坂．女坂．

huǎnqī【缓期】動 期限を延ばす．¶～执行／執行を猶予する．

huǎn//qì【缓气】動 息をつぐ．息を入れる．

huǎnxiàn【缓限】動 期限を延ばす．

huǎnxíng【缓刑】動〔法〕刑の執行を猶予する．

huǎnxíng【缓行】動 **1** 徐行する．**2** 実行を延期する．

huǎnxǐng【缓醒】動〈方〉息を吹き返す．

huǎnyì【缓役】動 兵役を猶予する．

huǎnzhēng【缓征】動 徴税や徴兵を猶予する．

**幻** huàn 🇭 ① 実在しない．真実でない．¶梦～／夢と幻．② 不思議に変化する．¶～→~化 huà.

huàndēng【幻灯】名 スライド；スライド映写機．

huàndēngjī【幻灯机】名 スライド映写機．

huànhuà【幻化】動 異様に変化する．

huànjǐng【幻景】名 幻の光景．幻影．

huànjìng【幻境】名 幻の世界．幻の境地．

huànjué【幻觉】名〈心〉幻覚．

huànmèng【幻梦】名 幻想．夢幻．

huànmiè【幻灭】動 幻滅する．幻のように消える．

huànshì【幻视】名 幻視．

huànshù【幻术】名 魔術．手品．

huàntīng【幻听】動 幻聴．

huànxiǎng【幻想】**1** 動 幻想する．夢見る．**2** 名 幻想．空想．

huànxiàng【幻象】名 幻象．幻像．

huànyǐng【幻影】名 幻影．幻の影．

**奂** huàn 形〈古〉**1** 盛んである．多い．**2** 色鮮やかである．

**宦** huàn 🇭 名 **1** 役人．官吏．¶～海．**2** 役人になる．¶仕～／仕官する．**3** 宦官（がん）．🇭 同

huànchǎng【宦场】名 官界；官吏．

huànguān【宦官】名 宦官．

huànhǎi【宦海】名 官界．

huànnáng【宦囊】名〈旧〉官吏になって貯めた金．

huàntú【宦途】名 官途．

huànyóu【宦游】動〈書〉官職を求めて歩き回る．

**换** huàn【换】動 **1** 交換する．¶用米～布／米を布地と交換する．**2** 取り替える．¶～一衣服／着替えをする．**3** 兌換（ん）する．

huàn//bān【换班】動 **1** 勤務交替する．**2**（指導部が）世代交替する．

huànbiān【换边】〈体〉チェンジサイド．

huàn//bù【换步】動〔軍〕歩調を変える．

huàn//chá【换茬】動〔農〕輪作する．

**huàn//chē【换车】動（汽車やバスを）乗り換える．**

huànchéng【换乘】動 乗り換える．

huàndài【换代】動 **1** 王朝が交代する．**2**（製品が）モデルチェンジする．

huàn//dǎng【换挡】動〔機〕ギアを入れ換える．

huàn fāqiú【换发球】〈体〉サーブチェンジをする．

huàn//fáng【换防】動〔軍〕（軍隊の）守備任務を交替する．

huàn//fáng【换房】動 住宅を交換する．

huàn//gǎng【换岗】動 歩哨を交替する．

huàn//gèr【换个儿】動〈口〉位置を取り替える．

huàn//gōng【换工】動 労働力を交換して助け合う．

huàn//háng【换行】動〔電算〕改行する．

huànhuì【换汇】動 外貨に換算して受け取る．

huàn//huò【换货】動 物品を取り替える．

huàn//jì【换季】動 衣替えをする．

huàn//jiān【换肩】動（担いでいる天秤棒や荷物を）もう一方の肩に移す．

huànjiè【换届】動（指導部の任期満了に伴い）改選［転任］する．

huàn jù huà shuō【换句话说】〈挿〉言葉をかえて言えば．

huànmǎ【换马】動〈貶〉（人の職務を）入れ替える．

huàn nǎojīn【换脑筋】→huàn nǎozi【换脑子】

huàn nǎozi【换脑子】〈慣〉**1** 古い考え方を改める．**2** 頭を休める．

huàn//qì【换气】動 換気する．

huànqìshàn【换气扇】名 換気扇．

## huàn

**huàn//qián**【换钱】**1** 両替する。**2** 物を金に換える。

**huànqīn**【换亲】[動] 両家が互いに相手の娘をもらう。

**huàn//rén**【换人】[動] 交換によって手に入れる。

**huàn//rén**【换人】[動] 人を替える；(体)選手を交替させる。

**huànshǒulǜ**【换手率】[名]〈经〉金融乗り換え率。

**huànsuàn**【换算】[動] 換算する。

**huàn tāng bù huàn yào**【换汤不换药】〈谚〉形式だけを変えて内容を変えない。

**huàn//tiě**【换帖】[動]〈旧〉義兄弟の契りを結ぶとき、自分の姓名・年齢・原籍などを書いた証書を交換する。

**huànwèi sīkǎo**【换位思考】相手の立場に立って物事を考える。

**huàn//wén**【换文】[動]〈外交上〉覚え書きを交換する。**2**[名]〈外交上〉の交換公文。

**huànxǐ**【换洗】[動] (服やシーツなどを)取り替えて洗う。

**huàn//xiě**【换血】[動]〈喩〉組織・機関などの成員を調整・配置転換する。

**huàn//yá**【换牙】[動]〈生理〉乳歯が生え替わる。

**huàn yán zhī**【换言之】〈书〉換言すれば。

**huàn//yàng**【换样】[動](~儿)様子が変わる。

**huàn//yào**【换药】[動] 患部の塗り薬や張り薬を交換する。

**huàn//zhuāng**【换装】[動] 服装を変え、着替えをする。

**huàn**【唤】[動] 大声で呼ぶ。叫ぶ。¶~句/大を呼ぶ。

**huànqǐ**【唤起】[動]**1** 奮い立たせる。**2** (注意や記憶を)呼び起こす。

**huàntou**【唤头】[名] 包丁研ぎ・街頭の理髪師などが客を呼ぶために鳴らす道具。

**huànxǐng**【唤醒】[動]**1** 呼び覚ます。**2** 我に返らせる。目覚めさせる。

**huàn**【涣】[動] 散る。消えてなくなる。

**huànhuàn**【涣涣】[形]〈书〉水勢が激しいさま。

**huàn rán bīng shì**【涣然冰释】〈成〉(疑問などが)氷解する。

**huànsàn**【涣散】**1**[形] 緩んでいる。だらけている。**2**[動] 緩める。だらける。

**huàn**【浣】(澣)**1**[動] ① 洗う。¶~衣/服を洗う。¶~纱/洗濯する。② 10日間；旬日。¶上~/上旬。[姓]

**huàn**【患】[動] 患う。¶~了肝炎/肝炎にかかった。**1**[名] ① 災難、禍。¶水~/水害。② 憂える。心配する。¶忧~/憂慮する。

**huànchù**【患处】[名] 患部。

**huàn dé huàn shī**【患得患失】〈成〉個人の損得にばかりこだわる。

**huànnàn**【患难】[名] 難儀。艱難(欻)。¶~与共/艱難を共にする。

**huànzhě**【患者】[名] 患者。

**huàn**【焕】[形] 光り輝く。美しく輝く。

**huànfā**【焕发】[動]**1** 美しく輝き現れる。**2** 奮い起こす。

**huàn rán yī xīn**【焕然一新】〈成〉面目を一新する。

**huàn**【痪】→ tānhuàn【瘫痪】

**huàn**【豢】○

**huànyǎng**【豢养】[動]**1** 家畜を飼育する。**2**〈喩〉(手先を)飼い慣らす。

**huàn**【漶】→ mànhuàn【漫漶】

**huàn**【鲩】[名]〈魚〉ソウギョ(草魚)。[条]

**huàn**【轘】〈古〉(酷刑の)車裂き。

## huāng（ㄏㄨㄤ）

**huāng**【肓】→ bìng rù gāo huāng【病入膏肓】[姓]

**huāng**【荒】**1**[動](田畑が)荒れている。¶ 地~了/土地が荒れた。**2**[形](仕事・学業などを)おろそかにする；(技術の)鈍る。¶~了手芸/腕がなまった。

**1**[名] ① 開墾されていない土地。¶开~/荒地を開墾する。② 凶作、飢饉(㐅)。¶备~/飢饉に備える。③ (深刻な)欠乏、不足。¶房~/住宅難。④ 荒涼とした、辺鄙(㐅)な。¶~郊/辺境。¶~凉/さびれた。¶→ ~凉liáng。⑤ でたらめな。正しくない。¶~诞。

**huāngcǎo**【荒草】[名] 荒地に生えている草。

**huāngcūn**【荒村】[名] 寒村。

**huāngdàn**【荒诞】[形] でたらめである。荒唐である。¶~不经/でたらめでとりとめがない。¶~无稽/荒唐無稽。

**huāngdì**【荒地】[名] 荒地。未耕作地。

**huāngfèi**【荒废】[動]**1**(土地が)荒れ果てたままにする。**2** おろそかにする。**3**(時間を)浪費する。

**huānggǔ**【荒古】[名] 太古。

**huāng guài bù jīng**【荒怪不经】〈成〉でたらめで道理に合わない。

**huāngjì**【荒寂】[形]〈书〉荒涼としてもの寂しい。

**huāngjiāo**【荒郊】[名] 荒れ野原。

**huāngliáng**【荒凉】[形] 荒涼としている。

**huāngluàn**【荒乱】[形](世の中が)混乱している。

**huāngmiù**【荒谬】[形] でたらめである。

**huāngmò**【荒漠】[形]**1** 荒涼としている。**2** 広々とした砂漠〔荒野〕。

**huāngmòhuà**【荒漠化】[名]〈環境〉砂漠化。

**huāngnián**【荒年】[名] 凶年。

**huāngpì**【荒僻】[形] 荒れ果てて辺鄙で

ある.
**huāngqiàn**【荒歉】名 凶作.
**huāngshān**【荒山】名 荒山.
**huāng shí bào yuè**【荒时暴月】〈成〉凶年;端境期.
**huāngshū**【荒疏】動 おろそかにする.
**huāngshùr**【荒数儿】名〈方〉大まかな数.
**huāngtang**【荒唐】形 **1** でたらめである.とりとめがない. **2** 放縦である.気ままである.
**huāngwú**【荒芜】形（田畑が）荒れ果てている.
**huāng wú rén yān**【荒无人烟】〈成〉荒れ果てて人家もない.
**huāngxìn**【荒信】名（～儿）〈方〉不確かな消息.
**huāngyě**【荒野】名 荒野.
**huāngyín**【荒淫】形 酒色におぼれる.
**huāngyuán**【荒原】名 荒野.
**huāngzhì**【荒置】動 荒れたまま放置する.
**huāngzi**【荒子】名 未加工品.荒削りの素材.

**璜 huáng**〈方〉採掘したばかりの鉱石.

**慌 huāng**【慌】形 慌てている.うろたえている. ▷ 沉住气,别～! /落ち着け,慌てるな. **2**動 慌てて…となる. ¶～了手脚 /慌ててまごまごしてしまった.

「動詞 / 形容詞 + "得 de" + "慌"」で
状況や状態が極端な程度に達することを表す. ¶闷mèn得～/退屈でストレスがたまる. ¶挤得～/すし詰めの混雑.

**huāngcù**【慌促】形 慌ただしい.
**huāngluàn**【慌乱】形 慌てて取り乱すさま.
**huāngmáng**【慌忙】形 慌ただしい.慌てている.
**huāng//shén**【慌神儿】動〈口〉どぎまぎする.まごつく.
**huāng shǒu huāng jiǎo**【慌手慌脚】〈成〉慌てふためくさま.
**huāngzhāng**【慌张】形 慌てている.そわそわしている.

**皇 huáng**❶①名 皇帝.君主. ¶～城 / 宮城. ②名 大きい. ¶堂～ / 立派である. ②姓
**huángcháo**【皇朝】名 封建王朝.
**huángchǔ**【皇储】名 皇儲(読).
**Huángfǔ**【皇甫】姓
**huánggōng**【皇宫】名 宮室.皇居.
**huángguàn**【皇冠】名 **1** 王冠. **2**〈喩〉最高の権威〔冠(読)〕.
**huánghòu**【皇后】名 皇后.
**huánghuáng**【皇皇】形 **1** 堂々としている. **2** →**huánghuáng**〖惶惶〗 **3** →**huánghuáng**〖遑遑〗
**huángjiā**【皇家】名 皇室.
**huánglì**【皇历】名 **1** 暦. **2**〈喩〉古くなったしきたり.

**huángliáng**【皇粮】名 **1**〈旧〉官庁の管轄下にある穀物.税として納められた穀物. **2**〈転〉国家が支給する金や物資.
**huángqīn guóqī**【皇亲国戚】名 皇帝の家族や親戚;〈喩〉権力者.
**huángquán**【皇权】名 皇帝の権力.
**huángshang**【皇上】名（在位中の）皇帝.
**huángshì**【皇室】名 皇室.
**huángtàihòu**【皇太后】名 皇太后.
**huángtàizǐ**【皇太子】名 皇太子.
**huángtiān**【皇天】名 天(の神).上帝.
**huáng tiān hòu tǔ**【皇天后土】〈成〉天と地.
**huángtǒng**【皇统】名 皇帝の血筋.
**huángwèi**【皇位】名 皇位.
**huángzǐ**【皇子】名 皇帝の息子.
**huángzú**【皇族】名 皇族.

**黄 huáng**❶【黄】色として. ▶色調の範囲が広く,赤色近くまで含む. ¶到了秋天,谷子～了 / 秋になり,アワが黄色くなった. ¶他的脸色～ / 彼は顔色が悪い. **2**〈口〉（約束などが）だめになる,ふいになる. ¶那笔买卖～了 / あの商売はだめになった.

❶【黄】 ¶黄河. ¶治～ / 黄河治水. ②エロ.ポルノ. ¶扫～ / ポルノを一掃する. ③姓

**huáng'āi**【黄埃】名〈書〉黄塵.
**huángbái**【黄白】名 金銀.
**huángbān**【黄斑】名〈生理〉（網膜の）黄斑.
**huángbāochē**【黄包车】名〈方〉人力車.
**huángbiāomǎ**【黄骠马】名 黄色に白斑のある馬.
**huángbiǎozhǐ**【黄表纸】名〈神仏を祭るのに用いる〉黄色い紙.
**huángbìng**【黄病】名〈口〉黄疸(読).
**huángbò·huángbǎi**【黄檗·黄柏】名〈植〉キハダ;〈中薬〉黄柏(読).
**huángcài**【黄菜】名〈方〉（料理で）卵で作った料理.
**huángcàncàn**【黄灿灿】形（～的）金色に輝くさま.
**huángcháo**【黄潮】名〈喩〉ポルノ出版など風俗産業の隆盛·氾濫.
**huángchímáo**【黄雌旄】名 ヤマブキ.
**huángdàiyú**【黄带鱼】名〈俗〉ポルノビデオ.
**huángdǎn**【黄疸】名 **1** 黄疸. **2**〈農〉→**huángxiùbìng**〖黄锈病〗
**huángdào**【黄道】名 黄道.
**huángdào jírì**【黄道吉日】名 黄道吉日(読).
**huángdào shí'èrgōng**【黄道十二宫】名〈天〉黄道12星座.
**huángdēngdēng**【黄澄澄】形（～的）黄金色の.
**huángdēngqū**【黄灯区】名〈経〉（経済が）注意が必要な状況.
**Huángdì**【黄帝】名〈古代伝説中の帝王〉黄帝.

**huángdiǎn**【黄碘】[名]〈薬〉ヨードホルム.
**huángdòu**【黄豆】[名]〈植〉大豆.
**huángdú**【黄毒】[名] 猥褻(わいせつ)な書物や映像、ポルノ製品.
**huángfà**【黄发】[名] 老人の黄ばんだ毛髪；〈転〉老人.
**huángfēng**【黄风】[名] 黄塵を巻き上げる風.
**huángfēng**【黄蜂】[名]〈虫〉スズメバチ.
**huánggǔsuǐ**【黄骨髓】[名]〈生理〉脂肪髄.
**huángguā**【黄瓜】[名]〈植〉キュウリ.
**Huánghǎi**【黄海】[名] 黄海.
**Huánghé**【黄河】[名] 黄河.
**huánghèsè**【黄褐色】[名] 黄褐色.
**huánghuā**【黄花】[名] 1〈植〉菊. 2〈~儿〉ユリ科の植物の総称. 3〈口〉童貞. 処女.
**huánghuācài**【黄花菜】[名]〈植〉ユリ科の植物の総称.
**huánghuā dìdīng**【黄花地丁】[名]〈植〉タンポポ.
**huánghuā guīnǚ**【黄花闺女】[名] 処女.
**huánghuānǚr**【黄花女儿】[名] 処女. 生娘.
**huánghuāyú**【黄花鱼】[名]〈魚〉キグチ.
**huánghūn**【黄昏】[名] たそがれ.
**huánghūnliàn**【黄昏恋】[名] 老いらくの恋.
**huángjiàng**【黄酱】[名]〈料理〉大豆と小麦粉で作った甘辛いみそ.
**Huángjiào**【黄教】[名]〈宗〉黄教.
**huángjīn**【黄金】1 [名] 黄金. 金(きん). 2 [形]〈喩〉貴重な.
**huángjīn dādàng**【黄金搭档】[名] ゴールデンコンビ.
**huángjīn dìdài**【黄金地帯】[名] 一等地.
**huángjīn fēngē**【黄金分割】[数] 黄金分割.
**huángjīn shídài**【黄金时代】[名] 黄金時代. 最盛期.
**huángjīn shíduàn**【黄金时段】[名] ゴールデンタイム.
**huángjīn shíjiān**【黄金时间】[名] ゴールデンタイム.
**huángjīnshù**【黄金树】[名]〈植〉ユーカリ.
**huángjīnzhōu**【黄金周】[名] ゴールデンウィーク.
**huángjīng**【黄琼】[名]〈動〉キョン. シナキョン.
**huángjiǔ**【黄酒】[名] もち米・米・アワなどで醸造した酒.
**huáng juàn qīng dēng**【黄卷青灯】〈成〉昔の人の生活；書物に没頭する孤独な生活.
**huángkǒu xiǎo'ér**【黄口小儿】[名] 青二才；赤人坊.
**huánglà**【黄蜡】[名] 蜜蝋.
**huánglí**【黄鹂】[名]〈鳥〉コウライウグイス.
**huánglì**【黄历】[名]→huángli【皇历】

**huánglián**【黄连】[名]〈植〉オウレン；〈中薬〉黄連(おうれん).
**huángliánmù**【黄连木】[名]〈植〉オウレンボク.
**huángliáng (měi)mèng**【黄粱(美)梦】[名] 黄粱一炊(いっすい)の夢.
**huánglín**【黄磷】[名]〈化〉黄燐.
**huánglóng**【黄龙】[名]〈喩〉敵国の都.
**huánglú**【黄栌】[名]〈植〉マルバハゼ.
**huángmá**【黄麻】[名] 1〈植〉ツナソ；〈中薬〉黄麻(おうま). 2 ツナソの茎皮の繊維. ジュート.
**huángmáo yātou**【黄毛丫头】[名] 小娘. 小むすめ.
**huángmàozi yóutǒng**【黄帽子邮筒】[名]〈俗〉速達用ポスト.
**huángméiyǔ**【黄梅雨】[名] 梅雨期間.
**huángméitiān**【黄梅天】[名] 梅雨期間.
**huángméixì**【黄梅戏】[名] 安徽省中部一帯に伝わる伝統劇.
**huángméiyǔ**【黄霉雨】[名] 梅雨.
**huángmí**【黄米】[名] もちアワ.
**huángmíngjiāo**【黄明胶】[名] にかわ.
**huángniǎo**【黄鸟】[名]〈鳥〉1 コウライウグイス類の総称. 2〈~儿〉〈口〉カナリア.
**huángniú**【黄牛】[名] 1〈動〉アカウシ. 2 だふ屋.
**huángpái**【黄牌】[名] イエローカード. 警告カード. →**hóngpái**【红牌】
**huáng páo jiā shēn**【黄袍加身】〈成〉クーデターに成功し政権を奪う.
**huángpíshū**【黄皮书】[名] 白書. 政府の重要報告書.
**huángpiàn**【黄片】[名]〈~儿〉ポルノ映画.
**huángqí**【黄芪】[名]〈植〉キバナオウギ；〈中薬〉黄耆(おうぎ).
**huángqián**【黄钱】[名] 銭の形を押した黄色い紙.
**huángqín**【黄芩】[名]〈植〉コガネバナ；〈中薬〉黄芩(おうごん).
**huángquán**【黄泉】[名] 黄泉(よみ). 冥土(めいど).
**huángr**【黄儿】[名] 卵の黄身.
**huángrǎng**【黄壤】[名]〈地質〉熱帯や亜熱帯に分布する黄色の土壌.
**huángrèbìng**【黄热病】[名]〈医〉黄熱(病).
**huángsè**【黄色】[名] 1 黄色. 2 腐敗した. 堕落した；扇情的な.
**huángsè gōnghuì**【黄色工会】[名]〈貶〉御用労働組合.
**huángsè rénzhǒng**【黄色人种】[名] 黄色人種.
**huángsè wǎngzhàn**【黄色网站】[名]〈電算〉アダルトサイト.
**huángsè wénxué**【黄色文学】[名] ポルノ文学.
**huángsè zhàyào**【黄色炸药】[名] TNT火薬.
**huángshā**【黄沙】[名]〈気〉黄砂.
**huángshàn**【黄鳝】[名]〈魚〉タウナギ.
**huángshǒuguā**【黄守瓜】[名]〈虫〉ウリバエ.

**huángshū**【黄书】名〈俗〉ポルノ(小説).
**huángshú**【黄熟】動〈農〉黄熟する.
**huángshǔ**【黄鼠】名〈動〉ジリス.
**huángshǔláng**【黄鼠狼】名〈動〉マンシュウイタチ.
**huángshùyè**【黄树叶】名 黄葉.
**huángshuǐchuāng**【黄水疮】名〈口〉とびひ.
**huángtāng**【黄汤】名〈貶〉酒.
**huángtáng**【黄糖】名〈方〉赤砂糖.
**huángtǐ**【黄体】名〈生理〉黄体.
**huángtiěkuàng**【黄铁矿】名〈鉱〉黄鉄鉱.
**huángtóng**【黄铜】名〈鉱〉真鍮(しんちゅう).
**huángtǔ**【黄土】名〈地質〉黄土.
**huángwěibìng**【黄萎病】名〈農〉黄化萎縮病.
**huángxiùbìng**【黄锈病】名〈農〉黄鏽(さび)病.
**huángxuǎn**【黄癣】名〈医〉黄癬(せん).
**huángxuèyán**【黄血盐】名〈化〉黄血塩. フェロシアン化カリウム.
**huángyān**【黄烟】名〈方〉キセル用の刻みたばこ.
**huángyáng**【黄羊】名〈動〉蒙古羚羊(もうこれいよう). モウコガゼル.
**huángyáng**【黄杨】名〈植〉ヒメツゲ.
**huángyè**【黄页】名 イエローページ.
**huángyīng**【黄莺】→ **huánglí**(黄鹂)
**huángyóu**【黄油】名 **1** バター. ¶抹(mǒ)～/バターを塗る. **2** グリース.
**huángyóu**【黄釉】名 イエローグレーズ.
**huángyú**【黄鱼】名 **1**〈魚〉"大黄鱼"(フウセイ)と"小黄鱼"(キグチ)の通称. **2**〈俗〉頭の鈍い人.
**huángyúchē**【黄鱼车】名〈方〉(運搬用の荷台の付いた)三輪車.
**huángyù**【黄玉】名〈鉱〉トパーズ.
**huángzhàng**【黄账】名〈方〉不良債権.
**huángzhǐbǎn**【黄纸板】名 ボール紙.
**huáng zhōng huǐ qì, wǎ fǔ léi míng**【黄钟毁弃, 瓦釜雷鸣】〈成〉才徳兼備の人が起用されず, 凡人が幅をきかす.
**huángzhǒng**【黄种】名 黄色人種.

**凰** huáng →**fènghuáng**(凤凰)

**隍** huáng H 城の周りの水のない濠. ¶城～/城/城の外堀.

**喤** huáng ○

**huánghuáng**【喤喤】擬〈書〉**1** 鐘や太鼓が調和し合い鳴り響く音. **2** 子供のような泣き声.

**遑** huáng H ①暇. ¶不～/暇がない. ②慌ただしい. ¶→遽**jù**/恐れ慌てる.

**huánghuáng**【遑遑】形〈書〉慌ただしいさま.

**huánglùn**【遑论】動〈書〉論じるにも及ばない. 問題外である.

**徨** huáng →**pánghuáng**(彷徨)

**湟** huáng 地名用字.

**惶** huáng H 恐れる. びくびくする.

**huánghuáng**【惶惶】形 びくびくするさま.

**huánghuò**【惶惑】形 恐れ惑っている. 不安でいる.

**huángjù**【惶遽】形〈書〉驚き慌てている.

**huángkǒng**【惶恐】形 慌てて恐れている. 恐れ入る.

**huángrán**【惶然】形 恐ろしくて落ち着かない.

**huángsǒng**【惶悚】形〈書〉恐れおののく.

**煌** huáng H 光り輝く. ¶辉～/光り輝かしい.

**huánghuáng**【煌煌】形〈書〉光り輝くさま.

**潢** huáng 名〈古〉貯水池.
**H** 防虫などのため紙を染める. ¶装～/表装する.

**璜** huáng 名〈書〉半円形の玉(ぎょく).

**蝗** huáng H イナゴ.

**huángchóng**【蝗虫】名〈虫〉イナゴ.
**huángnán**【蝗蝻】名 イナゴの幼虫.
**huángzāi**【蝗灾】名 イナゴによる被害.

**篁** huáng 名〈書〉竹林; (広く)竹. ¶幽～/ひっそりした竹やぶ. ¶修～/長い竹.

**磺** huáng 名 硫黄. ¶硫～/硫黄.

**huáng'àn**【磺胺】名〈薬〉スルフォンアミド.

**癀** huáng ○

**huángbìng**【癀病】名〈方〉家畜の炭疽(そ)病.

**簧** huáng 名 **1**〈音〉(管楽器の)舌, リード. **2** ばね. ぜんまい. スプリング.

**huángfēngqín**【簧风琴】名〈音〉リードオルガン.
**huángpiàn**【簧片】名〈音〉(楽器の)舌, リード.
**huángyuèqì**【簧乐器】名〈音〉リード楽器.

**鳇** huáng 名〈魚〉チョウザメ. ダウリアチョウザメ.

**恍** huáng H ①("如"や"若"と結び)あたかも…のようだ. ②はっと(悟る). ¶→然大悟/うっとうしているさま. ぼんやりしているさま.

**huǎnghū**【恍惚】形 **1** ぼんやりとした. **2** …のようである. ▲"恍忽"とも.

**huǎng rán dà wù**【恍然大悟】〈成〉はっと悟る.

**huǎng rú gé shì**【恍如隔世】〈成〉

# huǎng 388

まさに隔世の感がある.
**huǎngwù**【恍悟】動 突然にわかる. にわかに悟る.

晃 **huǎng**【晃】動 **1** まぶしく光る. きらめく. **2** 一瞬ちらりとする. 目の前をさっと通り過ぎる. ¶人影дル一〜就不见了 / 人の姿が通り過ぎたかと思うともう見えなくなった. 異読⇒huàng
-**huǎnghuǎng**【-晃晃】接尾《形容詞·名詞のあとについて,「まばゆい」様子を表す》銀〜 / 銀色に光る.
**huǎngyǎn**【晃眼】形 **1** まぶしい. まばゆい. **2**《きわめて短い時間の形容》瞬間.

谎 **huǎng**【谎】名 うそ. ¶说〜 / うそを言う.
**huǎng**【谎】**1** 掛け値. ¶要〜 / 掛け値を言う. ふっかける. **2** 偽りの. ¶〜〜报.
**huǎngbào**【谎报】動 うその報告をする.
**huǎngchēng**【谎称】動 うそをつく.
**huǎnghuā**【谎花】名〔植〕あだ花.
**huǎnghuà**【谎话】名 うそ.
**huǎngjià**【谎价】名 (〜儿)掛け値.
**huǎngxìn**【谎信】名 (〜儿)〔方〕確かでない知らせ.
**huǎngyán**【谎言】名 うそ.

幌 **huǎng**【幌】とばり. 幕.
**huǎngzi**【幌子】名 **1**〔旧〕(商店の)看板. **2**(喩)表看板. 見せかけ.

晃 **huàng**【晃】動 振り動かす; 揺れ動かす. ¶一〜旗子 / 彼は旗を左右に振った. 異読⇒huǎng
**huàngdang**【晃荡】動 **1**(左右に)揺れる; 揺れる. **2** ぶらぶらする.
**huàngdòng**【晃动】動 揺れ動く. 揺り動かす.
**huàngyou**【晃悠】動 左右に揺れる.

## hui (ㄏㄨㄟ)

灰 **huī**【灰】**1**名 **1** 灰. **2** ほこり. 粉末. **3** 石灰. しっくい.
**2**形 **1** グレーの. 灰色の. ¶布料и颜色是〜的 / 布地の色はグレーだ. **2** がっかりした. 気落ちする. ¶心都〜了 / すっかり気落ちした.
**huī'àn**【灰暗】形 (光線が)薄暗い. (色が)鮮明でない.
**huībái**【灰白】形 薄い灰色の. 青白い.
**huībuliūdiū**【灰不溜丢】形 (〜的)〔方〕(貶) くすんだ灰色.
**huīcǎo**【灰草】名〔壁塗りに用いる〕モルタル入れ.
**huīchén**【灰尘】名 ほこり.
**huīchénchén**【灰尘沉】形 (〜的)灰色でどんよりした.
**huīchénfèi**【灰尘肺】名〔医〕肺塵症.
**huīdǐng**【灰顶】名 しっくい塗りの屋根〔天井〕.

**huīfēn**【灰分】名〔鉱〕灰分.
**huīgāo**【灰膏】名 ペーストを取り除き沈殿させたかどのペースト状の消石灰.
**Huīgūniang**【灰姑娘】名《童話の主人公》シンデレラ.
**huīguāng**【灰光】名 旧暦の月初めに, 月が地球にさえぎられて影になり, 姿の見えない部分から発する微光.
**huīhè**【灰鹤】名〔鳥〕クロヅル.
**huīhuàtǔ**【灰化土】名〔地質〕朽ちた枝や葉が真菌に分解されできた土.
**huījiāng**【灰浆】名〔建〕**1** しっくい. **2** 石灰モルタル.
**huījìn**【灰烬】名 灰燼(燼).
**huīkè**【灰客】名〔素人〕ハッカー.
**huīkǒutiě**【灰口铁】名〔冶〕ねずみ鉄.
**huīlǐng**【灰领】名 グレーカラー. ▶高度な専門知識を備えた技術者.
**huīliūliū**【灰溜溜】形 (〜的)**1** 薄暗い灰色である. ▶嫌悪の意味を含む. **2** 気力がない.
**huīmēngmēng**【灰蒙蒙】形 (〜的)(風景が)薄暗くてぼうっとしている.
**huīměngyǎng**【灰锰氧】名〔化〕過マンガン酸カリウム.
**huīní**【灰泥】名 しっくい.
**huīpéng**【灰棚】名〔方〕**1** わら灰を置く小屋. **2**(〜儿)草屋根をしっくいで塗った小屋.
**huīpūpū**【灰扑扑】形 (〜的)ほこりだらけである.
**huīquè**【灰雀】名〔鳥〕ウソ.
**huīrǎng**【灰壤】名〔地質〕ポドゾル.
**huīsè**【灰色】**1**名 灰色. グレー. **2**形 **1** 陰気である. **2**(態度が)あいまいである.
**huīsè shōurù**【灰色收入】名《合法すれすれの》グレーゾーンの収入.
**huīshǔ**【灰鼠】名〔口〕(動)キタリス.
**huītáng**【灰膛】名 かまどの下の灰を受けるところ.
**huī tóu tǔ liǎnr**【灰头土脸儿】(成) **1** 頭や顔がほこりだらけである. **2** 面目をなくする; 落胆する.
**huītǔ**【灰土】名 **1** 土ぼこり.
**huī//xīn**【灰心】動 がっかりする. 気落ちする.
**huīzhì**【灰质】名〔生理〕灰白質(ほゅ).

扬 **huī**【扬·揈】動〔書〕指図する. 指揮する.

诙 **huī** ふざける; あざける.
**huīxié**【诙谐】形 滑稽である. ユーモアのある.

挥 **huī**【挥】**1** 振るう. 振り回す. ¶〜刀 / 刀を振り回す. ¶〜笔 / 筆を振るう.
**1** (手で涙や汗を)ぬぐう. ¶〜汗 / 汗をぬぐう. **2** 指揮する. 命令する. ¶〜〜师. **3** まき散らす. 思いきり出す. ¶〜〜发厡.
**huīchì**【挥斥】**1**〔書〕**1** 非難する. 叱責する. **2**(意気が)盛んである.

**huīdòng**[挥动]〔动〕振り動かす.
**huīfā**[挥发]〔动〕揮発する.
**huīgē**[挥戈]〔动〕矛をふるう.
**huī hàn chéng yǔ**[挥汗成雨]〈成〉大勢の人がひしめく.
**huī hàn rú yǔ**[挥汗如雨]〈成〉しきりに汗をかく.
**huīháo**[挥毫]〔动〕〈書〉揮毫(きごう)する.
**huīhuò**[挥霍]**1**〔动〕金を浪費する. **2**〔形〕〈書〉(動作が)敏捷(びんしょう)である.
**huī jīn rú tǔ**[挥金如土]〈成〉金銭を湯水のようにつかう.
**huījīnzú**[挥金族]〔名〕〈口〉成金.
**huīlèi**[挥泪]〔动〕〈書〉涙をぬぐう.
**huīsǎ**[挥洒]〔动〕**1**(水や水などをこぼす,流す. **2**〈喩〉(文章や絵を)自由自在に書く.
**huīshī**[挥师]〔动〕軍隊を動かす;軍隊を指揮する.
**huī/shǒu**[挥手]〔动〕手を振る.
**huīwǔ**[挥舞]〔动〕ふりかざす.

**咴** huī ❶

**huīrhuīr**[咴儿咴儿]〔擬〕《馬やロバの鳴き声》ひんひん,ひひん.

**恢** huī 〔形〕大きい. 広い.

**huīfù**[恢复]〔动〕**1** 回復する. 取り戻す. ¶~健康/快復する. **2** 回復させる. ¶~失地/失地を回復する.

**huīhóng**[恢弘・恢宏]〈書〉**1**〔形〕大きい. 広い. **2**〔动〕高める. 奮い立たせる.

**huīhuī**[恢恢]〔形〕〈書〉非常に広大なさま.

**huīkuò**[恢廓]〈書〉**1**〔形〕広い. **2**〔动〕広める.

**珲** huī 地名用字. ¶瑷Ài~/黒竜江省の地名. 異読➡hún

**豚** huī→**xuānhuī**[喧豚]

**晖** huī ❶〔名〕**1** 春~/春の日ざし. **2** 朝~/朝日の光.

**huīyìng**[晖映]→**huīyìng**[辉映]

**辉(輝)** huī ❶〔名〕**1** 輝き. 光. **2** 日光 / 輝きを. ❷〔动〕輝く. 照らす.

**huīchángyán**[辉长岩]〔名〕〈鉱〉斑糲岩.
**huīguāng**[辉光]〔名〕〔電〕グロー.
**huīhuáng**[辉煌]〔形〕光り輝いている.
**huīlǜyán**[辉绿岩]〔名〕〈鉱〉輝緑岩.
**huīmòkuàng**[辉钼矿]〔名〕〈鉱〉輝水鉛鉱.
**huīshí**[辉石]〔名〕〈鉱〉輝石.
**huītīkuàng**[辉锑矿]〔名〕〈鉱〉輝安鉱.
**huīyìng**[辉映]〔动〕照り輝く.

**翚** huī **1**〔动〕〈書〉飛ぶ. **2**〔名〕〈古〉五色の羽毛のキジ.

**麾** huī **1**〔名〕〈旧〉軍隊を指揮する旗. 采配. **2**〔动〕(軍隊を)指揮する. ¶~军前进 / 軍隊を指揮して前進する.

**huīxià**[麾下]〔名〕〈書〉**1** 部下. **2**〈敬〉麾下に. 閣下. ▶将校らに用いる.

**徽** huī ❶〔名〕**1**(集団を示す)しるし. 徽章. マーク. ¶校~/校章. **2**美しい. よい. ¶~~号. 〈旧〉徽州(きゅう).

**Huīdiào**[徽调]〔名〕**1**"徽剧"で用いる節回し. **2**"徽剧"の旧称.

**huīhào**[徽号]〔名〕美称. ニックネーム.
**huījì**[徽记]〔名〕標識. マーク.
**huījù**[徽剧]〔名〕安徽省の伝統劇.
**huīmò**[徽墨]〔名〕徽州産の墨.
**huīzhāng**[徽章]〔名〕徽章. バッジ.
**huīzhì**[徽志]〔名〕ロゴマーク.

**隳(隳)** huī〔动〕〈書〉壊す.

**回(迴)** huí ❶〔动〕**1** 帰る. 戻る. ¶~北京 / 北京に戻る. **2** 向きを変える. 戻す. めぐらす. ¶~过来 / こちらに振り向く. **3** 返答する. 返事をする. ¶给他~了一封信 / 彼に返事を書いた. **4**(招待を)断る;(宴席を)取り消す;(雇い人に)ひまを出す. **5**(旧)申し上げる. ❷〔量〕**1** 動作の回数や事柄の回数を数える. ¶这本书我看过三~ / この本は3回読んだ. **2** これはこうな事か?/これはいったい何事か?. **2**〈旧〉(明・清代の旧小説や講談)の章節. くだり, 回.

**huí** ❶〔动〕回族. ¶~~民. ❷めぐる. 回る. ¶巡~ / 巡回する. ‖〔姓〕

▶方向補語"-回"の用法◀
①動作に伴って動作の対象がある場所に戻ることを表す. ¶收~发出的文件 / 発送した公文書を取り戻す.
②不利な状態から有利な状態に戻すことを表す. ¶救~了一条命 / 一命をとりとめた.

**huíbài**[回拜]〔动〕答礼訪問をする.
**huíbào**[回报]〔动〕**1**(任务·使命の執行状況を)報告する. 復命する. **2** 報いる. **3** 仕返しする.
**huíbì**[回避]〔动〕**1** 回避する. 逃げる. **2**〔法〕回避する.
**huíbǐng**[回禀]〔动〕〈旧〉申し上げる. 取り次ぐ.
**huíbó**[回驳]〔动〕反駁(はんぱく)する.
**huícǎi**[回采]〔动〕〈鉱〉採掘する.
**huíchá**[回茬]〔名〕〈農〉後作(ごさく).
**huícháng**[回肠]**1**〔名〕(内)心うちだつ. **2**〔名〕〈生理〉回腸.
**huí cháng dàng qì**[回肠荡气]〈成〉(文章や音楽が)深い感銘を与える.
**huí/cháo**[回潮]〔动〕**1** 一度乾燥したものがまた湿る. **2** 一度すたれた現象や習慣が再び現れる.
**huíchējiàn**[回车键]〔名〕〔電算〕リターンキー.
**huí chēn zuò xǐ**[回嗔作喜]〈成〉怒りが喜びに変わる.
**huíchéng**[回程]〔名〕帰路.

**huíchūn**【回春】1 再び春になる． 2 〈喩〉病気が治癒する．
**huídá**【回答】動 回答する．返答する．¶～問題/問いに答える．
**huídān**【回单】(～儿)名 手紙や品物などを受け取ったことを証明して配達者に渡す）受け取り書き，受領メモ．
**huídàng**【回荡】動（音声が）こだまする．
**huídàng**【回档】名〈経〉株価の下落．
**huídiàn**【回电】動 返電を打つ．
**huídiē**【回跌】動（価格が）上がって再び下がる．
**huídú**【回读】動（受験失敗などのため）もとの学校に戻り勉強しなおす．
**huífǎn**【回返】動 帰る．
**huífáng**【回防】動〈体〉(主にサッカーで)帰陣し，防御体制を整える．
**huífǎng**【回访】動 答礼訪問をする．
**huífàng**【回放】動 再放送する．
**huífù**【回复】動 1（多く書信で）返答する． 2 回復する．回れ戻す．
**huígòu**【回购】動〈経〉買い戻す．
**huígù**【回顾】動 1 振り返る． 2 回顧する．
**huígùzhǎn**【回顾展】名（特定のテーマについての）回顧展，歴史展．
**huí guāng fǎn zhào**【回光返照】〈成〉臨終前に一時元気を取り戻す；古い事物が滅亡する前に一時栄える．
**huíguāngjìng**【回光镜】名 反射鏡．
**huíguī**【回归】動（もとのところへ）帰る，返還される．
**huíguīdài**【回归带】名〈地〉熱帯．
**huíguīniándài**【回归年代】名〈地〉回帰年．
**huíguīrè**【回归热】名〈医〉回帰熱．
**huíguīxiàn**【回归线】名〈地〉回帰線．
**huí/guō**【回锅】動（出来上がった食べ物を）鍋に入れて温め直す．¶～肉/回鍋肉(ﾎｲｺｰﾛｰ)．
**huíhé**【回合】名 対戦の数．
**Huíhé**【回纥】名〈古〉回紇(ｳｲｸﾞﾙ)．
**Huíhú**【回鹘】→**Huíhé**【回纥】
**huíhù**【回护】動 1 かばう． 2 強弁する．
**huí/huà**【回话】 1 動〈旧〉（目上に対して）返答する． 2 名（～儿）(人にことづける)返事．
**huíhuán**【回还】動 元の場所に戻る．帰還する．
**huíhuán**【回环】形 曲がりくねっている．
**Huíhui**【回回】→**Huízú**【回族】
**huí/huǒ**【回火】動〈機〉1 焼き戻しする． 2 酸素アセチレン吹管などの火炎が反対の方向に燃焼する．
**huíjī**【回击】動 反撃する．
**huíjiàn**【回见】套（すぐ)またお目にかかります．
**Huíjiào**【回教】名 イスラム教．
**huíjìng**【回敬】動 1 返礼をする． 2 仕返しをする．
**huíjué**【回绝】動 断る．
**huíkōng**【回空】動（車や船が）空(ｶﾗ)で帰る．

**huí/kǒu**【回口】動〈方〉口応えする．
**huíkòu**【回扣】名 リベート，割り戻し．
**huíkuì**【回馈】動 還元する．お返しする．
**huí/lái**【回来】 1 動＋方補 帰ってくる．戻ってくる．¶我～了/ただいま（帰りました）．¶你～了/お帰りなさい． 2《動詞の後に用い，動作がもとの所へ戻ってくることを表す》¶走～/歩いて戻ってくる．¶买回一本书来/本を1冊買ってくる．
**huíláng**【回廊】名 回廊．
**huí lǎojiā**【回老家】1 里帰りする． 2 〈慣〉あの世へ行く．死ぬ．
**huí/lǐ**【回礼】1 返礼する． 2 贈り物へのお返しをする．
**Huílì**【回历】名〈宗〉回教暦．
**huíliú**【回流】動 流れ去った物や流出した物が流されて戻ってくる．逆流する．
**huí/lóng**【回笼】動 1（食品をせいろうに入れて）蒸しなおす． 2〈経〉発行した通貨が中央銀行に戻ってくる．
**huí/lú**【回炉】動 1（金属の器物を）溶かしなおす． 2（"烧饼"などを）焼きなおす，温めなおす． 3 〈喩〉（不合格者などを）再学習させる．
**Huílù**【回禄】名〈書〉火の神の名；〈転〉火災．
**huílù**【回路】名〈電〉回路．
**huíluán**【回銮】動（皇帝や皇后が）還御する．
**huíluò**【回落】動（水位や相場などが）一度上がって再び下がる．
**huímǎqiāng**【回马枪】名 敗走をよそいつつ突然後ろを振り向いて追撃者を一槍(ﾔﾘ)で突き刺す戦法；〈慣〉逆襲すること；不意打ち．
**huí/mén**【回门】動（結婚して数日後に）嫁が婿を伴って里帰りする．
**Huímín**【回民】名 回教徒．
**huímóu**【回眸】動（女性が）振り返って見る．
**huímù**【回目】名〈文〉"章回小说"の各回の前に置かれている標題．
**huíniàn**【回念】動 回顧する．
**huí niángjiā**【回娘家】嫁いだ娘が実家に帰る；〈転〉辞めた人が元の職場に戻る．
**huínuǎn**【回暖】動（天気が）暖かさを取り戻す．
**huípiàomiàn**【回票面】動〈経〉株価の市場価格から額面価格に戻る．
**huípìn**【回聘】動（すでに職場を去った人を）再雇用する．
**huí/qí**【回棋】動（将棋や碁で）待ったをする．
**huíqiān**【回迁】動（移転者が）元の場所に戻って住む．
**huí/qīng**【回青】→**fǎn/qīng**【返青】
**huíqǐng**【回请】動 答礼の宴を設ける．
**huí/qù**【回去】1 動＋方補 帰っていく． 2《動詞の後に用い，動作がもとの所へ戻っていくことを表す》¶把孩子送～/子供を送り返す．

**huírào**【回绕】動 曲がりくねる。蛇行する。

**huíshà**【回煞】動 死者の霊が戻ってくる。

**huí**/**shēn**【回身】動 体の向きを変える。

**huí**/**shén**【回神】動 精神が回復して正常に戻る。

**huíshēng**【回升】動 (下がったあと)再び上昇する。

**huíshēng**【回生】動 1 生き返る。 2 (一度習得した知識や技術が)元の状態に戻る。

**huíshēng**【回声】名〈物〉反響。こだま。

**huíshī**【回师】動〈書〉軍隊を呼び戻す。

**huíshì**【回示】名 ご返事。お返事。

**huíshōu**【回收】動 1 (廃品を)回収して利用する。 2 (放出したり発射したりしたものを)回収する。

**huí**/**shǒu**【回手】動 1 すぐその手で(…する)。 2 打ち返す。反撃する。

**huíshǒu**【回首】動 1 振り向く。 2〈書〉回想する。

**huíshú**【回赎】動 (借金を返し)抵当を請け出す。

**huísù**【回溯】動〈書〉回想する。

**huí**/**tì**【回屉】動 (~儿)〈経〉発行した通貨が中央銀行に戻ってくる。

**huítiān**【回天】動 衰えた勢いを盛り返す。

**huítián**【回填】動 掘った土を埋め直す。

**huítiáo**【回条】名 (~儿)受け取り、受領メモ。

**huítiáo**【回调】動 (価格や指数など)一度上がったあとまた下がる。

**huítiě**【回帖】1 名 (~儿)〈旧〉郵便為替などの領収証;配達証明書。 2 動〈電算〉レスをつける。

**huí**/**tóu**【回头】1 動 (~儿)振り返る。 2 悔い改める。改心する。 2 副 後ほど。後で。¶~见!/また後で。

**huítóukè**【回头客】名〈店〉の常連。リピーター。

**huítóulù**【回头路】名 通ってきた道。

**huítóurén**【回头人】名〈方〉未亡人。

**huí tóu shì àn**【回头是岸】〈成〉悔い改めさえすれば救われる。

**huítǔ**【回吐】動〈経〉利潤を得たあと株を売る。

**huíwèi**【回味】1 名 後味。 2 動 回想する。追憶する。

**huíwén**【回文】名 1 回答する文書。回文(ぶん)。 2 回転文。 3 回族の使うアラビア語。

**huíwénshī**【回文诗】名〈文〉回文詩。

**huí**/**xí**【回席】動 答礼の宴を設ける。

**huí**/**xì**【回戏】動 (芝居坐が)臨時に休演する。

**huí**/**xiāng**【回乡】動 故郷へ帰る。

**huíxiáng**【回翔】動〈書〉輪を描いて飛ぶ。

**huíxiǎng**【回响】1 動 反響する。 2 名 反響。

**huíxiǎng**【回想】動 回想する。思い出す。

**huíxiāo**【回销】→**fǎnxiāo**【返销】

**huí xīn zhuǎn yì**【回心转意】〈成〉思い直して態度を改める。

**huí**/**xìn**【回信】1 動 返事を出す。 2 名 1 返信。 2 (~儿)言葉での返事。ことづけ。

**huíxíngzhēn**【回形针】名〈書類を留める〉クリップ。

**huíxiū**【回修】動 再修理する。

**huíxù**【回叙】動 1 (場面の切り返しで)過去の出来事を語る。 2 過去の事柄を叙述する。

**huíxuán**【回旋】動 1 旋回する。 2 融通をきかす。

**huíxuánqǔ**【回旋曲】名〈音〉ロンド。

**huíyì**【回忆】動 思い出す。追憶する。

**huíyìlù**【回忆录】名 回想録。

**huíyīn**【回音】名 1 こだま。エコー。 2 返信。

**huíyìng**【回应】動 返事をする。

**huíyōng**【回佣】→**huíkòu**【回扣】

**huíyóu**【回游】(動)回遊する。

**huízèng**【回赠】動 返礼の進物を贈る。お返しの品を贈る。

**huízhǎng**【回涨】動 (水位·物価·物価が)一度下がったあとまた上がる。

**huízhí**【回执】名 1 領収書。 2 郵便為替などの領収証;配達証明書。

**huízhuǎn**【回转】動 1 帰る。 2 向きを変える。 3 回転する。

**huízhuǎnyí**【回转仪】名 ジャイロスコープ。回転儀。

**Huízú**【回族】名〈中国の少数民族〉回(Hui)族。

**huí**/**zuǐ**【回嘴】動 口答えする。

## 茴 **huí** ⓞ

**huíxiāng**【茴香】名 1〈植〉1 ウイキョウ;〈中薬〉茴香(ﾁﾔ)。 2 ダイウイキョウの実。

**huíxiāngdòu**【茴香豆】名 ウイキョウで味付けしたソラマメ。

## 洄 **huí** →**díhuí**【低回】 異読⇨**huái**

## 洄 **huí** 匣 水が逆流し渦巻く。

**huíyóu**【洄游】動 回遊する。

## 蛔 (蚘) **huí** ⓞ

**huíchóng**【蛔虫】名(動)回虫。

## 悔 **huǐ** 匣 悔いる。後悔する。¶懊~/後悔する。

**huǐ bù dāng chū**【悔不当初】〈成〉最初にそうしなければよかったと後悔する。

**huǐbugāi**【悔不该】助動 …するのではなかった。

**huǐgǎi**【悔改】動 悔い改める。

**huǐguò**【悔过】動 過ちを悔いる。

**huǐhèn**【悔恨】動 ひどく悔やむ。

**huǐ**/**hūn**【悔婚】動 (一方が)婚約を解消する。

**huǐ**/**qí**【悔棋】動〈碁·将棋で〉待った

をする。
**huǐwù**[悔悟][動]自分の過ちを悟る。
**huǐ//yuē**[悔约][動]約束を反故(ほご)にする。
**huǐ zhī wú jí**[悔之无及][成]いくら悔やんでももう遅い。
**huǐ//zuì**[悔罪][動](自分の)罪を悔やむ。

**毁 huǐ**[動]**1**[坏].損なう.台なしにする.¶这场电子把庄稼~了/そのひょうで作物がやられてしまった.**2**[方]仕立て直す.改造する.■①焼き払う.¶烧~/焼き捨てる.②そしる.¶诋dǐ~/中傷する.‖[毁]
**huǐbàng**[毁谤][動]誹謗する.
**huǐhài**[毁害][動]壊す.損ねる.損害を与える.
**huǐhuài**[毁坏][動]壊す.損なう.
**huǐ jiā shū nàn**[毁家纾难][成]家財を投げ出し国家の困難を救う.
**huǐ lín kāi huāng**[毁林开荒][成]開墾の目的で山林を伐採する.
**huǐmiè**[毁灭][動]すっかり破壊する.
**huǐqì**[毁弃][動]破棄する.壊して捨てる.
**huǐ/róng**[毁容][動]容貌を破壊する.顔をめちゃめちゃにする.
**huǐshāng**[毁伤][動]損なう.悪口または中傷する.
**huǐsǔn**[毁损][動]破損する.
**huǐ yú yī dàn**[毁于一旦][成](やっと得られたものが)一気に崩れる,いっぺんに壊される.
**huǐyù**[毁誉][名]毁誉.悪口とほめ言葉.¶~参半/毁誉相半ばする.
**huǐ//yuē**[毁约][動]約束を破棄(はき)する/契約・協定などを破棄する.
**huǐzhèng**[毁证][動]証拠隠滅.証拠を破壊する.

**卉 huì**[艹]草の総称.¶花~/花卉(き),草花.¶奇花异~/珍しい草花.

**汇**(滙・匯・彙)**huì**[動]**1**[为替で送る].¶~款/送金する.¶请把经费尽快~来/経費をできるだけ早く送金してください.¶电~/電報為替.**2**(流れが一つに)集まる.¶~成巨流/合流して大きな流れとなる.■①集める.まとめる.¶→~报.②集めたもの.まとめたもの.¶词~/語彙.
**huìbào**[汇报][動]資料や情報をまとめて上役あるいは大衆に報告する.
**huìbiān**[汇编]**1**[動]総合的に編集する.**2**[名](多く書名で)編集した文章や資料.
**huìduì**[汇兑][名]為替.為替送金.
**huìfèi**[汇费][名]為替料.
**huìhé**[汇合][動]合流する.集合する.
**huìjí**[汇集][動]集める.集まる.
**huìjì**[汇寄][動]為替で送金する.
**huìjià**[汇价][名]為替レート.為替相場.

**huìjù**[汇聚]→**huìjù**[汇聚]
**huì//kuǎn**[汇款]**1**[動]為替で送金する.**2**[名]為替の送金.
**huìliú**[汇流][動]合流する.
**huìlǒng**[汇拢][動]寄り集まる.集合する;集める.
**huìlǜ**[汇率][名]為替レート.為替相場.
**huìlǜ bōfú**[汇率波幅][名]為替相場の変動幅.
**huìpiào**[汇票][名]為替手形.
**huìshì**[汇市][名][経]外国為替市場;外国為替相場.
**huìshuǐ**[汇水]→**huìfèi**[汇费]
**huìyǎn**[汇演]→**huìyǎn**[汇演]
**huìyìng**[汇映][動]同系統の映画をまとめて上映する.
**huìzhǎn**[汇展][動](商品などを)1か所に集めて展示する.
**huìzǒng**[汇总][動]資料や証票・金銭などをひとまとめにする.

**会**(會)**huì** ❶[助動]**1**(一般的な事柄について,習得していて)…することができる.¶她不~开车/彼女は車の運転ができない.**2**…するのがうまい,…が上手である.¶你真~说话/ほんとうに話がお上手ですね.**3**[可能性があることを表す]…する可能性がある.…するだろう.¶今天不~下雨的/きょうは雨になりっこない.
❷[動]**1**(…に)通じている.¶他~英语/彼は英語ができる.**2**集まる.落ち合う.**3**会う.面会する.**4**勘定を払う.支払いができない.**5**理解する,わかる.
❸[名]**1**しばらく.ちょっとの間.⇒**huǐr**[会儿][名]**2**会合.集会.■①団体組織としての会.¶工~/労働組合.②重要な都市.¶省~/省都.③時機.機会.¶机~/チャンス.
異読⇒**kuài**
**huìbiāo**[会标][名](団体・組織の)マーク.
**huì//cān**[会餐][動]会食する.
**huì//cāo**[会操][動]合同演習をする.
**huìchǎng**[会场]⇒**huì cāng**[会场].
**huì//chāo**[会钞]→**huì/zhàng**[会账]
**huìchē**[会车][動]列車や自動車がすれ違う.
**huìdǎng**[会党][名][史]清末に反清復明を唱えた秘密結社の総称.
**huìdàomén**[会道门][名](~儿)民間信仰団体.
**huìdiǎn**[会典][名]ある時代(王朝)の法令制度を記した書籍.
**huìfèi**[会费][名]会費.
**huìgōng**[会攻][動]連合して攻撃する.
**huìguǎn**[会馆][名]以前に同業組合やギルドが各省都や大都市に建てた集会所.
**huìhǎi**[会海][名]多すぎる会議.
**huìhé**[会合][動]合流する.落ち合う.

huìhédiǎn【会合点】[名] 集合地点。合流地点。

huìhuà【会话】[動] 会話する。¶用汉语~／中国語で会話する。

huìhuī【会徽】[名] (団体・組織の) マーク。大会のロゴマーク。

huìjí【会集】→huìjí【汇集】

huìjí【会籍】[名] 会員である身分。

huìjiàn【会见】[動] (多く公式な場で) 会見する、面会する。

huìjù【会聚】[動] 集合する。

huìjù tòujìng【会聚透镜】[名]〈物〉凸レンズ。

huìkān【会刊】[名] 1 (会議の) 議事録。2 団体の会報。

huìkǎo【会考】→tǒngkǎo【统考】

huì/kè【会客】[動] 客に会う。¶~室／応接室。客間。

huìmén【会门】[名](～儿) 民間信仰団体。

huìméng【会盟】[名]〈古〉諸侯またはその代理人が集まって盟約を行う。

huì/miàn【会面】[動] 会う。面会する。

huìqī【会期】[名] 1 会の日取り。2 開会期間。

huì/qí【会齐】[動] 集合する。(全部) 集まる。

huìqí【会旗】[名] 大会の旗印。

huìqiān【会签】[動] 双方（複数）の当事者が署名する。

huì/qīn【会亲】[動] 縁組みによって新しく親戚となった両家が招待し合う。

huìr【会儿】[量] しばらくの間。ちょっとの間。2 時。ころ。

huìshāng【会商】[動] 協議する。談合する。

huìshěn【会审】[動] 1 (事件などを) 合同審理する。2 (論文などを) 合同審査する。

huì/shī【会师】[動] 友軍と合流する；〈喩〉集まる。

huìshì【会试】[名] 会試。科挙の第2段階の試験。

huìshǒu【会首】[名] 会の発起人。

huì/shuǐ【会水】[動] 水泳ができる。

huì shuō【会说】[話] 話上手である。口が達者である。口がうまい。

huìtán【会谈】[動] 会談する。

huìtáng【会堂】[名] 講堂。ホール。

huìtōng【会通】[動]〈書〉完全に理解する。

huìtóng【会同】[動]…と共同で…する。

huìtóu【会头】[名] 会の発起人。

huìwù【会务】[名] 集会・会議にかかわる仕事。

huìwù【会晤】[動]〈書〉(公の場で) 会見する。

huìxián【会衔】[名]〈書〉二つ以上の官庁が連署する。

huìxīn【会心】[動] 意味を悟る。暗黙のうちに了解する。

huìyǎn【会演】[名] 演芸のコンクール。2 [動] 合同公演する。

huìyàn【会厌】[名]〈生理〉会厭 (えん)。喉頭蓋 (こうとうがい)。

huìyào【会要】[名] ある時代 (王朝) の経済・政治制度の各項を記した書籍。

huìyì【会议】[名] 会議。

huìyì【会意】1 [動] 意味を悟る。2 [名]〈語〉(六書 (りくしょ) の) 会意 (かいい)。

huìyīn【会阴】[名]〈生理〉会陰 (えいん)。

huìyóuzi【会油子】[名] 会議の事務担当のベテラン。

huìyǒu【会友】1 [名] 会員。2 [動]〈書〉友誼を結ぶ。

huìyuán【会元】[名] 明・清時代に"会试"に首席で合格した者。

huìyuán【会员】[名] 会員。

huìzhǎn jīngjì【会展经济】[名] イベントコーディネート業。

huìzhàn【会战】[動] 1 (軍) 会戦する。2〈喩〉力を結集して一気に任務を完遂する。

huìzhāng【会章】[名] 会則。

huìzhǎng【会长】[名] 会長。

huì/zhàng【会账】[動] (一人でみなの飲食代などの) 勘定をもつ、支払う。

huì/zhěn【会诊】[動] 数人の医師が共同で診断にあたる。

huìzhǐ【会址】[名] 会議の場所。会の所在番地。

huìzhòng【会众】[名] 1 会議に参加した者。2 〈旧〉民間信仰団体 ("会道门") に参加する者。

huìzi【会子】[量] しばらくの間。少しの間。

讳【諱】huì [名] 1 人に触れられるのを嫌がること。タブー。¶别犯了他的～／彼の気にしていることを言ってはならない。2 諱 (いみな)。実名。

H [動] 忌む。はばかる。¶忌～／忌み嫌う。[姓]

huì jí jì yī【讳疾忌医】〈成〉欠点を覆い隠して改めようとしない。

huìjì【讳忌】[動] 忌み避ける。

huì mò rú shēn【讳莫如深】〈成〉ひた隠しに隠す。

huìshì【讳饰】[動] 包み隠す。隠しだてする。

huìyán【讳言】[動] 包み隠して言わない。

荟【薈】huì H 草木が生い茂るさま。

huìcuì【荟萃】[動]〈書〉(えり抜きの人物や品物が) 集まる。

huìjí【荟集】[動] (えり抜きの人物や品物が) 集まる。

海 huì H 教え導く。¶教 jiào ～／教え導く。

huì rén bù juàn【诲人不倦】〈成〉人を教え導いて倦 (う) むことがない。

huì yín huì dào【诲淫诲盗】〈成〉みだらな行為や犯罪をあおる。

绘【繪】huì H 描く。

huìhuà【绘画】[名] 絵画。

huì shēng huì sè【绘声绘色】→huì yǐng huì shēng【绘影绘声】

huìshì【绘事】[名]〈書〉絵画に関すること。

**huìtú**【绘图】[動] 設計図や地図を制作する。

**huìtú shèbèi**【绘图设备】[名]〔電算〕ペイントツール。

**huì yǐng huì shēng**【绘影绘声】〈成〉描写が生き生きとしていて真に迫っている。

**huìzhì**【绘制】[動]〔図表などを〕制作する。

恚 **huì** ❶ 恨む；怒る。

**huìhèn**【恚恨】[動] 怒り恨む。

桧(檜) **huì** 人名用字。¶秦~／秦桧(にん)。異読⇒guì

贿 **huì**【贿赂】[名] 賄賂。¶行[受]~／贿赂を使う[もらう]。

**huìjīn**【贿金】[名] 賄賂の金。袖の下。

**huìkuǎn**【贿款】[名] 賄賂。袖の下。

**huì lù gōng xíng**【贿赂公行】〈成〉公然と贈収賄を行う。

**huìmǎi**【贿买】[動] 賄賂で買収する。

**huìxuǎn**【贿选】[動] 選挙で賄賂による利益誘導で選挙を操る。

烩(燴) **huì**[動]〔料理〕❶ いためてスープを加えた後、仕上げに溶きかたくりでとろみをつける。❷ 米などに具を混ぜて炊き込む。

**huìshíjǐn**【烩什锦】→**záhuì**【杂烩】1

**huìxīng**【彗星】[名]〔天〕彗星。ほうき星。¶哈雷Hāléi~／ハレー彗星。

晦 **huì** ❶[形] ①ひそか。¶~涩。②暗い。不明確だ。③夜。

**huì'àn**【晦暗】[形] 暗い。

**huìmíng**【晦明】[書] ❶ 夜と昼。❷ 暗いことと明るいこと。

**huìmíng**【晦暝•晦冥】[書] 暗闇。

**huìqì**【晦气】[形] 運が悪い。

**huìsè**【晦涩】[形]〔詩文•楽曲が〕晦渋(ん)である。難解である。

**huìshuò**【晦朔】[書]〔旧暦の〕みそかとついたち；夜から昼になること。

秽(穢) **huì** ❶ [形] ①汚い。¶污~／不潔である。② 醜い。けがれた。¶~闻。

**huìjì**【秽迹】[名] 醜い行跡。

**huìqì**【秽气】[名] 臭気。

**huìtǔ**【秽土】[名]〔書〕ごみ。ちり。

**huìwén**【秽闻】[書] 醜聞。

**huìxíng**【秽行】[書] 醜行。

**huìyǔ**【秽语】[名] みだらな話。猥談。

惠 **huì** ❶ [動] ①恵む；恤む。利益を与える。¶受~／恩恵を被る。② 相手から自分に対する敬辞。¶~~临。❷ [姓]

**huìcún**【惠存】[敬] お手元におとどめ置きください。▶人に記念写真や書物などを贈るときに用いる。

**huì ér bù fèi**【惠而不费】〈成〉たいして費用をかけずに実益を収める。

**huìfēng**【惠风】[名]〔書〕暖かい風。

**huìgù**【惠顾】[名]〔商店が顧客に対して言う言葉〕~来店。ご愛顧。

**huìjí**【惠及】[動]〔書〕恩恵を受ける。

**huìlín**【惠临】[敬] ご光臨くださる。

**huìyīn**【惠音】[名]〔敬〕お手紙。

**huìyǔn**【惠允】[敬]〔敬〕…をお許しいただく。

**huìzèng**【惠赠】[動]〔敬〕ご寄贈賜る。

喙 **huì** ❶ くちばし。〔鳥獣の〕口；人の口。¶不容置~／口出し無用である。

翙(翽) **huì** ❶

**huìhuì**【翙翙】[擬][書] 鳥の飛ぶ音。

溃 **huì**[動]〔書〕…に同じ。異読⇒kuì

**huìnóng**【溃脓】[動] 膿(う)む。化膿する。

殨(殨) **huì** ❶ ただれる。潰瘍(ん)がおきる。

**huìnóng**【殨脓】→**huìnóng**【溃脓】

荟 **huì** →**wánghuì**【王荟】

慧 **huì** ❶ 聡明。さとい。賢い。¶智~／知恵。❷ [姓]

**huìbǐ**【慧笔】[名]〔電算〕手書き入力システム。

**huìgēn**【慧根】[名]〔仏〕仏理がすぐれていることを真から悟ること；〈転〉人の天賦の知恵。

**huìxiá**【慧黠】[形] ずる賢い。

**huìxīn**【慧心】[名] 聡明な心。

**huìyǎn**【慧眼】[名] 慧眼(がん)。

蕙 **huì**[植] レイコウソウ。サクラソウ科の植物。‖[姓]

蟪 **huì**

**huìgū**【蟪蛄】[名]〔虫〕ニイニイゼミ。

## hūn〔ㄏㄨㄣ〕

昏 **hūn** ❶ 气を失う。失神する。¶突然~过去了／急に気を失った。❷ [形] 意識がぼんやりする。¶今天我头很~／きょうは頭がくらくらする。❶ [名] ①たそがれ。晨~／朝夕。② 暗い。¶~~暗。

**hūn'àn**【昏暗】[形] 薄暗い。

**hūnchén**【昏沉】[形] ❶ 薄暗い。❷〔頭が〕ぼうっとする。

**hūnhēi**【昏黑】[形] 真っ暗である。

**hūnhuā**【昏花】[形]〔多く老人について〕目がぼんやりかすんでいる。

**hūnhuà**【昏话】[名] 筋の通らない言葉。たわごと。

**hūnhuáng**【昏黄】[形] 薄暗い。

**hūn hūn yù shuì**【昏昏欲睡】〈成〉うとうとと眠気を催す。

**hūnjué**【昏厥】[名]〔医〕卒倒する。気絶する。

**hūnjūn**【昏君】[名] 暗愚な君主。

**hūnkuì**【昏聩】[形] 愚昧である。

**hūnluàn**【昏乱】[動] ❶ 頭がくらくらして意識不明になる。❷〈書〉政治が

黒で社会が混乱する.
hūnmèi【昏昧】形 暗愚である. 愚昧である.
hūnmí【昏迷】動 意識不明になる.
hūnshuì【昏睡】動 昏々と眠る.
hūnsǐ【昏死】動 気絶する.
hūn tiān hēi dì【昏天黒地】成 1 外が暗い. 2 意識がぼうっとする. 3 生活がふしだらである. 4 社会が乱れている.
hūn tóu hūn nǎo【昏头昏脑】成 頭がぼんやりしている.
hūn tóu zhuàn xiàng【昏头转向】成 頭がくらくらして方向感覚がなくなる; 頭が混乱して何が何だかわからなくなる.
hūnxīng【昏星】名〈旧〉日没後, 西の方に現れる金星や水星.
hūnxuàn【昏眩】形〈書〉目がまいがする. 目が回る.
hūnyōng【昏庸】形 愚昧である.
hūnyú【昏愚】形 暗愚である. 愚昧である.

荤 hūn 名〈↔素〉生臭物. ¶她不吃~ / 彼女は菜食主義者だ. ¶(ネギ・ニンニクなど)臭気の強い野菜.
hūncài【荤菜】名 生臭料理.
hūnhuà【荤话】名 下品な話; いやらしい言葉.
hūnkǒu【荤口】名〈芝居や芸能の中の〉下品な言葉.
hūnxīng【荤腥】名 生臭物.
hūnyóu【荤油】名 ラード.

婚 hūn 動¶~ / 結婚する. 2 婚姻. ¶订~ / 婚約する.
hūnbiàn【婚变】名 婚姻関係の変化.
hūndiàn【婚典】名 結婚式.
hūnjià【婚假】名〈略〉結婚休暇.
hūnjià【婚嫁】名 妻をめとることと, 人に嫁ぐこと.
hūnjiǎn【婚检】名 婚姻届を出す前に行う身体検査.
hūnjiè【婚介】名〈略〉"婚姻介紹所"("婚姻介紹所")の略称.
hūnjiè【婚戒】名〈略〉結婚指輪.
hūnlǐ【婚礼】名 結婚式. ¶举行~ / 結婚式を挙げる.
hūnliàn【婚恋】名 結婚と恋愛.
hūnlíng【婚龄】名 1 婚期. 適婚期. 2 結婚年齢.
hūnpèi【婚配】動 結婚する.
hūnqī【婚期】名 1 結婚の日取り. 2 結婚適齢期.
hūnqìng【婚庆】名 結婚披露宴.
hūnshā【婚纱】名 ウエディングドレス.
hūnshēng zǐnǚ【婚生子女】名〈法〉正式の結婚によって生まれた子供.
hūnshì【婚事】名 結婚に関する事柄.
hūnshū【婚书】名〈旧〉結婚証明書.
hūnsú【婚俗】名 結婚に関する風俗・習慣.
hūnwàiliàn【婚外恋】名 不倫の恋.
hūnwàiqíng【婚外情】名 浮気.

hūnwàiyùn【婚外孕】名 婚前妊娠; 婚外妊娠.
hūnyàn【婚宴】名 結婚披露宴.
hūnyīn【婚姻】名 婚姻.
hūnyīnfǎ【婚姻法】名〈法〉婚姻法.
hūnyīn jièshàosuǒ【婚姻介紹所】名 結婚紹介所.
hūnyuē【婚约】名 婚約.
hūnzhào【婚照】名 結婚写真.

浑 hún 形 1 濁っている. ¶水～了 / 水が濁った. 2 愚かである. ¶你这人真～ / おまえってやつはほんとうにばかだ.
hún ①①生まれつき. 自然の. ¶～朴. ②すべて. すっかり. ¶～一身.〔姓〕
húndàn【浑蛋】名〈罵〉ばか. たわけ.
hún'è【浑噩】形 無知なさま. 間抜けであるさま.
húngǔ【浑古】形 重厚で素朴である.
húnhòu【浑厚】形 1〈性格が〉重厚である. 2〈詩や書画が〉雄渾である.
hún hún'è'è【浑浑噩噩】→ hún'è【浑噩】
húnjiā【浑家】名〈近〉細君. 妻.
hún jīn pú yù【浑金璞玉】成 質朴で純真な性質.
húnpǔ【浑朴】形 質朴である. 朴実である.
húnqiúr【浑球儿】名〈方〉ばか野郎.
húnrán【浑然】書 1 形 入り混じっているさま. 2 副 完全に. まったく.
húnrú【浑如】動 そっくりである. 非常によく似ている.
húnshēn【浑身】名 全身.
hún shēn shì dǎn【浑身是胆】成 きわめて大胆なこと.
hún shēn xiè shù【浑身解数】成 あらゆる技. すべての技量.
hún shuǐ mō yú【浑水摸鱼】成 火事場どろぼう.
húnshuǐqiáng【浑水墙】名 表面にしっくいを塗った壁.
húnshuō【浑说】動 でたらめを言う.
húnsì【浑似】動 酷似している.
húntiānyí【浑天仪】名〈天〉1 → húnyí【浑仪】 2 →húnxiàng【浑象】
húnxiàng【浑象】名〈天〉古代の天文計器. 天球儀.
húnyí【浑仪】名〈天〉中国古代の星座の位置を測定する計器.
húnyuán【浑圆】形 真ん丸い.
húnzhuó【浑浊】形 濁っている.

珲 hún 地名用字. ¶～春 / 吉林省にある地名. 異読⇒huī

馄 hún ○

hún tun【馄饨】名 ワンタン.

混 hún【混hún】名 1, 2 に同じ. 異読⇒hùn
húndàn【混蛋】→ húndàn【浑蛋】
húnqiúr【混球儿】→ húnqiúr【浑球儿】
hún shuǐ mō yú【混水摸鱼】→ hún shuǐ mō yú【浑水摸鱼】

# hún

**魂** hún【名】1〈~儿〉魂. 霊魂. 2 気持ち. 心. ¶吓掉了~儿/驚いて肝をつぶす.
H=国家や民族の気高い心. 精神. ¶国~/国家の精神.

hún bù fù tǐ【魂不附体】〈成〉胆をつぶす. びっくり仰天する.

hún bù shǒu shè【魂不守舍】〈成〉放心状態になる. 度胆を抜かれる.

hún fēi pò sàn【魂飞魄散】〈成〉胆をつぶす.

húnlíng【魂灵】〈名〉〈~儿〉〈口〉魂. 霊魂.

húnpò【魂魄】〈名〉魂魄(こんぱく). 魂.

hún qiān mèng yíng【魂牵梦萦】〈成〉切ない思いを抱くさま.

**浑** hùn H=冗談. ¶打~/冗談を言う.

hùnhào【诨号】〈名〉あだ名.

hùnmíng【诨名】〈名〉あだ名.

**混** hùn【動】1 混ぜる. 混じる. ¶好坏不能~在一起/よいものと悪いものを一緒に混ぜてはいけない. 2 いい加減に過ごす. 無為に日を送る. ¶~日子/その日暮らしをする. 3 ごまかし欺く. ¶别让没有门票的人~进来/入場券のない者をごまかして入れてはいけない.
2【副】いいかげんに. でたらめに. ¶~出主意/思いつきで意見を出す. 異読=hún

hùnchōng【混充】【動】…のふりをする.

hùndùn【混沌】〈名〉混沌. 2【形】無知なさま.

hùn fàn chī【混饭吃】〈慣〉1 どうにか生計を立てる. 2 いい加減に仕事をして報酬をもらう.

hùnfǎng【混纺】〈名〉〈紡〉混紡;混紡の織物.

hùnhé【混合】【動】混合する. 〈化〉混合する.

hùnhémiànr【混合面儿】〈名〉トウモロコシの芯・豆まゆ・耙(か)となどを混ぜた粉.

hùnhéwù【混合物】〈名〉〈化〉混合物.

hùnhéyǒng【混合泳】〈名〉〈体〉〈水泳〉のメドレー種目.

hùnhunr【混混儿】〈名〉〈方〉与太者.

hùnjì【混迹】【動】〈書〉まぎれ込む.

hùnjiāo【混交】〈名〉〈植〉混生.

hùnjìn【混进】【動】〈組織や地区に〉まぎれ込む.

**hùnluàn【混乱】〈形〉混乱している.**

hùnníngtǔ【混凝土】〈建〉コンクリート.

hùnrù【混入】【動】→hùnjìn【混进】

hùn/shì【混事】【動】〈貶〉生計を立てるためだけに職業につく.

hùnshì mówáng【混世魔王】〈名〉〈喩〉世を騒がせる大悪人.

hùn shìyóur【混事由儿】〈方〉生計を立てるだけのために職業につく.

hùnshuāng【混双】〈名〉〈略〉〈体〉混合ダブルス.

hùntóng【混同】【動】混同する.

hùn wéi yī tán【混为一谈】〈成〉一緒くたにする.

hùnxiáo【混淆】【動】1 入り混じる. 2 混淆(渾)する.

hùnxuè'ér【混血儿】〈名〉混血児.

hùnyī【混一】〈書〉混一する.

hùn/yīn【混音】【動】（録音の）ミキシング.

hùnzá【混杂】【動】混同する. まぜこぜにする.

hùnzhàn【混战】【動】混戦する.

hùnzhàng【混账】【動】〈罵〉ろくでなしである. ばかである.

hùnzhuó【混浊】【形】〈水や空気が〉濁っている.

**溷** hùn H=①濁る;入り混じる. ②便所. ③豚小屋.

hùncè【溷厕】〈名〉〈書〉便所.

hùnxiáo【溷淆】【動】入り混じる.

hùnzhuó【溷浊】→hùnzhuó【混浊】

## huo（ㄏㄨㄛ）

**耠** huō【動】すきで土を掘り起こして柔らかくする. ¶~地/すきで土を掘り起こす.

huōzi【耠子】〈名〉土を掘り起こす農具. ▶すきの一種.

**锪** huō【動】金属加工法の一種.

**劐** huō【口】1【動】刃物を差し込んでさっと切り裂く. ¶把鱼肚子dùzi～开/魚の腹を切り開く. 2【耠huō】に同じ.

**嚄** huō【感】驚嘆しているさま. へえ. 異読=huò

**豁** huō 1【動】1 裂ける. 破れる. ¶~了一个口子/裂け目ができた. ¶~(腹をくくって）投げ出す;思い切って…する. ¶~出一千块钱把它买下来/千元奮発してそれを買ってしまう. 異読=huò

huō/chū/qù【豁出去】【動+方補】捨て身になる.

huōchúnzi【豁唇子】→ huōzuǐ【豁嘴】

huōkǒu【豁口】〈名〉〈~儿〉欠けた部分. 裂け目.

huōzi【豁子】〈方〉1 裂け目. 欠けた部分. 2 →huōzuǐ【豁嘴】

huōzuǐ【豁嘴】〈名〉〈~儿〉兎唇(としん). 兎唇の人.

**攉** huō 堆積したものを他へ移す;（特に）採掘した石炭や鉱石などを他の物や容器の中に入れる). ¶~土/堆積した土を他へ移す.

huó【和】〈粉末に水を加える〉こねる. かき混ぜる. ¶~面/小麦粉をこねる. 異読=hé,hè,hú,huò

**活** huó【動】1 生きる. 生存する. ¶鱼在水里才能~/魚は水の中でなければ生きていられない.
2【形】1 生きている. ¶~鱼/生きている魚. 2 生き生きとしている. ¶写得很~/生き生きと書かれている.

**3** 固定していない．取りはずしがきく．融通性がある．¶他脳筋***伙~/***彼は頭がよく働く．
**❸名**(~儿)**1** 仕事．▶一般に肉体労働．¶**粗活**/野良仕事．**2** 製品．¶**这手艺儿做得真好**/この手芸は実によくできている．
**❹副** とても．まったく．¶**真是~受苦**/まったくの災難だ．

**➡** ① 真に迫る．¶**~像**．② 生きたままで．¶**~埋**．③ 生かす．¶**~用**．

**huóbǎzi** [活靶子] **名 1** 動く標的．**2** (批判や非難の)的になる人や事物．

**huóbǎn** [活版] → **huózibǎn**[活字版]

**huóbàn** [活瓣] **名** 〈生理〉弁膜．

**huóbǎo** [活宝] **名** 〈貶〉おどけ者．お調子者．

**huóbàojù** [活报剧] **名**〈劇〉時事ニュースを扱った簡単な劇．

**huó bèng luàn tiào** [活蹦乱跳] 〈成〉元気よく跳ね回る．

**huóbiàn** [活便] **形**〈方〉**1** 敏捷である．**2** 都合がよい．

**huóchá** [活茬] **名**(~儿)〈方〉野良仕事．

**huó dào lǎo, xué dào lǎo** [活到老，学到老] 〈諺〉生きているかぎり学び続ける．

**huódìtú** [活地图] **名**〈喩〉ある地域の地理や事情に精通した人．

**huódìyù** [活地狱] **名** 生き地獄．

**huódòng** [活动] **❶動 1** 体を動かす．活動する．**2** ぐらぐらする．**3** 奔走する；賄賂で働きかける．**❷形** 固定していない．自由が効く．**融通性がある**．

**huódòng chuāngkǒu** [活动窗口] **名**〈電算〉アクティブウインドー．

**huódòng fènzǐ** [活动分子] **名**〈集団の)積極的に活動する人．

**huódòngjiā** [活动家] **名** 活動家．

**huódù** [活度] **名**〈化〉活動度．活量．

**huóduàncéng** [活断层] **名**〈地質〉活断層．

**huófǎ** [活法] **名**(~儿)〈口〉生活様式．

**huófàn** [活泛] **形**〈口〉機転が利く．融通が利く．

**huófó** [活佛] **名** 生き仏．活仏．チベット仏教の高僧の俗称．

**huógāi** [活该] **1 形** 当たり前だ．いい気味だ．**2 助動**〈方〉当然…すべきだ．

**huógōngzī** [活工资] **名** 基本給以外の付加ება分．

**huóguāncái** [活棺材] **名**〈喩〉監獄．暗黒社会．

**huóhuà** [活化] **動** 活性化する．

**huóhuà** [活话] **名**(~儿)〈口〉不確かな約束；あいまいな言葉．

**huóhuàshí** [活化石] **名** 生きた化石．

**huóhuó** [活活] **副**(~儿，~的)**1** 生きながら無残にも．**2** まるで．

**huóhuǒ** [活火] **名** 炎の出ている火；盛んに燃えている火．

**huóhuǒshān** [活火山] **名**〈地質〉活火山．

**huójì** [活计] **名 1** (以前は)針仕事．(現在は広く)肉体労働．**2** (完成した，または未完成の)手工芸品．

**huójiǎn** [活检] **動**〈医〉生きた組織を体内用い実験する．

**huójiànguǐ** [活见鬼] 〈慣〉奇怪千万だ．さても不思議なことだ．

**huójiào** [活校] **名**〈校正文〉赤字照合と素読み．

**huójié** [活结] **名** 一方を引くと解ける結び方．

**huójúzi** [活局子] **名**〈方〉わな．ペテン．

**huókǒu** [活口] **名 1** 生き証人．情報を提供できる捕虜(犯人)．**2** → **huójié**[活结]

**huóláodòng** [活劳动] **名**〈経〉生きた労働．

**huólì** [活力] **名** 活力．

**huó líng huó xiàn** [活灵活现] 〈成〉生き生きとして見え，その場にいるようだ．

**huólù** [活路] **名 1** 解決の道．打開策．**2 活路**．生きていく道．

**huólu** [活路] **名** 仕事；肉体労働．

**huóluo** [活络] **形**〈方〉**1** (物が)固定していない，がたつく．**2** (言うことが)あやふやである．**3** すばしこい．頭の回転が早い．

**huómái** [活埋] **動** 生き埋めにする．

**huóménr** [活门儿] **名**〈機〉バルブ．弁．

**huó/mìng** [活命] **❶動 1** 生きている．命をつなぐ．**2**〈書〉命を助ける．**❷名** 生命．

**huópo** [活泼] **形 1 活発である**．元気がよい．**2**〈化〉よく反応する．化合しやすい．

**huópúsa** [活菩萨] **名** 生き仏．

**huóqī** [活期] **名** 当座の．¶**~存款**/普通預金．

**huóqí** [活棋] **名 1** 〈碁〉生き石．**2**〈喩〉順調で活気のある局面．

**huóqi** [活气] **名** 活気．生気．

**huóqì** [活契] **名** 買い戻しのできる不動産売買契約．

**huóqiánr** [活钱儿] **名 1** 自由に使える金．**2** 給料以外の収入．

**huórénqī** [活人妻] **名**〈旧〉人妻．

**huósāi** [活塞] **名**〈機〉ピストン．

**huóshénxiān** [活神仙] **名** 生き仙人．

**huóshēngshēng** [活生生] **形**(~的) **1** 生き生きとした．生々しい．**2** 生きているままで．みすみす．

**huóshí** [活食] **名**(~儿)生きた獲物．

**huóshíhuī** [活石灰] **名** 生石灰．

**huóshòuzuì** [活受罪] 〈慣〉ひどい目に遭う．生きた心地がしない．

**huóshuǐ** [活水] **名** 流れている水．

**huósǐrén** [活死人] **名**〈喩〉生気のまったくない人．

**huótǐ** [活体] **名** 生体．

**huótǔcéng** [活土层] **名** 耕作後の柔

**huǒ** 398

**huótuōr**【活脱儿】動〈口〉生き写しである.
**huówù**【活物】名（～儿）生き物.
**huóxiān**【活鲜】名（商品としての）生きた食用動物や新鮮な果物・野菜.
**huóxiàn**【活现】形生き生きとしている.
**huóxiàng**【活像】動そっくりである. 生き写しした.
**huóxìngtàn**【活性炭】名〈化〉活性炭.
**huóxuè**【活血】動〈中医〉血行を盛んにする.
**huóyánwang**【活阎王】名〈喩〉極悪非道な人.
**huóyè**【活页】名ルーズリーフ.
**huóyuè**【活跃】❶形活発である. 活躍している. ¶市场～/市場が活発である. ❷動活発にする.
**huózhì**【活质】名活性質.
**huózhuō**【活捉】動生け捕りにする.
**huózì**【活字】名活字.
**huózìbǎn**【活字版】名〈印〉活字版.
**huózìdiǎn**【活字典】名〈喩〉生き字引.
**huózì yìnshuā**【活字印刷】名活版印刷.
**huózuì**【活罪】名生きながら受ける苦難.

**火 huǒ**❶名**1**（～儿）火. [団,把] ¶～灭了/火が消えた. **2**怒り. ¶～→冒三丈.
❷動（～儿）かっとなる. 怒る. ¶他～了/彼はかんかんに怒った.
❸形〈口〉盛んである. 人気がある. ブームである. ¶买卖很～/商売が繁盛している.
❹**1**赤い. 赤色の. ¶～红. **2**銃砲や弾薬. ¶开～/火ぶたを切る. ③のぼせ. ¶上～/のぼせる. ④緊急である. ¶～速. ※姓

**huǒbǎ**【火把】名たいまつ.
**Huǒbājié**【火把节】名イ族・パー族・リス族・ナシ族・ラフ族などの伝統的な祭り.
**huǒbàn**【火伴】名→**huǒbàn**伙伴.
**huǒbàng**【火棒】名遊戯用の短い棒.
**huǒbào**【火暴・火爆】形〈方〉**1**怒りっぽい. せっかちである. **2**盛んである.
**huǒbìng**【火并】動仲間割れして争う. 内ゲバで殺し合う.
**huǒchái**【火柴】名マッチ. [根,盒,包]
**huǒchǎng**【火场】名火災現場.
**huǒchē**【火车】名汽車. [列,节] ¶～站/駅.
**huǒchētóu**【火车头】名**1**機関車. **2**〈喩〉先頭に立つ人〔事物〕;牵引車.
**huǒchéngyán**【火成岩】名〈地質〉火成岩.
**huǒchì**【火炽】形〈方〉盛んである. にぎやかである.
**huǒdāo**【火刀】名〈方〉火打ち金.
**huǒdiàn**【火电】名〈略〉火力発電.

**huǒdiànzhàn**【火电站】名〈略〉火力発電所. [个,座,所,处]
**huǒfū**【火夫】名〈旧〉**1**ボイラーマン. **2**（軍隊や機関などの）炊事員.
**huǒgōng**【火攻】動火攻めにする.
**huǒguànr**【火罐儿】名〈中医〉吸いふくべ.
**huǒguāng**【火光】名火の光.
**huǒguō**【火锅】名**1**こんろのついている鍋. **2**（中国風）寄せ鍋.
**huǒhǎi**【火海】名〈喩〉火の海.
**huǒhóng**【火红】形**1**真っ赤である. **2**活気に満ちている. 燃えている.
**huǒhou**【火候】名（～儿）**1**火加減. **2**〈喩〉道徳・学問・技能の）程度. **3**〈喩〉肝心な時機.
**huǒhuǐ**【火毁】名動ベニギツネ.
**huǒhuā**【火花】名**1**火花. **2**（～儿）マッチ箱のラベル.
**huǒhuāsāi**【火花塞】名〈機〉点火プラグ.
**huǒhuà**【火化】動火葬する. ¶～场/火葬場.
**huǒhuànbù**【火浣布】名石綿製の耐火布.
**huǒjī**【火鸡】名〈鳥〉シチメンチョウ.
**huǒjí**【火急】形急な.
**huǒjiǎn**【火剪】名**1**火挟み. **2**ヘアアイロン.
**huǒjiǎn**【火碱】名〈化〉苛性ソーダ.
**huǒjiàn**【火箭】名ロケット. [支,枚]
**huǒjiàndàn**【火箭弹】名〈軍〉ロケット弾.
**huǒjiànpào**【火箭炮】名〈軍〉ロケット砲.
**huǒjiàntǒng**【火箭筒】名〈軍〉ロケットランチャー.
**huǒjǐng**【火井】名天然ガスの噴出口.
**huǒjǐng**【火警】名火災通報;火事. ¶～电话/火災通報電話. 119番.
**huǒjìng**【火镜】名凸レンズ.
**huǒjiǔ**【火酒】名〈方〉アルコール.
**huǒjū dàoshi**【火居道士】名〈旧〉出家せずに妻帯している道士.
**huǒjù**【火具】名点火や爆発に用いる器具の総称.
**huǒjù**【火炬】名たいまつ.
**huǒkàng**【火炕】名オンドル.
**huǒkēng**【火坑】名〈喩〉泥沼の生活. 生き地獄.
**huǒkuàizi**【火筷子】名火ばし.
**huǒlàlà**【火辣辣】形（～的）**1**きわめて熱い. **2**（やけどや鞭などに打たれて）ひりひりする. **3**興奮・焦燥・羞恥などでいらいらしている, 焦っている.
**huǒlǎoyā**【火老鸦】名〈方〉（大火事の際, 空中を飛ぶ炎, 火の粉.
**huǒlí**【火犁】名〈方〉トラクター.
**huǒlì**【火力】名**1**（動力の）火力. **2**〈軍〉火力, 武器の威力.
**huǒlìdiǎn**【火力点】名〈軍〉機関銃などを据えつけて発射する地点. 火点.

**huǒlì**【火力发电】[名] 火力発電.
**huǒlián**【火镰】[名] 火打ち鎌.
**huǒliàng**【火亮】(～儿)[方] 小さな火の光.
**huǒlièniǎo**【火烈鸟】[名] (鳥)フラミンゴ.
**huǒliúxīng**【火流星】[名] (天)火球.
**huǒlóng**【火龙】[名] **1** 火のついた竜.▶連なった灯火を形容する. **2**(方) かまどから煙突に通じる斜めの煙道.
**huǒlóng**【火笼】→**hōnglán**【烘篮】
**huǒlú**【火炉】[名](～子)こんろ. かまど. ストーブ.[个,座,只]
**huǒlúnchuán**【火轮船】[名](旧)汽船.
**huǒ mào sān zhàng**【火冒三丈】〈成〉烈火のごとく怒る.
**huǒméi**【火煤・火媒】[名](～儿)火つけ用のこより.
**huǒmiáo**【火苗】[名](～儿・～子)火炎.
**huǒmò**【火磨】[名] 動力粉ひき.
**huǒniǎn**【火捻】[名](～儿) **1** 火つけ用のこより. **2** 導火線.
**huǒpào**【火炮】[名](軍)大砲.
**huǒpén**【火盆】[名] 火鉢.
**huǒpīn**【火拼】→**huǒbìng**【火并】
**huǒqī**【火漆】[名] 封蠟(ろう).
**huǒqì**【火气】[名] **1** 怒り. いらいら. **2**(中医)炎症・腫れ・いらだちなどの病因.
**huǒqì**【火器】[名](軍)火器.
**huǒqián**【火钳】[名](～子)火箸[火鋏]**1** 旧式の猟銃;火縄銃.
**huǒqiāng**【火枪】[名] 旧式の猟銃;火縄銃.
**huǒqiáng**【火墙】[名] **1** 内部を伝わる煙の熱によって暖を取るようになっている壁. **2**(軍)火網(もう).
**huǒqíng**【火情】[名](火事の際の)火の勢い. ¶～严重 / 火勢が激しい.
**huǒrè**【火热】[形] **1** 火のように熱い. **2** 熱烈である.
**huǒróng**【火绒】[名] 火口(ぐち).
**huǒròu**【火肉】[名](方)(食材)(中国式の)ハム.
**huǒsè**【火色】[名](方)火加減.
**huǒshān**【火山】[名](地質)火山.¶～地震 / 火山性地震.
**huǒshānkǒu**【火山口】[名](地質)噴火口.
**huǒshāng**【火伤】[名] やけど.
**huǒ shàng jiā yóu**【火上加油】→**huǒ shàng jiāo yóu**【火上浇油】
**huǒ shàng jiāo yóu**【火上浇油】〈成〉火に油を注ぐ.
**huǒ shāo huǒ liǎo**【火烧火燎】〈成〉体がほてる;極度にいらいらする.
**huǒ shāo méi máo**【火烧眉毛】〈成〉焦眉(しょうび)の急.
**huǒshāoyún**【火烧云】[名] 朝焼け雲;夕焼け雲.
**huǒshāobǐng**【火烧饼】[名] ゴマをまぶしていない"烧饼".
**huǒshé**【火舌】[名] 火の手.

**huǒshén**【火神】[名] 火をつかさどる神.
**huǒshéng**【火绳】[名] 火縄.
**huǒshí**【火石】[名] 火打ち石;(ライターの)発火石.
**huǒshì**【火势】[名] 火勢.
**huǒ shù yín huā**【火树银花】〈成〉打ち上げ花火や灯火が光り輝くさま.
**huǒsù**【火速】[副] 大至急.
**huǒtàn**【火炭】[名] 燃えている炭や薪(まき).
**huǒtáng**【火塘】[名](方)(暖をとるために)室内の土間に作り付けた暖炉.
**huǒtàng**【火烫】[形] **1** 焼けつくように熱い. **2**[名] アイロンパーマ.
**huǒtóu**【火头】[名](～儿) **1** 炎. 火炎. **2**(～儿)火加減. **3**(火事の)火元. **4**(～儿)怒り.
**huǒtóujūn**【火头军】[名] 軍隊の炊事兵.
**huǒtóushang**【火头上】[名] 怒っている最中.
**huǒtuǐ**【火腿】[名](食材)(中国式の)ハム.
**huǒwǎng**【火网】[名](軍)火網(もう).
**huǒwèi**【火卫】[名](天)火星のまわりを回る衛星.
**huǒxiázi**【火匣子】[名](方)粗末で小さな棺.
**huǒxiǎn**【火险】[名] 火災保険.
**huǒxiàn**【火线】[名] 前線. 戦場.
**huǒxiāo**【火硝】[名](化)硝酸カリウム.
**huǒxiēzi**【火蝎子】[名](方)小さな赤いサソリ.
**huǒxīng**【火星】[名] **1**(～儿)火花. 火の粉. **2**(天)火星.
**huǒxìng**【火性】[名](～子)[口] 短気. かんしゃく.
**huǒyǎn**【火眼】[名](中医)急性結膜炎.
**huǒ yǎn jīn jīng**【火眼金睛】〈成〉邪悪を見抜く眼力.
**huǒyàn**【火焰】[名] 火炎. 炎.
**huǒyàn pēnshèqì**【火焰喷射器】[名](軍)火炎放射器.
**huǒyào**【火药】[名] 火薬.
**huǒyàomián**【火药棉】[名](～儿)火薬ニトロセルロース.
**huǒyàowèir**【火药味儿】[名](～儿)火薬のにおい;激しくぶつかり合う気配.
**huǒyìn**【火印】[名] 焼き印.
**huǒyóu**【火油】[名](方)石油.
**huǒzāi**【火灾】[名] 火災.
**huǒzàng**【火葬】[動] 火葬する.
**huǒzhēn**【火针】[名](中医)(針治療の一)焼き針.
**huǒzhǐ**【火纸】[名](燃えやすいように)硝酸を塗った紙.
**huǒ zhōng qǔ lì**【火中取栗】〈成〉他人のために危ないことをする.
**huǒzhǒng**【火种】[名] 火種.
**huǒzhú**【火烛】[名] 火の元.
**huǒzhǔ**【火主】[名](口)火事を出した家.
**huǒzhù**【火柱】[名] 火柱.

huǒzhù【火箸】名〈方〉火ばし.
huǒzhuān【火砖】名耐火れんが.

## 伙(火·夥) huǒ 量人の群れを数えるのに用いる. ¶一~人／一群の人. ¶分成两~／ふた組に分かれる.
㊀❶〔仲間. 同僚. ❷〈同〉~. ❷〔仲間で. 組んで. ¶合~／共同で事業をする. ❸〔旧〕店員. 丁稚(さ). ¶店~／店員. ❷食事. 晚い. ¶搭~／共同炊事に加わる. ‖姓

huǒbàn【伙伴】名仲間. 同僚.
huǒfáng【伙房】名(学校などの)炊事場.
huǒfū【伙夫】名〔旧〕炊事夫.
huǒgēng【伙耕】動共同で耕作する.
huǒjì【伙计】名①〔呼びかけにも用い〕仲間. ❷〔旧〕店員. 常雇い.
huǒshí【伙食】名(共同または公の)賄. 食事. ▶〈同〉~
huǒtóng【伙同】副一緒になって. 共同して.
huǒyǒu【伙友】名→huǒjì【伙计】
huǒzhe【伙着】動共同で. 組んで.
huǒzhòng【伙种】動共同で耕作する.
huǒzi【伙子】名グループ. 群れ.

## 钬 huǒ 名〈化〉ホルミウム. Ho.

## 夥 huǒ 1 形〈書〉多い. おびただしい. 2→huǒ【伙】

## 或 huò ❶ 接続 あるいは；もしくは. 2副 あるいは…かもしれない. ¶晚上~可到达／夜には着けるかもしれない. 2〈書〉いささか. 少し. ¶不可~忽／いささかもゆるがせにしてはならない. 3代〈書〉ある人.
¶~…~…〔形〕(或…或…)〔型〕(…である かあるいは. ¶~多~少／多かれ少なかれ.

huòrán【或然】形 蓋然(ぎょう)的である. ¶~性／蓋然性.
huòránlù【或然率】名〈数〉確率.
huòshì【或是】接続 あるいは；かそれとも…か.
huòxǔ【或许】副 あるいは、もしかすると.
huòzé【或则】接続 あるいは…したり…したり.
huòzhě【或者】❶接続 ❶…かそれとも…か. あるいは. ¶~你去, ~他去, 都行／君が行っても彼が行ってもどちらでもいい. 2…したり…したり(する). 2副 もしかすると.

## 和 huò 1動 (粉状または粒状のもの, あるいは液体を)混ぜる. こねる. ¶粥里 ~上一点儿白糖／かゆに砂糖を少し混ぜ合わせる. 2量 洗濯のときに水を換える回数；薬を煎じると きに水を加える回数を数える. ¶多洗几~／何回も水を換えて洗う. ¶二~药／二番煎じの薬.
異読⇒hé,hè,hú,huó

huònong【和弄】動〈方〉❶かき混ぜる. ❷けしかける. そそのかす.

## 货 huò 名 商品. 品物. 〔件,批〕 ¶进了一批~／一口入荷した.
㊀①貨物. ❶通~／通貨. ❷やつ；代物. ¶笨~／のろま. ❷売り. ¶~郎. ‖姓

huòbì【货币】名〈经〉貨幣.
huòbì biǎnzhí【货币贬值】名〈经〉1 平価切り下げ. 2 貨幣価値の下落.
huòbì gōngyìng【货币供应】名マネーサプライ.
huòbì qīhuò【货币期货】名〈经〉通貨先物.
huòbì shēngzhí【货币升值】名〈经〉1 平価切り上げ. 2 貨幣価値の高騰.
huòcāng【货舱】名 飛行機や船の貨物室.
huòchǎng【货场】名貨物置き場.
huòchē【货车】名貨車. トラック.
huòchuán【货船】名貨物船.
huòdān【货单】名〈经〉積荷明細書.
huò dào fùkuǎn【货到付款】名〈经〉現金引換え払い. COD.
huòguì【货柜】名1 商品陳列台. 2〈方〉コンテナ.
huòjī【货机】名〈航空〉貨物輸送機.
huòjià【货价】名商品の価格.
huòjiàzi【货架子】名商品棚. 自転車の荷台.
huòkuǎn【货款】名商品の代金.
huòláng【货郎】名小間物を売り歩く行商人.
huòlánggǔ【货郎鼓】名"货郎"の打ち鳴らすでんでん太鼓.
huòlún【货轮】名貨物船.
huòpiào【货票】名〈经〉船荷証券；貨物引替証.
huòpǐn【货品】名商品.
huòsè【货色】名1 商品の品質と種類. 2 代物. ▶人または考え·言論·作品などを悪くけなしていう.
huòshēng【货声】名(行商人や修理屋の)呼び売りの声.
huòtān【货摊】名(~儿)露店.
huòtī【货梯】名貨物運搬用のエレベーター.
huòwèi【货位】名1 貨物列車1両分の積荷量. 2 (駅·商店·倉庫などの)臨時荷物置き場.
huòwù【货物】名商品. 貨物.
huòxiāng【货箱】名コンテナ.
huòyàng【货样】名商品見本. サンプル.
huòyuán【货源】名商品の供給源.
huòyùn【货运】名貨物運輸.
huòzhàn【货栈】名(営業用の)倉庫.
huò zhēn jià shí【货真价实】〈成〉品質が信用でき, 価格も掛け値がない安い；〈転〉正真正銘である.
huòzhí【货殖】名〈書〉商工業を経営すること.
huòzhǔ【货主】名荷主.

# huò

**获**(獲・穫) huò ❶ ①得る.手に入れる.¶～奖.②捕らえる.¶捕～/捕获[逮捕]する.③作物を取り入れる.¶收～/収穫する.

**huòdé**【获得】動（多く抽象的な物事について）獲得する.¶～好评/好評を博する.

**huòdéxíng**【获得性】名（生）獲得形質.

**huòdéxíng miǎnyì**【获得性免疫】名〔医〕獲得免疫.

**huò/jiǎng**【获奖】動受賞する.

**huòjiù**【获救】動救われる.助かる.

**huòlì**【获利】動利益を得る.

**huòlì huítǔ**【获利回吐】名〔経〕利食い売り.

**huòlìpán**【获利盘】名〔経〕利食売り.利喰取引.

**huòqǔ**【获取】動得る.手に入れる.

**huòshèng**【获胜】動勝利する.

**huòshī**【获悉】動敷島される.

**huòxī**【获悉】動〔書〕聞き入る.承る.

**huòxuǎn**【获选】動当選する.

**huòzhī**【获知】動知る.

**huòzhì**【获致】動獲得する.

**huòzhǔn**【获准】動許可を得る.

**huòzuì**【获罪】動有罪になる；罪を着せられる.

**祸**(禍) huò 名 災い.災難.¶〔场〕惡～/災いを招く.
◆災いをもたらす.損なう.

**huò bù dān xíng**【祸不单行】〈成〉災いは重ならわに.

**huò bù xuán zhǒng**【祸不旋踵】〈成〉またたく間に災いが身に降りかかる.

**huòduān**【祸端】〔書〕災いの始まり.

**huògēn**【祸根】名 禍根（ん）.災いのもと.

**huò guó yāng mín**【祸国殃民】〈成〉国家と人民に災いをもたらす.

**huòhai**【祸害】〔口〕1 災い.2名〔書〕〔事物〕.❷動害を及ぼす.

**huòhuàn**【祸患】名 災い.災害.

**huòluàn**【祸乱】名 災難と変乱.

**huò qǐ xiāo qiáng**【祸起萧墙】〈成〉災いが内部に起こる.

**huòshì**【祸事】名 災い.

**huòshǒu**【祸首】名〔災いの〕元凶.

**huòshuǐ**【祸水】名〔喻〕災いを引き起こす人［集团］.

**huòsuì**【祸祟】名 たたり.

**huòtāi**【祸胎】名 禍根.

**huò xī fú suǒ yǐ, fú xī huò suǒ fú**【祸兮福所倚，福兮祸所伏】〈諺〉禍福は糾（あ）える縄のごとし.

**huòxīn**【祸心】名 悪だくみ.

**huòyāng**【祸殃】名 災い.

**huòzhǒng**【祸种】名 災いの種.

**惑** huò ❶ ①惑う.¶疑～/疑う.②惑わす.迷わす.¶～人耳目／人の耳目を惑わす.

**huòluàn**【惑乱】動 迷わす.乱す.

**霍** huò にわかに.急に. || 姓

**huòdì**【霍地】副〈近〉さっと.

**huòhuò**【霍霍】1 擬〔刀を研ぐ音〕シュッシュッ.2 擬 ぴかぴか光る.

**huòluàn**【霍乱】名 1 コレラ.2〔中医〕激しい嘔吐や腹痛を伴う胃腸疾患.

**huòrán**【霍然】1 副 にわかに.急に.2 形〔書〕病気がけろりと治るさま.

**huòshǎn**【霍闪】名〈方〉稲妻.

**豁** huò ①広々と開けた.②免除する. 異読⇒huō

**huòdá**【豁达】形〔書〕心が広い.

**huòliǎng**【豁朗】形（気持ちが）晴れ晴れとしている.さっぱりする.

**huòliàng**【豁亮】形 1 広々として明るい.2（声が）よく通る.

**huòmiǎn**【豁免】動（税金や労役を）免除する.

**huòrán**【豁然】形〔書〕豁然（かつ）たる.（わだかまりやつかえが取れて）急に明るくなる.¶～开朗／ぱっと明るくなる.

**藿** huò ❶

**huòxiāng**【藿香】名〔植〕カワミドリ;（中薬）藿香（かっ）.

**嚯** huò 1 感（驚嘆して）おや.あれ.へえ.2 擬（笑い声）ほほほ.はっはっ.

**蠖** huò →chǐhuò【尺蠖】 || 姓

### アルファベットの混じったことば

**H gǔ**【H股】〔経〕H株.香港の証券市場に上場された中国企業の株.

**HSK**【HSK】〔中国国家教育委員会認定の〕中国語能力検定試験.
▶"汉语水平考试Hànyǔ Shuǐpíng Kǎoshì"のピンインの頭文字を取った略語.

---

# I

### アルファベットの混じったことば

**IC kǎ**【IC卡】名〔電算〕ICカード.

**IP dìzhǐ**【IP地址】名〈電算〉IPアドレス.

**IP diànhuà**【IP电话】名 IP電話.

**IP kǎ**【IP卡】名 IP電話のテレホンカード.

**IT gōngsī**【IT公司】名 IT企業.

**IT gǔ**【IT股】名 IT株.

## ji(ㄐ丨)

**几**(幾) jī [副]〈書〉ほとんど. **②**小さな机. ‖ 異読 ⇒jǐ

**jǐ'ǎn**[几案][名]細長い机;(広く)机.
**jīdǐngzhì**[几丁质][名]キチン.
**jīhū**[几乎][副]**1**ほとんど. ほぼ. ¶一样 / ほとんど同じ. **2**もう少しで. 危うく. ¶~(没)摔倒 / もう少しで転ぶところだった.
**jīlǜ**[几率][名]〈数〉確率.
**Jīnèiyà**[几内亚][地名]ギニア.
**Jīnèiyàbǐshào**[几内亚比绍][地名]ギニアビサウ.
**jīzhì**[几至][動]〈書〉すんでのところで……になる.

**讥**(譏) jī [動]〈書〉そしる. あざける.
**jīcháo**[讥嘲][動]そしる.
**jīcì**[讥刺][動]皮肉る.
**jīfěng**[讥讽][動]皮肉る.
**jīqiào**[讥诮][動]当てこする.
**jīxiào**[讥笑][動]あざける.

**击**(擊) jī [動]**1**打つ. たたく. **2**攻める. **3**ぶつかる.
**jībài**[击败][動]打ち負かす.
**jībì**[击毙][動]射殺する.
**jīchén**[击沉][動]撃沈する.
**jīdǎo**[击倒][動]〈体〉ノックダウンさせる.
**jīfā**[击发][動]〈射擊〉で引き金を引く.
**jīhuǐ**[击毁][動]打ち壊す.
**jījiàn**[击剑][名]〈体〉フェンシング.
**jījiàn**[击键][動]キーボードを打つ.
**jījié**[击节][動]〈書〉拍子をとる.
**jīkuì**[击溃][動]壊走させる.
**jīluò**[击落][動]撃墜する.
**jīpò**[击破][動]撃破する.
**jīqiú**[击球][名]〈体〉バッティング;ゴルフのショット.
**jīshāng**[击伤][動]銃傷を負わせる.
**jīshǎng**[击赏][動]〈書〉(詩などを)激賞する.
**jīshuǐ**[击水][動]**1**水面をたたく. **2**水泳する.
**jītuì**[击退][動]撃退する.
**jīzhǎng**[击掌][動]**1**拍手する. **2**(手をたたき合って)誓い合う.
**jīzhòng**[击中][動]命中する.

**叽**(嘰) jī [擬]〈小鳥・虫などの鳴き声〉ちゅうちゅう.
**jīdēnggēdēng**[叽噔咯噔][擬]〈重い物が揺れ動く音〉ごとごと.
**jīgu**[叽咕][動]ひそかに話す.
**jījigāgā**[叽叽嘎嘎][擬]**1**がやがや. **2**〈物がこすれて出る音〉ぎしぎし.
**jījizhāzhā**[叽叽喳喳][擬]**1**〈小鳥の鳴き声〉ぴいちくぱあちく. **2**《うるさくしゃべる声〉ぺちゃくちゃ.

**jīligālár**[叽里旮儿][名]〈方〉隅々. そこいらじゅう.
**jīligūlū**[叽里咕噜][擬]**1**《よく聞き取れない声〉むにゃむにゃ. **2**《物の転がる音〉ごろごろ.
**jīliguālā**[叽里呱啦][擬]〈大声でうるさくしゃべる声〉ぺらぺら.
**jīzhīgēzhī**[叽吱咯吱][擬]〈硬い物がきしむ音〉きいきい.

**饥**(饑) jī [形]**1**飢える. **2**飢饉(きん)である.
**jī bù zé shí**[饥不择食][成]切羽詰まったときはあれこれ選んでいられない.
**jīcháng**[饥肠][名]〈書〉空腹.
**jī'è**[饥饿][形]飢えている.
**jī'èxiàn**[饥饿线][名]飢餓に瀕した状態.
**jīhán**[饥寒][名]飢えと寒さ.
**jīhuang**[饥荒][名]**1**凶作. **2**〈方〉家計が苦しいこと. **3**〈方〉借金.
**jījǐn**[饥馑][名]〈書〉飢饉. 凶作.
**jīmín**[饥民][名]飢餓の民.
**jīsè**[饥色][名]栄養不良による悪い顔色.

**玑**(璣) jī [名]**1**〈古〉天体観測器械. **2**丸くない真珠.

**圾** →lājī[垃圾]

**机**(機) jī [名]**1**機械. ¶录像~ / ビデオ. **2**飛行機. ¶客~ / 旅客機. **3**機会. **4**きっかけ. かなめ. ¶危~ / 危機. **5**生物の生存機能. ¶生~ / 生命力. **6**機略である. [姓]
**jībiàn**[机变][形]〈書〉臨機応変である.
**jīcāng**[机舱][名]**1**(船の)機関室. **2**飛行機の客室, 貨物室.
**jīchǎng**[机场][名]空港. [座, 个]
**jīchē**[机车][名]〈交〉機関車.
**jīchuáng**[机床][名]旋盤;工作機械.
**jīdiàn**[机电][名]機械設備と電力設備の総称.
**jīdǐnghé**[机顶盒][名]〈俗〉テレビチューナー.
**jīdòng**[机动][形]**1**融通のきく. ¶~处理 / 臨機応変に対応する. **2**機械で動く. ¶~船 / 発動機船.
**jīdòngchē**[机动车][名]エンジン車.
**jīduàn**[机断][動]臨機応変に.
**jīfānchuán**[机帆船][名]機船.
**jīfáng**[机房][名]機関室.
**jīgēng**[机耕][名]〈農〉機械化農業.
**jīgòng**[机工][名]機械工.
**jīgòu**[机构][名]**1**メカニズム. **2**(広く)機関・団体. ¶国营~ / 国営機関. **3**(機関・団体の)内部の組織.
**jīgòu tóuzīzhě**[机构投资者][名]〈经〉機関投資家.
**jīguān**[机关] **①**[名]**1**装置. **2**機関. 役所. ¶~工作 / 役所の仕事. **3**からくり. **②**[形]機械仕掛けの.

**jīguānbào**【机关报】[名]機関紙.

**jīguān kānwù**【机关刊物】[名]機関誌.

**jīguānqiāng**【机关枪】[名]❶〈軍〉機関銃.❷〈喩〉おしゃべりな人.

**jīhuī**【机徽】[名]飛行機に描かれたシンボルマーク.

**jīhuì**【机会】[名]機会.¶错过～/チャンスを逃す.¶抓住～/チャンスをつかむ.¶借此～/この機会に.

**jīhuì zhǔyì**【机会主义】[名]日和見主義.

**jījiàn**【机件】[名]〈機〉部品.

**jījiàng**【机降】[動](人や装備などを)飛行機やヘリコプターで地上に降ろす.

**jījǐng**【机井】[名]モーター式ポンプ井戸.

**jījǐng**【机警】[形]機敏である.

**jījù**【机具】[名]機械と道具.

**jīkù**【机库】[名]飛行機格納庫.

**jīlǐ**【机理】[名]構造.

**jīlíng**【机灵】[形]利口である.賢い.
▲"机伶"とも.

**jīlínggǔr**【机灵鬼儿】[名]〈口〉利口者;ずる賢い人.

**jīmǐ**【机米】[名]機械精米した米.うるち米.

**jīmì**【机密】❶[形]機密の.¶～文件/機密書類.❷[名]機密.

**jīmǐn**【机敏】[形]機敏である.

**jīmóu**【机谋】[名]〈書〉機知に富んだ策略.

**jīnéng**【机能】[名]〈生〉機能.

**jīpiào**【机票】[名]航空券.

**jīqì**【机器】[名]機械.¶发动～/機械を動かす.❷機関.

**jīqì fānyì**【机器翻译】[名]機械翻訳.

**jīqìrén**【机器人】[名]ロボット.

**jīqìyóu**【机器油】[名]機械油.

**jīqiāng**【机枪】[名]機関銃.

**jīqiǎo**【机巧】[形]巧みである.

**jīshàng fúwùyuán**【机上服务员】[名]客室乗務員.

**jīshēn**【机身】[名]飛行機の機体.

**jītǐ**【机体】[名]❶生命体.❷飛行機の機体.

**jītóu**【机头】[名]〈机〉(飛行機の)機首.

**jīwěi**【机尾】[名]〈机〉(飛行機の)後部.

**jīwù**【机务】[名]❶重要な事務.❷機械整備の仕事.

**jīwù rényuán**【机务人员】[名]❶機械整備員.❷(飛行機の)地上整備員.

**jīxiè**【机械】❶[名]機械.❷[形]機械的で融通がきかない.

**jīxièhuà**【机械化】[動]機械化する.

**jīxiènéng**【机械能】[名]〈物〉メカニカルエネルギー.

**jīxièshǒu**【机械手】[名]〈机〉マジックハンド.

**jīxíng**【机型】[名]〈机〉のモデル.

**jīxiū**【机修】[名]機械修理.

**jīyào**【机要】[名]機密である.

**jīyí**【机宜】[名]〈書〉状況に合った対策.

**jīyì**【机译】[名]〈略〉機械翻訳.

**jīyì**【机翼】[名]飛行機の翼.

**jīyóu**【机油】[名]機械油.

**jīyù**【机遇】[名]チャンス.

**jīyuán**【机缘】[名]機縁.

**jīyùn**【机运】[名]❶機会.時機.❷運命.めぐり合わせ.

**jīzhǎng**【机长】[名]機長.

**jīzhī**【机织】[名]機械織りの.

**jīzhì**【机制】❶[名]❶(機械の)メカニズム.構造.❷(有機体の構造と機能.❸(組織体系の)メカニズム.¶竞争～/競争メカニズム.❷[形]機械製の.¶～纸/機械製紙.

**jīzhì**【机智】[形]機知に富んでいる.

**jīzhù**【机杼】[名]❶〈書〉織機.❷〈喩〉詩文の構成.

**jīzi**【机子】[口][名]❶機(はた).❷電話機.織機などの機器.❸銃の引き金.

**jīzǔ**【机组】[名]❶機械のユニット.❷飛行機の乗組員.

## 乩 jī =fú[jī[扶箕·扶乩]

## 肌 jī ❶[名]筋肉.

**jīfū**【肌肤】[名]〈書〉筋肉と皮膚.

**jījiàn**【肌腱】[名]〈生理〉腱.

**jīlǐ**【肌理】[名]〈書〉肌のきめ.

**jīròu**【肌肉】[名]〈生理〉筋肉.

**jītǐ**【肌体】[名]❶(人間の)体.❷〈喩〉

## 矶 (磯) jī [名]磯.▶多く地名に用いる.

## 鸡(雞·鷄) jī ❶[名]〈鳥〉鶏.[只]❷[姓]

**jība**【鸡巴】[名]❶〈口〉陰茎.❷〈俗〉くそったれ.

**jīchú**【鸡雏】[名]ひよこ.

**jīdàn**【鸡蛋】[名]鸡卵.たまご.[个]¶～黄/卵黄.¶～清/卵白.

**jīdànlǐ tiāo gǔtou**【鸡蛋里挑骨头】〈諺〉あら捜しをする.

**jī duō bù xià dàn**【鸡多不下蛋】〈諺〉船頭多くして船山に登る.

**jī fēi dàn dǎ**【鸡飞蛋打】〈成〉虻蜂取らず.

**jīgōngchē**【鸡公车】[名]〈方〉一輪の手押し車.

**jī gǔ zhī chuáng**【鸡骨支床】〈成〉病人が骨と皮になって寝ているさま.

**jīguàn**【鸡冠】[名]〈~子〉とさか.

**jīguānhuā**【鸡冠花】[名]〈植〉ケイトウ;(中薬)鶏冠花.

**jīhuáng**【鸡黄】[名]〈方〉かえったばかりのひよこ.

**jījiān**【鸡奸】[名]男色.

**jī kǒu niú hòu**【鸡口牛后】〈成〉鶏口となるも牛後となるなかれ.

**jīlèi**【鸡肋】[名]〈書〉鶏の肋骨;〈喩〉役に立たなくとも捨てるには惜しいもの.

**jī líng gǒu suì**【鸡零狗碎】〈成〉ばらばらである.

**jīmáo**【鸡毛】[名]鶏の羽.

**jīmáo suànpí**【鸡毛蒜皮】〈慣〉鶏の羽やニンニクの皮のように)取るに足りない事柄.

**jī máo xìn**【鸡毛信】(名) 緊急の手紙.
**jī míng gǒu dào**【鸡鸣狗盗】(成) 取るに足りない技能や小さな技術.
**jī pí gēda**【鸡皮疙瘩】(名) 鳥肌.
**jī quǎn bù jīng**【鸡犬不惊】(成) 軍隊の規律が厳しいこと.
**jī quǎn bù liú**【鸡犬不留】(成) 皆殺しにする.
**jī quǎn bù níng**【鸡犬不宁】(成) 治安がひどく乱れている.
**jī quǎn shēng tiān**【鸡犬升天】(成) ある人が権勢を得たり, その親族・縁者までがそのおかげを被る.
**jī ròu**【鸡肉】(名) 鶏肉.
**jī shī niú cóng**【鸡尸牛从】→**jī kǒu niú hòu**【鸡口牛后】
**jī tóu**【鸡头】(名) 1 鶏の頭. 2 (植) オニバス.
**jī wěi jiǔ**【鸡尾酒】(名) カクテル.
**jī wén**【鸡瘟】(名) 鶏の伝染病.
**jī wō**【鸡窝】(名) 鶏小屋.
**jī wù xiāng zhēng**【鸡鹜相争】(成) 凡人どもが名利を争う.
**jī xīn**【鸡心】(名) 1 (形) ハート形の. ¶~领 / Vネック. 2 (名) ハート形の装身具.
**jī xiōng**【鸡胸】(名) 鳩胸.
**jī yǎn**【鸡眼】(名) 魚の目.
**jī zár**【鸡杂儿】(名)(食材) 鶏のもつ.
**jī zǐr**【鸡子儿】(名)(方) 卵.
**jī zi**【鸡子】(名)(方) 鶏.
**jī zōng**【鸡枞】(名)(植)(食材) キノコの一種.

其 **jī** 人名用字. ¶郦 Lì食 Yì~ / 郦食其.

奇 **jī**〓(形) 1 奇数の. 2 端数の. ¶五十有~ / 50余り. 異読**qí**
**jī líng**【奇零】(名) 端数.
**jī shù**【奇数】(数) 奇数.

咭 **jī**【叽叽】に同じ.

剞 **jī** ⓞ
**jī jué**【剞劂】(書) 1 (名) 先の曲がった彫刻用の小刀. 2 (動) 版木を彫る.

唧 **jī**〓 1 (動)(ホースなどで) 水をかける. 2 [象](虫の鳴く声) ちっちっ.
**jī gu**【唧咕】→**jī gu**【叽咕】
**jī jī**【唧唧】[象](虫の鳴く声) じいじい.
**jī jī gāgā**【唧唧嘎嘎】[象]→**jī jī gāgā**【叽叽嘎嘎】
**jī jī zhāzhā**【唧唧喳喳】[象]→**jī jī zhāzhā**【叽叽喳喳】
**jī jī jiū**【唧啾】[象](小鳥・虫などの鳴く声) ちっち.
**jī nong**【唧哝】(動) ささやく.
**jī tǒng**【唧筒】(名)(機) ポンプ.

积(積) **jī**〓 1 (動) 次第にたまる. ため る. 2 (名) 積.
〓 1 (動) 長年にわたる. 2 (動) 子供の消化不良.
**jī àn**【积案】(名) 長期間未解決の案件.
**jī bì**【积弊】(名) 積年の弊害.
**jī bù xiāng néng**【积不相能】(成) 日ごろから仲が悪い.
**jī chǔ**【积储】→**jīcún**【积存】
**jī cún**【积存】(動) ためる.
**jī dé**【积德】(動) 善行を積む.
**jī fēi chéng shì**【积非成是】(成) 正しいと思われた長年踏襲された誤り.
**jī féi**【积肥】(動) 堆肥をつくる.
**jī fēn**【积分】(名) 1 合計点. 2 (数) 積分.
**jī fèn**【积愤】(名) 鬱憤(うつぷん).
**jī jí**【积极】(形) 1 積極的である. ¶工作不~/ 仕事に熱心でない. 2 肯定的である. ¶~因素 / プラスの要因.
**jī jí fènzǐ**【积极分子】(名) 1 (政治面での) 積極分子. 2 愛好家.
**jī jù**【积聚】(動) 収集する.
**jī láo**【积劳】(動)(書) 苦労が重なる. ¶~成疾 / 心労で病気になる.
**jī lěi**【积累】(動) 1 積極積する. 2 (名)(経) 資本の蓄積.
**jī mù**【积木】(名) 積み木.
**jī nián lěi yuè**【积年累月】(成) 長い月日.
**jī qiàn**【积欠】(動) 1 滞納する. 2 (名) 積もった債務.
**jī shā chéng tǎ**【积沙成塔】(成) ちりも積もれば山となる.
**jī shàn**【积善】(動) 善行を積む.
**jī shǎo chéng duō**【积少成多】(成) 少しも積もれば山となる.
**jī shí**【积食】(動) 消化不良になる.
**jī shù**【积数】(数) 積.
**jī shuǐ**【积水】(動) 1 水がたまる. 2 (名) たまり水.
**jī xí**【积习】(名) 長年の習慣.
**jī xù**【积蓄】(動) 1 蓄える. 2 (名) 蓄え.
**jī xuě**【积雪】(名) 1 雪が積もる. 2 (名) 積雪, 積雪.
**jī yā**【积压】(動)(金や品物を) 運用せずに寝かせる. (噎) わだかまる.
**jī yǔ**【积雨】(名) 長雨.
**jī yǔ chén zhōu**【积羽沉舟】(成) ささいなことでも積もれば大きな力を生む.
**jī yù**【积郁】(動) 鬱積(うっせき) する.
**jī yuàn**【积怨】(名) 積年の恨み.
**jī zǎn**【积攒】(動) 少しずつ蓄える.
**jī zhòng nán fǎn**【积重难返】(成) 悪習は改めにくい.
**jī zhū lěi cùn**【积铢累寸】(成) わずかずつ積み重ねる.

笄 **jī** 〓(古) 笄(けい). 髪をかき上げる用具. 髪飾りち.
**jī nián**【笄年】(書)(女性の) 結婚適齢期, 年ごろ.

屐 **jī**〓 木靴と. (広く) 靴.

姬 **jī**〓 女性の美称. ‖ (姓)

基 **jī**〓 1 (名)(化) 基.
**jī**〓 1 (名) 土台. 2 はじめの. ‖ (姓)
**jī běn**【基本】〓 1 (名) 基本. 2 (形) 1 根本的な. ¶~矛盾 / 基本的な矛盾. 2 主要な. ¶~条件 / 主要な条件. 〓 3 (副) だいたい. ¶他的病~好了 / 彼の病気はおおむねよくなった.

**jīběn cíhuì**【基本词汇】[名]〈語〉基本語彙.

**jīběngōng**【基本功】[名] 基本的な知識と技能.

**jīběn gōngzī**【基本工资】[名] 基本給.

**jīběn jiànshè**【基本建设】[名] インフラ整備;〈喩〉全体に影響を及ぼす業務.

**jīběn lìzǐ**【基本粒子】[名]〈物〉素粒子.

**jīběn lùxiàn**【基本路线】[名] 基本路線.

**jīběnshang**【基本上】[副] **1** 主として. **2** たいてい. ほぼ. ¶生产任务～已经完成 / 生産任務はすでにほぼ達成している.

**jīcéng**【基层】[名]〈組〉末端部,下部,現場. ¶~组织 / 最下層の組織.

**jīchǔ**【基础】[名] 基礎. はじめ. ¶打好~/ 基礎を築く.

**jīchǔ jiàoyù**【基础教育】[名] 基礎教育.

**jīchǔkè**【基础课】[名] 一般教養課程.

**jīchǔ shèshī**【基础设施】[名] インフラ(ストラクチャー).

**jīdì**【基地】[名] 基地;根拠地.

**Jīdì zǔzhī**【基地组织】[名]〈政〉(国際テロ組織名)アルカイダ.

**jīdiǎn**【基点】[名] **1** 中心,重点. **2** 基礎. 出発点.

**jīdiào**【基调】[名] **1**〈音〉主調. **2** 基調.

**Jīdū**【基督】[名]〈宗〉キリスト.

**Jīdūjiào**【基督教】[名] キリスト教.
▶特に新教をさすこともある.

**jīféi**【基肥】[名]〈農〉基肥(もとごえ).

**jīgàn**【基干】[名] **1** 基幹. **2** 中堅幹部.

**jījià**【基价】[名] 基準価格.

**jījiàn**【基建】[名]→jīběn jiànshè【基本建設】

**jījīn**【基金】[名] 基金. ファンド.

**Jīlǐbāsī**【基里巴斯】[地名] キリバス.

**Jīnuòzú**【基诺族】[名](中国の少数民族)チノー(Jino)族.

**jīqī**【基期】[名] 統計上の基準期間.

**jīsè**【基色】[名] 原色.

**jīshí**【基石】[名] 礎. 礎石.

**jīshù**【基数】[名] **1** 計算の基準となる数.

**jītǐ**【基体】[名] 素地.

**jīxiàn**【基线】[名]〈測量〉基線.

**jīxīn**【基薪】[名]〈年俸制を採用した企業トップの〉基本給. 本給.

**jīyè**【基业】[名] 事業発展の基礎.

**jīyīn**【基因】[名]〈生〉遺伝子. ¶~组 / ゲノム.

**jīyīn chóngzǔ**【基因重组】[名]〈生〉遺伝子組み換え. ▶"基因改造"ともいう.

**jīyīn gōngchéng**【基因工程】[名] 遺伝子工学.

**jīyīn liáofǎ**【基因疗法】[名]〈医〉遺伝子療法.

**jīyīn wūrǎn**【基因污染】[名]〈環境〉遺伝子組み換え技術の弊害としての生態系の異常.

**jīyú**【基于】[前] …に基づいて.

**jīzhàn**【基站】[名](携帯電話などの)基地局.

**jīzhù**【基柱】[名] 基礎と支柱.

**jīzhǔn**【基准】[名] 基準.

期 **jī**〈書〉1 周年. 満1か月.
異読⇒qī

赍 **jī**（齎）〈書〉**1**(心に)抱く. **2**(物を)人に与える.

**jīhèn**【赍恨】[動]〈書〉恨みを抱く.

**jīshǎng**【赍赏】[動] ほうびを与える.

掎 **jī** ●

**jījiǎo**【掎角】[名]〈~儿〉〈方〉**1** 角(き),牛角. **2** 一軒の角. **2** 隅(よ). ¶~音儿 gálár/ 隅々まで.

**jījiǎo**【掎角】[動]〈方〉角(2).

J
期赍掎嵇缉嵇缉嵇缉畸跻箕稽

嵇 **jī** ‖姓‖

缉 **jī**〈書〉捜査し逮捕する. 異読⇒qī

**jībǔ**【缉捕】[動] 捜査(犯人など)を逮捕する.

**jīchá**【缉查】[動] 捜査する.

**jīdú**【缉毒】[動] 麻薬を取り締まる.

**jīhuò**【缉获】[動] 逮捕する;押収する.

**jīná**【缉拿】[動] 捜査し逮捕する.

**jīsī**【缉私】[動] 密輸犯を逮捕する.

**jīxiōng**【缉凶】[動] 凶悪犯を捜査逮捕する.

畸 **jī**〈書〉**1** 偏る. **2** いびつな. **3** 端数.

**jīliàn**【畸恋】[名] 異常な恋愛(関係).

**jīlíng**【畸零】[名] **1**〈書〉→jīlíng【畸零】 **2**〈書〉独りぼっちの.

**jī qīng jī zhòng**【畸轻畸重】[成] バランスを欠くこと.

**jīxíng**【畸形】[名] **1**[形] 奇形. **2**[形] いびつである. 不均衡である.

跻（躋）**jī**〈書〉登る. 上がる.

**jīshēn**【跻身】[動](あるレベル・領域に)登りつめる,身を置く.

箕 **jī** **1**〈書〉箕(み). **1** 簸～bòjì/ちり取り. **2**(二十八宿の)みばこし.

**jīdǒu**【箕斗】[名] **1** 二十八宿の"箕宿"(みぼし)と"斗宿"(ひつきぼし). ▶広くは群星をさす. **2** 名だけで実のないもの. **3** 指紋.

**jījù**【箕踞】[動]〈書〉(ちり取りの形のように)両足を投げ出して座る.

稽 **jī** **1** 調べる. **2** 言い争う. **3** 引き延ばす. ‖姓‖ 異読⇒qǐ

**jīchá**【稽查】[動] **1**(脱税・密輸などを)査察する. **2** 名 査察官.

**jīgǔ**【稽古】[動] 古代の文化を考証する.

**jīhé**【稽核】[動] 会計監査をする.

**jīkǎo**【稽考】[動] 考察する.

**jīliú**【稽留】[動]〈書〉逗留する.

**jīyán**【稽延】[動]〈書〉延期する.

**斋(齋)** jī〈古〉みじん切りにした薬味用のショウガ・ニンニク・ニラなど.
❶細かい. 小さい.

**jīfěn**【斋粉】[名]粉末. 粉.

**畿** jī〈書〉都に近い一帯.

**jīfǔ**【畿辅】[名]〈書〉都の付近.

**激** jī[動]**1** 水しぶきが上がる. **2**(人の感情を)刺激する. **3**(方)水にぬらして病気にする；水で冷やす.
❶(感情が)高ぶる. ❶感〜/感激する. **2** 急激である. **1**→〜烈.‖ [姓]

**jī'áng**【激昂】[動]激高する.

**jī áng kāng kǎi**【激昂慷慨】(成)意気軒昂である. ▶"慷慨激昂"とも.

**jībiàn**【激变】[動]激変する.

**jīdǎ**【激打】[名](略)(電算)レーザープリンター.

**jīdàng**【激荡】[動]**1** 波うつ. **2** 揺り動かす.

**jīdòng**【激动】[動]**1**(感情が)高ぶる. **2** 感動させる. **3**→jīdàng 激荡.

**jīfā**【激发】[動]発奮させる.

**jīfèn**【激奋】[動]奮い立たせる.

**jīfèn**【激愤】[動]憤激する. ▲"激忿"とも.

**jīguāng**【激光】[名](物)レーザー. ¶〜唱片／CD.

**jīguāng dǎyìnjī**【激光打印机】[名](電算)レーザープリンター.

**jīguāngpán**【激光盘】[名]レーザーディスク.

**jīguāngqì**【激光器】[名]レーザー発生装置.

**jīguāng shìpán**【激光视盘】[名]ＶＣＤ.

**jīguāng wǔqì**【激光武器】[名](軍)レーザー兵器.

**jīhuà**【激化】[動]激化する{させる}.

**jīhuó**【激活】[動]活性化する.

**jījiàng**【激将】[動](刺激して)発奮させる, しむける.

**jījìn**【激进】[形]急進的である.

**jījù**【激剧】[形]**1** 激烈である. **2** 急激である.

**jīlàng**【激浪】[名]激しい波.

**jīliè**【激烈】[形]激しい. ¶争夺得很〜／激しく争う.

**jīlíng**【激灵】→jīling【机灵】

**jīliú**【激流】[名]激流.

**jīnù**【激怒】[動]怒らせる.

**jīqǐ**【激起】[動]引き起こす.

**jīqiè**【激切】[形]〈書〉言葉が率直で激しい.

**jīqíng**【激情】[名]激情.

**jīshǎng**【激赏】[動]〈書〉激賞する.

**jīsù**【激素】[名](生理)ホルモン.

**jīyáng**【激扬】[動]**1** 悪をさげすみ善を称揚する. **2** 興奮させる. **3** 激励し て奮起させる.

**jīyuè**【激越】[形](声や感情が)高ぶって激しい.

**jīzēng**【激增】[動]激増する.

**jīzhàn**【激战】[名]激戦.

**jī zhuó yáng qīng**【激浊扬清】(成)悪をさげすみ善を称揚する.

**羁(羈)** jī[動]❶拘束する. ❷長く他郷に身を寄せる.

**jībàn**【羁绊】[名]〈書〉きずな；(転)束縛.

**jīkè**【羁客】[名]よそa地に長く住んでいる人.

**jīlè**【羁勒】[動]束縛する.

**jīliú**【羁留】[動]〈書〉**1** 滞在する. **2** 拘留する.

**jīlǚ**【羁旅】[動]〈書〉長く他郷にいる.

**jīyā**【羁押】[動]〈書〉勾留する；(法)拘禁する.

**jīzhì**【羁滞】[動]他郷に滞在する.

**及** jí[接続]および. ❶本人〜其家属／本人およびその家族.
❶ ❶及ぶ. ❷間に合う. ‖[姓]

**jídì**【及第】[動](旧)科挙に合格する.

**jí fēng ér shì**【及锋而试】(成)機が熟せば直ちに行動する.

**jí/gé**【及格】[動]合格する.

**jí guā ér dài**【及瓜而代】(成)任期を終えれば交替させる.

**jíjī**【及笄】[動]女子が(満15歳で)成人する.

**jílíng**【及龄】[動]適齢に達する.

**jímén**【及门】[動]〈書〉正式に師匠につく.

**jíshí**【及时】[形]**1** 時宜にかなっている. タイムリーな. **2** 早速.

**jíshíyǔ**【及时雨】[名]**1** ちょうどよいときに降った雨. **2**(慣)渡りに船.

**jíwù dòngcí**【及物动词】[名](語)他動詞.

**jízǎo**【及早】[副]早目に.

**jízhì**【及至】[接続]…になってから, …のときになって.

**伋** jí 人名用字.

**吉** jí ❶(↔凶)めでたい. ❷吉林省の略称. ‖[姓]

**Jíbùsàirén**【吉卜赛人】[名]ジプシー.

**Jíbùtí**【吉布提】[地名]ジブチ.

**Jí'ěrjísīsītǎn**【吉尔吉斯斯坦】[地名]キルギス.

**jífàng**【吉放】[名]幸運をもたらす家.

**jí guāng piàn yǔ**【吉光片羽】(成)残存する貴重な文化財.

**jíjù**【吉剧】[名]吉林省の地方劇.

**Jílín**【吉林】[地名]吉林(ヂ)省.

**Jílóngpō**【吉隆坡】[地名]クアラルンプール.

**jípǔchē**【吉普车】[商標]ジープ.

**jíqī**【吉期】[名](旧)吉日；結婚の日.

**jíqìng**【吉庆】[形]めでたい.

**jí rén tiān xiàng**【吉人天相】(成)善人には天の加護がある.

**jírì**【吉日】[名]吉日.

**jítā**【吉他】[名](音)ギター.

**jítèbā**【吉特巴】[名]ジルバ.

**jíwáwá**【吉娃娃】〖名〗〈動〉チワワ.

**jíxiáng**【吉祥】〖形〗めでたい. ¶~话／縁起のよい言葉.

**jíxiángwù**【吉祥物】〖名〗マスコット（キャラクター）.

**jíxīng**【吉星】〖名〗吉兆の星.

**jíxiōng**【吉凶】〖名〗吉凶.

**jíyán**【吉言】〖名〗縁起のよい話.

**jízhào**【吉兆】〖名〗吉兆.

**岌** jí 山の高いさま.

**jíjí**【岌岌】〖形〗〈書〉1 山が高いさま. 2 危ないさま.

**汲** jí 水をくむ. ‖姓

**jíjí**【汲汲】〖形〗〈書〉あくせくしている.

**jíqǔ**【汲取】〖動〗くみ取る.

**jíyǐn**【汲引】〖動〗〈書〉抜擢(ばってき)する.

**级**【级】jí ❶〖名〗1 等级. 2 学年. 3 留年. ¶~留年する. ❷〖量〗階段や階層・等級を数える. ❸ 階段. ¶石~／石段.

**jíbié**【级别】〖名〗等级.

**jíchā**【级差】〖名〗等级間の格差.

**jírèn**【级任】〖名〗クラス担任.

**jíshù**【级数】〖名〗〈数〉級数.

**极**【極】jí ❶〖動〗極めて. 1 ¶~大的空间／とても広い空间. ‖姓
❶①頂点. 極. ②極まる.

**jídì**【极地】〖名〗極地.

**jídiǎn**【极点】〖名〗極点.

**jídǐng**【极顶】1〖名〗最高点. 2〖形〗最高の.

**jídù**【极度】1〖副〗極度に. 2〖名〗極点.

**jíduān**【极端】1〖名〗極端. 2〖副〗極度に. ¶~困難／極めて困難である.

**jífēng**【极峰】〖名〗最高指導者.

**jíguāng**【极光】〖名〗〈天〉オーロラ.

**jíhuà**【极化】〖名〗〈電〉分極.

**jíjìn**【极尽】〖動〗あらん限りの力を尽くして.

**jíkǒu**【极口】〖動〗口を極める.

**jílèniǎo**【极乐鸟】〖名〗〈鳥〉フウチョウ. ゴクラクチョウ.

**jílè shìjiè**【极乐世界】〈仏〉極楽.

**jíle**【极了】〖副〗とても. ¶有意思~／実におもしろい.

**jílì**【极力】〖副〗力の限り.

**jíliàng**【极量】〖名〗1〈薬〉極量. 2（広く）最高限度の数量.

**jímù**【极目】〖動〗見渡す限り遠くを眺める.

**jípǐn**【极品】〖名〗〈書〉極上の品.

**jíqí**【极其】〖副〗極めて.

**jíquān**【极圈】〖名〗〈地〉極圏.

**jíquán zhǔyì**【极权主义】全体主義.

**jíshèng**【极盛】〖形〗最盛の.

**jíwéi**【极为】〖副〗極めて.

**jíxiàn**【极限】〖名〗極限.

**jíxiàn yùndòng**【极限运动】〈体〉（過激で挑戦的なスポーツをさす）Xスポーツ．エクストリームスポーツ.

**jíxíng**【极刑】〖名〗極刑.

**jíyè**【极夜】〖名〗極地の明けない夜. 極夜.

**jíyì**【极意】〖副〗心をこめて.

**jíyòu**【极右】〖名〗極右.

**jízhí**【极值】〖名〗〈数〉極值.

**jízhòu**【极昼】〖名〗白夜.

**jízuǒ**【极左】〖名〗極左.

**即** jí〈書〉1〖動〗すなわち…である. 2〖副〗直ちに. 3〖接続〗たとえ. ¶~使.
❶①近く. ②就任する. ‖姓

**jíbiàn**【即便】〖接続〗〈書〉たとえ. たとえば.

**jíhuò**【即或】〖接続〗〈書〉よしんば. 仮に.

**jíjiāng**【即将】〖副〗〈書〉まもなく…する. ¶~出版／まもなく出版される.

**jíjǐng**【即景】〖動〗眼前の景色に基づいて詩や絵をかく.

**jí jǐng shēng qíng**【即景生情】〈成〉目前の情景に即して感興がわく.

**jíkè**【即刻】〖副〗〈書〉即刻.

**jílìng**【即令】〖接続〗〈書〉たとえ. 仮に.

**jíqī**【即期】〖名〗〈雑誌などの〉最新号.

**jírì**【即日】〖名〗1 当日. 2 近日.

**jíruò**【即若】→**jíshǐ**【即使】

**jíshí**【即时】〖副〗直ちに. すぐに.

**jíshí**【即食】〖動〗〈書〉インスタント食品.

**jíshítiē**【即时貼】〖名〗（簡単にはがせる）粘着糊つき付せん.

**jíshǐ**【即使】〖接続〗たとえ…としても. よしんば…であろうと.

**jíshì**【即事】〖動〗眼前のことで創作する.

**jí/wèi**【即位】〖動〗〈書〉1 着席する. 2 即位する.

**jíxí**【即席】〖副〗〈書〉1 即席で. 2〖動〗着席する.

**jíxìng**【即兴】〖副〗即興で.

**亟** jí〖副〗〈書〉速やかに. ¶~待解决／早急に解决を要する. 異読⇒**qì**

**jíjí**【亟亟】〖形〗〈書〉急ぎさま.

**笈** jí〖名〗〈書〉笈(おい).

**急** jí ❶〖動〗1 いらだつ. 焦る. 2 気をもませる. 2〖形〗1 せっかちである. 2 速くて激しい. 3 差し迫っている.
❶①（人の難儀に）いち早く手を差し伸べる. ¶~人之难nàn／人の難儀を助ける. ②緊急を要する重大事件. ¶告~／急を告げる.

**jíbābā**【急巴巴】〖形〗（~的）〈口〉切羽詰まったさま.

**jíbǎn**【急板】〖名〗〈音〉プレスト.

**jíbiàn**【急变】〖動〗急変する.

**jíbìng**【急病】〖名〗急病.

**jí bù kě dài**【急不可待】〈成〉一刻の猶予もならない.

**jíchár**【急茬儿】〖名〗〈方〉急用.

**jí chì bái liǎn**【急赤白脸】〈慣〉〈方〉いきり立って顔色を変えるさま.

**jíchōngchōng**【急冲冲】〖形〗（~的）大急ぎである.

**jícōngcōng**【急匆匆】〖形〗（~的）あわただしい.

## jí

**jícù**【急促】[形] **1** 慌ただしい. **2** 切羽詰まる.
**jídiàn**【急电】[名] 至急電報.
**jí fēng bào yǔ**【急风暴雨】(成) 激しい風雨.
**jífùzhèng**【急腹症】[名] 急な腹痛.
**jí gōng hào yì**【急公好义】(成) 極的に公に尽くし、義侠心に富む.
**jí gōng jìn lì**【急功近利】(成) 目前の功利を求めて焦る.
**jíhuǒ**【急火】[名] **1**(料理)強火(び).**2**(中医)心の炎.
**jíjí**【急急】[形] あわただしい.
**jíjífēng**【急急风】[名](音)テンポの速い演奏法.
**jí jí rú lǜ lìng**【急急如律令】(慣) ただちに命令を執行せよ.
**jíjibābā**【急急巴巴】[形](～的)(口) 非常に急ぐさま.
**jíjiàn**【急件】[名] 緊急文書.
**jíjiǎn**【急减】[動] 急激に減る.
**jíjǐngfēng**【急惊风】[名](中医) ひきつけ.
**jíjiù**【急救】[動] 応急手当をする.
**jíjiùbāo**【急救包】[名] 救急箱.
**jíjiùchē**【急救车】[名] 救急車.
**jíjiùzhàn**【急救站】[名] 救急ステーション.
**jíjiùzhāng**【急就章】[名] 急務のために急いで作った文章または事物. 速成版.
**jíjù**【急剧】[形] 急である.
**jíkǒulìng**【急口令】[名](方)早口言葉.
**jí lái bào fójiǎo**【急来抱佛脚】(諺) 苦しいときの神頼み.
**jíliú**【急流】[名] 急流.
**jí liú yǒng jìn**【急流勇进】(成) 進んで困難に向かっていく.
**jí liú yǒng tuì**【急流勇退】(成) 順風満帆なときに勇退する.
**jímáng**【急忙】[形] 慌ただしい.
**jí//nàn**【急难】(書) **1**[動] 人の難儀を助ける. **2**[名] 非常事態.
**jípò**【急迫】[形] 差し迫っている.
**jí qǐ zhí zhuī**【急起直追】(成) すばやく行動を起こして進歩に追いつく.
**jíqiè**【急切】[形] **1** 差し迫っている. **2** 慌ただしい.
**jí rú xīng huǒ**【急如星火】(成) 急を要する.
**jíshāchē**【急刹车】[動] 急ブレーキをかける.
**jíshì**【急事】[名] 急用.
**jísù**【急速】[形] 急速である.
**jítuān**【急湍】[名] **1** 急流. **2**[形] 水の流れが速い.
**jítuāntuān**【急湍湍】[形](～的)流れが速いさま.
**jíwān**【急弯】[名] **1** 急カーブ. **2** 急ターン.
**jíwù**【急务】[名] 急務.
**jíxiānfēng**【急先锋】[名] 急先鋒.
**jíxíngjūn**【急行军】[名](軍) 急行軍.
**jíxìng**【急性】**1**[形] 急性の. **2** せっかち.

**jíxìngbìng**【急性病】[名] 急性の病気; (喩) せっかち.
**jíxìngzi**【急性子】**1**[形] 短気である. せっかちである. **2**[名] 短気な人. せっかちな人.
**jíxū**【急需】**1**[名] 緊急需要. **2**[動] 急いで必要である.
**jí//yǎn**【急眼】[動](方) **1** 焦る. いらだつ. **2** 怒る.
**jíyòng**【急用】[名] 急ぎの入用.
**jíyú**【急于】[動] 急いで…する. 焦って…する. ¶～求成/功を焦る.
**jíyǔ**【急雨】[名] にわか雨.
**jízào**【急躁】[形] **1** いらだつ. 焦る. **2** せっかちである.
**jízhěn**【急诊】[名] 急診.
**jízhèng**【急症】[名] 急病.
**jízhì**【急智】[名] 機転. 機知.
**jí zhōng shēng zhì**【急中生智】(成) とっさによい知恵が出る.
**jízhòu**【急骤】[形] せわしい.
**jízhuǎnwān**【急转弯】[動] **1** 急カーブを切る. **2**(喩) 態度・考えなどが急変する.
**jí zhuǎn zhí xià**【急转直下】(成) 急転直下する.

## 疾

**jí**【疾】**1** [名](书) ¶目～/眼病. **2** 憎む. **3** すばやい.
**jíbìng**【疾病】[名] 疾病.
**jíbù**【疾步】[名] 早足.
**jíchí**【疾驰】[動] 疾走する.
**jí è rú chóu**【疾恶如仇】(成) かたきのように悪を憎む.
**jífēng**【疾风】[名] **1** 疾風. **2**(気) 強風.
**jí fēng jìng cǎo**【疾风劲草】(成) 困難に直面して初めてその人の意志の強さがわかる.
**jíhuàn**【疾患】[名](书) 疾患.
**jíkǔ**【疾苦】[名] 生活上の苦労.
**jíshǐ**【疾驶】[動] 疾駆する.
**jí shǒu cù é**【疾首蹙额】(成) 激しく憎み嫌う.
**jíshū**【疾书】[名] 速い筆の運びで書く.
**yán lì sè**【疾言厉色】(成) 荒々しく人に当たる.

## 棘

**jí**【棘】[名](植) サネブトナツメ.
**jící**【棘刺】[名] 針状のとげ.
**jílún**【棘轮】[名](機)つめ車.
**jípí dòngwù**【棘皮动物】[名](動) 棘皮(きょくひ)動物.
**jíshǒu**【棘手】[形] 手を焼く.
**jízhuǎ**【棘爪】[名](つめ車の)つめ.

## 戢

**jí**【戢】[動](古) **1** おさめる. やめる. **2** ～翼/翼をたたむ. 引退する.

## 集

**jí 1**【集】[名](定期的に開かれる) 市. ¶赶～/市へ行く. **2**[量] 書籍・映画などの)編. 部.
**H 1** ①集まる. 集める. ②詩歌・小説などを集めたもの. 集団.
**jíbù**【集部】[名](书) 中国の古書分類の四大部門の一.
**jí//cān**【集餐】[動] 数人が同じ皿から料理を食べる.

jícáng【集藏】[動]収蔵する.
jíchénqì【集尘器】[名]集塵装置.
jíchéng【集成】[動]同類の書籍をまとめたもの.
jíchéng diànlù【集成电路】[名][電]集積回路.
jícuì【集萃】[動]集める.
jídàchéng【集大成】[名]一大集成.
jídiànjí【集电极】[名][電]コレクター.
**jíhé【集合】**❶[動]**1** 集合する. **2** 集める. ❷[名](数)集合.
jíhuì【集会】[動]**1** 集会を開く. **2** 集会.
jíjié【集结】[動]集結する.
jíjǐn【集锦】[名]絵や詩·文などの名作集.
jíjū【集居】[動]一か所に集中して住む.
jíjù【集句】[名]連作の詩.
jíjù【集聚】[動]集まる. 集合する.
jíkān【集刊】[名]学術機関の刊行する論文集.
jíliúhuán【集流环】[名][電]集電環. スリップリング.
jílù【集录】[動]収録する.
jímào【集贸】[略]自由市場.
jíquán【集权】[名]集権.
jíqún【集群】**1**[動]群れる. **2**[名][生]コロニー.
jìrì【集日】[名]市の立つ日.
jísàndì【集散地】[名]集散地.
jíshì【集市】[名]定期市.
jíshù zhàdàn【集束炸弹】[名][軍]クラスター爆弾.
jí sī guǎng yì【集思广益】[成]衆知を集めて有益な意見を吸収する.
**jítǐ【集体】**[名]集団. 組織.
jítǐ jiéhūn【集体结婚】[名]集団結婚式. 何組かの男女が同時に1か所で婚礼を行うこと.
jítǐ jīngjì【集体经济】[名][経]集団経済.
jítǐ suǒyǒuzhì【集体所有制】[名][経]集団所有制.
jítǐwǔ【集体舞】[名]**1** 集団舞踏. 群舞. **2**(フォークダンスなど)形式が自由で踊りやすい大衆的な舞踊.
jítǐ zhǔyì【集体主义】[名]集団主義.
**jítuán【集团】**[名]集団. グループ.
jítuánjūn【集团军】[名]集団軍.
jíxùn【集训】[動]集団訓練をする.
jí yè chéng qiú【集腋成裘】[成]ちりも積もれば山となる.
jí/yóu【集邮】[動]切手収集する.
jíyóucè【集邮册】[名]切手アルバム.
jíyuē【集约】[形]集約的な.
jíyuēhuà【集约化】[動]先端技術を集約し採り入れる.
jíyuē jīngyíng【集约经营】[名]集約化された経営.
jíyùn【集运】[動]集めて運搬する.
jízhèn【集镇】[名]町.
**jízhōng【集中】**[動]集める；まとめる.
jízhōng gōngrè【集中供热】[名]集中暖房. セントラルヒーティング.
jízhōngyíng【集中营】[名](貶)収容所.
jízhù【集注】[動]**1**(注意や視線を)注ぐ. **2**[文]集注(ほう).
jízhuāngxiāng【集装箱】[名][交]コンテナ.
jízī【集资】[動]資金を集める.
jízǐ【集子】[名]文集.
jízǒng【集总】[動]総括する.

## 蒺 jí ⓞ

jílí【蒺藜】[名]**1**[植]ハマビシ；(中薬)蒺藜子(ろ). **2** ヒシの実の形をしたもの. ▲"蒺蔾"とも.

## 楫 jí [H](船をこぐ)かい.

## 辑 jí

[動]集めたもの. ¶新闻简报第一~／ニュース·ダイジェスト第1集.
[H]編集すること.

jílù【辑录】[動]収録する.
jíyào【辑要】[動]要約.
jíyì【辑佚】[動]**1** 散逸した作品を再構成する. **2**[名]散逸した作品をまとめた本.

## 嵴 jí (山の)尾根.

## 嫉 jí ①嫉妬する. ②憎む.

jídù【妒忌】[動]嫉妬する.
jí è rú chóu【嫉恶如仇】[成]かたきのように悪を憎む.
jíhèn【嫉恨】[動]憎む.
jí xián dù néng【嫉贤妒能】[成]自分よりすぐれた人に嫉妬する.

## 戢 jí ⓞ

jícài【戢菜】[名][植]ドクダミ.

## 瘠 jí [H](身体·土地が)やせている.

jíbó【瘠薄】[形](身体·土地が)やせている.
jíshòu【瘠瘦】[形][書]やせている.
jítián【瘠田】[名][書]やせた田畑.

## 鹡 jí

jílíng【鹡鸰】[名][鳥]セキレイ.

## 藉 jí [H]**1** 踏みにじる；辱める. ¶狼~／物が乱雑に散らかる. ‖[姓] 異読=jiè

## 籍 jí ①書物. ②籍. ‖[姓]

jíguàn【籍贯】[名]原籍.
jímò【籍没】[動][書]罪人の家財を没収する.

## 几 (幾) jí [H]**1** いくつ. いくら. ¶~点？／何時ですか. **2**(不定数をさし)いくつか. いくつか. 異読=jǐ

jǐcéng【几曾】[副](反語的にその事実がなかったことを言う)
jǐ cì sān fān【几次三番】[成]何度も繰り返し.
jǐduō【几多】[方]**1**[疑]いくつ. **2**[副]なんと. どんなに.

**jǐhé**【几何】1 [疑]〈書〉いくばく. 2 [名]〈数〉幾何(学).

**jǐhétǐ**【几何体】[名]〈数〉立体.

**jǐhé túxíng**【几何图形】[名]幾何図形.

**jǐhéxué**【几何学】[名]〈数〉幾何学.

**jǐjīng**【几经】[動]幾度も経る.

**jǐr**【几儿】[疑]〈方〉いつ.

**jǐshí**【几时】[疑]1 いつ. いつごろ. 2 いつでも.

**jǐxǔ**【几许】[疑]〈書〉いくばく.

己 **jǐ** [名]十干の第6:己($\S$).

 | おのれ. 自己(じこ).

**jǐfāng**【己方】[名]当方.

**jǐjiàn**【己见】[名]自分の意見.

**jǐrèn**【己任】[名]自分の務め.

纪 **jǐ** [姓] 異読⇨jì

虮(蟣) **jǐ** [名]シラミの卵.

挤(擠) **jǐ** ❶[動]1 混んでいる. 2 [動] ぎっしり詰まる. 2 押し合いをする. 割り込む. ¶别~呀！/押さないで. 3 搾り出す. ひねり出す. ¶~牛奶／牛乳を搾る. ¶~出时间学习／時間をひねり出して勉強する.

**jǐduì**【挤兑】[動]〈銀行〉で取り付け騒ぎを起こす.

**jǐduì**【挤对】[動]〈方〉無理強いする.

**jǐgu**【挤咕】[動]〈方〉まばたきする.

**jǐchāchā**【挤插插】[形]〈~的〉〈方〉混雑している.

**jǐ méi nòng yǎn**【挤眉弄眼】〈成〉眉をひそめて目くばせする.

**jǐ/nǎi**【挤奶】[動]牛乳を搾る.

**jǐtì**【挤体】→ **jǐduì**【挤兑】.

**jǐyā**【挤压】[動]強く搾り出す.

**jǐ yágāo**【挤牙膏】[慣]無理強いされて少しずつ口を開く.

**jǐyà**【挤轧】[動]互いに排斥し合う.

**jǐ/yǎn**【挤眼】[動]目くばせする.

**jǐ yóushuǐ**【挤油水】[慣]ビンをねずる.

**jǐyóuyóu**【挤油油】[名]〈方〉おしくらまんじゅう.

**jǐzhàn**【挤占】[動]無理に占拠する.

济(濟) **jǐ** 地名用字. ‖[姓] 異読⇨jì

**jǐjǐ**【济济】[形]〈書〉人が集まるさま.

**jǐ jǐ yī táng**【济济一堂】〈成〉優秀な人たちが一堂に会する.

**Jǐnán**【济南】[地名]済南($\S$).

给 **jǐ** [H] ①供給する. ¶自~自足する. ②余裕がある.
異読⇨**gěi**

**jǐfú**【给付】[動]給付する.

**jǐshuǐ**【给水】[動]給水する.

**jǐyǎng**【给养】[名]給養物資.

**jǐyǔ**【给予】[動]〈書〉与える. ¶~好评／いい評価を与える.

脊 **jǐ** [名]①背骨. ②背中の物の盛り上がった部分. ¶山~／山の尾根. ‖[姓]

**jǐbèi**【脊背】[名]〈生理〉背中.

**jǐliáng**【脊梁】[名]背中.

**jǐlianggǔ**【脊梁骨】[名]背骨.

**jǐlín**【脊檩】[名]〈建〉棟木.

**jǐqí**【脊鳍】[名]〈魚〉背びれ.

**jǐshénjīng**【脊神经】[名]〈生理〉脊髄神経.

**jǐsuǐ**【脊髓】[名]〈生理〉脊髄.

**jǐsuǐ huīzhíyán**【脊髓灰白质炎】[名]〈医〉ポリオ. 脊髄灰白質炎.

**jǐsuǒ**【脊索】[名]〈動〉脊索($\S$).

**jǐzhù**【脊柱】[名]〈生理〉脊柱.

**jǐzhuī**【脊椎】[名]〈生理〉脊椎($\S$).

**jǐzhuī dòngwù**【脊椎动物】[名]脊椎動物.

**jǐzhuīgǔ**【脊椎骨】[名]椎骨($\S$).

掎 **jǐ**〈古〉引きとめる. 引っ張る.

鲚 **jǐ** [名]〈魚〉メジナ.

戟 **jǐ** [名]〈古〉〈武器の〉矛.

 | 刺激する.

麂 **jǐ** [動]キョン.

**jǐpí**【麂皮】[名]セーム革.

**jǐzi**【麂子】[名]〈動〉キョン.

计 **jì** ❷[動]1 計算する. ¶按~价／时间で値段を計算する. ¶~の数量である. ¶参加者～有八十人／全部で80人あった. 3 勘定する. ¶不～个人得失／個人の損得にこだわらない. 4 ("为…计"の形で)…のためを思って.

 | 計器. メーター. ‖[姓]

**jìbùqì**【计步器】[名]歩数計.

**jìcè**【计策】[名]策略.

**jìchéngchē**【计程车】[名]〈方〉タクシー.

**jìchéngqì**【计程器】[名]走行距離メーター.

**jìchéngyí**【计程仪】[名]〈船〉の速度計.

**jìchóu**【计酬】[動]報酬を計算する.

**jìhuà**【计划】❶[名]計画. [个,项] ❷[動]計画する. ▲"计画"とも.

**jìhuà dānliè shì**【计划单列市】[名]計画単列都市.

**jìhuà jīngjì**【计划经济】[经]計画経済.

**jìhuà shēngyù**【计划生育】[名]計画出産.

**jìjià**【计价】[動]価格計算をする.

**jìjiàn**【计件】[動]出来高によって計算する.

**jìjiàn gōngzī**【计件工资】[名]出来高払い.

**jìjiào**【计较】❶[動]1 損得にこだわる. 2 言い争う. ❷[名]〈方〉計画.

**jìkāi**【计开】[動]〈書〉下記のとおり:.

**jìliàng**【计量】[動]1 計量する. 2 計算する.

**jìmóu**【计谋】[名]計略.

**jì rì chéng gōng**【计日程功】〈成〉日ならずして完成できる.

**jìshēng**【计生】[名]〈略〉産児制限.

**jìshí**【计时】[動]時間を単位として計算する.

**jìshí gōngzī**【计时工资】〖名〗時間給.
**jìshǔ**【计数】〖动〗統計をとる.
**jì/shù**【计数】〖动〗数を数える.
**jìsī**【计司】〖名〗チーズ.
**jìsuàn**【计算】〖动〗1 計算する. 2 思案する. 3 人をはめる.
**jìsuànchǐ**【计算尺】〖名〗計算尺.
**jìsuànjī**【计算机】〖名〗コンピュータ.
**jìsuànjī bìngdú**【计算机病毒】〖名〗〈電算〉コンピュータウイルス.
**jìsuànjī wǎngluò**【计算机网络】〖名〗〈電算〉コンピュータネットワーク.
**jìsuànqì**【计算器】〖名〗電卓.
**jìsuàn zhōngxīn**【计算中心】〖名〗電算センター.
**jìtáng gōngzī**【计趟工资】〖名〗輸送乗務の回数に基づいて計算される賃金.
**jì wú suǒ chū**【计无所出】〈成〉思案に暮れる.
**jìyì**【计议】〖动〗相談する.

**记**【记】❶〖动〗1 覚える. 2 書き留める. ¶ ~日记 / 日記をつける. ❷〖名〗(~儿)しるし. 2 あざ. 3 書き物. ¶《西游~》/『西遊記』. ❸〖量〗殴る回数. ‖ 姓

**jìbùbiǎo**【记步表】〖名〗歩数計.
**jì/chóu**【记仇】〖动〗恨みを抱く.
**jì/de**【记得】〖动〗覚えている. ¶你还~我吗? / 私のことをまだ覚えていますか?
**jì/fēn**【记分】〖动〗(~儿)得点を記録する.
**jì/gōng**【记工】〖动〗労働時間や労働量などを記録する.
**jì/gōng**【记功】〖动〗功績として記録する.
**jìguà**【记挂】〖动〗〈方〉心配する.
**jì/guò**【记过】〖动〗過失として記録する.
**jìhao**【记号】〖名〗記号.
**jìhèn**【记恨】〖动〗〈方〉恨みを抱く.
**jìlù**【记录】❶〖动〗記録する. ❷〖名〗1 記録. ¶打破~ / 記録を破る. 2 記録係. 3 最高記録.
**jìlùpiānr**【记录片儿】→ jìlùpiàn【记录片】
**jìlùpiàn**【记录片】〖名〗記録映画.
**jìmíng**【记名】〖动〗記名する.
**jìmíng zhīpiào**【记名支票】〖名〗〈経〉記名式小切手.
**jìniàn**【记念】→ jìniàn【纪念】
**jìniàn**【记念】〖动〗〈方〉心配する.
**jìqǔ**【记取】〖动〗銘記する.
**jìrèn**【记认】〖动〗1 見分ける. 2 〖名〗〈方〉目印.
**jìshíyí**【记时仪】〖天〗クロノメーター.
**jì/shì**【记事】〖动〗1 書き留めて史実を記す.
**jìshìr**【记事儿】〖动〗物心がつく.
**jìshù**【记述】〖动〗記述する.
**jìsòng**【记诵】〖动〗暗唱する.
**jìxing**【记性】〖名〗記憶力.

**jìxù**【记叙】〖动〗記述する.
**jìyào**【记要】〖名〗摘要.
**jìyì**【记忆】1〖动〗思い起こす. 2〖名〗記憶. ¶~犹新 / 記憶に新しい.
**jìyì héjīn**【记忆合金】〖名〗形状記憶合金.
**jìyìlì**【记忆力】〖名〗記憶力.
**jìzǎi**【记载】1〖动〗記載する. 2〖名〗記録.
**jì/zhàng**【记帐】〖动〗1 記帳する. 2 (…の)勘定につける.
**jìzhě**【记者】〖名〗記者.
**jì//zhù**【记住】〖动〗+結補 しっかり記憶して忘れない〔覚える〕.

**伎** 〓技.

**jìliǎng**【伎俩】〖名〗〈貶〉芸当. 腕前. やりくり.

**纪** jǐ 〓 ❶〖动〗1 書き記す. 2 規律. 3 年月. 異読⇒jì

**jìgāng**【纪纲】〖名〗〈書〉紀綱.
**jìjiǎn**【纪检】〖动〗規律検査する.
**jìlù**【纪录】→ jìlù【记录】
**jìlùpiānr**【纪录片儿】→ jìlùpiàn【记录片】
**jìlǜ**【纪律】〖名〗規律.
**jìnián**【纪年】〖名〗1 紀年. 2〈史〉編年体.
**jìniàn**【纪念】〖动〗記念する. ¶~邮票 / 記念切手. 2〖名〗記念品.
**jìniànbēi**【纪念碑】〖名〗記念碑.
**jìniànbì**【纪念币】〖名〗記念コイン.
**jìniàncè**【纪念册】〖名〗記念アルバム.
**jìniànfēng**【纪念封】〖名〗記念封筒.
**jìniànguǎn**【纪念馆】〖名〗記念館.
**jìniànpǐn**【纪念品】〖名〗記念品.
**jìniànrì**【纪念日】〖名〗記念日.
**jìniànzhāng**【纪念章】〖名〗記念バッジ.
**jìshí**【纪实】❶〖名〗1 事実の記録. ルポルタージュ. ❷〖动〗報道する.
**jìshì**【纪事】〖动〗1 事実を記述する. 2〖名〗歴史書.
**jìwěi**【纪委】〈略〉規律検査委員会.
**jìxíng**【纪行】〖名〗旅行記.
**jìyào**【纪要】〖名〗摘要.
**jìyuán**【纪元】〖名〗1 紀元. 2 新段階.
**jìzhuàntǐ**【纪传体】〖名〗〈史〉紀伝体.

**技** jì 〓 ❶技. 腕前. ¶一~之长 cháng / 一芸に秀でる. ‖ 姓

**jìfǎ**【技法】〖名〗技法.
**jìgōng**【技工】〖名〗技術工.
**jìgōng xuéxiào**【技工学校】〖名〗技術者養成学校.
**jìjī**【技击】〖名〗〈書〉武芸.
**jìnéng**【技能】〖名〗技能.
**jìqiǎo**【技巧】〖名〗技巧.
**jìqiǎo yùndòng**【技巧运动】〖体〗アクロバット体操.
**jìshī**【技师】〖名〗技師.
**jìshǒu**【技手】〖名〗技手.
**jìshù**【技术】〖名〗技術. テクニック.
**jìshù bìlěi**【技术壁垒】〖経〗技術障壁.

**jìshù gémìng**【技术革命】[名] 技術革命.

**jìshù géxīn**【技术革新】[名] 技術革新.

**jìshùjí**【技术级】[名] 技術者の等級.

**jìshù kēxué**【技术科学】[名] 応用科学.

**jìshùxìng**【技术性】[名] 技術性.

**jìshù xuéxiào**【技术学校】[名] 専門技術者養成学校.

**jìshùyuán**【技术员】[名] 技術者.

**jìshù zhǐdǎo**【技术指导】[名] 技術指導.

**jìshù zǒushī**【技术走私】[名]〔チャート上の〕テクニカルトレンド.

**jìshù zuòwù**【技术作物】[名]〔農〕工芸作物.

**jìxiào**【技校】[名]〔略〕技術者養成学校.

**jìyǎng**【技痒】[動] 腕が鳴る.

**jìyì**【技艺】[名] 技芸.

芰 **jì**〈古〉[植] ヒシ.

系(繫) **jì**[動] 結ぶ. 締める. ¶~ダイ/ネクタイを締める.
異読⇒xì

忌 **jì**[動] 1 忌み避ける. ¶~生冷/なま物や冷たいものはいっさい~. 2 (悪習などを)やめる.
H ①ねたむ. ②おそれる.

**jìchén**【忌辰】[名] 命日.

**jìdàn**【忌惮】[動] 怖れ恐れる.

**jìhèn**【忌恨】[動] ねたみ憎む.

**jìhuì**【忌讳】[動] 1 忌みはばかる. 嫌う. 2 極力避ける. 2 [名] 1 タブー. 2 (方)婉曲語.

**jìkè**【忌刻】[形] 嫉妬深い.

**jì/kǒu**【忌口】[動] 特定の食物を断つ.

**jìrì**【忌日】→**jìchén**【忌辰】

**jìshí**【忌食】[動](宗教などの理由で)ある食物を避ける.

**jìyǔ**【忌语】[動] 忌み言葉.

**jì//zuǐ**【忌嘴】→**jì/kǒu**【忌口】

际(際) **jì**[名] 1 きわ. ふち. ¶一望无~/見渡すかぎり. 2 [動] (書)…に当たり. 3 ①きわ. ②うち. 胸～のうち. ③相互の間. ¶国~/国際.

**jìhuì**【际会】[名] 巡り合い.

**jìyá**【际涯】[名]〈書〉際限.

**jìyù**【际遇】[名]〈書〉巡り合わせ.

妓 **jì**[名]〈書〉遊女. 娼妓.

**jìnǚ**【妓女】[名] 娼妓. 遊女.

**jìyuàn**【妓院】[名] 妓楼. 遊郭.

季 **jì**[名] 1 季節. 2 (~儿)一時期. ¶旺～/最盛期.
H ①ある期間の最後. ②(兄弟の)一番末. 3 [姓]

**jìdù**【季度】[名] 四半期.

**jìfēng**【季风】[気] 季節風.

**jìfù**【季父】[名]〈書〉(父の一番下の)おじ.

**jìhòu**【季候】[名]〈方〉季節.

**jìjié**【季节】[名] 季節.

**jìjiégōng**【季节工】[名] 季節労働者.

**jìjié huíyóu**【季节洄游】[名]〈魚〉季節回遊.

**jìjiéxìng**【季节性】[形] 季節的な.

**jìjūn**【季军】[名] 第3位.

**jìnǚ**【季女】[名]〈書〉少女.

**jìshì**【季世】[名]〈書〉末期.

**jìzǐ**【季子】[名]〈書〉最年少の男児.

剂(劑) **jì** H ①水薬を数える. 
①薬剤. 薬品.

**jìliàng**【剂量】[名]〈薬〉薬の分量.

**jìxíng**【剂型】[名]〈薬〉薬の形状.

**jìzi**【剂子】[名] こねた小麦粉を小さくちぎったもの.

垍 **jì**〈古〉固い土.

荠(荠) **jì**[名]〔植〕 1 ナズナ. 2 ハマビシ. 異読⇒qí

**jìcài**【荠菜】[名]〔植〕ナズナ.

哜(嚌) **jì**〈古〉なめる.

**jìjīcáocáo**【唭唭嘈嘈】[擬]〈小声で話し合う音〉ぼそぼそ.

迹(跡·蹟) **jì** H ①跡. 形跡. 
①遺跡. 遺物.

**jìdì**【迹地】[名]〔林〕伐採後,植林されていない森林区.

**jìxiàng**【迹象】[名] 形跡.

洎 **jì**[動] ①及ぶ. 及んで. ¶自古~今/昔から今日まで.

济(濟) **jì** H ①(川を)渡る. ② 
②助ける. ③ 役に立つ.
異読⇒jǐ

**jìpín**【济贫】[動] 貧しい人を救済する.

**jìshì**【济世】[動] 人々を救済する.

**jìshì**【济事】[動] (多く否定の形で)役に立つ.

既 **jì** 1 [副]「又,且,也」などと呼応し…でもあれば…でもある. ¶~漂亮,又聪明/きれいで賢い. ¶~[接続]…したからには. ⇒**jìrán**【既然】
H すでに. ¶~成事实/既成事実.

**jìdìng**【既定】[形] 既定の.

**jì'ér**【既而】[副] やがて.

**jìrán**【既然】[接続]…したからには. …である以上. ¶事情一已经这样了,后悔又有什么用呢?/こうなった以上は,後悔しても始まらない.

**jìshì**【既是】→**jìrán**【既然】

**jìwǎng**【既往】[名] 過去. 過ぎ去ったこと.

**jì wǎng bù jiù**【既往不咎】(成) 過ぎ去ったことは水に流す.

**jìwàng**【既望】[名]〈書〉陰暦の16日.

觊(覬) **jì** H 願う. 望む. ¶~幸/願う. 望む.

**jìyú**【觊觎】[動]〈書〉分不相応のことを希望する.

继(繼) **jì** [動] 続いて. 
H 受け継ぐ. ¶~~任.

**jìchéng**【继承】[動] 1 相続する. 2(伝統・事業などを)受け継ぐ.

**jìchéngquán**【继承权】[名]〔法〕相

jìchéngrén【継承人】[名]〈法〉相続人. 2〈王位の〉継承者.

jì'ér【継而】[副]続いて.

jìfù【継父】[名]継父.

jìjìn【継進】[動]引き続き前進する.

jìmǔ【継母】[名]継母.

jìpèi【継配】[名]後妻.

jìrèn【継任】[動]職務を引き継ぐ.

jìshì【継室】[名]→jìpèi

jìsì【継嗣】[書]1[名]後継ぎ. 2[動]養子をもらう，養子にする.

jì wǎng kāi lái【継往開来】[成]前人の事業を受け継ぎ，将来の発展に道を開く.

jì/wèi【継位】[動]王位などを継承する.

jìwǔ【継武】[動]〈書〉先人の事業を受け継ぐ.

**jìxù**【継続】1[動]**続く. 継続する.** 2[名]続き，継続.

jìxù jiàoyù【継続教育】[名]〈一定の知識や専門を持つ人に対する〉継続教育.

jìzhǒng【継踵】[動]〈書〉ひきもきらない.

jìzǐ【継子】[名]養子.

偈 jì [名]〈仏〉偈(ゲ). 偈頌(ジュ). 異読⇒jié

祭 jì [動]〈神や祖先を〉祭る. ¶~天／天を祭る.

jì bǎirì【祭百日】[名]死後百日目の墓参りをする.

jìdiàn【祭奠】[動]供養する.

jìlǐ【祭礼】[名]1 祭事. 2 祭礼の供え物.

jìpǐn【祭品】[名]祭礼の供え物.

jìsǎo【祭掃】[動]墓参りをする.

jìsì【祭祀】[動]祭祀を行う.

jìtán【祭壇】[名]祭壇.

jìwén【祭文】[名]祭文(サイモン).

jì/zào【祭灶】[動]〈旧〉〈旧暦の12月23か24日に〉かまどの神を祭る.

悸 jì [動]どきどきする.

寄 jì [動]1 郵送する. ¶~信／手紙を出す. 2〈物を〉**預ける.** 3〈書〉〈望みを〉託す. [四][喩]1 ~~居. 2 義理の（親類）.

jìcún【寄存】[動]預ける.

jìcún huǎnchōng cúnchǔqì【寄存緩衝存儲器】[名]〈電算〉レジスターバッファ.

jìcúnqì【寄存器】[名]〈電算〉レジスター.

jìdì【寄逓】[動]郵便物を配達する.

jìfāng【寄放】[動]預ける.

jìfèi【寄費】[名]郵送料.

jìfù【寄付】[動]現金書留で支払う.

jǐgěi【寄給】[動]…に郵送する.

jìjí【寄籍】[動]寄留籍.

jìjiànrén【寄件人】[名]差出人.

jìjū【寄居】[動]寄寓する.

jìjūxiè【寄居蟹】[名]〈動〉ヤドカリ.

jìmài【寄売】[動]委託販売する(しても

jìmíng【寄名】[動]〈旧〉幼い子供の長寿を願って，僧や尼を師としたり，他人を父母と見なしたりする.

jì rén lí xià【寄人篱下】[成]居そうろうにする.

jìshēn【寄身】[動]身を寄せる.

jìshēng【寄生】1〈生〉寄生する. 2[喩]他人に頼って生活する.

jìshēngchóng【寄生虫】[名]〈生〉寄生虫.

jìshēngfēng【寄生蜂】[名]〈虫〉ヤドリバチ.

jìshí【寄食】[動]居そうろうする.

jìshòu【寄售】→jìmài

jìsù【寄宿】[動]1 宿を借りる. 2 寄宿する.

jìsùshēng【寄宿生】[名]寄宿生.

**jìtuō**【寄託】[動]1 預ける. 2〈希望や理想などを〉**託す.**

jìxiāo【寄銷】[動]委託販売する.

jìxìnrén【寄信人】[名]寄信人.

jìxìng【寄興】[動]〈書〉興趣を寄せる.

jìyā【寄押】[動]拘留する.

jìyǎng【寄養】[動]里子に出す.

jìyǔ【寄予】[動]1 託する. 2〈同情などを〉寄せる. ▲"寄与"とも.

jì/yǔ【寄语】[動]〈書〉伝言する.

jìyù【寄寓】[動]1〈書〉寄寓する. 2 託する.

jìzhǔ【寄主】[名]〈生〉宿主.

寂 jì [形]①静か. ②寂しい.

jìjìng【寂静】[形]ひっそりしている.

jìliáo【寂寥】[形]静まり返った.

jìmò【寂寞】[形]1 寂しい. 2 静かで物寂しいさま.

jìrán【寂然】[形]〈書〉静かなさま.

绩 jì [動]1 紡ぐ. 2 成果.

jìchàgǔ【績差股】[名]〈経〉業績不振株.

jìliōugǔ【績優股】[名]〈経〉業績好調株.

jìpínggǔ【績平股】[名]〈経〉業績普通株.

jìxiào【績効】[名]成績.

jìyōugǔ【績優股】[名]〈経〉業績優良株.

墍 jì [動]〈古〉1 屋根を塗る. 2 休む. 3 取る.

蓟 jì [植]アザミ. ‖姓

蓟马【蓟马】[名]〈虫〉アザミウマ.

霁（霽）[動]〈古〉〈雨や雪が〉晴れる;〈喩〉〈怒りが〉しずまる.

跽 jì [動]〈古〉上半身をまっすぐにしてひざまずく.

鲫(鯽) jì [名]〈魚〉エツ，カタクチイワシ科の魚.

暨 jì 1[接続]および. 2[副]及ぶ. ¶~今／今まで. ‖姓

稷 jì [名]1〈植〉キビ，アワ. 2 五穀の神. ‖姓

鲫 jì [名]フナ.

jìyú【鲫鱼】[名]〈魚〉フナ.

髻 jì[名]まげ.

冀 jì❶[动]〈書〉願う.
❷ 河北省. ‖姓

jìpàn【冀盼】[动]望む.
jìqiú【冀求】[动]こいねがう.
jìtú【冀图】[动]たくらむ.
jìwàng【冀望】[动]〈書〉希望する.

稷 jì❶

jìzi【稷子】[名]〈植〉キビの一種.

罽 jì[名]〈古〉毛織りのじゅうたん類.

檵 jì❶

jìmù【檵木】[名]〈植〉トキワマンサク.

骥 jì❶[名]〈古〉すぐれた馬；〈喩〉有能な人.

## jia (ㄐㄧㄚ)

加 jiā❶[动] 1 足す．加える．¶三~四等于七／3足す4は7だ．2 增える．3 つけ加える．4 …する．¶不~考虑／よく考えない．
jiā//bān【加班】[动]残業する.
jiā/bèi【加倍】[动] 1 倍増する．2 [副]一段と．人一倍.
jiā//cān【加餐】[动]間食をとる.
jiā//chē【加车】[动]臨時便を出す．❷[名]臨時便.
jiāchéng【加成】[动]〈化〉付加する.
jiādà【加大】[动]大きくする.
jiā//diǎn【加点】[动]時間外勤務をする．¶加班~／残業する.
jiādiàn【加电】[动]通電.
jiāduō【加多】[动]増やす.
jiāfá【加乏】[动]〈旧〉足して．加乏.
jiāfǎnjiǔ【加饭酒】[名]〈紹興酒の一種〉加饭酒(ぱか).
jiā/fēng【加封】[动] 1 封をする．2〈旧〉位や領地を封ずる.
jiāgài【加盖】[动] 1〈郵便切手の〉加刷．2[动]押捺(おうなつ)する.
jiā//gōng【加工】[动] 1 加工する．2 仕上げをする.
jiāgù【加固】[动]補強する.
jiā guān jìn jué【加官晋爵】[成]昇進する.
jiāhài【加害】[动]危害を与える.
jiāhào【加号】[名]〈数〉プラス記号.
jiā/hào r【加号儿】[动]〈方〉列に)割り込む.
jiājí【加急】[形]急を要する.
jiājíyú【加级鱼】[名]〈魚〉マダイ.
jiā//jià【加价】[动]追加料金を取る.
jiā//jǐn【加紧】[动]強める．一段と力を入れる．馬力をかける.
jiā//jìn【加劲】[动]〈~儿〉努力する.
jiājù【加剧】[动]激化する；激化させる．¶病状~／病状が悪化する.
jiākuài【加快】[动]速める.
jiākuàipiào【加快票】[名]急行券.
jiākuān【加宽】[动]幅を広げる.

jiā//liào【加料】[动] 1 原料を機械に送り込む．2 [形]特製の.
jiālún【加仑】[量]ガロン.
jiā//mǎ【加码】[动] 1〈~儿〉値上げする．2 上乗せをする.
jiāméng【加盟】[动]加入する.
jiāmì【加密】[动]暗号化する.
jiā//miǎn【加冕】[动]戴冠する.
Jiānádà【加拿大】[名]〈地名〉カナダ.
Jiānà【加纳】[名]〈地名〉ガーナ.
jiāniǎn【加捻】[动]より合わせる.
jiānóng liúdànpào【加农榴弹炮】[名]〈軍〉カノン榴弾(ﾘｭｳﾀﾞﾝ)砲.
jiānóngpào【加农炮】[名]〈軍〉カノン砲.
Jiāpéng【加蓬】[名]〈地名〉ガボン.
jiāqiáng【加强】[动]強める．強化する．¶~友好关系／友好関係を強化する．¶~管理／管理を強化する.
jiā//rè【加热】[动]加熱する.
jiā rén yī děng【加人一等】[成]ほかの人よりもときわめてすぐれている.
jiārù【加入】[动] 1 加える．2 〈組織に〉加入する.
jiā//sāi r【加塞儿】→ jiā//sāir【夹塞儿】
jiā//sài【加赛】[动]プレーオフを行う.
jiāshang【加上】[动] 1[动]加える．2 [接续]さらに.
jiāshēn【加深】[动]深める．深まる．¶~理解／理解を深める.
jiāshīqì【加湿器】[名]加湿器.
jiāshísài【加时赛】[名]〈体〉延長戦.
jiāshù【加数】[名]〈数〉加数.
jiāsù【加速】[动]速める.
jiāsùdù【加速度】[名]〈物〉加速度.
jiāsùkǎ【加速卡】[名]〈電算〉アクセレレーターボード.
jiāsùqì【加速器】[名]〈物〉加速装置.
jiāsù xīnpiàn【加速芯片】[名]〈電算〉アクセレレーターチップ.
jiāsù zhéjiù【加速折旧】[名]〈経〉加速減価償却.
Jiātèlìjiào【加特力教】[名]ローマカトリック教.
jiāwěi【加委】[动]〈旧〉主管官庁が所属機関や民衆団体の推薦する公職要員の任命手続きをする.
jiā/xīn【加薪】[动]賃上げする.
jiāyā【加压】[动]圧力を加える，プレッシャーをかける.
jiāyāfǔ【加压釜】[名]圧力釜.
jiāyǐ【加以】[动]〈ある行為を〉行う．¶~说明／説明を行う．¶~分析／分析を加える．2 [接续]加えて．その上.
jiāyì【加意】[动]特に注意する.
jiāyìn【加印】[动]焼き増しする.
jiā//yóu【加油】[动] 1 給油する．2〈~儿〉頑張る.
jiā yóu jiā cù【加油加醋】[成]話に尾ひれをつける.
jiāyóuzhàn【加油站】[名]ガソリンスタンド.
jiāzhī【加之】[接续]その上.

**jiāzhòng**【加重】(動) 重くする;重なる.

**夾**(夾·挾) jiā ❶(動) 1 挟む. 2 脇に抱える. 3 入り混じる. ❷(名)(～ル)物を挟む道具. ¶文件～ル／ファイル. 異読⇒gā,jiá

**jiābǎn**【夾板】(名) 1 合板. 2 添え板.
**jiābǎnqì**【夾板気】(名)(口) 板挟み.
**jiācéng**【夾層】(名) 間にものが挟まれていること.
**jiācéng bōli**【夾層玻璃】(名)(ポリエチレンなど)プラスチック配合ガラス.
**jiādài**【夾帯】 1 (動) こっそり持ち込む. 2 (名) カンニングペーパー.
**jiādào**【夾道】 1 (名)(～ル)狭い道. 2 (動) 道の両側に並ぶ.
**jiāfèng**【夾縫】(名)(～ル)すきま.
**jiāgān**【夾肝】(名)(方) 動物の膵臓(臓).
**jiāgōng**【夾攻】(動) 挟撃する.
**jiāgùn**【夾棍】(名)(旧)(刑具の一種)2本の棒で足を挟んで強く締める責め具.
**jiājī**【夾撃】(動) 挟撃する.
**jiājiǎn**【夾剪】(名) やっとこ.
**jiājiǎo**【夾角】(名)(数) 夾角.
**jiājù**【夾具】(名)(機) 取り付け具.
**jiākè**【夾克】(名) ジャケット.
**jiāpī**【夾批】(名) 行間に書き込まれた注釈.
**jiā qī jiā bā**【夾七夾八】(成) とりとめがなくて.
**jiā/sāir**【夾塞儿】(動)(口) 割り込む.
**jiāshēng**【夾生】(形) 生煮えである; (喩) 中途半端である.
**jiāshēngfàn**【夾生飯】(名) 1 生煮えのご飯. 2 (喩) 中途半端な仕事.
**jiāsī**【夾絲】(名) 網入り.
**jiāsī bōli**【夾絲玻璃】(名) 網目ガラス. 金網入りガラス.
**jiā wěibā**【夾尾巴】(慣) しっぽを巻く.
**jiāxiàn**【夾餡】(形)(～ル) 具入りの.
**jiāxīn**【夾心】(形)(～ル) → **jiāxiàn**【夾餡】 2 混ぜ合わせの. 3 間に挟んだ.
**jiāzá**【夾雑】(動) 入り混じる.
**jiāzhútáo**【夾竹桃】(名)(植) キョウチクトウ.
**jiāzhù**【夾注】(名) 割注.
**jiāzi**【夾子】(名)(クリップ・ファイルなど)物を挟む道具.

**伽** jiā ❶ 異読⇒gā,qié
**jiāyēqín**【伽耶琴】(名)(楽) 伽倻琴(か).

**茄** jiā ❶ 異読⇒qié
**jiākè**【茄克】→**jiākè**【夾克】

**佳** jiā ❶(形) よい. 美しい. ‖(姓)

**jiābīn**【佳賓】→**jiābīn**【嘉賓】
**jiāchéng**【佳城】(名)(書) 墓地.
**jiāhuà**【佳話】(名) 美談.
**jiājì**【佳績】(名) 優秀な成績.

**jiājìng**【佳境】(名) 1 風光明媚な地. 2 佳境.
**jiājū**【佳句】(名) 佳句.
**jiālì**【佳麗】 1 (形)(容貌や風景が) 美しい. 2 (名) 美女.
**jiāniàng**【佳醸】(名) 美酒.
**jiā'ǒu**【佳偶】(名)(書) よい連れ合い.
**jiāpǐn**【佳品】(名) 最上品.
**jiāqī**【佳期】(名) 結婚の期日.
**jiārén**【佳人】(名) 美人.
**jiāyáo**【佳肴】(名) ごちそう.
**jiāyīn**【佳音】(名) 吉報.
**jiāzuò**【佳作】(名) 佳作.

**迦** jiā 訳音語に用い, 人名・地名に用いることもある.

**珈** jiā (名)(古) 女性の装身具の一種.

**枷** jiā (名)(旧) 首かせ.
**jiābǎn**【枷板】(名) 首かせや; (喩) 束縛.
**jiāsuǒ**【枷鎖】(名) 首かせと鎖; (喩) 圧迫と束縛.

**浹**(浹) jiā ❶ しみとおる.
**jiābèi**【浹背】(名) かさむ. ¶結ル／かさむたができる.

**痂** jiā (名)(転) かさむたができる.

**家** jiā ❶(名) 家庭❶. 家; (家)執務・勤務場所❶.
❷(量) 家庭・商店・企業を数える.
❸(形) 飼いならした.
❹(jia) (接尾) 1 同類の人をさす. 女ル／女(のくせに). 2 男性の名前を表す語の後につけて, その妻をさす. ¶張紅～／張紅の妻.
❶(名) 1 専門家. ～ル／専門家. ② ある種の職業に従事する人や家. ¶漁～／漁業の家. 3 学派. ❹(謙)(他人に対して) 自分より目上の身内をいうときに用いる. ¶～～父. 異読⇒jie

**jiācái**【家財】(名) 家の財産.
**jiācān**【家蚕】(名)(虫) カイコ.
**jiāchǎn**【家産】(名) 家産.
**jiācháng**【家常】 1 (形) 日常の. ¶～菜／家庭料理. 2 (名) 世間話.
**jiācháng (biàn)fàn**【家常(便)飯】(名) 1 普段の食事. 2 (喩) 日常茶飯事.
**jiā cháng lǐ duǎn**【家長里短】(成) 日常のこまごましたこと.
**jiāchǒu**【家醜】(名) 家庭内のもめごと. ¶～不可外揚／内輪のごたごたは外部にさらけだしてはいけない.
**jiāchù**【家畜】(名) 家畜.
**jiāchuán**【家伝】(名) 家伝の.
**jiācí**【家慈】(名)(書)(謙) 私の母.
**jiādāng**【家当】(名)(～ル)(口) 家産.
**jiādào**【家道】(名) 暮らし向き.
**jiādǐ**【家底】(名)(～ル) 1 長年蓄えた財産. 2 (喩) 余った資財.
**jiādiàn**【家電】(名)(略) 家電.
**jiādīng**【家丁】(名)(旧) 下僕.
**jiāfǎ**【家法】(名) 1 師弟相伝の学術理論や方法. 2 (旧) 家のおきて. 家のきまり. 3 (旧) 家長が家人を折檻(か

## jiā

**jiāfǎng**【家访】[動] 家庭訪問をする.
**jiāfēng**【家风】[名] 家のしきたり. 家風.
**jiāfù**【家父】[名]〈謙〉私の父.
**jiāgē**【家鸽】[名]〈鳥〉イエバト.
**jiāguǎn**【家馆】[名]〈旧〉私邸内に設けられた教学館.
**jiāguī**【家规】[名] 家訓. 家のしきたり.
**jiāhuo**【家伙】[名] 1 道具・武器. やつ. ¶坏～/悪いやつ.
**jiājī**【家鸡】[名]〈鳥〉鶏.
**jiā jǐ rén zú**【家给人足】〈成〉どの家もみな暮らしが豊かである.
**jiājì**【家计】[名] 家計.
**jiājià**【家价】[名]〈～儿〉家という家.
**jiāhùhùhù**【家家户户】[名] 家という家. 軒並み.
**jiājiào**【家教】[名] 自家用車.
**jiājiào**【家教】[名] 1 家庭教育. 2〈略〉家庭教師.
**jiājìng**【家境】[名] 暮らし向き.
**jiājìng**【家境】[名] 家庭の状況.
**jiājū**【家居】1 [動] 働かず家にいる. 2 [名] 居間.
**jiājūfú**【家居服】[名] ホームウエア.
**jiājù**【家具】[名] 家具.
**jiājuàn**【家眷】[名] 家族. 妻.
**jiājūn**【家君】→jiāyán【家严】
**jiākǒu**【家口】[名] 家族.
**jiālěi**【家累】[名] 家庭生活の負担.
**jiālǐ**【家里】[名] 1 家庭. 家. 2 家内. 3 うちの嫁さん.
**jiāmén**【家门】[名] 1 玄関. 2〈書〉家族. 家. 3〈方〉一族. 4 素性.
**jiāmiào**【家庙】[名] 祖先を祭った廟.
**jiāmǔ**【家母】[名]〈謙〉私の母.
**jiānú**【家奴】[名] 家僕.
**jiā pín rú xǐ**【家贫如洗】〈成〉赤貧洗うがごとし.
**jiā pò rén wáng**【家破人亡】〈成〉一家離散する.
**jiāpǔ**【家谱】[名] 家系図.
**jiāqiǎor**【家雀儿】[名]〈方〉〈鳥〉スズメ.
**jiāqín**【家禽】[名] 家禽(きん).
**jiāqù**【家去】[動]〈方〉家へ帰っていく.
**jiārén**【家人】[名] 1 身内. 2〈旧〉召使い.
**jiāshēng**【家声】[名] 家の名誉.
**jiāshǐ**【家史】[名] 一家の歴史.
**jiāshì**【家世】[名]〈書〉家柄.
**jiāshì**【家事】[名] 1 家の事. 2〈方〉暮らし向き.
**jiāshì**【家饰】[名] インテリア.
**jiāshì**【家室】[名] 家族. 妻. 2〈書〉住居.
**jiāshí**【家什】[名] 道具. 家具.
**jiāshū**【家书】→jiāxìn【家信】
**jiāshú**【家塾】[名]〈旧〉家塾.
**jiāshǔ**【家属】[名] 家族.
**jiāshǔ**【家鼠】[名]〈動〉イエネズミ.
**jiāsī**【家私】[名] 財産.
**jiātíng**【家庭】[名] 家庭.
**jiātíng bàolì**【家庭暴力】[名] 家庭内暴力. DV.

**jiātíng bìngchuáng**【家庭病床】[名]〈医〉在宅医療.
**jiātíng fùnǚ**【家庭妇女】[名] 専業主婦.
**jiātíng guānniàn**【家庭观念】[名] マイホーム主義.
**jiātíng yǐngyuàn**【家庭影院】[名] ホームシアター.
**jiātíng zuòyè**【家庭作业】[名] 宿題.
**jiātóng**【家僮】[名]〈旧〉召使いの少年.
**jiā tú sì bì**【家徒四壁】〈成〉赤貧洗うがごとし.
**jiātù**【家兔】[動] 飼いウサギ.
**jiāwén**【家蚊】[名]〈虫〉蚊.
**jiāwù**【家务】[名] 1 家事. ¶做～/家事をする. 2 家族のいざこざ.
**jiāwùshì**【家务事】→jiāwù【家务】
**jiāxiāng**【家乡】[名] 故郷.
**jiāxiǎo**【家小】[名] 妻子. 妻.
**jiāxìn**【家信】[名] 家への手紙. 家からの手紙.
**jiāxiōng**【家兄】[名] 私の兄.
**jiāxué**【家学】[名]〈書〉家伝の学問. 2 家塾.
**jiāyā**【家鸭】[名]〈鳥〉アヒル.
**jiāyán**【家严】[名]〈書〉〈謙〉私の父.
**jiāyàn**【家宴】[名] ホームパーティー.
**jiāyàn**【家燕】[名]〈鳥〉ツバメ.
**jiāyǎng**【家养】[名] 人工飼育.
**jiāyè**【家业】[名] 1 家産. 2〈書〉家業;家学.
**jiāyíng**【家蝇】[名]〈虫〉イエバエ.
**jiāyòng**【家用】[名] 1 家庭の生活費. 2 [形] 家庭用の.
**jiāyòng diànqì**【家用电器】[名] 家電製品.
**jiā yù hù xiǎo**【家喻户晓】〈成〉だれもが知っている.
**jiāyuán**【家园】[名] 1 家の庭;〈広く〉郷里. ¶重建～/郷里を復興する. 2〈方〉家の畑でとれたもの.
**jiāzéi**【家贼】[名] 身内の財物を盗む者.
**jiāzhái**【家宅】[名] 住宅.
**jiāzhǎng**【家长】[名] 1 家長. 2 保護者. 父兄. ¶～会/保護者会.
**jiāzhǎngzhì**【家长制】[名]〈史〉家父長制.
**jiāzhēn**【家珍】[名] 家宝.
**jiāzhèng**【家政】[名] 家政.
**jiāzhǐ**【家址】[名] 家族の住所.
**jiāzhòng**【家种】1 [名] 人工栽培. 2 [形] 自宅で植えた.
**jiāzhuāng**【家装】[名] 住宅の内装. ホームインテリア.
**jiāzī**【家资】[名] 一家の財産.
**jiāzi**【家子】[口] 家庭.
**jiāzǒu**【家走】[動]〈口〉家へ帰る.
**jiāzú**【家族】[名] 一族.
**jiāzú gōngsī**【家族公司】[名] ファミリー企業.

## 笳

**jiā** →hújiā【胡笳】

## 袈

**jiā** ❶

**jiāshā**【袈裟】[名] 袈裟(けさ).

**jiǎ**

**葭** jiā 名〈古〉生えたばかりのアシ. ‖姓

jiāfú【葭莩】名〈古〉〈書〉アシの茎の薄い膜;〈喩〉血縁の遠い親戚.

**跏** jiā ⓿

jiāfū【跏趺】名〈仏〉結跏趺坐(ザ).座禅.

**傢** jiā ⓿

jiāhuo【傢伙】→huǒ【家伙】
jiāju【傢具】→jù【家具】
jiāshi【傢什】→jiāshi【家什】

**嘉** jiā 🔲 ① 立派な. 喜ばしい. ② たたえる. ‖姓

jiābīn【嘉賓】名賓客. ゲスト.
jiājiǎng【嘉獎】動 1 表彰する. 2 褒賞を与える.
jiāmiǎn【嘉勉】動〈書〉ほめ励ます.
jiāniánhuá【嘉年華】名祭り. カーニバル.
jiāxǔ【嘉許】動〈書〉ほめる.
jiā yán yì xíng【嘉言懿行】〈成〉善言嘉行.

**镓** jiā 名〈化〉ガリウム. Ga.

**猳** jiā 名〈古〉雄豚.

**夹**（夾·袷·裌）jiá 形 あわせの（服·布団など）.
異読⇨gā, jiā

jiáyī【夹衣】名 あわせの服.

**郏**（郟）jiá 地名用字. ‖姓

**荚**（莢）jiá〈植〉豆のさや. ‖姓

jiáguǒ【荚果】名〈植〉莢果.

**恝** jiá 形〈古〉平然としたさま. 気にとめないさま.

jiázhì【恝置】動平然として顧みない. うっちゃっておく.

**戛**（戞）jiá 🔲 軽く打つ. ¶~击/軽くたたく.

jiájiá【戛戛】形〈書〉 1 困難なさま. 2 独創的なさま.

jiárán【戛然】形〈書〉 1 鳥の鋭い鳴き声. 2 音が突然やむさま. ¶歌声～而止/歌声がぴたりとやむ.

**颊**（頰）jiá 🔲 ほお.

jiánáng【颊囊】名〈動〉ほお袋.

**蛱**（蛺）jiá ⓿

jiádié【蛱蝶】名〈虫〉ヒョウモンチョウ.

**甲** jiǎ 🔲 ① 十干の第 1:甲(了);順序の第 1 番目. 2 甲羅. 3〈旧〉保甲制度で100戸. 2名〈書〉第一である. 🔲 つめ; よろい. ‖姓

jiǎbǎn【甲板】名甲板.
jiǎbīng【甲兵】名〈書〉1 よろいと兵器. 軍事. 2 兵卒.
jiǎchóng【甲虫】名〈虫〉甲虫.
jiǎchún【甲醇】名 メチルアルコール.
jiǎfēn【甲酚】名〈化〉クレゾール.

jiǎgān【甲肝】名 A型肝炎.
jiǎgǔwén【甲骨文】名甲骨文.
jiǎkàngxiàn【甲亢】名〈略〉〈医〉甲状腺機能亢進症.
jiǎkè【甲壳】→【夹壳】
jiǎlèi dìqū【甲类地区】名〈中国が外国人に未解放の〉甲類地区. 未解放地区.
jiǎqiào【甲壳】名甲殻.
jiǎquán【甲醛】名 ホルムアルデヒド.
jiǎquánshuǐ【甲醛水】名 ホルマリン.
jiǎsuān【甲酸】名〈化〉蟻酸.
jiǎwán【甲烷】名〈化〉メタン.
Jiǎwǔ zhànzhēng【甲午战争】名〈史〉日清戦争.
jiǎxíng gānyán【甲型肝炎】名 A型肝炎.
jiǎyú【甲鱼】名〈動〉スッポン.
jiǎzhǒng【甲种】名A種. アルファ.
jiǎzhōu【甲胄】名〈書〉甲冑(チュゥ).
jiǎzhuàng ruǎngǔ【甲状软骨】名〈生理〉甲状軟骨.
jiǎzhuàngxiàn【甲状腺】名〈生理〉甲状腺.
jiǎzhuàng xiànzhǒng【甲状腺肿】名〈生理〉甲状腺腫.
jiǎzǐ【甲子】名 1 甲子. 2 干支のひとめぐり.

**岬** jiǎ 名 1 岬. 2 山あい.

jiǎjiǎo【岬角】名岬.

**胛** jiǎ ⓿

jiǎgǔ【胛骨】名〈生理〉肩胛骨(ケンコゥ).

**贾** jiǎ ‖姓 異読⇨gǔ

**钾** jiǎ 名〈化〉カリウム. K.

jiǎbōli【钾玻璃】名 カリガラス.
jiǎféi【钾肥】名 カリ肥料.

**假** jiǎ 形〈↔真〉にせである. ¶①借りる. ②仮定する. ③もしも. 異読⇨jià

jiǎ'àn【假案】名 冤罪.
jiǎbàn【假扮】動変装する.
jiǎbì【假币】名偽造貨幣.
jiǎchàng【假唱】動 口パクで歌う.
jiǎchāo【假钞】名偽造紙幣.
jiǎchōng【假充】動ふりをする.
jiǎ chuán shèng zhǐ【假传圣旨】〈成〉うその命令で指示を出す.
jiǎdàkōng【假大空】〈慣〉うそ. 空論.
jiǎdào【假道】動経由する.
jiǎdàoxué【假道学】名にせ君子.
jiǎdìng【假定】1 動仮に…とする. 2 名仮説.
jiǎ è chǒu【假恶丑】偽·悪·醜.
jiǎfà【假发】名 かつら.
jiǎfēnshù【假分数】名〈数〉仮分数.
jiǎgēn【假根】名〈植〉仮根.
jiǎ gōng jì sī【假公济私】〈成〉公事にかこつけて私腹を肥やす.
jiǎguǒ【假果】名〈植〉仮果. 偽果.
jiǎhuā【假花】名造花.

## jiǎ

**jiǎhuà**【假话】[名] うそ.
**jiǎhuò**【假货】[名] にせ物.
**jiǎjiè**【假借】❶[動] 1 借りる. 2〈書〉仮借する. 容赦する.
❷[名]〈語〉(六書の) 仮借(しゃく).
**jiǎkòuyā**【假扣押】[名]〈法〉仮差し押さえ.
**jiǎlìng**【假令】→ jiǎrú【假如】
**jiǎmào**【假冒】[動] 詐称する.
**jiǎmào wěiliè**【假冒伪劣】[成] にせ物や粗悪品.
**jiǎmèi**【假寐】[動]〈書〉うたた寝する.
**jiǎ mén jiǎ shì**【假门假式】[成] 本心を隠して, うわべを装う.
**jiǎmiànjù**【假面具】[名] 仮面.
**jiǎmíng**【假名】[名] 1 偽名. 2 (日本の) かな文字.
**jiǎ mó jiǎ shì**【假模假式】[成] 気取った態度をする.
**jiǎpiēqīng**【假撇清】[動]〈方〉しらばくれる.
**jiǎqī**【假漆】[名] ニス.
**jiǎqiú**【假球】[名] 球技の八百長試合.
**jiǎ rén jiǎ yì**【假仁假义】[成] 偽善.
**jiǎrú**【假如】[接続] もしも…なら.
**jiǎruò**【假若】→ jiǎrú【假如】
**jiǎsǎngzi**【假嗓子】[名] 裏声.
**jiǎshān**【假山】[名] 築山.
**jiǎshè**【假设】❶[動] 仮に…とする.
❷[名] 1 虚構. 2 仮説.
**jiǎshēng**【假声】[名] 作り声.
**jiǎshǐ**【假使】[接続] もしも…なら.
**jiǎshì**【假饰】[動] 飾る.
**jiǎ/shǒu**【假手】❶[動] 1 手を借りる. 2 利用する.
❷[名] 1 義手. 2〈方〉左手.
**jiǎshuāi**【假摔】[動]〈体〉(サッカーで)シミュレーションをする.
**jiǎshuō**【假说】[名]〈科学上の〉仮説.
**jiǎsǐ**【假死】[名] 1 仮死. 2 擬死. 3 いつわりの死.
**jiǎtuǐ**【假腿】[名] 義足.
**jiǎtuō**【假托】[動] 1 かこつける. 2 人の名をかたる. 3 託する.
**jiǎwěi**【假伪】[名] 粗悪品.
**jiǎxiān**【假仙】[名]〈方〉わざとらしく振舞う.
**jiǎxiǎng**【假想】[形] 仮想の.
**jiǎxiǎngdí**【假想敌】[名]〈軍〉仮想敵.
**jiǎxiàng**【假相・假象】[名] 見せかけ.
**jiǎxiàngyá**【假象牙】[名] セルロイド.
**jiǎxiàozi**【假小子】[名] おてんば娘.
**jiǎxiào**【假笑】[動] 作り笑いをする.
**jiǎxīngxīng**【假惺惺】[形] わざとらしい.
**jiǎxìng jìnshì**【假性近视】[医] 仮性近視.
**jiǎyá**【假牙】[名] 入れ歯.
**jiǎyǎn**【假眼】[名] 義眼.
**jiǎyì**【假意】❶[名] 偽りの心. 2[副] わざと.
**jiǎyōu**【假优】[名] にせブランド.
**jiǎzào**【假造】[動] 1 偽造する. 2 捏造(ねつ)する.

**jiǎzhàng**【假账】[名](帳簿の)にせの明細, にせ勘定.
**jiǎzhāozi**【假招子】[名] いんちき.
**jiǎ…zhēn…**【假…真…】[型] うわべは…と見せかけて, 実は…である.
**jiǎzhèngjīng**【假正经】[名] 見せかけのまじめ.
**jiǎzhī**【假肢】[名] 義肢.
**jiǎzhuāng**【假装】[動] …のふりをする.
**jiǎzuò**【假座】[動](場所を)借りる.

**zhì**(觶) jiǎ〈古〉3本足の酒器.

**jiǎ**(瘕) jiǎ[名]〈古〉腹の中に塊のできる病気.

## jià

**jià**(價) jiǎ ❶[名](～儿)価格. ❷[動] 値打ち. ¶评～/評価する. ‖異読⇒jie
**jiàchā**【价差】[名] 価格差.
**jiàdiànzǐ**【价电子】[名] 価電子.
**jiàgé**【价格】[名] 価格.
**jiàgé bìlěi**【价格壁垒】[経] 価格障壁.
**jiàkuǎn**【价款】[名] 代金.
**jiàlián wù měi**【价廉物美】[成] 安くて品もよい.
**jiàmǎ**【价码】[名](～儿) 定価.
**jiàmù**【价目】[名] 価格.
**jiàqian**【价钱】[名][口] 値段.
**jiàr**【价儿】[名][口] 価格.
**jiàwèi**【价位】[名] 価格水準.
**jiàzhí**【价值】[名] 1 価値. 2 値打ち.
**jiàzhíguān**【价值观】[名] 価値観.
**jiàzhí guīlǜ**【价值规律】[経] 価値法則.
**jià zhí lián chéng**【价值连城】[成] 価値が高く得がたいさま.
**jiàzhíliàng**【价值量】[経] 価値の大きさ.
**jiàzhí xíngshì**【价值形式】[経] 価値形態. 交換価値.

**jià**(駕) jià ❶[動] 1 (車に馬を)つける. 2 操縦する. 操縦する.
❶ 乗り物; 相手の出向くことをさす. ¶劳～/ご足労. ‖
**jiàdào**【驾到】[動]〈敬〉ご来駕になる.
**jiàlín**【驾临】[動]〈書〉〈敬〉ご光臨いただく.
**jiàlíng**【驾凌】[動] 凌駕(りょう)する.
**jiàlíng**【驾龄】[名] 運転歴.
**jià qīng jiù shú**【驾轻就熟】[成] 慣れた仕事をやりやすい.
**jiàshǐ**【驾驶】[動] 運転する. 操縦する. ¶～执照 / 運転免許証.
**jiàxiào**【驾校】[名]〈略〉自動車教習所.
**jià/yù**【驾驭】[動] 1 (馬などを)御する. 2 制御する. ▲"驾御"とも.
**jià/yuán**【驾辕】[動] 車の轅(ながえ)に馬をつける.
**jiàzhào**【驾照】[名] 運転免許証.

**jià**(架) jià ❶[名] 支えのついたものや機械類を数える. ¶几～飞机 / 数機の飛行機.
❷[動] 1 架設する. ¶～桥 / 橋を架ける. 2 (棒や手などでものが倒れないように)支える. 3 拉致(ら)する.

**4** 受けとめる，防ぎ止める．¶→～不住．

㊁①（支柱のついた）台，棚．¶书～/本棚．¶衣～/ハンガー．②けんか．¶打～/つかみ合いのけんかをする．

**jiàbuzhù**【架不住】[動+可補]**1** 耐えきれない．**2** かなわない．

**jiàcì**【架次】[名]（飛行機が出動する）延べ機数．

**jiàdezhù**【架得住】[動+可補]耐えられる．

**jiàgou**【架构】**1**[動]建築する．**2**[名]骨組み．枠組み．

**jiàkōng**【架空】[動]**1** 地上高く架け渡す．**2** 根拠のない，宙に浮いている．**3** 骨抜きにする．

**jiànong**【架弄】[動]そそのかす．

**jiàshè**【架设】[動]架設する．

**jiàshì**【架势】[名]**1** 姿勢．**2**〔方〕様子．▲"架式"とも．

**jiàyangzi**【架秧子】[慣]〔方〕やじを飛ばす．

**jiàzi**【架子】[名]**1** 棚．台．**2** 骨組み．**3** いばった態度．¶摆bǎi～/いばる．**4** 姿勢．

**jiàzichē**【架子车】[名]リヤカー．

**jiàzihuā**【架子花】[名]伝統劇でしぐさを主とする"净jìng"の役．

**jiàzizhū**【架子猪】[名]成長した肥育前の豚．

**假** **jià**[動]休み．¶放～/休みになる．¶请～/休みをとる．¶暑～/夏休み．　異読→jiǎ

**jiàqī**【假期】[名]休暇．

**jiàrì**【假日】[名]休日．

**jiàrì jīngjì**【假日经济】[名]〔経〕休日の経済効果．

**jiàtiáo**【假条】[名]（～儿）欠席届；休暇願．

**嫁** **jià**[動]〈娶〉嫁ぐ．[姓]

**jià suí jī, jià gǒu suí gǒu**【嫁鸡随鸡，嫁狗随狗】[諺]一度嫁いだら夫に最後までついていく．

**jiàjiē**【嫁接】[動]接ぎ木する．

**jiàyī**【嫁衣】[名]花嫁衣装．

**jiàzhuang**【嫁妆】[名]嫁入り道具．▲"嫁装"とも．

**稼** **jià**㊀[動]①（穀物を）植える．②穀物．

**jiàsè**【稼穑】[名]〔書〕野良仕事．

## jian（ㄐㄧㄢ）

**戋（戔）jiān** ⓞ

**jiānjiān**【戋戋】[形]〔書〕少ない．わずかである．

**尖** **jiān** ❶[形]**1** とがっている．鋭い．**2**（耳や目などが）さとい．¶鼻子～/鼻がきく．**3**（声が）甲高い．¶嗓音～/声を張り上げる．

❷[名]**1**（～儿）先端；とがった先．**2**（～儿）ぬきんでた人や物．¶→儿

货／特上品．[姓]

**jiānbīng**【尖兵】[名]**1**（軍）先兵．**2**（喩）フロンティア．

**jiāncuì**【尖脆】[形]甲高い．

**jiāndāo**【尖刀】[名]**1** 先のとがった刀．**2**（喩）先陣．

**jiāndǐng**【尖顶】[名]先端．

**jiānduān**【尖端】[名]**1**[名]先端．**2**[形]最も進んだ．

**jiānduān jìshù**【尖端技术】[名]先端技術．ハイテクノロジー．

**jiānkè**【尖刻】[形]（言葉が）辛辣(しんらつ)である．

**jiānkuòhào**【尖括号】[名]山形かっこ．〈 〉．

**jiānlì**【尖厉】[形]（声や音が）甲高くて耳ざわりである．

**jiānlì**【尖利】[形]**1** 鋭い．**2**→jiānlì【尖厉】

**jiānliūliū**【尖溜溜】[形]（～的）〔方〕非常に鋭い．

**jiānpī**【尖劈】[名]くさび．

**jiānqí**【尖脐】[名]**1** 雄ガニのとがった甲羅．**2** 雄ガニ．

**jiānruì**【尖锐】[形]**1**（物が）鋭い．**2**（感覚や思考が）鋭敏である．**3**（声や音が）甲高い．**4**（言論・闘争など）激しい．

**jiānsuān**【尖酸】[形]（言葉が）とげとげしい．

**jiāntóu**【尖头】[名]（刃物などの）鋭い先端．

**jiāntóuhuáng**【尖头蝗】[名]〔虫〕ショウリョウバッタ．

**jiāntuányīn**【尖团音】[名]（京劇・昆曲などで）"尖音"と"团音"の併称．

**jiānyīn**【尖音】[名]→jiāntuányīn【尖团音】

**jiānzi**【尖子】[名]**1** エリート．**2**（伝統劇で）歌の調子が急に高くなる部分．

**jiān zuǐ bó shé**【尖嘴薄舌】[成]言葉にとげがある．

**jiān zuǐ hóu sāi**【尖嘴猴腮】[成]貧相で醜い容貌．

**奸（姦）jiān** [形]〔口〕ずるい．

❶[形]**1** よこしまな．¶→～险．②不忠な．¶→～臣．**3** 裏切りの．¶汉～/売国奴．漢奸(かんかん)．**4** 不義を働く．[通]～ 姦通(かんつう)する．

**jiānchén**【奸臣】[名]奸臣．

**jiānfū**【奸夫】[名]間男．

**jiānfù**【奸妇】[名]姦婦．

**jiānguǐ**【奸宄】[名]〔書〕悪者．

**jiānhuá**【奸猾】[形]悪賢い．

**jiānjì**【奸计】[名]奸計．

**jiānníng**【奸佞】[動]〔書〕腹黒で人にこびつらう．

**jiānqíng**【奸情】[名]姦通．

**jiānshāng**【奸商】[名]悪徳商人．

**jiāntú**【奸徒】[名]悪党．

**jiānwū**【奸污】[動]強姦する．

**jiānxì**【奸细】[名]スパイ．

**jiānxiǎn**【奸险】[形]悪賢くて腹黒い．

**jiānxiào**【奸笑】[動]陰険に笑う．

# jiān 420

**jiānxié**【奸邪】〈書〉1［形］邪悪である．2［名］悪人．
**jiānxióng**【奸雄】［名］奸雄．
**jiānyín**【奸淫】［動］1 姦淫する．2 強姦する．
**jiānzéi**【奸賊】［名］奸賊．
**jiānzhà**【奸詐】［形］悪賢い．

## 歼（殲） **jiān**🔳 滅ぼす．

**jiānjī**【歼击】［動］攻撃し殲滅（ﾃﾞﾝ）する．
**jiānjījī**【歼击机】［名］戦闘機．
**jiānmiè**【歼灭】［動］殲滅する．¶~战zhàn／殲滅戦．

## 坚（堅） **jiān**🔳 ①［形］かたい．②［動］揺ぎしない．③堅固なもの．
‖［姓］

**jiānbì**【坚壁】［動］（物資などを）敵から隠す．
**jiān bì qīng yě**【坚壁清野】〈成〉陣地をかためて，地上物を敵に利用はせないように取り除く戦術．
**jiān bù kě cuī**【坚不可摧】〈成〉攻め落とせない．
**jiānchí**【坚持】［動］1 あくまでがんばる．固執する．¶~己见／自分の意見に固執する．2 持ちこたえる．
**jiān chí bù xiè**【坚持不懈】〈成〉うまずたゆまずやる．
**jiāndìng**【坚定】1［形］意志や立場が確固としている．2［動］かためる．¶~立场／足もとをかためる．
**jiāngù**【坚固】［形］堅固である．
**jiānguǒ**【坚果】［名］〈植〉（クリ・カシなどの）果皮のかたい果実．
**jiānjué**【坚决】［形］態度や主張・行動などが断固としている．¶主张~／主張がゆるぎない．
**jiānkǔ**【坚苦】［動］辛抱強く苦労に耐える．
**jiān kǔ zhuó jué**【坚苦卓绝】〈成〉忍耐強さが人並み以上ある．
**jiānláo**【坚牢】［形］堅固である．
**jiānláodù**【坚牢度】［名］〈紡〉（織物の）強さ．
**jiānqiáng**【坚强】1［形］強固である．¶~不屈／頑として屈しない．［意志〜／意志が強い．2［動］強める．
**jiānrěn**【坚忍】［形］我慢強く堪え忍ぶ．
**jiān rěn bù bá**【坚忍不拔】〈成〉堪忍不抜である．
**jiānrèn**【坚韧】［形］強靭（ﾁｯﾞ）である．
**jiān rú pán shí**【坚如磐石】〈成〉大きな岩のように堅固である．
**jiānshí**【坚实】［形］1 堅固である．2（体が）頑丈である．
**jiānshǒu**【坚守】［動］しっかりと守る．
**jiāntǐng**【坚挺】［形］1 かたくてまっすぐである．2〈経〉（相場などが）堅調である．
**jiānxìn**【坚信】［形］かたく信じる．¶~不疑／かたく信じて疑わない．
**jiānyì**【坚毅】［形］毅然としている．
**jiānyìng**【坚硬】［形］《物なが》かたい．
**jiānzhēn**【坚贞】［形］〈書〉節操がたい．

## 间（間） **jiān** 1［量］部屋を数える．2［名］あいだ．間柄．¶朋友(之)~／友人の間．3［接尾］"忽然，突然"などにつく．意味は変わらない／突然／突然．
🔳①部屋．②ある一定の空間も時間．③人～／世の中．
異読⇨**jiàn**

**jiānbīngqī**【间冰期】［名］〈地質〉間氷期．
**jiān bù róng fà**【间不容发】〈成〉危険が目の前に迫っている．
**jiānjià**【间架】［名］字の構え；〈転〉（書道の）筆画の配り；（文章の組み立て）．
**jiānjù**【间距】［名］間隔．
**jiānliang**【间量】［名］（~儿）〈方〉部屋の大きさ．
**jiānnǎo**【间脑】［名］〈生理〉間脳．
**jiānzòuqǔ**【间奏曲】［名］〈音〉間奏曲．

## 浅（淺） **jiān**🔾 異読⇨**qiǎn**

**jiānjiān**【浅浅】［擬］〈書〉《水の流れる音》さらさら．

## 肩 **jiān** 1［名］肩．2［動］担ぐ．負う．

**jiānbǎng**【肩膀】［名］（~儿）1 肩．2〈喩〉任務を引き受けられる能力．
**jiānfù**【肩负】［動］担う．
**jiānjiǎ**【肩胛】［名］肩胛部（ｻﾞﾝっこう）．
**jiānjiǎgǔ**【肩胛骨】［名］〈生理〉肩胛骨（ｶｻﾞっこ）．
**jiān mó gǔ jī**【肩摩毂击】〈成〉人や車がとても込み合う．
**jiāntóu**【肩头】［名］1〈方〉肩の上．2〈方〉肩．
**jiānwō**【肩窝】［名］（~儿）肩のくぼみ．
**jiānzhāng**【肩章】［名］肩章．

## 艰（艱） **jiān**🔳 難しい．

**jiānjù**【艰巨】［形］（仕事・工事などが）極めて困難である．
**jiānkǔ**【艰苦】［形］（生活や工事などが）苦難に満ちている．苦しい．
**jiān kǔ zhuó jué**【艰苦卓绝】〈成〉極めて苦しい．
**jiānnán**【艰难】［形］（生活などが）苦しい．
**jiānsè**【艰涩】［形］〈書〉（文章などが）晦渋（ｶｲｼﾞｭｳ）で難しい．
**jiānshēn**【艰深】［形］（文章や道理が）難しい．
**jiānwēi**【艰危】［名］危急．
**jiānxiǎn**【艰险】［形］困難で危険である．
**jiānxīn**【艰辛】［名］〈書〉艱苦（ｶﾝ）．

## 监（監） **jiān**🔳①監視する．②監獄．
異読⇨**jiàn**

**jiāncè**【监测】［動］監測する．
**jiāncèqì**【监测器】［名］〈物〉モニター．
**jiānchá**【监察】［動］監察する．
**jiān//chǎng**【监场】［動］試験監督をする．
**jiāndū**【监督】［動］監督する．
**jiānfàn**【监犯】［名］獄中の犯罪人．

jiān//gōng【監工】工事を監督する.

jiānguǎn【監管】監督管理する.

jiānguī【監規】[名]監獄内の規律.

jiānhù【監護】[動] 1【法】後見する. 2 看護をする.

jiānhùrén【監護人】[名]【法】後見人.

jiānjìn【監禁】[動]監禁する.

jiānkǎo【監考】[動]試験監督をする.

jiānkòng【監控】[動] 1[名]監視と制御. 2[動]監督し制御する.

jiānláo【監牢】[名]監獄.

jiānlǐ【監理】[動]総合的マネージメントをする.

jiān/piào【監票】[動]開票検査する.

jiānshěn【監審】[動]監査する.

jiānshì【監視】[動](経)監査役.

jiānshì【監試】[動]試験監督をする.

jiānshì【監視】[動]監視する.

jiānshǒu【監守】[動]保管する.

jiān shǒu zì dào【監守自盗】(成)職務上の横領.

jiāntīng【監聴】[動](ラジオ番組などを)監視している。チェックする,検閲する.

jiānwài zhíxíng【監外執行】[名]病・妊娠・出産・授乳などによる)刑務所外の服役.

jiānyā【監押】[動] 1 拘禁する. 2〈犯人や捕虜を〉護送する.

jiānyǒu【監友】[名]牢屋仲間.

jiānyù【監獄】[名]監獄. 刑務所.

jiānzhì【監制】[動]商品をチェックする.

兼 jiān [動]兼ねる. ‖[姓]

jiān'ài【兼愛】[哲]兼愛.

jiānbèi【兼備】[動]兼備する.

jiānbìng【兼併】[動]併合する.

jiānchāi【兼差】[動](旧)兼職する.

jiānchéng【兼程】[動]両急ぎで進む.

jiāngù【兼顧】[動]両方に配慮する.

jiānháo【兼毫】[名]羊とイタチの毛で作った筆.

jiān/kè【兼課】[動](本務以外の)授業を掛け持つ.

jiānlǐ【兼理】[動]併せて管理する.

jiānrèn【兼任】[動] 1 兼任する. 2 [形]兼任の.

jiānróng【兼容】 1[動] あわせもつ. 2[形]【電算】互換性のある. ¶~性／互換性.

jiān róng bìng bāo【兼容並包】(成)多くの事柄を包括・包容する.

jiānróngjī【兼容機】[名]【電算】(コンピュータの)互換機.

jiānshī【兼施】[動](各種の方法を)同時に使う.

jiān shōu bìng xù【兼収并蓄】(成)性質の相反するものでもすべて受けいれる. ▶"兼容并蓄"とも.

jiāntiǎo【兼祧】[動](宗族)で)二つの家の跡継ぎを一人で兼ねる.

jiān tīng zé míng, piān xìn zé àn【兼听则明, 偏信则暗】(成)広く意見を聞けば是非を明らかにできるが, 一方だけの意見を信じるなら判断を誤る.

jiānxún【兼旬】[名]20日間.

jiānyèhù【兼业户】[名]複合経営農家.

jiānyǔ【兼语】[語]兼語.

jiānzhī【兼之】[接続]その上. さらに.

jiān//zhí【兼職】[動]兼職する.

菅 jiān [名]【植】カルカヤ. ‖[姓]

笺（箋・牋） jiān [名]書簡. ‖ [+動] ①便箋(はんせん). ②注釈する.

jiānzhù【笺注】[名]古典の注釈.

渐 [+動]浸す. 異読⇒jiàn

jiānrǎn【渐染】[書]長く接触して染まる.

犍 jiān [+動] 去勢された雄牛. ¶老~. 異読⇒qián

jiānniú【犍牛】[名] 去勢された雄牛.

缄 jiān [動](書)封をする.

jiānkǒu【缄口】[動](書)口をつぐむ.

jiānmò【缄默】[動](書)沈黙する.

搛 jiān [動](箸で)挟む.

煎 jiān 1[動] 1【料理】少量の油で焼く. ¶~牛排／ビーフステーキ. 2 煎じる. ¶~药／薬を煎じる. 2[量]【中薬】薬を煎じる回数をいう. ¶头一～／一番煎じの薬.

jiān【煎熬】[名][喩]苦しみ.

jiānbǐng【煎饼】[名]水に溶いた小麦粉などを鍋に薄くのばして焼いた食べ物.

缣 jiān [+動] 薄い絹.

jiānbó【缣帛】[名]〈古〉薄い絹織物の一. 絹帛(けんぱく).

鲣（鰹） jiān [名]【魚】カツオ.

jiānyú【鲣鱼】[名]【魚】カツオ.

鹣 jiān [名](伝説上の)比翼の鳥. ▶"鹣鹣"とも.

鲽 jiān [名]【魚】カレイ. ボウズガレイ.

檠 jiān [名](書)木製のくさび.

囝 jiān [名]〈方〉 1 息子. 2 息子と娘.（広く）子供.

拣（揀） jiān [動] 1 選ぶ. よる. 2 拾う.

jiānxuǎn【拣选】[動] 選び取る.

jiānzé【拣择】[動]選ぶ.

枧 jiān [名]〈方〉 1 石けん. ¶香~／化粧石けん.

茧（繭） jiān [名]【昆】(カイコの)まゆ. ¶手足にできる)たこ.

jiǎnchóu【茧绸】[名]蚕糸を使った織物.

jiǎnzi【茧子】[名] 1[方]まゆ. 2 (手足にできる)たこ.

柬 jiān [+動]手紙・名刺・招待状など. ¶请~／招待状.

# jiǎn

**Jiǎnpǔzhài**【柬埔寨】[名]〈地名〉カンボジア.

**jiǎntiē**【柬帖】[名]書きつけ.メモ.

**俭**（儉）**jiǎn** [日] 倹約する. ‖[姓]

**jiǎnpǔ**【俭朴】[形]質素である.

**jiǎnshěng**【俭省】[形]つましい.

**jiǎn yǐ yǎng lián**【俭以养廉】[成] 倹約は廉潔を培う.

**jiǎnyuē**【俭约】[动]→**jiǎnshěng**【俭省】

**捡**（撿）**jiǎn** [动] 拾う.

**jiǎnle zhīma, diūle xīguā**【捡了芝麻,丢了西瓜】〈諺〉一文惜しみの百知らず.

**jiǎn//lòu**【捡漏】[动]〈建〉屋根の雨漏りを調べて修繕する.

**jiǎn//lòur**【捡漏儿】[动]〈方〉揚げ足を取る.

**jiǎn piányi**【捡便宜】[慣]労せず手に入れる.

**jiǎn pòlànr**【捡破烂儿】[動] くず拾いをする.

**jiǎnshí**【捡拾】[动]拾う.

**jiǎn yánglàor**【捡洋落儿】[慣]〈方〉おこぼれにあずかる.

**jiǎn//zì**【捡字】[动]〈印〉活字を拾う.

**笕 jiǎn**[名]筧(かけひ).かけどい.

**检**（檢）**jiǎn**【检jiǎn】に同じ. **jiǎn**【检jiǎn】① 調べる. ② 自制する.

**jiǎnbō**【检波】[动]〈電〉検波する.

**jiǎncè**【检测】[动]検査測定する.

**jiǎnchá**【检查】[动] 1（欠陥の有無を）検査する,点検する. 2（文献などを）調査する. 3→**jiǎntǎo**【检讨】

**jiǎnchá**【检察】[动]〈法〉犯罪事実を審査し告発する.

**jiǎnchá pīnxiě**【检查拼写】[名]〈電算〉スペルチェック.

**jiǎncháyuàn**【检察院】[名]〈政〉検察院.

**jiǎnchǎng**【检场】[动]（伝統劇で）幕を下ろさずに舞台道具を配置したり片付けたりする.

**jiǎnchāojī**【检钞机】[名]にせ札検査機.

**jiǎndiǎn**【检点】[动] 1 点検する. 2（自分の言動に）節度を守る.

**jiǎndìng**【检定】[动]検定する.

**jiǎnhé**【检核】[动]検査する.検証する.

**jiǎnhuò**【检获】[动]（盗品などを）捜索し押収する.

**jiǎnjǔ**【检举】[动]告発する.摘発する.

**jiǎnkòng**【检控】[动]検察官送検する.

**jiǎnlù**【检录】[体]選手の点呼をとり入場の案内をする.

**jiǎn//piào**【检票】[动]検札する.

**jiǎnshì**【检视】[动]点検する.検査する.

**jiǎnshù**【检束】[动]→**jiǎndiǎn**【检点】2

**jiǎnsuǒ**【检索】[动]検索する.

**jiǎntǎo**【检讨】❶[动] 1（思想上・活動上の欠点を）反省する. 2 検討する. ❷[名]反省文.

**jiǎnxiū**【检修】[动]（機械や建物などを）点検修理する.

**jiǎnyàn**【检验】[动]検証する.

**jiǎnyì**【检疫】[动]〈医〉検疫する.

**jiǎnyuè**【检阅】[动] 1 検閲する. 2 検討する.

**jiǎnzìfǎ**【检字法】[语]検字法.

**趼**（繭）**jiǎn** ❶

**jiǎn**【趼子】[名]たこ,まめ.

**减**（減）**jiǎn** [动] 1（←加）減らす. 差し引く. 2 減る.

**jiǎncāng**【减仓】[动]株生産の保有を減らす.

**jiǎn/chǎn**【减产】[动]生産が減る.

**jiǎndī**【减低】[动]下げる.低くする.

**jiǎnfǎ**【减法】[数]引き算.

**jiǎn//féi**【减肥】[动]ダイエットする.

**jiǎnfú**【减幅】[名]下げ幅.

**jiǎnfù**【减负】[动]負担を軽減する.

**jiǎnhào**【减号】[名]〈数〉マイナス記号.

**jiǎnhé**【减河】[名]〈水〉放水路.

**jiǎnhuǎn**【减缓】[动]（程度を）軽くする.

**jiǎn//jià**【减价】[动]値下げする.

**jiǎnkuī**【减亏】[动]損失を減らす.

**jiǎnmiǎn**【减免】[动]（税や刑罰を）減免する.

**jiǎnqīng**【减轻】[动]軽減する. ¶～负担/負担を軽くする.

**jiǎnruò**【减弱】[动] 1 弱まる 2 弱める.

**jiǎnsè**【减色】[动]精彩を欠く.

**jiǎnshā**【减杀】[动]勢いをそぐ.

**jiǎnshǎo**【减少】[动] 1 減らす. ⇔事故／事故を減らす. 2 減る.

**jiǎnshēngqì**【减声器】[名]〈機〉（車の）マフラー.

**jiǎnshù**【减数】[名]〈数〉減数.

**jiǎnshuì**【减税】[动]減税する.

**jiǎn//sù**【减速】[动]減速する.

**jiǎnsǔn**【减损】[动]弱まる.

**jiǎnsuō**【减缩】[动]縮減する.

**jiǎntuì**【减退】[动]減退する.

**jiǎnxīn**【减薪】[动]減給する.

**jiǎn//xíng**【减刑】[动]〈法〉減刑する.

**jiǎnxuē**【减削】[动]削減する.

**jiǎnyā**【减压】[动]圧力を弱める；プレッシャーをやわらげる.

**jiǎnyā xiāofèi**【减压消费】[名]ストレス解消のための消費.

**jiǎn//yuán**【减员】[动] 1（軍隊で）人員が減る. 2 人員削減する.

**jiǎnzāi**【减灾】[动]災害による損失を減らす.

**jiǎnzhèn**【减震】[动]振幅を減衰させる. ¶～器／ダンパー. （自動車の）ショックアブソーバー.

**jiǎnzhòushuāng**【减皱霜】[名]しわ取りクリーム.

**剪 jiǎn** [动] 1（はさみで）切る. 2 はさみ；（じゃんけんの）チョキ. ‖[姓]

**jiǎn//bào**【剪报】新聞の切り抜きをする.

**jiǎncái**【剪裁】[動]**1**〈服〉裁断する.**2**〈転〉文章の材料を取捨選択する.

**jiǎn/cǎi**【剪彩】[動]〈開会式などで〉テープカットする.

**jiǎnchú**【剪除】[動]〈悪人・禍根などを〉取り除く.

**jiǎnchuáng**【剪床】[動]〈機〉剪断機.

**jiǎndāo**【剪刀】[名]はさみ.

**jiǎndāochā**【剪刀差】[名]〈経〉鋏状(ばさじょう)価格差.

**jiǎn/fà**【剪发】[動]髪を切る.

**jiǎnjí**【剪辑】[動]〈映画・写真などを〉編集する.

**jiǎnjiē**【剪接】[名]映画の編集.

**jiǎnjìng**【剪径】[動]追いはぎを働く.

**jiǎn/máo**【剪毛】[動]剪毛する.

**jiǎnmiè**【剪灭】[動]一掃する.

**jiǎn/piào**【剪票】[動]改札する.¶~口／改札口.

**jiǎnqiē**【剪切】[動]〈電算〉カットする.

**jiǎnqiūluó**【剪秋萝】[名]〈植〉センノウ.

**jiǎntiē**【剪贴】[動]**1**〈新聞などの〉切り抜きを作る.¶~簿／スクラップブック.**2**〈電算〉カットアンドペーストする.**3**[名]切り絵細工.

**jiǎntiēbǎn**【剪贴板】[名]〈電算〉クリップボード.

**jiǎn/tóu**【剪头】[動]散髪する.

**jiǎnxīpiào zhàiquàn**【剪息票债券】[名]〈経〉利札付き債券.金利クーポン付き債券.

**jiǎnyǐng**【剪影】[名]**1**影絵.**2**〈喩〉事物のあらまし.

**jiǎnzhǐ**【剪纸】[名]切り紙細工.

**jiǎnzhǐpiànr**【剪纸片儿】→**jiǎnzhǐpiàn**【剪纸片】

**jiǎnzhǐpiàn**【剪纸片】[名]切り紙アニメ.

**jiǎnzi**【剪子】[名]**1**はさみ.**2**〈じゃんけんの〉チョキ.

**睑**(瞼)**jiǎn**[名]〈生理〉まぶた.▶"眼睑"とも.

**铜**(鐗)**jiǎn**[名]〈古〉金属製で,刃がなくて竹刀(しない)のような形をしている兵器.異読⇒**jiàn**

**裥**(襇)**jiǎn**[名]〈方〉〈衣服の〉ひだ.

**简**(簡)**jiǎn**Ⅰ①簡単である.②簡略化する.③手紙.④竹簡.⑤選抜する.Ⅱ[姓]

**jiǎnbǎn**【简板】[名]2枚の板で作る打楽器.

**jiǎnbàn**【简办】[動]簡素に行う.

**jiǎnbào**【简报】[名]短いニュース.

**jiǎnběn**【简本】[名]簡略化した普及本.

**jiǎnbiān**【简编】[名]簡略版.

**jiǎnbiàn**【简便】[形]簡便である.

**jiǎnbiǎo**【简表】[名]略表.

**jiǎnchēng**【简称】[動]**1**略称する.**2**略称する.

**jiǎndān**【简单】[形]**1**簡単である.単純である.¶结构~／構造は単純である.**2**〈能力などが〉平凡である.¶真不~！／たいしたもんだ.**3**雑である.

**jiǎndān jīxiè**【简单机械】[名]単純な装置.

**jiǎndān láodòng**【简单劳动】[名]単純労働.

**jiǎndān shāngpǐn shēngchǎn**【简单商品生产】[名]〈経〉小規模商品生産.

**jiǎndān zàishēngchǎn**【简单再生产】[名]〈経〉単純再生産.

**jiǎndú**【简牍】[名]〈古〉木簡.竹簡.

**jiǎnduǎn**【简短】[形]簡潔である.

**jiǎnfēnshù**【简分数】[名]〈数〉単分数.

**jiǎngǔ**【简古】[形]〈書〉簡明かつ奥深い.

**jiǎnhuà**【简化】[動]簡略化する.

**jiǎnhuà hànzì**【简化汉字】[名]簡体字.

**jiǎnhuàzì**【简化字】[名]簡体字.

**jiǎnjié**【简洁】[形]簡潔である.

**jiǎnjié**【简捷】[形]**1**ストレートである.**2**簡便である.

**jiǎnjiè**【简介】[名]簡単な紹介.

**jiǎnkuàng**【简况】[名]概況.

**jiǎnkuò**【简括】[動]簡潔にまとめる.

**jiǎnlì**【简历】[名]略歴.

**jiǎnliàn**【简练】[形]〈文などが〉簡潔である,練れている.▲"简炼"とも.

**jiǎnlòu**【简陋】[形]〈建物や設備が〉粗末である.

**jiǎnlüè**【简略】[形]〈話の内容が〉簡略である.

**jiǎnmàn**【简慢】[形]〈もてなしが〉粗末である.

**jiǎnmíng**【简明】[形]簡明である.¶~扼要／簡明で要点をとらえている.

**jiǎnpǔ**【简朴】[形]〈文章・生活などが〉簡素である,質朴である.

**jiǎnpǔ**【简谱】[名]〈音〉略譜.

**jiǎnrèn**【简任】[動]〈旧〉選抜し任命する.

**jiǎnshěng**【简省】[動]〈余分なものを〉省略する.

**jiǎnshī**【简师】→**jiǎnyì shīfàn**【简易师范】

**jiǎnshǐ**【简史】[名]略史.

**jiǎnshì**【简释】[動]簡潔に解釈する.

**jiǎnsuǒ**【简缩】[動]簡素化する.

**jiǎntǐ**【简体】[名]簡体字.

**jiǎntǐzì**【简体字】[名]簡体字.

**jiǎnxiě**【简写】[動]簡書きする.

**jiǎnxùn**【简讯】[名]短いニュース.

**jiǎnyào**【简要】[形]簡単で要領がよい.

**jiǎnyí**【简仪】[名]〈天〉昔の天体観測器械の一種.

**jiǎnyì**【简易】[形]**1**手軽である.**2**応急の.

**jiǎnyìfáng**【简易房】[名]つくりが単純で粗末な建物.

**jiǎnyì shīfàn**【简易师范】[名]短期師範学校.

**jiǎnyuē**【简约】[形]**1**簡明である.**2**

## jiǎn

动 節約する.
**jiǎnzé**[简则]名 簡単な規則.
**jiǎnzhāng**[简章]名 簡単な決まり.
**jiǎnzhí**[简直]副 まるで，まったく.
**jiǎnzhuāng**[简装]名 簡易包装.

**谫(譾) jiǎn** 浅はかである.
**jiǎnlòu**[谫陋]形〈書〉浅はかである.

**碱(鹼) jiǎn** ❶名 **1**〈化〉アルカリ．塩基．**2** 炭酸ナトリウム．❷动（アルカリに侵され）白い斑紋ができる．
**jiǎndì**[碱地]名 アルカリ性土壌.
**jiǎnhuà**[碱化]动 土壌がアルカリ化する.
**jiǎnhuāng**[碱荒]名 荒れたアルカリ性土壌の土地.
**jiǎnjīnshǔ**[碱金属]名〈化〉アルカリ金属.
**jiǎnshìyán**[碱式盐]名〈化〉塩基性塩.
**jiǎntǔ**[碱土]名 アルカリ性土壌.
**jiǎntǔ jīnshǔ**[碱土金属]名〈化〉アルカリ土類金属.
**jiǎnxìng**[碱性]名〈化〉アルカリ性.

**翦 jiǎn**[剪]に同じ．‖姓

**蹇 jiǎn**〈古〉**1** 形 足が不自由である；順調にいかない．**2** 名 駑馬

**謇 jiǎn** 形〈書〉**1** どもる．**2** 剛直である．（気性が）まっすぐである．

**见(見) jiǎn** ❶ 动 **1**（人）に会う．面会する．**2** 見える．目に入る．¶车辆不～了 / 車のキーが見当たらない．**3**（光・風などに）当たる，触れる．**4**（効果・現象などが）現れる．¶病～好 / 病気は快方に向かう．**5**（出典を示し）…を参照せよ．❷ 动〈書〉単音節動詞の前についてる．①〔受け身を表す〕¶～笑．②…してくれる．…してくださる．¶请～教 jiào 为荷 / お教えいただければ幸いです．
❸ 见解．意見．¶成～ / 先入観．‖姓
**jiàn'ài**[见爱]动 大事にされる.
**jiàn/bào**[见报]动 新聞に載る.
**jiànbèi**[见背]动〈書〉（婉）（目上の人が）死ぬ.
**jiànbudé**[见不得]**1** 动+可能 禁物である．**2** 人目をはばかる．明るみへ出せない．**3** 方 見られない．
**jiàn cái qǐ yì**[见财起意]〈成〉金銭を見て邪心を起こす．
**jiàncháng**[见长]动 得意とする．⇒jiànzhǎng
**jiànde**[见得]动（…のように）見える．
**jiàndì**[见地]名 見識.
**jiàn duō shí guǎng**[见多识广]〈成〉経験豊富で知識が広い.
**jiànfāng**[见方]名 平方.
**jiàn fēng shǐ duò**[见风使舵]→kàn fēng shǐ duò[看风使舵]
**jiàn fēng shì yǔ**[见风是雨]〈成〉早合点をする．
**jiàn fēng chā zhēn**[见缝插针]〈成〉あらゆる可能性を利用する.
**jiàn fēng jiù zuān**[见缝就钻]〈成〉いかなる機会をも逃さない.
**jiàngào**[见告]动〈書〉（謙）ご一報願います.
**jiànguài**[见怪]动 とがめる.
**jiàn guài bù guài**[见怪不怪]〈成〉物に動じないこと.
**jiàn//guǐ**[见鬼]动 **1** 不思議に思う．**2** くたばる．
**jiànhǎo**[见好]动（病気）が好転する，快方に向かう．
**jiàn hǎo jiù shōu**[见好就收]〈諺〉〈口〉潮時を見てやめる．
**jiànhuì**[见惠]动〈書〉（謙）頂戴する．
**jiànjī**[见机]动 形勢を見る．
**jiànjiào**[见教]动 お教えいただく．
**jiànjiě**[见解]名 見解．
**jiàn jǐng shēng qíng**[见景生情]〈成〉臨機応変に対処する．
**jiànlǎo**[见老]动 老け込む．
**jiàn//lǐ**[见礼]动 会って挨拶する．
**jiàn lì wàng yì**[见利忘义]〈成〉利益に目がくらんで正義を忘れる．
**jiànliàng**[见谅]动 了承された．
**jiàn liè xīn xǐ**[见猎心喜]〈成〉自信がある芸事をする人を見て，腕がなる．
**jiàn//miàn**[见面]动 対面する．¶我和他见了两次面 / 私は彼と２度会った．
**jiànmiànlǐ**[见面礼]名 初対面の贈り物．
**jiànmiànqián**[见面钱]名 息子の婚約者に贈る金品．
**jiàn qī jí fù**[见票即付]〈経〉（手形の）一覧払．
**jiàn qián yǎn kāi**[见钱眼开]〈成〉金に目がくらむ．
**jiànqiào**[见俏]动 売れ行きがよい．
**jiànqīng**[见轻]动（病状が）よくなる．
**jiàn rén jiàn zhì**[见仁见智]〈成〉各人が各様の意見・見方をもつ．
**jiàn Shàngdì**[见上帝]〈慣〉（人）が死ぬ．
**jiàn shìmiàn**[见世面]見聞を広める．
**jiànshì**[见识]**1** 动 見聞を広める．**2** 名 見聞．
**jiàn shù bù jiàn lín**[见树不见林]〈諺〉小事にとらわれて大局を見失う．
**jiàn suǒ wèi jiàn**[见所未见]〈成〉かつて見たこともない．
**jiàntiān**[见天]名〈～儿〉〈方〉毎日．
**jiàn tù gù quǎn**[见兔顾犬]〈成〉その場になって，慌てて措置をとる．
**jiànwài**[见外]动 よそよそしくする．
**jiàn wēi shòu mìng**[见危受命]〈成〉危急存亡の時には命を投げ出す．
**jiàn wēi zhī zhù**[见微知著]〈成〉一を聞いて十を知る．
**jiànwén**[见闻]名 見聞.

**jiàn wù bù jiàn rén**【见物不见人】〈成〉物的要因を重く見て、人的要因を軽視する.

**jiànxí**【见习】動 見習いをする.

**jiàn xián sī qí**【见贤思齐】〈成〉すぐれた人を見て自分も見習おうと思う.

**jiànxiào**【见效】動 効果が出る.

**jiànxiào**【见笑】〈謙〉1 笑われる. 2 笑いものにする.

**jiàn/xīn**【见新】動〈方〉(修理して)新しくする.

**jiànxuě fēnghóu**【见血封喉】〈植〉ウパス.

**jiàn Yánwang**【见阎王】〈慣〉死ぬ.

**jiàn yángguāng**【见阳光】1 日の目を見る. 2〈喩〉白日の下に引き出す.

**jiàn yì sī qiān**【见异思迁】〈成〉移り気である.

**jiàn yì yǒng wéi**【见义勇为】正義感に燃えて勇敢に行動する.

**jiànyú**【见于]動 …に見える.

**jiànzhǎng**【见长】動 成長する. ⇒ jiàncháng

**jiànzhèng**【见证】1 動 人に立つ. 2 名 証人. 証拠品.

**jiànzhèngrén**【见证人】名〈法〉証人.

**jiànzuì**【见罪】動〈书〉とがめる.

**件** **jiàn**【件】❶ 量 1 事柄·事件·公文書·手紙などに用いる. ¶ 一~大事／一つの大きな事柄. 2〈~儿〉衣類(主として上着)に用いる. 3〈~儿〉総称を表す名詞に用いる. ¶ 几~首饰／アクセサリー 一式. ❷ 接尾 全体の一部分となる物, あるいは一つ一つ数えられる事柄や事物に用いる. ¶ 零~／部品. ¶ 案~／事件. 案件. ¶ 急~／緊急文書.

‖ 畦

**间(閒) jiàn**【间】❶ 動〈苗〉間引く.

❶ 1 動 すきま. 間. ¶ 乘 chéng ~／すきに乗ずる. 2 隔てる. ¶ 相~／隔たりがある. 3 仲を裂く.

異読⇒ jiān

**jiànbì**【间壁】名 隣家.

**jiàndào**【间道】名 近道.

**jiàndié**【间谍】名 スパイ.

**jiànduàn**【间断】動 中断する.

**jiànfá**【间伐】動 間伐する.

**jiàngé**【间隔】1 名 間隔. 2 動 隔絶する.

**jiàngéfú**【间隔符】名〈電算〉区切り記号·文字.

**jiàngéhào**【间隔号】名〈語〉中黒.

**jiànhuò**【间或】副〈书〉時折.

**jiànjiē**【间接】形 (↔直接) 間接的な. 間接的に.

**jiànjiē féiliào**【间接肥料】名〈農〉間接肥料.

**jiànjiē jīngyàn**【间接经验】名〈书〉書物などを通じて得た経験.

**jiànjiēshuì**【间接税】名 間接税.

**jiànjiē tuīlǐ**【间接推理】名〈論〉間接推理.

**jiànjiē xuǎnjǔ**【间接选举】名〈政〉間接選挙.

**jiàn/miáo**【间苗】動〈農〉間引きする.

**jiànrì**【间日】名〈书〉隔日.

**jiànsè**【间色】名〈美〉中間色.

**jiànxì**【间隙】1 すきま. 2〈機〉(ブレーキの)遊び.

**jiànxiē**【间歇】名 間欠.

**jiànxiēquán**【间歇泉】名〈地〉間欠泉.

**jiànxiērè**【间歇热】名〈医〉間欠熱.

**jiànzá**【间杂】動 入り混じる.

**jiànzhòng**【间种】動 間作する.

**jiànzuò**【间作】名〈農〉間作する.

**饯(餞) jiàn**【饯】❶ ① 宴を張ってはなむけをする. ②(果物の)砂糖漬け. ¶ 蜜~／果物の砂糖漬け.

**jiànbié**【饯别】動 送別の宴を開く.

**jiànxíng**【饯行】動 送別の宴を開く.

**建 jiàn**【建】1 建てる. 2 創立する.

❶ ① 提唱する. ② 福建省. ‖ 姓

**jiànbái**【建白】名〈书〉建白.

**jiàncái**【建材】名 建築材料.

**jiàn//cāng**【建仓】動〈経〉株や先物を買い入れる.

**jiàn/dǎng**【建党】動 結党する.

**jiàn/dàng**【建档】動 ファイルを作る.

**jiàn/dū**【建都】動〈…に〉都を定める.

**jiàngōng**【建功】動 功績をたてる.

**jiàn gōng lì yè**【建功立业】〈成〉功績をあげ自ら事業を興す.

**jiàngòu**【建构】動 創建する.

**jiàn/guó**【建国】動 建国する.

**jiànjí**【建极】動〈旧〉皇帝が即位する.

**jiàn/jiāo**【建交】動 外交関係を結ぶ.

**jiànjūn**【建军】動 軍隊を創建する.

**jiànlán**【建兰】名〈植〉スルガラン.

**jiànlì**【建立】動 打ち立てる. 築き上げる. ¶ ~合作关系／協力関係を打ち立てる.

**jiànqī**【建漆】名 福建省産の漆器.

**jiànshè**【建设】動 (大規模な組織·施設を) 建設する.

**jiànshù**【建树】1 動〈书〉(功績などを) 残す. 2 名 功績. 手柄.

**jiànyì**【建议】1 動 提案する. 2 名 提案.

**jiànyuán**【建元】動 建国する.

**jiànzào**【建造】動 建築する.

**jiànzhèng**【建政】動 政権を打ち立てる.

**jiànzhì**【建制】名 (機関や軍隊の)編制；(行政区画などの)制度.

**jiànzhù**【建筑】1 動 (家屋·道路·橋などを) 建築する. 2 名 建築物.

**jiànzhùwù**【建筑物】名 建築物.

**荐(薦) jiàn**【荐】❶ ① 推薦する. ② 草；むしろ.

**jiàngǔ**【荐骨】名〈生理〉仙骨.

**jiànjǔ**【荐举】動 推挙する. 紹介する.

**jiànrèn**【荐任】名〈旧〉文官の第三等官.

**jiàntou**【荐头】名〈方〉口入れ人.

## jiàn

**jiànxián**[荐贤]〔動〕賢人を推薦する.

**jiànyǐn**[荐引]〔動〕〈書〉推薦する. 紹介する.

**jiànyōu**[荐优]〔動〕優秀なものを推薦する.

**jiànzhǔ**[荐主]〔名〕推薦者. 紹介人.

**jiànzhuī**[荐椎]〔名〕〈生理〉仙椎.

## 贱(賤) jiàn

〔形〕1（↔贵）〔値段が）安い. 2（↔贵）（身分が）卑しい. 低い. 3 卑下ている. ├─〈謙〉旧時,自分をさしていう.

**jiàngǔtou**[贱骨头]〔名〕〔罵〕げす.

**jiànhuò**[贱货]〔名〕1 安物. 2〔罵〕下司.

**jiànmín**[贱民]〔名〕〈旧〉賎民.

**jiànnèi**[贱内]〔名〕〈旧〉〈謙〉家内.

**jiànqū**[贱躯]〔名〕〈謙〉自分.

**jiànrén**[贱人]〔名〕〔罵〕〈旧〉卑しい女.

**jiànyàng**[贱恙]〔名〕〈謙〉自分の病気.

## 荦 jiàn

〔動〕1（棒などで）斜めにして,つっかいをする. 2（土や石で）水をせき止める.

## 剑(劍) jiàn

〔名〕剑（筆順⇒）. 〔把〕

┃〔姓〕

**jiàn bá nǔ zhāng**[剑拔弩张]〔成〕一触即発の状態.

**jiànkè**[剑客]〔名〕剑客.

**jiànlán**[剑兰]〔名〕〈植〉トウショウブ.

**jiànmá**[剑麻]〔名〕〈植〉シザルアサ.

**jiànméi**[剑眉]〔名〕まっすぐでしり上がりの眉. りりしい眉.

**Jiànqiáo**[剑桥]〔名〕〈地名〉ケンブリッジ.

**jiànshù**[剑术]〔名〕剑術.

**jiànxiá**[剑侠]〔名〕剑客.

## 监(監) jiàn

古代の役所の名.

**jiànběn**[监本]〔名〕〈史〉"国子监"で印刷された版本.

**jiànshēng**[监生]〔名〕〈史〉監生.

## 健 jiàn

├─①体が丈夫である. ②丈夫にする. ③すぐれている. ┃〔姓〕

**jiànbù**[健步]〔形〕健歩である.

**jiàncún**[健存]〔動〕現存する. 健在である.

**jiàn'ér**[健儿]〔名〕健児.

**jiànfàn**[健饭]〔形〕大食である.

**jiànjiāng**[健将]〔名〕1 その道の達人. 2 運動選手の最高級の称号.

**jiànkāng**[健康]〔形〕1 健康である. 2 健全である. ¶内容～/内容は健全である.

**jiànměi**[健美]〔形〕1 健康で美しい. 2〈体〉フィットネス.

**jiànměicāo**[健美操]〔名〕〈体〉エアロビクス.

**jiànměifú**[健美服]〔名〕レオタード.

**jiànměikù**[健美裤]〔名〕〈体〉スパッツ.

**jiànměi yùndòng**[健美运动]〔名〕〈体〉ボディビルディング.

**jiànqiào**[健俏]〔形〕売れ行きがよい.

**jiànquán**[健全]❶〔形〕1 健全である. 2 整っている. ❷〔動〕整える.

**jiànshēn**[健身]〔動〕1 体力作りをする. 2〔名〕フィットネス.

**jiànshēncāo**[健身操]〔名〕〈体〉健身体操.

**jiànshēnfáng**[健身房]〔名〕アスレチックジム.

**jiànshēnqì**[健身器]〔名〕〈体〉健康器具.

**jiànshēnqiú**[健身球]〔名〕1 小さな鉄〔石〕球. ＊手のひらで転がすと血行がよくなるなどの効果をもたらす. 2〈体〉バランスボール.

**jiàntán**[健谈]〔形〕能弁である.

**jiànwàng**[健忘]〔形〕忘れっぽい.

**jiànwàng**[健旺]〔形〕健康である.

**jiànzài**[健在]〔形〕健在である.

**jiànzhuàng**[健壮]〔形〕壮健である.

## 舰(艦) jiàn

〔名〕軍艦.

**jiànduì**[舰队]〔名〕艦隊.

**jiànduìkōng dǎodàn**[舰对空导弹]〔名〕艦対空ミサイル.

**jiànmó**[舰模]〔名〕船舶模型.

**jiànrì**[舰日]〔名〕1 隻の軍艦の1日の海上での活動日程.

**jiàntǐng**[舰艇]〔名〕艦艇.

**jiànzài**[舰载]〔形〕艦載の.

**jiànzhǎng**[舰长]〔名〕艦長.

**jiànzhǐ**[舰只]〔名〕艦船.

## 涧 jiàn

├─谷. 谷川.

## 渐 jiàn

〔副〕〈書〉だんだんと. しだいに. ┃〔姓〕 異読⇒jiān

**jiànbiàn**[渐变]〔名〕〈哲〉漸進的変化.

**jiàncì**[渐次]〔副〕〈書〉しだいに.

**jiànjìn**[渐进]〔動〕漸進する.

**jiànjiàn**[渐渐]〔副〕〈書〉だんだん. ¶～习惯了/だんだん慣れてきた.

**jiàn rù jiā jìng**[渐入佳境]〔成〕だんだん感興が深まる；徐々に境遇が好転する.

**jiànwù**[渐悟]〔動〕〈仏〉徐々に理解する.

**jiànxiǎn**[渐显]〔名〕〈映画〉フェードインする.

**jiànyǐn**[渐隐]〔名〕〈映画〉フェードアウトする.

## 谏 jiàn

〔動〕〈書〉〔目上を〕いさめる.

**jiànzhèng**[谏诤]〔動〕〈書〉直諫する.

## 楗 jiàn

〔名〕〈書〉1 門のかんぬき. 2 堤防の修復に用いる竹・木・土砂・石などの材料.

## 践(踐) jiàn

├─①踏む. ¶～踏/実行する. ¶实～/実行する.

**jiànnuò**[践诺]〔動〕〈書〉約束を実行する.

**jiàntà**[践踏]〔動〕1 踏む. 踏みつける. 2〔喩〕踏みにじる.

**jiàn//yuē**[践约]〔動〕約束を果たす.

**jiànzuò**[践祚]〔動〕〈書〉〔皇帝が〕即位する.

## 铜 jiàn

〔名〕車軸にはめる鉄の棒. 異読⇒xián

## 毽 jiàn ○

**jiànzi**【毽子】名 蹴羽根(けり). ▶穴あき銭や金属片に鳥の小さな羽を数枚さしたもので,足でけって遊ぶ.

**腱** **jiàn**【名】〈生理〉腱(けん).

**jiànqiào**【腱鞘】名〈生理〉腱鞘(けんしょう). ¶~炎/腱鞘炎.

**jiànzi**【腱子】名〈人・牛・羊などの〉ふくらはぎの筋肉の発達した部分.

**溅(濺)** **jiàn**【動】〈液体が〉はね上がる.

**jiànluò**【溅落】動 宇宙船や人工衛星などが空中から着水する.

**鉴(鑒)** **jiàn**【書】❶名 鏡. 2【動】❶ 戒め. 2 照らす. ¶~于此/これをふまえて. 2 ご高覧に与 (あずか)る. ¶~→別 bié. 2 つぶさに見る. ¶~→別 bié.

**jiànbié**【鉴别】動 鑑別する.

**jiàndìng**【鉴定】1 動〈人物を〉評定する; 〈物の優劣・真偽を〉鑑定する. 2 名 評定; 鑑定.

**jiànjiè**【鉴戒】名 戒め.

**jiànliàng**【鉴谅】動 了察する.

**jiànrèn**【鉴认】動 鑑認する.

**jiànshǎng**【鉴赏】動〈芸術品・文物などを〉鑑賞する.

**jiànyú**【鉴于】介〈書〉…にかんがみて. …という見地から.

**jiànzhèng**【鉴证】動 鑑査する.

**键** **jiàn**【名】1〈楽器やパソコンなどの〉鍵盤, キー. 2 くさび. 3〈書〉かんぬき.

**jiàncáo**【键槽】名〈機〉キー溝.

**jiànpán**【键盘】名〈楽器の〉鍵盤; 〈機器の〉キーボード.

**jiànpán yuèqì**【键盘乐器】名 鍵盤楽器.

**jiànrù**【键入】動〈電算〉入力する.

**槛(檻)** **jiàn**【名】〈古〉欄干. おり. 异読→kǎn

**僭** **jiàn**【動】身分を越えたことをする.

**踺** **jiàn** ⓞ

**jiànzi**【踺子】名〈体〉宙返り.

**箭** **jiàn**【名】矢.

**jiànbǎzi**【箭靶子】名 標的.

**jiànbù**【箭步】名〈矢のように〉すばやく歩くこと.

**jiànduòzi**【箭垛子】名 1 ひめ垣. 2 標的.

**jiàngǎn**【箭杆】名 矢.

**jiànlóu**【箭楼】名 城壁の上に設けたやぐら.

**jiànshí**【箭石】名〈古生物〉箭石.

**jiàntóng**【箭筒】名 矢筒.

**jiàntóu**【箭头】名〈~儿〉1 矢じり. 2 矢印.

**jiàn zài xián shàng, bù dé bù fā**【箭在弦上,不得不发】成 やむをえない情勢に迫られる.

**jiànzhū**【箭猪】名〈動〉ヤマアラシ.

**jiànzhú**【箭竹】名〈植〉ヤダケ.

**jiànzú**【箭镞】名 矢じり.

## jiāng（ㄐㄧㄤ）

**江** **jiāng** 日 名 大きな川. [条]
1 长江. ¶~南／長江以南.
日 [姓]

**Jiāngběi**【江北】名 1 江蘇·安徽2省の長江北岸の地域. 2 （広く）長江以北.

**Jiāngdōng**【江东】名〈旧〉1 長江下流域の蕪湖・南京間の南岸地域. 2 長江以東.

**jiāng dōng fù lǎo**【江东父老】〈成〉郷里の老人たち.

**jiāngfáng**【江防】名 1 長江の洪水対策施設. 2 長江の軍事防衛施設.

**jiāng hé rì xià**【江河日下】〈成〉形勢や状況が日増しに悪化する.

**jiānghú**【江湖】名 1〈旧〉世間. 2 行商人. 旅芸人.

**jiānghú piànzi**【江湖骗子】名 食わせ者; 詐欺師たち.

**jiānghuáixì**【江淮戏】名 江蘇省北部の地方劇.

**jiāng láng cái jìn**【江郎才尽】〈成〉〈文筆の〉才能が衰えさせる.

**jiānglí**【江篱】名〈植〉オオノリ.

**jiānglún**【江轮】名 川蒸気船.

**jiāngmǐ**【江米】名 もち米.

**jiāngmǐjiǔ**【江米酒】名 甘酒.

**jiāngmǐzhǐ**【江米纸】名 オブラート.

**Jiāngnán**【江南】名 1 江蘇・安徽2省の長江南岸地域と浙江省北部の一帯. 江南. 2 （広く）長江以南.

**jiāngshān**【江山】名 1 山河. 国家. 2〈喩〉政権. ¶打~／天下を取る.

**Jiāngsū**【江苏】名〈地名〉江苏省.

**jiāngtiān**【江天】名 水上に広がる空.

**jiāngtún**【江豚】名〈動〉カワイルカ.

**Jiāngxī**【江西】名〈地名〉江西省.

**jiāngxīlà**【江西腊】名〈植〉アスター.

**jiāng xīn bǔ lòu**【江心补漏】〈成〉手遅れ. 泥縄.

**jiāng yáng dà dào**【江洋大盗】〈成〉天下の大泥棒.

**jiāngyáo**【江瑶】名〈貝〉タイラギ.

**jiāngyáozhù**【江瑶柱】名〈食材〉イタチザメの貝柱.

**jiāngzhū**【江猪】→**jiāngtún**【江豚】

**茳** **jiāng** ⓞ

**jiāngdù**【茳𦽉】名〈植〉シチトウ(イ).

**将(將)** **jiāng** 1 動 1 間もなく…しようとする. 2（必ずや）…となるであろう. 3 やっと. どうにか.

2 介〈書〉1 …を. ▶話し言葉の「把」に当たる. 2 …によって. ▶話し言葉の"拿, 用"に当たる.

3 動 1（将棋で）王手をかける; 難題をふっかける. 2 けしかける. そそのかす.

日 ①助ける. ②養生する. ‖姓

# jiāng

異読⇨jiàng

**jiāngcì**【将次】〈副〉〈書〉まもなく…しようとする.

**jiāng cuò jiù cuò**【将错就错】〈成〉間違いを押し通す.

**jiāng gōng bǔ guò**【将功补过】〈成〉手柄によって過ちや罪を償う.

**jiāng//huǒ**【将火】わざと怒らせる.

**jiāng jì jiù jì**【将计就计】〈成〉相手の計略の裏をかく.

**jiāngjiù**【将就】〈副〉かろうじて.どうにかこうにか.

**jiāngjìn**【将近】〈数が〉…に近い.

**jiāngjiù**【将就】間に合わせる.我慢する.

**jiāng/jūn**【将军】1〈中国将棋で〉王手をかける;〈喩〉わざと困らせる.2〈名〉将軍;高級将校.

**jiāngjūnbāo**【将军包】〈名〉〈旧〉じゅんけん.

**jiāngjūndù**【将军肚】〈名〉〈謔〉太鼓腹.

**jiānglái**【将来】〈名〉将来.未来.

**jiāngxī**【将息】〈動〉休養する.

**jiāng xīn bǐ xīn**【将心比心】〈成〉相手の立場になって考える.

**jiāng xìn jiāng yí**【将信将疑】〈成〉半信半疑である.

**jiāngyǎng**【将养】〈動〉休養する.

**jiāngyào**【将要】〈副〉まもなく…しようとする.¶~完工.まもなく竣工する.

**jiāng yī jūn**【将一军】〈慣〉難題をふっかける.

## 姜（薑） jiāng〈名〉〈植〉ショウガ.¶~是老的辣／亀の甲より年の功.〈姓〉

**jiānghuáng**【姜黄】1〈植〉ウコン;〈中薬〉姜黄.2〈ショウガのような〉黄色.

**jiāngtángshuǐ**【姜糖水】〈名〉ショウガ汁.

**jiāngyù**【姜芋】〈名〉ショクヨウウナ.

## 豇 jiāng ○

**jiāngdòu**【豇豆】〈名〉1〈植〉ササゲ.2〈食材〉ササゲの実;ササゲの若い莢(さや).

## 浆（漿） jiāng 1〈名〉どろりとした液体.¶豆~／豆乳.2〈動〉〈衣服に〉のりを付ける.

**jiāngbǎn**【浆板】〈名〉〈造紙〉板パルプ.

**jiāngguǒ**【浆果】〈名〉〈植〉液果.

**jiāngmó**【浆膜】〈名〉〈生理〉漿膜(しょうまく).

**jiāngshā**【浆纱】〈名〉〈紡〉綿糸にのりを付ける.

**jiāngxǐ**【浆洗】〈動〉洗い張りする.

**jiāngyè**【浆液】〈名〉〈生理〉漿液(しょうえき).

## 僵（殭） jiāng〈形〉1 こわばる.かじかむ.2〈事態が〉行き詰まっている.

**jiāngcán**【僵蚕】〈名〉〈中薬〉白殭蚕(はくきょうさん).

**jiāngchí**【僵持】〈動〉相対峙して譲らない.

**jiānghuà**【僵化】〈動〉硬化する.膠着(こうちゃく)する.

**jiāngjú**【僵局】〈名〉膠着状態.

**jiāngshī**【僵尸】〈名〉硬直した死体.

**jiāngsǐ**【僵死】〈動〉硬直化して死ぬ.

**jiāngyìng**【僵硬】〈形〉1〈肢体が〉硬直している.2 融通のきかない.

**jiāngzhí**【僵直】〈形〉硬直している.こわばってる.

## 缰（韁） jiāng ⇋ 手綱.

**jiāngsheng**【缰绳】〈名〉手綱.

## 鳉（鱂） jiāng ⇋〈魚〉メダカ.

## 疆 jiāng ○

## 疆 jiāng ⇋ ①極限.境界.②新疆ウイグル自治区.

**jiāngcǎ**【疆磋】〈名〉〈~儿〉〈方〉石段.

**jiāngchǎng**【疆场】〈名〉戦場.

**jiāngjiè**【疆界】〈名〉国境.国境.

**jiāngtǔ**【疆土】〈名〉領土.

**jiāngyì**【疆埸】〈名〉〈書〉1 畑の境界.2 国境.

**jiāngyù**【疆域】〈名〉国土.

## 讲（講） jiǎng 1〈動〉1 話す.¶~故事／物語をする.2 説明する.講義する.¶~一课.3 相談する.交渉する.¶~条件／条件を交渉する.4 重視する.¶~卫生／衛生に注意する.5〈…の点で言えば．¶～工作年数,他乃如你多／勤続年数からいうと彼は君より長くはない.〈姓〉

**jiǎng/dào**【讲道】〈動〉道を説く.

**jiǎngfǎ**【讲法】〈名〉1 言葉遣い.2 意見;解釈.

**jiǎnggǎo**【讲稿】〈名〉〈~儿〉講演などの原稿.

**jiǎnggǔ**【讲古】〈動〉昔話をする.

**jiǎng/hé**【讲和】〈動〉講和する.

**jiǎng/huà**【讲话】1〈動〉1 話をする.2 非難する.2〈名〉1 演説.講演.発言.2〈書名に用い〉…講義.

**jiǎng/jià**【讲价】〈動〉〈~儿〉値段を交渉する.

**jiǎng jiàqian**【讲价钱】1 値段を掛け合う.2〈慣〉仕事の条件を交渉する.

**jiǎng jiāoqing**【讲交情】友情を重んじる.

**jiǎngjiě**【讲解】〈動〉講釈する.

**jiǎngjiu**【讲究】1〈動〉重んじる.とやかく言う.2〈名〉〈~儿〉道理.われ.3〈形〉凝っている.

**jiǎng/kè**【讲课】〈動〉講義する.

**jiǎng/lǐ**【讲理】〈動〉1 事の是非を論じる.2 道理をわきまえる.

**jiǎnglùn**【讲论】〈動〉1 人のうわさをする.2 論述する.

**jiǎng miànzi**【讲面子】〈動〉体面を重んじる.

**jiǎngmíng**【讲明】〈動〉はっきりと説明する.

**jiǎng//pánr**【讲盘儿】[動]〈方〉値段や条件を掛け合う.

**jiǎngpíng**【讲评】[動]講評する.

**jiǎng//qíng**【讲情】[動](人のために)とりなす；(人のために)わびを入れる.

**jiǎngqiú**【讲求】[動]重視する；追求する.

**jiǎngr**【讲儿】[名]〈口〉**1** 意味ね. **2** 理由.

**jiǎngshī**【讲师】[名]講師.

**jiǎngshǐ**【讲史】[名]〈文〉歴史物語.

**jiǎngshòu**【讲授】[動]講義する.

**jiǎng/shū**【讲书】[動]講義する.

**jiǎngshù**【讲述】[動](事柄や道理を)述べる.

**jiǎngtái**【讲台】[名]教壇. 演壇.

**jiǎngtán**【讲坛】[名]演壇.

**jiǎngtáng**【讲堂】[名]〈旧〉教室.

**jiǎngxí**【讲习】[動]講習する.

**jiǎngxù**【讲叙】[動]語る.

**jiǎng/xué**【讲学】[動]学術講演をする.

**jiǎngyǎn**【讲演】[動]講演する.

**jiǎngyì**【讲义】[名]講義録. 講義用プリント.

**jiǎngzuò**【讲座】[名]講座.

奖 (獎) **jiǎng 1**[動]表彰する. **2**[名]賞. ほうび. 賞品.

**jiǎngbēi**【奖杯】[名]賞杯.

**jiǎngchéng**【奖惩】[名]賞罰.

**jiǎng'é**【奖额】[名]賞金の額.

**jiǎngjí**【奖级】[名]賞品・賞金のランク.

**jiǎngjīn**【奖金】[名]賞金. ボーナス.

**jiǎng//lì**【奖励】[動]奨励する. 褒賞する.

**jiǎngpái**【奖牌】[名]表彰メダル.

**jiǎngpǐn**【奖品】[名]賞品.

**jiǎngqí**【奖旗】[名]表彰用の旗.

**jiǎngquàn**【奖券】[名]宝くじ.

**jiǎngshǎng**【奖赏】[動]褒賞する.

**jiǎngshòu**【奖授】[動]奨励し与える.

**jiǎngshòu**【奖售】[動](作物などの)国家の買い付けに応じるよう農民に物資を供給して奨励する.

**jiǎngxiàng**【奖项】[名]賞；メダル.

**jiǎngxǔ**【奖许】[動]ほめたたえる.

**jiǎngxuéjīn**【奖学金】[名]奨学金.

**jiǎngyè**【奖掖】[動]〈書〉奨励し抜擢する.

**jiǎngyì**【奖掖】→jiǎngyè【奖掖】

**jiǎngzhāng**【奖章】[名]表彰バッジ.

**jiǎngzhuàng**【奖状】[名]賞状.

桨 (槳) **jiǎng**[名](船の)かい. オール.

蒋 (蔣) **jiǎng** ‖姓

耩 **jiǎng**[動](種をまく車で)種をまく. ¶~地/畑に種をまく.

膙 **jiǎng** ❶

**jiǎngzi**【膙子】[名]〈方〉(手足にできる)たこ．まめ.

匠 **jiàng**[H]職人. ¶木~/大工.

**jiàngqì**【匠气】[形]作品に独創性がなく俗っぽい.

**jiàngrén**【匠人】[名]〈旧〉職人.

**jiàngxīn**【匠心】[名]〈書〉巧みな工夫.

**jiàngyì**【匠意】→jiàngxīn【匠心】

降 **jiàng 1**[動](↔升)**1** 落ちる. 下がる. **2** 落とす. 下げる. ‖ 姓 異読⇒xiáng

**jiàng//bān**【降班】[動]留年する.

**jiàng bànqí**【降半旗】半旗を掲げる.

**jiàngchén**【降尘】[名]地面にたまっている粉塵.

**jiàngdī**【降低】[動]下がる；下げる. ¶温度~／気温が下がる. ¶~物价／物価を下げる.

**jiàng/diào**【降调】**1**[動]調子を下げる. **2**〈語〉下降調.

**jiàngfú**【降幅】[名](価格・利潤などの)下げ幅.

**jiàngé**【降格】[動]降格する.

**jiànghào**【降耗】[動](エネルギーなどの)消耗を却える.

**jiàng/jí**【降级】[動]**1** 格下げする. **2** 落第する.

**jiàngjià**【降价】[動]値引きする.

**jiàngjiě**【降解】[動]〈化〉**1** 有機化合物中の高次分子の数が減少して分子量が低下する. **2** 高分子化合物の大分子が分解され、小さな分子になる.

**jiànglín**【降临】[動]〈書〉訪れる. 来る.

**jiàngluò**【降落】[動]**1** 下降する；着陸する. **2** 低くなる.

**jiàngluòsǎn**【降落伞】[名]パラシュート.

**jiàngmì**【降幂】[名]〈数〉降幂(冪).

**jiàngpìn**【降聘】[動]身分を格下げして任用する.

**jiàng//qí**【降旗】[動]旗を降ろす.

**jiàngshēng**【降生】[動]降誕する.

**jiàngshì**【降势】→jiàngshēng【降生】

**jiàngshuǐ**【降水】[動]〈気〉降水. ¶~量／降水量. ¶~概率／降水確率.

**jiàng/wēn**【降温】[動]**1** 温度を下げる；気温が下がる. **2** 情熱が冷める；勢いが弱まる.

**jiàng/xī**【降息】[動]利息を下げる.

**jiàng//yā**【降压】[動]**1**〈電〉電圧を下げる. **2**〈医〉血圧を下げる.

**jiàng/yǔ**【降雨】[動]〈書〉雨が降る.

**jiàng/zhí**【降职】[動]降職する.

**jiàngzhǐ**【降旨】[動]詔勅を出す.

虹 **jiàng**[名]〈口〉虹. [条, 道]▶単独に用いる場合のみjiàngと発音. ¶出~了／虹が出た. 異読⇒hóng

将 (將) **jiàng 1**[名]**1** 将官. **2** 中国将棋の駒の一. **2**[動]〈書〉指揮する. 異読⇒jiāng

**jiàngcái**【将才】[名]大将の器.

**jiàngguān**【将官】[名]将軍.

**jiàngguān**【将冠】[名]将校.

**jiànglǐng**【将领】[名]将校.

**jiànglìng**【将令】[名]〈近〉軍令.

**jiàngmén**【将门】[名]武勇の誉れ高い家柄.

**jiàngshì**【将士】[名]将士.

jiāngshuài【将帅】名 将帅.
jiāngxiào【将校】名 将校.
jiāngzhǐ【将指】名〈書〉(手の)中指;(足の)親指.
jiāngzhòng【将种】名 武将の家に生まれて軍事面ですぐれた人.
jiāngzuǒ【将佐】名 将佐.

洚 jiàng【動】〈書〉洪水になる. ¶~水／洪水.

绛 jiàng〖H〗深紅.

jiàngzǐ【绛紫】名 えび茶色.

强（強・彊）jiàng 形 強情である. 異読 ⇒ qiáng, qiǎng

jiàngzuǐ【强嘴】→ juézuǐ【倔嘴】

酱（醬）jiàng 1 名 1 みそ. 2 ジャム状の食品. ¶芝麻~／ゴマのペースト. ¶果子~／ジャム. 2 動 みそや醬油に漬ける.

jiàngbào【酱爆】名【料理】みそいため.
jiàngcài【酱菜】名【料理】みそまたは醬油漬けの野菜.
jiàngdòufu【酱豆腐】名 豆腐を発酵させ塩・こうじに漬けたもの.
jiàngfáng【酱房】名 → jiàngyuán【酱园】
jiànggāng【酱缸】名 漬物がめ.
jiàngsè【酱色】名 濃いあずき色.
jiàngtāng【酱汤】名【日本の】みそ汁.
jiàngyóu【酱油】名 醬油.
jiàngyuán【酱园】名（みそ醬油の）醸造元.
jiàngzǐ【酱紫】名 えび茶色.

犟 jiàng 形 強情である.

jiàngjìn【犟劲】名 屈強さ，意地の張り.
jiàngzuǐ【犟嘴】動 口答えをする. 強弁する.

糨（浆）jiàng 形（液体が）濃い，どろどろしている.

jiànghu【糨糊】名 のり.
jiàngzi【糨子】名 のり.

## jiāo（ㄐㄧㄠ）

秦 jiāo → qínjiāo【秦艽】

交（跤）jiāo 1 動 1 引き渡す. 納める; 任せる. ¶~给她一封信／彼女に手紙を手渡す. ¶这件事~给我办吧／この件は私に任せてください. 2 交際する. ¶~朋友／友達になる. 3（ある時刻・季節に）なる. 4 交差する. 2 名 1 交際. 2 季節の変わり目; 地域の境目.
〖H〗①性交;交配. ②同時に. ③互いに. ④転よ. ‖

jiāo báijuàn【交白卷】慣（~儿）任務をまったく果たせない.
jiāobài【交拜】動 互いにれいを交わす.
jiāo/bān【交班】動 仕事の引き継ぎをする.
jiāobàn【交办】動 任せて処理させる.

jiāo/bǎo【交保】動〈法〉保釈する. 被告を保証人に引き渡す.
jiāobēijiǔ【交杯酒】名 夫婦の固めの杯.
jiāo/bīng【交兵】動〈書〉交戦する.
jiāochā【交叉】動 1 交差する. 2 入り交じる. 3 交互に行う.
jiāochā huìlù【交叉汇率】名〈経〉クロスレート.
jiāochā jiāoyì【交叉交易】名〈経〉売買（買）；クロス取引;両建て;裁定取引.
jiāochā kēxué【交叉科学】名〈自然科学と社会科学が〉入り組んだ学問，学際的研究.
jiāochā tàolì【交叉套利】名〈経〉裁定取引により利益を得ること.
jiāochā tàoqī【交叉套期】名〈経〉クロスヘッジ.
jiāo//chāi【交差】動 復命する.
jiāo//chū【交出】動+方補 差し出す. 提出する.
jiāocuì【交瘁】動〈書〉疲労が積み重なる.
jiāocún【交存】動 寄託する.
jiāocuò【交错】動〈書〉交錯する.
jiāodài【交代】動 1（仕事を）引き継ぐ. 2 言い聞かせる. 3（事情や意見を）話し伝える. 4 申し開きをする. 5 白状する. 自白する.
jiāodài【交待】動 1 → jiāodài【交代】3, 4, 5 2 おしまいになる.
jiāodào【交道】→ dǎ jiāodao【打交道】
jiāo//dǐ【交底】動（~儿）事の委細を話す. 手の内を見せる.
jiāodiǎn【交点】名 1〈数〉交差点. 2〈天〉交点.
jiāo//fēng【交锋】動 交戦する. 渡す.
jiāofù【交付】動 引き渡す. 渡す.
jiāogǎn shénjīng【交感神経】名〈生理〉交感神経.
jiāogē【交割】動 1 受け渡しする; 決済する. ¶~日／受け渡し日. 2 引き継ぎをする.
jiāogěi【交给】動 渡す.
jiāo//gōng【交工】動 工事を完成して引き渡す.
jiāo//gōng【交公】動 政府や公的機関へ引き渡す.
jiāogòu【交媾】動 性交する.
jiāoguǎn【交关】1 動 互いに関連をもつ. 2 副〈方〉非常に. 3 形〈方〉非常に多い.
jiāohǎo【交好】動 仲よくする.
jiāohé【交合】動 1 つながる;つなげる. 2 交配する; 性交する.
jiāohù【交互】副 交互に. 代わる代わる.
jiāohùshì【交互式】名【電算】インタラクティブ，双方向性. 対話式. ¶~电视／双方向テレビ.
jiāohuān【交欢】動 喜びをわかち合う.
jiāohuán【交还】動 返す.
jiāohuàn【交换】動（品物・意見など）

を)交換する.

**jiāohuànjī**【交換机】(名)(電話の)交換台.

**jiāohuì**【交汇】(動)(水流・気流などが)合流する.

**jiāohuì**【交会】(動)交わる.

**jiāo/huǒ**【交火】(動)交戦する.

**jiāo/huò**【交货】(動)納品する.

**jiāojí**【交集】(動)異なった感情や物事が)入り交じる.

**jiāojì**【交际】(動)交際する.付き合う.¶~工具／コミュニケーションの手段.

**jiāojìhuā**【交际花】(名)社交界の花.

**jiāojìwǔ**【交际舞】(名)社交ダンス.

**jiāojiā**【交加】(動)〈書〉(二つの物事が)同時にやって来る.

**jiāojiǎo**【交角】(数)交角.

**jiāojiē**【交接】(動)**1** 接する.つながる.**2** 引き継ぐ.交替する.**3** 付き合う.交際する.

**jiāojì**【交际】(動)**1** 付き合う.交際する.**2**〈書〉つながりあう.

**jiāojié**【交睫】(動)目をつぶる.

**jiāojiè**【交界】(動)境を接する.

**jiāojǐng**【交警】(名)〈略〉交通警察.

**jiāo/juàn**【交卷】(動)**1** 答案を提出する.**2** 任務を達成する.

**jiāo/kǒu**【交口】(動)**1** 異口同音に言う.**2** 方言篇で言す.

**jiāo kǒu chēng yù**【交口称誉】(成)口をそろえてほめる.

**jiāo/kuǎn**【交款】(動)金を支払う.

**jiāokùn**【交困】(動)いろいろな困難が一時に現れる.

**jiāoliú**【交流】(動)**1** 交流する.¶文化~／文化交流.**2** 入り混じって流れる.

**jiāoliúdiàn**【交流电】(名)交流電気.

**jiāonà**【交纳】(動)納める.払い込む.

**jiāopài**【交派】(動)言いつける.指図する.

**jiāopèi**【交配】(動)〈生〉交配する.

**jiāopò**【交迫】(動)こもごも迫る.

**jiāoqíng**【交情】(名)間柄.仲.

**jiāoróng**【交融】(動)とけ合う.

**jiāoshè**【交涉】(動)交渉する.

**jiāo/shǒu**【交手】(動)殴り合う.

**jiāoshǒu**【交手】(名)〈建〉足場.

**jiāoshǒuzhàng**【交手仗】(名)肉弾戦.

**jiāoshòu**【交售】(動)売り渡す.

**jiāotán**【交谈】(動)話し合う.語り合う.

**jiāotì**【交替】(動)**1** 交替する.**2** 代わる代わる行う.

**jiāotōng**【交通】(動)**1**(縦横に)通じている;結託する.**2**(名)**交通**.**2**〈旧〉(革命部隊間の)連絡員.

**jiāotōng biāozhì**【交通标志】(名)道路標識.

**Jiāotōngbù**【交通部】(名)交通部.

**jiāotōngchē**【交通车】(名)機関・団体などの専用バス.

**jiāotōngdǎo**【交通岛】(名)(交差点の中央にある)交通巡査が立つ台.

**jiāotōng gōngjù**【交通工具】(名)交通機関.

**jiāotōngxiàn**【交通线】(名)輸送線.

**jiāotōngyuán**【交通员】(名)〈旧〉(革命部隊間の)連絡員.

**jiāotōngyuán**【交通员】(名)交通隊員.

**jiāotōng zàoshēng**【交通噪声】(名)交通騒音.

**jiāo tóu jiē ěr**【交头接耳】(成)耳打ちする.

**jiāowǎng**【交往】(動)付き合う.交際する.

**jiāowěi**【交尾】(動)(動)交尾する.

**jiāowù**【交恶】(動)仲たがいする.

**jiāo xiāng huī yìng**【交相辉映】(成)(いろいろな光や色が)照り映える.

**jiāoxiǎngqǔ**【交响曲】(名)〈音〉交響曲.

**jiāoxiǎngshī**【交响诗】(名)〈音〉交響詩.

**jiāoxiǎngyuè**【交响乐】(名)〈音〉交響楽.

**jiāoxiǎng yuèduì**【交响乐队】(名)〈音〉交響楽団.

**jiāoxiè**【交卸】(動)〈旧〉退官する.

**jiāo/xīn**【交心】(動)心の底をさらけ出す.胸中を打ち明ける.

**jiāo xuéfèi**【交学费】(慣)相当の損失をして貴重な教訓を得る.

**jiāoyàn**【交验】(動)(証明書などを)提出して審査を受ける;検査を受ける.

**jiāoyǐ**【交椅】(名)**1**(折りたたみ式の)椅子.**2**(転)地位.ポスト.**3**(方)ひじかけ椅子.

**jiāoyì**【交易】(名)**1** 取引.**2**(喩)互いの利益をからくる.

**jiāoyì**【交谊】(名)〈書〉友情.

**jiāoyìhuì**【交谊会】(名)貿易商談会.

**jiāoyìsuǒ**【交易所】(名)取引所.

**jiāoyóu**【交游】(動)〈書〉交遊する.交際する.

**jiāoyǒu**【交友】(動)友だちになる.

**jiāo/yùn**【交运】(動)運が向いてくる.

**jiāozá**【交杂】(動)入り交じる.

**jiāo/zhàn**【交战】(動)交戦する.

**jiāozhànguó**【交战国】(名)交戦国.

**jiāo/zhàng**【交帐】(動)**1** 帳簿を引き渡す.**2**(喩)引き受けた仕事を)報告する.責任を果たす.

**jiāozhī**【交织】**1**(動)入り交じる.**2**(名)交織り.

**jiāozǐ**【交子】(名)〈史〉交子(こうし).▶宋代に発行された中国最初の紙幣.

## 郊 jiāo ➋ 郊外. ∥郊区

**jiāoqū**【郊区】(名)➍ 郊外地区.

**jiāowài**【郊外】(名)➍ 郊外.

**jiāoyě**【郊野】(名)郊外の野原.

**jiāoyíng**【郊迎】(動)〈書〉(相手に敬意を払って)郊外まで出迎える.

**jiāoyóu**【郊游】(動)ピクニックをする.

## 茭 jiāo ➊

**jiāobái**【茭白】(名)〈植〉マコモダケ.

## 峧 jiāo 地名用字.

## jiāo

**浇**(澆) jiāo 動 1（水を）かける. ~花／花に水をやる. 2 灌漑(がい)する. 3（鋳型に）流し込む. ⊣薄情である.
**jiāobó**【浇薄】形〈書〉薄情である.
**jiāoguàn**【浇灌】動 1（型に）流し込む. 2 灌漑する.
**jiāokǒu**【浇口】名〈冶〉湯口.
**jiāo lěngshuǐ**【浇冷水】（慣）水をかける, 冷水を浴びせる.
**jiāolí**【浇漓】形〈書〉（風俗などが）純朴でない.
**jiāotou**【浇头】名〈方〉ご飯などにかける具.
**jiāozhù**【浇注】動（どろどろしたものを）型に流し込む.
**jiāozhù**【浇筑】動〈建〉コンクリートなどを型に流し込む.
**jiāozhù**【浇铸】動〈冶〉鋳造する.

**娇**(嬌) jiāo 形 1 甘やかす. 2 形 弱々しい. 甘えん坊である. ⊣（女性・子供・花などが）愛らしい.
**jiāochī**【娇痴】形 →**jiāohān**【娇憨】
**jiāochǒng**【娇宠】動 甘やかす.
**jiāodīdī**【娇滴滴】形 愛くるしい；甘ったるい.
**jiāo'ér**【娇儿】名 いとしい我が子.
**jiāoguàn**【娇惯】動 甘やかす.
**jiāoguì**【娇贵】形 1 大切に育てられてひ弱である. 2（物が）壊れやすい.
**jiāohān**【娇憨】形 あどけない.
**jiāokè**【娇客】名 1 婿. 2〈貶〉過保護にされた人.
**jiāomèi**【娇媚】形 なまめかしい.
**jiāonèn**【娇嫩】形 弱々しい, もろい.
**jiāoniáng**【娇娘】名 かわいい少女.
**jiāonuó**【娇娜】形（若い女性が）姿態が美しく愛らしい.
**jiāoqì**【娇气】形（人間が）上品すぎる.（物が）壊れやすい.
**jiāoráo**【娇娆】形〈書〉なまめかしくあでやかである.
**jiāoróu**【娇柔】形 上品でやさしい.
**jiāoshēng**【娇声】名（女性の）甘え声.
**jiāo shēng guàn yǎng**【娇生惯养】〈成〉甘やかされて大きくなる.
**jiāowá**【娇娃】名〈電寧〉JAVA.
**jiāowá**【娇娃】名 1 愛らしい少女. 2〈方〉甘やかされて育った子.
**jiāoxiǎo**【娇小】形 きゃしゃで愛くるしい.
**jiāo xiǎo líng lóng**【娇小玲珑】〈成〉小柄で愛くるしい；（物が）小さくて精巧にできている.
**jiāoxiū**【娇羞】形（女性が）なまめかしくはにかむ.
**jiāoyàn**【娇艳】形 あでやかである. なまめかしい.
**jiāoyǎng**【娇养】動（子供を）甘やかす.
**jiāozòng**【娇纵】動 甘やかす.

**姣** jiāo 形〈古〉みめうるわしい.

**jiāohǎo**【姣好】形（容姿が）美しい.

**骄**(驕) jiāo 形 1 おごり高ぶる. 2 激しい.
**jiāo'ào**【骄傲】1 形 おごり高ぶっている. 傲慢である. 2 態度～／傲慢である. 2 誇りに思う. 3 名 誇り.
**jiāobīng**【骄兵】名 おごり高ぶる兵隊.
**jiāo bīng bì bài**【骄兵必败】〈成〉おごった軍隊は必ず敗れる.
**jiāohèng**【骄横】形 横柄である.
**jiāojīn**【骄矜】形〈書〉傲慢である.
**jiāomàn**【骄慢】形 傲慢である.
**jiāoqì**【骄气】名 傲慢な態度・気風.
**jiāorén**【骄人】形 自慢できる.
**jiāo shē yín yì**【骄奢淫逸】〈成〉生活が堕落している. ▲"骄奢淫佚"とも.
**jiāoyáng**【骄阳】名〈書〉強い日差し.
**jiāozào**【骄躁】形 うぬぼれている.
**jiāozǐ**【骄子】名 寵児.
**jiāozòng**【骄纵】形 傲慢で放縦である.

**胶**(膠) jiāo 1 名 にかわ（ゴムなどの）樹脂；合成樹脂. 2 動（のり状のもので物を）くっつける. ⊣ねばねばした. ‖性
**jiāobǎn**【胶版】名 1〈印〉オフセット印刷. 2 ゴム版.
**jiāobù**【胶布】名 1 絶縁テープ. 2 ばんそうこう.
**jiāodài**【胶带】名 1 フィルム. 1 電影～／映画のフィルム. 2 録音テープ. 3 セロハンテープ；ゴムバンド.
**jiāohé**【胶合】動（にかわで）接着する.
**jiāohébǎn**【胶合板】名 ベニヤ板.
**jiāojié**【胶结】動（にかわなどが）乾いてしっかりと接着する.
**jiāojuǎn**【胶卷】名（～儿）（写真用の）フィルム.
**jiāomù**【胶木】名〈化〉ベークライト.
**jiāonáng**【胶囊】名 カプセル薬.
**jiāoní**【胶泥】名 泥状粘土.
**jiāopí**【胶皮】名 1 ゴム. 2〈方〉人力車.
**jiāopiàn**【胶片】名（～儿）フィルム.
**jiāorǔ**【胶乳】名〈化〉ラテックス.
**jiāoshuǐ**【胶水】名（～儿）液体のり.
**jiāotǐ**【胶体】名〈化〉コロイド.
**jiāoxié**【胶鞋】名 ゴム靴.
**jiāoxuē**【胶靴】名 ゴム長靴.
**jiāoyìn**【胶印】名〈印〉オフセット印刷.
**jiāozhānjīdài**【胶粘胶带】名 粘着帯.
**jiāo zhù gǔ sè**【胶柱鼓瑟】〈成〉物事にこだわって融通がきかない.
**jiāozhuó**【胶着】動きがとれなくなる. ~状態／膠着状態.

**教** jiāo 動 教える. ¶王老师～我们汉语／王先生が私たちに中国語を教えてくれる. 異読⇒jiào
**jiāogěi**【教给】動 ~に…を）教える.
**jiāo/shū**【教书】動 授業をする；教師をする.
**jiāoshūjiàng**【教书匠】名〈貶〉教師.
**jiāo/xué**【教学】動（知識や技能を）教える；教師になる. ⇒jiàoxué

**椒** jiāo 🈩 サンショウ・コショウなど刺激性の味がする植物。¶花～／サンショウ。¶辣～／トウガラシ。
**jiāoyán [椒盐]** 名(～儿) 炒ったサンショウを細かく砕いて塩と混ぜた調味料。

**蛟** jiāo ❶
**jiāolóng [蛟龙]** 名〈水中にすむ竜の〉みずち。

**焦** jiāo 🈩動 1 焦げている。 2 かりかりである。からからである。
🈔名 コークス。
🈪 焦る。‖姓
**jiāochóu [焦愁]** 動心配する。
**jiāocuì [焦脆]** 形 1〈食べ物が〉かりかりしている。 2〈音が高く〉鋭い。
**jiāodiǎn [焦点]** 名 1〈物〉〈数〉焦点。 2〈喩〉焦点。〈関心の集まるところ。
**jiāo'ěr [焦耳]** 量〈物〉ジュール。
**jiāohēi [焦黑]** 形黒焦げである。
**jiāohuà [焦化]** 動コークス化する。
**jiāohuáng [焦黄]** 形 黄色く干からびている。キツネ色である。
**jiāojí [焦急]** 形 いらいらしている。
**jiāojù [焦距]** 名〈物〉焦点距離。
**jiāokě [焦渴]** 形〈のどが〉からからに渇いている。
**jiāokū [焦枯]** 形〈草木が〉枯れている。
**jiāolàn [焦烂]** 形 焼け焦げてぼろぼろである。
**jiāoléi [焦雷]** 名 激しい雷。
**jiāolǜ [焦虑]** 動 憂慮する。
**jiāoméi [焦煤]** 名粘結炭。
**jiāomò [焦墨]** 名枯れた墨色。
**jiāotàn [焦炭]** 名コークス。
**jiāo tóu làn é [焦头烂额]** 成 さんざんな目にあうさま。
**jiāotǔ [焦土]** 名焦土。
**jiāoyóu [焦油]** 名 〈化〉タール。
**jiāozǎo [焦枣]** 名種を除いて干したナツメ。
**jiāozào [焦躁]** 形 いらいらしている。やきもきしている。
**jiāozhǎ [焦渣]** 名〈石炭などの〉燃え殻。
**jiāozhì [焦炙]** 動 いらだつ。
**jiāozhuó [焦灼]** 形 いらだつ。

**跤** jiāo 🈩 転ぶ。▶"交"とも書く。¶跌～／つまずいて転ぶ。

**僬** jiāo ❶
**jiāoyáo [僬僥]** 名〈古代の伝説中の〉小人(こびと)。

**鲛** jiāo [鲛] 名〈魚〉サメ。フカ。▶"沙鱼、鲨鱼"とも。

**蕉** jiāo 🈩 葉がバショウに似た植物。¶香～／バナナ。‖姓 異読⇒qiáo
**jiāomá [蕉麻]** 名〈植〉マニラアサ。
**jiāonóng [蕉农]** 名 バナナ栽培農家。
**jiāo'ǒu [蕉藕]** 名〈方〉〈植〉ショクヨウカンナ。

**jiāoshàn [蕉扇]** 名葉で作ったうちわ。
**jiāoyuán [蕉园]** 名 バナナ農園。

**礁** jiāo 🈩 暗礁。珊瑚礁(さんごしょう)。
**jiāohú [礁湖]** 名〈地〉〈環〉礁湖。
**jiāoshí [礁石]** 名暗礁。

**鹪** jiāo ❶
**jiāoliáo [鹪鹩]** 名〈鳥〉ミソサザイ。

**矫**(矯) jiāo ❶ 異読⇒jiǎo
**jiāoqíng [矫情]** 形〈方〉あまのじゃくである。つむじ曲がりである。⇒ jiǎoqíng

**嚼** jiāo 動 かむ。かみ砕く。異読⇒jiáo, jué
**jiáoguor [嚼裹儿]** 名〈方〉生活費。食いぶち。
**jiáoqū [嚼蛆]** 動〈方〉でたらめを言う。
**jiáoshé [嚼舌]** 動 1 減らず口をたたく。 2 つまらない言い争いをする。
**jiáoyòng [嚼用]** 名〈方〉生活費。
**jiáozi [嚼子]** 名くつわ。

**角** jiǎo 🈩名 1 角(つの)。 2 (～儿)隅。角(かど)。 3 岬。 4〈数〉角。 5 〈二十八宿の〉すばし。
🈔量 1 4分の 1。¶一～月饼／4分の 1 の月餅。 2〈貨幣単位〉"圆〔元〕"の10分の 1。▶話し言葉では"毛"という。
🈪 ❶〈古〉角(つの)に似たもの。¶豆～儿／豆ささげ；サイインゲン。 ❷古代の軍用ラッパ。
異読⇒jué
**jiǎo'ànlǐ [角暗里]** 名〈方〉隅っこ。
**jiǎochǐ [角尺]** 名 差し金。
**jiǎodù [角度]** 名 1〈数〉角度。 2 角度。観点。
**jiǎogāng [角钢]** 名〈冶〉山形鋼。
**jiǎogōng fǎnzhāng [角弓反张]** 名〈医〉ひきつけ。
**jiǎogui [角规]** 名 角ゲージ。
**jiǎoguǒ [角果]** 名〈植〉角果。
**jiǎolóu [角楼]** 名〈建〉隅櫓(すみやぐら)。
**jiǎoluò [角落]** 名 1 隅。 2 へんぴな所。
**jiǎomén [角门]** 名(～儿) わき戸。
**jiǎomó [角膜]** 名〈生理〉角膜。
**jiǎopiào [角票]** 名"角"単位の紙幣の総称。
**jiǎoqiú [角球]** 名〈体〉〈サッカーの〉コーナーキック。
**jiǎoshǎnshí [角闪石]** 名〈鉱〉角閃石(かくせんせき)。
**jiǎosùdù [角速度]** 名〈物〉角速度。
**jiǎotái [角台]** 名〈数〉角錐台。
**jiǎotiě [角铁]** 名〈冶〉山形鋼。
**jiǎoyán [角岩]** 名〈鉱〉角石(かくせき)。
**jiǎozhì [角质]** 名 1〈動〉角質。 2〈医〉角膜、外膜。
**jiǎozhì [角雉]** 名〈鳥〉〈キジの一種〉ジュケイ。
**jiǎozhùtǐ [角柱体]** 名〈数〉角柱。
**jiǎozhuītǐ [角锥体]** 名〈数〉角錐。
**jiǎozi [角子]** 名〈方〉〈旧〉"角"単位の

# jiǎo

## 侥(僥) jiǎo ⓞ 異読⇒yáo

小額銀貨.

**jiǎoxìng**【侥幸】【偻幸】[形]僥幸(ぎょう)に恵まれる. 思いがけず幸いである. ¶心存～/まぐれを期待する.

## 佼 jiǎo 日 美しい. 立派である.

**jiǎozhě**【佼者】【佼佼】[書]すぐれたさま. ¶～者/秀でた人.

## 挢(撟) jiǎo [動][書]1 (手や足,頭などを)上に挙げる. 2 矯正する.

## 狡 jiǎo 日 悪賢い. ずるい. ¶～～猾/ずるい. ～～計/悪巧み.

**jiǎobiàn**【狡辩】[動]言い逃れをする.
**jiǎohuá**【狡猾】[形]ずる賢い. ▲"狡滑"とも.
**jiǎojì**【狡计】[名]悪巧み.
**jiǎokuài**【狡狯】[形]悪賢い.
**jiǎolài**【狡赖】[動]ずるく言い逃れる. 強弁する.
**jiǎo tù sān kū**【狡兔三窟】[成]あらかじめいくつも逃げ道を用意しておく.
**jiǎoxiá**【狡黠】[形][書]狡猾である.
**jiǎozhà**【狡诈】[形]悪賢い.

## 饺 jiǎo【～儿】ギョーザ. ¶水～ル/水ギョーザ.

**jiǎozi**【饺子】[名]ギョーザ. ¶包～/ギョーザを作る.

## 绞 jiǎo ① [動]1 絞る. 2 より合わせる. 3 (ウインチなどで)巻き揚げる. 4 (縄で)絞め殺す. 5 こんがらがる. 6 (リーマーで)削る. ② [量]綿糸や毛糸を数える: かせ.

**jiǎobāozhēn**【绞包针】[名]先の曲がった太い針.
**jiǎochángshā**【绞肠痧】[名][中医]コレラ.
**jiǎochē**【绞车】[名]ウインチ.
**jiǎodāo**【绞刀】[名]リーマー.
**jiǎojià**【绞架】[名]絞首台.
**jiǎo jìn nǎo zhī**【绞尽脑汁】[成]ありったけの知恵を絞る.
**jiǎo/liǎn**【绞脸】[動][旧]〈婚礼前に〉女性が顔のうぶ毛を抜く.
**jiǎo nǎozhī**【绞脑汁】[慣]知恵を絞る.
**jiǎopán**【绞盘】[名][機](船の)ウインチ.
**jiǎoròujī**【绞肉机】[名]ひき肉機.
**jiǎoshā**【绞杀】[動]1 絞殺する. 2 〈喩〉圧殺する.
**jiǎoshǒu**【绞手】[名][機]タップレンチ.
**jiǎosī**【绞丝】[名]【～儿】(漢字の部首)いとへん"纟".
**jiǎosuǒ**【绞索】[名]首を絞める縄.
**jiǎotòng**【绞痛】[動](内臓が)激しく痛む. さしこみで痛い.
**jiǎoxíng**【绞刑】[名]絞首刑.

## 铰 jiǎo [口]1 (はさみなどで)切る. 裁つ. 2 (リーマーで)削る.

**jiǎojiē**【铰接】[動]ヒンジで連結する.
**jiǎoliàn**【铰链】[名]ちょうつがい.

## 矫(矯) jiǎo 日 ①正す. ②強い, 勇ましい. ③偽る. かこつける. ② [姓] 異読⇒jiáo

**jiǎojiàn**【矫健】[形]たくましい.
**jiǎojié**【矫捷】[形]たくましくてすばしこい.
**jiǎomìng**【矫命】[動][書]上級の命令だと偽る.
**jiǎoqíng**【矫情】[動][書]あまのじゃく.
⇒jiáoqing
**jiǎo róu zào zuò**【矫揉造作】[成]わざとらしく振る舞う.
**jiǎoshì**【矫饰】[動]不自然に装う.
**jiǎo wǎng guò zhèng**【矫枉过正】[成]矯正が度が行きすぎる.
**jiǎoxíng**【矫形】[動][医]整形する.
**jiǎozhèng**【矫正】[動]矯正する. 是正する.
**jiǎozhì**【矫治】[動]矯正医療する.

## 皎 jiǎo 日 白く光って明るい.

**jiǎojié**【皎洁】[形](月などが)白く輝いている.
**jiǎojié**【皎洁】[形](月などが)白く輝いている.

## 脚 jiǎo ① [名] 1 足. [只] 2 【～儿】物の下部. ¶山～/山のふもと. ② [量] 人力運搬の. ¶→～夫. 異読⇒jué

**jiǎobǎn**【脚板】[名]【～儿】[方]足の裏.
**jiǎobèi**【脚背】[名]足の甲.
**jiǎobèn**【脚笨】[形]鈍足.
**jiǎobózi**【脚脖子】[名]足首.
**jiǎobù**【脚步】[名]【～儿】1 步幅. 2 足どり.
**jiǎo cǎi liǎng zhī chuán**【脚踩两只船】[慣]二股をかける.
**jiǎodēng**【脚灯】[名]フットライト.
**jiǎodēngzi**【脚蹬子】[名]ペダル.
**jiǎodǐ**【脚底】[名]足の裏.
**jiǎodǐbǎn**【脚底板】[名]【～儿】[方]足の裏.
**jiǎodǐxia**【脚底下】[名]1 【～儿】足もと. 2 足の力. 足のわざ.
**jiǎofū**【脚夫】[名][旧]1 運搬人夫. 2 馬方.
**jiǎogǎn**【脚感】[名]足の踏んだ感じ.
**jiǎogēn**【脚跟】[名]かかと; 〈喩〉足もと. ▲"脚根"とも.
**jiǎogēguǎi**【脚骨拐】[名][方]足の親指の付け根の横に突き出している部分.
**jiǎoháng**【脚行】[名][旧]運送業; 運搬人夫.
**jiǎohòugēn**【脚后跟】[名]かかと.
**jiǎojì**【脚迹】[名]足跡.
**jiǎojiān**【脚尖】[名]【～儿】つま先.
**jiǎojìn**【脚劲】[名]【～儿】[方]足の力.
**jiǎokòu**【脚扣】[名]電信柱に登るとき靴にかける鉄具.
**jiǎolì**【脚力】[名]1 脚力. 2 [旧]運搬人夫. 3 運賃. 4 [旧]酒手.
**jiǎoliàn**【脚链】[名]アンクレット.
**jiǎoliào**【脚镣】[名]かせ.
**jiǎolú**【脚炉】[名](防寒用の)足あぶ

jiǎolún【脚轮】(名)(スーツケースなどの)キャスター.
jiǎomén【脚门】→jiǎomén【角门】
jiǎomiàn【脚面】(名)足の甲.
jiǎopén【脚盆】(名)足洗い用のたらい.
jiǎopiàn【脚片】(名)(方)足.
jiǎopú【脚蹼】(名)(潜水用の)足ひれ.
jiǎoqi【脚气】(名)1(医)脚気(かっけ). 2水虫.
jiǎoqian【脚钱】(名)運搬費.運賃.
jiǎosè【脚色】→juésè【角色】
jiǎoshǒujià【脚手架】(名)(建)足場.
jiǎotàchē【脚踏车】(名)(方)自転車.
jiǎo tà liǎng zhī chuán【脚踏两只船】→jiǎo cǎi liǎng zhī chuán【脚踩两只船】
jiǎo tà shí dì【脚踏实地】(成)(仕事をする態度が)着実である.
jiǎowànzi【脚腕子】(名)足首.
jiǎoxià【脚下】(名)1足もと. 2(方)目下.3今近く.
jiǎoxīn【脚心】(名)土踏まず.
jiǎoxuǎn【脚癣】(名)(医)水虫.
jiǎoyāzi【脚丫子】(名)[丫子・脚丫子](足首から先の部分の)足.
jiǎoyìn【脚印】(名)〈~儿〉足跡.
jiǎozhá【脚闸】(名)(三輪自転車の)足踏みブレーキ.
jiǎozhǎng【脚掌】(名)足の裏.
jiǎozhǐ【脚趾】(名)(方)動物の足.
jiǎo zhèng bú pà xié wāi【脚正不怕鞋歪】行いが正しければ他人の誹謗など恐れることはない.
jiǎozhǐ【脚趾】(名)足の指.
jiǎozhǐjia【脚指甲】(名)足の指のつめ.
jiǎozhǐtou【脚指头】(名)足の指.
jiǎozhù【脚注】(名)脚注.
jiǎozhuó【脚镯】(名)足輪.

搅(攪) jiǎo(動)1かき混ぜる. 2かき乱す.
jiǎobàn【搅拌】(動)かき混ぜる.
jiǎobànjī【搅拌机】(名)攪拌機.
jiǎochán【搅缠】(動)まつわりつく.
jiǎo//dòng【搅动】(動)1(棒で液体を)かき回す.（動+結補）2かき乱す.
jiǎo//hún【搅浑】(動)1(攪拌+結補)かき回して濁らせる.かき乱す. ¶把水~/(喩)かき乱す.妨害する.
jiǎohun【搅混】(動)(方)入り混じる.
jiǎohuo【搅和】(動)1混じり合う. 2邪魔をする.
jiǎo//jú【搅局】(動)(人のやっていることを)ぶち壊す.
jiǎo//lǐ【搅理】(動)〜理屈をこねる.
jiǎo//luàn【搅乱】(動)1攪乱する. 2(順序などを)乱す.
jiǎorǎo【搅扰】(動)(動作や音で)邪魔をする.

湫 jiǎo(形)(書)(土地が)低い, くぼんでいる.
jiǎo'ài【湫隘】(形)(地勢が)低くて狭い.

敫 jiǎo ‖(姓)

剿 jiǎo(動)滅ぼす.討伐する.
異読⇒chāo
jiǎochú【剿除】→jiǎomiè【剿灭】
jiǎomiè【剿灭】(動)掃討する.

儌 jiǎo ◐

儌倖【儌倖】→jiǎoxìng【侥幸】

徼 jiǎo ◐

徼幸【徼倖】→jiǎoxìng【侥幸】

缴 jiǎo(動)1納める. ¶〜税／税金を納める. 2(武器などを)引き渡す. ‖(姓)異読⇒zhuó
jiǎofù【缴付】(動)納付する.
jiǎoguor【缴裹儿】→ jiǎoguor【啯裹儿】
jiǎohuò【缴获】(動)1分捕る. 2名戦利品, 鹵獲(ろかく)品.
jiǎonà【缴纳】(動)納める.
jiǎoxiāo【缴销】(動)(免許などを)返して無効にする.
jiào//xiè【缴械】(動)(敵に)武器を出させる.

叫(教) jiào❶(動)1(名前は)…という. 討てなんていいますか─我は李小華といいます. 2(人·物を)…と呼ぶ. ¶大家都〜他"眼镜儿张"／みんなは彼を「めがねの張」と呼ぶ. 3(料理を)注文する.（タクシーなどを）呼ぶ;（医者を）頼む. 4(人を)呼ぶ¶小张，老师〜你／張君，先生が呼んでるよ. 5叫ぶ;（動物が）鳴く. 6(使役表現にもちいて)〈…に〉…させる ¶我妻子不〜我抽烟／女房が私がたばこを吸うことを許しません. ❷(前)(受動文に用い)…に…される. ¶收音机〜弟弟弄坏了／ラジオは弟に壊された.
jiàobǎn【叫板】(名)1(劇)京劇などで歌に入る前のせりふの最後を長く引っ張ること. 2(動)挑戦する.競争する.
jiàochūn【叫春】(動)猫が発情して鳴く.
jiàogēge【叫哥哥】(名)〈虫〉キリギリス.
jiàohǎn【叫喊】(動)大声で叫ぶ. ¶高声〜／大声で叫ぶ.
jiào//hǎo【叫好】(動)〈〜儿〉喝采する.
jiào//hào【叫号】(動)1 1番号を呼ぶ. 2(力仕事で)掛け声を発する. 3(方)挑戦する.
jiàohào diànhuà【叫号电话】(名)ステーションコール.番号電話.
jiàohuājī【叫花鸡】(名)(料理)乞食鶏.
jiàohuāzi【叫花子】(名)(口)乞食. ▲"叫化子"とも.
jiàohuan【叫唤】(動)1大声で叫ぶ. 2(動物が)鳴く.
jiào//hún【叫魂】(動)〈〜儿〉(旧)(名前を呼んで)病人の魂を呼び戻す.
jiàojī【叫鸡】(名)(方)おんどり.

**jiàojia jiāoyì【叫价交易】**名〈経〉呼び値取引.
**jiàojiēde【街節的】**〈方〉乞食.
**jiào//jìn【叫劲】**→jiào//jìn{较劲}
**jiào//jué【叫绝】**動喝采する.
**jiào//kǔ【叫苦】**動 苦しさを訴える. 弱音を吐く.
**jiào kǔ lián tiān【叫苦连天】**〈成〉非常に苦しいさま.
**jiàomà【叫骂】**動大声でののしる.
**jiàomài【叫卖】**動呼び売りする.
**jiào//mén【叫门】**動ドアをノックする. 外から呼びかける.
**jiàomíng【叫名】1**名 名称. **2**動〈方〉名目上…と称する.
**jiào//qū【叫屈】**動不当な待遇を訴える.
**jiàorǎng【叫嚷】**動叫ぶ. わめく.
**jiàorén diànhuà【叫人电话】**名パーソナルコール. 指名通話.
**jiàotíng【叫停】**動 **1**〈体〉タイムをかける. **2**(ある行為を)やめさせる.
**jiàoxiǎng【叫响】**動好評である.
**jiàozhèn【叫阵】**動〈近〉戦いを挑む. 挑発する.
**jiào//zhēn【叫真】**(~儿) →jiào-//zhēn{较真}
**jiàozi【叫子】**名〈方〉ホイッスル.
**jiàozuò【叫座】**動(~儿)(劇や俳優が)人気がある.
**jiàozuo【叫做】**動…と呼ばれる. …という.

**峤(嶠) jiào** 名〈書〉山道.
異読⇒**qiáo**

**觉(覺) jiào** 名 眠り. ¶午~ / 昼寝. ¶睡了一~ / ひと眠りした. 異読⇒**jué**

**校 jiào** 動校正する.
**H** 比べる. 異読⇒**xiào**
**jiàoběn【校本】**名 異なる版本間の校勘を経て整理された書物.
**jiàochǎng【校场】**名〈旧〉練兵場.
**jiàochóu【校雠】**動〈書〉校勘する.
**jiàodiǎn【校点】**動 校訂し句読点をつける.
**jiàodìng【校订】**動校正する.
**jiàoduì【校对】1**動 **1** 照合する. チェックする. **2** 校正する. **2**名校正者.
**jiàogǎi【校改】**動校正する.
**jiàohé【校核】**動校正する.
**jiàokān【校刊】**動校正する.
**jiàoshì【校释】**動校訂し注釈をつける.
**jiàoyàn【校验】**動〈電算〉チェックする.
**jiàoyàng【校样】**名校正刷り.
**jiàoyuè【校阅】**動 **1** 校閲する. **2**〈書〉視閲する.

**jiàozhèng【校正】**動**1** 校正する. **2** 修正する. 改める.
**jiàozhù【校注】**動校訂と注釈.
**jiào/zhǔn【校准】**動+結補〈機〉(計器などの目盛りを)修正する.

**轿(轎) jiào** 名 かご. こし.
**jiàochē【轿车】**名〈旧〉箱馬車. 乗用車. セダン.
**jiàofū【轿夫】**名〈旧〉かごかき.
**jiàozi【轿子】**名〈旧〉かご. こし.

**较 jiào 1** 副 比較的の. わりあいに.
**H 1** 比べる. **2** 明らかである.
**jiàobǐ【较比】**副〈方〉比較的.
**jiàochǎng【较场】**→ jiàochǎng{校场}
**jiào//jìn【较劲】**(~儿) 動 **1** 力比べをする. **2** 敵対的な態度をとる.
**jiàoliàng【较量】**動 力を比べる. 勝負する.
**jiàowéi【较为】**副 比較的の…である.
**jiào//zhēn【较真】**(~儿)〈方〉まじめになる.
**jiàozhù【较著】**形〈書〉顕著である.

**教 jiào【叫jiào】 2**に同じ.
**H 1** 動教え. **2** 宗教.
**(姓)** 教える⇒**jiāo**
**jiào'ān【教安】**名〈敬〉(教育関係者に対して)教具.
**jiào'àn【教案】**名 **1** 授業計画. **2**〈史〉教案.
**jiàoběn【教本】**名 → jiàokēshū{教科書}
**jiàobiān【教鞭】**名 教鞭.
**jiàocái【教材】**名 教材.
**jiàochéng【教程】**名 教程.
**jiàodǎo【教导】**動 **1** 教える. **2** 名 教え.
**jiàodǎoyuán【教导员】**→ zhèngzhì jiàodǎoyuán{政治教导员}
**jiàofàn【教范】**名 教範.
**jiàofēng【教风】**名 教師の授業に対する姿勢.
**jiàofǔ【教辅】**名 教育指導.
**jiàofù【教父】**名〈宗〉(キリスト教の)教父.
**jiàogǎi【教改】**名 **1** 教育改革. **2** 教授法の改革.
**jiàogōng【教工】**名 教職員.
**jiàoguān【教官】**名〈軍隊の)教練指導官; (学校の)配属将校.
**jiàoguī【教规】**名〈宗〉教規.
**jiàohuà【教化】**動〈書〉教化する.
**jiàohuáng【教皇】**名〈宗〉ローマ法王.
**jiàohuì【教会】**名 教会.
**jiàohuì【教诲】**動〈書〉教えさとす.
**jiàojù【教具】**名 教具.
**jiàokēshū【教科书】**名教科書.
**jiàoliàn【教练】1**動 コーチする. **2** 名 コーチ; 監督.
**jiàolíng【教龄】**名 教歴.
**jiàolìng【教令】**名〈試行中の)軍事執行令.

**jiàomén**【教门】名 1（～儿）イスラム教. 2 宗教.
**jiàopài**【教派】名〈宗〉教派. 宗派.
**jiàoqū**【教区】名〈宗〉(キリスト教の)教区.
**jiàoshī**【教师】名 教師.
**Jiàoshījié**【教师节】名 教師の日. ▶ 9月10日.
**jiàoshì**【教士】名〈宗〉宣教師.
**jiàoshì**【教室】名 教室.
**jiàoshòu**【教授】1 動 教授する. 2 名 教授. ¶副～ / 准教授.
**jiàosuǒ**【教唆】動 教唆する. ¶～犯 / 教唆犯.
**jiàotán**【教坛】名 教育界.
**jiàotáng**【教堂】名 教会堂. 礼拝堂.
**jiàotiáo**【教条】1 名〈宗〉(宗教の)信条, 教義. 2（思想などの)教条. 3 形〈口〉教条主義的である.
**jiàotiáo zhǔyì**【教条主义】名 教条主義.
**jiàotíng**【教廷】名 ローマ教皇庁.
**jiàotóu**【教头】名 1 技芸の指導者. 2 スポーツのコーチ.
**jiàotú**【教徒】名 教徒. 信徒.
**jiàowù**【教务】名 教務.
**jiàoxí**【教习】1 名〈旧〉教員. 2 動〈書〉訓練する.
**jiàoxué**【教学】1 動 教授する. 2 名 教学. ⇒jiào xué
**jiào xué xiāng zhǎng**【教学相长】成 学生も教師も共に向上する.
**jiàoxun**【教训】1 名 教え. 教えさとす. しかる. ¶～孩子 / 子供をしかる. 2 動 教訓.
**jiàoyánshì**【教研室】名 教育研究組織.
**jiàoyánzǔ**【教研组】名 教育研究グループ.
**jiàoyǎng**【教养】1 動 教育する. しつける. 2 名 教養.
**jiàoyǎngyuàn**【教养院】名 青年のための更生施設.
**jiàoyì**【教义】名〈宗〉教義.
**jiàoyì**【教益】名〈書〉教訓.
**jiàoyǒu**【教友】名〈宗〉信者仲間.
**jiàoyù**【教育】1 名 教育. 2 動 教育する.
**Jiàoyùbù**【教育部】名〈政〉教育部.
**jiàoyùxué**【教育学】名 教育学.
**jiàoyuán**【教员】名 教員.
**jiàozhǎng**【教长】名〈宗〉(イスラム教の)司式進行者, 会師, 導師.
**jiàozhèng**【教正】動〈書〉斧正(ﾌｾｲ)を請う.
**jiàozhíyuán**【教职员】名 教職員.
**jiàozhǔ**【教主】名〈宗〉教主.
**jiàozōng**【教宗】名〈方〉〈宗〉ローマ法王.

**jiào** 窖 1 名 穴蔵. 室(ﾑﾛ). 2 動〈方〉穴蔵にしまう.
**jiàocáng**【窖藏】動 穴蔵内に貯蔵する.
**jiàoféi**【窖肥】名〈方〉堆肥. こやし.
**jiào** 溶【溶】名〈方〉川の支流. ▶地名に用いることが多い.

**jiào** 酵 動 発酵する. ¶发fā～ / 発酵する.
**jiàomǔ**【酵母】名 酵母, イースト.
**jiàomǔjūn**【酵母菌】名 酵母菌.
**jiàosù**【酵素】名〈化〉酵素.
**jiàozi**【酵子】名〈方〉パン種.

**嚼 jiào** 動〈書〉(物を)かみくだく. 食べる.

**徼 jiào**〈書〉1 名 境界. 国境. 2 動 巡察する.

**jiào** 蕌 ⇒ò
**jiàotou**【蕌头】名〈植〉ラッキョウ.

**醮 jiào** 動 ①婚礼のとき酒を供えて神を祭る儀式. ¶再～ / 再婚する. ②道士が壇を設けて祈祷すること. ¶打～ / 道士が祭壇で祈る.

**jiào** →dào/dào 倒 倒騰·倒腾
**嚼** 異読⇒jiáo, jué

## jie（ㄐㄧㄝ）

**节**【節】jiē **0** 異読⇒jié
**jiēguǎn**【节骨眼】名（～儿）〈方〉肝心なとき. 要所.
**jiēzi**【节子】名 木材の節.

**阶**【階】jiē **0** 1 階段. ¶音～ / 音階. 2 等級. **姓**
**jiēcéng**【阶层】1 名 1 階級内の階層. 2（社会の）層.
**jiēchéng**【阶乘】名〈数〉階乗.
**jiēdì**【阶地】名〈地〉台地. テラス.
**jiēduàn**【阶段】1 段階. 2〈砿〉水平坑道.
**jiējí**【阶级】1 名 階級. ¶工人～ / 労働者階級. 2〈書〉階段. 3〈旧〉役人の等級.
**jiējí dòuzhēng**【阶级斗争】名 階級闘争.
**jiējí juéwù**【阶级觉悟】名 階級意識.
**jiējí shèhuì**【阶级社会】名 階級社会.
**jiējíxìng**【阶级性】名 階級性.
**jiētī**【阶梯】名 階段. はしご. ¶～出世コース.
**jiēxiàqiú**【阶下囚】名 囚人. 捕虜.

**疖**【癤】jiē **0**
**jiēzi**【疖子】名〈医〉ちょう. できもの.

**皆** jiē 副〈書〉みな. ことごとく.
**jiē dà huān xǐ**【皆大欢喜】成 みなが喜ぶこと.

**结** jiē 動〈実〉なる. 異読⇒jié
**jiēba**【结巴】1〈口〉1 動 どもる. 2 名 吃音(ｷﾂｵﾝ)者.
**jiēba kèzi**【结巴颗子】名〈口〉どもる人.
**jiē/guǒ**【结果】動 実を結ぶ. 果物がなる. ⇒jiéguǒ
**jiēshi**【结实】形 1（体･物が）丈夫である. ¶身体～ / 体が丈夫である.

**jiē**

2 (足どりや動作が)しっかりしている.

**接 jiē**【動】1 つなぐ. ¶请您~着说/どうぞ続けてお話しください. 2 受け取る. ¶~电话/電話に出る. 3 出迎える. ¶到机场~人/空港へ出迎えに行く. 4(仕事·任務を)引き継ぐ. ¶~一班. ■接近する. 接触する. ¶~→近. ¶~→触. [姓]

**jiē//bān**【接班】【動】(~儿)1 勤務を交替する. 勤務を引き継ぐ. 2(先人の仕事を)引き継ぐ.

**jiēbānrén**【接班人】【名】〔喩〕後継者.

**jiē//chǎn**【接产】【動】(人や動物の)お産を助ける.

**jiē//chár**【接茬儿】【動】〔方〕1 応答する. 2 続けてほかのことをする. 3("接下茬儿"の形で)人の話をとって話をする.

**jiēchù**【接触】【動】1 触れる. さわる. 2 (人と人が)接触する；交渉する.

**jiēchùjìng**【接触镜】【名】コンタクトレンズ.

**jiēdài**【接待】【動】1 接待する. 応対する. 2 受け付ける. 受け入れる. ¶~单位/受け入れ先.

**jiē/dào**【接到】【動】+方補 受け取る.

**jiēdí**【接敌】【動】〔軍〕敵に接触する.

**jiēdì**【接地】【動】〔電〕アースする.

**jiēdiǎn**【接点】【名】〔電〕接点.

**jiē èr lián sān**【接二连三】〔成〕次から次へと. 続けざまに.

**jiē fāqiú**【接发球】【動】〔体〕レシーブする.

**jiē//fáng**【接防】【動】(部隊が)守備の交替をする.

**jiēfēng**【接风】【動】(遠来の客のために)歓迎会を開く.

**jiē//gāo**【接羔】【動】〔牧〕羊·鹿などの分娩を助ける.

**jiēgǔ**【接骨】【名】〔中医〕接骨.

**jiēguǎn**【接管】【動】接収管理する.

**jiē//guǐ**【接轨】【動】1 レールを連結する. 2 リンクさせる.

**jiē//guì**【接柜】【動】窓口業務を行う.

**jiēhé**【接合】【動】継ぎ合わせる.

**jiē//huór**【接活儿】【動】仕事の注文を受ける.

**jiē//huǒ**【接火】【動】(~儿)1 交戦する. 2〔口〕通電する. 送電する.

**jiējī**【接机】【動】(空港に)出迎える.

**jiējì**【接济】【動】仕送りをする；(物質的な)援助をする.

**jiējià**【接驾】【諧】来客を迎える.

**jiējiàn**【接见】【動】接見する. 会見する. ¶~外宾/外国のお客さまと面会する.

**jiējiè**【接界】【動】境を接する.

**jiējìn**【接近】【動】1 接近する. ¶~竣工/竣工間近である. 2 接近している. 近い. 似ている. 3〔形〕接近した.

**jiē//jǐng**【接警】【動】警察が通報を受ける.

**jiējìng**【接境】【動】境を接する.

**jiē//kè**【接客】【動】客を接待する.

**jiē//kǒu**【接口】【1】【動】他人の話を受けて話す. 2【名】1 継ぎ目. 2〔電算〕インターフェース.

**jiēlì**【接力】【動】引き継いで行う.

**jiēlìbàng**【接力棒】【名】〔体〕バトン.

**jiēlìsài**【接力赛】【名】〔体〕リレー競争.

**jiēlì sàipǎo**【接力赛跑】【名】〔体〕リレー競走.

**jiēlián**【接连】【副】続けざまに. たて続けに. ¶~不断/ひっきりなしに.

**jiēmù**【接木】【動】〔植〕接ぎ木する.

**jiēmùjìng**【接目镜】【名】〔物〕接眼レンズ.

**jiēnà**【接纳】【動】1(個人·団体の組織への参加を)受け入れる. 2(意見などを)受け入れる.

**jiēpán**【接盘】【動】他人の家屋·設備などを譲り受ける.

**jiēpiàn**【接片】【動】フィルムをつなぐ.

**jiē/qì**【接气】【動】(文章の内容が)つながっている.

**jiēqià**【接洽】【動】相談する. 交渉する.

**jiē//qiāng**【接腔】【動】声に応じる.

**jiē//qīn**【接亲】【動】婚礼時に新郎新婦を迎えに行く.

**jiē/qiú**【接球】【動】〔体〕レシーブする.

**jiērǎng**【接壤】【動】(書)境を接する.

**jiērèn**【接任】【動】職務を引き継ぐ.

**jiēshān**【接衫】【名】中国の"马褂"の下に"大褂"の下半分をつなぎ合わせた長衣.

**jiēshāng**【接墒】【動】降雨や灌漑によって農作物に必要な水分を得ること.

**jiē//shēng**【接生】【動】赤ん坊を取り上げる.

**jiēshēngyuán**【接生员】【名】助産婦.

**jiēshì**【接事】【動】事務を引き継ぐ.

**jiēshōu**【接收】【動】1 受け取る. 2 (法令に基づいて)接収する. 3(人を)受け入れる.

**jiēshǒu**【接手】1【動】1 引き継ぐ. 2 (野球で)捕手.

**jiēshòu**【接受】【動】1(贈り物·賞金などを)受け取る；(任務·試練·批判·教訓などを拒まずに)受け入れる.

**jiēsuì**【接穗】【名】〔植〕接ぎ穂.

**jiē//sǔn**【接榫】【動】1(建)枘(ほぞ)を差し込む. 2〔喩〕前後をつなげる.

**jiētán**【接谈】【動】面談する.

**jiētì**【接替】【動】引き継ぐ.

**jiē//tōng**【接通】【動】+結補(電話が)つながる.

**jiē//tóu**【接头】【動】1(ひも状のものを)つなぎ合わせる. 2〔口〕打ち合わせをする；連絡する. 3 事情に通じている.

**jiētóur**【接头儿】【名】1 接ぎ目. 2〔機〕ジョイント.

**jiē//wěn**【接吻】【動】接吻する.

**jiēwù**【接物】【動】1〔書〕人に接する. 2 物事を処理する.

**jiēwùjìng**【接物镜】【名】〔物〕対物鏡.

**jiē//xì**【接戏】【動】(監督や役者が)映画やドラマの仕事を引き受ける.

**jiē//xiàn【接线】❶** 動〈電〉配線する. **2**〈交換台が〉電話をつなぐ. **❷** 名〈電〉コード.

**jiēxiànshēng【接线生】**名〈旧〉電話交換手.

**jiēxiànzhù【接线柱】**名〈電〉ターミナル.

**jiēxù【接续】**動継続する.

**jiēyìng【接应】**動 **1** 応援する. **2** 補給する. **3** 声に応じる. 調子を合わせる.

**jiēyuán【接援】**動応援する.

**jiē//zhàn【接站】**動駅に出迎えに行く.

**jiēzhànpái【接站牌】**名〈飛行場や駅での〉出迎え用プラカード.

**jiēzhe【接着】**動 **1** 続ける. そのまま. ¶下午~开会／午後も引き続き会議を行う. **2**〈接続〉**引き続いて**. **3** 動〈手で〉受け止める.

**jiēzhěn【接诊】**動患者を受け入れ診察する.

**jiēzhǒng【接踵】**副〈書〉続々と. ¶~而来／次から次へとやって来る.

**jiēzhòng【接种】**動〈医〉接種する.

**秸（秸）jiē**名 刈った農作物の茎.

**jiēgǎn【秸秆】**名 穀物の粒を穂から取った後の茎.

**揭 jiē** 動 **1** はがす. めくりとる. ⟨ふた⟩をとる;〈幕などを〉開ける. **2** 暴く. ❶ 揭げる. ‖姓

**jiē//bǎng【揭榜】**動 **1** 試験の結果を発表する. **2**〈求人募集などの〉告示を出す.

**jiē//biāo【揭标】**動 入札希望額を公表する.

**jiēbiǎo【揭裱】**動 古い書画をはがして新しく表装する.

**jiēbukāi guō【揭不开锅】**〈慣〉その日の食事にも事欠く.

**jiēchǒu【揭丑】**動 過ちや欠点を暴く.

**jiēchuān【揭穿】**動 デマ・陰謀などを〉暴露する, 摘発する.

**jiē chuāngbā【揭疮疤】**〈慣〉他人の欠点を暴く.

**jiē//dǐ【揭底】**動 (~儿) 秘密を暴く.

**jiē//duǎn【揭短】**動 (~儿)〈人の〉欠点を暴く.

**jiēfā【揭发】**動〈罪・誤り・欠点などを〉**暴く, 暴露する**.

**jiē gàizi【揭盖子】1** ふたを開ける. **2**〈慣〉真相を明らかにする.

**jiē gān ér qǐ【揭竿而起】**〈成〉人民が蜂起する.

**jiē//kāi【揭开】**動+方補〈本 などを〉**開ける;**〈覆いなどを〉はがす; **~を明らかにする**.

**jiēlù【揭露】**動〈真相・矛盾・陰謀・犯罪などを〉**暴き出す**, 明らかに出す.

**jiēmì【揭秘】**動 秘密を明かす.

**jiēmù【揭幕】**動 **1** 除幕する. **2**〈喩〉重大な事柄を開始する.

**jiē//pái【揭牌】**動 開業式する.

**jiēpī【揭批】**動 発し批判する.

**jiēpò【揭破】**動〈真相を〉暴き出す;〈罪状を〉告発する.

**jiēshì【揭示】**動 **1** 揭示する. **2**〈事柄の本質を〉明らかにする.

**jiētiē【揭贴】**名〈旧〉張り紙.

**jiēxiǎo【揭晓】**動公表する.

**喈 jiē** ○

**jiējiē【喈喈】**擬〈書〉**1**〈鐘や太鼓などの心地よく鳴り響く音〉**2**〈鳥の鳴き声〉

**嗟 jiē** 嘆嗟する. ¶~叹／嘆く.

**jiēhuǐ【嗟悔】**動〈書〉後悔する.

**jiē lái zhī shí【嗟来之食】**〈成〉侮辱的な援助.

**jiētàn【嗟叹】**動〈書〉嘆く.

**街 jiē** 名 **1** 大通り, 街. [条]¶上~／街へ行く. **2**〈方〉市, 町.

**jiēdào【街道】**名 **1** 大通り. 街路. **2** 町内. ¶~办事処／区役所の出張所.

**jiēdēng【街灯】**名 街灯.

**jiēfang【街坊】**名 隣近所.

**jiējǐng【街景】**名 町の景観.

**jiēlěi【街垒】**名〈街の〉バリケード.

**jiēlǐjiēfāng【街里街坊】**名 隣近所.

**jiēmén【街门】**名 通りに面した門.

**jiēmiànshang【街面上】**名〈方〉**1** 町の景気. **2** 市井界隈.

**jiēqū【街区】**名 街区.

**jiēshang【街上】**名 通りは, 街頭.

**jiē tán xiàng yì【街谈巷议】**〈成〉世間のうわさ.

**jiētóu【街头】**名 路頭.

**jiētóujù【街头剧】**名 街頭劇.

**jiētóushī【街头诗】**名 街頭詩.

**jiē tóu xiàng wěi【街头巷尾】**名 街のあちこち.

**jiēwǔ【街舞】**名 ヒップホップダンス. ストリートダンス.

**jiēxīn【街心】**名 街路の中央.

**楷 jiē** ○

**jiējiē【楷楷】**形〈書〉水が流れるさま.

**楷 jiē** 名〈方〉〈植〉オウレンボク, カイボク. 異読⇒**kǎi**

**子 jiē** 形 独りぼっちである. ‖姓

**jiéjué【孑孓】**名〈虫〉ボウフラ.

**jiérán【孑然】**形〈書〉孤立するさま.

**节（節）jié** **1** ❶ 名 節(ふし). **2** 祝日. ¶春~／旧日を祝う. **❶** 量 **1** いくつかの区切りに分けられるものを数える. ¶第三一课／3時限目. **2** ノット. 船の速度の単位. **❸** 動 節約する. ¶~电／節電する. **❺** 名 区切り, 章；音節. **2** 要約する. ¶~~选. **3** 事柄. 節. ¶细~/細部. **4** 節操. ‖姓

異読⇒**jiē**

## jié

**jié'āi**【节哀】[動]〈書〉(人の死に対して) 悲しみを抑える.
**jiéběn**【节本】[名] 抄本. 抜粋本.
**jiécāo**【节操】[名]〈書〉節操.
**jiédiǎn**【节点】[名] 1〈電〉電気回路で分岐回路が集中している部分. 2〈電算〉ノード.
**jiédiàn**【节电】[動] 節電する.
**jiéfù**【节妇】[名]〈旧〉節婦.
**jiéjiàrì**【节假日】[名] 祝日・休日.
**jiéjiǎn**【节俭】[形] つましい.
**jiéjié**【节节】[副] どんどん. だんだん.
**jiéjiécǎo**【节节草】[名]〈植〉イヌドクサ.
**jiélǐ**【节礼】[名] 節句に贈る品.
**jiélǐ**【节理】[名]〈地質〉節理.
**jiéliè**【节烈】[形]〈旧〉女性が節を守り, 節に殉ずること.
**jiélìng**【节令】[名] 節気, 時候. ¶～商品／季節商品.
**jiéliú**【节流】[名] 1[動] 支出を抑える. 2[名]〈機〉(内燃機関の) スロットル.
**jiélù**【节录】[動] 抄録する. 抜粋する. 2[名] 抄録.
**jiélǜ**【节律】[名] 律動.
**jiélüè**【节略】[名] 1[動] 覚書. 要約. 2 口上書. 2[動] 省略する.
**jiémù**【节目】[名] 番組. プログラム; 出し物. ¶新闻[体育]～／ニュース[スポーツ]番組.
**jiénéng**【节能】[動] 省エネルギー.
**jiénéngdēng**【节能灯】[名] 省エネライト.
**jiépāi**【节拍】[名]〈音〉拍子. リズム.
**jiéqì**【节气】[名] 節気, 時節.
**jiéqìng**【节庆】[名] 祝祭日.
**jiérì**【节日】[名] 1 記念日. 祭日. 2 祝日. 節句.
**jiéshěng**【节省】[動] 節約する. ¶～开支／支出を減らす.
**jiéshí**【节食】[動] 食事を減らす.
**jiéshuǐ**【节水】[動] 節水する.
**jié wài shēng zhī**【节外生枝】〈成〉中心的な問題のほかに別の問題が生じる.
**jiéxià**【节下】[名] 節句の前後.
**jiéxuǎn**【节选】[動] 文章からある段落や章を選び出す.
**jié yī suō shí**【节衣缩食】〈成〉衣食を切り詰める. 節約する.
**jiéyòng**【节用】[動] 節約する.
**jiéyú**【节余】1[動] 節約して残しておく. 2[名] 残しておかれる金品.
**jiéyù**【节育】[動] 産児制限をする.
**jiéyù**【节欲】[動] 欲望を抑える; (特に) 性欲の衝動を抑える.
**jiéyuē**【节约】[動] 節約する. ¶～用电／節電.
**jiézhī**【节支】[動] 支出を抑える.
**jiézhī dòngwù**【节肢动物】[名]〈動〉節足動物.
**jiézhì**【节制】[動] 1 指揮・管轄する. 2 制限する.
**jiézǐbǎn**【节子板】[名] 小さな竹の板を5枚りでつないだ打楽器.
**jiézòu**【节奏】[名] 1〈音〉リズム, テンポ. 2〈喩〉(生活や仕事の) リズム. ¶生活～／生活のリズム.

## 讦

**jié**【讦】[動] 人の過失を責める; 人の悪事を暴く. ¶攻～／悪事を暴き攻撃する.

## 劫 (刼)

**jié**【劫】[動] 略奪する.
[H] 1[名] 1 脅す. 2 災難.
**jié'àn**【劫案】[名] 強盗事件.
**jiéchí**【劫持】[動] 1 誘拐する. 2 (飛行機などを) 乗っ取る.
**jiédào**【劫道】[動] 追いはぎをする.
**jiéduó**【劫夺】[動] 強奪する.
**jiéfēi**【劫匪】[名] 強盗や乗っ取り犯.
**jiéjī**【劫机】[動] ハイジャックする. ¶～犯／ハイジャック犯.
**jiéláo**【劫牢】→【劫/yù/狱狱】
**jiélüè**【劫掠】[動] 強奪する. 略奪する.
**jiénàn**【劫难】[名] 災難.
**jiéshù**【劫数】[名]〈仏教のことば〉厄運.
**jiéyíng**【劫营】[動] 敵の営舎を襲う.
**jiéyú**【劫余】[名]〈書〉災厄の余日.
**jié/yù**【劫狱】[動] 脱獄させる.
**jiézhài**【劫寨】[動] 敵の営舎を襲う.

## 杰 (傑)

**jié**【杰】[形] 1 すぐれた人物. 2 秀れた. 優秀な.
**jiéchū**【杰出】[形] 傑出している.
**jiézuò**【杰作】[名] 傑作.

## 诘

**jié**【诘】 詰問する.
**jiénàn**【诘难】[動]〈書〉非難する.
**jiéwèn**【诘问】[動]〈書〉追及する. 詰問する.

## 拮

**jié** ○

**jiéjū**【拮据】[形] 懐が寒い, 金がない.

## 洁 (潔)

**jié**[H] 清潔である. 1 姓
**jiébái**【洁白】[形] 純白である. 純真である.
**jiéjìng**【洁净】[形] 清潔である.
**jiéjù**【洁具】[名] (洗面所などの) サニタリー設備.
**jiépǐ**【洁癖】[名] 潔癖. 潔癖症.
**jié shēn zì hào**【洁身自好】〈成〉1 身を清く保ち世俗に染まらない. 2〈転〉面倒なことにいっさいかかわりたがらない.
**jiézūn**【洁樽】[動] 客を迎える.

## 结

**jié**[H] 1[動] 1 結ぶ. 結わえる. 2 固まる. 3 終結する. ¶这下～了吗？／それでいいじゃないか. 2[名] 結び目. ¶結び目をつくる. [H]関係を結ぶ. ¶～～亲. 2 証文. ¶保～／保証書.
[H] 1 姓 異読⇒jiē

**jié/àn**【结案】[動] 判決を下す.
**jiébā**【结疤】[動] 傷跡が残る.
**jiébài**【结拜】[動] (義兄弟の) 契りを結ぶ.
**jié/bàn**【结伴】[動] (～儿) 連れ立つ.
**jié/bīng**【结冰】[動] 氷が張る.
**jié/cǎi**【结彩】[動] (祝いのときに) 色テ

**jié cǎo xián huán**【结草衔环】〈成〉死ぬまで恩返しを忘れない.

**jiécháng**【结肠】〈生理〉結腸.

**jié/chóu**【结仇】〈动〉かたき同士となる.

**jiécún**【结存】〈动〉決算後の残高として残る.

**jié dǎng yíng sī**【结党营私】〈成〉徒党を組んで私利をはかる.

**jiédì zǔzhī**【结缔组织】〈生理〉結合組織.

**jiéfà fūqī**【结发夫妻】〈名〉双方とも初婚で結ばれた夫婦.

**jiégòu**【结构】〈名〉**1** 構成.仕組み. **2**〈建築〉の組み立て.構造.

**jiégòushì**【结构式】〈名〉〈化〉構造式.

**jiégòu zhǔyì**【结构主义】〈哲〉構造主義.

**jié/guǎn**【结关】〈动〉通関手続.

**jiéjun**【结棍】〈形〉〈方〉**1**（体の）頑丈である. **2** 程度がひどい.

**jiéguǒ**【结果】〈名〉**1** 結果. **2** 結局.とどのつまり.あげくの果て. **3**〈动〉殺す.⇒jiē/guǒ

**jiéhé**【结合】〈动〉**1** 結びつける. **2** 夫婦になる.

**jiéhé**【结核】〈名〉**1**〈医〉結核. **2**〈地質〉結核.団塊.

**jiéhébìng**【结核病】〈名〉〈医〉結核症.

**jiéhémó**【结合膜】→jiémó【结膜】

**jiéhémó jūnsù**【结核菌素】〈名〉〈医〉ツベルクリン.

**jiéhóu**【结喉】〈名〉〈生理〉喉仏(ぽとけ).

**jiéhuì**【结汇】〈动〉銀行で外貨を売買する.

**jié/hūn**【结婚】〈动〉結婚する. ¶跟他～/彼と結婚する.

**jié/huǒ**【结伙】〈动〉**1** 仲間を組む. **2** 共謀する.

**jié/jí**【结集】〈动〉**1** 文章をまとめて文集をつくる. **2**（軍隊が）集結する.

**jiéjiāo**【结交】〈动〉交際する.

**jiéjiāo**【结焦】〈动〉〈冶〉コークス化.

**jiéjīng**【结晶】〈名〉**1** 結晶. **2** 結晶体.貴い成果.

**jiéjīngtǐ**【结晶体】〈名〉〈鉱〉結晶体.

**jiéjú**【结局】**1**〈名〉結果.結末. **2**〈动〉結局.とどのつまり.

**jiélùn**【结论】〈名〉結論.¶下～/結論を下す.

**jiémài**【结脉】〈名〉〈中医〉結滞脉.

**jié/méng**【结盟】〈动〉同盟を結ぶ.

**jiémó**【结膜】〈名〉〈生理〉結膜.

**jiémóyán**【结膜炎】〈名〉〈医〉結膜炎.

**jiémù**【结幕】〈名〉終幕.クライマックス.

**jiénà**【结纳】〈动〉〈书〉交際する.

**jiéqiàn**【结欠】〈动〉決算後の不足額.

**jiéqīn**【结亲】〈动〉**1** 結婚する. **2**（結婚によって両家が）親戚となる.

**jié/qīng**【结清】〈动〉清算する.

**jiéqiú gānlán**【结球甘蓝】〈名〉〈植〉キャベツ.

**jié/shé**【结舌】〈动〉（驚いたり当惑したりして）舌がこわばる.

**jiéshè**【结社】〈动〉団体をつくる.

**jiéshí**【结石】〈名〉〈医〉結石.

**jiéshí**【结实】〈动〉実になる.

**jiéshù**【结束】〈动〉**1** 終わる.終わらせる. ¶暑假快要～了/夏休みがもうすぐ終わる. **2**〈旧〉装束.いでたち.

**jiéshùyǔ**【结束语】〈名〉まとめの言葉.

**jiésù**【结宿】〈动〉ツベルクリン.

**jiésuàn**【结算】〈动〉決算する.

**jiéwěi**【结尾】**1**〈动〉結末をつける. **2**〈名〉結末.

**jiéxué**【结穴】〈名〉文章の結びを書く.

**jié/yè**【结业】〈动〉（訓練や実習をし）修了する.

**jiéyì**【结义】〈动〉義兄弟の契りを結ぶ.

**jiéyú**【结余】**1**〈动〉決算後に残る. **2**〈名〉残高.残金.

**jiéyǔ**【结语】〈名〉結語.

**jié/yuán**【结缘】〈动〉知り合いになる;（ある事柄と）関係を持つ.

**jié/yuàn**【结怨】〈动〉恨みを抱く.

**jiézā**【结扎】〈动〉〈医〉（血管などを）縛る.

**jié/zhàng**【结账】〈动〉決算する.清算する.

**jiézhèng**【结症】〈名〉〈中医〉家畜の消化不良や便秘.

**jiézhuàn**【结撰】〈动〉（文章の）構想を練る,作る.

**jiézi**【结子】〈名〉結び目.

---

**桔** jié ○ 異読⇒jú

**jiégǎo**【桔槔】〈书〉はねつるべ.

**jiégěng**【桔梗】〈植〉キキョウ;〈中薬〉桔梗.

---

**桀** Jié 夏王朝末代の君主で,暴君と伝えられる人物の名.桀王(ジャワ);〈喩〉凶暴な性質.

**jié** **1**〈书〉強情である.

**jié ào bù xùn**【桀骜不驯】〈成〉強情で不遜である.

**jié quǎn fèi yáo**【桀犬吠尧】〈成〉手下が悪人である主人に忠義を尽くす.

**Jié Zhòu**【桀纣】夏の桀王(ジャッ)と殷の紂王(チュゥ);〈喩〉暴君.

---

**捷** jié **1**すばしこい.¶敏～/すばしこい. **2**戦いに勝つ.¶姓

**jiébào**【捷报】〈名〉**1** 勝報. **2**〈旧〉科挙の合格通知.

**jiéjìng**【捷径】〈名〉近道;〈喩〉手っ取り早い方法.

**Jiékè**【捷克】〈地名〉チェコ.

**jiéyīn**【捷音】〈名〉勝報;吉報.

**jié zú xiān dēng**【捷足先登】〈成〉早いもの勝ち.

---

**偈** jié **1**〈书〉**1** 勇ましい. **2** 走るのが速い. 異読⇒jì

---

**婕** jié ○

**jiéyú**【婕妤】〈古〉婕好(ジュ),帝王の妃嬪(ヒン)の称号の一つ.

---

**頡** jié 人名用字. 異読⇒xié

**睫** jié🈁 まつげ．¶目不交~／一睡もしないこと．
**jiémáo**【睫毛】图〈生理〉まつげ．

**截** jié 🈁 1 🔟（長いものを）切断する；（流れを）遮断する．2 🔢（~儿）区切ったものを数える．🈁 締め切る．¶~止．‖🈁
**jiéchá**【截查】🔟通行を遮り検査する．
**jié cháng bǔ duǎn**【截长补短】〈成〉長所で短所を補う．
**jié//duàn**【截断】🔟+結果 1 切断する．2 遮る．
**jiégǎo**【截稿】🔟原稿を締め切る．
**jiéhuò**【截获】🔟捕獲する．
**jiéjī**【截击】🔟迎撃する．2 图〈体〉（テニスの）ボレー．
**jiéjié**【截劫】🔟行く手を遮り強奪する．
**jiéliú**【截留】🔟（金や物を）差し止める．
**jiéliú**【截流】🔟流れを せ止める．
**jiémén**【截门】图バルブ．
**jiémiàn**【截面】图〈測〉切断面．
**jiéqǔ**【截取】🔟（中から）切り取る．
**jiérán**【截然】🔟明らかに．截然と．
**jiétān**【截瘫】图〈医〉対麻痺．
**jié//zhī**【截肢】🔟〈医〉手足の切断をする．
**jiézhǐ**【截止】🔟締め切る．
**jiézhì**【截至】🔟…までで締め切る．
**jiézi**【截子】图1 段．2 区切り．

**碣** jié🈁（丸い）石碑．

**竭** jié🈁 尽きる．尽くす．¶カ～声嘶/カが尽き声がかれる．‖🈁
**jiéchéng**【竭诚】🔟誠を尽くす．
**jiéjìn**【竭尽】🔟〈書〉尽くす．
**jiéjué**【竭蹶】🔟〈書〉（資金が）枯渇する．
**jiélì**【竭力】🔟力を尽くして．極力．
**jié zé ér yú**【竭泽而渔】〈成〉一物も残さずさらっていく；目先の利益ばかり考えて将来を考えない．

**羯** jié 🈁 1 →【羯羊/羯羊】2 图古代の部族名）羯（ｹﾂ）．
**jiégǔ**【羯鼓】图〈民族楽器の一〉羯鼓（ｹﾂｺ）．
**jiéyáng**【羯羊】图去勢された雄羊．

**姐** jiě 图 1 姊．¶大~／いちばん上の姉．2 親戚で自分と同世代で年上の女性．（異なる）従姉．3 若い女性に対する呼称．‖🈁
**jiěfu**【姐夫】图姉婿．
**jiějie**【姐姐】图 1 姉．2 同世代で年上の親戚の女性．
**jiěmèi**【姐妹】图 1 姉妹．2 兄弟姉妹．
**jiěmèi chéngshì**【姐妹城市】图姉妹都市．
**jiěmèipiān**【姐妹篇】图姉妹篇．
**jiěr**【姐儿】图〈方〉姉妹．
**jiěrmen**【姐儿们】图女兄弟たち．
**jiězhàng**【姐丈】图姉婿．

**解** jiě 🈁 🔟 1 解く．ほどく．¶~衣服／服を脱ぐ．2 取り除く．¶~→渴．3 わかる．¶通俗易～／通俗的でわかりやすい．🈂️图数解．🈁🔟分解する．¶瓦~／瓦解する．2 解釈する．🈁～／注釈（する）．3 用便する．¶~→手（儿）．
異読⇨**jiè, xiè**
**jiě//bǎng**【解绑】🔟縄をほどく．
**jiěbiǎo**【解乏】形〈方〉腹持ちがよい．
**jiěbiǎo**【解表】🔟〈中医〉発汗させる．
**jiě//chán**【解馋】🔟食欲を満たす．
**jiě//cháo**【解嘲】🔟（人からのあざけりに対し）取り繕う，照れ隠しをする．
**jiě//chóu**【解愁】🔟〈書〉愁いをさます．
**jiěchú**【解除】🔟解除する．¶~武装／武装解除する．
**jiědá**【解答】🔟解答する．
**jiě//dòng**【解冻】🔟 1 氷が解ける．2 資金の凍結を解除する．3〈喩〉緊張状態が緩和する．
**jiě//dú**【解毒】🔟 1 解毒する．2〈中医〉のぼせ・発熱を治す．
**jiědú**【解读】🔟 1 読み解く．2 分析する．3 理解する．
**jiě/è**【解饿】🔟飢えを満たす．
**jiě/fá**【解乏】🔟疲れをいやす．
**jiěfǎ**【解法】图〈数〉解法．
**jiěfàng**【解放】🔟解放する．2 图（1949年10月1日中華人民共和国の成立をさし）解放．
**jiěfàngjūn**【解放军】图解放軍．
**jiěfàngmào**【解放帽】图人民帽．
**jiěfàngqū**【解放区】图解放区．
**jiěfàngxié**【解放鞋】图緑色のひも靴．
**jiěfàng zhànzhēng**【解放战争】图 1 解放戦争．2〈史〉（第二次）国共内戦．
**jiěfù**【解付】🔟〈経〉（小切手を）支払う．
**jiě gēda**【解疙瘩】〈慣〉わだかまりを解く．
**jiěgòu**【解构】🔟 1 分析する．2〈哲〉脱構築する．
**jiě/gù**【解雇】🔟解雇する．
**jiě/hán**【解寒】🔟体を温める．
**jiě/hèn**【解恨】🔟溜飲を下げる．
**jiě/jiǎ**【解甲】🔟軍人が除隊する．
**jiě/jīn**【解禁】🔟解禁する．
**jiějiù**【解救】🔟（危険・困難から）救う．
**jiějué**【解决】🔟 1 解決する．¶~问题／問題を解決する．2〈敵・悪人を〉片付ける．
**jiě/kāi**【解开】🔟+方向 解く．ほどく．
**jiě/kě**【解渴】🔟渇きをいやす．2〈喩〉用が足りる．
**jiě/kòu**【解扣】🔟（~儿）ボタンをはずす．2〈機〉（留め金などが）はずれる．3〈喩〉わだかまりを解く．
**jiě/kùn**【解困】🔟苦境から脱する．
**jiělǎn**【解缆】🔟出帆する．
**jiě líng jì líng**【解铃系铃】〈成〉問題を引き起こした当人がそれを解決するべきである．

jiě//mǎ【解码】(動)(暗号を)解読する.

jiě//mèn【解闷】(動)(～儿)気を晴らす.

jiě//mì【解密】(動)1 (機密文書などを)解禁する. 2 (電算)パスワードを解除する.

jiěmìqì【解密器】(名)暗号解読器.

jiě mín dào xuán【解民倒悬】(成)人民を苦境から救い出す.

jiě/nán【解难】(動)難問を解決する.

jiě/nàn【解难】(動)難局を解決する.

jiěnáng【解囊】(動)金銭を出して人を助ける.

jiě//pìn【解聘】(動)解任する.

jiěpōu【解剖】(動)1 解剖する. 2 (喩)分析する.

jiěpōudāo【解剖刀】(名)メス.

jiěpōuxué【解剖学】(名)解剖学.

jiě//qì【解气】(動)溜飲が下がる.

jiěquàn【解劝】(動)なだめる.

jiěrè【解热】(動)解熱する.

jiěrén【解人】(名)事のわかる人.

jiěsàn【解散】(動)解散する.解散させる.

jiěshì【解释】(動)解釈する.説明する. 1 釈明する.

jiě//shǒu【解手】(動)1 (～儿)用を便す. 2 〈書〉別れる.

jiěshù【解数】(名)〈旧〉相手の術を破る術.

jiěshuō【解说】(動)1 (口頭で)解説する. 2 図ナレーションする. ¶～员/ナレーター.

jiě//tào【解套】(動)(経)値下がりで塩漬けになった株や国債などが購入時の価格に戻る.

jiětǐ【解体】(動)解体する.

jiětuō【解脱】(動)1 (仏)解脱(げだつ)する. 2 抜け出す. 3 (罪·責任から)逃れる.

jiě//wéi【解围】(動)1 (敵の)包囲を解く. 2 助け船を出す.

jiěwù【解悟】(動)悟る.

jiěxī【解析】(動)(化)吸着物分離.

jiěxī jǐhé【解析几何】(数)解析幾何学.

jiě yāsuō【解压缩】(電算)解凍する.

jiě/yán【解严】(動)戒厳令を解く.

jiě yī tuī shí【解衣推食】(成)誠意をもって人を助ける.

jiěyí【解颐】(動)〈書〉顔をほころばす.

jiěyí【解疑】(動)1 疑いを取り除く. 2 難題を解決する.

jiě//yōu【解忧】(動)憂いを取り除く.

jiě//yuē【解约】(動)約束を取り消す.

jiě//zhí【解职】(動)解任する.

介 jiè 1《古典劇の脚本で》しぐさ. 2【量】〈古〉個. ¶一～书生 一介の書生.

H ①間にある. ¶媒～/媒介. ② 心にかける. ¶～～意. ③ 剛直である. 4 よろい. Ⅲ姓

jiècí【介词】(名)〈語〉前置詞.介詞.

jièdiàn chángshù【介电常数】(名)〈電〉誘電率.

jiè//huái【介怀】(動)気にかける.

jièqiào【介壳】(名)(動)貝殻.

jièqiàochóng【介壳虫】(名)〈虫〉カイガラムシ.

jièrù【介入】(動)介入する.

jièrù liáofǎ【介入疗法】(名)〈医〉カテーテル治療.

jièshào【介绍】(動)1 (人を)紹介する. ¶自我～/自己紹介する. 2 (新しい人や物を)持ち込む,伝える. 3 説明する.

jièshàorén【介绍人】(名)1 紹介者. 2 仲人.

jiè//yì【介意】(動)(多く否定の形で)気にかける.

jièyīn【介音】(名)〈語〉介音.

jièzhì【介质】(名)(物)媒質.

jièzhòu【介胄】(名)よろいかぶと.

jièzǐ【介子】(名)(物)中間子.

戒 jiè【戒】(動)1 断つ. ¶～烟/たばこをやめる. ¶～赌/かけ事をやめる.

H ① 警戒する. ② 戒める. ¶劝～/忠告する. ③戒. ¶破～/戒を破る.

jièbèi【戒备】(動)1 警備する. 2 警戒する.

jièchǐ【戒尺】(名)(旧)私塾の教師が生徒をぶつのに使った細長い板.

jièchú【戒除】(動)(よくない習慣を)やめる.

jièdāo【戒刀】(名)(仏)戒刀.

jièdié【戒牒】→dùdié【度牒】

jiè//dú【戒毒】(動)麻薬中毒者が麻薬をやめる.

jièdúsuǒ【戒毒所】(名)麻薬中毒者治療所.

jièjì【戒忌】(名)1 タブー. 2 (動)忌み嫌う.

jiè jiāo jiè zào【戒骄戒躁】(成)おごりや焦りを戒める.

jièjù【戒惧】(動)警戒する.

jièlǜ【戒律】(名)(宗)戒律.

jiètán【戒坛】(名)(仏)戒壇.

jiètiáo【戒条】→jièlǜ【戒律】

jièxīn【戒心】(名)警戒心.

jiè//yán【戒严】(動)1 戒厳令を敷く. 2 非常線を張る.

jièzhi【戒指】(名)(～儿)指輪.

芥 jièH カラシナ. 異読⇒gài

jiècài【芥菜】(植)カラシナ. ⇒gàicài

jièdì【芥蒂】(名)〈書〉わだかまり.

jièmo【芥末】(名)からし粉.

jièzǐ【芥子】(名)カラシナの種.

jièzǐqì【芥子气】(名)〈化〉マスタードガス.

届(届) jiè H 定期会議や卒業の年度を数える：期.回. ¶第三十二～联大/第32回国連総会.

H (時期に)至る. Ⅲ姓

jièmǎn【届满】(動)(任期が)満期になる. ¶任期～/任期満了.

jièqī【届期】(動)期限になる.

jièshí【届时】(動)〈書〉そのときになる.

# jie

**界** jiè【名】境．境界．¶以黄河为～/黄河を境とする．
**❶**①領域．社会．¶教育～/教育界．②〈生物分類上の〉界．③〈地質時代の〉代．
**jièbēi**【界碑】【名】境界を示す標石．
**jièbiāo**【界标】【名】境界の目印．
**jiébié**【界别】【名】社会階層や構成員の類別．
**jièchǐ**【界尺】【名】〈目盛りのない〉定規．
**jièdìng**【界定】【動】境界を定める．
**jièhé**【界河】【名】両国〈地区〉の境界をなす川．
**jièmiàn**【界面】【名】1 界面．2〈電算〉インターフェース．
**jièshān**【界山】【名】両国〈地区〉の境界をなす山．
**jièshí**【界石】【名】境界を示す標石．
**jièshuō**【界说】【名】〈旧〉定義．
**jièwàiqiú**【界外球】【名】〈体〉1〈テニス・卓球で〉アウト．2〈野球で〉ファウル．
**jièxiàn**【界限】【名】1 けじめ；境界．2 限度．
**jièxiàn**【界线】【名】1 境界線．2 物事の切れ目．
**jièxiàn liángguī**【界限量规】【名】〈機〉限界ゲージ．
**jièzhuāng**【界桩】【名】境界に立てた標木．

## 疥

**疥** jiè【❶】疥癬(ｶﾞｲｾﾝ)．かさ．
**jièchóng**【疥虫】【名】〈虫〉ヒゼンダニ．
**jièchuāng**【疥疮】【名】〈医〉疥癬(ｶﾞｲｾﾝ)．
**jièháma**【疥蛤蟆】【名】ヒキガエル．
**jièmǎn**【疥螨】【名】〈虫〉コナダニ．

## 诫

**诫** jiè【❶】警告する．

## 蚧

**蚧** jiè →géjiè【蛤蚧】

## 借

**借**（藉）jiè【❶】1 借りる；貸す．¶我ణ他～了一件睡衣/私は彼にパジャマを借りた．¶把车～给同学了/自転車を友だちに貸してやった．2 利用する；口実にする．
**jièchū**【借出】【動】貸す；借りる．
**jiècí**【借词】【語】借用語．
**jièdài**【借代】【語】換喩法．
**jièdài**【借贷】1【動】金を借りる．2【名】貸借．
**jièdān**【借单】【名】（～儿・～子）借用証．
**jiè dāo shā rén**【借刀杀人】〈成〉〈自分が表に出ず〉他人を利用して相手を倒す．
**jiè//dào**【借道】【動】経由する．
**jièdiào**【借调】【動】他の職場から人手を借りる．
**jiè dōngfēng**【借东风】〈慣〉よい機会に乗じる．
**jièdú**【借读】【動】仮入学して学ぶ．
**jièduān**【借端】【動】言いがかりをつける．
**jièfāng**【借方】【名】借方．
**jiè fēng shǐ chuán**【借风使船】〈成〉他人の力を利用して自分の目的を果たす．
**jièjǐ**【借给】【動】…に〈…を〉貸す．
**jiè gǔ fěng jīn**【借古讽今】〈成〉昔のことを評論するふうを装って、現代を批判する．
**jiègù**【借故】【動】口実を設ける．
**jiè//guāng**【借光】【動】1〈套〉すみませんが…．2〈慣〉おかげを被る．
**jiè huā xiàn fó**【借花献佛】〈成〉もらいもので義理を果たす．
**jiè/huǒ**【借火】【動】（～儿）〈たばこの〉火を借りる．
**jiè jī shēng dàn**【借鸡生蛋】〈成〉他人の力を借りて自分の事業などを発展させる．
**jièjiàn**【借鉴】【動】参考にする．
**jièjǐng**【借景】【名】借景 (しゃっけい)．
**jièjìng**【借镜】→jièjiàn【借鉴】
**jiè jiǔ jiāo chóu**【借酒浇愁】〈成〉酒で憂さを晴らす．
**jièjù**【借据】【名】借用証．
**jièkǎo**【借考】【動】自分が戸籍を置いていない都市で統一試験に参加する．
**jièkǒu**【借口】1【動】口実にする．2【名】口実．【找～/口実を探す．
**jiè/kuǎn**【借款】1【動】金を借りる；金を貸す．2【名】借金．ローン．
**jiènǎo**【借脑】【動】知恵を借りる；ブレーンを雇う．
**jièpìn**【借聘】【動】出向の形で採用する．
**jièqiào shàngshì**【借壳上市】【名】〈経〉上場会社の買収により、上場を果たすこと．
**jièquán**【借券】→jièjù【借据】
**jiè shī huán hún**【借尸还魂】〈成〉〈一度消滅した思想・勢力が〉形を変えて復活する．
**jièshūchù**【借书处】【名】図書貸し出し所．
**jièshūzhèng**【借书证】【名】図書貸し出し証．
**jiè//sù**【借宿】【動】宿を借りる．
**jiè tí fā huī**【借题发挥】〈成〉事によせて自分の真意を述べる．
**jiè tímù**【借题目】〈慣〉口実にする．
**jiètiáo**【借条】【名】（～儿）簡単な借用証．
**jiè//wèi**【借位】【動】〈数〉〈引き算で上の〉桁を借りる．
**jièwèn**【借问】【套】お尋ねしますが．
**jièyǐ**【借以】【接続】〈書〉それによって〈…する〉．
**jièyòng**【借用】【動】1 借用する．2 転用する．
**jièyù**【借喻】→jièdài【借代】
**jièyuè**【借阅】【動】借覧する．
**jiè//zhài**【借债】【動】借金する．
**jiè//zhàng**【借账】【動】借金する．
**jièzhí**【借职】【動】〈給料を〉前借りする．
**jièzhòng**【借重】【動】〈書〉力になっていただく．
**jièzhù**【借助】【動】助けを借りる．
**jièzhù**【借住】【動】宿を借りる．
**jièzì**【借字】【名】（～儿）借用証．

**解** jiè 動 護送する。異読⇒jiě, xiè

**jièchāi**【解差】名〈旧〉罪人を護送する役人。

**jièsòng**【解送】動 (罪人や犯人を)護送する。

**jièyuán**【解元】名 科挙の郷試の首席合格者。

**褯** jiè ○

**jièzi**【褯子】名〈方〉おむつ。おしめ。

**藉** jiè 1〈古〉敷き物。 2【借 jiè】に同じ。
Ⓗ 敷く。
異読⇒jí

**价**(價) jie 1〈方〉《否定の副詞》の後に用いて語調を強める》¶不～/いいえ。¶甭～/いやだ。いけない。¶别～/よせ。 2 接尾《時間や数などを表す語について、語調を整える》"家"とも。¶成天～忙/一日中忙しい。¶震天～响/天にもとどろくほどに響く。
異読⇒jià

**家** jie 接尾 語調を整える。
異読⇒jiā

## jīn (ㄐ丨ㄣ)

**巾** jīn 名 布製品。¶毛～/タオル。¶围～/マフラー。

**jīnguó**【巾帼】名〈喩〉女性。

**jīnxiāngběn**【巾箱本】名 小サイズの書籍。

**斤**(觔) jīn 量 (重さの単位)斤。
▶ 1 "斤"は500グラム。
Ⓗ①《重量で計算するものの後につけてその総称とする》¶煤～/石炭。②斧。¶斧仗～/。‖姓

**jīndǒu**【斤斗】名〈方〉とんぼ返り。

**jīnjīn**【斤斤】形 つまらないことにこだわるさま。

**jīnliǎng**【斤两】名 1〈喩〉重み。 2 目方。重量。

**今** jīn Ⓗ① 現在。今。現代。② 今の。この。‖姓

**jīncǎo**【今草】名 《漢代の"章草"から発達した六朝時代の》草書の一書体。

**jīnfān**【今番】名 このたび。

**jīn fēi xī bǐ**【今非昔比】〈成〉すっかり様子が変わる。

**jīnhòu**【今后】名 今後。以後。

**jīnnián**【今年】名 今年。

**jīnr(ge)**【今儿(个)】名〈方〉きょう。

**jīnrén**【今人】名 今の人。

**jīnrì**【今日】名 1 きょう。 2 今日(こんにち)。

**jīnshàng**【今上】名〈旧〉今上。在位中の皇帝。

**jīnshēng**【今生】名〈書〉今生。

**jīnshì**【今世】→**jīnshēng**【今生】

**jīn tiān zuó fēi**【今是昨非】〈成〉今は正しく、以前はまちがっていた。

**jīntiān**【今天】名 1 きょう。 2 現在。¶～的中国/今日の中国。

**jīnwén**【今文】名 漢代の隷書体の文字。

**jīnxī**【今昔】名 今昔。

**jīnyì**【今译】名〈古文の〉現代語訳。

**jīnyīn**【今音】名〈語〉1 現代の語音。 2 中古音。

**jīnzhāo**【今朝】名 1〈方〉きょう。 2 現在。

**金** jīn 名 1 金。ゴールド。 2《中国の王朝名》金。
Ⓗ①金属。¶五～/金物の総称。②金銭。現～/現金。③金色の。④貴重な。‖姓

**jīn bì huī huáng**【金碧辉煌】〈成〉絢爛(けんらん)たる。

**jīnbiān zhàiquàn**【金边债券】〈経〉金縁(きんべり)証券。

**jīnbó**【金箔】名 金箔。

**jīnbùhuàn**【金不换】〈慣〉貴重である。

**jīncàncàn**【金灿灿】形 (～的)金色に輝く。

**jīn chán tuō qiào**【金蝉脱壳】〈成〉人知れずそっと姿をくらます。

**jīn chéng tāng chí**【金城汤池】〈成〉難攻不落の城。

**jīnchuāng**【金疮】名〈中医〉刃物による傷。刀傷。

**jīndiǎnzi**【金点子】名 すぐれたアイデア。

**jīndiàn**【金店】名 貴金属装身具の店。

**jīndiàn**【金殿】名 宮殿。正殿。

**jīn'é**【金额】名 金額。

**jīnfàsè**【金发色】名 ブロンド。

**jīnfànwǎn**【金饭碗】名〈喩〉待遇のよい職業。

**jīnfēng**【金风】名〈書〉秋風。

**jīngāng**【金刚】名 1〈鉱〉ダイヤモンド。 2〈方〉(ハエなどの)さなぎ。 3〈宗〉金剛神。

**jīn gāng nù mù**【金刚努目】〈成〉恐ろしい形相。

**jīngāngshā**【金刚砂】名 1〈化〉炭化ケイ素。 2 金剛砂。

**jīngāngshí**【金刚石】名〈鉱〉ダイヤモンド。

**jīngāngzuàn**【金刚钻】名〈鉱〉ダイヤモンド。

**jīngāo**【金糕】名 サンザシのゼリー。

**jīn gē tiě mǎ**【金戈铁马】〈成〉兵事。戦争。

**jīngōng**【金工】名 金属加工作業の総称。

**jīngūbàng**【金箍棒】名 如意棒。

**jīngǔ**【金谷】音 どらと太鼓。

**jīnguā**【金瓜】名 1〈植〉カボチャの一種。 2〈古〉古代の武器の一種。

**jīnguāng**【金光】名 金色の光。

**jīnguī**【金龟】名〈動〉カメ。

**jīnguīzǐ**【金龟子】名〈虫〉コガネムシ。

**jīnguì**【金贵】[形] 貴重である.

**jīnhéhuān**【金合欢】[植] キンゴウカン.

**jīnhéng**【金衡】[名] 〈貴金属の重量をはかる単位〉トロイ.

**jīnhuācài**【金花菜】[植] ウマゴヤシ.

**jīnhuānghuāng**【金煌煌】[形]〈～的〉金色に光るさま.

**jīnhuáng**【金黄】[形] 金色である.

**jīnhūn**【金婚】[名] 金婚.

**jīnjī**【金鸡】[名] **1**〈鳥〉キンケイ.**2** 鶏の美称.

**jīn jī dú lì**【金鸡独立】[成]〈太極拳などで片手を上に挙げ,一方の片手で前を指し〉1本足で立つ姿勢.

**Jīnjījiǎng**【金鸡奖】[名]〈映〉金鶏賞.

**jīnjīnàshuāng**【金鸡纳霜】[薬] キニーネ.

**jīnjiǎng**【金奖】[名] 一等賞.

**jīnjiāoyǐ**【金交椅】[喩] 金や権力につながるポスト.

**jīnjiǔ**【金酒】[名]〈蒸留酒の〉ジン.

**jīnjú**【金橘】[名][植] キンカン.

**jīnkǎ**【金卡】[名] ゴールドカード.

**jīn kē yù lǜ**【金科玉律】[成] 金科玉条.

**jīnkéláng**【金壳郎】[名]〈方〉〈虫〉コガネムシ.

**jīn kǒu yù yán**【金口玉言】[成] 必ず守る約束.

**jīnkù**【金库】[名] 国庫.

**jīnkuài**【金块】[名] 金塊.

**jīnkuàng**【金矿】[名] 金鉱.

**jīnlán**【金兰】[名] 固い友情.

**jīnlián**【金莲】[名]〈～儿〉〈旧〉纏足 (てんそく) した足.

**jīnlǐng**【金领】[名] **1** 高級管理職.**2**〈高収入の〉ハイテク技術者.

**jīnlíngzǐ**【金铃子】[名]〈虫〉スズムシの一種.

**jīnlǚ yùyī**【金缕玉衣】[考古]〈死者を包んだ〉金縷 (きんる) の玉衣.

**jīnlǜ bǎoshí**【金绿宝石】[鉱] 金緑石.

**jīnluándiàn**【金銮殿】[名] 宮殿.

**jīnméisù**【金霉素】[薬] オーレオマイシン.

**jīn mí zhǐ zuì**【金迷纸醉】[成] 放蕩三昧の生活.

**jīnniúzuò**【金牛座】[名]〈天〉**1** おうし座.**2** 金牛宮.

**jīn'ōu**【金瓯】[喩] 堅固な領土.

**jīnpái**【金牌】[名] 金メダル.

**jīnqī**【金漆】[名] 金泥.

**jīnqì**【金器】[名] 金の器.

**jīnqián**【金钱】[名] 金銭.

**jīnqiánbào**【金钱豹】[名]〈動〉ヒョウ.

**jīnqiánsōng**【金钱松】[名][植] イヌカラマツ.

**jīnqiāngyú**【金枪鱼】[名]〈魚〉マグロ.

**jīnqiū**【金秋】[名] 秋.

**jīnqiú**【金球】[名]〈体〉〈サッカーの〉ゴールデンゴール, Vゴール.

**jīnqǔ**【金曲】[名]〈音〉ヒット曲.

**jīnróng**【金融】[名] 金融. ¶～危机 / 金融恐慌.

**jīnróng guàtóu**【金融寡头】[名] 巨大金融資本.

**Jīnsānjiǎo**【金三角】[名]〈ミャンマー・ラオス・タイの国境地帯の通称〉ゴールデントライアングル.

**jīnsǎngzi**【金嗓子】[名] 美声.

**jīnsè**【金色】[名] 金色.

**jīnshǎnshǎn**【金闪闪】[形]〈～的〉きらきら光る.

**jīnshí**【金石】[名] **1**〈書〉堅固なもの.**2** 古代,文字の刻まれた青銅器や石器.

**jīnshǔ**【金属】[名] 金属.

**jīnshǔ tànshāng**【金属探伤】[名]〈機〉金属探傷.

**jīnshǔ táocí**【金属陶瓷】[名] サーメット. ▶セラミックと金属の複合材料.

**jīnsīhóu**【金丝猴】[名]〈動〉キンシコウ.

**jīnsīquè**【金丝雀】[名]〈鳥〉カナリア.

**jīnsīyàn**【金丝燕】[名]〈鳥〉コロカリヤ,アナツバメ.

**jīnsōng**【金松】[名][植] コウヤマツ.

**jīnsùlán**【金粟兰】[名][植] チャラン.

**jīntāng**【金汤】[名] 難攻不落の城.

**jīntiáo**【金条】[名] 金魚. ▶金の延べ棒.

**jīntóng yùnǚ**【金童玉女】[名] 仙人に仕える) 少年少女.

**jīnwén**【金文】[考古]〈語〉金文.

**jīnwū**【金乌】[名]〈書〉太陽.

**jīn wū cáng jiāo**【金屋藏娇】[成] 立派な屋敷に愛人を囲う.

**jīnxīng**【金星】[名] **1**〈天〉金星.**2** 金色の星形. **3** 目まいのときなどにちらつく金色の光.

**jīnyàoshi**【金钥匙】[喩] 問題解決の決め手.

**jīnyínhuā**【金银花】[植] スイカズラ; 〈中薬〉金銀花 (きんぎんか).

**jīnyín jǐnduàn**【金银锦缎】[名] ラメ.

**jīnyú**【金鱼】[名] 金魚. [条,尾]

**jīnyúchóng**【金鱼虫】[名]〈動〉ミジンコ.

**jīnyúzǎo**【金鱼藻】[名][植] キンギョモ.

**jīnyù**【金玉】[名]〈書〉貴重なもの. ¶～满堂 / 黄金や珠玉が部屋にあふれている. ¶～良言 / 貴重な忠告.

**jīnyuán**【金元】[名] 米ドル.

**jīnyuánquàn**【金元券】[名] 国民党政府が1948年に発行した紙幣.

**jīnzhǎnhuā**【金盏花】[植] キンセンカ.

**jīnzhēn**【金针】[名] **1**〈書〉裁縫用の針.**2** 鍼灸用の針.**3**"金针菜"の花.

**jīnzhēncài**【金针菜】[名] ユリ科植物の総称.

**jīnzhēnchóng**【金针虫】[名]〈虫〉コメツキムシの幼虫.

**jīn zhēn dù rén**【金针度人】[成] すぐれた技芸の秘訣を人に伝える.

**jīn zhī yù yè**【金枝玉叶】〈成〉高貴な家柄の出身.

**jīnzhōngr**【金钟儿】〈虫〉スズムシ.

**jīnzìtǎ**【金字塔】〈名〉1 ピラミッド. 2 不朽の業績.

**jīnzì zhāopai**【金字招牌】〈名〉〈喻〉立派な肩書.

**jīnzi**【金子】〈名〉〈口〉金. 黄金.

**津 jīn**〈名〉❶唾液. ❷渡し場. ❸天津.

**Jīnbābùwéi**【津巴布韦】〈地名〉ジンバブエ.

**jīndù**【津渡】〈名〉〈書〉渡し場.

**jīnjīn**【津津】〈形〉1 味わい深いさま. ¶～有味／うまそうである；興味津々(に)である. 2(汗や水が)流れるさま.

**jīnliáng**【津梁】〈名〉〈書〉橋渡し；手引き.

**jīntiē**【津贴】〈動〉特別手当を出す.

**jīnyào**【津要】〈名〉〈書〉1 水陸交通の要所. 2〈喻〉要職.

**jīnyè**【津液】〈名〉〈中医〉体液.

**衿 jīn**【襟 jīn】に同じ. 2〈書〉〈农服の〉つけひも.

**矜 jīn**❶あわれむ. ❷うぬぼれる. ❸慎み深い. 異読⇒ guān

**jīnchí**【矜持】〈形〉緊張している.

**jīnkuā**【矜夸】〈動〉おごり高ぶる.

**jīnzhòng**【矜重】〈形〉控えめで慎重である.

**筋 jīn**〈名〉1(～儿)〈口〉筋(t). 2〈口〉静脈. 青筋. 3〈生理〉筋. 筋状のもの. ¶叶～／葉脈.

**jīndao**【筋道】〈方〉〈形〉1(食物の)歯ごたえがある. 2(老人の)体が丈夫である.

**jīndǒu**【筋斗】→**gēntou**【跟头】

**jīngǔ**【筋骨】〈名〉筋骨；体格.

**jīnjié**【筋节】〈名〉1 筋肉と関節. 2 要点,節目.

**jīn pí lì jìn**【筋疲力尽】〈成〉力が尽き果てる.

**jīnròu**【筋肉】〈名〉〈生理〉筋肉.

**禁 jīn**〈動〉耐える. ¶牛仔裤～穿／ジーンズは長もちする. ¶～脏 zāng／汚れが目立たない.

❶〈副〉耐えず. ¶不～／思わず.
異読⇒ jìn

**jīnbuqǐ**【禁不起】〈動〉+〈可補〉耐えられない. ⇒jìnbuqǐ

**jīnbuzhù**【禁不住】〈動〉+〈可補〉1 耐えられない. 2 こらえきれない.

**jīndeqǐ**【禁得起】〈動〉+〈可補〉耐えられる.

**jīndezhù**【禁得住】〈動〉+〈可補〉持ちこたえられる. 耐えられる.

**jīnshòu**【禁受】〈動〉耐え忍ぶ.

**襟 jīn**❶〈名〉❶前身ごろ. ❷姉妹の夫同士.

**jīnhuái**【襟怀】〈名〉〈書〉胸中. 気概.

**仅(僅) jǐn**〈副〉〈書〉ただ. たった. ❸〈姓〉 異読⇒ jìn

**jǐnjiàn**【仅见】〈動〉まれに見る.

**jǐnjǐn**【仅仅】〈副〉わずかに…だけ.

**jǐn yǐ shēn miǎn**【仅以身免】〈成〉命からがら逃げおおせる.

**尽(儘) jǐn**❶〈動〉1 最大限力を尽くして行う. ¶～着力做／全力でやる. 2 …を限度とする. …以内にする. ¶～着三天做完／3日以内にすませる. 3(多く～着の形で)…を優先する. ¶先～着年寄的吃／まず年よりから食べさせる. ❷〈副〉1(場所を表す語の前につけ)いちばん. ¶～后头／いちばん後. 2 いつも…するばかり.
異読⇒ jìn

**jǐnguǎn**【尽管】1〈副〉遠慮なく. かまわずに；(消極的事柄を)いつまでも…するばかり. 2〈接続〉…だけれども. たとえ…でも.

**jǐnkěnéng**【尽可能】〈副〉できるだけ.

**jǐnkuài**【尽快】〈副〉なるべく早く.

**jǐnliàng**【尽量】〈副〉できるだけ. 極力. なるべく. ⇒jìnliàng

**jǐnràng**【尽让】〈動〉譲り合う.

**jǐnxiān**【尽先】〈副〉優先的に.

**jǐnzǎo**【尽早】〈副〉できるだけ早く.

**jǐnzì**【尽自】〈方〉いつまでも…するばかり.

**卺 jǐn**〈名〉〈古〉結婚式に用いた杯.

**紧(緊) jǐn**❶〈形〉(↔松)❶ぴんと張っている. 2 しっかり固定してある. ¶把螺丝拧nǐng～／ねじをきつくしめる. 3 ぴったりついている. すきまがない. ¶这双鞋太～／この靴はきつすぎる. 4(雨・風・音などが)間断がない. ¶雨下得正～／雨がしきりに降る. 5(日程・仕事などが)切迫している. ¶日程安排得太～／スケジュールがきつすぎる. 6(情勢・戦況などが)緊迫している. 7(管理ややり方が)厳格である. 8 生活に余裕がない. ¶手头儿比较～／懐具合がちょっと苦しい. ❷〈動〉ひき締める. ぴんと張る.

**jǐnbāba**【紧巴巴】〈形〉(～的)1 窮屈である. 2 生活が逼迫する.

**jǐnbāngbāng**【紧梆梆】〈形〉(～的)ぴったりしている.

**jǐnbēngbēng**【紧绷绷】〈形〉(～的)1 ぎゅっと締められる. 2 緊張したさま.

**jǐnbī**【紧逼】〈動〉徐々に迫る.

**jǐncòu**【紧凑】〈形〉むだがない.

**jǐncù**【紧促】〈形〉慌ただしい.

**jǐnfūshuǐ**【紧肤水】〈名〉収れん化粧水.

**jǐngūzhòu**【紧箍咒】〈慣〉人を服従させる手段.

**jǐnhuǒ**【紧火】〈名〉強火.

**jǐnjí**【紧急】〈形〉緊急である.

**jǐnjí zhuàngtài**【紧急状态】〈名〉非常事態.

**jǐnjǐn**【紧紧】〈形〉(～的)きつく締まっている. しっかりとしている.

**jǐnlín**【紧邻】〈名〉すぐ隣.

**jǐn luó mì gǔ**【紧锣密鼓】〈成〉鳴

## jǐn

**jǐnmì**【紧密】形 1 緊密である. 2 絶え間がない.
**jǐnpò**【紧迫】形 緊迫している.
**jǐnqiào**【紧俏】形 供給が需要に追いつかない.
**jǐnquē**【紧缺】形 (物や人が) 不足している.
**jǐnshēnr**【紧身儿】名 1 (~儿) 下着. 2 体にぴったり.
**jǐnshēnyī**【紧身衣】名 細身の服；レオタード.
**jǐnsuō**【紧缩】動 緊縮する. 切り詰める.
**jǐnsuǒ**【紧锁】動 引き締める. ¶双眉~/眉をひそめる.
**jǐnyāchá**【紧压茶】名 蒸して圧し固めたお茶.
**jǐnyào**【紧要】形 重要である.
**jǐnzhāng**【紧张】形 1 緊張する. 2 激しい. 忙しい. 3 (供給などに) 余裕がない, 逼迫している.
**jǐnzhe**【紧着】副 すばやく, 頑張って.

**堇 jǐn ❶**

**jǐncài**【堇菜】名〔植〕スミレ.

**jǐnsè**【锦色】名 薄紫色.
**jǐn**【锦】❶ ① 錦. ② きらびやかな.
**jǐnbiāo**【锦标】名 優勝のしるし.
**jǐnbiāosài**【锦标赛】名〔体〕選手権大会.
**jǐnduàn**【锦缎】名 錦. 錦織り.
**Jǐnguānchéng**【锦官城】名 成都の別称.
**jǐnjī**【锦鸡】名〔鸟〕キンケイ.
**jǐnkuí**【锦葵】名〔植〕ゼニアオイ.
**jǐnlún**【锦纶】名〔紡〕ナイロン.
**jǐn náng miào jì**【锦囊妙计】(成) 緊急問題を解決するよい方法.
**jǐnqí**【锦旗】名 優勝旗. 錦の旗.
**jǐn shàng tiān huā**【锦上添花】(成) 錦上花を添える.
**jǐn xīn xiù kǒu**【锦心绣口】(成) 文辞が美しい.
**jǐnxiù**【锦绣】名 美しいもの.
**jǐn yī yù shí**【锦衣玉食】(成) 生活が豪華 (hǎo) をきわめる.

**谨 jǐn**【谨】副 謹んで. ¶~此致意 / (手紙文で) 謹んで敬意を表します.
❶ 慎重である.
**jǐnbǐng**【谨禀】(套) 謹んで申し上げます.
**jǐnchì**【谨饬】形〈書〉謹直である. 慎み深い.
**jǐnfáng**【谨防】動 注意深く防ぐ.
**jǐnshàng**【谨上】名〈套〉敬具.
**jǐnshèn**【谨慎】形 慎み深い.
**jǐn xiǎo shèn wēi**【谨小慎微】(成) 小心翼々としている.
**jǐnyán**【谨严】形 厳密である.
**jǐn yán shèn xíng**【谨言慎行】(成) 言行を慎む.

**馑 jǐn** → **jīujǐn**【饥馑】

**瑾 jǐn** 名〈書〉美玉. 美しい玉 (gyoku).

**槿 jǐn** → **mùjǐn**【木槿】

**仅 (僅) jǐn** 副〈書〉…に近い. ほとんど…だ. 異読 ⇒ jìn

**尽 (盡) jìn** ❶動 1 尽きる；(補語として) …し尽くす. ¶想~办法 / あらゆる方法を講じる. 2 全部出しきる. 3 全うする. ¶~自己的责任 / 自分の責任を果たす.
❷ 副 すべて. ことごとく. ¶到会的~是学生 / 会の出席者はみな学生である.
❸ ① 極点に達する. ¶~→头. ② すべて. ¶~→数 shù. ③ 死ぬ. ¶自~ / 自害する.
異読 ⇒ jǐn
**jìnhuān**【尽欢】動 心ゆくまで楽しむ.
**jìn//lì**【尽力】動 全力を尽くす.
**jìnliàng**【尽量】副 心ゆくまで. ⇒ jǐnliàng
**jìnqíng**【尽情】副 思う存分.
**jìnrán**【尽然】形 完全にそうである.
**jìn rén jiē zhī**【尽人皆知】(成) だれでも知っている.
**jìn rénshì**【尽人事】あらゆるべきことはすべてする. ¶~以待天命 / 人事を尽くして天命を待つ.
**jìn rú rén yì**【尽如人意】(成) すべて望みどおりになる.
**jìn shàn jìn měi**【尽善尽美】(成) 非の打ちどころがない.
**jìn shì**【尽是】…だらけである.
**jìn shōu yǎn dǐ**【尽收眼底】(成) 一望に収める.
**jìnshù**【尽数】副 すべて. ことごとく.
**jìntóu**【尽头】名 果て. 終点.
**jìnxiào**【尽孝】動 親孝行する.
**jìn/xīn**【尽心】動 (他人のために) 尽力する.
**jìnxìng**【尽兴】副 心ゆくまで.
**jìnxìng**【尽性】1 副 気のすむまで. 2 動〈書〉天分を発揮する.
**jìn yìwù**【尽义务】1 義務を尽くす. 2 ボランティア活動をする.
**jìn/zé**【尽责】動 責務を果たす.
**jìn/zhí**【尽职】動 職責を果たす.
**jìnzhì**【尽致】動 すべて表現し尽くされている.
**jìn/zhōng**【尽忠】動 1 忠義を尽くす. 2 国のために命を捧げる.

**进 (進) jìn** ❶動 1 (↔出) (中に) 入る. ¶请~ / どうぞお入りください. 2 (↔退) 進む. 前進する. ¶两国关系又~了一步 / 両国の関係はまたひとつ進んだ. 3 (金が) 入る；(商品を) 仕入れる；(人員を) 受け入れる.
❷ 量 (伝統的な中国式家屋で) 庭を数えるのに用いる.
❸ 呈上する. ¶~→言.

▶方向補語"-进"の用法◀

動詞の後に用いて,**動作が外から内へ向かう**意を表す.
①「中に入る」意味を表す.¶走一课堂/(歩いて)教室に入る.¶住一了新楼/新築に移り住んだ.
②「中に入れる」意を表す.¶把戒指放一盒子里/指輪を箱の中に入れる.¶买一了一台复印机/複写機を購入した.

**jìnbī**【进逼】[動](軍隊が)進み迫る.

**jìnbīng**【进兵】[動]進軍する.

**jìnbǔ**【进补】[動]栄養補給をする.

**jìnbù**【进步】[動]1 進歩する.2 [形] 進步的である.¶~思想/進歩的な考え.

**jìn//cān**【进餐】[動]食事をとる.

**jìnchán**【进谗】[動]〈書〉谗言(zán)する.

**jìn//chǎng**【进场】[動]入場する.

**jìn//chéng**【进城】[動]町へ行く.

**jìnchéng**【进程】[名]過程.

**jìnchū**【进出】[動]1 出入りする.2 収支.

**jìnchūkǒu**【进出口】[名]1 輸出入.¶~公司/貿易会社.2 出入り口.

**jìndào**【进刀】[動]切りこむ.

**jìndǐ**【进抵】[動](軍)目的地まで前進する.

**jìndù**【进度】[名]1 進度.2 仕事の手順.¶~表/工程進度表.

**jìn'ér**【进而】[接続]さらに進んで.その上で.

**jìnfā**【进发】[動]出発する.

**jìnfàn**【进犯】[動](敵軍が)侵犯する.

**jìngōng**【进攻】[動]1 進撃する.2 攻勢に出る.

**jìn//gōng**【进宫】[動]拘留[投獄]される.

**jìn//gòng**【进贡】[動]朝貢する.

**jìnhuà**【进化】[動]進化する.¶~论/(生)進化論.

**jìn//huò**【进货】[動](商品を)仕入れる.

**jìnjī**【进击】[動]進撃する.

**jìnjiàn**【进见】[動]謁見する.

**jìn//jīng**【进京】[動]上京する.

**jìnjūn**【进军】[動]進軍する.

**jìn//kǒu**【进口】1 [動]1 輸入する.¶~货/輸入品.2 入港する.2 [名](~儿)入り口.

**jìnkuǎn**【进款】[名]収入.

**jìn//lái**【进来】1 [動+方補] 入ってくる.2 [動詞の後に用い,動作が外から内へ入ってくることを表す]¶流~/流れ込んでくる.¶走进教室来/教室に(歩いて)入ってくる.

**jìnliào jiāgōng**【进料加工】[経]加工貿易.

**jìn//mén**【进门】[動]1 入口から入る.2 入門する.3 嫁にくる.

**jìn//qù**【进去】1 [動+方補] 中へ入っていく.2 [動詞の後に用い,動作が外から内へ入っていく]¶投~/投げ入れる.

**jìnrù**【进入】[動]入る.進出する.¶~市区/市街地に入る.

**jìnshēn**【进深】[名](庭や部屋の)奥行き.

**jìn shēn zhī jiē**【进身之阶】〈成〉出世の道.登竜門.

**jìnshí**【进食】[動]食事する.

**jìnshì**【进士】[名]〈旧〉進士.科挙の最終合格者.

**jìntuì**【进退】[動]1 進退.2 (分に応じた)立ち居振る舞い.

**jìn tuì wéi gǔ**【进退维谷】〈成〉進退きわまる.▶"进退两难nán"とも.

**jìn//wèi**【进位】[動](数)桁を繰り上げる.

**jìnxián**【进贤】[動]有能な人材を推薦する.

**jìn//xiāng**【进香】[動]聖地や名山の寺院に参拝する.

**jìnxiàng**【进项】[名]収入.

**jìnxíng**【进行】[動]①正式または重々しい持続的な活動を行う.進める.¶~审查/審査を行う.¶手术~了六个小时/手術は6時間続いた.

**jìnxíngqǔ**【进行曲】[名]行進曲.

**jìnxiū**【进修】[動] 研修を受ける.

**jìn//yán**【进言】[動]〈書〉進言する.

**jìnyè**【进谒】[動]謁見する.

**jìn yī bù**【进一步】[名]さらに.いっそう.

**jìnyì**【进益】[名]1 〈書〉(学識・修養の)進歩.2 利益.

**jìnzhǎn**【进展】[動] 進展する.

**jìnzhàn**【进占】[動]占領する.

**jìnzhàng**【进账】[名]収入.

**jìnzhù**【进驻】[動]進駐する.

**jìn**【近】1 [形]1 (↔远)近い.2 親しい.2 [動](ある数量・時間に)近づく.¶年~六十/年は60に近い.
➡わかりやすい.¶浅~/平易である.3 [姓]

**jìnbiàn**【近便】[形]道が近い.

**jìnchéng**【近程】[形]射程の短い.

**jìndài**【近代】[名]〈史〉近代.▶1840年アヘン戦争から1919年五·四運動まで.

**jìndào**【近道】[名]近道.¶走〔~〕/近道をする.

**jìndìdiǎn**【近地点】[名]〈天〉近地点.

**Jìndōng**【近东】[名]〈地〉近東.

**jìngǔ**【近古】[名]〈史〉近古.▶宋·元·明·清をさす.

**jìnguāngdēng**【近光灯】[名](自動車の)ヘッドライト.

**jìnhǎi**【近海】[名]〈地〉近海.

**jìnhu**【近乎】1 [動]…に近づく.2 [名](~儿)親しい関係.

**jìnjī**【近畿】[名]首都に近い地方.

**jìnjiāo**【近郊】[名]近郊.

**jìnjǐng**【近景】[名]1 近景.2 クローズ·アップ.3 当面の状況.

**jìnkuàng**【近况】[名]近況.

**jìnlái**【近来】[名]近ごろ.このごろ.

## jīn

**jìnlǐ**【近理】[形]理にかなっている.

**jìnlín**【近邻】[名]近隣. ¶远亲不如～/遠くの親戚より近くの他人.

**jìnlù**【近路】[名]近道.

**jìnnián**【近年】[名]近年.¶～来/最近.

**jìnpáng**【近旁】[名]付近.

**jìnqī**【近期】[名]近い将来.

**jìnqī yùbào**【近期预报】[名]短期予報.

**jìnqián**【近前】[名]付近.

**jìnqiè**【近切】[形]真実に近い.

**jìnqīn**【近亲】[名]近親.

**jìnqīn fánzhí**【近亲繁殖】[名]〈生〉同系交配.

**jìnqíng**【近情】[形]人情にかなう.

**jìnrén**【近人】[名]**1** 現代人. **2**〈書〉身内.

**jìnrì**【近日】[名]近ごろ.

**jìnshì**【近世】[名]〈史〉近世.

**jìnshì**【近视】[形]**1** 近視である. **2**〈喩〉目先がきかない.

**jìnshìjìng**【近视镜】[名]近眼鏡.

**jìnshìyǎn**【近视眼】[名]近視.

**jìn shuǐ lóu tái**【近水楼台】〈成〉何か行うのに便利な場所・地位にある.

**jìnsì**【近似】[動]近似する.

**jìnsìzhí**【近似值】[名]〈数〉近似値.

**jìnxī**【近昔】[名]〈書〉近年.

**jìntóu**【近投】[名]〈体〉バスケットなどでショートシュート.

**jìnwèijūn**【近卫军】[名]近衛兵.

**jìnyìcí**【近义词】[名]類義語.

**jìnyīn**【近音】[名]

**jìnyǐng**【近影】[名]近影.▶"近照"とも.

**jìnyú**【近于】[動]…に近づく.

**jìnzhàn**【近战】[名]接近戦.

**jìnzhī**【近支】[名]血縁関係の近い同族.

**jìn zhū zhě chì, jìn mò zhě hēi**【近朱者赤,近墨者黑】〈成〉朱に交われば赤くなる.

### 妗 jìn ○

**jìnmǔ**【妗母】[名]〈方〉母の兄弟の妻.母方のおば.

**jìnzi**【妗子】[名]〈方〉**1** 母の兄弟の妻.母方のおば. **2** 妻の兄弟の妻. **1**大～/妻の兄嫁. **1**小～/妻の弟嫁.

### 劲 (勁) jìn [名] **1** ●[～(ル)] **1** カ. ¶我块是退了,可身上还是没○/熱は引いたがまだ身体から力が出ない. **2 おもしろみ**. ¶扑扑克没○ル/トランプなんかつまらない. **3** **気持ち**,**意気**. ¶鼓起一儿大干一场/元気を奮い起こし大いに張り切ってやる.

**2**[接尾][～(ル)][形容詞・動詞の後に用いて,態度・状態などを表す]…さ.…加減.…っぷり. ¶瞧他那高兴～ル/彼の喜びようときたらどうだ.

異読⇒**jìng**

**jìngē jìnqǔ**【劲歌金曲】[名]ヒット曲.

**jìntóu**【劲头】[名][～(ル)] **1** カ. **2** 意気込み. **3** 様子.

### 荩 (藎) jìn

**1** ⇒**jìncǎo**【荩草】

**2**[書]忠誠である.忠実である. ¶～臣/忠臣.

**jìncǎo**【荩草】[名]〈植〉コブナグサ.

### 浕 (濜) jìn 地名用字.

### 晋 (晉) jìn [名]**1**〈中国の王朝名〉晋(しん).

**1**[動]**1**進む.**2** 山西省. ‖[姓]

**jìn/jí**【晋级】[動]昇級する.

**jìnjiàn**【晋见】[動]謁見する.

**jìn/jīng**【晋京】[動]上京する.

**jìnjù**【晋剧】[名]山西省の地方劇.

**jìnshēng**【晋升】[動]昇進する.

**jìnyè**【晋谒】[動]〈書〉謁見する.

**jìnzhí**【晋职】[動]〈書〉昇給する.

### 赆 (贐·贄) jìn〈書〉はなむけ.¶～仪/餞別(せんべつ).

### 烬 (燼) jìn燃えかす.¶余yú~/余燼.燃えかす.

### 浸 jìn **1**[動]**1** 浸す. **2** しみる.
**2**[副]しだいに.

**jìnchén**【浸沉】[動]思いにふける.

**jìngāo**【浸膏】[名]〈薬〉エキス.

**jìnjì**【浸剂】[名]〈薬〉浸剤.振り出し.

**jìnlǐ**【浸礼】[名]〈宗〉(キリスト教の)洗礼.

**jìnmò**【浸没】[動]**1** 水浸しになる. **2** 思いにふける.

**jìnpào**【浸泡】[動]液体に浸す.

**jìnrǎn**【浸染】[動]**1** しだいに染まる. **2** 液体が染みて色に染まる.

**jìnrùn**【浸润】[動]徐々にしみ込む.

**jìntòu**【浸透】[動]**1** びしょぬれになる. **2**〈喩〉思想などが浸透する.

**jìn/zhǒng**【浸种】[動]〈農〉種子を水にひたす.

**jìnzǐ**【浸渍】[動]浸す.

### 搢 jìn [動]〈書〉さしはさむ.

**jìnshēn**【搢绅】【搢绅】→**jìnshēn**【缙绅】

### 禁 jìn

**1** ① 拘束する. ② 禁制. ¶犯～/禁を犯する. ③ 宮中.

異読⇒**jīn**

**jìnbì**【禁闭】[動]禁固する.

**jìnbǔqī**【禁捕期】[名]禁漁期.

**jìnchéng**【禁城】[名]宮城.

**jìndì**【禁地】[名]立入禁止地区.

**jìn/dú**【禁毒】[動]麻薬の生産・取引・使用を禁止する.

**jìnfàng**【禁放】[動]花火や爆竹を禁止する.

**jìngù**【禁锢】[動]**1**(旧)(支配グループが)対立者の仕官の道をふさぐ. **2** 監禁する. **3** 束縛する.

**jìnjì**【禁忌】[名]**1** 禁忌. **2** 忌み嫌う.

**jìnjué**【禁绝】[動]禁絶する.

**jìnjūn**【禁军】[名]〈古〉禁軍.近衛軍.

**jìnlì**【禁例】[名]禁止令.

**jìnliè**[禁猎]動 禁猟する.
**jìnlièqū**[禁猎区]名 禁猟区.
**jìnlìng**[禁令]名 禁令.
**jìnluán**[禁脔]名〈喩〉独占物.
**jìnpiàn**[禁片]名〈~儿〉放映を禁止された映画やドラマ.
**jìnqū**[禁区]名 **1** 立入禁止地区. **2** 保護区. **3**〈体〉禁区穴. **4**〈体〉(サッカーで)ペナルティーエリア; (バスケットで)制限区域. ▶️〖聖域〗
**jìnsài**[禁赛]動〈体〉出場停止にする.
**jìnsàiqū**[禁赛区]名〈体〉(ゴルフで)オービー; (格闘技で)リング外.
**jìnshū**[禁书]名 禁書.
**jìnwèijūn**[禁卫军]名 禁衛軍.
**jìnyào**[禁药]名 使用禁止の薬.
**jìnyè**[禁夜]動 夜間通行禁止にする.
**jìnyù**[禁域]名 禁込地.
**jìnyù**[禁欲]動 禁欲する.
**jìnyuàn**[禁苑]名〈旧〉禁苑.
**jìnyùn**[禁运]動 禁輸措置をとる.
**jìnzhǐ**[禁止]動 禁止する.
**jìnzhìpǐn**[禁制品]名 禁制品.
**jìnzi**[禁子]名〈旧〉獄卒. 獄丁.
**jìnzǔ**[禁阻]動 禁止し阻む.

**缙** jìn➊〈書〉赤い絹織物.
**jìnshēn**[缙绅]名〈古〉官吏; 身分のある人. ▶️「搢紳」とも.

**觐** jìn➊〈書〉(君主に)まみえる; (聖地に)参拝する.
**jìnjiàn**[觐见]動〈書〉(君主に)まみえる. 朝見する.

**殣** jìn動〈書〉➊ 埋める. ➋ 餓死する.

**噤** jìn➊ ➊ 口をつぐむ. ➋〈寒で〉震える.
**jìnkǒulì**[噤口痢]名〈中医〉食欲のない下痢.
**jìn ruò hán chán**[噤若寒蝉]〈成〉小さくなって押し黙る.

## jīng (ㄐㄧㄥ)

**茎(莖)** jīng 名 **1**〈植物の〉茎. **2**〈書〉細長いものを数える.
**京** jīng 数〈古〉1千万.
**京** jīng ➊ ➊ 都. ➋ 北京. ‖姓
**jīngbái**[京白]名〈劇〉北京語のせりふ.
**jīngbáilí**[京白梨]名〈植〉梨の一種.
**jīngchéng**[京城]名 都. 国都.
**jīngdū**[京都]名 都. 国都.
**jīng'èrhú**[京二胡]名 中型の胡弓.
**jīngguān**[京官]名〈旧〉中央の役人.
**jīnghú**[京胡]名 胡弓の一.
**jīnghuá**[京华]名〈書〉都.
**jīnghuà**[京话]名 北京語.
**jīngjiāo**[京郊]名 首都の郊外.
**jīngjù**[京剧]名 京劇.
**jīngpài**[京派]名 北京流(のān流).
**jīngqiāng**[京腔]名 北京なまり.
**jīngshī**[京师]名〈書〉首都.

**jīngwèi**[京味]名〈~儿〉北京の味. 北京風.
**jīngxì**[京戏]名 →**jīngjù**[京剧]
**jīngyóuzǐ**[京油子]名〈貶〉すれた北京っ子.
**jīngyùn dàgǔ**[京韵大鼓]名 語り物の一種.
**Jīngzú**[京族]名〈中国の少数民族〉キン(Gin)族.

**泾(涇)** jīng 地名用字. "泾河"は川の名.
**jīng wèi fēn míng**[泾渭分明]〈成〉両者の間にははっきりと一線が画されている.

**经(經)** jīng ➊ 前…を経て, …の結果. ¶~严格挑选, 他们五个进入了球队 / 厳しい選抜を経て彼ら5人がチームに入った. ➋動〈書〉経る. 経過する. ¶这路车~王府井不在动物园 / この路線のバスは王府井を経由動物園行きである. **2** 経験する. ¶他可~了不少大事 / 彼はいろんな経験をしている. **3** 耐える. ¶这点挫折, 我还~得住 / これくらいの挫折に負けることはない.
➋ ➊ 経営する. ¶~~商. ➋ 不変である. ¶~~常. ➌ 経典. 聖典. ➍〈古〉聖書. ➎ (機械の)縦糸. 経度. ➏ 月経. ➐〈中医〉脈絡. ‖姓
**jīngbàn**[经办]動 取り扱う.
**jīngbì**[经闭]動〈生理〉月経が止まる.
**jīngbiān**[经编]名〈纺〉縦糸編み.
**jīngbù**[经部]名 経書の類.
**jīngbuqǐ**[经不起]動+可補〉(試練などに)耐えられない.
**jīngcháng**[经常] **1** 副 いつも. しょっちゅう. **2** 形 仕事・労働・状況などが平常である, 普通である. ¶~的工作 / 日常の仕事.
**jīngcháng xiàngmù**[经常项目]名〈経〉経常項目.
**jīngchuáng**[经幢]名〈宗〉経幢(きょうどう).
**jīngdeqǐ**[经得起]動+可補〉困苦などに耐えられる.
**jīngdiǎn**[经典] **1** 名 古典. 経典. **2** 形〈喩〉権威がある.
**jīngdù**[经度]名〈地〉経度.
**jīngduàn**[经断]名〈中医〉閉経期. 更年期.
**jīngfèi**[经费]名 経費.
**jīngguǎn**[经管]動 取り扱う.
**jīngguò**[经过] ➊ 動 **1** (ある場所を)通過する. **2** (時間)がかかる. **3** (手続きや過程を)経る. ➋ 名 経過. いきさつ. ¶介绍了事情的~ / 事の経過を説明した.
**jīngjí**[经籍]名〈書〉**1** 経書. **2** 書籍.
**jīngjì**[经济] **1** 名 経済. **2** 形 経済的である. ¶~ / 不経済である. ¶~舱 / エコノミークラス. **3** 動〈書〉国を治める.

## jīng

**jīngjì**【经纪】1 動 経営する. 運営する. 2 →jīngjìrén【经纪人】
**jīngjì gōngsī**【经纪公司】名〈経〉仲買会社.
**jīngjì hésuàn**【经济核算】名〈経〉経済計算.
**jīngjì jīchǔ**【经济基础】名〈経〉下部構造.
**jīngjì jìshù kāifāqū**【经济技术开发区】名 経済技術開発区.
**jīngjì kūnchóng**【经济昆虫】名 経済に有益のある昆虫.
**jīngjìlín**【经济林】名〔木材や油などを産む〕経済林.
**jīngjì qīnlüè**【经济侵略】名 経済侵略.
**jīngjì quányì**【经济权益】名 経済的な権益.
**jīngjìrén**【经纪人】名 仲買人. ブローカー. マネージャー.
**jīngjìshī**【经济师】名〔財務担当幹部の職階の一〕経理マネージャー.
**jīngjì tèqū**【经济特区】名 経済特区.
**jīngjì tǐzhì**【经济体制】名 経済体制.
**jīngjì wēijī**【经济危机】名〈経〉恐慌.
**jīngjì xiàoyì**【经济效益】名 経済効率.
**jīngjìxìng shōuyì**【经济性收益】名 経済的利益.
**jīngjìxué**【经济学】名 経済学.
**jīngjì zájiāo**【经济杂交】名〈牧〉一代交雑.
**jīngjì zēngzhǎng**【经济增长】名 経済成長.
**jīngjì zhìdù**【经济制度】名 経済制度.
**jīngjì zhōuqī**【经济周期】名〈経〉景気循環サイクル.
**jīngjì zuòwù**【经济作物】名〈農〉経済作物.
**jīngjiǔ**【经久】形 1 長時間たつ. 2 長もちする.
**jīnglǐ**【经理】1 動 経営·管理する. 名 経営者. 2 名 総~／社長.
**jīnglì**【经历】1 動 経験する. 2 名 経歴；経験.
**jīngluò**【经络】名〈書〉経絡する.
**jīnglún**【经纶】名〈書〉経綸(じん). 国家を治め整えること.
**jīngluò**【经络】名〈中医〉経絡.
**jīngmài**【经脉】名〈中医〉経絡.
**jīngmáng**【经盲】名〈俗〉市場経済の常識に欠ける人. 経済盲.
**jīngmào**【经贸】名〈略〉経済と貿易. ¶~公司／貿易会社.
**jīngmì**【经密】名〈紡〉縦糸の密度.
**jīngnián**【经年】名〈書〉長年月を経る.
**jīng nián lěi yuè**【经年累月】〈成〉長い間.
**jīngqī**【经期】名〈生理〉月経中.
**jīngshā**【经纱】名〈紡〉〔機械の〕縦糸.
**jīng//shāng**【经商】動 商売をする.

**jīng//shī**【经师】動 師事する.
**jīng shǐ zǐ jí**【经史子集】経史子集. 中国の伝統的図書分類法.
**jīngshòu**【经受】動 経験する.
**jīngshòu**【经售】動 取次販売する.
**jīngshū**【经书】名 儒学の経典.
**jīngshuǐ**【经水】名〈生理〉月経.
**jīng tiān wěi dì**【经天纬地】〈成〉すぐれた才能を持つこと.
**jīngtòng**【经痛】名〈生理〉生理痛.
**jīngwài qíxué**【经外奇穴】名〈中医〉十二経脉と任脉、督脉に属していないツボ〔急所〕.
**jīngwěi**【经纬】名 1 縦糸と横糸. 2〈地〉経度と緯度. ¶~度／経緯度. 3 経緯.
**jīngwěiyí**【经纬仪】名 経緯儀.
**jīngxiàn**【经线】名 1 縦糸. 2〈地〉経線.
**jīngxiāo**【经销】動 取次販売する.
**jīngxīn**【经心】動 注意する. 心にかける.
**jīngxué**【经学】名 経学.
**jīngxuè**【经血】名〈中医〉月経.
**jīngyàn**【经验】1 名 経験. ¶~丰富／経験豊かである. 2 動 経験する.
**jīngyàn zhǔyì**【经验主义】名〈哲〉経験主義.
**jīng yī shì, zhǎng yī zhì**【经一事, 长一智】〈諺〉知恵は経験によって生まれる.
**jīngyì**【经意】動 心にかける. 注意する.
**jīngyíng**【经营】1 動 経営する. 運営する. ¶~项目／営業品目. 2 苦心する. 3 動 取り扱う.
**jīngyíng kǒu'àn**【经营口岸】名 商品の輸出入を行っている港や都市.
**jīngyòng**【经用】動 1 長もちする. 2〈書〉常用する.
**jīngyóu**【经由】動 経由する.
**jīngyuàn zhéxué**【经院哲学】名〈哲〉スコラ哲学.
**jīngzhézhuāng**【经折装】名〔製本で〕折本 (装).
**jīngzhuàn**【经传】名 経伝 (状)；重要な書籍.

## 荆 jīng ❶ イバラ. ‖姓

**jīngjí**【荆棘】名〈植〉イバラ.
**jīng jí zài tú**【荆棘载途】〈成〉イバラの道.
**jīngjiè**【荆芥】名〈植〉ケイガイ.
**jīngqī**【荆妻】名〈書〉〈謙〉荆妻 (じこ). 愚妻.
**jīngshì**【荆室】名〈謙〉1 貧しい家. 2〈謙〉拙妻 (じょ).
**jīngtiáo**【荆条】名 イバラの枝.

## 菁 jīng ❶

**jīnghuá**【菁华】名 精華. エッセンス.
**jīngjīng**【菁菁】形〈書〉草木が茂るさま.

# jīng

**猄** jīng →huángjīng【黄猄】

**旍** jīng 🔹① 鳥の羽を先に付けた昔の旗の一種。②表彰する。

jīngbiǎo【旌表】[動](旧)封建支配者が"牌坊"(アーチ型の門)を立てたり、"匾額"(横額)を掲げたりして封建道徳にかなった人を表彰する。

jīngqí【旌旗】[名]色とりどりの旗。

**惊**(驚) jīng 🔹 [動] 1 驚く。 2 驚かす。 ¶别―了孩子／子供をびっくりさせてはいけない。 3 (馬などが)驚いて暴れる。

jīngchà【惊诧】[動]驚きいぶかる.

jīngdāi【惊呆】[動]驚いて呆然とする.

jīngdòng【惊动】[動]騒がす。驚かす.

jīng'è【惊愕】[動]〈書〉驚愕(がく)する.

jīngfēng【惊风】[名](中医)(小児の)ひきつけ.

jīngfú【惊服】[動]驚嘆し敬服する.

jīng gōng zhī niǎo【惊弓之鸟】(成)一度危険な目にあうとちょっとしたことにもすぐおびえる.

jīnghài【惊骇】[動]〈書〉驚き恐れる.

jīnghū【惊呼】[動]驚いて叫ぶ.

jīnghuāng【惊慌】[動]驚きあわてる.

jīnghuáng【惊惶】→ jīnghuāng【惊慌】

jīnghún【惊魂】[名]取り乱した心.

jīngjì【惊悸】[動]驚いてどきどきする.

jīngjiào【惊叫】[動]驚いて叫ぶ.

jīngjù【惊惧】[動]恐れる.

jīngjué【惊觉】[動] 1 驚きのあまり気を失う. 2 [名]〈医〉けいれん.

jīngkǒng【惊恐】[動]驚き恐れる.

jīngléi【惊雷】[名]人を震え上がらせる雷鳴.

jīngpà【惊怕】[動]怖がる.

jīngqí【惊奇】[形]意外に思う。不思議に思う.

jīngrǎo【惊扰】[動]驚き騒ぐ.

jīngrén【惊人】[形]驚異的である.

jīng shī dòng zhòng【惊师动众】(成)大勢の人を驚かす.

jīng shì hài sú【惊世骇俗】(成)世間をあっと言わせる.

jīngsǒngpiàn【惊悚片】[名]〈～儿〉ホラー映画.

jīngsǒng xiǎoshuō【惊悚小说】[名]ホラー小説.

jīngtàn【惊叹】[動]驚嘆する.

jīngtànhào【惊叹号】[語]感嘆符(!).

jīngtángmù【惊堂木】[名](旧)裁判官が法廷で机をたたくのに用いた木片.

jīng tāo hài làng【惊涛骇浪】(成) 1 逆巻く大波. 2 厳しい状況.

jīng tiān dòng dì【惊天动地】(成)天地を揺るがす(大音響や大事業).

jīngxī【惊悉】[動]知って驚く.

jīngxǐ【惊喜】 1 [動]驚喜する. 2 [名]驚きと喜び.

jīngxià【惊吓】[動]びくびくする.

jīngxiǎn【惊险】[形]スリリングである. ¶～小说／スリラー小説.

jīngxiàn【惊羡】[動]〈書〉驚嘆しうらやむ.

jīng xīn dòng pò【惊心动魄】(成)深い感銘を受ける.

jīngxǐng【惊醒】[動]驚いて目を覚ます.

jīngxing【惊醒】[動]眠りが浅い.

jīngyà【惊讶】[動]いぶかる.

jīngyí【惊疑】[動]驚きいぶかる.

jīngyì【惊异】[動]驚いて不思議がる.

jīngzhé【惊蛰】[名](二十四節気の)啓蟄.

**晶** jīng 🔹 ① きらめく. ¶亮～～／きらきらと輝いている. ② 水晶. ③結晶体. ¶结jié～／結晶する. 🔹 [姓]

jīnggé【晶格】[名]〈物〉(結晶の)格子.

jīnglì【晶粒】[名]〈物〉結晶粒子.

jīngliàng【晶亮】[形]きらきら光る.

jīngshí【晶石】[名]〈鉱〉結晶性鉱物.

jīngtǐ【晶体】[名]結晶.

jīngtǐ diǎnzhèn【晶体点阵】[名]〈物〉空間格子.

jīngtǐguǎn【晶体管】[名]〈電〉トランジスター. ¶～收音机／トランジスタラジオ.

jīngyíng【晶莹】[形]きらきらと透明である.

jīngzhuàngtǐ【晶状体】[名]〈生理〉水晶体.

**睛** jīng 〈化〉ニトリル. ¶～纶／アクリル繊維.

**睛** jīng 🔹 ひとみ. ¶目不转zhuǎn～／ひとみをこらす.

**粳**(粳) jīng 🔹 うるち.

jīngdào【粳稻】[名]〈植〉ウルチイネ.

jīngmǐ【粳米】[名]ウルチ米.

**兢** jīng ❶

jīngjīngyèyè【兢兢业业】[形]勤勉である.

**精** jīng 🔹 1 緻密である；よりすぐりである. 2 賢い。抜け目がない. 3 精通している. ¶于针灸／針灸によく通じている. 🔹①エッセンス。精. ¶酒～／アルコール. ②精霊。妖怪. ¶～～灵ling. ③ すぐれている. ¶～～彩、④非常に。極めて. ¶～～瘦. 5 精液. ⑥遗～／夢精する.

jīngbīng【精兵】[名]精兵.

jīng bīng jiǎn zhèng【精兵简政】(成)人員を減らし機構を簡素化する.

jīngcǎi【精彩】 1 [形]精彩を放っている. ¶～的表演／すばらしい演技. 2 [書]精気. ▲"精采"とも.

jīngcháo【精巢】[名]〈生理〉精巣；睾丸(と).

jīngchéng【精诚】[名]〈書〉誠実.

jīngchì【精赤】[形]素っ裸である.

jīngchóng【精虫】[名](俗)(人の)精

## jīng 454

子.
**jīngcū**【精粗】图精度.
**jīngcuì**【精萃】图よりfくあるの.
**jīngcuì**【精粹】形 1 (文章などが)くねれている. 2 よりfくあるの.
**jīngdǎ xì suàn**【精打细算】(成)綿密に計画する.
**jīngdàng**【精当】形(言論や文章が)詳しくて正しい.
**jīngdào**【精到】形綿密である.
**jīng diāo xì kè**【精雕细刻】(成)用意周到に取り扱う.
**jīngdú**【精读】動精読する.
**jīngdù**【精度】图精度.
**jīnggàn**【精干】形腕利きである.
**jīng gēng xì zuò**【精耕细作】(成)入念に耕作する.
**jīng gōng xì zuò**【精工细做】(成)腕によりをかけて丁寧に作り上げる.
**jīngguài**【精怪】图精霊. 妖怪.
**jīngguāng**【精光】形 1 すっかりなくなったさま. 2 ぴかぴかと光る.
**jīnghàn**【精悍】形(人が)有能である;(筆致が)鋭い.
**jīnghuá**【精华】图 1 精華. 2〈書〉光. 輝き.
**jīngjiāgōng**【精加工】動〈機〉精密に加工する.
**jīngjiǎn**【精减】图(動)精包. 精英(ぶ).
**jīngjiǎn**【精简】動簡素化する.
**jīngjìn**【精进】動〈書〉1 すぐれた成績を収める. 2〈宗〉精進する.
**jīngkuàng**【精矿】動選鉱する.
**jīnglì**【精力】图 体力と気力. ¶〜充沛/元気いっぱい.
**jīngliàn**【精练】形(文章や話が)簡潔である.
**jīngliàn**【精炼】動 1 精錬する. 2→jīngliàn【精练】
**jīngliáng**【精良】形極めてよい.
**jīngling**【精灵】1 图 精霊. 2 形〈方〉賢い.
**jīngliú**【精馏】動〈化〉精留する.
**jīngměi**【精美】形精巧で美しい.
**jīngmì**【精密】形精密である. ¶〜度/精度.
**jīngmiào**【精妙】形精妙である.
**jīngmíng**【精明】形頭がよい.
**jīng míng qiáng gàn**【精明强干】形有能で精力的である.
**jīngnáng**【精囊】图〈生理〉精嚢(なのう).
**jīng pí lì jié**【精疲力竭】(成)精も根も尽きはてる.
**jīngpì**【精辟】形(識見や理論が)深い.
**jīngpǐn**【精品】图入魂の作品.
**jīngpǐnwū**【精品屋】图おしゃれな商品を扱う小型の店.
**jīngqìshénr**【精气神儿】图〈口〉元気な様子.
**jīngqiǎo**【精巧】形精巧である.
**jīngquè**【精确】形精確である.
**jīngròu**【精肉】图〈方〉肉の赤身.
**jīngruì**【精锐】形(軍隊が)精鋭である.

**jīngshēn**【精深】形(学問に)詳しい.
**jīngshén**【精神】图 1 **精神**. 心. ¶〜准备/心構え. 2 (文章などの)主旨,意義.
**jīngshen**【精神】1 图 **活力. 元気**. ¶有〜/元気である. ¶打起〜/元気を出す. 2 形 **元気である**.
**jīngshénbìng**【精神病】图 精神病.
**jīngshén fēnlièzhèng**【精神分裂症】图〈医〉統合失調症.
**jīngshén shuāiruò**【精神衰弱】图神経衰弱.
**jīngshén sǔnhào**【精神损耗】图目に見えない損耗;技術進歩で生じた固定資産の価値減少.
**jīngshén wénmíng**【精神文明】图 精神文明. ▶進歩的な思想・文化などをさす.
**jīngshén wūrǎn**【精神污染】图 精神汚染. ▶退廃的な思想・文化などをさす.
**jīngshěn**【精审】形〈文章・計画・意見などが)綿密で周到である.
**jīngshentóur**【精神头儿】图〈口〉活力. 元気.
**jīngshī**【精湿】形〈方〉ずぶぬれである.
**jīngshòu**【精瘦】形〈口〉ひどくやせている.
**jīngshū**【精梳】图〈紡〉(羊毛などの)すき取り.
**jīngshú**【精熟】形習熟している.
**jīngsuàn**【精算】動〈経〉(保険会社などで)保険料や責任準備金などを算出する. ¶〜师/保険計理人, アクチュアリー.
**jīngsuǐ**【精髓】图精髄.
**jīngtōng**【精通】動 **精通する**.
**jīngwēi**【精微】1 形精微である. 2 图 神秘.
**jīng wèi tián hǎi**【精卫填海】(成)困難にめげずに努力する.
**jīngxì**【精细】形 1 **精密である**. 2 細心で用心がよい.
**jīngxīn**【精心】形 心がこもっている. 念入りである.
**jīngxuǎn**【精选】動精選する.
**jīngyán**【精研】動詳しく研究する.
**jīngyán**【精盐】图精製塩.
**jīngyè**【精液】图〈生理〉精液.
**jīng yì qiú jīng**【精益求精】(成)向上に向上を重ねる.
**jīngyīng**【精英】图 1 精華. 2 卓越した人物.
**jīngzhá**【精轧】图〈冶〉仕上げの圧延.
**jīngzhàn**【精湛】形巧みで完璧である.
**jīngzhěng**【精整】图〈冶〉最後の仕上げ.
**jīngzhì**【精制】動精製する.
**jīngzhì**【精致】形 **巧みである**. 緻密である.
**jīngzhōng**【精忠】图強い忠誠心.
**jīngzhuāng**【精装】图 1〈印〉上製

455　jǐng

(本).**2**きれいな包装.
**jīngzhuāng**【精装】[形]たくましい.
**jīngzhǔn**【精准】[名][形]極めて正確である.
**jīngzǐ**【精子】[名]〈生理〉精子.
**jīngzǐkù**【精子库】[名]〈医〉精子バンク.

## 鲸 jīng [名][動]クジラ.

**jīngshā**【鲸鲨】[名]〈魚〉ジンベイザメ.
**jīngtūn**【鲸吞】[動]〈土地・財産を〉併呑(がう)する.
**jīng xī niú yǐn**【鲸吸牛饮】〈成〉酒や水を大量に飲む.
**jīngxū**【鲸须】[名]クジラのひげ.
**jīngyóu**【鲸油】[名]鯨油(ぱっ).
**jīngyú**【鲸鱼】[名]クジラ.

## 鼱 jīng →qújīng[鼩鼱]

## 井 jǐng [名]**1**井戸.[口,眼]¶打~/井戸を掘る.**2**〈二十八宿の〉ちちりずし.
[+]①井戸状のもの.¶油~/油井.**2**整然としているさま.¶~姓.

**jǐngbì**【井壁】[名]井戸の壁.
**jǐngchǎng**【井场】[名]〈石油〉油井の現場.
**jǐngdǐ**【井底】[名]井戸の底.
**jǐng dǐ zhī wā**【井底之蛙】〈成〉井の中の蛙(%).
**jǐngguàn**【井灌】[名]〈農〉井戸水で灌漑(%)する.
**jǐngjià**【井架】[名]**1**〈石油〉油井やぐら.**2**巻き揚げやぐら.**3**井戸を覆う屋根.井戸屋形.
**jǐng jǐng yǒu tiáo**【井井有条】〈成〉整然と秩序だっている.
**jǐngjiù**【井臼】[動]〈広く〉家事を行う.
**jǐngkǒu**【井口】[名]**1**井戸の穴.**2**油井の噴出口.
**jǐngpēn**【井喷】[動]噴出する.
**jǐngrán**【井然】[形]〈書〉整然としている.
**jǐngshēn**【井深】[名]井戸の深さ.
**jǐngshéng**【井绳】[名]つるべ縄.¶一朝被蛇咬,三年怕~/〈諺〉あつものに懲りてなますを吹く.
**jǐngshuǐ bù fàn héshuǐ**【井水不犯河水】〈諺〉互いに縄張りを荒らさない.
**jǐngtái**【井台】[名]〈~儿〉井戸のまわり(の小高く築いた土台).
**jǐngtàn**【井探】[名]〈鉱〉鉱井探鉱.
**jǐngtiánzhì**【井田制】[名]〈史〉井田(ぢ)法.
**jǐngtǒng**【井筒】[名]**1**井戸の壁.**2**立て坑.
**jǐngwā**【井蛙】[名]井の中の蛙(%).
**jǐngxié**【井斜】[名]〈石油〉油井の偏差・傾斜.
**jǐngyán**【井盐】[名]井塩.

## 阱 (穽) jǐng [名]落とし穴.¶陷~/落とし穴.

## 刭 (剄) jǐng [動]首を切る.¶自~/首をかき切り自殺する.

## 肼 jǐng [名]〈化〉ヒドラジン.

## 颈 (頸) jǐng [+]首.¶长cháng~鹿/キリン.**異読**⇒gěng

**jǐnglián**【颈联】[名]〈文〉律詩の第三聯.
**jǐngxiàng**【颈项】[名]首.
**jǐngzhuī**【颈椎】[名]〈生理〉頸椎.

## 景 jǐng [名]**1**〈~儿〉景色.風景.**2**情況.場.
[+]①状況.¶远~/前途.¶劇や映画の)背景.¶内~/セット.¶外~/ロケーション.③慕う.¶~慕~.

**jǐngdiǎn**【景点】[名]観光名所.
**jǐngguān**【景观】[名]**1**地形,外形.**2**(広く)景観.
**jǐngkuàng**【景况】[名]状況.景気.
**jǐngmù**【景幕】[動](書)易い仰ぐ.
**jǐngpiàn**【景片】[名](舞台装置の一)書き割り.
**Jǐngpōzú**【景颇族】[名]中国の少数民族)チンポー(Jingpo)族.
**jǐngqì**【景气】[名]**1**景気.**2**[形]景気がよい.不景気である.
**jǐngqū**【景区】[名]景勝地.
**jǐngsè**【景色】[名]景色.風景.
**jǐngshēn**【景深】[名]〈写真の〉奥行き.焦点深度.
**jǐngshèng**【景胜】[名]景勝.
**jǐngtàilán**【景泰蓝】[名]七宝焼.
**jǐngtiān**【景天】[名]〈植〉ベンケイソウ.
**jǐngwù**【景物】[名]景物.
**jǐngxiàng**【景象】[名]光景,様子.
**jǐngyǎng**【景仰】[動]敬慕する.
**jǐngyù**【景遇】[名]境遇.
**jǐngyuán**【景源】[名]〈未開発の〉観光資源.
**jǐngzhì**【景致】[名]景色.風景.

## 儆 jǐng [動]戒める.

## 憬 jǐng [+]悟る.
**jǐngwù**【憬悟】[動]〈書〉はっと悟る.

## 璟 jǐng [名]〈書〉玉(ぢ)の光.

## 警 jǐng [動]①警戒する.¶~~惕.②注意を促す.¶~~报.警察.¶交~/交通警察官.④危急.¶火~/火災.⑤敏感である.¶机~/機敏.[名]
**jǐngbào**【警报】[名]警報.
**jǐngbèi**【警备】[動]警備する.
**jǐngchá**【警察】[名]警官;警察.
**jǐngchē**【警车】[名]パトカー.
**jǐngdēng**【警灯】[名]警告灯.
**jǐngdí**【警笛】[名]〈~儿〉**1**警笛.**2**サイレン.
**jǐngfāng**【警方】[名]警察(側).
**jǐngfěipiàn**【警匪片】[名]警察アクション映画.
**jǐngfēng**【警风】[名]警察内の綱紀.
**jǐngfú**【警服】[名]警察や刑務官の制服.
**jǐnggào**【警告】[動]**1**警告する.**2**

## jìng

【名】警告. 戒告.

**jǐngguān**【警官】【名】警察官.

**jǐngguāng**【警光】【名】(緊急自動車の)ライト.

**jǐnggùn**【警棍】【名】警棒.

**jǐnghào**【警号】【名】1 警報ラッパ. 2 警察官バッジ.

**jǐnghuā**【警花】【名】(若い)婦人警官.

**jǐnghuī**【警徽】【名】警察の徽章.

**jǐngjì**【警纪】【名】警察の紀律.

**jǐngjiè**【警戒】【動】1 戒める. 2 **警戒**する.

**jǐngjièsè**【警戒色】【名】〖生〗保護色.

**jǐngjièxiàn**【警戒线】【名】(一般の人が立ち入れない)警戒線.

**jǐngjù**【警句】【名】警句.

**jǐngjué**【警觉】【名】1 警戒心. 2 【動】危険を察知する.

**jǐnglì**【警力】【名】警察力.

**jǐnglíng**【警铃】【名】警報ベル.

**jǐnglíng**【警龄】【名】警察官の勤続年数.

**jǐngquǎn**【警犬】【名】警察犬.

**jǐngrén**【警人】【動】人を驚かせる.

**jǐngsǎo**【警嫂】【名】警察官の妻に対する尊称.

**jǐngshì**【警世】【動】世間に警告を発する.

**jǐngshì**【警示】【名】警告の掲示.

**jǐngtàn**【警探】【名】〖旧〗警官と探偵.

**jǐngtì**【警惕】【動】**警戒**する. ¶提高～/警戒心を高める.

**jǐngwèi**【警卫】【動】1 警備する. 2 【名】警備員. ボディーガード.

**jǐngwù**【警务】【名】警察事務.

**jǐngwù**【警悟】【動】敏感に悟る.

**jǐngxián**【警衔】【名】警察官の階級を表す称号.

**jǐngxǐng**【警醒】1 【形】目が覚めやすい. 2 【動】用心深くなる.

**jǐngzhōng**【警钟】【名】警鐘.

**jǐngzhǒng**【警种】【名】警察の種別.

## 劲 (勁) jìng 【H】強い. ¶强～/強い. 異読⇒jìn

**jìngbá**【劲拔】【形】〖書〗力強く勢いがよい.

**jìngdí**【劲敌】【名】強敵.

**jìnggē**【劲歌】【名】リズムが強烈で力強い歌.

**jìnglǚ**【劲旅】【名】精鋭部隊.

**jìngshēng**【劲升】【動】〖経〗(株価などが)急騰する.

**jìngwǔ**【劲舞】【名】リズムが強烈で力強いダンス.

## 径 (徑·逕) jìng 【副】〖書〗じかに. 直接.

【H】①小道. ②方法. ¶捷～/近道. ③〖数〗直径.

**jìngjì**【径迹】【名】〖物〗形跡.

**jìngliú**【径流】【名】〖水〗地下に吸収されずに流れる雨水.

**jìng qíng zhí suì**【径情直遂】〖成〗思いどおり成功すること.

**jìngsài**【径赛】【名】〖体〗トラック競技.

**jìngtíng**【径庭】【名】〖書〗径庭(ﾃｲ). 大きな隔たり. ¶大有～/大きくかけ離れている.

**jìngxiàng**【径向】【形】〖物〗放射状の.

**jìngxíng**【径行】【動】直接処理する.

**jìngzhí**【径直】【副】1 まっすぐに. 2 直接に. 3 一気に.

**jìngzì**【径自】【副】1 断りなしに. 勝手に. 2 ひたすら.

## 净 (淨) jìng 【副】ただ…ばかり.

¶这几天～下雨/ここ数日雨ばかりだ. ¶书架上～是连环画/書棚にあるのは漫画ばかりだ. 2 【形】(多く熟語に用い)1 清潔である. 2 何もない. ¶存款用～了/貯金を遣い果たした.

3 【動】きれいに洗う〖拭く〗. ¶把～~桌面儿/テーブルの上をきれいにする.

4 【名】〖伝統劇〗の敵役.

【H】純粋な. 正味の. ¶→~重zhòng.

**jìngcài**【净菜】【名】洗浄し加工した野菜.

**jìngchǎnzhí**【净产值】【名】〖経〗純生産値.

**jìngchǎng**【净场】【動】(劇場などで客の)総入れ替えをする.

**jìnggāo**【净高】【建】正味の高さ.

**jìnggù**【净顾】【動】ただ…するばかりだ.

**jìnghèzǎi**【净荷载】【名】正味の積載量.

**jìnghuà**【净化】【動】浄化する.

**jìngjià**【净价】【名】正味の値段.

**jìngjǐn**【净尽】【形】少しも残っていない.

**jìngjué**【净角】【名】(～儿)〖伝統劇〗の敵役.

**jìngkǒu**【净口】【名】民間芸能の中の低俗なせりふを取り除いたもの.

**jìnglì**【净利】【名】純利.

**jìngliǎnr**【净脸儿】【名】素顔.

**jìngshēn**【净身】1 【動】着の身着のまま. 2 〖旧〗男子が去勢する. 2 〖宗〗身を清める.

**jìngshèng**【净剩】【名】1 残高. 2 純益.

**jìng/shǒu**【净/手】【動】1 〖近〗(婉)便所に行く. 2 〖方〗手を洗う.

**jìngshuǐ**【净水】【名】きれいな水.

**jìngshuǐchǎng**【净水厂】【名】浄水場.

**jìngshuǐqì**【净水器】【名】浄水器.

**jìngtǒng**【净桶】【名】(婉)便器.

**jìngtǔ**【净土】【名】1 〖仏〗極楽浄土. 2 〖広〗汚染されていない土地.

**jìngxiànzhí**【净现值】【名】〖経〗正味原価.

**jìngyú**【净余】【名】余り.

**jìngyuán**【净园】【動】(公園で)客を退園させる.

**jìngzēng**【净增】【動】純増する.

**jìngzhí**【净值】【名】〖経〗純価値.

**jìngzhòng**【净重】【名】純重.

**jìngzhuàn**【净赚】【名】純益.

**jìngzīchǎn**【净资产】【名】〖経〗純資産.

## 胫 (脛) jìng 【名】〖生理〗すね.

**jìnggǔ**【胫骨】【名】〖生理〗脛骨(ｹｲｺﾂ).

# 457　jìng

**痙(痙)** jìng **❶**

**jìngluán**【痙攣】動〈生理〉痙攣(けいれん)する.

# 競(競) jìng **❶** 競う.

**jìngbiāo**【竞标】動入札する.
**jìngcāi**【竞猜】動(クイズの)答えを競って当てる.
**jìngdù**【竞渡】動 1 ボートレースをする. 2 (川や湖などで)競泳する.
**jìnggǎng**【竞岗】動他人と競争して職を手に入れる.
**jìngjì**【竞技】名 運動競技. ¶～场／競技場.
**jìngjì tǐcāo**【竞技体操】名〈体〉体操競技.
**jìngjì zhuàngtài**【竞技状态】名〈体〉(選手の)コンディション.
**jìng/jià pāimài**【竞价拍卖】(オークションなどで)落札額を競り合う.
**jìngjià pāimài**【竞价拍卖】競売にかける.
**jìngmǎi**【竞买】競り落とす.
**jìngmài**【竞卖】動 先を争って売り出す.
**jìngpāi**【竞拍】1 名競売. 2 動競り落とす.
**jìngpìn**【竞聘】動他人との競争に勝って任命される.
**jìngsài**【竞赛】動競技する. 競争する. ¶汽车～／カーレース.
**jìngtóu**【竞投】動オークションに参加する.
**jìngxiāng**【竞相】副争って(…する).
**jìngxiāo**【竞销】動販路を競う.
**jìngxuǎn**【竞选】動選挙運動をする. 選挙に立つ.
**jìngzhēng**【竞争】動競争する. 争う.
**jìngzhú**【竞逐】動競い合う.
**jìngzǒu**【竞走】名〈体〉競歩.

# 竟 jìng 副 意外にも. ¶她今天～这么早来／彼女がきょうこんなに早く来るとは.
**❶** ① 終わる. ¶未～／未完. ② 始めから終わりまで. ¶最後には. ④ 徹底究明する. **❷** 姓.
**jìnggǎn**【竟敢】副大胆にも(…をあえてする).
**jìnggù**【竟顾】→zhǐgù【只顾】
**jìngrán**【竟然】副意外にも. なんと.
**jìngrì**【竟日】名一日中.
**jìngzhì**【竟至】副意外にも.
**jìngzì**【竟自】副意外にも.

# 靖 jìng 人名用字.

# 靓 jìng **❶** 化粧する；装飾する. 異読⇨liàng
**jìngzhuāng**【靓妆】名〈書〉美しい化粧[装飾].

# 敬 jìng 動(酒・たばこ・茶などを)敬意を表して)すすめる. 差しあげる. ¶～烟／たばこをすすめる. ¶～您一杯／一献差しあげましょう.
**❶** ① 敬う. ¶致～／敬意を表する. ② 謹んで. ¶～请指教／ご教示お願いします. ③ 敬意を表す贈り物. ¶喜～／(包みの上に書いて)「ご結婚祝」.
**jìng'ài**【敬爱】動敬愛する.
**jìngchénzhě**【敬陈者】拝啓. 謹啓.
**jìngcí**【敬辞】名敬語.
**jìng ér yuǎn zhī**【敬而远之】〈成〉敬して遠ざける.
**jìngfèng**【敬奉】動 1 (神仏を)祭る. 2 献上する.
**jìngfú**【敬服】動敬服する.
**jìngfùzhě**【敬复者】動拝復.
**jìnggào**【敬告】動(敬)謹んでお知らせする.
**jìnghè**【敬贺】動謹んで祝賀する.
**jìnghòu**【敬候】動(敬)お待ちしております.
**jìng/jiǔ**【敬酒】動酒をすすめる；祝杯をあげる.
**jìngjiǔ bù chī, chī fájiǔ**【敬酒不吃,吃罚酒】(諺)丁重な頼みを断り,頭ごなしの命令に従う.
**jìnglǎoyuàn**【敬老院】名老人ホーム.
**jìng//lǐ**【敬礼】1 動敬礼する. 2 名〈敬〉敬具. ¶此致～／敬具.
**jìngmù**【敬慕】動敬慕する.
**jìngpèi**【敬佩】動敬服する.
**jìngqǐzhě**【敬启者】拝啓者. 謹啓.
**jìngwǎn**【敬挽】動謹んで弔意を表す.
**jìngwèi**【敬畏】動畏敬する.
**jìngxiàn**【敬献】動謹んで差し上げる.
**jìng xiè bù mǐn**【敬谢不敏】〈成〉謹んでお断りいたします.
**jìngyǎng**【敬仰】動敬慕する.
**jìngyè**【敬业】動(学業や職務に)一心不乱に励む.
**jìngyì**【敬意】名敬意.
**jìngzèng**【敬赠】動(敬)謹呈する.
**jìngzhòng**【敬重】動尊敬する.
**jìngzhù**【敬祝】動謹んで祝う. 謹んで祈る.

# 靖 jìng **❶** ① 安らかである. ¶宁 níng～／治安がよい. ② 安定させる. 鎮める. **❷** 姓.
**jìngnán**【靖难】〈書〉反乱を平定する.

# 静(静) jìng **❶** 形 (↔动)動きがない. 静か. ¶里总～不下来／心がどうも落ち着かない. 2 (↔闹)物音がしない. **❷** 動静かにする. ¶大家～下来吧／みなさん静かにしてください. **❸** 姓.

**jìng/chǎng**【静场】動劇場や映画館で終演して客が退却する.
**jìngdiàn**【静电】名〈電〉静電気.
**jìngdiànjì**【静电计】名〈物〉電位計.
**jìngguān**【静观】動静観する.
**jìnghòu**【静候】動落ち着いて待つ.
**jìngjì**【静寂】形静かである.
**jìngjìng**【静静】形静かである.

## jìng

**jìngmài**【静脉】名〈生理〉静脈.
**jìngmài zhùshè**【静脉注射】名〈医〉静脈注射.
**jìngmì**【静谧】形〈書〉ひっそりしている.
**jìngmócā**【静摩擦】名〈物〉静止摩擦.
**jìngmò**【静默】動 1 沈黙する. 2 黙禱する.
**jìngmù**【静穆】形 静かで厳かである.
**jìngqiāoqiāo**【静悄悄】形〈~ 的〉ひっそりとして静かである.
**jìngtài**【静态】名 静態的な. ¶~图像 / 静止画像.
**jìngwù**【静物】名 静物.
**jìng/xīn**【静心】動 心を静める.
**jìngyǎng**【静养】動 静養する.
**jìngyōuyōu**【静悠悠】形〈~的〉静まり返っている.
**jìng/yuán**【静园】動（定刻に）閉園する.
**jìngzhǐ**【静止】動 静止する.
**jìngzuò**【静坐】動 1 静座する. 2 座り込みをする.

**境** **jìng**🈁【境】名 1 境界. ¶入~／入国する. 2 場所. ¶~界. 3 境遇. ¶家~／暮らし向き.
**jìngdì**【境地】名 1 立場. 2→jìngjiè【境界】2
**jìngjiè**【境界】名 1（土地の）境界. 2 境地. ¶理想~／理想の境地.
**jìngkuàng**【境况】名 経済状況.
**jìngnèi**【境内】名 境界線の内側.
**jìngwài**【境外】名 境界線の外.
**jìngyù**【境遇】名 1 状況. 2 領域.
**jìngyù**【境遇】名 境遇.

**镜** **jìng**🈁【镜】名 1 鏡. ¶穿衣～／姿見. 2 レンズ. ¶眼~／眼鏡.
**jìnghé**【镜盒】名〈略〉眼鏡ケース.
**jìng huā shuǐ yuè**【镜花水月】〈成〉実際にはありそうもない幻想.
**jìngkuàng**【镜框】名〈~儿〉（ガラスのはまった）額縁.
**jìngpiàn**【镜片】名 レンズ.
**jìngtái**【镜台】名 鏡台.
**jìngtóu**【镜头】名 1 レンズ. ¶远摄～／望遠レンズ. 2（写真の）画面. 3（映画などの）カット.
**jìngxiá**【镜匣】名（鏡の付いた）化粧箱.
**jìngxiāng**【镜箱】名 1（カメラの）暗箱. 2（化粧鉱などに備え付けられた）箱形の鏡.
**jìngxiàng**【镜像】名〈電算〉ミラーサーバー、ミラーサイト.
**jìngyú**【镜鱼】名 マナガツオ.
**jìngzi**【镜子】名 1 鏡. ¶照~／鏡を見る. 2 手本. 3 眼鏡.

## jiong (ㄐㄩㄥ)

**扃** **jiōng**【扃】動〈書〉戸を閉める. ¶~门户／閉門.
🈁 外から閉開する扉のかんぬき；（広く）扉. ¶~关／かんぬき.

**冋** **jiǒng**【冋】〈書〉1 名 光. 2 形〈光線が）明るい.

**炅** **jiǒng**【炅】〈書〉1 名 日光. 2 形〈光線が）明るい. 異読⇒guì

**迥** **jiǒng**🈁 遠い. かけはなれた.
**jiǒngbié**【迥别】形〈書〉大いに異なる.
**jiǒnghū**【迥乎】→**jiǒngrán**【迥然】
**jiǒngrán**【迥然】形 まるきり違っているさま.
**jiǒngshū**【迥殊】→**jiǒngbié**【迥别】
**jiǒngyì**【迥异】→**jiǒngbié**【迥别】

**炯** **jiǒng** ⓞ
**jiǒngjiǒng**【炯炯】形〈目が〉鋭く輝くさま.
**jiǒngrán**【炯然】形 1 明らかなさま. 2 光り輝くさま.

**窘** **jiǒng**🈁【窘】形 1（生活が）苦しい. 2（立場が）苦しい.
🈁動 困らせる.
**jiǒngcù**【窘促】→**jiǒngpò**【窘迫】
**jiǒngjí**【窘急】動（事態が）急迫する.
**jiǒngjìng**【窘境】名 窘地.
**jiǒngkuàng**【窘况】名 窘状.
**jiǒngkùn**【窘困】動 困惑する；困窮する.
**jiǒngpò**【窘迫】形 暮らしが窘迫する；（境遇が）行き詰まっている.
**jiǒngtài**【窘态】名 困り果てた様子.
**jiǒngxiàng**【窘相】名 困りきった様子.

## jiu (ㄐㄧㄡ)

**纠** **jiū**🈁 ①まつわる. ¶~→~纷. ②集める. ¶~→~合hé. ③正す.
‖動
**jiūchá**【纠察】名 1 監視員. 2 動（公開集会・活動などで）秩序を維持する.
**jiūchán**【纠缠】動 1 からみつく. 2 つきまとう.
**jiūcuò**【纠错】動 1 誤りを正す. 2〈電算〉デバッグをする.
**jiūcuò chéngxù**【纠错程序】〈電算〉スペルチェッカー.
**jiūfēn**【纠纷】名 紛糾. もめごと.
**jiūfēng**【纠风】動 不正の気風を正す.
**jiūgé**【纠葛】名 もつれ. ごたごた.
**jiūhé**【纠合】動〈貶〉寄せ集める.
**jiūjí**【纠集】動〈貶〉かき集める. ぐるになる.
**jiūjié**【纠结】動 からみ合う.
**jiūmiù**【纠谬】動 誤謬(びゅう)を正す.
**jiū**/**piān**【纠偏】動 偏向を改める.
**jiūzhèng**【纠正】動 是正する. ¶~错误／誤りを正す.

**鸠** **jiū**🈁 ①ハト. ②集める.
**jiūhé**【鸠合】→**jiūhé**【纠合】
**jiūjí**【鸠集】→**jiūjí**【纠集】
**jiū xíng hú miàn**【鸠形鹄面】飢えてやせ衰えたさま.

**jiū zhàn què cháo**【鳩占鵲巣】→què cháo jiū zhàn【鵲巣鳩占】

**究 jiū**【究】[動]〈書〉いったい.結局.¶推~/究明する.

**jiūbàn**【究办】[動]取り調べて処罰する.

**jiū／gēn**【究根儿】[動]根源を突きとめる.¶~问底儿/根掘り葉掘り尋ねる.

**jiūjié**【究诘】[動]〈書〉追及する.

**jiūjìng**【究竟】❶[副] 1 いったい. 2 結局のところ.¶你～答应不答应?/君は承諾するのかしないのか一体どちらなのだ. ❷[名] 結果. 一部始終.¶大家都想知道这个～/みんな事の顛末を知りたがっている.

**jiūshǔ**【究属】[動]突き詰めて言えば…である.

**jiūwèn**【究问】[動]詰問する.

**jiū/xī**【究悉】[動]〈書〉究明する.

**jiū/zhēn**【究真儿】[動]〈方〉究明する.

# 赳 jiū 〇

**jiūjiū**【赳赳】[形]強いさま;勇ましいさま.

# 阄（鬮）jiū 〇

**jiū**【阄】[名]くじ.¶抓~儿/くじを引く.

# 揪 jiū 〇

**jiū**【揪】[動]しっかりつかむ〔つかんで引っ張る〕.

**jiū biànzi**【揪辫子】〈慣〉弱点につけ込む.

**jiū chángzi**【揪肠子】〈慣〉心配である.

**jiū／chū**【揪出】[動＋方補]引っ張り出す;〈転〉摘発する.

**jiūjiu**【揪揪】[形]〈方〉 1 しわくちゃになっている. 2 気持ちが伸び伸びしない.

**jiūqǐ／lái**【揪起来】[動＋方補](二人が)組み付く.

**jiū／shā**【揪痧】[動]〈民間療法の一〉首筋または額やのどの下をつまんで内部の炎症を軽くする.

**jiū wěiba**【揪尾巴】〈慣〉しっぽをつかむ.

**jiū／xīn**【揪心】[動]心配である.

# 啾 jiū 〇

**jiūjī**【啾唧】[擬]小鳥などの小さな鳴き声)ちゅっちゅっ.

**jiūjiū**【啾啾】[擬] 1（多くの小鳥がいっせいに鳴く声)ちっちっ. 2（甲高い叫び声)きいっ.

# 鬏 jiū 〇

**jiūr**【鬏儿】[名]髷(まげ).

# 九 jiǔ

**jiǔ**【九】[数] 9. ⇒ 付録 9 〈① 冬至の翌日からの 9 日間を"九"といい,"一九"から"九九"(81日目)まで数え〉〈② 回数や数量が多いことを表す〉‖姓

**jiǔchóng**【九重】[名] 1 九 重(かさ)ねの空. 2〈喩〉宮中.

**jiǔchóngtiān**【九重天】→jiǔchóngxiāo【九重霄】

**jiǔchóngxiāo**【九重霄】[名]九重(かさ)ねの空.天上のいちばん高いところ.

**jiǔdǐng**【九鼎】1[名]〈伝説で〉夏(か)の王禹(う)が鋳造した9個の鼎(かなえ). 2[形]価値があって重い.¶一言～/重みのあるひと言.

**jiǔgōng**【九宫】→gōngdiào【宫调】

**jiǔgōnggér**【九宫格儿】[名]ますに井字形のけいが入った習字用紙.

**jiǔguī**【九归】[名]〈数〉珠算で用いる割り算の九九.

**jiǔjiélí**【九节狸】[名][動]オオジャコウネコ.

**jiǔjīn huánɡjī**【九斤黄鸡】[名]〈鳥〉コーチン.

**jiǔjiǔbiǎo**【九九表】[名]九九の表.

**jiǔjiǔgē**【九九歌】[名]九九の歌.

**jiǔ jiǔ guī yī**【九九归一】〈成〉とどのつまり.

**jiǔ liú sān jiào**【九流三教】→ sānjiào jiǔ liú【三教九流】

**jiǔ niú èr hǔ zhī lì**【九牛二虎之力】〈成〉極めて大きな力.

**jiǔ niú yī máo**【九牛一毛】〈成〉大多数の中のごく少数.

**jiǔquán**【九泉】[名]冥土(めいど).

**jiǔ sǐ yī shēng**【九死一生】〈成〉九死に一生を得る.

**jiǔtiān**【九天】[名]空のいちばん高いところ.

**jiǔtóuniǎo**【九头鸟】[名] 1 九つの頭を持つ怪鳥. 2〈喩〉狸親爺(おやじ).

**jiǔxiāo**【九霄】[名]空の最も高い所;〈喩〉とても高い〔遠い〕場所.

**jiǔ xiāo yún wài**【九霄云外】〈成〉はるかに遠いところ.

**Jiǔ-Yībā shìbiàn**【九一八事变】〈史〉九・一八事変.満州事変.

**jiǔyīsì**【九一四】[名]〈薬〉ネオサルバルサン.

**jiǔyīnluó**【九音锣】→yúnluó【云锣】

**jiǔzhōu**【九州】[名] 1 中国. 2（日本の）九州.

# 久 jiǔ

**jiǔ**【久】[形]（時間が）長い.久しい.¶他等了很～?/彼はずいぶん長い間待った.‖姓

**jiǔbié**【久别】[動]長く別れている.¶~重逢/久しぶりに再会する.

**jiǔbìng**【久病】[動]長患いをする.

**jiǔ bìng chéng yī**【久病成医】〈諺〉長患いをすれば病気に詳しくなる.

**jiǔděng**【久等】[動]長い間待つ.¶叫您～了/〈套〉お待たせしました.

**jiǔ ér jiǔ zhī**【久而久之】〈成〉月日のたつうちに.

**jiǔhàn**【久旱】[動]長い間干ばつ.

**jiǔhòu**【久后】[名]のちのち.

**jiǔ jiǎ bù guī**【久假不归】〈成〉長い間借りて返さない.

**jiǔjīng**【久经】[動]長い期間経験する.

**jiǔjiǔ**【久久】[副]長い,長く.

**jiǔliú**【久留】[動]長い間とどまる.

**jiǔwéi**【久违】[套]お久しぶりです.

**jiǔyǎng**【久仰】[套]お名前はかねて

**jiǔyǐ**【久已】とっくに.
**jiǔyuǎn**【久远】形（時間が）長い. 久しい.
**jiǔzuò**【久坐】動 長居する.

**氿** **jiǔ** 地名用字. ▶"氿"は"酒"の俗字として用いられることもある.
異読⇒guǐ

**玖** **jiǔ** 数 "九"の大字.

**灸** **jiǔ** 動 灸（きゅう）をすえる. ▶俗に jiǔ とも発音する. ¶针〜／鍼灸（はりきゅう）.

**韭**（韮）**jiǔ** ニラ.
**jiǔcài**【韭菜】名〔植〕ニラ.
**jiǔcàihuā**【韭菜花】名〔食材〕ハナニラ.
**jiǔhuáng**【韭黄】名〔食材〕黄ニラ.
**jiǔlián**【韭镰】名〔〜儿〕ニラを刈る鎌.

**酒** **jiǔ**【酒】名 酒. ‖姓
**jiǔbā**【酒吧】名 バー.
**jiǔbǎo**【酒保】名〔旧〕酒屋の店員.
**jiǔbēi**【酒杯】名 グラス.
**jiǔcài**【酒菜】名 1 酒と料理. 2 酒のさかな.
**jiǔchǎng**【酒厂】名（酒の）醸造所.
**jiǔcì**【酒刺】名 にきび.
**jiǔdiàn**【酒店】名 1 酒屋. 2 居酒屋. 3 ホテル.
**jiǔfàn**【酒饭】名 酒と食事.
**jiǔfēng**【酒疯】名 酒乱.
**jiǔ féng zhījǐ qiān bēi shǎo**【酒逢知己千杯少】〈諺〉気の合ったどうしは会えば話が尽きない.
**jiǔguǎn**【酒馆】名〔〜儿・〜子〕バー.
**jiǔguǐ**【酒鬼】名〔罵〕飲んべえ.
**jiǔguì**【酒柜】名 酒を並べる棚.
**jiǔ hān ěr rè**【酒酣耳热】〈成〉ほろ酔い機嫌.
**jiǔ hòu tǔ zhēnyán**【酒后吐真言】〈諺〉酒が入ると本音が出る.
**jiǔhú**【酒壶】名 徳利. 銚子.
**jiǔhuā**【酒花】名〔植〕ホップ.
**jiǔhuì**【酒会】名 パーティー.
**jiǔjiā**【酒家】名 1 酒屋. 2 料理屋. 3 ホテル. 4〈近〉酒屋の店員.
**jiǔjīng**【酒经】名〔書〕酒誌.
**jiǔjìn**【酒劲】名〔〜儿〕酔い.
**jiǔjīng**【酒精】名 アルコール.
**jiǔjīngdēng**【酒精灯】名 アルコールランプ.
**jiǔjīngjì**【酒经济】名〔俗〕酒の接待による営業活動.
**jiǔjù**【酒具】名 酒器.
**jiǔkuáng**【酒狂】名→**jiǔfēng**【酒疯】
**jiǔlì**【酒力】名 1 酒の強さ. 2→**jiǔliàng**【酒量】
**jiǔlián**【酒帘】名〈近〉酒屋の看板.
**jiǔliàng**【酒量】名 酒量. 1〜很大／酒豪だ.
**jiǔlìng**【酒令】名〔〜儿〕酒席に興を添える遊び.
**jiǔmǔ**【酒母】名 こうじ.

**jiǔ náng fàn dài**【酒囊饭袋】〈成〉無能なくせに飯食らい.
**jiǔniàng**【酒酿】名〔方〕米飯やかゆに米こうじを加え、発酵させて作る食べ物. 甘酒.
**jiǔpù**【酒铺】名 酒屋.
**jiǔqí**【酒旗】名 酒屋の看板.
**jiǔqì**【酒气】名 酒気.
**jiǔqì**【酒器】名 酒器.
**jiǔqián**【酒钱】名 心付け. チップ.
**jiǔqū**【酒曲】名 こうじ.
**jiǔ ròu péng yǒu**【酒肉朋友】〈成〉飲み食い仲間. 遊び仲間.
**jiǔsè**【酒色】名 1 酒と女色. 2 酒の色. 3〔書〕酔態.
**jiǔshí**【酒食】名 酒と食事.
**jiǔshísuān**【酒石酸】名〔化〕酒石酸.
**jiǔshuǐ**【酒水】名 1 飲み物. 2〔方〕酒席.
**jiǔsì**【酒肆】名〔書〕居酒屋.
**jiǔsùzi**【酒嗉子】名〔方〕細長い徳利.
**jiǔtú**【酒徒】名 酒飲み.
**jiǔwàng**【酒望】名〈近〉酒屋の看板.
**jiǔwōr**【酒窝儿】名 えくぼ.
**jiǔxí**【酒席】名 酒席.
**jiǔxīn qiǎokèlì**【酒心巧克力】名 ウイスキーボンボン.
**jiǔxìng**【酒兴】名 酒興.
**jiǔyán**【酒筵】名 酒席.
**jiǔ yán jiǔ yǔ**【酒言酒语】〈成〉酒席のぐち.
**jiǔyáo**【酒肴】名 酒肴.
**jiǔyào**【酒药】名 こうじ.
**jiǔyè**【酒靥】名〔方〕えくぼ.
**jiǔyì**【酒意】名 ほろ酔い気分.
**jiǔyǒu**【酒友】名 飲み友達.
**jiǔzāo**【酒糟】名 酒かす.
**jiǔzāobí**【酒糟鼻】名〔貶〕赤鼻. ▶"酒渣鼻"とも.
**jiǔzhàng**【酒账】名 1 酒屋のつけ. 2 酒の勘定.
**jiǔzhōng**【酒盅】名〔〜儿〕小さな杯.
**jiǔ zú fàn bǎo**【酒足饭饱】〈成〉酒も食事も十分いただいた.

**旧**（舊）**jiù** 形 古い；古くなった.
‖ 旧友. ¶念〜／古い友を思う. ‖姓
**jiù'àn**【旧案】名 1 古い案件. 2 前例.
**jiùbìng**【旧病】名 持病.
**jiùbù**【旧部】名 以前の部下；以前統率していた軍隊・部隊.
**jiùdì**【旧地】名 行った（住んだ）ことのある土地.
**jiù diào chóng tán**【旧调重弹】〈成〉古くなった理論・主張などを再度持ち出す.
**jiùdū**【旧都】名 古い都.
**jiù'è**【旧恶】名 旧悪.
**jiùgù**【旧故】名 古なじみ.
**jiùguān**【旧观】名 もとの姿.
**jiùguàn**【旧惯】名 古いしきたり.
**jiùguó**【旧国】名 旧都.
**jiùhǎo**【旧好】名〔書〕1 古いなじみ. 2 昔の友人.

**jiù hèn xīn chóu**【旧恨新仇】〈成〉重なる恨み.
**jiùhuò**【旧货】〈名〉中古の品物.
**jiùjiā**【旧家】〈名〉〈書〉旧家.
**jiùjiāo**【旧交】〈名〉旧交.
**Jiùjiào**【旧教】〈名〉〈宗〉カトリック教.
**Jiùjīnshān**【旧金山】〈名〉〈地名〉サンフランシスコ.
**jiùjū**【旧居】〈名〉旧居.
**jiùlì**【旧历】〈名〉旧暦.
**jiùlì**【旧例】〈名〉過去の事例.
**jiùlìnián**【旧历年】〈名〉旧暦の正月.
**jiùmèng**【旧梦】〈名〉昔の夢;〈喩〉過去に経験してきたこと.
**jiùnián**【旧年】〈方〉去年.
**jiù píng zhuāng xīn jiǔ**【旧瓶装新酒】〈成〉伝統的な形式に新しい内容を盛る.
**jiùqíng**【旧情】〈名〉1 以前からの愛情・友情. 2 昔の様子.
**jiùrì**【旧日】〈名〉往日.
**jiùshī**【旧诗】〈名〉文言詩.
**jiùshì**【旧时】〈名〉旧時.
**jiùshíqì shídài**【旧石器时代】〈名〉〈史〉旧石器時代.
**jiùshì**【旧式】〈形〉旧式の.
**jiùshì**【旧事】〈名〉往事.
**jiùshū**【旧书】〈名〉1 古本. 2 旧籍.
**jiùsú**【旧俗】〈名〉旧習.
**jiùtàozi**【旧套子】〈名〉古いしきたり.
**jiùwén**【旧闻】〈名〉旧聞.
**jiùwù**【旧物】〈名〉1 遺物. 遺品. 2 従来の国土.
**jiùxí**【旧习】〈名〉旧習.
**jiùxì**【旧戏】〈名〉旧劇.
**jiùxué**【旧学】〈名〉中国の伝統的な学術.
**jiùyè**【旧业】〈名〉1 以前やっていた商売. 2 以前の財産.
**jiùyǒu**【旧友】〈名〉旧友.
**jiùyǒu**【旧有】〈形〉もとからある.
**jiùyǔ**【旧雨】〈名〉〈書〉旧友.
**jiùyuē**【旧约】〈宗〉旧約聖書.
**jiùzhāng**【旧章】〈名〉過去の法令制度.
**jiùzhàng**【旧账】〈名〉昔の借金;〈喩〉過去の過失や怨恨.
**jiùzhǐ**【旧址】〈名〉旧跡.
**jiùzhì**【旧制】〈名〉古い制度.
**jiùzú**【旧族】〈名〉旧家.

**臼** jiù〈名〉うす.
**jiùchǐ**【臼齿】〈名〉〈生理〉臼歯(きゅうし).
**jiùpào**【臼炮】→ **pàijiùpào**【迫击炮】

**咎** jiù ❶〈名〉1 過ち. とが. ¶ 归于～/罪を人にすりつける. 2 とがめる. 3凶事. ‖ 疚
**jiù yóu zì qǔ**【咎由自取】〈成〉自業自得.

**疚** jiù ❶〈形〉気がとがめる. やましさを感じる. ¶ 内～于心/良心のかしめを感じる.

**柩** jiù ❶〈名〉ひつぎ. ¶ 棺～/棺桶.

**柏** jiù〈名〉〈植〉ナンキンハゼ. トウハゼ.

**救** jiù ❶〈动〉(危険や災難から人を)救う, 助ける. ¶ 一定要把小孩儿～出来/必ず子供を救い出す. ❶(危険や災難を差し止め)…から救う. ¶ ～急. ¶ ～火.
**jiùbīng**【救兵】〈名〉援軍.
**jiù/chǎng**【救场】〈动〉役者の病気や事故のために代役を立てる.
**jiù/guó**【救国】〈名〉救国.
**jiùhù**【救护】〈动〉救護する. ¶ ～车/救急車.
**jiù/huāng**【救荒】〈动〉飢饉対策を講じる.
**jiùhuó**【救活】〈动〉1 命を救う. 2〈喩〉持ち直しよみがえる.
**jiù/huǒ**【救火】〈动〉火事を消す. ¶ ～车/消防車.
**jiù/jí**【救急】〈动〉急場を救う.
**jiùjì**【救济】〈动〉救济する.
**jiùjià**【救驾】〈动〉(旧)皇帝を危機から救い出す;〈喩〉困っている人を助ける.
**jiù kǔ jiù nàn**【救苦救难】〈成〉人を苦難から救い出す.
**jiù/mìng**【救命】〈动〉命を助ける.
**jiùmìngxīng**【救命星】→ **jiùxīng**【救星】
**jiùnànchuán**【救难船】〈动〉遭難救助船.
**jiùr**【救儿】〈名〉助かる見込み. ¶ 没～了/もうだめだ.
**jiùshēng**【救生】〈动〉人命を救助する. ¶ ～带/救命ベルト.
**jiùshēngquān**【救生圈】〈名〉救命ブイ.
**jiùshēngtǐng**【救生艇】〈名〉救命ボート.
**jiùshēngyī**【救生衣】〈名〉救命胴衣.
**jiùshìzhǔ**【救世主】〈宗〉救世主.
**jiù sǐ fú shāng**【救死扶伤】〈成〉医療関係者の献身的な働きぶり.
**jiùwáng**【救亡】〈动〉祖国の危急を救う.
**jiùxiǎnchē**【救险车】〈名〉救難車. 救援車.
**jiùxīng**【救星】〈名〉〈喩〉救いの神.
**jiùyào**【救药】〈动〉〈喩〉救助策を講じる. ¶ 不可～/救いようがない.
**jiùyìng**【救应】〈动〉救援する.
**jiùyuán**【救援】〈动〉救援する.
**jiù//zāi**【救灾】〈动〉1 被災者を救済する. 2 災害を防ぐ.
**jiùzhì**【救治】〈动〉治療を施す.
**jiùzhǔ**【救主】1〈名〉救い主. 2〈动〉主を救う.
**jiùzhù**【救助】〈动〉救助する.

**厩**(廄) jiù ❶〈名〉うまや.
**jiùféi**【厩肥】〈名〉〈農〉厩肥(きゅうひ).

**就** jiù ❶〈副〉1 (事態がスムーズに運ぶことを表す)すぐに. ¶ 你先走, 我～来/先に行ってください, すぐに行きますから. 2 すでに. もう. ¶ 他的儿子五岁～开始学画画儿了/彼の息子は5歳でもう絵の勉強を始めました. 3 …するとすぐに. ¶ 一看～明白了/見ればすぐわかる. 4《肯定を強める》まさに. ほかでも

く；絶対に．¶我家～在前面／ぼくの家ははら目の前だ．¶我～不信我学不会／私に習得できないなんてあるものか．

**3**〖範囲限定〗ただ…だけ．¶妹妹～去法国／妹はフランスにしか行っていない．¶姐姐家～(有)一个女儿／姉一家には娘が一人いるだけだ．

**4**〖数が多いことまたは少ないことを強調する〗她～要了三张票,没退多要／彼女はチケットを3枚もらっただけで,もっとくれとは言わなかった．¶她一人～要了三张票,没剩几张了／彼女一人で3枚のチケットをもらっていたので,あとはもう何も残っていない．

**5**〖条件・因果などの関係を表す複文の後半に用いる〗¶如果他参加,我～不参加了／彼が参加するなら私は参加しない．

**2**〖論述の範囲を示す〗…について．¶这部作品～文字看来,不像明朝的／この作品は文章から見て,明代のものとは思えぬ．

**3**〖接続〗たとえ…でも．¶他～不参加,也没关系／かりに彼が参加しなくてもかまわない．

**4**〖動〗**1**（機会などを）利用する．¶他～着出差的机会,回了一趟老家／彼は出張の機会を利用して故郷に帰った．**2**（…をおかずにしてご飯を）食べる．¶（…をさかなにして酒を）飲む．¶咸菜～饭／漬け物でご飯を食べる．**3**…に従う．¶我反正有空,～你的时间吧／どうせ私は暇だから,あなたの都合次第でよい．**4**近づく．**H**〖動〗**1**～～餐．～し遂げる．¶功成名～／功成り名を遂げる．

**jiù/bàn**【就伴】〖動〗(～儿)の連れとなる．

**jiù/biàn**【就便】〖副〗(～儿)ついでに．おかずを食べる．

**jiù/cài**【就菜】〖動〗(饭や酒と一緒に)おかずを食べる．

**jiùcān**【就餐】〖動〗食事をする．

**jiùcǐ**【就此】〖副〗ここで．

**jiùdǎ**【就打】→**jiùsuàn**【就算】

**jiùdào**【就道】〖動〗〖書〗途につく．

**jiù děi**【就得】〖口〗そうであるならしなければならない．

**jiùdì**【就地】〖副〗その場で．

**jiùdì bǎohù**【就地保護】〖名〗〖環境〗現地保護する．

**jiùdú**【就読】〖動〗勉強する．

**jiù/fàn**【就饭】〖動〗(おかずと一緒に)ご飯を食べる．

**jiùfàn**【就范】〖動〗服従する．

**jiùhé**【就合】〖動〗**1**調子を合わせる．**2**間に合わせる．**3**縮こまる．

**jiùjiān**【就歼】〖動〗殲滅(ﾎﾟ)される．

**jiùjiào**【就教】〖動〗(に)教えを請う．

**jiùjìn**【就近】〖副〗近所で．

**jiù/jìn**【就近】〖動〗(～儿)…に乗じて．

**jiù/jiǔ**【就酒】〖動〗(～儿)(…と一緒に)酒を飲む．

**jiùlǐ**【就里】〖名〗内幕．内情．

**jiùmù**【就木】〖動〗〖書〗〈喩〉死ぬ．

**jiùqīn**【就亲】〖動〗新郎または新婦が婚礼のために遠方から相手の住む土地へやって来る．

**jiùqín**【就擒】〖動〗逮捕される．

**jiùqǐn**【就寝】〖動〗就寝する．

**jiùràng**【就让】〖接続〗〖口〗よしんば．たとえ．

**jiùrèn**【就任】〖動〗就任する．

**jiùshēng**【就養】〖動〗生計の道を図る．

**jiùshì**【就势】〖副〗勢いに乗じて．

**jiùshì**【就试】〖動〗就職する．

**jiùshì**【就是】**1**〖副〗**1**（範囲を限定し）ただ,わずかに．…だけ；ほかでもない．まったく．¶别人都没忘,～你忘了／みなは覚えているのに,忘れたのはおまえだけだ．**2**〖意志や判断の確定を表し〗どうしても．断固として；どうであれ….…するとなるともう….¶我～不去／私は絶対に行かない．¶这孩子一招人喜欢／この子はとにかく人に好かれる．¶一谈～半天／話し出すと長い．

**2**〖接続〗**1**(仮定譲歩を表し)かりにでも．¶你一白送给我,我也不要／かりにただでくれるのでももらわない．**2**(極端な場合を表し)…にしても．…さえも．

**jiùshì(ma)**【就是(嘛)】〖套〗そうです．もっともだ,ごもっとも．

**jiù shì lùn shì**【就事论事】〖成〗事実に則して論じる．

**jiùshíle**【就是了】〖助〗〖平叙文の文末に用いる〗**1**…してよい．…すればいい．**2**…だけのことだ．…にすぎない．

**jiùshì shuō**【就是说】〖挿〗つまり．すなわち．

**jiùshǒu**【就手】〖副〗(～儿)ついでに．

**jiùshuō**【就说】→**jiùsuàn**【就算】

**jiùsuàn**【就算】〖接続〗〖口〗たとえ．かりに．

**jiù/wèi**【就位】〖動〗席につく．

**jiù/xí**【就席】〖動〗着席する．

**jiùxù**【就绪】〖動〗用意ができる．

**jiùxué**【就学】〖動〗就学する．

**jiùyǎng**【就养】〖動〗親が子のところへ来て養ってもらう．

**jiùyào**【就要】〖副〗まもなく．いますぐ．

**jiù/yè**【就业】〖動〗就職する．

**jiù/yī**【就医】〖動〗医者にかかる．

**jiùyì**【就义】〖動〗正義のために死ぬ．

**jiùzhe**【就着】〖動〗勢いに乗じて．

**jiù/zhěn**【就诊】→**jiù/yī**【就医】

**jiùzhěn**【就枕】〖動〗〖書〗就寝する．

**jiùzhèng**【就正】〖動〗〖書〗叱正(ｼｯｾｲ)を請う．

**jiù/zhí**【就职】〖動〗就任する．

**jiùzhōng**【就中】〖副〗**1**間に立って．**2**なかでも．

**jiù/zuò**【就座】〖動〗着席する．▲"就坐"とも．

**jiù**【舅】**H**〖名〗**1**(母の兄弟の)おじ．¶大～／一番上のおじ．**2**妻の兄弟．**3**〖古〗夫の父．しゅうと．

**jiùfù**【舅父】〖名〗母方のおじ．

**jiùjiu**【舅舅】[名]母方のおじ。
**jiùlǎolao**【舅姥姥】[名]母方の祖母の兄弟の妻。
**jiùlǎoye**【舅老爷】[名]母方の祖母の兄弟。
**jiùmā**【舅妈】[名]母方のおじの妻。
**jiùmu**【舅母】[名]母方の兄弟の妻。
**jiùnǎinai**【舅奶奶】[名]父の"舅母"。
**jiùsǎo**【舅嫂】[名]妻の兄弟の妻。
**jiùyé**【舅爷】[名]父の"舅父"。
**jiùye**【舅爷】[名]"男子"の敬称。
**jiùzi**【舅子】[名]妻の兄弟。

**僦** **jiù**【僦】[動]賃借りする。¶~屋／家を借りる。

**鷲** **jiù**【鷲】[名]〈鳥〉ワシ。▶"雕"とも。

## ju（ㄐㄩ）

**车(車)** **jū**[名]中国将棋の駒の一。 異読=chē
**拘** **jū**【拘】[動]1 逮捕する。拘禁する。2[動]制限する。縛る。3 こだわる。¶~~泥に。
**jūbǎn**【拘板】[形]〈方〉堅苦しい。
**jūbǔ**【拘捕】[動]逮捕する。
**jūchuán**【拘传】[動]〈法〉勾引（にん）する。
**jūguǎn**【拘管】[動]拘束する。制限する。
**jūjǐn**【拘谨】[形]謹直である。堅苦しい。
**jūjìn**【拘禁】[動]拘留する。
**jūlǐ**【拘礼】[動]礼儀にこだわる。
**jūliú**【拘留】[動]〈法〉拘置する。逮捕する。
**jūluán**【拘挛】[動]1（筋肉などが）ひきつる。2〈書〉拘束される。
**jūluanr**【拘挛儿】[動]〈方〉（手足が）不じゆう。
**jūná**【拘拿】[動]逮捕する。
**jūnì**【拘泥】1 こだわる。固執する。¶~于形式／形式にこだわる。2 堅くなる。
**jūpiào**【拘票】[名]〈法〉勾引（にん）状。
**jūqiān**【拘牵】[動]〈書〉束縛する。
**jūshěn**【拘审】[動]拘留し取り調べる。
**jūshù**【拘束】1[動]固守する。制限する。束縛する。2[形]**堅苦しい**。
**jūsòng**【拘送】[動]（逮捕して）押送する、護送する。
**jūtí**【拘提】[動]→**jūchuán**【拘传】
**jū wén qiān yì**【拘文牵义】[成]杓子（しゃく）定規で融通がきかない。
**jūxì**【拘系】[動]逮捕される。
**jūyā**【拘押】[動]拘留する。
**jūyìyóu**【拘役】[名]〈法〉拘留。
**jūyòu**【拘囿】1 拘泥する。2 限定する。
**jūzhí**【拘执】[動]固執する。

**苴** **jū** **O**
**jūmá**【苴麻】[名]〈植〉アサの雌株。
**狙** **jū** **O**〈古書で〉猿の一種。
**jū**-**O**ひそかにうかがう。
**jūjī**【狙击】[動]〈軍〉狙撃する。¶~

---

手／狙撃する名。"沮河"は河北省にある川の名。
**jū**[名]地名用字。
**居** **jū** **O**1[動]住む。¶同~／同居する。2[動]いる。¶迁~／転居する。3（…に）ある。置かれる。¶~于世界首位／世界第1位にある。④任ずる。¶自~／自任する。⑤ためる。¶~积。⑥とどまる。¶岁月不~／月日が流れていく。❷姓
**jū ān sī wēi**【居安思危】[成]平和なときも危険への準備を怠らない。
**jūduō**【居多】[動]多数を占める。
**jū gāo lín xià**【居高临下】[成]有利な地勢を占めていること。
**jūgōng**【居功】[動]功績を鼻にかける。
**jūguān**【居官】[動]官職についている。
**jūjī**【居积】[動]〈書〉（財物を）蓄積する。
**jūjiā**【居家】[動]1 家に居る。2 日常生活をする。
**jūjiān**【居间】[動]間に入る。¶~人／仲介者
**jūlǐ**【居里】[名]〈物〉（放射能の単位）キュリー。
**jūliú**【居留】[動]居留する。¶~证／居住証明書。
**jūliúquán**【居留权】[名]居留権。
**jūmín**【居民】[名]住民。
**jūmíndiǎn**【居民点】[名]居住地区。
**jūmín shēnfenzhèng**【居民身份证】[名]居民証。中国公民としての身分証明書。
**jūmín wěiyuánhuì**【居民委员会】[名]住民委員会。
**jūqí**【居奇】[動]（値上がりを待って）売り惜しみする。
**jūrán**【居然】[副]**意外にも**。思いがけなくも。¶我的幻想~实现了／私の夢が実現した。
**jūsāng**【居丧】[動]〈書〉喪中である。
**jūshì**【居士】[名]〈仏〉居士（こ）。
**jūshì**【居室】[名]1 居間。2〈方〉家屋。
**jū/shǒu**【居首】[動]首位を占める。
**jūshuāng**【居孀】[動]やもめ暮らしをしている。
**jūsuǒ**【居所】[名]住居。
**jūtíng**【居停】[動]1 逗留する。2[名]〈書〉逗留している家の主人。
**jūwěihuì**【居委会】[名]〈略〉住民委員会。町内会。▶都市の末端行政組織。
**jū/xīn**【居心】[動]〈貶〉下心を持つ。企む。¶~不善／了見がよくない。
**jūyú**【居于】[動]…の地位に立つ。
**jūzhōng**【居中】[動]1 間に立つ。2[名]真ん中。
**jūzhù**【居住】[動]居住する。

**驹** **jū**[名]1 若くて元気な馬。¶千里~／千里の馬；名馬。2（~儿）馬・ラバなどの子供。
**jūr**【驹儿】[名]子馬。
**jūzi**【驹子】[名]（1歳未満の）馬、ロバ、ラバ。

# jū

**疽** jū〈名〉〈中医〉悪性のはれもの.

**掬** jū〈動〉両手ですくう. ¶笑容可~/こぼれるような笑みをたたえる. ‖→jú

**琚** jū〈古〉(古人の)身につける装飾用の玉(%t). ‖姓

**趄** jū →zū 異読⇨qiè

**锔**(鋦) jū〈動〉(陶磁器などに)かすがいを打つ. ‖姓 異読⇨jú

**jūwǎnrde**【锔碗儿的】〈名〉割れた陶磁器を接合する職人.

**jūzi**【锔子】〈名〉かすがい.

**腒** jū〈名〉塩漬けにしてから干した鳥.

**雎** jū 昔の人名用字.(例えば"范Fàn雎")

**jūjiū**【雎鸠】〈名〉〈鳥〉(古書に見える)ミサゴ.

**裾** jū〈名〉〈書〉1〈衣服の〉すそ. 2〈衣服の〉身ごろ.

**jūjiāo**【裾礁】〈名〉〈地〉海岸近くの暗礁.

**鞠** jū ❶〈動〉1 養育する. 2 かがむ.腰を曲げる. ❷〈姓〉

**jū/gōng**【鞠躬】〈動〉1 お辞儀をする. 2〈書〉〈身をかがめて〉敬い謹む.

**jū gōng jìn cuì**【鞠躬尽瘁】〈成〉つつしみ深く献身的に尽くす.

**jūyǎng**【鞠养】〈動〉〈書〉養い育てる.

**jūxùn**【鞠讯】〈動〉尋問する. ¶~/問いただす. ¶~讯/尋問する.

**局** jú ❶〈名〉1 機関の単位を表す:局. ¶公安~/公安局. 2【碁・将棋や試合の回数・セットを数える. ❷〈名〉1〈将棋や碁の〉盤. ¶棋~/碁盤. 2 形勢. ¶政~/政局. 3 計略. ¶骗~/わな. 4 部分. ¶~部. 5〈旧〉商店の名称. ¶书~/書店. 6 拘束する. ¶~促. 7〈旧〉宴会・賭博(^t)などの集まり. ‖姓

**júbù**【局部】〈名〉局部.

**júcù**【局促】〈形〉1 狭い. 2〈方〉〈時間が〉短い. 3 気詰まりである.

**júdì**【局地】〈名〉局地.

**júdù**【局度】〈名〉〈書〉人柄;風格.

**júfā**【局发】〈動〉スチーマーを髪にあてて拘束する.

**jújí**【局蹐】→jújú【局蹐】

**júliàng**【局量】〈名〉〈書〉器量;風格.

**júmiàn**【局面】〈名〉1 局面.情勢. 2〈方〉規模.

**júmò píngfēn**【局末平分】〈体〉〈球技など〉ジュース.

**júnèi**【局内】〈名〉当事者.

**júnèirén**【局内人】〈名〉関係者.当事者.

**júpiàn**【局骗】〈動〉わなをかけて人をだます.

**júshì**【局势】〈名〉形勢.情勢. ¶国际~/国際情勢.

**júwài**【局外】〈名〉局外.

**júwàirén**【局外人】〈名〉部外者.部外.

**júxiàn**【局限】〈動〉限定する.限られる.

**júyóugāo**【局油膏】〈名〉トリートメント剤.

**júyù**【局域】〈名〉〈電算〉ローカルエリア. ¶~网/ローカルエリアネットワーク.LAN.

**júzhǎng**【局长】〈名〉局長.

**júzi**【局子】〈名〉1〈隠語〉公安局.警察. 2 警備会社. 3〈近〉わな.計略.

**侷** jú ●

**júcù**【侷促】→júcù【局促】

**桔** jú "橘jú"の俗字. 異読⇨jié

**菊** jú〈名〉菊. ‖姓

**júgāo**【菊糕】〈名〉旧暦9月9日の重陽節に食べる菓子.

**júhuā**【菊花】〈名〉菊;〈中薬〉菊花(&). ¶~茶/菊花茶.

**júshí**【菊石】〈名〉〈古〉アンモナイト.

**jútán**【菊坛】〈名〉伝統劇の世界.

**júyù**【菊芋】〈名〉キクイモ.

**焗** jú〈方〉1〈料理〉蒸し焼きにする. 2〈形〉蒸し暑い.

**jú/yóu**【焗油】〈動〉蒸気を利用して毛髪のケア(カラーリング)をする.

**锔** jú〈化〉キュリウム. Cm.
異読⇨jū

**溴** jú 地名用字."溴水"河南省にある川の名.

**跼** jú 身をかがめる.

**júcù**【跼促】→júcù【局促】

**jújí**【跼蹐】〈形〉〈書〉1 びくびくするさま. 2 窮屈である.

**橘** jú ミカン.

**júbǐng**【橘饼】〈名〉ミカンの砂糖漬け.

**júgān**【橘柑】〈名〉〈方〉ミカン.

**júhóng**【橘红】〈名〉1〈中薬〉ミカンの皮を干したもの. 2 赤みがかったミカン色.

**júhuáng**【橘黄】〈名〉ダイダイ色.

**júluò**【橘络】〈名〉〈中薬〉ミカンの筋.

**júzi**【橘子】〈名〉ミカン.

**júzishuǐ**【橘子水】〈名〉オレンジジュース.

**柜** jǔ 異読⇨guì

**jǔliǔ**【柜柳】〈名〉〈植〉カンプウフウ.チュウカサワグルミ.

**咀** jǔ〈動〉かむ. かみしめる.

**jǔjué**【咀嚼】〈動〉〈書〉咀嚼(g%)する;〈喩〉玩味する.

**沮** jǔ ❶〈動〉1 阻む. 2 がっかりする. ❷〈姓〉

**jǔ'è**【沮遏】〈動〉〈書〉阻止する.阻む.

**jǔsàng**【沮丧】〈動〉気落ちする.気落ちさせる.

# 465　jǔ

**莒** jǔ 1 [名]〈史〉莒(きょ). ▶山東省にあった周代の国名. 2 地名用字.

**枸** jǔ ○ 異読=⇒gou,gǒu

**jǔyuán**[枸橼][名]〈植〉マルブシュカン. クエン. ¶ 〜酸／〈化〉クエン酸.

**矩** jǔ H

**jǔchǐ**[矩尺][名]T字定規. 直角定規.
**jǔxíng**[矩形][名]〈数〉長方形.
**jǔyuē**[矩约][名]〈書〉規則.

**举**(舉・擧) jǔ 1 [動]❶〈物を高く〉持ち上げる. ❷ 推挙する. ¶大家〜他做代表／みんなで彼を代表に推した. ❸〈事実や例を〉提示する.
H ①動作. ¶〜→动. 企てる. 起こす. ¶〜→兵. ③すべて. ¶〜世. ④"举人"(郷試に合格した者)の略称. ‖姓

**jǔ'āi**[举哀][動]声をあげて泣く.
**jǔ àn qí méi**[举案齐眉][成]夫婦が互いに尊敬し合う.
**jǔ báiqí**[举白旗][慣]降参する.
**jǔbàn**[举办][動]〈活動を〉行う. 開催する；〈事業を〉興す, 始める.
**jǔbào**[举报][動]告発する. 通報する. ¶〜电话／告発ホットライン.
**jǔ/bīng**[举兵][動]兵を挙げる.
**jǔbù**[举步][動]〈書〉歩きだす.
**jǔ bù shèng jǔ**[举不胜举][成]枚挙にいとまがない.
**jǔ/chì**[举翅][動]翼を広げる.
**jǔcuò**[举措][名]動作；振る舞い.
**jǔdòng**[举动][名]動作；振る舞い.
**jǔfā**[举发][動]告発する. 摘発する.
**jǔfán**[举凡][副]およそ. 総じて.
**jǔguó**[举国][名]挙国；国を挙げて.
**jǔhuǒ**[举火][動]〈書〉❶火をともす. ❷火をおこす.
**jǔjiā**[举家][名]家全体で；一家を挙げて.
**jǔjià**[举架][名]〈方〉天井の高さ.
**jiàn**[举荐][動]推薦する.
**jǔ/lì**[举例][動]例を挙げる.
**jǔmù**[举目][動]目を上げて見る.
**jǔ qí bù dìng**[举棋不定][成]態度を決しかねる.
**jǔrén**[举人][名]〈史〉挙人. 科挙試験の郷試にうかった者. ¶〜公／天下に名高い.
**jǔshì**[举世][副]全世界で；世を挙げて. ¶〜闻名／天下に名高い.
**jǔshì**[举事][動]〈書〉武装蜂起する.
**jǔ shǒu zhī láo**[举手之劳][成]わずかな骨折り.
**jǔxíng**[举行][動]〈集会・試合・儀式などを〉挙行する, 行う. ¶〜婚礼／結婚式を挙げる.
**jǔ/yào**[举要][動]大要を列挙する.
**jǔ yī fǎn sān**[举一反三][成]一つの事から類推して多くの事を知る.
**jǔyì**[举义][動]蜂起する.
**jǔzhài**[举债][動]〈書〉借金する.
**jǔzhèng**[举证][動]証拠を提示する.

**jǔ zhí cuò wǎng**[举直措枉][成]公正でまっすぐな人を抜擢(ばってき)し, 邪悪な人を罷免する.
**jǔzhǐ**[举止][名]立ち居振る舞い.
**jǔzhòng**[举重][動]かかとを上げる.
**jǔzhòng**[举重][名]〈体〉重量挙げ.
**jǔ zú qīng zhòng**[举足轻重][成]一挙手一投足が全局面に影響すること.
**jǔzuò**[举座][名]満座(の人).

**蒟** jǔ ○

**jǔjiàng**[蒟酱][名]〈植〉❶キンマ. ❷キンマで作ったみそ.
**jǔruò**[蒟蒻][名]〈植〉コンニャク(イモ).

**榉**(櫸) jǔ ○

[榉][名]〈植〉❶ケヤキ. ❷ブナ.

**龃** jǔ ○

**jǔyǔ**[龃龉][動]〈書〉龃龉(そご)をきたす；食い違う.

**踽** jǔ ○

**jǔjǔ**[踽踽][形]〈書〉独りぼっちで道を行くさま. ¶〜独行／独りぼっちで道を行く.

**巨**(鉅) jù H ❶大きい. ¶〜款／莫大な金額. ‖姓
**jùbiàn**[巨变][名]巨大な変化.
**jùbò**[巨擘][名]親指；〈喩〉巨頭. 重鎮.
**jùdà**[巨大][形]極めて大きい. ¶〜的成功／大きな成功.
**jùdào**[巨盗][名]大どろぼう.
**jùdú**[巨蠹][名]〈喩〉国家と人民に危害を及ぼす奸臣.
**jù'è**[巨额][名]巨額.
**jùfù**[巨富][名]莫大な財産.
**jùhuá**[巨滑][名]〈書〉狡知にたけた人.
**jùhuò**[巨祸][名]大きな災害.
**jùjiǎng xiāoshòu**[巨奖销售][名]高額の賞金・賞品を付けて販売すること.
**jùjiàng**[巨匠][名]巨匠.
**jùkòu**[巨寇][名]大賊.
**jùkuǎn**[巨款][名]大金.
**jùliú**[巨流][名]大きな流れ；〈喩〉時代の流れ.
**jùlún**[巨轮][名]❶大きな車輪. ❷大汽船.
**jùpiàn**[巨片][名](〜儿)巨額の資金を投入して作った映画.
**jùrén**[巨人][名]巨人. 大男. ❷〈喩〉偉人. 巨人.
**jùshāng**[巨商][名]豪商.
**jùshì**[巨室][名]大きな家.
**jùtóu**[巨头][名]〈駆〉ボス. かしら.
**jùwàn**[巨万][名]巨万の金.
**jùwúbà**[巨无霸][名]巨人. 大物.
**jùxì**[巨细][名]細大. 大小.
**jùxièzuò**[巨蟹座][名]〈天〉❶かに座. ❷〈喩〉巨蟹宮(きょかいきゅう).
**jùxīng**[巨星][名]❶〈天〉巨星. ❷〈喩〉偉大な人物.
**jùxíng**[巨型][形]大型の. ¶〜客

**jù**

**jūyán**[巨眼]〔名〕すぐれた鑑識眼.
**jùzhǎn**[巨展]〔名〕大作.
**jùzhù**[巨著]〔名〕大著.
**jùzī**[巨資]〔名〕巨額の資金.
**jùzǐ**[巨子]〔名〕大御所中，重鎮.

**句** **jù 1**〔名〕〈語〉文．センテンス．**2**〔量〕言葉や詩文の区切りを数える．¶我来说几~话/ちょっとごあいさついたします．異読⇒gōu

**jùdiǎn**[句点]→jùhào[句号]
**jùdòu**[句读]〔名〕句読点．
**jùfǎ**[句法]〔名〕**1** 文の構造．**2**〈語〉統語論．
**jùhào**[句号]〔名〕〈語〉句点．ピリオド．
**jùxíng**[句型]〔名〕〈語〉文型．
**jùzi**[句子]〔名〕〈語〉文．
**jùzi chéngfèn**[句子成分]〔名〕〈語〉文の要素．文の成分．

**诘** **jù H**〔副〕〈反語を示し〕どうして．まさか．

**拒** **jù H**①抵抗する．②拒む．
**jùbǔ**[拒捕]〔動〕逮捕を拒み抵抗する．
**jùdí**[拒敌]〔動〕敵に抵抗する．
**jùhuáng**[拒黄]〔動〕ポルノ製品を禁止する．
**jùhuì**[拒贿]〔動〕賄賂を拒絶する．
**jùjué**[拒绝]〔動〕**1** 断る．拒絶する．**2** 拒否．拒絶．
**jùpìn**[拒聘]〔動〕招聘(しょうへい)を断る．
**jù rén yú qiān lǐ zhī wài**[拒人于千里之外]〔諺〕頭から拒否する．
**jùshōu**[拒收]〔動〕受け取りを拒絶する．受け入れを拒む．
**jùzài**[拒载]〔動〕乗車拒否する．

**苣** **jù →wòjù**[莴苣] 異読⇒qǔ

**具** **jù 1** 〔量〕〈書〉器具・道具や死体などを数える．**2** 〔動〕〈書〉**1** 備える．有する．**2** 準備する．
**H** 器具，道具．
**jùbǎo**[具保]〔動〕保証人を立てる．
**jùbèi**[具备]〔動〕備え持つ．
**jùbǐng**[具柄]〔動〕具申する．
**jùchéng**[具呈]〔動〕文書で報告する．
**jù/jié**[具结]〔動〕〈旧〉官庁に対して文書を提出する．一札入れる．
**jù/míng**[具名]〔動〕署名する．
**jùtǐ**[具体]〔形〕**1** 具体的である．**2** 実際の．具体的な．**2** 具体化する．
**jù tǐ ér wēi**[具体而微]〔成〕内容はだいたい備えているが規模は小さい．
**jùtǐ láodòng**[具体劳动]〔名〕〈経〉具体的な有用労働．
**jùwén**[具文]〔名〕空文．
**jùyǒu**[具有]〔動〕備える．持つ．

**炬** **jù H** たいまつ．¶火~/たいまつ．

**沮** **jù ●** 異読⇒jǔ
**jùrù**[沮洳]〔名〕〈地〉泥炭地；沼地．

**俱** **jù H**〔副〕〈書〉ともに．全部．¶父母~存/父母ともに健在である．
**jùbèi**[俱备]〔動〕すべて備わる．
**jùlèbù**[俱乐部]〔名〕クラブ．
**jùquán**[俱全]〔動〕完備している．¶一应~/すべてそろっている．

**倨** **jù H**〔形〕傲慢(ごうまん)である．
**jù'ào**[倨傲]〔形〕傲慢である．
**jùsè**[倨色]〔名〕傲慢な表情．
**jùshì**[倨视]〔動〕軽蔑して見る．

**剧**[劇] **jù H** 〔名〕①劇．芝居．②激しい．‖〔姓〕
**jùběn**[剧本]〔名〕脚本．シナリオ．
**jùbiàn**[剧变]〔動〕激しく変化する．
**jùchǎng**[剧场]〔名〕劇場．
**jùdú**[剧毒]〔名〕猛毒．
**jùliè**[剧烈]〔形〕劇烈である．
**jùmù**[剧目]〔名〕芝居の外題．
**jùpíng**[剧评]〔名〕劇評．
**jùqíng**[剧情]〔名〕劇の筋．
**jùtán**[剧坛]〔名〕演劇界．
**jùtòng**[剧痛]〔名〕激痛．
**jùtuán**[剧团]〔名〕劇団．
**jùwù**[剧务]〔名〕**1** 舞台げいこや公演に関する事務．**2** ステージマネージャー．
**jùyuàn**[剧院]〔名〕劇場．
**jùzēng**[剧增]〔動〕急増する．
**jùzhào**[剧照]〔名〕スチール写真．
**jùzhōng**[剧终]〔名〕〈劇や映画の〉終わり．
**jùzhōngrén**[剧中人]〔名〕登場人物．
**jùzhǒng**[剧种]〔名〕演劇の種類．
**jùzǔ**[剧组]〔名〕劇などの制作グループ．
**jùzuò**[剧作]〔名〕演劇作品．
**jùzuòjiā**[剧作家]〔名〕劇作家．

**据**[據] **jù H**〔介〕…に基づいて．…に
よって．¶~统计…/統計によると…．
**H** ①占拠する．②よりどころ．証拠．③收～/領収書．③頼る．よる．¶~险/要害に頼る．‖〔姓〕
**jùchēng**[据称]〔動〕…だそうだ．
**jùchuán**[据传]〔動〕…と伝えられている．
**jùcǐ**[据此]〔接続〕〈書〉それで．そのために．
**jùdiǎn**[据点]〔名〕拠点．
**jùshǒu**[据守]〔動〕占拠し防備する．
**jù/shuō**[据说]〔動〕聞くところによればっ…だそうだ．
**jùwén**[据闻]〔動〕聞くところによると…だそうだ．
**jùxī**[据悉]〔動〕〈書〉聞くところでは…だそうだ．
**jùyǒu**[据有]〔動〕占拠する．
**jù/yún**[据云]〔動〕〈書〉聞くところでは…だそうだ．

**距** **jù H 1**〔動〕〈書〉隔たる．**2**〔前〕…から，…まで．**3**〔名〕〈鶏などの〉けづめ．

**jùlí**【距离】**1**動(空間的·時間的に)隔たる．¶我家~车站不算远／私の家は駅からそう遠くはない．**2**图**距离**．

**惧(懼) jù 囮❶**恐れる．¶畏~／怖がる．
**jùnèi**【惧内】動(書)恐妻．
**jùpà**【惧怕】動恐れる．
**jùsè**【惧色】图おびえた様子．

**惧 jù**【耡】图(農)畜力の或は一つのすきやくわを引くことのできる役畜の或る"惧"という．1頭の場合も，2，3頭の場合もある．

**飓 jù ❶**
**jùfēng**【飓风】图(気)ハリケーン．**2**(旧)台風．

**锯 jù 1 ❶**のこぎり．¶电~／電動のこぎり．¶手~／手びきのこ．**2**動(のこぎりで)ひく．
**jùchǐ**【锯齿】图(～儿)のこぎりの歯．
**jùchuáng**【锯床】图(機)のこぎり盤．
**jùmò**【锯末】图おがくず．
**jùtiáo**【锯条】图のこぎりの鋼板部分．
**jùzi**【锯子】图のこぎり．

**聚 jù** 動**集まる；集める．**(妊)
**jùānzhǐ**【聚酯】图(化)ポリウレタン．
**jùbǎopén**【聚宝盆】图(喻)資源の豊富なところ；打ち出の小づち．
**jùbiàn**【聚变】動(物)核融合．¶~反応／融合反応．
**jùbǐngxī**【聚丙烯】图(化)ポリプロピレン．
**jù/cān**【聚餐】動会食する．
**jùdǔ**【聚赌】動賭博を開催する．
**jùguāngdēng**【聚光灯】图スポットライト．
**jùguāngjìng**【聚光镜】图集光レンズ．集光器．
**jùhé**【聚合】動**1**集まる．寄り集まる．**2**(化)重合．
**jùhé fǎnyìng**【聚合反应】图**1**(化)重合反応．**2**(物)熱核反応．
**jùhéwù**【聚合物】图(化)重合体．
**jùhuāguǒ**【聚花果】图(植)集合果．
**jùhuì**【聚会】動集まる．
**jùhuǒ**【聚伙】動徒党を組む．
**jùjī**【聚积】動積み立てる．
**jùjí**【聚集】動**集まる．集める．**
**jùjiǎquán**【聚甲醛】图(化)ポリフォルムアルデヒド．
**jùjiān**【聚歼】動(包囲して)殲滅(ᡀ)する．
**jùjiāo**【聚焦】動焦点をあてる．スポットをあてる．
**jù jīng huì shén**【聚精会神】(成)**精神を集中する．**
**jùjū**【聚居】動1か所に集まって住む．
**jùliǎn**【聚敛】動(書)人民を搾取する．
**jùlǒng**【聚拢】動集める．
**jùlǜyǐxī**【聚氯乙烯】图(化)ポリ塩化ビニル．
**jùluò**【聚落】图集落．
**jù/qí**【聚齐】動+結補(約束の場所に)集合する．
**jùsàn**【聚散】離合．
**jù shā chéng tǎ**【聚沙成塔】(成)ちりも積もれば山となる．
**jùshēng**【聚生】動(植)複数がくっついて生長する．
**jùshòu**【聚首】動(書)会合する．
**jùsòng**【聚讼】動(書)意見がまちまちでしきりに言い争う．
**jùtán**【聚谈】動集まって話し合う．
**jùxīng**【聚星】图(天)群星．
**jùyǐxī**【聚乙烯】图(化)ポリエチレン．
**jù/yǐn**【聚饮】動大いに集まって酒を飲む．
**jùzhēnbǎn**【聚珍版】图聚珍(ᠯᠠ᠋)版．活字本．
**jùzhǐ**【聚酯】图(化)ポリエステル．
**jùzhòng**【聚众】動大勢の人が集まる；大勢の人を集める．

**窭(窶) jù** 圀(書)貧窮する．貧しい．

**踞 jù** 動**❶**うずくまる．腰を下ろす．**❷**占拠する．

**屦(屨) jù**(古)わらじ；(特に)麻製のわらじ．

**遽 jù** 圀**❶**慌ただしく．**❷**慌てる．
**jù'ér**【遽尔】副(書)突如．
**jùrán**【遽然】副(書)急に．
**Jù** 图地名用字．"澽水"は陕西省を流れる川の名．

**醵 jù**動金を出し合う．¶~金／醵金(ᡀ)する．¶~资／資本を出し合う．

## juan (ㄐㄩㄢ)

**捐 juān ❶**動**1 寄付する．2**(命や体を)捨てる，なげうつ．**❷**图旧時の税の一種．
**juānbān**【捐班】图(～儿)(旧)清代に，金銭を国家に献納して官位を授けられた人．
**juān/guān**【捐官】動(旧)金銭を国家に献納して官位を買う．売官売位を受ける．
**juān/kuǎn**【捐款】**1**動寄付金を献金する．**2**图寄付金．献金．
**juānpái**【捐牌】图納税証明の札．
**juānqǐ**【捐启】图寄付金募集の趣意書．
**juānqì**【捐弃】動(書)投げ捨てる．なげうつ．
**juān/qián**【捐钱】**1**動寄付金を募る．**2**寄付金を出す．**❷**图寄付金．義援金．**2**(旧)税金．
**juānqū**【捐躯】動生命をなげうつ．
**juānshēng**【捐生】**1**→**juānqū**【捐躯】．
**juānshū**【捐输】動(書)献納する．寄付する．
**juānshuì**【捐税】图(旧)各種の税金の総称．
**juānxiàn**【捐献】動献納する．寄贈する．
**juānzèng**【捐赠】**1**動寄贈する．**2**

## juān

名〈経〉贈与.

**juānzhù**【捐助】動 寄付して援助する.

**juān//zī**【捐资】動 寄付する.

## 涓 juān 〓 細い流れ.

**juān'āi**【涓埃】形〈書〉〈喩〉微少である.

**juāndī**【涓滴】名〈書〉〈喩〉ごくわずかな金や物.

**juānjuān**【涓涓】形〈書〉水が細くゆっくりと流れるさま.

## 娟 juān 〓 美しい.

**juānxiù**【娟秀】形〈書〉秀麗である.

## 圈 juān 動 **1**〔家畜を〕囲いの中に入れる. **2**〔口〕〔犯人を〕拘禁する. 異読⇒juàn,quān

## 朘 juān 動〈書〉減少する.

## 鹃 juān →dùjuān【杜鹃】

## 镌(鐫) juān 刻む. 彫る.

**juānkè**【镌刻】動 彫り込む.

## 蠲 juān 〓 免除する.

**juānchú**【蠲除】動 免除する.

**juānmiǎn**【蠲免】動〈書〉〔租税や労役を〕免除する.

## 卷(捲) juān **1** 動 **1**〔物を円筒形に〕巻く. **2** 大きな力で巻き上げる. **3** 巻き込む. ¶我们公司也被~进了那个事件 / わが社もあの事件に巻き込まれた. **2** 名(~儿)巻いたもの. ¶报纸~儿 / 筒状にまるめた新聞. **3** 量 巻いたものを数える.
異読⇒juàn

**juǎnba**【卷巴】動〈俗〉(長い物を)そそくさと巻く.

**juǎnbǐdāo**【卷笔刀】名 鉛筆削り器.

**juǎncéngyún**【卷层云】名〈気〉絹層雲.

**juǎnchǐ**【卷尺】名 巻き尺.

**juǎn'ěr**【卷耳】名〈植〉ミミナグサ.

**juǎnfà**【卷发】名 巻き毛.

**juǎnjīyún**【卷积云】名〈気〉絹積雲.

**juǎnliánmén**【卷帘门】名 シャッター.

**juǎnpiàn**【卷片】名 ロールフィルム.

**juǎn pūgai**【卷铺盖】〈慣〉夜逃げをする;〔辞職や解雇によって〕職場を離れる.

**juǎnrù**【卷入】動〔紛争などに〕巻き込む.

**juǎnrèn**【卷刃】動(刃物の)刃が曲がる.

**juǎnrù**【卷入】名 巻き込む;巻き込まれる.

**juǎnshéyīn**【卷舌音】名〈語〉卷舌音(ぜっぉん). そり舌音.

**juǎntáo**【卷逃】動 金目のものを持ち逃げする.

**juǎntǒng**【卷筒】名 リール. 巻き枠.

**juǎn tǔ chóng lái**【卷土重来】〈成〉勢いを盛り返しもう一度やって来る.

**juǎnwěihóu**【卷尾猴】名〈動〉オマキザル.

**juǎnxīncài**【卷心菜】名〈方〉〈植〉キャベツ.

**juǎnxū**【卷须】名〈植〉(植物の)ひげ. つる.

**juǎnyān**【卷烟】名 **1** 巻きたばこ. **2** 葉巻.

**juǎnyángjī**【卷扬机】名〈機〉巻き上げ機. ウインチ.

**juǎnyè'ér**【卷叶蛾】名〈虫〉ハマキムシ.

**juǎnyún**【卷云】名〈気〉絹雲.

**juǎnzhuāng**【卷装】名〈製本で〉巻子本(ぼん).

**juǎnzi**【卷子】名 小麦粉で作った渦卷き状の蒸しマントー. ⇒juànzi

## 锩 juǎn 動(刃物の)刃が曲がる.

## 卷 juàn **1**(~儿) 答案. **2** 量 書籍の冊数. **3** 名 ①巻き;(書画の)巻物. ②官庁などで保存する公文書.
異読⇒juān

**juànbiāo**【卷标】名〈電算〉ボリュームラベル.

**juàncì**【卷次】名 書物の巻の順序.

**juànzhì**【卷帙】名〈書〉巻 帙(ちつ). (数量的に)書籍.

**juànzhóu**【卷轴】名〈書〉巻物. 軸物.

**juànzhóuzhuāng**【卷轴装】名 卷子(す)仕立て.

**juànzi**【卷子】名 **1** 答案用紙. 答案. **2** 物形式の本. ⇒juǎnzi

**juànzōng**【卷宗】名 **1**(官庁で)分類して保存する公文書. **2** 公文書を保管するファイル.

## 隽(雋) juàn 〓 ①(言葉や文章が)意味深長である. ‖姓

**juànyǒng**【隽永】形〈書〉(言葉や文章が)意味深長で味わいがある.

**juànyǔ**【隽语】名 意味深長な言葉. 含蓄のある言葉.

## 倦 juàn 〓 ①疲れる. ②飽きる. ¶厌~ / うんざりする.

**juàndài**【倦怠】形 疲れきったさま.

**juànróng**【倦容】名 疲れた面持ち.

**juànsè**【倦色】名 疲れた様子.

**juànyì**【倦意】名 倦怠感.

**juànyóu**【倦游】動〈書〉遊び飽きる.

## 狷(獧) juàn 〓 ①短気である. せっかちである. ②強情. 片意地.

**juànjí**【狷急】形 短気である. せっかちである.

**juànjiè**【狷介】形〈書〉狷介(かい)である. 片意地である.

## 桊 juàn 〓(~儿)鼻木. 鼻がい. ¶牛鼻~儿 / 牛の鼻がい.

## 绢 juàn 名 絹. 絹織物.

**juànběn**【绢本】名 絹本(ぼん). 絹地にかかれた書画.

**juànfǎng**【绢纺】名 絹系紡績.

**juànhuā**【绢花】名〈工芸〉絹製の造花.

**juànhuà**【绢画】[名] 絹絵.
**juànrén**【绢人】[名] 絹人形.
**juànsī**【绢丝】[名] 絹糸.
**juànwǎng**【绢网】[名] [印] シルクスクリーン.
**juànzi**【绢子】[名]〈方〉ハンカチ.

**鄄 juàn** 地名用字.

**圈 juàn**[名] 家畜小屋. ¶ 猪~ / 豚小屋. ‖ 異読⇨juān, quān
**juànféi**【圈肥】[名]〈農〉厩肥(きゅうひ).
**juànyǎng**【圈养】[动] 家畜を柵内に囲って飼う.

**眷 juàn** ❶ ① 親族. ¶ 家~ / 家族. ② 関心を寄せる. 心にかける.
**juàngù**【眷顾】[动]〈書〉心にかけ面倒をみる.
**juànhuái**【眷怀】[动] 懐かしく思う.
**juànjuàn**【眷眷】[形] 懇ろに思うさま.
**juànkǒu**【眷口】[名] 家族.
**juànliàn**【眷恋】[动]〈書〉思い慕う.
**juànniàn**【眷念】[动]〈書〉思い慕う.
**juànshǔ**【眷属】[名] 家族;(特に)夫婦.
**juànzhù**【眷注】[动]〈書〉関心を寄せる.

## jue (ㄐㄩㄝ)

**撅 juē**[动] ❶ ぴんと立てる. ¶小狗~着尾巴跑来 / 子猫がしっぽを立てて走って来る. ❷〈口〉折る. ❸ やりこめる. たてつく. ❹〈口〉(気絶した人に)マッサージなどして蘇生させる.
**-juējuē**【撅撅】[接尾][形容詞の後について「ぴんと張った」「ちょこんと反り返った」様子を表す]
**juē/zuǐ**【撅嘴】[动] 口をとがらす. ふくれっ面をする.

**噘 juē** ◯
**juē/zuǐ**【噘嘴】[动]→**juē/zuǐ**【撅嘴】

**孓 jué** →**jiéjué**【孑孓】

**决**(決) **jué** ❶ ①[副]"不""无"の前に用い) 決して. 絶対に. ¶~不后悔 / 決して後悔しない. ❷ 決壊する. ❸ ① 決める. ② (勝敗を)決する. ③ 死刑を執行する.
**juécè**【决策】[动] ❶ 策略を決める. ❷[名] 決定ずみの方策.
**jué cíxióng**【决雌雄】〈慣〉雌雄(しゆう)を決する.
**juédìng**【决定】❶[动]❶ 決定する. 決める. ❷ (ある事物が別の事物を)決定づける. 左右する. ❷[名] 決定(事項). ❸[形] 決定的な.
**juédìngquán**【决定权】[名] 決定権.
**juédìngxìng**【决定性】[形] 決定的な.
**juédòu**【决斗】[名] 決闘. 命がけの戦い.
**juéduàn**【决断】❶[动] 決断する. ❷[名] 決断力.

**juéfēn**【决分】[名]〈経〉決算と分配.
**juéjì**【决计】❶[动] 考えを決める. ❷[副] 絶対に.
**juéjué**【决绝】❶[动] 決裂する. ❷[形] 決然とした.
**jué/kǒu**【决口】[动] (堤防が)決壊する.
**juéliè**【决裂】[动] 決裂する. ¶谈判~了 / 交渉は決裂した.
**juémíngzǐ**【决明子】[名]〈中薬〉決明子(けつめいし). ►エビスグサの種子.
**juérán**【决然】〈書〉❶[形] 決然としている. きっぱりとした. ❷[副] 決然と. 必ず.
**juésài**【决赛】[名]〈近〉決試合.
**juésài**【决赛】[名]〈体〉決勝戦. ¶半~ / 準決勝.
**juéshèng**【决胜】[名] 決勝.
**juésǐ**【决死】[形] 決死の. 必死の.
**juésuàn**【决算】[名] 決算.
**juéxīn**【决心】❶[名] 決心. ¶下定~ / 決心を固める. ❷[动] 決心する.
**jué yī cí xióng**【决一雌雄】〈成〉雌雄を決する.
**jué yī sǐ zhàn**【决一死战】〈成〉全力をふるって決戦を挑む.
**juéyí**【决疑】[动] 疑問を解く.
**juéyì**【决议】[名] 決議.
**juéyì**【决意】[动] 決意する.
**juéyù**【决狱】[动]〈書〉判決を下す.
**juézhán**【决战】[动] 決戦する.

**诀 jué** ❶ ①[口]調子よくまとめた語句. ¶九九のようなもの. ② 奥の手. 秘訣. ❷ 別れる.
**juébié**【诀别】[动] 別れする.
**juéqiào**【诀窍】[名]〈～儿〉秘訣.
**juéyào**【诀要】[名] 要訣(ようけつ). 秘訣.

**抉 jué** ❶ えぐり出す.
**juézé**【抉择】[动]〈書〉選ぶ. 選択する.
**juézhāi**【抉摘】[动]〈書〉❶ より分ける. ❷ 摘発する.

**角 jué**[名] ❶〈～儿〉(芝居の)役柄. ¶主~ / 主役. ❷〈～儿〉役者. 俳優. ❸ ～ / 名優. ❸ 古代の酒器. ❹ 古代音楽の五音の一. ❺ 勝負をする. ¶口~ / 口論なした. ‖ 異読⇨**jiǎo**
**juédòu**【角斗】[动] 格闘する. ❷[动] 格闘する.
**juélì**【角力】[动] 力を比べる.
**juér**【角儿】[名] 役柄.
**juésè**【角色】[名] ❶ (劇中の)役. (ふん)する役目. 任務.
**juézhú**【角逐】[动] 武力で争う;力を競い合う.

**骏 jué** ◯
**juétí**【骏騠】❶[动] 駿騠(しゅんだい). ► 雌ロバと雄馬との交配による雑種. ❷[名] 駿馬(しゅんめ)の一種.

**块**(**玦**) **jué**[名]〈古〉帯につけた装飾用の玉.

**珏**(**瑴**) **jué**[名]〈書〉2種の異なる玉(ぎょく)が合わさったもの.

# jué

**欮** jué [名]〈鳥〉(古書で)モズ.

**juéshé**[缺舌][名]〈書〉〈喩〉言葉がわかりにくいこと.

**觉**(覺) jué [動] 感じる. ¶下了雪,～出冷来了/雪が降って寒さを覚えた.
☒ ①覚める. ②自覚する. ¶～～悟. ‖[姓] 異読⇒jiào.

**juéchá**[觉察][動] 発見する. 気づく.

**juéde**[觉得][動] 1 感じる. ¶我～有点儿累了/わたしは少し疲れた. 2 …と思う. ¶我～不会下雨/雨は降らないと思う.

**juéwù**[觉悟] 1 [動] 自覚する. 2 [名] 自覚. 意識.

**juéxǐng**[觉醒][動] 目覚める. 覚醒する.

**绝** jué 1 [動] 絶える. 尽きる. ¶路～了/道が絶たれた. ¶方法用～了/打つ手は尽きした. ¶(他)的追隨を許さずりずう. 2 [形] 他に類例のない. ¶拍～/ねつけする. ③行き詰まりの. ¶～壁. ④〈(詩の一形式)絶句.
☒ ①極めて. ¶～大多数/圧倒的多数. ②断つ. ¶拍～/ねつけする. ③行き詰まりの. ¶～壁. ④〈(詩の一形式)絶句.

**jué/bǎn**[绝版][動] 絶版になる.

**juébǐ**[绝笔][名] 1 絶筆. 2〈書〉最高の書と絵.

**juébì**[绝壁][名] 絶壁.

**juéchàng**[绝唱][名] 1 すぐれた詩文. 2 生前最後の歌.

**jué chù féng shēng**[绝处逢生]〈成〉九死に一生を得る.

**juédài**[绝代][形]〈書〉当代に並ぶものがない.

**juédǎo**[绝倒][動]〈書〉1 大いに笑う. 2 非常に敬服する. 3 倒れそうになる.

**juédì**[绝地][名] 1 極めて険しい所. 2 窮地. 絶地.

**juédǐng**[绝顶] 1 [名]〈書〉最高峰. 2 [副] 極めて. たいへん. ¶～聪明/すばらしく頭がよい.

**juéduì**[绝对] 1 [形] 絶対的である. 無条件である. 2 [副] 必ず. きっと. 間違いなく; 決して(…ない).

**juéduì guānniàn**[绝对观念][名]〈哲〉(ヘーゲル哲学で)絶対精神.

**juéduì língdù**[绝对零度][名]〈物〉絶対零度.

**juéduì shīdù**[绝对湿度][名]〈気〉絶対湿度.

**juéduì wēndù**[绝对温度][名]〈物〉絶対温度.

**juéduì xīngděng**[绝对星等][名]〈天〉絶対等級. 実光度.

**juéduì zhēnlǐ**[绝对真理][名]〈哲〉絶対的真理.

**juéduìzhí**[绝对值][名]〈数〉絶対値.

**jué/gēn**[绝根儿][動] 1 →**jué/zhǒng**[绝种]. 2 病根を断ち切る.

**jué/hòu**[绝后][動] 1 跡取りが絶える. 2 今後二度とない.

**jué/hù**[绝户][動] 1 跡取りが絶える. 2 跡取りのいない人.

**juéhuó**[绝活][名] 得意技(芸).

**juéjì**[绝技][名] 絶技.

**jué/jì**[绝迹][動] 跡を絶つ. まったくなくなる.

**juéjiā**[绝佳][形] ずば抜けてすぐれている.

**jué/jiāo**[绝交][動] 絶交する; 断交する.

**juéjīng**[绝经][動]〈生理〉閉経する.

**juéjǐng**[绝景][名] 絶景.

**juéjìng**[绝境][名] 1〈書〉外界と隔絶した状況. 2 窮地.

**juéjù**[绝句][名]〈文〉絶句. ¶五言～/五言絶句.

**juékǒu**[绝口][動] 1 話をやめる. ¶赞不～/しきりにほめる. 2 口をつぐむ.

**juélì**[绝粒][動]〈書〉絶食する.

**jué/liáng**[绝粮][動] 食糧が尽きる.

**jué/lù**[绝路][動] 1 活路がない. 2 袋小路.

**juélún**[绝伦][形] 並み外れている.

**juémén**[绝门][名] 1 跡取りのいない家. 2(～儿)〈喩〉後継者のいない仕事. 3(～儿)絶招. 4(～儿)決してまねのできないこと.

**juémì**[绝密][形] 極秘である.

**juémiào**[绝妙][形] 絶妙である.

**juémiè**[绝灭][動] 絶滅する.

**juémìngshū**[绝命书][名] 1〈旧〉自害するときに書いた遺書. 2 死刑に処せられるときに書く遺書.

**juéqíng**[绝情][形] 薄情である.

**juérè**[绝热][動]〈物〉断熱.

**juésè**[绝色][名]〈書〉すぐれた容色.

**jué/shí**[绝食][動](抗議のために)絶食する.

**juéshì**[绝世][形] 世に並ぶものがない.

**juéshōu**[绝收][形](農作物の)収穫がまったくない.

**jué/sì**[绝嗣][動]〈書〉跡取りが絶える.

**jué/wàng**[绝望] 1 [動] 絶望する. 2 [名] 絶望.

**juéwú**[绝无][動] まったく存在しない.

**jué wú jǐn yǒu**[绝无仅有]〈成〉ごくまれである.

**juéxiǎng**[绝响][名]〈書〉跡の絶えた事物.

**jué/xù**[绝续]→**jué/sì**[绝嗣].

**juéxué**[绝学][名] 1 断絶と継続. 2 絶学.

**juéxué**[绝学][名]〈書〉1 とだえた学問. 2 卓越した学問.

**juéyì**[绝艺][名] 卓絶した技芸.

**jué/yù**[绝育][動]〈医〉避妊手術をする.

**juéyù**[绝域][名] 隔絶した異域; 国外.

**jué/yuán**[绝缘][動] 1〈電〉絶縁する. ¶～体/絶縁体. 2(外部と)接触がない.

**juéyuánzǐ**[绝缘子][名]〈電〉碍子(がいし).

**juézǎo**[绝早][形] 極めて早い.

**juézhāo**[绝招・绝着][名](～儿)奥

の手. 2人の考え及ばない策略.

**juézhèng**【绝症】名不治の病.
**jué//zhǒng**【绝种】死滅する. 絶滅する.
**jué zǐ jué sūn**【绝子绝孙】→ **duàn zǐ jué sūn**【断子绝孙】

倔 jué 異読⇒juè
**juéjiàng**【倔犟・倔强】形 強情であ意. 意地っ張りである. ¶他有股ル~劲儿jìnr/ 彼は負けず嫌いのところがある.

掘 jué【掘】動掘る.
**juéjìn**【掘进】動〈鉱〉掘削する.
**juémùrén**【掘墓人】名墓掘り人.
**juétǔjī**【掘土机】名〈機〉パワーショベル.

桷 jué 名〈書〉四角い垂木(たるき).

崛 jué ○
**juéqǐ**【崛起】動〈書〉1 (峰などが)そびえ立つ. 2 決起する. 3 勃興する.
**juéxīng**【崛兴】動〈書〉勃興する.

脚 (腳) jué 名 異読⇒jiǎo
**juésè**【脚色】→ **juésè**【角色】

觖 jué 名〈書〉不満.
**juéwàng**【觖望】動〈書〉不満があって恨む.

厥 jué 代〈古〉彼の. その.
■動气絶する. ‖姓
**厥** 名人名用字."李厥"は後漢末期の人.

劂 jué → **jījué**【剞劂】

谲 jué 動かたる. だます.
**juézhà**【谲诈】形 狡滑(こうかつ)である.

蕨 jué【植】ワラビ. ¶~菜/ワラビ菜.
**juélèi zhíwù**【蕨类植物】名〈植〉シダ植物.

獗 jué → **chāngjué**【猖獗】

潏 jué 地名用字."潏水"は湖北省にある川の名.

橛 (橜) jué 名 短い杭.
**juézi**【橛子】名 短い杭.

噱 jué 異読⇒xué

鐝 jué【镢jué】に同じ.

爵 jué 名 1 爵位. 2 古代の酒器.
‖姓
**juélù**【爵禄】名〈書〉爵禄(じゃくろく).
**juéshì**【爵士】名 ナイト.
**juéshìwǔ**【爵士舞】名 ジャズダンス.
**juéshìyuè**【爵士乐】名〈音〉ジャズ.
**juéwèi**【爵位】名 爵位.

蹶 jué 動 転ぶ;〈転〉失敗する. 挫折する. 異読⇒juè

矍 jué 驚いて見るさま.
**juéshuò**【矍铄】形〈書〉かくしゃくとしている.

嚼 jué かむ. ¶咀jǔ~/ 咀嚼(そしゃく). 異読⇒jiáo, jiào

爝 jué ○
**juéhuǒ**【爝火】名〈書〉たいまつ.

攫 jué【爪で)つかみ取る;〈転〉奪い取る.
**juéqǔ**【攫取】動〈書〉強奪する.

镢 (钁) jué 名〈方〉1くわ. ¶~头/くわ. 2動くわで土を)掘る.

蹶 jué ○ 異読⇒jué
**juězi**【蹶子】名 ロバや馬が後ろ足で蹴ること.

倔 juè 形 無愛想である. 片意地で頑固である. 異読⇒jué
**juèba**【倔巴】形〈方〉無愛想で. 頑固である.
**juè tóu juè nǎo**【倔头倔脑】成 無愛想なさま;頑固一徹なさま.

## jun (ㄐㄩㄣ)

军 jūn 名〈軍隊の編成単位)軍. ¶第一~/ 第1軍団.
■〈軍隊. ¶海~/ 海軍. ‖姓
**jūnbèi**【军备】名 軍備.
**jūnbù**【军部】名 軍部.
**jūncāo**【军操】名 軍事訓練.
**jūnchē**【军车】名 軍用車両.
**jūndāo**【军刀】名〈旧〉軍刀.
**jūndì**【军地】名〈略〉軍と地方政府.
**jūnduì**【军队】名 1 軍隊. 2 部隊.
**jūnfá**【军阀】名 1 軍閥. 2 政治を牛耳る反動的な軍人.
**jūnfǎ**【军法】名〈法〉軍法.
**jūnfāng**【军方】名 民間に対して)軍方.
**jūnfèi**【军费】名 軍事費.
**jūnfēng**【军风】名 軍の規律・風紀.
**jūnfú**【军服】名 軍服.
**jūngǎng**【军港】名 軍港.
**jūngē**【军歌】名 軍歌.
**jūngōng**【军工】名 1 軍需産業. 2 軍事関係の工事.
**jūngōng**【军功】名 戦功.
**jūngòu**【军购】名 兵器を買い入れる.
**jūnguān**【军官】名 士官, 将校.
**jūnguǎn**【军管】名〈略〉軍事管制.
**jūnguó zhǔyì**【军国主义】名 軍国主義.
**jūnhào**【军号】名〈軍〉軍用ラッパ.
**jūnhuī**【军徽】名 軍隊の記章.
**jūnhūn**【军婚】名 一方が軍人である者の婚姻.
**jūnhuǒ**【军火】名 兵器弾薬の総称.
**jūnhuǒ gōngyè**【军火工业】名 兵器工業.
**jūnjī**【军机】名 1 軍事行動を起こす機会. 2 軍事機密.

## jūn

jūnjí【軍籍】名 軍籍. ¶开除~/军籍を剥奪する.
jūnjì【軍紀】名 軍規.
jūnjì【軍妓】名〈旧〉従軍慰安婦.
jūnjiàn【軍艦】名 軍艦.
jūnjiē【軍階】名 軍人の階級.
jūnjiè【軍界】名 軍事関連部門.
jūnjǐng【軍警】名 軍隊と警察.
jūnkěn【軍墾】動 軍隊が開墾し農業をする. 屯田する.
jūnlǐ【軍礼】名 1 軍人としての礼儀. 2 敬礼. ¶行xíng~/敬礼をする.
jūnlì【軍力】名 兵力.
jūnliáng【軍糧】名 軍隊の食糧.
jūnliè【軍列】名〈略〉軍用列車.
jūnlíng【軍齢】名 兵役に服した年数.
jūnlìng【軍令】名 軍令.
jūnlìngzhuàng【軍令状】名〈旧〉軍令を受けたときに書く誓紙.
jūnlǚ【軍旅】名〈書〉軍隊.
jūnlǜ【軍緑】名〈軍服の)緑色.
jūnmǎ【軍馬】名 1〈軍〉軍用馬. 2〈書〉広く)軍隊.
jūnmào【軍帽】名 軍帽.
jūnmín【軍民】名 軍隊と人民.
jūnpǐn【軍品】名 軍需用品.
jūnqí【軍棋】名 軍人将棋.
jūnqí【軍旗】名 軍旗.
jūnqíng【軍情】名 戦況.
jūnqū【軍区】名 軍管区. 軍区.
jūnquán【軍権】名 軍の指揮権.
jūnquǎn【軍犬】名 軍用犬.
jūnrén【軍人】名 軍人.
jūnróng【軍容】名〈書〉
jūnsǎo【軍嫂】名〈俗〉軍人の妻.
jūnshī【軍師】名〈旧〉軍師.
jūnshì【軍士】名 下士官.
jūnshì【軍事】名 軍事.
jūnshì fǎtíng【軍事法廷】名 軍事法廷.
jūnshì guǎnzhì【軍事管制】名 軍事管制.
jūnshì jīdì【軍事基地】名 軍事基地.
jūnshì kēxué【軍事科学】名 軍事科学.
jūnshì tǐyù【軍事体育】名 軍事体育. 軍事に関連するスポーツ.
jūnshòu【軍售】動 兵器を売り出す.
jūnshǔ【軍属】名 軍人の家族.
jūntí【軍体】名〈略〉(手榴弾投げなど)軍事に関連するスポーツ.
jūntuán【軍団】名 軍団.
jūnwēi【軍威】名 軍隊の威信.
jūnwěi【軍委】名〈略〉軍事委員会.
jūnwù【軍務】名 軍務.
jūnxián【軍衔】名 軍人の階級.
jūnxùn【軍訓】名〈旧〉軍人の俸給.
jūnxiào【軍校】名 軍事学校.
jūnxiè【軍械】名 兵器弾薬類.
jūnxīn【軍心】名 士気.
jūnxū【軍需】名 1 軍需品. 2 軍需用員.
jūnxùn【軍訓】名 軍事訓練.
jūnyǎn【軍演】名 軍事演習.
jūnyī【軍衣】名 軍服.

jūnyī【軍医】名 軍医.
jūnyíng【軍営】名 兵営.
jūnyòng【軍用】形 軍用の.
jūnyóu【軍郵】名 軍事郵便.
jūnyuán【軍援】名〈略〉軍事援助.
jūnyuè【軍楽】名 吹奏楽. ¶~队/军楽队.
jūnyùn【軍運】名 軍需物資の輸送.
jūnzhǎng【軍長】名 軍団の司令官.
jūnzhèng【軍政】名 1 軍事と政治. 2 軍事行政. 3 軍と政府.
jūnzhèngfǔ【軍政府】名 軍人政府.
jūnzhí【軍職】名 軍職.
jūnzhì【軍制】名 軍隊の制度.
jūnzhǒng【軍種】名〈陸海空の)軍隊の種類.
jūnzhuāng【軍装】名 軍服.

## 均

jūn 副〈書〉すべて. みな.
Ⅱ 平均している. 平均する.
jūnbèilā【均背拉】動〈口〉平均する.
jūn cǐ【均此】(公文書·書簡で)同様に.
jūnděng【均等】形 均等である.
jūnfēn【均分】動 均等に分ける.
jūnhéng【均衡】形 つり合いがとれている.
jūnjià【均価】名 平均価格.
jūnkě【均可】形 いずれでもよろしい.
jūnshì【均势】名 均整.
jūntān【均摊】動 平等に負担する.
jūnxī【均悉】動(手紙文で用いること)ごとく承知しました.
jūnxiàn【均线】名 平均曲線.
jūnyī【均一】形〈均一〉~である.
jūnyún【均匀】形 平均している. むらがない.
jūnzhān【均沾】動 等しく利益を受ける.
jūnzhí【均值】名 平均値.

## 龟

龟 (龜) jūn 異読⇒guī, qiū
jūnliè【亀裂】1 →jūnliè【皸裂】
2 動 亀裂ができる.

## 君

jūn 名 1 君主. 国王. ¶国~/国王. 2〈旧〉男子に対する尊称. ¶诸~/诸君. Ⅱ姓.
jūnchén【君臣】名 君臣.
jūnlín【君臨】動〈書〉1 君臨する. 2 近づく. やって来る.
jūnqiānzǐ【君迁子】名〈植〉シナノガキ. マメガキ.
jūnquán【君権】名 君主の権力.
jūnshàng【君上】名 君主.
jūnwáng【君王】名 君主.
jūnzhǔ【君主】名 君主. 元首.
jūnzhǔguó【君主国】名 君主国.
jūnzhǔ lìxiàn【君主立憲】名〈政〉立憲君主制.
jūnzhǔ zhuānzhì【君主专制】名〈政〉専制君主制.
jūnzǐ【君子】名 君子. ¶~一动口不动手/〈諺〉君子は腕力にたよらず議論を通じて物事を解決する.
jūnzǐguó【君子国】名(中国の伝説中

**kǎ**

の)君子国.
**jūnzǐlán**【君子兰】名〈植〉クンシラン.
**jūnzǐ xiédìng**【君子协定】名 紳士協定.
**jūn zǐ yī yán**【君子一言】成 君子に二言はない.

钧 **jūn** 量〔昔の重量単位〕1"钧"は30"斤jīn".
H 目上を敬っていう言葉.¶～座／阁下／¶～鉴／ご高覧願います.
‖姓

莙 **jūn** ⓿
**jūndàcài**【莙荙菜】名〈植〉フダンソウ.▶野草の一種.葉入れは食用.

菌 **jūn** 名 菌类.バクテリア.異読⇒

**jūnhé**【菌核】名〈植〉菌糸体.
**jūnluò**【菌落】名〈生〉菌の群落.
**jūnmiáo**【菌苗】名〈医〉ワクチン.
**jūnsī**【菌丝】名〈植〉菌糸.

皲 **jūn**
**jūnliè**【皲裂】名 あかぎれ.

筠 **jūn** 地名用字."筠连"は四川省にある県の名.異読⇒**yún**

鲟 **jūn** 名〈魚〉カサゴ.

俊 **jùn** 形〈且.Ｈ〉若者の容貌が美しい.さわやかさ.
H 才知のすぐれた人.‖姓

**jùnjié**【俊杰】名 俊傑.
**jùnlǎng**【俊朗】形 目鼻立ちが整い,朗々とした声をもっている.
**jùnměi**【俊美】形 容貌が美しい.
**jùnqiào**【俊俏】形〈口〉器量がよい.
**jùnxiù**【俊秀】形 1 容貌が美しい.2（才能が）すぐれている.
**jùnyàn**【俊彦】名〈書〉優秀な人材.
**jùnyì**【俊逸】形人並みすぐれている.

郡 **jùn**【古代の行政区域の一】郡.‖姓
**jùnxiànzhì**【郡县制】名〈史〉郡県制.
**jùnzhǔ**【郡主】名〔旧〕王族の娘.

峻 **jùn** Ｈ 1（山が）高くて険しい.②厳しい.¶严～／峻厳(しゅん)である.
**jùnbá**【峻拔】形（山が）高くて険しい.
**jùnjí**【峻急】形〈書〉1 流れが急である.2（性格が）厳峻である.
**jùnkè**【峻刻】形 過酷である.
**jùnqiào**【峻峭】形 山が高くて切り立っているさま.
**jùnxíng**【峻刑】名 厳しい刑罰.

浚(濬) **jùn** 川底をさらう.
異読⇒**xùn**

**jùnníchuán**【浚泥船】名浚渫(しゅんせつ)船.

骏 **jùn** 名 良馬.¶～马／すぐれたよい馬.駿馬.

菌 **jùn** 名 キノコ.▶"蕈xùn"に同じ.異読⇒**jūn**

焌 **jùn** 動〈書〉火で焼く.異読⇒**qū**

畯 **jùn**〈古〉農事をつかさどる官吏.

竣 **jùn** 動 終わる.完了する.
**jùngōng**【竣工】動 竣工する.

# K

## ka（ㄎㄚ）

咔 **kā** 擬 かちっ.かちゃ.異読⇒**kǎ**
**kābā**【咔吧】擬〔堅くて細く,乾いている物が折れる軽い音〕ぽきっ.
**kāchā**【咔嚓】擬〔物が折れたり壊れたり,打ち当たったりする音〕ぽきん.がちゃん.
**kādā**【咔哒】擬〔堅い物同士が軽く打ち当たる音〕かたっ.かたん.

咖 **kā** ⓿ 異読⇒**gā**
**kāfēi**【咖啡】名 コーヒー.〔杯,罐〕¶冲**chōng**～／コーヒーを入れる.¶～厅／コーヒーラウンジ.
**kāfēibā**【咖啡吧】名 カフェバー.
**kāfēijiǎn**【咖啡碱】名〈薬〉カフェイン.
**kāfēisè**【咖啡色】名 コーヒー色.茶褐色.
**kāfēiyīn**【咖啡因】名〈薬〉カフェイン.

喀 **kā** 擬〔咳(せき)をする音〕ごほん.
**kābā**【喀吧】擬→**kābā**【咔吧】
**kāchā**【喀嚓】擬→**kāchā**【咔嚓】
**kādā**【喀哒】擬→**kādā**【咔哒】
**Kāmǎilóng**【喀麦隆】名〈地〉カメルーン.
**kāsītè**【喀斯特】名〈地〉カルスト（地形）.

搳 **kā** 動〈方〉こそげる.削り落とす.

卡 **kǎ** 1 量〈略〉カロリー.
Ｈ ⓵カード.¶信用～／クレジット・カード.②トラック.③カセット.異読⇒**qiǎ**
**kǎbīnqiāng**【卡宾枪】名〈軍〉カービン銃.
**kǎchē**【卡车】名 トラック.貨物自動車.〔辆,台〕
**kǎchǐ**【卡尺】名〈機〉ノギス.▶"游标卡尺"の略.
**kǎdài**【卡带】名 カセットテープ.
**kǎdīngchē**【卡丁车】名〈体〉レーシングカート.ゴーカート.
**kǎguī**【卡规】名〈機〉(工作物の外側を測る）カリパス.
**kǎjièmiáo**【卡介苗】名〈医〉ＢＣＧ.
**kǎlā OK**【卡拉ＯＫ】名 カラオケ.
**kǎlùlǐ**【卡路里】量〈物〉カロリー.
**kǎnàměisù**【卡那霉素】名〈薬〉カナマイシン.
**kǎpiàn**【卡片】名 カード.〔张〕
**kǎqí**【卡其】→**kǎjī**【卡叽】

## kǎ

**kǎqián【卡钳】**〈機〉カリパス(の総称)。¶内～/内パス。工作物の内径を測るもの。¶外～/外パス。

**kǎqū【卡曲】**〈名〉サファリジャケット。

**kǎshì lùyīndàī【卡式录音带】**〈名〉カセットテープ。

**kǎtā【卡他】**〈名〉〈医〉カタル。

**Kǎtǎ'ěr【卡塔尔】**〈地名〉カタール。

**kǎtè'ěr【卡特尔】**〈経〉カルテル。

**kǎtōng【卡通】**〈名〉動画。アニメーション；漫画。¶～人物/アニメキャラクター。

**佧 kǎ**〇

**Kǎwǎzú【佧佤族】**〈名〉"佤族Wǎzú"(ワ族)の旧称。

**咔 kǎ**〇 異読⇨kā

**kǎjī【咔叽】**〈名〉〈紡〉ドリル。¶～色/カーキ色。

**咯 kǎ**〈動〉(咳嗽をして)吐き出す。
異読⇨gē,lo

**kǎ//tán【咯痰】**痰を切る。

**kǎ/xiě【咯血】**〈医〉咯血(かっけつ)する。

**胩 kǎ**〈化〉イソシアン化物。イソシアニド。

## kai (ㄎㄞ)

**开(開) kāi①**〈動〉**1** 開ける、開く。¶～箱子/トランクを開ける。**2**(会議·展覧会などを)開催する。¶～座谈会/座談会を開く。**3**(乘客·列車·機械を)始動させる、運転する。¶～汽车/車を運転する。¶～～枪、火车～了/列車は発車する。**4**(スイッチを)入れる。¶把灯～/電灯をつける。**5**(液体が)沸騰する。¶水～了/お湯が沸いた。**6**(物または固まりが)ほどける；(花が)咲く；(水が)解ける。¶衣服～了线/服の縫い目がほころびた。**7**創設する、経営する。¶～医院/病院を設立する。**8**(領収書·紹介状·処方箋などを書く。¶～药方〔收据、介绍信〕/処方箋〔領収書、紹介状〕を書く。**9**支払いをする。¶～工钱/手間賃を払う。**10**始める。¶～先例/先例を開く。**11**(方)除名する。やめさせる。**12**…の割合になる。¶他的功过是三七～/彼の功績と過失は3と7の割合だ。②〈量〉**1**カラット。金(キン)(紙の大きさで)全紙の何分の1に当たるかを表す。¶八～纸/八つ折りの紙。③〈助〉

▶方向補語 "-开" の用法◀
①事物が開いたり、分かれたり、離れたりする。
1人や事物が動作の結果分かれる。¶推～门/ドアを押し開ける。¶睁zhēng不～眼睛/目が開けられない。
2人や事物が動作の結果離れることを表す。¶站～一点儿！/よけなさい。¶躲不～/よけきれない。¶事

物が動作の結果広がる。¶消息很快传播～来/ニュースはたちまち広がった。④(こだわりが解きほぐされることによって)問題や話がはっきりする。考えが広くなる。¶把话说～/誤解を解く。釈明する。¶想不～/あきらめがつかない。⑤動作の開始と同時に、束縛が解かれそれ以上の抑制できなくなる。¶她忍不住、哭～了/彼女は耐えられずに泣きだした。
②動作の結果、一定な長さ(距離)に広がっていく。¶拉～距离/距離を置く。
③「動詞+"得"／"不"+"开"+数量(+名詞)」の形で一定数量の人や物が収容可能かどうかを表す。¶这个广场站得～一万人／この広場には1万人が入れる。

**kāibá【开拔】**〈動〉(軍隊が駐地から)出動する、移動する。

**kāibàn【开办】**〈動〉(工場や学校·商店·病院などを)創設する、開設する。

**kāibēn【开本】**〈印〉判。¶书籍などの大きさ、判型を示す。

**kāi/biāo【开标】**〈動〉開札する。

**kāibō【开播】**〈動〉**1**(ラジオ局やテレビ局が)放送を開始する。**2**(番組を)放送し始める。**3**種まきを始める。

**kāicǎi【开采】**〈動〉(地下資源を)採掘する。

**kāi//chà【开衩】1**〈動〉(服に)スリットを入れる。**2**〈名〉(服の)スリット。

**kāi//chǎng【开场】**幕が開く；(劇の)開演する。

**kāichǎngbái【开场白】**〈名〉前口上；(喩)前置き。

**kāi//chē【开车】**〈動〉**1**(車を)運転する；発車する。**2**(機械を)動かす。

**kāi chéng bù gōng【开诚布公】**(成)私心をはさまずに誠意を示す。

**kāi chéng xiāng jiàn【开诚相见】**(成)人への対応が極めて誠実である。

**kāichǐ【开秤】**〈動〉(主として季節物の)買い付けを始める。

**kāichū【开初】**〈名〉最初。初めのころ。

**kāichú【开除】**〈動〉除名する。解雇する。

**kāi//chú【开锄】**〈動〉(春、畑に初めて)くわを入れる。

**kāi//chuán【开船】**〈動〉**1** 出帆する。出航する。**2** 船を操縦する。

**kāichuàng【开创】**〈動〉創始する、切り開く。

**kāi//chūn【开春】1**〈動〉春になる。**2**〈名〉(～儿)初春。春先。

**kāidǎ【开打】**〈動〉**1**(芝居で)立ち回りをする。**2**(口)殴り合いを始める。

**kāidǎngkù【开裆裤】**〈名〉幼児用の股の開いているズボン。

**kāi//dāo【开刀】1**〈口〉外科手術を行う〔受ける〕。**2** 真っ先にやり玉にあげる。

**kāidǎo【开导】**〈動〉諭し導く。啓発する。

**kāi//dào【开道】**〈動〉露払いをする。先に

**kāi dàochē**【开倒车】〈慣〉逆行する.
**kāidiào**【开吊】動 葬式や告別式を挙行する.
**kāi dǐngfēng chuán**【开顶风船】〈慣〉流れに逆らって物事を行う.
**kāidòng**【开动】動 1 (自動車や機械を)運転する,動かせる. 2 駐屯地から出発する.
**kāi/dòng**【开冻】動〈川や地面の〉氷が解ける.
**kāiduān**【开端】名〈事業や運動などの〉始まり,発端.
**kāi/ēn**【开恩】動〈旧〉寛恕する. 容赦する.
**kāifā**【开发】動 1 開発する. 開拓する. 2 (人材や技術を)発掘する.
**kāifā**【开发】動 支払う.
**kāifāshāng**【开发商】名 不動産の開発業者. デベロッパー.
**kāi/fàn**【开饭】動 1 食事にする. 2 (職場・学校などの)食堂が開く.
**kāi/fāng**【开方】動 1 (~儿)処方箋を書く. 2 (数)乗根を求める.
**kāifàng**【开放】動 1 (花が)咲く. (封鎖・禁令などを)解除する;(空港や港・地域などを)対外的に開放する;(公共の場を)一般に自由に入場させる. 2 形 (性格が)朗らかである.
**kāifù**【开赴】動〈書〉(兵隊や団体が)目的地に向かって出発する.
**kāi/gé**【开革】動 解雇する; 除名する.
**kāi/gōng**【开工】動 1 (工場が)操業する. 2 工事を始める.
**kāiguān**【开关】名 1 〈電〉スイッチ. 2 (パイプなどの)バルブ.
**kāi/guāng**【开光】動 1 仏像が出来上がったとき)開眼〔供養をする. 2 散髪する. 顔を剃る.
**kāi/guō**【开锅】動〈口〉(鍋が)煮え立つ.
**kāiguó**【开国】動 建国する.
**kāi/háng**【开航】動 1 (船舶や航空機が)就航する. 2 (船舶や航空機が)出航する,出発する.
**kāi/hé**【开河】動 1 川を掘る. 2 川が解氷する.
**kāihéqiáo**【开合桥】名〈建〉跳ね橋.
**kāi hóngdēng**【开红灯】〈慣〉(計画や事業に)赤信号を出す;(試験で)落第する.
**kāi hòumén**【开后门】〈慣〉(~儿)裏取引する.
**kāi/hù**【开户】動(~儿)(銀行などに)口座を開く. ▶"开户头"とも.
**kāi/huā**【开花】動 1 (~儿)花が咲く. 2 (喩)物がはじけ割れる;顔をほころばせる.
**kāi huā jiē guǒ**【开花结果】〈成〉(仕事の上で)よい結果が出る.
**kāihuà**【开化】動 1 文化が開ける. 2 〈方〉(河川や大地の)氷や雪が解ける.
**kāihuái/yǐnjiǔ**【开怀饮酒】酒を楽しむ. ¶ ～畅饮／心ゆくまで酒を飲む.
**kāi/huáir**【开怀儿】動〈口〉初めて子供を産む.

**kāi/huāng**【开荒】動 開墾する.
**kāi/huì**【开会】動 会を開く;会に出る;会議をする.
**kāi/hūn**【开荤】動 精進落としをする.
**kāi/huǒ**【开火】動 1 (~儿)発砲する;火ぶたを切る. 2 非難を浴びせる.
**kāi/huǒ**【开伙】動 共同炊事をする. (食堂・炊事場などで)食事を提供する.
**kāihuò**【开豁】形 1 広々としている. 2 度量が大きい.
**kāi/jī**【开机】動 1 機械を動かす. 2 (映画やテレビドラマなどの)撮影を始める.
**kāi/jià**【开价】動 (~儿)価額をつける.
**kāijià**【开架】形 (図書館などで)開架式の;(商店などで)客が手に取って選ぶ形式の.
**kāijiàshì**【开架式】名 開架式.
**kāijiān**【开间】名 1 (旧式家屋の)間取り. ¶ 单～／ひと間だけの部屋. ¶ 双～／ふた間続きの部屋. 2 間口.
**kāijiǎng**【开讲】動 講義〔講談〕を始める.
**kāijiǎng**【开奖】動 当たりくじを発表する.
**kāijiāo**【开交】動 片をつける. 解決する. ¶ 忙得不可～／てんてこまいの忙しさである.
**kāi/jiāo**【开胶】動 糊付けした部分がはがれる.
**kāijiě**【开解】動 (心配したり悲しんだりしている人を)慰める.
**kāi/jiè**【开戒】動 (禁酒・禁煙などの)誓いを破る.
**kāijīn**【开金】名 金を含む合金.
**kāijìn**【开禁】動 解禁する.
**kāijǐng**【开镜】動 クランクインする.
**kāijú**【开局】名 (将棋の対局や球技の対戦などが)始まる. 了 序盤戦.
**kāijù**【开具】動 (項目別の証票や書信などの)書類を作成する.
**kāi/juàn**【开卷】動 1 〈書〉読書する. 2 "开卷考试"の略.
**kāijuàn kǎoshì**【开卷考试】名 (本やノート)持ち込み可の試験.
**kāijué**【开掘】動 1 開削する. 掘る. 2 (作品の内容を)深く掘り下げる.
**kāi/kè**【开课】動 1 授業が始まる. 2 (大学などで)講座を担当する.
**kāikěn**【开垦】動 開墾する.
**kāi kōngtóu zhīpiào**【开空头支票】(喩)空手形を出す.
**kāi/kǒu**【开口】動 1 話を始める. 2 (新しい刃物の)刃を立てる.
**kāi kǒu bì kǒu**【开口闭口】〈成〉口を開くたびに.
**kāikǒuhū**【开口呼】名〈語〉開口呼.
**kāikǒupiào**【开口票】名 オープンチケット.
**kāi kǒuzi**【开口子】動 1 (堤防が)決壊する. 2 〈慣〉特例を設ける. 抜け道を設ける.
**kāi kuàichē**【开快车】動 1 (車の)速度を上げる. 2 〈慣〉(仕事・勉強

# kāi

の)ピッチを上げる.
**kāi/kuàng**【开矿】採鉱する.
**kāikuò**【开扩】→**kāikuò**【开阔】
**kāikuò**【开阔】❶形(空間や面積が)広い;(考え・気持ち・視野などが)広々としている.屈託がない.❷動広げる.¶〜眼界／視野を広める.
**kāilǎng**【开朗】形1(考えや性格が)朗らかである.2(空間が)明るく広々としている.
**kāi/lí**【开犁】動(農)1→**kāi/shāng**【开墒】 2 くわ入れをする.
**kāi/lì**【开例】動先例をつくる.
**kāi/lián**【开镰】動(作物の)刈り入れを始める.
**kāiliǎn**【开脸】動1(旧)初めて化粧をする.2(彫刻で)人物の顔を彫る.
**kāiliè**【开列】動書き並べる.
**kāiliū**【开溜】動(俗)とんずらする.
**kāi/lù**【开路】動❶名1 道路を切り開く.2 道案内をする.❷名(電)開回路.
**kāilù xiānfēng**【开路先锋】名先導者.
**kāilù lùdēng**【开绿灯】慣許可する.ゴーサインを出す.
**Kāiluó**【开罗】名〈地名〉カイロ.
**kāi/luó**【开锣】動開演する.
**kāi mǎimai**【开买卖】店を経営する.商売をする.
**Kāimàn Qúndǎo**【开曼群岛】名〈地名〉ケイマン諸島.
**kāi/mén**【开门】動1戸やドアを開ける.2(喩)門戸を開く.3(一日の)営業を開始する.
**kāiménhóng**【开门红】慣(年の初め・仕事の初めに)幸先よいスタートを切る.
**kāi mén jiàn shān**【开门见山】(成)(話や文章で)ずばりと本題に入る.単刀直入にものを言う.
**kāi mén yī dào**【开门揖盗】(成)悪者を引き入れ自ら災いを招く.
**kāi/méng**【开蒙】動児童が読み書きを始める.
**kāimíng**【开明】形進歩的で物わかりがよい.見識がある.
**kāi/mù**【开幕】動1(↔ 闭幕)(芝居などの)幕が上がる.2(会議・展覧会・スポーツ大会などが)開会する.
**kāimùcí**【开幕词】名開会の辞.
**kāimù diǎnlǐ**【开幕典礼】名開幕式.
**kāipāi**【开拍】動(映画やテレビドラマなどの)撮影を開始する.
**kāi/pán**【开盘】動(経)(↔ 收 盘)寄り付く.¶〜(价格)／始值.寄り付き価格.
**kāi/pào**【开炮】動1(大砲などを)発砲する.2(喩)(攻撃や非難の)火ぶたを切る.
**kāipì**【开辟】動1(通路を)切り開く.2 開設する.始める.3 開拓する.¶〜新领域／新領域を開拓する.
**kāipiān**【开篇】名1(弹词)の)本編

ら,前置きのうた.2(著作の)冒頭の部分,プロローグ.
**kāi/piáor**【开瓢儿】(方)頭をぶち割る.
**kāi/piào**【开票】動1 開票する.2 領収書や注文書などを書いて出す.
**kāipíng**【开屏】動クジャクが尾羽を広げる.
**kāiqǐ**【开启】動1 開く.2 創始する.
**kāiqìr**【开气儿】名スリット.
**kāi/qiāng**【开枪】動(小銃・拳銃などを)発砲する,発射する.
**kāi/qiāng**【开腔】動口を開く.しゃべる.
**kāi/qiào**【开窍】動(〜儿)1 悟る.納得がいく.2(子供が)物心がつき始める.
**kāi/qiú**【开球】動(体)(サッカーで)キックオフする.
**kāi/rèn**【开刃】動(〜儿)(新しい刃物の)刃を立てる.
**kāisài**【开赛】動(試合・コンテストなどが)始まる.
**kāi/shān**【开山】動1 山を切り開く.2 山開きをする.3(仏)名山に初めて寺を建立する.
**kāishān**【开衫】名(〜儿)カーディガン.
**kāishān zǔshī**【开山祖师】名(仏)寺院の創建者;(喩)学問・芸術の流派や事業の創始者.
**kāi/shāng**【开墒】動(農)耕地をすく前に先にすきで溝をつける.
**kāishào**【开哨】動(体)試合開始のホイッスル.
**kāishè**【开设】動1(店や工場などを)開く,設立する.2(課程などを)設置する.
**kāishěn**【开审】動裁判や尋問を始める.
**kāishǐ**【开始】1 動始める.始まる.着手する.2 名初め(は).最初.初めのうち.
**kāi/shì**【开市】動1(商店などで休日が明けて)営業を開始する.2(商店で)その日の第1回の取り引きをする.
**kāishì**【开释】動釈放する.
**kāishuàn**【开涮】動(方)(人を)からかう,ばかにする.
**kāishuǐ**【开水】名湯.さゆ.
**kāisīmǐ**【开司米】名(纺)カシミヤ.
**kāi/suǒ**【开锁】動1 錠をあける.2(喩)問題を解決する.道を切り開く.
**kāitáizi**【开台子】名(演劇の)開幕する.
**kāi/táng**【开膛】動(家畜の)腹を切り割く.
**kāi tiānchuāng**【开天窗】慣 1梅毒で鼻が落ちる.2(旧)政府の検閲による記事差し止めのために,新聞に空白が生じる.
**kāi tiān pì dì**【开天辟地】(成)天地開闢(kāi);1 生まれて初めて.
**kāi/tíng**【开庭】動開廷する.

**kāitōng** [开通] 動 1 〈保守的な風習などを〉新しいものに改める。1 ~风气／气风を新たにする。2 〈交通路・通信回路や河川を〉開通する[させる].

**kāitong** [开通] 形 風習や保守的な思想にこだわらない、物わかりがよい。2 動 〈人に〉わかるようにさせる。

**kāi/tóu** [开头] (~儿) 動 1 1 始める。始まる。2 率先する。2 名 最初。始め。

**kāituō** [开脱] 動 1 〈罪や責任を〉言い逃れる。2 〈他人のために〉弁護する。

**kāituò** [开拓] 動 開拓する。1 ~新领域／新分野を切り開く。

**kāiwā** [开挖] 動 掘る。開削する。

**kāiwài** [开外] 動 〈数量詞の後に用い、その数を超していることを表す〉…以上。…あまり。

**kāi wánxiào** [开玩笑] 慣 冗談を言う。からかう。¶别跟我~／冗談はやめてくれ。

**kāiwǎng** [开往] 動 …に向けて発車[出航]する。1 ~西安的列车／西安行きの列车.

**kāi/wèi** [开胃] 動 食欲が出る。

**kāiwèijiǔ** [开胃酒] 名 食前酒.

**kāi/xiàn** [开线] 動 縫い目がほころびる。

**kāixiāo** [开销] 1 動 〈費用を〉支払う。2 名 出費.

**kāi xiǎochāi** [开小差] 慣 (~儿) サボる；本職しごとの途中で脱線する。

**kāi xiǎozào** [开小灶] 慣 特別に世話をする。優遇する。

**kāixīn** [开心] 形 愉快である。楽しい。憂さ晴らしをする。からかう。¶别拿我~了／からかうのはやめてくれ。

**kāixīnguǒ** [开心果] 名 1 〈植〉ピスタチオ。2 〈喩〉楽しませてくれる人やもの。

**kāixīnwánr** [开心丸儿] 名 慰めの言葉；気休めの文句。

**kāi/xué** [开学] 動 学校が始まる。

**kāi/yán** [开言] 動 顔をほころばす。

**kāi/yǎn** [开眼] 動 珍しいものや美しいものを見て見聞を広める。

**kāiyǎn** [开演] 動 〈芝居・映画などが〉開演する。

**kāi yánghūn** [开洋荤] 慣 目新しいことを体験する。

**kāi/yè** [开业] 動 開業する。

**kāi yèchē** [开夜车] 慣 徹夜する。

**kāi yuán jié liú** [开源节流] 成 収入を増やし支出を抑える。

**kāizáo** [开凿] 動 〈トンネルや水路などを〉掘る。

**kāi/zhāi** [开斋] 動 1 精進落としをする。2 イスラム教徒が精進潔斎を終える。ラマダンが終わる。

**kāizhāijié** [开斋节] 名 イスラム教の"斋月"(ラマダン)明けの祭り.

**kāizhǎn** [开展] 1 動 繰り広げる。展開する。¶~一体育运动／スポーツを盛んにする。2 展覧会の出展が始まる。2 名 发展。展開。3 形 朗らかである。闊達(カッタツ)である。

**kāi/zhàn** [开战] 動 開戦する；〈喩〉闘いを挑む。

**kāi/zhàn** [开绽] 動 〈縫い目が〉ほころびる、ほどける。

**kāi/zhāng** [开张] 1 動 1 営業を始める。2 その日1番めの取り引きを行う。3 〈喩〉目的を果たす。2 形 〈書〉開放的である。雄大である。

**kāi/zhàng** [开仗] 動 戦争を始める。

**kāi/zhàng** [开账] 動 1 勘定書を作る。2 勘定を支払う。

**kāizhěn** [开诊] 動 〈病院や診療所などで〉診察が始まる。

**kāizhī** [开支] 1 動 〈金銭を〉支払う。支出する。2 名 费用。支出.

**kāi zōng míng yì** [开宗明义] 成 冒頭に全編の大要を示す。最初から話の主旨を明らかにする。

**kāizuān** [开钻] 動 掘削を開始する。

**kāizuì** [开罪] 動 〈相手の〉機嫌を損ねる。憎まれる。

**kǎi** [揩] 動 ふく。ぬぐう。¶~汗／汗をぬぐう。

**kǎi pìgu** [揩屁股] 慣 尻拭いをする。

**kǎishì** [揩拭] 動 拭く。ぬぐう。

**kǎi/yóu** [揩油] 動 上前をはねる。

**kǎi** [锎] 名 〈化〉カリホルニウム。Cf.

**kǎi** (剀) [剀] 0

**kǎiqiè** [剀切] 形 〈書〉1 適切である。¶~中zhòng理／適切で理にかなっている。2 懇切丁寧である。

**kǎi** (凯) [凯] 動 勝どき。姓.

**kǎigē** [凯歌] 名 凱歌。勝どき。

**kǎixuán** [凯旋] 動 凯旋(ガイセン)する。¶~门／凯旋門。

**kǎi** (垲) [垲] 形 〈書〉〈地勢が〉高く乾燥している。

**kǎi** (闿) [阇] 動 開く。導く。

**kǎi** (恺) [恺] 形 楽しい。和やかである。

**kǎi** (铠) [铠] 形 よろい。

**kǎijiǎ** [铠甲] 名 よろい。

**kǎi** [蒈] 名 〈化〉カラン。

**kǎi** [慨] 動 1 憤慨する。2 深く心に感じる。3 快く。

**kǎirán** [慨然] 形 1 感慨深い。2 気前がよい。

**kǎitàn** [慨叹] 動 慨嘆する。

**kǎiyǔn** [慨允] 動 快諾する。異読⇒jiè

**kǎi** [楷] 形 1 手本。2 楷书。異読⇒jiē

**kǎimó** [楷模] 名 手本。模範.

**kǎishū** [楷书] 名 楷書.

**kǎitǐ** [楷体] 名 〈書〉(活字の)楷書体.

**kǎi** [锴] 名 〈書〉良質の鉄.

## kài

**忾**(愾) **kài** ❶ 憤り恨む。¶敵～/敵愾心(てきがいしん).

**欬** **kài** 【動】【書】咳(せき)をする。

## kan (ㄎㄢ)

**刊**(栞) **kān** ❶ ①印刷・出版する。②刊行物。③改める。
**kānběn**【刊本】名 版本。刻本。
**kānbù**【刊布】動【書】刊行頒布する。
**kānchū**【刊出】動 (新聞·雑誌で)発表される。
**kāndēng**【刊登】動 掲載する。¶～广告／広告を掲載する。
**kānfā**【刊发】動 記事にして発表する。発刊する。
**kānhào**【刊号】名 (中国の)定期刊行の雑誌につけられるコードナンバー。
**kānkè**【刊刻】動 木板を彫る。
**kānshòu**【刊授】動 定期刊行物による通信教育。
**kānshòu dàxué**【刊授大学】名 定期刊行物による通信教育を行う教育組織。
**kāntóu**【刊头】名 (新聞や雑誌などの)題名・出版期日・号数などを載せるところ。
**kānwù**【刊物】名 刊行物.
**kānwù**【刊误】動 校正する。誤りを訂正する。¶～表／正誤表。
**kānxíng**【刊行】動 刊行する。
**kānyìn**【刊印】動 (印)組版をして印刷する。
**kānzǎi**【刊载】動 掲載する。

**看** **kān** 【動】1 (病人・子供などの)世話をする；番をする。2 留聞する。
　　→ 異読 → **kàn**
**kāncáinú**【看财奴】名 守銭奴
**kān/cháng**【看场】動 (収穫期に)脱穀場の番をする。
**kānduīr**【看堆儿】動〈俗〉留守番をする。
**kān/guā**【看瓜】動〈俗〉(男性の下半身を)裸にする。▶ 罰ゲームの一。
**kānguǎn**【看管】動 1 監視する。2 (子供の)世話をする；(物品を)管理する。
**kānhù**【看护】動 看護する。世話をする。~病人／病人の看護をする。
**kān/jiā**【看家】動 1 留守番をする。2 形 得意の；その人特有の。¶～本领／奥の手。
**kānjiāgǒu**【看家狗】名 1 番犬。2 (官僚や地主などの)手下,手先。
**kānjiāxì**【看家戏】名 得意の出し物。十八番。
**kān/mén**【看门】動 門番をする。
**kān/qīng**【看青】動 (収穫間際の農作物を盗まれたりしないように)青田の番をする。
**kānshǒu**【看守】動 1 責任を持って見守る。2 (犯罪者を)監視する。2 名【刑務所の看守。
**kānshǒu nèigé**【看守内阁】名 (政) 暂定内阁。暂定政権。▶ "看守政府" とも。
**kānshǒusuǒ**【看守所】名【法】留置場。
**kānyā**【看押】動 留置する。拘留する。
**kānyǎng**【看养】動 1 飼育する。2 扶養する。

**勘** **kān** ❶ 1 突き合わせて調べる。2 実地調査する。
**kāncè**【勘测】動 調査測量する。
**kānchá**【勘察·勘查】動〈採鉱や工事施工の前に)実地調査する。
**kāntàn**【勘探】動 (地下資源を)探査する。▶ "探查" とも。
**kānwù**【勘误】動 訂正する。¶～表／正誤表。
**kānyàn**【勘验】動 1 実地調査をして真相を究明する。2 (法)現場検証をする。
**kānzhèng**【勘正】動 (文字を)校正する。校訂する。

**龛**(龕) **kān** 厨(ずし).
**kānyǐng**【龛影】名 (レントゲンによる胃検査で)バリウムによって現れる陰影。

**堪** **kān** ❶ ①…できる。2 耐える。こらえる。¶ 不～入耳／聞くに堪えない。‖姓
**kānchēng**【堪称】動 …と称するに足りる。

**戡** **kān** ❶ 鎮める。
**kānluàn**【戡乱】動 反乱を鎮める。

**坎** **kǎn** ❶ 1 (~儿)肝心な点、ポイント。2 (~儿)一段高くなったの。¶門~儿／敷居。3 (易の八卦の一)坎(かん)。‖姓
　❷ 穴。1→~坷。‖姓
**kǎndēlā**【坎德拉】量【物】カンデラ。
**kǎnjiān**【坎肩】名 (~儿)袖なしの上着。チョッキ。
**kǎnkě**【坎坷】形 1 (道)ででこぼこである。¶道路～不平／道ででこぼこである。2 (境)喩)不遇である。¶~(的)一生／不遇な一生。
**kǎnr**【坎儿】名 1 (方)→**kǎnr**【侃儿】。2 (口)不運・苦境；厄年。
**kǎnrjǐng**【坎儿井】名 カレーズ。▶ 新疆地区などで見られる一種の灌漑用の地下水路。
**kǎnrshang**【坎儿上】名 1 (口)ターニングポイント；瀬戸際。2 (口)要点,図星。3 (口)(抽象的な)障害物,邪魔物。
**kǎnzi**【坎子】名 地面の高くなっている所。

**侃** **kǎn** ❶ 1 雑談をする。2 形 剛直である。
**kǎn dàshān**【侃大山】〈慣〉〈方〉とりとめのないおしゃべりをする。
**kǎn/jiā**【侃家】名 侃值もの。
**kǎnkǎn**【侃侃】形〈書〉正々堂々としたさま。¶～而谈／臆せず談ずる。
**kǎnr**【侃儿】名 (方)隠語。

**砍** **kǎn** ❶ 1 (刀や斧で)たたき切る。2 (方)投げつける。

**kǎn dàshān**【砍大山】→ **kǎn dàshān**【侃大山】
**kǎndāo**【砍刀】[名] なた.[把]
**kǎnfá**【砍伐】[動](木を)伐採する.
**kǎn//jiā**【砍价】→**kǎn//jià**【砍价】
**kǎn//tóu**【砍头】[動]首をはねる.
**kǎntóuchuāng**【砍头疮】[名]首筋にできるできもの.

**䃎** **kǎn**[名](化)カンフェン.

**槛(檻)** **kǎn** H 敷居.【门~/同前. 異読⇒jiàn

**颇** **kǎn** O

**kǎnhàn**【颙颔】[形][書] ひもじいさま.

**看 kàn** ❶[動] **1** 見る;(文字などを)目で)読む. ¶~电视/テレビを見る. ¶~书/本を読む. **2**(人を)訪問する;見舞う. ¶我下次再来~你/この次また来ます. **3** 診察する;診察してもらう. ¶ →~病. ¶ 你还是去医院~~吧/やはり病院で見てもらったほうがいい. **4** 観察する(して判断する). ¶~脉象/脉をみる. ¶~~情况再说吧/もう少し状況を観察してからのことにしよう. **5**～と思う. ¶你~应该怎么办?/あなたはどうすべきだと思いますか. **6**[事柄が]…のいかんによって決まる. ¶ 明天去不去要~天气/あす行くかどうかは天気次第だ. **7**[聞き手の注意を促す]気を付けて!注意して!, 別跑, ~车!/走るな, 車に気をつけて. ❷[動] …してみる. ¶你先想想～/まず考えてみなさい.
異読⇒kān

**kànbiǎn**【看扁】[動+結補](人を)見くびる. ¶把人~了/人を見くびる.
**kàn//bìng**【看病】[動] 診察する;診察を受ける. ¶医生给病人～/医者が患者を診察する.
**kànbuchū**【看不出】[動+可補] 見分けがつかない.
**kànbuchū//lái**【看不出来】[動+可補] 見分けがつかない;見抜けない.
**kànbude**【看不得】[動+可補] 見てはならない.
**kànbuguàn**【看不惯】[動+可補] 目障りである. 気に食わない.
**kànbuguò**【看不过】[動+可補] 見ていられない.
**kànbuguò//qu**【看不过去】[動+可補] 容認できない. 気に入らない.
**kànbuqǐ**【看不起】[動+可補] 見下げる. 軽視する.
**kànbuxià//qù**【看不下去】[動+可補] 見続けることができない.
**kàn cài chīfàn, liàng tǐ cáiyī**【看菜吃饭, 量体裁衣】[諺] 実際の状況に基づいて対応すべきである.
**kànchéng**【看成】…と見なす. ¶你把我~什么人了?/ぼくをどんな人間だと思っているのか.
**kàn//chū**【看出】[動+可補] 見分ける. 見抜く.

**kàn//chūlai**【看出来】[動+可補] 発見する. 見つける.
**kàn//chuān**【看穿】[動] 見抜く. 看破する.
**kàndài**【看待】[動] 待遇する.
**kàndàn**【看淡】[動](経)(市場などが)下落傾向になる. 下落を予想する.
**kàn//dào**【看到】[動] 見える. 目に入る.
**kàndeguò//lai**【看得过来】[動+可補](一定時間内に)全部見[読み]切れる.
**kàndeguò//qu**【看得过去】[動+可補] 我慢できる. まずまずというところだ.
**kàndeqǐ**【看得起】[動+可補] 重視する. 信頼する.
**kàndiē**【看跌】[動](経)(相場の)先安を見越す.
**kàndiē qīquán**【看跌期权】[名](経) プットオプション.
**kàn//dǒng**【看懂】[動+結補](見て)わかる.
**kànfǎ**【看法】[名] 見方. 見解.
**kàn fēngsè**【看风色】[慣] 情勢を観察する. 成り行きをみる. ▶"看风头,看风向"とも.
**kàn fēng shǐ duò**【看风使舵】[成](貶) 情勢を見て上手に立ち回る.
**kàngù**【看顾】[動] 世話をする. 看護〔介護〕する.
**kàn//guàn**【看惯】[動+結補] 見慣れる.
**kànhǎo**【看好】[動] **1**(情勢や相場などが)先行きが明るい. **2**(競技や試合において)優勢であるとみなす.
**kàn//jiàn**【看见】[動+結補] 目に入る. 見える. ¶看得见/見える. ¶你~老张了吗?/張さんに会いましたか.
**kàn//jìnqu**【看进去】[動+方補] **1** 中をのぞく. **2**(本などを)読みふける, 一心に読む.
**kàn//kāi**【看开】[動+方補](好ましくないことに対して)心を広く持つ,達観する.
**kànlái**【看来】[挿](推量を表す) 見たところ…のようだ. ¶~他还没拿定主意/彼はまだ決心がつかないようだ.
**kànluò**【看落】→**kàndiē**【看跌】
**kàn//pò**【看破】[動+結補] 見抜く. 見破る.
**kànqí**【看齐】**1** まっすぐ並ぶ. ¶向前~!/(号令)前へならえ. **2** 見習う.
**kànqǐlai**【看起来】[挿](推量を表す) 私の見るところでは.
**kànqīng**【看轻】[動] 軽視する.
**kàn//qīng**【看清】[動+結補] はっきり見てとる. ¶看得清/はっきり見てとる.
**kàn rènao**【看热闹】[動] 高みの見物をする. ¶~的/野次馬.
**kàn rén xià cài**【看人下菜】[成] 人を見て応対ぶりを変える.
**kàn//shàng**【看上】[動+結補](見て)気に入る.

K
䃎
槛
颇
看

# kàn

**kàn//shàngqu**【看上去】〖動+方補〗見上げる。見たところ。

**kàn//sǐ**【看死】〖動+結補〗(悪く)決めつける、思い込む。

**kàntái**【看台】〖名〗観覧席。スタンド。

**kàn//tòu**【看透】〖動+結補〗(相手の意図などを)見透かす、見破る、つまらないと見てとる。

**kàntou**【看头】〖名〗(~儿)見どころ。見るだけの値打ち。

**kàn tú shí zì**【看图识字】絵を見て字を覚える。

**kànwàng**【看望】〖動〗訪問する。見舞う。ご機嫌を伺う。

**kàn//xiàqu**【看下去】〖動+方補〗1 見下ろす。2 (しまいまで)見続ける、読み続ける。

**kàn//xiàng**【看相】〖動〗人相や骨相・手相を見る。

**kàn xiàohuà**【看笑话】人の失態や失敗をただ傍観し笑いぐさにする。

**kàn yàngzi**【看样子】(挿)…の様子では。どうやら。~他有点儿不高兴/どうやら彼は少し機嫌が悪そうだ。

**kàn yīshēng**【看医生】医者に診察してもらう；診断を受ける。

**kàn zài yǎn li**【看在眼里】目にとめている。

**kànzhǎng**【看涨】〖動〗〈経〉(相場の)先高を見越す。

**kànzhǎng qīquán**【看涨期权】〖名〗〈経〉コールオプション。

**kànzhe ba**【看着吧】〈套〉1 (物事の行方を)見守ってみよう。2 見てろよ。

**kànzhe bàn ba**【看着办吧】1 見計らってやりなさい。2 勝手にやりなよ。どうなっても知らないよ。

**kàn//zhòng**【看中】〖動+結補〗気に入る。

**kànzhòng**【看重】〖動〗重くみる。大切にする。

**kànzuò**【看做・看作】〖動〗見なす。…と考える。

**kàn** 地名用字。"赤坎"は台湾にある地名。

**kàn**〈方〉高い堤防。▶地名に用いることが多い。

**kàn** 〖姓〗

**kàn**〈方〉がけ。▶地名に用いることが多い。

**kàn** 〖動〗見下ろす；のぞく。

## kang (ㄎㄤ)

**kāng** 〖動〗 異読⇨**kàng**

**kāngláng**【闶阆】〖名〗(~子)〈方〉建築物の中のがらんとあいた空間。

**kāng** 〖形〗健やかである。 〖姓〗

**kāngbàiyīn**【康拜因】〖農〗コンバイン。

**kāngcǎi'ēn**【康采恩】〖経〗コンツェルン。

**kāngfù**【康复】〖動〗健康を取り戻す。¶病ett ない／病気が快復する。

**kāngfù zhōngxīn**【康复中心】〖名〗リハビリセンター。

**kāngjiàn**【康健】〖形〗〈書〉健康である。

**kānglè**【康乐】〖形〗安らかで楽しい。

**kāngnǎixīn**【康乃馨】〖名〗〈植〉カーネーション。

**kāngníng**【康宁】〖形〗〈書〉健康で安らかである。

**kāng zhuāng dà dào**【康庄大道】〈成〉明るい前途。輝かしい未来。

**kāng** 〖忼〗 kāng ❶

**kāngkǎi**【慷慨】〖形〗1 慷慨している。義憤にかられている。2 物惜しみしない。気前がよい。

**kāng kǎi jī áng**【慷慨激昂】〈成〉精神が高揚し正義感に満ちる。

**kāng kǎi jiù yì**【慷慨就义】〈成〉(正義のために)身を投げ出して死に臨む。

**kāng tā rén zhī kǎi**【慷他人之慨】〈成〉人の金で他人につけ届けをしたり、大盤ぶるまいしたりする。

**kāng** ⇨**lángkāng**【榔槺】

**kāng**【糠】1〖名〗ぬか。2〖形〗(大根など)がすかすかになった。

**kāngbǐ**【糠粃】〖名〗〈喩〉価値のないもの。

**kāngcài bànnián liáng**【糠菜半年粮】〈慣〉非常に困窮した生活。

**kāngyóu**【糠油】〖名〗ぬか油。

**kāng** ⇨**ānkāng**【鮟鱇】

**káng**〖動〗肩で担ぐ；(任務を)担う。異読⇨**gāng**

**káng dà liáng**【扛大梁】〈慣〉重大な責任を負う。

**káng/huó**【扛活】〖動〗(~儿)〈旧〉地主や富農の常雇いになる。作男になる。¶~"扛大活""扛大工"とも。

**kàng**〖名〗(二十八宿の)あめぼし。 〖形〗1〈高〉。2〈声などが)高らかである。〈非常に。 〖姓〗

**kàngfèn**【亢奋】〖形〗非常に興奮する。

**kànghàn**【亢旱】〖名〗大旱ばつである。

**kàngjìn**【亢进】〖動〗〈生理〉亢進する。

**kàng** 1〖形〗〖対等である；つり合う。2〖形〗高大である。 〖姓〗

**kàngli**【伉俪】〖名〗〈書〉夫婦。

**kàng**〖動〗抵抗して戦う；…に耐える。
❶拒む。2 張り合う。対抗する。

**kàng/ái**【抗癌】〖動〗癌と闘う。

**kàngbào**【抗暴】〖動〗暴力・圧迫に抵抗する。

**kàngbàojì**【抗暴剤】〖名〗アンチノック剤。

**kàngbiàn**【抗辩】〖動〗抗弁する。反論する。

**kàngdúsù**【抗毒素】〖医〗抗毒素。

**kàng/hàn**【抗旱】〖動〗旱ばつと闘う；日照りに強い。

**kànghéng**【抗衡】動 対抗する. 匹敵する.

**kàng//hóng**【抗洪】動 洪水と闘う.

**kàngjī**【抗击】動 ~に反撃を加える. ¶~敌人 / 敵を迎え撃つ.

**kàngjù**【抗拒】動 反抗する；拒否する. ¶~命令 / 命令を拒否する.

**kàngjūnsù**【抗菌素】名〈旧〉〈薬〉抗生物質.

**kànglā qiángdù**【抗拉强度】名〈物〉引っ張り強度.

**kàng/liáng**【抗粮】動 穀物の上納を拒む.

**kàng/mìng**【抗命】動 命令を拒絶する.

**Kàngrì zhànzhēng**【抗日战争】名〈史〉日中戦争. 抗日戦争.

**kàngshēngsù**【抗生素】名〈薬〉抗生物質.

**kàngshǔ**【抗属】名〈略〉抗日戦争の際に抗日のために戦った軍人の家族.

**kàng/shuì**【抗税】動 納税を拒否する.

**kàngsù**【抗诉】動〈法〉(検察庁が)控訴する.

**kàngtǐ**【抗体】名〈医〉抗体.

**kàngyàoxìng**【抗药性】名〈医〉薬物耐性.

**kàngyì**【抗议】動 抗議する. ¶~侵犯人权 / 人権侵害に抗議する.

**kàngyù**【抗御】動 抵抗防御する.

**kàngyuán**【抗原】名〈生化〉抗原. アンチゲン.

**kàng/zāi**【抗灾】動 災害防止に取り組む.

**kàngzhàn**【抗战】名 外国の侵略に抵抗する戦争. (特に)抗日戦争.

**kàngzhèn**【抗震】動 1 震動に耐える. ¶~结构 / 耐震構造. 2 震災害を防ぐ.

**kàngzhēng**【抗争】動 抗争する.

## 闶
**kāng**【闶】形〈書〉高くて大きい. 異読⇒kàng

## 炕
**kàng**【炕】1 名 オンドル. 2 動〈方〉火で乾かす.

**kàngdòng**【炕洞】名〈~儿〉オンドルの煙道.

**kàngshāo**【炕梢】名〈~儿〉オンドルの端. ▶焚き口からいちばん遠い所.

**kàngtóu**【炕头】名〈~儿〉オンドルの焚き口にいちばん近い所.

**kàngxí**【炕席】名〈~儿〉オンドルに敷くアンペラ.

**kàngyán**【炕沿】名〈~儿〉オンドルのへり.

**kàngzhuōr**【炕桌儿】名 オンドルの上に置く低い机.

## 钪
**kàng**【钪】名〈化〉スカンジウム. Sc.

## kao (ㄎㄠ)

## 尻
**kāo**【尻】名〈古〉しり. ¶~子 zi/〈方〉しり.

## 考
**kǎo**【考】1 動 試験をする. 試験を受ける.
日 ①検査する. ②研究する. ③老

いている. 姓

**kǎobǐ**【考妣】名〈書〉亡き父母.

**kǎochá**【考查】動 人の能力や行いなどを検査する, 査察する.

**kǎochá**【考察】動 1 実地調査する. 視察する. 2 つぶさに観察する. 考察する.

**kǎochǎng**【考场】名 試験会場.

**kǎodiǎn**【考点】名 試験場. 試験を行う施設の略.

**kǎodìng**【考订】動 考訂する.

**kǎofēn**【考分】名〈~儿〉試験の点数.

**kǎogǔ**【考古】動 1 考古学に従事する. 2 名 考古学.

**kǎogǔxué**【考古学】名 考古学.

**kǎoguān**【考官】名〈旧〉試験官.

**kǎohé**【考核】動 審査する.

**kǎo/jí**【考级】動 昇級試験を受ける.

**kǎojì**【考绩】動 (スタッフの)成績を考査する.

**kǎojiū**【考究】1 動 1 研究する. 2 凝る. 2 形 華美である.

**kǎojù**【考据】動 考証する.

**kǎojùxué**【考据学】名 考証学.

**kǎojuàn**【考卷】名 試験の答案.

**kǎolǜ**【考虑】動 考慮する. 考える. ¶值得~ / 一考の余地がある.

**kǎopíng**【考评】動 審査し評価する.

**kǎopìn**【考聘】動 採用試験をして採用する.

**kǎoqī**【考期】名 試験日.

**kǎoqín**【考勤】動 出勤・出席の状況を考査する. ¶~簿 / 出勤簿.

**kǎoqínkǎ**【考勤卡】名 タイムカード. 出勤カード.

**kǎoqū**【考区】名 (統一試験の)試験区.

**kǎo/qǔ**【考取】動 試験に合格し, 採用される. ¶他~了师范大学 / 彼は師範大学に合格した.

**kǎo/shàng**【考上】動+方補 試験に合格する. ¶她~了清华大学 / 彼女は清華大学に受かった.

**kǎoshēng**【考生】名 受験生.

**kǎoshì**【考试】1 動 試験をする(受ける). 2 名 試験.

**kǎoshì**【考释】動 (古代の文字の)考証と解釈を行う.

**kǎotí**【考题】名 試験問題.

**kǎowèn**【考问】動 詰問する.

**kǎoyán**【考研】動 大学院を受験する.

**kǎoyàn**【考验】動 試練を与える. ためす.

**kǎozhèng**【考证】動 考証する.

**kǎo/zhòng**【考中】動+結補 試験に合格する.

## 拷
**kǎo**【拷】動 コピーする.
日 責め打つ.

**kǎobèi**【拷贝】1 名 1 (映画フィルムの)プリント. 2 コピー. 2 動 コピーする.

**kǎodǎ**【拷打】動 体刑を加える.

## kǎo

**kǎohuā**【拷花】(纺)エンボス加工する. ¶~布／エンボスクロス.

**kǎojī**【拷机】名ポケットベル.

**kǎowèn**【拷问】動拷問する.

**kǎo**【栲】名(植)ブナ科クリカシ属植物の総称. マングローブ.

**kǎojiāo**【栲胶】名(タンニンを主成分とする)なめし革の原料の一種.

**kǎolǎo**【栲栳】名(穀物などを入れる)柳の枝や竹で編んだ円形のざる.

**kǎo**【烤】動 1（料理）あぶる. 焼く. ¶~肉／肉を焼く. 2（火に当たり)暖まる. 3（火にかざして)乾かす.

**kǎo/huǒ**【烤火】動火に当たって暖まる.

**kǎolú**【烤炉】名オーブン.

**kǎo miànbāo**【烤面包】1 パンを焼く. 2（kǎomiànbāo）名トースト.

**kǎorén**【烤人】形焼けつくほど熱い. 非常に暑い.

**kǎoxiāng**【烤箱】名オーブン. 天火.

**kǎoyā**【烤鸭】名(料理)アヒルの丸焼き. ¶北京~／北京ダック.

**kào**【铐】1 名手錠. 2 動手錠をかける.

**kào**【犒】動(酒食・財物で)ねぎらう.

**kàoláo**【犒劳】動 1（ごちそうをして)ねぎらう. 慰労する. 2 名酒食による慰労.

**kàoshǎng**【犒赏】動賞与を与えてねぎらう.

**kào**【靠】動 1 もたれる. 寄りかかる. 2 近寄る. 3 頼りにする. ¶他家里~他维持生活／彼の家族は生計を彼に頼っている. 4 名つける; 岸につける.

**kào/àn**【靠岸】動(船などを)岸につける.

**kàobèi**【靠背】名椅子の背もたれ.

**kàobèilún**【靠背轮】名(口)(機)クラッチ.

**kào/biān**【靠边】動(~儿)1（道などの)端に寄る. ¶危险, ~儿!／危ない, 脇へ寄れ. 2（方）(喩)道理にかなう.

**kàobiānrzhàn**【靠边儿站】(慣)解任される. 窓際族にされる.

**kàobuzhù**【靠不住】動+可補信用できない.

**kàodezhù**【靠得住】動+可補頼りになる.

**kàodiàn**【靠垫】名(ソファーなどの)クッション.

**kàojìn**【靠近】1 形すぐ近くの. 2 動近寄る.

**kào/lǒng**【靠拢】動近寄る. 接近する. 密集する.

**kàoshān**【靠山】名頼り. 後ろ盾. パトロン.

**kào shān chī shān, kào shuǐ chī shuǐ**【靠山吃山, 靠水吃水】(成)その場にある有利な条件を生かした生活をする.

**kàoshǒu**【靠手】名椅子のひじ掛け.

**kàotour**【靠头儿】名頼り. よりどころ. ¶没个~／当てがない.

**kàoyǐ**【靠椅】名"椅子"(いす)の俗称.

**kào yòu xíngshǐ**【靠右行驶】(車両が)右側通行する.

**kàozhěn**【靠枕】名寄りかかるために腰に当てるクッション.

**kào//zhǔn**【靠准】動+結補 (~儿)（方)信用できる. 当てになる.

## ke (ㄎㄜ)

**kē**【疴】○ 異読⇒kě

**kēlā**【坷垃·坷拉】名(方)土くれ. 土の塊.

**kē**【苛】形苛酷である.

**kēdài**【苛待】動むごい扱いをする.

**kē juān zá shuì**【苛捐杂税】(成)不当にとられる過酷で雑多な税金.

**kēkè**【苛刻】形(条件や要求などが)過酷である. 厳しい.

**kēqiú**【苛求】動厳しすぎる要求をする.

**kēxìng**【苛性】名(化)苛性(セィ). ¶~钠/苛性ソーダ.

**kēzé**【苛责】動情け容赦なく責める.

**kēzhèng**【苛政】名(書)過酷な政治. ¶~猛于虎／苛政は虎より猛なり.

**kē**【匼】名(古)頭巾(ӝฯ)の一種.

**kē**【珂】名(古)硬玉; 馬のおもがいにつける装飾.

**kēluóbǎn**【珂罗版·珂珞版】名(印)コロタイプ.

**kē**【柯】名(植)シリブカガシ.Ⅱ姓

**Kē'ěrkèzīzú**【柯尔克孜族】名(中国の少数民族)キルギス族.

**kē**【轲】名人名用字. "孟轲"は孟子の本名.Ⅱ姓

**kē**【科】名 1 ①（学術などの）科;（行政機関や団体などの)課;（生物学上の)科. 2（旧劇での）しぐさ. 2動(書)処罰する.Ⅱ姓

**kēbái**【科白】名(役者の)しぐさとせりふ.

**kēbān**【科班】名(~儿)1（旧)俳優養成所. 2（喩)正式な教育や訓練.

**kēchǎng**【科场】名(旧)科挙の試験場.

**kēchǔ**【科处】動判決を下す.

**kēdì**【科第】名(旧)科挙制度における試験の成績の順位.

**kēhuàn**【科幻】名(略)SF. 空想科学. ¶~小说／SF小説.

**kējì**【科技】名(略)科学技术. ¶~人员／科学技術者. ¶高~／ハイテク.

**kējìchéng**【科技城】名科学技術研究·開発機関が密集する地域.

**kējiǎ**【科甲】名(史)科挙.

**kējiào**【科教】名(略)科学教育.

**kējiàopiàn**【科教片】[名]〈略〉科学教育映画。

**kējiāo xīngguó**【科教兴国】[名]〈政〉技術や教育を基礎として経済発展をめざす方針。

**kējǔ**【科举】[名]〈史〉科挙。

**kēkǎo**【科考】[動] 1 科学的に考察する。 2〈旧〉科挙の試験を受ける。

**kēmáng**【科盲】[名]科学の知識に暗い大人。

**Kēmóluó**【科摩罗】[地名]コモロ。

**kēmù**【科目】[名]〈学術や帳簿などの〉科目,条目。¶必修~/必修科目。

**kēpǔ**【科普】[名]〈略〉科学の普及。¶~杂志/科学普及雑誌。

**kēshì**【科室】[名]工場・企業・機関などの管理部門の各課・各室の総称。

**Kētèdíwǎ**【科特迪瓦】[地名]コートジボワール。

**Kēwēitè**【科威特】[地名]クウェート。

**kēwěi**【科委】[名]〈略〉科学技術委員会。

**kēxué**【科学】[名] 1 科学。¶自然~/自然科学。 2 [形]科学的である。¶不~的解釈/非科学的である。

**kēxuéjiā**【科学家】[名]科学者。

**kēxué shèhuì zhǔyì**【科学社会主义】[名]科学的社会主義。

**kēxuéyuàn**【科学院】[名]アカデミー。

**kēyán**【科研】[名]〈略〉科学研究。

**kēyuán**【科员】[名]課員。

**kēzhǎng**【科长】[名]課長。

## 牁
**kē** 地名用字。

## 砢
**kē** ⓿

**kēchen**【砢碜】[形]〈方〉みっともない。人前をはばかる。

## 疴
**kē**【疴】〈古〉病気。¶沉~/重病。¶养~/養生する。

## 棵
**kē**【棵】[量]木・草を数える:株,本。¶一~树/1本の木。

**kēr**【棵儿】[名]植物や物の大きさ。

**kēzi**【棵子】[名]〈方〉〈作物などの〉茎,丈。

## 颏
**kē**【颏】 ⓿ あご。

**kēlesù**【颏勒嗉】[名]〈方〉のどぼとけ。

## 稞
**kē** ⓿

**kēmài**【稞麦】[名]〈植〉ハダカムギ。

## 窠
**kē**【窠】[名]鳥獣や昆虫の巣。¶做~/巣をつくる。

**kējiù**【窠臼】[名]〈書〉〈芸術や文章などの〉紋切り型。

## 榼
**kē**【榼】[名]〈古〉酒器。

## 颗
**kē**【颗】[量]粒状のものを数える。¶一~花生米/ひと粒のピーナッツ。¶一~心/一つの心。

**kēlì**【颗粒】[名] 1 粒。2〈穀物の〉ひと粒。

## 磕
**kē**【磕】[動]〈硬いものに〉ぶつかる,ぶつける。

**kēba**【磕巴】〈方〉 1 [形]吃きの。 2 [名]どもる人。

**kēda**【磕打】[動]〈入れ物などに付着したものを〉たたき落とす。

**kēkebànbàn**【磕磕绊绊】[形]〈方〉 1〈道が悪くて〉歩きにくい;〈手足が不自由で〉歩くのに骨が折れる。 2 物事が順調に行かず,思い通りにならない。

**kēkezhuàngzhuàng**【磕磕撞撞】[形]慌てていたり酔っていたりして足もとのふらふらした。

**kēpèng**【磕碰】 1 [動] 1 ぶつかる,打ち当たる。 2〈物に〉突き当たる。 2 [名]〈喩〉衝突,いざこざ。

**kēpengr**【磕碰儿】[名]〈方〉 1 器物類のきず。 2〈喩〉挫折。つまずき。

**kē/tóu**【磕头】[動]〈旧〉額を地につけて拝礼する。

**kētóuchóng**【磕头虫】[名]〈虫〉コメツキムシ。

**kē tóu pèng nǎo**【磕头碰脑】[成] 1 人が多くて〉人と人,人と物が互いにぶつかり合うさま。 2 しょっちゅう顔を合わす。 3〈喩〉もめごとが起こる。

**kēyá**【磕牙】[方]むだ話をする。冗談を言い合う。

## 瞌
**kē**

**kēshuì**【瞌睡】 1 [動]居眠りする。 2 [形]疲れて眠い。 3 [名]居眠り。眠気。¶打~/居眠りをする。¶~虫/〈旧小説中の人を居眠りさせる虫〉;〈皮肉をこめて〉よく居眠りをする人。

## 蝌
**kē**

**kēdǒu**【蝌蚪】[名]〈動〉オタマジャクシ。

**kēzi**【蝌子】[名]〈方〉〈動〉オタマジャクシ。

## 髁
**kē**【髁】[名]〈生理〉髁(か)。関節丘。骨端の隆起。

## 壳（殻）
**ké**【壳】[名]〈~儿〉殻。硬い外皮。 異読⇒qiào

## 咳
**ké**【咳】[動]咳をする。 異読⇒hāi

**késou**【咳嗽】[動]咳をする。

## 揢
**ké**[動]〈方〉 1 引っかかる。つかえる。 2 難癖をつける。¶~人/人に因縁をつける。

## 可
**kě** 1 [動] 1〈強調のムードを表す〉ほんとうに。¶那姑娘长zhǎng得~真漂亮!/あの娘(こ)はすごくきれいなんだ。 2 やっと。¶你~来了/とうとうやってきたね。 3 ぜひしたもの。¶你~不能粗心大意啊!/決して粗相のないようにね。 2 [助] 1 …してよい。¶~大~小/大きくても小さくてもかまわない。 2 …する価値がある。¶~看的地方很多/見るべきところが多い。 3 [接続] しかし。 4 [接続] 1 …してよい。¶~爱/~爱。¶~~伯。 2 にかなう。¶~~口。 異読⇒hè

**kě'ài**【可爱】[形] かわいい;愛すべき。

**kěbēi**【可悲】[形] 悲しい;かわいそうで

## kě

ある.

**kěbǐ**【可鄙】形 卑しい. 恥ずべき.

**kěbǐ jiàgé**【可比价格】名〈経〉不変価格.

**kěbiàn**【可变】形 可変の. ¶～电容器/可変コンデンサー.

**kěbushì**【可不是】套 そうですよ. もちろんです. なるほどね. ▶"可不,可不是吗"とも.

**kě cāo zuǒ quàn**【可操左券】成 成功することまちがいなし.

**kě chéng zhī jī**【可乘之机】成 乗ずべき機会. すき. ▶"可乘之隙"とも.

**kěchíxù fāzhǎn**【可持续发展】名 持続可能な発展.

**kěchǐ**【可耻】形 恥ずべきである. ¶～行为/恥ずべき行為.

**kě dīng kě mǎo**【可丁可卯】成 1 (ある数量や範囲が)過不足ない. 2 厳格に決まりを守り、融通がきかない.

**kěfǒu**【可否】名 賛否. 可否.

**kě gē kě qì**【可歌可泣】成 称賛・感動に値する.

**kěgēngdì**【可耕地】名 耕作に適した土地.

**kěgēngxīn zīyuán**【可更新资源】名〈環境〉リサイクル可能資源.

**kěguài**【可怪】形 おかしい. 怪しい.

**kěguān**【可观】形 1 見る価値がある. 2 たいしたものである.

**kěguì**【可贵】形 貴重である. 貴い.

**kěhǎo**【可好】副 ちょうどよいときに.

**kěhèn**【可恨】形 憎い. 憎らしい.

**kějiàn**【可见】接続 …からであることがわかる. ¶连он俗都看不懂, 这篇文章有多难/彼でさえわからないのだから、この文章が難しいのは明らかである.

**kějiànguāng**【可见光】名〈物〉可視光線.

**kějiǎo**【可脚】形 (靴が)足にぴったり合う.

**kě//jìn**【可劲】動 (～儿)〈方〉全力を尽くす.

**kějīng**【可惊】形 驚くほどである.

**kějìng**【可敬】形 敬うべきである. 尊敬するに足る.

**kěkǎyīn**【可卡因】名〈薬〉コカイン.

**kěkào**【可靠】形 1 信頼できる. 頼りになる. ¶他是人人wéirén我～/あの人はとても信頼のおける人だ. 2 (ニュース・記憶などが)確かである.

**kěkě**【可可】名 1 〈植〉カカオ. 2 ココア.

**kěkěrde**【可可儿的】形〈方〉ちょうどそのとき.

**kěkǒu**【可口】形 (～儿)口に合う.

**Kěkǒu kělè**【可口可乐】〈商標〉コカ・コーラ.

**Kělánjīng**【可兰经】〈宗〉コーラン. ▶"古兰经"とも.

**kělè**【可乐】1 形 1 おもしろい. 2 楽しい. 2 名 コーラ.

**kělián**【可怜】1 形 1 かわいそうである. 2 (賞や量などが)話にならないほど悪い、少ない. 2 動 哀れむ.

**kěliánbābā**【可怜巴巴】形 (～的)とてもかわいそうなさま.

**kěliánchóng**【可怜虫】名〈貶〉哀れなやつ. かわいそうなやつ.

**kěliánjiàn**【可怜见】形 (～儿～的) 哀れである. かわいそうである.

**kěnǎo**【可恼】形 しゃくに障る. むしゃくしゃする.

**kěnéng**【可能】1 形 可能である. あり得る. 2 副 …かもしれない. …らしい. 3 名 可能性. 見込み.

**kěnéngxìng**【可能性】名 可能性.

**kěnì fǎnyìng**【可逆反应】名〈化〉可逆反応.

**kěpà**【可怕】形 恐ろしい. ¶没有什么～的/怖いものなど何もない.

**kěqǐ**【可气】形 1 だましてもよい; だましやすい. 2 ばかにしてもかまわない. なめてもよい.

**kěqì**【可气】形〈口〉腹立たしい.

**kěqiǎo**【可巧】副 折よく; 折悪しく.

**kěqīn**【可亲】形 親しみやすい. 近しい. ¶和蔼～/穏やかで親しみやすい.

**kěqǔ**【可取】形 1 採用に値する. 2 望ましい. 好ましい.

**kě quān kě diǎn**【可圈可点】成 評価できる.

**kěránbīng**【可燃冰】名〈化〉メタンハイドレート.

**kěránxìng**【可燃性】名 可燃性. ¶～垃圾/可燃ゴミ.

**kěrén**【可人】〈書〉1 名 1 習得すべきところのある人; 仕事のできる人. 2 かわいい人; 意中の人. 2 動 よい感じがする; 人に満足感を与える.

**kěshēn**【可身】形 (～儿)〈方〉体にぴったり合う.

**kěshì**【可是】1 接続 しかし. だが. 2 副 ほんとうに. 実に.

**kěshì diànhuà**【可视电话】名 テレビ電話.

**kě shuō ne**【可说呢】套〈口〉そうですって. そうなんだよね.

**kěsùxìng**【可塑性】名 1〈物〉〈生〉可塑性. 2 適応性.

**kětàn**【可叹】形 嘆かれる.

**kětǐ**【可体】形 体にぴったり合う.

**kě wàng ér bù kě jí**【可望而不可即】成 高嶺(み)の花.

**kěwèi**【可谓】動〈書〉…というべきである.

**kěwù**【可恶】形 憎らしい. しゃくに障る.

**kěxī**【可惜】形 惜しい. 残念である.

**kěxǐ**【可喜】形 喜ばしい.

**kě xiǎng ér zhī**【可想而知】成 推して知るべし.

**kěxiào**【可笑】形 おかしい. お笑いだ.

**kě//xīn**【可心】1 形 思いどおりの. 2 動 気に入る.

**kěxíng**【可行】形 実行可能である;

**kěxíngxìng**【可行性】[名] 実行可能性。¶～研究／探每可能性調査。フィージビリティ・スタディ。

**kě yě shì**【可也是】(套) ええというほかない.

**kěyí**【可疑】[形] 疑わしい。怪しい。うさん臭い。

**kěyǐ**【可以】① [助動] 1 (可能を表し)…できる。¶圆白菜～生吃, 马铃薯不能生吃／キャベツは生で食べられるが, ジャガイモは生で食べられない. 2 (許可を表し)…してもよい。¶我～进来吗？——どうぞ. 3 (助詞で)…する值行有ある.¶这本小说你～看看／この小説を君はちょっと読んでみるといい.
② [形] まあまあだ。許容範囲にある.¶他的字写得还～／彼の字はまあまああうまい.

**kěyì**【可意】[形] 意にかなっている.

**kě yǒu kě wú**【可有可无】(成) あってもなくてもよい.

**kězàishēng zīyuán**【可再生资源】[名] 〈環境〉再生可能な資源.

**kězhēng**【可憎】[形] 憎らしい.

**kězhe**【可着】[動] 〈口〉ある範囲・限度内いっぱいで.¶～钱花／ありったけのお金を使う.

**kězhī**【可知】[動] ……であるところである）……を知ることができる, ……だとわかる.

**kězhīlùn**【可知论】[名] 〈哲〉可知論.

**kě**【坷】→**kǎnkě**【坎坷】 異読は**kē**

**kě** 地名用字.「岢岚」は山西省にある県の名.

**kě**【渇】[形] のどが渇いている.
② [動] 切に.[姓]

**kěmù**【渇慕】[動]〈書〉深く慕う.

**kěniàn**【渇念】[動] 切に思う.

**kěpàn**【渇盼】[動] 渇望する. 切望する.

**kěqiú**【渇求】[動] 切に求める.

**kěwàng**【渇望】[動] 渇望する. 切に望む. ¶～和平／平和を切に願う.

**kěxiǎng**【渇想】[動] 切に思う.

**kě**【可】異読は**kè**

**kěhàn**【可汗】[名]〈史〉可汗(かん). ハン. 古代の鮮卑・突厥(ふうー・ウィグル・蒙古諸族の最高統治者の称号.

**kè**【克】(剋・尅)
① [量] グラム.
② [動] ① …できる. ② (困難に)打ち勝つ. ③ 勝つ. 攻め落とす. ④ 消化する. ⑤ 期限を厳しく決める.
③ [姓]

**kè dí zhì shèng**【克敌制胜】(成) 敵を打ち負かす, 勝利を手に入れる.

**kèfú**【克服】[動] 1 克服する. ¶～缺点／欠点を克服する. 2〈口〉辛抱する.

**kèfù**【克复】[動]〈失地を〉取り戻す.

**Kègébó**【克格勃】[名] 旧ソ連の国家保安委員会（KGB）.

**kèhuà**【克化】[動] 〈方〉消化する.

**kèjǐ**【克己】[動]〈書〉1 克己する. 2 (商品の値段を)負ける. 3 倹約する.

**kèkòu**【克扣】[動] ピンはねする.

**kèlā**【克拉】[量] カラット.

**kèlǎng**【克朗】[量] (通貨単位) クローネ; クローナ; コルナ.

**Kèlǐmǔlíngōng**【克里姆林宫】[名] クレムリン宮殿; ロシア政府の代名詞.

**kèlóng**【克隆】[動] クローン. ¶～牛／クローン牛.

**Kèluódìyà**【克罗地亚】[名]〈地名〉クロアチア.

**kèlǔmǐ**【克罗米】[名] 〈化〉クロム.

**kèqī**【克期】[動] 期日を限定する. 期日を約束する.

**kè qín kè jiǎn**【克勤克俭】(成) よく働きよく倹約する.

**kèrì**【克日】[動] 期日を限定する. 期日を約束する.

**kèshí**【克食】[動] 消化を助ける.

**kèsī qiánzi**【克丝钳子】[名] ペンチ.

**kèxīng**【克星】[名]〈喩〉相性の悪い相手. 苦手. かたき.

**kèzhì**【克制】[動] (感情などを)抑える, こらえる.

**kè**【刻】① [動] 刻む. 彫る. 2 [量] 15分(間). 3 [形] 苛酷である. 4 [形]〈書〉1 程度が甚だしい.

**kè/bǎn**【刻板】1 [動] 版木に字を彫る. 2 [名] 版木. 3 [形] 杓子定規型である. 型どおりの.

**kèběn**【刻本】[名] 刻本.

**kèbó**【刻薄】[形](人となりが) 冷酷である; (話し方が) 辛辣(たっ)である.

**kè bù róng huǎn**【刻不容缓】(成) 一刻も猶予できない.

**kèdāo**【刻刀】[名] 彫刻刀. [把]

**kèdú**【刻毒】[形] (ものの言い方が) 辛辣(な)である.

**kèdù**【刻度】[名] 目盛り. ¶～盘／ダイヤル.

**kègǔ**【刻骨】[動] (恨みや感動が) 骨身にしみる, しっかり覚えて忘れない.

**kè gǔ míng xīn**【刻骨铭心】(成) 心にしっかり刻みつけて一生忘れない. 肝に銘ずる.

**kèhuà**【刻画】[動] 1 彫る. 描く. 2 描写する. 浮き彫りにする. ▲「刻划」とも.

**kèkǔ**【刻苦】[形] 1 苦労をいとわない. ¶他学习很～／彼は骨身を惜しまずに勉強している. 2 質素である.

**kèqī**【刻期】→**kèqī**【克期】

**kèrì**【刻日】→**kèrì**【克日】

**kèxià**【刻下】[名] 目下.

**kèyì**【刻意】[動] 工夫を凝らす.

**kè zhōu qiú jiàn**【刻舟求剑】(成) 状況の変化を考えず, かたくなに先例にこだわる.

**kè/zì**【刻字】[動] 字を彫る. (印材に) 刻字する.

**gé**【恪】[動] 謹む. うやうやしくする. ¶～遵由／謹んで従う.

**kèshǒu**【恪守】[動]〈書〉遵守する. 厳守する.

# kè

**客** kè **1**【名】(↔主)客. 客人. **2**【名】〖方〗(飲む食物などの)一人前. ❶【量】①顧客. 旅客. 宿泊客. ②人. 人士. ¶政～/政治屋. ③よその土地にいる. ④意識州に存在する. ¶～→～観. ‖

**kècāng**【客舱】【名】(船や飛行機の)客室. キャビン.

**kèchǎng**【客场】【名】〖体〗(↔主场)相手チームのホームグラウンド；アウェーゲーム.

**kèchē**【客车】【名】**1**(貨車に対する)客車. **2**バス. マイクロバス.

**kèchuán**【客船】【名】客船.

**kèchuàn**【客串】【動】特別出演する；臨時に本職以外のことを行う.

**kèdiàn**【客店】【名】旅館(屋).〖家〗

**kèduì**【客队】【名】〖体〗(↔主队)アウェーチーム. ビジター. アウェー；招待参加チーム.

**kèfàn**【客饭】【名】**1**(中国の機関・団体などの食堂で)来客用に臨時に出す定食. **2**(ホテル・列車などで売る)定食.

**kèfáng**【客房】【名】(各地を回る)行商人.

**kèfáng**【客房】【名】(旅館などの)客室.

**kèguān**【客观】【形】**1**(↔主观)**2**客観. **2**【形】客観的である.

**kèhù**【客户】【名】**1**〖旧〗小作農. **2**よそ者. **3**取引先. 得意先.

**kèhuòchuán**【客货船】【名】客貨船.

**kèjī**【客机】【名】旅客機.

**kèjí**【客籍】【名】**1**寄寓先の戸籍. **2**(よそから来た)寄寓者.

**Kèjiā**【客家】【名】客家(ハッカ).

**kèjū**【客居】【動】異郷で暮らす.

**kèliú**【客流】【名】旅客流動.

**kèliúliàng**【客流量】【名】利用客数.

**kèlún**【客轮】【名】客船.

**kèmǎn**【客满】【形】客で満員である.

**kèpiào**【客票】【名】**1**(乗り物の)切符. **2**〖旧〗(芝居などの)招待券.

**kèqi**【客气】**1**【動】遠慮する. 謙遜する. ¶不要～/ご遠慮なく. おかまいなく. **2**【形】礼儀正しい. 遠慮深い.

**kèrén**【客人】**1**【名】位.个】**1**(↔主人)客. お客さん. **2**旅客. 乗客.

**kèshāng**【客商】【名】他の土地から来た商人・ビジネスマン.

**kèsǐ**【客死】【動】〖書〗旅先で死ぬ.

**kèsuì**【客岁】【名】〖書〗昨年.

**kètào**【客套】【名】**1**型どおりのあいさつをする. **2**【名】他人行儀なあいさつ.

**kètàohuà**【客套话】【名】交際上の丁寧な決まり文句. **2**外交辞令.

**kètǐ**【客体】【名】**1**(↔主体)**2**【哲】客体. **2**〖法〗対象.

**kètīng**【客厅】【名】応接間.〖个, 间〗

**kètǔ**【客土】【名】**1**客土. **2**〖書〗寄寓の地. 異郷.

**kèxìng**【客姓】【名】(同族の一族が多く住んでいる村で)よそから来た少数の異姓の住群.

**kèyuán**【客源】【名】(観光・交通などの)顧客層, 顧客市場.

**kèyùn**【客运】【名】旅客運輸. ¶～量/旅客輸送量.

**kèzhàn**【客栈】【名】旧式の旅館.

**kèzuò**【客座】【名】**1**来賓席. 貴賓席. **2**客員. ¶～教授/～教授jiào-shòu/客員教授.

**课** kè **1**【名】**授业；(授业的)时间**.**单位**.〖堂, 节〗下～/授業が終わる. 一节～/1こまの授業. **2教科**. 科目. 〖门〗中学一共有七门～/中学では全部で7つの教科がある.

**2**【名】**(教科书的)课**. ¶第一～/第1課.

**3**【動】〖书〗(税を)徴収する.

❶【量】①税. ②占いの一種. ¶起～/占う.

**kèběn**【课本】【名】**教科书**.〖本, 册〗

**kèbiǎo**【课表】【名】時間割.

**kèchéng**【课程】【名】**课程**.〖门〗¶～表/時間割表. カリキュラム表.

**kèjiān**【课间】【名】授業と授業のあいま. ¶～休息/休み時間.

**kèjiāncān**【课间餐】【名】(小中学校の)休憩時間に出る間食.

**kèjiāncāo**【课间操】【名】授業と授業の間に行う体操.

**kèjiàn**【课件】【名】〖電算〗コースウェア. 教育用ソフト.

**kèjuàn**【课卷】【名】学生が書いて出す宿題.

**kèmù**【课目】【名】授業科目；訓練科目.

**kèshí**【课时】【名】授業時間.

**kèshuì jīzhǔn**【课税基准】【名】課税基準.

**kètáng**【课堂】【名】**教室**.

**kètáng tǎolùn**【课堂讨论】【名】ゼミナール.

**kètí**【课题】【名】〖道, 个〗**1**テーマ. 問題. ¶研究～/研究テーマ. **2**課題. 解決すべき問題.

**kèwài**【课外】【名】課外；授業以外. ¶～活动/課外活動.

**kèwén**【课文】【名】**教科书中的本文**.

**kèyè**【课业】【名】学業.

**kèyú**【课余】【名】授業の余暇. 課外.

**kèzhuō**【课桌】【名】(教室にある学生用の)机, 勉強机.

**氪** kè【名】〖化〗クリプトン. Kr.

**骒** kè ○

**kèmǎ**【骒马】【名】雌の馬.

**缂** kè ○

**kèsī**【缂丝】【名】つづれ織りの技法. ▶「刻丝」とも.

**嗑** (喀) kè【動】(前歯で)かじる. ¶～瓜子儿/(スイカなどの)種を食べる.

**锞** kè ○

**kèzi**【锞子】【名】〖旧〗貨幣として使用された金や銀の小さな塊.

487　kōng

**溘** kè [副]〈書〉にわかに．急に．¶～逝shì／急逝する．

## kei (ㄎㄟ)

**剋**（尅）kēi [動] 叱る；殴る．
**kēi//jià**[剋架][方]けんかをする．

## ken (ㄎㄣ)

**肯** kěn 1 [助動] すすんで…（する）．¶他怎么也不～来／彼はどうしても来ようとしなかった．2 [動] 承知する．同意する．
[日] 骨についている肉．
**Kěndéjī**[肯德基][名]〈地名〉ケンタッキー．
**kěndìng**[肯定]1 [副] 必ず；まちがいなく．情況～是有利的／状況は疑いなく有利である．2 [形] はっきりしている．確かだ．3 [動]（↔否定）肯定する．
**Kěnníyà**[肯尼亚][名]〈地名〉ケニア．
**kěnqìng**[肯綮][名]〈書〉筋骨の結合箇所；〈喩〉要点．ポイント．

**垦**（墾）kěn [動] 開墾する．¶开～／開墾する．
**kěnhuāng**[垦荒][動] 荒れ地を切り開く．開墾する．
**kěnqū**[垦区][名]（比較的大きな規模の）開墾地区．
**kěnzhí**[垦殖][動] 開拓する．
**kěnzhòng**[垦种][動] 開墾し農作物を栽培する．

**恳**（懇）kěn [日] 1 誠意ある．¶诚～／誠実である．2 [願]う．¶转～／人を介して頼む．
**kěnqiè**[恳切][形] 懇切である．¶言词～／言葉遣いがていねいである．
**kěnqīnhuì**[恳亲会][名]〈旧〉懇親会．
**kěnqǐng**[恳请][動]〈書〉懇請する．
**kěnqiú**[恳求][動] 懇願する．
**kěntán**[恳谈][動] 懇談する．¶～会／懇談会．
**kěntuō**[恳托][動] ねんごろに依頼する．
**kěnzhì**[恳挚][形]〈書〉（態度や言葉が）懇切である．

**啃**（齦）kěn [動] かじる．かじりついて問題の解決に取り組む．
**kěn gǔtou**[啃骨头][慣] 困難な問題の解決に取り組む．
**kěnqīng**[啃青][方] 農作物がまだ熟しきらない前に刈り取って食べる．3 家畜がまだ熟していない農作物を食い荒らす．

**掯** kèn [動] 押さえつける；無理に引き留める；難癖をつける．¶勒～／難癖をつけていじめる．

**裉**（褃）kèn [名]〈方〉衣服の脇合わせ目．袖付け．¶煞shā～／衣服の脇を縫い合わせる．

## keng (ㄎㄥ)

**坑** kēng [名]（～儿）地面にできた穴．くぼみ．¶刨páo个～儿／地面に穴を掘る．
[日] 坑道．竪穴（窖）．‖ 姓
**kēngdào**[坑道][名] 1．坑道．2〈軍〉地下道．
**kēnghài**[坑害][動]（人）を陥れる，ひどい損害を与える．
**kēngjǐng**[坑井][名] 坑道と竪坑（窖）．
**kēngkengwāwā**[坑坑洼洼][形]（～的）でこぼこしているさま．
**kēngměng**[坑蒙][動]（人）を陥れる，だます．
**kēng mēng guǎi piàn**[坑蒙拐骗][略] 脅し・ごまかし・かどわかし・かたりなどあらゆる悪事を行う．
**kēngnóng**[坑农][動] 農民をだます．
**kēngpiàn**[坑骗][動] だまして損をさせる．
**kēng/rén**[坑人][動] 1 人を陥れる．2（口）ひどい目にあう．くやしく思う．
**kēngzi**[坑子][名] くぼみ．

**吭** kēng [動] 声を出す．¶一声不～／うんともすんとも言わない．
異読⇒ háng
**kēngchī**[吭哧]1 [擬]（力むとき出るなり声）うんうん．2 [形] しどろもどろである．3 [動] 口ごもって言う．
**kēng/qì**[吭气儿][動]（口）ものを言う．
**kēng/shēngr**[吭声儿][動]（口）声を出す．（多く否定の形で）ものを言う．

**硁**（硜·硜）kēng [名]〈書〉石をたたく音．

**铿**（鏗）kēng [擬] からん．かちゃり．
**kēngqiāng**[铿锵][形] 音や声がリズミカルに響くさま．
**kēngrán**[铿然][形]〈書〉音や声が強く響きわたるさま．

## kong (ㄎㄨㄥ)

**空** kōng [日] [名] 1 空っぽである．2 内容がない．2 [副] むなしく．むだに．¶～跑一趟／むだ足を踏む．
[日] 1 空．天～／大空．2 現実離れしている．¶ ～～说．
‖ 姓　異読⇒ kòng
**kōngbǎ**[空靶][名] 空中射撃の標的．
**kōngbāodàn**[空包弹][名]〈軍〉空包弾．
**kōngcāng**[空仓][動]〈経〉手元にある株などを全部売り出す．
**kōngcháo jiātíng**[空巢家庭][名] 高齢者世帯．
**kōngchéngjì**[空城计][名]〈喩〉空城の計．自分の弱みを隠して相手をだますこと．¶唱～／空城の計でだます．
**kōngdǎng**[空挡][名]〈機〉ニュートラルギア．
**kōngdàngdàng**[空荡荡][形]（～的）（部屋や心の中などが）がらんとしているさま．
**kōngdòng**[空洞]1 [形] 中身がない

# kōng

い;非現実的である. **2**〖物体や人体内の〗空間.〖肺…〗肺;胸腔.

**kōngdòngdòng**〖空洞洞〗[形]〈~的〉〖部屋や頭の中などが〗空っぽでがらぶりま.

**kōngduìdì dǎodàn**〖空对地导弹〗[名]〈軍〉空対地ミサイル.

**kōngduìkōng dǎodàn**〖空对空导弹〗[名]〈軍〉空対空ミサイル.

**kōngfá**〖空乏〗[形] **1** 困窮している. **2** 虚脱で味気ない.

**kōngfán**〖空烦〗[動]〈体〉宙返り.

**kōngfàn**〖空泛〗[形]〖内容が〗漠然とした,とりとめのない.

**kōngfáng**〖空防〗[名]〈軍〉防空. 対空防御.

**kōngfáng**〖空房〗[名] 空き家.

**kōngfù**〖空腹〗[形] 腹をすかす.

**kōnggǎng**〖空港〗[名] 飛行場.

**kōng gǔ zú yīn**〖空谷足音〗〈成〉得がたい音信や言論ほしい事物.

**kōnghǎn**〖空喊〗[動] いたずらに騒ぐだけで行動が伴わない.

**kōnghào**〖空耗〗[動] 虚しく費やす.

**kōnghuà**〖空话〗[名] 空談.

**kōng huānxǐ**〖空欢喜〗〈成〉ぬか喜びする.

**kōngjì**〖空际〗[名]〈書〉天空. 空.

**kōngjì**〖空寂〗[形] 寂寥〈蕭〉とした.

**kōngjiàzi**〖空架子〗[名]〖文章や組織・機構について〗見かけ倒し.

**kōngjiān**〖空间〗[名] **1**〈数〉空間.〖三维~〗3次元の空間. **2** 空間. 宇宙.

**kōngjiān tōngxìn**〖空间通信〗[名] 宇宙通信.

**kōngjiān túxíng**〖空间图形〗[名]〈数〉空間図形.

**kōngjiānzhàn**〖空间站〗[名] 宇宙ステーション.

**kōngjiàng**〖空降〗[動]〈軍〉落下傘により落下する.降下する.〖~部队/パラシュート部隊.

**kōngjiě**〖空姐〗[名]〈略〉〈女性の〉客室乗務員.

**kōngjūn**〖空军〗[名]〈軍〉空軍.

**kōng kōng rú yě**〖空空如也〗〈成〉空っぽで何もない.

**kōngkǒu**〖空口〗[動] **1** さかなやおかずなしに〖酒を飲んだり飯を食べたりする〗;飯を食べずに,酒を飲まずに〖料理を食べる〗. **2** 名〗裏づけのないい加減な話である口.

**kōngkǒu shuō báihuà**〖空口说白话〗〈諺〉口先だけで実行が伴わない.

**kōng kǒu wú píng**〖空口无凭〗〈成〉口ではかっては証拠がない.

**kōngkuàng**〖空旷〗[形]〈遮るものがなく〉広々とした.

**kōngkuàng**〖空旷·空旷〗[形] 広々とした.

**kōnglíng**〖空灵〗[形]〈書〉〖景色や詩文が〗変化に富んでとらえがたい.

**kōnglùn**〖空论〗[名] 空論.

**kōngluòluò**〖空落落〗[形]〈~的〉がらんとしてもの寂しいさま.

**kōngmén**〖空门〗[名]〈宗〉仏門. **2**〈~儿〉〈体〉〈サッカーなどの球技で〉無人のゴール.

**kōngméng**〖空蒙〗[形]〈書〉霧雨などで薄暗いさま. ▲"空濛"とも.

**kōngmíng**〖空名〗[名] 形だけの名義. 虚名.

**kōngnàn**〖空难〗[名] 航空災害. 飛行機事故.

**kōngqì**〖空气〗[名] **1** 空気. **2** 雰囲気.

**kōngqìchuí**〖空气锤〗[名]〈機〉エアハンマー.

**kōngqì jìnghuàqì**〖空气净化器〗[名] 空気清浄機.

**kōngqì wūrǎn zhǐshù**〖空气污染指数〗[名]〈環境〉大気汚染指数.

**kōngqì zhìliàng**〖空气质量〗[名] 大気質.

**kōngqián**〖空前〗[形] 前例のない.

**kōng qián jué hòu**〖空前绝后〗〈成〉空前絶後である.

**kōngqín**〖空勤〗[動]〈略〉機上勤務.

**kōngsǎo**〖空嫂〗[名]〖既婚女性の〗客室乗務員.

**kōng//shēn**〖空身〗[動]〈~儿〉身一つにする.

**kōngshǐ**〖空驶〗[動] 乗客や積荷を載せないまま運行する.

**kōng//shǒu**〖空手〗[動] 手に何も持たない.〖他空着手回去了/彼は手ぶらで帰っていった.

**kōngshǒudào**〖空手道〗[名] 空手道.

**kōngshū**〖空疏〗[形]〈書〉〖学問・文章・言論などの〗内容がない.

**kōngtán**〖空谈〗[動] 空談する. 非現実的な話をする.〖机上~/机上の空論.

**kōngtiān fēijī**〖空天飞机〗[名] スペースプレーン.

**kōngtiáo**〖空调〗[名] エアコン. 空調.

**kōngtiáobìng**〖空调病〗[名] エアコン病.

**kōngtóu**〖空头〗**1**[形] 実質が伴わない. **2**〈↔多头〉〖投機市場での〗空売り〈をする人〉.

**kōngtóu**〖空投〗[動] 空中投下する.

**kōngtóu jiāoyì**〖空头交易〗[名]〈経〉空売り. 空取引.

**kōngtóu zhīpiào**〖空头支票〗[名] **1** 空手形. 不渡り手形. **2**〈喩〉空手形. 実行の伴わない約束.

**kōngwén**〖空文〗[名] **1** 現実の役に立たない文章. **2** 実効のない法律や規定.

**kōngxì**〖空袭〗[動] 空襲する.

**kōngxiǎng**〖空想〗**1**[動] 空想する. **2**[名] 空想.

**kōng//xīn**〖空心〗**1**[動] 樹木の髄がらんどうになる. 野菜の中心にすがはいる. **2**[形] 中空の. ⇒kòngxīn

**kōngxīncài**〖空心菜〗[名]〈植〉アサガオナ. ヨウサイ(蕹菜).

**kōngxīnmiàn**〖空心面〗[名] 中空の麵類;マカロニ.

**kōngxīnzhuān**【空心砖】[名]〈建〉空洞れんが。ホロータイル。

**kōngxū**【空虚】[形]〈生活・気持ちが〉空虚である。空っぽである。

**kōng xué lái fēng**【空穴来风】〈成〉火のないところに煙は立たない。

**kōngyóu**【空邮】[名]エアメール。

**kōngyù**【空域】[名]空域。

**kōngyùn**【空运】[動]飛行機などを利用して数授活動を行う。

**kōngyùn**【空运】[動]空輸する。

**kōngzàng**【空葬】[名]航空葬。

**kōngzhàn**【空战】[名]空中戦。

**kōngzhōng**【空中】[名]空中。空。

**kōngzhōng kèchē**【空中客车】[名]エアバス。

**kōng zhōng lóu gé**【空中楼阁】〈成〉空中の楼閣；架空の事物や現実離れした理論・計画。

**kōngzhōng xiǎojiě**【空中小姐】[名]〈女性の〉フライトアテンダント。

**kōngzhú**【空竹】[名]空竹。中国独楽。唐ごま。¶抖～/こまを回す。こま回し。

**kōngzhuàn**【空转】[動]〈機〉1（機械などを）空運転する。アイドリングする。2（車輪などが）空回りする。

**kǒng**【崆】地名用字。¶～峒tóng/1甘粛省にある山の名。2山東省にある島の名。

**kǒng**【箜】[書]〈古〉〈楽器の一種〉箜篌（歌xián）。

**kǒng**【孔】[1]1[名]孔(穴)。穴。2[量][方]洞窟式住居を数える。H[1]通じる。孔子の略称。‖[姓]

**kǒngdào**【孔道】[名]要路。

**kǒngdòng**【孔洞】[名]人工的にあけた器物の穴。

**kǒngfāngxiōng**【孔方兄】[名]〈貶〉銭（ぜ）。

**kǒngjìng**【孔径】[名]〈機〉口径。

**Kǒng-Mèng zhī dào**【孔孟之道】孔子と孟子の道。儒学の思想。

**kǒngmiào**【孔庙】[名]孔子廟（びょう）。

**kǒngmíngdēng**【孔明灯】[名]諸葛孔明が考案したといわれる紙製の熱気球。孔明灯。

**kǒngquè**【孔雀】[名]〈鳥〉クジャク。

**kǒngquèshí**【孔雀石】[名]〈鉱〉マラカイト。

**kǒngxì**【孔隙】[名]穴。すきま。

**kǒngxué**【孔穴】[名]穴。

**kǒng**【恐】[動]〈書〉おそらく。

**kǒng**【恐】[動]1恐れる。恐がる。2脅かす。脅す。

**kǒngbù**【恐怖】[形]恐ろしい。¶感到～/恐怖を感じる。2〈生命をおびやかす〉恐怖。テロ。¶～分子fènzǐ/テロリスト。¶白色～/白色テロ。

**kǒngbùpiàn**【恐怖片】[名](～儿)ホラー映画。

**kǒngbù shìjiàn**【恐怖事件】[名]テロ事件。

**kǒngbù zhǔyì**【恐怖主义】[名]テロリズム。

**kǒngbù zǔzhī**【恐怖组织】[名]テロ組織。

**kǒnghè**【恐吓】[動]脅迫する。¶～信/脅迫状。

**kǒnghuāng**【恐慌】1[動]恐れあわてる。2[名]恐慌。パニック。

**kǒngjù**【恐惧】[動]恐れる。

**kǒnglóng**【恐龙】[名]〈古生〉恐竜。

**kǒngpà**【恐怕】[1][副]1（よくない結果を予測して）おそらく。¶～他不会赞成/おそらく彼は賛成すまい。2たぶん。¶这个东西～是金子做的吧/これはたぶん金で作ったのだろう。[2][動]心配する。恐れる。

**kǒngshuǐbìng**【恐水病】[名]〈医〉狂犬病。

**kǒng**【倥】●

**kǒngzǒng**【倥偬】[形]〈書〉1（事が）切迫して慌ただしい。2貧困である。

**kōng**【空】[形]1空いている。2[名](～儿)すき間。(～儿)場所。3欠員。異読⇨kòng

**kòngbái**【空白】[名]（紙などの）空白、余白。¶〈喩〉（研究や産業などで）未開拓の分野。

**kòngbáidiǎn**【空白点】[名]未開拓の分野。手つかずの部分。

**kòngdāngzi**【空当子】[口]すきま。暇。空き。▶"空当儿"とも。

**kòngdì**【空地】[名]1空き地。2(～儿)空きのある所。余地。

**kòng'é**【空额】[名]欠員。

**kònggǎng**【空岗】[名]欠員のある職場。

**kònggé**【空格】[名]空欄。

**kòngquē**【空缺】[名]1欠員。空きポスト。2空き。欠け。

**kòngxì**【空隙】[名]1すきま；(時間の)合間。2すき。乗ずる機会。

**kòngxián**【空闲】1[動]1暇になる。手がすく。2（機械などを）使っていない、遊ばせておく。[2][名]暇。手のすいている時間。

**kòngxīn**【空心】[名](～儿)[口]空腹。空き。腹。⇨kōng/xīn

**kòngyú**【空余】[名]（時間や空間が）使われずに余っている；空きの。¶～病床/病院の空きベッド。

**kòngzi**【空子】[名]1すきま；暇。2〈貶〉すき。乗ずる機会。

**kòng**【控】[動]1体の一部を宙ぶらりんにぶらりと垂らす。2（容器を逆さにして溜まった液体を）垂らし出す。H[1]訴える。2コントロールする。

**kònggào**【控告】[動]〈法〉告訴する。

**kòng/gǔ**【控股】[経]（ある企業の）一定量の株を所有し、経営に参画する。¶～公司/持ち株会社。

**kòngpán**【控盘】[経]相場を支配する。

**kòngsù**【控诉】[動]1（被害者が大衆に犯罪者の犯罪行為を）告発する。2〈法〉告訴する。

**kòngzhì**【控制】[動]抑える。コントロールする。¶～市场/市场をコントロ

# kòng

ールする. ¶~不住自己的感情／自分の感情をコントロールできない.

**kòngzhìlùn**【控制论】[名] サイバネティックス. 人工頭脳研究.

**kòngzhì miànbǎn**【控制面板】[名]〈電算〉コントロールパネル.

**kòngzhì shùzì**【控制数字】[名]〈経〉制限数字. コントロールフィギュア.

**鞚** kòng [名]〈書〉(馬の)おもがい.

## kou (ㄎㄡ)

**抠(摳)** kōu ❶[動] 1 ほじくる. 2 せんさくする. ❷[形] けちけちしている.

**kōuménr**【抠门儿】[形]〈方〉けちけちしている.

**kōu//pò**【抠破】[動+結補] ほじくって破る. つつき破る.

**kōusou**【抠搜】❶[動] ほじくる. ❷[形] 1 けちけちしている. 2 ぐずぐずしている.

**kōu zìyǎn**【抠字眼】(~儿)字句や言葉遣いのせんさくをする. 言葉尻をとらえる.

**kōu**【眍】⇒ kōujué

**kōujīn**【眍䁖】[動] 目がくぼむ.

**kōulou**【眍䁖】[動] 目が落ちくぼむ.

**口** kǒu ❶[量] 1〈家庭・村などの〉人数・人口. 2〈家畜(特に豚)や刃のある動物を数える. ¶全家三一人／三人家族. 2 口の動作の回数や言語の能力についていう. ¶他能说一一流利的汉语／彼はきれいな中国語を話す. ❷[名] 1 口. 2(~儿)容器の口〈縁〉; 出入り口. 3(~儿)裂け目. 傷口. 4(刃物の)口. 5 馬・ロバなどの年齢. ❸[姓]

**kǒu'àn**【口岸】[名] 1 港. 2〈空港や港などに〉税関が設置した検問所.

**kǒubái**【口白】[名] 口上. せりふ.

**kǒubēi**【口杯】[名] コップ.

**kǒubēi**【口碑】[名]〈喩〉みながロにする賞賛; 言い伝え.

**kǒu bēi zài dào**【口碑载道】〈成〉至るところでほめたたえられる.

**Kǒubēi**【口北】[名] 万里の長城以北の地方.

**kǒubù**【口布】[名] ナプキン.

**kǒu bù yìng xīn**【口不应心】〈成〉言うことと考えることが裏腹である. 心にもないことを言う.

**kǒucái**【口才】[名] 弁舌の才.

**kǒuchī**【口吃】[動] どもる.

**kǒuchǐ**【口齿】[名] 1 発音. 話し方. ¶~伶俐/língli／ロが達者である. 2 馬・ロバなどの年齢.

**kǒuchòu**【口臭】[名] 口臭.

**kǒuchuán**【口传】[動] 口授する. 口伝えする.

**kǒuchuāng**【口疮】[名] 口内炎.

**kǒudai**【口袋】[名](~儿)袋; ポケット.〔个〕

**kǒudaishū**【口袋书】[名] ポケットサイズの本.

**kǒufēng**【口风】[名] 口ぶり. 話しぶり.

**kǒufú**【口服】[動] 1 ロ先だけ承服する. 2 薬をロから飲む. ¶~避孕药 biyùnyào／経口避妊薬. ピル.

**kǒufú**【口福】[名]〈譜〉ごちそうにありつく運. 口の幸い.

**kǒufù**【口腹】[名]〈書〉飲食.

**kǒu gān shé zào**【口干舌燥】〈成〉しゃべりまくったり, 歌い続けたりして疲れる.

**kǒugǎn**【口感】[名]〈飲食物の〉食感.

**kǒugōng**【口供】[名] 供述.

**kǒuhào**【口号】[名] スローガン.〔个, 句〕¶喊~／スローガンを大声で唱える; シュプレヒコールをする.

**kǒuhóng**【口红】[名] 口紅. ¶抹 mǒ~／口紅をぬる.

**kǒujì**【口技】[名]〈雑技の一種〉声帯模写. ものまね(声).

**kǒujiào**【口教】[動] 口もと. 口〜流涎 xián／口もとからよだれを垂らす; のどから手が出る. ⇒ kǒujué

**kǒujǐn**【口紧】[形] 口がかたい.

**kǒujìng**【口径】[名] 1 口径. 2〈喩〉要求される規格や性能. 3 口ぶり. 話し方. 意見.

**kǒujué**【口诀】[名] 内容や要点などを暗記しやすいようにまとめた語句.¶珠算~／(珠算の)九九.

**kǒujué**【口角】[名] 口論する. ⇒ kǒujiǎo

**kǒukě**【口渴】[形] のどが渇く.

**kǒu kǒu shēng shēng**【口口声声】〈成〉何度も言い張る.

**kǒuliáng**【口粮】[名] 一人分の食糧. 各人が必要とする食糧.

**kǒulìng**【口令】[名] 1 号令. 2〈軍〉暗号, 合い言葉.

**kǒu mì fù jiàn**【口蜜腹剑】〈成〉口先では甘いことを言い, 腹の中では陰険なたくらみを持つ.

**kǒuqì**【口气】[名] 1 語気. 鼻息. 2 言外の意味. 口ぶり. ¶探~／口ぶりから言外の意味を探る. 3(感情・ニュアンスを表す) 口調.

**kǒuqiāng**【口腔】[名]〈生理〉口腔.

**kǒuqín**【口琴】[名] ハーモニカ.

**kǒuqīng**【口轻】[形] 1(料理での)塩気が足りない; 薄味を好む. 2(馬やロバの)年が若い.

**kǒu ruò xuán hé**【口若悬河】〈成〉立て板に水.

**kǒushào**【口哨儿】[名] 口笛.

**kǒushé**【口舌】[名] 1(言葉の行き違いから起こる)いざこざ. 2(説得・口論・交渉などの際の)言葉, 口数.

**kǒushí**【口实】[名]〈書〉口実.

**kǒushì**【口试】[名] 口頭試問. 口述試験.

**kǒu shì xīn fēi**【口是心非】〈成〉口で言うことと腹の中で思っていることが違う.

**kǒushòu**【口授】[動] 1 口授する. 2 口述筆記する.

**kǒushù**【口述】口述する.
**kǒushuǐ**【口水】(名)〔口〕よだれ；つば.
**kǒushuǐzhàn**【口水战】(名)舌戦.
**kǒusuàn**【口算】(動)暗算しながら口で唱える.
**kǒután**【口谈】(動)口頭で話す.
**kǒutìyì**【口蹄疫】(名)(畜)口蹄疫(ぎぇ).
**kǒutiáo**【口条】(名)(食材)豚や牛などの舌.
**kǒutóu**【口头】(名)〔~儿〕1 **口先**. 他只是一上答应你／彼はただ口先で承諾しただけだ. 2 **口頭**. ¶～翻译／通訳する. ¶～文学／伝承文学.
**kǒutóuchán**【口头禅】(名)口ぐせ.
**kǒutóuyǔ**【口头语】(名)〔~儿〕口癖.
**kǒuwèi**【口味・口胃】(名)〔~儿〕1(食べもの)の**味**. 2(食べ物などに対する)**嗜好**,好み.
**kǒuwěn**【口吻】(名)1(動)口先. くちばし. 2 口ぶり. 話しぶり.
**kǒuwù**【口误】1(動)(うっかり)言いまちがえる,読みちがえる. 2(名)言いあやまった言葉；読みちがえた字.
**kǒuxiāngtáng**【口香糖】(名)チューインガム.
**kǒuxìn**【口信】(名)〔~儿〕伝言. ことづて.
**kǒu xuě wèi gān**【口血未干】(成) 誓いを立てて間もない, 舌の根の乾かぬうちに約束を破る.
**kǒuyán**【口炎】(名)(医)口内炎.
**kǒuyì**【口译】(動)通訳する.
**kǒuyīn**【口音】(語)1口むろ音. 口腔(ぶ)から発する音.
**kǒuyīn**【口音】(名)1話し声. 発音. 2 なまり. ¶～很重／なまりが強い.
**kǒuyǔ**【口语】(名)1 **口语**. 話し言葉. 2(書)誹謗(ぶ)の言葉.
**kǒuzhào**【口罩】(名)〔~儿〕鼻やロを覆う)マスク. [副,个](名)戴(~)マスクをかける.
**kǒuzhòng**【口重】(形)塩辛い；塩気の多いものを好む.
**kǒu zhū bǐ fá**【口诛笔伐】(成) 言論や文章で他人の罪状を暴露し攻撃する.
**kǒuzi**【口子】❶(量)(人)人数をさす. ¶两～／夫婦二人.
❷(名)1(夫)夫〔妻〕. 2(山の)切断面；(河川の)決壊口. 3(人の体の)傷口；(物の表面の)裂け目.

**kòu**【叩】(動)(書)たたく. ¶～门／門をたたく.
❶おじぎする.
**kòubài**【叩拜】(昔の礼儀作法で)ひざまずいて拝む.
**kòudǎ**【叩打】(動)たたく. ノックする.
**kòushǒu**【叩首】(動)頭を地につけて拝礼する. 叩頭する.
**kòutóu**【叩头】(動)叩頭する.
**kòutóuchóng**【叩头虫】(名)(虫)コメツキムシ.
**kòuxiè**【叩谢】(動)深く感謝の意を表す. ¶登门～／訪ねていき深謝する.

**kòuzhěn**【叩诊】(動)(医)打診する. ¶～锤／打診に使うハンマー.

**扣**(釦) **kòu**(動)❶1【留め金・ボタンなどを】**かける**. ¶～扣子／ボタンをはめる. ¶把门～上／ドアに留め金をかける. 2(コップ・碗などを)**伏せて置く**. 3 **拘留する；差し押さえる**. 4 **差し引く**. 天引きする. ¶～工资／給料から差し引く. ❷(名)1〔~儿〕**ボタン**. 2〔~儿〕**結び目**. 3 **割引**. ¶打九～／1割引にする.
❸ねじ山の一回り分.
**kòuchú**【扣除】(動)差し引く.
**kòufā**【扣发】(動)1(給料・賃与などを)差し押さえて支払わない. 2(文書,原稿などを)差し止めて発表しない.
**kòujiǎn**【扣减】(動)差し引く.
**kòujiǎo**【扣缴】(動)控除する.
**kòulán**【扣篮】(動)(体)(バスケットで)ダンクシュートを打つ.
**kòuliú**【扣留】(動)人・財物などに差し押さえる.
**kòu màozi**【扣帽子】(慣)(人に)レッテルを貼る.
**kòuqiú**【扣球】(動)(体)(バレーボールで)スパイクを打つ；(テニスなどで)スマッシュを打つ.
**kòu rén xīn xián**【扣人心弦】(成)(詩文・公演・試合などが)人を興奮させる,感動させる.
**kòushā**【扣杀】(動)(体)(卓球・テニスなどで)スマッシュする.
**kòu/tí**【扣题】(動)主題にぴったりと合う.
**kòutou**【扣头】(名)割引(額).
**kòuyā**【扣压】(動)(文書や意見を)手元に押さえてうやむやにする,にぎりつぶす.
**kòuyā**【扣押】(動)(法)1留置する. 拘禁する. 2(事件処理のために物品・文書などを)押収する,差し押さえる.
**kòuyǎn**【扣眼】(名)〔~儿〕ボタン穴.
**kòuzi**【扣子】(名)1 結び目. 2 ボタン. 3(小説や講談などの)やま,クライマックス.

**寇** **kòu**❶1強盗. 2敵が侵略する.
**kòuchóu**【寇仇】(名)仇敵.

**筘**(箹) **kòu**(名)(紡)筬(な). ▶"杼zhù"とも.

**蔻** **kòu**(名)(植)ビャクズク. ニクズク.
**kòudān**【蔻丹】(名)マニキュア.
**kòukě**【蔻可】(名)(植)カカオ. ココア. ▶"可kěkě"とも.

**鷇** **kòu**(名)(書)かえったばかりのひな.

## ku（ㄎㄨ）

**矻** **kū**❶
**kūkū**【矻矻】(形)(書)こつこつと勤めるさま. せっせと働くさま.

**刳** kū [動]〈書〉くりぬく．えぐる．

**枯** kū [形] **1**（草木が）枯れた；（水が）涸（か）れた．**2** 無味乾燥である．

**kūcháng**【枯肠】[名]〈書〉（詩や文章を書くのに）貧弱な文才．

**kūgān**【枯干】[動] 枯れてからからになる．

**kūgǎo**【枯槁】[形]〈書〉**1**（草木が）枯れる．**2** やせ衰える．

**kūgǔ**【枯骨】[名] 白骨．

**kūhuáng**【枯黄】[形]（草木が枯れて）黄ばんでいる．

**kūjì**【枯寂】[形]〈書〉寂しい．

**kūjié**【枯竭】[動] **1** 枯渇する．**2**（体力・資financial源などが）尽きる．

**kūjǐng**【枯井】[名] 涸れ井戸．

**kūjiǒng**【枯窘】[形]（力や文才などが）枯渇する，乏しくなる．

**kū mù féng chūn**【枯木逢春】〈成〉衰えかかった事物が再び活気づく．

**kū mù xiǔ zhū**【枯木朽株】〈成〉年をとって体が衰えた人や，うつろで生気のない人．

**kūsè**【枯涩】[形] **1** 無味乾燥で生気がない．**2** 乾燥して潤いがない．

**kūshòu**【枯瘦】[形] やせこけている．

**kūshuǐqī**【枯水期】[名] 渇水期．

**kūwěi**【枯萎】[動] 枯れてしぼむ．

**kūxiǔ**【枯朽】[形] 枯れて朽ちている．

**kūzào**【枯燥】[形] 無味乾燥である．単調である．味気ない．¶生活～／生き方に～．

**哭** kū [動]（声を出して）泣く．

**kū bízi**【哭鼻子】〈慣〉めそめそする．べそをかく．

**kūhǎn**【哭喊】[動] 泣き叫ぶ．

**kūkutítí**【哭哭啼啼】[形]（～的）ひっきりなしに泣く．

**kūqì**【哭泣】[動] しくしく泣く．むせび泣く．

**kūqiāng**【哭腔】[名]（～儿）**1**（京劇の）泣き声を表現した節回し．**2** 涙声．

**kū/qióng**【哭穷】[動] 自分の貧しさを言いふらす；貧しいと泣き言をいう．

**kūsāngbàng**【哭丧棒】[名]〈旧〉葬式で死者の息子たちが持つ白い紙を巻きつけた儀式用の杖．

**kūsangzhe liǎn**【哭丧着脸】〈慣〉しかめっ面をする．泣きべそ顔をする．

**kūsù**【哭诉】[動] 泣きながら訴える．

**kū tiān mǒ lèi**【哭天抹泪】〈成〉〈蔑〉めそめそする．

**kū xiào bù dé**【哭笑不得】〈成〉泣くに泣けず笑うに笑えず．

**堀** kū [−] ❶①【窟kū】に同じ．②穴をあける．

**窟** kū [−] **1** 洞穴．¶～穴／洞穴．**2** 巣窟．

**kūlong**【窟窿】[名] **1** 穴；洞穴．¶衣服破りて穴～／服に大きな穴をあけた．**2**〈喩〉借金の穴．¶掏～／借金する．**3**〈喩〉手ぬかり．

**kūlongyǎnr**【窟窿眼儿】[名] 小さな穴．

**kūzhái**【窟宅】[名] 巣窟；（盗賊や匪賊などの）アジト．

**骷** kū **0**

**kūlóu**【骷髅】[名] どくろ．されこうべ．

**苦** kǔ ❶ [形] **1** 苦い．**2** 苦しい．つらい．**3**（方）度を越している．ひどい．¶指甲剪得太～了／爪づめをしてしまった．❷ [動] 苦しめる．苦労させる．¶这事可～了他了／この件で彼はずいぶん苦労した．❸ [名] 苦しみ．苦痛．¶她很能吃～／彼女は苦しみをなめることをいとわない．

❶①根気よく．一生懸命に．¶～功／辛労苦く尽力する．②…に苦しめられる．困る．¶→～夏．

**kǔchāi**【苦差】[名] つらい役目．苦労ばかりであるところの少ない仕事．

**kǔchǔ**【苦楚】[名] 生活上の苦痛．

**kǔchu**【苦处】[名] **1** 苦しみ．**2** 苦しいところ．

**kǔ dà chóu shēn**【苦大仇深】〈成〉（人民の）苦しみは大きく恨みは深い．

**kǔdǎn**【苦胆】[名] 胆嚢の通称．

**kǔgàn**【苦干】[動] 一生懸命に働く．

**kǔgēnzi**【苦根子】[名] 苦労の種．苦しみの原因．

**kǔgōng**【苦工】[名]（旧社会で）苦しい労働を強いられた人．

**kǔgōng**【苦功】[名] こつこつ勉強すること；修業に刻苦すること．

**kǔguā**【苦瓜】[名]〈植〉ニガウリ．

**kǔguǒ**【苦果】[名]〈喩〉悪い結果．¶自食～／自業自得．

**kǔhǎi**【苦海】[名]〈喩〉つらい境遇．苦界．

**kǔhán**【苦寒】[形] **1**（天気が）ひどく寒い．**2**（生活が）貧しい．

**kǔhuór**【苦活儿】[名] つらくて実入りの少ない仕事．

**kǔ jìn gān lái**【苦尽甘来】〈成〉苦労を尽くして今度は楽な生活が始まる．

**kǔjìng**【苦境】[名] 苦境．苦しい境遇．

**kǔkǒu**【苦口】[形] **1** 口を酸っぱくして説くさま．**2** 口ににがい．¶良药～利于病／良薬は口に苦し．

**kǔ kǒu pó xīn**【苦口婆心】〈成〉老婆心から繰り返し忠告する．

**kǔláo**【苦劳】[名]〈仕事に傾けた〉労苦；骨折り，辛労．

**kǔlì**【苦力】[名]〈旧〉クーリー．肉体労働者．

**kǔliàn**【苦练】[動] 厳しい練習をする．特訓する．

**kǔmèn**【苦闷】[形] 苦悶している．思い悩んでいる．

**kǔmìng**【苦命】[名] 哀れな運命．

**kǔnàn**【苦难】[名] 苦難．苦しみや難儀．

**kǔnǎo**【苦恼】❶ [形] 悩ましい．❷ [動] 苦悩させる．

**kǔqiú**【苦求】[動] 一生懸命に頼む．

**kǔrén**【苦人】[名] 苦労している人；不運な人．

**kǔ rìzi**【苦日子】[名] 苦しい生活．

**kǔròujì**【苦肉计】[慣] 苦肉の策．

**kǔsè**【苦涩】[形] **1** 苦くて渋い．**2** 心

**kǔshuǐ**【苦水】名 **1** 鉱物質を含んだ苦味のある水.**2**〈病気などで吐く〉苦い液体.**3**〈喩〉苦しみ.

**kǔ sī míng xiǎng**【苦思冥想】〈成〉脳みそを絞って思索する.

**kǔtòng**【苦痛】形 苦痛である.

**kǔtóu**【苦头】名〈~ル〉苦しみ.

**kǔtou**【苦头】名〈~ル〉苦い経験.つらい目.¶吃~/苦い経験をする.つらい目にあう.

**kǔwèisuān**【苦味酸】名〈化〉ピクリン酸.

**kǔxià**【苦夏】動 夏まけする.夏やせする.

**kǔxiào**【苦笑】動 苦笑する.

**kǔxīn**【苦心】名 **1** 苦心；工夫.**2** 動 苦心する；工夫する.

**kǔ xīn gū yì**【苦心孤诣】〈成〉苦心して他の追随を許さない成果を収める.

**kǔxíng**【苦行】名〈宗〉苦行.

**kǔxíng**【苦刑】名 酷刑.

**kǔyú**【苦于】動〈勧〉…に苦しむ；困ったことに….**2** 形 …より苦しい.

**kǔyǔ**【苦雨】名 長雨.

**kǔzhàn**【苦战】動 苦戦する.苦闘する.

**kǔzhōng**【苦衷】名 苦しい心のうち.

**kǔ zhōng zuò lè**【苦中作乐】〈成〉苦しい中にも楽しみを求める.

**kǔzhǔ**【苦主】名〈殺人事件の〉被害者の遺族.

**库** **kù**【库】名 物を収納・保存する建築物.倉庫.¶姓

**kùcáng**【库藏】動 貯蔵される.所蔵される.⇒**kùzàng**

**kùcún**【库存】名 手元金.在庫品.ストック.

**kùfáng**【库房】名 倉庫.物置き.

**kùjǐn**【库锦】名〈紡〉金糸・銀糸・刺繍糸で模様を織り出した錦.

**kùlún**【库仑】量〈電〉クーロン.

**kùquàn**【库券】名〈略〉国債.

**kùróng**【库容】名 貯水量.

**kùwén**【库蚊】名〈虫〉イエカ.

**kùzàng**【库藏】名 倉庫.⇒**kùcáng**

**绔** **kù**〈裤kù〉に同じ.¶纨wán~/絹のズボン；上流階級的な若者.

**营**（營）**kù** 名 伝説中の上古の帝王の名.帝嚳(き).

**裤**（裤）**kù** 名 ズボン.

**kùchǎ**【裤衩】名〈~ル〉パンツ.ショートパンツ.ショーツ.[个]¶三角~/ブリーフ.

**kùdāng**【裤裆】名 ズボンのまち.

**kùdōu**【裤兜】名〈~ル〉ズボンのポケット.

**kùjiǎo**【裤脚】名 **1**〈~ル〉ズボンのすそ.**2**〈方〉ズボンの筒.

**kùtuǐ**【裤腿】名〈~ル〉ズボンの筒.足の部分.

**kùwà**【裤袜】名〈略〉パンティーストッキング.

**kùxiàn**【裤线】名 ズボンの折り目.

**kùyāo**【裤腰】名 ズボンの胴回り,腰回り,ウエスト.

**kùyāodài**【裤腰带】名 ベルト.バンド.

**kùzi**【裤子】名 ズボン.[条]¶穿~/ズボンをはく.

**酷** **kù**【酷】形〈口〉個性的でかっこいい.すてきだ.
日むごい.ひどい；ひどく.

**kù'ài**【酷爱】動 非常に好む.

**kùbì**【酷毙】形〈口〉超イケてる.

**kùlì**【酷吏】名〈書〉残酷な官吏；妥協しない厳しい官吏.

**kùliè**【酷烈】形〈書〉**1** 厳しい.むごい.**2**〈香りが〉強い.

**kùnüè**【酷虐】動 残虐である.

**kùpíng**【酷评】名 酷評する.

**kùrè**【酷热】形〈天気が〉ひどく暑い.

**kùshǔ**【酷暑】名 酷暑.

**kùsì**【酷似】動 酷似する.

**kùxíng**【酷刑】名 残虐きわまる体刑.

**kùzhàn**【酷站】名〈電算〉クールサイト.

## kua（ㄎㄨㄚ）

**夸**（誇）**kuā** 動 **1** 誇張する.**2** ほめる.

**kuādà**【夸大】動 誇張する.大げさに言う.

**kuā dà qí cí**【夸大其词】〈成〉針小棒大に言う.▶"夸大其辞"とも.

**kuā fù zhuī rì**【夸父追日】〈成〉身の程知らず.

**kuā hǎikǒu**【夸海口】〈慣〉大言壮語する.大ぼらを吹く.

**kuājiǎng**【夸奖】動〈他人を〉ほめる.

**kuākè**【夸克】名〈物〉クオーク.

**kuā//kǒu**【夸口】動 ほらを吹く；自慢する.

**kuā kuā qí tán**【夸夸其谈】〈成〉大言壮語する.

**kuāshì**【夸示】動〈自分の物や長所などを〉誇示する.

**kuāshì**【夸饰】動 大げさに形容する.

**kuātuō**【夸脱】量〈体積の単位〉クオート.

**kuāyào**【夸耀】動〈自分を〉ひけらかす.

**kuāzàn**【夸赞】動 ほめたたえる.

**kuāzhāng**【夸张】**1** 動 誇張する. **2** 名 **1**〈語〉〈修辞上の〉誇張. **2**〈文〉誇張法.

**kuā/zuǐ**【夸嘴】動〈口〉自慢する；ほらを吹く.

**侉** **kuǎ**〈方〉**1** 方言のなまりがひどい.**2** 不細工で大きい.ばかでかい.

**kuǎzi**【侉子】名〈方〉方言丸出しの人.田舎者.

**垮** **kuǎ** 動 崩れる.倒れる.

**kuǎtā**【垮塌】動〈建物が〉崩れる,倒れる.

**kuǎ//tái**【垮台】動 崩壊する；台無しになる.

**挎** kuà [動] 提げる；腕を組む．

**kuàbāo** [挎包] [名] (~儿) ショルダーバッグ．

**胯** kuà [H] 股．股ぐら．

**kuàgǔ** [胯骨] [名] [口] 寛骨．

**kuàxià** [胯下] [名] 股の下．股ぐら．

**跨** kuà [動] 1 またぐ．(大きく)踏み出す． 2 またがる． 3 [時間・地区]にまたがる． ¶~年度．

**kuà/bù** [跨步] [動] 大またで歩む．

**kuàdù** [跨度] [名] 1 [建] 径間．スパン．橋脚間の距離． 2 (広く)距離．

**kuàguó gōngsī** [跨国公司] [名] 多国籍企業．

**kuà/jìn** [跨进] [動] +方補 またいで入る．踏み入る．

**kuàlán** [跨栏] [名] [体] ハードル競走．

**kuà niándù** [跨年度] [任务・计画・予算などが] 次の年度にまたがる．

**kuà shìjì** [跨世纪] 世紀をまたぐ．

**kuàxiànqiáo** [跨线桥] [名] [鉄道の]跨線橋，陸橋．

**kuàyuàn'r** [跨院儿] [名] 母屋の両側にある庭．

**kuàyuè** [跨越] [動] (場所や時間の制限を)越える，またがる．

### kuai (ㄎㄨㄞ)

**扲** (擓) **kuǎi** [動] [方] 爪でかく． 2 腕に掛ける．提げる． 3 (ひしゃくなどで)水をくむ．

**蒯** kuǎi [名] [植] アブラガヤ． ∥姓

**会** (會) kuài [H] 総計する． 異読は⇒huì

**kuàijì** [会计] [名] 1 会計；経理． 2 会計係．

**kuàijìshī** [会计师] [名] 1 (企業や政府機関の)上級会計師． 2 (旧)会計士．

**块** (塊) **kuài** [量] [名] 1 (口)貨幣の単位：元．2 塊状や片状のものを数える． 2 (~儿) かたまり． ¶把肉切成一~儿／肉をぶつ切りにする．

**kuàilěi** [块垒] [名] [書] (胸中に積もっている)鬱憤(沉)，憤りや悲しみ．

**kuàiměi** [块美] [名] 塊炭．

**kuài'r** [块儿] [名] [方] ところ．あたり．

**kuài bāmáo** [块儿八毛] [数] [旧] [方] 1元そこら；わずかな金．

**kuàitóu** [块头] [名] [方] 図体(纹)．体つき．

**快** kuài [H] 形 1 (速度が)速い． 2 鋭い．¶他脑子~／彼は頭が切れる． 3 (刃物が)よく切れる． 4 [副] もうすぐ．¶来日本~两年了／日本に来てもうすぐ2年になる． [H] [形] 気持ちがよい． 2 [形] さっぱりしている．⇒性

**kuàibǎn** [快板] [名] (~儿) "拍板"や"竹板"を打ちながら調子をとりながら早口で歌う大衆芸能の一種．

**kuàibào** [快报] [名] (ニュースの)速報．

**kuàibù** [快步] [名] (軍)はや足．¶~走！/[号令]はや足．

**kuài bù liú xīng** [快步流星] [成] 大またに速く歩くさま．

**kuàicān** [快餐] [名] ファーストフード；インスタント食品．¶~店／ファーストフード店．

**kuàichē** [快车] [名] 急行(列車，バス)．

**kuàichēdào** [快车道] [名] ハイウェイ；(喻)急速な発展段階．

**kuàidang** [快当] [形] [口] 早い，てきぱきしている．

**kuàidào zhǎn luàn má** [快刀斩乱麻] [成] 快刀乱麻を断つ．

**kuàidì** [快递] [名] 速達．¶~邮件／速達郵便．

**kuàigǎn** [快干] [形] 速乾性の．

**kuàigǎn** [快感] [名] 快感．快い感じ．

**kuàigōng** [快攻] [名] 速攻．迅速な攻撃．

**kuàihuò** [快货] [名] 売れ行きのよい商品．

**kuàihuo** [快活] [形] 楽しい．うれしい．

**kuàijiàn** [快件] [名] (鉄道貨物・郵便小包の)速達便．

**kuàijié** [快捷] [形] (スピードが)速い；(動作が)敏捷である．

**kuàijiéjiàn** [快捷键] [名] [電算] ショートカットキー．

**kuàilè** [快乐] [形] 愉快である．楽しい．¶(お祝いのあいさつで)おめでとう．¶祝你生日~／誕生日おめでとう．

**kuài mǎ jiā biān** [快马加鞭] [成] 速いときになお速くする．

**kuàimàn** [快慢] [名] 速さ．速度．

**kuàimén** [快门] [名] (~儿) (カメラの)シャッター．¶按~／シャッターを押す．

**kuàirén** [快人] [名] 痛快な人．はきはきした人．

**kuài rén kuài yǔ** [快人快语] [成] 言動がさわやかで歯切れよいさま．

**kuàishímiàn** [快食面] [名] インスタントラーメン．

**kuàishì** [快事] [名] 痛快な出来事．愉快な事柄．

**kuàishǒu** [快手] [名] 仕事の速い人．

**kuàishū** [快书] [名] (大衆芸能の一)竹製や銅製の拍手木をならしながら，軽快なテンポで韻文の物語を聞かせる語り物．

**kuàisù** [快速] [形] 快速の．急速．¶~照相机／インスタントカメラ．

**kuàisù fǎnyìng bùduì** [快速反应部队] [名] 緊急対応部隊．

**kuàitǐng** [快艇] [名] モーターボート．

**kuàiwèi** [快慰] [形] ほっとする；心が安らぐ．

**kuàixǐ** [快洗] [名] (略)写真のスピード現像．

**kuàixiàng** [快相・快像] [名] スピード写真．

**kuàixìn**【快信】名 速達便.
**kuàixùn**【快讯】名（ニュースなどの）速報.
**kuàiyào**【快要】副 もうすぐ．じきに．
**kuàiyì**【快意】形 心地がよい．さわやかである．
**kuàizhào**【快照】名 即日仕上げの写真．スピード仕上げの写真．
**kuàizuǐ**【快嘴】名（～子）口の軽い人．おしゃべり．

**侩**（儈）**kuài** 仲買人．

**郐**（鄶）**kuài**【史】郐（だ）．▶周代の国名．‖姓

**狯**（獪）**kuài** →jiǎokuài【狡狯】

**脍**（膾）**kuài**【古】細く刻んだ肉．

**kuài zhì rén kǒu**【脍炙人口】成 人口に脍炙（が）する．

**筷 kuài** 箸(は)し．
**kuàizi**【筷子】名 箸．［双／根，枝，支］动／箸をつける．

**鲙**（鱠）**kuài** ○

**kuàiyú**【鲙鱼】名【魚】ヒラ．

## kuan（ㄎㄨㄢ）

**宽**（寬）**kuān** ❶形 1（幅или面积が）広い．2 寛大である．3 ゆとりがある．❶手头～多了／懐具合がよくなった．❷动 広げる．緩める．❸名 幅．❶一百米～／幅が100メートルある．‖姓

**kuānchàng**【宽畅】形（気持ちが）伸びやかである．鷹揚である．
**kuānchang**【宽敞】形（建物の内部などの空間が）広々としている．❶这间屋子很～／この部屋は広々としている．
**kuānchuo**【宽绰】形 1 広くてゆとりがある．ゆったりしている．2（心が）ゆったりして明るい．3（経済的に）ゆとりがある．
**kuān dǎ zhǎi yòng**【宽打窄用】（成）十分な面積をもってたたえて使う．
**kuāndà**【宽大】形 1 広くて大きい．ゆったりしている．2（処置が）寛大である；大目に見る．
**kuāndài**【宽带】名【電算】ブロードバンド．～网／ブロードバンドネットワーク．
**kuāndài**【宽待】动 寛大に取り扱う．
**kuāndù**【宽度】名 広さ．幅．
**kuānfàn**【宽泛】形（内容や意味が）広い．
**kuānguǎng**【宽广】形（田野・草原などの面積または幅が）広い．
**kuānguǐ**【宽轨】名【鉄道】の広軌．¶～铁路／広軌鉄道．
**kuānhóng**【宽宏】形（度量が）大きい．
**kuānhóng**【宽洪】形 1（声が）太くよく通る．2（度量が）大きい．
**kuān hóng dà liàng**【宽宏大量】

（成）度量が大きいさま．
**kuānhòu**【宽厚】形 1 広くて厚い．2（もてなしなどが）手厚い．親切である．思いやりがある．3（声に）張りがあり，よく響く．
**kuānjiě**【宽解】动 慰める．なだめる．
**kuānkuàng**【宽旷】形 広々として視線を遮るものがない．
**kuānkuò**【宽阔】形 1（面積や幅が）広い．広々としている．2（考えが）開けている．
**kuānráo**【宽饶】动 寛大に許す．
**kuānróng**【宽容】形 寛容である；大目に見る．
**kuānshū**【宽舒】形 1（気持ちがゆったりしている．伸びやかである．2（場所が）広々して気持ちがよい．
**kuānshù**【宽恕】动 寛大に許す．
**kuānsōng**【宽松】❶形（口）1（場所がゆったりしている．2（気持ちがのびやかになる．3（金銭的にゆとりがある．4 広々としてくつろげる．5（服が）ゆったりして大きめである．❷动 リラックスさせる．¶～一下紧张的情绪／はりつめた気持ちをリラックスさせる．
**kuānwèi**【宽慰】动 なごむ．安心する．
**kuān/xiàn**【宽限】动 期限を延ばす．
**kuān/xīn**【宽心】动 気を楽にする．心を広く持つ．
**kuānxīnwán**【宽心丸】（慣）（～儿）慰めの言葉．気休めの文句．
**kuān/yī**【宽衣】动（敬）（衣服を）緩める；上着などを脱ぐ．
**kuānyínmù diànyǐng**【宽银幕电影】名【映】ワイドスクリーン映画．
**kuānyú**【宽馀】形 1 広々として気持ちがよい．2（経済的に）豊かである．
**kuānyù**【宽裕】形 豊かである．ゆとりがある．
**kuānzhǎi**【宽窄】名（面積の）広さ；（範囲などの）幅．
**kuānzòng**【宽纵】动 好き勝手にさせる．放任する．

**髋**（髖）**kuān** ○

**kuāngǔ**【髋骨】名【生理】（骨盤の）寛骨．

**款**（欵）**kuān** 名 1【金】経費．2（条文中の）項．
❶ 1 落款．2 いんぎんに．3 ゆっくりと．
**kuǎnbù**【款步】动 ゆっくりと歩く．ゆったりと進む．
**kuǎndài**【款待】动 ねんごろにもてなす．¶～客人／客をねんごろにもてなす．
**kuǎnliú**【款留】动（客を）ねんごろに引き留める．
**kuǎnqú**【款曲】（書）1 ❶ ねんごろにもてなす．2 名 好意．
**kuǎnr**【款儿】名 1（書画などの落款．2 名持ち．
**kuǎnshì**【款式】名 様式；デザイン．¶这件衣服～新颖／この服はデザインが斬新だ．
**kuǎnxiàng**【款项】名 1【金】金額．

**2**〖法令・規約・条約などの〗項目.

**kuǎnxíng**〖款型〗[名]デザイン.

**kuǎnzhì**〖款识〗[名] **1** 鐘や鼎(ポ)などの青銅器に鋳込まれた凹凸文字. **2** 手紙・書画の落款.

**kuǎnzi**〖款子〗[名]〈口〉金銭.

**款 kuǎn**〖書〗虚しい.空(ポ).

## kuang（ㄎㄨㄤ）

**匡 kuāng**[動]見積もる.
匡[一]①誤りを正す.②助ける.‖[姓]

**kuāngjiù**〖匡救〗[動]〈書〉正しい道へ救い入れる.

**kuāngmiù**〖匡谬〗[動]〈書〉誤りを正す.

**kuāngsuàn**〖匡算〗[動]〈書〉概算する.

**kuāngzhèng**〖匡正〗[動]〖匡正〗する.

**kuāngzhù**〖匡助〗[動]〈書〉補助する.

**劻 kuāng** ⓞ

**kuāngráng**〖劻勷〗[形]〈書〉いらいらして落ちつかないさま.

**诓 kuāng**[動]だます.欺く.

**kuāngpiàn**〖诓骗〗[動]だます.欺く.

**哐 kuāng**[擬]がぁん.ばぁん.

**kuāngdāng**〖哐当〗[擬]〖重いものが回転や振動によって打ち当たって出る音〗ごとん.

**kuānglāng**〖哐啷〗[擬]〖金属製の物がぶつかって出る大きな音〗たん.ばたん.

**洭 kuāng**〘地名用字.「洭河」は広東省にある川の名.

**筐 kuāng**[名]〖~儿〗かご.
[个,只]|菜~|買い物かご.

**kuāngzi**〖筐子〗[名]〖小さめの〗かご.

**狂 kuáng** **1**①狂った.②激しい.

**kuáng'ào**〖狂傲〗[形]甚だしく傲慢である.

**kuángbào**〖狂暴〗[形]荒れ狂う.狂暴である.

**kuángbēn**〖狂奔〗[動]狂奔する.暴走する.

**kuángbiāo**〖狂飙〗[名]〖喩〗すさまじい暴風.疾風怒濤.

**kuángfàng**〖狂放〗[形]〈書〉勝手気ままである.

**kuángfèi**〖狂吠〗[動]〖狂ったように吠える;口ぎたなくののしる.

**kuángfēng**〖狂风〗[名]〖狂風.¶~暴雨/荒れ狂う風雨.

**kuánghū**〖狂呼〗[動]狂ったように叫ぶ.

**kuánghuān**〖狂欢〗[動]狂喜する.お祭り騒ぎをする.

**kuánghuānjié**〖狂欢节〗[名]カーニバル.謝肉祭.

**kuángjìn**〖狂劲〗[名]〖~儿〗激しさ.

**kuángjìng**〖狂劲〗[形]〖音楽・踊りなどが〗激しい.

**kuánglán**〖狂澜〗[名]荒れ狂う波;〈喩〉激動する局面.

**kuángqì**〖狂气〗[名]尊大ぶったさま.傲慢をねるさま.

**kuángquǎnbìng**〖狂犬病〗[名]狂犬病.▶"恐水病"とも.

**kuángrè**〖狂热〗[形]熱狂的である.¶~的信徒/狂信者.

**kuángrén**〖狂人〗[名] **1** 狂人. **2** ひどく傲慢な人.

**kuángshèng**〖狂胜〗[形]圧勝する.

**kuángwàng**〖狂妄〗[形]ひどく傲慢である.¶~自大/眼中人なし.

**kuángxǐ**〖狂喜〗[動]狂喜する.ひどく喜ぶ.

**kuángxiǎngqǔ**〖狂想曲〗[名]〈音〉狂詩曲.ラプソディー.

**kuángxiào**〖狂笑〗[動]思いきり笑う.

**kuángxiè**〖狂泻〗[動]〈喩〉〖価格などが〗暴落する.

**kuángyán**〖狂言〗[名]横柄な言い草.

**诳 kuáng**[動]だます.うそを言う.

**kuángpiàn**〖诳骗〗[動]だます.

**kuángyǔ**〖诳语〗[名]うそ.虚言.

**夼 kuǎng**[名]〈方〉くぼ地.▶地名に用いることが多い.

**圹 kuàng**〘矿"kuàng〙に同じ.

**圹（壙）kuàng**[一]①墓穴.¶~穴/墓穴.|打~/墓穴を掘る.②広野.

**kuàngláng**〖圹埌〗[形]〈書〉野原がだだっ広いさま.

**纩（纊）kuàng**[名]〈書〉真綿.

**旷（曠）kuàng** **1**[動]怠る. **2**[形] **1** だだっ広い. **2**〖服・帽などが〗大きすぎる.
[一]心が広々している.‖[姓]

**kuàngdá**〖旷达〗[形]〈書〉物事にこだわらない.

**kuàngfèi**〖旷废〗[動]おろそかにする.

**kuàngfèi**〖旷费〗[動]〖時間・金などを〗浪費する.¶~时间/時間を浪費する.

**kuàng/gōng**〖旷工〗[動]無断欠勤する.する休みする.

**kuànggǔ**〖旷古〗[名]〈書〉**1** いまだかつてない.¶~未闻/前代未聞. **2** 大昔から.

**kuàng/kè**〖旷课〗[動]課業をサボる.授業を無断で欠席する.

**kuàng rì chí jiǔ**〖旷日持久〗〈成〉時間をむだに費やして事を長引かせる.時間をきわめる.

**kuàng shì qí cái**〖旷世奇才〗〈成〉当代まれに見る人材.

**kuàngyě**〖旷野〗[名]広々とした野原.

**kuàngyuǎn**〖旷远〗[形] **1** 広々として果てしない. **2** 〈書〉はるか昔である.

**kuàng/zhí**〖旷职〗[動]無断欠勤する.

**况（況）kuàng**[接続]〈書〉いわんや.まして.

H ①状況．②たとえる．‖姓

**kuàngqiě**【况且】接続〈書〉その上．まして．

## 矿（礦・鑛） kuàng 名 1 鉱床；鉱石．2 鉱山．

**kuàngcáng**【矿藏】名 鉱物資源．
**kuàngcéng**【矿层】名 鉱層．
**kuàngchǎn**【矿产】名 鉱産物．
**kuàngchē**【矿车】名〈鉱〉トロッコ．
**kuàngchén**【矿尘】名〈医〉炭粉．粉塵．
**kuàngchuáng**【矿床】名〈鉱〉鉱床．
**kuàngdēng**【矿灯】名〈鉱〉鉱山用ランプ．
**kuànggōng**【矿工】名 鉱山労働者．
**kuàngjǐng**【矿井】名〈鉱〉立て坑．
**kuàngkēng**【矿坑】名〈鉱〉鉱坑．
**kuàngmài**【矿脉】名〈鉱〉鉱脈．
**kuàngnàn**【矿难】名 炭鉱事故．
**kuàngqū**【矿区】名 鉱区．鉱山区．
**kuàngquán**【矿泉】名 鉱泉．
**kuàngquánshuǐ**【矿泉水】名 鉱泉水．ミネラルウォーター．
**kuàngshān**【矿山】名〈鉱〉鉱山．
**kuàngshí**【矿石】名 1 鉱石．2（ラジオ用の）鉱石．
**kuàngshí shōuyīnjī**【矿石收音机】名〈電〉鉱石ラジオ．
**kuàngwù**【矿物】名〈鉱〉鉱物．
**kuàngyán**【矿盐】名〈鉱〉岩塩．
**kuàngyè**【矿业】名 鉱業．
**kuàngyuán**【矿源】名 地下資源．
**kuàngzhā**【矿渣】名 鉱滓．スラッグ．
**kuàngzhī**【矿脂】名 ワセリン．

## 贶 kuàng 動〈書〉贈る．賜う．

## 框 kuàng 名 1 枠；（~儿）額縁．2 眼鏡のフレーム．2 動 枠にはめる．

**kuàngdìng**【框定】動 確定する．
**kuàngjià**【框架】名 1〈建〉骨組み．枠組み．2〈喩〉物事の体系・構成・構造．
**kuàngkuang**【框框】名 1 四方を囲んだ線：囲み．枠．アウトライン．2（物事のしきたり，前もって決められた範囲．
**kuàngzi**【框子】名 縁．¶眼镜~/眼鏡のフレーム．

## 眶 kuàng H 目．目縁．¶热泪盈 yíng~/熱い涙が目にあふれる．

## kui（ㄎㄨㄟ）

## 亏（虧） kuī 動 1 損をする．¶不足する．2 義理を欠く．2 副 1 幸いにも…．おかげで…．¶~他机灵，敏捷 xùnjié 地躲过去/彼の機転のおかげで，私たちは逃げることができた．2 よくもまあ…．¶这种话~你说得出来/よくもまあそんなことが言えたもんだ．3〈吃〉~/損をする．

**kuī/běn**【亏本】動 元手をする．做买卖亏了本/商売で元手をした．

**kuī//chǎn**【亏产】動 予定生産量に達しない．
**kuī//chèng**【亏秤】動 1（物を量り売りするときに）少なく量って渡す．2（目方が）目減りする．
**kuīdài**【亏待】動 義理を欠いたもてなしをする．
**kuīde**【亏得】副 1 幸い（にも）．おかげで．2 よくもまあ…．
**kuīduǎn**【亏短】動（数量が）不足する，足りない．
**kuīfù**【亏负】動 1（恩義などに）背く；（好意などに）報いない．2 義理を欠く．
**kuīhào**【亏耗】動 1 損耗する．2 物が傷んで減る．
**kuīkōng**【亏空】動 1 欠損する．赤字を出す．¶上月~了一千元/先月は1000元の赤字．2 欠損．赤字．
**kuīlěi**【亏累】動 積もり積もった欠損〔借金〕．
**kuīqiàn**【亏欠】動 1 元手をなくした上に借財ができる．2 不足する．欠ける．
**kuīshé**【亏折】動（資本）に食い込む；損をする．¶~血本xuěběn/元手をする．
**kuīshí**【亏蚀】動 1（太陽や月の）食．日食．月食．2（資本などが）欠損する．2 損をする．
**kuīsǔn**【亏损】動 1 欠損する．2 身体が衰弱する．
**kuī//xīn**【亏心】動 やましく思う．

## 岿（巋） kuī 0

**kuīrán**【岿然】形〉高くそびえるさま．

## 悝 kuī 人名用字．"李悝"は戦国時代の政治家．

## 盔 kuī 名 1 かぶと．2 鉢．

**kuī** 帽子．¶头~/ヘルメット．
**kuījiǎ**【盔甲】名〈古〉甲冑（ちゅう）．よろいかぶと．
**kuīzi**【盔子】名〈方〉やや深めの鉢．

## 窥（闚） kuī H のぞきうかがう．

**kuī bào yī bān**【窥豹一斑】成 見識が狭い．
**kuīcè**【窥测】動〈書〉うかがう．ひそかに探る．
**kuīchá**【窥察】動 のぞき見る．そっと探る．
**kuījiàn**【窥见】動〈書〉垣間見る．
**kuīkàn**【窥看】動 盗み見る．
**kuīshì**【窥视】動 盗み見る．うかがう．¶~敌情/敵情をさぐる．
**kuīshìjìng**【窥视镜】名（ドアの）防犯用のぞき穴．
**kuīsì**【窥伺】動〈貶〉ひそかに動静をさぐり機会をうかがう．
**kuītàn**【窥探】動 ひそかに探る．そっとのぞき見る．
**kuīwàng**【窥望】動 のぞき見る．

## 奎 kuī 名〈二十八宿の〉ときぼし．

**kuíníng**【奎宁】名〈薬〉キニーネ．

# kui

**逵** kuí 〓〈各地に通じる〉道路.

**馗** kuí 〖逵kuí〗に同じ.

**隗** kuí ‖姓 異読⇒wěi

**揆** kuí 〓 **1** 動 推し量る. **2** 名 標準.
**kuíduó**〖揆度〗動〈書〉推理する. 推測する.
**kuí qíng duó lǐ**〖揆情度理〗〈成〉人情と道理に基づき推し量る.

**葵** kuí 名 花の大きな草本植物の名称に用いる. ¶向日～/ヒマワリ. ‖姓
**kuíhuā**〖葵花〗名〈植〉ヒマワリ.
**kuíhuāzǐ**〖葵花子〗名〔～儿〕ヒマワリの種.
**kuíshàn**〖葵扇〗名 ビロウの葉で作ったうちわ.

**喹** kuí ○
**kuílín**〖喹啉〗名〈化〉キノリン.

**暌** kuí 〓 離れる. 隔たる.
**kuíbié**〖暌别〗動〈書〉別れる.
**kuígé**〖暌隔〗動〈書〉遠く離れる.
**kuílí**〖暌离〗動〈書〉遠く別れる；離別する.
**kuíwéi**〖暌违〗動〈書〉遠く別れる. ¶～数载zǎi/（套）お別れしてから幾年もちました.

**魁** kuí 〓 ① 首領. ② 先駆け. ③ 立派な体格. ‖姓
**kuíshǒu**〖魁首〗名 **1** 第一人者. **2** 首領.
**kuíwéi**〖魁伟〗形〈体格が〉立派である.
**kuíwú**〖魁梧〗形〈体格が〉立派である. たくましい.
**kuíxīng**〖魁星〗名 **1**〈天〉北斗七星の魁星（ホシ）. **2** 文人の文運を司る神.

**睽** kuí 〓 ① 背く. ② 隔たる.
**kuíkuí**〖睽睽〗形 注視するさま. ¶众目～/衆目の集まるところ.
**kuíyì**〖睽异〗動〈書〉意見が合わない.

**蝰** kuí ○
**kuíshé**〖蝰蛇〗名（動）ラッセルクサリヘビ；カラトマシレ.

**夔** kuí 〓 **1**（旧府名）夔(ゥ)州. **2**（古代伝説中の）一本足の怪獣.

**傀** kuǐ ○
**kuǐlěi**〖傀儡〗名 **1**（人形芝居の）木偶(ﾃﾞ), 操り人形. 傀儡(ｼ). **2**〈喩〉〈主として政治上の〉傀儡. ¶～政权/傀儡政権.
**kuǐlěixì**〖傀儡戏〗名 人形芝居.

**跬** kuǐ〈古〉1 歩. ▶片足を踏み出した長さ.
**kuǐbù**〖跬步〗名〈書〉わずかな距離.
**kuǐ bù qiān lǐ**〖跬步千里〗〈成〉物事はおこたらなければ、必ず成功する.

**匮** kuì 〓 欠乏する.
**kuìfá**〖匮乏〗動〈書〉〈物資が〉欠乏する.
**kuìjié**〖匮竭〗動〈書〉枯渇する.
**kuìquē**〖匮缺〗動〈書〉不足する.

**喟** kuì 〓 ため息をつく.
**kuìrán**〖喟然〗形〈書〉ため息をつくさま.
**kuìtàn**〖喟叹〗動 感極まってため息をつく.

**馈（餽）** kuì 〓 物を贈る. ¶～送/同上.
**kuìzèng**〖馈赠〗動〈物を〉贈る.

**溃** kuì 〓 ① 決壊する. ② 突破する. ③ 崩れる. 異読⇒huì
**kuìbài**〖溃败〗動〈軍隊が〉負ける, 崩れる.
**kuì bù chéng jūn**〖溃不成军〗〈成〉軍隊が総崩れになる.
**kuìjué**〖溃决〗動〈堤防などが〉決壊する. ¶～成灾/〈堤防などが〉決壊して災害となる.
**kuì//kǒu**〖溃口〗動〈堤防などが〉決壊する；間が水切れる.
**kuìlàn**〖溃烂〗動 潰爛(ﾗﾝ)する.
**kuìluàn**〖溃乱〗動 崩壊して乱れる.
**kuìmiè**〖溃灭〗動 壊滅する.
**kuìsàn**〖溃散〗動 敗走される.
**kuìtáo**〖溃逃〗動 敗走する.
**kuìtuì**〖溃退〗動〈軍隊が〉態勢を崩して敗退する.
**kuìyáng**〖溃疡〗名〈医〉潰瘍(ｼ). ¶胃～/胃潰瘍.

**愦** kuì 形〈書〉〈心が〉乱れる；愚かである. ¶昏hūn～/ぼんやりする；間が抜ける.

**愧（媿）** kuì 形 恥じ入る.
**kuì bù gǎndāng**〖愧不敢当〗〈套〉どうも恐れ入ります. ▶与えられた栄誉や贈り物に対する謙譲語.
**kuìhàn**〖愧汗〗動〈書〉恥じ入って冷や汗をかく.
**kuìhèn**〖愧恨〗動 悔やみ恥じる.
**kuìhuǐ**〖愧悔〗動 恥じて悔やむ.
**kuìjiù**〖愧疚〗動 後悔し負い気がとがめる.
**kuìlǐng**〖愧领〗〈套〉ちょうだいいたします.
**kuìsè**〖愧色〗名 恥じ入った顔つき.
**kuìtòng**〖愧痛〗動 恥じて苦しむ.

**襟** kuì 名（方）〔～儿〕（縄やひもの）結び目, くくり目. ¶活～/ひきとき結び. 花結び. ¶死～/かた結び. **2** 動 つなぐ. 結ぶ. 縛る. ¶把马～上/馬をつなぐ.

**聩** kuì 〓〈書〉〈生まれつき〉耳の聞こえないこと〔人〕.

**篑** kuì 名〈古〉土を盛るかご. もっこ. ¶功亏一～/九仞(ｼﾞﾝ)の功を一簣(ｷ)に欠く.

## kun (ㄎㄨㄣ)

**坤** kūn [名]〈易の八卦げの一〉坤(ご). ；〈転〉女性・陰の象徴.

**kūnbāo**【坤包】[名] 女性用の袋物.

**kūnbiǎo**【坤表】[名] 女性用腕時計.

**kūnchē**【坤车】[名] 女性用自転車.

**kūnjué**【坤角】(~儿)[旧] 女優. ▶ "坤伶"ともいて、現在は"女演员".

**kūnzào**【坤造】[名]〈婚姻における〉女性側. 2 女子の"生辰八字".

**kūnzhái**【坤宅】[名]〈旧〉花嫁の実家.

**昆** kūn [姓]

**kūn** [日] ① 多い. ② 兄. ③ 子孫.

**kūnbù**【昆布】[名]〈中薬〉昆布.

**kūnchóng**【昆虫】[名] 昆虫.

**kūnjì**【昆季】[名]〈書〉兄弟.

**Kūnlún**【昆仑】[名]〈地名〉崑崙(ぐん).

**Kūnmíng**【昆明】[名]〈地名〉昆明(ぐん).

**kūnqiāng**【昆腔】[名] "昆山"一帯(江蘇省南部)で発生した歌劇、またその調子・節回し.

**kūnqǔ**【昆曲】[名] ① "昆腔"によって歌う戯劇. ② →**kūnqiāng**【昆腔】

**kūnzhòng**【昆仲】[名]〈書〉ご兄弟.

**崑** kūn ◎

**Kūnlún**【崑崙】→**Kūnlún**【昆仑】

**焜** kūn [書] 明るい. 輝く.

**髡**(髨) kūn〈古〉男子の髪を剃り落とす刑罰.

**鹍**(鶤) kūn ◎

**kūnjī**【鹍鸡】[名]〈古〉ツルに似た鳥.

**锟** kūn ◎

**Kūnwú**【锟铻】[名] 古書に見える山の名.

**醌** kūn〈化〉キノン.

**鲲**(鯤) kūn [名] 中国の伝説中の大魚. 鯤(ご).

**kūnpéng**【鲲鹏】[名] 伝説中の大魚と大鳥.

**捆**(綑) kǔn ❶ [動] 縛る. 束ねる. ❷ [量] (~儿)束. ¶一~葱/1把のねぎ.

**kǔnbǎng**【捆绑】[動]〈人〉を縄で縛る.

**kǔnzā**【捆扎】[動] 縄などを掛けて荷造りする、梱包する.

**kǔnzi**【捆子】[名] 束.

**阃** kǔn ❶〈書〉敷居. ②〈女性の住んでいる〉奥の部屋. ¶阃 guī——/閨房. ③女性.

**悃** kǔn [書] 真心. 誠. ¶一诚/誠意. ¶聊表谢——/いささか謝意を表します.

**kǔnbì**【悃愊】[形] 誠実である.

**壸**(壼) kǔn [名]〈書〉宮中の道.

**困**(睏) kùn ❶ [動] ¹ 包囲する. 閉じ込める. ² 苦しめる. ¶这下可把我给——住了／今度はほったくにっちもさっちもいかなくなった. ③〈方〉眠る. ❷ [形] 眠い.

---

**499**                                     **kuò**

**日** 貧窮する. 行き詰まる.

**kùnbèi**【困惫】[形]〈書〉困憊(ざい)する.

**kùnchǔ**【困处】[動] 困難な立場にある. 困難な場に身を置く. 2 困難な立場にある.

**kùndùn**【困顿】[書] ¹ 疲れ果てている. ² 〈生活や不運な境涯に〉苦しんでいる. 困窮している.

**kùnfá**【困乏】[形] ¹ 疲れている. ² 〈書〉(経済や生活が)窮乏する、困窮する.

**kùnhuò**【困惑】[形] 困惑している. とまどっている. ¶——不解的问题/解けなくて途方に暮れてしまう問題.

**kùnjìng**【困境】[名] 苦境. 苦しい立場. ¶摆脱——/苦境から抜け出す.

**kùnjiǒng**【困窘】[形] ¹ 困惑している. 当惑している. ² 困窮している.

**kùnjú**【困局】[名] 困難な局面.

**kùnjuàn**【困倦】[形] だるくて眠い.

**kùnkǔ**【困苦】¹ [形] 困苦している；困り苦しむ. ² [名] 苦しみ.

**kùnnan**【困难】❶ [形] ¹ 〈仕事・学習や行動・状況などが〉難しい、困難である. ² (経済的に)苦しい、困窮している. ¶生活——/生活が苦しい. ❷ [名] 困難. 難題. 支障. ¶克服——/困難を乗りこえる.

**kùnnánhù**【困难户】[名] ¹ 貧困家庭. 貧しい家. ² 〈俗〉(結婚相手がなかなか見つからない)緣遠い人.

**kùnrǎo**【困扰】[動] 困らせる. 当惑させる. ¶这是一个难题 nántí所——/一つの難しい問題に困惑している.

**kùnrén**【困人】[形]〈体が〉だるい、眠い.

**kùnshǒu**【困守】[動] 死守する.

**kùn shòu yóu dòu**【困兽犹斗】〈成〉窮地に陥った悪人がかえって頑強に抵抗する. 窮鼠(ざう)猫をかむ.

## kuo（ㄎㄨㄛ）

**扩**（擴） kuò [動] 広げる.

**kuòbǎn**【扩版】[動]〈新聞や雑誌が〉紙誌面を拡大する、増ページを行う.

**kuòbiān**【扩编】[動]〈軍〉編制を拡大する.

**kuòchōng**【扩充】[動]〈人員・設備・資金・内容などを〉拡充する、増強する.

**kuòdà**【扩大】[動] 規模・範囲・生産・見聞・影響などを拡大する. 広げる. ¶——市场/マーケットを拡大する.

**kuòdàhuà**【扩大化】[動] 拡大化する.

**kuò/gǔ**【扩股】[動]〈経〉新株を発行する. 増資する.

**kuòjiàn**【扩建】[動] 拡張する. 増築する.

**kuòjūn**【扩军】[動] 軍備拡張をする.

**kuòquán**【扩权】[動] 権限を拡大する. ¶(特に)企業の自主権を拡大する.

**kuòróng**【扩容】[動] 規模を拡大する.

**kuòsàn**【扩散】[動] 拡散する. 蔓延する. 広がる.

**kuòxiāo**【扩销】[動] 販路を拡大する.

**kuòxiōngqì**【扩胸器】[名]〈体〉エキス

kuò

パンダー.
**kuòyīnjī**【扩音机】名 拡声器. ラウドスピーカー.
**kuòyìn**【扩印】動（写真を）引き伸ばしプリントする.
**kuòzhǎn**【扩展】動 広げる. 広める. 拡大する.
**kuòzhǎncáo**【扩展槽】名〈電算〉拡張スロット.
**kuòzhǎnmíng**【扩展名】名〈電算〉拡張子.
**kuòzhāng**【扩张】動 勢力・領土・野心などを**拡張する**. 拡大する.
**kuòzhāo**【扩招】動 生徒募集枠を広げる.

**括** kuò H ① くくる. 束ねる. ② 一つにまとめる. ‖ 異読⇨guā
**kuòhào**【括号】名 かっこ. ▶ "小括号"は（ ）, "中括号"は［ ］, "大括号"は｛ ｝.
**kuòhú**【括弧】名〈数〉(丸) かっこ.

**逅**（适）kuò 形〈書〉速い. 迅速である. ▶ 人名に用いることが多い.

**蛞** kuò ❶
**kuòlóu**【蛞蝼】名〈古〉"蝼蛄"(ケラ) をさす.
**kuòyú**【蛞蝓】名〈動〉ナメクジ.

**阔**（濶）kuò 形 金持ちである.
‖ ① 広い. ② 長い.
**kuòbié**【阔别】動 長い間離別する.
**kuòbù**【阔步】動 闊歩する. 大股に歩く.
**kuòchuò**【阔绰】形 生活が豊かでぜいたくである.
**kuòlǎo**【阔佬】名〈方〉(男の) 金持ち. 金満家. ▲"阔老"とも.
**kuòqì**【阔气】形 豪奢 (ごうしゃ) で派手好きである.
**kuòrén**【阔人】名 金持ち. お大尽.
**kuòshào**【阔少】名 金持ちのお坊ちゃん. 若だんな.
**kuòyèshù**【阔叶树】名〈植〉広葉樹.

**廓** kuò H ① 広く大きい. ② 周囲.
**kuòqīng**【廓清】動 1 除き清める. 2 掃き清める.

アルファベットの混じったことば

**K jiě**【K姐】名〈俗〉カラオケバーのホステス.
**K sǐ**【K死】名〈俗〉キス.
**K xiàn**【K线】名〈経〉株の動きを示すグラフ. ¶周～/週足チャート.
**KTV**【KTV】名〈略〉個室カラオケ.

**L**

**la（ㄌㄚ）**

**垃** lā ❶
**lājī**【垃圾】名 ごみ. ちり. ¶倒 dào～/ごみを捨てる.
**lājīduī**【垃圾堆】名 ごみの山.
**lājīgǔ**【垃圾股】名〈経〉業績が悪く値段の安い株. くず株.
**lājīxiāng**【垃圾箱】名 ごみ箱.
**lājī yóujiàn**【垃圾邮件】名〈電算〉ジャンクメール. スパムメール.

**拉** lā 動 1 引く. ¶ ～板车／荷車を引く. ¶ ～抽屉 chōuti／引き出し (引いて) 開ける. ¶ ～着手／手に手をとって. 2（弦楽器を）弾く. ¶ ～小提琴／バイオリンを弾く. 3〈口〉排便する. ¶ ～～屎 shǐ. 4 取り入る. ¶ ～生意／取引関係をつくる. 5 引きおしゃべりする. ¶ ～～家常. 6 (声・距離などを) 引き伸ばす. 7 (方) 育てる. 8 (車で) 運ぶ；(集団を) 移動させる. 9 巻き添えにする. ¶这是你自己做的事, 为什么要～上别人？／これは君が自分でしたことじゃないか, どうして人を巻き添えにするのか. 10 援助の手を差し伸べる. ¶别人有困难, 就要～他一把／人が困っていたら, 救いの手を差し伸べるべきだ. 異読⇨lá, là

**lāba**【拉巴】動〈方〉(苦労して) 育てる；面倒をみる.
**lā bāng jié huǒ**【拉帮结伙】成 徒党を組む. ぐるになる.
**lābuxià liǎn**【拉不下脸】〈慣〉〈口〉容赦なく…することができない.
**lācháng liǎn**【拉长脸】〈慣〉仏頂面をする.
**lāche**【拉扯】動〈口〉1 引っ張る；引きとめる. 2（子供を）苦労して育てる. ¶大娘好不容易今把他～大／おばさんは苦労してこの子を育てあげた. 3 引き立てる. 4（人を）抱き込む. 5 巻き込む. 6 よもやま話をする.
**lā dàqí, zuò hǔpí**【拉大旗, 作虎皮】〈慣〉見かけは立派な看板を出して, 人をおどかしたり脅したりする.
**lādǎo**【拉倒】動+結補〈俗〉やめる. 放っておく.
**lādexià liǎn lái**【拉得下脸来】〈慣〉容赦なく…することができる.
**Lādīng měizhōu**【拉丁美洲】名〈地名〉ラテンアメリカ.
**Lādīng mínzú**【拉丁民族】名 ラテン民族.
**Lādīngwén**【拉丁文】名 ラテン語.
**Lādīng zìmǔ**【拉丁字母】名 ラテン文字.
**lādòng**【拉动】動 増大させる. 発展させる.
**lā dùzi**【拉肚子】〈口〉腹を下す. 下痢をする.
**lā/gōu**【拉钩】動（～儿）指切りする.
**lā/guǎr**【拉呱儿】動〈方〉雑談をする.
**lā guānxi**【拉关系】〈慣〉渡りをつける；コネを利用する.
**lāguār**【拉罐儿】名〈俗〉(音) プルタブ.

lā hòutuǐ【拉后腿】〈惯〉足を引っ張る.人や事業の進歩・進展を妨げる.
Lāhùzú【拉祜族】〈名〉中国の少数民族(Lahu)族.
lā/huà【拉话】〈动〉〈口〉雑談する.
lāhuáng【拉簧】〈名〉〈体〉エキスパンダー.
lā jīhuang【拉饥荒】〈惯〉〈方〉借金をする.
lā jiācháng【拉家常】〈口〉世間話をする.雑談する.
lā jiā dài kǒu【拉家带口】〈成〉(面倒を見なければならない)家族の者を引き連れる.
lā/jià【拉架】〈动〉殴り合いのけんかの仲裁をする.
lā jiāoqíng【拉交情】〈惯〉関係をつける.取り入る.
lā/jiǎo【拉脚】〈动〉(~儿)荷車で人や荷物を運ぶ.
lā jìnhu【拉近乎】〈惯〉取り入る;(人に近づこうとして)親しげに振る舞う.
lā/jù【拉锯】〈动〉1 のこぎりをひく.2 一進一退する.¶~战/シーソーゲーム.
lā/kāi【拉开】〈动+结辅〉1 引いて開ける.2 引き離す.
lā/kè【拉客】〈动〉食堂・旅館・娼婦などが客引きをする.(輪タク・タクシーなどが)客を乗せて走る.
lā kuīkong【拉亏空】〈惯〉借金する.
lālādui【拉拉队】〈名〉応援団.
lālachěchě【拉拉扯扯】〈动〉1 引っ張り回す.2 (男女が)いちゃつく.
lā lángpèi【拉郎配】〈惯〉〈方〉抱き合わせ販売をする.
lālì【拉力】〈机〉引っ張り強度;〈物〉張力.
lālìsài【拉力赛】〈名〉カーラリー.
lāliàn【拉练】〈军〉野営訓練.
lāliàn【拉链】〈名〉(~儿)チャック,ファスナー.[根,条]¶拉上[拉开]~/ファスナーを上げる[下ろす].
lālǒng【拉拢】他人をうまく言いくるめて自分の味方にする.
lā mǎimai【拉买卖】〈惯〉お得意先をつくる.
lāmiàn【拉面】〈名〉ラーメン.
lāní'nà xiànxiàng【拉尼娜现象】〈名〉〈气〉ラニーニャ現象.
lā pítiáo【拉皮条】〈惯〉〈俗〉ポン引きをする.(男女の間を)取り持つ.
lā/piào【拉票】〈动〉(選挙などで)票集めをする.
lā/píng【拉平】〈动+结补〉等しくする.等しくなる.
lā/qiàn【拉纤】〈动〉1 岸で船を引く.2 渡りをつけて取り持つ.
lā qīngdān【拉清单】〈惯〉明細書をつくる.
Lāsà【拉萨】〈地名〉拉薩(ラ).
lā shāntóu【拉山头】〈惯〉党派を作る.セクト活動をする.

lā/shǐ【拉屎】〈动〉〈俗〉うんこをする.
lā/shǒu【拉手】〈动〉握手する.手をつなぐ.
lāshou【拉手】〈名〉(ドアや引き出しなどの)取っ手,引き手.
lāsuǒ【拉锁】〈名〉(~儿)〈口〉ファスナー.
lā tìshen【拉替身】自分の身代わりをつくる.
Lātuōwéiyà【拉脱维亚】〈名〉〈地名〉ラトビア.
lā/xī【拉稀】〈俗〉1 下痢をする.2 へまをする.いざとなると逃げる.
lāxià liǎn【拉下脸】〈惯〉1 遠慮会釈しない.情け容赦しない.2 むっとする.
lāxià mǎ【拉下马】〈惯〉(人を地位などから)引きずり下ろす.
lāxià shuǐ【拉下水】〈惯〉人を不正行為に誘い込み堕落させる.
lā/xiàn【拉线】〈动〉仲立ちをする.
lā yángpiàn【拉洋片】〈动〉のぞき眼鏡を見せる.のぞきからくりを見せる.
lā yī bǎ【拉一把】〈惯〉人の手助けをする.
lā yìngshǐ【拉硬屎】〈惯〉無理をする.やせ我慢をする.
lāzá【拉杂】〈形〉〈方〉とりとめがない.筋が通らない.
lā zànzhù【拉赞助】援助を求める.スポンサーをさがす.
lā/zhàng【拉账】〈动〉〈口〉借金する.

## 啦

lā →lālīlālā【哩哩啦啦】
异读⇒la
lālādui【啦啦队】→lālādui【拉拉队】

## 邋

lā ⓞ
lāta【邋遢】〈形〉〈方〉うす汚い.だらしない."邋里邋遢lālilātā"の形で強調することもある.

## 旯

lá →gálár【旮旯儿】

## 拉

lá【动】(刃物で)切る.傷をつける.
异读⇒lā

## 砬

(磖) lá ⓞ
lázi【砬子】〈名〉〈方〉山上の大きな岩.▶地名に用いることが多い.

## 拉

lá →bànlā【半拉】
异读⇒lā, lǎ

lǎ【拉架】〈形〉〈方〉そそっかしい.いい加減だ.

## 喇

lǎ ⓞ【姓】
lǎba【喇叭】〈名〉1 ラッパ.[个,支]¶吹~/ラッパを吹く.2 ラウドスピーカー.
lǎbahuā【喇叭花】〈名〉〈植〉アサガオ.
lǎbakù【喇叭裤】〈名〉(~儿)ラッパズボン;(すそ幅の広い)パンタロン.
lǎbatǒng【喇叭筒】〈名〉〈俗〉メガホン.
lǎma【喇嘛】〈名〉〈宗〉ラマ僧.
Lǎmajiào【喇嘛教】〈名〉〈宗〉チベット仏教.ラマ教.

## 剌

là ▣ひねくれている.¶乖guāi~/ひねくれている.

# là

**落** là [動] **1** もれる. 書き落とす. **2** 置き忘れる. **3** おくれる. 異読⇨lào, luò

**làkòng**[落空]動(~儿)〈方〉**1** チャンスを逃す. **2** うっかりして忘れる. ⇨luò/kōng

**腊**(臘・腊) là [①旧暦12月. ¶~月. ②魚肉類の薫製. ¶~→肉. ‖姓

**Làbā**[腊八]名(~儿)臘八·会(ﾎﾞｶﾞ) (旧暦の12月8日).

**làbāzhōu**[腊八粥]名 旧暦の12月8日に食べるかゆ.

**làcháng**[腊肠]名(~儿)腸詰め. ソーセージ. 〔根,条〕

**làméi**[腊梅]名〈植〉ロウバイ. カラウメ.

**làròu**[腊肉]名 肉の薫製;ベーコン.

**làwèi**[腊味]名 薫製にした魚・肉の総称.

**làyuè**[腊月]名 旧暦の12月.

**蜡**(蠟) là [形] **1** ろう;ろうそく.

**làbǎn**[蜡版]名 謄写原版.

**làbǐ**[蜡笔]名 クレヨン.〔支〕

**làguāngzhǐ**[蜡光纸]名 つや出し紙.

**làhuā**[蜡花]名(~儿)ろうそくの丁子頭(ﾁｮｳｼﾞｶﾞｼﾗ).

**làhuáng**[蜡黄]形(ろうのように)黄色い.

**làliáo**[蜡疗]名 パラフィン療法.

**làqiān**[蜡扦]名 ろうそく立て.

**làrǎn**[蜡染]名 ろうけつ染め.

**làrén**[蜡人]名(~儿)ろう人形.

**làtái**[蜡台]名 燭台.

**làtóur**[蜡头儿]名 ろうそくの燃えさし.

**làxiàng**[蜡像]名 ろう細工.

**làzhǐ**[蜡纸]名 パラフィン紙. 謄写原紙.

**làzhú**[蜡烛]名 ろうそく.〔枝,支,根〕¶点~/ろうそくに火をつける.

**辣** là [①[形] **1**(ひりひりして)辛い. **2** 悪辣(ｱｸﾗﾂ)である. ②[動]辛さが口・鼻・目などを刺激する. ひりひりさせる.

**làhūhū**[辣乎乎]形(~的)ひりひりする.

**làjiàng**[辣酱]名〈料理〉唐辛子みそ.

**làjiāo**[辣椒]名 唐辛子.

**làshǒu**[辣手]名 悪辣(ｱｸﾗﾂ)な手段. ②[形] **1** 手段が悪辣である. **2** 手に負えない, やりにくい.

**làsīsī**[辣丝丝]→**làsūsū**[辣酥酥]

**làsūsū**[辣酥酥]形(~的)ちょっぴり辛い.

**làyóu**[辣油]名〈料理〉ラー油.

**làzi**[辣子]名 **1** 唐辛子.**2**〈喩〉大胆で気性が激しい女性.

**蜡** là **○**

**làgǔ**[蜡蛄]名〈動〉ザリガニ.

**镴**(鑞) là 〈方〉はんだ.

**啦** la 語気助詞"了le"と"啊a"の合音. 異読⇨lā

**靼** la →**wùla**[靰靼]

## lai (ㄌㄞ)

**来**(來) lái ①[動] **1**(↔去)来る. ¶~快~吧！/早く来なさい. ¶家里~信了/家から手紙が来た. **2**(問題や事件などが)発生する. ¶问题~了也不用急/問題が起こっても慌てることはない. **3** する.▶具体的な動作を表す動詞の代わりに用いる. ¶我自己~/自分でやります.**4**(他の動詞の前に用い,動作に取り組む積極的な姿勢を表す)¶我~介绍一下儿/私からご紹介しましょう. **5**(動詞句の後に用い,どういう目的で来るのかを表す)¶他到北京找工作~了/彼は北京へ仕事を探しにやって来た.**6**("動詞句[前置詞句]+"来"+動詞(句)"の形で,動作の方法・方式とその目的を示す)¶我们开个联欢会～欢迎新同学/コンパを開いて新入生を歓迎する.

②[助] **1**(概数を表す)～くらい. ほど. ¶二十～岁/二十歳前後. **2**(時間や期間を表す語の後に置かれ,それから発話時までの期間を示す)以来. このかた. ¶十年～/10年来. ¶一,二,三"などの数詞の後に置き,列挙を表す)¶一～,二～/一つには…,二つには….**4**(詩歌や呼び売りなどで,言葉の調子をととのえるために用いる)

③[感](人を促しての)さあ ¶~～～,喝吧！/さあさあ,飲みなさい. ‖姓

▶方向補語"-来"の用法◀

① a 動作が話し手に向かってなされることを表す. ¶快把水拿~/早く水を持って来い.

b "看{说,想,听,算}"+"来"の形で挿入句として用い,話し手がある結論を出す過程を表す. ¶看~,…/見たところ….¶想~,…/思えば….

c "動詞1"+"来"+動詞2+"去"の形で動作の反復を表す.

② a "動詞+"得/不"+"来"の形. a 感情的に合うか否かを表す. ¶你跟他一定合得~/君はあの人ときっと合う.

b 習慣や経験があり慣れていてできるか否かを表す. ¶中国菜,你吃得~吃不~?/中国料理は,君は食べられますか.

**láibīn**[来宾]名 来賓. 来客.

**láibude**[来不得]動+可補 …であってはならないよ. …してはならない.

**láibují**[来不及]動+可補 間に合わない. 追いつかない.

**láibulái**[来不来]副 ともすれば.

**lái//cháo**[来潮]動 **1** 潮が満ちてくる. ¶心血～/はっと名案が浮かぶ.

**2** 月経が始まる.

**láidào**【来到】**動** 到来する.

**láide**【来的】→**láizhe**【来着】

**láide**【来得】**動 1**（方）できる. よくする. **2**（他と比べて）際立って…である.

**láidejí**【来得及】**動**+可補 まだ間に合う. ¶現在出发还～/今から出かけても間に合う.

**lái/diàn**【来电】**1 名 1** 来电. **2** 動（停電した後）再び電気が来る.

**láidiàn xiǎnshì**【来电显示】名 ナンバーディスプレイ.

**láifǎng**【来访】動 来访する.

**láifùqiāng**【来复枪】名 ライフル銃.

**lái/gǎo**【来稿】**1** 動（編集部に）原稿が届く, 投稿がある. **2** 名 投稿原稿.

**láihán**【来函】名〈書〉来書. 貴翰.

**láihénɡjī**【来亨鸡】名〈鳥〉レグホン.

**láihuí**【来回】**1** 動 **1** 往复する. **2**（名）往复. ¶一天可以两个～儿/日に2回往复できる.

**lái huí lái qù**【来回来去】〈成〉（同じ所で）行ったり来たりする;（同じことを）何度も繰り返す.

**láihuípiào**【来回票】名 往复切符.

**lái/huǒ**【来火】動〈～儿〉かっとなる. 頭にくる.

**láijiàn**【来件】名（郵送などの方法で）届いた文書etc.

**lái/jìn**【来劲】動〈～儿〉張り切る. 勢いがつく; 心が奮い立つ.

**láikè**【来客】名 来客.

**láilì**【来历】名 いわれ. 由来. ¶这张油画大有～/この油絵には深いいわれがある.

**láiliào jiāgōng**【来料加工】〈経〉委託加工貿易.

**láilín**【来临】動〈書〉到来する. 臨席する.

**lái lóng qù mài**【来龙去脉】〈成〉人の来歴や物事の経过. いきさつ. 原因と結果.

**láilù**【来路】名 **1** こちらへ来る道筋. **2** 出所.

**láiyóu**【来由】名 来歷. 由来.

**láinián**【来年】名（方）来年.

**láiqù**【来去】**1 名 1** 往复. 行き帰り. **2** 行き来. **2** 動 行き来する. 付き合う.

**…lái…qù**【…来…去】（型）動作の繰り返しを表す. ¶想～想～/あれこれ考える.

**lái qù fēn míng**【来去分明】〈成〉**1** 金銭の収支がはっきりしている（ごまかしがない）. **2**（人が）公明正大である, やましいところがない.

**láirén**【来人】名 使いの者.

**láirén**【来人】名（方）（商取引・贷贷付などの）仲かい人, 周旋人.

**lái rì**【来日】名〈書〉明日. 将来.

**lái rì fāng cháng**【来日方长】〈成〉これからまだ先が長い. あせらなくても事を成し遂げる時間は十分にある.

**láishēng**【来生】名 来世.

**láishì**【来势】名（動作や物事の現れる）势い.

**lái/shì**【来世】**1** 動（～儿）（方）（"会, 不会"を伴って）人との付き合いが上手下手である. **2** 形〈方〉（人柄が）よい, よろしい. **3 名**（方）将来のこと. 先々のこと.

**láitou**【来头】名 **1** わけ. いわれ. **2** 兆し. 勢い. **3**（人の）地位, 身分. **4**（～儿）やりがい. おもしろみ.

**láiwǎng**【来往】動 行き来する.

**laiwang**【来往】名 交際する.

**lái/xìn**【来信】**1** 動 手紙をよこす. **2 名** 来信.

**láiyì**【来意】名 来意. 来访のわけ.

**láiyóu**【来由】名 经歴. 由来; わけ. 原因.

**láiyuán**【来源】**1** 名（物事の）源, 出所. ¶经济～/お金の出所. **2** 動（後に"于"を伴って）…は…から出てくる.

**lái zhě bù jù**【来者不拒】〈成〉（同じ所で）行ったり来たりする;（同じことを）何度も繰り返す.

**lái zhě bù shàn, shàn zhě bù lái**【来者不善, 善者不来】〈成〉来る者は不善の悪意を抱いているやつばかりだ.

**láizhe**【来着】動 過去の出来事を回想して…していた. …であった.

**lái zhì bù yì**【来之不易】〈成〉物事を達成したり手に入れるのは容易ではない.

**láizì**【来自】動 …から来る. ¶～五湖四海/全国の津々浦々から集まる.

**lái**【莱】**1 名**〈植〉アカザ. **2**〈古〉休耕地; 荒地.

**láisè**【莱塞】名 **1** レーザー. **2**→**jīguāngqì**【激光器】

**Láisuǒtuō**【莱索托】名〈地名〉レソト.

**lái**【峡】lái 地名用字.

**lái**【徕·俫】lái →**zhāolái**【招徕】

**lái**【涞】lái 地名用字. "涞水"は河北省にある県名.

**lái**【棶】lái **0**

**láimù**【棶木】名〈植〉ミズキ.

**lái**【铼】lái〈化〉レニウム. Re.

**lài**【赉】lài〈書〉赐う. 下赐する.

**lài**【睞】lài **1** 横目で見る. ¶青～/好意のまなざし.

**lài**【赖】**1** 動 **1**（責任や过失などを）言い逃れをする, 人になすりつける. **2** 責める. とがめる. **3** だだをこねて動かない. 居すわる.

**2 形**（口）悪い.

**làicír**【赖词儿】名（方）言い逃れの言葉; 無実の罪を着せる言葉.

**lài/hūn**【赖婚】動 婚约を破棄する.

**làipí**【赖皮】[名] **1** ごろつき行為. ¶要~／ごねる. **2**[动] ごねる. 因縁をつける.

**lài/xué**【赖学】[动]〈方〉学校をサボる.

**lài/zhàng**【赖账】[动] 借金を踏み倒す.

**làizi**【赖子】[名] ごろつき.

瀬 **lài**[名]〈書〉早瀬. 水の流れの速い所.

癩 **lài**[名]〈医〉**1** ハンセン病. **2**〈方〉しらくも.

**làiháma**【癩蛤蟆】[名][动] ヒキガエル. ガマ;〈喩〉醜い人.

**làipígǒu**【癩皮狗】[慣] 恥知らず. 卑怯なやつ.

籟 **lài**[名]〈古〉竹製管楽器"籥"の一種.
Ⓗ 穴から発する音（広く一般の）音, 音響. ¶天~／自然界の音.

### lan (ㄌㄢ)

**兰(蘭) lán**【植】ラン. ‖[姓]

**láncǎo**【兰草】[名]【植】**1** フジバカマ;〈中事〉佩蘭(ネ²)．**2**〈俗〉ランの総称.

**lánhuā**【兰花】[名]【植】**1** シュンラン. **2** スルガラン.

**lánmǔjiǔ**【兰姆酒】[名]〈訳〉ラム酒.

**Lánzhōu**【兰州】[名]〈地名〉蘭州(ホョ²).

岚 **lán**[名] もや. 霞(ネ²) ¶晓 xiǎo~／明け方のもや.

拦(攔) **lán**[动] 遮る. **1**~住去路／行く手を遮る.

**lándǎng**【拦挡】[动] 遮る. 邪魔する.

**lándàomù**【拦道木】[名] 歩行者や車両などの通行を遮断する横木.

**lánguì**【拦柜】[名] 商店などのカウンター.

**lánhébà**【拦河坝】[名]〈水〉ダムの堤防.

**lánhóngbà**【拦洪坝】[名] 洪水防止用の堤防. 土手. 堤.

**lánjī**【拦击】[动] **1** 要撃する. **2**〈体〉(卓球・テニスで)ボレーする.

**lánjié**【拦截】[动] 略奪する.

**lánjié**【拦截】[动] 阻む. 阻止る.

**lán/lù**【拦路】[动] 道を遮る.

**lánlùhǔ**【拦路虎】[名] **1**〈旧〉追いはぎ. 辻強盗. **2**〈前進途中の〉障害物,困難.

**lánwǎng**【拦网】[名]〈体〉(バレーボールで)ブロックする.

**lánxù**【拦蓄】[动]〈水〉を遮りためる.

**lányāo**【拦腰】[副]〈物の半ばのところから〉切断する, 切断する. ¶~截断／真ん中で切断する.

**lányúzhà**【拦鱼栅】[名] 川などに仕掛ける魚捕りの囲い.

**lánzǔ**【拦阻】[动] 阻む. 遮る.

栏(欄) **lán**[名] **1** 新聞などの欄; 組版などの段; 便箋(ネ²)などの罫(ネ²). ¶专~／コラム.
Ⓗ 欄干. 手すり. **2**〈家畜を入れる〉囲い.

**lángān**【栏杆】[名] 欄干. 手すり.

**lánguì**【栏柜】[名]〈商店などの〉カウンター.

**lánmù**【栏目】[名]〈新聞・雑誌などの〉記事, コラム.

楝 **lán** → **tānlán**【贪婪】

阑(闌) **lán**Ⓗ **1** 欄干. 遮る. ▶"拦"とも. **2** 終わりに近づく. ¶岁~／年の暮れ.

**lángān**【阑干】**1**[名]〈書〉入り交じるさま; 散り散りばらばらであるさま. **2**→**lángān**【栏杆】

**lánshān**【阑珊】[形] まさに尽きようとするさま.

**lánwěi**【阑尾】[名]〈生理〉虫垂.

**lánwěiyán**【阑尾炎】[名]〈医〉虫垂炎.

蓝(藍) **lán 1**[形] 青い. **2**[名]【植】アイ. ‖[姓]

**lánbǎoshí**【蓝宝石】[名] サファイア.

**lánběn**【蓝本】[名] 原本. 種本.

**lánchóugǔ**【蓝筹股】[经] 優良株. ブルーチップ.

**lándiànbā**【蓝点鲅】[名]〈魚〉サワラ.

**lándiǎnké**【蓝点颏】[名]〈鳥〉オガワコマドリ. ▶"蓝靛颏"とも.

**lándiàn**【蓝靛】[名]〈染料の〉藍(ぃ). インディゴ.

**lánjīngjīng**【蓝晶晶】[形]（~的）(水・宝石などが)青く光るさま.

**lánlǐng**【蓝领】[名]（↔白領) ブルーカラー. 肉体労働者.

**lánlǚ**【蓝缕】→**lánlǚ**【褴褛】

**lánméi**【蓝莓】[名]〈工業でいう〉風力.

**lánmòshuǐ**【蓝墨水】[名]（~儿）青インク.

**lánpíshū**【蓝皮书】[名] 青書.

**lánqīng guānhuà**【蓝青官话】[名]〈旧〉地方なまりのある北京語.

**lánsè**【蓝色】[名] 青色.

**lánsè nóngyè**【蓝色农业】[名] 海洋生物資源を生産対象とする漁業.

**lántiān**【蓝天】[名] 青空.

**Lántián yuánrén**【蓝田猿人】[名]〈考古〉藍田(¾²)原人.

**lántú**【蓝图】[名] 青写真, ；〈喩〉未来の建設計画.

**lányá**【蓝牙】[無] ブルートゥース. 携帯情報機器間の無線通信技術.

**lányíngyíng**【蓝盈盈・蓝莹莹】[形]（~的）〈方〉青々と輝くさま.

谰 **lán** Ⓗ **1** 陥れる. (罪などに) 転嫁する. **2** 言い逃れる. ごまかしを言う.

**lányán**【谰言】[名] でたらめ. たわごと.

澜 **lán** Ⓗ 大波. 波濤. ¶波~／大小の波.

褴(襤) **lán** ❶

**lánlǚ**【褴褛】[形]〈書〉(衣服が) ぼろぼろである.

篮(籃) **lán** Ⓗ **1** かご. **2** バスケットボールのゴールネット. ‖[姓]

**lánbǎnqiú**【篮板球】〈名〉〈体〉(バスケットボールで)リバウンドボール.

**lánqiú**【篮球】〈名〉〈体〉バスケットボール(のボール).

**lánquān**【篮圈】〈名〉〈体〉バスケットリング.

**lánzi**【篮子】〈名〉手提げかご. [只, 个] ¶ 菜～/買い物かご.

**斓**（斕） **lán** →bānlán【斑斓】

**镧**（鑭） **lán**〈名〉〈化〉ランタン. La.

**褴**（襤） **lán**（古）上下がつながっている服.

**览**（覽） **lán**〈動〉見る. ¶游～/見物する.

**lǎnshèng**【览胜】〈動〉名勝の地を観光する. すばらしい景色を眺める.

**揽**（攬） **lǎn**〈動〉**1** 抱き寄せる. **2**（ばらばらの物を縄でひとつに）くくる. **3** 引き受ける. 請け負う. ¶独～大权/権力を一手に握る.

**lǎnbǐ**【揽笔】〈動〉筆を執る.

**lǎnchǔ**【揽储】〈動〉金融機関が預金を獲得する.

**lǎncún**【揽存】→lǎnchǔ【揽储】

**lǎngōng**【揽工】〈動〉**1** 仕事を請け負う人. **2**〈動〉〈方〉雇い人をやる.

**lǎn/huó**【揽活】〈動〉(～儿) 仕事を引き受ける.

**lǎn/huò**【揽货】〈動〉貨物の輸送・販売を引き受ける.

**lǎn/quán**【揽权】〈動〉越権行為をする.

**lǎnzǒng**【揽总】〈動〉(～儿) (仕事を) 全面的に掌握する.

**缆**（纜） **lǎn 1**〈名〉ロープ. ともづな. ¶钢～/ワイヤーロープ. **2**〈動〉(船を) 繋留する.

**lǎnchē**【缆车】〈名〉ケーブルカー.

**lǎndào**【缆道】〈名〉ケーブルウェー.

**lǎnsuǒ**【缆索】〈名〉ケーブル.

**榄**（欖） **lǎn** →gǎnlǎn【橄榄】

**罱** **lǎn 1**〈名〉魚をとったり, 水草や泥をすくったりする網. **2**〈動〉"罱"ですくう.

**lǎnníchuán**【罱泥船】〈名〉川底の泥をすくう船.

**漤**（濫） **lǎn**〈動〉〈方〉**1** (肉や野菜を) 塩もみにする. **2** (カキの渋を) 抜く. さわす.

**懒**（懶） **lǎn 1**〈形〉**1** 不精だ. 怠惰である. **2** だるい.

**lǎnchóng**【懒虫】〈名〉〈罵〉ぐうたら. …するのがおっくうだ.

**lǎnde**【懒得】〈動〉…するのがおっくうである. …する気がしない.

**lǎnduò**【懒惰】〈形〉不精である. 怠け者である.

**lǎndòu** →

**lǎnhàn**【懒汉】〈名〉怠け者. 不精もの.

**lǎnhànxié**【懒汉鞋】〈名〉〈俗〉カンフー

シューズ. 甲の両脇にゴムの入っている布靴.

**lǎnsǎn**【懒散】〈形〉だらけている.

**lǎnyāngyāng**【懒洋洋】〈形〉(～的) 物うげだ. 気力のないさま.

**烂**（爛） **làn**〈形〉**1** (煮炊きしすぎて, あるいは水分が多くて) やわらかい. **2** 腐っている. 腐敗している. **3** ぼろぼろである. **4** 乱れた. でたらめの.

**lànhu**【烂糊】〈形〉〈口〉(煮て) 非常にやわらかい.

**lànhuò**【烂货】〈名〉**1** 悪い商品. 傷物. **2**〈罵〉あばずれ.

**lànmàn**【烂漫】〈形〉**1** 色が鮮やかで美しさま. **2** 率直で飾り気のない. ¶天真～/天真爛漫. ▲"烂缦, 烂熳"とも.

**lànní**【烂泥】〈名〉べとべとの泥.

**làn shétou**【烂舌头】〈慣〉おしゃべり好きでよくもめごとを起こす(人).

**lànshú**【烂熟】〈形〉**1** (肉や野菜などが) よく煮えている. ぐたぐたである. **2** 精通する. 熟練する.

**làntánzi**【烂摊子】〈慣〉手をつけようのないほど混乱した会社や工場.

**lànwěilóu**【烂尾楼】〈名〉建設途中で工事が中断されたビル.

**lànzhàng**【烂账】〈名〉**1** でたらめな帳簿. **2** 回収不能のローン. 貸し倒れ.

**lànzuì**【烂醉】〈形〉酩酊する.

**滥**（濫） **làn 1**〈形〉度を越している. むやみやたらである.
**2**〈動〉川の水があふれる. ¶泛～/氾濫

**lànbǔ**【滥捕】〈動〉乱獲する.

**làndiào**【滥调】〈名〉くだらない議論. たわごと.

**lànfá**【滥发】〈動〉乱発する.

**lànfá**【滥伐】〈動〉(林を) 乱伐する.

**lànquán**【滥权】〈動〉職権を濫用する.

**lànshāng**【滥觞】〈名〉〈書〉物事の始まり. 起こり.

**lànyòng**【滥用】〈動〉濫用する. むやみやたらに使う. ¶～职权/職権を濫用する.

**làn yú chōng shù**【滥竽充数】〈成〉員数をそろえるために不良品を混ぜてごまかす.

## lang（ㄌㄤ）

**啷** **lāng** →kuānglāng【哐啷】 **dāng**lāng【当啷】

**lángdāng**【啷当】〈助〉〈方〉…ぐらい.
▶概数を示す. 主に年齢に用いる. ¶他才二十～岁/彼はまだ20歳ぐらいだ. **2**（～儿的）…なんか. …や. …や. ▶例示を示す.

**郎** **láng 1**〈近〉女性が夫または恋人を呼ぶ語.
**2**〈名〉**1** 男子をさす. ¶放牛～/牛飼い.
**2** 封建時代の官名. ‖既

**láng cái nǚ mào**【郎才女貌】〈成〉男は才人, 女は美人で似合いのカップ

## láng

**lángdāng**【郎当】[形] 1（身なりが）だらしのないさま．2 元気のないさま．3 落ちぶれたさま．

**lángmào**【郎貌】[名]〈方〉雄貌．

**lángzhōng**【郎中】[名] 1 旧時の官名．2〈方〉漢方医．

**狼 láng**[動] オオカミ．；（喩）悪人．[只]

**lángbèi**【狼狈】[形] 窮する．落ちぶれてみじめである．さんざんのていたらくである．

**láng bèi wéi jiān**【狼狈为奸】[成] ぐるになって悪事を働く．

**láng bēn shǐ tū**【狼奔豕突】[成] 悪人が群れをなして暴れ回る．

**lánggǒu**【狼狗】[名] シェパード．

**lángháo**【狼毫】[名] イタチの毛で作った筆．

**lángjí**【狼藉】[形]〈書〉物が乱雑に散らかしてあるさま．▲"狼籍"とも．

**lángtūn**【狼吞】→ lángtūn【狼吞】

**láng tūn hǔ yàn**【狼吞虎咽】[成]（食事を）大急ぎでがつがつかきこむ．

**lángwěicǎo**【狼尾草】[名] 植 チカラシバ．ロウビソウ．

**láng xīn gǒu fèi**【狼心狗肺】[成] 残忍非道である；恩知らずである．

**lángyān**【狼烟】[名]〈旧〉戦火．

**láng yān sì qǐ**【狼烟四起】[成] 方方から敵が侵入され辺境が不穏である．

**láng zǐ yě xīn**【狼子野心】[成] 人面獣心；凶暴な人の野心．

## 琅

**láng**【琅】[名] O

**lánggān**【琅玕】[名]〈書〉真珠のような美しい石．

**lángláng**【琅琅】[擬] 1 金属や玉石のかち合う音．2 明るく澄んだ朗読の音．

## 廊

**láng**【廊】 ¶ 走～/廊下．

**lángyán**【廊檐】[名] ひさし（の下）；軒下にある廊下．

**lángzi**【廊子】[名] 廊下．

## 榔

**láng**【榔】O

**lángkāng**【榔糠】[形] かさばり，重くて扱いにくい．

**lángtou**【榔头】[名] 木づち．

## 锒

**láng**【锒】O

**lángdāng**【锒铛】[書] 1[名] 鉄の鎖．2[擬]（金属のぶつかる音）がちゃがちゃ．がちゃりがちゃり．

## 鄉

**láng**【鄉】O

**lángtou**【鄉头】→ lángtou【榔头】

## 螂

**láng**【螂】→ tángláng【螳螂】zhāngláng【蟑螂】

## 朗

**lǎng**【朗】① 明るい．②（声が）通る．[姓]

**lǎngdú**【朗读】[動] 朗読する．¶ ～诗歌/詩歌を朗読する．

**lǎnglǎng**【朗朗】[形] 1 明るく澄んだ読書の声] 朗々たる．2 明るく輝くさま．

**lǎngshēng**【朗声】[形] 大きくてよく通る．

**lǎngsòng**【朗诵】[動] 感情をこめて読む．朗唱する．

## 烺

**lǎng**【烺】〈書〉明るい．▶ 人名に用いることが多い．

## 塱

**lǎng**（塱）地名用字．

## 㙟

**lǎng** 地名用字．

## 埌

**làng**【埌】→ kuànglàng【圹埌】

## 茛

**làng**【茛】O

**làngdàng**【茛菪】[名]〈植〉ヒヨス．

## 崀

**làng**【崀】 地名用字．

## 阆

**làng**【阆】 地名用字．

## 浪

**làng** 1[名] 波．2[動]〈方〉〈貶〉ぶらぶら遊び歩く．

① ①（波のようにうねるもの．¶ 麦～/ 麦の穂が波打つこと．②好き勝手をする．¶→～贯．[姓]

**làngcháo**【浪潮】[名]（喩）うねり；怒潮．

**làngdàng**【浪荡】1[動] まともな職につかずぶらぶらする．2[形] 振る舞いが勝手気ままである．

**làngfèi**【浪费】[動] むだ遣いをする．浪費する．¶～时间/時間をむだにする．

**lànggǔ**【浪谷】[名] 低波峰．

**lànghuā**【浪花】[名]（～儿）波のしぶき．白波；（喩）波瀾．

**làngjì**【浪迹】[動]〈書〉さすらう．放浪する．

**làngmàn**【浪漫】[形] 1 ロマンチックである．2（男女関係が）ふしだらである．

**làngmàn zhǔyì**【浪漫主义】[名] ロマンチズム．

**làngtāo**【浪涛】[名] 波濤．大波．

**làngtóu**【浪头】[名]（口）波；〈喩〉潮流．

**làngyóu**【浪游】[動] 漫遊する．

**làngyǔ**【浪语】① 1 みだらな話．2 とりとめのない話．② みだりにしゃべる．

**làngzǐ**【浪子】[名] どら息子．道楽者．

**làngzǐ huítóu jīn bù huàn**【浪子回头金不换】[諺] 放蕩（はっとう）息子の改心は金（きん）にも換えがたい．

## 㷍

**làng** 地名用字．

## lao（ㄌㄠ）

**捞（捞）lāo**[動] 1（液体の中から）すくう．2（不正に）得る．せしめる．3〈方〉（ひょいと）手に取る，引っ張る．

**lāo//běnr**【捞本儿】[動]（ばくちで負けた金を）取り返す．

**lāo dàocǎo**【捞稻草】[慣] 土壇場になって悪あがきをする．

**lāomo**【捞摸】【動】(水中のものを)手探りで探す;〈転〉利益を得る.

**lāoqǔ**【捞取】【動】(水中から)すくい取る;〈不正な手段で〉手に入れる.

**lāo wàikuài**【捞外快】〈慣〉副収入を得る;臨時収入を得る.

**lāo yī bǎ**【捞一把】〈慣〉うまい汁を吸う.ひともうけする.

**lāo yóushuǐ**【捞油水】〈慣〉甘い汁を吸う.

**lāo/zháo**【捞着】【動+補】〈方〉(あることをする)機会を得る.

**劳**(勞) **láo**【動】煩わす.1〜您费心／ごめんどうおかけします.
日【動】1働く.〈不～而获／労せずして得る.2苦労する.3功労.4ねぎらう.5〖姓〗

**láobǎo**【劳保】【名】〈略〉1労働者保護.2労働者保険.

**láobù**【劳步】【動】〈敬〉ご足労をかける.

**láocuì**【劳瘁】【動】〈書〉疲労する;苦労する.

**láodòng**【劳动】【動】労働する;(特に)肉体労働をする.日【体力／肉体労働,『脑力／頭脳労働.▲ "劳働" とも.

**láodong**【劳动】【動】〈敬〉煩わす.

**láodòng bǎohù**【劳动保护】【名】労働者保護.

**láodòng bǎoxiǎn**【劳动保险】【名】労働(者)保険.

**Láodòngfǎ**【劳动法】【名】労働法.

**Láodòngjié**【劳动节】【名】(5月1日の)メーデー.

**láodònglì**【劳动力】【名】労働者.

**láodòng mófàn**【劳动模范】【名】労働模範.模範労働者.

**láodòngrì**【劳动日】【名】労働日.▶ 労働時間を計る単位.

**láodòng tiáojiàn**【劳动条件】【名】労働環境,労働条件.

**láodòngzhě**【劳动者】【名】労働者.

**láodùn**【劳顿】【形】疲れきる.

**láo ér wú gōng**【劳而无功】〈成〉苦労が報われない.むだ骨を折る.

**láofáng**【劳房】【名】労働者側.

**láogǎi**【劳改】【動】〈略〉労働改造に処する.

**láogǎifàn**【劳改犯】【名】〈略〉労働改造犯.

**láo/jià**【劳驾】〈套〉(人に頼みごとをしたり,道をあけてもらったりするときの言葉)すみませんが.恐れ入りますが.1〜,让一下／すみませんが,ちょっとどいてください.

**láojiào**【劳教】【動】労働による再教育.

**láo/jūn**【劳军】【動】軍隊をねぎらう.

**láokǔ**【劳苦】【形】苦労が多い.つらい.1不辞〜／苦労をいとわない.

**láolèi**【劳累】【形】1働きすぎて疲労する.2【敬】手を煩わせる.面倒をかける.

**láolì**【劳力】【名】1労力.2労働力(のある人).

**láo mín shāng cái**【劳民伤财】〈成〉人力と財力をむだにする.

**láomó**【劳模】〈略〉=**láodòng mófàn**【劳动模范】.

**láo/shén**【劳神】1【動】精力をすり減らす.神経が疲れる.気を遣う.2〈套〉(ものを頼むときの言葉)お手数をかけますが.

**láoshízi**【劳什子】【名】〈方〉〈蔑〉くだらない物.つまらないもの.

**láowù**【劳务】【名】労働によるサービス.

**láowù chūkǒu**【劳务出口】【名】外国への出稼ぎ.

**láowùfèi**【劳务费】【名】労務報酬.

**láowù rényuán**【劳务人员】【名】出稼ぎ労働者.

**láoxīn**【劳心】【動】1気を遣う.心配する.2〈書〉頭脳労働に従事する.

**láo yàn fēn fēi**【劳燕分飞】〈成〉夫婦・恋人や親友が離れ離れになる.

**láoyì**【劳役】1【名】労役.2【動】(牛や馬を)使役する.

**láoyì**【劳逸】【名】労働と休息(のバランス).

**牢** **láo** 1【名】牢獄.2【形】堅固である.
日【動】1(家畜を飼う)檻(オリ).2(古代の)いけにえ.

**láo bù kě pò**【牢不可破】〈成〉堅牢で壊すことができない.

**láofáng**【牢房】【名】牢獄.

**láogù**【牢固】【形】堅固である.しっかりしている.

**láojì**【牢记】【動】しっかりと心に刻む.1〜在心／心に銘記する.

**láokào**【牢靠】【形】1丈夫である.堅固である.2信頼できる.

**láoláo**【牢牢】【形】しっかりと.

**láolóng**【牢笼】1【名】1(鳥獣を入れる)おり,かご.2〈喩〉計略.2【動】1〈喩〉束縛する.2〈書〉言いくるめる.

**láosāo**【牢骚】1【動】不満を言う.愚痴をこぼす.2【名】不平不満.繰り言.

**láowěn**【牢稳】【形】安全である.確かである.

**láowen**【牢稳】【形】(物が)安定していて揺れない.

**láoyù**【牢狱】【名】監獄.牢屋.

**唠**(嘮) **láo ⓞ** 異読⇒lào

**láodao**【唠叨】【動】ぶつぶつ言う.くどくど言う.

**崂**(嶗) **láo** 地名用字."崂山" は山東省にある山の名.

**铹**(鐒) **láo**【名】〈化〉ローレンシウム.Lr.

**痨**(癆) **láo** 日 結核.

**láobìng**【痨病】【名】〈中医〉結核.

**醪** **láo**【名】〈書〉1にごり酒.2うま酒.

**láozāo**【醪糟】〈名〉(～儿)(日本の甘酒に似た) もち米で造った酒.

**lǎo**❶【老】❶〖形〗 1 年をとっている. ¶三年不见,他～多了／3年会わないでいるうちに彼はだいぶ老け込んだ. (2)〈口〉〈婉〉《老人の"死亡"を婉曲に言う》 2 歴史・経験が長い. 古くからの. ¶～朋友. 3 古ぼけている. いつもの. もとからの. ¶～办法／いつものやり方. 4 (野菜などが)ひねた, とうが立った；(食物に)火を通しすぎた, 煮すぎた. 5 いちばん下の(子供・兄弟). ¶～儿子／末の息子. 末っ子. 7 (一部の原色について)濃い.
❷〖副〗 1 いつも, ずっと. ¶这里冬天～下雪／ここは冬はずっと雪だ. 2 とても, たいへん. 非常に. ▶"大, 长, 高, 宽, 多, 宽, 深"など一部の形容詞の前に用いる.
❸〖名〗年寄り.
❹〖接頭〗 1 動植物名に付く. ▶この場合の"老"には"年老いた"の意味はない. ¶～鹰／タカ. ～玉米. 2《1字の姓の前につけて, 敬意を表す》～李／李さん. 3《兄弟姉妹の順序を表す》～大／長男；長女.
🈶《社会的地位・徳望のある老人に対する尊称として敬意をつける》王～／王老；王翁. ‖〖姓〗

**lǎobābèizi**【老八辈子】〈慣〉非常に古くさい.
**lǎobǎshi**【老把势】〈名〉経験を積んだ職人. その道のプロ.
**lǎobǎixìng**【老百姓】〈名〉庶民. 住民. 民間人.
**lǎobǎn**【老板】〈名〉経営者. 店主.
**lǎobǎnniáng**【老板娘】〈名〉(店の主人の)おかみさん.
**lǎobǎnzhuō**【老板桌】〈名〉大型のオフィスデスク. 社長机. ▶"老板台"とも.
**lǎobàn**【老伴】〈名〉(～儿)連れ合い. ▶老夫婦の一方をいう.
**lǎobàntiān**【老半天】〈名〉〈口〉長いこと. 長時間.
**lǎobāngzi**【老帮子】〈名〉〈方〉〈貶〉老いぼれ.
**lǎobǎo**【老鸨】〈名〉やり手ばば.
**lǎobèi**【老辈】〈名〉(～儿)年長者；先輩.
**lǎobèizi**【老辈子】〈名〉世代が上の人；年輩者.
**lǎoběnr**【老本儿】〈名〉元手.
**lǎobízi**【老鼻子】〈形〉〈方〉非常に多い. どっさり. ▶後に"了, 啦"を伴う.
**lǎobiǎo**【老表】〈名〉 1 (母方の従弟など). 2〈同じ年配の初対面の男性に対する敬称.
**lǎobìng**【老病】〈名〉 1 持病. 2〈喩〉癖.
**lǎobó**【老伯】〈名〉〈敬〉おじさん.
**lǎobushǐ**【老不死】〈名〉〈罵〉死にそこない.
**lǎocái**【老财】〈名〉〈方〉金持ち；(特に)地主.
**lǎocháo**【老巢】〈名〉鳥の巣；〈転〉匪賊などの巣窟.
**lǎochéng**【老成】〈形〉老練である. 老成している.
**lǎochǔnǚ**【老处女】〈名〉オールドミス.
**lǎocū**【老粗】〈名〉(～儿)無学な人；無骨な人.
**lǎodādàng**【老搭档】〈名〉長年の相棒. 古い仲間同士.
**lǎodà**【老大】❶〖名〗〈書〉年をとる.
❷〖名〗 1 長男(長女)；総領. 2〈方〉船頭.
**lǎodàgē**【老大哥】〈名〉〈敬〉兄貴.
**lǎodàmā**【老大妈】〈名〉〈敬〉おばあさん.
**lǎodànán**【老大难】〈名〉かねてから懸案になっている大問題.
**lǎodàniáng**【老大娘】〈名〉〈敬〉おばあさん.
**lǎodàye**【老大爷】〈名〉〈敬〉おじいさん.
**lǎodàn**【老旦】〈名〉《中国伝統劇で》女形(がた)の老け役.
**lǎo dāng yì zhuàng**【老当益壮】〈成〉老いてますます盛んである.
**lǎodǐ**【老底】〈名〉(～儿) 1 内情. 内幕. 2 先祖が残した財産.
**lǎodì**【老弟】〈名〉自分よりも年下の男性に対する呼称.
**lǎodiàn**【老店】〈名〉老舗.
**lǎodiāo**【老雕】〈名〉〈口〉〈鳥〉ワシ.
**lǎodiào**【老调】〈名〉 1〈喩〉決まり文句. いつもの論調. 2 河北省の地方劇.
**lǎodiàoyá**【老掉牙】〈慣〉古くさい. 時代遅れだ.
**lǎodòufu**【老豆腐】〈名〉〈方〉豆乳ににがりを入れて固めた食品.
**lǎofūzǐ**【老夫子】〈名〉〈旧〉家庭教師または私塾の教師に対する尊称；〈貶〉時代遅れの知識人.
**lǎogànbù**【老干部】〈名〉ベテラン幹部.
**lǎogēda**【老疙瘩】〈名〉〈方〉 1 末っ子. 2 同世代で自分より年下の者に対する呼称.
**lǎogōng**【老公】〈名〉〈方〉亭主. 夫.
**lǎogōnggong**【老公公】〈名〉 1 おじいさん. 2 しゅうと.
**lǎogūniang**【老姑娘】〈名〉 1 末の娘. 2 オールドミス.
**lǎogǔdǒng**【老古董】〈名〉 1 骨董品. ぽんこつ. 2 頭の古い人；古くさい考えや習慣.
**lǎogǔtou**【老骨头】〈名〉〈自分の体をさして〉年寄り. 老骨.
**lǎoguā**【老鸹】〈名〉〈方〉カラス.
**lǎohàn**【老汉】〈名〉 1 年をとった男性. 2〈方〉私. ▶年輩の男性の自称.
**lǎohǎorén**【老好人】〈名〉(～儿)お人よし.
**lǎohào**【老号】〈名〉しにせ.
**lǎohúli**【老狐狸】〈名〉非常にずる賢い人.
**lǎohǔ**【老虎】〈名〉 1〈動〉トラ. [只, 个] 2 エネルギーや原材料を大量に必要とする設備. ¶电～／電気を

くう設備. **3**〈喩〉恐ろしい人間.
**lǎohǔdèng**【老虎凳】[名]〈旧〉刑具の一種.
**lǎohǔqián**【老虎钳】[名] **1** 万力(紫); やっとこ. **2** ペンチ.
**lǎohuājìng**【老花镜】[名] 老眼鏡.
**lǎohuāyǎn**【老花眼】[名] 老眼.
**lǎohuà**【老化】[動] **1**(ゴムなどが)老化する, 劣化する. **2**(知識・技術などが)時代遅れになる.
**lǎohuà**【老话】[名] **1** 言い習わし. 古い言葉. **2** 昔話.
**lǎohuánglì**【老皇历】[慣]時代遅れで役立たないやり方.
**lǎohuángniú**【老黄牛】[慣]まじめにこつこつと働く人.
**lǎohuǒji**【老伙计】[名] **1** 古い仲間. **2** 古くからの店員・雇い人.
**lǎojǐ**【老几】[代] **1**(兄弟中の)何番目. ¶你是～？/兄弟のうちで何番目ですか. **2** 反語に用い, ものの数に入らないことを表す. ¶你算～？/何様のつもりだ.
**lǎo jì fù lì**【老骥伏枥】〈成〉年はとっても意気は盛んである.
**lǎojiā**【老家】[名] **1** 生家. 故郷. **2** 原籍地.
**lǎo jiān jù huá**【老奸巨猾】〈成〉狡猾きわまる.
**lǎojiǎn・lǎojiǎn**【老茧・老蚕】[名](手や足にできる)たこ.
**lǎojiāng**【老姜】[名](薬味などに用いる)ヒネショウガ.
**lǎojiānghu**【老江湖】[名]世慣れた人.
**lǎojiàng**【老将】[名] **1** 老将軍. ベテラン. **2**〈~儿〉(中国将棋の)王将.
**lǎojiē**【老街】[名] 旧市街.
**lǎojīngyàn**【老经验】[名] **1** 以前の経験. **2** 世渡りの経験に富んだ人.
**lǎojìng**【老境】[名] **1** 老年. **2** 老年の暮らし向き.
**lǎojiǔ**【老九】[名]〈貶〉インテリども.
**lǎojiǔ**【老酒】[名]〈方〉ラオチュウ. 中国産の醸造酒の総称.
**lǎolà**【老辣】[形] **1**(手段が)ずるくて悪辣(%)である. **2** 熟練かつ大胆である.
**lǎolǎoshàoshào**【老老少少】[名] 老人たちや子供たち.
**lǎoliǎn**【老脸】[名] **1**〈謙〉(老人の)自分の顔. **2** 鉄面皮.
**lǎoliàn**【老练】[形] 老練である. 円熟している.
**lǎoliǎngkǒuzi**【老两口子】[名] 老夫婦. ▶"老两口儿"とも.
**lǎolín**【老林】[名] 原始林.
**lǎolù**【老路】[名] **1** 以前通ったことのある道.〈喩〉古いやり方. 古い手段.
**lǎomāzi**【老妈子】[名]〈簏〉女中. ▶"老妈儿"とも.
**lǎo mǎ shí tú**【老马识途】〈成〉経験を積んだ人はその道に詳しい.

**lǎomài**【老迈】[形]〈書〉老いぼれた.
**lǎomáobìng**【老毛病】[名] **1** いつもの癖. **2** 持病.
**lǎomǐ**【老米】[名] 古米.
**lǎomìng**【老命】[名](老人が言う)自分の余命.
**lǎo móu shēn suàn**【老谋深算】〈成〉深思熟慮する; 用意周到である.
**lǎonǎinai**【老奶奶】[名] **1** 曾祖母. **2** おばあさん.
**lǎonián**【老年】[名] 高齢. 年寄り. ¶~人/お年寄り.
**lǎonián gōngyù**【老年公寓】[名] 高齢者向けマンション.
**lǎoniánxìng chīdāi**【老年性痴呆】[医]老人性痴呆(½).
**lǎoniáng**【老娘】[名] **1** 老母. おかあさん. **2**〈方〉わたし. **3** 既婚の中老年女性の自称.
**lǎoniángmen**【老娘们儿】[名]〈方〉 **1**〈既婚の女性〉おかみさん. **2**〈貶〉大人の女性. 女ども. **3** 妻. 女房.
**lǎoniang**【老娘】[名]〈旧〉産婆. **2**〈方〉(母方の)祖母.
**lǎo niú pò chē**【老牛破车】〈成〉仕事が遅いさま.
**lǎo niú shì dú**【老牛舐犊】〈成〉親が子供を溺愛する.
**lǎonóng**【老农】[名] **1**(経験豊かな)古い農民. **2**〈広〉農民.
**lǎopái**【老牌】[名]〈~儿〉 **1** よく知られている商標の. 老舗(½)の. ¶~产品/ブランド品. **2** 正真正銘の.
**lǎopài**【老派】[形] 昔風である. **2** 古風な人.
**lǎopéngyou**【老朋友】[名] 昔なじみ. 古くからの友人.
**lǎopó**【老婆】[名] 老婦人. おばあさん.
**lǎopózi**【老婆子】[名] **1**〈貶〉ばばあ. **2**(老夫が)うちの老妻.
**lǎopo**【老婆】[名]〈口〉女房. 妻. かみさん.
**lǎopǔ**【老谱】[名]〈口〉古いやり方.
**lǎoqì**【老气】[形] **1**(服などの)色が地味でデザインが古い. **2** 年寄りじみている.
**lǎoqiánbèi**【老前辈】[名] 大先輩.
**lǎoqīn**【老亲】[名] **1** 年取った父母. **2** 古くからの親戚.
**lǎorén**【老人】[名] **1** 老人. 年寄り. **2**(年をとった)親. 祖父母.
**lǎorénbān**【老人斑】[名] 老人の皮膚のしみ.
**lǎorenjia**【老人家】[名] **1**〈敬〉ご老人. お年寄り. ¶您～/おじいさま. (自分または相手の)父. 母.
**lǎoRì**【老日】[名]〈俗〉日本円; 日本人.
**lǎo ruò bìng cán**【老弱病残】[名] 老人・虚弱者・病人・身障者の総称.
**lǎosānjiè**【老三届】[名] 1966〜68年の間に中学・高校を卒業する予定であった生徒.

**lǎo** 510

lǎosānsè【老三色】(名) グレー・紺・黒(の変わりばえのしない服の色).
lǎo shǎo biān qióng【老少边穷】(名) 旧革命根拠地・少数民族地区・辺境・貧困地域の総称.
lǎoshào【老少】(名) 老人と若者.
lǎoshēng【老生】(名)〈劇〉(中国伝統劇で)老生(ろう).
lǎo shēng cháng tán【老生常谈】(成) 新鮮味のない話.
lǎoshī【老师】(名)〈敬〉**先生**. 教師.
lǎoshīfu【老师傅】(名)〈敬〉師匠. 親方.
lǎoshì【老式】(形) 旧式の.
lǎoshì【老是】(副) いつも…だ.
lǎoshíyǎn【老视眼】(名) 老眼.
lǎoshí【老实】(形) 1 誠実である. まじめである. 2 おとなしい. 従順である. 3 ばか正直である.
lǎoshíbājiāo【老实巴交】(形)〈口〉正直でおとなしい.
lǎoshí shuō【老实说】(挿)(腹蔵なく)率直に言えば.
lǎoshǒu【老手】(名)(〜儿)熟練者. ベテラン.
lǎoshǔ【老鼠】(名)〈動〉ネズミ.〔只,个〕
lǎoshǔ guò jiē【老鼠过街】(歇)("人人喊打"と続き)人に害を与えるものは憎まれ, 攻撃される.
lǎotàipó【老太婆】(名) 老婦人. おばあさん.
lǎotàitai【老太太】(名)〈敬〉1 **老婦人**. 2 お母さま. お母上.
lǎotóu【老头】(名)(〜儿) 1 老人(男性の). ご老人. 2 お父さま. 父上.
lǎotào【老套】(名) 紋切り型.
lǎotàozi【老套子】(名) 古い習わし; 決まりきったやり方.
lǎotiānyé【老天爷】(名) 天の神さま. ▶"老天"とも. ¶〜, 这是怎么回事儿／おやまあ, これはどうしたことか.
lǎotóulè【老头乐】(名) 孫の守.
lǎotóur【老人儿】(名) 年寄り.
lǎotóuryú【老头儿鱼】(名)〈魚〉アンコウ.▶"鮟鱇"とも.
lǎotóuzi【老头子】(名) 1〈貶〉じじい. 2《老夫婦の妻が夫をさしていう》じいさん. 3 親分. 上司.
lǎowài【老外】(名)〈俗〉1 お上りさん. 田舎者. 2 外人さん. 3 素人.
lǎowàng【老王】(名) 頑固者.
lǎo wáng mài guā【老王卖瓜】(歇)《"自卖自夸"と続けて》自画自賛する. 手前みそをならべる.
lǎowēng【老翁】(名) 老翁. 翁.
Lǎowō【老挝】(地名) ラオス.
lǎoxì【老戏】(名) 古くから人気のある芝居.
lǎoxiāng【老乡】(名) 1 **同郷人**. 2《見知らぬ農民に呼びかける言葉》お百姓さん.
lǎoxiāngshí【老相识】(名) 古なじみ.
lǎoxiǎo【老小】(名) 老人と子供と; (広く)家族.
lǎoxiōng【老兄】(名)〈敬〉兄さん. ▶友達や顔なじみに対して用いる.
lǎoxiǔ【老朽】(形) 老いぼれた. もうろくした.
lǎoyā【老鸦】(名)〈方〉〈鳥〉カラス.
lǎoyǎnguāng【老眼光】(名) 古い見方. 昔の観点.
lǎoyémenr【老爷们儿】(名)〈方〉 1 男, 男の方. 2 夫. 亭主.
lǎoyéye【老爷爷】(名) 1 曾祖父. 2〈敬〉おじいさん. おじいちゃん.
lǎoye【老爷】(名) 1〈旧〉旦那さま. 2〈口〉(母方の)おじいさん. 3 古くさいもの; (船や車などの)型が古いもの.
lǎoyíbèi【老一辈】(名) 一世代前の人.
lǎoyítào【老一套】(名) 紋切り型. 常套手段.
lǎoyīng【老鹰】(名)〈鳥〉トビ.
lǎoyíng【老营】(名)〈旧〉 1 兵営. 営舎. 2 (匪賊などの)根城. 巣窟.
lǎoyóutiáo【老油条】→ lǎoyóuzi【老油子】
lǎoyóuzi【老油子】(名) 海千山千のしたたか者. 世故にたけて悪賢い人.
lǎoyùmǐ【老玉米】(名)〈方〉トウモロコシ.
lǎozhàng【老账】(名) 1 古い借金. 2〈喩〉古い問題. 古傷.
lǎozhàngrén【老丈人】(名)〈書〉岳父. 父.
lǎozhě【老者】(名)〈書〉老人.
lǎozhe liǎnpí【老着脸皮】(慣) 厚かましく. ずうずうしく.
lǎozīgé【老资格】(名) 1 相当な経歴. 2 相当な経歴を持っている人. 3 ベテラン. 古参.
lǎozìhao【老字号】(名) 古い店舗. 老舗(しにせ).
lǎozi【老子】(名) 1〈口〉父. おやじ. 2 おれさま.
lǎozǒng【老总】(名) 1〈旧〉(庶民の)兵隊さん. おまわりさん. 2〈敬〉中国人民解放軍の一部司令官や編集長("总编辑")、社長〜/陈司令〔編集長, 社長さん.
lǎozǔzōng【老祖宗】(名) 祖先.

佬 lǎo ⓗ (蔑)人. ¶阔〜／金持ち. 大亨〜／大亨. 美国〜／ヤンキー.

姥 lǎo ⓞ 異読⇒mǔ

姥 lǎolao【姥姥】(名) 1 (母方の)祖母. 2〈方〉産婆.

栲 lǎo → kǎolǎo【栲栳】

铑 lǎo (名)〈化〉ロジウム. Rh.

络 lǎo〈口〉〈络 luò〉に同じ. 異読⇒luò
lǎozi【络子】(名)〈口〉 1 糸で編んだ袋. 2 糸巻き.

唠(嘮) lào (動)〈方〉話す. しゃべる. 異読⇒láo
lǎochi【唠扯】(動)〈方〉おしゃべりをす

**lào/kē**【唠嗑】(~儿)〈方〉世間話をする.

**烙 lào**【動】1 焼く. ¶~烧饼／シャオビンを焼く;（こてを）当てる;（熟した金属を当てて）印を付ける;（火のしを）かける.

**lào/bǐng**【烙饼】1【動】"饼"（ピン）を焼く. 2【名】こねた小麦粉を丸く伸ばして鍋で焼いたもの.

**làohén**【烙痕】烙印. 焼印.

**làohuā**【烙花】烧绘.

**làotie**【烙铁】1 焼きごて. アイロン. 2 はんだごて.

**làoyìn**【烙印】1 焼き印. 烙印. 2（喩）消しがたい痕跡や印象.

**涝（澇）lào**【形】(↔旱）冠水する. 水びたしになる.

**làohài**【涝害】〈農〉冠水による被害.

**làozāi**【涝灾】〈名〉冠水による災害.

**落 lào** "落1ò"の1, 2, 4, 6, 7 に同じ. ※"lào"は話し言葉で,"luò"は書き言葉で用いる. 異読⇒là,luò

**lào bùshì**【落不是】責められる. とがを受ける.

**lào//jià**【落价】(~儿)値を下げる;値下がる.

**lào/jià**【落架】〈方〉家の骨組みが崩れる; 家が傾く.

**làor**【落儿】〈方〉生活の当て. ¶没～／暮らしの当てがない.

**lào/shǎi**【落色】〈方〉色があせる. ⇒luò/shǎi

**lào/zhěn**【落枕】〈中医〉落枕（首を寝違える）. → luò/zhěn

**耢（耮）lào**【名】〈農〉土をならすのに使う農具の一種. 2【動】"耢"で土をならす.

**酪 lào**【名】1 家畜の乳を凝固させた食品; 果物で作ったゼリー. ¶杏仁～／杏仁（豆）で作ったゼリー.

**嫪 lào**【名】人名用字. "嫪毐（làoǎi）"は戦国時代の秦の人.

## le (力さ)

**肋 le** ◐ 異読⇒lèi

**lēde**【肋脦】【形】〈方〉身だしなみがないさま.

**仂 lè** ❶ 端数.

**lèyǔ**【仂语】【語】句. 連語.

**叻 lè** ❶ シンガポール. ¶~币／シンガポールドル.

**乐（樂）lè** 1【形】うれしい. 2【動】□~（口）笑う. 3【姓】
異読⇒yuè

**lè bù kě zhī**【乐不可支】〈成〉うれしくてたまらない.

**lè bù sī shǔ**【乐不思蜀】〈成〉楽しくて故郷を忘れる.

**lè cǐ bù pí**【乐此不疲】〈成〉好きでやることは疲れない.

**lédé**【乐得】【動】（これ幸いと）…しようとする. 喜んで…する.

**lèguān**【乐观】【形】楽観的である.

**lèguān zhǔyì**【乐观主义】楽観主義.

**lèhēhē**【乐呵呵】【形】(～的)（顔）がうれしそうだ.

**lè jí shēng bēi**【乐极生悲】〈成〉楽しみが極まるとかえって悲しみが生じる.

**lèqù**【乐趣】【名】おもしろみ. 喜び. 楽しみ.

**lèr**【乐儿】→lèzi【乐子】

**lètiān**【乐天】【形】楽天的である.

**lèwén**【乐纹儿】【名】笑いじわ.

**lèyì**【乐意】1【動】喜んで…する. ¶~帮助别人／喜んで人助けをする. 2【形】気持ちがよい. うれしい.

**lèyōuyōu**【乐悠悠】【形】（～的）ゆったりして楽しい.

**lèyú**【乐于】【動】…するのが楽しい. 好きである. ¶~助人／人を援助するのが好きである.

**lèyuán**【乐园】【名】楽園. パラダイス.

**lèzīzī**【乐滋滋】【形】（～的）うれしくてわくわくする.

**lèzi**【乐子】【名】1〈方〉楽しみ. なぐさみ. 2 物笑い. 笑いぐさ.

**勒 lè** ❶【動】1 引き締める. 2 強制する. 無理に…させる. 3【姓】 異読⇒lēi

**lèbī**【勒逼】【動】強制する. 強いる.

**lèkèsī**【勒克司】【量】〈照度の単位〉ルクス. ▶略称は"勒".

**lèlìng**【勒令】【動】強制執行させる.

**lèsuǒ**【勒索】【動】ゆする. 巻き上げる.

**lèyì**【勒抑】【動】1 強引に値段を下げさせる. 2 抑圧する.

**竻 lè** ❹

**lèzhú**【竻竹】【名】竹の一種. ▶高さが15メートル前後になり, 葉の裏に短い朿がまばらに生える.

**鳓 lè**【名】〈魚〉ヒラ.

**了 le**【助】▶"了"には動態助詞（時態助詞ともいう）の"了₁"（❶）と語気助詞"了₂"（❷）がある.

❶【動態助詞】1【動詞・形容詞の後ろに置き動作・行為の完成や状態の変化を表す】¶我买一台电视机／私はテレビを1台買った. ¶咱们吃～饭再走吧／食事をしてから出かけましょう. 2《形容詞について,①状態の変化. ②ある性質についてその程度が一定の基準からはずれていることを表す》¶头发白～许多／髪の毛がすっかり白くなった. ¶这个茄克矩～一点儿／このジャケットは（丈が）少し短い.

❷【語気助詞】《文末や文中のポーズを置くところに用い, 眼前の状況に関連する事態の発生・進展・状況の変化に関する情報を提示し確認する働きをもつ》1《状況の変化や新しい事態が

# lēi

発生したことを確認する》¶他父亲七十一／彼のお父さんはもう70歳だ.¶春天～了《(もう)春だ. **2**《事態に変化が起ころうとすることを表す》吃饭~／ご飯ですよ.¶你该回家~了／君は家に帰らなければならない.**3**《命令文の中に用い,催促や制止を表す》走~,走~／さあ,行った,行った.¶不要哭~／もう泣くな. **4**《性質や状態の程度が極めて高いことを表す文の文末に用いる》这药真贵~／この薬はとても高いね.¶今天累死~／きょうはひどく疲れたよ. **5**《列挙するときに用いる》▶"啦la"とも. 異読⇒liǎo

## lei (ㄌㄟ)

**勒** lēi 動 (縄などで)きつく縛る,くくってぎゅっと締める. 異読⇒lè

**lēi dà bózi** [勒大脖子]〈慣〉〈方〉(金銭などを)強要する,ゆする.

**lēijiǎo** [勒脚]〈建〉柱の台座.柱礎.

**累**(纍) léi **⇒** 異読⇒lěi, lèi

**léiléi** [累累]形〈書〉**1** やつれて気をなをしたさま. **2** 物が連なるさま. ⇒lěiléi

**léizhuì** [累贅]形**1**面倒である;(文章などが)冗漫である;(物が)足手まといである. **2**動 厄介をかける. **3** 厄介者. 足手まとい. ▲"累墜"とも.

**雷** léi 名雷.〔个,声〕打～／雷が鳴る. H〈地雷·水雷などの軍事用)爆破兵器〕布～／水雷を敷設する. ||雷

**léidá** [雷达]〈電〉レーダー.
**léi dǎ bù dòng** [雷打不动]〈成〉決心が固い.
**léidiàn** [雷电]名 雷電.
**léigǒng** [雷汞]名〈化〉雷汞(雲).雷酸水銀.
**léijī** [雷击]動 落雷する.
**léimíng** [雷鸣]名 雷鳴.
**léiniǎo** [雷鸟]名〈鳥〉ライチョウ.
**léipī** [雷劈]動 落雷する.
**léiqū** [雷区]名 地雷区;〈喩〉デリケートで手を出しにくい問題.
**léishēng dà, yǔdiǎn xiǎo** [雷声大,雨点小]〈諺〉掛け声ばかりで実行が伴わないこと.
**léitíng** [雷霆]名 大きな雷;〈喩〉雷力.怒り.
**léi tíng wàn jūn** [雷霆万钧]〈成〉威力がきわめて大きいさま. (政策の実行などが)厳格かつ迅速である.
**léitóng** [雷同]**1**動 付和雷同する. **2**形〈喩〉(文章などの内容や形式が)同様である.
**léiyǔ** [雷雨]名〈気〉雷雨.
**léizhènyǔ** [雷阵雨]名〈気〉雷を伴うにわか雨.

**嫘** léi 人名用字. "嫘祖"は伝説上の黄帝の妻.

**缧** léi ●

**léixiè** [缧绁]名〈書〉捕縄. 捕り縄;〈転〉牢獄.

**擂** léi 動**1**(こぶしや金づちで)たたく,打つ.¶~鼓／太鼓をたたく. **2**(薬などを)する,すりつぶす.
異読⇒lèi

**镭** léi 名〈化〉ラジウム. Ra.
**léidìng** [镭锭]名〈化〉ラジウム.
**léiliáo** [镭疗]名〈医〉ラジウム療法.

**羸** léi 〓 ①やせている. ②疲れている. ||羸
**léidùn** [羸顿]形〈書〉疲れてやつれる.
**léiruò** [羸弱]形〈書〉やせこけて弱々しい.

**诔** léi 名〈書〉死者の生前の事績や功徳を述べる言葉. 誄=  ||. 誄詞.

**垒**(壘) lěi 動(れんがや石などを)積み上げて塀などを築く.
H 砦=  ||. 堡塁.
**lěiqì** [垒砌]動(れんがなどを)築く.
**lěiqiú** [垒球]名〈体〉ソフトボール(のボール).

**累**(纍) lěi ●迷惑をかける. H ①積み重ねる. ¶ 积~/蓄積する. ②何度も,たびたび.
異読⇒léi, lèi

**lěicì** [累次]副 しばしば.
**lěifàn** [累犯]名 常習犯(人).
**lěijī** [累积]動 累積する.
**lěijí** [累及]動 巻き添えにする.
**lěijì** [累计]動 累計する.
**lěijìn** [累进]動 累進する.
**lěijìnshuì** [累进税]名〈経〉累進税.
**lěiléi** [累累]**1** 副 しばしば. **2** 形 度重なるさま. ⇒léiléi
**lěiluǎn** [累卵]名 積み重ねた卵;〈喩〉非常に危険であること.
**lěinián** [累年]名〈書〉連年. 毎年.
**lěirì** [累日] 名 連日.
**lěishì** [累世]名 累世. 代々.

**磊** lěi 形 石が積み重なっているさま.
**lěiluò** [磊落]形**1** おおらかで小事にこだわらない. ¶光明~／公明正大である. **2**〈書〉多くも入り組んでいる.

**蕾** lěi 名つぼみ. ¶花～／花のつぼみ.
**lěilíng** [蕾鈴]名〈農〉(綿の)つぼみと実.

**儡** lěi ⇒ kuǐlěi [傀儡]

**肋** lèi 名あばら. ¶两～／両方のあばら. 異読⇒lē
**lèigǔ** [肋骨]名〈生理〉あばら骨.
**lèimó** [肋膜]名〈生理〉肋膜.
**lèitiao** [肋条]名〈方〉あばら肉. あばら骨.

**泪**(淚) lèi 名 涙. ¶流~／涙を流す.
**lèihén** [泪痕]名 涙のあと.

**lèihuā**【泪花】(名)(～儿)目に浮かぶ涙.
**lèirénr**【泪人儿】(名)ひどく泣いている人.
**lèishuǐ**【泪水】(名)涙.
**lèiwāngwāng**【泪汪汪】(形)(～的)目に涙をいっぱいためているさま.
**lèixiàn**【泪腺】(名)(生理)涙腺.
**lèiyǎn**【泪眼】(名)涙にぬれた目.
**lèizhū**【泪珠】(名)(～儿)涙のつぶ.

**类**(類)**lèi** (名)種類.たぐい. ❶似る.類似する. ¶～~hu. ‖(姓)
**lèibǐ**【类比】(動)1(論)類比する. 2 アナロジー.
**lèibié**【类别】(名)類別.分類.
**lèigùchún**【类固醇】(名)(化)ステロイド.
**lèihu**【类乎】(動)…に似ている. …のようである.
**lèirényuán**【类人猿】(名)類人猿.
**lèishū**【类书】(名)類書.
**lèisì**【类似】(動)類似する.似通う.
**lèitóng**【类同】(形)だいたい同じである.
**lèituī**【类推】(動)類推する.
**lèixíng**【类型】(名)類型.種類.

**累 lèi**❶(動)疲れる. ¶～死了!/くたくたに疲れた.
❷(動)疲れさせる.煩わす. ¶字太小,真～眼睛/字が小さくて目が疲れる. 2 きつい仕事である.
異読⇒léi,lěi
**lèihuó**【累活】(名)(～儿)骨の折れる仕事.つらい仕事.
**lèi sǐ lèi huó**【累死累活】(成)死ぬ思いで働く.

**酹 lèi**(動)(書)(死者をとむらうため)酒を地面に注ぐ.

**擂 lèi** ● 異読⇒léi
**lèitái**【擂台】(名)競技や競争の場.
**lèitáisài**【擂台赛】(名)(体)勝ち抜き戦.

**嘞 lei**(助)(口)(断定の語気を表す)

## leng (ㄌㄥ)

**崚 léng** ●
**léngcéng**【崚嶒】(形)(書)山の高くそびえるさま.

**塄 léng**(名)(方)田畑の周りの土手. ▶"地埂"とも.

**棱**(稜)**léng**(名)(～儿)1(器物)の角,ふち,すみ. ¶桌子～儿/テーブルのへり. 2 物体の上に盛り上がったすじ. ¶瓦～/瓦のきわり. 異読⇒líng
**léngfeng**【棱缝】(名)(～儿)(方)手抜かり.すき.
**léngjiǎo**【棱角】(名)1 角. 2 (喩)才能.工夫の切れ. 3 角々しさ.
**léngjìng**【棱镜】(名)(物)プリズム.
**léngzhù(tǐ)**【棱柱(体)】(名)(数)角柱.
**léngzhuī**【棱锥】(名)(数)角錐(ホミ).

**楞 léng**【棱léng】に同じ.

**冷 lěng**❶(形)1 寒い.冷たい. 2 冷ややかである.無愛想である.
❷(動)(～儿)(食べ物などを)冷ます.冷たくする.
❸❶人気がない. ¶～~货. 2 人気がなく寂しい. ¶～~僻. 2(矢・弾丸などが)出し抜けに.不意打ちの. ‖(姓)

**lěng'ào**【冷傲】(形)冷ややかでつっけんどんである.
**lěngbǎndèng**【冷板凳】(名)冷たい腰掛け,(転)閑職.窓際.
**lěngbèi**【冷背】(形)(商品などの)売れ行きが悪い.
**lěngbīngbīng**【冷冰冰】(形)(～的)1 冷ややかである.冷酷である. 2(物体が)ひんやりと冷たいさま.
**lěngbīngqì**【冷兵器】(名)(刀などの)爆裂を使用しない武器.
**lěngbù**【冷布】(名)寒冷紗(沙).
**lěngbudīng**【冷不丁】(副)(方)突然.
**lěngbufáng**【冷不防】1(副)不意に.突然. 2(動)不意打ち.
**lěngcān**【冷餐】(名)立食.ビュッフェ.
**lěngcáng**【冷藏】(動)冷蔵する.
**lěng//chǎng**【冷场】(動)座がしらける.
**lěng cháo rè fěng**【冷嘲热讽】(成)冷たい嘲笑と辛辣(セス)な風刺.
**lěngchǔlǐ**【冷处理】(動)冷却処理する;(喩)冷静に穏当な手段で解決する.
**lěngdài**【冷待】(動)冷たく接する.
**lěngdàn**【冷淡】❶(形)1 にぎやかでない.さびれている. ¶生意～/商売がはやらない. 2 冷淡である.関心がない. ❷(動)冷淡にあしらう.
**lěngdiǎn**【冷点】(名)(↔热点)注目されないところ[問題].
**lěngdiér**【冷碟儿】(名)(方)小皿に盛った冷菜.つきだし.
**lěngdīng**【冷丁】(副)(方)不意に.突然.
**lěngdòng**【冷冻】(動)冷凍する.
**lěngfēng**【冷风】(名)冷たい風;(喩)陰口.
**lěngfēng**【冷锋】(名)(気)寒冷前線.
**lěnggōng**【冷宫】(名)昔皇帝の寵愛を失った后妃の住む宮殿;(転)だれにも顧みられない所.
**lěngguāng**【冷光】(名)冷ややかなまなざし.
**lěngguì**【冷柜】(名)冷凍ショーケース.
**lěnghài**【冷害】(名)(農)冷害.
**lěnghàn**【冷汗】(名)冷や汗.
**lěnghuà**【冷话】(名)冷ややかな言葉;いやみ.
**lěnghūn**【冷荤】(名)肉類の前菜.オードブル.
**lěnghuò**【冷货】(名)売れ行きの悪い品物. ▶"冷门货"とも.
**lěngjì**【冷寂】(形)ひっそりとして寂しい.
**lěngjiàn**【冷箭】(名)不意に放たれる

## lèng

矢;(喩)陰口.中傷.

**lěngjìng**[冷静]形 1 **冷静である**.落ち着いている. 2 (人が少なくて)静かだ.安らかだ.

**lěngjùn**[冷峻]形 冷酷である.

**lěngkù**[冷庫]名 冷凍倉庫.

**lěngkù**[冷酷]形 (仕打ちが)冷酷である,むごい.

**lěnglì**[冷厉]形 冷たく厳しい.

**lěngluò**[冷落]1 形 さびれている.¶门庭~/門前に閑古鳥が鳴く. 2 動 冷遇する.粗末に扱う.

**lěngmén**[冷门]名(~儿)1(賭博・競馬などで)あな.2 人の注意をひかない分野.人気のない仕事.

**lěngmò**[冷漠]形 冷淡である.冷ややかだ.

**lěngnuǎn**[冷暖]名 気候の移り変わり;人の日常生活.

**lěngpán**[冷盘]名 (~儿)前菜.オードブル.[盘碟]

**lěngpì**[冷僻]形 1 辺鄙(ぴ)である.2(文字などが)あまり見かけない.

**lěngqì**[冷气]名 冷房装置やクーラー(から出る冷気).

**lěngqìtuán**[冷气团]名(気)寒気団.

**lěngqiāng**[冷枪]名 不意の射撃.狙撃.

**lěngqiào**[冷峭]形 寒気が身にしみるさま;(言葉や態度が)冷ややかでとげとげしい.

**lěngqīngqīng**[冷清清]形 (~的)冷ややかである;ひっそりして寂しい.

**lěngqīng**[冷清]形 ひっそりしていて寂しい.

**lěngquè**[冷却]動 冷却する.

**lěngrèbìng**[冷热病]名 1(方)マラリア. 2(喩)熱しやすく冷めやすい性格.

**lěng ruò bīng shuāng**[冷若冰霜](成)(人の)態度が冷淡であるさま.(人の)態度が厳格で近寄りがたいさま.

**lěngsè**[冷色]名(美)寒色.

**lěngsēnsēn**[冷森森]形(~的)(冷たさや恐ろしさが)ひやりと身にしみるさま.

**lěngshí**[冷食]名 氷菓子.

**lěngshuāng**[冷霜]名(化粧品の)コールドクリーム.

**lěngshuǐ**[冷水]名 冷たい水;生水.

**lěngsīsī**[冷丝丝]形(~的)ひんやりとしている.

**lěngsōusōu**[冷飕飕]形(~的)(風が)冷え冷えとしている.

**lěngxiào**[冷笑]動 冷笑する.

**lěngxuè dòngwù**[冷血动物]名 冷血動物;(喩)情のない冷酷な人.

**lěng yán lěng yǔ**[冷言冷语](成)皮肉たっぷりで冷ややかな言葉.

**lěngyǎn**[冷眼]名 冷静な目;冷ややかな目.

**lěng yǎn páng guān**[冷眼旁观](成)冷静な目で傍観する.冷淡な態度をとる.

**lěngyǐn**[冷饮]名(サイダー・ジュースなどの)清涼飲料.

**lěngyù**[冷遇]動 冷遇する.

**lěngzhàn**[冷战]名 冷戦.

**lěngzhan**[冷战]名(動)(寒さや恐れからくる)身震い.¶打了一个~/少し身震いした.

**lěngzì**[冷字]名 めったに使われない字.

## léng

**léng** 地名用字.

## lèng

**lèng** 1 動 ぼんやりする.ぽかんとする.¶发~/ぽかんとする.
2 形(口)強引である.向こうみずである.(方)(食べ物が)熟していない,生煮えだ.

**lèngcōng**[愣葱]名 粗忽者.無分別な人.

**lènggàn**[愣干]動(口)がむしゃらにやる;我流でやる.

**lèngjìnr**[愣劲儿]名 向こうみずな点.

**lèngkēkē**[愣磕磕]形(~的)1 ぼんやりしている. 2 後先かまわない.

**lèngshénr**[愣神儿]動(方)あっけにとられる.

**lèngshì**[愣是]副(方)なにがなんでも.

**lèngshuō**[愣说]動(方)強引に主張する.

**lèng tóu lèng nǎo**[愣头愣脑](成)軽率である.

**lèngtóuqīng**[愣头儿青]名(貶)(方)無鉄砲な人.

**lèngxiǎozi**[愣小子]名 無鉄砲な若者.

**lèngzheng**[愣怔]→ lèngzheng[睖睁]

## lèng

**lèng** 動(方)目を見開いて注視する.▶不満の意を表す.¶她狠狠地~了他一眼/彼女は厳しい目で彼をにらみつけた.

**lèngzheng**[睖睁]動 きょとんとする.

## lí (ㄌㄧ)

## 哩

**lī** ● 異読⇒lǐ,li

**līlilālā**[哩哩啦啦] 1 たらたら.だらだら. 2 としとし. 3 ぽつぽつ.ちらほら.

**līliluōluō**[哩哩啰啰]擬 くどくどしい.

## 丽(麗)

**lí** 地名用字. "丽水"は浙江省の県名. 異読⇒lì

## 厘(釐)

**lí** 名 1 [長さ・重さ・面積の単位]形(長さは1尺の千分の1;(重さは1斤の1万分の1;(面積は1ムーの100分の1. 2(利率の単位. 年利1"厘"は元金の1%を意味し,月利1"厘"は元金の0.1%を意味する)
🔄 整理する. 治める.

**lídìng**[厘定]動(書)(規則・制度・用語などを)整理し規定する.

**límǐ**【厘米】(量)(長さの単位)センチメートル.

**lízhèng**【厘正】(動)(書)訂正する.

**狸** lí ①ヤマネコ. ②タヌキ.

**límāo**【狸猫】(名)(動)ヤマネコ. ベンガルヤマネコ. ▶「狸子」とも.

**离**【離】lí ❶(前)…から. …まで. ¶我家～车站有一公里 / 私の家は駅から1キロある. ¶春节只有三天了 / 旧正月まであと3日しかない. ❷(動) 1 離れる. 別れる. 2 遠く隔たる. 3 欠く. ▶「了」を伴う. ¶～了眼镜,我就不能看报了 / 眼鏡がないと私は新聞が読めない. ❸(名)(易の八卦げの一つ)離(り). ‖(姓)

**lí'àn jiàgé**【离岸价格】(名)(経)本船渡し価格. FOB.

**líbié**【离别】(動)離別する ; (長らく)別れる.

**líbukāi**【离不开】(動+可補) 離れられない. ¶小孩儿～母亲 / 子供は母から離れることができない. 2→líbuliǎo【离不了】

**líbuliǎo**【离不了】(動+可補) 欠かせない.

**lídǎo**【离岛】(名)(地)離島.

**lídekāi**【离得开】(動+可補) 離れられる. 2→lídeliǎo【离得了】

**lídeliǎo**【离得了】(動+可補) なくてすむ.

**lídiàn**【离店】(名)(ホテルの)チェックアウト.

**lí/duì**【离队】(動) 隊列から脱退する. 持ち場を離れる.

**lí/gǎng**【离岗】(動)離任する.

**lígé**【离格儿】(名)(方)(言うやなすことが)常軌を逸する.

**lígōng**【离宫】(名)離宮.

**líhé**【离合】(動)別れと出会い.

**líhéqì**【离合器】(名)(機)クラッチ.

**lí/hūn**【离婚】(動)離婚する.

**líjiàn**【离间】(動)仲たがいさせる.

**lí jīng pàn dào**【离经叛道】(成) 主導的な思想や正統的な学派・学説にそむいたり異を唱えたりする.

**líjìng**【离境】(動) 国境(ある地域の境界)を出る. 出国する.

**lí/kāi**【离开】(動+方補) 離れる. 分かれる. ¶出生后就～了母亲 / 生まれてすぐ母親と離れた.

**lí/nǎi**【离奶】(動) 離乳する.

**lípàn**【离叛】(動) 離反する.

**lí/pǔ**【离谱儿】(動)(~儿)(物事の法則や筋道からはずれる.

**líqí**【离奇】(形) 奇妙である. 不思議である.

**lí/qì**【离弃】(動)(仕事・場所・人などを)離れる, 見捨てる.

**líqíng**【离情】(名) 別れの気持ち. 別離の情.

**líqù**【离去】(動)立ち去る.

**lí qún suǒ jū**【离群索居】(成)人と離れて独居する.

**lírèn**【离任】(動)離任する.

**lísàn**【离散】(動)(肉親が)離散する.

**líshì**【离世】(動) 1 俗世間を離れる. 2 死去する.

**lí/tí**【离题】(動) 本題から離れる. 話が脱線する. ¶～万里 / 本題からかけ離れている.

**líxì**【离戏】(動) 冗談を言う. からかう.

**lí xián zǒu bǎnr**【离弦走板儿】(成)(物事の)筋道からそれる.

**lí xiāng bèi jǐng**【离乡背井】(成) ふるさとを離れる.

**líxīn**【离心】 1 (動)離反する. 2 (形)(物の)遠心の.

**líxīnjī**【离心机】(名)遠心分離機.

**líxīnlì**【离心力】(名)(物)遠心力.

**líxiū**【离休】(動)1949年以前に革命に参加した幹部が離職休養する.

**líyì**【离异】(動)離婚する.

**lí/zhé**【离辙】(動)(口)(話から)脱線する.

**lí/zhí**【离职】(動) 1 (一時)職を離れる. 2 退職する.

**lízǐ**【离子】(名)(物)イオン. ¶负～ / マイナスイオン.

**lízǐ jiāohuàn**【离子交换】(名)(化)イオン交換.

**lí/zuò**【离座】(動)座をはずす.

**骊**【驪】lí(名)(書)黒い馬.

**梨**【棃】lí(名) 1 (植)ナシ. 2 ナシの実.

**lígāo**【梨膏】(名)ナシで作ったシロップ. ▶咳止めにきく.

**líshù**【梨树】(名)ナシの木.

**Líyuán**【梨园】(名)梨園(えん); (転)劇場. 演劇界.

**犁**【犂】lí 1 (名) すき. [張] 2 (動)(すきで土を)すく. ‖(姓)

**líhuá**【犁铧】(名)すきの刃.

**líniú**【犁牛】(名)(方)役牛.

**lízhàng**【犁杖】(名)(方)すき.

**鹂**【鸝】lí →**huánglí**【黄鹂】

**喱** lí →**gālí**【咖喱】

**蓠**【蘺】lí →**jiānglí**【江蓠】

**蜊** lí →**gélí**【蛤蜊】

**漓** lí →**línlí**【淋漓】

**璃**（瓈）lí →**bōli**【玻璃】 **liúlí**【琉璃】

**黎** lí ❶(形) 1 多い. ¶～～民. ②黒い. ‖(姓)

**Líbānèn**【黎巴嫩】(名)(地)レバノン.

**líhēi**【黎黑】→**lihēi**【黧黑】

**límín**【黎民】(名)(書)民衆. 庶民.

**límíng**【黎明】(名) 黎明. 夜明け.

**Lízú**【黎族】(名)(中国の少数民族)リー(Li)族.

**鲡**【鱺】lí →**mánlí**【鳗鲡】

# lí

**罹** lí ❶〈災いや病気に〉かかる,遭う. ¶~祸/災いに遭う. ¶~病/病気にかかる. ❷憂い. 苦難.

**línàn【罹难】**動〈書〉罹災する;殺害される.

**篱（籬）** lí ❶籬（まがき）. ¶竹~/竹垣.

**líba【篱笆】**名竹または木の枝などで編んだ籬.

**lízha【篱笆】**名竹や樹木の枝で作られた柵.

**藜** lí〈植〉アカザ.

**líhuò【藜藿】**名〈書〉粗末な食事.

**黧** lí ❶

**líhēi【黧黑】**形〈書〉〈顔色が〉黒い.

**蠡** lí貝殻で作ったひさご. 異読⇨

**lícè【蠡测】**動〈書〉浅はかな考えで物事を推しはかる.

## 礼（禮） lǐ

❶名 **1** おじぎ. 敬礼. ¶行xíng了一个~/おじぎをした. **2** 贈り物.

❷─儀式. 礼. ¶婚~/結婚式. ‖姓

**lǐbài【礼拜】❶**動礼拝する. ❷名〈口〉**1** 週. ¶下~/来週. ¶上~/先週. ¶~三/水曜日. **2** 曜日. ¶~日/日曜日.

**lǐbàisì【礼拜寺】**名〈宗〉（イスラム教の）寺院. モスク.

**lǐbàitáng【礼拜堂】**名〈宗〉（キリスト教の）教会.

**lǐbàitiān【礼拜天】**名〈口〉日曜日.

**lǐbāo【礼包】**名お楽しみ袋.

**lǐbīng【礼兵】**名儀礼兵.

**lǐdān【礼单】**名礼物の目録.

**lǐfǎ【礼法】**名礼法. 礼儀作法.

**lǐ/fó【礼佛】**動仏を拝む.

**lǐfú【礼服】**名礼服. 式服.

**lǐhé【礼盒】**名贈答用の箱;（転）進物セット.

**lǐhuā【礼花】**名祭典・祝賀に打ち上げる花火.

**lǐjiào【礼教】**名〈旧〉（封建社会でいう）礼儀と道徳.

**lǐjié【礼节】**名礼儀作法.

**lǐjīn【礼金】**名祝儀;謝礼金.

**lǐmào【礼帽】**名礼帽.

**lǐmào【礼貌】1** 名礼儀. マナー. ¶有~/礼儀正しい. ¶讲~/マナーを重んずる. **2** 形礼儀正しい.

**lǐpào【礼炮】**名礼砲.

**lǐpǐn【礼品】→lǐwù【礼物】**

**lǐpìn【礼聘】**動礼を尽くして招聘（ヘイ）する.

**lǐqì【礼器】**名祭礼に用いる器具.

**lǐ qīng yì zhòng qíng yì【礼轻情意重】**〈成〉贈り物はわずかでも,その気持ちはくみ取るべきである.

**lǐràng【礼让】**動礼儀を尽くして譲る.

**lǐ shàng wǎng lái【礼尚往来】**〈成〉贈り物をもらったなら返礼すべきである. （転）相手の出方によって対応する.

**lǐshù【礼数】**名礼儀作法.

**lǐsú【礼俗】**名〈冠婚葬祭など〉交際の儀礼.

**lǐtáng【礼堂】**名講堂. 式場.

**lǐwù【礼物】**名贈り物. プレゼント.

**lǐyí【礼仪】**名儀礼. エチケット.

**lǐyí diànbào【礼仪电报】**名慶弔電報.

**lǐyí xiǎojiě【礼仪小姐】**名案内嬢. コンパニオンガール.

**lǐyù【礼遇】**名礼遇. 厚遇.

## 李 lǐ❶

スモモ. ‖姓

**lǐzi【李子】**名〈植〉スモモ.

## 里（裏・裡） lǐ

❶名 **1**〈方言〉「名詞＋"里"」で〉…の中. ¶房间~/部屋の中. ¶假期~/休暇期間中. **2**〈単独で,あるいは「前置詞＋"里"」で〉中. 内部. ¶请往~走/どうぞ中に入ってください. **3**〈形容詞＋"里"〉で）…の方向,方面. ¶往好~想/楽観的に考える. **4**〈~儿〉裏. ¶衣服~儿/服の裏.

❷量〈長さの単位〉"市里"の通称. 1"里"は500メートル.

❶❶①隣近所. ¶邻~/隣近所. ②郷里. ③奥の,内側の. ¶~像/奥の方. ‖姓

**lǐbiānduō【里边多】**〈哲〉リビドー.

**lǐbian【里边】**名〈~儿〉中(の方). 奥(の方). 内部. ¶~请/どうぞお入りください.

**lǐchéng【里程】**名 **1** 道のり. **2**（発展の過程.

**lǐchéngbēi【里程碑】**名 里程標;（喩）歴史的節目とされる大事件.

**lǐchéngbiǎo【里程表】**名自動車などの速度・距離メーター.

**lǐ chū wài jìn【里出外进】**〈成〉でこぼこである.

**lǐdài【里带】**名〈タイヤの〉チューブ.

**lǐji【里脊】**名ヒレ肉.

**lǐjiān【里间】**名〈~儿〉奥の間. 奥の部屋.

**lǐliwàiwài【里里外外】**方位 内側も外側も. 全部ひっくるめて.

**lǐlòng【里弄】**名〈方〉路地;（転）隣近所.

**lǐmiàn【里面】**方位 中. 内部.

**lǐshǒu【里手】**名 **1**〈~儿〉（操縦者から見た車や機械の）左側. 内側. **2** 玄人（シ?）.

**lǐtāi【里胎】**名〈タイヤの〉チューブ.

**lǐ tōng wài guó【里通外国】**〈成〉外国のスパイになる.

**lǐtou【里头】**方位 中. 内部.

**lǐwài【里外】**方位 **1** 内と外. **2**（概数を表し）…くらい. ¶三十岁~/30歳くらい.

**lǐ wài bù shì rén【里外不是人】**〈慣〉板挟みになって苦しむ.

**lǐwū【里屋】**名奥の部屋.

**lǐxián【里弦】**名（胡弓の）内側の弦. 太い弦.

**lǐxiàng【里巷】**名小路;裏町.

lǐ yìng wài hé【里应外合】(成) 内外呼应する. 外側からの攻撃に対して内側から協力する.
lǐzi【里子】(名)〈衣服などの〉裏;〈転〉裏方.

俚 lǐ ►► 粗野で低俗である.
lǐsú【俚俗】(形) 粗野である. 俗っぽい.
lǐyǔ【俚语】(名) 俗語. スラング.

逦 (邐) lǐ →yǐlǐ【迤逦】

哩 lǐ (量)(旧)〈長さの単位〉マイル. 異読⇨li,li

浬 lǐ (量)(旧) 海里. ノット.

娌 lǐ →zhóuli【妯娌】

理 lǐ (动) 1 整理する. 整える. 2 相手にする. 取り合う. ¶不要~那种人／あんなやつなんか相手にするな. 2(名) 1 〈~儿〉すじめ. 筋道. 2 自然科学;物理学.
►► ① 管理する. ②〈木・皮膚などの〉きめ. ¶木~／木目. ‖〈姓〉
lǐ/cái【理财】(动) 財産・財務を管理する.
lǐcǎi【理睬】(动) 相手にする. かまう.
lǐ/chár【理茬儿】(动) 取り合う.
lǐcháng【理长】(形) よく道理にかなっている.
lǐdāng【理当】(助动) 当然…すべきである.
lǐduǎn【理短】(形) 理屈が立たない. 筋が通らない.
lǐ/fà【理发】(动) 理髪する. 散髪する. ¶~师／理容師. 理髪師.
lǐgāi【理该】(助动) 道理から言って当然である.
lǐhuà【理化】(名) 物理と化学の総称.
lǐhuì【理会】(动) 1 理解する. わかる. 2 気にとめる. 3 相手にする. かまう.
lǐjiě【理解】(动) 理解する. わかる.
lǐjù【理据】(名) 理由. 根拠.
lǐkē【理科】(名)〈学科の〉理科.
lǐ kuī xīn xū【理亏心虚】(成) 道理に背けば気がとがめて心安らかでない.
lǐliáo【理疗】(名)(略)〈医〉物理療法.
lǐlù【理路】(名) 1〈思想や文章の〉筋道. 2〈方〉道理.
lǐlùn【理论】(名) 理论.
lǐniàn【理念】(名) 信念. 理念.
lǐpéi【理赔】(动) 契約にもとづき賠償する.
lǐqū【理屈】(形) 理に欠ける.
lǐ qū cí qióng【理屈词穷】(成) 筋が通らず弁明する言葉がなくなる.
lǐshì【理事】1(动) 切り盛りする. 2(名) 理事.
lǐshù【理数】(名) 道理.
lǐshùn【理顺】(动)〈関係やトラブルを〉正常化する.
lǐ suǒ dāng rán【理所当然】(成) 理の当然である.

lǐxiǎng【理想】1(名) 理想. 2(形) 理想的である. 満足だ.
lǐxiǎngguó【理想国】(名) ユートピア. 理想郷.
lǐxìng【理性】1(形)(↔感性) 理性的な. 知的な. 2(名) 理性.
lǐxué【理学】(名)〈哲〉理学.
lǐyīng【理应】(助动) 当然…すべきである.
lǐyóu【理由】(名) 理由. 口実.
lǐyù【理喻】(动) 道理を説いて納得させる.
lǐ zhí qì zhuàng【理直气壮】(成) 筋が通っているので意気盛んである.
lǐzhì【理智】1(名) 理知. 理性. 2(形) 理知的である.

锂 lǐ (名)〈化〉リチウム. Li.

鲤 lǐ ►► コイ.
lǐyú【鲤鱼】(名)〈魚〉コイ. ¶~跳龙门／〈喩〉難関を突破して出世する.

澧 lǐ (名) 地名の字. "澧水"は湖南省にある川の名.

醴 lǐ ►► ① 甘酒. ② 甘泉.

鳢 lǐ (名)〈魚〉ライギョ.

蠡 lǐ (名) 地名・人名用字. "范蠡"は春秋時代の人. "蠡县"は河北省にある県名. 異読⇨lí

力 lì 1(名) 1 ►► 力. ②力. 体力. 2(动) 1 働き. ¶药~／薬の効能. ② 力を入れる. ¶~~戒. ‖〈姓〉
lì bù cóng xīn【力不从心】(成) 意会って力足らず.
lì bù shèng rèn【力不胜任】(成) 任務が重すぎる.
lìchí【力持】(动) 堅持する.
lìchù【力畜】(名) 役畜.
lìcù【力促】(动)（…のように）精いっぱい仕向ける, 促す.
lìdǎ【力打】(动) 頑張って打ち負かす.
lìdào【力道】(名)〈方〉1 力. 2 影響; 効果.
lìdí【力敌】(动) 力が伯仲する.
lìdiǎn【力点】(名)〈物〉〈てこの〉力点.
lìdù【力度】(名) 1 力の程度. 2〈音〉強弱. 音力. 3〈内容の〉深さ, 深み.
lì jié shēng sī【力竭声嘶】(成) 声をからし力を出し尽くす.
lìjiè【力戒】(动) 厳しく戒める.
lìjù【力拒】(动) 極力拒む.
lìkè【力克】(动) 全力を尽くし勝利する.
lìliang【力量】(名) 1 ►► 力. 2 能力；力. 3 作用. 効き目.
lì pái zhòng yì【力排众议】(成) 多数意見を力ずくで排除する.
lìpīn【力拼】(动) 全力を尽くし戦う.
lìpò【力破】(动) 全力を尽くし打ち破る.
lìqi【力气】(名) 力. ¶卖~／骨身を惜しまない.
lìqìhuó【力气活】(名)〈~儿〉力仕事.
lìqiú【力求】(动) できるだけ…するよう

**lì**

**lìshí**【力持】[動] 力持ち；力士．
**lì suǒ néng jí**【力所能及】〈成〉能力に相応できる．
**lì tòu zhǐ bèi**【力透紙背】〈成〉文章の理解が深く、言葉に力がこもっている．
**lìtú**【力図】[動] 極力…を図る．¶～摆脱困境／苦境から脱出しようと努める．
**lǐ wǎn kuáng lán**【力挽狂瀾】〈成〉必死になって劣勢を挽回しようとする．
**lìxíng**【力行】[動] 努力して行う．
**lìxué**【力学】1 [名]〈物〉力学．2 [動]〈書〉努力して学ぶ．
**lìzhàn**【力戦】[動] 奮戦する．
**lìzhēng**【力争】[動] 1 できるだけ…するように努める．2 大いに論争する．
**lìzhèng**【力証】[動] 極力立証する．
**lìzhǔ**【力主】[動] 極力主張する．
**lìzú**【力阻】[動] 極力阻止する．
**lìzuò**【力作】1 [名]〈書〉一生懸命働く〔執筆する〕．2 [名] 力作．労作．

**lì**【歷・曆】1 [動] ①経る．たつ．¶～时／一つ．つぶさに．¶～访．③これまで経てきたところの．¶～代．2 [名] 暦法．¶～法／暦法．¶こよみ．¶日～／日めくりカレンダー．‖[姓]

**lìběn**【历本】[名]〈方〉こよみ．
**lìcháo**【历朝】[名] 歴代．
**lìchén**【历陈】[動] 一つ一つ述べる．
**lìchéng**【历程】[名] 経てきた過程．
**lìcì**【历次】[名] これまで毎回．
**lìdài**【历代】1 [名] 1 歴代．代々．2 過去の何世代．2 [動] いろいろな時期や時代を経過する．
**lìfǎ**【历法】[名] 暦法．
**lìfǎng**【历访】[動] 歴訪する．
**lìjiè**【历届】[名] これまでの各回．
**lìjìn**【历尽】[動] 経験し尽くす．
**lìjīng**【历经】[動] 幾度も経験する．
**lìjiǔ**【历久】[動] 長い時間がたつ．
**lìlái**【历来】[副] これまでずっと．一貫して．
**lìlì**【历历】[副]〈書〉ありありと．
**lì lì zài mù**【历历在目】〈成〉ありありと目に浮かぶ．
**lìliàn**【历练】[名] 経験が豊富である．
**lìnián**【历年】[名] 長年．数年来．¶～的战争／長年にわたる戦争．
**lìrèn**【历任】[動] 歴任する．2 [名] 歴代．
**lìshí**【历时】[動] 時を経る．時間がたつ．
**lìshǐ**【历史】[名] 1 歴史．過ぎ去った出来事．2 経歴．履歴．3 歴史学．
**lìshǐ wéiwù zhǔyì**【历史唯物主义】[名]〈哲〉史的唯物論．
**lìshǐ wéixīn zhǔyì**【历史唯心主义】[名]〈哲〉史的観念論．
**lìshǐ wénhuà míngchéng**【历史文化名城】[名]〈国務院指定〉の文化都市．
**lìshǐxìng**【历史性】[形] 歴史的な．
**lìshū**【历书】[名] 暦．
**lìshǔ**【历数】[動] 列挙する．

**lìxiǎn**【历险】[動] 危険な目に遭う．
**lì**【厉（厲）】[形] ① 厳格である．② 厳粛である．③ 激しい．‖[姓]
**lì bīng mò mǎ**【厉兵秣马】〈成〉戦闘の準備をする．
**lìhai**【厉害】[形] 1 きつい．ひどい．すごい．¶这个女人真～／この女性はほんとうにきつい．2（程度が）激しい．¶头痛得～／頭が痛くてたまらない．2 [名] むごさ．手ごわさ．¶给你个～看／痛い目に遭わせてやるぞ．
**lìsè**【厉色】[名] 厳しい顔色．怒りの表情．
**lìshēng**【厉声】[名] 激しい口調．
**lìxíng**【厉行】[動] 励行する．

**lì**【立】1 [動] 1 立つ．2 立てる．¶把梯子～起来／はしごを立てかける．3（規則・契約・制度などを）定める．4〈書〉即位する．
[動] ①存在する．②〈自〉～／独り立ちする．②直立した．縦の．¶～～柜．③直ちに．¶～～即．‖[姓]
**lì/àn**【立案】[動] 1 登記する．登録する．2〈法〉要訴訟事件として立件する．
**lìbǎo**【立保】[動] 保証人を立てる．
**lì/bēi**【立碑】[動] 碑を立てる．
**lìbī**【立逼】[動] せきたてる．しきりに催促する．
**lìchǎng**【立场】[名] 立場．態度．
**lì/chūn**【立春】[動] 立春になる．2 [名]〈二十四節気の〉立春．
**lìdài**【立待】[動] すぐさま…するのを待つ．
**lìdāo**【立刀】[名]〈漢字の部首〉りっとう"刂"．
**lìděng**【立等】[動] 立ったまま待つ．ちょっと待つ．2 早急に…するのを待っている．
**lìděng kěqǔ**【立等可取】[名]〈写真の現像などの〉即時仕上げ．
**lìdì**【立地】1 [動] 地に立つ．2 [名] 樹木が育つ場所．3 [副]〈近〉即刻．即座に．
**lìdìng**【立定】[動] 1（号令）止まれ．2 しっかりと立つ．3（考えなどを）しっかりと決める．
**lì/dōng**【立冬】[動] 立冬になる．2 [名]〈二十四節気の〉立冬．
**lì/fǎ**【立法】[動] 法律を制定する．
**lìfāng**【立方】1 [数] 1 立方．三乗．2 "立方体"（立方体）の略．2 "立方米"（立方メートル）の略．
**lìfānggēn**【立方根】[名]〈数〉立方根．
**lìfāngmǐ**【立方米】[量] 立方メートル．
**lìfāngtǐ**【立方体】[名]〈数〉立方体．
**lì gān jiàn yǐng**【立竿见影】〈成〉効果が直ちに現れること．
**lì/gōng**【立功】[動] 手柄を立てる．
**lì gōng shú zuì**【立功赎罪】〈成〉手柄を立てて自分が以前に犯した罪の埋め合わせをする．
**lìguì**【立柜】[名] 洋服だんす．

**lìguó**【立国】動建国する.
**lì/hù**【立户】動 1 家庭をつくる. 2 〈銀行に〉口座を開く.
**lìjí**【立即】副《書》直ちに. 即座に.
**lìjiāo**【立交】動 立体交差.
**lìjiāoqiáo**【立交橋】名 立体交差橋.
**lì/jiǎo**【立脚】動 立脚する.
**lìjiǎodiǎn**【立脚点】名 立脚点；〈喩〉足場.

**likè**【立刻】副 直ちに. すぐに.
**lìkècìshìtǐ**【立克次氏体】名〈医〉リケッチア.
**lǐlǐng**【立领】名〈〜儿〉立ち襟. スタンドカラー.
**lìlùn**【立论】動 論を立てる.
**lìmǎ**【立马】副〈〜儿〉〈方〉すぐに. 直ちに.
**lìmǐ**【立米】名〈略〉立方メートル.
**lìmiàntú**【立面图】名〈測〉立面図.
**lì/qì**【立契】動 契約を結ぶ.
**lì/qiū**【立秋】動 立秋になる. —名〈二十四節気の〉立秋.

**lì shēn chǔ shì**【立身処世】成 世渡りすること. 社会人としての暮らし方.
**lìshēng**【立升】量〈容量単位〉リットル.
**lìshí**【立时】副 たちどころに. 即刻.
**lì/shì**【立誓】動 誓いを立てる.
**lìsù**【立嗣】動〈書〉跡継ぎを立てる.
**lìsuǒ**【立索】動〈すぐに…するよう求める.
**Lìtáowǎn**【立陶宛】名〈地名〉リトアニア.
**lìtǐ**【立体】1 動〈数〉立体. 2 形 1 立体感のある. 2 上下何段階にもなった.
**lìtǐ diànyǐng**【立体电影】立体映画.
**lìtǐ jiāochā**【立体交叉】立体交差.
**lìtǐpài**【立体派】名〈美〉立体派. キュービズム.
**lìtǐshēng**【立体声】名 ステレオ(音声).
**lìtǐtú**【立体图】名 立体図.
**lì/xià**【立夏】動 立夏になる. —名〈二十四節気の〉立夏.
**lìxiàn**【立宪】動 憲法を制定する. ¶君主〜制 / 立憲君主制.
**lì/xiàng**【立像】名 1 立像. 2 動 像を立てる.
**lì/yè**【立业】動 1 事業を起こす. 2 財産をつくる.
**lì/yì**【立异】動 異を唱える.
**lìyì**【立意】動 1 決意する. 決心する. 2〈文章などを書くときの〉意図, 着想.
**lì/yuē**【立约】動 契約や条約を結ぶ.
**lìzhèng**【立正】動〈号令〉気をつけ.
**lì/zhì**【立志】動 志を立てる.
**lìzhóu**【立轴】名 1 掛け軸. 2〈機〉バーチカルシャフト.
**lì zhuī zhī dì**【立锥之地】成 錐が立てられるほどのごくわずかな土地.
**lìzú**【立足】動 1 立脚する. 2 …に基礎を置く.

**lìzúdiǎn**【立足点】名 立脚点；〈喩〉足場. 立場.

**吏 lì**動 小役人. (広く)官吏. ¶酷〜/ 残酷な官吏. ¶姓

**lìbù**【吏部】名〈史〉吏部.

**坜**(壢) lì 地名用字.

**苈**(藶) lì →tínglì【葶苈】

**丽**(麗) lì 動 ①美しい. ¶〜辞. ②付着する. ¶附〜/くっつく. —形 異読⇒lí

**lìcí**【丽辞】名《書》美辞麗句.
**lìrén**【丽人】名 麗人.
**lìzǎo**【丽藻】名《書》(詩や文章などの)美しい詞藻.
**lìzhì**【丽质】名 (女性の)美しい容貌. 美貌.

**励**(勵) lì 動 励ます. ¶勉〜/励ます. ¶鼓〜/激励する.

**lì jīng tú zhì**【励精图治】成 精励して土地をよく治めようとする.

**呖**(嚦) lì ❶

**lìlì**【呖呖】形《書》《鳥のよく響く澄んだ鳴き声》

**利 lì 動** ①利益. ¶有〜有弊 / 益もあれば害もある. ②利潤. 利息. ¶有利にする. ④鋭い. ¶〜→刃 rèn. ⑤順調である. ¶順〜/ 順調である. ¶姓

**Lìbǐlǐyà**【利比里亚】名〈地名〉リベリア.
**Lìbǐyà**【利比亚】名〈地名〉リビア.
**lìbìng**【利病】名 利害.
**lìchā**【利差】名 利鞘(ざや). 金利差.
**lìdàn**【利淡】→**lìkōng**【利空】
**lìdùn**【利钝】名 1〈刃物の〉切れ味のよし悪し. 2〈物事の〉運不運.
**lìduō**【利多】→**lìhǎo**【利好】
**lì gǔn lì**【利滚利】〈高利貸の一種〉利息に利息がつく.
**lìhài**【利害】名 利害. 損得. ¶不計〜/損得にこだわらない.
**lìhai**【利害】→**lìhai**【厉害】
**lìhǎo**【利好】名〈経〉(株価の)上げ含み.
**lìjǐ**【利己】動 自分の利益をはかる.
**lìjǐ zhǔyì**【利己主义】名 利己主義.
**lìkōng**【利空】名〈経〉(株価の)下げ含み.
**lìlǜ**【利率】名〈経〉利率.
**lìluo**【利落】形 1〈言葉や動作が〉はきはきしている. ¶说话〜 / 言葉がはきはきしている. 2 きちんとしている. 3 すっかり片付いている.
**lìniào**【利尿】動 排尿を促進させる.
**lìqì**【利器】名 1 鋭利な武器. 2 すぐれた道具.
**lìqián**【利钱】名 利息.
**lìquán**【利权】名〈国家の〉権益.
**lìrén**【利人】動 他人の利益をはかる.

**lìrèn**【利刃】[名] 鋭利な刃。 **2** よく切れる刀。
**lìrùn**【利润】[名] 利潤。 ¶不大／利潤があがらない。
**lìshì**【利市】❶[名] 〔書〕利潤。 **2**〈方〉金もうけの前兆。 **3**〈方〉賞金。 ❷[形] 縁起がよい。めでたい。
**lìsuǒ**【利索】[形] **1**（言葉や動作が）はきはきしている。 **2** きちんとしている。
**lìxī**【利息】[名] 利息。利子。
**lìyì**【利益】[名] 利益。 ¶谋～／利益をはかる。
**lìyòng**【利用】[動] 利用する。
**lìyòu**【利诱】[動] 利を誘う。
**lìyú**【利于】[動]…にとって有利である。
**lì yù xūn xīn**【利欲熏心】[成] 利益や欲望に目がくらむ。
**lìzuǐ**【利嘴】[名] 達者な口。

**沥**（瀝） **lì** ❶[動] **1** 滴る。 ¶～血／血が滴る。 **2** 濾(こ)す。
❷[名] しずく。
**lìlì**【沥沥】[擬]〔書〕（風の音や水の音）ぴゅうぴゅう。ざあざあ。
**lìqīng**【沥青】[名] 実例。アスファルト。 ¶～路／アスファルト道路。
**lìshuǐ**【沥水】[名] （降雨による）水たまり。

**枥**（櫪） **lì** [名] **1** 馬のかいば桶。 **2**【栃】に同じ。

**例 lì 1**[名]（～儿）例。 **2**[量] 粒状のものを数える：粒。 ¶两～子弹／2 発の銃弾。
**例 lì 1**[名]（～儿）例。 **2**[量] 事例を数える：例。 ¶一百多～手术／100例あまりの手術。 **3**[名] 規則。格式。 ¶条～／条例。法令。 **4**[動] 定例の。 ¶～假 jià。 **3** 前例の。
**lìhuì**【例会】[名] 例会。定例の集まり。
**lìjià**【例假】[名] **1** 定例休暇；祝日休暇。 **2**〈婉〉月経。生理休暇。
**lìjù**【例句】[名] 例文。
**lìrú**【例如】[接続] たとえば。
**lìwài**【例外】 **1**[名] 例外。 **2**[動] 例外にする。
**lìxíng**【例行】[形] 定例の。 ¶～记者招待会／定例記者会見。
**lìyán**【例言】[名] 凡例。例言。
**lìzhèng**【例证】[名] 例証。
**lìzi**【例子】[名] 例。〔个〕 ¶举个～／例を挙げて。

**疠**（癘） **lì** [名]〔書〕 **1** 流行病。疫病。 **2** 悪性のできもの。

**戾 lì** ❶[] **1** 罪。とが。 **2** 偏屈である；凶悪である。 ¶乖～／偏屈である。

**隶**（隸・隷） **lì** ❶[動] **1** 從属する。 ¶～属。 **2** 身分の低い者。 ¶仆pú～／奴僕。 **3**（漢字の書体の）隷書。
**lìshū**【隶书】[名] 隷書。▶「隶字」とも。
**lìshǔ**【隶属】[動]（区域・機関などが）隸属する、管轄を受ける。

**荔 lì** ❶[]

**lìzhī**【荔枝】[名]〔植〕レイシ。ライチ。

**栎**（櫟） **lì**[名]〔植〕クヌギ。 異読⇒**yuè**

**郦**（酈） **lì** ❶[姓]

**轹**（轢） **lì**[動]〔書〕（車が）ひく、踏みにじる；〈喩〉いじめる。いためつける。

**俪**（儷） **lì** ❶[] ① 対になった。 ¶骈pián～／対句法。 ② 夫婦。 ¶～影／夫婦の写真。

**俐 lì** ⇒**línglì**【伶俐】

**疬**（癧） **lì** ⇒**luǒlì**【瘰疬】

**莉 lì** ⇒**mòlì**【茉莉】

**莅 lì** ❶[] 来る。臨む。出席する。
**lìhuì**【莅会】[動]〔書〕会議に出る。
**lìlín**【莅临】[動]〔書〕〈敬〉臨席する。
**lìrèn**【莅任】[動]〔書〕着任する。

**鬲**（瓹・歷） **lì** ❶[]〔古〕鬲(れき)。 **3** 本の空洞の脚をもつ古代の蒸し器。 異読⇒**gé**

**栗**（慄） **lì** ❶[] おののく。 ❷[]

**lìbào**【栗暴】[名]げんこつ。
**lìrán**【栗然】[形]〔書〕恐れて震えるさま。
**lìsè**【栗色】[名] 栗色。
**lìzi**【栗子】[名]〔植〕クリ。

**砺**（礪） **lì** ❶[]〔古〕砥石(といし)。 **2** ⇒石。
❷[] 研ぐ。
**lìshí**【砺石】[名] 砥石。

**砾**（礫） **lì**[名] 石ころ。小石。 ¶沙～／砂礫(されき)。
**lìshí**【砾石】[名] 小石。
**lìyán**【砾岩】[名]〔地〕礫岩(れきがん)。

**蛎**（蠣） **lì** ⇒**mǔlì**【牡蛎】

**唳 lì**[動]〔書〕（ツルが）鳴く；〈広〉鳥が鳴く。 ¶风声鹤～／風声鶴唳(かくれい)。

**笠 lì**[名] かぶり笠。 ¶斗 dǒu ～／笠。

**粝**（糲・糲） **lì**[名]〔書〕玄米。

**粒 lì 1**[名]（～儿）粒。 **2**[量] 粒状のものを数える：粒。 ¶两～子弹／2 発の銃弾。
**lìféi**【粒肥】[名]〔略〕〔農〕顆粒肥料。
**lìxuǎn**【粒选】[動]〔農〕種子の粒よりする。
**lìzhuàng**【粒状】[名] 粒状。
**lìzǐ**【粒子】[名]〔物〕粒子。素粒子。

**雳**（靂） **lì** ⇒**pīlì**【霹雳】

**跞**（躒） **lì**[動]〔書〕動く。 ¶骐骥qíjì一～、不能千里／骐驥(きき)といえども、ひと飛びで千里というわけにはいかない。 異読⇒**luò**

**詈 lì** ❶[] ののしる。 ¶～辞／恶口。

**傈 lì** ❶[]

**Lìsùzú**【傈僳族】[名]〈中国の少数民族〉リス(Lisu)族。

# lián

**痢** lì ⇒ò

**lìji【痢疾】**[名]〚医〛赤痢.

**溧** lì 地名用字.⇑姓

**篥** lì ⇒bìlì【篳篥・觱篥】

**哩** li〚方〛1《共通語の"呢ne"にほぼ同じ》▶ただし疑問文には用いられない. 2《共通語の"啦la"に同じ. 物事を列挙する場合に用いる》
異読⇒lī,lǐ

## lia (カ丨ㄚ)

**俩**(倆) liǎ[数]〚口〛《北京語で"两个"がつまってできたもの》 1 二人. 二つ. 2 いくらか. 少し.
異読⇒liǎng

**liǎ xīnyǎnr【俩心眼儿】**思惑が別別である.

## lian (カ丨ㄢ)

**奁**(奩・匲・匳・籢) lián 昔の化粧用の鏡箱. ¶牧～/嫁入り道具.

**连** lián ❶[前] 1《"都, 还, 也"などと呼応に》…さえも. …すら. ¶街上～一个人也没有/通りには人っ子一人いない. 2 …も入れて. ¶～皮吃苹果/リンゴを皮ごと食べる.
❷[副]続けて(…する). 続けざまに.
❸[動]つながる. つなぐ. ¶上下文不起来/前後の文章がつながらない.
❹[名]〚軍〛中隊.

**liánbìn húzi【连鬓胡子】**[口]〚鬢〛までも続く〛もじゃもじゃのひげ.

**liánbō【连播】**(ラジオ・テレビ番組で)連続放送する.

**liáncí【连词】**[名]〚語〛接続詞.

**liándài【连带】**❶[動] 1 互いに関連する. 2 累を及ぼす. 巻き添えにする.
❷[副]ついでに.

**lián…dài…【连…带…】**[型] 1 合わせて. ひっくるめて. ¶～老～小/年寄り子供を含めて. 2 …しながら…する. ¶～说～唱/かつ語りかつ歌う.

**liándāngkù【连裆裤】**[名]〚子供用で股あきでない〛ズボン. ¶穿～/〚喩〛二人がぐるになる.

**liándiǎn【连点】**[名]〚连点〛リーダー. 点線活字.

**liándòngjù【连动句】**[名]〚語〛連動文.

**liánduì【连队】**[名]〚軍〛中隊.

**liángēnbá【连根拔】**[慣]根こそぎにする.

**liángǒngqiáo【连拱桥】**[名]アーチを連ねた形の橋.

**liánguàn【连贯】**[動]続く. 連なる. ¶上下文不～/前後の文脈が合わない.

**liánguàn【连冠】**[動](大会などで)連続優勝する. ▶"连霸"とも.

**lián guō duān【连锅端】**[慣]そっくり取り除く.

**liánhuán【连环】**[動]つながる. 互いに関連する. ¶～保/連帯保証〚責任〛.

**liánhuánhuà【连环画】**[名](子供向けの)小型の漫画本.

**liánjī【连击】**[名]〚体〛1(バレーボールの)ドリブル. 2(ボクシングの)ダブルパンチ.

**liánjiǎokù【连脚裤】**[名]幼児用の靴下付きのズボン.

**liánjiē【连接】**[動] 1 つながる. 2 つなぐ.

**liánjiēhào【连接号】**[名]接続記号. ダッシュ(—).

**liánjié【连结】**→liánjiē【联结】

**liánjīn【连襟】**[名]〚～儿〛相婿.

**liánkùwà【连裤袜】**[名]パンティーストッキング.

**liánlěi【连累】**[動]巻き添えにする.

**liánlǐ【连理】**[書] 1 [動]別々の根から生えた2本の木の枝がくっついて一体化する. 2[喩]仲むつまじい夫婦.

**liánlǐzhī【连理枝】**[名]連理の枝; [喩]仲のよい夫婦.

**liánlián【连连】**[副]続けざまに.

**liánmáng【连忙】**[副]急いで. 慌てて.

**liánméi【连枚】**→liánméi【联袂】

**liánmián【连绵】**[動](山脈・河流・雨雪などが)連綿と続く.

**liánnián【连年】**[名]連年.

**liánpiān【连篇】**[動] 1(文章が)一編一編と続く. 2全編にわたる.

**liánpiān【连翩】**→liánpiān【联翩】

**lián piān lěi dú【连篇累牍】**[成]おびただしい紙幅を使って長々と述べ立てる.

**liánqìr【连气儿】**[副]〚方〛続けざまに. 一気に.

**liánqiáo【连翘】**[名]〚植〛レンギョウ; 〚中薬〛連翹(ぎょう).

**liánrèn【连任】**[動]再任する.

**liánrì【连日】**[名]連日. 毎日.

**liánshēng【连声】**[動]続けざまに.

**liánsòng【连送】**[動]連送.

**liánsuǒdiàn【连锁店】**[名]チェーン店.

**liánsuǒ fǎnyìng【连锁反应】**[名]〚物〛連鎖反応.

**liántiān【连天】**❶[動]連日. ¶～夜/日日連夜. ❷[動] 1 続く. 2 (遠方から見て)天に連なる.

**liántōng【连通】**[動]つながっている.

**liántóng【连同】**[接続]…と合わせて. …と一緒に.

**liánxiě【连写】**[動]続け書きする.

**liánxù【连续】**[動]連続する. ¶～三年/3年連続する.

**liánxù guāngpǔ【连续光谱】**[名]〚物〛連続スペクトル.

**liánxùjù【连续剧】**[名]連続ドラマ.

**liánxuǎn【连选】**[動]続けて選挙[当選]する.

**liányè【连夜】**[副] 1 その夜のうちに. 2 連夜. いく晩も続けて.

## lián

**liányīqún**［连衣裙］［名］ワンピース.
**liányīntiān**［连阴天］［名］曇り［雨］続きの天気.
**liányīnyǔ**［连阴雨］［名］長雨.
**liányòng**［连用］［動］通用する.
**liánzǎi**［连载］［動］連載する.
**liánzhǎng**［连长］［名］［軍］中隊長.
**liánzhe**［连着］［副］続けて(…する). 続けざまに.
**liánzhóuzhuàn**［连轴转］［慣］昼夜ぶっ通しで休まずに働く.
**liánzhū**［连珠］［名］1 連珠. 2〈喩〉絶え間なく続く音.
**liánzhǔ**［连属］［動］1 続く, 連なる. 2〈動〉親戚·交際などの関係.
**liánzhuì**［连缀］［動］つなぎ合わせる.
**liánzhàohào**［连字号］［名］ハイフン(-).
**liánzuò**［连作］［農］連作する.
**liánzuò**［连坐］［動］連座する.

**怜**（憐） **lián** 冊 ① 動 あわれむ. ②かわいがる.

**lián'ài**［怜爱］［動］いとおしむ. かわいがる.
**liáncái**［怜才］［動］才能ある人を大切にする.
**liánmǐn**［怜悯］［動］あわれみ同情する.
**liánxī**［怜惜］［動］あわれんいつくしむ.
**lián xiāng xī yù**［怜香惜玉］［成］男が思う女性をあわれみいつくしむ.
**liánxù**［怜恤］［動］〈書〉あわれんいたわる.

**帘**（簾） **lián** 冊 ［～儿］看板用ののぼり; すだれ. カーテン.
**liánmù**［帘幕］［名］カーテン. カーテンと幕.
**liánzi**［帘子］［名］1 すだれ; カーテン.

**莲 lián** 冊［植］ハス. ▶「荷, 芙蓉, 芙蕖」とも. ⇒[荷]
**liánhuā**［莲花］［名］［植］ハスの花.
**lián'ǒu**［莲藕］［名］［植］ハスの地上茎と地下茎: レンコン.
**liánpeng**［莲蓬］［名］蜂の巣状のハスの花托.
**liánpengtóu**［莲蓬头］［名］〈方〉（シャワーの）ノズル. じょうろの筒先.
**liántái**［莲台］［名］［仏］蓮台. 蓮華座.
**liánzǐ**［莲子］［名］ハスの実;〈中薬〉蓮子(ẋ).

**涟 lián** 冊 ① さざ波. ② 涙を流すま.
**lián'ér**［涟洏］［形］〈書〉涙を流し鼻水を垂らして泣くさま.
**liányī**［涟漪］［名］さざ波.

**联**（聯） **lián** 冊［～儿］対聯(ẋ). 冊 1 動 連なる; 連なる. ‖ 冊
**liánbāng**［联邦］［名］連邦.
**Liánbāng diàochájú**［联邦调查局］［名］アメリカ連邦捜査局. FBI.
**liánbō**［联播］［名］いくつかの放送局が同じプログラムを同時放送する.
**liánchǎn chéngbāo**［联产承包］［名］各々の請負人に一定量の生産ノルマを割り当てる農業の経営方式. ▶ "联产承包责任制"とも.
**liánchàng**［联唱］［名］［音］複数の歌手が曲を歌いついでいく.

**Lián** 冊［联大］［名］〈略〉1 国連総会. 2 总合大学.
**liándān**［联单］［名］2 枚続きの伝票.
**liándòng**［联动］［動］連動する.
**liánduì**［联队］［名］1［軍］(主力に対する)左右の翼. 2［体］連合チーム.
**liánfáng**［联防］［動］1 共同防衛する. 2〈体〉(球技で)連係して守備する.
**liánguān**［联贯］［動］→liánguàn［连贯］
**liánhé**［联合］ 1 動 連合する. 団結する. 2 名［生理］結合.
**Liánhéguó**［联合国］［名］国際連合. 国連.
**Liánhéguó ānquán lǐshìhuì**［联合国安全理事会］［名］国連安全保障理事会.
**Liánhéguó mìshūzhǎng**［联合国秘书长］［名］国連事務総長.
**Liánhéguó wéihé bùduì**［联合国维和部队］［名］国連平和維持軍.
**liánhéjī**［联合机］［名］［農］コンバイン.
**liánhé shēngmíng**［联合声明］［名］共同声明.
**liánhé shōugējī**［联合收割机］［名］［農］コンバイン.
**liánhétǐ**［联合体］［名］連合体.
**liánhé zhèngfǔ**［联合政府］［名］［政］連合政府. 連立内閣.
**liánhuān**［联欢］［動］(祝いごとや団結を強めるために)交歓する. ¶～会／親睦会, 合同コンパ.
**liánjiē**［联接］→liánjiē［连接］
**liánjié**［联结］［動］連結する.
**liánjūn**［联军］［名］連合軍.
**liánlì fāngchéng**［联立方程］［名］［数］連立方程式.
**liánluò**［联络］1 動 連絡する. 2 名 連絡. つながり.
**liánmèi**［联袂］［動］〈書〉手を携える.
**liánméng**［联盟］［名］(国同士や階級·組織の)同盟, 連盟. ¶ 结成～／同盟を結ぶ.
**liánmián**［联绵］→liánmián［连绵］
**liánmiánzì**［联绵字］［語］連綿語.
**liánpái**［联排］［名］連名, 連署.
**liánpiān**［联翩］［形］〈喩〉物事が次から次へと長く続くさま.
**liánsài**［联赛］［名］リーグ戦.
**liánshǒu**［联手］［動］提携する. 協力する.
**liánwǎng**［联网］［動］(電力·通信·コンピュータなどが)ネットワーク化する.
**liánxì**［联系］ 1 動 1 結びつける; 結びつく. 2 連絡する. ¶要尽快跟我～/なるべく早く私に連絡してくれ. 2 名 つながり. 関係.
**liánxiǎng**［联想］［動］連想する. ¶～丰富／連想が豊かである.
**liánxiāo**［联销］［動］共同で販売する.
**liányì**［联谊］友誼を結ぶ; 友好を深める.
**liányìhuì**［联谊会］［名］懇親会.
**liányīn**［联姻］［動］両家が婚姻によって親戚となる;〈喩〉二つの企業などが提携する.

**liányíng**【联营】共同経営する.
**liányùn**【联运】連絡輸送をする.
**liánzhǎn**【联展】共同で展示(即売)をする.
**liánzhǔ**【联属】→**liánzhuì**[连属]
**liánzhuì**【联缀】→**liánzhuì**[连缀]

裢 **lián** →**dāilian**[褡裢]

廉 **lián** ❶ ①潔い. ②(値段が)安い. ¶价～物美 / 値段は格安で品は上々. ‖ [姓]

**liánchǐ**【廉耻】[名] 廉恥. ¶不知～ / 破廉恥である.
**liánjià**【廉价】[名] 廉価. 安値. ¶～出售 / 安値で売り出す.
**liánjié**【廉洁】[形] 高潔である. 公益を損なって私腹を肥やすことをしない.
**liánmíng**【廉明】[形] 清廉潔白である.
**liánzhèng**【廉正】[形] 廉潔で公正である. ¶～无私 / 廉潔公正で私心がない.
**liánzhèng**【廉政】[動] 政治を清廉潔白化する.

鲢 **lián**【鱼】レンギョ. シタメ. ハクレン.

濂 **lián** 地名用字. "濂江"は江西省にある川の名. ‖ [姓]

臁 **lián**【名】すねの両側. ¶～骨 / 脛骨.

镰(鐮) **lián**【名】かま. [把] ‖ [姓]

**liándāo**【镰刀】[名] かま. [把]

蠊 **lián** →**fěilián**[蜚蠊]

敛(斂) **liǎn** ❶ ①おさえる; おさまる. ②拘束する. 制限する. ③集める. 徴収する.
**liǎn//cái**【敛财】[動] 金を収奪して私腹を肥やす.
**liǎnjì**【敛迹】[動][書] ①行方をくらます. ②自らの言動を慎しむ.
**liǎnróng**【敛容】[動][書] 表情を引きしめる.
**liǎnzú**【敛足】[動][書] 踏みとどまる.

脸(臉) **liǎn**【名】① 顔. [张]¶洗～ / 顔を洗う. ② (～儿) 顔つき. 表情. ③面目. 体面. ¶丢～ / 面目を失う.
❶ 物の前の部分. ¶门～儿 / 店構え. ¶鞋～儿 / 靴の甲から指先までの部分.

**liǎn//dà**【脸大】[形][方](多く少女について)臆するところがない.
**liǎndàn**【脸蛋】[名](～儿 ~~子)(多く子供の)ほっぺた; 顔.
**liǎn//hóng**【脸红】[動] ①(恥ずかしくて)顔を赤らめる. ②(怒って)顔を赤くする.
**liǎn hóng bózi cū**【脸红脖子粗】〈慣〉(怒ったり興奮して)顔を赤らめ, 額に青筋を立てる.
**liǎnjiá**【脸颊】[名] ほお.
**liǎnkǒng**【脸孔】[名] 顔. 顔つき.
**liǎnmiàn**【脸面】[名] ①顔. ②面目.
**liǎnpánr**【脸盘儿】[名] 顔立ち. 顔の輪郭. ¶圆～ / 丸顔. ▶"脸盘子"とも.

**liǎnpáng**【脸庞】[名](~儿)顔立ち. 顔の輪郭.
**liǎnpén**【脸盆】[名] 洗面器.
**liǎnpí**【脸皮】[名] ①顔の皮膚. ②メンツ. 3面の皮. ¶～厚 / 面の皮が厚い.
**liǎnpǔ**【脸谱】[名][劇](伝統劇俳優の)顔のくま取り.
**liǎn//rè**【脸热】[形] ① 恥ずかしがる. ② 情にほだされやすい.
**liǎn//ruǎn**【脸软】[形](↔脸硬) 気が弱い. 情にほだされやすい.
<u>**liǎnsè**</u>【脸色】[名] ① 血色. ¶～苍白 / 顔面蒼白だ. ② 表情.
**liǎn shàng mǒ hēi**【脸上抹黑】〈成〉顔に泥を塗る.
**liǎn shàng tiē jīn**【脸上贴金】〈成〉(自分や他人を)よく見せようとする.
**liǎn shàng yǒu guāng**【脸上有光】〈成〉面目をほどこす. 面が立つ.
**liǎntángr**【脸膛儿】[名][方] 顔形. 顔.
**liǎn wǎng nǎr gē**【脸往哪儿搁】(反問の語気で)面目丸つぶれ, 人に会わせる顔がない.
**liǎnxíng**【脸形・脸型】[名] 顔形. 顔の輪郭.
**liǎn//yìng**【脸硬】[形](↔脸软)情にほだされない.
**liǎnzi**【脸子】[名][方] ①顔. ②不快な顔つき. ③(相手の)メンツ.

裣(襝) **liǎn** ❶

**liǎnrèn**【裣衽】[動][旧]襟を正す.

蔹(蘞) **liǎn** →**báiliǎn**[白蔹]

练(練) **liàn** ❶ [動] 練習する. トレーニングする. ② 生糸を練る. ❷ [書]白い練り絹.
❸ [形]熟練している. ¶干gàn～ / 有能で経験もある. ‖ [姓]

**liàn//bǐ**【练笔】[動] 作文や字を書く練習をする.
**liàn//bīng**【练兵】[動] ①〔軍〕兵を訓練する. ② メンバーを訓練する.
**liàn//duì**【练队】[動] 整列行進の練習をする.
**liàn//gōng**【练功】[動](武術など技能を)訓練する, けいこする.
**liàn//qiú**【练球】[動][体]球技の練習をする.
**liàn//shǒu**【练手】[動](~儿)[口] 手慣らしをする. 上手になるように練習する.
**liàn//tān**【练摊儿】[動][口]露店を出して商売する.
**liàn//wǔ**【练武】[動] ① 武術をけいこする. ② 軍事訓練する. ③〔広く〕各種の技術を磨く.
**liànxí**【练习】[動] 練習する.[名]練習問題. ¶做～ / 練習問題をする.
**liàn//zì**【练字】[動] 習字をする. 手習いをする.

炼(煉・鍊) **liàn** ❶ ①(加熱して) 精製する, 精練する.

**lián**

る. **2** 焼く.
**㊍**（文章を）練る. ‖㊓

**liàn//dān**【炼丹】㊐（道教の）道士が不老長生の丹薬を作る.
**liàn/gāng**【炼钢】㊐㊧製鋼する.
**liànhuà**【炼话】㊂（方）（方言や俗語の中で）意味深長で表現力に富んだ言葉.
**liàn/jiāo**【炼焦】㊐㊧コークスにする.
**liànjù**【炼句】㊐（詩や文章の）文句を練る. 推敲する.
**liànrǔ**【炼乳】㊂練乳.
**liàn/shān**【炼山】㊐山焼きをする.
**liàn/tiě**【炼铁】㊐㊧製鉄する.
**liàntiělú**【炼铁炉】㊂溶鉱炉.
**liàn//yóu**【炼油】㊐ **1** 石油を分留する. **2** 製油する. **3**（食用にするために）油を加熱する.
**liànyù**【炼狱】㊂ **1**（宗）（カトリックで）煉獄. 浄罪界. **2**（喩）人が試練を受ける場所.
**liànzhì**【炼制】㊐㊧精錬する. 精製する.
**liànzì**【炼字】㊐字句を推敲する.

**恋（戀） liàn ㊍ 1** 恋愛する. **1** 失 ～／失恋する. ②恋しがる. **1** 留～／未練が残る. ‖㊓
**liàn'ài**【恋爱】㊂ **1** 恋愛する. 恋する. **2** ㊂恋愛. ‖㊓～恋愛する.
**liàngē**【恋歌】㊂ラブソング.
**liàn//jiā**【恋家】㊐家を離れたがらない；家を恋しがる.
**liàn liàn bù shě**【恋恋不舍】（成）名残惜しくて別れたくないさま.
**liànmù**【恋慕】㊐恋しく思う.
**liànniàn**【恋念】㊐いとおしく. 恋しく思う. ‖～祖国／祖国を懐かしむ.
**liànqíng**【恋情】㊂ **1** 懐かしさ. **2** 恋い慕う気持ち.
**liànqún**【恋群】㊐（動物が）群れになりたがる；（人が）人恋しがる.
**liànrén**【恋人】㊂恋人.
**liànzhàn**【恋栈】㊐役人が自分の地位に恋々とする.
**liànzhàn**【恋战】㊐（勝つために）戦いをやめようとしない.

**殓（殮） liàn ㊍** 納棺する. **1** 入 ～／納棺してふたに釘を打つ.

**链（鏈） liàn ㊍ 1**（～ル）鎖. チェーン. **2** ㊂海の距離を計る単位）10分の1海里.
**liànguǐ**【链轨】㊂キャタピラー.
**liànjiē**【链接】㊂（電У）リンク.
**liànjù**【链锯】㊂チェーンソー. 鎖のこ.
**liànméisù**【链霉素】㊂㊐ストレプトマイシン.
**liànqiú**【链球】㊂ ＜体＞ハンマー（投げ）.
**liànshì fǎnyìng**【链式反应】㊂（物）（化）連鎖反応.
**liàntiáo**【链条】㊂鎖. チェーン.
**liànzi**【链子】㊂鎖. チェーン.

**楝 liàn**【植】センダン. アミノキ.

**潋（瀲） liàn** ㊀
**liànyàn**【潋滟】㊄ **1**（書）水が満ちあふれるさま. **2** 波打つさま.

## liang（ㄌㄧㄤ）

**良 liáng** ㊂（学校の5段階成績評価の）良. ▶上から2番目.
**㊍ 1** よい. **2** 善人. **3** たいへん. 非常に. ‖㊓
**liángcè**【良策】㊂良策. 良案.
**liángchén**【良辰】㊂吉日；よい時期.
**liáng chén měi jǐng**【良辰美景】（成）よい時節に美しい景色.
**liángdǎotǐ**【良导体】㊂（物）（↔非导体）良導体. 導体.
**liángfāng**【良方】㊂効き目のある処方；よい方法.
**liánggōng**【良工】㊂熟練工.
**liánghǎo**【良好】㊄ **良好である**. ‖ 手术情况～／手術の経過が良好である.
**liángjī**【良机】㊂好機.
**liángjiā**【良家】㊂よい家柄.
**liángjiǔ**【良久】㊄（書）ややしばらく. 長い間.
**liáng shī yì yǒu**【良师益友】（成）よき師かつ友.
**liángtián**【良田】㊂肥沃な田畑.
**liángxīn**【良心】㊂良心.
**liángxìng**【良性】㊂良性の.
**liáng yào kǔ kǒu**【良药苦口】（成）良薬は口に苦し. ‖～利于病, 忠言逆耳利于行／良薬は口に苦いが病気に効き, 忠言は耳に痛いが行いのためになる.
**liángyǒu**【良友】㊂すばらしい友人.
**liáng yǒu bù qí**【良莠不齐】（成）玉石混淆（こう）.
**liáng zhī liáng néng**【良知良能】（成）（中国古代哲学でいう）人間が生まれながらにして持っている非善悪を知る本能.
**liángzhǒng**【良种】㊂優良品種.

**凉（涼） liáng** ㊄ **1** 涼しい. 冷たい. **1** 汤～了／スープが冷めた. **2**（喩）がっかりする. ‖㊓
**異読音 liàng**
**liángbáikāi**【凉白开】㊂（方）（冷たい）湯冷まし.
**liángbàn**【凉拌】㊐生のまま（冷たいまま）調味料を加え, かき混ぜて調理する.
**liáng bànjiér**【凉半截儿】（慣）気を落とす.
**liángcài**【凉菜】㊂〖料理〗前菜；冷たい料理.
**liángdié**【凉碟】㊂（～儿）〖料理〗前菜.
**liángfěn**【凉粉】㊂（～儿）〖食材〗涼粉（リャンフェン）.
**liángkāishuǐ**【凉开水】㊂冷たい湯冷まし.

**liángkuai**【凉快】1 [形] 涼しい．¶今天比昨天～多了／きょうはきのうよりずっと涼しい．2 [形] 涼む．

**liángmiàn**【凉面】[名]〈料理〉冷やしそば．

**liángpéng**【凉棚】[名] ひさしにアンペラをかけて作った日除け．

**liángqì**【凉气】[名] 冷気．寒気．

**liángsǎn**【凉伞】[名] 日傘．パラソル．

**liángshuǎng**【凉爽】[形] 涼しい．¶～的风／涼しい風．

**liángshuǐ**【凉水】[名] 冷たい水；生水．

**liángsīsī**【凉丝丝】[形]〈～的〉ひんやりする．

**liángsōusōu**【凉飕飕】[形]〈～的〉(風が)冷たい．

**liángtái**【凉台】[名]〈方〉テラス．ベランダ．

**liángtíng**【凉亭】[名] あずまや．

**liángxí**【凉席】[名]〈竹や草で編んだ〉寝ござ．

**liángxié**【凉鞋】[名] サンダル．

**梁(樑) liáng** [名] 1 梁(はり)．2〈史〉戦国時代の魏．3〈史〉南朝の一．
 ❶ ①橋．¶桥～／橋梁．②物の中央が高くなっている部分．¶鼻～／鼻筋．
 ‖梁‖

**liángqiáo**【梁桥】[名] けた橋．

**liáng shàng jūn zǐ**【梁上君子】〈成〉梁上の君子．どろぼう(の別名)．

**椋 liáng** ⓪

**liángniǎo**【椋鸟】[名]〈鳥〉ムクドリ．

**辌 liáng** → **wēnliáng**【辒辌】

**量 liáng** [動] 測定する．はかる．¶～血压／血圧をはかる．
 ❶ 推し量る．異読～liàng

**liángbēi**【量杯】[名] メートルグラス．

**liángdù**【量度】[名](物の長さ·重さ·容積·エネルギーなどの)量を測定する．

**liángguī**【量规】[名] ゲージ．計測器．

**liángjiǎoqì**【量角器】[名] 分度器．

**liángpíng**【量瓶】[名] 計量フラスコ．

**liángrèqì**【量热器】[名] カロリーメーター．

**liángtǒng**【量筒】[名] メスシリンダー．

**liángyǔtǒng**【量雨筒】[名]〈気〉雨量計．

**粮(糧) liáng** [名] 食糧．穀物．
 ❶ 農業税としての穀物．‖粮‖

**liángcāng**【粮仓】[名] 穀物倉庫．(喩)穀倉地帯．

**liángcǎo**【粮草】[名]〈軍〉糧秣(ろうまつ)．

**liángdiàn**【粮店】[名] 米穀食料販売店．

**liángkù**【粮库】[名] 穀物倉庫．

**liángmò**【粮秣】[名] 糧秣．

**liángnóng**【粮农】[名] 食糧生産に従事する農民．

**liángshāng**【粮商】[名] 米穀商．

**liángshi**【粮食】[名] 食糧．

**liángshuì**【粮税】[名] 食糧で納める農業税．ごちそう．

**liángzhàn**【粮站】[名] 食糧供給センター．

**梁 liáng** [名] アワの優良品種の総称．
 ❶ 上等な穀物．‖梁‖

**liángròu**【梁肉】[名]〈書〉ぜいたくな食事．ごちそう．

**两(兩) liǎng** ❶ [数] 1 2．¶～本书／2冊の本．¶～点钟／2時．2 2，3；不定数を表す．¶过一天再说／2，3日してからにしよう．❷ [量](重さの単位)両．50グラム．‖两‖

**liǎng'àn**【两岸】[名] 河川や海峡を挟んだ両側の地域；(特に)中国大陸と台湾．

**liǎng bài jù shāng**【两败俱伤】〈成〉(争いの結果)共倒れになる．

**liǎngbànr**【两半儿】[名] 二つ．半分．

**liǎng bǎo yī dào**【两饱一倒】〈成〉食事をすることと寝ることより外は何もせず、1日をぶらぶらして過ごす．

**liǎngbiān**【两边】[名] 両端．両側；両方向；両方．

**liǎngbiāndào**【两边倒】〈慣〉態度がふらふらして一定しないこと．

**liǎngbiàn**【两便】[形] 双方どちらにも都合がよい．(套) どうぞおかまいなく，それぞれ自由に．

**liǎngchóng**【两重】[形] 二重の．¶～人格／二重人格．

**liǎngchóngrénggé**【两重人格】二重人格．

**liǎngdǎngzhì**【两党制】[名]〈政〉二政党制．

**liǎngdǐ**【两抵】[動] 相殺する．

**liǎngdiǎnlùn**【两点论】[名]〈哲〉二面論．

**liǎngdiǎnshuǐ**【两点水】[名]〈～儿〉(漢字の部首)にすい"冫"．

**liǎngduān**【两端】[名] 両端．両方の端．

**liǎng'ěr bù wén chuāngwài shì**【两耳不闻窗外事】〈諺〉外界のことには無関心である．

**liǎnggōngpó**【两公婆】[名]〈方〉夫婦．

**Liǎngguǎng**【两广】[名]"广东"と"广西"の併称．

**Liǎnghàn**【两汉】[名]〈史〉"东汉"と"西汉"の併称．

**Liǎnghú**【两湖】[名]"湖北"と"湖南"の併称．

**liǎng huí shì**【两回事】〈慣〉〈～儿〉異なった別個のこと．全然関係のない二つの事柄．

**liǎnghuì**【两会】[名]〈政〉人民代表大会と政治協商会議の併称．

**liǎngjí**【两极】[名] 1〈地〉〈物〉両極．2 両極端．

**liǎngjiǎoguī**【两脚规】[名] (製図用具の)コンパス．

**liǎngjiér**【两截儿】[名](細長いものを)二つに切断されたもの．

**Liǎngjìn**【两晋】[名]〈史〉"西晋"と"东晋"の併称．

**liǎngkě**【两可】[形] 1 どちらでもよい．2 どちらの可能性もある．

**liǎngkǒuzi**【两口子】[名]〈口〉夫婦. ▶"两口儿"とも. ¶ 小〈老〉～／若〈老〉夫婦.

**liǎng lèi chā dāo**【两肋插刀】〈成〉大きな犠牲を払う.

**liǎnglì**【两立】[動] 並び立つ. ¶ 势不～／敵対するものが両立できない.

**liǎnglùrén**【两路人】[慣] タイプの異なる人間.

**liǎng mǎ shì**【两码事】→**liǎng huí shì**【两回事】

**liǎngmiàn**【两面】[名] 1 両面. 表と裏. 2 二つの方面.

**liǎngmiànpài**【两面派】[名]〈言動に〉裏表のある人,〈対立する双方に〉二股かけている連中.

**liǎng miàn sān dāo**【两面三刀】〈成〉二股かけたやりくち.

**liǎngmiànxìng**【两面性】[名] 二面性;二重人格.

**liǎngnán**【两难】[形] 板挟みである.

**liǎngpáng**【两旁】[名] 両側.

**liǎngqī**【两栖】[形] 水陸両生の;水陸両用の.

**liǎngqī dòngwù**【两栖动物】[動] 两生类.

**liǎngqì**【两讫】[經] 商品の引き渡しと代金の支払いが済む.

**liǎngquán**【两全】[動] 两方とも完全に行う. 两方とも損なわれずにする.

**liǎng quán qí měi**【两全其美】〈成〉双方を满足させる. 双方とも都合がいい.

**liǎng shì páng rén**【两氏旁人】〈成〉赤の他人.

**liǎng shì wéi rén**【两世为人】〈成〉九死に一生を得る.

**liǎngshǒu**【两手】[名]〈喩〉1(～儿)才能. 能力. 2 相反する二つの手段・方法.

**liǎng tiáo tuǐ zǒu lù**【两条腿走路】〈成〉同時に二つの違ったやり方を採用してことにあたる.

**liǎng tiáo xīn**【两条心】[慣] 心が一つにになっていない.

**liǎngtóu**【两头】[名] (～儿)1 两端. 2 両方面. 双方. 3 2か所の.

**liǎngxiàzi**【两下子】[名] 1〈動作について〉2,3回. 2 技術. 腕前.

**liǎng xiāng qíng yuàn**【两相情愿】〈成〉双方とも望んでいる.

**liǎng xiǎo wú cāi**【两小无猜】〈成〉幼い男女の無邪気な付き合い.

**liǎngxìng**【两性】[名] 1 両性. 性～关系／性的関係. 2〈化〉両性.

**liǎng xiù qīng fēng**【两袖清风】〈成〉官吏・役人が清廉潔白である.

**liǎngyàng**【两样】[形] (～儿) 違う. 異なる.

**liǎngyì**【两翼】[名] 1 两翼. 2〈軍〉两翼の部隊.

**liǎngyòngshān**【两用衫】[名] 春秋两用の上着.

**liǎngyuànzhì**【两院制】[名]〈政〉二院制.

# 俩 (倆) liǎng →jiǎliǎng【伎俩】 異読⇒liǎ

# 魉 (魎) liǎng →wǎngliǎng【魍魉】

# 亮 liàng ❶[形] 1 明るい. 2〈心が〉明るくなる. はっきりする. 3〈声が〉大きい,よく通る. 4 輝くほどきれい. ❷[動] 1 光る. 明るくなる. ¶ 灯～了／明かりがついた. 2〈声を〉大きくする. ¶ ～嗓子／声を張り上げる. 3 はっきり見せる. ‖[姓]

**liàngchǒu**【亮丑】[動] 自分の欠点や過ちを公にする.

**liàng/dēng**【亮灯】[動] 火をともす. 電灯をつける.

**liàng/dǐ**【亮底】[動] 1 (~儿) 本当のところを打ち明ける. 2 結末が出る.

**liàng dǐpái**【亮底牌】[慣] 切り札を出す.

**liàngdiǎn**【亮点】[名] 魅力的で注目を集める部分〈人物〉. チャームポイント.

**liàngdù**【亮度】[名]〈物〉輝度. 光度.

**liàng/fēn**【亮分】[動] (～儿) 審査員の採点を表示する.

**liàngguāng**【亮光】[名] (~儿) 1 光線. 明かり. 2 物の表面で反射した光.

**liàngguāngguāng**【亮光光】[形] (～的) ぴかぴかと光るさま.

**liànghuà**【亮化】[動] ライトアップする.

**liàngjīngjīng**【亮晶晶】[形] (～的) ぴかぴかと光るさま.

**liànglì**【亮丽】[形] 美しく輝れしい.

**-liànglìlì**【亮丽丽】[接尾][形] 形容詞や名詞につき,"明るい, 光る, 透す" などのニュアンスを加える〉¶ 黑～／黑々と. ¶ 雪～／まぼゆい.

**liàng páizi**【亮牌子】[慣] 身分を明かす.

**liàngr**【亮儿】[名]〈口〉明かり. ともし火.

**liàngsè**【亮色】[名] 1 明るい色;暖かい色. 2 (喩) 彩り, 趣.

**liàngshǎnshǎn**【亮闪闪】[形] きらきら光るさま.

**liàngtángtáng**【亮堂堂】[形] 煌々(こうこう)と明るく輝くさま.

**liàngtang**【亮堂】[形] 1 広々として明るい. 2〈心や頭が〉はっきりしている.

**liàng//xiàng**【亮相】[動] 1〈役者が〉見栄をきる. 2 (大勢の前で) 自分の立場・観点をはっきり公表する. 3 (喩) 登場する. 姿を現す.

**liàngzhēngzhēng**【亮铮铮】[形] (～的)〈刀など〉きらきら光るさま.

# 凉 (涼) liáng 冷ます. 異読⇒liáng

# 谅 liàng 察する. …であろうと思う. ¶ 他～不会这样做／彼はそんなことはしないだろうと思う. ‖[姓]

**liàngbì**【谅必】[副]〈書〉思うにきっと…だろう.

**liàngchá**【谅察】[動]〈手紙文で〉諒察

する.
**liàngjiě**【谅解】〈動〉了承する.了解する. ¶得到对方的~/先方の理解を得る.

## 辆(輛) liàng 量 車を数える：台.両.

## 靓 liàng 異読⇒jìng
**liànglì**【靓丽】〈形〉〈方〉美しい.みれいな.
**liàngnǚ**【靓女】〈名〉〈方〉(年若い)美女.
**liàngzǎi**【靓仔】〈名〉〈方〉(年若い)美男子.ハンサム.

## 量 liàng ❶〈名〉1 数量.分量. 2 (升などの)容量をはかる道具の総称. ❷〈副〉(恐らく)…だろうよ. ¶推し量る.見計らう. ¶~→力. 異読⇒liáng
**liàngbiàn**【量变】〈名〉〈哲〉量的な変化.
**liàng cái lù yòng**【量才录用】〈成〉才能に応じて(適材適所に)任用する.
**liàngcí**【量词】〈名〉〈語〉量詞.助数詞.
**liàngfàndiàn**【量贩店】〈名〉〈方〉量販店.
**liànghuà**【量化】〈動〉数量を基準に評価できるようにする.
**liànglì**【量力】〈動〉分相応なことをする.
**liàng rù wéi chū**【量入为出】〈成〉収入に合わせて支出を決める.
**liàng tǐ cái yī**【量体裁衣】〈成〉実情に合わせて事を行う.
**liàngzǐ**【量子】〈名〉〈物〉量子.

## 晾 liàng 〈動〉1 乾干しにする. 2 天日で乾かす. 3 →『凉liáng』姓
**liàngshài**【晾晒】〈動〉日にあてる.日干す.

## 喨 liàng →liáoliàng【嘹亮】

## 踉 liàng ❶
**liàngqiàng**【踉跄】〈形〉よろめき歩くさま.▲「跟跄」とも.

## liao [ ㄌ丨ㄠ ]

## 撩 liāo 〈動〉1 (着物のすそや袖・カーテン・髪の毛などを)からげる.まくり上げる. 2 (水を手ですくって)まく.打つ. 異読⇒liáo

## 蹽 liāo 〈動〉〈方〉走る.かける.速く歩く.

## 辽(遼) liáo ❶〈名〉〈史〉遼(ﾘｮｳ). ❷遼寧省. ❸〈形〉遠くはるかである.
**liáokuò**【辽阔】〈形〉果てしなく広い.
**Liáoníng**【辽宁】〈地名〉遼寧(ﾘｮｳﾈｲ)省.
**liáoyuǎn**【辽远】〈形〉はるかに遠い.

## 疗(療) liáo ❶〈動〉治療する.
**liáochéng**【疗程】〈名〉〈医〉治療のコース.クール.
**liáofǎ**【疗法】〈名〉療法.治療法.

**liáoxiào**【疗效】〈名〉〈医〉治療効果.
**liáoyǎngyuàn**【疗养院】〈名〉療養所.サナトリウム.

## 聊 liáo ❶〈口〉雑談する.よもやま話をする. ❷❶〈副〉1 しばらく. ¶→→且. 2 ほぼ. ¶→~胜于无. 3 頼る. ¶→~无. 4 おもしろい. ¶无~/退屈である.
**liáo bèi yī gé**【聊备一格】〈成〉形ばかりに整えたばかりである.
**liáoqiě**【聊且】〈副〉ひとまず.とりあえず.
**liáoshēng**【聊生】〈動〉〈書〉生活のよりどころとする.生計を立てる.
**liáo shèng yú wú**【聊胜于无】〈成〉ないよりはまし.
**liáo//tiānr**【聊天儿】〈動〉1〈口〉世間話をする.雑談する. 2【電算】チャットする. ¶~室/チャットルーム.
**liáo yǐ zú suì**【聊以卒岁】〈成〉ようにかこつかに1年を過ごす.

## 僚 liáo ❶〈名〉官吏；同僚.
**liáojī**【僚机】〈名〉〈軍〉僚機.

## 寥 liáo ❶〈形〉1 まばらである. 2 ひっそりとしている. ‖❶〈形〉
**liáokuò**【寥廓】〈形〉〈書〉広々として果てしない.
**liáoliáo**【寥寥】〈形〉きわめて少ない. ¶~无几/ほんのいくらもない.
**liáoluò**【寥落】〈書〉1〈形〉(数が)少ない,まばらである. 2 さびれている.
**liáo ruò chén xīng**【寥若晨星】〈成〉数がきわめて少ない.

## 撩 liáo 〈動〉挑発する. 異読⇒liāo
**liáobō**【撩拨】〈動〉挑発する.
**liáoluàn**【撩乱】→**liáoluàn**【缭乱】

## 嘹 liáo ❶
**liáoliàng**【嘹亮】〈形〉声や音が高らかに響き渡るさま.▲「喨亮」とも.

## 獠 liáo ❶
**liáoyá**【獠牙】〈名〉むき出したきば.

## 潦 liáo ❶
**liáocǎo**【潦草】〈形〉1 (字が)ぞんざいである. 2 (やることが)いい加減である.
**liáodǎo**【潦倒】〈形〉落ちぶれている.

## 寮 liáo 〈名〉小さな部屋.

## 缭 liáo ❶〈動〉1 (針で斜めに)まつる,かがる. 2 まつわる.
**liáoluàn**【缭乱】〈形〉まつわり乱れるさま. ¶心绪~/心が千々に乱れる.
**liáorào**【缭绕】〈動〉まつわる；めぐる.

## 燎 liáo ❶〈動〉(野を)焼く. 異読⇒liǎo
**liáopào**【燎泡】〈名〉やけどによる水ぶくれ.
**liáoyuán**【燎原】〈動〉火が野原に燃え

## liáo

広がる.

**鹩** liáo ⓿

**liáogē**【鹩哥】名〈鳥〉キュウカンチョウ.

**髎** liáo 名〈中医〉骨節の間をさす.

**了**(瞭) liǎo ❶動 1 済む. 終わる. 2【可能補語を作る】⇒-buliǎo【-不了】-deliǎo【-得了】❷副〈書〉全然,いささかも…(ない). ¶~ わからぬ. はっきりせず. 『明~／明白である. ❸姓 異読⇨le

**liǎobude**【了不得】形 1 すばらしい. 立派だ. 2〔真~／たいへんだ. すごい.

**liǎobuqǐ**【了不起】形 すばらしい. すごい. ¶真~／たいしたもんだ.

**liǎode**【了得】形 たいへんだ. とんでもない.

**liǎojié**【了结】動 解決する.

**liǎojiě**【了解】動 1 了解する. 理解する. 加强~／理解を深める. 2 調べる. 尋ねる. ¶~情况／事情を調査する.

**liǎojú**【了局】❶動 けりがつく. ❷名 1 結末. けり. 2 解決策.

**liǎoliǎo**【了了】形〈書〉はっきりしている.

**liǎoqīng**【了清】動 決済する;けりをつける.

**liǎor**【了儿】名 最後.

**liǎorán**【了然】形 はっきりしている. ¶一目~／一目瞭然.

**liǎo rú zhǐ zhǎng**【了如指掌】〈成〉掌(てのひら)をさして人に説明できるぐらい事情に明るい.

**liǎo/shì**【了事】動〈いいな加減に〉ことをすます. けりをつける.

**liǎozhài**【了债】動 負債を完済する.

**liǎo/zhàng**【了账】動 借金をすっかり返す;事を終わりさせる.

**liǎozhī**【了之】動 ¶問題をうやむやにしてしまう.

**钌** liǎo 名〈化〉ルテニウム. Ru. 異読⇨liào

**蓼** liǎo 名〈植〉タデ.

**liǎolán**【蓼蓝】名〈植〉アイ.

**燎** liǎo 動〈毛〉を焦がす. 異読⇨liáo

**炓** liào ⓿

**liào juězi**【炓蹶子】名(馬などが)後足でける;(喩)すぐに腹を立てる人.

**钌** liào ⓿ 異読⇨liǎo

**liàodiàor**【钌铞儿】名 掛けがね.

**料** liào ❶動 推測する. 予測する. ¶~他不会不来／彼がまさか来ないはずはないと思う. ❷名 1(~儿)材料. 原料. 2 飼料用の穀物. 3 素質. 器量. 4 ガラス細工. ❸量 中国医学で1回分の丸薬を調合するのに必要な薬の分量.

**liào/dào**【料到】動+方補 予測する. 見通しがつく.

**liàodīng**【料定】動 必ず…すると予測する.

**liàodòur**【料豆儿】名 飼料に使う豆.

**liàojí**【料及】動 予想する.

**liàojiǔ**【料酒】名〈書〉料理酒.

**liàolǐ**【料理】❶動 1 処理する. 切り盛りする. 家事／家事を切り盛りする. 2〈方〉料理する. ❷名〈方〉料理. ¶日本~／日本料理.

**liàoqi**【料器】名 ガラス細工[工芸品].

**liào shì rú shén**【料事如神】〈成〉予想が的確である.

**liàoxiǎng**【料想】動 推測する.

**liàozi**【料子】名 1 服地. 生地. 2〈方〉(特に)毛織物. 3 木材. 4〈口〉ある仕事に向く人.

**撂**(撩) liào ❶動〈口〉1(乱暴に)置く;ほったらかす. 2 倒す. 3 捨てる.

**liào/shǒu**【撂手】動 ほったらかしにする. 手を引く.

**liào tiāozi**【撂挑子】〈慣〉(責任ある仕事を)放り出す;途中でやめる.

**廖** liào ⓿姓

**瞭** liào ❶ 高所から見渡す.

**liàowàng**【瞭望】動 展望する;(特に)敵の動きを高所から監視する.

**liàowàngtái**【瞭望台】名 展望台. 見張り台.

**镣** liào ❶ 足かせ.

**liàokào**【镣铐】名 足かせと手かせ.

## lie(カ丨せ)

**咧** liě ❶ 異読⇨liè,lie

**-lièliè**【-咧咧】接尾(~的)「甚だしい」「いい加減な」様子を表す描写的形容詞をつくる. ¶大大~／大ざっぱなさま. ¶醉~／ろれつが回らない.

**lièlie**【咧咧】動〈方〉1 やたらにしゃべる. 2(子供が)泣く. 異読⇨liě,lie

**咧** liě 動 口を横に広げる. ゆがめる. 異読⇨liè,lie

**liě/zuǐ**【咧嘴】動 口をゆがめる.

**裂** liě 動〈方〉真ん中があく. ¶~着... 異読⇨liè

**列** liè ❶動 1(1列に)並べる;配列する. 2…の中に入れる. 加列させる. ¶~为首要任务／最も重要な任務の一つとする. ❷量 1 列になった人·物を数える. ❸ 1 列. 2 部類. 3 各おのの. ¶~位... 2 位.

**lièchē**【列车】名 列車. [辆] ¶特快~／特急列車.

**lièchēyuán**【列车员】名 列車の乗務

**lièdǎo**【列岛】名〈地〉列岛.
**lièduì**【列队】名列をつくる.
**liè fēng yín yǔ**【列风淫雨】〈成〉大風と大雨.
**lièguó**【列国】名列国. 諸国.
**lièjǔ**【列举】动列挙する.
**lièqiáng**【列强】名〈旧〉列強. 資本主義の強国.
**lièrù**【列入】动…の中に並べる. …の中に入れる.
**lièwèi**【列位】名みなさん. 各位.
**liè/xí**【列席】动〈会議に〉列席する.
**Lièzhīdūnshìdēng**【列支敦士登】名〈地名〉リヒテンシュタイン.
**lièzhuàn**【列传】名〈史〉列伝.

**劣 liè** 名〈学校の5段階成績評価の〉最低ランク.
**❶**形①悪い. 劣る. ②標準より小さい.
**lièděng**【劣等】形劣等な. 下等の.
**liègēnxìng**【劣根性】名悪い根性.
**lièjì**【劣迹】名〈かつて働いた〉悪事.
**lièshēn**【劣绅】名悪徳実力者.
**lièshì**【劣势】名劣勢.
**lièzhì**【劣质】形粗悪である.
**lièzhǒng**【劣种】名不良種.

**冽 liè** 形 寒い. 冷たい. ¶北风凛lǐn~/北風が身を切るように冷たい.

**洌 liè** 形〈書〉〈酒や水が〉澄んでいる, 濁りがない.

**烈 liè** 形 激しい. 強烈である.
**❶**形①剛直である. ¶刚~/剛直で気骨がある. ②正義のためにたたかう. ¶先~/先烈. ③勢い盛んである. ¶表奏~~/規模が推大きい勢いのすさまじいさま. ④事業. 功績. ¶功~/功績.
**lièdù**【烈度】名〈略〉震度.
**lièfēng**【烈风】名 1 激しく強い風. 2〈気〉大強風.
**lièhuǒ**【烈火】名烈火.
**lièhuǒ jiàn zhēnjīn**【烈火见真金】〈諺〉厳しい試練によってはじめて人の真の品性がわかる.
**lièjiǔ**【烈酒】名きつい酒.
**lièrì**【烈日】名激しく照りつける太陽.
**lièshì**【烈士】名 革命のために命をささげた人.
**lièxìng**【烈性】形 1 気性が激しい. 2 急性的な刺激性の. ¶~酒/強い酒.
**liè**【捩】动ねじ曲げる. ¶~转点/転換点.
**lièzhuǎn**【捩转】动向きを変える.

**猎(獵) liè** ❶动①狩猟をする. ¶打~/狩りをする. ②あさる. ¶~~取.
**lièbào**【猎豹】名〈动〉チーター.
**lièbǔ**【猎捕】动〈けものを〉捕獲する. 狩りをする.
**lièchǎng**【猎场】名猎場.
**lièdāo**【猎刀】名猟に使う刀.
**liègǒu**【猎狗】名猎犬.〔条, 只〕
**lièhù**【猎户】名猎师.
**lièhùzuò**【猎户座】名〈天〉オリオン座.
**lièhuò**【猎获】动〈猟で〉しとめる.
**lièqí**【猎奇】动〈貶〉珍しいものを好んであさる.
**lièqiántǐng**【猎潜艇】名〈軍〉駆潜艇.
**lièqiāng**【猎枪】名猎銃.
**lièqǔ**【猎取】动 1 捕獲する. 2〈名利を〉あさる.
**lièrén**【猎人】名猎师.
**lièshǒu**【猎手】名腕利きの猎師.
**liètóu**【猎头】名〈経〉1 ヘッドハンティング. 2 ヘッドハンター.
**lièwù**【猎物】名〈猟の〉獲物.

**裂 liè** 动裂ける. 割れる. 異読⇒**liě**
**lièbiàn**【裂变】名〈物〉核分裂. 2 動分裂・変化させる.
**liè/fèng**【裂缝】1 动(~儿) 裂け目ができる. ひびが入る. 2 名裂け目. ひび.
**lièhén**【裂痕】名ひび. 裂け目.
**lièhuà**【裂化】名〈石油〉クラッキング.
**liè/kǒu**【裂口】❶动(~儿)口があく. 割れる. ❷名 1 ひび割れ. 2 〈火山〉の火口.
**lièwén**【裂纹】名 1 ひび. 割れ目. 2 陶磁器の装飾用の貫禾.
**liè/wèn**【裂璺】1 动〈器物にひびが〉入る. 2 名器物のひび.
**lièxì**【裂隙】名裂け目. 割れ目.

**趔 liè o**
**lièqie**【趔趄】〈口〉1 动よろめく. ¶打了个~/よろめいて転んだ.
**liè**【躐】动①〈順序や等級を〉飛び越える. ¶~进/一足飛びに進む. ②踏みにじる.
**lièděng**【躐等】动〈書〉〈手順をふまずに〉一足飛びに飛び越える.
**liè**【鬣】名〈動物の〉たてがみ.

**lie**【咧】助〈方〉"了le, 啦la, 哩li"に同じ. 異読⇒**liē, liě**

## lin (カ丨ㄣ)

**līn**【拎】动〈方〉手で提げる. 引っ提げる. ¶我~了个水桶到河边去打水/私は桶を提げて川辺へ水をくみに行った.
**līnbāo**【拎包】名〈方〉手提げかばん. ハンドバッグ.

**邻(鄰・隣) lín** ❶ 名 ① 隣近所. ¶四~/隣近所. ② 隣接している. ¶~家/隣の家.
**línbāng**【邻邦】名隣邦. 隣国.
**línguó**【邻国】名 隣国.
**línjiē**【邻接】动隣接する.
**línjìn**【邻近】1 形 近接する. 2 名 付近. 近所.
**línjū**【邻居】名 隣近所(の人).

**lín**

línlǐ【邻里】名 隣近所。町内。2 同じ町内に住む人。
línshè【邻舍】名［書］隣近所(の人)。

**林** lín ①树～林。②同類の集合（芸～／文芸界。雑～／石碑が数多く並んでいる所。‖姓

línchǎn【林产】名 林産(物)。
línchǎng【林场】名 現場の営林機関；営林場。
líndì【林地】名［林］森林地帯。
línhǎi【林海】名 樹海。
línlì【林立】動 林立する。
línmù【林木】名 1 森。2 〈林〉林木。
línnóng【林农】名 林業に従事する農民。
línqín【林檎】名［植］リンゴ。
línqū【林区】名 森林区。
líntāo【林涛】名［森林に吹く］波の音を思わせる風の音。
línwǎng【林网】名 網状になった樹林帯。
línyè【林业】名 林業。
línyīndào【林阴道】名 並木道。
línzǐ【林子】名［口］林。

**L**

**临**【臨】 lín ①…をしようとする際に。¶我一走亲戚他一 /帰る隣に彼女にキスをした。②③動 臨む。面する。¶这亭子三面一河／あずまやは三方川に面している。2（手本を見て）模写する。❶動 来る。訪れる。¶亲一指导／直接その場まで来て指導する。‖姓
línběn【临本】名 臨本。
línbié【临别】動 別れに臨む。
línchǎn【临产】動 お産を間近に控える。
línchǎng【临场】動 1 会場に赴く。2 自ら現場に赴く。
línchí【临池】動［書］書道の練習をする。
línchuáng【临床】形［医］臨床の。
líndào【临到】動 1 ……に臨んで。¶一考试才复习／テストの間際になってっと復習する。2（身に）及ぶ。
línjī【临机】動 その場に臨む。¶一应变yìngbiàn／臨機応変。
línjiē【临街】動 通りに面する。
línjiè【临界】形［物］臨界の。¶一事故／臨界事故。¶一温度／臨界温度。
línjìn【临近】動 …に近づく。…に接近する。
lín kě jué jǐng【临渴掘井】成 手遅れである。
línliǎo【临了】副（～儿）［方］最後になって。結局のところ。
línmén【临门】動 1 家の門前に来る。2〈体〉（球技で）ゴールに迫る。
línmó【临摹】動 手本を模写する。
línpén【临盆】動 出産する。
línqī【临期】動 その期日になる。
línrù【临入】動 分角する。
línshí【临时】副 その時になって。2 形 臨時の。

línshí bào fójiǎo【临时抱佛脚】諺 苦しいときの神頼み。
línshígōng【临时工】名 臨時雇い、短期採用のパート。
línsǐ【临死】動 死を迎える。
lín/tiè【临帖】動 手本を模写する。
líntóu【临头】動（災いや不幸などが身に）ふりかかる。
línwán【临完】動 最後になって。
línwēi【临危】動 1 危篤に陥る。2 瀬戸際になる。
lín wēi shòu mìng【临危受命】成 危急存亡の時に進んで命を投げ出す。
línxíng【临刑】動 死刑に臨む。
línxíng【临行】動 出発間際に…する。
lín yuān xiàn yú【临渊羡鱼】成 希望だけをふくらませて現実のために努力をしない。
línyuè【临月】動（～儿）臨月。
línzhèn【临阵】動 出陣する。
lín zhèn mó qiāng【临阵磨枪】成 いざというときになってやっと準備をする。
lín zhèn tuō táo【临阵脱逃】成 いざというときになって逃げ打つ。
línzhōng【临终】動 臨終を迎える。
línzhōng guānhuái【临终关怀】名［医］ターミナルケア。終末医療。

**啉** lín →kuílín【喹啉】

**淋** lín 動 注ぐ。（水を）かける；ぬらす。異読⇒lìn
línbā【淋巴】名［生理］リンパ。▶"淋巴液"とも。¶一细胞／リンパ細胞。
línbājié【淋巴结】名［生理］リンパ腺。
línbāqiú【淋巴球】名［生理］リンパ球。
línlí【淋漓】形 1 したたり落ちるさま。2 さっぱりするさま。
lín lí jìn zhì【淋漓尽致】成（文章や話が）詳しく徹底しているさま。
-línlín【淋淋】接尾（～的）「したたる」さまを表す。¶湿～／びしょぬれである。
línyù【淋浴】名 シャワー。¶洗～／シャワーを浴びる。

**琳** lín 名 美しい玉（ぎょく）。
línláng【琳琅】名［書］美しい玉；（喩）珍しくて貴重なもの。
lín láng mǎn mù【琳琅满目】成 すばらしいものが数多くあるさま。

**粼** lín ❶

línlín【粼粼】形［書］（水などが）澄んでいるさま。¶碧～／青く澄んださま。

**嶙** lín ❶

línxún【嶙峋】形［書］1 岩が重なり合うさま。2 剛直で気骨のあるさま。¶骨一／硬骨で一本気である。

**遴** lín 動 慎重に選択する。¶一聘教师／教師を選抜して招聘（しょうへい）する。

**línxuǎn**【遴选】**動 1**〈人材を〉選抜する. **2**〈広く〉選ぶ. 選択する.

霖 **lín 名** 長雨. ¶秋~/秋の長雨.

**línyǔ**【霖雨】**名** 長雨.

辚 **lín 0**

**línlín**【辚辚】**擬**〈書〉〔車輪がきしりととどろく音〕¶车~、马萧萧 xiāoxiāo/車がとどろき馬がいななく.

磷(燐) **lín 名**〈化〉燐(りん). P. ¶白~/黄燐(おう).

**línféi**【磷肥】**名**〈農〉燐酸肥料.

**línhuǒ**【磷火】**名** 燐火. 鬼火.

**línsuān**【磷酸】**名**〈化〉燐酸.

瞵 **lín 動**〈書〉目を見張って見る. じっと見つめる.

鳞 **lín 名** うろこ.

**H 1 名** うろこのような. **II 姓**

**línbō**【鳞波】**名**〈書〉さざ波.

**lín cì zhì bǐ**【鳞次栉比】**成**〔家が〕ずらりと並んでいるさま.

**línjí**【鳞集】**動**〈書〉密集する.

**línjiǎ**【鳞甲】**名**〈書〉魚や爬虫.

**línjiè**【鳞介】**名**〈書〉魚と貝類.

**línpiàn**【鳞片】**名 1**〈魚の〉うろこ. **2**〈虫〉鱗粉(りん). **3**〈植〉鱗片(りん).

**línshāng**【鳞伤】**名** 傷だらけ.

**línzhǎo**【鳞爪】**名**〈書〉物事の断片.

麟 **lín 名**〈中国の伝説上の動物〉麒麟(きりん)の雌.

**lín'ér**【麟儿】**名** すばらしく聡明な男の子.

**lín fèng guī lóng**【麟凤龟龙】〈成〉すばらしい人物.

凛(凜) **lǐn H ① 1** 寒い. **②** 厳しい. **③** 恐れる. 怖がる.

**lǐnliè**【凛冽】**形** 身を切られるように寒い.

**lǐnlǐn**【凛凛】**形 1** 寒いさま. **2** 勇ましいさま.

**lǐnrán**【凛然】**形** 凛然(りん)としている.

廪(廩) **lǐn 名** 穀物倉. 米倉.

檩(檩) **lǐn 名**〈建〉桁(けた).

**lǐntiáo**【檩条】**名**〈建〉桁.

**lǐnzi**【檩子】**名**〈方〉桁.

吝 **lìn H** けちる. 出し惜しみする.

**lìnsè**【吝啬】**形** けちである.

**lìnsèguǐ**【吝啬鬼】**名** けちん坊.

**lìnxī**【吝惜】**動** 出すのを惜しむ.

赁 **lìn 動** 賃借りする；賃貸しする.

淋 **lìn 動** 濾(こ)す. ¶~盐/塩をとかして溶解する. **異読**⇒**lín**

**lìnbìng**【淋病】**名**〈医〉淋病.

蔺 **lìn** ~**mǎlìn**【马蔺】**II 姓**

膦 **lìn 名**〈化〉〔有機化合物の一種〕燐化水素(PH₃)とその誘導体.

躏 **lìn** →**róulìn**【蹂躏】

## ling (カ丨ㄥ)

○ **líng 數** ゼロ. 零(れい). ⇒【零 líng】

伶 **líng H ① 1** 賢い. **②**〈芝居の〉役者. 俳優.

**língdīng**【伶仃】**形 1** 独りぼっちのさま. ¶孤苦~/身寄りがなく独りぼっちである. **2** やせて弱々しい.

**línglì**【伶俐】**形** 利発である. はきはきしている.

**líng yá lì chǐ**【伶牙俐齿】〈成〉弁舌さわやかなさま.

灵(靈) **líng H ① 1** 賢い. すばしこい. 気が利く；働きがよい. ¶这孩子脑子很~/この子はとても頭の回転が速い. **2** 効き目がある. ▶薬・神・やり方など.

**H ① ①** 魂. 精神. **②** 神仙. **③** 死者に関するもの. **II 姓**

**língbiàn**【灵便】**形 1**〔手足や感覚などが〕敏捷(びん)である. **2**〔器具が〕使いよい.

**língchē**【灵车】**名** 霊柩車.

**língchuáng**【灵床】**名** 納棺する前に〕遺体を安置する台.

**líng dān miào yào**【灵丹妙药】〈成〉万能薬.

**língdòng**【灵动】**形** 生き生きとしている. 変化に富んでいる.

**línggǎn**【灵感】**名** インスピレーション.

**língguāng**【灵光】**① 1 名**〔旧〕不思議な光. **2**〈仏〉の後光. **② 形**〈方〉すばらしい. よく效く.

**línghún**【灵魂】**名 1** 霊魂. **2** 心. 精神. **3** 人格. 良心. **4**〈喩〉物事のかなめ.

**línghuó**【灵活】**形 1** 敏捷である. すばしこい. ¶脑筋~/頭の回転が速い. **2** 融通がきく.

**línghuóxìng**【灵活性】**名** 融通性. 弾力性.

**língjī**【灵机】**名** 霊感. 機転. 妙案.

**língjiù**【灵柩】**名** 遺体を入れた柩(ひつぎ).

**língmāo**【灵猫】**名**〈動〉ジャコウネコ.

**língmǐn**【灵敏】**形** 敏感である. 鋭い.

**língmǐndù**【灵敏度】**名**〈電〉感度. レスポンス.

**língpái**【灵牌】**名** 位牌.

**língqiǎo**【灵巧】**形** すばしこい；器用である.

**língtáng**【灵堂】**名** 葬儀で柩(ひつぎ)が安置してある部屋.

**língtōng**【灵通】**形 1**〔消息が〕よく通じている. **2**〈方〉役に立つ. **3**〈方〉すばらしい.

**língwèi**【灵位】**名** 位牌.

**língxìng**【灵性】**名 1**〔動物が人に飼われ会得した〕知恵, 利口さ. **2**〔人間の〕すぐれた素質, 能力.

**língyàn**【灵验】**形 1**〔薬ややり方の〕効き目がある. **2**〔予言・予測が〕当たっている.

**língyào**【灵药】**名** 不思議によく効く

## líng

薬.

**língzhǎngmù**【灵长目】〈名〉〈動〉霊長目.

**língzhī**【灵芝】〈名〉〈植〉マンネンタケ. レイシ.

**líng**【苓】→fúlíng【茯苓】

**líng**【囹】〇

**língyǔ**【囹圄】〈名〉〈書〉牢獄. ▶"囹圉"とも.

**líng**【泠】〈形〉〈書〉涼しい. ¶～风/涼風.

**línglíng**【泠泠】〈形〉**1** 涼しいさま. **2** 音が清らかでよく通るさま.

**líng**【玲】〈擬〉玉(ﾀﾏ)のぶつかる美しい音.

**línglíng**【玲玲】〈擬〉玉が触れ合う音.

**línglóng**【玲珑】〈形〉**1**〔細工が〕精巧である. ¶小巧～/小さくて精巧である. **2**〔人が〕利口である.

**líng lóng tī tòu**【玲珑剔透】〈成〉〔透かし彫りなどの〕細工が巧みで見事に彫られているさま;〈喩〉〔人が〕利発であるさま.

**líng**【柃】〇

**língmù**【柃木】〈名〉〈植〉ヒサカキ.

**líng**【铃】**H**①鈴状のもの. ¶铃. ベル. [个]ダンベル. ②綿の実. ‖〔姓〕

**línglán**【铃兰】〈名〉〈植〉スズラン.

**líng**【鸰】→jílíng【鹡鸰】

**líng**【凌】(凌)〈名〉〈方〉氷. ¶冰激～/アイスクリーム. **H**①踏みつけにする. ②近づく. ¶~晨. ③高く昇る. ¶～空. ‖〔姓〕

**língchén**【凌晨】〈名〉明け方. 早朝.

**língjià**【凌驾】〈動〉(他を)しのぐ. 君臨する.

**língkōng**【凌空】〈動〉空高くそびえる.

**línglì**【凌厉】〈形〉〔勢いが〕すさまじい.

**língluàn**【凌乱】〈形〉乱れている. 雑然としている.

**língnüè**【凌虐】〈動〉〈書〉唐待する.

**língrǔ**【凌辱】〈動〉辱める. 侮辱する.

**língwǔ**【凌侮】〈動〉侮辱する. 凌辱する.

**língxùn**【凌汛】〈名〉解氷期に上流の水が下流の氷塊にせき止められて起こる〕川の増水.

**língyún**【凌云】〈動〉雲をしのぐ.

**líng**【陵】**H**①丘. ②陵墓. ‖〔姓〕

**língmiào**【陵庙】〈名〉陵墓と宗廟.

**língmù**【陵墓】〈名〉陵墓. ▶国家的指導者や革命烈士の墓.

**língtì**【陵替】〈動〉**1** 綱紀がゆるみ, 上下の秩序が乱れる. **2** 衰微する.

**língyuán**【陵园】〈名〉陵墓を中心とした園林.

**líng**【聆】**H**〈書〉聞く. ¶～取/傾聴する.

**língjiào**【聆教】〈動〉〈書〉(人の)教えを拝聴する.

**língtīng**【聆听】〈動〉〈書〉拝聴する.

**líng**【菱】〈植〉ヒシ;ヒシの実.

**língjiao**【菱角】〈名〉ヒシの実.

**língměikuàng**【菱镁矿】〈名〉〈鉱〉マグネサイト.

**língxíng**【菱形】〈名〉菱形(ﾋｼ).

**líng**【蛉】→báilíng【白蛉】

**líng**【翎】〈名〉(～儿)鳥の尾や翼の長い羽毛. ¶鹅~扇shàn/ガチョウの羽うちわ.

**língmáo**【翎毛】〈名〉**1** 羽毛. **2** 〔中国画でいう〕鳥獣画.

**líng**【羚】〈動〉カモシカ.

**língyáng**【羚羊】〈名〉〈動〉カモシカ.

**líng**【绫】**H** あや絹. 綸子(ﾘﾝｽﾞ).

**língluó chóuduàn**【绫罗绸缎】〈名〉絹織物の総称.

**língzi**【绫子】〈名〉あや絹. 薄い絹.

**léng**【棱】(棱)〈地〉地名用字. 異読➾léng

**líng**【零】〈数〉**1** ゼロ. 零. **2** (～儿)端数. ¶二斤零一两/10キロと50グラム. **H**①こまごまとした. ¶～售shòu. ②(花や葉が)枯れて落ちる;(涙が)こぼれる. ‖〔姓〕

**língdàn**【零蛋】〈名〉零点. 0点.

**líng de tūpò**【零的突破】無から有になること.

**língdiǎn**【零点】〈名〉〈真夜中の〉零時.

**língdīng**【零丁】→língdīng【伶仃】

**língfēn**【零分】〈名〉零点.

**líng fēngxiǎn**【零风险】〈名〉ノーリスク.

**línggōng**【零工】〈名〉**1** 日雇い(労働). **2** アルバイト. ¶打～/アルバイトをする.

**línghuā**【零花】〈名〉**1** 小遣い. **2**〈動〉お金を少しずつ使う.

**línghuór**【零活儿】〈名〉雑用. こまごました仕事.

**língjiàn**【零件】〈名〉〈機〉(自動車などの)部品. パーツ.

**língjùlí**【零距离】〈名〉ゼロ距離.

**línglíngsǎnsǎn**【零零散散】〈形〉(～的)散り散りばらばらである.

**língluò**【零落】**1**〈動〉(花や葉が)枯れ落ちる. **2** さびれている. **2**〈形〉ばらばらである.

**língmǎi**【零买】〈動〉ばらで買う.

**língmài**【零卖】〈動〉小売りする;ばらで売る.

**língpiàor**【零票儿】〈名〉額面が1元より小さな紙幣.

**líng qī bā suì**【零七八碎】〈成〉こまごまとしている. **2**(～儿)雑事. こまごました物.

**língqián**【零钱】(名) 小钱；小遣い钱．チップ．
**líng qiǎo suì dǎ**【零敲碎打】(成)(物事を)少しずつこぎれとぎれにする．
**língsàn**【零散】(形) ばらばらである．
**língshí**【零食】(名) 間食．おやつ．
**língshòu**【零售】(动) 小売りする．ばら売りする．¶～店・小売店．
**língshòu jiàgé**【零售价格】(名)(経) 小売价格．
**língshù**【零数】(名)(～儿) 端数．
**língsuì**【零碎】(形) 1 こまごましている．¶～的感想/まとまりのない感想．2 (名)(～儿) こまごました物．
**língtóu**【零头】(名)(～儿) 半端なもの；材料の余り．
**língtūpò**【零突破】→ líng de tūpò【零的突破】
**língxīng**【零星】(形) 1 こまごましている．¶～材料/断片的な材料．2 まばらの．
**língxùn**【零讯】(名) 短いニュース．
**língyòng**【零用】1 (动) 小遣い钱を使う．2 (名) 雜用に使う金．小遣い．¶～钱/小遣い钱．
**língzá**【零杂】(名)(～儿) こまごました品物や仕事．
**língzēngzhǎng**【零增长】(动) ゼロ成長である．
**língzuǐ**【零嘴】(名)(～儿)(方) 間食．おやつ．

**龄** **líng** ❶ (名) 1 年齢．¶高～/高齢．2 在職年数．¶教～/在職年数．

**鲮** **líng**(名)(魚) ニゴイ．サイ．

**鲮鲤**【鲮鲤】(名) センザンコウ．

**令** **líng**(名) 印刷用紙の数量単位：連．▶500枚．異読→ lìng

**岭**(嶺) **líng**(名) 1 峰．山の頂．2 山脈．3 大庾嶺などの五嶺をいう．[姓]

**Lǐngnán**【岭南】(名) 嶺南．"五岭"以南の地区(广东・广西一帯)．

**领** **lǐng** ❶ (动) 1 受け取る．2 引率する；リードする．¶把客人～到接待室/お客を応接室に案内する．2 (名)(～儿) 襟．カラー．3 (量) 高圆～/タートルネック．3 (量)(书) 長い中国服やござなどを数える．
❷ (动) ①受ける．¶～～教．②理解する．¶～～略．③領有する．¶占～/占領する．④領．⑤要点．[姓]
**lǐng/bān**【领班】1 (动)(ホテルや工場などで)各部門のリーダーとなる．2 (名)(ホテルや工場などでの)各部門の管理者．リーダー．
**lǐngdài**【领带】(名) ネクタイ．¶系jì～/ネクタイを結ぶ．
**lǐngdǎo**【领导】1 (动) 指导する．2 (名) 指导者．
**lǐngdào**【领道】(动)(～儿)(口) 道案内をする．
**lǐngdì**【领地】(名) (領主の)領地；領土．
**lǐngduì**【领队】1 (动) 队を率いる．2 (名) 引率者；(スポーツの)監督．
**lǐnggǎng**【领港】(动) 水先案内をする．
**lǐnggōng**【领工】1 (动) 労働者を監督する．2 (名) 現場監督．
**lǐnggōu**【领钩】(名)(～儿)(詰め襟の)襟ホック．
**lǐnghǎi**【领海】(名) 領海．
**lǐngháng**【领航】1 (动) 船や飞行机の航行を担当する．2 (名) 水先案内人；パイロット；(飞行机の)管制员．
**lǐnghuā**【领花】(名)(～儿) 蝶ネクタイ．
**lǐnghuì**【领会】(动) 理解する．把握する．
**lǐngjiāng**【领江】1 (动)(河川の)水先案内をする．2 (名)(河川の)水先案内人．
**lǐngjiào**【领教】(动) 1 教えを受ける．2 教えを請う．3〈贬〉(皮肉を込めて)存じ上げる．
**lǐngjié**【领结】(名) 蝶ネクタイ．
**lǐngjīn**【领巾】(名) ネッカチーフ．
**lǐngjūn**【领军】(动)(ある分野で)他をリードする．率先する．
**lǐngkōng**【领空】(名) 領空．
**lǐngkǒu**【领口】(名)(～儿) 襟もと．襟ぐり；首まわり．
**lǐng/lù**【领路】(动) 道案内をする．
**lǐnglüè**【领略】(动) 初めて知る．味わう．
**lǐng/qíng**【领情】(动)(相手の贈り物や厚意に対して)ありがたく思う．
**lǐngqǔ**【领取】(动) 受け取る．
**lǐngshì**【领事】(名) 領事．
**lǐngshìguǎn**【领事馆】(名) 領事館．
**lǐngshòu**【领受】(动)(厚意などを)ちょうだいする．
**lǐng/tóur**【领头儿】(动)(口) 先頭を切る．
**lǐngtǔ**【领土】(名) 領土．
**lǐngwǔ**【领舞】1 (动) ダンスユニットをリードする．2 (名) ダンスユニットのリーダー．
**lǐngwù**【领悟】(动) 悟る．わかる．
**lǐng/xǐ**【领洗】(动)(宗)(キリスト教で)洗礼を受ける．
**lǐng/xiān**【领先】(动) 1 先頭を切る．率先する．2 (レベル・成績などが)トップクラスである．リードする．
**lǐngxián**【领衔】(动) 1 書類の筆頭に署名する．2 中心となってリードする．
**lǐngxiù**【领袖】(名) 指导者．リーダー．
**lǐngyǎng**【领养】(动) もらい子をする．
**lǐngyǒu**【领有】(动)(土地や人口を)領有する．
**lǐngyù**【领域】(名) 領域．分野．
**lǐngzhǔ**【领主】(名) 領主．封建領主．
**lǐngzǐ**【领子】(名) 襟．カラー．
**lǐngzuì**【领罪】(动) 罪を認める．

**另** **lìng** 1 (副) 別に．ほかに．¶～买一个/ほかに1個買う．2 (代) 別の．ほかの．¶这是～一回事/それは別の問題です．[姓]
**lìnghán**【另函】(名) 別便．次便．
**lìngjì**【另寄】(动) 別便で送る．

**lìng**

**lìnglèi**【另类】[名] 変わりもの. 変わり種.

**lìng mǎ shì**【另码事】[慣] 別問題. 別のこと.

**lìng qǐ lú zào**【另起炉灶】[成] もう一度やり直す.

**lìng qǐng gāo míng**【另请高明】〈慣〉他の有能な人にお頼みください.

**lìngwài**【另外】**1**[代] 別の. ほかの. **2**[副] 別に. ほかに. **3**[接続] そのほか.

**lìngxíng**【另行】[副] 別途…する. 改めて…する.

**lìng yǎn xiāng kàn**【另眼相看】〈成〉**1** 別の目で見る. 特別視する. **2** (今まで軽視しなかった人や物を) 重視するようにもなる. 一目置く.

**令 lìng**【令】**1**〈…に〉…させる. ¶他的表现~我失望 / 彼の態度にはがっかりさせられた. **2**〈書〉命ずる. ¶学校~他退学 / 学校から退学を命じた.

🔲 ①命令. ②時節. 季節. ¶夏~ / 夏季. ③相手の父母兄弟などに対する敬称. ¶~尊 / ご尊父. ¶~爱 / 令嬢. ④酒宴で行われる遊び. ⑤昔の官名. ⑥"词"や"曲"の曲名. 
異読⇒líng

**lìng'ài**【令爱·令嫒】[敬] ご令嬢.

**lìngjiàn**【令箭】[古] (軍隊等で) 命令を発するときに用いた小旗.

**lìngláng**【令郎】[敬] ご子息.

**lìngqīn**【令亲】[敬] ご親戚.

**lìng rén**【令人】[型] 人に…させる. ¶~佩服 / 服する. ¶~发指 / (髪の毛が逆立ほど) 人を激怒させる.

**lìngtáng**【令堂】[敬] ご母堂.

**lìng xíng jìn zhǐ**【令行禁止】〈成〉法令が厳しく執行されること.

**lìngzūn**【令尊】[敬] ご尊父.

**呤 lìng** →piàolìng【嘌呤】

## liu (ㄌ丨ㄨ)

**溜 liū**【溜】[動]**1**滑る. **2**こっそり逃げる. そっと忍び込む. **3**【熘liū】に同じ.
🔲すべすべしている. 滑らかである.
異読⇒liù

**liūbiān**【溜边】(~儿)〈口〉〈川·道〉のわきに沿って進む. **1**ことを避ける.

**liū//bīng**【溜冰】[動]〈口〉スケートをする. ▶"滑冰"とも.

**liūcáo**【溜槽】[名] 竹や木で作った滑り樋. シューター.

**liūda**【溜达】[動]〈口〉散歩する. ぶらつく.

**liūguāng**【溜光】[形]〈方〉**1**すべすべしている. つるつるしている. **2**少しも残っていない.

**liū//hào**【溜号】[動](~儿)〈口〉ずらかる.

**liūjiān**【溜尖】[形](~儿)〈方〉よくとがっている.

**liūjiānbǎng**【溜肩膀】(~儿)[名] なで肩. **2**[慣] 責任を負わない.

**-liūliū**【-溜溜】[接尾] つるつるした. くるくるした; すると. 滑るような. ¶黑~的发絲 / くるくるした黒い目. ¶光~的大理石地板 / すべすべした大理石の床.

**liūliūqiú**【溜溜球】[名] (玩具の) ヨーヨー.

**liūliūzhuàn**【溜溜转】[動] (丸いものが) くるくる回る.

**liūmén**【溜门】[動](~儿) 空き巣に入る.

**liūpíng**【溜平】[形]〈方〉平らである.

**liū xū pāi mǎ**【溜须拍马】〈成〉(人の) 機嫌を取り, おべっかを使う.

**liūyuán**【溜圆】[形]〈方〉まん丸い.

**liū zhī dà jí**【溜之大吉】〈成〉 逃げるが勝ち.

**熘 (溜) liū**[動]〈料理〉 あんかけにする.

**蹓 liū**[動] こっそりと立ち去る.
異読⇒liù

**蹓达**【蹓达】→liūda【溜达】

**刘(劉) liú** ‖[姓]

**liúhǎir**【刘海儿】[名] (子供や女性の) 切り下げ髪.

**浏(瀏) liú**[形]〈書〉**1**水流のすき透っているさま. **2**風がかすみ通るさま.

**liúlǎn**【浏览】[動] 大まかに見る. ざっと目を通す.

**liúlǎnqì**【浏览器】[名]〈電算〉 ブラウザ. ▶"浏览器"とも.

**留 liú**[動]**1**とどまる. 残る. **2**引きとめる. ¶~客人吃了饭再走 / 客を引き留め食事をしてもらってから帰す. **3**取っておく. 残しておく. **4**留学する. **5**(髪·ひげを) のばす, 生やす. ¶~起胡子来 / ひげを生やす. ¶留.

**liúbù**【留步】[套] お見送りには及びません.

**liú//chéng**【留成】[動](~儿) 総額から一定の歩合で残す.

**liúchuán**【留传】[動] 後世にまで代々伝わる.

**liúcún**【留存】[動]**1**保存する. **2**存在する.

**liúdài**【留待】[動] 後回しにする. 後で取りかかる.

**liú dé qīngshān zài, bù pà méi chái shāo**【留得青山在, 不怕没柴烧】〈諺〉命の綱が切れないかぎり, 将来の望みは持てる.

**liú//dǐ**【留底】[動](~儿) 控えを取っておく.

**liú//fàn**【留饭】[動]**1**(用意した) 食事を残しておく. **2**(客を引きとめて) 食事を供する.

**liú hòulù**【留后路】〈慣〉(~儿)〈方〉一失敗したときのために) 逃げ道を残す.

**liú hòushǒu**【留后手】[慣] (~儿)

(最後の手が打てるように)ゆとりを残しておく.
liú//huà【留话】動 伝言する.
liú//jí【留级】動 留年する.
liúlián【留连】動→liúlián【流连】
liúliàn【留恋】動 離れがたく思う. 名残を惜しむ.
liú//niàn【留念】動 記念として残る.
liú miànzi【留面子】(慣)(相手の)顔をつぶさないようにする.
liú//niàn【留念】動 記念として残す.
liúniǎo【留鸟】名(↔候鸟)留鳥.
liúqǐ//lái【留起来】動+方補 とっておく. 蓄えておく.
liú//qíng【留情】動(相手の顔を立て)大目に見る. 寛大に扱う.
liúrèn【留任】動 留任する.
liú//shén【留神】動 注意する. 気をつける. 用心する.
liúshēngjī【留声机】名 レコードプレーヤー.
liú//shǒu【留守】動(部隊・機関・団体が任地を離れるとき)少数の人員が残って留守番をする.
liú//sù【留宿】動 1 来客を引きとめて宿泊させる. 2(よそに)泊まる.
liú//tí【留题】動(見学や遊覧先で)意見や感想などを書き残す.
liú//tiáor【留条儿】動 書き置きを残す.
liú wěibā【留尾巴】(慣)物事をきちんとやり終えず, 問題を残したままにする.
liúxià【留下】動+方補 1 残しておく. 残る. ¶给人们〜了很好的印象/人々にたいへんよい印象を与えた. 2 受け取る.
liú//xīn【留心】動 留意する. 注意する. 心にとめる.
liú//xué【留学】動 留学する.
liúxuéshēng【留学生】名 留学生.
liú//yán【留言】動 書き置きを残す. ¶〜薄/伝言帳. ¶〜牌/伝言板.
liú yī shǒu【留一手】(慣)(〜儿)奥の手を最後まで残す.
liú//yì【留意】動 注意する. 気をつける.
liú//yǐng【留影】動(その場の風景をバックに)記念撮影をする.
liúyòng【留用】動 1 人員を引き続き雇用する. 2 物を引き続き使用する.
liú yúdì【留余地】(話や事をする場合に)余地を残す.
liúzhǒngdì【留种地】名(農)種子にするための作物を育てる畑.
liúzhù【留住】動 駐留する.
liú zuòyè【留作业】(学生の)宿題を出す.

## 流

liú❶動 1(液体が)流れる;(人や物品が)流動する. 2 ある方に流れていく. ¶〜于形式/形式に流れる. ❷展 等級. ¶第一〜产品/一流の製品.

❶①伝わる. ¶〜→〜言. ②川や水の流れ. ③水流に似たもの. ¶寒〜/寒流. ¶电流. ⑤たぐい. ¶汉奸之〜/売国奴のたぐい. ‖姓
liúbiàn【流变】動 発展しながら変化する. 変遷する.
liúbiāo【流标】動(オークションで)入札されずに流れる.
liúbù【流布】動〈書〉流布する.
liú//chǎn【流产】動 1 流産する;(喩)お流れになる. ¶人工〜/堕胎.
liúchàng【流畅】形 流暢であである. すらすらとしている. ¶文字・文章によどみがない.
liúchéng【流程】名 1 水流の距離・速さ. 2(工業品製造の)工程, プロセス.
liúchuán【流传】動(事績や作品などが)広く伝わる, 伝播する.
liúcuàn【流窜】動 逃げまわる.
liúdàn【流弹】名 流れ弾.
liúdàng【流荡】動 1 流動する. 2 流浪する.
liúdòng【流动】動 1(液体や気体が)流動する. 2(↔固定)移動する. ¶〜人口/流動人口. ¶〜资产/流動资产. ¶〜资金/流動資金.
liúdú【流毒】動〈書〉弊害を残す. 悪影響を及ぼす.
liúfāng【流芳】動〈書〉(後世に)名声を残す.
liúfàng【流放】動 1 流刑に処する. 2(材木を)流す.
liúgǎn【流感】名〈略〉インフルエンザ.
liúguāng【流光】名〈書〉光陰. 歳月.
liúhuì【流会】動 流会となる.
liúlàng【流浪】動 流浪する.
liúlí【流离】動〈書〉(天災や戦乱のために)離散する.
liúlí【流丽】形(詩文や書が)流麗である.
liúlì【流利】形 1(話や文章が)流暢である. ¶他汉语说得很〜/彼は中国語をとても流暢に話す. 2(ペンや筆のすべりが)滑らかである.
liúlián【流连】動 名残惜しくて離れられない.
liúliàng【流量】名 1(水)流量. 2 交通量.
liúlù【流露】動 流露する. おのずから現れる.
liúluò【流落】動 落ちぶれて放浪する.
liúmáng【流氓】名 1 ごろつき. チンピラ. 2 乱暴. 迷惑行為.
liúmín【流民】名 流浪の民.
liúmíng【流明】量(物)(光のエネルギーの単位)ルーメン.
liúnǎo【流脑】名〈略〉流行性脳脊髄膜炎.
liúnián【流年】名 1〈書〉光陰. 歳月. 2 その年の運勢.
liúpài【流派】名(学術・文芸などの)流派.
liúqì【流气】形 まじめだない. チンピラ臭い.

liúshā【流沙】流砂.
liúshī【流失】〈有用なものや人が〉流失する,失われる.
liúshí【流食】〈ミルク・重湯などの〉流動食.
liúshǐ【流矢】流れ矢.
liúshì【流逝】動〈月日が〉流れ去る.
liúshuǐ【流水】名 1 流れる水. 2〈喩〉絶え間なく続くこと. 3 商店の売上高.
liú shuǐ bù fǔ, hù shū bù dù【流水不腐,户枢不蠹】〈成〉常に動いているものは浸食を受けない.
liúshuǐhào【流水号】名通し番号.
liúshuǐxí【流水席】名客が待ち合わせることなく,到着順に接待を受けて帰るパーティー.
liúshuǐxiàn【流水线】名流れ作業のライン・配置.
liúshuǐzhàng【流水账】名金銭出納帳;〈喩〉分析せずに現象だけを羅列した記述.
liúshuǐ zuòyè【流水作业】名流れ作業.
liúsú【流俗】名〈貶〉流俗.世間一般の習わし.
liúsù【流速】名〈水〉流速.
liútǎng【流淌】動液体が流れる.
liútǐ【流体】名〈物〉流体.
liútōng【流通】動〈空気などが〉流れる;〈商品・貨幣などが〉流通する.
liúwáng【流亡】動〈災害または政治上の理由に迫られて〉故郷を逃れる.亡命する.
liúxí【流徙】動流浪生活をする.
liúxiànxíng【流线型】名流線型.
liúxiàng【流向】名 1 水の流れる方向. 2〈喩〉人や物資,資金の行方.
liúxiè【流泻】動〈液体や光線が〉迅速に流れ出る.
liúxīng【流星】名 1〈天〉流星. 2〈旧〉〈武器の一種〉鎖の両端に鉄錘をつけたもの. 3 雑技の曲芸の一種.
liúxīngyǔ【流星雨】名〈天〉流星雨.
**liúxíng**【流行】動流行する.はやる. ¶～歌曲/ポップス. ¶～语/流行語.
liúxíngxìng yǐxíng nǎoyán【流行性乙型脑炎】名〈医〉日本脳炎.
liúxuè【流血】動流血する.
liúyán【流言】名流言.デマ. ¶～飞语/流言飛語.
liúyù【流域】名〈地〉流域.
liúzhì【流质】名〈医〉流動食.
liúzhuǎn【流转】動 1〈各地を〉転々とする. 2〈商品や資金の回転. 3〈形〉文章などが滑らかで力強い.

## 琉 [瑠] liú ❶

liúlí【琉璃】名瑠璃(るり).
liúliqiú【琉璃球】名〈~儿〉 1 ガラス玉.ビー玉;〈喩〉目玉. 2〈喩〉利発な人. 3〈喩〉ずるがしこい人. 4〈喩〉けちな人.
liúliwǎ【琉璃瓦】名瑠璃瓦.

## 硫 liú 名〈化〉硫黄(いおう). S.

liú'ànsù【硫胺素】名サイアミン.
liúhuà【硫化】名〈化〉硫化. ¶～汞gǒng/硫化水銀.
liúhuà xiàngjiāo【硫化橡胶】名加硫ゴム.
liúhuáng【硫黄・硫磺】名〈化〉硫黄.
liúsuān【硫酸】名〈化〉硫酸.
liúsuān'ǎn【硫酸铵】名硫酸アンモニウム.
liúsuānyán【硫酸盐】名硫酸塩.

## 馏 liú 蒸留する. 異読⇨liù

liúfēn【馏分・馏份】名〈化〉分留.フラクション.

## 榴 liú⦅⦆ザクロ. ¶石～/ザクロ.

liúdànpào【榴弹炮】名〈軍〉榴弾(りゅうだん)砲.
liúlián【榴莲】名〈植〉ドリアン.

## 飗 liú ❶

liúliú【飗飗】形〈書〉そよ風の吹くさま.

## 镏 liú ❶ 異読⇨liù

liújīn【镏金】動〈中国伝統の方法で〉金めっきする.

## 鹠 liú→xiāliú【鸺鹠】

## 瘤 liú 名〈医〉こぶ.肉腫.腫瘤. ¶瘤～/悪性腫瘍(しゅよう);癌(がん).

liúzi【瘤子】名〈口〉 1 こぶ. 2 腫瘍.

## 柳 liǔ 名 1 柳.▶柳は〈二十八宿の〉ちりほし.

liǔ àn huā míng【柳暗花明】〈成〉苦境を経て希望が見えてくる.
liǔméi【柳眉】名柳眉(りゅうび);〈喩〉美人.
liǔshù【柳树】名〈植〉柳.
liǔtiáo【柳条】名〈~儿〉柳の枝.
liǔxù【柳絮】名柳絮(りゅうじょ).
liǔyāo【柳腰】名〈女性の〉柳腰.細い腰.

## 绺 liǔ 量〈~儿〉糸・縁・髪など細い繊状のものの束を数える. ¶一～儿头发/ひと筋の髪の毛.

liǔzi【绺子】名 1 量⇨【一绺liǔ】2 名〈方〉土匪集団.

## 六 liù 数 6. 2 代〈俗〉〈相手に対する強い否定や反発を表す〉…するものか. ¶我们走吧——走个～! /私たちは行こうか一行くもんか. 3〈中国民族音楽の10音階の一〉略譜の5に相当. 異読⇨lù

liùbiānxíng【六边形】名〈数〉六角形.
liùbù【六部】名〈史〉六部(ろくぶ). ▶吏部・戶部・礼部・兵部・刑部・工部.
Liùcháo【六朝】名〈史〉六朝(りくちょう). 2〈喩〉南北朝時代.
liùchù【六畜】名〈馬・牛・羊・鶏・犬・豚の〉6種の家畜.
liùfǔ【六腑】名〈中医〉六腑(ろっぷ). ▶

胆・胃・三焦・膀胱・大腸・小腸.

**liùhài**[六害][名]〈取り締まりの対象となる〉六つの違法行為. ▶売春・ポルノ・人身売買・麻薬・賭博・迷信流布.

**liùhé**[六合][名]〈書〉上(天)・下(地)・東・西・南・北の六つの空間；(転)全宇宙，全世界.

**liùlínglíu**[六〇六][名]〈薬〉606号. サルバルサン.

**liùliùliù**[六六六][名]〈農〉BHC. ▶殺虫剤の一種.

**liùqīn**[六親][名]6種の親族.(一説には)父・母・兄・弟・妻・子；(広く)親戚一般.

**liù shén wú zhǔ**[六神無主][成]心ここにあらず.

**liùshū**[六書][名]〈語〉六書(㊟). ▶漢字の成り立ちを立てた理論. 象形・指事・会意・形声・転注・仮借.

**liùxiānzhuō**[六仙桌][名]6人掛けの長方形テーブル.

**liùxiánqín**[六弦琴][名]〈音〉ギター.

**Liù-Yī értóngjié**[六一儿童节][名]国際児童デー. 子供の日.

**陆**(陸) **liù**[数]"六"の大字. 異読⇒lù

**碌** **liù** 異読⇒lù

**liùzhóu**[碌碡][名]〈脱穀用の〉石製のローラー. ▶"石磙"とも.

**遛** **liù**[動]1 ゆっくり歩く. 散歩する. 2(馬などを引いて)ゆっくり歩かせる.

**liù/mǎ**[遛马][動]馬を引いてゆっくり歩かせる.

**liù/niǎo**[遛鸟][動]鳥かごを提げて静かな所を歩いて回る.ぶらつく.

**liù/wān**[遛弯][動]〈方〉散歩する.

**liù/zǎor**[遛早儿][動]〈方〉朝の散歩をする.

**熘** **liù**[動]〈料理〉(冷めた食品を)蒸し直す. ¶～~馒头/マントーを蒸し直す. ¶把剩菜~~一~~再吃/残ったおかずを温めて食べる. 異読⇒liú

**溜** **liù**1[量]〈~儿〉並び. 列. ¶一(~儿)房子/ひと並びの家. 2[名]ひと並びに沿った所. ¶这~儿/このあたり. 2. 速い水の流れ. 3[動]〈方〉(しっくいやセメントなどで継ぎ目を)ふさぐ.
H1雨垂れ. ¶檐yán~~/雨垂れ.
②軒端(㊟). ¶水~/樋. 異読⇒liú

**镏** **liù** ⓞ 異読⇒liú

**liùzi**[镏子][名]〈方〉指輪.

**鹨** **liù**[名]〈鳥〉タヒバリ属の小鳥.

**蹓** **liù**[動]ゆっくり歩く. 散歩する. 異読⇒liū

## lo(ㄌㄛ)

**咯** **lo**[助]肯定と感嘆を兼ねた語気を表す. 異読⇒gē,kǎ

## long(ㄌㄨㄥ)

**龙**(龍) **lóng**1[名]1 竜.[条] 2 恐竜.
2[動]1〈方〉(車輪のリムが)ゆがむ. 2(調理法の)蛇腹(㊟)切りにする.
H竜の象徴. ↑→~泡páo.‖[姓]

**lóngchuán**[龙船][名]竜船. ドラゴンボート. ▶旧暦5月5日の端午の節句のレースに用いる.

**lóngdǎn**[龙胆][名]〈植〉リンドウ；〈中薬〉竜胆.

**lóngdēng**[龙灯][名]竜の形をした布や紙製の灯籠(㊟).

**lóngdòng**[龙洞][名]鍾乳洞.

**lóng fēi fèng wǔ**[龙飞凤舞][成]山並みがどこまでも続き雄大なさま；書道で筆に勢いがあり生き生きしているさま.

**lóngfèngtāi**[龙凤胎][名]〈喩〉男女一人ずつの双子.

**lónggōng**[龙宫][名]〈神話〉の竜宮城.

**lónggǔ**[龙骨][名]1〈生〉竜骨突起. 2 古代の動物の化石. 3(船や飛行機などの)竜骨. キール.

**lónggǔchē**[龙骨车][名]竜骨車.

**lóngjīngyú**[龙睛鱼][名]〈魚〉デメキン.

**lóngjǐng**[龙井][名]竜井(㊟)茶.

**lóngjuǎnfēng**[龙卷风][名]〈気〉竜巻.

**lóngméndiào**[龙门吊][名]〈機〉大型の移動クレーン.

**lóng pán hǔ jù**[龙蟠虎踞][成]地勢が要害堅固である. 陵要の地.

**lóngpáo**[龙袍][名]〈竜の刺繍がある〉皇帝の礼服.

**Lóngshān wénhuà**[龙山文化][史]竜山(㊟)文化.

**lóngshélán**[龙舌兰][名]〈植〉リュウゼツラン.

**lóng shēng jiǔ zǐ**[龙生九子][成]同じ親から生まれた子供でも一様でない.

**lóngshī**[龙虱][名]〈虫〉ゲンゴロウ.

**lóng tán hǔ xué**[龙潭虎穴][成]極めて危険な場所.

**lóng téng hǔ yuè**[龙腾虎跃][成]沸き立つような活気に満ちたさま.

**lóngtóu**[龙头][名]1(水道の)蛇口. 2(自転車のハンドル. 3 竜の頭. 4 多くのものの筆頭.

**Lóngwáng**[龙王][名]〈宗〉竜王.

**lóngxiā**[龙虾][名]〈動〉イセエビ. ロブスター.

**lóngxūcài**[龙须菜][名]〈口〉〈植〉1 オゴノリ. 2 アスパラガス.

**lóngxūmiàn**[龙须面][名]〈料理〉小麦粉をこねて、手でのばして作った非常に細いめん.

**lóngyǎn**[龙眼][名]〈植〉リュウガン(の実)；〈中薬〉竜眼肉(㊟).

**lóngzhōng**[龙钟][形]〈書〉老衰して

## lóng

動作不自由なさま.

**lóngzhōu**【龙舟】[名] 1 皇帝専用の船. 2 竜船.

**茏**(蘢) lóng ⇒

**lóngcōng**【茏葱】[形]〈書〉(草木が)青々として茂るさま.

**咙**(嚨) lóng →hóulóng【喉咙】

**泷**(瀧) lóng [名]〈方〉急流. ▶地名に用いることが多い.
異読⇒shuāng

**珑**(瓏) lóng ⇒

**lóngcōng**【珑璁】[形]〈書〉1 金属や玉(ぎょく)のぶつかる音の形容. 2→lóngcōng【茏葱】

**lónglíng**【珑玲】[形]〈書〉1 金属や玉のぶつかる音の形容. 2 明るく輝いている.

**栊**(櫳・櫳) lóng [名]〈書〉1 窓. 2 房. 〈家屋の〉窓. 3 (動物を入れる)おり.

**昽**(曨) lóng →ménglóng【曚昽】

**胧**(朧) lóng →ménglóng【朦胧】

**砻**(礱) lóng [形] 耳が聞こえない. 耳が遠い.

**lóngyǎ**【聋哑】[形] 聾唖(ろうあ). ¶~人/聾唖者.

**lóngzi**【聋子】[名] つんぼ.

**笼**(籠) lóng ❶ [名] 1 かご. 2 蒸籠(せいろう). ¶蒸~/蒸籠. ❷[動]〈方〉両手をそれぞれ他方の袖の中に差し入れる. 異読⇒lǒng

**lóng//huǒ**【笼火】[動] 火をおこす.

**lóngtì**【笼屉】[名] 蒸籠.

**lóngtóu**【笼头】[名] おもがい. ▶馬具の一種.

**隆** lóng [形] 1 盛大である. ¶~重 zhòng/2 栄える. 1 兴xīng~/隆盛である. 3 程度が甚だしい. ¶~情/厚情. 4 高い. ¶→~起. [姓]

**lóngbí**【隆鼻】[動](整形手術で)鼻を高くする.

**lóngdōng**【隆冬】[名] 真冬.

**lóng//lōng**【隆隆】[形] 1 (雷や爆発音、または列車が連続して響く音)どんどん. 2 (モーターなどの振動を伴うような回転音)ごうごう.

**lóngqǐ**【隆起】[動] 隆起する.

**lóngrǔ**【隆乳】[動](整形手術などで)豊胸する.

**lóngshèng**【隆盛】[形] 盛である;盛大である.

**lóngtóuyú**【隆头鱼】[名]〈魚〉ベラ.

**lóngxiōng**【隆胸】[動](整形手術などで)豊胸する.

**lóngzhòng**【隆重】[形] 盛大である. 厳かである.

**癃** lóng 1 [書] 体が弱く病気がちである. 2→lóngbì【癃闭】

**lóngbì**【癃闭】[名]〈中医〉排尿障害.

**窿** lóng [名]〈方〉炭鉱の坑道. ¶~工/炭鉱労働者. ¶废~/廃坑.

**陇**(隴) lóng **❶** 陇(ろう). 甘粛省の別称.

**拢**(攏) lǒng [動] 1 合わせる;合計する. ¶他笑得嘴都合不~了/彼は口がしまらないほど笑いこけた. 2 (ばらばらにならないように)束ねる、縛る. 3 ~住他;他の心を引きとめておく. 4 ~くしで髪をなでつける[すく].

**lǒng//àn**【拢岸】[動](船を)岸につける.

**lǒnggòng**【拢共】[副] 全部で.

**lǒngzi**【拢子】[名] 目の細かなくし.

**lǒngzǒng**【拢总】[副] 全部で.

**垄**(壟・壠) lǒng [名] 1〈農〉うね. 2 畦(あぜ). 畔(あ).

**lǒngduàn**【垄断】[動] 独占する. ¶~价格/独占価格. ¶~资本/独占資本.

**笼**(籠) lǒng 1 [動] 覆う. 立ちこめる. 2 [名] 大きな箱. つづら. 異読⇒lóng

**lǒngluò**【笼络】[動] 丸め込む. 抱き込む.

**lǒngtǒng**【笼统】[形] あいまいである. 大まかである.

**lǒngzhào**【笼罩】[動](すっぽり)覆う. 立ちこめる.

**弄** lòng [名]〈方〉(多く地名に用い)路地. 横町. ¶里~/横町.
異読⇒nòng

**lòngtáng**【弄堂】[名]〈方〉(上海などでいう)小路. 横町.

## lou（ㄌㄡ）

**搂**(摟) lōu [動] 1 (手や熊手などで)かき集める. 2 たくし上げる. からげる. ¶~起袖子/袖をたくし上げる. 3 むさぼり取る. ふんだくる. 4〈方〉(引き金などを)手前に引く. 異読⇒lǒu

**lōu//qián**【搂钱】[動] 不法にお金を取得する. 金を荒稼ぎする.

**瞜**(瞜) lōu [動]〈方〉見る. ¶让我~~/おれにちょっと見せてくれよ.

**剅**(剅) lōu [名]〈方〉堤防の下の排水口;堤防と交差する水路. ¶~口/堤防の下の排水口.

**娄**(婁) lóu 1 [形]〈方〉(体が)虚弱である;(ウリ類が)熟れすぎて中が腐っている. 2 [名](二十八宿の)たらぼし. [姓]

**lóuzi**【娄子】〈名〉〈方〉面倒. もめごと. 大失敗. ¶惹~儿/面倒を起こす.

**偻**(僂) lóu 異読⇒lǚ

**䁖**(瞜) lóu〇 異読⇒lou

**喽**(嘍) lóu〇 異読⇒lou

**lóuluo**【喽啰】〈名〉手先. 手下. ▲"喽罗"とも.

**溇**(漊) lóu 地名用字.

**楼**(樓) lóu〈名〉1（2階以上の）建物. ビル.［座, 栋, 幢; 层］2 建物の階屋. フロア. ¶一~/1階. 3〈儿〉やぐら. ¶城~/やぐら. 4［姓］

**lóucéng**【楼层】〈名〉2階以上の建物の各フロア.
**lóudào**【楼道】〈名〉(ビルの)廊下. 通路.
**lóudǐng**【楼顶】〈名〉(ビルの)最上階; 屋上.
**lóufáng**【楼房】〈名〉2階以上の建物. ビル.
**lóugé**【楼阁】〈名〉楼閣; 高い建物.
**lóuhuā**【楼花】〈名〉予約販売される建設中のマンション.
**lóupán**【楼盘】〈名〉(建設中あるいは販売中の)物件, マンション.
**lóushàng**【楼上】〈名〉階上.
**lóushì**【楼市】〈名〉住宅市場;（広く）不動産市場.
**lóutái**【楼台】〈名〉1〈方〉バルコニー. 2 高楼.
**lóutī**【楼梯】〈名〉階段.
**lóuxià**【楼下】〈名〉階下.
**lóuyǔ**【楼宇】〈名〉2階以上の建物. ビル.

**耧**(耬) lóu〈名〉家畜に引かせ, 畑に溝をつけながら種をまく農具. ▶"耧子jiǎngzi"とも.
**lóubō**【耧播】〈動〉"耧"で種をまく.
**lóuchē**【耧车】〈名〉〈古〉種まき車.

**蝼**(螻) lóu〇

**lóugū**【蝼蛄】〈名〉〈虫〉ケラ. オケラ.
**lóuyǐ**【蝼蚁】〈名〉虫けら. 〈喩〉役に立たない人間.

**髅**(髏) lóu→**dúlóu**【髑髅】,**kūlóu**【骷髅】

**搂**(摟) lǒu〇〈動〉抱く. 抱きしめる. 2〈量〉両腕で抱えられる分量を表す: ひと抱え. 異読⇒lōu

**lǒubào**【搂抱】〈動〉抱きしめる. 抱き合う.

**嵝**(嶁) lǒu 地名用字.

**篓**(簍) lǒu〈名〉〈儿〉1 かご. ¶字纸~儿/紙くずかご. ¶鱼~/びく. 2 木の枝で編んだ, 口が小さくて裏に紙を張り桐油を塗った入れ物.

**lǒuzi**【篓子】〈名〉(底のやや深い)竹や柳の枝などで編んだかご.

**lòu**〓 ①醜い. ¶丑~/醜い. ②狭い. ¶一室~/狭い部屋. ¶浅~/見識が浅い. ③卑俗な. ¶一~习.
**lòuguī**【陋规】〈名〉古臭いしきたり.
**lòujiàn**【陋见】〈名〉浅はかな見解.
**lòusú**【陋俗】〈名〉卑しい風俗.
**lòuxí**【陋习】〈名〉陋習.
**lòuxiàng**【陋巷】〈名〉〈書〉狭く貧しい路地.

**镂**(鏤) lòu〈動〉彫刻する.

**lòu gǔ míng xīn**【镂骨铭心】〈成〉深く心に刻みこむ. 肝に銘じる.

**瘘**(瘻·瘺) lòu〇

**lòuguǎn**【瘘管】〈名〉〈生理〉瘘管(ろう―).

**漏** lòu〓〈動〉1（入れ物に穴があいて）液体や光などが)漏る, 漏れる. 2（秘密などを)漏らす. 3 抜け落ちる. 抜かす. ¶这一行嗬~了两个/その行には2字抜けている.
〓〈名〉(略)（昔の）水時計; 砂時計.
**lòubào**【漏报】〈動〉申告漏れをする.
**lòu/dǐ**【漏底】〈動〉内情を漏らす. 本心がばれる.
**lòu/diàn**【漏电】〈動〉漏電する.
**lòudòng**【漏洞】〈名〉すきま. 手抜かり.
**lòu dòng bǎi chū**【漏洞百出】〈成〉手抜かりが百出する.
**lòu/dǒu**【漏斗】〈名〉〈方〉馬脚を現す.
**lòudǒu**【漏斗】〈名〉じょうご. ろうと.
**lòu/fēng**【漏风】〈動〉(風や息, 秘密などが)漏れる.
**lòu/guāng**【漏光】〈動〉(フィルムなどが)感光してだめになる.
**lòuhú**【漏壶】〈名〉昔の)水時計.
**lòupiào**【漏票】〈動〉無賃乗車する.
**lòu/qì**【漏气】〈動〉空気が漏れる.
**lòu**【漏儿】〈名〉1 手抜かり. 手落ち. 2 至らないところ.
**lòushào**【漏勺】〈名〉穴じゃくし. 網じゃくし.
**lòu/shuì**【漏税】〈動〉脱税する.
**lòu/wǎng**【漏网】〈動〉(←→ 落 Pǎng)(犯人や悪者·敵が)逮捕を免れる.
**lòuzhěn**【漏诊】〈動〉〈医〉診察ミスで病気を見逃す.
**lòuzi**【漏子】〈名〉1 じょうご. 2 手抜かり. 手落ち.
**lòu/zuǐ**【漏嘴】〈動〉口を滑らす.

**露** lòu〇〈口〉現れる. 現す. 異読⇒lù
**lòu/chǒu**【露丑】〈動〉(人前で)恥をかく, 醜態をさらす.
**lòu/dǐ**【露底】〈動〉内実をばらす; 真相がばれる.
**lòu/liǎn**【露脸】〈動〉1〈喩〉面目を施す. 2→**lòu/miàn**【露面】
**lòu mǎjiǎo**【露马脚】〈慣〉馬脚を現す.
**lòu/miàn**【露面】〈動〉〈儿〉顔を出す.
**lòu/miáo**【露苗】〈動〉〈農〉芽が出る.
**lòu/qiè**【露怯】〈動〉〈方〉(言葉遣いや挙動で)教養のないことが知れる.

**lòu//tóu**【露头】[動]〈～ル〉頭を出す；〈喻〉顔をのぞかせる.

**lòu//xiànr**【露馅儿】[動] ぼろが出る. 秘密がばれる.

**lòu yī bízi**【露一鼻子】〈慣〉〈方〉自分の長所を鼻にかける, 自慢する.

**lòu yī shǒu**【露一手】〈慣〉腕前を見せる.

**喽（嘍）** lou 助 **1**《予期または仮定の動作に用いる》**2**《相手の注意を促す語気を持つ》 異読⇨lóu

## lu（ㄌㄨ）

**撸** lū [動]〈方〉**1** こく. かく. しごく. **2** 免職する. **3** しかりつける.

**噜** lū ○

**lūsu**【噜苏】→luōsuo【啰唆・啰嗦】

**卢（盧）** lú [姓]

**lúbǐ**【卢比】[量]〈インド・パキスタン・インドネシアなどの通貨〉ルピー. ルピア.

**lúbù**【卢布】[量]〈ロシアなどの通貨〉ルーブル. ループリ.

**Lúsēnbǎo**【卢森堡】[名]〈地名〉ルクセンブルク.

**Lúwàngdá**【卢旺达】[名]〈地名〉ルワンダ.

**芦（蘆）** lú ○ アシ. ヨシ. [姓] 異読⇨lǔ

**lúgēn**【芦根】[名] アシの根茎. 蘆根.

**lúhuì**【芦荟】[名]〈植〉アロエ. ロカイ.

**lúshēng**【芦笙】[名]〈音〉中国西南の少数民族の竹製管楽器.

**lúsǔn**【芦笋】[名]〈植〉アスパラガス.

**lúwěi**【芦苇】[名]〈植〉アシ. ヨシ.

**lúxí**【芦席】[名]〈アシで編んだ〉むしろ, アンペラ.

**庐（廬）** lú ○ いおり. [姓]

**lú shān zhēn miàn(mù)**【庐山真面(目)】〈成〉複雑な事物の真相.

**lúshè**【庐舍】[名]〈書〉田舎家.

**垆（壚・鑪）** lú ○ **1** 黒い土壌. ¶～土 / 黒土. **2** 昔, 酒屋の酒がめを置く土台；〈転〉酒屋. ¶酒～ / 酒屋.

**lúdǐ**【垆坫】[名]〈書〉酒屋.

**lúmǔ**【垆坶】[名]〈地質〉ローム.

**lúzhí**【垆埴】[名] 黒い粘土.

**炉（爐・鑪）** lú ○ こんろ. ストーブ. 炉などの総称. ¶火～ / ストーブ. ¶电～ / 電気ストーブ. ¶微波wēibō～ / 電子レンジ.

**lúbìzi**【炉箅子】[名] ロストル. (かまどの底に敷く) 火格子.

**lúchèn**【炉衬】[名]〈冶〉ライニング.

**lúhuī**【炉灰】[名] 石炭の燃え殻.

**lú huǒ chún qīng**【炉火纯青】〈成〉学問や技術が最高の域に達する.

**lútái**【炉台】[名]〈～ル〉かまど・ストーブなどの上部の平らな部分.

**lútáng**【炉膛】[名]〈～ル〉(炉・かまど・ストーブなどの) 内部の火をたく所.

**lúzào**【炉灶】[名] かまど.

**lúzhā**【炉渣】[名] **1**〈冶〉スラグ. **2** 石炭の燃え殻.

**lúzi**【炉子】[名] こんろ. ストーブ.

**泸（瀘）** Lú〈旧〉地名用字. "泸州"は四川省にある地名.

**栌（櫨）** lú →huánglú【黄栌】

**轳（轤）** lú →lùlú【辘轳】

**胪（臚）** lú ○ 陳述する.

**lúchén**【胪陈】[動]〈書〉一つ一つ陳述する. ▶旧式の公文書や書簡に用いることが多い.

**lúliè**【胪列】[動]〈書〉**1** 列挙する. **2** 陳列する.

**鸬（鸕）** lú ○

**lúcí**【鸬鹚】[名]〈鳥〉ウ. カワウ.

**颅（顱）** lú ○ 頭蓋.

**lúgǔ**【颅骨】[名]〈生理〉頭蓋骨.

**舻（艫）** lú [名]〈書〉船首；〈転〉船. ¶舳zhú～ / 船尾と船首.

**鲈（鱸）** lú ○

**lúyú**【鲈鱼】[名]〈魚〉スズキ.

**芦（蘆）** lǔ →yóuhúlú【油葫芦】 異読⇨lú

**卤（鹵・滷）** lǔ ○ **1** にがり. **2**〈肉やきのこで作ったスープにくず粉を加えた〉濃厚なかけ汁. ¶打～面 / あんかけそば. **3**〈～ル〉濃くした飲み物. ¶茶～ / 濃く出した茶. **4**〈化〉ハロゲン. [動] 塩水に調味料を加えて煮たり, 醤油で煮たりする.

**lǔmǎng**【卤莽】→lǔmǎng【鲁莽】

**lǔmiàn**【卤面】[名] あんかけそば.

**lǔshuǐ**【卤水】[名] にがり；塩井から取り出した製塩用の液.

**lǔsù**【卤素】[名]〈化〉ハロゲン族元素.

**lǔwèi**【卤味】[名]〈料理〉塩水に調味料を加えて煮, または醤油で煮こんで冷ました料理.

**lǔxiā**【卤虾】[名]〈料理〉小エビをすりつぶして塩で味付けしたもの.

**虏（虜）** lǔ [名] 古代の北方異民族に対する蔑称.
○ 捕虜. ¶俘～ / 同上.

**lǔhuò**【虏获】[動] 敵を捕虜にし武器を鹵獲する.

**掳（擄）** lǔ ○〈人を〉さらう.

**lǔlüè**【掳掠】[動] 人をさらい金品を略奪する.

**鲁** lǔ [名]〈史〉魯.
○ **1** 鈍い. ¶愚～ / 愚かである. **2** そそっかしい. ¶粗～ / がさつである. **3** 山東省. [姓]

**lǔbānchǐ**【鲁班尺】[名] 大工の使うかね尺.
**lǔcài**【鲁菜】[名] 山東料理.
**lǔdùn**【鲁钝】[形] 愚鈍である.
**lǔmǎng**【鲁莽】[形] そそっかしい. ¶说话～/ものの言い方が軽率である.
**lǔmǐnà**【鲁米那】[名](薬)ルミナール.
**lǔnánzǐ**【鲁男子】[名] 女嫌い. 野暮天.
**lǔ yú hài shǐ**【鲁鱼亥豕】[成] 文字を書き違える.

**橹**【橹・艪・艣】[名] 1（船の）櫓（ろ）. [支] 2（古）大きな盾.

**镥 lǔ**[名](化)ルテチウム. Lu.

**六 lù** 地名用字."六安"は安徽省にある山の名および地名."六合"は江蘇省にある県名. 異読⇒liù

**用 lù** 地名用字."甪直"は江蘇省にある地名.

**陆**【陆】**lù**[名] 陸地. ¶登～/上陸する. ‖ [姓] 異読⇒liù
**lùdào**【陆稻】[名](植)陸稲. おかぼ.
**lùdì**【陆地】[名] 陸地.
**lùfēng**【陆风】[名](気)陸風.
**lùjià**【陆架】[名](地)大陸棚. 陸棚.
**lùjūn**【陆军】[名] 陸軍.
**lùlí**【陆离】[形] 色とりどりなさま.
**lùliándǎo**【陆连岛】[名] 陸繫きの島.
**lùlù**【陆路】[名](~水路) 陸路.
**lùpéng**【陆棚】[名](地)大陸棚.
**lùqī dòngwù**【陆栖动物】[名](動) 陸生動物.
**lùqiáo**【陆桥】[名] 1（地）陸橋. 2（運）沿海港へ貨物を輸送する際の陸送ルート.
**lùxù**【陆续】[副] 陸続と. 続々と.
**lùyùn**【陆运】[名] 陸運.
**lùzhàn duì**【陆战队】[名](軍) 海兵隊.

**录**【录】**lù** [動] 1 記録する. 書き写す. 2 録音する.
❶ ①書き記したもの. ¶回忆～/回想録. ②採用する. ¶～取. ‖ [姓]
**lùfàng**【录放】[動] 録画放送する.
**lùgòng**【录供】[動](法) 供述を記録する.
**lùqǔ**【录取】[動]（試験合格者を）採用する. ¶～通知书/採用（合格）通知書.
**lùshì**【录事】[名](旧)（役所の）書記.
**lù//xiàng**【录像】[動] 1 録画. ビデオ. 2 [動] 録画する；ビデオを撮る. ▲"录象, 录相"とも.
**lùxiàngdài**【录像带】[名] ビデオテープ. [名]
**lùxiàngjī**【录像机】[名] ビデオレコーダー. [台]
**lùxiàngpiàn**【录像片】[名](~儿)ビデオ映画.
**lù//yīn**【录音】[動] 1 録音. ¶听～/録音を聞く. 2 [動] 録音する.
**lùyīndài**【录音带】[名] 録音テープ. ¶盒式～/カセットテープ.

**lùyīnjī**【录音机】[名] テープレコーダー. [台]
**lù/yǐng**【录影】[動]⇒lù/xiàng【录像】
**lùyòng**【录用】[動] 任用する. 採用する.
**lùzhì**【录制】[動] 録音（録画）して制作する.

**赂 lù**[名] ①財物を贈る. ¶贿～/賄賂を贈る. ②財物；（特に）贈られた金品.

**荥 lù** 地名用字."梅荥"は広東省にある地名. 異読⇒lù

**鹿 lù**[動] 鹿. [只] [姓]
**lùjiǎo**【鹿角】[名] 1 雄鹿の角. 鹿角（ろっかく）. 2 ⇒lùzhài【鹿砦】. 鹿角（ろっかく）.
**lùpí**【鹿皮】[名] 鹿の皮. 鹿革.
**lùróng**【鹿茸】[名](中薬) 鹿茸（ろくじょう）.
**lùròu**【鹿肉】[名](食用の)鹿の肉.
**lù sǐ shéi shǒu**【鹿死谁手】[成] いずれの方に軍配が上がるか.
**lùzhài**【鹿砦・鹿寨】[名] 鹿砦（ろくさい）. 逆茂木（さかもぎ）.

**渌 lù** 地名用字.

**逯 lù**[姓]

**绿 lù** ❶ 異読⇒lù
**lùlín**【绿林】[名] 緑林（りょくりん）. 山間などをねじろにした野盗やゲリラ.
**lùyíng**【绿营】[名](史)緑営（りょくえい）. 清代に漢族で組織した軍隊.

**禄 lù**[名](旧) 官吏の俸給.
❶ 幸い. ¶福～/幸福. ‖ [姓]

**碌 lù**[動] ①（人の）平凡である. ¶庸～/凡庸. ②仕事が繁雑である. ¶忙～/多忙. 異読⇒liù
**lùlù**【碌碌】[形] 1 平凡である. ¶庸～/凡凡々々. 2 あくせく働くさま.

**路 lù ❶**[名] 1 道. 道路. [条]（～儿）みち. ¶不远／道のりは遠くない. ¶三里～／3里(の道のり). 3（～儿）手だて. 方法.
**❷**[量] 路線. ルート. ¶七～公共汽车／7番（系統）のバス. 2 種類. 等級. ¶二三～角色／二流, 三流の役者. ¶一～人／同じタイプの人.
❶ ①筋道. ¶思～／考える筋道；文の構想. ②地区. 方面. ¶外～／よそ者. ‖[姓]

**lùbiāo**【路标】[名] 道路標識. 道しるべ.
**lù bù shí yí**【路不拾遗】[成] 社会秩序・風紀がよいこと.
**lùchéng**【路程】[名] 道のり. 行程.
**lùdēng**【路灯】[名] 街灯.
**lùduàn**【路段】[名] 鉄道・ハイウェーのひと区切り. 線区.
**lùfèi**【路费】[名] 旅費.
**lùfēng**【路风】[名] 交通機関の仕事の気風.
**lùfú**【路服】[名] 鉄道会社の制服.
**lùguī**【路规】[名] 交通機関の規則.
**lùguǐ**【路轨】[名] レール. 軌道.

**lùguò**【路过】[动] 通過する. 経由する. 通りかかる.
**lùjiǎn**【路检】[名] 車両の路上検査.
**lùjǐng**【路警】[名]〔略〕鉄道警察.
**lùjù**【路距】[名] **1**（目的地に到達する）道,道路. **2** 方法. 手段.
**lùjú**【路局】[名]〔略〕鉄道管理局；道路管理局.
**lùkǎo**【路考】[名] 自動車免許で実技試験をすること（受ける）.
**lùkǒu**【路口】[名]（～儿）道の交差する所. ¶ 十字～／四つ辻.
**lùkuàng**【路况】[名] 道路状況.
**lùkuàng**【路矿】[名] 鉄道と鉱山の併称.
**lùmiàn**【路面】[名] 路面. ¶ ～光滑／路面がつるつるである.
**lùpái**【路牌】[名] 道しるべ. 道標.
**lùqiǎ**【路卡】[名]（検査・徴税の）関所. 検問所.
**lùqiān**【路签】[名]（鉄道の）通票. タブレット.
**lùrén**【路人】[名] 道行く人；赤の他人.
**lùshang**【路上】[名] 路上；道中.
**lùtú**【路途】[名] 道；道程.
**lùwǎng**【路网】[名]〔交〕道路網.
**lùxiàn**【路线】[名] **1** 道筋. 道順. **2**（思想・政治・政治活動上の）路線.
**lùxiàng**【路向】[名] 行き先. 進路.
**lùyǎn**【路演】[名]〔経〕ロードショー.
**lù yáo zhī mǎlì, rì jiǔ jiàn rénxīn**【路遥知马力,日久见人心】〔諺〕道が遠ければ馬の力がわかり,月日が経てば人の本心がわかる.
**lùyǐ**【路椅】[名] 道路脇の休憩用ベンチ.
**lùzhàng**【路障】[名] 路上障害物. バリケード.
**lùzi**【路子】[名] **1**（目的を達するための）方法,手段. **2**（利用できる）手づる,コネ.
**lù**〔書〕[动] 侮辱する. **2**【戮lù】に同じ.
**lù**【淥】[动] **1** こす. ¶ ～油／油をこす. **2** 徐々にしみ込ませ. したたる.
**lùwǎng**【漉网】[名]〔紙〕（製紙用の）こし網.
**lù** **0**
**lùlu**【辘轳】[名] **1** 井戸水を汲み上げるろくろ. **2** ウインチ.
**lùlu**【辘轳】[拟]〔書〕**1**（車輪のきしむ音）ごろごろ. **2**（腹がすいたときに鳴る音）ぐうぐう.
**lù**〔書〕**1** 殺す. **2**（力）を合わせ
**lù lì tóng xīn**【戮力同心】〔成〕一致協力する.
**lù** 地名用字. ‖姓
**lù**【璐】[名]〔書〕美しい玉（ぎょく）.
**lù**【簏】[名] **1** 竹製の箱. つづら. ¶ 书～／竹製の本箱. **2**〔方〕竹で編

んだ小さくて深い器具. ¶ 字纸～／紙くずかご.
**lùsù**【簏𥫱】[名]〔書〕（房などが）垂れ下がるさま. ▶「麗簌」とも.

**鹭** **lù**❶【鷺】[名] サギ.
**lùsī**【鹭鸶】[名]〈鳥〉サギ.

**麓** **lù**❶【麓】[名] 山のふもと. ¶ 山～／山麓.

**露** **lù 1**【動】現れる. 現す. さらけ出す. ¶ 脸上一出为难的样子／困ったような顔つきをする. **2**【名】露.
❶【露】[名] シロップ. ¶ 果子～／シロップ.
*異読*⇒lòu

**lùgǔ**【露骨】[形] 露骨である. むきだしである.
**lùjiǔ**【露酒】[名] 果実酒. 花酒.
**lùshuǐ**【露水】[名] **1** 露（つゆ）. **2**[形] かりそめの.
**lùsù**【露宿】[动] 野宿する. ビバークする.
**lùtiān**【露天】[名] **1** 屋外. 野外. **2** [形] 露天の. 屋根のない.
**lùtiānkuàng**【露天矿】[名] 露天掘り鉱山.
**lù tóujiǎo**【露头角】〔慣〕頭角を現す.
**lù/yíng**【露营】[动] **1**〔軍〕露営する. **2** 野営する.
**lùzhū**【露珠】[名] 露の玉.

**氇** **lu** → pǔlu【氆氇】

### **lǘ**（ㄌㄩˊ）

**驴**【驢】**lǘ** [名]〔動〕ロバ. ［头,条］
**lǘ chún bù duì mǎ zuǐ**【驴唇不对马嘴】〔諺〕（言うことが）ちぐはぐである.
**lǘdǎgǔn**【驴打滚】[名]（～儿）**1**〔方〕（高利貸の一種）利息が利息について ふくらむ暴利. **2**〔料理〕キビの粉で作った菓子.
**lǘliǎn**【驴脸】[名] **1**（ロバの顔の意から）馬面. **2** すぐに怒る人.
**lǘluó**【驴骡】[名]〔動〕駃騠（けってい）. 雄馬と雌ロバとの交配でできたラバの一種.
**lǘ nián mǎ yuè**【驴年马月】〔成〕〔諺〕いつのことやら.
**lǘzi**【驴子】[名] ロバ.

**闾**【閭】**lǘ**❶【村里. ②村里の門. ③横町. 隣近所. ‖姓
**lǘlǐ**【闾里】[名]〔書〕郷里. 村里.
**lǘxiàng**【闾巷】[名]〔書〕路地. 横町.

**榈**【櫚】**lǘ** → zōnglǘ【棕榈】

**吕**【呂】**lǚ**❶【名】**1** 中国古代の音階. ¶ 律吕～／音階. **2**〔史〕呂（りょ）. ‖姓

**侣** **lǚ**❶【動】連れ. 仲間. ¶ 伴～／伴侣. ¶ 情～／アベック. ‖姓

**捋** **lǚ**❶【動】しごく. ¶ ～胡子／ひげをしごく. *異読*⇒luō

# lù

**旅 lǚ** 【名】旅团. 【】①旅をする. ②軍隊. ③共に.
**lǚbàn**【旅伴】名(~儿)旅の道連れ.
**lǚchéng**【旅程】名旅程.
**lǚdiàn**【旅店】名旅館. 宿屋.
**lǚfèi**【旅费】名 旅費.
**lǚguǎn**【旅馆】名 旅館.
**lǚ jìn lǚ tuì**【旅进旅退】(成)自分の主張がなく,他人に追随する.
**lǚjū**【旅居】動 外国に居住する. 他郷に寄寓する.
**lǚkè**【旅客】名 旅客.
**lǚniǎo**【旅鸟】名 渡り鳥.
**lǚshè**【旅舍】名 旅館.
**lǚtú**【旅途】名 旅行の途中. 道中.
**lǚxíng**【旅行】動 旅行する.
**lǚxíngbāo**【旅行包】名 旅行用かばん.
**lǚxíngshè**【旅行社】名 旅行代理店. 旅行案内所.
**lǚxíng zhīpiào**【旅行支票】名 トラベラーズチェック.
**lǚyóu**【旅游】名 観光する. 旅行する. ¶～胜地／観光地.
**lǚyóuxié**【旅游鞋】名 スニーカー.

**铝 lǚ**【名】【化】アルミニウム. Al.
**lǚbó**【铝箔】名 アルミ箔.
**lǚtǔkuàng**【铝土矿】名【鉱】ボーキサイト.

**稆(穭) lǚ**【】(穀物などが)自然に生える. ¶～生／自生する.

**偻(僂) lǚ**【形】【书】1 (体が)曲る. 2 速やかである. 異読⇒lóu

**屡(屢) lǚ**【副】しばしば. 何度も.
**lǚcì**【屡次】副 何度も. しばしば. ¶～失败／たびたび失敗した.
**lǚ cì sān fān**【屡次三番】(成)何度も何度も.
**lǚ jiàn bù xiān**【屡见不鲜】(成)しょっちゅう見かけて珍しくもない.
**lǚ jiào bù gǎi**【屡教不改】(成)何度注意しても改めない.
**lǚlǚ**【屡屡】副 しばしば. たびたび.
**lǚ shì bù shuǎng**【屡试不爽】(成)何度実験を繰り返しても確実である.

**缕(縷) lǚ**【量】細い糸状のものを数える. 【】①糸. ②筋道立てて詳しく.
**lǚlǚ**【缕缕】形 ひと筋ひと筋と続いて絶えないさま.
**lǚshù**【缕述】動【书】詳しく述べる.
**lǚxī**【缕析】動 詳しく分析する.

**脊 lǚ**【名】背骨.
**lǚlì**【膂力】名 体力. ¶～过人／体力が人に勝る.

**褛(褸) lǚ** →lánlǚ【褴褛】

**履 lǚ**【】①靴. ¶衣～／服と靴. 身なり. ②歩く;行く. ¶步～／歩行する. ③履行する.
**lǚdài**【履带】名（戦車・トラクターなどの）キャタピラー.
**lǚlì**【履历】名 履歴(書).
**lǚ xiǎn rú yí**【履险如夷】(成)危険を無事に切り抜ける.
**lǚxíng**【履行】動(約束・義務などを)履行する,実行する. ¶～合同hétong／契約を履行する.
**lǚyuē**【履约】動 約束を果たす.

**律 lǜ**【】①規則. ¶规～／法則. ②中国古代の音階. ③(詩の形式)律詩. ¶律する. 【姓】
**lǜdòng**【律动】動 律動する.
**lǜjǐ**【律己】動 おのれを律する.
**lǜlǚ**【律吕】名〈音〉音階. 楽律.
**lǜshī**【律师】名【法】弁護士. ¶～袍／弁護士が出廷するときに着用するローブ.
**lǜshī**【律诗】名【文】律詩.

**虑(慮) lǜ**【】①深く考える. ¶考～／思考する. ②心配する. ¶过～／思い過ごす.

**菉 lǜ** ○ 異読⇒lù
**lǜdòu**【菉豆】→lǜdòu【绿豆】

**率 lǜ**【】①比率. ②効／能率. ¶出勤～／出勤率. 異読⇒shuài

**绿 lǜ**【形】緑である. ¶树叶都～了／木の葉がすっかり青くなった. 異読⇒lù
**lǜbǎoshí**【绿宝石】名【鉱】エメラルド.
**lǜcàihuā**【绿菜花】名〈口〉【植】ブロッコリー.
**lǜchá**【绿茶】名 绿茶.
**lǜcōngcōng**【绿葱葱】形(～的)青々としている.
**lǜdēng**【绿灯】名〈交通〉の青信号.
**lǜdì**【绿地】名〈街中の〉緑地.
**lǜdòu**【绿豆】名【植】リョクトウ.
**lǜdòugāo**【绿豆糕】名 リョクトウの粉で作った菓子.
**lǜdòutāng**【绿豆汤】名 リョクトウを煮て作ったスープ.
**lǜféi**【绿肥】名【農】緑肥.
**lǜhuà**【绿化】動 绿化する. ¶～山区／山地を緑化する.
**lǜkǎ**【绿卡】名(アメリカなどの)グリーンカード,永住許可証.
**lǜlánsè**【绿蓝色】名 青緑色.
**lǜlí**【绿篱】名 生け垣.
**lǜmàozi**【绿帽子】名〈俗〉妻を寝取られた男.
**lǜnèizhàng**【绿内障】名【医】緑内障.
**lǜqì**【绿气】名 塩素.
**lǜróngróng**【绿茸茸】形(～的)やわらかで青々としたさま.
**lǜsè**【绿色】名 1 名 绿色. ¶～植物／緑色植物. 2 形 エコロジーの.
**lǜsè bāozhuāng**【绿色包装】名 環境にやさしい包装.
**lǜsè bìlěi**【绿色壁垒】名〈経〉環境障壁.

lǜsè biāozhì【绿色标志】名 グリーンラベル. エコマーク.

Lǜsè hépíng zǔzhī【绿色和平组织】名 グリーンピース.

lǜsè shípǐn【绿色食品】名 エコ食品. 自然食品.

lǜsè tōngdào【绿色通道】名 (老人などの)優先通路;〈转〉簡素化した手続き. 優先措置.

lǜsè xiāofèi【绿色消费】名 環境に配慮した消費.

lǜsè yíngxiāo【绿色营销】名〈经〉グリーンマーケティング.

lǜsōngshí【绿松石】名〈矿〉トルコ石. ターコイズ.

lǜyè【绿叶】名 青葉. 若葉.

lǜyī shǐzhě【绿衣使者】名 郵便配達員.

lǜyīn【绿阴】名 木陰.

lǜyīn【绿茵】名 緑の草地;芝生.

lǜyīngyīng【绿莹莹】形 (～的)青々と光るさま.

lǜyōuyōu【绿油油】形 (～的)青くてつやつやしたさま.

lǜzhōu【绿洲】名 オアシス.

氯 (氯) lǜ 名〈化〉塩素. Cl.

lǜfǎng【氯纺】名〈纺〉クロロフォルム.

lǜhuà'ǎn【氯化铵】名〈化〉塩化アンモニウム.

lǜhuànà【氯化钠】名〈化〉塩化ナトリウム. 食塩.

lǜhuàqīng【氯化氢】名〈化〉塩化水素.

lǜjiāo【氯纶】名〈纺〉塩化ビニール.

lǜméisù【氯霉素】名〈药〉クロロマイシン.

lǜqì【氯气】名〈化〉塩素.

滤 (濾) lǜ 动 こす. 濾過する.

lǜguāngjìng【滤光镜】名 (カメラの) フィルター.

lǜguòxìng bìngdú【滤过性病毒】名〈医〉濾過病原体. ウイルス.

lǜqì【滤器】名 濾過器.

lǜsèjìng【滤色镜】名〈物〉(カメラの) フィルター.

lǜzhǐ【滤纸】名 濾紙(し).

## luan（ㄌㄨㄢ）

峦 (巒) luán 日 山並み. 山々.

孪 (孿) luán 日 双子.

luánshēng【孪生】形 双子の. 双生児の. ¶～子/双子.

娈 (孌) luán 日〈书〉顔が美しい.

栾 (欒) luán 名〈植〉(木の名)モクゲンジ. ▶ 通常は"栾树". ‖姓

挛 (攣) luán 日〈手足が〉ひきつる. ¶拘～/(手足が)ひきつる. ¶痉～/痙攣(なが)する.

luánsuō【挛缩】动 痙攣する.

鸾 (鸞) luán 名 伝説中の鳳凰(物)りに類した霊鳥.

luánfèng【鸾凤】名〈喩〉夫婦.

圞 (圓・圞) luán ¶ 团～/丸い月. 団ごと. ¶清蒸～鸡/鶏の丸蒸し(料理).

滦 (灤) luán 地名用字. ‖姓

銮 (鑾) luán 名〈古〉1 馬の首につける鈴. 2 皇帝の乗り物. ‖姓

卵 luǎn 日 卵;卵子.

luǎncháo【卵巢】名〈生理〉卵巣.

luǎnlínzhī【卵磷脂】名〈生理〉レシチン.

luǎnshí【卵石】名〈建〉玉石.

luǎnyì【卵翼】动〈贬〉庇護(ぼ)する.

luǎnzǐ【卵子】名〈生理〉卵子.

luǎnzǐ【卵子】名〈方〉(人間の)睾丸.

乱 (亂) luàn ❶ 形 1 乱れている. 秩序がない. ¶屋里很～/部屋が散らかっている. 2 (気持ちが)不安定で落ち着かない. ¶心里一得很/落ち着かなくていらいらする. ❷ 副 むやみに. やたらに. ¶～提意见./むやみやたらに意見を言う. 日 ① 乱雑にする. ¶搅～/騒動を起こす. ② 武装騒乱. ③ みだらな男女関係. ¶淫～/男女関係がみだれである.

luànbīng【乱兵】名 反乱兵;敗走兵.

luànfēnfēn【乱纷纷】形 (～的)入り乱れる. ごった返している.

luàngǎo【乱搞】动 1 でたらめをする. 2 婚外の性交渉をもつ.

luànhōnghōng【乱哄哄】形 (～的)がやがや騒ぎたてるさま.

luànlí【乱离】名〈书〉国が乱れ人々が離散する.

luàn lì míng mù【乱立名目】(成) 勝手に名目を作る. やたらと名目を立てる.

luànlún【乱伦】动 近親相姦(�)する.

luànmǎ【乱码】名【電筆】文字化け.

luànpéngpéng【乱蓬蓬】形 (～的)髪・ひげ・草などが乱れて生えているさま.

luàn qī bā zāo【乱七八糟】(～的)(成)ひどく混乱しているさま. めちゃくちゃである.

luànshì【乱世】名 乱世.

luànshuō【乱说】动 無責任なことを言う.

luàn tánqín【乱弹琴】(慣)むちゃくちゃをする. でたらめを言う.

luàn/tào【乱套】动〈口〉めちゃめちゃになる.

luànténgténg【乱腾腾】形 (～的)乱れているさま;騒々しいさま.

luànyòng【乱用】动 濫用する.

**luànzá**【乱雑】形 ごちゃごちゃしている.

**luànzàng gǎngzi**【乱葬岗子】名 無縁墓地.

**luànzāozāo**【乱糟糟】形 (一的)物事が混乱して秩序のないさま；気がむしゃくしゃしているさま.

**luànzhēn**【乱真】名〈書〉書画や骨董品の模倣が上手で)本物と見分けがつかない.

**luànzi**【乱子】名 騒ぎ. 悶着. 事故.

## lüe（ㄌㄩㄝ）

**掠 lüè** 動 かすめる. ¶燕子～过水面／ツバメが水面をかすめていく.
日 ①略奪する. ¶劫～／強奪する. ②(棒やむちで)打つ. ¶拷～／拷問にかける.

**lüèduó**【掠夺】動 略奪する.

**lüèměi**【掠美】動〈書〉他人の功績をかすめ取る.

**lüèqǔ**【掠取】動 かっぱらう. 略奪する.

**lüèyǐng**【掠影】名 ざっと見た印象. スナップ. ▶題名に多く用いられる.

**略 lüè** 1 形 簡単である. 簡略である. ¶粗～／ざっと読む. 2 動 省略する. 簡略化する. ¶～神文章的说明部分／文章の説明を省略する.
日 ①あらましの記述. ¶要～／概略. ②はかりごと. ¶谋～／計略. ③奪う. ¶侵～／侵略する.

**lüè jiàn yī bān**【略见一斑】成 (物事の)一部分が見える. かいま見える.

**lüèlüè**【略略】副 わずかに. 少しばかり.

**lüèqù**【略去】動 省略する.

**lüètú**【略图】名 略図.

**lüèwēi**【略微】副 わずかに. 少しばかり.

**lüèyǔ**【略语】名 略語.

**lüè zhī yī èr**【略知一二】成 多少は知っている.

## lun（ㄌㄨㄣ）

**抡**（掄）**lūn** 動 振り回す. ¶～拳／こぶしを振り回す.
異読⇒ lún

**仑**（侖）**lún** 名〈古〉条理. 筋道.

**伦**（倫）**lún** 日 ①人と人との間の関係. 秩序. ¶天～／親子兄弟などの関係. 秩序. ②条理. 順序. ¶一～次. ③同類. たぐい. ¶不～不类／(どっちつかずで)さまにならないこと. ‖姓

**lúnbā**【伦巴】名〈音〉ルンバ.

**lúncháng**【伦常】名 倫理. 人倫の道.

**lúncì**【伦次】名〈言葉の〉論理. 順序.

**Lúndūn**【伦敦】名〈地名〉ロンドン.

**lúnlǐ**【伦理】名 倫理. ¶～学／倫理学.

**论**（論）**lún** ❷ 異読⇒ lùn

**Lúnyǔ**【论语】名 論語.

**抡**（掄）**lún** 動 選ぶ. 選抜する. ¶～材／人材を選ぶ.
異読⇒ lūn

**囵**（圇）**lún** → húlún 囫囵

**沦**（淪）**lún** 日 ①沈む. ¶沉chén～／沈没する. ②没落する. 陥る.

**lúnluò**【沦落】動 1 没落する. 流浪する. 2〈書〉すたれる.

**lúnsàng**【沦丧】動 消えてなくなる.

**lúnwáng**【沦亡】動 1 (国家が)滅亡する. 滅びる. 2 すたれる.

**lúnwéi**【沦为】動 落ちぶれて…となる.

**lúnxiàn**【沦陷】動 陥落する. 占領される. ¶～区／被占領地区.

**纶**（綸）**lún** 名 1〈古〉青い絹のひも. 2〈古〉釣り糸.
日 合成繊維. 異読⇒ guān

**轮**（輪）**lún** 1 動 順番にやる. (…の)順番にあたる.
三か人一着干活儿／3人が交代で仕事をする. ¶该～到谁了？／だれの番だい. 2 名 1 循環する事物や動作についていう. ¶头～电影／封切り映画. ¶我比他大一～／私は彼よりひと回り年上だ. 2 太陽と月を数えるのに用いる. 3 名 (～儿)車輪.
日 ①車輪に似たもの. ¶年～. ②汽船. ¶～～渡.

**lún//bān**【轮班】動 (～儿)交替勤務をする.

**lún//bōr**【轮拨儿】名〈口〉組に分かれて交替する.

**lúnchàng**【轮唱】動〈音〉輪唱する.

**lúnchǐ**【轮齿】名〈機〉歯車の歯.

**lúnchuán**【轮船】名 汽船.

**lúncì**【轮次】動 1 順番に. 順繰りに. 2 名 ひと回りする回数. 番が回ってくる回数.

**lúndài**【轮带】名 タイヤ.

**lúndù**【轮渡】名 連絡船. フェリーボート.

**lúnfān**【轮番】動 代わる代わる. ¶～值班zhíbān／順番に当直する.

**lúnfú**【轮辐】名 車輪の輻(ヤ). スポーク.

**lún//gǎng**【轮岗】動 職場を順番に交代する.

**lúnhuàn**【轮换】動 順番に交替する.

**lúnhuí**【轮回】名〈仏〉輪廻(ネ²)."轮迴"とも. 2 動 循環する.

**lúnjī**【轮机】名〈機〉1 タービン. 2 汽船のエンジン.

**lúnjiān**【轮奸】動 輪姦する.

**lúnkōng**【轮空】動〈体〉(トーナメントで)不戦勝になる.

**lúnkuò**【轮廓】名 輪郭；物事のあらまし. アウトライン.

**lúnliú**【轮流】動 順番にする．代わる代わるする．¶～值日 / 順番に日直をする．

**lúnpán**【轮盘】名（自動車などの）ハンドル．

**lúntāi**【轮胎】名 タイヤ．

**lúnxiū**【轮休】動 1（農）休耕する．2 順番に休む．

**lúnxùn**【轮训】動（幹部などを）順繰りに訓練する．

**lúnyǎng**【轮养】動 一つの養殖池で定期的に違う種類の魚を養殖する．

**lúnyǐ**【轮椅】名 車椅子．

**lúnzhí**【轮值】動 順番に当番する．

**lúnzhóu**【轮轴】名（物）輪軸．

**lúnzi**【轮子】名 車輪．車輪．

**lúnzuò**【轮作】名（農）輪作．

**论**（論）**lùn** 前 1〔量詞と組み合わせて，ある単位を計算する基準とすることを表す〕…で．…によって．¶～斤卖 / 斤（1斤いくら）で売る．2〔見releases積もりや評価の基準を表す〕…についていえば．¶～成绩，他数shǔ第一 / 成績についていえば，彼が1番だ．

**H**1 動 論じる．述べる．2 理論．学説．3 評定する．¶缺席者以弃权～ / 欠席者は棄権に論じる．|| 姓

異読⇨lún

**lùnbiàn**【论辩】動 議論する．

**lùnchǔ**【论处】動 処罰を定める．

**lùndiǎn**【论点】名 論点．論争相手．

**lùndiào**【论调】名（貶）言いぐさ．

**lùnduàn**【论断】名 論断する．

**lùnjù**【论据】名 論拠．

**lùn**/**lǐ**【论理】動 1 理非曲直を論じる．¶跟他论论理 / 彼と話をつける．2 副 理屈からいうと，本来ならば．3 名 理屈．道理．

**lùnliè**【论列】動 いちいち論述する．

**lùnnán**【论难】動 論争する．言い合う．

**lùnshù**【论述】動 論述する．

**lùnshuō**【论说】動 1 論説する．2 副 理屈からいうと．

**lùntán**【论坛】名 論壇；フォーラム．

**lùntí**【论题】名 論題．

**lùnwén**【论文】名 論文．¶毕业～ / 卒業論文．

**lùnzhàn**【论战】動 論戦する．¶展开～ / 論戦を展開する．

**lùnzhēng**【论争】動 論争する．

**lùnzhèng**【论证】名 論拠．

**lùnzhù**【论著】名 論著．

**lùn**/**zuì**【论罪】動 罪を問う．¶依法～ / 法に従って罪を問う．

## luo（ㄌㄨㄛ）

**捋 luō** 動（棒状のものを手で）しごく，こする．¶～下手镯 / 腕輪をはずす．

異読⇨lǚ

**luō gēbo**【捋胳膊】そでをたくし上げて腕を出す．

**luō hǔxū**【捋虎须】（慣）非常に危険である．

**啰**（囉）**luō** ❶ 異読⇨luó, luo

**luōsuo**【啰唆・啰嗦】形 1（言葉が）くどくどしい，くどい．2（事が）こまごましている．煩わしい．

**罗**（羅）**luó** ❶ 名 1 薄絹．2 目の細かいふるい．¶铜丝～ / 金網のふるい．

❷動 ふるいにかける．¶把面粉～一过儿 / 小麦粉を1回ふるいにかける．

❸量 グロス（12ダース）．

**H**1 並べる．¶星～棋布 /（星や碁盤のように）たくさん並んでいること．2 集める．¶网～ /（各方面より）人材を招き寄せる．3 鳥網を張って鳥を捕る）．||姓

**luóguō**【罗锅】❶ 1 形（俗）(～儿）背骨が曲がっている．2 名 アーチ型の．¶～桥 / 太鼓橋．❷名 猫背の人．

**luóguó**【罗国】動（腰を）曲げる．

**luóhàn**【罗汉】名（仏）羅漢．

**luóhàndòu**【罗汉豆】名（方）（植）空豆．

**luóhànguǒ**【罗汉果】名（植）ラカンカ；〈中薬〉羅漢果．

**luójīng**【罗经】名 羅針盤．コンパス．

**luókǒu**【罗口】名（肌着・運動着や靴下の）ゴム編みの伸縮部分．

**luókǒu dēngtóu**【罗口灯头】名 ねじ込みソケット．

**luólè**【罗勒】名（植）バジル．メボウキ．

**luóliè**【罗列】動 1 分布する．陳列する．2 羅列する．列挙する．

**Luómǎ**【罗马】名（地名）ローマ．

**Luómǎ gōngjiào**【罗马公教】名〈宗〉ローマカトリック教．

**Luómǎníyà**【罗马尼亚】名（地名）ルーマニア．

**Luómǎ shùzì**【罗马数字】名 ローマ数字．

**Luómǎzì**【罗马字】名 ローマ字．

**luómàndìkè**【罗曼蒂克】形 ロマンチックな．▶"浪漫"とも．

**luómànsī**【罗曼司】名 ロマンス．

**luópán**【罗盘】名 羅針盤．

**luóquāntuǐ**【罗圈腿】名 がに股．

**luówǎng**【罗网】名 鳥や魚を捕る網．¶自投～ / 墓穴を掘る．

**luówén**【罗纹】名 指紋．

**luózhì**【罗致】動 招聘（しょう）する．（人材を）招致する．

**觇**（覼）**luó** ❶

**luólǚ**【觇缕】動（書）詳しく述べる．

**萝**（蘿）**luó** ❶ 名 蔓性植物．¶藤～ / フジ．

**luóbo**【萝卜】名（植）大根．

**啰**（囉）**luó** ❶ 異読⇨luō, luo

**luózào**【啰唣】動（近）因縁をつける．言いがかりをつけてけんかを売る．

**逻**（邏）**luó** H パトロールする．

**luójí**【逻辑】名 1 論理．ロジック．

¶符合～/論理的だ. **2** 客観的な法則. **3**→luójíxué【逻辑学】

**luójíxué【逻辑学】**[名]論理学.

**朋(腡) luó 日(手の)指紋.

**luówén【朋纹】**[名]手の指紋.

**猡(玀) luó →zhūluó【猪猡】**

**棂(欏) luó →suōluó【桫椤】**

**锣(鑼) luó** [名]銅鑼(ﾄﾞﾗ).[面]

**luógǔ【锣鼓】**[名]銅鑼と太鼓.

**箩(籮) luó** [名] [日] (竹で編んだ)底が四角で口の丸いかご・ざる.

**luókuāng【箩筐】**[名] [竹や柳の枝で編んだ]かご.

**骡(騾) luó** [動] [動]ラバ.

**luózi【骡子】**[名]ラバ.

**螺 luó 日** ① 巻き貝. ニシ. ¶ 田 ～/タニシ. ② 渦状の指紋.

**luódiàn【螺钿】**[名]螺鈿(ﾗｳﾃﾞﾝ).

**luódīng【螺钉】**[名] [機] ねじ.ねじ釘.ボルト. ¶ 拧níng～/ねじをまわす.

**luóhào【螺号】**[名]法螺(ﾎﾗ)貝.

**luójù【螺距】**[名] [機] (ねじの)ピッチ.ねじの刻み.

**luómǔ【螺母】**[名] [機]ナット.

**luóshuān【螺栓】**[名] [機]ボルト.

**luósī【螺丝】**[名]ねじ.ボルト.[个,颗] ¶ ～垫/座金.ワッシャー.¶ ～扣/ねじ山.¶ ～帽/ナット.¶ ～母/ナット.

**luósī【螺蛳】**[名] [貝]ニシ.ニナ.マキガイ.

**luósīdāo【螺丝刀】**[名]ねじ回し.ドライバー. ▶"改锥"とも.

**luósīdīng【螺丝钉】**[名]→luódīng【螺钉】

**luósī qǐzi【螺丝起子】**[名]ねじ回し.ドライバー. ▶"改锥"とも.

**luówén【螺纹】**[名] **1** [機]ねじ山. **2** 指紋.

**luóxuán【螺旋】**[名]螺旋(ﾗｾﾝ).

**luóxuánjiǎng【螺旋桨】**[名] [機]スクリュー;プロペラ.

**luóxuántǐ【螺旋体】**[生]スピロヘータ.螺旋状菌.

**luóxuán tuījìnqì【螺旋推进器】**[名]スクリュー;プロペラ.

**裸 luǒ 日** 裸の.むき出しの.

**luǒjī【裸机】**[名] **1** 未加入状態の携帯電話・ポケベルの本体. **2** [電軍]ベアボーン.

**luǒlù【裸露】**[動]むき出しになる.覆うものがない.

**luǒmài【裸麦】**[名] [植]ハダカムギ.

**luǒshì【裸视】**[名] **1** 裸眼で見る. **2** 裸眼視力.

**luǒtǐ【裸体】**[名]裸体.裸. ¶ ～照片/ヌード写真.

**luǒxiàn【裸线】**[名] [電]裸線.

**luǒyǎn【裸眼】**[名]裸眼.

**luǒzhào【裸照】**[名]ヌード写真.

**瘰 luǒ ●**

**luǒlì【瘰疬】**[名] [医]瘰癧(ﾙｲﾚｷ).

**蠃(蠃) luǒ →guǒluǒ【蜾蠃】**

**荦(犖) luò** [形] [書]明らかである. 目立っている. ¶ 卓～/たいそうすぐれていること.

**luòluò【荦荦】**[形] [書](道理が)明らかである.

**洛 luò** 地名用字."洛河"は陕西省にある川の名. [姓]

**luò yáng zhǐ guì【洛阳纸贵】**[成]書物が非常によく売れる.

**骆 luò** [日]黑い尾とたてがみの白馬. [姓]

**luòtuo【骆驼】**[名] [動]ラクダ.

**luòtuóróng【骆驼绒】**[名]ラシャのー種.

**络 luò 日 ❶** [名](網状のものを)かぶせる. **2** からむ.巻きつける. **2** [名] [中医]経絡.

**❶** 網状のもの.¶ 丝瓜～/ヘチマの繊維. [姓] 异读⇒lào

**luòsāi húzi【络腮胡子】**[名] [鬓ｓｔｅ ま で続く]もじゃもじゃのひげ.

**luò yì bù jué【络绎不绝】**[成]往来が頻繁である.

**珞 luò 〇** [姓]

**Luòbāzú【珞巴族】**[名] (中国の少数民族)ロッパ(Lhoba)族.

**硌 luò** [書]山上の大きな岩.
异读⇒gè

**落 luò 日 1** 落ちる. **2** 下がる. ¶ 水位已经～下来了/水位はすでに下がった. **3** 下ろす ¶ 把帘子～下来/カーテンを下ろす. **4** とどまる;残す. ¶ 脸上～了个疤/顔に傷あとが残った. **5** 落伍する. ¶ ～在后面了/立ち後れた. **6** 手に入る.帰する. ¶ 冠军～到了他的手里/チャンピオンの座は彼らのものになった. **7** 受ける. ¶ ～一埋怨/怨まれる.

**❶** ①とどまる所.¶ 着zhuó～/決着. ② 集まる所. ¶ 村～/村落.③ 落ちぶれる. 衰～/衰微する.
[姓] 异读⇒là,lào

**luò'àn【落案】**[名]事件の決着をつける.判決を下す.

**luò/bǎng【落榜】**[動](試験に)落第する.不合格になる.

**luò/bǐ【落笔】**[動]筆を下ろす.書き始める.

**luò/biāo【落标】**[動]競争入札にはずれる.

**luò/biāo【落膘】**[動] (～儿)(家畜が)やせる.

**luò bùshì【落不是】**[慣] (過失があったとみなされて)非難される,とがめられる.

**luòchā【落差】**[名]落差;隔たり.

**luò/cháo【落潮】**[動]潮が引く.

**luòchéng【落成】**[動]落成する. (建

**luò/chuí**【落槌】動 1 (オークションで落札時に進行役が)槌で机をたたく;落札する. 2 オークションが終わる.

**luòchuíjià**【落槌价】名 (オークションで)ハンマープライス.

**luòde**【落得】動…という結果になる.あげくの果てに…となる.¶～一事无成／結局なにもできなかった.

**luò/dì**【落地】動 1 生まれ落ちる. 2 地面に落ちる.¶心里一块石头落了地／ほっと胸をなでおろした. 3 床にとどく.床に接する.¶～电扇／スタンド式扇風機.

**luòdìdēng**【落地灯】名 (床に置く)電気スタンド.床スタンド.

**luòdì shēng gēn**【落地生根】成 華僑などが旅先の土地に住みつく.

**luòdiǎn**【落点】名 1 (物体の)落ちた位置. 2 (軍)落下点. 3 (方)(話が)終わる.

**luò/fà**【落发】動 頭を丸めて出家する.

**luò/hǎor**【落好儿】(多く否定形で)ほめられた結果になる.

**luò/hòu**【落后】形 1 動 後れる.落伍する.¶这个月的工作比原定计划少了一天／今月の仕事は所定の計画より1日後れた. ⇔先进 後れをとっている.立ち後れている.

**luò/hù**【落户】動 1 (戸籍を移して)定住する. 2 戸籍登録する.入籍する.

**luò huā liú shuǐ**【落花流水】成 こてんこてんに打ちのめされる.

**luò huā yǒu yì, liú shuǐ wú qíng**【落花有意,流水无情】成 片思い.

**luòhuāshēng**【落花生】名 (植)ラッカセイ. ▶「花生」とも.

**luò/jià**【落价】動 (～儿)値が下がる.

**luò/jiǎo**【落脚】動 (～儿)しばらく逗留する.

**luò jǐng xià shí**【落井下石】成 人の危急につけこんで打撃を加える.

**luò/kōng**【落空】動 当てがはずれる.目的を達成できない. ⇒làokōng

**luò/kuǎn**【落款】動 (～儿)落款を押す.

**luòléi**【落雷】名 (気)落雷.

**luò/lèi**【落泪】動 涙を流す.

**luòluò**【落落】形 1 立ち居振る舞いの鷹揚(おうよう)なさま. 2 人と折り合いの悪いさま.

**luò/mǎ**【落马】動 (試合・競争で)敗北する.脱落する.

**luòmò**【落寞】形 もの寂しい. ▲「落漠,落莫」とも.

**luò/mù**【落幕】動 閉幕する.

**luò/nàn**【落难】動 災難にあう.

**luòpìn**【落聘】動 (職の)採用にもれる.

**luòpò**【落魄】→luòtuò【落拓】

**luò quāntào**【落圈套】(慣)人の策謀に陥る.

**luòrì**【落日】名 落日.夕日.

**luòsāi húzi**【落腮胡子】→ luòsāi húzi【络腮胡子】

**luò/shǎi**【落色】動 色があせる. ⇒lào/shǎi

**luòshí**【落实】 1 動 着実になる.着実にする.はっきりさせる. 2 (政策・法令・计划などを)実行する. 2 形 落ち着いている.

**luò/shuǐ**【落水】動 水に落ちる;(喩)堕落する.

**luòshuǐgǒu**【落水狗】名 失脚した悪人.

**luòtāngjī**【落汤鸡】名 ぬれねずみ.

**luòtuō**【落托】→luòtuò【落拓】

**luòtuò**【落拓】(书)1 形 些細かで細事にこだわらない.¶～不羁jī／おおらかでこせこせしない. 2 動 落ちぶれる.

**luò/wǎng**【落网】動 (犯人が)逮捕される.

**luò/wǔ**【落伍】動 落伍する;時代遅れになる.

**luò/xuǎn**【落选】動 落選する.

**luò yè guī gēn**【落叶归根】成 華僑などが故郷に戻ること.

**luòyèsōng**【落叶松】名 (植)カラマツ.グイマツ.

**luò/yīn**【落音】動 (～儿)(話や歌声が)終わる.

**luòyīng**【落英】名 (书)散った花. 2 咲いたばかりの花.

**luò/zuò**【落座】動 席につく.

**luò** → zhuóluò【卓荦・卓跞】 異読⇒lì

**luò** 1 動 積み上げる. 2 量 (～儿)積み重ねたものを数える.

luò 地名用字."漯河"は河南省にある市名. 異読⇒tà

**luo**【啰】用法は"啦la"にほぼ同じ ▶ただしやや軽佻(けいちょう). 異読⇒luō,luó

# M

## m(ㄇ)

**ḿ**【嘸】(方)ない.¶～办法／方法がない;しかたない.

**ḿshá**【呒啥】(方)なんでもない.何もない.

**ḿ**【呣】感(疑問を表し)うん?え? 異読⇒m̀

**m̀**【呣】感(承諾を表し)うん. 異読⇒ḿ

## ma(ㄇㄚ)

**mā**【妈】名 1(口)母親.お母さん. ¶～!／(呼びかけて)お母さん. 2〈旧〉年配の女性使用人に対する呼

称. ▶姓の後に用いる. ❺年齢や世代が上の既婚女性に対する呼称. ¶姑~/(父方の)おば.

**māma**【妈妈】[名] ❶ お母さん. 母親. ❷(方)(年配の女性に対する尊称)

**māmar**【妈妈儿】[名](方)乳房.

**māmi**【妈咪】[名](方)マミー. ママ.

**māzǔ**【妈祖】[名](宗)媽祖. 航海の平安をつかさどる女神.

**抹 mā** ❶[動] ❶ ぬぐう, 拭く. ¶~玻璃/ガラスを拭く. ❷(手でおさえて下方に)ずらす. ¶从手腕上一下一副镯子/腕からブレスレットをはずす. 異読⇒mǒ, mò

**mābù**【抹布】[名] 雑巾.

**māda**【抹搭】[動](方)(まぶたを)垂れる.

**mā/liǎn**【抹脸】[動](口)態度を変える. 仏頂面になる.

**mā/zǎo**【抹澡】[動](方)ぬれ手ぬぐいで全身の垢を落とす.

**蚂 mǎ** 異読⇒mǎ, mà

**mālang**【蚂螂】[名](方)トンボ. ヤンマ.

**摩 mā** ❶ 異読⇒mó

**māsa**【摩挲】[動](手で軽く)さする. ⇒mósuō

**吗 má**[代](方)何. ▶"什么shénme"に同じ. ¶你干gàn~?/何をするの. 異読⇒mǎ, ma

**麻 má**❶[動] ❶ しびれる. ❷腿都坐~了/座って足がしびれた. ❶ 又酸又~/すっぱくてからく(サンショウなどで)ひりひりする. ❷(表面が)ざらざらしている.
❷[名] 麻の総称, またその繊維.
❸ あばたの, 小さな斑点のある. ¶~脸. ¶~含. ¶~油. ¶~酱. ‖略

**mábāo**【麻包】[名] ⇒mádài【麻袋】

**mábì**【麻痹】❶[名](医)麻痺(ひ). ❶ 小儿小儿ao'ér~. ¶小儿麻痹. ❷[動] ❶ うっかりする. 油断する. ¶~大意/油断する. ❷ 麻痺する.

**mábǐng**【麻饼】[名] ゴマをまぶした丸く平べったい, 揚げパンのような食品.

**mábù**【麻布】[名] 麻布.

**mádài**【麻袋】[名] 麻袋.

**mádao**【麻刀】[名] しっくいの中に入れる麻くず.

**mádòufu**【麻豆腐】[名](料理) 緑豆のおから.

**máfan**【麻烦】❶[形] 煩わしい. 面倒である. ¶这个问题得~/この問題はとても やっかいだ. ❷[動] 面倒をかける. 煩わす. ¶对不起, ~你了/お手数をかけてすみません.

**máfǎng**【麻纺】[名] 麻織物.

**máfēng**【麻风】[名](医) ハンセン病.

**mágū**【麻姑】[名](中国古代の女仙人) 麻姑(こ).

**máhuā**【麻花】[名](~儿) ❶ 小麦粉をこねて短冊状に切り, 2, 3本ねじり合わせて油で揚げた菓子. ❷[形](服)すれて透き通るほど薄い.

---

**máhuāzuàn**【麻花钻】[名](機)ツイストドリル.

**máhuáng**【麻黄】[名](植)マオウ; (中薬)麻黄(おう).

**májiàng**【麻将】[名] マージャン.

**májiàng**【麻酱】[名](料理) ゴマをすりつぶしたペースト状の調味料.

**májie**【麻秸】[名] 麻稭(ほ). 皮をむいた麻の茎.

**májīngr**【麻经儿】[名] 小さな物を縛る細い麻.

**málà**【麻辣】[形] 舌がひりひりしびれるように辛い.

**máléizi**【麻雷子】[名] 爆竹の一種.

**máli**【麻利】[形](植)クヌギ.

**máli**【麻利】[形] 敏捷(びょう)である. すばしこい. てきぱきしている. ¶手脚~/動作が機敏である. ❷[副](方) 素早く, はやく.

**máliǎn**【麻脸】[名] あばた面.

**mámù**【麻木】[形] ❶ 感覚が麻痺れる. しびれる. ❷ 鈍い, 反応が遅い.

**má mù bù rén**【麻木不仁】(成) 物事に対する反応が鈍く, 無感覚・無関心でいる.

**mápó dòufu**【麻婆豆腐】[名](料理)(四川の大衆料理の一)マーボドウフ.

**máquè**【麻雀】[名] ❶(鳥)スズメ, すずめ. ❷ マージャン.

**máquè suī xiǎo, wǔzàng jù quán**【麻雀虽小, 五脏俱全】(諺) 規模は小さくても, 必要な機能は完全にそろっている.

**márén**【麻仁】[名](~儿)殻を取り去った大麻の実. 麻の実.

**máshā**【麻纱】[名] ❶(織物用の)麻糸. ❷(紡)デミティー. 亜麻や綿糸で平織りにした麻地の織物.

**máshéng**【麻绳】[名](~儿)麻 ひも. 麻縄.

**máshéngcài**【麻绳菜】[名](方)(植)スベリヒユ.

**máshí**【麻石】[名] 建築や舗装に用いる彫刻を施した石.

**másūsū**【麻酥酥】[形](~的)軽くしびれる. ぴりぴりする.

**máxiàn**【麻线】[名](~儿)麻糸.

**máyào**【麻药】[名]⇒mázuìjì【麻醉剂】

**máyī**【麻衣】[名] 麻で作った服. ▶旧時, 喪服に用いた.

**máyíng**【麻蝇】[名](虫)シマバエ.

**máyóu**【麻油】[名] ゴマ油.

**mázhā**【麻渣】[名] 亜麻仁油やゴマ油を搾り取ったあとのかす.

**mázhá**【麻札】[名](宗)マザール. ▶イスラム教の聖者や貴人の陵墓.

**mázhěn**【麻疹】[名](医)麻疹. はしか.

**mázhīpǐn**【麻织品】[名] 麻織物. リンネル.

**mázhú**【麻竹】[名](植)マチク.

**mázi**【麻子】[名] ❶ あばた. ❷ あばたのある人.

**mázuì**【麻醉】[動] ❶(医)麻酔をかける. ❷(喩)麻痺させる.

**mázuìjì**【麻醉剂】[名](医)麻酔剤.

# má

## 麻 má ❶

**mábì**[麻痹]→mábì[麻痹]
**máfēng**[麻疯]→máfēng[麻风]
**mázhěn**[麻疹]→mázhěn[麻疹]

## 蟆(蟇) má→háma[蛤蟆]

## 马(馬) mǎ ❶ [動]馬.[匹]¶骑～/馬に乗る. ❷中国将棋の駒の一. ❸ ①マレーシア. ¶～华文学/マレーシアの中国語文学作品. ②大きい. ¶～蜂. ‖[姓]

**mǎ'ān**[马鞍][名]馬の鞍;鞍の形をしたもの.
**mǎbāng**[马帮][名](貨物を運送する)荷駄隊.
**mǎbāor**[马鞄儿][名][植]スズメウリ.
**mǎbǎo**[马宝][名](中薬)馬の胃石.
**mǎbíjū**[马鼻疽][名](牧)鼻疽(疽).馬鼻疽(疽).▶馬の伝染病の一種.
**mǎbiān**[马鞭][名](～子)馬など家畜のむち.
**mǎbiàn**[马弁][名](旧)(軍閥時代の)将校の護衛兵.
**mǎbiǎo**[马表][名]ストップウォッチ.
**mǎbiē**[马鳖][名](虫)ヒル.チスイビル.▶"水蛭"の通称.

**mǎ bù tíng tí**[马不停蹄][成]少しも止まらず前進する;忙しく立ち回る.
**mǎchē**[马车][名]馬車.荷車.
**mǎ chǐ tú zēng**[马齿徒增][成]馬齢を重ねる.▶謙遜の言葉.
**máchǐxiàn**[马齿苋][名][植]スベリヒユ;(中薬)馬歯莧(苋).
**mǎcì**[马刺][名](乗馬靴の)拍車.
**mǎdàzi**[马褡子][名]馬の背に振り分けて掛ける布製の袋.
**mǎdá**[马达][名](機)モーター.
**Mǎdájiāsījiā**[马达加斯加][名](地名)マダガスカル.
**mǎdàhā**[马大哈][名][慣]間が抜けている(人).うかつな(人間).
**mǎdāo**[马刀][名]騎兵の軍刀.
**mǎdào**[马道][名](旧)練兵場や城壁上の馬を走らせる道.
**mǎ dào chéng gōng**[马到成功][成]着手すればたちどころに成功する.
**mǎdēng**[马灯][名]防風防水の手提げ用の石油ランプ.
**mǎdèng**[马镫][名]あぶみ.
**mǎdiàn**[马店][名]荷駄隊を泊める宿.
**mǎdōulíng**[马兜铃][名][植]ウマノスズクサ;(中薬)馬兜鈴(苓).
**mǎduì**[马队][名]1(荷物を運ぶ)荷駄隊. 2 騎兵隊.
**Mǎ'ěrdàifū**[马尔代夫][名](地名)モルジブ.
**Mǎ'ěrtā**[马耳他][名](地名)マルタ.
**mǎ ěr dōng fēng yáng mǎ fān**[马翻人仰]→**rén yǎng mǎ fān**[人仰马翻]
**mǎfènzhǐ**[马粪纸][名]ボール紙.板紙.
**mǎfēng**[马蜂][名](虫)スズメバチ.
**mǎfēngwō**[马蜂窝][名]スズメバチの巣;(広く)ハチの巣.
**mǎfū**[马夫][名](旧)馬子.馬方.
**mǎgān**[马竿][名](～儿)盲人の杖.
**mǎ gé guǒ shī**[马革裹尸][成]馬の皮で死体を包む;戦死する.
**mǎguà**[马褂][名](～儿)(旧)男性用の中国服の短い上着.
**mǎguān**[马倌][名](～儿)馬飼い.
**mǎguótóu**[马锅头][名][方]荷駄隊の親方.
**mǎhǎimáo**[马海毛][名][紡]モヘア.アンゴラヤギの毛.
**mǎhào**[马号][名]1 騎兵隊用のやや細長いラッパ. 2 (旧)(役所の)馬屋.
**mǎhè**[马赫][名][物]マッハ.
**mǎhòupàoi**[马后炮][名][慣]後の祭り.手後れ.
**mǎhu**[马虎][形]そそっかしい.いい加減だ[にする].¶不能～了liǎoshì/いい加減に事をすませてはいけない. ▶"马糊"とも.
**mǎjiǎ**[马甲][名][方](中国服の)袖なし.ベスト.
**mǎjià**[马架][名][方] 1 小さな掘っ建て小屋. 2 物を背負うのに用いる道具.しょいこ.
**mǎjiāoyú**[马鲛鱼][名][魚]サワラ.
**mǎjiǎo**[马脚][名]馬脚.ぼろ.
**mǎjìn**[马晋][名][宗]ムアジン.時報僧.
**mǎjiù**[马厩][名][書]馬小屋.
**mǎjù**[马快][名](旧)探偵や犯人逮捕を受け持つ下級の捕吏.
**mǎjūzi**[马驹子][名]子馬.
**mǎkè**[马克][名](ドイツの旧通貨)マルク.
**Mǎkèsī**[马克思][名]〈人名〉マルクス.¶～主义/マルクス主義.
**mǎkǒutiě**[马口铁][名]ブリキ.
**mǎkù**[马裤][名]乗馬ズボン.
**mǎkùní**[马裤呢][名](紡)うね織りの丈夫な毛織物の一種.
**mǎkuài**[马快][名](旧)探偵や犯人逮捕を受け持つ下級の捕吏.
**mǎlālí**[马拉犁][名][農]馬に引かせるすき.
**mǎlāsōng**[马拉松][名]1 マラソン.¶～赛跑/マラソン競技. 2(貶)長時間続くこと.
**Mǎlāwéi**[马拉维][名](地名)マラウイ.
**Mǎláixīyà**[马来西亚][名](地名)マレーシア.
**mǎlán**[马兰][名]1 コヨナメ. 2→**mǎlán**[马蔺]
**mǎlán**[马蓝][名][植]リュウキュウアイ(琉球藍).
**Mǎlǐ**[马里][名](地名)マリ.
**mǎlì**[马力][名][物]馬力.
**mǎlián**[马莲]→**mǎlìn**[马蔺]
**Mǎ-Liè zhǔyì**[马列主义][名]マルクス・レーニン主義.
**mǎlìn**[马蔺][名][植]ネジアヤメ;(中薬)馬藺子(子).

**mǎlíngshǔ**【马铃薯】〈植〉ジャガイモ.バレイショ.

**mǎlù**【马陆】〈動〉ヤスデ.

**mǎlù**【马鹿】〈動〉アカシカ.

**mǎlù**【马路】〈名〉大通り;(広く)自動車道路.

**mǎlùmiáobìng**【马鹿苗病】〈名〉〈農〉ばか苗病.

**mǎlù tiānshǐ**【马路天使】〈名〉街娼.ストリートガール.

**mǎlù xiāoxi**【马路消息】→ **mǎlù xīnwén**【马路新闻】

**mǎlù xīnwén**【马路新闻】〈名〉口コミのニュース.▶"马路消息"とも.

**mǎlù yázi**【马路牙子】〈方〉歩道.

**mǎluó**【马骡】〈動〉ラバ.

**mǎmǎhūhū**【马马虎虎】〈形〉**1** いい加減である.ぞんざいである.**2** なんとか間に合っている.まあまあだ.

**mǎnǎi**【马奶】〈名〉馬乳.

**Mǎnílā**【马尼拉】〈地名〉マニラ.

**mǎpā**【马趴】〈名〉〈方〉つんのめって倒れる姿勢.

**mǎpǐ**【马匹】〈名〉馬の総称.

**mǎpì**【马屁】〈名〉おべっか.ご機嫌とり.お追従. ⇨ **pāi mǎpì**【拍马屁】

**mǎpìjīng**【马屁精】〈慣〉おべっかの上手な人.ごますり.

**Mǎqídùn**【马其顿】〈地名〉マケドニア.

**mǎqián**【马钱】〈植〉マチン.

**mǎqiánzú**【马前卒】〈名〉馬先に立って先導する兵士;比ゆ的に先棒かつぎ.手先.

**mǎqiāng**【马枪】〈名〉騎兵銃.

**mǎqiú**【马球】〈名〉〈体〉ポロ;ポロに用いるボール.

**mǎsàikè**【马赛克】〈名〉**1**〈建〉モザイクタイル.¶~**铺面** / モザイクタイルで舗装する.**2** モザイク模様.

**mǎshājī**【马杀鸡】〈名〉ヘルスマッサージ.▶英語massageの音訳.台湾では主に風俗営業のマッサージ.

**mǎshàng**【马上】〈副〉**1** すぐに.直ちに.¶**我**~**就回来** / すぐ戻ります.

**mǎsháo**【马勺】〈名〉ご飯やかゆをすくう杓子(ひゃく);(料理用の)やや大型のひしゃく.

**Mǎshào'ěr qúndǎo**【马绍尔群岛】〈地名〉マーシャル諸島.

**mǎ shī qián lǐ**【马失前蹄】〈成〉偶然のミスで挫折する.

**mǎ shǒu shì zhān**【马首是瞻】〈成〉指導者や他人の指示を頼りに行動する.

**mǎshù**【马术】〈名〉(競技やサーカスの)馬術.

**mǎtí**【马蹄】〈名〉**1** 馬のひづめ.**2**〈方〉〈植〉シログワイの一.

**mǎtíbiǎo**【马蹄表】〈名〉円形または馬蹄形の小さな置き時計.

**mǎtílián**【马蹄莲】〈植〉カラー.オランダ海芋(ぅぃも).

**mǎtítiě**【马蹄铁】〈名〉**1** 蹄鉄(ひ).**2** U字形の磁石.

**mǎtíxíng**【马蹄形】〈名〉馬蹄形.U字形.

**mǎtíxiù**【马蹄袖】〈名〉〈旧〉清代の男子の礼服の馬蹄形のそで.

**mǎtiě**【马铁】〈名〉可鍛鋳鉄(鉄つ).

**mǎtǒng**【马桶】〈名〉(ふたの付いた)便器.おまる.

**mǎtóuqín**【马头琴】〈名〉馬頭琴(琴).▶モンゴル族の弦楽器.

**mǎwěi**【马尾】〈名〉馬のしっぽ.

**mǎwěibiàn**【马尾辫】〈名〉ポニーテール.

**mǎwěisōng**【马尾松】〈植〉アカマツの一種.

**mǎwěizǎo**【马尾藻】〈植〉ホンダワラ.

**mǎxì**【马戏】〈名〉サーカス.曲芸.

**mǎxióng**【马熊】〈名〉ヒグマ.

**mǎxuē**【马靴】〈名〉乗馬靴.長靴.

**mǎ yǎng rén fān**【马仰人翻】→ **rén yǎng mǎ fān**【人仰马翻】

**mǎyīngdān**【马缨丹】〈植〉ランタナ.シチヘンゲ.

**mǎyīnghuā**【马缨花】〈植〉ネムノキ.

**mǎyíng**【马蝇】〈名〉〈虫〉ウマバエ.

**mǎzéi**【马贼】〈名〉〈旧〉馬賊.

**mǎzhá**【马扎】〈名〉小型の折りたたみ椅子.▲"马劄"とも.

**mǎzhǎng**【马掌】〈名〉馬蹄.馬のひづめ;蹄鉄(ひ).

**mǎzhuāng**【马桩】〈名〉馬をつなぐ杭.

**mǎzi**【马子】〈名〉〈方〉**1** おまる.**2** 土匪(ひ).

**mǎzōng**【马鬃】〈名〉馬のたてがみ.

**mǎzuìmù**【马醉木】〈植〉アセビ.

**吗** mǎ ❶ 異読 → má,ma

**mǎfēi**【吗啡】〈名〉〈薬〉モルヒネ.

**犸** mǎ → **měngmǎ**【猛犸】

**玛** mǎ ❶ ‖〈姓〉

**mǎgāng**【玛钢】→ **mǎtiě**【玛铁】

**mǎnǎo**【玛瑙】〈名〉〈鉱〉瑪瑙(ぅ).

**码** mǎ ❶〈量〉**1** 事柄を数える.¶~**事**(儿) / 同じこと.¶**两**~**事**(儿) / 別のこと.**2**(長さの単位)ヤード.❷〈動〉積み重ねる.
🄗 数を表す記号.¶**数**~ / 数字.

**mǎ chángchéng**【码长城】マージャンをする.

**mǎfàng**【码放】〈動〉順序よく並べる.

**mǎtou**【码头】〈名〉**1** 埠頭(ジ).[个,座]¶~**工人** / 港湾労働者.**2**〈方〉交通の便のよい商業都市.

**mǎyáng**【码洋】〈名〉〈出版〉図書定価の総額.

**mǎzi**【码子】〈名〉**1** 数を表す符号.¶**洋**~/(旧時の)アラビア数字.¶**苏州**~/(中国独特の)商用数字.**2** 円形の金具.**3**〈旧〉〈金融〉(自分で)調達できる現金.

**蚂** mǎ ❶ 異読 → mā,mà

**mǎfēng**【蚂蜂】→ **mǎfēng**【马蜂】

**mǎhuáng**【蚂蟥】〈名〉〈動〉ヒル;ウマビル.

## mà

**mǎhuángdīng**【马蟥钉】名(かすがいのような)2本足の釘.

**mǎyǐ**【蚂蚁】名(虫)アリ.

**mǎyǐ bān Tàishān**【蚂蚁搬泰山】〈諺〉みんなが力を出し合えば大きな仕事ができる.

**mǎyǐ kěn gǔtou**【蚂蚁啃骨头】〈慣〉根気よくこつこつ仕事を完成する.

## 蚂 **mà** ❶ 異読=mā,má

**màzha**【蚂蚱】名〈方〉イナゴ.

## 骂(罵) **mà**

動 1 ののしる. ¶他～了我一顿／彼はさんざん私に悪態をついた. 2〈口〉しかる.

**mà dàjiē**【骂大街】動往来でののしり合う. 口げんかをする.

**mà//jià**【骂架】動ののしり合いをする.

**mà//jiē**【骂街】動人前でわめき散らす.

**màmalièliè**【骂骂咧咧】形口汚くものを言うさま.

**màmíng**【骂名】名悪名. 汚名.

**màniáng**【骂娘】動悪態を浴びせる.

**mà//rén**【骂人】動人をののしる. 悪態をつく.

**màrénhuà**【骂人话】名悪口.

**mà shānmén**【骂山门】〈慣〉〈方〉ののしる.

**mà//zhèn**【骂阵】動 1〈近〉敵前で戦いを挑む; 挑発する. 2〈方〉人前でわめき散らす.

## 吗(么) **ma**

助 1 平叙文の後尾に用い, 疑問性なつくる. ¶(問いかけにも用いる)～她来～?／彼女はいらっしゃいますか. b〔反語に用い, 詰問・非難を表す〕你这么做对得起大家～?／そんなことをしてみんなに申し訳が立つのか. 2→【嘛 ma】3

異読=má,mǎ

## 嘛(么) **ma**

助 1〔道理から言って当然だという感情を表す〕¶我早就说过我不去～／私は行かないと言ったでしょう. ¶有话就说出来～, 别吞吞吐吐的／話があるなら言えばいいじゃないか, 奥歯に物が挟まったような言い方をするな. 2〔希望や阻止を表す〕¶要去就快点儿～／行くのなら早く行けば. 3〔文中の切れ目に用い, 聞き手の注意を促す〕学习～, 就得认真／勉強なんだもの, まじめにするのは当然だ.

## mai (ㄇㄞ)

## 埋 **mái**

動(土・砂・雪・落ち葉などで)埋まる, 埋める. ¶雪把这口井～起来了／井戸が雪で埋まった. ¶～地雷／地雷を仕掛ける.

👉隠す, 隠れる. ¶～～伏fu.

異読=mán

**máicáng**【埋藏】動 1 埋蔵する. 2 隠す. 3(業を人間や動物の皮下組織の中に)入れる, 埋める.

**máidān**【埋单】動 勘定を払う. ▶もとは広東方言. "买单mǎidān"とも.

**máifú**【埋伏】動 1(敵を)待ち伏せする, 張り込む. ¶打～／待ち伏せをする. 2 潜伏する.

**máimíng**【埋名】動本名を隠す.

**máimò**【埋没】動 1 うずめる. 2(素質・功績などが)うもれる.

**máirù**【埋入】動 埋める. うずめる.

**máishé**【埋蛇】動 埋設する.

**máitài**【埋汰】動 1 辛辣な言葉で人を皮肉る. 2〈方〉汚い.

**mái//tóu**【埋头】動 没頭する. 専心する. ¶～苦干gàn／わき目もふらず一生懸命にやる.

**máizàng**【埋葬】動 埋葬する, 葬る.

## 霾 **mái**

名 1 土煙. 2〈気〉もや. 👉yīnmái【阴霾】

## 买(買) **mǎi**

動(↔卖)買う. ¶～东西／買い物をする.

👉買収する. ¶～～通tōng. 姓

**mǎibàn**【买办】名 買办(牲). 外国商人が貿易の仲介人として雇った中国人.

**mǎibàn zīchǎn jiējí**【买办资产阶级】名〈経〉買办ブルジョアジー.

**mǎibudào**【买不到】動+可補(品切れで)買えない.

**mǎibuliǎo**【买不了】動+可補(全部は)買いきれない; 買えるはずがない.

**mǎibuqǐ**【买不起】動+可補(値段が高くて)買えない.

**mǎibuzháo**【买不着】動+可補(品物が見つからなくて)買えない.

**mǎidān**【买单】1→mǎidān【埋单】2名【経】買い方注文の伝票.

**mǎidiǎn**【买点】名 1 商品購入のポイント. 2(株などの)買い時(の価格).

**mǎi dú huán zhū**【买椟还珠】〈成〉眼識がなく取捨選択を誤る.

**mǎiduàn**【买断】動 買い切る. 買い尽くす.

**mǎifāng**【买方】名〈経〉買い手.

**mǎifāng shìchǎng**【买方市场】名〈経〉買い手市場.

**mǎi guānjié**【买关节】〈慣〉役人を金銭で買収する. 賄賂を贈る.

**mǎi//hǎo**【买好】動(～儿)歓心を買う. 取り入る.

**mǎijià**【买价】名〈経〉買い値.

**mǎi kōngcāng**【买空仓】青田買いをする.

**mǎi kōng mài kōng**【买空卖空】〈成〉空取引をする;(投機を目的とした)空売買をする.

**mǎilùqiǎn**【买路钱】名 1〈旧〉強盗が取る通行料. 2〈喩〉車が検問所に支払う通行料.

**mǎimai**【买卖】名 1 商売. 商い. [笑]～兴隆／商売が繁盛する. 2 商店, 店舗. ¶开～／店を開く.

**mǎimai bù chéng rényì zài**【买卖不成仁义在】〈諺〉取引が不調に終わってもけんか別れには及ばない.

**mǎimairén**【买卖人】名〈口〉商人. 商売人.

**mǎi miànzi**【买面子】〈慣〉相手の顔

mài

**mǎi qīngmiáo**【买青苗】青田買いをする.

**mǎirù qīquán**【买入期权】〈経〉買付権. コールオプション.

**mǎitào**【买套】〈経〉株価が高いときに株を買い入れる.

**mǎitōng**【买通】動 賄賂を使って目的を達する. 買収する.

**mǎi//zhàng**【买账】動〈相手の好意や能力を〉認める, 買う. ¶不～/人の権威を認めない.

**mǎizhǔ**【买主】名 買い主. 買い手.

**mǎizuì**【买醉】動 酒を買って痛飲する.

**荬(蕒)** mǎi ⇒**qǔmǎicài**【苣荬菜】

**劢(勱)** mài〈書〉励む.

**迈(邁)** mài 1 動 足を踏み出す. ¶一过门坎儿/敷居をまたぐ. 2 量〈長さの単位〉マイル. 🅗 年を取る. ¶老～/老いぼれる.

**mài//bù**【迈步】動 足を踏み出す. ¶向成功迈出一大步/成功に向けて大きく一歩踏み出す.

**mài//chū**【迈出】動+方補 歩き出す. 歩み始める.

**mài fāngbù**【迈方步】(～儿)ゆっくりと歩いたように歩く. ▶旧時の官吏や読書人の歩き方を形容する.

**màijìn**【迈进】動〈抽象的な意味で〉邁進(だ)する. 突き進む.

**麦(麥)** mài【植】麦;(特に)小麦. ‖派生

**màicǎo**【麦草】名 麦わら.

**màichá**【麦茬】名〈農〉麦の刈り株;麦の収穫のあと.

**Màidāngláo**【麦当劳】〈商標〉マクドナルド.

**màidōng**【麦冬】名【植】ジャノヒゲ. リュウノヒゲ;〈中薬〉麦門冬(ばくもんどう).

**mài'é**【麦蛾】名【虫】バクガ.

**mài'ěrdēngní**【麦尔登呢】名〈紡〉メルトン(毛織物の一種).

**màifánshí**【麦饭石】名〈中医〉麦飯石.

**màifū**【麦麸】名 小麦のふすま.

**màigǎn**【麦秆】名(～儿)麦わら.

**màijì**【麦季】名 麦の刈り入れの季節.

**màijiǎo**【麦角】名〈中薬〉麦角(ばっ).

**màijiē**【麦秸】名 麦わら.

**màijīng**【麦精】名 麦芽エキス.

**màijiǔ**【麦酒】名 ビール.

**màiláng**【麦浪】名 麦の穂波.

**màilì**【麦粒】名 麦の粒.

**màilìzhǒng**【麦粒肿】名【医】麦粒腫. ものもらい.

**màimáng**【麦芒】名(～儿)麦の芒(のぎ).

**màimiáo**【麦苗】名 麦の苗.

**màipiàn**【麦片】名 エンバクや大麦のひき割り. オート. ¶～粥/オートミール.

**màiqílín**【麦淇淋】名 マーガリン.

**màiqiū**【麦秋】名 麦秋. 麦の刈り入れ時. ¶初夏をさす.

**màirǔjīng**【麦乳精】名 麦芽エキス.

**màishōu**【麦收】名 麦の刈り入れ.

**màisuì**【麦穗】名 麦の穂.

**màiwáng**【麦芒】→**màimáng**【麦芒】

**màiyá**【麦芽】名 モルト. 麦芽.

**màiyá**【麦蚜】名【虫】麦につくアブラムシ.

**màiyátáng**【麦芽糖】名 麦芽糖;水あめ.

**màizhǒng**【麦种】名 麦の種.

**màizi**【麦子】名【植】麦;(特に)小麦.

**卖(賣)** mài 動 1 (↔ 买)売る. ¶～不出去/売れない. ¶～得快/よく売れる. ¶～光了/売り切れた. 2 ありったけ出す. 惜しまない. ¶～力气/lìqi. 🅗 ①裏切る. ¶～一国. ②ひけらかす. ¶～功. ‖派生

**màichǎng**【卖场】名〈方〉〈大きな商品の〉売り場.

**mài//chàng**【卖唱】動〈旧〉〈街頭などで〉歌を歌って金をかせぐ. ¶～的/歌うたい. 演歌師.

**màichū qīquán**【卖出期权】〈経〉売付権. プットオプション.

**màichūn**【卖春】動〈方〉売春をする.

**mài dàhào**【卖大号】〈慣〉売れ行きのよい商品を規則に反し, 自分と関係のある人にまとめて売る. ▶"卖大户"とも.

**mài//dāi**【卖呆】動(～儿)〈方〉1 戸口にぼかんと立って表を眺める. ▶多く女性についていう. 2 ぼかんとする.

**màidān**【卖单】名〈経〉売り注文の伝票.

**mài//dǐ**【卖底】動〈方〉〈わざと〉真相を漏らす.

**màidiǎn**【卖点】名 1 セールスポイント. 2 (株などの)売り時の価格.

**màifāng**【卖方】名 売る側. 売り手.

**màifāng shìchǎng**【卖方市场】名〈経〉売り手市場.

**mài//gōng**【卖功】動 自分の手柄をひけらかす.

**mài gōngfu**【卖工夫】〈慣〉人に雇われて力仕事をする.

**mài gǒupí gāoyao**【卖狗皮膏药】〈慣〉うまい話で人をペテンにかける.

**mài//guǎi**【卖乖】動〈自分の〉利口さをひけらかす.

**mài guānjié**【卖关节】〈慣〉〈役人などが〉ひそかに賄賂を取って融通を(き)かせる.

**mài guān yù jué**【卖官鬻爵】〈成〉

## mài

支配層が官職や爵位を売って金もうけをする。売位売官.

**mài guānzi**【卖关子】〈慣〉(人の要求を承知させるため)もったいぶって人をじらす.

**mài/guó**【卖国】〈動〉国を売る.

**màiguózéi**【卖国贼】〈名〉売国奴.

**mài/hǎo**【卖好】〈動〉(~儿)親切を押し売りする. 恩を売る.

**mài jiàn mǎi niú, mài dāo mǎi dú**【卖剑买牛, 卖刀买犊】〈成〉悪事を捨てて正直に立ち返る.

**mài jiāoqing**【卖交情】〈慣〉恩を売る. ►「卖人情」とも.

**mài/jìn**【卖劲】〈動〉(~儿)精を出す.

**mài/kuàir**【卖快儿】〈俗〉がんばる.

**mài/lǎo**【卖老】〈動〉年長(経験が多いこと)を鼻にかける.「倚yǐ老～/年寄り風を吹かす.

**màilì**【卖力】→**mài liqi卖力气**

**mài/ liqi**【卖力气】〈動〉精を出す. 骨身を惜しまない. /(旧)力仕事をして生計を立てる.

**mài miànzi**【卖面子】〈慣〉恩を売る. 貸しを作る.

**mài/mìng**【卖命】〈動〉命がけで働く. 力を振り絞って仕事をする.

**màinong**【卖弄】〈動〉自分の腕前をひけらかす. ►よくない意味・マイナス評価にしか用いない. 「～小聪明/こざかしく頭を働かす.

**màiqián**【卖钱】〈動〉1 (物を売って)換金する. 2 金になる.

**mài/qiào**【卖俏情】〈動〉(女性が)思わせぶりをする, しなを作る.

**mài rénqíng**【卖人情】→**mài jiāoqing卖交情**

**mài/shēn**【卖身】〈動〉身を売る；青春をする.

**mài shēn tóu kào**【卖身投靠】〈成〉権勢のある側に身を売る. 相手側の手先となる.

**màixiàng**【卖相】〈名〉〈方〉外観. 見かけ；風格. 貫禄.

**màixiào**【卖笑】〈動〉(水商売などの女性が)歌舞やせりふを演じたり, 色を売ったりして客を楽しませる.

**màixiè**【卖解】〈動〉(旧)曲芸で生計を立てる.

**mài/yì**【卖艺】〈動〉(街頭や娯楽場で)芸能を演じて生活を立てる.

**mài/yín**【卖淫】〈動〉売春をする.

**mài/yǒu**【卖友】〈動〉友を売る. 友人を裏切る.

**màizhǔ**【卖主】〈名〉売り主. 売り手.

**mài/ zuǐ**【卖嘴】〈動〉口先だけうまいことを言う.

**mài/zuò**【卖座】〈~儿)1〈形〉劇場や飲食店の)客の入りがよい. 2〈名〉客が入る.

## 脉(脈)

**mài** 〈名〉1〈生理〉脈, 動脈. 2 脈拍. 「按～/脈を取る. ⬛ 血管のように連なっているもの.

「矿～/鉱脈. 「叶～/葉脈.
異読=>bō

**mài'àn**【脉案】〈名〉〈中医〉病状に対する医師の見立て.

**màibó**【脉搏】〈名〉1〈生理〉脈拍. 2〈喩〉脈動. 動き.

**màichōng**【脉冲】〈名〉〈電〉パルス. 「～信号/パルス信号.

**màidòng**【脉动】〈動〉脈動する.

**màidòng diànliú**【脉动电流】〈名〉〈電〉脈動電流.

**màidòngxīng**【脉动星】〈名〉〈天〉パルサー.

**màiguǎnyán**【脉管炎】〈名〉〈医〉脈管炎.

**màijīn**【脉金】〈名〉1 漢方医の往診料. 2 石英に含まれる粒状の金.

**màilǐ**【脉理】〈名〉(書)筋. 筋道. 2 中国医学の理論.

**màiluò**【脉络】〈名〉1〈中医〉脈絡. 2〈喩〉筋道. 条理.

**màiluòmó**【脉络膜】〈名〉〈生理〉(目の)脈絡膜.

**màishí**【脉石】〈名〉〈鉱〉脈石.

**màixī**【脉息】→**màibó脉搏**

**màixiàng**【脉象】〈名〉〈中医〉脈拍の遅速・強弱・深浅などの状態.

**màizé**【脉泽】〈名〉〈物〉メーザー. 電気衝撃増幅器.

**màizhěn**【脉诊】〈名〉〈中医〉脈診.

唛 **mài**【唛】〈方〉商標. ►英語のmarkから.

## man (ㄇㄢ)

颠(顢) **mān** ⓿

**mānhan**【颟顸】〈形〉間抜けである；だらしがない.

埋 **mán** 異読=>mái

**mányuàn**【埋怨】〈動〉恨み言を言う. 愚痴をこぼす. 「～对方/相手を恨む.

蛮(蠻) **mán** 1〈形〉粗野である. 2〈副〉〈方〉非常に. 「～好/なかなかよい. 3〈名〉南方の異民族に対する蔑称.

**mánchán**【蛮缠】〈動〉理不尽なことを言ってからむ.

**mángàn**【蛮干】〈動〉無鉄砲なことをする.

**mánhèng**【蛮横】〈形〉横暴で筋を通さない.「～态度/態度が横暴である.

**mánhuāng**【蛮荒】1〈形〉野蛮で荒涼としている. 2〈書〉未開の地.

**mánjìn**【蛮劲】〈名〉(~儿)ばか力.

**mánzi**【蛮子】〈名〉(旧)〈蔑〉南方の人.

漫 **màn** ⓿〈形〉(真実を)隠す. だます.
異読=>mán

蔓 **mán** ⓿

**mánjing**【蔓菁】〈植〉カブ. カブラ.

馒 **mán** ⓿

**mánshǒu【蛮首】**→mántóu【馒头】

**mántóu【馒头】**[名] **1** 中国式蒸しパン．マントー．[个] **2**（方）中華まん．パオツ．¶~肉/肉まんじゅう．

**mántoulǐu【馒头柳】**[名]〈植〉マンジュウヤナギ．

**瞒（瞞）mán**［動］（真実を）隠す．ごまかす．¶不~你说实を言うと．~着人干gàn坏事/こっそりと悪事を働く．

**mánbào【瞒报】**[動] 真相を隠して報告しない．うその報告をする．

**mánhǒng【瞒哄】**[動] だます．ごまかす．

**mán shàng qī xià【瞒上欺下】**〈成〉上の者を欺き，下の者を虐げる．

**mán/shuì【瞒税】**[動] 脱税をする．

**mán tiān guò hǎi【瞒天过海】**〈成〉人目をくらましてひそかに悪事を働く．

**mán xīn mèi jǐ【瞒心昧己】**〈成〉良心をごまかし自分を欺く．良心に背いて悪いことをする．

**鳗 mán ○**

**mánlí【鳗鲡】**[名]〈魚〉ウナギ．

**mányú【鳗鱼】**[名]〈魚〉ウナギ．

**满（滿）mǎn** ❶ [形] **1** いっぱいである．満ちている．¶水都~了/水があふれそうだ．¶礼堂里坐~了人/講堂は人でいっぱいだった．**2** 一定の期限に達する．¶限期已~/期限が来た．¶还不一一年/まだ1年にならない．**3** 体中の…じゅう．¶~身是汗/全身汗まみれ．❷[動]満たす．再~上一杯吧/もう1杯おつぎしましょう．❸[副] すっかり．¶~有信心/十分自信を持つ．[→] ①満足する．¶不~/満足しない．②己以外の．¶自~/うぬぼれる．③满州族．[姓]

**mǎn bù zài hu【满不在乎】**〈成〉全然気にかけない．

**mǎncāng【满仓】**[動] 口座のすべての资金を株式で运用する．

**mǎn chéng fēng yǔ【满城风雨】**〈成〉よくないうわさが至る所に広まる．

**mǎn dǎ mǎn suàn【满打满算】**〈成〉あらゆる要素を勘定に入れる．

**mǎndāngdāng【满当当】**[形]（~的）いっぱいになるさま．

**mǎndēngdēng【满登登】**[形]（~的）はちきれそうなほどぎっしりと詰まっているさま．

**mǎndì【满地】**[名] 地面いっぱい．¶~是水/地面は水浸しだ．

**mǎndiǎn【满点】**[動] 規定の時間に達する．

**mǎnfēn【满分】**[名] 満点．¶打~/満点をつける．

**mǎn/fú【满服】**→mǎn/xiào【满孝】

**mǎnfù【满腹】**[動] 腹にあふれんばかりである．胸いっぱいである．¶~心事/心配事でいっぱいである．

**mǎnfùhè【满负荷】**[名] 最大効率．

**mǎn fù jīng lún【满腹经纶】**〈成〉政治的才能が豊かである；学識・才能が豊富である．

**mǎngòng【满共】**[副]（方）全部で．合わせて．

**mǎnhuái【满怀】**❶[動] 胸が…でいっぱいである．¶~雄心壮志/大望雄志が胸にあふれている．**2** 飼育されている雌の家畜がすべて妊娠する．❷[名] 胸全体．

**mǎn kēng mǎn gǔ【满坑满谷】**〈成〉至る所にある．

**mǎnkǒu【满口】**[名] **1** 口腔全体．¶~假牙/総入れ歯．**2**（発音や話の内容が）純粋で混じりけがないこと．¶~谎言/うそっぱちばかり．**3** 自信にあふれた口調；条件なしで．¶~答应/~も二もなく承諾する．

**mǎnliǎn【满脸】**[名] 顔じゅう．¶~通红/顔が真っ赤になる．

**mǎnmǎndāngdāng【满满当当】**[形]（~的）（口）あふれるほどいっぱいになるさま．▶"满当当"とも．

**mǎnmǎndēngdēng【满满登登】**[形]（~的）ぎっしり詰まっている．

**mǎnmén【满门】**[名] 家全体．

**mǎnmiàn【满面】**[名] 満面．

**mǎn miàn chūn fēng【满面春风】**〈成〉満面に笑みをたたえる．喜びが顔にあふれる．

**mǎnmù【满目】**[名] 目に見える限り．¶~凄凉/見渡す限り荒涼としている．

**mǎnnǎozi【满脑子】**[名] 頭の中じゅう．¶~明天的考试/あすの試験のことで頭がいっぱいだ．

**mǎnníng【满拧】**[形]（方）まったく逆である．全然違う．

**mǎn/qī【满七】**[動] 四十九日になる．

**mǎn/qī【满期】**[動] 満期になる．

**mǎnqiāng【满腔】**[名] 胸いっぱい．¶~热情/あふれんばかりの熱意．

**mǎnqīn【满亲】**[名] 皆親戚．

**Mǎnrén【满人】**[名] 満州族の人．

**mǎn shān biàn yě【满山遍野】**〈成〉野にも山にも満ちている．至る所．▶"漫山遍野"とも．

**mǎnshēn【满身】**[名] 体じゅう．全身．

**mǎn/shī【满师】**[動]（職人などの）修業や見習いの期間が終わる，年季が明ける．▶"出师"とも．

**mǎnshìjiè【满世界】**[名]（方）至る所．町じゅう．

**mǎntáng【满堂】**[名] **1** 会場の至る所，会場にいる全員．**2**[動]（方）満席になる．**3**[形] 至る所にあふれている．

**mǎntángcǎi【满堂彩】**[名] 会場の喝采．

**mǎntángguàn【满堂灌】**〈慣〉詰め込み教育．

**mǎntánghóng【满堂红】**❶〈慣〉**1** 全面的に勝利を獲得する．至る所で盛況を呈する．**2** 満場赤一色；すべての株が上げ相場にあること．❷[名]

# mǎn 556

(植)サルスベリ.
**mǎntiān**【满天】動 空いっぱい.
**mǎntiānfēi**【满天飞】(慣) **1** あちこち飛び回る. **2** 至る所に氾濫する. はびこる.
**Mǎnwén**【满文】名 満州文字(で書かれた文).
**mǎn/xiào**【满孝】動 忌明けになる.
**mǎnxīn**【满心】副 胸いっぱい.
**mǎnyǎn**【满眼】名 **1** 目の全体. **2** 見渡す限り.
**mǎnyì**【满意】動 気に入る. 満足する. ¶他对现在的生活感到~/彼は現在の生活に満足している.
**mǎn/yuán**【满员】動 満員になる.
**mǎn/yuè**【满月】**1**動(子供が生後)満1か月になる. 1か月になる. **2**名 満1か月の祝い. ¶过~/満月.
**mǎnzài**【满载】動 満載である. **2**(機器や設備などが稼働中に達している)最大の負荷.
**mǎn zǎi ér guī**【满载而归】(成)収穫の多いさま.
**Mǎnzhōu**【满洲】名 **1** 満州族. ▶"满族"の旧称. **2** 満州. ▶中国の東北地方の旧称.
**mǎnzú**【满足】動 満足させる. (要求を)満たす. ¶暂时 ~不了大家的要求/今のところまだみんなの要望を十分にかなえることができない.
**Mǎnzú**【满族】名(中国の少数民族)満州族(Man)族.
**mǎnzuǐ**【满嘴】→**mǎnkǒu**【满口】
**mǎn/zuò**【满座】動(~儿)満員になる. 満席になる.

## 螨(蟎)
**mǎn** [動]蛛形(シァコ)類ダニ目に属する節足動物.

## 曼
**màn** ❶① しなやかである. ¶轻歌~舞/軽やかに歌い, しなやかに踊る. **2** 長い. ¶~~延yán. **|**姓.
**màndélín**【曼德琳】名(音)マンドリン.
**mànmiào**【曼妙】形(書)(舞い姿や奏でる音楽が)しなやかで美しい.
**mànshēng**【曼声】動 声を長くする. ¶~曼语/ゆっくりと話す.
**màntuóluó**【曼荼罗】名(仏)曼陀羅(ダ).
**màntuólíng**【曼陀铃】→**mànlínglíng**【曼德琳】
**màntuóluó**【曼陀罗】名(植)チョウセンアサガオ.
**mànyán**【曼延】動 長々と続く.

## 漫
**màn** ❶ 異読⇒**mán**
**mànmà**【谩骂】動 侮りののしる.

## 墁
**màn** [動] 石やれんがなどを敷きつめる.

## 蔓
**màn** ❶ 異読⇒**mán, wàn**
**màncǎo**【蔓草】名(植)つる草.
**mànshēng zhíwù**【蔓生植物】名(植)蔓性(ジン)植物. 蔓延植物.
**mànyán**【蔓延】動 長く延びる. 広がる. ¶大火一下子~开来/見る見る

うちに火の手が広がった.

## 幔
**màn** [H] 幕. カーテン. ¶窗~/门~のカーテン.
**mànzhàng**【幔帐】名 幕. カーテン.
**mànzi**【幔子】名 幕. カーテン.

## 漫
**màn** 動 **1**(水などが)あふれ出る. ¶水~出来了/水があふれ出た. **2** 広がる. 冠水する. **2** 大水~过了房子/洪水で家がひたった.
**❷**①とりとめがない. ¶~~游. ② 至る所に広がる. ¶~~天. ③(時間や道路が)長い. ¶~~长cháng.
**mànbǐ**【漫笔】名 漫筆. ▶文章の題に用いることが多い.
**mànbù**【漫步】動 そぞろ歩きをする.
**màn bù jīng xīn**【漫不经心】(成)少しも気にかけない. 無頓着である. ▶"漫不经意"とも.
**màncháng**【漫长】形(時間や道路が)先が見えないほど) とても長い.
**màndào**【漫道】接続(書)言うなかれ. たとえ…といえども.
**mànfǎnshè**【漫反射】名(物)乱反射. 拡散反射.
**mànguàn**【漫灌】名(農)粗放な灌漑法. ¶(洪水などによって)水浸しになる. 浸水する.
**mànhuà**【漫画】名 漫画.
**mànhuà**【漫话】動 自由気ままに話す. ¶~家常/気ままに世間話をする.
**mànhuàn**【漫漶】形(文字や絵が湿気や磨損のために)はっきりしない.
**mànjuǎn**【漫卷】動(旗が)風に翻る.
**mànliú**【漫流】動 あふれ出る.
**mànmà**【漫骂】動 悪罵を浴びせる. ののしり散らす.
**mànmàn**【漫漫】形(時間や道路が長いさま; 場所が)果てしなくさま.
**mànr**【漫儿】名(方)銅銭の裏側.
**mànrán**【漫然】形 いい加減なさま. 漫然としている.
**màn shān biàn yě**【漫山遍野】(成)野にも山にも. 至る所に.
**mànshè**【漫射】動(物)散らす. 拡散する.
**mànshuō**【漫说】接続 …は言うに及ばず. …はもちろん.
**màntán**【漫谈】動 雑談する. 自由討論をする.
**màntiān**【漫天】名 **1** 空一面の. 空いっぱいの. **2** とてつもない. 法外な.
**màn wú biān jì**【漫无边际】(成)**1** 果てしがない. 広々としている. **2**(話などが)とりとめがない.
**mànyán**【漫延】動 長々と続く.
**mànyì**【漫溢】動 あふれる.
**mànyóu**【漫游】動 漫遊する. 気の向くままにぶらつく. ¶(携帯電話で)ローミングする.
**mànyóu shēngwù**【漫游生物】名(クジラ・イカ・ウサギなど)広大な水域を自由自在に泳ぎ回る生物.
**mànyǔ**【漫语】名 **1** とりとめのない話. **2** 自由気ままに話す. ▶書名や文章の題名にも用いることが多い.

## màng

**慢** màn 形 1 (↔快)(速度が)遅い，ゆっくりである．¶你写得太～了／君は書くのが遅すぎる．¶这表～五分钟／この時計は5分遅れている．2 急がない，まだ…しない．¶你先～点儿吃,等大家来了再吃／食べるのをもう少し待って,みんながそろってから食べましょう．
- ㊀ 態度が冷たく無礼である．¶傲～／傲慢(ごうまん)である．¶息～／素っ気なくする．

**màncān**〔慢餐〕名 (↔快餐) スローフード．

**màn cáng huì dào, yě róng huì yín**〔慢藏诲盗,冶容诲淫〕(成) 財物の収蔵が不用心なら盗賊を招き,化粧があだっぽすぎればみだらな色情をあおる．

**mànchē**〔慢车〕名 (↔快车) 普通列車．鈍行．普通バス．汽車．

**màncí**〔慢词〕名〘文〙長い"词"．▶宋詞の『木蘭慢』『沁園春』など．

**màndài**〔慢待〕動 1 粗末に扱う．2 (套)何のおもてなしもできませんでした．お粗末さまでした．

**màndào**〔慢道〕接続 …はもちろん．いうまでもなく．

**màngōng chū xìhuó**〔慢工出细活〕(諺) 手間暇をかけた仕事から出来栄えのよいものが生まれる．

**mànhuàjì**〔慢化剂〕名 〘物〙減速材．

**mànhuǒ**〔慢火〕名 (～儿)〘料理〙とろ火．

**mànjiàn**〔慢件〕名 (↔快件)(鉄道貨物・郵便の) 普通便．

**mànjīngfēng**〔慢惊风〕名 〘中医〙小児の嘔吐や下痢のために起こす全身けいれん．ひきつけ．

**mànjìngtóu**〔慢镜头〕名〘映画〙高速度撮影．スローモーション．

**mànmàn**〔慢慢〕(～儿) ゆっくりと．急がずに．¶～就习惯了／そのうち慣れます．

**mànmantēngtēng**〔慢慢腾腾〕形 (～的) ゆっくりしている．のろのろしている．

**mànmanyōuyōu**〔慢慢悠悠〕→mànyōuyōu〔慢悠悠〕

**mànpō**〔慢坡〕名 だらだら坂．

**màn shēng màn yǔ**〔慢声慢语〕(成)(話すのが) ゆっくりしている．

**màn shǒu màn jiǎo**〔慢手慢脚〕(成)(動作や仕事ぶりが) のろい．

**mànshuō**〔慢说〕接続 …はおろか．…は言うに及ばず．

**màntēngtēng**〔慢腾腾〕形 (～的) ゆっくりしている．のろのろしている．

**màn tiáo sī lǐ**〔慢条斯理〕(成) ゆったりとして落ち着いている．

**mànxìng**〔慢性〕形 慢性の．¶～酒精中毒／慢性アルコール中毒．

**mànxìngbìng**〔慢性病〕名 慢性病．

**mànxìngzi**〔慢性子〕名 ぐず，のんき者．

**mànyōuyōu**〔慢悠悠〕形 (～的) ゆっ

---

くりしている．悠々としている．

**mànzhe**〔慢着〕套 ちょっと待って．¶～,让我想想再说／ちょっとストップ,ぼくに少し考えさせてくれ．

**mànzǒu**〔慢走〕1 動 ゆっくり歩く．2 (套) 1 どうぞお気をつけて．▶別れたり客を送ったりするときにいう．2 ちょっと待て．止まれ．▶相手を立ち止まらせるときにいう．

**缦** màn 名〘書〙模様のない絹織物．

**镘**(鏝) màn 名〘書〙(壁を塗る) こて．

## mang (ㄇㄤ)

**忙**(忙) māng ⓿

**māngniú**〔牤牛〕名〘方〙雄牛．

**máng** 地名用字．"北邙"は河南省洛陽にある山の名．

**芒** máng 名〘植〙1 ススキ．尾花．2 芒(のぎ)．
- ㊀ 先のとがった芒状のもの．¶锋～／鋒．㊁姓

**mángcǎo**〔芒草〕名〘植〙ススキ．

**máng cì zài bèi**〔芒刺在背〕(成) いらいらして落ち着かないさま．

**mángguǒ**〔芒果〕→mángguǒ〔杧果〕

**mángxiāo**〔芒硝〕→mángxiāo〔砭硝〕

**mángzhòng**〔芒种〕名 (二十四節気の) 芒種(ぼうしゅ)．

**忙 máng** 1 形 (↔闲) 忙しい．¶～得不亦乐乎／てんてこ舞いをする．2 動 せわしく…する．忙しく働く．¶你～什么呢？／何をばたばたしているのですか．¶～着了解情况／急いで状況を把握する．

**mángbùdié**〔忙不迭〕副 急いで,慌てて．¶～地跑了过来／急いで走ってきた．

**mángbuguòlái**〔忙不过来〕動+可補 忙しくて手が回らない．

**mángdao**〔忙叨〕形〘方〙慌ただしい．▶"忙叨叨mángdāodao" とも．

**mánghé**〔忙合・忙和〕→mánghuo〔忙活〕

**mánghu**〔忙乎〕形 ばたばたと忙しい．

**máng/huó**〔忙活〕(～儿) 1 動 (早く仕上げようとして) 忙しく仕事をする．2 名 急ぎの仕事．早く仕上げなければならない事．

**mánghuo**〔忙活〕動〘方〙忙しく立ち働く．

**máng lǐ tōu xián**〔忙里偷闲〕(成) 忙しいながらも暇を見つけ出す．

**mánglù**〔忙碌〕形 忙しい．せわしい．¶一天到晚～／朝から晩までせわしなく立ち働く．

**mángluàn**〔忙乱〕形 仕事が多くてごたごたしている．

**mángrén**〔忙人〕名(仕事が)多忙な人．

**máng**

**mángyīn**【忙音】[名] 電話の通話中の信号音。

**mángyú**【忙于】[動] …に忙しい。…に没頭する。…に奔走する。

**mángyuè**【忙月】[名] 1 農繁期。2〈方〉〈旧〉農繁期旧正月の時期の臨時雇い。

**máng zhōng yǒu cuò**【忙中有错】[成] 慌ててやると必ずミスを犯すせいては事を仕損じる。

## 杧 máng ⓞ

**mángguǒ**【杧果】[名]〈植〉マンゴー(の実)。▶"芒果"とも。

## 盲 máng ⓗ

1 目が見えない。¶~人。2 事物の見分けがつかない。¶文~/非識字者。③無分別に行う。¶~从。

**mángcháng**【盲肠】[名]〈生理〉盲腸。
**mángchángyán**【盲肠炎】[名]盲腸炎。
**mángcóng**【盲从】[動] 盲従する。言われるままに付き従う。
**mángdǎ**【盲打】[動] タッチタイピングでキーを打つ。
**mángdào**【盲道】[名]〈点字ブロックなどを設置した〉視覚障害者用の歩道。
**mángdiǎn**【盲点】[名]〈生理〉盲点;〈喩〉同前。
**mángdòng**【盲动】[動] 無分別に行動する。
**mánggàn**【盲干】[動] 手順を踏まず手当たりしだいにやる。
**mánggōngjìng**【盲公镜】[名] 1 盲人・弱視者用の眼鏡。2〈俗〉だて眼鏡。(だては中国)サングラス。
**mángliú**【盲流】[名] 農村から大都市へ流入してきた人。
**mángmán**【盲鳗】[名]〈魚〉メクラウナギ。
**mángmù**【盲目】[名] 1 目が見えない。2〈喩〉分別がない。
**mángmùxìng**【盲目性】[名] 盲目的。
**mángqí**【盲棋】[名] 〈棋盤を見ずに〉空で球盤を指すこと〔碁を打つ〕こと。目かくし将棋。
**mángqū**【盲区】[名]〈レーダーやサーチライト、胃カメラなどが〉届かない所。〈喩〉盲点。
**mángrén**【盲人】[名] 目の見えない人。盲人。
**máng rén mō xiàng**【盲人摸象】[成] 物事の一端しか見ず、全体を当て推量する。
**máng rén xiā mǎ**【盲人瞎马】[成] 非常に危険である。
**mángshé**【盲蛇】[名]〈動〉メクラヘビ。
**mángwén**【盲文】[名] 1 → **mángzì**【盲字】2 点字の文章。
**mángxìn**【盲信】[名] → **xiāxìn**【瞎信】
**mángzhàng**【盲杖】[名] 視覚障害者用の杖。
**mángzì**【盲字】[名] 点字。

## 氓 máng → liúmáng【流氓】
異読⇨ méng

## 茫 máng

1 広々として果てしがないさま。¶~~昧。2 何も知らない。¶~~然。
**mángmáng**【茫茫】[形]〈海や水面が〉広々として果てしがないさま。
**mángmèi**【茫昧】[形]〈書〉はっきりしない、ぼんやりしている。
**mángrán**【茫然】[形] 1 何が何だかさっぱりわからない。見当がつかない。2 気が抜けてぼんやりしている。
**máng wú tóu xù**【茫无头绪】[成] 漠然として手がかりがない;何をつけてよいのかわからない。

## 硭 máng ⓞ

**mángxiāo**【硭硝】[名]〈化〉硫酸ナトリウム。▶"芒硝"とも。

## 莽 mǎng ⓗ

① 密生した草。¶草~/深い草。②そそっかしい。¶~撞。[姓]

**mǎngcāng**【莽苍】[形]〈野原・景色などが〉茫漠としている。2[名] 野原。
**mǎnghàn**【莽汉】[名] 粗忽(¯)な男。
**mǎngmǎng**【莽莽】[形] 1 草木が茂るさま。2 広々として果てしがないさま。
**mǎngyuán**【莽原】[名] 草がよく生い茂っている野原。
**mǎngzhuàng**【莽撞】[形] 無鉄砲である。

## 漭 mǎng ⓞ

**mǎngmǎng**【漭漭】[形]〈書〉広々として果てしがないさま。

## 蟒 mǎng ⓞ

**mǎngpáo**【蟒袍】[名]〈ウワバミの刺繍がある〉明清時代に大臣が着た礼服。
**mǎngshé**【蟒蛇】[名]〈動〉1 ウワバミ。大蛇。2 ニシキヘビ。インドニシキヘビ。▶"蟒蛇**ránshé**"とも。

## mao（ㄇㄠ）

猫 **māo** ⓗ 1〈動〉猫。[只]¶养～/猫を飼う。2〈俗〉〈電算〉モデム。❷[動]〈方〉隠れる。¶这孩子又一到哪儿去了？/この子ったらどこに隠れたんだ。

**māobù**【猫步】[名]〈ファッションショーなどで〉客席に突き出たステージ。キャットウォーク。
**māo'ěrduo**【猫耳朵】[名]〈料理〉ソバ粉(小麦粉)を猫の耳の形にちぎって煮る食べ物。
**māo gài shǐ**【猫盖屎】[慣] 取り繕う。隠蔽する。
**māojīngshí**【猫睛石】[名]〈鉱〉猫睛石(¯¯¯)。猫目石。
**māo kū hàozi**【猫哭耗子】→ **māo kū lǎoshǔ**【猫哭老鼠】
**māo kū lǎoshǔ**【猫哭老鼠】[歇]〈"假慈悲"と続き〉見せかけの同情をする。そら涙。
**māoniào**【猫尿】[名] 1 猫の小便。2〈俗〉酒。
**māornì**【猫儿腻】[名]〈方〉悪だくみ。
**māorshí**【猫儿食】[名] 猫のえさで;〈喩〉

食事の量が非常に少ないこと.

**māoyǎn** [猫眼] 名 (鉱) 猫目石.

**māo shǔ tóng mián** [猫鼠同眠] 成 上役が部下に同調して一緒に悪事を働く.

**māotóuyīng** [猫头鹰] 名 (鳥) フクウ. ▶特にミミズクをさすこともある.

**māoxióng** [猫熊] 名 (動) パンダ. ジャイアントパンダ.

**māoyǎn** [猫眼] 名 (〜儿) (俗) (玄関の) ドアアイ, のぞき穴.

**māoyǎndàodīng** [猫眼道钉] 名 (俗) 犬釘.

**māo yǎo suīpāo** [猫咬尿泡] (歇) ("空欢喜"と続きぬか喜び.

**māoyú** [猫鱼] 名 (〜儿) (猫に食べさせる) 小魚.

**máo** [毛] 1 名 (口) (貨幣単位.) 1元 の十分の1. =角 jiǎo 2 名 毛, 羽毛. 3 動 かび, 毛 shǎng〜/かびが生える. 3 形 おびえている. ¶发〜/びくびくする. 4 名 (方) 腹を立てる.
🇭 ①生まれたての. 小さい. ¶〜雨. ②そそっかしい. ¶〜〜手〜脚. ③荒い. 加工していない. ¶〜玻璃. ¶〜铁. ④正味でない. ¶〜〜利.

**máobáiyáng** [毛白杨] 名 (植) (ポプラの一種) オニドロノキ.

**máobǐ** [毛笔] 名 筆. 毛筆.

**máobiān** [毛边] 名 1 裁断してかがっていない布の縁; 製本してく粧裁ちをしていない本の縁. 2 唐紙(ﾀﾞ).

**máobiānshū** [毛边书] 名 化粧裁ちをしていない製本途中の綴じた本.

**máobiānzhǐ** [毛边纸] 名 唐紙. 竹の繊維で作った唐紙用紙.

**máobìng** [毛病] 名 1 故障; 仕事上のまちがい. ¶复印机出了〜/コピー機が故障した. 2 欠点; よくない癖. ¶老〜又犯了/いつもの癖がまた出た. 3 (方) 病気.

**máobōli** [毛玻璃] 名 すりガラス.

**máobù** [毛布] 名 太い綿糸で織った布.

**máocāo · máocǎo** [毛糙・毛草] 形 粗い; 大ざっぱである. いい加減である.

**máochá** [毛茶] 名 (紅茶や緑茶の) 原料茶. ▶ "毛茶"とも.

**máochóng** [毛虫] 名 (虫) 毛虫.

**máocì** [毛刺] 名 (機) まくれ. ささくれ. 紙や布のけば.

**máodìhuáng** [毛地黄] 名 (植) ジギタリス.

**máodòu** [毛豆] 名 (植) (食材) 枝豆.

**máofà** [毛发] 名 (人体の) 毛と髪.

**máo fà dǎo lì** [毛发倒立] (成) 恐怖に襲われるさま.

**máofǎngshā** [毛纺纱] 名 羊毛紡績.

**máofǎngchǎng** [毛纺厂] 名 毛織物工場.

**máogě** [毛葛] 名 (紡) ポプリン.

**máogēn** [毛茛] 名 (植) キンポウゲ. ウマノアシガタ.

**máogū** [毛估] 動 概算する.

**máo gǔ sǒng rán** [毛骨悚然] (成) (恐ろしくて) 身の毛がよだつ.

**máogu** [毛咕] 動 (方) びくびくしている.

**máohái** [毛孩] 名 (〜儿) 生まれつき顔や体に濃い毛の生えている子供. ▶一種の先祖返りの現象が現れた子供.

**máoháizi** [毛孩子] 名 (貶) くちばしの黄色いやつ. 青二才.

**máohōnghōng** [毛烘烘] 形 (〜的) 毛むくじゃらである.

**máohūhū** [毛乎乎] 形 (〜的) 毛むじゃらである.

**máohuó** [毛活] 名 (〜儿) (口) 編み物.

**máohuǒchóng** [毛火虫] 名 (方) (虫) マツカレハ. マツケムシ.

**máojiān** [毛尖] 名 (緑茶の一種) 毛尖.

**máojīn** [毛巾] 名 タオル. 手ぬぐい.

**máojīnbèi** [毛巾被] 名 タオルケット.

**máo jǔ xì gù** [毛举细故] (成) ささいな点まで煩わしく列挙する. 重箱の隅をほじくる.

**máokǒng** [毛孔] 名 毛穴.

**máokǒu** [毛口] 名 (機) 毛穴くれ.

**máokù** [毛裤] 名 (防寒用の) 毛糸のズボン下. タイツ.

**máolā** [毛拉] 名 (宗) (イスラム教の) ムラ. ▶法律学者に対する敬称.

**máolái** [毛莱] 名 ミズキの一種.

**máolán** [毛蓝] 名 あい色の.

**Máolǐqiúsī** [毛里求斯] 名 (地名) モーリシャス.

**Máolǐtǎnǐyà** [毛里塔尼亚] 名 (地名) モーリタニア.

**máolì** [毛利] 名 粗(ら)利益. 総収益.

**máoliào** [毛料] 名 毛織物の(布)地.

**máolǘ** [毛驴] 名 (〜儿) 背の低いロバ.

**máomao** [毛毛] 名 (方) 赤ん坊.

**máomaochóng** [毛毛虫] 名 毛虫.

**máomaoténgténg** [毛毛腾腾] 形 (〜的) 気ぜわしいさま.

**máomaoxìyǔ** [毛毛细雨] 名 こぬか雨.

**máomaoyǔ** [毛毛雨] 名 1 こぬか雨. 2 事前に故意に流す情報やうわさ.

**Máonánzú** [毛南族] 名 (中国の少数民族) マオナン (Maonan) 族.

**máonáng** [毛囊] 名 (生理) 毛嚢. 毛包.

**máopáotóng** [毛泡桐] 名 (植) キリ.

**máopī** [毛坯] 名 1 (機) 未加工品. 2 半加工品. 半完成品. ¶〜房/内装していない建売住宅・マンション. 3 未研磨の鋳物.

**máopí** [毛皮] 名 毛皮. ¶〜兽/毛皮のとれる動物.

**máopiàn** [毛片] 名 (〜儿) 1 未編集の映画フィルム. 2 露骨なベッドシーンのある映画やテレビドラマ.

**máopiào** [毛票] →**jiǎopiào** [角票]

**máoqiánr**【毛钱儿】〈口〉〈旧〉"一角""二角"の硬貨をさす.

**máoqú**【毛渠】图用水路の支路.細い灌漑(炒)水路.

**máor**【毛儿】图欠点.あら.▶"择子～"の形で用いる.

**máoróngróng**【毛茸茸】厖(～的)細い毛がふかふかしている.

**máosèqiāng**【毛瑟枪】图モーゼル銃.

**máoshā**【毛纱】图(紡)紡毛糸.ウールヤーン.

**máoshí**【毛石】图(建)粗石(紅)割りぐり石.

**máo shǒu máo jiǎo**【毛手毛脚】(成)(動作が)そそっかしい.

**máo suì zì jiàn**【毛遂自荐】(成)自薦する.自分から名乗り出て一役買って出る.

**máosǔn**【毛笋】图(モウソウチクの)タケノコ.

**máotàizhǐ**【毛太纸】图(福建省特産のやや薄い毛筆習字用の紙.

**máotán**【毛毯】图毛布.

**máotáo**【毛桃】图(植)(野生の桃(の実).

**máotiáo**【毛条】→máochá[毛茶]

**máotiě**【毛铁】图銑鉄.

**máo tóu máo nǎo**【毛头毛脑】(成)そそっかしい.

**máotóuzhǐ**【毛头纸】图繊維が太くて質の柔らかい白い紙.▶障子紙や包装紙に用いられることが多い.

**máowō**【毛窝】图〈方〉綿入れの布靴.

**máoxìguǎn**【毛细管】图1(生理)毛細血管.2毛細管.

**máoxì xiànxiàng**【毛细现象】图(物)毛細管現象.毛管現象.

**máoxiā**【毛虾】图(動)小エビ.アミ.

**máoxiàn**【毛线】图毛糸.〔根;团;股〕～针／編み棒.

**máoxiàng**【毛象】图(動)マンモス.

**máoyātou**【毛丫头】图〈方〉まだ物心のつかない幼い女の子.小娘.

**máoyàng**【毛样】图(印)棒組みのゲラ(校正刷り).

**máo/yāo**【毛腰】動〕腰をかがめる.

**máoyī**【毛衣】图(毛糸の)セーター.[件]〔织～／セーターをあむ〕.

**máoyòu**【毛蚴】图(虫)毛の生えている幼虫.

**máozao**【毛躁】厖せっかちである;落ち着かない.

**máozházhā**【毛扎扎·毛楂楂】厖(～的)毛や髪がごわごわしている.

**máozhǎn**【毛毡】图(紡)フェルト.

**máozhīpǐn**【毛织品】图毛織物.(毛糸の)編み物.

**máozhòng**【毛重】图総重量.グロス重量.風袋込みの重量.

**máozhū**【毛猪】图(商品としての)生きている豚.

**máozhú**【毛竹】图(植)モウソウチク.

**máozhuāng**【毛装】图(書籍などで)化粧裁ちをしないで装丁すること.

**máozǐ**【毛子】图〈旧〉〈貶〉毛唐.西洋人.2〈方〉細い毛.3〈方〉旧匪賊(宏).

# 矛

**máo**【矛】■〔姓〕

**máodùn**【矛盾】1厖矛盾している.対立している.¶这两种意见并不～／この二つの意見は矛盾しない.2图矛盾.対立.不一致.

**máodùnlǜ**【矛盾律】图(論)矛盾律.矛盾原理.

**máotóu**【矛头】图矛先.▶比喩的に用いることが多い.

**máowěiyú**【矛尾鱼】图(魚)シーラカンス.

# 茆

**máo**【茆máo】に同じ.■〔姓〕

# 茅

**máo**■チガヤ.¶白～／同上.■〔姓〕

**máocǎo**【茅草】图(植)チガヤ.

**máocè**【茅厕】图〈口〉便所.トイレ.

**máofáng**【茅房】图〈口〉便所.

**máogāocài**【茅膏菜】图(植)イシモチソウ.

**máokēng**【茅坑】图便つぼ;〈方〉(粗末な)便所.

**máolú**【茅庐】图かやぶきの家.いおり.

**máopéng**【茅棚】图かやぶきの小屋.

**máo sè dùn kāi**【茅塞顿开】(成)一気に疑問が解ける.目からうろこが落ちる.

**máoshè**【茅舍】图〈書〉茅屋(紅).あばら家.

**máosī**【茅厕】图〈方〉便所.トイレ.

**máotáijiǔ**【茅台酒】图マオタイ酒.▶コウリャンを主原料とする貴州省仁懐市茅台鎮産の名酒.

**máowū**【茅屋】图草ぶきの家.あばら家.

# 牦(氂)

**máo** ❶

**máoniú**【牦牛】图(動)ヤク.

# 旄

**máo**【古】ヤクの尾を飾りにした旗.

# 酕

**máo** ❶

**máotáo**【酕醄】厖〈書〉泥酔したさま.¶～大醉／泥酔する.

# 锚

**máo**【锚】(",")¶抛～／錨をおろす.¶仕事が停頓する.¶起～／錨を揚げる.船が出航する.

**máobó**【锚泊】動(船などが)投錨(炒)し停泊する.

**máodì**【锚地】图投錨地.停泊地.

**máogōu**【锚固】動鉄筋をコンクリートの中に固定する.

**máoléi**【锚雷】图(軍)係留機雷.

**máowèi**【锚位】图停泊位置.

**máozhǎo**【锚爪】图(錨の先の)錨かぎ,爪.

# 蝥

**máo** →bānmáo【斑蝥】

# 蟊

**máo** ■稲の根を食う害虫.

**máozéi**【蟊贼】图人民や国家に害を

# mào

なす人間.

**卯** mǎo【名】十二支の第4：卯(う).▶ほぞ穴.|【姓】

**mǎo//jìnr**【卯劲儿】→**mǎo//jìnr**【铆劲儿】

**mǎoshí**【卯时】【名】〈旧〉卯の刻.▶午前5時から7時.

**mǎosǔn**【卯榫】【名】ほぞ穴とほぞ.

**mǎoyǎn**【卯眼】【名】(〜儿)ほぞ穴.

**峁** mǎo【名】(中国西北地区の)黄土地帯の丘陵.

**昴** mǎo【名】(二十八宿の)すばるぼし.

**铆** mǎo【動】【機】リベットを打つ.

**mǎodīng**【铆钉】【名】リベット.

**mǎodīngqiāng**【铆钉枪】【名】【機】リベッター.

**mǎogōng**【铆工】【名】1 リベット締めの作業. 2 リベット工.

**mǎojī**【铆机】【名】リベッター.リベット締め機.

**mǎojiē**【铆接】【名】【機】リベット締め.

**mǎo//jìnr**【铆劲儿】【動】力む.力を入れる.

**茂** mào【名】【化】シクロペンタジェン.|【一】①茂る.¶根深叶～/根が深くて葉が茂っている. ②豊富で立派である.¶图文并～/挿し絵・文章ともに内容が豊富ですばらしい.|【姓】

**màomì**【茂密】【形】(草木が)こんもり茂っている,密生している.

**màonián**【茂年】【名】壮年.

**màoshèng**【茂盛】【形】1（植物）が茂る,繁茂している. 2（喩）繁盛している.繁栄する.

**眊** mào【形】〈書〉(年を取って)目がかすんでいる.

**冒** mào【動】1（汗・湯気などが）噴き出す,立ち昇る.¶～泡/泡が立つ. ¶～汗/汗が出る. 2（危険や困難などに）あえて向かっていく.¶～着风浪前进/荒波を冒して進む.|【一】①軽率である.¶～〜失shi. ②偽る.¶～认/～称.||異読⇒**mò**

**mào/chǎng**【冒场】【動】役者が登場する番でないのに登場する.

**màochēng**【冒称】【動】詐称する.

**màochōng**【冒充】【動】偽称する.偽る.成りすます.¶～内行nèiháng/玄人(くろうと)のふりをする.

**mào/dǐng**【冒顶】【動】【鉱】落盤する.

**màodú**【冒渎】【動】〈書〉冒瀆(ぼうとく)する.

**màofàn**【冒犯】【動】機嫌を損ねる.礼を失する.

**mào/gōng**【冒功】【動】他人の功績を自分の功績にしてしまう.

**màohào**【冒号】【名】【語】コロン":".

**mào/huǒ**【冒火】【動】(〜儿)怒りでかっとなる.

**mào/jiān**【冒尖】【動】(〜儿)1 山盛りになる. 2 一定の数をほんの少し超過する. 3 並々れる,一戸／並外れて裕福な人. 4 表面に出る.

**màojìn**【冒进】【動】1 向こう見ずに進む.早まったことをする. 2〈書〉ひたすら仕官を求める.

**màolǐng**【冒领】【動】人の名をかたるなどの不正受領をする.

**màomèi**【冒昧】【形】〈謙〉無礼である.ぶしつけである；失礼ながら.¶不揣chuāi～/僭越(せんえつ)とは存じながら.

**mào/míng**【冒名】【動】他人の名前をかたる.

**mào/pái**【冒牌】【動】(〜儿)商標名を使用する.¶～货/偽ブランド品.

**màorèn**【冒认】【動】他人のものを偽って自分のものと言い張る.

**mào shǎquì**【冒傻气】間抜けなことをする.

**màoshi**【冒失】【形】そそっかしい.軽率である.¶～鬼／粗忽者.

**mào tiān xià zhī dà bù wěi**【冒天下之大不韪】〈成〉天下の大悪をあえて犯す.

**mào/tóu**【冒头】【動】(〜儿)1 表面に出る. 2（数字など）をいくぶん上回る.

**mào/xiǎn**【冒险】【動】危険を冒す.

**mào/yān**【冒烟】【動】1 煙が立つ. 2〈喩〉渇得嗓子～了／のどがからからに渇いている. 2〈方〉腹を立てる.

**贸** mào|【一】①貿易取引をする. ②そっかしい.

**màorán**【贸然】【副】軽率に,軽々しい.¶这样～下结论,不好/このように軽々しく結論を下ろすのはよくない.

**màoyì**【贸易】【名】〈経〉貿易.商取引.[项;宗] ¶〜差额chā'é/貿易バランス.¶〜顺差/貿易黒字.¶〜逆差/入超.¶〜摩擦/貿易摩擦.¶〜公司/貿易会社.

**màoyì bìlěi**【贸易壁垒】【名】〈経〉貿易障壁.

**màoyìfēng**【贸易风】【名】〈気〉貿易風.

**耄** mào【名】80〜90歳の高齢の；〈広〉老人.¶〜老／老人.

**mào dié zhī nián**【耄耋之年】〈文〉(70〜90歳)の老齢.

**袤** mào →**guǎngmào**【广袤】

**郑** mào 地名用字.

**帽** mào|【一】①帽子.¶草～／麦わら帽子. ②器物にかぶせる帽子状のもの.キャップ,ふた.¶笔～／ペンのキャップ.

**màochì**【帽翅】【名】(〜儿)"纱帽"の後方左右に付けられた羽根状の飾り.

**mào'ěr**【帽耳】【名】防寒帽の耳を隠す部分.

**màohuā**【帽花】【名】→**màohuī**【帽徽】

**màohuī**【帽徽】【名】(制帽の正面につける)帽章.¶俗称は"帽花".

**màokuīr**【帽盔儿】【名】おわん帽.

**màoshé**【帽舌】【名】帽子のひさし.

**màotǒng**【帽筒】【名】陶磁でできている円柱形の物の帽子入れ.

**màoyán**【帽檐】【名】(〜儿)帽子のつば.

**màozi**【帽子】【名】1 帽子.[顶;个]

# mào

戴~／帽子をかぶる. **2**〈喻〉レッテル. 罪名. ¶不要給人乱扣~／人にやたらとレッテルを張ってはいけない.

**màozi xífǎ**[帽子戏法]〈名〉〈体〉(サッカーで)ハットトリック.

## 瑁
**mào** → **dàimào**[玳瑁]

## 貌
**mào** ⓗ ① 容貌. ¶相~／顔立ち. ¶以~取人／姿だけで人を判断する. ②うわべ. ¶外~／外観.

[性]

**mào hé shén lí**[貌合神离]〈成〉表面は仲よくしているが、内心はしっくりいかない.

**mào**（貌似）〈動〉…らしく見える. うわべは…に似ている.

**màoxiàng**[貌相] **1**〈名〉容貌. **2**〈動〉容貌を見る. 外見で人を判断する.

## 懋
**mào** ⓗ ①勤勉である. ②盛大である. ¶~勋xūn／大きな功績.

# me（ㄇㄜ）

## 么
(麼·末) **me 1**[接尾] ①这~／こんな(ように). ~(に). ¶什~？／なに. ¶多~／なんて. **2**[助]《歌詞の口調をそろえるのに用いる》

# mei（ㄇㄟ）

## 没
**méi** ❶[動] **1**《存在・所有の否定》ない. 存在しない. 持っていない. **2**《比較に用い、程度が及ばないことを表す》…ほど…でない. **3**《"没有"+"数量"の形で》《その数量に》達しない. ⇨**méiyǒu**[没有] **2**[副]《動作·行為の発生や完成あるいは性質·状態の変化を否定し、それがまだ事実として存在しないことを表す》まだ…していない. ⇨**méiyǒu**[没有]

異読⇨**mò**

**méibiānr**[没边儿]〈方〉**1**根拠がない. **2**果てしない.

**méicéngxiǎng**[没曾想] → **chéngxiǎng**[没承想・没成想]

**méichéngxiǎng**[没承想・没成想]〈口〉思いもよらず、…とは思わなかった.

**méi chūxi**[没出息]見込みがない. だらしがない. 意気地がない.

**méi//cír**[没词儿]〈動〉言うべき言葉がない；言葉に窮する. 返答に詰まる.

**méicúnxiǎng**[没存想] → **méichéngxiǎng**[没承想・没成想]

**méi//cuòr**[没错儿] **1**〈動〉疑いない. まちがいない. **2**〈套〉《相づちで》そうです.

**méi dà méi xiǎo**[没大没小]〈成〉長幼の序(目上に対する礼)をわきまえない. 年長者を尊敬しない.

**méideshuō**[没的说]〈慣〉言うべきことは何もない. 問題はない.

**méi//dǐ**[没底]〈動〉自信がない.

**méi fázi**[没法子]しかたがない. し → **méi fǎr**[没法儿]

**méi gútou**[没骨头]〈慣〉気骨がない. 意気地がない.

**méi guānxi**[没关系]〈套〉かまわない. 差し支えない；大丈夫だ. 心配ない. ¶借りたお金忘れてしまってhuán了、真対不起. ——！／お金を借りて返し忘れましたか——かまいませんよ.

**méi hǎoqì**[没好气]〈慣〉(~儿)むっとした態度をとる. 怒った表情をする.

**méi hēi dài bái**[没黑帯白]〈成〉夜となく昼となく、一日中.

**méijìn**[没劲]〈動〉(~儿)**1**〈動〉力がない. **2**〈形〉おもしろみがない. くだらない.

**méi jīng dǎ cǎi**[没精打采]〈成〉打ちしおれて元気がない. 意気消沈する. しょんぼりしている.

**méi//jiù**[没…就…]〈型〉まだ…しないうちにもう….

**méi//jiùr**[没救儿]〈動〉救いようがない. 助かる見込みがない.

**méi láiyóu**[没来由]何のいわれもない.

**méi làozi**[没落子]〈慣〉〈方〉〈貧乏で〉生計が立たない. 暮らしに困る.

**méi//liǎn**[没脸儿]〈動〉顔が立たない. 面目がない. "**没脸面**"とも. ¶~见人／人に会わせる顔がない.

**méi//méi…méi…**[没…没…]〈型〉**1**《名詞と動詞、形容詞の意味の似た語二つと組み合わせて、"没有"を強調する》¶~家～业／家も仕事もない. ¶~完~了 liǎo／いつ果てるとも知れない. **2**《形容詞の反対語を二つ当てはめて、物事の区別わきまえないことを表す》¶~深~浅qiǎn／物事の程合いを知らない.

**méi//ménr**[没门儿]〈方〉**1**〈動〉つてやコネがない. **2**〈套〉《不可能で不承知を表すりだめだ. できない.

**méi//mìng**[没命]〈動〉**1**命がなくなる. 死ぬ. **2**懸命にやる. 夢中でする. **3**運に恵まれない.

**méipǎor**[没跑儿]〈動〉〈方〉まちがいなく請け合う.

**méi pí méi liǎn**[没皮没脸]〈成〉厚顔無恥である. 厚かましい. 恥知らずである. "**没脸没皮**"とも.

**méi//pǔr**[没谱儿]〈方〉〈動〉成算がない. 計画がない.

**méiqùr**[没趣]〈形〉(~儿)おもしろくない. つまらない. 面目がない. ¶自討~／わざわざ恥をかく.

**méi shāngliang**[没商量]〈慣〉相談する余地がない. 融通をきかせる余地がない.

**méi shénme**[没什么]〈套〉なんでもない. 差し支えない；どういたしまして. ¶你怎么了？——！／どうしましたか——なんでもありませんよ.

**méi//shi**[没事]〈動〉(~儿)**1**仕事がない. 職がない. **2**用事がない. ひま

である. ¶今晚~,我想去看电影/今晚暇だから,映画に行きたいと思っている. **3** なんでもない.たいしたことではない. ¶身体好了吗?——~了/体の調子はどうですか——もう大丈夫です. **4** かかわりがない.責任がない.
**méishìrén**【没事人】名(~儿)何のかかわりもない人.全然関係のない人;全然気にしない人.
**méi shì zhǎo shì**【没事找事】成 **1** 余計なことをして面倒を引き起こす.ことさらにあら探しをする. **2** ことさらに相手を捜しだす.
**méishuōde**【没说的】慣 **1** 言うべき欠点がない. **2** 相談・言いわけ・弁解の余地がない. **3** 問題にならない.問題ない.
**méitiāor**【没挑儿】動 非の打ち所がない.
**méi tóu méi nǎo**【没头没脑】成(~儿)**1**(話や物事に)前後のつながりがない. **2** いわれがない;やぶから棒に. **3** 見境がない. ¶举起皮鞭pí-biān~地打/むちを取って見境なく打つ.
**méi/wán**【没完】動 きりがない;とことんまでやる. ¶~没了liǎo/果てしがない;きりがない.
**méiwèir**【没味儿】動 **1** 味がない. **2** おもしろみがない.
**méi/xì**【没戏】動〈方〉**1** 見込みがない. **2** おもしろみがない.
**méi xīn méi fèi**【没心没肺】成 思慮分別がない.深く考えない;あっけらかんとした性格.
**méi xīnyǎnr**【没心眼儿】慣 考え方が単純で,人を疑わない.無邪気である.
**méixiū**【没羞】形 恥を知らない.厚かましい.
**méi xiū méi sào**【没羞没臊】成 恥を知らない.面の皮が厚い.
**méiyàngr**【没样儿】形 礼儀をわきまえない;しつけが悪い.
**méi yìsi**【没意思】**1** 退屈である. **2** おもしろくない.つまらない. ¶这个电影太~了/この映画は全然おもしろくない.
**méiyǐngr**【没影儿】動 **1** 跡形がない.姿がない. ¶忘得~了/すっかり忘れてしまった. **2** 根拠がない.
**méi//yòng**【没用】動 むだである.役に立たない. ¶现在后悔也没什么用了/今さら後悔してもだめだ.
**méiyǒu**【没有】**1** 動 **1**(所有・存在を否定って)持っていない.存在しない. ¶~人/人はない. ¶~时间去/行く暇がない. **2** …比…ではない. …に達しない. ¶西瓜~哈密瓜那么甜/スイカはハミウリほど甘くない.
**2** 副(動作の発生や完成,状態の変化などを否定して)…していない.でない. ¶吃了,我~吃/彼は食べたが,私は食べなかった. ¶他的病还~好/彼の

病気はまだよくなっていない.
**méiyǒu…bù…**【没有…不…】…でないものはない. ¶这里的人,他一个一个认识的/ここの人で,彼が知らない人は一人もいない.
**méiyuán**【没缘】動 縁がない.
**méi/zhé**【没辙】動〈方〉手も足も出ない.万事休す.
**méi zhèngxíng**【没正形】〈俚〉ふざけている.
**méizhì**【没治】(~儿)〈方〉**1**動**1** 治すことができない. **2** どうにもならない. **2** 形 すごくいい.
**méi zhòu niàn**【没咒念】〈俚〉〈方〉どうにもしようもない.お手あげである.
**méi//zhǔnr**【没准儿】動 はっきり決まっていない.確実ではない.
**méi zuǐ húlu**【没嘴葫芦】慣 無口な人.口数の少ない人.

## 玫 méi 0

**méigui**【玫瑰】名〈植〉マイカイ(広く)~酒/蒸留酒にマイカイの花を浸した配合酒.
**méiguīzǐ**【玫瑰紫】名 バラ色で赤みがかった. ▶"玫瑰红"とも.

## 枚 méi 量 多くは形が小さいものを数える. ¶~~一金牌/金メダル1枚. ¶三~导弹/3発のミサイル. "一つ一つ"の意から ¶~举/列挙する. 姓

## 眉 méi **1** 名 ① 眉(ぉ).眉毛. ❷ 本のページの上部の余白. ¶书~/同前. 姓

**méibǐ**【眉笔】名(ペンシル型の)まゆ墨.アイブローペンシル.
**méidài**【眉带】名 メーデー.船舶や飛行機が無線で送る国際救難信号.
**méiduān**【眉端】名 **1** 眉間(みけん). **2**(印)本のページの上端の部分.
**méi fēi sè wǔ**【眉飞色舞】成(眉が)喜びに輝く.喜色満面.
**méifēng**【眉峰】名 眉間.眉頭.
**méi gāo yǎn dī**【眉高眼低】成 表情.顔色.
**méijié**【眉睫】名〈書〉眉毛とまつ毛;〈喩〉目の前.
**méi kāi yǎn xiào**【眉开眼笑】成 相好を崩す.にこにことうれしそうな顔をする.
**méi lái yǎn qù**【眉来眼去】成 互いに秋波を送る;目くばせし合う.
**méiléng**【眉棱】名 眉骨(まゆぼね).眼窩(がんか)の上縁をなす骨の隆起. ¶~骨/眉骨.
**méimao**【眉毛】名 眉.眉毛.[道;条;双;对] ¶描~/眉を書く.
**méimao húzi yī bǎ zhuā**【眉毛胡子一把抓】慣(事の大小緩急をおかまいなく,十把ひとからげに取り上げること.
**méimù**【眉目】名 **1** 眉目.顔かたち. **2**(文章などの)要領,筋道.
**méi mù chuán qíng**【眉目传情】成 目の表情で感情を伝える.目色

を使う. ▶多く男女間についていう.
**méimu**【眉目】名 目鼻. 見通し.
**méipī**【眉批】名 本や原稿のページの上部の余白に書いた評語や注釈.
**méi qīng mù xiù**【眉清目秀】目鼻立ち秀麗.
**méi qīng mù xiù**【眉清目秀】成 目鼻立ちが秀麗.
**méishāo**【眉梢】名 (～儿)眉じり.
**méití**【眉题】名 サブタイトル. 小見出し.
**méitóu**【眉头】名 眉間. ¶皱 zhòu ～/眉間にしわを寄せる.
**méixīn**【眉心】名 眉間.
**méiyǎn**【眉眼】名 容貌. 顔かたち.
**méi yǎn gāo dī**【眉眼高低】成 目に現れた感情. 目の色. 顔色.
**méiyǔ**【眉宇】名〔書〕眉字. 眉のあたり;(広く)容貌.

## 莓(苺)

**méi**名 イチゴ. ¶草～/イチゴ. ¶蛇～/ヘビイチゴ.

## 梅(楳)

**méi**名〔植〕梅. ∥姓

**méidú**【梅毒】名〔医〕梅毒. 別称黴毒.
**méihóngsè**【梅红色】名 紅梅色.
**méihuā**【梅花】名 **1** 梅花. 梅の花. **2**(トランプの)クラブ. **3**〔方〕〈植〉ロウバイ.
**méihuā dàgǔ**【梅花大鼓】名"拍板"(拍手木)などを打ちながら語る大衆芸能.
**méihuālù**【梅花鹿】名〈動〉白色の斑点のある鹿. ニホンジカ.
**méihuāzhēn**【梅花针】名〈中医〉鍼灸(しんきゅう)に用いる皮膚鍼の一種. 一つの柄(え)の先にいくつもの鍼(はり)が梅の花状に付いている.
**méishù**【梅树】名 梅の木.
**méitóngyú**【梅童鱼】名〈魚〉(ニベ科の)カンダリ.
**méixiāng**【梅香】名 小間使い. 下女.
**méiyǔ**【梅雨】名〔気〕梅雨. つゆ.
**méizi**【梅子】名 **1** 梅の木. **2** 梅の実.

## 腜(膜)

**méi**名 牛や豚などの背中の上等な肉. ロース.

## 郿

**méi** 地名用字. "郿县"は陜西省にある県の名.

## 嵋

**méi** 地名用字. "峨嵋"は四川省にある山の名.

## 猸

**méi** ⇒ **méizi**【猸子】名〈動〉カニクイマングース.

## 媒

**méi** ❶**1** 仲人. 媒酌人. ¶当 dāng～/仲人を務める. **2**媒介.

**méijiè**【媒介】名 媒介者;メディア. ¶新闻～/ニュースメディア. ¶～产业/メディア産業.
**méipó**【媒婆】名 (～儿)仲人を職業とする女性.
**méirǎn**【媒染】名〈染〉～剂/媒染剤.
**méirén**【媒人】名 仲人. ¶做～/仲人になる.
**méishuò**【媒妁】名〔書〕媒酌人. 仲人. ¶～之言/仲人口. 仲人の調子のいい言葉.
**méitǐ**【媒体】名 メディア. ▶テレビや新聞などの媒体. ¶多～/マルチメディア. ¶公众～/マスメディア.
**méitǐ kòngzhì jiēkǒu**【媒体控制接口】名〔電算〕メディアコントロール・インタフェース.
**méitǐ qūdòngqì**【媒体驱动器】名〔電算〕メディアドライブ.
**méiyuàn**【媒怨】動〔書〕怨恨(えんこん)を買う.
**méizhì**【媒质】名〔物〕媒質. ▶"介质"の旧称.
**méizi**【媒子】名〔方〕おとり;さくら.

## 楣

**méi** ❶❶門や入り口の上に渡した横木. 楣(まぐさ). ¶门～/同上.

## 煤

**méi**名 石炭. [块]

**méicáng**【煤藏】名 石炭を貯蔵する倉庫. 石炭庫.
**méicéng**【煤层】名〔地質〕炭層. 石炭層.
**méichǎng**【煤场】名 石炭を貯蔵する広い場所.
**méichén**【煤尘】名 石炭の粉末. 炭塵(たんじん).
**méidiāo**【煤雕】名 "煤精"と呼ばれる石炭の一種を材料とした彫刻. 煤精彫刻.
**méidǒu**【煤斗】名 石炭バケツ. 石炭入れ.
**méidú**【煤毒】→**méiqì**【煤气】**2**
**méifěnzào róngyè**【煤酚皂溶液】名 クレゾール石鹸液. リゾール.
**méigānshí**【煤矸石】名 石炭脈石ぼた.
**méihào**【煤耗】名 石炭の消耗量.
**méihēiyóu**【煤黑油】名 コールタール. ▶"煤焦油"の通称.
**méihúr**【煤核儿】名 (完全燃焼していない)石炭や豆炭の燃え殻.
**méihuà**【煤化】名 石炭化. 炭化.
**méihuī**【煤灰】名 石炭灰.
**méijiāoyóu**【煤焦油】名〈化〉コールタール. ▶"煤溚"とも.
**méijīn**【煤斤】名 石炭の総称.
**méijīng**【煤精】名 質が硬くきめの細かい石炭. 黒玉. ▶石炭細工の原料.
**méikuàng**【煤矿】名 炭鉱. ¶～工人/炭鉱労働者.
**méimò**【煤末】名 (～儿～子)粉炭. 石炭の粉末.
**méipī**【煤坯】名 (長方形の)練炭.
**méiqì**【煤气】名 **1** 石炭ガス. ガス. ¶～管道/都市ガス. **2** 石炭が不完全燃焼して発生する一酸化炭素. ¶～中毒/一酸化炭素中毒. **3**〔俗〕プロパンガス. LPG.
**méiqìdēng**【煤气灯】名 **1** ガスランプ. ガス灯. **2**(口)ブンゼン灯. ガスバーナー.

**méiqìguàn**【煤气罐】名 プロパンガスのボンベ.

**méiqìzào**【煤气灶】名 ガスこんろ. ガステーブル.

**méiqiú**【煤球】名〔～儿〕豆炭. たどん.

**méitǎ**【煤潭】名→**méijiāoyóu**【煤焦油】

**méitàn**【煤炭】名 石炭. ▶「煤」とも.

**méitián**【煤田】名 炭田.

**méixì**【煤系】名〔地質〕夾炭(きょうたん)層. 石炭を含む地層.

**méiyān**【煤烟】名 1 石炭が燃焼して出る煙. 2 すす. ¶～污染/煤煙汚染.

**méiyānzǐ**【煤烟子】→**méiyān**【煤烟】

**méiyáo**【煤窑】名 炭坑. 採炭場.

**méiyóu**【煤油】名 軽油. 灯油.

**méiyóudēng**【煤油灯】名 石油ランプ.

**méiyóulú**【煤油炉】名 石油こんろ.

**méizhā**【煤渣】名 石炭の燃え殻.

**méizhǎzi**【煤柞子】名 石炭の小さな塊.

**méizhuān**【煤砖】名 1 石炭の粉に粘土を混ぜてれんがの形に作ったもの. ¶～燃料用. 2 練炭.

**méi**【酶】名〔生理〕酵素. ▶「酵素jiàosù」とも.

**méiyuán**【酶原】名〔化〕酵素原.

**méi**【镅】名〔化〕アメリシウム. Am.

**méi**【鹛】名〔鳥〕ホオジロ.

**méi**【霉(徽)】名 1 かび. ¶发fā～/かびが生える. 2 動 かびる. ¶→~烂.

**méibiàn**【霉变】動 (物が)かびで変質する.

**méibìng**【霉病】名〔農〕うどん粉病.

**méijūn**【霉菌】名 かび.

**méijūnbìng**【霉菌病】名〔医〕真菌症.

**méilàn**【霉烂】動 かびがはえて腐る.

**méiqì**【霉气】名 1 かびくさいにおい. 2 形 方 不運である.

**méitiān**【霉天】名 梅雨期の(天気).

**méitóu**【霉头】→**chù méitóu**【触霉头】

**méiyǔ**【霉雨】→**méiyǔ**【梅雨】

**méi**【糜(糜·靡)】**méi** ❶ 異読⇒**mí**

**méizi**【糜子】名〔植〕(粘りけの少ない)キビ.

**měi**【每】 ❶ 代 一つ一つ. それぞれ. ¶～(一)件/1件1件. どれも. ¶～(个)人一份/1人ずつ. ¶～四小时吃一次药/4時間ごとに薬を飲む. ❷ 副 (同じ動作の規則的な反復を表す)～するたびごとに. ¶～工作五天, 休息两天/5日仕事するごとに2日休むる. ¶～到四月樱花开放/4月になるといつも桜が咲く. ‖

**měicháng**【每常】副 1 ふだん. 平素. 2 いつも. 常に.

**měi dāng**【每当】 (型) …するたびに(ごとに), …のたびに.

**měi féng jiā jié bèi sī qīn**【每逢佳节倍思亲】(成) 節句になればふ

だんよりいっそう親族を懐かしむ.

**měi kuàng yù xià**【每况愈下】(成) 状況がますます悪くなる.

**měiměi**【每每】副 しばしば. 往々にして. ▶主に過去のことや恒常的なことについていう.

**měinián**【每年】名 1 毎年. 2 方 (過去をさしていう)毎年. 例年.

**měirì**【每日】名〔書〕毎日.

**měitiān**【每天】名 毎日. ¶～上班/毎日出勤する.

**měi**【美】形 1 美しい. きれいである. ¶她长zhǎng得很～/彼女は器量がよい. 2 (味などが)よい. ¶味道挺～/おいしいね. 3 得意がいく. 申し分のない. ¶日子越过越～/生活がますますよくなってきた. 4 (満足げで)愉快である. 得意である. ¶夸他几句, 他就～起来了/ちょっとほめたら, 彼は得意になった. 5 ほめる. ¶自～/自画自賛する. ❷ 名 ①美しところ. ¶→～容. ②アメリカ合衆国. ¶～元/米ドル. ③アメリカ州. アメリカ大陸. ¶北～/北米. ‖

**měi bù shèng shōu**【美不胜收】(成) すばらしいものがあまりにも多くて見きれない.

**měibuzī**【美不滋】形〔～的〕方 ご機嫌である. 悦に入る.

**měicān**【美餐】名 1 おいしい料理. ¶一佳肴jiāyáo/珍しくておいしい料理. 2 動 思う存分食べる.

**měichāi**【美差】名 実入りのよい職務. 役得のある仕事.

**měichāo**【美钞】名 (アメリカの)ドル紙幣.

**měichēng**【美称】名 美称. 美名.

**měidé**【美德】名 美徳. よい行い.

**měidūn**【美吨】名 米トン. ショートトン. ▶「短吨」とも.

**měifà**【美发】動 髪をきれいにする. ¶～师/美容師. ¶～厅/美容室.

**měifēn**【美分】名 (アメリカの通貨単位)セント.

**měigǎn**【美感】名 美感. 美に対する感覚.

**měigōng**【美工】名〔映〕映画製作の大道具や小道具, 服装をデザインなど; 美術スタッフ.

**měiguān**【美观】形 美しい. 立派である. きれいである. ¶美観.

**Měiguó**【美国】名〔地名〕アメリカ合衆国.

**měihǎo**【美好】形 美しい. すばらしい. ¶～生活・前途・愿望・时间など抽象的なことについていうことが多い.

**měihuà**【美化】動 美しくする. ¶～市容/市街を美化する.

**měijīn**【美金】名 米ドル. ドル.

**měijǐnr**【美劲儿】名〔口〕1 得意げなさま. ¶瞧qiáo你的～!/君の得意そうな様子といったら. 2 気持ちよい. 愉快である.

**měijǐng**【美景】名 1 美しい景色. 2 幸せな境遇.

# měi

**měijiǔ**【美酒】[名]うまい酒.
**měi**【美麗】[形]きれいである. 美しい. ▶あらたまったニュアンスがある. ¶这幅画多～啊!／この絵はなんとも美しい.
**měimǎn**【美满】[形]幸せで円満である. 申し分がない.
**měimào**【美貌】1[名]美貌. 美しい顔. ¶天生～／天生の美貌. 2[形](容貌が)美しい.
**měiméi**【美眉】[名]〈俗〉きれいな女性.
**měiměi**【美美】[形](～的)思う存分. 心ゆくまで.
**měimèng**【美梦】[名]幸福な夢;独りよがりの期待. ¶做～／夢をふくらませる.
**měimiào**【美妙】[形]すばらしい. うるわしい.
**měimíng**【美名】[名]美名. 名声.
**měinánzǐ**【美男子】[名]ハンサム.
**měiní'ěrshìbìng**【美尼尔氏病】[医]メニエール病.
**měinǚ**【美女】[名]美しい若い女性. 美女.
**měi qí míng yuē**【美其名曰】[成]聞こえのよい名称で[聞こえがいいように]…と言う.
**měiqì**【美气】[形]〈方〉気楽である. 快適である.
**měirén**【美人】1(～儿)美人. 美しい女性. 2(旧)女官の称号の一種.
**měirénjì**【美人计】[名]美人局(つつもたせ).
**měirénjiāo**【美人蕉】[名]〈植〉カンナ.
**měiróng**【美容】[動]顔をきれいにする. ¶～店／エステサロン. ¶～院／美容院. ¶～手术／美容整形.
**měishēng chàngfǎ**【美声唱法】[音]ベルカント(唱法).
**měishí**【美食】[名]おいしい食べ物.
**měishíjiā**【美食家】[名]美食家. グルメ.
**měishíjiē**【美食街】[名]グルメ街.
**měishì**【美事】[名]美しい事柄. 立派な事柄.
**měishì zúqiú**【美式足球】[体]アメリカンフットボール.
**měishù**【美术】[名]造形美術;(特に)絵画.
**měishùpiàn**【美术片】[名]アニメーション.
**měishù shèjì**【美术设计】[名]美術設計. デザイン.
**měishùzì**【美术字】[名]装飾用文字. デザイン文字.
**měitán**【美谈】[名]〈書〉美談.
**měitǐ**【美体】[動]体形を整える.
**měiwèi**【美味】[名]おいしい食べ物. ¶～佳肴jiāyáo/おいしい料理.
**měixué**【美学】[名]美学.
**měiyán**【美言】1[動]うまく取り持つ. いいように言う. 2[名]〈書〉とりなしの言葉. 引き立ての言葉.
**měiyàn**【美艳】[形]美しく輝いている.
**měiyì**【美意】[名]〈書〉厚意.
**měiyù**【美育】[名]情操教育. 美育.

**měiyù**【美誉】[名]名誉. 美名.
**měiyuán**【美元】[名]米ドル.
**měizhǎn**【美展】[名]〈略〉美術展.
**měi zhōng bù zú**【美中不足】[成]すぐれているが, なお少し欠点がある. 玉にきず.
**Měizhōu**【美洲】[名]アメリカ州. ¶拉丁Lādīng～／ラテンアメリカ.
**měizhōutuó**【美洲鸵】[名]〈動〉レア. アメリカダチョウ.
**měizīzī**【美滋滋】[形](～的)(うれしいこと・楽しいこと・期待などで)浮き浮きしているさま.
**měizǐ**【美子】[名]〈俗〉米ドル.

**镁 měi**〈化〉マグネシウム. Mg.
**měiguāng**【镁光】[名]1(フラッシュなど)マグネシウムの光. 2写真のフラッシュ.

**妹 mèi**❶妹. ②親戚の中の同じ世代で自分より年少の女子. ¶表～（自分と姓の異なる）従妹. ③〈方〉若い女性. ❶外来～／よその土地から来た若い女性. ‖姉
**mèifu**【妹夫】[名]妹の夫.
**mèimei**【妹妹】1[名]▶呼びかけにも用いる. ❶小～／お嬢ちゃん. 2(一族内における同世代で)自分より年少の女子.
**mèixù**【妹婿】[名]〈書〉妹婿. 妹の夫.
**mèizi**【妹子】[名]〈方〉1妹. 2女の子.

**昧 mèi**①愚かだ. 無知である. ¶蒙méng～／愚かである. ②隠す. ¶～良心.
**mèi liángxīn**【昧良心】良心に背く.
**mèisǐ**【昧死】[動]〈書〉死を覚悟する.
**mèixīn**【昧心】[動]良心に背く.

**袂 mèi**①たもと. そで. ¶分fēn～／たもとを分かつ. ¶联～而往／連れ立って行く.

**谜 mèi** ❶ 异读→mí

**mèir**【谜儿】[名]〈方〉なぞ. ¶猜～／なぞを当てる. ¶破～／なぞなぞを出す.

**寐 mèi**[動]眠る. ¶喜而不～／うれしくて眠れない. ¶梦～以求／寝ても覚めても追い求める.

**媚 mèi**❶こびる. へつらう. ¶谄chǎn～／こびへつらう. ②美しい. うるわしい. ¶春光明～／うららかな春の光.
**mèigǔ**【媚骨】[名]こびへつらうさま.
**mèishì**【媚世】[動]世俗にこびる.
**mèisú**【媚俗】[動]世俗にこびる.
**mèitài**【媚态】[名]1人にこびるさま. 媚態(びたい). 2あでやかな姿態.
**mèiwài**【媚外】[動]外国に追従する.
**mèiyuè**【媚悦】[動]こびる. へつらう.

**魅 mèi**❶化け物. ¶魑chī～／魑魅.
**mèihuò**【魅惑】[動]惑わす. 魅惑する. ¶～力／魅力.
**mèilì**【魅力】[名]魅力.
**mèirén**【魅人】[形]人をうっとりさせる. 人を引きつける.

# men（ㄇㄣ）

**闷** mēn 1 [形]空気がよどんでいる.蒸す. むっとする. ~得慌 / 部屋が狭くてとても蒸す. 2 [動]ふた(をして)空気を出さない;閉じこもる. 1 这种茶要先一下再喝 / このお茶はちょっとふたをしておいてから飲んだほうがよい. 1 别老是一在家里 / 家に閉じこもってばかりいてはいけない. 異読⇒mèn

**闷沉沉** mēnchénchén [闷沉沉][形]〜(的) 1 (空気などが)よどんで気持ちが悪いさま. 2 音が低く沈んでいるさま. ⇒ mènchénchén

**闷锄** mēnchú [闷锄][動](農)(種子の発芽を促進するために)表土を起こして雑草を除く.

**闷得蜜・闷得蜜** mēndemì [动](方)(物を独り占めし、または猫ばばして)独り悦に入る.

**闷气** mēnqì [闷气][形]閉めきっていて空気(通気)が悪い. ⇒mènqi

**闷热** mēnrè [闷热][形]蒸し暑い.

**闷烧锅** mēnshāoguō [闷烧锅][名]圧力鍋.

**闷声** mēnshēng [闷声]声を出さない.

**闷声闷气** mēn shēng mēn qì [闷声闷气](成)(〜的)声がくぐもっている.

**闷死** mēnsǐ [闷死][形]窒息する. ⇒mènsǐ

**闷头** mēn/tóu [闷头][動]〜(儿)ものも言わずにやる. わき目もふらずにやる. 1〜几干 / 黙ってせっせと働く.

**门**(門) mén ❶[名] 1 (〜儿)出入り口. 玄関. [道] 走进来〜 / 入り口を入ってくる. 1 大〜 / 表門. [扇] 扉. 戸. ドア. [扇] 敲〜 / ドアをノックする. 1 车〜儿 / 車のドア. 2 (〜儿)形状や機能が出入り口に似ているもの. 1 电〜 / 電気のスイッチ. 1 球进球〜 / ボールがゴールに入る. 4 (〜儿)こつ. 秘訣. 1 摸一摸〜 / 要領をつかむ. 5 (生)(生物分類学上の)門. ❷[量] 1 科目を数える. 1 大炮一〜 / 大砲1門. 2 学科・技術を数える. 1 两〜功课 / 2科目. 3 縁組・縁談を数える. 1 这一〜亲事成了 / この縁談はまとまった.

**一** (旧)一族. 1 〜〜 / 一族全員. ② (宗教や学問の)党派. 1 拜〜 / 入門する. 3 同〜 / 同じ門下. 3 五花八〜 / 多種多様. ‖姓

**门巴** ménbā [门巴][名](チベット語で)医者.

**门巴族** Ménbāzú [门巴族][名]中国の少数民族)メンバ(Monba)族.

**门把** ménbǎ [门把][名]〜儿)ドアの取っ手.

**门板** ménbǎn [门板][名] 1 戸板. 2 (店舗の)板戸.

**门鼻儿** ménbír [门鼻儿][名](かんぬきを渡したり錠前をかけたりするのに用いる)門や戸に取り付ける銅製または鉄製の半円形の金具.

**门匾** ménbiǎn [门匾][名]門の上に掛ける横額.

**门钹** ménbó [门钹][名]旧式の表門に取り付ける銅鈸(どうばつ)のような形をしたもの. ドアノッカー.

**门插关儿** ménchāguānr [门插关儿][名]門や戸に取り付ける短いかんぬき.

**门齿** ménchǐ [门齿][名](生理)門歯.

**门当户对** mén dāng hù duì [门当户对](成)(縁組みをする男女双方の)家柄・財産が釣り合っていること.

**门道** méndào [门道] → méndòng [门洞儿]

**门道** méndao [门道][名](口) 1 こつ. やり方. 2 つて. 手づる. 人脈.

**门第** méndì [门第][名]家柄.

**门吊** méndiào [门吊][名](機)ガントリークレーン. 橋形クレーン.

**门丁** méndīng [门丁][名](旧)門番.

**门钉** méndīng [门钉][名](〜儿)宮殿・廟などの建物の扉に並べてついている先の丸い飾り.

**门洞儿** méndòngr [门洞儿][名]家屋の出入り口の通路;(広く)家の表門.

**门斗** méndǒu [门斗][名]防寒・防風のために家の外に作った風除室.

**门对** méndùi [门对][名]→ménlián [门联]

**门墩** méndūn [门墩][名]〜(儿)扉の下の土台の石や木.

**门额** mén'é [门额][名]楣(び)の上方部分.

**门阀** ménfá [门阀][名](旧)門閥.(権勢をもつ)家柄.

**门房** ménfáng [门房][名]〜(儿)門番の詰め所;門番.

**门扉** ménfēi [门扉][名]扉.

**门风** ménfēng [门风][名](旧)家風.

**门缝** ménfèng [门缝][名]〜(儿)戸のすきま.

**门岗** méngǎng [门岗][名]門に立っている歩哨. 役所の門衛.

**门馆** ménguǎn [门馆][名](旧) 1 私塾. 2 私塾の教師. 3 権門勢家が家敷内に建てた客用の住居.

**门户** ménhù [门户][名] 1 門. 戸. 戸口. 2 (喩)避けて通れない要地. 関門. 3 家庭. 家. 4 派別. 5 (旧)家柄.

**门户开放** ménhù kāifàng [门户开放][名]門戸開放をする;(広く)オープンにする.

**门户网站** ménhù wǎngzhàn [门户网站][名](電算)ポータルサイト.

**门户之见** mén hù zhī jiàn [门户之见](成)(学問や芸術で)派閥にとらわれた偏見.

**门环** ménhuán [门环][名]〜(儿)ドアノッカー. 門環.

**门将** ménjiàng [门将][名](体)(サッカー・アイスホッケーなどで)ゴールキーパー. ▶"守门员"とも.

**门禁** ménjìn [门禁][名](機関や団体などの)門の出入りの取り締まり.

**门警** ménjǐng [门警][名]門衛の警官.

**门径** ménjìng [门径][名]こつ. やり方.

**门镜** ménjìng [门镜][名](玄関の)ドアアイ,のぞき窓. ▶俗称に"猫眼".

**门静脉** ménjìngmài [门静脉][名](生理)門脈.

## mén

**ménkǎn**【门槛】[名]**1**（～儿）(門や入りロの)敷居.**2**(方)こつ.要領.▲「门坎」とも.

**mén kě luó què**【门可罗雀】[成]来客が非常に少なくそうである.

**ménkè**【门客】[名](旧)(権勢ある家に住む)居そうろう.取り巻き.食客.

**ménkǒu**【门口】[名](～儿)出入り口(の前).戸口.

**ménkuàng**【门框】[名]戸のかまち.戸の枠.

**ménláng**【门廊】[名]**1**表門と建物の入りロとをつなぐ廊下.**2**建物の入りロの前の廊下.ポーチ.

**ménlèi**【门类】[名]部門.分類.

**ménli chūshēn**【门里出身】[成]その道の出身.

**ménlián**【门帘】[名](～儿・～子)入り口に掛けるカーテン.

**ménlián**【门联】[名](～儿)入り口に張る対聯(ﾂﾞｲ).

**ménliǎnr**【门脸儿】[名](方)**1**城門のあたり.**2**商店の店構え.

**ménlíng**【门铃】[名](～儿)門・玄関・入り口などに取り付けられた呼び鈴〔ブザー〕.¶按~/呼び鈴を押す.

**ménlóu**【门楼】[名](～儿)**1**伝統家屋の門の上の装飾的屋根.**2**城門の上に建てたやぐら.

**ménlù**【门路】[名]**1**こつ.方法.やり方.**2**つて.手づる.¶找～/つてを求める.

**ménméi**【门楣】[名]**1**戸のかまちの上方の横木.楣(ﾋﾞ).**2**→**méndì**【门第】.

**ménmian**【门面】[名]**1**商店の表.店口.店頭.**2**(喩)外観.見かけ.

**ménmianhuà**【门面话】[名]体裁のよい話.口先だけの話.

**ménpái**【门牌】[名]町の名称と家の番号を記した札.

**ménpiào**【门票】[名](公園・博物館・展覧会などの)入場券.

**ménqián qīng**【门前清】[動]**1**(マージャンで)"吃""碰"などをしないであがる.**2**(酒宴の終わりに)めいめいが自分の前にある酒を残らず飲み干す.¶主人が客に乾杯を勧めるときに用いる言葉.

**ménqián sānbāo**【门前三包】(略)自宅の玄関前の衛生・緑化・秩序の三つの責任をもつこと.

**ménqiáo**【门桥】[名](軍)船橋.上下船用の橋.

**ménqiú**【门球】[名](体)ゲートボール.

**ménrqīng**【门儿清】[形](方)よく知っている.

**ménrén**【门人】[名](書)**1**門人.門下生.弟子.**2**居そうろう.取り巻き.食客.旧家の召使.

**ménshàn**【门扇】[名]門の扉.

**ménshén**【门神】[名](宗)("春节"や旧暦除日として門の扉の上に張る)門を守る神の画像.

**ménshēng**【门生】[名](書)**1**門人.

弟子.門下生.**2**(試験主任官に対する)科挙の合格者の自称.

**ménshì**【门市】[名]店売り;(店内での)小売り.¶～部/店頭販売部.

**ménshuān**【门闩・门栓】[名]門のかんぬき.

**méntīng**【门厅】[名]門内の広間;ロビー.玄関.

**méntíng**【门庭】[名]**1**出入り口と庭.**2**家柄.家門.

**mén tíng ruò shì**【门庭若市】(成)門前市を成す.

**méntú**【门徒】[名]門弟.弟子.

**ménwàihàn**【门外汉】[名]門外漢.素人.

**ménwèi**【门卫】[名]門衛.守衛.

**ménxià**【门下】[名](書)**1**門下.門下生.弟子.**2**門客.取り巻き.

**ménxiàn**【门限】[名](書)(門や入り口の)敷居.

**ményá**【门牙】[名]門歯.前歯.

**ménzhěn**【门诊】[名]外来患者の診察.¶看～/外来で診てもらう.

**ménzi**【门子】[名]**1**(役所や貴族・高官の家の)門番.**2**つて.コネ.人脈.**2**[量](方)事柄を数える.

## 扪

**mén**[動]押さえる.なでる.

**mén xīn zì wèn**【扪心自问】(成)胸に手を当てて自問してみる.

**ménzhěn**【扪诊】[名](医)触診する.

## 钔

**mén**[名](化)メンデレビウム.Md.

## 亹

**mén**地名用字.

## 闷

**mèn**[形]気がめいる;退屈である.¶一个人在这里～得慌/一人でここにいると退屈だ.

[動]密閉する.異読➡**mēn**

**mènchénchén**【闷沉沉】[形](～的)気がふさぎき.➡**mēnchénchén**

**mènguànchē**【闷罐车】[名](方)(鉄道の)有蓋貨車.

**mèngùn**【闷棍】[名]出し抜けの一撃;(喩)不意打ち.

**mènhúlu**【闷葫芦】[名](喩)**1**なぞ.不可解なこと.**2**ロがずの少ない人.

**mènhúluguànr**【闷葫芦罐儿】[名]貯金ノく.

**mènjiǔ**【闷酒】[名]憂さ晴らしに飲む酒.やけ酒.

**mènjuàn**【闷倦】[形]退屈している.うんざりしている.

**mènléi**【闷雷】[名]**1**(遠くで)ごろごろ鳴る雷;低くて小さな雷の音.**2**(喩)不意に受けたショック.

**mèn mèn bù lè**【闷闷不乐】[成]心がふさいで晴れ晴れしない.憂鬱である.

**mènqì**【闷气】[名]憤懣.晴らしようのない憤り.➡**mēnqì**

**mènr**【闷儿】[名]気がふさぐこと.

**mènsǐ**【闷死】[動]悶死する.➡**mēnsǐ**

**mènzichē**【闷子车】[名](鉄道の)有蓋貨車.

**焖** mèn [動]〔料理〕ぴったりとふたをしてとろ火で煮込む. ¶~肉 / 肉をとろ火で煮る.

**懑**(懣) mèn ❶ - **fènmèn**〔憤懑〕②煩悶する. 悩み煩う.

**们** men [接尾] 複数を表す代名詞や人を表す名詞の後につけて複数を表す ¶我~ / 私たち. ¶孩子~ / 子供たち. ¶〔擬人的に用いる〕¶満天的星星~ / 空いっぱいの星たち.

## meng (ㄇㄥ)

**蒙**(矇) mēng ❶ だます. ごまかす. ¶这~不住我 / これでは私をごまかしきれない. ❷〔俗〕ずっぽうに推測する. ¶这回总算给你~对了 / こんどはどうやら君のあてずっぽうが当たったみたいだ. ❸ もうろうとする. くらくらする. ¶他被球打~了 / 彼はボールに当たってぼうっとなった. 異読⇒méng,měng

**mēngmēngliàng**【蒙蒙亮】[形]早く)空がぼんやりと明るい.

**mēngpiàn**【蒙骗】[動] だます. ペテンにかける.

**mēng//shì**【蒙事】[動]〔方〕ごまかす; 知ったかぶりをする.

**mēngsōngyǔ**【蒙松雨】[名]〔方〕霧雨. こぬか雨.

**mēng tóu zhuǎn xiàng**【蒙头转向】[成] 戸惑う. まごつく. ぼんやりして方向がわからなくなる.

**龙** méng ❶

**méngróng**【龙茸】[形]〔書〕(毛が) ふわふわしている.

**氓**(甿) méng ❶ 流浪の民. ▶"氓"に同じ. 異読⇒máng

**虻**(蝱) méng [虫] アブ. [只]¶牛~ / アブ.

**萌** méng ❶ [動] 芽生える. ¶故态复~ / いつもの癖がまた出る. ‖姓

**méngdòng**【萌动】[動] ❶(植物が)芽をふく. ❷(物事が)始まる, 動き出す. ¶春意~ / 春めいてくる.

**méngfā**【萌发】[動] ❶(植)芽が出る. 芽生える. ❷(喩)(物事が)起こる, 発生する.

**méngshēng**【萌生】[動]〔書〕起こり始める. 芽生える.

**méngyá**【萌芽】[動] ❶ 芽生える. 芽をふく. ❷ [名] 萌芽(ほうが). 芽生え.

**蒙**(矇) méng ❶ [動] 覆い隠す. かぶせる. ¶用手~住脸 / 手で目を覆う. ¶~上一块布 / 布を1枚かぶせる. ❷ 受ける. こうむる. ¶承~邀请 / ご招待にあずかりむせる. ❸ 無学である. ¶启~ / 啓蒙する. ‖姓 異読⇒mēng,měng

**méngbì**【蒙蔽】[動](人の耳目を)ごまかす, 欺く.

**méngchén**【蒙尘】[動]〔書〕風塵を受ける; 君主などが戦乱のために逃げている.

**méngchōng**【蒙 衝】→ **méngchōng**

**méngguǎn**【蒙馆】[名]〔旧〕児童の啓蒙のための塾. 寺子屋.

**ménghànyào**【蒙汗药】[名]〔近代小説や戯曲で〕人を人事不省に陥れる薬. しびれ薬.

**ménghǒng**【蒙哄】[動] だます.

**ménghùn**【蒙混】[動] 偽りごまかす.

**ménglóng**【蒙眬】[形](目が)朦朧(もうろう)としている. ぼんやりしている.

**méngmèi**【蒙昧】[形] ❶ 文化がない. 未開である. ❷ 愚かである.

**méngmèi zhǔyì**【蒙昧主义】[名] 反啓蒙主義.

**méngméng**【蒙蒙】[形] かすむさま. さっている. ▶"濛濛"とも.

**-méngméng**【-蒙蒙】[接尾]〈～的〉《形容詞・名詞の後について"かすむ"さま, "うす暗い"様子を表す描写的形容詞をつくる》¶黑～ / 煙が立ち込めて暗い.

**méng//nàn**【蒙难】[動] 受難する. 犠牲になる.

**méngpí**【蒙皮】[名]〔航空〕(飛行船・気球の)気囊(きのう), 外皮.

**méngshānchá**【蒙山茶】[名] 四川省名山県蒙山産の銘茶.

**méngshī**【蒙师】[名] 手ほどきをしてくれる先生.

**méngshòu**【蒙受】[動] 受ける. こうむる.

**méngtàiqí**【蒙太奇】[名]〔映画〕モンタージュ.

**méngtóufú**【蒙头袱】[名]〔旧〕婚礼で, 新婦が用いる赤いかぶり物. 角隠し.

**méng tóu gài nǎo**【蒙 头 盖 脑】[成] 頭をすっかり覆い隠す.

**méngxué**【蒙学】[名]〔旧〕児童が学ぶ塾. 寺子屋.

**méngyào**【蒙药】[名] 麻酔剤.

**méng//yuān**【蒙冤】[動] ぬれぎぬを着せられる.

**méng zài gǔ lǐ**【蒙在鼓里】[成] 真相を知らせられない, かやの外に置かれる.

**méngzi**【蒙子】[名] ❶ 時計や計器のカバーガラス. ❷〔方〕時計の文字盤. 計器の目盛り板.

**盟** méng 内モンゴル自治区の行政単位. ❶ ❶ 同盟. 連合. ¶～ / 同盟. ❷ 誓う. ¶相xiāng～ / 互いに誓い合う. ❸ 義兄弟の契りを結んだ仲. ¶～兄 / 兄貴分. ‖姓

**méngbāng**【盟邦】[名] 同盟国. 盟邦.

**méngguó**【盟国】→ **méngbāng**【盟邦】

**méngjūn**【盟军】[名] 同盟軍.

**méng//shì**【盟誓】❶ [動] 誓う. 誓いを立てる. ❷ [名] 盟約. 誓い.

**méngxiōngdì**【盟兄弟】[名](契りを結んだ)義兄弟.

**méngyǒu**【盟友】[名] 盟友. 誓い合った友. 同盟者; 同盟国.

**méngyuán**【盟员】[名] 同盟員.

**méngyuē**【盟约】〈名〉盟约. 同盟を結ぶときに立てた誓約や条約.

**méngzhǔ**【盟主】〈名〉盟主.（古代における）諸侯の同盟の主宰者；（のちに）集団活動の提唱者.

甍 **méng**〈書〉甍(いらか). 棟瓦.

幪 **méng** →**píngméng**【幷幪】

濛 **méng** ◯

**méngméng**【濛濛】→ **méngméng**【蒙蒙】

檬 **méng** →**níngméng**【柠檬】

曚 **méng** ◯

**ménglóng**【曚昽】〈形〉〈書〉日光が薄暗いさま.

朦 **méng** ◯

**ménglóng**【朦胧】〈形〉1（月が）おぼろである. 2（意識や景色が）ぼんやりしている. はっきりしない.

鹲 **méng**〈名〉〈鳥〉ネッタイチョウ. ▶ 大形の水鳥で, ペリカンの一種.

礞 **méng** ◯

**méngshí**【礞石】〈名〉礞石である.

矇 **méng** ◯ 目が見えなくなる.

**ménglóng**【矇昽】→**ménglóng**【蒙眬】

艨 **méng** ◯

**méngchōng**【艨艟】〈名〉〈古〉いくさぶね. 軍船.

勐 **měng** 1〈形〉〈書〉勇敢である. 2〈名〉雲南省シーサンパンナ・タイ族自治州の旧行政単位の名称.

猛 **měng** 1〈形〉1 激しい. すさまじい. 2 突然. 急に. ¶~地站起来 / すくっと立ちあがる. 2〈副〉急に.

**měngbudīng**【猛不丁】〈副〉〈方〉不意に. 突然.

**měngbufáng**【猛不防】〈副〉不意に. 出し抜けに.

**měngchōng**【猛冲】〈動〉突進する.

**měnggūdīng**【猛孤丁】→ **měngbudīng**

**měnghuǒ**【猛火】〈名〉強火.

**měngjiàng**【猛将】〈名〉猛将；（喩）猛者.

**měngjìn**【猛进】〈動〉猛進する. 困難にめげず勇敢に前進する.

**měngjìnr**【猛劲儿】〈口〉1〈動〉ぐいと力を出す. 2〈名〉1 猛烈な力. 2 強い体力；旺盛な精神力.

**měngkě**【猛可】〈副〉(~的)〈近〉突然. 出し抜けに.

**měnglì**【猛力】〈副〉力いっぱいに. 全身の力をこめて.

**měngliè**【猛烈】〈形〉1 猛烈である. 激しい. ¶台风来得非常~／台風はすさまじい勢いでやって来た. 2 急激である.

**měngmǎ**【猛犸】〈名〉〈古生〉マンモス.

**měngqín**【猛禽】〈名〉猛禽(きん). 肉食の鳥.

**měngrán**【猛然】〈副〉突然. 急に.

**měngshì**【猛士】〈名〉勇猛な武人.

**měngshòu**【猛兽】〈名〉猛獣.

**měngxǐng**【猛醒/猛省】〈動〉突然悟る. はたと合点がいく.

**měngzhǎng**【猛涨】〈動〉1（数値が）急騰する. 2（水位などが）急に上がる.

**měngzhì**【猛鸷】〈名〉〈鳥〉タカ.

**měngzi**【猛子】→ zhā **měngzi**【扎猛子】

蒙 **méng** 異読➡**měng**, **mēng** モンゴル族.

**Měnggǔ**【蒙古】〈地名〉モンゴル. モンゴル国.

**měnggǔbāo**【蒙古包】〈名〉（モンゴル族の住む）フェルト製の丸いテント. パオ. ゲル. ⇒**zhānfáng**【毡房】

**měnggǔ dàifu**【蒙古大夫】〈俗〉荒療治をする医者. やぶ医者.

**měnggǔlì**【蒙古栎】〈名〉〈植〉モンゴリナラ.

**Měnggǔ rénzhǒng**【蒙古人种】蒙古人種. モンゴロイド.

**měnggǔ shuāijiāo**【蒙古摔跤】〈名〉モンゴル相撲.

**Měnggǔzú**【蒙古族】〈名〉1 モンゴル民族. 2（中国の少数民族）モンゴル (Mongol)族.

**Měngwén**【蒙文】〈名〉モンゴル文字. 蒙古文字.

**měngyī**【蒙医】〈名〉1 モンゴルの伝統医学. 2 モンゴルの伝統医学で治療する医師.

**Měngyǔ**【蒙语】〈名〉モンゴル語.

**Měngzú**【蒙族】〈名〉〈略〉モンゴル族.

锰 **měng**〈名〉〈化〉マンガン. Mn.

**měnggāng**【锰钢】〈名〉〈冶〉マンガン鋼.

**měnghé**【锰核】〈名〉マンガン団塊.

**měng wūrǎn**【锰污染】〈名〉マンガン汚染.

蜢 **měng** →**zhàměng**【蚱蜢】

艋 **měng** →**zéměng**【舴艋】

獴 **měng**〈名〉〈動〉マングース.

懵 (懞) **měng** 1 ぼんやりしていること. ¶~然无知／ぼんやりしていて無知である.

**měngdǒng**【懵懂】〈形〉愚かである. 無知である. ぼんやりしている.

蠓 **měng**〈名〉〈虫〉ヌカカ.

**měngchóngr**【蠓虫儿】〈名〉〈虫〉ヌカカ.

孟 **mèng** 1 ①四季の最初の月. ② 兄弟姉妹の順序でいちばん上. 2〈姓〉

**mèngchūn**【孟春】〈名〉旧暦1月.

**mèngdōng**【孟冬】〈名〉旧暦10月.

**Mèngjiālāguó**【孟加拉国】〈名〉〈地

**mènglàng**【孟浪】[形]〈書〉軽はずみである．軽はずみである．

**mèngqiū**【孟秋】[名]旧暦7月．

**mèngxià**【孟夏】[名]旧暦4月．

**梦**(夢) **mèng** [名]夢．[场]做了一个~/夢を一つ見る．¶往事好像一场~/昔のことはまるで夢のようだ．

[日] ① 夢を見る．¶~→见．② 幻．¶~→想． | [姓]

**mènghuà**【梦话】[名] 1 寝言．2〈喩〉実現しそうもない話．

**mènghuàn**【梦幻】[名]夢幻．

**mèng huàn pào yǐng**【梦幻泡影】[成]夢まぼろし．はかない幻．

**mèngjiàn**【梦见】[動]夢で見る．¶~自己见到了久别的妈妈/彼はずっと別れていた母親に会った夢を見た．

**mèngjìng**【梦境】[名]夢の世界．幻の境地．

**mèngmèi**【梦寐】[名]〈書〉眠っている間．

**mèng mèi yǐ qiú**【梦寐以求】[成]どうしても手に入れたいと思う．

**mèngxiǎng**【梦乡】[名]寝っている状態．夢郷．

**mèngxiǎng**【梦想】❶ [動] 1 妄想する．2 渇望する．切望する．❷ [名]夢．

**mèngxíngzhèng**【梦行症】[名][医]夢遊病．

**mèngyǎn**【梦魇】[動]夢でうなされる．

**mèngyí**【梦遗】[動]〈中医〉夢精する．

**mèngyì**【梦呓】[名]→【梦话】

**mèngyóuzhèng**【梦游症】[名][医]夢遊病．

## mi (ㄇㄧ)

**咪 mī** ◐

**mībiǎo**【咪表】[名]パーキングメーター．

**mīmī**【咪咪】[擬]〈猫の鳴き声〉にゃあにゃあ．▶猫の愛称にも用いる．

**眯**(瞇) **mī** [動] 1 目を細める．¶~着眼睛笑/目を細めて笑う．2〈方〉まどろむ．異読⇒**mí**

**mīdeng**【眯瞪】[動]〈方〉まどろむ．

**mī/dǔn**【眯盹儿】[動]〈方〉居眠りをする．うつらうつらする．まどろむ．

**mīfèng**【眯缝】[動]目を細くする．¶~着眼睛看人/目を細めて人を見る．

**mīhu**【眯糊】[動] 1 目を細める．目を軽く閉じる．2 まどろむ．うとうとする．

**mīxī**【眯蹊】[動]〈方〉目を細める．

**弥**(彌) **mí** [日] ①満ちる．広がる．¶~→月．②満たす．補う．¶~→补足．③いよいよ．さらに．¶欲盖弥彰/隠そうとすればますます現れる．

**míbǔ**【弥补】[動]〈不足を〉補う，繕う，埋め合わせる．¶~缺陷/欠陷を補う．¶~赤字/赤字を埋める．

**mífēng**【弥封】[動]〈不正を防止するために〉入学試験の答案を袋とじにして，受験者の氏名が採点者にわからないようにする．

**mífèng**【弥缝】[動]〈欠点や過失を〉取り繕う．

**mí/fèng**【弥缝儿】[動]すきまを埋める．

**míhé**【弥合】[動]〈裂け目を〉ふさぐ．

**Mílè**【弥勒】[名]〈仏〉弥勒(み)．

**míliú**【弥留】[動]〈書〉死に臨む．

**mímàn**【弥漫】[動]〈煙・霧・雲などが〉充満する．一面に広がる．

**mímēng**【弥蒙】[動]煙や霧が一面に立ち込める．

**mísǎ**【弥撒】[名]〈宗〉ミサ．

**mísàn**【弥散】[動]〈光線や気体などが〉四方に拡散する．

**mí tiān dà huǎng**【弥天大谎】〈成〉真っ赤なうそ．とんでもないでたらめ．

**mí tiān dà zuì**【弥天大罪】[成]極悪の大罪．

**mí tiān gài dì**【弥天盖地】[成]勢いがすさまじいさま．

**Mítuó**【弥陀】[名]〈仏〉阿弥陀仏．

**míwàng**【弥望】[動]〈書〉見渡すすかぎり……である．

**míyuè**【弥月】[名]〈書〉1〈子供が生まれて〉満1か月になる．2 満1か月．

**迷 mí** [日] 1 迷う．¶~了方向/方角を失くす．2 迷わす．惑わす．¶金钱一住了他的心/金が彼の心を惑わせた．3（あることに）ふける，夢中になる．¶他~上了麻将/彼はマージャンに夢中になった．

[日] ①マニア．ファン．¶集邮~/切手マニア．②意識がぼんやりする．¶昏~/人事不省になる．

**mícǎi**【迷彩】[名]迷彩．¶~服/迷彩服．

**mídeng**【迷瞪】[形]〈方〉ぼんやりしている．わけのわからない．

**mígōng**【迷宫】[名]迷宮．

**mìháng**【迷航】[動]（船や航空機が）針路を失くす．

**míhu**【迷糊】[形](意識や目が)はっきりしない，ぼんやりしている．

**míhúntāng**【迷魂汤】[名]〈喩〉人を惑わす言動．¶"迷魂药**yào**"とも．

**míhúnzhèn**【迷魂阵】[名]わな．ペテン．¶布下~/わなを仕掛ける．

**míhuo**【迷惑】❶ [形] 1 わけのわからない．見当のつかない．¶感到~不解/何が何だかわからずに当惑してしまう．2 [動]惑わす．

**míjìn**【迷津】[名]〈書〉まちがった道．

**mílí**【迷离】[形]ぼんやりしている．朦朧(もう)としている．

**mílián**【迷恋】[動]熱中する．夢中になる．¶~酒色/酒色にふける．

**mí/lù**【迷路】[動] 1 道に迷う．¶走到半道上迷了路/途中で道に迷った．2〈喩〉正しい方向を失くす．

**mímàn**【迷漫】[動]〈書〉(煙・霧・雲などが)

が）充満する，一面に広がる．
**mímáng**【迷茫】[形] 1 茫漠としている．広々としてはっきり見えないさま．2 困惑している．当惑している．
**míméng**【迷蒙】[形] 1 茫漠としてはっきり見えないさま．2（意識が）ぼんやりしている．▲"迷蒙"．
**mìmèng**【谜梦】[名] 迷夢．妄想．
**mìnǐ**【迷你】[形] 小型の．ミニ…．
**mìnǐqún**【迷你裙】[名] ミニスカート．
**mírén**【迷人】[形] 人をうっとりさせる．夢中にさせる．魅力的な．
**míshī**【迷失】[动] 迷う．見失う．
**mítú**【迷途】[书] 1 [名] まちがった道．2 [动] 道に迷う．
**míwǎng**【迷惘】[形] 困惑する．途方に暮れる．
**míwù**【迷雾】[名] 1 深い霧．濃霧．2 [喩] 人を惑わす事物．
**míxìn**【迷信】1 [名] 迷信．2 [动] 考えずに信じる．
**mízuì**【迷醉】[动] 夢中になる；うっとりする．

**祢**（禰）**mí**[姓]
**眯**（瞇）**mí**[动]（口）（ほこりや砂が）目に入る．▶"迷"とも．¶沙子~了眼睛／砂が目に入った．

異読⇨mī

**獼**（獼）**mí** ❶
**míhóu**【獼猴】[名][动] アカゲザル．
**míhóutáo**【獼猴桃】[名][植] キウイフルーツ．

**谜 mí**[名] 1 なぞなぞ．クイズ．¶猜~／なぞなぞをする．2 [喩] なぞ．異読⇨mèi
**mídǐ**【谜底】[名] 1 なぞなぞの答え．2 [喩] 物事の真相．
**mímiàn**【谜面】[名] なぞなぞの題．判じ物．
**mítuán**【谜团】[名] 一連の解決できない問題．
**míyǔ**【谜语】[名] なぞ．なぞなぞ．
**mízi**【谜子】[名]〈方〉なぞなぞ．なぞ．

**醚 mí**[名]〈化〉エーテル．エチルエーテル．▶"乙醚"とも．
**糜 mí**❶[形] 1 かゆ．2 ただれる．¶~烂．3 [动] 浪費する．¶~费／浪費．異読⇨méi
**mífèi**【糜费】→ **mǐfèi**【靡费】
**mílàn**【糜烂】1 [动] 糜爛（びらん）する．ただれる．2 [形] 堕落している．

**縻 mí**[动]〈书〉つなぐ．
**麋 mí**[名]（动）ヘラジカ．2→mílù
**mílù**【麋鹿】→ **sìbùxiàng**【四不像】
**靡 mí** 1 浪費する．2 [書] shē~／ぜいたくでむだ遣いをする．異読⇨mǐ
**mífèi**【靡费】[动] 浪費する．
**瀰** míO
**mímàn**【瀰漫】→ **mímàn**【弥漫】

**mìméng**【瀰濛】→ **mímēng**【弥蒙】
**醾**（醿・釄）**mí** → **túmí**【酴醾】

**米 mǐ** 1 [名] 米．[粒の] 搗（つ）いたものや穀物．2 [名]（長さの単位）メートル．
❶❶ 穀物や実の皮を取り去り中身だけにしたもの．¶大~／米．小~／（脱穀した）アワ．¶花生~／ピーナッツ．¶虾~／むき身の干しエビ．∥姓
**mǐbǐng**【米饼】[名] あられ．せんべい．
**mǐbō**【米波】[名]（电）超短波．メートル波．
**mǐcù**【米醋】[名][料理] 米酢．
**mǐdòufu**【米豆腐】[名]〈方〉[料理]（豆腐のような形をした）米をひいた汁で作った食品．
**mǐfàn**【米饭】[名] ご飯．ライス．
**mǐfěn**【米粉】[名][料理] 1 米の粉．しん粉．2 米の粉で作ったはるさめ状の食品．ビーフン．
**mǐfěnròu**【米粉肉】[名][料理] 厚く切った豚肉を米の粉や調味料と混ぜて蒸し上げた食べ物．
**mǐgānshuǐ**【米泔水】[名] 米のとぎ汁．
**Mǐgé**【米格】[名] ミグ．¶~式战斗机／ミグ戦闘機．
**mǐhuātáng**【米花糖】[名] おこし．
**mǐhuáng**【米黄】[形] 卵色の．クリーム色の．
**mǐjiǔ**【米酒】[名] もち米やもちアワで作った蒸留酒．
**mǐkāng**【米糠】[名] ぬか．
**mǐlì**【米粒】[名]〔~儿〕米粒．
**mǐliángchuān**【米粮川】[名] 米所．米の多くとれる土地．
**mǐmiàn**【米面】[名] 1 米と小麦粉．2〔~儿〕米の粉．しん粉．3〈方〉[料理] ビーフン．
**mǐsè**【米色】[名] 生成（きな）り色．ベージュ．
**mǐshòu**【米寿】[名] 米寿．
**mǐtāng**【米汤】[名] 1 米を炊いたときに取り出した汁；重湯．2〈方〉甘言．殺し文句．
**mǐtū**【米突】[名]〈旧〉メートル．
**mǐxiàn**【米线】[名]〈方〉やや太めに作られたビーフン．
**mǐxiàng**【米象】[名]（虫）コメクイムシ．コクゾウムシ．
**mǐzhì**【米制】[名] メートル法．
**mǐ zhū xīn guì**【米珠薪桂】[成] 物価が高くて生活が苦しい．
**mǐzhúguāng**【米烛光】[量][照度の単位] ルクス．
**mǐzhùchóng**【米蛀虫】[名]（虫）コクゾウムシ．コメクイムシ；[転] 食糧の投機商人．

**芈 mǐ** [动] 羊が鳴く．∥[姓]
**洣** 地名用字．"洣水"は湖南省にある川の名．
**弭 mǐ** [动] なくす；鎮める．¶~消／消滅させる．∥[姓]
**mǐbàng**【弭谤】[动]〈书〉誹謗（ひぼう）をな

mìbīng【弭兵】[動]〈書〉戦をやめる.
míchú【弭除】[動]〈書〉取り除く.
míhuàn【弭患】[動]〈書〉災いを除く.
míluàn【弭乱】[動]〈書〉戦乱を鎮める.

**脒** mǐ [名]〈化〉アミジン.

mǐpíng【牧平】[動]〈書〉鎮める. 平定する. ¶~叛乱 / 反乱を平定する.

**靡** mǐ [動]〈古〉ない. ¶~日不思 / 一日として思われない日はない.
[H] 風になびく. 倒れる. ¶風~ / 風靡(ふう)する. 異読⇒mí

mǐlì【靡麗】[形]〈書〉華麗である. 豪華(ごう)である.

mǐmǐ【靡靡】[形]〈書〉(楽曲が)退廃的である,みだらである. ¶~之音 / 退廃的なメロディー.

mǐrán【靡然】[形]一辺倒である. 一方に傾くさま.

**汨** mì 地名用字. "汨罗江"は屈原(くつげん)が身を投じたと伝えられる湖南省の川.

**觅**【覓】mì [H] 尋ねる. 探す. 求める. ¶寻亲~友 / 親戚や友人を訪ねる.

mìqiú【觅求】[動]探す. 追及を行う. ¶四处~ / あちこち探しまわる.

mǐshí【觅食】[動](鳥などが)えさを探す. ¶~死~活【觅死觅活】[成]死ぬの生きるのと騒ぐ.

**泌** mì [H]分泌する. ¶~乳量 / 乳量. 異読⇒bì

mìniào【泌尿】[動]尿を出す. ¶~科 / 泌尿器科. ¶~器 / 泌尿器官.

**宓** mì [形]〈書〉安らか. 静か. [H]

**秘** mì [H]秘密の; 秘密を守る. ¶~事 / 秘密の事柄. 異読⇒bì

mìbǎo【秘宝】[名]珍しい宝物. 秘宝.
mìběn【秘本】[名]珍蔵の本. 秘本.
mì ér bù xuān【秘而不宣】[成]秘密にして発表しない.
mìfāng【秘方】[名]秘方. 門外不出の薬剤の処方.
mìfǔ【秘府】[名](旧)宮廷内で貴重な書籍を収蔵した部屋.
mìjí【秘籍】[名]珍しい本. 貴重な書物.
mìjué【秘诀】[名]秘訣. こつ. 奥の手. ¶成功的~ / 成功の秘訣.
mìmì【秘密】[H]1[名]秘密. ¶~文件 / 秘密文書. 2[名]秘密. ¶保守~ / 秘密を守る.
mìshǐ【秘史】[名]秘史. 隠された歴史.
mìshì【秘事】[名]秘密の事柄.
mìshū【秘书】[名]秘書の仕事や職務. ¶~长 zhǎng/秘書長; 事務長; 幹事長.
mìwén【秘闻】[名]個人の私生活のめったに聞けない話.

**密** mì [形]1（↔稀, 疏）すきまが小さい. 間隔が狭い. 2親しい. 仲がよい. ¶关系~ / 関係が親密である.
[H]①精密である. ¶→~致. ②秘密である. ¶保~ / 秘密を守る.
∥[H]

mìbào【密报】1[動]密告する. 2[名]密告の報告.
mìbì【密闭】[動]密閉する.
mìbù【密布】[動]すきまなく広がる.
mìdiàn【密电】1[名]暗号電報. 2[動]ひそかに打電する.
mìdù【密度】[名]密度.
mìfēng【密封】[動]密封する.
mìgào【密告】[動]密告する.
mìhuì【密会】1[動]秘密の会見をする. ひそかに会う. 2[名]密会.
mìjí【密级】[名]秘密の程度.
mìjí【密集】[動]集集する. ¶人口~ / 人口密集.
mìjiàn【密件】[名]秘密の手紙; 秘密文書.
mìjiē【密接】[形]深い関係にある; 接近する.
mìlín【密林】[名]密林.
mìlìng【密令】1[動]ひそかに命令する. 2[名]秘密の指令.
mìmǎ【密码】1[名]〈↔明码〉暗号; 暗証番号. ¶输入 shūrù~ / パスワードを入力する. ¶破译 pòyì~ / 暗号を解読する.
mìmǎxiāng【密码箱】[名]ダイヤルロックつきのアタッシェケース.
mìmázi【密码子】[生]コドン.
mìmìcéngcéng【密密层层】[形](~的)幾重にも重なっている.
mìmìcóngcóng【密密丛丛】[形](~的)草木が生い茂っている.
mìmìmámá【密密麻麻】[形](~的)すきまなくぎっしりと並んでいる.
mìmìzāzā【密密匝匝】[形](~的)ぎっしり詰まっている.
mìmóu【密谋】1[動]画策する. 陰謀をたくらむ. 2[名]画策. 陰謀.
mìpái【密排】[名]〈印〉ベタ組み.
mìqiè【密切】[H]1[形](関係が)密接である. 親しい. ¶两人关系很~ / 二人の仲はとても緊密だ. ¶きめ細かである. [H]2[動]密接にする.
mìshāng【密商】[動]ひそかに相談する.
mìshǐ【密使】[名]密使.
mìshì【密室】[名]密室.
mìshí【密实】[形]細かい,ぎっしり詰まっている.
mìsī【密斯】[名]ミス. …嬢. …さん.
mìsītuō【密司托】[名]ミスター. …さん.
mìtán【密谈】[動]密談する.
mìtàn【密探】[名]密偵. スパイ.
mìxiě【密写】[動]文書をあぶり出しインクなどで書く.
mìyǒu【密友】[名]親友.
mìyǔ【密语】1[名]暗号; 合い言葉. 2[動]ひそかに話し合う.
mìyuē【密约】1[動]ひそかに約束する. 2[名]秘密条約.
mì yún bù yǔ【密云不雨】[成]危機をはらんでいるが, まだ現れるに至っ

mìzāzā【密匝匝】→mìmìzāzā【密匝匝】
mìzhí【密植】[動]〈農〉密植する.
mìzhǐ【密旨】[名]〈旧〉密旨.密命.
mìzhì【密致】[形]緻密な.きめ細かい.

**幂(冪)** mì [名]〈数〉幂(べき).
❶❶①物を覆う布.②幂う.

**謐** mì ❶静かで穏やかである.¶安～ / 落ち着いていて穏やかである.¶静～ / 静謐(せいひつ)である.

**嘧** mì ❶
mìdìng【嘧啶】[名]〈化〉ピリミジン.

**蜜** mì [名]ハチ蜜.
❶①甘いもの.②甘い.¶甜言～语 / 甘言.

mìfēng【蜜蜂】[名]〈虫〉ミツバチ.[只]~一窝wǒ / ミツバチの巣.
mìgān【蜜柑】[名]〈植〉ミカンの一種.
mìjiàn【蜜饯】[名]蜜漬け,砂糖漬け(の果物).
mìjú【蜜橘】→mìgān【蜜柑】
mìlà【蜜蜡】[名]蜜ろう.
mìsè【蜜色】[名]ハチ蜜のような色.あめ色.淡い黄色.
mìsī【蜜司】→mìsī【密斯】
mìtáng【蜜糖】[名]糖蜜.
mìwánzi【蜜丸子】[名]ハチ蜜で調剤した丸薬.
mìxiàn【蜜腺】[名]〈植〉蜜腺.
mìyuán【蜜源】[名]蜜の原料となるの.蜜源の多い植物をさす.
mìyuè【蜜月】[名]ハネムーン.¶度～ / ハネムーンに行く.
mìzǎo【蜜枣】[名](~儿)ナツメの砂糖漬け.
mìzì【蜜渍】[名]ハチ蜜漬け;砂糖漬け.

## mian (ㄇㄧㄢ)

**眠** mián ❶①眠る.¶失～ / 不眠.②動物の休眠.¶冬～ / 冬眠する.¶蚕～ / カイコの休眠.

**绵(綿)** mián ❶①真綿.¶丝～ / 同上.②長く続く.¶连～ / 連綿としている.③柔らかい.¶～软.
miánbáitáng【绵白糖】[名]白砂糖.粉砂糖.
miánbó【绵薄】[名]〈書〉謙)微力.
miáncháng【绵长】[形]〈書〉非常に長く続いている.
miánchóu【绵绸】[名]〈紡〉紬(つむぎ).
miángèn【绵亘】[動]〈書〉延々と続く.連続して続いている.
miánhé【绵和】[形]〈方〉(性格の)温和である.
mián lǐ cáng zhēn【绵里藏针】〈成〉表面は柔和だが,内心は悪辣(あくらつ)である.
miánlì【绵力】[名]〈書〉微力.
miánlián【绵连】[動]連綿と続く.▲"绵联"とも.

miánmǎ【绵马】[名]〈植〉シダ.オシダ.
miánmì【绵密】[形](言行や考えが)綿密である,周到で細かい.
miánmián【绵绵】[形]綿々たる.長く続いて絶えないさま.
mián mián guā dié【绵绵瓜瓞】〈成〉子孫繁栄(を祝う言葉).
miánruǎn【绵软】[形]❶(髪・服・布団・紙などが)柔らかい.❷(体が)だるい,ぐったりする.
miántáng【绵糖】[名]白砂糖.粉砂糖.
miántián【绵甜】[形](酒類の)口あたりが柔らかくて甘い.
miányán【绵延】[動]延々と続く.
miányáng【绵羊】[名]〈動〉メンヨウ.
miánzhǐ【绵纸】[名]ティッシュペーパーのような薄くて柔らかい紙.
miánzǐ【绵子】[名]〈方〉真綿.

**棉** mián [名]綿."草棉"(ワタ)や"木棉"(パンヤ)の総称.¶～纺织品 / 綿織物.‖[同]

miánǎo【棉袄】[名](~儿)綿入れの上着.
miánbāo【棉包】[名]荷造りした綿花.
miánbèi【棉被】[名]綿入れの掛け布団.
miánbǐng【棉饼】[名](飼料や肥料用の)綿実油の搾りかす.
miánbù【棉布】[名]綿布.木綿.
miándàyī【棉大衣】[名]綿入れのコート.
miánfǎng【棉纺】[名]〈紡〉綿紡績.¶～厂 / 綿織物工場.
miánfú【棉凫】[名]〈鳥〉(ガンカモ科の)ナンキンオシ.
miánhóng zhīzhū【棉红蜘蛛】[名]〈虫〉ハダニ.
miánhóur【棉猴儿】[名](防寒用の)アノラック.
miánhuā【棉花】[名]❶綿花.❷綿の実の繊維.
miánhuā ěrduo【棉花耳朵】〈慣〉人の言うことを何でも聞き入れる;人の言葉をたやすく信じする.
miánhuāróng【棉花绒】[名]〈紡〉❶(紡績のくず綿.❷(木綿の)フランネル.綿ネル.
miánhuātāi【棉花胎】[名]〈方〉布団綿.
miánhuātào【棉花套】[名](~子)(衣服や布団に入れる綿.
miánjuǎn【棉卷】[名]〈紡〉綿巻.
miánkù【棉裤】[名](~儿)綿入れのズボン.
miánlíng【棉铃】[名](枝についている)綿の実.綿花の果実.
miánlíngchóng【棉铃虫】[名]〈虫〉オオタバコガ.
miánmáo【棉毛】[名]〈紡〉メリヤス.
miánmào【棉帽】[名]綿入れの帽子.
miánnóng【棉农】[名]綿作農民.
miánpáozi【棉袍子】[名]綿入れの長い中国服.
miánpíxié【棉皮鞋】[名]防寒用のフェルトなどが内側に付いた革靴.
miánqiān【棉签】[名](~儿)綿棒.
miánróng【棉绒】[名]〈紡〉別ビ

miánshā【棉纱】名 綿糸.
miántǎn【棉毯】名 綿毛布.
miántáo【棉桃】名→miánlíng【棉铃】
miántào【棉套】名〈ティーポットや飯びつなどを包む保温用の〉綿入れのカバー.
miántián【棉田】名 綿畑.
miántiáo【棉条】名〈紡〉スライバー,篠(しの).
miánxiàn【棉线】名 木綿糸.
miánxié【棉鞋】名 綿入れの防寒靴.
miánxù【棉絮】名 1→miánhuā【棉花】 2 布団綿.
miányī【棉衣】名 綿入れ(の服).
miánzhīpǐn【棉织品】名 綿織物.
miánzǐ【棉子・棉籽】名 綿の種子.

丏 miǎn【书】遮る;見えない.

免 miǎn 動 1 除く.省略する. ¶俗礼一概都～了／世俗的な儀礼はすべてやめにした. 2 免れる.避ける. ¶酒后请勿开车,以～发生交通事故／交通事故防止のため,飲酒運転はおやめください. 3 …してはいけない. ¶闲人～进／関係者以外立入禁止.

miǎnbude【免不得】動+可補〉(…するのは)免れない.どうしても…となる.
miǎnbuliǎo【免不了】動+可補〉避けられない.どうしても…となる.
miǎnchú【免除】動 免除する.なくす. ¶～债务／債務を免除する.
miǎnde【免得】接続〉…しないですむように.…するというのを避ける.
miǎn/fèi【免费】動 無料にする.ただにする.
miǎnfèi ruǎnjiàn【免费软件】〈電算〉フリーソフト.
miǎnguān【免冠】動 1 脱帽する.▶昔は謝罪,現在は敬意の意味を表す. 2 帽子をかぶらない.
miǎnguì【免贵】動〈謙〉名乗るほどの者ではない.
miǎnjiǎn【免检】動 検査を免除する. ¶～物品／検査免除品.
miǎn kāi zūn kǒu【免开尊口】〈成〉口出し無用.
miǎnkǎo【免考】動→miǎnshì【免试】1
miǎn/piào【免票】動 1 無料券;無料パス. 2 動 券・切符がいらない;無料にする.
miǎnshì【免试】動 1 試験を免除する. 2 (機械などの)テスト・検査を免除する.
miǎn/shuì【免税】動 税金を免除する. ¶～商品／免税品.
miǎnsú【免俗】動 (多く否定形で)言行が世俗にこだわらない.
miǎntán【免谈】動 商談を打ち切る.話をやめる.
miǎnxī【免息】動 金利を免除する. ¶～贷款／無償借款.
miǎn/xíng【免刑】動〈法〉刑を免除する.
miǎnxiū【免修】動〈ある定められたカリキュラムの)修得免除をする.
miǎnyàn【免验】動 検査を免除する.
miǎnyì【免役】動 兵役・労役などを免除する.
miǎnyì【免疫】動〈医〉免疫になる.
miǎnyìlì【免疫力】名 免疫力.
miǎnyú【免于】動〈书〉…を免れる.
miǎnyǔ【免予】動〈书〉〈法〉免除する.
miǎnzhànpái【免战牌】名〈旧〉戦争で,敵の挑戦に応じないことを表す札;(喩)抗争や論争の停止を表す行動や声明.
miǎn/zhí【免职】動 免職する.
miǎn/zuì【免罪】動 免罪する.

沔 miǎn 名 陝西省にある川の名.漢水の上流.

勉 miǎn 動 1 努める. ¶奋～／奮起する. 2 励ます. ¶～自／自らを励ます. 3 強いて…する. ¶～强qiǎng.

miǎnlì【勉力】動 力を尽くす.努力する.
miǎnlì【勉励】動 励ます.激励する. ⇒gǔlì【鼓励】
miǎnqiǎng【勉强】 1 形 1 いやいやだ.気乗りがしない. 2 どうにかこうにか.やっと;かろうじて. 3 十分でない.無理だ. 2 動 1 無理に強いる.強制する. ¶他不去算了,不要～他了／彼が行かないのならそれまでだ.無理強いはやめろ.
miǎn wéi qí nán【勉为其难】〈成〉力の及ばぬことを無理に引き受ける.

娩 miǎn 動 分娩(ぶん)する.

miǎnchū【娩出】動〈医〉娩出(べん)する.

冕 miǎn 名 冠. ¶加～礼／戴冠式.

miǎnliú【冕旒】名〈古〉(帝王や諸侯・卿・大夫などの)冠の前後に垂らす玉飾り.

渑(澠) miǎn 地名用字."渑池"は河南省にある県の名.

沔 miǎn→chénmián【沉湎】

缅 miǎn 形 はるかに遠い.

miǎnhuái【缅怀】動〈书〉追懐する.追想する.
miǎnmiǎo【缅邈】形〈书〉はるかに遠い.
miǎnqié【缅茄】名〈植〉メンカ.
miǎnxiǎng【缅想】→miǎnhuái【缅怀】

靦 miǎn ⓞ

miǎntiǎn【靦覥】→miǎntiǎn【腼腆】

腼 miǎn

miǎntiǎn【腼腆】形 はにかんでいる.内気である.

面(麵) miàn 1 名 1 めん類. ¶午饭吃～吧／昼はめん類

## miàn

2 **小麦粉**；穀物の粉。¶玉米~／トウモロコシの粉。 3 (～儿)粉末。¶粉笔的～儿／チョークの粉。

**②**1 平たいものを数える。¶一～玻璃／1枚のガラス。¶两～旗子／2枚の旗。2 面会の回数を表す。¶见过一~／1度会ったことがある。3 紙面の枚数を数える。¶这本手册只有十二～／このパンフレットは12ページしかない。

**H** ①側。面. ¶正～／正面。反~／裏面。…の方。…の側。¶东～／東側。②表面。¶桌～／テーブルの上。¶被~／布団のおもて。④顔。メンツ。¶露lòu~／顔を出す。¶~子。⑤する。¶坐北朝南／北側にあり南向きである。⑥向かって。¶~~议。‖姓

**miàn'ǎn**【面案】→**bái'àn**【白案】

**miànbǎn**【面板】名 まな板。めん台。

**miànbāo**【面包】名 パン (類)。〔个，块；片〕¶烤～／パンを焼く；トースト。¶~渣儿／パンくず。

**miànbāochē**【面包车】名 マイクロバス。

**miànbāoguǒ**【面包果】名〔植〕パンノキ。

**miànbāoquān**【面包圈】名 (～儿) ドーナツ。

**miànbì**【面壁】動 1 壁に向かう；(喩)物事に無関心である。2 壁に面して座禅する；(喩)学業に心を集中する。3〈旧〉〔体翻〕壁に向かって立たせる。

**miànbù**【面部】名 顔部。

**miàn bù gǎi sè**【面不改色】(成)顔色少しも変えない。

**miànchá**【面茶】名 キビの粉などをのり状に煮た食品。▶ゴマペースト・塩などをかけて食べる。

**miànchén**【面陈】動 面と向かって述べる。じかに話す。

**miànchéng**【面呈】動 (手紙などを)じかに手渡す。

**miàncí**【面辞】動 直接会って別れを告げる。

**miàndī**【面的】名 ミニバンタイプのタクシー。

**miàndiǎn**【面点】名 小麦粉や米の粉で作ったおやつ。

**miànduì**【面对】動 …に面している；…に直面する。

**miàn duì miàn**【面对面】(～的) 面と向かう。差し向かいで。¶~地坐着／向かい合って座る。

**miàn'é**【面额】名〔経〕(貨幣・証券などの)額面。

**miànfáng**【面坊】名 製粉屋。

**miànfǎng**【面访】動 直接訪問する。

**miànféi**【面肥】名 パン種。パン用イースト。

**miànfěn**【面粉】名 小麦粉。

**miànguǎn**【面馆】名 (～儿) めん類専門の店。

**miàn hé xīn bù hé**【面和心不和】(成)二人は表面的にはお互いにここにしているが、心の中ではわだかまっている。

**miàn hóng ěr chì**【面红耳赤】(成)(怒ったり恥ずかしのために)耳まで赤くなる。顔を真っ赤にする。

**miànhú**【面糊】名 1 小麦粉で作ったのり；麦こがし。2〈方〉のり。

**miàn huáng jī shòu**【面黄肌瘦】(成)(栄養不良や病気で)ひどくやつれているさま。

**miànjī**【面积】名 面積。

**miànjiá**【面颊】名 ほお。

**miànjiàng**【面酱】→**tiánmiànjiàng**【甜面酱】

**miànjiāo**【面交】動 手渡す。

**miànjīn**【面巾】名〈方〉タオル。

**miànjīnzhǐ**【面巾纸】名 紙ナプキン。紙タオル。

**miànjīn**【面筋】名 生麩(ﾌ)。グルテン。

**miànjù**【面具】名 1 覆面。マスク。2 仮面。

**miànkǒng**【面孔】名 顔。顔つき。面構え。¶慈善的～／やさしい顔。

**miànliào**【面料】名 1 衣服の表用の生地。2 (器具の)表面に用いる素材。

**miànlín**【面临】動 …に直面する；…の真っただ中にいる。

**miànmǎ**【面码】→**miànmǎr**【面码儿】

**miànmǎr**【面码儿】名 (食材)メンマ；めん類にのせる具。

**miànmào**【面貌】名 1 顔つき。容貌。¶他的～我还记得清清楚楚／私は彼の顔をまだはっきり覚えている。2 (喩)様相。状態。¶社会～／社会の様相。

**miànmiànguān**【面面观】名 多面的な観察。諸相。

**miàn miàn jù dào**【面面俱到】(成)あらゆる面で周到である。そつがない。

**miàn miàn xiāng qù**【面面相觑】(成)互いに顔を見合わせる。どうしたらよいかわからない。

**miànmó**【面膜】名 (美容のための)フェイシャルパック。

**miànmù**【面目】名 1 顔つき。容貌。2 ものの様子・状態。3 メンツ。

**miàn mù kě zēng, yǔ yán wú wèi**【面目可憎,语言无味】(成)顔つきが憎らしく、言葉が無味乾燥である。

**miàn mù quán fēi**【面目全非】(成)(貶)様子がすっかり変わってしまう。見る影もなく変わり果てる。

**miàn mù yī xīn**【面目一新】(成)面目を一新する。

**miànpáng**【面庞】名 顔形。

**miànpén**【面盆】名 1〈方〉洗面器。2 小麦粉をこねるボウル。

**miànpī**【面坯儿】名〈方〉うどん玉。

**miànpí**【面皮】名 1〈方〉面(ﾂﾗ)の皮。2 (～儿) "包子"(パオツ)やギョーザの皮。

**miànqià**【面洽】〖動〗〈書〉面談する.
**miànqián**【面前】〖名〗方位 前. 目の前.
**miànrénr**【面人儿】〖名〗しん粉細工の人形.
**miànróng**【面容】〖名〗容貌. 顔つき.
**miàn rú tǔ sè**【面如土色】〖成〗(驚いて)顔が青ざめる;(病気で)顔が土色である.
**miànsè**【面色】〖名〗顔色.
**miànshā**【面纱】〖名〗1〈女性がかぶる〉ベール, ネッカチーフ. 2〈喩〉ベール, 覆い.
**miànshàn**【面善】〖形〗1 顔に見覚えがある. 2 顔つきがやさしそうである.
**miànshāng**【面商】〖動〗直接会って相談する.
**miànshénjīng**【面神经】〖名〗〈生理〉顔面神経.
**miànshēng**【面生】〖形〗顔に見覚えがない; 面識がない.
**miànshí**【面食】〖名〗小麦粉で作った食品の総称.
**miànshì**【面世】〖動〗(作品・商品を)世に問う, 発表する, 売り出す.
**miànshì**【面市】〖動〗(商品が)市場・店頭に出る.
**miànshì**【面试】〖動〗面接試験をする.
**miànshǒu**【面首】〖名〗〈書〉貴婦人がそばにはべらう若い男.
**miànshòu**【面授】〖動〗1 直接に伝授する. 2〈通信教育ではなく〉教室での授業. スクーリング.
**miàn shòu jī yí**【面授机宜】〖成〗直接に指示を与える. ときじきに指南する.
**miànshú**【面熟】→**miànshàn**【面善】1
**miànsù**【面塑】〖名〗民間工芸の一〉しん粉細工.
**miàntán**【面谈】〖動〗面談する.
**miàntāng**【面汤】〖名〗〈方〉洗面用のお湯. 1 めんを煮た湯. そば湯.
**miàntāng**【面汤】〖名〗〈方〉めんの入った汁物.
**miàntiáo**【面条】〖名〗〈~儿〉めん類. うどん. そば.【碗】
**miàntuán**【面团】〖名〗〈~儿〉こねた小麦粉の塊.
**miàntuántuán**【面团团】〖形〗〈~的〉顔がまるまると太っている.
**miàn wú rén sè**【面无人色】〖成〗(恐怖のために)顔に血の気がない.
**miànxiàng**【面向】〖動〗1(…に)顔を向けて, 向かって. 2…のために配慮する.
**miànxiàng**【面相】〖名〗面相. 顔つき. 人相.
**miànxiè**【面谢】〖動〗面と向かってお礼を言う.
**miànxù**【面叙】〖動〗面談する.
**miànyì**【面议】〖動〗面談のうえ協議する.
**miànyǐng**【面影】〖名〗面影.
**miàn yù bèi huǐ**【面誉背毁】〖成〗面と向かってはほめるが, 陰では悪口を言う.
**miànzhàng**【面杖】〖名〗めん棒.

**miànzhào**【面罩】〖名〗マスク.
**miànzhí**【面值】〖名〗〈経〉〈証券〉の額面価格;〈紙幣の〉額面金額.
**miànzhuān**【面砖】〖名〗〈建〉建築物の表面のれんが.
**miànzi**【面子】〖名〗1(物の)表. 2 メンツ;体面. ¶爱~/メンツを重んじる. ¶给~/義理を立てる. ¶丢~/面目を失う. ¶留~/顔を立てる. 3 (口)粉. 粉末.

眄 **miǎn**【眄】〖動〗〈書〉流し目で見る. ¶顾~/流し目をする.
**miǎnshì**【眄视】〖動〗〈書〉流し目で見る. 横目で見る.

## miao (ㄇㄧㄠ)

喵 **miāo**【喵】〖擬〗〈猫の鳴き声〉にゃん.

苗 **miáo**【苗】〖名〗〈~儿〉1 苗. 新芽. ¶蒜~/ニンニクの若い茎. ¶长~儿/新芽が出る. 2 跡継ぎ(となる子供). 3〈俗〉兆し. ¶~头. ❹①生まれたばかりの飼育動物. ¶鱼~/稚魚. ¶猪~/豚の子. ②ワクチン. ¶卡介苗kǎjiè~/BCG. ⑤ 苗の形に似たもの. ¶火~儿/炎. ⑥姓.

**miáochuáng**【苗床】〖名〗〈農〉苗床.
**miáo ér bù xiù**【苗而不秀】〖成〗よい資質をもっつうるが, まだ未熟である.
**miáomù**【苗木】〖名〗〈林〉苗木.
**miáopǔ**【苗圃】〖名〗苗圃(ﾋﾞｮ). 苗木畑.
**miáoqī**【苗期】〖名〗〈農〉〈作物の〉苗の段階.
**miáoqíng**【苗情】〖名〗苗の生育状況.
**miáor**【苗儿】〖名〗→**miáotóu**【苗头】
**miáotiao**【苗条】〖形〗〈女性の体つきが〉すらりとして美しい.
**miáotou**【苗头】〖名〗兆し. 兆候.
**miáoxiù**【苗绣】〖名〗苗繍(ﾊﾞﾋ): ミャオ族の刺繍.
**miáoyì**【苗裔】〖名〗〈書〉後裔(ｴｲ). 子孫.
**miáozi**【苗子】〖名〗〈方〉→【苗miáo】1 2 若い後継者. 3〈方〉→**miáotou**【苗头】
**Miáozú**【苗族】〖名〗〈中国の少数民族〉ミャオ(Miao)族.

描 **miáo**【描】〖動〗1 模写する. ¶~图样/図案を模写する. 2 なぞる. ¶~眉毛/眉を引く.
**miáohóng**【描红】〖動〗(赤い色で印刷した)習字の手本を上からなぞって書く. 2〖名〗習字練習帳.
**miáohuà**【描画】〖動〗〈言葉や絵で〉描く, 描写する.
**miáohuì**【描绘】〖動〗〈言葉や絵で〉描く, 描写する.
**miáojīn**【描金】〖動〗金泥で装飾を施す.
**miáomó**【描摹】〖動〗1 模写する. 2 人の特性などを言葉で描く.

## miáo

**miáoshù**【描述】（動）（言葉で）描写する；叙述する．

**miáo//tú**【描图】（動）（図面などを）トレースする．¶～纸／トレーシングペーパー．

**miáoxiě**【描写】（動）（言葉や絵で）描写する．

鹋 **miáo**→érmiáo【鹋鹋】

瞄 **miáo**（動）ねらう．¶这孩子一着北大／この子はずっと北京大学をねらっている．

**miáo//zhǔn**【瞄准】（動+結補）（～几）1（銃などの）ねらいを定める．2（広く）ねらいをつける．

秒 **miáo**（l）①梢，end．②（年·月·四季などの）末．¶岁～/年の暮れ．¶月～/月末．¶秋～/晩秋．

眇 **miǎo**〔書〕1（動）片方の目が見えない．2（形）微小である．

秒 **miǎo**（量）時間·角度·経度·緯度などの単位）秒．

**miǎobiǎo**【秒表】（名）ストップウォッチ．

**miǎochājù**【秒差距】（名）（天）パーセク．

**miǎozhēn**【秒针】（名）時計の秒針．

淼 **miǎo**（形）水面が広く果てしないさまである．¶～浩～／同上．‖→**miǎománg**【渺茫】

渺 **miǎo**（形）1微小である．微細である．¶～不足道／微少で取るに足りない．2広く果てしないさまである．¶～若烟云／渺茫（ぼう）としてまるで雲か煙のようである．

**miǎománg**【渺茫】（形）1広く果てしない．ぼんやりとしてはっきりしない．2見通しが立たない．

**miǎorán**【渺然】（形）渺茫としている．跡形もない．

**miǎo wú rén yān**【渺无人烟】（成）見渡す限り人家が一軒もない．

**miǎoxiǎo**【渺小】（形）小さい．ちっぽけである．

**miǎoyuǎn**【渺远】→**miǎoyuǎn**【邈远】

缈 **miǎo**→**piāomiǎo**【缥缈】

藐 **miǎo**（H）①小さい．②軽く見る．

**miǎoshì**【藐视】（動）蔑視する．

**miǎoxiǎo**【藐小】→**miǎoxiǎo**【渺小】

邈 **miǎo**（H）はるかである．

**miǎoyuǎn**【邈远】（形）はるかに遠い．

妙 **miào**【形】1 すぐれている．すばらしい．¶这主意真～/それはすばらしい考えだ．2 巧みである．3（込み入っていて）不思議である．¶这机器人～极了/このロボットはすごくよくできている．¶他回答得很～/彼はうまい答え方をした．‖姓

**miàobǐ**【妙笔】（名）妙筆．

**miào bǐ shēng huā**【妙笔生花】（成）すぐれた文章を書く才能．

**miào bù kě yán**【妙不可言】（成）

そのすばらしさは言葉では言い表せないほどである．

**miàochù**【妙处】（名）1 よい場所．2 妙所．妙味．

**miàojì**【妙计】（名）妙計．妙策．

**miàojué**【妙诀】（名）こつ．秘訣．

**miàolíng**【妙龄】（名）妙齢．年ごろ；年ごろの娘．

**miàopǐn**【妙品】（名）1 良質,最上の品．2（美術品などの）傑作．絶品．

**miàoqù**【妙趣】（名）妙趣．妙味．

**miào qù héng shēng**【妙趣横生】（成）（文章や美術品が）妙趣に満ちている．

**miàoshǒu**【妙手】（名）技術がずば抜けている人．

**miào shǒu huí chūn**【妙手回春】（成）（医者を賞賛して）すぐれた医術で病気がたちまち治る．

**miàosuàn**【妙算】（名）妙算．妙策．

**miàoyào**【妙药】（名）妙薬．

**miàoyòng**【妙用】（名）不思議な効用．

**miàoyǔ**【妙语】（名）機知に富んだ言葉．

**miàozhāo**【妙招·妙着】（名）（～儿）妙手．妙策．

庙 **miào**【庙】（名）1 祖先の霊を祭るところ．¶家～/家廟．一家の霊を祭る廟．2 神仏や高貴な人を祭った社（やしろ）．廟（びょう）．［座］¶岳～/岳飛廟．¶廟の縁日．¶赶gǎn～/縁日に出かける．

**miàohào**【庙号】（名）廟号．

**miàohuì**【庙会】（名）縁日．

**miàotáng**【庙堂】（名）〔書〕1 廟堂．2 朝廷．

**miàoyǔ**【庙宇】（名）廟．廟の建物．

**miàozhǔ**【庙主】（名）1 廟の住職．2〔書〕宗廟の中の位牌．

**miàozhù**【庙祝】（名）廟の灯明や線香を管理する人．

缪 **miào**→**miù,móu**
異読⇒**miù,móu**

## mie（ㄇㄧㄝ）

乜 **miē** ⓞ 異読⇒niè

**miēxié**【乜斜】（動）〔方〕1（軽蔑や不満を表し）目を細くして斜めに見る．2（眠くて）目が細くなる．

咩 **miē**〔擬〕（羊の鳴き声）めえめえ．

灭 **miè**【灭】（動）1（火や明かりが）消える；消す．2 火～了／火が消えた．¶～灯／明かりを消す．2 消滅させる；消滅する．¶～蝇／ハエを撲滅する．¶～尽天良／良心を失う．3 水中に沈没させる．

**miè/cǎo**【灭草】（名）（～儿）（農）収穫後,田畑の切り株を取り払う．

**miè/chóng**【灭虫】害虫を駆除する．

**miè cǐ zhāo shí**【灭此朝食】（成）

たやすく敵を倒す;(のちに)断固たる決意をもって即座に敵を打倒する.
miè dǐng zhī zāi【灭顶之灾】〈成〉生死にかかわる災難;壊滅的な災害.
miè/huǒ【灭火】動 1 火を消す. 2 エンジンが止まる;エンジンを止める.
mièhuǒqì【灭火器】名 消火器.
miè/jì【灭迹】動 1 痕跡をなくす. 2 跡を絶つ.
mièjué【灭绝】動 1 全滅する. 2 喪失する.
miè jué rén xìng【灭绝人性】〈成〉人間性をまったく喪失する.
miè//kǒu【灭口】動 秘密を知っている人を殺して口封じをする.
mièmén【灭门】動 一族全員が殺される.
mièshā【灭杀】動(薬物で)殺す,消滅させる.
mièshī【灭失】動〈法〉物品が自然災害・盗難・遺失などで存在しなくなる.
mièwáng【灭亡】動 滅びる;滅ほす. ¶自取~/自ら滅亡を招く.
mièwénqì【灭蚊器】名 蚊取り器.
miè//zhǒng【灭种】動 1 種族を滅亡させる. 2 (動物などが)絶滅する.
mièzú【灭族】動〈古〉(刑罰の一種)一族皆殺しにする.

蔑 miè ❶ ①(~)ない. ¶~以复加/これ以上つけ加えるものがない,最上である. ②(血や汚物で)汚す意を表す. ¶污~/(中傷して)他人の名誉を傷つける. ③小さい. ¶~→視.
mièchēng【蔑称】1 動 軽蔑して呼ぶ. 2 名 蔑称(ﾍﾞｯｼｮｳ).
mièshì【蔑视】動 蔑視する.

篾 miè (~儿)竹・アシなどの皮を細く割ったもの.
mièbái【篾白】→mièhuáng【篾黄】
mièdāo【篾刀】名 竹削りなた.
mièhuáng【篾黄】名 割り竹の外皮を取り去った部分.
mièjiàng【篾匠】名 竹細工師.
mièpiàn【篾片】名 1 竹を割って薄くはいだ細片. 2 〈旧〉幇閑(ﾎｳｶﾝ),取り巻き.
mièqīng【篾青】名 割り竹の外皮の部分.
miètiáo【篾条】名 竹・アシなどの皮を細く割ったもの.
mièxí【篾席】名(竹で編んだ)むしろ.

## min (ㄇㄧㄣ)

民 mín ❶ ①民. ¶→→力. ②(軍・官に対して)民間の. ¶~用. ③大衆のもの. ¶→→歌. ④ある民族の人. ¶藏Zàng~/チベット人. ⑤ある職業に従事する人. ¶渔~/農民. ⑥被災者. ¶灾~/被災者. 灘hàn~/干魃(ｶﾝﾊﾞﾂ)被災者. 姓
mínbàn【民办】名 民間が経営する. ¶~大学/民営の大学.
mínbiàn【民变】名〈旧〉人民蜂起.

mínbīng【民兵】名 民兵.
mín bù liáo shēng【民不聊生】〈成〉人民が安心して生活することができない.
mínchuán【民船】名 民間人や民間の貨物を運ぶ船.
mínfǎ【民法】名〈法〉民法.
mínfáng【民房】名 民家.
mínfèn【民愤】名 民衆の怒り.
mínfēng【民风】名 社会的気風,民の風俗.
mínfū【民夫·民伕】名〈旧〉人夫.
mínfù【民负】名 民の負担.
míngē【民歌】名 民間歌謡,民謡.
míngōng【民工】名 1 政府の動員または呼びかけにこたえて道路・堤防などの修築や運送の仕事に参加する人. 2 出稼ぎ農民.
míngōngcháo【民工潮】名 出稼ぎブーム.
Mínguó【民国】→Zhōnghuá mínguó【中华民国】
mínháng【民航】名〈略〉民間航空.
mínjiān【民间】1 名 世間,庶民の間. 2 形 民間の,非政府間の.
mínjiān wénxué【民间文学】名 民間文学.
mínjiān yìshù【民间艺术】名 民間芸術.
mínjǐng【民警】名〈略〉人民警察,人民警官.
mínjū【民居】名 民家.
mínkān【民刊】名 民間の非公式刊行物.
mínlì【民力】名 人民の財力.
mínmìng【民命】名 人民の生命.
mínmó【民瘼】名〈書〉人民の苦しみ.
mínnǚ【民女】名 民間の女子. 一般庶民の女性.
mínpǐn【民品】名〈略〉民需用品.
mínqǐ【民企】名〈略〉民営企業.
mínqì【民气】名 国家・民族の危急存亡など重大な時局に対して示される人民の気勢.
mínqíng【民情】名 1 民間の事情,民情. 2 人民の願望や気持ち.
mínquán【民权】名 民権. (政治上の)民主的な権利.
mínquán zhǔyì【民权主义】名〈孫文の三民主義の一〉民権主義.
mínshēng【民生】名 人民の生活. ¶国计~/国家経済と人民の生活.
mínshēng zhǔyì【民生主义】名〈孫文の三民主義の一〉民生主義.
mínshí【民食】名 人々の食生活や食料事情.
mínshì【民事】名〈法〉民事.
mínshì fǎtíng【民事法庭】名〈法〉民事法廷.
mínshì quánlì【民事权利】名〈法〉民事上の権利.
mínshì sùsòng【民事诉讼】名〈法〉民事訴訟.
mínsú【民俗】名 民俗.

**míntíng**【民庭】(略)民事法廷.
**míntuán**【民団】(旧)自警団.
**mínxiào**【民校】名 1 成人のための識字学校. 2 民間経営の学校.
**mínxīn**【民心】名 民心. 人心.
**mínxìnjú**【民信局】名(旧)個人営業の郵便局.
**mínxuǎn**【民選】動 民衆が選出する.
**mínyàn**【民諺】名(民間の)ことわざ.
**mínyáo**【民謡】名(多く世相に関する)民謡.

**mín yǐ shí wéi tiān**【民以食为天】(成)庶民にとって食糧問題は最も重要である.

**mínyì**【民意】名 民意. 世論. ¶~测验／世論調査.
**mínyíng**【民営】形 民営の.
**mínyíng jīngjì**【民营经济】名 民営経済. 非公有経済.
**mínyíng qǐyè**【民营企业】名 民営企業.
**mínyòng**【民用】形 民間用の. 非軍事用の. ¶~飞机／民間機.
**mínyuàn**【民怨】名 一般大衆が抱いている恨み.
**mínyuè**【民乐】名(略)1 民間音楽. 2 民族器楽.
**mínyùn**【民运】名 1 人民の生活必需品の運輸. 2 (旧)個人経営の運輸業. 3 (略)民衆運動. 4 (略)民主化運動.
**mínzéi**【民賊】名 国賊.
**mínzhái**【民宅】名 民家；私有住宅.
**mínzhèng**【民政】名 人民の福利に関する行政事務.
**Mínzhèngbù**【民政部】名(政)民政部. ▶日本の総務省に相当.
**mín zhī mín gāo**【民脂民膏】(成)人々の血と汗の結晶.
**mínzhì**【民治】名 一国の人民がもっている文化と知識.
**mínzhòng**【民众】名 民衆. 大衆.
**mínzhǔ**【民主】1 形 民主的である. ¶他作风～／彼は民主的な人である. 2 名 民主的な権利.
**mínzhǔ dǎngpài**【民主党派】名 民主党派(新中国建国に参加した中国共産党以外の諸党派の総称).
**mínzhǔ gǎigé**【民主改革】名 民主改革.
**mínzhǔ gémìng**【民主革命】名 民主主義革命.
**mínzhǔguó**【民主国】名 民主国. 共和国.
**mínzhǔ jízhōngzhì**【民主集中制】名(政)民主集中制.
**mínzhǔ shēnghuó**【民主生活】名(党派などの)民主的な運営・活動.
**mínzhǔ zhǔyì**【民主主义】名 民主主義. デモクラシー.
**mínzú**【民族】名 民族.
**mínzú gémìng**【民族革命】名 民族革命.
**mínzú gòngtóngyǔ**【民族共同语】名 民族の共通語.

**mínzú qūyù zìzhì**【民族区域自治】名 少数民族地域の自治.
**mínzú tǐyù**【民族体育】名 民族特有のスポーツ. 国技.
**mínzú tónghuà**【民族同化】名 民族の同化.
**mínzúxiāng**【民族乡】名 少数民族が集まって居住する郷.
**mínzú xíngshì**【民族形式】名 一民族特有の表現形式.
**mínzú yīngxióng**【民族英雄】名 民族的英雄.
**mínzú yùndòng**【民族运动】名 民族解放運動.
**mínzú zhǔyì**【民族主义】名 1 民族主義. ナショナリズム. 2 (孫文の三民主義の一つ)民族主義.
**mínzú zīběn**【民族资本】名(経)民族資本.
**mínzú zīchǎn jiējí**【民族资产阶级】名 民族ブルジョアジー.

**mín**【芪】形 作物の生長期が長く成熟が遅い.

**mín**【旻】名(書)秋の空；(広く)空. ¶~受天／ 蒼～／青空.

**mín** 地名用字. "岷山"は四川省と甘粛省の境にある山の名.

**mín**【珉】(瑉・碈) 名(書)玉(ぎょく)のような美しい石.

**mín**【缗】(緡)(古)1 名 釣りさしの縄. 2 量 穴あき銅銭を1千枚単位でまとめたもの：貫. ¶钱三百～／3百貫.

**mǐn**【皿】名 器. ¶器～／日常の容器の総称.

**mǐndūnr**【皿墩儿】名(漢字の部首)さら"皿".

**mǐn**【悯】【憫mǐn】に同じ. ‖姓

**mǐn**【抿】動 1 (口・翼・耳などを)すぼめる, 合わせる. ¶~着嘴儿笑／口をすぼめて笑う. 2 杯や碗に唇を軽く触れてほんの少し飲む. ¶～一口酒／酒をすする. 3 (刷毛に油などをつけて)髪の毛をなでつける.
**mǐnzi**【抿子】名 髪をなでつける小さな刷毛. ▶"篦子"とも.

**mǐn**【黾】(黽) ○

**mǐnmiǎn**【黾勉】動(書)励む；努力する. ▶"僶俛"とも.

**mǐn**【泯】動 消滅する. なくなる. ¶永垂不朽／永久に不滅である.
**mǐnmiè**【泯灭】動(痕跡や印象が)消えてなくなる.
**mǐnmò**【泯没】動(痕跡や功績が)消えてなくなる.

**mǐn**【闽】名 福建省. ‖姓
**mǐncài**【闽菜】名 福建料理.
**mǐnhóng**【闽红】名 福建省の紅茶.
**mǐnjù**【闽剧】名 福建省の福州市周辺で盛んな地方劇.
**mǐnnányǔ**【闽南语】名 閩南語(びんなんご).

mǐnsǔn [闽笋] [名] 福建省特産のタケノコ.

**悯** mǐn [動]〈古〉憂える.
[日] 哀れに思う. ¶～怜～/不憫(ᵇⁱⁿ).

mǐnxī [悯惜] → liánxī [怜惜]

mǐnxù [悯恤] [動]〈書〉不憫に思う. あわれむ.

mǐnzi [笢子] → mínzi [抿子]

**敏** mǐn [形] 素早い. すばやい. ¶神経過～/神経過敏. ‖ [姓]

mǐngǎn [敏感] [形] 敏感である. デリケートである. ¶～装置/知覚装置.

mǐnhuà [敏化] [動] 1 敏感になる. 2 感光する. ¶～剤/感光剤. ¶～纸/感光紙.

mǐnhuì [敏慧] [形] 聡明である. 知恵がある.

mǐnjié [敏捷] [形] 敏捷(ᵇⁱⁿ⁻ˢʰóᵘ)である. 機敏である. ¶思维～/頭の回転がはやい.

mǐnruì [敏锐] [形]（感覚や目が）鋭い. 鋭敏である. ¶嗅觉～/嗅覚が鋭い.

**涽** mǐn 帝王の死後に与えられる贈り名に用いる.

**蟹** mǐn [名]〈魚〉ホンミべ.

## ming（ㄇㄧㄥˊ）

**名** míng [名] 1（～儿）名前. 名称. ¶给小孩儿起个～儿/子供に名を付ける. 2 名目. 口実. ¶以援助为～/援助を口実とする. 3 名声. 名誉. ¶出～/有名になる.
[量] 1（身分・職業をもつ人の）人数や正員を数える. ¶七百多～职員/700余名の従業員. 2 席次を表す. ¶围棋比赛第二～/囲碁の試合の第2位.
[動] 名を…という. ¶鲁迅本姓周, ～树人/鲁迅の本姓は周, 名は树人という.
[日] 1 言い表す. 名乗り～状/名状しがたい. 2 有名である. ¶～→城.
‖ [姓]

míng bù fù shí [名不副实]〈成〉名実相伴わない. 有名無実である. ▶"名不符实"とも.

míng bù xū chuán [名不虚传]〈成〉名に恥じない. 評判にたがわない.

míngcè [名册] [名] 名簿.

míngchǎn [名产] [名] 名産.

míngchéng [名称] [名] 名称.

míngchéng [名城] [名] 有名な都市.

míngchú [名厨] [名] 有名な料理人.

míng chuí qiān gǔ [名垂千古]〈成〉永遠に名が残る.

míng chuí qīng shǐ [名垂青史]〈成〉名を歴史に残す. 名が後世まで伝えられる.

míngcí [名词] [名] 1〈語〉名詞. 2（～儿）術語. 用語. 3〈論〉名辞.

míngcì [名次] [名] 名前の順番. 席次.

míngcì [名刺] [名]〈書〉名刺.

míng cún shí wáng [名存实亡]〈成〉名ばかりで実質がない. 有名無実である.

míngdān [名单] [名]（～儿）名簿. 人名表.

míng'é [名额] [名] 定員. 定数.

míngfèn [名分] [名]〈書〉身分.

míng fù qí shí [名副其实]〈成〉名実相伴う. 評判どおり. ▶"名符其实"とも.

míngguì [名贵] [名] 有名で貴重な.

mínghào [名号] [名] 1 人の名と号. 2 名称.

mínghuī [名讳] [名]（旧）目上の人, または尊敬する人の名前.

míngjì [名迹] [名] 1 有名な古跡. 名所. 2 名家の筆跡. 3〈書〉名声と偉業.

Míngjiā [名家]（諸子百家の一）名家(ᵏᵃ).

míngjiā [名家] [名] 著名人. 名人.

míng jiāng lì suǒ [名缰利锁]〈成〉名利のきずな；名利のために束縛されること.

míngjiàng [名将] [名] 名将；花形選手.

míngjiào [名教] [名] 名教. 名分を明らかにする儒教の道徳観.

míngjié [名节] [名] 名誉と節操.

míngjiǔ [名酒] [名] 名酒.

míngjù [名句] [名] 名句. 有名な詩句.

míngjué [名角] [名]（～儿）花形役者. 名優.

míngkuǎn [名款] [名]（作者の名の）落款(ᵏᵃⁿ).

mínglì [名利] [名] 名利. 名誉と利益.

míng lì shuāng shōu [名利双收]〈成〉名誉・財力ともに手に入れる.

mínglìchǎng [名利场] [名] 名誉や利益を競う場所.

míng liè qián máo [名列前茅]〈成〉試験や競技などで優秀な成績を収める；トップクラスにある.

mínglíng [名伶] [名]（旧）名優.

míngliú [名流] [名] 名士. 著名人.

mínglù [名录] [名] 1 名鑑. 名簿. 2（電算）名簿.

míng luò sūn shān [名落孙山]〈成〉〈婉〉試験に落第する.

míngmén [名门] [名] 名門.

míngmó [名模] [名] 有名なモデル.

míngmù [名目] [名] 1 事物の名称. 2（転）名目. 口実.

míngpái [名牌] [名]（～儿）有名ブランド. ¶～货/ブランド品. ¶～大学/有名大学. 2 名札. 標札.

míngpiān [名篇] [名] 名高い文章.

míngpiàn [名片] [名]（～儿）名刺.

míngpiào [名票] [名] 有名な素人役者.

míngpǐn [名品] [名] 名品.

## míng

**míngqi**【名气】[名]〈口〉評判. 名声.
**míngrén**【名人】[名] 著名人. 有名人.
**míngrén xiàoyīng**【名人效应】[名] 有名人効果.
**míngshān**【名山】[名] 名山.
**míng shān dà chuān**【名山大川】〈成〉名山と大河; 景勝の地.
**míngshēng**【名声】[名] 名声. 評判.
**míngshèng**【名胜】[名] 名勝. 名所.〔处〕¶~古迹/名所旧跡.
**míngshī chū gāotú**【名师出高徒】〈諺〉すぐれた師匠からは立派な弟子が出る.
**míngshì**【名士】[名]〈旧〉1 (詩や文章で)名高い人. 2 (在野)の名士.
**míngshì**【名氏】[名] 姓名.
**míngshìpài**【名士派】[名]〈旧〉名士かたぎ. 名士肌.
**míngshǒu**【名手】[名]〈文章・技芸など の〉名人. 名人.
**míngshù**【名数】[名]〈数〉名数.
**míngsù**【名宿】[名] 名高い大家. 先輩.
**míngtáng**【名堂】[名] 1 あの手この手. いろいろな種類や名目. 2 成果. 結果. 3 内容.
**míngtiě**【名帖】[名] 名刺.
**míngtou**【名头】[名]〈方〉名声. 評判.
**míngwàng**【名望】[名] 声望.
**míngwèi**【名位】[名] 名声と地位.
**míngwù**【名物】[名] 1 有名な物. 2 物の名前と形状.
**míngxià**【名下】[名]〈…の〉名義で;〈…の〉殿下.
**míng xià wú xū**【名下无虚】〈成〉名に誇張はない; 評判に背かない.
**míngxián**【名衔】[名] 肩書き.
**míngxīng**【名星】[名]→míngxing【明星】
**míngxué**【名学】[名]〈旧〉論理学.
**míngyán**【名言】[名] 名言.
**míngyì**【名义】[名] 1 [名] 名義. 名目. 2 表面上. 形式上.
**míngyì gōngzī**【名义工资】[名]〈経〉(←实际工资)名目賃金.
**míngyōu**【名优】[名] 1 [名] 名優. 2 [名](商品が)有名で質が高い. ¶~商品/一流品.
**míngyù**【名誉】[名] 1 [名] 名誉. 評判. ¶爱惜~/名誉を重んじる. 2 [区別] 名誉としての. ¶~主席/名誉議席長.
**míngyuàn**【名媛】[名]〈書〉名望のある女性.
**míng zào yī shí**【名噪一时】〈成〉一時大いに名を上げる. 一時期大評判となる.
**míngzhāng**【名章】[名] 名前を彫った印章.
**míng zhèng yán shùn**【名正言顺】〈成〉名分が正しく道理も通っている.
**míngzhù**【名著】[名] 名著.
**míngzhuàng**【名状】[動] 名状する. ¶难以~/言い表し難い言い難しい.
**míngzi**【名字】[名] 1 (人の)名. 名前. ¶你叫什么~？——我叫马新民/お名前は何といいますか――馬新民と申します. 2 (事物の)名. 名称.
**míngzuǒ**【名嘴】[名](テレビ・ラジオの)名司会者.
**míngzuò**【名作】[名] 名作.

## 明

**míng**【明】[形] 1 明るい. 輝いている. ¶天~了/夜が明けた. 2 明らかである. ¶真相不~/真相が明らかでない. ¶讲~道理/理屈をはっきりさせる. 3 あからさまである. 包み隠しのない. ¶有话~说/話があればはっきり言ってください. 🈯 ①(わかる. ¶深~大义/大義をよくわきまえている. ②目が利く. ¶眼~手快/目も利くし, 仕事も速い. ③視覚. ¶失~/失明する. ④心にやましいところがない. ¶光~正大/公明正大である. ⑤翌. 次の. ¶→~天. ‖[姓]

**míng'àn**【明暗】[名] 明暗.
**míngbǎizhe**【明摆着】[形] 目に見えて明らかである. わかりやすい.
**míngbai**【明白】1 [形] 1 明白である. 明らかである. はっきりしている. 2 おおっぴらである. あいまいでない. 3 物わかりがよい. 賢明である. ¶一~人. 2 [動] わかる. 理解する. ¶我的话你～了吗？——~了/私の話がわかりましたか――わかりました.
**míngbèifēi**【明背飞】[名] 睹場.
**míngbáirén**【明白人】[名] 話のわかる人;業務に通じている人.
**míng biàn shì fēi**【明辨是非】〈成〉白黒を明らかにする. 是非をはっきりさせる.
**míngcàncàn**【明灿灿】[形]〈~的〉明るく鮮やかなさま.
**míngchá**【明察】[動] 明察する. はっきり見透かす.
**míng chá àn fǎng**【明察暗访】〈成〉徹底的に調査する.
**míng chá qiū háo**【明察秋毫】〈成〉眼力があり, どんな小さなことも見逃さない.
**míngchàng**【明畅】[形](言葉や文章が)わかりやすく通りがよい.
**míngchè**【明澈】[形] 澄みきっている. 透き通っている.
**míngchù**【明处】[名] 1 明るい所. 2 公開の場. 人前.
**míngdá**【明达】[形]〈書〉聡明で事理に通じる.
**míngdēng**【明灯】[名] 明るいともし火;〈喩〉民衆を正しい方向に導く人や事物.
**míngduàn**【明断】[動] 明断. 明快で公正な判断.
**míngfán**【明矾】[名]〈化〉明礬(ばん).
**mínggōu**【明沟】[名] 明渠(きょ). 無蓋溝.
**mínghòutiān**【明后天】[名] あすあさって;そのうち.
**mínghuǎnghuǎng**【明晃晃】[形]〈~的〉ぴかぴかである. きらきらと光る. 煌々(こうこう)たる.

**mínghuì**【明慧】形〖書〗聡明である.
**mínghuǒ**【明火】名1〖古〗(古代銅鏡などで)太陽の光を絞って取った火.2(↔暗火)炎の火,火.

**míng huǒ zhí zhàng**【明火執仗】〈成〉たいまつをかざし,武器を手にする;公然と略奪をする.
**míngjiānr**【明間儿】名(↔暗間儿)直接外に出られる部屋.
**míngjiàn**【明鑑】名1 明鏡.2 参考になる教訓.
**míngjiāo**【明胶】名ゼラチン.
**míngjiào**【明教】名〈敬〉ご高説,ご教示.¶願聆~/ご高話を拝聴したい.
**míngjīng**【明旌】→míngjīng【铭旌】
**míngjìng**【明净】形明るくてきれいである.
**míngjìng**【明镜】名曇りのない鏡.
**míng jìng gāo xuán**【明镜高悬】〈成〉裁判官の判決が公正である.
**míngkuài**【明快】形1(性格などが)朗らかでさっぱりしている.2(文章・音楽などが)朗らかですっきりしている.3〈方〉明快.
**míng lái àn wǎng**【明来暗往】〈成〉正面あるいは公然と,あるいはひそかに交わる[接触をもつ].
**mínglǎng**【明朗】形1(空などが)明るい.¶天空特別~/空が非常に晴れ渡っている.2 はっきりしている.明らかである.¶態度很~/態度がはっきりしている.3 明朗である.朗らかである;(色調が)明るい.
**mínglǐ**【明理】1 動道理をわきまえる.2 名(~儿)明白な道理.
**mínglì**【明丽】形(景色が)明るく美しい.
**mínglǐ**【明里】副(↔暗里)表向き.表面上.
**míngliàng**【明亮】形1(光線が)明るい.¶这间屋子很~/この部屋はとても明るい.2 きらきら光る.¶~的大眼睛/きらきら光る大きな目.3 はっきりする.4 澄んでよく響く.
**míngliǎo**【明了】1 動はっきりする;はっきりさせる.2 形明瞭である.
**mínglìng**【明令】名条文で公布された命令.
**míngmǎ**【明码】名1 暗号に対して普通の電報符号.2 正札.表示価格.
**míng méi zhèng qǔ**【明媒正娶】〈成〉仲人を立てて正式にめとる;公明正大.
**míngmèi**【明媚】形1(風景が)美しい;(目が)清らかで美しい.
**míngmiàn**【明面】名(~儿)公の場.表面.
**míngmiè**【明灭】動(明かりが)明滅する.
**míngmíng**【明明】副明らかに.たしかに.
**míng móu hào chǐ**【明眸皓齿】〈成〉輝くひとみと白く美しい歯.
**míng mù zhāng dǎn**【明目張胆】〈成〉何はばかるところなくやる[悪事をはたらく].
**míngnián**【明年】名来年.
**míngpán**【明盘】名(~儿)〈旧〉(商売で)市場価格.正常価格.
**míngpìn**【明聘】人材を公募して採用する.
**míng pū àn gài**【明铺暗盖】〈成〉まともでない男女関係.不倫の関係.
**míngqì**【明器】名〈古〉(古代の)墓に副葬する器物.
**míngqiánr**【明前儿】名(緑茶の一種)清明節の前に摘まれた若芽.
**míng qiāng àn jiàn**【明枪暗箭】〈成〉正面からと背後からの攻撃.
**míngqiǎng**【明抢】動公然と略奪する.
**míngqínglǐr**【明情理儿】名〈方〉わかりきった道理.
**míngqú**【明渠】名開水路.無蓋溝.
**míngquè**【明确】1 形明確である.はっきりしている.¶目的~/目的がはっきりしている.2 動明確にする.はっきりさせる.
**míngr**【明儿】名1 あした.2〈喩〉将来.そのうち.
**míngrén**【明人】名1 目の見える人.2 光明正大な人.
**míngrì**【明日】名〖書〗あす.明日.
**míng rì huáng huā**【明日黄花】〈成〉時期が過ぎて価値を失った事物.十日の菊.
**míngruì**【明锐】形1 鋭利である.2 鋭敏である.
**míngshǎnshǎn**【明闪闪】形(~的)きらきらと光るさま.
**míngshí**【明石】名→míngfán【明矾】
**míngshì**【明示】動賢明な指示を行う.
**míng/shì**【明誓】→méng/shì【盟誓】
**míngshuō**【明说】動はっきりと言う.明言する.
**míngtàiyú**【明太鱼】〈魚〉スケトウダラ.
**míngtáng**【明堂・明塘】名〈方〉1 脱穀場.穀物を干す所.2 庭.
**míngtiān**【明天】名1〈喩〉あす.あした.明日.2〈喩〉(近い)将来.¶幸福的~/幸せな未来.
**míngwén**【明文】名文文.文面.
**míngxī**【明晰】形明晰である.
**míngxì**【明细】形明確で詳しい.
**míngxìzhàng**【明细账】〈略〉(取引先別・品目別の)明細帳簿.
**míngxiā**【明虾】名〈動〉タイショウエビ.クルマエビ.
**míngxiǎn**【明显】形はっきりしている.明らかである.¶~的変化/著しい変化.
**míngxiàn**【明线】名〈文学作品で伏線に対して〉直接の話の筋.
**míngxiàn guāngpǔ**【明线光谱】名〈物〉輝線スペクトル.
**míngxiǎo**【明晓】動わかる.通暁(つう)する.

**míng xiào dà yàn**【明效大验】〈成〉顕著な効果.
**míngxìnpiàn**【明信片】[名]郵便はがき. はがき.【张】¶寄～/はがきを出す.¶美术～/絵はがき.
**míngxīng**【明星】[名] 1 スター. 花形.¶电影～/映画スター. 2〈古〉金星.
**míng xiū zhàn dào, àn dù chén cāng**【明修栈道,暗渡陈仓】〈成〉表向きの行動で人々の目を欺き,他の目的をねらう.
**míngxiù**【明秀】[形]風光明媚(が)である.
**míngyǎnrén**【明眼人】[名]見識のある人.目利き.
**míngyàn**【明艳】[形]色鮮やかで美しい.
**míngyóu**【明油】[名](つや出しのために)料理の仕上げにつける油.
**míngyù**【明喻】[名]〈語〉直喩.
**míngzǎo**【明早】[名](～儿) 1 明朝. 2〈方〉あす.
**míngzhàng**【明仗】[名](～儿)盲人用の杖.
**míng zhé bǎo shēn**【明哲保身】〈成〉こざかしく保身の術にたけている.
**míng zhēng àn dòu**【明争暗斗】〈成〉公然とまたひそかに闘争を繰り広げる.
**míngzhèng**【明证】[名]明らかな証拠.
**míng zhèng diǎn xíng**【明正典刑】〈成〉法律に照らし極刑に処する.
**míngzhī**【明知】[動]よく知っている. 百も承知である.¶～故问/知っていながらわざと尋ねる.
**míngzhì**【明志】[動]〈書〉志を明らかにする.
**míngzhì**【明智】[形]賢明である. 聡明である.
**míngzhū**【明珠】[名](喩)愛する人・物.
**míng zhū àn tóu**【明珠暗投】〈成〉 1 善良な人が悪党の一味になる. 2 才能のある人が認められずに民間に埋もれている.
**míngzi**【明子】[名]〈方〉たいまつ.

## 鸣

**míng**【鸣】[動]〈鸟兽や昆虫が〉鸣く;鸣る.¶鸡～/ニワトリが鸣く.¶汽笛～了三声/サイレンが3回鸣り响いた. ➊(意见・主张・気持ちなどを)表明する.¶～不平/不平を言う.‖[姓]

**míngbiān**【鸣鞭】[動]むちを鸣らす.
**míngdí**【鸣笛】[動] 1 汽笛やクラクションを鸣らす. 2 ホイッスルを鸣らす.
**míngdí**【鸣镝】[名]かぶら矢.
**míngdíbàoxiǎng**【鸣笛报响】〈铁道〉の「警笛鸣らせ」の標識.
**míngfàng**【鸣放】[動] 1 (礼砲・爆竹などを)鸣らす. 2 大いに意見を発表する.
**míng gǔ gōng zhī**【鸣鼓攻之】〈成〉相手の罪をはっきり指摘して攻撃をおこなる.
**míngjiào**【鸣叫】[動](鸟や昆虫などが)鸣く.

**míngjīn**【鸣金】[動]〈古〉どらを鸣らす. 撤収する.
**míng luó kāi dào**【鸣锣开道】〈成〉〈貶〉根回しをする. 新しい物事のために世論作りをする.
**míngqiāng**【鸣枪】[動]銃を鸣らす;(空に向かって)発砲する.
**míngqín**【鸣禽】[名]ツグミ・ウグイスなど声のよい小鸟.
**míngshào**【鸣哨】[動]ホイッスルを鸣らす;(试合が)开始される.
**míngxiǎng**【鸣响】[動]鐘・铳砲などが鸣り響く.
**míngxiè**【鸣谢】[動]〈書〉謝意を表する.
**míng yuān jiào qū**【鸣冤叫屈】〈成〉無実を訴える.
**míngzhuàn**【鸣啭】[動](鸟が)美しく鸣く.

## 茗

**míng**【茗】茶の木の若芽;茶.¶品～/茶を味わう.

## 洺

**míng** 地名用字.“洺河”は河北省にある川の名.

## 冥

**míng**【冥】① 1 暗い.¶幽～/(物事の世界に)暗い. 2 愚かである.¶深～. ¶～～想. ④あの世.¶～～府.

**míng'àn**【冥暗】[形]暗い.
**míngchāo**【冥钞】[名]紙銭. 葬式などのとき焼く、おもちゃの紙幣.
**míngfǔ**【冥府】[名]冥界.冥土.
**míngmáng**【冥茫】[形]〈書〉渺漠(ばく)としている.広くはっきり見えないさま.
**míngméng**【冥蒙】[形]〈書〉暗いさま.
**míngqì**【冥器】→míngqì|明器】
**míngshòu**【冥寿】[名]故人の誕生日.
**míng sī kǔ suǒ**【冥思苦索】〈成〉思案にふける.知恵をしぼる.
**míngwán**【冥顽】[形]〈書〉頑固である.
**míngwángxīng**【冥王星】[名]〈天〉冥王星.
**míngxiǎng**【冥想】[動]瞑想する.
**míngyī**【冥衣】[名]葬式のときに焼く紙製の衣服.

## 铭

**míng**【铭】 1 銘.¶墓志～/墓誌銘. 2 銘記する.¶～～心.‖[姓]

**mínggǎn**【铭感】[動]〈書〉感銘する.
**míngjì**【铭记】[動] 1 銘記する. 深く心に刻む. 2 銘文.
**míngjīng**【铭旌】[名]〈旧〉死者の官位姓名を記して、ひつぎの前に立てる旗.
**míngkè**【铭刻】[動] 1 (器物に)銘文を鋳る、銘文を刻む. 2 →míngjì|【铭记】
**míngpái**【铭牌】[名]機械などに取り付ける)名称・製造者・性能などを記したプレート.
**míngwén**【铭文】[名](器物に刻んだ)銘文、銘.
**míngxīn**【铭心】[動]心に銘記する.
**míng xīn kè gǔ**【铭心刻骨】〈成〉心に銘記して永遠に忘れない.

## 蓂

**míng** ➊

**míngjiá**【蓂荚】名〈古代の伝説で〉瑞草の名. こよみ草. 暦草.

**míng**【溟】名〈書〉海. ¶东~/東の海. ¶北~/北の海.

**míngmáng**【溟濛】→ míngmáng【冥茫】

**míngméng**【溟濛】形〈書〉(煙や霧が立ちこめて)茫漠としたさま.

**míng**【暝】動〈古〉日が暮れる. ¶日将~/日が暮れようとしている. ¶天色已~/日はすでに落ちた. 日たそがれ. ¶薄bó~/夕暮れ.

**míng**【瞑】動①目を閉じる. ②目がくらむ.

**míngmù**【瞑目】動①目を閉じる. ②心残りなく死ぬ.

**míngxuàn**【瞑眩】動〈中医〉薬の副作用で目まいがする.

**míng**【螟】日メイチュウ. ズイムシ.

**míngchóng**【螟虫】名〈虫〉メイチュウ. ズイムシ.

**míng'é**【螟蛾】名〈虫〉メイガ. ズイムシの成虫.

**mínghài**【螟害】名〈農作物の〉メイチュウによる被害.

**mínglíng**【螟蛉】名養子の別称.

**mǐng**【酩】◯

**mǐngdǐng**【酩酊】形 したたか酒に酔うさま. 酩酊(めい)している. ¶大醉zuì/酔いつぶれる.

**mìng**【命】名1 命. 生命.[条]2 運命. ¶苦/运が悪い.
2動 命ずる.
日①命令. ¶奉~/命によって. ②(名称などを)与える. ¶~名.

**mìng'àn**【命案】名 殺人事件.

**mìngbǐ**【命笔】動〈書〉筆を執る.

**mìngbó**【命薄】形 幸が薄い.

**mìngdà**【命大】形 運が強い. 幸運である.

**mìngdìng**【命定】動(…するように)運命づけられている.

**mìnggēnzi**【命根子】名1 命の綱; 最も大切なもの. 2〈喩〉男の跡継ぎ. ▶"命根"とも.

**mìngguān**【命官】名 朝廷から任命された官吏.

**mìngjià**【命驾】動〈書〉車を用意させる;車に乗って出発する.

**mìnglìng**【命令】1 動 命じる. 2 名 1 命令. ¶下~/命令を下す. 2〈電算〉コマンド.

**mìnglìngjù**【命令句】名〈語〉命令文. ▶"祈使句"とも.

**mìnglìng zhǔyì**【命令主义】名 命令主義. ▶官僚主義の一種.

**mìngmài**【命脉】名 命脈;〈喩〉最も重要なもの.

**mìngmén**【命门】名〈中医〉人体の二つの腎臓の間の部分をさす.

**mìngmíng**【命名】動 命名する.

**mìngshù**【命数】名 命数. 運命. めぐり合わせ.

**mìng//tí**【命题】1 動 題目を出す. ¶~作文/題目を与えて作文させる. 2 名〈論〉命題.

**mìngtú**【命途】名〈書〉一生の経歴. 人生.

**mìng tú duō chuǎn**【命途多舛】〈成〉挫折や失敗を繰り返した人生.

**míngxiàng shēnggēn**【命相生根】名〈旧〉生年月日・時刻と干支.

**mìngyì**【命意】1 動〈文章・絵画などの〉主題を決める. 2 名 意味.

**mìngyùn**【命运】名 1 運命. 2 命運.

**mìng zhōng zhù dìng**【命中注定】〈成〉(そうなるように)運命づけられている. ▶"命里注定"とも.

**mìngzhòng**【命中】動 命中する.

## miu (ㄇㄧㄡ)

**miù**【谬】日 誤り. ¶大~不然/大きな誤りである. ‖姓

**miùchuán**【谬传】名 まちがった言い伝え.

**miùcuò**【谬错】→ miùwù【谬误】

**miùjiǎng**【谬奖】動〈謙〉ほめすぎる.

**miùlùn**【谬论】名 まちがった議論;でたらめな理屈.

**miùshuō**【谬说】名 謬論. でたらめな理屈.

**miùwù**【谬误】名 誤謬. 誤り. 過ち.

**miùzhǒng**【谬种】名1 まちがった言論や学術流派. 2〈罵〉できそこない.

**miù zhǒng liú chuán**【谬种流传】〈成〉まちがった言論や学説が世間に広まる.

**miù**【缪】→ pīmiù【纰缪】
異読⇒ miào, móu

## mo (ㄇㄛ)

**mō**【摸】動1（手で）触る, なでる. ¶他~着孩子的肩膀说/彼は子供の肩をなでながら言った. 手探りする, 手探りで取る. 2〈从口袋里～出一把刀来/ポケットからナイフを取り出した. 3（状況を）探る, 探ってつかむ. ¶~行情/相場を探る. 4 暗やみを行く.

**mōbuzháo**【摸不着】動+可補 つかめない, 探り当てられない. ¶~头脑/さっぱりわけがわからない.

**mō//cǎi**【摸彩】動 福引を引く.

**mō//dǐ**【摸底】動1（内情を）探る. 探りを入れる. 2 詳しく知る.

**mōdǐ kǎoshì**【摸底考试】名 模擬試験.

**mō dǐxì**【摸底细】内情を探る.

**mōgāo**【摸高】動 高値を探索する.

**mō/hēir**【摸黑儿】〈口〉暗やみの中で手探りをする.

**mō//ménr**【摸门儿】〈口〉(やり方が)少しわかる. こつをつかむ.

**mōpái**【摸排】動 警察所が事件解決のため、容疑者に対して内偵を行う.

## mó

**mōsuǒ**【摸索】[動] 1 手探りで進む. 2 模索する.

**mō//tóu**【摸头】〔~儿〕〈口〉(多く否定形で)多少わかる.

**móxià**【模下】→**mó/héir**【摸黑儿】

**mó//yíng**【摸营】[動] やみにまぎれて敵の兵営を急襲する.

### 无(無)
異読⇒**wú**

### 谟
**mó**【谟】[名]計画. 策略. ¶宏~/偉大な計画.

### 馍(饃)
**mó**【馍】[名]〈方〉蒸しパン. マントー. ¶蒸~/蒸しパン(を作る).

**mómó**【馍馍】[名]〈方〉マントー.

### 嫫
**mó**人名用字. "嫫母"は伝説中の醜女. 嫫母(ぼ).

### 摹
**mó**【摹】[動]手本どおりに書いたり,描いたりする. ¶把这幅画~下来/この絵をなぞって描き写す.

**móběn**【摹本】[名] 模写「翻刻」による複製本.

**móhuì**【摹绘】[動]→**miáohuà**【描画】

**mókè**【摹刻】[動] 1 書画を模写して版木を彫り直す. 2 [名] 書画複製品. 模刻本.

**mónǐ**【摹拟】→**mónǐ**【模拟】

**móxiě**【摹写】[動] 1 (手本を)模写する. 2 (広く)描写する.

**móyìn**【摹印】[動] 1 書画を模写し印刷する. 2 [名]〈古〉印鑑に用いられた字体の一つ.

**mózhuàng**【摹状】[動]敷き写しする. 模写する.

### 模
**mó**[一] [名] ①型. 規範. 標準. ¶楷~/模範. ②ならう. まねる. ¶~~仿. ③模数となる人物・事物. ④あいまいである. ¶~~糊 hu.
異読⇒**mú** [二] [姓]

**móběn**【模本】[名]手本. 臨本.

**mófàn**【模范】[名]**模範. 手本.** ¶劳动~/模範的労働者.

**mófǎng**【模仿】[動]**まねる. 模倣する.**

**mófǎngxiù**【模仿秀】[名]ものまねショー. ▶"秀"は英語showの音訳.

**móhu**【模糊】[形]ぼんやりしている; はっきりしない; あいまいである. ¶记忆~了/記憶がぼやけてしまった. 2[動]混同する. ほかす. あいまいにする. ¶*模胡*.

**móhu shùxué**【模糊数学】[名] ファジー理論.

**mókuài**【模块】[名]〈電算〉モジュール.

**móléng**【模棱】[形]態度や意見などがどっちつかずである, はっきりしない, 明確でない.

**mó léng liǎng kě**【模棱两可】〈成〉あいまいでどちらにもとれる. どっちつかずである.

**mónǐ**【模拟】[動] 1 まねる. にせる. 2[名] シミュレーション.

**móshì**【模式】[名] モデル. パターン.

**móshìhuà**【模式化】[動]パターン化する. 類型化する.

**mótèr**【模特儿】[名](絵画・彫刻・ファッションなどの)モデル. ¶时装~/ファッションモデル.

**móxiào**【模效】→**móxiào**【摹效】

**móxiè**【模写】→**móxiě**【摹写】

**móxíng**【模型】[名] 1 模型. 2型; 鋳型. ▶俗称は"模子múzi".

**móyā**【模压】[名]〈機〉型プレス. 型打ち.

### 膜
**mó**【膜】[名]〔~儿〕(人や動物の体内の)膜;(膜のように)薄い皮. ¶耳~/鼓膜. ¶牛奶上结jié了一层薄báo~/ミルクの表面に薄い膜が張った.

**móbài**【膜拜】[動]ひれ伏す. ¶顶礼~/権力などにひれ伏す.

**móchìmù**【膜翅目】[名]〈虫〉膜翅目(もくし)目.

### 麽
**mó**→**yāomó**【幺麽】[姓]

### 摩
**mó**[一] [動] 1 こする. 触れる. ¶摩天大楼. 2 探求する. ¶揣chuǎi~/じっくり考える. [二]
異読⇒**mā**

**mócā**【摩擦】 1 [動]〈物〉**摩擦する.** 2[名] 個人または部党派の間での)摩擦, あつれき. ¶两个人经常发生~/二人の間にはもめごたえが起こる.

**mócālì**【摩擦力】[名]〈物〉摩擦力.

**mócāyīn**【摩擦音】[名]〈語〉摩擦音.

**módēng**【摩登】[形] モダンである.

**módiàndēng**【摩电灯】[名]〔自転車の)ダイナモ(発電機)付きのライト.

**mó'ěr**【摩尔】[量]〈化〉モル. グラム分子. ▶略称は"摩".

**mó jiān jiē zhǒng**【摩肩接踵】〈成〉人が押し合いへし合いをするさま.

**mójiézuò**【摩羯座】[名]〈天〉 1 山羊座. 2(黄道十二宫の一)摩羯宫.

**mó quán cā zhǎng**【摩拳擦掌】〈成〉腕を鳴らし手ぐすね引く; 闘志満々.

**mósī**【摩丝】[名]整髪用ムース.

**mósuō**【摩挲】[動]手でなでる, さする. ⇒**māsā**

**mótiān**【摩天】[形]天に届くほどの. ¶~大楼/摩天楼.

**mótuō**【摩托】[名] 1 モーター. 2 オートバイ.

**mótuōchē**【摩托车】[名] オートバイ. [補] 骑~/バイクに乗る.

**mótuōtǐng**【摩托艇】[名] モーターボート. ¶条,只,艘,个 」/"摩托艇"を数える.

**móyá**【摩崖】[名]懸崖などに文字や仏像を彫ったもの.

### 磨
**mó**[一] [動] 1 こする. こすれる. ¶~破了几个泡/すれていくつかのまめが破れた. 2 磨く, 研ぐ. ¶把菜刀~一下/包丁を研ぐ. 3 苦しめる. ¶这件事一直~着他的心/この事件はずっと彼の心をさいなんでいる. 4 だだをこねる. ¶孩子老~着妈妈要玩具具/子供はいつもお母さんにおもちゃをねだる. 5 **磨滅する.** ¶不~的真理/不滅の真理. 6

ぐずぐずして時間をつぶす．¶別～
了，快点儿干吧／ぐずぐずしないで，
早くやろう．**異読⇨mò**

**móbǎnjī**【磨版机】名（印）砂目立て機．研磨機．

**mócā**【磨擦】→**mócā**【摩擦】

**móceng**【磨蹭】動 1（軽く）こする．2 のろのろと進む．3 しつこくねだる．2形 ぐずぐずしている．¶不要那么磨蹭磨蹭趕快走吧／そんなにぐずぐずしないで早く行きなさい．

**mó chuān tiě yàn**【磨穿铁砚】成 根気よく忍んで勉強する．

**móchuáng**【磨床】名（機）研磨機．砥粒盤．

**mó dāo bù wù kǎn chái gōng**【磨刀不误砍柴工】諺 事前に十分準備する仕事も遅れない．

**mó dāo huò huò**【磨刀霍霍】成 刀をしゅっしゅっと研ぎにかかる．（敵が）攻め込む準備をする．

**módāoshí**【磨刀石】名 砥石．

**mógé**【磨革】動 革をなめして柔らかくする．

**mógōng**【磨工】名（機）1 研磨作業．2 研磨工．

**mó gōngfu**【磨工夫】動 ひまつぶしをする．時間を消耗する．

**mó∕guāng**【磨光】動+結補 磨いてぴかぴかにする．

**móhào**【磨耗】→**mósǔn**【磨损】

**móhé**【磨合】動 1（エンジンなどの）慣らし運転をする．2 徐々になじませる．3 協調し調整する．

**mólì**【磨砺】動（書）練磨する；〈喩〉鍛きをかける．

**móliàn**【磨练・磨炼】動（困難の中で）鍛える．

**móliào**【磨料】名 研磨剤．

**mólún**【磨轮】名（～儿）砥石車．

**mómiàngé**【磨面革】名 もみ革．バフ．

**mómiè**【磨灭】動 磨滅する．

**mónàn**【磨难】名 苦しみ．難儀．

**mó quán cā zhǎng**【磨拳擦掌】→**mó quán cā zhǎng**【摩拳擦掌】

**móshā bōli**【磨砂玻璃】名 すりガラス．¶～"毛玻璃"ともいう．

**mó shétou**【磨舌头】慣 くだらないことを言う．むだ口をたたく．つまらないことで言い争う．

**móshí**【磨蚀】動 1（地質）浸食する．2〈喩〉徐々に消し去る．

**mósǔn**【磨损】動 磨損する．擦り減る．**異読⇨mò·sǔn**

**móxiāo**【磨削】動（機）研削する．

**mó∕yá**【磨牙】動 1（方）減らぬ口をたたく；無意味で言い争いをする．2 歯ぎしりをする．3 日昼歯．

**mó yángōng**【磨洋工】慣 1 働いていると見せかけて，実際は仕事をサボる．2 だらだらと仕事をする．

**mózhé**【磨折】動 いじめる．虐待する；苦しめる．

**mó∕zuǐ**【磨嘴】方 1 → **mó∕yá**【磨

牙】2 → **mó zuǐpízi**【磨嘴皮子】

**mó zuǐpízi**【磨嘴皮子】慣 ぺちゃくちゃしゃべる；口を酸っぱくして言う．

## 嬷 mó ⓞ

**mómo**【嬷嬷】代〔方〕おばあさん．

## 蘑 mó Ⓗ キノコ．¶口～／モウコシメジ．¶鲜～／（日干しにしていない）キノコ．

**mógu**【蘑菇】名 1〔植〕キノコ．2 ぐずぐずする；ねばる；だだをこねる．¶泡pào～／ぐずぐずと時間をつぶす．

**móguyún**【蘑菇云】名 きのこ雲．

## 魔 mó Ⓗ 1 名 魔物．1 妖～／妖怪．2 神秘的である．不思議である．

**mófǎ**【魔法】名 魔法．妖術．

**mófāng**【魔方】名 ルービックキューブ．

**móguài**【魔怪】名 妖怪．化け物；〈喩〉邪悪な人間〔勢力〕．

**móguǐ**【魔鬼】名 魔物．悪魔；〈喩〉邪悪な人間〔勢力〕．

**mógùn**【魔棍】名 魔法の杖．

**móhuàn**【魔幻】形 神秘的である．変化がめまぐるしい．

**mókū**【魔窟】名 魔宮；〈喩〉悪人の集まる所．

**mólì**【魔力】名 1 魔力．2 魅力．

**mónàn**【魔难】→**mónàn**【磨难】

**móshù**【魔术】名 マジック；手品．¶演～／手品をやる．¶变～／手品をする．

**mówáng**【魔王】名 1〈仏〉魔王．悪鬼．2〈喩〉暴君；極悪人．¶杀人～／殺人鬼．

**móyù**【魔芋】名〔植〕コンニャク．コンニャクイモ．

**mózhǎng**【魔掌】名〈喩〉魔手．

**mózhàng**【魔杖】名 魔法の杖．手品用のステッキ．

**mózhàng**【魔障】名〈仏〉魔障．

**mózhǎo**【魔爪】名 魔の手．

**mózheng** 【魔怔】形〔方〕狂気じみている．

## 抹 mó ❶動 1 塗りつける．¶在面包上～点儿黄油／パンにバターを塗る．2 ぬぐい取る．ふく．¶用餐巾～～嘴／ナプキンで口をふく．3 抹消する．¶把A公司的名字从名单上～掉／名簿からA社の名前を抹消する．❷量（筆で絵の具をなすりつけるような）動作の回数を表す．¶一～曙光／一筋の曙光．¶几～薄云／いく筋かの薄い雲．
**異読⇨mǒ，mò**

**mǒ bízi**【抹鼻子】慣〔方〕泣く．

**mǒ bózi**【抹脖子】慣 首をかき切って自殺する．

**mǒ∕cǎi**【抹彩】動（伝統劇で）役者のくまどりをする．

**mǒ∕fěn**【抹粉】動 おしろいをつける．

**mǒ∕hēi**【抹黑】動〈喩〉顔をつぶす．恥をかかせる．¶别往父脸上～／親の顔に泥を塗るようなことをする．

**mǒhuī**【抹灰】動（顔に）すすを塗る；〈喩〉面子を汚す．

# mò

**mò//lèi**【抹泪】[動]〈口〉涙をぬぐう．泣く．

**mǒ//líng**【抹零】[動](~儿)《金を払うとき》端数を切り捨てる．

**mǒshā**【抹杀・抹煞】[動]抹殺する．¶一笔~/簡単に抹殺してしまう．

**mǒ xīní**【抹稀泥】[慣]《紛争の仲裁にあたって》いい加減に双方を収めようとする．

**mǒxiāngjīng**【抹香鲸】[名]〈動〉マッコウクジラ．

**mǒxiāo**【抹消】[動]抹消する．取り除く．¶一笔~/帳消にする．

**mǒ yī bízi huī**【抹一鼻子灰】[慣]人の歓心を買おうと思ってしたことが，かえって不興を買う結果になる．

**mǒzi**【抹子】[名]左官ごて．

## 万

**Mòqí**【万俟】[名]〈姓〉

## 末

**mò**【末】[名] 1 (~儿) 粉末．¶茶叶~/茶の粉末．¶粉笔~/チョークの粉．¶肉~/ミンチ肉．2 伝統劇の脇役の一．3 最後．終わり．¶一/週末．

日 ①(物の)端．先．¶~端/末端．末尾．②末(すえ)のもの．¶本~倒置/本末転倒．[姓]

**mòbānchē**【末班车】[名] 1 列車；終電車；終バス．2 最後のチャンス．

**mòchē**【末车】→**mòbānchē**【末班车】

**mòdài**【末代】[名]王朝の最後．

**mòfú**【末伏】[名]末伏(まっぷく)．

**mòhòu**【末后】[名]最後．終わり．

**mòjié**【末节】[名]細枝・小節．¶枝叶末節．

**mòliǎo**【末了】[名] (~儿)〈方〉最後．しまい．終わり．▶"末了儿"とも．

**mòliú**【末流】[名]末流．[形]下っ端の．低級な．

**mòlù**【末路】[名]末路．

**mònián**【末年】[名]末年．晩期．

**mòqī**【末期】[名]末期．終期．

**mòrì**【末日】[名]末日．最期．

**mòshāo**【末梢】[名]最後．終わり．¶~神经/末梢神経．

**mòshāo shénjīng**【末梢神経】[名]〈生理〉末梢神経．

**mòshì**【末世】[名]末世．ある時代の終わり．

**mòwěi**【末尾】[名]末尾．終わり．

**mòyào**【末药】→**mòyào**【没药】

**mòyè**【末叶】[名](一世紀・一王朝の)末葉．

**mòzi**【末子】[名]粉．粉末．¶煤~/石炭の粉．

**mòzuò**【末座】[名]末席．

## 没

**没 mò** [動] **1 沉む[没する]．水中にもぐる．¶潜水艇很快就~入水中/潜水艦はすぐに水中にもぐった．2** (水・雪などが)．¶大水~了腿／水が足を越えた．¶水已~过膝了/水が首の高さを越えた．**3**〈書〉死ぬ．

日 ①隠れる．¶~出/出没する．②没収する．¶~抄/(財産を)没収する．③尽きる．¶~一世．

異読⇒**méi**

**mò chǐ bù wàng**【没齿不忘】[成]終生忘れることができない．▶"没世不忘"とも．

**mòdǐng**【没顶】[動]頭まで水に没する．¶~之灾/水におぼれて死ぬ；〈喩〉全滅する．

**mòluò**【没落】[動]没落する．落ちぶれる．

**mònàihé**【没奈何】[動]どうにもならない，いかんともしがたい．

**mòshì**【没世】[名]一生．終生．生涯．

**mòshōu**【没收】[動]没収する．¶~违禁品/禁制品を押収する．

**mòyào**【没药】[名]〈中薬〉没薬(もつやく)．ミルラ．

## 抹

**mò**【抹】[動] 1 道具を使って泥・セメント・石灰などをぬって平らにする．¶~墙/壁を塗る．2 (街角などを)曲がる．¶~过街角,进了胡同/街角を曲がって，路地に入った．

異読⇒**mā, mǒ**

**mòbukāi**【抹不开】→**mòbukāi**【磨不开】

**mòdekāi**【抹得开】→**mòdekāi**【磨得开】

**mò//huī**【抹灰】[動]しっくいを塗る．¶~工/左官．

**mò//miàn**【抹面】[動]建物の表面にしっくいなどを塗る．

## 茉

**mò** ●

**mòli**【茉莉】[名]〈植〉ジャスミン(の花)．¶一花茶/ジャスミン茶．

## 殁

**mò** ● [動] 死ぬ．▶"没"とも．¶病~/病死．

## 沫

**mò** ● [名] 泡．しぶき．¶肥皂~儿/石鹸の泡．¶啤酒~/ビールの泡．

**mòzi**【沫子】[名]しぶき．泡沫．

## 陌

**mò** ● [名] 1 あぜ道．¶阡qiān~．2 ぜ道．

**mòlù**【陌路】[名]見知らぬ人．¶视同~/赤の他人と見なす．

**mòshēng**【陌生】[形]よく知らない．不案内である．¶~人/見知らぬ人．

## 妹

**mò** 人名用字．"妹喜"が"妺嬉(ばつき)"は夏の国王，桀(けつ)の妃．

## 冒

**mò** 人名用字．"冒顿(冒頓(ぼくとつ))"は漢代初期の匈奴族の単于(ぜんう)．

異読⇒**mào**

## 脉

**脉(脈) mò** ● 異読⇒**mài**

**mòmò**【脉脉】[形]〈書〉ものを言わずに目または そぶりで意思を伝えるさま．¶~含情/黙ったまま思いを寄せ，思わせぶりな様子をする．

## 莫

**mò** [副]〈書〉①~するな．してはいけない．¶闲人~入/無用の者入るべからず．②〈書〉~ない．¶一个也~不来的/一つもない．¶~不担忧/心配せぬ者はない．¶~之为也/~でない．¶不知所措/途方に暮れる．③推測や反語を表す．¶~~非．1しないものは．[姓]

**mòbù**【莫不】[副]~しないものはない．

**mòbushì**【莫不是】[副]~ではないだろうか．~に違いない．2 まさか~

**mò cè gāo shēn**【莫測高深】(成) はかり知れないほど深遠である.
**mòdà**【莫大】(形) これ以上はない. 無上の.
**mòfēi**【莫非】(副) 1 …ではないだろうか, …にちがいない. 2 まさか…ではなかろう.
**mòguòyú**【莫过于】(型) …にすぎるがのなし.
**mò kě zhǐ shǔ**【莫可指数】(成) 数えきれない.
**mò míng qí miào**【莫名其妙】(成) 何が何だかさっぱりわけがわからない. 不思議である.
**mò nì zhī jiāo**【莫逆之交】(成) 極めて親密な関係.
**mòrú**【莫如】(動) (むしろ)…したほうがよい. …に及ばない.
**mòruò**【莫若】→**mòrú**【莫如】
**mòxūyǒu**【莫须有】(慣) 根拠が弱い. でっち上げの. ¶〜的罪名 / でっち上げの罪名.
**mòyé**【莫邪】(名) 古代の宝剣の名.
**Mòzhātè**【莫扎特】(人名) モーツアルト.
**mò zhōng yī shì**【莫衷一是】(成) 一致した結論に達することができない. 意見がまとまらない.

秣 **mò**(H) 1 (名) まぐさ. ¶粮〜 / 兵糧とまぐさ. 2 (動) まぐさをやる.
**mò mǎ lì bīng**【秣马厉兵】(成) 戦闘の準備をする. "厉兵秣马"とも.

蓦 **mò**(副)(近) 突然. いきなり. 不意に.
**mòdì**【蓦地】(副) 不意に. 出し抜けに.
**mòrán**【蓦然】(副) ふと. なにげなしに.

漠 **mò**(H) ① 砂漠. ¶大〜 / ゴビ砂漠. ② 冷淡に. 無関心に.
**mò bù guān xīn**【漠不关心】(成) 少しも関心をもたない.
**mòmò**【漠漠】(形) 1 雲や霧に覆われているさま. 2 広漠として寂しいさま.
**mòrán**【漠然】(形) 無関心なさま. 冷淡なさま. ¶〜置之 / かまわずに放置する.
**mòshì**【漠视】(動) 無視する. 軽視する.

寞 **mò**(H) 静かである. 寂しい. ¶寂〜 / 寂しい. ¶落〜 / 物寂しい.

靺 **mò**(0)
**Mòhé**【靺鞨】(名)(古) 靺鞨(まっかつ). ▶中国東北地方にいた一民族.

墨 **mò** 1 (H)(名) 墨. [块, 锭]
1 ① 顔料. インク. ¶油〜 / 印刷用インク. ② 黒い. ¶〜〜 / 真っ黒. 3 書. 筆跡. ¶遗〜 / 故人の残した墨跡. ④ 学問. 教養. ¶胸无点〜 / 無学である. 5 (书) 汚職. ¶〜〜 / 吏. ∥(姓)
**mòbǎo**【墨宝】(名) 1 貴重な書画. 2 (敬) 他人の書画.
**mòdài**【墨带】(名) (ワープロなどの) インクリボン.

**mòdǒu**【墨斗】(名) 大工・石工などが用いる) 墨つぼ.
**mòdǒuyú**【墨斗鱼】(名)(動) イカ.
**mòhǎi**【墨海】(名) 大型の硯(すずり).
**mòhé**【墨盒】(名) 1 (毛筆用の) 墨入れ. ▶ "墨盒子"とも. 2 インクトナー. インクカセット.
**mòhēi**【墨黑】(形) 真っ黒である.
**mòjì**【墨迹】(名) 1 墨跡. 2 筆跡. 直筆.
**Mòjiā**【墨家】(名) (諸子百家の) 墨家.
**mòjīng**【墨晶】(名) 黒水晶.
**mòjìng**【墨镜】(名) サングラス.
**mòjú**【墨菊】(名) (花の) 赤黒い菊.
**mòkè**【墨客】(名) (書) 墨客.
**mòlì**【墨吏】(名)(书) 汚職官吏.
**mòlǜ**【墨绿】(形) 深緑の. ダークグリーンの.
**mònáng**【墨囊】(名)(動) (イカ・タコの) 墨汁嚢(ぶくろ).
**mò shǒu chéng guī**【墨守成规】(成) 古いしきたりに固執する.
**mòshuǐ**【墨水】(名)(〜儿) 1 墨汁. 2 インク. 3 (喩) 教養. 学問. ¶肚子 dǔzi 里有〜 / 学問がある.
**mòxiàn**【墨线】(名) 1 (大工や石工の用いる) 墨縄. 墨糸. 2 墨縄で引いた線.
**mòxíng**【墨刑】(名)(古) 犯人の顔に入れ墨をする刑.
**mòyā**【墨鸦】(名) 1 (书) 拙劣な書. 2 (方) (鳥) 〜鹅. カワウ(河鵜).
**mòyú**【墨鱼】(名)(動) イカ. [只, 条]
**mòzhī**【墨汁】(名)(〜儿) 墨汁.

镆 **mò**(0)
**mòyé**【镆铘】(名) 古代の宝剣の名.

默 **mò**(H) 空で書く. ¶〜生字 / 新しい単語を空で書く.
1 黙る. 声を出さない. ¶〜不作声 / 口をつぐんで何も言わない. ∥(姓)
**mò'āi**【默哀】(動) 黙祷する.
**mòdǎo**【默祷】(動) 黙禱する.
**mòdú**【默读】(動) 黙読する.
**mòjù**【默剧】(名) 無言劇. パントマイム.
**mòmò**【默默】(形) 黙々としている. ¶〜无言 / 口をつぐんで何も言わない.
**mò mò wú wén**【默默无闻】(成) 無名である.
**mòniàn**【默念】(動) 1 黙読する. 2 黙考する.
**mòpiàn**【默片】(名)(〜儿) 無声映画. サイレント.
**mòqì**【默契】(名) 1 黙契. 黙約. 2 (形) 無言のうちに気持ちが相手に通じる. ¶配合〜 / 呼吸がぴったり合う.
**mòrán**【默然】(形) 黙っている. ¶〜无语 / 押し黙ってものを言わない.
**mòrèn**【默认】(動) 黙認する.
**mòsòng**【默诵】(動) 1 暗唱する. 2 黙読する.
**mòsuàn**【默算】(動) 1 心づもりをする. 2 暗算する.
**mòxiě**【默写】(動) (記憶した) 文章を空

で書く.
**mòxiě**【默写】[動] 黙記する.

**磨 mò ❶** [日](ек). 石臼. [盘、个]
❷[動] 1 (日で)ひく. ¶~麦子/小麦粉をひく. 2 (口)方向を転換させる. ¶把汽车~过来/車をターンさせる.
異読⇒mó

**mòbukāi**【磨不开】[動+可能] 1 恥ずかしい. 面目ない. 2 (方)納得がいかない.

**mòdao**【磨刀】[動](磨刀)(方) 1 くどくど言う. 愚痴をこぼす. 2 おしゃべりする.

**mòdekāi**【磨得开】[動+可能] 1 気まずい思いをしないですむ. 恥ずかしくない. 2 (方)合点がいく. 納得する.

**mòfan**【磨烦】[動](方) 1 執拗にねだる. せがむ. 2 ぐずる. ぐずぐずする.

**mòfáng**【磨坊/磨房】[名](旧式の)製粉所.

**mòmiànjī**【磨面机】[名] 製粉機.

**mòpán**【磨盘】[名] 1 ひき臼の下半分の回転しない部分. 2 (方)石臼.

**mòpéng**【磨棚】[名](農家の)粉ひき小屋.

**mòshàn**【磨扇】[名] ひき臼の上半分の回転する部分.

〖**M**〗

**貘（獏） mò**[名](動)バク.

**礊 mò** 地名用字. "礊石渠"は山西省にある地名.

**糖 mò**[農]【糠lào】に同じ.

## mou (ㄇㄡ)

**哞 mōu**[擬](牛の鳴き声)もう.

**牟 móu ❶** むさぼる. もうける.
異読⇒mù

**móuqǔ**【牟取】[動] 金もうけをしようとする.

**móulì**【牟利】[動](名利を)むさぼる.

**móutǐ**【牟体】[印] 横太明朝体.

**侔 móu ❶** 等しい. ¶相xiāng～/相等しい.

**眸 móu ❶** ひとみ. ¶凝～/ひとみを凝らす.

**móuzi**【眸子】[名] ひとみ;(広く)目.

**谋 móu** 方法を講じて求める. ¶人民~幸福/人々のために幸福を図る.
❶[動] 計画する. はかりごと. ¶计～/策略. ②相談する. ¶不~而合/はからずして意見が一致する. ‖[姓]

**móu cái hài mìng**【谋财害命】(成)財物を奪うために人を殺害する.

**móufǎn**【谋反】[動] 反乱をたくらむ. 謀反を起こす.

**móuhài**【谋害】[動] 殺害をたくらむ. 陥れようとたくらむ.

**móuhé**【谋和】[動] 平和を求める. 和平をはかる.

**móuhuà**【谋划】[動] 計画する. 方法を考える. ▲"谋画"とも.

**móulù**【谋路】[動] 画策する. 考慮する.

**móuluè**【谋略】[名] 計略. 策略.

**móumiàn**【谋面】[動](書)会う. 面会する.

**móuqiú**【谋求】[動](方策を講じて利益や幸福などを)求める. 図る.

**móuqǔ**【谋取】[動](方策を講じて利益などを)手に入れる.

**móushā**【谋杀】[動] 謀殺する.

**móushēng**【谋生】[動] 生計の道をはかる.

**móushì**【谋士】[名] 策士. 計略家.

**móushì**【谋事】[動] 1 事を計画する. ¶~在人, 成事在天/事をはかるは人にあるも, 事の成否は天にあり. 2 〈旧〉職を求める.

**móusī**【谋私】[動] 私利をはかる.

**móuxiàn**【谋陷】[動] 陥れようとたくらむ.

**móuzhí**【谋职】[動] 仕事を探す. 職を求める.

**蟊 móu** →yóumóu【蟊蜍】

**缪 móu** →chóumóu【绸缪】
異読⇒miào, miù

**鍪 móu** →dōumóu【兜鍪】

**某 mǒu**[代] 1 某. なにがし. ¶陈~/陈なにがし. 2 ある…. ¶~月~日/ある月ある日. 3〈謙〉(旧)(姓の後に用い)自分をさす. ¶我李~不是干这种事人的/わたくし李はそのようなことをする人間ではありません.

**mǒumu**【某某】[代] ある…. ¶~公司 / ×× 会社.

**mǒurén**【某人】[代] 1 ある人. 2(姓の後に用い)自分をさす.

**mǒuxiē**【某些】[代] ある一部の. 若干の. ¶~特点 / いくつかの特徴.

## mu (ㄇㄨ)

**毪 mú ❶**

**múzi**【毪子】[名]"氆氇pǔlu"(チベット産の毛織物のブル)の一種.

**模 mú ❶**型. 鋳型. ¶铜～儿/活字鋳造用の鋳型. 異読⇒mó

**múbǎn**【模板】[名]〈建〉(コンクリートを固めるときに用いる)枠. 枠板.

**mújù**【模具】[名] 鋳型. 金型;(製造用の)模型類.

**múyā**【模压】[名](プラスチック製品などの)鋳型製造. モールドプレッシング.

**múyàng**【模样】[名](～儿) 1 容貌. 身なり. ¶女儿的～像她妈妈 / 娘の容貌は母親そっくりだ. 2 (時間・年齢に用い) …くらい. …ほど. ¶看上去有四十岁～ / 40歳ぐらいに見える. 3 形勢. 様子. ¶看这样, 不会马上下雨的 / この様子ではすぐには雨は降るまい.

**múzi**【模子】[名]〈口〉型;鋳型;枠.

**母** mǔ 1【書】母. ¶～与子／母と息子. 2【形】〈公〉雌の. ¶～鸡／めんどり.

❏ ①（家族や親戚の中で）目上の婦人に対する呼称. ¶祖～／おばあさん. ②事物を生み出し〔出した〕もの. ¶～校 xiào. ③（ボルトにはめる）ナット. ¶螺～／ナット. ‖

**mǔ'ài**【母爱】【名】母の愛情. 母性愛.
**mǔbǎn**【母板】【名】〈電〉マザーボード. ▶"主(机)板"とも.
**mǔběn**【母本】【名】〈植〉母株(株)). 親木.
**mǔchù**【母畜】【名】雌の家畜.
**mǔdài**【母带】【名】マスターテープ.
**mǔfǎ**【母法】【名】〈法〉1 基本法. 憲法. 2 手本とした外国の法律.
**mǔfēng**【母蜂】【名】〈虫〉女王バチ.
**mǔgōngsī**【母公司】【名】〈経〉親会社.
**mǔjī**【母机】【名】〈略〉工作機械.
**mǔjīn**【母金】【名】元金.
**mǔlǎohǔ**【母老虎】【名】①雌のトラ. ②〈喩〉気の荒い女.
**mǔqīn**【母亲】【名】母親. 母. ▶呼びかけには用いない. ¶老～／老母さん. ¶干～／名付け親.
**Mǔqīnjié**【母亲节】【名】母の日.
**mǔquánzhì**【母权制】【名】母権（家族）制度.
**mǔrǔ**【母乳】【名】母乳.
**mǔshù**【母树】【名】〈植〉母樹.
**mǔtǐ**【母体】【名】〈生〉母体.
**mǔxì**【母系】【名】母系.
**mǔxiàn**【母线】【名】〈電〉（数）母線.
**mǔxiào**【母校】【名】母校.
**mǔxìng**【母性】【名】母性（本能）.
**mǔyè**【母液】【名】〈化〉母液.
**mǔyèchā**【母夜叉】【名】〈喩〉夜叉(σ̄ν)のような醜く恐ろしい女.
**mǔyīn**【母音】【名】〈語〉母音.
**mǔyǔ**【母语】【名】1 母国語. 2 祖語.
**mǔzhì**【母质】【名】ある物質を生み出すもととなった物質.
**mǔzhōng**【母钟】【名】（親子時計の）親時計.
**mǔzhū**【母株】【名】〈植〉母樹.
**mǔzǐfàn**【母子饭】【名】(日本料理の)親子どんぶり.
**mǔzǐ hòucěshì**【母子候车室】【名】(駅の)母子待合室.

**牡** mǔ ❏ ①（⇔牝 pìn）雄. ¶～牛／雄牛. ②（植物の）雄株. ¶～麻／麻の雄株.
**mǔdan**【牡丹】【名】〈植〉ボタン.
**mǔdan suī hǎo, quán zhàng lǜyè fúchí**【牡丹虽好，全仗绿叶扶持】〈諺〉いくら才能のある人でも多くの人の支持が必要である.
**mǔlì**【牡蛎】【名】〈貝〉カキ.

**亩**(畝) mǔ 【量】ムー. ▶地積単位. 1ムー=6.667アール, 15分の1ヘクタール. "市亩"の通称.

**拇** mǔ ❏ 親指.

**mǔzhàn**【拇战】【名】〈書〉（酒宴での）拳を打つこと.
**mǔzhǐ**【拇指】【名】親指.

**姆** mǔ →bǎomǔ【保姆】

**姥** mǔ【名】〈書〉年取った女性. 老婆. 異読⇒lǎo

**嗽** mǔ【量】（面積単位の）エーカー.

**木** mù【形】感覚がなくなるまでにしびれる. 麻痺する. ¶手都冻～了／手が凍えた.

❏ ①【木】; 木製の. ¶檀香～／ビャクダン材. ②木. 樹木. ¶果～／果樹. ¶伐～／伐採する. ③素朴である. ¶一～讷 nè. ④棺. ¶寿～／棺. ‖

**mùbǎn**【木板】【名】木の板.
**mùbǎn**【木版】【名】木版.
**mùbǎnhuà**【木版画】【名】木版画.
**mù běn shuǐ yuán**【木本水源】〈成〉物事の大本. 本源.
**mùběn zhíwù**【木本植物】【名】〈植〉木本植物.
**mùbiànshí**【木变石】【名】木化石(ぉ̄ぃ).
**mùbōluó**【木菠萝】【名】〈植〉パラミツ. ナガミノパンノキ.
**mùcái**【木材】【名】木材. 材木.
**mùchái**【木柴】【名】柴. そだ. 薪.
**mùchuán**【木船】【名】木船.
**mùchún**【木醇】【名】〈化〉メチルアルコール.
**mùcùsuān**【木醋酸】【名】〈化〉木酢(ｳ̄く). 木酢液.
**mùdāidài**【木呆呆】【形】(～的)ぼんやりとしている. 呆然としている.
**mùdiāo**【木雕】【名】木彫.
**mù diāo ní sù**【木雕泥塑】〈成〉木偶(ｸ̄)の坊.
**mùdú**【木牍】【名】〈考古〉文字を書いたり彫りつけた木の札(ふ̄だ).
**mùdù'é**【木蠹蛾】【名】〈虫〉キクイムシのガ.
**mù'ěr**【木耳】【名】〈植〉(食材)キクラゲ.
**mùfá**【木筏】【名】(～子)(木で組んだ)いかだ.
**mùfúróng**【木芙蓉】【名】〈植〉フヨウ(芙蓉).
**mùgǎn**【木杆】【名】(ゴルフのクラブの)ウッド.
**mùgōng**【木工】【名】大工. 大工仕事.
**mùguā**【木瓜】【名】1〈植〉カリン. 2〈植〉ボケ.〈中壌〉木瓜さん. 3〈口〉パパイヤ. ▶"番fān木瓜"とも.
**mùguǎn yuèqì**【木管乐器】【名】〈音〉木管楽器.
**mùhuàshí**【木化石】【名】木化石.
**mùjī**【木屐】【名】木製サンダル. げた.
**mùjiǎn**【木简】【名】〈考古〉木簡.
**mùjiāng**【木浆】【名】〈製紙〉パルプ.
**mùjiàng**【木强】【形】素朴で剛毅である.
**mùjiang**【木匠】【名】大工.
**mùjiāoyóu**【木焦油】【名】木タール.
**mùjiégòu**【木结构】【名】〈建〉木造. ¶

mù

~建筑 / 木造建築.

**mùjǐn**【木槿】[名]〈植〉ムクゲ.

**mùjīng**【木精】→múchún【木醇】

**mùkè**【木刻】→mùbǎnhuà【木版画】

**mùkè shuǐyìn**【木刻水印】[名]〈版画の〉木刻色刷り.

**mùlán**【木兰】[名]〈植〉モクレン.

**mùlì**【木立】[動]ぼんやりと立つ．ぽかんと立つ.

**mùlián**【木莲】[名]〈植〉**1** モクレン. **2** フヨウ. **3** オオイタビ.

**mùliào**【木料】[名]材木；材木.

**mùmǎ**【木马】[名] **1** 木馬. **2**〈体〉鞍馬(くら)；跳馬.

**mùmǎjì**【木马计】[喩]トロイの木馬.

**mùmián**【木棉】[名]**1**〈植〉木綿の木. **2** パンヤ.

**mùnǎiyī**【木乃伊】[名]ミイラ；〈喩〉硬直した事物.

**mùnè**【木讷】[書]朴訥(ぼくとつ)である.

**mùniú liúmǎ**【木牛流馬】[名]諸葛孔明の創案といわれる牛馬をかたどった機械仕掛けの運搬用具.

**mù'ǒu**【木偶】[名]木偶(でく). 木彫りの人形.

**mù'ǒujù**【木偶劇】[名]人形芝居.

**mù'ǒupiàn**【木偶片】[名]〈～儿〉人形劇映画.

**mù'ǒuxì**【木偶戏】[名]人形芝居.

**mùpái**【木牌】[名]いかだ.

**mùpiàn**【木片】[名]木片. 木切れ.

**mùqì**【木器】[名]木製の家具.

**mùqín**【木琴】[名]〈音〉木琴. シロホン.

**mùrán**【木然】[形]呆然とするさま. あっけにとられるさま.

**mùshí**【木石】[喩]人間らしい感情のないもの. 木石.

**mùshū**【木梳】[名]木製のくし.

**mùshǔ**【木薯】[名]〈植〉キャッサバ. タピオカ.

**mùshuān**【木栓】[名]コルク.

**mùshuāncéng**【木栓层】[名]コルク組織.

**mùsī**【木丝】[名]木毛. 木材を糸状に削ったもの.

**mùtǎ**【木焦】[名]木タール.

**mùtàn**【木炭】[名]木炭. 炭.

**mùtànhuà**【木炭画】[名]木炭画.

**mùtōng**【木通】[名]〈植〉アケビ；〈中薬〉木通(もくつう).

**mù tóu mù nǎo**【木头木脑】[喩]動作ののろくて無表情なさま. のろまでぼんやりしたさま.

**mùtou**【木头】[名] 木. 丸太. [块；根；条]¶~桌子 / 木製のテーブル.

**mùtourénr**【木头人儿】[喩]〈喩〉のろま. 朴念仁(ねん)；〈喩〉でくの坊.

**mùwén**【木纹】[名]木目.

**mùwū**【木屋】[名]木造家屋.

**mùxī**【木犀】[名]〈植〉**1**【植】モクセイ. ギンモクセイ. **2**〈料理〉かき卵 (を主な材料とした料理). ¶~汤 / 卵スープ.

**mùxiān**【木锨】[名]穀物の風選に用いる木製シャベル.

**mùxiāng**【木香】[名]〈植〉モッコウ；〈中薬〉モッコウ(木香).

**mùxīng**【木星】[名]〈天〉木星.

**mùxū**【木须】→mùxī【木樨・木犀】**2**

**mùyèdié**【木叶蝶】[名]〈虫〉コノハチョウ.

**mù yǐ chéng zhōu**【木已成舟】[成]物事がすでに定まり改められない.

**mùyǒng**【木俑】[名]〈考古〉木俑(もくよう).

**mùyú**【木鱼】[名]〈～儿〉木魚(ぎょ).

**mùzéi**【木贼】[名]〈植〉トクサ；〈中薬〉木賊(ぞく).

**mùzhěn**【木枕】[名]枕木.

**mùzhíbù**【木质部】[名]木質部.

**mùzhíjīng**【木质茎】[名]〈植〉木質茎.

**mùzhuāng**【木桩】[名]木の杭.

**mùzìpáng**【木字旁】[名]〈～儿〉〈漢字の部首で〉きへん"木".

**目 mù**[H] ①目. まなこ. ¶双~失明 / 両目が失明する. ②見る. 見なす. ¶一目了然 / 一目瞭然. ③〈生物の分類の〉目(もく). ④カタログ. リスト. ¶书~ / 図書目録. ⑤項目. ¶项~ / 項目. [B]

**mùbiāo**【目标】[名]**1**〈射撃・攻撃・捜査の〉目標. 目当て. ¶他成了人们挖苦的~ / みんなが皮肉をいう的にねらいをつける. **2**〈到達しようとする〉目標. ¶达到~ / 目標を達成する.

**mùbiāo wénjiàn**【目标文件】[名]〈電算〉オブジェクトファイル.

**mù bù jiàn jié**【目不见睫】[成]自分のことや身近なことはかえってわからない.

**mù bù jiāo jié**【目不交睫】[成]一睡もしない.

**mù bù kuī yuán**【目不窥园】[成]一心不乱に勉強する.

**mù bù rěn dǔ**【目不忍睹】[成]〈あまりにも悲惨で〉見るに忍びない.

**mù bù shí dīng**【目不识丁】[成]目に一丁字(いっていじ)もない.

**mù bù xiá jiē**【目不暇接】[成]見るべきものが多くて，いちいち目を通すことができない. ▶"目不暇给"とも.

**mù bù zhuǎn jīng**【目不转睛】[成]まばたきもせずに見つめる.

**mùcè**【目测】[動]〈軍〉目測する.

**mùcì**【目次】[名]目次. 目録.

**mù dèng kǒu dāi**【目瞪口呆】[成]呆然とする.

**mùdì**【目的】[名]目的. ¶达到~ / 目的を達成する. ¶~地 / 目的地.

**mùdǔ**【目睹】[動]目の当たりに見る. ¶耳闻~ / 自分で直接に見聞きする.

**mùguāng**【目光】[名]**1** 視線. **2** 眼光. ¶~炯炯(jiǒngjiǒng)/ 眼光が烱々(けいけい)としている. **3** 眼力；見識.

**mù guāng rú dòu**【目光如豆】[成]見識が浅い；目先がきかない.

**mù guāng rú jù**【目光如炬】[成]見識が鋭い；目先がきく.

**mùjī**【目击】[書]目撃する. ¶~者 / 目撃者.

**mùjiàn**【目见】[動]目で見る. ¶耳闻

**mùjīn**【目今】[名]下. 現今.
**mùjìng**【目镜】[名]〈物〉(光学機械の)接眼レンズ.
**mù kōng yī qiè**【目空一切】〈成〉何ものも眼中にない. 傲慢(ホッ)である.
**mùlì**【目力】[名]視力.
**mùlìbiǎo**【目力表】[名]〈視力検査に用いる〉視力表.
**mùlù**【目录】[名]1 目録. カタログ. 2 目次. 3〔電算〕ディレクトリ.
**mùlùxué**【目录学】[名]1 書誌学. 2 目録学.
**mùlùn**【目论】[書]相手の欠点を知っても自らの欠点を知らない考え方.
**mù mí wǔ sè**【目迷五色】〈成〉事物が錯綜していて弁別がつかない.
**mùqián**【目前】[名]目下. 現在. ¶到～为止／これまでのところ.
**mùshì fēixíng**【目视飞行】[名]有視界飛行.
**mùsòng**【目送】[動]目送する. 目で見送る.
**mù wú fǎ jì**【目无法纪】〈成〉法律を無視する.
**mù wú quán niú**【目无全牛】〈成〉技術が熟練の域に達している.
**mù wú yú zǐ**【目无余子】〈成〉他人を眼中に置かない. 尊大かつ傲慢である.
**mùxià**【目下】[名]目下. さしあたり.
**mùxuàn**【目眩】[動]目がくらむ. まぶしい.
**mùyǔ**【目语】[書]目くばせする. 目で語る.
**mù zhōng wú rén**【目中无人】〈成〉眼中に人なし.

# 仫 mù○
**Mùlǎozú**【仫佬族】[名]〈中国の少数民族〉ムーラオ(Mulam)族.

# 牟 mù 地名用字. 異読⇒móu

# 沐 mù ①髪を洗う. ¶～→浴. ②被る. 受ける. ¶～恩. ‖[姓]
**mù'ēn**【沐恩】[書]恩恵を被る.
**mù hóu ér guàn**【沐猴而冠】〈成〉見かけ倒しの人.
**mùyù**【沐浴】[動]1 入浴する. 2〈喩〉浴びる;(恩恵を)受ける. 3〈喩〉ひたる.
**mùyùlù**【沐浴露】[名]ボディーソープ.

# 苜 mù○
**mùxu**【苜蓿】[植]1 ムラサキウマゴヤシ. 2 ウマゴヤシ.

# 牧 mù ①放牧する. ¶～羊／羊を放牧する. ‖[姓]
**mùcǎo**【牧草】[名]牧草.
**mùchǎng**【牧场】[名]1 牧場. 2 畜産を行う企業・機関.
**mùfàng**【牧放】[動]放牧する.
**mùgē**【牧歌】[名]1 牧歌. 2〔音〕マドリガル.
**mùgōng**【牧工】[名]牧場に雇われる労働者.
**mùmín**【牧民】[名]牧畜民.
**mùqū**【牧区】[名]1 放牧する場所. 2 牧畜地区.
**mùquǎn**【牧犬】[名]牧用犬.
**mùrén**【牧人】[名]牧人. 牧畜をする人.
**mùshī**【牧师】[名]〈宗〉牧師.
**mùtóng**【牧童】[名]牧童.
**mùxù**【牧畜】[名]牧畜.
**mùyè**【牧业】[名]〈略〉牧畜業. 畜産業.
**mùzhǔ**【牧主】[名]牧場主.

# 钼 mù〈化〉モリブデン. Mo.
**mùgāng**【钼钢】[名]〈冶〉モリブデン鋼.

# 募 mù H(財物や兵士などを)募る.
**mù**/**kuǎn**【募/款】募金.
**mù**/**bīng**【募/兵】兵を徴募する.
**mùbīngzhì**【募兵制】[名]募兵制度. 傭兵制.
**mù**/**gǔ**【募股】[経]株式を募集する.
**mùhuà**【募化】[動]布施を募る. 勧進する.
**mùjí**【募集】[動]募集する. 募る. ¶～捐款／寄付金を募る.
**mù**/**juān**【募捐】義援金を募る. カンパ(寄付)する. ¶～赈灾zhèn-zāi／義援金を募り罹災者を救済する.

# 墓 mù 墓. 〖座〗¶公～／共同墓地. ¶盗～／墓を盗掘する. ‖[姓]
**mùbēi**【墓碑】[名]墓碑. 墓石.
**mùbiǎo**【墓表】[名]墓誌;墓誌銘.
**mùdào**【墓道】[名]墓に通じる道;墓室に通じる道.
**mùdì**【墓地】[名]墓地. 墓場.
**mùjì**【墓祭】[名]墓前祭;墓参り.
**mùshì**【墓室】[名]墓室. 墓の中の棺を安置する所.
**mùxué**【墓穴】[名]墓穴. 墓の穴.
**mùyíng**【墓茔】[名]墓地.
**mùzàng**【墓葬】[名]〈考古〉古墳.
**mùzhì**【墓志】[名]墓誌. ⇒**mùzhìmíng**【墓志铭】
**mùzhìmíng**【墓志铭】[名]墓誌銘.

# 幕 mù 1〈芝居や映画の〉幕. 緞帳(ヒᾼѯ), スクリーン. ¶开～／開幕する. 2〖幕〗〈芝居の〉一段落,一幕. ¶第二～第一景／第2幕第1景. ¶①天幕. ¶帐～／天幕. ¶夜～／夜のとばり. ②昔, 将軍が政務を執った所. ¶～僚. ‖[姓]
**mùbīn**【幕宾】[名]〈旧〉幕下(ビῺѫ)に招聘(ヒῺセヌ)され, 機密にあずかる顧問.
**mùbù**【幕布】[名]幕;緞帳.
**mùfǔ**【幕府】[名]1〈古〉昔将軍が政治を執るところ. 2〈史〉(日本の)幕府.
**mùhòu**【幕后】[貶]幕の後ろ. 楽屋裏. ¶～交易／裏取引.
**mùliáo**【幕僚】[名]〈古〉将軍の参謀;(広く)指令官を補佐する役人.
**mùqiáng**【幕墙】[名]〈建〉(高層建築の外壁に用いる)カーテンウォール.
**mùyǒu**【幕友】[名]〈旧〉明・清代に地方長官が顧問として招聘する補佐的な人員.

# mù 594

**睦** mù 🈁 仲むつまじい。¶教～｜親密にする。¶婆媳不～｜姑(&#12441;)と嫁の仲がしっくりいかない。

**mùlín【睦邻】**[动]〈书〉隣人や隣国と仲よくする。¶～外交／善隣外交。

**慕** mù 🈁 ①うらやむ。¶羨～｜うらやましく思う。②慕う。¶景～／敬慕。

**mù//míng【慕名】**[动]名を慕う。¶～而来／名を慕って会いに来る。

**Mùróng【慕容】**[姓]

**暮** mù 🈁 ①(日が)暮れる。¶日～｜～色。③暮れ。¶～～秋。

**mù'ǎi【暮霭】**[名]〈书〉夕もや。

**mùchūn【暮春】**[名]晩春。旧暦3月。

**mù gǔ chén zhōng【暮鼓晨钟】**〈成〉人を悟らせる説話や文章。

**mùjǐng【暮景】**[名] 1 夕暮れの景色。2 老境。

**mùnián【暮年】**[名]晩年。

**mùqì【暮气】**[名]無気力なさま。

**mùqiū【暮秋】**[名]晩秋。旧暦9月。

**mùsè【暮色】**[名]夕やみ。夕暮色。

**mùshengr【暮生儿】**[名]〈方〉父の死後に生まれた子。遺腹の子。

**mùsuì【暮岁】**🈁 1 年末。2 晩年

**穆** mù 🈁 静しい。温和である。¶静～／静かで穏やかである。¶肅～／慎み深く恭しい。

**Mùhǎnmòdé【穆罕默德】**[姓]〈宗〉ムハンマド。マホメット。

**mùmín【穆民】**[名]〈宗〉イスラム教徒。

**mùsīlín【穆斯林】**[名]〈宗〉ムスリム。イスラム教徒。

## N

### n (3)

**嗯**(唔) ń【嗯(&#12442;)】に同じ。

**嗯**(哦) ň【嗯(&#12442;)】に同じ。

**嗯**(呢) ǹ【嗯(&#12442;)】に同じ。

### na (ろY)

**那** nā ‖[姓] 異読⇨nà

**南** nā ❶ 異読⇨nán

**nāmó【南无】**[动]〈仏〉南無(&#12441;)。¶～阿弥陀佛Ēmítuófó／南無阿弥陀仏。

**拿**(拏) ná 🈁❶[动] 1 (手などで)つかむ。持つ、取る、運ぶ。¶请把凉开水～给我／湯冷ましを持ってきてください。2 捕まえる。¶～贼zéi。❸ ～下敌人的据点／敵の拠点を攻め落とす。3 (人の弱みに)付け込む。困らせる。¶他总爱～

人／彼はとかく人の弱みに付け込む。4 掌握する；(考え・方法などを)しっかり持つ。¶这个部门你～得住吗？／この部門を君は管理していけるか。5 (病気が人を)弱らせる；(科学作用や虫食いで物を)損ねる。¶叶子被虫子～黄了／葉が虫に食われて枯れた。❷[前] 1 (道具・材料・方法など)…を用いて、…で。¶～毛笔写字／筆で字を書く。2 (動作の対象を目的語にとって)…を。¶不要～人开心／人をからかってはいけない。3 ("拿"＋名词＋"来/去"＋動詞)…について、…の点から。¶～物価来说、今年有所下降／物価からいえば、今年はいくらか下がった。

**ná bān zuò shì【拿班作势】→ná qiāng zuò shì【拿腔作势】**

**nábàn【拿办】**[动]犯罪者を捕まえて処罰する。

**nábuchū/qù【拿不出去】**[动+可補] 1 (外へ)持ち出せない。2 (恥ずかしくて)人前に出せない。

**nábuchū shǒu【拿不出手】**[惯](体裁が悪くて)人前に出せない。

**nábudòng【拿不动】**[动+可補]重くて持てない。

**nábuguàn【拿不惯】**[动+可補]持ち慣れない、取り付けない。

**nábuliǎo【拿不了】**[动+可補](重くて、または多くて)持てない、持ち上げられない。

**nábuqǐ【拿不起】**[动+可補](金額が多すぎて)負担できない、払えない。

**nábuqǐ/lái【拿不起来】**[动+可補] 1 重くて持ち上げられない。2 任に耐えない。

**nábuwán【拿不完】**[动+可補](多くて)持ちきれない、取りきれない。

**nábuzhù【拿不住】**[动+可補] 1 しっかりと持っていられない。2 金をためることができない。3 押さえが利かない、にらみがきかない。4 つかみどころがない。

**nábuzhǔn【拿不准】**[动+可補] 1 正確に予想できない、正確な見通しがつかない。2 決定することができない。決心がつかない。

**ná/dà【拿大】**[动]〈方〉尊大ぶる。

**ná dǐng【拿大顶】**[动] ná//dǐng【拿顶】

**ná dàjiàozi tái【拿大轿子抬】**〈惯〉おだてる。持ち上げる。

**ná dàtóu【拿大头】**〈惯〉いい鴨にする。

**ná dāo dòng zhàng【拿刀动杖】**〈成〉もめてけんかをする。

**ná/dào【拿到】**[动+方補]手に入れる。

**náde【拿得】**[助](病気や害毒が)害するもしくは。

**nádechū/qù【拿得出去】**[动+可補] 1 (外へ)持ち出すことができる。2 どこへでも出せる。

**nádeliǎo【拿得了】**[动+可補]持てる。

**nádeqǐ【拿得起】**[动+可補](金などを)

負担できる，支払うことができる．
**nádeqǐ//lái【拿得起来】**[動+可補] 1 持ち上げることができる．2(仕事などを)担当することができる．
**nádezhù【拿得住】**[動+可補] 1 しっかりとつかんでおける．2 にらみがきく．押さえがきく．
**nádezhǔn【拿得准】**[動+可補] 1 見通しがつく．2 決心がつく．
**ná//dǐng【拿顶】**[動](口)逆立ちする．
**ná dōng bǔ xī【拿东补西】**(成)〈貶〉一方のものを持ってきて他方の用に当てる．やりくりする．
**ná dōng wàng xī【拿东忘西】**(成)一方に気を取られて他方を忘れる．忘れっぽい．
**náhuò【拿获】**(犯罪者を)逮捕する．
**ná jīmáo dàng lìngjiàn【拿鸡毛当令箭】**(慣)ささいなことを大げさに扱う．
**ná jiàzi【拿架子】** → **bǎi jiàzi【摆架子】**
**ná//jìnr【拿劲儿】**[動]〈口〉もったいぶる．虚勢を張る．
**ná//kāi【拿开】**[動+方補]取りのける．わきへ寄せる．
**ná//lái【拿来】**[動]持って来る．
**námówēn【拿摩温】**→ **nàmówēn【那摩温】**
**nánie【拿捏】**[動](方)1 もじもじする．2 弱みに付け込む．
**ná//pǎo【拿跑】**[動+結補]無断で持っていく．こっそり持ち去る．
**Nápòlún【拿破仑】**[名](人名)ナポレオン．
**ná qiāng ná diào【拿腔拿调】**(成)気取った話しぶり．もったいぶった言い方．
**ná qiāng zuò shì【拿腔作势】**(成)もったいつける．ものものしく見える．
**ná//qiáo【拿乔】** → **ná//táng【拿糖・拿搪】**
**ná//quán【拿权】**[動]権力を(一手に)握る．
**ná//rén【拿人】**[動](方)1 人を困らせる；人の弱みに付け込む．2(人を)引きつける．
**ná rén de cuòr【拿人的错儿】**他人の過ちに付け込む．揚げ足を取る．
**ná//shàng【拿上】**[動+方補]手に入れる．
**ná shétou yā rén【拿舌头压人】**巧みな弁舌で人を圧倒する．
**ná//shì【拿事】**[動]〈やや〉責任をもって事に当たる．仕事をさばく．
**náshǒu【拿手】**1[形]得意である．おはこである．│~菜/得意料理．│〈好〉戏/(芝居の)得意の演目．│おはこ．2[名](成功に対する)確信，自信．
**ná//táng【拿糖・拿搪】**[動](方)もったいをつける．相手をじらす．
**náwèn【拿问】**[動]逮捕して取り調べる．
**ná//xià【拿下】**[動+方補]1 取り下ろす．2 奪う．占領する．
**ná xià mǎ lái【拿下马来】**(成)1

降服させる．2 屈服させる．かぶとを脱がせる．
**ná yìnbǎr【拿印把儿】**(慣)公印を握る；決定権をもつ．
**ná//zéi【拿贼】**(成)どろぼうを捕まえる．
**názhe jìn【拿着劲】**(慣)〈~儿〉1 力が入りすぎる．2 → **ná//jìnr【拿劲儿】**
**ná zhǔyi【拿主意】**心を決める；方法や対策を決める．│拿不定主意/心をきめかねる．
**ná//zhù【拿住】**[動+結補]1 捕らえる．捕まえる．2 しっかりと持つ．
**ná//zhǔn【拿准】**[動+結補]ころあいや程度などを正確に見計らう．

**錼 ná**[名](化)ネプツニウム．Np．

**哪(那) nǎ**[❶](疑)1 どの．どれ．どちら．2 どんな．¶ 要找~(一)本书啊？/どの本をお探しですか．│林先生~(一)天走？/林先生はいつご出発ですか．① 不特定のものをさす．¶~天有空儿请过来吧/いつか暇があれば来てくださいね．② 任意の一つをさす．¶ 你喜欢~种就买~种/どの種類でも君の好きなのを買いなさい．
❷[副]〈反語になり,反駁を表す〉どうして…だろうか．¶ 这样的要求,他怎么答应dāying？/このような要求を彼は承諾するものか．
異読⇒ **na, né**

**nǎbiān【哪边】**〈~儿〉どこ．どちら．どの辺．
**nǎbu【哪不】**[接続](方)たとえ…にしても．よしんば…でも．▶"哪不济"とも．
**nǎdā【哪搭】**〈~儿〉(方)どこ．
**nǎge【哪个】**[疑]1 どれ．どの．¶ 你们是~公司的？/君たちはどこの会社の者か．2(方)だれ．どなた．
**nǎ huì【哪会】**[型]どうしてあり得よう．
**nǎhuìr【哪会儿】**〈口〉1〈過去あるいは将来の時間を尋ねる〉いつ．2〈広く,任意の時間をさす〉いつでも．▶"哪会子"とも．
**nǎli【哪里】**[❶](疑)1 どこの(の)．どちら(の)；どこか；どこでも．¶ 你们是从~来的？/あなたたちどこから来たのですか．│今天我~也不想去/今日はどこへも行きたくない．¶(反語に用いて)…であるものか．どうして…であり得ようか．¶ 我~知道他会生气呢？/ぼくがどうして彼が怒っているのを知っているものか．
❷[套](謙って用いて)どういたしまして．
**nǎli de huà【哪里的话】**1〈慣〉そんなことあるものか．2〈套〉いやいや．どういたしまして．
**nǎme【哪么】**[疑](方)どんなふうに．2 どれほど．
**nǎménzi【哪门子】**[疑](方)〈反語の口調で理由がないことを表す〉どうして(…するもの)か．何を(…するものか)．
**nǎ néng【哪能】**[型]どうして…でき

## nà

よう␣.

**nǎpà**【哪怕】接続 たとえ…としても〔…であっても〕.¶~天気が悪くても行く/たとえ天気が悪くても行く.

**nǎr**【哪儿】代(口)1どこ;どこでも.2(反語に用いて)どうして.なんで.¶~たしまして.

**nǎr de huà**【哪儿的话】套 どういたしまして.

**nǎ rú**【哪如】型 どうして…に及ぼう.¶~…のほうがましだ.

**nǎ shì**【哪是】型 …ではない.

**nǎtiān**【哪天】代1どの日.いつ.2いつの日か.いつか.

**nǎwèi**【哪位】疑 どなた.¶您是~?/どちら様ですか.

**nǎxiē**【哪些】代 どれら.どの.¶~到过~地方?/あなたはどんなところに行ったことがありますか.

**nǎyàng**【哪样】疑〔~儿〕1〈性質・状態などを尋ねる〉どうだろう.どのような.2〈任意の性質・状態をさす〉どんな…でも.どんなにでも.

**nǎ yǒu**【哪有】代 どこに…があろうか;…などありえない.

**nǎ zhīdao**【哪知道】〈套〉どうして知ることができよう.

### 那 nà 1 代 〈比較的遠くの人・時間・場所・事物などをさす〉あれ.それ.あの.その.¶~是谁?/あの人はだれですか.¶一棵树/あの木.2 接続 それでは.¶你想要~就给你吧/ほしいなら君にあげよう.

真糟糕⇒nǎ

**nàbān**【那般】代(書)そのような.あんな;そんな.あんな.

**nàbiān**【那边】代〔~儿〕そこ.そちら;あそこ.あちら.¶河~有一个小村子/川の向こう側には小さな村がある.

**nàchéngzi**【那程子】代(方)あの時分;そのころ.

**nàdámù**【那达慕】名(モンゴル族の伝統的な祭)ナダム.

**nàdāngr**【那当儿】代(方)そのとき.その際.

**nàdiǎnr**【那点儿】代 それぽっちの.それしきの.

**nàge**【那个】代1〈やや遠い人・事物をさして〉あれ.それ.その;あんなに;あそこの.¶我要~/あれがほしい.2〈あからさまに言うのを避けて〉;あれだ.

**nàhuìr**【那会儿】代 あのとき.そのころ.

**nà jiù**【那就】型 …なら.それなら.¶既然你不想去,~别去了/行きたくないのなら,やめておきなさい.

**nàli**【那里】代1〈やや遠いところをさす〉あそこ.そこ.あちら.あちら.2〈人称代詞や名詞の直後に用い〉~のところ.¶你~下雪吗?/あなたのところは雪が降りますか.

**nàme**【那么】代1 あんなふうに.そんなに.¶你别~说-我是不好/そんなふうに言うなよ,みんなが俺が悪

いんだ.¶北京没有上海~热/北京は上海ほど暑くない.2 接続…ならば.
▲"那末"とも.

**nàmediǎnr**【那么点儿】代(少ないことや小さいことをさして)それぽっちの;それっぽっちだけ.

**nàme xiē**【那么些】代(普通,多いことを強調して)あれほどたくさんの.

**nàmexiēge**【那么些个】→ **nàmexiē**【那么些】

**nàmeyàng**【那么样】代 あのような〔に〕.そういうふうに〔な〕.

**nàmezhe**【那么着】代 そう〔ああ〕いうふうにする;それならば.

**nàmówēn**【那摩温】名(旧)ナンバーワン.▲"拿摩温námówēn"とも.

**nàr**【那儿】代1あそこ.そこ.2("打,从,由"の後に用い)あのとき.そのとき.¶从~起/あれから.

**nàshí**【那时】代 そのとき.あのとき.

**nà shì**【那是】套(単独で用いて同意を表し)それはそうだ.もちろん.

**nàtiān**【那天】代 その日.あの日.

**nàwǎnr**【那晚儿】代(方)当時.あのとき.

**nàxiē**【那些】代 あれら〔の〕.それら〔の〕.¶~人/あの人たち.

**nàxiēge**【那些个】→ **nàxiē**【那些】

**nàyàng**【那样】代〔~儿〕〈性状・程度・方式などをさして〉あの〔に〕.そのような〔に〕.そう〔ああ〕いうふうにする.

**nàzhènr**【那阵儿】代 あの〔とき〕.あのころ.¶~"那阵子"とも.¶明年毕业~,我可能还在北京/来年の卒業のころ,私はまだ北京にいるだろう.

## 呐 nà ❷

**nàhǎn**【呐喊】動(助勢・応援のために)喚声をあげる.

## 纳 nà 動1〈縫い方の一種〉刺子(さ)に縫う.¶~鞋底子/〔布靴の〕靴底を刺子縫いする.
2 1 税金などを納める.¶~税.2 中に入れる.¶容~/収容する.3 受け入れる.¶采~/採用する.4 享受する.¶~~福.5 取り込む.¶~.姓

**nà/cǎi**【纳彩】動(旧)(男性側から女性側に)結納の品を贈る.

**nàchán**【纳谗】動(書)讒言(ざん)を聞き入れる.

**nàchǒng**【纳宠】動(旧)妾(がか)を囲う.妾にする.

**Nàcuì**【纳粹】名(政)ナチス.ナチ.

**nàfú**【纳福】動(旧)裕福にする.楽隠居をする.

**nà/gòng**【纳贡】動 貢ぎ物をする.

**nàhǎn**【纳罕】動 怪しむ.いぶかる.

**nàhuì**【纳贿】動1賄賂を受ける.2賄賂を贈る.

**nàjiàn**【纳谏】動(書)〔帝王が臣下の〕諫言(かん)を聞き入れる.

**nàjiāo**【纳交】[動] 交わりを結ぶ.
**nà//juān**【纳捐】[動] 納税する. 税金を納める.
**nà//liáng**【纳凉】[動] 涼む. 涼をとる.
**nà//liáng**【纳粮】[動]〈旧〉年賃・租税を納める.
**nà//mènr**【纳闷儿】[動]〈口〉合点がいかない. 腑に落ちない.
**nàmǐ**【纳米】[量]〈長さの単位〉ナノメートル.
**Nàmǐbǐyà**【纳米比亚】[地名] ナミビア.
**nàmǐ jìshù**【纳米技术】[名] ナノテクノロジー.
**nàmǐ kēxué**【纳米科学】[名] ナノサイエンス.
**nà//pìn**【纳聘】[動]〈旧〉結納を納める.
**nà//qiè**【纳妾】[動] 妾(めかけ)を持つ.
**nàrù**【纳入】[動](多く抽象的な事柄について)中に入れる.
**nà//shuì**【纳税】[動] 納税する.
**Nàsīdákè**【纳斯达克】[経] ナスダック.
**Nàxīzú**【纳西族】[名]〈中国の少数民族〉ナシ(Naxi)族.
**nàxiáng**【纳降】[動] 投降を受け入れる.
**nàxīn**【纳新】[動] 新しいものを受け入れる. 新鮮な空気を入れる;〈喩〉新しい党員を迎える.

## 肭

**nà** →**wànà**【膃肭】

## 钠

**nà**[名]〈化〉ナトリウム. Na.
**nàbōli**【钠玻璃】[名] ソーダガラス.
**nàdēng**【钠灯】[名] ナトリウム灯.

## 衲

**nà**[動]①(衣服の破れに)つぎを当てる. ¶ 百〜衣 / つぎはぎだらけの服. 僧衣. ¶ 百〜本 / 種々の版本をつぎはぎにして刊行した全集本. ② 僧衣;僧の自称. ¶ 老〜 / 拙僧.

## 娜

**nà** 人名用字. [姓] 異読⇒**nuó**

## 捺

**nà**❶[動] ❶ 手で強く押さえる. ¶〜手印 / 指紋を押す. ❷ こらえる. 我慢する. ❷ (〜儿)〈漢字の筆画の一〉右払い.

## 哪 (吶)

**na**[助]"啊a"に同じ. ¶ 谢谢您〜 / ありがとうございました. 異読⇒**nǎ, né**

## nai (ㄋㄞ)

## 乃 (迺)

**nǎi**❶[動]〈書〉 1 …である. 2 そこで. 3 …してはじめて. ❷[代]〈古〉なんじ(の).
**nǎi'ěr**【乃尔】[代] かくのごとく.
**nǎishì**【乃是】[副] ほかでもなく…である.
**nǎizhì(yú)**【乃至(于)】[接続] ひいては. さらに.

## 艿

**nǎi** →**yùnǎi**【芋艿】

## 奶 (嬭)

**nǎi**❶[名] 1 乳. ミルク. ¶ 羊〜 / 羊の乳. ❷ [動] 1 給孩子喂 wèi〜 / 子供に乳を飲ませる. 2 乳房. ❷ [動] 乳房を含ませる. ¶〜孩子 / 子供に乳を飲ませる.
**nǎibáisè**【奶白色】[名] アイボリー. 象牙色.
**nǎichá**【奶茶】[名] 1 (モンゴル族の)ミルク茶. 2〈略〉ミルクティー.
**nǎicháguǎn**【奶茶馆】[名] ミルクホール.
**nǎichuāng**【奶疮】[名] 乳腺炎.
**nǎidòufu**【奶豆腐】[名] 1 (モンゴル族の食べ物の一)ミルク豆腐. 2 寒天にミルクを流し込んで作る, プリンに似たデザートの一種.
**nǎifěn**【奶粉】[名] 粉ミルク.
**nǎigāo**【奶糕】[名] しん粉や砂糖で作った乳児用食品.
**nǎiháir**【奶孩儿】[名] 赤ん坊. 乳飲み子.
**nǎijī**【奶积】[名]〈中医〉赤ん坊の消化不良. 乳もたれ.
**nǎijiǔ**【奶酒】[名] クミス. 馬乳酒. ミルク酒. "奶子酒"とも.
**nǎilào**【奶酪】[名] 1 ヨーグルトの一種. 2 チーズ.
**nǎimā**【奶妈】[名](〜子)乳母.
**nǎimáo**【奶毛】[名](〜儿)産毛.
**nǎimíng**【奶名】[名] 幼名.
**nǎinai**【奶奶】[名] 1〈口〉おばあさん. 父方の祖母. 2〈口〉おばあさん. 年取った女性. ¶ 老〜, 您多大年纪了? / おばあさん, おいくつになられましたか. 3〈方〉若奥様.
**nǎiniáng**【奶娘】[名]〈方〉乳母.
**nǎiniú**【奶牛】[名] 乳牛.
**nǎipí**【奶皮】[名](〜儿) ミルクを沸かしたときに表面にできる薄い膜.
**nǎipǐn**【奶品】[名] 乳製品.
**nǎipíng**【奶瓶】[名] 1 哺乳瓶. 2 ミルク瓶.
**nǎi shēng nǎi qì**【奶声奶气】[成] しゃべり方が甘え声で子供っぽいさま.
**nǎishuǐ**【奶水】[名]〈口〉乳. 乳汁.
**nǎitāng báicài**【奶汤白菜】[名]〈料理〉白菜のミルク煮.
**nǎitáng**【奶糖】[名] キャラメル.
**nǎitóu**【奶头】[名](〜儿)〈口〉乳頭. 2 (哺乳瓶の) ゴム製の乳首.
**nǎitóu**【奶头】[名]〈方〉乳房.
**nǎiyá**【奶牙】[名] 乳歯.
**nǎiyáng**【奶羊】[名] 乳用種の羊.
**nǎiyóu**【奶油】[名] 1 バター. 2 (食用の) クリーム. ¶〜蛋糕 / 生クリームケーキ.
**nǎiyóu càixīn**【奶油菜心】[名]〈料理〉白菜の芯(しん)のクリーム煮.
**nǎiyóu qiǎokèlì**【奶油巧克力】[名] ミルクチョコレート.
**nǎiyóusè**【奶油色】[名] クリーム色.
**nǎiyóu xiǎoshēng**【奶油小生】[名]〈俗〉二枚目. やさ男.
**nǎizhào**【奶罩】[名] ブラジャー.
**nǎizhī**【奶汁】[名](〜儿)母乳.
**nǎizhū**【奶猪】[名] 生後間もない豚.

## nǎi

**nǎizi**【奶子】[名] 1 〈口〉(食用にする動物の)乳の総称. 2 〈方〉乳房. 3 〈方〉乳母.

**nǎizijiǔ**【奶子酒】→ nǎijiǔ【奶酒】

**nǎizuǐ**【奶嘴】[名](～儿)〖哺乳瓶)のゴム製の乳首.

**氖 nǎi**[名]〈化〉ネオン. Ne.

**nǎidēng**【氖灯】[名] ネオンサイン.

**nǎiqì**【氖气】[名] ネオン. ネオンガス.

**哪(那) nǎi**[代]"哪 nǎ"の話し言葉での発音.

**奈 nài**[←] いかんせん. 無~/どうにもしようがない. ¶怎~/なに. どうしようにも.

**nài/hé**【奈何】[←] 1〈反語文に用い)どうしたものか. いかんせん. 無可~/なんともしようがない. 2《間に名詞や代詞を挟んだ反語の形で)~をどうするのか. ~をどうすることもできない. ¶其奈我何/おれをどうすることができようか. [代]〈書〉〈反語文に用い〉なぜ. どうして.

**nàiyīn**【奈因】[接続]〈書〉なにせ. いかんせん…により.

**佴 nài**[0]

**柰 nài**[0]

**nàizi**【柰子】[名]〈植〉リンゴの一種.

**耐 nài**[動] 耐える. 持ちこたえる. ¶~水/ウォータープルーフ. ¶水に強い. ¶这种布~洗/この布地は洗濯に強い.

**nàibōlì**【耐波力】[名]〈船〉の耐波力. 風波に耐える力.

**nàibúzhù**【耐不住】[動+可補] 我慢できない.

**nàichuān**【耐穿】[形](靴や服が)丈夫で長持ちする.

**nàifán**【耐烦】[形] 根気強い. 面倒がらない. ¶他等得不~了/彼は待ちくたびれてしまった.

**nàihán**【耐寒】[形] 寒さに強い. 寒さに耐えられる.

**nàihàn zhíwù**【耐旱植物】[名] 日照りに強い植物.

**nàihuǒ**【耐火】[形] 火に耐えられる. 火に強い. ¶~材料/耐火材.

**nàihuǒzhǐ**【耐火纸】[名] 耐火性の紙.

**nàihuǒzhuān**【耐火砖】[名] 耐火れんが. ¶火砖"とも.

**nàijiǔ**【耐久】[形] 長持ちする.

**nàikàn**【耐看】[形](景色や芸術作品などが)観賞に堪える.

**nàiláo**【耐劳】[形] 労苦に耐えられる. ¶吃苦~/辛酸を伴う苦労に耐える.

**nàilì**【耐力】[名] 耐久力. スタミナ.

**nàimó**【耐磨】[形] 摩擦に強い.

**nàirè**【耐热】[形] 耐熱性の. 熱に強い. ¶~合金/耐熱合金.

**nài rén xún wèi**【耐人寻味】〈成〉意味深長である. 味わい深い.

**nàishí**【耐时】[形] 忍耐して時機を待つ.

**nàishígāng**【耐蚀钢】[名]〈冶〉耐食鋼.

**nàishuǐ zuòwù**【耐水作物】[名]〈農〉耐水作物.

**nàisuān**【耐酸】[形] 耐酸性の. 酸に強い.

**nàiwū néngli**【耐污能力】[名]〈環境〉耐汚染力.

**nàixīn**【耐心】1 [形] 辛抱強い. 根気強い. ¶~地人/辛抱強く説得する. 2 [名] 辛抱強さ. 根気.

**nàixīnfán**【耐心烦】[形](～儿)〈口〉根気. 辛抱.

**nàixìng**【耐性】[名] 忍耐力. 我慢強い性格.

**nàiyòng**【耐用】[形] 丈夫で長持ちする. 耐久性がある. ¶经久~/長持ちする.

**nàizāng**【耐脏】[形] 汚れが目立たない. 汚れにくい.

**nàizhàn**【耐战】[形] 長時間の戦闘に耐えられる.

**萘 nài**[名]〈化〉ナフタリン. [姓]

**nàiliúniào**【萘硫脲】[名](殺鼠剤の一種)アンツー.

**鼐 nài**[名]〈古〉大きな鼎(かなえ).

## nan (ㄋㄢ)

**囡(囝) nān**[名]〈方〉1 子供. ¶男小~/男の子. ¶女小~/女の子. 2 娘.

**nānnān**【囡囡】[名]〈方〉子供に対する愛称.

**男 nán**[形] 男の. 男性の. ¶~的/男の人. ¶~演員/男優.
[←] ①息子. ¶长兒男/長男.
②男綠. [姓].

**nán bàn nǚ zhuāng**【男扮女装】〈成〉女装する.

**nánbīnxiàng**【男傧相】[名] 花婿の介添え人.

**náncè**【男厕】[名]〈略〉男性用トイレ.

**nándān**【男单】[名]〈略〉〈体〉男子シングルス.

**nán dào nǚ chāng**【男盗女娼】〈成〉集団(一家)にまともな人間が一人もいない.

**nándīyīn**【男低音】[名]〈音〉バス(歌手).

**nándīng**【男丁】[名] 成年男子.

**nán'ér**【男儿】[名] 一人前の男.

**nánfāng**【男方】[名](婚礼の)男性側. 新郎側.

**nánfēng**【男风】[名] 男色. ホモ.

**nángāoyīn**【男高音】[名]〈音〉テノール(歌手).

**nángōng**【男工】[名] 男性労働者.

**nánháir**【男孩儿】[名] 男の子.

**nánháizi**【男孩子】→ nánháir【男孩儿】

**nán huān nǚ ài**【男欢女爱】〈成〉男女がいちゃつく.

**nán hūn nǚ jià**【男婚女嫁】〈成〉縁組みをする.

**nánjiā**【男家】[名] 夫側の実家.

**nánjiè**【男界】[名]〈方〉男性用トイレ.
**nánjué**【男爵】[名]〈~儿〉男侯.
**nánjué**【男爵】[名]男爵.
**nánkē**【男科】[名]男性の生殖器官疾病専門の科.
**nánlán**【男篮】[名]〈略〉〈体〉男子バスケットボール.
**nánnánnǚnǚ**【男男女女】〈慣〉男女入り混じった大勢の人.
**nánnǚ**【男女】[名] **1** 〜老少 / 老若男女. **2**〈方〉子女. 子供. **3**〈近〉〈骂〉ろくでなし. ¶狗〜/人でなし.
**nánnǚ tóngxiào**【男女同校】[名]男女共学.
**nánpái**【男排】[名]〈略〉〈体〉男子バレーボール.
**nánpéngyou**【男朋友】[名]〈多くの場合恋人としての〉男友達.
**nánrén**【男人】[名]〈成〉人の男,男の人. ¶大〜/一人前の人.
**nánren**【男人】[名]〈口〉夫. 亭主.
**nánsè**【男色】[名]〈書〉ホモセクシュアル.
**nánshēng**【男生】[名]男子学生.
**nánshēng**【男声】[名]〈音〉声楽の男声(部).
**nánshì**【男士】[名]男性に対する敬称. 殿方. ¶〜服装 / 紳士服.
**nánshuāng**【男双】[名]〈略〉〈体〉男子ダブルス.
**nántóng**【男童】[名]男の子.
**nánxīng**【男星】[名]男性のスター.
**nánxìng**【男性】[名]男性.
**nányǒu**【男友】→nánpéngyou【男朋友】
**nánzhōngyīn**【男中音】[名]〈音〉バリトン(歌手).
**nánzhuāng**【男装】[名] **1**〈方〉メンズファッション. 紳士服. **2**男装.
**nánzǐ**【男子】[名]男子.
**nánzǐhàn**【男子汉】[名]一人前の男. いっぱしの男.
**nánzǐqì**【男子气】[名]男らしさ.
**nánzú**【男足】[名]〈略〉〈体〉男子サッカー.
**nán zuǒ nǚ yòu**【男左女右】〈成〉男性は左, 女性は右. ¶写真をとるとき,座席の位置などの習慣.

**nán**【南】[名]南へ→去 / 南へ行く. ‖異読⇒nā
**nánbànqiú**【南半球】[名]〈地〉南半球.
**nánbāngzi**【南梆子】[名]京劇の歌の節回しの一種.
**nánběi**【南北】[方位]南と北; 南の端から北の端まで.
**Nánběicháo**【南北朝】[名]〈史〉南北朝.
**Nánběiqǔ**【南北曲】[名]古典劇の"北曲"と"南曲"の併称.
**nánbiān**【南边】[方位]〈~儿〉南; 南の方. 南側. ¶天坛在天安门的〜/ 天壇は天安門の南のほうにある. **2**[名]〈口〉〈中国の〉南の南部地方.
**nánbù**【南部】[方位]南部. 南の部分.

**Nánchāng**【南昌】[名]〈地名〉南昌(なん しょう).
**Nánchāng qǐyì**【南昌起义】[名]〈史〉南昌蜂起.
**Náncháo**【南朝】[名]〈史〉南朝.
**nándǒu**【南斗】[名]〈二十八宿の〉ひつきぼし,南斗六星.
**nándòufu**【南豆腐】[名]柔らかくて水の細かい豆腐.
**nánfāng**【南方】**1**[方位]南. ¶往〜走 / 南のほうに歩く. **2**長江流域および其れ以南の地区. ¶〜人 / (中国の)南方の人.
**Nánfēi**【南非】[名]〈地名〉南アフリカ.
**nánfēng**【南风】[名]南風.
**nán fēng bù jìng**【南风不竞】〈成〉(試合の)相手の士気がふるわない.
**nánfēngchuāng**【南风窗】[名]〈俗〉南の香港(や外国)にいる親戚.
**nánfú**【南服】[名]〈古〉南方の版図外の地.
**Nángōng**【南宮】[名]
**nánguā**【南瓜】[名]〈植〉カボチャ.
**nánguāzǐr**【南瓜子儿】[名]カボチャの種. ▶お茶うけとして食べる.
**nánguó**【南国】[名]〈書〉南国;中国南部.
**nánhú**【南胡】[名]〈~儿〉〈音〉胡弓の一種. "二胡"の別称.
**nánhuíguīxiàn**【南回归线】[名]〈地〉南回帰線. 冬至線.
**nánhuò**【南货】[名]中国南方特産の食品や品物.
**nánjí**【南极】[名] **1**〈地〉南極. ¶〜洲 / 南極大陆. **2**〈磁石の〉S極.
**nánjíquān**【南极圈】[名]〈地〉南極圏.
**nánjiān**【南笺】[名]華南産の便箋.
**nánjiān wánzi**【南煎丸子】[名]〈料理〉南方風肉団子油揚げのあんかけ.
**Nánjīng**【南京】[名]〈地名〉南京市.
**nán kē yī mèng**【南柯一梦】〈成〉南柯(なんか)の夢. はかない夢.
**nánmánzi**【南蛮子】[名]〈旧〉南方の民族に対する蔑称.
**Nánmén**【南门】[姓]
**nánmiàn**【南面】**1**[方位]〈~儿〉南側. **2**[動]〈書〉君主となる.
**Nánmíng**【南明】[名]〈史〉南明.
**nán nán hézuò**【南南合作】[経]発展途上国同士の協力. 南南協力.
**Nánníng**【南宁】[名]〈地名〉南宁.
**Nán'ōu**【南欧】[名]南ヨーロッパ.
**Nánqí**【南齐】[名]〈史〉南齐.
**nán qiāng běi diào**【南腔北调】〈成〉なまりが強い; 各地の方言が飛びかう.
**nánqǔ**【南曲】[名] **1** 中国古典演劇の一. 南曲. **2**→nánxì【南戏】
**nánshì**【南式】[名](北京あたりでいう)南方式の手工芸品・食品など.
**nán shuǐ běi diào**【南水北调】〈成〉南方の水(特に長江の水)を北方へ引いて, 北方の水不足に役立てる.
**Nánsòng**【南宋】[名]〈史〉南宋.
**nántáng**【南糖】[名](北京あたりでいう)南方式の(南方産の)あめ・キャン

**nántiānzhú**【南天竹】〈名〉〈植〉ナンテン(チク).

**nán tián běi xián**【南甜北咸】〈成〉南方は甘口,北方の人は辛口.

**nántóur**【南头儿】〈方位〉〈口〉南の端;南side.

**nánwěi**【南纬】〈名〉〈地〉南緯.

**nánwèi**【南味】〈名〉南方風味.

**nánxì**【南戏】〈名〉古典地方劇の一.

**nánxún**【南巡】〈动〉南方を視察する.

**Nányà**【南亚】〈名〉〈地〉南アジア.

**Nányáng**【南洋】〈名〉**1**(清末に)江蘇・浙江・福建・広東各省の沿海地区. **2** シンガポールやマレーシアなどの東南アジア諸地域をさす.

**nányīn**【南音】〈名〉**1** 広東省の珠江三角州あたりで歌われていた演芸. **2** 福建省近辺で発展した古典音楽.

**nán yuán běi zhé**【南辕北辙】〈成〉行動と目的とが一致しない.

**Nányuè**【南岳】〈名〉(五岳の一)衡山の別称.

**nánzhēn**【南针】〈名〉羅針盤;〈喩〉正しい方向を知るための指針.

**nán zhēng běi zhàn**【南征北战】〈成〉南へ北へと戦場を駆けめぐる.幾多の戦いを経る.

**nánzhú**【南竹】〈名〉〈植〉モウソウチク.

**Nánzōng**【南宗】〈名〉中国山水画二大流派の一,南宗.

**nán**【难(難)】〈形〉**1** 难しい. ¶ 上山容易,下山~ / 山を登るのはやすしいが,下るのは難しい. …しにくい. …しがたい. ¶ 这条路～走 / この道は歩きにくい. **3** …して嫌な感じがしない. ¶ 这瓜很～吃 / このウリはおいしくない. **2**〈动〉~を困らせる. ¶ 你别～我了 / 頼むから私を困らせないでくれ.

異読⇒nàn

**nán'áo**【难熬】〈形〉(苦しい生活などに)耐えられない.

**nánbàn**【难办】〈形〉やりにくい.処理・処置しにくい.手を焼く.手に余る.

**nánbǎo**【难保】〈动〉**1** 請け合えない.保証しがたい. **2**(転)かもしれない.

**nánbǐ**【难比】〈形〉…とは比べものにならない;…とは違う.

**nánchán**【难缠】〈形〉手ごわい.扱いにくい.

**nánchǎn**【难产】〈动〉**1**〈医〉難産する. **2**〈喩〉(計画や作品が)容易に実現できない.

**nánchéng**【难成】〈动〉達成しがたい.

**nánchù**【难处】〈形〉付き合いにくい.

**nánchu**【难处】〈名〉困難点.問題点.

**nán dǎ jiāodao**【难打交道】付き合いにくい.

**nándāng**【难当】〈动〉**1** 任に堪えがたい. **2** 堪えがたい.たまらない.

**nán/dào**【难倒】〈动〉困らせる.

**nándào**【难道】〈副〉まさか…ではあるまい.…とでもいうのか. ¶ ～这是偶然的吗?/まさかこれは偶然というわけではないでしょうか.

**nándào shuō**【难道说】〈插〉…とでもいうのか.まさか…ではあるまい.

**nándé**【难得】**1** 得がたい. ¶ 这是一份非常～的历史资料 / これは非常に貴重な歴史資料である. **2**(…する機会が)めったにない.

**nándiǎn**【难点】〈名〉容易に解決できない点.難点.

**nándù**【难度】〈名〉(技術や技芸の)難しさ.度合. ¶ ～大 / 難度が高い.

**nán fēn nán jiě**【难分难解】〈成〉**1**(争奪や口論などで)互いに譲らず決着がつかない状態である. **2**(双方の関係が密接で)離れられない状態になる.

**nán gē nán shě**【难割难舍】〈成〉愛着があって別れがたい.

**nánguài**【难怪】**1**〈副〉道理で…だ.なるほど. ¶ ～他会日语,他去日本留学过 / 日本語が話せるわけだ,彼は日本に留学したことがあるんだもの. **2**〈动〉無理もない.

**nánguān**【难关】〈名〉難関.問題点.障害. ¶ 突破～ / 難関を突破する.

**nánguò**【难过】〈形〉**1** 苦しい.つらい.悲しい. ¶ 心里很～ / 悲しくてたまらない. **2**(生活が)困難である.暮らしにくい.

**nánhē**【难喝】〈形〉まずい.

**nán hū qí nán**【难乎其难】〈成〉非常に難しい.

**nán hū wéi jì**【难乎为继】〈成〉維持していくことが難しい.

**nánjì**【难记】〈形〉覚えにくい.

**nánkān**【难堪】〈形〉**1** 堪えがたい. ¶～的话 / 聞くに堪えない話. **2** 恥ずかしい.きまりが悪い.

**nánkàn**【难看】〈形〉**1** 醜い. ¶ 他打扮得真～ / 彼の身なりはほんとうにみっともない. **2** 体裁が悪い. ¶ 这么简单的问题要是答不出来,那就太～了 / こんなに簡単な問題ができなかったら,それこそ体裁が悪いよ. **3**(表情などが)険しい.

**nánmiǎn**【难免】〈动〉避けがたい.…しがちだ.

**nánnéng**【难能】〈形〉難しい.得がたい.

**nán néng kě guì**【难能可贵】〈成〉得がたく貴い;殊勝である.たいしたものである.

**nánniàn de jīng**【难念的经】〈惯〉困難なこと. ¶ 家家都有一本～ / どの家にも外見は幸福そうな家でもそれぞれむつかしいお家の事情がある.

**nánqiú**【难求】〈形〉**1** 頼みにくい. **2** 得がたい.

**nánqū**【难区】〈名〉(問題がからみ合っていて)解決困難な領域.

**nánrén**【难人】**1**〈形〉(人を)困らせる.閉口させる.扱いにくい. **2**〈名〉困難な任務を背負い込んだ人.

**nánróng**【难容】〈动〉許しがたい.勘弁できない.

**nánsè**【难色】[名] 難色. 難しい顔つき. ¶面有～/難色を示す.
**nán shàng jiā nán**【难上加难】〈成〉至難の業だ.
**nán shàng jiā nán**【难上加难】→ nán shàng jiā nán【难上加难】
**nánshě**【难舍】[動] 捨てがたい. 離れがたい.
**nán shě nán fēn**【难舍难分】〈成〉 **1** 試合などでなかなか勝負がつかないさま. **2** (男女が)別れがたい.
**nánshì**【难事】[動] 困難なこと. 始末に負えないこと. ¶天下无～,只怕有心人/なせばなる.
**nánshòu**【难受】[形] **1** 体の具合が悪い. ¶身上有点儿～/体の具合が少し悪い. **2** (精神的に)つらい. ¶她心里非常～/彼女はたいへんつらい思いをしている.
**nánshuō**【难说】[動] **1** (事柄がどうなるか)はっきり言えない. よくわからない. **2** 言いにくい.
**nánshuōhuà**【难说话儿】[形]〈口〉話がしにくい. 偏屈である.
**nántáo**【难逃】[動] 逃れがたい. 免れない.
**nántí**【难题】[名] 難題.[道,个] 出～/難問を出す; できない相談を持ちかける.
**nántīng**【难听】[形] **1** (音声が)聞きづらい. ¶这个曲子gǔzi真～/この歌はひどく耳障りだ. **2** (言葉遣いが粗野で)耳障りである. **3** (事柄が人に聞かれると)聞こえが悪い.
**nánwàng**【难忘】[動] 忘れがたい.
**nánwéiqíng**【难为情】[形] **1** 恥ずかしい. きまりが悪い. **2** すまなく思う.
**nánwei**【难为】**1**[動] 困らせる. 苦労させる. **2**(套) ご迷惑をかけました. ¶～你了/ご苦労さまでした.
**nánwén**【难闻】[形] いやなにおいがする. 臭い.
**nánxīn**【难心】[形] (どうしたらよいかわからなくて)心苦しい. 心配だ.
**nán xiōng nán dì**【难兄难弟】〈成〉(貶) 似たり寄ったり. どっちもどっちだ. ⇒**nàn xiōng nàn dì**
**nán yán zhī yǐn**【难言之隐】〈成〉 人に言えない苦衷.
**nányǐ**【难以】[副] …しにくい. …しがたい. ¶～想像/想像しにくい.
**nán yǐ wéi qíng**【难以为情】→**nánwéiqíng**【难为情】
**nányì**【难易】[名] 難易. 難しさ.
**nányú**【难于】[動] …しにくい. …に窮する.
**nánzhǎo**【难找】[形] 探しにくい.
**nánzhì**【难治】[形] 治療が難しい.
**nán//zhù**【难住】[動+結補] 困り果てる.
**nánzǒu**【难走】[形] 歩きにくい. (碁・将棋などで)打ちにくい,指しにくい.
**nánzuò**【难做】[形] なしがたい; つくりにくい.

喃 **nán** ❶
**nánnán**【喃喃】[擬]〈小声でつぶやくさま〉ぶつぶつ. むにゃむにゃ. ¶～自语/ぶつぶつ独り言をいう.

楠 **nán** ❶
**nánmù**【楠木】[名]〈植〉クスノキ(の木材). タイワンイヌグス(の木材).

赧(赧) **nǎn** ❶ 顔を赤らめるさま.
**nǎnhóng**【赧红】[動](顔が)恥ずかしさのあまり赤くなる.
**nǎnjiá**【赧颊】[動]〈書〉恥ずかしくて赤面する.
**nǎnkuì**【赧愧】[動]〈書〉顔を赤らめて恥じる.
**nǎnrán**【赧然】[形]〈書〉恥ずかしそうなさま.
**nǎnyán**【赧颜】[動]〈書〉赤面する.

腩 **nǎn** →**niúnǎn**【牛腩】

蝻 **nǎn** ❶ イナゴの幼虫. ¶～子/同前.

难(難) **nàn** ❶ ①災い. ¶逃～/避難する. ②なじる. 責める. 異読⇒**nán**
**nànbāo**【难胞】[名](多く国外で迫害を受けている華僑をさして)迫害を受けている同胞.
**nànchù**【难处】[名] 災禍. 災難.
**nànmín**【难民】[名] 難民. 罹災者. ¶～营/難民キャンプ.
**nàn xiōng nàn dì**【难兄难弟】[名] 苦難をともにした人; 同じ境遇にある人. ⇒**nán xiōng nán dì**
**nànyǒu**【难友】[名] 一緒に被災した人.

## nang (ㄋㄤ)

囊 **nāng** ❶ 異読⇒**náng**
**nāngchuāi**【囊揣】**1**[形]〈近〉ひ弱である. 軟弱である. **2** →**nāngchuāi**【囊膪】
**nāngchuāi**【囊膪】[名] 豚の胸部・腹部の脂身の多い肉.
**-nangchuāi**【-囊膪】[接尾]〈～的〉《形容詞/動詞などの後について,"いっぱい詰まっている""およぼよしている"さまを表す状態形容詞をつくる》¶肥féi～/ぶくぶく太った.

囔 **nāng** ❶
**nāngnang**【囔囔】[動] つぶやく. 小声でひそひそ話す.

囊 **náng** ❶ ¶袋. ¶皮～/皮袋. ¶药～/薬を入れる袋. ¶袋状のもの. ¶胆～/胆嚢(náng). ¶胶～/カプセル. 異読⇒**nāng**
**nángchóng**【囊虫】[名] 嚢虫(náng chóng).
**náng kōng rú xǐ**【囊空如洗】[成] 一文である.
**nángkuò**【囊括】[動]〈書〉包括する.
**nángshēng**【囊生】[名]〈旧〉(チベット

## náng

の)奴隷,農奴.
**náng yíng yìng xuě**【囊螢映雪】〈成〉苦学すること. 蛍の功.
**náng zhōng wù**【囊中物】〈名〉〈書〉たやすく手に入れ得るもの.
**náng zhōng zhī zhuī**【囊中之錐】〈名〉有能な人はいつかは頭角を現す. 囊中の錐(きり).
**nángzhǒng**【囊肿】〈名〉〈医〉嚢腫(のうしゅ).

## 饢 **náng**〈名〉(ウイグル族やカザック族が主食とするパンの一種)ナン. 異読音⇒nǎng

## 曩 **nǎng**〈書〉先の. 以前の. 昔の. ¶~日 / 先日. ¶~时 / 以前.

## 攮 **nǎng**〈動〉(どすなどで)刺す. ¶他被人从背后~了一刀 / 彼は何者かに背後から刺された.

**nǎngzi**【攮子】〈名〉どす, あいくち.

## 饢 **nǎng**〈動〉(食べ物を)一生懸命口の中に詰め込む. 異読音⇒náng

## 齉 **nàng**〈動〉鼻声になる. ¶发~ / 同前.

**nàngbír**【齉鼻儿】1〈形〉鼻声になる. 2〈名〉鼻声の人.

## nao (ㄋㄠ)

## 孬 **nāo**〈形〉〈方〉1 悪い. よくない. 2 臆病である. 気が弱い.
**nāozhǒng**【孬种】〈名〉〈罵〉意気地なし. 臆病者.

## 呶 **náo**⓪

**náo náo bù xiū**【呶呶不休】〈成〉くどくどといつまでもしゃべる.

## 挠(撓) **náo**〈動〉1 爪で軽く**かく**. ¶~痒痒 / かゆいかゆいをかく.
🄗 ①妨げる. ¶阻~ / 阻止. ②たわむ. 〈転〉屈服する. ¶百折zhé不~ / 不撓不屈(ふとうふくつ).

**náodù**【挠度】〈建〉たわみ.
**náogōu**【挠钩】〈長い柄の付いた)かぎ. とびぐちの類.
**náo//tóu**【挠头】〈動〉頭を抱える. 苦慮する.
**náo//xīn**【挠心】〈動〉心をかき乱す. 心を悩ます.
**náoxìng**【挠性】〈物〉可撓(かとう)性.
**náo yā zi**【挠丫子・挠鸭子】〈方〉走る. 逃げる. ずらかる.
**náo//yāng**【挠秧】〈動〉〈農〉稲田の除草をする.
**náo yǎng**【挠痒】〈動〉かゆいところをかく.
**náo yǎngyǎng**【挠痒痒】〈慣〉表面的に問題を解決する.

## 憹(憹) **náo** →**àonáo**【懊憹】

## 硇(硇·砳) **náo**⓪

**náoshā**【硇砂】〈名〉天然の塩化アンモニウム.

## 铙(鐃) **náo**⓪ 铙钹(にょうはち). ‖姓

**náobó**【铙钹】〈名〉〈音〉鐃鈸. シンバル.

## 蛲(蟯) **náo**⓪

**náochóng**【蛲虫】〈名〉〈動〉蛲虫(ぎょうちゅう).

## 垴(堖) **nǎo**〈名〉丘. 地名に用いることが多い.

## 恼(惱) **nǎo**〈動〉**怒る. 腹を立てる.** ¶把他惹~了 / 彼を怒らせた. ¶你别~我 / 私に腹を立てないでくれ.
🄗 悩む. ¶懊~ / 悩みもだえる. ¶烦~ / 煩悩する.

**nǎohèn**【恼恨】〈動〉(人を)恨む. 根に持つ.
**nǎohuǒ**【恼火】〈動〉腹を立てる. 腹が立つ.
**nǎonù**【恼怒】〈動〉怒る. 怒らせる.
**nǎorén**【恼人】〈形〉いらだたしい. 悩ましい.
**nǎosàng**【恼丧】〈動〉悩む. ふさぎ込む.
**nǎo xiū chéng nù**【恼羞成怒】〈成〉恨めしさと恥ずかしさで怒り出す.

## 脑(腦) **nǎo**〈名〉1 **脳. 脳髄.** 2 知力. 頭脳. ¶用~过度 / 頭を使いすぎる.
🄗 ①頭状そのようなもの. ¶豆腐~儿 / 豆腐を少し固めた柔らかい豆腐. ②エキス. ¶薄荷~ / メントール.

**nǎochōngxuè**【脑充血】〈医〉脳充血.
**nǎochūxuè**【脑出血】〈医〉脳溢血(のういっけつ).
**nǎodai**【脑袋】〈口〉1 **頭.** 〔个,颗〕 2 頭の働き. ¶~好使 / 頭の回転が早い.
**nǎodaiguā**【脑袋瓜】〈~子〉1 頭. 2 頭の働き.
**nǎodaikér**【脑袋壳】〈方〉〈~儿〉1 頭蓋骨. 2 人;人相. ▶軽蔑するときに用いる.
**nǎodiànbō**【脑电波】〈生理〉脳電流, 脳波.
**nǎodiàntú**【脑电图】〈医〉脳波図.
**nǎojīzhù**【脑脊柱】〈名〉〈生理〉頭蓋骨.
**nǎogàn**【脑干】〈生理〉脳幹.
**nǎogǔdǐng**【脑骨顶】〈名〉〈~儿〉頭のてっぺん.
**nǎoguā gàizi**【脑瓜盖子】〈口〉頭蓋骨.
**nǎoguār**【脑瓜儿】→**nǎoguāzi**【脑瓜子】
**nǎoguāzi**【脑瓜子】〈名〉〈方〉頭.
**nǎohǎi**【脑海】〈名〉〈書〉頭の中. 脳裏.
**nǎojīshuǐ**【脑积水】〈医〉脳水腫.
**nǎojīsuǐyán**【脑脊髓炎】〈医〉脳脊髄膜炎.
**nǎojǐyè**【脑脊液】〈名〉〈生理〉脳脊髄液.
**nǎojì**【脑际】〈名〉頭の中. 脳裏.
**nǎojiāng**【脑浆】〈~子〉1〈生理〉脳漿(のうしょう). 2 脳みそ. 3〈口〉頭の内部. 頭の芯.
**nǎojīn**【脑筋】〈名〉1 **頭脳. 頭.** ¶动~ / 頭を働かす. ¶伤~ / 頭を悩ます. 2 考え. 意識. ¶老~ / 古い考え.

nǎoké【脑壳】[名]〈方〉頭の鉢.頭.
nǎokù【脑库】[名]シンクタンク.
nǎolì【脑力】[名]知力.知能.¶费~/知恵をしぼる.
nǎolì láodòng【脑力劳动】[名]頭脳労働.
nǎoliú【脑瘤】[名]〈医〉脳腫瘍.
nǎolú【脑颅】[名]〈生理〉頭蓋.
nǎo mǎn cháng féi【脑满肠肥】〈成〉働かないで食べてばかりいる人がぶくぶく太っているさま.
nǎomén'r【脑门儿】[名]〈方〉額.おでこ.▶"脑门子"とも.
nǎomó【脑膜】[名]〈生理〉脳膜.
nǎomóyán【脑膜炎】[名]〈医〉脳膜炎.
nǎopiáo'r【脑瓢儿】[名]〈口〉頭;(特に)後頭部;頭のてっぺん.
nǎopínxuè【脑贫血】[名]〈医〉脳貧血.
nǎoqiáo【脑桥】[名]〈生理〉(脳の)橋(きょう).脳橋.
nǎor【脑儿】[名]〈料理〉食用にする動物の脳髄;脳みそに似て形状が似ている食品.
nǎorén'r【脑仁儿】[名]〈口〉頭の芯.
nǎoshàngtǐ【脑上体】[名]〈生理〉松果体.松果腺.
nǎosháor【脑勺儿】[名]〈方〉後頭部.▶"脑勺子"とも.
nǎoshénjīng【脑神经】[名]〈生理〉脳神経.
nǎoshuānsè【脑栓塞】[名]〈医〉脳塞栓(そくせん).
nǎoshì【脑室】[名]〈生理〉脳室.
nǎosǐwáng【脑死亡】[名]〈医〉脳死.
nǎosuǐ【脑髓】[名]〈生理〉脳髄.脳.
nǎoxià chuítǐ【脑下垂体】[名]〈生理〉脳下垂体.
nǎoxuèshuān【脑血栓】[名]〈医〉脳血栓.
nǎoyán【脑炎】[名]〈医〉脳炎.大脳炎.
nǎoyìxuè【脑溢血】[名]〈医〉脳溢血.
nǎozáozi【脑凿子】[名]〈方〉頭へのげんこつ.
nǎozhèndàng【脑震荡】[名]〈医〉脳震盪(とう).
nǎozhī【脑汁】[名]脳みそ.¶绞尽~/知恵を絞る.
**nǎozi**【脑子】[名]**1** 脳.**2** 頭の働き.¶你怎么这么没~/おまえなんて頭が悪いんだ.

Nǎolǔ【瑙鲁】[名]〈地名〉ナウル.

## 闹【鬧】

nào❶[形]騒々しい.やかましい.¶这里太~/ここはひどく騒がしい.
❷[動]**1** 騒ぐ.うるさくする;(手にいれようとしたり)躍起になる.¶又哭又~/泣いたりわめいたりする.¶别~了/静かにしなさい.¶~名誉地位/名誉や地位を得ようとして躍起になる.**2** (ある感情を)はらす.ぶちまける.¶~~脾气【災害などが】起こる;(病気などに)なる.¶~水灾/水害が起こる.**3** やる.する.¶~生产/生産に励む.¶把事情先~清楚再作处理/事情をはっきりさせてから処理する.
nào biènìu【闹别扭】〈慣〉悶着を起こす.仲たがいする.
nào//bìng【闹病】[動]病気にかかる.
nàobuqīng【闹不清】[動+可補]はっきりわからない.よく知らない.
nàochǎng【闹场】[名]〈旧〉どらや太鼓だけで演じる音楽.
nàochǎochǎo【闹吵吵】[形]〈方〉やかましく騒ぐ.騒々しい.
nào chǎozi【闹吵子】〈口〉いさかいをする.言い争う.
nào chū shì lai【闹出事来】騒ぎを起こす.
nàochuān【闹穿】[動]騒ぎが表沙汰になる.
nào/dà【闹大】[動+可補]大騒ぎになる.▶俗に"闹大发了"とも.
nàodeqīng【闹得清】[動+可補]はっきりわかる.
nào dòngfáng【闹洞房】[名]→nào//fáng【闹房】
nào dúlìxìng【闹独立性】(上級の指導を拒んで)独立性を主張する.
nào dùzi【闹肚子】〈口〉腹を下す.下痢をする.
nàofān【闹翻】[動]けんかをする.
nào fǎnshēn【闹翻身】(さまざまな抑圧から自らの解放を主張し,そのために)闘う.
nào fāntiān【闹翻天】上を下への大騒ぎになる.
nào/fáng【闹房】[動]婚礼の晩,親戚や友人が新婚夫婦の部屋に押しかけて,からかったり騒いだりする.
nào gémìng【闹革命】革命をやる.革命を起こす.
nào/guǐ【闹鬼】[動]**1** お化けが出る.**2** (喩)陰で悪いことをする.
nàohōnghōng【闹哄哄】[形](~的)騒々しい.にぎやかである.
nàohong【闹哄】[動]**1** 騒ぐ.**2** 大勢の人が忙しく立ち働く.
nào//huāng【闹荒】[動]〈旧〉凶年で農民が困る.
nào jīhuang【闹饥荒】**1** 飢饉(きん)に見舞われる.**2**〈慣〉金に困る.食うに困る.
nào jiāwù【闹家务】家庭でもめ事が起こる.
nào/jià【闹架】[動]〈方〉けんかをする.
nàojiāng【闹僵】[動]膠着状態になる.気まずくなる.
nàojiāng【闹将】[名]乱暴者.暴れん坊.
nàojiào【闹觉】[動](子供が)眠たくてぐずる.
nàojù【闹剧】[名]**1** どたばた劇.**2**(喩)ばかばかしいこと.茶番.
nào kǒushé【闹口舌】言い争う.口論する.
nàole bàntiān【闹了半天】〈慣〉結局のところ.やっと.
nàole guīqí【闹了归齐】〈慣〉〈方〉

## nào

**nào** ❶ 結局のところ. つまるところ. ❷ 実は，なんと(…であったのか).
**nào luànzi**【闹乱子】事故を起こす. 面倒を起こす.
**nàoměng**【闹猛】[形]〈方〉にぎやかである. 人気のある.
**nào píqi**【闹脾气】腹を立てる.
**nàoqǐ/lái**【闹起来】[動+方補] ❶ 騒ぎ出す. ❷ よくないことが発生する.
**nào/qì**【闹气】[動]〈～儿〉〈方〉腹を立てて人にあたる.
**nào/qīng**【闹清】[動+結補] はっきりさせる. はっきりわかる.
**nào qíngxù**【闹情绪】気持ちが腐り不満を抱く.
**nàoqū**【闹区】[名]盛り場.
**nàorāngrāng**【闹嚷嚷】[形]〈～的〉騒々しい.
**nàorè**【闹热】[形]〈方〉にぎやかである.
**nào sǎngzi**【闹嗓子】のどをいためる.
**nào shíling**【闹时令】〈慣〉〈方〉伝染病や風邪がはやる.
**nàoshì**【闹市】[名] 繁華な街. にぎやかな通り.
**nào/shì**【闹事】[動]〈～儿〉(大勢で)騒動を起こす.
**nào/shuǐ**【闹水】[動] ❶ 大水が出る. ❷ 水不足で困る；水を手配する.
**nào sǐ nào huó**【闹死闹活】〈成〉死ぬの生きるのと大騒ぎする.
**nàoteng**【闹腾】[動]〈方〉 ❶ 騒ぐ. 騒ぎ立てる. ばか騒ぎをする. ❷ (仕事などを)やる. する.
**nào tiānqi**【闹天气】〈方〉天気が崩れる.
**nào/tiānr**【闹天儿】→**nào tiānqi**【闹天气】
**nàoxì**【闹戏】[名]〈～儿〉〈旧〉喜劇. 道化芝居.
**nào xiàohua**【闹笑话】〈～儿〉(不注意や知識・経験不足のために)しくじる, 笑いの種になる.
**nàoxīn**【闹心】[動]〈方〉 ❶ 心を煩わす. ❷ 胃がむかむかして気持ちが悪い.
**nào xīnfáng**【闹新房】→**nào//fáng**【闹房】
**nào xìngzi**【闹性子】〈慣〉へそを曲げる. すねる.
**nào xuánxū**【闹玄虚】→**nòng xuánxū**【弄玄虚】
**nào yìjian**【闹意见】意見が合わず仲たがいする.
**nào yìqì**【闹意气】意地になる. すねる.
**nào/zāi**【闹灾】災害が起こる. 災害に見舞われる.
**nào/zéi**【闹贼】[動] どろぼうに入られる. 盗難にあう.
**nàozhe wánr**【闹着玩儿】〈慣〉 ❶ 遊ぶ. ❷ ふざける. 冗談を言う.
**nàozhōng**【闹钟】[名]目覚まし時計. [个,只,座]

**nào** ❶ 泥. ぬかるみ. ¶泥～／泥沼.

**nào'ěr**【淖尔】[名]〈モンゴル語で〉湖. ▶多く地名に用いる.

**nào** [名]〈中医〉力こぶ. 二の腕に隆起する筋肉.

## ne (ㄋㄜ)

**né** ❶ 異読⇒**nǎ, na**
**Nézhā**【哪吒】[名]〈伝説中の神の名〉ナタ.

**nè** ❶ 口べたである. ¶木～／朴訥(ぼく とつ)である.
**nènè**【讷讷】[書] 訥々(とつとつ)と. 口ごもるさま.

**ne (呢)** [助] ❶【疑問文の文末に用い, 答えを催促する気分を表す】
① 名詞(句)の後に用い, 疑問を示す. ¶ 你的大衣～?／君のコートは(どこ). ¶后来～?／その後は(どうなったか). ② 疑問文などに用いる. 了は先决漫～, 还是先吃饭～?／お風呂にしますか, それともご飯にしますか. ¶你愿意～, 我无所谓./ あなたが気が向いたらどうぞ, ぼくはどちらでもいい.
③ 反語に用いる. ¶ 你何必说他～?／彼に小言を言わなくてもいいよ.
❷【事实を相手に確認させる】¶雨可大～／雨はとても激しい.
❸【平叙文の文末に用い, 状态の継続を表す】¶他正在睡觉～／彼は眠っています.
❹【文中でポーズを置くときに用いる】¶ 我喜欢看书, 我爱人～, 只喜欢织毛衣／私は本を読むのが好きで, 妻はただセーターを編むのが好きなだけだ.
異読⇒**ní**

## nei (ㄋㄟ)

**něi** [疑]"**nǎ**"の話し言葉での発音.

**něi** ❶ 臆病になる. ¶气～／気落ちする. ② 飢える. ③〈冻～／寒さと飢え. ③〈鱼が〉腐る. ¶鱼～肉败／魚も肉も腐る.

**nèi** [方位] 内. 中. ¶厂～／工場内. ¶本月～／今月のうちに. ¶请勿入～／立ち入り禁止.
❶ 妻または妻の親戚をさす. ¶～人. ② 国内や人体内部をさす. ¶～地. ¶～～出血.

**nèibái**【内白】[名]〈劇〉(舞台裏からの) せりふ.
**nèibì**【内逼】[動]急に便意を催す.
**nèibīn**【内宾】[名] ❶ 国内の客. ❷〈旧〉女性の客.
**nèibù**【内部】[方位] 内部.
**nèibù jiāoyì**【内部交易】〈経〉内部取引.
**nèibù mìnglìng**【内部命令】〈電算〉内部コマンド.
**nèi chá wài diào**【内查外调】〈成〉 ❶ 内部の調査を行う. ❷ 幹部の登用や任免にあたって, 経歴や家庭状況を広く職場内外で調査する.

**nèichǎng**【内場】(名)〔体〕(野球で)内野. ¶～手/内野手.
**nèichén**【内臣】(名) 1 宮廷の近臣. 2 宦官(かん).
**nèichéng**【内城】(名)内側の城壁(で囲まれた市街).
**nèichūxuè**【内出血】(名)〔医〕内出血.
**nèicún**【内存】(名)〔略〕〔電算〕内部メモリ. DRAM. ¶～端口／メモリ専用スロット.
**nèidài**【内帯】(名)→nèitāi〔内胎〕
**nèidǎn**【内胆】(名)〈冷蔵庫やジャーなどの〉内部.
**nèidāngjiā**【内当家】(名)女主人.
**nèidì**【内地】(名)奥地, 内陸.
**nèidì**【内弟】(名)妻の弟. 義弟.
**nèidiànzǔ**【内电阻】(名)〔電〕内入抵器.▶「内阻」とも.
**nèidìng**【内定】(動)(人事などを)内定する.
**nèidúsù**【内毒素】(名)〔医〕体内毒素.
**nèi'ěr**【内耳】(名)〔生理〕内耳.
**nèifēnmì**【内分泌】(名)〔生理〕内分泌.
**nèifēng**【内封】(印)(本の)扉.
**nèifēng**【内锋】(名)〔体〕〈サッカーで〉インサイドフォワード.
**nèifú**【内服】(動)〔医〕内服する.
**nèifúyào**【内服药】(名)〔薬〕内服薬.
**nèifù**【内附】(動) 1 同封する. 2〈旧〉帰順する. 降伏する.
**nèigé**【内閣】(名) 1〔政〕(日本やイギリスなどの)内閣. 2〔史〕明朝・清朝の中央政務機関.
**nèigézhì**【内阁制】(名)〔政〕内閣制度.
**nèigōng**【内功】(名) 1 人間の体内の諸器官を鍛錬する武術；気功. 2 内在的な勉学や修養. 内的な力量.
**nèigǔgé**【内骨骼】(名)〔生理〕内部骨格.
**nèi gù zhī yōu**【内顾之忧】(成)内部の困難. 家庭内や国内の心配事やいざこざ.
**nèihǎi**【内海】(名)〔地〕内海.
**nèihán**【内涵】(名) 1〔論〕内包. 2 内面の修養.
**nèiháng**【内行】1〔形〕精通している. 2(名)玄人(くろうと). 専門家.
**nèihào**【内耗】(名)〔略〕1 機械装置自体が消耗するエネルギー. 内部消耗. 2〈喩〉(内輪めめの)消耗.
**nèihé**【内河】(名)〔地〕内陸河川.
**nèihòng**【内讧】(名)〔文〕内輪もめ. 内江(こう).▲「内哄」とも.
**nèihuà**【内画】(名) 瑪瑙(めのう)・ガラス・水晶などのガラス質の瓶の内側に細密画を描いた工芸品. ¶～壶.
**nèihuàhú**【内画壶】(名) かぎたばこ入れの一種；内壁に山水・人物・花などを描いた瓶型のガラス器.
**nèihuái**【内踝】(名)〔生理〕内側のくるぶし.
**nèihuánxiàn**【内环线】(名)〔交〕内环状線.
**nèihuì**【内汇】(名)〔経〕国内為替.
**nèihuì**【内慧】(名)→nèixiù〔内秀〕

**nèijí**【内急】(動)急に便意を催す.
**nèijìshēng**【内寄生】(名)〔生〕内部寄生.
**nèijì shēngwù**【内寄生物】(名)〔生〕内部寄生虫. 内部寄生植物.
**nèijiān**【内奸】(名)〈敵に〉内通する人. スパイ.
**nèijiān**【内艰】(名)〔書〕母の喪.
**nèijiān**【内监】(名) 重罪犯人を収容する刑務所.
**nèijiān**【内监】(名)〈旧〉宦官(かん).
**nèijiāo**【内角】(名)〔数〕内角.
**nèijǐng**【内景】(名) 1 (映画撮影の)セット. 2 室内を表現した舞台装置.
**nèijìng**【内径】(名)(機)内側の直径.
**nèijìng**【内镜】(名)〔医〕内視鏡.
**nèijiù**【内疚】(形)やましい. 後ろめたい. 気がとがめる. 心がとがめる.
**nèijùlì**【内聚力】(名)〔物〕凝集力.
**nèijuàn**【内眷】(名)家族の中の女性.
**nèikē**【内科】(名)〔医〕内科.¶看～／内科の診察を受ける.
**nèikù**【内裤】(名) 下ばき. パンツ.
**nèikuījìng**【内窥鏡】(名)〔医〕内視鏡.
**nèikuīshù**【内窺術】(名)〔医〕内視鏡手術.
**nèilào**【内涝】(名) 水びたし. 冠水型.
**nèilǐ**【内里】(方位)〈方〉内部. 裏面.
**nèilì**【内力】(名)(物)内力.
**nèiliàn**【内斂】(形) 1 性格・思想・感情などを表に現さない. 2〈文学・芸術の作品が〉含蓄に富んでいる.
**nèilùhéhé**【内流河】(名)〔地〕内陸河川.
**nèilù**【内陆】(名)〔地〕内陆.
**nèilùguó**【内陆国】(名)〔地〕内陆国.
**nèilùhé**【内陆河】(名)〔地〕内陆河川.
**nèilùhú**【内陆湖】(名)〔地〕内陆湖.
**nèiluàn**【内乱】(名)内乱.
**nèimào**【内贸】(名)〔経〕国内交易.
**nèiměi**【内美】(名)〔書〕内に隠された美徳.
**nèimèi**【内妹】(名)妻の妹. 義理の妹.
**Nèiménggǔ**【内蒙古】(名)〔地名〕内蒙古. 内モンゴル自治区.
**nèimó**【内膜】(名)〔生理〕体内器官の内側の膜.
**nèimù**【内幕】(名)内幕. 裏の(事情).
**nèimù jiāoyì**【内幕交易】(名)〔経〕インサイダー取引.
**nèinàn**【内难】(名)国内の災害・困難.
**nèináng**【内囊】(名) 懐(ぶところ).
**nèinéng**【内能】(名)内部エネルギー.
**nèipēicéng**【内胚层】(名)〔生理〕胚葉(よう).▶「内胚叶」とも.
**nèipí**【内皮】(名)〔生理〕血管・心臓などの内腔壁を覆う組織.
**nèiqǐ**【内企】(名)〔経〕国内投資企業.
**nèiqìgōng**【内气功】(名)〈呼吸法などで〉内部器官を鍛錬する気功.
**nèiqiān**【内迁】(動)内陸部へ移転する.
**nèiqièyuán**【内切圆】(名)〔数〕内接円.
**nèiqīn**【内亲】(名) 妻の親戚の総称.
**nèiqīn**【内勤】(名)内勤(の人).
**nèiqīng**【内倾】(形)(非社交的で)内向的である.

## nèi

**nèiqíng**【内情】[名]内情.内部事情.
**nèirángjī**【内燃机】[名]〈机〉ディーゼルエンジン.¶~车/ディーゼル機関車.
**nèiráng**【内瓤】[名]1(~儿)中身.内容.2内部.内幕.
**nèirè**【内热】[名]1〈書〉内心の焦燥.2〈中医〉体内に発生する熱.
**nèirén**【内人】[名]家内.
**nèiróng**【内容】[名]内容.中身.
**nèishāng**【内伤】[名]1〈中医〉内臓器官の障害.2(広く)内部器官の傷.
**nèishì**【内侍】[名]⟨旧⟩宦官(かん).
**nèishì**【内室】[名]奥の部屋;寝室.
**nèishuǐ**【内水】[名]内水.
**nèitāi**【内胎】[名]自転車などのチューブ.
**nèitíng**【内廷】[名]内の広間.
**nèitíng**【内廷】[名]⟨旧⟩内廷.宮廷のうち皇帝が私的生活を営む所.
**nèituì**【内退】[動]⟨略⟩繰り上げ定年退職をする.企業内早期退職をする.
**nèiwài**【内外】1[方位]内部と外部.¶~有别/内外の区別を設ける.内部の者と外部の者を区別して取り扱う.2⟨概数を表す⟩ぐらい.ほど.¶一个月~/1か月ほど.
**nèi wài jiāo kùn**【内外交困】〈成〉(国の政策か)内政・外交ともに行き詰まる.
**nèiwù**【内务】[名]1国内の政務(多く民政をさす).2(軍隊などの集団生活で)室内の日常的な仕事.
**nèixiàn**【内线】[名]1相手の内部に潜り込んだスパイ;またその活動.2⟨軍⟩内線.敵包囲下の戦線.3⟨電話の)内線.4手づる.内部のコネ.
**nèixiáng**【内详】[動]詳しいことは中に書いてある.¶封筒に差出人の姓名・住所を記す代わりに書く.
**nèixiàng**【内向】[形]1⟨味方に)向ける.2(性格などが)内向的である.¶~消極的なニュアンスはない.
**nèixiàng**【内项】[名]⟨数⟩内項.
**nèixiāo**【内销】[名]⟨経⟩国内販売.
**nèixiéshì**【内斜视】[名]⟨医⟩輻輳(ふくそう)性斜視.内斜視.寄り目.
**nèixīn**【内心】[名]1内心.心の中.2⟨数⟩内心.
**nèixǐng**【内省】[動]⟨心⟩内省する.反省する.
**nèixiōng**【内兄】[名]妻の兄.義兄.
**nèixiōngdì**【内兄弟】[名]妻の兄弟.義理の兄弟.¶1~→線.
**nèixiù**【内秀】[形]外見はそう見えないが,実は細心で聡明である.
**nèixū**【内需】[名]⟨経⟩内需.国内需要.
**nèiyán**【内焰】[名]⟨化⟩内炎.還元炎.
**nèiyī**【内衣】[名]下着.肌着.
**nèiyīn**【内因】[名]⟨哲⟩内因.
**nèiyìng**【内应】1[動]敵に内通する.2[名]内通者.
**nèiyōu**【内忧】[名]1⟨喩⟩内患.国内の難儀.2⟨書⟩憂鬱.憂虑.
**nèi yōu wài huàn**【内忧外患】〈成〉内忧外患.
**nèiyùn**【内蕴】1[動]蓄える.2[名]含んでいる内容.
**nèizài**【内在】1[形]⟨哲⟩内在している.¶~因素/内在的な要因.2[動]心に隠す.表情に出さない.
**nèizàiměi**【内在美】[名]内的な(心の)美しさ.
**nèizàng**【内脏】[名]⟨生理⟩内脏.
**nèizhái**【内宅】[名]⟨旧⟩住宅のいちばん奥にある建物.
**nèizhài**【内债】[名]⟨経⟩内债.国内债.
**nèizhàn**【内战】[名]1内战.2内纷.内輪もめ.
**nèizhǎngguì**【内掌柜】[名]⟨商家の主婦.おかみさん.
**nèizhèng**【内争】[名]内部抗争.
**nèizhèng**【内政】[名]内政.
**nèizhí**【内侄】[名]妻の甥(おい).
**nèizhínǚ**【内侄女】[名]妻の姪(めい).
**nèizhì**【内痔】[名]⟨医⟩肛门内部にできる痔.
**nèizhōng**【内中】[方位]中.内側;裏面.
**nèizhù**【内助】[名]⟨書⟩妻.¶贤~/賢妻.
**nèizhuàn**【内传】[名]1伝記小説.2⟨古⟩経典の解釈书.
**nèizhuāngxiū**【内装修】[名]建物の内装.
**nèizī**【内资】[名]⟨経⟩国内资本.
**nèizǐ**【内子】[名]⟨書⟩→nèirén 内人.
**nèizǔ**【内阻】[名]→nèidiànzǔ 内电阻.

**那 nèi**[代]"那nà"の话し言葉での発音.

## nen (ㄋㄣ)

**恁 nèn**[代]⟨方⟩1あの.その.¶~时/そのとき.2あんな.そんな.3こんな.
**nèndì**【恁地】[代]⟨方⟩1こんなに.そんなに.2どのように.どうして.
**嫩 nèn**[形]1若い.柔らかい.(嫩)未熟である.¶这孩子的小脸蛋真~!/この子のほっぺたはほんとうに柔らかい.¶她脸皮~,说话脸就红/彼女はうぶで,话をするとすぐに赤らめる.2(食物が)柔らかい.¶这只鸡炖得很~/この鸡はたいへん柔らかく煮込んである.
¶(色が)浅い,薄い,¶1~→绿.
**nèndòufu**【嫩豆腐】[名]柔らかめに作った豆腐.
**nènhán**【嫩寒】[名]⟨書⟩肌寒い.
**nènhóng**【嫩红】[形]淡いピンク[淡い桃色]の.
**nènhuáng**【嫩黄】[形]淡い黄色の.
**nènjī**【嫩鸡】[名]若鸡.
**nènlǜ**【嫩绿】[形]浅緑色の.もえぎ色の.
**nènmiáo**【嫩苗】[名]若芽.幼芽.新芽.
**nènqíng**【嫩晴】[名]⟨書⟩(春雨の)雨上がり.
**nènròu**【嫩肉】[名](~儿)(傷跡などで)

きたばかりの肉.

**nènsheng**【嫩生】[形]〈方〉**1** 若く柔らかい. **2** 未熟である. 見聞が狭い.

**nènshǒu**【嫩手】[名] 未熟者. 新米.

**nènyá**【嫩芽】[名]〈喩〉バイタリティー, 新芽.

**nènyè**【嫩叶】[名] 柔らかい葉. 若葉.

## néng（ㄋㄥ）

**néng**【能】❶[助動]**1**《能力・条件から》…できる. ¶弟弟～自己刷牙了/弟はもう歯をみがける. ¶他今天没～按时来/彼はきょう時間どおりに来られなかった. **2**《道理から言って》許される, …できる. ¶~不让我们进去?——不能进去/中に入ってもいいですか——入ってはいけません. **3**《可能性があるを表す》…のはずだ. ¶满天星星,哪～下雨?/満天の星空で, 雨が降るはずがない. **4**《上手にできることを表す》できる. ¶她很～喝酒/彼女はお酒がなかなか強い. ❷[名]〈物〉エネルギー. ¶原子～/原子力. ¶太阳～/太阳エネルギー. ➡[造]～する.

**néng bànshì de**【能办事的】敏腕家（の）. 腕利きの.

**néng bù**【能不】[型]("能不…吗？"の形で)…せずにすむだろうか.

**néngchén**【能臣】[名] 有能な臣下. 腕利きの部下.

**néng chī néng hē**【能吃能喝】〈成〉よく食べよく飲む.

**néngchù**【能处】[名] 長所.

**néng dà néng xiǎo**【能大能小】〈成〉伸縮自在である.

**néngdòng**【能动】[形] 主体的な. 積極的な.

**nénggàn**【能干】[形] 有能だ. やり手だ. ¶他很～/彼はたいへんな有能者だ.

**néng gē shàn wǔ**【能歌善舞】〈成〉歌にも踊りにもすぐれている.

**nénggèr**【能个儿】〈方〉**1**[名] 腕前. 才能. **2**[形] 多芸多才である. 頭脳明晰〈穷〉で手先も器用である.

**néng gōng néng shǒu**【能攻能守】〈成〉攻めても守っても巧みである.

**néng gōng qiǎo jiàng**【能工巧匠】〈成〉腕利きの工匠. 名匠. 名工.

**nénggòu**【能够】[助動]**1**…できる. ¶这家工厂一天～生产一千辆汽车/この工場は1日に1000台の自動車を生産することができる. **2** 可能である. 許される. ¶一米以下儿童, 没票也～乘车/1メートル以下の子供は切符なしでも乗車できる.

**néng guān néng mín**【能官能民】〈成〉役人にもなれれば民間人にもなれる.

**nénghào**【能耗】[名]〈物〉エネルギー消費. ¶降低～/エネルギー消費を減らす.

**néngjí**【能级】[名]〈物〉エネルギー準位.

**néngjiàndù**【能见度】[名] 視界. 可視度. 視程.

**néng jìn qǔ pì**【能近取譬】〈成〉人の身になって考える；身近な例を挙げて話をする.

**nénglì**【能力】[名] 能力. 技量. 力量. 腕前.

**néngliàng**【能量】[名]**1**〈物〉エネルギー. **2**〈喩〉バイタリティー, 能力.

**néngnai**【能耐】〈口〉**1**[名] 技能. 技量. 腕前. ¶他～很大/腕がいい；やり手である. **2**[形] 能力が高い. 腕前がすぐれている.

**néng qiā huì suàn**【能掐会算】〈成〉**1** 占いが上手である. **2**〈広く〉予見・予測的確に当たる.

**néng qū néng shēn**【能屈能伸】〈成〉失意のときは自重し, 得意のときは大いに腕をふるう.

**néngrén**【能人】[名] 達人. 名人.

**néng rén suǒ bù néng**【能人所不能】〈諺〉普通の人のできないことを成し得る.

**néng shàng néng xià**【能上能下】〈成〉地位の高低に関係なく能力を発揮する.

**néngshì**【能士】[名] 才能のある人.

**néngshì**【能事】[名]〈書〉できる限りのこと. 最大の力.

**néngshǒu**【能手】[名] 達人. 熟練者. 名手.

**néng shuō huì dào**【能说会道】〈成〉口が達者だ. 弁が立つ.

**néngwéi**【能为】[名] 技能. 能力. 腕前.

**néng wén huì wǔ**【能文会武】〈成〉文武両道にすぐれている.

**néng yán shàn biàn**【能言善辩】〈成〉雄弁である. 弁舌がよく立つ.

**néngyǐ**【能以】[助動] できる. …することができる.

**néngyuán**【能员】[名] 敏腕家. 腕利き.

**néngyuán**【能源】[名]〈物〉資源としてのエネルギー. ¶～储量/エネルギー埋蔵量. ¶～危机/エネルギー危機.

**néng zhě duō láo**【能者多劳】〈成〉有能な人ほど多く働き, 能力のある者に仕事が回ってくる.

## ng（ㄫ）

**ńg**【嗯】(唔)[感] 疑ったり怪しんだりするときに発する言葉. え. ▷ńとも発音する. 异读⇒ňg,ǹg

**ňg**【嗯】(吭)[感] 意外・驚き・反対を表す》おや. ▷ńとも発音する. 异读⇒ńg,ǹg

**ǹg**【嗯】[感] 肯定・承諾などを表す》うん. ▷ńとも発音する. 异读⇒ńg,ňg

## ni（ㄋㄧ）

**妮** ní ❶

**nīzi**【妮子】[名]〈方〉女の子. ▶"妮儿 nīr"とも.

# ní

**尼** ní [尼] 尼. 尼僧. ▶[姓]
**Níbó'ěr** [尼泊尔] [名] 〈地名〉ネパール.
**Nígéluó Aodàlìyà rénzhǒng** [尼格罗澳大利亚人种] [名] ニグロ・オーストラリア人種.
**nígū** [尼姑] [名] 尼.
**nígǔdīng** [尼古丁] [名] ニコチン.
**Níjiālāguā** [尼加拉瓜] [名] 〈地名〉ニカラグア.
**nílóng** [尼龙] [名] ナイロン.
**Nírì'ěr** [尼日尔] [名] 〈地名〉ニジェール.
**Nírìlìyà** [尼日利亚] [名] 〈地名〉ナイジェリア.
**níséng** [尼僧] [名] 尼僧. 尼.

**坭** ní 1 [泥儿] に同じ. 2 地名用字.

**呢** ní [呢] ラシャ. ¶毛～／ラシャ. ▶異読⇒ne
**níliào** [呢料] [名] ラシャ製. 毛織物の服地.
**nínán** [呢喃] [擬] 〈書〉1 〈ツバメの鳴き声〉ぴいぴい. 2 〈小声で話すさま〉ひそひそ.
**níróng** [呢绒] [名] 毛織物の総称.
**nízi** [呢子] [名] ラシャ.

**儿**(郳) ní [名] 〈史〉郳(ɡɩ́). ▶周代の国名. ▶[姓]

**泥** ní [名] 泥. ¶[块,坨;摊] 沾～／泥がつく. ¶泥状のもの. ¶印～／印肉. ¶萝卜～／大根おろし. ▶[姓] ▶異読⇒ nì
**níbā** [泥巴] [名] 〈方〉泥.
**nídiǎn** [泥点] [名] 〈泥の〉はね.
**nídiǎnzi** [泥点子] [名] =nídiǎn [泥点儿]
**nífànwǎn** [泥饭碗] [名] 〈貶〉頼りにならない職業.
**níféi** [泥肥] [名] 〈農〉(肥料となる)川や沼などの泥.
**nífēng** [泥封] [名] 紹興酒などを入れるかめの口を粘土で封印する.
**nígābar** [泥嘎巴儿] [名] 〈方〉(泥の)がこびりついたもの.
**nígōng** [泥工] [名] 左官.
**nígōu** [泥垢] [名] 泥とあか.
**níhóu** [泥猴] [名] 〈～儿〉〈口〉泥まみれ. 泥だらけ(の人).
**níjiāng** [泥浆] [名] 1〈機〉(掘削作業に使う)泥水. 2〈建〉粘土のモルタル. 3 泥水.
**níjīn** [泥金] [名] 〈美〉金泥(ɡɩ́ɴ).
**níkēng** [泥坑] [名] 泥沼. 泥の海.
**níliáo** [泥疗] [名] 〈医〉泥療法. 泥を加熱し, 局部に塗って治療する方法.
**níméi** [泥煤] [名] 泥炭.
**nímǔzhū** [泥母猪] [名] =níhóu [泥猴]
**nínào** [泥淖] [名] =nízhǎo [泥沼]
**nínìng** [泥泞] [形] 1 ぬかるんでいる. 2 ぬかるみ.
**ní niú rù hǎi** [泥牛入海] [成] 行ったきり消えること. 梨のつぶて.
**nípénjì** [泥盆纪] [名] 〈地名〉デボン紀.
**ní púsà guò jiāng** [泥菩萨过江] 〈歇〉"自身难保"と続き自分の身が危ないのに, 人を救うどころではない.
**níqiáng** [泥墙] [名] 土で築いた塀. 土塀.
**níqiū** [泥鳅] [名] 〈魚〉ドジョウ.
**nírén** [泥人] [名] 〈～儿〉泥人形. 土人形.
**níshā** [泥沙] [名] 1 土砂. 泥と砂. 2〈地質〉沈泥.
**ní shā jù xià** [泥沙俱下] 〈成〉よい人間も悪い人間も, よいことも悪いこともすべてが混じり合って見分けがつかない. 玉石混淆(ɡ).
**níshíliú** [泥石流] [名] 泥砂の流れ. 土石流. 山崩れ.
**níshuǐhuór** [泥水活儿] [名] 左官の仕事.
**níshuǐjiàng** [泥水匠] [名] 左官.
**nísù** [泥塑] [名] (民間工芸の)泥人形.
**ní sù mù diāo** [泥塑木雕] 〈成〉木偶(ɡ)の如き.
**nítāi** [泥胎] [名] 彩色を施す前の土人形.
**nítāir** [泥胎儿] [名] 陶器の素地. 胎(ɴ).
**nítán** [泥潭] [名] 泥沼. 泥の海.
**nítàn** [泥炭] [名] 泥炭.
**nítāngr** [泥汤儿] [名] 泥汁. 泥.
**nítáng** [泥塘] [名] 泥沼. 泥水のたまる窪地.
**nítǔ** [泥土] [名] 1 土. 土壌. ¶満身～／全身土まみれ. 2 粘土.
**nítǔqì** [泥土气] [名] 田舎の純朴で自然な息吹.
**nítuǐ** [泥腿] [名] 〈旧〉(農民に対する蔑称)田舎者. ▶"泥腿子"とも.
**níwáwa** [泥娃娃] [名] 泥人形.
**níwǎjiàng** [泥瓦匠] [名] 左官.
**níxiàng** [泥像] [名] 泥で作った像. ▶多くは仏像.
**níxīn** [泥芯] [名] 〈機〉鋳型の中子(ɴ).
**níyán** [泥岩] [名] 〈鉱〉泥岩.
**níyǔ** [泥雨] [名] 細かいほこりを含んだ雨.
**nízhǎo** [泥沼] [名] 泥沼.
**nízú jùrén** [泥足巨人] 〈慣〉見かけ倒し.
**nízuì** [泥醉] [形] ぐでんぐでんに酔っている. 泥酔している.

**怩** ní ⇒ **niǔní** [忸怩]

**铌** ní [化] ニオブ. ニオビウム. Nb.

**倪** ní ⇒ **duānní** [端倪] ▶[姓]

**猊** ní ⇒ **suānní** [狻猊]

**霓** ní [気] 虹(ɴ). 副虹.
**níhóngdēng** [霓虹灯] [名] ネオンサイン. ネオン灯.

**鲵** ní [鲵] [名] 〈魚〉サンショウウオ. ▶"鲵鱼"とも.

**麑** ní [麑] 〈古〉子鹿.

**拟**(擬) nǐ [動] 1 (計画などを)立案する, 起草する. ¶～了

一个计划草案 / 計画案を一つ立案した。2…するつもりである。¶下个月前往日本 / 来月、日本へ行く予定だ。
㊋なぞらえる。擬する。¶模仿mó~ / まねる。
nǐdài【拟待】働…しようと思う。
nǐdìng【拟订】働 立案する。¶~方案 / プランを立てる。¶~计划 / 計画を立てる。
nǐdìng【拟定】働 1 制定する。計画を決める。2 推定する。
nǐ/gǎo【拟稿】働(~儿)(多く公文書を)起草する。下書きを作る。
nǐgǔ【拟古】働〈書〉古代の風格をまねる。
nǐrén【拟人】〈語〉擬人。¶~法 / 擬人法。
nǐshēng【拟声】〈名〉〈語〉オノマトペ.
nǐshēngcí【拟声词】〈名〉〈語〉擬音語.
nǐshí jìshù【拟实技术】〈名〉〈電算〉バーチャル技術.
nǐtài【拟态】〈名〉〈動〉擬態する。
nǐtàicí【拟态词】〈名〉〈語〉擬態語.
nǐyì【拟议】1〈名〉もくろみ。企画。立案。2〈動〉〈書〉提案する。企画する。
nǐyīn【拟音】〈名〉〈劇〉擬音。効果音。
nǐ yú bù lún【拟于不伦】〈成〉比べものにならない人や物を引き合いに出すこと。
nǐyù【拟欲】働〈書〉…しようと思う。
nǐzuò【拟作】働 まねて作る。模倣。

你 nǐ【代】1 (単数の第二人称に用いる)君。あなた。おまえ。2〈書〉貴~。¶~校 / 貴校。3 (広く任意の人をさす)¶~要想学好中文、就要多听多说 / 中国語をしっかり勉強しようと思うなら、多く聞き多く話さなければならない。4 ("你"を"我"や"他"と並列して用い、多くの人がすばやく動作あるいは行為に携わる、または同時に行われることを表す)¶大家~推我让、谁都不肯收下 / 互いに譲り合って、だれも受け取ろうとしない。
nǐ chàng wǒ hè【你唱我和】〈成〉同じ意見を持つ人が支持し合う。
nǐ dōng wǒ xī【你东我西】〈成〉めいめい勝手なことをする。
nǐ hǎo【你好】〈套〉こんにちは.
nǐ jìng wǒ ài【你敬我爱】〈成〉互いに敬愛する。
nǐ kàn【你看】〈套〉1 君の意見では?¶~怎么样 / 君はどう思いますか。2 ほら、¶~,雨不是停了吗? / ほら、雨がやんだじゃないか。
nǐ lái wǒ qù【你来我去】〈成〉代わりに行き来する。交際が頻繁である。
nǐ lǎo【你老】〈代〉〈旧〉(目上の人に対する敬称)あなた。あなたさま。
nǐ lǎorénjiā【你老人家】〈代〉〈旧〉〈老人に対する敬称〉あなたさま。ご老体。
nǐmen【你们】〈代〉君たち。あなたたち。おまえら。¶~二人 / あなたたち二人。
nǐ shuō (ne)【你说(呢)】〈套〉ほら、そうでしょう。▶相手の意見を求めたり、同意を求めたりするときに用いる。
nǐ sǐ wǒ huó【你死我活】〈成〉生きるか死ぬか。食うか食われるか。
nǐwǒ【你我】〈名〉君とぼく。私とあなた。
nǐ yī yán wǒ yī yǔ【你一言我一语】〈慣〉1 双方が言い合う。2 多くの人があれこれ口にする。
nǐ yǒu láiyán, wǒ yǒu qùyǔ【你有来言,我有去语】〈慣〉売り言葉に買い言葉。
nǐ zhēng wǒ duó【你争我夺】〈成〉(多くの人が)互いに奪い合うう、しのぎをけずる。
nǐ zhuī wǒ gǎn【你追我赶】〈成〉追いつ追われつして抜かれつ。

旎 nǐ →nǐnǐ【旖旎】

泥 nì【動】(土やしっくいで壁などを)塗る。¶~墙 / 壁を塗る。
㊋ 固執する。㊇~ / 拘泥(こうでい)する。
異読⇒ní
nìgǔ【泥古】働〈書〉昔のしきたりにこだわる。

nìzi【泥子】〈名〉パテ。下塗り。

昵 (暱) nì 働 親しい。¶亲~ / むつまじい。
nìchēng【昵称】〈名〉親しい呼び方。愛称。

逆 nì【働】逆らう。¶~着风走 / 風に逆らって歩く。¶~时代潮流而行 / 時代の流れに逆らって行動する。
㊋ ① 対立する。盾突く。¶~~子。② 裏切り者。¶叛~ / 反逆者。③ 迎える。¶~~旅。④ 前もって。¶~~料。
nìchā【逆差】〈名〉〈経〉(↔順差)輸入超過。入超。
nìchǎn【逆产】〈名〉1 反逆者の財産。2 逆子(さかご)。
nìdǎng【逆党】〈名〉反逆するグループ。反動的な党派。
nìdìnglǐ【逆定理】〈名〉〈数〉逆定理.
nìdǔ【逆睹】働〈書〉予見する。
nì'ěr【逆耳】【形】耳に逆らう。聞くのがつらい。
nìfǎn【逆反】働 反抗する。逆らう。¶~心理 / 反抗心。
nì/fēng【逆风】1 働 風に逆らう。2〈名〉逆風。向かい風。
nìguāng【逆光】〈名〉逆光.
nìhánshù【逆函数】〈名〉〈数〉逆関数.
nìjiā【逆价】〈名〉〈経〉(↔順价)逆ざや。
nìjìng【逆境】〈名〉逆境.
nì lái shùn shòu【逆来顺受】〈成〉劣悪な境遇や理不尽な待遇を堪え忍ぶ。逆境に甘んじる。
nìliào【逆料】働〈書〉予想する。
nìliú【逆流】1 働 流れに逆らう。¶~而上 / 川をさかのぼって行く。2〈名〉逆流。〈喩〉反動的な潮流。
nìlǚ【逆旅】〈名〉〈書〉宿屋。旅館。
nìlún【逆伦】〈名〉〈書〉人の道に背く。
nìshízhēn【逆时针】〈名〉時計の針と反対回り。左回り。
nìshì【逆市】〈名〉〈経〉市場の流れに逆ら

nì/shuǐ【逆水】[動]（↔順水）流れに逆らう．
nì shuǐ xíng zhōu【逆水行舟】〈成〉(よく"不进则退"が後に続き)何事も努力し続けなければならない．
nìwēncéng【逆温層】[名]〈気〉気温が逆転している層．
nìxiàng【逆向】[名]逆方向．
nìxíng【逆行】[動]車などが)逆行する．
nìxù【逆序】[名]逆引き．逆の配列．
nìyùnsuàn【逆運算】[名]〈数〉逆演算．
nìzéi【逆賊】[名]逆賊．
nìzhuǎn【逆転】[動]形勢が逆転する；（情勢が）悪化する．
nìzǐ【逆子】[名]親不孝の息子．

nì【匿】[動]隠す．¶隐～/隐匿(とく)する．

nìcáng【匿藏】[動]こっそり隠す；こっそり隠れる．
nìfú【匿伏】[動]〈書〉潜伏する．
nìjì【匿迹】[動]〈書〉姿をくらます．
nìmíng【匿名】[名]匿名．¶～电话/匿名電話．
nìmíngxìn【匿名信】[名]匿名の手紙．
nìxiào【匿笑】[動]ひそかに笑う．
nì yǐng cáng xíng【匿影藏形】〈成〉姿をくらます．

nì【睨】[動]斜めに見る．¶睥～/睥睨(へい)する．¶～视/横目で見る．

nì【膩】[形]1（食べ物が)脂っこい，しつこい．2（度重なり）飽き飽きである．うんざりである．¶～得慌/もううんざりだ．¶这话我都听～了/その話はもう耳にたこができた．3 ねばねばする．¶这块抹布油得～手/この雑巾は油汚れがひどくねばねばする．[日]①（油）汚れ．¶尘～/ほこりや垢．②細工などが細かい．¶细～/細かくて精緻(せいち)である．

nìchóng【膩虫】[名]〈虫〉アブラムシ．アリマキ．▶"蚜虫"の通称．
nìfan【膩煩】[形]1 飽き飽きする．うんざりである．2 いやになる．
nìhúr【膩糊儿】[形]〈方〉ねばねばしている．
nì/rén【膩人】[形]1（食物が脂っこくて）食べる気がしない．2（話が冗長で）人を飽き飽きさせる．3 まつわりつく．悩ます．
nìtóu【膩頭】[形]〈方〉嫌気がさす．面倒くさい．おっくうである．
nìwāi【膩歪】[動]〈方〉飽きる．うんざりする．
nìwèi【膩味】[動]〈方〉飽きる．うんざりする．
nìyǒu【膩友】[名]〈書〉親友．
nìzi【膩子】→nìzi【泥子】

nì【溺】[動]①（水に）溺れる．②やみくもに．**異読** →niào

nì/ài【溺愛】[動]（自分の子供を）溺愛する．
nìguǐ【溺鬼】[名]溺死した人．土左衛門．

nì/shuǐ【溺水】[動]（水に）溺れる．
nìsǐ【溺死】[動]溺死する．水死する．
nìyīng【溺嬰】[動]（生活苦などのために）嬰児(どご)を溺れ死にさせる．
nìzhí【溺職】[動]〈書〉職務を忘る．

## nian（ㄋㄧㄢ）

niān【拈】[動]指先で挟む．つまむ．¶他不停地～着胡子/彼はしきりにひげをひねっている．¶～块糖吃/あめを一つまんで食べる．
niān/bǐ【拈筆】[動]筆を執る．
niān huā rě cǎo【拈花惹草】〈成〉女性を誘惑したり女色をあさったりする．▶"沾花惹草"とも．
niān/jiū【拈阄儿】[動]くじを引く．
niān qīng pà zhòng【拈軽怕重】〈成〉楽な仕事を選び，骨の折れる仕事を避ける．
niān suàn chī cù【拈酸吃醋】〈成〉焼きもちを焼く．
niān/xiāng【拈香】[動]線香をあげる．
niān/xū【拈須】[動]ひげをひねる．
niānzhǐjiān【拈指間】[動]またたく間に．

niān【蔫】[形]1（草や花が）しおれている；（果物が）しなびている．2（子供が）しょげている，元気がなくなる．

niānba【蔫巴】[形]しおれている．
niānbuchūlái【蔫不出溜（儿）】[形]〈~的〉(口)音を立てずに．こっそりと．
niānbujīr【蔫不唧儿】[形]〈~的〉〈方〉1 しょげている．元気がないさま．2 こっそり．人知れず．
niānhūhū【蔫呼呼】[形]〈~的〉元気がないさま．ぐずぐずしているさま．
niānliūr【蔫溜儿】[形]こっそり抜け出る．黙ってずらかる．エスケープする．
niānpíqi【蔫脾気】[名]ぐずぐずする気性；ぐず．
niānrhuài【蔫儿坏】[形]腹黒い．
niānrniānr【蔫儿蔫儿】[副]〈方〉ひそかに．黙って．
niāntáoqì【蔫淘気】(子供が)見かけはおとなしいが，陰ではいたずらである．
niān tóu dā nǎo【蔫头耷脳】〈成〉〈~的〉打ちしおれて，元気のないさま．
niānxìngzi【蔫性子】[名]ぐずぐずする気性；ぐず．

nián【年】[名]…年間．[日]①正月．¶过～/正月を迎える．②年齢．¶～纪/一生における一時期．¶中～/中年．④1年の，毎年の．¶～产量/年産．③時代．時期．¶唐朝末～/唐代末期．⑥1年の収穫．¶丰～/豊作の年．[姓]

niánbào【年報】[名]1（多く書名に用い）年刊．年報．イヤーブック．2（財務・会計など）年次報告．
niánbèi【年輩】[名]年齢と世代；（世代からみた）長幼の順序．

**niánbiǎo**【年表】[名] 年表.

**niánbó**【年伯】[名]〈旧〉ご尊父.

**niáncài**【年菜】[名] 正月料理.

**niánchen**【年辰】[名] 年月, 歳月.

**niánchéng**【年成】[名]（農作物の）作柄.

**niánchǐ**【年齿】[名]〈書〉年齢.

**niánchū**【年初】[名] 年初. 年のはじめ.

**niándài**【年代】[名] **1** 年代；時代. **2**（10年を区切りとする）年代.

**nián dēng huā jiǎ**【年登花甲】〔成〕還暦を迎える.

**niándǐ**【年底】[名] 年末. 歳末. 年の暮れ.

**niándǐxia**【年底下】[名]〈方〉年末. 年の暮れ.

**niándì**【年弟】[名]〈旧〉愚弟.

**niándù**【年度】[名] 年度.

**niánfàn**【年饭】[名] 年越しの晩餐.

**niánfèn**【年份】[名] **1** 年度. **2** 経過した年代の長さ.

**nián fù lì qiáng**【年富力强】〔成〕年が若くて精力が旺盛である. 働き盛りである.

**niángāo**【年高】[形] 高年齢. 年寄り.

**niángāo**【年糕】[名]（もち米の粉を練った後, 蒸して作った）もち.

**nián gāo dé shào**【年高德劭】〔成〕高齢で徳が高い（人）.

**niángen**【年根】[名]（～儿）〈方〉歳末. 年の暮れ.

**niángēnr dǐxia**【年根儿底下】〈方〉年が押し詰まった時. 年の暮れ.

**niángēng**【年庚】[名] 生まれた年・月・日・時. ¶～八字/生年月日と時間を干支で表した8文字. 占いに用いる.

**niánguān**【年关】[名] 年末. 年の瀬. ¶难过～/年が越せそうもない.

**niánguāng**【年光】[名] **1** 年月. 歳月. ¶～易逝shì/歳月は過ぎ去りやすい. **2**（農作物の）作柄. **3**〈方〉年. 時代.

**niánhào**【年号】[名] 年号. 元号.

**niánhuá**【年华】[名] **1** 年月. 歳月. **2** 年齢.

**niánhuà**【年画】[名] 旧正月に張る吉祥やめでたい気分を表す絵. 年画.

**niánhuì**【年会】[名] 1年1度の例会.

**niánhuò**【年货】[名]（年画や爆竹など）正月用品.

**niánjí**【年级】[名] 学年. ¶你弟弟上大学几～了？/君の弟は大学の何年生ですか. ¶低～/低学年.

**niánjí**【年集】[名] 年末・年始に立つ市. ¶赶～/年の市に行く.

**niánjì**【年纪】[名] 年齢. ¶您多大～了？/お年はおいくつですか. ¶上了～/年を取っている.

**niánjià**【年假】[名] **1** 正月休み. 冬休み. ¶放～/冬休みになる.

**niánjiān**【年间】[名] 年間.

**niánjiǎn**【年检】[名] 年度検査. 自動車などの年1度の定期検査.

**niánjiàn**【年鉴】[名] 年鑑.

**niánjié**【年节】[名] **1** 春節. 旧正月. **2** 正月と節句.

**niánjǐn**【年馑】[名]〈方〉凶年. 不作の年.

**nián jìn suì bī**【年近岁逼】〔成〕年の暮れが押し詰まる.

**niánjǐng**【年景】[名] **1**（農作物の）作柄. **2** 正月風景.

**niánjiǔ**【年久】[形] 長年. 長い間.

**niánjiǔ**【年酒】[名] 新年の祝い酒；酒盛り.

**niánjūn**【年均】[名] 年平均.

**niánkān**【年刊】[名] 年刊.

**niánlái**【年来】[名] **1** 今年に入ってから. **2** ここ数年来.

**nián lǎo qì shuāi**【年老气衰】〔成〕年を取って気力が衰える.

**niánlǐ**【年礼】[名]〈旧〉年末・正月の贈り物.

**niánlì**【年历】[名]（12か月分が1枚になった）カレンダー.

**niánlì**【年利】[名] 年利. 年利率.

**niánlì**【年例】[名] 毎年の習わし. 毎年のしきたり.

**niánlíng**【年龄】[名]（人または動植物の）年齢, 年. ¶退休～/退職年齢.

**niánlún**【年轮】[名]〈植〉年輪.

**niánmài**【年迈】[形] 年を取っている. 高齢である. ¶～多病/年を取って病気がちである.

**niánmǎn**【年满】[動] 年期が満了する. 満期になる.

**niánmào**【年貌】[名] 年齢と容姿. 年かっこう.

**niánmò**【年末】[名] 年末.

**niánnèi**【年内】[名] 年内.

**niánnián**【年年】[名] 毎年. 年ごとに.

**niánpǔ**【年谱】[名] 年譜.

**niánqián**【年前】[名] **1** 年末（まで）に. **2** 数年前.

**niánqīng**【年青】[形]（青少年期にあり）年が若い. ¶～一代/若い世代.

**niánqīng**【年轻】[形]（相対的に）年が若い. ¶你年轻轻的, 应该努力学习/君はまだ若いのだから, 一生懸命勉強すべきだ.

**niánqīngrén**【年轻人】[名] 若者.

**niánshào**【年少】**1**[形] 年が若い. **2**[名]（多く男子をさす）青少年.

**nián shēn rì jiǔ**【年深日久】〔成〕長い年月を経る.

**niánshí**【年时】[名] **1**〈方〉長い年月. **2**〈書〉過ぎ去った年. 往年.

**niánshì**【年市】[名]→niánjí【年集】

**niánshì**【年事】[名]〈書〉年齢.

**niánshí**【年时】[名]〈方〉去年.

**niánshǒu**【年首】[名] 年頭. 年の初め.

**niánshòu**【年寿】[名] 寿命.

**niánsuì**【年岁】[名] **1**（人の）年齢. 年. **2** 年. 月. **3**〈方〉ときの. 年. **4**〔書〕作柄.

**niántóur**【年头儿】[名] **1**（足かけ何年かというときの）年. ¶我参加工作已经八个～了/私は就職してからもう8年になった. **2**（多く"有～"の形で）長い年月. 時代. **3**〈方〉その年の作柄. **4** 年初. 年の初め.

**niánwěi**【年尾】[名] 年末. 年の暮れ.

## nián

**niánxī**【年息】名年利.
**niánxia**【年下】名〈口〉年末から正月にかけて.
**niánxiàn**【年限】名年限.
**niánxīn**【年薪】名年俸.年収.
**niánxiōng**【年兄】名〈旧〉貴兄.
**niányè**【年夜】名〈旧暦〉の大みそかの夜.除夕.¶~饭/年越しそばの飯.
**niányì**【年谊】名〈旧〉同期のよしみ.
**niányòu**【年幼】形幼い.幼少である.
**nián yú bàn bǎi**【年逾半百】成年が50の坂を越している.
**niányuè**【年月】名 1 年月. 2〈口〉時代.時世.
**niánzhǎng**【年长】形年上である.
**niánzhǐ**【年纸】名〈旧〉正月用品.
**niánzhōng**【年终】名年末.¶~奖/年末のボーナス.
**niánzhōng jīntiē**【年终津貼】名年末手当.
**niánzī**【年资】名年齢と資格・キャリア.
**niánzūn**【年尊】形年かさである.年長である.¶~辈长bèizhǎng/年かさで目上である.

**nián**【粘 nián】に同じ.[1]姓
異読⇒zhān

**nián**【鲇】名〈魚〉ナマズ.▶鲇(nián)を"香鱼"という.
**niányú**【鲇鱼】名〈魚〉ナマズ.

**nián**【黏】形ねばねばしている.¶这胶布不~/このばんそうこうはくっつかない.
**niánbǎnyán**【黏板岩】名〈鉱〉粘板岩.
**niánchóng**【黏虫】名〈虫〉ヨトウムシ.アワヨトウ.
**niándù**【黏度】名粘度.¶~计/粘度計.
**niánfù**【黏附】動貼り付く.粘着する.
**niángāo**【黏糕】名中国の旧正月用のもち.▶"年糕"とも.
**niángāoliang**【黏高粱】名〈食材〉粘り気のあるコウリャン.
**niángǔzi**【黏谷子】名〈食材〉もち粟.
**niánhé**【黏合】動接着する.くっつく.
**niánhéjì**【黏合剂】名粘着剤;接着剤.
**niánhu**【黏糊】形 1 粘り気がある.ねばねばしている. 2〈行動や気持が〉てきぱきしない.ぐずぐずしている.だらだらしている.
**niánjiāo xiānwéi**【黏胶纤维】名ビスコース繊維.
**niánjié**【黏结】動粘着する.粘ってくっつく.¶~剂/粘結剤.¶~力/粘結力.¶~性/粘り気.
**niánjūn**【黏菌】名〈生〉粘菌.
**niánmǐ**【黏米】名〈食〉もち米.もち粟.もちきび.
**niánmó**【黏膜】名〈生理〉粘膜.
**niánmóyán**【黏膜炎】名〈医〉粘膜炎.カタル.▶音訳形で"卡他"とも.
**niánr**【黏儿】名 1 どろどろとしたのり状のもの. 2〈食品などが腐ったり糖分が多いために出る〉糸.

**niántǔ**【黏土】名粘土.
**niánxián**【黏涎】名〈~子〉〈方〉よだれ.
**niánxian**【黏涎】形〈方〉〈話や動作などが〉ぐずぐずしている.だらだらしている.
**niánxìng**【黏性】名 1 粘り気.粘着性.¶这种米~强/この米は粘り気が強い. 2〈機〉粘性.
**niányè**【黏液】名〈生理〉〈人や動物の〉粘液;〈植物の〉やに.
**niányèzhì**【黏液质】名粘液質.粘着気質.
**niánzhe**【黏着】動うるさくつきまとう.
**niánzhuó**【黏着】粘着する.粘りつく.
**niánzhuólì**【黏着力】名粘着力.
**niánzhuóyǔ**【黏着语】名〈語〉膠着(こうちゃく)語.

**niǎnzi**【捻子】名鳥もち.

## 捻

**niǎn**【捻】動 1 〈指先で〉ひねる.¶~线/糸をよる. 2〈方〉〈川の泥を〉すくう.
よったもの;こより.¶纸~儿/こより.
**niǎndù**【捻度】名〈紡〉〈糸の〉撚数(ねんすう).
**niǎnniánzhuàn**【捻捻转儿】名指先でひねって回すこま.
**niǎnxiànjī**【捻线机】名〈紡〉糸より機.
**niǎn//zhēn**【捻针】動〈中医〉〈針術でつぼに刺した〉針をひねる.
**niǎnzi**【捻子】名こより;こより状のもの.▶"捻儿"とも.

## 辇

**niǎn**【辇】名〈古〉輦車(れんしゃ).皇帝・皇后が乗る車.
**niǎn gǔ zhī xià**【辇毂之下】〈旧〉天子のおひざもと.帝都.▶"辇下"とも.

## 撵

**niǎn**【撵】動〈方〉 1 追い出す.つまみ出す.¶~人/〈人を〉追い出す.¶把他~走/彼を追い払え. 2 追いかける.¶~不上他/彼を追いかけない.
**niǎnchū/qù**【撵出去】動+方補追い出す.
**niǎn//pǎo**【撵跑】動+結補追い払う.追い出す.
**niǎn//zǒu**【撵走】動+結補追い払う.追い出す.

## 碾

**niǎn**【碾】動〈ローラーや石臼で〉ひく.¶~米/日でいてもみ殻を除く.精米する.
ひき臼.
**niǎn//cháng**【碾场】名〈方〉〈穀物を脱穀場で〉脱穀する.
**niǎnfáng**【碾坊・碾房】名精米所;製粉所.
**niǎngǔnzi**【碾滚子】名("碾子"の)石のローラー.
**niǎnmǐjī**【碾米机】名精米機.
**niǎnpán**【碾盘】名"碾子"を受ける円形の石台.
**niǎnsuì**【碾碎】動〈石臼で〉ひき砕く.
**niǎntuó**【碾砣】名石のローラー.

**niǎnzi**【碾子】〖名〗**1** 家畜を使ってローラーを転がす大型の石臼;ひき臼.¶石~/石臼. **2** ローラー.¶汽~/(地ならし用の)蒸気ローラー.

**niǎn**【辗】〖動〗足で踏みつける;物を踏みつけてつぶす.踏みつぶる.

**niàn**【廿】〖数〗二十.

**niàn**【念】❶〖動〗**1**(本などを)声を出して読む.¶~故事給孩子听/お話を子供に読んで聞かせる. **2**(口)(学校で)勉強する.¶他在美国~过大学/彼はアメリカの大学で勉強したことがある. **3**(懐かしく)思う.心にかける.¶父親总是~着孩子/親はいつも子供のことを気遣う.
❷〖名〗"廿niàn"(20)の大写.
🔵 思い.考え.¶~へ头. ‖ 姓

**niànbái**【念白】〖名〗せりふを言う.
**niàndao**【念叨·念道】〖動〗**1**(気にかけて)いつも話題にする. **2**(口)話す.つぶやく.
**niànfa**【念法】〖名〗読み方.
**niàn//fó**【念仏】〖動〗念仏を唱える.
**niàn//jīng**【念経】〖動〗お経を唱える.
**niànjiù**【念旧】〖動〗旧交を忘れない.
**niàn niàn bù wàng**【念念不忘】〈成〉片時も忘れられない.始終心にかけている.
**niàn niàn yǒu cí**【念念有詞】〈成〉**1** ぶつぶつ言う. **2** 呪文を唱える.
**niàn//shū**【念书】〖動〗**(口) 1**(声を出して)本を読む. **2**(学校で)勉強する.¶我妹妹还在高中~/妹はまだ高等学校で勉強している.
**niànshūde**【念书的】〖名〗知識人.
**niàn//shú**【念熟】〖動〗結+補〗熟読する.
**niànsong**【念诵】〖動〗(方)(気にかけて)口にする.
**niàntou**【念头】〖名〗考え.心づもり.¶转念头~/思案をめぐらす.¶产生一个~/ある考えが浮かぶ.
**niànwù**【念物】〖名〗記念品.
**niàn xǐgēr**【念喜歌儿】〈慣〉**1** 気休めを言う.のんきなことを言って人を安心させる. **2**(旧)門付(祝)をする.
**niànxiǎngr**【念想儿】→**niànxinr**【念心儿】
**niànxinr**【念心儿】〖名〗(方)記念品.形見.
**niànyāngr**【念秧儿·念央儿】〖動〗(方)ぶつぶつ小言を並べる;ぐちをこぼす.
**niànzhòu**【念咒】〖動〗呪文を唱える.
**niànzhū**【念珠】〖名〗(~儿)数珠(ジュ).
**niàn zī zài zī**【念兹在兹】〈成〉寝ても覚めても思い続ける.

**niǎn**【埝】〖名〗(田や浅い水の中に築い)土手,畔(ケ).¶打~/畔を造る.

## niang (ㄋ丨ㄤ)

**niáng**【娘】〖名〗母.お母さん.¶爹diē ~/父母.
🔵 ①目上や年長の既婚の婦人.¶老大~/おばあさん. ② 若い女性.¶姑~·娘さん.¶新~/花嫁.
**niángjia**【娘家】〖名↔婆家〗(既婚の女性の)実家.里.¶回~/里帰りする.
**niángjiù**【娘舅】〖名〗(方)(母の兄弟の)おじ,おじさん.
**niángniang**【娘娘】〖名〗(旧) **1** 皇后.王妃. **2** 女神.¶~庙/(子授けの)女神を祭る社.
**niángniangqiāng**【娘娘腔】〖名〗めめしい声や話しぶり.
**niángr**【娘儿】〖名〗(口)目上の女性と目下の男女.▶たとえば,母と息子,母と娘,おばとおいめいなど.後には必ず数量表現を伴う."娘儿们"とも.¶~例/母子二人.
**niángrmen**【娘儿们】〖名〗**1** → niángr【娘儿】 **2**(方)(痩)女.女ども. **3**(方)妻.女房.
**niángtāi**【娘胎】〖名〗母胎.¶从~里带来的/生まれつきの.
**niángyí**【娘姨】〖名〗(方) **1** 保母(の旧称);女性の使用人. **2**(母の姉妹の)おば,おばさん.
**niángzi**【娘子】〖名〗**1**(方)妻.女房. **2**(近)(中年または若い女性に対する敬称)ご婦人.
**niángzǐjūn**【娘子軍】〖名〗女性部隊.

**niàng**【酿】(釀) 〖動〗**1** 醸造する.¶~醋/酢を造る.**2**(ミツバチが)蜜を作る.¶~蜜.**3** (事柄,局面を)引き起こす.¶~酒.¶佳jiā~/うまい酒.
**niàngchéng**【酿成】〖動〗結+補〗(悪い結果を)引き起こす,もたらす.
**niàng//jiǔ**【酿酒】〖動〗酒を醸造する.¶~/酒蔵.酒を造る工場.
**niàngméi**【酿酶】〖名〗(化)チマーゼ.
**niàng//mì**【酿蜜】〖動〗(ミツバチが)蜜を作る.
**niàngmǔjūn**【酿母菌】〖名〗酵母菌.
**niàngrèwù**【酿热物】〖名〗(農)(牛馬の糞・わらなど)発酵によって熱を発生する有機物.
**niàngzào**【酿造】〖動〗(酒や酢・醤油などを)醸造する.

## niao (ㄋ丨ㄠ)

**niǎo**【鸟】(鳥) 〖名〗鳥.〔只〗¶养~/鳥を飼う. ‖ 異読➡**diǎo**
**niǎochú**【鸟雏】〖名〗鳥のひな.
**niǎodàn**【鸟蛋】〖名〗鳥の卵.
**niǎofènchéng**【鸟粪層】〖名〗(化)鳥糞石.グアノ.
**niǎohài**【鸟害】〖名〗(農)(農作物などの)鳥害.
**niǎo jìn gōng cáng**【鸟尽弓蔵】〈成〉事が成功すると力を尽くした人も用なしになる.
**niǎokàn**【鸟瞰】〖動〗**1** 鳥瞰(ホッ)する.高い所から全体を見る. **2**〖名〗概説.¶世界大勢~/世界大勢概説.
**niǎolèi**【鸟類】〖名〗鳥類.
**niǎolóng**【鸟笼】〖名〗(~子)鳥かご.
**niǎoluǎn**【鸟卵】〖名〗鳥の卵.

## niǎo

**niǎoqiāng**[鸟枪]名 1 鳥撃ち銃. 猟銃. 2 空気銃.
**niǎo qiāng huàn pào**[鸟枪换炮](成)状況が好転する. 条件が大いに改善する.
**niǎoquè**[鸟雀]名 鳥. 鳥類.
**niǎor**[鸟儿]名 小鳥. [只,个]
**niǎoshòu**[鸟兽]名 鳥獣. 鳥や獣.
**niǎoshòu sàn**[鸟兽散](慣)クモの子を散らす. ▮作～／クモの子を散らすように逃げる.
**niǎowō**[鸟窝]名 鳥の巣.
**niǎo yǔ huā xiāng**[鸟语花香](成)春の美しい景色.
**niǎozàng**[鸟葬]名 鳥葬.
**niǎozhuàn**[鸟篆]名 古代の篆書文字の一種 鳥篆(だい).
**niǎozuǐ**[鸟嘴]名 鳥のくちばし.

## 茑

**niǎo**[茑]名 (植) 1 ツタ. 2 ヤシャビシャク.
**niǎoluó**[茑萝]名 (植) ルコウソウ.
**niǎoniǎo**[茑茑]形 か細く弱々しいさま.

## 袅(裊)

**niǎoniǎo**[袅袅]形〈書〉 1 (煙などが)ゆらゆらと立ち上るさま. 2 (枝などの)揺れるさま. しなやかなさま. 3 音声が長く響いて絶えないさま.
**niǎoniǎotíngtíng**[袅袅婷婷]〈書〉(女性の歩く姿態が)しなやかなさま. おやかなさま.
**niǎonuó**[袅娜]形〈書〉 1 しなやかである. たおやかである. 2 女性の姿がしなやかなさま.
**niǎorào**[袅绕]形〈書〉 1 (煙などが)ゆらゆらと立ち上るさま. 2 (歌声などが)長く響いて絶えないさま.

## 嬲

**niǎo**[嬲]動 1 なぶる. からかう. 2 からむ. しつこくする.

## 尿

**niào 1**[尿]名 尿. 小便. [泡] ▮撒 sā了一泡～／しゃーとおしっこをした. 2 小便をする. ▮小孩儿的裤子～湿了／子供のズボンがおしっこでぬれた. ▮～裤 suī／小便をする.

異読⇒suī

**niàobì**[尿闭]名〈医〉尿閉症.
**niàobiēzi**[尿鳖子]名〈方〉しびん.
**niàobù**[尿布]名 おしめ. おむつ. [块]～裙／おむつカバー.
**niào/chuáng**[尿床]動 寝小便をする.
**niàodào**[尿道]名〈生理〉尿道.
**niàodúzhèng**[尿毒症]名〈医〉尿毒症.
**niàoféi**[尿肥]名〈農〉人や家畜の尿から作った肥料.
**niàojiǎn**[尿检]動 多くドーピング反応を調べるため)尿検査をする.
**niào/kàng**[尿炕]動〈方〉寝小便をする.
**niàopén**[尿盆]名(～儿)便器. おまる. [个]
**niàopín**[尿频]名〈医〉頻尿(ひん).
**niàoshījìn**[尿失禁]名〈医〉尿失禁.
**niàosù**[尿素]名〈化〉尿素.
**niàosuān**[尿酸]名〈化〉尿酸.
**niào/xiě**[尿血]動 血の混じった尿を出す.
**niàoyè**[尿液]名 尿. 小便.

## 脲

**niào**[脲]名〈化〉尿素. ▶"尿素"とも.

## 溺

**niào**[尿niào]に同じ.
異読⇒nì

## nie (ㄋㄧㄝ)

## 捏(揑)

**niē**[捏]動 1 (親指と人差し指で)挟む, つまむ. ▮～一笔／筆をとる. ▮从钱包里～出一个钢镚儿来／財布から小銭を1枚つまみ出した. 2 指でやわらかいものを一定の形に作る. ▮～泥人儿／泥人形を作る.
▮でっち上げる. ▮～报／偽って報告する.
**niē bǎ hàn**[捏把汗]→niē yī bǎ hàn[捏一把汗]
**niē bízi**[捏鼻子](慣)いやいやながら…する. しかたなく(する). ▶"捏着zhe鼻子"とも.
**niēgào**[捏告]動 でたらめな作り話を報告する.
**niēgu**[捏咕]動〈方〉 1 (男女の仲を)まとめる. 2 (陰に)小細工をたくらむ.
**niēhé**[捏合]動 1 二つのものをむりやり一つに合わせる. 2〈近〉捏造する. でっち上げる.
**niējǐ**[捏积]動〈中医〉小児の背中をつまんで按摩して消化不良などを治す. ▶"捏脊jǐ"とも.
**niēnong**[捏弄]動 1 指先でつまんでいじる. 2 思いのままにする. 3 ひそかにたくらむ. 4 捏造する.
**niē shén nòng guǐ**[捏神弄鬼](成)ひそかにたくらむ. いんちきする.
**niē yī bǎ hàn**[捏一把汗](慣)手に汗を握る. ▶"捏把汗"とも.
**niēzào**[捏造]動 でっち上げる. 捏造する. ▮～罪名／罪名をでっち上げる.
**niē/zhá**[捏闸]動(自転車の)ブレーキをかける.
**niēzhe bízi**[捏着鼻子]→niē bízi[捏鼻子]

## 苶

**nié**[苶]形〈方〉元気がない. ▮发～／ぐったりしている. ▮他今天有点～／彼はきょうなぜか元気がない.
**niédiān**[苶蔫]形〈方〉疲れてぼんやりしている, ぐったりしている.

## 乜

**niē**‖姓
異読⇒miē

## 聂(聶)

**niè**‖姓

## 臬

**niè**名〈書〉 1 昔の日時計の棒; 〈喩〉標準. おきて.
**nièwù**[臬兀]形〈書〉不安定である.

## 涅

**niè**動 1 (黒色染料を作る)明礬(ばん)石. 2 黒く染める.
**nièbái**[涅白]形 不透明な白色. 乳白色.
**nièpán**[涅槃]名〈仏〉涅槃(ねはん).

# níng

**啮（齧・囓）** niè ❶ （ネズミ・ウサギなどが）歯でかじる.
**nièchǐmù**〔啮齿目〕名（動）齧歯目(げっし).
**nièhé**〔啮合〕動〈歯たどが〉かみ合う.
**nièshì**〔啮噬〕動かむ;〈喩〉苦しめる.

**嚙（嚙）** niè ❶

**nièrú**〔嚙嚅〕形〈書〉（言いかけて）口ごもるさま.

**镊（鑷）** niè ❶（ピンセットで）挟む, つまむ. ❶ 毛抜き. ピンセット.
**nièzi**〔镊子〕名 毛抜き. ピンセット.

**镍（鎳）** niè 名〈化〉ニッケル. Ni.
**nièbì**〔镍币〕名 ニッケル貨(幣).
**niègāng**〔镍钢〕名〈冶〉ニッケル鋼.

**颞（顳）** niè ❶
**nièǔ**〔颞骨〕名〈生理〉側頭骨.
**nièrú**〔颞颥〕名〈生理〉こめかみ.

**蹑（躡）** niè ❶ そっと歩く. 忍び足で歩く. ❶①跡をつける.（2）（足を）踏みつける.
**niè shǒu niè jiǎo**〔蹑手蹑脚〕（成）（～の）抜き足差し足.
**nièzōng**〔蹑踪〕動〈書〉追跡する. 尾行する.
**nièzú**〔蹑足〕動 1 足音を立てない. 2〈書〉加わる. かかわりをもつ.

**孽（孽）** niè ❶ ①邪悪. ❺余り／残覚. ②罪悪. ❷ ①造～／罰当たりなことをする.
**nièɡēn**〔孽根〕名 罪や災いのもと.
**nièhǎi**〔孽海〕名→**yèhǎi**〔业海〕
**nièzhàng**〔孽障〕名 罪業. たたり.
**nièzhǒng**〔孽种〕名 1 災いのもと. 2〈旧〉〈罵〉できそこない. ▶年輩者が出来の悪い子や孫たちをののしる言い方.

**蘖（蘖）** niè 蘖（ひこばえ）.
**nièzhī**〔蘖枝〕名 蘖の枝.

**糵（糵）** niè 名〈書〉（酒を造る）こうじ.

## nín (ㄋㄧㄣ)

**您** nín 代 あなた. ▶「你」の敬称. ⇨〖你ní〗
**nín hǎo**〔您好〕套 こんにちは. ▶「你好」の丁寧な表現.
**nínlǎo**〔您老〕代〈尊〉年長者に対する敬称）あなた. ¶~高寿？／〈老人に対して）おいくつにたられましたか.

## níng (ㄋㄧㄥ)

**宁（寧）** níng ❶ ①安らかである. 安定している. ②南京. ❶ 宁夏(が) 回族自治区. ❶ 姓. 異読 ⇨**nìng**
**níngjìng**〔宁靖〕形（秩序たど）が安定している.

**níngjìng**〔宁静〕形（環境が）静かである;（心が）安らかである.
**níngqīn**〔宁亲〕動〈書〉帰省する;親を見舞う.
**níngrì**〔宁日〕名 安らかな日. 寧日(旧).
**níngtiē**〔宁帖〕形（心が）安らかである.
**níngxī**〔宁息〕動（騒ぎが）平静になる, 静まる.
**Níngxià**〔宁夏〕名〈地名〉寧夏(ﾋﾞﾝｼｬ) 回族自治区.
**níngxīn'ér**〔宁馨儿〕名〈書〉偉い子. よい子.

**拧（擰）** níng 動 1（两手で物体の両端を握って相反する方向へ）ひねる, ねじる. ¶~毛巾／タオルを絞る. ¶把手巾一起来缠在头上／手ぬぐいをねじって鉢巻きをする.（指先で皮膚を）つねる. ¶狠狠地一下他一把／彼を容赦なくつねってやった. 異読 ⇨ **nǐng,nìng**
**níngchéng yī gǔ shéng**〔拧成一股绳〕（慣）固く団結する.
**níng méi dèng yǎn**〔拧眉瞪眼〕（成）まゆをつり上げ目を見張ってにらむ.

**苧（薴）** níng 名〈化〉リモネン.

**咛（嚀）** níng →**dīngníng**〔叮咛〕

**狞（獰）** níng ❶ 荒々しくて乱暴である.
**níng'è**〔狞恶〕形（容貌が）凶悪である.
**níngshì**〔狞视〕動 凶暴な目つきで見つめる.
**níngxiào**〔狞笑〕動 うす気味悪く笑う. ぞっとするような笑い方をする.

**柠（檸）** níng ❶
**níngméng**〔柠檬〕名〈植〉レモン.〔个|片|块〕¶~茶／レモンティー. ¶~汁／レモン汁. レモンジュース.
**níngméng'ān**〔柠檬桉〕名〈植〉レモンユーカリ.
**níngménghuáng**〔柠檬黄〕名 レモンイエロー.
**níngméngsù**〔柠檬素〕名 ビタミンP.
**níngméngsuān**〔柠檬酸〕名 クエン酸.

**聍（聹）** níng →**dīngníng**〔耵聍〕

**凝** níng 動 固まる. 凝結する. ¶油还没一住／油はまだ固まっていない. ❶（精神）集中する. ¶~→望.
**níngdì**〔凝睇〕動〈書〉ひとみを凝らす. じっと見つめる.
**níngdiǎn**〔凝点〕名〈物〉凝固点.
**níngdòng**〔凝冻〕動 凍結する.
**níngdòngr**〔凝冻儿〕名 ゼリー状に固まったもの.
**nínggù**〔凝固〕動 1 凝固する. 2 固まったように変化がない. ¶思想~／頭がこちこちだ.
**nínggùdiǎn**〔凝固点〕名〈物〉凝固点.

## níng

**nínggùjì**【凝固剂】〈名〉〈化〉凝固剂.

**nínggù qìyóudàn**【凝固汽油弹】〈名〉〈軍〉ナパーム弾.

**nínghé**【凝合】〈動〉凝結する.凝集する.

**nínghuà**【凝华】〈動〉〈気〉昇華する.

**níngjí**【凝集】〈動〉 **1**〈化〉(液体・気体が)凝集する. **2**(気持ちや疑いなど)凝集する.

**níngjié**【凝结】〈動〉 **1** 凝結する. **2**(喩)結集する.一つになる.

**níngjù**【凝聚】〈動〉 **1**(気体が)凝化する,液化する. **2** 凝集する.

**níngjùlì**【凝聚力】〈名〉凝集力.

**nínglià̌n**【凝练】〈形〉(文章などが)簡潔でよく練れている.▲"凝炼"とも.

**níngmóu**【凝眸】〈書〉ひとみを凝らす. ¶~远望/目を凝らして遠くを眺める.

**níngmù**【凝目】〈動〉目を凝らす. ¶~注视/じっと見つめる.

**níngshén**【凝神】〈動〉精神を集中する.

**níngshì**【凝视】〈動〉凝視する.

**níngsī**【凝思】〈動〉思いを凝らす. 物思いにふける.

**níngtīng**【凝听】〈動〉じっと聞き入る.

**níngwàng**【凝望】〈動〉目を凝らして眺める. じっと眺める.

**níngxiǎng**【凝想】〈動〉じっと考える.

**níngxuěméi**【凝血酶】〈名〉〈生理〉トロンビン.

**níngxuěyào**【凝血药】〈名〉〈医〉血液凝固剂.

**níngzhī**【凝脂】〈名〉〈書〉凝脂; 〈喩〉白くてつやのある肌.

**níngzhì**【凝滞】〈動〉(表情などが)じっとして動かない.

**níngzhòng**【凝重】〈形〉 **1** 荘重である. **2**(声や態度が)重厚である. **3**(色が)濃い.

**níngzhù**【凝注】〈動〉じっと見つめる.

**níngzhuāng**【凝妆】〈動〉〈書〉装いを凝らす.

## 拧【擰】

**nǐng** 〈動〉**1**(ねじ・ふたなど を)ねじる,ひねる. ¶~螺丝/ねじを回す(しめる,ゆるめる). **2**(動詞の補語として用いられる)ぺこぺこである;まちがいである. ¶孩子把两只鞋穿～了/子供は靴を左右逆に履いてしまった. **3**(方)食い違う;ひどくずれる. ¶夫妻俩越说越～/夫婦は話せば話すほど意見が食い違ってきた. 異読⇒níng,níng

## 宁【寧】

**nìng**〈接続〉いっそ…したい. むしろ…のほうがましである. ¶→～死不屈. 異読⇒níng

**nìngkě**【宁可】〈接続〉(…するよりも)むしろ…する. たとえ…しても. ¶～加班,要把工作完成/たとえ残業しても, 仕事を仕上げなければならない.

**nìngkěn**【宁肯】→nìngyuàn【宁愿】

**nìng quē wú làn**【宁缺毋滥】〈成〉数をそろえるよりは粒をそろえよ. 量より質.

**nìng shé bù wān**【宁折不弯】〈成〉死んでも屈服しない.

**nìng sǐ bù qū**【宁死不屈】〈成〉死んでも屈服しない.

**nìng wéi jī kǒu, wú wéi niú hòu**【宁为鸡口,无为牛后】〈成〉鶏口となるも牛後となるなかれ.

**nìng wéi yù suì, bù wéi wǎ quán**【宁为玉碎,不为瓦全】〈成〉名誉や忠義を重んじて潔く死ぬ.

**nìng wǒ fù rén, wú rén fù wǒ**【宁我负人,毋人负我】〈成〉人に裏切られるよりは,むしろ人を裏切るほうがましだ.

**nìngyuàn**【宁愿】〈接続〉…するよりもむしろ…したい.

## 佞

**nìng** 〈書〉**1** こびへつらうのが上手である. ¶～臣/佞臣(ねい). **2** 才知にたけている. ¶不～/拙者.

**nìngrén**【佞人】〈名〉口先上手にへつらう人. ごますり.

**nìngxiào**【佞笑】〈動〉陰険に笑う; お世辞笑いをする.

**nìngxìng**【佞幸】〈書〉**1**〈動〉こびへつらって寵愛(ちょう)を得る. **2**〈名〉こびへつらって寵愛を得る人.

## 拧【擰】

**nìng**〈形〉〈方〉つむじ曲がりである. 強情である. 異読⇒níng, nǐng

**nìngpíqi**【拧脾气】〈名〉ひねくれた性格;強情な性格.

**nìngxìng**【拧性】〈名〉偏屈な性格;あまのじゃく.

**nìngzhǒng**【拧种】〈名〉〈罵〉強情者.意地っ張り.

## 泞【濘】

**nìng** 泥. 泥～;(地面が)ぬかる; ぬかるみ.

## niu (ㄋㄧㄡ)

## 妞

**niū**〈名〉女の子. ¶大～儿/長女. 年ごろの女性. ¶小～儿/小さい女の子. お嬢ちゃん.

**niūniū**【妞妞】〈名〉女の子.

**niūzi**【妞子】〈名〉〈方〉女の子.

## 牛

**niú 1**〈名〉**1**〈動〉牛.〔头,条〕 **2**(二十八宿の)いなみぼし. **H**強情である. ¶→～脾气.

**niúbàng**【牛蒡】〈名〉〈植〉ゴボウ.

**niúbízi**【牛鼻子】〈名〉(物事の)急所,かぎ. ¶抓～/ポイントを押さえる.

**niúbózi**【牛脖子】〈名〉〈方〉頑固で強情な性格.

**niú bù hē shuǐ qiáng àn tóu**【牛不喝水强按头】〈諺〉やりたくないことを人に無理強いする.

**niúchē**【牛车】〈名〉牛車. 牛の引く車.

**niúdāo**【牛刀】〈名〉牛刀.

**niú dāo xiǎo shì**【牛刀小试】〈成〉小手調べ.

**niú dǐng pēng jī**【牛鼎烹鸡】〈成〉すぐれた才能をつまらないことに使う.

**niúdòu**【牛痘】〈名〉**1** 牛痘. **2**〈医〉痘苗. 天然痘ワクチン.

**niúdú**【牛犊】〈名〉子牛.

**niúdùn**【牛顿】〈名〉〈物〉(力の基本単位)ニュートン. N. ▶det"牛".

niú'ěr【牛耳】[名]〈書〉牛の耳. ¶执zhí~/牛耳る.

niúguǎnr【牛倌儿】[名]牛飼い.

niú guǐ shé shén【牛鬼蛇神】〈成〉1〈罵〉社会の醜悪な事物や悪人. 2〈喩〉(文化大革命時代の)打倒すべき旧地主や旧資本家,学界の権威など.

niúhuáng【牛黄】[名]〈中薬〉牛黄(ぎゅう).

niújiǎo【牛角】[名]牛の角.

niújiǎojiān【牛角尖】[名](~儿)解決できない問題:研究するだけの値打ちのない問題. ¶钻zuān~/いらぬことに頭を悩ます.

Niújīn【牛津】[地名]オックスフォード.

niújìn【牛劲】[名](~儿)1ばか力;大変な努力. 2強情.

niújuàn【牛圈】[名]牛小屋.

niúlán【牛栏】[名]牛を入れる柵や囲い.

niúláng【牛郎】[名]1牛飼い. 2牽牛.彦星.

niúlángxīng【牛郎星】[名]牽牛星.アルタイル.

niú láng zhī nǚ【牛郎织女】〈成〉(七夕伝説の)牽牛と織姫;仕事の都合で離れ離れに暮らす夫婦.

niúmǎ【牛马】[名]〈生活に窮し,人に使われて〉牛や馬のように働く人.

niúmáo【牛毛】[名]牛の毛;〈喩〉非常に多いこと;非常に細かいこと. ¶多如~/無数である.

niúmáoyǔ【牛毛雨】[名]こぬか雨.

niúméng【牛虻】[名]〈虫〉アブ.ウシアブ.

**niúnǎi**【牛奶】[名]牛乳.ミルク.

niúnǎn【牛腩】[名]〈方〉牛の腰肉の上部.サーロイン.

niú nián mǎ yuè【牛年马月】→lú nián mǎ yuè[驴年马月]

niúpá【牛扒】[名]〈料理〉ビーフステーキ.[広]

niúpái【牛排】[名]〈料理〉厚切り牛肉;ビーフステーキ.

niúpéng【牛棚】[名]1牛小屋.牛舎. 2(文化大革命期に批判対象の人物を軟禁した)小屋.

niúpí【牛皮】[名]1牛の皮. ▶なめし革をさす. 2〈喩〉強靱なもの.丈夫. ¶~糖táng/ぬめり飴. 3吹く;ほら吹く. ¶吹~/ほらを吹く.

niúpíqi【牛脾气】[名]頑固で強情な性格.意固地.

niúpíshì【牛皮市】[経](株)が高下りする相場;(株式などの)不安定な市況.

niúpíxuǎn【牛皮癣】[名]〈医〉乾癬(かんせん).

niúpízhǐ【牛皮纸】[名]クラフト紙.

niúqì【牛气】[形]〈口〉生意気である.傲慢である.

niúròu【牛肉】[名]〈食材〉牛肉. ¶~干gān/ビーフジャーキー.

niúrǔ【牛乳】[名]牛乳.

niúshé【牛舌】[名]→niúshétou[牛舌头]

niúshétou【牛舌头】[名]〈食材〉牛の舌.タン.

niúshì【牛市】[名]〈経〉(↔熊市)ブルマーケット. 強気な相場.

niú sōu mǎ bó【牛溲马勃】〈成〉つまらない物だがいろいろ役に立つ効用.

niútóubào【牛头刨】[名]〈機〉形削り盤.

niú tóu bù duì mǎ zuǐ【牛头不对马嘴】→lǘ chún bù duì mǎ zuǐ[驴唇不对马嘴]

niú tóu mǎ miàn【牛头马面】〈成〉醜悪な人物や邪悪な人物.

niúwā【牛蛙】[名]〈動〉ウシガエル.食用ガエル.

niúwěi【牛尾】[名]〈食材〉牛の尾.テール.

niúxī【牛膝】[名]〈植〉イノコヅチ;〈中薬〉牛膝(ごしつ).

niúxìng【牛性】[名](~子)頑固で強情な性格.

niúyàng【牛軛】[名](~子)牛の首に掛ける)くびき.

niúyǐn【牛饮】[動]がぶ飲みする.牛飲する.

niúyíng【牛蝇】[名]〈虫〉ウシバエ.

niúyóu【牛油】[名]〈料理〉牛脂.ヘット.

niúzǎi【牛仔】[名]牛飼い.カウボーイ. ¶~片piàn/西部劇映画.

niúzǎikù【牛仔裤】[名]ジーンズ.ジーパン. ▲"牛崽裤"とも.

**niǔ**【扭】[動]1(顔・首・体などを)ぐるりと回す. ¶~过这来/振り向く. 2 ねじる.ひねる. 3 くじく. 筋を違える. 4 (歩くときに)体をねじらせる. ¶~着屁股走路/しゃなりしゃなりと歩く. 5 つかみ合う. ¶ 两人一住不放/二人はつかみ合って離れない.

niǔbǎi【扭摆】[動](体)を揺らす,くねらす.

niǔbǎiwǔ【扭摆舞】[名]ダンスの一種)ツイスト.

niǔchèng【扭秤】[名]〈物〉ねじり秤ばかり.

niǔdǎ【扭打】[動]取っ組み合う.

niǔda【扭搭】[動]体を左右に揺すって歩く,くねくねと歩く.

niǔ//dòng【扭动】[動+結補](体)を左右に揺る,揺らす.

niǔ//duàn【扭断】[動+結補]ねじ切る.ちぎる.

niǔgǔrtáng【扭股儿糖】[名]ねじりあめ.ねじり飴.

niǔhuò【扭获】[動]〈腕をつかまえて〉捕らえる.

niǔjiāo【扭交】[動]捕らえて引き渡す.

niǔ//jiǎo【扭脚】[動]足をくじく.

niǔjié【扭结】[動]もつれる. からまる.

niǔ//jīn【扭筋】[動]筋を違える. 捻挫(ざ)する.

niǔ//kāi【扭开】[動+方補]ひねって開ける.

niǔkuī【扭亏】[動]赤字状態を変える;黒字転換. ¶~为wéi盈/赤字を黒字に転換する.

niǔlì【扭力】[名]〈物〉ねじり力.

niǔ//liǎn【扭脸】[動]顔を向ける.顔をそむける.

## niǔ

**niǔniē**【扭捏】[動] 1 体をくねくねする。 2 もじもじする。

**niǔqū**【扭曲】[動] 1 ねじれる。ゆがむ。 2（事実などを）歪曲する、ゆがめる。

**niǔshāng**【扭伤】[動] 捻挫する。ねじく。

**niǔshé**【扭折】[動] ねじ切る。ねじ折る。

**niǔsòng**【扭送】[動] 捕まえて（警察に）突き出す。

**niǔ//tóu**【扭头】[動] (～ル) 1 顔を背ける。¶他扭过头去／彼はそっぽを向いた。 2 体の向きを変える。背を向ける。

**niǔ tóu biè bǎng**【扭头别膀】(成)（顔をそむけたり肩をくねらせたりして）言うことを素直に聞かない。

**niǔ yāngge**【扭秧歌】ヤンコ踊り（田植え踊り）を踊る。

**niǔ//yāo**【扭腰】[動] 1 腰の筋を違える。 2 腰を振る。

**niǔzhuǎn**【扭转】[動] 1 ぐるりと回す；向きを変える。 2（情勢や物事の発展の方向などを）変える、改める。¶～局面／局面を転換させる。

**niǔ**【忸】こだわる。とらわれる。¶～于习俗／しきたりにこだわる。

## 狃恧纽钮拗衣 N

**狃** **niǔ o**

**niǔní**【忸怩】はにかんでいる。恥ずかしながそうである。¶～作态／恥ずかしそうにしなを作る。

**纽** **niǔ**【纽】①[名]ボタン。¶衣～／衣服のボタン。②（器物の）つまみ、取っ手。¶印～／印鑑のつまみ。③中枢。¶枢～／中枢。▶～н。[姓]

**niǔdài**【纽带】[名] 紐帯(ﾁｭｳﾀｲ)。きずな。

**niǔgōu**【纽钩】[名] ボタンの鉤(ｶｷﾞ)。ホック。

**niǔkòu**【纽扣】[名] (～ル)（衣服の）ボタン。[顺,粒,个] ¶扣上～／ボタンをかける。¶解开～／ボタンを外す。

**niǔpàn**【纽襻】[名] (～ル)（中国服などの）ボタンのかけひも。

**Niǔyuē**【纽约】[地名] ニューヨーク。

**niǔzhū**【纽珠】[名] 中国式掛けボタンの玉。

**niǔzi**【纽子】[名]→niǔkòu【纽扣】

**钮** **niǔ**【钮】[名]（方）ボタン；（機械などの）押しボタン。¶～ル／ボタン。¶电～／スイッチ。▶[姓]

**niǔkòu**【钮扣】[名]→niǔkòu【纽扣】

**拗** **(拗) niù**[形] ひねくれている。
異読は→ǎo,ào

**niùbuguò**【拗不过】[動＋可補]（相手の意見や意志を）変えさせることができない。

**niùjìn**【拗劲】[名] (～ル) 意地っ張り。

## nóng (ㄋㄨㄥˊ)

**农** **(農) nóng**【农】①農業。②農民。

**nóngchǎnpǐn**【农产品】[名] 農産物。

**nóngchǎng**【农场】[名] 農場。集団農場。[个,座]

**nóngcūn**【农村】[名] 農村。

**nóngdài**【农贷】[名]〈略〉農業向け貸金。

**nóng'èrgē**【农二哥】[名]〈口〉農民。

**nóngfū**【农夫】[名]〈旧〉農夫。百姓。

**nóngfù**【农妇】[名] 農婦。

**nónggēng**【农耕】[名] 農耕。耕作。

**nónggōng**【农工】[名] 1 農民と労働者。 2 農業労働者。雇農。 3 出稼ぎ。

**Nónggōngdǎng**【农工党】[名]〈略〉（民主党派の一つ）中国農工民主党。

**nónghù**【农户】[名] 農家。

**nónghuó**【农活】[名] (～ル) 農作業。野良仕事。"农家活儿"とも。

**nóngjī**【农机】[名] 農業機械。¶～站／農機機械・トラクターステーション。

**nóngjiā**【农家】[名] 1 農家。 2（諸子百家の）農家。

**nóngjiā féiliào**【农家肥料】[名] 農家自給肥料。人糞尿・堆肥・草木灰などの有機肥料。

**nóngjù**【农具】[名] 農具、農機具。

**nóngkěn**【农垦】[動]〈略〉開拓して農地にする。

**nónglì**【农历】[名] 1 旧暦。陰暦。 2 農事暦。

**nónglín**【农林】[名]〈略〉農業と林業。

**nóng lín mù fù yú**【农林牧副渔】[名]〈略〉農業・林業・畜産業・副業・水産業。第一次産業。

**nóngmáng**【农忙】[名]〈略〉繁忙（期）。¶～假／（農村の小中学校の）農繁期休暇。

**nóngmào shìchǎng**【农贸市场】[名] 自由市場の正式名称。

**nóngmín**【农民】[名] 農民。百姓。[位,个]

**nóngmín xiéhuì**【农民协会】[名]〈史〉農民協会。

**nóngmó**【农膜】[名]〈略〉（ハウス栽培などに使用する）農業用プラスチックフィルム。

**nóngnú**【农奴】[名] 農奴。

**nóngqú**【农渠】[名] 農業用水路。

**nóngrén**【农人】[名]〈書〉農民。百姓。

**nóngshè**【农舍】[名] 農民の家。農家。

**nóngshí**【农时】[名] 農作業に適した時期。¶不误wù～／農期を逃さない。

**nóngshì**【农事】[名] 農作業。

**nóngtián**【农田】[名] 農地。耕地。

**nóngtián shuǐlì**【农田水利】[名] 農地の水利事業。

**nóngxián**【农闲】[名] 農閑（期）。

**nóngyào**【农药】[名]〈略〉 1 農業機械。 2（噴霧器などの）農薬をまく機械・器具。

**nóngxué**【农学】[名] 農学。

**nóngyàn**【农谚】[名] 農事に関することわざ。

**nóngyào**【农药】[名] 農薬。¶洒sǎ～／農薬をまく。

**nóngyè**【农业】[名] 農業。¶～户口／農業戸籍。¶～生态工程／農業エコプロジェクト。

**nóngyèguó**【农业国】[名]農業国.
**nóngyè hézuòhuà**【农业合作化】[名]農業協同組合化.
**nóngyè huàxué**【农业化学】[名]農芸化学.
**nóngyè shēngchǎn zérènzhì**【农业生产责任制】[名]農業生産責任制; 請負耕作制度.
**nóngyèshuì**【农业税】[名]農業税.
**nóngyì**【农艺】[名]農芸. 農業に関する技術.
**nóngyìshī**【农艺师】[名]農業技術者の職階の一)農芸師.
**nóngyìxué**【农艺学】[名]農学.
**nóngyòng**【农用】[形]農業用の.
**nóngyuè**【农月】[名]農繁期.
**nóngyùn**【农运】[名](略)農民運動.
**nóng zhuǎn fēi**【农转非】[名]農業人口から非農業人口に変わる.
**nóngzuòwù**【农作物】[名]農作物.

**依**(儂) **nóng**[代] 1⟨方⟩おまえ. あなた. 2⟨古代の詩文で⟩私. [姓]

**哝**(噥) **nóng** 〇

**nóngnong**【哝哝】[动]つぶやく.

**浓**(濃) **nóng**[形] 1 濃い. ▶お茶などの色味が強い·毛·плюс毛など. 2 深い. ▶色彩·自然の景色など. 3 (程度が)深い, 強烈である. ▶におい·香り·雰囲気·気息·ж·趣·風情·気持ち·興味など. ¶香味很～/香りが濃い. [姓]

**nóngchá**【浓茶】[名]濃いお茶.
**nóngdàn**【浓淡】[名]濃淡, 濃淡.
**nóngdù**【浓度】[名](化)濃度.
**nónghòu**【浓厚】[形] 1(雲·霧·煙が)濃い, 厚い. 2(色彩·意識·香りなどが)強い, 濃い. 3(興味や関心が)強い. ¶他对音乐有一的兴趣/彼は音楽にたいへん興味をもっている.
**nónghu**【浓糊】[形](方)(のりのように)どろどろしている.
**nóngjiāng**【浓浆】[名]濃い汁.
**nongliè**【浓烈】[形]濃い, 強烈である.
**nóngméi**【浓眉】[名]濃い眉毛. ¶～大眼/(喩)梁武者のようなたくましい顔つき.
**nóngmì**【浓密】[形](枝葉·煙·髪·ひげなどが)濃密である.
**nóngshuì**【浓睡】[动]〈书〉熟睡する.
**nóngsuō**【浓缩】[动] 1(化)濃縮する. ¶～铀yóu/濃縮ウラン. 2(広く)凝集する.
**nóngtāng**【浓汤】[名]濃いスープ; ポタージュ.
**nóngyān**【浓烟】[名]黒い煙. もうもうと立つ煙.
**nóngyàn**【浓艳】[形](色彩が)濃くて華やかである. 派手である.
**nóngyù**【浓郁】[形] 1(花などの香りが)強い. 2(植物などが)生い茂っている. 3(色彩や情感·雰囲気が)濃厚である. ¶春意～/春の気配が濃い. 4(興味が)深い, 強い. ¶兴致xingzhì～/興味津々.
**nóngyún**【浓云】[名]黒い雲.
**nóngzhòng**【浓重】[形](煙霧·におい·色などが)濃い, 強い.
**nóngzhuāng**【浓妆】[名]厚化粧.
**nóng zhuāng yàn mǒ**【浓妆艳抹】(成)厚化粧をする.
**nóngzhuó**【浓浊】[形] 1(煙や霧などが)よどんでいる. ¶～的雾气/立ちこめた雰. 2(声が)低くて太い.

**脓**(膿) **nóng**[名]膿. うみ. ¶化～/うみをもつ.
**nóngbāo**【脓包】[名] 1(医)おでき. はれ物. 2(喩)役立たず. 能なし.
**nóngchuāng**【脓疮】[名]化膿したできもの. 膿瘡.
**nóngjiēzi**【脓疖子】[名]吹出物.
**nóngniào**【脓尿】[名](医)膿尿.
**nóngxuè**【脓血】[名]膿血, 血膿.
**nóngxiōng**【脓胸】[名](医)膿胸.
**nóngbāobìng**【脓疱病】[医]膿疱疹(zhěn)ь, とびひ.
**nóngshuǐ**【脓水】[名]膿汁.

**秾**(穠) **nóng**[形] 1草木が生い茂るさま. ¶花枝～艳/花をつけた枝があでやかだ.

**弄** **nòng**[动] 1 いじくる. もてあそぶ. ¶他整天爱知道一电脑/彼は一日中コンピュータをいじくることしかしない. 2 やる. する. つくる. ¶～鱼/魚をさばく. ¶～饭/ご飯を作る. ¶房间被～得乱七八糟/部屋はめちゃくちゃにされてしまった. 3(なんとかして)手に入れる, もらう. ¶～不到手/なかなか手に入らない. ¶给我～点儿饭来/ご飯を少し持ってきてくれ. 4(策略や手管を)弄する. もてあそぶ. ¶～手段/手管を弄する. 異読=lòng

**nòng/bǐ**【弄笔】→**wú wén nòng mò**【舞文弄墨】
**nòngbudòng**【弄不动】[动+可補](口) 1 動かせない. 2 手にあまる. やれない.
**nòngbuhǎo**【弄不好】[动+可補] 1 上手にできない. 2(口)悪くすると.
**nòngcháo'ér**【弄潮儿】[名] 1 波乗り. 2(喩)冒険精神に富む人. チャレンジャー.
**nòng/cuò**【弄错】[动+结補]間違う.
**nòngdechéng**【弄得成】[动+可補]成し遂げられる.
**nòngdeguàn**【弄得惯】[动+可補]やり慣れている. いつでもできる.
**nòng/diū**【弄丢】[动+结補] なくす. ¶不要把车票～了/乗車券をなくさないように.
**nòng/dǒng**【弄懂】[动+结補]わかる.
**nòng/duàn**【弄断】[动+结補]断ち切る. 折る.
**nòng/fān**【弄翻】[动+结補]ひっくり返す.
**nòng/guǐ**【弄鬼】[动](方)いんちきをする

る.
- **nòng//hǎo【弄好】**[動+結補] よくする；(乱雑なものを)きちんとする；(壊れたものを)直す（細工物を）上手に仕上げる.
- **nòng//huài【弄坏】**[動+結補] いじって壊す．だめにしてしまう．¶他把事情给~了/彼は事をぶち壊しにしてしまった.
- **nòng jiǎ chéng zhēn【弄假成真】**(成)うそから出たまこと.
- **nòng//jiàng【弄僵】**[動+結補] 行き詰まらせる．こじらせる.
- **nòng//qián【弄钱】**[動+結補] 金を工面する．金を作る．金をせしめる.
- **nòng qiǎo chéng zhuō【弄巧成拙】**(成)上手にやろうとしてかえってしくじる.
- **nòng//qīng【弄清】**[動+結補] はっきりさせる.
- **nòng//quán【弄权】**[動] 1 権力をほしいままにする．2 権謀術数を弄する.
- **nòng shǒujiǎo【弄手脚】**(慣)こっそり手を回す.
- **nòng/shú【弄熟】**[動+結補] 熟練する．やり慣れる.
- **nòng//sǐ【弄死】**[動+結補] 1 殺す．死なす．2〈喩〉行き詰まらせる.
- **nòngtáng【弄堂】**→**lòngtáng【弄堂】**
- **nòng//tōng【弄通】**[動+結補] よく理解する.
- **nòngwǎ【弄瓦】**[動]〈書〉女の子が生まれる.
- **nòngxiǎn【弄险】**[動] 冒険する.
- **nòng//xǐng【弄醒】**[動](うっかり)目を覚まさせる．¶把孩子~了/子供を起こしてしまった.
- **nòng xū zuò jiǎ【弄虚作假】**(成)いんちきをして人をだます.
- **nòng xuánxū【弄玄虚】**(人を)ややかしの手を使って迷わせる．煙に巻く．いんちきをする.
- **nòng//yuè【弄月】**[動]〈書〉月をめでる.
- **nòng//zāng【弄脏】**[動+結補] よごす.
- **nòng//zāo【弄糟】**[動+結補] 台なしにする．おじゃんになる.
- **nòngzhāng【弄璋】**[動]〈書〉男の子が生まれる.
- **nòng//zháo【弄着】**[動+結補] 手に入れる.

## nou (ㄋㄡ)

- **耨(鎒) nòu**〈書〉1[名]〈古〉除草用の農具．2[動] 除草する．¶深耕细~/深く耕し,丁寧に除草をする.

## nu (ㄋㄨ)

- **奴 nú** [代]〈近〉若い女性の自称．¶~家.
  - ❶ 1[動] 奴隷．¶农~/農奴．2 奴隷のように酷使すること．¶~~役.
- **núbì【奴婢】**[名] 1(旧)下男や下女．

2 (帝王･后妃に対する宦官官女の自称)僕(やつがれ)．3〈古〉奴隷.
- **núcái【奴才】**[名] 1 (皇帝に対する明･清代の官官や清代の満人･武官の自称)僕．それがし．2 悪の手先.
- **núhuà【奴化】**[動] 奴隷化する.
- **nújiā【奴家】**[代]〈近〉若い女性の自称]私(わたし).
- **núlì【奴隶】**[名] 奴隶.
- **núlì shèhuì【奴隶社会】**[名]〈史〉奴隶制社会.
- **núlìzhǔ【奴隶主】**[名] 奴隸所有者.
- **núpú【奴仆】**[名] 奴僕．召使い．しもべ.
- **núshǐ【奴使】**[動]〈書〉奴隷のように酷使する.
- **núxiàng【奴相】**[名] 卑しい面相．下卑た態度.
- **núxìng【奴性】**[名] 奴隸根性.
- **nú yán bì xī【奴颜婢膝】**(成) 卑屈にこびへつらうさま.
- **nú yán mèi gǔ【奴颜媚骨】**→ **nú yán bì xī【奴颜婢膝】**
- **núyì【奴役】**[動] 奴隷のようにこき使う.

## 孥 nú ❶ 1[名] 子供．¶妻~/妻子．
  2 妻と子供.
  ❶ 1[名] 駑馬．足の遅い馬．¶~马．2愚鈍である．¶~才/鈍才.

- **núdùn【驽钝】**[形]〈書〉愚鈍である.
- **númǎ【驽马】**[名] 駑馬．駄馬.
- **núyōng【驽庸】**[名] 愚鈍で凡庸である.

## 努 nǔ 1(口･目を)突き出す．¶~着眼睛/目をむく．2 力を入れすぎて体の内部を傷める.
  ❶ 力を出す．¶~~力.
- **nǔ/jìn【努劲儿】**[動]〈口〉努力する．がんばる.
- **nǔ/lì【努力】**[動] 努力する．励む．¶(nǔli)[形]一生懸命である．¶她学习很~/彼女はとても勉強熱心だ．1~(地)工作/仕事に精を出す．3[名]努力．¶尽最大的~/最大の努力を尽くす.
- **nǔzé【努责】**[動]〈医〉怒責(どせき)．(便通･分娩で)息む.
- **nǔ/zuǐ【努嘴】**[動](~儿)1 口をとがらせる．2 口を突き出して合図する.

## 弩 nǔ [名]〈古〉(弓の一種)弩(いしゆみ)．大弓．¶万~齐发/たくさんの大弓が一斉に矢を放つ.

- **nǔgōng【弩弓】**[名]〈古〉弩弓(どきゅう).
- **nǔjiàn【弩箭】**[名] 弩弓の矢.

## 砮 nǔ [名]〈書〉矢じりを作る石.

## 胬 nǔ ❶

- **nǔròu【胬肉】**[名]〈中医〉眼球の結膜の増殖でできた肉状の腫れもの.

## 怒 nù ❶ ①怒る．¶发~/腹を立てる．②勢いの激しい．¶~潮.
- **nù bù kě è【怒不可遏】**(成) 怒りを抑えることができない.
- **nùcháo【怒潮】**[名] 1〈喩〉革命や抵抗運動などの激しい潮流．2 怒濤.
- **nùchì【怒叱】**[動] 怒鳴りつける.

**nùchì**【怒斥】[動]怒ってしかりつける.叱責する.

**nùchōngchōng**【怒冲冲】[形]〈～的〉かんかんになって怒るさま.

**nù fā chōng guān**【怒发冲冠】[成]怒髪冠を衝(つ)く.

**nùfàng**【怒放】[動]〈花が一斉に咲く.¶心花～／喜びに心が躍る.

**nùháo**【怒号】[動]〈書〉大声で叫ぶ；風がうなる.

**nùhènhèn**【怒狠狠】[形]〈～的〉激しく怒るさま.

**nùhǒu**【怒吼】[動]〈猛獣が〉ほえる；〈喩〉怒号する.

**nùhuǒ**【怒火】[名]怒りの炎.激しい怒り.¶充満～／怒りに燃える.

**nùmù**【怒目】[名]目を怒らす.¶～而视／目を怒らせてにらむ.

**nùnǎo**【怒恼】[動]怒る.立腹する.

**nùqì**【怒气】[名]怒気.¶～冲冲chōngchōng／かんかんに怒る.

**nùróng**【怒容】[名]怒りに満ちた顔.

**nùsè**【怒色】[名]怒った表情.

**nùshì**【怒视】[動]怒ってにらみつける.

**nùtāo**【怒涛】[名]怒涛.

**nùwā**【怒蛙】[名][動]ヒキガエル.ガマ.

**nù xíng yú sè**【怒形于色】[成]怒りが顔に現れる.

**Nùzú**【怒族】[名]〈中国の少数民族〉ヌー(Nu)族.

## nǚ（ㄋㄩˇ）

**nǚ**【女】1 [形]女の.女性の.¶～的／女の人.¶～老师／女の教師.2 [名]〈二十八宿の〉うるきぼし.🇭[名]女の子.娘.¶儿～／息子と娘.

**nǚbàn**【女伴】[名]〈～儿〉女性の同伴者.女性の連れ.

**nǚ bàn nán zhuāng**【女扮男装】〈成〉男装する.

**nǚcè**【女厕】[名]女性用トイレ.▶"女厕所"とも.

**nǚchē**【女车】[名]女性用自転車.

**nǚchéngwùyuán**【女乘务员】[名]〈列車・飛行機の〉女性乗務員.

**nǚ dà shíbā biàn**【女大十八变】〈諺〉若い女性が成長するにつれて美しく変わる.

**nǚdān**【女单】[名]〈略〉〈体〉女子シングルス.

**nǚdīyīn**【女低音】[名]〈音〉アルト.

**nǚdì**【女弟】[名]〈書〉妹.

**nǚ'ér**【女儿】[名]娘.1 大～／上の娘.小～／下の娘.

**nǚ'érjiǔ**【女儿酒】[名]長く寝かせた紹興酒.

**nǚfàn**【女犯】[名]女性の犯罪者.

**nǚfāng**【女方】[名]女の側／〈婚礼の〉花嫁側.

**nǚfúwùyuán**【女服务员】[名]〈サービス業の〉女性従業員.

**nǚgāoyīn**【女高音】[名]〈音〉ソプラノ.

**nǚgōng**【女工】[名]1 女性労働者.2〈旧〉〈女性の〉使用人.3〈旧〉〈針

仕事・機織りなど〉女性の仕事.

**nǚgōngzǐ**【女公子】[名]〈旧〉令嬢.お嬢さま.▶他人の娘に対する敬称.

**nǚguān**【女官】[名]〈旧〉宮中の女官.

**nǚguān**【女冠】[名]道教の尼.女道士.

**nǚguānggùnr**【女光棍儿】[名]〈口〉1 あばずれ女.2（蔑〉独身の女性.

**nǚhái'ér**【女孩儿】[名]1 女の子.2 娘.▶"女孩子"とも.

**nǚhóng**【女红】[名]〈書〉女性のやる仕事.

**nǚhùshi**【女护士】[名]女性看護師.

**nǚhuáng**【女皇】[名]女帝.女の皇帝.

**nǚjiā**【女家】[名]妻側の実家.里方.

**nǚjiàng**【女将】[名]1 女性の武将.女将軍.2 女傑.女丈夫.

**nǚjié**【女节】[名]旧暦7月7日の七夕の別称.

**nǚjiè**【女界】[名]女界.

**nǚjǐng**【女警】[名]婦警.女性警官.

**nǚjuàn**【女眷】[名]〈旧〉家族中の婦女子.

**nǚjué**【女角】[名]〈～儿〉女優.

**nǚlán**【女篮】[名]〈略〉〈体〉女子バスケットボール.

**nǚláng**【女郎】[名]若い女性.

**nǚláo**【女牢】[名]女子刑務所.

**nǚlíng**【女伶】[名]女優.

**nǚliú**【女流】[名]〈貶〉女.女ども.

**nǚmāo**【女猫】[名]雌猫.

**nǚnéngrén**【女能人】[名]有能な女性.

**nǚpái**【女排】[名]〈略〉〈体〉女子バレーボール.

**nǚpéngyou**【女朋友】[名]〈多くの場合〉恋人としての〉女友達.

**nǚpú**【女仆】[名]〈旧〉下女.女中.

**nǚqì**【女气】[形]〈男性が〉女っぽい.¶他～／めいしい.

**nǚqiáng**【女墙】[名]城壁の上にある凹凸形の小さな壁.ひめがき.

**nǚqiángrén**【女强人】[名]才能の秀でた女性；キャリアウーマン.

**nǚqīngnián**【女青年】[名]若い女性.

**nǚquán**【女权】[名]女性の権利.¶～主义／フェミニズム.

**nǚrén**【女人】[名]〈成年の〉女.

**nǚren**【女人】[名]〈口〉妻.女房.

**nǚsè**【女色】[名]色.女の色香.

**nǚshēng**【女伶】[名]〈書〉尼.尼僧.

**nǚshén**【女神】[名]女神.¶胜利～／勝利の女神.

**nǚshēng**【女生】[名]女子学生.

**nǚshēng**【女声】[名]〈音〉声楽の女声.

**nǚshǐ**【女史】[名]〈旧〉〈書〉女史.

**nǚshì**【女士】[名]〈女性に対する一般的な敬称〉女史.¶～们,先生们／紳士淑女のみなさん.

**nǚshū**【女书】[名]〈語〉女文字.

**nǚshuāng**【女双】[名]〈略〉〈体〉女子ダブルス.

**nǚshuìpáo**【女睡袍】[名]ネグリジェ.

**nǚsūn**【女孙】[名]孫娘.

**nǚtóng**【女童】[名]女の子.

**nǚwáng**【女王】[名]女王. クイーン.
**nǚwū**【女巫】[名]巫女(み).
**nǚxiān**【女先生】[名]書·姉さん.
**nǚxìng**【女性】[名]女性. 婦人.
**nǚxíong**【女兄】[名]→jiějie【姐姐】
**nǚxiūdàoyuàn**【女修道院】[名]〈宗〉女子修道院.
**nǚxù**【女婿】[名]1 むすめむこ. ¶上门~/婿養子. 2〈方〉夫.
**nǚyǎnyuán**【女演員】[名]女優.
**nǚyōng**【女佣】→nǚyòngren【女用人】
**nǚyòngren**【女用人】[名]女性の使用人.
**nǚyōu**【女优】[名]〈旧〉女優.
**nǚyǒu**【女友】→nǚpéngyou【女朋友】
**nǚzhàngfū**【女丈夫】[名]女丈夫.女傑.
**nǚzhāodai**【女招待】[名]ウエートレス;ホステス.
**nǚzhēn**【女贞】[名]〈植〉トウネズミモチ. ¶~子(zǐ)/〈中薬〉女貞子(ぴょう).
**Nǚzhēn**【女真】[名]史〉女真(族).
**nǚzhōng**【女中】[名]〈略〉女子中学校.
**nǚzhōngyīn**【女中音】[名]〈音〉メゾソプラノ.
**nǚzhǔjué**【女主角】[名]女主人公. ヒロイン.
**nǚzhǔrén**【女主人】[名](主婦に対して客が用いる敬称)奥さま;(パーティーなどを主催する)ホステス.
**nǚzhuāng**【女装】[名]1 婦人服. レディースファッション. 2 女装.
**nǚzǐ**【女子】[名](↔男子)女子.
**nǚzú**【女足】[名]〈略〉(株)女子サッカー.

## 钕

**nǚ**[名]〈化〉ネオジム. Nd.

## 恋

**nù**[形]〈書〉恥ずかしい.

## 衄(衂)

**nù(衄)**[動]① 鼻血を出す;〈広く〉出血する. ¶鼻~/鼻血. ②戦いに負ける. ¶敗~/敗戦する.

## nuǎn (ろメ冬)

## 暖(煖)

**nuǎn**1[形]暖かい. ¶屋里很~/部屋の中は暖かい. 2 動暖める. 温める. ¶~酒/酒のかんをする.
**nuǎnbà**【暖坝】[名]加熱機. ヒーター.
**nuǎndiào**【暖调】[名]〈美〉絵画の暖かい色調.
**nuǎndōng**【暖冬】[名]〈気〉暖冬.
**nuǎn'ěr**【暖耳】[名]防寒用の耳当て.
**nuǎn//fáng**【暖房】1 動(古い習慣で結婚式の前日に親戚や友人が)新郎・新婦の部屋にお祝いに行く. 2 新居祝いに行く. 2 名温室.
**nuǎnfēng**【暖锋】[名]〈気〉暖気前線.
**nuǎngé**【暖阁】[名]〈旧〉暖房を効率よくするために,広い部屋の中を特に仕切った一室.
**nuǎnhōnghōng**【暖烘烘】[形]〈~的〉ぽかぽかと暖かいさま.
**nuǎnhūhū**【暖呼呼】[形]〈~的〉ぽかぽかと暖かい.

**nuǎnhú**【暖壶】[名]1 魔法瓶. 2(保温用に)綿入れのカバーを掛けたやかん. 3〈方〉湯たんぽ.
**nuǎnhuo**【暖和】1 [形]暖かい. ¶今天天气很~/今日はとても暖かい. 2 動暖める;暖まる. ¶外边很冷,快屋里~~吧/外は寒いから,早く部屋の中に入って暖まってください.
**nuǎnlián**【暖帘】[名]冬に入り口にかける暖入れの防寒用カーテン.
**nuǎnliú**【暖流】[名]1〈地〉暖流. 2〈喩〉(心に感じる)温かみ.
**nuǎnpéng**【暖棚】[名]温室. ¶~菜/温室栽培の野菜.
**nuǎnpíng**【暖瓶】→nuǎnshuǐpíng【暖水瓶】
**nuǎnqì**【暖气】[名]1(温水または蒸気による)暖房. スチーム. ¶~片/ラジエーター. 2スチームの蒸気. 3〈~儿〉暖気や空気・気体. 4〈~儿〉温かい思い. 善意.
**nuǎnqìtuán**【暖气团】[名]〈気〉暖気団.
**nuǎnróngróng**【暖融融】[形]〈~的〉ぽかぽかと暖かい.
**nuǎnsè**【暖色】[名]〈美〉暖色.
**nuǎn//shǒu**【暖手】[動]手を暖める.
**nuǎnshòu**【暖寿】[名]〈旧〉(古い習慣で)誕生日祝いの前日に行う内祝い.
**nuǎnshuǐdài**【暖水袋】[名]ゴム製の湯たんぽ.
**nuǎnshuǐpíng**【暖水瓶】[名]1 魔法瓶. [只,个] 2〈喩〉感情を外に表さない人.
**nuǎnxiù**【暖袖】[名]防寒のために継ぎ足した綿入れのそで.
**nuǎnyángyáng**【暖洋洋】[形]〈~的〉ぽかぽかと暖かいさま.

## nüè (ろロせ)

## 疟(瘧)

**nüè**[名]〈医〉マラリア. 異読⇒yào
**nüèjí**【疟疾】[名]〈医〉マラリア. おこり. ¶俗称は"疟子yàozi".
**nüèwén**【疟蚊】[名]〈虫〉ハマダラカ.
**nüèyuánchóng**【疟原虫】[名]〈動〉マラリア原虫.

## 虐

**nüè**[形]残虐である. ¶暴~/暴虐.
**nüèdài**【虐待】[動]虐待する. ¶~狂 kuáng/サディスト.
**nüèfú**【虐俘】[動]捕虜を虐待する.
**nüèqiú**【虐囚】[動]囚人を虐待する.
**nüèshā**【虐杀】[動]虐殺する.
**nüèzhèng**【虐政】[名]暴虐な政治.

## nuó (ろメ丁)

## 挪

**nuó**[動](物を)動かす,移す;〈時·物を〉変える.
**nuóbudòng**【挪不动】[動+可補](重くて)動かすことができない.
**nuóbukāi**【挪不开】[動+可補]取りのけられない.
**nuó//dong**【挪动】[動+補]位置を変

える。動かす。
**nuójiè**【挪借】動（金を）一時的に借りる.
**nuó//kāi**【挪开】動+方補 ほかの場所に）移す、のける.
**nuó//kuǎn**【挪款】動 金銭を融通してもらう.
**Nuówēi**【挪威】名〈地名〉ノルウェー.
**nuó//wōr**【挪窝儿】動〈方〉場所を変える；引っ越す.
**nuó wūzi**【挪屋子】部屋を変える.
**nuóyí**【挪移】動〈方〉1 臨時に金を借りる. 2（場所・時を）変える, 移す.
**nuóyòng**【挪用】動 1（金）を流用する. 2（公金）を私用につかう. ¶～公款／公金を使いこむ.

**娜** nuó → ēnuó【婀娜】 niǎonuó【袅娜】

**傩（儺）** nuó 名〈旧〉追儺（ついな）.鬼やらい.
**nuóshén**【傩神】名 悪鬼を追い払い疫病を除く神.

**诺（諾）** nuò 動 1 承諾する. ¶许～／承知する. ②承諾の言葉. ¶唯唯～～／唯々諾々（いいだくだく）. 2〈書〉【诺nuò】 に同じ.
**Nuòbèi'ěr**【诺贝尔】名〈人名〉ノーベル. ¶～奖jiǎng／ノーベル賞.
**nuòyán**【诺言】名 約束の言葉. ¶信守～／約束を守る.

**喏** nuò 1 嘆〈書〉（相手の注意を促し）ほら、ほれ. 2〈書〉【诺 nuò】に同じ.

**搦** nuò 動〈書〉1 持つ；握る. 2 挑む.
**nuòguǎn**【搦管】動〈書〉筆を執る.
**nuòzhàn**【搦战】動〈近〉挑戦する.

**锘（鍩）** nuò 名〈化〉ノーベリウム. No.

**懦** nuò 動 臆病である. ¶怯qiè～／臆病.
**nuòfū**【懦夫】名 臆病で意気地のない男.
**nuònuò**【懦懦】形 弱々しい。意気地がない.
**nuòruò**【懦弱】形 意気地がない. 性格が軟弱だ. ¶～无能／意気地がなく無能である.

**糯（糯）** nuò 〈稬〉名 もち米. ¶～谷／もち粟.
**nuòdào**【糯稻】名 もち稲.
**nuòmǐ**【糯米】名 もち米.
**nuòmǐjiǔ**【糯米酒】名 甘酒.
**nuòmǐzhǐ**【糯米纸】名 オブラート.

# O

## o（ㄛ）

**噢** ō 嘆 ああ, そうか.
**ōyō**【噢唷】嘆〈意外なことに驚いたときに発する〉おやおや. まあ.

**哦** ó 嘆 おやおや. ええ. 異読⇒é,ò

**嚄** ǒ 嘆 おや. へえ. 異読⇒huō

**哦** ò 嘆 ははん. 異読⇒é,ó

## ou（ㄡ）

**区（區）** ōu 異読⇒qū

**讴（謳）** ōu 動 歌う；民謡.
**ōugē**【讴歌】動〈書〉謳歌（おうか）する.
**ōuyín**【讴吟】動〈書〉歌を歌う；詩を吟じる.

**沤（漚）** ōu 名 あぶく. 泡. ¶浮～／あぶく. 浮いている泡. 異読⇒òu

**瓯（甌）** ōu 1 名〈書〉深い碗. 茶～／湯飲み. 2 浙江省温州. ¶～绣／温州（産）の刺繍.
**ōuzi**【瓯子】名〈方〉深い碗.

**欧（歐）** ōu 名〈略〉ヨーロッパ.
**ōuhuà**【欧化】動 西洋化する.
**Ōujǐlǐdé**【欧几里得】名〈人名〉ユークリッド. ¶～几何学jǐhéxué／ユークリッド幾何学.
**ōuliángniǎo**【欧椋鸟】名〈鳥〉（ホシ）ムクドリ.
**Ōu-Měi**【欧美】名 欧米.
**Ōuméng**【欧盟】名 欧州連合. EU. ▶"欧洲联盟"の略.
**ōumǔ**【欧姆】量〈物〉オーム. ▶"欧"とも. ¶～表／オーム計. ¶～定律／オームの法則.
**Ōupèikè**【欧佩克】名 石油輸出国機構. OPEC.
**Ōu-Yà**【欧亚】名 欧亜. ¶～大陆／ユーラシア大陸.
**Ōuyáng**【欧阳】姓
**ōuyuán**【欧元】名 ユーロ.
**Ōuzhōu**【欧洲】名 欧州. ヨーロッパ.

**殴（毆）** ōu 動 殴る.
**ōudǎ**【殴打】動 殴打する.
**ōushā**【殴杀】動 殴り殺す.
**ōushāng**【殴伤】動 殴って負傷させる.

**鸥（鷗）** ōu 名〈鳥〉カモメ. ¶海～／カモメ.

**嚄（噢）** ōu 1 嘆 おお. あっ. 2 嘆 おんおん.

**呕（嘔）** ǒu 動 吐く. もどす.
**ǒutù**【呕吐】動 嘔吐する.
**ǒu xīn lì xuè**【呕心沥血】〈成〉苦心さんたんする. 心血を注ぐ.
**ǒu/xuè**【呕血】動 吐血する.

**怄（慪）** ǒu 動 1 怒らせる. くすぶる. 2 蚊やりをたいて蚊を追い払う.

**偶** ǒu 1 名 ①人形. ¶木～／木彫りの人形. ②ペア；配偶者. ③偶然. 姓

**ǒu'ěr**【偶尔】[副] たまに．ときどき．
**ǒufā**【偶发】[动] 偶発する．
**ǒugǎn**【偶感】[动] 1 ふと思う．偶然感じる．2 たまたま感動する．
**ǒuhé**【偶合】[动] 偶然に一致する．
**ǒujī**【偶机】[名] ⇒事故／偶発事件．
**ǒurán**【偶然】[形] 偶然である；たまたま．¶~事件／偶然事件．
**ǒuránxìng**【偶然性】[名] 偶然性．
**ǒurén**【偶人】[名] 人形．
**ǒushù**【偶数】[名] 偶数．
**ǒutímù**【偶蹄目】[动] 偶蹄目．
**ǒuxiàng**【偶像】[名] 偶像；〈喩〉アイドル．

**耦** ǒu [动]〈書〉二人が並んで耕す．
[H] ペア．配偶者．
**ǒuhé**【耦合】[名]〈物〉カップリング．結合．

**藕** ǒu [名]〈植〉レンコン．[姓]
**ǒu duàn sī lián**【藕断丝连】〈成〉(多くは男女間で)関係を断ったように見えるが、まだつながりが残っている．
**ǒufěn**【藕粉】[名] レンコンの澱粉．
**ǒuhé**【藕荷・藕合】[名] 赤みがかった薄紫色．
**ǒujié**【藕节】[名] レンコンの節．▶収斂(しゅうれん)・止血剤に用いる．
**ǒusè**【藕色】[名] 赤みがかった灰色．

**沤**(漚) ** òu** [动] (ある種の効果をさせるために)水に長時間浸漬する．¶~麻／繊維をある時間水に浸ける．¶~粪／家畜の糞を水に浸ける発酵させ肥料を作る．異読⇒ōu
**òufèi**【沤肥】[动] 肥料づくりに人畜の糞便や雑草などを堆積し、水に浸して発酵させる肥料．2 名 同上の方法によりできた堆肥．
**òulàn**【沤烂】[动] 水につけて腐らせる．

**怄**(慪) **òu** [动] 1 怒らせる；からかう．2 むかつく．
**òu//qì**【怄气】[动] 腹が立つ．むしゃくしゃする．

アルファベットの混じったことば

**OA huà**【OA化】[动] オフィスオートメーション化する．

2 だめになる．
**派** pā 0 異読⇒pài
**pāsī**【派斯】〈方〉1 名 バス．▶通行許可証・入場券・定期券・旅券など．2 [动] (試験や検査などに)パスする、通る．

**啪** pā [拟] ぱん．ぱちぱち．ぱちっ．
**pāchā**【啪嚓・啪嗤】[拟] (物が落ちたりぶつかったりして割れたりする音)がちゃん．
**pādā**【啪嗒】[拟] 1 (固い物が落ちる音)ぱたっ．かたっ．2 (涙・汗・水が落ちる音)ぽたっ．ぽたり．ぽたぽた．
**pāla**【啪啦】[拟] 1 (紙などがめくれる音)ぱらぱら．べらべら．2 (ひびの入った陶磁器などをたたく音)ぽこぽこ．ぽこぼこ．

**葩** pā [名] 花；〈喩〉美しいもの．¶奇~／珍しい花や草．¶艺坛奇~／芸術上みられる傑作．

**扒** pá [动] 1【手や熊手で】かく．2 ~碎纸／紙くずをかき集める．2 〈方〉(手で)引っかく．3 (財布などを)する．4 (料理)とろ火で長時間煮込む．異読⇒bā
**págōu**【扒糕】[名] ソバ粉で作った食物．
**pá/huī**【扒灰】[动] ⇒pá/huī【爬灰】
**pála**【扒拉】[动]〈方〉箸でかき込む．⇒bāla
**páli**【扒犁】[动]⇒páli【爬犁】
**páqiè**【扒窃】[动] 財布などをする．
**páshǒu**【扒手】[名] すり．

**杷** pá ⇒**pípa**【枇杷】
**爬** pá [动] 1 (爬虫類・昆虫・ネズミなどの動物や人間などが)はう．2（何かをつかんで）よじ登る．¶~树／木に登る．3 蔓性植物が伸びる．
**páchóng**【爬虫】[名]〈動〉爬虫類．
**págān**【爬竿】[名] (~儿)(競技または雑技の一種)さお登り．
**págāo**【爬高】[动] (~儿)高い所へはい上がる．
**pá gézi**【爬格子】〈慣〉せっせと原稿用紙を埋める．
**pá/huī**【爬灰】[动] (父親が)息子の嫁と姦通する．
**páli**【爬犁】[名]〈方〉そり．
**pá//pō**【爬坡】[动] 1 坂を登る．2〈喩〉努力し向上する．
**pá/shān**【爬山】[动] 山登りをする．
**páshān diànchē**【爬山电车】[名] ケーブルカー．
**páshānhǔ**【爬山虎】[名] 1〈植〉ツタ．2〈方〉登山用のかご．
**pá shān yuè lǐng**【爬山越岭】〈成〉険しい山道を行く．
**páshēng**【爬升】[动] (飛行機やロケットが)上昇する；〈喩〉しだいに高くなる．
**pá//shù**【爬树】[动] 木に登る．木登りをする．
**páxíng**【爬行】[动] 1 はって進む．2〈喩〉古いしきたりにしがみつき、他人

**のまねをしてのろのろとやる.**

**páxíng dòngwù**[爬行动物]名(動)爬虫類.

**páyǒng**[爬泳]名(体)クロール.

耙 **pá**1名1熊手. 2動(熊手で)か き集める,かきならす. 異読⇒bà

**pázi**[耙子]名熊手. さらい.

琶 **pá**→pípa[琵琶]

**páyīn**[琶音]名(音)アルペジオ.

弄 **pá**❶

**páshǒu**[弄手]→páshǒu[扒手]

筢 **pá**❶

**pázi**[筢子]名竹製の熊手. [把]

潖 **pá**地名用字."潖江口"は広東省 にある地名.

帕 **pà**名ハンカチ. ネッカチーフの 類.

**pàjīnsēnbìng**[帕金森病]名(医)パー キンソン病.

**pàsīkǎ**[帕斯卡]量(物)(圧力の単 位)パスカル. Pa. ▶略して"帕"と も.

怕 **pà**❶動1耐えられない. 嫌う. ¶这个表不~水／この時計は防 水である. 2恐れる. 怖がる. ¶他 很~狗／彼は犬が大嫌いだ. 3気に する. 心配する. ¶~胖／太るのを 気にする.
❷副恐らく,たぶん. ¶晚上~要下 雨／夜は雨が降るかもしれない.

**pà lǎopo**[怕老婆]恐妻家である.

**pàlěng**[怕冷]形寒さに弱い;寒がり である.

**pà qián pà hòu**[怕前怕后]成 何かにつけてびくびくする.

**pàrè**[怕热]形暑さに弱い;暑がりで ある.

**pàrén**[怕人]1動人おじする. 2形 人を怖がらせる. 恐ろしい. 怖い.

**pà sān pà sì**[怕三怕四]→pà qián pà hòu[怕前怕后]

**pàshēng**[怕生]動人見知りをする.

**pà/shì**[怕事]動面倒を起こしたくな い;事なかれ主義である.

**pàshì**[怕是]副恐らく…だろう.

**pà/sǐ**[怕死]動死を恐れる.

**pàsǐguǐ**[怕死鬼]名臆病者. 意気地 なし.

**pà//xiū**[怕羞]動恥ずかしがる.

## pai（ㄆㄞ）

拍 **pāi**❶動1（手のひらで軽く）たた く,はたく. ¶~肩膀／励ました 慰めたりして肩を軽くたたく. 2 (映画・写真を)撮る. ¶~电影／映 画を撮る. 3打つ. ¶~电报／電 報を打つ. 4〈口〉おべっかを つかう.
❷名1（～儿）たたく道具. ラケッ ト. ¶苍蝇～儿／ハエたたき. 2(音 楽の)拍子, ビート. ‖[把]

**pāi'àn**[拍案]動(怒り・驚き・称賛など で)机をたたく. ▶4字句に用いる. ¶~叫绝／机をたたいて絶賛する.

**pāi bāzhang**[拍巴掌]手をたた く;拍手する.

**pāi//bǎn**[拍板]❶1(音)短冊型の3 枚の板からなり,2枚を束ね,他の1 枚どうしを結びつけ,これを親指にか けて,1枚の板で束ねた2枚のほうを 打ち鳴らして拍子をとる打楽器.
❷動1拍子をとる. 2(経)競売で 取引成立の合図として拍子木を鳴ら す;責任者が決定を下す.

**pāida**[拍打]動はたく. たたく.

**pāidàng**[拍档]動協力する. 名協力者. パートナー.

**pāi/diàn**[拍电]動電報を打つ.

**pāifā**[拍发]動電報を打つ.

**pāihuā**[拍花]動子供を誘拐する.

**pāijià**[拍价]名オークション価格. 競売価格.

**pāi mǎpì**[拍马屁]慣おべっかを つかう. ごまをする. ¶给上司的马 屁／上司にごまをする. ▶"拍马"とも.

**pāimài**[拍卖]動1競売する. オー クションを行う. ¶～会／オークショ ン. 2たたき売りをする. ¶大～／ 大売出し.

**pāi/mén**[拍门]動戸をたたく. ノッ クする.

**pāipǐn**[拍品]名オークションに出品 された物;競売品.

**pāishè**[拍摄]動撮影する. ¶~电 影／映画を撮る.

**pāi/shǒu**[拍手]動拍手する.

**pāituō**[拍拖]動〈方〉恋愛をする.

**pāi/xì**[拍戏]動映画を撮影する.

**pāi xiōngpú**[拍胸脯]慣保証する. 請け合う.

**pāi/zhào**[拍照]動写真を撮る.

**pāizhǐbù**[拍纸簿]名はぎ取り式の 帳面;ルーズリーフ式のノート.

**pāi zhuōzi**[拍桌子]慣かんしゃく を起こす.

**pāizi**[拍子]名1ラケット. 2(音楽 の)拍子. ¶打～／拍子をとる. 3 たたくもの. ¶苍蝇～／ハエたたき.

俳 **pái**⇒[俳](5ﾌ)芝居.

**páijù**[俳句]名〈日本の〉俳句.

**páixié**[俳谐]名〈書〉滑稽. しゃれ.

**páiyōu**[俳优]名〈古〉道化役者.

排 **pái**❶動1並ぶ本. 並べる. ¶让 旅客～成两列háng／旅客を2列 に並ばせる. 2リハーサルをする. 3排除する. ¶把水～出去／水を 排出する.
❷名1列. ¶前～右三／前列右か ら3人目. 2(軍)小隊. 3いかだ. 4 (料理)ステーキ, ソテー. ¶牛 ～／ビーフステーキ.
❸量並び. 列. ¶三十～坐位／30 列の座席.
❹名バレーボール. ¶女～／女子バレー (チーム).

## pái

**pái**=⇒**pǎi**
**pái/bǎn**【排版】［動］（印）組み版をする.
**páibèi**【排輩】［動］長幼の順序, 序列をつける.
**páibǐ**【排比】［名］（語）構造が似た句・文を並列する修辞法.
**páibǐ**【排笔】［名］筆を数本並べてくくったはけ.
**páichá**【排查】［動］しらみつぶしの捜査をする.
**páichang**【排场】1［名］見栄；体裁；格式. ¶讲~/见栄を張る. 2［形］派手で豪勢である.
**páichì**【排斥】［動］<u>排斥する. 排除する</u>. ¶~异己/異分子を排斥する.
**páichú**【排除】［動］1 <u>排除する. 取り除く</u>. ¶~障碍zhàng'ài/障害を排除する. 2 排泄する.
**páidǎng**【排挡】［名］変速機. ギア.
**páidàng**【排档】［名］（方）屋台. 露店.
**pái/duì**【排队】［動］列を作る. ¶~上车/整列乗車する.
**páifá**【排筏】［名］いかだ.
**páifàng**【排放】［動］（廃棄物を）排出する.
**páifēngshàn**【排风扇】［名］換気扇.
**páigǔ**【排骨】［名］肉付き肋骨. スペアリブ.
**páiguàn**【排灌】［動］排水し灌漑する.
**páiháng**【排行】［名］同族中の同世代における長幼の順序.
**páihángbǎng**【排行榜】［名］ランキング.
**páihào**【排号】［動］1 整理番号をもらって順に並ぶ. 2（口）列に並ぶ.
**páihóng**【排洪】［動］（洪水の後で）排水をする.
**pái/jǐ**【排挤】［動］排擠する.
**páijǐ**【排挤】［動］（力や手段を行使して, 目障りな人や組織を）排除する, 締め出す.
**páijiǎn**【排检】［名］（図書や資料などの）配列と検索.
**páijiě**【排解】［動］1（纷争を）仲裁する, 調停する. 2→**páiqiǎn**【排遣】
**pái//kāi**【排开】［動］1+方補 1 1 列になる. 2（人込みを）押し分ける.
**pái/lào**【排涝】［動］田畑の排水をする.
**pái/léi**【排雷】［動］（軍）地雷や機雷などを取り除く.
**páiliàn**【排练】［動］舞台げいこをする. リハーサルをする.
**páiliè**【排列】［動］1 順序よく並べる. 配列する. 2［数］順列.
**páiluǎn**【排卵】［動］（生）排卵する.
**pái/míng**【排名】［動］（順位に）名を連ねる.
**pái nàn jiě fēn**【排难解纷】（成）問題を解決し, 紛争を調停する.
**pái/niào**【排尿】［動］排尿する.
**pái/qì**【排气】［動］排気をする.
**páiqiān**【排遣】［動］気ばらしをする.
**páiqiú**【排球】［名］（体）バレーボール. ¶打~/バレーボールをする.
**pái shān dǎo hǎi**【排山倒海】（成）勢いがすさまじい.

**pái//shuǐ**【排水】［動］排水する.
**páitàxìng**【排他性】［名］排他性.
**páitóu**【排头】［名］列の先頭.
**páiwài**【排外】［動］外国人や外部の者を排斥する. ¶~主义／排外主義.
**páiwěi**【排尾】［名］列の最後の人, しんがり.
**páiwū**【排污】［動］汚染物質を排出する. 汚染を除去する.
**pái//xì**【排戏】［動］芝居の下げいこをする.
**pái//xiǎn**【排险】［動］危険を取り除く.
**páixiè**【排泄】［動］1（雨水や汚水を）排出する. 2 排泄する.
**páixù**【排序】［動］順番に並べる.
**páiyǎn**【排演】［動］舞台げいこをする.
**páiyìn**【排印】［動］（印）組版と印刷をする.
**páizhǎng**【排长】［名］（軍）小隊長.
**pái/zì**【排字】［動］（印）植字する.

## 徘 pái ❶

**páihuái**【徘徊】［動］1（同じ場所を）<u>行ったり来たりする</u>. 2（喩）躊躇（ちゅうちょ）する. 3（喩）（数値が）揺れている, 上下する.

## 牌 pái ❶

**pái**【牌】［名］1（トランプ・カルタ・マージャンなどの）札. パイ. ¶洗~／トランプを切る. 2（~儿）<u>商標</u>. ブランド. ¶这台电视机是什么~的？／このテレビはどこの~ですか. 3（~儿）表札. プレート. 4［姓］
**páibiǎn**【牌匾】［名］扁額. 横額.
**páidǔn**【牌墩】［名］（マージャンなどによる）ぱち.
**páifang**【牌坊】［名］（旧）忠孝貞節の人物を顕彰に建てた牌楼様の建物.
**páihào**【牌号】［名］（~儿）1 商店の店名. 屋号. 2 商標；銘柄.
**páijià**【牌价】［名］（経）公定価格. 公示相場.
**páijiǔ**【牌九】［名］（多くばくち用の）札, パイ.
**páilou**【牌楼】［名］装飾用または祝賀・記念用の屋根付きのアーチ形の建物.
**páiwèi**【牌位】［名］1 位牌. 2（~儿）（喩）実権がなく, 他人の言うままに動く人. 置駒.
**páizhào**【牌照】［名］1（自動車の）ナンバープレート. 2 営業許可証.
**páizi**【牌子】［名］1（木・竹・紙などで作った）札, 看板. 2 商標. ブランド. ¶老~/伝統あるブランド.

## 迫（廹） pǎi ❶ 異读⇒**pò**

**pǎijīpào**【迫击炮】［名］（軍）迫撃砲.

## 排 pǎi（方）作り上げた靴に木型をはめて形をととのえる. 異读⇒**pái**

**pǎizǐchē**【排子车】［名］大八車. 人が引く荷車. ▶"大板车"とも.

## 哌 pài ❶

**pàidìng**【哌啶】［名］（薬）ペニシリン.
**pàiqín**【哌嗪】［名］（薬）ピペラジン.

## pán

**派** pài ❶[動] 1 差し向ける. 派遣する. ¶~小林去买啤酒/林くんにビールを買いにいってもらう. 2 (人の過ちを)指摘し責める. ¶~不是bùshì.
❷[名] 1 流派. ¶党~/党・派. 2 (料理)パイ. ¶苹果~/アップルパイ.
❸[形] (俗)(身なりが)立派である.
❹[量] 1 流派を数える. ¶两~学者/二つの流派の学者. 2 "一派"の形で景色・言葉・事柄・音などに用いる. ¶一~胡言/まったくのでたらめ.
➡[日] ①風格. 態度. ¶气~/風格. ②川の支流.
異読⇒pā

**pàibié**【派别】[名]流派. 派閥.
**pài/bīng**【派兵】[動]軍隊を派遣する. 派兵する.
**pài bùshì**【派不是】(他人の)落ち度を責める. ¶派部下的不是/部下の過失を責める.
**pàichōng**【派充】[動]…に任命する.
**pàichūsuǒ**【派出所】[名]派出所.
**pàiduì**【派对】[名](方)パーティー.
**pàifā**【派发】[動] 1 配布する. 分配する. 2 (株などを)売る.
**pài/huó**【派活】[動](~儿)仕事を割り振る.
**pàiqiǎn**【派遣】[動]派遣する. ¶~出国/彼を国外へ派遣する.
**pàishēng**【派生】[動]派生する. ¶~词(语)/派生語.
**pàisòng**【派送】[動] 1 配布する. 贈呈する.
**pàitóu**【派头】[名](~儿)(きざな)態度. 気取り. ▶軽蔑の意味を含むことが多い. ¶要shuǎ~/もったいぶる.
**pàixì**【派系】[名]派閥.
**pàixìng**【派性】[名]党派性. 派閥性.
**pàizhù**【派驻】[動]派遣されて駐在する.

**澎** pài [名](化)ビナン.
**湃** pài →péngpài【澎湃】

## pan (ㄆㄢ)

**扳** pān【攀pān】に同じ.
異読⇒bān

**番** pān 地名用字. 異読⇒fān

**潘** pān [名] || 姓

**攀** pān [動] 1 よじ登る. 2 (有力者に)(と)取り入る, 婚姻関係を結ぶ. ¶高~/同前.
➡巻き添えにする. ¶一~扯. || 姓

**pānbǐ**【攀比】[動]互いに比べ合い張り合う.
**pānchán**【攀缠】[動]からみ合う. もつれ合う.
**pānchě**【攀扯】[動] 1 巻き込む. 2 渡りをつける.

**pāndà**【攀大】[動](口)年長ぶる. 先輩ぶる.
**pāndēng**【攀登】[動] よじ登る；(喩)(高い目標に)到達する.
**pānfù**【攀附】[動](植物などが)はい登る. 権勢のある人に取り入る.
**pāngāo**【攀高】[動] 1 (価格・数量などが)上昇する. 2 (自分より実力が上の人と)張り合う. 3 地位の高い人と交際したり, 婚姻関係を結んだりする.
**pān gāozhī**【攀高枝儿】(慣)地位の高い人と交際したり結婚したりする.
**pānjiāo**【攀交】[動]地位の高い人と交際する.
**pān lóng fù fèng**【攀龙附凤】(成)権力のある人に取り入る.
**pān/qīn**【攀亲】[動]有力者と血縁関係を結ぶ.
**pānshēng**【攀升】[動](経)(価格・数量などが)上昇する.
**pāntán**【攀谈】[動]話しかける；雑談する.
**pānyán**【攀岩】[体]ロッククライミングをする. 岩登りをする.
**pānyuán**【攀缘・攀援】[動] よじ登る；(喩)権勢のある人にすがりつく.
**pānzhé**【攀折】[動](花・木を)引っ張って折る.

**片** piàn (方) 1 切れ端. 2[量]田畑・商店・工場などを数える.

**胖** pàng ➡[日]安らかである.
異読⇒pàng

**盘** (盤) pán ❶[名](~儿)(円形の)大皿. お皿.
❷[動] 1 ぐるぐる巻く. ¶把绳子~起来/ひもをぐるぐる巻いて輪にした. 2 (オンドルやかまどを)築く. 3 (商品や帳簿などを)詳しく調べる. 4 工場や商店を人に譲渡する. 5 運び出す. 移す.
❸[量] 1 うず巻き状のもの・皿に盛ったもの・うすを数える. ¶四~菜/4皿の料理. 2 スポーツやゲームの試合の回数を数える. ¶下一~棋/将棋(囲碁)を1局指す(打つ).
➡[日] ①形や用途が皿に似たもの. ¶~/碁盤. ②開~/寄りつき相場. ③問いただす. ¶~～问.
|| 姓

**pánbō**【盘剥】[動](高利で貸し)搾取する.
**pánchá**【盘查・盘察】[動]尋問し取り調べる.
**pánchán**【盘缠】[動]ぐるぐる巻きつく.
**pánchan**【盘缠】[名]旅費.
**pánchèng**【盘秤】[名]皿ばかり.
**páncūn**【盘存】[動]棚卸しをする.
**pándào**【盘道】[名]曲がりくねった(山)道.
**pándiǎn**【盘点】[動]棚卸しをする.
**pándiē**【盘跌】[動](経)(株価や先物価格が)小幅に値下がりする.
**pánfèi**【盘费】[名](口)旅費.
**pán gēn cuò jié**【盘根错节】(成)

## pán

事件や事柄が複雑で入り組んでいる。

**pán gēn wèn dǐ**【盘根问底】〈成〉とことんまで追究する。▲"盘根究底"とも。

**Pángǔ**【盘古】〈名〉盘古(ばん こ)。〈神話で〉天地開闢(かいびゃく)の祖。

**pánhuán**【盘桓】〈動〉1〈書〉逗留する；滞在する。2 徘徊する。

**pánhuó**【盘活】〈動〉〈経〉活性化する。再生させる。

**pán/huò**【盘伙】〈動〉棚卸しをする。

**pánjié**【盘诘】〈動〉厳しく尋問する。

**pánjié**【盘结】〈動〉ぐるぐる巻きつく。

**pánjù**【盘踞】〈動〉巣くう。不法に占拠する。▲"盘据"とも。

**pán/kàng**【盘炕】〈動〉オンドルをつくる。

**pán/kù**【盘库】〈動〉在庫品を点検する。棚卸しをする。

**pánmiàn**【盘面】〈名〉〈経〉取引状況。

**pánníxīlín**【盘尼西林】〈名〉〈旧〉〈薬〉ペニシリン。

**pánnòng**【盘弄】〈動〉もてあそぶ。いじくる。

**pánqū**【盘曲】〈形〉〈書〉くねくね曲がっている。

**pánrcài**【盘儿菜】〈名〉(そのまま煮炊きできるよう)皿盛りにして売っている料理の材料。総菜セット。

**pánrào**【盘绕】〈動〉からまる。巻きつく。

**pánshān**【盘跚】→**pánshān**【蹒跚】

**pánshēng**【盘升】〈動〉株価や先物価格などが小幅に上昇する。

**pánshí**【盘石】→**pánshí**【磐石】

**pánsuàn**【盘算】〈動〉思案する。

**pántī**【盘梯】〈名〉らせん階段。

**pán/tuǐ**【盘腿】〈動〉あぐらをかく。▲"盘腿"とも。2 〈名〉けんけん遊び。

**pántuó**【盘陀】〈形〉〈書〉1 石がごろごろしている。2 曲がりくねっている。▲"盘陀"とも。

**pánwèn**【盘问】〈動〉尋問する。問い詰める。

**pánxiāng**【盘香】〈名〉渦巻き線香。

**pánxuán**【盘旋】〈動〉1 旋回する。2 ぶらぶらする；とどまる。

**pán/zào**【盘灶】〈動〉かまどを築く。

**pán/zhàng**【盘账】〈動〉帳簿を点検する。

**pánzhěng**【盘整】〈動〉〈経〉(大幅な高騰や下落の後)株価の変動が小さくなる状態に調整する。

**pánzi**【盘子】〈名〉1 大きな皿。2 〈経〉相場。市場価格。

## 槃

**pán** →**nièpán**【涅槃】

## 磐

**pán** ●

**pánshí**【磐石】〈名〉大きな石。磐石(ばんじゃく)。¶安如~/磐石のごとく安くともしない。

## 磻

**pán** 地名用字。"磻溪"は浙江省にある地名。

## 蹒(蹒)

**pán** ●

**pánshān**【蹒跚】〈動〉よろよろと歩く。ふらつく。

## 蟠

**pán** ● とぐろを巻く。

**pán gēn cuò jié**【蟠根错节】→**pán gēn cuò jié**【盘根错节】

**pánjū**【蟠踞・蟠据】→**pánjù**【盘踞】

**pánqū**【蟠曲】→**pánqū**【盘曲】

**pánshí**【蟠石】→**pánshí**【磐石】

**pántáo**【蟠桃】〈名〉1〈植〉平たい形をした桃。2〈神話のなかで〉仙人が食べる桃。

## 判

**pàn**〈動〉1 判決を出す。¶~贩毒犯死刑/麻薬の売人に死刑の判決を下す。2 (多く答案から)評定する。¶~卷子/採点する。

● 1 明らかに異なる。¶~→若両人。2 分ける。¶~~別。

**pàn/àn**【判案】〈動〉裁判をする；判決を下す。

**pànbié**【判别】〈動〉見分ける。区別する。

**pànchǔ**【判处】〈動〉判決を言い渡す。¶~死刑/死刑を言い渡す。

**pàndìng**【判定】〈動〉判定する。判断して決める。

**pàndú**【判读】〈動〉判読する。

**pànduàn**【判断】〈動〉1 判定する。判断する。¶~风向/風向きを判断する。2〈論〉判断。

**pànfá**【判罚】〈動〉違反を処罰する；反則にペナルティーを科す。

**pànjué**【判决】〈動〉〈法〉判決を下す。¶~有罪/有罪を言い渡す。

**pànlì**【判例】〈名〉判例。

**pànmíng**【判明】〈動〉明らかにする。はっきりさせる。

**pànrán**【判然】〈形〉はっきりとしている。

**pàn ruò hóng gōu**【判若鸿沟】〈成〉区別や境界がはっきりしている。

**pàn ruò liǎng rén**【判若两人】〈成〉まるで別人のようである。

**pàn ruò yún ní**【判若云泥】〈成〉雲泥の差。▲"判若天渊"とも。

**pàn/xíng**【判刑】〈動〉刑刑を下す。

**pàn/zuì**【判罪】〈動〉刑を定める。刑を言い渡す。

## 拚

**pàn**〈動〉捨てて顧みない。

## 泮

**pàn** ● ①分かれる。分散する。②古代の学校を"泮宫"といい、清代では科挙試験で"秀才"になる(郷試の受験資格を与えられる)ことを"入泮"といった。●〈姓〉

## 盼

**pàn**〈動〉待ち望む。¶大家~你早日恢复健康/早くお元気になられるような切に願っています。

● 見る。¶左顾右~/周りをうかがう。●〈姓〉

**pàntou**【盼头】〈名〉望み。見込み。

**pànwàng**【盼望】〈動〉待ち望む。切に望む。¶~早日相会/早くお会いできることを心待ちにしています。

**pàn xīngxing, pàn yuèliang**【盼星星, 盼月亮】〈慣〉首を長くして待ち望む。

# pào

## 叛
**pàn** 日 背く。寝返る。
**pànbiàn**【叛变】[动] 裏切る。寝返る。
**pànfěi**【叛匪】[名] 反逆の悪人たち。
**pàn/guó**【叛国】[动] 祖国を裏切る。¶ ~分子 fènzǐ / 売国奴。
**pànlí**【叛离】[动] 裏切る。離反する。
**pànluàn**【叛乱】[名] 武装反乱。
**pànmài**【叛卖】[动]（国や革命を）裏切って売り渡す。
**pànnì**【叛逆】[动] 反逆する。 2 [名] 反逆者。
**pànshǒu**【叛首】[名] 叛逆者の首領。
**pàntáo**【叛逃】[动] 裏切って逃げて、国に背いて亡命する。
**pàntú**【叛徒】[名] <u>反逆者。裏切り者</u>。

## 畔
**pàn**【畔】[名] ①畔、ほとり。そば。②〈~儿〉ふち、へり。

## 袢
**pàn 1**【袢pàn】に同じ。 2~qiān⇒【袢襟】

## 襻
**pàn 1**【襻】[名]〈~儿〉ボタンをかける輪。 2 [动] 縫い付ける。

## pang（夂尢）

## 乓
**pāng**【乓】[拟] 1（銃声など）ばん。 2《ドアや器物など》がたん。

## 滂
**pāng**【滂】[动] 水が湧き出るさま。
**pāngtuó**【滂沱】[形] 雨が激しく降るさま；（涙）がとどめなく流れるさま。

## 膖
**pāng**【膖】[动] はれる。むくむ。
**pāngzhǒng**【膖肿】[动] はれる。むくむ。

## 彷(傍)
**páng**【彷】 <u>異読→fǎng</u>
**pánghuáng**【彷徨】[动] ためらう；迷う；さまよう。

## 庞（龐・厐）
**páng**【庞】 H ①膨大である。②乱雑である。③顔かたち。¶ 脸~儿 / 顔立ち。[名]
**pángdà**【庞大】[形] 膨大である。¶军费开支~ / 軍事費が膨大である。
**páng rán dà wù**【庞然大物】[成] 途方もなく大きなもの。
**pángzá**【庞杂】[形] 雑然としている。

## 逄
**páng**【逄】[名]姓

## 旁
**páng** 1【旁】[方位] かたわら。横。 2 [形] ほかの、別の。¶ ~的工作 / ほかの仕事。 3 [名]〈~儿〉漢字の偏。¶ 立人~ / にんべん。[名]
**pángbái**【旁白】[名][剧] わきぜりふ。
**pángbiān**【旁边】[方位]〈~儿〉かたわら。そば。わき。¶ 从~过去 / そばを通り過ぎる。
**páng bù xiāng gān**【旁不相干】[成] 関係がない。
**pángguān**【旁观】[动] 傍観する。
**páng guān zhě qīng**【旁观者清】[成] 岡目八目（ぉヵ ﾒﾊﾁﾓｸ）。
**pánghuáng**【旁皇】→ **pánghuáng**【彷徨】
**pángjí**【旁及】[动] 別のものに及ぶ。

## 旁门
**pángmén**【旁门】[名]〈~儿〉通用門。勝手口。
**páng qiāo cè jī**【旁敲侧击】[成] それとなくほめがる。遠回しに言う。
**pángrén**【旁人】[名] <u>他人。局外者</u>。
**páng ruò wú rén**【旁若无人】[成] 1 傍若無人。 2 だれも見ていないかのように落ち着き払っている。
**pángtīng**【旁听】[动] 1 傍聴する。¶ ~席 / 傍聴席。 2 聴講する。¶ ~生 / 聴講生。
**pángxì qīnshǔ**【旁系亲属】[名] 傍系の親族。
**páng zhēng bó yǐn**【旁征博引】[成] 論拠となるものを豊富な資料から広く引用すること。
**pángzhèng**【旁证】[名] 旁証。
**pángzhī**【旁支】[名] 傍系。

## 膀
**páng**【膀】[名] <u>異読→bǎng, pāng</u>
**pángguāng**【膀胱】[名]〈生理〉膀胱（ぼうこう）。

## 磅
**páng**【磅】→ **bàng**
**pángbó**【磅礴】[形] 1〈勢い〉が盛んなさま。 2 [动] 満ち広がる、充満する。

## 螃
**páng**【螃】O
**pángxiè**【螃蟹】[名]〈动〉カニ。[只, 个]

## 鰟
**páng**【鰟】O
**pángpí**【鰟鲏】[名]〈魚〉（淡水魚の）タナゴの一種。

## 耪
**pǎng**【耪】[动]〈鋤で畑の土を〉すき返す。¶ ~地 / 畑をすく。¶ ~谷子 / アワ畑のさくを切る。

## 胖
**pàng**【胖】〈~瘦〉〈人が〉太っている。 <u>異読→pán</u>
**pàngdūndūn**【胖墩墩】[形]〈~的〉背が低く、太って頑丈なさま。
**pàngdūnr**【胖墩儿】[名]〈口〉ずんぐりした子。
**pànghūhū**【胖乎乎】[形]〈~的〉まるまる太っているさま。
**pàngshòu**【胖瘦】[名] 太り具合。
**pàngzi**【胖子】[名] 太っている人。でぶ。

## pao（夂ㄠ）

## 抛
**pāo**【抛】[动] 1 投げる。 2 捨て去る。¶ 把对手远远~在后面 / 相手を後ろに遠く引き離した。 3 投げ売りをする。
**pāo/chū**【抛出】[动+方補] 1 投げ出す。 2（考え・政策などを）臆面もなく持ち出す。
**pāoguāng**【抛光】[动]〈機〉（製品に）磨きをかける、つや出しをする。
**pāohuāng**【抛荒】[动] 1（田畑を）荒れさせる。 2（学業を）ほったらかす。
**pāojià**【抛价】[名] 捨て値。
**pāo/máo**【抛锚】[动] 1 いかりを下ろす。 2（車に）えんこする。 3（仕事が）突然中止になる。

## pāo

**pāopán**【抛盘】動（株や先物などを）投げ売りする．

**pāoqì**【抛棄】動捨てて顧みない．投げ捨てる．

**pāoquè**【抛却】動捨てる．捨て去る．

**pāoshòu**【抛售】動投げ売りをする．

**pāotóu lù miàn**【抛頭露面】〈成〉〈貶〉**1**（旧時，女性が）人前に顔をさらす．**2** 人前にでしゃばる．

**pāowùxiàn**【抛物線】〈数〉放物線．

**pāozhì**【抛擲】動**1** なげうつ．**2**〈書〉放棄(ﾎｳｷ)する．

**pāo zhuān yǐn yù**【抛磚引玉】〈成〉自分の未熟な見解を述べて他の人の立派な意見を引き出す．

泡 **pāo**【泡】图**1**（〜儿）やわらかくふくれたもの．**2** 量 糞尿の回数を数える．

**胖 pāo 1** → **suīpāo**【尿胖・尿泡】 量 大小便の回数を数える．

**刨 páo 1**（くわでうなしなどで）掘る．**2**〈口〉差し引く．異読⇨**bào**

**páochú**【刨除】動取り除く．差し引く．

**páo//gēn**【刨根】動〈〜儿〉とことん．¶〜問底儿／根掘り葉掘り問いただす．

**咆 páo**【Ｈ】①（猛獣や人が）ほえる．叫ぶ．②水が激しい音を立てて流れる．

**páoxiào**【咆哮】動（猛獣が）ほえまわる；（人が）怒号する．

**狍（麅）páo** Ｏ

**páozi**【狍子】名（〜儿）(鹿の一種)ノロ．

**庖 páo**【庖】Ｈ 調理場；料理人．

**páochú**【庖厨】名〈書〉**1** 厨房．台所．**2** 料理人．

**páodài**【庖代】動〈書〉人に代わって何かをする．

**páo dīng jiě niú**【庖丁解牛】〈成〉もちはもち屋．

**炮 páo** 動〈生薬〉焙(ﾎｳ)じる．異読⇨**bāo, pào**

**páozhì**【炮制】動**1**（中薬）薬材を加工し精製する．**2**〈貶〉でっち上げる．

**袍 páo**【袍】名〈〜儿〉(中国式の)長衣．¶旗〜／チャイナドレス．

**páozé**【袍澤】名〈書〉軍隊における同僚．¶〜之谊／同僚のよしみ．

**páozhàor**【袍罩儿】→ **zhàopáo**【罩袍】

**páozi**【袍子】名 中国式の長い上着．

**匏 páo** Ｏ

**páoguā**【匏瓜】名（植）ユウガオ．

## 跑 **pǎo**

異読⇨**páo**

**跑 pǎo** 動**1**（人や動物・自動車などが）走る．駆ける．**2**（ある用件で）走り回る．奔走する．¶〜资金／金策に走りまわる．**3** 逃げる．脱出する．**4**（液体・気体や香りなどが）漏れる，抜ける．¶这茶了味儿了／このお茶は香りが抜けてしまった．**5**（方）歩く．走る．

**pǎobiǎo**【跑表】名 ストップウォッチ．

**pǎo//bù**【跑步】動 駆け足をする．ジョギングをする．¶〜走！／(号令で)駆け足進め．

**pǎo//chē**【跑车】動**1**（列車に）乗務する．**2** 名 競輪用自転車．

**pǎo dānbāng**【跑単帮】〈慣〉担ぎ屋

**pǎodào**【跑道】名**1** 滑走路．**2**〈体〉トラック．

**pǎo//dàor**【跑道儿】〈口〉使い走りをする．

**pǎodeliǎo héshang, pǎobuliǎo sì**【跑了和尚，跑不了寺】〈諺〉人は逃走できるが，事件はうやむやにはできない．

**pǎo//diàn**【跑电】動 漏電する．

**pǎo//diào**【跑調】動 音程が狂う．

**pǎo//dù**【跑肚】動〈口〉下痢をする．腹を下す．

**pǎo jiānghú**【跑江湖】〈慣〉大道芸人・占い・薬売りなどをして各地を回る．

**pǎo jǐngbào**【跑警报】空襲警報を聞いて防空壕へ走る．

**pǎo//lěi**【跑垒】動（野球で）走塁をする．

**pǎo lóngtào**【跑龙套】〈慣〉下っ端として働く．使い走りをする．

**pǎo//mǎ**【跑马】動 馬を走らせる．¶〜场／競馬場．

**pǎo mǎimai**【跑买卖】各地を行き来して商売する．

**pǎopǎodiāndiān**【跑跑顛顛】形〈〜的〉忙しく駆け回るさま．

**pǎopǎotiàotiào**【跑跑跳跳】形〈〜的〉跳んだり跳ねたりするさま．

**pǎo//qì**【跑气】動**1**（タイヤなどから）空気が漏れる．**2**（せいろうなどから）蒸気が漏れる．

**pǎo qián pǎo hòu**【跑前跑后】〈成〉四方八方奔走する．

**pǎo//qiànr**【跑纤儿】〈方〉仲買いをする．

**pǎo qíngkuàng**【跑情况】〈慣〉情報を集めて歩く．

**pǎotángrde**【跑堂儿的】名 給仕．ボーイ．

**pǎo//tí**【跑題】動 話がずれる．話題から外れる．

**pǎo//tuǐr**【跑腿儿】動〈口〉使い走りをする．

**pǎowài**【跑外】営業などで外回りをする．¶〜的／外回りの店員．

**pǎoxié**【跑鞋】名〈体〉スパイク．

**泡 pào** ❶ 動〈〜儿〉**1** 泡．¶冒〜／泡が立つ．**2** 泡に似たもの．¶起〜／（手や足に）まめができる．❷ 動**1** 漬ける．浸す．**2** 時間をつぶす．異読⇨**pāo**

**pàobā**【泡吧】動 バーやネットカフェに入り浸る．

**pào bìnghào**【泡病号】〈慣〉〈〜儿〉仮病で仕事を休む；ちょっとした病気

pàocài [泡菜] [名] [中国式]ピクルス.
pào/chá [泡茶] お茶を入れる.
pào/fàn [泡饭] [动] 1 [口] ご飯に湯や汁をかける. 2 [名] 湯をかけたご飯；水を入れて煮たご飯.
pào mógu [泡蘑菇] [惯] ごねる；だらだらと時間を引き延ばす.
pàomò [泡沫] [名] 1 あぶく. 泡沫. ¶起～/泡が立つ. 2 [喩]バブル.
pàomò jīngjì [泡沫经济] [名]バブル経済.
pàomò sùliào [泡沫塑料] [名] 発泡スチロール.
pàopàotáng [泡泡糖] [名] [口]チューインガム.
pào/tāng [泡汤] [动] [方]ふいになる. おじゃんになる.
pàoxuán [泡漩] [名] 波が荒れて渦巻く流れ.
pàoyǐng [泡影] [名] [喩]水の泡.
pàozi [泡子] [名] [方]electric, 真空管.

炮 [砲] pào [名] 1 大砲. [门]破. 3 (鉱山などで用いる)発破. 4 中国将棋の駒の一. 異読→bāo, páo.
pàobīng [炮兵] [名] [军]砲兵.
pàodàn [炮弹] [名] [军]砲弾. ¶～壳儿kér/砲弾の薬莢(ぎょう).
pàohuī [炮灰] [名] 大砲の餌食. 強制的に戦場に送られた落命した兵士.
pàohuǒ [炮火] [名] 砲火.
pàojī [炮击] [动] 砲撃する.
pàojiàn [炮舰] [名] [军]砲艦.
pàojiàn wàijiāo [炮舰外交] [名] 砲艦外交. 武力外交.
pàolóu [炮楼] [名] [军]望楼を兼ねたトーチカ.
pàotǐng [炮艇] [名] [军]小砲艇. 巡視艇.
pàotǒngzi [炮筒子] [名] [喩] 思ったことをずけずけと言ってのける人.
pàozhang [炮仗] [名] 爆竹. ¶放～/爆竹を鳴らす.

疱 pào [名] (皮膚にできる)水ぶくれ. 水疱.
pàozhěn [疱疹] [名] 1 水疱. 水ぶくれ. 2 (天然痘や水疱などの)疱疹(ほう).

## pei (ㄆㄟ)

呸 pēi [叹]ちぇっ. ふん.

胚 pēi [名] 胚(は). 胚子. 胚芽.
pēicéng [胚层] [名] [生理] 胚葉.
pēitāi [胚胎] [名] 1 [生理] 胚胎. 2 [喩] (物事の)初め. 兆し. 萌芽.
pēiyá [胚芽] [名] 1 [植]胚芽. 2 [喩]物事の兆し. 芽生え.
pēizhū [胚珠] [名] [植]胚珠.
pēizi [胚子] [名] 1 [俗] カイコの卵の胚胎. 2 [喩]たまご.

陪 péi [动] 付き添う. お供をする. ¶～客人参观 / 客の見学のお供をする.
H 側面から協力する. ¶～→审.
péibàn [陪伴] [动] お供する. 付き添う.
péibǎng [陪绑] [动] (処罰を受ける人の)道連れになる. 巻き添えになる.
péichèn [陪衬] [动] 1 [动] 対照的に引き立てる. 2 [名] 引き立て役. 添えもの.
péichuáng [陪床] [动] 病人に付き添う. 看護する.
péidú [陪读] [动] 留学生の配偶者が留学に付き添う.
péihù [陪护] [动] 病人に付き添って看護する.
péijià [陪嫁] [名] 嫁入り道具.
péi/jiǔ [陪酒] [动] 酒の相手をする.
péi/kè [陪客] [动] 客の相手をする.
péike [陪客] [名] お相伴の客.
péiliàn [陪练] [动] 1 トレーニングや練習の手伝いをする. 2 [名]トレーナーをする.
péishěn [陪审] [动] [法] 陪審をする. ¶～员/陪審員. ~制/陪審制度.
péishì [陪侍] [动] (老人に)付き添って世話をする.
péisong [陪送] [口] 1 [名] 嫁入り道具. 2 [动] 親が娘に嫁入り道具を持たせる.
péitóng [陪同] 1 [动] お供をする. 同伴する. 2 ~代表団前往各地参观 / 代表団のお供をして各地へ視察に行く. 2 [动] 随行員. 同伴者.
péixí [陪席] [动] 相伴として宴席に列席する.
péiyàn [陪宴] [动] お相伴をする.
péiyè [陪夜] [动] 夜間に病人の世話をする.
péizàng [陪葬] [动] [古] 1 陪葬する. 2 殉葬する.
péizhùshēng [陪住生] [名] 外国人留学生と同じ部屋に住む中国人学生.
péizuò [陪坐] [动] (客や目上の人の)相手をする.

培 péi (根元に)土をかける.
H 育てる. Ⅱ [姓]
péi/tǔ [培土] [动] 土寄せする.
péixiū [培修] [动] 土を盛って補強する.
péixùn [培训] [动] (幹部や技術員を)養成する.
péiyǎng [培养] [动] 1 養成する. 育成する. ¶～良好的习惯 / よい習慣を身につける. 2 (細菌を)培養する. ¶～细菌 / 細菌を培養する.
péiyù [培育] [动] (人を)育成する；(生物を)育てる. ¶～新一代科学家 / 新しい世代の科学者を育成する.
péizhí [培植] [动] 1 (植物を)栽培する. 2 (人材を)育成する；(勢力を)盛り立てる.
péizhòng [培种] [动] 育てる. 栽培する.

赔 péi [动] 1 償う. 弁償する. 2 (～儿)(商売で)損をする.
H 謝る. ¶～罪.
péi/běn [赔本] [动] (~儿)元手を割る. 欠損を出す.
péibǔ [赔补] [动] 弁償する. 補償する.
péi bùshì [赔不是] [惯]おわびをする.

**péibuqǐ**【赔不起】[動+可補] 弁償する能力がない。

**péicháng**【赔偿】[動] 弁償する。弁償す る。¶~损失/损失を赔偿する。

**péidiàn**【赔垫】[動] 立て替える。

**péifù**【赔付】[動] 赔偿金を支払う。

**péi/huà**【赔话】[動] わびを入れる。

**péi/kuǎn**【赔款】1 [動] 赔偿金を支払う。2 [名] 赔偿金。

**péile fūren yòu zhé bīng**【赔了夫人又折兵】[諺] 计略が失败してかえって损失を招く。

**péi/lǐ**【赔礼】[動] 谢罪する。

**péi/qián**【赔钱】[動] 1 损をする。元手をする。2 坏したりなくしたりした他人の物を金で偿う。

**péi/qíng**【赔情】[動]〔方〕谢る。おわびをする。

**péi xiǎoxīn**【赔小心】〈慣〉(人の欢心を得たり怒りをなだめたりするために)へりくだって取り入る。▶"赔笑脸"とも。

**péi/xiào**【赔笑】[動] 作り笑いをする。

**péi/zhàng**【赔账】[動](金钱や品物の取り扱いで)自分の过失による损失を弁偿する。

**péizhuàn**【赔赚】[名] 损益。

**péi/zuì**【赔罪】[動] 谢罪する。

锫 **péi**【锫】[名]〔化〕バークリウム. Bk.

裴 **péi**【姓】

沛 **pèi**【沛】[形] 盛大·旺盛なさま。‖[姓]

帔 **pèi**【(古)】花模様を刺绣した肩掛け.

佩(珮) **pèi**【佩】[動](装身具などを)つける,ぶら下げる。

[漢] 感服する。

**pèidài**【佩带】[動](バッジやピストルなどを)つける, 帯びる。

**pèidài**【佩戴】[動](徽章や肩章などを)つける。

**pèidāo**【佩刀】[名] 佩刀〔ば〕。

**pèifú**【佩服】[動] 感心する。敬服する。¶我很~他的毅力/私は彼の气迫には感心する。

**pèiguà**【佩挂】[動] 带に掛ける。身につける。

**pèiwèi**【佩慰】[動](人の行为に)感心し,满足に思う。

**配 pèi**【配】❶[動] 1 组み合わせる。配合する。¶~眼镜/眼镜を(合わせて)新调する。¶~钥匙/スペアキーをつくる。¶~药/药を调合する。2 补充する。¶~零件/部品を补充する。3 ふさわしい。釣り合う。¶红的颜色不太~她/赤い色は彼女にはあまり似合わない。4 男女が结ばれる;(動物を)交配させる。¶オ子ー佳人/秀才と美人の缘结び。❷[動断]…に値する。¶他不~当班长/彼はクラス委员にふさわしくない。

❸[動] 1(计画に基づいて)割り当てる。¶分~/配属する。2 流刑にする。

**pèibèi**【配备】❶[動] 1(必要に応じて人や物を)配备する,割り当てる。¶~助手/助手を当てがう。2(兵力を)配置する,配备する。2 [名] 装备,设备。

**pèibǐ**【配比】[名] 成分の混合比率。

**pèibushàng**【配不上】[動+可補] 1 (部品の)补充ができない。2 釣り合わない。3 资格がない;ふさわしくない。

**pèicài**【配菜】[名] 料理にあしらう野菜类。つま。

**pèicān**【配餐】1 [動] 食料品を组み合わせる。2 [名](パンやハムなど)食料品の)组み合わせ。

**pèichèn**【配称】[形] 釣り合う。ふさわしい。

**pèidā**【配搭】[動](主なものに引き立て役を)配する,添える。

**pèidar**【配搭儿】[名] 添えもの,引き立て役。

**pèidiàn**【配殿】[名](宫殿·庙宇の)正殿の两わきの殿。

**pèi/duì**【配对】(~儿)1 [動] 对にする〔なる〕。2〔口〕(動物を)交配させる。

**pèifā**【配发】[動] 1 必要に応じて配发する。支给する。2(新闻等杂志で,その记事や内容にふさわしい)社说や写真を掲载する。

**pèi/fāng**【配方】1 [動]〔薬〕药剂を调合する。2 [名]〔化〕化学製品や冶金製品などの)调合指図書。

**pèigǔ**【配股】[経] 新株を发行し,株主に割りつけて売却する。

**pèihé**【配合】[動] 力を合わせる;チームワークを取る。

**pèihe**【配合】[形] ふさわしい。釣り合っている。

**pèi/huò**【配货】[動] 商品の取り合わせをする。

**pèijǐ**【配给】[動] 配给する。

**pèijiàn**【配件】[名] 1 部品。付属品。2(~儿)取り替え部品。

**pèi/jué・jiǎo**【配角】(~儿)1 [動] 共演する。2(喩)わき役;补助的な仕事。

**pèiliào**【配料】[動] 原料を配合する。

**pèi'ǒu**【配偶】[名] 配偶者。▶主に法律用语。

**pèi/qí**【配齐】[動+结補] 全部ととのえる。

**pèisè**【配色】[動] 配色する。

**pèishǒu**【配手】[名] 下働き。

**pèishòu**【配售】[動] 1 配给する。2 抱き合わせで売る。

**pèi/tào**【配套】[動] 组み合わせて1セットにする。

**pèiwǔ**【配伍】[動](2 种以上の薬品を)配合する。

**pèi/xì**【配戏】[動] 剧や映画の助演をする。

**pèi/yào**【配药】[動] 调剂する。薬を调合する。

**pèi//yīn**【配音】**1** アフレコをする.**2**（外国映画の）吹き替えをする.あてレコする.¶～演员／声优.

**pèi/yuè**【配乐】動（詩の朗読や演劇などの）伴奏や音響効果を加える.

**pèizhì**【配制】動（顔料・薬などを）調合する.¶～酒／果汁・香料・漢方薬などを混入した酒.

**pèizhì**【配置】動配置する.

**pèi//zhǒng**【配种】動種付けをする.¶人工～／人工授精.

**pèizhuāngshī**【配装师】名スタイリスト.

**旆 pèi**【古】（大将の立てる先端がツバメの尻尾のようになった）旗.**2**【書】（広く）旗.

**辔 pèi**くつわと手綱.

**pèitou**【辔头】名くつわと手綱.

**pèi yǔ**【霈雨】**1**名大雨.¶甘～／恵みの雨.**2**形雨が盛んに降るさま.

## pen (ㄆㄣ)

**喷 pēn**【喷】動（液体・気体・粉末を）噴き出す. 異読⇒pèn

**pēnbó**【喷薄】形 **1** 太陽が勢いよく昇るさま.**2** 水が勢いよく湧き上がるさま.

**pēndēng**【喷灯】名バーナー.トーチランプ.

**pēnfā**【喷发】動（火山が溶岩を）噴出する.

**pēnfàn**【喷饭】動吹き出す；失笑する.

**pēnfèn**【喷粪】動罵詈雑言（ぞうごん）を吐く.

**pēnguàn**【喷灌】動（農）スプリンクラーで散水する.

**pēnhú**【喷壶】名じょうろ.

**pēnhuǒqì**【喷火器】名火炎放射器.

**pēnmò**【喷墨】名（プリンターの）バブルジェット.¶～打印机／インクジェットプリンター.

**pēn/qī**【喷漆】**1**動ラッカーを吹きつける.**2**名ラッカー.

**pēnqì fādòngjī**【喷气发动机】名ジェットエンジン.

**pēnqìshì fēijī**【喷气式飞机】名ジェット機.

**pēnquán**【喷泉】名噴水.

**pēnsǎ**【喷洒】動吹きかける.散布する.¶～农药／農薬をかける.

**pēnshè**【喷射】動噴射する.

**pēnshuǐchí**【喷水池】名（のある池）.

**pēntì**【喷嚏】名くしゃみ.〔个〕¶打～／くしゃみをする.

**pēntǔ**【喷吐】動（光・火・気体などを）噴き出す.

**pēntóu**【喷头】名シャワーの噴水口.ノズル.

**pēnwùqì**【喷雾器】名噴霧器.スプレー.

**pēnyǒng**【喷涌】動（液体・ガスが）勢いよく湧き出る.

**pēnzi**【喷子】名噴霧器.霧吹き.

**pēnzuǐ**【喷嘴】名（～儿）（噴霧器などの）ノズル.

**盆 pén**【盆】名 **1**（～儿）（容器の）ボウル.鉢.たらい.**2**量洗面器・鉢などを数える.

**péndì**【盆地】名（地）盆地.

**pénhuā**【盆花】名鉢に植えた草花；盆栽.

**pénjǐng**【盆景】名（～儿）盆景.箱庭.

**pénpén guànguàn**【盆盆罐罐】名がらくた.

**péntāng**【盆汤】名（公衆浴場での）一人用の浴槽のある個室の浴室.▶"盆塘"とも.

**pényù**【盆浴】動浴槽に入って体を洗う.

**pénzāi**【盆栽】**1**動鉢植えをする.**2**名鉢植え.

**pénzi**【盆子】名（口）鉢.たらい.

**溢 pén**【溢】動（水が）湧き上がる.¶一溢yǒng／湧き上がる.

**喷 pèn**【喷】（～儿）（口）**1**名（果物・魚などの）出盛り.旬（しゅん）.**2**量花が咲いたり実がなったりする回数.異読⇒pēn

**pènhóng**【喷红】形非常に赤い.
**pènxiāng**【喷香】形非常に芳しい.

## peng (ㄆㄥ)

**抨 pēng**【抨】動責める.弾劾する.

**pēngjī**【抨击】動（他人の行動や言論などを）攻撃する.非難する.

**怦 pēng**【怦】擬（心臓が激しく鳴る音）どきどき.

**砰 pēng**【砰】擬 **1**（銃を撃つ音）ばん.ぱん.**2**（重い物が倒れたりぶつかったりする音）ばたん.どすん.

**烹 pēng**【烹】動（おかずを）煮る；（お茶を）沸かす.

**pēng/chá**【烹茶】動お茶を沸かす；お茶を入れる.

**pēngrèn**【烹饪】動料理を作る.¶～法／調理法.

**pēngtiáo**【烹调】動料理する.

**嘭 pēng**【嘭】擬（銃を撃つ音）ばん.ぱん.ぼん.

**澎 pēng**【澎】（方）（液体が）はねる.はねとばす.¶～了一身泥水／全身に泥水がはねた.異読⇒péng

**芃 péng**O

**péngpéng**【芃芃】形〔書〕草木が生い茂るさま.

**朋 péng**【朋】① 友達.② 徒党を組む.‖【朋】

**péngbèi**【朋辈】名〔書〕友人たち.

**péng bǐ wéi jiān**【朋比为奸】〈成〉ぐるになって悪事を働く.

**péngdǎng**【朋党】名党派.徒党.

**péngkè**【朋克】名〔音〕パンク.

**péngyou**【朋友】名 **1** 友人.友達.

## péng

¶交〜/友達になる. ¶老〜/古くからの友達. **2** 恋人. ¶女〜/ガールフレンド. ¶男〜/ボーイフレンド.

**棚** péng [名] 戦国時代, 都江堰(とこえん)を造設したときに創案されたといわれる分水堤.

**彭** péng ‖[姓]

**棚** péng [名] 小屋. あばら家. ¶牛〜/牛小屋.

pénggài【棚盖】[名](〜儿)小屋の屋根.

pénghù【棚户】[名]あばら家. バラック.

péngjiàng【棚匠】[名]壁紙や天井を張る職人.

péngjuàn【棚圈】[名]家畜小屋.

péngpù【棚铺】[名]小屋を掛けて貸し賃を取る業者.

péngzi【棚子】[口]小屋. バラック. ¶草〜/わら掛けの小屋.

**捧**(搒) péng [名]〈書〉棒や竹板で折檻(せっかん)する.
異読⇨bàng

**蓬** péng **1** [植]ヨモギ. ムカシヨモギ. **2**[動]散り乱れる. **3**[量]枝葉のよく茂った草花などを数える.

péngbó【蓬勃】[形]盛んである. 〜発展/盛んに発展する.

péngfa【蓬发】[名](方)[植]ほさきから伸びた髪の毛.

pénghāo【蓬蒿】[名]**1**(方)[植]シュンギク. **2**草ぼうぼうの野原.

pénghù【蓬户】[名]草ぶきの家; (喩)貧しい住居.

Pénglái【蓬莱】[名]蓬莱(ほうらい). 神話で渤海(ぼっかい)にあるという仙人の住む山.

péngluàn【蓬乱】[形](草や髪の毛が)ぼうぼうとしている.

péng mén bì hù【蓬门荜户】[成]貧者のあばら家.

péng shēng má zhōng, bù fú ér zhí【蓬生麻中,不扶而直】[諺]よい環境に生活する人はおのずから品性がよくなる.

péngsōng【蓬松】[形](草・葉・髪・毛などが)ふわふわしている,ぼさぼさしている.

péng tóu gòu miàn【蓬头垢面】〈成〉髪は振り乱れ,顔はあかだらけである.

péng yǒu máo chuán【蓬牖茅椽】[成]貧しい住まい.

**硼** péng [化]硼素(ほうそ). B.

péngshā【硼砂】[名][化]硼砂(ほうしゃ).

péngsuān【硼酸】[名][化]硼酸(ほうさん).

**鹏** péng [名]伝説中のおおとり.

péng chéng wàn lǐ【鹏程万里】〈成〉前途洋々.

**澎** péng [動][水などが]はねる. **2** 地名用字.「澎湖列岛」は台湾海峡にある群島. 異読⇨pēng

péngpài【澎湃】[形]**1** 波が激しく相打

つさま. **2**〈喩〉気勢が盛んなさま.

péng【篷】[名](〜儿)日覆い. 風よけ; 船の帆.

péngbù【篷布】[名]カンバス地. テント地. 帆布.

péngchē【篷车】[名]有蓋貨車; 幌付きトラック; 幌馬車. ▶「棚车」とも.

péngzhàng【篷帐】[名]テント.

péngzi【篷子】[名]アンペラ小屋.

**膨** péng ‖ ふくれる.

péngdà【膨大】[動](体積が)ふくれ上がる.

pénghēng【膨脝】[形]**1**〈書〉腹がふくれて張り出している. **2**(物体が)かさばっている.

pénghuà【膨化】[動](穀物が加熱や加圧で)膨張する.

péngmǎn【膨满】[動](ガスなどがたまって)膨れふくれる.

péngmèn【膨闷】[動]腹がふくれて胸がつかえる.

péngzhàng【膨胀】[動] 膨张する. ¶通货〜/(経)インフレーション.

**蟛** péng ‖

péngqí【蟛蜞】[名][動]ベンケイガニ.

**捧** pěng ❶[動]**1** 両手でささげ持つ; (試合で)優勝する. ¶双手〜着奖杯/両手でトロフィーを持ち上げる. **2** おだてる, 持ち上げる. ❷[量]両手ですくう量を数える. ¶一〜枣儿/両手いっぱいのナツメ.

pěng/bēi【捧杯】[動]賞杯を手にする; (試合で)優勝する.

pěng/chǎng【捧场】[動]他人を持ち上げる. ¶捧他的场/彼を持ち上げる.

pěng chòujiǎo【捧臭脚】〈慣〉お世辞を言ってへつらう.

pěng cìwei【捧刺猬】〈慣〉難しい問題を抱える.

pěng cūtuǐ【捧粗腿】〈慣〉力の強い人にすりよる.

pěngdú【捧读】[動]〈書〉拝読する.

pěngfù【捧腹】[動]腹を抱えて大笑する. ¶一〜大笑/同上.

pěng/gēnr【捧哏儿】[動]漫才でぼけが相づちを打って客を笑わせる.

pěng/jué【捧角】[動](〜儿)(役者に)ひいきにする.

pěngshā【捧杀】[動]ほめ殺しにする.

pěngtuō【捧托】[動]両手のひらで物を持つ.

pěngye【捧爷】[名]太鼓持ち.

**椪** pèng ‖

pènggān【椪柑】[名]〈植〉ポンカン.

**碰** pèng [動]**1** ぶつかる. 打ちつける. **2** 出会う. 出くわす. **3** 試みる. 試しに当たってみる. ¶一〜一机会/チャンスにかけてみる.

pèng/bēi【碰杯】[動](乾杯のとき)杯を合わせる.

pèng bízi【碰鼻子】〈慣〉拒否される.

pèng/bì【碰壁】[動]〈喩〉壁に突き当た

pèng cǎiqìr【碰彩气儿】運試しをする.

pèng/diǎnr【碰点儿】(幸運や障害の)機会にぶつかる.

pèng dīngzi【碰钉子】〈慣〉断られる.ひじ鉄を食う.她～了／彼女にひじ鉄を食わされた.

pèngjī【碰击】[動]ぶつける.

pèng/jiàn【碰见】[動+結補](偶然)出会う,出くわす.在路上,偶然～了老朋友／道で偶然旧友と出会った.

pèngjīnr【碰劲儿】[動]〈方〉…のはずみで.たまたま.

pèng/miàn【碰面】[動](～儿)顔を合わせる.会う.

pèngpengchē【碰碰车】[名]ぶつかって遊ぶ遊戯用のゴーカート.

pèngpò tóu【碰破头】〈慣〉ひどく挫折する.

pèngqiǎo【碰巧】[副](～儿)折よく.いいあんばいに.

pèngshāng【碰伤】[動](軽い)打撲傷を負う.

pèngshang【碰上】[動+方補] 1 ぶつかる. 2 まぐれに当たる.

pèngsuǒ【碰锁】[名]自動錠.ナイトラッチ.

pèng/tóu【碰头】[動](～儿)顔を合わせる.会う.

pèngtóuhǎor【碰头好儿】[名]人気のある俳優が舞台に現れたとたんに受けとる拍手喝采.

pèngtóuhuì【碰头会】[名]短い会合.打ち合わせ.

pèng yī bízi huī【碰一鼻子灰】〈慣〉ひじ鉄を食う.冷たく断られる.

pèngying【碰硬】[動]手ごわい相手と直接たたかう.

pèng yùnqi【碰运气】運試しをする.

pèngzhuàng【碰撞】[動]ぶつかる；〈喩〉衝突する.

## pi (ㄆ丨)

丕 pī [名]大きい. ¶～业／大事業. ¶～变／大きな変化.

批 pī ❶[量]まとまった数の人や物を数える. ¶一～新同学／一団の新入生. ❷[動] 1 (文書を)決裁する；(作文に)評を加える. ¶签证 — 下来了／ビザが下りた. ¶签字 — 下来了／サインして決裁した. 2 [名](～儿)(綿や麻の)篾,スライバー.

❶-[動] 1 大量にまとめて(売買する). ¶一→价. 2 平手で打つ. ¶～颊 jiá／びんたを食らわせる.

pī bāzì【批八字】〈慣〉運命や相性を占う.

pībǔ【批捕】[動]逮捕を許可する.

pībó【批驳】[動](人の意見や要求に)反駁する.

pīchǔlǐ【批处理】[名]〔電算〕バッチ処理.

pīdá【批答】[動]申請に対して理由を付して回答する.

pīdiǎn【批点】(書籍や文章に)批評を書き加えたり,ほめるべきところに傍点や丸をつける.

pīdòu【批斗】[動]批判闘争する.

pīfā【批发】[動]卸売りする. ¶～日用品／日用品の卸売りをする. ¶～价格／卸値.

pīfù【批复】[動]〔下級機関からの文書に〕意見を書き加えて返答する.

pīgǎi【批改】[動](文書や宿題を)添削して評を加える.

pīgòu【批购】[動] 1 大口購入をする. 2 商品を注文する.

pī/huí【批回】[動+方補]批評を加えて差し戻す.

pī/huò【批货】[動](商品を)まとめて仕入れる.

pī/jià【批价】 1 [名]卸値. 2 [名]値段を決める.

pījiàn【批件】[名](上級機関からの)許可を与える文書.

pīliàng【批量】 1 [名]まとまった量.大量. 2 [副]大量に.

pīlíng【批零】[名]卸売りと小売り.

pīpàn【批判】[動](誤った思想・言論・行為を)批判する. ¶～他的理論／彼の理論を論駁する.

pīpíng【批评】[動] 1 批判する. ¶～干部腐化／幹部の腐敗を批判する. ¶文艺～／文芸批評. 2 (相手の欠点や誤りを指摘して)意見をする.しかる. ¶他经常迟到,受到科长的～／彼はいつも遅刻するので課長に叱られる.

pīshì【批示】[動]〔下級機関からの文書に対して書面で〕指示を与える. 2 [名]指示書.

pītiáo【批条】[動] 1 責任者が用紙に命令・指示を書く. ▶「批条子」とも. 2 [名]責任者が指示を書いたメモ.

pīwén【批文】[名]〔上級機関が下級機関からの申請・報告等に〕返答した文書.

pīxiāo【批销】[動]卸売業と小売業を兼ねる.

pīyǔ【批语】[名] 1 (文章に対する)評語,コメント. 2 (公文書に対する)指示の文書.

pīyuè【批阅】[動]文書を読んで直したり指示を与えたりする.

pīzhù【批注】 1 [動]評語や注釈を加える. 2 [名]評語や注釈.

pīzhuǎn【批转】[動]下からの報告書に指示を書きこんで関係部署に回す.

pī/zhǔn【批准】[動]承認する,許可する.批准する. ¶学生科已经～我休学了／学生課はすでに私の休学を許可している. ¶～条约／条約を批准する.

pīzū【批租】[動](土地の)賃借を許可する.

邳 pī [名]江蘇省にある県の名. ‖【姓】

纰 pī [動](糸や布が)ぼろぼろになる.

pī

**pīlòu**【纰漏】[名](不注意による)誤り. 小さな事故.

**pīmiù**【纰缪】[名]〈書〉誤り. 過失.

**坯**(坯) **pī**[H] ①(まだ焼いていない瓦・陶磁器の)素地(きじ). ②日干しれんが. ③半製品. ¶面〜儿/うどん玉.

**pībù**【坯布】[名]未加工布.

**pīliào**【坯料】[名]半完成品. 未加工材.

**pītāi**【坯胎】[名](ある種の)器物の焼き入れ前の形.

**pīzi**【坯子】[名]1 白地. 2 半製品. ¶酱〜/生みそ. 3 将来ひとかどの人物になる人.

**披** **pī**[動]1(肩に)掛ける, はおる. ¶〜着风衣/ウィンドブレーカーをはおっている. 2(竹・木・つめなどが)裂ける. ¶〜→卷juǎn.

**pīfēng**【披风】[名]中国式のマント.

**pī gān lì dǎn**【披肝沥胆】(成)腹を割って打ち明ける. 誠意を見せる.

**pīguà**【披挂】[動]1 よろいかぶとを身につける. 2 よろいかぶと.

**pīhóng**【披红】[動](祝意や栄光の象徴の)赤い絹を肩から掛ける.

**pījiā**【披肩】[動]よろいかぶと.

**pījiān**【披肩】[名]肩掛け. ストール.

**pījiānfà**【披肩发】[名]ロングヘア.

**pī jiān zhí ruì**【披坚执锐】(成)出陣のいでたちをする.

**pī jīng zhǎn jí**【披荆斩棘】(成)障害を除去する;事業を開始する.

**pījuàn**【披卷】[動]書物をひもとく.

**pīlì**【披沥】[動]〈書〉誠意を見せる.

**pīlù**【披露】[動]1 披露する. 発表する. 2(顔や口ぶりに)表す. ¶〜肝胆gǎndǎn/誠意を披瀝(ひれき)する.

**pī má dài xiào**【披麻戴孝・披麻帯孝】(成)白い麻の服を着て(親の)喪に服する.

**pī má jiù huǒ**【披麻救火】(成)目的を果たすどころか、自分が危険な目にあう.

**pīmí**【披靡】[動]1(草木が風に)乱れなびく. 2(軍隊が)敗走する, 壊走する.

**pīsan**【披散】[動](髪の毛が)乱れて垂れる.

**pī shā jiǎn jīn**【披沙拣金】(成)大量のものの中から精華を選び出す.

**pī tóu sàn fà**【披头散发】(成)髪を振り乱す.

**pī xīng dài yuè**【披星戴月】(成)精を出して働く;昼夜兼行で事を急ぐ. "披星带月"とも.

**pīyuè**【披阅】[動]〈書〉閲読する.

**狉** **pī** ●

**pīpī**【狉狉】[形]〈書〉野獣が走り回るさま;野外に出没するさま.

**砒** **pī**[名]〈化〉①(旧)砒素(ひそ). 2→ pīshuāng【砒霜】

**pīshuāng**【砒霜】[名]〈化〉亜砒酸.

**辟**(闢) **pī** ● 異読⇒bì, pì

**pītóu**【辟头】[名]始め. 始まり. 2 真っ向から. 出会い頭に.

**劈** **pī**[動]1(刀や斧で縦に)割る, 切り分ける. 2 雷が落ちる. ¶ 真正面から. 異読⇒pī

**pī bō zhǎn làng**【劈波斩浪】(成)困難や障害を乗り越えて進む.

**pīdāo**【劈刀】[名]1 なた. 2(軍)軍刀術.

**pīkǒu**【劈口】[副]口を開くなり, いきなり.

**pīlīpālā**【劈里啪啦】[擬]1(小さな粒状の物が打ち当たりながら散らばる音)ぱらぱら. 2《拍手の音》ぱちぱち. 3《木や豆などが熱せられて弾ける音》ぱちぱち;火花などが散る音》ぱちぱち.

**pīliǎn**【劈脸】[副]真っ向から. 顔めがけて. ¶〜"劈面"に同じ.

**pīpā**【劈啪】[擬]《拍手の音や銃声などの爆発音》ぱちぱち, ぱんぱん.

**pīshā**【劈杀】[動](軍人が馬上から)刀で斬り殺す.

**pīshān**【劈山】[動]山を切り開く.

**pīshǒu**【劈手】[副]すばやく, やにわに.

**pī tiān gài dì**【劈天盖地】(成)声や勢力が非常に大きいさま.

**pītóu**【劈头】[副]1 出会い頭に;真っ向から. 2 最初に.

**pī tóu gài liǎn**【劈头盖脸】(成)真正面から歩んくる.

**pīxiōng**【劈胸】[副]胸ぐらめがけて.

**噼** **pī** ●

**pīlīpālā**【噼里啪啦】→pīlīpālā【劈里啪啦】

**pīpā**【噼啪】→pīpā【劈啪】

**霹** **pī** ●

**pīléi**【霹雷】[名]〈気〉落雷. 霹靂(へきれき). ¶晴〜/青天の霹靂.

**pīlì**【霹雳】[名]〈気〉落雷. 霹靂(へきれき). ¶晴〜/青天の霹靂.

**pīwǔ**【霹雳舞】[名]ブレークダンス.

**皮** **pí**[名]1 皮膚. 表皮. 2 皮革. レザー. 3(〜儿)物の外側を包む薄いもの. ¶书〜儿/本の表紙.

[2][形](↔脆)食物が湿ってまずくなる. 2 やんちゃだ. 3(何度もしかられて)こたえなくなる.

[H]①表面. ¶水〜儿/水面. ②薄いもの. ¶豆腐〜儿/ゆば. ③弾力性をもったもの. ¶橡〜/消しゴム. ‖姓

**pí'ǎo**【皮袄】[名]毛皮の裏地をつけた服.

**píbāo**【皮包】[名](革製の)かばん.

**píbāo gōngsī**【皮包公司】[名]ペーパーカンパニー.

**pí bāo gǔ**【皮包骨】(慣)やせて骨と皮だけである.

**píbāoshāng**【皮包商】[名]ペーパーカンパニー.

**pícéng**【皮层】[名] 1 表皮. 2〈略〉大脑皮質.
**píchǐ**【皮尺】[名] 巻き尺.
**pídàyī**【皮大衣】[名] 毛皮のコート.
**pídài**【皮帯】[名] 帯皮; 革製のベルト. [条, 根]
**pídàn**【皮蛋】[名] ピータン.
**pífá**【皮筏】[名]〈~子〉皮袋の上に丸太や板をのせたいかだ.
**pífū**【皮肤】[名]〈生理〉皮膚. 肌.
**pígé**【皮革】[名] 革. 皮革.
**píhóur**【皮猴儿】[名] フード付きの毛皮のコート.
**píhuátǐng**【皮划艇】[体] カヌー（競技）.
**píhuò**【皮货】[名] 毛皮類.
**píjiāzi**【皮夹子】[名]〈革製の〉紙入れ, 名刺入れ, 札入れ. "皮夹儿"とも.
**píjiang**【皮匠】[名] 靴直しや革なめしの職人.
**píjīnr**【皮筋儿】[名] 輪ゴム. ゴムひも.
**píjiǔ**【皮酒】[名] ビール.
**pí kāi ròu zhàn**【皮开肉绽】〈成〉皮が裂けて, 傷口がぽっくりとあく.
**píkù**【皮库】[名] 毛皮バンク.
**píliǎn**【皮脸】1（方）やんちゃである. 2 厚かましい.
**pímáo**【皮毛】[名] 1 毛皮の総称. 2〈喩〉上っ面の知識.
**pímián**【皮棉】[名]〈紡〉原綿.
**pínáng**【皮嚢】[名] 皮袋; 〈喩〉〈貶〉人の体. ～臭chòu～／いやなやつ.
**píqiú**【皮球】[名] ゴムまり.
**píròu**【皮肉】[名] 肉体.
**píshí**【皮实】[形] 1（体が）頑丈である. 2（物が）丈夫である, 長持ちする.
**pítiǎokè**【皮挑客】[名] ポン引き.
**pítǐng**【皮艇】[体] カヤック（競技）.
**píxiāng**【皮箱】[名] トランク, スーツケース. [只, 个]
**píxiàng**【皮相】[名]（物事の）表面. うわべ. 浅薄なもの.
**pí xiào ròu bù xiào**【皮笑肉不笑】〈成〉作り笑いをする.
**píxié**【皮鞋】[名] 革靴.
**píyán**【皮炎】[名]〈医〉皮膚炎.
**píyī**【皮衣】[名] 毛皮や革製の服.
**píyǐngxì**【皮影戏】[名] ロバや牛の皮を使った影絵芝居.
**pízhàng**【皮张】[名] 皮革の原料となる獣皮. 原皮.
**pízhǎng**【皮掌】[名]〈~儿〉靴底の前後に打ちつける皮.
**pízhěn**【皮疹】[名] 発疹.
**pízhī**【皮脂】[名]〈生理〉皮脂.
**pí zhī bù cún, máo jiāng yān fù**【皮之不存, 毛将焉附】〈成〉基盤のない事物は存在し得ない.
**pízhǐ**【皮纸】[名]（クワやコウゾの皮を原料とする）丈夫な紙.
**pízhì**【皮质】[名]〈生理〉皮質. 2〈略〉大脳皮質.
**pízhòng**【皮重】[名] 風袋(たい).
**pízi**【皮子】[名] 革. 皮毛.

**陂** pí 地名用字. "黄陂"は湖北省にある地名. 異読⇒bēi

**枇** pí ○
**pípa**【枇杷】[名]〈植〉ビワ.

**毗**（毘）pí 🆎 続く. 連なる.
**pílián**【毗连】[動]（地域が）連なっている, 隣接している.
**pílín**【毗邻】[動] 隣接している.

**蚍** pí ○
**pífú**【蚍蜉】[名]〈虫〉オオアリ.
**pí fú hàn dà shù**【蚍蜉撼大树】〈成〉身の程知らず.

**铍** pí [名]〈化〉ベリリウム. Be.

**郫** pí 地名用字. "郫县"は四川省にある県の名.

**疲** pí [形] 疲れる. くたびれる.
**píbèi**【疲惫】1 [形] 疲れきっている. ¶～不堪／くたくたに疲れている. 2 [動] 疲れさせる.
**píbèi**【疲敝】[形]〈書〉疲弊する.
**pífá**【疲乏】[形] 疲れ果てている.
**píjuàn**【疲倦】[形] 疲れてけだるい.
**píkùn**【疲困】1 [形] 疲れている. 2（経済状況などが）ふるわない.
**píláo**【疲劳】1 [形] 疲れている. 疲労している. 2〈機〉疲労.
**píléi**【疲累】[形] 疲労している.
**píruǎn**【疲软】[形] 1 疲れてだるい. 2 相場が弱含みである.
**píruò**【疲弱】[形] 1 虚弱である. 2 相場が弱含みである.
**píta**【疲沓】[形] 疲れている. たるんでいる. ▲"疲塌"とも.
**pí yú bēn mìng**【疲于奔命】〈成〉奔命に疲れる.

**陴** pí [名]〈書〉城壁の上にある凹凸形の小さな壁.

**啤** pí
**píjiǔ**【啤酒】[名] ビール. ¶鮮xiān～／生ビール. 黑～／黑ビール.
**píjiǔdù**【啤酒肚】[名] ビール腹.
**píjiǔhuā**【啤酒花】[名]〈~儿〉ホップ.

**琵** pí ○
**pípa**【琵琶】[名]〈音〉琵琶(びわ). [面, 个]

**脾** pí [名]〈生理〉脾臓.
**píqi**【脾气】[名] 1（人）の性質, たち. ¶～好／気立てがよい. 2 かんしゃく. 短気. ¶发～／かんしゃくを起こす.
**píwèi**【脾胃・脾味】[名]（物事に対する）好み.
**pízàng**【脾脏】[名]〈生理〉脾臓.

**鲏** pí ⇒pángpí【旁鲏】

**裨** pí 🆎 補佐する. 副の. ¶偏piān～／副将. 異読⇒bì
**píjiàng**【裨将】[名]〈古〉副将.

## pí

**蜱** pí【名】〈虫〉ダニ．マダニ．

**羆**(羆) pí【名】〈動〉ヒグマ．

**貔** pí【名】〈古〉〈猛獣の名〉貔(ヒ)．▶飼育して戦争に用いたという．

**貔虎**【貔虎】【名】〈喩〉勇猛な軍隊．

**貔貅**【貔貅】【名】古代の猛獣の名；〈喩〉勇猛な軍隊．

**貔子**【貔子】【名】〈方〉〈動〉イタチ．

**鼙** pí ○

**鼙鼓**【鼙鼓】【名】〈書〉(昔，軍隊で用いた)鼓．軍鼓．

**匹**(疋) pí【量】馬やロバを数える：匹．頭．

┃❶匹敵する．❷単独の．‖〖姓〗

**匹敌**【匹敌】【動】匹敵する．釣り合う．

**匹夫**【匹夫】【名】1 一個人．普通の人．2〈近〉学識や知恵のない人．

**匹夫之勇**【匹夫之勇】【成】血気にはやりむこうみずな勇気．

**匹马单枪**【匹马单枪】→**单枪匹马**

**匹配**【匹配】【書】〈婚姻によって〉結ばれる．

**圮** pí【書】壊れる．倒れる．崩れる．
¶倾～/崩れ倒れる．

**仳** pí ○

**仳离**【仳离】【書】夫婦が別れる．▶特に妻を離婚させられる場合．

**否** pí【書】❶悪い．❷けなす．悪く言う．‖臧zāng~人物/人物の品定めをする．異読⇒**fǒu**

**否极泰来**【否极泰来】【成】悪運がその極に達すれば幸運がくる．

**痞** pí【中医】腹中にできる硬い塊．ごろつき．

**痞块**【痞块】【中医】腹腔内にできるしこり．脾臓腫大症．

**痞子**【痞子】【名】ごろつき．

**劈** pí【動】分ける．割る；両足を横に大きく開く．異読⇒**pī**

**劈柴**【劈柴】【名】たきぎ．まき．

**擗** pí【動】ちぎり取る．もぎ取る．

**癖** pí【名】癖．好み．

**癖爱**【癖爱】【動】偏愛する．溺愛する．

**癖好**【癖好】【名】好み．嗜好．

**癖性**【癖性】【名】癖．習性．

**屁** pí【名】屁(ヘ)．おなら；つまらないもの．

**屁大**【屁大】【区】〈口〉取るに足りない．

**屁股**【屁股】【名】〈口〉1 尻．けつ．2 物の残片．はしくれ．ものの下の方．▶お尻を上げない．

**屁股沉**【屁股沉】【慣】尻が重い．なかなか腰を上げない．

**屁股蹲儿**【屁股蹲儿】【名】〈方〉尻もち．

**屁股帘儿**【屁股帘儿】【名】〈方〉幼児にはかせる尻割れズボン"开档裤"の上に，防寒用として腰から尻まで垂れ下がった綿入れの前掛けのようなもの．▶**屁股帘子**，**屁帘儿**とも．

**屁滚尿流**【屁滚尿流】【成】驚きで狼狽する．

**屁话**【屁话】【名】ばかな話．でたらめ．

**屁事**【屁事】【名】(～儿) 取るに足りない事．

**屁眼儿**【屁眼儿】【口】肛門．▶"屁眼子"とも．

**屁用**【屁用】【形】屁にもならない．なんの役にも立たない．

**湃** pí 地名用字．"湃河"は安徽省にある川の名．

**睥** pí ○

**睥睨**【睥睨】【動】〈書〉横目でじろりと見る．見下す．

**辟**(闢) pí 1 切り開く．2(まちがった説やデマを)退ける．

**辟透彻**【辟透彻】にする．異読⇒**bì, pī**

**辟谣**【辟谣】【動】真相を明らかにして，デマを打ち消す．

**媲** pí【書】並べ競う．

**媲美**【媲美】【書】〈美しさやよさが〉匹敵する．

**僻** pí【形】1 辺鄙(ピ)である．2 めったに見ない．3〈性質が〉素直でない．

**僻处**【僻处】【名】辺鄙な所．寂しい所．

**僻地**【僻地】【名】僻地．辺鄙な所．

**僻静**【僻静】【形】辺鄙で静かである．

**僻陋**【僻陋】【形】辺鄙で寂しい．

**僻壤**【僻壤】【名】辺鄙な地方．

**僻巷**【僻巷】【名】人通りが少ない路地．

**僻字**【僻字】【名】めったに使わない字．

**澼** pí →**pìngpí**【洴澼】

**䴘** pí ○

**䴘鹈**【鹈鹈】【名】〈鳥〉カイツブリ．

**譬** pí【動】たとえる．

**譬如**【譬如】【動】たとえる．例を挙げれば．～说…/たとえて言えば…．

**譬喻**【譬喻】【書】たとえ．比喩．¶打个～/たとえてみる．

## pian (ㄆㄧㄢ)

**片** piān ○ 異読⇒**piàn**

**片儿**【片儿】【名】〈口〉平たくて薄く，あまり大きくないものをさす．¶相xiāng ～/写真．

**片子**【片子】【名】1 映画のフィルム．映画．【部，个】2 X線写真のネガ．3 レコード．【张】⇒**piànzi**

**扁** piān ○ 異読⇒**biǎn**

**扁舟**【扁舟】【名】〈書〉小舟．

**偏** piān 1【形】1 かたよる．あくまでも．¶你叫我去，我一不去/行かせようとしても，意地でも行かない．2 あいにく．

② [形] (一方に)傾いている，偏っている；(一方に偏って)不公平である．¶墙上的画儿挂~了/壁の絵が斜めに掛かっている．

③ [動] 1 傾く；えこひいきする．¶妈妈老~着妹妹/お母さんはいつも妹をえこひいきする．2 (蒙) (方) (多く"了"または"过了"をつけて)先にしたことをいう．

|姓|

piān'ài [偏爱] [動] 偏愛する．えこひいきする．

piāncái [偏财] [名] 正業以外の収入．あぶく銭(ぜに)．

piānchā [偏差] [名] 1 誤差．ずれ．2 (仕事上の)いきすぎ．偏向．

piāncí [偏词] [名] おべっか．お世辞．

piānfèi [偏废] [動] 片方をおろそかにする．

piāngāo [偏高] [形] (値段などが)高すぎる．

piānháng [偏航] [動] 針路をそれる．

piānhǎo [偏好] [動] 特に愛好する．

piānhù [偏护] [動] 一方の肩を持つ．

piānjī [偏激] [形] (意見や主張が)過激である．

piānjiàn [偏见] [名] 偏見．

piānkē [偏科] [名] 特定の科目ばかり勉強し，他をおろそかにする．

piānkǒuyú [偏口鱼] [名] ヒラメ．

piānlǎo [偏劳] [套] 《他人の骨折りに対する言葉》ご苦労さま．

piānlí [偏离] [動] (正しいコースから)逸脱する．

piānpáng [偏旁] [名] (~儿)漢字のつくり．

piānpì [偏僻] [形] 辺鄙(ぴ)である．

piānpiān [偏偏] [副] 1 どうしても．あくまでも．他を差し置いて．2 あいにく．よりにもよって．

piānpō [偏颇] [形] (書)一方に偏っている．不公平である．

piānqiǎo [偏巧] [副] 1 運よく．折よく．2 あいにく．折あしく．

piānshēng [偏生] [副] 1 あくまでも．2 あいにく．

piānshí [偏食] [名] 1 (天)太陽や月の部分食．2 [動] 偏食する．

piānsī [偏私] [動] 私情に偏る．

piāntān [偏瘫] [名] (医)半身不随．

piāntǎn [偏袒] [動] (片方の)肩を持つ．えこひいきする．

piānténg [偏疼] [動] (口)偏愛する．えこひいきする．

piāntí [偏题] [名] ひねくれた試験問題．

piān tīng piān xìn [偏听偏信] (成)一方の言い分だけを聞いて信じる．

piāntóutòng [偏头痛] [名] (医)偏頭痛．

piānxī [偏西] [動] (太陽が)西に傾く．

piānxiá [偏狭] [形] 偏狭である．心が狭い．

piānxiàng [偏向] 1 [名] (政策や方針の)偏り，偏向．2 [動] (一方を)えこひいきする．

piānxīn [偏心] [名] (口) えこひいきする心．

piānxīnyǎnr [偏心眼儿] (慣) 1 えこひいきする心．2 えこひいきである．

piānyào [偏要] [副] ことさらに．

piānyuǎn [偏远] [形] 辺鄙で遠い．

piānzhí [偏执] [形] 偏った見方に固執する．かたくなである．

piānzhòng [偏重] [動] (一方を過度に)重視する．重視する．

# 犏 piān ⓞ

piānniú [犏牛] [名] (動) "黄牛"(コウギュウ，アカウシ)と "牦牛"(ヤク)との一代交配種．▶中国の西南地区の特産．

# 篇 piān ❶ [名] 1 一つのまとまった詩や文章．編．2 (~儿) 1枚1枚になっている書きもの・印刷物．
❷ [量] (~儿) 1 紙および印刷物や原稿の表裏2ページをさす：枚．2 文章などを数える：編．

piānfú [篇幅] [名] 文章の長さ；(書籍などの)枚数，紙面．

piānmù [篇目] [名] (書籍や章節の)目次．標題．

piānshí [篇什] [名] 詩編と文章．編章．

piānyè [篇页] [名] 編とページ；(広く)文章．

piānzhāng [篇章] [名] 編と文章．文章．

# 翩 piān

piān [翩] [形] 速く飛ぶ．

piānpiān [翩翩] [形] 1 軽快に飛び舞うさま．2 (書) (特に青年男子が)あかぬけている．

piānrán [翩然] [形] (書) (動作が)軽やかなさま．

# 便 piān ❺ 異読→ biàn

piányi [便宜] 1 [形] (値段が)安い．¶这双袜子真~/この靴下はほんとうに安い．2 [名] 目先の利益．うまい汁．¶占zhàn ~/甘い汁を吸う．3 [動] 大目に見る．得をさせる．¶这次~了他/今回はあいつに得をさせてやった．⇒biànyí

# 骈 pián |姓|

pián [骈] [動] 二つ対をなして並ぶ．

piánjiān [骈肩] [動] (人が多くて)肩を並べる．

piánjù [骈句] [名] 対句．

piánlì [骈俪] [名] (文)騈儷(ベン).▶4字や6字の対句を作って文を対偶法に作る．

piántǐ [骈体] [名] (文)騈儷体．

piánwén [骈文] [名] (文)騈儷体の文章．

# 胼 pián ⓞ

pián shǒu zhī zú [胼手胝足] (成) (長期にわたる労働で)手にはたこ

## pián

**piánzhī**【胼胝】名〈書〉(手足にできる)たこ.

**蹁 pián** ❶ 足の運びがまっすぐでないさま.

**piánxiān**【蹁跹】形〈書〉ぐるぐる回り舞うさま.

**谝 piǎn**【動】〈方〉自慢する. 見せびらかす. ¶～能／腕自慢をする.

**片 piàn** ❶ 量 ❶ 平らで薄いものに用いる. ¶一～面包／食パン1枚. 2 (地面や水面など)広いものに用いる. ¶一～大海／見渡す限りの大海原. 3 状況・音声・気持ちなどに用い,その範囲や程度を表す. ¶一～繁荣景象／どこもかしこも景気のよい光景ばかり.
❷ 名〈～儿〉1 平らで薄いもの. ¶玻璃～／ガラスのかけら. 2 地区. ブロック.
❸ 動 (肉などを)薄く切る.
❹ わずかな. ¶一～刻 kè. ‖姓
異読⇒piān

**piànchóu**【片酬】名 映画やドラマの出演料. 片ギャラ.

**piànduàn**【片段】名(特に文章・小説・歌曲・生活・経歴などの)一段,ひと区切り. 一部分. ▶"片断"とも.

**piànjì**【片剂】名〈薬〉錠剤.

**piàn jiǎ bù cún**【片甲不存】成(軍隊が)全滅する.

**piànjǐng**【片警】名(交番などの)地区を担当する警察官.

**piànkè**【片刻】名 片時. しばらく.

**piànmiàn**【片面】形 1 一方的である. 2 偏った. 全面的でない. 不公平な. ¶～观点／偏った見方.

**piànròu**【片肉】名 薄切り肉. 片肉.

**piànshí**【片时】名 片時. しばらく.

**piàntóu**【片头】名(映画などの)クレジットタイトル.

**piàn wǎ wú cún**【片瓦无存】成 家屋がすっかり壊されているさま.

**piànwěi**【片尾】名(映画などの)エンディングクレジット.

**piànyán**【片言】名〈書〉片言. 断片的な言葉.

**piànyuē**【片约】名(映画やドラマの)出演契約.

**piàn zhǐ zhī zì**【片纸只字】成 一言半句. 片言隻句.

**piànzhù**【片子】名 1 かけら. 平たくて薄いもの. 2 名刺. ⇒piànzi

**骗 piàn**【動】1 だます. 2 だまし取る. 3 (片方から)飛び乗る.

**piàn'àn**【骗案】名 詐欺事件.

**piàn/cái**【骗财】動 財物を詐取する.

**piànhuì**【骗汇】動 外貨をだまし取る.

**piàn/hūn**【骗婚】動 結婚詐欺をする.

**piànjú**【骗局】名 ペテン. わな.

**piànqǔ**【骗取】動 だまし取る.

**piànshù**【骗术】名 人をだます手段. ペテン.

**piànzi**【骗子】名 ペテン師. 詐欺師.

**piànzishǒu**【骗子手】名 詐欺師, ペテン師.

## piāo (ㄆㄧㄠ)

**剽 piāo** ❶ ① 略奪する. ② (動作が)すばしこい.

**piāohàn**【剽悍】形 すばしこくて強い.

**piāolüè**【剽掠】動 略奪する.

**piāoqiè**【剽窃】動(他人の文章や作品を)盗用する. 剽窃(ひょうせつ)する. ▶ "剽取"とも.

**piāoxí**【剽袭】動 剽窃する. 盗作する.

**漂 piāo**【動】漂う. 浮いて流れる.
異読⇒piǎo, piào

**piāobó**【漂泊】動 漂泊する. 放浪する. ▶"飘泊"とも.

**piāodòng**【漂动】動 水に漂う.

**piāofú**【漂浮】1 動 漂う. 浮かぶ. 2 形 浮ついている.

**piāoliú**【漂流】動 漂流する；放浪する.

**piāopíng wúdìng**【漂萍无定】成(生活が)浮き草のように不安定なさま.

**piāor**【漂儿】名〈方〉浮き.

**piāosàn**【漂散】動(水面に)漂い広がる. 方々に漂う.

**piāo yáng guò hǎi**【漂洋过海】成 はるばると海を渡る.

**piāoyí**【漂移】1 動 あちこち漂う. 2 名〈電子〉ドリフト.

**piāoyóu**【漂游】動 1 漂う. 2 さすらう.

**缥 piāo** ❶ 異読⇒piǎo

**piāomiǎo**【缥缈】形 かすかではっきりしないさま. 縹渺(ひょうびょう)としている. ¶虚无～／曖昧模糊(もこ)としてつかみどころがない.

**飘（飄）piāo**【動】1 翻る. ひらひらと漂う. ¶外面～着小雨／外では小雨がちらちらと降っている. 2 漂う. 放浪する. ‖姓

**piāobó**【飘泊】⇒piāobó【漂泊】

**piāochén**【飘尘】名〈環境〉粉塵. フライアッシュ.

**piāodài**【飘带】名 風になびかせる飾りひも.

**piāodàng**【飘荡】動 1 (空中や水中に)翻る,漂う. 2 さすらう.

**piāodòng**【飘动】動(風や波に)揺れ動く.

**piāofú**【飘拂】動 ふわりと漂う.

**piāofú**【飘浮】→piāofú【漂浮】

**piāohóng**【飘红】名〈経〉株価が全面的に上がる.

**piāohū**【飘忽】動 1 (雲や風が)軽やかに流れる. 2 揺れ動く.

**piāoliú**【飘流】⇒piāoliú【漂流】

**piāolǜ**【飘绿】名〈経〉株価が全面的に下がる.

**piāomiǎo**【飘渺】→piāomiǎo【缥缈】

**piāopiāorán**【飘飘然】形〈貶〉有頂